ENCYCLOPÉDIE THÉOLOGIQUE,

OU

SÉRIE DE DICTIONNAIRES SUR TOUTES LES PARTIES DE LA SCIENCE RELIGIEUSE,

OFFRANT EN FRANÇAIS, ET PAR ORDRE ALPHABÉTIQUE,

LA PLUS CLAIRE, LA PLUS FACILE, LA PLUS COMMODE, LA PLUS VARIÉE
ET LA PLUS COMPLÈTE DES THÉOLOGIES.

CES DICTIONNAIRES SONT CEUX

D'ÉCRITURE SAINTE, — DE PHILOLOGIE SACRÉE, — DE LITURGIE, — DE DROIT CANON, —
DES HÉRÉSIES, DES SCHISMES, DES LIVRES JANSÉNISTES, DES PROPOSITIONS ET DES LIVRES CONDAMNÉS, —
DES CONCILES, — DES CÉRÉMONIES ET DES RITES, —
DE CAS DE CONSCIENCE, — DES ORDRES RELIGIEUX (HOMMES ET FEMMES), — DES DIVERSES RELIGIONS, —
DE GÉOGRAPHIE SACRÉE ET ECCLÉSIASTIQUE, — DE THÉOLOGIE MORALE, ASCÉTIQUE ET MYSTIQUE,
— DE THÉOLOGIE DOGMATIQUE, CANONIQUE, LITURGIQUE, DISCIPLINAIRE ET POLÉMIQUE,
— DE JURISPRUDENCE CIVILE-ECCLÉSIASTIQUE, —
— DES PASSIONS, DES VERTUS ET DES VICES, — D'HAGIOGRAPHIE, — DES PÈLERINAGES RELIGIEUX, -
D'ASTRONOMIE, DE PHYSIQUE ET DE MÉTÉOROLOGIE RELIGIEUSES, —
D'ICONOGRAPHIE CHRÉTIENNE, — DE CHIMIE ET DE MINÉRALOGIE RELIGIEUSES, — DE DIPLOMATIQUE CHRÉTIENNE,—
DES SCIENCES OCCULTES, — DE GÉOLOGIE ET DE CHRONOLOGIE CHRÉTIENNES.

PUBLIÉE

PAR M. L'ABBÉ MIGNE,

ÉDITEUR DE LA BIBLIOTHÈQUE UNIVERSELLE DU CLERGÉ,

OU

DES COURS COMPLETS SUR CHAQUE BRANCHE DE LA SCIENCE ECCLÉSIASTIQUE.

PRIX : 6 FR. LE VOL. POUR LE SOUSCRIPTEUR A LA COLLECTION ENTIÈRE, 7 FR., 8 FR., ET MÊME 10 FR. POUR LE
SOUSCRIPTEUR A TEL OU TEL DICTIONNAIRE PARTICULIER.

52 VOLUMES, PRIX : 312 FRANCS.

TOME TRENTE-TROISIÈME.

DICTIONNAIRE DE THÉOLOGIE DOGMATIQUE.

TOME PREMIER.

A-C

4 VOL. PRIX : 26 FRANCS.

S'IMPRIME ET SE VEND CHEZ J.-P. MIGNE, ÉDITEUR,
AUX ATELIERS CATHOLIQUES, RUE D'AMBOISE, AU PETIT-MONTROUGE,
BARRIÈRE D'ENFER DE PARIS.

1850

Imprimerie MIGNE, au Petit-Montrouge.

DICTIONNAIRE
DE
THÉOLOGIE
DOGMATIQUE,
LITURGIQUE, CANONIQUE ET DISCIPLINAIRE,

PAR BERGIER.

NOUVELLE ÉDITION

MISE EN RAPPORT AVEC LES PROGRÈS DES SCIENCES ACTUELLES;

RENFERMANT TOUT CE QUI SE TROUVE DANS LES ÉDITIONS PRÉCÉDENTES,
TANT ANCIENNES QUE MODERNES, NOTAMMENT CELLES DE D'ALEMBERT ET DE LIÉGE SANS CONTREDIT
LES PLUS COMPLÈTES,
MAIS DE PLUS ENRICHIE D'ANNOTATIONS CONSIDÉRABLES ET D'UN GRAND NOMBRE D'ARTICLES NOUVEAUX SUR LES
DOCTRINES OU LES ERREURS QUI SE SONT PRODUITES DEPUIS QUATRE-VINGTS ANS;

ANNOTATIONS ET ARTICLES

QUI RENDENT LA PRÉSENTE ÉDITION D'UN TIERS PLUS ÉTENDUE QUE TOUTES CELLES DU CÉLÈBRE
APOLOGISTE, CONNUES JUSQU'A CE JOUR, SANS AUCUNE EXCEPTION;

PAR M. PIERROT,

ANCIEN PROFESSEUR DE PHILOSOPHIE ET DE THÉOLOGIE AU GRAND SÉMINAIRE DE VERDUN,
AUTEUR DU *Dictionnaire de Théologie morale*;

PUBLIÉ
PAR M. L'ABBÉ MIGNE,
ÉDITEUR DE LA BIBLIOTHÈQUE UNIVERSELLE DU CLERGÉ,

OU

DES COURS COMPLETS SUR CHAQUE BRANCHE DE LA SCIENCE ECCLÉSIASTIQUE.

4 VOLUMES. PRIX : 26 FRANCS.

TOME PREMIER.

S'IMPRIME ET SE VEND CHEZ J.-P. MIGNE, ÉDITEUR,
AUX ATELIERS CATHOLIQUES, RUE D'AMBOISE, AU PETIT-MONTROUGE,
BARRIÈRE D'ENFER DE PARIS.

1850

NOTICE HISTORIQUE SUR BERGIER.

Au moment où la philosophie se préparait à livrer au catholicisme les attaques les plus perfides, la Providence préparait à la religion d'habiles défenseurs : de ce nombre fut l'illustre auteur du *Dictionnaire de théologie* que nous actualisons.

BERGIER (Nicolas-Sylvestre) naquit à Darney (1) le 31 décembre 1718, d'une famille honnête et religieuse. Ayant manifesté dès sa jeunesse des sentiments de la plus tendre piété, il fut destiné à l'état ecclésiastique. Il entra au séminaire de Besançon, qui était dirigé alors par des maîtres habiles, au nombre desquels se distinguait M. Bullet, connu par plusieurs ouvrages très-érudits en faveur de la religion. Le jeune disciple fit de rapides progrès sous un si savant maître. Doué d'un aussi bon cœur que d'un excellent esprit, il conserva toujours pour M. Bullet une profonde reconnaissance et une extrême vénération. Le mérite de Bergier le fit demander par M. Chifflet de Denne, conseiller au parlement de Franche-Comté, pour faire l'éducation de ses enfants. M. de Denne se félicita d'un pareil choix, car le jeune maître eut les plus brillants succès. Il fallait à Bergier une carrière plus vaste que celle d'une éducation particulière. A peine élevé au sacerdoce, il se présenta pour obtenir une chaire de philosophie à l'université de Besançon. Malgré les éloges mérités qu'il obtint, comprenant qu'il avait besoin de se fortifier dans les sciences théologiques et philosophiques, il se rendit, l'année suivante (1745), à Paris, pour y suivre les grands maîtres et s'aider des riches bibliothèques de la capitale. Après trois ans de séjour dans le centre de toutes les sciences, il fut rappelé par son archevêque, qui le plaça à Flange-Bouche, paroisse de campagne située dans la Franche-Comté. Il s'y occupa avec beaucoup de zèle des fonctions du saint ministère. C'était un bonheur pour lui lorsqu'il pouvait trouver un moment pour se livrer à l'étude. Aucune production nouvelle un peu importante ne lui était étrangère. Ce qui détermina peut-être ses destinées futures, ce furent deux sujets proposés par l'académie de Besançon. Il concourut si heureusement qu'il remporta deux médailles d'or (en 1752), l'une pour un discours d'éloquence, et l'autre pour une dissertation historique. L'année suivante, il se présenta encore au concours, et remporta de nouveau le prix d'éloquence sur cette question : *L'assiduité au travail peut-elle procurer à la société autant d'avantages que la supériorité des talents ?*

(1) Petite ville du diocèse de Saint-Dié. Elle appartenait autrefois au diocèse de Besançon.

Il se peignit si bien dans ce chef-d'œuvre d'éloquence, qu'on dit publiquement : « Il s'est peint lui-même sans le vouloir. » Il ne fut pas aussi heureux sur le sujet historique : il traita d'une manière plus ingénieuse que solide cette belle question : *L'origine du nom des Séquanais, leurs mœurs, leur religion, la forme de leur gouvernement et les limites du pays qu'ils habitaient avant que Jules-César eût conquis les Gaules et dans le temps de cette conquête.* Depuis cette époque, il se présenta tous les ans au concours, et il se passa peu d'années sans qu'il remportât quelque prix ou accessit.

Bergier s'appliquait en même temps à des ouvrages plus sérieux. Il publia les *Éléments primitifs des langues découverts par la comparaison des racines de l'hébreu avec celles du grec, du latin et du français.* Il fit paraître en même temps l'*Origine des dieux du paganisme*, ouvrage suivi d'une traduction d'Hésiode. Cet ouvrage manquait de profondeur. Nous ne parlerons pas, dit Feller, de son *Traité sur l'Origine des dieux du paganisme*, ouvrage où l'on ne trouve ni sa logique, ni la marche judicieuse de sa vaste érudition ; il le répudia en quelque sorte lui-même par l'éloge qu'il fait plusieurs fois de l'histoire des temps fabuleux, dont le résultat lui était tout à fait contraire. Il était, dit l'abbé Barruel, du petit nombre de ceux qui pouvaient le juger ; mais je puis assurer que je n'ai jamais vu d'admirateur plus sincère et plus éclairé de cette estimable production de M. du Rocher, que l'abbé Bergier lui-même : il la louait, la préconisait partout, et disait hautement que le système de la *fable expliquée par l'histoire* était mieux prouvé que le sien, et méritait la préférence à tout égard.

En 1764, époque marquée par la déplorable expulsion des Jésuites des collèges de France, Bergier fut appelé à diriger celui de Besançon. Il quitta avec regret sa bonne paroisse de Flange-Bouche. Mais la dureté du climat, une annexe difficile à desservir, l'engagèrent à accepter le poste élevé qu'on lui offrait. L'année suivante l'académie de Besançon l'admit au nombre de ses membres. Il venait de publier son *Déisme réfuté par lui-même.* Il y combat particulièrement J.-J. Rousseau : il l'attaque avec ses propres armes, et ne lui oppose pour l'ordinaire que ses propres sentiments établis dans quelques autres endroits de ses ouvrages. C'est là qu'il manie heureusement la comparaison de l'aveugle-né pour expliquer le rapport de notre raison avec la nature et les ouvrages de Dieu ; qu'il prouve la nécessité et l'existence de la révélation, la voie dont Dieu veut se servir pour nous la faire connaître, et qu'il justifie pleinement la religion des maux qu'on lui attribue; qu'il démontre l'inutilité et les faux principes du nouveau plan d'éducation tracé dans l'*Emile*. Il allie le christianisme avec la politique; enfin il réfute d'une manière victorieuse l'*Apologie* de Rousseau contre le Mandement de Mgr l'archevêque de Paris, etc. Cet ouvrage fut bientôt suivi d'un autre. *La Certitude des preuves du christianisme* parut en 1767. L'auteur l'opposa à l'*Examen critique des apologistes de la religion chrétienne*, ouvrage insidieux, longtemps connu en manuscrit, et qui avait fourni des matériaux à un grand nombre de livres impies. L'abbé Bergier dévoile la passion et la mauvaise foi de l'auteur de ce livre, et, sans s'étonner de cette foule de raisonnements spécieux, il les attaque en détail, fait voir l'illusion de chacun en particulier, et renverse ainsi l'édifice entier. Ces ouvrages avaient fait une profonde sensation. Plusieurs églises cherchèrent à s'attacher un homme aussi distingué que Bergier. L'évêque d'Arras lui fit expédier les provisions d'un canonicat. Presque en même temps M. de Beaumont lui en fit parvenir d'autres pour Paris. Bergier accepta de préférence le canonicat de Paris, non pas à cause de la splendeur de l'Eglise à laquelle il serait attaché, mais parce qu'il pensa pouvoir y être plus utile.

En arrivant dans la capitale, il mit au jour son *Apologie de la religion chrétienne*, ouvrage plein de précision, de clarté et de modération. Il profita des grands moyens scientifiques mis à sa disposition pour compléter cet écrit. La suite de cette Apologie, ou *Réfutation des principaux articles du Dictionnaire philosophique*, présente une précision, une énergie, un laconisme admirable. L'abbé Bergier, en revenant plusieurs fois sur les mêmes objets auxquels ses adversaires, qui se répètent sans cesse, le rappellent, paraît toujours armé de nouvelles raisons et de nouvelles autorités, et, quoiqu'il satisfasse toujours, il ne s'épuise jamais et oppose à la monotonie des philosophes une fécondité et une variété qui forment un contraste peu avantageux à leur cause. Le *Système de la nature* faisait beaucoup de ravages: Bergier lui opposa, en 1771, son *Examen du matérialisme*. C'est dans cet ouvrage que le célèbre apologiste de la religion fait l'anatomie de la monstrueuse production qu'il réfute avec une exactitude qui tient du scrupule, et le met à l'abri du reproche que quelques philosophes avaient osé faire à d'autres, d'avoir passé sous silence des objections essentielles. Dans le premier volume, il détruit le matérialisme, et dans le second, il justifie la religion et traite de la Divinité, des preuves de son existence, de ses attributs, de la manière dont elle influe sur le bonheur des hommes. En ouvrier infatigable, Bergier travaillait alors à un écrit beaucoup plus considérable que ceux qu'il avait publiés. Il voulait réfuter toutes les objections faites contre la religion. Il mit au jour son fameux *Traité de la Religion*, ouvrage qu'il écrivit de sa main jusqu'à trois fois, quoiqu'il fût de douze volumes. Il y traite de tout ce qui a rapport à la religion: histoire, physique, géographie, politique, morale, philosophie, érudition sacrée, tout se réunit sous sa plume pour justifier la religion indignement attaquée.

« Quelques personnes, dit M. de Sainte-Croix, crièrent contre un si grand nombre de volumes; mais quiconque fera les réflexions suivantes n'en sera point étonné. 1° L'auteur a rassemblé les principes épars des impies de tous les siècles, pour former de leur doctrine une espèce de corps; il a discuté les reproches qu'ils faisaient à la religion, ce qui exigeait les plus grandes recherches. 2° Il a montré la filiation des diverses erreurs des ennemis du christianisme; il a prouvé que les incrédules modernes n'étaient que les copistes de leurs devanciers; que les incrédules d'Angleterre avaient donné naissance à ceux de France; que les uns et les autres n'avaient fait que ressasser les objections surannées de Celse, de Porphyre, de Julien l'Apostat, quoique mille fois réfutées d'une manière victorieuse; qu'ils avaient puisé chez les anciens hérétiques leurs difficultés contre quelques dogmes du christianisme. L'ouvrage de l'abbé Bergier contient donc la réfutation de toutes les objections formées contre la religion chrétienne dans tous les siècles. Que l'on juge d'après cela si l'auteur a outrepassé les bornes dans le nombre des volumes.

« Quand l'ouvrage dont nous parlons fut devenu public, quelques personnes parurent disputer à l'abbé Bergier le mérite de l'invention de son plan. Voici à quelle occasion. M. de Beaumont, archevêque de Paris, avait engagé quelqu'un à composer un ouvrage que ce prélat aurait adopté, et qui aurait été distribué par parties, et en forme d'instruction pastorale, pour prémunir les fidèles contre les dangers de l'incrédulité. Le travail fini, l'auteur le remit à M. de Beaumont, sans lui avoir donné cependant la forme d'instruction pastorale. Le prélat pria l'abbé Bergier de le lire, et de lui dire ce qu'il en pensait. L'abbé Bergier le lut, en rendit le témoignage le plus avantageux, et le remit à M. l'archevêque. M. de Beaumont fut instruit du reproche de plagiat qu'on faisait à l'abbé Bergier: il voulut savoir à quoi il devait s'en tenir. Il pria l'abbé Chevreuil, chanoine et chancelier de l'église de Paris, vicaire général du diocèse, ancien professeur de Sorbonne, homme bien connu par ses vertus et ses talents, de lire les deux plans avec attention, et de lui dire jusqu'à quel point le reproche en question pouvait être fondé. La réponse de l'abbé Chevreuil fut qu'on avait inculpé à tort l'abbé Bergier; que les deux plans étaient différents; que l'un n'était point calqué sur l'autre; que les deux auteurs ayant eu les mêmes matières à traiter, ils devaient se ressembler sous ce rapport; mais que chacun les avait traitées à sa manière; que d'ailleurs l'abbé Bergier avait fait ses preuves, et qu'il n'était point fait pour être plagiaire. Ce détail vient de quelqu'un bien instruit du fond de cette affaire, et il l'aurait supprimé, s'il ne connaissait des personnes encore imbues de la prévention dont il s'agit contre l'abbé Bergier. »

La cour désira s'attacher notre illustre apologiste : elle le choisit pour confesseur de Monsieur et de Mesdames tantes du roi. Ses nouvelles fonctions l'obligeaient à rester à Versailles ; il y porta l'esprit de modestie et de désintéressement qui avaient toujours marqué son caractère. Il voulut se démettre de son canonicat : il ne le conserva que sur la vive instance du chapitre. Il refusa un bénéfice qui lui avait été offert. S'il accepta une pension du clergé de France, elle lui fut accordée sans qu'il l'eût sollicitée.

Il allait fréquemment à Paris pour assister au chœur, afin de remplir, autant qu'il était en lui, ses fonctions de chanoine. Il refusa toujours les distributions manuelles lorsqu'il n'était point présent. Sa place lui donnait cependant le droit de les recevoir. C'était une privation, non pour lui-même, mais parce qu'il ne pouvait faire assez de bien ; car il employait ses revenus en aumônes. « Quoique je sois à la veille de faire une perte considérable, écrivait-il le 9 novembre 1789, tant sur mes revenus que sur ce qui m'est dû, je n'ai de regret qu'autant que je ne pourrai plus assister les malheureux. » De semblables paroles peignent toute la richesse du cœur de l'homme.

On se proposait de revoir l'Encyclopédie et de la publier sous une nouvelle forme. On s'adressa à Bergier pour reviser et compléter le dogme. On sait, par l'avertissement qu'il mit à la tête de son ouvrage et que nous rapportons nous-même, le travail immense que lui causa le Dictionnaire que nous actualisons.

On y trouve en général la vaste érudition, la logique rigoureuse, le style coulant, rapide, aisé de ses autres productions ; mais çà et là, ainsi que dans l'ouvrage précédent, un peu trop d'indulgence ou de complaisance envers les gens d'une secte qui ne dédaignait point ses talents ; une espèce d'égard pour des erreurs accréditées, et de composition avec quelques préjugés dominants. « Je crois quelquefois, a dit un critique, entendre la religion qu'il a si savamment défendue, lui dire avec un ton de tendresse et de plainte : *Tu quoque, Brute !* Des hommes respectables ont témoigné leurs regrets sur son association à une tourbe d'écrivains que le chef lui-même appelait une race détestable de travailleurs, qui, ne sachant rien, et qui, se piquant de savoir tout, cherchèrent à se distinguer par une universalité désespérante, se jetèrent sur tout, gâtèrent tout, mettant leur énorme faucille dans la moisson des autres. Il est certain que cette association a infiniment contribué à répandre un ouvrage pernicieux, vaste magasin d'erreurs de tous les genres, dont les lecteurs chrétiens avaient la plus grande aversion, et qui, depuis qu'il fut décoré du nom d'un auteur si sage et si religieux, trouva place dans les bibliothèques les plus scrupuleusement composées. » Ce reproche est formulé un peu sévèrement. Est-ce un si grand crime de mettre le contrepoison à côté du poison ? Nous ne voyons pas que Bergier ait pactisé avec l'erreur dans son savant écrit. Il fait, il est vrai, concessions de certaines opinions qui n'appartiennent pas au dogme catholique ; mais il est sage de ne pas confondre les vérités de foi avec les opinions qu'on peut rejeter sans blesser la conscience.

Bergier termina sa sainte et laborieuse carrière le 9 avril 1790.

Ce qui distingue particulièrement l'abbé Bergier, ce qui fait le caractère exclusif de ses ouvrages parmi les apologies de la religion, c'est, dit Feller, à qui nous avons beaucoup emprunté pour cette notice, une logique d'une précision et d'une vigueur étonnantes, qui se montre, dans une seule et même matière, sous des formes absolument différentes ; attaque le sophisme en tant de manières à la fois, le frappe si rudement dans les endroits où sa résistance paraissait le mieux assurée, que la victoire se décide toujours par cette lumière pleine et brillante qui ne laisse subsister aucun nuage de l'erreur. Je ne sais s'il est possible d'avoir plus de connaissances en tant de genres divers, mais particulièrement dans l'histoire, la théologie, la critique, et surtout dans cette immensité de brochures et de compilations de toutes les espèces que les Encelades de ce siècle ont entassées comme des monts pour abattre, si ce triste exploit pouvait être l'ouvrage des mortels, le trône de l'Éternel. Personne ne connaît et ne confond mieux les ruses et les détours de ces esprits faux et tortueux, ces petits artifices que le mensonge emploie avec un art qui lui est honteusement propre, ces fruits odieux de la mauvaise foi, ces tours de malice noire, cette impiété maligne, comme parle l'Écriture, qui dirige les attaques de l'ennemi contre le lieu saint. *Quanta malignatus est inimicus in sancto !* Tout cela s'évanouit comme une fumée devant les regards de l'éternelle et invincible vérité présentée avec ses traits naturels par cet homme de génie. *Ad nihilum deductus est in conspectu ejus malignus.* C'est surtout dans le genre d'argument qu'on appelle rétorsion que M. Bergier excelle ; c'est par lui ordinairement qu'il consomme son triomphe. A peine a-t-il repoussé les attaques des adversaires du christianisme, qu'il les attaque lui-même avec leurs propres armes, tournées contre eux avec une célérité et une adresse qui étonnent le lecteur, et qui, mettant pour ainsi dire la religion hors de l'arène, y placent le philosophisme et l'accablent de mille traits. »

Voici la liste des ouvrages de l'abbé Bergier : 1° Discours couronné, en 1763, à l'académie de Besançon, sur cette question : *Combien les mœurs donnent de lustre aux talents,* in-12. — 2° Il avait, dix ans auparavant, remporté le prix de Dissertation à la même académie. — 3° *Les Éléments primitifs des langues.* 1764, in-12. — 4° *La certi-*

s du christianisme, ou *Réfu-* ... *Examen critique des apologis-* ... *ligion chrétienne*, 1767, in-12. ... ois réimprimé. — 5° *Réponse aux* Cou... raisonnables, relativement à l'ouvrage précédent, in-12. On l'a jointe aux nouvelles éditions de la *Certitude*. — 6° *Réponse à la Lettre insérée dans le Recueil philosophique, au sujet du livre intitulé :* La Certitude des preuves du christianisme, in-12. — 7° *Le Déisme réfuté par lui-même, ou Examen des principes d'incrédulité répandus dans les ouvrages de J.-J.-Rousseau,* 1766, in-12. Il y avait eu cinq éditions avant 1772. — 8° *L'Origine des dieux du paganisme et le sens des fables, par une explication suivie des poésies d'Hésiode,* 1767, 2 vol. in-12. Il y a eu une seconde édition en 1774. — 9° *Apologie de la religion chrétienne contre l'auteur du Christianisme dévoilé et contre quelques autres critiques,* 1769, 2 vol. in-12. Il y a eu une seconde édition en 1770. — 10° *Examen du matérialisme, ou Réfutation du Système de la nature,* 1771, 2 vol. in-12. — 11° *Traité historique et dogmatique de la vraie religion, avec la Réfutation des erreurs qui lui ont été opposées dans les différents siècles,* 1780, 12 vol. in-12. — 12° *Dictionnaire théologique, faisant partie de l'Encyclopédie,* 1788 et suiv., 3 vol. in-4°. — 13° *De la Source de l'autorité,* imprimée sans nom d'auteur, en 1789, in-12. — 14° Un *Discours* sur le mariage des protestants, 1787, in-8°. — 15° *Observations sur le divorce*. Cet écrit fut imprimé à Besançon, 1790. Il servait de réponse à un mémoire en faveur du divorce, répandu dans le sein de l'Assemblée constituante. — 16° *Tableau de la miséricorde divine*. Il est presque entièrement composé de passages de l'Écriture. *Moins il y aura du nôtre,* dit-il lui-même au premier chapitre, *plus l'instruction sera solide. Dans tout ce qui vient de la main des hommes, l'erreur peut s'y être glissée; et si nous donnions nos idées particulières, il y aurait lieu de s'en défier; mais lorsque nous nous bornons à exposer la conduite de Dieu envers tous les hommes et dans tous les temps... Cette doctrine ne peut être suspecte.* — 17° *Examen* du système de Bayle sur l'origine du mal. Remarques sur cette question : *Si la foi est contraire à la raison.* Dissertation sur le saint Suaire de Besançon. Plan de théologie. Ces divers ouvrages ont été imprimés à Besançon, 1831.

M. Asseline, évêque de Boulogne, a été propriétaire d'un ouvrage de Bergier sur la rédemption : nous ne savons ce qu'il est devenu.

Les principes de métaphysique qui se trouvent dans le Cours d'études à l'usage de l'École militaire sont attribués à Bergier par M. Barbier.

AVERTISSEMENT DE L'AUTEUR,

QUI SE TROUVE DANS L'ÉDITION DE PARIS DE 1788.

Si la partie théologique de l'*Encyclopédie* a tardé à paraître, nous espérons que le public nous pardonnera ce retard, lorsqu'il sera instruit des difficultés que nous avons eues à vaincre, et de l'immensité du travail dont nous nous sommes trouvé chargé.

D'environ deux mille cinq cents articles dont cet ouvrage est composé, il y en a au moins un quart qui manquaient dans l'ancienne *Encyclopédie*, ou qui n'avaient été traités que comme des articles de grammaire; il a fallu les faire. Un nombre presque égal contenaient une doctrine fausse ou suspecte; ils avaient été copiés dans des écrivains hétérodoxes, ou faits par des littérateurs qui, par leurs principes, favorisaient l'incrédulité; il a fallu les corriger. Plusieurs renfermaient des discussions inutiles; nous les avons abrégés. D'autres étaient incomplets, nous y avons ajouté ce qui nous a paru nécessaire. Quelques-uns ont été retranchés comme superflus. Nous n'avons pas vu, par exemple, où était la nécessité de faire vingt articles de l'arianisme, parce que les partisans de cette hérésie ont porté autant de noms différents; de distinguer *homoousios et consubstantiel,* dont l'un est la traduction de l'autre; de parler du dimanche des *Palmes* et de celui des *Rameaux*; de changer une lettre pour placer *corban* ou *korban*; *chirotonie et keirotonie*, au lieu de l'imposition des mains; *purim et phurim*, qui signifient les *sorts*; de mettre des mots grecs ou hébreux au lieu des mots français qui y répondent. Ainsi, à presque tous les égards, notre travail doit paraître absolument neuf.

Des trois parties qu'il embrasse, savoir, la théologie dogmatique, la critique sacrée et l'histoire ecclésiastique, la première est celle qui demande le plus d'attention, et qui renferme le plus de difficultés. Comme toute autre science, elle a son langage particulier, certaines expressions consacrées à exprimer les mystères, desquelles on ne peut se départir sans s'exposer à tomber dans l'erreur. On ne doit pas exiger d'un théologien qu'il emploie d'autres termes plus clairs tirés du langage ordinaire, ni qu'il fasse comprendre évidemment des vérités que Dieu a révélées pour être crues sur sa parole, quoique nous ne puissions pas les concevoir.

Depuis près de dix-huit cents ans que la théologie chrétienne est formée, il ne s'est pas écoulé un seul siècle dans lequel elle n'ait été combattue par quelque secte de mécréants; cette science est donc devenue très contentieuse. Comme elle consiste à savoir non-seulement ce que Dieu a révélé, mais comment cette doctrine a été attaquée, et comment elle a été défendue, il n'est presque pas un seul article qui ne soit un sujet de dispute : un théologien écrit donc toujours au milieu d'une foule d'ennemis, et jamais ils ne furent en plus grand nombre que dans notre siècle. On ne doit donc pas être étonné de nous voir continuellement aux prises avec les sociniens, avec les protestants, qui ont renouvelé presque toutes les anciennes erreurs; avec les déistes et les autres incrédules qui les ont copiés tous. Nos maîtres en théologie sont les Pères de l'Église; nous nous croyons obligé de suivre leur exemple. Or, ces auteurs respectables ont écrit, chacun dans son temps, contre les erreurs qui faisaient du bruit pour lors, et non contre celles do souvenir était à peu près effacé; il est de notre devoir de les imiter.

Nous ne sommes pas assez injuste pour accuser les protestants d'avoir voulu, de propos délibéré, favoriser les ennemis du christianisme ; mais il n'est pas moins vrai que, sans le vouloir, ils leur ont fourni presque toutes leurs armes; c'est un événement que nous n'avons pas pu nous dispenser de faire remarquer une infinité de fo's, parce que la chose est évidente. Si les protestants se fâchent de se trouver continuellement dans notre ouvrage associés aux incrédules, ce n'est pas à nous qu'ils doivent s'en prendre, mais à leurs docteurs. Chez les luthériens, Mosheim et Brucker; chez les calvinistes, Beausobre, Basnage, Le Clerc, Barbeyrac; chez les anglicans, Chillingworth et Bingham, sont ceux dont nous avons principalement consulté les livres, parce que ce sont les derniers qui ont écrit, et qui paraissent avoir le plus de réputation. Ils ont cherché à donner une nouvelle tournure aux anciennes objections; ils ont eu l'art de défigurer la plupart des faits de l'histoire ecclésiastique; il n'est presque pas un seul des Pères de l'Eglise, contre lequel ils n'aient formé des accusations; ils ont donc imposé une nouvelle tâche aux théologiens catholiques, à laquelle nos meilleurs controversistes n'ont pas pu satisfaire : nous avons donc été obligé de nous en charger; et si nous n'avons pas répondu à tout, nous croyons du moins avoir fait le plus essentiel. En donnant une courte notice des ouvrages des Pères, nous avons tâché de faire leur apologie.

Il en est de même des personnages de l'Ancien Testament dont l'histoire sainte a loué les vertus, et que les incrédules, en marchant sur les traces des manichéens, se sont appliqués à noircir. Mais loin de chercher à multiplier les articles de critique sacrée, nous en avons supprimé un grand nombre. Il nous a semblé inutile de disserter sur des expressions que tout le monde entend, ou sur des termes qui n'ont rien d'extraordinaire, et de copier le *Dictionnaire de la Bible*. Il est plus nécessaire sans doute d'éclaircir les passages dont les hérétiques ou les incrédules ont abusé, ou qui font un objet de dispute entre les théologiens.

On doit comprendre qu'un *Dictionnaire théologique*, quelque exact qu'il puisse être, ne pourra jamais tenir lieu d'un cours de théologie complet, dans lequel on rassemble sur chaque question toutes les preuves et les réponses aux objections; où l'on fait voir la liaison que nos dogmes ont entre eux, de manière que l'un éclaircit et confirme l'autre (1). Ce serait une erreur de croire qu'avec le secours d'un *Dictionnaire* aussi abrégé, l'on peut devenir grand théologien. Si celui-ci avait été destiné à paraître seul, il aurait nécessairement fallu le rendre plus étendu, y faire entrer plusieurs articles de métaphysique, de morale, d'histoire, de discipline, de jurisprudence canonique, que nous avons dû laisser à ceux auxquels ils appartiennent.

Il n'aurait pas été difficile non plus de le charger de citations; mais il suffit d'avertir, en général, que pour la *Critique sacrée*, les *Prolégomènes de la Polyglotte d'Angleterre*, la *Philosophie sacrée de Glassius*, les *Dissertations et les Préfaces de la Bible d'Avignon*, en 17 volumes in-4°, sont les principales sources où l'on a puisé. Pour l'*Histoire ecclésiastique*, Fleury, Cave, du Pin, Tillemont, dom Ceillier, sont les auteurs qu'il aurait fallu citer continuellement. Nous n'avons pas hésité de copier plusieurs observations dans les protestants desquels nous venons de parler, surtout de Mosheim, lorsqu'elles nous ont paru vraies et dignes de l'attention du lecteur. Pour la théologie dogmatique, quand nous aurions mis à chaque article les noms de Petau, de Tournély, de Wittasse, de Lherminier, de Juénin, ou de quelques auteurs plus modernes, le lecteur n'en aurait pas été plus instruit; ces ouvrages sont connus de tous les théologiens; et les autres personnes ne sont pas tentées de les lire.

Nous n'avons pas la vanité de croire que ce *Dictionnaire* est tel qu'il devrait être; un seul homme, quelque laborieux qu'il soit, ne peut suffire à cette entreprise. Ceux qui viendront après nous pourront faire mieux; il est plus aisé de voir les défauts d'un ouvrage déjà fait, que de les éviter en le composant.

(1) Un Dictionnaire théologique a d'autres avantages que n'offre point un traité complet : il est d'un usage plus général; on le consulte plus commodément, plus agréablement; il renferme d'ailleurs un grand nombre d'articles dont n'est point susceptible un cours de théologie.

AVERTISSEMENT
SUR CETTE NOUVELLE ÉDITION.

I. *Nécessité de compléter le dogme*. — Le *Dictionnaire de Théologie* de Bergier a acquis une juste célébrité. Les matières y sont exposées avec clarté; la controverse y est soutenue avec vigueur; les difficultés y sont abordées franchement et résolues avec autant de sagacité que d'érudition. L'auteur a fait comme la plupart des apologistes de la religion chrétienne : il a travaillé pour son époque, et il a parfaitement réussi. « On ne doit pas être étonné, dit-il (*Avertissement sur l'édition de* 1788), de nous voir continuellement aux prises avec les sociniens, avec les protestants, qui ont renouvelé presque toutes les anciennes erreurs; avec les déistes et les autres incrédules, qui les ont copiés tous. Nos maîtres en théologie sont les Pères de l'Eglise; nous nous croyons obligé de suivre leur exemple. Or, ces auteurs respectables ont écrit, chacun dans son temps, contre les erreurs qui faisaient du bruit pour lors, et non contre celles dont le souvenir était à peu près effacé; il est de notre devoir de les imiter. » Aussi s'est-il presque exclusivement attaché à réfuter les faussetés et les calomnies répandues tant dans les ouvrages philosophiques des incrédules de son temps, que dans ceux des protestants qui lui paraissaient avoir *le plus de réputation*, tels que Mosheim, Brucker, Beausobre, Basnage, Daillé, Le Clerc, Barbeyrac, Spanheim, Chillingworth, Bingham et plusieurs autres. On conçoit facilement, d'après ce but franchement avoué, que les raisonnements de notre auteur doivent être bien plus souvent des arguments *ad hominem* que des preuves directes. C'est d'ailleurs ce dont on est parfaitement assuré, après la lecture de quelques pages du *Dictionnaire*. L'habile controversiste part assez souvent de principes avoués par les adversaires qu'il a en vue ; il en tire des conséquences rigoureuses et poursuit vigoureusement son ennemi jusque dans son dernier retranchement. L'avocat a toujours gagné son procès ; mais quelquefois le théologien n'a rien démontré. Qu'il paraisse dans l'arène un champion à qui l'on ne puisse opposer les mêmes armes, il demeurera bientôt maître du terrain. Quelquefois même, les traits lancés ne peuvent atteindre l'adversaire que l'on croit combattre : notre auteur, en effet, dans la persuasion intime où il est que les protestants de toutes les sectes, que les incrédules de tous les partis, s'accordent toujours pour batailler contre l'Eglise romaine, suppose trop facilement qu'ils doivent admettre les principes les uns des autres, et que tous approuvent les concessions faites par quelques-uns d'entre eux. Aussi, oppose-t-il souvent aux uns les principes et les aveux des autres : c'est là combattre dans le cabinet des ennemis imaginaires, mais ce n'est point vaincre tel ou tel adversaire sur le champ de bataille. Le travail de Bergier, cependant, il faut en convenir, a exercé une influence salutaire sur les idées et les préoccupations de son siècle ; il a dissipé bien des préjugés et a fourni aux chrétiens zélés des armes très-puissantes tant contre le vieux protestantisme que contre l'incrédulité du XVIII° siècle. Mais de quelle utilité peut-il être, s'il est offert tel qu'il est à notre société moderne? Où sont les protestants qui ont aujourd'hui un système de doctrine déterminé? L'indifférence n'a-t-elle même pas, du moins à Paris, pris la place de l'esprit de parti? Où sont les philosophes incrédules qui raisonnent encore à la mode du XVIII° siècle? Le voltairianisme n'est-il pas descendu des sommités intellectuelles dans la fange populaire? Là on ne raisonne pas, on blasphème par corruption et par ignorance.

On ne peut donc aujourd'hui opposer avec succès à aucun ennemi de l'Eglise la plupart des arguments dont notre auteur s'est servi, à son époque, avec tant d'avantage. Devons-nous, à son exemple, diriger nos batteries contre le protestantisme et l'incrédulité modernes? Nous ne le pensons pas. 1° Le protestantisme actuel est insaisissable, surtout en France, où l'on jouit de la liberté des cultes : nous connaissons à Paris quatre sectes principales de calvinistes qui s'accordent sur fort peu de points ; en sorte que si l'on s'attache à en poursuivre une, on ne gagnera pas un pouce de terrain sur les trois autres. De plus, dans la même secte, un membre, et même un ministre conteste ce qu'un autre accorde ou admet ; c'est la suite nécessaire du défaut de règle extérieure de foi. Nous pouvons en dire autant de nos incrédules et de tous les philosophes qui nient l'existence d'une révélation surnaturelle, en faveur d'une prétendue révélation naturelle faite par Dieu à la raison de chaque individu. Dans la même école, les premiers principes et à plus forte raison les conséquences varient avec les individus. Au reste, aucun incrédule, aucun philosophe ennemi de l'Eglise n'a de système arrêté dont on puisse faire l'objet d'une réfutation solide et utile. L'éclectique surtout trouve dans l'inconséquence de son système des moyens fort expéditifs de se débarrasser des argumentations les plus irrésistibles : il rejette sans balancer les conséquences dont il aurait à rougir, bien qu'elles découlent rigoureusement de ses principes. On conçoit qu'il n'est plus guère possible de continuer, même en l'actualisant, le même genre de controverse. 2° Quand, par impossible, on parviendrait à réfuter victorieusement tous les ennemis actuels de l'Eglise, en les prenant en détail et en les attaquant les uns après les autres, quel avantage en résulterait-il, soit pour nos incrédules contemporains qui ne partagent pas les mêmes erreurs, soit pour ceux qui viendront après nous, lesquels pourraient éluder tous nos arguments, en niant, comme on fait les modernes, tous les principes de leurs devanciers, ou en imaginant de nouvelles absurdités ; soit surtout pour les fidèles de bonne foi qui tiennent à se rendre compte de leur croyance, indépendamment de tout système de protestantisme, d'incrédulité ou de philosophie, suivant la recommandation du prince des apôtres (*I Petr.* III, 15)?

Sur ces considérations, nous nous sommes décidé à donner dans ce *Dictionnaire* une démonstration complète et directe de la religion catholique, que l'on puisse opposer facilement à toutes les erreurs passées, présentes ou futures ; qui soit indépendante de tous préjugés de secte, d'école ou d'éducation reçue dans une religion quelconque ; enfin, qui satisfasse tous les esprits raisonnables, et qui serve de flambeau à tous ceux qui cherchent la vérité de bonne foi. Quand donc nous ne pourrons, à l'aide de quelques notes, rendre les articles importants de Bergier démonstratifs par eux-mêmes, et indépendamment de tous autres principes que ceux qui seront établis dans l'ouvrage même, nous en ferons d'entièrement neufs, en évitant toutefois les redites autant que possible. Si parfois nous combattons des erreurs modernes, ce ne sera qu'accidentellement et sous forme de conséquence, ou pour montrer que tous les systèmes d'incrédulité manquent de principes constitutifs rationnels, et ne reposent que sur des *postulata* de tout point contestables.

On comprend facilement que la partie dogmatique du *Dictionnaire* devra être complétée en un grand nombre de points, et enrichie de beaucoup d'articles entièrement neufs (1). L'auteur nous prévient lui-même

(1) Les additions que nous ferons au Dictionnaire de Bergier seront mises en notes au bas des pages. Quelquefois elles seront intercalées dans le texte, et

qu'il n'a pas prétendu faire un cours complet de théologie. « On doit comprendre, dit-il (*loc. cit.*), qu'un *Dictionnaire théologique*, quelque exact qu'il puisse être, ne pourra jamais tenir lieu d'un cours de théologie complet..... où l'on fait voir la liaison que nos dogmes ont entre eux, de manière que l'un éclaircit et confirme l'autre. » Pour nous, nous ne voyons pas pourquoi un Dictionnaire ne pourrait *tenir lieu d'un cours de théologie complet*, si toutes les questions importantes s'y trouvaient traitées avec clarté et solidité, quoique avec peu d'étendue. Quant à *la liaison des dogmes*, loin d'être incompatible avec la forme d'un Dictionnaire, elle s'impose d'elle-même à la tête de tous les articles, qui, selon leurs divers degrés de généralité, doivent être rattachés ou à des rameaux, ou à des branches, ou au tronc même de l'arbre théologique. L'enchaînement des vérités est tellement nécessaire dans un *Dictionnaire de théologie*, que chaque article y forme un petit tout, une petite synthèse plus ou moins générale, ou développée dans toutes ses parties et mise sous la dépendance d'un chef plus étendu, ou fractionnée en un certain nombre de subdivisions.

II. *Travaux à faire sur la partie scientifique.* — Notre auteur paraît avoir possédé toutes les connaissances de son temps, soit en histoire et en géographie, soit en physique et en histoire naturelle; il parle même de chimie et de géologie, sciences qui étaient encore au berceau. Il suit et combat avec succès ses adversaires sur ces divers terrains scientifiques. Mais il suffit d'avoir une idée des prodigieux progrès qu'ont faits, depuis le commencement de ce siècle, toutes les sciences d'observation, pour être convaincu que tous les raisonnements auxquels elles ont servi d'appui dans le dernier siècle ne peuvent pas avoir aujourd'hui une bien haute portée. Il y a donc beaucoup à actualiser sous ces rapports dans le *Dictionnaire de théologie*. Nous ne rectifierons pas les inexactitudes scientifiques au fur et à mesure que nous les rencontrerons, nous nous contenterons le plus souvent de les signaler, avec ou sans exposition de motifs : le lecteur profite peu de notions scientifiques isolées, éparses çà et là, et comme perdues dans un vaste ouvrage; aussi, réunirons-nous, autant que possible, dans de grands articles, les documents que nous aurons à donner sur telle ou telle science, pour éclaircir tel ou tel point de controverse religieuse. Au besoin nous renverrons à ces articles substantiels, dont la lecture laissera dans l'esprit des notions d'autant plus durables qu'elles seront précises et solides. On a voulu tourner contre la religion, au commencement de ce siècle, plusieurs sciences de nouvelle création : nous démêlerons ce qu'elles

alors nous aurons soin de les indiquer par ce signe : [ ]. Les articles nouveaux seront marqués d'un astérisque * et imprimés en caractères plus petits que ceux du texte.

ont d'incontestable d'avec ce qui est encore à l'état d'hypothèse, et nous montrerons qu'elles confirment nos dogmes au lieu de les infirmer.

III. *Observations sur les principales éditions du Dictionnaire théologique de Bergier.* — Le *Dictionnaire* de Bergier a eu un grand nombre d'éditions. La première est celle de 1788, qui parut dans l'Encyclopédie méthodique. Elle contient le texte de l'auteur sans aucune addition. On y remarque beaucoup de fautes typographiques. — La seconde édition est celle de Liége. Dès 1789 la société typographique de Liége réimprimait le *Dictionnaire* de Bergier; elle en conserva scrupuleusement le texte : elle ajouta seulement certains articles tirés du *Dictionnaire de jurisprudence* de l'Encyclopédie méthodique. Ces articles sont désignés sous le signe ☞ Quelques auteurs ont cru que ces articles sont de Bergier, parce que notre auteur y renvoie quelquefois. Ils ne sont pas de la plume de notre habile controversiste. 1° Ils sont signés des lettres initiales de plusieurs auteurs, qui ne sont pas celles de Bergier. 2° « Ils sont souvent écrits dans un mauvais esprit, ainsi que l'a remarqué, avant nous, l'auteur du *Cours alphabétique et méthodique de droit canon* (T. II, col. 1209 et 1231), et dans des principes tout opposés à ceux de Bergier. » 3° Notre savant critique blâme plus d'une fois les articles religieux de ce *Dictionnaire de jurisprudence*, par exemple, dans ses articles BIGAMIE et CÉLIBAT.

Mgr Gousset, aujourd'hui archevêque de Reims, a préparé une édition du *Dictionnaire de Bergier*, qui parut à Besançon en 1826; elle est enrichie d'extraits des meilleurs auteurs. Nous lui croyons un très-grand défaut; c'est d'avoir pour but principal de propager la doctrine du *sens commun* et le funeste système de M. de Lamennais. Il y a un grand nombre de notes de cette édition qui demandent à être lues avec précaution. Mgr Gousset a donné dans sa Théologie dogmatique une sorte de rétractation de ce qu'il avait écrit en faveur des doctrines lamenésiennes. Voici comment il s'exprime : « L'auteur de l'*Essai sur l'indifférence en matière*
« *de religion*, après avoir admirablement
« établi la nécessité de la foi dans le pre-
« mier volume, entreprit, dans le second,
« de fixer le critérium de la certitude en
« toutes choses sur le *sens commun*, dont
« il poussait trop loin l'application; et il
« plaça dans le genre humain, en dehors de
« l'Eglise et des traditions apostoliques, l'au-
« torité qui doit servir de règle aux croyan-
« ces du chrétien. Ce système a été con-
« damné par l'encyclique *Singulari*, de Gré-
« goire XVI, du 25 juin 1834. « Il est déplo-
« rable, dit ce pape, de voir jusqu'à quel ex-
« cès se précipitent les délires de la raison
« humaine, quand quelqu'un se jette dans
« les nouveautés; quand il veut, contre
« l'avis de l'Apôtre, être plus sage qu'il ne
« faut l'être, et prétend, par une extrême
« présomption, chercher la vérité hors de
« l'Eglise catholique, dans laquelle elle se

« trouve sans le plus léger mélange d'erreur,
« et qui pour cela est appelé en effet la co-
« lonne et le fondement de la vérité. Vous
« comprenez bien, vénérables frères, qu'ici
« nous parlons de ce système trompeur de
« philosophie introduit récemment et tout
« à fait blâmable, dans lequel, par un désir
« effréné de nouveautés, on ne cherche pas
« la vérité là où elle se trouve certainement,
« et, négligeant les traditions saintes et apos-
« toliques, on admet d'autres doctrines vai-
« nes, futiles, incertaines, et non approuvées
« par l'Eglise, doctrines que les hommes
« légers croient faussement propres à soute-
« nir et à appuyer la vérité. » Les évêques
« de France ont souscrit à l'encyclique de
« Grégoire XVI ; nous avons été nous-même
« heureux de la publier, comme vicaire ca-
« pitulaire de Besançon, conjointement avec
« les autres administrateurs du diocèse. Par
« cet acte, nous rétractions tout ce que nous
« aurions pu dire ou écrire dans le sens du
« système philosophique de l'*Essai*. Ce sys-
« tème n'avait point été compris de ceux qui
« l'avaient embrassé ; ils ne se le présen-
« taient pas tel qu'il est : ce qui explique la
« facilité avec laquelle ils l'ont abandonné. »

Mgr Doney, évêque de Montauban, a reproduit l'édition de Mgr Gousset. Il y a ajouté
un bon nombre d'excellents articles. Il a retranché un certain nombre d'articles qui contenaient trop évidemment les doctrines de
M. de Lamennais sur la certitude. Cette édition est loin d'avoir rejeté toutes les notes
condamnables. Nous croyons donc que cette
édition, pas plus que celle de Mgr Gousset,
ne peut sans danger être mise entre les mains
de jeunes gens qui pourraient facilement se
laisser entraîner à l'esprit de système. Nous
ne laisserons passer aucune note, soit de
l'édition de Mgr Gousset, soit de celle de
Mgr Doney, sans signaler le danger qu'elle
pourrait renfermer.

M. Lefort, imprimeur à Lille, a rendu d'é-
minents services à la cause catholique par
ses nombreuses publications. Il a aussi donné
une édition du Dictionnaire de Bergier. Il a
purgé les éditions de Besançon des dangereuses doctrines de M. de Lamennais. Ce qui
fait le principal mérite de l'édition de Lefort,
ce sont des notes nombreuses et très-savan-
tes, et des articles entièrement neufs ; quelques-uns peut-être ont-ils trop peu d'utilité.
Dans notre temps de mercantilisme, il faut
attirer les lecteurs et les acheteurs par quelque chose de nouveau. Quoique bien plus
complète que celle de Besançon, et surtout
qu'on puisse la lire sans danger, cette édition
est loin de satisfaire entièrement le lecteur. Il
y manque beaucoup d'articles nouveaux. Il y
a bon nombre d'articles de Bergier qui ont
besoin d'additions, d'explication et même de
correctif. Nous ne voyons pas même un mot
dans cette édition pour les indiquer.

Nous avons fait connaître dans les premiers paragraphes de cet Avertissement ce
que nous nous proposons de faire pour rendre cette édition complète. Nous devons observer ici qu'il n'y a pas une seule note des
éditions précédentes qui n'ait trouvé sa place
dans notre Dictionnaire, ou que nous n'ayons
appréciée, soit pour l'adopter, soit pour la
condamner. Nous avons fait précéder les articles principaux de l'exposition du dogme
catholique. A la fin de chaque volume nous
plaçons une table où se trouve l'indication
des principales questions traitées dans les articles. Cette table facilitera infiniment les
recherches.

IV. *Observations critiques.* — Quelques
auteurs ont reproché à Bergier une tendance
à allégoriser certains faits rapportés dans
l'Ecriture sainte : nous nous sommes aperçu
de cette imperfection, et nous en avons prévenu le lecteur dès l'article ADAM, au sujet
de l'arbre de la science du bien et du mal,
et de la tentation d'Eve. Mais nous devons
ajouter que souvent, comme il le fait déjà
dans le second de ces cas, après avoir penché
pour l'allégorie, il démontre que le sens littéral n'entraîne aucune absurdité. 2° M. Bonnetty, directeur des *Annales de philosophie
chrétienne* et de l'*Université catholique*, fait
peser sur notre savant controversiste, comme
sur bien d'autres, l'inculpation de cartésia-
nisme : « Malheureusement, dit-il (*Annal.*,
août 1845, p. 158), le déisme rationnel et cartésien est le point commun d'où ils partent
pour arriver les uns à l'Evangile, et les autres pour le combattre. » Il y a ici du vrai et
de l'exagéré : Bergier est cartésien, il fait
quelquefois (*Voy*. art. ADAM, fin) abstraction des traditions primitives ; mais aussi,
souvent il y renvoie, et M. Bonnetty lui-
même reconnaît en lui « un de ceux qui ont
commencé à faire sentir l'importance qu'il y
avait à faire remonter la Révélation jusqu'à
Adam, et le christianisme jusqu'à l'origine
de l'homme » (*loc. cit.*). Enfin, nous observerons que les adversaires des cartésiens ne
sont point encore plus avancés qu'eux en
fait de motifs de crédibilité.

L'œuvre de Bergier, malgré ses imperfections, n'est pas moins un monument remarquable, élevé en faveur de la religion. Avec
quelques améliorations, il peut devenir le
manuel du controversiste, et l'un des plus
solides appuis de la religion dans notre siècle
d'incrédulité.

Nous n'avons pas besoin de rappeler ici qu'un
grand nombre d'articles du Dictionnaire de
Bergier ont déjà été traités plus ou moins
longuement dans les divers Dictionnaires qui
composent l'Encyclopédie théologique. A cet
égard, nous croyons utile de renvoyer nos
lecteurs à l'*Avis* que nous avons mis en tête
du tome II des *Religions* (vol. XXV de l'Encyclop.).

INTRODUCTION
AU DICTIONNAIRE DE THÉOLOGIE
DOGMATIQUE.

DESSEIN DE LA PROVIDENCE DANS L'ÉTABLISSEMENT DE LA RELIGION, ORIGINE ET PROGRÈS DE L'INCRÉDULITÉ.

§ I. — Dieu, disent les Pères de l'Eglise, donne au genre humain des leçons convenables à ses différents âges (1); comme un père tendre, il a égard au degré de capacité de son élève; il fait marcher l'ouvrage de la grâce du même pas que celui de la nature, pour démontrer qu'il est l'auteur de l'un et de l'autre. Tel est le principe duquel il faut partir, pour concevoir le plan que la sagesse éternelle a suivi, en prescrivant aux hommes la religion.

Ce plan renferme trois grandes époques relatives aux divers états de l'humanité. Dans les siècles voisins de la création, le genre humain, dans une espèce d'enfance, n'avait encore d'autre société que celle des familles, d'autres lois que celles de la nature, d'autre gouvernement que celui des pères et des vieillards. Dieu révéla aux patriarches *une religion domestique*, peu de dogmes, un culte simple, une morale dont il avait gravé les principes au fond des cœurs. Le chef de famille était le pontife-né de cette religion primitive. Emanée de la bouche du Créateur, elle devait passer des pères aux enfants par les leçons de l'éducation. La tradition domestique, les pratiques du culte journalier, la marche régulière de l'univers et la voix de la conscience se réunissaient pour apprendre aux hommes à n'adorer qu'un seul Dieu. Ce premier lien de société, ajouté à ceux du sang, était assez puissant pour unir les diverses branches d'une même famille, et pour former insensiblement des associations plus étendues.

Cette idée de la religion primitive n'est pas de nous, elle est tirée des livres saints. L'Ecclésiastique, après avoir parlé de la création de nos premiers parents, ajoute: *Dieu les a remplis de la lumière de l'intelligence, leur a donné la science de l'esprit, a doué leur cœur de sentiments, leur a montré le bien et le mal: il a fait luire son œil sur leurs cœurs, afin qu'ils vissent la magnificence de ses ouvrages; qu'ils bénissent son saint nom, qu'ils le glorifiassent de ses merveilles et de la grandeur de ses œuvres. Il leur a prescrit des règles de conduite, et les a rendus dépositaires de la loi de vie. Il a fait avec eux une alliance éternelle, leur a enseigné les préceptes de sa justice. Ils ont vu l'éclat de sa gloire, ont été honorés des leçons de sa voix; il leur a dit: Fuyez toute iniquité; il a ordonné à chacun d'eux de veiller sur son prochain* (*Eccli.* xvii, 5 seqq.).

Mais la religion révélée de Dieu est un joug que l'homme consent difficilement à porter; s'il n'ose le secouer absolument, il cherche à le rendre moins incommode. La négligence des pères, l'indocilité des enfants, la jalousie, l'intérêt, la crainte, passions inquiètes et ombrageuses, firent interrompre peu à peu les pratiques du culte commun, et oublier la tradition domestique. L'homme se fit autant de divinités qu'il y a d'êtres dans la nature; il ne suivit que son caprice dans le culte qu'il leur rendit. Bientôt il y eut autant de religions que de peuplades; chacune voulut avoir ses dieux tutélaires. Cette division fatale est une des causes qui ont le plus retardé les progrès de la civilisation.

§ II. — Après plusieurs siècles, un grand nombre d'hommes se réunirent, commencèrent à suivre des lois et des usages communs, à former un peuple, une république, un royaume. Mais ces nations naissantes, toujours en défiance les unes à l'égard des autres, demeurèrent dans un état de guerre; elles ne s'approchaient que pour se dépouiller et s'entre-détruire; tout étranger était censé un ennemi. Déjà plongées dans l'erreur, comment pouvaient-elles être corrigées? comment faire revivre la révélation donnée à nos premiers pères? Dieu donna aux Hébreux une religion nationale, incorporée aux lois et à la constitution de leur république, ou plutôt destinée à la fonder. Relative au climat, au génie de cette nation, aux dangers dont elle était environnée, elle était faite non pour un peuple déjà policé, mais qui allait le devenir. C'est donc relativement à l'intérêt politique, à l'utilité nationale qu'il faut l'envisager, pour en voir la sagesse, et pour estimer le temps de sa durée.

Telle est encore l'idée que nous en donne le même auteur sacré: *Dieu, dit-il, a préposé un chef à chaque nation; mais il a réservé pour sa part les Israélites. Il a éclairé toutes leurs démarches, comme le soleil répand sa lumière sur toute la nature; ses yeux n'ont cessé de veiller sur leurs actions; leurs iniquités n'ont point effacé l'alliance qu'il avait faite avec eux* (*Ibid.*).

L'homme s'était égaré en prenant pour des dieux les différentes parties de la nature; Dieu frappa de grands coups sur la nature, pour faire sentir aux hommes qu'il en était le maître. Il effraya les Égyptiens, les Chananéens, les Assyriens, les Hébreux, par des

---

(1) Tertull., *de Virgin. velandis*, c. 1; S. Aug., *de vera Relig.*, c. 26 et 27, etc.; Theodoret, *Hæret. Fab.* l. v, c. 17; *de Provid.*, orat. 10, etc.

prodiges de terreur. *J'exercerai*, dit-il, *mes jugements sur les dieux de l'Egypte*; il déclare qu'il fait des miracles, non pour les Hébreux seuls, mais pour apprendre à tous les peuples *qu'il est le Seigneur*. Il les fit en effet sous les yeux des nations qui jouaient le plus grand rôle dans le monde connu. Dieu ne révéla point de nouveaux dogmes, mais il annonça de nouveaux desseins. La croyance de Moïse et des Hébreux était la même que celle d'Adam et de Noé; le décalogue est le code de morale de la nature : le culte ancien fut conservé; mais Dieu le rendit plus étendu et plus pompeux : dans une société policée, il fallait un sacerdoce; la tribu de Lévi en fut chargée à l'exclusion des autres. *La tradition nationale* était l'oracle que les Hébreux devaient consulter; toutes les fois qu'ils s'en écartèrent, ils tombèrent dans l'idolâtrie; dès qu'ils voulurent fraterniser avec leurs voisins, ils en contractèrent les vices et les erreurs.

Mais Dieu ne laissa point ignorer ce qu'il avait résolu de faire dans les siècles suivants. Par la bouche de ses prophètes, il annonça la vocation future de toutes les nations à sa connaissance et à son culte. La religion juive n'était qu'un préparatif à la révélation plus ample et plus générale, que Dieu voulait donner, lorsque le genre humain serait devenu capable de la recevoir.

§ III. — Ce temps était arrivé, quand le Fils de Dieu vint annoncer, sous le nom d'*Evangile* ou de bonne nouvelle, une *religion universelle*. La révélation précédente avait eu pour but de former un royaume ou une république sur la terre; Jésus-Christ prêcha le *royaume des cieux*. Une grande monarchie avait englouti toutes les autres; tous les peuples policés étaient devenus sujets du même souverain. Les arts, les sciences, le commerce, les conquêtes, les communications établies, avaient enfin disposé les peuples à fraterniser et à se réunir dans une seule Eglise. Le Fils de Dieu envoie ses apôtres prêcher l'Evangile *à toutes les nations*. J'en ferai, dit-il, un seul troupeau sous un même pasteur (1). Si ce dessein n'avait pas été conçu dans le ciel, il serait le plus beau qui eût pu se former sur la terre; et si Jésus-Christ n'était pas Dieu, il serait encore le meilleur et le plus grand des hommes.

Ceux-ci étaient moins grossiers et moins stupides que dans les siècles précédents; aussi les signes de la mission du Sauveur n'ont point été des prodiges de terreur, mais des traits de bonté. Les mœurs étaient plus douces, mais plus voluptueuses; il fallait une morale austère pour les corriger. Une philosophie curieuse et téméraire n'avait laissé subsister aucune vérité; il fallait des mystères pour la confondre et pour réprimer ses attentats. Les usages de la vie civile avaient acquis plus de décence et de dignité; il fallait un culte noble et majestueux. Les connaissances circulaient d'une nation à une autre; *la tradition universelle* ou *la catholicité* était donc la base sur laquelle l'enseignement devait être fondé. Telle est en effet la constitution du christianisme.

Ce n'est pas le connaître que de l'envisager comme une religion nouvelle, isolée, qui ne tient à rien, qui n'a ni titres, ni ancêtres. Ce caractère est l'ignominie de ses rivales; ainsi elles portent sur leur front le signe de leur réprobation. Le christianisme est le dernier trait d'un dessein formé de toute éternité par la Providence, le couronnement d'un édifice commencé à la création; il s'est avancé avec les siècles, il n'a paru ce qu'il est qu'au moment où l'ouvrier y a mis la dernière main. Aussi les apôtres nous font remarquer que le Verbe éternel, qui est venu instruire et sanctifier les hommes, est celui-là même qui les a créés (*Joan.* 1, *Hebr.* I.). Saint Augustin, dans ses livres *de la Cité de Dieu*, envisage la vraie religion comme une ville sainte, dont la construction a commencé à la création, et ne doit être finie que quand ses habitants seront tous réunis dans le ciel.

Ce plan sublime n'a pu éclore dans l'esprit d'un homme; il embrasse toute la durée des siècles; ceux mêmes qui, dans les premiers âges, ont concouru à son exécution, ne le connaissaient pas. C'est Jésus-Christ qui nous l'a révélé. Saint Jean, au commencement de son Evangile; saint Paul, dans sa lettre aux Galates, et dans le premier chapitre de l'Epître aux Hébreux, l'ont clairement développé. Le christianisme est la religion du sage, de l'homme parvenu à l'âge viril et à la maturité parfaite (*Ephes.* IV, 13).

L'auteur de l'Ecclésiastique, qui a si bien présenté les deux premières époques de la révélation, ne pouvait peindre la troisième; il l'a précédée de plus de deux cents ans; mais il prie Dieu d'accomplir ses promesses et les prédictions des anciens prophètes, *afin*, dit-il, *que l'on reconnaisse la fidélité de ceux qui ont parlé en votre nom, et pour apprendre à toutes les nations que tous les siècles sont présents à vos yeux* (*Eccli.* XXXVI, 16).

§ IV. — Un signe non équivoque de l'opération divine est la constance et l'uniformité; ce caractère brille dans la nature, il n'éclate pas moins dans la religion. Dieu n'a point enseigné aux hommes dans un temps le contraire de ce qu'il leur avait dit dans un autre; mais à certaines époques il leur a révélé des vérités dont il ne les avait pas encore instruits auparavant. La croyance des patriarches n'a point été changée par les leçons de Moïse; le symbole des chrétiens, quoique plus étendu, n'est point opposé à celui des Hébreux. Le code de morale donné à Adam se retrouve dans le décalogue; celui-ci a été renouvelé, expliqué et confirmé par Jésus-Christ; mais la religion parfaite et immuable dès sa naissance, parce qu'elle est l'ouvrage de la sagesse divine, a souvent été défigurée par l'aveuglement et par les passions de l'homme. Dieu ne change point; l'homme varie continuellement. Plus il oublie et méconnaît les leçons de son Créateur, plus il est nécessaire que ce père sage et bon les renouvelle,

---

(1) Fiet unum ovile et unus pastor. *Joan.* x, 16.

les rend plus étendues et plus frappantes.

Dans les égarements de l'homme, rien d'uniforme; la vérité est une, les erreurs changent à l'infini (1); un peuple nie ce que l'autre affirme, les opinions d'un siècle sont effacées par celles du siècle suivant. Tantôt les philosophes ont enseigné qu'il y a autant de dieux que d'êtres dans la nature; tantôt, qu'il n'y en a point du tout. Dans un temps, ils ont confondu la Divinité avec l'âme du monde; dans un autre, ils ont cru que Dieu était l'artisan du monde, mais qu'il ne se mêlait point de le gouverner. Les uns nous ont accordé une âme, les autres nous l'ont refusée; ceux-là combattaient pour la liberté humaine, ceux-ci pour la fatalité; telle secte croyait à la vie future, telle autre n'y ajoutait point de foi. Les plus anciens enseignèrent une morale assez pure; leurs successeurs la corrompirent, ou la sapèrent par les fondements. Dans tous les lieux du monde on raisonnait sur la religion; dans aucun l'on n'osait y toucher, de peur de la rendre pire. Le peuple suivait à l'aveugle les leçons de ses conducteurs et la tradition de ses ancêtres : fables, contradictions, dérèglements partout.

Au milieu de cette nuit profonde, un rayon de vérité brille dans un coin de l'univers, une religion pure y subsiste; elle descend en droite ligne du premier homme, par conséquent du Créateur; elle s'est perpétuée dans une seule branche de familles successives. Lorsqu'elle est prête à s'éteindre, Dieu paraît de nouveau et se fait entendre : il parle en maître souverain de la nature; les Hébreux étonnés tremblent, écoutent dans le silence. Il faut les séparer de toutes les nations livrées à l'erreur, les assujettir par une loi sévère. Vingt fois ils veulent en secouer le joug, autant de fois ils sont forcés de le reprendre. Lors même qu'ils y paraissent le plus soumis, ils en prennent les dogmes de travers, en corrompent la morale, altèrent le sens des promesses divines. Dieu cependant est fidèle à les accomplir; au moment qu'il a marqué d'avance, son Verbe incarné paraît parmi les hommes, revêtu de tous les caractères de la Divinité. Annoncé par les prophètes, attendu par les justes, précédé par des prodiges, né du sang le plus noble qu'il y eût dans l'univers, il reçoit le nom de *Sauveur*; admirable par sa doctrine, étonnant par ses miracles, respectable par ses vertus, aimable par ses bienfaits, il prêche le royaume des cieux. Mais cette lumière luit dans les ténèbres; il est méconnu, rejeté, condamné par la nation même qu'il venait instruire et sauver. Il meurt, ressuscite, monte au ciel, ordonne et prédit la conversion du monde : elle s'accomplit ; le christianisme est établi ; il subsiste depuis dix-huit cents ans, malgré les efforts renaissants des incrédules de tous les siècles. Voilà le tableau de la religion. On ne peut y méconnaître la main de l'Intelligence toute-puissante et éternelle, qui d'un coup d'œil embrasse tous les siècles (1), voit toutes les révolutions que doivent subir ses créatures, trace dès le premier instant le plan qu'elle suivra dans toute la durée des temps.

§ V. — Pour en saisir l'ensemble, nous avons trois signes qu'il ne faut pas séparer. Dans l'histoire de la religion que nous présentent les écrivains sacrés, nous voyons :

1° Une chaîne de faits qui se succèdent, qui ne laissent aucun vide, où l'on ne peut rien déplacer. L'ordre des générations et des événements nous conduit d'Adam à Noé, de Noé à Abraham, de celui-ci à Moïse, de Moïse à Jésus-Christ. La création et la chute de l'homme, le déluge universel et la dispersion des peuples, la vocation d'Abraham et les prédictions qui regardent sa postérité, sont trois grandes époques auxquelles se rapportent les faits intermédiaires, et qui préparent de loin la révélation donnée par Moïse. Celle-ci nous fait envisager la venue du Messie et la conversion des peuples, comme le terme auquel tous ces préparatifs doivent aboutir. Voilà un plan général, un dessein suivi, qui démontre que rien n'est arrivé par hasard, et que rien n'a été écrit sans raison ; ce n'est point ainsi que sont tissues les annales mensongères des autres peuples, auxquelles les philosophes trouvent bon de donner la préférence.

2° Une chaîne de vérités prouvées par ces faits mêmes, toujours relatives aux besoins actuels et à la situation dans laquelle se trouve le genre humain. Sous la première époque, tout concourt à inculquer ce dogme capital, qu'il y a un seul Dieu créateur, dont la providence dirige tous les événements, et qu'il gouverne en maître absolu le monde qu'il a tiré du néant. Sous la seconde, tout se rapporte à démontrer que ce même Dieu est le fondateur de la société civile, l'arbitre souverain de la destinée des peuples, qu'il les place et les déplace, les élève ou les humilie, les éclaire ou les laisse dans l'aveuglement, comme il lui plaît. Sous la troisième, le but principal de la révélation est de nous convaincre que Dieu est encore l'auteur de la sanctification de l'homme, que le salut n'est point l'ouvrage de la volonté seule, mais de la grâce divine et des mérites du Médiateur. — Ainsi, depuis la notion du Créateur, et la première promesse faite à l'homme pécheur, l'étendue et la clarté de la révélation va toujours en augmentant, à mesure que l'homme devient capable de leçons plus amples et plus parfaites, jusqu'à la manifestation pleine et entière de la grâce et de la vérité par Jésus-Christ. Par la révélation primitive, la loi naturelle ne paraît connue qu'autant qu'il était nécessaire pour la prospérité des familles, et pour engager les hommes à se rapprocher. Dieu tolère, dans les patriarches, des abus qui devaient être retranchés dans la suite des temps, mais qu'il eût été difficile d'arrêter

_____
(1) Theod., *de Prov.*, orat. 1, pag. 521.

(1) Tu es Deus conspector sæculorum. *Eccl.* xxxvi, 19.

pour lors, et qui ne pouvaient encore produire d'aussi mauvais effets que chez les peuples mieux civilisés. La loi de Moïse supprime ou diminue une partie de ces abus ; mais le *droit des gens*, ou le droit d'une nation à l'égard d'une autre, est encore très-peu connu. Il était nécessaire que les Hébreux demeurassent isolés et dans l'état de séparation dans lequel tous les peuples vivaient pour lors. C'est seulement par l'Évangile que les grands principes de morale sociale, de charité universelle, d'*humanité*, ont été enfin développés ; les anciens philosophes n'en étaient pas mieux instruits que les autres hommes. Ici on reconnaît encore la sagesse de la Providence, qui ne donne à ses enfants que les leçons dont ils sont susceptibles, et n'exige d'eux des vertus que selon le degré de leurs connaissances.

3° Une chaîne d'erreurs et d'égarements chez les hommes indociles ; erreurs qui viennent toujours de la même source, de leur révolte contre l'autorité divine. Sous la loi de nature, ceux qui se sont écartés de la *tradition domestique*, sont tombés dans le polythéisme et y ont persévéré ; ils ont adoré les ouvrages du Créateur sans l'adorer lui-même ; leur culte n'a été qu'un chaos de profanations. Tel est encore l'état des peuples chez lesquels le flambeau de la révélation ne s'est point rallumé ; aucun progrès de la raison humaine, pendant soixante siècles, n'a été capable de les en tirer. Sous la loi mosaïque, lorsque les Juifs ont méconnu leur *tradition nationale*, ils se sont plongés dans l'idolâtrie, comme toutes les nations voisines ; ils ont adoré l'ouvrage de leurs mains, sont devenus aussi aveugles que si Dieu n'avait jamais daigné les instruire. Dans le sein du christianisme, quiconque abandonne la *tradition universelle* ou la *catholicité*, tombe dans l'hérésie qui n'est qu'une philosophie erronée ; mais s'il raisonne de suite, il n'y demeure pas longtemps, il passe rapidement au déisme, au matérialisme, au pyrrhonisme absolu : ou il adore le Dieu de Spinosa, ou il n'adore rien du tout. Nous verrons dans un moment le tissu des conséquences qui conduisent à cet abîme ; l'enchaînement n'en fut jamais aperçu par ceux mêmes qui s'y trouvent enlacés.

§ VI. — Parmi tous ces grands génies qui attaquent aujourd'hui la religion, en est-il quelqu'un qui ait entrepris de renverser le plan général de la révélation, ou qui ait fait de fortes objections pour le détruire ? Pas un seul ne s'en est seulement douté. A les entendre, il semble que la religion soit un hors-d'œuvre dans la société, et que l'on ne sache pas d'où elle est venue ; que Jésus-Christ soit arrivé sur la terre sans être prévu ni attendu ; que le christianisme soit le résultat des idées d'un homme singulier, qui a rêvé qu'il était destiné à changer la face de l'univers. — Ce n'est point ainsi qu'il est représenté dans nos livres saints. *Jésus-Christ*, disent ses apôtres, *n'est pas seulement d'aujourd'hui, il était d'hier, et le même pour tous les siècles* (*Hebr.* XIII, 8). Il était dans les *décrets éternels avant la naissance du monde* (*Petr.* I, 20). *C'est l'agneau immolé dès la création* (*Apoc.* XIII, 8). *L'ouvrage qu'il a consommé développe enfin un mystère caché dans le sein de Dieu, dès le commencement des siècles, et fait comprendre la sagesse de sa conduite et de ses desseins éternels* (*Ephes.* III, 9, 10). Jésus-Christ a *fait de l'Ancien et du Nouveau Testament une seule et même alliance* (1). Conséquemment saint Augustin soutient que le christianisme a existé depuis la création (*Retract.* I, 13, n. 3) ; et M. Bossuet, que la religion est la même depuis l'origine du monde (*Disc. sur l'hist. univ.*, part. XI, art. 1).

Entreprendre de prouver la vérité et la divinité du christianisme, sans avoir égard aux deux époques de la révélation qui ont précédé, ce serait lui dérober la plus frappante de ses preuves, juger du coin d'un tableau sans envisager l'ensemble, mettre notre religion de niveau avec celle des Indiens et des Chinois. Non, elle tient à l'origine du monde, et doit durer autant que lui. Les autres ne sont que des excrescences ou des taches qui obscurcissent ou défigurent le plan général, ou tout au plus des ombres qui ne servent qu'à mieux faire sortir les traits de lumière.

De même que la religion domestique des patriarches n'a dû persévérer que jusqu'au moment où les peuplades dispersées se rassembleraient pour former des corps de nation, ainsi la religion nationale des Hébreux n'a dû se maintenir que jusqu'à l'époque à laquelle les peuples mieux civilisés seraient capables de composer une société religieuse *universelle*. En suivant le fil de l'histoire, on voit que cette constitution même du christianisme a empêché les peuples de l'Europe de retomber dans la barbarie. Une quatrième révélation générale est donc impossible ; elle ne serait plus analogue à aucun état de la nature humaine. Tant que l'univers sera policé, il doit être chrétien ; il ne peut être bien civilisé que par l'Évangile. Jésus-Christ a embrassé dans son plan toute la durée du monde, lorsqu'il a promis à son Église d'être avec elle jusqu'à la consommation des siècles. Longtemps avant la mission de Moïse, le Messie avait été annoncé comme un *législateur qui devait rassembler les peuples* ; aucune prophétie ne nous parle d'un nouvel envoyé : lorsque Dieu lui-même a daigné nous instruire en personne, quel pourrait être le maître capable de nous donner de meilleures leçons ?

Jésus-Christ a reçu de son Père le souverain domaine sur toutes choses (*Matth.* XI, 27), tout a été créé par lui et pour lui, rien ne subsiste qu'en lui (*I Coloss.* I, 16, 17) ; son règne dans le ciel est éternel (*II Petr.* I, 11), et il ne cessera sur la terre que quand tous ses ennemis seront abattus à ses pieds (*I Cor.* XV, 25).

§ VII. *Origine et progrès de l'incrédulité.* — D'où peut donc venir l'irréligion qui de

---

(1) Fecit utraque unum. *Eph.* II, 14.

nos jours s'est répandue dans l'Europe entière? La peste noire, qui au xivᵉ siècle ravagea une partie de notre hémisphère, ne fit pas des progrès plus rapides. Les auteurs sacrés ont constamment attribué à l'esprit de ténèbres les erreurs des hérétiques, les superstitions des idolâtres, les artifices malicieux des incrédules (*Ephes.* v, 12), et ils nous ont appris à connaître les moyens dont il se sert. Disons-le hardiment, nous n'avons que trop de preuves à produire; l'incrédulité est fille de l'ignorance: dans un siècle qui se croit très-instruit, la religion n'est pas connue. Mais cette ignorance même tient à d'autres causes; il en est de générales et de particulières; l'histoire en est tracée dans celle des peuples qui nous ont précédés.

Ce n'est pas la première fois que cette maladie épidémique a paru dans le monde. Les Grecs, parvenus au comble de la prospérité par leurs victoires sur les Perses, se précipitèrent dans l'épicuréisme; Rome, maîtresse du monde, chargée des dépouilles de l'Asie, fit entrer dans ses murs avec le luxe cette odieuse philosophie; les Juifs, délivrés de la persécution des rois de Syrie, et enrichis par le commerce d'Alexandrie, virent éclore le saducéisme, qui n'était qu'un épicuréisme grossier. Selon les observations de plusieurs politiques modernes, les mêmes vaisseaux qui ont voituré dans nos ports les trésors du Nouveau-Monde, ont dû y apporter le germe de l'irréligion, avec la maladie honteuse qui empoisonne les sources de la vie.

A la suite du luxe marche la philosophie, qui n'est elle-même qu'un luxe de connaissances. Une nation qui s'applaudit d'avoir quitté les mœurs agrestes de ses aïeux, se fait presque un point d'honneur de renoncer à leur croyance. Ne serait-il pas aussi indécent de conserver l'antique religion de nos pères, que de porter les mêmes habits? L'esprit, devenu calculateur, suppute les avantages d'une nouvelle façon de penser, comme il estime le produit d'un nouveau commerce ou d'une branche d'industrie; nos philosophes ont porté l'exactitude jusqu'à évaluer la dépense du pain bénit et des cierges (1) : bientôt l'on marchande combien coûte la vertu, et l'on juge ordinairement qu'elle est trop chère.

Chez un peuple corrompu par l'amour effréné des plaisirs, plus la religion est sainte, plus elle doit devenir odieuse; sa morale se trouve si éloignée du ton général des mœurs, qu'elle ne peut manquer de paraître impraticable : l'esprit, énervé par les faiblesses du cœur, n'envisage plus cette morale qu'avec effroi. On est descendu de sa hauteur par une pente imperceptible; on ne se sent plus assez de force pour regagner le sommet. On argumente pour prouver qu'il est inaccessible, que la tête y tourne, que l'on ne peut y respirer : les philosophes, qui promettent de le démontrer, sont sûrs de trouver des auditeurs dociles. Les uns et les autres s'applaudissent de leur sagacité, vantent les progrès des lumières du siècle, donnent l'irréligion comme le résultat des connaissances qu'ils ont acquises : ce n'est que l'effet des vices qu'ils ont contractés. Si nous pouvions nous flatter d'avoir plus de vertus que nos pères, il nous serait permis de penser que nous sommes aussi beaucoup plus éclairés.

Les panégyristes même du siècle présent nous font remarquer que *l'âge de la philosophie annonce la vieillesse des empires, qu'elle s'efforce en vain de soutenir. C'est elle qui forma le dernier siècle des belles républiques de la Grèce et de Rome. Athènes n'eut de philosophes que la veille de sa ruine, qu'ils semblèrent prédire. Cicéron et Lucrèce n'écrivirent sur la nature des dieux et du monde qu'au bruit des guerres civiles qui creusèrent le tombeau de la liberté* (1). Triste réflexion! Si les flambeaux de la philosophie n'étaient que des torches funèbres destinées à éclairer les funérailles du patriotisme et de la vertu, il devrait être défendu, sous peine de la vie, de les allumer jamais.

Un autre spéculateur observe que *le laboureur est nécessairement superstitieux, le matelot impie, le guerrier fataliste, l'habitant des villes indifférent* (2). Quelle philosophie que celle qui dépend de la profession que l'on exerce, ou du séjour que l'on habite!

Mais il est bon de voir par quels progrès insensibles, par quel enchaînement de conséquences elle est parvenue à ce point *d'indifférence*, que l'on veut nous faire envisager comme le comble de la sagesse.

§ VIII. — Il y a un fait constant, et dont plusieurs philosophes sont convenus, c'est que les nations féroces, qui ravagèrent l'Europe au vᵉ siècle et dans les âges suivants, auraient étouffé jusqu'au dernier germe des connaissances humaines, si la religion n'avait opposé des barrières à leur fureur. Les ecclésiastiques, obligés à l'étude par leur état, conservèrent une faible teinture des sciences qui avaient été cultivées sous la domination des Romains. Il y eut toujours des écoles établies dans l'enceinte des chapitres et des monastères, pour l'instruction de la jeunesse; le nom de *clerc* devint synonyme avec celui de *lettré*. La langue latine consacrée aux offices de l'Eglise, quoique fort déchue de son ancienne pureté, fut dans la suite un secours pour reprendre la lecture des anciens auteurs. Dans le loisir du cloître, les moines s'occupèrent à rassembler et à copier les écrits que le génie destructeur des Barbares avait épargnés : à la renaissance des lettres, les archives des églises et des monastères ont été les uniques dépôts où l'on a retrouvé les monuments des siècles précédents.

La pompe extérieure du culte divin contribuait à entretenir un reste de goût pour les arts; les rapports nécessaires avec le siége de Rome, et les pèlerinages de dévotion, furent pendant longtemps le seul lien de com-

(1) *Encyclopédie*, P. in bénit.

(1) *Hist. des Etab. des Europ. dans les Indes*, tom. VII, cap. 13.
(2) *Aux Mânes de Louis XV*, tom. I, p. 297.

munication entre les différentes nations de l'Europe; la *trêve de Dieu*, établie par un motif de religion, suspendit par intervalles les ravages de la guerre. Un des objets de l'institution de plusieurs fêtes fut d'interrompre les travaux des serfs, accablés sous la tyrannie féodale. Avant l'établissement des foires et des marchés publics, les *apports* ou le concours des peuples aux fêtes et aux tombeaux des saints, furent le rendez-vous ordinaire des négociants (1).

Si donc il s'est trouvé quelques vestiges d'humanité, de mœurs, de police, de lumières, parmi les hommes au XVe siècle, c'est incontestablement au christianisme que l'on en est redevable (2). Sans la résistance que le zèle de la religion opposa aux tentatives réitérées des mahométans, ils auraient envahi l'Italie et les Gaules; tout était perdu.

Lorsque les premiers littérateurs commencèrent à reprendre le fil des connaissances humaines, on n'avait pas lieu de prévoir que leurs successeurs se serviraient bientôt, pour attaquer la religion, des secours mêmes qu'elle leur avait conservés, et tourneraient contre elle les armes qu'ils avaient reçues de sa main : la révolution fut aussi prompte qu'elle avait été imprévue.

Il était impossible qu'au milieu des ténèbres qui avaient couvert la face de l'Europe pendant plusieurs siècles, il ne se fût glissé des abus dans la religion, que les mœurs du clergé ne se sentissent de la licence qui avait régné dans tous les états; c'est de là que l'on est parti pour lancer les premiers traits contre la constitution même du christianisme.

Ceux qui s'annoncèrent au XVIe siècle, sous le titre de réformateurs, sentirent ces abus; ils crurent y remédier en détruisant le principe auquel ils les attribuaient, savoir, l'autorité de l'Église. Ils ne virent pas qu'ils faisaient une brèche par laquelle toutes les erreurs allaient bientôt pénétrer; que, pour renverser successivement tous les dogmes et les fondements mêmes de la foi chrétienne, il n'y avait qu'à suivre la route qu'ils venaient de tracer. En effet, bientôt en imitant leur méthode, les sociniens rejetèrent tous les dogmes qui leur parurent incompréhensibles, citèrent au tribunal de la raison les oracles de la parole divine. Instruits par cet exemple, les déistes ne voulurent plus admettre aucune révélation, révoquèrent en doute plusieurs vérités de la religion naturelle. Enfin le matérialisme, armé de leurs arguments, osa lever sa tête altière et nier l'existence de Dieu. Les sceptiques, frappés du choc de ces divers systèmes, conclurent qu'il n'y a rien de certain; qu'en fait de religion et de morale, un philosophe doit s'en tenir au doute absolu. De là est née l'*indifférence* pour toutes les opinions, à laquelle on donne le nom de *tolérance*. Dans l'excès du délire, l'esprit humain ne peut aller plus loin.

§ IX. — Cette progression surprenante est clairement marquée par les époques des personnages qui ont été à la tête de ces différents partis, et par la date de leurs ouvrages. Luther commença de dogmatiser en 1517; Calvin, en 1532; Lélio, Socin et Gentilis, vers 1550; Viret, l'un des réformateurs, a parlé des premiers déistes dans son *Instruction chrétienne*, en 1563. Vanini, athée décidé, fut exécuté en 1619. Spinosa n'a paru que quarante ans après; La Motte-le-Vayer et Bayle, deux sceptiques, ont écrit sur la fin de ce même siècle; Montaigne les avait précédés.

En Angleterre, les progrès de l'incrédulité ont été les mêmes. Après les divers combats des différentes sectes protestantes et sociniennes, le déisme y eut des prosélytes. Le lord Herbert de Cherbury, premier auteur anglais qui l'ait réduit en système, publia son livre *de Veritate* en 1624. Hobbes, Tolland, Blount, Schaftsbury, Tindal, Morgan, Chubb, Collins, Woolston, Bolingbrocke, sont venus à la suite. Ce dernier, de même que Hobbes et Tolland, a semé des principes d'athéisme dans ses ouvrages; David Hume, plus récent, a professé le scepticisme dans les siens.

Nos incrédules Français, qui parlent aujourd'hui si haut, n'ont été que les copistes des Anglais; c'est un fait aisé à vérifier. Ils ont commencé par enseigner le déisme, insensiblement ils en sont venus au matérialisme pur; pour achever la dégradation, le pyrrhonisme absolu se montre à découvert dans la plupart de leurs livres. Nous citerons ci-après quelques-unes de leurs maximes (1).

Ce phénomène, constamment renouvelé, ne peut être un effet du hasard; déjà on l'avait remarqué chez les anciens philosophes. Trois cents ans avant notre ère, les dogmes de la religion naturelle et de la morale avaient été trop faiblement établis par Pythagore, par Socrate, Platon et Aristote, qui avaient précédé cette époque; ils avaient mêlé des erreurs à ces vérités essentielles. Les épicuriens et les cyniques, qui parurent alors, attaquèrent, les uns l'existence de la Divinité ou du moins sa providence; les autres, les lois de la morale. Leurs égarements furent remplacés par les hypothèses de Pyrrhon et de ses descendants, qui ne voulaient admettre aucune vérité.

Il n'en faut pas davantage pour convaincre un esprit droit, non-seulement de la nécessité de la révélation, mais du besoin que nous avons d'une autorité visible pour nous guider en matière de religion : l'une de ces vérités découle évidemment de l'autre. L'au-

---

(1) La première foire franche en France a commencé à Saint-Denis. *Hist. des Établiss. Europ. dans les Indes*, tom. I, p. 2.

(2) *Vues philos.* de Prémontval, t. I, p. 154, II me, *Hist. de la maison de Tudor*, tom. II, pag. 9.

(1) Les sectateurs des divers systèmes d'incrédulité ne sont appuyés sur aucune preuve positive, mais sur les difficultés qu'ils voient dans les opinions de leurs adversaires. Des difficultés et des objections peuvent inspirer des doutes; mais elles n'opèrent point la conviction. En général, les incrédules sont flottants, incertains et non persuadés.

teur de l'article *Unitaires*, dans l'Encyclopédie, a très-bien montré la progression que doit faire un raisonneur, dès qu'il a franchi la barrière de l'autorité (1). Sur ce point important, les principes sont exactement d'accord avec les faits, ils servent d'appui les uns aux autres.

§ X. — Le premier essai des novateurs fut d'attaquer l'autorité de la tradition : ils ne virent pas qu'en renversant la tradition des dogmes, ils sapaient du même coup la tradition des faits. Car enfin on ne conçoit pas pourquoi il est plus difficile aux hommes de rendre témoignage de ce qu'ils ont entendu, que d'attester ce qu'ils ont vu ; s'ils sont indignes de croyance au premier chef, nous ne voyons pas quelle confiance on peut leur accorder sur le second. Dès que la tradition des faits est aussi caduque et aussi incertaine que la tradition des dogmes, le christianisme ne peut se soutenir, il est appuyé sur des faits. Tous les arguments que l'on a rassemblés contre l'infaillibilité de la tradition dogmatique, ont donc servi à ébranler en général toute certitude morale ou historique (2) : celle-ci étant intimement liée à la certitude physique, comme nous le ferons voir, les coups portés à l'une ne pouvaient manquer de retomber sur l'autre. Quand on est parvenu à douter des vérités physiques, il ne reste qu'un pas à faire pour contester les principes métaphysiques sur lesquels portent nos raisonnements. A proprement parler, ces trois espèces de certitude sont appuyées sur le même fondement, sur le sens commun (3); l'on ne peut donner atteinte à l'une, sans diminuer la force des autres.

(1) *Voy.* encore Bayle, *Dict. Crit.*, art. *Acosta*. Apol. pour les cath., t. II, c. 4.
(2) *Voy.* Daillé, *de Usu Patrum*.
(3) *Voy.* Beaties, *An essai on the Natura ad immutability of Truth*. — [Les auteurs des différentes éditions de Besançon ont placé ici une note pour établir que Bergier a été l'un des précurseurs de l'école de M. de Lamennais sur les principes de certitude. Bergier admettait sans doute l'autorité comme l'un des principaux motifs de certitude ; mais il était loin de la regarder comme l'unique fondement de la vérité. Voici les principaux passages extraits de ses écrits, qui montrent combien il avait en estime le grand principe d'autorité pour servir de base aux jugements : « A proprement parler, dit Bergier, ces trois espèces de certitude, c'est-à-dire la certitude métaphysique, la certitude physique et la certitude morale, sont appuyées sur le même fondement, sur le *sens commun.* » Il s'exprime ainsi dans son *Traité de la vraie religion.* « En dernière analyse, la certitude métaphysique se réduit, aussi bien que les autres, au *dictamen du sens commun.* » Nous lisons dans le même ouvrage que « par la conduite de Dieu envers le genre humain, dès l'origine du monde, par les égarements des peuples qui ont oublié la révélation primitive, par les erreurs des philosophes anciens et modernes, il est prouvé jusqu'à l'évidence que la raison seule est très-faible, qu'elle n'a jamais su dicter à l'homme ce qu'il devait croire et pratiquer. »
— « A parler exactement, l'homme n'a que des lumières d'emprunt ; Dieu l'a créé pour être façonné par l'éducation et la société ; abandonné à lui-même, il serait presque réduit à l'animalité pure : il est de la nature de l'homme que la religion lui soit transmise par l'éducation. » — « A proprement parler, la raison n'est rien autre chose que la faculté d'être instruit et de sentir la vérité, lorsqu'elle nous est proposée. » (*Dict. théol.*, art. *Raison.*) De peur qu'on n'abuse du mot religion naturelle, il a soin d'observer que la religion prescrite aux premiers hommes était naturelle, dans le sens qu'elle était conforme aux besoins de l'humanité, à la nature de Dieu et à la nature de l'homme ; que lorsque nous en sommes instruits, nous pouvons, par les lumières de la raison, en sentir et en démontrer la vérité ; mais qu'elle n'est point naturelle dans ce sens qu'aucun homme soit parvenu, par ses propres recherches, à en découvrir tous les dogmes et tous les préceptes, et à les professer dans leur pureté. Personne ne l'a connue que ceux qui l'ont reçue par tradition. » (*Traité de la vraie Religion.*)

« Vainement les déistes disent que les devoirs de la religion naturelle sont fondés sur des relations essentielles entre Dieu et nous, entre nous et nos semblables, et qu'ils sont gravés dans le cœur de tous les hommes. Si l'éducation, les leçons de nos maîtres, l'exemple de nos concitoyens, ne nous accoutument point à en lire les caractères, c'est un *livre fermé pour nous.* Une expérience générale, et qui date depuis six mille ans, nous doit convaincre que la raison humaine, privée du secours de la révélation, n'est qu'un aveugle qui marche à tâtons dans le plus grand jour. » (*Ibid.*)—« Autre chose est de découvrir une vérité par la seule réflexion, autre est de la démontrer lorsqu'elle est connue. » (*Ibid.*).
— Enfin, « l'on n'établit point le pyrrhonisme en se fixant à la tradition constante, uniforme, universelle, de tous les peuples dans leur origine, qui atteste une révélation. C'est au contraire, en suivant une route différente, en donnant tout au raisonnement et rien à la tradition, que les philosophes ont fait naître le pyrrhonisme. Tous ceux qui veulent retenir la même méthode aboutiront au même terme ; Dieu a voulu nous instruire par la tradition et par la voie d'autorité, et non par le raisonnement. » (*Ibid.*) *Voy.* CERTITUDE, LOI NATURELLE. Il serait très-téméraire de conclure de ces passages qu'aux yeux de Bergier le sens commun était le seul motif de certitude. On ne peut lire deux pages de ses écrits sans reconnaître le contraire.]

Dans la vue de détruire l'autorité de la tradition dogmatique, les novateurs soutinrent que les pasteurs de l'Eglise avaient changé la doctrine des apôtres, que la plupart de nos dogmes sont de nouvelles inventions de la théologie. Aujourd'hui les incrédules nous apprennent que les apôtres mêmes ont changé la doctrine de Jésus-Christ ; que le christianisme, tel que nous le professons, a été fabriqué par saint Paul et par ses sectateurs. Julien avait fait cette rare découverte, il l'a transmise aux docteurs modernes (1).

Pour décréditer les témoins de la tradition, les critiques protestants se sont déchaînés contre les Pères de l'Eglise ; ils ont suspecté leur doctrine, leur morale, leur capacité, leur conduite, leur bonne foi (2). Des anciens Pères aux apôtres la distance n'est pas longue, les déistes l'ont franchie ; ils ont appliqué aux apôtres les mêmes reproches

(1) *Hist. crit. de J.-C.*, *Table des saints. Examen crit. de saint Paul*, etc.
(2) Daillé, *de Usu Patrum*. Si les apôtres eux-mêmes n'ont pas été exempts d'erreurs et de faiblesses, faut-il s'étonner que leurs disciples les plus zélés en aient été susceptibles ? Barbeyrac, *Traité de la morale des Pères*, c. 8, § 39, etc.

que l'on avait faits à leurs successeurs (1). Il n'est pas une seule de leurs objections contre les écrits des Pères, qui n'ait été rétorquée contre ceux des apôtres. Les mêmes arguments que les critiques avaient faits contre l'authenticité de certains livres de l'Ecriture, ont été tournés par les incrédules contre tous les autres livres ; les objections que l'on oppose actuellement aux miracles du christianisme ont été forgées par les protestants contre les miracles opérés dans l'Eglise romaine.

Lorsqu'il fut question d'examiner la mission des prétendus réformateurs, les catholiques objectèrent que des hommes, qui avaient été sujets à toutes les passions humaines et à des erreurs, dont leurs disciples étaient forcés de rougir, ne pouvaient avoir été suscités de Dieu pour réformer l'Eglise. Pour se tirer de ce mauvais pas, les novateurs répondirent que les apôtres mêmes avaient été sujets aux erreurs et aux passions humaines, et s'efforcèrent de le prouver. De ces accusations, quoique fausses, les déistes concluent que les apôtres n'ont point été envoyés de Dieu pour éclairer et corriger les hommes : bientôt cette critique impie s'est jetée sur Jésus-Christ même, a noirci sa doctrine, ses mœurs, ses intentions, ses vertus, et a tiré contre lui la même conséquence. Les sociniens, devenus déistes, affectèrent de faire de pompeux éloges de Jésus-Christ ; mais ils vomirent des torrents de bile contre Moïse (2) ; leurs successeurs, moins hypocrites, ont également blasphémé contre l'un et l'autre. Les manichéens et les marcionites, qui soutenaient que la religion juive était trop grossière pour avoir été révélée par un Dieu infiniment sage, prétendaient aussi que ce monde est trop imparfait pour être l'ouvrage d'un Dieu infiniment bon : ainsi s'enchaînent les erreurs.

Si nous disons aux protestants qu'un fidèle doit user de sa raison pour connaître quelle est la véritable Eglise, et pour peser les preuves de son infaillibilité ; mais qu'après l'avoir connue, il doit se laisser guider par cette autorité : absurdité ! s'écrient-ils ; il s'ensuivrait que l'Eglise pourrait enseigner toutes sortes d'erreurs, sans que ses membres aient droit de consulter leur raison, pour savoir s'ils doivent les admettre ou les rejeter. Est-il plus difficile à la raison de juger quelle est la vraie doctrine que de savoir quelle est la véritable Eglise ? Très-bien, ont répliqué les déistes ; selon vous, on ne peut juger de la mission de Jésus-Christ et des apôtres, ni de l'inspiration des livres saints, que par la raison ; donc c'est encore à elle de voir si leur doctrine est vraie ou fausse : autrement Jésus-Christ, les apôtres, l'Ecriture, pourraient enseigner toutes sortes d'erreurs, sans que nous eussions droit de consulter la raison, pour savoir si nous devons les admettre ou les rejeter.

(1) *Première lettre écrite de la Montagne*, p. 25 et 29 ; *Troisième lettre*, p. 97, 98, 118.
(2) Voy. Morgan, *Moral philosopher*, etc.

En vertu de cette rétorsion, il a fallu convenir que c'est à la raison en dernier ressort de juger quelle est, dans l'Ecriture même, la doctrine digne ou indigne de Dieu, par conséquent révélée ou non révélée. Alors l'Ecriture ne nous impose pas plus d'obligation de croire, que tout autre livre. C'est le déisme pur. Dans les ouvrages faits par les protestants contre les déistes, nous n'avons vu aucune réponse à cet argument.

Les différentes sectes, pour s'établir, demandèrent la tolérance, bien résolues de ne pas l'observer lorsqu'elles auraient acquis des forces. Selon les principes qu'elles posèrent, la tolérance doit être illimitée ; les juifs, les mahométans, les païens, les déistes, les athées, ont autant de droit d'y prétendre qu'un hérétique quelconque. Ce point a été démontré de concert par les catholiques, par les protestants, par les incrédules (1). En effet toutes les raisons sur lesquelles les calvinistes avaient exigé la tolérance ont été rétorquées contre eux-mêmes par les sociniens (2). Les déistes, à leur tour, s'en sont servis pour prouver qu'il leur était permis de dogmatiser (3). Enfin, les athées les font valoir aujourd'hui en leur faveur, et s'en autorisent pour enseigner impunément le matérialisme (4). Il est ainsi démontré par le fait, aussi bien que par le raisonnement, que la tolérance universellement réclamée est l'aliment de toutes les erreurs et la destruction de toute religion.

§ XI. — Si nous suivons la progression des controverses qui se sont élevées successivement, nous ne verrons pas moins l'effet que devait produire le principe d'où l'on est parti, et la chaîne de conséquences qu'il a fallu parcourir. Dès que les réformateurs se furent élevés contre l'autorité de l'Eglise, et qu'ils s'arrogèrent le droit de juger du sens de l'Ecriture, ce livre divin, loin de concilier les opinions et de réunir les esprits, ne servit qu'à les diviser. Les mêmes arguments, par lesquels les calvinistes avaient attaqué le mystère de l'Eucharistie, servirent aux sociniens pour combattre tous les autres mystères. La plus forte objection que les premiers aient cru faire contre la transsubstantiation a été tournée par David Hume contre tous les miracles (5). D'autres sont allés plus loin. Si Dieu ne nous a point enseigné d'autres vérités que celles qui paraissent d'accord avec la lumière naturelle, on ne voit pas pourquoi la révélation était nécessaire. Dès que le christianisme nous enseigne des mystères, il y a lieu de penser qu'il n'est pas une religion révélée, et qu'il n'est pas appuyé sur des

(1) Papin, *sur la tolérance des protestants* ; Bayle, *Com. Phil.*, part. II, c. 7. *Traité sur la tolérance*, c. 22 ; Hume, *Hist. nat. de la Religion*, p. 68.
(2) Bossuet, 6ᵉ *Avert. aux protestants*, part. III.
(3) *Emile*, tom. III, pag. 172. *Lettre à M. de Beaumont*, p. 74.
(4) *Syst. de la nature*, t. II, c. 11, 12, 13.
(5) L'auteur d'*Emile* a très-bien prouvé aux protestants, qu'en établissant le déisme, il n'avait fait que suivre les principes fondamentaux de la réforme. *Deuxième lettre de la Montagne*, p. 47, 69.

preuves sûres. Les ennemis de la révélation commencent par les préjuger fausses : il n'est pas besoin, selon eux, de preuves surnaturelles pour établir des vérités conformes aux lumières de la nature ; preuve, selon eux, qui ne peut nous obliger à croire des dogmes contraires à nos idées surnaturelles. On a donc contesté les prophéties et les miracles ; on a soutenu qu'ils sont non-seulement faux, mais impossibles : pour le prouver, on a eu recours au système de la *nécessité* ou de la *fatalité*, qui tient au matérialisme. Mais si les preuves du christianisme sont autant de fables, si cette religion qui paraît si sainte n'est qu'une imposture, y a-t-il une Providence qui veille sur la religion, un Dieu qui exige de l'homme un culte, et qui lui impose des lois ? Lorsqu'un pareil doute vient à éclore, on n'est pas loin de l'athéisme.

Les déistes ont encore attaqué la révélation, parce qu'elle n'a pas été donnée à tous les hommes ; on leur a montré que leur prétendue religion naturelle est dans le même cas, qu'elle a été méconnue par les païens, qu'elle est ignorée des peuples barbares : nouvelle objection contre la Providence ; les athées l'ont fait valoir. On a démontré aux déistes que quiconque admet un Dieu, admet des mystères ; que plusieurs attributs de Dieu sont incompréhensibles, et semblent inconciliables. Pour ne pas reculer, nos déistes révoquent en doute tous les attributs de la Divinité que l'on ne conçoit pas. Il n'est pas difficile aux athées de tourner en ridicule un Dieu dont les déistes n'osent rien affirmer.

Ceux-ci fondent leur incrédulité sur l'insuffisance des témoignages de la révélation ; les premiers établissent la leur sur l'insuffisance des preuves que fournit la raison. Selon les déistes, la Providence n'a pas assez fait de bien aux hommes dans l'ordre de la grâce ; selon les athées, elle n'en a pas assez fait dans l'ordre de la nature, puisqu'il y a du mal dans le monde. Mais prendrons-nous pour mesure de la bonté divine l'entêtement des esprits opiniâtres et l'ingratitude des mauvais cœurs ? En comparant la justice divine à la justice humaine, les déistes et les sociniens ont soutenu que Jésus-Christ n'a pas pu satisfaire pour nous ; en comparant la bonté divine à la bonté humaine, les athées concluent que l'existence du mal anéantit le dogme de la Providence.

§ XII. — L'axiome sacré des uns et des autres est que l'homme ne doit écouter que sa raison, ne se rendre qu'à l'évidence, rejeter tout ce qui lui paraît faux et absurde. Voyons les divers usages que l'on a faits de cette maxime séduisante.

Je vois clairement que telle loi, telle discipline, tel usage religieux est un abus ; que la raison, le bon ordre, le bien public en exigent la réforme : donc je dois travailler à introduire une discipline contraire, malgré tous les obstacles ; rompre, s'il le faut, toute société avec ceux qui s'obstineront à maintenir l'usage actuel. Voilà le fondement de la conduite de tous les schismatiques.

DICT. DE THÉOL. DOGMATIQUE. I.

Je conçois avec une évidence invincible, qu'il n'y a qu'un seul Dieu ; la divinité de Jésus-Christ est donc une erreur : qu'un corps ne peut pas être en différents lieux au même moment ; la présence réelle de Jésus-Christ, dans toutes les hosties consacrées, est donc un dogme absurde : que Dieu ne peut pas être un et trois ; le mystère de la Trinité est donc une contradiction. Les passages de l'Ecriture qui semblent prouver la divinité du Verbe, la présence réelle, ou la Trinité, doivent être expliqués par d'autres qui me paraissent dire le contraire. Ainsi ont raisonné les ariens, les sociniens, les protestants, et tous les sectaires qui ont paru depuis la naissance de l'Eglise.

Je suis intimement convaincu que Dieu ne peut pas révéler des dogmes absurdes, inintelligibles, contradictoires, indignes de sa sagesse et de sa véracité suprême ; je vois de pareils dogmes dans toutes les religions qui se disent révélées ; donc toutes ces prétendues révélations sont des chimères ; donc toutes les preuves sur lesquelles on peut les appuyer, sont fausses ; donc il faut s'en tenir à la religion naturelle. Tel est le système des déistes.

Il n'est pas possible de douter qu'un Dieu, qui prendrait intérêt au culte des hommes, ne leur en révélât directement, actuellement et sans interruption, la forme ; il ne souffrirait pas qu'ils le lui refusassent par une ignorance invincible. S'il y avait un Dieu, s'écriait Toland, et un Dieu qui s'intéressât au bonheur des humains, sans doute il prendrait pitié de l'état d'incertitude et d'ignorance où je suis (1). C'est le langage de ceux qui soutiennent l'indifférence des religions, et qui n'en veulent aucune.

Il est évident qu'un être doué de qualités incompatibles, dont les attributs sont inconciliables et contradictoires, n'existe pas : or, quelle que soit l'idée que l'on veut me donner de Dieu, non-seulement je n'y conçois rien, mais j'y vois des contradictions formelles : donc Dieu n'existe pas et ne saurait exister. Les athées ne cessent de répéter cette prétendue démonstration (2).

Un philosophe ne doit admettre que ce qu'il conçoit, et dont l'existence lui est démontrée. Or, ce qu'on dit des esprits ou des substances distinguées de la matière, est inconcevable ; leurs qualités, leurs opérations, leur manière d'être sont autant de mystères inintelligibles, dont on ne peut avoir aucune idée claire. Je ne conçois que des corps, mes sens ne peuvent m'attester l'existence d'un être distingué de la matière : donc tout est matière, les esprits sont des chimères. Voilà le grand argument des matérialistes.

Puisqu'un philosophe ne doit admettre que ce qu'il conçoit, je ne puis affirmer l'existence d'aucun être quelconque. L'essence de la matière et la plupart de ses propriétés sont inconcevables. Ce que l'on dit du temps

(1) *Dial. sur l'âme*, pag. 64.
(2) *Syst. de la nat*, tom. II, ch. 2. *Traité des erreurs populaires*, pag. 114, etc.

2

ou de la durée, soit finie, soit infinie, de l'espace créé ou incréé, du mouvement, de la divisibilité de la matière, du principe intérieur des opérations de l'homme, des causes physiques, etc., est inintelligible; il n'est pas un seul de ces objets sur lequel on ne puisse faire des questions insolubles; d'ailleurs les sens nous trompent, ils ne nous attestent que des apparences; leur témoignage ne doit jamais prévaloir à celui de la raison; donc il n'y a rien de certain; l'on doit tout au plus admettre des probabilités et des vraisemblances. Ainsi ont parlé les acataleptiques, les académiciens, les sceptiques, les pyrrhoniens souvent copiés par les philosophes modernes (1).

§ XIII. — Si la maxime sur laquelle se fondent les incrédules est vraie, le pyrrhonisme est donc le seul système raisonnable. Après avoir supposé que l'évidence de nos idées doit être la seule règle de nos jugements, on prouve doctement que cette évidence est réduite à rien. Un philosophe ne la voit que dans ses propres opinions, quelque absurdes qu'elles soient d'ailleurs (2).

Pour résumer en deux mots, les protestants ont dit : nous ne devons croire que ce qui est expressément révélé dans l'Ecriture, et c'est la raison qui en détermine le vrai sens. Les sociniens ont répliqué : donc nous ne devons croire révélé que ce qui est conforme à la raison. Les déistes ont conclu : donc la raison suffit pour connaître la vérité sans révélation ; toute révélation est inutile, par conséquent fausse. Les athées ont repris : or ce que l'on dit de Dieu et des esprits est contraire à la raison : donc il ne faut admettre que la matière. Les pyrrhoniens viennent fermer la marche, en disant : le matérialisme renferme plus d'absurdités et de contradictions que tous les autres systèmes : donc il ne faut en admettre aucun (3).

Selon un déiste anglais : de même que le calvinisme a produit des enthousiastes dans son origine, il a fait éclore enfin des athées. Un athée n'est qu'une espèce d'enthousiaste, idolâtre de sa raison, qui déclame contre Dieu et sa providence (4).

Ainsi le premier pas dans la carrière de l'erreur a conduit nos raisonneurs téméraires au dernier excès d'aveuglement ; ainsi la raison livrée à elle-même ne trouve plus de borne où elle puisse s'arrêter ; elle est entraînée par le fil des conséquences beaucoup plus loin qu'elle n'avait prévu. Tout homme, qui a suivi la naissance et le progrès de différentes opinions, est convaincu qu'entre la vérité établie par la main de Dieu et le pyrrhonisme absolu, il n'y a point de milieu où l'esprit humain puisse demeurer ferme.

Quiconque se pique de raisonner, doit être chrétien catholique, ou entièrement incrédule, et pyrrhonien dans toute la rigueur du terme.

Nos adversaires mêmes ont confirmé par leur aveu la vérité de cette théorie : ils disent que le christianisme une fois détruit, l'existence de Dieu et l'immortalité de l'âme ne tiennent presque plus à rien ; mais que si l'on admet un Dieu, l'on est forcé de dévorer toute la suite des conséquences qu'en tirent les superstitieux, c'est-à-dire les chrétiens ; que ceux-ci raisonnent plus conséquemment, sont plus d'accord avec eux-mêmes que les déistes ; que le déisme est un système où l'esprit humain ne peut pas longtemps s'arrêter (1). C'est donc uniquement la crainte des conséquences qui conduit les incrédules à l'athéisme ; de peur d'être forcés à croire trop, ils prennent le parti de ne rien croire du tout. Leur manière de philosopher, dit un encyclopédiste, n'est au fond que l'art de *décroire* (2). De même que les sociniens ont démontré aux protestants qu'ils n'avaient pas suivi leur principe jusqu'où il peut aller, et s'étaient arrêtés sans savoir pourquoi, un déiste prouve aux sociniens qu'ils sont coupables de la même inconséquence. Mais un athée retombe sur les déistes, et leur montre qu'ils sont eux-mêmes des raisonneurs pusillanimes, et qu'ils se contredisent ; enfin un pyrrhonien, à son tour, fait voir aux athées qu'ils déraisonnent, qu'un dogmatique quelconque prête le flanc à ses adversaires, et se trouve bientôt percé de ses propres traits. Nous demandons si, la dispute étant réduite à ce point, le triomphe de la religion peut encore paraître douteux ? pour se débarrasser de ses ennemis, elle n'a qu'à leur laisser le soin de s'entre-détruire.

§ XIV. — Quand on connaît les vrais motifs qui déterminent la plupart des déserteurs de la religion, l'on n'est plus tenté de leur prêter l'oreille ; ils ont eu la complaisance de les dévoiler eux-mêmes.

Si nous remontons, dit l'un d'entre eux, *à la source de la prétendue philosophie de ces mauvais raisonneurs, nous ne les trouverons point animés d'un amour sincère pour la vérité ; ce n'est point des maux sans nombre que la superstition a faits à l'espèce humaine, dont nous les verrons touchés ; nous verrons qu'ils se trouvent gênés des entraves importunes que la religion, quelquefois d'accord*

---

(1) Quiconque ne se rendrait réellement qu'à l'évidence, ne serait guère assuré que de sa propre existence. De l'Esprit, t. I, note, p. 22.

(2) Je n'ose être d'aucun avis ; je ne vois qu'incompréhensibilité dans l'un et dans l'autre système. Quest. sur l'Encyclop., Idée, sect. 1. Adorez Dieu soyez honnête homme, et croyez que deux et deux font quatre. Dict. philos., Nécessaire.

(3) En traçant cette généalogie impure, nous n'avons aucune intention de chagriner les protestants ; s'ils méconnaissent leurs descendants, ceux-ci, plus honnêtes, ne renient point leurs ancêtres ; ce sont les protestants, disent-ils, qui ont commencé la révolution ; mais ils ne sont pas allés assez loin. Enfin l'on est allé si loin, qu'il faudra nécessairement reculer.

(4) Morgan. *Moral philosopher*, tom. I, p. 219.

---

(1) Syst. de la nat., tom. II, c. 7, p. 221 et suiv. Chap. 12, pag. 357. Première lettre à Sophie, pag. 5 ; Deuxième lettre, pag. 41, Dial. sur l'âme, pag. 145, 146 ; Le Bon Sens, § 117, 118.

(2) Encyclop., Unitaires, p. 339.

avec la raison, mettait à leurs dérèglements. Ainsi c'est leur perversité naturelle qui les rend ennemis de la religion ; ils n'y renoncent que lorsqu'elle est raisonnable ; c'est la vertu qu'ils haïssent encore plus que l'erreur et l'absurdité. La superstition leur déplaît, non par sa fausseté, non par ses conséquences fâcheuses, mais par les obstacles qu'elle oppose à leurs passions, par les menaces dont elle se sert pour les effrayer, par les fantômes qu'elle emploie pour les forcer d'être vertueux... — *Des mortels emportés par le torrent de leurs passions, de leurs habitudes criminelles, de la dissipation, des plaisirs, sont-ils bien en état de chercher la vérité, de méditer la nature humaine, de découvrir le système des mœurs, de creuser les fondements de la vie sociale? La philosophie pourrait-elle se glorifier d'avoir pour adhérents, dans une nation dissolue, une foule de libertins dissipés et sans mœurs, qui méprisent sur parole une religion comme lugubre et fausse, sans connaître les devoirs qu'on doit lui substituer? Sera-t-elle donc bien flattée des hommages intéressés, ou des applaudissements stupides d'une troupe de débauchés, de voleurs publics, d'intempérants, de voluptueux, qui, de l'oubli de leur Dieu et du mépris qu'ils ont pour son culte, concluent qu'ils ne se doivent rien à eux-mêmes ni à la société, et se croient des sages, parce que souvent, en tremblant et avec remords, ils foulent aux pieds des chimères qui les forçaient à respecter la décence et les mœurs* (1)?

Nous n'aurions pas osé dire d'aussi terribles vérités, mais il nous est permis de les copier ; les incrédules ne peuvent être mieux définis que par les maîtres qui les ont formés.

L'auteur du *Système de la nature* ne s'est pas exprimé avec moins d'énergie, en recherchant les causes qui peuvent porter à l'athéisme et à l'irréligion. La première est, selon lui, l'indignation qu'inspire à tout homme qui pense la vue des maux qu'ont produits dans le monde l'idée de Dieu et la religion. La seconde est la crainte importune que doit faire naître dans l'esprit de tout raisonneur conséquent l'idée d'un Dieu tel que ses affreux ministres le peignent, c'est-à-dire d'un Dieu vengeur du crime, et rémunérateur de la vertu. La troisième sont les passions et les intérêts des hommes qui les poussent à faire des recherches.

La question est de savoir si un esprit préoccupé par la crainte, par les passions, est fort en état de faire des recherches avec succès, et de découvrir la vérité. *Nous conviendrons*, dit-il, *que souvent la corruption des mœurs, la débauche, la licence, et même la légèreté d'esprit, peuvent conduire à l'irréligion ou à l'incrédulité ; mais on peut être libertin, irréligieux, et faire parade d'incrédulité, sans être athée pour cela... Bien des gens renoncent aux préjugés reçus, par vanité et sur parole ; ces prétendus esprits forts n'ont rien examiné par eux-mêmes, ils s'en rapportent à d'autres qu'ils supposent avoir pesé les choses plus mûrement...... Un voluptueux, un débauché enseveli dans la crapule, un ambitieux, un intrigant, un homme frivole et dissipé, une femme déréglée, un bel esprit à la mode, sont-ils donc des personnages bien capables de juger d'une religion qu'ils n'ont point approfondie, de sentir la force d'un argument, d'embrasser l'ensemble d'un système?...... Les hommes corrompus n'attaquent les dieux, que lorsqu'ils les croient ennemis de leurs passions.* — Cependant, selon le même auteur, « il faut être désintéressé, pour juger sainement des choses ; il faut des lumières et de la suite dans l'esprit pour saisir un grand système. Il n'appartient qu'à l'homme de bien examiner les preuves de l'existence de Dieu et les principes de toute religion...... L'homme honnête et vertueux est seul juge compétent dans une si grande affaire (1). »

Si, avant de lire un livre écrit contre la religion, l'on commençait par demander : L'auteur est-il un homme de bien, vertueux, honnête, sage, désintéressé? il est fort douteux qu'aucun de ces ouvrages fût dans le cas de faire fortune.

Un troisième dit avec franchise : *J'aime mieux être anéanti une bonne fois, que de brûler toujours ; le sort des bêtes me paraît plus désirable que le sort des damnés. L'opinion qui me débarrasse de craintes accablantes dans ce monde me paraît plus riante que l'incertitude où me laisse l'opinion d'un Dieu sur mon sort éternel... On ne vit point heureux, quand on tremble toujours. Un Dieu qui damne éternellement est évidemment le plus odieux des êtres que l'esprit humain puisse inventer* (2).

Voilà donc la source dans laquelle nos philosophes ont puisé tant de lumières, *la crainte de brûler toujours* ; mais cette crainte n'entre point dans une âme pure, honnête, vertueuse ; l'enfer n'est destiné qu'aux méchants. Avouer que l'on est tourmenté par cette idée, c'est reconnaître que l'on n'a pas la conscience nette. Nos adversaires préfèrent, non l'opinion la plus vraie et la mieux prouvée, mais *la plus riante* et la *plus commode* ; c'est le goût et non le raisonnement qui les détermine.

L'un des derniers qui aient écrit, convient de même qu'entre la religion et l'athéisme, c'est le cœur, le tempérament, et non la raison qui décide du choix (3).

L'auteur du *Livre de l'Esprit* n'avait pas trop bonne opinion de ses confrères. *Peut-être*, dit-il, *nos auteurs sont-ils quelquefois plus soigneux de la correction de leurs ouvrages que de celle de leurs mœurs, et prennent-ils exemple sur Averroès, ce philosophe qui se permettait, dit-on, des friponneries, qu'il regardait non-seulement comme peu nuisibles, mais même comme utiles à sa réputation* (4).

---

(1) *Essai sur les préjugés*, c. 8, p. 181 et suiv.

(1) Syst. de la nat., t. II ; c. 10, p. 260 et suiv.
(2) *Le Bon Sens*, § 108, 182, 188.
(3) *Aux mânes de Louis XV*, pag. 291.
(4) *De l'Esprit*, 2e D.sc.; c. 6, p. 182.

Un autre avoue qu'au terme de la caducité, les principes de la religion reprennent l'ascendant, parce qu'alors nous n'avons plus besoin des raisons qui nous tranquillisaient au sein des plaisirs (1). Il est donc bien décidé que l'on n'est incrédule qu'autant que l'on a besoin de raisons pour se tranquilliser au sein des plaisirs.

§ XV. — Peut-être en est-il plusieurs qui ne méritent point ce reproche, et qui ont au moins des mœurs décentes. Mais ce n'est point à nous de faire des recherches sur leur conduite ; nous ne pouvons en juger mieux que sur leur propre témoignage. Or, il est difficile d'avoir bonne opinion de maîtres qui, de leur aveu, ont formé tant de disciples corrompus, et de nous fier à des principes toujours adoptés par les cœurs vicieux et par les esprits pervers.

Selon eux, nous attribuons mal à propos à l'incrédulité les vices qui viennent plutôt du luxe et des passions (2) : soit ; donc ils ont encore plus de tort de les attribuer à la religion. Mais dans quel cas les passions causeront-elles plus de ravage ? Sous le joug de la religion qui les condamne, ou sous le règne de l'incrédulité qui leur lâche la bride ? Jamais le luxe ne fut porté à l'excès chez une nation, sans traîner à sa suite le libertinage d'esprit et de cœur. Que la philosophie incrédule soit fille du luxe, comme tous les autres vices, c'est ce que nous n'ignorons pas ; un tel père ne fera jamais honneur à ses enfants.

L'athéisme, disent-ils, n'est point fait pour le vulgaire, ni même pour le plus grand nombre des hommes..... Des êtres ignorants, malheureux et tremblants se feront toujours des dieux... Les principes de l'athéisme ne sont point faits pour le peuple, ni pour les esprits frivoles, ni pour les hommes ambitieux et remuants, ni pour un grand nombre de personnes instruites d'ailleurs, mais qui n'ont point assez de courage (3). Cependant l'on répète sans cesse la maxime que la vérité est faite pour tout le monde; d'où il s'ensuit clairement que l'athéisme n'est pas la vérité.

Leucippe, Démocrite, Epicure, Straton, et quelques autres Grecs, osèrent déchirer le voile épais du préjugé, et prêcher l'athéisme ; ils ne furent pas écoutés. Chez les modernes, Hobbes, Spinosa, Bayle, etc., *ont marché sur les traces d'Epicure ; mais leur doctrine ne trouva que peu de sectateurs, dans un monde trop enivré de fables pour écouter la raison.... Ceux qui ont eu le courage d'annoncer la vérité, ont été communément punis de leur témérité* (4). Il est fort dangereux que nos docteurs de la vérité n'aient encore aujourd'hui le même sort.

Ils demandent *quel mal on peut faire aux hommes en leur proposant ses idées? Le pis aller est de les laisser dans le doute et dans la dispute; n'y sont-ils pas déjà* (1)? Mais ils observent que, pour bien des gens, leur ôter les idées de Dieu, ce serait leur arracher une portion d'eux-mêmes (2) ; que le doute sur ce sujet n'est rien moins qu'un oreiller commode (3); que le doute, en fait de religion, est un état plus cruel que d'expirer sur la roue (4). Rendons grâce à ces maîtres charitables qui veulent nous arracher une portion de nous-mêmes, et nous mettre dans un état pire que d'expirer sur la roue. Si, après des déclarations aussi précises, ils viennent à bout de séduire quelqu'un, il a une grande envie d'être séduit. Montaigne, parlant d'eux, les appelait hommes bien misérables et écervelés, qui tâchent d'être pires qu'ils ne peuvent (5).

§ XVI. — On croit peut-être que les incrédules modernes ont fait des découvertes dont les anciens n'avaient aucune connaissance, qu'ils ont créé de nouveaux systèmes ; erreur. Ils ont puisé leurs matériaux dans des sources abondantes, et qui ne sont point inconnues. Pour attaquer les vérités de la religion naturelle, ils ont ramené sur la scène les objections des épicuriens, des pyrrhoniens, des cyniques, des académiciens rigides et des cyrénaïques ; c'est une doctrine renouvelée des Grecs. Mais ils ont passé sous silence les raisons par lesquelles Platon, Socrate, Cicéron, Plutarque, et d'autres, ont réfuté toutes ces visions. Contre l'ancien Testament et la religion juive, ils ont rajeuni les difficultés et les calomnies des manichéens, des marcionites, de Celse, de Julien, de Porphyre, et des autres philosophes ; le plus célèbre de nos adversaires en est convenu (6). On en retrouve la plupart dans Origène, dans Tertullien, dans saint Cyrille, dans saint Augustin, et dans les autres Pères de ces temps-là ; mais les incrédules ont supprimé les réponses de ces auteurs.

Lorsqu'il a fallu combattre le christianisme, nos adversaires ont été encore mieux servis ; ils ont copié les livres des juifs et ceux des mahométans (7). Les écrits d'Isaac Orobio, le *Munimen fidei,* tous les autres ouvrages compilés par Wagenseil (8), sont hachés et cousus par lambeaux dans les livres des déistes : on doit en rendre la gloire aux rabbins. Contre le catholicisme, ils ont extrait les reproches de tous les hérétiques, surtout des controversistes protestants et

---

(1) *Dialog. sur l'âme*, p. 135 et suiv. Tenez votre âme en état de désirer toujours qu'il y ait un Dieu, et vous n'en douterez jamais. J.-J. Rousseau. *Esprit et Maximes*, etc., p. 4.
(2) *Histoire des Etabliss. des Europ. dans les Indes* tom. V, liv. XIII, p. 176.
(3) *Syst. de la nat.*, tom. II. c. 10, 12, 13, p. 317, 352, 381. *Le Bon Sens*, § 195.
(4) *Le Bon Sens*, § 204.

(1) *Syst. de la nat.*, tom. II, c. 11 et 13, p. 351, 384.
(2) *Ib.*, c. 13, p. 388.
(3) *Le Bon Sens*, § 123.
(4) *Dial. sur l'âme*, p. 139.
(5) *Essai sur le mérite et la vertu*, liv. 1, pag. 6.
(6) *Questions sur l'Encyclopédie*, Contradiction, pag. 121.
(7) V. Maracci, *Prodrom. ad refutat. Alcorani.*
(8) *Tela ignea Satanæ.*

des sociniens. Enfin, pour suspecter les titres de notre croyance, ils ont fait sérieusement usage d'une méthode que le père Hardouin n'avait hasardée que comme un jeu d'esprit sur un sujet très-indifférent. On verra dans cet ouvrage la chaîne de traditions par laquelle ces sublimes découvertes sont venues jusqu'à nous, et nous aurons soin de restituer à chacun ce qui lui appartient.

Les premiers incrédules français auraient peut-être rougi de puiser leurs réflexions dans des sources aussi impures ; ils copiaient les Anglais, sans savoir d'où ceux-ci avaient emprunté tant de richesses littéraires. Le poison était du moins présenté alors sous un masque de décence. Ceux d'aujourd'hui ont eu moins de délicatesse ; ils ont fait couler de leur plume tout le fiel que les rabbins ont vomi contre Jésus-Christ et contre l'Evangile, sans en adoucir l'amertume, et toute la bile des controversistes protestants contre l'Eglise romaine ; ils se sont même efforcés d'enchérir sur les uns et les autres. Grâce à leur intrépidité, il n'est plus de blasphèmes, de sarcasmes, d'invectives, de grossièretés, auxquels nous n'ayons été forcé de nous endurcir.

§ XVII. — Cependant ils nous accusent d'ignorance, de crédulité, d'aveuglement, de prévention. Selon eux, nous ne tenons à la religion que par préjugé de naissance, par respect pour l'autorité de nos maîtres et de nos aïeux, par négligence de réfléchir et de consulter la raison ; nous commençons par croire avant d'examiner. Soit, pour un moment. Nous soutenons qu'il n'y a point d'écrivains plus crédules, ni d'espèce plus moutonnière que les prétendus philosophes. Déjà ils conviennent que la plupart renonçant à la religion *par vanité, et sur parole s'en rapportant à d'autres*, sont très-peu en état d'approfondir une question, et de sentir la force ou la faiblesse d'un argument. Ce n'est donc pas la raison, mais l'autorité qui les détermine. Qu'un incrédule quelconque ait avancé il y a cinquante ans un fait bien faux, bien absurde, cent fois réfuté, il n'en est pas moins répété par vingt auteurs qui se suivent à la file, sans qu'un seul ait daigné vérifier la chose. Copier aveuglément Celse et Julien, les juifs, les sociniens, les déistes anglais, les controversistes de toutes les sectes, sans choix, sans critique, sans précaution ; compiler, répéter, extraire, affirmer ou nier au hasard, parce que d'autres ont fait de même, ce n'est pas être crédule ? Lorsque le déisme était à la mode, tout philosophe était déiste ; le plus hardi a osé dire : *Tout est matière*, et a fait semblant de le prouver ; à l'instant la troupe docile a répété en grand chœur, *tout est matière*, et a fait un acte de foi sur la parole de l'oracle. Voilà où ils en sont. Les plus incrédules, en fait de preuves, sont toujours les plus crédules en fait d'objections.

Avant de voir ce que l'on peut objecter contre la religion, quelle étude la plupart des lecteurs ont-ils faite de ses preuves? Aucune. Est-il étonnant que dans la force des passions, sans aucun préservatif contre l'erreur, un jeune homme soit aisément séduit par les fausses lueurs des raisonnements philosophiques, par les faits qu'on lui déguise, par le ridicule que l'on jette sur la religion ? Tout lui paraît clair, évident, démontré, dans les écrits des incrédules ; il ne soupçonne pas seulement qu'il y ait une réponse à leur faire. Les impressions qu'il reçoit se gravent profondément ; elles plaisent à son esprit et à son cœur ; à moins d'un miracle, il en tient pour la vie. Dès qu'il a parcouru quelques brochures, il se croit un docteur, ce n'est qu'un ignorant.

Après avoir lu pendant vingt ans tous les ouvrages écrits contre la religion ; après s'être rempli l'esprit d'objections, de sophismes, de préventions, de fausses anecdotes, un homme, qui se pique d'impartialité, se résout enfin à lire un ou deux de nos apologistes. S'il ne trouve pas d'abord de quoi satisfaire à toutes ses difficultés, et calmer tous ses doutes, il en conclut que la religion n'est pas prouvée, que les arguments de ses ennemis sont insolubles. Il semble voir un malade qui a travaillé pendant vingt ans à se ruiner le tempérament et qui veut que son médecin le guérisse ou le soulage en huit jours. L'habitude de raisonner de travers se contracte aussi aisément que le dérangement d'estomac ; quand il faut en revenir, c'est autre chose. Dès que l'on envisage la religion comme un procès, comme une question de controverse, et que l'on veut faire la fonction de juge, il est fort dangereux que la balance ne penche du côté qui paraît le plus commode. *Je me trouve*, dit-on alors, *dans un scepticisme nécessité*. Je le crois ; après avoir pris d'aussi bonnes mesures pour y réussir, il serait fort étonnant que vous n'en fussiez venu à bout.

Parmi nous, tout est mode et goût passager. Sous François Ier et ses successeurs, il était du bel air de se faire huguenot et anti-papiste ; sous la minorité de Louis XIV, il fallait être frondeur et anti-mazarin ; pendant la régence, il était beau de déclamer contre Rome et contre la bulle ; aujourd'hui, c'est un mérite de se donner pour philosophe incrédule. Quel travers nouveau le siècle prochain verra-t-il éclore ?

§ XVIII. — Celui dont nous nous plaignons serait moins odieux, s'il n'inspirait pas tant de calomnies. Les prêtres, disent nos adversaires, ne sont chrétiens que par décence et par intérêt ; leur conduite dément évidemment leur croyance ; lorsqu'on a des liaisons familières avec eux, on s'aperçoit bientôt qu'ils ne sont pas fort chargés d'articles de foi (1).

Avant de répondre à ce reproche, voyons si les philosophes sont eux-mêmes exempts de toutes vues d'ambition et d'intérêt.

Plusieurs poussent très-loin les prétentions. Selon eux, tout écrivain de génie est *magistrat-né* de sa patrie ; il doit l'éclairer, s'il le

---

(1) *Gazette littéraire de Deux-Ponts*, 1774, n° 62, art. 1.

peut : son droit, c'est son talent (1). Voilà leur mission fondée sur un titre authentique, sur la bonne opinion qu'ils ont d'eux-mêmes. Les gens de lettres, disent-ils, sont les arbitres et les distributeurs de la gloire (2) : il est donc juste qu'ils s'en réservent la meilleure part. L'un nous fait observer qu'à la Chine le mérite littéraire élève aux premières places ; et, à son grand regret, il n'en est pas de même en France (3). L'autre dit que les philosophes voudraient approcher des souverains ; mais que, par l'ambition et les intrigues des prêtres, ils sont bannis des cours (4). Celui-ci souhaite que les savants trouvent dans les cours d'honorables asiles, qu'ils y obtiennent la seule récompense digne d'eux, celle de contribuer par leur crédit au bonheur des peuples auxquels ils auront enseigné la sagesse. Mais si l'on veut, dit-il, que rien ne soit au-dessus de leur génie, il faut que rien ne soit au dessus de leurs espérances (5). Rare modestie ! Celui-là vante les progrès qu'auraient fait les sciences, si l'on avait accordé au génie les récompenses prodiguées aux prêtres (6). Tantôt ces hommes désintéressés se plaignent de ce que les prêtres sont devenus les maîtres de l'éducation et des richesses, pendant que les travaux et les leçons des philosophes ne servent qu'à leur attirer l'indignation publique (7). Tantôt ils opinent qu'il faut dépouiller les prêtres pour enrichir les philosophes (8). Enfin, concluent-ils, si on ne peut pas guérir les hommes de leurs préjugés de religion, qu'ils en pensent ce qu'ils voudront ; mais que les princes et les sujets apprennent au moins à résister quelquefois aux passions des odieux ministres de la religion (9).

Consolons-nous ; ce n'est plus à la religion qu'en veulent les philosophes ; c'est aux privilèges, au crédit, aux biens du clergé ; s'ils peuvent réussir à s'en emparer, ils croiront en Dieu, tous les arguments seront résolus.

§ XIX. — Comment prouve-t-on que les prêtres ne sont chrétiens que par intérêt ? Par les fautes vraies ou prétendues qu'ils ont commises depuis la naissance de l'Eglise. On en reproche aux papes, aux évêques, aux ministres inférieurs ; les protestants surtout ont fourni là-dessus de bons mémoires. — C'est s'arrêter en beau chemin ; il fallait pousser l'induction jusqu'où elle peut aller.

On connaît d'habiles jurisconsultes, dont la conduite n'est pas un modèle d'équité ; des médecins qui, après avoir disserté savamment sur la nécessité du régime, ne l'observent pas mieux que leurs malades ; des philosophes dont les actions et la morale ne sont pas toujours d'accord. *Toutes les fois*, dit un écrivain très-connu, *que je songe à mon ancienne simplicité, je ne puis m'empêcher d'en rire. Je ne lisais pas un livre de morale ou de philosophie que je ne crusse y voir l'âme ou les principes de l'auteur ; je regardais tous ces graves écrivains comme des hommes modestes, sages, vertueux, irréprochables.... Je me formais de leur commerce des idées angéliques, et je n'aurais approché de la maison de l'un d'eux, que comme d'un sanctuaire. Je ne comprenais pas que l'on pût s'égarer en démontrant toujours, ni mal faire en parlant toujours de sagesse. Enfin, je les ai vus : ce préjugé puéril s'est dissipé, et c'est la seule erreur dont ils m'aient guéri* (1). Donc les philosophes ne croient pas plus à la morale que les prêtres à la religion.

Voilà l'argument dans toute sa force. Que répondent les philosophes ? Que, *quand un homme, entraîné par ses passions paraît oublier ses principes, il ne s'ensuit pas qu'il n'en a point, qu'il n'y croit pas, ou que ces principes sont faux ; que le tempérament est plus fort que les systèmes, et que les passions l'emportent sur la croyance* (2). Ainsi les prêtres sont justifiés, ou du moins excusés par leurs propres dénonciateurs.

Supposons que ceux-ci soient venus à bout d'en séduire quelques-uns qui ont eu *des liaisons trop familières* avec eux ou avec leurs écrits, s'ensuit-il que ces faibles théologiens n'en savaient pas assez pour sentir la fausseté des raisonnements des incrédules. Cette victoire n'est pas assez brillante pour en faire trophée contre la religion. Semblable aux païens qui insultaient aux chrétiens apostats, nos sages philosophes ne pardonnent ni à ceux qui leur résistent, ni à ceux qui ont succombé sous leurs sophismes. Belle récompense de la docilité que l'on a pour eux !

§ XX. — Personne ne disconvient aujourd'hui du ressort secret qui a fait agir les hérétiques, lorsqu'ils ont troublé le repos de l'Eglise et de la société ; ils étaient conduits par l'enthousiasme, par le fanatisme. Les philosophes ont éloquemment déploré les ravages de ce vice dangereux ; ils en ont donné le nom à toute espèce d'attachement à une religion vraie ou fausse ; les athées regardent comme des fanatiques tous ceux qui croient un Dieu (3). Si l'on doit appeler *fanatisme* le faux zèle allumé au foyer des passions, pouvons-nous en méconnaître les symptômes dans ceux-mêmes qui déclament contre lui ? Un homme qui se croit né pour instruire les nations, résolu de braver les lois et l'autorité des souverains pour établir sa doctrine, très-peu délicat sur le choix des moyens et des prosélytes, ennemi déclaré de tous ceux qui s'opposent à ses desseins, appliqué à les rendre odieux et méprisables, toujours prêt à se porter aux derniers excès contre eux, à bouleverser la société, s'il le faut, pour affermir le règne de ses opinions, si ce n'est

---

(1) *Hist. des Etabliss. des Europ. dans les Indes*, tom. VII, c. 2, p. 59.
(2) *Encyclop.*, Gloire.
(3) III*ᵉ Dial. sur l'âme*, p. 66.
(4) *Essai sur les préjugés*, c. 14, p. 378.
(5) *Œuv. de J.-J. Rousseau*, tom. I, pag. 43.
(6) *Syst. de la nat.*, tom. II, c. 8.
(7) *Ibid.*, tom. II, c. 11.
(8) *Christianisme dévoilé*, préf. p. 25.
(9) *Syst. de la nat.*, tom. II, c. 10, pag. 519.

(1) Préface de *Narcisse*.
(2) *Syst. de la nat.*, tom. II, c. 12, p. 342.
(3) *Lettre de Trasib. à Leucippe*, pag. 25 ; *Syst. de la nat.*, tom. II, c. 7, pag. 224.

pas un *fanatique*, nous ne savons plus quelle idée l'on doit attacher à ce nom.

Ils disent que la liberté naturelle à l'esprit humain, l'indépendance, *moins amoureuse de la vérité que de la nouveauté*, fait souvent rejeter le christianisme dans sa vieillesse, comme elle le fit adopter à sa naissance (1). Serons-nous encore dupes de l'amour *de la vérité*, dont nos adversaires sont embrasés? — Quelques-uns ont poussé la démence jusqu'à se faire un mérite de leur haine contre les défenseurs de la religion. J'ai été, dit l'un d'entre eux, s'adressant à Dieu même, *j'ai été l'ennemi de ceux qui opprimaient la société*. Il prétend que, s'il y a un Dieu, il doit tenir compte à un athée des invectives qu'il a vomies contre les souverains et contre les prêtres (2). Y eut-il jamais de fanatisme mieux caractérisé? — Le fanatisme, dit l'oracle des incrédules, est une folie religieuse sombre et cruelle ; c'est une maladie de l'esprit qui se gagne comme la petite vérole ; les livres la communiquent beaucoup moins que les assemblées et les discours (3). Mettons *folie antireligieuse*, la définition ne sera pas moins juste.

Y a-t-il moins de danger pour un génie ardent, de concevoir une haine aveugle contre la religion, que de se livrer à un zèle inconsidéré pour elle ? Le premier de ces deux excès trouve plus d'aliments que le second dans les penchants du cœur. Si l'un mérite le nom de fanatisme, quel titre donnerons-nous à l'autre ? — Un homme sensé qui pourra soutenir la lecture de la harangue adressée à Dieu dans le *Système de la nature* (4), y reconnaîtra le vrai langage d'un énergumène, ou d'un réprouvé condamné aux flammes éternelles.

§ XXI. — Quoi, dira-t-on, vous osez taxer de fanatisme des philosophes qui ne prêchent que la tolérance, qui ne cessent de déclamer contre la fureur avec laquelle les hommes se sont égorgés pour des opinions !

Ne soyons pas dupes d'un mot. *Tolérance*, dans le style de nos adversaires, signifie la même chose que *liberté* dans la bouche des séditieux. *Nom spécieux*, dit très-bien un ancien; *quiconque a voulu se rendre le maître et asservir ses semblables*, *n'a jamais manqué de s'en décorer* (5). — On sait ce que les ambitieux entendent par là ; ils veulent la liberté pour eux et l'esclavage pour les autres ; c'est précisément ce que nous voyons. Lorsque les philosophes étaient déistes, ils jugeaient l'athéisme intolérable ; ils décidaient qu'on doit le bannir de la société: depuis qu'ils sont devenus athées, ils disent que l'on ne doit pas souffrir le déisme, parce qu'il est intolérant, aussi bien que les religions révélées. Ces docteurs pacifiques sont donc bien résolus de n'établir la tolérance que pour leurs propres opinions, et de déclarer la guerre à toutes les autres. S'ils ont droit d'attaquer la religion, parce qu'elle est intolérante, nous ne sommes pas moins fondés à détester l'incrédulité, puisqu'elle est encore moins tolérante que la religion. — *Il est peu d'hommes*, dit le livre de l'*Esprit*, *s'ils en avaient le pouvoir, qui n'employassent les tourments pour faire généralement adopter leurs opinions... Si l'on ne se porte ordinairement à certains excès que dans les disputes de religion, c'est que les autres disputes ne fournissent pas les mêmes prétextes, ni les mêmes moyens d'être cruel. Ce n'est qu'à l'impuissance qu'on est en général redevable de sa modération*. L'auteur du *Système de la nature* avoue de même qu'il est difficile de ne pas se fâcher en faveur d'un objet que l'on croit très-important (1). Or, tout philosophe regarde son système comme très-important, et nous ne savons pas encore à quelles extrémités il est capable d'en venir, lorsqu'il est fâché. Mais quand nous lisons que *celui qui parviendrait à détruire la notion fatale d'un Dieu, ou du moins à diminuer ses terribles influences, serait à coup sûr l'ami du genre humain* (2), nous croyons avoir lieu de nous défier d'une pareille amitié. — *N'espérez plus de paix*, nous crie un de ces bénins philosophes, après avoir vomi six pages d'injures et de calomnies contre les prêtres; *n'espérez plus de paix* (3). Si malheureusement il faut nous résoudre à la guerre, nous nous sentons assez de forces pour la soutenir encore longtemps.

Dans les commencements, les sectaires du XVIᵉ siècle étaient des agneaux ; ils demandaient humblement la tolérance : devenus assez forts, ils se conduisirent en lions furieux ; ils voulurent tout détruire. Les incrédules, héritiers de leurs principes et de leur haine, seraient-ils plus doux en pareil cas ? Ce que nos pères ont essuyé pendant près de deux siècles ne nous a que trop instruits des excès auxquels le fanatisme antireligieux est capable de se porter. L'incrédulité, plus ou moins étendue, plus ou moins ambitieuse dans ses prétentions, se ressemble partout ; son génie est toujours le même (4).

§ XXII. — Rassurons-nous : la discorde suffit pour faire avorter les desseins de nos adversaires. Tant qu'ils se sont bornés à prêcher le déisme, ils pouvaient paraître redoutables ; ils mettaient les théologiens sur la défensive ; ils proposaient des objections souvent embarrassantes ; ils semblaient ne donner aucune atteinte à la morale : on voyait toujours un Dieu, une religion, une base aux devoirs de la société. Par cet artifice, ils ont séduit d'abord un grand nombre de lecteurs trop peu instruits pour apercevoir les conséquences funestes de leurs principes ; ils ont eu la maladresse de les

---

(1) *Hist. des Establiss. des Europ. dans les Indes*, tom. VII, c. 2.
(2) *Syst. de la nat.*, tom. II, c. 10, pag. 303.
(3) *Quest. sur l'Encycl.*, Fanatisme.
(4) *Syst. de la nat.*, ibid.
(5) Tacite, *Hist.*, liv. IV, n. 73.

(1) *De l'Esprit*, 2ᵉ disc., c. 3, note, pag. 103.
(2) *Syst. de la nat.*, tom. II, c. 7, pag. 224.
(3) *Ibid.*, tom. II, c. 3, pag. 88 ; c. 10, pag. 317.
(4) *Lettre à l'auteur du Dict. des trois Siècles*, p. 86.
(5) *Annales pol.*, etc., tom. III, n. 18, p. 81.

dévoiler. En renversant le déisme pour lui substituer le matérialisme, ils ont écrasé la vipère sur sa morsure ; ils ont mis au grand jour la discordance des systèmes d'incrédulité, les excès où ils conduisent, la fragilité de l'édifice qu'ils avaient construit à si grands frais ; ils ont donné lieu aux théologiens de démontrer que cette nouvelle hypothèse détruit jusqu'à la racine les fondements de la morale, de la vertu, des devoirs de l'homme, et tous les liens de société ; qu'en suivant le fil des conséquences, il faut se retrancher dans le doute absolu, ressusciter la doctrine absurde des cyrénaïques, les infamies des cyniques, l'entêtement révoltant des pyrrhoniens. — Il n'y en a pas deux qui pensent de même. L'un tâche de soutenir les débris chancelants du déisme ; l'autre professe le matérialisme sans déguisement ; quelques-uns biaisent entre ces deux opinions, défendent, tantôt l'une tantôt l'autre, ne savent de quel principe partir ni où ils doivent s'arrêter. Ce que l'un établit, l'autre le détruit ; il n'est pas une seule question de fait ou de raisonnement sur laquelle ils soient d'accord (1). Est-il difficile de prévoir la chute

(1) L'auteur d'*Emile* les a peints d'après nature, tom. III, pag. 25, 37.

d'une république aussi mal réglée, où règnent une anarchie et une confusion générale ? Si les déistes se réunissent à nous pour combattre les athées, ceux-ci empruntent nos armes pour attaquer les déistes ; nous pourrions nous borner à être spectateurs du combat.

Ainsi Dieu veille sur la religion qu'il a lui-même établie, il livre ses ennemis à l'esprit de vertige. Le psalmiste a tracé leur destinée, en parlant d'un autre objet : *Une nation bruyante de philosophes s'est rassemblée; un peuple de raisonneurs a conjuré contre le Seigneur et contre son Christ. Brisons, disent-ils, les liens qui tiennent notre raison captive; secouons le joug de la religion qui nous importune. Celui qui réside dans le ciel, se joue de leurs vains projets, il les couvrira de confusion, et leur parlera en maître irrité; le souffle de sa colère troublera leurs sens et leurs idées* (*Psal.* II, 1).

S'il a permis que les docteurs du mensonge jouissent pendant quelque temps d'une réputation brillante, le jugement qu'il a exercé sur eux doit faire trembler leurs imitateurs. Il menace de punir avec la même sévérité ceux qui se laissent volontairement séduire par leurs prestiges (*II Thess.* II, 10 et 11).

DICTIONNAIRE

DE

THÉOLOGIE DOGMATIQUE.

A

AARON, frère de Moïse, premier pontife de la religion juive. On peut voir son histoire dans l'Exode et dans les livres suivants ; ce n'est point à nous d'en rassembler les traits ; mais nous sommes obligés de justifier les deux frères de quelques reproches que leur ont faits les censeurs anciens et modernes de l'histoire sainte.

Ils ont dit que Moïse avait donné à sa tribu et à sa famille le sacerdoce par un motif d'ambition. S'il avait agi par ce motif, il aurait sans doute assuré à ses propres enfants le pontificat plutôt qu'à ceux de son frère : il ne l'a pas fait ; les enfants de Moïse demeurèrent confondus dans la foule des lévites. Dans le testament de Jacob, Lévi et Siméon sont assez mal traités ; la dispersion des lévites parmi les autres tribus est prédite comme une punition du crime de leur père. *Gen.* XLIX, 5 et suiv. Qui a forcé Moïse de conserver le souvenir de cette tache imprimée à sa tribu ? Nous ne voyons pas en quoi le sacerdoce judaïque pouvait exciter l'ambition. Les lévites n'eurent point de part à la distribution des terres : ils étaient dispersés parmi les autres tribus, obligés de quitter leur famille, pour venir remplir leurs fonctions dans le temple de Jérusalem : leur subsistance était précaire ; ils étaient exposés à la perdre lorsque le peuple se livrait à l'idolâtrie. Une preuve que le sacerdoce n'était pas par lui-même une source de prospérité, c'est que la tribu de Lévi fut toujours la moins nombreuse ; on le voit par les dénombrements qui furent faits en différents temps

A la vérité, l'auteur de l'Ecclésiastique, xlv, 7, fait un éloge magnifique de la dignité d'*Aaron* et des priviléges qui étaient attachés à son sacerdoce; mais il les envisage sous un aspect religieux, beaucoup plus que du côté des avantages temporels; le priviége de subsister par les offrandes des prémices et par une portion des victimes ne pouvait pas compenser les inconvénients auxquels les prêtres en général étaient exposés aussi bien que leur chef. Nous ne voyons pas dans l'histoire sainte que les pontifes des Hébreux aient jamais joui d'une très-grande autorité ni d'une fortune considérable, et nous ne comprenons pas quel motif aurait pu exciter l'ambition de gouverner un peuple aussi intraitable et aussi mutin que l'étaient les Hébreux.

Les mêmes censeurs ont ajouté qu'après l'adoration du veau d'or le peuple fut puni, et qu'*Aaron*, le plus coupable de tous, ne le fut point : que le gros de la nation porta la peine du crime de son pontife. C'est une calomnie. *Aaron* ne fut ni l'auteur de la prévarication du peuple, ni le plus coupable, il céda par faiblesse aux cris importuns d'une multitude séditieuse. Moïse, à la vérité, demanda au Seigneur grâce pour son frère, et l'obtint. S'il avait agi autrement, on l'aurait accusé d'inhumanité, ou d'avoir profité de l'occasion pour supplanter son frère. La faute d'*Aaron* ne demeura cependant pas impunie. Il fut exempt de la contagion qui fit périr les prévaricateurs; mais il eut bientôt à pleurer la mort de ses deux fils aînés; il fut exclu, aussi bien que Moïse, de l'entrée dans la terre promise, et subit une mort prématurée pour sa faute assez légère.

Si l'on veut faire attention à la multitude et à la rigueur des lois auxquelles le grand prêtre était assujetti, à la peine de mort qu'il pouvait encourir s'il péchait dans ses fonctions, à l'espèce d'esclavage dans lequel il était retenu, on verra que cette dignité n'était pas fort propre à exciter l'ambition. *Voy.* Lévite, Pontife, Prêtre, Sacerdoce.

La révolte de Coré et de ses partisans, et leur punition éclatante, ont fourni aux incrédules de nouveaux traits de malignité. Coré, chef d'une famille de lévites, jaloux du choix que Dieu avait fait d'*Aaron* pour le pontificat, se joignit à Dathan, à Abiron et à deux cent cinquante autres chefs de famille, et ils reprochèrent à Moïse et à son frère l'autorité qu'ils exerçaient sur le peuple du Seigneur. Moïse leur répondit avec modération que c'était à Dieu seul de désigner ceux qu'il daignait revêtir du sacerdoce, et il le pria de confirmer, par la punition exemplaire des rebelles, le choix qu'il avait fait d'*Aaron* et de ses enfants. En effet, la terre s'ouvrit et engloutit Coré avec ses complices et toute leur famille, et un feu du ciel consuma les deux cent cinquante autres coupables. *Num.* xvi.

Reprocher ce châtiment à Moïse comme un trait de cruauté, c'est s'en prendre à Dieu même. Moïse ni son frère n'avaient pas sans doute le pouvoir de faire ouvrir la terre, ni de faire tomber le feu du ciel; et ce prodige se fit à la vue de tout le peuple assemblé. Dieu aurait-il approuvé par un miracle l'ambition ou la cruauté des deux frères?

Vainement certains critiques ont voulu trouver de la ressemblance entre l'histoire d'*Aaron* et la fable de Mercure; tous les traits du parallèle qu'ils en ont fait sont forcés. Homère et Hésiode ont connu la fable de Mercure longtemps avant que les Grecs aient pu avoir aucune connaissance de l'histoire des Juifs ; Hérodote, qui a vécu quatre cents ans après ces deux poëtes, connaissait très-peu les Juifs. D'autres ont cru que le personnage de Mercure avait été copié sur celui d'Éliézer, économe d'Abraham ; ils n'ont pas mieux rencontré. Il est fort aisé d'abuser de ces sortes de parallèles entre l'histoire sainte et la fable, et nous ne voyons pas quelle utilité il en peut résulter. Ceux qui voudront consulter les allégories orientales de M. de Gebelin, pag. 100 et suiv., verront qu'il n'a pas été nécessaire de copier l'histoire sainte, pour forger la fable de Mercure.

AB, ABBA. *Voy.* Père.

ABADDON, est le nom de l'ange exterminateur dans l'Apocalypse ; il vient de l'hébreu *Abad*, perdre, détruire.

ABAILARD ou ABÉLARD (Pierre), docteur célèbre du xiiᵉ siècle, mort l'an 1142. Nous n'aurions rien à en dire, si l'on n'avait pas travaillé de nos jours à réhabiliter sa mémoire, à faire l'apologie de sa doctrine, et à donner au déréglement de sa jeunesse toute la célébrité possible ; ce que l'on en a dit est tiré du Dictionnaire de Bayle, articles *Abélard*, *Bérenger*, *Héloïse*. Saint Bernard y est accusé d'avoir persécuté *Abailard* par jalousie de réputation. Mosheim, Brucker et d'autres protestants, n'ont pas manqué d'adopter cette calomnie.

Malgré les efforts de Bayle et de ses copistes, il résulte de leurs aveux, 1° que le déréglement des mœurs d'*Abailard* n'est point venu de faiblesse, mais d'un fonds de perversité naturelle ; il avait formé le dessein de séduire Héloïse avant qu'elle fût son écolière. C'est dans cette intention qu'il se mit en pension chez le chanoine Fulbert et lui offrit de donner des leçons à sa nièce ; et il en convient lui-même dans la relation qu'il fait de ses malheurs. — 2° La vanité, la présomption, la jalousie, le caractère hargneux d'*Abailard*, sont prouvés par ses écrits et par sa conduite. Son ambition était de vaincre ses maîtres dans la dispute, d'établir sa réputation sur les ruines de la leur, de leur enlever leurs écoliers, d'être suivi d'une foule de disciples. On voit, par ses ouvrages, qu'il entraînait ses auditeurs beaucoup plus par ses talents extérieurs que par la solidité de sa doctrine ; il était séduisant, mais il instruisait très-mal : il se fit des ennemis de propos délibéré, pour le seul plaisir de les braver. Jaloux de la réputation de saint Norbert et de celle de saint Bernard, il osa les calomnier l'un et l'autre. — 3° Il se mit à professer la théologie sans l'avoir étudiée suffisamment ; il y porta les subtilités frivoles de sa dialectique et un esprit faux : cela est évident par le premier ouvrage qu'il publia. Rien n'était plus absurde que de donner un traité de la foi à la sainte Trinité, *pour servir d'introduction à la théologie;* de vouloir expliquer ce mystère par des comparaisons sensibles : s'il pouvait être comparé à quelque chose, ce ne serait plus un mystère ou un dogme incompréhensible. — 4° Ses apologistes sont forcés de convenir qu'il y a des erreurs dans cet ouvrage et dans les autres : ce n'est donc pas injustement qu'il fut condamné dans un concile de Soissons, l'an 1121, et que l'auteur fut obligé de se rétracter. Cet événement rendit avec raison les évêques et les autres théologiens plus attentifs sur sa doctrine. Vingt ans après, Guillaume, abbé de Saint-Thierry, crut trouver de nouvelles erreurs dans les écrits d'*Abailard;* il en envoya le précis et la réfutation à Geoffroi, évêque de Chartres, et à saint Bernard, abbé de Clairvaux. A-t-on quelque motif de prêter de la jalousie, de la haine, de la prévention à l'abbé de Saint-Thierry? Saint Bernard, loin de témoigner ces mêmes passions contre *Abailard,* lui écrivit pour l'engager à se rétracter et à corriger ses livres. Cet entêté n'en voulut rien faire : il voulut attendre la décision du concile de Sens, qui était près de s'assembler, et demanda que saint Bernard y fût présent. L'abbé de Clairvaux s'y trouva en effet; il produisit les propositions extraites des ouvrages d'*Abailard,* et le somma de les justifier ou de les rétracter. — Parmi ces propositions, que l'on peut voir dans le *Dictionnaire des hérésies,* article *Abailard,* il y en a quatre qui sont pélagiennes, trois sur la Trinité, dont le sens littéral est hérétique; dans une autre, l'auteur enseigne l'optimisme; dans la quatorzième, il soutient que Jésus-Christ n'est pas descendu aux enfers. Qui l'empêchait de rétracter les unes et d'expliquer les autres, comme il fut obligé de le faire dans la suite? Sans vouloir le faire dans le concile de Sens, il en appela à la décision du pape, et se retira. Par respect pour son appel, le concile se contenta de condamner les propositions, et ne nota point sa personne. — On dit, pour l'excuser, qu'il vit bien que saint Bernard et les évêques du concile de Sens étaient prévenus contre lui, et que sa justification n'eût servi à rien. Mauvais prétexte, dont un opiniâtre peut toujours se servir quand il le veut. S'en rapporter d'abord au jugement du concile, en appeler ensuite avant même qu'il soit prononcé, est un trait de révolte et de mauvaise foi : les évêques étaient ses juges légitimes; en refusant de se justifier, il méritait condamnation. — En effet, il fut condamné à Rome aussi bien qu'à Sens. Est-ce encore par haine ou par jalousie que le pape et les cardinaux prononcèrent l'anathème contre lui? Ce n'est qu'après cette condamnation qu'il fit enfin son apologie et sa profession de foi, dans laquelle il rétracta formellement la plupart des propositions qu'on lui avait reprochées, et tâcha d'expliquer les autres. — Le grand reproche que l'on fait à saint Bernard est de s'être exprimé trop durement au sujet d'*Abailard,* dans les lettres qu'il écrivit à Rome et aux évêques de France à ce sujet; mais ce ne fut qu'après le refus que fit *Abailard* de s'expliquer et de se rétracter. Cette conduite dut persuader au saint abbé que ce novateur était un hérétique obstiné. Mosheim et Brucker disent que saint Bernard n'entendait rien aux subtilités de la dialectique de son adversaire; mais celui-ci s'entendait-il lui-même? On voit, par les ouvrages du premier, qu'il était meilleur théologien que son antagoniste, et qu'*Abailard* aurait pu le prendre pour maître ou pour juge, sans se dégrader. Toujours est-il vrai que les protestants qui reprochent à l'abbé de Clairvaux la haine, la jalousie, la violence, l'injustice contre l'innocence persécutée, se rendent eux-mêmes coupables de tous ces vices. — 5° Ils affectent d'insinuer qu'il fut condamné et persécuté, non pour ses erreurs, mais pour avoir soutenu aux moines de Saint-Denis que leur saint n'était pas le même que saint Denis l'Aréopagite; c'est une imposture. Ce point ne fut mis en question ni à Soissons, ni à Sens, ni à Rome; *Abailard* fut condamné pour des erreurs qu'il avait enseignées sur la Trinité, sur l'incarnation, sur la grâce et sur plusieurs autres chefs. — 6° Lorsque Pierre le Vénérable, abbé de Cluny, eut donné à *Abailard* une retraite et l'eut converti, saint Bernard se réconcilia de bonne foi avec lui et ne chercha point à troubler son repos : il n'avait donc point de haine contre lui. Mais aux yeux des incrédules, les hérétiques ont toujours raison; les Pères de l'Église ont toujours eu tort. Ils blâment dans les ouvrages de saint Bernard les défauts de son siècle, et ils les excusent dans ceux d'*Abailard,* où ils sont beaucoup plus sensibles. *Voyez* SAINT BERNARD. *Hist. de l'Egl. Gallic.,* tom. VIII, ann. 1117 et suiv.; tom. IX, ann. 1139-1142, etc.

ABAISSEMENT. Les livres du Nouveau Testament nous parlent souvent des *abaissements* où des humiliations du Verbe incarné. *Il s'est anéanti,* dit saint Paul, *et a pris la forme d'un esclave; il s'est humilié et s'est rendu obéissant jusqu'à mourir, et mourir sur une croix : c'est pour cela que Dieu l'a exalté et lui a donné un nom supérieur à tout autre nom, afin qu'au nom de Jésus tout genou fléchisse dans le ciel, sur la terre et dans les enfers, et que toute langue publie que Notre-Seigneur Jésus-Christ jouit de la gloire de son Père* (*Philipp.* II, 7, 8). Il ne s'ensuit donc pas que le Fils de Dieu, en se faisant homme, ait rien perdu de sa grandeur. Rien, disent les Pères de l'Église, n'est plus digne de la majesté divine que d'opérer le salut de ses créatures. Il fallait cet excès d'*abaissement* de la part du Verbe incarné, pour guérir l'homme de l'orgueil excessif qu'une fausse philosophie lui avait inspiré : il le fallait, pour consoler la plus grande partie du genre humain de l'humiliation à laquelle elle est réduite.

ABANDON. Il y a dans l'Écriture sainte des passages qui semblent prouver que Dieu abandonne les pécheurs, et même des nations entières; mais il en est d'autres qui nous assurent que Dieu est bon à l'égard de tous, qu'il a pitié de tous, qu'il n'a de l'aversion pour aucune de ses créatures, que ses miséricordes se répandent sur tous ses ouvrages, etc. Les premiers ne signifient donc pas que Dieu prive absolument de toutes grâces les pécheurs ou les nations infidèles, mais qu'il ne leur en accorde pas autant qu'à d'autres peuples, ou qu'il ne leur fait pas autant de bien qu'il leur en a fait autrefois. C'est un usage commun dans toutes les langues, d'exprimer en termes absolus ce qui n'est vrai que par comparaison. Ainsi, lorsqu'un père ne veille plus avec autant de soin qu'il le faisait autrefois sur la conduite de son fils, on dit qu'il l'abandonne; s'il témoigne au cadet plus d'affection qu'à l'aîné, on dit que celui-ci est délaissé, négligé, pris en aversion, etc. Ces façons de parler ne sont jamais absolument vraies; personne n'y est trompé; elles ne doivent pas nous surprendre davantage dans l'Ecriture sainte que dans le langage ordinaire.

En effet, malgré les promesses formelles que Dieu avait faites aux Juifs de ne jamais les abandonner, ils ne manquaient pas de dire dans toutes leurs calamités : *Le Seigneur nous a délaissés, nous a oubliés.* Voici ce que leur répond le prophète Isaïe, de la part de Dieu, c. XLIX, v. 14 : *Une mère peut-elle oublier son enfant et manquer de tendresse pour le fruit de ses entrailles? Quand elle pourrait le faire, je ne vous oublierais point.* L'abandon prétendu dont se plaignaient les Juifs consistait seulement en ce que Dieu ne les protégeait plus d'une manière aussi éclatante, et ne leur accordait plus autant de bienfaits qu'autrefois.

Nous devons ra sonner de même, et entendre de même l'Ecriture sainte, à l'égard des grâces de salut et des secours surnaturels. Dans l'article GRACE, § 3, nous prouverons, par l'Ecriture sainte, par les Pères de l'Eglise, par l'efficacité de la rédemption, qu'il n'est sous le ciel aucune créature que Dieu laisse manquer de grâces absolument et entièrement; mais il n'en fait pas également et en même mesure à tous les hommes : aux uns, il en accorde de plus abondantes et de plus efficaces qu'aux autres, et c'est dans ce sens seulement que ceux-ci sont *abandonnés*, en comparaison des premiers.

Quelques accusateurs de la Providence ont affecté d'alléguer un passage du livre des Proverbes, c. I, v. 24, où la Sagesse dit aux pécheurs : *Je vous ai appelés, et vous m'avez rebutée; je vous ai tendu les bras, et aucun de vous ne m'a regardée..... De mon côté, je rirai et j'insulterai à votre ruine, lorsque les maux que vous craignez vous seront arrivés..... Alors on m'invoquera, et je n'écouterai point; on me cherchera, et on ne me trouvera pas..... Mais celui qui m'écoutera reposera sans crainte; il sera dans l'abondance et n'aura plus de maux à redouter.* Nous ne voyons pas comment l'on peut conclure de là qu'il y a un moment fatal auquel Dieu n'écoute plus les pécheurs, les abandonne entièrement, leur refuse toute grâce et les laisse périr. 1° Il est évident que la Sage parle de maux temporels, et non de la réprobation des pécheurs. 2° Ce serait en vain qu'il ajoute : *Celui qui m'écoutera,* etc. Les pécheurs peuvent-ils encore écouter Dieu, lorsqu'il ne leur parle plus par la grâce? 3° Cette opinion est formellement contraire à la promesse que Dieu a faite par Ezéchiel, c. XXXIII, v. 14 : *Lorsque j'aurai dit à l'impie, tu mourras, s'il fait pénitence et pratique la justice,.....il vivra et ne mourra point.* Or, l'impie ne peut faire pénitence, à moins que Dieu ne lui donne la grâce.

Les Pères de l'Eglise ont tous insisté sur ce passage et sur ce qui précède, v. 11 : *Par ma vie, dit le Seigneur, je ne veux point la mort de l'impie, mais qu'il se convertisse et qu'il vive.* Ils en ont conclu que la miséricorde de Dieu n'abandonne jamais entièrement les pécheurs. Dieu dit dans l'Apocalypse, c. III, v. 19 : *Faites pénitence, je suis à la porte et je frappe; si quelqu'un m'ouvre, j'entrerai chez lui.* Il ne met point d'exceptions. Jésus-Christ nous est représenté, non comme un juge empressé de faire justice, mais comme un Sauveur miséricordieux, qui craint de perdre une âme et le prix du sang qu'il a répandu pour elle.

Cependant quelques théologiens soutiennent que ce n'est point là le sentiment de saint Augustin. Ce Père, disent-ils, a répété vingt fois que Dieu n'abandonne point le juste, à moins qu'il n'en soit abandonné; il applique ce principe même à notre premier père, *Serm. 1 in Ps.* LVIII, n. 2 ; il dit que Dieu a délaissé Adam, parce qu'Adam lui-même a délaissé Dieu : donc il suppose que quand un juste abandonne Dieu, il en est abandonné à son tour. *L.* III, *de Pecc. meritis et remiss.,* c. 13, n. 22, le saint docteur prétend que, dans quelques occasions, Dieu n'aide point les justes à faire le bien, parce qu'ils peuvent s'enorgueillir; il pense que Dieu leur refuse la grâce et les laisse tomber, afin de les humilier par leur chute. Or, s'il refuse quelquefois la grâce aux justes, à plus forte raison aux grands pécheurs. Lorsque ceux-ci veulent s'excuser en disant : *En quoi sommes-nous coupables de vivre mal, dès que nous n'avons pas reçu la grâce de bien vivre?* Saint Augustin répond, *epist.* 194 *ad Sixtum,* c. 6, n. 22 : *S'ils sont au nombre des vases de colère destinés à la perdition, qu'ils s'en prennent à eux-mêmes, parce qu'ils ont été faits de cette masse que Dieu a justement condamnée pour le péché d'un seul, dans lequel tous ont péché.* Ainsi, ce Père suppose que la grâce leur est refusée à cause du péché originel. Enfin, *Tract.* 58 *in Joan.,* n. 6, il dit que Dieu aveugle et endurcit les pécheurs, non en les forçant au mal, mais en ne les secourant point, par conséquent en les abandonnant.

Il est étonnant que ceux qui prêtent à saint Augustin cette doctrine absurde n'aient pas vu qu'ils le font tomber dans des contradictions grossières. 1° Puisque le juste a besoin de la grâce prévenante, non-seulement pour faire le bien, mais encore pour y persévérer, s'il lui arrive d'abandonner Dieu ou de pécher parce qu'il a manqué de la grâce, ce n'est pas lui qui a délaissé Dieu, mais c'est Dieu qui l'a délaissé le premier : dans ce cas, que devient le principe tant répété par saint Augustin, que Dieu n'abandonne jamais le juste, à moins qu'il n'en soit abandonné? Lorsqu'Adam a péché pour la première fois, avait-il déjà délaissé Dieu? ou la grâce lui a-t-elle été refusée parce qu'il était né de la masse de perdition? 2° Lorsque les pécheurs veulent rejeter sur Dieu la cause de leurs crimes, saint Augustin leur oppose ce passage de l'Ecclésiastique, c. xv, v. 11 : « Ne dites point, *Dieu me manque; c'est lui qui m'a égaré;* Dieu n'a pas besoin des impies, etc. » *L. de Grat. et Lib. arb.*, c. 2, n. 3. Que l'on dise : *Dieu me manque*, ou *Dieu me laisse manquer de grâce,* c'est la même chose : or, selon l'auteur sacré et selon saint Augustin, c'est un blasphème. 3° Ce saint docteur a répété vingt fois qu'il ne faut désespérer d'aucun homme vivant, *Enarr. 2 in Ps.* xxxvi, n. 11, etc., pas même des impies, *in Ps.* L, n. 18 ; que le démon est la seule créature de la conversion de laquelle il faut désespérer, *in Ps.* LIV, n. 4. Il dit, *Confess. lib.* VIII, c. 11, n. 27 : *Jette-toi entre les bras de ton Dieu; ne crains rien ; il ne se retirera pas afin que tu tombes,* etc. Que signifie tout cela si Dieu peut abandonner absolument, non-seulement les grands pécheurs, mais encore les justes, afin de les humilier?

Cherchons donc un moyen de décharger saint Augustin de toutes les absurdités qu'on lui impute : cela n'est pas fort difficile.

Serm. 1 in Ps. LVIII, n. 2, il dit qu'Adam, après son péché, fut privé de la joie et de la consolation qu'il goûtait auparavant à voir Dieu et à converser avec lui, puisqu'il se cacha ; c'est ainsi que Dieu se retira de lui et le délaissa. L'Ecriture nous l'apprend, et il ne s'ensuit rien.

L. III *de Pecc. meritis et remiss.*, c. 13, n. 22, saint Augustin ne dit point que Dieu refuse quelquefois aux justes la grâce *pour faire le bien,* mais pour la faire parfaitement, *ad perficiendum justitiam;* et cela est vrai. Dieu ne donne pas toujours aux âmes les plus saintes la force de pratiquer le bien avec autant de perfection qu'elles le voudraient : c'est ce qui les afflige, les humilie, les tourmente même par des scrupules. S'ensuit-il de là que Dieu leur refuse les grâces nécessaires pour éviter le péché et pour persévérer dans le bien?

Epist. 194 *ad Sixtum*, chap. 6, n. 21 et 22, saint Augustin parle non de la grâce actuelle, mais de la grâce finale, du don de la persévérance, de la prédestination à la gloire éternelle. Nous convenons, d'après saint Augustin, que ce don n'est dû à personne, que Dieu peut le refuser à qui il lui plaît, et que ceux auxquels il ne l'accorde point n'ont pas droit de se plaindre; que cela ne peut pas excuser les pécheurs, comme le prétendait Pélage. Nous traiterons cette question aux mots PERSÉVÉRANCE et PRÉDESTINATION. *Voyez* GRACE, § 3.

ABBAYE, ABBÉ, ABBESSE. Un corps, une communauté quelconque ne peut subsister sans subordination : il faut un supérieur qui commande et des inférieurs qui obéissent. Parmi des membres tous égaux, et qui font profession de tendre à la perfection, l'autorité doit être douce et charitable ; on ne pouvait donner aux supérieurs monastiques un nom plus convenable que celui de *père :* c'est ce que signifie *abba*. Par la même raison, l'on a nommé *abbesses* les supérieures des religieuses, et *abbayes* les monastères. La juridiction, les droits, les priviléges des *abbés* et des *abbesses* ont été fixés par les lois ecclésiastiques : c'est un des articles de la jurisprudence canonique. [*Voy.* le *Dict.* de *Droit canon.*] Il nous suffit d'observer que la multitude des *abbayes* de l'un et de l'autre sexe n'a rien d'étonnant pour ceux qui savent quel était le malheureux état de la société en Europe pendant le xe siècle et les suivants. Les monastères étaient non-seulement les seuls asiles où la piété pût se réfugier, mais encore la seule ressource des peuples opprimés, dépouillés, réduits à l'esclavage par les seigneurs toujours armés et acharnés à se faire une guerre continuelle. Ce fait est attesté par la multitude des bourgs et des villes bâtis autour de l'enceinte des *abbayes.* Les peuples y ont trouvé les secours spirituels et temporels, le repos et la sécurité dont ils ne pouvaient jouir ailleurs.

On n'a jamais autant déclamé que de nos jours contre les richesses, la somptuosité, la magnificence des *abbayes :* dans nos dictionnaires géographiques, on ne manque jamais, en parlant des villes ou des bourgs dans lesquels il se trouve une *abbaye,* de faire contraster l'opulence qui y règne avec la pauvreté et la misère des peuples du canton, et d'insinuer que c'est ce voisinage fatal qui ruine les colons.

L'on ferait une observation à peu près aussi sensée, si l'on mettait en opposition la magnificence du château de Versailles et le luxe de la cour, avec la multitude des pauvres rassemblés dans cette ville ; ou la misère répandue sur le pavé de Paris, avec la somptuosité des hôtels des grands seigneurs et des financiers. Les pauvres se rassemblent dans ces deux villes, parce qu'ils espèrent de trouver du secours dans la charité des princes et des grands : ainsi, les abeilles se répandent sur les prairies dans lesquelles il y a des fleurs à sucer; et non dans les campagnes labourées, où il n'y en a point. Nous pensons qu'il en est de même des *abbayes* et des riches monastères, et que si les misérables n'y trouvaient rien à gagner, ils iraient chercher leur subsistance ailleurs. Les réflexions de nos censeurs politiques prouvent précisément le contraire de ce qu'ils prétendent.

Il vient de paraître un ouvrage intitulé : *Observations d'un solitaire citoyen,* dans lequel l'auteur a prouvé, par des raisons très-solides, qu'à n'envisager même les *abbayes* et les monastères que sous un aspect politique, ces établissements sont très-avantageux, et qu'en les détruisant ou en changeant leur destination, l'on produirait beaucoup plus de mal que de bien ; il a répondu d'une manière très-satisfaisante à toutes les objections que les censeurs de l'état monastique ont compilées dans leurs dissertations.

Sans entrer ici dans un grand détail, il est évident, 1° que, dans toutes les *abbayes* et les monastères en règle, le revenu est consumé sur le lieu même et dans le voisinage ; au lieu que s'il était donné à des séculiers, il serait dépensé à la cour, dans la capitale, ou dans quelqu'autre demeure éloignée du sol et du séjour des colons. 2° Que, par le moyen des commendes, il n'est aucune espèce de revenu qui soit plus immédiatement sous la main du gouvernement ; puisque le roi en dispose à chaque mutation, et que l'on peut les employer à l'utilité publique par des réunions, par les économats, par des pensions, etc. 3° Que, dans toutes les calamités qui affligent les campagnes, il n'est point de ressource plus prompte et plus certaine que celle que l'on peut trouver dans les *abbayes*. Si l'on faisait une liste des bonnes œuvres qui se font journellement dans ce genre, les ennemis des moines seraient forcés de rougir de leurs déclamations. 4° Que ces vastes bâtiments qui insultent, dit-on, à la misère publique, ont été élevés par les bras des ouvriers du canton, qui y ont ainsi gagné leur vie ; qu'en cela l'on s'est conformé au sentiment de nos philosophes politiques, qui soutiennent que la meilleure espèce d'aumône est de faire travailler le peuple. Il y aurait bien d'autres observations à faire. *Voyez* MOINE, MONASTÈRE.

ABDAS. [C'était un évêque d'un zèle inconsidéré, qui mit le feu à un temple d'idoles.] *Voy:* ZÈLE.

ABDENAGO. *Voy.* ENFANTS *dans la fournaise.*

ABDIAS, le quatrième des douze petits prophètes, vivait sous le règne d'Ezéchias, vers l'an 726 avant Jésus-Christ : il prédit la ruine des Iduméens et le retour de la captivité de Juda, la venue du Messie et la vocation des gentils ; mais ces dernières prédictions ne paraissent pas aussi claires que les premières. Il ne faut pas le confondre avec plusieurs autres *Abdias*, dont il est parlé dans l'Ecriture, savoir : 1° un certain *Abdias*, intendant de la maison d'Achab, qui cacha, dans la caverne d'une montagne à laquelle il donna son nom, cent prophètes, pour les soustraire à la fureur de Jézabel ; 2° Un intendant des finances de David ; 3° un des généraux d'armée du même roi ; 4° un lévite qui rétablit le temple sous le règne de Josias.

ABDIAS de Babylone, auteur supposé d'une histoire du combat des apôtres. Il nous dit dans sa préface qu'il avait vu Jésus-Christ ; qu'il était du nombre des soixante et douze disciples ; qu'il suivit en Perse saint Simon et saint Jude, qui l'ordonnèrent premier évêque de Babylone. Mais en même temps il cite Hégésippe, qui n'a vécu que cent trente ans après l'ascension de Jésus-Christ, et veut nous faire accroire qu'ayant écrit lui-même en hébreu, son ouvrage a été traduit en grec par un nommé Eutrope, son disciple, et du grec en latin, par Jules Africain, qui vivait en 221. Ces contradictions démontrent que le prétendu *Abdias* est un imposteur. Wolfang Lazius, qui déterra le manuscrit de cet ouvrage dans le monastère d'Ossak en Carinthie, le fit imprimer à Bâle en 1551, comme un monument précieux. Il y en a eu plusieurs autres éditions, sans que cette histoire en ait acquis plus d'autorité.

ABDISSI, ABDJESU ou EBEDJESU. *Voyez* CHALDÉENS.

ABECEDAIRES, branche d'anabaptistes, qui prétendaient que pour être sauvé il fallait ne savoir ni lire, ni écrire. *Voyez* ANABAPTISTES.

ABEL, second fils d'Adam. Selon l'histoire sainte, Caïn son fils aîné, cultivait la terre ; *Abel* élevait des troupeaux ; le premier offrait à Dieu les fruits de l'agriculture ; le second lui présentait la graisse ou le lait des animaux : il était naturel que, par reconnaissance, les hommes fissent à Dieu l'offrande des aliments qu'ils tenaient de sa bonté. Dieu agréa les dons d'*Abel*, et n'eut point égard à ceux de Caïn. Celui-ci, jaloux de la prospérité de son frère, conçut contre lui une haine violente et le tua.

Les rêveries que les rabbins ont écrites sur la conduite d'*Abel* ne méritent aucune attention ; le récit simple et naïf de l'Ecriture donne lieu à plusieurs réflexions. 1° Le sort des deux frères dut faire sentir à nos premiers parents les suites terribles de leur péché, l'excès des misères auxquelles était condamnée leur postérité. 2° La destinée d'*Abel* démontre que les récompenses de la vertu ne sont pas de ce monde. Dieu avait dit à Caïn, pendant qu'il méditait son crime : *Si tu fais bien, n'en recevras-tu pas la récompense? Si tu fais mal, ton péché s'élèvera contre toi.* Cependant *Abel* reçoit pour toute récompense de sa piété une mort violente et prématurée. Dieu a donc accompli sa promesse dans une autre vie. Selon saint Paul, *Abel, par sa foi,* a offert à Dieu de meilleurs sacrifices que Caïn ; par là il a mérité le nom de juste ; Dieu lui-même a rendu témoignage à ses offrandes, et par cette foi il parle encore après sa mort. Hebr. XI, 4.

Quelle a pu être la foi d'*Abel*, sinon une ferme croyance à la vie future ? Le témoignage que Dieu lui a rendu serait illusoire, si la piété d'*Abel* était frustrée de toute récompense. L'indulgence avec laquelle Dieu traite Caïn après son crime serait un nouveau sujet de scandale. *Voy.* CAÏN.

Comme saint Cyprien, *l. de Bono patientiæ*, a loué *Abel* de ne s'être pas défendu contre son frère, et d'avoir ainsi donné un prélude de la constance des martyrs et de la patience des justes, Barbeyrac accuse ce Père d'avoir détruit par là le droit naturel d'une juste défense de soi-même. *Traité de la morale des Pères*, c. 8, § 41.

Mais le *droit* de se défendre et l'*obligation* de le faire, est-ce la même chose? Barbeyrac convient que non; qu'il y a des cas dans lesquels un juste peut être louable de se laisser mettre à mort, plutôt que de tuer l'injuste agresseur; il donne pour exemple Jésus-Christ et les martyrs. La question est donc de savoir si *Abel* n'a pu avoir aucun motif louable de se laisser ôter la vie : or, nous soutenons que le dessein de laisser à son frère le temps de faire pénitence, de donner à ses propres enfants un exemple de patience, de remettre à Dieu seul le soin de la vengeance, est un motif très-louable, et que saint Cyprien n'a pas eu tort de le louer. *Voy*. Défense de soi-même.

ABELIENS, ABELOÏTES, secte d'hérétiques assez obscurs et en petit nombre, qui ont subsisté pendant quelques années auprès d'Hippone en Afrique. Quoique mariés, ils s'abstenaient de tout commerce conjugal avec leurs femmes. Le motif de cette conduite bizarre était probablement d'imiter la chasteté d'Abel, que l'on suppose n'avoir jamais eu d'enfants. Mais, outre l'incertitude de ce fait, il aurait été plus simple de s'abstenir du mariage. Cette continence mal entendue ne pouvait manquer de produire bientôt du désordre dans un climat tel que l'Afrique. Quels qu'aient pu être leurs motifs, ils ne valaient pas la peine que plusieurs écrivains se sont donnée pour les deviner. S. Aug., de *Hær*., n. 87.

Mosheim, *Hist. ecclésiast*., II siècle, part. II, c. 5, n. 18, a pris les *Abéliens* pour une secte de gnostiques. Il nous paraît qu'il s'est trompé. Saint Augustin parle de ceux d'Afrique comme d'une secte qui venait de s'éteindre, et qui n'avait pas duré longtemps.

ABGARE, roi d'Edesse, ville de la Mésopotamie, est connu dans l'histoire ecclésiastique par ce que Eusèbe en rapporte, liv. 1, c. 13; il dit que ce roi écrivit à Jésus-Christ pour le prier de venir le guérir d'une maladie : que le Sauveur lui fit réponse et promit de lui envoyer un de ses disciples; qu'après l'ascension, saint Thomas envoya en effet saint Thadée, qui guérit Abgare et convertit la ville d'Edesse. Eusèbe rapporte la lettre et la réponse, et prétend les avoir tirées des archives de la ville d'Edesse.

De savants critiques ont regardé ces deux pièces comme supposées; Tillemont, Cave et d'autres, les reçoivent comme authentiques et répondent aux difficultés qu'on leur oppose. Mosheim n'oserait garantir l'authenticité de ces deux lettres; mais il ne voit aucune raison de rejeter l'histoire qui y a donné lieu. D'autres protestants plus hardis s'inscrivent également en faux contre l'histoire et contre les lettres; mais ils n'allèguent que des preuves négatives.

Il n'est pas fort nécessaire à un théologien de prendre parti dans cette dispute, qui est dans le fond très-indifférente à la religion chrétienne. On ne fonde sur ce monument aucun fait, aucun dogme, aucun point de morale, et c'est pour cela même qu'il ne paraît pas probable que l'on ait fait une supercherie sans motif. La lettre d'Abgare pourrait fournir une preuve de plus de la réalité de l'éclat des miracles de Jésus-Christ; mais nous en avons assez d'autres pour pouvoir aisément nous passer de celle-là. *Voyez* les notes *Variorum* sur l'*Hist. Ecclés*. d'Eusèbe, et Tillemont, tom. I, pag. 360 et suiv.

ABIATHAR, fils d'Achimelech, fut le dixième grand-prêtre des Juifs, depuis Aaron. Il est dit, *I Reg*., c. 22, v. 18 et suiv., que Saül ayant appris qu'Achimelech avait fourni à David des vivres et une épée, fit massacrer ce sacrificateur et tous ceux de la ville de Nobé, au nombre de quatre-vingt-cinq hommes, et fit passer tous les habitants de cette ville au fil de l'épée; qu'un fils d'Achimelech, nommé *Abiathar*, se sauva auprès de David, qui le prit sous sa protection. De là on a conclu qu'il y eut alors deux grands-prêtres; savoir : *Sadoc* dans le parti de Saül, et *Abiathar* dans celui de David. Sous le règne de Salomon, *Abiathar* s'étant attaché au parti d'Adonias, fut privé du sacerdoce et relégué à Anathoth.

Mais il est dit dans saint Marc, c. II, v. 26, que la fuite de David arriva *sous le grand-prêtre Abiathar*. Comment cela s'accorde-t-il avec le premier livre des Rois qui nous apprend que ce fut sous Achimelech? — On répond ordinairement, 1° que, sous le règne de Saül, *Abiathar* exerçait déjà le souverain sacerdoce conjointement avec son père, et que cela s'est vu plus d'une fois; qu'ainsi l'évangéliste a pu nommer l'un ou l'autre indifféremment. 2° Que comme *Abiathar* a été revêtu de cette dignité pendant tout le règne de David, et même pendant la première année de Salomon, il était plus convenable de le nommer que son père.

Mais un auteur anglais, nommé *Wiston*, a résolu autrement cette difficulté; il soutient qu'Achimelech, et son fils *Abiathar*, dont il est parlé dans le livre des Rois, ne sont point deux grands-prêtres, mais de simples sacrificateurs, aussi bien que les autres prêtres de la ville de Nobé, que Saül fit mourir. En effet, ni l'un ni l'autre ne sont appelés *grands-prêtres*, mais seulement *sacrificateurs*, et il n'est pas probable que Saül eût osé faire massacrer deux grands-prêtres. Wiston prétend encore qu'il y a eu deux grands-prêtres nommés *Abiathar*, l'un sous Saül, et qui était frère d'Achimelech; l'autre sous David et sous Salomon, et qui était fils d'Achimelech; mais qu'ils ne sont point les mêmes personnages que les sacrificateurs de Nobé dont il est question dans le XXI° chap. du I° livre des Rois. *Voyez* la Bible de Chais sur cet endroit.

ABISME, ou plutôt ABYSME, formé d'α privatif et de βύσσος, fond; il signifie *sans fond*. Ce mot se prend dans l'Écriture, 1° pour l'immensité des eaux qui environnaient le globe de la terre au moment de la création, et avant que Dieu les eût renfermées dans un même lit. *Genes*., c. I, v. 2 et 9. 2° Pour la mer; en parlant du déluge, il est dit que les sources du grand *abîme* furent rompues, c'est-à-dire, que la mer sortit de son lit. *Genes.*, c. VII, v. 11. Au sujet des Egyptiens submergés dans la mer Rouge, Moïse dit qu'ils ont été couverts par les *abîmes*. *Exod.* xv, 5, etc. 3° Pour les lieux les plus profonds de la mer. *Eccli.* I, 2. 4° Pour l'enfer. Il est représenté comme un gouffre placé sous les eaux et vers le centre de la terre, dans lequel sont renfermés les impies, les géants qui ont fait trembler les peuples, les rois de Tyr, de Babylone, d'Egypte, toujours vivants, et portant la peine de leur orgueil et de leur cruauté. Isaïe, parlant de la mort du roi de Babylone, lui adresse ainsi la parole : *Ton arrivée a troublé les enfers, a éveillé les géants ; les rois des nations se sont levés de leurs siéges : ils te diront : Te voilà donc blessé aussi bien que nous, et devenu semblable à nous; ton orgueil a été précipité aux enfers, ton cadavre est tombé; il sera la proie de la pourriture et des vers*, etc. (*Isaïe*, XIV, 9 et suiv.) Ezéchiel dit la même chose du roi de Tyr, chap. XXVIII, v. 8; du roi d'Egypte et de ses sujets, c. XXXII, v. 18 et suiv. L'*abîme* est aussi pris pour l'enfer dans l'Apocalypse, c. IX, XI, XX, etc.

Les conjectures des savants, sur la manière dont les Hébreux concevaient le centre de la terre ou le fond de l'*abîme*, la source des fontaines et des rivières, etc., nous importent fort peu; il nous suffit de présenter le sens littéral et naturel des livres saints : il en résulte que ceux qui ont assuré que les anciens Hébreux n'avaient aucune idée de l'enfer se sont trompés. *Voy.* ENFER.

ABISSINS. *Voy.* ETHIOPIENS.

ABJURATION, est le serment par lequel un hérétique converti renonce à ses erreurs et fait profession de la foi catholique; cette cérémonie est nécessaire pour qu'il puisse être absous des censures qu'il a encourues, et être réconcilié à l'Eglise.

Les protestants ont souvent tourné en ridicule les conversions et les *abjurations* de ceux d'entre eux qui rentrent dans le sein de l'Eglise catholique; pour prévenir cette espèce de désertion, ils ont posé pour maxime qu'un honnête homme ne change jamais de religion. Ils ne voient pas qu'ils couvrent d'ignominie, non-seulement leurs pères, mais les apôtres de la prétendue réforme, qui ont certainement changé de religion, et qui ont engagé les autres à en changer ; ils rendent suspectes les conversions des juifs, des mahométans, des païens, qui se font protestants ; et leur censure retombe même sur tous ceux qui se sont convertis à la prédication des apôtres. Leur maxime ne peut être fondée que sur une indifférence absolue pour toutes les religions, par conséquent sur une incrédulité décidée. *Voyez* CONVERSION (1).

(1) La seule religion, dit M. Laval, qui ait droit de dire : Ne changez pas, est celle qui n'a jamais changé. Mais que fut le protestantisme à son origine, sinon un grand changement dans la religion? Qu'est-il dans toute son histoire, qu'une suite de changement où l'on voit les dogmes, les confessions

ABLUTION. C'est l'action de se laver le corps. Tous les peuples, dans tous les temps, ont compris que la propreté du corps était le symbole de la propreté de l'âme; que le péché pouvait être envisagé comme une tache de la conscience; qu'en se lavant le corps, un homme témoigne le désir qu'il a de se purifier l'âme. Ainsi les *ablutions*, très-nécessaires à la santé dans les climats chauds, où l'on ne connaissait pas l'usage du linge, sont devenues un acte religieux universellement pratiqué. A-t-on cru pour cela que cette cérémonie avait la vertu d'effacer le péché aux yeux de la Divinité? Si les ignorants l'ont pensé, les sages du moins ont senti qu'un rite extérieur ne peut être efficace qu'autant qu'il est accompagné d'un sentiment intérieur de pénitence.

Il paraît que les *ablutions* ont été en usage chez les patriarches, puisqu'il en est parlé dans le livre de Job, ch. IX, v. 30. Moïse en prescrivit aux Juifs un grand nombre; Jésus-Christ les a consacrées en donnant, au baptême, conféré en son nom, la force d'effacer le péché. *Voyez* BAPTÊME. L'Eglise, animée par le même esprit, a conservé l'usage de l'eau bénite. On sait que les païens pratiquaient aussi différentes espèces d'*ablutions*; que les mahométans se lavent plusieurs fois le jour, surtout avant la prière ; que les peuples les plus grossiers pensent sur ce sujet comme les nations les plus éclairées.

Est-ce une superstition générale qui a saisi tous les esprits? Quiconque se persuade que, pour effacer le crime, il suffit de se laver le corps, sans avoir aucun sentiment de componction et de regret, sans aucun désir de se corriger, est superstitieux sans doute; il abuse d'un signe destiné à lui rappeler ce qu'il doit faire intérieurement : mais l'abus dans aucun genre ne prouve rien contre un usage utile en lui-même. Il n'est aucune institution de laquelle on ne puisse abuser; l'ignorance, la stupidité, l'hypocrisie, ne prescriront jamais contre les signes naturels de la piété et de la religion. *Voyez* EXPIATIONS.

En terme de liturgie, l'on nomme ablution l'eau et le vin que le prêtre met dans le ca-

de foi, les sectes, perpétuellement varier? Pourquoi le protestantisme, qui change sans cesse, voudrait-il nous défendre de retourner à l'Eglise qui n'a jamais changé. Pourquoi demeurerions-nous obstinément attachés à toutes ces circonstances? et rentrer dans l'Eglise, qu'est-ce autre chose que mettre fin pour soi à tous ces changements pour se reposer enfin dans l'antique foi ? C'est lui qui a voulu en changer; nous ne faisons qu'y revenir. Sans doute si on quittait une secte pour entrer dans une autre, ce serait une chose bien vaine : car toutes les sectes protestantes étant également dépourvues d'autorité, on retrouverait dans toutes les autres incertitude. mais sortir du protestantisme pour rentrer dans l'Eglise catholique, c'est passer des variations à la croyance invariable, des divisions à l'unité, de l'erreur qui est d'hier, à la vérité qui est de tous les temps; c'est passer du doute à la foi, c'est sortir de la mort pour recouvrer la vie. (*Lettre de M. Laval, ci-devant ministre à Condé-sur-Noireau*.)

lice après la communion, afin qu'il n'y reste rien du vin consacré. Il convient de tenir dans la plus grande propreté les vases destinés à contenir l'Eucharistie.

ABNÉGATION. Renoncement à soi-même. Jésus-Christ dit dans l'Evangile : *Si quelqu'un veut venir après moi, qu'il renonce à lui-même, qu'il porte sa croix et me suive.* Par là le Sauveur nous ordonne-t-il d'étouffer l'amour de nous-mêmes et de notre bonheur, de renoncer à notre intérêt bien entendu ? Non, sans doute, puisqu'il nous invite à la vertu par l'attrait de la récompense et du bonheur qu'il nous promet, conséquemment par un motif d'intérêt très-solide. Il veut donc que nous renoncions à l'amour de nous-mêmes, aveugle, et mal réglé, à nos passions, à nos inclinations vicieuses, que nous confondons mal à propos avec notre intérêt. Un juste s'aime plus véritablement, et entend mieux ses intérêts qu'un pécheur ; le premier cherche le vrai bonheur et le trouve ; le second le cherche où il n'est pas, et ne le trouve ni en ce monde ni en l'autre. *Voyez* RENONCEMENT.

ABOMINABLE, ABOMINATION. Il est dit dans l'histoire sainte que les pasteurs de brebis étaient en *abomination* aux Egyptiens. Moïse répond à Pharaon, leur roi, que les Hébreux doivent immoler au Seigneur les *abominations* des Egyptiens, c'est-à-dire, leurs animaux sacrés, les bœufs, les boucs, les agneaux, les béliers, dont le sacrifice devait paraître *abominable* aux Egyptiens. L'Ecriture donne ordinairement le nom d'*abomination* à l'idolâtrie et aux idoles, tant à cause que le culte des idoles est en lui-même une chose *abominable*, que parce qu'il était presque toujours accompagné de dissolutions et d'actions infâmes. Moïse donne aussi le nom d'*abominables* aux animaux dont il interdit l'usage aux Hébreux.

L'*abomination* de la désolation, ou plutôt l'*abomination* désolante prédite par Daniel, ch. IX, v. 27, marque, selon plusieurs interprètes, l'idole de Jupiter Olympien qu'Antiochus-Epiphane fit placer dans le temple de Jérusalem. La même *abomination* dont il est parlé dans saint Matthieu, ch. XXIV, v. 15, dans saint Marc, ch. VI, v. 7, et que l'on vit à Jérusalem pendant le dernier siège de cette ville par les Romains, sont les enseignes de l'armée romaine, chargées des figures de leurs dieux et de leurs empereurs, qui furent placées dans la ville et dans le temple, lorsque Tite s'en fut rendu maître.

ABRA, dans l'Ecriture, signifie une fille d'honneur, une suivante, la servante d'une femme de condition. Ce nom est donné aux filles de la suite de Rébecca, à celles de la fille de Pharaon, à celles de la reine Esther, à la servante de Judith. Ce n'est ni une simple esclave, ni une fille de peine, mais plutôt une femme de chambre ou une fille d'atour.

ABRAHAM. Les divers événements de la vie de ce patriarche, les discussions chronologiques sur son âge appartiennent à l'histoire ; nous ne devons parler que des circonstances qui peuvent donner lieu à des objections théologiques ; les autres ont été éclaircies de nos jours par plusieurs savants (1).

Pourquoi Dieu a-t-il choisi un Chaldéen pour se faire connaître à lui et à sa postérité, pour se faire la tige de son peuple chéri, plutôt qu'un Grec, un Romain, un Chinois ? Parce que Dieu était le maître de son choix ; quel que fût le personnage qu'il eût préféré, la même objection reviendrait. Ceux qui disent que c'est un trait de partialité, une injuste prédilection de la part de Dieu, n'entendent pas les termes. Dieu ne doit à personne telle ou telle mesure de bienfaits naturels ou surnaturels, de faveurs spirituelles ou temporelles ; ce qu'il accorde à l'un ne diminue pas la portion qu'il veut donner à un autre, et ne lui porte aucun préjudice ; la distribution inégale de bienfaits purement gratuits n'est donc ni une injustice, ni une partialité. *Voyez* ACCEPTION DE PERSONNES, JUSTICE DE DIEU, PARTIALITÉ.

Quelques auteurs ont avancé qu'*Abraham*, avant sa vocation, était idolâtre ; ils ont cité en preuve ce passage de Josué, ch. XXIV, v. 2 : *Vos pères ont habité au delà du fleuve, Tharé, père d'Abraham, et Nachor ; et ils ont servi des dieux étrangers.* Mais cette accusation ne peut tomber que sur Tharé et sur Nachor. *Abraham* est disculpé dans le livre de Judith, ch. V, v. 6 ; il y est dit : *Les Hébreux sont un peuple originaire de la Chaldée : ils ont demeuré d'abord dans la Mésopotamie, parce qu'ils n'ont pas voulu suivre les dieux de leurs pères, qui étaient dans le pays des Chaldéens. Ainsi, en renonçant à la religion de leurs pères, qui admettaient plusieurs dieux, ils ont adoré le Dieu du ciel, qui leur a commandé de sortir de là et d'aller demeurer à Charan.* Cela ne peut s'entendre que d'*Abraham*, puisque c'est à lui que Dieu ordonna de quitter son pays et sa famille ; et il est probable que dès ce moment son père Tharé, qui le suivit, cessa d'être idolâtre. La fidélité d'*Abraham* à n'adorer que le seul Dieu du ciel peut être une des raisons pour lesquelles Dieu l'a choisi pour être la tige de son peuple.

Dans plusieurs endroits de l'Ecriture, Dieu est nommé *le Dieu d'Abraham* ; les auteurs sacrés ont-ils voulu insinuer par là que Dieu abandonnait les autres hommes pour ne protéger que le seul *Abraham* ; que c'est un Dieu local dont la providence ne s'étendait que sur une seule famille ? Non sans doute. Cela signifie seulement que le vrai Dieu était seul adoré par ce patriarche, pendant que la plupart des peuplades déjà formées offraient leur encens à des dieux ima-

(1) En fouillant dans les religions anciennes de l'Asie, on a trouvé, à une époque antérieure à l'ère chrétienne, des ressemblances plus ou moins grandes, des analogies plus ou moins parfaites avec nos croyances et nos pratiques, avec les personnages les plus fameux de l'ancien Testament. Les ennemis de notre foi ont cru y trouver une preuve que la religion juive et la religion chrétienne, sont des doctrines d'origine indienne, plus parfaites, plus épurées,

ginaires. Lorsqu'un chrétien dit au Seigneur: *vous êtes mon Dieu*, il sait bien que Dieu est aussi le créateur, le père et le bienfaiteur des autres hommes.

Il semble d'abord qu'*Abraham* se rendit coupable de mensonge, en disant au roi d'Egypte et au roi de Gérare, que Sara était sa sœur, pendant qu'elle était son épouse. Ce soupçon n'a plus lieu lorsqu'on fait attention qu'en hébreu le même terme désigne une sœur et une proche parente, une nièce ou une cousine; les Hébreux n'avaient pas, comme nous, des termes propres pour désigner les divers degrés de parenté. *Voy.* FRÈRE, SŒUR.

Plusieurs interprètes ont pensé que Sara, épouse d'*Abraham*, était véritablement sa sœur, issue d'un même père, mais non d'une même mère; ce sentiment n'est pas probable. Dans le temps où vivait *Abraham*, de pareils mariages étaient déjà censés incestueux; ils ne pouvaient plus être excusés par la nécessité, parce que le genre humain

plus complètes que les religions orientales; mais purement humaines, variables avec le temps, et perfectibles de siècle en siècle. Les amis de notre foi y ont vu pour l'Église la source d'un nouveau triomphe. MM. Riambourg, Sionnet, Paravey, Bonnetty, n'ont point nié les analogies. Ils se sont efforcés de prouver que la Bible n'a pas été puiser dans les livres persans et indiens; mais que ceux-ci ont puisé, soit dans la tradition, soit dans les livres de l'Ancien Testament.

Nous avons à examiner un point de cette grande question. Abraham est-il le même personnage que le Brama des Indiens et l'Ibrahim des Persans? — Ce qui pourrait nous porter à les confondre, c'est d'abord la ressemblance des noms. C'est ensuite la vie de ces personnages. Ils fondent tous les trois un nouveau peuple, une nouvelle religion, une nouvelle législation (car les traditions rabbiniques, une inscription chinoise qui remonte à près de 500 ans avant Jésus-Christ, représentent Abraham comme un législateur dont Moïse écrivit la loi.) Ces lois, dans beaucoup de points, ont une analogie frappante. Nous avouerons ingénument que nous n'avons pas assez de science pour discuter ces faits, et conséquemment pour porter un jugement. Nous dirons seulement:

1° Les dispersions du peuple juif remontent à une très-haute antiquité; elles précèdent probablement l'époque où furent écrits les livres sacrés des Perses, des Indiens et des Chinois. Car il est constant que les Juifs étaient en Chine 700 ans avant Jésus-Christ. — 2° Les prophètes et les sages Juifs avaient une connaissance extrêmement développée des mystères et de la doctrine que Jésus-Christ devait nous révéler complétement. Ils ne se contentaient pas de réserver pour eux-mêmes ces grandes vérités : il les communiquaient aussi aux sages du paganisme, comme une foule de monuments en fournissent la preuve. (Voy. les *Annales de philosophie chrétienne*.) — 3° L'assertion des auteurs qui prétendent confondre Abraham avec le Brama des Indiens, n'étant appuyé sur aucun fondement solide et positif, ne peut détruire la croyance ancienne et universelle d'un fait environné de toutes les preuves que peut exiger la plus sévère critique, l'existence d'Abraham comme père du peuple de Dieu.

Ces trois observations nous paraissent rendre suffisamment raison, 1° des rapports de ressemblance qui existent entre Abraham, le Brama des Indiens et l'Ibrahim des Perses; 2° de l'existence certaine et positive du père des croyants.

D. CT. DE THÉOL. DOGMATIQUE. I.

était déjà suffisamment multiplié. D'ailleurs, la conduite d'*Abraham*, qui, pour cacher son mariage avec Sara, l'appelle sa sœur, semble prouver que les peuples au milieu desquels il vivait ne croyaient pas qu'un frère pût épouser sa sœur. Ainsi nous pensons que Sara n'était que la nièce d'*Abraham*; il a pu dire néanmoins qu'elle était *fille de son père*, puisqu'elle en était la *petite-fille*. Il y a sur cette question une dissertation dans les *Mémoires de Trévoux*, an 1710, juin, pag. 1033.

Barbeyrac soutient que le discours d'*Abraham* était du moins une équivoque équivalente à un mensonge, puisque ce patriarche en faisait usage afin de tromper les Egyptiens et de leur cacher que Sara était son épouse. A cela nous répondons que taire la vérité à des gens qui n'ont aucun droit de la demander, n'est point un mensonge, lorsqu'on ne leur dit rien de faux; autrement il ne serait jamais permis de se débarrasser des questions d'une indiscrète curiosité. Il est fort étonnant que Barbeyrac, qui d'ailleurs est d'une morale si relâchée touchant le mensonge officieux, soit si sévère censeur de la conduite d'*Abraham* et de celle des Pères qui ont voulu disculper ce patriarche.

Mais n'était-ce pas exposer la pudicité de Sara que de dire, en pays étranger, qu'elle était sa nièce ou sa parente, au lieu d'avouer qu'elle était son épouse? *Abraham* du moins ne le pensait pas ainsi; il craignait que, s'il déclarait son mariage, les Egyptiens ne fussent tentés de se défaire de lui pour enlever Sara; au lieu qu'en disant qu'elle était sa parente, il espérait de trouver un moyen d'écarter leur recherche. S'il se trompait, son erreur n'était pas un crime. Dieu eut égard à l'intention des deux époux; il ne permit point que le roi d'Egypte ni celui de Gérare attentassent à la pudicité de Sara. Les critiques téméraires qui ont osé affirmer qu'*Abraham* avait prostitué son épouse, afin d'être mieux traité, l'ont calomnié par pure malignité.

Saint Jean Chrysostôme semble louer Sara d'avoir exposé volontairement sa chasteté, afin de conserver la vie à son mari, et trouver bon que celui-ci y ait consenti. Il suppose que tous deux ont agi avec l'intention la plus pure, et dans la confiance que le Seigneur, dont ils avaient éprouvé si souvent la protection, les secourrait dans une circonstance aussi périlleuse; il n'y a donc pas lieu à la censure amère que Barbeyrac a lancée contre ce Père.

Sara, stérile et avancée en âge, engage son époux à prendre Agar, sa servante, afin d'en avoir des enfants: alors ce ne fut pas un crime. Dans l'état des familles encore isolées et nomades, la polygamie n'était pas défendue par le droit naturel. Les Pères de l'Église ne se sont point trompés lorsqu'ils ont soutenu qu'*Abraham* n'avait point péché en cela contre la loi naturelle; à plus forte raison contre la loi positive, qui n'existait pas encore. Nous ne voyons pas sur quoi se

3

sont fondés plusieurs critiques modernes pour décider qu'Agar n'était point femme légitime d'*Abraham*; nous prouverons le contraire au mot POLYGAMIE.

Vainement Barbeyrac fait remarquer qu'*Abraham*, par cette conduite, semblait se défier des promesses que Dieu lui avait faites d'une postérité nombreuse. Ce reproche est injuste. Dieu, en faisant ces promesses, *Gen.* XII et XV, n'avait pas dit que cette postérité naîtrait de Sara, et non d'une autre femme; Dieu ne s'expliqua sur ce point que treize ans après la naissance d'Ismaël. *Genes.* XVII, 16 et 25.

Cet enfant était né d'Agar lorsque Sara devint féconde et mit au monde Isaac; bientôt la désobéissance d'Agar et le caractère féroce d'Ismaël firent craindre à Sara pour les jours de son fils Isaac. Elle exigea que la mère et l'enfant fussent éloignés de la tente paternelle, et *Abraham* y consentit. Ce procédé a paru dur et injuste à ceux qui n'ont pas examiné les circonstances et pesé la valeur des termes. Il est dit qu'*Abraham* donna *du pain et de l'eau* à ces deux bannis. *Gen.* XXI, 14. Or, dans le style de l'Écriture, le pain signifie la nourriture, la subsistance, les choses nécessaires à la vie. Dans notre langue même, lorsqu'un homme sans fortune dit à son protecteur : *Donnez-moi du pain*, il entend, procurez-moi une subsistance honnête. D'ailleurs, dans cette circonstance, *Abraham* obéissait à l'ordre de Dieu, beaucoup plus qu'au désir de Sara, et Dieu lui avait promis de protéger Agar et son fils. *Gen.* XXI, 12 et 13. Aussi ne voyons-nous aucune inimitié entre Ismaël et Isaac, soit pendant la vie, soit après la mort d'*Abraham*, ni aucune division entre leurs descendants.

Pour juger sensément de la conduite des patriarches, il faut se placer dans les mêmes circonstances, se mettre au ton des mœurs et des usages qui régnaient dans les premiers âges du monde.

Isaac était âgé de près de vingt-cinq ans, lorsque Dieu, pour éprouver *Abraham*, lui ordonna de l'immoler en sacrifice. Il semble d'abord que cet ordre soit indigne de Dieu : mais le souverain maître de la vie et de la mort peut abréger ou prolonger nos jours comme il lui plaît; si, par un accident ou par une maladie, il avait tranché ceux d'Isaac, *Abraham* aurait-il été en droit de murmurer ? A la vérité, un sacrifice du sang humain aurait été un très-mauvais exemple; aussi Dieu ne permit point qu'il fût accompli; il se contenta de la disposition dans laquelle était *Abraham* d'obéir, et redoubla ses bienfaits envers ce patriarche.

On dira que Dieu, qui connaît le fond des cœurs, qui prévoit nos sentiments futurs avec autant de certitude qu'il voit nos dispositions présentes, n'avait pas besoin de mettre *Abraham* à l'épreuve. Cela est vrai; mais *Abraham* avait besoin d'être éprouvé, et le genre humain avait besoin de cet exemple pour concevoir que Dieu est en droit d'exiger de nous, quand il lui plaît, des sacrifices héroïques, parce qu'il est assez puissant pour les récompenser (1).

C'est donc avec raison que les écrivains sacrés ont fait l'éloge de la foi et du courage d'*Abraham*, et le proposent pour modèle; il crut, dit saint Paul, que Dieu, qui a le pouvoir de ressusciter les morts, ferait plutôt un miracle que de manquer à ses promesses. *Heb.* XI, 19.

Lorsque Dieu dit à *Abraham* : Toutes les nations de la terre seront bénies dans *votre race*, *Gen.* XXII, XXVI, XXVIII, nous soutenons, après saint Paul, *Galat.*, III, 16, avec les Pères de l'Église, que race désigne un seul descendant d'*Abraham*, qui est Jésus-Christ, comme dans la prédiction faite au serpent, *Gen.* III, 15 : *La race* de la femme t'écrasera la tête.

Mais en quoi consiste cette bénédiction ? S'il n'était question que de bienfaits temporels et d'une protection particulière de Dieu à l'égard des descendants d'*Abraham*, en quel sens cette bénédiction pourrait-elle s'étendre à toutes les nations de la terre ? La prospérité des Juifs ne pouvait influer en rien sur celle des autres peuples. Il est donc évident que Dieu promet, dans cet endroit et ailleurs, par les mêmes paroles, les grâces de salut ou les bénédictions spirituelles qu'il voulait répandre par le Messie sur tous les hommes qui croiraient en lui, et qui deviendraient ainsi les enfants d'*Abraham*, en imitant sa foi. Saint Paul, qui les explique ainsi, *Galat.* III et IV, n'en a pas seulement donné le sens mystique et allégorique, comme certains critiques le prétendent, mais le sens littéral et naturel. Ainsi les Juifs, qui prennent ces promesses dans un sens grossier et qui les restreignent à leur nation seule, sont dans l'erreur.

ABRAHAMIENS. *Voyez* SAMOSATIENS.

ABRAHAMITES, moines catholiques, qui souffrirent le martyre pour le culte des ima-

---

(1) Les incrédules tournent en dérision la promesse que Dieu fit à Abraham. Voici comment Bullet leur répond : « Dieu dit à Abraham, *Gen.* XIII, 15 : *Je donnerai à vous et à votre postérité tout ce pays que vous voyez.* — La promesse que Dieu fait ici à Abraham de lui donner personnellement la terre de Chanaan a été sans effet, disent les incrédules, puisque ce patriarche n'y posséda jamais en propre qu'un champ et une caverne qu'il avait achetés quatre cents sicles. — Les interprètes répondent que la particule *et* signifie en cet endroit *c'est-à-dire*; de sorte que le sens de ce verset est que Dieu promet la terre de Chanaan à Abraham; *c'est-à-dire* à sa postérité. L'explication est bonne, mais on est fâché de voir que les commentateurs ne l'appuient d'aucune preuve; nous allons suppléer à cette omission.

« Parmi plusieurs significations que renferme la particule VAU, qui est rendue, dans le passage que nous examinons, par *et*, celle de *c'est-à-dire* en français, *id est* en latin, en est une : c'est ce que nous allons démontrer par divers exemples. *Gen.* II, 3. Dieu bénit le septième jour, VAU, c'est-à-dire, le sanctifia. — *Exod.* IV, 12. Je serai dans votre bouche, VAU, c'est-à-dire, je vous apprendrai ce que vous aurez à dire. *Ibid.* VII, 11. Pharaon fit venir les sages, VAU, c'est-à-dire, les magiciens. *Nomb.* XXXI, 6. Moïse les envoya à la guerre, leur confiant les

ges sous Théophile, au neuvième siècle. *Voy.* ICONOCLASTES.

* ABRAHAMITES. La secte des Hussites conserva pendant longtemps des sectateurs dans la Bohême. Elle finit enfin par se fondre en une secte nouvelle qui réunit des juifs, des protestants, et sans doute plusieurs catholiques qui se laissèrent entraîner dans l'erreur. Elle établit son siège à Par-du Bitz, en Bohême. Joseph II, par son édit de tolérance, la contraignit à s'incorporer dans le sein de l'une des religions reconnues par l'État. La plupart des sectateurs de la nouvelle religion refusèrent de souscrire à l'ordre de l'empereur et furent exilés. Un bon nombre demandèrent grâce et rentrèrent dans le sein de la religion de l'empire. Ils y conservèrent sans doute leur foi et leur morale qu'ils prétendaient être celles d'Adam et d'Abraham. C'est pour cela qu'ils étaient nommés *Abrahamites* et *Adamites*.

Leur croyance se réduisait à un petit nombre de dogmes. L'existence de Dieu, l'immortalité de l'âme, les peines et les récompenses de la vie future constituaient à peu près tout leur symbole. Ils n'admettaient de toute l'Ecriture que l'Oraison Dominicale et le Décalogue, parce qu'ils les regardaient comme fondés sur la raison. Jésus-Christ n'était à leurs yeux qu'un philosophe un peu plus sage que les autres. Abraham fut un grand docteur; il eut cependant une faiblesse, ce fut celle de se laisser circoncire. Ils le prirent pour maître, mais dans la partie de la vie qui précéda cette humiliante cérémonie.

La morale des Abrahamites était abominable. Ils regardaient comme une horrible tyrannie les lois de décence, de retenue et de chasteté reconnues par tous les peuples. Aussi vivaient-ils dans une espèce de promiscuité où les femmes étaient communes. La famille étant détruite, les enfants étaient élevés comme des êtres qui appartenaient à la communauté, mais qui ne devaient reconnaître ni père ni mère.

ABSOLU, adject. ABSOLUMENT, adv. *Absolu* se dit, 1° par opposition à ce qui est relatif. Nous soutenons qu'il n'y a dans le monde aucun mal *absolu*, mais seulement des maux relatifs, la condition des créatures n'est bonne ou mauvaise, un bien ou un mal, que par comparaison. Le bien *absolu*, c'est l'infini; le mal *absolu*, est le néant : entre ces deux extrêmes, il y a une infinité de degrés ou de manières d'être qui sont censés un mal en comparaison d'un plus grand bien, et un bien si on les compare à un état plus mauvais. L'oubli de ces notions a rendu plus obscure la question de l'origine du mal. V. BIEN ET MAL.

Dans le même sens, certaines propositions, énoncées en termes *absolus*, ne sont vraies que par comparaison ou dans un sens relatif. Quand on dit que Dieu abandonne les pécheurs, cela n'est pas *absolument* vrai, puisqu'il n'en est aucun à qui Dieu ne donne des grâces; mais il ne leur en accorde pas autant qu'aux justes. *Voyez* GRACE, § 3. Saint Paul répète ce que Dieu a dit par un prophète : *J'ai aimé Jacob, et j'ai haï Esaü*. Cependant Dieu n'a pas cessé *absolument* de répandre des bienfaits sur Esaü et sa postérité; mais il ne les a pas traités aussi favorablement que Jacob et ses descendants. L'auteur du livre de la Sagesse dit à Dieu : *Vous ne haïssez, Seigneur, rien de ce que vous avez fait*. Cette proposition est *absolument* vraie; la précédente n'est vraie que par comparaison.

Il faut distinguer encore les arguments *absolus* d'avec les arguments relatifs personnels, que l'on nomme arguments *ad hominem*: ceux-ci ne sont solides que relativement aux opinions et aux principes de l'adversaire contre lequel on dispute; ils ne prouvent rien contre ceux qui ont des principes ou des opinions contraires.

2° *Absolu* se dit par opposition à ce qui est conditionnel; ainsi l'on distingue en Dieu la volonté *absolue*, par laquelle il opère immédiatement par lui-même tout ce qu'il lui plaît, et la volonté conditionnelle, par laquelle il nous laisse la liberté de résister. Dieu veut notre salut, non *absolument*, mais sous condition que nous le voudrons nous-mêmes, et que nous obéirons à ses grâces.

3° L'on distingue l'impossibilité *absolue* ou métaphysique, d'avec *l'impossibilité morale*, qui signifie seulement une très-grande difficulté.

4° *Absolu*, se prend dans un sens opposé à déclaratif. Dans ce sens les catholiques soutiennent que le prêtre a le pouvoir de remettre les péchés *absolument*; les protestants, au contraire, prétendent qu'il peut seulement déclarer que Dieu a remis les péchés.

5° On nomme le jeudi de la semaine sainte le *jeudi absolu*, parce que dans plusieurs églises on fait l'absoute avant la cérémonie de la cène; c'est un reste de l'ancienne discipline ou de l'usage de réconcilier ce jour-là les pénitents publics, avant de les admettre à la communion.

* ABSOLU (terme de philosophie religieuse moderne). Le talent de la philosophie moderne a été de cacher la nullité de ses idées sous l'un de ces grands mots inintelligibles à la pensée de la multitude, mais qui pour cela n'en sont que plus dangereux. On prononce le mot sans savoir ce que c'est, et ensuite on se croit en droit de rejeter les idées communément reçues. Du nombre de ces mots malheureux, enfantés par une philosophie incrédule, est le terme *absolu*.

Les panthéistes et les autres rationalistes modernes désignent par le nom vague d'*absolu* un être : 1° existant indépendamment de toute hypothèse; 2° ayant seul l'existence par lui-même et sans cause; 3° possédant une indépendance absolue de tout ce qui existe; 4° enfin renfermant en lui toutes les réalités et les perfections. On voit que la philosophie allemande a voulu voiler le nom de Dieu sous le terme vague d'*absolu*. On choquait beaucoup moins les oreilles en introduisant sous ce nom des doctrines subversives de toute religion. Schelling déduit ainsi les conséquences de ce système de philosophie : « Depuis Descartes, la raison pure, avec ses principes *a priori*, a été l'unique agent de la science philosophique. Or, la raison pure ne nous révèle que l'être en général, l'être indéterminé, et partant impersonnel..... Donc avec la raison pure toute seule, et abstraction faite de nos autres moyens de connaître, on ne trouvera, si l'on est conséquent, qu'un Dieu impersonnel, un monde éternel et nécessaire

---

instruments sacrés, VAU, *c'est-à-dire*, les trompettes d'un son éclatant. — *Juges*, VIII, 27. Cet éphod devint un piège qui causa la ruine de Gédéon et, *c'est à dire*, de sa maison. — *II Rois*, XI, 11. Je jure par votre vie, VAU, *c'est-à-dire*, par votre conservation. » Bullet, *Rép. crit.*, tom. I, pag. 151, édit. de Besançon, 1826.

le panthéisme, en un mot; mais la personnalité et la liberté ne se trouveront jamais. L'histoire de la philosophie moderne le prouve. L'emploi de la méthode exclusive *a priori*, l'a conduite, de système en système, au panthéisme de Hégel, qui fait de la raison la substance et la cause de l'univers, Dieu lui-même. Dans cette théorie, le concret, le déterminé, l'individu n'est qu'un phénomène éphémère; s'il se montre, c'est pour s'évanouir aussitôt sans retour. » Voilà les conséquences infaillibles de la doctrine de l'*absolu*, la négation de Dieu. La réfutation de cette doctrine est intimement liée à la preuve de l'existence de Dieu... Nous y renvoyons pour la présenter. Il est bon cependant d'entendre comment nos philosophes sont arrivés à leur prétendu *absolu*.

Kant, et à sa suite une multitude de philosophes allemands et français, ont dit qu'ils trouvaient l'idée de l'*absolu* dans le temps et l'espace. Méditez, disent-ils, sur le temps et l'espace, vous arrivez nécessairement à un temps et à un espace *absolu*. Nous nions cette assertion : nous ne percevons jamais, soit un temps, soit un espace auxquels la pensée ne puisse rien ajouter. Nous sommes même convaincus qu'on ne peut arriver à l'idée d'un espace ou d'un temps simplement indéfini, avant qu'on se la soit formée par une suite d'abstractions, fondées sur des conceptions dont la sphère s'agrandit de plus en plus. (*Voy.* INFINI.) Si l'on prétend, avec Fichte, que la conscience de sa propre individualité est identifiée avec celle de l'*absolu*, ou avec Schelling, que nous percevons notre individualité comme consubstantielle à l'*absolu*, et qu'ainsi nous ne pouvons avoir la conscience de nous-mêmes sans concevoir l'*absolu*, nous répondrons qu'il y a contradiction dans les termes : car le raisonnement suppose l'existence individuelle de chaque homme. C'est le principe sur lequel il repose, et c'est pour arriver à la conséquence qu'il n'y a pas d'individu; puisque notre individualité est, selon Fichte, identifiée avec celle de l'*absolu*, et qu'elle est consubstantielle à l'*absolu*, selon Schelling. Ce système tant vanté conduit donc au panthéisme le plus complet, doctrine contraire à la raison et à la saine morale. *Voy.* PANTHÉISME.

ABSOLUTION, rémission des péchés faite par le prêtre au nom de Jésus-Christ dans le sacrement de pénitence. *Voy.* PÉNITENCE.

[*Criterium de la foi catholique.* — « Quoique l'absolution du prêtre, dit le concile de Trente, soit une dispensation du bienfait d'autrui, toutefois ce n'est pas seulement un simple ministère, ou une simple commission d'annoncer l'Évangile ou de déclarer que les péchés seront remis, mais un acte judiciaire, par lequel le prêtre, comme juge, prononce la sentence. Anathème donc à celui qui dit que l'absolution sacramentelle du prêtre n'est pas un acte judiciaire, mais un simple ministère, consistant à prononcer et à déclarer que les péchés seront remis à celui qui se confesse. (*Concil. Trid.*, sess. 14, cap. 6, et can. 9.)]

ABSOLUTION se prend encore pour la levée des censures et l'action de réconcilier un excommunié à l'Église : dans ce sens elle tient au droit canonique plus qu'à la théologie.

Enfin l'on nomme *absolution* une prière qui se dit à la fin de chaque nocturne de l'office divin, à la fin des heures canoniales, et une prière qui se fait pour les morts.

ABSOUTE. Cérémonie qui se pratique dans l'Église romaine le jeudi de la semaine sainte, pour représenter l'absolution qu'on donnait vers le même temps aux pénitents de la primitive Église.

L'usage de l'Église de Rome et de la plupart des Églises d'Occident, était de donner l'absolution aux pénitents le jour du jeudi saint, nommé pour cette raison le *jeudi absolu*.

Dans l'Église d'Espagne et dans celle de Milan, cette absolution publique se donnait le jour du vendredi saint; et dans l'Orient c'était le même jour ou le samedi suivant, veille de Pâques. Dans les premiers temps, l'évêque faisait l'*absoute*, et alors elle était une partie essentielle du sacrement de pénitence; parce qu'elle suivait la confession des fautes, la réparation des désordres passés et l'examen de la vie présente. « Le jeudi saint, dit M. l'abbé Fleury, les pénitents se présentaient à la porte de l'église; l'évêque, après avoir fait pour eux plusieurs prières, les faisait entrer, à la sollicitation de l'archidiacre qui lui représentait que c'était un temps propre à la clémence.... Il leur faisait une exhortation sur la miséricorde de Dieu, et le changement qu'ils devaient faire paraître dans leur vie, les obligeant à lever la main pour signe de cette promesse; enfin se laissant fléchir aux prières de l'Église, et persuadé de leur conversion il leur donnait l'absolution solennelle. » *Mœurs des chrétiens*, tit. XXV.

A présent ce n'est plus qu'une cérémonie qui s'exerce par un simple prêtre et qui consiste à réciter les sept psaumes de la pénitence, quelques oraisons relatives au repentir que les fidèles doivent avoir de leurs péchés. Après quoi le prêtre prononce les formules *Misereatur* et *Indulgentiam*; mais tous les théologiens conviennent qu'elles n'opèrent pas la rémission des péchés; et c'est la différence de ce qu'on appelle *absoute*, d'avec l'absolution proprement dite.

ABSTÈME, du latin *abstemius*. On nomme ainsi les personnes qui ont une répugnance naturelle pour le vin et ne peuvent en boire. Pendant que les calvinistes soutenaient de toutes leurs forces que la communion sous les deux espèces est de précepte divin, ils décidèrent au synode de Charenton que les *abstèmes* pouvaient être admis à la cène pourvu qu'ils touchassent seulement la coupe du bout des lèvres, sans avaler une seule goutte de vin. Les luthériens leur reprochèrent cette tolérance comme une *prévarication sacrilége*.

De cette contestation même on a conclu contre eux qu'il n'est pas vrai que la communion sous les deux espèces soit de précepte divin, puisqu'il y a des cas où l'on peut s'en dispenser. *Voy.* COMMUNION *sous les deux espèces*, COUPE.

ABSTINENCE. Le motif général de l'*abstinence* est de mortifier les sens et de dompter les passions : l'on connaît assez les suites naturelles de la gourmandise. Selon M. de Buffon, la mortification la plus efficace contre la luxure est l'*abstinence* et le jeûne. *Hist. Nat.*, tom. III, in-12, c. 4, pag. 105. Dieu, après avoir créé nos premiers parents, leur accorda pour nourriture les plantes et les fruits de la terre; il ne leur parla point de la chair des animaux. *Gen.* I, 29. Mais vu les excès auxquels se livrèrent les hommes antérieurs au déluge, il n'est guère probable qu'ils se soient abstenus d'aucun des aliments qui pouvaient flatter leur goût.

Après le déluge, Dieu permit à Noé et à ses enfants de manger la chair des animaux ; mais il leur défendit d'en manger le sang. *Gen.* ix, 3 *et suiv.* Par les termes dans lesquels cette défense est conçue, il paraît que le motif était d'inspirer aux hommes l'horreur du meurtre. L'habitude d'égorger les animaux et d'en boire le sang porte infailliblement l'homme à la cruauté.

Moïse par ses lois défend aux Juifs la chair de plusieurs animaux qu'il nomme *impurs;* il exclut nommément tous ceux dont la chair pouvait être malsaine, relativement au climat, et causer des maladies. Quelques philosophes ont rapporté au même motif l'usage des Égyptiens, de s'abstenir de la chair de plusieurs animaux.

L'usage du vin était interdit aux prêtres pendant tout le temps qu'ils étaient occupés au service du temple, et aux nazaréens pour tout le temps de leur purification.

A la naissance du christianisme, les Juifs voulaient que l'on assujettît les païens convertis à toutes les observances de la loi judaïque, à toutes les *abstinences* qu'ils pratiquaient. Les apôtres assemblés à Jérusalem décidèrent qu'il suffisait aux fidèles convertis du paganisme de s'abstenir du sang, des viandes suffoquées, de la fornication et de l'idolâtrie. *Act.* xv. Saint Paul dans ses lettres a donné sur ce point des règles très-sages. Bientôt même cette *abstinence* se trouva sujette à des inconvénients; Tertullien nous apprend que les païens, pour mettre les chrétiens à l'épreuve, leur présentaient à manger du sang et du boudin. *Apol.*, c. 9. Mais les *abstinences* prescrites à Noé, aux Juifs, aux premiers fidèles, démontrent l'abus que les protestants ont fait de la maxime de l'Évangile, que ce n'est point ce qui entre dans la bouche qui souille l'homme. *Matth.* iv, 11.

Les manichéens faisaient déjà cette objection pour prouver que les *abstinences* prescrites par Moïse étaient absurdes, et saint Augustin a réfuté plus d'une fois ce sophisme. L. *contra Adim.*, c. 15, n. 1; l. xvi, *contra Faust.*, c. 6 et 31. Est-il donc permis de manger de la chair humaine, sous prétexte qu'aucune nourriture ne souille l'homme ? La pomme mangée par Adam le souilla sans doute, puisqu'il en fut puni, lui et toute sa postérité. Dès que les apôtres ont eu le droit de défendre aux chrétiens l'usage du sang et des viandes suffoquées, pourquoi les successeurs n'ont-ils pas eu celui d'interdire l'usage de toute viande dans certains jours et dans un certain temps.

Ce qu'il y a de singulier, c'est que les manichéens, qui tournaient en ridicule les *abstinences* prescrites par Moïse, ordonnaient eux-mêmes à leurs élus de s'abstenir du vin et de la chair des animaux. Pour justifier cette discipline, ils disaient que ceux d'entre les catholiques qui faisaient la même chose, passaient pour être les plus parfaits. Saint Augustin leur répond que ceux-ci pratiquent l'*abstinence* pour mortifier les passions, au lieu que les manichéens croyaient que la chair en soi était impure, parce que c'était l'ouvrage du mauvais principe. Beausobre, qui veut à toute force disculper les manichéens, passe sous silence leur contradiction touchant les *abstinences* judaïques, et soutient qu'ils raisonnaient plus conséquemment que les catholiques. Il abuse d'une équivoque en appelant *nourriture saine,* celle qui n'est ni infecte ni corrompue, et celle qui ne nuit point d'ailleurs à la santé. Est-ce donc la même chose? Avec de pareils sophismes on peut prouver tout ce que l'on veut. *Hist. des manich.*, l. ix, c. 11.

Lorsque l'Église nous a commandé l'*abstinence* et le jeûne, elle n'a envisagé que le motif général de la mortification; elle ne s'est fondée ni sur les défenses faites aux Juifs, ni sur les rêveries de quelques hérétiques; elle se relâche même de la sévérité de ses lois, toutes les fois qu'il se présente des raisons d'user d'indulgence. Quelques philosophes sont convenus qu'en bonne politique il est très-utile de suspendre le carnage des animaux pendant quelques jours et quelques semaines de l'année.

Quant aux *abstinences* pratiquées par quelques sectes de philosophes, par les pythagoriciens, par les orphiques, etc, elles ne nous regardent point; les motifs pour lesquels l'*abstinence* est observée par les chrétiens n'ont rien de commun avec ceux qui dirigeaient la conduite de ces philosophes.

Quelques protestants ont soutenu que, dans les premiers siècles de l'Église, l'*abstinence* de la viande ne faisait pas partie essentielle du jeûne du carême, qu'il était défendu seulement d'user d'une nourriture délicate et recherchée, soit qu'elle fût grasse ou maigre; qu'il n'y avait rien de prescrit sur le genre des aliments, pourvu que l'on y observât la sobriété et la mortification. Le père Thomassin a fait voir le contraire par des preuves solides. *Traité des Jeûnes*, 1re partie, c. 10 et 11 ; iie partie, c. 3, etc. Comme il n'y avait point de loi positive et formelle touchant le jeûne, il n'y en avait point non plus concernant l'*abstinence;* c'est donc à l'usage établi qu'il a fallu s'en tenir dans tous les temps. Or, dès le troisième siècle, Origène nous apprend que plusieurs chrétiens fervents s'abstenaient pour toujours de la viande et du vin, non par les mêmes raisons que les pythagoriciens, mais pour réduire leur corps en servitude et réprimer les passions. Liv. v, *contra Cels.*, n. 49, et homil. 19 *in Jerem.*, n. 7. Nous voyons la même chose par le 51e canon des apôtres. A plus forte raison, le commun des chrétiens devait-il le faire les jours de jeûne.

Quand même cet usage n'aurait pas été établi dès l'origine parmi les Orientaux, il aurait encore été nécessaire de l'introduire à mesure que le christianisme a pénétré dans nos climats septentrionaux. Dans ces contrées les viandes ont toujours été les aliments les plus délicats et les plus succulents, pour lesquels tout le monde se sent le plus d'attrait et dont l'apprêt peut être le plus varié; ce sont donc ceux dont la privation a dû paraître la plus dure les jours de jeûne. Si les peuples du Nord avaient été moins carnassiers, ils auraient été moins empressés d'adopter la morale des prétendus réformateurs touchant l'*abstinence* et le jeûne.

Barbeyrac, protestant très-peu modéré, reproche à saint Jérôme d'avoir condamné absolument l'usage de la viande, d'avoir jugé qu'il est aussi mauvais en lui-même que l'usage du divorce. « Jésus-Christ, dit ce Père, a remis à la fin des temps sur le même pied que le commencement; de sorte qu'aujourd'hui il ne nous est permis ni de répudier une femme, ni de nous faire circoncire, ni de manger de la chair, selon ce que dit l'Apôtre : *Il est bon de ne point boire de vin et de ne point manger de la chair;* car l'usage du vin a commencé avec celui de la chair, après le déluge. » *Adv. Jovin.*, l. 1er, page 30. Saint Jérôme, selon Barbeyrac, abuse ici du passage de saint Paul; et dans tout ce qu'il dit de l'*abstinence* et du jeûne, il copie Tertullien devenu montaniste. *Traité de la morale des Pères*, c. 15, § 12 *et suiv.* Tout cela est-il vrai?.

En premier lieu, le texte de saint Jérôme n'est pas fidèlement rendu; il porte : *Depuis que Jésus-Christ a remis la fin des temps sur le même pied que le commencement, il ne nous est pas permis de répudier une femme; nous ne recevons plus la circoncision et nous ne mangeons point de chair.* Saint Jérôme ne dit point que ce dernier usage *ne nous est pas permis* : remarque essentielle. Son intention est évidemment de dire : Nous ne mangeons pas *tous* de la chair, *et dans tous les temps.*

En second lieu, ce Père écrivait contre Jovinien qui soutenait, comme les protestants, qu'il n'y a aucun mérite à s'abstenir de la viande, parce que c'est un usage indifférent; puisque Dieu, qui l'avait défendu avant le déluge, le permit ensuite. Or, ce raisonnement est évidemment faux. L'Ecriture approuve les nazaréens, qui faisaient vœu de s'abstenir du vin et de ne point se raser la tête pendant un certain temps. *Num.* vi, 3. Les réchabites sont loués d'avoir observé la défense que leur père leur avait faite de boire du vin et d'habiter dans des maisons. *Jerem.* xxxv, 16. Jésus-Christ a loué saint Jean-Baptiste qui vivait de sauterelles et de miel sauvage. Les apôtres défendirent aux premiers fidèles l'usage du sang et des chairs suffoquées, quoique cet usage fût en lui-même indifférent. Il y a donc du mérite à s'abstenir de choses indifférentes, lorsque le motif de cette *abstinence* est louable.

En troisième lieu, saint Jérôme ne compare point l'usage de la viande à celui du divorce, quant à leur nature et à leurs effets, mais relativement à la défense et à la permission de Dieu, sur lesquelles Jovinien argumentait. Celui-ci disait : Dieu a permis après le déluge la chair qu'il avait défendue auparavant; donc cet usage est indifférent en lui-même, donc il n'y a aucun mérite à s'en abstenir. Saint Jérôme attaque ces deux conséquences l'une après l'autre, et voici le sens de sa réponse. Votre raisonnement pèche par trois endroits. 1° Dieu a permis par Moïse le divorce qu'il avait défendu auparavant; il ne s'ensuit pas néanmoins que le divorce soit indifférent en lui-même. 2° Quand l'usage de la chair serait indifférent en soi-même, il suffirait que Jésus-Christ, qui a voulu rétablir la perfection primitive, nous eût déconseillé cet usage, comme il a défendu le divorce, pour nous faire abstenir de l'un et de l'autre. 3° Qu'il y ait ou qu'il n'y ait pas une défense positive, saint Paul dit, *Rom.* xiv, 21 : *Il vaut mieux ne point manger de viande, ne point boire de vin et s'abstenir de tout ce qui peut faire tomber le prochain, le scandaliser ou affaiblir sa foi.* Donc il peut y avoir de bonnes raisons de s'abstenir de ce qui est indifférent en soi-même, et alors c'est un mérite; donc votre argument ne vaut rien. Barbeyrac, qui sentait le poids de ces trois réflexions, les a confondues et a tout brouillé pour déraisonner à son aise.

Que l'on dise, si l'on veut, que la réponse de saint Jérôme n'est pas assez développée, soit; il ne s'ensuit pas qu'elle est mauvaise et que sa morale est fausse.

Il n'est pas vrai non plus qu'il ait mal entendu le passage de saint Paul : il a rendu mot à mot les premières paroles; et en lui donnant le même sens que Barbeyrac, le raisonnement de saint Jérôme conserve toute sa force.

En quatrième lieu, qu'importe que ce Père ait copié Tertullien devenu montaniste, pourvu qu'il ne soit pas tombé dans le même excès? Les raisonnements que ce dernier a faits depuis sa chute ne sont pas tous des hérésies, et un raisonnement mal appliqué n'est pas toujours une erreur. Il y a sur l'*abstinence* deux excès à éviter, et un milieu à suivre. Le premier excès est celui des hérétiques encratites, montanistes, manichéens, etc., qui soutenaient que l'usage de la viande est impur, défendu, mauvais en lui-même; saint Paul les a combattus, *I Tim.* iv, 3. Le second est celui de Jovinien et des protestants qui prétendent que l'*abstinence* de la viande est sans aucun mérite, superstitieuse, judaïque, absurde, etc. Le milieu est suivi par l'Eglise catholique qui décide que cette *abstinence* peut être louable, méritoire, commandée même pour de bons motifs et en certains cas. Tel est l'esprit du 43e ou 51e canon des apôtres : *Si un clerc s'abstient du mariage, de la viande et du vin, non par mortification, mais par horreur et en blasphémant contre la création, qu'il se corrige ou qu'il soit déposé.*

Il est donc absurde d'alléguer aujourd'hui, contre l'*abstinence* pratiquée *par mortification*, ce que les apôtres et les anciens Pères ont dit contre celle des hérétiques.

Si on nous demande pourquoi il est louable de se mortifier par l'*abstinence*, nous répondrons avec saint Paul, *Galat.* v, 24 :

Ceux qui sont à Jésus-Christ ont crucifié leur chair avec ses vices et ses convoitises. I Corinth. ix, 27 : *Je châtie mon corps, et je le réduis en servitude, de peur d'être réprouvé après avoir prêché aux autres.*

Comme on a eu de nos jours l'ambition de réformer toutes les lois, on a proposé fort sérieusement de retrancher un bon nombre des jours d'*abstinence* et de jeûne, parce que la loi qui les ordonne n'est plus respectée et devient une occasion continuelle de transgression ; l'on a cité à ce sujet le passage de saint Paul, Rom. vii, 10 : *Le commandement qui devait me donner la vie a servi à me donner la mort.*

Si cette raison était solide, il ne faudrait pas seulement conclure à retrancher quelques jours d'*abstinence*, mais à supprimer toute loi d'*abstinence* quelconque. On n'a pas vu que saint Paul parlait du précepte de la loi naturelle : *Tu ne convoiteras point*, etc. Faut-il aussi abolir la loi naturelle, parce qu'elle est souvent violée ? Lorsque les mœurs publiques sont licencieuses, on ne respecte plus aucune loi ; ce n'est point alors le cas d'abolir les lois, mais de les renforcer si on le peut. *Voy.* CARÊME, JEÛNE. [*Voy.* aussi ces mots dans le *Dict. de Théol. mor.*]

ABSTINENTS, secte d'hérétiques qui parurent dans les Gaules et en Espagne sur la fin du troisième siècle. On croit qu'ils avaient emprunté une partie de leurs opinions des gnostiques et des manichéens, parce qu'ils décriaient le mariage, condamnaient l'usage des viandes et mettaient le Saint-Esprit au rang des créatures. Baronius semble les confondre avec les hiéracites ; mais ce qu'il en dit, d'après saint Philastre, convient mieux aux encratites dont le nom se rend exactement par ceux d'*abstinents* et de *continents*. *Voy.* ENCRATITES et HIÉRACITES.

ABUS *en fait de Religion.* Vu la manière dont l'homme est constitué, il abuse souvent de la religion, comme il abuse des lois, des coutumes, du langage, de l'amitié, des signes d'affection, des talents, des arts, etc. Il n'abuserait de rien, s'il était sans passions et si la droite raison était toujours la règle de sa conduite ; mais cette perfection est au-dessus de ses forces.

Les pratiques du culte primitif étaient simples et pures ; l'homme, devenu polythéiste, s'en servit pour honorer les divinités imaginaires qu'il s'était forgées : ce fut un *abus* et une profanation. Ces pratiques étaient destinées à exciter en lui des sentiments intérieurs de respect, de soumission, de reconnaissance, de pénitence, de confiance à l'égard de Dieu ; il se persuada que les signes seuls suffisaient, pouvaient tenir lieu de piété, plaire à Dieu et mériter ses grâces, sans être accompagnés des sentiments du cœur. Dieu n'avait pas défendu d'employer à son culte les signes de la joie, le chant, la danse, les repas de fraternité ; l'homme voluptueux en abusa, pour satisfaire sa sensualité. Les signes du repentir sont utiles pour nous humilier et nous corriger ; des esprits ardents peuvent les pousser à l'excès et les rendre nuisibles. La religion est destinée à réprimer l'orgueil, l'intérêt, l'ambition, la jalousie, la haine ; souvent des hommes, dominés par ces passions impérieuses, se sont persuadés qu'ils agissaient par motif de religion, etc. Voilà d'énormes *abus*.

Si nous remontons à la source première de tous les *abus*, nous la trouverons toujours dans les passions humaines ; sans elle l'ignorance stupide n'aurait pas pu agir : mais les passions inquiètes suggérèrent de faux raisonnements et une fausse science, bien plus redoutables que l'ignorance. Ainsi l'avidité pour les biens de ce monde et la crainte de les perdre, firent inventer la multitude des dieux ou génies chargés de les distribuer, et le culte insensé qu'on leur rendit ; la vanité des imposteurs leur suggéra des fables et des pratiques prétendues merveilleuses pour tromper les hommes : l'amour impudique, la haine, la jalousie, la vengeance, invoquèrent les puissances infernales ; la curiosité effrénée voulut pénétrer dans l'avenir et forger l'art de la divination ; la mollesse trouva son compte dans le culte purement extérieur, etc. Quel remède y apporta la philosophie ? Aucun. Loin d'attaquer de front tous ces *abus*, elle les confirma par son suffrage ; elle les étaya par des sophismes et les rendit ainsi plus incurables.

La lumière du christianisme en fit disparaître le plus grand nombre ; mais elle n'étouffa pas toutes les passions prêtes à les reproduire. Plusieurs sectes d'hérétiques s'obstinèrent à en conserver une partie, et les éclectiques du quatrième siècle firent tous leurs efforts pour remettre en crédit toutes les superstitions du paganisme. Au cinquième, les barbares du Nord nous apportèrent celles qui étaient nées dans leurs forêts, et ils en consacrèrent plusieurs par leurs lois. L'Église ne cessa de faire des décrets et de prononcer des anathèmes pour les extirper ; mais que peuvent les leçons, les lois, les menaces, les censures contre des Barbares ? Aujourd'hui de faux raisonneurs accusent l'Église même d'avoir fomenté les superstitions, en y attachant trop d'importance : c'est par la physique, disent-ils, et par l'histoire naturelle qu'il faut instruire les peuples ; et cette grande révolution était réservée à notre siècle qui est celui de la philosophie.

Nous voudrions savoir d'abord quels progrès la physique a fait dans les vallées des Pyrénées, des Cévennes, des Alpes, des Vosges et du Mont-Jura ; dans les campagnes du Berri, de la Bretagne, de la Champagne et de la Picardie. Ce ne sont pas des livres d'histoire naturelle que nos philosophes s'attachent à répandre parmi le peuple, mais des livres d'athéisme et d'incrédulité. Or, nous savons par une longue expérience que l'incrédulité ne guérit ni les passions, ni la superstition qui en est l'effet, et que l'on peut très-bien croire à la magie sans croire en Dieu. Si le peuple, affranchi du joug de la religion, pouvait donner un libre cours à ses vices, serait-ce la philosophie qui le retiendrait?

Nous avouons sans difficulté qu'aujourd'hui comme autrefois toute passion quelconque peut abuser de la religion : ainsi, l'on en abuse par orgueil, lorsqu'on se glorifie des grâces de Dieu, que l'on montre de la haine ou du mépris pour ceux à qui Dieu n'a pas fait les mêmes faveurs ; c'était le défaut des Juifs : on en abuse par ambition, lorsque sous prétexte de zèle, on se croit fait pour remplir toutes les places, pour obtenir toutes les dignités de l'Église ; par avarice, lorsque, l'on trafique des choses saintes, que l'on emploie des impostures et des fraudes pieuses pour extorquer les aumônes des fidèles ; par envie ou par jalousie, lorsque l'on ne rend pas justice aux talents, aux vertus, aux travaux, aux succès d'un ouvrier évangélique ; par violence de caractère, quand on voudrait faire tomber le feu du ciel sur les Samaritains, ou exterminer tous les mécréants ; par paresse, lorsque, par une fausse humilité, l'on refuse de travailler au salut des âmes, etc.

Mais ne sont-ce pas ces mêmes passions qui font naître l'incrédulité? On l'embrasse par orgueil, parce qu'elle donne un relief d'esprit fort aux yeux des ignorants, et que l'on se pique de mieux penser que les autres hommes ; par ambition et par cupidité, lorsqu'on l'envisage comme un moyen de plaire aux grands, de se donner du crédit, de parvenir aux honneurs littéraires et aux récompenses des talents ; par lubricité, parce que c'est un moyen de séduire les femmes et de les débarrasser du joug de la religion ; par jalousie contre le clergé, parce que l'on est fâché du crédit et de la considération dont il jouit ; par emportement d'humeur, lorsque l'on déclame et que l'on invective contre lui, sans garder aucune bienséance ; par mollesse, parce que les pratiques de religion sont incommodes, etc. De quoi servent donc aux incrédules leurs dissertations continuelles touchant les *abus en fait de Religion*? Il y aura des vices tant qu'il y aura des hommes, *vitia erunt donec homines* ; ce n'est pas l'incrédulité qui guérira les imperfections de l'humanité.

Que faire pour prévenir tous les *abus*? Les lois, les défenses, les menaces, les peines, sont souvent inutiles ; l'homme passionné les esquive ou les brave. L'Église, qui ne peut infliger que des peines spirituelles, qui craint d'aigrir le mal par des remèdes violents, gémit, exhorte, instruit, se borne à des réprimandes et à des menaces ; elle tolère des abus qu'elle ne peut ni empêcher ni réformer. L'expérience des maux causés par les réformes imprudentes, la résistance qu'elle a souvent éprouvée de la part de ceux qui étaient intéressés à perpétuer les *abus*, la jalousie et les alarmes que produit presque toujours l'usage de son autorité, la retiennent et l'empêchent de sévir. Ceux qui la blâment seraient peut-être les premiers à maintenir les *abus* qu'elle voudrait corriger, et ils abusent eux-mêmes de la simplicité des hommes, souvent dupes de ce zèle hypocrite.

ABYSSINS. *Voy.* ÉTHIOPIENS.

ACACIENS. *Acace*, surnommé *le Borgne*, fut disciple et successeur d'Eusèbe dans le siége de Césarée, et eut comme lui une grande part aux troubles de l'arianisme. Il avait de l'érudition et de l'éloquence, mais beaucoup d'ambition ; et ce vice lui fit faire un très-mauvais usage de ses talents. C'était un de ces hommes inquiets, intrigants et ardents, qui se mêlent de toutes les affaires, veulent avoir du crédit à quelque prix que ce soit, et qui n'ont de religion qu'autant qu'elle peut servir à leur intérêt. Acace fut arien déterminé sous l'empereur Constance ; il redevint catholique sous Jovien, et rentra dans le parti des ariens sous Valens. On ne peut pas savoir quelle était la croyance de ceux qui se laissaient conduire par lui et qui furent nommés *Acaciens*. Il fit déposer saint Cyrille de Jérusalem, qu'il avait ordonné lui-même ; il eut part au bannissement du pape Libère et à l'intrusion de l'antipape Félix ; il fut déposé à son tour par le concile de Séleucie en 359, et par celui de Lampsaque en 365 ; et il mourut probablement sans savoir ce qu'il croyait ou ne croyait pas. *Voy.* Tillemont, *Mém.*, t. VI, p. 304 et suiv.

Il y a eu plusieurs autres évêques du même nom, qu'il ne faut pas confondre avec lui. *Acace* de Bérée, en Palestine, fut ami de saint Épiphane et se fit longtemps respecter par ses vertus ; mais il déshonora sa vieillesse en se mettant à la tête des persécuteurs de saint Jean Chrysostôme. *Acace*, évêque d'Amide, se rendit célèbre par sa charité envers les pauvres. *Acace* de Constantinople fut un des partisans d'Eutychès, etc.

ACCEPTION DE PERSONNES. L'Écriture nomme ainsi la faute d'un juge qui favorise un parti au préjudice de l'autre, qui a plus d'égard pour un homme puissant que pour un pauvre : Dieu le défend, *Deuteron.* 1, 17, et ailleurs : c'est un crime contraire à la loi naturelle : Job en témoigne de l'horreur, c. 24 et 31. Il est dit dans l'ancien et le nouveau Testament que Dieu ne fait point *acception de personnes* ; que quand il est question de justice, de bonnes œuvres, de récompenses, il traite de même les Juifs et les païens. Il ne s'ensuit pas de là que Dieu ne puisse, sans blesser sa justice, accorder plus de bienfaits naturels ou surnaturels à une personne, à une famille, à une nation qu'à une autre. Quand il s'agit de grâces ou de dons purement gratuits, ce n'est plus une affaire de justice ; ce que Dieu donne à un homme ne porte aucun préjudice à un autre. Il peut donc accorder à l'un la grâce de la foi, le baptême, tel ou tel moyen de salut, et ne pas l'accorder à l'autre. Il peut punir un pécheur en ce monde, différer le châtiment d'un autre jusqu'après la mort : dès qu'il ne rend au coupable que ce qu'il a mérité, la justice est observée ; personne n'a droit de se plaindre ; Dieu ne demande compte à personne que de ce qu'il lui a donné. *Voy.* Justice de Dieu, Partialité.

ACCIDENTS EUCHARISTIQUES. Selon la croyance catholique, après les paroles de la consécration, la substance du pain et du vin est détruite ; elle est changée au corps et au sang de Jésus-Christ ; mais les qualités sensibles du pain et du vin, la grandeur, la couleur, le goût, etc., demeurent : ces qualités sensibles sont nommées par les théologiens, *accidents, espèces, apparences.* Comme la substance des corps abstraite ou séparée par notre esprit d'avec les qualités sensibles n'est point une idée claire, les *accidents* séparés de la substance ne nous présentent pas non plus une idée fort nette ; il est donc inutile d'argumenter contre un dogme de foi sur des notions philosophiques. Si le mystère de l'Eucharistie pouvait être clairement conçu, ce ne serait plus un mystère (1).

ACCOMPLISSEMENT DES PROPHÉTIES. *Voy.* Prophéties.

ACCORD DE LA RAISON ET DE LA FOI. *Voy.* Foi, Raison.

ACÉPHALES, *sans chef.* L'histoire ecclésiastique fait mention de plusieurs sectes nommées *acéphales*. De ce nombre sont 1° ceux qui ne voulurent adhérer ni à Jean, patriarche d'Antioche, ni à saint Cyrille d'Alexandrie, au sujet de la condamnation de Nestorius au concile d'Éphèse. 2° Certains hérétiques du cinquième siècle, qui suivirent d'abord les erreurs de Pierre Mongus, évêque d'Alexandrie, et l'abandonnèrent ensuite, parce qu'il avait feint de souscrire à la décision du concile de Chalcédoine ; c'étaient des sectateurs d'Eutychès. *Voy.* Eutychiens. 3° Les partisans de Sévère, évêque d'Antioche, et tous ceux qui refusaient d'admettre le concile de Chalcédoine, c'étaient encore des eutychiens.

On a aussi nommé *acéphales* les prêtres qui se soustraient à la juridiction de leur évêque, les évêques qui refusent de se soumettre à celle de leur métropolitain, les chapitres et les monastères qui se prétendent indépendants de la juridiction des ordinaires. Ce point de discipline regarde les canonistes (2).

* ACHAMOTH (Sophie). Les Valentiniens ophites avaient, dans leurs rêveries sur les *Éons*, imaginé une *Sophia Achamoth*, qui avait pris tant d'empire sur le Christ, qu'elle conduisit toute la grande affaire de la Rédemption. Mais ce ne fut que dans le ciel que se consomma l'union complète du Christ avec *Sophia*. Il fit un céleste mariage, et s'unit à elle pour toute l'éternité. Ce sont là des rêveries dont la seule exposition est une réfutation suffisante. *Voy* le Dictionnaire des Hérésies, art. Valentin (édit. Migne).

ACHIAS. *Voy.* Anias.

ACHIMELECH. *Voy.* Abiathar.

ACOEMÈTES, *qui ne dorment point.* Nom de certains religieux fort célèbres dans les premiers siècles de l'Église, et surtout dans l'Orient, appelés ainsi, non qu'ils eussent les yeux toujours ouverts sans dormir un seul

---

(1) « La difficulté, disent les Conférences d'Angers, est de savoir ce que c'est que les apparences du pain et du vin, que le concile de Trente, dans le même canon, reconnaît demeurer après la transsubstantiation, *manentibus duntaxat speciebus panis et vini.* Les théologiens de l'école de saint Thomas et de celle de Scot disent « ce sont les accidents du pain et du vin qui subsistent miraculeusement séparés de leur substance. » Ce sentiment était généralement reçu dans toutes les universités catholiques, avant qu'on eût ouï parler de la philosophie de Descartes ; mais les cartésiens se sont imaginé « qu'il n'est pas possible que des accidents réels puissent subsister sans leur substance ; qu'ainsi, si les accidents du pain et du vin demeurent après la consécration, il faut dire que la substance du pain et du vin demeure aussi dans l'eucharistie. » (M. Cousin a renouvelé de nos jours cette doctrine) qui est directement contre le dogme de la transsubstantiation établi par le concile de Trente. Les cartésiens catholiques disent que « les espèces eucharistiques sont seulement des apparences du pain et du vin ; » et quand on les presse d'expliquer qu'est-ce que sont ces apparences, les uns disent que « ce sont des impressions faites sur nos sens par le pain et le vin, lesquelles demeurent après la consécration ; » d'autres disent que ce sont les actions de nos sens, savoir, *visionem, tactionem, gustationem*, que Dieu conserve en nous ou produit de nouveau en l'absence de la substance du pain et du vin : « d'autres disent que ce sont de pures apparences des choses absentes, c'est-à-dire des spectres, des fantômes. »

« L'on ne peut s'abstenir de dire qu'il est très-difficile d'accorder, avec la croyance de l'Église romaine, le sentiment des cartésiens : de quelque manière qu'ils l'expliquent, il nous paraît contraire à la doctrine du concile de Trente, qui, dans la session 13, chapitre 5, dit que « l'eucharistie est un signe d'une chose sacrée et une forme visible de la grâce invisible, » que Jésus-Christ est tout entier sous chaque partie d'une espèce ; » dans le canon 4, « que le corps de Jésus-Christ est d'une manière permanente dans les hosties consacrées qu'on réserve après la communion ; » dans le chapitre 6, que « la coutume de conserver l'eucharistie dans le tabernacle était établie dès le siècle du premier concile de Nicée, que depuis très-longtemps, on a porté l'eucharistie aux malades. » Je demande aux cartésiens si tout cela se peut dire raisonnablement des impressions faites sur nos sens, des actions de nos sens, ou de pures apparences. Ils voient bien que non. Et il faut de nécessité qu'ils conviennent que ce que le concile dit ne peut s'appliquer qu'à quelque chose de réel, qui était dans le pain et le vin qui est resté après la consécration : or il ne demeure rien de la substance du pain et du vin ; elle est toute changée au corps et au sang de Jésus-Christ : c'est pourquoi nous disons que les espèces du pain et du vin qui restent après la consécration, sous lesquelles le corps et le sang de Jésus-Christ sont renfermés, et qui font partie du sacrement de l'eucharistie, sont de véritables et réels accidents du pain et du vin, qui conservent cette même existence après la transsubstantiation du pain et du vin au corps et au sang de Jésus-Christ, comme saint Thomas l'enseigne (*Part.* III, q. 77), qui retiennent leur qualité d'accidents, et qui sont les mêmes qu'ils étaient auparavant, mais qui ne sont plus inhérents à la substance du pain et du vin qui étaient leur sujet ; lesquels Dieu conserve hors de leur sujet, de sorte qu'ils subsistent miraculeusement par eux-mêmes. On appelle ces accidents *les espèces du pain et du vin*, parce qu'ils nous mettent devant les yeux la ressemblance du pain et du vin, ce qui est le même que de dire « qu'ils nous représentent le pain et le vin après la consécration, quoique le pain et le vin ne soient

moment, comme quelques auteurs l'ont écrit, mais parce qu'ils observaient dans leurs églises une psalmodie perpétuelle, sans l'interrompre ni jour ni nuit. Ce mot est grec, composé d'α privatif et de κοιμάω, dormir. Les *acœmètes* étaient partagés en trois bandes, dont chacune psalmodiait à son tour et relevait les autres; de sorte que cet exercice durait sans interruption pendant toutes les heures du jour et de la nuit. Suivant ce partage chaque *acœmète* consacrait religieusement tous les jours huit heures entières au chant des psaumes, à quoi ils joignaient la vie la plus exemplaire et la plus édifiante : aussi ont-ils illustré l'Église orientale par un grand nombre de saints, d'évêques et de patriarches.

plus sous ces espèces, mais le corps et le sang de Jésus-Christ. »

« Si les cartésiens ne veulent pas que les accidents du pain et du vin subsistent miraculeusement hors de leur sujet substantiel, ne faut-il pas qu'ils aient eux-mêmes recours au miracle, pour que les impressions faites sur nos sens par le pain et le vin, ou les actions de nos sens soient permanentes?

« Si on nous opposait que les anciens Pères, quand ils ont parlé de l'eucharistie, n'ont point fait mention d'accidents qui soient sans sujet, et qui subsistent par eux-mêmes, nous demeurerions d'accord que les premiers Pères se sont contentés de dire « que le sacrement de l'eucharistie était composé de deux choses, » dont l'une est *céleste* et l'autre *terrestre*, l'une *visible* et l'autre *invisible*. Mais, quand la foi de ce mystère a été attaquée par les hérétiques, et qu'il a fallu en expliquer la vérité, pour mettre les fidèles en état de ne pas se laisser surprendre par les subtilités artificieuses des hérétiques, on a dit que « la substance du pain et du vin était changée par la consécration, mais que les accidents étaient conservés et restaient après la consécration, de crainte que nous n'eussions horreur de manger la chair de Jésus-Christ et de boire son sang. » Guitmond, archevêque d'Averse, qui écrivait contre Bérenger, dans le onzième siècle, parlait ainsi dans son III° livre : *Cur non sufficit Ecclesiæ ratio... generaliter respondentis, rerum quidem substantias mutari, sed propter horrorem, priorem saporem, coloremque et cætera quædam accidentia ad sensum dunt xat pertinentia, retineri?* On peut même dire que c'est là le langage de l'Église, puisque, dans l'office du jour de la Fête-Dieu, on lit à matines une leçon tirée de l'opuscule 5. de saint Thomas, où il dit : *Accidentia enim sine subjecto in eodem* (sacramento) *existunt, ut fi tos locum habeat, dum invisibile visibiliter sumitur sub aliena specie.* Le concile de Cologne de l'an 1556 a aussi canonisé cette manière de parler, en disant, dans le chapitre 15 du titre de l'administration des sacrements, « que les espèces du pain et du vin ne sont autre chose, après la consécration, que des apparences sacramentelles et des accidents sans sujet (a). » Celui donc qui nierait qu'il y eût dans l'eucharistie des accidents qui subsistassent sans sujet, ne serait pas exempt de blâme.

« En effet, un bénédictin de la congrégation de Saint-Maur, ayant avancé en des thèses soutenues dans l'abbaye de Saint-Étienne de Caen, au diocèse de Bayeux, une proposition qui laissait incertain s'il y a des dents sans sujet dans l'eucharistie, M. l'évêque de Bayeux la condamna par un mandement du 5 mai 1707, comme téméraire et comme ayant été condamnée par plusieurs univ. sités (b), et favorisant la seconde proposition de Wiclef, condamnée par le concile de Constance, dans la huitième session, tenu le 4 mai 1415. *Accidentia panis non manent sine subjecto in eodem sacramento*. Les accidents du pain ne demeurent point sans sujet dans le sacrement de l'eucharistie. Bien plus, le concile de Bourges, de l'an 1584, titre 22 de l'eucharistie, canon 3, veut « qu'on excommunie et qu'on regarde comme hérétiques ceux qui nient que les accidents du pain et du vin demeurent dans le sacrement de l'eucharistie, sans la substance du pain et du vin (c). » *Voy.* EUCHARISTIE.

(a) *Quid enim panis et vini species aliud sunt post consecrationem, quam species sacramentales et accidentia sine subjecto.*
(b) L'université d'Angers est de ce nombre.
(c) *Negantes accidentia panis et vini in sacramento eucharistiæ.*

Nicéphore donne pour fondateur aux *acœmètes* un nommé Marcellus, que quelques écrivains modernes appellent Marcellus d'Apamée; mais Bollandus nous apprend que ce fut Alexandre, moine de Syrie, antérieur de plusieurs années à Marcellus. Suivant Bollandus, celui-là mourut vers l'an 380. Il fut remplacé dans le gouvernement des *acœmètes* par Jean Calybe, et celui-ci par Marcellus.

On lit dans saint Grégoire de Tours et plusieurs autres écrivains, que Sigismond, roi de Bourgogne, inconsolable d'avoir, à l'instigation d'une méchante princesse qu'il avait épousée en secondes noces, et qui était fille de Théodoric, roi d'Italie, fait périr Géséric son fils, prince qu'il avait eu de sa première femme, se retira dans le monastère de Saint-Maurice, connu autrefois sous le nom d'Agaune, et y établit les *acœmètes*, pour laisser dans l'Église un monument durable de sa douleur et de sa pénitence.

Il n'en fallut pas davantage pour que le nom d'*acœmète* et la psalmodie perpétuelle fussent mis en usage dans l'Occident, et surtout en France. Plusieurs monastères, entre autres celui de Saint-Denis, suivirent l'exemple de Saint-Maurice. Quelques monastères de filles se conformèrent à la même règle. Il paraît par l'abrégé des actes de sainte Saleberge, recueillis dans un manuscrit de Compiègne cité par le Père Ménard, que cette sainte, après avoir fait bâtir un vaste monastère et y avoir rassemblé trois cents religieuses, les partagea en plusieurs chœurs différents, de manière qu'elles pussent faire retentir nuit et jour leur église du chant des psaumes.

On pourrait encore donner aujourd'hui le nom d'*acœmètes* à quelques maisons religieuses, où l'adoration perpétuelle du saint sacrement fait partie de la règle; en sorte qu'il y a jour et nuit quelques personnes de la communauté occupées de ce pieux exercice. *Voy.* PSALMODIE.

On a quelquefois appelé les stylites, *acœmètes*, et les *acœmètes*, studites. *Voy.* STYLITE et STUDITE.

ACOLYTE, c'est-à-dire, *suivant, celui qui accompagne*. Dans les auteurs ecclésiastiques, ce nom est spécialement donné aux jeunes clercs qui aspiraient au saint ministère, et tenaient dans le clergé le premier rang après les sous-diacres. L'Église grecque n'avait point d'*acolytes*, au moins les plus anciens monuments n'en font aucune mention; mais l'Eglise latine en a eu dès le troisième siècle; saint Cyprien et le pape Corneille en parlent dans leurs épîtres, et le quatrième concile de Carthage prescrit la manière de les ordonner.

Les *acolytes* étaient de jeunes hommes entre 20 et 30 ans, destinés à suivre toujours l'évêque et à être sous sa main. Leurs principales fonctions, dans les premiers siècles de l'Eglise, étaient de porter aux évêques les lettres que les Eglises étaient en usage de s'écrire mutuellement, lorsqu'elles avaient quelque affaire importante à consulter; ce qui dans les temps de persécution, où les Gentils épiaient toutes les occasions de profaner nos mystères, exigeait un secret inviolable et une fidélité à toute épreuve. Ces qualités leur firent donner le nom *d'acolytes*, aussi bien que leur assiduité auprès de l'évêque, qu'ils étaient obligés d'accompagner et de servir. Ils faisaient ses messages, portaient les eulogies, c'est-à-dire les pains bénits que l'on envoyait en signe de communion : ils portaient même l'eucharistie dans les premiers temps ; ils servaient à l'autel sous les diacres; et avant qu'il y eût des sous-diacres, ils en tenaient la place. Le martyrologe marque qu'ils tenaient autrefois à la messe la patène enveloppée, ce que font à présent les sous-diacres; et il est dit dans d'autres endroits qu'ils tenaient aussi le chalumeau qui servait à la communion du calice. Enfin, ils servaient encore les évêques et les officiants en leur présentant les ornements sacerdotaux. Leurs fonctions ont changé; le pontifical ne leur en assigne point d'autre que de porter les chandeliers, allumer les cierges, et préparer le vin et l'eau pour le sacrifice : ils servent aussi l'encens, et c'est l'ordre que les jeunes clercs exercent le plus souvent. Tomass. *Discipl. de l'Eglise*; Fleury, *Instit. au Droit ecclés.*, tom. I, part. I, chap. 6; Grandcolas, *Ancien Sacram.*, 1re part., p. 124.

Dans l'Eglise romaine, il y avait trois sortes *d'acolytes* : ceux qui servaient le pape dans son palais et qu'on nommait palatins ; les stationnaires qui servaient dans les églises, et les régionnaires, qui aidaient les diacres dans les fonctions qu'ils exerçaient dans les divers quartiers de la ville. *Voy.* ORDRES (1).

ACTE, ACTION. Les théologiens emploient ces deux termes à l'égard de Dieu et à l'égard de l'homme, mais dans un sens différent. Ils disent que Dieu est un *acte pur*, c'est-à-dire que l'on ne peut pas supposer en Dieu une puissance d'agir qui ait réellement existé avant *l'action*; il est éternel et parfait; il ne peut lui survenir, comme à l'homme, une nouvelle modification, un nouvel attribut, ou une nouvelle *action*, qui change son état, qui le rende autre qu'il n'était.

Cependant, comme nous ne pouvons concevoir ni exprimer les attributs et les *actions*

de Dieu que par analogie aux nôtres, nous sommes forcés de distinguer en Dieu comme en nous, 1° deux facultés ou deux puissances actives, savoir : l'entendement et la volonté, et les *actes* qui sont propres à l'un et à l'autre.

2° Des *actes* intérieurs ou *ad intra*, et des *actes* extérieurs ou *ad extra*, comme s'expriment les scolastiques. Dieu se connaît et s'aime : ce sont là des *actes* purement intérieurs qui ne produisent rien au dehors. Dieu a voulu créer le monde : cet *acte* de volonté n'était qu'intérieur, avant que le monde existât; depuis que les créatures existent cet *acte* est censé extérieur; il a produit un effet réellement distingué de Dieu ; l'*acte* ou le décret est éternel, mais son effet n'a commencé qu'avec le temps. De même, dans l'homme, une pensée, un désir, sont des *actes* intérieurs; une parole, un mouvement, une prière, une aumône, sont des actes extérieurs et sensibles : les premiers sont nommés par les scolastiques, *actus immanens* ou *elicitus*; les seconds, *actus transiens* ou *imperatus*.

3° L'on distingue les *actes* nécessaires d'avec les *actes* libres : Dieu se connaît et s'aime nécessairement, mais il a voulu librement créer le monde, il aurait pu ne pas vouloir et ne pas créer. Le sentiment intérieur nous convainc que nous sommes capables nous-mêmes de ces deux espèces d'*actes*, et qu'il y a une différence essentielle entre les uns et les autres. *Voy.* LIBERTÉ.

4° La nécessité d'exposer le mystère de la sainte Trinité a obligé les théologiens d'appeler en Dieu *actes essentiels* les opérations communes aux trois Personnes divines, telles que la création, et *actes notionaux* ou *notions*, les actions qui servent à caractériser ces Personnes et à les distinguer; ainsi, la *génération active* est l'*acte notional* du Père, la *spiration active* est propre au Père et au Fils, la *procession*, au seul Saint Esprit, etc. *Voy.* ces mots.

On demandera sans doute à quoi servent toutes ces distinctions subtiles : à donner au langage théologique la précision nécessaire pour éviter les erreurs et pour prévenir les équivoques frauduleuses des hérétiques.

3° Nous distinguons en nous les *actes spontanés*, c'est-à-dire, indélibérés et non réfléchis (1), comme l'*action* d'étendre le bras pour nous empêcher de tomber; les *actes volontaires* et non libres, comme le désir de manger, lorsque nous sommes pressés par la faim, l'amour du bien en général, etc.; les

---

accendenda ecclesiæ luminaria mancipari in nomine Domini. Il lui fait ensuite toucher les burettes vides, en disant : *Accipe urceolum ad suggerendum vinum et aquam in eucharistiam sanguinis Christi, in nomine Domini*. Cette matière et cette forme étaient déjà employées dès le quatrième siècle, comme nous l'apprend le concile de Carthage de l'an 398. Cette antiquité les rend infiniment respectables.

(1) Le sens du mot *spontanés* n'est pas celui que lui donne Bergier : il signifie actes libres et volontaires. L'auteur le confond avec ce que les scolastiques nomment *actes de l'homme*.

---

(1) Voici la matière et la forme de l'acolytat. L'évêque dit, en faisant toucher le cierge et le chandelier : *Accipe ceroferarium cum cereo, et scias te ad*

actes libres que nous faisons avec réflexion et de propos délibéré : ces derniers sont les seuls imputables, les seuls moralement bons ou mauvais, dignes de récompense ou de châtiment. Ils sont nommés par les moralistes *actes humains*, parce qu'ils sont propres à l'homme seul ; les *actes spontanés* sont appelés *actes de l'homme*, parce que c'est lui qui les produit, quoique les animaux en paraissent capables. Quant aux *actes* purement *volontaires*, nous les appelons *mouvements*, *sentiments*, plutôt qu'*actions*.

6° Les *actes humains* ou *libres* sont principalement considérés par les théologiens relativement à la loi de Dieu, qui les commande ou les défend, qui les approuve ou les condamne ; et c'est sous cet aspect qu'ils sont censés bons ou mauvais, péchés ou bonnes œuvres.

Mais on demande s'il peut y avoir des *actions indifférentes*, qui ne soient moralement ni bonnes ni mauvaises. Il nous paraît difficile d'en admettre de telles à l'égard d'un chrétien, parce qu'il n'est jamais indifférent au salut de perdre le mérite d'une *action* quelconque : or, il n'en est aucune qui ne puisse être méritoire par le motif et par le secours de la grâce. En second lieu, la loi de Dieu ne nous laisse la liberté de perdre le fruit d'aucune *action*, puisqu'elle nous commande de tout faire pour la gloire de Dieu, *I Cor.* x, 31. En troisième lieu, la grâce est, pour ainsi dire, prodiguée au chrétien, et donnée avec tant d'abondance, qu'il n'est jamais innocent lorsqu'il n'agit pas par son secours. Il ne peut donc y avoir pour lui d'*actions indifférentes*, sinon par le défaut d'attention et de réflexion.

7° Parmi les *actions* bonnes et louables, les unes sont naturelles, les autres surnaturelles. Un païen qui fait l'aumône à un pauvre, par compassion, fait une bonne œuvre naturellement ; il n'est pas besoin de la révélation, ni d'une lumière surnaturelle de la grâce, pour sentir qu'il est bon et louable de secourir nos semblables quand ils souffrent ; la nature seule nous inspire de la pitié pour eux. Un chrétien, qui fait l'aumône parce que le pauvre tient à son égard la place de Jésus-Christ, parce que Dieu a promis à cette bonne œuvre la rémission des péchés et une récompense éternelle, agit surnaturellement ; la raison seule n'a pas pu lui suggérer ces motifs, et il ne peut agir ainsi que par le secours d'une grâce intérieure et prévenante. Ces sortes de bonnes œuvres sont les seules méritoires et les seules utiles au salut éternel. Quant à celles que font naturellement les païens, nous prouverons, au mot INFIDÈLE, que ce ne sont pas des péchés et que Dieu les a souvent récompensées. [*Voy.* ŒUVRES (*Bonnes*).]

Mais un chrétien pèche-t-il lorsqu'il fait une bonne œuvre par un motif purement naturel ? Nous ne le pensons pas et nous ne voyons pas par quelle raison l'on pourrait le prouver ; il nous paraît même à peu près impossible qu'un chrétien fasse une bonne œuvre, sans que les motifs qui lui sont suggérés par la foi y entrent pour quelque chose.

8° Entre les *actions* surnaturelles on distingue les *actes* des différentes vertus. Un *acte de foi* est une protestation que nous faisons à Dieu de croire à sa parole ; par un *acte d'espérance*, nous lui témoignons la confiance que nous avons à ses promesses ; un *acte de charité* est un témoignage de notre amour pour lui.

Nous sommes obligés sans doute de produire de temps en temps ces sortes d'*actes* ; mais, pour prévenir les scrupules et les inquiétudes des âmes simples, il est bon de les avertir que la récitation du symbole est un *acte de foi* ; que quand elles disent, *Je crois la vie éternelle*, c'est un témoignage d'espérance ; qu'en disant à Dieu, dans l'oraison dominicale, *Que votre nom soit sanctifié, que votre volonté soit faite*, etc., elles font un *acte* d'amour de Dieu. La prière, en général, est un *acte* de religion, de confiance en Dieu, de soumission à sa providence, etc.

ACTES DES APÔTRES. Livre sacré du Nouveau Testament, qui contient l'histoire de l'Église naissante pendant l'espace de vingt-neuf ou trente ans, depuis l'ascension de Notre-Seigneur Jésus-Christ jusqu'à l'année 63 de l'ère chrétienne. Saint Luc est l'auteur de cet ouvrage, au commencement duquel il se désigne, et il l'adresse à Théophile, auquel il avait déjà adressé son Évangile. Il y rapporte les *actions des apôtres*, et presque toujours comme témoin oculaire : de là vient que, dans le texte grec, ce livre est intitulé *Actes*. On y voit l'accomplissement de plusieurs promesses de Jésus-Christ, son ascension, la descente du Saint-Esprit, les premières prédications des *apôtres* et les prodiges par lesquels elles furent confirmées ; un tableau admirable des mœurs des premiers chrétiens ; enfin tout ce qui se passa dans l'Église jusqu'à la dispersion des *apôtres*, qui se partagèrent pour porter l'Évangile dans tout le monde. Depuis le point de cette séparation, saint Luc abandonna l'histoire des autres *apôtres* dont il était trop éloigné, pour s'attacher particulièrement à celle de saint Paul, qui l'avait choisi pour son disciple et pour compagnon de ses travaux. Il suit cet apôtre dans toutes ses missions, et jusqu'à Rome même, où il paraît que les *Actes* ont été publiés la seconde année du séjour qu'y fit saint Paul, c'est-à-dire, la soixante-troisième année de l'ère chrétienne, et les neuvième et dixième de l'empire de Néron. Au reste le style de cet ouvrage, qui a été composé en grec, est plus pur que celui des autres écrivains canoniques ; et l'on remarque que saint Luc, qui possédait beaucoup mieux la langue grecque que l'hébraïque, s'y sert toujours de la version des Septante dans les citations de l'Écriture. Le livre est cité dans l'épître de saint Polycarpe aux Philippiens, n. 1. Eusèbe le met au rang des écrits du nouveau Testament de l'authenticité desquels on n'a jamais douté ; il est placé comme tel dans le canon dressé par le concile de Laodicée, et il n'y a jamais eu là-dessus de contestation. Saint Épiphane, *Hær.* 20, c. 3 et 6, dit que ces *Actes* ont été traduits en hébreu ou dans la langue syro-hébraïque des Églises de la Palestine; ils ont donc été très-connus dès le moment de leur publication.

On ne peut pas non plus révoquer en doute la vérité de l'histoire qu'ils renferment. 1° L'ascension de Jésus-Christ, la descente du Saint-Esprit, la prédication de saint Pierre, ses miracles, la formation d'une Église à Jérusalem, la persécution des premiers fidèles, la conversion de saint Paul, ses voyages, ses travaux, etc., sont des faits qui se tiennent; l'un ne peut pas être faux sans que tout le reste ne soit renversé. Ces faits sont trop publics et en trop grand nombre, la scène est en trop de lieux différents, pour que toute cette narration soit fabuleuse. Les fidèles de la Judée, ceux d'Antioche et d'Alexandrie, n'ont pas pu ignorer ce qui s'était passé à Jérusalem depuis la mort de Jésus-Christ; leur conversion même prouve la vérité de ce qui est rapporté par saint Luc; s'il l'avait altérée en quelque chose, les fidèles de Jérusalem se seraient inscrits en faux contre son histoire; ceux d'Antioche, d'Éphèse, de Corinthe, etc., auraient fait de même, si ce qui s'était passé chez eux n'avait pas été fidèlement rapporté. 2° Les lettres de saint Paul confirment la plupart de ces faits, et les supposent. 3° Le schisme arrivé à Jérusalem entre les disciples des *apôtres* et les ébionites ou judaïsants, démontre qu'il n'a pas été possible d'en imposer à personne sur des faits qui intéressaient les deux partis. Dans la suite, les ébionites cherchèrent à décrier la doctrine et la conduite de saint Paul; ils forgèrent de faux *actes* pour le rendre odieux; mais ils n'ont pas osé s'inscrire en faux contre les *actes* écrits par saint Luc: d'ailleurs leur témoignage est venu trop tard pour affaiblir celui d'un témoin oculaire. 4° Le Juif que Celse fait parler avoue ou suppose la naissance d'une Église à Jérusalem, telle que saint Luc la raconte. L'apôtre saint Jean a vécu jusqu'au commencement du second siècle: tant qu'il a subsisté, a-t-il été possible de forger une fausse histoire des travaux des *apôtres* et de l'établissement de l'Église? 5° Ce qu'on a nommé *faux Actes des apôtres* composés par les hérétiques, ne sont pas des histoires qui contredisent celle de saint Luc, mais de prétendues relations de ce qu'ont fait les *apôtres*, desquels saint Luc n'a pas parlé: tels sont les *Actes* de saint Thomas, de saint Philippe, de saint André, etc.; pièces apocryphes, inconnues aux anciens Pères, qui n'ont paru que fort tard, dont on ne peut fixer la date ni nommer les auteurs.

Le premier livre de cette nature qu'on fit paraître, et qui fut intitulé *Actes de Paul et de Thècle*, avait pour auteur un prêtre, disciple de saint Paul. Son imposture fut découverte par saint Jean, et quoique ce prêtre ne se fût porté à composer cet ouvrage que par un faux zèle pour son maître, il ne laissa pas d'être dégradé du sacerdoce. Ces *Actes* ont été rejetés comme apocryphes par le pape Gélase. Depuis, les manichéens supposèrent des *Actes de saint Pierre et saint Paul*, où ils semèrent leurs erreurs. On vit ensuite les *Actes de saint André, de saint Jean et des apôtres en général*, supposés par les mêmes hérétiques, selon saint Épiphane, saint Augustin et Philastre; les *Actes des apôtres* faits par les ébionites; le *Voyage de saint Pierre*, faussement attribué à saint Clément; l'*Enlèvement et le ravissement de saint Paul*, dont les gnostiques se servaient; les *Actes de saint Philippe et de saint Thomas*, forgés par les encratites et les apostoliques; la *Mémoire des apôtres*, composée par les priscillianistes; l'*Itinéraire des apôtres*, qui fut rejeté dans le concile de Nicée; et divers autres dont nous ferons mention sous le nom des sectes qui les ont fabriqués. *Voyez* Hieronym., *De Viris illust.*, c. 7; Chrys., *In Act.*; Dupin, *Dissert. prélim. sur le Nouveau Testam.*; Tertull., *De Baptism.*; Epiphan., *Hæres.* 8, n° 47 et 61; S. Aug., *De Fide contra Manich.*, et Tract. *in Joan.*; Philast., *Hæres.* 48; Dupin, *Biblioth. des Auteurs ecclésiastiques des trois premiers siècles*.

ACTES DES CONCILES. *Voy.* CONCILES.

ACTES DES MARTYRS. *Voy.* MARTYRE et MARTYROLOGE.

ACTES DE PILATE. *Voy.* PILATE.

ACTUEL. Les théologiens distinguent la *grâce actuelle* et la *grâce habituelle*, le *péché actuel* et le *péché originel*.

La grâce *actuelle* est celle qui nous est accordée par manière d'*acte* ou de motion passagère. On pourrait la définir plus clairement, celle que Dieu nous donne pour nous mettre en état de pouvoir agir ou de faire quelque action. C'est de cette grâce que parle saint Paul quand il dit aux Philippiens, ch. I: *Il vous a été donné non-seulement de croire en Jésus-Christ, mais encore de souffrir pour lui.* Saint Augustin a démontré, contre les pélagiens, que la grâce *actuelle* est absolument nécessaire pour toute action méritoire dans l'ordre du salut.

La grâce *habituelle* est celle qui nous est donnée par manière d'habitude, de qualité fixe et permanente, inhérente à l'âme, qui nous rend agréables à Dieu et dignes des récompenses éternelles. Telle est la grâce du baptême dans les enfants. *Voy.* GRACE.

Le péché *actuel* est celui que commet, par sa propre volonté et avec pleine connaissance, une personne qui est parvenue à l'âge de discrétion. Le péché *originel* est celui que nous contractons en venant au monde, parce que nous sommes enfants d'Adam. *Voy.* PÉCHÉ. Le péché *actuel* se subdivise en péché mortel et péché véniel. *Voy.* MORTEL et VÉNIEL.

ADAM, nom du premier homme que Dieu a créé pour être la tige du genre humain. *Adam* est aussi en hébreu le nom appellatif de l'homme en général; il paraît formé d'*a* augmentatif et de la racine *dam, dom*, élevé, supérieur; il désigne le principal et le plus fort individu de l'espèce.

On peut voir dans les premiers chapitres de la Genèse toute l'histoire d'*Adam*, la loi que Dieu lui imposa, sa désobéissance, la peine à laquelle il fut condamné avec sa postérité (1). Cette narration, qui est fort courte, a fourni une ample matière aux conjectures des commentateurs, aux disputes des théologiens, aux erreurs des hérétiques, et aux objections des incrédules.

Il est d'abord évident que le premier homme n'a pu exister que par création. Les anciens athées, qui disaient que les hommes étaient fortuitement sortis du sein de la terre, comme les champignons ; les matérialistes modernes, qui pensent que la naissance de l'homme a été un effet nécessaire du débrouillement du chaos ; les savants physiciens, qui ont calculé et fixé les époques de la nature, sans nous apprendre comment les hommes, les animaux et les plantes, ont pu éclore d'un globe de verre enflammé dans son origine, sont aussi peu sages les uns que les autres (1). Leurs rêves sublimes disparaissent devant le récit simple et naturel de l'auteur sacré : *Au commencement Dieu créa le ciel et la terre... Il dit :* QUE LA LUMIÈRE SOIT, *et la lumière fut...... Il dit :* FAISONS L'HOMME A NOTRE IMAGE ET A NOTRE RESSEMBLANCE, *et l'homme fut fait à l'image de Dieu.* Gen. I. Par ce peu de paroles l'homme apprend ce qu'il est, ce qu'il doit à Dieu et à soi-même, ce qu'il a lieu d'attendre de la bonté de son Créateur.

[*Voy.* RÉVÉLATION *primitive*]

Dieu est-il donc corporel aussi bien que l'homme? On a répondu aux marcionites, aux manichéens, aux philosophes du quatrième siècle, aux incrédules du dix-huitième, qui ont fait cette question, que la partie principale de l'homme n'est pas le corps, mais l'âme. Or, cette âme est douée d'intelligence, de réflexion, de volonté, de liberté, d'action; elle a le pouvoir de réprimer les appétits déréglés du corps, de penser au présent, au passé et à l'avenir, de communiquer aux autres par la parole ce qu'elle pense, de commander aux animaux, de faire servir à son usage la plupart des ouvrages du Créateur, de le connaître, de l'adorer et de l'aimer; c'est par là que l'homme ressemble à Dieu. Préférerons-nous, comme certains philosophes, de ressembler aux animaux plutôt qu'à Dieu qui nous a faits?

(1) « Jusqu'ici Dieu, dit Bossuet, avait tout fait en commandant ; mais quand il s'agit de produire l'homme, Moïse lui fait tenir un nouveau langage : *Faisons l'homme*, dit-il, *à notre image et ressemblance*. Ce n'est plus cette parole impérieuse et dominante ; c'est une parole plus douce, quoique non moins efficace. Dieu tient conseil en lui-même ; Dieu s'excite lui-même, comme pour nous faire voir que l'ouvrage qu'il va entreprendre surpasse tous les ouvrages qu'il avait faits jusqu'alors. *Faisons l'homme*... La parole de conseil, dont Dieu se sert, marque que la créature qui va être faite est la seule qui peut agir par conseil et par intelligence. Tout le reste n'est pas moins extraordinaire. Jusque là nous n'avions point vu, dans l'histoire de la Genèse, le doigt de Dieu appliqué sur une matière corruptible. Pour former le corps de l'homme, lui-même prend de la terre ; et cette terre, arrangée sous une telle main, reçoit la plus belle figure qui ait encore paru dans le monde.

« Cette attention particulière, qui paraît en Dieu quand il fait l'homme, nous montre qu'il a pour lui un égard particulier, quoique d'ailleurs tout soit conduit immédiatement par sa sagesse.

« Mais la manière dont il produit l'âme est beaucoup plus merveilleuse, il ne la tire point de matière, il l'inspire d'en haut ; c'est un souffle de vie qui vient de lui-même. Quand il créa les bêtes, il dit: *Que l'eau produise des poissons, et il créa de cette sorte les monstres marins, et toute âme vivante et mouvante qui devait remplir les eaux*. Il dit encore : *Que la terre produise toute âme vivante, les bêtes à quatre pieds et les reptiles*. C'est ainsi que devaient naître ces âmes vivantes d'une vie brute et bestiale, à qui Dieu ne donne pour toute action que des mouvements dépendants du corps. Il les tire du sein des eaux et de la terre. Mais cette âme, dont la vie devait être une imitation de la sienne ; qui devait vivre, comme lui, de raison et d'intelligence ; qui lui devait être une en le contemplant et en l'aimant, et qui, pour cette raison, était faite à son image, ne pouvait être tirée de la matière. Dieu, en façonnant la matière, peut bien former un beau corps ; mais, en quelque sorte qu'il la tourne et la façonne, jamais il n'y trouvera son image et sa ressemblance. L'âme, faite à son image, et qui peut être heureuse en le possédant, doit être produite par une nouvelle création : elle doit venir d'en haut ; et c'est ce que signifie ce souffle de vie que Dieu tire de sa bouche.

« Souvenons-nous que Moïse propose aux hommes charnels, par des images sensibles, des vérités pures et intellectuelles. Ne croyons pas que Dieu souffle à la manière des animaux ; ne croyons pas que notre âme soit un air subtil, ni une vapeur déliée : le souffle que Dieu inspire, et qui porte en lui-même l'image de Dieu, n'est ni air ni vapeur. Ne croyons pas que notre âme soit une portion de la nature divine, comme l'ont rêvé quelques philosophes. Dieu n'est pas un tout qui se partage. Quand Dieu aurait des parties, elles ne seraient pas faites : car le Créateur, l'Être incréé ne serait pas composé de créatures. L'âme est faite et tellement faite qu'elle n'est rien de la nature divine, mais seulement une chose faite à l'image et ressemblance de la nature divine, une chose qui doit toujours demeurer unie à celui qui l'a formée ; c'est ce que veut dire ce souffle divin, c'est ce que nous représente cet esprit de vie.

« Voilà donc l'homme formé. Dieu forme encore de lui la compagne qu'il lui veut donner. Tous les hommes naissent d'un seul mariage, afin d'être à jamais, quelque dispersés et multipliés qu'ils soient, une seule et même famille. »

(1) « La nature, dit Holland, douée de sentiment et d'intelligence, a donc produit cet être merveilleux dont la constitution étonne également l'anatomiste et le philosophe ! la terre a donc fait l'homme comme le bourgeois gentilhomme fait de la prose, c'est-à-dire, sans le savoir ! ces millions de parties qui forment le corps humain ont donc été dispersées jadis sur le globe, se sont rencontrées, on ne sait quand ni comment, se sont entre-heurtées, attirées, repoussées ; puis, après bien des essais, se sont rangées tout juste dans le bel ordre où nous les voyons ; ordre qui surpasse tout ce que l'art a pu produire et tout ce que l'esprit peut concevoir ! Mais ce n'est pas là le plus étonnant. Ces mêmes atomes, de bruts et de morts qu'ils étaient, ont produit, par leurs combinaisons fortuites, la vie, le sentiment et la faculté de raisonner. Pour s'épargner la peine de former de si grands frais chaque individu, ils se sont arrangés en mâle et femelle, de manière à pouvoir désormais étendre leur espèce par la voie de la génération. C'est enfin, à leurs impulsions réciproques,

La manière dont la formation de la femme est racontée dans l'histoire sainte a donné lieu à quelques railleries froides et à des imaginations bizarres qui ne valent pas la peine d'être réfutées ; mais c'est une grande leçon donnée au genre humain. Dieu a voulu par là faire connaître à la femme la supériorité de l'homme de qui elle a été formée ; à l'homme, combien sa compagne doit lui être chère, puisqu'elle est une partie de sa propre substance ; à tous les deux, qu'ils doivent conserver entre eux l'union la plus étroite, de laquelle dépend leur bonheur et celui de leurs enfants.

Mais en quel état se trouvaient ces deux créatures au moment de leur naissance, quelle était leur félicité dans l'état d'innocence, quelle aurait été leur destinée et celle de leurs enfants, si les uns ni les autres n'avaient pas péché ? Questions intéressantes, mais sur lesquelles l'Ecriture sainte ne s'est expliquée qu'avec beaucoup de réserve.

Elle nous apprend que *Dieu a créé l'homme droit*, Eccli. VII, 30, et *dans la justice*, Ephes. IV, 24, par conséquent non-seulement exempt de vice, mais encore doué de la grâce sanctifiante qui le rendait agréable à Dieu. Elle nous dit qu'il a été *créé immortel*, dans ce sens qu'il pouvait s'exempter de la mort en ne péchant pas ; la mort n'étant entrée dans le monde que par la jalousie du démon, *Sap.* II, 23, et par le péché, *Rom.* V, 12. Nous voyons aussi, *Eccli.* XVII, 6, que Dieu s'était plu à donner à nos premiers parents toutes sortes de connaissances, *en créant dans eux la science de l'esprit, en remplissant leur cœur de sentiment, et leur faisant voir les biens et les maux*. D'où il suit que l'état du premier homme avant son péché était un état très-heureux, quoique son bonheur ne fût pas complet, puisqu'il pouvait perdre par sa désobéissance la justice dans laquelle il avait été créé, et tous les dons qui y étaient attachés. Un bonheur plus parfait devait être le fruit de sa persévérance libre dans le bien. Nous ne savons pas combien il aurait fallu qu'elle durât pour qu'Adam fût confirmé dans la justice et ne pût désormais la perdre.

S'il eût persévéré, ses enfants auraient eu en naissant la justice originelle dans laquelle il avait été créé ; mais chacun de ses descendants aurait été peut-être assujetti à des lois, exposé au danger de les violer, et de perdre, comme *Adam*, tous les privilèges de l'innocence : c'est le sentiment d'Estius d'après saint Augustin, l. II *Sentent.*, dist. 20, § 5. On pourrait encore agiter bien d'autres questions ; mais, puisque l'Ecriture se tait, n'imitons pas la curiosité téméraire de notre premier père : n'approchons pas de l'arbre de la science, pour y chercher un fruit qui nous est défendu.

Pourquoi, demandent les incrédules après les manichéens, pourquoi imposer à l'homme une loi, et lui faire une défense, lorsque

« leur gravitation mutuelle, que l'on doit l'invention de la parole, des sciences et des arts. Si ce système paraît monstrueux à la raison, il faut avouer qu'il plaît moins à l'imagination que les brillantes illusions de la mythologie....

« Si la nature ou la matière a produit tous ces corps organisés, plantes, animaux et hommes, d'où vient que, depuis qu'on l'observe, elle ne produit plus rien de pareil ? la nature a-t-elle donc changé ? pourquoi cette même rencontre d'atomes, qui fit jadis tant de merveilles, n'a-t-elle plus lieu, et pourquoi s'obstine-t-elle à laisser aux êtres organisés le soin de se reproduire eux-mêmes ?

« Les anciens, qui étaient aussi ignorants en histoire naturelle qu'en physique, pouvaient croire qu'un animal se formait comme le sel, par la juxtaposition de différentes molécules réunies en vertu de certaines *forces de rapport*. Il leur était permis de conjecturer qu'une masse de boue, imprégnée et échauffée par les rayons du soleil, peut s'animaliser, tout comme ils se persuadaient que les insectes, les grenouilles, les crapauds et les lézards qu'ils trouvaient dans la fange du Nil, étaient de la boue animée par la chaleur. Mais il est inconcevable que, dans le dix-huitième siècle, après toutes les découvertes des modernes, on n'ait pas honte de parler encore comme les anciens, et d'étayer un système de philosophie sur des erreurs dont le peuple même commence à se moquer. Un animal ne naît que de son semblable, c'est la loi uniforme et invariable de la nature. Rien de ce qui est organisé ne se forme par *opposition*, pas même le champignon ni la mousse. La raison s'unit à l'expérience pour rejeter les générations équivoques. Elle nous dit qu'un corps organisé est un tout qui n'a pu se former successivement, puisque chaque partie suppose l'existence des autres. C'est un système d'un nombre infini de machines qui correspondent directement, qui ont entre elles des rapports intimes, qui sont faites les unes pour les autres, et dont les forces concourent à un but général. Ce tout se développe et augmente de volume ; mais, en tant que machine, il est toujours en petit ce qu'il sera en grand, de sorte que toutes les matières alimentaires ne sauraient y ajouter une fibre.

« Imaginons pour un moment que l'aveugle concours des molécules de la matière inanimée ait réussi à produire un homme, à l'aide des lois de l'impulsion et de l'attraction. Supposons, contre toute vraisemblance, que dis-je ? contre toute certitude, que la nature ne sait plus faire aujourd'hui ce qu'elle a su faire en des temps plus reculés. Dévorons enfin toutes les absurdités qui entourent et accablent le système de l'athée ; soumettons le bon sens au préjugé et l'évidence à l'erreur ; qui est-ce qui animera cet androïde, cette matière organiquement disposée par les mains du hasard ? qui est-ce qui lui donnera la faculté de sentir, de penser, de juger et de faire des abstractions ? comment est-ce que la nature donnera l'intelligence et le sentiment, n'ayant ni sentiment ni intelligence ? Hélas ! elle n'est qu'impulsion et gravitation ; et il lui est aussi impossible de produire par là une seule pensée, qu'il l'est au néant de créer un seul atome.

« Les matérialistes croient, en toute simplicité de cœur, que le sol de la Laponie a produit le renne, parce que cet animal est indigène à ce pays, et qu'il ne peut vivre dans un climat plus doux. Que dites-vous de l'argument ? Voyez-vous ces vers qui fourmillent dans les cavités d'un vieux fromage ? Ils y trouvent une nourriture et une chaleur qui leur conviennent ; donc c'est de fromage qui les a produits. Une telle conclusion est fort bonne pour l'enfant qui a mangé le fromage sans se soucier du ver ; mais elle étonne dans un philosophe qui se donne pour capable de creuser des idées, et d'interpréter la nature. » (Holland, *Réflex. philos. sur le syst. de la nat.*, c. 6). — Une simple réflexion a suffi pour faire justice de ces misérables sophismes.

Dieu savait bien qu'elle serait violée ? Parce que l'homme créé libre était capable d'obéissance, et qu'il la devait à son Créateur. C'est par son libre arbitre, autant que par son intelligence, que l'homme est distingué des animaux; il était juste que Dieu exigeât de lui un témoignage de soumission, en reconnaissance de la vie et des autres bienfaits qu'il lui avait accordés. Dans tous les états possibles, il est de l'ordre que le bonheur parfait ne soit pas un don de Dieu purement gratuit, mais une récompense réservée à l'obéissance de l'homme et à la vertu : aucun argument des incrédules ne peut prouver le contraire; la prévoyance que Dieu avait de la désobéissance future d'*Adam* ne devait déroger en rien à cet ordre éternel, infiniment juste et sage.

En effet, dit saint Augustin, pourquoi Dieu ne devait-il pas permettre qu'*Adam* fût tenté et succombât? Il savait que la chute de l'homme et sa punition seraient pour ses descendants un exemple qui servirait à les rendre plus obéissants ; que de cette race même pécheresse naîtrait un peuple de saints qui, avec la grâce divine, remporteraient à leur tour sur le démon une victoire plus glorieuse. Si donc cet esprit malicieux a semblé prévaloir pour un temps par la chute de l'homme, il a été vaincu pour l'éternité par la réparation de l'homme. L. 1 *contra advers. leg. et proph.*, n, 21 et 23. *De Civ. Dei*, l. XIV, c. 27. *De Catech. rudib.*, c. 18.

Lorsque les incrédules demandent encore pourquoi Dieu a interdit à notre premier père le fruit qui donnait *la connaissance du bien et du mal*, ils affectent de ne pas entendre de quelle connaissance il est question. Adam connaissait déjà le bien et le mal moral ; l'Ecriture nous apprend que Dieu la lui avait donnée. *Eccli.* XVII, 6 ; autrement il aurait été aussi incapable de pécher que les enfants qui n'ont pas encore atteint l'âge de discrétion : mais il n'avait point encore la connaissance du mal physique, puisqu'il n'en avait éprouvé aucun ; il n'avait aucune idée de la honte et du remords que cause la conscience d'un crime. Il les sentit après son péché; il fut en état de comparer le bien-être et la douleur : telle est la connaissance expérimentale de laquelle Dieu voulait le préserver. Il ne s'ensuit donc pas qu'il y ait eu un arbre dont le fruit avait la vertu de faire connaître le bien et le mal (1).

C'est une nouvelle témérité, de la part des incrédules, de soutenir qu'il y a eu de l'injustice à rendre *Adam* maître du sort de sa postérité. C'est la condition naturelle de l'humanité ; et tel est l'ordre établi dans toutes les sociétés politiques. Un père, par sa mauvaise conduite, peut réduire à la misère ses enfants nés et à naître ; il peut les déshonorer d'avance par un crime ; il peut, dans les pays où l'esclavage est établi, les réduire à cette condition en vendant sa liberté. Il est du bien de la société que cela soit ainsi, afin d'inspirer aux pères plus d'horreur des crimes qui peuvent avoir pour leurs enfants des suites si terribles, et plus de reconnaissance aux enfants envers un père qui, par la sagesse de ses mœurs, les a mis à couvert de ce malheur.

Dieu, continuent nos adversaires, pouvait prévenir le péché de l'homme par une grâce efficace, sans nuire à son libre arbitre ; s'il ne devait pas cette grâce à l'homme, du moins il la devait à lui-même et à sa bonté infinie. Ne donner à l'homme dans cette circonstance qu'un secours inefficace dont Dieu prévoyait l'inutilité, c'était plutôt lui faire du mal que du bien.

Ce raisonnement, s'il était solide, prouverait que Dieu, en vertu de sa bonté infinie, ne peut donner à aucun homme une grâce dont il prévoit l'inefficacité, et ne peut permettre aucun péché ; mais il porte sur trois ou quatre suppositions fausses. La première, qu'un moindre bienfait, comparé à un plus grand, n'est plus un bien, mais un mal. La deuxième, que de deux bienfaits inégaux, Dieu se doit à lui-même d'accorder toujours le plus grand, ce qui va droit à l'infini. La troisième, que plus Dieu prévoit de résistance de la part de l'homme, plus il est obligé d'augmenter la grâce; comme si la malice de l'homme était un titre qui lui donne droit aux grâces de Dieu. La quatrième, qu'il faut raisonner de la bonté de Dieu jointe à une puissance infinie, comme de la bonté de l'homme qui n'a qu'un pouvoir très-borné. Toutes ces absurdités n'ont pas besoin d'une plus longue réfutation.

Une grâce inefficace, ou de laquelle Dieu prévoit l'inefficacité, est sans doute un moindre bienfait qu'une grâce dont il prévoit l'efficacité ; mais il est faux que la première soit un mal, un don inutile ou pernicieux, un piège tendu à l'homme, etc. Un secours, qui donne à l'homme toute la force nécessaire pour le rendre maître de son choix et de son action, ne peut sous aucune face être envisagé comme un mal.

Ce que l'historien sacré dit de la tentation d'Eve et de ses suites a fourni aux incrédules de quoi exercer leur malignité. Cette narration leur paraît renfermer plusieurs absurdités ; que le serpent soit le plus rusé de tous les animaux ; qu'il ait eu une conversation suivie avec la femme, et qu'elle se soit laissé tromper ; qu'il soit plus maudit que les autres animaux, pendant qu'il y a des peuples qui lui rendent un culte; qu'il n'ait rampé sur son ventre que depuis ce temps-là ; qu'il mange de la terre, etc.

Par ces réflexions mêmes, les censeurs de l'histoire sainte prouvent, ou que Moïse était un insensé, ou qu'il y a un sens caché sous l'écorce de cette histoire. C'est ce que nous soutenons, et un célèbre incrédule l'a reconnu. *De la manière*, dit-il, *dont l'historien raconte ce funeste événement, il paraît bien que son intention n'a pas été que nous sussions comment la chose s'était passée, et*

---

(1) Bergier répond à ses adversaires par le moyen de l'allégorie. N us croyons que c'est un défaut : car une fois placé sur la pente de l'allégorie, on arrive facilement à fausser toutes les croyances. Voy. HERMÉSIANISME, ALLÉGORIE.

cela seul doit persuader à toute personne raisonnable que la plume de Moïse a été sous la direction particulière du Saint-Esprit. En effet, si Moïse eût été le maître de ses expressions et de ses pensées, il n'aurait jamais enveloppé d'une façon si étonnante le récit d'une telle action ; il en aurait parlé d'un style un peu plus humain et plus propre à instruire la postérité : mais une force majeure, une sagesse infinie le dirigeait de telle sorte qu'il n'écrivait pas selon ses vues, mais selon les desseins cachés de la Providence. Bayle, *Nouv.*, juin 1686, art. 2, p. 592.

Est-il vrai d'ailleurs que son récit renferme des absurdités ? 1° Nous ne connaissons pas assez les différentes espèces de serpents, pour savoir jusqu'à quel point ces animaux sont rusés et industrieux ; ceux qui entendent parler des castors pour la première fois, sont tentés de prendre pour des fables ce que l'on en raconte. 2° Il est constant que ce fut le démon qui emprunta l'organe du serpent pour converser avec Eve, et cette femme n'avait pas encore assez d'expérience pour savoir si un animal était capable ou incapable de parler. 3° Il n'est pas moins vrai qu'en général nous avons horreur des serpents, et qu'il n'y a qu'une longue habitude qui puisse accoutumer des peuples à demi sauvages à se familiariser avec quelques espèces de ces animaux. 4° Si l'on en croit les voyageurs et les naturalistes, il y a des serpents ailés qui s'élèvent dans les airs ; il n'est donc pas certain que toutes les espèces aient toujours rampé sur leur ventre. On dit encore qu'il y en a qui sont d'une beauté singulière, et l'on en a vu de très-apprivoisés. Enfin, si les serpents ne mangent pas la terre, ils semblent du moins avaler la poussière et les ordures en cherchant les insectes dont ils se nourrissent. Il n'y a donc rien d'absurde ni de ridicule dans la narration de Moïse.

Une question plus importante est de savoir si Dieu a puni trop rigoureusement le péché d'*Adam*, comme le supposent les incrédules. La faute, disent-ils, fut légère, et le châtiment est terrible : être condamné, pour toute cette vie, au travail et aux souffrances ; éprouver sans cesse la révolte de la chair contre l'esprit, et des passions contre la raison ; avoir continuellement sous les yeux la mort qu'il faut subir, et un supplice éternel dont nous sommes menacés, et cela pour un prétendu crime qui n'est, dans le fond, qu'une légère désobéissance ; y a-t-il de la proportion entre le péché et la peine ?

Nous répondons, en premier lieu, qu'il est absurde de vouloir juger de la griéveté de la faute d'*Adam* autrement que par le châtiment que Dieu en a tiré ; avons-nous assisté au conseil de Dieu, ou avons-nous vu ce qui s'est passé dans l'âme d'*Adam*, pour savoir jusqu'à quel point il a été criminel ou excusable ? La facilité de l'obéissance, dit saint Augustin, est précisément ce qui, dans les circonstances, aggrave la faute d'*Adam*. En second lieu, les misères de cette vie, la concupiscence même, sont une suite de notre nature : l'exemption de la mort, la soumis-

DICT. DE THÉOL. DOGMATIQUE. I.

sion entière de la chair à l'esprit, était une grâce que Dieu ne devait point à nos premiers parents, ainsi que nous le prouverons à l'article NATURE PURE ; il a donc pu, sans injustice, en priver l'homme coupable et ses descendants. En troisième lieu, l'on n'est pas obligé de croire, puisque l'Eglise ne l'a pas décidé, que les enfants souillés du péché originel sont tourmentés par des supplices. Ils n'entreront pas dans le royaume du ciel ; mais il n'est pas dit que le lieu où ils seront sera pour eux un lieu de tourments. Nous discuterons cette question au mot BAPTÊME.

Les péchés actuels, qui font perdre la grâce, seront punis, il est vrai, par des supplices éternels ; mais ces péchés ne sont pas des châtiments de la faute d'Adam, ce sont des maux que nous nous faisons volontairement à nous-mêmes par des vices et des habitudes que nous avons contractées très-librement, et dont il ne tiendrait qu'à nous de nous préserver. Enfin, quand on parle de la faute d'*Adam* et de la punition, il faudrait ne pas oublier la manière dont Jésus-Christ l'a réparée par la grâce de la rédemption.

C'est en démontrant, par l'Ecriture sainte, l'excellence, la plénitude, l'universalité de cette grâce, que les Pères de l'Eglise ont répondu aux objections des marcionites et des manichéens, qu'ils ont prouvé aux ariens la divinité de Jésus-Christ, qu'ils ont réfuté les pélagiens, qui, dans leur système, réduisaient à rien la rédemption, comme font encore aujourd'hui les sociniens.

Ils nous font remarquer d'abord que la promesse de la rédemption est aussi ancienne que le péché. Avant de condamner *Adam* aux souffrances et à la mort, Dieu avait déjà lancé la malédiction contre le serpent, et lui avait dit : *La race de la femme l'écrasera la tête.* C'est, disent les Pères, en vertu de cette promesse et des mérites du Rédempteur, que Dieu n'a condamné *Adam* et sa postérité qu'à une peine temporelle ; ainsi la rédemption future a commencé d'opérer son effet au moment même qu'elle a été promise. *Voy.* PROT-ÉVANGILE, RÉDEMPTION.

2° Ils nous représentent que les souffrances et la mort sont l'expiation du péché et un sujet de mérite en vertu de la passion du Sauveur ; d'où ils concluent que la condamnation de l'homme a été sous ce rapport un acte de miséricorde de la part de Dieu. Jésus-Christ, dit saint Paul, a ôté les amertumes de la mort, en nous assurant une résurrection semblable à la sienne. *I Cor.* xv, 55. *Voy.* MORT, SOUFFRANCE.

3° Ils observent que la grâce, répandue avec abondance par Jésus-Christ, nous rend victorieux de la concupiscence ; que par ce combat la vertu devient plus méritoire, et digne d'une récompense aussi grande que celle qui était destinée à notre premier père. Par ces différentes considérations, nos saints docteurs font comprendre la dignité à laquelle notre nature a été élevée par son union avec le Verbe divin ; ils montrent la grandeur du mal par la puissance du remède.

Selon l'histoire sainte, la pénitence d'*Adam* a été fort longue : il a vécu neuf cent trente ans. *Gen.* v, 5. Dieu lui accorda cette longue vie, afin de perpétuer parmi ses descendants la certitude des grandes vérités dont il avait été témoin, ou qu'il avait reçues de la propre bouche de Dieu même : les hommes pouvaient-ils avoir un maître plus respectable et plus digne de foi? Mais, sans la promesse qui lui avait été faite d'un réparateur, il aurait été souvent tenté de se livrer au désespoir, en voyant le déluge de maux de toute espèce que sa faute avait fait tomber sur la terre.

Aucun des pères de l'Eglise n'a douté du salut d'*Adam*; tous ont été persuadés qu'il a été sauvé par Jésus-Christ. Saint Augustin dit que c'est la croyance de l'Eglise, et l'on a taxé d'erreur Tatien et les encratites, qui ne voulaient pas admettre cette vérité.

On a même cru, dans les premiers siècles, qu'*Adam* avait été enterré sur le Calvaire, et que Jésus-Christ avait été crucifié sur sa sépulture, afin que le sang versé pour le salut du monde purifiât les restes du premier pécheur. Quoique cette tradition ne paraisse fondée que sur un passage de l'Ecriture mal entendu, elle atteste toujours la haute idée qu'avaient nos anciens maîtres de l'étendue et de l'efficacité de la rédemption.

Il paraît que certains théologiens l'avaient profondément oubliée, lorsqu'ils ont dit que le péché originel ou la chute d'*Adam* est la clef de tout le système du christianisme, le premier anneau auquel tient toute la chaîne de la révélation ; il aurait fallu dire au moins: *Le péché originel effacé et pleinement réparé par Jésus-Christ*. Sans le dogme fondamental de la rédemption, celui du péché originel pourrait nous inspirer de la crainte, des regrets, de la douleur, peut-être le désespoir; il n'exciterait en nous ni reconnaissance, ni confiance, ni amour de Dieu, sentiments dans lesquels consiste la religion. Au mot PÉCHÉ ORIGINEL, nous ferons voir que la croyance de l'un de ces dogmes ne peut pas subsister sans celle de l'autre.

Quelques auteurs ont pensé que Platon avait eu connaissance de la chute d'*Adam*, et qu'il l'avait apprise par la lecture des livres de Moïse. Eusèbe, dans sa *Préparation évangélique*, liv. XII, c. 11, cite une fable tirée des Symposiaques de Platon, dans laquelle cette histoire semble être rapportée d'une manière allégorique ; mais cette allusion n'est ni fort sensible, ni absolument certaine. Au temps de Platon, les livres de Moïse n'étaient pas encore traduits en grec, et ce philosophe n'avait point de connaissance de l'hébreu. On sait d'ailleurs que les Juifs ne montraient pas aisément leurs livres aux païens. Il faut juger de même de la fable de Pandore, que quelques-uns ont prise pour une altération de l'histoire de la chute d'*Adam*.

ADAMITES ou ADAMIENS, secte d'anciens hérétiques, qu'on croit avoir été un rejeton des basilidiens et des carpocratiens, sur la fin du II° siècle.

Selon saint Epiphane, ils prirent le nom d'*adamites*, parce qu'ils prétendaient avoir été rétablis dans l'état de nature innocente, être tels qu'Adam au moment de sa création, et par conséquent devoir imiter sa nudité. Ils détestaient le mariage, soutenant que l'union conjugale n'aurait jamais eu lieu sur la terre sans le péché, et regardaient la jouissance des femmes en commun comme un privilége de leur prétendu rétablissement dans la justice originelle. Quelque incompatibles que fussent ces dogmes infâmes avec une vie chaste, quelques-uns d'eux ne laissaient pas de se vanter d'être continents, et assuraient que si quelqu'un des leurs tombait dans le péché de la chair, ils le chassaient de leur assemblée, comme Adam et Eve avaient été chassés du paradis terrestre pour avoir mangé du fruit défendu ; qu'ils se regardaient comme Adam et Eve, et leur temple comme le paradis. Ce temple, après tout, n'était qu'un souterrain, une caverne obscure, ou un poêle dans lequel ils entraient tout nus, hommes et femmes, et là, tout leur était permis, jusqu'à l'adultère et à l'inceste, dès que l'ancien ou le chef de leur société avait prononcé ces paroles de la Genèse, c. I, v. 22, *Crescite et multiplicamini*. Théodoret ajoute que, pour commettre de pareilles actions, ils n'avaient pas même d'égard à l'honnêteté publique, et imitaient l'impudence des cyniques du paganisme. Tertullien assure qu'ils niaient, avec Valentin, l'unité de Dieu, la nécessité de la prière, et traitaient le martyre de folie et d'extravagance. Saint Clément d'Alexandrie dit qu'ils se vantaient d'avoir des livres secrets de Zoroastre ; ce qui a fait conjecturer à M. de Tillemont qu'ils étaient livrés à la magie. *Tom. II, pag.* 280.

Cette secte infâme fut renouvelée dans le XII° siècle par un certain Tendême, connu encore sous le nom de Tanchelin, qui sema ses erreurs à Anvers, sous le règne de l'empereur Henri V. Les principales étaient, qu'il n'y avait point de distinctions entre les prêtres et les laïques, et que la fornication et l'adultère étaient des actions saintes et méritoires. Accompagné de trois mille scélérats armés, il accrédita cette doctrine par son éloquence et par ses exemples; sa secte lui survécut peu, et fut éteinte par le zèle de saint Norbert.

D'autres *adamites* reparurent encore dans le XIV° siècle, sous le nom de *turlupins* et de *pauvres frères*, dans le Dauphiné et la Savoie. Ils soutenaient que l'homme, arrivé à un certain état de perfection, était affranchi de la loi des passions, et que, bien loin que la liberté de l'homme sage consistât à n'être pas soumis à leur empire, elle consistait au contraire à secouer le joug des lois divines. Ils allaient tout nus, et commettaient en plein jour les actions les plus brutales. Le roi Charles V en fit périr plusieurs par les flammes : on brûla aussi quelques-uns de leurs livres à Paris, dans la place du marché aux Pourceaux, hors de la rue Saint-Honoré.

Un fanatique, nommé *Picard*, natif de Flandre, ayant pénétré en Allemagne et en Bohême au commencement du xv° siècle, renouvela ces erreurs, et les répandit surtout dans l'armée du fameux Zisca. Malgré la sévérité de ce général, Picard trompait les peuples par ses prestiges, et se qualifiait *fils de Dieu*. Il prétendait que, comme un nouvel Adam, il avait été envoyé dans le monde pour y rétablir la loi de nature, qu'il faisait surtout consister dans la nudité de toutes les parties du corps et dans la communauté des femmes. Il ordonnait à ses disciples d'aller nus par les rues et les places publiques; moins réservé à cet égard que les anciens *adamites* qui ne se permettaient cette licence que dans leurs assemblées. Quelques anabaptistes tentèrent en Hollande d'augmenter le nombre des sectateurs de Picard; mais la sévérité du gouvernement les eut bientôt dissipés. Cette secte a aussi trouvé des partisans en Pologne et en Angleterre; ils s'assemblaient la nuit, et l'on prétend qu'une des maximes fondamentales de leur société était contenue dans ce vers :

Jura, perjura, secretum prodere noli.

Mosheim, qui a examiné de près l'histoire de ces fanatiques, pense que le nom de *Picards* ne leur venait pas d'un chef ainsi appelé, mais que c'était une corruption du nom de *begghards* ou *bigghards*. *Voyez* ce mot. Leur maxime capitale était que, quiconque use d'habits pour couvrir sa nudité, et n'est pas capable de voir sans émotion le corps nu d'une personne d'un sexe différent du sien, n'est pas encore *libre*, c'est-à-dire suffisamment dégagé des affections corporelles. Il était impossible qu'avec un pareil principe, suivi dans la pratique, il ne se passât rien de criminel dans leurs assemblées. Aussi Mosheim n'est point de l'avis de Basnage, qui a voulu justifier les picards ou *adamites* de Bohême, et qui les a confondus avec les vaudois. *Trad. de l'Histoire ecclésiast. de Mosheim*, t. III, page 472.

Quelques savants sont dans l'opinion que l'origine des *adamites* remonte beaucoup plus haut que l'établissement du christianisme : ils se fondent sur ce que Maacha, mère d'Asa, roi de Juda, était grande prêtresse de Priape, et que, dans les sacrifices nocturnes que les femmes faisaient à cette idole obscène, elles paraissaient toutes nues. Le motif des *adamites* n'était pas le même que celui des adorateurs de Priape; et l'on a vu, par leur théologie, qu'ils n'avaient pris du paganisme que l'esprit de débauche, et non le culte de Priape.

ADESSENAIRES, nom formé par Pratéolus du verbe latin *adesse*, être présent, et employé pour désigner les hérétiques du xvi° siècle, qui reconnaissaient la présence réelle de Jésus-Christ dans l'eucharistie, mais dans un sens différent de celui des catholiques.

Ces hérétiques sont plus connus sous le nom d'*Impanateurs;* leur secte était divisée en quatre branches : les uns soutenaient que le corps de Jésus-Christ est dans le pain, d'autres qu'il est alentour du pain, d'autres qu'il est sur le pain, et les derniers qu'il est sous le pain. *Voy.* IMPANATION.

ADIAPHORISTES, nom formé du grec ἀδιάφορος, *indifférent*.

On donna ce titre, dans le xvi° siècle, aux luthériens mitigés, qui adhéraient aux sentiments de Mélanchthon, dont le caractère pacifique ne s'accommodait point de l'extrême vivacité de Luther. Conséquemment, l'an 1548, l'on appela ainsi ceux qui souscrivirent à l'*intérim* que l'empereur Charles-Quint avait fait publier à la diète d'Ausbourg. *Voy.* LUTHÉRIENS.

Cette diversité de sentiments parmi les luthériens causa entre leurs docteurs une contestation violente : il était question de savoir 1° s'il est permis de céder quelque chose aux ennemis de la vérité dans les choses purement indifférentes, et qui n'intéressent point essentiellement la religion; 2° si les choses que Mélanchthon et ses partisans jugeaient indifférentes l'étaient véritablement. Ces disputeurs, qui appelaient *ennemis de la vérité* tous ceux qui ne pensaient pas comme eux, n'avaient garde d'avouer que les opinions ou les rites auxquels ils étaient attachés, étaient indifférents au fond de la religion. *Voy.* MÉLANCHTHONIENS.

ADJURATION. Commandement que l'on fait au démon, de la part de Dieu, de sortir du corps d'un possédé, ou de déclarer quelque chose.

Ce mot est dérivé du latin *adjurare*, conjurer, solliciter avec instance; et l'on a ainsi nommé les formules d'exorcisme, parce qu'elles sont presque toutes conçues en ces termes : *Adjuro te, spiritus immunde, per Deum vivum, ut*, etc.

Dans le *Dictionnaire de Jurisprudence*, l'on a blâmé les curés qui font des *adjurations* ou des exorcismes contre les orages et contre les animaux nuisibles; nous en parlerons au mot EXORCISME.

ADONAI, est parmi les Hébreux un des noms de Dieu : il signifie *mon Seigneur*. Les massorètes ont mis sous le nom que l'on lit aujourd'hui, *Jehovah*, les points qui conviennent aux consonnes du mot *Adonai*, parce qu'il était défendu, chez les Juifs, de prononcer le nom propre de Dieu, et qu'il n'y avait que le grand prêtre qui eût ce privilége, lorsqu'il entrait dans le sanctuaire. Les Grecs ont aussi mis le nom *Adonai* à tous les endroits où se trouve le nom de Dieu. Le mot *Adonai* est tiré de la racine *don*, qui, dans toutes les langues, signifie élévation, grandeur, au propre et au figuré. Les Grecs l'ont traduit par Κύριος, et les Latins par *Dominus*. Il s'est dit aussi quelquefois des hommes, comme dans ce verset du ps. 104, *Constituit eum dominum domus suæ*, en parlant des honneurs auxquels Pharaon éleva Joseph. *Voy.* Génébrard, Le Clerc, Cappel, *De nomine Dei tetragramm.*

ADOPTIENS, hérétiques du viii° siècle, qui prétendaient que Jésus-Christ, en tant qu'homme, n'était pas fils propre ou fils naturel de Dieu, mais seulement son fils adoptif. C'était renouveler l'erreur de Nestorius.

Cette secte s'éleva sous l'empire de Charlemagne, vers l'an 778, à cette occasion. Élipand, archevêque de Tolède, ayant consulté Félix, évêque d'Urgel, sur la filiation de Jésus-Christ, cet évêque répondit que Jésus-Christ, en tant que Dieu, est véritablement et proprement fils de Dieu, engendré naturellement par le Père; mais que Jésus-Christ, en tant qu'homme ou fils de Marie, n'est que fils adoptif de Dieu; décision à laquelle Élipand souscrivit. Le pape Adrien, averti de cette erreur, la condamna dans une lettre dogmatique adressée aux évêques d'Espagne.

On tint, en 791, un concile à Narbonne, où la cause des deux évêques espagnols fut discutée, mais non décidée. Félix se rétracta, puis revint à ses erreurs; et Élipand, de son côté, ayant envoyé à Charlemagne une profession de foi qui n'était pas orthodoxe, ce prince fit assembler un concile nombreux à Francfort, en 794, où la doctrine de Félix et d'Élipand fut condamnée, de même que dans celui de Forli, de l'an 795, et peu de temps après dans le concile tenu à Rome sous le pape Léon III.

Félix d'Urgel passa sa vie dans une alternative continuelle d'abjurations et de rechutes, et la termina dans l'hérésie; il en fut de même d'Élipand.

Geoffroi de Clairvaux impute la même erreur à Gilbert de la Poirée; Scot et Durand semblent ne s'être pas assez éloignés de cette opinion, qui paraît retomber dans celle de Nestorius.

L'erreur dont nous parlons fut réfutée avec succès par saint Paulin, patriarche d'Aquilée, et par Alcuin. Dans la vie que Madrissi a donnée du premier, il a discuté plusieurs faits concernant Élipand et Félix d'Urgel, qui n'avaient pas encore été suffisamment éclaircis. *Histoire de l'Eglise gallic.* t. V, an. 797, 799.

ADOPTION, dans le sens théologique, est la grâce que Dieu nous a faite par le baptême; ce sacrement nous imprime le caractère d'enfants adoptifs de Dieu, de frères de Jésus-Christ, d'héritiers du bonheur éternel: droit précieux duquel sont privés ceux qui ne sont pas baptisés. *Voyez*, dit aux fidèles l'apôtre saint Jean, *quelle bonté Dieu le Père a eue pour nous, de nous accorder le nom et les droits d'enfants de Dieu* (*I Joan.* III, 1). Or, continue saint Paul, *si nous sommes enfants, nous sommes aussi héritiers de Dieu, cohéritiers de Jésus-Christ* (*Rom.* VIII, 17). Dieu est le père de tous les hommes, puisqu'il est le créateur et le bienfaiteur de tous, non-seulement dans l'ordre de la nature, mais dans celui de la grâce; il ne refuse à aucun les secours nécessaires et suffisants dont il a besoin pour parvenir au salut. Dieu est néanmoins plus particulièrement le Père des chrétiens, puisqu'il leur donne, par le baptême, une nouvelle naissance, et qu'il leur accorde des grâces de salut plus puissantes et plus abondantes qu'au reste des hommes. *Voy.* ENFANT DE DIEU.

ADORATION, ADORER. Ce terme, pris dans sa signification littérale, signifie porter la main à la bouche, baiser sa main par un sentiment de vénération. Dans tout l'Orient ce geste est une des plus grandes marques de respect et de soumission: il a été en usage à l'égard de Dieu et à l'égard des hommes. Il est dit dans le livre de Job, c. XXXI, v. 17: *Si j'ai regardé le soleil dans son éclat, et la lune dans sa clarté; si j'ai baisé ma main avec une joie secrète, ce qui est un très-grand péché et une manière de renier le Dieu très-haut.* Dans le troisième livre des Rois, c. XIX, v. 18: *Je me réserverai sept mille hommes qui n'ont pas fléchi le genou devant Baal, et toutes les bouches qui n'ont pas baisé leurs mains pour l'*ADORER. Minutius Félix dit que Cécilius, passant devant la statue de Sérapis, baisa sa main, comme c'est la coutume du peuple superstitieux. Ceux qui *adorent*, dit saint Jérôme, ont coutume de baiser la main et de baiser la terre; les Hébreux, selon le génie de leur langue, mettent le baiser pour *l'adoration*: il est dit, *Ps.* II, v. 12, *Baisez le fils, de peur qu'il ne s'irrite,* c'est-à-dire, ADOREZ-le, et soumettez-vous à son empire.

Pharaon, parlant à Joseph, lui dit: *Tout mon peuple baisera la main à votre commandement. Il recevra vos ordres comme ceux du roi.* Abraham *adore* le peuple d'Hébron, *Gen.* XXIII, 7 et 12. La Sunamite *adore* Élisée, qui avait ressuscité son fils *IV Reg.* IV, 37, etc. Dans ces divers passages, le terme *adorer* ne signifie certainement pas la même chose ni la même espèce de culte.

Lorsqu'il est employé à l'égard de Dieu, il signifie le culte suprême qui n'est dû qu'à Dieu seul; lorsqu'il est mis en usage à l'égard des idoles, c'est un acte d'idolâtrie; si l'on s'en sert à l'égard des hommes, ce mot n'exprime qu'un culte purement civil. La même équivoque a lieu dans l'hébreu comme dans les autres langues.

Baiser la main, fléchir les genoux, se prosterner, sont des signes extérieurs dont le sens varie selon l'intention de ceux qui les emploient.

C'est donc mal à propos que les protestants se sont élevés contre notre croyance, parce que nous disons *adorer la croix*, et que nous donnons des marques de respect à la vue de ce signe de notre rédemption. Il est évident que nous ne prenons pas alors le terme *d'adoration* dans le même sens que par rapport à Dieu, que ce culte se rapporte à Jésus-Christ Homme-Dieu; qu'il ne se borne ni à la matière, ni à la figure de la croix. *Voy.* l'*Exposition de la Foi catholique*, par Bossuet.

Vainement ils disent que Dieu seul doit être *adoré*; si par là ils entendent *honoré comme Etre suprême*, cela est vrai; s'ils entendent *honoré comme être respectable*, c'est une fausseté. Le culte, l'honneur, le respect, doivent être proportionnés à la dignité des personnages auxquels ils sont adressés, et il serait absurde de soutenir que le respect n'est dû qu'à Dieu. *Voy.* CULTE.

Ils disent et répètent sans cesse que nous *adorons* les saints, leurs images, leurs reliques : c'est toujours la même équivoque. Nous honorons les saints, et nous leur témoignons du respect, mais non le même respect qu'à Dieu; nous respectons leurs images à cause de ce qu'elles représentent, et leurs reliques parce qu'elles leur ont appartenu; mais nous ne les *adorons* pas, si par *adorer* l'on entend le culte suprême. Quand quelques auteurs catholiques, peu exacts dans leurs expressions, auraient mal appliqué le terme d'*adoration*, cela ne prouverait encore rien, puisque notre croyance est clairement exposée dans tous nos catéchismes. *Voy.* PAGANISME, § 11.

Une autre grande question entre les protestants et nous, est de savoir si l'on doit *adorer* l'Eucharistie; cela dépend de savoir si Jésus-Christ y est véritablement, ou s'il n'y est pas. *Voyez* EUCHARISTIE, § 4.

On nomme encore *adoration* l'hommage que les cardinaux rendent au pape après son élection, et une manière extraordinaire d'élection, qui se fait lorsque la foule des cardinaux va subitement se prosterner devant l'un d'entre eux et le proclame pape. Ces termes équivoques ne peuvent induire en erreur que ceux qui ne font pas attention aux bizarreries du langage, ou qui veulent se tromper eux-mêmes par l'abus des termes.

Au mot PAGANISME, § 11, nous réfuterons la notion que quelques protestants ont voulu donner de l'*adoration*, afin de persuader que les catholiques *adorent* les saints et les images.

ADRAMELEC. *Voy.* SAMARITAINS.

ADRIANISTES. Théodoret met les *adrianistes* au nombre des hérétiques qui sortirent de la secte de Simon le Magicien; mais aucun autre auteur n'en parle. Théodoret, livre I des *Fables hérétiques*, c. 1.

Les sectateurs d'Adrien Hamstédius, l'un des novateurs du XVI° siècle, furent appelés de ce nom. Il enseigna premièrement dans la Zélande, et ensuite en Angleterre, que l'on était libre de garder les enfants durant quelques années sans leur conférer le baptême; que Jésus-Christ avait été formé de la semence de la femme, et qu'il n'avait fondé la religion chrétienne que pour certaines circonstances. Outre ces erreurs et quelques autres pleines de blasphèmes, il souscrivait à toutes celles des anabaptistes. *Prateol. Sponde, Lindan.*

ADVERSITÉ. *Voyez* AFFLICTION.

ADULTÈRE, crime de ceux qui violent la foi conjugale. Les jurisconsultes ne donnent ordinairement ce nom qu'à l'infidélité d'une personne mariée; mais les théologiens appellent aussi *adultère* le crime d'une personne libre qui pèche avec une personne mariée; parce que l'une et l'autre coopèrent à la violation de la foi jurée; si tous deux sont mariés, c'est alors un *double adultère*. Aussi la loi de Moïse, qui condamne à la mort les *adultères* de l'un et de l'autre sexe, *Levit.* XX, 10; *Deut.* XXII, 22, n'exempte point de la peine le coupable non marié : la loi du décalogue qui défend à tout homme de convoiter la femme de son prochain, n'excepte personne, non plus que la décision portée par Jésus-Christ, *Matth.* V, 28, que celui qui regarde une femme pour s'exciter à de mauvais désirs, a déjà commis l'*adultère* dans son cœur. Saint Paul s'exprime d'une manière aussi générale, en disant que si une femme, pendant la vie de son mari, habite avec un autre homme, elle sera coupable d'*adultère*. *Rom.* VII, 3.

La sévérité de ces lois et de cette morale est évidemment fondée sur l'intérêt de la société. S'il y a un crime capable de troubler l'ordre public et de faire commettre d'autres forfaits, c'est celui dont nous parlons. Plus les devoirs qu'impose l'état du mariage sont grands, plus il importe que cet engagement soit sacré et inviolable. Les droits des deux conjoints sont égaux; quel que soit celui des deux qui les foule aux pieds, il est, aux yeux de Dieu et de la religion, coupable du même crime. A la vérité, l'infidélité de la femme entraîne des conséquences plus fâcheuses, puisqu'elle l'expose à placer dans sa famille un enfant adultérin, qui enlèvera injustement aux enfants légitimes une partie de leur héritage, et qui sera pour le mari une charge de plus. Mais, d'autre part, un mari infidèle, quelle que soit la personne à laquelle il s'attache, fait à son épouse l'injure la plus sensible, et à ses enfants un tort irréparable, il n'est pas rare de voir des pères perfides témoigner pour les fruits de leur débauche plus d'attachement que pour ceux de l'union conjugale.

Ce crime une fois commis, il ne reste plus d'estime, plus de confiance, plus de tendresse mutuelle entre les époux; le lien qui devait faire leur bonheur leur devient insupportable. De là naissent les divisions éclatantes, les séparations scandaleuses, les diffamations réciproques, les haines déclarées entre les familles. A quels excès ne sont pas capables de porter la jalousie, la vengeance, la fureur! Quels exemples pour des enfants qui auraient dû trouver des modèles de vertu dans ceux de qui ils ont reçu le jour! Quelle reconnaissance, quel respect peuvent-ils avoir pour eux?

Lorsque les mœurs d'une nation sont dépravées, que l'irréligion, le luxe, l'épicuréisme, ont étouffé tous les sentiments et perverti tous les principes, ce désordre ne peut pas manquer de devenir commun; l'on n'en rougit plus, et l'on ferme les yeux sur toutes les conséquences. L'on disserte alors et l'on déclame contre l'indissolubilité du mariage; on soutient la justice et la nécessité du divorce. Un crime peut-il donc rendre nécessaire un autre crime? C'est augmenter le mal au lieu d'y remédier. *Voy.* DIVORCE.

Jésus-Christ, plus sage que tous les dissertateurs, a pris le seul moyen efficace de le prévenir, en fermant toutes les avenues qui peuvent y conduire, en condamnant le simple désir de l'impudicité. Pour conserver les corps chastes, dit saint Jean Chrysostome, il s'est attaché à purifier les âmes, *t.* VII,

Hom. 17 *in Matth.* En rétablissant le mariage dans sa sainteté primitive, il a voulu bannir les désordres qui le rendent malheureux.

Le sentiment commun des théologiens protestants est que ce divin Maître a permis le divorce ou la rupture du mariage en cas d'*adultère;* nous prouverons le contraire au mot Divorce (1).

Certains critiques ont été scandalisés de ce que Jésus-Christ ne voulut pas condamner la femme *adultère. Joann.,* VIII, 3. S'il l'avait condamnée, ces censeurs téméraires déclameraient encore plus fort. 1° Le Sauveur n'était ni juge ni magistrat; il ne voulut pas seulement en faire les fonctions pour accorder deux frères qui contestaient sur leur héritage. *Luc.* XII, 14. 2° Les scribes et les pharisiens, qui accusaient cette femme, ne l'étaient pas non plus; ce n'était point le zèle pour l'observation de la loi qui les faisait agir; mais le désir de tendre un piège au Sauveur. Dès qu'ils virent que leur hypocrisie était démasquée, ils se retirèrent tout confus. 3° En usant d'indulgence envers l'accusée, il n'ôtait pas aux magistrats le pouvoir de la punir si elle était véritablement coupable, et ce n'était point à lui de poursuivre sa condamnation : il était venu non pour perdre les pécheurs, mais pour les sauver. 4° En disant aux accusateurs : *Que celui d'entre vous qui est sans péché jette la première pierre,* il ne décidait pas qu'il faut être sans péché pour juger un criminel, puisque, encore une fois, il n'y avait point là de juges, et que cette femme n'avait été ni convaincue ni condamnée. Si tel avait été le sens de sa réponse, les scribes et les pharisiens ne se seraient pas tus; mais elle leur fit sentir que Jésus-Christ connaissait leurs motifs et leur dessein; c'est ce qui les couvrit de confusion, et les fit retirer l'un après l'autre.

Cette histoire manquait autrefois dans plusieurs exemplaires de l'évangile de saint Jean; saint Augustin et d'autres auteurs ont pensé qu'elle avait été omise exprès par des copistes, qui craignaient que l'on n'en tirât des conséquences fâcheuses, comme font aujourd'hui les incrédules. Fausse prudence, mais qui, heureusement, n'a pas eu de succès. Cette narration nous fait admirer la sagesse et la charité du Sauveur; elle ne peut inspirer une fausse confiance aux pécheurs, mais seulement leur apprendre que s'ils se repentent, Jésus-Christ est toujours prêt à leur pardonner. C'est encore une bonne leçon pour les zélateurs hypocrites qui déclament contre la négligence et la douceur des magistrats, pendant qu'ils seraient eux-mêmes en danger d'être punis, si les lois étaient observées à la rigueur.

AÉRIENS. Sectaires du quatrième siècle, qui furent ainsi appelés d'Aérius, prêtre d'Arménie, leur chef. Les *aériens* avaient à peu près les mêmes sentiments sur la Trinité que les ariens; mais ils avaient de plus quelques dogmes qui leur étaient propres et particuliers; par exemple, que l'épiscopat n'est point un ordre différent du sacerdoce, et qu'il ne donne aux évêques le pouvoir d'exercer aucune fonction qui ne puisse être faite par les prêtres. Ils fondaient ce sentiment sur plusieurs passages de saint Paul, et singulièrement sur celui de la première épître à Timothée, c. IV, v. 14, où l'apôtre l'exhorte à ne pas négliger le don qu'il a reçu par l'imposition des mains des prêtres. Sur quoi Aérius observe qu'il n'est pas là question d'évêques, et qu'il est clair par ce passage que Timothée reçut l'ordination par la main des prêtres.

Saint Epiphane, *Hæres.* 75, s'élève avec force contre les *aériens,* en faveur de la supériorité des évêques. Il observe judicieusement que le mot *presbyterii,* dans saint Paul, renferme les deux ordres d'évêques et de prêtres, tout le sénat, toute l'assemblée des ecclésiastiques d'un même endroit, et que c'était dans une pareille assemblée que Timothée avait été ordonné. *Voyez* Presbytère, Evêque.

Les disciples d'Aérius soutenaient encore, après leur maître, que les prières pour les morts étaient inutiles; que les jeûnes établis par l'Eglise, et surtout ceux du mercredi, du vendredi et du carême, étaient superstitieux; qu'il fallait plutôt jeûner le dimanche que les autres jours, et qu'on ne devait plus célébrer la pâque. Ils appelaient par mépris *antiquaires* les fidèles attachés aux cérémonies prescrites par l'Eglise, et aux traditions ecclésiastiques. Les *aériens* se réunirent aux catholiques pour combattre les rêveries de cette secte, qui ne subsista pas longtemps. Tillemont, *Hist. ecclés.,* t. IX, p. 87.

Comme la plupart des erreurs soutenues par Aérius ont été renouvelées par les protestants, il est de leur intérêt de justifier cet hérétique. Ils disent que son principal but était de réduire le christianisme à sa simplicité primitive. *Ce dessein,* dit Mosheim, *est sans doute louable; mais les principes qui y portent et les moyens que l'on emploie sont souvent répréhensibles à plusieurs égards, et tel peut avoir été le cas de ce réform. teur* (*Hist. ecclésiast.,* IVᵉ siècle, IIᵉ part., c. 3, § 21). Ainsi, selon Mosheim, Aérius pouvait avoir tort pour la forme, mais il avait raison pour le fond. *Son opinion,* dit-il encore, *plut beaucoup à plusieurs bons chrétiens qui étaient las de la tyrannie et de l'arrogance de leurs évêques.*

Mais nous soutenons que ce réformateur, très-semblable à ceux du seizième siècle, était répréhensible et condamnable à tous égards. 1° Etait-ce à un simple prêtre, sans autorité et sans mission, de vouloir réformer la croyance et la pratique de l'Eglise universelle? S'il croyait y apercevoir des innovations et des abus, il pouvait faire des représentations modestes et respectueuses aux pasteurs auxquels il appartenait d'y pourvoir; mais se révolter contre son évêque, lui débaucher ses diocésains, se séparer de

---

(1) Voir le *Dictionnaire de Théologie morale,* pour avoir une idée complète des lois divines, ecclésiastiques et civiles concernant l'adultère.

l'Eglise pour devenir chef de secte et de parti, c'est une conduite condamnée par les apôtres, et que rien ne peut excuser. 2° Le motif qui faisait agir Aérius était connu : c'était la jalousie contre son évêque, et le dépit de ne lui avoir pas été préféré pour remplir le siége de Sébaste; on en était convaincu par ses discours et par toute sa conduite. 3° Cet hérétique n'attaquait point des abus nouvellement introduits, mais des usages aussi anciens que le christianisme. Saint Epiphane, en le réfutant, lui oppose la tradition primitive, constante et universelle de toute l'Eglise chrétienne, *Hæres.* 75. Vouloir supprimer ou changer ces notions et ces usages, ce n'était pas réduire le christianisme à sa simplicité primitive, mais créer un nouveau christianisme. Au quatrième siècle il était aisé de savoir quel avait été le christianisme depuis les apôtres. 4° Une preuve que ceux qui s'attachèrent à Aérius n'étaient pas de *bons chrétiens*, c'est que cet hérétique n'admettait pas la divinité de Jésus-Christ; aussi ses sectateurs et lui furent-ils chassés de toutes les églises, réduits à s'assembler dans les campagnes et dans les forêts. 5° Aucune secte hérétique n'a jamais manqué de regarder les pasteurs légitimes comme des tyrans et des arrogants; mais aucun chef de secte n'a jamais manqué non plus de s'arroger une autorité plus absolue et plus tyrannique que celle des évêques : témoin Luther et Calvin. Il est fâcheux qu'Aérius, un de leurs précurseurs, ait été universellement condamné comme novateur; cet exemple aurait dû les rendre plus sages. *Voyez* NOVATEURS.

AETIENS. *Voyez* ANOMÉENS.

AFFINITÉ, parenté par alliance. On trouvera dans le *Dictionnaire de jurisprudence* la distinction des différentes espèces d'*affinité*, et des divers degrés dans lesquels c'est un empêchement dirimant du mariage.

AFFINITÉ SPIRITUELLE, espèce d'alliance que contractent avec leur filleul ceux qui lui servent de parrain et de marraine au baptême; ils la contractent encore avec le père et la mère du baptisé; de même celui qui baptise est censé contracter une alliance ou *affinité* spirituelle avec le baptisé et avec ses père et mère. C'est un empêchement de mariage sur lequel il faut consulter les canonistes. *Voyez* aussi l'*Ancien Sacramentaire* par Grandcolas, 2° part., p. 23. La même *affinité* se contracterait par le sacrement de confirmation, si c'était encore l'usage d'y prendre des parrains et des marraines.

AFFLICTION. Nous laissons aux philosophes les réflexions que la raison peut nous suggérer sur l'utilité des *afflictions*, et dont nous nous servons pour répondre aux blasphèmes des athées contre la Providence et contre la bonté divine. Notre travail doit se borner à démontrer ce que la révélation nous enseigne sur ce point.

Déjà, du temps de Job, les *afflictions* des justes étaient un sujet de scandale pour ceux qui se piquaient de raisonner. Ses amis lui soutenaient que Dieu ne l'aurait point *affligé*, s'il n'avait pas été pécheur; le saint homme leur répond et justifie la providence : c'est le plus ancien exemple de dispute philosophique dont l'histoire nous donne connaissance. 1° Job fait parler le Seigneur pour apprendre aux hommes que sa conduite et ses desseins sont impénétrables, et qu'il n'en doit compte à personne, c. IX, v. 38. Nous ne connaissons ni l'intérieur des hommes, ni ce que Dieu fera pour eux dans la suite; il y a donc bien de la témérité à juger de sa providence par le moment présent.

2° Il pose pour principe que l'homme n'est jamais exempt de tout péché aux yeux de Dieu, *ibid.*, v. 2. Les *afflictions* qu'il éprouve peuvent donc toujours être le châtiment de ses fautes. 3° Job soutient que Dieu dédommage ordinairement en ce monde le juste *affligé*, cap. 21, 24, 27; et il en est lui-même un illustre exemple. 4° Il compte sur une vie à venir. *Quand Dieu m'ôterait la vie*, dit-il, *j'espérerais encore en lui... Les leviers de matière porteront mon espérance, elle reposera avec moi dans la poussière du tombeau.* C. XIII, v. 15; c. XVII, v. 16, *Hebr*. Après avoir déploré la brièveté de la vie de l'homme, il dit au Seigneur : *Accordez-lui donc quelques moments de repos, jusqu'à celui auquel il attend, comme le mercenaire, le salaire de son travail.* C. XIV, v. 6.

Mais ces vérités capitales, qui faisaient déjà la consolation des patriarches, ont été mises dans un plus grand jour par Jésus-Christ; c'est lui qui, par ses leçons et par son exemple, a fait comprendre aux hommes qu'il faut acheter le bonheur éternel par les souffrances, et qui a su apprendre aux justes à remercier Dieu des *afflictions*.

D'ailleurs, l'Ecriture sainte nous fait sentir que cette vie ne peut pas être le temps de récompenser la vertu et de punir tous les crimes. 1° Cette conduite ôterait aux justes le mérite de la persévérance et de la confiance en Dieu, bannirait du monde les vertus héroïques, rendrait l'homme esclave et mercenaire. Elle ôterait aux pécheurs le temps et les moyens de faire pénitence et de se corriger. Un être aussi faible, aussi inconstant que l'homme, doit-il être ainsi traité? 2° Souvent une action qui paraît louable, a été faite par un motif criminel, elle est plus digne de punition que de récompense; souvent un délit, qui paraît mériter des supplices, est pardonnable, parce qu'il a été commis par surprise, par faiblesse, par erreur. Est-il utile à la société que tous les crimes secrets soient dévoilés par un châtiment éclatant? Qui oserait souhaiter pour lui-même cette Providence rigoureuse? 3° Il faudrait que notre vie fût éternelle sur la terre; quand les peines de ce monde pourraient suffire pour punir tous les crimes, la félicité de cette vie est trop imparfaite pour être le salaire de la vertu. 4° Il faudrait des miracles continuels pour mettre les justes à couvert des fléaux qui sont universels, et pour empêcher les pécheurs de prospérer par leur industrie et par leurs talents naturels. Ceux qui accusent la Providence sont donc des insensés.

Dès qu'il est établi par la révélation que,

quand Dieu nous afflige, c'est par miséricorde; qu'il veut par là nous purifier en ce monde, afin de nous pardonner et de nous récompenser dans l'autre; nous sommes encore plus obligés de le bénir dans les *afflictions* que dans la prospérité.

AFFRANCHI, en latin *libertinus*. Ce terme signifie proprement un esclave mis en liberté. Dans les Actes des apôtres il est parlé de la synagogue des *affranchis*, qui s'élevèrent contre saint Etienne, qui disputèrent contre lui, et qui montrèrent beaucoup de chaleur à le faire mourir. Les interprètes sont partagés sur ces *libertins* ou *affranchis* : les uns croient que le texte grec, qui porte *libertini*, est fautif, et qu'il faut lire *libystini*, les Juifs de la Libye voisine de l'Egypte. Le nom *libertini* n'est pas grec; et les noms auxquels il est joint dans les Actes, font juger que saint Luc a voulu désigner les peuples voisins des Cyrénéens et des Alexandrins; mais cette conjecture n'est appuyée sur aucun manuscrit ni sur aucune version que l'on sache. *Joan. Drus., Cornel. à Lapid., Mill.*

D'autres croient que les *affranchis* dont parlent les Actes étaient des Juifs que Pompée et Sosius avaient emmenés captifs de la Palestine en Italie, lesquels ayant obtenu la liberté, s'établirent à Rome, et y demeurèrent jusqu'au temps de Tibère, qui les en chassa sous prétexte de superstitions étrangères qu'il voulait bannir de Rome et d'Italie. Ces *affranchis* purent se retirer en assez grand nombre dans la Judée, et avoir une synagogue à Jérusalem, où ils étaient lorsque saint Etienne fut lapidé. Les rabbins enseignent qu'il y avait dans Jérusalem, jusqu'à quatre cents synagogues, sans compter le temple. *OEcuménius, Lyran*, etc. Mais il pouvait y avoir en Afrique une colonie nommée *libertina*, puisqu'à la conférence de Carthage, c. 116, deux évêques, l'un catholique, l'autre donatiste, prirent tous deux le titre d'*Episcopus Ecclesiæ libertinensis.*

AFRICAINS, AFRIQUE. On ne sait pas certainement qui est celui des apôtres, ou de leurs disciples, qui a prêché le premier la religion chrétienne sur les côtes de l'*Afrique*. Quelques auteurs ont écrit que c'était l'apôtre saint Simon; d'autres soutiennent que le christianisme ne s'est établi dans cette partie du monde que vers l'an 120 de notre ère. Il y avait fait en peu de temps de très-grands progrès, puisqu'au ve siècle on y comptait plus de quatre cents évêques. Les Vandales, qui pour lors se rendirent maîtres de l'*Afrique*, y établirent l'arianisme; mais ils en furent chassés sous Justinien, l'an 533. Dans le siècle suivant, les Sarrasins ou Arabes mahométans l'ont subjuguée, et en ont banni le christianisme. *Voy. Fabricius, Salut. lux Evang.*, c. 44, p. 702.

Pour comprendre jusqu'à quel point le christianisme avait changé le génie et le caractère des *Africains*, il n'y a qu'à comparer les mœurs des anciens Carthaginois et celles des Barbaresques d'aujourd'hui avec celles qui régnaient dans ce même climat du temps de Tertullien, de saint Cyprien, de saint Augustin. Le même phénomène se voyait en Égypte, et subsiste encore aujourd'hui chez les Abyssins; c'est bien une preuve qu'il n'y a dans l'univers aucune contrée où le christianisme ne puisse s'établir et se conserver, et que la sainteté de cette Religion peut triompher dans tous les climats.

A la vérité, lorsque l'on fait attention à l'excès du rigorisme de Tertullien, à l'obstination avec laquelle les évêques d'*Afrique* refusèrent pendant longtemps de reconnaître comme valide le baptême donné par les hérétiques, aux fureurs atroces des donatistes et de leurs circoncellions, aux mœurs de la plupart de leurs évêques, à la dureté avec laquelle s'expriment plusieurs conciles de ce pays-là, on voit qu'en général le caractère *africain* ne gardait point de mesure, et donnait presque toujours dans l'excès. Salvien, *de Provid.*, l. VIII, n. 2 et suiv., fait des mœurs de cette partie du monde un affreux tableau; il soutient que l'irruption des Vandales est une juste punition des crimes des *Africains*. On est tenté de croire que, pour conserver longtemps le christianisme dans ce pays-là, il fallait un miracle aussi grand que celui que Dieu avait fait pour l'y établir. Cependant il y a subsisté pendant près de six cents ans, en y comprenant le siècle entier pendant lequel l'arianisme, des Vandales y a dominé; notre religion n'y a été entièrement détruite qu'en l'an 709, lorsque les mahométans, pour achever la conquête de l'*Afrique*, passèrent tous les chrétiens au fil de l'épée. *Hist. de l'Acad. des Inscript.*, t. X, in-12, p. 206.

Aujourd'hui même une très-grande partie de l'*Afrique* serait chrétienne, s'il était possible de vaincre plusieurs obstacles qui s'opposent au succès des missions. 1° Dans plusieurs contrées de ce vaste continent le climat est meurtrier pour les Européens; plusieurs des tentatives que l'on a faites pour y établir des missions, n'ont abouti qu'à faire périr les missionnaires; comme à Madagascar, au Congo, à Loango, dans la Guinée, etc. Il faudrait des naturels du pays pour y établir solidement la Religion chrétienne. 2° Les relations que les missionnaires européens sont forcés d'entretenir avec la nation qui les protège, les rendent suspects aux *Africains*, qui redoutent beaucoup le génie conquérant, l'ambition, la rapacité et le ton impérieux des nations de l'Europe. 3° La politique détestable de celles-ci les a souvent portées à croiser le succès des missions; parce que si les *Africains* embrassaient le christianisme, ils ne vendraient plus leurs compatriotes, et l'on n'aurait plus de nègres pour cultiver les colonies de l'Amérique. 4° Le caractère de la plupart de ces peuples méridionaux est extrêmement léger, et à peu près semblable à celui des enfants; ils sont très-sensibles au moindre intérêt temporel; ils renoncent à la religion aussi aisément qu'ils l'embrassent, dès qu'ils y trouvent le moindre avantage. *Etat présent de la Religion*, etc., pag. 222 et suiv.

Mosheim, qui n'a négligé aucune occasion

de déprimer les travaux et les succès des missionnaires catholiques, a cependant été forcé de rendre justice au zèle héroïque avec lequel les capucins se sont livrés aux missions de l'*Afrique*. *Hist. eccl.*, XVII° siècle, sect. 1re, § 18.

AGAG, roi des Amalécites. Saül, vainqueur de ce roi, l'avait épargné contre l'ordre exprès du Seigneur, Samuel indigné le mit à mort devant le tabernacle. *I Reg.* XV, 33. On reproche à Samuel ce meurtre, non-seulement comme un acte de cruauté, mais comme un sacrifice de sang humain offert à Dieu.

Il n'était point là question de sacrifice, mais d'exécuter l'ordre de Dieu, et de traiter un ennemi dans toute la rigueur du droit de la guerre, tel qu'il était connu et suivi pour lors. Loin d'agir par un motif de cruauté, Samuel veut punir *Agag* de ses cruautés. *De même*, lui dit-il, *que ton épée a privé les mères de leurs enfants, ainsi ta mère sera privée de toi*. Saül lui-même reconnut qu'il avait eu tort d'épargner *Agag*. *Ibid.*, v. 30.

Mais les incrédules forment contre Samuel une accusation plus grave, c'est d'avoir été la cause de cette guerre : rien ne leur paraît plus injuste que d'avoir engagé Saül à exterminer entièrement les Amalécites, sous prétexte que, quatre cents ans auparavant, leurs ancêtres avaient refusé aux Israélites, sortant de l'Egypte, le passage sur leurs terres.

Est-ce là véritablement tout le crime des Amalécites ? Non-seulement ils avaient refusé le passage, mais ils étaient tombés sur ceux des Israélites qui étaient restés en arrière, épuisés de faim et de fatigues, et les avaient massacrés sans raison et sans crainte de Dieu. Voilà pourquoi Dieu donna aux Israélites l'ordre suivant : *Lorsque le Seigneur vous aura donné le repos dans la terre qu'il vous a promise, vous exterminerez de dessous le ciel le nom d'Amalec* (*Deuter*. XXV, 17). Ce même ordre avait déjà été donné au moment que les Amalécites vinrent attaquer les Israélites. *Exod.* XVII, 8 et 14. Sous les juges, ils se joignirent deux fois aux Moabites et aux Madianites, pour mettre les possessions des Israélites à feu et à sang. *Jud.* IV, 13; VI, 3. Ils avaient donc mérité la vengeance qui fut exercée contre eux, et Samuel était bien fondé à demander l'ordre du Seigneur fût exécuté à la rigueur.

Mais pourquoi, disent nos censeurs, exterminer non-seulement les hommes, mais les animaux ? Parce que Dieu l'avait ainsi ordonné; parce que les Amalécites avaient agi de même envers les Israélites. *Jud.* VI, 4 ; parce qu'en épargnant le bétail, les Israélites auraient paru agir par cupidité, et non par obéissance à l'ordre de Dieu.

AGAPES, du grec ἀγάπη, *amour* : repas de charité que faisaient entre eux les premiers chrétiens dans leurs assemblées, pour cimenter la concorde et l'union entre les membres du même corps, et pour rétablir du moins au pied des autels la fraternité détruite dans la société civile par la trop grande inégalité des conditions.

Dans les commencements, ces *agapes* se passaient sans désordre et sans scandale; il le paraît par ce que saint Paul en écrivit aux Corinthiens, *Epist. I*, c. XI. Les païens, qui n'en connaissaient ni la police ni la fin, en prirent occasion de faire aux premiers fidèles les reproches les plus odieux. On les accusa d'égorger des enfants, d'en manger la chair, de se livrer dans les ténèbres à l'impudicité ; le peuple crédule ajouta foi à ces calomnies. Mais Pline, après des informations exactes, en rendit compte à Trajan, et assura que, dans les *agapes*, tout respirait l'innocence et la frugalité.

L'empereur Julien, quoique ennemi déclaré des chrétiens, convenait que leur charité envers les pauvres, leurs *agapes*, le soin que leurs prêtres prenaient des misérables, étaient un des principaux attraits par lesquels ils engageaient les païens à embrasser leur religion. *OEuv. de Julien*, édit. de Spanheim, p. 305.

Les pasteurs, pour bannir toute ombre de licence, défendirent que le baiser de paix par lequel s'unissait l'assemblée, se donnât entre les personnes de sexe différent, et qu'on dressât des lits dans les églises pour y manger plus commodément ; mais divers autres abus engagèrent insensiblement à supprimer les *agapes*. Saint Ambroise y travailla si efficacement, que dans l'église de Milan l'usage en cessa entièrement. Dans celle d'Afrique, il ne subsista plus qu'en faveur des clercs, et pour exercer l'hospitalité envers les étrangers ; mais ce ne fut pas sans peine que saint Augustin vint à bout de faire supprimer à Hippone cette coutume de manger dans l'église, abus qui avait été défendu par le concile de Laodicée, can. 18 ; il fut obligé de prendre toutes les précautions et d'user de tous les ménagements possibles. *Mém. de Tillem.*, tom. XIII, pag. 206.

Il y a eu entre les savants plusieurs contestations pour savoir si la communion de l'eucharistie se faisait avant ou après le repas des *agapes*; il paraît que dans l'origine elle se faisait après, afin d'imiter plus exactement l'action de Jésus-Christ, qui n'institua l'eucharistie et ne communia ses apôtres qu'après la cène qu'il venait de faire avec eux. Cependant l'on comprit bientôt qu'il était mieux de recevoir l'eucharistie à jeun, et il paraît que cet usage s'établit dès le second siècle ; mais le troisième concile de Carthage, en l'ordonnant ainsi, excepta le jour du jeudi saint, auquel on continua de faire les *agapes* avant la communion. L'on en conclut que la discipline, sur ce point, ne fut pas d'abord uniforme partout. Bingham, *Orig. Eccles.*, l. XV, c. 7, § 7.

Quelques écrivains prétendent que ces *agapes* étaient une coutume empruntée du paganisme ; c'était un des reproches de Fauste le manichéen.

Ils ne font pas attention que les Juifs étaient dans l'usage de manger des victimes qu'ils immolaient au vrai Dieu, et qu'en ces occasions ils rassemblaient leurs parents et leurs amis. Le christianisme, qui avait pris naissance parmi eux, en prit cette coutume, indifférente en elle-même, mais bonne et louable par le motif qui la dirigeait. Les premiers fidèles, d'abord en petit nombre, se considéraient comme une famille de frères, et vivaient en commun : l'esprit de charité institua ces repas où régnait la tempérance ; multipliés par la suite, ils voulurent conserver cet usage des premiers temps ; les abus s'y glissèrent, et l'Eglise fut obligée de l'interdire.

Saint Grégoire le Grand permit aux Anglais nouvellement convertis de faire des festins sous des tentes ou des feuillages, au jour de la dédicace de leurs églises ou des fêtes des martyrs, auprès des églises, mais non pas dans leur enceinte. On rencontre aussi quelques traces des *agapes* dans l'usage où sont plusieurs églises cathédrales ou collégiales de faire, le jeudi saint, après le lavement des pieds et celui des autels, une collation dans le chapitre, le vestiaire, et même dans l'église. Saint Grég., *Ep.* 71, l. ix ; Baronius, *ad ann.* 57, 377, 384 ; Fleury, *Hist. eccles.*, t. I, p. 64, l. i.

AGAPÈTES. C'étaient, dans la primitive Eglise, des vierges qui vivaient en communauté, et qui servaient les ecclésiastiques par pur motif de piété et de charité.

Ce mot signifie *bien-aimée*, et, comme le précédent, il est dérivé du grec.

Dans la première ferveur de l'Eglise naissante, ces pieuses sociétés, loin d'avoir rien de criminel, étaient nécessaires à bien des égards. Le petit nombre de vierges qui faisaient, avec la Mère du Sauveur, partie de l'Eglise, et dont la plupart étaient parentes de Jésus-Christ ou de ses apôtres, ont vécu en commun avec eux comme avec tous les autres fidèles. Il en fut de même de celles que quelques apôtres prirent avec eux en allant prêcher l'Evangile aux nations ; outre qu'elles étaient probablement leurs proches parentes, et d'ailleurs d'un âge et d'une vertu hors de tout soupçon, ils ne les retinrent auprès de leurs personnes que pour le seul intérêt de l'Evangile, afin de pouvoir par leur moyen, comme dit saint Clément d'Alexandrie, introduire la foi dans certaines maisons, dont l'accès n'était permis qu'aux femmes. On sait que chez les Grecs leur appartement était séparé, et qu'elles avaient rarement communication avec les hommes du dehors. On peut dire la même chose des vierges dont le père était promu aux ordres sacrés, comme les quatre filles de saint Philippe, diacre, et de plusieurs autres. Mais, hors de ces cas privilégiés et de nécessité, il ne paraît pas que l'Eglise ait jamais souffert que des vierges, sous quelque prétexte que ce fût, vécussent avec des ecclésiastiques autres que leurs plus proches parents. On voit par ses plus anciens monuments qu'elle a toujours interdit ces sortes de sociétés. Tertullien, dans son livre sur le *Voile des vierges*, peint leur état comme un engagement indispensable à vivre éloignées des regards des hommes ; à plus forte raison, à fuir toute cohabitation avec eux. Saint Cyprien, dans une de ses *Epîtres*, assure aux vierges de son temps, que l'Eglise ne pouvait souffrir non-seulement qu'on les vît loger sous le même toit avec des hommes, mais encore manger à la même table : le même saint évêque, instruit qu'un de ses collègues venait d'excommunier un diacre pour avoir logé plusieurs fois avec une vierge, félicite ce prélat de cette action comme d'un trait digne de la prudence et de la fermeté épiscopale ; enfin les Pères du concile de Nicée défendent expressément à tous les ecclésiastiques d'avoir chez eux de ces femmes qu'on appelait *subintroductæ*, si ce n'étaient leur mère, leur sœur, ou leur tante paternelle, à l'égard desquelles, disent-ils, ce serait une horreur de penser que des ministres du Seigneur fussent capables de violer les droits de la nature.

Par cette doctrine des Pères, et par les précautions prises par le concile de Nicée, il est probable que la fréquentation des *agapètes* et des ecclésiastiques avait occasionné des désordres et des scandales. C'est ce que semble insinuer saint Jérôme, quand il demande avec une sorte d'indignation : *Unde agapetarum pestis in Ecclesiam introivit?* C'est à cette même fin que saint Jean Chrysostome, après sa promotion au siége de Constantinople, écrivit deux petits traités sur le danger de ces sociétés ; et enfin le concile général de Latran, sous Innocent III, en 1139, les abolit entièrement.

Les protestants et tous ceux qui ont écrit contre le célibat des clercs, ont fait grand bruit des scandales qui naquirent de la fréquentation des *agapètes* avec les ecclésiastiques ; il semble, à les entendre, que cet abus était très-commun, que les lois de l'Eglise ne furent pas suffisantes pour le déraciner, et qu'il fallut pour cela recourir à l'autorité des empereurs ; ils ont répété vingt fois le mot de saint Jérôme que nous venons de citer.

C'est ainsi que, par des exagérations ridicules, on trompe les lecteurs. 1° Ces déclamateurs ne font pas attention que la fréquentation dont nous parlons avait lieu avant qu'il y eût une loi générale du célibat pour les ecclésiastiques ; cette loi ne fut pas même portée dans le concile de Nicée, qui défendit aux clercs promus aux ordres sacrés de retenir chez eux des personnes qui ne fussent pas leurs proches parentes : ce n'est donc pas la loi du célibat qui donna lieu à leur société avec les *agapètes*, ou femmes *sous-introduites*. 2° Tous les exemples que l'on a pu citer de scandale se réduisent à deux ou trois, à celui de Paul de Samosate qui retenait chez lui deux jeunes personnes, et ce fut une des causes de sa déposition ; et à deux diacres dont parle saint Cyprien dans ses lettres, et qui furent excommuniés par leur évêque. Ces châtiments exemplaires n'étaient pas fort propres à persuader aux clercs qu'ils pouvaient être scandaleux impunément. Les autres scandales que saint Cyprien reprochait à des vierges ne regardaient pas les ecclésiastiques ; du moins il n'y a rien dans ses expressions qui le témoigne. 3° Quand il ne serait arrivé dans toute l'Eglise à ce sujet qu'un seul scandale dans cinquante ans, c'en a été assez pour donner lieu aux lois qui ont été faites pour le prévenir, soit par les conciles, soit par les empereurs; et il ne s'ensuit point pour cela que le désordre ait été commun. Ne sait-on pas que le moindre soupçon formé contre la conduite d'un ecclésiastique connu, suffit pour exciter une grande rumeur, et faire parler tout le monde? 4° Lorsque saint Jérôme s'est élevé contre les hérétiques et leur a reproché leurs désordres, nos adversaires le regardent comme un déclamateur, et lui refusent toute croyance: ici, parce qu'il tonne contre les ecclésiastiques de son temps, ils argumentent sur ses expressions comme sur des paroles sacramentelles. Et voilà comme les protestants et les incrédules, leurs élèves, ont traité l'histoire ecclésiastique; un seul fait désavantageux au clergé, qu'ils peuvent citer, est pour eux un triomphe; vingt exemples de vertu ne leur paraissent mériter aucune attention.

Le nom d'*agapètes* fut encore donné, vers l'an 395, à une secte de gnostiques qui était principalement composée de femmes. Celles-ci s'attachaient les jeunes gens, en leur enseignant qu'il n'y avait rien d'impur pour les consciences pures. Une de leurs maximes *était de jurer et de se parjurer sans scrupule, plutôt que de révéler les secrets de la secte.* On a vu régner le même esprit parmi tous les *hérétiques débauchés*. Saint Aug., *Hær.* 70.

Il ne faut pas confondre les *agapètes* avec les diaconesses. *Voy.* DIACONESSE.

AGGEE, le dixième des douze petits prophètes, naquit pendant la captivité des Juifs à Babylone; et après leur retour, il exhorta vivement Zorobabel, prince de Juda, le grand prêtre Jésus, fils de Josédec, et tout le peuple au rétablissement du temple; il leur reproche leur négligence à cet égard, leur promet que Dieu rendra ce second temple plus illustre et plus glorieux que le premier, non par l'abondance de l'or et de l'argent, mais par la présence du Messie. C. II, v. 7 et suiv.

Cette prophétie est formelle; les termes ne peuvent pas être plus clairs. *Encore un peu de temps, et j'ébranlerai le ciel, la terre, la mer et tout l'univers, je mettrai en mouvement tous les peuples, et le désiré de toutes les nations viendra. Je remplirai ainsi de gloire cette maison, dit le Seigneur des armées: l'or et l'argent sont à moi ; mais la gloire de cette maison sera plus grande que celle de la première, et je donnerai la paix en ce lieu.*

LE DÉSIRÉ DE TOUTES LES NATIONS ne peut pas être un autre que le Messie.

Selon la prophétie de Jacob, il doit rassembler les nations; selon les promesses faites à Abraham, toutes les nations de la terre doivent être bénies en lui; selon les prédictions d'Isaïe, les nations espéreront en lui, et les îles attendront sa loi, etc. Tacite, Suétone et Josèphe nous apprennent qu'à l'avènement de Jésus-Christ, tout l'Orient était persuadé qu'un personnage sorti de la Judée serait le maître du monde. A la venue du Sauveur, le ciel, la terre, la mer, ont été ébranlés par les prodiges qui ont paru; le concert des anges qui ont annoncé sa naissance, l'étoile qui l'a indiquée aux mages, le ciel ouvert à son baptême, les ténèbres qui ont couvert la Judée à sa mort, son ascension, la descente du Saint-Esprit, ont été autant de prodiges opérés dans le ciel; il a calmé les tempêtes, et a rempli toute la Judée de ses miracles. Avant sa naissance, les guerres des Juifs contre les rois de Syrie; après sa mort, la conquête de la Judée par les Romains, ont mis tous les peuples en mouvement. Le second temple était beaucoup moins riche que le premier; mais il a été sanctifié et honoré par la présence du Messie, qui y a opéré plusieurs miracles, et qui y a prêché l'Evangile de la paix.

Aussi les auteurs du Talmud ont entendu comme nous cette prophétie de l'avènement du Messie. Galatin, l. VIII, c. 9.

AGIOGRAPHE. *Voy.* HAGIOGRAPHE.

AGNEAU PASCAL. C'est la victime qu'il est ordonné aux Juifs d'immoler en mémoire de leur sortie miraculeuse de l'Egypte. *Voy.* PAQUE. Saint Paul dit aux chrétiens que Jésus-Christ a été immolé pour être notre *agneau pascal*, ou notre Pâque. I. Cor. v, 7. L'Eglise répète dans ses prières ce que saint Jean-Baptiste a dit de Jésus-Christ, qu'il est l'*Agneau de Dieu*, qui ôte les péchés du monde. Joan. I, 26.

AGNOÈTES, AGNOITES, sorte d'hérétiques qui suivaient l'erreur de Théophrone de Cappadoce, lequel attaquait la science de Dieu sur les choses futures, présentes et passées. Les eunomiens, ne pouvant souffrir cette erreur, le chassèrent de leur communion, et il se fit chef d'une secte à laquelle on donna le nom d'*eunomisphroniens*. Socrate, Sozomène et Nicéphore, qui parlent de ces hérétiques ajoutent qu'ils changèrent aussi la forme du baptême usitée dans l'Eglise, ne baptisant plus au nom de la Trinité, mais au nom de la mort de Jésus-Christ. Cette secte commença sous l'empire de Valens, vers l'an du salut 370.

AGNOÏTES ou AGNOÈTES, secte d'eutychiens dont Thémistius fut l'auteur dans le VI° siècle. Ils soutenaient que Jésus-Christ, en tant qu'homme, ignorait certaines choses, et particulièrement le jour du jugement dernier.

Ce mot vient du grec ἀγνοητός, ignorant, dérivé d'ἀγνοεῖν, ignorer.

Eulogius, patriarche d'Alexandrie, qui écrivit contre les *agnoïtes* sur la fin du VI° siècle, attribue cette erreur à quelques solitaires qui habitaient dans le voisinage de Jérusalem, et qui, pour la défendre, alléguaient différents textes du Nouveau Testament, entre autres celui de saint Marc, c. XIII, v. 32, que nul homme sur la terre ne sait ni le jour ni l'heure du jugement, ni les anges qui sont dans le ciel, ni même le Fils, mais le Père seul. Les sociniens se servent aussi de ce passage pour attaquer la divinité de Jésus-Christ.

Les théologiens catholiques répondent, 1° que, dans saint Marc, il n'est pas question du jour du jugement dernier, mais du jour auquel Jésus-Christ devait venir punir la nation juive par l'épée des Romains; 2° que Jésus-Christ, même comme homme, n'ignorait pas le jour du jugement, puisqu'il en avait prédit l'heure, *Luc.* XVII, 31; le lieu, *Matth.* XXIV, 28; les signes et les causes, *Luc.* XXI, 25. Mais que par ces paroles le Sauveur voulait réprimer la curiosité indiscrète de ses disciples, en leur faisant entendre qu'il n'était pas à propos qu'il leur révélât ce secret. Sa réponse a le même sens que celle d'un père qui dit à un enfant trop curieux: *Je n'en sais rien.*

Ainsi l'ont entendu saint Basile, saint Augustin et d'autres Pères de l'Eglise.

En effet, Jésus-Christ dit de lui-même, *Joan.* XII, 49: *Je ne parle pas de moi-même, je ne dis que ce qui m'a été ordonné par mon Père qui m'a envoyé.* Et *Act.* I, 7, il répond à une autre question que lui faisaient ses apôtres: *Ce n'est point à vous de connaître les temps ni les moments que le Père tient en sa puissance.* Saint Paul dit d'ailleurs qu'en Jésus-Christ sont cachés tous les trésors de la sagesse et de la science. *Coloss.* II, 3.

Les *agnoètes* objectaient encore, aussi bien que les ariens, le passage de l'évangile selon saint Luc, c. II, v. 52, où il est dit que Jésus croissait en sagesse, en âge et en grâce, devant Dieu et devant les hommes. Les Pères répondaient que cela doit s'entendre tout au plus des apparences extérieures, puisque saint Jean dit dans son Evangile, c. I, v. 14: *Nous avons vu sa gloire, telle qu'elle convient au Fils unique du Père, rempli de grâce et de vérité, par conséquent de science et de sagesse.* Pétau, *de Incarn.*, l. II, c. 2.

Par cette contestation et par la plupart des autres disputes, il est évident que l'on ne pourrait jamais terminer aucune question avec les hérétiques, si l'on s'en tenait à l'Ecriture toute seule, et qu'il faut nécessairement recourir à la tradition, pour en prendre le vrai sens. Aussi plusieurs protestants sont tombés dans la même erreur que les sociniens touchant la science de Jésus-Christ. *Note de Feuardent sur saint Irénée*, l. II, c. 49.

AGNUS DEI, est un nom que l'on donne aux pains de cire empreints de la figure d'un agneau portant l'étendard de la croix, et que le pape bénit solennellement le dimanche *in Albis*, après sa consécration, et ensuite de sept ans en sept ans, pour être distribués au peuple.

L'origine de cette cérémonie vient d'une coutume ancienne dans l'Eglise de Rome. On prenait autrefois, le dimanche *in Albis*, le reste du cierge pascal béni le jour du samedi saint, et on le distribuait au peuple par morceaux. Chacun les brûlait dans sa maison, dans les champs, les vignes, etc., comme un préservatif contre les prestiges du démon, et contre les tempêtes et les orages. Cela se pratiquait ainsi hors de Rome; mais dans la ville, l'archidiacre, au lieu du cierge pascal, prenait d'autre cire, sur laquelle il versait de l'huile, en faisait divers morceaux de figure d'agneaux, les bénissait et les distribuait au peuple. Telle est l'origine des *Agnus Dei*, que les papes ont depuis bénis avec plus de cérémonies. Le sacristain les prépare longtemps avant la bénédiction. Le pape, revêtu de ses habits pontificaux, les trempe dans l'eau bénite, et les bénit après qu'on les en a retirés. On les met dans une boîte qu'un sous-diacre apporte au pape à la messe, après l'*agnus Dei*, et les lui présente en répétant trois fois ces paroles: *Ce sont ici de jeunes agneaux qui vous ont annoncé l'alleluia; voilà qu'ils viennent à la fontaine, pleins de charité,* alleluia. Ensuite le pape les distribue aux cardinaux, évêques, prélats, etc.

On croit qu'il n'y a que ceux qui sont dans les ordres sacrés qui puissent les toucher; c'est pourquoi on les couvre de morceaux d'étoffe proprement travaillés, pour les donner aux laïques. Quelques écrivains en rendent plusieurs raisons mystiques, et leur attribuent plusieurs effets. *Voyez* l'Ordre romain, Amalarius, Valafrid Strabon, Sirmond dans ses *Notes sur Ennodius,* Théophile Raynaud, etc.

AGNUS DEI, partie de la liturgie de l'Eglise romaine, ou prière de la messe entre le *Pater* et la communion. C'est l'endroit de la messe où le prêtre, se frappant trois fois la poitrine, répète autant de fois à voix intelligible: *Agneau de Dieu, qui ôtez les péchés du monde, pardonnez-nous.* C'est une profession de foi de l'universalité de la rédemption, qui est tirée de l'Evangile. *Joan.* I, 29.

Isaïe avait déjà dit dans le même sens, LIII, 6: *Nous nous sommes tous égarés comme des brebis....., et Dieu a mis sur lui l'iniquité de nous tous.* Lebrun, *Explic. des Cérém.*, tom. II, pag. 577.

AGOBARD, archevêque de Lyon dans le IXe siècle, est au nombre des écrivains ecclésiastiques. Il prouva, contre Félix d'Urgel, que Jésus-Christ n'est pas seulement fils de Dieu par adoption, mais par nature; il écrivit contre les duels, les épreuves superstitieuses du feu et de l'eau, l'abus des biens ecclésiastiques, et contre plusieurs erreurs populaires. Il mourut en 840. La meilleure édition de ses ouvrages est celle de Baluze, faite en 1666, en 2 vol. in-4°.

Les protestants ont voulu mettre cet archevêque au nombre de ceux qu'ils nomment *les témoins de la vérité,* parce qu'il attaqua les superstitions de son siècle: preuve frivole et qui ne mérite aucune attention. Basnage a voulu aussi faire douter de la foi d'*Agobard* touchant l'Eucharistie; mais il est constant que cet écrivain a professé formellement la croyance de l'Eglise sur ce point dans plusieurs endroits de ses ouvrages.

AGONIE, AGONISANT. Ce terme vient du grec ἀγὼν, *combat*. Les censeurs de la religion chrétienne ont poussé la prévention jusqu'à faire un crime à l'Eglise catholique de la charité qu'elle témoigne aux fidèles prêts à sortir de ce monde, et des secours spirituels qu'elle s'efforce de leur procurer : ils ont dit que c'est une cruauté de faire envisager à un mourant sa fin prochaine, et de mettre déjà sous ses yeux une partie de l'appareil de sa pompe funèbre. Cette réflexion de leur part démontre sans doute que ce dernier moment est terrible pour eux ; mais il ne l'est point pour un chrétien qui croit en Dieu, qui espère en Jésus-Christ, qui attend avec confiance une vie éternelle. Les confréries des *agonisants*, les prières que l'on y récite, celles que l'on dit auprès d'un malade, les derniers sacrements, sont une consolation pour lui ; il les demande, il se tranquillise sur l'intercession de l'Eglise et sur les vœux de ses frères ; il les regarde comme la dernière marque d'amitié que l'on peut lui donner. Un père qui bénit ses enfants rassemblés, prosternés et fondant en larmes, est certainement un grand spectacle. Souvent il a fait rentrer en eux-mêmes des pécheurs qui n'y étaient guère disposés ; et, si le philosophe le plus intrépide avait de temps en temps cet objet sous les yeux, ce serait peut-être la meilleure réponse à toutes ses objections.

AGONIE DE JÉSUS-CHRIST. Quelques moments avant d'être saisi par les Juifs, Jésus-Christ, priant au jardin des Olives, est tombé en faiblesse et à l'*agonie*; il a conjuré son Père d'écarter de lui le calice des souffrances ; il a sué sang et eau. Celse dans Origène, liv. II, n. 23 ; les Juifs, dans le *Munimen fidei*, sec. partie, c. 24 ; les incrédules modernes, ont insisté à l'envi sur cette circonstance. *L'Homme-Dieu*, disent-ils, *aux approches de la mort, montre une faiblesse dont un homme courageux rougirait en pareil cas*.

Nous les prions de considérer, 1° que Jésus-Christ avait prédit plus d'une fois à ses disciples sa passion et sa mort ; il venait encore de leur en parler après la dernière cène. Il nommait ses souffrances le moment de sa gloire ; il avait constamment annoncé sa résurrection. 2° Il ne tenait qu'à lui de tromper le dessein de Judas et des Juifs ; s'il était allé passer la nuit ailleurs, s'il s'était éloigné de Jérusalem, ses ennemis auraient manqué leur proie. 3° Au moment qu'il sait leur approche, il se lève, éveille ses disciples, va au-devant des soldats, se présente à eux d'un air intrépide, les renverse par terre d'un seul mot, leur fait sentir qu'il est le maître de les exterminer ou de se livrer entre leurs mains.

Par son *agonie*, Jésus-Christ voulait nous apprendre que la répugnance naturelle de souffrir et de mourir n'est pas un crime, lorsqu'elle est jointe à une parfaite soumission à Dieu. Il voulait instruire les martyrs, leur apprendre qu'il faut attendre la mort et non la provoquer. Il finit sa prière par ces paroles : *Mon Père, que votre volonté se fasse et non la mienne*.

Un philosophe moderne est convenu qu'il y a un extrême courage à marcher à la mort en la redoutant. Voyez *Dissertation sur la sueur de sang*, etc. *Bible d'Avignon*, t. XIII, p. 468.

AGONISTIQUES, nom par lequel Donat et les donatistes désignaient les prédicateurs qu'ils envoyaient dans les villes et dans les campagnes pour répandre leur doctrine, et qu'ils regardaient comme autant de combattants propres à leur conquérir des disciples. On les appelait ailleurs *circuiteurs*, *circellions*, *circoncellions*, *catropites*, *coropites*, et à Rome *montenses*. L'histoire ecclésiastique est pleine des violences qu'ils exerçaient contre les catholiques. *Voy.* CIRCONCELLIONS, DONATISTES, etc.

AGONYCLITES, hérétiques du VIII° siècle qui avaient pour maxime de ne prier jamais à genoux, mais debout.

Ce mot est composé d'α privatif, de γόνυ genou, et du verbe κλίνω *incliner, plier, courber*.

*AGREDA (Marie d'). Marie, nommée d'Agréda, de la ville où elle fut supérieure du couvent de l'Immaculée-Conception, naquit le 2 avril 1602, de parents nobles, riches et craignant Dieu. Elle prit l'habit de religieuse avec sa mère et sa sœur, le 13 janvier 1619. Elle se fit remarquer pendant son noviciat par de grandes austérités et par son goût particulier pour l'oraison, qu'elle avait pratiquée dès sa plus grande jeunesse. Elle parvint bientôt à un degré de perfection inconnu au commun des religieuses. Dieu permit qu'elle fût affligée par de grandes maladies. Les esprits malins lui causaient des craintes horribles, on assure même qu'ils lui apparurent sous des figures capables d'effrayer les plus courageux, et qu'ils lui firent subir des tortures qui semblaient lui disloquer tous les membres. Mais à peine était-elle délivrée de ces rudes épreuves, qu'elle tombait dans des extases, des ravissements, des visions et d'autres merveilles semblables. Elle prétendit avoir reçu l'ordre de Dieu d'écrire la vie de la sainte Vierge. Son confesseur extraordinaire lui ordonna de jeter cet écrit au feu, elle obéit aussitôt ; mais son confesseur ordinaire lui prescrivit d'écrire de nouveau cet ouvrage. Il parut sous le titre de : *La mystique Cité de Dieu, miracle de sa toute-puissance, abîme de la grâce de Dieu, Histoire divine, et la Vie de la très-sainte Vierge Marie, Mère de Dieu, manifestée dans ces derniers siècles par la sainte Vierge*, à la sœur Marie de Jésus, abbesse du couvent de l'Immaculée-Conception de la ville d'Agréda.

Cet ouvrage fut mis à l'index à Rome en 1710. Eusèbe Amort, célèbre théologien, déclare que, sous le pontificat de Benoît XIII, ce décret fut rapporté. Le procès de la canonisation de Marie d'Agréda fut poursuivi en cour de Rome. Les auteurs de la *Bibliothèque sacrée* assurent que Benoît XIV déclara que les écrits de Marie d'Agréda ne contiennent rien de contraire à la foi. Le jugement sur sa canonisation a été suspendu. La Sorbonne condamna, en 1696, plusieurs propositions extraites de *la mystique Cité*. Nous croyons que la Sorbonne s'est montrée trop sévère. Nous ne voulons pas être plus rigides que l'Eglise elle-même ; quoiqu'il y ait dans cet écrit des choses qui paraissent extravagantes, considérant que les plus hautes voies de Dieu ne sont pas toujours compréhensibles aux esprits ordinaires, nous nous abstenons de juger.

AGYNNIENS, hérétiques nommés aussi *agionites*, ou *agionois*, qui parurent environ l'an de Jésus-Christ 694. Ils ne prenaient point de femmes, et prétendaient que Dieu n'était pas auteur du mariage ; leur nom vient d'α privatif et de γυνή, femme. Cette secte paraît avoir été un rejeton des manichéens.

AHIAS, prophète du Seigneur, dont il est parlé, *III Reg.* XI, 29. C'est lui qui, sous le règne de Salomon, annonça à Jéroboam qu'après la mort de ce roi, il régnerait lui-même sur dix des tribus d'Israël; sa prophétie s'accomplit en effet sous Roboam, fils de Salomon, parce que ce jeune roi traita avec dureté le peuple qui lui demandait d'être déchargé d'une partie des impôts.

De là les incrédules modernes ont pris occasion d'assurer que ce prophète fut la cause du schisme de ces dix tribus, de toutes les guerres et de tous les maux qui s'ensuivirent; que ce fut lui qui inspira à Jéroboam l'ambition et le projet de parvenir à la royauté. Ils en ont conclu qu'en général les prophètes étaient des rebelles fanatiques, qui soulevaient les sujets contre leur roi, qui soufflaient la discorde, et qui, par leurs prétendues prophéties, toujours crues par le peuple, furent enfin la cause de la ruine de leur nation.

Ce reproche est grave; mais a-t-il quelque fondement dans l'histoire?

1° Nos censeurs supposent que la prédiction d'*Ahias* fut faite à Jéroboam après la mort de Salomon; c'est une fausseté; Salomon vivait encore: si ce prophète n'était qu'un fanatique, comment put-il prévoir que Roboam, monté sur le trône, rebuterait le peuple; que le peuple se mutinerait; que dix tribus, ni plus ni moins, secoueraient le joug, et se donneraient un autre roi? Jéroboam conçut alors si peu le dessein de parvenir à la royauté, qu'il se sauva en Egypte, et qu'il n'en revint qu'après la mort de Salomon.

2° Nous ne voyons point qu'*Ahias* ait eu aucune part au soulèvement du peuple, ni qu'il y ait contribué en rien. La seule cause de cette révolte fut la réponse dure et menaçante que fit Roboam aux plaintes de cette multitude assemblée. Dieu lui-même avait révélé à Salomon ce qui arriverait après sa mort; *Ahias* ne fit que confirmer la prédiction. Si Salomon n'en profita pas pour donner de salutaires leçons à son fils, il fut coupable; ce n'est point au prophète qu'il faut en attribuer la faute. *III Reg.* XI, 11.

3° Jéroboam lui-même ne paraît être entré pour rien dans la sédition. Il est dit que les tribus mécontentes s'en retournèrent chacune chez elle; que Roboam ayant envoyé un de ses officiers pour les ramener à l'obéissance, elles le lapidèrent; que le roi lui-même s'enfuit de Sichem à Jérusalem; qu'ensuite les tribus ayant appris que Jéroboam était de retour d'Egypte, elles lui envoyèrent des députés, le firent venir dans leur assemblée et l'établirent roi d'Israël. Ce fut donc de leur propre mouvement qu'elles le choisirent, et non point par l'instigation du prophète. *Ibid.*, XII, 16. Si elles avaient eu connaissance de sa prédiction, sans doute elles auraient commencé par mettre Jéroboam à leur tête, avant de mettre à mort l'officier de Roboam.

4° Les prophètes, loin de souffler le feu de la discorde à cette occasion, empêchèrent la guerre et l'effusion du sang. Lorsque Roboam eut fait prendre les armes aux tribus de Juda et de Benjamin pour forcer les dix tribus rebelles à rentrer sous le joug, le prophète Séméïas leur défendit de la part de Dieu de combattre contre leurs frères; ils n'allèrent pas plus loin, et la guerre n'eut pas lieu. *III Reg.* XII, 22. Quelques incrédules ont encore trouvé bon de reprocher à ce prophète qu'il avait confirmé les rebelles dans leur schisme. Mais nous les défions de citer un seul prophète du Seigneur qui ait excité le peuple à se soulever contre son souverain, soit dans le royaume d'Israël, soit dans celui de Juda.

5° Nous ne voyons pas que Jéroboam ait reconnu par aucun bienfait le service que lui avait rendu le prophète *Ahias*; loin de suivre ses leçons, il engagea les Israélites dans l'idolâtrie. Aussi, lorsqu'il envoya son épouse déguisée pour consulter *Ahias* sur la maladie de son fils, ce prophète, quoique devenu aveugle de vieillesse, la reconnut avant même qu'elle eût parlé; il lui annonça sans ménagement la mort prochaine de cet enfant, et les châtiments terribles que Dieu exercerait sur la race de Jéroboam en punition de son idolâtrie. *Ibid.* XIV.

Des prophètes imposteurs et fanatiques auraient cherché sans doute à faire leur cour et à ménager les rois; nous voyons au contraire les prophètes juifs toujours prêts à reprocher aux rois tous leurs crimes, à leur prédire des châtiments et à braver la mort, pour s'acquitter des ordres qu'ils avaient reçus de Dieu. Leur attribuer les maux qui sont arrivés, c'est vouloir qu'ils aient été la cause de la perversité des princes qui n'ont jamais voulu profiter de leurs leçons. Peut-on citer un seul roi qui se soit mal trouvé de les avoir suivies?

* AIGLE. L'Ecriture parle souvent de cette espèce d'oiseau. La loi ancienne mettait l'aigle au nombre des animaux impurs. *Levit.* XI, 13; *Deutér.* XIV, 2. Dans le psaume 102, v. 5, il est dit que le Seigneur renouvelle la jeunesse du juste comme celle de l'aigle: *Renovabitur ut aquilæ juventus tua.* Ce rajeunissement de l'aigle a fait naître bien des opinions; il est constaté que l'aigle ne se rajeunit pas autrement que les autres oiseaux, qui quittent tous les ans leurs plumes pendant la mue, et qui en reprennent d'autres. Nous croyons que ce passage signifie: Vous vous renouvellerez et vous prendrez des forces comme l'aigle dans sa jeunesse. Vid. Boch., *de Animal. sacr.*, et Menoch.

AÎNÉ, AÎNESSE. Il est naturel qu'un père conçoive une tendre affection pour le premier fruit de son mariage, pour l'enfant qui lui a fait éprouver les premiers mouvements de l'amour paternel. Ce sentiment était plus vif dans les premiers âges du monde, lorsque chaque famille était une petite république isolée. Le cœur était moins partagé par la multitude des affections sociales; les enfants étaient la force et la richesse de leur père. L'*aîné* était destiné par la nature à être le chef de la famille, si le père venait à manquer. C'est ce qui rendait le droit d'*aînesse* si sacré et si précieux chez les patriarches. Moïse l'avait conservé en entier par ses lois. Mais à mesure que les peuplades se sont augmentées et civilisées, le pouvoir paternel a diminué, et le droit d'*aînesse* a perdu son prix; nous en sommes venus au point de regarder aujourd'hui ce droit comme injuste.

Il faut donc se rapprocher des mœurs antiques pour sentir l'énergie de plusieurs expressions de l'Ecriture sainte. Dieu promet à David qu'il le rendra *l'aîné de tous les rois*. Saint Paul nomme Jésus-Christ *aîné de toutes les créatures*, parce qu'il a été engendré du Père avant la création ; dans l'Apocalypse, il est appelé *le premier-né d'entre les morts*, parce qu'il est le premier qui soit ressuscité par sa propre vertu. Isaïe nomme *premiers-nés des pauvres*, ceux qui souffrent le plus ; dans le livre de Job *primogenita mors* signifie la plus cruelle de toutes les morts.

Il paraît par l'histoire sainte que le droit d'aînesse a été établi dès la création, mais il n'était pas inaliénable ; Dieu, pour de bonnes raisons, l'a souvent transporté aux puînés. Ainsi Caïn, fils *aîné* d'Adam, fut privé de ses droits en punition de son crime, Seth lui fut substitué. Japhet, fils *aîné* de Noé, fut moins privilégié que Sem ; Isaac fut préféré à Ismaël son *aîné*, mais qui était né d'une étrangère ; Jacob acheta le droit d'*aînesse* de son frère Esaü, il l'ôta à son propre fils Ruben, pour le donner à Joseph ; et en bénissant les deux fils de Joseph, il accorda la préférence à Ephraïm sur Manassé.

Nous voyons par le chap. XXI, 12, du Deutéronome, que *l'aîné* avait une double portion dans l'héritage paternel ; et après la mort du père, il devenait le chef, par conséquent le prêtre de sa famille.

Les incrédules ont censuré avec beaucoup d'aigreur la conduite de Jacob, qui profita de la lassitude de son frère pour acheter de lui le droit d'*aînesse* à très-vil prix, et qui trompa son père Isaac pour extorquer de lui la bénédiction destinée à *l'aîné*. Nous examinerons ce trait d'histoire au mot JACOB.

Depuis que Dieu eut fait mourir tous les premiers-nés des Egyptiens par l'épée de l'ange exterminateur, et qu'il eut préservé ceux des Israélites, il ordonna que ceux-ci lui fussent offerts et consacrés ; cette loi ne regardait que les mâles, soit des hommes, soit des animaux. *Exod.* XIII. Si le premier enfant d'une femme était fille, le père n'était obligé à rien, ni pour cet enfant, ni pour les suivants ; si un homme avait deux femmes, il était obligé d'offrir au Seigneur les premiers-nés de chacune. En les offrant dans le temple, les parents les rachetaient pour la somme de cinq sicles. Jésus-Christ fut offert et racheté par ses parents comme les autres premiers-nés ; mais il était destiné à être lui-même le prix de la rédemption du monde.

Les premiers-nés des animaux purs, tels que le veau, l'agneau, le chevreau, devaient être offerts dans le temple, immolés en sacrifice, et non rachetés ; quant à ceux des animaux impurs qui ne pouvoient pas servir de victimes, ils étaient rachetés ou tués.

Cette loi était un monument irrécusable du miracle opéré en Egypte en faveur des Israélites ; elle fut observée d'abord par ceux même qui avaient été témoins oculaires du prodige. Auraient-ils voulu se soumettre à cette loi onéreuse, s'ils n'avaient pas été convaincus par leurs propres yeux de la vérité du fait ? Il leur fut ordonné d'instruire soigneusement leurs enfants du sens et du motif de la cérémonie. *Exod.* xv, 14. Ce témoignage, ainsi transmis de génération en génération avec l'observance de la loi, était une preuve à laquelle l'incrédulité la plus hardie ne pouvait rien opposer. Un incrédule quelconque voudrait-il ainsi attester par ses paroles et par son obéissance, un fait public et très-éclatant de la fausseté duquel il serait intimement convaincu ? La conduite des Juifs dans tous les temps démontre qu'ils n'étaient pas plus disposés que les mécréants d'aujourd'hui à croire des choses dont ils n'auraient pas eu la preuve.

* AÏNOS. Il se trouve dans les îles situées au nord du Japon des peuples connus sous ce nom. Le soleil, la lune, la mer, sont l'objet de leur culte. Ils reconnaissent aussi un Dieu du ciel et un maître des enfers. Les Japonais ont fait souvent de grands efforts pour introduire chez ces peuples la religion des bouddhistes. Leurs tentatives ont été inutiles.

ALBANOIS, hérétiques qui troublèrent dans le VIIe siècle la paix de l'Eglise, et qui parurent principalement dans l'Albanie, ou dans la partie orientale de la Géorgie. Ils renouvelèrent la plupart des erreurs des manichéens et des autres hérétiques qui avaient vécu depuis plus de trois cents ans. Leur première rêverie consistait à établir deux principes : l'un bon, père de Jésus-Christ, auteur du bien et du Nouveau Testament, et l'autre mauvais, auteur de l'Ancien Testament, qu'ils rejetaient en s'inscrivant en faux contre tout ce qu'Abraham et Moïse ont pu dire. Ils ajoutaient que le monde est de toute éternité ; que le Fils de Dieu avait apporté un corps du ciel ; que les sacrements, à la réserve du baptême, sont des superstitions inutiles ; que l'Eglise n'a point le pouvoir d'excommunier, et que l'enfer est un conte fait à plaisir. *Pratéole Gautier*, dans sa *Chron.*

ALBIGEOIS, nom général donné aux hérétiques qui parurent en France dans les XIIe et XIIIe siècles, et qui furent ainsi nommés, parce qu'ils se multiplièrent non-seulement dans la ville d'Albi, mais encore dans le Bas-Languedoc, dont les habitants sont nommés par les auteurs de ce temps-là *Albigenses*.

Le fond de leur doctrine était le manichéisme, mais différemment modifié par les visions des différents chefs qui l'avaient prêché en France, tels que Pierre de Bruis, Henri son disciple, Arnaud de Bresse, etc. : c'est ce qui fit nommer ces sectaires *pétrobrusiens*, *henriciens*, *arnaldistes* ou *arnaudistes* ; mais ils portèrent encore plusieurs autres noms tirés de leurs mœurs, dont nous parlerons ci-après. Nous ne devons donc pas être étonnés de ce que les auteurs qui ont exposé leurs erreurs ne les ont pas rapportées uniformément ; jamais aucune secte d'hérétiques ne fut constante dans ses opinions : chaque docteur se croit le maître de les entendre et de les arranger comme il lui plaît. Les *albigeois* étaient un amas confus de sectaires, la plupart très-ignorants et très-peu en état de rendre compte de leur croyance; mais tous se réunissaient à condamner l'usage des sacrements et le culte extérieur de l'Eglise catholique, à vouloir détruire la hiérarchie et changer la discipline établie. C'est à ce titre que les protestants leur ont fait l'honneur de les regarder comme leurs ancêtres.

Alanus, moine de Citeaux, et Pierre, moine de Vaux-Cernay, qui ont écrit contre eux, leur reprochent, 1° d'admettre deux principes ou deux créateurs, l'un bon et l'autre méchant; le premier, créateur des choses invisibles et spirituelles ; le second, créateur des corps, auteur de l'Ancien Testament et de la loi judaïque, pour lesquels ces hérétiques n'avaient aucun respect : voilà le fond de l'ancien manichéisme. 2° De supposer deux Christs, l'un méchant, qui avait paru sur la terre avec un corps fantastique, qui n'était mort et ressuscité qu'en apparence ; l'autre bon, mais qui n'avait pas été vu en ce monde : c'était l'erreur de la plupart des gnostiques. 3° De nier la résurrection future de la chair, d'enseigner que nos âmes sont des démons, qui ont été logés dans nos corps en punition des crimes qu'ils avaient commis ; conséquemment ils niaient le purgatoire et l'utilité de la prière pour les morts; ils traitaient même de folie la croyance des catholiques touchant les peines de l'enfer. Ces rêveries sont empruntées de différentes sectes d'hérétiques. 4° De condamner tous les sacrements de l'Eglise, de rejeter le baptême comme inutile, d'avoir en horreur l'eucharistie, de ne pratiquer ni la confession, ni la pénitence, de croire le mariage défendu, ou du moins de regarder la procréation des enfants comme un crime. C'était encore l'opinion des manichéens. Enfin les mêmes auteurs rapportent que les *albigeois* détestaient les ministres de l'Eglise, ne cessaient de les décrier et de déclamer contre eux ; qu'ils n'avaient aucun respect pour la croix, pour les images, pour les reliques; qu'ils les détruisaient et les brûlaient partout où ils étaient les maîtres.

Ils étaient divisés en deux ordres ; savoir, les *parfaits* et les *croyants*. Les premiers menaient une vie austère en apparence, vivaient dans la continence, faisaient profession d'avoir en horreur le jurement et le mensonge. Les seconds vivaient comme le reste des hommes, et plusieurs avaient des mœurs très-déréglées ; il croyaient être sauvés par la foi et par l'imposition des mains des *parfaits*. C'était l'ancienne discipline des manichéens.

Le concile d'Albi, que quelques-uns nomment *concile de Lombez*, tenu l'an 1176, dans lequel les *albigeois* furent condamnés sous le nom de *bons-hommes*, et dont les actes sont cités par Fleury, *Hist. ecclés.*, l. LXXII, n. 61, leur attribue les mêmes erreurs d'après leur propre confession. Rainerius, dans l'histoire qu'il a donnée de ces mêmes hérétiques sous le nom de *cathares*, expose leur croyance à peu près de même. M. Bossuet, *Hist. des variat.*, l. IX, a cité encore d'autres auteurs qui confirment toutes ces accusations.

A la vérité, la plupart des protestants qui auraient voulu persuader que les *albigeois* soutenaient la même doctrine qu'eux, ont accusé les écrivains catholiques d'avoir attribué à ces sectaires des erreurs qu'ils n'avaient pas, afin de les rendre odieux, et de justifier la rigueur avec laquelle on les a traités. Mosheim, mieux instruit, n'a pas osé faire de même, il n'a rien dit de leur dogme ni de leur conduite, parce qu'il a bien senti qu'il n'était pas possible de justifier ni l'un ni l'autre. *Hist. ecclés.*, XIII° siècle, deuxième partie, c. 5, § 2 et suiv.

Le nom de *bons-hommes* leur fut donné d'abord parce qu'ils affectaient un extérieur simple, régulier et paisible, et ils se donnaient eux-mêmes le nom de *cathares*, qui signifie *purs*; mais leur conduite leur en fit bientôt donner d'autres : on les appela *pifres* et *patarins*, c'est-à-dire rustres et grossiers ; *publicains* ou *poplicains*, parce qu'on supposa que les femmes étaient communes entre eux ; *passagers*, parce qu'ils envoyaient des émissaires et des prédicants de toutes parts pour répandre leur doctrine et faire des prosélytes.

Leur condamnation, prononcée au concile d'Albi, l'an 1176, fut confirmée dans celui de Latran, l'an 1179, et dans d'autres conciles provinciaux ; mais la protection que leur accorda Raimond VI, comte de Toulouse, leur fit mépriser les censures de l'Eglise, les rendit plus entreprenants, et empêcha le fruit des prédications de saint Dominique et des autres missionnaires que l'on envoya pour les instruire et les convertir. Les violences qu'ils exercèrent engagèrent les papes à publier une croisade contre eux l'an 1210. Ce ne fut qu'après dix-huit ans de guerres et de massacres, qu'abandonnés par les comtes de Toulouse leurs protecteurs, affaiblis par les victoires de Simon de Montfort, poursuivis dans les tribunaux ecclésiastiques et livrés au bras séculier, les *albigeois* furent entièrement détruits. Quelques-uns s'échappèrent et se joignirent aux vaudois dans les vallées du Piémont, de la Provence, du Dauphiné et de la Savoie ; c'est pour cela que quelques auteurs ont quelquefois confondu ces deux sectes, mais elles étaient très-différentes dans l'origine ; les vaudois n'ont jamais été manichéens. *Voy.* VAUDOIS.

A la naissance de la prétendue réforme, les uns et les autres cherchèrent à se joindre aux zuingliens, et ils s'unirent enfin aux calvinistes, sous le règne de François I". Fiers de ce nouvel appui, ils se permirent des violences qui attirèrent sur eux l'exécution sanglante de Cabrière et de Mérindol; depuis ce moment ils ont disparu, et il n'en reste plus que le nom.

La croisade entreprise contre les *albigeois*, les supplices auxquels on les condamna, l'inquisition que l'on établit contre eux, ont fourni une ample matière de déclamations aux protestants et aux incrédules, leurs copistes. Les uns et les autres ont répété cent fois que cette guerre fut une scène continuelle de barbarie; qu'il y avait de la démence à vouloir convertir des hérétiques par le fer et par le feu ; que le vrai motif de cette guerre fut l'ambition du comte de Montfort, qui voulait s'emparer des Etats du comte de Toulouse, et la fausse politique de nos rois, qui ont été bien aises d'en partager les dépouilles.

Nous n'avons aucun dessein de justifier les excès qui ont pu être commis de part ou d'autre par des gens armés, pendant une guerre de dix-huit ans; nous savons assez que dès que l'on a tiré l'épée, l'on se croit tout permis; qu'un trait de cruauté commis par l'un des deux partis devient un motif ou un prétexte de représailles sanglantes : c'est ce que l'on a vu dans nos guerres civiles du XVIᵉ siècle; l'on n'était sûrement pas plus modéré au XIIIᵉ. Nous ne prétendons pas soutenir non plus qu'il est louable ou permis de poursuivre à feu et à sang des hérétiques dont la doctrine n'intéresse en rien l'ordre et la tranquillité publique, et dont la conduite est paisible d'ailleurs ; toute la question est de savoir si les *albigeois* étaient dans ce cas. C'est une discussion dans laquelle nos adversaires n'ont jamais voulu entrer.

1° Enseigner que le mariage ou la procréation des enfants est un crime ; que tout le culte extérieur de l'Eglise catholique est un abus, et qu'il faut le détruire; que tous les pasteurs sont des loups ravissants, et qu'il faut les exterminer : est-ce une doctrine qui puisse être suivie et réduite en pratique sans que l'ordre et le repos public en souffrent? Les pasteurs de l'Eglise peuvent-ils se croire obligés en conscience de la tolérer? Le comte de Toulouse, quels que fussent ses motifs, était-il sage et avait-il raison de la protéger ? Nous savons bien qu'à la réserve du premier article, les protestants ont été de cet avis ; mais nous en appellerons toujours au tribunal du bon sens, de leur décision. Il est fort singulier que les catholiques aient dû tolérer des opinions qui ne tendaient à rien moins qu'à les faire apostasier et à les faire blasphémer contre Jésus-Christ, et que les *albigeois* aient été dispensés de tolérer la doctrine catholique, parce qu'elle ne s'accordait pas avec la leur.

2° Quoi qu'en puissent dire les protestants, les *albigeois* avaient commencé par des insultes, des voies de fait et des violences contre les catholiques et contre le clergé, dès qu'ils s'étaient sentis assez forts. L'an 1147, plus de soixante ans avant la croisade, Pierre le Vénérable, abbé de Cluny, écrivait aux évêques d'Embrun, de Die et de Gap : *On a vu, par un crime inouï chez les chrétiens, rebaptiser les peuples, profaner les églises, renverser les autels, brûler les croix, fouetter les prêtres, emprisonner les moines, les contraindre à prendre des femmes par les menaces et les tourments.* Parlant ensuite à ces hérétiques, il leur dit : *Après avoir fait un grand bûcher de croix entassées, vous y avez mis le feu; vous y avez fait cuire de la viande et en avez mangé le vendredi saint, après avoir invité publiquement le peuple à en manger.* Fleury, Hist. ecclés., l. LXIX, n. 24. C'est pour ces belles expéditions que Pierre de Bruis fut brûlé à Saint-Gilles quelque temps après. Nous aurions peine à les croire si les protestants n'avaient pas renouvelé ces excès au XVIᵉ siècle.

3° L'on ne peut pas douter que tous les libertins et les malfaiteurs de ces temps-là, connus sous le nom de *routiers*, *cotereaux* et *mainades*, ne se soient joints aux *albigeois* dès qu'ils virent que, sous prétexte de religion, l'on pouvait piller, violer, brûler et saccager impunément. C'est ainsi qu'à la naissance de la réforme l'on vit tous les ecclésiastiques libertins, tous les moines dyscoles et déréglés, tous les mauvais sujets de l'Europe, embrasser le calvinisme, afin de satisfaire en liberté leurs passions criminelles. Un huguenot qui avait un ennemi catholique s'en vengeait à son aise et avec bonheur ; les enfants révoltés contre leurs parents les menaçaient d'apostasier ; un paysan qui en voulait à son seigneur ou à son curé pouvait exercer contre eux toute sa haine : les prédicants sanctifiaient tous les crimes commis par zèle contre le papisme, leurs successeurs les excusent encore aujourd'hui.

4° Avant de sévir contre les *albigeois*, l'on avait employé pendant plus de quarante ans les missions, les instructions et toutes les voies que la charité chrétienne pouvait suggérer. L'on n'en vint aux armes et aux supplices que quand ces hérétiques intraitables et furieux ne laissèrent plus aucune espérance de conversion. Lorsque saint Bernard alla en Languedoc pour les combattre, l'an 1147, il n'était armé que de la parole de Dieu et de ses vertus. L'an 1179, le concile général de Latran dit anathème contre eux, et il ajouta : *Quant aux Brabançons, Aragonais, Navarrais, Basques, cotereaux et triaverdins, qui ne respectent ni les églises ni les monastères, et n'épargnent ni orphelins, ni âge, ni sexe, mais pillent et désolent tout comme des païens, nous ordonnons...... à tous les fidèles, pour la rémission de leurs péchés, de s'opposer courageusement à ces ravages, et de défendre les chrétiens contre ces malheureux* (Can. 27). Voilà le motif de la guerre contre les *albigeois* clairement exprimé, et c'est pour cela que le légat Henri marcha contre eux avec une armée, l'an 1181. Ce n'était donc pas pour les convertir que l'on employait contre eux la violence, mais pour réprimer leurs ravages.

Les excès auxquels ils s'étaient livrés, sont prouvés 1° par la confession même que le comte de Toulouse fit publiquement au légat, l'an 1209, pour obtenir son absolution ; 2° par le vingtième canon du concile d'Avignon, tenu la même année ; 3° par le témoignage des historiens du temps, témoins oculaires. Que penser des *albigeois*, lorsque l'on voit le comte de Toulouse, leur protectour, pousser la barbarie jusqu'à faire étrangler son propre frère, parce qu'il s'était réconcilié à l'Eglise catholique? Le comte de Foix était un monstre encore plus cruel. *Hist. de l'Egl. gall.*, t. X, l. xxix et xxx.

Mosheim a déguisé les faits avec sa prudence ordinaire; il dit que toutes les sectes hérétiques du xiii° siècle convenaient unanimement que la religion dominante n'était qu'un composé bizarre d'erreurs et de superstitions, l'empire des papes une usurpation, et leur autorité une tyrannie. Ces sectaires, selon lui, ne se bornèrent pas à répandre ces opinions : ils réfutèrent encore les superstitions et les impostures du temps par des arguments tirés de l'Ecriture sainte; ils déclamèrent contre la puissance, les richesses et les vices du clergé, avec un zèle d'autant plus agréable aux princes et aux magistrats civils, que ceux-ci étaient las des usurpations et de la tyrannie des gens d'église. *Treizième siècle*, II° part., ch. 5, § 2.

En effet, les tisserands, les manouvriers, les laboureurs de la Provence et du Languedoc étaient des docteurs fort habiles dans l'Ecriture sainte; au concile d'Albi, l'an 1176, l'évêque de Lodève leur opposa l'Ecriture sainte, et ils furent confondus; les actes en font foi. Leurs seuls arguments étaient les déclamations, les railleries, les insultes, les calomnies, les voies de fait, comme ceux des huguenots. L'on sait d'ailleurs quel usage les manichéens savaient faire de l'Ecriture sainte; nous le voyons dans les disputes que saint Augustin soutint contre eux.

Quand il serait vrai que la religion dominante au xiii° siècle était un amas d'erreurs et de superstitions, celle des *albigeois* valait encore moins, puisque c'était un chaos de rêveries de deux ou trois sectes différentes. Quand celle-ci aurait été plus pure, il n'appartenait pas à de simples particuliers, sans mission, de l'établir, encore moins d'employer la violence, le meurtre, le brigandage, pour en venir à bout. Parce que les protestants ont fait de même, ce n'est pas une raison d'approuver cette étrange manière de réformer l'Eglise.

Si les princes étaient las de la tyrannie des gens d'église, comment ont-ils pu soutenir à main armée les efforts que faisaient le pape et les évêques pour réprimer les *albigeois*?

Nous ne prendrons pas la peine de réfuter les motifs odieux pour lesquels on prétend que nos rois, et surtout saint Louis, sont entrés dans la guerre contre le comte de Toulouse et contre les *albigeois*. A la vérité, le traité par lequel ce seigneur fit sa paix avec saint Louis, en 1228, fut très-avantageux à la couronne, puisqu'il y fut stipulé que l'héritière du comte de Toulouse épouserait un des frères du roi, et, qu'au défaut d'enfants mâles, ce comté reviendrait au roi. Mais lorsque la croisade contre les *albigeois* fut résolue, dix-huit ans auparavant, on ne pouvait pas prévoir cette clause, et il nous paraît que le comte de Toulouse dut se tenir fort honoré de cette alliance. Il se révolta quatorze ans après, trait qui ne lui fait pas honneur; mais la victoire de saint Louis à Taillebourg força ce vassal rebelle de se soumettre; dès lors les *albigeois*, privés de toute protection, furent aisément détruits.

Basnage, dans son *Histoire de l'Eglise*, l. xxiv, a fait tous ses efforts pour réfuter l'histoire des *albigeois* tracée par Bossuet; voici ce qui résulte de toutes ses recherches :

1° Avant que les manichéens répandus dans la Lombardie au xii° siècle eussent pénétré en France, il y avait déjà, dans nos provinces méridionales, des sectateurs de Pierre et de Henri de Bruis, qui y dogmatisaient et y tenaient des assemblées. Quoiqu'ils n'eussent point les mêmes opinions que les manichéens, ils ne laissèrent pas, lorsque ceux-ci arrivèrent, de se joindre à eux et de faire cause commune avec eux, de même qu'au xiii° siècle ils s'associèrent encore aux vaudois. Telle a toujours été la politique des sectaires, afin de faire nombre et de tenir tête aux catholiques. Par la même raison les vaudois se sont ensuite joints aux calvinistes, quoiqu'ils n'eussent pas la même croyance.

2° De là même il résulte qu'au xiii° siècle les *albigeois* étaient un ramas de manichéens, d'ariens, de pétrobrusiens, de henriciens et de vaudois, très-peu d'accord sur le dogme, mais réunis par intérêt et par la haine contre l'Eglise romaine et son clergé; que la plupart très-ignorants ne savaient pas trop ce qu'ils croyaient ou ne croyaient pas. De là vient la variété des récits que les historiens du temps ont faits de la doctrine de ces sectaires.

3° Dans les interrogatoires que l'on fit subir à leurs chefs, et dans les conciles où ils furent condamnés, il ne fut pas aisé de découvrir et de distinguer leurs différentes opinions, soit parce que ces prédicants n'avaient aucune doctrine fixe, soit parce qu'ils cachaient avec soin celles de leurs erreurs qui pouvaient inspirer le plus d'horreur aux catholiques.

4° Par là même on voit le ridicule de Basnage et des protestants, qui veulent faire passer les *albigeois* pour leurs ancêtres; aucun de ces hérétiques n'aurait voulu signer une profession de foi luthérienne ou calviniste, et aucun protestant sincère ne voudrait adopter toutes les rêveries des différentes sectes d'*albigeois*.

5° Basnage a eu grand soin de dissimuler les véritables raisons pour lesquelles on fut obligé de sévir contre ces mécréants, savoir : leurs violences, leurs voies de fait, leur fureur contre le culte extérieur de l'Eglise catholique et contre le clergé. Il veut persuader qu'on les punissait uniquement pour leurs erreurs, ce qui est faux. Si quelquefois on a condamné au supplice des novateurs, avant qu'ils eussent eu le temps de se former un parti redoutable, c'est que leur doctrine et leurs principes tendaient directement à la sédition et à troubler la tranquillité publique. *Voyez* HÉRÉTIQUE.

ALCORAN. *Voy.* Mahométisme.

ALCUIN, diacre de l'Eglise d'York, fut appelé en France par Charlemagne, et eut l'avantage de donner des leçons à cet empereur, et de contribuer au rétablissement des lettres ; il mourut dans son abbaye de Saint-Martin de Tours, en 804. Il a fait plusieurs ouvrages théologiques qui se sentent de la rudesse du viiie siècle : mais la doctrine en est pure. L'auteur doit être rangé parmi les écrivains ecclésiastiques et les témoins de la tradition. L'on attend la nouvelle édition de ses œuvres, promise par un savant bénédictin de la congrégation de Saint-Vannes; elle sera plus exacte et plus complète que celle d'André Duchesne, en 3 volumes in-fol.

Basnage a voulu persuader qu'*Alcuin* n'était pas du sentiment catholique touchant l'Eucharistie ; le contraire est prouvé dans la *Perpétuité de la foi,* tom. I, l. viii, c. 4.

*** ALEXANDRE LE GRAND.** Le premier livre des Machabées, c. vi, v. 2, donne à Alexandre le nom de premier roi des Grecs. Les incrédules ont vu dans ce passage une erreur ; mais il est constant que c'est réellement Alexandre, qui le premier, a pris le titre de roi. Des médailles sont venues confirmer cette vérité, et donner ainsi raison à la Bible contre les arguties des incrédules et des protestants. Nous développons cette réponse au mot Médailles.

ALEXANDRIE. Nous n'avons à parler que de l'Eglise fondée dans cette ville célèbre. Selon tous les monuments anciens de l'histoire ecclésiastique, c'est saint Marc, disciple de saint Pierre, qui a prêché l'Evangile dans *Alexandrie,* et y a fondé une Eglise. M. de Valois pense que ce fut la neuvième année de l'empereur Claude, environ dix-sept ans après la mort de Jésus-Christ : d'autres placent cet événement dix ans plus tard.

Quoi qu'il en soit, l'on ne pouvait ignorer dans *Alexandrie,* ville remplie de Juifs, ce qui s'était passé en Judée dix-sept ans auparavant : il y avait un commerce habituel entre Alexandrie et Jérusalem, et une synagogue dans cette dernière pour les Alexandrins. *Act.* vi, 9. Si saint Marc avait raconté des faits imaginaires dans l'Evangile qu'il écrivit pour l'instruction des nouveaux fidèles, il leur aurait été très-aisé d'en constater la fausseté. Apollo, disciple de saint Paul, était d'*Alexandrie. Act.* xviii, 24. Les troubles qui causèrent la ruine de Jérusalem ne se firent point sentir en Egypte ; l'Eglise naissante put y jouir d'une longue tranquillité. Saint Marc eut une suite non interrompue de successeurs dont Eusèbe a donné la liste ; la tradition apostolique a dû se conserver longtemps sans altération dans cette église patriarcale. On sait qu'*Alexandrie* était une des villes où les sciences étaient le plus cultivées ; il y avait une école de philosophie. Panthænus, Clément d'*Alexandrie,* Origène y furent instruits et y donnèrent ensuite des leçons. Ce n'est donc pas dans les ténèbres, ni sous le voile de l'ignorance que le christianisme s'est établi dans *Alexandrie.* Ceux qui ont cru en Jésus-Christ, ne l'ont pas fait sans s'être informés de la vérité des faits publiés par les apôtres. Il n'est pas douteux que cette Eglise n'ait eu une liturgie qui lui était propre, et il est très-probable que c'est celle qui a paru dans la suite sous le nom de saint Marc. Nous en parlerons au mot Liturgie.

Il n'est aucune des anciennes Eglises qui ait été aussi agitée que celle d'*Alexandrie ;* cette ville, grande, riche et très-peuplée, était partagée en trois religions, le paganisme, le judaïsme et le christianisme, et ses habitants étaient naturellement séditieux et violents. Pour cette raison, les empereurs furent obligés d'accorder beaucoup d'autorité à l'évêque ; sa juridiction s'étendit bientôt sur toute l'Egypte. La célébrité de l'école d'*Alexandrie* contribua encore à lui donner beaucoup de considération parmi les autres évêques ; mais plus cette place était importante, plus elle était exposée à de fréquents orages. Dès le commencement du iiie siècle, l'ordination d'Origène, qui parut irrégulière à deux évêques d'*Alexandrie,* leur fournit un sujet de troubler le repos de ce grand homme ; d'autres le protégèrent, en particulier Denis, qui occupa ce siège vers l'an 250 : mais celui-ci à son tour fut accusé d'avoir préparé les voies à l'erreur d'Arius. L'an 306, le schisme de Mélèce divisa cette Eglise, et l'an 320 Arius commença d'y publier son hérésie. On sait combien elle causa de désordres dans toute l'Eglise, et à quelles persécutions saint Athanase fut exposé, parce qu'il soutenait avec zèle la divinité de Jésus-Christ. Théophile, un de ses successeurs en 385, fut ennemi de saint Jean Chrysostome, et augmenta les brouilleries qui régnaient déjà entre les évêques d'*Alexandrie* et ceux de Constantinople. L'épiscopat de saint Cyrille, neveu et successeur de Théophile, fut très-orageux ; Nestorius, qu'il condamna dans le concile d'Ephèse en 431, et contre lequel il écrivit, eut beaucoup de partisans qui accusèrent saint Cyrille d'eutychianisme. Dioscore, qui lui succéda, embrassa ouvertement le parti d'Eutychès ; il résista aux décisions du concile de Chalcédoine, tenu l'an 451, et entraîna toute l'Egypte dans son schisme. Lorsqu'on voulut mettre sur ce siège des évêques catholiques, les Alexandrins en massacrèrent un et en chassèrent un autre. Pendant près d'un siècle, les empereurs employèrent vainement toute leur autorité pour rétablir la paix ; leurs efforts n'aboutirent qu'à aigrir les Egyptiens contre le gouvernement. L'an 630, le patriarche Cyrus fut le premier auteur du monothélisme, et quatre ans après, les mahométans conquirent et ravagèrent l'Egypte.

Basnage, dans son *Histoire de l'Eglise,* liv. ii, s'est beaucoup étendu sur ce tableau ; son dessein était de prouver que les évêques d'*Alexandrie* n'ont jamais reconnu la juridiction du pontife romain, et ne lui ont jamais été soumis. Ce n'est pas ici le lieu de discuter tous les faits dont il veut tirer avantage ; mais quand l'indépendance de ces évêques serait encore mieux prouvée, qu'en résulterait-il ? Les tristes effets qu'elle a produits suffiraient pour démontrer contre les protestants la nécessité d'un centre d'unité dans la foi, et d'un chef dans l'épiscopat; puisque, faute d'en reconnaître un, les patriarches d'*Alexandrie* ont vu leur Eglise sans cesse agitée par des schismes et par des hérésies, jusqu'à ce qu'enfin le christianisme y ait été presque entièrement aboli; il n'y en a plus qu'un faible reste parmi les Cophtes, et encore y est-il très-défiguré par l'ignorance et par l'erreur. *Voyez* COPHTES, ÉGYPTE.

L'abbé Renaudot a donné une histoire des patriarches d'*Alexandrie*, depuis la fondation de cette Eglise jusqu'au XIII° siècle.

ALLEGORIE, discours dont le sens est détourné, ou qui, sous le sens littéral, cache un autre sens moins facile à saisir. Ce mot vient du grec ἄλλη ἀγορεύω, *je parle autrement;* c'est par conséquent une métaphore continuée. La différence entre une *allégorie* et une *parabole* est que la première renferme un sens historique ou littéral vrai, au lieu que la seconde est une espèce de fable, dont les personnages ou les faits n'ont jamais existé. Ainsi saint Paul, *Galat.* IV, 22, nous apprend que ce qui est dit des deux fils d'Abraham, dont l'un était né d'une esclave, l'autre d'une épouse, est une *allégorie* qui signifie les deux alliances que Dieu a faites avec les hommes, dont l'une produisait des esclaves, l'autre fait naître des enfants libres; que la loi qui défendait aux Juifs de lier le mufle du bœuf qui foulait le grain, signifiait que les fidèles devaient fournir la subsistance aux ouvriers évangéliques, etc. Cela n'empêche pas que l'histoire des deux enfants d'Abraham ne soit vraie, et que la loi imposée aux Juifs n'ait dû être exécutée à la lettre. Au contraire, les *paraboles* dont se servait Jésus-Christ pour instruire le peuple, comme celle de l'enfant prodigue, de la brebis perdue, etc., ne sont point des narrations historiques, mais des fictions, dont le but est de peindre la bonté et la miséricorde de Dieu envers les pécheurs. *Voyez* PARABOLE.

Outre le sens *allégorique* de l'Ecriture sainte, les interprètes y distinguent encore un sens *tropologique*, qui regarde les mœurs, et un sens *anagogique*, qui concerne les récompenses que Dieu nous promet dans l'autre vie. *Voyez* ECRITURE SAINTE, § 3

De là quelques incrédules ont pris occasion de conclure que les auteurs sacrés ont écrit exprès dans un style énigmatique, afin de tromper les auditeurs et les lecteurs : conséquence très-peu réfléchie. Quand nous disons que l'Ecriture sainte a souvent un sens *allégorique* ou figuratif, nous ne prétendons pas que les écrivains sacrés ont eu toujours en vue un double sens. Il n'est pas certain que Moïse, en parlant des deux enfants d'Abraham, a compris que l'un était une figure du peuple juif, l'autre du peuple chrétien; ni qu'en portant la loi dont nous avons parlé, il pensait à pourvoir à la subsistance des prédicateurs de l'Evangile. Il peut avoir ignoré le dessein que Dieu avait en lui faisant écrire cette histoire et porter cette loi; et Dieu s'est réservé de le révéler aux écrivains du Nouveau Testament. Moïse n'a donc péché ni contre la sincérité d'un historien, ni contre la sagesse d'un législateur. Il en est de même des prophètes et des autres historiens sacrés; tous peut-être n'ont eu en vue que le sens littéral; mais cela n'empêche pas que Dieu n'ait pu nous découvrir, sous l'écorce de la lettre, un autre sens, ou par Jésus-Christ, ou par les apôtres, ou par les docteurs de l'Eglise. Il ne s'ensuit pas de là que Dieu a trompé les écrivains sacrés, ni qu'il a voulu induire en erreur les Juifs, dépositaires des Ecritures; il s'ensuit seulement qu'il n'a pas révélé à ces anciens tout ce qu'il se proposait de faire dans la suite des siècles.

Nous lisons dans l'Evangile, *Joan.* XI, 49, que Caïphe dit aux prêtres et aux pharisiens rassemblés, en parlant de Jésus-Christ : *Vous n'y entendez rien; vous ne voyez pas qu'il est expédient pour vous que cet homme meure pour le peuple, et pour que toute la nation ne périsse point.* L'Evangile ajoute : *Caïphe ne dit point cela de lui-même; mais, comme il était pontife, il prophétisa que Jésus mourrait non-seulement pour le peuple, mais pour rassembler tous les enfants de Dieu.* Caïphe fit donc une prédiction sans le savoir; son discours fut une *allégorie* dont il ne comprenait pas tout le sens. Mais soit que les écrivains de l'Ancien Testament aient compris tout le sens de ce qu'ils disaient, ou qu'ils n'en aient vu qu'une partie, ils n'ont été ni trompeurs ni trompés.

C'est une question de savoir si, dans le dessein de Dieu, toute la loi de Moïse était figurative; si l'on peut et si l'on doit donner à tous les événements de l'Ancien Testament un sens *allégorique*, et les envisager comme autant de types et de figures de ce qui arriva dans le Nouveau. Nous examinerons cette question au mot FIGURE et FIGURISME.

Non-seulement plusieurs incrédules, mais quelques auteurs chrétiens, ont pensé que les anciennes prophéties ne pouvaient être appliquées à Jésus-Christ que dans un sens *allégorique;* que dans le sens littéral elles regardaient d'autres personnages et d'autres événements. Nous prouverons le contraire au mot PROPHÉTIE.

De même que les anciens, surtout les Orientaux, aimaient à parler en paraboles, ils avaient aussi du goût pour les *allégories;* ils se plaisaient à trouver dans un événement quelconque la figure d'un autre événement. Un de nos philosophes, très-appliqué à tourner en ridicule les livres saints, est convenu qu'une ancienne coutume de l'Orient était non-seulement de parler en *allégories*, mais d'exprimer, par des actions singulières, les choses qu'on voulait signifier, et de peindre aux yeux des auditeurs les objets dont on voulait leur frapper l'imagination. Rien n'était, dit-il, plus naturel; car les hommes n'ayant écrit longtemps leurs pensées qu'en hiéroglyphes, ils devaient prendre l'habitude de parler comme ils écrivaient. Nous ne devons donc pas être étonnés de ce que Dieu a souvent ordonné aux prophètes des actions qui semblaient ridicules, mais qui étaient très-capables d'exciter l'attention des spectateurs, et qui renfermaient beaucoup de sens.

Ainsi, le prophète Isaïe marche au milieu de Jérusalem avec la nudité des esclaves, pour annoncer aux Juifs leur sort futur, *Isaïe*, c. 20; Jérémie met un joug sur ses épaules, pour leur montrer d'avance celui qui leur sera imposé par Nabuchodonosor; il envoie des chaînes aux rois de l'Idumée, de Moab et de Tyr, symbole de celles dont ils étaient menacés. Dieu ordonne à Osée d'épouser une prostituée, de l'abandonner pendant quelque temps, et de la reprendre ensuite, pour peindre la conduite de Dieu à l'égard de la nation juive, etc. C'étaient des *allégories* très-frappantes, et l'on en trouve quelques exemples dans l'histoire profane.

Puisque telle était la tournure des mœurs antiques, il n'est pas surprenant que les Juifs aient souvent donné un sens *allégorique* aux faits de l'histoire sainte. Saint Paul l'a fait plus d'une fois; les Pères de l'Église les plus anciens l'ont imité, parce que cette manière d'instruire était du goût de leurs auditeurs. Mais les protestants leur en font un crime; ils disent que cette méthode, ridicule en elle-même, n'est bonne qu'à pallier l'ignorance du prédicateur, à faire passer des visions pour des vérités importantes, à donner aux auditeurs un goût faux, à les détourner de la recherche du sens littéral et naturel de l'Écriture sainte. Tel est le jugement qu'en a porté Barbeyrac, *Traité de la morale des Pères*, chap. 7, § 6 et suiv. Il soutient que l'exemple des apôtres ne peut pas servir à justifier les Pères.

1° Les apôtres, dit-il, ont fait rarement usage des *allégories*, et les Pères s'en servent continuellement; les premiers y ont recours, plutôt pour montrer, dans l'Ancien Testament, les mystères de Jésus-Christ, que pour en tirer des leçons de morale; à peine en trouve-t-on deux ou trois exemples dans saint Paul, au lieu que les Pères n'en donnent presque point d'autres.

Cependant saint Matthieu a pris dans un sens *allégorique* au moins vingt prophéties de l'ancien Testament : c'est un reproche que lui font les incrédules; et Barbeyrac, sans le savoir, a pris la peine de le confirmer. Saint Paul a tourné en leçon de morale, non-seulement la loi du Deutéronome, dont nous avons parlé, et celle qui défendait de se servir du pain levé dans la célébration de la pâque, mais encore la loi de la circoncision, celle du sabbat, celle des ablutions, celle des abstinences, les promesses faites à Abraham, les reproches et les menaces adressés aux Juifs par Isaïe, etc. Les Juifs modernes en font un crime à saint Paul; ils disent que c'est un expédient imaginé par cet apôtre, pour exempter ses prosélytes de l'observation de la loi cérémonielle. Il est fâcheux que Barbeyrac n'ait pas vu qu'il autorisait l'entêtement des Juifs.

Saint Pierre, *Epist. I*, cap. II, v. 6, tourne en leçon de morale la prophétie d'Isaïe, c. VIII, v. 14, concernant la pierre angulaire qui écrase les incrédules; celle d'Osée, c. II, v. 24, qui regarde les Juifs rentrés en grâce avec Dieu; l'exemple des pécheurs exterminés par le déluge, et il compare le baptême à l'arche de Noé, c. III, v. 20, etc. Ces sortes de leçons ne sont donc pas aussi rares dans les écrits des apôtres que Barbeyrac le prétend.

2° Il dit que, comme les écrivains sacrés étaient inspirés, nous devons les croire, lorsqu'ils nous découvrent un sens *allégorique*, dans un fait ou dans une loi, où nous ne l'aurions pas aperçu; mais qu'ils n'ont commandé à personne de faire de même, et qu'ils n'ont donné aucune règle pour découvrir ces sortes de sens; qu'ainsi ce sont des explications arbitraires et de vaines imaginations.

Nouvelle imprudence : comment n'a-t-il pas vu que les incrédules se prévaudraient encore de cette remarque et la tourneraient contre les apôtres mêmes? En effet, les incrédules disent que l'inspiration prétendue ne peut pas rendre réel ce qui est imaginaire, ni respectable ce qui est ridicule, ni justifier un sens auquel il est évident que le législateur des Juifs et leurs prophètes n'ont jamais pensé : c'est à Barbeyrac de prouver le contraire. Il s'ensuit seulement de son observation que les explications *allégoriques* données par les Pères ne sont pas des articles de foi; et qui l'a jamais prétendu? Les apôtres n'ont pas commandé ces explications; mais ils ne les ont pas défendues non plus, puisque saint Barnabé et saint Clément en ont fait un grand usage; nous devons présumer que ces deux disciples immédiats des apôtres connaissaient pour le moins aussi bien les intentions de leurs maîtres, que les critiques protestants du XVII° ou du XVIII° siècle.

3° Les apôtres, continue le censeur des Pères, ont donné des sens *allégoriques* à l'Écriture sainte, par condescendance pour les Juifs qui avaient du goût pour ce genre d'instruction; mais ce n'est pas un exemple à suivre : ce goût est pernicieux en lui-même, parce qu'il nous détourne de la recherche du sens littéral et vrai de la parole de Dieu.

Nous n'avouerons jamais qu'un genre d'instruction duquel les apôtres se sont servis, soit pernicieux en lui-même; mais nous soutenons que les Pères l'ont mis en usage par le même motif, par condescendance pour leurs auditeurs. En effet, après saint Barnabé et saint Clément de Rome, les deux Pères de l'Église qui y ont été le plus attachés sont saint Clément d'Alexandrie et Origène; l'un et l'autre instruisaient et écrivaient en Égypte : or, les Juifs d'Alexandrie étaient très-accoutumés aux explications *allégoriques* de l'Écriture sainte, témoin les ouvrages de Philon. Les Égyptiens en général n'y étaient pas moins habitués par l'usage de leurs hiéroglyphes.

Une autre preuve du motif qui a conduit les Pères, c'est qu'ils ne se bornent point au sens mystique ou *allégorique* de l'Ecriture sainte. Origène, avant d'y avoir recours, donne assez souvent l'explication littérale du texte, et l'on connaît les travaux entrepris par ce savant homme pour confronter le texte hébreu avec les versions. Saint Grégoire de Nysse, après avoir tiré de la loi de Moïse un grand nombre d'*allégories*, conclut ainsi : *Ce que nous venons de proposer se réduit à des conjectures; nous les abandonnons au jugement des lecteurs : s'ils les rejettent, nous ne les réclamerons point; s'ils les approuvent, nous n'en serons pas pour cela plus contents de nous-mêmes* (L. de Vita Mosis, p. 223). Saint Augustin, peu de temps après sa conversion, avait écrit deux livres sur la Genèse contre les manichéens, où il avait donné des raisons *allégoriques* de la plupart des faits, *parce que je ne voyais pas*, dit-il, *comment on pouvait les entendre dans le sens propre*. Mieux instruit dans la suite, il fit un autre ouvrage sur la Genèse, prise dans le sens littéral, *de Genesi ad litteram*. La bonne foi aurait exigé que Beausobre fît cette remarque, avant de censurer saint Augustin, *Hist. du Manich.*, tom. I, l. 1, c. 4, pag. 283.

C'est donc très-mal à propos que l'on blâme les Pères de l'Eglise; voudrait-on qu'ils eussent pris une autre méthode d'instruire, qui aurait déplu à leurs auditeurs, et qui n'aurait pas été écoutée? Juger du goût des II° et III° siècles de l'Eglise par celui du XVIII°, c'est une absurdité. En second lieu, les Pères ne pensaient point à former des savants, mais des chrétiens vertueux; ils voulaient les accoutumer à chercher dans les livres saints, non de l'érudition ou des connaissances profanes, mais des leçons de morale et des sujets d'édification; nous soutenons qu'ils n'avaient pas tort. Grâces à l'entêtement des hérétiques et des incrédules, ce n'est plus là ce qu'on veut aujourd'hui, il faut des remarques grammaticales, critiques, historiques, philosophiques, de la chronologie, de la géographie, de la physique et de l'histoire naturelle, pour expliquer les livres saints. Nous sommes sans doute, dans tous les genres, plus habiles que nos pères, en sommes-nous meilleurs chrétiens? Ces savantes discussions sont-elles à portée du peuple?

Or, c'est principalement le peuple que les Pères devaient et voulaient instruire. L'événement suffit pour nous convaincre qu'ils ont mieux réussi que leurs accusateurs. Les savants commentaires des protestants n'ont abouti qu'à multiplier parmi eux les disputes, les sectes, les erreurs; ceux des Pères de l'Eglise formaient des hommes vertueux et des saints.

Ce qu'il y a de plus singulier, c'est que les protestants, qui censurent avec tant d'aigreur le goût des anciens Pères pour les *allégories*, sont cependant très-attentifs à profiter des explications *allégoriques* que saint Clément d'Alexandrie, Origène et Tertullien ont données quelquefois aux paroles de Jésus-Christ touchant l'Eucharistie.

Mais il est bon de voir combien leur prévention contre les Pères a donné d'avantage aux incrédules. C'est mal à propos, dit l'un d'entre eux, que les apologistes du christianisme ont voulu prouver aux païens l'absurdité de leur religion par la nécessité de recourir à des *allégories* pour dissiper le scandale de leurs fables; ne sommes-nous pas dans le même cas à l'égard de la plupart des faits de l'Ancien Testament? Les Pères de l'Eglise l'ont senti, puisque tous ont allégorisé et sont convenus que sans cette méthode il était impossible d'entendre l'Ecriture sainte. Il cite en preuve saint Clément d'Alexandrie, Origène, Tertullien et saint Augustin. La fureur pour les *allégories* a fait diviniser le cantique de Salomon; les mahométans font de même pour pallier les absurdités de l'Alcoran.

Vainement nous demanderions aux censeurs des Pères une réponse solide à cette objection; ce n'est pas chez eux que nous irons la chercher. Les actions infâmes et scandaleuses racontées dans les fables étaient attribuées aux dieux; pouvait-on les condamner ou les blâmer? S'il y en a dans l'histoire sainte, elles sont attribuées à des hommes, elles ne sont point approuvées, souvent même elles sont punies; cela est fort différent. Les hommes ne sont pas impeccables, mais les dieux devaient l'être; toutes les actions des premiers ne sont pas des exemples à suivre; mais pouvait-on être coupable en imitant les dieux? Nous n'avons donc pas besoin d'*allégories* pour expliquer l'ivresse de Noé, l'inceste de Loth avec ses filles, le mensonge que Jacob dit à son père pour avoir sa bénédiction, l'adultère et l'homicide de David, etc., puisque nous ne sommes pas obligés de les justifier.

Nous avons vérifié les citations des Pères que l'on nous oppose; la plupart sont fausses : voici tout ce qu'il y a de vrai.

Saint Clément d'Alexandrie, *Strom.*, l. II, c. 19, pag. 481, dit que la manière dont Dieu en a agi à l'égard d'Adam, de Noé, d'Abraham, de Jacob et d'Esaü, était prophétique et typique; c'est aussi le sentiment de saint Paul à l'égard des deux derniers. Saint Clément conclut par les paroles de Jacob : *Parce que Dieu a eu pitié de moi, il m'a donné tout ce que je possède*, l. VI, c. 15, pag. 803. Il observe que, selon l'Evangile, Jésus-Christ ne parlait qu'en paraboles; il conclut que, puisque Jésus-Christ est aussi l'auteur de la loi et des prophètes, il y a parlé de même en paraboles. Saint Clément en donne pour raison, 1° que par là Dieu a voulu exciter notre vigilance et notre curiosité; 2° parce que plusieurs auraient abusé d'un style plus clair; 3° parce que c'était la manière d'enseigner la plus ancienne et la plus générale; 4° parce que le style des Hébreux est ordinairement figuré. Mais il ajoute que les hommes vraiment intelligents sont ceux qui entendent l'Ecriture sainte *selon la règle ecclésiastique*. Il n'admettait donc pas les explications arbitraires, et il ne s'ensuit pas de là que tout est parabole ou *allégorie* dans l'Ecriture sainte.

Origène, parlant de la distinction des animaux purs et impurs, *Homil. 7 in Levit.*, n° 5, dit que si on l'entend comme les Juifs et comme le peuple, les lois que Dieu a portées sur ce sujet paraîtront moins raisonnables et moins respectables que celles des Athéniens, des Spartiates ou des Romains; mais que si on les entend *selon le sens qu'enseigne l'Eglise*, elles paraîtront vraiment divines et supérieures à toutes les lois humaines. *L. II in Epist. ad Rom.*, n. 9. Il demande que peuvent avoir de commun avec la loi naturelle celles qui ordonnent la circoncision, qui défendent de faire un tissu de lin et de laine, ou de manger du pain levé à la fête de Pâques. Il dit qu'ayant demandé à des Juifs la raison et l'utilité de ces lois, ils ne lui en ont point donné d'autre que le bon plaisir du législateur. Il ne s'ensuit pas de là qu'Origène voulait que l'on prît aussi dans un sens *allégorique* les autres lois dont la raison était claire et sensible, et les lois morales contenues dans le Décalogue. Il nous paraît que l'on a jugé ce Père un peu trop sévèrement, quand on a conclu de là qu'il détruisait souvent le sens littéral de l'Ecriture sainte ; ce n'était pas le détruire que d'avouer qu'il ne le voyait pas.

Tertullien, liv. V *contre Marcion*, c. 5, dit que rien ne paraît plus ridicule ni plus méprisable que les sacrifices sanglants, les purifications, la loi du talion, la circoncision, les abstinences ; qu'aussi tout hérétique tourne en dérision l'ancien Testament dans son entier ; mais que Dieu a voilé sous ces énigmes et sous ces figures une sagesse qui devait être révélée par Jésus-Christ. Cependant Tertullien, dans ce même ouvrage, donne de très-bonnes raisons des abstinences prescrites aux Juifs, de la distinction des animaux purs et impurs, de la multitude des sacrifices et des offrandes. Lors donc qu'il a dit que tout cela pris à la lettre était ridicule et méprisable, il a entendu que cela paraissait tel aux hérétiques, et non aux fidèles instruits par Jésus-Christ. Quand même il aurait voulu dire de toute la loi cérémonielle ce que les incrédules lui attribuent, il ne s'ensuivrait pas encore qu'il a pensé de même de tout l'Ancien Testament.

Saint Augustin, *L. contra Mendacium, ad Consent.*, c. 10, n. 23 et 24, soutient qu'Abraham et Isaac n'ont pas menti, en disant que leurs épouses étaient leurs sœurs, non plus que Jacob, en disant à Isaac qu'il était Esaü, son aîné, parce que c'étaient des figures, des types ou des métaphores. Nous ne pensons pas que cette excuse soit solide ; parce qu'une équivoque, employée pour tromper quelqu'un est un vrai mensonge : mais on n'en peut pas conclure que, selon saint Augustin, toute l'histoire sainte est figurative ou *allégorique*, et que sans le secours des *allégories*, il serait impossible de l'entendre.

Il n'a pas été difficile de réfuter Woolston, qui prétendait que les miracles de Jésus-Christ devaient être pris dans un sens purement *allégorique*, et qu'ils avaient été ainsi envisagés par les Pères. *Voy. le sens littéral de l'Ecriture sainte défendu* par Stakhouse, etc.

Ce n'est point le goût pour les *allégories* qui a fait diviniser le cantique de Salomon ; c'est au contraire l'habitude du style *allégorique*, usité de tout temps chez les Orientaux, qui a fait écrire ainsi cet ancien ouvrage, monument original des mœurs simples et innocentes qui régnaient pour lors. L'Eglise chrétienne l'a reçu comme un livre divin, sur la foi de la tradition constante des Juifs, transmise par les apôtres, et leur témoignage n'a pas besoin d'un autre garant.

Il n'est pas vrai que les mahométans recourrurent aux *allégories* pour pallier les absurdités et les turpitudes renfermées dans l'alcoran ; ils font profession de les croire à la lettre, telles que leur prétendu prophète les a écrites ; et quand ils voudraient user de ce palliatif, ils ne viendraient jamais à bout de leur donner la moindre apparence de bon sens : *Voy.* MARRACCI, *Prodromus ad refut. Alcoranni*, et MAHOMÉTISME.

ALLELU-IA ou ALLELU-IAH, deux mots hébreux qui signifient, *louez le Seigneur*.

Saint Jérôme est le premier qui ait introduit le mot *alleluia* dans le service de l'Eglise ; pendant longtemps on ne l'employait qu'une seule fois l'année dans l'Eglise latine, savoir le jour de Pâques ; mais il était plus en usage dans l'Eglise grecque, où on le chantait dans la pompe funèbre des saints, comme saint Jérôme le témoigne expressément en parlant de celle de sainte Fabiole : cette coutume s'est conservée dans cette Eglise, où l'on chante même l'*alleluia* quelquefois pendant le carême.

Saint Grégoire le Grand ordonna qu'on le chanterait de même toute l'année dans l'Eglise latine ; ce qui donna lieu à quelques personnes de lui reprocher qu'il était trop attaché aux rites des Grecs, et qu'il introduisait dans l'Eglise de Rome les cérémonies de celle de Constantinople ; mais il répondit que tel avait été autrefois l'usage à Rome, même lorsque le pape Damase, qui mourut en 384, introduisit la coutume de chanter l'*alleluia* dans tous les offices de l'année. Ce décret de saint Grégoire fut tellement reçu dans toute l'Eglise d'Occident, qu'on y chantait l'*alleluia*, même dans l'office des morts, comme l'a remarqué Baronius dans la description qu'il fait de l'enterrement de sainte Radegonde. On voit encore dans la messe mozarabique, attribuée à saint Isidore de Séville, cet introït de la messe des défunts : *Tu es portio mea, Domine, alleluia, in terra viventium, alleluia.*

Dans la suite, l'Eglise romaine supprima le chant de l'*alleluia* dans l'office et dans la messe des morts, aussi bien que depuis la septuagésime jusqu'au graduel de la messe du samedi saint, et elle y substitua ces paroles, *Laus tibi, Domine, Rex æternæ gloriæ*, comme on le pratique encore aujourd'hui. Le quatrième concile de Tolède, dans le onzième de ses canons, en fit une loi expresse, qui a été adoptée par les autres Eglises d'Occident.

Saint Augustin, dans son épître 119 *ad Januar.*, remarque qu'on ne chantait *alleluia* que le jour de Pâques. Il n'a fait que rapporter l'usage de son siècle. Dans la messe mozarabique, on le chantait après l'Evangile, mais non pas en tout temps; au lieu que dans les autres Eglises on le chantait comme on le fait encore, entre l'Epître et l'Evangile, c'est-à-dire, au Graduel. Sidoine Apollinaire remarquait que les forçats ou rameurs chantaient à haute voix l'*alleluia*, comme un signal pour s'exciter et s'encourager à leurs manœuvres.

C'était en effet la coutume des premiers chrétiens de sanctifier leur travail par le chant des hymnes et des psaumes. Bingham, *Orig. Eccl.*, tom. VI, lib. XIV, cap. 11, § 4.

ALLEMAGNE. Cette partie de l'Europe, à la prendre dans toute l'étendue qu'on lui donne aujourd'hui, n'a pas été convertie à la foi chrétienne en même temps. Saint Boniface, archevêque de Mayence, né en Angleterre, et religieux bénédictin, est regardé comme l'apôtre de l'*Allemagne*; c'est par ses travaux, continués depuis l'an 715, jusqu'à sa mort, arrivée l'an 755, que les Germains, voisins du Rhin, c'est-à-dire, les habitants de la Thuringe, de la Hesse, de la Frise et même de la Bavière, furent solidement convertis au christianisme, et que les premiers évêchés de cette partie occidentale de l'*Allemagne* furent fondés: son apostolat fut couronné par le martyre: il fut massacré par les barbares avec cinquante-deux de ses compagnons, soit missionnaires soit chrétiens; leur sang fut une semence qui produisit d'autres apôtres.

Les protestants mêmes n'ont pas osé contester son zèle, ses travaux, son courage, ses succès; mais, comme ce saint missionnaire a prêché le christianisme catholique, et non le protestantisme, il a bien fallu en déprimer l'éclat et en empoisonner au moins le motif. *Boniface*, dit Mosheim, *obtint, par ses travaux et par ses pieux exploits, le titre honorable d'apôtre de la Germanie; et il le mérita certainement par les services signalés qu'il rendit au christianisme; mais cet éminent prélat fut un apôtre à la façon moderne; il s'écarta à plusieurs égards de l'excellent modèle qu'il avait dans la conduite et le ministère des premiers et vrais apôtres. Indépendamment de son zèle pour la gloire et l'autorité du pontife romain, qui égalait, s'il ne surpassait point, celui qu'il avait pour le service du Christ et pour la propagation de sa religion, on lui reproche plusieurs autres choses indignes d'un vrai ministre chrétien. En combattant les superstitions païennes, il n'employa pas toujours les armes dont les anciens hérauts de l'Evangile se servirent pour faire triompher la vérité, mais souvent la violence et la terreur, quelquefois même l'artifice et la fraude, pour multiplier le nombre des chrétiens. J'ajouterai que ses lettres annoncent un caractère impérieux et arrogant, un esprit fourbe et trompeur, un zèle excessif pour accroître les honneurs et les prétentions de l'ordre sacerdotal, et une profonde ignorance de plusieurs choses dont la connaissance est absolument indispensable à un apôtre, et surtout de celles qui ont pour objet la vraie nature et le véritable génie de la religion chrétienne* (*Hist. ecclés.*, VIIIe siècle, 1re part., c. 1, § 4). Instruits par ce tableau, nos incrédules français n'ont pas hésité de dire que les missionnaires de l'*Allemagne* prêchèrent le papisme et non le christianisme; qu'ils furent les émissaires, les satellites, les esclaves des papes, plutôt que les envoyés de Jésus-Christ; d'où nous devons conclure que les barbares ne firent pas si mal de les massacrer: mais il ne nous paraît pas fort difficile de les justifier.

1° Il est absurde de vouloir que saint Boniface ait prêché dans l'*Allemagne* un autre christianisme, une autre religion que celle dans laquelle il avait été élevé et instruit, et de la vérité de laquelle il était très-persuadé; qu'il ait établi le prétendu christianisme de Luther et de Calvin, huit cents ans avant que celui-ci eût été forgé. Il y a donc aussi du ridicule à trouver mauvais qu'il ait cru fermement à l'autorité du pape, et qu'il l'ait établie dans les églises d'*Allemagne*, dès que c'était pour lors la foi et la croyance universelle de tout l'Occident. S'il avait fait autrement, c'est alors qu'il faudrait l'accuser d'infidélité à son ministère et de mauvaise foi. La seule preuve que l'on allègue de l'excès de son zèle sur ce point, c'est que, selon les auteurs de l'*Histoire littér. de la France*, « saint Boniface, dans ses lettres, exprime son dévouement pour le saint-siège en des termes qui ne sont pas assez proportionnés à la dignité du caractère épiscopal. » Mais ces termes n'étonnaient personne dans ce temps-là, parce que l'autorité des papes était plus grande au VIIIe siècle qu'elle n'est aujourd'hui; et nous verrons au mot PAPE, que cela était ainsi par nécessité et par le besoin des circonstances.

2° C'est encore une absurdité de conclure de la que le zèle de saint Boniface était plus grand pour l'autorité du pontife romain que pour la gloire de Jésus-Christ et pour la propagation de sa religion. Puisque ce saint missionnaire croyait fermement que l'autorité du pape avait été établie par Jésus-Christ lui-même, qu'elle était nécessaire pour la propagation de la foi et pour maintenir l'unité de l'Eglise, que l'on ne pouvait pas être sincèrement soumis à Jésus-Christ sans obéir à son vicaire sur terre; son zèle pour cette autorité était un vrai zèle pour la gloire et pour le service de Jésus-Christ. Quand saint Boniface aurait été dans l'erreur, ce qui n'est pas, elle lui aurait été commune avec tout son siècle, et sa conduite était parfaitement d'accord avec sa croyance.

3° Quelle preuve peut-on donner, pour

faire voir qu'il a employé la violence et la terreur pour subjuguer les païens, et faire triompher la vérité? Aucune; on nous fait seulement remarquer qu'il fut secondé par la puissante protection et encouragé par les libéralités de Charles Martel, de Carloman et de Pepin, ses enfants. Il en avait besoin, sans doute, pour fonder des évêchés, des monastères et des écoles ; mais ces princes le firent-ils escorter par des soldats, pour imprimer la terreur aux barbares, et pour les forcer à se faire chrétiens? Il ne voulut pas seulement que ses compagnons fissent aucune résistance, lorsque les Frisons vinrent le massacrer ; sa douceur, sa patience, sa résignation à la mort, sont attestées par ses lettres. *Vies des Pères et des Martyrs*, tom. V, p. 133.

4° On ne donne point de preuves non plus de son caractère fourbe et trompeur, des artifices et de la fraude qu'il employa pour multiplier le nombre des chrétiens. Si par *fraudes* les protestants entendent les reliques, les indulgences, le purgatoire, la confession, même les miracles, nous avouerons que saint Boniface les mit en usage; mais il faut commencer par prouver que tout cela sont des *fraudes*, et que saint Boniface lui-même n'y avait aucune foi. Ces prétendues *fraudes* sont un peu différentes des mensonges, des impostures, des calomnies, dont les prédicants du protestantisme se sont servis pour l'établir.

5° Nous avons beau chercher dans les lettres de ce saint évêque, ou ailleurs, des vestiges du caractère impérieux et arrogant qu'on lui attribue, nous n'y trouvons que des témoignages du contraire. Mais il était zélé pour l'honneur et les prétentions de l'ordre sacerdotal ; assurément, et ce crime lui est commun avec saint Paul, qui disait : *Tant que je serai l'apôtre des nations, j'honorerai mon ministère*. (Rom. XI, 13), et à *Tite*, II, 15 : *Que personne ne vous méprise.* Saint Boniface ne s'est pas attribué autant d'autorité sur les églises qu'il avait fondées que Luther et Calvin sur celles qu'ils avaient perverties. Avant sa mort il se donna un successeur sur le siége de Mayence, et lui laissa le soin de gouverner cette église, pour aller continuer ses missions chez les idolâtres ; il n'attribua aux évêques point d'autre autorité que celle dont ils jouissaient dans tout l'Occident.

6° Enfin, quand les missionnaires de l'*Allemagne* auraient donné quelque sujet aux préventions des protestants, ce qui n'est point, ces derniers seraient encore injustes, et pour ainsi dire barbares, de chercher à ternir la gloire des ouvriers évangéliques qui ont instruit et civilisé leurs ancêtres : sans leurs travaux, Luther aurait-il établi dans ces contrées sa prétendue réformation? Aucun des prédicants n'est allé prêcher l'Evangile chez les barbares; et nous connaissons le succès qu'ont eu leurs successeurs, quand ils ont voulu faire le personnage d'apôtres. Ils ne savent que noircir et calomnier comme leurs prédécesseurs.

Nous ne nous arrêtons point à relever le ridicule de Brucker, qui reproche à saint Boniface de n'avoir pas assez rendu de services aux lettres et à la philosophie, en portant le christianisme en *Allemagne*: il se fâche contre les bénédictins, parce qu'ils lui ont attribué de l'érudition et de la capacité, et qu'ils l'ont loué d'avoir établi des écoles dans les monastères de Fulde et de Fritzlar. Il en prend occasion de confirmer ce que les auteurs protestants ont dit de l'ignorance de ce missionnaire, et il en apporte pour preuve, non-seulement ses lettres, mais ce que rapporte Aventin, que ce fut saint Boniface qui dénonça au pape Zacharie Virgile de Salzbourg comme hérétique, pour avoir avancé qu'il y a des antipodes. Nous ne pensons point que l'intention des bénédictins ait été de persuader que saint Boniface était un grand philosophe, et qu'il établit en *Allemagne* des écoles de philosophie pour des Germains qui ne savaient pas lire. Ce zélé missionnaire était instruit autant que l'on pouvait l'être au VIIIe siècle; il avait fait les études que l'on faisait pour lors, et il s'était attaché aux sciences ecclésiastiques, les seules dont il eût besoin pour prêcher l'Evangile. Il établit des écoles pour ces mêmes sciences, et contribua, autant qu'il le put, à tirer les peuples de l'*Allemagne* de l'ignorance grossière dans laquelle ils étaient plongés. Que devait-il faire de plus? et n'est-ce pas là un service réel rendu aux lettres?

Ne savons-nous pas ce que veut dire Mosheim, lorsqu'il refuse à saint Boniface *la connaissance des choses qui ont pour objet la vraie nature et le véritable génie de la religion chrétienne?* S'il entend par là que ce missionnaire ne connaissait pas le christianisme tel qu'il a plu aux protestants de le forger, nous en sommes déjà convenu; il suffit, selon leur opinion, de lire et d'étudier l'Ecriture sainte : or, saint Boniface l'avait étudiée et la lisait constamment, il l'avait même enseignée aux autres dans son monastère; mais il eut le malheur de n'y pas voir, non plus que nous, ce que les protestants ont prétendu y voir huit cents ans après.

Quant à la prétendue hérésie touchant les ANTIPODES, *voyez* ce mot. Mosheim et les autres protestants n'ont pas parlé d'une manière plus équitable des missions faites au IXe siècle chez les Saxons, par ordre de Charlemagne. *Voy.* MISSIONS.

ALLIANCE. Dans les saintes Ecritures, on emploie souvent le mot *testamentum*, et en grec διαθήκη, pour exprimer la valeur du mot hébreu *berith*, qui signifie *alliance* : d'où viennent les noms d'ancien et de Nouveau Testament, pour marquer l'ancienne et la nouvelle *alliance.* La première *alliance* de Dieu avec les hommes est celle qu'il fit avec Adam au moment de sa création, lorsqu'il lui défendit l'usage du fruit de la science du bien et du mal. *Gen.* II, 16. Cette défense est une espèce de contrat entre Dieu et l.homme; c'est ainsi qu'elle est appelée. Eccli. xiv, 12.

La seconde *alliance* est celle que Dieu a faite avec l'homme après son péché, en lui promettant un rédempteur. En considération de cette promesse, Dieu n'a point condamné Adam à la peine éternelle qu'il méritait, mais seulement à une peine temporelle, au travail, aux souffrances, à la mort. *Si notre vie*, dit saint Augustin, *est souffrante et sujette à la mort, c'est un effet de la colère de Dieu, et une punition du premier péché.... Mais Dieu ne nous a pas traités comme nos péchés le méritaient; il a eu pitié de nous comme un père a compassion de ses enfants; ce que nous souffrons est un remède et non une vengeance, c'est une correction et non une damnation*, etc. *Il a envoyé son Fils, parce qu'il a eu pitié de nous* (*Enarr. in Ps.* cii, n. 17 et suiv.; *Enchir. ad Laur.*, c. 27, n. 8). *Voyez* ADAM.

Saint Paul a souvent relevé les avantages de cette *alliance* par laquelle le second Adam, qui est Jésus-Christ, a pleinement réparé le préjudice que le premier homme avait porté à sa postérité. *De même que tous meurent en Adam, ainsi tous seront vivifiés par Jésus-Christ* (*I Cor.* xv, 22). *De même que par la désobéissance d'un seul, la multitude des hommes sont devenus pécheurs, ainsi par l'obéissance d'un seul, la multitude des hommes deviendront justes* (*Rom.* v, 12, 19). *Par sa mort, Jésus-Christ a détruit celui qui avait l'empire de la mort, c'est-à-dire le démon* (*Hebr.* ii, 14). *Voy.* RÉDEMPTION.

Une troisième *alliance* est celle que le Seigneur fit avec Noé, lorsqu'il lui dit de bâtir une arche ou un grand vaisseau pour y sauver les animaux de la terre, et pour y retirer avec lui un certain nombre d'hommes, afin que par leur moyen il pût repeupler la terre après le déluge. *Genes.* vi, 18.

Cette *alliance* fut renouvelée cent vingt-un ans après, lorsque les eaux du déluge s'étant retirées, et Noé étant sorti de l'arche avec sa femme et ses enfants, Dieu lui dit : *Je vais faire* ALLIANCE *avec vous et avec vos enfants, après vous, et avec tous les animaux qui sont sortis de l'arche; en sorte que je ne ferai plus périr toute chair par les eaux du déluge; et l'arc-en-ciel que je mettrai dans les nues sera le gage de l'*ALLIANCE *que je ferai aujourd'hui avec vous* (*Gen.* ix, 8, 9, 10 et 11).

Toutes ces *alliances* ont été générales entre Adam et Noé et toute leur postérité ; mais celle que Dieu fit dans la suite avec Abraham fut plus limitée; elle ne regardait que ce patriarche et la race qui devait naître de lui par Isaac. Les autres descendants d'Abraham par Ismaël et par les enfants de Céthura n'y devaient point avoir de part. La marque ou le sceau de cette *alliance* fut la circoncision, que tous les mâles de la famille d'Abraham devaient recevoir le huitième jour après leur naissance. Les effets et les suites de ce pacte sont sensibles dans toute l'histoire de l'Ancien Testament; la venue du Messie en est la consommation et la fin.

L'*alliance* de Dieu avec Adam forme ce que nous appelons la loi de nature ; l'*alliance* avec Abraham, expliquée dans la loi de Moïse, forme la loi de rigueur; l'*alliance* de Dieu avec tous les hommes, par la médiation de Jésus-Christ, fait la loi de grâce. *Gen.* xii, 1, 2; et xvii, 10, 11, 12.

Dans le discours ordinaire, nous ne parlons guère que de l'ancien et du nouveau Testament, de l'*alliance* du Seigneur avec la race d'Abraham, et de celle qu'il a faite avec tous les hommes par Jésus-Christ; parce que ces deux *alliances* contiennent éminemment toutes les autres qui en sont des suites, des émanations et des explications; par exemple, lorsque Dieu renouvelle ses promesses à Isaac et à Jacob, et qu'il fait *alliance* à Sinaï avec les Israélites et leur donne sa loi; lorsque Moïse, peu de temps avant sa mort, renouvelle l'*alliance* que le Seigneur a faite avec son peuple, et qu'il rappelle devant leurs yeux tous les prodiges qu'il a faits en leur faveur, lorsque Josué, se sentant près de sa fin, jure avec les anciens du peuple une fidélité inviolable au Dieu de leurs pères : tout cela n'est qu'une suite de la première *alliance* faite avec Abraham. Josias, Esdras, Néhémie, renouvelèrent de même en différents temps leurs engagements et leur *alliance* avec le Seigneur ; mais ce n'est qu'un renouvellement de ferveur et une promesse d'une fidélité nouvelle à observer des lois données à leurs pères. *Exod.* xi, 24; vi, 47; xix, 5. *Deut.* xxix. *Jos.* xxiii, 25. *IV Reg.* ii, 18. *Paralip*, ii, 22.

La plus grande, la plus solennelle, la plus excellente et la plus parfaite de toutes les *alliances* de Dieu avec les hommes est celle qu'il a faite avec nous par la médiation de Jésus-Christ : *alliance* éternelle qui doit subsister jusqu'à la fin des siècles, dont le Fils de Dieu est le garant, qui est cimentée et affermie par son sang, qui a pour fin et pour objet la vie éternelle, dont le sacerdoce, le sacrifice et les lois sont infiniment plus parfaites que celles de l'Ancien Testament. *Voy.* saint Paul, dans ses *Épitres aux Galates* et *aux Hébreux*.

Vainement les Juifs soutiennent que Dieu n'a pas pu établir une nouvelle *alliance*, après leur avoir ordonné d'observer celle de Moïse à perpétuité. On leur prouve le contraire. 1° parce que Dieu l'a ainsi déclaré, *Jerem* xxxi, 31 et suiv.; et c'est l'argument que leur fait saint Paul, *Hebr.* viii, 8. 2° Ils conviennent eux-mêmes que, selon les prophètes, le Messie doit être législateur aussi bien que Moïse, *Deut.* xviii, 15; *Isa.* xlii, 4; *Munimen fidei*, 1re part., c. 20. Cette fonction serait superflue, s'il ne devait point établir de nouvelles lois. 3° Dieu a rejeté les anciens sacrifices et promis un nouveau sacerdoce. *Ps.* xlix, 7. *Isa.* i, 16 et suiv.; lxvi, 2. *Jerem.* vii, 21. *Ezech.* xx, 5. et suiv. *Mich.* vi, 6. *Malach*, i, 10. C'est encore un argument de saint Paul, *Hebr.* vii, 12; viii, 8. 4° L'ancienne *alliance* mettait un mur de séparation entre les Juifs et les autres nations; la loi de Moïse n'était praticable que dans la Judée ; sous le Messie, au contraire, toutes les nations doivent se réunir et devenir le peuple du Seigneur ; les Juifs en conviennent : donc il faut une loi nouvelle qui soit praticable dans toutes les parties du monde. 5° Dieu a rendu la loi de Moïse impraticable aux Juifs mêmes par leur dispersion, par la destruction du temple, par la confusion des généalogies, par l'incompatibilité de leurs lois avec le droit public de toutes les nations : donc Dieu en a établi une nouvelle par le Messie : elle subsiste depuis près de dix-huit cents ans. Voyez *Philippi à Limborch, Amica collat. cum erudito Judæo*, etc.

ALOGES ou ALOGIENS, secte d'anciens hérétiques, dont le nom est formé d'α privatif, et de λὸγος, *parole ou verbe*, comme qui dirait *sans verbe* ; parce qu'ils niaient que Jésus-Christ fût le Verbe éternel. Ils rejetaient l'Evangile de saint Jean comme un ouvrage apocryphe, écrit par Cérinthe ; quoique cet apôtre ne l'eût écrit que pour confondre cet hérétique, qui niait aussi la divinité de Jésus-Christ.

Quelques auteurs rapportent l'origine de cette secte à Théodote de Byzance, corroyeur de son métier, et cependant homme éclairé, qui, ayant apostasié pendant la persécution de Sévère, répondit à ceux qui lui reprochaient ce crime, que ce n'était qu'un homme qu'il avait renié, et non un Dieu : et que de là ses disciples, qui niaient l'existence du Verbe, prirent le nom d'ἄλογοι : *Ils disent*, ajoute M. Fleury, *que tous les anciens, et même les apôtres, avaient reçu et enseigné cette doctrine, et qu'elle s'était conservée jusqu'au temps de Victor, qui était le treizième évêque de Rome depuis saint Pierre ; mais que Zéphirin, son successeur, avait corrompu la vérité*. Mais on leur opposait les écrits de saint Justin, de Miltiade, de Tatien, de Clément, d'Irénée, de Méliton et d'autres anciens, qui disaient que Jésus-Christ était Dieu et homme ; Victor avait excommunié Théodote ; comment l'eût-t-il excommunié s'ils eussent été du même sentiment ? *Hist. eccl.*, t. I, liv. IV, n° 33.

D'autres avancent que ce fut saint Epiphane qui, dans sa liste des hérésies, leur donna ce nom ; mais d'autres Pères et grand nombre d'autres ecclésiastiques parlent des *alogiens*, comme sectateurs de Théodote de Byzance. *Voyez* Tertul., livre *des Prescr.*, chap. dernier ; saint August., *de Hær.*, cap. 33 ; Eusèbe, liv. v, chap. 19 ; Baronius, *ad ann.* 196 ; Tillemont, du Pin, *Biblioth. des auteurs ecclés.*, premier siècle.

ALPHA et OMÉGA, A et Ω, première et dernière lettres de l'alphabet grec. Jésus-Christ dit dans l'Apocalypse : *Je suis* l'ALPHA *et* l'OMÉGA, *le commencement et la fin*. C. I, v. 8 ; c. XXI, v. 6 ; c. XXII, v. 13. Il est en effet le Verbe divin qui a créé toutes choses ; il en est la dernière fin, puisque c'est en lui seul et par lui que nous pouvons trouver le souverain bonheur. *Voy. Coloss.* I, 15 et suiv.

ALPHABET grec et latin, caractères ou lettres à l'usage des Grecs et des Latins, que, dans la consécration d'une église, le prélat consécrateur trace avec son doigt sur la cendre dont on a couvert le pavé de la nouvelle église.

Cette cérémonie nous donne à entendre que l'Eglise est la vraie mère des fidèles ; qu'elle leur donne les éléments de la vraie science, de la science du salut, et qu'elle réunit tous les peuples.

AMALÉCITES. *Voy.* AGAG.

AMAURI, théologien de Paris, parut au commencement du XIII° siècle. Il enseigna que Dieu était la matière première ; que la loi de Jésus-Christ devait finir l'an 1200, et faire place à la loi du Saint-Esprit, qui sanctifierait les hommes sans sacrements et sans aucun acte extérieur ; que les péchés commis par charité étaient innocents. Il niait la résurrection des morts et l'enfer, rejetait le culte des saints, déclamait contre le pape, etc. Il eut des sectateurs opiniâtres. On pardonna aux femmes ; mais dix de leurs séducteurs subirent le dernier supplice l'an 1210. Le concile de Latran, tenu en 1215, confirma la condamnation de leur doctrine. *Amauri* eut pour successeur David de Dinant, qui prêcha la même doctrine. *Hist. de l'Egl. gallic.*, liv. XXX, an. 1210-1212.

AMBITION, désir excessif des honneurs. Plusieurs philosophes de notre siècle ont fait l'apologie de l'*ambition*, parce que l'Evangile la réprouve et commande l'humilité. Ils disent qu'un homme est louable lorsqu'il recherche les dignités et les places importantes, dans le dessein de se rendre utile à ses semblables. Cela serait fort bien, si c'était là le motif des ambitieux ; mais on sait trop par expérience que leur intention est de jouir des privilèges attachés aux grandes places, sans se mettre beaucoup en peine d'en remplir les devoirs, et que les sujets les plus ineptes sont ordinairement les plus avides et les plus empressés de parvenir. *N'imitez point*, dit Jésus-Christ, *ceux qui recherchent les premières places, les respects et les hommages des hommes*. Il reproche ce vice aux pharisiens, et tâche d'en préserver ses disciples. *Matth.* XXIII, 6. Cette morale sera toujours plus sage que celle des philosophes. Avec des palliatifs, il n'est point de passion que l'on ne vienne à bout de justifier.

AMBROISE (S.), docteur de l'Eglise et archevêque de Milan, mort l'an 397. La meilleure édition de ses ouvrages est celle des bénédictins, en deux volumes *in-folio*. Le fait le plus honorable à *saint Ambroise* est d'avoir eu saint Augustin pour disciple. On peut voir ses autres actions dans le *Dictionnaire historique* ; nous nous bornons à examiner les accusations formées contre sa doctrine. On lui reproche d'avoir poussé trop loin l'étendue de la patience chrétienne, le mérite de la virginité et du célibat ; d'avoir dit qu'avant Moïse il n'y avait point de loi qui défendît l'adultère ; d'avoir voulu justifier, dans les saints personnages dont parle l'Ecriture, des actions qui ne doivent être ni louées, ni excusées.

Ces reproches empruntés de Daillé et de Barbeyrac, deux protestants, ne valaient pas la peine d'être répétés par les incrédules.

Les premiers chrétiens ont poussé la patience jusqu'à l'héroïsme : il le fallait, afin de convaincre les persécuteurs de l'inutilité des supplices pour exterminer le christianisme, et de montrer aux païens la supériorité des maximes de l'Evangile sur la morale des leurs philosophes. Aujourd'hui des censeurs téméraires osent soutenir que cette patience n'a pas été poussée assez loin.

Dans les articles CÉLIBAT et VIRGINITÉ, nous ferons voir que les Pères n'ont rien dit de plus que saint Paul ; que cette doctrine est sage et irrépréhensible ; qu'il n'est pas vrai qu'elle déroge à la sainteté du mariage, ni qu'elle soit nuisible au bien de la société.

Saint Ambroise a eu raison d'avancer qu'avant Moïse il n'y avait point de loi *positive* qui défendit l'adultère ; mais il n'a pas prétendu qu'il fût permis par la loi naturelle.

Le commerce d'Abraham avec Agar n'était ni un adultère ni un concubinage, mais une *polygamie* ; et alors elle n'était point réprouvée par le droit naturel. *Voy.* POLYGAMIE.

C'est donc très-improprement que saint Ambroise nomme *adultère* ce second mariage d'Abraham ; mais il n'a pas tort de prétendre qu'en cela ce patriarche n'a point péché. Il est évident, par ce qu'il dit de Pharaon, d'Abraham, liv. II, c. 2, qu'il n'a jamais pensé que l'adultère proprement dit pût être permis ; et, quoi qu'en dise Barbeyrac, ce n'est point là une contradiction. *Traité de la Morale des Pères*, c. 13, § 12.

Quant aux autres actions des patriarches que les Pères de l'Eglise ont excusées, *voy.* PATRIARCHE, ABRAHAM, etc.

D'autres critiques ont accusé *saint Ambroise* d'avoir enseigné que l'âme humaine est matérielle, parce qu'il dit qu'il n'y a rien d'exempt de composition matérielle que la substance de la Trinité, qui est d'une nature simple et sans mélange. *De Abraham*, liv. II, c. 8, n. 58. Mais, dans cet endroit même, il dit que l'âme humaine est indivisible et unie à la sainte Trinité, qui est simple. D'ailleurs il professe formellement l'immatérialité et l'immortalité de l'âme dans plusieurs autres ouvrages. *In psalm.* CXVIII, *serm.* 10, n. 15, 16, 18 ; *Hexam.*, liv. VI, c. 7, n. 10, etc.

Le Clerc, dans ses notes sur les *Confessions de saint Augustin*, prétend que l'invention des reliques de saint Gervais et de saint Protais fut une fraude pieuse de *saint Ambroise*, qui se servit de cet expédient pour augmenter son autorité, pour réprimer les ariens, pour en imposer à l'impératrice Justine qui les favorisait. Il prouve ce soupçon, 1° parce que saint Augustin rapporte que *saint Ambroise* fut instruit par une vision ou une révélation du lieu où étaient ces reliques, au lieu que *saint Ambroise* ne parle point de cette vision en racontant cet événement, *Epist.* 22, lib. I. 2° *Saint Ambroise* dit : Nous trouvâmes deux corps d'une grandeur étonnante, *tels qu'ils étaient dans les anciens temps*. Veut-il parler des temps héroïques, ou veut-il faire entendre que les martyrs devenaient plus grands que les autres hommes ? 3° Il rapporte que les possédés, ou plutôt les démons tourmentés par ces reliques, confondirent les ariens. 4° En effet, cet événement servit à humilier et à contenir ces hérétiques. Ce fut donc un stratagème imaginé à propos. Le Clerc pense qu'il en est de même de toutes les autres inventions de même espèce.

Sont-ce donc là des preuves assez fortes pour accuser de fourberie un personnage aussi respectable que *saint Ambroise* ? S'il avait parlé de la révélation qu'il avait eue, Le Clerc lui aurait reproché de l'avoir forgée par orgueil. Ce n'est pas un prodige que deux martyrs aient été de haute stature, tels que les poètes nous peignent les hommes des temps héroïques ; il n'y a rien de ridicule dans cette remarque de *saint Ambroise*. Il se fit d'autres miracles à cette occasion que des guérisons de possédés. Saint Augustin raconte qu'un aveugle recouvra la vue, et il paraît l'attester comme témoin oculaire. Pour commettre une fraude, il aurait fallu avoir un trop grand nombre de complices, les fossoyeurs et les témoins, les miraculés, tout le clergé de Milan, et même tous les catholiques environnés des ariens ; croirons-nous qu'aucun de ces derniers ne fut témoin des faits ? *Saint Ambroise* se serait exposé à la dérision des hérétiques, au discrédit de la foi catholique, au ressentiment de l'impératrice Justine ; il n'était pas assez imprudent pour courir un aussi grand danger. Etait-il indigne de Dieu de confirmer par des miracles la foi à la divinité du Verbe, et le culte des reliques contre lequel Vigilance s'éleva pendant ce temps-là ? Mais Le Clerc, qui ne croyait ni l'un ni l'autre de ces dogmes, aime mieux accuser toute l'Eglise catholique de fourberie, que de démordre de ses opinions. Par un effet du même entêtement, il a reproché à saint Augustin d'avoir feint les prétendus miracles opérés par les reliques de saint Etienne, et d'avoir aposté les miraculés.

AMBROSIEN (rite ou office). Manière particulière de faire l'office dans l'Eglise de Milan, qu'on appelle aussi quelquefois *l'Eglise Ambrosienne*. Ce nom vient de saint Ambroise, docteur de l'Eglise et évêque de Milan, dans le IVe siècle. Walafrid Strabon a prétendu que saint Ambroise était véritablement l'auteur de l'office que l'on nomme encore aujourd'hui *ambrosien*, et qu'il le disposa d'une manière particulière, tant pour son église cathédrale que pour toutes les autres de son diocèse. Cependant quelques-uns pensent que l'Eglise de Milan avait un office différent de celui de Rome, quelque temps avant ce saint prélat. En effet, jusqu'au temps de Charlemagne, les églises avaient chacune leur office propre ; dans Rome même il y avait une grande diversité d'offices ; et si l'on en croit Abailard, la seule église de Latran conservait en son entier l'ancien office romain : et lorsque, dans la suite, les papes voulurent faire adopter celui-ci à toutes les Eglises d'Occident, afin d'y établir une uniformité de rite, l'Eglise de Milan se servit du nom du grand Ambroise et de l'opinion où l'on était qu'il avait composé ou travaillé cet office, pour être dispensée de l'abandonner; ce qui l'a fait nommer *rite ambrosien*, par opposition au rite romain. La liturgie *ambrosienne* a été publiée par Pamélius, en 1560 : Le Père Le Brun l'a tirée de divers missels anciens, imprimés ou manuscrits; il note exactement en quoi elle était différente de celle de Rome, ce que saint Ambroise y avait ajouté, et ce qui existait avant lui. Il rapporte les tentatives qui ont été faites, soit par le pape Adrien Ier sous Charlemagne, soit par les successeurs de ce pontife dans les siècles suivants, pour introduire dans l'Eglise de Milan la liturgie romaine et le rite grégorien, et la résistance constante du clergé de Milan. Saint Charles lui-même fut très-zélé pour la conservation du rite *ambrosien*; et ce rite subsiste encore dans la cathédrale et dans la plupart des églises du diocèse de Milan. *Explication des Cérémonies de la messe*, tom. III, pag. 175.

AMBROSIEN (chant). Il est parlé dans les rubricaires du chant *ambrosien*, aussi usité dans l'Eglise de Milan et dans quelques autres, et qu'on distinguait du chant romain en ce qu'il était plus fort et plus élevé; au lieu que le romain était plus doux et plus harmonieux. *Voy.* CHANT et GRÉGORIEN. Saint Augustin attribue à saint Ambroise d'avoir introduit en Occident le chant des psaumes, à l'imitation des Eglises orientales; et il est très-probable qu'il en composa ou en revit la psalmodie. *August.*, *Confess.*, l. IX, cap. 7.

AMBROSIENS ou PNEUMATIQUES, nom que quelques-uns ont donné à des anabaptistes disciples d'un certain Ambroise, qui vantait ses prétendues révélations divines, en comparaison desquelles il méprisait les livres sacrés de l'Ecriture. Gauthier, *De Hær.*, au XVIe siècle.

AME, substance spirituelle, qui pense et qui est le principe de la vie dans l'homme (1). [Il est de foi que l'âme de l'homme est un pur esprit (*Later.* IV); immortelle (*Later.* V); unique (*Constant.* IV); libre (*Trident.*, sess. 6, can. 4); qu'elle n'existe pas avant le corps qu'elle doit habiter (*Constant.* II)]. C'est aux philosophes d'exposer les preuves de la spiritualité et de l'immortalité de l'*âme* humaine, que la lumière naturelle peut fournir; le devoir des théologiens est de faire voir que ces deux dogmes essentiels ont été révélés aux hommes dès le commencement du monde; que Dieu n'a pas attendu les spéculations de la philosophie, pour leur enseigner ces deux importantes vérités; que les philosophes mêmes n'ont jamais pu les démontrer invinciblement, faute d'avoir été éclairés par la révélation. Nous ajouterons quelques réflexions touchant l'origine de l'*âme*.

1. *De la spiritualité de l'âme* (1). La première vérité que nous enseigne l'histoire sainte, est

(1) Avant de suivre Bergier dans l'exposition des preuves tirées de l'Ecriture sainte en faveur de la spiritualité de l'âme, nous devons donner celles qui sont puisées dans la raison.
Il faut d'abord commencer par apprécier l'argument apporté communément par les théologiens et les philosophes en faveur de la spiritualité de l'âme. Voici la substance de l'argument qui a été développé longuement par le cardinal de la Luzerne, *Dissertation sur la spiritualité de l'âme*, et qui a été reproduit depuis dans presque tous les traités classiques de philosophie, et notamment dans les *Institutiones philosophicæ* de Mgr Bouvier, évêque du Mans, lesquelles sont enseignées dans beaucoup de séminaires. L'âme humaine est simple, dit-on (*Instit. philos.*, t. II, p. 324, édit. 1837), si la pensée ne peut avoir pour siège un sujet composé : or, la pensée ne peut résider dans un sujet composé; car alors ou toute la pensée serait en même temps dans chaque partie du sujet; ou une partie de la pensée serait dans une fraction du sujet, et une autre partie dans une autre fraction; ou enfin toute la pensée serait concentrée dans une seule partie : or, on ne peut soutenir aucune de ces trois hypothèses. Dans la première, la pensée ne serait plus une, mais multiple; dans la seconde, il faudrait soutenir que la pensée a plusieurs parties et qu'aucune d'elles n'a la conscience de toute la pensée; dans la troisième hypothèse, si l'on suppose, pour ne pas retomber dans les deux autres, que la partie matérielle dont on fait le sujet de la pensée, soit simple ou indivisible, la controverse, dit-on, ne roule plus que sur des mots : *Causam obtinemus*, dit Mgr Bouvier (*op. cit.*, p. 325); car alors les matérialistes regardent comme matière ce qui est réputé esprit. Donc, conclut-on avec une absolue confiance, l'âme humaine est simple. »
En résumé, dans l'argumentation qui précède, et que nous avons traduite avec fidélité, on n'exige dans le sujet de la pensée que la qualité de simple ou d'indivisible; parce que l'on suppose fort gratuitement que tout ce qui est matière est indéfiniment divisible. Ainsi, en dernière analyse, la démonstration que l'on prétend donner de la spiritualité de l'âme, au moyen de l'argument ci-dessus rapporté, ne repose que sur le système de la divisibilité de la matière à l'infini, réprouvé par la science moderne. M. Pouillet (député), professeur de physique à la Faculté des Sciences de Paris, et membre de l'Académie des Sciences, dit, dans l'introduction qui précède ses savants *Eléments de physique expérimentale* (t. I, p. 5, édit. 1844), que la théorie des éléments simples de la matière est aujourd'hui exclusivement adoptée. M. Dumas en dit autant dans son *Traité de chimie*, et fait voir que les combinaisons chimiques qui n'ont jamais lieu que selon des proportions bien définies, insinuent suffisamment que tous les corps sont composés d'éléments simples ou d'atomes indivisibles.
Ce n'est pas d'hier que la théorie des éléments simples est imaginée. Zénon trouva ses points matériels indivisibles dans le Ve siècle avant notre ère. Ocellus Lucanus et Démocrite soutinrent à peu près la même doctrine, qui a été renouvelée par Gassendi. Leibnitz, pour rendre raison de la composition des corps, a supposé qu'ils étaient formés de monades, ou éléments matériels simples et sans étendue. On a objecté avec raison contre ces systèmes que des éléments inétendus, ou, comme on l'a dit, des zéros d'étendue, ne sauraient constituer des corps étendus. Le mathématicien Boscowikh, pour éluder cette difficulté, tout en supposant inétendus les éléments de la matière, a prétendu qu'ils

(1) M. l'abbé Charvoz et les partisans de l'*Œuvre de la Miséricorde* prétendent qu'il y a en nous deux substances spirituelles, l'une que nous nommons *âme*, dont nous parlons ici, et l'autre qui est un ange déchu. Nous réfutons cette dernière opinion au mot ANGE.

que Dieu est Créateur, qu'il a tout fait par sa parole ou par un simple acte de sa volonté, donc il est pur esprit. Au mot CRÉATION, nous ferons voir que cette conséquence est incontestable. Or, cette même histoire nous apprend que Dieu a fait l'homme à son image et à sa ressemblance. *Gen.* I, 26 et 27; IX, 6. Donc l'homme n'est pas seulement un corps;

pouvaient néanmoins former des corps étendus. Il s'est fondé sur ce que les atomes, en vertu de leurs attractions et de leurs répulsions, s'établissaient dans un état d'équilibre sans arriver jamais au contact, et occupaient ainsi une étendue déterminée dans l'espace. Lavoisier démontrait, à peu près à la même époque, *qu'il n'y a dans la nature aucun contact parfait*, par la considération qu'il n'y a pas de froid absolu, et que par conséquent la chaleur, qui est une force centrifuge, tient les molécules matérielles à une distance quelconque les unes des autres. Mais il restait toujours une difficulté dans le système de Boscowikh, celle de savoir comment les éléments inétendus peuvent tomber sous les sens. Déjà, cependant, dans ce système il était facile de résoudre les objections que des esprits subtils (Voy. *Logique de Port-Royal*, Pollet, Séguy, Gérard, etc.) avaient prétendu tirer de la géométrie contre la théorie des éléments simples. Il suffit, en effet, pour y répondre, de supposer que les parties matérielles ne sont point contiguës, ce qui est conforme à la vérité. D'ailleurs, nous aurons occasion par la suite de démontrer que les mathématiciens, avec tous leurs infinis, ne font que jouer sur les mots. J'ai été surpris, en 1834, de retrouver de telles subtilités dans les *Annales de philosophie chrétienne* (t. VIII, p. 172); mais heureusement, l'auteur de l'article où elles sont reproduites, commence par avertir qu'il supposera les molécules immédiatement voisines les unes des autres (p. 184). Quant aux lignes que l'on suppose pouvoir se rapprocher sans jamais se rencontrer, elles prouveraient tout au plus, comme les autres faits du même genre, que l'étendue et non la matière est indéfinie et divisible. Encore faudrait-il, pour être en droit de l'affirmer, que l'étendue pût être mesurée, ou seulement fût appréciable sur les corps, ce qui n'est assurément pas. Cette infinie divisibilité, avec toutes ses prétendues démonstrations mathématiques, n'a, comme l'a judicieusement fait remarquer Kant, d'autre fondement que l'imagination, et encore l'imagination se représentant un espace limité par des corps.

Mais quoiqu'on puisse sans grand effort résoudre toutes les objections tirées des mathématiques dans le système de Boscowikh sur les éléments de la matière, nous avons vu qu'il restait encore une grave difficulté, celle de savoir comment les éléments inétendus peuvent tomber sous les sens. MM. Biot et Ampère, membres de l'académie des Sciences, qui ont été des premiers dans notre siècle à revenir à la théorie des éléments indivisibles de la matière, ont vaincu la difficulté en reconnaissant de l'étendue sur des points élémentaires ou atomes. Selon M. Biot (*Traité de physique*, t. IV), une foule d'expériences nous ont montré qu'aucun corps n'est un assemblage continu de matière, mais qu'ils sont tous composés de particules matérielles placées à distance et maintenues dans cet état par les forces opposées de l'attraction et de la chaleur. Il suppose ensuite que, dans les corps les plus denses, la capacité des interstices pourrait bien surpasser plusieurs milliers de fois le volume des particules matérielles; que les dernières particules élémentaires et impénétrables qui constituent les principes des corps soient réunies en groupes, deux à deux, trois à trois, etc. Ainsi, il est clair que le célèbre physicien astronome admet que les corps ont pour principes constitutifs des éléments impénétrables, c'est-à-dire indivisibles et étendus tout à la fois. Feu M. Ampère (*Annales de chimie*, avril 1814) enseigne la même doctrine, et la donne comme étant celle des physiciens modernes. C'est ainsi que nous concevons nous-mêmes, depuis dix-huit ans, la théorie des éléments indivisibles de la matière. Nous ne nous arrêterons pas à montrer les difficultés que renfermait le système de la divisibilité de la matière à l'infini, lequel n'avait de fondement que dans l'imagination. La matière étant une substance essentiellement passive, est divisible par une puissance active à un degré inassignable; mais comme elle ne pouvait offrir aucune résistance sans cesser d'être positive, et que l'imagination concevait toujours dans le plus petit atome un dessus et un dessous, on a conclu qu'elle était divisible indéfiniment. «On a ainsi, dit M. Buchez (*Essai d'un traité complet de philosophie*, t. III, p. 143), transporté à la matière, comme propriété, ce qui était possible de la part d'une activité spirituelle. Une matière infiniment divisible, dit-il quelques pages plus loin (page 154), et une matière dont les parties ont des propriétés particulières, paraissent... deux affirmations contradictoires, où la seconde nie la première. Nous en convenons, la contradiction existe. Il est impossible, ajoute le même auteur (p. 213), de faire concorder avec la divisibilité à l'infini l'existence de propriétés positives et diverses, telles que celles remarquées par les corps simples occupant d'une manière fixe des points différents de la matière. Ainsi, continue-t-il (p. 215), le corps simple ou élémentaire des chimistes n'est autre chose, selon nous, qu'un atome étendu et indivisible, dont le volume, la forme et les propriétés sont fixes. Il en donne pour preuve l'étude expérimentale de ce qui se passe dans les combinaisons et décompositions chimiques; il cite, par exemple, la formule de l'eau, dont la conclusion logique.... est que la réduction définitive ne peut aller au delà de deux H (deux atomes ou équivalents d'hydrogène) et un O (un atome d'oxygène) dans la formation du composé E (eau), c'est-à-dire au delà de trois atomes ou molécules constituantes, dont deux sont représentatives des propriétés H et une des propriétés O. De ce raisonnement, poursuit-il, qui est applicable à tous les corps chimiques, il résulte qu'il y a des atomes ou molécules élémentaires...: Les atomes (p. 217) sont indivisibles, indestructibles les uns pour les autres. Qui croirait, après avoir lu les passages qui précèdent, que ce savant auteur se déclare formellement, dans le même volume, partisan de la divisibilité de la matière à l'infini? Mais il attribue les propriétés fixes des éléments matériels à une force spéciale qu'il nomme sérielle, laquelle force sérielle (p. 217) engendre et conserve diverses espèces de germes minéraux, c'est-à-dire diverses espèces d'atomes élémentaires ou de molécules constituantes, comme elle engendre et conserve diverses espèces de végétaux et d'animaux. »On voit, d'après cette explication, que le sentiment de M. Buchez ne diffère du nôtre que dans les mots. En effet, une des raisons qui nous portent à admettre l'indivisibilité des éléments constitutifs de la matière, c'est que si la division les atteignait, elle détruirait en eux les centres d'action, elle anéantirait toutes les propriétés physiques et chimiques, enfin elle ferait que tous les corps ne seraient plus eux-mêmes. Mais nous voyons que la matière organique se résout constamment en les mêmes corps simples ayant invariablement les mêmes propriétés; que les corps cristallisables, à quelque état de division qu'on les ait soumis, affectent, en se solidifiant, des formes toujours régulières et toujours identiques pour les mêmes corps; que les phénomènes de la vie organique, qui accusent des corps qui ont subi le maximum de la divisibilité, se reproduisent sans cesse d'une manière aussi symétrique; enfin que les

il est intelligent, actif, libre dans ses volontés comme Dieu.

Il est dit qu'après avoir formé un corps de terre, Dieu souffla sur le visage de l'homme ; que dès ce moment, ce corps fut vivant, animé, doué du mouvement et de la parole. En effet, c'est sur le visage ou la physionomie de l'homme que brillent la vie, l'intelli-

germes soit végétaux, soit animaux, se présentent toujours les mêmes et sans altération pour les mêmes espèces. Or, tous ces phénomènes ne seraient pas produits avec une constance aussi universelle, si les éléments constitutifs de la matière étaient altérables par une cause physique quelconque ; car, à combien d'accidents, à combien de causes de la divisibilité ne sont-ils pas soumis ?

M. Buchez fait intervenir l'action immédiate d'une force sérielle pour la production d'effets qui ne sont qu'une conséquence de l'inaltérabilité, et conséquemment de l'indivisibilité des atomes matériels ; mais au fond, l'idée est la même de part et d'autre.

Nous nous sommes étendu sur cette matière, pour faire voir sur quel fondement ruineux on fait ordinairement reposer une thèse aussi importante que l'est celle de la spiritualité de l'âme. On y donne gain de cause aux matérialistes, dans l'hypothèse que les éléments de la matière seraient indivisibles, et cependant, comme nous l'avons montré, tout porte à croire qu'ils le sont.

On n'a pas songé que c'est par cette activité que l'âme humaine diffère essentiellement de la matière. Il faudrait donc, pour établir sur cette considération de la pensée une preuve spéciale de la spiritualité de l'âme, démontrer, 1° qu'il faut de l'activité dans la cause productive de la pensée ; 2° que cette activité est toute autre chose que du mouvement ; 3° que la matière n'est susceptible que de mouvement, et que même celui-ci doit lui être imprimé par une force immatérielle.

Examinons maintenant, au point de vue de la science moderne, la question de l'existence et des propriétés de l'âme humaine.

Voyons d'abord en peu de mots, si l'on est en droit de contester l'existence dans l'homme d'un principe immatériel, ou, pour parler le langage commun, d'une substance spirituelle, par la raison que cette substance ne tombe pas directement sous les sens. Tout phénomène, tant dans l'ordre physique que dans l'ordre psychologique, implique l'existence d'une substance ou, comme on aime à le répéter aujourd'hui après les scholastiques, d'un *substratum*.

On ne peut concevoir aucune propriété sans sujet, aucune action sans agent, aucune force sans moteur, en un mot aucun effet sans cause. D'un autre côté, comme il y a un rapport nécessaire entre la cause et l'effet, on ne peut attribuer à une même cause des phénomènes différents.

On n'acquiert donc la connaissance de la substance que par l'examen des phénomènes, soit qu'il s'agisse d'êtres matériels ou d'êtres immatériels. La substance matérielle en effet échappe à tous les sens, comme la substance immatérielle ; les phénomènes observés en constatent seuls l'existence, et font distinguer l'une de l'autre, en nous découvrant dans l'une l'inertie et dans l'autre l'activité, deux propriétés qui s'excluent nécessairement. Il est clair, d'après le simple exposé de l'état de la question, qu'on ne peut révoquer en doute l'existence dans l'homme d'une substance spirituelle, parce qu'elle ne tombe pas directement sous les sens. Ce n'est jamais que par une opération de l'esprit que nous avons l'idée de substance : nous arrivons à la connaissance de la substance matérielle par voie d'abstraction, et à celle de la substance dite spirituelle par voie de conséquence.

Les phénomènes de l'ordre psychologique proprement dit sont de trois sortes : les sensations, les mouvements spontanés et les pensées ; or, ces trois classes de phénomènes révèlent trois propriétés d'une substance quelconque, qui est en l'homme : ce sont la *sensibilité*, la *motilité* et l'*intellection*. Chacune de ces trois propriétés a pour siège ou *substratum* une substance active, comme nous le démontrerons rigoureusement, et par conséquent une substance essentiellement immatérielle, puisque l'activité et l'inertie s'excluent nécessairement dans un même sujet. Voilà notre argumentation générale.

Il nous reste à prouver que la sensibilité, la motilité et l'intellection supposent nécessairement de l'activité.

Mais l'activité ne peut être exercée sans un centre d'action : nous allons d'abord examiner si cette centralisation pourrait avoir pour siège le système nerveux, ainsi que l'ont prétendu des psychologistes matérialistes.

Il n'existe soit dans le cerveau humain, soit dans celui des animaux, aucun point central du système nerveux ; et par conséquent il n'y a pas, comme on l'a cru autrefois, de *sensorium commune*. Les matérialistes eux-mêmes, comme Gall et Broussais, l'ont reconnu, et c'est pour cela qu'ils ont admis un point central variable qui s'établissait dans la partie du cerveau actuellement en action. Au contraire, dans le système nerveux de relation, appelé aussi système nerveux de la vie animale, il y a beaucoup de centralités particulières qui se correspondent deux à deux dans deux hémisphères du cerveau, et qui se ramifient chacune en deux appareils pairs et symétriques, l'une dans la partie droite, l'autre dans la partie gauche du corps. Seulement, ces doubles points de centre communiquent deux à deux au moyen de commissures ou trajets nerveux, qui ne centralisent aucune impression.

Mais demandera-t-on, si le cerveau ne contient pas un point central universel, pourquoi la soustraction de ce viscère détermine-t-elle immédiatement la mort chez l'homme et chez les mammifères ? Nous répondons que la véritable cause de la mort n'est pas l'ablation de l'encéphale lui-même, mais celle, soit de l'origine, soit des troncs de certains nerfs de la moelle épinière, qui président aux fonctions de la respiration et de la circulation.

« Ainsi, dit le docteur Buchez (*op. cit.* t. III p. 293), on a vu des anencéphales vivre quelques heures et même quelques jours sans cerveau ; mais les nerfs dont il s'agit existaient chez eux. La mort donc résulte non pas de l'ablation de la centralité encéphalique, mais de la destruction des nerfs qui servent à la respiration et à la circulation. Si chez nous et les mammifères, la disposition anatomique était autre, c'est-à-dire telle qu'on pût enlever le cerveau sans toucher les nerfs dont il s'agit, il arriverait ce que l'on remarque chez les animaux où cette disposition n'existe point. La décapitation ne produirait point immédiatement la mort. On a vu des tortues vivre sans tête assez longtemps pour que la plaie du col se soit cicatrisée, etc. »

Nous avons dit plus haut que les commissures et le corps calleux formant des trajets nerveux ne centralisent aucune impression : c'est un fait que l'anatomie et la physiologie moderne démontrent clairement. Qu'il nous suffise de faire observer qu'ordinairement un seul hémisphère du cerveau est mis directement en exercice soit par les sens, soit par l'usage des membres. Les centralités correspondantes de l'autre hémisphère ne sont excitées qu'à l'aide de trajets nerveux qui y transmettent les impressions au lieu d'en recevoir eux-mêmes pour les centraliser. Au reste, le corps calleux manque dans des classes

gence, l'activité, les désirs, les sentiments de son *âme*. Rien de semblable dans les animaux, L'*âme*, l'esprit, ne sont point sensibles par eux-mêmes, mais par leurs effets; ils ne peuvent donc être désignés que par là: le plus sensible de ces effets est le *souffle* ou la *respiration;* tout ce qui respire est censé vivant. Il est donc naturel d'exprimer par le

entières d'animaux, et on ne le rencontre que dans ceux les plus rapprochés de l'homme.

Il est démontré, par ce qui précède, que le système nerveux ne centralise rien, contrairement aux assertions de quelques physiologistes matérialistes de ces derniers temps. Or, c'est là tout ce que nous nous proposons d'établir comme principe fondamental.

Nous avons signalé trois séries de phénomènes ou de faits psychologiques, qui sont les sensations, les mouvements spontanés et les pensées. Ces phénomènes nous manifestent trois propriétés d'une substance quelconque qui paraît faire partie de l'homme. Nous avons appelé ces phénomènes psychologiques, parce qu'il semble, au premier aperçu, que ces propriétés soient des modes d'action d'un principe doué de spontanéité, et par conséquent essentiellement actif. On sait que les faits de l'ordre physique sont au contraire les effets immédiats de causes dont l'action est constante et ordinairement invariable. Il s'agit maintenant de prouver que les propriétés observées supposent un sujet actif, c'est-à-dire essentiellement immatériel. Ces propriétés relatives aux trois classes de phénomènes qui les révèlent sont, comme nous l'avons dit, la sensibilité, la motilité et l'intellection.

Il y a quelque chose de matériel dans toutes les opérations de l'homme, mais aussi il y a quelque chose d'immatériel; il faut donc, pour en faire une analyse exacte, bien préciser ce qu'il est impossible d'attribuer à la matière. La substance qui constitue le corps humain est organisée, c'est-à-dire qu'elle est maintenue dans l'état de vie et préservée de l'influence destructive des causes physiques et chimiques, par une force indépendante de la volonté humaine et dont nous nous abstenons, pour le présent, de rechercher la cause. Cette force imprime à la matière organisée une série de mouvements non interrompus en vertu desquels une communication est établie entre toutes les parties, en même temps qu'il s'opère un transport et un déplacement incessant de molécules. On voit que il n'y a dans l'organisme que du mouvement: encore faut-il admettre que ce mouvement est, comme tout autre, produit par une force, et conséquemment doit être rapporté à une cause active, immatérielle. Cependant, comme cette force est dirigée selon des lois constantes indépendantes de l'homme, et analogue aux autres lois qui règlent les corps, nous la regarderons, avec les spiritualistes, comme une force matérielle, et par conséquent d'un ordre inférieur aux actes qui sont des effets de la spontanéité humaine. Ainsi, en faisant abstraction d'une cause première pour ne considérer que les causes secondes, on peut dire que l'organisme est matériel.

Examinons maintenant si l'organisme, ainsi que le présentent les matérialistes physiologistes, peut être considéré comme le siége de la sensibilité, c'est-à-dire si la sensation s'accomplit et demeure dans l'organisme. On croyait autrefois que le système nerveux ne constituait ou ne dominait que les organes de la vie de relation; mais il est maintenant reconnu, surtout d'après les admirables découvertes de Bichat, qu'il préside aussi à toutes les fonctions de la vie organique, c'est-à-dire à la nutrition, à la respiration, aux sécrétions, etc. D'où l'on doit conclure qu'il y a un très grand nombre d'actions nerveuses dont nous n'avons pas même la conscience, et qui par conséquent ne donnent occasion à aucune sensation. Il n'y a que le système nerveux de la vie animale qui donne naissance aux impressions qui sont l'origine des sensations. Cependant les impressions sont, dans l'un et l'autre système, le résultat du mouvement du fluide nerveux dans les névrilemmes. De même beaucoup d'impressions ont lieu dans le système nerveux de la vie de relation, surtout dans les nerfs, que déterminent les contractions musculaires, sans qu'il s'ensuive aucune sensation. Ce n'est donc pas dans l'organisme que s'accomplit la sensation. Il faut un acte de l'attention pour que les impressions soient senties, pour qu'il y ait sensation; il faut *quelque chose* qui soit distinct des impressions elles-mêmes. De plus ce *quelque chose* reçoit, sans les confondre, des impressions de diverses natures, occasionnées par chacun des cinq sens, dans une même matière cérébrale, et par de simples mouvements d'un fluide nerveux partout identique. Lorsque tout mouvement a cessé et que même le fluide nerveux a disparu, ce *quelque chose* qui a senti les impressions, les centralise, souvent les identifie en les rapportant à un même objet, les distingue, les coordonne, en un mot les domine toutes et réagit selon son bon plaisir sur le monde extérieur, au moyen du second appareil nerveux qui traverse l'autre dans tous les sens, et opère les contractions musculaires nécessaires au mouvement. Voilà des actes spontanés qui n'ont aucun rapport avec ce qui se passe dans l'organisme à l'occasion de la sensation quand celle-ci a lieu, et qui, par conséquent, doivent être attribués à un principe actif. D'ailleurs, ce principe centralise tout sans rien confondre, ce qui serait impossible s'il n'était qu'un point de réunion où divers mouvements, ou plutôt diverses ondulations nerveuses viendraient se terminer, se centraliser, ou au moins se confondre les uns dans les autres. Au surplus, nous avons démontré anatomiquement ailleurs que le système nerveux, même celui de la vie de relation, ne centralise rien.

J'ajoute, par surabondance de droit, que la sensation ne demeure pas dans l'organisme: je dis par *surabondance de droit*, parce que s'il est certain, comme nous l'avons prouvé, que la sensation ne s'accomplit pas dans l'organisme, il est évident qu'elle n'y demeure pas. Nous concevons le souvenir de nos sensations, et nous les comparons entre elles; mais le résultat des impressions qui en ont été l'occasion est l'épuisement du fluide nerveux. Aucune nouvelle impression, en effet, ne peut avoir lieu dans les nerfs qui ont été mis en action avant que le phénomène de la nutrition ait remplacé le fluide absorbé par une substance identique que sécrètent les parois des névrilemmes. Il ne reste donc rien dans le système nerveux de ce qui a occasionné les sensations, d'où il suit que ce qu'il y a de stable dans celles-ci ne peut avoir pour sujet ou *substratum* rien de ce qui a servi à transmettre les impressions, rien qui tienne à l'organisme, en un mot rien de matériel dans le sens ci-dessus déterminé.

Il est donc physiologiquement démontré que la sensation ne s'accomplit ni ne demeure dans le système nerveux, et que par conséquent l'organisme ne peut être regardé comme le siége de la sensibilité. Au contraire, il résulte de notre argumentation que la sensibilité réside dans un sujet actif ou immatériel.

Cette propriété nous est révélée par les mouvements spontanés de l'homme. Il est donc clair que nous n'entendons pas parler ici de mouvements qu'une force, dont nous n'avons point à rechercher maintenant la cause, produit dans l'organisme: cette force, avons-nous déjà dit, est dirigée selon des lois constantes, indépendantes de l'homme, et n'offre à nos investigations rien de spontané. L'observateur le moins attentif remarque en l'homme, outre les

souffle le principe même de la vie. Mais il est écrit que le *souffle* du Tout-Puissant donne l'intelligence. *Job,* xxxii, 8. Jamais nos auteurs sacrés n'ont attribué l'intelligence à la matière. Les philosophes qui ont dit que le *souffle* désigne ici quelque chose de matériel, ont bien peu réfléchi sur l'énergie du langage.

mouvements qui sont une condition indispensable de l'organisation de son corps, des mouvements de spontanéité. Il ouvre et ferme les yeux et la bouche; il dirige ses membres comme il lui plaît; il transporte son corps où il veut, prenant en lui-même des points d'appui; enfin, il se meut à son gré pour satisfaire ou à ses besoins ou à ses désirs. Quand ses sens lui ont transmis des impressions occasionnées par les divers corps de la nature, il réagit sur le monde extérieur, comme nous l'avons déjà exposé, au moyen d'un appareil nerveux spécial auquel un mouvement est instantanément imprimé dans la direction du dedans au dehors, pour être communiqué à l'appareil musculaire qui exécute les ordres de la volonté. On conçoit que tous ces mouvements ont leur origine dans l'intérieur du corps humain, et qu'ils peuvent être modifiés soit en force, soit en vitesse, au gré d'une puissance centrale harmonisatrice douée de spontanéité. Comme la matière est essentiellement inerte, il y a incompatibilité, sous le rapport de la causalité, entre l'idée de corps et celle de mouvement, spontané surtout. La même incompatibilité existe si l'on considère l'organisme lui-même, puisque, comme nous l'avons déjà fait observer, il est soumis à des lois invariables qui excluent toute idée de spontanéité.

Cependant des physiologistes matérialistes ne voient dans l'homme d'autre force que celle qui préside à l'organisme. Ils ne reconnaissent point, en lui l'existence de mouvements spontanés proprement dits, et soutiennent que tous les actes sont les produits d'instincts et d'aptitudes, comme chez les animaux. Mais la fausseté de cette prétention ne peut échapper à quiconque réfléchira un instant sur les actes de la spontanéité humaine. Ne voyons-nous pas, en effet, combien nous varions nos actions, combien surtout l'exercice et l'application perfectionnent les divers mouvements de notre corps. Nous sommes témoins tous les jours que différents hommes agissent de diverses manières dans les mêmes circonstances, quoique mus par les mêmes instincts, et que le même homme, dans les cas identiques, se détermine à des actes tout opposés. Mais de telles anomalies n'auraient assurément pas plus lieu chez l'homme qu'elles n'ont lieu chez les animaux, si, comme ceux-ci, il n'était mû que par ses instincts naturels; si, en un mot, il ne possédait pas un principe de motilité ou d'activité qui domine l'organisme lui-même, en agissant directement sur le système nerveux de relation. D'ailleurs, s'il n'y avait en l'homme d'autre force que des appétits, des instincts, comme ceux-ci ne se manifestent pas successivement, il n'y aurait pas même lieu de choisir entre des actes simplement contradictoires, à plus forte raison n'aurait-on jamais à se déterminer pour le plaisir ou pour la peine, ce qui est évidemment contraire à l'expérience quotidienne. Enfin l'homme n'obéirait qu'à des forces instinctives; ses actes, ses habitudes domestiques surtout seraient invariablement les mêmes dans tous les temps et dans tous les lieux; il n'inventerait ni ne perfectionnerait rien, à l'instar des animaux; par conséquent, il n'aurait pu s'élever jusqu'à la hauteur de la civilisation actuelle. Qui ne voit, au contraire, qu'il y a en l'homme un principe de spontanéité qui le fait agir non-seulement en dehors de ses instincts, mais aussi très-souvent contre les instincts mêmes?

C'est ici que se rattache naturellement la question de la dépendance réciproque du principe actif humain, et de l'organisme, ou, comme on dit vulgairement, de l'âme et du corps. Pour exercer la puissance de motilité, le principe actif agit directement sur le système nerveux, et par son entremise sur les organes du mouvement. D'un autre côté, sa puissance de sensibilité ne peut entrer en action qu'après certaines modifications du cerveau, dont les prolongements communiquent avec les faisceaux nerveux les plus extérieurs, qui constituent les organes des sens. Enfin, sa puissance d'intellection elle-même ne peut engendrer aucune idée, aucune réflexion, former aucun jugement, prendre aucune détermination, sans l'action du système nerveux. Il y a donc dans tout phénomène intellectuel, comme dans tout phénomène de motilité et de sensibilité, deux choses nécessairement unies, un acte de spontanéité et une impression nerveuse également nécessaires pour l'accomplissement du phénomène. Mais ces relations intimes du principe actif n'ont lieu qu'avec le système nerveux de la vie animale, et non avec celui de la vie organique. Les nerfs de ce système, qui ont pour point d'unité tantôt un ganglion, tantôt un plexus ou lacis du filet nerveux, sont le siège d'une multitude de phénomènes sur lesquels la volonté n'exerce aucune influence directe, et même dont nous n'avons la conscience que quand les impressions sont douloureuses.

On ne conçoit pas, dira-t-on, comment l'âme exerce une action immédiate sur le système nerveux de la vie de relation. Nous nous abstenons de rapporter les divers systèmes de *l'influx physique,* du *médiateur plastique,* de *l'harmonie préétablie,* etc., au moyen desquels les métaphysiciens ont cherché à expliquer l'union de l'âme avec le corps; parce qu'ils ne sont fondés sur aucun fait que l'on puisse soumettre à l'observation. Il est prouvé que les actes du principe actif sont toujours précédés ou suivis de certaines modifications du système nerveux de relation. Cependant l'influence de la matière sera toujours un mystère pour nous, vu l'incompatibilité de ces deux substances sur l'esprit. Mais comprenons-nous mieux, en mécanique, la communication du mouvement et sa transmission d'un corps à un autre? Savons-nous même bien ce que c'est que le mouvement, ce que c'est que la vitesse? Voilà cependant des phénomènes qui sont sous la domination directe de nos sens. Et nous voudrions connaître le *pourquoi* et le *comment* des relations de l'esprit avec la matière! Nous ne comprendrons jamais, dit le profond Steinmetz (*Cours de psychologie*), pourquoi certains changements dans les corpuscules de la matière cérébrale sont toujours suivis de certaines modifications de l'âme; mais aussi comprenons-nous pourquoi, dans certaines conditions, un sel en solution se sépare de son milieu et se cristallise, et pourquoi il revêt une forme toujours identique? En y regardant de près, nous serons peut-être obligés d'avouer que nous ne possédons *le pourquoi de rien.*

Les phénomènes qui manifestent cette propriété du principe actif humain sur les faits psychologiques proprement dits caractérisent l'homme bien mieux que les sensations, que les mouvements spontanés, et peuvent tous être rapportés à l'idée générale de pensée. M. Buchez regrette que, depuis Descartes, on se soit servi du mot de *pensée* pour désigner la propriété essentielle de l'esprit ou de l'âme humaine, soit parce que la pensée n'est point, dans l'homme pourvu d'un organisme, un fait purement spirituel; soit parce qu'elle est un fait de pure conscience, et par conséquent indémontrable; soit enfin parce que le mot *pensée* ne donne qu'une idée confuse des pensées intellectuelles de l'homme. « Que fait-on quand on pense? se demande-t-il (*Essai,* etc., t. III, p.

Dieu dit : *Faisons l'homme à notre image et ressemblance, pour qu'il préside aux animaux, à tout ce qui vit sur la terre, à toute la terre elle-même* (Gen. 1, 26). Et Dieu lui donne en effet cet empire, v. 28 ; l'homme est donc d'une nature bien supérieure à celle des animaux, puisqu'il est créé pour être leur maître. [*Voy.*, art. ADAM, le beau passage de Bossuet sur ce verset de la Genèse.]

En effet, Dieu ne parle point aux êtres matériels, il n'adresse point la parole aux animaux ; mais il parle à l'homme, il converse avec lui, il lui accorde des droits, lui impose des devoirs ; il agit avec lui comme avec un être intelligent, libre, maître de ses actions, digne de récompense ou de châtiment : est-ce ainsi que l'on traite un automate ou un animal ? Des spéculations métaphysiques sur la nature de l'esprit et de la matière, des dissertations grammaticales sur la signification des termes, sont bien froides en comparaison des leçons que nous donne l'histoire sainte.

Il n'est donc pas étonnant qu'il ne se soit encore trouvé sur la terre aucun peuple assez stupide pour confondre l'esprit avec la matière, et l'homme avec les animaux ; la

356). On formule des propositions, c'est-à-dire l'on juge, l'on imagine, l'on se souvient, l'on sent, l'on raisonne, en un mot on agit. Une telle analyse ne laisse point de place au vague. Je demanderai d'abord au profond philosophe, dont je sais d'ailleurs apprécier le rare talent, comment les espèces, nécessairement moins abstraites que le genre, seraient d'une nature plus spirituelle, ou moins mixte. On a vu, du reste, que toutes les opérations de l'âme sont jointes à des effets matériels. Ensuite, quand on juge, qu'on se souvient, etc., on produit des actes de pure conscience, qui ne sont communicables, comme toute pensée, que par des signes sensibles exprimés d'une manière quelconque. Enfin, le mot *pensée* est trop propre à résumer les résultats du mode d'activité de l'âme, distinct soit de la sensibilité, soit de la motilité. »

Certains matérialistes idéologues des temps modernes ont soutenu que penser était sentir et que la sensation avait autant de formes que la pensée. Or, ils faisaient résider dans la matière la faculté de sentir. Il suffit, pour réfuter cette erreur, de renvoyer à ce que nous avons dit sur la sensibilité et de répéter, après Laromiguière (*Leçons de philosophie, passim*), que l'on ne sent qu'au moyen de l'attention, laquelle procède évidemment d'un principe actif ou immatériel.

A plus forte raison, la pensée proprement dite a-t-elle aussi un principe actif, puisque, contrairement à la sensation, elle précède toute modification du système nerveux. Penser, c'est réunir plusieurs sujets souvent très-distincts les uns des autres, et dont on a acquis la connaissance en différents points ; c'est transporter les qualités d'un sujet dans un autre ; c'est aller souvent l'un de l'autre pour établir des ressemblances ou des différences ; c'est abstraire les diverses propriétés d'une substance ; c'est recomposer la même substance après l'avoir analysée ; c'est rapporter les effets à leurs causes, et déduire les conséquences de leur principe, etc., etc. Or, n'y a-t-il point évidemment de l'activité dans la production de tous ces actes ? D'un autre côté, il ne s'opère aucun déplacement des objets réunis ou divisés, aucun mouvement n'a lieu hors de nous à l'occasion de nos pensées. A la vérité, il s'effectue dans le système nerveux une translation de molécules ; mais c'est postérieurement à l'acte qui produit la pensée. Au reste, pour que l'on pût, avec quelque apparence de raison, attribuer au mouvement du fluide nerveux les effets que nous avons mentionnés, il faudrait qu'il y eût contact entre les nerfs et les objets extérieurs, et que ce contact suffît pour réunir les objets. Mais on conçoit que, dans cette hypothèse, les premières pensées humaines sur les étoiles, le soleil, la lune, la terre, etc., auraient bouleversé la nature. L'activité dont résulte la pensée est donc tout autre chose que du mouvement. Mais la matière n'est susceptible que de mouvement : encore faut-il que celui-ci lui soit imprimé par une force, comme nous l'avons fait voir en traitant de la sensibilité. Donc le principe de la pensée est doué d'une activité, d'une spontanéité, dont l'organisme humain même n'est pas susceptible. Donc l'intellection est une propriété d'un sujet actif, immatériel.

Locke semble avoir cru que Dieu pouvait douer la matière de la faculté de penser ; mais rien n'est plus absurde que cette supposition, attendu qu'aucune puissance ne peut avoir le même sujet d'attributs qui s'excluent essentiellement. Or, la matière est inerte et partant essentiellement inactive ; tandis que la pensée suppose nécessairement un sujet actif. Il est donc encore moins vrai que la matière puisse penser, qu'il ne l'est qu'elle puisse digérer, sécréter, ou exercer une fonction quelconque. Le mathématicien Euler, qui a fait une dissertation latine, aussi claire que solide, pour démontrer l'opposition qu'il y a entre la matière et la pensée (*Opuscula*), résume toutes ses idées en cet argument.

Nullum corpus vim habere potest inertiæ contrariam ;
Atqui facultas cogitandi est vis inertiæ contraria ;
Ergo nullum corpus facultatem cogitandi habere potest.

On a soutenu, à la fin du dernier siècle et au commencement de celui-ci, que la pensée est le produit de l'organisme. Mais d'abord il n'y a dans l'organisme que des molécules matérielles, et par conséquent inertes ; elles font partie de l'organisme pour un temps plus ou moins long, puis elles rentrent dans leur état d'inertie en retournant à la classe des corps bruts. A la vérité l'organisme est constitué et conservé par la force vitale qui le soustrait aux actions physiques et chimiques que subissent les corps inorganiques. Mais, outre que cette force n'a pour résultat qu'un cercle de mouvements, elle n'a rien de spontané, elle est absolue et tout à fait indépendante de la volonté, tandis que la pensée est produite et modifiée au gré de cette puissance.

Le langage même est propre à montrer qu'il y a en nous un principe actif d'intellection d'un ordre supérieur à l'organisme. En effet, il y a dans le langage deux choses bien distinctes, le son et le sens : celui-ci n'est pas le même pour tout le monde ; le son, au contraire est toujours le même. Mais s'il n'y avait en nous que de l'organisme, comme le même son produit chez tout le monde la même impression nerveuse, il réveillerait aussi constamment la même idée ; et réciproquement, la même idée serait invariablement attachée à des sons identiques, ce qui est contraire à tous les faits du langage. Il n'est pas nécessaire, pour sentir cette vérité, de posséder plusieurs langues ; il suffit de connaître dans une même langue deux impressions ou même deux mots qui soient à peu près synonymes ou seulement deux homonymes.

Il est donc scientifiquement démontré, contre toutes sortes de matérialistes, qu'il y a en l'homme un principe actif *de sensibilité et d'intellection* : or c'est ce principe que l'on est convenu d'appeler *âme humaine*.

plupart ont mieux aimé donner une âme intelligente et spirituelle aux animaux que de la refuser à l'homme.

Faudra-t-il parcourir toute la suite de l'histoire et des livres saints, pour montrer la même croyance toujours subsistante chez les Hébreux? Vainement on y chercherait des vestiges de matérialisme, ou des expressions capables de prouver que les Juifs ont mis l'homme au rang des animaux. Le reproche le plus sanglant que les auteurs sacrés font aux hommes corrompus et livrés à des passions brutales, est de leur dire qu'ils ont oublié leur propre nature, qu'ils se sont dégradés jusqu'au rang des animaux, et se sont rendus semblables aux brutes. *Ps.* XLVIII, xv et xxi; *Isaï.* 1, 3, etc.

On a voulu tourner Moïse en ridicule, parce qu'en défendant aux Israélites de manger le sang des animaux, il a dit que l'*âme* de toute chair est dans le sang, et que le sang est l'*âme* des animaux. *Levit.* xvi, 11 et 14; *Deut.* xii, 23. Et l'on a conclu que les auteurs sacrés, en parlant de l'*âme* en général, n'ont entendu rien autre chose que le souffle ou la respiration.

Quand Moïse aurait voulu donner à entendre que le principe de la vie des animaux est dans leur sang, nous ne voyons pas par quelle raison démonstrative nos plus habiles physiciens pourraient prouver le contraire, et il ne s'ensuivrait pas que Moïse a pensé de même à l'égard de l'*âme* de l'homme. Mais ce législateur ne faisait pas une dissertation philosophique sur l'*âme* des bêtes; il donnait aux Hébreux une raison sensible de la loi qu'il leur imposait. Il leur défend de manger le sang des animaux, parce que ce sang, sans lequel les animaux ne peuvent vivre, a été donné de Dieu aux Israélites pour expier leurs *âmes*, lorsqu'il est offert sur l'autel. C'est donc dans ce sens qu'il dit, *Levit.* xvii, 11: *Le sang est pour l'expiation de l'*AME, et *Deut.* xii, 23: *Leur sang est pour l'*AME. Mais cela ne signifie point que le sang tient lieu d'*âme* aux animaux.

Comme l'*âme* signifie en général *le principe de la vie*, les Hébreux ont pu dire, comme nous, l'*âme des brutes*, puisqu'elles ont en effet un principe de vie. Quel est-il? Nous ne le savons pas mieux qu'eux. Mais ils n'ont jamais pensé, non plus que nous, que ce principe fût le même en nous et dans les brutes. Ils se servent du mot *âme* pour désigner l'homme, et non les animaux quand ils disent: *toute âme qui ne recevra point la circoncision, toute âme qui pèchera mourra, toute âme qui ne s'affligera point*, etc. Ils attribuent à l'*âme* et non au corps les fonctions spirituelles. Lorsque David dit: *Mon âme se réjouit dans le Seigneur; mon âme est affligée; mon âme, bénissez le Seigneur*, etc. cela ne peut s'entendre du souffle, de la respiration, du principe de vie matérielle.

Nous prouverons dans un moment que les Israélites ont cru constamment l'immortalité de l'*âme* humaine; il en résultera qu'ils ne l'ont point confondue avec le souffle ou la respiration.

Personne ne nous obligera, sans doute, à montrer que Jésus-Christ a confirmé par ses leçons divines la croyance primitive de la spiritualité de l'*âme*, et qu'il a pleinement dissipé les doutes qu'une philosophie contentieuse avait répandus sur cette importante question: *Dieu est esprit*, dit-il, *et ceux qui lui rendent un culte doivent l'adorer en esprit et en vérité* (*Joan.*, iv, 24). Mais c'est surtout en établissant d'une manière invincible l'immortalité de l'*âme*, que notre divin Maître en a démontré la spiritualité; nous le verrons ci-après.

Les incrédules, qui ne savent argumenter que sur les mots, ont cependant objecté que souvent, dans l'Evangile, l'*âme* ne signifie rien autre chose que la vie. Cela n'est pas étonnant, puisque c'est l'*âme* qui est le principe de la vie; mais lorsque Jésus-Christ a dit: *Celui qui perdra son* AME *pour moi, la retrouvera; celui qui hait son* AME *en ce monde la garde pour une vie éternelle* (*Matth.* x, 39; *Joan.*, xii, 25); n'est-il question là que de la vie du corps?

Dans l'impossibilité de faire de Jésus-Christ un matérialiste, nos savants dissertateurs ont du moins voulu imprimer cette tache aux Pères de l'Eglise. Ils ont soutenu que, comme aucun des anciens philosophes n'a eu l'idée de la parfaite spiritualité, les Pères de l'Eglise ne l'ont pas mieux conçue; qu'ils ont seulement entendu par l'*esprit* une matière subtile; que, selon leur opinion, Dieu, les anges, les *âmes* humaines, sont foncièrement des corps, mais légers, ignés ou aériens.

Nous n'avons certainement aucun intérêt à justifier les anciens philosophes; mais nous ne pouvons nous résoudre à croire que des hommes, qui ont combattu de toutes leurs forces contre le matérialisme des épicuriens, sont tombés cependant dans la même erreur. Cicéron, dans ses *Tusculanes*, a prouvé la spiritualité de l'*âme* aussi solidement que Descartes, et il fait profession de répéter les leçons de Platon, de Socrate et d'Aristote. Nos littérateurs modernes se sont moqués de celui-ci, parce qu'il a dit que l'*âme* est une *entéléchie*; ils n'ont pas vu que ἐντελέχεια chez les Grecs signifie la même chose que *intelligentia* chez les Latins. Voilà des dissertateurs fort en état de juger de la doctrine des anciens philosophes.

Nous croirons encore moins que les Pères de l'Eglise ont préféré les leçons du portique ou de l'académie à celles de l'Ecriture sainte, et qu'en admettant un Dieu créateur, ils ont supposé un Dieu corporel: ces deux dogmes sont incompatibles. La plupart ont insisté sur ce qu'il est dit dans la Genèse, que Dieu a fait l'homme à son image; et ils n'ont jamais pensé qu'un corps, tant subtil qu'il pût être, pouvait ressembler à un pur esprit. Enfin, tous ont attribué à l'*âme* humaine l'intelligence, la liberté et l'immortalité: propriétés qui ne peuvent appartenir à un corps.

A la vérité les Pères, obligés de s'assujettir au langage ordinaire, ont été dans le même embarras que les philosophes ; ils ont été forcés d'exprimer la nature, les propriétés, les opérations de l'*âme* par des termes empruntés des choses corporelles ; parce qu'aucune langue de l'univers ne peut en fournir d'autres. Ainsi, les uns ont pris le mot de *corps* dans un sens synonyme à celui de *substance*, parce que celui-ci n'était pas employé chez les Latins dans la même signification que chez nous ; les autres ont appelé la manière d'être des esprits une *forme*, et leur action un *mouvement* ; d'autres ont désigné la présence de l'*âme* dans toutes les parties du corps par le terme de *diffusion*, d'*égalité* ou de *quantité* ; autant de métaphores sur lesquelles il est ridicule d'appuyer des arguments. Au III° siècle de l'Eglise, Plotin, disciple de Platon, dans sa quatrième Ennéade ; saint Augustin, dans son livre *De quantitate animæ* ; au V°, Claudien Mamert, dans son traité *De statu animæ*, ont démontré l'immatérialité de l'*âme* par les mêmes preuves que Descartes. Il est donc ridicule de leur attribuer le matérialisme par voie de conséquence, ou sur quelques expressions qui ne sont pas parfaitement exactes, pendant qu'ils font une profession formelle de la doctrine contraire.

Le comble de la témérité a été d'affirmer, comme on l'a fait de nos jours, que saint Augustin est le premier qui, après bien des efforts, est venu à bout de concevoir la spiritualité et l'essence de l'*âme* ; que cependant il a toujours raisonné en parfait matérialiste sur les substances spirituelles. Non-seulement dans l'ouvrage que nous venons de citer, mais dans le livre X *de Trinitate*, c. X, ce Père donne de la spiritualité de l'*âme* une démonstration à laquelle aucun matérialiste n'a jamais répondu.

On attribuait autrefois à saint Grégoire Thaumaturge une dispute dans laquelle l'auteur prouve contre Tatien que l'*âme* humaine est une substance immatérielle, simple et non composée, par conséquent immortelle. Cet ouvrage est sans doute d'un écrivain plus récent, mais qui raisonne très-solidement. Gérard Vossius observe que la même doctrine est formellement professée par saint Maxime dans une dissertation sur l'*âme*, par saint Athanase, par saint Jean Chrysostome et par saint Grégoire de Nazianze. Nous aurons soin de justifier les autres dans leur article particulier.

Parmi les passages allégués par les incrédules pour calomnier les Pères, il y en a plusieurs qui sont forgés, d'autres que l'on a tirés d'ouvrages qui ne sont point des auteurs auxquels on les attribue, d'autres dans lesquels on force le sens des expressions ; mais nos adversaires ne sont pas scrupuleux sur le choix des armes dont ils se servent.

Ils disent que les anciens étaient fort embarrassés à expliquer l'origine de l'*âme*, surtout Tertullien, l. *de Anima*, c. 19, et saint Augustin, l. *de Origine animæ*. Mais avons-nous besoin de l'expliquer mieux que ne fait l'Ecriture sainte ? Saint Augustin n'a traité cette question que parce qu'il aurait voulu concevoir comment le péché d'Adam est transmis à ses descendants. Cela n'est pas fort nécessaire ; il suffit de croire le dogme du péché originel tel qu'il est révélé. Tertullien, dans ce livre même, soutient de toutes ses forces la simplicité, l'indivisibilité et l'indissolubilité de l'*âme*, c. 14. Cependant l'on s'obstine à dire qu'il a cru l'*âme* corporelle.

II. *De l'immortalité de l'âme* (1). On demande si ce dogme est clairement révélé, s'il a été cru par les patriarches et par les Juifs : il n'en est rien, selon nos philosophes matérialistes ; ils disent qu'avant la captivité de Babylone les Juifs n'en ont eu aucune notion, qu'ils l'ont emprunté des Chaldéens ou des Perses ; mais on ne nous dit point à quelle école ces derniers en avaient été instruits.

(1) « L'immortalité de l'âme, dit Pascal, est une chose qui nous intéresse si profondément, qu'il faut avoir perdu tout sentiment pour être dans l'indifférence de savoir ce qui en est. Toutes nos actions et toutes nos pensées doivent prendre des voies si différentes, selon qu'il y aura des biens éternels à espérer ou non, qu'il est impossible de faire une démarche avec sens et jugement qu'en la réglant par la vue de ce point, qui doit être notre dernier objet. » L'importance de ce dogme l'a fait étudier par tous les sages. Nous allons exposer les motifs sur lesquels il repose. Nous avons vu que l'âme est indépendante de l'organisme, elle le domine même en ce qu'elle agit à son gré, en vertu de son activité propre, sur le système de relation ; d'où il suit qu'elle n'est pas destructible, comme le corps, par les actions physiques et chimiques. Toutefois, nous devons avancer que l'immortalité du principe immatériel qui est en nous ne peut se déduire ni de l'expérience ni de la science. C'est donc dans une autre source que nous devons puiser nos preuves. Nous consulterons d'abord la croyance des peuples sur ce sujet, et nous en déduirons les conséquences qui en découlent. Nous verrons ensuite ce que la raison nous enseigne par rapport à l'immortalité de l'âme. Une troisième preuve se tirerait de l'Ecriture ; mais Bergier la fournit abondamment. Toutefois, pour ne pas scinder l'addition que nous ajoutons ici, nous parlerons encore de l'influence que l'immortalité de l'âme peut avoir sur la société.

I. Toutes les nations, nouvelles et anciennes, policées et sauvages, ont professé la doctrine de l'immortalité de l'âme. Dans quelque temps, dans quelque pays que l'on voie des peuples, on trouve cette foi établie. Tous ils ont eu leur empire des morts. Les Latins avaient leur enfer, les Grecs leur *hadès*, les Egyptiens leur *amenthès*, etc. ; en un mot, Chaldéens, Phéniciens, Egyptiens, Perses, Indiens, Celtes, Germains, sauvages des forêts américaines, peuplades de la mer du Sud, tout ce qui a jamais existé de nations a été réuni dans la même foi. Les poëtes les plus anciens la célèbrent. Timée le Pytagoricien loue beaucoup Homère d'avoir conservé dans ses poëmes l'ancienne tradition des châtiments de l'autre vie. Les philosophes les plus éclairés l'ont enseignée. Dans les Dialogues de Platon, Socrate s'attache à prouver l'immortalité de l'âme. Il en parle comme d'une tradition de la plus haute antiquité.

« On doit croire, dit expressément Platon, aux opinions anciennes, qui enseignent que l'âme sera jugée après la mort et punie sévèrement si elle n'a pas vécu en être raisonnable. » Aristote, cité par Plutarque, parle du bonheur des hommes après cette vie comme d'une opinion de la plus ancienne date, dont personne ne peut assigner ni l'origine ni l'au-

Nous répondons d'abord que le souffle de la bouche du Seigneur ne meurt point; mais nous ne sommes pas réduits à cette seule preuve. Après le péché d'Adam, avant de le condamner à la mort, Dieu lui promet un rédempteur. En quoi cette promesse pouvait-elle l'intéresser, si elle ne devait pas être accomplie pendant sa vie, et s'il devait

teur, et qui se perd dans l'obscurité des siècles les plus reculés. Cicéron dit que l'immortalité de l'âme a été soutenue par des savants de la plus grande autorité; que c'est une opinion commune à tous ceux qui approchent le plus des dieux; que l'antiquité de cette croyance est une preuve de sa vérité. Nous serions infinis si nous voulions citer tous les poëtes, tous les historiens, tous les philosophes, tous les orateurs, etc., qui tiennent le même langage. Mais, comme toute vérité qui gêne les passions mauvaises, l'immortalité de l'âme a été rejetée par les hommes qui placent le souverain bonheur dans les plaisirs sensuels. Nous aurions lieu d'être surpris que les picuriens de nom et d'effet aient admis une vérité qui combattait si fort leurs penchants déréglés.

On ne voit, dirons-nous avec Leland, point de conclusion plus légitime à tirer de la grande antiquité de cette doctrine, que celle-ci, savoir : qu'elle faisait partie de la religion primitive communiquée par une révélation expresse de Dieu aux premiers pères du genre humain, afin qu'ils la transmissent à leur postérité. C'est la pensée de Grotius, qui dit que la tradition de l'immortalité de l'âme passa de nos premiers pères aux nations les plus civilisées : *Quæ antiquissima traditio a primis (unde enim otioqui?) parentibus ad populos moratiores pene omnes manavit*, c. 21. Il est en effet difficile de concevoir que, dans ces premiers âges où les hommes grossiers et ignorants étaient incapables de faire des raisonnements abstraits et subtils, ils fussent parvenus eux-mêmes à se former des notions de la nature d'un être immatériel qui devait survivre à la mort du corps, et continuer de penser après la destruction des organes corporels. Comment purent-ils alors s'élever aux spéculations sublimes et pénibles de la nature et des qualités de l'âme, qui ont embarrassé depuis les philosophes, les plus grands génies, dans le bel âge de la science? Toutes les connaissances des hommes se bornaient à ce qu'ils pouvaient apprendre par l'observation et l'expérience, ou par la voie de l'instruction. Ils voyaient leurs semblables mourir après avoir vécu un certain nombre d'années. Voilà à quoi se réduisait l'expérience sur la fin de l'homme; elle n'était guère propre à leur donner l'idée d'une vie future, où chacun serait puni ou récompensé selon qu'il aurait bien ou mal vécu dans celle-ci. Ce ne fut donc ni par un raisonnement scientifique, dont ils n'étaient pas capables, ni par l'expérience et l'observation, que les hommes parvinrent à la connaissance de l'immortalité de l'âme et d'un état futur. Il ne reste plus qu'un moyen, celui de l'instruction divine ou de la révélation. C'est à la révélation qu'il faut rapporter l'origine de cette tradition universelle. Plusieurs auteurs païens déjà cités lui donnent une origine divine, et l'Écriture sainte ne nous permet pas d'en douter.

Châteaubriant, parlant du respect de tous les peuples pour les tombeaux, a formulé la même croyance dans son magnifique langage. « C'est ici, dit-il, que la nature humaine se montre supérieure au reste de la création, et déclare ses hautes destinées. La bête connaît-elle le cercueil, et s'inquiète-t-elle de ses cendres? Que lui font les ossements de son père, ou plutôt sait-elle qui est son père après que les besoins de l'enfance sont passés? Parmi tous les êtres créés, l'homme seul recueille la cendre de son semblable, et lui porte un respect religieux : à nos yeux, le domaine de la mort a quelque chose de sacré. D'où nous vient donc la puissante idée que nous avons du trépas? Quelques grains de poussière mériteraient-ils nos hommages? Non, sans doute : nous respectons

la cendre de nos ancêtres, parce qu'une voix secrète nous dit que tout n'est pas éteint en eux, et c'est cette voix qui consacre le culte funèbre chez tous les peuples de la terre. Tous sont également persuadés que le sommeil n'est pas durable, même au tombeau, et que la mort n'est qu'une transfiguration glorieuse. »

II. Lorsque la raison humaine considère l'état des choses dans ce monde, et qu'elle le compare avec la justice divine, elle ne peut manquer de dire que l'on doit, à sa sagesse, à sa bonté et à sa justice, de rendre l'âme immortelle. « Les biens de cette vie, dit M. de la Luzerne, sont communs aux bons et aux méchants, indifféremment distribués aux uns et aux autres. On peut même dire qu'à cet égard les scélérats sont mieux traités que les honnêtes gens. La raison en est que, n'ayant en vue que ces sortes de biens, ils emploient, pour se les procurer, toutes sortes de moyens honnêtes ou malhonnêtes que les hommes vertueux ne se permettent pas. Je n'ai pas besoin de prouver cette vérité, que fait voir évidemment et continuellement l'expérience. Nos adversaires ne la contestent pas. Au contraire, ils se font de la prospérité des méchants un de leurs principaux arguments contre la providence, argument qui véritablement aurait de la force, si le dogme de la vie future n'en donnait pas la solution. — D'après cette répartition des biens et des maux de la vie, égale entre les justes et les malfaiteurs, si même elle n'est pas plus favorable à ceux-ci, nous faisons le raisonnement contraire à celui des incrédules, et bien mieux fondé que le leur. Nous disons que Dieu ne récompensant pas dans cette vie les vertus, et n'y punissant pas les vices, c'est une conséquence nécessaire qu'il y ait, après la mort, un autre état où la récompense sera accordée et le châtiment infligé; qu'il se doit à lui-même cette sanction; et qu'il manquerait à sa sagesse, à sa bonté et à sa justice, s'il manquait à l'exercer.

« 1° Il est contraire à la sagesse de vouloir une fin, sans en vouloir les moyens. Dieu veut que l'homme fasse le bien et évite le mal, et il lui en donne le précepte. Il est donc de sa sagesse de pourvoir à l'observation de ce précepte, en donnant à l'homme un motif puissant, universel et toujours subsistant, de suivre la vertu et de s'éloigner du vice. Les motifs qui déterminent l'homme sont le désir du bonheur et la crainte du malheur : la sagesse divine exige donc qu'il soit pourvu à l'observation du précepte, en attachant le bonheur à la vertu, et le malheur au vice. Mais dans la vie présente cette sanction n'est pas effectuée; il doit donc y avoir, après cette vie, un autre état où elle se réalise. — Dans l'hypothèse des incrédules, quel motif assez fort pourra déterminer l'homme aux sacrifices que souvent exige la pratique de la vertu? S'il n'a d'autres biens à espérer que ceux de la vie actuelle, son unique intérêt sera de se les procurer par toutes sortes de voies; et comme le vice apporte souvent plus d'avantages présents que la vertu, il aura, dans une multitude d'occasions, plus d'intérêt à commettre le mal qu'à opérer le bien. Ainsi, la sagesse infinie se contredirait elle-même; elle donnerait à la fois le précepte de l'observation et le motif de l'infraction; elle mettrait le moyen en opposition avec la fin.

« 2. S'il n'y a de bonheur que dans cette vie, la bonté divine est évidemment en défaut; l'existence qu'elle a donnée à l'homme n'est qu'un don funeste; les souffrances n'ont plus de dédommagement; les combats contre les passions, plus de palmes; les travaux, plus de salaires; les douleurs, plus de consolations. Les incrédules qui relèvent, qui exaltent,

mourir tout entier? Dieu dit à Caïn : *Si tu fais bien, n'en recevras-tu pas la récompense? Mais si tu fais mal, ton péché s'élèvera contre toi* (Gen. iv, 7). Cependant Abel, loin de recevoir la récompense de ses vertus en ce monde, a péri par une mort violente et prématurée. Dieu, qui faisait alors la fonction de législateur et de juge, a-t-il pu le permet-

qui quelquefois même exagèrent les maux que souffrent les justes sur la terre, font sentir bien clairement la nécessité d'une vie différente sous l'empire d'un Dieu bienfaisant. Un maître bon doit faire le bonheur de ceux qui suivent ses ordres. Otez la vie future, quel est le bonheur que Dieu procure aux observateurs de ses commandements? — Est-il conforme à la bonté du Créateur, que sa créature, par l'acte le plus parfait d'obéissance et de vertu qu'elle puisse faire, détruise son bonheur? Le comble de la perfection est de mourir pour la vertu. Si cet acte héroïque ne mène pas au bonheur, il anéantit tout ce que l'homme peut espérer.

« 3. Est-il juste à un supérieur qui a donné des ordres, de traiter également et indifféremment ceux qui les enfreignent et ceux qui les remplissent? C'est cependant ce qu'imputent à Dieu ceux qui prétendent qu'il a borné l'existence de l'homme à cette vie. Il faut même qu'ils aillent plus loin : comme le vice jouit plus souvent des agréments et des avantages de ce monde que la vertu, ils doivent, conséquemment à leur système, soutenir que la justice divine a voulu et a établi un ordre de choses dans lequel c'est à l'infraction de ses commandements qu'elle a attaché le bonheur, et c'est à cause de l'observation qu'elle rend misérable. Voici le raisonnement qu'ils attribuent au dominateur essentiellement et infiniment juste : En créant un être libre, je lui ai donné des préceptes; je lui ai ordonné de les observer, en n'épargnant ni efforts ni travaux ; je lui ai défendu de les violer, quelque satisfaction, quelque avantage qu'il pût y trouver ; et celui qui m'aura obéi aura, pour tout prix de ses sacrifices, les peines qu'elles lui auront causées; celui au contraire qui m'aura désobéi aura, pour unique punition, la jouissance des plaisirs qu'il se sera procurés. Malheur aux observateurs du commandement, bonheur aux infracteurs ; sage celui qui se rend heureux aux dépens de ses semblables, insensé celui qui fait le bonheur public par ses privations. Voilà le système de justice divine de nos adversaires.

« Concluons en trois mots. Ou le précepte divin de faire le bien et d'éviter le mal n'est muni d'aucune sanction, ou il a sa sanction dans la vie présente, ou, comme nous le soutenons, sa sanction est réservée à une vie future. De ces trois choses la première répugne manifestement aux attributs divins; la seconde est formellement démentie par une expérience constante et évidente; reste donc la troisième.

« J'oserai donc le dire à la suite des docteurs de l'Église : S'il n'y a pas de sanction dans une autre vie, il n'y a pas de vertu sur la terre, il n'y a pas de Dieu dans le ciel. C'est bannir la vertu que de lui ôter ses motifs, c'est anéantir Dieu que de le priver de ses attributs. » (M. de la Luzerne, *Dissertation sur la loi naturelle*, chapitre 3.)

Voici comment Jean-Jacques Rousseau exprime la même pensée : « Plus je rentre en moi, plus je me consulte, et plus je lis ces mots gravés dans mon âme : Sois juste, et tu seras heureux. Il n'en est rien pourtant à considérer l'état présent des choses. Le méchant prospère et le juste reste opprimé. Voyez aussi quelle indignation s'allume en nous quand cette attente est frustrée ! La conscience s'élève et murmure contre son auteur ; elle lui crie en gémissant : Tu m'as trompé. Je t'ai trompé, téméraire, et qui te l'a dit? Ton âme est-elle anéantie? As-tu cessé d'exister? O Brutus ! ô mon fils, ne souille point ta noble vie en la finissant; ne laisse point ton espoir et ta gloire aux champs de Philippes. Pourquoi dis-tu : la vertu n'est rien, quand tu vas jouir du prix de la tienne? Tu vas mourir, penses-tu. Non, tu vas vivre ; et c'est alors que je tiendrai tout ce que je t'ai promis.

« Si l'âme est immatérielle, elle peut survivre au corps; et si elle lui survit, la Providence est justifiée. Quand je n'aurais d'autres preuves de l'immortalité de l'âme que le triomphe du méchant et l'oppression du juste en ce monde, cela seul m'empêcherait d'en douter ! Une si choquante dissonance dans l'harmonie universelle me ferait chercher à la résoudre. Je me dirais : tout ne finit pas pour nous avec la vie ; tout rentre dans l'ordre à la mort.

« Quand l'union du corps et de l'âme est rompue, je conçois que l'un peut se dissoudre et l'autre se conserver. Pourquoi la destruction de l'un entraînerait-elle la destruction de l'autre? Au contraire, étant de nature si différente, ils étaient, par leur union, dans un état violent; et quand cette union cesse, ils rentrent tous deux dans leur état naturel. La substance active regagne toute la force qu'elle employait à mouvoir la substance passive et morte. Hélas ! je le sens trop par mes vices : l'homme ne vit qu'à moitié durant sa vie ; et la vie de l'âme ne se commence qu'à la mort du corps. » (*Emile*.)

III. De toutes les vérités il n'en est point de plus propre à élever l'âme de l'homme, à le consoler dans ses malheurs et à l'affermir dans le bien.

« 1. L'espérance d'une seconde vie, dit la Luzerne, est bien plus flatteuse pour lui que celle du néant; sa destination est bien plus noble, si, à la suite de cette courte vie, la partie principale de lui-même existe encore pour recevoir le prix de ses bonnes actions, que s'il est détruit tout entier comme les bêtes. Dans les malheurs qu'il éprouve en ce monde, la plus douce consolation est de se représenter le bonheur qui l'attend dans un monde nouveau. Il ne sera jamais ébranlé par les maux actuels, celui qui s'appuie fortement sur l'espérance des biens futurs. Il regardait comme légères et passagères ses dures tribulations , celui qui élevait ses regards vers le poids immense de gloire réservé pour lui dans l'éternité. Si je me trompe, fait dire Cicéron au vieux Caton, dans ma croyance de l'immortalité des âmes, j'ai du plaisir à me tromper ainsi. Je ne veux pas qu'on m'arrache une erreur qui fait mes délices. Si, comme le pensent quelques minces philosophes , je ne dois rien sentir après mon trépas, je n'ai pas à craindre que les philosophes morts me raillent de mon erreur.

« 2. Utile pour élever l'âme de l'homme, et pour le consoler dans ses malheurs, la pensée de la vie future l'est encore pour lui faire embrasser la vertu, pour l'y maintenir quand il s'y est attaché, pour l'y ramener quand il a eu le malheur de s'en écarter. Quel encouragement aux actions généreuses peut égaler la contemplation d'un Dieu qui en est le témoin, le juge et le rémunérateur? Otez la croyance de l'autre vie, quel intérêt peut avoir l'homme placé, dans des circonstances très-fréquentes, entre la vertu qui exige des sacrifices, et le vice qui promet des avantages, sinon de préférer le vice à la vertu? Remettez cette salutaire persuasion, vous rendez à l'homme un intérêt de suivre la vertu supérieur à tous ceux que le vice peut présenter. Cet intérêt de la vie future donne un motif universel pour toutes les personnes, pour toutes les actions, pour toutes les circonstances ; un motif facilement aperçu, un motif continuellement actif ; un motif dont le poids ne peut raisonnablement être balancé par aucun autre ; et pour nous en convaincre, nous n'avons besoin que de l'aveu même des adversaires de notre dogme. En contestant sa vérité, ils reconnaissent formelle-

tre, s'il n'y a ni récompenses à espérer, ni châtiments à craindre après la mort. — Abraham entend de la bouche de Dieu ces paroles consolantes : *Je serai moi-même ta grande récompense.* (Gen. xv, 1). Elle était bien faible, si elle devait se borner à la vie présente. Que faisaient à ce patriarche les bénédictions que Dieu lui promettait de répandre sur sa postérité? Abraham achète une caverne pour servir de tombeau à Sara son épouse ; il la laisse pour héritage à ses enfants. Jacob veut y être enterré et *dormir avec ses pères* (Gen. xlvii, 30). La mort ne peut être censée un sommeil, qu'autant qu'il y a un réveil à espérer. Ce patriarche, près de mourir, assemble ses enfants : *Je meurs*, dit-il ; *enterrez-moi dans le tombeau d'Abraham et d'Isaac* ; et s'adressant à Dieu, il ajoute : *J'attends de vous, Seigneur, ma délivrance et mon salut* (Gen. xlviii, 21 ; xlix, 18 et 29). Il n'était point question là de la guérison ; Jacob savait bien qu'il ne relèverait pas de sa maladie. — Joseph son fils, dans la même circonstance, dit à ses frères : *Après ma mort, Dieu vous visitera et vous conduira dans la terre qu'il a promise à nos pères Abraham, Isaac et Jacob..... Transportez mes os avec vous* (L, 23). Cet ordre fut exécuté (*Exod.* xiii, 19). Si on nous demande où est gravé le dogme de l'immortalité, nous répondrons hardiment : Sur le tombeau des patriarches. — Job, réduit au comble du malheur, ne perd point courage ; il dit : *Quand Dieu m'ôterait la vie, j'espérerais encore en lui* (xiii, 15). *Les leviers de ma bière porteront mon espérance ; elle reposera avec moi, dans la poussière du tombeau* (xvi, 17 ; *Hebr.*). Sur ce sujet, Salomon dit dans les Proverbes (xiv, 32), que le juste espère même dans sa mort. Que peut-il espérer, s'il meurt pour toujours ?

ment son utilité. Bergier a réuni un grand nombre de confessions positives des incrédules : je ne puis mieux faire que de copier ses expressions.

« 3. Les destructeurs de l'âme sont forcés d'avouer
« la nécessité du dogme que nous établissons. Epi-
« cure n'a jamais osé prétendre que sa doctrine pût
« être utile à la société, si elle devenait commune :
« il la donnait comme un mystère destiné seulement
« à faire la félicité d'un philosophe, comme si un
« philosophe n'était plus un homme ! Spinosa conve-
« nait qu'il vaut mieux que le peuple fasse son de-
« voir par religion que par crainte : or, la religion
« serait nulle, sans la croyance de la vie future.
« Pomponace dit qu'il a fallu, pour le bien-commun,
« proposer au très-grand nombre des hommes les
« peines et les récompenses de l'autre vie, parce
« qu'ils sont nés avec de mauvaises inclinations.
« Bayle soutient, contre Cardan, qu'il n'est pas vrai
« que ce dogme ait produit plus de mal que de bien,
« même à ne considérer les choses que par des vues
« de politique ; que la doctrine contraire désespère
« les gens de bien. Tolland, dans ses *Lettres philo-
« sophiques*, avoue que, pour réprimer les mé-
« chants, il a été nécessaire d'établir l'opinion des
« peines et des récompenses après la mort. Selon
« Schaftsbury, croire que les mauvaises actions
« sont punies par la justice divine, est le meilleur
« remède contre le vice, et le plus grand encourage-
« ment à la vertu. Bolingbroke observe que la doc-
« trine des peines et des récompenses futures est
« propre à donner de force aux lois civiles, et à
« réprimer les vices des hommes. David Hume ne
« veut point reconnaître pour bons citoyens ni bons
« politiques, ceux qui s'efforcent de désabuser le
« genre humain des préjugés de religion.

« Même concert parmi les incrédules français :
« l'auteur de la *Lettre de Thrasybule à Leucippe* con-
« vient que la croyance d'une autre vie est le plus
« ferme fondement des sociétés, porte les hommes
« à la vertu, et les détourne du crime. Dans les
« *Sentiments des philosophes sur la nature de l'âme*,
« l'auteur confesse que la morale des athées est
« dangereuse en général, et n'est bonne à prêcher
« qu'aux honnêtes gens. Dans les *Dialogues sur l'âme*,
« il est dit que, pour les hommes faibles et corrom-
« pus, une religion dogmatique et la supposition
« d'une première cause deviennent nécessaires ;
« qu'une origine divine et l'attente d'un bonheur
« éternel flattent l'amour-propre, et peuvent pro-
« duire de grandes choses. L'auteur du *Système de
« la Nature* prouve qu'aucun motif naturel n'est as-
« sez fort pour détourner du vice un homme né avec
« des passions vives, et qu'il n'est pas le maître d'y
« résister : il est donc très-à-propos de recourir à
« un motif surnaturel. Dans les *Lettres à Sophie*, il
« est dit que l'hypothèse de l'immortalité de l'âme
« est, de toutes les fictions, la plus propre au bon-
« heur du genre humain en général, et à la félicité
« des particuliers qui le composent. L'auteur du li-
« vre de *l'Esprit* est d'avis qu'il faut conserver,
« même aux fausses religions, ce qu'elles ont d'utile ;
« qu'il ne faut point détruire le tartare ni l'élysée.

« On demandera peut-être comment, avec de pa-
« reils aveux, de prétendus zélateurs des intérêts de
« l'humanité osent écrire contre la croyance d'une
« autre vie ? Ce n'est point à nous de répondre.
« C'est au lecteur judicieux à leur rendre la justice
« qui leur est due. »

Il est incontestable que les Egyptiens croyaient non-seulement l'immortalité de l'âme, mais encore la résurrection future ; c'est pour cela qu'ils embaumaient les corps. Les Israélites ont demeuré plus de deux cents ans parmi les Egyptiens, et ils ont imité leur coutume d'embaumer ; serait-il possible qu'ils n'eussent pas adopté la même croyance, si déjà ils ne l'avaient pas eue par la tradition de leurs pères ? Mais nous en avons des preuves trop positives pour pouvoir en douter.

1° Moïse leur défend d'interroger les morts, pour apprendre d'eux les choses cachées, comme faisaient les Chananéens. (*Deut.* xviii, 11). Malgré la défense, cette superstition fut pratiquée. Saül fit évoquer par une pythonisse l'*âme* de Samuel, qui lui dit : *Demain vous et vos fils serez avec moi* (*I. Reg.* xxviii, 11). Isaïe parle encore de cet abus (viii, 19 ; lxv, 4). Il n'aurait pas eu lieu chez une nation persuadée que les morts ne subsistent plus. C'est pour cela même que tout homme qui avait touché un mort était censé impur. — 2° En offrant à Dieu les prémices des fruits de la terre, un Israélite était obligé de protester qu'il n'en avait rien employé à un usage impur, et qu'il n'en avait rien donné *au mort* (*Deut.* xxvi, 13). L'usage de faire des offrandes aux mânes, ou aux *âmes* des morts, de se couper les cheveux et la barbe, et de les mettre dans leur cercueil, de répandre du sang à leur honneur, suppose évidemment la croyance de l'immortalité de l'*âme* ; toutes ces superstitions sont défendues aux Juifs, parce qu'ils étaient enclins à y tomber (*Levit.* xix, 27 ; *Deut.* xiv, 1). Cela n'aurait pas été nécessaire s'ils n'avaient eu aucune notion d'une autre vie. — 3° Le prophète Balaam dit (*Num.* xxiii, 10) : *Que mon* AME *meure de la mort des justes, et que mes derniers moments soient semblables aux leurs.* Quelle différence peut-il y avoir entre la mort des justes et celle des pécheurs, s'il n'y a rien à espérer ni à craindre après la mort. Les premiers, sans doute, sont tranquilles et n'ont point de remords ; et pourquoi les seconds en auraient-ils, si tout finit avec cette vie ? — 4° Pour avertir Moïse de sa mort prochaine, Dieu lui dit : *Tu dormiras avec tes pères* (*Deut.* xxxi, 16). *Monte sur la montagne de Nébo ; tu y seras réuni à tes proches, comme ton frère Aaron est mort sur la montagne de Hor, et a été réuni à son peuple* (*Deut.* xxxii, 49). Mais les parents de Moïse et d'Aaron avaient été enterrés en Egypte ; ces deux frères, morts dans le désert, ne pouvaient donc pas être réunis, par la sépulture, à leur famille. Ces expressions nous indiquent évidemment un séjour des morts différent du tombeau. — 5° David, étonné de la prospérité des pécheurs, de leur insolence et de leur impiété, avait été tenté de désespérer des récompenses de la vertu, et de regarder les justes comme des insensés. *J'ai voulu,* dit-il, *comprendre ce mystère; j'y ai eu de la peine, jusqu'à ce que je suis entré dans le secret de Dieu, et que j'ai considéré leur dernière fin.* (*Ps.* lxxii, 16). Ce scandale ne serait pas dissipé, si les uns et les autres avaient la mort pour dernière fin. — 6° Salomon son fils fait la même chose dans l'Ecclésiaste ; il tient d'abord le langage d'un épicurien, qui juge que tout se termine au tombeau, que les bons et les méchants ont la même destinée. *Qui sait,* dit-il, *si l'esprit des enfants d'Adam monte en haut, et si celui des animaux descend dans la terre ?.... Tous meurent de même ; les morts ne sentent ni ne connaissent plus rien ; il n'y a plus de récompense pour eux, et leur mémoire tombe également dans l'oubli ; bornons-nous donc à jouir du présent,* etc. Mais bientôt il réfute ce langage impie. *Ne dites point :* il n'y a point de Providence, *de peur que Dieu, irrité de ce discours, ne confonde tous vos projets..... Craignez Dieu* (v, 5). *Il vaut mieux aller dans une maison où règne le deuil, que dans celle où l'on prépare un festin : dans la première, l'homme est averti de sa fin dernière, et quoique plein de vie, il pense à ce qui doit lui arriver* (vii, 3). *Parce que les méchants ne sont pas punis d'abord, les enfants des hommes font le mal sans crainte ; cependant, puisque l'impie a péché cent fois impunément, je suis certain que ceux qui craignent Dieu prospéreront à leur tour* (viii, 11). *Réjouissez-vous pendant votre jeunesse, à la bonne heure : mais sachez que Dieu sera votre juge sur tout cela* (xi, 9). *Souvenez-vous de votre Créateur dans ce temps-là même, avant que n'arrive le moment auquel la poussière retombera dans la terre d'où elle a été tirée, et auquel l'esprit retournera à Dieu qui l'a donné* (xii, 1 et 7). *Craignez Dieu et observez ses commandements : c'est l'essentiel pour l'homme ; Dieu entrera en jugement avec lui pour tout le bien et le mal qu'il aura fait* (xiii). Comment les épicuriens de nos jours ont-ils osé affirmer que Salomon pensait comme eux ? — 7° Elie voulant ressusciter un enfant dit à Dieu : « Seigneur, faites que l'*âme* de cet enfant revienne dans son corps. » L'historien ajoute que l'âme de cet enfant revint en lui et qu'il ressuscita (*III Reg.* xvii, 20). Ce n'est pas le seul prodige de cette espèce rapporté dans les livres saints. Les matérialistes ont-ils jamais cru aux résurrections ? — 8° Isaïe nous assure que les justes morts se reposent dans le lieu de leur sommeil, parce qu'ils ont marché droit (lvii, 1 et 2). Il suppose (xiv, 9) que les morts parlent au roi de Babylone lorsqu'il va les rejoindre, et lui reprochent son orgueil.

Tous ces écrivains sacrés que nous citons ont vécu avant la captivité de Babylone ; ils tiennent cependant le même langage que ceux qui sont venus après, comme Daniel, Esdras, les auteurs des livres de la Sagesse, de l'Ecclésiastique et des Machabées. Cette uniformité d'expressions, de conduite, de lois, d'usages, nous paraît plus capable de constater le fait de la croyance constante des patriarches et des Juifs, qu'une dissertation philosophique sur la nature et la destinée de l'âme humaine, quand même elle aurait été faite par l'un des enfants d'Adam.

Les Egyptiens, les Chananéens, les Chaldéens, les Perses, les Indiens, les Chinois, les Scythes, les Celtes, les anciens Bretons, les Gaulois, les Grecs et les Romains, les Sauvages même, ont cru de tout temps l'immortalité de l'*âme*. C'est sur cette tradition universelle que Platon, Cicéron et les autres philosophes fondaient l'opinion qu'ils en avaient, beaucoup plus que sur leurs démonstrations. Et des dissertateurs modernes avaient entrepris de nous persuader que, par une exception unique sous le ciel, les Juifs ignoraient profondément cette vérité, et qu'il n'en est pas fait mention dans leurs livres !

Nous convenons que chez les païens la croyance de l'immortalité de l'*âme* n'a jamais fait partie de la religion publique ; aucune loi ne rendait sacré ce dogme important ; on pouvait l'admettre ou le nier sans conséquence et sans courir aucun danger. C'est ce qui démontre combien la religion païenne était incapable de contribuer à la pureté des mœurs, et combien les peuples avaient besoin d'une religion plus sage et plus sainte.

Lorsque Jésus-Christ parut sur la terre, la philosophie épicurienne, les fables des poëtes sur les enfers, et la corruption des mœurs, avaient presque entièrement détruit chez les païens la croyance de l'immortalité de l'*âme*. Malgré les arguments de Platon et de Cicéron, Juvénal nous apprend que, chez les Romains, personne, excepté les enfants, ne croyait plus à la fable des enfers.

Par une vieille habitude, on honorait encore les mânes ou les *âmes* des morts, et l'on faisait des apothéoses; mais personne ne savait ce qu'il fallait penser de l'état de ces *âmes*. La foi à la vie à venir n'entrait pour rien dans la morale; il ne restait à la vertu, pour se soutenir, que l'instinct de la nature et un faible pressentiment des peines et des récompenses futures. Cette même foi était ébranlée chez les Juifs par les sophismes des saducéens; l'on sentait le besoin d'un maître plus imposant que les docteurs de la loi et que les philosophes.

Le Fils de Dieu annonça la vie éternelle pour les justes, et le feu éternel pour les méchants; il fonda ce dogme, non sur des arguments philosophiques, mais sur sa parole, qui était celle de Dieu son Père; il le prouva non-seulement par les résurrections qu'il opéra, mais par sa propre résurrection; il assura, non-seulement la vie éternelle de l'*âme*, mais la résurrection future des corps. Il fit de ce dogme capital la base de toute sa morale; par là il consola et encouragea la vertu, il fit trembler le crime, il forma des disciples capables de mourir comme lui en bénissant Dieu, et il imposa plus d'une fois silence aux frivoles objections des saducéens. Lorsqu'ils voulurent argumenter contre le dogme de la résurrection future, il leur dit: *N'avez-vous pas lu ce que Dieu vous a dit:* JE SUIS LE DIEU D'ABRAHAM, D'ISAAC ET DE JACOB? *Il n'est pas le Dieu des morts, mais des vivants.* (*Matth.* XXII, 31). En effet, ces patriarches n'ont pas été récompensés dans cette vie de leurs vertus et du culte qu'ils ont rendu constamment à Dieu; il faut donc que Dieu les récompense dans une autre vie; et s'ils vivent, pourquoi ne ressusciteraient-ils pas? — Jésus-Christ, dit saint Paul, *a mis en lumière la vie et l'immortalité par l'Evangile* (*II Tim.* I, 10). S'il n'a pas dit de la vie future tout ce que voudraient les philosophes pour satisfaire leur curiosité, il nous en a suffisamment appris pour confirmer la foi des justes et pour effrayer les pécheurs.

Celse et les autres philosophes ennemis du christianisme ont tourné en ridicule le dogme de la résurrection des corps; mais ils n'ont osé rien affirmer sur l'état des *âmes* après la mort: ils ont mieux aimé demeurer dans une ignorance qui favorisait leurs vices, que d'embrasser une doctrine qui les aurait excités à la vertu. Il est trop tard, après dix-sept cents ans de lumière, de vouloir ramener les anciennes ténèbres touchant la nature et la destinée de l'*âme* humaine.

III. *De l'origine de l'âme.* La croyance générale de l'Eglise chrétienne est que les *âmes* humaines sont l'ouvrage immédiat de la puissance divine, et que Dieu leur donne l'être par création. Ce sentiment est fondé tout à la fois sur l'Ecriture sainte, qui dit que *Dieu a créé toutes choses sans exception*, et sur la notion claire que nous avons de la nature des esprits. Puisque ce sont des êtres simples, sans étendue et sans parties, un esprit ne peut être détaché de la substance d'un autre esprit; il ne peut donc en sortir par émanation, comme un corps sort d'un autre corps dans lequel il était renfermé. Ou il faut que les *âmes* soient éternelles et sans commencement comme Dieu, ou il faut qu'elles aient commencé d'être par création.

Cependant de savants critiques protestants prétendent que ce n'a point été là le sentiment des anciens Pères de l'Eglise; que la plupart ont cru, comme le grand nombre des philosophes, que les *âmes* sont une partie de la substance divine, et qu'elles en sont sorties par émanation. Beausobre, en particulier, dans son *Histoire du Manichéisme*, l. VI, c. 5, § 9, s'est attaché à prouver ce fait, et il s'en est servi pour réfuter ou pour éluder les arguments par lesquels les Pères ont attaqué les manichéens. Comme cette erreur serait grossière et donnerait lieu à des conséquences très-fausses, il est bon de savoir si les Pères y sont réellement tombés. 1° Il est difficile de croire que les Pères, qui ont formellement enseigné que Dieu a créé les corps ou la matière, aient douté s'il a créé aussi les esprits; l'un lui a-t-il été plus difficile que l'autre? Les anciens philosophes n'ont admis les émanations que parce qu'ils retenaient le dogme de la création; dès que les Pères ont professé ce dogme, quelle raison auraient-ils pu avoir de croire l'émanation des esprits. 2° Beausobre, après avoir cité un passage de Manès, qui porte que la première *âme* émana du Dieu de la lumière, dit qu'il ne faut pas presser ces mots, qu'ils peuvent signifier seulement que l'*âme* fut envoyée de la part de Dieu; mais dans les passages des Pères qu'il cite, il presse tous les mots, ou les prend dans le sens le plus rigoureux. 3° Il ne veut pas que l'on impute aux manichéens les conséquences qui suivaient de leur doctrine, parce que ces hérétiques les niaient; mais il a grand soin de relever toutes les conséquences des opinions fausses qu'il attribue aux Pères, quoique ceux-ci ne les aient jamais admises. Telle est sa méthode dans tout son livre. Mais voyons les passages qui lui servent de preuves.

Dans le dialogue de saint Justin avec Tryphon, n. 4, ce Juif lui demande si l'*âme* de l'homme est divine et immortelle; si c'est une partie de l'Esprit souverain, *regiæ mentis particula*; si, de même que cet Esprit voit Dieu, nous pouvons espérer de voir en esprit la Divinité, et d'être ainsi heureux. Assurément, répond saint Justin. Mais ce qui précède prouve clairement, 1° que par l'*Esprit souverain* qui voit Dieu, saint Justin entend le Saint-Esprit; 2° que la seule question était de savoir si l'*âme* peut voir Dieu. Ainsi, la réponse affirmative de saint Justin tombe directement sur cette partie de la question, et non sur ce qui précède. Beausobre a tronqué le passage, pour persuader le contraire. 3° Saint Justin déclare, *ibid.*, n. 4, qu'il ne croit point, comme Platon, que l'*âme* est incréée, ἀγέννητος, et indestructible par sa nature, non plus que le monde. *Je ne pense pas néanmoins*, dit-il, *qu'aucune* AME *périsse*. S'il avait pensé que l'*âme* est une portion de Dieu, aurait-il cru qu'elle peut être anéantie? — Dans le fragment d'un ouvrage sur la résurrection future, n. 8, saint Justin reprend ceux qui disaient que l'*âme* est incorruptible, parce que c'est une partie et un souffle de Dieu; mais qu'il n'en est pas de même de la chair. « Serait-ce donc, dit ce Père, une preuve de puissance ou de bonté de la part de Dieu, de sauver ce qui doit être sauvé par sa propre nature, qui est une portion de lui-même et son souffle? Ce serait se conserver soi-même. » Je croirais, dit Beausobre, que ce raisonnement de Justin est un argument *ad hominem*, s'il ne s'était pas expliqué clairement dans sa dispute avec Tryphon. Or, nous venons de voir que cette explication est absolument contraire au sentiment de Beausobre; donc le seul but de saint Justin, dans le passage que nous examinons, est de prouver que ceux qui nient la résurrection de la chair raisonnent mal. — Tatien, son disciple, *contra Græcos*, n. 7, dit: « Le Verbe divin a fait l'homme image de l'immortalité; de manière que, comme Dieu est immortel, ainsi l'homme, fait participant d'une portion de Dieu, a aussi l'immortalité; mais avant de créer l'homme, le Verbe a créé les anges. » Il est constant que, par cette *portion de Dieu*, Tatien, ainsi que Justin son maître, entend le Saint-Esprit; si cette portion était l'*âme* de l'homme, il serait absurde de dire que l'homme en a été fait participant. N. 12: « Nous connaissons, dit Tatien, deux espèces d'esprit: l'une est appelée l'*âme*; l'autre, plus excellente, est l'image et la ressemblance de Dieu. Les premiers hommes avaient l'une et l'autre, de manière qu'ils étaient en partie matière, et en partie supérieurs à la matière. » Beausobre, liv. VII, c. 1, n. 1, conclut de ce passage que les Pères, aussi bien que les manichéens, admettaient deux *âmes* dans l'homme. Nouvelle fausseté: jamais les Pères n'ont pensé que le Saint-Esprit fût une partie de l'*âme* humaine. — Saint Clément d'Alexandrie, *Strom.*, liv. VI, p. 663, et saint Irénée, liv. V, c. 12, n. 2, se sont exprimés de même; tous ont pensé que l'*âme* est rendue immortelle par la vertu du Saint-Esprit, et non par sa nature, parce qu'elle a été créée: or, si c'était une portion de la substance divine, elle serait immortelle par sa nature même, et serait incréée. — Saint Méthode, *Sympos. Virg.*, p. 74, dit que la semence humaine contient, pour ainsi dire, une partie divine de la puissance créatrice. Beausobre a supprimé ces mots *pour ainsi dire*, qui font voir qu'il ne faut pas prendre à la lettre ce passage; il signifie seulement que l'homme a reçu de Dieu le pouvoir de procréer des enfants. — L'auteur des *Fausses Clémentines*, homil. 15, n. 16, dit que l'*âme* procédant de Dieu est de même substance que lui, quoique les *âmes* ne soient pas des dieux: c'est-à-dire, que l'*âme* est esprit comme Dieu; mais l'auteur ne dit pas qu'elle est une partie de sa substance. — Suivant Lactance, liv. II, c. 13: « Dieu, ayant formé le corps de l'homme, *lui souffla une âme* de la source vivifiante de son esprit, qui est immortel... L'*âme* par laquelle nous vivons vient du ciel et de Dieu, au lieu que le corps vient de la terre. » Si cela prouve que l'*âme* est une émanation de la nature divine, il faut attribuer cette erreur à Moïse: Lactance ne fait que répéter son expression. — Tertullien est plus obscur: selon sa coutume, en parlant de l'*âme* il prodigue les métaphores; si l'on veut tout prendre à la lettre, il n'y a pas d'erreur que l'on ne puisse lui imputer. *Lib. de Anima*, c. 11, il dit que l'*âme* n'est pas proprement l'esprit de Dieu, mais le souffle de cet esprit. Il distingue l'esprit ou l'entendement d'avec l'*âme*; il l'appelle le siège naturel de l'*âme*, ce qu'il y a en elle de principal et de divin, c. 12. « Cet entendement, dit-il, peut être obscurci, parce qu'il n'est pas Dieu; mais il ne peut être éteint, parce qu'il vient de Dieu... Dieu l'a fait sortir de lui par son propre souffle. » *Adv. Praxeam*, c. 5. Il dit que l'animal raisonnable n'a pas seulement été fait par un ouvrier intelligent, mais qu'il a été animé de sa propre substance. Rien n'est plus formel. Mais il est de l'équité naturelle de juger des sentiments d'un auteur par ses raisonnements plutôt que par ses expressions. Or Tertullien, dans son livre contre Hermogène, qui soutenait la matière éternelle et incréée, prouve que Dieu est créateur, seul éternel, que tout ce qui existe a été *créé de rien*; c'est la conclusion de son ouvrage. Ainsi, par le *souffle de l'esprit de Dieu*, il entend l'effet d'un souffle créateur; autrement cette expression serait inintelligible. Dans son livre *de Anima*, c. 1, il dit qu'il a traité contre Hermogène de l'origine de l'*âme*, *de Censu animæ*; qu'il a prouvé qu'elle n'est point tirée du sein de la matière, mais du souffle de Dieu: puisque ce souffle est créateur, il faut que l'*âme* ait commencé d'être par création. C'est aussi ce que prouve Tertullien, c. 4. « Puisque nous soutenons, dit-il, que l'*âme* vient du souffle de Dieu, nous devons par conséquent lui attribuer un commencement; aussi enseignons-nous contre Platon qu'elle est née et a été faite, parce qu'elle a commencé... Il est permis d'exprimer par le même terme, *être fait, être engendré, recevoir l'être*, puisque tout ce qui a commencé d'être reçoit la naissance; et l'on peut appeler un ouvrier le *père* de ce qu'il a fait. Ainsi, selon notre foi, qui enseigne que l'*âme* est née ou a été faite, l'Ecriture prophétique a réfuté le sentiment de Platon. » Or, Platon admettait les émanations des esprits, parce qu'il rejetait la création. — *Ibid.*, c. 10 *et suiv.* Loin de distinguer deux substances, ou deux parties dans l'*âme*, il réfute cette opinion comme une erreur des philosophes. « L'*âme*, dit-il, c. 14, est une et simple, tout entière en soi, *de suo tota est*; elle ne peut pas plus être composée que divisible et destructible, etc. » Après une profession de foi aussi claire, nous ne concevons pas comment on peut accuser Tertullien d'avoir cru l'*âme* corporelle, et cependant émanée de la substance de Dieu, et d'avoir distingué l'*âme* de l'esprit ou de l'entendement. Il a seulement distingué dans l'*âme* les facultés et les opérations, comme la vie ou la respiration, la puissance de mouvoir ou de sentir, l'intelligence ou l'entendement, et la volonté : nous faisons encore de même. — Que prouve donc ce qu'il a dit en passant dans le livre contre Praxéas, où il s'agissait de tout autre chose que de la nature de l'*âme*? Rien du tout. On peut dire sans erreur que l'homme a été animé par le souffle de Dieu, souffle créateur, émané de la propre substance de Dieu ; mais ce souffle a été la cause efficiente de l'*âme*, et non l'*âme* elle-même. Cent fois l'on a dit que l'*âme* est un souffle divin, parce qu'elle en est l'effet, et non parce que c'est une émanation de la substance de Dieu. Nous lisons dans Job, c. XXXIII, v. 4 : *Le souffle du Tout-Puissant m'a donné la vie*. Les Pères n'ont rien dit de plus.

Enfin Beausobre a cité Synésius, qui appelle l'*âme* de l'homme, *la semence de Dieu ; une étincelle de son esprit, la fille de Dieu, une partie de Dieu* : mais c'est dans les poésies que Synésius s'exprime ainsi, et les métaphores chez les poëtes ne sont pas des arguments de métaphysique. Il est absurde de les prendre à la rigueur, pendant que Beausobre ne veut pas que l'on en agisse ainsi à l'égard des hérétiques.

Nous convenons que la question de l'origine de l'*âme* est très-obscure, surtout lorsqu'on s'en tient aux notions philosophiques : il y a eu sur ce point trois ou quatre opinions différentes chez les anciens. Les uns ont cru la préexistence des *âmes*, comme Origène, mais il supposait que Dieu les a tirées du néant toutes ensemble ; les autres ont pensé que Dieu les a créées en détail, à mesure que les corps humains sont engendrés : plusieurs ont imaginé que l'*âme* d'Adam fut tirée du néant, et que toutes les autres naissent de celle-là par voie de propagation, *ex traduce*. Quant au système de l'émanation des *âmes* hors de la substance de Dieu, ç'a été celui des philosophes, et non des docteurs de l'Eglise, qui tous ont admis la création. Aussi saint Augustin qui, dans sa lettre 143 à Marcellin, et dans sa lettre à Optat, compte quatre opinions touchant l'origine de l'*âme*, ne fait aucune mention des émanations. Au reste, il est faux que l'une de ces opinions soit plus commode que les autres pour résoudre les difficultés que l'on fait sur l'origine du mal moral. Les critiques protestants ne se sont obstinés à prêter aux Pères de l'Eglise le système des émanations, qui a été celui des philosophes et des anciens hérétiques, que pour avoir la satisfaction de les déprimer, et on dirait qu'ils ont cherché à faire leur cour aux sociniens. *Voy.* EMANATION (1).

(1) *Propriétés de l'âme humaine*. — Les propriétés humaines ressortent principalement de notre âme : nous allons les exposer. Ces propriétés sont l'unité, l'identité, la liberté et la personnalité.

AME DU MONDE. Le système de Pythagore, des stoïciens et d'autres philosophes, était que le monde est un grand tout dont Dieu est l'âme, et duquel les différents corps, comme les astres, la terre, la mer, etc., sont les membres ; que Dieu est répandu dans toutes ces parties et les anime, comme notre *âme* vivifie et fait mouvoir toutes les parties de notre corps. Cette opinion supposait que la matière est éternelle ; que Dieu ne l'a point

1° *Unité humaine*. Les trois modes d'action que nous avons reconnus dans le principe actif humain, sont très-souvent simultanément en exercice. Combien de fois n'arrive-t-il pas que nous sentons, que nous mouvons et que nous pensons tout à la fois? Et même, nous ne distinguons ces opérations les unes des autres, nous ne les isolons que par abstraction. D'ailleurs, elles sont toutes réunies sous l'empire d'une même volonté. Nous avons vu ci-dessus (col. 162, not. 1), comment les diverses sensations sont centralisées sans être confondues, comment elles sont comparées par la pensée, comment à leur occasion il y a réaction du principe actif sur le monde extérieur. Il est donc évident que la *sensibilité*, la *motilité* et l'*intellection* sont trois propriétés, ou mieux trois modes d'action du même principe actif. Ainsi, il y a dans l'homme une unité réelle et stable dont l'activité centralise tout.

Quelques matérialistes ont prétendu que l'unité humaine, dont ils ne peuvent méconnaître l'existence, avait son siège dans les organes. Nous avons démontré, à l'endroit cité ci-dessus, qu'il n'y a point dans l'organisme d'unité proprement dite, mais que le système nerveux de relation, le seul des opérations duquel nous ayons la conscience, a une multitude de centralités qui se correspondent deux à deux dans les deux lobes du cerveau, et dont aucune n'est plus importante que les autres. Il y a donc nécessairement pluralité dans l'organisme ; d'où il suit que l'unité humaine a un tout autre principe. On ne peut même supposer que cette unité réside dans un atome indivisible de matière, quoique dans cette hypothèse, de la Luzerne, et après lui les traités classiques de philosophie, disent que la question ne serait plus que dans les mots. Cet atome, éprouvant simultanément plusieurs impressions différentes, ne pourrait ni les distinguer, ni les comparer : cependant l'unité humaine compare et juge. De plus, la physiologie moderne reconnaît que les molécules qui constituent l'organisme sont sans cesse renouvelées et remplacées par d'autres : or, ce phénomène ne pourrait concorder avec la stabilité de l'unité humaine, si une molécule matérielle quelconque, soit divisible, soit indivisible, en était le siège. Ce raisonnement est d'autant plus fort que les matérialistes modernes placent leur molécule privilégiée dans le système nerveux, et que cependant le fluide nerveux, seul propre aux impressions, est renouvelé partiellement aux dépens du sang après chaque transmission de mouvement, et intégralement par le sommeil, au moins une fois toutes les vingt-quatre heures. Il est donc certain, d'après ces faits, que l'unité humaine ne peut avoir qu'un sujet actif ou immatériel.

2° *Identité humaine*. L'identité humaine n'est rien autre chose que l'unité considérée comme persévérant pendant toute la durée de la vie : c'est l'unité humaine elle-même en tant que stable. Aussi, les considérations physiologiques qui ont été exposées concernant la nature du *substratum* de l'unité, s'appliquent-elles d'elles-mêmes à l'identité. Mais voyons encore comment la conscience permanente de notre identité prouve l'immatérialité du principe qui agit en nous. La physiologie reconnaît depuis longtemps que toute la substance du corps se renouvelle inté-

créée, mais seulement arrangée, et qu'il a ainsi formé son propre corps, qui est le monde. Quelques stoïciens poussaient l'absurdité jusqu'à dire que le monde a une *âme*, qui s'est faite elle-même et a fait le monde : *Habere mentem quæ et se et ipsum fabricata sit*. Cic., *Acad. Quæst.*, l. 2, c. 37. On prétend que c'était aussi le sentiment des Égyptiens. Dans cette hypothèse, toutes les parties de la nature sont animées aussi bien que l'homme et que les brutes; toutes les *âmes* particulières sont des portions détachées de la grande *âme* qui meut le tout; elles vont s'y réunir, lorsque le corps particulier qu'elles animent vient à se dissoudre. Combien d'erreurs les anciens philosophes ont soutenues, faute d'admettre le dogme de la création!

Les athées modernes et les matérialistes, afin de tourner notre croyance en ridicule, ont dit que, sous le nom de *Dieu*, nous n'entendons rien autre chose que l'*âme du monde*, ou l'univers animé; qu'ainsi nous retombons dans l'erreur des stoïciens; que, comme eux, nous adorons la nature et rien de plus; c'est ce qu'ils appellent le *panthéisme*. — S'ils voulaient être de bonne foi, ils conviendraient au contraire que la révélation sape cette erreur par le fondement, en nous enseignant que Dieu a créé le monde : le panthéisme est absolument incompatible avec le dogme de la création.

1° Les pythagoriciens et les stoïciens supposent, les uns, l'éternité du monde : les autres, l'éternité de la matière : dans l'hypothèse de la création, rien n'est éternel que Dieu; tous les autres êtres ont commencé, et Dieu les a tirés du néant par son seul vouloir. *Il a dit, et tout a été fait*. — 2° Selon la gralement plusieurs fois pendant la vie, par l'action incessante de la nutrition. « Ce qu'il y a, dit Buffon, de plus constant, de plus invariable dans la nature, c'est l'empreinte ou le moule de chaque espèce; ce qu'il y a de plus variable et de plus corruptible, c'est la substance. » Le grand Cuvier a aussi décrit le même phénomène. « Dans les corps vivants, dit-il, aucune molécule ne reste en place; toutes entrent et sortent successivement : la vie est un tourbillon continuel, dont la direction, toute compliquée qu'elle est, demeure constante, ainsi que l'espèce des molécules qui y sont entraînées, mais non les molécules individuelles elles-mêmes; au contraire, la matière actuelle du corps vivant n'y sera bientôt plus, et cependant elle est dépositaire de la force qui contraindra la matière future à marcher dans le même sens qu'elle. » M. Flourens, membre de l'Académie des sciences, a confirmé en 1841 (*Compte-rendu de l'Acad. des sc.*, janvier) par des expériences directes, le fait physiologique du renouvellement de l'organisme, même dans les parties les plus solides. Il a soumis un jeune porc pendant un mois au régime de la garance, et l'a remis pendant six autres mois au régime ordinaire. Il en a fait ensuite examiner les os par l'Académie des sciences : on y a remarqué une couche rouge, qui était sans contredit la plus nouvelle quand l'animal était nourri à la garance, mais qui était devenue la plus ancienne, et par la résorption des couches blanches les plus intérieures, qui préexistaient à la couche rouge, et par la formation de couches blanches nouvelles, après que le porc eut repris de la nourriture sans garance. Des expériences du même genre ont été faites aussi dans ces derniers temps sur des oiseaux avec beaucoup de variété : elles ont eu toutes des résultats analogues. Elles prouvent incontestablement que le *substratum* de l'identité ne peut être de la matière, et, partant, qu'il est immatériel.

3° *Liberté humaine*. Nous avons constaté, en traitant soit de la sensibilité, soit de la motilité, soit de l'intellection du principe actif humain, que ce principe est doué de spontanéité (a). Or, pouvoir agir de soi-même sans être mû par aucune force, c'est être libre : la liberté découle donc tout naturellement de la spontanéité. Elle est fondée, en outre, sur le sentiment intime de chaque homme, et sur le témoignage de tous les hommes qui ont été ou qui sont réunis en corps de nation. Tous ont accepté et souvent même imposé à leurs semblables une responsabilité morale, qui ne peut avoir d'autre fondement que la croyance universelle en la liberté humaine.

Des physiologistes de ces derniers temps ont prétendu, pour anéantir la liberté humaine, et excuser toutes les passions, qu'il existait dans chaque individu quelques aptitudes à des actions spéciales, déterminées par un plus grand développement de certaines parties de l'encéphale. Ces renflements, selon les mêmes auteurs, seraient traduits par des protubérances crâniennes plus ou moins saillantes, manifestant des penchants plus ou moins violents, des aptitudes plus ou moins déterminantes. Sur ces faits anatomiques vérifiés *a posteriori*, ainsi qu'ils l'ont soutenu, ils ont essayé d'organiser une science qu'ils ont appelé *phrénologie* ou *cranioscopie*. Gall est l'inventeur de ce nouveau système de fatalisme et de matérialisme, que Broussais mit tous ses soins à populariser en France. J'ai fréquenté plusieurs fois des *Cours de phrénologie pratique*, dans l'intention d'examiner les choses de près, et je n'y ai trouvé qu'erreur et charlatanisme. Lorsque les analystes ou les professeurs eux-mêmes se trompaient dans l'appréciation des aptitudes des sujets soumis à leurs investigations, et ils se trompaient presque toujours quand les personnes leur étaient tout à fait inconnues, ils avouaient que de l'aptitude on ne devait pas conclure la fréquence des actes, ce qui, dans le fond, était reconnaître la puissance de la volonté, ou la liberté.

Mais citons l'autorité des hommes de la science, pour démontrer que la phrénologie n'a dans l'anatomie aucun fondement véritable. M. le docteur Foville, dans ses recherches sur l'encéphale, est parvenu à démontrer, que le système de Gall, en forme extérieure du crâne est dépendante non des saillies ou développements des circonvolutions cérébrales, mais des sacs séreux qui se dilatent dans les ventricules. M. de Blainville, dans son rapport sur le mémoire de cet habile expérimentateur, appuie la même doctrine de nouvelles considérations, et prouve que les circonvolutions cérébrales, quand elles apportent quelques modifications à la forme du crâne, ne jouent qu'un rôle très-secondaire, mais que la forme générale est certainement due à celle des ventricules. (Voir C. R. de l'Acad. des sc., séance du 11 mai 1840). « Les phrénologistes, dit M. le docteur Buchez, prétendent posséder une science faite, ayant une certitude et une méthode, et donnant une prévoyance : or leur science n'existe pas; elle est en contradiction avec l'anatomie. Ils soutiennent que les sens intra-crâniens sont des renflements nerveux ou de petites masses nerveuses : or dans le cerveau il n'y a presque partout que des filets nerveux. Leur certitude, disent-ils, est fondée sur l'observation; mais toujours, dans leurs observations, en les supposant même aussi parfaites qu'ils l'assurent, il leur en manque nécessairement la moitié. Ils peuvent, en effet, observer les actes extérieurs des animaux, c'est là le côté où ils peuvent avoir une certaine certitude. Mais de là ils concluent à une aptitude, et à une certaine localisation de cette aptitude dans un point de l'encéphale; voilà un côté où la certitude leur manque toujours,

(a) Voir ci-dessus, col. 102, not. 1.

doctrine des stoïciens, Dieu, identifié avec le monde, n'était pas libre d'en diriger les mouvements à son gré; il était soumis aux lois éternelles et immuables du destin : la providence n'était autre chose que la chaîne successive et nécessaire de ces mêmes lois. C'est par là que ces philosophes se flattaient d'absoudre la providence des maux de ce

car d'abord ils ne peuvent savoir si le système d'actes extérieurs qu'ils ont reconnu, est l'effet d'une ou de vingt aptitudes; ensuite, quant à la localisation, ils manquent complétement des moyens de la reconnaître d'une manière assurée; leurs échecs, sous ce rapport, sont innombrables; il n'est pas une seule de leurs localisations qu'une observation attentive et répétée des lésions cérébrales n'ait démontrée fausse. Leur méthode pour procéder à la localisation est grossière, mauvaise et tout à fait impropre. Que faut-il, en effet, pour démontrer que tel sens réside en tel lieu de l'encéphale? Ils notent d'abord que tel animal a tel instinct ou telle aptitude; puis ils examinent son crâne comparativement avec celui d'un autre animal qui ne manifeste ni cet instinct ni cette aptitude; ils notent la saillie la plus considérable qui se trouve sur le crâne du premier, et ne se trouve point sur le crâne du second; et ils affirment que le renflement cérébral dont dépend l'aptitude qu'il s'agit de localiser, correspond à la saillie. C'est sur la connaissance des rapports des saillies crâniennes avec de prétendus renflements cérébraux dont la spécificité a été établie de la manière qui vient d'être décrite, qu'ils fondent leur prévoyance. Or, l'anatomie prouve que dans l'homme il n'y a point de rapport nécessaire entre les protubérances du crâne et le développement des surfaces encéphaliques correspondantes, et que dans la plupart des animaux il n'y en a presque jamais. En outre, l'anatomie nous apprend que le cerveau doit être considéré comme une trame d'une très grande étendue, une sorte de toile nerveuse plus longue que large, qui est ployée ou plissée sur elle-même de manière à être contenue dans le crâne : or, en supposant qu'il y ait un renflement sur un point de cette trame nerveuse, quel que soit le point renflé, évidemment toute cette toile, plissée sur elle-même, en éprouvera un soulèvement général. Pour reconnaître le lieu du soulèvement, il faudrait déplisser la trame : autrement, même lorsqu'on constaterait une augmentation de volume dans la masse, on ne pourrait jamais savoir d'où dépend ce développement. Ce dernier argument anatomique rend impossible même à atteindre ce que la phrénologie soutient cependant posséder. Enfin, quand même cet argument n'existerait pas, il y a un nombre considérable d'observations et d'expériences qui concluent directement contre les diverses affirmations dont se targue cette prétendue science, pour démontrer qu'elle existe. »

Disons un mot du *phréno-magnétisme*. Ce genre de phrénologie, cultivé surtout en Allemagne et en Angleterre, consiste à tirer d'une tête humaine la manifestation d'une faculté quelconque, en excitant l'organe spécial dans lequel elle est supposée résider. Mais cette théorie n'a aucun fondement dans l'expérience : car, suivant les partisans praticiens du magnétisme humain, les phénomènes obtenus ne tiennent aucunement à la magnétisation partielle et locale du cerveau; mais ils dépendent uniquement de la réaction sympathique de la pensée du magnétiseur sur le magnétisé (a). Selon eux, on obtient les mêmes résultats aussi complétement en agissant magnétiquement sur tout autre point de l'organisme du somnambule, tandis qu'aucun effet n'est produit par un magnétiseur qui actionne au hasard un organe dont il ignore entièrement les fonctions.

(a) Nous nous exprimons dans le sens des partisans du magnétisme humain, sans nous prononcer, pour le présent, sur la valeur scientifique du magnétisme lui-même. Voy. art. MAGNÉTISME.

Ce serait ici le lieu de considérer le magnétisme animal ou humain dans ses rapports avec la liberté : mais nous espérons pouvoir parler plus pertinemment des phénomènes magnétiques, quand nous traiterons de l'existence des miracles.

4° *Personnalité humaine*. Nous allons dire quelques mots de la personnalité du principe actif humain, contre les panthéistes spiritualistes. Cette propriété résulte évidemment de la spontanéité, de l'unité, de l'identité; elles constitue l'individualité que nos philosophes modernes, d'après les rationalistes allemands, appellent si improprement le *moi*, soit qu'il s'agisse d'eux-mêmes, soit qu'ils parlent de tout autre. Pour nous, qui prenons à tâche avant tout de nous rendre compte de nos idées, et d'être clair pour des esprits attentifs, nous proposons de remplacer selon les cas le *moi*, qui est si vague, et auquel on donne tant de sens différents, par les expressions : l'*unité*, l'*identité*, la *spontanéité*, la *personnalité*, le *sentiment de l'individualité* ou la *conscience de ses propres opérations*, lesquelles offrent à l'esprit des idées bien distinctes, que l'on confond toutes dans l'irrationnel *moi*. Si l'on veut abréger, ne dirait-on pas avec plus de raison le *soi*, quand on veut exprimer le *sentiment de l'individualité* chez autrui?

Chacun a le sentiment de son individualité, et par conséquent celui de sa spontanéité : ce sentiment universel a servi de base à toutes les législations, à toutes les institutions sociales. Si, comme le prétendent quelques panthéistes modernes, tous les hommes avaient une âme qui fût commune à tous les êtres actifs, ils ne pourraient dans le même instant, ainsi que cela a lieu, en vertu de la motilité, produire les mouvements les plus variés, se livrer aux occupations les plus diverses, même les plus opposées, et personne n'aurait la responsabilité de ses actes, qu'un sentiment universel attribue à chaque individu; il n'y aurait donc pas d'ordre social possible.

De plus, on démontre, à l'aide des sciences d'observation, que le siège de la sensibilité n'est pas dans l'organisme, et que par conséquent il est dans un principe immatériel, ou dans l'âme. Mais, si la même âme était commune à tous les corps humains, ou seulement à deux, elle devrait souvent sentir en même temps les impressions les plus opposées; et, dans l'opinion de nos panthéistes, elle devrait éprouver tout à fait d'incessantes douleurs et d'incessantes voluptés, puisque tous les maux et tous les plaisirs impressionnent l'humanité simultanément et sans relâche. Or, quoi de plus contraire à l'expérience de chaque individu et de chaque instant qu'une si étrange assertion?

Enfin, pour réfuter le système panthéistique au point de vue de l'intellection, qu'il suffise de dire que, si la même âme animait tout corps humain aussitôt qu'il est convenablement organisé, depuis longtemps aucun homme n'aurait eu besoin d'éducation; toutes les connaissances acquises au genre humain seraient communes à tous les individus, parmi lesquels il n'y aurait ni supériorité ni infériorité de lumières; les idées neuves, les inventions ne seraient ignorées de personne, et jamais il n'y aurait eu ni ne pourrait y avoir sur la terre divergence de doctrines, d'opinions, d'idées. Qui ne sent l'absurdité d'un pareil système? Sa conception seule, contraire au sens commun le plus universel, est plus que suffisante pour en prouver la fausseté, et pour démontrer d'une manière péremptoire l'existence de la personnalité humaine, laquelle est essentiellement incommunicable.

monde. Vainement des critiques anciens ou modernes ont cru adoucir la roideur du destin, en disant que Dieu a commandé une fois, qu'ensuite il obéit toujours : *semper paret, semel jussit*. S'il a commandé librement une fois, il est responsable des conséquences de sa propre loi ; s'il l'a fait nécessairement, c'est plutôt une obéissance qu'un commandement. Suivant la doctrine de nos livres saints, Dieu gouverne le monde aussi librement qu'il l'a créé ; il suspend, quand il veut, l'effet des lois qu'il a lui-même établies ; il pourrait anéantir le monde, sans rien perdre de son être ; et avec un peu de réflexion, il est aisé de justifier sa providence. — 3° Dans l'hypothèse de l'*âme du monde*, Dieu n'est point un être simple ; non-seulement il est composé d'un corps et d'une *âme*, mais toutes les âmes des hommes, des animaux, des éléments, ne sont que des parties de la grande âme qui donne la vie au tout. De là il résulte que tous les êtres en mouvement sont autant de dieux particuliers, aussi dignes d'être adorés les uns que les autres. C'est le fondement philosophique de l'idolâtrie. Aussi dans le Traité de Cicéron, *de Nat. Deor.*, l. II, le stoïcien Balbus s'efforce de prouver que chaque partie du monde est Dieu ; qu'elle est animée, douée d'intelligence et de sagesse, adorable par conséquent. — 4° De là il s'ensuit que Dieu est corporel, qu'il est le sujet de tous les changements qui surviennent dans la nature, que l'un des membres de Dieu périt lorsqu'un corps se dissout, etc. C'est l'objection que l'épicurien Velléius fait aux stoïciens, *ibid.*, l. I et qu'Origène répète contre Celse, l. I, n. 20. Vainement Beausobre observe que Pythagore niait cette conséquence ; qu'il soutenait que la nature divine est une et indivisible : l'opiniâtreté d'un philosophe à soutenir des contradictions ne l'excuse point. Aucun de ces inconvénients n'a lieu dans l'hypothèse de la création. — 5° Dans celle de Phythagore et des stoïciens, on ne conçoit pas mieux la spiritualité des *âmes* que celle de Dieu ; toutes sont des parties de la grande *âme*, de laquelle elles ont été détachées, dont elles sont sorties par émanation, et à laquelle elles doivent se réunir et s'y confondre, comme une goutte d'eau qui retombe dans l'Océan. Les esprits ont-ils donc des parties, etc. ? Beausobre emploie inutilement toute son industrie pour sauver encore cette absurdité. Il peut avoir raison de soutenir que ce n'est point là le spinosisme ; mais c'est du moins une erreur qui en approche beaucoup. — 6° Les *âmes* réunies, après la mort du corps, à la grande *âme* de l'univers, n'ont plus d'existence individuelle et personnelle ; elles sont incapables de plaisir et de douleur, de récompense et de punition ; supposé le destin, elles sont dans tous les temps privées de la liberté ; ce système détruit donc toute morale raisonnée.

Le dogme de la création fait disparaître toutes ces absurdités. Dieu, pur esprit, est un être simple ; il a créé les *âmes* aussi bien que les corps ; il les a douées de liberté, et leur a donné des lois ; il les punit ou les récompense éternellement, selon leurs mérites. L'*âme du monde* est donc une rêverie philosophique qui n'a rien de commun avec la doctrine révélée ; c'est une erreur inévitable, dès que l'on n'admet point la création. Mais le peuple n'a jamais eu connaissance de cette absurdité ; aucun peuple n'a élevé des autels à l'*âme du monde*. Les païens supposaient autant d'*âmes* particulières dans l'univers qu'il y a d'êtres qui paraissent animés ; ils adoraient ces intelligences particulières, parce qu'ils les croyaient douées de forces supérieures à celles de l'homme, et ils nommaient ces esprits *les immortels*. Les patriarches et les Juifs ont adoré le Créateur du monde, et l'ont adoré seul ; ils lui ont attribué une providence générale sur tous les êtres, et une providence particulière à l'égard de l'homme ; nous l'adorons comme eux, nous avons la même foi que Dieu a daigné enseigner à notre premier père.

Quelques déistes ont voulu justifier l'opinion des stoïciens : dans ce système disent-ils, il n'y a qu'un seul Dieu auquel se rapportait tout le culte que les païens rendaient aux différentes parties de la nature ; on a donc tort de les accuser de polythéisme. Fausse réflexion. — En premier lieu, il était absurde d'adresser un culte à un être assujetti aux lois suprêmes du destin : lois immuables, auxquelles les bonnes ni les mauvaises actions des hommes ne peuvent rien changer. Les stoïciens disaient que les dieux d'Epicure étaient absolument nuls ; qu'il était ridicule de les honorer, puisqu'ils ne se mêlaient point des choses d'ici-bas ; mais les épicuriens pouvaient leur rendre le change, en soutenant qu'il était ridicule d'adorer des dieux soumis à la fatalité, puisqu'ils ne pouvaient faire de bien ni de mal aux hommes que ce qui était déterminé par un immuable destin. Si Dieu n'est pas libre dans les décrets de sa providence, toute religion est superflue. — En second lieu, il n'est pas vrai que le culte rendu aux différentes parties de la nature fût adressé à la grande *âme* de l'univers. Un païen qui adorait le soleil et qui le croyait animé, était persuadé que l'*âme* de cet astre voyait et connaissait le culte qu'il lui rendait, lui en savait gré, et pouvait lui faire du bien ou du mal. En général les dieux n'ont été adorés que parce qu'on les supposait intelligents et puissants, susceptibles d'amitié ou de colère. C'est donc à l'*âme* ou à l'esprit logé dans le soleil que le culte se terminait, sans remonter plus haut ni sans aller plus loin. On n'a jamais cru que le soleil ou tel autre dieu attendait les ordres de la grande *âme* de l'univers, pour faire du bien ou du mal aux hommes. Il y avait donc réellement autant de dieux indépendants les uns des autres, qu'il y avait d'êtres animés dans la nature. Si ce n'est pas là le polythéisme, comment doit-on nommer cette croyance ? — En troisième lieu, l'*âme* d'un homme n'était pas moins une portion de la grande *âme* de l'univers, que l'*âme* du soleil, de la lune, d'un fleuve ou d'une fontaine ; on devait donc lui rendre un culte aussi bien qu'à tous les autres êtres : nous ne voyons pas pourquoi un héros, un homme puissant et bienfaisant ne méritait pas un culte religieux pendant sa vie, aussi bien qu'après sa mort. Ce même système ne tendait pas à moins qu'à justifier les honneurs divins que les Egyptiens rendaient aux animaux. Il serait inutile de pousser plus loin le détail des absurdités qui en résultaient. Ce n'est pas sans raison que l'Ecriture sainte condamne avec tant de rigueur le *polythéisme* et l'*idolâtrie* ; de quelque côté qu'on les envisage, ils sont inexcusables. *Voyez* ces deux mots. *Nouv. Démonst. évang. de J. Leland*, tom. II, pag. 250.

AMEN, mot hébreu, usité dans l'Eglise à la fin de toutes les prières solennelles, dont il est la conclusion ; il signifie *fiat, ainsi soit-il*. Les rêveries des cabalistes sur ce terme ne méritent pas de nous occuper. Le mot *amen* se trouvait dans la langue hébraïque, avant qu'il y eût au monde ni cabale ni cabalistes. *Deuteronom.*, c. XXVII, v. 15. — La racine du mot *amen* est le verbe *aman*, lequel au passif signifie être vrai, fidèle, constant, etc. On en a fait une espèce d'adverbe affirmatif, qui, placé à la fin d'une phrase ou d'une proposition, signifie qu'on y acquiesce, qu'elle est vraie, qu'on en souhaite l'accomplissement, etc. Ainsi dans le passage que nous venons de citer du Deutéronome, Moïse ordonnait aux lévites de crier à haute voix au peuple : Maudit celui qui taille ou jette en fonte aucune image, etc., et le peuple devait répondre *amen* ; c'est-à-dire, oui, qu'il le soit, je le souhaite, j'y consens. Mais au commencement d'une phrase, comme il se trouve dans plusieurs passages du nouveau Testament, il signifie *vraiment, véritablement*; quand il est répété deux fois, comme il l'est toujours dans saint Jean, il a l'effet d'un superlatif, conformément au génie de la langue hébraïque et des deux langues dont elle est la mère, la chaldaïque et la syriaque. C'est en ce sens qu'on doit entendre ces paroles : *amen, amen, dico vobis*. Les évangélistes ont conservé le mot hébreu *amen*, dans leur grec, excepté saint Luc, qui l'exprime quelquefois par ἀληθῶς, *véritablement*, ou ναί, *certainement*.

* AMERICAINS. Au milieu d'une vaste mer où on ne croyait pas qu'il fût de la prudence de s'exposer, on découvrit il y a trois siècles, un grand continent couvert d'hommes et d'animaux. D'où venait cette population nouvelle ? Comment les fils de Noé ont-ils pu parvenir jusque dans ces régions lointaines ? L'incrédulité a regardé comme impossible la solution de ces problèmes ; et elle en a conclu que les Américains ne descendent pas du premier homme. Nous proposant de traiter de l'unité de l'espèce humaine au mot HOMME, nous pensons que la réponse aux difficultés des incrédules sera mieux placée à cet article. Nous y démontrerons que les descendants de Noé ont pu aisément aller de l'ancien continent dans le nouveau, et que l'étude de la race américaine accuse une parenté avec plusieurs peuples de l'ancien monde. Nous nous contenterons de rapporter un extrait de Bullet qui résout très-bien la difficulté.

« L'Amérique n'a pu être peuplée par les descendants de Noé. M. de Guignes, *Mémoires de l'Académie des Inscriptions*, etc., a solidement répondu à cette objection, dans une dissertation qui a pour titre : *Recherches sur les navigations des Chinois du côté de l'Amérique*. Cet illustre savant qui, par son érudition dans les langues orientales, a si fort étendu nos connaissances historiques, a indiqué dans cet ouvrage plusieurs manières dont l'Amérique a pu être peuplée par les nations de notre continent ; et il en a si bien prouvé la possibilité, et même pour quelques-unes la facilité, qu'il ne doit rester aucune difficulté sur ce sujet pour ceux qui cherchent la vérité de bonne foi. Nous ajouterons à ces preuves, déjà si solides, une observation qui leur donne une nouvelle force, et qui n'a pu être connue de cet habile académicien, parce qu'elle n'avait pas encore été faite lorsqu'il écrivait. Kracheninnikow a *démontré que le continent de l'Amérique tenait autrefois à l'Asie par le Kamtschatka*. Voici la note que l'éditeur fait sur ces paroles de son discours préliminaire.

« Suivant le récit de ce savant étranger, le continent de l'Amérique s'étend du sud-ouest au nord-est, presque partout à une égale distance des côtes du Kamtschatka, et les deux côtes semblent parallèles, surtout depuis la pointe des Kowriles, jusqu'au cap de Tchoukotsa. Il n'y a que deux degrés et demi entre ce dernier cap et le rivage de l'Amérique correspondant. On voit, par l'aspect des côtes, qu'elles ont été séparées avec violence, et les îles qui sont entre deux forment une espèce de chaîne comme les Maldives. Les habitants de l'Amérique correspondant à l'extrémité orientale de l'Asie sont de petite taille, basanés et peu barbus, comme les Kamtschadales, etc. Voyez les preuves de cette opinion dans l'ouvrage même de Kracheninnikow, traduit au second volume in-4° du voyage en Sibérie de l'abbé Chappe. Ces preuves sont trop fortes pour ne servir qu'à l'appui d'un système.

« Les lions, les tigres, et les autres bêtes sauvages que les Espagnols ont trouvées dans le continent de l'Amérique, sont encore une preuve qu'il était anciennement contigu au nôtre ; car ils n'ont trouvé aucun de ces animaux dans aucune île éloignée de la terre ferme.

« Un savant russe, professeur de l'académie de Pétersbourg, nommé M. Kracheninnikow, profitant des connaissances qu'il a acquises par un long séjour dans le Kamtschatka, *Histoire du Kamtschatka*, t. I, pag. 398, et des observations de M. Steller qui y est aussi demeuré plusieurs années, estime que cette presqu'île de l'Asie était autrefois contiguë à l'Amérique, d'où elle a été séparée par quelque grand tremblement de terre. Voici les preuves qu'il en apporte :

« 1° Le continent de l'Amérique s'étend du sud-est au nord-est presque partout à une égale distance des côtes du Kamtschatka, et les deux côtes semblent parallèles, surtout depuis la pointe des Kowriles jusqu'au cap de Tchoukotsa. — 2° On voit par l'aspect des côtes qu'elles ont été séparées avec violence, et les îles qui sont entre deux forment une espèce de chaîne comme les Maldives. Les tremblements de terre sont très-fréquents dans le Kamtschatka. —

3° Quantité de caps s'avancent dans la mer jusqu'à l'espace de quinze lieues. — 4° Les habitants de l'Amérique correspondant à l'extrémité orientale de l'Asie, qui est vis-à-vis le Kamtschatka, ressemblent aux Kamtschadales. Ils sont épais, trapus et robustes ; ils ont les épaules larges ; leur taille est moyenne ; leurs cheveux sont noirs et pendants, ils les portent épars ; leur visage est plat et basané ; leurs nez sont écrasés sans être fort larges ; ils ont les yeux noirs comme du charbon, les lèvres épaisses, peu de barbe et le cou court. Ils se nourrissent de poissons, de bêtes marines et d'herbe douce, qu'ils apprêtent comme les Kamtschadales... Ils regardent comme un ornement particulier de se faire des trous dans les joues et d'y mettre des pierres de différentes couleurs ou des morceaux d'ivoire. Quelques-uns se mettent dans les narines des crayons d'ardoise de la longueur d'environ deux verchoks; quelques autres portent des os d'une égale grandeur sous la lèvre inférieure; il y en a qui en portent de semblables sur leur front; les naturels des îles qui sont aux environs du cap Tchoukotsa, et qui ont communication avec les Tchouktchi, sont vraisemblablement de la même origine que ces peuples de l'Amérique, puisqu'ils regardent aussi comme un ornement de se mettre des os au visage. — 5° Les Américains et les Kamtschadales ont les mêmes traits de visage. — 6° Ils gardent et préparent l'herbe douce de la même manière, ce que l'on n'a jamais remarqué ailleurs. — 7° Ils se servent les uns et les autres du même instrument de bois pour allumer du feu. — 8° Leurs haches sont de cailloux ou d'os; ce qui fait croire avec juste raison à M. Steller que les Américains ont eu autrefois communication avec les Kamtschadales. — 9° Leurs habits et leurs chapeaux sont faits comme ceux des Kamtschadales. — 10° Ils teignent, de même que les Kamtschadales, leur peau avec de l'écorce d'aune.

« Toutes ces preuves réunies semblent ne pas laisser lieu de douter que le Kamtschatka n'ait été anciennement contigu à l'Amérique, et que les Américains qui sont vis-à-vis le Kamtschatka ne soient une colonie de Kamtschadales, en supposant même que le continent de l'Amérique n'ait jamais été joint à celui de l'Asie. Ces deux parties du monde sont si voisines, que personne ne disconviendra qu'il ne soit très-possible que les habitants de l'Asie soient passés en Amérique pour s'y établir; ce qui est d'autant plus vraisemblable que, dans l'espace peu étendu qui sépare ces deux continents, il se trouve une assez grande quantité d'îles qui ont pu favoriser cette transmigration.

« Plusieurs parties de l'Europe ont éprouvé des révolutions semblables à celle du Kamtschatka. La Sicile a été séparée de l'Italie, l'Espagne de l'Afrique, la Grande-Bretagne de la France, l'île de l'Islande du Groënland.

« On a mis avec raison les tempêtes au nombre des moyens par lesquels le Nouveau Monde a pu se peupler. Il faut ajouter que ce ne sont pas seulement les vaisseaux qui peuvent être jetés par les vents, des côtes d'Afrique jusqu'en Amérique, comme l'éprouva la flotte de Cabral, mais encore de simples barques, ainsi qu'il arriva à celle dont le P. Gumilla raconte l'histoire.

« M'étant trouvé en 1751 (*Histoire de l'Orénoque*, t. III, c. 31), au mois de décembre, dans la ville de Saint-Joseph de *Oruna*, capitale du gouvernement de la Trinité de *Barlovento*, située à douze lieues de l'embouchure de l'Orénoque, j'appris des habitants qu'il était arrivé dans leur port un bateau de Ténériffe chargé de vin, lequel était conduit par cinq ou six hommes maigres et décharnés, lesquels ayant fait provision de pain et de viande pour quatre jours, passaient de Ténériffe dans une autre île des Canaries. La tempête les ayant surpris, ils furent obligés de s'abandonner à la fureur des vents et des flots pendant plusieurs jours; de sorte qu'ayant consommé le peu de vivres qu'ils avaient pris, ils se virent réduits à boire du vin pour toute ressource. Ils attendaient la mort à tout moment, lorsque, par une grâce spéciale du Ciel, ils découvrirent l'île de la *Trinité*, qui est vis-à-vis de l'*Orénoque* : ils rendirent grâces à Dieu de ce succès inespéré. Ils arrivèrent et prirent fond dans le port d'Espagne, au grand étonnement de la garnison et des habitants, qui accoururent tous pour être témoins de ce prodige.

« Que ce passage ait été occasionné par le hasard plutôt que par la volonté de ces pauvres insulaires, je n'en veux d'autres preuves que leur déclaration, l'état misérable où ils étaient réduits, et le passe-port de la douane de Ténériffe, qui marquait leur destination pour l'île de *Palme* ou celle de *Gomère* qui appartient aux Canaries. Ce fait ainsi attesté, qui pourra nier que ce qui s'est passé de nos jours ne puisse être arrivé dans les siècles passés, vu que ces faits sont attestés par des auteurs classiques? » Bullet, *Réponses critiques*, t. I, pag. 193, édit. de Besançon, 1826.

AMÉRIQUE. Quelques incrédules avaient soutenu qu'il était impossible de concevoir comment l'Amérique s'est peuplée après le déluge; d'où ils concluaient que ce fléau n'a pas été universel, et qu'il n'a pas submergé cette partie du monde. Mais, depuis les nouvelles découvertes qui ont été faites par les navigateurs, il est démontré que depuis le nord-est de la Tartarie le passage en Amérique n'est ni ne long ni difficile. La ressemblance que l'on a remarquée entre les habitants de ces deux continents achève de nous convaincre qu'ils ont une origine commune, que les *Américains* septentrionaux sont venus des extrémités orientales de l'Asie. M. de Guignes, dans son *Histoire des Huns*, a prouvé qu'au ve siècle les Chinois ont commercé avec l'Amérique, et l'on a trouvé des débris de vaisseaux chinois et japonais sur les côtes de la Californie et de la mer du Sud. Au xe siècle, les Norwégiens découvrirent l'Amérique septentrionale, et y envoyèrent une colonie qui fut oubliée dans les siècles suivants : ce qui arriva pour lors a pu se faire de même dans les siècles précédents.

L'auteur des *Etudes de la Nature*, tome II, p. 621, a rassemblé plusieurs observations qui concourent à prouver que la population de l'Amérique méridionale s'est faite par les îles de la mer du Sud; que les habitants des extrémités méridionales de l'Asie ont pu, d'île en île, pénétrer aisément en Amérique. Les Noirs que l'on y a trouvés en petit nombre ne sont donc pas indigènes; ils y ont été transportés par hasard ou autrement des côtes méridionales de l'Afrique.

La question de la population de l'Amérique n'est plus une difficulté parmi les savants; lorsque les incrédules affectent de la renouveler, ils ne font pas honneur à leur érudition. Ils n'ont pas parlé avec plus de prudence des missions qui ont été faites dans cette partie du monde, et des effets qui en ont résulté. De nos jours on a peint ces missions sous les couleurs les plus noires; on a soutenu et on a essayé de prouver que le fanatisme ou le zèle aveugle de la religion a été la vraie cause des cruautés que les Espagnols ont exercées sur les Indiens; que douze ou quinze millions d'*Américains* ont été égorgés, le crucifix à la main, pour établir le christianisme en *Amérique*.

Pour réfuter complétement cette calomnie, il suffit d'établir un certain nombre de faits incontestables, et tous avoués par les écrivains mêmes qui l'ont avancée. 1° Il est constant que les premiers Espagnols qui ont découvert l'*Amérique*, et ont commencé à y pénétrer, étaient la lie de leur nation, des aventuriers, des criminels échappés des prisons, des scélérats qui avaient mérité le supplice; ils étaient conduits au delà des mers par la soif de l'or, par l'attrait du brigandage, par l'espoir de l'impunité. Il est absurde d'attribuer à de pareils hommes un zèle bien ou mal réglé; la plupart n'avaient pas plus de religion que de mœurs. Quelques moines, qui les suivirent en qualité d'aumôniers de vaisseaux, n'étaient ni assez puissants, ni assez habiles pour réprimer la cruauté de ces malfaiteurs. 2° Après avoir exercé leur caractère féroce sur les *Américains*, les Espagnols ont fini par se faire la guerre, par se déchirer et se dévorer les uns les autres; ils ont traité les hommes de leur propre nation avec la même barbarie dont ils avaient usé à l'égard des Indiens. Ce n'est donc pas un zèle fanatique de religion qui a été le principe de leurs crimes. 3° Loin d'avoir envie de contribuer à la conversion de ces malheureux peuples, les conquérants ont traversé tant qu'ils ont pu les travaux des missionnaires. Ceux-ci n'avaient pas plutôt rassemblé un certain nombre d'Indiens, que les Espagnols venaient les enlever pour les faire travailler aux mines. Ils ont donc tourmenté les *Américains*, non pour les obliger à se convertir, mais pour les forcer à fouiller les métaux, à découvrir leurs trésors, à fournir de l'or. 4° Le gouvernement d'Espagne a ignoré d'abord ces cruautés; loin de les autoriser par aucun ordre, il avait recommandé de traiter les Indiens avec douceur; il fut enfin éveillé par les plaintes que Barthélemi de Las Casas, évêque de Chiapa, vint porter au nom des *Américains*; l'on envoya des officiers et des magistrats en *Amérique* pour réprimer le brigandage des Espagnols; mais le mal était fait, il n'était plus possible de le réparer. 5° Aucun tribunal ecclésiastique n'a justifié, approuvé, ni excusé la conduite des Espagnols. Lorsque le vertueux Las Casas la rendit publique et en informa la nation, un seul docteur, nommé Sépulveda, payé par les grands qui avaient des possessions en *Amérique*, osa soutenir que la violence était permise contre les Indiens. Son ouvrage fut censuré par les universités de Salamanque et d'Alcala; le conseil des Indes s'était opposé à l'impression, et le roi d'Espagne en fit saisir tous les exemplaires. Il est donc démontré que la soif insatiable de l'or, l'orgueil qui veut tout obtenir par la force, le ressentiment contre les Indiens dont on avait provoqué la cruauté, l'habitude de répandre le sang, ont été les seules causes des crimes commis en *Amérique* par les Espagnols, et que le zèle fanatique de religion n'y est entré pour rien. Voyez *Histoire d'Amérique*, par M. Robertson.

Des voyageurs désintéressés, des militaires, des navigateurs, ont rendu justice dans plusieurs ouvrages aux travaux, à la sagesse, au zèle pur et véritable de ceux qui ont établi les missions de la Californie, du Paraguay, des Moxes, des Chiquites, du Brésil, du Pérou : les calomnies des protestants et des incrédules, qui les ont copiées, ne feront pas oublier l'éloge qu'en a fait l'auteur de l'*Esprit des Lois*, l. IV, c. 6. Il est fâcheux que la révolution arrivée en Europe, qui a rappelé les missionnaires, ait entraîné la chute de la plupart de ces établissements aussi honorables à l'humanité qu'à la religion. — Mosheim, quoique luthérien, avait parlé des missions faites par les jésuites dans l'intérieur de l'*Amérique*, avec une certaine modération ; il avait même applaudi au moyen que ces missionnaires employaient pour convertir les Sauvages. Rien, selon lui, n'était plus sage que de commencer par les civiliser avant de les instruire, et que d'en faire des hommes avant de vouloir en faire des chrétiens. Il avait cependant cherché à empoisonner le motif des missionnaires, en disant que ces prétendus apôtres avaient moins pour but la propagation du christianisme, que le désir de satisfaire leur avarice insatiable et leur ambition démesurée : et il citait pour preuve les sommes prodigieuses d'or qu'ils tiraient des différentes provinces de l'*Amérique*. *Hist. ecclés.* du XVIIe siècle, sect. 1, § 19. Mais son traducteur, mécontent de cette modération, soutient que Mosheim n'était pas assez instruit ; que depuis ce temps-là il a été prouvé que les jésuites n'avaient point d'autre dessein que de se former au Paraguay une souveraineté indépendante des cours d'Espagne et de Portugal, de dominer despotiquement sur les Indiens sous prétexte de religion ; que ce sont eux qui ont armé les Indiens, et qui les ont engagés à se révolter contre l'échange que ces deux cours avaient fait entre elles d'une partie de ces colonies; que telle a été l'origine de la disgrâce que les jésuites ont éprouvée en Espagne et en Portugal. Il cite en preuve une relation publiée par la cour de Lisbonne en 1758. Selon lui, Montesquieu, le savant Muratori et d'autres, qui ont fait l'apologie de ces missionnaires, ont trahi la vérité, ou ils étaient mal informés.

Pour rendre croyables les relations publiées contre la conduite des missionnaires, il aurait fallu éclaircir plusieurs doutes qu'elles ont naturellement fait naître; nous les proposons avec d'autant plus de confiance, que nous en avons puisé la plupart dans l'ouvrage d'un militaire que l'on ne peut pas accuser de prévention, soit en faveur de la religion catholique, soit à l'égard des missionnaires et des missions. *De l'Amérique et des Américains*, par le philosophe Ladouceur, Berlin, 1771. — 1° Il est difficile de comprendre comment des jésuites allemands avaient le courage de se dévouer aux missions de l'*Amérique*, pour l'attrait d'y établir une souveraineté temporelle de laquelle ils ne jouissaient pas, et dont tout l'avantage revenait à leur ordre ou à leur société en Europe. Car enfin on ne les accuse pas d'avoir eu au Paraguay, ni ailleurs, un train de souverains, d'y avoir étalé le faste, la magnificence, les commodités de la vie et les plaisirs d'une cour européenne ou asiatique. Ils y étaient pasteurs, catéchistes, pères spirituels et temporels des Indiens : ils supportaient tous les travaux du ministère

DICT. DE THÉOL. DOGMATIQUE. I.

ecclésiastique ; souvent ils s'exposaient à être massacrés par les nouveaux Sauvages qu'ils voulaient apprivoiser. On n'en a vu aucun revenir en Europe, pour y jouir de la récompense que la société devait accorder par reconnaissance à ceux de ses membres qui la rendaient souveraine en *Amérique*. Les officiers de la compagnie anglaise des Indes, après avoir exercé en son nom la souveraineté sur les bords du Gange, se sont empressés de venir dépenser en Angleterre le fruit de leurs concussions; pas un seul jésuite n'a rapporté en Allemagne, ou ailleurs, la moindre partie des monceaux d'or qu'il avait amassés en *Amérique* pour le compte de la société. Ou ces missionnaires étaient conduits par des motifs de religion, ou c'étaient les plus vrais insensés qu'il y eût au monde. 2° Si leur gouvernement était absolu, dur et tyrannique, comment les Sauvages, originairement accoutumés à l'indépendance, consentaient-ils à le supporter? Comment ne désertaient-ils pas, comme font les Nègres marrons rebutés de l'esclavage, pour retourner dans les forêts? Les missionnaires n'avaient pas à leurs ordres une armée d'Européens, pour retenir les Indiens sous le joug malgré eux. Si au contraire ce gouvernement était doux et paternel, nous ne voyons plus quel crime commettaient les missionnaires, en tirant les Indiens de l'état sauvage pour leur faire goûter les avantages de la société civile, et en les amenant par ce bienfait au christianisme. Il n'est défendu nulle part aux prédicateurs de l'Evangile de réunir, quand ils le peuvent, le bien temporel d'un peuple à son salut éternel. 3° On ne prouve point le droit qu'avaient les rois d'Espagne et de Portugal d'assujettir à leurs lois des peuplades d'Indiens originairement indépendants, de les échanger et d'en disposer comme d'un troupeau de bétail; on ne dit point pourquoi des jésuites allemands étaient obligés en conscience de soumettre à l'un ou à l'autre de ces rois les Sauvages qu'ils avaient civilisés, et qui n'avaient reçu de Madrid ni de Lisbonne aucun secours, aucun bienfait, aucune marque de protection. La manière dont ces souverains ont traité leurs sujets, dans cette partie du monde, était-elle propre à exciter l'ambition de leur appartenir? En supposant même que ce soient les jésuites qui ont armé les Indiens, et les ont excités à défendre leur liberté, nous ne voyons pas encore en quoi ils se sont rendus coupables de sédition, de révolte, de trahison. Ou il faut accuser de ce crime les peuples des Etats-Unis de l'Amérique, ou il faut en absoudre les Indiens du Paraguay; la cause de ceux-ci est même plus favorable, puisque jamais ils n'ont été sujets de l'Espagne ni du Portugal. 4° Puisque les jésuites, selon l'opinion de leurs accusateurs, ont toujours été aveuglément soumis et dévoués à la cour de Rome, nous ignorons pourquoi celles de Lisbonne et de Madrid, mécontentes de ces missionnaires, n'ont pas porté d'abord leurs plaintes au pape, et n'en ont pas obtenu un ordre positif qui enjoignît à ces derniers de soumettre leurs nouvelles peuplades à la domination de l'un ou de l'autre de ces rois. Ce parti n'eût-il pas été plus sage que de mettre des armées en campagne, et de dissiper le troupeau en lui ôtant ses pasteurs? On sait que le mémoire publié en 1758 par la cour de Lisbonne fut l'ouvrage du marquis de Pombal, despote le plus absolu qui fut jamais, et dont la mémoire est aujourd'hui en exécration. Cette pièce n'est pas assez respectable pour opérer la condamnation des accusés, sans autre preuve. 5° Une nouvelle énigme à expliquer est la conduite des missionnaires. Ils ont armé les Indiens pour la défense de leur liberté naturelle; mais ils n'ont pas eu recours aux armes pour se maintenir en possession de leur prétendue souveraineté; ils ont obéi sans résistance au premier ordre qui leur a été donné de quitter leurs missions; ils sont revenus en Europe, où ils étaient bien sûrs d'être maltraités, comme ils l'ont été en effet. Puisqu'on leur suppose des trésors, s'ils avaient gagné les colonies anglaises, qu'aurait-on pu leur faire? 6° Nous ne demandons pas où sont aujourd'hui ces monceaux d'or que les jésuites tiraient de l'*Amérique*, ce qu'ils sont devenus, comment ils ont disparu; mais s'il est vrai, comme on l'assure, que les Indiens, désolés d'être privés de leurs pasteurs, se sont séparés et sont retournés dans leurs forêts, nous demandons ce qu'ont gagné les deux puissances qui ont fait cette destruction, et quel avantage elles peuvent tirer d'un pays désert, dont les habitants ont mieux aimé redevenir sauvages que de subir leur joug? — Que des protestants et des incrédules applaudissent à cette brillante expédition, nous n'en sommes pas étonnés : c'est un effet de leur fureur antichrétienne; mais lorsque des hommes qui affectent du zèle pour la religion, semblent se réjouir de la destruction de plusieurs missions très-nombreuses, on est tenté de leur demander s'ils croient en Dieu.

Disons-le hardiment : il n'est que trop prouvé par l'événement que les accusations formées contre les fondateurs de ces missions sont de pures visions et des calomnies; l'on sent à présent la faute énorme que l'on a faite en y prêtant l'oreille : mais le mal est fait, et il ne sera pas réparé. *Voy.* JÉSUITES, MISSIONS.

AMITIÉ. Plusieurs de nos moralistes incrédules ont enseigné qu'il n'y a point d'*amitié* désintéressée; que l'*amitié* ne fait que des échanges; qu'il est impossible d'aimer quelqu'un, à moins que l'on n'en espère quelque avantage. Ils ont consulté sans doute leur propre cœur; et comme ils se sont sentis incapables d'un sentiment d'*amitié* pure, ils ont conclu qu'il en est de même de tous les hommes. Jésus-Christ, qui connaissait mieux qu'eux l'humanité, nous a prêché une morale très-opposée à la leur : *Si vous n'aimez*, dit-il, *que ceux qui vous aiment, quelle récompense aurez-vous? les publicains en font autant* (Matth. v, 46). Il se donne lui-même pour exemple d'une *amitié* parfaite : *Personne, dit-il, ne peut témoigner un plus grand amour que celui qui donne sa vie pour ses amis* (Joan. xv. 13). Dans ce cas, il ne peut y avoir aucun lieu à l'intérêt.

Quelques censeurs se sont plaints de ce que l'Evangile ne recommande pas l'*amitié*. Ils devaient faire attention que c'est un sentiment naturel qui ne se commande point; les lois prescriraient vainement à un homme d'avoir des amis, s'il n'a pas reçu de la nature les qualités propres à lui gagner l'affection de ses semblables. Mais l'Evangile nous commande certainement toutes les vertus capables de nous concilier l'*amitié* de ceux avec lesquels nous vivons : la charité, la douceur, l'indulgence pour les défauts d'autrui, la commisération pour ceux qui souffrent, l'empressement à faire du bien à tous, l'oubli des injures, l'amour même des ennemis. Un chrétien, doué de toutes ces qualités, pourrait-il ne pas avoir des amis? Jésus-Christ en a eu plusieurs; Lazare et ses sœurs étaient de ce nombre; il a eu une affection particulière pour saint Jean; cet apôtre se nomme lui-même *le disciple que Jésus aimait*; souvent le Sauveur appelle ses disciples *ses amis* (*Luc.* xii, 4). Il dit à ses auditeurs : *Faites-vous des amis avec les richesses périssables de ce monde* (xvi, 9). Il ne s'est donc pas borné à nous montrer, par ses paroles et par ses exemples, que l'*amitié* est un sentiment louable; mais il nous a appris à la sanctifier, à la fonder sur sa vraie base, sur la vertu.

AMMON, AMMONITES. *Ammon*, né de l'inceste de Lot avec sa fille puînée, a été la tige des *Ammonites*, peuple placé à l'orient de la Palestine. Certains critiques ont écrit que Moïse avait inventé cette origine obscure des *Ammonites*, afin de persuader à son peuple qu'il pouvait sans scrupule s'emparer de leur pays. *Voy.* LOT. — Au contraire, Moïse déclare aux Israélites que Dieu ne leur donnera pas un seul pouce du terrain possédé par les *Ammonites*, par les Moabites, ni par les descendants d'Esaü; il leur défend d'y toucher, parce que c'est Dieu qui a placé ces peuples sur le sol qu'ils occupent, comme il veut établir le sien dans le pays des Chananéens (*Deut.* ii, 5 *et suiv.*). Trois cents ans après, Jephté, bien instruit des intentions de Moïse, soutient aux *Ammonites* que les Hébreux ne leur ont pas enlevé un seul coin de terre, non plus qu'aux Moabites (*Jud.* xi, 15). Lorsque Moïse décide que ces deux peuples n'entreront jamais dans l'Eglise du Seigneur, il n'allègue point leur origine, mais le refus qu'ils ont fait de laisser passer les Israélites sur leurs frontières en sortant de l'Egypte (*Deut.* xxiii, 3). Il ne parle de cette origine que pour rendre raison à son peuple de la défense qu'il lui fait de la part de Dieu; il n'avait pas tort de regarder les *Ammonites* comme des ennemis irréconciliables, ils le furent en effet. Lorsque David les vainquit et les subjugua, ils avaient provoqué la guerre par une insulte faite à ses ambassadeurs (*II Reg.* x *et suiv.*).

Et c'est mal à propos que l'on accuse ce roi d'avoir traité ce peuple avec cruauté. *Voy.* DAVID.

AMORRHÉENS, peuple. Lorsque Dieu promet à Abraham de donner à sa postérité le pays des Chananéens, il lui dit que cette promesse ne s'accomplira que dans quatre cents ans, parce que les iniquités des *Amorrhéens* ne sont pas encore parvenues au comble (*Gen.* xv, 16). Dieu accordait donc quatre siècles de délai à ce peuple pervers pour rentrer en lui-même et désarmer la justice divine. Bel exemple de la patience de Dieu à l'égard des pécheurs ! On peut voir les observations de M. de Gébelin sur les Ammonites, les Moabites et les *Amorrhéens*, *Monde primit.*, t. VI, p. 21.

AMOS, l'un des douze petits prophètes, était un pasteur de la ville de Thécué : il prophétisait à Béthel, où Jéroboam adorait les veaux d'or; il prédit que la maison de ce prince serait menée en captivité, s'il persistait dans son idolâtrie. Amasias, prêtre des veaux d'or, choqué de la liberté d'*Amos*, l'accusa devant Jéroboam, le traitant de visionnaire et d'homme dangereux, propre à soulever le peuple contre son roi; ce qui obligea le prophète à sortir de Béthel, après avoir prédit à Amasias que sa femme serait prostituée au milieu de Samarie, et que ses fils et ses filles périraient par l'épée. Du reste, on ignore le temps et le genre de sa mort. — Le principal objet de ce prophète est de reprocher aux Juifs des deux royaumes d'Israël et de Juda leurs infidélités et leur idolâtrie, de leur annoncer les châtiments qui tomberont sur eux et sur les peuples voisins; mais il finit par prédire que les Juifs seront rétablis dans leur terre natale, et que le trône de David sera relevé (ix, 11). Les Juifs modernes abusent de cette prophétie, en se flattant qu'un jour Dieu les rétablira dans la Palestine, et y renouvellera le règne de David. Il suffit de lire attentivement le texte, pour voir que le prophète a seulement prédit le rétablissement des Juifs après la captivité de Babylone, et que ce qu'il a dit s'est accompli pour lors.

La Bible fait mention d'un autre *Amos*, père du prophète Isaïe : on en trouve un troisième dans la généalogie de notre Sauveur, rapportée dans l'Evangile selon saint Luc.

AMOUR DE DIEU. Moïse dit aux Juifs : *Vous aimerez le Seigneur votre Dieu de toute votre âme et de toutes vos forces* (*Deut.* vi, 4). *Dieu fait miséricorde à ceux qui l'aiment et qui gardent ses lois; il punit ceux qui le haïssent ou qui violent ses commandements* (*Exod.* xx, 5). Cependant il y a des philosophes assez mal instruits pour affirmer qu'il n'y avait, dans les tables de l'ancienne loi, aucun commandement d'aimer Dieu. Nous convenons qu'en général les Juifs accomplissaient assez mal ce précepte, que le motif de leur obéissance à la loi était plutôt l'espérance des biens temporels qu'un attachement sincère à Dieu. Ce défaut fut encore plus sensible, lorsque le saducéisme eut infecté une grande partie de la nation. — Jésus-Christ a renfermé toute sa morale dans le commandement d'aimer Dieu sur toutes choses, et le prochain comme soi-même : *Dans ces deux commandements*, dit-il, *sont contenus toute la loi et les prophètes* (*Matth.* xxii, 37; *Marc.* xii; *Luc.* x). Il ne nous laisse pas ignorer en quoi consiste l'*amour de Dieu* : *Celui qui retient mes commandements et les observe, m'aime véritablement ;... celui qui ne m'aime point, ne les observe point* (*Joan.* xiv, 21, 24). Il n'est donc point ici question de sentiments affectueux, souvent sujets à l'illusion, mais d'obéissance et de fidélité à remplir tous nos devoirs.

Les motifs qui nous portent à aimer Dieu sont sa bonté infinie, les bienfaits dont il nous a comblés dans l'ordre de la nature et dans l'ordre de la grâce, les promesses qu'il nous fait, le bonheur éternel qu'il nous prépare, l'amour qu'il a pour nous. *Voy.* RECONNAISSANCE. Il n'est pas vrai que Jésus-Christ nous ait défendu de rien aimer que Dieu ; cela serait contradictoire au précepte d'aimer le prochain comme nous-mêmes ; mais il nous défend de rien aimer plus que lui (*Matth.* x, 37). Il veut que nous soyons prêts à tout quitter, lorsque cela est nécessaire pour le service de Dieu et pour le salut du prochain ; c'est le sens de ces paroles : *Si quelqu'un vient à moi, et ne hait pas son père, sa mère, son épouse, ses enfants, ses frères et sœurs, et même sa propre vie, il ne peut être mon disciple* (*Luc.* xiv, 26). Ce courage était nécessaire aux apôtres, il l'est encore aux hommes apostoliques ; ont-ils cessé pour cela d'aimer leur famille? En se confiant à Jésus-Christ, ils assuraient à leurs proches la protection du meilleur et du plus puissant de tous les maîtres. Aucune morale ne tend plus directement à resserrer les liens de la nature et de la société que la morale de l'Évangile.

Nous ne nous arrêterons point ici à discuter s'il peut y avoir un *amour de Dieu* pur et désintéressé, sans aucun rapport à nous-mêmes ; il nous suffit de savoir que notre plus grand intérêt pour ce monde et pour l'autre est d'aimer Dieu, et qu'un cœur assez ingrat pour ne pas aimer Dieu n'est pas fort disposé à aimer les hommes. *Voy.* CHARITÉ.

AMOUR DU PROCHAIN. Lorsque Jésus-Christ nous commande dans l'Évangile d'aimer notre prochain comme nous-mêmes, il explique très-clairement en quoi doit consister cet *amour*. *Faites aux autres*, dit-il, *ce que vous voulez qu'ils vous fassent* (*Matth.* vii, 12 ; *Luc.* vi, 32). Il ne nous ordonne point d'avoir pour tous les hommes les sentiments tendres et affectueux que nous avons pour nos amis, mais de leur témoigner de la bienveillance par des effets. La douceur, la complaisance, l'indulgence, la commisération, les secours, les conseils, les services : voilà ce que nous exigeons de nos semblables, et ce que nous leur devons. — Comme les Juifs entendaient assez mal ce commandement de la loi, et ne comprenaient, sous le nom de *prochain*, que les hommes de leur nation, Jésus-Christ les détrompe par la parabole du Samaritain qui soulage un Juif blessé, dépouillé, abandonné ; il leur apprenait par cet exemple qu'ils devaient regarder comme *prochain* les hommes même qu'ils détestaient davantage, les Samaritains (*Luc.* x, 30). — Le commandement qu'ajoute Jésus-Christ d'aimer nos ennemis, dans ce sens, n'a donc rien d'injuste ni d'impossible. Ce sont des hommes, ils ont droit à tous les devoirs d'humanité. Les anciens philosophes regardaient la vengeance comme un droit naturel ; notre divin Maître la réprime, en nous assurant que Dieu ne nous pardonnera point nos fautes, si nous ne les pardonnons nous-mêmes à ceux qui nous offensent (*Matth.* vi, 14 et 15). Si cette leçon n'était pas assez claire, que pouvons-nous opposer à l'exemple de Jésus-Christ mourant, qui demande pardon à son Père pour ceux qui l'ont crucifié?

AMOUR-PROPRE, amour de nous-mêmes. Un peu de réflexion suffit pour nous faire comprendre le vrai sens des maximes de l'Évangile, qui condamnent l'*amour-propre*, qui nous ordonnent de renoncer à nous-mêmes et de nous haïr nous-mêmes. Quoi qu'en disent les incrédules, ces maximes ne sont ni absurdes, ni impossibles à suivre. L'*amour-propre*, pour peu qu'on le flatte, est nécessairement aveugle et injuste, et il trouve tôt ou tard sa punition en lui-même. Un homme qui s'aime à l'excès, qui rapporte tout à son propre intérêt, qui veut une préférence exclusive, qui ne sait rendre justice à personne, devient l'ennemi de tous ; plus il est sensible et chatouilleux, plus il est aisé de le mortifier et de le chagriner. Combien d'hommes célèbres se sont rendus malheureux par là ! Ils avaient beau s'enivrer d'encens et d'éloges, la moindre censure, le plus léger trait de satire suffisait pour les mettre en fureur, pour troubler leur repos, pour empoisonner leur vie. S'ils avaient su réprimer et modérer l'*amour-propre*, ils auraient été heureux.

Il n'y a rien d'outré dans le tableau que saint Paul a tracé de cet odieux caractère : *Il viendra*, dit-il, *des hommes amoureux d'eux-mêmes ; ambitieux, hautains, superbes, violents, ennemis de leur propre famille, ingrats et méchants, sans affection, incapables d'amitié, calomniateurs, débauchés, querelleurs, durs envers tout le monde, perfides, insolents, orgueilleux, ennemis de Dieu et de leurs semblables* (*II Tim.* iii, 2). L'on pourrait peut-être en citer un plus grand nombre d'exemples dans notre siècle que dans aucun autre. *Voy.* ABNÉGATION, HAINE, et le *Dict. de Théol. mor.*

* AMPOULE (SAINTE). Hincmar, archevêque de Reims, raconte, dans la Vie de saint Remi, que lorsque cet illustre prélat voulut baptiser Clovis, une blanche colombe apporta du ciel une petite fiole contenant de l'huile sainte qui parfuma toute l'église. Elle servit au baptême du premier roi chrétien. Elle était gardée dans l'abbaye de Saint-Remi pour le sacre des rois. Les incrédules ont tourné en ridicule la pieuse croyance de quelques historiens, et ont cherché à en faire un crime à la religion, qui jamais n'a reconnu le prétendu miracle. Nous ne croyons point à l'origine donnée par Hincmar à la sainte ampoule. Grégoire de Tours, voisin des temps de la conversion de Clovis, n'en parle point. Si le miracle

avait eu lieu, ce grand narrateur de prodiges n'eût pas manqué de raconter celui-ci. La sainte ampoule n'était donc qu'une huile sainte ordinaire, qui peut-être avait servi au baptême de Clovis, et qu'on réservait pour le sacre des rois.

AMSDORFIENS. Secte de protestants du XVIe siècle, ainsi nommés de leur chef *Nicolas Amsdorf*, disciple de Luther, qui le fit d'abord ministre de Magdebourg, et, de sa propre autorité, évêque de Nuremberg. Ses sectateurs étaient des confessionnistes rigides, qui soutenaient que non-seulement les bonnes œuvres étaient inutiles, mais même pernicieuses au salut : doctrine aussi contraire au bon sens qu'à l'Écriture, et qui fut improuvée par les autres sectateurs de Luther. *Voy.* LUTHÉRIENS.

AMULETTE, préservatif. On appelle ainsi certains remèdes superstitieux que l'on porte sur soi, ou que l'on s'attache au cou, pour se préserver de quelque maladie ou de quelque danger. — Pour remonter à l'origine de cet usage, il faut se souvenir que, selon la croyance des païens, les enchanteurs, les magiciens, les sorciers, par de certains charmes, par des paroles ou par des caractères, pouvaient envoyer des maladies ou d'autres malheurs aux personnes auxquelles ils voulaient nuire; que, par d'autres paroles ou par d'autres figures, on pouvait arrêter leur pouvoir et rendre leur malice inutile ; qu'ainsi des médailles, des morceaux de vélin ou de parchemin, empreints de certains caractères, étaient un remède ou un préservatif assuré contre toute espèce de maladie et d'accidents. Lucien, dans son *Philopseudès*, a fait de sanglantes railleries de cette absurdité. *Voy.* CHARME. Les Grecs les nommaient *phylactères*, préservatifs ; les Latins, *amolimentum* ou *amoletum*, du verbe *amoliri*, détourner : d'où nous avons fait *amulette*, qui a le même sens. Les Orientaux les appellent *talisman*, et selon l'opinion commune des Arabes, un magicien, par son *talisman*, peut opérer des prodiges. — C'est quelquefois une pierre précieuse, une pierre tirée du corps de quelque animal, ses os réduits en poudre, le signe d'une planète ou d'une constellation, une langue de parchemin, de plomb ou d'étain sur laquelle sont écrites certaines paroles , une figure obscène, etc. Sur ce point, les hommes, dans tous les temps et dans tous les lieux, ont poussé la faiblesse et la crédulité à un excès incroyable. Les anciens avaient surtout grand soin de pendre une *amulette* au cou des enfants, pour leur servir de préservatif contre les regards des envieux; l'on supposait qu'à cet âge ils étaient plus sujets aux maléfices et aux enchantements que les adultes; que le simple regard d'un ennemi jaloux, ou d'une vieille, pouvait les fasciner.

Comme cette erreur vient d'un attachement excessif à la vie et d'une crainte puérile de tout ce qui peut nous nuire, le christianisme n'est pas venu à bout de la détruire universellement. Dès les premiers siècles, les conciles et les Pères de l'Eglise défendirent aux fidèles ces pratiques du paganisme, sous peine d'anathème. Ils représentèrent que l'usage des *amulettes* était un reste d'idolâtrie, ou de la confiance que l'on avait aux prétendus génies gouverneurs du monde, une espèce d'apostasie de la foi chrétienne, un défaut de confiance en Dieu, un préjugé aussi ridicule que celui des païens, qui attendaient du secours d'une statue muette et insensible. Thiers, dans son *Traité des Superstitions*, 1re part., liv. V, c. 1, a rapporté un grand nombre de passages des Pères à ce sujet, et les canons de plusieurs conciles. — C'est aux médecins de décider si des poudres, des plantes, des préparations chimiques, renfermées dans des sachets et portées sur la chair, peuvent ou ne peuvent pas être des préservatifs contre certaines maladies. Une vaine confiance à ces sortes de remèdes ne tire à aucune conséquence contre la religion; il n'y a point de superstition, lorsqu'on ne leur attribue qu'une vertu naturelle, vraie ou fausse. Il n'en est pas de même lorsqu'on porte sur soi des choses qui par leur nature ne peuvent avoir aucune vertu, et que l'on se persuade cependant qu'elles procurent du bonheur ou détournent quelque danger; c'est le cas de ceux qui espèrent de gagner au jeu, lorsqu'ils ont sur eux de la corde d'un pendu, etc. Cette confiance est non-seulement une absurdité, mais une impiété, puisqu'elle suppose qu'il y a sur la terre un autre pouvoir surnaturel que celui de Dieu, qui peut nous faire du bien ou du mal. On pourrait excuser cette erreur par la faiblesse d'esprit de ceux qui y tombent, si elle n'était pas ordinairement accompagnée d'opiniâtreté.

Une autre question est de savoir si c'est une superstition de porter sur soi des reliques des saints, une croix, une image, une chose bénite par les prières de l'Eglise, comme l'*Agnus Dei*, etc., et si l'on doit mettre ces choses au rang des *amulettes*, comme le prétendent les protestants. Nous convenons que si l'on attribue à ces choses une vertu surnaturelle de nous préserver d'accident, de mort subite, de mort dans l'état du péché, etc., c'est une superstition. Elle n'est pas du même genre que celle des *amulettes*, dont le prétendu pouvoir ne peut pas se rapporter à Dieu; mais c'est ce que les théologiens appellent *vaine observance*, parce que l'on attribue à des choses saintes et respectables un pouvoir que Dieu n'y a point attaché. — Un chrétien bien instruit ne les envisage point ainsi; il sait que les saints ne peuvent nous secourir que par leurs prières et par leur intercession auprès de Dieu ; c'est pour cela que l'Eglise a décidé qu'il est utile et louable de les honorer et de les invoquer. Or, c'est un signe d'invocation et de respect à leur égard, de porter sur soi leur image ou de leurs reliques; de même que c'est une marque d'affection et de respect pour une personne que de garder son portrait ou quelque chose qui lui ait appartenu. Ce n'est donc ni une vaine observance, ni une folle confiance d'espérer qu'en considération du respect et de l'affection que nous témoignons à un saint, il intercédera et priera pour nous. — De même une croix n'a par elle-même aucune vertu, mais c'est le signe du christianisme et de notre rédemption par Jésus-Christ; porter ce signe nous est un témoignage de notre foi et de notre confiance aux mérites du Sauveur; ne sommes-nous pas fondés à espérer qu'en récompense de ces sentiments il nous accordera des grâces? C'est une prière muette dont l'Eglise nous donne l'exemple; par ce signe, les premiers chrétiens se distinguaient des païens; aujourd'hui il nous distingue des hérétiques et des incrédules. — En portant sur nous un *Agnus Dei*, ou une autre chose bénite par les prières de l'Eglise, nous attestons notre confiance à ces mêmes prières; qu'y a-t-il là de superstitieux? L'*Agnus Dei* est le symbole de Jésus-Christ rédempteur du monde; il est donc louable de le respecter et de l'aimer. Par vanité l'on étale des bijoux et des pierres précieuses; il nous paraît mieux de montrer des signes de religion et de piété : plus l'incrédulité affecte de mépris pour ces signes extérieurs, plus nous devons braver ses folles erreurs et ses railleries absurdes.

On nous objectera qu'il est bien difficile de faire comprendre au peuple le véritable esprit de ces usages, le degré de vertu qu'il doit leur attribuer, et de confiance qu'il doit y donner, qu'il s'y trompe aisément, qu'il ne manque presque jamais de tomber dans l'excès et dans quelques abus. Soit. Nous répliquerons toujours que, s'il fallait retrancher tout ce dont on peut abuser, il faudrait renoncer à toute religion et à toute pratique de piété. Quand même les erreurs du peuple seraient inévitables, il vaudrait encore mieux qu'il excédât dans des choses respectables, que dans des choses absurdes et détestables; il vaut mieux qu'il donne sa confiance à la croix qu'à une figure obscène, à l'image d'un saint qu'au signe d'une constellation, à une relique qu'au membre d'un animal, au pouvoir des saints qu'à la puissance des démons. Ceux qui déclament le plus haut contre les superstitions, en sont-ils exempts? Tel qui se joue du pouvoir des saints admet les influences de la fortune; tel qui dédaignerait d'avoir sur soi une relique, porte de la corde de pendu; de graves philosophes qui ne croyaient pas en Dieu, ont cru à la magie. *Voy.* Magie.

ANABAPTISTES. Secte d'hérétiques qui soutiennent qu'il ne faut pas baptiser les enfants avant l'âge de discrétion, ou qu'à cet âge on doit leur réitérer le baptême, parce que, selon eux, ces enfants doivent être en état de rendre raison de leur foi pour recevoir validement ce sacrement.

Ce mot est composé d'ἀνὰ *derechef*, et de βαπτίζω, ou βάπτω, *baptiser, laver*, parce que l'usage des *anabaptistes* est de rebaptiser ceux qui ont été baptisés dans leur enfance. Dans les commencements, ils rebaptisaient aussi tous ceux qui embrassaient leur secte, et qui avaient reçu le baptême ailleurs. — Les novatiens, les cataphriges et les donatistes, dans les premiers siècles, ont été les prédécesseurs des nouveaux *anabaptistes*, avec lesquels cependant il ne faut pas confondre les évêques catholiques d'Asie et d'Afrique, qui, dans le III° siècle, soutinrent que le baptême des hérétiques n'était pas valide, et qu'il fallait rebaptiser ceux de hérétiques qui rentraient dans le sein de l'Eglise. *Voy.* Rebaptisants. — Les vaudois, les albigeois, les pétrobrusiens, et la plupart des sectes qui s'élevèrent au XIII° siècle, passent pour avoir adopté la même erreur; mais on ne leur a pas donné le nom d'*anabaptistes*, et il paraît d'ailleurs qu'ils ne croyaient pas le baptême fort nécessaire.

Les *anabaptistes*, proprement dits, sont une secte de protestants qui parut d'abord, vers l'an 1525 en quelques contrées d'Allemagne, et particulièrement en Westphalie, où ils commirent d'horribles excès, surtout dans la ville de Munster, d'où ils furent nommés *Monastériens* et *Munstériens*. Ils enseignaient que le baptême donné aux enfants était nul et invalide; que c'était un crime que de prêter serment et de porter les armes; qu'un véritable chrétien ne saurait être magistrat : ils inspiraient de la haine pour les puissances et pour la noblesse; voulaient que tous les hommes fussent libres et indépendants, et promettaient un sort heureux à ceux qui s'attacheraient à eux pour exterminer les impies, c'est-à-dire, ceux qui s'opposaient à leurs sentiments.

On ne sait pas au juste quel fut le premier auteur de cette secte : les uns en attribuent l'origine à Carlostad, d'autres à Zuingle, etc.; mais l'opinion la plus commune est qu'elle doit son origine à Thomas Muncer, de Zwickau, ville de Misnie, et à Nicolas Storchon Pélargue, de Stalberg, en Saxe, qui avaient été tous deux disciples de Luther dont ils se séparèrent ensuite, sous prétexte que sa doctrine n'était pas assez parfaite; qu'il n'avait que préparé les voies à la réformation, et que, pour parvenir à établir la véritable religion de Jésus-Christ, il fallait que la révélation vînt à l'appui de la lettre morte de l'Ecriture : conséquemment ces enthousiastes se prétendirent inspirés, et communiquèrent le même fanatisme à leurs prosélytes. — Sleidan observe que Luther avait prêché avec tant de force pour ce qu'il appelait *la liberté évangélique*, que les paysans de Souabe se liguèrent ensemble, sous prétexte de défendre la doctrine évangélique et de secouer le joug de la servitude. Ils commirent de grands désordres : la noblesse, qu'ils se proposaient d'exterminer, prit les armes contre eux, et cette guerre fut sanglante. Luther leur écrivit plusieurs fois pour les engager à quitter les armes, mais inutilement : ils rétorquèrent contre lui sa propre doctrine, soutenant que, puisqu'ils avaient été rendus libres par le sang de Jésus-Christ, c'était déjà trop d'outrages au nom chrétien, qu'ils eussent été réputés esclaves par la noblesse, et que, s'ils prenaient les armes, c'était par ordre de Dieu. Telles étaient les suites du fanatisme où Luther lui-même avait plongé l'Allemagne. Il crut y remédier en publiant un livre dans lequel il invitait les princes à prendre les armes contre ces séditieux. Le comte de Mansfeld, soutenu par les princes et la noblesse d'Allemagne, défit et prit Muncer et Pfiffer, qui furent exécutés à Mulhausen l'an 1525 ; mais la secte ne fut que dissipée et non détruite. Luther, suivant son caractère inconstant, désavoua en quelque sorte son premier livre par un second, à la sollicitation des gens de son parti, qui trouvaient sa première démarche dure et même un peu cruelle.

Cependant les *anabaptistes* se multiplièrent et se trouvèrent assez puissants pour s'emparer de Munster, en 1534, et y soutenir un siége sous la conduite de Jean de Leyde, tailleur d'habits, et qui se fit déclarer leur roi. La ville fut reprise sur eux par l'évêque de Munster, le 24 juin 1535. Le prétendu roi et son confident Knisperdollin y périrent par les supplices ; et depuis cet échec la secte des *anabaptistes* n'a plus osé se montrer ouvertement en Allemagne. — Vers le même temps, Calvin écrivit contre eux un traité. Comme ils fondaient surtout leur doctrine sur cette parole de Jésus-Christ (*Marc.* xvi, 16) : *Quiconque croira et sera baptisé, sera sauvé*, et qu'il n'y a que les adultes qui soient capables d'avoir la foi actuelle, ils en inféraient qu'il n'y a qu'eux non plus qui doivent recevoir le baptême ; qu'il n'y a aucun passage dans le nouveau Testament où le baptême des enfants soit expressément ordonné ; d'où ils tiraient cette conséquence qu'on devait le réitérer à ceux qui l'avaient reçu avant l'âge de raison. Calvin et d'autres auteurs, fort embarrassés de ce sophisme, eurent recours à la tradition et à la pratique de la primitive Eglise. Ils opposèrent aux *anabaptistes* Origène, qui fait mention du baptême des enfants ; l'auteur des questions attribuées à saint Justin ; un concile tenu en Afrique, qui, au rapport de saint Cyprien, ordonnait qu'on baptisât les enfants aussitôt qu'ils seraient nés ; la pratique du même saint docteur à ce sujet ; les conciles d'Autun, de Mâcon, de Gironne, de Londres, de Vienne, etc. ; une foule de témoignages des Pères, tels que saint Irénée, saint Jérôme, saint Ambroise, saint Augustin, etc. — Ainsi Calvin et ses sectaires, après avoir décrié la tradition, furent forcés d'y revenir ; mais ils avaient appris à leurs adversaires à la mépriser. D'ailleurs Calvin, en soutenant la validité et l'utilité du baptême des enfants, contredisait son propre système, puisque, selon lui, toute la vertu des sacrements consiste à exciter la foi.

On oppose aux *anabaptistes* que les enfants sont jugés capables d'entrer dans le royaume des cieux (*Marc.* ix, 14 ; *Luc.* xviii, 16). Le Sauveur lui-même en fit approcher quelques-uns de lui et les bénit. Or, ailleurs, c. iii, v. 5, saint Jean assure que quiconque n'est pas baptisé ne peut entrer dans le royaume de Dieu ; d'où il s'ensuit qu'on doit donner le baptême aux enfants. — Ce que répondent les *anabaptistes*, que les enfants dont parle Jésus-Christ étaient déjà grands, est faux ; dans saint Matthieu et dans saint Marc ils sont appelés de jeunes enfants παιδία ; dans saint Luc, βρέφη, de petits enfants ; le même évangéliste dit expressément qu'ils furent amenés à Jésus-Christ ; ils n'étaient donc pas en état d'y aller tout seuls. — Une autre preuve se tire de ces paroles de saint Paul aux Romains, c. v, v. 17 : *Si, à cause du péché d'un seul, la mort a régné par ce seul homme, à plus forte raison ceux qui reçoivent l'abondance de la grâce et du don de la justice régneront-ils dans la vie par un seul homme qui est Jésus-Christ.* Or, si tous sont devenus criminels par un seul, les enfants sont donc criminels ; et de même si tous sont justifiés par un seul, les enfants sont donc aussi justifiés par lui : on ne saurait être justifié sans la foi ; les enfants ont donc la foi nécessaire pour recevoir le baptême, non pas une foi actuelle, telle qu'on l'exige dans les adultes, mais une foi suppléée par celle de l'Eglise, de leurs pères et mères, de leurs parrains et marraines. C'est la doctrine de saint Augustin, serm. 176, *de verb. Apost.*, lib. iii ; *de Lib. Arb.*, c. 23, n° 67.

A cette erreur capitale les *anabaptistes* en ont ajouté plusieurs autres des gnostiques et des anciens hérétiques : quelques-uns ont nié la divinité de Jésus-Christ et sa descente aux enfers ; d'autres ont soutenu que les âmes des morts dormaient jusqu'au jour du jugement, et que les peines de l'enfer n'étaient pas éternelles. Leurs enthousiastes prophétisaient que le jugement dernier approchait, et en fixaient même le terme.

Le sommaire de leur doctrine était « que le baptême des enfants est une invention du démon ; que l'Eglise de Jésus-Christ doit être exempte de tout péché ; que toutes choses doivent être communes entre tous les fidèles ; qu'il faut abolir entièrement l'usure, la dîme et toute espèce de tribut ; que tout chrétien est en droit de prêcher l'Evangile ; que par conséquent l'Eglise n'a pas besoin de pasteurs ; que les magistrats civils sont absolument inutiles dans le royaume de Jésus-Christ ; que Dieu continue de révéler sa volonté à des personnes choisies, par des songes, des visions, des inspirations, etc. » Mais il ne pouvait y avoir une croyance uniforme parmi une troupe de fanatiques ignorants, dont chaque membre était en droit de se prétendre inspiré. Aussi, à mesure que le nombre des *anabaptistes* augmenta, les sectes se multiplièrent parmi eux, et on leur donna différents noms, tirés ou de leurs chefs, ou de leurs demeures, ou de leurs opinions particulières, ou de leur conduite. Outre les noms de monastériens, munstériens et muncériens, ils ont été appelés enthousiastes, catharistes, silencieux, adamistes, géorgiens ou davidiques, hutites, indépendants, melchioristes, nudipédaliens, mennonites, bockholdiens, augustiniens, libertins, dérélictiens, polygamites, sempérorants, ambrosiens, clanculaires, manifestaires, pacificateurs, pastoricides, sanguinaires, waterlandiens, etc. Les partisans de l'une de ces sectes prétendirent que, pour être sauvé, il ne faut savoir ni lire ni écrire, pas même connaître les premières lettres de l'alphabet, ce qui les fit nommer *abécédaires* ou *abécédariens*. On prétend que Carlostad finit par embrasser ce parti, qu'il renonça à sa qualité de docteur, se fit portefaix, et se nomma frère André. Mais la distinction la plus commune est celle des *anabaptistes rigides* et des *anabaptistes mitigés*. Ces derniers ont été connus sous les noms de *gabriélites*, de *huttérites* ou *frères de Moravie*, enfin sous celui de *mennonites*. Voici l'origine de ces noms.

Lorsque les *anabaptistes* eurent été défaits et proscrits en Allemagne, à cause de leur conduite sanguinaire, Gabriel et Hutter, deux de leurs principaux chefs, se retirèrent en Moravie : ils rassemblèrent le plus grand nombre qu'ils purent de leurs partisans. Hutter donna un symbole et des lois ; il leur enseigna, 1° qu'ils étaient la nation sainte que Dieu avait choisie pour la rendre dépositaire du vrai culte ; 2° que toutes les sociétés qui ne mettent pas leurs biens en commun sont impies, qu'un chrétien ne doit rien posséder en particulier ; 3° que les chrétiens ne doivent point reconnaître d'autres magistrats que les pasteurs ecclésiastiques ; 4° que Jésus-Christ n'est pas Dieu, mais prophète ; 5° que presque toutes les marques extérieures de religion sont contraires à la pureté du christianisme, qui doit être dans le cœur ; 6° que tous ceux qui ne sont pas rebaptisés sont des infidèles, et que le nouveau baptême annule les mariages contractés auparavant ; 7° que le baptême n'est point administré pour effacer le péché originel ni pour donner la grâce, mais que c'est un signe par lequel un fidèle s'unit à l'Église ; 8° que Jésus-Christ n'est point réellement présent dans l'Eucharistie ; que le sacrifice de la messe, le culte des saints et des images, le purgatoire, etc., sont des superstitions et des abus. Ainsi les opinions des protestants étaient toujours la base de celles des *anabaptistes*.

Hutter ne conserva parmi ses sectateurs point d'autre pratique de religion que le baptême des adultes ; il ne leur fit célébrer la cène que deux fois l'année ; il leur persuada de mettre en commun tous leurs biens, même les enfants, afin que tous fussent élevés de même. Cette république singulière forma d'abord une société d'excellents cultivateurs, laborieux, sobres, paisibles, très-réglés dans leurs mœurs ; mais la discorde, la corruption et l'irréligion ne tardèrent pas de s'y introduire. Hutter et Gabriel ne purent pas s'accorder longtemps ; le premier ne cessait d'invectiver contre les magistrats et contre toute espèce d'autorité ; le second, plus modéré, voulait que l'on se conformât aux lois du pays où l'on était. Il se forma ainsi deux partis, l'un de *Gabriélites*, et l'autre de *Huttérites*, qui s'excommunièrent mutuellement. Après la mort de Hutter, qui fut puni du dernier supplice, comme hérétique séditieux, les deux sectes se réunirent sous le gouvernement de Gabriel ; mais il ne put y rétablir l'ordre ni la régularité des mœurs : il devint odieux à toute la secte, qui le fit chasser de la Moravie. Retiré en Pologne, il finit sa vie dans la misère. Après la mort de ces deux hommes, les *frères de Moravie* se dispersèrent, et la plupart se réunirent aux sociniens, qui ont à peu près la même croyance. Catrou, *Hist. des anabaptistes.*

Vers l'an 1536, Menno Simon, ou Simon Menno, prêtre apostat, né dans la Frise, entreprit de faire en Hollande ce que Gabriel et Hutter avaient fait en Moravie. Il entreprit de réunir les différentes sectes d'*anabaptistes*. Par ses prédications, par ses écrits, par ses voyages continuels, il en vint à bout, du moins jusqu'à un certain point, et il leur inspira des sentiments plus modérés que ceux de leurs chefs précédents. Il leur fit comprendre la nécessité de retrancher de leur doctrine non-seulement toutes les maximes licencieuses que plusieurs avaient enseignées touchant le divorce et la polygamie, mais encore toutes celles qui tendaient à détruire le gouvernement civil et à troubler l'ordre public, et les prétendues inspirations qui rendaient leur secte ridicule. S'il en retint le fond, il trouva du moins le secret de proposer ses opinions sous des expressions moins révoltantes. — Conséquemment, l'on prétend que la croyance actuelle des *mennonites* se réduit aux points suivants : ils n'administrent point le baptême aux enfants, mais seulement aux adultes capables de rendre compte de leur foi ; sur l'Eucharistie, ils ont embrassé le sentiment des calvinistes. A l'égard de la grâce et de la prédestination, ils ne suivent point les opinions rigides de Calvin, mais plutôt celles de Mélanchthon et d'Arminius, qui se rapprochent du pélagianisme. Il s'abstiennent du serment ; leur simple parole leur en tient lieu devant les magistrats. Ils regardent la guerre et la profession des armes comme illicites ; mais ils contribuent de leurs biens à la défense de leur patrie. Ils ne condamnent plus absolument les charges de la magistrature ; ils s'abstiennent seulement d'en exercer aucune. Grands partisans de la tolérance, par besoin plutôt que par conviction, ils souffrent parmi eux toutes les opinions qui ne leur paraissent pas attaquer l'essentiel du christianisme, et l'on conçoit que, selon leurs principes, cet essentiel se réduit à fort peu de chose. — On dit qu'en général leurs mœurs sont douces et pures ; comme plusieurs néanmoins se sont enrichis par la culture et par le commerce, ils se sont beaucoup relâchés de la morale sévère de leurs ancêtres, et ils ne se font plus de scrupule de jouir des commodités de la vie. Il y en a dans plusieurs parties de l'Allemagne, un très-grand nombre en Hollande, et plusieurs en Angleterre, où ils sont appelés *baptistes*. Quoique leur doctrine ressemble beaucoup à celle des quakers, ils ne fraternisent cependant pas ensemble.

Mosheim, qui a donné l'histoire des *anabaptistes* et des *mennonites*, a fait son possible pour répandre de l'obscurité sur l'origine de cette secte ; il ne veut pas avouer que ces deux premiers fondateurs étaient deux disciples de Luther ; il a rougi sans doute de cette postérité du luthéranisme. *Hist. ec-*

clésiast. du XVI*e siècle*, sect. 3, II*e* part., c. 3.

Mais comment méconnaître une généalogie aussi claire? C'est Luther qui a ouvert la voie à Muncer et à Storck, par son livre de la liberté chrétienne, par ses déclamations fougueuses contre les pasteurs de l'Eglise, contre les puissances séculières qui les soutenaient, contre l'autorité et les revenus du clergé; par le principe qu'il a établi, que la seule règle de notre foi est le texte de l'Ecriture sainte, entendu selon le sens de chaque particulier, et que Dieu donne à tous la grâce ou l'inspiration nécessaire pour le bien entendre. Avec de pareilles armes, le fanatisme peut-il être arrêté par quelqu'une des barrières que l'on voudrait lui opposer?

Mosheim ne dissimule aucun des excès ni des crimes que se permirent les chefs des *anabaptistes* de Westphalie; il avoue que l'on ne pouvait pas se dispenser d'employer contre eux les armes et les supplices : la bonne foi semblait exiger qu'il reconnût de même la première cause de tout le sang qui a été répandu. Il était fort inutile de remonter aux vaudois, aux pétrobrusiens, aux wiclétites, aux hussites, pour en faire descendre les *anabaptistes*; leur vrai père est Luther : il n'a pas pu méconnaître en eux son ouvrage; il a tâché vainement d'éteindre un feu qu'il avait allumé. — Mosheim ne paraît pas avoir trop bonne opinion des mennonites, même tels qu'ils sont aujourd'hui; il prétend que, dans leurs différentes confessions de foi, les articles qui regardent l'autorité des magistrats et l'ordre de la société civile sont proposés avec beaucoup plus d'adresse que de sincérité, sous des termes captieux qui font disparaître ce que ces articles peuvent avoir de choquant; ces confessions, selon lui, sont plutôt des apologies que des déclarations naïves de ce que chacun doit croire. *Ibid.*, § 12 et 13. Cependant il observe que les mennonites exposent la plupart des articles de leur croyance dans les propres termes de l'Ecriture sainte. Comment cette Ecriture, qui est si claire, au jugement des protestants, peut-elle fournir à tous les hérétiques des termes captieux pour envelopper et dissimuler leur vraie foi? Voilà ce que nous ne concevons pas.

Il y aurait bien d'autres observations à faire sur l'embarras dans lequel se trouvent les protestants, lorsqu'ils ont à traiter avec les différentes sectes qui sont sorties de leur sein. — Les incrédules qui ont vanté la douceur, la régularité, la simplicité des mœurs actuelles des mennonites, afin de rendre odieuses les rigueurs que l'on a exercées contre leurs pères en Westphalie, et les édits sanglants que Charles-Quint fit publier contre eux, ont montré bien peu de bonne foi dans leurs déclamations. Qu'avaient de commun les mœurs et la conduite des *anabaptistes* séditieux et sanguinaires, avec celles des mennonites, tels qu'on nous les peint aujourd'hui? Les édits furent publiés et les exécutions furent faites immédiatement après les ravages que les premiers avaient commis à main armée à Munster et dans la Westphalie. Si leurs descendants les imitaient, ils mériteraient d'être traités de même. Il a fallu toutes ces rigueurs pour faire cesser le fanatisme destructeur dont la secte était animée pour lors. S'il y a quelque chose d'odieux dans ce procédé, il doit retomber tout entier sur les premiers auteurs du mal. Les *anabaptistes* avaient exercé leur fureur non-seulement en Allemagne, mais en Suisse, en Flandre et dans la Hollande : les protestants sévirent contre eux avec autant de violence pour le moins que les catholiques; ils n'ont été tolérés que depuis qu'ils sont devenus paisibles. — Si nous en croyons Mosheim, il s'en faut beaucoup que la tolérance soit l'esprit général des mennonites, ou des *anabaptistes* modernes. En Angleterre, sous le règne de Cromwell, ils eurent des chefs qui n'étaient rien moins que modérés; aujourd'hui même ils sont divisés en deux sectes principales, savoir : celle des *anabaptistes* grossiers ou modérés, qui, à proprement parler, n'ont aucune croyance fixe et qui ne se font aucun scrupule de fraterniser avec les sociniens, et celle des *anabaptistes* rigides, ou *mennonites* proprement dits, qui font profession de retenir la doctrine de *Menno*; et de ne s'en écarter en rien. Ceux-ci exercent l'excommunication la plus rigoureuse non-seulement contre tous les pécheurs publics, mais encore contre tous ceux qui s'éloignent de la simplicité des manières de leurs ancêtres; ils font profession de mépriser les sciences humaines, etc. On ne peut pas pousser l'intolérance plus loin, puisque parmi eux un excommunié ne peut plus espérer aucune marque d'affection ni aucun secours de son épouse, de ses enfants, ni de ses parents les plus proches.

Il est bon de savoir que les sociniens, chassés de Pologne, profitèrent de la tolérance accordée aux *mennonites* en Hollande, pour s'y introduire et s'y établir sous ce nom. Ainsi, la plupart des hommes lettrés qui prenaient en Hollande et ailleurs le nom de *mennonites*, sont de vrais sociniens; c'est ce qui a rendu cette secte si nombreuse, et qui lui a valu la protection de nos incrédules modernes. Mosheim, *Hist. Ecclés. du* XVII*e siècle*, sect. 2, II*e* part., chap. 5; *Hist. du Socin.* 1re p., c. 18 et suiv.

ANACHORÈTE, ermite ou solitaire, homme retiré du monde par motif de religion, qui vit seul, afin de ne s'occuper que de Dieu et de son salut. Ce mot vient du grec ἀναχωρεῖν, *se retirer*, de même que *ermite* est dérivé d'ἔρημος, *solitude, lieu désert*. Dans l'origine, on a encore donné aux solitaires le nom de *moines*, tiré de μόνος, *seul, isolé*.

Ce genre de vie a toujours été connu dans l'Orient. Saint Paul (*Hebr.* XI, 38) dit que les prophètes ont erré dans les déserts et sur les montagnes; qu'ils ont demeuré dans les antres et les cavernes de la terre. Saint Jean-Baptiste, dès son enfance, se retira dans le désert et y vécut jusqu'à l'âge de trente ans; Jésus-Christ lui-même fit l'éloge de sa vie austère et de ses vertus (*Matth.* XI, 7). Mais S. Paul de la Thébaïde en Egypte est regardé comme le premier ermite ou *anachorète* du christianisme. Il se retira dans le désert de la Thébaïde l'an 250, pendant la persécution de Dèce et de Valérien ; bientôt il y fut suivi par saint Antoine et par d'autres qui voulurent mener le même genre de vie. Plusieurs se réunirent ensuite pour vivre en commun, et furent nommés *cénobites*. Cet exemple fut même suivi par les femmes : quelques-unes s'enfoncèrent dans les déserts pour faire pénitence et pour éviter les dangers du siècle, d'autres se renfermèrent dans des cloîtres pour y vivre ensemble sous une même règle. Telle a été l'origine de l'état monastique. *Voy.* MOINE, CÉNOBITE, RELIGIEUSE, etc. Sur la fin du IVe siècle, la vie érémitique passa de l'Égypte en Italie, et bientôt après dans les Gaules ; on y vit des *anachorètes* et des cénobites. L'irruption des barbares, arrivée au commencement du Ve siècle, contribua à les multiplier ; pour se soustraire au brigandage, un grand nombre d'hommes se retirèrent dans des lieux déserts ; plusieurs guerriers, tourmentés par des remords et par la crainte de retomber dans de nouveaux désordres, allèrent expier leurs crimes dans la solitude : on admira leur courage et leur vertu. Les mêmes raisons qui faisaient augmenter le nombre des monastères servirent aussi à multiplier les ermites ou *anachorètes*, et le goût pour ce genre de vie s'est conservé jusqu'à nous ; de là le grand nombre d'ermitages que l'on voit d'un bout du royaume à l'autre. Mais les supérieurs ecclésiastiques ont reconnu depuis longtemps qu'il était mieux de réunir plusieurs ermites dans une même habitation, que de les laisser vivre absolument seuls.

Cette manière de vivre singulière ne pouvait manquer d'exciter la bile des ennemis de la religion ; aussi a-t-elle été blâmée avec autant d'aigreur par les protestants que par les incrédules. Ils en ont censuré l'origine, les motifs, les pratiques : ils en ont relevé les inconvénients et les pernicieuses conséquences. Le Clerc, Mosheim, Brucker et la foule des protestants ont déclamé à l'envi sur ce sujet ; et nos philosophes moutonniers ont enchéri encore sur leurs invectives. — Les uns ont dit que le goût pour la vie solitaire était, dans l'Orient, et surtout en Égypte, un vice du climat, un effet de la mélancolie et de la paresse que la chaleur inspire ; d'autres ont jugé qu'il a été augmenté chez les chrétiens par les notions de la philosophie de Pythagore et de Platon, selon lesquelles on croyait que plus l'âme se détachait du corps et des sens, plus elle s'approchait de Dieu. Quelques-uns ont deviné que, dans les premiers siècles du christianisme, on renonçait au monde parce que l'on croyait qu'il allait finir. Presque tous ont décidé que l'estime pour la vie austère est née d'une notion fausse et absurde de la Divinité. Les chrétiens, disent-ils, se sont persuadé que Dieu, non content d'exiger le sang de son Fils pour apaiser sa justice, se plaisait encore aux tourments de ses créatures.

A toutes ces réflexions il ne manque que du bon sens. Si tous ces savants dissertateurs avaient passé la plus grande partie de leur vie à la campagne et loin du tumulte des villes, ils auraient éprouvé par eux-mêmes que l'on contracte très-aisément le goût de la solitude absolue, sans penser à la fin du monde, sans connaître la philosophie de Pythagore, et sans avoir des notions absurdes de la Divinité. Une preuve qu'il ne vient point du climat, c'est qu'il a été pour le moins aussi commun et aussi vif dans les contrées du Nord que dans les régions du Midi. Mais bornons-nous à des considérations religieuses.

Il est fâcheux d'abord que les protestants aient condamné avec tant de hauteur un genre de vie que Jésus-Christ a daigné louer dans son saint précurseur, et que saint Paul a proposé pour modèle dans les prophètes. Dirons-nous des uns et des autres ce que Mosheim a osé dire de saint Paul, premier *ermite*, que retiré dans le désert, il mena une vie plus digne d'une brute que d'un homme ; *Hist. ecclés du* IIIe *siècle*, IIe *part.*, c. 3, § 3 ? Où penserons-nous qu'Élie, les autres prophètes et saint Jean-Baptiste avaient puisé le goût de la solitude dans les écrits de Pythagore ou de Platon, dans la crainte de la fin du monde, etc. ? Voilà comme les protestants respectent l'Écriture sainte. — En second lieu, nous les défions de faire contre les solitaires aucun reproche qui n'ait été fait aux premiers chrétiens par les païens. Nous voyons par l'*Apologétique* de Tertullien, que ceux-ci appelaient les chrétiens insensés, hommes inutiles au monde, misanthropes ou ennemis du genre humain ; on tournait en ridicule leur air austère et pénitent, leur goût pour la solitude, la société particulière qu'ils formaient entre eux, etc. Les protestants semblent n'avoir fait que copier tous ces sarcasmes en faisant la satire des moines et des *anachorètes*. Aussi les incrédules n'ont pas manqué de tourner contre le christianisme même la censure que les protestants ont faite de la vie monastique ou érémitique. Ils disent que les maximes de l'Évangile tendent à séparer l'homme d'avec ses semblables, et à le détacher absolument du monde ; que c'était déjà la morale des esséniens et des thérapeutes, et que Jésus-Christ avait puisé sa doctrine parmi eux. Ils soutiennent que les premiers chrétiens furent de vrais moines, puisque saint Antoine ne prétendit faire autre chose que suivre l'Évangile à la lettre ; d'où ils concluent que la morale évangélique n'est faite que pour des moines. En effet, « saint Antoine, dit M. Fleury, saint Hilarion, saint Pacôme et les autres qui les imitèrent, ne prétendirent pas introduire une nouveauté ou renchérir sur la vertu de leurs pères ; ils voulurent seulement conserver la tradition de la pratique exacte de l'Évangile qu'ils voyaient se relâcher de jour en jour. Ils se proposaient toujours pour modèle les ascètes ou chrétiens fervents qui les avaients précédés. » *Mœurs des Chrét.*, § 32.

Bingham lui-même, quoique protestant, avoue qu'à l'exception de la solitude absolue, la vie des *ascètes* était la même que celle des *anachorètes* et des moines. *Orig. ecclésiast.*, l. VII, c. 1. *Voy.* ASCÈTES.

Nous prions les protestants de vouloir bien justifier, contre la censure des incrédules, les premiers chrétiens formés par les leçons de Jésus-Christ et des apôtres; ce qu'ils diront nous servira de même à faire l'apologie des solitaires qui ont renoncé au monde. Mais ils n'en feront rien; peu leur importe de livrer le christianisme au mépris des incrédules, pourvu qu'ils satisfassent leur propre haine contre l'Église romaine. — On ne sait que penser, quand on lit leurs lamentations sur la multitude des erreurs qu'a fait naître dans l'Église la philosophie de Pythagore et de Platon : De là est née, disent-ils, cette folle idée que l'on pouvait mener une vie plus sainte que celle de Jésus-Christ et des apôtres, et pratiquer des vertus plus parfaites que celles qui sont commandées dans l'Évangile; de là l'estime insensée pour les austérités corporelles, pour l'abstinence et le jeûne, pour le célibat et la virginité; de là la condamnation des secondes noces, le mépris pour l'état du mariage, etc. Brucker, *Hist. Philos.*, tom. III, 363. On croit entendre raisonner des déistes ou des épicuriens. En parlant de ces différents articles de la discipline chrétienne, nous leur ferons voir que tous sont fondés sur l'Écriture sainte, sur les leçons formelles de Jésus-Christ et des apôtres, et nous les mettrons à couvert de leur folle censure. Il s'ensuit déjà que les platoniciens et les pythagoriciens, qui ont fait cas de toutes ces pratiques, étaient plus raisonnables que les protestants et les incrédules modernes. — Ajoutons que la vie des solitaires de la Thébaïde, qui nous paraît si terrible, était à peu près la même que celle des pauvres et du peuple en Égypte. Selon le récit des voyageurs, le seul habit des deux sexes est une chemise ou un morceau de toile, et les jeunes gens, jusqu'à l'âge de quinze ou seize ans, sont absolument nus. Tous couchent sur la dure, dans la rue, ou sur les toits des maisons, et avec deux poignées de riz un homme peut vivre pendant vingt-quatre heures, sans avoir besoin d'autre nourriture. Il en est de même dans les Indes; et telle y fut toujours la vie des brachmanes ou des philosophes de ce pays-là. Mais des épicuriens septentrionaux sont effrayés de ce genre de vie : gâtés par un luxe désordonné, ils regardent les austérités comme un suicide lent et comme une folie, ils s'emportent contre les *anachorètes*, parce que ceux-ci étaient plus robustes et plus sobres qu'eux.

Écoutons néanmoins leurs déclamations. Si saint Paul, disent-ils, et saint Pacôme ont bien fait de renoncer au monde, et de se retirer dans les déserts, tout homme qui fera comme eux sera aussi louable qu'eux ; il faudra donc rompre toute société avec nos semblables, et vivre comme les animaux sauvages, pour être chrétiens parfaits. Dès que Dieu a créé l'homme pour la société, il est absurde d'imaginer un état plus saint et plus respectable que l'état social, ou des devoirs plus sacrés que ceux du sang et de la nature. Se détacher du monde et s'en séparer, c'est dans le fond renoncer à l'humanité et se soustraire à l'ordre général de la Providence, se rendre inutile aux autres ; c'est un travers, un attentat punissable ; il ne peut venir que d'un fonds de misanthropie, de paresse ou de vanité : le canoniser et l'ériger en vertu, c'est un trait de démence. — *Réponse.* Si les *anachorètes*, en cherchant la solitude, avaient manqué aux devoirs du sang et de la nature, violé les engagements d'homme et de citoyen, résisté à l'ordre de la Providence, nous avouons qu'ils n'auraient été ni saints ni louables. Mais c'est à leurs détracteurs de prouver, 1° qu'ils ont abandonné leurs parents et leur famille dans des circonstances où elle pouvait avoir besoin de leurs secours; 2° qu'ils n'avaient pas reçu de la nature un goût décidé pour la retraite, pour la prière, pour un travail auquel ils pouvaient vaquer seuls; 3° qu'il n'y avait aucun danger pour eux à demeurer dans le monde ; 4° qu'ils n'ont été d'aucune utilité pour leurs semblables. Autrement nous soutenons qu'ils n'ont manqué ni à la nature qui les portait au genre de vie qu'ils ont embrassé, ni à leurs parents qui pouvaient se passer d'eux, ni à leurs concitoyens auxquels leur retraite ne portait aucun préjudice, ni aux emplois publics pour lesquels ils ne se sentaient pas faits, ni à la voix de Dieu, puisqu'au contraire ils croyaient lui obéir. Avant de conclure que tout homme fera bien de les imiter, il faut savoir si tout homme est dans les mêmes circonstances qu'eux.

Mais si tout homme prenait ce parti, que deviendrait la société? — Folle supposition. Dieu y a pourvu; il a tellement varié les goûts, les caractères, les talents, les besoins des hommes, qu'il est impossible que tous embrassent le même état de vie, dès qu'ils seront les maîtres de choisir. C'est pour cela que toutes les conditions se trouvent toujours à peu près également remplies, et qu'aucune ne demeure vacante : le choix que font les solitaires, loin de gêner celui des autres, leur laisse une place de plus. Il n'est donc pas vrai qu'ils aillent contre l'ordre de la Providence, puisque la Providence veut que chacun choisisse l'état qui lui convient le mieux ; ni contre le bien de la société, puisqu'elle est intéressée à ce que personne ne soit gêné dans son choix ; ni contre le droit de leurs semblables, puisque ceux-ci n'en reçoivent aucun préjudice : les solitaires nuisent moins au public que les honnêtes fainéants qui surchargent la société du poids et de l'ennui de leur oisiveté. — Il n'est pas vrai non plus qu'ils soient inutiles au monde. Dans les temps de calamité, de dévastation ou de contagion, lorsque la religion s'est trouvée en danger, lorsque les peuples ont manqué de secours spirituels, lorsque le clergé séculier a été à peu près anéanti, on a vu les solitaires quitter leur retraite, accourir au secours de leurs frères, exercer la charité d'une manière héroïque ; souvent les rois sont allés les chercher au désert pour leur confier les affaires les plus importantes. Ceux de la Thébaïde travaillaient, non-seulement pour se procurer la subsistance, mais encore pour aider les pauvres du prix de leur travail. D'ailleurs, plus les hommes sont vicieux, plus les mœurs publiques sont corrompues, plus il est utile et nécessaire de leur donner des exemples de frugalité, de désintéressement, de mortification, de patience, de piété, de soumission à Dieu, de mépris des choses de ce monde. Quoi que l'on puisse en dire, les solitaires l'ont fait dans tous les temps, et les peuples ne les ont respectés qu'autant qu'ils le méritaient par leurs vertus.

Un homme, fatigué du tumulte de la société, rebuté par les vices de ses semblables, dégoûté des objets qui excitent les passions, n'a-t-il pas droit d'aller chercher dans la solitude la paix, le repos, l'innocence, la liberté, le calme de la conscience? Celui qui fuit le danger de la corruption, qui s'occupe à prier, à méditer, à travailler; qui s'accoutume à retrancher à la nature tout ce dont elle peut se passer, n'est-il pas louable ? Il donne aux autres une grande leçon, savoir, que l'on peut trouver avec Dieu un repos, des consolations, un bonheur, que le monde ne peut pas donner.

ANAGOGIE, ANAGOGIQUE. *Voy.* Écriture sainte, § 3.

ANALYSE DE LA FOI. *Voy.* Foi.

ANAMÉLECH. *Voy.* Samaritain.

ANANIE et SAPHIRE. Ces deux époux furent frappés de mort à la parole de saint Pierre, pour avoir menti au Saint-Esprit (*Act.* v, 3). Les censeurs de la révélation n'ont pas manqué d'observer qu'un simple mensonge n'était pas un crime assez grave pour mériter la peine de mort; que saint Pierre agit dans cette circonstance avec une cruauté peu digne d'un apôtre. — Si cette observation était juste, ce serait à Dieu même qu'il faudrait s'en prendre : la parole de saint Pierre n'a certainement pas eu par elle-même la force de faire mourir subitement deux personnes; il faut donc que Dieu les ait punies lui-même. Mais il est faux que le crime d'*Ananie* et de *Saphire* ait été un simple mensonge. Comme les fidèles de Jérusalem avaient mis leurs biens en commun, personne n'avait droit de subsister aux dépens de cette communauté, que ceux qui s'étaient réellement dépouillés de leurs possessions. *Ananie* et *Saphire*, après avoir vendu un champ, donnèrent une partie du prix et gardèrent le reste ; c'était une fraude : il fallait un exemple de sévérité pour prévenir cet abus (*Act.* iv, 34 et 35). — D'ailleurs, selon le sentiment de plusieurs Pères de l'Eglise, Dieu punit ces deux époux en ce monde pour leur faire miséricorde en l'autre; ainsi en ont jugé Origène, tom. V *in Matth.*, n. 15; saint Augustin, liv. iii *contra Epist. ad Parmen.*, c. i, n. 3; *Serm.* 148, n. 1; saint Jérôme, *Epist.* 8, *ad Demet.*, et d'autres. Ils se sont fondés sur les paroles de saint Paul (*I Cor.* ii, 30) : *Lorsque Dieu nous juge, il nous corrige, afin que nous ne soyons pas damnés avec ce monde.* A la vérité, il y en a aussi quelques-uns qui craignent que ces deux coupables n'aient été damnés ; mais ils supposent dans le mensonge dont il est ici question, des circonstances et des motifs qui ne sont ni certains ni approuvés par l'Ecriture sainte.

ANATHÈME. Ce mot, tiré du grec ἀνάθεμα, signifie, à la lettre, *placé en haut* ; l'on nommait ainsi les offrandes faites à la Divinité, et que l'on suspendait à la voûte ou aux murs des temples pour les exposer à la vue; de là *anathème* a signifié *chose consacrée*. Comme l'on exposait aussi des objets odieux, la tête d'un coupable ou d'un ennemi, ses armes, ses dépouilles, *anathème* a exprimé *chose exécrée* ou *exécrable*, dévouée à la haine publique ou à la destruction; et ce dernier sens est devenu plus commun.

Ainsi l'Eglise dit *anathème* aux hérétiques, à ceux qui corrompent la pureté de la foi ; plusieurs décrets ou canons des conciles sont conçus en ces termes : Si quelqu'un dit ou soutient telle erreur, qu'il soit *anathème*, c'est-à-dire, qu'il soit retranché de la communion des fidèles, qu'il soit regardé comme un homme hors de la voie du salut et en état de damnation ; qu'aucun fidèle n'ait de commerce avec lui. C'est ce que l'on nomme *anathème judiciaire ;* il ne peut être prononcé que par un supérieur qui ait autorité et juridiction, par un concile, par le pape, par un évêque. — Lorsqu'un hérétique veut se convertir et se réconcilier à l'Eglise, on l'oblige de dire *anathème* à ses erreurs, c'est-à-dire, de les abjurer et d'y renoncer.— Saint Paul dit (*Rom.* ix, 3) : *Je désirais moi-même d'être* anathème *de la part de Jésus-Christ pour mes frères, qui sont nos parents selon la chair.* Parmi les interprètes, les uns pensent que dans ce passage *anathème* signifie être maudit ou réprouvé par Jésus-Christ; les autres soutiennent qu'il faut entendre : Je souhaitais d'être *mis à part* et dévoué par Jésus-Christ au salut de mes frères.

Nous trouvons, dans l'ancien Testament, des exemples de cette double signification : il est dit que Judith offrit au Seigneur les armes d'Holopherne pour *anathème d'oubli*, ou pour monument contre l'oubli (*Judith* xvi, 23). — Moïse veut que l'on dévoue à l'*anathème* ou à la destruction les villes des Chananéens qui ne se rendront pas aux Israélites, et ceux qui adoreront les faux dieux (*Deut.* ix, 26; *Exod.*, xxii, 19). Le peuple assemblé à Maspha dévoua à l'*anathème* quiconque ne prendrait pas les armes contre les Benjamites, pour venger l'outrage fait à la femme d'un lévite (*Jud.* xix et xxi). Saül prononça l'*anathème* contre quiconque mangerait quelque chose avant le coucher du soleil, dans la poursuite des Philistins (*I Reg.* xiv, 24). Alors l'*anathème* est exprimé par le mot *cherem*, dévastation, destruction. Quiconque s'y trouvait enveloppé devait être mis à mort. — De là quelques censeurs de l'Ecriture ont conclu que les Hébreux offraient à Dieu des sacrifices de sang humain. Selon leur opinion, il est dit (*Levit.* XXVII, 28 et 29) : *Tout ce qu'un possesseur a voué à l'*ANATHÈME*, soit homme, soit animal, soit pièce de terre, sera consacré au Seigneur, ne pourra être racheté, mais sera mis à mort.* Nous soutenons que cette version est fautive. 1° Il est absurde d'ordonner qu'une pièce de terre, ou ce qui en provient, soit mis à mort. 2° Il y aurait contradiction entre cette loi et celle du verset 2 de ce même chapitre, où il est dit que toute personne vouée au Seigneur sera rachetée. 3° Dans le Deutéronome, c. XII, v. 30, il est sévèrement défendu d'offrir aucun sacrifice de sang humain, et il n'y en a aucun exemple certain dans l'Ecriture. 4° *Cherem* signifie constamment l'*anathème* prononcé et exécuté contre les ennemis de l'Etat ; il y aurait eu de la folie à un Israélite de le prononcer contre ce qu'il possédait, pendant qu'il pouvait en faire un don ou une oblation au Seigneur. Il faut donc traduire ainsi à la lettre : *Tout* ANATHÈME *qu'un homme aura juré au Seigneur, hors de ce qu'il possède, en hommes, en animaux, en terres qui lui appartiennent, ne sera ni vendu ni racheté ; parce que tout* ANATHÈME *est sacré devant le Seigneur. Tout* ANATHÈME *ainsi juré ne sera point racheté, mais mis à mort.* Dieu permettrait à un homme de racheter ce qu'il avait voué et qui lui appartenait, mais non de racheter ce qui était aux ennemis et ne lui appartenait pas. Il est certain que la préposition *mi* ou *min* du texte hébreu, que l'on traduit ordinairement par *de* ou *ex*, signifie aussi *hormis, excepté.* Voy. *Glassii Philolog. Sacra*, col. 1158, 1159, 1166.

ANCIEN. Le gouvernement le plus naturel et le plus sage est celui des *anciens.* Chez les patriarches, toute l'autorité était entre les mains des chefs de famille. Moïse, par le conseil de Jéthro, en choisit un nombre dans chaque tribu pour rendre la justice et faire observer la police parmi le peuple (*Exod.* XVIII, 18 *et suiv.*). Chez les Romains, le sénat était l'assemblée des vieillards, *senes.* Les apôtres établirent cette forme de gouvernement pour maintenir l'ordre dans l'Eglise de Dieu. Saint Paul, qui ne pouvait pas aller à Ephèse, fait venir les *anciens* de cette Eglise et leur dit : *Ayez attention sur vous-mêmes et sur tout le troupeau dont le Saint-Esprit vous a établis surveillants, pour gouverner l'Eglise de Dieu qu'il s'est acquise par son sang* (*Act.* XX, 17, 28). Les apôtres délibèrent avec les *anciens* au concile de Jérusalem, et décident ensemble (XV, 6, 22, 23, 41). Saint Jean, qui a représenté dans l'Apocalypse l'ordre des assemblées chrétiennes ou de l'office divin, place le président sur un trône, et vingt-quatre vieillards sur des sièges autour de lui. (*Apoc.* IV et V). Ces *anciens* ont été nommés *prêtres*, πρεσβύτεροι, *vieillards ;* le président, *évêque*, ἐπίσκοπος, *surveillant.* Ainsi s'est formée la hiérarchie. — Il ne s'ensuit pas de là que le gouvernement de l'Eglise, dans son origine, a été purement démocratique, comme le soutiennent les calvinistes ; que les évêques ne devaient et ne pouvaient rien décider sans avoir pris l'avis des *anciens.* Nous voyons, par les lettres de saint Paul à Timothée et à Tite, qu'il leur attribue l'autorité et le pouvoir de gouverner leur troupeau, sans être obligés de consulter l'assemblée, si ce n'est dans les circonstances où il était besoin de témoignages. *Voy.* ÉVÊQUE, HIÉRARCHIE.

ANDRÉ (saint), apôtre, frère de saint Pierre, né à Bethsaïde, fut disciple de saint Jean-Baptiste, et ensuite de Jésus-Christ. On croit communément qu'après la descente du Saint-Esprit il prêcha l'Evangile en Achaïe, et fut martyrisé à Patras. Il ne reste aucun écrit de ce saint apôtre ; les actes de son martyre, écrits sous le nom des prêtres d'Achaïe, sont contestés par les savants. Tillemont, dans ses *Mémoires sur l'Hist. eccl.*, tom. I, p. 320, les regarde comme apocryphes ; le P. Alexandre, *Hist. ecclés.*, tom. I, soutient qu'ils sont authentiques. M. Woog, professeur d'histoire et d'antiquités à Leipsick, a suivi le même sentiment dans de savantes dissertations qu'il a publiées en 1748 et 1751. Ce n'est point à nous à terminer cette contestation. — Les Moscovites sont persuadés que saint André a porté l'Evangile dans leur pays. Comme plusieurs anciens disent que cet apôtre a prêché dans la Scythie, si on doit l'entendre de la Scythie européenne, cette tradition serait favorable à l'opinion des Moscovites ; mais il n'y a rien de certain sur tout cela. Fabricius, *Salut. lux Evang.*, etc., p. 98. — Cette incertitude, dans laquelle la plupart des apôtres nous ont laissés touchant le lieu, la durée et le succès de leurs travaux, démontre qu'ils n'agissaient ni par intérêt ni par vanité : des prédicateurs jaloux de leur gloire, ou conduits par quelque motif humain, auraient pris plus de soin de laisser des monuments de leurs actions.

ANGE, substance spirituelle, intelligente, la première en dignité entre les créatures (1).

Ce mot est formé du grec ἄγγελος, qui signifie *messager* ou *envoyé ;* et c'est, disent les théologiens, une dénomination, non de nature, mais d'office, prise du ministère qu'exercent les *anges*, et qui consiste à porter les ordres de Dieu, ou à révéler aux hommes ses volontés. C'est l'idée qu'en donne saint Paul (*Hebr.* I, 14) : *Tous les* ANGES *ne sont-ils pas des esprits chargés d'une administration, et envoyés pour l'utilité de ceux qui ont part à l'héritage du salut ?* C'est par la même raison que ce nom est quelquefois donné aux hommes dans l'Ecriture : comme aux prêtres dans le prophète Malachie, c. XI ; par saint Matthieu à saint Jean-Baptiste, c. XI, v. 10 ; et par saint Jean, dans l'Apocalypse, aux évêques de plusieurs Eglises. — Selon les Sep-

---

(1) Il est de foi qu'il y a des anges ; qu'ils ont été créés dans un état d'innocence ; que plusieurs anges se sont révoltés contre Dieu ; que les démons sont les ennemis des hommes ; qu'ils peuvent les tenter,

tante, le Messie est appelé dans Isaïe (ix, 6), *l'ange du grand conseil*, nom qui exprime son ministère et non sa nature; il en est de même de l'hébreu, *melec*, ange ou envoyé. Cependant, l'usage a prévalu d'attacher à ce terme l'idée d'une nature incorporelle, intelligente, supérieure à l'âme de l'homme, mais créée et inférieure à Dieu.

Quoique l'existence des *anges* ne puisse se prouver par la raison, toutes les religions l'ont admise en vertu de la révélation (1). A l'exception des saducéens, les Juifs la croyaient, même les samaritains et les caraïtes, selon le témoignage d'Abusaïd, auteur d'une version arabe du Pentateuque, et selon le commentaire d'Aaron, juif caraïte, sur le même livre; ouvrages qui sont en manuscrit dans la bibliothèque du roi. — Les chrétiens ont suivi la même doctrine; mais les Pères ont été partagés sur la nature des *anges*: Les uns, comme Tertullien, Origène, saint Clément d'Alexandrie, etc., ont cru qu'ils étaient toujours revêtus d'un corps très-subtil. Les autres, comme saint Basile, saint Athanase, saint Cyrille, saint Grégoire de Nysse, saint Jean Chrysostome, etc., les ont regardés comme des êtres purement spirituels. C'est le sentiment de toute l'Eglise; mais l'Ecriture sainte atteste que souvent les *anges* ont paru revêtus d'un corps; nous ne voyons pas en quoi le sentiment de Tertullien et des autres pouvait être dangereux. — A la vérité, plusieurs ont cru que les *anges* avaient eu commerce avec les filles des hommes, et avaient engendré les géants. C'était le sentiment commun des philosophes, que les *démons*, c'est-à-dire les génies ou intelligences supérieures à l'humanité, n'étaient pas des esprits purs, mais revêtus d'un corps subtil et aérien; conséquemment ils croyaient qu'un grand nombre de ces génies recherchaient le commerce des femmes, aimaient l'odeur des sacrifices, et se plaisaient souvent à faire du mal aux hommes: Lucien, Plutarque, Porphyre et d'autres étaient dans cette opinion; nous ne voyons pas en quoi les Pères sont si répréhensibles de l'avoir suivie. Elle leur paraissait confirmée par la version des Septante (*Gen.* vi, 2), dont plusieurs exemplaires portent: *Les anges de Dieu, voyant la beauté des filles des hommes*, etc., au lieu qu'il y a dans l'hébreu, le samaritain, le syriaque et la Vulgate, *les enfants de Dieu;* dans le chaldéen et dans l'arabe, *les enfants des grands* ou *des princes*. Il n'a donc pas été nécessaire que les Pères prissent cette opinion dans le livre apocryphe d'Enoch. — Mais quelle pernicieuse conséquence peut-on tirer de là? Il s'ensuit, dit-on, que les Pères n'avaient point de notion de la parfaite spiritualité. Ils l'admettaient du moins en Dieu, puisqu'ils le supposaient créateur. Quand ils auraient cru qu'elle ne pouvait avoir lieu dans aucune créature, ce ne serait pas un juste sujet de les blâmer avec autant d'aigreur que le font les protestants. « Voilà, dit Barbeyrac, les Pères des premiers siècles parfaitement d'accord entre eux sur une erreur grossière, puisée dans une mauvaise philosophie, dans un livre apocryphe, ou dans la fausse supposition que la version des Septante était inspirée. Que l'on vienne encore nous donner le consentement des Pères comme une marque sûre de la tradition. » *Traité de la morale des Pères*, c. 2, § 3. Ce ton triomphant est bien mal fondé.

1° Nous voudrions savoir par quelle démonstration ou par quel texte formel de l'Ecriture sainte on peut prouver que l'opinion des Pères était *une erreur grossière*; nous défions Barbeyrac et tous ses pareils de prouver la parfaite spiritualité des *anges* autrement que par la tradition et par la croyance universelle de l'Eglise. 2° Il est faux que tous les anciens Pères aient été d'un sentiment unanime sur la nature des *anges*: dès le commencement du quatrième siècle, le très-grand nombre en ont soutenu la parfaite spiritualité. Le P. Pétau, *Dogm. théol.*, tom. III, l. 1, c. 3, a cité parmi les Grecs Tite, évêque de Bostres, Didyme, saint Basile, saint Grégoire de Nysse, saint Grégoire de Nazianze, Eusèbe de Césarée, saint Épiphane, saint Jean Chrysostome, Théodoret et plusieurs autres plus récents; parmi les Latins, Marius Victorin, Lactance, saint Léon, Jumilius l'Africain, saint Léon, saint Grégoire le Grand et ceux qui l'ont suivi. L'on a répété cent fois aux protestants que la tradition n'est censée règle de foi, que quand elle est constante et à peu près unanime. 3° Il n'y a aucune preuve que les Pères aient été trompés par le livre apocryphe d'Enoch, et que la plupart l'aient consulté; il paraît même que les plus anciens ne l'ont pas connu. 4° Quand les anciens Pères n'auraient pas cru la version des septante inspi-

---

et posséder leurs corps, mais seulement par une permission spéciale de la Divinité.

Il n'est pas de foi que les anges soient de purs esprits, parce qu'il n'y a aucun concile général qui l'ait décidé *ex professo*. Ce serait cependant une grande témérité de le nier. — Il n'est pas de foi que les anges aient été créés dans un état de grâce, quoique ce soit l'opinion la plus commune. Il a cependant existé des théologiens qui ont enseigné que les anges ont été créés dans un état de justice naturelle; mais que ce n'est que dans la suite qu'ils ont été élevés à l'état de grâce.

Aucun concile n'a défini l'existence des anges gardiens. Elle est fondée sur une croyance tellement universelle, que la nier serait une erreur, sinon une hérésie.

(1) On savait par l'ancienne tradition, disent les *Mémoires de l'Académie des Inscriptions*, t. XLII, qu'il existait des esprits supérieurs à l'homme, ministres du grand roi, dans le gouvernement du monde. Ce fut de ces esprits qu'on anima l'univers: on en plaça partout, dans le ciel, dans les astres, dans l'air, dans les montagnes, dans les eaux, dans les forêts, et même dans les entrailles de la terre; et l'on honora ces nouveaux dieux selon l'étendue et l'importance du domaine qu'on leur avait attribué. Subordonnés les uns aux autres, on leur faisait reconnaître pour supérieur un génie du premier ordre, que des nations plaçaient dans le soleil, et d'autres au-dessus de cet astre, selon que le caprice le leur dictait.

rée, de quelle autre traduction pouvaient-ils se servir? Il est fort singulier qu'on leur fasse un crime de n'avoir pas lu le texte hébreu que les juifs cachaient avec soin, et de n'avoir pas su l'hébreu que les juifs ne voulaient enseigner à personne. A entendre raisonner les protestants, il semble que l'on ne puisse pas être bon chrétien sans avoir appris l'hébreu, et que Dieu ait mal pourvu au salut des premiers fidèles en ne leur donnant qu'une version grecque.

Selon le sentiment commun des Pères et des théologiens, les *anges* sont distribués en trois hiérarchies, et chaque hiérarchie en trois ordres ou chœurs. La première est celle des séraphins, des chérubins et des trônes ; la seconde comprend les dominations, les vertus, les puissances ; la troisième, les principautés, les archanges et les *anges*. Ce dernier nom est devenu commun à tous en général.

L'église chrétienne croit que tous les *anges* ont été créés en état de grâce et destinés à la félicité, mais que plusieurs sont déchus de cet état par leur orgueil ; qu'ils ont été précipités en enfer et condamnés à un supplice éternel, pendant que les autres ont été confirmés en grâce, et sont heureux pour toujours. Ceux-ci sont nommés les *bons anges*, ou simplement les *anges* ; les autres sont appelés les *mauvais anges*, les *diables* ou les *démons*. — Ce dogme de la chute des *anges* est fondé sur la II° Épître de saint Pierre, c. II, v. 4, où il est dit que *Dieu n'a point pardonné aux* ANGES *qui ont péché, mais qu'il les a précipités dans l'abîme, où ils sont retenus par des liens, tourmentés et réservés jusqu'au jugement*, ou pour le jugement ; et sur celle de saint Jude, v. 6, où nous lisons que *Dieu retient liés de chaînes éternelles dans de profondes ténèbres, et qu'il réserve pour le jugement du grand jour, les* ANGES *qui n'ont pas conservé leur première dignité, mais qui ont quitté leur propre demeure*.

Un autre article de la croyance chrétienne est que Dieu a donné à chacun de nous un *ange gardien* ; on conclut cette vérité de plusieurs passages de l'Ecriture sainte (Gen. XLVIII, 16 ; Matth. XVIII, 10 ; Act. XII, 15, etc.). C'est une tradition constante. — Quelques Pères de l'Eglise ont même pensé que chaque homme, dès sa naissance, était accompagné de deux *anges*, l'un bon qui le porte au bien, l'autre mauvais et qui le porte au mal ; ils se fondent sur un passage du *Pasteur d'Hermas*, qui l'enseigne ainsi : mais cette opinion n'a pas eu un grand nombre de partisans.

Il y aurait de la témérité à former sur le nombre des *anges*, sur leur état, sur leur pouvoir, sur leurs fonctions, des questions qui ne peuvent pas être résolues par l'Ecriture sainte ni par la tradition. — Une dispute plus importante que nous avons avec les protestants est de savoir s'il est permis de rendre aux *anges* un culte religieux, de les invoquer, de compter sur leur secours et leur intercession. C'est le sentiment de l'Eglise catholique ; mais ses ennemis le lui reprochent comme une erreur, ils y opposent les mêmes objections qu'ils font contre le culte des saints. — Ils disent que saint Paul a formellement défendu ce culte aux Colossiens ; chap. II, v. 18, après les avoir détournés du judaïsme et des cérémonies légales, il leur dit : *Que personne ne vous séduise par une humilité apparente et un culte religieux des* ANGES, *choses qu'il ne connaît point, et sur lesquelles il se conduit selon les vaines imaginations d'un esprit charnel, ne demeurant point attaché au chef, duquel tout le corps reçoit l'union, la solidité et la croissance que Dieu lui donne*. Ils ajoutent, que, quand saint Jean voulut se prosterner devant l'*ange* du Seigneur et l'adorer, cet *ange* lui dit : *Ne le faites pas, adorez Dieu* (Apoc. XIX, 10) ; que le concile de Laodicée, tenu l'an 364, can. 35, porte : « Il ne faut pas que les chrétiens quittent l'Eglise de Dieu, pour aller invoquer des *anges*, et faire des assemblées défendues. Si donc on trouve quelqu'un attaché à cette idolâtrie cachée, qu'il soit anathème, parce qu'il a laissé Notre-Seigneur Jésus-Christ fils de Dieu, pour se livrer à l'idolâtrie. » Enfin, disent les protestants, une preuve que les Juifs ont toujours regardé comme superstitieux, criminel et idolâtrique, tout culte qui n'était pas adressé à Dieu seul, c'est que jamais ils n'ont rendu aucun culte aux *anges* ; la secte des caraïtes, la plus scrupuleusement attachée au texte de l'Ecriture, enseigne formellement qu'il ne faut leur en rendre aucun.

Nous répondons aux protestants, que s'ils voulaient convenir une fois avec nous du sens qu'il faut attacher au mot *culte* ou *culte religieux*, la contestation serait bientôt terminée entre eux et nous. Mais tant qu'ils s'obstineront à soutenir que tout *culte religieux* est un *culte divin* et suprême, nous ne serons jamais d'accord, parce que cette prétention est évidemment fausse ; et nous prouverons le contraire au mot CULTE.

Les savants ont remarqué que déjà, du temps de saint Paul, la doctrine de Zoroastre avait pénétré dans l'Asie et dans la Grèce ; or, nous voyons par le *Zend-Avesta* que Zoroastre admet un nombre infini d'*anges* ou d'esprits médiateurs, auxquels il attribue non-seulement un pouvoir d'intercession subordonné à la providence continuelle de Dieu, mais un pouvoir aussi absolu que celui que les païens prêtaient à leurs dieux. D'où il suit que le culte rendu à cette espèce de dieux secondaires ne pouvait, en aucune manière, se rapporter à Dieu ; que c'était par conséquent un véritable polythéisme et une idolâtrie pure. *Voy.* PARSIS. C'est dans cette source empoisonnée que Simon, Ménandre, Valentin, Cérinthe et les gnostiques avaient puisé la notion de leurs *éons* ou dieux secondaires, auxquels ils attribuaient, aussi bien que Platon, la formation et le gouvernement du monde ; selon leur opinion, ces esprits ou génies étaient chargés de tous les soins de la Providence; le Dieu suprême ne se mêlait de rien, et aucun culte ne lui était dû. — Dans cette hypothèse, saint Paul avait très-grande raison de dire que les partisans de cette erreur n'y connaissaient rien, qu'ils étaient séduits par leur imagination, qu'ils ne demeuraient point attachés au chef; et le concile de Laodicée a été bien fondé à décider qu'ils abandonnaient Jésus-Christ pour se livrer à l'idolâtrie; puisque le culte qu'ils rendaient aux anges ou aux esprits ne pouvait pas plus se rapporter à Dieu que celui des païens. — Mais quand on commence par croire que les anges ne sont que les envoyés de Dieu et les exécuteurs de ses ordres, qu'ils n'ont aucun pouvoir que celui que Dieu leur donne, qu'ils ne font rien que ce que Dieu leur commande, l'honneur, le respect, le culte qu'on leur rend, ne s'adresse-t-il pas principalement à Dieu? Jésus-Christ a dit à ses envoyés : *Celui qui vous écoute, m'écoute; celui qui vous méprise, me méprise; et celui qui me méprise, méprise celui qui m'a envoyé* (Luc. x, 16). *Celui qui vous reçoit, me reçoit*. (Matth. x, 40). *Ce que vous avez fait au moindre de mes frères est fait à moi-même* (xxiv, 40).

Rien n'est donc plus frivole que le sophisme des protestants. Selon saint Paul, disent-ils, en rendant un culte aux anges on se sépare du chef; selon le concile de Laodicée on abandonne Jésus-Christ et l'on tombe dans l'idolâtrie : donc tout culte rendu aux *anges* est une idolâtrie. Oui, lorsque l'on se fait des *anges* la même idée qu'en avaient Zoroastre, les gnostiques et les païens; puisqu'alors on en fait des dieux, c'est-à-dire, des êtres puissants par eux-mêmes et indépendants : mais lorsqu'on les envisage comme de simples ministres ou envoyés de Dieu, il est absurde de dire qu'en les honorant l'on n'honore pas Dieu, puisque Jésus-Christ témoigne le contraire.

Autre chose est, répliquent nos adversaires, de rendre honneur aux *anges*, et autre chose de leur rendre un culte religieux. — Fausse distinction. Culte, honneur, respect, vénération, sont synonymes ; tout culte, tout honneur, rendu directement à Dieu, est un acte de religion : or, le culte, l'honneur rendu à un envoyé de Dieu, et par respect pour Dieu, se rapporte à Dieu; pourquoi ne l'appellerait-on pas *culte religieux* ? — Que l'*ange* de l'Apocalypse n'ait pas voulu être adoré comme Dieu, cela n'est pas étonnant, et il ne s'ensuit rien.

Est-il vrai qu'il n'y a dans l'Ecriture sainte aucun vestige de culte rendu aux *anges* ? *Gen.* xxii, 26, Jacob demanda à l'*ange*, contre lequel il avait lutté, sa bénédiction; c. xlviii, 16, le même patriarche bénissant les enfants de Joseph, dit : *Que Dieu, qui me nourrit depuis ma naissance, que l'*ange* qui m'a délivré de tous maux, bénisse ces enfants*. Quoi qu'en disent les protestants, voilà une invocation; ils l'ont si bien sentie, que plusieurs de leurs commentateurs, pour esquiver les conséquences, on dit que par cet *ange* il faut entendre le Verbe divin ou le Messie; mais il n'y a rien dans le texte qui autorise ce commentaire. Si nous parlions comme Jacob, ils diraient que nous manquons de respect à Dieu, en mettant un *ange* sur la même ligne, et en associant ses bénédictions à celles de Dieu. — *Exod.* xxiii, 10, Dieu dit aux Israélites : *J'envoie mon* ange *devant vous,... respectez-le, écoutez sa voix, ne le méprisez point, parce qu'il ne vous épargnera pas lorsque vous pécherez, et que mon nom est en lui*. Les commentateurs protestants prennent encore cet *ange* pour le Fils de Dieu ; mais sont-ils bien assurés qu'il faut l'entendre ainsi ? Au lieu de traduire par *respectez-le*; ils mettent *prenez garde à lui* : aucun passage de l'Ecriture sainte ne les incommode. *Num.* xxii, 31, Balaam se prosterna devant l'*ange* du Seigneur qui lui apparaissait. — Josué, v, 14, voit un personnage armé, qui lui dit : *Je suis le prince des armées du Seigneur*. Josué se prosterne, pénétré de respect, et dit : *Que mon Seigneur veut-il de son serviteur ?* L'*ange* répond : *Déchaussez-vous; la terre où vous êtes est sainte*. Josué obéit. C'est la marque de respect que Dieu avait exigée de Moïse en lui apparaissant dans le buisson ardent (*Exod.* iii, 5). Soutiendra-t-on encore que ce n'est pas là un culte? — Dans le livre des *Juges*, xiii, 21, Manué, convaincu que le personnage qui lui avait parlé était l'*ange* du Seigneur, dit à son épouse : *Nous mourrons parce que nous avons vu Dieu*. Il était donc persuadé que cet *ange* tenait la place de Dieu ; lui aurait-il refusé des respects? Daniel, x, 9, demeure prosterné devant l'*ange* qui lui parlait; au verset 16 et 27, il lui dit : *Mon Seigneur, comment votre serviteur peut-il parler au Seigneur ? il ne me reste point de force*. Le prophète croyait parler à Dieu en parlant à son *ange*; la frayeur dont il était saisi était certainement un respect religieux. — *Zachar.* i, 12, un *ange* prie Dieu pour la délivrance des Juifs et pour leur rétablissement dans la Judée. — Un *ange* dit à Tobie, xii, 12 : *Lorsque vous faisiez des prières, je les ai présentées au Seigneur*. Saint Jean, dans l'Apocalypse, vit en esprit un *ange* qui offrait devant le trône de Dieu les prières des saints ; chap. 8, v. 3 et 4.

C'est sur ces passages que les Pères de l'Eglise se sont fondés pour soutenir qu'il est non-seulement permis, mais juste et louable d'honorer, de prier, d'invoquer les *anges* et les saints. — Celse disait : « Puisque les chrétiens rendent un culte, non-seulement à Dieu, mais encore à son Fils, ils doivent donc aussi le rendre à ses ministres, par conséquent aux génies ou aux esprits. *Origène*, l. viii, n. 13, répond : « Si Celse avait compris qui sont après le Fils unique de Dieu ses vrais ministres, comme Gabriel, Michel, les autres *anges* et les archanges, et qu'il soutînt qu'il faut leur rendre un culte, peut-être qu'en épurant le sens du mot *culte* et les pratiques de celui qui le rend, je dirais ce qui convient à ce sujet autant que je puis le comprendre. Mais comme il entend par *ministres de Dieu*, les démons que les païens adorent, nous ne pouvons nous résoudre à honorer ces esprits que l'Ecriture nous apprend être les ministres de l'esprit malin, qui détourne tant qu'il peut les hommes du culte de Dieu : N. 60 : « Combien ne vaut-il pas mieux nous confier au Dieu souverain, par Jésus-Christ qui nous l'a ainsi enseigné, lui demander non-seulement toute espèce de secours, mais encore l'assistance des saints *anges* et des justes, afin qu'ils nous délivrent des démons? » N. 64 : « Si Celse soutient qu'après Dieu il nous faut encore d'autres amis, qu'il sache que comme l'ombre suit le corps, la bonté de Dieu pour nous nous assure aussi la bienveillance des *anges* ses amis, des âmes et des esprits ; car ils connaissent qui sont ceux qui méritent les bienfaits de Dieu, et non-seulement ils leur veulent du bien, mais ils aident à ceux qui veulent adorer le Dieu souverain, ils le leur rendent propice, prient avec eux, et forment les mêmes vœux. » — Origène lui-même invoque son *ange* gardien (*Homil.* 1 *in Ezech.*, n. 7). Sur le premier de ces passages, Grotius et Spencer ont eu la bonne foi d'avouer que le culte rendu aux *anges* n'est point contraire au premier commandement du Décalogue, et ne déroge point à ce qui est dit dans l'Apocalypse (XIX, 10). Quelques théologiens anglicans ont été de même avis. Des martyrs du III° siècle écrivent à saint Cyprien, *Epist.* 77 : « Prions afin que Dieu, Jésus-Christ et les *anges* nous soient favorables dans toutes nos actions. » — Saint Jérôme, *Comm. in Ps.* 15; saint Augustin, liv. I *Locut. in Genes.*, se servent des paroles de Jacob (*Gen.* XLVIII, 16), pour prouver qu'il est permis d'invoquer d'autres êtres que Dieu. Le P. Pétau, tom. III, *de Angelis*, l. II, c. 8 et 9, a cité un grand nombre d'autres Pères de l'Eglise ; mais les protestants nous abandonnent sans difficulté tous ceux du IV° siècle et des suivants; ils avouent que dès lors le culte des *anges* et des saints a été établi dans l'Eglise. Quand nous ne pourrions pas prouver qu'il l'a été plus tôt, il nous paraît que deux cents ans après la mort des apôtres on pouvait savoir mieux qu'au XVI° siècle quelle avait été leur doctrine. *Diss. sur les bons et les mauvais anges. Bible d'Avig.*, tom. XIII, p. 255. Thomassin, *Traité des Fê. es*, liv. II, c. 22. *Vies des Pères et des Martyrs*, tom. IV, p. 198; tom. IX, p. 296 (1).

* ANGES GARDIENS. *Le Seigneur*, dit le prophète, *a ordonné à ses anges de vous garder dans toutes vos voies* (Ps. XC). Jésus-Christ assure que les anges des enfants voient la face du Père céleste (*Matth.* XVIII). Ces passages et plusieurs autres semblables répandus dans les livres saints, ne laissent aucun lieu de douter que les hommes aient des anges gardiens, c'est-à-dire des anges préposés de Dieu pour les éclairer, les défendre et les conduire durant tout le cours de leur vie. Mais ce sentiment est-il une vérité de foi? Il est de foi qu'il y a des anges députés à la garde des hommes. L'Ecriture et la tradition sont expresses sur ce point. Mais chaque homme en particulier a-t-il son ange gardien? Quelques théologiens croient que c'est une vérité de foi aussi bien que la première, tandis que d'autres la regardent seulement comme une vérité si constante, quoique non expressément définie, qu'on ne pourrait la nier sans témérité et presque sans erreur. *Assertio catholica est*, dit Suarez ; *quamvis enim non sit expressa in Scripturis, vel ab Ecclesia definita, tanto consensu Ecclesiæ universalis recepta est, et in Scriptura, prout a Patribus intellecta est, tam magnum habet fundamentum, ut sine ingenti temeritate, ac fere errore negari non possit.*

Les païens eux-mêmes ont cru à l'existence des anges gardiens. « Ils nous conduisent, dit Platon, et nous défendent quelquefois en écartant eux-mêmes les accidents et les objets nuisibles, et d'autres fois en nous inspirant la pensée de les éviter. » (*Plato*, lib. X *de Legib.*) Ce sont eux qui par des pressentiments secrets nous mettent à couvert des maux prêts à nous accabler. Ce sont eux qui, comme les messagers et les ministres du Très-Haut, lui présentent nos prières et nous rapportent les secours et les grâces dont nous avons besoin. Directeurs sages, prudents, zélés, infatigables, ils nous assistent particulièrement dans l'enfance, dans les voyages, à la guerre dans les dangers et surtout à la mort.

ANGÉLITES, hérétiques sectateurs de Sabellius, qui s'assemblaient à Alexandrie, culte qui est dû aux bons anges. Il nous reste à rechercher l'époque de la création des anges et le pouvoir qu'ils ont sur le monde visible.

I. Il est certain que les anges sont des substances spirituelles qui ont été créées de rien au commencement des temps : cette proposition a été énoncée par le IV° concile de Latran, tenu en 1215, sous le pape Innocent III. Quant à l'époque à laquelle ils ont été tirés du néant, l'Ecriture garde le silence le plus absolu; nous ne pouvons donc procéder dans cette recherche qu'à l'aide de la tradition et de l'induction. Quelques Pères ont pensé que les anges ont été créés avant le monde visible. Ce sont : Origène, saint Basile, saint Grégoire de Nazianze, saint Ambroise, saint Jérôme, saint Hilaire. Acacius et Gennadius veulent qu'ils aient été créés après les êtres matériels. Cornelius *a Lapide* (*In Genes. Comment.*) affirme qu'ils ont été créés avec le monde au commencement des temps, et qu'ils ont été placés dans le ciel empyrée. Il cite en faveur de son opinion saint Augustin, saint Grégoire le Grand, Rupert, Bède, le Maître des Sentences et d'autres scolastiques. Un grand nombre de Pères réunissent étroitement le ciel des anges au ciel des astres, et beaucoup d'entre eux pensent que la création des uns et des autres a été simultanée. Ils se fondent sur ce qu'en plusieurs endroits l'Ecriture donne le nom de cieux aussi bien aux esprits angéliques qu'aux astres. De ce nombre sont les passages suivants : *Les cieux racontent la gloire de Dieu* (*Psal.* XVIII, 1); *Les cieux ne sont pas purs en sa présence* (*Job*, XV, 15); *Louez le Seigneur, cieux des cieux* (*Psal.* CXLVIII, 4); *J'exaucerai les cieux* (*Osée*, II, 21); *Les vertus des cieux seront ébranlées* (*Luc*, XXI, 26), etc., etc. Philon, qui forme comme la transition entre les deux grandes traditions du genre humain, fait du ciel la demeure des esprits saints, tant invisibles que visibles. Saint Théophile veut que le *ciel* dont il est question dans le premier verset de la Genèse, soit invisible et différent du *firmament*. Origène entend aussi par le premier *ciel* toute substance spirituelle. Saint Augustin dit de ce premier ciel qu'il est intelligent et spirituel, composé des esprits bienheureux..... qui sont les *cieux des cieux* qui louent le Seigneur. Nous pourrions encore citer en faveur de cette opinion saint Basile, Seve-

---

(1) Bergier a exposé les principales questions qui concernent les saints anges, leur existence, leur nature, l'état dans lequel ils ont été créés, leurs fonctions, la chute de quelques-uns d'entre eux et le

dans un lieu nommé *Agelius* ou *Angelius*. *Voy.* Nicéphore, l. XVIII, c. 49; Pratéole, au mot ANGELITES. L'un et l'autre auraient besoin de garant. Il est plus probable que les rianus, saint Jean Damascène, saint Jérôme, saint Thomas, saint Bonaventure, et autres (V. *C. C. T.* t. XII, c. 261). Nous serons encore amenés, par suite d'autres considérations, à regarder ce sentiment comme le plus probable. Noël Alexandre (*Histor. ecclesiast.*, *Vet. Test.*, dissert. 1, art. 1, prop. III) dit qu'on ne s'écarte pas de la règle de la foi en rapportant à la création des anges celle de la lumière. Il cite à l'appui de sa proposition beaucoup de textes de saint Augustin, où ce Père entend la création du *ciel* et surtout de la *lumière*, de celle des anges, et la séparation des ténèbres et de la lumière, de celle qui fut faite des mauvais anges d'avec les bons. Rupert s'est aussi attaché à cette interprétation. Mais les autres Pères préfèrent avec raison le sens littéral, et ne voient dans la lumière que le fluide vivificateur de la nature, qui agit principalement sur l'organe de la vue.

Pour nous, s'il nous est permis d'émettre notre sentiment sur cette matière, nous allons établir les assertions suivantes : 1° il est certain que les anges étaient créés et qu'une partie d'entre eux étaient déchus avant la chute de l'homme. En effet, si nous interprétons le troisième chapitre de la Genèse dans le sens obvie et littéral, comme ont fait la plupart des saints Pères et des commentateurs, nous reconnaîtrons facilement qu'un mauvais ange, un ange déchu, jaloux du bonheur futur de l'homme, prit la forme d'un serpent pour tenter la première femme. Les anges étaient donc créés et les mauvais déjà condamnés avant que la fidélité de l'homme fût mise à l'épreuve. 2° Il ne paraît pas moins certain que la création des anges a précédé ou au moins accompagné celle des astres, laquelle a eu lieu le quatrième jour. Il serait trop long d'en déduire ici les preuves.

II. Une tradition constante et universelle atteste que les anges sont les instruments de la Providence dans le gouvernement du monde visible (Cicer., *de Nat. deor.* liv. I, c. 2), et notamment dans la direction des astres. Huet (*Alnet. Quæst.*, liv. II, c. 14), a montré que cette tradition se trouvait chez tous les peuples : que les Grecs l'avaient reçue des Égyptiens et des Phéniciens, lesquels ont reconnu, ainsi que plusieurs anciens philosophes, l'existence d'esprits préposés à l'ordre de la nature, aux astres, aux végétaux, à la génération des animaux, aux éléments, aux hommes eux-mêmes. On voit que cette tradition, qui ne peut avoir pour fondement qu'une révélation primitive, s'est altérée, comme beaucoup d'autres, en plusieurs points, et que cette altération a donné naissance au sabéisme et à plusieurs autres cultes idolâtriques ; mais toujours est-il qu'elle a conservé une vérité importante. Le P. Lebrun (*Hist. critiq. des pratiq. superstit.*, liv. I, c. 1) ne craint pas d'affirmer, d'après la *Préparation évangélique* d'Eusèbe, que les anciens peuples, tout en abusant des plus grandes vérités, en ont conservé la substance. « Un grand nombre d'anciens monuments, dit-il, ne nous permettent pas de douter qu'ils n'aient retenu trois articles fondamentaux de la doctrine des patriarches : l'existence de la Divinité, de la Providence, et des esprits intelligents qui sont ses ministres. Le mal est qu'ils ont placé ces intelligences presque dans tous les corps. C'est là l'origine du culte rendu à tant de créatures matérielles et réellement inanimées.... Ils ont supposé d'eux-mêmes (surtout Zoroastre et les philosophes chaldéens) que des intelligences animaient les astres, les éléments et presque tous les corps. De là tous ces respects rendus non-seulement aux astres, mais encore aux animaux. De là l'invocation des anges, l'application *angélites* étaient des sectaires qui rendaient aux *anges* un culte superstitieux, comme les gnostiques.

ANGELUS, prière que récitent les catholiques à découvrir quels étaient les génies, bons ou mauvais, qui présidaient aux événements, etc. »

Les saints Pères reproduisent presque unanimement, après l'avoir purifiée, cette tradition antique du gouvernement du monde par les anges.

Nous ne nous arrêterons pas à en rapporter les témoignages, qui se trouvent cités longuement dans le traité des anges du Père Pétau et dans Huet, évêque d'Avranches.

Nous voyons de nos jours étendre l'action des anges d'une manière bien plus considérable. M. l'abbé Charvoz et les partisans de l'*Œuvre de la Miséricorde* prétendent que la substance de l'homme est composée non-seulement d'un corps et d'une âme, mais encore d'un esprit déchu. Nous ne discuterons pas longuement cette singulière opinion. Elle est condamnée par le 11e canon du VIIIe concile œcuménique, qui a défini que l'homme n'a qu'une seule âme. Voici ses expressions : « Quoique l'ancien et le nouveau Testament enseignent que l'homme n'a qu'une âme intelligente et raisonnable, et que telle soit la doctrine de tous les saints Pères et docteurs de l'Église, quelques-uns ont poussé l'impiété jusqu'à oser enseigner que l'homme a deux âmes. Le saint concile œcuménique, se hâtant d'arracher les racines de cette malheureuse opinion, prononce solennellement anathème contre les inventeurs de cette impiété et contre ceux qui ont des opinions de cette espèce. »

Nous terminerons cette note par un passage de Bossuet qui nous donne une très-haute idée des saints anges : « On les voit aller sans cesse du ciel à la terre, et de la terre au ciel ; ils portent, ils interprètent, ils exécutent les ordres de Dieu, et les ordres pour le salut, comme les ordres pour le châtiment, puisqu'ils impriment la marque salutaire sur le front des fils de Dieu (*Apoc.* VII, 3), puisqu'ils atterrent le dragon qui voulait engloutir l'Église (XII, 7), puisqu'ils offrent, sur l'autel d'or, qui est Jésus-Christ, les parfums qui sont les prières des saints (VIII, 3). Tout cela n'est autre chose que l'exécution de ce qui est dit, que *les anges sont esprits administrateurs envoyés pour le ministère de notre salut* (*Hebr.* I, 14). Tous les anciens ont cru, dès les premiers siècles, que les anges s'entremettaient dans toutes les actions de l'Église (*Tertul. de Bapt.* V, 6) : ils ont reconnu un ange qui présidait au baptême, un ange qui intervenait dans l'oblation et le portait sur l'autel sublime, qui est Jésus-Christ, un ange qu'on appelait l'ange de l'oraison (*Id. de Orat.* 12), qui présentait à Dieu les vœux des fidèles ; et tout cela est fondé principalement sur le chapitre VIII de l'Apocalypse, où l'on verra clairement la nécessité de reconnaître ce ministère angélique.

« Les anciens étaient si touchés de ce ministère des anges, qu'Origène, rangé avec raison par les ministres au nombre des théologiens les plus sublimes. (*Jur. accomp. des proph.*, p. 333), invoque publiquement et directement l'ange du baptême, et lui recommande un vieillard qui allait devenir enfant de Jésus-Christ par ce sacrement (*Orig. Hom.* 1, *in Ezech.*) : témoignage de la doctrine du IIIe siècle, que les vaines critiques du ministre Daillé ne nous pourront jamais ravir.

» Il ne faut point hésiter à reconnaître saint Michel pour défenseur de l'Église, comme il l'était de l'ancien peuple, après le témoignage de saint Jean (*Apoc.* XII, 7), conforme à celui de Daniel (x, 13, 21, XII, 1). Les protestants, qui, par une grossière imagination, croient toujours ôter à Dieu tout

liques romains, surtout en France, où l'usage en fut établi par Louis XI, qui ordonna que trois fois par jour, le matin, à midi, et le soir, on sonnerait une cloche pour avertir les fidèles de réciter cette prière à l'honneur de la sainte Vierge, et pour remercier Dieu du mystère de l'Incarnation. — Elle est composée de trois versets, d'autant d'*Ave*, *Maria*, et d'une oraison par laquelle on demande à Dieu sa grâce et le salut éternel par les mérites de Jésus-Christ. Le nom de cette prière vient du premier verset, *Angelus Domini*, etc. Elle se nomme aussi le *Pardon*, parce que plusieurs souverains pontifes y ont attaché des indulgences. Ceux qui regardent cette pratique et plusieurs autres semblables comme des *dévotions populaires*, sont persuadés sans doute que le peuple seul doit se souvenir qu'il est chrétien. Remercier Dieu du mystère de l'Incarnation et de la rédemption du monde, adorer le Verbe divin dans le sein de Marie, implorer le secours de cette sainte Mère de Dieu, est certainement une dévotion très-solide, de laquelle aucun chrétien ne devrait rougir.

ANGLETERRE. On ne doute plus que les Bretons, anciens habitants de l'*Angleterre*, n'aient été convertis au christianisme sous le pontificat du pape Eleuthère, sur la fin du II° siècle, ou vers l'an 182. On peut en voir les preuves, *Vies des Pères et des Martyrs*, tom. IV, p. 595, et tom. IX, p. 607. Ceux d'entre les protestants qui contestent ce fait n'agissent que par prévention. Mais au V°, les Saxons, les Angles, les Juttes, peuples idolâtres de la basse Germanie, ayant fait une irruption en *Angleterre*, s'en rendirent les maîtres, et l'an 454, ils forcèrent les Bretons chrétiens à se retirer dans les montagnes du pays de Galles. — On ne voit pas que ceux-ci aient fait aucune tentative pour convertir leurs vainqueurs; mais sur la fin du VI° siècle, vers l'an 596, saint Grégoire le Grand envoya en *Angleterre* le moine Augustin avec plusieurs autres missionnaires, pour amener à la foi chrétienne les peuples de cette île, et cette mission eut le plus grand succès. *Hist. de l'Egl. Gallic.*, t. III, an. 595, 596. — Il ne paraît pas que les Bretons fussent engagés pour lors dans aucune erreur contraire à la foi catholique prêchée par Augustin et par ses collègues; ceux-ci ne leur en reprochèrent aucune dans les conférences qu'ils eurent avec eux. Augustin les exhortait seulement à se conformer à l'usage de l'Eglise catholique dans la célébration de la Pâque, dans l'administration du baptême, et à se joindre à lui pour prêcher l'Evangile aux Anglo-Saxons encore idolâtres. Mais la haine qui régnait entre les deux peuples depuis cent cinquante ans, rendit les Bretons inflexibles; ils refusèrent de se lier avec les missionnaires. Cette opiniâtreté n'empêcha pas le fruit de la mission; peu à peu l'*Angleterre* se convertit et redevint chrétienne; elle a persévéré dans la foi catholique jusqu'au schisme de Henri VIII, en 1533.

Avant cette dernière époque, les travaux, les succès, les vertus, les miracles de l'apôtre de l'*Angleterre* y avaient rendu sa mémoire vénérable : il y était honoré comme saint à très-juste titre. Depuis que les *Anglais* ont cessé d'être catholiques, plusieurs de leurs écrivains se sont appliqués à calomnier la mission de saint Augustin; et les incrédules modernes n'ont pas manqué d'enchérir sur leurs accusations. — Ils disent : 1° que cette mission fut un effet de l'ambition de saint Grégoire, plutôt que de son zèle pour la foi chrétienne; que son principal motif était d'étendre sur l'*Angle-*

ce qu'ils donnent à ses saints et à ses anges dans l'accomplissement de ses ouvrages, veulent que saint Michel soit dans l'Apocalypse Jésus-Christ même le Prince des anges, et apparemment dans Daniel le Verbe conçu éternellement dans le sein de Dieu (*Du Moul.*, *Acc. des Proph.*, sur le ch. XII, v. 7, p. 173 et 178). Mais ne prendront-ils jamais le droit esprit de l'Ecriture? Ne voient-ils pas que Daniel nous parle du prince des Grecs, du prince des Perses (x, 13, 20), c'est-à-dire sans difficulté, des anges qui président par l'ordre de Dieu à ces nations ; et que saint Michel est appelé dans le même sens le prince de la Synagogue, ou, comme l'archange Gabriel l'explique à Daniel, *Michel, votre prince?* et ailleurs, plus expressément : *Michel, un grand prince, qui est établi pour les enfants de votre peuple?* Et que nous dit saint Gabriel de ce grand prince? *Michel*, dit-il, *un des premiers princes* (x, 21 ; XII, 1). Est-ce le Verbe de Dieu, égal à son Père, le Créateur de tous les anges, et le Souverain de tous ces princes, qui est seulement un des premiers d'entre eux? Est-ce là un caractère digne du Fils de Dieu? Que si le Michel de Daniel n'est qu'un ange, celui de saint Jean, qui visiblement est le même dont Daniel a parlé, ne peut pas être autre chose. Si le dragon et ses anges combattent contre l'Eglise, il n'y a point à s'étonner que saint Michel et ses anges la défendent (*Apoc.* XII, 7). Si le dragon prévoit l'avenir, et redouble ses efforts contre l'Eglise, lorsqu'il voit *qu'il lui reste peu de temps pour la combattre là même* (12), pourquoi les saints anges ne seraient-ils pas éclairés d'une lumière divine pour prévoir les tentations qui sont préparées aux saints, et les prévenir par leurs secours?

« Quand je vois dans les prophètes, dans l'Apocalypse et dans l'Evangile même, cet ange des Perses, cet ange des Grecs, cet ange des Juifs (*Dan.* x, 13, 20, 21 ; XII, 1), l'ange des petits enfants, qui en prend la défense devant Dieu contre ceux qui les scandalisent (*Matth.* XVII, 10), l'ange des eaux, l'ange du feu (*Apoc.* XIV, 18, XVI, 5), et ainsi des autres ; et quand je vois parmi tous ces anges celui qui met sur l'autel le céleste encens des prières (*Hebr.* VIII, 3), je reconnais dans ces paroles une espèce de médiation des saints anges ; je vois même le fondement qui peut avoir donné occasion aux païens de distribuer leurs divinités dans les éléments et dans les royaumes pour y présider ; car toute erreur est fondée sur quelque vérité dont on abuse. Mais à Dieu ne plaise que je voie rien dans toutes ces expressions de l'Ecriture qui blesse la médiation de Jésus-Christ, que tous les esprits célestes reconnaissent comme leur Seigneur, ou qui tienne des erreurs païennes, puisqu'il y a une différence infinie entre reconnaître, comme les païens, un dieu dont l'action ne puisse s'étendre à tout, ou qui ait besoin d'être soulagé par des subalternes, à la manière des rois de la terre, dont la puissance est bornée, et un Dieu qui, faisant tout et pouvant tout, honore ses créatures, en les associant, quand il lui plaît, et à la manière qu'il lui plaît, à son action ! »

terre sa juridiction pontificale et sa suprématie, qui jusqu'alors n'y avaient pas été reconnues. Mais il est faux que les Bretons chrétiens eussent jamais méconnu la juridiction des papes. Selon Bède et d'autres auteurs, Lucius, premier roi chrétien des Bretons, s'adressa au pape Eleuthère pour obtenir les moyens d'instruire ses sujets et de les convertir au christianisme. En 429, lorsque saint Germain d'Auxerre et saint Loup de Troyes passèrent en *Angleterre* pour y étouffer le pélagianisme, le premier était légat du pape saint Célestin. *Voy.* la *Chronique de saint Prosper*. Gildas et Bède témoignent que, jusqu'à l'arrivée de saint Augustin et de ses collègues, les Bretons avaient persévéré dans la communion de l'Eglise catholique ; or cette communion ne peut subsister sans reconnaître l'autorité de son chef. Il est certain d'ailleurs que saint Grégoire avait conçu le projet de convertir les Anglo-Saxons, avant d'être pape. *Hist. de l'Égl. Gallic.*, ibid. — 2° Ils prétendent que les Bretons ne voulurent pas adopter les nouveaux dogmes introduits dans l'Eglise romaine, et enseignés par le moine Augustin, le culte des saints, le purgatoire, la confession auriculaire, etc. La fausseté de ce fait est prouvée par le témoignage de Bède et de Gildas ; le premier atteste formellement que les Bretons reconnurent l'orthodoxie de la doctrine de saint Augustin : tous deux assurent que, depuis la conversion des Bretons, leur foi n'avait reçu aucune atteinte, sinon par l'arianisme et le pélagianisme ; mais ces deux hérésies firent peu de progrès parmi eux, et furent promptement étouffées. — 3° Quelques-uns ont dit que le missionnaire Augustin aurait beaucoup mieux fait d'inspirer aux Anglo-Saxons des remords de leurs usurpations, et de les engager à restituer aux Bretons ce qu'ils leur avaient enlevé. A cela nous répondons qu'une conquête, faite depuis cent cinquante ans, ne pouvait pas donner aux Anglo-Saxons des remords fort efficaces ; que quand ils en auraient eu, ils ne pouvaient pas ressusciter les Bretons que leurs pères avaient massacrés, ni leur rendre ce qui leur avait été pris. Par la même raison, ceux qui convertirent les Francs ne les engagèrent point à restituer les Gaules aux Romains, et ceux qui avaient converti les Romains ne leur imposèrent point l'obligation de faire des restitutions à toutes les nations de l'univers. Mais nos moralistes sévères devraient prouver aux *Anglais* actuels la nécessité de dédommager les Américains des torts qu'ils leur ont faits, et surtout de réparer les cruautés horribles que l'avarice leur a fait commettre dans les Indes. — 4° Pour atténuer le mérite des travaux de saint Augustin, l'on a supposé que rien n'était plus aisé que de convertir au christianisme les Anglo-Saxons, puisque la reine Berthe, épouse d'Ethelbert, roi de Kent, était chrétienne ; que tous les succès d'Augustin se bornèrent à convertir ce petit royaume. Malheureusement ce reproche est contredit par un autre que l'on fait encore à ce saint missionnaire : on dit qu'il se laissa intimider d'abord par le récit que lui firent les évêques des Gaules de la difficulté de convertir les Anglo-Saxons, de leur férocité, de leur perfidie, de leurs mœurs. Ces évêques devaient en savoir quelque chose, et ces obstacles sont prouvés par les témoignages de Gildas et de Bède. Il est cependant certain que le christianisme transforma les Anglo-Saxons, les civilisa, leur donna d'autres mœurs, leur inspira les plus grandes vertus : dans la suite, l'*Angleterre* fut appelée l'*Ile des Saints*. Si saint Augustin ne convertit que le royaume de Kent, ses collègues réussirent de même dans le reste de l'*Angleterre*. — 5° L'on a écrit qu'au lieu de donner aux Anglo-Saxons de vraies vertus, Augustin et ses coopérateurs ne leur avaient inspiré que la bigoterie, les dévotions minutieuses, le goût du monachisme, etc. ; que jusqu'à la réformation les *Anglais* avaient été le peuple le plus superstitieux de l'univers. Mais il y a encore lieu de douter si, depuis la *bienheureuse réformation*, les *Anglais* sont radicalement guéris de toute superstition. Ceux qui les ont observés de près n'en conviennent point ; nous n'avons pas moins sujet de douter si leurs mœurs sont plus pures et leurs vertus plus héroïques que sous le catholicisme ; de l'aveu de leurs propres écrivains, ils ont égalé dans le Bengale les cruautés dont les Espagnols s'étaient rendus coupables en Amérique, et il ne paraît pas qu'ils soient fort scrupuleux observateurs du droit des gens. Voyez l'*Etat civil, politique et commerçant du Bengale*, par M. Bolts ; le *Zend-Avesta*, t. I, 1re partie, p. 12 ; les *Voyages de M. Sonnerat*, l. I, c. 1. Nous voudrions pouvoir oublier que, par les exploits des réformateurs, les plus riches bibliothèques de l'*Angleterre* ont été réduites en cendres, afin d'anéantir tous les monuments du papisme.

Le docteur Leland, quoique anglican zélé, prétend que tous les vices se sont introduits parmi ses compatriotes avec l'irréligion. L'auteur de l'*Histoire des établissements des Européens dans les Indes* reconnaît que tous les principes de probité, d'honneur, d'amour du bien public, sont étouffés chez les Anglais par l'avidité qu'inspire l'esprit de commerce ; Richard Steele, dans une épître satirique au pape Clément XI, soutient que leur fanatisme est toujours le même. « Il est vrai, dit-il, que nous n'avons pas aujourd'hui le pouvoir de brûler les hérétiques, comme les premiers réformateurs ; mais à cela près nous employons toujours les mêmes violences ; nous persécutons, nous tourmentons, nous emprisonnons et nous ruinons tout homme qui prétend en savoir plus que ses supérieurs : et plus cet homme est d'un caractère irréprochable, plus nous croyons qu'il est nécessaire de se servir de ces sortes de rigueurs contre lui.... Sur la fin de janvier et au commencement de février, on nous anime extraordinairement les uns contre les autres, parce qu'il est arrivé, il y a plus de soixante ans, que nos ancêtres étaient de grands scélérats, et l'on croit qu'on ne saurait trop insister sur un sujet si beau de génération en génération, et que l'on devrait même en parler depuis le commencement de l'année jusqu'à la fin. Un autre sujet d'enthousiasme est *le danger de la pauvre Eglise*, danger qui s'accroît toujours à mesure que le crédit et les espérances des catholiques augmentent. J'ai vu le temps que la figure d'une église faite de carton, plantée si artificieusement au bout d'un bâton qu'elle paraissait chanceler, représentant *le danger de notre pauvre Eglise*, portée d'un air triste et lugubre devant un vénérable ecclésiastique, aux élections des membres du parlement, elle passait pour un remède souverain contre ses ennemis, elle avait la vertu de les chasser du champ de bataille tout confus. J'ai vu même que le nom d'*Eglise* ou de *Haute-Eglise*, prononcé avec emphase, et répété un certain nombre de fois, a pu changer l'air et la voix d'une multitude innombrable, lui donner un aspect hideux et farouche, agiter les cœurs, faire enfler les veines comme par une espèce de frénésie. J'ai vu en même temps que ce nom prononcé d'un air touchant et pathétique, les yeux et les mains vers le ciel, a pu changer les mensonges en vérités, un scélérat en un saint, et un perturbateur du repos public en une divinité tutélaire. Par un privilége singulier, les hommes attaqués de cette maladie ont acquis le droit de pénétrer les jugements de Dieu, et de les appliquer à leur prochain; s'il arrive un fléau de la nature, ou un autre malheur public, ils savent à point nommé pourquoi Dieu l'envoie, quel est le crime qu'il a dessein de punir; et ce n'est jamais contre leurs propres crimes qu'il est irrité, c'est toujours contre ceux des autres, etc. »

Si quelqu'un s'est laissé séduire par les tableaux pompeux que nos écrivains modernes nous ont faits des heureux effets que la réforme a produits en *Angleterre*, nous l'invitons à lire un ouvrage intitulé : *La Conversion de l'Angleterre au christianisme, comparée avec sa prétendue Réformation*, in-8°, Paris, 1729.

Les historiens protestants ont abusé de la crédulité de leurs lecteurs, lorsqu'ils ont voulu persuader que la cause du schisme de l'*Angleterre*, en 1533, fut l'autorité excessive, ou plutôt la tyrannie que le pape exerçait sur ce royaume ; cette prétendue cause n'avait pas lieu en France ni dans les pays du Nord, et l'hérésie ne laissa pas de s'y établir. Il est de toute notoriété que la cause de la rupture fut le refus que fit Clément VIII de déclarer nul le mariage d'Henri VIII avec Catherine d'Aragon, et d'accorder à ce prince la liberté d'épouser Anne de Boleyn, de laquelle il était épris; puisqu'avant d'avoir conçu cette passion, Henri VIII avait écrit lui-même contre Luther en faveur de la juridiction et de l'autorité du pape. Les moyens dont on se servit ensuite pour détruire la religion en *Angleterre*, ne furent pas plus légitimes ni plus honnêtes que le motif : on y employa l'imposture, la calomnie, la violence et les supplices. M. Bossuet, dans son *Hist. des Variat.*, t. II, l. vii, a mis ce fait dans la dernière évidence, et l'a prouvé par le propre aveu des protestants; aucun d'eux ne sera jamais en état de le convaincre de faux. L'auteur de la *Conversion de l'Angleterre*, etc., a fait de même. — Mosheim, dans l'impuissance de contester cette vérité, est convenu que les auteurs de cette révolution agirent souvent d'une manière violente, téméraire et précipitée; que plusieurs de ceux qui y eurent part agirent plus par passion et par intérêt que par zèle pour la véritable religion. *Hist. ecclés. du* xvie *siècle*, sect. 1, c. 4, § 14. David Hume, dans son *Hist. des maisons de Tudor et de Stuart*, a posé pour principe que, si la superstition est le caractère de la religion romaine, le fanatisme a été celui de la prétendue réformation. Le traducteur de Mosheim, fâché de cet aveu, a voulu prouver le contraire, t. IV, p. 138 et suiv. Mais, au lieu de détruire ce fait, il l'a plutôt confirmé, puisqu'il a été forcé d'avouer que le *fanatisme* eut beaucoup de part à la conduite de plusieurs de ceux qui embrassèrent la réformation, p. 144 ; que l'on abusa souvent de la liberté qu'elle introduisit ; que l'ardeur des premiers réformateurs fut plus ou moins violente, plus ou moins mêlée avec la chaleur et la vivacité des passions humaines, p. 146 ; que le zèle des réformateurs fut quelquefois excessif, p. 150 ; que peut-être les emportements de Luther furent l'effet de son ressentiment et de l'ardeur de son caractère, etc., p. 153. Ce n'était donc pas la peine de disputer contre David Hume, puisque l'on se trouve réduit à lui accorder ce qu'il a dit.

La question est de savoir si des hommes conduits par le fanatisme, par la chaleur des passions, par l'amour de la nouveauté, et non de la vérité, étaient fort propres à réformer l'Eglise de Dieu, et s'il est probable que Dieu ait voulu se servir de pareils instruments. Nous verrons dans l'article suivant que la religion anglicane porte encore l'empreinte des mains qui l'ont formée, des motifs dont ses fondateurs furent animés, et des moyens dont ils se servirent. Une preuve que les Anglais n'étaient pas fort zélés pour la vérité, c'est qu'ils changèrent trois fois de religion en douze ans. A la mort d'Henri VIII, ils tenaient encore à la foi catholique; en 1547, sous Edouard VI, ils dressèrent une profession de foi moitié luthérienne, moitié calviniste ; sous le règne de Marie, en 1554, ils redevinrent catholiques ; en 1559, sous le règne d'Elisabeth, le protestantisme fut rétabli.

Quoique l'on ait répandu des torrents de sang pour cimenter cette religion nouvelle, il s'en faut beaucoup qu'elle ait été généralement adoptée en *Angleterre*; pendant que le gouvernement, les grands du royaume et une partie de la nation embrassaient ce mélange de luthérianisme et de calvinisme, avec quelques faibles restes de catholicisme, que l'on nomme *la religion anglicane*, une autre partie s'attachait aux sentiments de Calvin, rejetait tout le reste, et formait la secte de ceux que l'on nomme *presbytériens* et *puritains*: ces deux factions se sont fait pendant longtemps une guerre cruelle; et si l'une des deux s'était trouvée assez forte, elle aurait exterminé l'autre. Après bien des combats, elles se sont reposées par lassitude, et elles ont été forcées de se tolérer mutuellement. — Dans le sein de ces deux sectes, il s'en est formé une infinité d'autres, comme les quakers ou trembleurs, les hernhutes ou frères moraves, les méthodistes, les anabaptistes, les sociniens, les brownistes ou indépendants, etc. Ainsi le christianisme, en *Angleterre*, est divisé en deux partis principaux; l'un est celui des *épiscopaux*, que l'on appelle aussi l'*Eglise anglicane*, ou la *Haute-Eglise*; l'autre, celui des *non-conformistes*, ou *séparatistes*, qui comprend les *presbytériens*, *puritains* ou *calvinistes* rigides, et toutes les autres sectes dont nous venons de parler, sans en exclure même les catholiques, qui sont encore en assez grand nombre. — En 1716, plusieurs Anglais et quelques Ecossais avaient formé un concordat entre eux pour s'unir à l'Eglise grecque; mais ce projet n'eut aucune suite. Les Grecs n'y auraient certainement pas consenti, à moins que les *anglicans* n'eussent changé leur croyance sur un très-grand nombre d'articles.

Quoique nos écrivains aient beaucoup vanté la tolérance établie dans ce royaume, la religion catholique y a toujours été gênée par des lois très-sévères. Jusqu'à nos jours un catholique ne pouvait posséder aucune charge, ni entrer au parlement, sans avoir prêté le serment du *test*, par lequel on abjurait le dogme de la transsubstantiation et de la juridiction spirituelle du pape. Ce serment a été aboli depuis peu par un décret du parlement, et changé en un simple serment de fidélité, qui n'a aucun rapport à la religion; mais cette condescendance du gouvernement anglais a échauffé la bile des puritains, surtout en Ecosse, où ils sont la secte dominante.

Mosheim, dans son *Hist. eccl. du* XVIIIe *siècle*, déplore le nombre des incrédules qui ont paru en *Angleterre*, et les effets pernicieux de leurs ouvrages; il prédit que cette contagion pénétrera bientôt dans toutes les contrées de l'Europe, surtout dans celles où la réformation a introduit un esprit de liberté: il était aisé en effet de le prévoir. Ce sont les déistes anglais qui ont été les précepteurs de nos philosophes antichrétiens, et c'est un mauvais service que nous ont rendu nos voisins; il ne fait pas plus d'honneur à l'*Angleterre* qu'à la prétendue réformation.

ANGLICAN. On appelle *religion anglicane* celle qui est autorisée en Angleterre par les lois, pour la distinguer de celles qui y sont seulement tolérées. De toutes les communions chrétiennes non catholiques, les *anglicans* sont ceux qui s'écartent le moins de la croyance de l'Eglise romaine; ils en rejettent cependant un grand nombre d'articles essentiels. Aussi les autres protestants leur reprochent de pencher toujours au papisme, d'en avoir conservé de trop grands restes, et de n'avoir fait la réforme qu'à moitié. Il n'est pas toujours aisé aux théologiens *anglicans* de se défendre, de montrer pourquoi ils se sont arrêtés en chemin, pourquoi ils ont retranché tel article et en ont retenu tel autre.

Dans la révolution qu'a subie la religion en Angleterre, il faut distinguer quatre époques principales. La première sous Henri VIII, lorsque ce prince, pour secouer le joug du saint-siège et de l'Eglise romaine, se déclara chef souverain de l'Eglise *anglicane*, et défendit de reconnaître aucune autorité spirituelle ou temporelle que la sienne. Il ne toucha néanmoins ni aux autres points de doctrine, ni au culte extérieur établi dans l'Eglise catholique. — La seconde sous Edouard VI, son fils et son successeur. Après que les partisans de Luther et de Calvin eurent semé leurs erreurs parmi les Anglais, il fut décidé par acte du parlement, en 1547, que l'on réformerait la discipline ecclésiastique et la forme du culte : c'est ce qui fut exécuté en 1548; mais on ne convint pas encore d'un formulaire de doctrine ou d'une profession de foi. — La troisième sous la reine Marie, sœur d'Edouard, et qui lui succéda. Cette princesse, zélée catholique, fit casser en 1553 l'acte précédent, et fit rétablir le catholicisme. — Enfin, sous la reine Elisabeth, autre fille de Henri VIII, qui avait été élevée dans les opinions des protestants, le parlement, l'an 1559, renouvela tout ce qui avait été fait sous Edouard VI, et proscrivit de nouveau le catholicisme. Mais la confession de foi *anglicane* ne fut dressée que trois ans après, dans un synode tenu à Londres en 1562. On la trouve dans le Recueil des confessions de foi des Eglises réformées, p. 99; elle contient trente-neuf articles. Dans les cinq premiers, l'on fait profession de croire la Trinité, l'Incarnation, la descente de Jésus-Christ aux enfers, sa résurrection, la divinité du Saint-Esprit. Dans les trois suivants, on reçoit comme canoniques tous les livres du Nouveau Testament; l'on exclut de l'Ancien les livres de Tobie, de Judith, une partie de celui d'Esther, la Sagesse, l'Ecclésiastique, Baruch, quelques chapitres de Daniel et les deux livres des Machabées; l'on décide que tout ce qui n'est pas contenu dans l'Ecriture sainte n'est point nécessaire au salut. Dans le 8e article, on reçoit le symbole des apôtres, celui du concile de Nicée et celui de saint Athanase.

Déjà l'on peut demander aux *anglicans* pourquoi ils rejettent ces livres dans l'Ancien Testament, pendant qu'ils admettent l'Epître de saint Jacques, celle de saint Jude et l'Apocalypse, que les calvinistes regardent comme apocryphes, précisément pour les mêmes raisons. Les sociniens leur soutiennent que ce qui est contenu dans le symbole de saint Athanase ne peut pas être prouvé par l'Ecriture sainte. Aussi, dans la *Gazette de France* du vendredi 7 mars 1786, on nous annonce qu'une bonne partie des

Américains *anglicans* ont retranché de leur office le symbole de saint Athanase, et ont ôté de celui des apôtres : *Il est descendu aux enfers.*

Dans le 9e article et les suivants, il est décidé que tous les hommes naissent souillés du péché originel; qu'ils ont cependant un libre arbitre, mais qu'ils ne peuvent faire aucune bonne œuvre sans le secours prévenant de la grâce; que l'homme est justifié *par la foi seule*. Ce dernier dogme est néanmoins formellement contraire à ce que dit saint Jacques, c. II; et les deux articles précédents ne sont point admis par les sociniens. — Nous ne savons pas par quel texte de l'Ecriture sainte on peut prouver que toutes les œuvres faites sans la foi en Jésus-Christ sont des péchés, article 13; saint Paul décide le contraire (*Rom.* II, 14). On rejette, article 14, *les œuvres de surérogation* comme une impiété, en donnant un sens faux et absurde à ce terme. *Voy.* SURÉROGATION.

L'article 16 porte que l'on peut obtenir la rémission des péchés par la pénitence, et il condamne l'opinion de l'inamissibilité de la justice, soutenue par les calvinistes. Le 17e admet la prédestination; mais il avertit qu'il n'y faut pas penser, de peur de tomber dans la présomption ou dans le désespoir. Le 18e décide que l'on ne peut pas être sauvé sans connaître Jésus-Christ. Selon le 19e, l'Eglise est l'assemblée des fidèles où la pure parole de Dieu est prêchée et où les sacrements sont bien administrés; d'où l'on conclut que l'Eglise romaine est dans l'erreur, quant au dogme, à la morale et au culte extérieur. Cet article est-il fort essentiel au salut? est-il clairement révélé dans l'Ecriture sainte? Suivant le 20e et le 21e, l'Eglise ne peut rien décider ni rien établir que ce qui est porté dans l'Ecriture sainte; les conciles, même généraux, peuvent se tromper et se sont souvent trompés en effet. Le 22e rejette la doctrine de l'Eglise romaine touchant le purgatoire, les indulgences, la vénération et *l'adoration* des images, des reliques, et l'invocation des saints. On voit bien que le terme *d'adoration* est affecté là par malignité. Il est décidé, dans le 23e, que la mission est nécessaire pour prêcher et pour administrer les sacrements; que la mission est légitime quand elle est donnée par ceux qui en ont le pouvoir; mais on ne dit point à qui ce pouvoir appartient, si c'est au roi, comme chef de l'Eglise *anglicane*, ou si c'est au clergé. Cet article était délicat : il est demeuré indécis. Le 24e veut que la liturgie soit célébrée en langue vulgaire. Les sacrements, selon le 25e, sont les signes efficaces de la grâce, par lesquels Dieu excite et confirme notre foi en lui; il n'y en a que deux, savoir : le baptême et la cène. On rejette les autres, parce que ce ne sont pas, dit-on, des signes visibles institués de Dieu; et cependant l'on avoue que quelques-uns sont une imitation de ce qu'ont fait les apôtres : il faut donc que les apôtres aient fait ce que Jésus-Christ ne leur avait pas commandé? Il est évident que cette définition des sacrements est louche et captieuse, imaginée dans le dessein de concilier, s'il était possible, l'opinion des protestants avec la croyance de l'Eglise romaine. Conséquemment il est dit, article 27, que le baptême n'est pas seulement un signe de la profession du christianisme, mais un signe de régénération, le sceau de notre adoption, par lequel la foi est confirmée et la grâce *augmentée*, par la vertu de l'invocation divine. Mais si la grâce est *augmentée*, elle était donc déjà dans l'âme du fidèle avant le baptême? En quel sens le baptême est-il une *régénération*? Ce même article veut que l'on baptise les enfants. Le 28e est encore plus inintelligible. Il porte que, pour ceux qui reçoivent la cène avec foi, *le pain que nous rompons est la communication du corps de Jésus-Christ; et que le calice bénit est la communication du sang de Jésus-Christ*. Ce sont les paroles de saint Paul; mais on ajoute que le corps de Jésus-Christ est donné, reçu et mangé seulement d'une manière céleste et spirituelle; que le moyen par lequel cela se fait est un objet de foi; que ceux qui n'ont pas une foi vive ne sont pas participants de Jésus-Christ en aucune manière, article 29. Voilà ce que saint Paul n'a pas dit. Ce même article réprouve la transsubstantiation, et l'usage de garder, de porter, d'élever et d'adorer le sacrement de l'Eucharistie; et le 30e décide qu'il faut communier sous les deux espèces.

Les rédacteurs de ces articles auraient voulu trouver un milieu entre l'opinion des luthériens et celle des calvinistes : on voit comment ils y ont réussi; à la vérité, les luthériens s'expriment aujourd'hui de même. *Voy.* EUCHARISTIE. Dans le 31e, ils rejettent la doctrine catholique touchant le sacrifice de la messe, comme un blasphème. Dans le 32e, il est décidé que les évêques, les prêtres et les diacres peuvent se marier; dans le 33e, que les excommunications sont valides; dans le 34e, que pour le bon ordre il faut se conformer aux usages et aux cérémonies établies par autorité publique, mais que chaque Eglise peut les instituer, les changer ou les abolir à son gré. Le 35e donne la sanction aux homélies publiées sous Edouard VI, et le 36e au pontifical pour les ordinations, rédigé sous le même règne. Le 37e déclare que le roi d'Angleterre jouit de l'autorité suprême sur tous ses sujets; que tous, même les ecclésiastiques, doivent lui être soumis *dans toutes les causes*, et qu'il n'est soumis lui-même à aucune juridiction étrangère; que le pape n'a aucune juridiction en Angleterre. On ajoute cependant que l'on ne prétend pas attribuer au roi l'administration de la parole de Dieu ni des sacrements; soit : on lui attribue du moins le privilège d'accorder, de limiter, ou d'ôter ce pouvoir à qui il juge à propos. — Les articles suivants condamnent la doctrine des anabaptistes touchant les peines capitales, la guerre et la profession des armes, la communauté des biens et les serments.

Pour peu qu'un théologien soit instruit et sente la valeur des termes, il voit que cette confession de foi, dans la plupart des articles, est captieuse, équivoque, dictée par l'intérêt politique et par les circonstances, plus propre à perpétuer les disputes qu'à les éclaircir. Aussi s'en faut-il beaucoup que la doctrine, les usages, la discipline des *anglicans*, soient d'accord avec leur confession de foi; et cette contradiction leur est continuellement reprochée par ceux qu'ils appellent *non-conformistes*. Il est aisé d'ailleurs de la prouver en comparant cette confession de foi avec le plan de la religion *anglicane*, tel qu'il est tracé dans un livre intitulé : *Regni Angliæ sub imperio reginæ Elisabethæ religio et gubernatio ecclesiastica*, in-4°, Londini, 1719, et dédié à Georges II; pièce authentique, s'il en fut jamais. — En effet, suivant les 20e et 21e chapitres de la confession, l'Eglise ne peut rien décider et rien établir que ce qui est enseigné dans l'Ecriture sainte; les conciles, même généraux, peuvent se tromper, *et se sont trompés en effet*; et dans le plan de religion, 1re partie, chapitre 1, on fait profession de recevoir comme authentiques, ou comme faisant autorité, les trois symboles, les quatre premiers conciles, les sentiments des Pères des cinq premiers siècles; c. 4, on dit que les décrets de ces conciles ont été acceptés et confirmés par les états du royaume d'Angleterre. Ces états ont donc accepté et confirmé des décrets de conciles qui ont pu se tromper, et *qui se sont trompés en effet*. — Chapitre 5 de ce même plan, on reconnaît que ce sont les Pères des cinq premiers siècles qui nous ont désigné les livres canoniques de l'Ecriture, qui nous ont transmis l'histoire ecclésiastique, et qui ont réfuté les hérésies de leur temps. Mais si ces Pères se sont trompés, comment sommes-nous sûrs du jugement qu'ils ont porté touchant le nombre des livres canoniques? Les calvinistes les chargent de mille erreurs, et les *anglicans* n'ont pas pris la peine de les justifier : ils ont laissé ce soin aux catholiques. Chapitre 6, on déclare que les hérétiques doivent être punis par les censures ecclésiastiques et par les supplices que leur infligent les lois civiles. Mais qui a droit de juger que tel homme est hérétique? On ne le dit pas, et nous demandons vainement comment cela s'accorde avec la prétendue tolérance des Anglais. — Dans le chapitre 7, les catholiques sont accusés de se dévouer à Dieu par une foi non écrite; *d'adorer* ce qu'ils ignorent dans les reliques, dans les hosties, dans les images; de prier dans une langue inconnue; de prier les saints plus souvent que Jésus-Christ; de se prosterner devant les images; de retrancher la moitié de l'Eucharistie; d'avoir inventé la transsubstantiation, le purgatoire, le mérite des bonnes œuvres; de renouveler le sacrifice de Jésus-Christ pour les vivants et pour les morts; de prétendre que l'Eglise romaine a de droit divin la juridiction sur toutes les autres. Sans relever la manière captieuse dont plusieurs de ces articles sont représentés ou travestis, il n'en est aucun que nous ne prouvions par le sentiment des conciles et des Pères des cinq premiers siècles : les luthériens et les calvi-

nistes n'en disconviennent pas, mais ils disent que cela ne suffit pas sans l'Ecriture sainte. Voilà un point de dispute sur lequel nos adversaires ne s'accorderont jamais. Cependant, chapitre 8, les *anglicans* font profession d'être unis à toutes les Eglises protestantes et à toutes les Eglises chrétiennes. Nous voudrions savoir en quoi peut consister cette union, quand on n'a ni la même foi, ni le même culte, ni la même discipline.

Outre la liturgie *anglicane*, que l'on peut voir dans le P. Lebrun, *Explicat. des cérém. de la Messe*, tom. VII, p. 53, les *anglicans* ont conservé l'office ecclésiastique du matin et du soir, les psaumes, les cantiques, les leçons, la confession générale des péchés et l'absolution, la doxologie, les *alleluia*, le *Te Deum*, le symbole des apôtres et celui de saint Athanase, les litanies, desquelles ils ont retranché les noms des saints, c. 12 et suiv. Ils administrent le baptême comme dans l'Eglise romaine, mais sans exorcismes et sans onctions. Leurs évêques donnent la confirmation par l'imposition des mains, avec une prière. Dans l'office des morts, ils demandent à Dieu de ne pas nous livrer aux supplices éternels, et d'accorder à tous les fidèles la félicité du corps et de l'âme; ils disent la prière *Kyrie, eleison*.

Dans la seconde partie de ce plan, le gouvernement ecclésiastique d'Angleterre est représenté en seize tables. La première attribue au roi l'autorité suprême dans toutes les matières ecclésiastiques, et beaucoup plus de pouvoir que nous n'en donnons au pape. La seconde et les suivantes règlent le pouvoir, les fonctions, la juridiction des archevêques et des évêques; il y est question de bénéfices en titre et des différentes espèces de biens ecclésiastiques.

La troisième partie établit la discipline qui regarde les simples fidèles, les fêtes, les jeûnes, l'abstinence. Nous y voyons Pâques, la Pentecôte, la Trinité, tous les dimanches, la Circoncision de Notre-Seigneur, l'Epiphanie, l'Annonciation, l'Ascension, Noël, la Toussaint, les fêtes des apôtres, des évangélistes, de saint Jean-Baptiste, de saint Etienne, des Innocents. On nous avertit que tous ces jours sont consacrés à Dieu seul, comme si quelqu'un avait jamais enseigné le contraire. On y conserve le carême, les jeûnes des vigiles, l'abstinence des vendredis et samedis, les Quatre-Temps, les Rogations; mais l'on comprend que les *anglicans* ne sont pas fort scrupuleux sur toutes ces observances : l'exemple des autres sectes qui les méprisent a prévalu sur la règle. Dans les cathédrales, il y a des lecteurs, des chantres, des vicaires, des chanoines, un sous-doyen, un trésorier, un chancelier, un préchantre, un doyen. Mais les synodes provinciaux ne peuvent rien statuer que sous l'autorité du roi.

Ainsi, en conservant un certain extérieur de religion, et en défigurant la doctrine catholique, les réformateurs *anglicans* ont fasciné les yeux du peuple et l'ont entraîné dans le schisme; les ennemis du clergé d'Angleterre ne cessent de lui insulter à ce sujet.

Si d'un côté les *anglicans* soutiennent que l'Ecriture sainte est la seule règle de foi, de l'autre ils s'attribuent le droit de l'interpréter et d'en fixer le vrai sens. « Il n'y a, 'dit Richard Steele à Clément XI, d'autre différence entre vous et nous, par rapport aux fondements de la doctrine, de la hiérarchie, du culte et de la discipline, que celle-ci : c'est que vous ne sauriez errer dans vos décisions, et que nous n'errons jamais ; c'est-à-dire, en d'autres termes, que vous êtes infaillible, et que nous avons toujours raison.... Ainsi, le synode de Dordrecht (dont les décisions sûres et certaines sont célébrées tous les trois ans dans ce pays-là par un jour solennel d'actions de grâces); ainsi, les synodes nationaux des églises réformées en France, l'assemblée générale de l'Eglise presbytérienne en Ecosse, et, si j'ose la nommer, la convocation du clergé d'Angleterre, ont tous eu également cette autorité incontestable que votre Eglise s'attribue, et les peuples ont été obligés d'obéir à leurs décrets avec autant de soumission que l'on en a parmi vous pour ce qui part d'une infaillibilité absolue... En même temps que nous soutenons avec chaleur, contre vos controversistes, que les peuples ont droit d'examiner et d'éplucher eux-mêmes les Ecritures, nous avons soin de leur inculquer, dans nos instructions particulières, qu'ils ne doivent pas abuser de ce droit, qu'ils ne doivent pas prétendre être plus sages que leurs supérieurs, et qu'il faut qu'ils s'étudient à entendre les textes particuliers dans le même sens que l'Eglise les entend, et que leurs guides, qui ont l'*autorité interprétative*, les expliquent. Nous réussissons aussi bien par cette méthode, que si nous défendions la lecture de l'Ecriture sainte.... Et quoique, par nos paroles, nous conservions à l'Ecriture sainte toute sa dignité, nous avons cependant l'adresse d'y substituer réellement nos propres explications et des dogmes tirés de nos explications, etc. » Ainsi en agissent toutes les sectes protestantes. Thomas Gordon leur fait le même reproche, *Esprit du Clergé*, p. 42. — En second lieu, selon le même principe, les *anglicans* n'admettent point l'autorité de la tradition; mais, dans leurs disputes avec les puritains et avec les sociniens, ils sont forcés d'employer le témoignage des Pères ou la tradition, pour montrer le sens des passages que ces sectaires entendent comme il leur plaît. Un théologien *anglican* a très-bien réfuté le livre de Daillé, *De vero usu Patrum*. C'est principalement par la tradition qu'ils soutiennent l'institution divine de l'épiscopat, la supériorité des évêques sur les simples prêtres, l'usage apostolique du carême, etc. Ainsi, ils se fondent sur la tradition lorsqu'elle leur est favorable; ils l'abandonnent lorsque nous nous en servons pour leur prouver les dogmes catholiques auxquels ils ont renoncé. — En troisième lieu, il en est de même de la mission et de la succession des pasteurs. Vous ne pouvez, leur dit-on, tenir cette succession et cette mission que des pasteurs de l'Eglise romaine ; s'ils ont été capables de vous la transmettre, à plus forte raison l'ont-ils conservée pour eux : les fidèles leur doivent donc la même docilité que vous exigez pour vous-mêmes ; ils sont donc aussi assurés de leur salut en écoutant les pasteurs catholiques, qu'en vous écoutant vous-mêmes. Où était donc pour eux la nécessité de faire un schisme pour vous suivre? Vous dites que la doctrine des pasteurs catholiques est fausse ; mais ils soutiennent que c'est la vôtre ; le simple fidèle doit plutôt les croire que vous ; il doit présumer que la mission est plutôt chez eux qui sont le tronc que chez vous qui n'êtes que les branches, et que la vérité réside dans la source plutôt que dans le ruisseau qui en vient. C'est encore l'objection que leur fait Gordon, pag. 52. Aujourd'hui les mécréants anglais font à leur clergé les mêmes reproches que les réformateurs ont faits à celui de l'Eglise romaine, lorsqu'ils lui ont contesté le droit d'enseigner, et qu'ils s'en sont séparés. — En quatrième lieu, Gordon prouve, par les actes les plus solennels du parlement d'Angleterre, que l'Eglise *anglicane*, sa constitution, son clergé, *tous les pouvoirs* et les privilèges de celui-ci sont l'ouvrage de la puissance civile, et qu'il tient tout d'elle ; que tous ses membres l'ont ainsi reconnu, et se sont obligés par serment à le soutenir ainsi ; que ces mêmes actes attribuent au roi *tout pouvoir* et toute autorité tant ecclésiastique que civile, le droit de réformer et de corriger toutes les erreurs, les hérésies et les abus ; qu'en conséquence c'est la puissance civile qui a donné la sanction au livre de la liturgie, au rituel et à la formule d'ordination pour les ministres de l'Eglise. Il dit que, dans le temps de la réforme, l'archevêque Cranmer avouait que l'ordination des évêques n'était qu'une institution civile, par laquelle on parvenait à un office ecclésiastique ; aucun membre du clergé *anglican* n'aurait alors osé soutenir le contraire. Tous furent forcés de jurer et de signer cette doctrine, p. 52 et 106 ; autrement, en vertu de l'arrêt du parlement de 1547, ils auraient été punis comme criminels de lèse-majesté. David Hume, *Hist. de la maison de Tudor*, an 1547 ; Heylin, Burnet, etc.

C'est donc contre toute vérité qu'il est dit dans la confession de foi *anglicane* que l'on n'attribue point au roi le pouvoir d'administrer la parole de Dieu et les sacrements. Si le roi n'a pas ce pouvoir, comment peut-il le donner? Corriger les erreurs et les hérésies, approuver la liturgie et le rituel, prescrire les formules de prières et d'ordinations, n'est-ce donc pas administrer la parole de Dieu? C'est encore une absurdité de nommer *mission* une institution purement civile, et *hiérarchie* ou *pouvoir sacré*, un pouvoir émané de l'autorité civile. Les apôtres ont prétendu tenir leur mission et leurs pouvoirs, non des puissances de la terre, mais de Jésus-Christ ; par l'imposition des mains, ils ont voulu donner une grâce et une autorité spirituelle et surnaturelle, et non un office civil. Saint Paul dit aux évêques qu'ils ont été établis, non par les princes et les magistrats, mais par le Saint-Esprit, pour gouverner l'Église de Dieu. *Act.*, c. xx, v. 28. Le pouvoir de remettre les péchés, de lier et de délier dans le ciel et sur la terre, que Jésus-Christ a donné à ses apôtres, n'est certainement pas un pouvoir civil. Les théologiens *anglicans* nomment avec emphase les *droits divins* de l'épiscopat, et ils font dériver ces droits et cette dignité de la puissance royale : ces droits ne sont donc pas plus divins que ceux d'un juge, d'un officier militaire ou d'un financier; tous ces droits sont de même nature, puisqu'ils sont émanés de la même source. — Aussi le concile de Trente a décidé que ceux qui ont été appelés et institués au ministère ecclésiastique par le peuple, par la puissance séculière, ou qui s'y sont ingérés d'eux-mêmes, ne sont point de vrais ministres de l'Église, mais des voleurs et des usurpateurs, *sess.* 23. c. 4.

Si le P. Le Courrayer, génovéfain, réfugié en Angleterre, avait été mieux instruit, probablement il n'aurait pas entrepris, en 1723 et 1726, de soutenir la validité des ordinations *anglicanes*. Cette question en renferme deux, l'une de fait, l'autre de droit. La question de fait est de savoir si Matthieu Parker, prétendu archevêque de Cantorbéry, et tige de tout l'épiscopat d'Angleterre, a reçu ou n'a pas reçu l'ordination épiscopale, par conséquent s'il a pu ou n'a pas pu ordonner validement d'autres évêques. La question de droit est de savoir si la forme d'ordination, prescrite par le rituel *anglican* dressé sous Édouard VI, et encore actuellement suivie, est valide ou non.

Sur la première question, il faut savoir que, depuis l'an 1559, époque de la consommation du schisme de l'Angleterre, sous la reine Élisabeth, non-seulement les Anglais catholiques, mais les presbytériens et les autres non-conformistes, ont constamment soutenu aux *anglicans*, que l'épiscopat ne subsistait plus parmi eux; que Parker n'a jamais été validement ordonné, puisque Barlow, évêque de Saint-David, et ensuite de Chichester, prétendu consécrateur de Parker, ne l'avait pas été lui-même. Plusieurs ont posé des faits, desquels il résulte qu'il n'a pu l'être; quelques-uns ont avancé qu'il avait ordonné Parker dans une auberge de Londres. On sait d'ailleurs que, selon la doctrine établie pour lors, le brevet de la reine donnait le pouvoir épiscopal, sans qu'il fût besoin d'ordination.

Pour prouver le contraire, Le Courrayer a soutenu, 1° que Barlow avait été réellement sacré évêque, puisqu'il avait assisté en cette qualité aux assemblées du parlement sous Henri VIII; mais cela prouve seulement que l'on présumait son ordination. D'ailleurs un homme simplement nommé à un évêché pouvait assister au parlement sans avoir encore été ordonné. 2° Qu'il n'est pas vrai que Barlow ait été absent et en Écosse dans le temps auquel on suppose qu'il a été ordonné; que, quoique l'on n'ait pas pu retrouver l'acte de son ordination, ce n'est qu'une preuve négative. Mais cette preuve est devenue très-positive par l'affirmation constante de ceux qui ont pu savoir s'il avait été sacré ou non. 3° Que la prétendue consécration de Parker dans une auberge est une fable. Cela peut être; mais le fait est très-analogue à la manière de penser des auteurs qui regardaient le sacre des évêques comme une momerie. 4° Que Parker a été réellement sacré à Lambeth le 17 décembre 1559, par Barlow, assisté de Jean Scory, élu évêque d'Héreford, de Miles Coverdale, ancien évêque d'Excester, et de Jean Hocgskins, suffragant de Bedfford. On produit l'acte de cette consécration. — Mais en 1727 le P. Hardouin, et en 1730 le P. Le Quien, dominicain, ont réfuté Le Courrayer; ils ont fait voir que la plupart des actes et des titres qu'il a cités, en particulier l'acte de la prétendue ordination de Parker à Lambeth, sont faux, supposés ou altérés; qu'ils ont été forgés postérieurement à l'an 1559, pour satisfaire aux reproches que les catholiques faisaient aux *anglicans* touchant la nullité de leur épiscopat; que Le Courrayer a tronqué de mauvaise foi les passages de plusieurs auteurs. Ils ont prouvé par de nouveaux témoignages, que ni Barlow ni Parker n'ont jamais été ordonnés évêques; que l'un et l'autre étaient très-persuadés qu'ils n'avaient pas besoin d'ordination. Le Courrayer n'a rien eu à répliquer de solide.

Sur la question de droit, ou sur la validité de l'ordination prescrite par le rituel d'Édouard VI, Le Courrayer a soutenu qu'elle est bonne et suffisante, 1° parce qu'elle consiste dans l'imposition des mains jointe à une prière; 2° qu'il y est fait mention du sacerdoce et du sacrifice, du moins indirectement; 3° que les erreurs particulières, soit du consécrateur soit de l'élu, ne font rien à la validité de la cérémonie; 4° que l'*ordinal* ou le rituel d'Édouard VI a été dressé par des évêques et par des théologiens, et qu'il a été seulement autorisé par le roi. — Pour savoir à quoi nous en tenir, il faut examiner la cérémonie telle qu'elle est prescrite par ce rituel. 1° L'on commence par lire le brevet du roi, qui porte : *Nous nommons, faisons, ordonnons, créons et établissons un tel évêque de tel siége.* 2° L'on fait prêter à l'élu un serment conçu en ces termes : « J'atteste et je déclare sur ma conscience que le roi est le seul gouverneur suprême de ce royaume, *tant dans les choses spirituelles ou ecclésiastiques* que dans les temporelles, et qu'aucun autre prince ou prélat étranger n'y a aucune juridiction, pouvoir ni autorité ecclésiastique ou spirituelle. 3° L'évêque consécrateur demande à l'élu s'il a été appelé à l'administration de l'épiscopat suivant la volonté de Jésus-Christ et suivant les constitutions du royaume, et s'il est dans la volonté d'en remplir les devoirs. 4° Après les réponses de l'élu, le consécrateur lui met la main sur la tête, et prononce cette prière : « Que Dieu tout-puissant, qui vous a donné cette volonté, vous accorde encore les forces et la faculté de faire efficacement toutes ces choses, de manière qu'il achève en vous son ouvrage, qu'il vous trouve innocent et sans tache au dernier jour, par Jésus-Christ Notre-Seigneur, Ainsi soit-il. »—Or, on a soutenu contre Le Courrayer, et nous soutenons encore que cette formule est nulle et insuffisante. 1° Loin de faire aucune mention directe ou indirecte du sacrifice ni du sacerdoce, elle a été faite exprès pour en exclure formellement ces notions, puisque l'art. 31 de la confession de foi *anglicane* les rejette comme un blasphème. 2° Que demande le consécrateur pour l'élu ? Que Dieu lui donne la volonté de remplir les devoirs de l'épiscopat, *selon les constitutions du royaume*, vainement il ajoute, *selon la volonté de Jésus-Christ*, puisque la constitution du royaume touchant l'épiscopat est formellement contraire à la volonté de Jésus-Christ : l'une de ces choses exclut l'autre. 3° Il n'est pas une fonction civile pour laquelle on ne puisse faire la même prière en faveur de celui qui y est installé : elle n'a donc rien de sacré ni de sacramentel. 4° Les erreurs particulières du consécrateur ou de l'élu ne feraient rien à la validité de la cérémonie, si d'ailleurs elle n'exprimait pas formellement ces erreurs ; mais ici les erreurs *anglicanes* sont formellement exprimées dans le brevet du roi, par le serment de l'élu, par les interrogations du consécrateur, et par la prière qui y est relative : c'est le total de la cérémonie qui détermine le sens de la formule. 5° Il n'est pas question de savoir qui a dressé le rituel d'Édouard VI, mais qui lui a donné la sanction, l'autorité, la force de loi : or, selon la déclaration formelle de tout le clergé d'Angleterre, c'est le roi et le parlement. Les évêques et les théologiens qui y ont travaillé étaient de simples commissionnaires, incapables de donner à leur ouvrage aucune autorité ; ils étaient d'ailleurs hérétiques, et ils y ont expressément professé leur hérésie. 6° Ceux qui ont réfuté Le Courrayer ont fait voir qu'en soutenant la validité de cette formule, il est tombé dans plusieurs erreurs grossières et dans des hérésies proscrites par le concile de Trente et par l'Église catholique. En effet, trente-sept de ses propositions ont été condamnées par l'assemblée du clergé de France, le 22 août 1727, comme fausses, erronées et hérétiques. 7° Le Courrayer a posé en fait que, dans l'Église grecque, l'ordination des prêtres se fait par la seule imposition des mains, avec la prière ; il cite le *Traité des ordinations du père Morin*, et le père Hardouin l'avait supposé ainsi ; mais il est certain que, chez les Grecs, l'évêque, assis devant l'autel, met la main sur la tête de l'ordinand, et lui applique le front contre l'autel chargé des vases pleins, en récitant la formule ; ainsi la porrection des instruments est réunie à l'imposition des mains, et détermine la formule à désigner le double pouvoir du sacerdoce. *Traité sur les formes des sacrements, par le P. Morin, jésuite*, c. 25. Aujourd'hui les savants conviennent que le père Morin n'a pas rapporté assez exactement les rites des Orientaux. 8° Avant d'être ordonnés évêques, Barlow et Parker n'étaient pas prêtres : or, on ne peut citer, dans toute l'histoire ecclésiastique, aucun exemple certain d'une pareille ordination reconnue pour valide.

En 1730, un théologien luthérien, dans une thèse soutenue sous la présidence du docteur Mosheim, a examiné de nouveau cette question, tant sur le fait que sur le droit. Dans le premier chapitre, il fait l'histoire de la dispute et des ouvrages qui ont été faits pour ou contre la validité des ordinations *anglicanes*. Dans le second, il compare les arguments qui ont été allégués de part et d'autre. Dans le troisième, il porte son jugement sur le fond et sur la forme. On conçoit bien qu'il a pris parti pour Le Courrayer ; il n'approuve pas néanmoins tous ses raisonnements, mais il témoigne beaucoup de mépris pour tous ses adversaires. Il serait inutile de nous arrêter à l'histoire des faits ; il vaut mieux nous attacher au fond.

Chap. 2, § 13, l'auteur convient que le capital de la dispute est de savoir si la forme de l'ordination des évêques *anglicans* est valide et suffisante ; il soutient l'affirmative par les mêmes arguments que Le Courrayer ; mais il ne satisfait point à ceux que nous lui opposons. Suivant les meilleurs théologiens, dit-il, le rit essentiel de l'ordination épiscopale consiste dans l'imposition des mains et dans une prière ; l'Écriture sainte n'exige rien de plus : or, l'une et l'autre se trouvent dans le rituel *anglican*. — Nous soutenons que toute prière ne suffit pas ; que si le sens n'en est point relatif aux fins du sacrement, aux devoirs et aux fonctions qui y ont été attachés par Jésus-Christ, à plus forte raison si les circonstances déterminent les paroles à un sens contraire, cette forme est absolument nulle. Or, nous avons fait voir que telle est la formule *anglicane*.

Les Anglais eux-mêmes ont si bien senti qu'elle était défectueuse, que, sous Charles II, ils l'ont changée. Ils y ont ajouté pour les évêques : *Recevez le Saint-Esprit pour exercer les devoirs et les fonctions d'évêque dans l'Église de Dieu, et souvenez-vous de réveiller la grâce de Dieu qui est en vous par l'imposition des mains* ; et pour les prêtres : *Recevez le Saint-Esprit pour exercer les devoirs et les fonctions de prêtre dans l'Église de Dieu. Recevez le pouvoir de prêcher la parole de Dieu et d'administrer les sacrements. Les péchés seront remis à celui à qui vous les remettrez, et ils seront liés à celui auquel vous les lierez.* Ibid., n. 22, 23, 28 Quand cette addition rendrait la forme valide, elle n'a pas eu lieu dans l'ordination de Barlow et de Parker : ils étaient morts 80 ans auparavant ; des évêques ordonnés sans cette addition n'ont pas pu en ordonner d'autres validement. L'apologiste a beau dire que ces paroles ajoutées ne font point partie de la forme, qui consiste dans la prière, les Anglais ont compris qu'elles étaient nécessaires pour déterminer le sens de la prière ; donc avant l'addition le sens n'était pas assez déterminé; il l'était même, par les circonstances, à signifier le contraire, comme nous l'avons observé. Qu'ils aient cru ou n'aient pas cru que la forme était déjà valide sans cette addition, cela ne nous fait rien.

Il n'est pas nécessaire, dit notre auteur, que la formule exprime la fin principale et l'effet du sacrement; elle n'est point telle pour le baptême, pour la confirmation, pour l'extrême-onction, ni pour le mariage; cela est faux. Ces paroles : *Je te baptise, au nom du Père*, etc., signifient certainement, non la purification du corps, mais celle de l'âme, qui est l'effet principal du baptême. Dans la confirmation, la formule : *Je te marque du signe de la croix, et je te confirme par le chrême du salut*, etc., exprime très-distinctement l'effet du sacrement. Il en est de même de la prière de l'extrême-onction : *Que par cette onction, et sa grande miséricorde, le Seigneur vous pardonne les péchés*, etc. Pour le mariage, la bénédiction du prêtre, qui dit : *Je vous unis en mariage, au nom du Père*, etc., n'est pas moins expressive non plus que l'absolution dans la pénitence : à plus forte raison, dans l'Eucharistie, les paroles de Jésus-Christ : *Ceci est mon corps*, expriment l'effet de la consécration.

Le Courrayer en avait imposé à ses lecteurs, en disant que les *anglicans* ne rejettent pas absolument la notion du sacrifice dans l'Eucharistie, qu'ils y admettent au moins un sacrifice *commémoratif et représentatif*, qu'entre eux et les théologiens catholiques il n'y a qu'une dispute de mots; que la notion de sacrifice n'est point fondée sur le dogme de la présence réelle. *Ibid.*, § 27. Son apologiste, plus sincère, convient, c. 3, § 19, qu'un sacrifice *commémoratif et représentatif*, dans le sens anglican, n'est qu'une ombre ou une figure de sacrifice, et n'est point ainsi que l'a entendu le concile de Trente. En effet, ce concile a évidemment fondé la notion du sacrifice sur le dogme de la présence réelle, *sess.* 22, c. 1 et 2; et au mot EUCHARISTIE, § 5, nous avons fait voir que cette notion ne peut pas être fondée autrement. C'est une des principales raisons qui ont attiré à Le Courrayer sa condamnation prononcée par le clergé de France, et approuvée par le souverain pontife.—Quand ce critique ajoute qu'il n'est pas nécessaire qu'un homme soit prêtre pour pouvoir être ordonné évêque, qu'on ne le pense pas, même dans l'Eglise romaine, il se trompe encore; le sentiment contraire a été condamné, comme nous l'avons observé ailleurs. *Voy.* ÉVÊQUE. — Il avoue, c. 3, § 16, que le rituel d'Édouard VI a reçu du roi toute la sanction et toute l'autorité qu'il a pu avoir; que les évêques et les théologiens, chargés de le rédiger, n'ont été que les mandataires et les députés du roi; que l'on ne reconnaît en Angleterre point d'autre source de l'autorité ecclésiastique.

De tout cela, il résulte que l'Eglise romaine est très-bien fondée à regarder les ordinations *anglicanes* comme absolument nulles, et à réordonner ceux qui ont été ainsi promus au sacerdoce ou à l'épiscopat, lorsqu'ils rentrent dans le sein de l'Eglise.

Le même auteur soutient, contre Le Courrayer, que si les évêques d'Angleterre sont ordonnés *validement*, ils le sont *légitimement*, et qu'ils ont droit d'exercer leurs fonctions, malgré les anathèmes de l'Eglise romaine, nous n'avons aucun intérêt d'examiner lequel des deux a raison. Nous verrons ailleurs les autres reproches que ce critique fait contre la doctrine catholique : suivant la coutume de tous les protestants, il la défigure pour avoir droit de la censurer; il prend pour doctrine de l'Eglise les opinions particulières des théologiens les plus décriés. — Nous avons déjà dit que la liturgie *anglicane* se trouve dans le P. Lebrun; mais elle a été changée au moins quatre fois avant d'être mise dans l'état où elle est aujourd'hui. Quoique l'on en ait retranché tout ce qui pouvait donner l'idée de la présence réelle de Jésus-Christ dans l'Eucharistie et du sacrifice, elle déplaît encore beaucoup aux puritains ou calvinistes rigides. — L'archevêque de Cantorbéry, primat d'Angleterre, jouit encore de la même juridiction et des mêmes priviléges dont jouissaient les évêques dans le XIIe siècle; mais le clergé *anglican* ne peut faire sur la doctrine, sur les mœurs, sur la discipline, aucun décret, sans commission spéciale du roi, et ses décrets n'ont de force qu'autant qu'ils sont confirmés par l'autorité royale. Les fonctions des évêques sont de prêcher, de donner la confirmation et les ordres; celles des recteurs de paroisse ou des curés, sont de prêcher, de baptiser, de marier, d'enterrer les morts. Les trois dernières fonctions se paient très-chèrement, et tous les Anglais, sans distinction de religion, y sont assujettis; mais en général le clergé est très-peu respecté en Angleterre (1).

Vu l'indifférence que les *anglicans* affectent pour le dogme, on ne doit pas être surpris du peu de zèle qu'ils ont pour la conversion des infidèles; ils ont même souvent tourné en ridicule celui de nos missionnaires. La religion ne leur paraît pas une affaire de très-grande importance, et c'est pour cela qu'ils ont été tant loués par nos philosophes; la plupart de leurs théologiens ont passé de l'arianisme aux opinion des sociniens (2).

ANIMAUX. Dieu dit à l'homme en le créant : *Dominez sur les poissons de la mer*,

---

(1) L'indifférence dont se plaint Bergier a fait place chez les *anglicans* à un certain zèle pour la propagation du christianisme et pour les études théologiques. Ce zèle s'est manifesté par de nombreuses associations pour la propagation de l'anglicanisme, et par une foule de traductions de la Bible, dont les exemplaires ont été répandus par millions sur toute la surface du globe. (*Voy.* BIBLIQUES, *Sociétés*.) L'étude des sciences ecclésiastiques a eu en Angleterre un grand effet en faveur du catholicisme, elle a ramené au giron de l'Eglise une multitude d'esprits éminents de l'université protestante d'Oxford. *Voy.* Puséysme.

(2) Nous croyons devoir terminer cet article de Bergier par l'appréciation que fait de l'*anglicanisme* l'un des organes les plus dévoués à cette religion.

sur les oiseaux du ciel, et sur tous les ANIMAUX *qui se meuvent sur la terre* (Gen. I, 28). Il le répète à Noé après le déluge : *Que tous les* ANIMAUX *vous craignent et vous redoutent* (IX, 2). Le psalmiste bénissait Dieu de cet empire qu'il a donné à l'homme sur tous les *animaux* (Ps. VIII, 8). Les philosophes qui ont observé la nature avec un sens droit

Ces pages ont été écrites à l'occasion de la mort de Mgr Affre, archevêque de Paris.

« Que la mort est glorieuse quand elle est la récompense de la vertu! L'héroïsme est vénérable, lors même qu'il est superstitieux : le fanatisme est respectable, quand il prouve sa sincérité par le sacrifice de sa vie. Un homme qui ne croit à rien, que peut-il faire pour le monde? Un homme qui croit trop, peut au moins mourir pour sa croyance. Ne laissons pas une telle action s'effacer du miroir du présent, sans l'imprimer dans la mémoire. Elle place son auteur parmi les hommes qui ont bien mérité de la société. C'est une goutte de rosée versée sur le sens moral desséché ; c'est une résurrection de l'âge héroïque dans un siècle de fer. Cet homme du moins était dans son devoir. Qu'un prêtre reçoive son salaire ou qu'il le prenne, c'est chose fort ordinaire; mais ce qui est moins commun, c'est un prêtre qui le mérite. Voici un évêque qui ne se borne pas à prêcher l'Évangile de paix, mais qui de plus le pratique; qui, le visage serein, au milieu de misérables altérés de sang, les presse d'obéir au commandement nouveau de s'aimer les uns les autres; et qui, dans l'accomplissement de sa grande mission, celle d'humaniser le monde, tombe avec plus de gloire que le guerrier enseveli dans un triomphe ensanglanté.

« Son maître, le pape, est devenu le libérateur de l'Italie. Les Juifs eux-mêmes ont été émancipés à Rome. Le Pontife-Prince, au milieu des splendeurs de sa souveraineté, frugal sans avarice, désintéressé et sobre sans ascétisme et sans momeries pharisaïques, soulage à ses propres frais les malheurs de son peuple, et cherche à régner non-seulement en Italie, mais aussi dans un royaume qui n'est pas de ce monde, non-seulement sur des contrées, mais aussi sur des cœurs. En Amérique, ce n'est que dans les chapelles catholiques qu'on voit le maître et l'esclave agenouillés côte à côte devant le même autel. En Irlande, pendant le plus fort du choléra, pendant la période la plus fatale de la fièvre engendrée par la famine, les prêtres catholiques étaient là, la foi dans un œil et la mort dans l'autre, succombant par centaines sous le fléau, mais fidèles et pleins d'ardeur dans l'accomplissement de leurs devoirs envers le peuple. Nous ne nous arrêterons pas à demander quelles prières ils récitaient : nous n'examinerons pas avec curiosité la forme de leur croyance ni la coupe de leur phylactère. C'est par leurs fruits que nous voulons les reconnaître. Qu'on les appelle des hérétiques idolâtres et superstitieux, de pernicieux destructeurs d'âmes; pour nous, nous les voyons respectant l'esclave, consolant le mendiant, relevant le cœur brisé du paysan mourant de faim, et gagnant à la bouche du canon, au milieu des passions déchaînées des combattants féroces, la bénédiction promise à ceux qui procurent la paix. Ce n'est pas à cette classe de prêtres que nous infligerons un blâme injurieux (*Priest craft, intrigue sacerdotale*); non, la ruse n'affronte pas si aisément le choléra; le charlatanisme se tient à une distance plus respectueuse de la fièvre, et l'hypocrisie fastueuse se trouve plutôt à la fin d'un festin, qu'au commencement d'une mêlée comme celle du faubourg Saint-Antoine.

« Et que faisaient nos évêques pendant tout ce temps? Le doyen de Hereford luttait avec le docteur Hampden dans l'arène des cours ecclésiastiques, se disputant avec lui sur le cadavre de leur religion. Soapy Sum, d'Oxford (Soapy savonneux, sobriquet d'un évêque anglican), se vengeait de la perte de Cantorbéry en faisant des discours politiques contre la concession des droits réclamés en faveur des Juifs. L'évêque de Londres marchandait ses baux dans Piccadilly, et plusieurs de ses très-révérends frères dans le Seigneur mouraient en odeur de sainteté sur les plumes de leurs palais, laissant après eux des biens qui s'élevaient en moyenne à 70,000 liv. st. (1,750,000 fr.). L'archevêque de Paris ne recevait que 1,200 liv. st. (environ 28,000 fr.), et il dépensait tout pour sa religion et pour ses frères. L'évêque de Londres reçoit 25,000 liv. st. par an (625,000 fr.), et il dépense tout pour lui et sa famille. Dans ses tournées de confirmation, il fait payer à ses paroissiens l'avoine de ses chevaux, il laisse faire de sa cathédrale et de son abbaye des spectacles à 2 pence (20 centimes) et il répand des larmes de crocodile sur le dénûment spirituel de son diocèse, uniquement pour vider les bourses des fidèles et pour s'emparer du patronage des nouvelles succursales.

« Quel est le chef de la croisade contre l'ivrognerie? un prêtre catholique, le P. Matthew. Qui a donné l'idée et pris la direction du comité sanitaire? Southwood Smith, le prédicateur unitairien. Qui a fondé des écoles pour les enfants en haillons? les dissidents. S'agit-il d'affronter la fièvre au chevet du pauvre, de dissiper l'ignorance de la religion dans les hideux repaires du vice : qui ose braver le fléau, s'exposer au danger? Quel évêque, quel recteur, quel doyen, quel curé de l'église de l'État trouvera-t-on dans de semblables occasions? Forcés par la charité active des dissidents à produire quelques œuvres chrétiennes, ils font souscrire le stupide public de l'Église anglicane à de misérables salaires accordés à ce qu'on appelle les missionnaires de la cité, et ils envoient ces prédicateurs laïques, comme David envoya Urie sur le champ du péril, au milieu des repaires du crime, tandis qu'eux ils font leur ronde parmi leurs paroissiens d'élite, exerçant le christianisme par procuration, remplissant en personne l'office de prêtre et de lévite, et laissant les fonctions du Samaritain qui leur sont imposées à quelque Nathaniel affamé : celui-ci, avec un revenu annuel de deux jumeaux devra évangéliser les *Seven-Dials*, être le rédempteur de *Field-Lane*, braver le typhus, affronter chaque jour la fièvre scarlatine, le tout pour 40 liv. st. par an (1,000 fr.), et un habit noir à Noël, si l'on est content de ses services. Nous n'avions jamais entendu parler de taxe pour l'Église et de taxe des pauvres avant le protestantisme. Quand l'Église papale régnait en Angleterre, elle nourrissait ses pauvres et entretenait la splendeur de ses temples avec ses propres revenus. Examinez l'histoire des missions instituées pour évangéliser les païens et porter aux sauvages les bienfaits de la civilisation. Quels sont les faits qui se représentent invariablement? Des prêtres catholiques, et généralement des Jésuites, furent les premiers missionnaires. Après eux viennent des prédicateurs non conformistes, et l'Église anglicane forme seulement la tardive et boiteuse arrière-garde. Dans les chambres des lords, ce sont les votes prépondérants de notre banc des évêques qui ont maintenu la traite des noirs jusqu'à ce que le torrent de l'opinion publique l'eût enfin renversée.

« Pour peu que l'on soit impartial, quelle autre cause pourra-t-on assigner à la mauvaise administration de l'Irlande, que l'orgueilleuse et intolérable domination protestante que nous avons usurpée? et qu'est-ce que cette domination protestante, sinon la propriété exclusive des pains et des poissons que s'adjuge l'établissement protestant? L'Angleterre

nous font remarquer que cet ordre du créateur s'exécute sur toute la face du globe. Le très-grand nombre des *animaux* sont dociles, s'accoutument aisément avec l'homme,

est le seul État civilisé de la terre qui n'ait point de système national d'éducation, et son peuple périt dans l'ignorance, uniquement à cause de la violence avec laquelle le clergé s'oppose à tous les plans d'amélioration dans l'enseignement. Bien plus, il a été constaté devant la *commission charitable*, en beaucoup d'occasions, que leur odieuse rapacité n'a pas même respecté le patriotisme généreux des particuliers. Institués administrateurs des dotations et fondations bienfaisantes d'éducation, ils en ont détourné les fonds et se sont approprié les revenus destinés par les fondateurs à soulager la population dans son indigence physique et intellectuelle; ils ont tranquillement laissé leur troupeau dans l'ignorance et dans la misère, tandis qu'ils empochaient les sommes destinées à guérir cette double plaie. L'Église de l'État a été mise dans la balance, et l'opinion publique l'a depuis longtemps jugée trop légère. Combien de temps souffrira-t-on qu'elle encombre le sol? Elle reçoit plus que toutes les hiérarchies de toutes les croyances de l'Europe. Qu'a-t-elle fait pour son argent? Sommes-nous plus religieux que nos voisins? N'est-il pas notoire que la majorité de la population est irréligieuse, ce qui est dû en grande partie à la vie que mène le clergé de l'État? Sommes-nous plus vertueux? au contraire. Les crimes de l'Angleterre surpassent proportionnellement au moins de moitié ceux que présentent les divers pays catholiques de l'Europe. Sommes-nous plus intelligents? Il n'est que trop certain qu'à très-peu d'exceptions près, notre population offre un moindre nombre d'individus sachant lire et écrire que toutes les autres nations civilisées. Interrogeons le 10 avril, les maisons de pauvres toutes remplies, les assemblées de *Confédération* et de *Conciliation Hall*.

« À quoi donc a servi l'Église de l'État? Quels fruits a-t-elle portés? Quel bien a-t-elle fait? Quel mal a-t-elle détourné? Est-ce donc un simple patrimoine qu'il convient de définir non par ses devoirs, ses travaux, ses charges publiques, mais par ses revenus, ses bénéfices, ses dîmes, ses offrandes, ses présents, ses honoraires, ses pourboires? Combien de temps cette monstrueuse imposture mangera-t-elle le pain de la paresse et recevra-t-elle le salaire de l'iniquité? Quand finira cette duperie solennelle, cette religieuse inutilité, cette futilité sociale, cette orgueilleuse, cette vaine et bruyante parade, affairée aux élections, sévère au tribunal pour garder le gibier, mais peu soucieuse de sauver les âmes, courant à la piste des riches, mais négligeant le soin des pauvres. Jamais on n'a vu dans l'histoire des gouvernements un renversement aussi complet de tout ce qu'une institution doit être, jamais une aussi éclatante nécessité de soustraire à tous les regards le plus promptement possible, dans l'intérêt du bon sens et pour l'honneur de la nation, une semblable personnification d'hypocrisie pharisaïque.

« Ennemi de tout progrès et de toute amélioration, obstacle au développement de l'éducation et de la réforme, arc-boutant de tous les abus privilégiés, partisan de la tyrannie, adversaire décidé de toute extension de l'esprit de liberté, de tout développement social sous quelque forme que ce soit, et de toute espèce de droits humains, que peut-on faire d'un tel fléau, sinon l'anéantir? Et que mérite une semblable institution, sinon d'être arrachée comme une herbe pestilentielle du champ de l'histoire humaine? Considérée en elle-même, la charge pastorale, la mission cléricale est un des plus grands traits sociaux et politiques du christianisme. Réunir dans un empire une société d'hommes bien élevés,

semblent souvent rechercher sa compagnie et implorer sa protection; les autres fuient devant lui, ils ne l'attaquent point, à moins que des besoins extrêmes ne les jettent, pour ainsi dire, hors de leur naturel. L'éléphant, tout monstrueux qu'il est, se laisse conduire par un enfant; le lion s'éloigne de tous les lieux habités par les hommes, et l'immense baleine, au milieu de son élément, tremble et fuit devant le petit canot d'un Lapon *Étud. de la Nat.*, t. II, pag. 239, etc.

Boileau a pu douter, en plaisantant,

Si, vers les antres sourds,
L'ours a peur du passant, ou le passant de l'ours,
Et si, sur un édit des pâtres de Nubie,
Les lions de Barca videraient la Libye.

L'ours n'attaque jamais le passant, à moins qu'il ne soit provoqué, ou qu'il ne craigne pour ses petits; et si les déserts de Barca pouvaient être habités par des hommes, les lions n'y demeureraient pas longtemps. Mais nos philosophes incrédules nous objectent fort sérieusement que cet empire prétendu de l'homme sur les *animaux* est chimérique: le requin, disent-ils, engloutit le matelot qui tremble à sa vue; le crocodile dévore le vil Égyptien qui l'adore; toute la nature insulte à la majesté de l'homme. Les manichéens faisaient déjà cette objection. Saint Augus-

vertueux, capables, désintéressés, pour enseigner continuellement au peuple ses devoirs, pour lui faire connaître la morale, pour lui apprendre autant par des exemples que par des leçons, les principes de la vertu appliqués à la vie de chaque jour, c'est assurément poser le fondement le plus solide d'un bon gouvernement et de la félicité des peuples. Mais sur les 26,000 sermons prêchés chaque semaine du haut des chaires protestantes sur les sujets les plus intéressants pour le cœur humain, les plus attrayants pour l'esprit, et de la plus haute importance pour la vie intime de l'homme, combien y en a-t-il qui servent à quelque chose, si ce n'est à faire trop littéralement du dimanche un jour de repos, en procurant un profond et confortable sommeil à des paroissiens somnolents? Combien y en a-t-il qui soient écrits en rhétorique passable? Combien y a-t-il de phrases qui valent la peine qu'on se les rappelle une heure après les avoir entendues?

« Si la religion est une chose bonne, sommes-nous religieux? Si le christianisme est précieux, sommes-nous chrétiens? Où est le ministre qu'accompagnent au tombeau les larmes des pauvres? Quel est l'évêque qui meurt entouré des regrets et de la vénération de son pays? Les augures, ses confrères, convoitent avidement sa dépouille, et avant que le dernier souffle n'ait abandonné son corps, ils assiègent Downing-street pour solliciter sa place. Oxford, Hereford, Exeter, que dirons-nous de ceux-là, si nous les rapprochons du sermon sur la montagne? Le pays demande à l'Église: Caïn, où est ton frère? Et cette Église visiblement établie dans le seul but d'élever, d'instruire, de spiritualiser le peuple, cette Église qui reçoit d'énormes revenus pour faire du peuple *un peuple spécial rempli de zèle pour les bonnes œuvres* (Épît. à Tite, II, 14), cette Église, destinée à former le cœur aux habitudes de la vertu et à évangéliser les âmes, cette Église qui, lorsqu'elle ne fait pas ces choses, ne fait rien, n'est rien, est moins que rien, ou n'est plus qu'un simple syphon à boire et à manger, une outre remplie de vent; cette Église enfin ne peut donner que cette triste réponse: Vraiment, je n'en sais rien; suis-je le gardien de mon frère? »

tin, l. 1 *de Gen.*, c. 18. — Cela prouve seulement que le roi de la nature trouve quelquefois des rebelles parmi ses sujets; mais il ne s'ensuit pas de là que sa domination soit injuste ou chimérique. Pour un matelot englouti par les requins, il y a mille requins harponnés par les hommes; pour un Egyptien dévoré par les crocodiles, il y a mille crocodiles éventrés par les Egyptiens. L'empire de l'homme sur les *animaux* n'est point illimité ni affranchi des règles de la prudence; lorsque les forces lui manquent, l'industrie y supplée et le rend enfin le maître. La férocité de plusieurs *animaux* est une des raisons qui forcent les hommes à se rassembler et à vivre en société.

D'autres ont prétendu, avec aussi peu de raison, que l'Ecriture sainte semble attribuer aux *animaux* de l'intelligence, de la réflexion, et les mettre au niveau de l'homme. *Gen.*, ix, 5, Dieu dit à Noé et à ses enfants: *Je vengerai votre sang sur tous les* ANIMAUX *et sur l'homme qui l'aura répandu; vers.* 9: *Je vais faire alliance avec vous et avec les* ANIMAUX. Mais le verset 5 est plus clair dans le texte samaritain; il y a : *Jeredemanderai votre sang à la main de tout vivant, de tout homme,* etc. Il n'est pas question là des *animaux*. On sait que dans l'Ecriture sainte le mot *alliance* signifie souvent une simple promesse: Dieu promet, v. 9 et suiv., de ne plus détruire les hommes ni les *animaux* par un déluge universel. C'est à quoi se borne cette alliance.

A la vérité, la plupart des peuples ont été dans la fausse persuasion que les *animaux* ont une âme intelligente et raisonnable, qu'ils ont même plus de prévoyance et de sagacité que l'homme, et qu'ils connaissent l'avenir; plusieurs philosophes en ont eu cette opinion. Celse soutient fort sérieusement que les *animaux* ont plus de raison, plus de sagesse, plus de vertu que l'homme, et sont dans un commerce plus intime avec la Divinité. Dans Origène, l. iv, n. 88. De là est venu le culte que les Egyptiens rendaient à plusieurs espèces d'*animaux*. — Mais les adorateurs du vrai Dieu n'ont jamais adopté cette erreur, et l'Ecriture sainte n'y donne aucun lieu; elle met une différence trop marquée entre l'homme et les *animaux*, pour que l'on ait pu s'y tromper. *Voy.* AME. Comme nous sommes éclairés par la révélation, il nous semble qu'il n'y avait rien de si aisé que de prévenir toute illusion sur ce point essentiel; mais enfin les philosophes n'étaient pas stupides, et cependant ils pensaient comme le peuple, et comme font encore aujourd'hui les Nègres et les Sauvages. Nous ne devons donc pas attribuer à une supériorité de raison naturelle les réflexions que nous faisons sur ce sujet, et par lesquelles nous démontrons la différence infinie qu'il y a entre l'homme et les brutes.

Les Egyptiens rendaient un culte religieux à plusieurs espèces d'*animaux*, parce qu'ils les supposaient animés par un dieu, par un génie bienfaisant, ou par un esprit redoutable; ils les consultaient pour connaître l'avenir. Les Grecs consacrèrent aux dieux certains *animaux*, par des raisons bizarres. Les Romains n'entreprenaient aucune expédition sans avoir consulté le vol des oiseaux ou l'appétit des poulets sacrés. Pendant qu'ils donnaient les invalides aux *animaux* qui leur avaient rendu de bons services, ils faisaient, pour leur plaisir, combattre des hommes contre des *animaux* féroces, et ils se jouaient de la vie des esclaves. Telle a été la démence des peuples qui ont été regardés comme les plus sages (1).

(1) Les matérialistes ont cherché de nouveau entre l'homme et la bête des termes de similitudes, pour conclure qu'ils étaient de même nature. Nous allons montrer l'immense disproportion qui se trouve entre les animaux et l'homme. La grande différence se tire de l'intelligence ou de la *spontanéité*. Or l'homme est intelligent, à l'exclusion des animaux qui produisent des actes qui paraissent spontanés et le fruit de la réflexion, parce que de tels actes qui sont invariablement les mêmes, si on les considère substantiellement, ne sont que les effets d'appétits ou d'instincts relatifs aux diverses espèces. Nous disons que pour bien apprécier la cause purement instinctive des actes chez les animaux, il faut *considérer* ces actes *substantiellement*, c'est-à-dire dans leur principe secondaire, qui n'est autre chose que le bien-être physique. Sous la direction de l'homme, les animaux paraissent agir contre leurs appétits par suite de l'apprivoisement, de la domesticité, et dans ces états d'une éducation spéciale; mais dans tous les cas ils ne sont véritablement mus que par des appétits plus impérieux, ou par des besoins que l'on fait naître en eux pour les satisfaire, après avoir exigé d'eux des exercices pénibles et peu conformes ou contraires à leurs habitudes. M. Frédéric Cuvier a reconnu, d'après de nombreuses expériences faites principalement à la Ménagerie de notre Jardin-des-Plantes, que les moyens les plus puissants pour arriver à l'apprivoisement et à une éducation quelconque des animaux sont la faim et la veille forcée. L'homme excite ainsi les besoins les plus impérieux de l'animal pour les satisfaire ensuite, et triomphe par là même de la violence du tigre et de la férocité de l'hyène. Ces moyens, appliqués à un animal solitaire, n'en font encore qu'un animal apprivoisé; mais appliqués à un animal sociable, ils en font un animal domestique, dont la race est constituée par le fait de la transmission, d'une génération à une autre, des modifications acquises sous l'influence humaine. C'est en faisant naître de nouveaux appétits dans les animaux domestiques, pour se donner à leurs yeux le mérite de les satisfaire, qu'on obtient d'eux de pénibles efforts qui quelquefois semblent être les fruits d'une noble passion, telle que la gloire, la générosité, etc. Voici ce que dit M. Edouard Alletz (*Essai sur l'homme, ou accord de la philosophie et de la religion*, sect. 1, livre iii, ch. 3) sur les chevaux du Corso, à Rome : « leurs cavaliers ont éperonné leurs flancs pour accélérer leur vitesse, et ont eu soin de ménager une sensation de plaisir à celui qui atteignait le premier l'extrémité de la carrière, soit en lui passant légèrement sur la crinière une main caressante, soit en lui faisant offrir un aliment préféré. Punissant, au contraire, par une impression opposée, le cheval le plus tardif, ils ont joint ainsi le plaisir à la rapidité et la souffrance à la lenteur. Ces impressions devaient être réveillées par les mêmes circonstances qui les ont fait naître; l'animal, conduit instinctivement à chercher le plaisir et à éviter la douleur dont l'image s'offre à lui en réalité ou par le souvenir, s'élance dans la carrière au jour fixé pour la course publique; et, tandis que tous les spectateurs étonnés admirent ces coursiers,

ANIMAUX PURS OU IMPURS. D'où est venue cette distinction? Elle est aussi ancienne qui semblent impatients de gloire et avides des suffrages de la foule, le cheval cède au mouvement instinctif, et court comme une boule qui, frappée par une autre, roule tant que le ressort qui a été repoussé en elle conserve son élasticité (a). Ils sont libres, ils se disputent le prix sans être conduits; mais c'est l'impression réveillée en eux qui les pousse, les guide, les anime et leur sert de cavalier. » C'est par l'emploi de moyens analogues et surtout par la diète, que les écuyers du Cirque national de France parviennent à obtenir de leurs coursiers des actes si étonnants. Ce n'est pas non plus autrement que l'on dresse les chats, les chiens, etc., dits savants. L'animal donc, en quelque état qu'on le considère, n'a pour agir d'autre mobile que les instincts et les appétits qu'il n'est pas libre de combattre. Au contraire, l'homme agit très-souvent contre ses instincts, dédaigne le plaisir et se détermine pour la peine. C'est que son âme, en vertu de sa spontanéité, commande en souveraine à l'organisme, qui, chez les brutes, est sous l'empire absolu des impressions fortuites de délectation et de douleur. L'homme donc étant un être évidemment actif et libre, ne peut être un animal parfait, car comment perfectionner ce qu'on n'a pas? Le passif ne peut être le principe de l'actif.

L'homme diffère aussi essentiellement de l'animal par son principe actif d'intellection, qui le rend indéfiniment perfectible; tandis que la brute demeure stationnaire dans ses opérations, qui ne sont pas plus parfaites aujourd'hui qu'autrefois, et qui sont les mêmes dans les mêmes espèces sur tous les points de la surface du globe. Comme certains animaux font des merveilles dont le secret nous échappe, et qu'il nous est impossible d'imiter, par exemple les alvéoles hexagonales des abeilles, il importe d'examiner ici si c'est en vertu de leur intelligence ou par l'impulsion de leurs instincts.

On a beaucoup discuté sur l'âme des bêtes depuis Descartes, qui les regardait comme de purs automates. Buffon, sans aller aussi loin que Descartes, refusait aussi toute intelligence aux animaux: c'est que ces deux grands hommes n'apercevaient pas la limite qui sépare l'intelligence de l'homme de celle des animaux. Condillac et G. Leroy, au contraire, attribuaient aux animaux des opérations intellectuelles très-élevées, pour ne pas avoir distingué la limite qui sépare l'instinct de l'intelligence. Il y a en effet chez les animaux, comme chez l'homme, intelligence et instinct tout à la fois; mais il fallait, pour faire la part de l'une et de l'autre, des données premières fondées sur de nombreuses observations et sur des inductions immédiates et rigoureuses. Il fallait, après avoir étudié anatomiquement et zoologiquement les diverses parties des animaux, surtout leur système nerveux comparé, « s'enfoncer dans les bois, comme dit Leroy, pour suivre les allures de ces êtres sentants, juger des développements et des effets de leur faculté de sentir, et voir comment, par l'action répétée de la sensation et de l'exercice de la mémoire, leur instinct s'élève jusqu'à l'intelligence. » Il fallait, en un mot, que l'on convertît en science positive l'étude des instincts et de l'intelligence des animaux, commencée par Buffon et Réaumur, et continuée par Leroy et par les deux Zuber. Or, c'est ce qu'ont fait dans ces derniers temps MM. Frédéric Cuvier et Flourens, membres de l'académie des Sciences (Voir le Compte rendu des séances de l'académie des Sciences, avril 1841): le premier de ces savants a fourni les observations, le second y a joint les inductions qui en fixent les caractères. M. Flourens (Résumé analytique des observations de M. Frédéric Cuvier sur l'instinct et l'intelligence des animaux), après avoir réfuté les assertions de Descartes, de Buffon, de Condillac, et réfuté les erreurs de Réaumur et de Leroy, annonce que M. F. Cuvier s'est attaché à chercher des faits et des limites. Le premier résultat de ses observations marque les limites de l'intelligence dans les différents ordres des mammifères: l'orang-outang est celui qui en a le plus, mais cet animal n'a toute cette intelligence que dans le jeune âge, et elle décroît à mesure que les forces s'accroissent. On doit conclure de là que l'animal, considéré comme être perfectible, a sa borne marquée, non-seulement comme espèce, mais aussi comme individu. M. Cuvier cherche ensuite la limite qui sépare l'instinct de l'intelligence, et c'est particulièrement sur le castor que portent ses observations. Cet animal est un mammifère de l'ordre des rongeurs, c'est-à-dire de celui où il y a le moins d'intelligence; mais il a un instinct merveilleux que tout le monde connaît, pour exercer une industrie qui, si elle dépendait de l'intelligence, en supposerait une très-élevée. Le point essentiel était donc de prouver qu'elle n'en dépend pas, et c'est ce qu'a fait M. Cuvier. Il a enfermé dans une cage des castors très-jeunes, pour qu'ils n'eussent pas besoin de bâtir; cependant ils ont bâti, poussés par un aveugle instinct. Il est bien reconnu, d'après des expériences décisives, que tout ce qui dans l'animal paraissait supérieur à l'intelligence de l'homme, n'est qu'une force machinale analogue à celle de l'organisme, et que tout ce qui chez lui est électif et dépendant de l'intelligence est très-éloigné de l'intelligence de l'homme, et a toujours avec le pur instinct une connexion plus ou moins éloignée.

Enfin M. Cuvier a posé la limite qui sépare l'intelligence de l'homme de celle des animaux. Ceux-ci reçoivent par leurs sens des impressions dont ils conservent les traces; ces impressions combinées, forment des associations variées dont ils tirent des rapports pour fonder des jugements touchant la satisfaction de leurs appétits. Mais toute leur intelligence se réduit là, elle ne s'élève pas jusqu'à la réflexion. Celle de l'homme, au contraire, se développe indéfiniment en dehors de tout appétit, en vertu d'un principe spontané proprement dit; elle considère les autres êtres sous leurs divers rapports, surtout elle se connaît et se réfléchit sur elle-même. C'est dans cette réflexion de l'âme humaine sur ses propres opérations que M. Cuvier voit une limite infranchissable entre l'intelligence de l'homme et celle des animaux. Helvétius avait dit que l'homme ne devait qu'à ses mains sa supériorité sur les bêtes; M. Cuvier montre par l'exemple du phoque que du cerveau seul dépend le développement de l'intelligence. M. de Blainville a répété bien des fois dans ses cours que les mains de l'homme sont non la traduction, mais les simples instruments de l'intelligence.

La gradation observée dans l'intelligence des animaux est confirmée par la physiologie et l'anatomie: elle dépend du développement graduel du cerveau. Il est reconnu que l'orang-outang, qui ressemble le plus à l'homme, est aussi celui de tous les animaux qui a le plus d'intelligence. Mais quelle différence dans le développement même du cerveau entre l'homme et cet animal. Feu M. Geoffroy Saint-Hilaire ne peut paraître suspect en cette matière: il avait appartenu à l'école de Lamarck, qui faisait de l'homme un animal perfectionné par des transformations successives, et soutint toujours lui-même le système de la variabilité des espèces, même depuis la découverte des faits si décisifs de l'embryogénie comparée. Toutefois, après avoir tracé les caractères anatomiques du développement de la tête en sens inverse

que le monde, puisqu'elle se trouve déjà observée par Noé, dans le choix qu'il fit des

---

(a) Nous ne garantissons en aucune façon cette explication du mouvement.

animaux qui devaient entrer dans l'arche (*Gen.*, VII, 2). Dans les climats plus chauds que le nôtre, l'usage trop fréquent ou excessif de la chair des *animaux* cause infailliblement des maladies, et il en est plusieurs dont il faut s'abstenir entièrement. Comme les hommes ont offert de tout temps à Dieu les aliments dont ils se nourrissaient, ils ont jugé qu'il ne convenait pas d'offrir à la Divinité des chairs dont ils ne pouvaient pas se nourrir, et pour lesquelles ils avaient de l'aversion. Les *animaux* exclus des offrandes et des sacrifices ont donc été regardés comme *impurs*, comme indignes d'être offerts à Dieu. Cependant Moïse non-seulement s'est réglé sur cette connaissance pour désigner les victimes dont les Juifs pouvaient faire usage, et dont ils pouvaient manger la chair, mais il a été inspiré de Dieu pour leur intimer ce précepte. Il n'y avait en cela ni superstition, ni allusion à aucune fable. Si dans la suite les nations idolâtres ont imaginé de fausses raisons de cette distinction, cela ne déroge en aucune manière à la sagesse du législateur des Juifs. On sait avec quelle exactitude les prêtres égyptiens avaient réglé le régime diététique

chez l'homme et l'orang-outang, voici comme il se résume : « Voyez comme ces deux êtres, avec leurs matériaux semblables, tendent avec l'action de leurs modifications partielles à s'écarter : leurs rapports naturels les tiennent à une distance très-grande. Car, si l'on pouvait se permettre d'admettre une nouvelle accumulation de masse médullaire chez l'homme, il deviendrait plus homme, si je puis m'exprimer ainsi, je veux dire plus susceptible d'intelligence, plus capable encore de fonctions plus élevées, plus disposé aussi au progrès continu, qui est l'objet et le terme de la philosophie transcendante. L'orang-outang marchant dans un développement inverse, gagnerait à l'égard de l'homme en force corporelle ce qu'il perdrait, ce qu'il est appelé à perdre du côté des fonctions intellectuelles (*Compte-rendu* des séances de l'Académie des sciences, séance du 4 juillet 1836). » Cet académicien s'exprima encore dans le même sens dans la séance suivante (11 juillet 1836) : « Le système sensitif (encéphalo-rachidien), dit-il, domine sur les appareils dont il est enveloppé chez l'homme, tels que os, muscles et téguments, lesquels ne s'accroissent point proportionnellement : et au contraire, les mêmes choses se passent tout différemment chez l'orang-outang, chez qui les masses médullaires du cerveau et de l'épine gagnent peu, tout le fort du développement profitant plus et même disproportionnellement aux os enveloppants, aux muscles et à la peau. Il y a là comme un effet de bascule d'une espèce à l'autre. » On voit, d'après de tels aveux, arrachés par l'évidence des faits à un naturaliste qui a passé sa vie sous la domination des préjugés les plus antireligieux, combien il serait ridicule de soutenir, comme on l'a fait dans le siècle dernier et au commencement de celui-ci, que l'homme a passé par les divers degrés de la série animale, et qu'il n'est qu'un orang-outang perfectionné. Il est anatomiquement démontré, au contraire, que plus l'animal qui ressemble le plus à l'homme acquerrait de développement, plus il perdrait *du côté des fonctions intellectuelles*, et par conséquent, plus il s'éloignerait de l'espèce humaine. Nous avons déjà dit, d'ailleurs, qu'après les observations directes de MM. F. Cuvier et Flourens, et celles faites par plusieurs autres savants illustres, il est constaté que l'orang-outang perd son intelligence en devenant adulte.

DICT. DE THÉOL. DOGMATIQUE. I.

qui devait être observé par le peuple, quels inconvénients résultent de la malpropreté, de la paresse, de la voracité des Égyptiens mahométans.

La plupart des *animaux* que Moïse avait ordonné d'immoler en sacrifice, étaient honorés d'un culte superstitieux chez les Egyptiens (Spencer, *de Legib. Hebr. ritual.*, l. II, c. 4, sect. 1re). C'est pour cela que quand Pharaon dit à Moïse : *Offrez, si vous voulez, des sacrifices à votre Dieu dans ce pays-ci, Moïse lui répondit : Cela ne se peut pas; nos sacrifices seraient une abomination aux yeux des Egyptiens ; ils nous lapideraient, s'ils nous voyaient immoler les animaux qu'ils adorent* (*Exod.* VIII, 25)

Lorsque l'Evangile s'est établi, la distinction des *animaux purs et impurs* est devenue très-inutile ; les sacrifices sanglants ont été abolis par Jésus-Christ, et les nations étaient assez policées pour n'avoir plus besoin qu'on leur défendît par religion les nourritures malsaines. Comme le christianisme est destiné à tous les peuples et à tous les climats, les institutions locales ne doivent point y avoir lieu. Lorsque l'Eglise défend de manger de la viande, ce n'est pas par régime de santé, mais par mortification. *Voy.* ABSTINENCE.

ANNEAU, ornement affecté aux évêques pour marquer l'étroite alliance qu'ils ont contractée avec l'Eglise par leur ordination, l'attachement et l'affection qu'ils lui doivent, etc. *Voy. l'Ancien sacramentaire* par Grandcolas, première partie, page 149

* ANNEAU DU PÊCHEUR. C'est le sceau avec lequel sont scellés les brefs apostoliques. On l'appelle ainsi parce qu'on suppose que saint Pierre, qui était pêcheur, en a usé le premier, et qu'il porte l'empreinte du chef du collége apostolique. Il n'y a que cinq cents ans que ce terme est en usage.

* ANNÉE. Pour bien apprécier certains faits de la Bible, pour les ramener à une époque déterminée, pour résoudre certaines difficultés qui prennent leur origine dans la chronologie, il faut avoir une idée distincte de l'*année*, et du sens que les différents peuples ont attaché à cette expression. On distingue deux sortes d'*années*, l'une astronomique et l'autre civile.

ANNÉE ASTRONOMIQUE. *Définition.* « L'année astronomique, dit Para du Phanjas, est celle qui ramène les saisons, celle qui règle aujourd'hui l'ordre politique et civil de toutes les nations policées et éclairées, celle à laquelle on assujettit les calculs astronomiques et chronologiques ; c'est une révolution entière, réelle ou apparente, du soleil autour de l'écliptique, à compter d'un point quelconque de l'écliptique, par exemple, du point équinoxial du printemps, jusqu'au retour vrai ou apparent du soleil au même point, au point équinoxial du printemps suivant. Cette révolution renferme,

	Jours.	Heures.	Min.	Sec.
Selon Tycho-Brahé.				
De la Hire.				
Et Cassini.	365.	5.	49.	00.
Selon Kepler.	365.	5.	48.	57.
Selon de la Caille.	365.	5.	48.	45.
Selon Lalande.	365.	5.	48.	45.

L'année astronomique a été fixée et déterminée par les astronomes de ces derniers temps, avec la plus grande précision qu'on puisse avoir et désirer : l'incertitude ne va pas, dit M. de Lalande, à trois ou quatre secondes de temps. »

ANNÉE CIVILE. *Définition.* « L'année civile est un

« espace périodique de temps, déterminé par l'usage ou par les lois d'une nation : la plus parfaite est celle qui s'accorde le mieux avec l'année astronomique tropique. Mais les premiers habitants de la terre, et les premiers fondateurs des républiques ou des monarchies, furent et durent être nécessairement de très-mauvais astronomes, et leur année civile fut souvent fort différente et fort indépendante de l'année astronomique dont nous venons de parler.

« 1° *Chez les Romains*, l'année civile fut d'abord, sous Romulus, de dix mois lunaires, auxquels on attribua trois cent quatre jours ; elle fut ensuite, sous Numa, de douze mois lunaires, que l'on supposa répondre à trois cent soixante-cinq jours. Comme cette année de trois cent soixante-cinq jours était trop courte de près de six heures, il fallut ajouter de temps en temps des jours intercalaires à l'année civile, pour la ramener à peu près à l'année astronomique : ce qui fut abandonné au caprice des pontifes. Jules César fit l'année civile de trois cent soixante-cinq jours et six heures ; et cette année, trop longue de onze minutes et un quart de minute, a subsisté jusqu'au temps de la réforme du calendrier, par le pape Grégoire XIII, en 1582, où l'année civile se trouva d'avancer de dix jours l'année astronomique. — 2° *Chez les Grecs*, l'année civile était de douze lunaisons, à laquelle on ajoutait, tous les deux ou trois ans, une lunaison, qu'ils nommaient embolémique ou intercalaire. — 3° *Chez les Hébreux*, l'année civile était de douze lunaisons, qu'on tâchait de rapprocher de l'année astronomique, soit en ajoutant chaque année onze ou douze jours à la fin de ces douze lunaisons, soit en insérant de temps en temps, à une année de douze lunaisons une treizième lunaison, et cette année de treize lunaisons était appelée *année embolémique*. Chez les *Juifs modernes*, chez les *Turcs*, chez les *Arabes*, l'année civile est à peu près la même chose, c'est-à-dire une période de douze lunaisons, rapprochée de l'année astronomique ou de jours intercalés à chaque année, ou par une lunaison intercalée à une année après un certain espace de temps. Déjà au temps du déluge, l'année civile, chez les patriarches, était de douze lunaisons et quelques jours, puisqu'il est dit dans la Genèse que le déluge dura douze mois et dix jours, et qu'il est dit ensuite ailleurs que le déluge dura environ un an. Les années des patriarches n'ont rien de commun avec les années lunaires et d'un mois dont on a souvent parlé ; ceux qui ont eu ce soupçon n'ont pas fait attention que dans leur absurde calcul les patriarches auraient été pères à l'âge de deux ans et demi. — 4° *Chez les Egyptiens*, l'année civile, selon Pline, Plutarque, Hérodote, Diodore de Sicile et plusieurs autres auteurs, fut d'abord composée d'une seule lunaison, ensuite de trois, de quatre, de six, de douze lunaisons. Aseth, trente-deuxième roi d'Égypte, ajouta cinq jours à l'année de douze lunaisons auxquelles on attribuait trois cent soixante jours. — On voit par là quelle horrible confusion a dû nécessairement répandre, dans la chronologie des différentes nations, cette bizarre diversité d'années civiles dont les commencements variables erraient successivement de mois en mois. — 5° *Chez les Chaldéens*, l'année civile fut de trois cent soixante-cinq jours, selon Bérose, après le règne d'un certain Évochus ; avant ce règne on comptait la durée du temps par sares, par nères, par sosses, dont on ne connaît guère la valeur. — 6° *Chez les Chinois*, l'année civile a été de temps immémorial de trois cent soixante-cinq jours et six heures : elle commençait et finissait au solstice d'hiver. Cette manière de compter et d'évaluer les années remonte, selon la tradition nationale, jusques vers les premiers temps de leur monarchie ; et il paraît, par leurs annales, qu'elle avait déjà lieu environ 2000 ans avant Jésus-Christ. — 7° *Dans tous les États chrétiens*, à l'exception de la Russie, l'année civile est maintenant, selon la réforme du calendrier faite par les ordres et par les soins du pape Grégoire XIII, de trois cent soixante-cinq jours pendant trois ans consécutifs, et de trois cent soixante-six jours l'année suivante. — Si l'année astronomique était exactement de trois cent soixante-cinq jours et six heures, le *bissexte* ou le jour intercalé au mois de février, lequel se trouve alors de vingt-neuf jours, ramènerait précisément tous les quatre ans l'année civile à l'année astronomique. Mais le bissexte ajouté à l'année astronomique, en quatre ans, environ 45 minutes de trop, ou environ 45 minutes au delà du temps qu'emploie le soleil, en quatre ans, pour retourner au même point du zodiaque : ce qui fait environ un jour en 128 ans. De sorte qu'après environ 128 ans il faut omettre le bissexte occurrent, pour que l'année civile cadre à peu près avec l'année astronomique. — Les astronomes employés à la réforme du calendrier grégorien proposèrent, et d'après leur avis il fut arrêté, que dans le cours de quatre cents ans on omettrait trois bissextes. C'est pour cette raison que l'année 1700 ne fut point *bissextile* : l'année 1800 et l'année 1900 ne le seront point encore ; mais l'année 2000 le sera.

ANNIVERSAIRES (les). Jours *anniversaires*, chez nos ancêtres, étaient les jours où les martyres des saints étaient annuellement célébrés dans l'Église, comme aussi les jours où, chaque fin d'année, l'usage était de prier pour les âmes des parents et amis trépassés. — Dans ce dernier sens, *l'anniversaire* est le jour où, d'année en année, on rappelle la mémoire d'un défunt, en priant pour le repos de son âme. Quelques auteurs en rapportent la première origine au pape Anaclet, et depuis à Félix Ier, qui instituèrent des *anniversaires* pour honorer avec solennité la mémoire des martyrs. Dans la suite, plusieurs particuliers ordonnèrent par leur testament, à leurs héritiers, de leur faire des *anniversaires*, et laissèrent des fonds tant pour l'entretien des églises que pour le soulagement des pauvres, à qui l'on distribuait tous les ans, ce jour-là, de l'argent et des vivres. Le pain et le vin qu'on porte encore aujourd'hui à l'offrande dans ces *anniversaires*, peuvent être des traces de ces distributions. On nomme encore les *anniversaires* obits et services.

ANNONCIADE, nom commun à plusieurs ordres militaires, institués pour honorer le mystère de l'Annonciation ou de l'Incarnation.

Le premier ordre religieux de cette espèce fut établi en 1232, par sept marchands florentins ; c'est l'ordre des servites ou serviteurs de la Vierge. *Voyez* SERVITES. — Le second fut fondé à Bourges l'an 1500, par sainte Jeanne de Valois, reine de France, fille de Louis XI et femme de Louis XII, qui fit casser son mariage par le pape Alexandre VI, du consentement de cette vertueuse reine. Ces religieuses ont un habit brun, un scapulaire rouge, un manteau blanc et un voile noir. Leur règle est établie sur douze articles, qui regardent douze vertus de la sainte Vierge ; elle fut approuvée par Alexandre VI, Jules II, Léon X, Paul V et Grégoire XV. Le couvent de Popincourt à Paris est de cet ordre. — Le troisième, qu'on appelle des *annonciades célestes* ou *filles bleues*, fut fondé l'an 1604, par une pieuse veuve de Gênes, nommée *Marie-Victoire Fornaro*, qui mourut en 1617. Cet ordre a été approuvé par le saint-siège, et il y en a quelques maisons en France. Leur règle est beaucoup plus austère que celle des *annonciades* fondées par la reine Jeanne. Elles ont un habit blanc, un scapulaire et un manteau bleu; elles gardent la plus sévère clôture.

ANNONCADE. Société fondée à Rome dans l'Eglise de Notre-Dame de la Minerve, l'an 1460, par le cardinal Jean de Turrecremata, pour marier de pauvres filles. Elle a été depuis érigée en archiconfraternité, et est devenue si riche par les grandes aumônes et legs qu'on y a faits, que tous les ans, le 23 de mars, fête de l'Annonciation de la sainte Vierge, elle donne des dots de soixante écus romains chacune à plus de quatre cents filles, une robe de serge blanche, et un florin pour des pantoufles. Les papes ont fait tant d'estime de cette œuvre de piété, qu'ils vont en cavalcade, accompagnés des cardinaux et de la noblesse de Rome, distribuer les cédules de ces dots à celles qui doivent les recevoir. Celles qui veulent être religieuses ont le double des autres, et sont distinguées par une couronne de fleurs qu'elles portent sur la tête. *Voy.* l'abbé Piazza, *Ritratto di Roma moderna*.

ANNONCIATION, est la nouvelle que l'ange Gabriel vint donner à la sainte Vierge, qu'elle concevrait le Fils de Dieu par l'opération du Saint-Esprit. *Voy.* INCARNATION. Les Grecs l'appellent εὐαγγελισμός, *bonne nouvelle*, et χαιρετισμός, *salutation*.

ANNONCIATION, est aussi le nom d'une fête qu'on célèbre dans l'église romaine, communément le 25 de mars, en mémoire de l'incarnation du Verbe divin. Le peuple appelle cette fête *Notre-Dame de Mars*, à cause du mois où elle tombe.

Il paraît que cette fête est de très-ancienne institution dans l'Eglise latine : parmi les sermons de saint Augustin, qui mourut en 430, nous en avons deux sur l'*Annonciation*, savoir, le dix-septième et le dix-huitième *de sanctis*. Le Sacramentaire du pape Gélase Ier montre que cette fête était établie à Rome avant l'an 469; mais l'Eglise grecque a des monuments d'un temps encore plus reculé. Proculus, qui mourut en 446, et saint Jean Chrysostome en 407, ont dans leurs ouvrages des discours sur le même mystère. Rivet, Petkins et quelques autres écrivains protestants ont à la vérité révoqué en doute l'authenticité des deux homélies de ce dernier Père sur ce sujet; mais Vossius les admet, et prouve qu'elles sont véritablement de ce saint docteur.—Ainsi, Bingham s'est trompé, en reculant l'origine de cette fête jusqu'au septième siècle. *Origin. ecclés.*, tom IX, l. xx, c. 8, § 4. Il est assez probable qu'elle fut célébrée d'abord en mémoire de l'incarnation du Verbe, et que l'usage d'y joindre le nom de la sainte Vierge est plus récent. Il en est de même de la coutume de la solenniser le 25 de mars. Les Grecs la font comme nous ce jour-là; mais plusieurs Eglises d'Orient l'ont placé au mois de décembre, avant la fête de Noël. Les Syriens l'appellent *Buscarahé*, information, et leur calendrier l'a fixée au 1er décembre. Les Arméniens la font le 5 janvier, afin qu'elle n'arrive pas en carême. Selon l'ancienne discipline, les fêtes et le jeûne étaient regardés comme incompatibles. — En Occident, même variation. L'on prétend que l'Eglise du Puy-en-Vélay a conservé l'usage de célébrer cette fête pendant la semaine sainte, lorsqu'elle y tombe, même le vendredi saint : celle de Milan et les Eglises d'Espagne la mettent au dimanche avant Noël; mais ces dernières la font aussi en carême. En 636, le dixième concile de Tolède ordonna que la fête de l'*Annonciation* de Notre-Dame et de l'Incarnation du Verbe divin se célébrerait huit jours avant Noël, parce que le 25 de mars, jour auquel ce mystère a été accompli, arrive ordinairement en carême, quelquefois dans la semaine sainte ou pendant la solennité de Pâques, temps auquel l'Eglise est occupée d'autres mystères et de cérémonies différentes. Saint Ildefonse confirma ce décret, et nomma cette fête *l'attente des couches de Notre-Dame*. Elle fut encore appelée la *fêtes des O*, ou de l'*O*; parce que, durant cette octave, on chante chaque jour pour le *Magnificat*, une antienne solennelle qui commence par O, comme, *O Rex gentium*, *O Emmanuel*, etc. C'est une exclamation de joie et de désir. — Dans l'Eglise de Rome et dans celles de France, cette dernière fête ne se fait point, si ce n'est dans quelques monastères d'annonciades ou d'autres religieuses; mais depuis le 15 décembre jusqu'au 23, l'on chante tous les jours à Vêpres, au son des cloches, une de ces antiennes, que le peuple nomme les *O de Noël*, et que les rubricaires appellent les grandes antiennes, *antiphonæ majores*; elles expriment les différents titres sous lesquels les prophètes ont annoncé le Messie.

Les Juifs donnent aussi le nom d'*Annonciation* à une partie de la cérémonie de Pâques, celle où ils exposent l'origine et l'occasion de cette solennité, exposition qu'ils appellent *Zhaygadu*, qui signifie *Annonciation*.

ANNOTINE, pâque *annotine*. C'est ainsi qu'on appelait l'anniversaire du baptême, ou la fête qu'on célébrait tous les ans en mémoire de son baptême, ou, selon d'autres, le bout de l'an dans lequel on avait été baptisé. Tous ceux qui avaient reçu le baptême dans la même année s'assemblaient, dit-on, au bout de cette année, et célébraient l'anniversaire de leur génération spirituelle.

ANNUELLES (offrandes). Ce sont celles que faisaient anciennement les parents des personnes décédées, le jour anniversaire de leur mort.

On appelait ce jour *un jour d'an*, et l'on y célébrait la messe avec une grande solennité. — On nomme encore à Paris *annuel*, une fondation de messes pour tous les jours de l'année, à l'intention d'un défunt. *Fonder un annuel*. *Voy* l'Ancien Sacramen-

taire par Grandcolas, 1re part., pag. 529.

ANOMÉENS, ou *dissemblables*. On donna ce nom, dans le quatrième siècle, aux purs ariens, parce qu'ils enseignaient que Dieu le Fils était *dissemblable*, ἀνόμοιον, à son Père en essence et dans tout le reste. — Ils eurent encore différents noms, comme *aétiens, eunomiens*, etc., qu'on leur donna à cause d'Aétius et d'Eunomius, leurs chefs. Ils étaient opposés aux *semi-ariens*, qui niaient, à la vérité, la consubstantialité du Verbe avec le Père, mais qui lui attribuaient une ressemblance en toutes choses avec le Père. *Voy.* ARIENS, SEMI-ARIENS. — Ces variations firent que ces hérétiques ne s'attaquèrent pas moins vivement entre eux, qu'ils avaient attaqué les catholiques; car les semi-ariens condamnèrent les *anoméens* dans le concile de Séleucie, et les *anoméens* à leur tour condamnèrent les semi-ariens dans les conciles de Constantinople et d'Antioche; ils effacèrent le mot ὁμοούσιος de la formule de Rimini et de celle d'Antioche, en protestant que le Verbe avait non-seulement une différente substance, mais encore une volonté différente de celle du Père. Socrate, liv. II; Sozomène, liv. IV; Théodoret, liv. IV.

ANOMIENS. *Voy.* ANTINOMIENS.

ANSELME (saint), archevêque de Cantorbéry, mort l'an 1109, est compté parmi les docteurs de l'Eglise. Il a laissé plusieurs ouvrages de théologie et de piété, dont le Père Gerberon, bénédictin, a donné une bonne édition *in-folio*. Ce saint a été plus instruit et meilleur écrivain que son siècle ne semblait le comporter. Mosheim convient qu'il excella dans la dialectique, la métaphysique et la théologie naturelle; qu'il est l'auteur de l'argument dont on a faussement attribué l'invention à Descartes, c'est-à-dire de la démonstration de l'existence de Dieu, tirée de l'idée innée qu'ont tous les hommes d'un être infiniment parfait. Il ajoute que ce saint archevêque et Lanfranc, son prédécesseur et son maître, sont les vrais fondateurs de la théologie scolastique, mais qu'ils la traitèrent avec plus de sagesse, de discernement et de solidité que leurs successeurs. Il dit enfin que *saint Anselme* fut le meilleur moraliste de son temps; qu'il est le premier qui ait donné un système général ou un corps complet de théologie, mais que cet ouvrage fut surpassé par celui que composa sur la fin de ce même siècle Hildebert, archevêque de Tours. *Hist. ecclés. du* XIe *siècle*, IIe part., c. 1, § 7; c. 3, § 5 et 6. Cet éloge est confirmé par le suffrage du traducteur anglais de Mosheim, et par Brucker, *Hist. de la Philos.*, tom. III, p. 664. Il n'est pas ordinaire aux protestants de parler si avantageusement des Pères de l'Eglise. Il y a une bonne notice des ouvrages de *saint Anselme* dans les *Vies des Pères et des martyrs*, tom. III, p. 573.

ANTÉCÉDENT. Ce terme est usité en théologie, où l'on dit, en parlant de Dieu, *décret antécédent, volonté antécédente.* — Un décret *antécédent* est celui qui précède, ou un autre décret, ou quelque action de la créature, ou la prévision même de cette action.

Les théologiens sont fort partagés pour savoir si la prédestination à la gloire est un décret *antécédent* ou subséquent à la prévision de la foi et des mérites de ceux qui sont appelés; c'est une opinion qu'on agite librement pour et contre dans les écoles catholiques, et toutes deux sont fondées sur des autorités et des raisons très-fortes. *Voy.* PRÉDESTINATION.

Volonté *antécédente*, dans un sens général, est celle qui précède quelque autre volonté, désir ou prévision. On dit qu'il y a en Dieu une volonté *antécédente* de sauver tous les hommes; mais, conséquemment à la prévision des crimes de plusieurs, il ne veut plus les sauver, mais les damner. — On dispute beaucoup dans les écoles sur la nature de cette volonté: les uns prétendent que ce n'est qu'une volonté de signe, une volonté métaphorique, inefficace, un simple désir qui n'a jamais d'effet; les autres, mieux fondés, soutiennent que c'est une volonté de bon plaisir, volonté sincère et réelle, qui n'est privée de son dernier effet que par la faute des hommes, qui n'usent pas, ou qui usent mal des moyens que Dieu leur accorde pour opérer leur salut. Cette volonté est donc prouvée par son effet immédiat, qui est d'accorder des grâces. *Voy.* GRACE, § 3; SALUT. — Il est bon de remarquer que ce terme *antécédent* n'est appliqué à Dieu que relativement à notre manière de concevoir. En effet, Dieu voit et prévoit en même temps et sans diversité dans la manière, tant l'objet de sa prévision, que les circonstances inséparables de cet objet; de même il veut en même temps tout ce qu'il veut, sans succession et sans inconstance: ce qui n'empêche pas que Dieu ne puisse vouloir ceci à l'occasion de cela, ou qu'il ne puisse avoir un désir à cause de telle prévision. C'est ce que les théologiens appellent ordre ou priorité de nature, *prioritas naturæ*, par opposition à l'ordre ou à la priorité du temps, *prioritas temporis*.

ANTECHRIST. Ce terme est formé de la préposition grecque ἀντί, *contra*, et de Χριστός, *Christus*. Il signifie en général un ennemi de Jésus-Christ, un homme qui nie que Jésus-Christ soit venu, et qu'il soit le Messie promis. C'est la notion qu'en donne l'apôtre saint Jean dans sa *première Epître*, c. 2. En ce sens, on peut dire des Juifs et des infidèles que ce sont des *antechrists*. — Par *Antechrist*, on entend plus ordinairement un tyran impie et cruel à l'excès, qui doit régner sur la terre lorsque le monde touchera à sa fin. Les persécutions qu'il exercera contre les élus, seront la dernière et la plus terrible épreuve qu'ils auront à subir. Selon l'opinion de plusieurs commentateurs, Jésus-Christ même a prédit que les élus y auraient succombé, si le temps n'en eût été abrégé en leur faveur: c'est par ce fléau que Dieu annoncera le jugement dernier et la vengeance qu'il doit prendre des méchants. — L'Ecriture et les Pères parlent de l'*Antechrist* comme d'un seul homme, auquel, à la vérité, ils donnent un grand nombre de précurseurs. Suivant saint Irénée, saint Ambroise, saint Augustin et presque tous les autres Pères, l'*Antechrist* doit être, non un homme engendré par un démon, comme l'a prétendu saint Jérôme, ni un démon revêtu d'une chair apparente et fantastique, moins encore un démon incarné, comme l'ont imaginé d'autres; mais un homme de la même nature et conçu par la même voie que tous les autres, qui ne différera d'eux que par une malice et une impiété plus dignes d'un démon que d'un homme. Comme les traits du tableau qu'ils ont tracé ne sont que des conjectures et n'ont aucun fondement solide, il est assez inutile de nous y arrêter.

On sait que plusieurs écrivains protestants ont trouvé bon d'appliquer au pape et à l'Eglise romaine tout ce que l'Ecriture, et surtout l'Apocalypse, dit de l'*Antechrist*. L'absurdité de cette idée n'a pas empêché que les protestants du dernier siècle ne l'aient adoptée comme un article de foi dans leur dix-septième synode national, tenu à Gap en 1603. Ils affectèrent même de publier que Clément VIII, qui décéda quelque temps après, était mort de chagrin de cette décision; mais ce pontife, aussi bien que le roi Henri IV, qu'ils avaient déclaré en plein synode *race de l'Antechrist*, n'opposèrent à leurs excès que la modération, le mépris et le silence. — Quoique le savant Grotius et le docteur Hammond se fussent attachés à détruire ces rêveries, on a vu, sur la fin du siècle dernier, Joseph Mède en Angleterre, et le ministre Jurieu en Hollande, les présenter sous une nouvelle forme, qui ne les a pas accréditées davantage. Les catholiques ont démontré le fanatisme des explications de l'Apocalypse, par lesquelles ces écrivains s'efforçaient de montrer que l'*Antechrist* devait paraître et sortir de l'Eglise romaine vers l'an 1710. On peut consulter sur cette matière l'*Hist. des Variations*, par Bossuet, tom. II, liv. XIII, depuis l'art. 2 jusqu'à la fin du même livre.—

Il est fâcheux que cette idée bizarre des protestants ait été consacrée à Genève par une inscription qui fait pitié aux voyageurs sensés.

Pour en pallier l'absurdité, quelques protestants ont dit que, quand ils soutiennent que le pape est l'*Antechrist*, ils n'entendent point parler de sa personne, mais de son autorité; que cela signifie seulement que sa domination est un règne antichrétien, ou contraire à l'esprit du christianisme. Mais ont-ils prévu les conséquences de cette prétention même? Jésus-Christ avait promis à son Eglise qu'il serait avec elle jusqu'à la consommation des siècles, et que les portes de l'enfer ne prévaudraient point contre elle; il a si mal tenu sa parole, que pendant plus de mille ans, selon le calcul des protestants mêmes, cette Eglise a reconnu pour son pasteur légitime et pour vicaire de Jésus-Christ un personnage anti-chrétien, et lui a constamment attribué une autorité anti-chrétienne: ainsi, le royaume de Jésus-Christ est devenu un royaume anti-chrétien. Autant vaudrait dire qu'il n'y a pas eu de vrai christianisme sur la terre depuis le v° siècle jusqu'au XVI°, et que l'antichristianisme en avait pris la place. Il faudrait même supposer que cet antichristianisme a commencé immédiatement après la mort des apôtres, si le portrait que les protestants ont fait des pasteurs de l'Eglise dans tous les siècles était vrai; il nous paraît que de toutes les opinions, il n'y en a point de plus antichrétienne que celle-là.

On trouve parmi les écrits de Raban-Maur, d'abord abbé de Fulde, puis archevêque de Mayence, auteur fort célèbre du IX° siècle, un traité sur la vie et les mœurs de l'*Antechrist*. Nous n'en citerons qu'un endroit singulier; c'est celui où l'auteur, après avoir prouvé par saint Paul que la ruine totale de l'empire romain, qu'il suppose être celui d'Allemagne, précédera la venue de l'*Antechrist*, conclut de la sorte: « Ce terme fatal pour l'empire romain n'est pas encore arrivé. Il est vrai que nous le voyons aujourd'hui extrêmement diminué, et pour ainsi dire détruit dans sa plus grande étendue; mais il est certain que son éclat ne sera jamais entièrement éclipsé; parce que, tandis que les rois de France, qui en doivent occuper le trône, subsisteront, ils en seront toujours le ferme appui. Quelques-uns de nos docteurs assurent que ce sera un roi de France qui, à la fin du monde, dominera sur tout l'empire romain. » — Il ne paraît pas que nos rois aient jamais compté beaucoup sur cette prédiction.

Malvenda, théologien espagnol, a donné un long et savant ouvrage sur l'*Antechrist*. Son traité est divisé en treize livres. Il expose dans le premier les différentes opinions des Pères touchant l'*Antechrist*. Il détermine, dans le second, le temps auquel il doit paraître, et prouve que tous ceux qui ont assuré que la venue de l'*Antechrist* était proche ont supposé en même temps que la fin du monde n'était pas éloignée. Le troisième est une dissertation sur l'origine de l'*Antechrist*, et sur la nation dont il doit être. L'auteur prétend qu'il sera Juif et de la tribu de Dan, et il se fonde sur l'autorité des Pères et sur le verset 17 du chap. XLIX de la Genèse, où Jacob mourant dit à ses fils: *Dan est un serpent dans le chemin, et un céraste dans le sentier*; et sur le chap. VIII, verset 16 de Jérémie, où il est dit que *les armées de Dan dévoreront la terre*; et encore sur le chap. VII de l'*Apocalypse*, où saint Jean a omis la tribu de Dan, dans l'énumération qu'il fait des autres tribus. Il traite, dans le quatrième et le cinquième, des caractères de l'*Antechrist*. Il parle dans le sixième de son règne et de ses guerres; dans le septième, de ses vices; dans le huitième, de sa doctrine et de ses miracles; dans le neuvième, de ses persécutions; et dans le reste de l'ouvrage, de la venue d'Enoch et d'Elie, de la conversion des Juifs, du règne de Jésus-Christ et de la mort de l'*Antechrist*, qui arrivera après un règne de trois ans et demi. Il ne manque à toutes ces belles choses que des preuves et du bon sens. Ceux qui voudront prendre la peine de lire la longue dissertation sur l'*Antechrist*, que l'on a placée dans la *Bible d'Avignon*, t. XVI, pag. 39, n'en seront pas plus instruits.

S'il nous est permis d'en dire notre avis, nous pensons que c'est une mauvaise manière d'expliquer l'Ecriture sainte, que de rapprocher l'une de l'autre des prédictions qui ont un objet tout différent, de prendre à la lettre des expressions qui sont évidemment figurées et hyperboliques, de supposer au contraire des figures où il n'y en a point, et où l'on trouve un sens littéral très-clair et très-simple. Il n'est pas sûr que Malachie, en annonçant le retour d'Elie, ait voulu parler de cet ancien prophète, puisque Jésus-Christ a fait à saint Jean-Baptiste l'application de cette prédiction. *Voy.* ÉLIE. Il n'est pas certain que Jésus-Christ lui-même ait prédit la fin du monde, puisque tout ce qu'il dit peut s'entendre de la ruine de Jérusalem et de la fin de la république juive ; plusieurs interprètes catholiques l'ont ainsi entendu. *Voy.* FIN DU MONDE. Il est fort douteux si, dans la seconde Epître aux Thessaloniciens, saint Paul, par *l'homme de péché*, a voulu désigner *l'Antechrist*, ou un des persécuteurs qui avaient entrepris la ruine du christianisme. Nous n'avons aucune preuve certaine que saint Jean, par l'*Antechrist*, ait entendu un seul homme, puisqu'il dit qu'il y a eu plusieurs *antechrists*, etc. Enfin, l'on ne peut pas prouver qu'il est question de ce personnage dans l'Apocalypse. Que peut-il donc résulter de la comparaison de quatre ou cinq prophéties dont le sens n'est pas clair, sur l'explication desquelles les interprètes ne sont point d'accord, et qui peut-être n'ont aucun rapport entre elles ? Notre religion n'a pas besoin de conjectures, de vains systèmes, de figurisme arbitraire, pour se soutenir ; la fureur de lui donner de pareils appuis ne peut que lui nuire et donner prise à ses ennemis. *Voy.* FIGURISME.

ANTEDILUVIENS, hommes qui ont vécu avant le déluge. L'Ecriture nous les représente comme une race d'impies et d'hommes pervers ; elle dit que leur malice était extrême, et toutes leurs pensées tournées vers le mal, que toute chair avait corrompu sa voie. *Dieu dit*, ajoute la Vulgate, *Mon esprit ne demeurera point avec l'homme pour toujours, parce qu'il est charnel ; je ne le laisserai plus vivre que cent vingt ans* (Gen. VI, 3). A ce sujet, saint Jérôme fait une observation remarquable : « Il y a, selon l'hébreu, *mon esprit ne jugera pas ces hommes pour l'éternité, parce qu'ils sont de chair* ; c'est-à-dire, je ne les réserverai pas à des châtiments éternels, parce que la nature de l'homme est fragile ; mais je leur rendrai ce qu'ils méritent. Ainsi ce verset n'exprime point la sévérité de Dieu, comme dans nos versions ; mais sa clémence, lorsque le pécheur est puni en ce monde pour ses crimes. » (*In Gen.* 6.) En effet, le texte hébreu et le samaritain portent littéralement le sens qu'y a vu saint Jérôme. De là les Pères ont conclu que par le déluge Dieu a puni les pécheurs en ce monde, pour leur faire miséricorde en l'autre. Origène, *Hom. in Ezech.*, n. 2. Tertull., *L. de Bapt.*, c. 8. Saint Jean Chrysostome, *in Ps.* CX, n. 3. Saint Jérôme, *Epist. ad Ocean.*, tom. IV, IIe partie, pag. 650. Saint Augustin, *in Ps.* LVIII, *serm.* 2, n. 6; *serm.* 171, *de Verbis Apost.*, n. 5, etc. Ils ont présumé que, comme le déluge n'arriva pas tout à coup et dans un seul instant, mais peu à peu, les pécheurs eurent le temps de demander pardon à Dieu, et que le Seigneur se servit de la crainte de la mort pour leur inspirer le repentir.

ANTHOLOGE, du grec ἀνθολογίον, que nous rendrions en latin par *florilegium*, recueil de fleurs. — C'est un recueil des principaux offices qui sont en usage dans l'Eglise grecque. Il renferme les offices propres des fêtes de Jésus-Christ, de la sainte Vierge et de quelques saints ; de plus, des offices pour les prophètes, les apôtres, les martyrs, les confesseurs, les vierges, etc. Léon Allatius, dans sa première *Dissertation sur les livres ecclésiastiques des Grecs*, en parle, mais avec peu d'éloge. Ce n'était d'abord qu'un livret, que l'avidité ou la fantaisie de ceux qui l'ont augmenté, a beaucoup grossi ; mais qui, à quelques nouveautés près, ne contient rien qui ne se trouve dans les ménées et dans les autres livres ecclésiastiques des Grecs. — Outre cet *anthologe*, qui est à l'usage des Eglises grecques, Antoine Arcudius en a publié un nouveau sous le titre de *nouvel Anthologe* ou *Florilége*, imprimé à Rome en 1598 : c'est un abrégé du premier, une espèce de bréviaire raccourci et commode dans les voyages pour les prêtres et les moines grecs, qui ne peuvent porter le premier, à cause de son extrême grosseur ; mais il est encore moins que celui-ci du goût d'Allatius, qui accuse l'abbréviateur de plusieurs altérations et infidélités considérables. *Allat., de libr. Eccl. Græc. R.; Simon, Suppl. aux cérém. des Juifs.*

ANTHROPOLOGIE, mot formé du grec ἄ θρωπος, *homme*, λόγος, *parole* ; c'est une manière de s'exprimer par laquelle les écrivains sacrés attribuent à Dieu des membres, des actions ou des affections qui ne conviennent qu'à l'homme : et cela pour s'accommoder à la faiblesse de notre intelligence. Ainsi il est dit dans la Genèse que Dieu marchait dans le paradis terrestre, qu'il appela Adam, qu'il se repentit d'avoir fait l'homme ; dans les psaumes, que les cieux sont l'ouvrage des mains de Dieu, que ses yeux sont ouverts et veillent sur l'indigent, etc.

Vainement les manichéens se sont scandalisés autrefois de ces expressions, et ont accusé d'erreur les écrivains de l'ancien Testament ; plus vainement encore, d'autres hérétiques les ont prises à la lettre, et en ont conclu que Dieu a une forme humaine. L'Ecriture nous enseigne assez clairement que Dieu est un être purement spirituel, simple, sans composition et sans parties. Mais pour faire comprendre aux hommes les opérations de Dieu, il a fallu se servir du langage humain, et ce langage ne peut fournir, pour exprimer les actions de Dieu, d'autres termes que ceux qui désignent les actions des hommes. Ces termes, à l'égard de Dieu, sont des métaphores qui nous apprennent seulement que Dieu agit, produit, par un simple acte de sa volonté, les mêmes effets que s'il avait des pieds, des mains, des yeux, etc. Nous tombons dans le même inconvénient à l'égard des opérations de notre âme. Comme les organes du corps sont les instruments par lesquels nous exerçons nos facultés spirituelles, il est naturel d'exprimer celles-ci par les fonctions corporelles. Nous disons d'un homme de génie que c'est une bonne tête, d'un esprit pénétrant qu'il a de bons yeux, d'un homme puissant qu'il a le bras long, etc. Ce langage ne trompe personne. Ainsi, par analogie, les yeux de Dieu sont la connaissance qu'il a de toutes choses; sa main, son bras est sa puissance ; sa bouche, sa parole, sont les signes qu'il donne de sa volonté, etc. Le psalmiste dit que les cieux sont l'ouvrage des doigts de Dieu, afin de nous faire comprendre que Dieu les a faits sans y employer toutes ses forces, mais avec autant de facilité que ce que nous faisons du bout des doigts. *Voyez* les deux articles suivants.

ANTHROPOMORPHISME, ANTHROPOMORPHITES, terme formé d'ἄνθρωπος *homme*, et de μορφή *forme*. L'*anthropomorphisme* est l'erreur de ceux qui attribuent à Dieu une figure humaine, un corps humain. D'anciens hérétiques prirent à la lettre les anthropologies de l'Ecriture, et ce qu'elle nous dit que Dieu a fait l'homme à son image et à sa ressemblance. Ils en conclurent que Dieu a réellement des pieds, des mains, des yeux et un corps comme le nôtre; que les patriarches avaient vu Dieu, non sous une figure empruntée, mais dans sa propre substance divine. Ils nommaient *origénistes* ceux qui leur soutenaient que Dieu est un être purement spirituel : ils allégorisent, disaient-ils, comme Origène, les paroles de l'Ecriture qui prouvent que Dieu a un corps comme nous.

Saint Epiphane appelle les *anthropomorphites*, *audiens*, d'un certain *Audius*, que l'on croit avoir été leur chef, et qui a vécu dans la Mésopotamie; il était à peu près contemporain d'Arius; saint Augustin les nomme *vadiens*, *vadiani*.

Mosheim, qui croit, sur des preuves assez légères, que l'*anthropomorphisme* était une erreur très-commune dans les premiers siècles de l'Eglise, non-seulement parmi les fidèles, mais parmi les évêques, avoue néanmoins que ceux qui le soutenaient n'attribuaient pas à Dieu un corps grossier et charnel, mais un corps subtil et délié, semblable à la lumière, organisé comme le corps humain, non par nécessité, mais pour l'ornement et pour se rendre visible aux bienheureux.

Tertullien semble être tombé dans l'*anthropomorphisme*; mais on peut aisément l'en disculper, puisqu'il a démontré, contre Hermogène, que Dieu est créateur de la matière; il aurait donc fallu que Dieu créât son propre corps, absurdité qui n'est jamais venue dans l'esprit de Tertullien. Ce Père pense que quand Dieu est apparu aux patriarches, ce n'était pas Dieu le Père, mais son Fils, qui, en prenant une figure humaine, préludait, pour ainsi dire, à l'incarnation. *Adv. Marcion.*, l. II, c. 27. Il était donc bien persuadé que Dieu n'a point de corps.

Mosheim rapporte qu'au xe siècle cette erreur fut renouvelée en Italie par des gens du commun, et même par des ecclésiastiques, et qu'ils y furent induits par l'habitude de voir des images dans les églises. Quand cela serait, il ne s'ensuivrait rien contre le culte des images : les *anthropomorphites* du quatrième siècle avaient été induits en erreur par plusieurs passages de l'Ecriture sainte grossièrement entendus. Cependant les protestants veulent que les hommes les plus ignorants lisent l'Ecriture sainte.

Aujourd'hui, parmi les incrédules modernes, les uns accusent d'*anthropomorphisme* tous ceux qui admettent un Dieu, parce que nous ne pouvons penser à Dieu sans nous en former une image. Mais cette illusion de l'imagination ne prouve rien, dès que nous faisons profession de croire que Dieu est un pur esprit. Toutes les fois que nous entendons nommer un objet que nous n'avons jamais vu, nous nous en formons une image, et cette image est toujours très-différente de ce qu'est l'objet en lui-même : il ne s'ensuit rien. — D'autres reprochent aux théologiens l'*anthropomorphisme spirituel*, c'est-à-dire, d'attribuer à Dieu toutes les qualités humaines, l'entendement, la volonté, la science, la sagesse, etc. De ce langage, disent-ils, il s'ensuit que Dieu est de même nature que nous, un homme comme nous, quoique plus parfait peut-être que nous. Quand cela serait vrai, faudrait-il embrasser l'athéisme, parce que nous ne pouvons avoir de Dieu des idées dignes de sa grandeur et de ses perfections infinies? ou faut-il nous abstenir de penser à Dieu et d'en parler, parce que le langage humain n'est pas assez parfait? Mais le reproche des athées est mal fondé. Nous croyons et nous déclarons qu'en Dieu toute perfection est infinie, exempte de tous les défauts de l'homme, mais que notre esprit borné ne peut rien concevoir d'infini : il n'y a donc là aucun danger d'erreur. *Voy.* ATTRIBUTS, et l'article suivant.

ANTHROPOPATHIE, figure, expression, discours par lesquels on attribue à Dieu les passions humaines, comme l'amour, la haine, la jalousie, etc. Ce n'est pas la même chose qu'*anthropologie* : celle-ci a lieu lorsqu'on attribue à Dieu quelque chose que ce soit qui convient à l'homme, comme des membres, etc. *Anthropopathie* ne se dit que quand on lui prête des passions ou des affections humaines. — Puisque Dieu est immuable et souverainement parfait, il est évident qu'on ne peut lui attribuer des passions, non plus que des membres corporels, sinon dans un sens métaphorique. On dit que Dieu est irrité, lorsqu'il punit; qu'il hait les impies, par la même raison qu'il est jaloux de son culte, parce qu'il défend de le rendre à d'autres qu'à lui, etc. *Voy. Glassii Philolog. Sacra*, col. 1530 et suiv. — Tertullien disait aux marcionites, qui se scandalisaient de ces expressions de l'Ecriture sainte : « Je vous répète que Dieu n'a pu converser avec les hommes à moins qu'il ne daignât parler comme eux, s'attribuer leurs sentiments et leurs affections. Il fallait ce langage humain pour mettre à portée de notre faiblesse les grandeurs de la majesté suprême. Si cela paraît indigne de Dieu, cela est nécessaire à l'homme : or, rien n'est plus digne de Dieu que l'instruction et le salut de ses créatures. » *Adv. Marcion.*, l. II, c. 27; Origène, contre Celse, l. IV, n. 71 et s.; saint Cyrille, contre Julien, l. v, p. 151-154, répondent de même.

ANTHROPOPHAGES, peuples qui mangent de la chair humaine; leur nom vient d'ἄνθρωπος *homme*, et de φαγεῖν *manger*. Avant que les hommes, devenus sauvages, eussent été adoucis par la culture des arts et civilisés par des lois, il paraît que la plupart des peuples mangeaient de la chair humaine : les sauvages en mangent encore; les Grecs et les Romains attribuaient à Orphée la réforme de cet horrible usage. Croirait-on qu'il a pu à un philosophe de notre siècle d'accuser les Juifs d'avoir été *anthropophages*? Nous lisons dans Ezéchiel, c. XXXI et suiv. : *Dites aux oiseaux du ciel et aux bêtes de la campagne : Venez, accourez à la victime que je vais immoler sur les montagnes d'Israël, pour vous en faire manger la chair et boire le sang. Vous mangerez la chair des guerriers, vous boirez le sang des grands de la terre, des béliers et des taureaux*, etc. Selon le philosophe dont nous parlons, les oiseaux du ciel et les bêtes de la campagne sont les Juifs — Nous ne relèverions pas cette ineptie, si nous ne savions jusqu'à quel point les disciples des philosophes portent l'incrédulité.

ANTIADIAPHORISTES, c'est-à-dire, opposés aux adiaphoristes ou indifférents. *Voy.* ADIAPHORISTES. — Dans le XVIe siècle, ce nom fut donné à une secte de luthériens rigides, qui refusaient de reconnaître la juridiction des évêques, et improuvaient plusieurs cérémonies de l'Eglise observées par les luthériens mitigés. *Voy.* LUTHÉRIENS.

ANTIDICOMARIANITES, anciens hérétiques qui ont prétendu que la sainte Vierge n'avait pas continué de vivre dans l'état de virginité; mais qu'elle avait eu plusieurs enfants de Joseph, son époux, après la naissance de Jésus-Christ. *Voy.* VIERGE. — On les appelle aussi *antidicomarites*, et quelquefois *antimarianites* et *antimariens*. Leur opinion était fondée sur des passages de l'Ecriture, où Jésus fait mention de ses frères et de ses sœurs, et sur un passage de saint Matthieu, où il est dit que Joseph ne connut point Marie jusqu'à ce qu'elle eût mis au monde notre Sauveur. Mais on sait que chez les Hébreux les frères et les sœurs signifiaient souvent les cousins et les cousines. — Les *antidicomarianites* étaient des sectateurs d'*Helvidius* et de *Jovinien*, qui parurent à Rome sur la fin du quatrième siècle. Ils furent réfutés par saint Jérôme.

* **ANTICONCORDATAIRES.** — L'Eglise de France avait eu horriblement à souffrir de la révolution de 89, lorsque le pape Pie VII conclut avec le premier consul le Concordat du 15 juillet 1801. Les évêques de France étaient morts ou dispersés; les églises privées de pasteurs, étaient dans une espèce de veuvage. Il fallait, pour guérir un si grand mal, employer un remède énergique. Pie VII résolut de détruire tous les sièges et d'en établir de nouveaux. Un pareil acte de suprême autorité ne s'était pas encore vu dans l'Eglise. Le saint-père voulut d'abord recourir à la voie de la conciliation. Il demanda à tous les évêques la démission de leurs sièges. Quatre-vingt-un évêques existaient encore : quarante-cinq accédèrent au désir du pontife; trente-six s'y refusèrent, alléguant pour motif qu'ils n'avaient pas été consultés dans les nouveaux arrangements du pape avec le premier consul. « Mais, comme l'observe M. Picot, la proposition de consulter et d'entendre tous les évêques était-elle d'une exécution facile dans un temps de révolutions et d'incertitudes, qui n'offrait pas assez de tranquillité pour la réunion d'un concile? Et le besoin urgent d'éteindre un long schisme et de faire cesser une persécution déclarée; la nécessité de relever la religion de ses ruines, et de la rappeler dans le cœur des fidèles, qui l'oubliaient de plus en plus au milieu des orages et des entraves où elle gémissait depuis plus de dix ans, n'autorisaient-ils pas le pape à s'écarter des règles ordinaires et à déployer un pouvoir proportionné à la grandeur des maux de l'Eglise? »

Le pape ne tint compte de ce refus, et le 29 novembre il rendit la bulle *Qui Christi Domini*, qui divisait la France (qui comprenait alors la Belgique et la Savoie) en soixante diocèses, dont dix métropoles et cinquante évêchés. Par la bulle *Quoniam favente*, Pie VII délégua au cardinal Caprara le pouvoir d'instituer de nouveaux évêques. Les évêques qui avaient refusé leur démission rédigèrent une protestation contre ce qui venait de se faire. Elle portait quatre points : — sur le Concordat, — sur la reconnaissance du gouvernement républicain par le pape, au détriment du roi légitime, — sur l'aliénation des biens du clergé, — et sur les articles organiques. Cette protestation fut signée non-seulement par les trente-six évêques, mais encore par MM. De la Chambre et de La Tour, qui avaient envoyé leur démission.

Pie VII vint sacrer Napoléon; il exigea des évêques un acte d'adhésion à toutes les mesures prises par lui relativement aux affaires ecclésiastiques de France. Tous souscrivirent. Ils avaient déjà délégué leurs pouvoirs aux évêques nommés afin que leurs actes ne fussent pas frappés de nullité. Après la chute de Napoléon, Louis XVIII demanda aux opposants qui avaient jusqu'alors persisté dans leur refus, de donner enfin leur démission. Pour ne pas contrister le cœur de ce bon roi qu'ils aimaient, ils remirent leur démission entre ses mains. Cette démission était conçue en termes qui étaient loin d'être flatteurs pour le pape. Une lettre écrite à Pie VII le 22 août 1816 par M. de Périgord et six autres évêques, fut rejetée par la cour de Rome. Enfin, le 8 novembre, ils souscrivirent un acte d'obéissance sans aucune réserve. Un seul évêque, M. de Thémines, persista dans son refus. Il écrivit à Louis XVIII, qui avait parlé de son sacre dans un discours d'ouverture des Chambres : « Le siècle est trop usé pour ne lui donner qu'une cérémonie et un spectacle sans préliminaires et sans suite. Le Dieu de Clovis, de Charlemagne et de saint Louis est le Dieu de saint Remi, de tous les apôtres des Gaules et de leurs successeurs légitimes. Aussi, le grand saint dit au baptême de Clovis : Baissez la tête, fier Sicambre; adorez ce que vous avez brûlé, et brûlez ce que vous avez adoré. Il faut que saint Louis puisse dire à V. M. des paroles bien plus glorieuses : Levez la tête, fils de saint Louis; vous avez relevé ce qui était abattu, et vous avez abattu ce qui était élevé. Sans cela, sire, le Dieu de saint Remi, des apôtres des Gaules et de leurs successeurs légitimes, le Dieu de Clovis, de Charlemagne et de saint Louis, ne sera point à votre sacre. » M. de Thémines fut alors le chef de la Petite-Eglise, et ne se soumit qu'en 1829.

Environ quatre cents prêtres demeurèrent attachés aux opposants. Nous consacrons à leur schisme un article particulier sous le nom d'ÉGLISE (Petite-).

ANTIENNE, en latin *antiphona*, du grec ἀντί, *contre*, et φωνή, *voix, chant*. — Les antiennes ont été ainsi nommées, parce que dans l'origine on les chantait à deux chœurs, qui se répondaient alternativement; et l'on comprenait sous ce titre les hymnes et les psaumes que l'on chantait dans l'Eglise. Saint Ignace, disciple des apôtres, a été, selon Socrate, l'auteur de cette manière de chanter parmi les Grecs, et saint Ambroise l'a introduite chez les Latins. Théodore en attribue l'origine à Diodore et à Flavien. Quoi qu'il en soit, on comprenait sous ce titre tout ce qui se chantait par deux chœurs dans l'Eglise alternativement. Aujourd'hui la signification de ce terme est restreinte à certains passages courts tirés de l'Ecriture, qui conviennent au mystère, à la vie ou à la dignité du saint dont on célèbre la fête, et qui, soit dans le chant, soit dans la récitation de l'office, précèdent les psaumes et les cantiques. Le nombre des *antiennes* varie suivant la solennité plus ou moins grande des offices. L'intonation de l'*antienne* doit toujours régler celle des psaumes. Les premiers mots de l'*antienne* sont adressés par un choriste à quelque personne du clergé, qui la répète; c'est ce qui s'appelle imposer et entonner une *antienne*. Dans l'office romain, après l'imposition de l'*antienne*, le chœur poursuit et la chante toute entière avant le psaume, et après le psaume tout le chœur la répète.

On donne aussi le nom d'*antienne* à quelques prières particulières que l'Eglise romaine chante à l'honneur de la sainte Vierge, et qui sont suivies d'un verset et d'une oraison; telles que le *Salve Regina*, *Regina cœli*, etc.

* **ANTILOGIE**, contradiction, opposition. — L'Ecriture semble renfermer beaucoup de contradictions; mais elles ne sont pas réelles; car il est impossible que l'Esprit-Saint qui a dicté l'Ecriture, se contredise; elles ne sont qu'apparentes et relatives à la faiblesse de notre esprit, à notre manière imparfaite de concevoir, à l'ignorance où nous sommes de la langue, de l'histoire et des usages des Juifs, à la perte de beaucoup d'anciens monuments nécessaires pour l'intelligence des livres saints. Plusieurs auteurs ont fait des traités ou des indices des antilogies apparentes de l'Ecriture, entre Pontas; on peut les consulter pour avoir l'éclaircissement de toutes les contradictions apparentes.

ANTILUTHÉRIENS ou **SACRAMENTAIRES**, hérétiques du XVIe siècle, qui ayant rompu de communion avec l'Eglise, à l'imitation de Luther, n'ont cependant pas suivi ses opinions, et ont formé d'autres sectes, telles que les calvinistes, les zuingliens, etc.

ANTIMENSE, est une sorte de nappe consacrée, dont on use en certaines occasions dans l'Eglise grecque, dans les lieux où il ne se trouve point d'autel convenable. — Le P. Goar observe, qu'eu égard au peu d'églises consacrées qu'avaient les Grecs, et à la difficulté du transport des autels consacrés, cette Eglise a fait durant des siècles entiers usage de certaines étoffes consacrées, ou de linges appelés *antimensia*, pour suppléer à ces défauts.

ANTINOMIENS ou **ANOMIENS**, ennemis de la loi. Plusieurs sectes d'hérétiques ont été ainsi appelées : 1° les anabaptistes, qui soutinrent d'abord que la liberté évangélique les dispensait d'être soumis aux lois civiles, et qui prirent les armes pour secouer le joug des princes et de la noblesse. En cela, ils prétendaient suivre les principes que Luther avait établis dans son livre *de la liberté évangélique*. Voy. ANABAPTISTES. — 2° Les sectateurs de Jean Agricola, disciple de Luther, né comme lui à *Islèbe*, ou *Aisleben*, dans la basse Saxe, d'où ces sectaires furent aussi nommés *Islébiens*. Comme saint Paul a dit que l'homme est justifié par la foi, sans les œuvres de la loi; que la loi est survenue de manière que le péché s'est augmenté; que si l'on peut être juste par la loi, Jésus-Christ est mort en vain, etc., Luther et ses disciples en prirent occasion de soutenir que l'obéissance à la loi et les bonnes œuvres ne servaient de rien à la justification ni au salut. Ils ne voulaient pas voir que, dans tous ces passages, saint Paul parle de la loi cérémonielle, et non de la loi morale contenue dans le Décalogue, puisqu'en parlant de celle-ci, il dit que ceux qui accomplissent la loi seront justifiés (*Rom*. II, 13).

Mosheim a fait ce qu'il a pu pour pallier la turpitude de la doctrine de Luther, et les pernicieuses conséquences qui s'ensuivaient. Pendant que Luther, dit-il, inculquait aux peuples la doctrine de l'Evangile, qui nous représente les mérites de Jésus-Christ comme la source du salut des hommes; pendant qu'il réfutait les papistes, qui confondent la loi avec l'Evangile, et qui nous représentent le bonheur éternel comme la récompense de l'obéissance légale, il s'éleva un fanatique nommé Agricola, qui abusa de sa doctrine, et ouvrit la porte aux erreurs les plus pernicieuses. Il se mit à déclamer contre la loi, soutenant qu'il ne convenait point de la proposer au peuple comme une règle de mœurs, et que l'on devait se borner à enseigner et à expliquer l'Evangile; ses sectateurs furent nommés *antinomiens*. Ceux qui les ont combattus prétendent que leur morale était très-dissolue; que, selon leur doctrine, un homme pouvait se livrer à ses passions et transgresser sans remords la loi divine, pourvu qu'il fût toujours attaché à Jésus-Christ, et qu'il embrassât ses mérites par une foi vive. — Mais, continue Mosheim, il ne faut pas croire aveuglément toutes ces imputations : le principal crime d'Agricola consistait dans quelques expressions malsonnantes, inexactes et impropres, qu'il ne faut pas prendre à la rigueur. Sa doctrine consistait à soutenir que les dix commandements donnés à Moïse ne regardaient proprement que les Juifs; que les chrétiens pouvaient les négliger sans pécher; qu'il suffisait d'expliquer clairement et d'inculquer ce que Jésus-Christ et ses apôtres avaient enseigné dans le nouveau Testament, tant au sujet de la grâce et du salut, que par rapport aux obligations du repentir et de la vertu. La plupart des docteurs de ce siècle ont le défaut de ne point expliquer leurs sentiments d'une manière claire et suivie; de là vient qu'on leur impute des opinions qu'ils n'ont jamais eues. *Hist. ecclés.*, XVI° siècle, sect. 3, II° part., c. 1, §§ 25 et 26.

Cette apologie d'un sectaire fanatique est un chef-d'œuvre d'entêtement et de mauvaise foi. En premier lieu, nous défions Mosheim et tous les protestants de citer un seul théologien catholique qui n'ait pas représenté les mérites de Jésus-Christ comme la source du salut des hommes; qui ait attribué aux bonnes œuvres un mérite indépendant de ceux de Jésus-Christ ; qui ait représenté le bonheur éternel comme la récompense d'une obéissance à la loi qui ne fût pas l'effet de la grâce de Jésus-Christ. Nous les défions encore d'en citer un seul qui ait confondu la loi avec l'Evangile, qui ait dit que le bonheur éternel est la récompense de l'*obéissance légale*, si par là l'on entend l'obéissance à la loi cérémonielle des Juifs. A la vérité, Luther prêtait toutes ces erreurs aux théologiens catholiques, en déguisant malicieusement leur doctrine ; mais après les décisions si formelles du concile de Trente, universellement suivies par tous les théologiens de l'Eglise romaine, il y a bien de la mauvaise foi à confirmer encore la calomnie de Luther, et à leur imputer une doctrine qu'ils regardent comme hérétique. Quand il serait vrai que les théologiens catholiques du seizième siècle avaient le même défaut que les autres docteurs de ces temps-là, et qu'ils n'expliquaient pas leurs sentiments d'une manière assez claire, il y aurait de l'injustice à prendre à la rigueur les expressions inexactes dont ils se sont servis, pour leur imputer des opinions qu'ils n'ont pas eues, pendant que l'on blâme ce procédé à l'égard des docteurs protestants. Mosheim, en blâmant les détracteurs d'Agricola et des *antinomiens*, fait évidemment le procès de Luther, et se condamne lui-même. — En second lieu, quand la doctrine de ces sectaires aurait été telle qu'il le prétend, elle serait encore fausse et formellement contraire à l'Evangile. Jésus-Christ (*Matth.* v, 17) commence par déclarer qu'il n'est point venu détruire la loi ni les prophètes, mais les accomplir ; que quiconque détruira le moindre commandement de la loi, et enseignera à le faire, sera le dernier dans le royaume des cieux ; ensuite il explique plusieurs de ces commandements. Il répond à un jeune homme qui lui demandait ce qu'il faut faire pour avoir la vie éternelle : *Si vous voulez entrer dans la vie, gardez les commandements, qui sont de ne commettre ni homicide, ni adultère, ni vol, ni faux témoignage, d'honorer votre père et votre mère, d'aimer le prochain comme vous même.* Chap. XIX, v. 16. C'est le Décalogue. Il est donc faux que ces dix commandements ne regardent que les Juifs, et que les chrétiens peuvent les négliger sans pécher. Il est absurde d'opposer l'Evangile à la loi du Décalogue, puisque l'Evangile la renouvelle : il l'est de dire qu'il faut inculquer ce que Jésus-Christ et les apôtres ont enseigné, sans faire mention du Décalogue ; puisque le Décalogue fait partie essentielle de leur doctrine. Mais Mosheim, comme tous les protestants, ne voit des erreurs que dans l'Eglise romaine ; les plus monstrueuses et les plus révoltantes ne lui paraissent rien dans sa secte.

3° Dans le XVII° siècle, il y a eu d'autres *antinomiens* parmi les puritains d'Angleterre qui tirèrent de la doctrine de Calvin les mêmes conséquences qu'Agricola avait tirées de celle de Luther. Les uns argumentèrent sur la prédestination. Ils enseignèrent qu'il est inutile d'exhorter les chrétiens à la vertu et à l'obéissance à la loi de Dieu, parce que ceux qu'il a élus pour être sauvés, par un décret immuable et éternel, sont portés à la pratique de la piété et de la vertu par une impulsion de la grâce divine, à laquelle *ils ne sauraient résister*; au lieu que ceux qu'il a destinés à être damnés éternellement, ne peuvent devenir vertueux, quelques exhortations et quelques remontrances qu'on puisse leur faire, ni obéir à la loi divine, puisque Dieu leur refuse sa grâce et les secours dont ils ont besoin. Ils conclurent qu'il faut se borner à prêcher la foi en Jésus-Christ et les avantages de la nouvelle alliance. Mais quels sont ces avantages pour ceux qui sont *destinés à être damnés ?* — Les autres raisonnèrent sur le dogme de l'inamissibilité de la justice. Ils dirent que les élus ne pouvant déchoir de la grâce, ni perdre la faveur divine, il s'ensuit que les mauvaises actions qu'ils commettent ne sont point des péchés réels, et ne peuvent être regardées comme un abandon de la loi; que par conséquent ils n'ont besoin ni de confesser leurs péchés ni de s'en repentir; que l'adultère, par exemple, d'un élu, quoiqu'il paraisse aux yeux des hommes un péché énorme, n'est point tel aux yeux de Dieu ; parce qu'un des caractères essentiels et distinctifs des élus est de ne pouvoir rien faire qui déplaise à Dieu et qui soit contraire à sa loi. *Mosheim*, XVII° siècle, sect. 2, II° part., c. 2, § 23. Mosheim déteste avec raison toutes ces conséquences ; mais est-il en état de démontrer qu'elles ne se tirent pas directement et évidemment du dogme de la prédestination, et de celui de l'inamissibilité de la justice, tels que Calvin les a enseignés ? Le docteur Arnaud a prouvé la connexion de ces conséquences dans l'ouvrage intitulé : *Le renversement de la morale de Jésus-Christ, par les erreurs des calvinistes touchant la justification*; et nous soutenons qu'elles ne s'ensuivent pas moins de l'opinion de la grâce irrésistible, opinion commune aux luthériens et aux calvinistes. Dans cette hypothèse, il est aussi absurde de prêcher la nécessité de croire en Jésus-Christ et les avantages de la nouvelle alliance, que d'exhorter les hommes à la vertu et à l'obéissance à loi de Dieu. Ceux à qui Dieu ne donne pas la grâce irrésistible de la foi en Jésus-Christ, ne peuvent pas plus avoir cette foi, qu'ils ne peuvent obéir à la loi, lorsque Dieu leur refuse la *grâce irrésistible* de l'obéissance. Dans cette même hypothèse, il est très-vrai que l'homme privé de la grâce ne pèche point en désobéissant à loi; parce qu'il est absurde que l'homme qui pèche soit condamnable et punissable, en ne faisant pas ce qu'il lui est impossible de faire. Or il est impossible à l'homme de croire en Jésus-Christ et d'obéir à la loi sans la grâce. — Il est donc évident que les erreurs de ces diverses sectes d'*antinomiens* ne pouvaient manquer d'éclore de la doctrine des prétendus réformateurs.

4° Quelques-uns prétendent que l'on a aussi donné le nom d'*antinomiens* à ceux qui soutiennent que dans la pratique des bonnes œuvres, il ne faut avoir aucun égard aux motifs naturels, parce que les œuvres inspirées par ces motifs ne servent de rien au salut. Mais ces motifs ne sont point incompatibles avec ceux que la foi nous propose. Lorsque Jésus-Christ dit : *Donnez, et l'on vous donnera;... vous serez mesurés comme vous aurez mesuré les autres* (Luc. 6, 36); *Accordez-vous promptement en chemin avec votre adversaire, de peur qu'il ne vous livre au juge, et que vous ne soyez mis en prison* (Matth. v, 25), lorsque saint Paul dit : *Gloire, honneur et paix à quiconque fait le bien*, etc., ils nous prennent par notre propre intérêt, motif très-naturel. Autre chose est de dire qu'il ne faut pas agir par les motifs naturels *seuls*, et autre chose de soutenir qu'il ne faut jamais agir par aucun de ces motifs. Quoiqu'une bonne œuvre faite par ces seuls motifs ne soit pas méritoire pour le salut, elle est cependant louable; l'habitude d'en faire ainsi dispose, du moins indirectement, à en faire par des motifs plus parfaits. Un païen vertueux par nature est sans doute mieux disposé qu'un païen vicieux à devenir chrétien, et à pratiquer la vertu lorsqu'il le sera. L'Eglise a condamné avec raison les théologiens qui ont enseigné que toutes les bonnes œuvres des infidèles sont des péchés et que toutes les vertus des philosophes sont des vices. *Voy.* INFIDÈLES, ŒUVRES (1).

ANTIOCHE. Il paraît que l'Eglise de cette ville capitale de Syrie, est la plus ancienne après celle de Jérusalem; selon la tradition, c'est là que saint Pierre établit son premier siège, et que les disciples de Jésus-Christ prirent le nom de *chrétiens* (Act. XI, 18 et 26; XIII, 1, etc.). Saint Luc, l'un des évangélistes, était d'Antioche. Comme c'était la demeure du gouverneur romain qui commandait dans la Palestine, il y avait une relation nécessaire et continuelle entre Jérusalem et *Antioche*; ceux qui crurent en Jésus-Christ dans cette dernière ville, ne purent ignorer les faits qui s'étaient passés dans la première. Ce fut donc avec pleine connaissance de cause que plusieurs Juifs d'*Antioche*, et ensuite plusieurs païens embrassèrent le christianisme. Il devait y avoir parmi eux plusieurs témoins oculaires des miracles que Jésus-Christ avait opérés immédiatement avant la pâque à laquelle il fut mis à mort, et de la descente du Saint-Esprit sur les apôtres à la fête de la Pentecôte. Cette église eut sans doute une liturgie propre dès son origine; mais il n'est pas certain que ce soit celle qui a paru dans la suite sous le nom de saint Pierre. *Voy.* LITURGIE.

Que saint Pierre ait fondé le siège épiscopal d'*Antioche* avant d'aller à Rome, c'est un fait attesté par les auteurs les plus respectables; Origène, Eusèbe, saint Jérôme, saint Jean Chrysostome, etc., en parlent comme d'une chose de laquelle personne n'a jamais douté; et la fête de la chaire de saint Pierre à Antioche est très-ancienne dans l'Eglise. *Vies des Pères et des Martyrs*, tom. II pag. 345.

Basnage, *Hist. de l'Eglise*, l. I, c. 1, a fait tous ses efforts pour prouver le contraire par les *Actes des apôtres*; mais il n'en a tiré que des preuves négatives et des difficultés de chronologie, faibles armes pour renverser des témoignages positifs touchant un fait qui a dû être très-public.

Au V° et au VI° siècle, le patriarcat de cette ville se nommait le *diocèse d'Orient* : il s'étendait sur la Syrie, la Mésopotamie et la Cilicie; la ville fut saccagée par Chosroès, roi de Perse, l'an 540, et prise par les Sarrasins mahométans l'an 637. Les croisés la reprirent l'an 1098, et les Turcs s'en sont emparés de nouveau en 1268. Aujourd'hui il y a trois évêques qui prennent le titre de patriarche d'*Antioche* : l'un est celui des melchites, ou chrétiens grecs schismatiques; l'autre, celui des Syriens monophysites ou jacobites; le troisième, celui des Syriens maronites, ou chrétiens catholiques attachés à l'Eglise romaine. On prétend que celui des jacobites s'est réuni depuis peu à cette même communion, avec plusieurs évêques de sa dépendance.

*ANTIOCHUS. « Le second livre des Machabées, nous dit Mgr Wiseman, nous offre, dans le premier chapitre, une lettre des Juifs de Palestine à leurs frères d'Egypte, datée de l'an 188 des Séleucides, et contenant un récit détaillé de la mort d'Antiochus, roi de Perse. Quel pouvait être cet Antiochus? a-t-on demandé. Indépendamment des difficultés chronologiques, ce ne pouvait certainement pas être Antiochus Soter, qui mourut à Antioche, ni son successeur Antiochus Theus, qui fut empoisonné par Laodice, ni Antiochus Magnus, qui fut l'ami des Juifs: Il est parlé tout autrement de la fin d'Antiochus Epiphanes dans ce même livre IX, v. 5. Antiochus Eupator, son successeur, après deux ans de règne, fut tué par Démétrius; et l'enfant royal du même nom, qui fut proclamé roi par Tryphon, ne tarda pas lui-même à être empoisonné par lui. Il ne re te plus d'autre souverain de ce nom qu'Antiochus Sidètes, appelé aussi Evergètes, dont le règne seul coïncide avec la date de la lettre. Mais une difficulté aussi sérieuse en apparence qu'aucune des précédentes semblerait l'exclure. Ce

---

(1) Il s'est formé au XVIII° siècle une nouvelle secte d'antinomiens. Elle reconnut pour chef un certain Whithfield, qui compta bientôt un grand nombre de sectateurs d'un rang distingué dans le comté d'Exeter. Sa doctrine est un prédestinianisme absolu, parce que Dieu a voulu le salut des uns et la damnation des autres. La vertu, selon lui, n'a d'autre effet que de nous donner un certain bien être en cette vie. On est révolté d'une telle doctrine qui détruit les notions élémentaires de la justice éternelle.

monarque, en effet, commença à régner l'an 174; et Porphyre et Eusèbe s'accordent à lui assigner moins de neuf ans de durée. Il doit, suivant eux, avoir péri dans une guerre vers l'an 182. Comment donc les Juifs auraient-ils pu, en 188, faire le récit de sa mort comme d'un événement récent? S'imaginerait-on, par exemple, que les membres d'une communauté religieuse de nos jours, voulant écrire en commun une lettre à leurs frères, habitant un pays très-voisin, pour leur apprendre que le souverain qui les opprimait est mort, attendissent, pour le faire, six ans entiers après l'événement? Le témoignage ainsi conforme de deux historiens fut regardé comme décisif contre l'historien juif; et Prideaux, sans hésiter, adopta leur sentiment comme certain (a). Or, Frœhlich a prouvé, sans laisser le moindre doute, qu'ils sont nécessairement dans l'erreur. D'abord il a présenté deux médailles portant le nom d'Antiochus, et datées l'une de 183 et l'autre de 184, deux ans par conséquent plus tard que l'époque à laquelle ces historiens avaient fixé le moment de sa mort. Voici ce que porte une de ces médailles:

ΒΑΣΙΛΕΩΣ ΑΝΤιοχου ΤΥΡ : ΙΕΡ : ΑΣΥ : ΑΠΡ.
Du roi Antiochus; de Tyr, l'asile sacré, 184 (b).

Ces médailles ont été, de notre temps, un objet de discussion. Ernest Wernsdorff reconnaît l'authenticité de celle dont nous venons de parler, et avoue qu'elle prouve suffisamment qu'Antiochus Sidètes a vécu au delà de l'époque qui lui est assignée par l'histoire profane; il semble même ajouter son propre témoignage à celui de Frœhlich. Voici en effet comment il s'exprime: *Quanquam igitur, quod ad numismata et annos iisdem inscriptos attinet, facile assentior eidem; cum ipsi mihi, beneficio consultissimi viri, complures ab Antiocho procusos nummos oculis usurpare manibusque tractare contigerit* (c). Son frère cependant, qui fut aussi son auxiliaire, se montre plus difficile: il cherche à insinuer que la légende n'a pas été bien lue, et que probablement une légère altération dans une lettre aura changé le nombre 181 en celui de 184 (d); Mais quand même nous reconnaîtrions pour valable tout ce qui a été écrit contre ces médailles, il y en a d'autres, produites postérieurement aux objections soulevées par les deux frères Wernsdorff, qui semblent mettre le point en question hors de doute. En effet, Frœhlich a publié depuis une médaille du même roi, portant la date 185 (e); et Eckhel y en a ajouté une quatrième frappée en 186 (f).

Ce point de chronologie sacrée a été examiné de nouveau, il y a quelques années, par M. Tochon d'Annecy (g) qui évidemment n'était guidé par aucun désir d'infirmer l'autorité des livres des Machabées. Il prouve, et tout le monde en conviendra, qu'il y a dans toute hypothèse, des difficultés sérieuses, et qu'il ne faut pas rejeter légèrement le témoignage des historiens lorsqu'il ne s'accorde pas avec celui des monuments ou des médailles. Nous devons infailliblement rencontrer des contradictions apparentes dans toutes les parties de l'histoire: la difficulté est de savoir où placer le blâme. Les médailles frappées pour le couronnement de Louis XIV, portent une date différente du jour auquel tous les historiens contemporains s'accordent à fixer cet événement. Entre tous ces historiens il n'en est qu'un seul, M. Ruinart, qui ait noté une circonstance qui explique cette différence; il est le seul, en effet, qui rapporte que le couronnement avait été fixé pour un jour déterminé, celui que portent les médailles, qui en conséquence avaient été préparées, mais qu'une circonstance particulière força de remettre la cérémonie au jour qui lui est assigné par les historiens. Rien de plus simple que tout cela; sans cette explication cependant, les antiquaires, dans un millier d'années, pourraient se trouver fort embarrassés pour trouver le moyen de concilier ces différences. Dans ce cas donc les médailles avaient tort; et les historiens, raison; dans celui qui nous occupe, nous nous trouvons également forcés de condamner une classe d'autorités, et la critique, je pense, n'hésitera pas dans le choix. Car, dans l'exemple que je viens de citer, les médailles sont inexactes, par la raison que la date qui leur avait été donnée ne fut pas changée, bien que l'événement dont elles étaient destinées à perpétuer le souvenir eût été différé; mais ici il nous faudrait supposer l'existence d'une erreur incroyable, l'existence d'une suite de fausses dates, en conséquence de nouvelles médailles frappées en l'honneur d'un monarque mort depuis longtemps.

M. Tochon rejette les deux premières médailles, principalement celle de 184, pour des raisons différentes de celles de Wernsdorff, mais admises par Eckhel, savoir, que le prétendu Δ, ou 4, qui n'est pas bien distinct, paraît être un B, ou 2, d'une forme particulière (a). Quant aux deux dernières, il n'allègue contre elles que des probabilités, les difficultés que nous rencontrons en voulant les regarder comme authentiques, au mépris de tant d'autorités historiques (b). A certains égards, il n'est pas trop juste envers Frœhlich: car il ne cesse de soutenir que le savant jésuite place la mort du roi en 183 (c), et demande, par conséquent, comment il se peut faire que nous ayons des médailles de son successeur, Antiochus Grypus, au millésime de 187 (d). Or, Frœhlich place la mort d'Antiochus Evergètes en 186 (e). De cette manière, l'absence totale de médailles d'Antiochus Grypus, portant une date plus ancienne, est une preuve négative en faveur de son opinion. Voilà donc comme l'étude des médailles a servi à défendre la chronologie de nos livres sacrés.

ANTIPAPES. On donne ce nom à ceux qui ont prétendu se faire reconnaître pour souverains pontifes, au préjudice d'un pape légitimement élu; on en compte depuis le III° siècle jusqu'aujourd'hui vingt-huit.

ANTIPODES, hommes dont les pieds sont tournés vers les nôtres: c'est ce que signifie ce nom. Si nous en croyons Aventinus, dans ses *Annales de Bavière*, Boniface, archevêque de Mayence, et légat du pape Zacharie dans le VIII° siècle, déclara hérétique un évêque de ce temps nommé Vigile ou Virgile, pour avoir osé soutenir qu'il y a des *antipodes*.

L'auteur d'une *Dissertation* imprimée dans les *Mémoires de Trévoux*, janvier 1708, soutient, 1° que le fait n'est pas constaté; le seul monument qui en reste est une lettre du pape Zacharie à Boniface; « S'il est prouvé, lui dit le souverain pontife, que Vigile soutient qu'il y a un autre monde et d'autres hommes sous cette terre, un autre soleil et une autre lune, assemblez un concile, con-

---

(a) *L'ancien et le Nouv. Test. réunis.* Tables chronologiques à la fin du volume IV, édit. 1749.
(b) Page 24.—Voyez les médailles sur sa gravure XI, nn. 27 et 29.
(c) *De fontibus hist. Syriæ*, p. XIII.
(d) « Commode legi possit ΑΝΡ, 181; cum elementum Δ et Δ adeo similibus lineis exaretur, ut nummus ipse mutilus sit, ut ne nomen quidem Antiochi distincte exhibeat. » *Ubi sup. sec.* XLII, p. 79.
(e) *Ad numismata regum veterum anecdota et rariora accessio nova*, p. 60.
(f) *Sylloge numm. veterum*, p. 8; *Doctrina numm. veter.*, t. III, p. 236.
(g) *Dissertation sur l'époque de la mort d'Antiochus VII, Evergètes, Sidètes.* Paris, 1815.

(a) *Dissert.*, p. 22.
(b) Page 64.
(c) Page. 24-29, etc.
(d) Comment alors supposer que la mort d'Antiochus Evergètes puisse être arrivée l'an 188? Elle serait postérieure au règne de son fils, page 61.
(e) Anno 186. *Circa hoc tempus contigisse existimo cædem Antiochi VII Evergetis*, p. 88.

damnez-le, chassez-le de l'Eglise après l'avoir dépouillé de la prêtrise, etc. » Il n'y a, dit cet auteur, aucune preuve que cet ordre du pape ait été exécuté : soit que l'accusation intentée contre Vigile se soit trouvée fausse, soit qu'il se soit expliqué ou rétracté, il est certain que depuis ce temps-là il vécut en bonne intelligence avec le pape, qu'il fut élevé à l'archevêché de Salzbourg; qu'il a même été canonisé après sa mort, honneur qui ne lui aurait pas été rendu s'il avait été condamné comme hérétique. — Il prétend, 2° que le pape Zacharie n'avait pas tort ; que si Vigile avait soutenu qu'il y avait dans un autre monde d'autres hommes, c'est-à-dire des hommes d'une espèce différente de la nôtre, et qui n'étaient pas comme nous enfants d'Adam; un autre soleil et une autre lune différents de ceux qui nous éclairent, cet évêque aurait été véritablement condamnable, parce que ce paradoxe serait contraire à l'Ecriture sainte. C'est dans ce sens que l'entendait le pape Zacharie; et c'est dans ce même sens que saint Augustin a rejeté les *antipodes* dans son seizième livre de la *Cité de Dieu*, c. 9.

Un critique moderne n'a pas goûté cette apologie. Selon lui, il vaut mieux s'en tenir à la tradition, qui nous apprend que Vigile fut condamné. A la vérité, l'auteur de cette tradition est Aventin, cabaretier de Bavière, qui a écrit dans les fureurs du luthéranisme; mais les protestants ont recueilli avec soin toutes ses invectives contre les ecclésiastiques; ils y ajoutent foi, donc il faut faire comme eux. Selon ce critique, il valait mieux passer condamnation sur le pape Zacharie, parce qu'il n'est pas nécessaire que l'Eglise soit infaillible en matière de physique; mais il n'est pas fort nécessaire non plus de condamner un pape sans raison, pour plaire à quelques protestants. Il est vrai, dit le savant Leibnitz, que Boniface, archevêque de Mayence, a accusé Vigile de Salzbourg d'erreur sur ce point, et que le pape répond à sa lettre d'une manière qui fait paraître qu'il donnait assez dans le sens de Boniface; mais on ne trouve point que cette accusation ait eu de suite. Les deux antagonistes passent pour saints; et les savants de Bavière, qui regardent Vigile comme un apôtre de la Carinthie et des pays voisins, en ont justifié la mémoire. *Esprit de Leibnitz*, t. II, p. 36. — Le critique dont nous parlons pense que Vigile pouvait dire innocemment qu'il y avait sous terre un autre soleil et une autre lune, comme nous disons que le soleil d'Ethiopie n'est pas le nôtre. Cela se peut dire sans doute en français ; mais cela ne s'est jamais dit en latin, et dans cette langue la phrase avait un sens tout différent. — Il convient que les anciens philosophes ont nié les *antipodes* aussi bien que les Pères de l'Eglise; ceux-ci n'étaient pas obligés d'être plus habiles en cosmographie que les philosophes de leur siècle. Cependant Philoponus, qui vivait sur la fin du VI° siècle, a démontré, dans son livre *de mundi Creat.*, l. v, c. 13, que saint Basile, saint Grégoire de Nysse, saint Grégoire de Nazianze, sainte Athanase et la plus grande partie des Pères de l'Eglise ont su que la terre est ronde. Il est même parlé des *antipodes* dans saint Hilaire, *In Ps.* II, n. 23; dans Origène, l. II, *de Princip.*, c. 3; dans saint Clément, pape, *Epist. I ad Cor.*, n. 20. *Voy.* les notes. Il n'est donc pas vrai qu'en général les écrivains ecclésiastiques aient été dans l'erreur sur les *antipodes* jusqu'au XV° siècle, comme quelques auteurs l'ont prétendu.

ANTITACTES, anciens hérétiques gnostiques, ainsi nommés, parce qu'en avouant que Dieu, créateur de l'univers, était bon et juste, ils soutenaient qu'une de ses créatures avait semé la zizanie, c'est-à-dire créé le mal moral, et nous avait engagés à le suivre, pour nous mettre en opposition avec Dieu; de là est dérivé leur nom, d'ἀντιτάττω, *je m'oppose, je combats*. Ils ajoutaient que les commandements de la loi avaient été donnés par de mauvais principes; et, loin de se faire scrupule de les transgresser, ils croyaient venger Dieu et se rendre agréables à ses yeux en les violant. Ils ont été précurseurs des manichéens. *Voy.* saint Clém. d'Alex., *Strom.*, l. v ; Dupin, *Bibl. des Auteurs eccl. des trois premiers siècles*; Tillemont, t. II, p. 357.

ANTITRINITAIRES. Ce nom convient à tous les hérétiques qui ont attaqué le mystère de la sainte Trinité, qui n'ont pas voulu reconnaître trois personnes en Dieu. Les samosaténiens, qui n'admettaient point de distinction entre les personnes divines, les ariens qui niaient la divinité du Verbe, les macédoniens qui contestaient celle du Saint-Esprit, ont été tous *antitrinitaires*. Sous ce nom, l'on entend aujourd'hui principalement les sociniens, que l'on appelle aussi *unitaires*. *Voy.* SOCINIENS.

ANTITYPE, mot grec, formé de la préposition ἀντί, *pour, au lieu*, et de τύπος, *figure*; dans sa signification grammaticale, il veut dire ce que l'on met à la place d'un type, d'une figure ; mais dans les auteurs il signifie simplement type, figure, ressemblance.

Il y a dans le nouveau Testament deux passages où ce mot est employé, et dont le sens a donné lieu à des disputes. 1° Dans l'*Epître aux Hébreux*, c. IX, v. 24, il est dit : *Jésus-Christ n'est point entré dans un sanctuaire fait de la main des hommes et figure*, ἀντίτυπα, *du vrai sanctuaire, mais dans le ciel même, afin de se présenter à Dieu pour nous*. 2° Dans la *première Epître de saint Pierre*, c. IX, v. 21, le baptême est comparé à l'arche de Noé, qui préserva du déluge universel ce patriarche et sa famille; il en est appelé ἀντίτυπον, ce que la Vulgate rend par *similis formæ*, ressemblant. Nous ne voyons pas que, dans l'un ni dans l'autre de ces passages, il soit nécessaire d'abandonner le sens ordinaire du terme pour recourir à la signification grammaticale.

Le mot *antitype* se trouve souvent dans les écrits des Pères grecs et dans la liturgie de leur Eglise, pour désigner l'Eucharistie même après la consécration; de là les protestants ont conclu que, selon la croyance de l'Eglise grecque, ce sacrement n'est que la figure du corps de Jésus-Christ. — Cette conséquence nous paraît fausse. Quoique les espèces eucharistiques renferment le corps de Jésus-Christ, elles en sont cependant la figure, le *type*, le symbole, ce qui paraît aux yeux; puisque ce corps n'y paraît point sous ses qualités sensibles, mais sous les apparences du pain. — Il est vrai que Marc d'Ephèse, le patriarche Jérémie, et d'autres Grecs, disent que dans la liturgie de saint Basile le pain et le vin sont appelés *antitypes* avant la consécration. Cela n'empêche pas qu'ils ne puissent être nommés de même après, puisque par la consécration il ne se fait aucun changement dans les qualités sensibles ou dans les apparences du pain et du vin ; la *figure* demeure donc la même, quoique la substance soit changée. — Qu'importe l'abus que l'on peut faire d'un mot lorsque la croyance est prouvée d'ailleurs? Au concile de Florence, les Grecs ont solennellement déclaré qu'ils croyaient Jésus-Christ réellement présent dans l'Eucharistie, après la consécration ; toute leur dispute avec les Latins consistait à savoir si, après la consécration, les symboles devaient encore être appelés *antitypes*, contestation qui nous paraît assez frivole. Après la consécration, nous disons encore *symboles eucharistiques*; pourquoi les Grecs ne pourraient-ils pas dire *antitypes* dans le même sens? — Il n'est donc pas nécessaire de changer la signification usuelle de ce terme, de supposer que *antitype* signifie ce qui est mis à la place de la figure; le corps de Jésus-Christ n'est point mis au lieu de la figure, mais au lieu de la substance du pain : et cette substance n'a jamais pu être appelée *figure* en aucun sens.

Dans le septième concile général, saint Jean Damascène, les diacres Jean et Epiphane, voulant expliquer la pensée des liturgistes grecs sur ce sujet, disent qu'en nommant l'Eucharistie *antitype*, ces auteurs avaient égard au temps qui avait précédé la consécration, et non à celui qui la suit. Simon, *Hist. crit. de la croyance des nations du Levant*. Cette explication ne paraît pas fort nécessaire. Ce qui était figuré avant la consécration l'est encore après, puisque par la consécration rien ne change dans la figure, ou dans ce qui paraît à nos yeux.

Nous avons à présent des monuments si authentiques de la croyance des différentes sectes que renferme l'Eglise grecque, des melchites, des jacobites syriens, des nestoriens, des cophtes eutychiens, etc., que les protestants n'oseraient plus former aucune contestation sur ce point. *Voy*. la *Perpétuité de la Foi*.

ANTOINE (saint). Chanoines réguliers de *Saint-Antoine* de Viennois. *Voy*. le *Dictionnaire de Jurisprudence* [et celui des *Ordres religieux*, édit. Migne].

ANTONIN (saint), archevêque de Florence, mort l'an 1459, assista, en qualité de théologien, au concile général qui y fut tenu en 1439, lorsqu'il n'était encore que religieux de Saint-Dominique. On a de lui une Somme théologique dans laquelle il traite des vertus et des vices, plusieurs sermons et d'autres livres de morale.

AOD. Il est dit dans le livre des *Juges*, que les Israélites, en punition de leur idolâtrie, furent subjugués par Eglon, roi de Moab, et lui assujettis pendant dix-huit ans ; que Dieu leur suscita un vengeur dans la personne d'*Aod*. Cet homme tua Eglon en feignant d'avoir à lui parler, se mit à la tête des Israélites, gagna une bataille, et les affranchit du joug des Moabites. Les censeurs de l'histoire sainte disent qu'*Aod* fut coupable d'un régicide, que c'est un très-mauvais exemple à proposer à tout peuple mécontent de son souverain, qu'il a été la cause de plusieurs crimes de même espèce. — Cette décision nous surprendrait moins, si nous ne connaissions pas d'ailleurs la morale enseignée par ces mêmes censeurs. Ils soutiennent qu'un conquérant n'acquiert aucune souveraineté sur une nation vaincue que par le consentement de celle-ci; que jusqu'à ce qu'elle l'ait reconnu librement pour son roi, tout acte d'autorité qu'il exerce est une violence et une usurpation; qu'elle a droit de s'en rédimer par la force quand elle le pourra Qu'ils nous montrent le traité par lequel les Israélites avaient librement reconnu Eglon pour leur roi.

On nomme *régicide* un sujet qui tue son propre roi, et non celui qui tue un roi ennemi pour mettre en liberté ses compatriotes. Chez les anciens peuples où croyait généralement que la fourberie était permise contre les ennemis de l'État. Mutius Scævola ne fut point accusé de régicide, pour avoir voulu tuer par surprise Porsenna qui assiégeait Rome. — D'ailleurs, lorsque l'Ecriture dit que Dieu suscita un libérateur à son peuple, elle n'enseigne point que Dieu lui inspira le mensonge, ni le meurtre qu'il commit; une action citée comme un trait de courage n'est pas louée pour cela comme un acte de justice.

Souvenons-nous toujours que c'est l'Evangile qui a donné aux nations chrétiennes les vraies notions du droit des gens et du droit politique, soit en paix, soit en guerre ; que ces notions n'existent point, et n'ont jamais existé ailleurs.

APATHIE, insensibilité ; c'est l'état auquel aspiraient les stoïciens. Quoique les anciens écrivains ecclésiastiques se soient quelquefois servis de ce terme pour exprimer la patience et le détachement des choses de ce monde que l'Evangile nous prêche, il n'en faut pas conclure que Jésus-Christ a voulu faire de ses disciples autant de stoïciens, et nous inspirer une insensibilité absolue. 1° Ces philosophes interdisaient au sage, sous le nom de *passions*, les affections naturelles les plus modérées et les plus légitimes, l'amitié entre les parents, la pitié pour ceux qui souffrent, l'amour du bien public, etc. L'Evangile, loin de nous défendre ces sentiments, nous les commande sous le nom général de *charité*; il ne les désapprouve que quand ils sont portés à l'excès, et peuvent devenir pour nous une occasion de péché; et en effet, les affections et les penchants naturels ne doivent être nommés *passions*, que quand ils sont poussés à l'excès. *Voy.* PASSIONS. — 2° Les stoïciens n'aspiraient à l'insensibilité que par un principe d'orgueil; ils jugeaient les choses de ce monde indignes d'affecter l'âme du sage; c'était une inhumanité réfléchie. Jésus-Christ veut que nous conservions la tranquillité d'âme par un motif de confiance en Dieu, que nous aimions nos semblables en Dieu et pour Dieu. — 3° Si ses leçons pouvaient nous laisser des doutes, il les a expliquées par son exemple : il a aimé tendrement ses proches et ses amis : il a répandu des larmes sur le tombeau de Lazare; il a pleuré sur la ruine future de Jérusalem et des Juifs; il n'a rencontré aucun malheureux sans le soulager, etc. Ce n'est pas là du stoïcisme. — 4° Jésus-Christ n'a ordonné le renoncement absolu qu'à ceux qu'il destinait à la prédication de l'Evangile; il n'a conseillé à aucun autre de ses auditeurs de quitter son état, ou de négliger les devoirs de la société; au contraire, saint Paul enjoint à ceux qui se sont convertis, de demeurer chacun dans l'état où il a reçu sa vocation à la foi (*I Cor.* VII, 20).

Mais on accuse quelques Pères de l'Eglise d'avoir enseigné la même morale que les stoïciens, d'avoir exigé qu'un chrétien fût *sans passions;* c'est un des principaux reproches que Barbeyrac fit à saint Clément d'Alexandrie. *Traité de la morale des Pères*, chap. 5, § 46. — Expliquons les termes, le scandale sera réparé. Nous disons qu'un homme est *sans passions*, lorsqu'il les réprime si parfaitement qu'il n'en paraît rien au dehors, et qu'elles ne lui font commettre aucune faute : nous disons qu'il est *insensible*, lorsqu'il ne donne aucun signe extérieur de sensibilité. Voilà ce que veut saint Clément. Déjà nous avons observé que nos penchants naturels ne sont censés *passions* que quand ils sont portés à l'excès. Or, cet excès peut-il être permis? L'Evangile condamne formellement toutes les *passions*, l'orgueil, l'ambition, la vaine gloire, même dans les bonnes œuvres, l'attachement aux richesses, le désir de les posséder, l'inquiétude pour l'avenir, la volupté et tout ce qui peut y porter, le simple désir des plaisirs défendus, la jalousie et la haine, la colère et l'impatience, le ressentiment et les projets de vengeance, l'intempérance, la mollesse, l'oisiveté, etc. Jésus-Christ nous commande toutes les vertus opposées; il serait aisé de le faire voir en détail. Saint Clément n'exige rien de plus, et l'on ne peut lui faire aucun reproche qui n'ait été tourné par les incrédules contre Jésus-Christ et contre les apôtres. *Voy.* MORALE CHRÉTIENNE.

APELLITES ou APELLÉIENS, comme les nomme saint Epiphane ; hérétiques du II° siècle, sectateurs d'Apelles, disciple de Marcion, mais qui ne suivit pas en toutes choses les sentiments de son maître. Il n'admit pas comme lui deux dieux, ou deux principes actifs et coéternels, mais un seul Dieu existant de soi-même et souverainement bon; probablement néanmoins il supposait l'éternité de la matière. Selon lui, le monde n'avait pas été fait par ce Dieu bon, mais par un esprit d'un rang inférieur, dont l'impuissance et la maladresse étaient cause des maux que nous éprouvons. Pensait-il que Dieu avait créé librement cet ouvrier malhabile, ou que celui-ci était sorti nécessairement de Dieu par émanation ? Les anciens n'en disent rien. Au reste, Apelles n'accusait point cet esprit de méchanceté : il supposait au contraire que par ses prières il avait obtenu que Dieu envoyât son Fils sur la terre, afin de corriger le monde. — Il ne soutenait point avec Marcion que le Fils de Dieu n'avait eu qu'une chair apparente, et avait fait illusion à tous les sens ; mais il prétendait qu'en descendant du ciel le Fils de Dieu s'était formé lui-même un corps tiré des quatre éléments, sans s'incarner dans le sein d'une vierge; qu'il avait réellement souffert ; qu'il était mort et ressuscité ; qu'avant son ascension il avait rendu aux éléments le corps qu'il en avait tiré ; que son âme seule était retournée au ciel. Conséquemment il niait, aussi bien que Marcion, la résurrection future de la chair. Il ne rejetait pas absolument, comme lui, tout l'ancien Testament. Mais il y a, disait-il, du bon et du mauvais ; c'est à choisir, et c'est ce que Jésus-Christ a voulu dire, lorsqu'il nous a ordonné d'être de bons changeurs. On l'accuse de ne pas avoir imité la continence de son maître, de s'être livré à des femmes, d'avoir même été séduit par une certaine Philumène, qu'il regardait comme inspirée et une prophétesse.

La multitude des sectes qui ont paru dans le II° siècle, la variété des rêveries forgées par leurs divers docteurs, nous donneront souvent occasion de faire des réflexions. 1° Tous ces raisonneurs étaient des philosophes sortis de l'école d'Alexandrie, ou d'ailleurs, qui voulaient accorder les dogmes du christianisme avec la doctrine de Pythagore et de Platon, et en savoir plus qu'il n'a plu à Dieu de nous en révéler. 2° Tous voulaient expliquer l'origine du mal, et aucune de leurs hypothèses ne résolvait la difficulté. Si c'est Dieu qui a créé librement le formateur du monde en prévoyant le mal qui arriverait, il en est responsable comme s'il l'avait fait lui-même. Si cet ouvrier a existé nécessairement, tout est fatalité pure ; autant vaut dire que Dieu n'a pas pu mieux faire. 3° Quoiqu'intéressés à révoquer en doute l'histoire de l'Evangile, et à portée d'en vérifier les faits, ils n'ont pas osé récuser le témoignage des apôtres, ils l'ont plutôt confirmé. 4° Saint Paul les a peints d'après nature (*II Tim.* IV, 4) : *Ils ne pourront*, dit-il, *souffrir une saine doctrine; ils auront la démangeaison d'écouter de nouveaux maîtres : ils fermeront leurs oreilles à la vérité, et courront après des fables*.

APHTHARTODOCÈTES. *Voy.* INCORRUPTIBLES.

APOCALYPSE, du grec ἀποκάλυψις, *révélation;* c'est le nom du dernier livre canonique de l'Ecriture. — Il contient, en vingt-deux chapitres, une prophétie touchant l'état de l'Eglise depuis l'ascension de Jésus-Christ au ciel jusqu'au dernier jugement, et c'est comme la conclusion de toutes les saintes Ecritures, afin que les fidèles, reconnaissant la conformité des révélations de la nouvelle alliance avec les prédictions de l'ancienne, soient confirmés dans l'attente du dernier avénement de Jésus-Christ. Ces révélations furent faites à l'apôtre saint Jean, durant son exil dans l'île de Patmos, pendant la persécution de Domitien.

L'enchaînement d'idées sublimes et prophétiques qui composent l'*Apocalypse* a toujours été un labyrinthe pour les plus grands génies, et un écueil pour la plupart des commentateurs. On sait par quelles rêveries Drabicius, Joseph Mède, le ministre Jurieu, le grand Newton lui-même, ont prétendu l'expliquer; ces vaines tentatives sont bien propres à humilier l'esprit humain.

On a longtemps disputé dans les premiers siècles de l'Eglise sur l'authenticité et la canonicité de ce livre; mais ces deux points sont aujourd'hui pleinement éclaircis. Quant à son authenticité, quelques anciens la niaient: Cérinthe, disaient-ils, avait attribué l'*Apocalypse* à saint Jean, pour donner du poids à ses rêveries, et pour établir le règne de Jésus-Christ pendant mille ans sur la terre après le jugement. *Voy.* MILLÉNAIRES. Saint Denis d'Alexandrie, cité par Eusèbe, l'attribue à un écrivain nommé *Jean*, différent de l'évangéliste. Il est vrai que les anciennes copies grecques, tant manuscrites qu'imprimées, de l'*Apocalypse*, portent en tête le nom de *Jean le divin*. Mais on sait que les Pères grecs donnent par excellence ce surnom à l'apôtre saint Jean, pour le distinguer des autres évangélistes, et parce qu'il a traité spécialement de la divinité du Verbe. A cette raison l'on ajoute, 1° que dans l'*Apocalypse* saint Jean est nommément désigné par ces termes: à Jean qui a publié la parole de Dieu, et qui a rendu témoignage de tout ce qu'il a vu de Jésus-Christ; caractères qui ne conviennent qu'à l'apôtre. 2° Ce livre est adressé aux sept Eglises d'Asie, dont saint Jean avait le gouvernement. 3° Il est écrit de l'île de Patmos, où saint Irénée, et tous les anciens conviennent que l'apôtre saint Jean fut relégué en 95, et d'où il revint en 98, époque qui fixe encore le temps où l'ouvrage fut composé. 4° Enfin, plusieurs auteurs voisins des temps apostoliques, tels que saint Justin, saint Irénée, Origène, Victorin, et après eux une foule de Pères et d'auteurs ecclésiastiques, l'attribuent à saint Jean l'évangéliste. *Voy.* AUTHENTICITÉ et AUTHENTIQUE. — Quant à sa canonicité, elle n'a pas été moins contestée. Saint Jérôme rapporte que dans l'Eglise grecque, même de son temps, on la révoquait en doute. Eusèbe et saint Epiphane en conviennent. Dans les catalogues des livres saints, dressés par le concile de Laodicée, par saint Grégoire de Nazianze, par saint Cyrille de Jérusalem, et par quelques autres auteurs Grecs, il n'en est fait aucune mention. Mais on l'a toujours regardée comme canonique dans l'Eglise latine. C'est le sentiment de saint Augustin, de saint Irénée, de Théophile d'Antioche, de Méliton, d'Apollonius et de Clément Alexandrin. Le troisième concile de Carthage, tenu en 397, l'inséra dans le canon des Ecritures, et depuis ce temps-là l'Eglise d'Orient l'a admise comme celle d'Occident.

Les alogiens, hérétiques du II° siècle, rejetaient l'*Apocalypse*, dont ils tournaient les révélations en ridicule, surtout celles des sept trompettes, des quatre anges liés sur l'Euphrate, etc. Saint Epiphane, répondant à leurs invectives, observe que l'*Apocalypse*, n'étant pas une simple histoire, mais une prophétie, il ne doit pas paraître étrange que ce livre soit écrit dans un style figuré, semblable à celui des prophètes de l'Ancien Testament. — La difficulté la plus spécieuse qu'ils opposassent à l'authenticité de l'*Apocalypse*, était fondée sur ce qu'on lit au ch. II, 18: *Ecrivez à l'ange de l'Eglise de Thyatire*. Or, ajoutaient-ils, du temps de l'apôtre saint Jean, il n'y avait nulle Eglise chrétienne à Thyatire. Saint Epiphane convient du fait, et répond que l'apôtre parlant d'une chose future, c'est-à-dire, de l'Eglise qui devait être un jour établie à Thyatire, en parle comme d'une chose présente et accomplie, suivant l'usage des prophètes. Grotius remarque qu'encore qu'il n'y eût aucune Eglise de païens convertis à Thyatire, quand saint Jean écrivit son *Apocalypse*, il y en avait néanmoins une de Juifs, semblable à celle qui s'était établie à Thessalonique avant que saint Paul y prêchât.

Il y a eu plusieurs *Apocalypses* supposées. Saint Clément, dans ses Hypotyposes, parle d'une *Apocalypse* de saint Pierre; et Sozomène ajoute qu'on la lisait tous les ans vers Pâques dans les Eglises de Palestine. Ce dernier parle encore d'une *Apocalypse* de saint Paul, que les moines estimaient autrefois, et que les cophtes modernes se vantent de posséder. Eusèbe fait aussi mention de l'*Apocalypse* d'Adam; saint Epiphane, de celle d'Abraham, supposée par les hérétiques séthiens, et des révélations de Seth et de Narie, femme de Noé, par les gnostiques. Nicéphore parle d'une *Apocalypse* d'Esdras, Gratien et Cédrène d'une *Apocalypse* de Moïse, d'une attribuée à saint Thomas, d'une troisième de saint Etienne, et saint Jérôme d'une quatrième, dont on faisait auteur le prophète Elie. Porphyre, dans la *Vie de Plotin*, cite les *Apocalypses* de Zoroastre, de Zostrein, de Nicothée, d'Allogènes, etc., livres dont on ne connaît plus que les titres, et qui vraisemblablement n'étaient que des recueils de fables. Sixt. Senens., lib. II et VI. Dupin, *Dissert. prélim.* tom. III; *Biblioth. des Aut. ecclés.*

On ne doit pas être étonné de ce que les calvinistes ont toujours refusé de reconnaître la canonicité de l'*Apocalypse*. Ce livre renferme un tableau de la liturgie apostolique qui ne leur est pas favorable. *Voy.* LITURGIE. De nos jours, Abauzit, professeur à Lausanne, a fait une dissertation contre l'Apocalypse; le plus célèbre des incrédules modernes en a copié les objections dans deux ou trois de ses ouvrages. Les anglicans au contraire mettent ce livre au nombre des saintes Ecritures; depuis peu, le savant Lardner a rassemblé les témoignages des anciens sur ce sujet. *Credibility of the Gospel History*, tom. XVII, p. 356. Ceux qui ont traité ce point de critique sacrée ne paraissent pas avoir fait attention que le pape saint Clément, l'un des Pères apostoliques, fait évidemment allusion à deux passages de ce livre. Dans sa première lettre aux Corinthiens, n. 34, on lit : *Voici le Seigneur; sa récompense est avec lui, pour rendre à chacun selon ses œuvres.* Ces mêmes paroles se trouvent (*Apoc.* XXII, 12). La lettre finit par ces mots : *A Dieu, par Jésus-Christ, gloire, honneur, puissance, majesté, trône éternel, depuis les siècles et pour toujours. Voy.* l'Apocalypse, c. v, v 13. — Mais comme ce livre semblait favoriser l'erreur des millénaires, on craignait que Cérinthe ne l'eût supposé pour établir cette fausse opinion ; c'est ce qui empêcha d'abord plusieurs catholiques de le reconnaître pour canonique. Le doute a cessé, lorsqu'on a vu que le vrai sens ne donnait aucun lieu à cette erreur.

Pour affaiblir les témoignages qui déposent en faveur de l'authenticité de l'*Apocalypse*, les protestants disent que les Pères ne l'ont admise, que parce qu'ils étaient millénaires. Tout au contraire, ceux qui ont embrassé l'opinion des millénaires ne l'ont fait que parce qu'ils la croyaient enseignée dans l'*Apocalypse*; et quelques-uns d'entre eux, qui ont réfuté les millénaires, ont cependant reçu l'*Apocalypse* comme un livre canonique; c'est ce qu'a fait Origène. Avant le troisième siècle, on ne peut citer aucun des Pères qui ait formellement rejeté ce livre.

Une autre objection des calvinistes, est que ces mêmes Pères ont reçu comme authentiques plusieurs autres écrits, dont la supposition et la fausseté ont été reconnues dans la suite ; qu'ils ont ajouté foi à plusieurs histoires évidemment fabuleuses. Soit. Si pour prouver l'authenticité d'un livre quelconque, il faut des témoins qui aient été infaillibles et à couvert de toute erreur, nous demandons aux calvinistes qui sont les témoins auxquels ils se fient pour croire l'authenticité et la canonicité des livres qu'ils admettent ? Ils n'ont pas vu qu'en alléguant ce reproche, ils sapaient par le fondement toute espèce de certitude morale, toute espèce de preuve pour constater des faits. — Puisque des livres qui avaient d'abord passé pour authentiques ont été reconnus dans la suite pour supposés et apocryphes, nous demandons encore pourquoi d'autres livres, dont on avait d'abord soupçonné la supposition, n'ont pas pu dans la suite être reconnus pour authentiques. Les mêmes règles de critique, qui nous font douter d'un fait lorsqu'il n'est pas encore suffisamment prouvé, doivent sans doute nous le faire croire lorsque nous avons découvert des preuves. — C'est ce qui est arrivé à l'égard de plusieurs livres de l'Ecriture sainte, et en particulier de l'*Apocalypse*.

DICT. DE THÉOL. DOGMATIQUE. I.

En 397, le concile de Carthage la mit au rang des livres sacrés, quoique les conciles précédents ne l'eussent pas encore reçue comme canonique. On sait que le IV° siècle, lorsque la paix eut été rendue à l'Eglise, fut un temps de lumière, de recherches, de savantes discussions; les monuments des siècles précédents furent rassemblés et comparés, la tradition fut interrogée, les témoins confrontés ; ce qui avait été obscur et douteux jusqu'alors put devenir certain et incontestable. Tant que l'hérésie des millénaires avait subsisté, l'Eglise avait craint de l'autoriser en canonisant l'*Apocalypse*; lorsque cette secte fut éteinte, il n'y eut plus de danger.

Beausobre, *Histoire du manichéisme*, 2° partie, l. I, chap. 5, § 3, soutient que les Eglises orientales du rite syrien n'ont point reconnu l'*Apocalypse* pour canonique, puisqu'elle ne se trouve pas dans l'ancienne version syriaque du Nouveau Testament, dont ces Eglises se sont toujours servies ; mais il se trompe : nous ferons voir le contraire au mot BIBLES SYRIAQUES.

APOCRÉAS. C'est la semaine qui répond à celle que nous appelons la *septuagésime*. Les Grecs l'appellent *apocréas*, ou privation de chair, parce qu'après le dimanche qui la suit, on cesse de manger de la chair, et l'on use de laitage jusqu'au second jour après la quinquagésime, que commence le grand jeûne de carême. Pendant l'*apocréas*, on ne chante ni triode ni *alleluia*.

APOCRISAIRE ou APOCRISIAIRE, répondant, député, envoyé, terme grec dérivé d'ἀποκρίνομαι, *je réponds*. L'on appelait ainsi dans l'Eglise grecque des ecclésiastiques envoyés dans la ville impériale par les Eglises, par les évêques ou par les monastères, pour y poursuivre les affaires qu'ils avaient à la cour. Justinien, par une loi, défendit aux évêques de s'absenter pour longtemps de leurs diocèses, sans en avoir reçu un ordre exprès de sa part, et il leur ordonna d'envoyer l'*apocrisiaire* ou l'économe de leur Eglise à la cour, lorsqu'ils y auraient des affaires à traiter. Dans la suite les empereurs nommèrent aussi *apocrisiaires* leurs ambassadeurs et leurs envoyés ; mais il ne faut pas les confondre avec les députés ecclésiastiques. Bingham, *Origin. ecclés.*, l. III, c. 13, § 6 ; Justin., *Novell.* VI, c. 2.

APOCRYPHE du grec ἀπόκρυφος, terme qui, selon son étymologie, signifie *caché*. — En ce sens, on nommait *apocryphe* tout écrit gardé secrètement et dérobé à la connaissance du public. Ainsi les livres des sibylles à Rome, confiés à la garde des décemvirs ; les annales d'Egypte et de Tyr, dont les prêtres seuls de ces royaumes étaient dépositaires, et dont la lecture n'était pas permise indifféremment à tout le monde, étaient des livres *apocryphes*. Parmi les divines Ecritures de l'Ancien Testament, un livre pouvait être en même temps, dans ce sens général, un livre sacré et divin, et un livre apocryphe; sacré et divin, parce qu'on en connaissait l'origine, qu'on savait qu'il avait été révélé; *apocryphe*, parce qu'il était déposé dans le temple, et qu'il n'avait point été communiqué au peuple. Car, lorsque les Juifs publiaient leurs livres sacrés, ils les appelaient canoniques et divins, et le nom d'*apocryphes* restait à ceux qu'ils gardaient dans leurs archives, ce qui n'empêchait pas qu'ils ne pussent être sacrés et divins, quoiqu'ils ne fussent pas connus pour tels du public. Ainsi, avant la traduction des Septante, les livres de l'Ancien Testament pouvaient être appelés *apocryphes* par rapport aux Gentils et par rapport aux Juifs; la même qualification convenait aux livres qui n'étaient pas insérés dans le canon ou le catalogue public des Ecritures. C'est précisément ainsi qu'il faut entendre ce que dit saint Epiphane, que les livres *apocryphes* ne sont point déposés dans l'arche parmi les autres écrits inspirés.

Dans le christianisme, on a attaché au mot *apocryphe* une signification différente, et on l'emploie pour exprimer tout livre douteux, dont l'auteur est incertain, et sur la foi duquel on ne peut faire fonds; comme on peut voir dans saint Jérôme, et dans quelques autres Pères grecs et latins plus anciens que lui : ainsi l'on dit un livre, un passage, une histoire *apocryphe*, etc., lorsqu'il y a de fortes raisons de suspecter leur authenticité, et de penser que ces écrits sont supposés. En matière de doctrine, on nomme *apocryphes* les livres des hérétiques, et même des livres qui ne contiennent aucune erreur, mais qui ne sont point reconnus pour divins, c'est-à-dire, qui n'ont été mis ni par la synagogue, ni par l'Eglise, dans le canon, pour être lus en public dans les assemblées des juifs ou des chrétiens.

Dans le doute, si un livre est canonique ou *apocryphe*, s'il doit faire autorité ou non en matière de religion, on sent la nécessité d'un tribunal supérieur et infaillible pour fixer l'incertitude des esprits; et ce tribunal est l'Eglise, à laquelle seule il appartient de donner à un livre le titre de divin, ou de le rejeter comme supposé.

Les catholiques et les protestants ont eu des disputes très-vives sur l'autorité de quelques livres que ces derniers traitent d'*apocryphes*, comme Judith, Esdras, les Machabées : les premiers se sont fondés sur les anciens canons ou catalogues, et sur le témoignage uniforme des Pères; les autres sur la tradition de quelques Eglises. La question est de savoir si l'opinion d'un petit nombre d'Eglises particulières doit l'emporter sur celle du plus grand nombre. Les livres reconnus pour *apocryphes* par l'Eglise catholique, qui sont véritablement hors du canon de l'Ancien Testament, et que nous avons encore aujourd'hui, sont l'*Oraison de Manassés*, qui est à la fin des bibles ordinaires ; le IIIe et le IVe livre des Machabées. A la fin de Job, on trouve une addition dans le grec, qui contient une généalogie de Job, avec un discours de la femme de Job; on voit aussi, dans l'édition grecque, un psaume qui n'est pas du nombre des cent cinquante ; et à la fin du livre de la Sagesse, un discours de Salomon, tiré du VIIIe chapitre du IIIe livre des Rois. Nous n'avons plus le livre d'Enoch, si célèbre dans l'antiquité ; et, selon saint Augustin, on en supposa un autre plein de fictions, que tous les Pères, excepté Tertullien, ont regardé comme *apocryphe*. Il faut aussi ranger dans la classe des ouvrages *apocryphes*, le livre de l'*Assomption de Moïse*, et celui de l'*Assomption* ou *Apocalypse d'Elie*. Quelques juifs ont supposé des livres sous le nom des patriarches, comme celui des *Générations éternelles*, qu'ils attribuaient à Adam. Les ébionites avaient pareillement supposé un livre intitulé l'*Echelle de Jacob*, et un autre qui avait pour titre la *Généalogie des fils et des filles d'Adam*, ouvrages imaginés ou par des Juifs, amateurs des fictions, ou par les hérétiques, qui, par cet artifice, semaient leurs opinions et en recherchaient l'origine jusque dans une antiquité propre à en imposer à des yeux peu clairvoyants.

Lorsque l'Eglise a déclaré un livre *apocryphe*, et l'a exclu du canon des Ecritures, elle n'a pas prétendu décider par là que c'est un livre sans autorité et supposé sous un faux nom. Ainsi le *Pasteur d'Hermas*, que plusieurs anciens Pères ont placé dans le même rang que les livres sacrés, n'a plus aujourd'hui la même autorité ; il ne s'ensuit pas qu'il soit faussement attribué à Hermas, et absolument indigne de croyance. Plusieurs critiques, instruits d'ailleurs, semblent n'avoir pas assez fait cette distinction : parce qu'un ouvrage est regardé comme *apocryphe*, ils ont conclu que ç'a été la production d'un imposteur.

C'est la méprise dans laquelle paraît être tombé l'auteur d'un mémoire *sur les ouvrages apocryphes supposés dans les premiers siècles de l'Eglise*, Mém. de l'Acad. des Inscript., t. XXVII, in-4°, p. 95, qui a été copié par l'auteur de l'*Examen critique des apologistes de la Religion chrétienne*, c. II. Il met à peu près sur la même ligne les livres notoirement supposés et forgés par les hérétiques, les écrits dont les auteurs ne sont pas certainement connus, mais qui ne renferment aucune erreur, et les ouvrages dont les auteurs sont connus, mais qui ne doivent pas être placés dans le canon des livres sacrés, parce que le pape Gélase les a tous déclarés *apocryphes*. Il est cependant évident qu'il y a une grande différence à mettre entre les uns et les autres.

Nous convenons, 1° que les faux Evangiles, publiés sous les noms de saint Pierre, de saint Jacques, de saint Mathias, etc., les faux Actes des Apôtres, les fausses Apocalypses, sont ou des impostures faites malicieusement par des hérétiques dans le dessein d'établir leurs erreurs, et qui ne méritent aucune attention; ou des histoires faites innocemment par des écrivains mal instruits et trop crédules, mais qui n'avaient aucune intention de tromper : une partie de ces différentes productions a paru dans le second siècle ; le reste ne nous est connu que par le décret de Gélase, porté sur la fin du cinquième siècle. Tout cela ne doit point être confondu. — 2° Nous convenons que l'authenticité de la *Lettre d'Abgare* n'est pas incontestable, qu'il n'est pas absolument certain que les apôtres aient eux-mêmes composé le symbole qui porte leur nom, non plus que les liturgies qui leur sont attribuées et les canons appelés *Canons des Apôtres*: mais ces écrits sont-ils *apocryphes* dans le même sens que les précédents ? Le symbole est véritablement le précis de la doctrine des apôtres, leurs liturgies sont très-anciennes, et ont été en usage dès les premiers siècles dans plusieurs Eglises; les canons apostoliques sont l'ouvrage des premiers conciles, et un monument de la discipline suivie pour lors dans l'Eglise. Ce sont donc des pièces respectables, que l'on ne peut rejeter absolument sans témérité. — 3° Nous soutenons que le *Pasteur d'Hermas*, la *Lettre de saint Barnabé*, les deux *Lettres de saint Clément*, les sept *Lettres de saint Ignace* sont *authentiques*, sont véritablement des auteurs auxquels on les attribue; mais que l'on ne doit pas les mettre au rang des livres sacrés ou des écritures canoniques : c'est dans ce sens seulement que l'on peut les nommer *apocryphes*. Nous parlerons de ces divers écrits sous leurs noms propres, de même que du célèbre passage de Josèphe, des livres des sibylles, etc.

Quand on a fait une fois toutes ces distinctions, l'on n'est plus étonné du grand nombre d'écrits supposés dans les premiers siècles et dans les suivants, parce que l'on voit les causes des différentes espèces de suppositions; il est aisé de montrer que la multitude des livres rejetés comme *apocryphes* ne peut former aucun préjugé contre l'*authenticité* ou contre la *canonicité* des autres; il en résulte que le jugement des critiques anciens ou modernes n'est pas une règle infaillible, que la seule décision à laquelle on puisse se fier sans aucun danger d'erreur est celle de l'Eglise.

Mosheim prétend que la multitude des livres *apocryphes*, supposés dans le IIᵉ et le IIIᵉ siècle de l'Eglise, est venue de la méthode de disputer qui s'introduisit parmi les Pères et les docteurs de ces temps-là. Suivant son opinion, les docteurs chrétiens, élevés dans les écoles des rhéteurs et des sophistes, ne se firent aucun scrupule d'adopter la maxime des platoniciens, qui pensaient qu'il était permis d'employer le mensonge et l'imposture pour soutenir la vérité. Conséquemment, les écrivains ecclésiastiques, en disputant contre les païens et contre les hérétiques, furent plus occupés du soin de vaincre leurs adversaires ou de les réduire au silence, que de leur montrer la vérité ; et cette manière de traiter les controverses fut nommée *économique*. On supposa des livres sous des noms respectables; on employa des fraudes pieuses, etc. *Hist. ecclésiast. du* IIᵉ *siècle*, 1ʳᵉ part., c. 3, § 15; IIIᵉ *siècle*, IIᵉ part., c. 3, § 10.

Au mot Économie, nous réfuterons cette calomnie forgée par les protestants, par nécessité de système, pour déprimer l'autorité des Pères de l'Eglise, et avidement adoptée par les incrédules modernes ; nous ferons voir que ces accusateurs téméraires ont prêté aux docteurs chrétiens leur propre génie et leur méthode de disputer. En parlant du second siècle, Mosheim n'avait pas osé affirmer cette imputation : « On aurait tort, dit-il, d'attribuer toutes ces fraudes pieuses aux vrais chrétiens; la plupart des ouvrages *apocryphes* furent la production de l'esprit fertile des gnostiques ; mais je ne saurais assurer que les vrais chrétiens ont été entièrement exempts de ce reproche. » Sous le IIIᵉ siècle, il a été plus hardi; il accuse les controversistes d'avoir supposé les canons des apôtres, les constitutions apostoliques, les récognitions de saint Clément, et les clémentines. — Heureusement la calomnie se dément ici elle-même; de l'aveu de Mosheim, les canons des apôtres renferment la discipline suivie dans l'Eglise pendant le IIᵉ et le IIIᵉ siècles : or, à cette époque, on a fait profession de suivre ce que les apôtres avaient établi dans les Eglises qu'ils avaient fondées ; où est la fausseté, où est la fraude, d'avoir nommé *canons apostoliques* les règles qui transmettaient par écrit la discipline que l'on croyait et que l'on savait avoir été établie par les apôtres ? Il est plus que probable que ces canons n'ont été recueillis et rassemblés qu'au IVᵉ siècle; ce ne peut donc pas être une fraude du IIIᵉ. — Il en est de même des constitutions apostoliques, des récognitions et des clémentines ; on n'en voit encore aucun vestige dans les auteurs du IIIᵉ siècle. Il y a eu plusieurs écrivains nommés *Clément*; si l'on a attribué par erreur à saint Clément de Rome les ouvrages d'un autre Clément, il s'ensuit que l'on a manqué de discernement et de critique, et non que l'on a péché contre la bonne foi. Dans les bas siècles et presque de nos jours, on a mis sous le nom de saint Augustin des sermons, des traités, des commentaires qui n'étaient pas de lui. La critique, devenue plus éclairée et plus circonspecte, découvre tous les jours de ces sortes d'erreurs ; elles ont eu lieu à l'égard des auteurs profanes, comme à l'égard des écrivains sacrés et des Pères de l'Eglise. Il y a de l'entêtement et de la malignité à vouloir que toutes ces méprises soient des impostures réfléchies, plutôt que des fautes d'ignorance et de préoccupation.

Aux articles CONSTITUTIONS APOSTOLIQUES, ÉVANGILE, HERMAS, SIBYLLES, etc., nous ferons voir que la plupart des suppositions des livres *apocryphes* ont pu se faire très-innocemment, que toutes celles qui ont été réfléchies et malicieuses ont été l'ouvrage des hérétiques et des philosophes, et non des docteurs de l'Eglise ; qu'un très-grand nombre se sont faites postérieurement au IIIᵉ et même au IVᵉ siècle. Beausobre, quoique ennemi déclaré des Pères de l'Eglise, convient que la plupart des faux livres qui ont paru plus tôt ont été forgés par un certain Leucius Carinus, hérétique de la secte des docètes. *Hist. du Manich.*, t. I, l. II, c. 2, p. 348. Les soupçons et les accusations des protestants copiés par les incrédules sont donc téméraires et sans aucun fondement.

En général, tout écrivain adopte aisément et sans beaucoup d'examen une histoire, un monument, un livre qui lui paraît favorable à son opinion ; il le cite avec confiance lorsqu'il ne voit aucune raison de le suspecter, et son erreur contribue à en tromper d'autres sans qu'il le veuille. Ce faible est commun aux catholiques et aux hérétiques, aux ecclésiastiques et aux profanes, aux incrédules et aux croyants ; il est dans l'humanité, et il durera autant qu'elle ; ce n'est souvent ni malice, ni mauvaise foi, c'est préoccupation. Y a-t-il de la justice à vouloir que les écrivains ecclésiastiques en aient été exempts? Lorsque nous accusons nos adversaires de mauvaise foi, ils crient à la calomnie, et eux-mêmes ne cessent de former cette accusation contre les personnages les plus respectables, sans aucune preuve. *Voy.* AUTHENTICITÉ, CANON, CANONIQUE.

APODIPNE. C'est ainsi que les Grecs nomment l'office de complies. *Voy.* HEURES CANONIALES.

APOLLINAIRES ou APOLLINARISTES, anciens hérétiques qui ont prétendu que Jésus-Christ n'avait point pris un corps de chair tel que le nôtre, ni une âme raisonnable semblable à la nôtre.

Apollinaire de Laodicée, chef de cette secte, donnait à Jésus-Christ une espèce de corps, dont il soutenait que le Verbe avait été revêtu de toute éternité : corps impassible, qui était descendu du ciel dans le sein de la sainte Vierge, mais qui n'était pas né d'elle ; qu'ainsi Jésus-Christ n'avait point souffert, n'était mort et ressuscité qu'en apparence. Il mettait aussi de la différence entre l'âme de Jésus-Christ et ce que les Grecs appellent νάος, *esprit, entendement;* en conséquence, il disait que le Christ avait pris une âme, mais sans l'entendement ; défaut, ajoutait-il, suppléé par la présence du Verbe. Il y en avait même, entre ses sectateurs, qui avançaient positivement que le Christ n'avait point pris d'âme humaine. On leur donne le nom de *synousiastes*, de même qu'aux eutychiens et à tous ceux qui confondaient les deux natures de Jésus-Christ en une seule. *Voy.* SYNOUSIASTES. — *Apollinaire* faisait encore revivre l'hérésie des millénaires, et enseignait d'autres erreurs sur la Trinité. Théodoret l'accuse d'avoir confondu les Personnes en Dieu, et d'être tombé dans l'erreur des sabelliens. Saint Basile lui reproche, d'un autre côté, d'abandonner le sens littéral de l'Écriture, et de rendre les livres saints entièrement allégoriques.

L'hérésie d'*Apollinaire* consistait, comme on voit, dans des distinctions très-subtiles, auxquelles il n'était guère possible que le commun des fidèles entendît quelque chose ; cependant l'histoire ecclésiastique nous apprend qu'elle fit des progrès considérables en Orient ; plusieurs Églises de cette partie du monde en furent infectées. Elle fut anathématisée dans un concile d'Alexandrie, sous saint Athanase, en 360 ; dans un concile de Rome, sous le pape Damase, l'an 374, et dans le concile général de Constantinople, en 381. Les *apollinaristes* furent aussi appelés *dimérites* ou *séparateurs*, parce qu'ils séparaient l'âme de Jésus-Christ d'avec l'entendement : erreur née probablement de l'opinion de Platon, qui distinguait l'âme sensitive d'avec l'âme raisonnable.

Il ne faut pas confondre l'hérétique dont nous parlons avec *Apollinaire*, évêque d'Hiéraples, qui vivait au II° siècle, et qui présenta, l'an 177, à l'empereur Marc-Aurèle, une apologie du christianisme. Quelques auteurs prétendent que celui de Laodicée avait écrit contre Julien l'Apostat.

APOLLONIUS DE TYANES, philosophe pythagoricien, qui a vécu pendant tout le I°' siècle, et qui est devenu célèbre par l'histoire romanesque que Philostrate, autre espèce de philosophe, en a faite cent ans après la mort de ce personnage.

On sait que le christianisme n'a point eu d'ennemis plus déclarés que les philosophes ; ils n'ont épargné aucune sorte de fourberie pour en détourner les hommes, et pour soutenir l'idolâtrie prête à être détruite. Comme ils virent que les miracles de Jésus-Christ étaient une des plus fortes preuves dont nos apologistes se servaient pour démontrer la divinité de notre religion, et qui faisait le plus d'impression sur les païens, ils trouvèrent bon d'attribuer des prodiges semblables à quelques philosophes, en particulier à celui dont nous parlons.

Vers l'an 211, l'impératrice Julia Domna, femme de Septime Sévère, princesse très-déréglée, et curieuse de merveilleux, chargea Philostrate d'écrire la vie d'Apollonius de Tyanes. Ce sophiste la servit selon son goût. En comparant les prodiges qu'il rapporte de son héros avec ceux que les évangélistes ont attribués à Jésus-Christ, on voit que Philostrate s'est proposé de copier ces derniers, et d'en obscurcir l'éclat par la multitude de ceux qu'il met sur le compte d'Apollonius ; mais il ajoute tant de circonstances fabuleuses, tant d'absurdités et de contradictions, qu'il n'a pas daigné garder la moindre vraisemblance : il s'ensuivrait tout au plus, de ce qu'il raconte, qu'Apollonius était un magicien qui fascinait les yeux, et profitait de l'imbécillité de ses admirateurs pour se faire une réputation. — Il s'en faut beaucoup que son historien l'ait représenté comme un homme très-vertueux ; outre les efforts qu'il fit pour exciter des séditions contre Néron et contre Domitien, on ne voit en lui qu'un sophiste orgueilleux, qui ne cherche que la célébrité, et qui ne s'occupe en aucune manière de la réforme des mœurs.

Sous le règne de Dioclétien, Hiéroclès, président de Bithynie, et ensuite gouverneur d'Alexandrie, grand ennemi des chrétiens, fit un ouvrage pour prouver qu'Apollonius était un plus grand personnage que Jésus-Christ, et il opposa les prétendus miracles du philosophe à ceux de notre Sauveur. Eusèbe de Césarée réfuta ce parallèle ridicule; il fit voir que toutes ces merveilles n'avaient été rapportées par aucun témoin oculaire; qu'il n'en avait pas été question pendant tout le siècle qui s'était écoulé, depuis la mort d'*Apollonius* jusqu'à la naissance du roman de Philostrate ; que ces miracles imaginaires n'avaient produit aucune révolution ni aucun effet qui en pût constater la réalité; que la plupart étaient ridicules, indignes de Dieu, sans aucune utilité pour les hommes, et ne pouvaient aboutir qu'à faire regarder leur auteur comme un magicien. Lactance oppose une partie de ces mêmes réflexions à Hiéroclès, *Divin.Instit.*, l. v, c. 3. — Aussi, malgré tous les efforts des philosophes, le nom d'*Apollonius* et ses prétendus prodiges sont demeurés plongés dans l'oubli, pendant que Jésus-Christ a été reconnu pour Fils de Dieu et Sauveur des hommes dans une très-grande partie de l'univers. Tillemont, *Vie des Emper.*, t. II, pag. 120; Bruker, *Histor. philosoph.*, tom. II, p. 98.

Mosheim, dans ses *Notes sur Cudworth*, c. 4, § 15, n'approuve point le sentiment de ceux qui ont cru qu'*Apollonius* avait réellement opéré des prodiges par l'intervention du démon; il ne peut se persuader que Dieu ait permis à l'ennemi du salut d'exercer sur la terre un pouvoir surnaturel pour tromper les hommes, dans le temps même que Jésus-Christ et les apôtres y exerçaient un pouvoir divin pour détruire l'empire du démon. Il pense donc que les prétendus miracles d'*Apollonius* ne sont que des guérisons naturelles opérées par l'art de la médecine que ce philosophe avait étudiée, mais qui parurent miraculeuses à des Orientaux, toujours extasiés du mérite des médecins, et auxquelles ce fourbe habile eut soin de mêler des tours de charlatans, afin de rendre ses cures plus merveilleuses. — Mosheim ajoute que ce philosophe ne fut que le singe de Pythagore, dont il ambitionnait la célébrité ; que si l'on veut comparer l'histoire d'*Apollonius* par Philostrate, avec celle que Lucien a faite du faux Alexandre, on trouvera entre ces deux imposteurs une ressemblance parfaite. Ces réflexions nous paraissent très-judicieuses.

APOLOGÉTIQUE. Ecrit ou discours fait pour excuser ou justifier une personne ou une action. *Voy.* APOLOGIE.

L'*Apologétique* écrit par Tertullien pour la défense du christianisme, est un ouvrage plein de force et d'élévation, digne du caractère véhément de son auteur. Il y adresse la parole aux magistrats de Carthage, aux grands de l'empire, aux gouverneurs des provinces. — Tertullien s'y attache à montrer l'injustice de la persécution contre une religion que l'on condamnait sans la connaître et sans l'entendre, à réfuter l'idolâtrie et les reproches odieux que les idolâtres faisaient aux chrétiens d'égorger des enfants dans leurs mystères, d'y manger de la chair humaine, d'y commettre des incestes, etc. Pour répondre au crime qu'on leur imputait de manquer d'amour et de fidélité pour la patrie, sous prétexte qu'ils refusaient de faire les serments accoutumés et de jurer par les dieux tutélaires de l'empire, il prouve la soumission des chrétiens aux empereurs. Il en expose aussi la doctrine autant qu'il était nécessaire pour la disculper, mais sans en dévoiler trop clairement les mystères, pour ne pas violer la religion du secret, si expressément recommandée dans ces premiers temps. Cet écrit, tout solide qu'il était, n'eut point d'effet, et la persécution de Sévère n'en fut pas moins violente.

La meilleure édition de cet ouvrage est celle de Leyde en 1718, in-8°, avec des notes de Havercamp, et la meilleure traduction est celle qu'a donnée récemment M. l'abbé de Gourcy.

APOLOGIE, APOLOGISTES. Nous avons perdu plusieurs *apologies* de la religion chrétienne, faites par des auteurs du IIe siècle de l'Eglise, et il y a lieu de les regretter : celles de Quadratus, évêque d'Athènes, de Méliton, évêque de Sardes, d'Apollinaire, évêque d'Hiéraples. On ne nous saura pas mauvais gré de donner ici la liste des ouvrages de nos anciens *apologistes* qui subsistent encore.

Les deux *Apologies* de saint Justin, et son dialogue avec le juif Tryphon. Le discours aux Gentils, par Tatien. La satire contre les philosophes païens, par Hermias. L'ambassade d'Athénagore pour les chrétiens. Les trois livres de saint Théophile, évêque d'Antioche, à Autolycus. La lettre à Diognète. Tous ces ouvrages se trouvent dans la nouvelle édition des œuvres de saint Justin, ils sont du IIe siècle. — L'Exhortation de saint Clément d'Alexandrie aux païens. L'Apologétique de Tertullien, ses livres aux nations et à Scapula, gouverneur de Carthage. Son livre contre les Juifs. La dispute d'Arnobe contre les païens, en six livres. Le Dialogue de Minutius Félix, intitulé *Octavius*, Julius Firmicus Maternus, sur les erreurs des religions profanes. — Les huit livres d'Origène contre Celse. Les Institutions divines de Lactance, en sept livres. La Préparation et la Démonstration évangélique d'Eusèbe, et son livre contre Hiéroclès. Le discours de saint Athanase contre les païens. La Thérapeutique de Théodoret. Les dix livres de saint Cyrille d'Alexandrie contre Julien. Les discours de saint Grégoire de Nazianze contre le même empereur. — Le traité de saint Cyprien sur la vanité des idoles, et sa lettre à Démétrien. Les discours de saint Jean Chrysostome contre les Gentils et les Juifs. Les vingt-deux livres de la Cité de Dieu de saint Augustin ; son traité de la vraie Religion et celui des Mœurs de l'Eglise contre les manichéens. — La dispute d'Evagre entre le juif Simon et le chrétien Théophile. Le livre des Consultations de Zachée, chrétien, et d'Apollonius, philosophe. Le traité de saint Fulgence sur la foi. Les traités dogmatiques de saint Isidore de Séville ; celui de la foi orthodoxe, par saint Jean Damascène. Les Dialogues entre un chrétien et un juif, un nestorien et un sarrasin, par Théodore d'Abucara. Le Monologue et le Prologue de saint

Anselme sur l'existence de Dieu. Deux ouvrages contre les Juifs, par Pierre de Blois. — Le livre de Raymond Martin, intitulé *Pugio fidei*, contre les Juifs, a été publié par Galatin, dans son ouvrage *de Arcanis catholicæ veritatis*.

On ne peut pas accuser les premiers *apologistes* du christianisme d'avoir déguisé les faits ; Quadratus, Méliton, saint Justin, Minutius Félix, étaient environnés d'ennemis qui avaient toutes les facilités possibles de trouver des preuves et des témoins pour confondre l'imposture, si ces écrivains courageux avaient osé hasarder un seul mensonge. Ils avaient eux-mêmes examiné les preuves de cette religion, puisque c'étaient des philosophes ou des hommes instruits ; ils étaient à la source des événements, puisqu'ils avaient été convertis ou par les apôtres, ou par leurs disciples immédiats. Le christianisme était persécuté ; aucun intérêt temporel n'avait donc pu les engager à l'embrasser. Saint Justin confirma, par son martyre, la sincérité de sa croyance. — On ne peut pas dire qu'ils ont passé sous silence ou affaibli les raisons et les objections de leurs adversaires. Origène rapporte les propres termes de Celse ; saint Cyrille copie exactement les paroles de Julien. Sans cette bonne foi, il ne resterait pas aujourd'hui une seule phrase des ouvrages de ces deux philosophes. Les aveux que ceux-ci sont forcés de faire sont encore le bouclier que nous opposons aux attaques des incrédules modernes. Ou ils conviennent expressément des miracles de Jésus-Christ et des apôtres, ou la manière dont ils les combattent équivaut à un aveu formel. Il n'a pas tenu à Origène de verser son sang pour sceller la vérité de son *Apologie*.

Quelques incrédules, pour esquiver les conséquences de ces témoignages, ont prétendu que ces premiers écrivains étaient des philosophes platoniciens ; qu'ils avaient embrassé le christianisme, parce qu'ils avaient trouvé de la ressemblance entre ces dogmes et ceux de Platon ; qu'une fois persuadés de la doctrine, ils n'avaient point contesté sur les faits, et les avaient admis sans examen. Malheureusement cette conjecture est contredite par d'autres critiques, qui soutiennent que ce sont les plus anciens Pères de l'Eglise qui ont introduit dans le christianisme les idées de Platon ; elles n'y étaient donc pas encore lorsqu'ils se sont convertis. Si le platonisme chrétien est leur ouvrage, il n'a pas pu être le motif de leur conversion. — Est-ce de Platon que les Pères ont emprunté l'unité d'un Dieu créateur, le péché originel, la rédemption du monde par un Dieu fait homme ? Ces dogmes s'accordent si peu avec ceux de Platon, que Celse et Julien ne cessent d'opposer la doctrine de ce philosophe à celle du christianisme. C'est aux hérétiques de son temps que Tertullien reproche la fureur de vouloir substituer les rêveries de Platon et des autres philosophes aux leçons de Jésus-Christ et des apôtres. *Voy.* PLATONISME. — Loin de passer légèrement sur les faits, Origène y renvoie continuellement son adversaire : personne n'a soutenu la vérité des miracles de Jésus-Christ et des apôtres avec plus de force que lui ; c'est cependant l'un des Pères auquel on a supposé le plus d'idées platoniciennes.

D'autres critiques ont conjecturé que les remontrances de nos anciens *apologistes* n'avaient jamais été présentées ni aux empereurs, ni aux gouverneurs des provinces ; que ces écrits étaient restés inconnus dans le portefeuille de leurs auteurs, comme les *apologies* que composèrent plusieurs protestants à la naissance de la prétendue réforme. — Il faut du moins que celles de saint Justin aient été présentées aux empereurs, puisque la première est suivie d'un récit d'Adrien à Minutius Fundanus, et d'un ordre d'Antonin aux communes de l'Asie, pour défendre de persécuter les chrétiens pour cause de religion, à moins qu'ils ne se trouvent coupables de quelques crimes. Des hommes toujours prêts à mourir pour leur religion n'ont pas dû craindre de produire au grand jour l'*apologie* qu'ils en avaient faite. Mais sur ce fait, comme sur tous les autres, nos adversaires sont encore en contradiction : tantôt ils accusent les chrétiens d'être allés provoquer la colère des juges païens sur leurs tribunaux ; tantôt ils imaginent que ces hommes avides du martyre n'ont pas seulement osé présenter des remontrances sages et respectueuses. La vérité est que ces deux reproches sont aussi mal fondés l'un que l'autre.

Mosheim, qui ne laisse échapper aucune occasion de déprimer les Pères de l'Eglise, dit, en parlant de nos *apologistes* du IIe et du IIIe siècle, qu'ils attaquèrent avec beaucoup de jugement, de dextérité et de succès, la superstition païenne, mais qu'ils ne réussirent pas si bien à développer la vraie nature et le génie du christianisme ; que leurs *Apologies* sont défectueuses à plusieurs égards ; qu'ils ne furent pas toujours heureux dans le choix de leurs arguments ; que la plupart paraissent avoir manqué de pénétration, d'érudition, d'ordre, d'exactitude et de force ; qu'ils emploient souvent des arguments futiles, plus propres à éblouir l'imagination qu'à convaincre l'esprit. L'un, dit-il, abandonnant les livres saints, où l'on doit prendre des armes pour défendre la religion, s'en rapporte aux décisions des évêques qui gouvernaient les Eglises apostoliques ; un autre, s'imaginant que l'ancienneté d'une doctrine est une preuve de sa vérité, fait valoir la prescription contre ses adversaires, comme s'il défendait sa propriété devant un magistrat civil ; un troisième, entêté d'idées cabalistiques, allègue la puissance imaginaire de certains noms ou termes mystiques. De là Mosheim conclut que ce fut dès le IIe siècle que commença de s'introduire la méthode vicieuse de disputer, que l'on nomme *économique*, par laquelle on cherchait plutôt à dérouter et à confondre un adversaire, qu'à lui montrer la vérité. *Hist. ecclés. du* IIe *siècle*, 1re part., c. 3, § 7 et 8.

Mais, n'est-ce pas Mosheim lui-même qui manque ici de droiture ou de jugement? 1° La contradiction est palpable entre l'éloge qu'il a fait d'abord de nos *apologistes* et les reproches par lesquels il l'empoisonne. Si tous ces reproches sont vrais, leur travail est détestable; en quel sens ont-ils attaqué la superstition païenne *avec beaucoup de jugement, de dextérité et de succès*? — 2° De quel poids auraient été, pour défendre la religion, des arguments tirés de l'Ecriture sainte, contre des païens qui ne croyaient point à cette Ecriture, qui la regardaient comme un recueil de rêveries et de fables? Il fallait donc, pour les convaincre de la vérité et de la divinité de ces livres, des arguments tirés d'ailleurs; Mosheim lui-même aurait été forcé de prendre cette même route, s'il avait eu à prouver le christianisme contre un philosophe païen. Mais voilà l'entêtement des protestants : parce que, selon leur opinion, rien n'est plus vrai que ce qui est écrit, et que l'Ecriture est le seul organe de la révélation, ils jugent que les Pères du II° siècle, qui ont pensé différemment, ont été dans l'erreur, qu'ils n'ont pas connu *la nature et le vrai génie du christianisme*. Si on veut parler du christianisme protestant, cela est très-vrai; mais ces Pères, instruits par les disciples immédiats des apôtres, ont très-bien connu et développé la vraie nature et le génie du christianisme apostolique, qui n'est pas celui des protestants. — 3° Un des principaux préjugés des païens contre notre religion était de prétendre que cette religion était nouvelle, inconnue à tous les sages de l'antiquité; ils se persuadaient que toute vérité devait se trouver chez les Grecs. Pour détruire cette prévention, saint Justin, Tatien, Athénagore, saint Clément d'Alexandrie, se sont attachés tous à prouver que la doctrine de Moïse touchant la Divinité, doctrine qui est la base du christianisme, est beaucoup plus ancienne que celle de tous les écrivains grecs, et que Moïse l'a enseignée plusieurs siècles avant la leur. Ils font voir que les auteurs grecs les plus anciens et les plus estimés sont d'accord avec Moïse touchant l'unité de Dieu, la création du monde, la formation de l'homme, etc. Ces Pères pouvaient-ils répondre plus directement et plus solidement à la prétendue prescription sur laquelle se fondaient les païens? — 4° Un autre préjugé, répandu même parmi les philosophes, était de croire qu'il y a des *mots efficaces*, mais qui n'opèrent rien s'ils ne sont prononcés dans la langue originale. Origène se sert de cette opinion pour réfuter certaines objections de Celse contre les exorcismes et contre les miracles que les chrétiens opéraient par des paroles; nous ne voyons pas où est le crime. De tout temps il a été permis de faire à un adversaire un argument personnel, que l'on nomme argument *ad hominem*, tiré des principes et des opinions de celui contre lequel on dispute. Il ne s'ensuit pas que par cette méthode on a plus envie de confondre un homme que de lui montrer la vérité : la manière la plus efficace de le convaincre est de le prendre par ses propres principes. — 5° C'est Tertullien qui, dans ses *Prescriptions contre les hérétiques*, s'en rapporte aux décisions des évêques qui gouvernaient les Eglises apostoliques; mais il ne disputait pas alors contre des païens. Il était question de savoir quels étaient les livres canoniques ou divins; si les nôtres étaient falsifiés, ou si c'étaient ceux des hérétiques; quel était le sens qu'il fallait leur donner. Or, nous soutenons, avec Tertullien, que ces questions ne pouvaient être solidement résolues que par le témoignage des évêques qui gouvernaient les Eglises apostoliques, et que ce témoignage était irrécusable. Au mot Prescription, nous ferons voir que cet argument, invincible au III° siècle, n'est pas moins solide aujourd'hui, et qu'il n'est pas vrai, comme le prétend Mosheim, que cette façon de disputer puisse nuire à la cause de la vérité. — 6° Si l'on veut se donner la peine de lire l'analyse des *apologies* de saint Justin, de Tatien, d'Athénagore, etc., que les savants éditeurs de saint Justin en ont faite, on verra qu'il est faux que ces auteurs manquent d'ordre, de méthode, de pénétration, d'érudition et de force. Il en est de même de l'*Exhortation aux Gentils* de saint Clément d'Alexandrie, dont on trouvera l'analyse dans l'édition de Potter, pag. 1, dans les notes. Au mot Celse, nous donnerons celle de l'ouvrage d'Origène contre ce philosophe.

Rien n'est donc plus injuste ni plus téméraire que la censure de Mosheim, adoptée aveuglément par les protestants, pour se mettre à couvert d'une objection qui les écrase. Nous persuaderont-ils qu'au II° siècle, immédiatement après la mort des apôtres, on avait déjà oublié *la vraie nature et le génie du christianisme*?

APOLYTIQUE. C'est, dans l'Eglise grecque, une sorte de refrain qui termine les parties considérables de l'office divin. Ce refrain change selon les temps. Le terme *apolytique* est composé de ἀπὸ et de λύω, *je délie, je finis,* etc.

APOSTASIE, APOSTAT. En laissant aux canonistes les divers sens de ce terme qui peuvent les concerner, nous entendons par *apostasie,* le crime de celui qui abandonne la vraie religion pour en embrasser une fausse.

Du temps des apôtres mêmes, il y eut des *apostats* du christianisme; saint Jean nous en parle, et les nomme des antechrists (*I Joan.* II, 8). Le nombre en augmenta lorsque les persécutions devinrent cruelles, Pline en avait interrogé plusieurs, et il déclare, dans sa lettre à Trajan, qu'il n'a rien découvert par leur aveu, sinon que le christianisme est un excès de superstition. En effet, aucun des transfuges n'a jamais révélé aux juifs ni aux païens un seul fait désavantageux à la religion qu'il avait quittée; ils en firent plutôt l'apologie. Lorsque les persécutions cessèrent, plusieurs revinrent à la pénitence, et obtinrent le pardon. C'est une preuve invincible de la vérité et de la sainteté du christianisme, à laquelle ses accusateurs n'ont jamais fait attention.

Hobbes, qui prétendait mettre l'autorité des souverains au-dessus de celle de Dieu, soutient qu'un chrétien est obligé en conscience d'obéir aux lois d'un roi infidèle, même en matière de religion, par conséquent de renier Jésus-Christ par ses paroles, lorsque le souverain l'ordonne, pourvu qu'il conserve dans son cœur la foi en Jésus-Christ. Alors, dit-il, ce n'est pas le sujet qui renie Jésus-Christ devant les hommes, c'est le roi et le gouvernement. Conséquemment il n'approuve pas la constance des martyrs. Pour prouver cette détestable doctrine; il demande ce que devrait faire un mahométan auquel on commanderait, sous peine de la vie, d'abjurer le mahométisme et de professer le christianisme contre sa conscience. Si l'on soutient, dit-il, qu'il doit plutôt souffrir la mort, on autorise tout sujet à résister à son souverain pour cause de religion, soit vraie, soit fausse. *Leviath.* c. XLII, p. 334. — Nous répondons que ce mahométan doit commencer par se laisser instruire, afin de déposer sa fausse conscience ; que s'il lui était impossible de dissiper son aveuglement, supposition que nous n'admettons point, il serait obligé de souffrir la mort. Dieu avait ordonné aux Israélites d'exterminer les autres, mais il n'avait pas commandé de les traîner aux pieds de ses autels, pour leur faire pratiquer le judaïsme sous peine de la vie. Jésus-Christ n'a jamais ordonné d'employer la violence et les supplices, pour forcer les païens à professer sa doctrine contre leur conscience. Au reste, c'est un sophisme de comparer la conscience éclairée et droite d'un chrétien, avec la conscience erronée et fausse d'un païen ou d'un mahométan. C'est une absurdité de vouloir que l'autorité du souverain l'emporte sur la loi divine formellement portée par Jésus-Christ. *Si quelqu'un me renie devant les hommes, je le renierai devant mon Père (Matth.* x, 33). La loi du souverain ne peut avoir de force qu'autant que Dieu nous ordonne de lui être soumis : or, Dieu n'a donné à aucun souverain l'autorité de faire des lois contraires à la sienne. Jésus-Christ nous dit de rendre à César ce qui est à César, et à Dieu ce qui est à Dieu, c. XXII, v. 21 : or, c'est à Dieu, et non à César, de nous prescrire la religion. Si le souverain ordonnait de commettre un parjure, un vol, un adultère, un homicide, ou tout autre crime contraire à la loi naturelle, serions-nous forcés de lui obéir ?

Quelques anciens *apostats*, pour excuser leur crime, nièrent la divinité de Jésus-Christ ; ils dirent qu'ils avaient renié, non un Dieu, mais un homme. *Voy.* ELCÉSAÏTES.

Parmi les catholiques, on nomme encore *apostat* un homme qui, sans dispense légitime, renonce à l'habit et à l'état religieux dans lequel il avait fait profession.

* APOSTOLICITÉ *de l'Eglise*. Un symbole reçu presque universellement chez les chrétiens des diverses communions assigne pour notes de la véritable Eglise, c'est-à-dire de celle qui a conservé toute la doctrine et tous les préceptes de Jésus-Christ, l'UNITÉ, la SAINTETÉ, la CATHOLICITÉ, dont nous parlerons en leur lieu, et l'APOSTOLICITÉ, dont nous avons maintenant à nous occuper, tant sous le rapport du droit que sous celui du fait.

I. La véritable Eglise de Jésus-Christ doit-elle être apostolique ? On sait par l'Evangile que le fondateur de l'Eglise se servit pour l'établir de douze apôtres qu'il instruisit, et qu'il envoya dans les diverses parties du monde pour y annoncer la bonne nouvelle. Il leur dit : *Toute puissance m'a été donnée dans le ciel et sur la terre; allez donc et enseignez toutes les nations, les baptisant au nom du Père, et du Fils, et du Saint-Esprit, et leur apprenant à observer toutes les choses que je vous ai commandées. Et voilà que je suis avec vous tous les jours jusqu'à la consommation des siècles. Comme mon Père m'a envoyé je vous envoie.* En parlant à Pierre : *Tu es Pierre, et sur cette pierre je bâtirai mon Eglise ; et les portes de l'enfer ne prévaudront point contre elle, et je te donnerai les clefs du royaume des cieux ; et tout ce que tu lieras sur la terre sera lié dans le ciel, et tout ce que tu délieras sur la terre sera délié dans le ciel ; pais mes agneaux, pais mes brebis (a).* Saint Paul rappelle que Jésus-Christ a établi les apôtres afin que l'Eglise demeure ferme dans la foi et ne se laisse pas emporter à tout vent de doctrine (*b*). On ne peut méconnaître dans ces paroles l'établissement du ministère pastoral. Aussi les apôtres ont organisé des églises particulières en parfaite harmonie les unes avec les autres, y ont institué des pasteurs à qui ils ont enseigné, avec injonction de les transmettre, les doctrines et les observances prescrites par Jésus-Christ; ils ont investi ces pasteurs de toute l'autorité qu'ils avaient reçue eux-mêmes pour se choisir des successeurs légitimes qui auraient aussi le droit de s'en choisir, et ainsi indéfiniment, c'est-à-dire jusqu'à la fin du monde, et sans qu'il y ait interruption dans la succession des pasteurs. De ces faits, il est facile de conclure que la véritable Eglise de Jésus-Christ doit être celle qui s'est perpétuée par les moyens qu'a prescrits son fondateur, et que, par conséquent, elle doit tenir des apôtres son origine, sa doctrine, les pratiques essentielles de son culte, et ses pasteurs par une succession non interrompue, et en vertu d'une mission légitimement transmise jusqu'à ce jour.

Aussi, dès les temps les plus reculés, nous voyons la masse des chrétiens appliquer la règle de l'apostolicité pour faire le discernement de la véritable Eglise de Jésus-Christ d'avec les diverses sectes ou fractions de chrétiens qui cherchaient à altérer la doctrine reçue communément comme venant des apôtres. C'est ce que nous savons principalement par les écrits de ceux qui sont regardés universellement comme les grands docteurs de leur temps, et que l'on nomme pour cette raison les Pères de l'Eglise. Voici d'abord comment, dans le premier siècle, saint Clément, quatrième chef de l'Eglise (*V.* UNITÉ), caractérise l'apostolicité dans sa 1re épître aux Corinthiens (vers. 42, 43 et 44) : *Les apôtres, écrit-il, nous ont évangélisé de la part de Notre-Seigneur Jésus-Christ, et Jésus-Christ l'a fait de la part de Dieu. Le Christ fut donc envoyé par Dieu, et les apôtres le furent par le Christ, la volonté de Dieu l'ayant ainsi ordonné. C'est pourquoi, après avoir accepté leur mission, les apôtres, fortement persuadés par la résurrection de Notre-Seigneur Jésus-Christ, et confirmés dans la foi tant par la parole de Dieu que par la plénitude de l'Esprit-Saint, se dispersèrent pour annoncer l'arrivée du royaume de Dieu. Prêchant donc dans les pays et les villes, ils établirent évêques et diacres (c), sur ceux*

(a) *Matth.* XVIII, 19, 20 ; XVI, 18, 19.—*Joan.* XX, 21 ; XXI, 15, 16, 17.
(b) *Eph.* IV, 11.
(c) Quelques-uns ont voulu inférer de ce passage que saint Clément n'admettait que deux ordres dans le clergé,

qui *devaient croire, les prémices de leur apostolat, après les avoir éprouvées.* Ce grand docteur, après avoir montré que les envoyés de Christ, perpétuant le sacerdoce en vertu d'une mission divine, n'ont fait que ce que fit Moïse pour établir celui de l'ancienne loi en le mettant à l'abri de toute contestation, continue en ces termes : « Nos apôtres ont connu, par Notre-Seigneur Jésus-Christ, qu'il y aurait aussi des contestations relativement à l'épiscopat. C'est pour ce motif, dont ils avaient acquis une parfaite connaissance anticipée, qu'ils ont établi les pasteurs ci-dessus mentionnés, et qu'ils ont déterminé, pour régler la succession dans la suite, que lorsque ceux-ci seraient morts leur ministère et leurs fonctions seraient conférés à d'autres hommes éprouvés. » Enfin il ajoute que cette transmission de pouvoirs ne se fait que du consentement de l'Église universelle.

Les canons apostoliques, qui, selon de graves critiques, furent rédigés par le même souverain pontife, et qui ont toujours joui dans l'Église de la plus grande autorité (V. CANONS APOSTOLIQUES), tracent les règles à suivre, tant pour la succession régulière et la conservation de la mission légitime des pasteurs de tous les ordres (a), que pour le maintien de la doctrine apostolique (b). Les constitutions apostoliques, dont on ne peut assigner l'époque précise, mais qui sont assurément antérieures au premier concile de Nicée, c'est-à-dire à l'an 325 (V. CONSTITUTIONS APOSTOLIQUES) (c), rappellent (d) les précautions à prendre dans l'élection des évêques, comme ayant été observées dès les temps apostoliques.

Citons maintenant les témoignages des docteurs chrétiens des premiers siècles, ou qui ont rappelé dans leurs écrits l'apostolicité comme caractère de la véritable Église, ou qui l'ont évidemment supposée, soit comme un fait admis universellement, soit comme un principe incontestable. Saint Irénée, disciple de saint Polycarpe, qui le fut lui-même de l'apôtre saint Jean, oppose souvent aux hérétiques de son temps l'apostolicité de la doctrine et la succession légitime des pasteurs. « Tous ceux qui veulent connaître la vérité, dit-il (e), n'ont qu'à lever les yeux pour apercevoir dans toute l'Église la tradition des apôtres répandue dans le monde entier : nous pouvons compter ceux qui ont été établis évêques dans les Églises par les apôtres et leurs successeurs jusqu'à nous. Aucun d'eux n'a enseigné cette doctrine. Mais, comme il serait trop long de tracer en détail la succession des évêques dans les diverses Églises, nous vous renvoyons à la tradition de la plus grande, de la plus ancienne et la plus universellement connue de toutes, l'Église qui fut fondée à Rome par saint Pierre et saint Paul, et qui s'y est perpétuée par la succession de ses évêques jusqu'à nos jours. » Il cite ensuite les noms des différents papes jusqu'à Éleuthère, qui vivait alors. « Il ne faut pas chercher chez d'autres, dit-il plus loin (f), la vérité ; il est facile de la tirer de l'Église catholique, puisque les apôtres y ont versé à pleines mains, comme dans un riche dépôt, tout ce qui tient à la vérité : en sorte que quiconque le veut peut y puiser le breuvage qui donne la vie..... S'il s'élevait une discussion sur quelque légère question, ne faudrait-il pas recourir aux plus anciennes Églises, où les apôtres ont vécu, pour y apprendre ce qu'il y a de certain et de clair sur la matière en litige ? Que ferait-on si les apôtres ne nous eussent point laissé d'Écritures ? ne faudrait-il pas se conformer à la tradition qu'ils ont confiée à ceux qu'ils ont chargés du soin des Églises ? »

Tertullien, dans son admirable livre des *Prescriptions*, s'appuie surtout sur la règle de l'apostolicité, pour confondre les hérétiques de son temps. « Lui-même (Jésus-Christ), écrit-il (a), tandis qu'il était sur la terre, soit dans ses discours au peuple, soit dans ses instructions particulières à ses disciples, a enseigné ce qu'il était, ce qu'il avait été, les volontés de son père dont il était chargé, et ce qu'il exigeait des hommes. Parmi ses disciples, il en choisit douze pour l'accompagner et pour devenir dans la suite les docteurs des nations. L'un d'entre eux ayant été retranché de ce nombre, il commanda aux onze autres, lorsqu'il retourna à son Père, après sa résurrection, d'aller enseigner toutes les nations, et de les baptiser au nom du Père, et du Fils, et du Saint-Esprit. Aussitôt après, les apôtres (ou envoyés) ayant choisi Mathias, sur qui tomba le sort, pour remplacer le traître Judas, selon la prophétie de David, et ayant reçu avec le Saint-Esprit qui leur avait été promis, le don des langues et des miracles, prêchèrent la foi en Jésus-Christ, et établirent des Églises d'abord dans la Judée ; ensuite, s'étant partagé l'univers, ils annoncèrent la même foi et la même doctrine aux nations, et fondèrent des Églises dans les villes. C'est de ces Églises que les autres ont emprunté la semence de la doctrine, et qu'elles l'empruntent encore tous les jours pour devenir des Églises. Par cette raison, on les compte aussi parmi les Églises apostoliques dont elles sont les filles. Tout se rapporte nécessairement à son origine : c'est pourquoi un si grand nombre d'Églises si considérables sont censées la même Église, la première de toutes, fondée par les apôtres et la mère de toutes les autres. Toutes sont apostoliques, toutes ensemble ne font qu'une seule Église par la communication de la paix, la dénomination de frères et les liens de l'hospitalité qui unissent tous les fidèles..... Voici, continue le même Père (c. 21), comme nous tirons de là notre seconde prescription. Si Notre-Seigneur Jésus-Christ a envoyé ses apôtres pour prêcher, il ne faut donc pas recevoir d'autres prédicateurs, parce que personne ne connaît le Père que le Fils et ceux à qui le Fils l'a révélé, et que le Fils n'a révélé qu'aux apôtres, envoyés pour prêcher ce qu'il leur a révélé. Mais qu'ont prêché les apôtres, c'est-à-dire que leur a révélé Jésus-Christ ? Je prétends, fondé sur la même prescription, qu'on ne peut le savoir que par les Églises que les apôtres ont fondées et qu'ils ont instruites de vive voix et ensuite par leurs lettres. Si cela est, il est incontestable que toute doctrine qui s'accorde avec la doctrine de ces Églises apostoliques et matrices, aussi anciennes que la foi, est la véritable, puisque c'est celle que les Églises ont reçue des apôtres, que les apôtres ont reçue de Jésus-Christ, et que Jésus-Christ a reçue de Dieu. Il ne nous reste qu'à démontrer que notre doctrine, dont nous avons présenté plus haut l'abrégé, vient des apôtres, et que, par une conséquence nécessaire, toutes les autres sont fausses. Nous communiquons avec les Églises apostoliques, parce que notre doctrine ne diffère en rien de la leur : voilà notre démonstration. » On ne peut établir ni plus clairement

---

mais c'est à tort. Si l'on se reporte au verset 40, on verra qu'il y mentionne les attributions particulières du souverain Pontife, celle des prêtres, dont il est encore question au verset 44, et même celles des lévites. Il ne parle ici que des évêques et des diacres, parce qu'il cite immédiatement après un texte d'Isaïe où il n'est question que de ces deux ordres de la hiérarchie. Saint Clément a sans doute cité d'après un ancien manuscrit grec perdu depuis longtemps ; car voici ce passage d'Isaïe (LX, 17) sans variantes selon les LXX : Καὶ δώσω τοὺς ἄρχοντάς σου ἐν εἰρήνῃ, καὶ τοὺς ἐπισκόπους σου ἐν δικαιοσύνῃ.

(a) Voir les canons 1, 2, 29, 67 et 75, dans la grande collection des conciles de Mansi, t. I, col. 30 seq.
(b) Canon 59, *ibid.* Voir aussi pour cet objet saint Clément, *Apostolic. const.*, liv. I, c. 7, et Bellarmin, *De clericis*, liv. III, c. 20.
(c) Consulter Mansi, *Sacr. concil. nova et amplissima collectio*, t. I, c. 258 seq.
(d) Liv. II, c. 1, 2 et 3.
(e) *Adversus hæreses*, liv. III, c. 3.
(f) *Ibid.*, c. 4.

(a) *Præscript.*, c. 20.

ni plus énergiquement la règle invariable de l'apostolicité, soit du ministère, soit de la doctrine, que ne l'a fait ce Père à la fin du IIe siècle. Voyons maintenant comment il en fait l'application contre les hérétiques de son temps. Après avoir parlé de Marcion, de Valentin et d'Apelle (c. 30) et de la nouveauté de leurs doctrines, il continue ainsi : « Quant à un certain Nigidius, à Hermogène et à tant d'autres, dont l'occupation unique est de pervertir, qu'ils produisent les titres de leur mission.... Qu'ils prouvent donc qu'ils sont de nouveaux apôtres, que Jésus-Christ est descendu une seconde fois sur la terre, qu'il a de nouveau enseigné.... que, de plus, il leur a communiqué le pouvoir d'opérer les mêmes prodiges que lui-même : c'est à ces traits que nous reconnaissons les vrais apôtres de Jésus-Christ. » Puis il conclut (c. 32) : « Au reste, si quelques-unes de ces sectes osent se dire contemporaines des apôtres pour paraître en venir, faites-nous donc voir, leur répondrons-nous, l'origine de vos églises, l'ordre et la succession de vos évêques, en sorte que vous remontiez jusqu'aux apôtres, ou jusqu'à l'un de ces hommes apostoliques qui ont persévéré jusqu'à la fin dans la communion des apôtres ; car c'est ainsi que les églises vraiment apostoliques justifient qu'elles le sont. Ainsi, l'Église de Smyrne montre Polycarpe que Jean lui a donné pour évêque, et l'Église de Rome, Clément, ordonné par Pierre. Toutes nous montrent de même ceux que les apôtres ont établis leurs évêques, et par le canal de qui elles ont reçu la semence de la doctrine apostolique. Que les hérétiques inventent du moins quelque chose de semblable. Après tant de blasphèmes, tout leur est permis : mais ils auront beau inventer, ils ne gagneront rien ; car leur doctrine, rapprochée de celle des apôtres, prouve assez par son opposition qu'elle n'a pour auteur ni un apôtre, ni un homme apostolique. Les apôtres n'ont pu être opposés les uns aux autres dans leur enseignement ; les hommes apostoliques n'ont pu l'être aux apôtres, si vous exceptez ceux qui les ont abandonnés. Oui, que les hérétiques montrent la conformité de leur doctrine à la doctrine apostolique.... Toutes les hérésies sont donc sommées par nos Églises de justifier par leur doctrine ou par leur origine qu'elles sont apostoliques, comme elles le prétendent. La différence de leur doctrine démontre au contraire qu'elles ne sont rien moins qu'apostoliques : c'est pourquoi aucune Église apostolique ne les reçoit à la paix et à la communion. » Enfin, Tertullien renvoie (c. 36) les hérétiques aux Églises fondées par les apôtres eux-mêmes. « Voulez-vous, leur dit-il, satisfaire une louable curiosité, qui a pour objet le salut, parcourez les Églises apostoliques, où président encore, et dans les mêmes places, les chaires des apôtres ; où lorsque vous entendrez les lectures de leurs lettres originales, vous croirez les voir eux-mêmes et entendre le son de leur voix. Etes-vous près de l'Achaïe, vous avez Corinthe ; de la Macédoine, vous avez Philippes et Thessalonique. Passez-vous en Asie, vous avez Éphèse ; êtes-vous sur les frontières de l'Italie, vous avez Rome, à l'autorité de qui nous sommes aussi à portée de recourir. Heureuse Église, dans le sein de laquelle les apôtres ont répandu et leur doctrine et leur sang ; où Pierre est crucifié comme son maître ; où Paul est couronné comme Jean-Baptiste ; d'où Jean l'Évangéliste, sorti de l'huile bouillante sain et sauf, est relégué dans une île! Voyons donc ce qu'a appris et ce qu'enseigne Rome, et en quoi elle communique particulièrement avec les Églises d'Afrique. » Puis il expose la foi de l'Église de Rome pour justifier de l'apostolicité de celles d'Afrique, qui professent la même doctrine.

Saint Cyprien, au milieu du IIIe siècle, établissait la constitution de l'Église sur l'ordre de succession dans l'épiscopat, observé dans les temps antérieurs et remontant jusqu'aux apôtres (a). Enfin, au commencement du IVe siècle (an 325), le premier concile général tenu à Nicée rédigea un symbole de foi plus explicite que celui des apôtres, dans lequel la qualité d'*apostolique* fut attribuée solennellement à la véritable Église. Or, cette profession de foi fut répétée, mentionnée ou supposée dans toutes les grandes assemblées des premiers pasteurs de l'Église, qui se tinrent depuis, comme nous le voyons pour les conciles de Constantinople, d'Éphèse et de Chalcédoine, dans les actes tant du IIe que du IIIe concile de Constantinople (b). Il en fut de même dans les autres conciles tenus depuis, jusqu'à celui de Trente, terminé en 1563, où le même symbole fut rappelé (c) *à l'exemple des Pères, qui dans les saints conciles, ont observé la coutume d'opposer ce bouclier à toutes les hérésies, au commencement de leurs opérations*..... Ce symbole se trouve aussi reproduit dans tous les livres de liturgie. On voit qu'il serait superflu de citer les Pères de l'Église qui depuis le premier concile de Nicée ont parlé de l'apostolicité comme du caractère le plus distinctif de la véritable société chrétienne.

D'ailleurs, nous voyons dans tous les temps les premiers pasteurs assemblés baser invariablement leurs décisions tant dogmatiques que disciplinaires, ainsi que les jugements qu'ils avaient à prononcer relativement à la réintégration ou à la déposition des évêques, sur la triple règle de l'apostolicité de la doctrine, des pratiques essentielles et du ministère. Nous trouvons une application remarquable de cette règle, concernant la doctrine, dans le IIIe concile tenu à Constantinople en 680 (d), et une autre encore plus solennelle, touchant la succession légitime des pasteurs, dans le quatrième concile (huitième œcuménique) assemblé dans la même ville en 869, à l'effet de déposer Photius ainsi que tous les évêques intrus, et de rétablir dans leurs dignités saint Ignace et ceux qui étaient en communion avec ce patriarche légitime (e).

De tous ces faits, nous sommes en droit de conclure rigoureusement que la véritable Église de Jésus-Christ doit être apostolique. C'est-à-dire, que la société qu'il a établie si miraculeusement, au moyen des hommes les plus simples, mais investis d'une autorité toute divine, pour procurer aux hommes tous les secours dont ils ont besoin dans l'ordre du salut, doit évidemment, d'après sa nature, tirer son origine des apôtres, enseigner une doctrine et prescrire des pratiques apostoliques, ou dont on ne puisse pas assigner l'origine, enfin être gouvernée par une série de pasteurs, tous en communion les uns avec les autres, qui se soient succédé sans interruption depuis les temps apostoliques, et dans la communion des apôtres. D'ailleurs, nous avons vu que ce caractère essentiel de l'Église a été reconnu dans tous les siècles, et qu'il a invariablement servi de règle pour le discernement des doctrines, des pratiques et des pasteurs légitimes de la véritable société chrétienne, de celle qui seule possède les moyens communs et extérieurs de salut.

II. Examinons maintenant quelle est celle des sociétés chrétiennes qui peut à juste titre s'arroger la qualité d'apostolicité. Nous avons vu que la véritable Église de Jésus-Christ doit être apostolique, soit sous le rapport de sa doctrine et de ses pratiques essentielles, soit sous celui de son origine et de la succession légitime et non interrompue de ses pasteurs. Considérons d'abord l'apostolicité de l'Église sous le premier point de vue. Il n'est point nécessaire, pour en faire une juste appréciation, de considérer séparément toutes les doctrines et toutes les pratiques d'une société chrétienne, afin d'en constater direc-

(a) Epist XXVII. — (b) Voir Mansi, t. IX, col. 370, et t. XI, col. 498. — (c) Sell., III. (d) Mansi, t. XI, 190 *seq.* — (e) *Concil. Const.*, IV, act. I, dans Mansi, t. XVI, col. 27 *seq.*

tement l'origine apostolique, en remontant ou en descendant de siècle en siècle : ce serait un travail dont peu de personnes sont capables ; tous les hommes cependant, à quelque condition qu'ils appartiennent, doivent pouvoir sans grand effort reconnaître la véritable porte du salut. Il suffit pour les gens simples qu'ils examinent ou qu'ils s'informent si telle ou telle société chrétienne a ou n'a pas été retranchée d'une autre plus ancienne qui jouissait du droit de possession, si l'on peut ou non assigner l'époque où elle a commencé avec un code doctrinal ou disciplinaire différent en un ou plusieurs points d'un autre suivi antérieurement. Or cet examen, qui est à la portée du plus grand nombre, sera décisif : car, comme le fait observer Bossuet (a), « le moment de la séparation sera toujours si constant, que les hérétiques eux-mêmes ne le pourront désavouer, et qu'ils n'oseront pas seulement tenter de se faire venir de la source par une suite que l'on n'ait jamais vue s'interrompre : c'est le faible inévitable de toutes les sectes que les hommes ont établies ; nul ne peut changer les siècles passés, ni se donner des prédécesseurs, ou faire qu'il les ait trouvés en possession. La seule Eglise catholique remplit tous les siècles précédents par une suite qui ne peut lui être contestée. » Mais il est évident pour tout le monde qu'une secte nouvellement organisée, et avec la prétention de réformer l'ancienne doctrine ou les anciennes pratiques, ne peut être apostolique. Il résulte de ce simple examen que cette qualité ne peut être attribuée qu'à l'Eglise romaine, qui seule n'offre point le caractère de la nouveauté, qui seule n'a jamais varié soit dans ses croyances, soit dans ses pratiques essentielles.

Saint Augustin (b) donne la règle suivante, pour faire juger de l'apostolicité, soit d'un dogme soit d'une pratique : « On est parfaitement fondé à croire, dit-il, que ce qu'observe l'Eglise universelle et y fut toujours observé sans avoir été prescrit par les conciles, ne peut venir que de l'autorité apostolique. » Saint Vincent de Lérins dans ses *Commonitoria*, dit aussi que l'on doit rapporter à une tradition apostolique ce qui a été cru ou observé par tous les fidèles, dans tous les temps et dans tous les lieux. Mais on conçoit que la règle soit d'une application d'autant plus difficile, qu'elle exige la connaissance parfaite de la tradition de l'Eglise universelle, sur tous les dogmes et toutes les pratiques. Néanmoins nous en ferons usage pour démontrer la légitimité des principales croyances et des pratiques essentielles de l'Eglise romaine sous les titres qui leur conviennent (c).

Mais il est beaucoup plus facile d'apprécier d'un seul coup d'œil l'apostolicité de la véritable Eglise par la voie de la prescription. Il est impossible, en effet, qu'il soit survenu aucun changement insensible, inaperçu, dans les doctrines ou dans les pratiques apostoliques : car ce changement se serait introduit ou par suite de l'ignorance où l'on aurait été des croyances et des pratiques du siècle précédent ; ou parce que quelques-uns auraient voulu soit abolir, soit établir frauduleusement un dogme ou une pratique ; ou parce que tous les fidèles auraient conspiré unanimement pour altérer en quelques points la tradition apostolique. Or, chacune de ces hypothèses est insoutenable : la première, parce que toutes les générations ne finissent point avec un siècle, que les précédentes vivent avec les suivantes, et que de tout temps les fidèles de tous les âges ont fait en commun profession de la même foi et exercé publiquement le même culte ; la seconde, parce qu'on se serait récrié contre l'intention perverse des novateurs, aussitôt qu'on se serait aperçu qu'ils avaient la prétention de déroger aux croyances et aux pratiques communes : en supposant qu'ils eussent réussi dans une localité à opérer quelque changement, on aurait réclamé dans mille autres, en leur contestant le droit qu'ils usurpaient, et c'est précisément ce que l'on a fait contre les hérésiarques de tous les siècles ; la troisième hypothèse est encore plus inadmissible, parce qu'il aurait fallu convenir sur tous les points du globe où la religion chrétienne était professée, d'ajouter ou de retrancher tel ou tel article, à partir de tel jour, tout en le laissant ignorer aux générations suivantes, ce qui eût été de toute impossibilité, vu l'opposition des intérêts et des passions, vu surtout les réclamations que n'auraient pas manqué de faire, n'importe dans quel siècle, les ennemis acharnés de l'Eglise, toujours disposés à la trouver en défaut.

On ne peut donc aucunement supposer qu'il soit jamais survenu aucun changement inaperçu, soit dans les doctrines, soit dans les pratiques apostoliques ; d'où l'on doit conclure que cette Eglise seule est apostolique, dans laquelle on ne peut signaler aucun changement, soit dans la croyance, soit dans les pratiques essentielles : or l'Eglise romaine est visiblement la seule qui soit dans ce cas. Dès lors donc que telle croyance ou telle pratique était reçue dans tel siècle, on doit en conclure qu'elle l'était dans le précédent, puis dans les temps antérieurs, en remontant ainsi jusqu'aux apôtres. Car, ainsi que nous l'avons fait voir, aucun changement insensible n'est possible, et s'il se fût introduit quelque innovation, on connaîtrait, selon la remarque de Bellarmin, comme on le fait sur toute hérésie, les six choses suivantes : 1° l'objet de l'innovation, 2° son auteur, 3° le temps où elle a commencé, 4° le lieu de sa naissance, 5° ceux qui s'y sont opposés, 6° la petite société qui en a d'abord favorisé la propagation. Mais aucun de ces indices de nouveauté n'est applicable soit aux doctrines, soit aux pratiques essentielles de l'Eglise romaine, et tous, au contraire, le sont aux croyances et aux observances des autres sectes ; il est donc clair que l'Eglise romaine seule possède un ensemble de doctrines et de pratiques dont aucune n'a été altérée depuis les temps des apôtres, et que, par conséquent, seule elle doit être reconnue apostolique sous ce double rapport.

On pourrait objecter ici qu'il y a eu innovation dans la doctrine de l'Eglise romaine, toutes les fois que de nouveaux points dogmatiques ont été définis : nous renvoyons pour la réponse à l'article Foi, où nous distinguerons rigoureusement la foi implicite de la foi explicite. Quant à la détermination des pratiques essentielles, *Voy.* CULTE, DISCIPLINE.

L'apostolicité du ministère est l'appui et le garant de l'apostolicité de la doctrine. Si le canal par lequel la doctrine passe ne change pas et n'éprouve aucune interruption, n'est-ce pas une preuve que l'on découle de la vraie source ? Si au contraire il y a interruption, on peut marquer l'époque où elle a pu cesser d'être la véritable doctrine.

« On distingue deux choses dans le ministère ecclésiastique, dit M. de La Luzerne, le pouvoir d'ordre et le pouvoir de juridiction. Tous les deux émanent des apôtres qui les avaient reçus de Jésus-Christ. C'est dans la continuité de ces deux pouvoirs, depuis les apôtres qui les premiers ont exercé ce ministère sacré, jusqu'aux évêques qui l'exercent aujourd'hui, que consiste l'apostolicité du ministère. Le premier, c'est-à-dire le pouvoir d'ordre, s'est perpétué sans interruption par l'ordination canonique. Les apôtres ont ordonné les premiers évêques ; ceux-là en ont consacré d'autres : et ainsi les évêques de nos jours ont reçu le même caractère épiscopal qu'avaient les premiers successeurs des apôtres. Si, dans le cours des siècles, il s'est rencontré quelque homme assez téméraire pour entreprendre de faire une ordination

---

(a) *Discours sur l'hist. univ.*, p. n, e. 30.
(b) *De Bapt. contra Donatistas*, liv. IV, c. 24.
(c) Ceux qui aiment les arguments *ad hominem* ne liront pas sans intérêt le chap. XXXIV d'un ouvrage de Thomas Moore intitulé : *Voyage d'un Irlandais à la recherche d'une religion*. Cet intéressant auteur y prouve l'*antiquité apostolique de la doctrine catholique*, tant par les écrits des réformateurs que par ceux des protestants plus modernes. Voir *Démonst. évang.*, t. XIV, col. 159 seq.

d'évêques, sans avoir reçu lui-même des successeurs des apôtres le caractère épiscopal, cette ordination a été non-seulement illégitime, mais encore invalide. Un tel épiscopat, n'étant pas le même qu'avaient les apôtres, n'est pas apostolique; il est nul. Le second pouvoir, qui est le pouvoir de juridiction, ayant été dès l'origine de l'Eglise fixé à des siéges et circonscrit dans des territoires, c'est la succession continue des évêques sur ces siéges qui forme l'apostolicité de la juridiction. Chaque successeur a reçu la juridiction qu'avait son prédécesseur, et cette tradition non interrompue remonte jusqu'aux apôtres. Les érections nouvelles d'évêchés ayant été faites par l'autorité des successeurs des apôtres, sont de même dans la succession apostolique. Les uns sont établis dans les régions récemment acquises à la foi, et sont aussi apostoliques que ceux qu'établissaient les apôtres à mesure qu'ils étendaient leurs prédications : ils sont fondés, comme les premiers, par la puissance apostolique. Les autres sont des démembrements d'évêchés que l'on juge trop étendus. Les évêques qu'on y installe succèdent légitimement en cette partie à ceux dont on a démembré le territoire, lesquels les reconnaissent comme leurs successeurs. Tous ces établissements récents sont de nouveaux rameaux, mais qui sortent de la tige sacrée, et qui tirent leur substance de la racine apostolique. Au contraire, qu'un évêque prétende se faire un siége à lui-même, ou, ce qui revient au même, qu'une puissance qui n'est pas celle des apôtres entreprenne d'en établir un, ce ne sera point un siége apostolique, parce qu'il ne sera pas dans l'ordre de la succession. Celui qu'on y aura élevé pourra avoir l'ordination apostolique, mais il n'aura pas la juridiction apostolique; il n'exercera donc pas un ministère apostolique. »

Il nous reste maintenant à reconnaître quelle est celle des Eglises chrétiennes qui doit être réputée apostolique sous le point de vue de son origine, et de la succession légitime et non interrompue de ses pasteurs. Il serait presque aussi difficile pour un chrétien que pour un infidèle de rechercher la succession régulière des pasteurs de toutes les Eglises particulières; et même la vie de plusieurs hommes ne suffirait pas à un tel travail, pour l'organisation duquel, au reste, les matériaux manqueraient le plus souvent. D'ailleurs, il est un grand nombre d'Eglises particulières dont la doctrine n'a subi aucun changement assignable, et doit être par conséquent réputée apostolique, qui ne peuvent faire remonter la série de leurs pasteurs jusqu'au temps des apôtres qu'en la rattachant à une autre série entée elle-même sur une souche apostolique. Il en est plusieurs autres, principalement en Asie et en Afrique, qui, bien qu'ayant été fondées par des apôtres ou quelques-uns de leurs successeurs légitimes, ne peuvent cependant produire une suite non interrompue de pasteurs pourvus d'une mission régulière, qu'en se greffant sur la souche romaine, et cela pour avoir rompu pendant un temps plus ou moins long la chaîne apostolique. D'après ce qui précède, il est facile de conclure qu'il est rare que l'on puisse juger de l'apostolicité d'origine et de ministère d'une Eglise particulière, en la considérant isolément, et qu'il importe de s'assurer avant tout si cette Eglise est en communion avec une autre réputée plus ancienne, dont il soit facile d'établir la succession non interrompue de pasteurs légitimes. Il est clair, en effet, qu'une Eglise particulière quelconque, qui est en communion de doctrines et de pratiques avec une autre visiblement apostolique, sous tous les rapports, ne peut être gouvernée que par des pasteurs apostoliques, conformément à ces doctrines et à ces pratiques apostoliques elles-mêmes.

Aussi, les plus anciens défenseurs de la véritable Eglise se contentaient-ils de prouver contre les hérétiques que la foi professée par leurs Eglises était la foi de Rome (a), cette grande Eglise dont l'apostolicité n'a jamais pu être sérieusement révoquée en doute : ensuite, ils nommaient tous les successeurs de saint Pierre sur le siége de Rome, jusqu'à celui qui vivait de leur temps. Nous nous abstenons de citer une seconde fois saint Irénée (b), dont nous avons rapporté les paroles en traitant la question du droit. Saint Augustin, dans l'exposition qu'il fait (c) des motifs qui le retiennent dans le sein de l'Eglise catholique romaine, mentionne expressément « la succession de ses prélats sur son siége, depuis saint Pierre, *à qui le Seigneur, après sa résurrection, a confié le soin de paître ses brebis,* jusqu'à l'évêque actuel. » De même saint Optat, écrivant contre les donatistes, énumère tous les papes depuis saint Pierre jusqu'à saint Sirice, qui vivait alors, « avec lequel, dit-il, tout le monde et nous sommes unis de communion. Pour vous (donatistes), ajoute-t-il, donnez-nous l'histoire de votre ministère épiscopal (d). » Cette manière de procéder des SS. Pères, en fait d'apostolicité, avait été remarquée avant nous par le savant Tournely : « Irénée, dit-il, n'énumère pas les évêques de Lyon, ni Eusèbe ceux de Césarée, qui l'avaient précédé, non plus qu'Epiphane ceux de Salamine, qu'Optat ceux de Milève, qu'Augustin ceux d'Hippone; mais tous s'attachent à tracer la série des pontifes romains. »

APOSTOLINS, religieux dont l'ordre commença au xive siècle, à Milan en Italie. Ils prirent ce nom, parce qu'ils faisaient profession d'imiter la vie des apôtres et celle des premiers fidèles.

APOSTOLIQUE, signifie, en général, qui vient des apôtres. On croit dans l'Eglise chrétienne, que la doctrine, pour être vraie, doit être *apostolique,* qu'il ne faut rien enseigner que ce qui nous a été transmis par les apôtres, ou de vive voix, ou par écrit : puisque la doctrine chrétienne est une doctrine révélée, nous ne pouvons la recevoir avec certitude que par l'organe de ceux que Jésus-Christ a *envoyés* pour l'enseigner. Tertullien a établi avec beaucoup de force ce principe, dans ses *Prescriptions* contre les hérétiques. — Par la même raison, la mission des pasteurs, pour être légitime, doit venir des apôtres par une succession non interrompue; toute mission qui ne vient pas d'eux, ne peut venir de Jésus-Christ, ne peut donner aucune autorité ni aucun pouvoir.

Le titre d'*apostolique* est donc un des caractères distinctifs de la véritable Eglise, parce qu'elle fait profession d'être attachée à la doctrine des apôtres; que ses pasteurs, par une succession constante, tiennent leur mission de ces premiers envoyés de Jésus-Christ. Aucune des sociétés qui se disent chrétiennes ne réunit ces deux caractères. Ce titre, qu'on donne aujourd'hui par excellence à l'Eglise romaine, ne lui a pas toujours été uniquement affecté. Dans les premiers siècles du christianisme, il était

(a) Voyez Tertullien, *Præscrip.,* lib., c. xxxvi; *Démonst. évang.,* t. I, c. xcviii; *Curs. complet.,* t. I, col. 793; *Patrolog.,* t. II, c. 49, édit. Migne.
(b) *Adv. hæres.,* liv. III, c. 3.
(c) *Contra epist. Manichæi,* quam vocant *fundamenti,* c. iv. *Patrolog.,* t. LXII, col. 175, édit. Migne. Plusieurs gallicans, et entre autres Régnier, ont supprimé dans ce texte important ce qui a trait à la primauté du saint-siége. Voyez *Curs. compl.,* t. IV, col. 394.
(d) *De schismate donatist.,* liv. II, n. 3. *Patrolog.,* t. XI, col. 917, édit. Migne.

commun à toutes les Eglises qui avaient été fondées par les apôtres, et particulièrement aux siéges de Rome, de Jérusalem, d'Antioche et d'Alexandrie, comme il paraît par divers écrits des Pères et autres monuments de l'histoire ecclésiastique. Les Eglises mêmes qui ne pouvaient pas se dire *apostoliques*, eu égard à leur fondation faite par d'autres que par des apôtres, ne laissaient pas de prendre ce nom, soit à cause de la conformité de leur doctrine avec celle des Eglises *apostoliques* par leur fondation, soit encore parce que tous les évêques se regardaient comme successeurs des apôtres, et qu'ils agissaient dans leurs diocèses avec l'autorité des apôtres. *Voy.* EVÊQUES.

Il paraît encore par les formules de Marculphe, dressées vers l'an 660, qu'on donnait aux évêques le nom d'*apostoliques*. La première trace qu'on trouve de cet usage, est une lettre de Clovis aux prélats assemblés en concile à Orléans; elle commence par ces mots: Le roi Clovis aux saints évêques et très-dignes du siége *apostolique*. Le roi Gontran nomme les évêques assemblés au concile de Boulogne, les pontifes *apostoliques*. — Dans les siècles suivants, les trois patriarcats d'Orient étant tombés entre les mains des Sarrasins, le titre d'*apostolique* fut réservé au seul siége de Rome, comme celui de *pape* au souverain pontife, qui en est évêque. Saint Grégoire le Grand, qui vivait dans le vi siècle, dit, livre v, épit. 37, que, quoiqu'il y ait eu plusieurs apôtres, néanmoins le siége du prince des apôtres a seul la suprême autorité, et par conséquent le nom d'*apostolique*, par un titre particulier. L'abbé Rupert remarque, lib. 1 *de Divin. Offic.*, cap. 27, que les successeurs des apôtres ont été appelés *patriarches*; mais que le successeur de saint Pierre a été nommé par excellence *apostolique*, à cause de la dignité du prince des apôtres. Enfin le concile de Reims, tenu en 1049, déclara que le souverain pontife de Rome était le seul primat *apostolique* de l'Eglise universelle. De là ces expressions aujourd'hui si usitées, siége *apostolique*, nonce *apostolique*, notaire *apostolique*, bref *apostolique*, chambre *apostolique*, vicaire *apostolique*, etc.

APOSTOLIQUES (Pères.) *Voy.* PÈRES DE L'EGLISE.

APOSTOLIQUES, nom que deux sectes différentes ont pris, sous prétexte qu'elles imitaient les mœurs et la pratique des apôtres.

Les premiers *apostoliques*, autrement nommés *apotactites*, s'élevèrent d'entre les encratites ou les cathares dans le iii siècle; ils professaient l'abstinence du mariage, du vin, de la chair, etc. *Voy.* APOTACTITES. — L'autre secte des *apostoliques* fit grand bruit dans le xiii siècle; son fondateur fut Gérard Sagarelli, ou Ségarel, né à Parme. Il exigeait que ses disciples, à l'imitation des apôtres, allassent de ville en ville, vêtus de blanc, avec une longe barbe, les cheveux épars et la tête nue, accompagnés de certaines femmes qu'ils nommaient leurs sœurs. Il les obligeait à renoncer à toute propriété, et à prêcher la pénitence; mais dans leurs assemblées particulières, ils annonçaient la destruction prochaine de l'Eglise de Rome, l'établissement d'un culte plus pur et d'une Eglise plus glorieuse. Cette Eglise, selon lui, était sa secte, qu'il nommait *la congrégation spirituelle*. Il publia que toute l'autorité que Jésus-Christ avait donnée à saint Pierre et à ses successeurs avait pris fin, et qu'il en avait hérité; qu'ainsi le souverain pontife n'avait aucune autorité sur lui: il ajoutait que les femmes pouvaient quitter leurs maris, les maris leurs femmes, pour entrer dans sa congrégation; que c'était le seul moyen d'être sauvé; que Dieu étant partout, il n'y avait pas besoin d'Eglise ni de service divin; qu'il ne fallait point faire de vœux, et que l'attachement à sa doctrine sanctifiait les actions les plus criminelles. On sent quels désordres pouvaient résulter de cette doctrine fanatique. Ségarel fut brûlé vif à Parme, l'an 1300. C'est à cause de lui que quelques auteurs ont désigné les *apostoliques* sous le nom de *ségaréliens*. — Après sa mort, un autre fanatique de Novare, nommé *Dulcin* ou *Doucin*, prit sa place; il se vanta d'être envoyé du ciel pour annoncer aux hommes le règne de la charité: l'on prétendait qu'il se livrait à l'impudicité, et qu'il la permettait à ses sectateurs: la morale prêchée par Ségarel devait nécessairement produire cet effet. Alors les *apostoliques* furent appelés *dulcinistes*, du nom de leur nouveau chef, qu'ils regardaient comme le fondateur du troisième règne. Séduits par les prétendues prophéties de l'abbé Joachim, qui avaient cours pour lors, ils disaient que le règne du Père avait duré depuis le commencement du monde jusqu'à Jésus-Christ, que celui du Fils avait fini l'an 1300; que le règne du Saint-Esprit commençait sous la direction de Doucin. Celui-ci publia que le pape Boniface VIII, les prêtres et les moines, périraient par l'épée de l'empereur Frédéric III, fils de Pierre, roi d'Aragon, et qu'un nouveau pontife plus pieux serait placé sur le siége de Rome. Il leva même une armée, afin de commencer à vérifier lui-même ses prédictions. Reynier, évêque de Verceil, s'opposa vivement à ce dessein; et pendant une guerre de plus de deux ans, il y eut beaucoup de sang répandu de part et d'autre. Enfin, Doucin, vaincu et pris dans une bataille, fut mis à mort à Verceil, l'an 1307, avec une femme nommée *Marguerite*, qu'il avait prise pour sa sœur spirituelle. — Dès ce moment sa secte se dissipa en Italie. L'on présume que les restes se réunirent aux vaudois dans les vallées du Piémont; mais il s'en trouva encore en France et en Allemagne. Mosheim assure que l'an 1402, l'un de ces fanatiques fut brûlé vif à Lubeck. *Hist. eccl. du xiii siècle*, ii part., c. 5, § 14, note. Lorsque les protestants déclament contre les supplices que l'on a fait subir à ces sectaires, ils devraient faire attention qu'on ne les a pas punis pour leurs erreurs, mais parce qu'ils troublaient la tranquilité publique et l'ordre de la société. Une erreur innocente, qui ne peut porter préjudice à personne, est graciable sans doute; mais une doctrine séditieuse, qui échauffe les esprits, corrompt les mœurs, alarme les gouvernements et qui est suivie d'émotion parmi le peuple, est un crime d'Etat ; on a droit d'en punir les auteurs et les sectateurs opiniâtres.

Il n'est pas étonnant que les historiens n'aient pas rapporté d'une manière uniforme les erreurs et la conduite des *apostoliques*. Dans une secte de fanatiques ignorants, la croyance ne peut être la même; chacun a droit de rêver et de publier ses visions : quelques-uns peuvent avoir des mœurs pures, pendant que les autres se livrent aux plus grands désordres. Il en a été de même dans tous les temps et parmi toutes sortes de sectaires. — Mosheim nous apprend encore que parmi les mennonites ou anabaptistes de Hollande, il y a aussi une branche que l'on nomme *apostoliques*, du nom de *Samuel Apostool*, l'un de leurs pasteurs. Ce sont des mennonites rigides, qui n'admettent dans leur communion que ceux qui font profession de croire tous les points de doctrine contenus dans leur confession de foi publique ; au lieu qu'une autre branche, appelée des *galénistes*, reçoit tous ceux qui reconnaissent l'origine divine de l'Ancien et du Nouveau Testament, quels que soient d'ailleurs leurs sentiments particuliers. *Hist. ecclésiast.* du XVIIᵉ *siècle*, sect. 2ᵉ, IIᵉ part., c. 4, § 7.

APOTACTITES ou APOTACTIQUES, en grec, ἀποτακτίται composé d'ἀπό et τάττω, *je renonce*. C'est le nom d'une secte d'anciens hérétiques qui renonçaient à tous leurs biens et voulaient imposer à tous les chrétiens l'obligation de faire de même, pour suivre les conseils évangéliques, et pour imiter l'exemple des apôtres et des premiers fidèles.—Il ne paraît pas qu'ils aient donné d'abord dans aucune autre erreur. Selon quelques auteurs ecclésiastiques, ils eurent des vierges et des martyrs sous la persécution de Dioclétien au quatrième siècle. Ensuite ils tombèrent dans l'hérésie des encratites ; de là vient que la sixième loi du Code théodosien joint les *apotactiques* aux eunomiens et aux ariens. Selon saint Epiphane, ils se servaient, comme les encratistes, de certains actes apocryphes de saint Thomas et de saint André, dans lesquels il est probable qu'ils avaient puisé leurs opinions.

APOTHÉOSE, action de placer un homme au rang des dieux. Sur cet article, qui appartient à l'histoire, nous ne ferons qu'une réflexion. Si les païens n'avaient placé au rang des dieux ou des objets de leur culte que des hommes recommandables par leurs vertus et par leurs bienfaits, cette cérémonie qui attestait la croyance de l'immortalité de l'âme, aurait été du moins une leçon pour les mœurs. Mais accorder les honneurs divins à des personnages aussi vicieux et aussi méchants que l'ont été la plupart des empereurs, c'était un outrage sanglant fait à la majesté divine, et la plus mauvaise instruction que l'on pût donner aux peuples ; il en résultait que ce n'est pas la vertu qui conduit l'homme au bonheur éternel. Cela bus démontre jusqu'à quel point l'idée de la Divinité était dégradée chez les païens. — C'est une injustice absurde d'avoir voulu comparer l'*apothéose* des empereurs à la canonisation des saints comme ont fait quelques incrédules ; jamais l'Eglise n'a prétendu accorder à des hommes les mêmes honneurs qu'à Dieu, et n'a placé au nombre des saints des personnages odieux par leurs vices.

APOTRES, envoyé, du grec ἀπό et στέλλω, *j'envoie*. On désigne sous ce nom les douze disciples que Jésus-Christ a choisis et envoyés lui-même pour prêcher son Evangile et le répandre chez toutes les nations.

Quelques faux prédicateurs voulurent contester à saint Paul la qualité d'*apôtre*, sous prétexte qu'il n'avait été ni instruit, ni envoyé par Jésus-Christ. Saint Paul releva ce reproche avec force au commencement de son Epître aux Galates. En effet, son élection et sa mission sont clairement marquées dans ces paroles que Dieu dit à Ananie, en parlant de Saul converti (*Act.* IX, 16) : *Cet homme est un instrument que j'ai choisi pour porter mon nom devant les rois et les nations.* Dieu voulait montrer par là qu'il est le maître de donner une mission extraordinaire à qui il lui plaît ; que, lorsque les *apôtres* choisis par Jésus-Christ ne seraient plus, la mission ne serait pas pour cela détruite et anéantie.—Mais à cette mission divine saint Paul ajouta la mission ordinaire qui vient des pasteurs de l'Eglise, par la prière et par l'imposition des mains, des prophètes et des docteurs de l'Eglise d'Antioche (*Act.* XIII, 2 et 3). Exemple qui n'a pas été imité par ceux qui, dans la suite des siècles, se sont prétendus suscités de Dieu pour réformer l'Eglise.

Le ministère des *apôtres* consistait, 1° à enseigner toutes les nations : *Prêchez l'Evangile à toute créature; ce que je vous dis à l'oreille, publiez-le sur les toits*, etc. Or, la fonction d'enseigner avec autorité emportait celle de juger et de décider quelle était la doctrine conforme ou contraire à celle de Jésus-Christ, d'approuver la première et de condamner la seconde : les *apôtres* en ont usé ainsi, nous le voyons par leurs lettres. 2° A gouverner le troupeau de Jésus-Christ en qualité de pasteurs. Ce divin Sauveur n'avait pas chargé saint Pierre seul de cette fonction, lorsqu'il lui avait dit : *Paissez mes agneaux, paissez mes brebis*, puisque cet apôtre lui-même dit aux anciens de l'Eglise ou aux prêtres : *Paissez le troupeau de Dieu qui est autour de vous, non en dominant sur le clergé, mais en lui servant de modèle de tout votre cœur ; et lorsque le prince des pasteurs paraîtra, vous recevrez une couronne de gloire incorruptible* (*I Petr.* V, 2). Or, le soin du pasteur ne se borne point à guider les ouailles ; il consiste aussi à les nourrir, à les guérir lorsqu'elles sont malades, à les ramener lorsqu'elles s'égarent : conséquemment Jésus-Christ charge les *apôtres* de baptiser ; il leur donne le pouvoir de remettre et de retenir les péchés, de consacrer son corps et son sang, de donner le Saint-Esprit, etc. *Que l'homme nous regarde*, dit saint Paul, *comme* les ministres de Jésus-Christ et les dispensateurs des mystères de Dieu (*I Cor.* IV, 1). Il dit aux anciens de l'Eglise d'Ephèse, que le Saint-Esprit les a établis évêques ou surveillants pour gouverner l'Eglise de Dieu (*Act.* XX, 28). 3° A exercer l'autorité de juges et de législateurs : *Au temps de la régénération, leur dit Jésus-Christ, ou du renouvellement de toutes choses, lorsque le Fils de l'homme sera placé sur le trône de sa majesté, vous serez assis vous-mêmes sur douze siéges pour juger les douze tribus d'Israël* (*Matth.* XIX, 28). Il leur déclare que tout ce qu'ils auront lié ou délié sur la terre sera lié ou délié dans le ciel, cap. XVIII, v. 18. Aussi, dans le concile de Jérusalem, ils font une loi aux fidèles de s'abstenir du sang, des chairs suffoquées, etc. (*Act.* XV, 28). Saint Paul juge un incestueux digne d'être livré à Satan (*I Cor.* V, 3, etc.)

Sur quels fondements quelques protestants, précepteurs de nos incrédules, leur ont-ils appris que les *apôtres* n'avaient reçu de Dieu point d'autre autorité que celle d'enseigner; que les autres priviléges dont le clergé s'est emparé, sont autant d'usurpations et d'entreprises injustes sur la liberté des fidèles? Aux mots EVÊQUE, PASTEUR, SUCCESSION, nous prouverons, par l'Ecriture sainte et par des raisons solides, que les pouvoirs des *apôtres* sont transmis par l'ordination aux pasteurs de l'Eglise, et nous répondrons aux calomnies des ennemis du clergé.—Quant à l'enseignement, il est essentiel de remarquer que les *apôtres* ont été de simples témoins de ce que Jésus-Christ avait fait et enseigné; il leur dit : *Vous me servirez de témoins* (*Act.* I, 8). Eux-mêmes se donnent pour tels : *Nous ne pouvons,* disent-ils, *nous dispenser de publier ce que nous avons vu et entendu* (*Act.* IV, 20). *Nous vous annonçons et nous vous attestons ce que nous avons vu et entendu* (*I Joan.* I, 1 et 2). *J'ai reçu du Seigneur, dit saint Paul, ce que je vous ai enseigné* (*I Cor.* II, 23). Il serait impossible que douze *apôtres* et une multitude de disciples dispersés eussent enseigné une même doctrine, eussent établi une même foi, si tous n'avaient pas été fidèles à prêcher ce qu'ils avaient vu et ce qu'ils avaient appris de Jésus-Christ. L'uniformité de doctrine atteste évidemment l'unité d'origine.—En second lieu, quoiqu'ils eussent le don des miracles, il leur aurait été impossible de faire un grand nombre de prosélytes et de fonder des églises, si les faits qu'ils publiaient n'avaient pas été incontestables et poussés au plus haut degré de notoriété. Un thaumaturge aurait beau faire des miracles, pour nous persuader des faits dont la fausseté nous serait clairement connue, surtout des faits dont les conséquences doivent influer sur toute notre vie; à moins que la notoriété publique ne vienne à l'appui de son témoignage, un miracle ne nous convertira pas.— Or, les faits que les *apôtres* ont publiés sur le lieu même où ils sont arrivés, où se trouvaient les témoins oculaires, sont les miracles de Jésus-Christ et surtout sa résurrection. L'on ne pouvait être chrétien sans croire ces faits essentiels; ce sont les faits qui ont persuadé la doctrine, et non la doctrine qui a fait croire les faits. Comment les *apôtres* auraient-ils pu convertir un seul Juif à Jérusalem, si les miracles et la résurrection de Jésus-Christ avaient été contredits par la notoriété publique?

On ne conteste point aux *apôtres* la qualité d'envoyés de Jésus-Christ; mais il s'agit de prouver aux incrédules que cette mission était divine, que les *apôtres* ont fait des miracles pour le démontrer, qu'ils ont eu d'ailleurs tous les signes qui peuvent caractériser des envoyés de Dieu.—1° L'histoire appelée les *Actes des apôtres*, dans laquelle leurs miracles sont rapportés, a été mise entre les mains des fidèles, dans un temps où l'on pouvait apprendre des témoins oculaires si ces miracles étaient réels ou imaginaires. Le boiteux guéri sous les yeux du peuple à la porte du temple, la résurrection de Tabithe, les dons du Saint-Esprit communiqués par l'imposition des mains des *apôtres*, l'efficacité de l'ombre de saint Pierre, etc., ne sont point des prestiges sur lesquels l'illusion ait pu avoir lieu; la plupart ont été opérés en présence de témoins intéressés à les contester. S'ils ne sont pas réels, si ce sont des imposteurs, il est impossible que des juifs et des païens y aient ajouté foi et se soient convertis; que les *apôtres* aient fondé des églises à Jérusalem, à Antioche, à Rome, et dans les principales villes de la Grèce, composées en partie de juifs qui avaient pu se trouver à Jérusalem aux fêtes de Pâques ou de la Pentecôte, l'année même de la mort du Sauveur.—2° Saint Paul, écrivant à ces différentes Eglises, attribue ses succès aux miracles qu'il a faits (*Rom.* XV, 18 et 19; *I Cor.* II, 4). Il les donne pour preuve de son apostolat (*II Cor.* XII, 12; *Ephes.* I, 19, etc.). Si ceux auxquels il parle n'avaient été témoins de ces miracles, auraient-ils souffert patiemment les reproches et les réprimandes qu'il leur fait?—3° Dans le Talmud de Jérusalem, qui est le plus ancien, les juifs conviennent qu'il se faisait des miracles au nom de Jésus-Christ. *Voy.* Galatin, l. VIII, c. 5. Il fallait que ce fait fût bien avéré pour arracher un pareil aveu de la part des juifs.—4° Celse et Julien traitent de *magiciens* les disciples de Jésus-Christ. Cette accusation prouve du moins que ces disciples faisaient profession d'opérer des miracles, et que c'était une opinion constante. Mais jamais les *magiciens* n'ont fait des miracles pour tirer les hommes de l'erreur et du vice, pour enseigner la vérité et la vertu. C'est la réponse de nos apologistes. —5° A la naissance de l'Eglise, il parut de faux messies, de faux docteurs, de faux *apôtres* : tous promettaient des miracles, séduisaient le peuple par des prestiges. Jésus-Christ l'avait prédit, les *apôtres* s'en plaignent; les premières hérésies ont été l'ouvrage de ces imposteurs. Si les *apôtres* n'avaient pas fait des miracles réels et incontestables pour les confondre, ils n'auraient pas eu un succès plus durable; on n'aurait pas fait plus de cas d'eux que des fourbes qu'ils avaient démasqués.—6° Les incrédules ne réfléchissent point sur la difficulté qu'il y avait de convertir les juifs, de dessiller les yeux des païens, de réunir en société religieuse deux espèces d'hommes qui se détestaient, de subjuguer des philosophes opiniâtres, de lasser la cruauté des persécuteurs. Qu'ils se tâtent eux-mêmes, et qu'ils voient si leurs prédécesseurs ont pu être vaincus sans miracles.

Vainement ils ont épuisé toute leur sagacité pour trouver dans la conduite des *apôtres* des signes d'impostures; la sincérité, la candeur, le désintéressement, la charité, la patience, le courage des envoyés de Jésus-Christ ont éclaté dans toutes leurs démarches; ils ont retracé le tableau des vertus de leur maître : sans ce caractère décisif de mission divine, ils n'auraient pas inspiré aux fidèles une si grande vénération pour eux. On avait vu beaucoup de philosophes s'ériger en réformateurs des vices et des erreurs de l'humanité; mais aucun n'avait montré les vertus, la sagesse, la charité, le courage, la sainteté des *apôtres*.

Il n'est pas prouvé, dit-on, qu'ils aient souffert le martyre pour confirmer leurs prédications : l'on ne connaît leur genre de mort que par des actes supposés, par des légendes ridicules et apocryphes.—Nous soutenons que le martyre de la plupart des *apôtres* est très-bien prouvé. Celui de saint Pierre et de saint Paul est attesté par leurs disciples et par leur tombeau; celui de saint Jacques le Majeur et de saint Étienne est rapporté dans les *Actes des apôtres*; celui de saint Jacques le Mineur est rapporté par Josèphe, *Antiq. Jud.*, liv. xx, chap. 8; celui de saint Siméon, âgé de six vingts ans, et de plusieurs autres parents de Jésus-Christ, est attesté par Hégésippe, auteur presque contemporain. Eusèbe, *Hist. ecclés.*, liv. III, c. 32. Saint Clément de Rome, témoin oculaire, après avoir parlé du martyre de saint Pierre et de saint Paul, dit qu'ils ont été suivis par une grande multitude d'élus, qui ont bravé comme eux les outrages et les tourments. *Epist. I*, n° 6. Saint Polycarpe dit que saint Paul et les autres *apôtres* sont tous dans le Seigneur, avec lequel ils ont souffert : *cum quo et passi sunt*. *Epist. ad Philipp*. Saint Clément d'Alexandrie dit de même que les *apôtres* sont morts comme Jésus-Christ, pour les Églises qu'ils avaient fondées. *Strom.* liv. IV, c. 9. Ce divin maître le leur avait prédit. *Luc.* XXI, 16. Sa parole a été accomplie. Nous n'avons donc pas besoin de pièces apocryphes pour prouver le martyre des *apôtres*. —Mosheim, qui le révoque en doute, *Hist. christ.*, sect. 1, § 16, y oppose un passage d'Héracléon, hérétique du II° siècle, qui soutient que Matthieu, Philippe, Thomas, Lévi, et plusieurs autres, ne sont pas morts pour avoir confessé Jésus-Christ. Clément d'Alexandrie, qui réfute ce passage, n'a pas cependant osé affirmer le fait contraire. *Strom.*, l. IV, c. 9 p. 595. Mais Mosheim en impose. Héracléon, qui soutenait l'inutilité du martyre, était intéressé à contester celui des *apôtres*; ainsi, son témoignage est suspect. aussi Clément d'Alexandrie le réfute formellement, *ibid*. p. 597. « Le Seigneur, dit-il, a bu seul le calice pour purifier les hommes, même les infidèles qui lui tendaient des pièges; à son exemple, les *apôtres*, vrais et parfaits gnostiques, ont souffert pour les Églises qu'ils ont fondées. » Mosheim ne fait point mention du témoignage de saint Polycarpe, qui est décisif; les paroles des Pères postérieurs qu'il allègue ne sont que des preuves négatives, qui ne peuvent prévaloir à des assertions positives. Vers le milieu du II° siècle, temps auquel vivait Héracléon, l'on pouvait encore ignorer le martyre de plusieurs *apôtres*, qui était arrivé dans des pays éloignés, et duquel on a été informé dans la suite.

Lorsque les incrédules ont voulu raisonner sur la conduite des *apôtres*, sur les causes du succès de leur prédication, ils se sont trouvés fort embarrassés; ils ont été forcés de leur prêter des qualités incompatibles, et qui jamais n'ont pu se rencontrer ensemble dans la nature humaine. Ils leur ont attribué une ignorance excessive et des ruses impénétrables, une grossièreté sans égale et un projet de politique profonde, une crédulité stupide et une prudence consommée, un intérêt sordide et un courage héroïque, un fanatisme révoltant et un zèle ardent pour la gloire de Jésus-Christ, une scélératesse obstinée et le désir de sanctifier le monde, une aveugle ambition et la soif du martyre. — Ces accusations contradictoires suffisent sans doute pour faire l'apologie des *apôtres*; mais si on les examine en détail, on en voit encore mieux l'absurdité. Quand les *apôtres* auraient été assez stupides pour se laisser tromper par les miracles, par les apparences de vertu, par les promesses de Jésus-Christ, leur erreur a dû cesser après la mort de leur maître. S'il n'est pas ressuscité comme il l'avait promis, il est impossible que ses *apôtres* et tous ses disciples n'aient pas compris qu'il les avait trompés. Quel motif a pu les engager pour lors à braver les travaux, les tourments et la mort pour établir l'Évangile et pour tout rapporter à la gloire d'un maître qui s'était joué de leur crédulité? Un tel projet choque de front tous les sentiments de l'humanité.— D'ailleurs, il eût été trop tard de former ce projet pendant les quarante jours qui se sont écoulés après la mort du Sauveur, puisque l'on est obligé de supposer que les *apôtres* ont dérobé son corps dans le tombeau, pour pouvoir publier sa résurrection. Comment espérer qu'un complot, dans lequel il fallait faire entrer tant de personnes, ne serait dévoilé par aucun des complices? Des hommes simples et grossiers, tels que les *apôtres*, sont ordinairement timides et peu susceptibles d'ambition; s'ils avaient été dominés par l'intérêt, ils auraient eu plus à gagner en découvrant aux Juifs l'imposture de leurs collègues, qu'en s'obstinant à la soutenir aux dépens de leur vie.—Enfin, quel est donc l'*intérêt* qui a pu engager douze *apôtres* à demeurer attachés à leur maître après sa mort, s'il n'est pas ressuscité? Dès ce moment ils ont dû perdre les espérances que ses promesses leur avaient fait concevoir, ne rien attendre que d'eux-mêmes, ne travailler que pour eux seuls : au contraire, ils persistent à se sacrifier pour lui; ils entreprennent de le faire reconnaître par toute la terre pour le Fils de Dieu, de lui faire rendre hommage par tous les hommes. Quand cela aurait pu leur être utile dans la Judée, où les miracles de Jésus-Christ l'avaient rendu célèbre, cela ne leur servait de rien dans les régions éloignées, où l'on n'avait pas entendu parler de lui. Les a-t-on vus quelque part se faire une fortune, se former un troupeau pour leur utilité, s'attribuer la gloire de leurs succès, jouir tranquillement des respects, de la confiance, des libéralités des fidèles? Saint Jean est le seul qui, dans sa vieillesse, se soit fixé à un siége particulier: tous les autres sont morts dans les travaux, dans les voyages, dans les périls de l'apostolat; tous ont pu dire comme saint Paul : *Si nous n'espérons rien que dans ce monde, nous sommes les plus malheureux de tous les hommes* (*I Cor.* xv, 19).—D'ailleurs, si les *apôtres* ont été des imposteurs, loin de prendre aucun des moyens propres à déguiser leur imposture, ils ont choisi les plus capables de la dévoiler : des hommes intéressés à tromper auraient supposé des personnages moins connus, des faits moins palpables, des prodiges moins récents, un théâtre moins public.—Il a paru dans le monde un assez grand nombre d'imposteurs, mais ils ne se sont pas conduits comme les *apôtres* ; aucun n'a montré autant de candeur, de désintéressement, de zèle, n'a donné des leçons de vertu aussi touchantes, n'a désiré de verser son sang pour confirmer la vérité de sa doctrine, n'a rapporté à Dieu toute la gloire de ses succès.

Indépendamment de l'intérêt qu'avaient les Juifs de découvrir l'imposture des *apôtres*, s'ils avaient trompé sur un seul fait, d'autres ennemis les auraient démasqués. Il y eut bientôt de faux *apôtres*, qui altérèrent la doctrine de Jésus-Christ : saint Paul et saint Jean s'en plaignent dans leurs lettres; il y eut des Juifs entêtés, qui, malgré leur foi en Jésus-Christ, voulaient que l'on continuât d'observer les rites mosaïques; il y eut même des apostats : nous les voyons par les lettres de saint Jean; il se trouva bientôt des philosophes qui contestèrent, les uns la divinité de Jésus-Christ, les autres la réalité de sa chair, plusieurs sa naissance miraculeuse, etc. Au milieu de ces disputes, de ces jalousies, de ces intérêts divers, comment ne s'est-il pas trouvé un seul homme qui ait eu ou la bonne foi ou la malice de mettre au jour la fausseté de quelqu'un des faits publiés par les *apôtres*, surtout du fait le plus essentiel de tous, de la résurrection de Jésus-Christ?—Ils témoignent, dans leurs écrits, qu'ils ont fait des miracles, que c'est par là qu'ils ont confirmé leur doctrine, et non par des raisonnements. (*I. Cor.* II, 4, etc.) Si cela n'est pas vrai, l'on ne concevra jamais comment ils ont pu trouver un seul auditeur assez aveugle pour s'attacher à eux. — En un mot, la conduite des *apôtres*, leurs leçons, leurs succès, leur persévérance dans l'apostolat jusqu'à la mort, la durée de l'édifice qu'ils ont fondé malgré les orages dont il est battu depuis dix-huit siècles, sont autant de preuves démonstratives de la vérité et de la divinité du christianisme.

On donne communément le nom d'*apôtre* à celui qui le premier a porté la foi dans un pays : c'est ainsi que saint Denis, premier évêque de Paris, est l'*apôtre* de la France; saint Boniface, l'*apôtre* de l'Allemagne; le moine saint Augustin, l'*apôtre* de l'Angleterre; saint François-Xavier, l'*apôtre* des Indes. — La mort tragique des *apôtres* semblait bien propre à rebuter ceux qui seraient tentés de les imiter; mais non, ç'a été plutôt un nouvel attrait pour engager des milliers d'hommes à se livrer aux travaux de l'apostolat. Voilà, suivant l'opinion des incrédules, une nouvelle espèce de fanatisme dont il n'y avait jamais eu d'exemple dans le monde.

Il y a eu des temps où le pape était spécialement appelé l'*Apôtre*, à cause de sa prééminence en qualité de successeur de saint Pierre. *Voy.* Sidoine Apollinaire, liv. v, ép. 4.

Apôtre était encore, dans l'origine de l'Eglise, le titre que l'on donnait à ses envoyés, à ceux qui voyageaient pour ses intérêts. Ainsi saint Paul dit dans son Epître aux Romains (xvi, 7) : *Saluez Andronicus et Junia mes parents et compagnons de ma captivité, qui sont distingués parmi les* APÔTRES. C'était aussi le titre qu'on donnait à ceux qui étaient envoyés par quelques Eglises, pour en apporter les collectes et les aumônes des fidèles, destinées à subvenir au besoin des pauvres et du clergé de quelques autres Eglises. C'est pourquoi saint Paul, écrivant aux Philippiens, leur dit qu'Epaphrodite, leur *apôtre*, avait fourni à ses besoins, c. xi, 25. Les chrétiens avaient emprunté cet usage des synagogues, qui donnaient le même nom à ceux qu'elles chargeaient d'un pareil soin, et celui d'*apostolat* à l'office charitable qu'ils exerçaient. Mais les *apôtres* ou envoyés de la synagogue n'ont rien de commun avec ceux de Jésus-Christ.

Apôtre, dans la liturgie grecque, ἀπόστολος, est un terme usité pour désigner un livre qui contient principalement les Epîtres de saint Paul, selon l'ordre ou le cours de l'année; car comme ils ont un livre nommé εὐαγγέλιον, qui contient les Evangiles, ils ont aussi un ἀπόστολος, et il y a apparence qu'il ne contenait d'abord que les Epîtres de saint Paul; mais depuis un très-long temps il renferme aussi les *Actes des apôtres*, les Epîtres canoniques et l'Apocalypse; c'est pourquoi on l'appelle aussi πραξαπόστολος, à cause des actes qu'il contient, et que les Grecs nomment πράξεις. Le nom d'*apostolus* a été en usage dans l'Eglise latine dans le même sens, comme nous l'apprennent saint Grégoire le Grand, Hincmar et Isidore de Séville : c'est ce qu'on nomme aujourd'hui *épistolier*.

*APÔTRES (*Faux*).* Il se trouva dans la primitive Eglise des Juifs convertis qui voyaient avec peine la doctrine de Jésus-Christ s'étendre au delà de la Judée; ils disaient qu'il était venu uniquement pour sauver Israël. Ils furent condamnés. Ils sont connus sous le nom de *faux apôtres*.

APPARITION. Action par laquelle un esprit tel que Dieu, un ange bon ou mauvais, l'âme d'un mort se rend sensible, agit et converse avec les hommes. Les exemples en sont fréquents dans l'Ecriture sainte.

Selon l'histoire même de la création, Dieu a conversé d'une manière sensible avec Adam et ses enfants, avec Noé et sa famille, avec Abraham, Isaac, Jacob, Moïse et plusieurs prophètes. Les Pères de l'Eglise ont agité la question de savoir si c'était Dieu lui-même qui se rendait présent et visible aux hommes, ou si c'était un ange qui parlait et agissait au nom de Dieu. Presque tous les anciens ont été persuadés que c'était le Verbe divin, seconde personne de la sainte Trinité, qui préludait ainsi au mystère de l'incarnation; d'autres ont cru que c'étaient des anges. Il serait difficile de prouver d'une manière incontestable l'un ou l'autre de ces sentiments; tous deux peuvent être vrais, eu égard aux circonstances. Il semble d'abord qu'à moins de faire violence au texte sacré, on ne peut pas nier que le Créateur lui-même n'ait parlé et conversé avec Adam, Noé et Abraham; il ne paraît pas probable qu'un ange ait dit à Moïse, dans le buisson ardent : *Je suis le Dieu de ton père, le Dieu d'Abraham*; et aux Israélites assemblés au pied du mont Sinaï : *Je suis le Seigneur votre Dieu, qui vous ai tirés d'Egypte* (*Exod*. xx, 2). Cependant nous lisons dans *les Actes des apôtres* (vii, 37), que c'était un ange qui parlait à Moïse sur le mont Sinaï; et saint Etienne dit aux Juifs: *Vous avez reçu une loi disposée par les anges* (*Ibid*., 53). Sous quelle figure cet ange se montrait-il alors? Sous aucune. Moïse dit formellement aux Israélites : *Lorsque Dieu vous a parlé à Horeb du milieu d'un feu, vous avez entendu sa voix: mais vous n'avez vu aucune figure, de peur que, trompés par là, vous ne fussiez tentés de faire quelque représentation de mâle ou de femelle, et de l'adorer* (*Deut*. iv, 12, 15, etc.). Il est dit que Moïse parlait à Dieu face à face dans la nuée qui était à l'entrée du tabernacle; mais lorsque Moïse lui dit : *Seigneur, si j'ai trouvé grâce devant vous, montrez-moi votre visage, afin que je vous connaisse; montrez-moi votre gloire*. Dieu lui répond : *Vous ne pouvez pas voir mon visage; aucun homme ne me verra sans mourir* (*Exod*. xxxiii, 9, 11, 13, etc.). Il paraît néanmoins, par les premiers chapitres de la Genèse, que Dieu, pour converser avec nos premiers parents, se revêtait d'un corps visible; mais on ne peut pas affirmer que c'était un corps humain. — Dans d'autres circonstances, les anges qui parlaient aux hommes, leur apparaissaient sous une figure humaine : ainsi un ange conversa dans le désert avec Agar, et cette femme crut que c'était Dieu lui-même (*Gen*. xvi, 7 et 13). Les trois anges envoyés pour détruire Sodome prirent un repas dans la tente d'Abraham; l'un d'entre eux, qui lui promit un fils, est appelé le Seigneur, *Jéhovah* (xviii, 13). Ces sortes d'*apparitions* des bons anges sont fréquentes dans l'ancien et le Nouveau Testament; mais nous ne voyons dans l'Ancien aucun exemple d'*apparitions* des anges de ténèbres; la première fois qu'il en est fait mention dans l'Ecriture sainte, est à l'occasion de la tentation de Jésus-Christ au désert (*Matth*. iv, 1).

Il est aussi rarement question d'*apparition* des morts. Samuel apparut à Saül, lorsque celui-ci le fit évoquer par la pythonisse d'Endor (*I Reg*. xxviii, 15). Judas Machabée vit aussi le grand prêtre Onias et Jérémie qui lui parlèrent après leur mort, mais c'était en songe (*II Machab*. xv, 14). Nous lisons, *Matth*., xxvii, 52, qu'à la mort du Sauveur, et après sa résurrection, plusieurs morts sortirent de leur tombeau, entrèrent à Jérusalem, et apparurent à plusieurs personnes.

Nous ne nous arrêterons point à examiner la multitude des *apparitions* des esprits rapportées par les auteurs profanes; les philosophes du iiie et du ive siècle de l'Eglise, entêtés de théurgie, de théopsie et de magie, croyaient ou faisaient semblant de croire que l'on pouvait converser avec les génies ou dieux du paganisme; que plusieurs hommes en avaient vu, leur avaient parlé et en avaient reçu des réponses. Quelques Pères de l'Eglise ont été persuadés qu'en effet le démon s'était rendu sensible à ses magiciens, en particulier à Julien l'Apostat, et que Dieu l'avait permis pour punir leur impiété. On ne peut savoir avec certitude jusqu'à quel point l'imagination, les prestiges de l'esprit impur, ou l'imposture, ont eu lieu dans ces circonstances. Comment nous fier à de prétendus philosophes, dont la mauvaise foi allait de pair avec leur fanatisme? Porphyre et Jamblique, moins entêtés que les autres, ont témoigné qu'ils n'ajoutaient aucune foi à toutes ces visions; les chrétiens ont plus d'une fois défié les païens de faire agir en leur présence ces génies dont on vantait la puissance (Tertull., *Apolog*., c. 22 et 23). Si l'on veut en croire les voyageurs, les magiciens caraïbes ont souvent commerce avec le démon.

Quant aux *apparitions* des morts, rien n'est plus commun, soit chez les historiens païens, soit dans nos écrivains des bas siècles; c'est ce qui avait fait naître dans le paganisme la nécromancie, ou l'art d'évoquer les morts, pour apprendre d'eux l'avenir; mais aucun de ces faits dont nos pères repaissaient leur crédulité, n'est fondé sur des preuves assez fortes pour nous obliger à le croire. S'il y en avait de bien prouvés, nous n'aurions aucune répugnance à y ajouter foi. D'autre part, les doutes que nous inspirent des narrations apocryphes, ne dérogent en aucune manière à la certitude des faits rapportés dans les livres saints; vainement les incrédules se croient en droit de tout nier, parce que tout n'est pas également prouvé.

1° Ceux qui admettent un Dieu, peuvent-ils mettre des bornes à sa puissance, régler ses décrets, prescrire la conduite qu'il a dû tenir envers les hommes depuis la création? Dieu sans doute peut se revêtir d'un corps, c'est-à-dire rendre sa présence sensible, par la parole et par l'action qu'il donne à un corps quelconque : que ce corps soit igné, aérien, lumineux ou opaque, cela est égal; on ne prouvera jamais que cette manière d'instruire les hommes, de leur dicter des lois, de leur prescrire une religion, est indigne de la sagesse et de la majesté divine : Dieu a donc pu s'en servir. Comment prouvera-t-on qu'il ne l'a pas fait? Une preuve qu'il l'a fait à l'égard des patriarches, de Moïse et d'autres, c'est qu'il nous ont laissé les monuments d'une religion, plus pure, plus sainte, plus sensée, plus vraie que toutes celles des peuples qui n'ont pas eu le même secours. Il faut donc que Dieu la leur ait révélée. La manière dont ils disent que cette révélation leur a été faite était donc convenable, puisqu'elle a produit l'effet que Dieu se proposait. — Les *apparitions* des anges et des morts ne renferment pas plus de difficulté que les *apparitions* de Dieu. Il ne lui est pas moins aisé de donner un corps à un ange que d'en revêtir une âme humaine ; lorsque celle-ci est séparée de son corps, Dieu peut certainement la faire reparaître, lui rendre le même corps qu'elle avait, ou un autre, la remettre en état de faire les mêmes fonctions qu'elle faisait avant la mort. Ce moyen d'instruire les hommes et de les rendre dociles est un des plus frappants que Dieu puisse employer.

2° Les matérialistes mêmes, qui ne croient ni à Dieu ni aux esprits, et qui nient tous les faits capables d'en prouver l'existence, ne raisonnent pas conséquemment. Bayle a démontré que Spinosa, dans son système d'athéisme, ne pouvait nier ni les esprits, ni leurs *apparitions*, ni les miracles, ni les démons, ni les enfers. *Dict. crit.*, *Spinosa*, rem. Q et suiv. En effet, selon l'opinion des matérialistes, la puissance de la nature, c'est-à-dire de la matière, est infinie : or, elle ne le serait pas si elle ne pouvait pas faire tout ce qui est rapporté dans l'histoire sainte. Un défenseur de ce système nous dit que nous ne savons point si la nature n'est pas actuellement occupée à produire plusieurs êtres nouveaux, si elle ne rassemble pas dans son laboratoire les éléments propres à faire éclore des générations toutes nouvelles, et qui n'auront rien de commun avec ce que nous connaissons. *Système de la nat.*, tom. I, c: 6, pag. 86, 87. Donc nous ne savons pas non plus si, plusieurs milliers d'années avant nous, elle n'a pas produit des phénomènes singuliers, et que nous ne concevons point. Nous ignorons si, par quelques combinaisons fortuites de la matière, il ne s'est pas allumé au sommet du mont Sinaï un feu terrible, d'où sortait une voix qui a dicté le Décalogue. Nous ne pouvons décider si par d'autres combinaisons il ne s'est pas formé tout à coup une figure d'homme qui a conduit, protégé et comblé de biens le jeune Tobie; si, par magie ou autrement, il n'est pas sorti de terre un spectre semblable à Samuel qui a parlé à Saül, etc. Puisque la nature, par sa toute-puissance, a fait des hommes tels que nous sommes, pourquoi ne pourrait-elle pas former des anges beaucoup plus puissants que les hommes, des corps ignés ou aériens capables de faire des choses supérieures aux forces humaines?

3° En bonne logique, les sceptiques peuvent encore moins rejeter le témoignage des auteurs sacrés. Selon leur système, il n'y a aucune connexion nécessaire entre les idées qui nous viennent à l'esprit par les sensations, et l'état réel des corps existants hors de nous : nous ne sommes pas sûrs s'ils sont réellement tels qu'ils paraissent à nos sens. Donc le cerveau de Moïse a pu être affecté de manière qu'il ait cru voir, entendre, et faire tout ce qu'il raconte ; les têtes de la famille de Tobie ont pu se trouver dans la même situation que si un ange leur était apparu, leur avait parlé, et avait fait tout ce qu'ils ont ont cru voir et éprouver ; les organes de Saül ont pu être modifiés de la même manière que si Samuel était réellement sorti du tombeau, etc. Nous aurions donc tort de suspecter la sincérité de ceux qui ont écrit ces faits. A la vérité, si c'étaient des illusions, tous ces gens-là n'étaient pas dans leur bon sens; qu'importe? Nous ne sommes pas sûrs si à ce moment notre cerveau et celui des sceptiques ne sont pas aussi malades que celui des personnages dont nous parlons. — Si donc les incrédules savaient raisonner, ils ne borneraient jamais les forces de la nature, ni le nombre des possibles ; ils seraient aussi crédules que les vieilles, les enfants et les ignorants les plus grossiers. Ceux qui croient à la magie sans croire en Dieu ne sont pas ceux qui raisonnent le plus mal.

4° Le grand argument est de dire : Si tout cela était arrivé autrefois, il arriverait encore; puisqu'il n'arrive plus depuis que l'on est mieux instruit, c'est une preuve qu'il n'est jamais arrivé. Faux raisonnement. Selon l'opinion des matérialistes, il est sorti autrefois du sein de la terre ou de la mer, des hommes tout formés, il n'en sort plus aujourd'hui; tous viennent au monde par une suite de générations régulières. Si nous en croyons les sceptiques, il n'y a aucune connexion nécessaire entre ce qui se fait aujourd'hui et ce qui est arrivé autrefois. Dès qu'il n'y a point de providence qui entretienne dans la nature un ordre constant, il n'est rien qui ne puisse arriver par hasard, ou par des combinaisons inconnues de la matière.

Les déistes, à leur tour, se fondent mal à propos sur ce même argument. S'il y a un Dieu, il a pu et il a dû conduire autrement le genre humain dans son enfance que dans les âges postérieurs. Il fallait alors des miracles, des prophéties, des *apparitions* et des inspirations pour établir la vraie religion : une fois fondée, elle n'en a plus besoin : les mêmes faits qui lui ont servi d'attestation dans l'origine, lui en serviront jusqu'à la fin des siècles : il n'est donc plus nécessaire que Dieu fasse aujourd'hui ce qu'il a fait autrefois. C'est la réflexion de saint Augustin.

Il s'en faut beaucoup que les dissertations de dom Calmet sur les *apparitions* aient été faites avec la sagacité et le bon sens qu'exigeait une matière aussi délicate. L'abbé Langlet lui a fait, avec raison, plusieurs reproches dans son traité sur le même sujet, t. II, p. 91. Celui-ci prouve fort bien que le très-grand nombre des *apparitions* des morts, rapportées par les écrivains des bas siècles, manquent de preuves et de vraisemblance, p. 393 *et suiv.*

APPARITIONS DE JÉSUS-CHRIST APRÈS SA RÉSURRECTION. Il est dit, *Actes des apôtres*, qu'après sa résurrection, Jésus-Christ s'est montré vivant à ses apôtres, et les en a convaincus par un grand nombre de preuves pendant quarante jours, conversant avec eux, leur parlant du royaume de Dieu, buvant et mangeant avec eux; qu'ils l'ont vu de leurs yeux monter aux cieux (*Act.* 1). Les évangélistes nous apprennent qu'il s'est montré différentes fois à ses apôtres, soit dispersés, soit rassemblés, et aux saintes femmes; qu'il leur a parlé, qu'il s'est laissé toucher, qu'il a invité le plus incrédule d'entre eux à mettre le doigt sur ses plaies, qu'il a bu et mangé plusieurs fois avec eux. Ces *apparitions* n'étaient donc point des illusions. — Mais aucun des évangélistes ne s'est attaché à raconter toutes ces *apparitions* et ces conversations, à les arranger dans l'ordre selon lequel elles sont arrivées, à en détailler toutes les circonstances. Saint Matthieu n'en a cité que deux, saint Marc fait mention de quatre, saint Luc n'en a rapporté que cinq, saint Jean quatre; aucun d'eux n'en a fixé le nombre. Ils en parlaient comme d'une chose très-connue parmi eux, sur laquelle personne ne pouvait former des doutes. Ils ne pensaient pas que dans la suite des siècles les incrédules éplucheraient toutes leurs paroles, y chercheraient des contradictions, argumenteraient sur la brièveté de leur récit, se plaindraient de ce qu'il n'est pas assez exact, etc. Aucun titre, aucune histoire ne peut être assez claire, ni assez précise, pour prévenir toutes les objections des opiniâtres.

La grande objection des incrédules, est que ces *apparitions* ne suffisent pas pour prouver la résurrection de Jésus-Christ. Il avait promis publiquement de ressusciter, disent-ils; donc il devait ressusciter en public. Il fallait se montrer aux prêtres, aux pharisiens, aux docteurs juifs, au sanhédrin de Jérusalem; le témoignage de ces gens-là aurait été d'un tout autre poids que celui d'une poignée de disciples déjà séduits. Un gouverneur romain, un tétrarque, un grand prêtre juif, convertis par l'*apparition* de Jésus-Christ, eussent fait plus d'impression sur un homme de bon sens, que cette populace ignorante que l'on suppose avoir été persuadée par la prédication de saint Pierre. — Mais ici nos adversaires s'arrêtent en beau chemin : la résurrection de Jésus-Christ ne devait pas seulement être crue à Jérusalem, elle devait être publiée et crue dans le monde entier. Pourquoi vouloir que les autres nations fussent obligées de croire aux témoignages des principaux de Jérusalem? Il ne tenait qu'à Jésus-Christ de mourir et de ressusciter à Rome, à Pékin, à Paris, de se montrer à l'univers entier : le miracle aurait été plus authentique et plus convaincant; les *hommes de bon sens* auraient cru sur le témoignage de leurs propres yeux.

De tous les arguments des incrédules, il n'en est peut-être point de plus absurde que celui-ci : Dieu pouvait donner de plus fortes preuves de telle ou telle vérité; donc celles qu'il a données ne suffisent pas. Les athées sont partis de là; ils disent que s'il y a un Dieu, il devait écrire son existence dans le ciel en caractères lumineux et visibles à tous les yeux. — Nous soutenons que Jésus-Christ n'a pas dû faire ce que l'on exige de lui, ni pour les Juifs, ni pour les païens, ni en faveur des incrédules; que quand il l'aurait fait, sa résurrection ne paraîtrait pas mieux prouvée à ces derniers, et qu'ils ne seraient pas plus disposés qu'ils le sont à y croire.— 1° Plusieurs posent pour principe, qu'une résurrection est un fait *impossible*, qu'aucune preuve ne peut jamais le constater; d'autres, que c'est un fait *incroyable;* que quand ils verraient de leurs yeux un mort ressuscité, ils ne croiraient pas. Donc c'est une absurdité et une dérision pure de leur part, d'exiger des preuves auxquelles ils sont résolus d'avance de ne pas croire. Si les Juifs pensaient de même, comme ils l'ont assez témoigné par leur conduite, il est clair que la vue même de Jésus-Christ ressuscité ne les aurait pas convaincus. Il ne leur aurait pas été plus difficile de dire : *C'est le diable qui a pris la figure de Jésus pour nous tromper*, que de dire, comme ils ont fait : *C'est par le pouvoir du démon que cet homme fait des miracles.* — 2° C'est une impiété de soutenir que Jésus-Christ devait, par un excès de bonté et par le don de la foi, récompenser la faiblesse de Pilate qui l'avait livré à la mort contre sa conscience, l'injustice du grand prêtre qui l'avait condamné comme blasphémateur, la turpitude du sanhédrin qui avait souscrit à l'arrêt, la fureur du peuple qui avait crié, *Crucifiez-le*, la rage des bourreaux qui l'avaient couvert d'opprobres et de plaies. Dieu avait-il donc besoin de tous ces malfaiteurs pour accomplir ses desseins? — 3° Jésus-Christ a rempli sa promesse dans toute son étendue; il n'avait pas promis de ressusciter *en public* et sous les yeux des Juifs, ni de se montrer à eux après sa résurrection incontestable. Mais les Juifs ont résisté au témoignage des gardes, à l'attestation des apôtres, confirmée par leurs miracles, à l'exemple de huit mille hommes convertis par saint Pierre à l'impression que devaient faire sur eux les vertus des premiers chrétiens, aux fléaux terribles que Dieu fit tomber sur la Judée pour punir le déicide qui y avait été commis. Dieu doit-il multiplier les miracles pour forcer de pareils hommes à se convertir? Tels ont été et tels seront toujours les incrédules de tous les siècles. — 4° Quand les principaux Juifs et le sanhédrin auraient cru en Jésus-Christ, quelle impression leur témoignage aurait-il fait sur les Romains ou sur les incrédules modernes? Aucune. Les Romains ont dit, et les incrédules répètent, que les Juifs étaient des ignorants, des rêveurs, des fanatiques avides de merveilleux, incapables de discerner le vrai d'avec le faux, et un miracle d'avec un prestige. Selon le principe de nos adversaires, les Juifs de la Grèce ni ceux de Rome n'étaient pas obligés de s'en fier au témoignage de leurs frères de Judée, sur un fait aussi merveilleux et aussi *incroyable* que la résurrection de Jésus; les païens encore moins; tous pouvaient dire comme les incrédules : Est-il raisonnable d'exiger que nous croyions, sur la parole d'autrui, un fait dont Dieu pouvait nous convaincre par nos propres yeux? — 5° Quand Jésus ressuscité se serait montré aux chefs de la synagogue, comment le saurions-nous? Par le témoignage des Juifs convertis : car enfin des Juifs incrédules n'auraient pas pris la peine de nous en informer, ni de mettre par écrit un fait qui les aurait couverts d'opprobre. Or, les incrédules modernes commencent par rejeter comme suspecte l'attestation de tous ceux qui ont cru en Jésus-Christ : ce sont, disent-ils, des hommes prévenus, séduits, intéressés à la cause de leur maître; ce sont des fanatiques ou des imposteurs. Les chefs de la synagogue seraient-ils plus à couvert de cette accusation que les apôtres et les évangélistes? C'est assez qu'un fait quelconque, ou un témoignage, paraisse aux incrédules trop favorable au christianisme, pour qu'ils les rejettent sans examen : voilà la principale raison qui les prévient contre le témoignage que l'historien Josèphe a rendu à Jésus-Christ. — 6° Enfin, si les grands prêtres, le tétrarque de la Judée, le sanhédrin en corps, avaient attesté la résurrection de Jésus-Christ, et avaient cru en lui, les incrédules diraient qu'il y a eu collusion entre tous ces personnages et les apôtres, qu'ils avaient formé de concert le projet de faire reconnaître Jésus-Christ pour le Messie, afin de soulever le peuple, de faire une révolution, et de secouer le joug des Romains; que toute cette scène a été un complot d'intérêt national et de politique; qu'ainsi la prétendue conversion des grands et du peuple ne prouve rien, etc. L'esprit fécond de nos adversaires pourrait-il jamais manquer de raisons ou de prétextes pour autoriser leur incrédulité?

Dieu a su mieux qu'eux ce qu'il fallait pour persuader les esprits droits et les hommes sensés. La résurrection de Jésus-Christ a été publiée, prouvée et crue cinquante jours après, sur le lieu même où elle était arrivée, par huit mille Juifs que la prédication de saint Pierre persuada et convertit (*Act.* II, 41; IV, 6). Telles furent les prémices de l'Eglise qui se forma dès lors à Jérusalem, et qui a subsisté aussi longtemps que cette ville. Bientôt plusieurs prêtres furent au nombre des fidèles (*Act.* VI, 7). Aucun motif ne pouvait les engager à croire la résurrection de Jésus-Christ, que la certitude incontestable et la notoriété du fait : donc les preuves en étaient convaincantes et invincibles. Tel est le point essentiel contre lequel aucune objection ne prévaudra. *Voy.* RÉSURRECTION.

APPEL AU FUTUR CONCILE. C'est un expédient dont on s'est avisé de nos jours pour esquiver la censure de certaines opinions, condamnées par le souverain pontife, censure approuvée et confirmée par le suffrage de l'Eglise universelle, puisqu'à l'exception de quelques évêques de France, point d'autres n'ont réclamé. Il est étonnant qu'un procédé aussi étrange ait pu trouver des partisans et des apologistes. — Les appelants savaient bien qu'il n'y avait point pour eux de *futur concile* à espérer; que l'Eglise universelle ne s'assemblerait pas pour juger s'ils avaient droit ou tort, que c'était appeler à un tribunal qui n'existerait peut-être jamais. L'Eglise dispersée avait applaudi à plusieurs jugements déjà portés par le saint-siège sur cette même matière; pouvait-on supposer que l'Eglise changerait de croyance lorsqu'elle serait assemblée, et que la circonstance d'un *concile* opérerait une révolution subite dans tous les esprits? Le comble du ridicule a été de croire qu'un appel donnait le droit de continuer à enseigner la doctrine censurée. Si les appelants avaient été condamnés dans un *concile*, ils auraient appelé, comme tous les hérétiques, au jugement de Dieu.

Mosheim, dans une de ses dissertations sur l'*Histoire ecclésiastique*, t. I, pag. 581, a très-bien prouvé que ces sortes d'*appels* sont inconciliables avec la doctrine catholique touchant l'unité de l'Eglise, que les appelants se sont joués des termes, en protestant qu'ils ne prétendaient point déroger à cette unité par leur *appel*; mais nous réfuterons ailleurs ce qu'il soutient dans le même endroit, savoir, que cette même croyance touchant l'unité de l'Eglise, ne peut pas s'accorder avec le sentiment de l'Eglise gallicane sur la supériorité des *conciles* généraux à l'égard du pape. Les partisans de Quesnel n'appelaient pas de la décision du pape seul à celle d'un *concile* général, mais de la décision du pape, confirmée par l'acquiescement de l'Eglise universelle. Cela est fort différent. *Voy.* UNITÉ DE L'EGLISE.

* APPEL COMME D'ABUS. L'appel comme d'abus est un acte par lequel une personne qui croit avoir raison de se plaindre d'un jugement rendu par un juge inférieur, demande que l'affaire soit examinée et jugée de nouveau par un juge supérieur. Ayant traité de l'appel et de ses diverses espèces dans notre Dictionnaire de Théologie morale, nous nous contenterons d'y renvoyer.

APPELANT, nom qu'on a donné, au commencement de ce siècle, aux évêques et autres ecclésiastiques qui avaient interjeté appel au futur concile de la bulle *Unigenitus*, donnée par le pape Clément XI, et portant condamnation du livre du Père Quesnel, intitulé, *Réflexions morales sur le Nouveau Testament*. — Comme les *appelants* se flattaient d'en imposer à l'Eglise entière par leur grand nombre, on sollicitait des appels de la même manière que l'on brigue les suffrages d'un juge ou d'un électeur; et les chefs de ce parti furent assez insensés pour appeler leurs clameurs *le cri de la foi*. Heureusement ces folles démarches ont été révoquées avec autant de facilité qu'elles avaient été faites, et l'on rougit aujourd'hui de tout ce scandale.

APPLICATION, se dit particulièrement, en théologie, de l'action par laquelle notre Sauveur nous transfère ce qu'il a mérité par sa vie et par sa mort. — C'est par cette *application* des mérites de Jésus-Christ que nous devons être justifiés, et que nous pouvons prétendre à la grâce et à la gloire éternelle. Les sacrements sont les voies ou les instruments ordinaires par lesquels se fait cette *application*, pourvu qu'on les reçoive avec les dispositions nécessaires et prescrites par le concile de Trente dans la sixième session.— L'Eglise nous les applique encore par le saint sacrifice de la messe, par ses prières, par les indulgences, par les bonnes œuvres qu'elle nous prescrit. Elle a condamné les protestants qui soutiennent que cette *application* ne peut nous être faite que par la foi. *Voy.* IMPUTATION.

APPROBATION, APPROUVER. Un prêtre *approuvé* est celui qui a reçu de son évêque le pouvoir d'entendre les confessions et d'absoudre. Comme c'est un acte de juridiction, l'évêque est le maître de limiter cette *approbation* pour le temps, pour le lieu, pour les cas (1). Un prêtre qui n'est *approuvé* que pour un an, est obligé de faire renouveler ses pouvoirs à la fin de l'année; celui qui est *approuvé* pour telle paroisse, n'a pas pour cela le pouvoir de confesser dans une autre; celui qui a le pouvoir d'absoudre des cas ordinaires ou non réservés, a besoin d'un pouvoir spécial pour absoudre des cas réservés.

APSIS ou ABSIS, mot usité dans les auteurs ecclésiastiques pour signifier la partie intérieure des anciennes églises, où le clergé était assis et où l'autel était placé. — On croit que cette partie de l'église s'appelait ainsi, parce qu'elle était bâtie en arcade ou en voûte, appelée par les Grecs ἁψίς, et par les Latins *absis*. Dans ce sens, le mot *absis* se prend aussi pour le presbytère, par opposition à la nef, ou à la partie de l'église où se tenait le peuple; ce qui revient à ce que nous appelons *chœur* et *sanctuaire*. — L'*apsis* était bâtie en figure hémisphérique, et consistait en deux parties, l'autel ou sanctuaire, et le presbytère. Dans cette dernière partie étaient contenues les stalles ou places du clergé, et entre autres le trône de l'évêque, qui était placé au milieu ou dans la partie la plus éloignée de l'autel. L'autel était à l'autre extrémité vers la nef, dont il était séparé par une grille ou balustrade à jour. Il était sur une estrade, et sur l'autel était le ciboire ou la coupe, sous une espèce de pavillon ou de dais. *Voy.* Cordemoy, *Mém. de Trév.*, juillet 1710, p. 1268 et suiv.; Fleury, *Mœurs des Chrét.*, lit. XXXV.

On faisait plusieurs cérémonies à l'entrée ou sous l'arcade de l'*apsis*, comme d'imposer les mains, de revêtir de sacs et de cilices les pénitents publics. Il est aussi souvent fait mention dans les anciens monuments, des corps des saints qui étaient dans l'*apsis*. C'étaient les corps des saints évêques ou d'autres saints, qu'on y transportait avec grande solennité. *Synod.* III *Carth.*, can. 32, Spelman.

Le trône de l'évêque s'appelait anciennement *apsis*, d'où quelques-uns ont cru qu'il avait donné le nom à la partie de la basilique dans laquelle il était situé; mais selon d'autres, il l'avait emprunté de ce même lieu. On l'appelait encore *apsis gradata*, parce qu'il était élevé de quelques degrés au-dessus des sièges des prêtres; ensuite on le nomma *exhedra*, puis *trône* et *tribune*.

Apsis était aussi le nom d'un reliquaire ou d'une châsse, où l'on renfermait anciennement les reliques des saints, et qu'on nommait ainsi, parce que les reliquaires étaient faits en arcade ou en voûte; peut-être aussi à cause de l'*apsis* où ils étaient placés; d'où les Latins ont formé *capsa*, pour exprimer la même chose. Ces reliquaires étaient de bois, quelquefois d'or, d'argent ou d'autres matières précieuses, avec des reliefs et d'autres ornements; on les plaçait sur l'autel, qui, comme nous l'avons dit, faisait partie de l'*apsis*, qu'on a aussi nommé quelquefois le chevet de l'Eglise, et dont le fond, pour l'ordinaire, était tourné à l'orient. *Voy.* Ducange, *Descript. S. Sophiæ;* Spelman; Fleury, *loc. cit.*

AQUARIENS. *Voy.* ENCRATITES.

AQUILA, auteur d'une version de la Bible. *Voy.* VERSION.

ARABE (Version). *Voy.* BIBLE.

ARABIE. Saint Paul nous apprend lui-même (*Galat.* I, 17 et suiv.), qu'immédiatement après sa conversion, il alla prêcher en *Arabie*, et qu'il y demeura trois ans. On ne

---

(1) « Puisque la nature et l'ordre du jugement exigent qu'une sentence ne puisse être portée par un juge que sur ceux qui lui sont sujets, on a toujours été persuadé, dans l'Eglise de Dieu, et le concile confirme cette vérité, que l'absolution prononcée par un prêtre sur celui sur qui il n'a pas de juridiction, soit ordinaire, soit subdéléguée, doit être de nul poids. (*Concile de Trente*, sess. 14, ch. 7.) Quoique les prêtres, dans leur ordination, reçoivent la puissance d'absoudre les péchés, le saint concile décrète qu'aucun prêtre, même régulier, ne peut entendre les confessions des séculiers, même des prêtres, ni être regardé comme idoine à ce ministère, à moins qu'il ne possède un bénéfice paroissial, ou que l'évêque ne lui donne gratuitement, après l'avoir examiné, s'il le juge nécessaire, une approbation, nonobstant tous les privilèges ou coutumes même immémoriales. » (*Sess.* 23 *de la Réform.*, c. 15.)

peut pas douter qu'il n'y ait fait des conversions et fondé une Eglise. Parmi ceux qui furent témoins de la descente du Saint-Esprit sur les apôtres à Jérusalem, le jour de la Pentecôte, il y avait des Juifs de l'*Arabie* (*Act.* II, 11). Les interprètes de l'Ecriture ont observé que la conversion des Arabes avait été prédite par Isaïe, chap. XI, 14, où il est dit que le peuple du Seigneur emportera les dépouilles des enfants de l'Orient; et chap. XLII, v. 14, le prophète dit que les habitants de Pétra, ville d'*Arabie*, élèveront la voix du sommet de leurs montagnes, et rendront gloire à Dieu. En effet, les deux évêchés principaux de l'*Arabie* ont été Bostres et Pétra; mais il y en avait plusieurs autres, et l'on trouve les noms de leurs évêques dans les souscriptions des conciles.

On ne peut pas douter que les Arabes ne soient la postérité d'Ismaël; ils se font encore gloire aujourd'hui de descendre d'Abraham. C'est le plus ancien peuple du monde ; ils n'ont jamais été chassés de leur pays; ils ont toujours subsisté depuis leur premier établissement; ils n'ont changé ni leur langage ni leurs mœurs, parce qu'ils ne se sont mêlés avec aucune autre nation. Aussi conservent-ils encore le caractère et les mœurs de leur père Ismaël; l'ange du Seigneur, en annonçant sa naissance, dit à sa mère Agar : *Ce sera un homme sauvage, sa main sera levée contre tous, et la main de tous sera contre lui ; il dressera ses tentes sous les yeux de ses frères* (*Gen.* XVI, 14). Vainement les Egyptiens, les Grecs, les Romains, les Turcs, ont voulu subjuguer les Arabes, ils n'y ont pas réussi pour longtemps. Ce peuple se maintient dans l'indépendance, et préfère la liberté à toutes les commodités des nations policées. Depuis près de quatre mille ans, il est toujours le même. Un homme très-sensé, qui l'a vu de près, dit que chez un Arabe il croyait encore être dans la tente d'Abraham ou de Jacob. Ceux du désert furent convertis vers l'an 373 par les moines qui habitaient dans leur voisinage. Théodoret, l. IV, c. 23 ; Sozom., l. VI, c. 38. Ceux de l'*Arabie* heureuse le furent sous l'empire de Constance par un évêque arien. Ce peuple est accusé par les anciens d'avoir immolé des victimes humaines ; mais on peut reprocher cette barbarie à un grand nombre d'autres nations.

Nos voyageurs les plus modernes nous avertissent qu'il n'est pas vrai que les Arabes en général, même ceux que l'on nomme *Bédouins*, *Scénites*, ou habitants du désert, soient voleurs, perfides, sans lois et sans mœurs. Niébur, qui les a vus en 1762 et 1763, les peint tout différemment : il dit qu'à cet égard il n'a aucun reproche à faire contre eux. M. de Pagès, qui les a visités peu de temps après, en parle de même. *Voyages autour du monde*, tom. I, pag. 307. Les Arabes, dit-il, ne se volent jamais entre eux, et vivent très-sociablement; mais une tribu est souvent en guerre avec une autre tribu, et alors les hostilités sont réciproques. Ils ne volent que dans le désert et rassemblés en corps de nation ; parce que, selon l'ancien préjugé, ils regardent tout étranger inconnu comme un ennemi, à moins qu'ils n'aient fait une convention avec lui, et qu'il ne leur ait payé une espèce de tribut, ou qu'il ne soit protégé par l'un d'entre eux ; mais quand on a un Arabe pour sauvegarde, on ne risque rien. Comme ils se croient maîtres et seigneurs du désert, ils prétendent qu'un étranger n'a pas droit de passer sur leurs terres sans leur permission et sans leur payer un tribut.

Un incrédule célèbre, pour donner mauvaise opinion des Juifs, a répété dix fois que, dans l'origine, c'était une horde d'Arabes Bédouins. Quand ce fait ne serait pas évidemment faux, il ne s'ensuivrait encore rien, puisque, selon le témoignage des voyageurs, les Arabes Bédouins ne sont pas et n'ont jamais été tels que cet écrivain a voulu les représenter. — Mais, vu l'attachement opiniâtre qu'ils ont toujours conservé pour leurs anciennes mœurs, on conçoit qu'il n'a pas été aisé de les convertir au christianisme, et qu'il a fallu pour cela un grand changement dans leurs habitudes et dans leurs idées. Cependant l'an 207, le christianisme était déjà florissant dans cette contrée ; Origène y fit trois voyages pour y combattre différentes erreurs; Béryle, évêque de Bostres, l'une des principales villes de l'*Arabie*, enseigna qu'avant l'incarnation Jésus-Christ n'était point une personne subsistante, qu'il n'était Dieu depuis son incarnation que dans un sens impropre, et parce qu'il participait à la divinité du Père. Dans les conférences qu'il eut avec Origène, il abjura son erreur, l'an 229. Eusèbe, *Hist. ecclés.*, l. VI, c. 20 et 33. Vers l'an 246, Origène retourna en *Arabie* pour faire condamner l'erreur des *arabiques*, et il se tint un concile à cette occasion. Eusèbe, *ibid.*, c. 37. *Voy.* l'article suivant. L'an 269, l'évêque de Bostres assista au concile d'Antioche. Titus, évêque de cette même ville au IVe siècle, écrivit un traité contre les manichéens, qui subsiste encore. On conjecture que saint Hippolyte, qui vivait au IIIe, était évêque, non de Porto en Italie, mais d'Aden en *Arabie*, que les anciens nommaient *Portus Romanus*. *Voy.* la note sur Eusèbe, l. VI, c. 20.

Le christianisme s'est conservé dans cette partie du monde jusqu'à la naissance du mahométisme, au VIIe siècle; alors il y a été entièrement détruit. Mais au Ve les nestoriens, et ensuite les eutychiens, y séduisirent beaucoup de personnes, et furent maîtres de plusieurs évêchés. Il n'est pas même certain que l'*Arabie* tout entière ait jamais été soumise à l'Evangile, puisqu'il y avait des idolâtres lorsque Mahomet y prêcha ses erreurs.

ARABIQUES, secte d'hérétiques qui s'élevèrent en Arabie vers l'an de Jésus-Christ 207. Ils enseignaient que l'âme naissait et mourait avec le corps, mais aussi qu'elle ressusciterait en même temps que le corps. Eusèbe, liv. VI, chap. 37, rapporte qu'on tint en Arabie même, dans le IIIe siècle, un concile auquel assista Origène, qui convainquit si clairement ces hérétiques de leurs erreurs,

ARBRE DE LA SCIENCE du bien et du mal. Il est dit dans la Genèse, c. II, v. 9, que Dieu avait planté au milieu du paradis l'*arbre de la science* du bien et du mal, et qu'il défendit à l'homme de manger de son fruit, sous peine de la vie, vers. 17. On demande pourquoi Dieu ne voulait pas qu'Adam connût le bien et le mal, comment un fruit pouvait donner cette connaissance ; c'est une ancienne objection des marcionites et des manichéens. Tertull. *adv. Marcion.*, l. II, c. 25 ; saint Augustin *contra Faustum*, l. XXII, c. 4. — Nous lisons dans l'Ecclésiastique, c. XVII, v. 5, que Dieu avait donné à nos premiers parents le don d'intelligence, qu'il leur avait montré le bien et le mal. Sans cette connaissance, ils auraient été incapables de pécher. Mais Dieu ne voulait pas qu'ils connussent par expérience la honte, les regrets, les remords d'avoir fait le mal, ni qu'ils pussent comparer ce sentiment avec celui de l'innocence. Voilà ce que le péché leur apprit, et il n'était pas nécessaire pour cela que le fruit dont ils mangèrent eût la vertu physique de faire connaître le bien et le mal. — De quelle espèce était ce fruit funeste ? Etait-ce une pomme, une poire, une figue, etc. ? A cette importante question, nous répondons que Dieu n'a pas trouvé bon de nous l'apprendre.

ARBRE DE VIE. Des commentateurs, qui avaient sans doute beaucoup de loisir, ont mis en question si cet arbre était le même que celui de la science du bien et du mal. Il nous paraît que l'Ecriture les distingue très-clairement ; elle dit que Dieu avait placé au milieu du paradis l'*arbre de* vie et l'*arbre de* la science du bien et du mal (*Gen.* II, 9). La vertu qu'avait le premier de prolonger la vie était-elle naturelle ou surnaturelle ? Cette question est aussi intéressante que les fables forgées par les rabbins sur ces deux *arbres* merveilleux. Nous nous contentons de remarquer que, selon Salomon, la sagesse est *l'arbre de vie* pour tous ceux qui l'embrassent (*Prov.* III, 18), et que Jésus-Christ mourant sur la croix, en a fait un *arbre de vie* plus puissant que celui du paradis. *Voy.* RÉDEMPTION.

ARC-EN-CIEL. Ce qui en est dit dans l'Ecriture sainte a semblé ridicule à plusieurs incrédules. Après le déluge, Dieu dit à Noé et à sa famille : *Il n'y aura plus désormais de déluge qui désole la terre, et voici le signe de l'alliance que je fais avec vous, ou de la promesse que je vous fais. Je mettrai mon* ARC *dans les nues, et lorsque j'aurai couvert le ciel de nuages, mon* ARC *y paraîtra, et je me souviendrai de la promesse que j'ai faite de vous conserver et tous les animaux* (*Gen.* IX, 11 et suiv). 1° Cela suppose, disent nos critiques, que *l'arc-en-ciel* n'avait pas existé avant le déluge, puisque Dieu dit, *je mettrai mon arc dans les nues* ; or, ce phénomène a dû paraître toutes les fois qu'il a plu d'un côté, pendant que le soleil luisait de l'autre ; il n'est donc pas probable que Noé et sa famille n'eussent jamais vu *l'arc-en-ciel*. 2° Il est ridicule de donner le signe de la pluie pour sûreté qu'il n'y aura plus d'inondation, et que l'on ne sera pas noyé ; cela prouve que l'auteur de cette histoire était très-mauvais physicien.

Réponse. Cela prouve plutôt que les censeurs de cet historien sont téméraires. 1° Comme les verbes hébreux ne sont que des participes indéterminés, pour traduire à la lettre, il faudrait dire : *Me voilà mettant mon arc dans les nues*, et cela signifie également *Je mets, j'ai mis ou je mettrai*. 2° En laissant le verbe au futur il ne s'ensuit pas encore que *l'arc-en-ciel* n'avait pas été vu avant le déluge, mais qu'il n'avait pas été vu pendant le déluge, et qu'il allait reparaître de nouveau. 3° En effet, *l'arc-en-ciel* ne peut avoir lieu lorsque les nuées sont très-épaisses, et chargées de beaucoup d'eau, comme cela dut être pendant le déluge ; on ne peut donc le voir que quand les nuages sont assez légers et assez interrompus pour que le soleil puisse darder ses rayons au travers. Donc toutes les fois que *l'arc-en-ciel* paraît, c'est un signe certain qu'il ne tombera pas assez de pluie pour causer une inondation générale ; ce signe était donc très-propre à rassurer Noé et ses enfants contre la crainte d'un nouveau déluge.

Le terme d'*alliance*, dont se sert l'écrivain sacré, a encore ému la bile d'un philosophe. « En quoi consiste donc, dit-il, cette alliance que Dieu a faite avec l'homme et avec les animaux ? quelles ont été les conditions du traité ? Que tous les animaux se dévoreraient les uns les autres, qu'ils se nourriraient de notre sang et nous du leur ; qu'après les avoir mangés, nous nous exterminerions avec rage..... S'il y avait jamais eu un tel pacte, il aurait été fait avec le diable. » — Le ridicule de cette tirade est poussé à l'excès ; ce philosophe ne savait pas que le même terme en hébreu signifie *alliance* et *promesse*. Qu'est-ce, en effet, qu'une alliance, sinon une promesse réciproque ? Toute promesse emporte l'obligation de fidélité d'un côté, de confiance et d'obéissance de l'autre. Or, Dieu promet de ne plus désoler la terre, de ne plus exterminer la race des hommes ni des animaux par un déluge universel ; il dit : *Tant que durera la terre, les semailles et la moisson, le chaud et le froid, l'été et l'hiver, le jour et la nuit se succéderont constamment* (*Gen.* VIII, 22). Cette promesse devait donc engager Noé à cultiver la terre et à nourrir des animaux, sans craindre d'être frustré du fruit de ses travaux.

Quoique les animaux féroces et carnassiers dévorent les autres, quoique les hommes en détruisent beaucoup pour se nourrir, cependant les espèces utiles ne laissent pas de se conserver et de multiplier ; Dieu leur a donné une fécondité relative à la consommation qui s'en fait. Malgré les dérangements passagers des saisons, les orages, les stérilités, la terre continue depuis le déluge à fournir la subsistance à ses habitants, quelque nombreux qu'ils soient ; les famines ne sont que locales et passagères. A mesure que la population augmente, on trouve le moyen de rendre fertiles des terrains qui paraissent incapables de faire aucune production, etc. Tous ces phénomènes sont assez beaux pour mériter l'attention des philosophes, et assez merveilleux pour que l'auteur sacré ait eu raison de les attribuer à la bénédiction de Dieu (*Gen.* ix, 1).

ARCHANGE, substance intelligente ou ange du second ordre de la hiérarchie céleste. *Voy.* ANGE et HIÉRARCHIE. On appelle ces esprits *archanges*, parce qu'ils sont au-dessus des anges du dernier ordre, du mot grec ἀρχή, *principalement*, et d'ἄγγελος, *ange* : saint Michel est considéré comme le prince des anges, et on l'appelle ordinairement l'*archange* saint Michel.

ARCHE D'ALLIANCE, coffre d'un bois incorruptible et revêtu de lames d'or, que Moïse avait fait construire par ordre de Dieu; dans lequel il avait renfermé les deux tables de la loi, un vase rempli de manne, et la verge d'Aaron, qui avait fleuri dans le tabernacle. C'étaient là incontestablement les objets les plus respectables de la religion juive. Ce coffre était nommé *arche d'alliance*, parce que la loi qu'il renfermait était le titre de l'*alliance* que Dieu avait contractée avec son peuple ; il fut placé derrière un voile dans le sanctuaire du tabernacle. — Le couvercle de ce coffre était nommé *propitiatoire*; il était surmonté de deux chérubins d'or, dont les ailes étendues formaient une espèce de siége, qui était censé le trône de la majesté divine. Les deux côtés les plus longs étaient armés chacun de deux anneaux d'or, dans lesquels on glissait deux bâtons dorés, qui servaient à transporter l'*arche*. Deux sacrificateurs ou deux lévites la portaient sur leurs épaules, comme l'on porte aujourd'hui dans les processions les châsses des reliques des saints ; ce soin fut particulièrement confié aux descendants de Caath, fils de Lévi.

L'arche, construite au pied du mont Sinaï l'an du monde 2514, voyagea pendant quarante ans dans le désert avec Moïse et Josué. Après le passage du Jourdain, elle fut placée à Galgal dans la Palestine, et y resta environ sept ans ; de là elle fut transportée avec le tabernacle à Silo, où elle demeura trois cents vingt-huit ans. L'an 2888, les Israélites l'en tirèrent pour la porter dans leur camp. Dieu permit qu'elle fût prise par les Philistins, chez lesquels elle demeura sept mois ; par les fléaux dont Dieu les affligea, ils furent forcés de la renvoyer à Bethsamès : quelques Bethsamistes ayant voulu, par curiosité, voir ce qu'elle renfermait, furent frappés de mort. De là elle fut conduite à Cariathiarim, et placée sur la partie la plus élevée de la ville de Gabaa, dans la maison d'Aminadab, où elle resta soixante-dix ans. David l'en tira l'an du monde 2959 dans le transport, Oza ayant voulu y porter la main pour la soutenir, fut frappé de mort. David effrayé n'osa la conduire chez lui, il la fit déposer dans la maison d'Obédédom. Trois mois après, il la transféra dans son palais sur le mont de Sion ; elle y resta quarante-deux ans, jusqu'à ce que Salomon la fit placer dans le sanctuaire du temple qu'il venait de bâtir ; elle y fut environ quatre cents ans, jusqu'au siége de Jérusalem par Nabuchodonosor. Pendant ce siége, Jérémie la fit cacher dans un souterrain, afin qu'elle ne tombât pas entre les mains des Chaldéens ; après leur retraite, il la fit transporter dans une caverne du mont Nébo, située au delà du Jourdain, et célèbre par la sépulture de Moïse, et en ferma l'entrée. Il ne paraît pas par l'histoire qu'elle en ait jamais été tirée ; les Juifs ont toujours été persuadés qu'elle n'était pas dans le second temple bâti par Zorobabel. *Voy.* I. II. *Machab*, c. II. *Voy.* dans les planches de l'*Histoire ancienne* la figure de l'*arche d'alliance*. Dans la bible d'Avignon, t. XII, p. 523, il y a une dissertation où l'on examine si cette *arche* fut cachée par Jérémie, et si un jour elle doit reparaître.

Les juifs modernes ont dans leurs synagogues une espèce d'*arche* ou d'armoire dans laquelle ils renferment leurs livres sacrés, à l'imitation de l'*arche d'alliance*; ils la nomment *Aron*. Tertullien en parle déjà, et la nomme *armarium judaicum* ; de là l'expression, *mettre dans l'armoire de la synagogue*, pour dire *mettre au nombre des livres canoniques*.

ARCHE DE NOÉ, sorte de vaisseau ou de bâtiment flottant qui fut construit par *Noé*, afin de préserver du déluge sa famille et les différentes espèces d'animaux que Dieu avait ordonné à ce patriarche d'y faire entrer. *Voy.* DÉLUGE.

Les critiques ont fait beaucoup de recherches et imaginé différents systèmes sur la forme, la grandeur, la capacité de l'*arche de Noé*, sur les matériaux employés à sa construction, sur le temps qu'il fallut pour la bâtir, sur le lieu où elle s'arrêta lorsque les eaux du déluge se retirèrent, etc. Nous parcourrons tous ces points le plus brièvement qu'il nous sera possible.

1° On croit que Noé employa cent ans à bâtir l'*arche*; savoir, depuis l'an du monde 1555 jusqu'en 1656, temps auquel arriva le déluge. C'est l'opinion d'Origène, liv. IV *contre Celse* ; de saint Augustin, *de Civitate Dei*, lib. xv, c. 27; *contra Faust.*, lib. xii, c. 18, *Quæst. in Genes.*, n. 5 et 23; de Rupert, *sur la Genèse*, liv. iv, c. 22. Ils ont été suivis par Salien, Sponde, Le Pelletier, etc. D'autres interprètes prolongent ce terme jusqu'à six vingts ans. Bérose assure que *Noé* ne commença à bâtir l'*arche* que soixante-dix-huit ans avant le déluge ; un rabbin n'en compte que cinquante-deux ; les mahométans ne donnent à ce patriarche que deux ans pour la construire. Par le texte de la Genèse, il est certain d'un côté que le déluge arriva l'an six cent de *Noé*, de l'autre, qu'il était âgé de cinq cents ans lorsqu'il eut Sem, Cham et Japhet ; d'où il s'ensuit que l'opinion de Bérose paraît la plus probable. En effet, selon le père Fournier, dans son Hydrographie, et selon le sentiment des Pères, *Noé* fut aidé dans son travail par ses trois fils ; ces quatre personnes suffirent pour le finir ; puisque

Archias de Corinthe, avec le secours de trois cents ouvriers, construisit en un an le grand vaisseau d'Hiéron, roi de Syracuse.— Quand on supposerait l'*arche* beaucoup plus grande, et bâtie en soixante-dix-huit ans, il faudrait faire attention aux forces des hommes du premier âge du monde, qui ont toujours été regardés comme beaucoup plus robustes que ceux des temps postérieurs. Par ces réflexions, l'on peut répondre aux objections de ceux qui prétendent que l'aîné des enfants de *Noé* ne naquit qu'environ le temps auquel l'*arche* fut commencée, que le plus jeune ne vint au monde que lorsque l'ouvrage était déjà fort avancé, qu'il se passa par conséquent un temps considérable avant qu'ils fussent en état de rendre service à leur père. On détruit également ce que d'autres objectent, qu'il est impossible que trois ou quatre hommes aient suffi pour construire un bâtiment auquel il fallait employer une prodigieuse quantité d'arbres, et un nombre infini de bras pour les façonner. Que sait-on d'ailleurs si *Noé* ne se fit pas aider par des ouvriers ?

2° Le bois qui servit à bâtir l'*arche* est appelé dans l'Ecriture *hetsé gopher*, que les Septante traduisent par *bois équarri*; Onkélos et Jonathan, *bois de cèdre*: saint Jérôme, *bois taillé ou poli*, et ailleurs, *bois goudronné*, ou enduit de bitume; Kimchi dit que c'était un bois léger; Vatable, un bois qui demeure dans l'eau sans se corrompre; Junius, Tremellius et Buxtorf, une espèce de cèdre appelé par les Grecs κεδρελάτη. M. Le Pelletier de Rouen pense de même, parce que ce bois incorruptible est très-commun dans l'Asie. Selon Hérodote et Aristophane, les rois d'Egypte et de Syrie employaient le cèdre au lieu de sapin à la construction de leurs flottes; mais on ne doit pas faire beaucoup de fond sur la tradition reçue dans tout l'Orient, qui veut que l'*arche* se soit conservée jusqu'à présent tout entière sur le mont Ararat.— Bochart soutient que *gopher* est le *cyprès*, parce que dans l'Arménie et dans l'Assyrie, où probablement l'*arche* fut construite, il n'y a que le *cyprès* qui soit propre à construire un long vaisseau tel que l'*arche*. Arrien, liv. VII, et Strabon, liv. XVI, racontent qu'Alexandre voulant faire construire une flotte dans la Babylonie, fut obligé de faire venir des cyprès d'Assyrie. Or, il n'est pas vraisemblable que *Noé* avec ses enfants, obligés de faire un vaisseau si vaste en si peu de temps, aient encore été dans la nécessité de tirer de loin les bois de construction. — D'autres enfin croient que l'hébreu *gopher* signifie en général des bois gras et résineux, comme le pin, le sapin, le térébinthe. On ne doit faire aucune attention aux fables que les mahométans ont forgées à ce sujet.

3° Selon Moïse, l'*arche* avait trois cents coudées de long, cinquante de large, et trente de hauteur. Plusieurs critiques ont prétendu que ces mesures ne donnaient pas une capacité suffisante pour contenir tous les animaux et les provisions que l'*arche* devait renfermer. Celse s'en est moqué, et a nommé ce bâtiment l'*arche d'absurdité*. — Pour résoudre cette difficulté, les Pères et les commentateurs ont recherché quelle était la grandeur de la coudée dont Moïse a parlé. Origène, saint Augustin et d'autres ont pensé qu'il était question des coudées géométriques des Egyptiens, qui contenaient, selon eux, six coudées vulgaires ou neuf pieds. Mais on ne voit pas que ces coudées aient été en usage chez les Hébreux. Dans cette supposition, l'*arche* aurait eu 2700 pieds de longueur; ce qui, joint aux autres dimensions, lui eût donné une capacité énorme et superflue. Quelques-uns ont dit que les hommes d'alors étant plus grands que ceux d'aujourd'hui, leur coudée était aussi plus longue; mais par la même raison, les animaux devaient être aussi plus grands et occuper plus de place. — D'autres supposent que Moïse parle de la coudée sacrée qui était de la largeur de la main plus grande que la coudée ordinaire; mais il ne paraît pas que cette mesure ait été employée ailleurs que dans les édifices sacrés comme étaient le temple et le tabernacle. — Buteo et le P. Kircher paraissent avoir mieux rencontré, en supposant la coudée de la longueur d'un pied et demi. Ils prouvent géométriquement qu'avec cette mesure l'*arche* était très-suffisante pour renfermer tous les animaux et toutes les provisions nécessaires pour les nourrir pendant un an. On est encore moins gêné, à cet égard, dans le sentiment de MM. Le Pelletier, Graves, Cumberland et Newton, qui donnent à l'ancienne coudée hébraïque la même longueur qu'a l'ancienne coudée de Memphis, c'est-à-dire environ vingt pouces et demi, mesure de Paris. — Snellius a prétendu que l'*arche* avait plus d'un arpent et demi de superficie; Cunéus et Budée n'ont pas calculé de même; Arbuthnot compte qu'elle avait quarante fois huit mille cent soixante-deux pieds cubiques de capacité. Le père Lami juge qu'elle était de cent dix pieds plus longue que l'église de Saint-Merry à Paris, et de soixante-quatre pieds plus étroite. Son traducteur anglais ajoute qu'elle était plus longue que ne l'est l'église de Saint-Paul à Londres de l'est à l'ouest, et qu'elle avait soixante-quatre pieds de hauteur selon la mesure anglaise.

4° Outre les huit personnes qui composaient la famille de *Noé*, l'*arche* contenait une paire de chaque espèce d'animaux impurs, et sept d'animaux purs, avec leur provision d'aliments pour un an. Au premier coup d'œil, cela peut paraître impossible; mais quand on en vient au calcul, on trouve que le nombre des animaux n'est pas si grand qu'on se l'était d'abord imaginé. Nous ne connaissons guère que cent ou tout au plus cent trente espèces de quadrupèdes, environ autant d'oiseaux, et quarante espèces de ceux qui vivent dans l'eau. Les naturalistes comptent ordinairement cent soixante et dix espèces d'oiseaux en tout. Wilkins, évêque de Chester, prétend qu'il n'y avait que soixante et douze espèces de quadrupèdes qui fussent nécessairement dans l'*arche*.

5° Suivant la description que Moïse fait de cet édifice, il paraît qu'il était séparé en trois étages, qui avaient chacun dix coudées ou quinze pieds de hauteur. Probablement l'étage le plus bas était occupé par les quadrupèdes et par les reptiles, celui du milieu par les provisions, celui d'en haut par les oiseaux, par *Noé* et par sa famille; chaque étage devait être divisé en plusieurs loges. Philon, Josèphe et d'autres commentateurs, imaginent encore un quatrième étage sous les autres, qui était comme le fond de cale du vaisseau, qui contenait le lest et les excréments des animaux. — Drexélius pense que l'*arche* était divisée en trois cents loges ou appartements; le P. Fournier en compte trois cent vingt-trois; l'auteur des *Questions sur la Genèse*, quatre cents. Budée, Arias, Montanus, Wilkins, le P. Lami, supposent autant de loges qu'il y avait d'espèces d'animaux. M. Le Pelletier et Buteo en mettent beaucoup moins, parce que, si on les multipliait trop, chacune des huit personnes qui étaient dans l'*arche* aurait en quarante ou cinquante loges à pourvoir et à nettoyer par jour; ce qui est impossible. — Peut-être y a-t-il autant de difficulté à diminuer le nombre des loges, à moins qu'on ne diminue le nombre des animaux; il paraît plus difficile de prendre soin de trois cents animaux dans soixante-douze loges que s'ils occupaient chacun la leur.

Budée a calculé que tous les animaux renfermés dans l'*arche* ne devaient pas tenir plus de place que cinq cents chevaux ou cinquante-six paires de bœufs. Le P. Lami porte ce nombre à soixante-quatre paires, ou cent vingt-huit bœufs. Selon lui, en supposant que deux chevaux ne tiennent pas plus de place qu'un bœuf, si l'*arche* a eu de l'espace pour deux cent cinquante-six chevaux, elle a pu contenir tous les animaux : il démontre qu'un seul étage pouvait contenir cinq cents chevaux, en comptant neuf pieds carrés pour un cheval.

Quant à ce qui regarde les aliments contenus dans le second étage, Budée a observé que trente ou quarante livres de foin suffisent ordinairement à un bœuf pour sa nourriture journalière, et qu'une coudée solide de foin, pressée comme elle est dans les greniers ou magasins, pèse environ quarante livres. Or, il paraît que le second étage avait cent cinquante mille coudées cubes. Si on les divise entre deux cent six bœufs, il y aura deux tiers de foin qu'ils n'en pourront manger dans un an. — Selon le calcul de Wilkins, tous les animaux carnassiers sont équivalents, pour leur volume et pour leur nourriture, à vingt-sept loups, et tous les autres à deux cent huit bœufs. Pour la nourriture des premiers, il met mille huit cent vingt-cinq brebis, et pour celle des seconds, cent neuf mille cinq cents coudées de foin: or, les deux premiers étages étaient plus que suffisants pour contenir le tout. Quant au troisième, tout le monde convient qu'il y avait plus de place qu'il n'en fallait pour les oiseaux, pour *Noé* et sa famille, et pour leur nourriture.

Ce savant évêque observe qu'il est plus difficile d'évaluer la capacité de l'*arche*, que d'y trouver une place suffisante pour toutes les espèces d'animaux connus. La cause est l'imperfection de nos listes d'animaux, surtout des animaux des parties du monde qui ne sont pas encore fréquentées et suffisamment connues. Il ajoute que le plus habile mathématicien de nos jours ne déterminerait pas mieux les dimensions d'un vaisseau tel que l'*arche*, qu'elles ne le sont dans l'Ecriture, relativement à l'usage auquel l'*arche* était destinée; d'où il conclut que la narration de Moïse dont on a voulu faire une objection contre la vérité de l'Ecriture sainte, en est plutôt une preuve. En effet, il est à présumer que, dans les premiers âges du monde, les hommes, moins exercés qu'aujourd'hui dans les sciences et dans les arts, devaient être aussi plus sujets à des erreurs de calcul; cependant, si l'on avait aujourd'hui à proportionner un vaisseau à la masse des animaux et à leur nourriture, on ne s'en acquitterait pas mieux: par conséquent l'*arche* ne peut être une invention de l'esprit humain. En pareil cas, les hommes sont exposés à grossir prodigieusement les objets; il serait donc arrivé, dans les dimensions de l'*arche de Noé*, ce qui arrive dans l'estimation du nombre des étoiles par la seule vue. De même que l'on juge d'abord le nombre des étoiles infini, on aurait poussé les dimensions de l'*arche* à une grandeur démesurée, et l'on aurait produit un bâtiment beaucoup plus grand qu'il ne fallait; l'historien aurait plus péché par l'excès de capacité qu'il lui aurait donnée, que ceux qui attaquent son histoire ne prétendent qu'il pèche par défaut.

M. Le Pelletier de Rouen et Buteo ont encore poussé plus loin l'exactitude et la précision; voici l'extrait de leur travail, tel qu'il a été donné par dom Calmet, dans sa Dissertation sur l'*arche de Noé*. Le premier suppose que l'*arche* était un bâtiment de la figure d'un parallélipipède rectangle dont on peut diviser la hauteur intérieure en quatre étages. Il donne trois coudées et demie au premier, sept au second, huit au troisième, six et demie au quatrième; il laisse les cinq coudées restantes des trente de la hauteur, pour les épaisseurs du fond, du comble, et des trois ponts ou planchers des trois derniers étages. — Le premier étage était le fond, ou ce que l'on appelle la *carène* dans les navires; le second servait de grenier ou de magasin; dans le troisième étaient les étables; dans le quatrième, les volières. Mais comme la carène ne se comptait point pour un étage, et ne servait que d'un réservoir d'eau douce, l'*arche* n'en avait proprement que trois, comme l'Ecriture le dit, quoique les commentateurs en aient supposé quatre en comptant la carène. — Il ne veut que trente-six étables pour les animaux terrestres, et autant pour les oiseaux; chaque étable pouvait avoir quinze coudées quatre neuvièmes de long, dix-sept de large et huit de hauteur ; par conséquent vingt-six pieds et demi de long, vingt-neuf de large, treize pieds et demi de haut, puisque M. Le Pelletier donne à sa coudée vingt pouces et demi, mesure de Paris. Les trente-six volières étaient de même étendue que les étables. — Pour charger également l'*arche*, Noé avait pu remplir les étables et les volières, en commençant par celles du milieu, des plus gros animaux et des plus grands oiseaux. Un calcul exact démontre qu'il pouvait y avoir plus de trente-un mille cent soixante-quatorze muids d'eau douce dans la carène ; c'est plus qu'il n'en fallait pour abreuver pendant un an quatre fois autant d'hommes et d'animaux qu'il y en avait dans l'*arche*. Il en est de même de la capacité du grenier pour contenir la nourriture nécessaire à tous pendant un an. — Dans le troisième étage, *Noé* a pu construire trente-six loges pour y serrer les ustensiles de ménage, les instruments de labourage, les grains, les semences, etc., une cuisine, une salle, quatre chambres, et un espace de quarante-huit coudées pour se promener.

M. Le Pelletier place la porte de l'*arche*, non dans l'un des côtés de la longueur où elle aurait gâté la symétrie et ôté l'équilibre, mais à l'un des bouts.

Quelques-uns ont cru qu'un réservoir d'eau douce n'était pas nécessaire, que l'eau de la mer mêlée avec les eaux du déluge pouvait être assez potable ; ils se sont trompés : l'expérience prouve qu'un tiers d'eau salée mêlée avec deux tiers d'eau douce, est encore une boisson insupportable. Comme l'*arche* cessa de flotter sur les eaux le vingt-septième jour du septième mois, elle demeura à sec sur les montagnes d'Arménie pendant près de sept mois, pendant lesquels *Noé* ne pouvait pas avoir de l'eau du dehors.

Le P. Jean Buteo, né en Dauphiné, religieux de l'ordre de Saint-Antoine de Viennois, dans son *Traité de l'arche de Noé*, écrit au XVIe siècle, suppose que la coudée dont parle Moïse n'avait que dix-huit pouces comme la nôtre ; cependant il ne laisse pas de trouver dans les dimensions données par Moïse tout l'espace nécessaire pour loger dans l'*arche* les hommes, les animaux et les provisions. Il pense que l'*arche* était composée de plusieurs sortes de bois gras et résineux, qu'elle était enduite du bitume dont l'Assyrie abonde, qu'elle avait la forme d'un parallélipipède, avec les dimensions que lui donne l'Ecriture, mesurées à notre coudée.

Il y suppose quatre étages, le premier de quatre coudées de hauteur, le second de huit, le troisième de dix, le dernier de huit ; il destine le premier à servir de sentine, le second est pour les étables, le troisième pour les provisions, le plus haut pour la demeure des hommes, des oiseaux, des ustensiles, etc. Il place la porte à vingt coudées près du bout de l'un des côtés, la fait ouvrir et fermer en pont-levis ; il met la fenêtre au haut de l'appartement des hommes, et prétend que les animaux n'avaient pas besoin de lumière. Il élève le milieu du comble d'une coudée de hauteur dans toute sa longueur. — Dans le second étage, il met une allée de six coudées de large et de trois cents coudées de long, une autre qui la coupe à angles droits, et deux autres parallèles. Par cette distribution il forme quarante petites étables ou cellules, soixante grandes étables et quarante moyennes. Or, en réduisant tous les animaux renfermés dans l'*arche* à la grandeur du bœuf, du loup et du mouton, il juge qu'ils étaient égaux à cent vingt bœufs, à quatre-vingts loups et quatre-vingts moutons. Il soutient que les étables, telles qu'il les suppose, pouvaient contenir soixante paires de bœufs, quarante paires de loups, et quarante paires de moutons. Pour nourrir les bêtes carnassières, il pense que trois mille six cent cinquante moutons pouvaient suffire pour leur en donner dix par jour, ou un à quatre. — Il perce toutes les étables par le bas, pour que les ordures des animaux tombent dans la sentine et servent de lest ; il y met des soupiraux qui remontent jusqu'au dernier étage, pour donner de l'air et prévenir l'infection. — En divisant le troisième étage comme le second, il trouve suffisamment d'espace pour placer toutes les provisions, toutes les commodités dont *Noé* et sa famille pouvaient avoir besoin, toutes les facilités pour soigner sans beaucoup de travail les différentes espèces d'animaux. Toute la capacité de l'*arche*, selon son calcul, et en prenant la coudée à dix-huit pouces, était de six cent soixante-quinze mille pieds ; elle avait quatre cent cinquante pieds de long, soixante-quinze de large, et quarante-cinq de haut.

Quelque ingénieuses que soient les idées du P. Buteo, quelque exact que soit son calcul, M. Le Pelletier trouve plusieurs difficultés dans son système. 1° La coudée dont parle Moïse était celle de Memphis, plus courte d'un septième que celle de Paris. 2° Un bâtiment plat et carré, plus long et plus large que haut, n'a pas besoin de lest pour l'empêcher de tourner, de quelque manière qu'on le charge. 3° Les animaux seraient mal placés entre des fumiers et des provisions : ils auraient été sous l'eau, privés de la lumière, en danger d'être étouffés ; on prévient ces inconvénients en les mettant au troisième étage. 4° La pesanteur des animaux pouvant aller à soixante-dix milliers, au lieu que celle des provisions pouvait se monter à plus de dix millions de charge, il n'est pas convenable de placer les provisions au-dessus des animaux. 5° La porte, placée à un des côtés de l'*arche*, avec une allée vide dans toute la longueur, aurait rendu l'*arche* plus pesante d'un côté que de l'autre, et incommode dans sa totalité, etc. — Mais, comme le remarque dom Calmet, il y a peu d'auteurs qui, en traitant cette matière, ne soient tombés dans des inconvénients. Les uns ont fait l'*arche* trop grande, les autres trop petite, plusieurs peu solide ; la plupart n'ont envisagé dans l'histoire du déluge que les difficultés qui peuvent concerner la capacité de l'*arche*, sans faire attention à celles qui pouvaient résulter de sa forme, de la distribution des appartements et des loges, de la manière dont il fallait donner aux animaux de la nourriture, du jour, de l'air, de la propreté. M. Le Pelletier les a éclaircies et prévenues (*Dissert. sur l'arche de Noé*, c. 52).

6° Dans quel lieu s'arrêta l'*arche* après le déluge? Quelques-uns ont cru que c'était près d'Apamée, ville de Phrygie, sur le fleuve Marsyas, parce que cette ville était surnommée l'*Arche*, et portait une *arche* dans ses médailles. Mais il est très-probable que cette ville était nommée Κιβωτός, *Arche*, parce qu'elle était située dans un vallon très-étroit, et renfermée comme dans un coffre; il paraît que c'est même la signification du nom propre *Apamée*. On lit dans les vers sybillins que le mont Ararat, où s'arrêta l'*arche*, est sur les confins de la Phrygie, aux sources du fleuve Marsyas : c'est une erreur. Tout le monde sait que cette montagne est en Arménie; Josèphe l'historien, parlant d'Izates, fils du roi de l'Abdiabène, dit que son père lui donna dans l'Arménie un canton nommé *Kaeron*, où l'on voyait les restes de l'*arche de Noé*. Il cite Bérose, historien chaldéen, qui dit que de son temps on voyait des restes de l'*arche* sur les montagnes d'Arménie. *Antiq.*, liv. I, c. 3; liv. xx, c. 2. — Nicolas de Damas, saint Théophile d'Antioche, saint Isidore de Séville, citent la même tradition; Jean Stuys, dans ses voyages, dit qu'en 1670 un ermite de ce canton lui assura encore le fait : c'est une fable. M. de Tournefort, qui a été sur les lieux, atteste que la montagne d'Ararat est inaccessible, que depuis le milieu jusqu'au sommet elle est couverte de neiges qui ne fondent jamais, et au travers desquelles il n'est pas possible de s'ouvrir un passage. Les Arméniens eux-mêmes tiennent par tradition, qu'à cause de cet obstacle personne depuis *Noé* n'a pu monter sur cette montagne ni donner des nouvelles des restes de l'*arche*; c'est sans aucune preuve et sur de simples bruits populaires que quelques voyageurs ont dit que l'on en voyait encore des débris. Voyez la *Dissertation* de dom Calmet; celle de M. Le Pelletier de Rouen se trouve dans les *Mém. de Trévoux de l'année 1702.*

Quelques incrédules, qui ne pouvaient rien opposer de solide aux ouvrages que nous venons d'extraire, se sont bornés à les tourner en ridicule : c'est leur dernière ressource. Mais quoique les divers systèmes sur la structure de l'*arche* ne soient que des conjectures, elles démontrent cependant que les commentateurs qui ont travaillé à éclaircir la narration des livres saints, ont eu en général plus de capacité, de lumières, d'érudition, de jugement, que ceux qui font profession de mépriser les anciens monuments, sans pouvoir en donner aucune raison. *Voy.* parmi les planches de l'histoire ancienne la figure de l'*arche de Noé*.

*ARCHÉOLOGIE. Il y a dans les choses antiques beaucoup d'objets qui peuvent servir de preuve à la religion ; l'archéologie, qui semble devoir demeurer entièrement étrangère à la cause religieuse, lui sert d'appui en beaucoup de circonstances. Elle sert de correctif au narré des historiens anciens, et, dans le cas de conflit, elle vient presque toujours confirmer le récit de la Bible contre les historiens profanes. Les médailles, les inscriptions, les monuments ont servi de réponse aux plus graves objections, éclairci les faits sur lesquels il s'était élevé des doutes, parce que ce sont des témoins souvent plus véridiques que les historiens, qui, n'ayant pas été les témoins de tous les événements, qui, racontant des faits passés, peuvent se tromper et être induits en erreur sur des choses de peu d'importance. Nous verrons, aux mots *Médailles*, *Inscriptions*, *Monuments*, comment l'archéologie a servi la cause chrétienne, et confirmé la vérité de nos livres saints.

ARCHEVÊCHÉ (a) (*droit ecclésiast.*), terme qui se prend en différents sens : 1° pour le diocèse d'un archevêque, c'est-à-dire pour l'étendue du pays soumis à sa juridiction, mais qui ne compose qu'un seul diocèse. On dit en ce sens que tel évêché a été érigé en *archevêché*; que tel *archevêché* contient tel nombre de paroisses ; 2° pour une province ecclésiastique, composée d'un siège métropolitain et de plusieurs évêques suffragants ; ainsi l'*archevêché* de Sens, ou l'église métropolitaine et primatiale de Sens a pour suffragants les évêchés d'Auxerre, de Troyes, de Nevers, et l'évêché titulaire de Bethléem; 3° pour le palais archiépiscopal, ou pour la cour ecclésiastique d'un archevêque. Ainsi l'on dit : Un tel ecclésiastique a été mandé à l'*archevêché*; on a agité telle ou telle matière à l'*archevêché*; 4° pour les revenus temporels de l'*archevêché*. Ainsi, l'*archevêché* de Tolède passe pour le plus riche du monde.

Suivant une table qui paraît assez exacte, on comptait, en 89, dans l'Église catholique cent trois *archevêchés* : savoir, quatorze en Italie, y compris le siège de Rome; dix-neuf en France, en comptant Avignon; vingt-quatre dans les royaumes de Naples et des Deux-Siciles; trois en Sardaigne, un en Savoie, onze en Portugal et en Espagne; cinq en Allemagne, un en Bohême, deux en Hongrie, un dans les Pays-Bas, deux en Pologne. La Grèce, la Dalmatie et l'Albanie en contenaient onze, l'Asie trois et l'Amérique s.x. — Les Églises réformées en ont conservé neuf : deux en Angleterre, quatre en Irlande, un en Suède, et deux dans le Danemark et la Norwége. — En France, l'*archevêché* de Paris est le plus distingué par le lieu de son siège, qui est la capitale du royaume; mais quelques autres le sont encore plus par une préminence affectée à leur siège. — L'archevêque de Lyon jouissait des droits de primatie sur les métropoles de Paris, Tours et Sens, et sur leurs suffragants. Celui de Bourges prenait la qualité de primat d'Aquitaine, et il exerçait sa primatie sur la métropole d'Albi et ses suffragants : celui de Bordeaux prenait la même qualité, et il l'exerçait sur l'*archevêché* d'Auch.

Il y avait encore d'autres archevêques qui s'arrogeaient la qualité de primat, sans exercer aucune fonction primatiale hors de leurs provinces. Tel était l'archevêque de Sens, qui prenait la qualité de primat de Germanie; celui de Narbonne, qui prenait le titre de primat de la Gaule Narbonnaise; celui de Reims se faisait nommer primat de la Belgique et légat du Saint-Siège ; celui de Vienne prenait le titre de primat des primats ; enfin l'archevêque d'Arles prenait la qualité de légat du Saint-Siège. Mais les titres de légat, que prenaient les archevêques d'Arles et de Reims ne leur donnaient pas le droit de faire les fonctions attachées à ce titre ; celui de Reims n'en tirait d'autre avantage que la qualité d'Excellence, que lui donnaient ceux qui voulaient lui faire honneur.— La qualité de primat des quatre Lyonnaises fut don-

(a) Il y a dans cet article, reproduit d'après l'édition de Liége, beaucoup de choses qui n'ont pas d'actualité. Nous les avons conservées. Le lecteur y verra l'état des métropoles de France avant la Révolution.

née pour la première fois à l'archevêque de Lyon par Grégoire VII, en 1109, non comme un droit nouveau, mais comme une suite des droits qui lui avaient toujours appartenu. Les archevêques de Sens s'y sont opposés pendant longtemps; et ce n'a été qu'après la réunion de la ville de Lyon à la couronne de France, sous Philippe le Bel, en 1312, que, par le traité fait entre le roi et la ville de Lyon, la primatie de l'archevêque de Lyon sur celui de Sens fut entièrement établie. — L'archevêque de Rouen n'a jamais reconnu la primatie de Lyon, malgré les efforts des archevêques de cette dernière ville : il a même été maintenu dans cette franchise par un arrêt du conseil du 12 mars 1702, enregistré dans les parlements de Paris et de Rouen; en sorte que le métropolitain de Rouen était resté en possession de ne relever que du Saint-Siége. — On trouve des canons qui attribuent la qualité de primats aux métropolitains qui ne relèvent que du Saint-Siége ; c'est par cette raison que l'histoire ecclésiastique donne cette qualification à l'archevêque de Chypre.

Il n'y a que deux *archevêchés* en Angleterre, celui de Cantorbéry et celui d'York, dont les prélats sont appelés *primats* et *métropolitains*; avec cette unique différence, que le premier est appelé *primat* de toute l'Angleterre, et l'autre simplement *primat* d'Angleterre. — L'archevêque de Cantorbéry avait autrefois juridiction sur l'Irlande, aussi bien que sur l'Angleterre; il était qualifié de patriarche, et quelquefois *alterius orbis papa; et orbis Britannici pontifex*. Les actes qui avaient rapport à son autorité se faisaient et s'enregistraient en son nom, de cette manière, *anno pontificatus nostri primo*, etc.; il était aussi légat-né. Il jouissait même de quelques marques particulières de royauté, comme d'être patron d'un évêché, ainsi qu'il le fut de celui de Rochester; de créer des chevaliers et de faire monnaie. Il est encore le premier pair d'Angleterre, il siége immédiatement après la famille royale, ayant la préséance sur tous les ducs et tous les grands officiers de la couronne. Suivant le droit de la nation, la vérification des testaments ressortit à son tribunal; il a le pouvoir d'accorder des lettres d'administration, d'accorder des licences ou privilèges, et des dispenses, dans tous les cas où elles étaient autrefois poursuivies en cour de Rome, et qui ne sont point contraires à la loi de Dieu. Il tient aussi plusieurs cours de judicature, telles que la cour des arches, la cour d'audience, la cour de la prérogative, la cour des paroisses privilégiées. — L'archevêque d'York a les mêmes droits dans sa province que l'archevêque de Cantorbéry. Il a la préséance sur tous les ducs qui ne sont pas du sang royal, et sur tous les ministres d'État, excepté le grand chancelier du royaume. Il a les droits d'un comte Palatin sur Hexamhyre.

Le nom d'*archevêché* n'a guère été connu en occident avant le règne de Charlemagne ; et, si l'on s'en est servi auparavant, ce n'était alors qu'un terme de distinction qu'on donnait aux grands siéges, mais qui ne leur attribuait aucune sorte de juridiction, au lieu que à présent ce titre emporte le droit de présider au concile de la province. C'est aussi à son officialité que sont portés les appels simples des causes jugées par les officiaux de ses suffragants. (Extrait du *Diction. de Jurisprudence.*)

ARCHEVÊQUE (a) (*droit ecclésiastique*), prélat métropolitain qui a plusieurs évêques pour suffragants, et qui en est le chef. C'est le premier des évêques d'une province ecclésiastique.

Saint Athanase paraît être le premier qui ait employé la dénomination d'*archevêque*, en l'attribuant à l'évêque d'Alexandrie. Mais si le titre n'est que du

(a) L'observation que nous avons faite, en commençant l'article précédent, doit être surtout appliquée à celui-ci, que nous reproduisons également d'après l'édition de Liége.

IVᵉ siècle, la dignité et la juridiction remontent beaucoup plus haut. — L'Ecriture et la tradition nous apprennent que les apôtres et leurs disciples ont résidé d'abord dans les grandes villes, d'où ils envoyaient des évêques dans les villes inférieures. Celles-ci regardaient les premières comme leurs mères; on les nommait déjà *métropoles* dans le gouvernement politique, et les évêques qui y résidaient, s'appelèrent aussi *métropolitains*. — L'Eglise fondée pendant le règne des empereurs romains suivit toujours la division des provinces de cet empire : les évêques établis dans les grandes villes ou métropoles prirent insensiblement le titre de *métropolitains* et d'*archevêques*, comme ayant d'autres évêques dans leur dépendance. — Les révolutions arrivées dans l'Empire et l'établissement des peuples du Nord qui s'en partagèrent les provinces n'ont presque rien changé à cet égard. Les villes que les Romains avaient appelées *métropoles* ont presque toutes conservé leur titre et leur *archevêque* : quelques-unes seulement ont été érigées depuis en métropoles, comme Paris et Alby en France. Voy. MÉTROPOLE.

L'âge et les qualités requises pour un archevêque sont les mêmes que pour les simples évêques ; il a les mêmes fonctions à remplir : comme eux, il est obligé à la résidence; il n'en diffère que par l'usage du *pallium*, et par rapport à la forme de sa consécration ; car les évêques ont, ainsi que lui, la plénitude du sacerdoce. — Les *archevêques*, cependant, en leur qualité de métropolitains, ont une prééminence d'honneur sur les évêques de leurs provinces. — Autrefois les métropolitains assistaient aux élections de leurs suffragants : ils confirmaient ceux qui avaient été élus, et ils les consacraient après avoir reçu leur serment d'obéissance. L'abrogation des élections et le droit que les papes se sont attribué in-ensiblement pour la consécration ont privé les métropolitains de leur pouvoir sur tous ces chefs. Ils ont aussi laissé perdre, par un non-usage, le droit de visiter les Eglises de leur province. On ne peut cependant leur opposer que la prescription sur ce dernier article ; car il n'y a point de loi qui les ait dépouillés de cette prérogative attachée à cette dignité.

L'*archevêque* peut célébrer pontificalement dans toutes les églises de sa province, y porter le *pallium*, et faire porter devant lui la croix archiépiscopale, comme étant une marque de son autorité. Mais il ne peut dans aucun cas exercer la puissance de l'ordre dans le diocèse de son suffragant, sans sa permission. — C'est aux *archevêques* qu'appartient le droit d'indiquer le concile des évêques de leur province, de marquer le lieu où il doit être tenu, et de présider à cette assemblée. Les *archevêques* indiquaient aussi les assemblées provinciales qui se tenaient pour nommer les députés aux assemblées générales du clergé; ils marquaient le lieu et le temps de ces assemblées particulières, et ils y présidaient. Suivant l'usage qui s'est conservé dans l'Eglise de France, les bulles de jubilé doivent être adressées aux *archevêques*, qui les envoient à leurs suffragants.

Ceux qui croient avoir sujet de se plaindre des ordonnances ou des jugements rendus par les évêques, leurs grands vicaires ou leurs officiaux, se pourvoient par-devant l'*archevêque*, tant pour ce qui est de la juridiction volontaire que pour ce qui dépend de la juridiction contentieuse.

Les métropolitains ne peuvent connaître en première instance des affaires dont la décision appartient aux évêques, quand même ceux qui ont quelque intérêt dans l'affaire y consentiraient, parce qu'il n'est point permis aux particuliers de se soustraire à la juridiction de l'ordinaire, et de renverser l'ordre public des juridictions. — Comme le chapitre exerce toute la juridiction épiscopale pendant la vacance du siége, les *archevêques* ne peuvent connaître des affaires ecclésiastiques qui naissent dans les diocèses vacants, qu'en cas d'appel de ce qu'ont décidé les officiers du chapitre ou le chapitre assemblé.

Quand l'évêque avait négligé de conférer les bénéfices, dans les six mois de vacances qui lui sont accordés par le concile de Latran pour y pourvoir, soit que le bénéfice fût à la pleine collation de l'évêque, ou qu'il eût dû le conférer par droit de dévolution, c'était au métropolitain qu'il appartenait d'en accorder des provisions dans les six mois suivants, à compter du jour que l'évêque avait pu en disposer, et avait négligé de le faire. Si l'*archevêque* conférait avant que les six mois que l'évêque fussent expirés, les provisions étaient nulles de plein droit, et la négligence de l'évêque ne les rendait pas valables.

Les grands vicaires des *archevêques*, représentant le prélat qui leur a confié son autorité pour la juridiction volontaire, peuvent accorder des *visa*, lorsque les évêques les ont refusés sans raison, donner des dispenses, et exercer tous les autres actes de la juridiction volontaire, en cas d'appel ; même conférer les bénéfices vacants par dévolution, si l'*archevêque* leur a accordé spécialement, par leur commission, le droit de donner des provisions de bénéfices.

Chaque métropolitain devait nommer un official, pour juger les appellations des sentences rendues dans les officialités des évêques de la province. Cet official métropolitain devait avoir les qualités requises par les canons par les ordonnances pour les officiaux des évêques, c'est-à-dire qu'il fallait qu'il fût prêtre, né ou naturalisé dans le royaume ; qu'il fût licencié en droit ou en théologie ; qu'il ne fût conseiller d'aucune juridiction royale. L'*archevêque* pouvait le révoquer quand il le jugeait à propos, sans en expliquer la raison, en observant de faire insinuer la révocation au greffe des insinuations ecclésiastiques de son diocèse.

Dans les églises qui avaient le titre de primatiales, comme celles de Lyon et de Bourges, l'official métropolitain jugeait non-seulement les causes d'appel de tous les diocèses des suffragants, mais encore celles des appellations interjetées de l'official diocésain de la métropole. L'official primatial jugeait les appellations des sentences rendues par l'official métropolitain. — Cette maxime était fondée sur un usage constant et immémorial ; mais il faut avouer qu'il était très-difficile de le justifier, suivant les principes du droit, quoique plusieurs auteurs aient fait sur ce sujet beaucoup d'efforts. Ce qu'ils ont dit de meilleur consiste à soutenir que les divers officiaux jugeaient et prononçaient chacun selon l'étendue de leur pouvoir : le premier comme représentant l'évêque diocésain ; le second, le métropolitain, comme juge du premier degré d'appel ; et le troisième, le primat qui l'a constitué pour les causes dévolues à la primatie. Mais comme les trois qualités d'évêque, de métropolitain et de primat se trouvent réunies dans une seule personne, et que le tribunal de l'official est le même que celui de l'évêque, il semble qu'appeler de l'official diocésain d'un *archevêque* à son official métropolitain, et de son official métropolitain à l'official primatial, ce serait appeler de l'évêque à lui-même. Ce n'était donc que par une abstraction, ou comme parlent les canonistes, *intellectus consideratione*, qu'on divisait dans l'évêque métropolitain et primat ces différents degrés de juridiction pour en faire des tribunaux différents. Quoique cette jurisprudence soit sujette à des inconvénients, on l'a conservée, parce qu'elle sert à obtenir trois sentences conformes, à moins de frais.

L'official d'un métropolitain ne peut procéder contre les évêques suffragants quand il s'agit de correction et de discipline ecclésiastique : c'est l'*archevêque* en personne, comme supérieur immédiat, qui doit connaître de ces affaires, ce qui a été ainsi établi par respect pour le caractère épiscopal.

Les archevêques ne peuvent faire aucune fonction archiépiscopale avant d'avoir reçu le *pallium*. Dans l'origine, le *pallium* était un ornement d'honneur, dont Constantin, suivant plusieurs savants, gratifia le pape et les patriarches d'Orient. Les empereurs permirent ensuite à tous les évêques grecs de le porter. Mais en Occident les papes, qui d'abord en avaient seuls le droit, l'accordèrent aux métropolitains ou *archevêques*, et même à quelques évêques. — Le *pallium* est une bande de laine blanche, dépouille de deux agneaux, que des sous-diacres apostoliques ont eu soin de faire paître et de tondre eux-mêmes. Cette bande est chargée de trois croix noires ; elle est attachée à un rond qui se met sur les épaules, et elle forme deux pendants longs d'environ un pied, auxquels sont attachées de petites lames de plomb arrondies, couvertes de soie et de quatre croix rouges. Le *pallium* doit avoir touché les corps de saint Pierre et de saint Paul. Il est le symbole de la plénitude du sacerdoce, de l'indépendance de l'*archevêque* et de la dépendance de ses suffragants : son envoi est une espèce de confirmation des droits des métropolitains ; il est tellement personnel à l'*archevêque* qui l'a obtenu, qu'on le lui laisse après sa mort, et qu'on l'en revêt avant de l'ensevelir. Le *pallium* envoyé à un archevêque est tellement affecté à son église, que, s'il est transféré à un autre siège métropolitain, il est obligé d'en demander un nouveau. (Extrait du *Diction. de Jurisprudence*.)

* ARCHICONFRÉRIE DU SAINT ET IMMACULÉ COEUR DE MARIE. Les désordres et l'irréligion qui se multipliaient de toute part inspirèrent au vénérable curé de Notre-Dame des Victoires, à Paris, de recourir au saint cœur de Marie pour obtenir la conversion des pécheurs. Il forma, à ce dessein, une pieuse association. Établie en 1836, elle fut érigée en archiconfrérie par un bref de Grégoire XVI, donné en 1839. Le pape accorde par ce bref aux curés de Notre-Dame des Victoires la faculté d'y agréger toutes les associations qui se sont établies, ou qui pourront s'établir sous le patronage du saint et immaculé cœur de la sainte Vierge. L'archiconfrérie compte aujourd'hui des associés dans toutes les parties du monde. Les prodiges de guérison et de conversion se sont multipliés en faveur de ceux qui ont eu recours, ou pour lesquels on a eu recours au saint cœur de Marie. L'archiconfrérie a ses *Annales*, où sont consignés ces prodiges. Il ne faut pas, toutefois, admettre ces miracles à la légère ni les proclamer comme indubitablement authentiques, à moins d'une permission de l'ordinaire.

ARCHIDIACRE (a) (*droit ecclésiast.*). C'est le nom qu'on donnait autrefois au plus ancien des diacres, ou à celui que l'évêque choisissait pour être à leur tête. C'est aujourd'hui un ecclésiastique pourvu d'une dignité qui lui donne une force de juridiction.

Du mot *archidiacre* sont venus ceux d'*archidiaconat*, pour désigner l'office et dignité de l'*archidiacre*, et d'*archidiaconé* pour la partie du diocèse qui est sujette à la visite de l'*archidiacre*, et dont l'évêque a déterminé l'étendue. — L'origine de cette dignité remonte aux temps des apôtres, qui choisirent parmi les premiers chrétiens les plus zélés et les plus vigilants d'entre eux pour leur confier le soin des pauvres et les charger de leur distribuer les libéralités des fidèles. Le premier qui ait été honoré de ce titre fut saint Étienne, que l'apôtre saint Luc appelle *le premier des diacres*. Leurs fonctions se réduisaient alors à la seule distribution des aumônes ; mais le maniement des deniers et des richesses de l'Eglise mit bientôt les *archidiacres* au-dessus des prêtres, qui, bornés aux fonctions purement spirituelles, telles que la prière, l'instruction et l'administration des sacrements, eurent moins de crédit et d'autorité ; c'est ce que nous allons développer.

Les diacres furent d'abord établis pour soulager les évêques et les prêtres dans les fonctions extérieures du gouvernement de l'Eglise [*Voy.* DIACRE] ; le titre d'*archidiacre* fut attribué à celui d'entre eux que l'évêque regarda comme le plus habile et le plus

(a) Cet article est reproduit d'après l'édition de Liége.

vigilant ; bientôt après, les prélats, en lui conférant ce titre, lui conférèrent une partie de leur juridiction. Ainsi les *archidiacres* furent autrefois les grands vicaires de l'évêque, et ils exercèrent, en son nom, la juridiction épiscopale sur les églises de leur dépendance. Ils en étaient regardés comme l'œil et la main. Dans l'église, ils avaient soin de l'ordre et de la décence du service divin ; ils étaient les maîtres et les supérieurs des clercs, ils leur assignaient leur rang et leurs fonctions. S'il n'y avait pas d'économe, ils recevaient les oblations et les revenus de l'église, et prenaient soin de la subsistance des clercs et des pauvres. Ils étaient les censeurs des mœurs, et veillaient à leur correction. Ils avertissaient l'évêque de tous les désordres, et faisaient à peu près les fonctions des promoteurs d'aujourd'hui, pour en poursuivre la réparation.

L'étendue de leurs pouvoirs et les fonctions qu'ils remplissaient, les faisaient placer, dans la hiérarchie ecclésiastique, immédiatement après l'évêque. Vers le vi[e] siècle, on leur attribua la juridiction sur les prêtres, et dans le xie on les considéra comme des juges ordinaires, qui avaient de leur chef une juridiction propre, et le pouvoir de déléguer d'autres juges ; ils usaient en leur nom des droits dont ils ne jouissaient que comme délégués de l'évêque. Plusieurs ont même prétendu en France avoir le droit de juger en première instance toutes les affaires ecclésiastiques de leur archidiaconé, et de pouvoir établir un official pour terminer ce qui dépendait de la juridiction contentieuse. Mais au commencement du xiiie siècle, les évêques s'appliquèrent à réduire dans de justes bornes les entreprises des *archidiacres*, qui s'étaient emparés de presque toute leur juridiction : ils leur ôtèrent la juridiction volontaire par l'établissement des grands vicaires, la contentieuse par celle des officiaux, et ils resserrèrent ce qu'ils leur en laissèrent en multipliant les archidiaconés. Les canons de plusieurs conciles maintinrent les évêques dans leurs droits, et toutes les fois qu'ils ont eu recours aux tribunaux séculiers pour se plaindre des entreprises des *archidiacres* sur leur autorité, les parlements les ont déclarées abusives, et ont réduit la juridiction des *archidiacres* à des bornes plus étroites.

Aujourd'hui le droit le plus considérable qui leur ait été conservé est celui de visiter les églises de leur archidiaconé, de dresser des procès-verbaux de l'état dans lequel ils trouvent chaque paroisse, des plaintes que peuvent former les paroissiens contre leurs curés, de recevoir les comptes des revenus des fabriques, et de faire des ordonnances pour le recouvrement et l'emploi des deniers qui en proviennent. Cela est prescrit par l'art cle 17 de l'édit du mois d'avril 1695. — Suivant l'article 14 du même édit, les *archidiacres* doivent, dans le mois après leurs visites achevées, en remettre les procès-verbaux aux *archevêques* ou évêques, pour ordonner sur ces procès-verbaux, ce qu'ils croient devoir être plus utile pour le bien de l'Église. — Les *archidiacres*, qui sont en possession de faire des ordonnances dans le cours de leurs visites, peuvent statuer sur ce qui regarde les vases sacrés, les bancs des églises, le service divin, et les autres matières de cette nature, conformément aux statuts et aux usages du diocèse : ils peuvent aussi, suivant la jurisprudence des arrêts, décider des contestations légères, et qui ne méritent pas d'instruction ; mais il ne leur est pas permis de prononcer sur les questions qui doivent être portées au tribunal contentieux, ni sur les affaires importantes qui dépendent de la juridiction volontaire, comme les dispenses de publication de bans, les permissions de marier dans un temps défendu par l'Église. — Quoiqu'en général la discipline des écoles appartienne aux juges séculiers, l'*archidiacre* peut, ainsi que l'évêque, interroger dans le cours de ses visites, les maîtres et maîtresses d'école des petits villages, et même les destituer, lorsqu'il n'est pas satisfait de leur doctrine et de leurs mœurs. C'est la disposition de l'article 25 de l'édit du mois d'avril 1695. — Régulièrement les *archidiacres* n'ont pas le droit de visiter les monastères ni les églises collégiales de leur archidiaconé ; cependant s'ils étaient en possession de les visiter, et d'y faire des ordonnances, il faudrait se conformer à cet usage. On trouve au *Journal des Audiences* un arrêt du 16 juin 1640, qui a maintenu l'*archidiacre* d'Outre-Loire, du diocèse d'Angers, dans la possession de visiter l'église collégiale de Blésion, située dans son archidiaconé. — Il est permis aux *archidiacres* de visiter, en personne et sans frais, les paroisses dont les religieux sont curés, celles où les chapitres prétendent avoir un droit de visite, même celles qui dépendent des commanderies de l'ordre de Malte. A l'égard des églises paroissiales, desservies dans les monastères qui se prétendent exempts de la juridiction des ordinaires, l'évêque seul peut les visiter en personne. — Un *archidiacre* ne doit visiter qu'une fois par an les églises paroissiales, à moins qu'il ne survienne quelque raison importante qui l'oblige à faire une seconde visite dans le cours de l'année. — Il doit visiter toutes chapelles domestiques, et se faire rendre compte des revenus des confréries qui se trouvent quelquefois dans les chapelles des châteaux des seigneurs.

Les appellations des ordonnances que rendent les *archidiacres* doivent être portées devant l'évêque, et non devant le supérieur de l'évêque, parce que les *archidiacres* ne sont pas regardés à présent comme grands vicaires de l'évêque, et qu'ils possèdent en titre l'archidiaconé qui leur donne une espèce de juridiction. — C'est à l'*archidiacre* qu'appartient le droit de présenter à l'évêque ceux qui doivent être ordonnés, d'assister à l'examen de ceux qui doivent recevoir les ordres, et de mettre ou de faire mettre en possession des bénéfices cures ceux qui en sont légitimement pourvus.

Autrefois celui qui exerçait les fonctions d'*archidiacre* ne pouvait être ordonné prêtre sans perdre sa dignité : depuis que les *archidiacres* sont devenus ordinaires, et qu'ils n'ont plus exercé la juridiction sur les curés, comme vicaires de l'évêque, on les a obligés de se faire promouvoir à l'ordre de prêtrise, afin que les curés ne fussent pas dépendants d'une personne qui leur fût inférieure par l'ordre : il faut aussi que les *archidiacres* soient licenciés en théologie ou en droit canon, quand bien même ils n'auraient aucune fonction de juridiction et de visite à exercer, parce que les archidiaconés sont des dignités des églises cathédrales, et que l'édit de 1606 impose à tous les dignitaires des églises cathédrales l'obligation d'être docteur licencié en théologie ou en droit. Suivant la disposition de l'article 1er du même édit, tous les dignitaires doivent se faire promouvoir à l'ordre de prêtrise dans l'année de leur paisible possession, d'où on doit conclure qu'on ne peut être pourvu d'un archidiaconé que lorsqu'on est suffisamment âgé pour être ordonné prêtre dans l'année.

L'*archidiacre* étant pourvu de sa dignité en titre, ne peut en être dépouillé contre le bon plaisir de l'évêque, comme les grands vicaires et les officiaux, qui n'ont qu'une simple commission ; on ne peut le priver de son titre qu'après des procédures régulières, quand il a mérité cette peine par quelque délit.

Quoiqu'il n'y eût autrefois qu'un *archidiacre* dans chaque église cathédrale, l'étendue des diocèses a obligé de les diviser en plusieurs archidiaconés ; c'est pourquoi l'on voit plusieurs *archidiacres* dans la plupart des églises de France et des pays voisins ; et dans quelques diocèses, l'*archidiacre* de la ville épiscopale prend le titre de *grand archidiacre*.

Quand l'*archidiacre* fait ses visites, on doit le recevoir avec des marques de distinction. Une des

---

(*a*) Toutes ces lois sont abrogées.

principales est d'être reçu à la porte des églises par le curé, et de porter seul l'étole en leur présence. Un arrêt du parlement de Paris, du 26 juin 1726, l'a ainsi jugé pour l'*archidiacre* de Senlis; et un autre arrêt du 28 juin 1734 a prononcé de même en faveur de l'*archidiacre* de Puisaie de l'église d'Auxerre. Toutefois ce droit dépend de l'usage et de la possession. — Un *archidiacre* peut aussi, dans le cours de ses visites, se faire payer du droit de procuration, qui est ordinairement de trente, cinquante ou soixante sous par jour, selon l'usage des diocèses. — Lorsque l'*archidiacre* est en visite, il est censé présent au chœur, s'il est chanoine, et il participe à tous les fruits et à toutes les distributions de son bénéfice, pourvu toutefois qu'il ait soin d'avertir le chapitre de son départ. Un arrêt du parlement de Dijon, du 1er juillet 1658, l'a ainsi jugé en faveur de l'*archidiacre* d'Autun. — Dans quelques diocèses les *archidiacres* jouissent du revenu des cures et d'autres droits pendant la vacance, ou lorsqu'elles sont en litige. Ce droit se nomme *droit de déport*; il est si odieux que le concile de Bâle avait voulu l'abolir; mais l'usage a prévalu sur son autorité.

A Paris, les *archidiacres* jouissent de ce qu'ils appellent *spolium* ou droit de dépouille. Ils ne sont fondés à cet égard sur aucune disposition du droit civil ni du droit canonique; mais ils ont pour eux une longue possession, au moyen de laquelle ils les a maintenus dans l'usage de prendre, *après le décès des curés, soit de la ville ou de la campagne, le meilleur lit garni, la robe ou soutane, la ceinture, le surplis, l'aumusse, le bréviaire, le cheval ou mulet, s'il y en a un, à cause de leur dignité d'archidiacre, et pour leur droit de funérailles*. C'est ce qui résulte de deux arrêts rendus le 20 juillet 1684 et 18 mars 1711, en faveur de l'*archidiacre* de Josas.

Plusieurs arrêts rapportés dans le premier volume des anciens *Mémoires du clergé* ont jugé que les archidiaconés n'étaient pas sujets à l'expectative des gradués. Ils en avaient été déclarés exempts par l'édit de 1596; mais comme il n'a été enregistré dans aucune cour de justice, ces arrêts sont appuyés sur l'article 1er de l'édit de 1606, qui déclare exemptes de l'expectative des gradués toutes les dignités des églises cathédrales. — Un autre arrêt rendu au parlement de Paris, le 30 août 1678, entre le sieur Millot, curé de Pressigny, à portion congrue, et le seigneur du lieu, débiteur de la portion congrue, en qualité de gros décimateur, a jugé que les gros décimateurs n'étaient point tenus de payer les droits de visite à l'*archidiacre*, quoique le curé fût réduit à sa portion congrue. (Extrait du *Diction. de Jurisprudence*.)

ARCHIMANDRITE (*droit ecclés.*). Ce mot est grec, et signifie *le supérieur d'un monastère*, auquel on donne aujourd'hui le nom d'*abbé*. On l'employait aussi pour désigner particulièrement ceux qui gouvernaient plusieurs monastères, et alors on entendait par ce mot ceux que nous appelons *supérieurs généraux*. Les Latins ont quelquefois donné aux archevêques le nom d'*archimandrites*, et, dans ce sens, il veut dire chef de troupeau. (Extrait du *Diction. de Jurisprudence*.)

ARCHIPRÊTRE (*droit ecclés.*). Dans la primitive Eglise on donnait ce nom au plus ancien ou au chef des prêtres, comme celui d'*archidiacre* au premier des diacres: aujourd'hui on donne ce nom à un ecclésiastique revêtu d'une dignité à laquelle sont attribués différents droits. On appelle *archiprêtré* ou *archiprêtrise* le titre et le district de l'*archiprêtre*.

Dans les premiers siècles de l'Eglise on reconnaissait trois dignités principales, qui étaient en même temps dignités de l'église cathédrale et du diocèse: savoir, l'*archiprêtre*, qui était à la tête des prêtres et des clercs; l'*archidiacre*, établi sur les diacres, et le *primicier*, c'est-à-dire le premier des clercs, établi sur tout le clergé inférieur. — Il est parlé de ces trois dignités dans les canons arabiques du concile de Nicée. Et le concile de Mérida, tenu en 666, ordonne à chaque évêque d'avoir dans sa cathédrale un *archiprêtre*, un archidiacre et un primicier; mais il ne marque pas quelles étaient leurs fonctions.

Comme le nom de *prêtre* vient de l'âge avancé où devaient être ceux qu'on honorait de ce caractère, l'*archiprêtre*, qui était le premier des prêtres, devait être le plus âgé. Cependant les évêques donnaient quelquefois cette dignité au mérite, quoique régulièrement elle ne dût être donnée qu'à l'ancienneté. On voit que Protérius, qui fut élu évêque d'Alexandrie après la déposition de Dioscore, dans le concile de Chalcédoine, avait été fait *archiprêtre* de la même église; et saint Jérôme semble faire entendre que dans l'Eglise latine toutes les cathédrales avaient leurs *archiprêtres*, et qu'il ne devait y en avoir qu'un dans chacune.

Les *archiprêtres* ayant tenu autrefois un rang distingué dans l'Eglise, nous allons exposer leurs fonctions telles qu'elles étaient selon l'usage ancien et telles qu'elles sont selon le droit canonique actuel. — Dans l'origine, l'*archiprêtre* était la première dignité après l'évêque, et pour l'ordinaire il était, comme le grand vicaire, chargé de la conduite de l'Eglise lorsque l'évêque était absent. Le capitulaire de Louis le Débonnaire, de l'année 828, appelle les *archiprêtres* les aides et les coadjuteurs des évêques. — Le concile de Paris, tenu en 850, dit que les *archiprêtres* étaient chargés d'exciter à la pénitence publique ceux qui étaient coupables de crimes publics, et que, conjointement avec les évêques, ils devaient nommer des prêtres et des curés pour recevoir les confessions des crimes secrets. — Le second concile de Tours, après avoir réglé l'ordre et les fonctions des *archiprêtres*, les condamne à faire pénitence dans un monastère, s'ils ont manqué de veiller sur la continence des prêtres, des diacres, des sous-diacres: le même concile défend à tout évêque de déposer un *archiprêtre*, sans avoir pris le conseil de tous les prêtres et abbés du diocèse. — Il paraît par la règle de saint Chrodegand, évêque de Metz, qu'ils étaient les ministres universels de l'évêque pour le gouvernement spirituel des laïques, des curés et même des chanoines, et que quand un évêque les avait une fois établis, il ne pouvait plus les destituer dans un synode, sans leur avoir fait leur procès. — Le concile de Châlons, tenu en 650, défendit aux juges séculiers de continuer les visites qu'ils avaient coutume de faire dans les paroisses de la campagne et dans les monastères, à moins qu'ils n'y fussent invités par les *archiprêtres* et les abbés. — Le concile de Pont-Audebert, tenu en 1279, recommande aux *archiprêtres* de prendre garde que tous les ecclésiastiques de leur ressort portent la tonsure et l'habit ecclésiastique. Il paraît même, par ce dernier concile, qu'ils avaient juridiction, puisque le canon 16 leur défend de suspendre et d'excommunier, sans mettre leur sentence par écrit.

Aujourd'hui le nombre, le rang, les fonctions et les droits des *archiprêtres* varient suivant les différents diocèses (a). A Paris, il n'y en a que deux, qui sont le curé de la Madeleine et celui de Saint-Séverin. Leurs fonctions consistent à envoyer les mandements de l'archevêque aux curés de la ville et de la banlieue: ils assistent à la confection des saintes huiles le jeudi saint, dans l'église métropolitaine, mais ils n'y ont séance que dans les bas stalles. Au synode de l'archevêque, ils sont nommés les pre-

---

(a) Nous faisons remarquer de nouveau que cet article et plusieurs des précédents, reproduits d'après l'édition de Liége, ont été composés au point de vue de l'ancien droit ecclésiastique. *Voy.*, pour le nouveau, notre Dictionnaire de Théologie morale

miers, tiennent la première place du côté gauche avec les doyens ruraux, et suivent immédiatement l'archevêque à la procession à côté des grands vicaires. — A Tours, il y a cinq *archiprêtres*. Le premier, qui a le titre de *grand archiprêtre*, est un dignitaire de la cathédrale, qui a séance au-dessus des chanoines, et les précède à la procession. Il a un revenu fixe, outre le casuel qui lui est commun avec les autres *archiprêtres*. Ceux-ci ne marchent à la procession qu'après les chanoines prébendés. — A Orléans, il n'y a qu'un *archiprêtre*, qui est une des dignités du chapitre, mais il n'exerce aucune fonction. Il jouit du droit de prendre, dans l'étendue du grand archidiaconé, le lit garni des curés après leur mort. Ce droit est évalué cinquante livres pour les cures où il y a vicaire, et vingt-cinq livres pour celles où il n'y en a point. Il a d'ailleurs le tiers des déports dans l'étendue du grand archidiaconé; les deux autres tiers appartiennent au doyen, comme grand archidiacre. — Dans d'autres diocèses, les *archiprêtres* ont les mêmes droits sur les curés de ville que les doyens ruraux sur les curés de campagne. Dans l'église métropolitaine de Reims, les *archiprêtres* ne sont que les vicaires des chanoines, ils officient à leur place. Ils entonnent les petites heures.

Il serait trop long de parler des fonctions des *archiprêtres* dans les différents diocèses de France. Leurs droits et leur rang varient d'un diocèse à un autre; il faut avoir recours à l'usage de chaque endroit, lorsqu'il arrive quelque contestation à cet égard.

Lorsqu'un *archiprêtré* est dignité, il faut être gradué et âgé de vingt-deux ans pour le posséder; et s'il a charge d'âmes, il ne faut pas moins de vingt ans accomplis, comme pour les curés. (Extrait du *Dictionn. de Jurisprudence*.)

ARCHONTIQUE, adjectif, mot formé du grec ἄρχων, au pluriel ἄρχοντες, *principautés* ou hiérarchies d'anges. On donne ce nom à une secte d'hérétiques qui parurent sur la fin du IIᵉ siècle, parce qu'ils attribuaient la création du monde, non pas à Dieu, mais à diverses puissances ou principautés, c'est-à-dire à des intelligences subordonnées à Dieu, et qu'ils appelaient *archontes*. Ils rejetaient le baptême et les saints mystères, dont ils faisaient auteur Sabaoth, qui était, selon eux, une des principautés inférieures. A les entendre, la femme était l'ouvrage de Satan, et l'âme devait ressusciter avec le corps. On les regarde comme une branche de la secte des valentiniens ou des marcosiens. (Tillemont, t. II, p. 295.)

ARÉOPAGITE. *Voy.* S. DENYS.

ARIANISME, ARIENS. Arius, prêtre d'Alexandrie, premier auteur de l'hérésie à laquelle il a donné son nom, commença de la publier l'an 319. Mécontent d'une explication qu'Alexandre, son évêque, avait donnée du mystère de la sainte Trinité, dans une assemblée de prêtres, il soutint que le Fils de Dieu, ou le Verbe divin, était une créature tirée du néant, que Dieu le Père avait produite avant tous les siècles, et de laquelle il s'était servi pour créer le monde; qu'ainsi le Fils de Dieu était d'une nature et d'une dignité très-inférieures au Père; qu'il n'était appelé *Dieu* que dans un sens impropre. Condamné d'abord par son évêque dans un concile d'Alexandrie, et dans un second tenu l'an 321, il se retira dans la Palestine; il écrivit aux évêques les plus célèbres, pour se plaindre de la rigueur avec laquelle il était traité; il sut déguiser sa doctrine et rendre odieuse celle d'Alexandre, aussi bien que sa conduite : il gagna ainsi plusieurs partisans, surtout Eusèbe de Nicomédie, dont le crédit était grand pour lors, soit à la cour, soit dans l'Eglise. Alexandre, de son côté, rendit compte des erreurs d'Arius et des motifs de sa condamnation; la dispute commença dès ce moment de s'échauffer de part et d'autre.

I. L'empereur Constantin, qui en prévit les suites, tâcha vainement de concilier ou de calmer les deux partis, et de leur imposer silence. Voyant qu'il ne pouvait y réussir, il assembla, l'an 325, un concile général à Nicée en Bithynie, auquel se trouvèrent trois cent dix-huit évêques, tant de l'Orient que de l'Occident. Après un sérieux examen, dans lequel Arius et ses partisans furent entendus, le concile condamna leur doctrine; il décida que *Jésus-Christ, Fils unique de Dieu, est né du Père avant tous les siècles, Dieu de Dieu, lumière de lumière, vrai Dieu de vrai Dieu, engendré et non fait, consubstantiel à son Père, et que par lui toutes choses ont été faites*. C'est le symbole de la foi que l'Eglise répète encore aujourd'hui dans sa liturgie. Arius, ayant refusé de souscrire à sa condamnation, fut exilé en Illyrie; dix-sept évêques firent d'abord le même refus, ensuite ils se réduisirent à cinq, et enfin à deux, qui furent aussi exilés. — Mais l'anathème prononcé contre l'erreur ne la détruisit pas; la plupart de ceux qui n'avaient signé la décision du concile que pour éviter l'exil, demeurèrent attachés au parti d'Arius. Constantin lui-même, séduit par un prêtre arien, que Constantia sa sœur lui avait recommandé en mourant, et qui avait gagné sa confiance, consentit à rappeler Arius de son exil en 328; et cet hérétique, réuni à ses partisans, recommença de semer ses erreurs avec encore plus de chaleur qu'auparavant. Mais saint Athanase, qui avait succédé au patriarche Alexandre dans le siège d'Alexandrie, refusa constamment de recevoir Arius à sa communion, et par cette fermeté il encourut l'indignation de Constantin. — Dès ce moment, les *ariens* devinrent un parti redoutable; ils tinrent plusieurs conciles dans lesquels ils se trouvèrent les maîtres; ils parvinrent à faire exiler plusieurs des évêques les plus attachés à la foi de Nicée, en particulier saint Athanase et saint Eustache, évêque d'Antioche. Ils s'appliquèrent à interpréter dans un mauvais sens la doctrine du concile de Nicée, surtout le terme *consubstantiel*; ils prétendirent que ce mot pouvait faire confondre la Personne du Fils avec celle du Père, et renouveler l'erreur de Sabellius, et ils eurent grand soin de le retrancher dans toutes les professions de foi qu'ils dressèrent. Mais leurs disputes, leurs variations dans ces confessions de foi, sur lesquelles ils ne pouvaient s'accorder, et qu'ils changèrent au moins vingt fois, ne prouvèrent que trop la nécessité d'un terme qui coupât la racinc à tous leurs subterfuges. — Constantin lui-même ne put faire consentir Alexandre, évêque de Constantinople, à recevoir Arius dans sa communion; cet hérétique mourut d'une manière tragique dans cette circonstance même, l'an 336; ceux qui accusent les catholiques de l'avoir empoisonné, les calomnient sans fondement et par pure malignité. — Après la mort de Constantin, arrivée l'an 337, le parti des *ariens* fut tantôt plus fort et tantôt plus faible, selon qu'ils furent protégés ou proscrits par les empereurs. Sous Constance, qui les favorisait, ils remplirent tout l'Orient de troubles, de séditions, de violences; mais Constantin le Jeune et Constant, qui régnaient sur l'Occident, empêchèrent l'*arianisme* d'y faire beaucoup de progrès. En 351, Constance, devenu maître de tout l'empire par la mort de ses deux frères, protégea l'hérésie encore plus hautement qu'auparavant; il y eut plusieurs conciles tenus en Italie, dans lesquels les *ariens* dominèrent; d'autres, dans lesquels les catholiques reprirent le dessus, condamnèrent Arius et ses partisans, et confirmèrent la foi de Nicée. Au concile d'Arles, en 353, à celui de Milan tenu en 355, à Rimini en 359, plusieurs évêques, vaincus par violence, souscrivirent à la condamnation de saint Athanase et signèrent des confessions de foi dans lesquelles le mot de *consubstantiel* était supprimé. Ceux qui ont conclu de là que ces évêques avaient signé l'*arianisme*, ont abusé des termes : les professions de foi auxquelles ils souscrivirent n'exprimaient pas assez expressément le dogme catholique, mais elles n'exprimaient pas non plus l'erreur d'Arius, puisqu'elles portaient ou que le Fils est *semblable au Père, en substance*, ou qu'il lui est *semblable en toutes choses*, ou qu'il lui est *semblable selon les Ecritures*, etc. Ce ne sont pas là des hérésies, quoique les *ariens* abusassent malicieusement de ces expressions vagues pour semer leur erreur. — Il en fut de même de la formule que le pape Libère signa par faiblesse dans son exil, l'an 357. *Voy.* LIBÈRE. Il est constant d'ailleurs que, pendant toutes les disputes des évêques, les peuples, qui n'y comprenaient rien, continuaient à croire et à professer le dogme de la divinité de Jésus-Christ. Les évêques *ariens* eux-mêmes n'osaient pas prêcher en public, comme Arius, que le Fils de Dieu est une créature tirée du néant; qu'il est inférieur en nature à son Père; qu'il n'est pas Dieu dans toute la rigueur du terme. Comment donc peut-on soutenir que, dans le temps dont nous parlons, l'*arianisme* avait étouffé la foi catholique, et dominait dans l'Eglise? — Julien, parvenu à l'empire l'an 362, laissa disputer les *ariens* et les catholiques : son règne ne dura que deux ans, celui de Jovien ne fut que de quelques mois. Valens, maître de l'Orient l'an 364, favorisa et embrassa l'*arianisme*; Valentinien, son frère, travailla efficacement à l'extirper en Occident. Gratien, et ensuite Théodose, le proscrivirent dans tout l'empire, de manière que, vers l'an 380, cette hérésie, après soixante ans de tumulte, n'osa presque plus se montrer. Au commencement du v° siècle, les Goths, les Bourguignons et les Vandales, qui en étaient infectés, voulurent la rétablir dans les Gaules et en Afrique; ils exercèrent beaucoup de violences, et firent un grand nombre de martyrs; les Visigoths la portèrent en Espagne : c'est où elle a subsisté le plus longtemps sous la protection des rois qui l'avaient embrassée; mais ceux-ci l'ayant enfin abjurée, elle s'y éteignit aussi vers l'an 660. Nous la verrons renaître de ses cendres au xvi° siècle.

II. Il est probable que l'*arianisme* aurait subjugué l'Orient tout entier, si ses partisans avaient pu s'accorder; mais, comme tous les hérétiques, ils se divisèrent promptement. Les deux factions principales furent celle des purs *ariens* et celle des *semi-ariens*. Les premiers disaient sans détour, comme Arius, que le Fils de Dieu était une créature, par conséquent très-inférieur et *dissemblable* à son Père : c'est ce qui les fit nommer *anoméens*, dissemblables. On les appelle encore *acaciens, eudoxiens, eusébiens, aétiens, eunomiens, ursaciens*, etc.; parce que Acace, évêque de Césarée, Eudoxe, évêque d'Antioche, Eusèbe de Nicomédie, Aétius, Eunomius, Ursace, évêque de Tyr ou de Sigedun, furent successivement à leur tête; mais il ne paraît pas que ce parti ait été le plus nombreux; leur hérésie proposée ainsi sans déguisement révoltait les esprits. — Les *semi-ariens*, qui pensaient peut-être de même dans le fond, dissimulaient leurs vrais sentiments. Nous ne pouvons mieux connaître leurs artifices et leurs détours, qu'en examinant la conduite d'Eusèbe de Césarée, qui paraît avoir été constamment dans ce parti. Il ne faisait point de difficulté de dire, comme le concile de Nicée, que Jésus-Christ est le Verbe, la raison ou la sagesse divine, Dieu de Dieu, lumière de lumière, engendré du Père avant tous les siècles, et qui a fait toutes choses; mais il n'avouait pas que ce Verbe fût engendré de toute éternité et coéternel au Père; il prétendait, comme font encore les sociniens, que le Père avait donné l'être au Fils avant la création; et quand il disait que ce n'est pas *une créature*, il entendait que ce n'est pas une créature semblable aux autres, mais d'une nature beaucoup plus parfaite, et autant semblable à Dieu qu'une créature peut l'être. C'est pour cela même que les *semi-ariens*, au lieu du mot *homoousios*, consubstantiel, substituaient celui de *homoiousios*, semblable en substance. — Eusèbe, en professant, même dans le symbole de Nicée, que le Fils est *consubstantiel* au Père, entendait que le Fils est sorti du Père non par division ou par retranchement, comme un corps qui faisait partie d'un autre corps, mais sans changement et sans diminution de la substance du Père; ainsi, par *consubstantiel*, il n'entendait toujours qu'une ressemblance imparfaite dans la substance, et non une parfaite égalité avec le Père. Il ne refusait pas de condamner Arius, ni de dire anathème à tous ceux qui enseignaient que

le Verbe est sorti du néant, ou de ce qui n'était pas ; qu'il a été un temps où il n'était pas encore, parce que, disait-il, ces expressions ne sont pas dans l'Ecriture sainte. C'est ainsi qu'il s'explique dans la lettre qu'il écrivit au peuple de Césarée après le concile de Nicée. Socrate, *Hist. ecclés.*, l. 1, c. 8. Dans ses autres ouvrages, il a nié plus d'une fois l'éternité du Verbe et son égalité avec le Père. (Petau, *Dogm. théol.* t. II, l. 1, c. 11 et 12.) Plusieurs sociniens se servent encore aujourd'hui des mêmes artifices pour pallier l'impiété de leur sentiment touchant la divinité de Jésus-Christ. *Voy.* Semi-Arianisme.
— Cet abus continuel des termes, ces explications subtiles pour altérer le sens des paroles de l'Ecriture sainte, ces expressions ambiguës dans les professions de foi des *ariens*, ces disputes toujours renaissantes parmi eux, démontraient assez la duplicité de leur caractère et la fausseté de leur opinion. Ils croyaient avoir remporté une grande victoire, lorsque par fourberie ou par violence ils étaient venus à bout de faire signer aux évêques catholiques une profession de foi dans laquelle le mot *consubstantiel* était retranché. Quelle différence entre cette marche tortueuse de l'hérésie, et la conduite franche et ferme de l'Eglise catholique ! Le concile de Nicée, du premier coup et d'un seul mot, fixa la croyance d'une manière irrévocable. Le mot *consubstantiel* rendait toute l'énergie et le vrai sens des expressions de l'Ecriture sainte ; il prévenait toutes les équivoques et les subtilités des *ariens* ; l'Eglise, après l'avoir une fois adopté, ne l'abandonna plus ; il fut conservé dans toutes les professions de foi et dans les divers conciles où les catholiques furent libres d'exposer leur croyance ; malgré toutes les attaques de l'hérésie, après quatorze siècles, la *consubstantialité* du Verbe est encore la foi de cette même Eglise. *Voy.* Consubstantiel, Divinité de Jésus-Christ, Fils de Dieu.

III. Un des artifices dont se sont servis les fauteurs de l'*arianisme* a été de représenter ces disputes comme des contestations indifférentes au fond du christianisme, qui ne valaient pas la peine de faire tant de bruit ; de prétendre que l'on peut être bon chrétien sans souscrire à la décision du concile de Nicée. Les incrédules n'ont pas manqué d'appuyer cette prétention, afin de couvrir de ridicule les Pères du IVe siècle, et de rendre le zèle de religion responsable des troubles que l'*arianisme* a causés dans le monde. Nous soutenons au contraire que la divinité de Jésus-Christ, fondée sur la consubstantialité du Verbe, est le dogme fondamental du christianisme ; que si ce dogme n'est pas vrai, Jésus-Christ a établi une religion fausse.

1° Il est clair que si les trois Personnes divines, le Père, le Fils et le Saint-Esprit, ne sont pas un seul Dieu dans le sens le plus exact et le plus rigoureux, le christianisme, tel qu'il subsiste dans toutes les communions qui ne sont pas ariennes ou sociniennes, est un véritable polythéisme, puisque nous rendons à ces trois personnes divines le même culte suprême. Entre les païens et nous, il n'y aura point de différence, sinon qu'ils admettaient un plus grand nombre de dieux que nous, et que nous savons déguiser notre polythéisme par des subtilités qui leur étaient inconnues. Dans ce cas le mahométisme, qui se borne au culte d'un seul Dieu, est une religion plus pure que le christianisme. Abbadie a porté cette conséquence jusqu'à la démonstration, dans son *Traité de la divinité de Jésus-Christ*. Elle est confirmée par le suffrage de tous les sociniens, qui ne cessent de nous reprocher le trithéisme, ou l'adoration de trois dieux. — Est-il croyable que Dieu, qui, sous l'Ancien Testament, s'est montré si jaloux du culte suprême exclusif ; qui répétait continuellement aux Juifs : *Je suis seul Dieu, il n'y a point d'autre Dieu que moi*, ait permis que l'univers fût bouleversé pour établir une religion qui n'aboutit qu'à offusquer, par sa croyance et par son culte, le dogme capital de l'unité de Dieu, sans lequel il ne peut point y avoir de vraie religion ? — Dans ce même cas, les Juifs sont bien fondés à demeurer dans l'incrédulité. Le dogme de l'unité de Dieu est le bouclier que le juif Orobio ne cesse d'opposer aux arguments de Limborch ; celui-ci, qui était socinien déguisé, en affectant de laisser de côté le dogme de la Trinité et celui de la divinité de Jésus-Christ, a évidemment trahi la cause du christianisme qu'il voulait défendre. Voyez *Philippi a Limborch amica collatio cum erudito Judæo*, troisième partie.

2° Jésus-Christ a déclaré qu'il était venu dans le monde pour apprendre aux hommes à rendre à Dieu le culte d'adoration *en esprit et en vérité* (*Joan.* IV, 24). Or il veut que tous honorent le Fils comme ils honorent le Père, c. v, ỳ. 23. S'il n'est pas un seul Dieu avec le Père, ce culte est-il juste et légitime ? C'est une profanation et une impiété. Nous prenons encore pour juges les sociniens. Y en a-t-il un seul qui se croie obligé de rendre à Jésus-Christ le même culte suprême, la même adoration qu'il rend à Dieu le Père ? Ils ont beau chercher des palliatifs, il s'ensuit toujours de leur opinion que Jésus-Christ, par cette funeste leçon, a voulu nous plonger dans une superstition grossière et inévitable, et que toute la chrétienté y est tombée en effet. Pendant que d'un côté les sociniens affectent de prodiguer à Jésus-Christ les titres les plus pompeux, de l'autre ils nous donnent à conclure qu'il a été le moins sage de tous les législateurs, et un usurpateur des honneurs de la Divinité.

3° Lorsque nous citons les paroles de saint Paul (*Philip.* II, 6) : *Imitez Jésus-Christ, qui, étant dans la forme de Dieu, n'a point regardé comme une usurpation de s'égaler à Dieu*, etc., les sociniens nous disent que nous traduisons mal ; qu'il y a dans le texte : « Jésus-Christ qui, étant dans la forme de Dieu, *n'a point fait sa proie de s'égaler à Dieu*, » ou ne s'est point attribué l'égalité avec Dieu. — Nous soutenons que cette explication socinienne est fausse. En premier lieu, il est faux que Jésus-Christ ne se soit pas égalé à Dieu ; il a dit : *Mon père et moi sommes une même chose* (Joan. x, 31) ; *Celui qui me voit, voit mon Père* (xiv, 9) ; *Tout ce qu'a mon Père est à moi* (xvi, 15) ; il veut que *tous honorent le Fils comme ils honorent le Père* (v, 23). Vouloir être honoré comme Dieu, c'est certainement s'égaler à Dieu ; tel a été le crime et la folie de tous ceux qui se sont fait rendre les honneurs divins. En second lieu, si Jésus-Christ n'est pas égal à Dieu, où est l'humilité de ne pas y prétendre ? En avoir seulement la pensée serait une impiété. En troisième lieu, dans cette hypothèse, saint Paul et les autres apôtres sont des prévaricateurs : ils ont égalé Jésus-Christ à Dieu, puisqu'ils lui ont donné tous les attributs de la Divinité, l'existence avant tous les siècles, la toute-puissance, le pouvoir créateur, la science et la sagesse divine, le nom même de *Dieu*. Ils ont contredit l'exemple de Jésus-Christ, en exhortant les fidèles à l'imiter.

4° Dès que les nouveaux *ariens* ont méconnu la divinité de Jésus-Christ, il leur a fallu détruire successivement tous les dogmes du christianisme, la Trinité, l'incarnation, la rédemption des hommes par Jésus-Christ, le péché originel, la nécessité du baptême pour les enfants, l'efficacité des sacrements, les œuvres satisfactoires, etc. Ils ont fait consister la religion chrétienne à croire seulement l'unité de Dieu ; à regarder Jésus-Christ comme un envoyé de Dieu, sans s'informer de ce qu'il est personnellement ; à prendre l'Evangile pour règle de foi et de conduite, sauf à l'entendre comme chacun le trouvera bon. C'est le déisme pur. Il n'est pas étonnant que cette licence ait fait éclore tous les systèmes possibles d'incrédulité.

Est-ce donc là le système sublime de religion que Dieu avait préparé pendant quatre mille ans, pour l'établissement duquel il a opéré tant de prodiges et changé la face de l'univers ? Nous ne serons jamais assez insensés pour le croire.

On nous dit aujourd'hui qu'avant le concile de Nicée, la doctrine touchant les trois Personnes divines n'était point encore fixée ; que l'on n'avait rien prescrit à la foi des chrétiens sur cet article, ni déterminé les expressions dont on devait se servir en parlant de ce mystère ; que les docteurs chrétiens avaient des sentiments différents sur ce sujet, sans que personne s'en scandalisât, etc. On croira peut-être que c'est un socinien qui s'exprime ainsi ; non, c'est Mosheim, *Hist. ecclés. du* ive *siècle,* iie *part.,* c. 5, § 9. Beausobre lui avait donné l'exemple. *Hist. du man.,* l. iii, c. 7. — Cependant Bullus, dans sa *Défense de la foi de Nicée,* M. Bossuet, dans son sixième *Avertissement aux protestants,* et d'autres, ont prouvé invinciblement qu'avant le concile de Nicée, les Pères des trois premiers siècles ont professé hautement l'éternité du Verbe et sa consubstantialité avec le Père. Une preuve positive de ce fait, c'est que jamais Arius ni ses partisans n'ont voulu s'en rapporter au jugement des anciens docteurs, et qu'ils prétendaient mieux entendre l'Ecriture que tous ceux qui les avaient précédés. Le patriarche d'Alexandrie, qui avait condamné Arius, le leur reprochait déjà (Théodoret, *Hist. ecclés.,* l. i, c. 4). Ils refusèrent de même, dans le cinquième concile de Constantinople, sous Théodose, l'an 383, d'être jugés par le sentiment des anciens Pères (Socrate, *Hist. ecclés.,* l. v, c. 10). Ils étaient donc bien convaincus que les Pères des trois premiers siècles ne pensaient pas comme eux, et les catholiques le soutenaient ainsi. Sait-on mieux au xviiie siècle qu'au ive ce qui en est ? — D'ailleurs, ou le dogme de l'éternité et de l'égalité parfaite du Verbe avec le Père est clairement et formellement révélé dans l'Ecriture sainte, ou il ne l'est pas. S'il l'est, donc il était cru dans les trois premiers siècles, et on ne pouvait refuser de le croire sans être hérétique ; s'il ne l'est point, ce n'est pas plus aujourd'hui un dogme de foi pour les protestants, qu'il ne l'était avant le concile de Nicée, puisqu'ils ne reconnaissent pour dogme de foi que ce qui est clairement et formellement enseigné dans l'Ecriture sainte : ils ne peuvent donc, même aujourd'hui, regarder les sociniens comme des hérétiques. Ce n'est pas sans raison que nous leur reprochons leur connivence avec les ennemis de la divinité de Jésus-Christ.

Nous convenons que l'Eglise n'avait pas encore consacré le mot *consubstantiel* pour exprimer ce dogme, mais il ne s'ensuit pas que ce dogme n'était pas encore cru, puisque l'on exprimait par d'autres termes ce que celui-là signifie, en disant que le Fils ou le Verbe est éternel et parfaitement égal au Père. Si les *ariens* avaient voulu s'exprimer de même, on ne les aurait pas condamnés.

Mosheim ajoute que si l'on considère les moyens qu'employèrent les *nicéniens* et les *ariens* pour défendre leurs opinions, on est en peine de décider lequel des deux partis excéda le plus les bornes de la probité, de la charité et de la modération. *Ibid.,* § 15. — Nous ne relèverons pas l'indécence du nom de *nicéniens,* donné par mépris aux catholiques ; Mosheim pouvait les appeler encore *homoousiens,* comme faisaient les *ariens* ; mais nous demandons en quoi les catholiques ont violé la probité à l'égard de leurs adversaires. Que les *ariens* en général aient été de mauvaise foi, c'est un fait qui nous paraît incontestable ; mais les catholiques ont-ils employé comme eux les équivoques, les expressions captieuses, les fausses protestations de zèle pour le fond du dogme, les fausses promesses de paix, etc., dont se servaient les premiers pour parvenir à leurs fins ? A la vérité Mosheim a trouvé bon d'accuser saint Ambroise et d'autres évêques d'avoir supposé de fausses reliques et de faux miracles pour en imposer aux fidèles et confondre les *ariens* ; mais cette accusation est-elle prouvée ? Quant au défaut de charité, nous ne voyons pas en quoi les catholiques ont été coupables de se défendre tant qu'ils ont pu contre des hérétiques audacieux, violents, séditieux, qui abusaient de l'autorité des empereurs qu'ils avaient séduits, et qui ont fait les plus grands efforts pour anéantir la foi de l'Eglise. Nous lisons que les *ariens* ont fait beaucoup de martyrs, mais il n'est écrit nulle part qu'il y en eût parmi eux; il n'est donc pas vrai que les catholiques aient autant violé les règles de la modération que les *ariens*. Après soixante ans de tumulte, nous ne pouvons blâmer Théodose d'avoir porté des lois sévères contre ces derniers; il ne fut pas obligé de répandre du sang pour les faire exécuter.

IV. La raison de cette partialité de Mosheim et des protestants en faveur de l'*arianisme* n'est pas difficile à découvrir; c'est que l'on a vu au XVIe siècle cette hérésie renaître des principes du protestantisme. Dès que Luther et Calvin eurent posé pour maxime que la seule règle de foi est l'Ecriture sainte entendue comme il plaît à chaque particulier, il se trouva des prédicants qui pervertirent le sens des passages par lesquels on prouve la distinction des trois Personnes de la sainte Trinité, leur coexistence éternelle, leur égalité parfaite, l'unité de la nature divine; ainsi, la divinité de Jésus-Christ devint parmi eux un problème. Luther même et Calvin ont parlé de ce mystère dans des termes très-capables de faire douter de leur foi. *Hist. du Socinianisme*, Ire part., c. 3. Plusieurs anabaptistes, sortis de l'école de Luther, prêchèrent l'*arianisme* en Suisse, en Allemagne, en Hollande; Okin et Bucer en jetèrent, sous Edouard VI, les premières semences en Angleterre. Servet voulut l'établir à Genève; Calvin le fit punir du dernier supplice. La crainte de subir le même sort écarta de Genève Gentilis, Blandatra et d'autres, qui soutenaient cette erreur; ils se retirèrent en Pologne, où ils trouvèrent des protecteurs, et ils y fondèrent des sociétés *ariennes*. Les deux Socin, oncle et neveu, parvinrent à les réunir à peu près dans le même sentiment, et donnèrent ainsi leur nom à toute la secte. *Voy.* SOCINIANISME. — Les protestants, honteux de cette postérité sortie de leur sein, ont vainement fait tous leurs efforts pour l'étouffer; dans toutes les conférences et les disputes qu'ils ont eues avec les sociniens, ceux-ci leur ont fait voir qu'avec l'Ecriture sainte seule, on ne les convaincrait jamais d'erreur; et lorsque l'on a voulu employer contre eux la tradition, le sentiment des Pères, la croyance constante de l'Eglise chrétienne, ils ont reproché avec raison aux protestants de contredire le principe fondamental de la réforme, et de recourir à une arme à laquelle ils ont fait profession de renoncer. La voie d'autorité, les lois pénales, les supplices même dont les protestants ont usé plus d'une fois envers les nouveaux *ariens*, sont une inconséquence encore plus révoltante, puisqu'ils n'ont cessé de se plaindre eux-mêmes lorsque les catholiques en ont fait usage contre eux. — Aussi tous ces moyens ont-ils produit très-peu d'effet; ils n'ont pas empêché les sociniens de pénétrer dans la Transylvanie, dans la Prusse, dans la Basse-Allemagne, dans la Hollande et en Angleterre, et de s'y multiplier parmi les différentes sectes qui jouissent de la tolérance civile. Dans le dernier siècle et dans celui-ci, l'*arianisme* mitigé, ou le *semi-arianisme*, y a trouvé beaucoup de partisans. — En effet, les nouveaux ennemis de la divinité de Jésus-Christ ont compris, comme ceux du IVe siècle, que l'*arianisme* pur ne pourrait jamais faire fortune; l'on ne persuadera jamais à ceux qui respectent l'Ecriture sainte, que le Fils de Dieu est une pure créature, tirée du néant dans le temps, et qui n'existait pas avant la naissance du monde; encore moins que Jésus-Christ n'est qu'un homme, quoique plus parfait que les autres. Fauste, Socin et d'autres ont osé le dire, et blâmer le culte rendu à Jésus-Christ; mais ils ont eu peu de sectateurs sur ce point. Ceux d'aujourd'hui ont adopté le *semi-arianisme*, tel à peu près qu'Eusèbe de Césarée et d'autres le soutenaient; c'est pour cela qu'ils rejettent le nom de *sociniens*, parce qu'ils ne suivent pas à la rigueur les sentiments de Socin. Ils disent que le Verbe divin a été créé avant toutes choses; quelques-uns même sont allés jusqu'à dire qu'il a été créé de toute éternité; d'autres, sans user du terme de création, disent que les trois Personnes divines sont égales en perfection, mais qu'il y a entre elles une *subordination de nature* en fait d'existence et de dérivation. Ainsi s'exprime le docteur Clarke, accusé de *semi-arianisme*. Mosheim, *Hist. ecclés. du* XVIIIe *siècle*, à la fin, note du traducteur anglais. Nous ne sommes pas assez habiles pour entendre ce que signifient ces termes. En 1777, l'on a aussi soutenu le *semi-arianisme* à Genève, dans une thèse publique et dans une brochure intitulée : *Dissertatio historico-theologica, de Christi deitate*. Les arminiens de Hollande et plusieurs théologiens anglicans passent pour être dans le même sentiment. Il n'est donc pas étonnant que les protestants, en général, témoignent beaucoup moins d'aversion pour les sociniens que pour les catholiques.

Aux mots FILS DE DIEU et JÉSUS-CHRIST nous prouverons le dogme catholique opposé à toutes ces erreurs.

* ARISTOTÉLIENS. Aristote est, à juste titre, surnommé le prince des philosophes de l'antiquité. S'il eût été éclairé des lumières de l'Evangile, il eût poussé très loin les questions dogmatiques et morales. Malgré les ténèbres du paganisme, il sut poser avec tant de lucidité les premiers principes de toutes les sciences, qu'il fut longtemps le seul oracle de l'école. Au moyen âge, les maîtres chrétiens semblaient placer son autorité à côté de celle de l'Evangile : c'est de cet engouement déraisonnable pour la doctrine d'Aristote que sont nés ses sectaires ardents, connus sous le nom d'*aristotéliens*. M. Bonnetty a parfaitement apprécié l'action du philosophe de Stagyre sur le christianisme. « Il est utile de recommander, dit-il, à ceux qui veulent connaître les causes et suivre la filiation des erreurs qui ont déchiré l'Eglise, d'étudier si, dans les propositions sur *Dieu*, sur l'*âme* et sur l'*entendement humain*, ne se trouvent pas déjà cachées les objections des philosophes sur la Trinité, la prescience de Dieu et la spiritualité de l'âme; dans les propositions sur la *volonté*, les opinions de Luther et les subtilités des Jansénistes sur

la grâce, la liberté et la prédestination; dans les propositions sur le *monde*, les erreurs de l'astrologie judiciaire, et cette manie de connaître l'avenir par tant de moyens ridicules; enfin dans les propositions sur la *philosophie* et la *théologie*, les causes de cette opposition qu'on a prétendu voir, et que bien des personnes veulent voir encore, entre la nature et la grâce, la raison et la foi, la loi naturelle et la loi révélée, la philosophie et la théologie.

« Après ces recherches, il faudra examiner encore s'il n'y aurait pas quelques restes de ces erreurs aristotéliciennes dans nos livres d'enseignement élémentaire; car c'est une remarque à faire que l'autorité d'Aristote a été répudiée en physique, et en médecine, et en astronomie, et dans la plupart des autres sciences : il n'en est plus de traces que dans l'enseignement de la philosophie.

« Nous croyons cette question importante à examiner; car, toutes les fois que l'erreur est dans les intelligences, c'est dans l'enseignement qu'il faut en rechercher les causes. »

ARMÉE DU CIEL. *Voy.* **ASTRES.**

ARMÉNIENS considérés par rapport à leur religion. C'est une secte des chrétiens d'Orient, ainsi appelés parce qu'ils habitaient autrefois l'Arménie.—On croit que la foi fut portée dans leur pays par l'apôtre saint Barthélemi; mais la tradition commune des *arméniens* est que la plus grande partie de leur pays fut convertie, au commencement du IVe siècle, par saint Grégoire, surnommé l'*Illuminateur*. Ce qu'il y a de certain, c'est qu'au commencement du IVe siècle l'Eglise d'Arménie était très-florissante, et que l'arianisme y fit peu de ravages. Mais l'an 535, une grande partie de cette Eglise embrassa les erreurs et le schisme des jacobites ou monophysites. Les *arméniens* étaient du ressort du patriarche de Constantinople; ils s'en séparèrent avant le temps de Photius, aussi bien que les Grecs de ce même pays, et composèrent aussi une Eglise nationale, en partie unie à l'Eglise romaine, et en partie séparée d'elle; car on en distingue de deux sortes, les francs *arméniens* et les schismatiques. Les francs *arméniens* sont catholiques et soumis à l'Eglise romaine. Ils ont un patriarche à Naksivan, ville d'Arménie, sous la domination du roi de Perse, et un autre à Kaminiek en Pologne. Leur liturgie a été imprimée à Rome dans leur ancienne langue, et on en a une traduction latine, que le P. Lebrun a donnée avec des remarques. *Explic. des cérém. de la messe*, tom. V, 10e dissert. Les *arméniens* schismatiques ont aussi deux patriarches, l'un résidant au couvent d'Echmiazin, c'est-à-dire les trois églises, proche d'Erivan, et l'autre à Cis en Cilicie ou Caramanie.—Depuis la conquête de leur pays par Scha-Abbas, roi de Perse, ils n'ont presque point eu de pays ou d'habitation fixe; mais ils se sont dispersés dans quelques parties de l'Europe, particulièrement en Pologne. Leur principale occupation est le commerce, qu'ils entendent très-bien. Le cardinal de Richelieu, qui voulait le rétablir en France, projeta d'y attirer grand nombre d'*arméniens*; et le chancelier Séguier leur accorda une imprimerie à Marseille, pour multiplier à moins de frais leurs livres de religion, qui avant ce temps-là étaient fort rares et fort chers.—Le christianisme s'est conservé parmi eux, mais avec beaucoup d'altération parmi les *arméniens* schismatiques. Le P. Galanus rapporte que Jean Hermac, *arménien* catholique, assure qu'ils suivent l'hérésie d'Eutychès touchant l'unité de nature en Jésus-Christ; qu'ils croient que le Saint-Esprit ne procède que du Père; que les âmes des justes n'entrent point dans le paradis, ni celles des damnés en enfer, avant le jugement dernier; qu'ils nient le purgatoire, retranchent du nombre des sacrements la confirmation et l'extrême-onction, accordent au peuple la communion sous les deux espèces, la donnent aux enfants avant qu'ils aient atteint l'âge de raison, et pensent enfin que tout prêtre peut absoudre indifféremment de toutes sortes de péchés; en sorte qu'il n'est point de cas réservés, soit aux évêques, soit au pape. Michel Lefèvre, dans son *Théâtre de la Turquie*, dit que les *arméniens* sont monophysites, c'est-à-dire qu'ils n'admettent en Jésus-Christ qu'une nature composée de la nature divine et de la nature humaine, sans néanmoins aucun mélange. Le même auteur ajoute que les *arméniens*, en rejetant le purgatoire, ne laissent pas de prier et de célébrer des messes pour les morts, dont ils croient que les âmes attendent le jour du jugement dans un lieu où les justes éprouvent des sentiments de joie dans l'espérance de la béatitude, et les méchants des impressions de douleur dans l'attente des supplices qu'ils savent avoir mérités; que d'autres s'imaginent qu'il n'y a plus d'enfer, depuis que Jésus-Christ l'a détruit en descendant aux limbes, et que la privation de Dieu sera le supplice des réprouvés; qu'ils ne donnent plus l'extrême-onction depuis environ deux cents ans, parce que le peuple, croyant que ce sacrement avait la vertu de remettre par lui-même tous les péchés, en avait pris occasion de négliger tellement la confession, qu'insensiblement elle aurait été tout à fait abolie; que quoiqu'ils ne reconnaissent pas la primauté du pape, ils l'appellent néanmoins dans leurs livres le pasteur universel et vicaire de Jésus-Christ; qu'ils s'accordent avec les Grecs sur l'article de l'eucharistie, excepté qu'ils ne mêlent point d'eau avec le vin dans le sacrifice de la messe, et qu'ils s'y servent de pain sans levain pour la consécration, comme les catholiques.—Mais il paraît que Galanus et Lefèvre attribuent aux *arméniens* schismatiques des erreurs dont ils ne sont pas coupables, ou du moins qui ne sont pas communes parmi eux. Le P. Lebrun, avant de rapporter leur liturgie, prouve qu'à l'exception de l'hérésie des monophysites, on ne peut leur imputer aucune opinion absolument contraire à la croyance de l'Eglise catholique; qu'ils s'accordent avec nous sur le nombre et sur la nature des sacrements, sur la présence réelle de Jésus-Christ dans l'eucharistie, sur la transsubstantiation, sur le sacrifice de la messe, sur le culte des saints, sur la prière pour les morts, etc. Vainement les protestants ont cherché parmi eux leurs propres erreurs ils n'en ont trouvé aucun vestige. Cependant les *arméniens* schismatiques sont séparés de l'Eglise romaine depuis plus de douze cents ans. — C'est sans fondement que Brerewood les a accusés de favoriser les opinions des sacramentaires, et de ne point manger des animaux qui sont estimés immondes dans la loi de Moïse; il n'a pas pris garde que c'est la coutume de toutes les sociétés chrétiennes d'Orient, de ne manger ni sang, ni viandes étouffées; en quoi, selon l'esprit de la primitive Eglise, il n'y a point de superstition. Ils sont grands jeûneurs, et, à les entendre, l'essentiel de la religion consiste à jeûner. — On compte parmi eux plusieurs monastères de l'ordre de Saint-Basile, dont les schismatiques observent la règle : mais ceux qui se sont réunis à l'Eglise romaine ont embrassé celle de saint Dominique, depuis que les dominicains, envoyés en Arménie par Jean XXII, eurent beaucoup contribué à les réunir au saint-siége. Cette union a été rompue et renouvelée plusieurs fois, surtout au concile de Florence, sous Eugène IV.

Les *arméniens* font l'office ecclésiastique en ancienne langue arménienne, différente de celle d'aujourd'hui, et que le peuple n'entend pas. Ils ont aussi dans la même langue toute la Bible, traduite d'après la version des Septante. Ceux qui sont soumis au pape font aussi l'office en cette langue, et tiennent la même croyance que l'Eglise catholique, sans aucun mélange des erreurs que professent les schismatiques.—Nous remarquerons encore que le titre de *vertabied*, ou docteur, est plus respecté des *arméniens* que celui d'évêque; ils le confèrent avec les mêmes cérémonies qu'on donne les ordres sacrés, parce que, selon eux, cette dignité représente celle de Jésus-Christ, qui s'appelait *rabbi*, ou docteur. Ces vertabieds ont droit de prêcher assis, et de porter une crosse semblable à celle du patriarche, tandis que les évêques n'en ont qu'une moins distinguée, et prêchent debout : l'ignorance de leurs évêques a procuré ces honneurs aux docteurs. Galanus, *Conciliat. de l'Eglise armén. avec l'Eglise rom.* Simon, *Hist. des relig. du Levant.*

ARMES. Il n'est pas vrai, comme l'ont avancé quelques censeurs du christianisme, qu'il soit défendu à un chrétien de porter les armes. Saint Luc, dans son Evangile, rapporte la leçon que fit saint Jean-Baptiste aux soldats : *Ne faites violence à personne injustement ; contentez-vous de votre solde* (*Luc.* III). Il ne leur ordonna point de quitter les armes. Lorsque Jésus-Christ loua la foi du centurion, et lui accorda un miracle, il ne blâma point sa profession (*Matth.*, VIII, 10, 13). Saint Paul veut que chacun demeure dans l'état de vie dans lequel il a été appelé à la foi ; les soldats ne sont pas exceptés (*I Cor.* VII, 20). Tertullien atteste que de son temps les camps et les armées étaient remplis de chrétiens, qu'ils étaient bons soldats, puisqu'ils ne craignaient point la mort. *Apol.*, ch. 37 et 42. Si dans son *Traité de l'Idolâtrie*, et dans celui *de la Couronne*, il décide qu'un chrétien ne doit point embrasser l'état militaire, c'est qu'alors on exigeait qu'un soldat fît son serment par les dieux de l'empire, et rendît un culte aux enseignes militaires chargées des images des dieux : c'est dans ce sens qu'il dit qu'il n'y a rien de commun entre le signe de Jésus-Christ et les enseignes du diable, *de Idolol.* c. 19 ; qu'un chrétien ne doit pas veiller pendant la nuit à la garde des dieux auxquels il a renoncé, *de Corona*, c. 9. Lorsque ce danger n'exista plus, le troisième canon du concile d'Arles ordonna d'excommunier ceux qui désertaient, même pendant la paix. Constantin régnait pour lors ; on ne tendait plus de piéges aux soldats chrétiens pour les engager à trahir leur religion. L'horreur pour la profession militaire est une erreur des quakers, réfutée par Bellarmin, t. II, *Controv. de Laicis.*

ARMINIANISME, doctrine d'Arminius, célèbre ministre d'Amsterdam, et depuis professeur en théologie dans l'académie de Leyde, et des *arminiens*, ses sectateurs. Calvin, Bèze, Zanchius, etc., avaient établi des dogmes trop sévères sur le libre arbitre, la prédestination, la justification, la persévérance et la grâce ; les *arminiens* ont pris sur tous ces points des sentiments plus modérés et approchant à quelques égards de ceux de l'Eglise romaine. Gomar, professeur en théologie dans l'académie de Groningue, et calviniste rigide, s'éleva contre la doctrine d'Arminius ; après bien des disputes commencées dès 1609, et qui menaçaient les Provinces-Unies d'une guerre civile, la matière fut discutée et décidée en faveur des Gomaristes, par le synode de Dordrecht, tenu en 1618 et 1619. Outre les théologiens de Hollande, ce synode fut composé de députés de toutes les Eglises réformées, excepté des Français, qui en furent empêchés pour des raisons d'Etat.

Pour bien comprendre l'état de la question qui était à décider, il faut savoir que les théologiens attachés aux sentiments de Calvin sur la prédestination ne s'accordaient pas : les uns soutenaient, comme leur maître, que Dieu, de toute éternité, et avant même de prévoir le péché d'Adam, avait prédestiné une partie du genre humain au bonheur éternel, et une autre partie aux tourments de l'enfer ; qu'en conséquence Dieu avait tellement résolu la chute d'Adam, et avait disposé les événements de telle manière, que nos premiers parents ne pouvaient pas s'abstenir de pécher. Ces théologiens furent nommés *supralapsaires*, parce qu'ils supposaient une prédestination et une réprobation absolues *ante lapsum* ou *supra lapsum* : sentiment horrible, qui peint Dieu comme le plus injuste et le plus cruel de tous les tyrans. D'autres disaient que Dieu n'a pas prédéterminé positivement la chute d'Adam, qu'il l'a seulement permise ; que, par cette chute, le genre humain tout entier étant devenu une masse de perdition et de damnation, Dieu a résolu d'en tirer un certain nombre d'hommes, et de les conduire par ses grâces au royaume éternel, pendant qu'il laisse les autres dans cette masse, et leur refuse les grâces nécessaires pour se sauver. Ainsi, selon ces théologiens, la prédestination et la réprobation se font *sub lapsum* ou *infra lapsum;* c'est pour cela qu'ils furent nommés *sublapsaires* ou *infralapsaires. Voy.* ce mot. Ces deux partis se réunirent sous le nom de *gomaristes,* pour condamner les *arminiens.*

La dispute pour lors se réduisait à cinq chefs : le premier regardait la prédestination ; le second, l'universalité de la rédemption ; le troisième et le quatrième, qu'on traitait toujours ensemble, regardaient la corruption de l'homme et sa conversion ; le cinquième concernait la persévérance. — Sur la *prédestination,* les *arminiens* disaient, « qu'il ne faut reconnaître en Dieu aucun décret *absolu* par lequel il ait résolu de donner Jésus-Christ aux seuls élus, ni de donner non plus à eux seuls, par une vocation efficace, la foi, la justification, la persévérance et la gloire ; mais qu'il a donné Jésus-Christ pour rédempteur commun à tout le monde, et résolu par ce décret de justifier et de sauver tous ceux qui croiront en lui, et en même temps de leur donner à tous les moyens suffisants pour être sauvés ; que personne ne périt pour n'avoir point ces moyens, mais pour en avoir abusé ; que l'élection absolue et précise des particuliers se fait en vue de leur foi et de leur persévérance future ; qu'il n'y a d'élection que conditionnelle ; que la réprobation se fait de même, en vue de l'infidélité et de la persévérance dans le mal. » Ce système était directement opposé tant à celui des *supralapsaires* qu'à celui des *infralapsaires.* — Sur l'universalité de la rédemption, les *arminiens* enseignaient « que le prix payé par le Fils de Dieu n'est pas seulement suffisant à tous, mais actuellement offert pour tous et un chacun ; qu'aucun n'est exclu du fruit de la rédemption par un décret absolu, ni autrement que par sa faute. » Doctrine toute différente de celle de Calvin et des gomaristes, qui posent pour dogme indubitable que Jésus-Christ n'est mort en aucune sorte que pour les prédestinés, et nullement pour les réprouvés. — Sur le troisième et quatrième chef, après avoir dit que la grâce est nécessaire à tout bien, non-seulement pour l'achever, mais encore pour le commencer, ils ajoutaient que la grâce n'est pas irrésistible, c'est-à-dire qu'on peut y résister ; ils soutenaient qu'encore que la grâce soit donnée inégalement, « Dieu en donne ou en offre une suffisante à tous ceux à qui l'Evangile est annoncé, même à ceux qui ne se convertissent pas, et l'offre avec un désir sincère et sérieux de les sauver tous : Il est indigne de Dieu, disaient-ils, de faire semblant de vouloir sauver, et au fond de ne le vouloir pas ; de pousser secrètement les hommes aux péchés qu'il défend publiquement, » deux opinions monstrueuses qu'avaient introduites les premiers réformateurs. Sur le cinquième, c'est-à-dire, sur la persévérance, ils décidaient que « Dieu donne aux vrais fidèles, régénérés par sa grâce, des moyens pour se conserver dans cet état ; qu'ils peuvent perdre la vraie foi justifiante, et tomber dans des péchés incompatibles avec la justification, même dans les crimes atroces, y persévérer, y mourir même, s'en relever par la pénitence, sans néanmoins que la grâce les contraigne à le faire. » Par ce sentiment ils détruisaient celui des calvinistes rigides ; savoir, que l'homme une fois justifié ne peut plus perdre la grâce, ni totalement, ni finalement ; c'est-à-dire, ni tout à fait pour un certain temps ; ni pour jamais et sans retour. Les *arminiens* sont aussi appelés *rémontrants,* par rapport à une requête ou remontrance qu'ils adressèrent aux états généraux des Provinces-Unies en 1611, et dans laquelle ils exposèrent les principaux articles de leur croyance.

Leurs cinq articles de doctrine furent solennellement condamnés par le synode de Dordrecht ; eux-mêmes furent privés de leurs places de ministres et de leurs chaires ; il fut décidé qu'à l'avenir personne ne serait admis à la fonction d'enseigner sans avoir souscrit à cette condamnation. Les *gomaristes supralapsaires* firent tous leurs efforts pour faire approuver par le synode leur sentiment touchant la prédestination, mais ils ne purent pas en venir à bout ; les théologiens anglais et d'autres s'y opposèrent : ainsi, la doctrine établie à Dordrecht est celle des *infralapsaires.* Mosheim, *Hist. ecclés. du* XVIIe *siècle,* sect. 2, part. II, c. 2, § 11. Les décrets de l'assemblée de Dordrecht furent reçus et adoptés par les calvinistes de France, dans un synode national tenu à Charenton en 1623 : nous verrons dans un moment quels en furent les fruits.

Depuis leur condamnation, les *arminiens* ont poussé leur système beaucoup plus loin que n'avait fait *Arminius* lui-même : ils sont tombés dans le pélagianisme, et se sont fort approchés des sociniens, surtout lorsqu'ils avaient pour chef Simon Episcopius. Quand les calvinistes les accusent de renouveler une ancienne hérésie, déjà condamnée dans les pélagiens et les semi-pélagiens, ils répliquent que la simple autorité des hommes ne peut passer pour une preuve légitime que dans l'Eglise romaine ; que les calvinistes eux-mêmes ont introduit dans la religion une toute autre manière d'en décider les différends ; qu'il ne suffit pas de faire voir qu'une opinion a été condamnée, mais qu'il faut montrer qu'elle a été condamnée à juste titre. Sur ce principe, que les calvinistes ne sont pas en état de réfuter, les *arminiens* retranchent un assez grand nombre d'articles de religion que les premiers appellent *fondamentaux,* parce qu'on ne les trouve point assez clairement expliqués dans l'Ecriture. Ils rejettent avec mépris les catéchismes et les confessions de foi auxquels les calvinistes veulent qu'on s'en tienne. C'est pourquoi ceux-ci, dans le synode de Dordrecht, s'attachèrent beaucoup à établir la nécessité de décider les différends de religion par voie d'autorité, et revinrent ainsi aux principes des catholiques, contre lesquels ils ont tant déclamé. Les *arminiens* furent d'abord proscrits en Hollande, où on les tolère cependant aujourd'hui. — Ils ont abandonné la doctrine de leur premier maître sur la prédestination et l'élection faites de toute éternité, en conséquence de la prévision des mérites; Episcopius a imaginé que Dieu n'élit les fidèles que dans le temps, et lorsqu'ils croient actuellement. Ils pensent que la doctrine de la Trinité n'est point nécessaire au salut, et qu'il n'y a dans l'Ecriture aucun précepte qui nous commande d'adorer le Saint-Esprit. Enfin, leur grand principe est qu'on doit tolérer toutes les sectes chrétiennes, parce que, disent-ils, il n'a point été décidé jusqu'ici qui sont ceux d'entre les chrétiens qui ont embrassé la religion la plus véritable et la plus conforme à la parole de Dieu.

On a distingué les *arminiens* en deux branches, par rapport au gouvernement et par rapport à la religion. Les premiers ont été nommés *arminiens politiques*, et l'on a compris sous ce titre tous les Hollandais qui se sont opposés en quelque chose aux desseins des princes d'Orange, tels que MM. Barnewelt et de Witt, et plusieurs autres réformés, qui ont été victimes de leur zèle pour leur patrie. Les *arminiens ecclésiastiques* sont ceux qui, professant les sentiments des remontrants, n'ont point de part dans l'administration de l'Etat. Ils ont d'abord été vivement persécutés par le prince Maurice; mais on les a ensuite laissés en paix, sans toutefois les admettre au ministère ni aux chaires de théologie, à moins qu'ils n'aient accepté les actes du synode de Dordrecht. Outre Simon Episcopius, les plus célèbres entre ces derniers ont été Etienne de Courcelles et Philippe de Limborch, qui ont beaucoup écrit pour exposer et soutenir les sentiments de leur parti. — Le célèbre Jean Leclerc l'avait aussi embrassé. Il est douteux, dit Mosheim, si la victoire remportée sur les *arminiens* par les *gomaristes* fut avantageuse à l'Eglise réformée en général. Pour nous, il nous paraît qu'elle a couvert la prétendue réforme d'un opprobre éternel. 1° Après avoir posé, pour maxime fondamentale de cette réforme que l'Ecriture sainte est la seule règle de foi, le seul juge des contestations en fait de doctrine, il était bien absurde de juger et de condamner les *arminiens*, non par le texte seul de l'Ecriture sainte, mais par les gloses, les commentaires, les explications qu'il plaisait aux gomaristes d'y donner. Quand on jette les yeux sur les passages allégués par ces derniers dans le synode de Dordrecht, on voit qu'il n'y en a presque pas un seul à la lettre duquel ils n'ajoutent quelque chose, et que la plupart peuvent avoir un sens tout différent de celui qu'y donnent les gomaristes. Les *arminiens* en alléguaient de leur côté, auxquels leurs adversaires ne répondent point. De quel front peut-on dire qu'ici c'est l'Ecriture sainte qui décide la contestation, pendant que le fond même sur lequel on dispute? 2° L'on a peine à retenir son indignation quand on voit le synode de Dordrecht se fonder sur la promesse que Jésus-Christ a faite à son Eglise d'être avec elle jusqu'à la consommation des siècles, pendant que tous les protestants font profession de croire que ce divin Sauveur a abandonné cette même Eglise immédiatement après la mort des apôtres; que, pendant quinze cents ans, il y a laissé introduire les erreurs les plus monstrueuses et les superstitions les plus grossières, de manière que cette Eglise n'était plus l'épouse de Jésus-Christ, mais la prostituée de Babylone, de laquelle il a fallu se séparer au XVI° siècle pour pouvoir faire son salut. Que penser encore quand on voit les docteurs de Dordrecht rappeler l'exemple et la méthode des anciens conciles, de condamner les erreurs, et que l'on se souvient des déclamations fougueuses que les protestants se sont permises contre tous les conciles? Pour comble de ridicule, ils citent la conduite des princes et des souverains qui ont protégé l'Eglise contre les attaques des hérétiques, après avoir cent fois blâmé les empereurs qui se sont mêlés des disputes de religion; ils félicitent l'Eglise belgique d'être délivrée de la *tyrannie de l'antechrist romain et de l'horrible idolâtrie du papisme*, pendant qu'eux-mêmes exercent contre leurs frères un des principaux actes de cette prétendue tyrannie, en se rendant juges et arbitres de la croyance, etc. — 3° Aussi les *arminiens* ne manquèrent pas de faire à leurs adversaires tous les reproches que les protestants ont faits contre le concile de Trente, qui les a condamnés. Ils dirent que ceux qui s'arrogeaient le droit de les juger étaient leurs accusateurs et leurs parties; qu'un synode devait être libre; que les accusés devaient y être admis à se défendre et à se justifier; que leurs prétendus juges se rendaient arbitres de la parole de Dieu, etc. On n'eut aucun égard à leurs plaintes ni à leurs clameurs. Il est constant aujourd'hui que le synode de Dordrecht ne fut autre chose qu'une farce politique jouée par le prince Maurice de Nassau, prince d'Orange, pour se défaire de quelques républicains qui lui faisaient ombrage. *Voy.* GOMARISTES. — 4° Mosheim nous fait observer que les décrets de Dordrecht, loin de détruire la doctrine d'Arminius, ne servirent qu'à la répandre davantage et à indisposer les esprits contre les opinions rigides de Calvin. Les *arminiens*, dit-il, attaquèrent leurs adversaires avec tant d'esprit, de courage et d'éloquence, qu'une multitude de gens fut persuadée de la justice de leur cause. Quatre provinces de Hollande refusèrent de souscrire au synode de Dordrecht; ce synode fut reçu en Angleterre avec mépris, parce que les anglicans témoignaient du respect pour les anciens Pères, dont aucun n'a osé mettre des bornes à la miséricorde divine. Dans les Eglises de Brandebourg et de Brême, à Genève même, l'*arminianisme* a prévalu. Mosheim ajoute que les calvinistes de France s'en rapprochèrent aussi, afin de ne pas donner trop d'avantage aux théologiens catholiques contre eux; mais il oublie l'acceptation formelle des décrets de Dordrecht;

faite dans le synode de Charenton en 1623. Ou cette acceptation ne fut pas sincère, ou les calvinistes ont rougi dans la suite de l'aveuglement de leurs docteurs.

Nous ne finirions pas, si nous suivions en détail toutes les absurdités, les erreurs, les traits de duplicité et de passion que l'on voit dans ces mêmes décrets. Ils se trouvent dans le recueil des confessions de foi des églises protestantes. Bossuet, *Histoire des Variat.*, liv. XIV, § 23, etc.

Les luthériens, non plus que les anglicans, n'ont pas pu se dissimuler que la censure portée à Dordrecht contre l'*arminianisme* retombait directement sur eux. Mosheim a fait une dissertation, dans laquelle il prouve, 1° que les cinq articles de doctrine condamnés par ce synode sont le sentiment commun des luthériens et de la plupart des théologiens anglicans. 2° Que le synode, loin de condamner la conduite abominable de Calvin, qui représente Dieu comme auteur du péché, l'a plutôt adoptée et confirmée. 3° Que les décrets de Dordrecht ont été exprès conçus en termes ambigus, pour laisser la liberté de les entendre comme on voudra. 4° Il réfute les sophismes et les subterfuges par lesquels plusieurs théologiens calvinistes ont voulu prouver que la censure de ce synode n'intéressait point les luthériens. 5° Il montre le ridicule des éloges outrés qu'ils ont faits de cette assemblée et de ses décrets, et l'opprobre dont les calvinistes se sont couverts en usant de violence envers les *arminiens*, parce qu'ils les ont regardés comme hérétiques. 6° Il conclut que cette conduite est le plus grand obstacle que les calvinistes aient pu mettre à leur réunion avec les autres protestants, et le plus sûr moyen qu'ils aient pu trouver de rendre la division éternelle. *De auctoritate concilii Dorderat., paci sacræ noxia*, in-4°, Helmstad, 1726.

ARNALDISTES ou ARNAUDISTES, hérétiques ainsi nommés d'Arnaud de Bresse, leur chef. Ils parurent dans le XIIe siècle; ils invectivèrent hautement contre la possession des biens ecclésiastiques qu'ils traitaient d'usurpation. Ils rejetaient le baptême des enfants, le sacrifice de la messe, la prière pour les morts, le culte de la croix, etc. Ils furent condamnés au concile de Latran sous Innocent II, en 1139. Arnaud, après avoir excité des troubles à Bresse et à Rome, fut pendu et brûlé dans cette dernière ville, en 1155, et ses cendres furent jetées dans le Tibre. Quelques-uns de ses disciples, qu'on nommait aussi *publicains* ou *poplicains*, étant passés de France en Angleterre vers l'an 1166, y furent arrêtés et dissipés. Cette secte devint ensuite une branche de l'hérésie des albigeois.

Mosheim, apologiste déclaré de tous les hérétiques, dit qu'Arnaud de Bresse était un homme d'une érudition immense et d'une austérité étonnante, mais d'un caractère turbulent et impétueux; qu'il ne paraît avoir adopté aucune doctrine incompatible avec l'esprit de la véritable religion; que les principes qui le firent agir ne furent répréhensibles que parce qu'il les poussa trop loin, et qu'il les exécuta avec un degré de véhémence qui fut aussi criminel qu'imprudent; qu'à la fin il fut la victime de la vengeance de ses ennemis: que l'an 1155 il fut crucifié et jeté au feu. *Hist. ecclés. du XIIe siècle*, IIe part., c. 5, § 10. — Mosheim a sans doute oublié qu'Arnaud de Bresse était moine et disciple d'Abailard, et qu'il n'a laissé aucun ouvrage qui prouve son érudition; il ne fallait donc pas lui en supposer, après avoir peint tous les moines de ce temps-là comme des ignorants. Celui-ci condamnait le baptême des enfants, le sacrifice de la messe, etc. Il voulait que l'on dépouillât les ecclésiastiques des biens qu'ils possédaient légitimement; il excita des séditions. Nous reconnaissons là les principes et l'esprit des prétendus réformateurs; mais est-il compatible avec l'esprit de la véritable religion, qui défend de troubler l'ordre public, surtout à un moine sans autorité? Mosheim eût-il trouvé bon qu'un zélateur de la pauvreté évangélique lui eût ôté les deux abbayes qu'il possédait? Arnaud de Bresse ne fut donc pas la victime de la vengeance de ses ennemis, mais justement puni comme séditieux et perturbateur du repos public; il ne fut point crucifié, mais attaché à un poteau, étranglé et brûlé.

Il ne faut pas le confondre avec Arnaud de Villeneuve, chimiste et médecin célèbre, qui pratiqua et enseigna son art avec beaucoup de réputation en Espagne et à Paris au commencement du XIVe siècle: Malheureusement il voulut faire aussi le théologien; il enseigna dans ses livres qu'en Jésus-Christ la nature humaine est égale en toutes choses à la Divinité, et a su tout ce que savait la Divinité; que le démon a fait périr la foi; que Dieu n'a point menacé de la damnation éternelle ceux qui pèchent, mais seulement ceux qui donnent mauvais exemple; que le monde devait finir l'an 1335, etc. Quinze propositions extraites de ses ouvrages furent condamnées, après sa mort, par l'inquisition de Tarragone, parce qu'elles avaient des sectateurs en Espagne. Mais il n'est pas vrai que cet auteur ait été du nombre de ceux qui eurent de la peine à se soustraire à la main du bourreau, comme l'avance Mosheim, XIIIe siècle, IIe partie, c. 1, § 9. Arnaud de Villeneuve mourut dans le vaisseau qui le transportait en Italie, où il était appelé pour traiter avec le pape Clément V. Voy. *Dict. des Hér.*, par Pluquet [édit. Migne], qui cite ses garants.

ARNOBE, professeur de rhétorique à Sicca en Afrique, se convertit au christianisme pendant la persécution de Dioclétien, et mourut au commencement du IVe siècle; il eut pour disciple Lactance. Après sa conversion, il écrivit en sept livres un ouvrage *contre les gentils*, où il fait l'apologie de la religion chrétienne, et réfute la doctrine des païens. Comme il n'était pas encore parfaitement instruit de nos dogmes, on lui reproche d'être tombé dans quelques méprises; mais le P. Le Nourry et dom Cellier l'ont justifié sur plusieurs articles. On n'a point encore de meilleure édition de cet ouvrage que celle d'Amsterdam en 1651, in-4°.

Barbeyrac, *Traité de la morale des Pères*, c. 4, § 3, note, accuse *Arnobe* d'avoir enseigné que Dieu n'est point le créateur des insectes ni des âmes humaines; mais après une lecture attentive, il nous paraît qu'il a seulement voulu dire que si l'on s'en tenait aux notions philosophiques et aux lumières que l'on pouvait puiser chez les philosophes, on ne pourrait jamais démontrer que les insectes et les âmes humaines sont l'ouvrage immédiat de Dieu; et que l'on ne pourrait donner des réponses satisfaisantes à ceux qui soutenaient le contraire; qu'ainsi c'est de la révélation seule qu'il faut apprendre ces vérités.

Il ne faut pas confondre cet auteur avec *Arnobe* le jeune, prêtre de Marseille, qui vivait vers l'an 460, qui a fait un commentaire sur les psaumes, et qui est accusé de semi-pélagianisme.

ARRHABONAIRES, nom qu'on donna aux sacramentaires dans le XVI° siècle, parce qu'ils disaient que l'eucharistie est donnée comme le gage du corps de Jésus-Christ, et comme l'investiture de l'hérédité promise. Stancharus enseigna cette doctrine en Transylvanie. *Voy.* Pratéole, au mot ARRHABONAIRES. — Ce mot est dérivé du latin *arrha* ou *arrhabo*, arrhe, gage, nantissement. Les catholiques conviennent que l'eucharistie est un gage de l'immortalité bienheureuse, mais que c'est là un de ses effets, et non son essence, comme le soutenaient les hérétiques dont il est ici question.

ART. Certains critiques, fort mal instruits, ont accusé le christianisme d'avoir contribué à la dégradation des *arts*. Pour peu que l'on ait lu l'histoire, on sait que ce fut en Europe un effet de l'inondation des Barbares, et en Asie une suite des ravages des mahométans; que sans la religion chrétienne tous les *arts* de dessin auraient été anéantis. Les mahométans ont en horreur les statues: les iconoclastes, pour leur plaire, brisèrent les images; les barbares venus du Nord étaient trop grossiers pour faire aucun cas de la peinture, de la sculpture, de l'architecture, de l'*art* des décorations; toute pompe extérieure fut bannie, excepté du culte divin et des temples du Seigneur. C'est là qu'il s'en est conservé un reste de goût, qui s'est ranimé à la renaissance des lettres; et celles-ci n'ont été préservées de leur ruine entière que par la religion. *Voy.* LETTRES, SCIENCES.

ART DES ESPRITS, ou *art angélique*, moyen superstitieux pour acquérir la connaissance de tout ce qu'on veut savoir avec le secours de son ange gardien ou de quelque autre bon ange. On distingue deux sortes d'*art angélique*: l'un obscur, qui s'exerce par la voie d'élévation ou d'extase; l'autre, clair et distinct, lequel se pratique par le ministère des anges, qui apparaissent aux hommes sous des formes corporelles, et qui s'entretiennent avec eux. Ce fut peut-être cet *art* dont se servit le père du célèbre Cardan, lorsqu'il disputa contre les trois esprits qui soutenaient la doctrine d'Averroës, et qu'il reçut ou crut recevoir des lumières d'un génie qu'il eut avec lui pendant trente-trois ans. Il est certain que cet *art* est superstitieux, puisqu'il n'est autorisé ni de Dieu ni de l'Église, et que les anges, par le ministère desquels on suppose qu'il s'exerce, ne sont autres que des esprits de ténèbres et des anges de Satan. D'ailleurs, les cérémonies dont on se sert ne sont que des conjurations par lesquelles on oblige les démons, en vertu de quelque pacte, de dire ce qu'ils savent, et de rendre les services qu'on exige d'eux. *Voy.* ART NOTOIRE. Cardan, lib. XVI, *de rer. Variet.* Thiers, *Traité des superstitions*, tom. I, pag. 275.

ART NOTOIRE, moyen superstitieux par lequel on promet l'acquisition des sciences par infusion et sans peine, en pratiquant quelques jeûnes et en faisant certaines cérémonies inventées à ce dessein. Ceux qui font profession de cet *art* assurent que Salomon en est l'auteur, et que ce fut par ce moyen qu'il acquit en une nuit cette grande sagesse qui l'a rendu si célèbre dans le monde. Ils ajoutent qu'il a renfermé les préceptes et la méthode de cet *art* dans un petit livre qu'ils prennent pour modèle. Voici la manière par laquelle ils prétendent acquérir les sciences, selon le témoignage du père Delrio: ils ordonnent à leurs aspirants de fréquenter les sacrements, de jeûner tous les vendredis au pain et à l'eau, et de faire plusieurs prières pendant sept semaines; ensuite ils leur prescrivent d'autres prières, et leur font adorer certaines images les sept premiers jours de la nouvelle lune, au lever du soleil, durant trois mois; ils leur font encore choisir un jour où ils se sentent plus pieux qu'à l'ordinaire et plus disposés à recevoir les inspirations divines: ces jours-là ils les font mettre à genoux dans une église ou oratoire, ou en pleine campagne, et leur font dire trois fois le premier verset de l'hymne *Veni, Creator Spiritus*, etc., les assurant qu'ils seront après cela remplis de la science comme Salomon, les prophètes et les apôtres. Saint Thomas d'Aquin montre la vanité de cet *art* prétendu: saint Antonin, archevêque de Florence, Denys le Chartreux, Gerson et le cardinal Cajetan, prouvent que c'est une curiosité criminelle par laquelle on tente Dieu, et un pacte tacite avec le démon: aussi cet *art* fut-il condamné comme superstitieux par la faculté de théologie de Paris, l'an 1320. Delrio, *Disquis. Magic.*, part. 2. Thiers, *Traité des superstitions*, ibid.

ART DE SAINT ANSELME, moyen de guérir les plaies les plus dangereuses, en touchant seulement aux linges qui ont été appliqués sur les blessures. Quelques soldats italiens, qui font encore ce métier, en attribuent l'invention à *saint Anselme*; mais Delrio assure que c'est une superstition inventée par *Anselme* de Parme, fameux magicien, et remarque que ceux qui sont ainsi guéris, si toutefois ils en guérissent, retombent ensuite dans de plus grands maux, et finissent malheureusement leur vie. Delrio, *Disquis. Magic.* liv. I.

ART DE SAINT PAUL, sorte d'*art* notoire, que quelques superstitieux disent avoir été enseigné par *saint Paul*, après qu'il eut été ravi jusqu'au troisième ciel : on ne sait pas bien les cérémonies que pratiquent ceux qui prétendent acquérir les sciences par ce moyen, sans aucune étude et par inspiration ; mais on ne peut douter que cet *art* ne soit illicite ; il est constant que *saint Paul* n'a jamais révélé ce qu'il ouït dans son ravissement, puisqu'il dit lui-même qu'il entendit des paroles ineffables, qu'il n'est pas permis à un homme de raconter. *Voy.* ART NOTOIRE. Thiers, *Traité des superstitions.*

* ARTÉMONITES. Hérétiques qui reconnaissaient Artémon pour maître. Cet hérésiarque avait adopté les principes de Théodote (*Voy.* Théodotiens). Il enseignait que la divinité ne s'était unie à l'humanité de Jésus-Christ qu'à la naissance du Sauveur du monde, et que le Messie ne pouvait qu'improprement être appelé Dieu. Artémon compte quelques sectateurs à Rome.

ARTICLE DE FOI. *Voy.* DOGME.

* ARTICLES FONDAMENTAUX. Les protestants, pour réunir leurs diverses sectes en une seule, ont divisé les dogmes en fondamentaux et non fondamentaux ; les premiers sont ceux qu'on doit admettre pour faire partie de la véritable Eglise de Jésus-Christ. On peut admettre ou rejeter les seconds. Nous examinerons spécialement ce système à l'art. JURIEU, observons seulement ici que les protestants n'ont pu s'entendre sur le nombre de leurs articles fondamentaux, et que quelques-uns ont réduit le christianisme à une pure école de philosophie.

* ARTICLES ORGANIQUES. Nous avons apprécié les articles organiques dans le Dictionnaire de Théologie morale. Nous y avons joint les réclamations que le cardinal Caprara fit contre ces articles. Nous nous contentons d'y renvoyer.

ARTOTYRITES. *Voy.* MONTANISTES.

ARUSPICE. *Voy.* DIVINATION.

ASCENSION, se dit proprement de l'élévation miraculeuse de Jésus-Christ quand il monta au ciel en corps et en âme, en présence et à la vue de ses apôtres.

Tertullien fait une énumération succincte des différentes erreurs que l'on a enseignées sur l'*ascension* du Sauveur. Les apellites pensaient que Jésus-Christ laissa son corps dans les airs (saint Augustin dit qu'ils prétendaient que ce fut sur la terre), et qu'il monta sans corps au ciel : comme Jésus-Christ n'avait point apporté de corps du ciel, mais qu'il l'avait reçu des éléments du monde, ils soutenaient qu'en retournant au ciel il l'avait restitué à ces éléments. — Les séleuciens et les hermiens croyaient que le corps de Jésus-Christ ne monta pas plus haut que le soleil, et qu'il y resta en dépôt. Ils se fondaient sur ce passage des psaumes : *Il a placé son tabernacle dans le soleil.* Saint Grégoire de Nazianze attribue la même opinion aux manichéens.

Le jour de l'*Ascension* est une fête célébrée par l'Eglise dix jours avant la Pentecôte, en mémoire de l'*ascension* de Notre-Seigneur. Selon saint Augustin (*Epist.* 118, n. 1), elle a été instituée par les apôtres mêmes. La célébration en est commandée par les Constitutions apostoliques, l. VIII, cap. 3 (Thomassin, *Traité des fêtes*, p. 370).

Quelques incrédules modernes ont comparé malicieusement l'*ascension* de Jésus-Christ à l'apothéose de Romulus, pour insinuer que l'une n'est pas mieux prouvée que l'autre. Selon l'histoire romaine, un seul homme a dit que Romulus lui était apparu et l'avait assuré de son transport dans le ciel. *Voy.* Tite-Live. Il ne risquait rien d'inventer cette fable. Douze apôtres et une multitude de disciples ont assuré qu'ils avaient vu Jésus-Christ ressuscité s'élever au ciel, et ils ont répandu leur sang pour sceller la vérité de leur témoignage. L'apothéose de Romulus n'avait été ni prévue ni prédite ; elle fut imaginée pour écarter le soupçon d'un régicide commis par les sénateurs ; la résurrection et l'*ascension* de Jésus-Christ avaient été annoncées par les prophètes et par lui-même ; ces deux prodiges ont fondé le christianisme. On pouvait croire sans conséquence ou ne pas croire la fable de Romulus ; on ne pouvait pas être chrétien sans croire la résurrection et l'*ascension* de Jésus-Christ, professées dans le symbole, et l'on ne pouvait embrasser le christianisme sans s'exposer à la haine des Juifs et des païens. Personne n'a eu intérêt de contester la divinité de Romulus ; elle se conciliait très-bien avec le système du paganisme : les Juifs, au contraire, ont eu un très-grand intérêt à démontrer la fausseté de la narration des apôtres, et pour l'adopter il fallait renoncer au judaïsme ou au paganisme. La fable de Romulus n'a pu servir qu'à rendre les Romains ambitieux, usurpateurs, ennemis de l'univers entier ; la croyance de la divinité de Jésus-Christ a banni du monde les folies, l'impiété, les crimes du paganisme, a établi le règne de la vérité et de la vertu. Voilà des différences incontestables.

ASCÈTES, du grec, ἀσκητής, mot qui signifie à la lettre une personne qui s'exerce, qui travaille. Ce nom a été donné en général à tous ceux qui embrassaient un genre de vie plus austère, et qui par là s'exerçaient plus à la vertu, ou travaillaient plus fortement à l'acquérir que le commun des hommes. En ce sens, les esséniens chez les Juifs, les pythagoriciens entre les philosophes, pouvaient être appelés *ascètes.* Parmi les chrétiens, dans les premiers temps, on donnait le même titre à tous ceux qui se distinguaient des autres par l'austérité de leurs mœurs, qui s'abstenaient, par exemple, de vin et de viande. Depuis, la vie monastique ayant été mise en honneur dans l'Orient, et regardée comme plus parfaite que la vie commune, le nom d'*ascètes* est demeuré aux moines, et particulièrement à ceux qui se retiraient dans les déserts, et n'avaient d'autre occupation que de s'exercer à la méditation, à la lecture, aux jeûnes et aux autres mortifications. On l'a aussi donné à des religieuses ; en conséquence on a nommé *asceteria* les monastères, mais surtout certaines maisons dans lesquelles il y avait des moniales et des acolytes, dont l'office était d'ensevelir les morts. Les Grecs donnent généralement le nom d'*ascètes* à tous les moines, soit anachorètes et solitaires, soit cénobites.

M. de Valois, dans ses notes sur Eusèbe, et le père Pagi, remarquent que, dans les premiers temps, le nom d'*ascètes* et celui de moines n'étaient pas synonymes. Il y a toujours eu des *ascètes* dans l'Eglise, et la vie monastique n'a commencé à y être en honneur que dans le IVe siècle. Bingham observe plusieurs différences entre les moines anciens et les *ascètes* ; par exemple, que ceux-ci vivaient dans les villes, qu'il y en avait de toute condition, même des clercs, et qu'ils ne suivaient point d'autres règles particulières que les lois de l'Eglise, au lieu que les moines vivaient dans la solitude, étaient tous laïques, du moins dans les commencements, et assujettis aux règles ou constitutions de leurs fondateurs. De là on a nommé *vie ascétique* la vie que menaient les chrétiens fervents. — Elle consistait, selon M. Fleury, à pratiquer volontairement tous les exercices de la pénitence. Les *ascétiques* s'enfermaient d'ordinaire dans des maisons, où ils vivaient en grande retraite, gardant la continence, et ajoutant à la frugalité chrétienne des abstinences et des jeûnes extraordinaires. Ils pratiquaient la xérophagie ou nourriture sèche, et les jeûnes de deux ou trois jours de suite, ou plus encore ; ils s'exerçaient à porter le cilice, à marcher nu-pieds, à dormir sur la terre, à veiller une grande partie de la nuit, à lire assidûment l'Ecriture sainte, à prier le plus continuellement qu'il était possible. Telle était la vie *ascétique* : de grands évêques et de fameux docteurs, entre autres Origène, l'avaient menée. On nommait par excellence ceux qui la pratiquaient, les élus entre les élus, ἐκλεκτῶν ἐκλεκτοτέροι. Clément Alexandrin, Eusèbe, *Hist.*, l. VI, cap. 3. Fleury, *Mœurs des chrétiens*, IIe part., n. 26. Bingham, *Orig. ecclés.*, liv. VII, c. 1, § 6.

On conçoit que la vie *ascétique*, telle que nous venons de la décrire, ne pouvait manquer de déplaire aux protestants, et qu'il est de leur intérêt de la faire envisager comme un effet de l'enthousiasme de quelques chrétiens mal instruits. Ce fut, selon leur opinion, une erreur capitale, un système extravagant, qui a causé dans tous les siècles les plus grands maux dans l'Eglise. On distingua, dit Mosheim, les *préceptes* que Jésus-Christ a établis pour tous les hommes, d'avec les *conseils* auxquels il a exhorté seulement quelques personnes ; on se flatta de s'élever, par la pratique de ceux-ci, à un degré supérieur de vertu et de sainteté, et de jouir d'une union plus intime avec Dieu. Dans cette persuasion, plusieurs chrétiens du IIe siècle s'interdirent l'usage du vin, de la viande, du mariage, du commerce ; ils exténuèrent leurs corps par des veilles, l'abstinence, le travail et la faim ; bientôt ils allèrent chercher le bonheur dans les déserts, loin de la société des hommes. Ce travers d'esprit lui a paru né de deux causes : la première fut l'ambition d'imiter les philosophes platoniciens et pythagoriciens, dont Porphyre a rendu les folies idées dans son *Traité de l'abstinence* ; la seconde fut la mélancolie qu'inspire naturellement le climat de l'Egypte, maladie de laquelle étaient affectés les esséniens et les thérapeutes, qui avaient déjà mené cette vie triste et lugubre longtemps avant la venue de Jésus-Christ. De là, dit-il, elle passa dans la Syrie et dans les contrées voisines, dont les habitants sont à peu près du même tempérament que les Egyptiens ; et dans la suite elle infecta même les nations européennes : telle a été l'origine des vœux, des mortifications monastiques, du célibat des prêtres, des pénitences infructueuses et des autres superstitions qui ont terni la beauté et la simplicité du christianisme. *Hist. ecclés. du second siècle*, IIe part., cap. 3, § 11 et suiv. C'est le langage de tous les protestants. — Ainsi, suivant leur opinion, c'est dès le second siècle, et immédiatement après la mort du dernier des apôtres, que le christianisme a commencé à se corrompre, à devenir un chaos d'erreurs et de superstitions ; ce sont les disciples mêmes des apôtres qui ont préféré à la doctrine de leurs maîtres celle des philosophes païens, et qui ont fait dominer celle-ci dans l'Eglise. Et c'est ainsi que Jésus-Christ a tenu la promesse qu'il avait faite d'être avec son Eglise jusqu'à la consommation des siècles. Quand on considère ce système des protestants, on est tenté de leur demander s'ils croient en Jésus-Christ.

Au mot CONSEILS ÉVANGÉLIQUES, nous ferons voir que la distinction que les premiers chrétiens en ont faite d'avec les *préceptes*, n'a pas été une vaine imagination de leur part, et que Jésus-Christ l'a faite lui-même ; que c'est lui qui a dit qu'il y a quelque chose de plus parfait que ce qu'il a prescrit ou ordonné à tous les hommes, et qu'en le faisant on peut mériter une plus grande récompense. Ici nous avons à prouver que c'est encore lui qui a donné l'exemple de la vie *ascétique*, et que ses apôtres l'ont pratiquée comme lui ; les chrétiens n'ont donc pas eu besoin d'en aller chercher le modèle chez les philosophes païens, ni chez les esséniens ou chez les thérapeutes juifs.

Jésus-Christ a loué la vie solitaire, pénitente, chaste et mortifiée de saint Jean-Baptiste (*Matth.* II, 8), vie *ascétique*, s'il en fut jamais ; il a pratiqué lui-même la chasteté, la pauvreté, la mortification, le jeûne, le renoncement à toutes choses, la prière continuelle ; tout cela cependant n'est pas commandé à tous les hommes : nous persuadera-t-on qu'il y a de l'enthousiasme et de la folie à vouloir imiter Jésus-Christ ? Il dit qu'il y a des hommes qui se sont faits eunuques pour le royaume des cieux (*Matth.* XIX, 12). Il appelle bienheureux ceux qui pleurent ; il prédit que ses disciples jeûneront lorsqu'ils seront privés de sa présence ; il leur promet le centuple, parce qu'ils ont tout quitté pour le suivre (v, 5 ; IX, 15 ; XIX, 29). Il ne reste aux protestants qu'à se joindre aux incrédules et à dire comme eux que Jésus-Christ était d'un caractère austère, fâcheux, mélancolique, comme les Egyptiens ; qu'il avait été élevé parmi les esséniens, et s'était imbu de leur morale atrabilaire ; que le christianisme, tel qu'il l'a prêché, n'est propre qu'à des moines. — Ils auront encore le même reproche à faire à saint Paul : *Je châtie mon corps et je le réduis en servitude*, dit-il, *de peur qu'après avoir prêché aux autres, je ne sois moi-même réprouvé* (*I Cor.* IX, 27). *Ceux qui sont à Jésus-Christ crucifient leur chair avec ses vices et ses convoitises* (*Galat.* v, 24). *Montrons-nous dignes ministres de Dieu, par la patience, par les souffrances, par le travail, par les veilles, par les jeûnes*, etc. (*II Cor.* VI, 4). Il a loué la vie pauvre, austère et pénitente des prophètes (*Hebr.* XI, 37). Nous avons cherché vainement dans les commentateurs protestants des explications et des subterfuges pour esquiver les conséquences de ces passages : nous n'y en avons point trouvé ; nous serons forcé de les répéter aux mots ABSTINENCE, CÉLIBAT, JEUNE, MORTIFICATION, MOINES, VOEU, etc., parce que les protestants ont blâmé toutes ces pratiques avec la même opiniâtreté et toujours sans fondement.

Mais ils se flattent de répondre à tout par un seul passage de saint Paul, qui dit à Timothée (*I Tim.* IV, 7) : « Exercez-vous à la piété ; car les exercices corporels sont utiles à peu de chose, mais la piété est utile à tout; elle a les promesses de la vie présente et de la vie future. » La question est de savoir si, par *exercices corporels*, l'apôtre entend la prière, le travail, les veilles, les jeûnes, etc., qu'il recommandait aux fidèles : dans ce cas l'apôtre se serait contredit grossièrement, et nous demanderions encore ce qu'il faut entendre par *s'exercer à la piété*. Pour nous, qui craignons de mettre saint Paul en contradiction avec lui-même, nous pensons que, par les *exercices corporels*, il a entendu la course, la lutte, le pugilat, le jeu du disque et les autres exercices violents dont les Grecs et les Romains faisaient beaucoup de cas et beaucoup d'usage ; que *s'exercer à la piété*, c'est s'occuper de la prière, de la méditation, de la lecture, des louanges de Dieu, des veilles et des jeûnes, comme l'apôtre le recommande, et comme faisaient les *ascètes* de l'Eglise primitive : nous soutenons que ces exercices font partie de la vraie piété, à laquelle Jésus-Christ a promis les récompenses de la vie présente et de la vie future (*Matth.* XIX, 29).

ASCITES, ASCODRUGITES, ASCODRUPITES, ASCODRUTES. *Voy.* MONTANISTES.

ASÉITÉ, terme factice, dérivé du latin *ens a se*, être qui existe de lui-même, par la nécessité de sa nature. Cet attribut ne convient qu'à Dieu, il se l'est attribué lui-même, lorsqu'il a dit : « *Je suis l'Etre* ; vous direz aux « Israélites : *Celui qui est* m'a envoyé vers « vous. » (*Exod.* III, 14.) De cet attribut de Dieu s'ensuivent tous les autres. En effet, rien n'est borné sans cause : or, l'être nécessaire, qui existe de soi-même, n'a point de cause ; il est lui-même la cause de tout ce qui existe hors de lui : on ne peut donc le supposer privé d'aucune perfection, et aucune des perfections qui lui appartiennent par nécessité de nature ne peut être bornée. La raison pour laquelle tout être créé a des bornes, est que le Créateur a été le maître de lui donner tel degré de perfection qu'il lui a plu ; de là vient l'inégalité des êtres créés. Conséquemment les théologiens regardent l'*aséité* comme l'essence de Dieu, comme l'attribut qui le distingue éminemment de tous les autres êtres. Par là on démontre encore, contre les matérialistes, que la matière n'est point un être nécessaire, éternel, existant de soi-même, puisqu'elle a des bornes, et qu'elle n'est certainement pas douée de toute perfection.

Malgré l'évidence de ce raisonnement, Beausobre a écrit que les anciens philosophes ne le concevaient pas ainsi ; que, selon leur sentiment, la nécessité d'être, ou l'éternité, n'emportait pas toute perfection, et il a douté si les Pères de l'Eglise le concevaient mieux. *Hist. du Manich.*, l. III, c. 3, § 4. Peu nous importe de savoir si les anciens philosophes raisonnaient mal ; cependant Mosheim, dans sa *Dissert. sur la création*, a cité un passage d'Hiéroclès, qui prouve que ce platonicien comprenait très-bien les conséquences de l'*aséité*. Quant aux Pères de l'Eglise, Tertullien, dans son livre contre Hermogène, c. 4 et suiv., a constamment raisonné sur le principe que nous venons d'établir, et il l'a développé en profond métaphysicien. Beausobre lui-même a cité un passage de saint Denis d'Alexandrie, qui prouve que cet évêque a pensé comme Tertullien. Celui que Beausobre allègue de saint Augustin ne conclut rien, et l'on pourrait en citer vingt autres dans lesquels le saint docteur établit que l'*être* est le caractère propre de Dieu, qu'en lui l'*être* ou l'*essence* emporte toute perfection, qu'aucune perfection n'est distinguée de son essence, etc.

Il ne faut pas confondre, comme a fait Spinosa, l'être qui existe par soi-même, *per se*, sans avoir besoin d'un sujet ou d'un suppôt dans lequel il subsiste, avec l'être qui existe de soi-même, *a se*, sans avoir aucune cause de son existence ; le premier de ces caractères est le propre de toute substance ; le second ne convient qu'à l'être nécessaire, qui est Dieu. C'est sur cette confusion des termes que Spinosa fonde son paradoxe, qu'il n'y a dans l'univers qu'une seule substance qui est tout.

ASIATIQUES, ASIE. Indépendamment de l'attachement opiniâtre des *Asiatiques* à leurs anciennes mœurs, on conçoit qu'il n'a pas été aisé de faire goûter la morale chrétienne à des peuples aussi livrés au luxe et à la mollesse. C'est là cependant que le christianisme s'est établi d'abord, et qu'il a fait des progrès rapides ; l'*Asie* mineure, la Syrie, l'Arménie, la Perse, ont vu éclore des prodiges de vertus dont on n'avait pas seulement l'idée avant la naissance du christianisme. Il n'est presque pas possible de convertir aujourd'hui les Turcs qui habitent ces mêmes contrées ; les païens devaient être pour le moins aussi vicieux et aussi opiniâtres que le sont les mahométans. Pline, dans sa Lettre à Trajan, Lucien dans ses Dialogues, Julien dans ses Lettres, rendent témoignage aux vertus des chrétiens; c'est une preuve que cette religion a fait dans les mœurs des peuples autant de changement que dans leur croyance. On ne peut en dire autant d'aucune autre religion de l'univers.

ASILE. *Voy.* ASYLE.

ASIMA. *Voy.* SAMARITAIN.

ASMODAI ou ASMODÉE, est le nom que les juifs donnent au prince des démons, comme on peut voir dans la paraphrase chaldaïque sur l'Ecclésiastique, *cap.* 1. Rabbi Elias, dans son dictionnaire intitulé *Thisbi*, dit qu'*Asmodaï* est le même que Samaël qui tire son nom du verbe hébreu *samad*, détruire; et ainsi *Asmodaï* signifie un démon destructeur.

ASPERSION, du latin *aspergere*, arroser. C'est l'action de jeter de l'eau çà et là avec un goupillon ou une branche de quelque arbrisseau.

Ce terme est principalement consacré aux cérémonies de la religion pour exprimer l'action du prêtre, lorsque dans l'église il répand de l'eau bénite sur les assistants ou sur les sépultures des fidèles. La plupart des bénédictions se terminent par une ou plusieurs *aspersions*. Dans les paroisses, l'*aspersion* de l'eau bénite tous les dimanches précède la grand'messe. — Quelques-uns ont soutenu qu'on devait donner le baptême par *aspersion*; d'autres prétendaient que ce devait être par immersion, et cette dernière coutume a été assez longtemps en usage dans l'Eglise. On ne voit pas que la première y ait été pratiquée, si ce n'est peut-être lorsqu'il fallait baptiser un grand nombre de personnes en même temps. *Voy.* l'*Ancien Sacramentaire* par Grandcolas, seconde partie, p. 71, et l'article PURIFICATION. — Les païens avaient leurs *aspersions*, auxquelles ils attribuaient la vertu d'expier et de purifier. Les prêtres et les sacrificateurs se préparaient aux sacrifices par des ablutions; c'est pourquoi il y avait à l'entrée des temples, et quelquefois dans les lieux souterrains, des réservoirs d'eau où ils se lavaient. Cette ablution était pour les dieux du ciel; car pour ceux des enfers, ils se contentaient de l'*aspersion*. *Voy.* EAU BÉNITE.

ASPHALTE, lac *Asphaltite*. *Voy.* MER MORTE.

* ASSEMBLÉES RELIGIEUSES. Réunion de personnes dans un but religieux. — Comme on peut se réunir pour différents buts religieux, pour la prière, pour régler les affaires d'un diocèse, pour fixer les dogmes de l'Eglise et la discipline générale, de là plusieurs sortes d'assemblées religieuses qui ont reçu différents noms selon leur objet. Les unes sont les SYNODES (*Voy.* ce mot); les autres sont les CONCILES (*Voy.* ce mot). Celles qui se font dans le temple saint pour la célébration des saints mystères et de l'office divin retiennent le nom général d'assemblées religieuses. Dans toute société bien organisée, il ne peut y avoir de réunions publiques sans l'assentiment des supérieurs; c'est à eux à régler tout ce qui les concerne.

ASSIDÉENS ou HASIDÉENS, secte de Juifs, ainsi nommés du mot hébreu *hhasidim*, justes. Les *assidéens* croyaient les œuvres de surérogation nécessaires au salut; ils furent les prédécesseurs des pharisiens, desquels sortirent les esséniens qui enseignaient comme eux que leurs traditions étaient plus parfaites que la loi de Moïse.

Serrarius, jésuite, et Drusius, théologien protestant, ont écrit l'un contre l'autre touchant les *assidéens*, à l'occasion d'un passage de Joseph, fils de Gorion. Le premier a soutenu que, par le nom d'*assidéens*, Joseph entend les esséniens, et le second a prétendu qu'il entendait les pharisiens. Il serait facile de concilier ces deux sentiments, en observant qu'*assidéens* a été un nom générique donné à toutes les sectes des Juifs qui aspiraient à une perfection plus haute que celle qui était prescrite par la loi : tels que les cinéens, les réchabites, les esséniens, les pharisiens, etc., à peu près comme nous comprenons aujourd'hui sous le nom de religieux et de cénobites tous les ordres et les instituts religieux. Mais tous les *assidéens* n'étaient pas *pharisiens*. Brucker, *Hist. de la Philos.*, tome II, p. 713.

ASSISTANCE, secours particulier que Dieu accorde à un homme ou à une société pour les préserver de l'erreur. Quelques théologiens ont cru que ce secours était celui que Dieu a donné à chacun des écrivains sacrés, pour empêcher qu'il ne tombât dans aucune erreur; tous conviennent que Dieu donne cette *assistance* à son Eglise, pour la préserver du même danger.

Cette *assistance* n'est point la même chose que la révélation et l'inspiration. *Voy.* ECRITURE SAINTE.

ASSOMPTION, du latin *assumptio*, dérivé d'*assumere*, prendre, enlever. Ce mot signifiait autrefois en général le jour de la mort d'un saint, parce que son âme est enlevée au ciel.

ASSOMPTION, se dit aujourd'hui particulièrement dans l'Eglise romaine d'une fête qu'on y célèbre tous les ans, le 15 d'août, pour honorer la mort, la résurrection, et l'entrée triomphante de la sainte Vierge dans le ciel. Elle est encore devenue plus solennelle en France depuis l'année 1638, que le roi Louis XIII choisit ce jour pour mettre sa personne et son royaume sous la protection de la sainte Vierge; vœu qui a été renouvelé en 1738 par le roi Louis XV.

Cette fête se célèbre aussi avec beaucoup de solennité dans les Eglises d'Orient. Cependant l'*assomption* corporelle de la Vierge n'est point un article de foi, puisque l'Eglise ne l'a pas décidé, et que plusieurs anciens et modernes en ont douté. Usuard, qui vivait dans le IX° siècle, dit dans son Martyrologe que le corps de la sainte Vierge ne se trouvant point sur la terre, l'Eglise, qui est sage en ses jugements, a mieux aimé ignorer avec piété ce que la divine Providence en a fait, que d'avancer rien d'apocryphe ou de mal fondé sur ce sujet : paroles qui se trouvent encore dans le Martyrologe d'Adon. Plusieurs n'appellent point cette fête l'*Assomption* de la sainte Vierge, mais seulement son sommeil, *dormitio*, c'est-à-dire, la fête de sa mort : nom que lui ont aussi donné les Grecs, qui l'ont désignée tantôt par μετάστασις, *trépas* ou *passage*, et tantôt par κοίμησις, *sommeil* ou *repos*. — Néanmoins la croyance commune de l'Eglise est que la sainte Vierge est ressuscitée, et qu'elle est dans le ciel en corps et en âme. La plupart des Pères grecs et latins, qui ont écrit depuis le IV° siècle, sont de ce sentiment ; et le cardinal Baronius dit qu'on ne pourrait sans témérité assurer le contraire. C'est aussi le sentiment de la faculté de théologie de Paris, qui, en condamnant le livre de Marie d'Agreda, en 1697, déclara qu'elle croyait que la sainte Vierge avait été enlevée dans le ciel en corps et en âme. Parmi les ornements des églises de Rome, sous le pape Pascal, qui mourut en 824, il est fait mention de deux, sur lesquels était représentée l'*assomption* de la sainte Vierge en son corps. Il est parlé de cette fête dans les capitulaires de Charlemagne et dans les décrets du concile de Mayence, tenu en 813. Le pape Léon IV, qui mourut en 855, institua l'octave de l'*Assomption* de la sainte Vierge, qui ne se célébrait point encore à Rome. En Grèce, cette fête a commencé beaucoup plus tôt, sous l'empire de Justinien, selon quelques-uns, et selon d'autres sous celui de Maurice, contemporain de saint Grégoire le Grand. André de Crète, sur la fin du VII° siècle, témoigne cependant qu'elle n'était établie que dans quelques églises ; mais au XII° elle le fut dans tout l'empire, par une loi de l'empereur Manuel Comnène. Alors l'*Assomption* était également fêtée dans l'Occident, comme il paraît par la lettre 174 de saint Bernard aux chanoines de Lyon, et par la croyance commune des Eglises, qui tenaient l'*assomption* corporelle de Marie comme un sentiment pieux, quoique non décidée par l'Eglise universelle. *Voy. Vie des Pères et des Martyrs*, tom. VII, pag. 323 et suiv.

ASTAROTH ou ASTARTÉ, idole des Philistins que les Juifs abattirent par le commandement de Samuel ; c'était aussi une divinité des Sidoniens, que Salomon adora lorsqu'il fut entraîné par ses femmes dans l'idolâtrie. La plupart des étymologies que l'on a données de ce nom sont fausses ou hasardées. M. de Gébelin pense avec plus de justesse qu'il est formé d'*astar*, qui, dans les langues orientales, signifie un astre ; qu'ainsi *astarté* est la lune, la reine du ciel, la divinité de la nuit. *Allég. orient.*, p. 50. Chez les Hébreux elle était connue sous le nom de *reine du ciel*, chez les Egyptiens c'était *Isis*, chez les Arabes *Alytta* ; les Assyriens l'appelaient *Mylitta*, les Perses *Mitra*, les Grecs *Artemis*, les Latins *Diana*. Dans l'Ecriture sainte, *Baal* et *Astaroth* sont presque toujours joints ensemble comme deux divinités des Sidoniens ; c'est le soleil et la lune. Cic., *de Nat. deor.*, liv. III. Tertul., *Apologet.*, c. 23, etc. *Mém. de l'Acad. des Inscr.*, t. LXXI, in-12, p. 173.

ASTAROTHITES, adorateurs d'Astaroth, ou de la lune. On dit qu'il y eut de ces idolâtres parmi les Juifs depuis Moïse jusqu'à la captivité de Babylone. *Voy.* ASTRES.

ASTATIENS, hérétiques du IX° siècle, sectateurs d'un certain Sergius, qui avait renouvelé les erreurs des manichéens. Leur nom, dérivé du grec, signifie *sans consistance*, *variables*, *inconstants*, parce qu'ils changeaient de langage et de croyance à leur gré. Ils s'étaient fortifiés sous l'empereur Nicéphore qui les favorisait ; mais son successeur Michel Curopalate les réprima par des édits très-sévères. On croit que ce sont eux que Théophane et Cédrène nomment *antigaviens*. Le père Goar, dans ses notes sur Théophane, à l'an 803, prétend que les troupes de vagabonds, connues en France sous le nom de *Bohémiens* et d'*Egyptiens*, étaient des restes d'*astatiens* ; mais cette conjecture ne s'accorde pas à l'idée que Constantin Porphyrogénète et Cédrène nous donnent de cette secte ; née en Phrygie, elle y domina et s'étendit peu dans le reste de l'empire. Les *astatiens* joignaient l'usage du baptême à toutes les cérémonies de la loi de Moïse, et faisaient un mélange absurde du judaïsme et du christianisme.

ASTÈRE ou ASTÉRIUS (saint), archevêque d'Amasée dans le Pont, mort peu après l'an 400, a tenu un rang distingué parmi les docteurs de l'Eglise du IV° siècle. Il reste de lui plusieurs homélies, dont les anciens ont fait très-grand cas. Elles ont été publiées par le P. Combefis, *Auct. Bibl. Patrum*, t. I, avec les extraits de quelques autres tirées de Photius. Théophile Raynaud les avait aussi recueillies et fait imprimer en latin, en 1661.

ASTRES. La première idolâtrie a commencé par le culte des *astres*. Lorsque les peuples eurent perdu de vue la révélation primitive, ils s'imaginèrent que les *astres* étaient des êtres animés et intelligents. Comment concevoir que ces grands corps suivissent une marche si régulière, s'ils n'étaient pas la demeure d'un génie qui les conduit ? Leur lumière, leur chaleur, les influences qui en viennent, sont très-nécessaires aux hommes ; ce sont donc des êtres bienfaisants auxquels nous devons de la reconnaissance. Souvent ils nous annoncent les changements de l'air, le beau temps et la pluie ; sans doute ils sont doués d'une intelligence supérieure et de l'esprit prophétique. Ainsi ont raisonné non-seulement les ignorants ; mais les philosophes ; Celse, dans Origène, s'efforce de prouver qu'il faut rendre un culte aux *astres*. Plusieurs Pères de l'Eglise ont encore été persuadés que les *astres* étaient conduits, non par des dieux, comme le pensaient les païens, mais par des anges soumis à Dieu. *Voy.* ANGES.

Les Hébreux et les autres Orientaux appelaient les *astres*, l'armée du ciel, *militia cœli*. Souvent les prophètes ont reproché aux Juifs d'adorer *Baal*, le soleil, *Astaroth* ou *Astarté*, la lune, et l'armée du ciel ; cette idolâtrie est ce que l'on nomme le *sabisme* ou *zabisme*. C'est pour cela que les écrivains sacrés ont coutume d'appeler le vrai Dieu, *le Dieu des armées*, c'est-à-dire le créateur du ciel et des *astres*. Ce nom ne signifie donc point le Dieu.de la guerre ou du carnage, comme quelques incrédules ont affecté de l'interpréter. Nous convenons cependant que le vrai Dieu est quelquefois nommé *le Dieu des armées d'Israël*, pour donner à entendre que c'est de lui seul que les Israélites attendaient la victoire ; mais ce n'est point là le sens le plus ordinaire du titre de *Dieu des armées*. *Mém. de l'Acad. des inscript.*, tom. XVIII, in-12, p. 30; t. LXXI, p. 151.

Il n'est pas étonnant que les Syriens et les Arabes aient été singulièrement attachés au culte des *astres*. Dans ces affreux déserts, où le jour n'offre que le tableau uniforme et triste de vastes plaines couvertes de sable aride, la nuit au contraire, déploie à tous les yeux un spectacle magnifique. Presque toujours claire et sereine, elle présente à l'œil étonné *l'armée des cieux* dans tout son éclat. A la vue d'un spectacle aussi merveilleux, le passage de l'admiration à l'idolâtrie était très-facile pour des hommes ignorants ; il est tout simple qu'un peuple dont le climat n'offre aucune beauté à contempler que celle du firmament, la choisisse par préférence pour objet de son culte. C'est la réflexion très-sensée d'un écrivain moderne. — Aussi, selon la remarque d'un autre savant, l'astronomie a fait la grande religion qui couvrit toute l'Asie sous des formes un peu différentes ; dans tout l'Orient s'éleva une multitude d'idoles astronomiques, dont chacune représentait le soleil, la lune, leurs phases, leurs changements ; ou les planètes, les constellations, les divers points du ciel ; ou des figures allégoriques du jour, de la nuit, du matin, du soir, des points solsticiaux et équinoxiaux : celles des ans, des mois, des semaines, des jours, et de tout ce qui, figuré dans l'écriture primitive, put devenir un personnage; de tout ce qui, ayant servi dans des siècles plus simples à indiquer les travaux de l'agriculture, put devenir un objet de vénération.

Au milieu de cette démence générale, il est digne de notre attention de considérer le peuple juif, seul adorateur du vrai Dieu, auquel toute image est interdite, et de trouver dans cette défense du législateur une preuve de cette vérité, que l'abus des images a causé la plupart des erreurs des peuples polythéistes.

Comme l'observation des *astres* servait à fixer les fêtes rurales et les travaux de l'agriculture, elle se trouva liée à la religion; d'où il arriva que les observateurs furent à la fois astronomes et prêtres. Ce fut une des raisons de l'exactitude et de la persévérance avec laquelle on observa ; mais ce fut aussi une cause des superstitions qui s'établirent, lorsque les rapports du ciel avec la terre furent regardés comme des influences, et que l'astronomie dégradée ne fut plus que l'astrologie.

L'histoire de la création, telle que Moïse l'a tracée, était le meilleur préservatif contre l'erreur des païens ; elle nous apprend que Dieu a créé les *astres* pour l'utilité des hommes, et les conduit par sa volonté, ce ne sont donc ni des dieux ni des génies tutélaires plus favorables à une nation qu'à une autre. Moïse dit aux Juifs : *Lorsque vous élevez les yeux vers le ciel, que vous voyez le soleil, la lune et les autres* ASTRES, *gardez-vous de donner dans l'erreur et de les adorer; le Seigneur votre Dieu les a créés pour rendre service à toutes les nations qui sont sous le ciel* (*Deut.* IV, 19). Cette leçon servait encore à prémunir les hommes contre la terreur des éclipses, des météores, des phénomènes singuliers, dont les adorateurs des *astres* ont toujours été consternés : *Ne craignez point*, dit Jérémie, *les signes du ciel, comme font les nations* (x, 2). Par là enfin les Juifs étaient préservés de la folie des pronostics, de la divination par les *astres*, des horoscopes, de l'astrologie judiciaire, etc. Ceux qui ne croient point à la révélation, devraient nous apprendre comment Moïse a été plus éclairé que les sages de toutes les nations dont il était environné.

ASTROLOGIE JUDICIAIRE, science fausse et absurde dont les partisans prétendent qu'il y a une liaison nécessaire entre le cours des astres et les actions humaines ; qu'ainsi nos destinées sont écrites dans le tableau du ciel; que l'on peut les y lire et les annoncer d'avance; qu'à la naissance d'un enfant l'on peut tirer son horoscope, prévoir et prédire ce qu'il sera, ce qu'il fera et quel sera son sort pendant toute sa vie, etc.

A la honte de l'esprit humain, cette erreur a régné chez presque tous les peuples et dans tous les siècles ; les Chaldéens, qui se distinguèrent par leur habileté dans l'astronomie, déshonorèrent cette science en y mêlant l'*astrologie*. Cet abus est proscrit par les lois de Moïse, par les lois des empereurs païens, plus rigoureusement encore par celles des empereurs chrétiens et par celles de l'Eglise. Plusieurs philosophes ont été attachés à cette étude vaine et frivole, et y ont eu confiance, en particulier l'empereur Julien ; Cicéron l'a combattue dans son livre *de Fato*. Les Pères de l'Eglise et les théologiens n'ont rien négligé pour en désabuser les hommes ; ils en ont fait voir l'absurdité et l'impiété. Mais il n'y a pas encore longtemps que nous pouvons nous féliciter d'être guéris de cette maladie. Sous la régence de Marie de Médicis, aucune femme n'aurait entrepris un voyage sans avoir consulté son astrologue, qu'elle appelait *son baron*. Louis XIII fut surnommé *le Juste*, parce qu'il était né sous le signe de la balance ; et les historiens nous apprennent qu'à la naissance de Louis XIV, son horoscope fut tiré avec toute la gravité et l'importance possible. — D'où a pu naître cette démence? de la même source que le culte des astres. *Par une vaine imagination*, dit le Sage, *les hommes ont méconnu Dieu dans ses ouvrages; ils sont persuadés que les éléments, les astres qui roulent sur nos têtes, le soleil, la lune, les planètes, sont les dieux qui gouvernent le monde* (*Sap.* XIII, 1). Par conséquent ils leur ont attribué des connaissances et une puissance bien supérieures à celles des hommes. Dès qu'on les a regardés comme les arbitres de nos destinées, l'on a dû conclure qu'ils pouvaient aussi nous les faire connaître d'avance. — On a vu d'ailleurs que les astronomes pouvaient prédire l'apparition de tel astre ou de telle constellation, le changement des saisons et de la température de l'air, une éclipse de soleil ou de lune ; que les diverses couleurs de ces deux astres annonçaient ou le beau temps, ou le vent, ou la pluie. Les astrologues, pour se rendre importants, se sont vantés d'avoir des connaissances encore plus étendues, de pouvoir prédire des événements qui n'avaient aucune liaison avec les phénomènes du ciel ; quelques-unes de leurs prédictions, vérifiées par hasard, ont inspiré aux ignorants une confiance aveugle à leurs pronostics. On sait jusqu'où a été poussée la curiosité de tous les peuples, et leur envie de connaître l'avenir. Ainsi s'est établie la croyance générale de l'influence des astres sur nos destinées, l'opinion que les dieux, c'est-à-dire, les astres animés, révélaient aux observateurs du ciel les événements les plus cachés dans l'avenir. Et puisque les stoïciens mêmes croyaient fermement à l'*astrologie*, il se peut très-bien faire que les astrologues eux-mêmes aient été souvent dupes de leur propre curiosité. *Mém. de l'acad. des Inscript.*, t. LVI, in-12, p. 45. — Voilà pourquoi les Chaldéens, qui sont les plus anciens observateurs des astres, ont été aussi les plus célèbres devins de l'antiquité. Dans le livre de Daniel, c. II, v. 2 et 27, les sages, les mages, les devins, les faiseurs de prédictions, les *Chaldéens*, sont la même chose. — Les philosophes qui ont combattu cette erreur, n'en attaquèrent point le fondement, c'est-à-dire, la prétendue divinité des astres ; ils ne purent donc pas la détruire : leurs raisonnements étaient trop abstraits pour être à portée du peuple. La lumière du christianisme fut plus efficace ; mais elle n'étouffa pas entièrement l'habitude d'ajouter foi aux prédictions des astrologues. Lorsque les Arabes se mirent à étudier l'astronomie, ils donnèrent dans le même faible que les Chaldéens, et contribuèrent ainsi à entretenir le préjugé. Il domine autant que du passé chez les Grecs, et l'on prétend qu'il est assez commun en Italie. — Cependant les livres saints, les leçons des Pères de l'Eglise, les anathèmes lancés contre cette superstition, auraient dû la déraciner. Il était sévèrement défendu aux Juifs de consulter aucune espèce de devins (*Levit.* XIX, 31; *Deut.* XVIII, 10). Le prophète Isaïe insulte à la crédulité des Babyloniens et à la folle confiance qu'ils donnaient à leurs astrologues (XLVII, 13). *Qu'ils paraissent*, dit-il, *ces hommes si habiles à contempler le ciel et à observer les astres, qui supputaient les lunaisons pour vous prédire l'avenir ; qu'ils vous sauvent à présent de vos malheurs ; ils sont comme la paille consumée par le feu, et ils ne peuvent se délivrer eux-mêmes.*

Une loi de l'empereur Constance défend, sous peine de la vie, de consulter des astrologues ou mathématiciens, et les autres devins. Si elle porte aussi le nom de Julien, elle ne fut pas faite de son aveu, puisque, dans son ouvrage contre le christianisme, il se déclare partisan de l'*astrologie*. Saint Cyrille, contre Julien, l. x, p. 356 et 357. Honorius et Théodose bannirent aussi les astrologues. Origène, saint Basile, saint Ambroise, saint Augustin, ont démontré la vanité et l'illusion de leurs prédictions. Saint Epiphane nous apprend qu'Aquila fut excommunié pour n'avoir pas voulu renoncer à l'*astrologie*. Plusieurs conciles ont condamné la confiance que l'on avait à cet art funeste, et ont sévèrement défendu d'y avoir recours — Nos rois ont confirmé ces lois par leurs ordonnances dans les derniers siècles. Thiers, *Traité des superst.*, t. I, c. 7, l. III, p. 243.

On dit que la philosophie seule a pu nous détromper sur ce point ; mais si la religion n'y a contribué en rien, pourquoi les anciens philosophes n'ont-ils pas pu y réussir, et pourquoi plusieurs d'entre eux ont-ils donné dans le même préjugé que le vulgaire ? Les Pères l'ont attaqué par la philosophie aussi bien que par la religion. Si l'on veut comparer les arguments de Barclai, dans son *Argenis*, avec ceux des Pères, on verra qu'ils sont les mêmes. *Voy.* DEVIN.

* ASTRONOMIE. Dans leur haine pour le christianisme, les impies ont fouillé les vieilles archives, pénétré au fond de la terre pour y trouver un démenti aux vérités élémentaires de l'Ecriture. Ils ont aussi interrogé les astres, et ils ont cru entendre les astres leur répondre que le monde est beaucoup plus ancien que ne l'assure la Bible. Il est vrai que l'astronomie peut beaucoup servir à déterminer à quelle époque un événement est arrivé : car, parmi les époques les plus fixes sont celles qui ont été déterminées par les observations astronomiques : *v. g.*, les éclipses de soleil et de lune, les conjonctions des solstices et des équinoxes avec certaines étoiles, les levers héliaques de certaines étoiles (*a*), et ainsi du reste. Quand on sait par l'histoire que tel règne, tel événement a concouru avec telle éclipse de soleil ou de lune, il est facile, si l'éclipse est bien caractérisée, de déterminer par les règles astronomiques le temps précis où doit être placé ce règne ou cet événement ; on voit donc que les observations astronomiques d'un peuple, lorsqu'elles ont été bien conservées, peuvent servir à constater l'antiquité d'une nation. Il y a quatre peuples anciens qui ont des observations astronomiques qui paraissent remonter bien plus haut que l'époque assignée par Moyse à la création. Ce sont les Egyptiens, les Chaldéens, les Indiens et les Chinois. Mais comme chacun de ces peuples prétend fonder son antiquité sur d'autres titres, nous examinerons tous ces titres pour chacun d'eux aux mots

---

(*a*) Les levers héliaques des étoiles sont très célèbres chez les anciens astronomes et chez les anciens poëtes. Une étoile qui se lève pendant que le soleil éclaire l'horizon n'a point de lever héliaque, parce qu'on ne peut la voir atteindre l'horizon lorsqu'elle se lève. — Mais quand le soleil, par son mouvement réel ou apparent d'Occident en Orient, a dépassé cette étoile d'un certain nombre de degrés, et qu'elle commence à paraître le matin dans l'horizon immédiatement avant l'aurore, alors elle se lève héliaquement, et cette position dans le ciel, relativement au soleil et à l'horizon, est son lever héliaque.

Le coucher héliaque d'une étoile arrive quand elle descend le soir sous l'horizon, un peu après le coucher du soleil, en sorte que la lumière du crépuscule empêche de l'apercevoir.

On voit donc que le lever héliaque est l'apparition, et le coucher héliaque l'occultation ou la disparition d'une étoile sur l'horizon dans le voisinage du soleil héliaque, *solaire*, du mot ἥλιος, soleil.

ÉGYPTIENS, CHALDÉENS, INDIENS, CHINOIS. Nous remettons à ces mots à traiter de la valeur de leurs observations astronomiques.

ASYLE ou ASILE, sanctuaire, lieu de refuge, qui met un criminel à l'abri des poursuites de la justice. Ce mot, qui vient du grec, est composé d'α privatif, et de συλάω, *prendre, arracher, dépouiller.* On ne pouvait sans sacrilège arracher un homme de l'*asyle* dans lequel il s'était réfugié.

Les temples, les autels, les statues des dieux ou des héros, leurs tombeaux, étaient chez les anciens la retraite de ceux qui étaient accablés par la rigueur des lois, ou opprimés par la violence des tyrans. De tous ces *asyles*, les temples étaient les plus sacrés et les plus inviolables. On supposait que les dieux se chargeaient eux-mêmes de punir les criminels qui venaient se mettre ainsi sous leur dépendance immédiate; et on regardait comme une impiété de vouloir leur ôter le soin de la vengeance. — Chez les païens on accordait ainsi l'impunité aux criminels, même les plus coupables, soit par superstition, soit pour peupler les villes par ce moyen : c'est ainsi en effet que Thèbes, Athènes, Rome, se remplirent d'habitants : preuve assez sensible de la multitude des crimes qui se commettaient pour lors. — Les Israélites avaient des villes de refuge que Dieu lui-même avait désignées; mais elles n'étaient un *asyle* assuré que pour ceux qui avaient commis un crime par inadvertance, par un cas fortuit et involontaire, et non pour ceux qui s'en étaient rendus coupables de propos délibéré.

Bingham, dans ses *Origines ecclésiastiques*, l. VIII, c. 11, § 3, pense que le droit d'*asyle* dans les églises chrétiennes a commencé sous Constantin. Il observe que, dans l'origine, ce privilége n'a été accordé ni pour mettre les criminels à l'abri des poursuites de la justice, ni pour diminuer l'autorité des magistrats, ni pour donner atteinte aux lois, mais afin de fournir un refuge aux innocents accusés et poursuivis injustement, de laisser aux juges le temps d'examiner mûrement les cas incertains et douteux, de mettre les accusés à couvert de la vengeance et des voies de fait, enfin, de donner lieu aux évêques d'intercéder pour les coupables, chose qu'ils faisaient souvent. Il ne faut donc pas être surpris si les empereurs suivants confirmèrent ce droit d'*asyle*, et si les pasteurs de l'Eglise furent ardents à le soutenir. Nous en voyons un exemple remarquable dans les ouvrages de saint Jean Chrysostome. Un favori de l'empereur Arcadius, nommé Eutrope, avait suggéré à ce prince de supprimer le droit d'*asyle*; bientôt disgracié et poursuivi lui-même par ses ennemis puissants, il fut réduit à se réfugier dans une église et à chercher son salut en embrassant l'autel. Cet événement fournit à saint Jean Chrysostome le sujet d'un discours très-éloquent sur la vanité des grandeurs humaines et sur la justice des décrets de la Providence. *Op.* t. III, p. 381.

Lorsque les empereurs Honorius et Théodose eurent réglé et modéré le droit d'*asyle*, les évêques et les moines eurent soin de marquer une certaine étendue de terrain qui fixait les bornes de la juridiction séculière. Peu à peu les couvents devinrent des espèces de forteresses où les criminels se mettaient à l'abri du châtiment et bravaient les magistrats. Ce privilége fut étendu dans la suite, non-seulement aux églises et aux cimetières, mais aussi aux maisons des évêques, parce qu'il n'était pas possible à un criminel de passer sa vie dans une église, où il ne pouvait faire décemment plusieurs des fonctions animales. Mais enfin les *asyles* furent insensiblement dépouillés de leurs immunités, parce qu'ils ne servaient plus qu'à favoriser le brigandage et à multiplier les crimes. — Il faut convenir cependant que si les *asyles* ont mis à couvert de châtiment plusieurs coupables qui l'avaient justement mérité, ils ont aussi sauvé la vie à un grand nombre d'innocents injustement poursuivis par les fureurs de la vengeance. Dans les temps malheureux où les vengeances particulières étaient censées permises, où l'on ne connaissait plus d'autre loi que celle du plus fort, il fallait nécessairement avoir des lieux de refuge contre la violence des seigneurs toujours armés. Cette triste ressource n'a cessé d'être nécessaire que quand l'autorité de nos rois, la police des villes, la juridiction des tribunaux de magistrature, ont été solidement établies.

Il y avait plusieurs de ces *asyles* ou sanctuaires en Angleterre; le plus fameux était à Béverly, avec cette inscription : *Hæc sedes lapidea* freed stool *dicitur, id est, pacis cathedra, ad quam reus fugiendo perveniens omnimodam habet securitatem.* Camden. En France, l'église de Saint-Martin de Tours a été longtemps un *asyle* inviolable. Les franchises accordées aux églises en Italie ressemblaient beaucoup au droit d'*asyle*; mais elles ont été abolies. — Charlemagne avait donné aux *asyles* une première atteinte en 779, par la défense qu'il fit de porter à manger aux criminels réfugiés dans les églises. Nos rois ont heureusement achevé ce que Charlemagne avait commencé. *Hist. de l'Acad. des Inscr.*, t. II, in-12, p. 52; *Mém.*, t. LXXIV, p. 46.

ATHANASE (saint), évêque et patriarche d'Alexandrie, a été l'un des plus célèbres Pères de l'Eglise au IV° siècle. Ses combats contre les ariens, les persécutions qu'il essuya de leur part, la constance avec laquelle il supporta leurs calomnies, plusieurs exils, une vie errante et toujours exposée pour la défense de la foi, sont des faits connus de tous ceux qui ont lu l'histoire ecclésiastique. Quelques incrédules en ont pris occasion de le peindre comme un zélateur imprudent, comme un boute-feu, un fanatique. La vérité est qu'il n'opposa jamais que la patience, la prudence et la force de la vérité à une persécation de cinquante ans. Son caractère se montre dans ses ouvrages; il n'injurie point ses adversaires, il ne cherche point à les aigrir, il les accable par l'autorité de l'Ecriture sainte et par la force de ses raisonnements. D'autres lui ont reproché d'avoir peu traité la morale ; mais il était trop occupé des dangers que courait le dogme pour avoir eu le temps de composer des traités de morale. Plusieurs auteurs protestants ont rendu justice à ses talents et à ses vertus. La meilleure édition de ses ouvrages est celle qu'a donnée dom de Montfaucon, en 3 volumes in-folio. On convient que le symbole qui porte son nom n'est pas de lui, mais il est tiré de ses écrits. *Vies des Pères et des martyrs*, t. IV, p. 34.

ATHÉE, ATHÉISME. Nous entendons par *athéisme*, non-seulement le système de ceux qui n'admettent point de Dieu, mais encore l'opinion de ceux qui nient la providence, parce qu'à proprement parler, un Dieu sans providence n'existe pas pour nous. C'est la réflexion que fait Cicéron contre les prétendus dieux d'Epicure. Il est triste que ce soit aujourd'hui le sentiment dominant parmi les incrédules ; mais la multitude des ouvrages qui ont paru de nos jours, pour établir cette doctrine désolante, ne prouve que trop le nombre de ses partisans.

C'est aux philosophes de réfuter les divers systèmes d'*athéisme*, et de démontrer l'existence de Dieu par les preuves que la raison seule nous suggère (1) : le devoir d'un théologien est de faire voir que les auteurs sacrés ont très-bien connu le caractère, les causes, les effets de l'*athéisme*; que le portrait qu'ils ont tracé des *athées* de leur temps convient encore parfaitement à ceux d'aujourd'hui. — Selon le roi prophète (*Ps.* XII), *l'insensé a dit dans son cœur* : IL N'Y A POINT DE DIEU. *Ce langage est celui des hommes corrompus et pervers. Il n'en n'est pas un seul parmi eux qui fasse le bien. Leur bouche respire l'infection des tombeaux, leur langue exhale le poison des serpents ; ils cherchent à séduire par le mensonge ; la noirceur de leurs calomnies, l'amertume de leurs reproches, démontrent qu'ils seraient prêts à répandre le sang de leurs adversaires. Ils passent des jours tristes et malheureux, jamais ils n'ont goûté la paix : ils tremblent où il n'y a aucun sujet de frayeur. Le Seigneur est juste ; il se venge de ces insensés, pendant que le pauvre, soumis et tranquille, met son espérance en Dieu.* — Longtemps avant David, Job avait remarqué que l'*athéisme* est le vice des grands du monde, des hommes aveuglés par la prospérité, corrompus par l'opulence, pervertis par l'usage immodéré des plaisirs. Ils *ont dit à Dieu : Retirez-vous de nous ; nous ne voulons ni recevoir vos leçons, ni connaître vos lois. Qui est le Tout-Puissant, pour que nous soyons ses adorateurs, et à quoi nous servirait de l'invoquer ?.... Mais Dieu leur rendra ce qu'ils méritent, et alors ils le connaîtront.* (*Job* XXI). — *Il viendra un temps, dit saint Paul, auquel les hommes ne pourront plus supporter une saine doctrine : ils se choisiront des maîtres selon leur goût ; une curiosité effrénée, la démangeaison d'entendre quelque chose de nouveau, les détourneront de la vérité, et les feront courir après des fables* (*II Tim.* IV, 3).

La principale source de l'*athéisme*, selon l'Ecriture sainte, est la corruption du cœur ; plusieurs philosophes modernes en sont convenus, et l'expérience le prouve. Les Grecs étaient parvenus au comble de la prospérité par leurs victoires sur les Perses, lorsque leurs philosophes se précipitèrent dans l'épicuréisme. Rome était devenue la maîtresse du monde, elle regorgeait des richesses de l'Asie, lorsque le luxe introduisit dans ses murs cette philosophie meurtrière. Les Juifs venaient d'être délivrés de la persécution des rois de Syrie, ils étaient enrichis par le commerce d'Alexandrie, lorsqu'ils virent éclore parmi eux le saducéisme, qui n'était

---

(1) Nous ne voulons pas exposer ici les preuves qui combattent l'athéisme. Elles seront mieux placées au mot DIEU. Nous allons citer quelques lignes d'une lettre de J.-J. Rousseau qui ont fait sur notre esprit plus d'impression que les plus longs raisonnements. « Vous me marquez, monsieur, que le résultat de vos recherches sur la marche des choses est un état de doute : je ne puis juger de cet état parce qu'il ne fut jamais le mien. J'ai cru dans mon enfance par autorité, dans ma jeunesse par sentiment, dans mon âge mûr par raison ; maintenant je crois parce que j'ai toujours cru. Tandis que ma mémoire éteinte ne me remet plus sur la trace de mes raisonnements, tandis que ma judiciaire affaiblie ne me permet plus de les recommencer, les opinions qui en ont résulté me restent dans toute leur force ; et sans que j'aie la volonté ni le courage de les mettre derechef en délibération ; je m'y tiens en confiance et en conscience, certain d'avoir apporté dans la vigueur de mon jugement à leurs discussions toute l'attention et la bonne foi dont j'étais capable. Si je me suis trompé, ce n'est pas ma faute, c'est celle de la nature, qui n'a pas donné à ma tête une plus grande mesure d'intelligence et de raison. Je n'ai rien de plus aujourd'hui : j'ai beaucoup de moins. Sur quel fondement recommencerai-je donc à délibérer ? Le moment presse, le départ approche. Je n'aurai jamais le temps ni la force d'achever le travail d'une refonte. Permettez qu'à tout événement j'emporte avec moi la consistance et la fermeté d'un homme, non les doutes décourageants d'un vieux radoteur.

« A ce que je puis me rappeler de mes anciennes idées, à ce que j'aperçois de la marche des vôtres, je vois que, n'ayant pas suivi dans nos recherches la même route, il est peu étonnant que nous ne soyons pas arrivés à la même conclusion. Balançant les preuves de l'existence de Dieu avec les difficultés, vous n'avez trouvé aucun des côtés assez prépondérants pour vous décider, et vous êtes resté dans le doute. Ce n'est pas comme cela que je fis : j'examinai tous les systèmes sur la fondation de l'univers que j'avais pu connaître, je méditai sur ceux que j'avais pu imaginer ; je les comparai tous de mon mieux : je me décidai, non pour celui qui ne m'offrait point de difficultés ; car ils m'en offraient tous, mais pour celui qui me paraissait en avoir le moins : je me dis que ces difficultés étaient dans la nature de la chose ; que la contemplation de l'infini passerait toujours les bornes de mon entendement ; que, ne devant jamais espérer de concevoir pleinement le système de la nature, tout ce que je pouvais faire était de considérer par les côtés que je pouvais saisir ; qu'il fallait savoir ignorer en paix tout le reste : et j'avoue que, dans ces recherches, je pensai comme les gens dont vous parlez, qui ne rejettent pas une vérité claire ou suffisamment prouvée pour les difficultés qui l'accompagnent, et qu'on ne saurait lever. J'avais alors, je l'avoue, une confiance si téméraire, ou du

qu'un épicuréisme grossier. Faut-il qu'à notre tour la naissance de l'*athéisme* vienne nous annoncer que nous touchons au plus haut point de prospérité auquel notre monarchie soit parvenue depuis sa fondation? —

moins une si forte persuasion, que j'aurais défié tout philosophe de proposer aucun système intelligible sur la nature, auquel je n'eusse opposé des objections plus fortes, plus invincibles que celles qu'il pouvait m'opposer sur le mien ; et alors il fallait me résoudre à rester sans rien croire, comme vous faites, ce qui ne dépendait pas de moi, ou mal raisonner, ou croire comme j'ai fait.

« Une idée qui me vint il y a trente ans a peut-être plus contribué qu'aucune autre à me rendre inébranlable : supposons, me disais-je, le genre humain vieilli jusqu'à ce jour dans le plus complet matérialisme, sans que jamais idée de Divinité ni d'âme soit entrée dans aucun esprit humain ; supposons que l'athéisme philosophique ait épuisé tous ses systèmes pour la formation et la marche de l'univers par le seul jeu de la matière et du mouvement si nécessaire, mot auquel, je n'ai jamais rien conçu : dans cet état, monsieur, excusez ma franchise, je supposais encore ce que j'ai toujours vu et ce que je sentais devoir être, qu'au lieu de se reposer tranquillement dans ces systèmes, comme dans le sein de la vérité, leurs inquiets partisans chercheraient sans cesse à parler de leur doctrine, à l'éclaircir, à l'étendre, à l'expliquer, la pallier, la corriger, et, comme celui qui sent trembler sous ses pieds la maison qu'il habite, à l'étayer de nouveaux arguments.

« Terminons enfin ces suppositions par celle d'un Platon, d'un Clarke, qui, s'élevant tout à coup au milieu d'eux, leur eût dit : Mes amis, si vous eussiez commencé l'analyse de cet univers par celle de vous-mêmes, vous eussiez trouvé dans la nature de votre être le chef de la constitution de ce même univers, que vous cherchez en vain sans cela : qu'ensuite leur expliquant la distinction des deux substances, il leur eût prouvé par les propriétés mêmes de la matière que, quoi qu'en dise Locke, la supposition de la matière pensante est une véritable absurdité ; qu'il leur eût fait voir quelle est la nature de l'être vraiment actif et pensant, et que de l'établissement de cet être qui juge, il fût enfin remonté aux notions confuses, mais sûres, de l'Etre suprême : qui donc douter que, frappés de l'éclat, de la simplicité, de la beauté de cette ravissante idée, les mortels jusqu'alors aveuglés, éclairés des premiers rayons de la Divinité, ne lui eussent offert par acclamation leurs premiers hommages, et que les penseurs surtout et les philosophes n'eussent rougi d'avoir contemplé si longtemps les dehors de cette machine immense, sans trouver, sans soupçonner même la clef de sa constitution, et, toujours grossièrement bornés par leurs sens, de n'avoir jamais su voir que matière où tout leur montrait qu'une autre substance donnait la vie à l'univers et l'intelligence à l'homme?

« C'est alors, monsieur, que la mode eût été pour cette nouvelle philosophie ; que les jeunes gens et les sages se fussent trouvés d'accord ; qu'une doctrine si belle, si sublime, si douce et si consolante pour l'homme juste, eût réellement excité tous les hommes à la vertu ; et que ce beau mot d'*humanité*, rebattu maintenant jusqu'à la fadeur, jusqu'au ridicule par les gens du monde les moins humains, eût été plus empreint dans les cœurs que dans les livres. Il eût donc suffi d'une simple transposition de temps pour faire prendre tout le contre-pied à la mode philosophique ; avec cette différence que celle d'aujourd'hui, malgré son clinquant de paroles, ne nous promet pas une génération bien estimable, ni des philosophes bien vertueux ». (Ces paroles se sont accomplies à la lettre.)

Mais le luxe, père de la corruption et de l'*athéisme*, prépare la ruine des états et la décadence des nations : ce qui est arrivé à celles dont nous venons de parler devrait nous faire trembler et nous rendre plus sages.

I. Quel motif pourrait engager un *athée* à être vertueux ? Il sait, à la vérité, que le vice peut lui nuire ; mais il est aussi des circonstances où le vice autorisé par l'exemple peut devenir avantageux. Déjà nos moralistes *athées* nous avertissent que dans les sociétés corrompues il faut se corrompre pour devenir heureux, se mettre au ton des mœurs régnantes pour être estimé et applaudi. Il y a des hommes si mal constitués par la nature, que le vice est nécessaire à leur bonheur. Qu'importe que le vice puisse nuire, s'il peut aussi être utile ? L'événement dépend du hasard ; tout homme dominé par une passion est tenté d'en faire l'épreuve. Il n'a point de remords à craindre, dès qu'il se sent le courage de les étouffer.— Les fautes les plus secrètes peuvent être dévoilées, mais il s'est commis aussi plusieurs grands crimes dont on n'a jamais pu découvrir les auteurs. Dans les sociétés corrompues, les fautes sont si communes que l'on n'y fait presque plus d'attention ; une dose suffisante d'effronterie tient lieu de probité. A force de raisonnements et de palliatifs, on parvient aujourd'hui à justifier les iniquités les plus criantes, et à rendre toutes les réputations équivoques. — La société sans doute est utile au bonheur d'un *athée* ; mais, comme tant d'autres, il peut jouir des avantages de la société sans y mettre beaucoup du sien : ceux qui servent le plus efficacement leurs semblables ne sont pas les plus honorés. les vertus les plus nécessaires sont ordinairement les plus obscures, et les devoirs les plus pénibles sont les moins récompensés.

On dit que nous devons nous attacher à la patrie qui nous protège. Mais combien d'hommes profitent des bienfaits et de la protection de la patrie, en lui rendant de mauvais services, en lui insultant, en déclamant contre ses lois, en décriant son gouvernement, en exaltant jusqu'aux nues le mérite supérieur de ses ennemis ! Selon un axiome consacré parmi les *athées*, une patrie qui ne nous rend point heureux, perd ses droits sur nous.—Un homme, continue-t-on, doit se faire aimer. Où est cette nécessité pour un *athée* ? Il lui suffit d'être craint et que personne n'ose lui nuire. Qu'ai-je à faire, dira-t-il, de l'amitié d'un père vieux, infirme, languissant, qu'il faut soigner et nourrir à mes dépens ? Que me rendra-t-il en échange de mon amitié ? — Je conviens que l'ingratitude éloignera de moi mon bienfaiteur, le fera peut-être repentir de ce qu'il a fait pour moi ; que m'importe s'il n'est plus en état de me faire du bien, de se venger, ni de me faire essuyer des reproches ? J'avoue encore que la justice est nécessaire au maintien de toute association ; mais on peut profiter de l'association, sans contribuer à son maintien. On a prouvé doctement de nos jours que plusieurs vices sont pour le moins aussi nécessaires au maintien de la société que les vertus. D'ailleurs la justice ne suffit point si l'on y n'ajoute la charité, l'humanité, la compassion pour les malheureux ; sur quoi peut être fondé pour moi le devoir de secourir un étranger, un inconnu qui souffre, mais qui ne me connaît point, et que je ne reverrai jamais ? — Il est faux que nul homme ne puisse être content de soi-même, quand il sait qu'il est l'objet de la haine publique. Plusieurs grands hommes l'ont encourue par leurs vertus et par le zèle le plus pur ; d'autres ont gagné la faveur publique par des crimes heureux : ceux-ci avaient-ils plus de droit d'être contents d'eux-mêmes que les premiers ?

Toutes les maximes de morale des *athées* sont donc fausses lorsqu'on les examine en rigueur ; quand elles seraient vraies, le commun des hommes est incapable de faire les réflexions, les calculs, les raisonnements nécessaires pour en sentir la vérité. Admettons un Dieu et une providence, ces maximes deviendront des lois. — Que le vice nous soit utile ou pernicieux dans ce monde, n'importe ; Dieu le défend, il le punira tôt ou tard. Quand le vice nous élèverait sur la terre au comble du bonheur, ce ne sera que pour quelques moments ; l'ivresse passagère qu'il nous causera sera suivie d'un malheur éternel. Que les hommes connaissent le crime ou ne le connaissent pas, cela est égal ; Dieu le connaît, le coupable n'échappera point à sa vengeance : les remords sont les premiers supplices par lesquels il leur fait sentir sa justice. — Que la société, que la patrie, soient justes ou injustes, reconnaissantes ou ingrates à mon égard, Dieu m'ordonne de m'y attacher et de les servir, comme il leur ordonne de me protéger. Si elles manquent à leur devoir, cela ne me donne pas droit de violer le mien : Dieu est témoin de ma conduite, c'est à lui seul de me récompenser. — Par la loi générale de la charité, Dieu commande à tous les hommes de s'aimer, de s'aider, de se rendre des services mutuels : amis ou ennemis, concitoyens ou étrangers, bienfaiteurs ou rivaux, caractères aimables ou fâcheux, personne n'est excepté. Quand ils nous refuseraient leur amitié, nous serions encore obligés de nous rendre aimables, afin de ne pas les blesser.

Tel est le langage de la religion, de nos livres saints, des justes de tous les siècles ; c'est celui de la raison et de la saine philosophie. Lorsque les *athées* s'obstinent à le méconnaître, nous n'avons pas tort de leur reprocher qu'ils sapent la morale par les fondements. Sans la croyance d'un Dieu, souverain législateur, rémunérateur et vengeur, il n'est plus de lois, plus de devoirs ou d'obligations morales proprement dites, plus de vices ni de vertus.

II. L'Écriture nous assure que les *athées* n'ont jamais goûté la paix, qu'il n'est point pour eux de consolation ni de bonheur en ce monde ; ils ont pris eux-mêmes la peine de nous en convaincre. Que voyons-nous dans leurs livres ? — 1° Une affectation singulière de dégrader l'homme, de le réduire au niveau des brutes, afin de prouver qu'il n'est pas l'ouvrage d'un Dieu sage et bon. Ce n'est pas là le moyen de nous inspirer du courage, des sentiments nobles, l'héroïsme de la vertu, la satisfaction secrète que goûte une âme élevée à sentir ce qu'elle est. Cet avilissement volontaire cadre bien mal avec l'orgueil philosophique. — 2° Des plaintes amères sur les misères de l'humanité, sur les rigueurs d'une nature marâtre, sur les passions qui nous tourmentent, sur les crimes qui nous déshonorent, sur les fléaux qui couvrent la terre. Ils en concluent qu'une Providence bienfaisante ne se mêle point du gouvernement de ce monde. Ces sombres réflexions ne sont pas fort propres à nous rendre contents de notre sort. Lorsque les *athées* peignent le genre humain, ils le représentent comme une société de malfaiteurs aveuglés, corrompus, forcenés par religion. Peut-on se féliciter de vivre dans une pareille compagnie, ou espérer d'y trouver jamais le bonheur ? — 3° Des blasphèmes contre la justice d'un Dieu vengeur, contre la sévérité avec laquelle on prétend qu'il punit le crime. Cette idée, disent-ils, inspire l'effroi, fait envisager Dieu comme un être odieux. A ce signe, il est difficile de reconnaître le calme d'une conscience pure, exempte de trouble et de remords. Ils se plaignent de ce que la vertu n'est pas heureuse sur la terre, et ils ne veulent point du bonheur d'une autre vie. Mais si la vertu n'a rien à espérer, ni dans ce monde ni dans l'autre, où sera le motif de l'embrasser ? — 4° Des doutes jetés sur la perpétuité de l'ordre physique du monde. Nous ne savons pas, disent-ils, si une révolution subite ne replongera pas bientôt l'univers dans le chaos. Jamais la superstition la plus aveugle n'inspira une crainte aussi puérile et aussi absurde. Épicure pensait qu'il valait encore mieux être sous l'empire d'un Dieu le plus capricieux, que sous le joug d'une nécessité impitoyable que rien ne peut fléchir. Aujourd'hui, ses disciples, moins sensés que lui, préfèrent l'empire de la nécessité à celui de la Divinité. — 5° Des éloges prodigués à la fureur du suicide. Si c'est à ce terme que doit aboutir la suprême félicité des *athées*, un homme raisonnable ne sera pas tenté de la leur envier. Il est bien absurde de nous promettre le bonheur ici-bas, si nous voulons abjurer l'idée d'un Dieu vengeur, et de vouloir prouver ensuite que si nous sommes dégoûtés de la vie, rien n'est mieux que de se détruire. — 6° Des sophismes sans fin, pour démontrer qu'il n'y a aucune certitude dans nos connaissances ; qu'un scepticisme général est la seule philosophie du sage. Mais si toutes nos opinions sont incertaines, l'*athéisme* n'est donc pas un système invinciblement prouvé, et auquel on puisse se livrer avec une pleine sécurité. Douter s'il y a un Dieu, une religion vraie, une autre vie, ce n'est pas être convaincu qu'il n'y en a point ; l'incertitude sur un objet aussi important ne peut pas être une situation douce et agréable. Les mécontentements du présent, l'incertitude sur l'avenir, des fureurs contre Dieu, des invectives contre les hommes, ne furent jamais les symptômes de la paix et du bonheur. Nous sommes donc forcés d'acquiescer à la sentence que Dieu a prononcée lui-même par un prophète : *Point de paix pour les impies* (*Isaï.* XLVII, 22; LVII, 21).

III. Le Psalmiste nous avertit que les *athées* sont des hommes d'un mauvais caractère, dangereux, malfaisants, pernicieux à la société ; est-ce une accusation fausse ? — Puisqu'il est démontré que la situation des *athées* n'est ni tranquille, ni heureuse, c'est un trait de cruauté de leur part de vouloir communiquer aux autres le doute, l'inquiétude, le mécontentement, l'humeur, qui les tourmentent. Qu'ils s'obstinent à y demeurer, c'est leur affaire; mais pourquoi vouloir arracher à leurs semblables l'idée d'un Dieu qui les console, une religion qui les porte à la vertu, une espérance qui adoucit leurs peines ? A considérer la manière dont la plupart des hommes sont constitués, les *athées* sont-ils sûrs que leurs principes, répandus dans le monde, n'augmenteront pas la quantité des crimes et le nombre des malfaiteurs ? Le moindre danger à cet égard devrait arrêter la main et fermer la bouche à tout homme sensé. — Quand la vérité de la religion ne serait pas invinciblement démontrée, elle est du moins autorisée par les lois; chez toutes les nations policées, on a sévi contre ceux qui violent les lois en attaquant la religion. Parce qu'il plaît aux *athées* de trouver ces lois injustes, il ne s'ensuit pas qu'elles le sont en effet, et que l'on ne doit pas punir ceux qui s'élèvent contre elles. Exiger dans ce cas une tolérance absolue, c'est autoriser tous les malfaiteurs à enfreindre toutes les lois qui les gênent. — Accuser les vivants et les morts, noircir les motifs de toutes les vertus qui ont brillé dans le monde, fouiller dans tous les coins de l'histoire pour trouver des reproches contre les personnages pour lesquels le genre humain a eu le plus de respect, sonner le tocsin contre ceux qui prêchent la religion ou qui la défendent, les peindre comme autant de fourbes ou de fanatiques ennemis de la société, attaquer les souverains et les gouvernements comme complices du même crime : voilà ce que les *athées* ont fait de tout temps et font encore. Si tous ces excès ne sont pas punissables, quel a donc été l'objet de la police et de la législation ?

C'est une imposture de leur part de prétendre que l'*athéisme* n'influe en rien sur les mœurs, et qu'un *athée* peut être aussi vertueux qu'un homme qui croit en Dieu ; le contraire est démontré par leur propre conduite. Un *athée* n'évite le crime qu'autant qu'il y est forcé par les lois ; il ne peut être homme de bien sans contredire continuellement tous ses principes. — L'influence terrible que l'*athéisme* peut avoir sur les mœurs du peuple n'est que trop prouvée par un fait arrivé de nos jours. Il y a environ dix ans qu'il s'était formé, dans la Lorraine allemande et dans l'électorat de Trèves, une association de gens de la campagne qui avaient secoué tout principe de religion et de morale. Ils s'étaient persuadés qu'en se mettant à l'abri des lois ils pouvaient satisfaire sans scrupule toutes leurs passions. Pour se soustraire aux poursuites de la justice, ils se comportaient dans leurs villages avec la plus grande circonspection : l'on n'y voyait aucun désordre ; mais ils s'assemblaient la nuit en grandes bandes, allaient à force ouverte dépouiller les habitations écartées, commettaient d'abominables excès, et employaient les menaces les plus terribles pour forcer au silence les victimes de leur brutalité. Un de leurs complices ayant été saisi par hasard pour quelque autre délit, l'on découvrit la trame de cette confédération détestable, et l'on compte par centaine les scélérats qu'il a fallu faire périr sur l'échafaud. (*Lettres sur l'Histoire de la terre et de l'homme*, par M. Duluc, 1779, t. IV, lettre 91, p. 140.) — Ce fait fut annoncé dans le temps par les nouvelles publiques, mais il ne fut pas assez remarqué. S'il avait été question d'un événement peu favorable à la religion, nos philosophes en auraient fait retentir le bruit dans l'Europe entière. Le sage écrivain qui le rapporte, et qui en avait presque été témoin, observe avec raison que si l'*athéisme* ne produit pas le même effet sur les hommes laborieux, timides, dont les passions sont douces, la société aurait tout à craindre des paresseux hardis, entreprenants, et dont les passions sont violentes ; l'irréligion en ferait de vrais tigres.

Il ne restait plus aux *athées* qu'à vouloir cacher leurs turpitudes sous le masque de l'hypocrisie, à se prétendre animés par un zèle ardent pour le bien de l'humanité, à exiger des éloges et des récompenses pour le courage qu'ils ont montré : c'est par là que les *athées* ont couronné leurs travaux. — Ils diront sans doute que par ces réflexions nous cherchons à les rendre odieux, à exciter contre eux la sévérité des magistrats. Non. L'Ecriture les déclare *insensés* : nous souscrivons à cet arrêt. On ne punit point les hommes tombés en démence, mais on les met hors d'état de nuire. Le roi-prophète remet à Dieu la vengeance de leurs fureurs : *Levez-vous, Seigneur, jugez vous-même votre cause ; voyez les blasphèmes que l'*INSENSÉ* ne cesse de vomir contre vous ; remarquez et n'oubliez pas l'orgueil de ceux qui se déclarent vos ennemis, et cette audace qui s'augmente de jour en jour* (*Ps.* LXXIII, 22). Instruits par les leçons de Jésus-Christ, encore plus parfaites que celles des anciens justes, nous ne demandons à Dieu que la conversion des incrédules.

Nous ignorons pourquoi l'on a pris de nos jours tant de peine pour justifier Vanini, *athée* célèbre, ou du moins pour l'excuser et pour faire paraître ses juges coupables de cruauté. Plusieurs de nos philosophes ont trouvé bon de faire son apologie ; mais l'intérêt personnel et la conformité de sentiment n'auraient-ils pas influé beaucoup dans cette charité singulière ? — Il nous suffit d'observer que Vanini ne fut point livré au supplice précisément parce qu'il était *athée*, mais parce qu'il prêchait l'*athéisme*, et séduisait la jeunesse. Ces deux crimes sont très-différents. Si les *athées* gardaient pour eux seuls leur impiété, personne ne s'informerait de ce qu'ils pensent ; mais ces insensés veulent dogmatiser, communiquer aux autres le poison dont ils sont infectés, et c'est ce qu'on a droit de punir.

ATHÉNAGORE, philosophe athénien, converti au christianisme, présenta, l'an 177, aux empereurs Marc-Aurèle-Antonin et Lucius-Aurèle-Commode, une apologie pour les chrétiens, par laquelle il justifie leur croyance et leurs mœurs contre les calomnies des païens. Il a aussi fait un traité de la résurrection des morts.

Il demande d'abord pourquoi, sous le règne de deux princes philosophes et naturellement équitables, on n'accorde point aux chrétiens, qui font profession d'honorer la Divinité, la même liberté dont jouissent les superstitions les plus absurdes ; pourquoi l'on ne procède point contre des hommes dont les mœurs sont innocentes, dans la même forme juridique que contre des malfaiteurs coupables des plus grands crimes. — Les païens accusaient les chrétiens de trois crimes principaux, d'athéisme, de tuer et de manger un enfant dans leurs assemblées, de s'y livrer ensuite à l'impudicité. *Athénagore* demande comment l'on peut reprocher l'athéisme aux chrétiens qui adorent un seul Dieu en trois personnes. Il fait voir que plusieurs philosophes ont enseigné l'unité de Dieu ; que le polythéisme est absurde ; que les chrétiens reconnaissent même des anges dont Dieu se sert pour exécuter ses ordres ; que la pureté de leur vie démontre assez qu'ils ne sont point athées.—Le principal fondement de cette accusation était l'aversion que témoignaient les chrétiens pour les sacrifices et pour l'idolâtrie des païens ; *Athénagore* s'attache à prouver que l'on ne doit point honorer Dieu par des sacrifices sanglants ; que dans les différentes villes de l'empire l'on n'adore pas les mêmes dieux ; qu'il est absurde de prendre les créatures, la matière, le monde, ses différentes parties, ou les idoles, pour des dieux : il fait voir que toutes ces superstitions sont d'une invention très-récente. — Vainement les païens prétendaient que le culte des idoles se rapportait aux dieux qu'elles représentaient, et qu'il était confirmé par la vertu miraculeuse de plusieurs de ces simulacres. *Athénagore* démontre, par le témoignage des philosophes et des poëtes, que ces prétendus dieux avaient été des hommes, qui ne méritaient aucun culte religieux ; il insiste sur l'indécence de leurs figures, sur les passions et sur les crimes qu'on leur attribuait ; il montre que l'on justifiait mal ces fables, en leur donnant un sens physique, et en les appliquant aux phénomènes de la nature.

Il expose la doctrine de Thalès et de Platon sur les démons, et celle des chrétiens touchant les anges, bons ou mauvais ; il soutient que les esprits malfaisants sont les vrais auteurs de l'idolâtrie et de tous les prestiges qui avaient servi à l'établir parmi les hommes.

Quant aux deux autres crimes dont on chargeait les chrétiens, *Athénagore* soutient qu'ils sont assez réfutés par la pureté des mœurs qui règne parmi eux, par la tempérance et la fidélité qu'ils gardent dans le mariage, par la modestie avec laquelle ils se saluent, par leur amour pour la virginité, par l'éloignement qu'ils ont pour les secondes noces. Il représente combien il leur est triste d'être accusés des crimes contraires par des hommes qui sont coupables eux-mêmes de toutes les espèces d'impudicité et de forfaits. — Loin de pouvoir être convaincus d'aucun homicide, ils ont horreur de voir répandre le sang humain, soit dans les supplices des criminels, soit dans les combats des gladiateurs ; ils regardent les avortements volontaires comme un meurtre, et la coutume d'exposer les enfants comme un vrai parricide.

Athénagore finit par exposer la croyance des chrétiens sur la résurrection générale, sur les récompenses et les peines de l'autre vie ; il observe que, quand ce seraient là des erreurs, ce ne seraient pas encore des crimes pour lesquels il fût juste de haïr, de persécuter, de mettre à mort ceux qui sont dans ces sentiments.

Cette apologie fut présentée vingt-six ou vingt-sept ans après celle de saint Justin.

Les critiques protestants, Jurieu, Leclerc, Barbeyrac et leurs copistes, font plusieurs reproches contre la doctrine d'*Athénagore*. 1° Il a eu, disent-ils, trop d'idées platoniciennes. Mais il faut faire attention que cet écrivain parlait à des empereurs qui faisaient profession de philosophie, et qui sans doute respectaient Platon ; c'était un trait de prudence de se conformer à leur goût et de leur alléguer en plusieurs choses l'autorité de ce philosophe. Quand même *Athénagore* aurait conservé, après sa conversion, les opinions platoniciennes qui lui paraissaient conciliables avec les dogmes du christianisme, nous ne voyons pas où serait le crime. De là même il s'ensuit que notre religion, dès sa naissance, n'a pas redouté l'examen des philosophes.— 2° L'on prétend qu'*Athénagore* n'attribue à Dieu qu'une providence générale, qu'il a supposé que les anges étaient chargés en détail du gouvernement du monde. Selon Barbeyrac, cette idée empruntée de Platon, présentée à deux empereurs païens, a dû leur faire conclure que les chrétiens étaient des polythéistes.—N'oublions pas que ces deux princes étaient philosophes, capables, par conséquent, de mettre de la distinction entre des êtres créés, tels que les anges et un Dieu incréé ; que selon la doctrine formelle d'*Athénagore*, aucun être créé n'est Dieu. Dans son *Apologie* et dans son *Traité de la Résurrection*, il attribue expressément à Dieu le gouvernement et la destinée de l'homme ; il suppose que les anges n'agissent que par les ordres et selon les desseins de Dieu ; ce n'est pas là du platonisme. — D'un côté, plusieurs de nos philosophes ont soutenu que Platon, qui admettait un Dieu suprême et des dieux secondaires, ou des génies inférieurs à Dieu, n'était pas polythéiste; de l'autre, nos critiques soutiennent que cette doctrine, présentée à deux empereurs instruits, a dû leur paraître un polythéisme. Barbeyrac prétend qu'*Athénagore* n'enseigne point le culte des anges; comment donc les empereurs ont-ils pu conclure de sa doctrine, que les chrétiens adoraient plusieurs dieux? Avant de blâmer les Pères, leurs censeurs devraient commencer par s'accorder avec eux-mêmes. — 3° Ils accusent *Athénagore* de n'avoir pas été orthodoxe sur le dogme de la Trinité, et jusqu'à présent, dit Barbeyrac, il n'a pas été justifié. Probablement ce critique n'a lu ni *la défense de la foi de Nicée* par Bullus, ni le sixième avertissement de M. Bossuet aux protestants, c. 10, n. 69 et suiv., où *Athénagore* est justifié pleinement et sans réplique. Cet auteur dit : « Nous reconnaissons Dieu le Père, Dieu le Fils et Dieu le Saint-Esprit; nous montrons et leur puissance dans l'unité, et leur distinction dans l'ordre.» *Légat.*, n. 10. Pour trouver là du polythéisme, Barbeyrac lui fait dire : « Nous avons Dieu le Père, Dieu le Fils et le Saint-Esprit *unis, à la vérité, d'une certaine manière*, mais néanmoins distincts, et ayant leur ordre entre eux. Nous avons aussi des divinités inférieures à celles-là, etc. » Est-il permis d'altérer ainsi la doctrine d'un auteur, pour avoir droit de lui imputer des erreurs?—4° Le grand crime d'*Athénagore*, aux yeux de nos critiques licencieux, est d'avoir fait trop de cas de la virginité, et d'avoir dit que les secondes noces sont *un honnête adultère*. Malheureusement presque tous les anciens Pères ont parlé de même, et ç'a été le sentiment général des premiers chrétiens. Quand on se rappelle à quels excès la licence du divorce était portée chez les païens, on n'est plus surpris des expressions et de la morale sévère de nos apologistes. *Voy.* Bigamie.—5° L'on a dit, au hasard, qu'*Athénagore* n'avait été cité que par saint Épiphane; c'est encore une erreur : il l'a été par Photius, *Cod.* 224, d'après saint Méthode, évêque et martyr, mort vers l'an 311, et par Philippe Sidétas, *Serm.* 24.

Nous ne sommes pas étonné de l'affectation des incrédules à déprimer les anciens défenseurs du christianisme; mais il n'est pas fort honorable aux protestants de leur avoir fourni le canevas de tant de fausses accusations.

Les deux ouvrages d'*Athénagore* se trouvent à la suite de ceux de saint Justin, dans l'édition des bénédictins.

ATTRIBUTS, qualités ou perfections de Dieu. Quoique l'essence divine, parfaitement simple en elle-même, exclue toute composition et toute distinction, notre entendement borné est forcé de distinguer en Dieu divers *attributs* ou perfections. Les uns sont nommés *attributs métaphysiques*; tels sont l'aséité ou nécessité d'être, l'éternité, l'infinité, l'immensité, la spiritualité, l'immutabilité, la simplicité, l'entendement, la volonté, la toute-puissance, la science, la sagesse, etc. Les autres sont nommés *perfections morales*; ce sont celles qui établissent des relations morales entre Dieu et les créatures intelligentes, et qui nous imposent des devoirs moraux envers Dieu : telles sont la providence, la bonté, la sainteté, la justice, etc. *Voy.* chacun de ces *attributs* sous son nom particulier.

Dans le mystère de la sainte Trinité, les *attributs* de Père et de Fils sont nommés *attributs relatifs*, parce que l'un rappelle l'idée de l'autre; il n'en est pas de même des *attributs absolus* dont nous avons parlé; l'idée d'immensité ne rappelle point celle de toute-puissance, etc.—Nous ne pouvons concevoir les *attributs* de Dieu que par comparaison avec ceux de notre âme, ni les exprimer autrement; comme cette comparaison n'est pas juste, il en résulte une difficulté insurmontable de concilier quelques-uns de ces *attributs* entre eux, par exemple, la simplicité de Dieu avec son immensité, sa liberté avec son immutabilité. Il n'est pas, moins difficile de concilier la prescience de Dieu avec le libre arbitre de l'homme. Mais lorsque plusieurs vérités sont démontrées, la difficulté de les concilier entre elles ne prouve que la faiblesse de notre entendement. — De là les athées ont pris occasion de nous reprocher l'anthropomorphisme spirituel, c'est-à-dire, d'attribuer à Dieu des qualités humaines, et de concevoir Dieu comme un homme plus parfait que nous. C'est une accusation fausse, puisque nous avouons qu'en Dieu toute perfection est infinie, et que l'infini passe toutes nos conceptions. *Voy.* Anthropomorphisme.

ATTRITION, contrition imparfaite. Les théologiens scolastiques la définissent une douleur et une détestation du péché, qui naît de la considération de la laideur du péché et de la crainte des peines de l'enfer. Le concile de Trente, sess. 14, c. 4, déclare que cette espèce de contrition, si elle exclut la volonté de pécher, et renferme l'espérance d'obtenir pardon de ses fautes passées, est un don de Dieu, un mouvement du Saint-Esprit, et qu'elle dispose le pécheur à recevoir la grâce dans le sacrement de pénitence. Le sentiment le plus reçu sur l'*attrition* est que, dans le sacrement de pénitence, elle ne suffit pas pour justifier le pécheur, à moins qu'elle ne renferme un amour commencé de Dieu, par lequel le pécheur aime Dieu comme source de toute justice. C'est la doctrine du concile de Trente, sess. 6, chap. 6, et de l'assemblée du clergé de France, en 1700.

Les théologiens disputent entre eux sur la nature de cet amour : les uns veulent que ce soit un amour de charité proprement dit; les autres soutiennent qu'il suffit d'avoir un amour d'espérance, et qu'il est impossible d'espérer de Dieu grâce et miséricorde, sans ressentir un mouvement d'amour. — En effet, lorsqu'un pécheur fait attention à la bonté de Dieu, qui daigne nous pardonner et nous recevoir en grâce, pourvu que nous nous repentions de l'avoir offensé, que nous en fassions humblement l'aveu, et que nous soyons résolus de ne plus pécher, se peut-il faire qu'il ne sente pas au fond de son cœur un mouvement d'amour de cette bonté infinie? Il paraît donc impossible d'espérer sincèrement le pardon de nos crimes, sans commencer d'aimer Dieu comme source de toute justice, à moins qu'on ne soutienne qu'il est possible de désirer et d'espérer un bienfait, sans penser directement ni indirectement au bienfaiteur, et sans ressentir aucun mouvement de reconnaissance : or cela n'est pas concevable.

Il est bon de remarquer que le nom d'*attrition* ne se trouve ni dans l'Ecriture ni dans les Pères; qu'il doit son origine aux théologiens scolastiques; et ils ne l'ont introduit que vers l'an 1220, comme le remarque le P. Morin, *de Pœnit.*, lib. VIII, c. 2, n. 14. Avant ce temps-là on ne pensait pas à faire l'anatomie des sentiments du pécheur au tribunal de la pénitence. On supposait que la volonté sincère de se réconcilier avec Dieu est déjà un commencement d'amour de Dieu.

ATTRITIONNAIRES, nom qu'on donne aux théologiens qui soutiennent que l'*attrition* servile ou conçue par une crainte servile est suffisante pour justifier le pécheur dans le sacrement de pénitence.

Ce terme ordinairement pris en mauvaise part est appliqué à ceux qui ont soutenu, ou que l'*attrition* conçue par la crainte des peines éternelles, sans nul motif d'amour de Dieu, était suffisante, ou qu'elle n'exigeait qu'un amour naturel de Dieu, ou que la crainte des maux temporels suffisait pour la rendre bonne : opinions condamnées par les papes et par le clergé de France. *Voy.* CRAINTE.

AUBE *Voy.* HAB.TS SACERDOTAUX.

AUDIENS, AUDÉENS ou VADIENS, hérétiques du IV° siècle, ainsi appelés du nom d'*Audius*, leur chef, qui vivait en Syrie ou en Mésopotamie vers l'an 342, et qui, ayant déclamé contre les mœurs des ecclésiastiques, finit par dogmatiser et former un schisme.

Entre autres erreurs, il célébrait la pâque à la façon des Juifs, et enseignait que Dieu avait une figure humaine, à la ressemblance de laquelle l'homme avait été créé. Selon Théodoret, il croyait que les ténèbres, le feu et l'eau n'avaient point de commencement. Ses sectateurs donnaient l'absolution sans imposer aucune satisfaction canonique, se contentant de faire passer les pénitents entre les livres sacrés et apocryphes. Ils menaient une vie très-retirée, et ne se trouvaient point aux assemblées ecclésiastiques, parce qu'ils disaient que les impudiques et les adultères y étaient reçus. Cependant Théodoret assure qu'il se commettait beaucoup de crimes parmi eux. Saint Augustin les appelle *vadiens*, et dit que ceux qui étaient en Egypte communiquaient avec les catholiques. Quoiqu'ils se fussent donné des évêques, leur secte fut nombreuse; leur hérésie ne subsistait déjà plus, et à peine connaissait-on leur nom du temps de Facundus, qui vivait dans le V° siècle.

Le P. Petau prétend que saint Augustin et Théodoret ont mal pris le sentiment des *audiens* et ce qu'en dit saint Epiphane, qui ne leur attribue, dit-il, d'autres sentiments que de croire que la ressemblance de l'homme avec Dieu consistait dans le corps. En effet, le texte de saint Epiphane ne porte que cela, et ce Père dit expressément que les *audiens* n'avaient rien changé dans la doctrine de l'Eglise; ce qui ne serait pas véritable, s'ils eussent donné à Dieu une forme corporelle.

AUGSBOURG. Confession d'*Augsbourg*: formule ou profession de foi présentée par les luthériens à l'empereur Charles V, dans la diète tenue à *Augsbourg* en 1530.

Cette confession, composée par Mélanchthon, était divisée en deux parties. La première contenait vingt-un articles sur les principaux points de la religion. Dans le premier, on reconnaissait ce que les quatre premiers conciles généraux avaient décidé touchant l'unité d'un Dieu et le mystère de la Trinité. Le second admettait le péché originel, de même que les catholiques, excepté que les luthériens le faisaient consister tout entier dans la concupiscence et dans le défaut de crainte de Dieu et de confiance en sa bonté. Le troisième ne comprenait que ce qui est renfermé dans le symbole des apôtres, touchant l'incarnation, la vie, la mort, la passion, la résurrection de Jésus-Christ, et son ascension. Le quatrième établissait, contre les pélagiens, que l'homme ne peut être justifié par ses propres forces : mais on y prétendait, contre les catholiques, que la justification se faisait par la foi seule, à l'exclusion des bonnes œuvres. Le cinquième était conforme aux sentiments des catholiques, en ce qu'il disait que le Saint-Esprit est donné par les sacrements de la loi de grâce; mais il différait d'avec eux, en reconnaissant dans la seule foi l'opération du Saint-Esprit. Le sixième, avouant que la foi devait produire de bonnes œuvres, niait, contre les catholiques, que ces bonnes œuvres servissent à la justification, prétendant qu'elles n'étaient faites que pour obéir à Dieu. Le septième voulait que l'Eglise ne fût composée que des seuls élus. Le huitième reconnaissait la parole de Dieu et les sacrements pour efficaces, quoique ceux qui les confèrent soient méchants et hypocrites. Le neuvième soutenait, contre les anabaptistes, la nécessité de baptiser les enfants. Le dixième professait la présence réelle du corps et du sang de Jésus-Christ dans l'eucharistie. Le onzième admettait, avec les catholiques, la nécessité de l'absolution pour la rémission des péchés, mais rejetait celle de la confession. Le douzième condamnait les anabaptistes qui soutenaient l'inamissibilité de la justice, et l'erreur des novatiens sur l'inutilité de la pénitence; mais il niait, contre la foi catholique, qu'un pécheur repentant pût mériter, par des œuvres de pénitence, la rémission de ses péchés. Le treizième exigeait la foi actuelle dans tous ceux qui reçoivent les sacrements, même dans les enfants. Le quatorzième défendait d'enseigner publiquement dans l'Eglise, ou d'y administrer les sacrements sans une vocation légitime. Le quinzième commandait de garder les fêtes et d'observer les cérémonies. Le seizième tenait les ordonnances civiles pour légitimes, approuvait les magistrats, la propriété des biens et le mariage. Le dix-septième reconnaissait la résurrection future, le jugement général, le paradis et l'enfer, et condamnait les erreurs des anabaptistes sur la durée finie des peines de l'enfer, et sur le prétendu règne de Jésus-Christ, mille ans avant le jugement. Le dix-huitième déclarait que le libre arbitre ne suffisait pas pour ce qui regarde le salut. Le dix-neuvième, qu'encore que Dieu eût créé l'homme, et qu'il le conservât, il n'était ni ne pouvait être la cause de son péché. Le vingtième, que les bonnes œuvres n'étaient pas tout à fait inutiles. Le vingt-unième défendait d'invoquer les saints, parce que c'était, disait-il, déroger à la médiation de Jésus-Christ. — La seconde partie, qui contenait seulement les cérémonies et les usages de l'Eglise, que les protestants traitaient d'abus, et qui les avaient obligés, disaient-ils, à s'en séparer, était comprise en sept articles. Le premier admettait la communion sous deux espèces, et défendait les processions du saint sacrement. Le second condamnait le célibat des prêtres, religieux, religieuses, etc. Le troisième excusait l'abolition des messes basses, et voulait qu'on célébrât en langue vulgaire. Le quatrième exigeait qu'on déchargeât les fidèles du soin de confesser leurs péchés, ou du moins d'en faire une énumération exacte et circonstanciée. Le cinquième combattait les jeûnes et la vie monastique. Le sixième improuvait ouvertement les vœux monastiques. Le septième enfin établissait, entre la puissance ecclésiastique et la puissance séculière, une distinction qui allait à ôter aux ecclésiastiques toute puissance temporelle.

Cette confession de foi était signée par l'électeur de Saxe et par le duc de Saxe, par le marquis de Brandebourg, par deux ducs de Lunebourg, par le landgrave de Hesse, par le prince d'Anhalt, par le magistrat de Nuremberg et par celui de Reutlingue. Nous n'y ferons que quelques observations. — 1° Il s'en faut beaucoup que cette pièce vantée par Mosheim et par les luthériens comme une merveille soit un chef-d'œuvre de théologie ; l'ordre y manque, on n'y suit point le fil des matières. Ce qui regarde les bonnes œuvres, par exemple, est partagé en deux ou trois articles ; on dit, dans l'un, qu'elles ne contribuent en rien à la justification ; dans un autre, qu'elles ne sont pas inutiles, et l'on n'explique point en quoi consiste leur utilité. Le cinquième article décide que les sacrements donnent le Saint-Esprit, et que l'opération du Saint-Esprit consiste dans la foi seule ; l'on soutient dans le neuvième qu'il faut néanmoins baptiser les enfants : mais de quelle foi les enfants sont-ils capables ? Quelle peut être en eux l'opération du Saint-Esprit ? Il y aurait bien d'autres contradictions à remarquer. — 2° Mosheim en impose quand il dit que *tous les protestants* l'adoptèrent pour règle de leur foi. *Hist. ecclés. du* XVI° *siècle*, sect. 1, c. 3, § 2. Les luthériens mêmes ne la soutinrent pas dans tous ses points, telle que nous venons de la rapporter ; mais ils l'altérèrent et varièrent dans plusieurs, selon les conjonctures et les nouveaux systèmes que prirent leurs docteurs sur les différents points de doctrine qu'ils avaient d'abord arrêtés. En effet, elle avait été publiée en tant de manières, et avec des différences si considérables, à Wurtemberg et ailleurs, sous les yeux de Mélanchthon et de Luther, que quand, en 1561, les protestants s'assemblèrent à Naumbourg, pour en donner une édition authentique, ils déclarèrent en même temps que celle qu'ils choisissaient n'improuvait pas les autres, et particulièrement celle de Wurtemberg, faite en 1540. Les sacramentaires croyaient même y trouver ce qui les favorisait. C'est pourquoi les zwingliens, dit M. Bossuet, l'appelaient malignement *la boîte de Pandore*, d'où sortaient le bien et le mal ; la pomme de discorde entre les déesses ; un grand et vaste manteau où Satan se pouvait cacher aussi bien que Jésus-Christ. Ces équivoques et ces absurdités, où tout le monde pensait trouver son compte, prouvent que la confession d'*Augsbourg* était une pièce mal conçue, mal digérée, dont les parties se démentaient et ne composaient pas un système bien uniforme de religion ; Calvin feignait de la recevoir pour appuyer son parti naissant, mais dans le fond il en portait un jugement peu favorable. — 3° En même temps que les chefs du parti luthérien présentaient cette confession de foi à la diète d'*Augsbourg*, quatre villes impériales, Strasbourg, Constance, Mémingue, Landaw, qui avaient embrassé les sentiments de Zwingle, présentèrent aussi la leur, qui avait été composée par Martin Bucer, et qui fut aussi regardée comme un prodige de doctrine par le parti zwinglien ou calviniste. Cela n'empêcha pas Bucer de souscrire la confession d'*Augsbourg* et la défense de cette confession ; les signatures ne coûtaient rien aux prétendus réformateurs, dès que cela leur était utile. Mélanchthon lui-même, qui, dans la seconde partie de la confession d'*Augsbourg*, condamnait si hautement les cérémonies de l'Eglise romaine, le faisait contre son propre sentiment, et uniquement pour complaire à Luther. On sait d'ailleurs que Mélanchthon regardait ces cérémonies comme assez indifférentes, et ne jugeait pas que ce fût un sujet légitime de faire schisme avec l'Eglise catholique ; Mosheim en convient, *ibid.*, c. 4, § 4, note. Ainsi les princes protestants, qui n'étaient certainement pas théologiens, et qui ne voulaient avoir aucun respect pour le pape, juraient dans le fond sur la parole de Luther. Quoique l'on ne voulût pas admettre celui-ci à la diète ni aux conférences, parce qu'il était trop violent et trop brouillon, il se tenait à Cobourg, dans le voisinage d'*Augsbourg*, et les protestants ne faisaient rien que sur son inspiration. Mosheim, *ibid*, c. 3, § 2, note du traducteur sur le § 4. S'il lui avait plu d'être sacramentaire ou anabaptiste, tous les luthériens le seraient aujourd'hui. — 4° Les zwingliens ou calvinistes, les anabaptistes, les sociniens mêmes, si leur parti avait déjà été formé pour lors, n'auraient pas eu moins de droit que les luthériens de demander l'exercice libre de leur religion; cependant ceux-ci ne le voulaient pas souffrir où ils étaient les maîtres : nous voudrions savoir pourquoi l'empereur et les princes de l'empire étaient plus obligés de permettre l'exercice libre du luthéranisme que celui des autres sectes. Dans le fond, qu'était-il besoin de confessions de foi? Les luthériens auraient dû suivre un procédé plus franc et plus honnête ; ils devaient se borner à dire à la diète : Vous n'avez rien à voir à nos sentiments ni à notre doctrine, nous n'en devons compte qu'à Dieu seul; nous prétendons avoir droit de le servir selon les lumières de notre conscience ; bien entendu que nous accordons le même droit aux autres. Mais non, les luthériens voulaient être tolérés et intolérants, jouir de la liberté et ne l'accorder à personne, dominer seuls, chasser et proscrire quiconque ne serait pas luthérien ; et si on veut les en croire, l'on a violé toutes les lois divines et humaines, en leur refusant ce qu'ils demandaient. C'était aussi l'esprit des calvinistes et de toute autre secte protestante. — 5° Les luthériens faisaient semblant de désirer un concile général; Mosheim déclame contre Clément VII, qui semblait le redouter et qui en retardait la convocation sous différents prétextes ; mais quand ils virent que Paul III consentait à le convoquer, ils protestèrent d'avance contre tout concile qui serait assemblé par le pape, surtout en Italie, et ils prétendirent que l'empereur avait droit de le convoquer en Allemagne, sous prétexte que partout ailleurs le pape aurait trop d'autorité. Mosheim, ibid., § 8 et 9, notes du traducteur sur les § 6 et 9. Mais nous demandons à quel titre les évêques d'Espagne, d'Italie, de France et d'Angleterre, pouvaient être obligés de se rendre à un concile convoqué en Allemagne par ordre de l'empereur, pendant qu'ils étaient tous persuadés que c'était au pape de l'indiquer et de l'assembler ? Pourquoi les souverains catholiques devaient plutôt consentir à la tenue d'un concile général en Allemagne, que les princes allemands à ce qu'il fût tenu en Italie? Pourquoi les évêques de ces divers royaumes pouvaient espérer plus de liberté en Allemagne, déchirée pour lors par des factions, que les Allemands en Italie où tout était tranquille? A-t-on quelque preuve qu'au concile de Trente les évêques français, espagnols ou allemands, ont été gênés par l'autorité du pape, qu'ils n'ont pas eu la liberté des opinions, qu'on les a forcés de souscrire à quelque décret contre leur propre sentiment? Il est donc clair que les luthériens ne voulaient point de concile, à moins qu'ils ne fussent assurés d'y être les maîtres : cela est démontré par la narration même de Mosheim. — 6° Enfin, supposons que le concile eût été convoqué et assemblé en Allemagne, il fallait y appeler non-seulement les catholiques, mais les anabaptistes, les calvinistes et les anglicans : les Grecs même schismatiques, les nestoriens, les jacobites, les arméniens, n'y avaient pas moins de droit que toutes ces sectes récentes. Nous ne demandons pas si les Asiatiques auraient été fort obéissants aux ordres d'un empereur d'Allemagne ; mais si les sectes protestantes se seraient mieux accordées dans un concile qu'elles n'ont fait ailleurs. Les protestants ne cherchent qu'à faire illusion, lorsqu'ils se plaignent de la manière dont les catholiques se sont comportés à leur égard. Bossuet, Hist. des Variat., l. III.

La confession d'*Augsbourg* se trouve dans le recueil imprimé à Genève en 1654; mais on ne sait pas si elle y est telle qu'elle fut présentée en 1530, puisqu'elle a été changée plusieurs fois.

AUGURE, AUSPICES. *Voy.* DIVINATION.

AUGUSTIN (saint), évêque d'Hippone en Afrique, est le plus célèbre des docteurs de l'Eglise ; aucun autre n'a autant écrit. Un théologien ne peut se dispenser d'en connaître les ouvrages. La meilleure édition est celle des bénédictins, en onze volumes in-fol. Le premier contient les deux livres des Rétractations, les Confessions, quelques ouvrages philosophiques, et plusieurs Traités contre les manichéens. Le deuxième, les Lettres de *saint Augustin*. Le troisième, des Commentaires sur différentes parties de l'Ancien et du Nouveau Testament. Le quatrième, des Discours sur les psaumes. Le cinquième, les Sermons. Le sixième, différents Traités sur le dogme et sur la morale. Le septième, d'autres ouvrages semblables, et les vingt-deux livres de la Cité de Dieu. Le huitième, plusieurs écrits contre les manichéens et les ariens, et quinze livres sur la Trinité. Le neuvième, les ouvrages contre les donatistes. Le dixième, ce qu'il a écrit contre les pélagiens. Le onzième renferme la Vie de *saint Augustin*, et des tables très-amples. Il faut y ajouter pour douzième volume l'Appendice fait par Le Clerc.

Aucun des Pères n'a reçu de plus grands éloges, n'a essuyé des censures plus amères, n'a donné lieu à de plus vives contestations. Les théologiens catholiques le regardent comme l'oracle de l'Eglise et le vainqueur de trois sectes d'hérétiques ; comme un génie supérieur auquel Dieu avait donné des lumières extraordinaires pour expliquer l'Ecriture sainte, surtout les écrits de saint Paul ; comme un maître duquel on ne peut rejeter les opinions sans se rendre suspect d'erreur. Les hétérodoxes, surtout les sociniens, soutiennent que c'est le plus ignorant de tous les commentateurs, qu'il ne savait ni l'hébreu ni le grec, n'avait aucune des connaissances nécessaires pour entendre les livres saints; un enthousiaste et un sophiste, toujours prêt à ériger ses opinions en articles de foi, et à persécuter ceux qu'il lui plaisait de nommer hérétiques : c'est ainsi à peu près qu'il est représenté par Le Clerc.

Saint Augustin a eu parmi les modernes de savants apologistes : le cardinal Noris, le célèbre Muratori, le marquis Scipion, Maffei, M. Bossuet, *Défense de la trad. et des saints Pères*, etc. Sans déroger au mérite de leurs ouvrages, et sans les contredire en rien, nous nous permettrons quelques réflexions. — 1° Le meilleur moyen de réduire au silence les ennemis de *saint Augustin* et de l'Eglise n'est pas d'attribuer à ce Père une espèce d'infaillibilité à laquelle il était bien loin de prétendre ; souvent il a désapprouvé sur ce point le zèle trop ardent de ses amis : « Si vous prétendez, leur dit-il, que je ne me suis trompé dans aucun endroit de mes ouvrages, vous travaillez en vain, vous défendez une mauvaise cause, vous la perdrez à mon propre tribunal. Je n'exige point que l'on embrasse toutes mes opinions, ni que personne me suive, sinon dans les choses sur lesquelles il verra que je ne suis point dans l'erreur. C'est pour cela même que je fais des livres, dans lesquels j'ai résolu de revoir mes ouvrages, afin de montrer que je ne me suis pas suivi moi-même en toutes choses. Et quoique, par la miséricorde de Dieu, je crois avoir fait des progrès, je n'ai pas la vanité de penser qu'à mon âge même je sois à couvert de tout danger de faillir. » *Epist.* 143, n. 2 ; *Epist.* 443, n. 8 ; *De dono persev.*, c. 21, n. 55 ; *De anima et ejus orig.*, l. IV, c. 1, n. 1 ; *Retract.*, l. I ; *Prolog.*, n. 2, etc. — 2° Puisque *saint Augustin* lui-même en appelle à la tradition, c'est suivre la règle qu'il trace que d'examiner si tous les sentiments qui sont dans ses ouvrages sont d'accord avec la doctrine des Pères qui l'ont précédé. On ne peut être obligé de les suivre qu'autant que l'on y reconnaîtrait une tradition constante qui remonterait jusqu'aux siècles apostoliques. Ce saint docteur n'a jamais cru qu'il dût seul former le langage de la foi ; et quelque respectable que soit son autorité, elle n'empêche pas d'examiner différents points sur lesquels l'Eglise n'a rien décidé. — 3° L'an 431, le pape saint Célestin, écrivant aux évêques des Gaules, après avoir reconnu le mérite de *saint Augustin*, les services qu'il a rendus à l'Eglise, et l'orthodoxie de sa doctrine, après avoir fixé le dogme catholique contre les pélagiens, ajoute : « Quant aux questions plus difficiles et plus profondes, qui ont été traitées plus au long par ceux qui ont réfuté les hérétiques, nous n'osons pas les mépriser ; mais nous ne croyons pas qu'il soit nécessaire de les établir. En effet, pour confesser la grâce de Dieu, au mérite et à l'influence de laquelle il ne faut rien ôter, il nous paraît suffire de tenir ce que nous ont enseigné les écrits du siége apostolique selon les règles dont nous venons de parler, et de ne point regarder comme catholique tout ce qui paraît contraire à ses décisions. » — Or, dans la doctrine prescrite par ce pontife, il n'est question ni de la prédestination gratuite à la gloire éternelle, ni de la distribution plus ou moins abondante de la grâce, ni de la nature de la grâce efficace, ni de la manière de la concilier avec la liberté, ni du supplice éternel réservé au péché originel ; donc toutes ces questions sont du nombre de celles que saint Célestin n'a pas jugées nécessaires à établir, qui, par conséquent, ne tiennent point à la foi catholique. — 4° C'est un trait de prévention de ne vouloir puiser les sentiments de *saint Augustin* sur la grâce que dans ses ouvrages contre les pélagiens ; par là on donne lieu de penser qu'il y a contredit ce qu'il avait écrit contre les manichéens, qu'il a mal réfuté ces derniers, qu'il a trahi la cause de la religion : autant de suppositions injurieuses et fausses. On dit que l'Eglise a solennellement approuvé tout ce que le saint docteur a écrit contre les pélagiens ; mais elle n'a pas réprouvé ce qu'il a écrit contre les manichéens et contre les donatistes, ses Commentaires sur l'Ecriture sainte, ses Lettres, ses Sermons, ses ouvrages de morale et de piété ; dans ceux-ci, *saint Augustin* ne disputait pas, il instruisait. On ajoute qu'il n'a rien rétracté de ce qu'il a enseigné contre les pélagiens : je le crois ; il écrivait encore contre eux lorsqu'il est mort, et son dernier ouvrage est resté imparfait : si par là on veut insinuer qu'il a rétracté ce qu'il avait dit contre les manichéens, on nous en impose ; en 420 ou 421, après dix ans de disputes contre les pélagiens, il réfute un manichéen. *L. contra advers. legis et proph.* Loin de déroger à ses premiers ouvrages, il y renvoie ; il n'en désavoue donc pas la doctrine. Pour prendre ses vrais sentiments, il faut le comparer avec lui-même, et voir comment on peut le concilier. — 5° Les pélagiens ont été condamnés par l'Eglise grecque et latine au concile d'Ephèse. Les Grecs n'ont donc pas adopté les erreurs de ces hérétiques, et l'Eglise grecque a fait partie de l'Eglise universelle jusqu'au IXe siècle. Dans cet intervalle ont vécu saint Cyrille d'Alexandrie, Théodoret, saint Isidore de Damiette, saint Proclus de Constantinople, saint Ephrem, saint Maxime, saint Pierre Chrysologue, saint Jean Damascène, etc. Ces Pères ont-ils embrassé toutes les opinions de *saint Augustin*, toutes ses explications de l'Ecriture, que l'on voudrait faire passer pour des articles de foi ? — 6° Aux yeux des hommes instruits, un zèle excessif pour les opinions de *saint Augustin* peut paraître suspect. Avec quelques passages cent fois répétés, et qui se trouvent partout, on se donne à peu de frais le relief de l'orthodoxie ; on se trouve dispensé de consulter l'Ecriture sainte dans ses sources, de rechercher la tradition des quatre premiers siècles, de respecter les anciens Pères, de garder aucun ménagement envers les théologiens modérés, même de raisonner conséquemment.

Il nous reste à défendre *saint Augustin* contre les calomnies des hérétiques et des incrédules. — Ils l'accusent, 1° d'avoir toujours raisonné en parfait matérialiste sur la nature des substances spirituelles. Cependant nous trouvons, dans ses livres sur la Trinité, liv. x, c. 10, une démonstration de la spiritualité de l'âme à laquelle les matérialistes n'ont jamais répondu ; elle est tirée du sentiment intérieur. Je sens ma propre existence, dit *saint Augustin*, et je me

tingué de tout être qui n'est pas moi : or, je ne sens ni l'existence, ni la structure, ni le jeu de mon cerveau, ni d'aucune partie intérieure de mon corps; donc chacune de ces parties, et toutes prises ensemble, ne sont pas moi : ce que j'appelle *moi*, ou mon âme, est quelque chose de plus. *Saint Augustin* a certainement cru et prouvé la *création*, prise en rigueur; un être corporel ou matériel peut-il être créateur? *Voy.* IMMATÉRIALISME. — 2° D'avoir rejeté la liberté d'indifférence, d'avoir admis dans la volonté, mue par la grâce, la même nécessité d'agir que Calvin et Jansénius. Fausseté criante. La vérité est que *saint Augustin* a rejeté seulement l'*indifférence* soutenue par les pélagiens, c'est-à-dire, le penchant égal au bien et au mal, la même facilité de faire l'un que l'autre, l'équilibre de la volonté entre l'un et l'autre; c'est en cela que les pélagiens faisaient consister la liberté. *Voy. Op. imperf.*; lib. III, n. 109, 117, etc. *Saint Augustin* soutient avec raison que l'homme, corrompu par le péché originel, n'a plus cette heureuse indifférence, qu'il est plus porté au mal qu'au bien, qu'il a besoin d'une grâce qui rétablisse en lui le libre arbitre, en lui rendant le pouvoir de choisir le bien. Il a fallu toute la prévention de Calvin et de Jansénius, pour soutenir qu'une grâce qui rétablit la liberté impose la nécessité de faire le bien. — 3° D'avoir été aussi grand prédestinateur que Calvin. Nous ferons voir à l'art. PRÉDESTINATION la différence qu'il y a entre le système de Calvin et celui de *saint Augustin*. Il suffit d'observer ici que, par *prédestination des saints*, ce Père a entendu la prédestination des fidèles à la grâce de la foi, et nous le prouverons par l'analyse du livre qu'il a fait sous ce titre. — 4° On lui reproche d'avoir enseigné une morale pernicieuse, en soutenant que Sara, épouse d'Abraham, a pu permettre à ce patriarche de prendre Agar pour concubine, et en posant pour maxime que tout appartient aux justes. A l'article POLYGAMIE, nous prouverons que cet abus n'était pas défendu aux patriarches par le droit naturel; qu'Agar était une seconde épouse, et non une concubine. L'abus d'un terme n'est pas un titre légitime pour condamner les Pères de l'Eglise. — Loin d'approuver la maxime : *tout appartient aux justes*, *saint Augustin* a blâmé et condamné ceux qui, sous ce prétexte, s'emparaient des biens des donatistes. — 5° L'on dit qu'après avoir prescrit la tolérance en faveur des manichéens, il a prêché la persécution et la violence contre les donatistes. Oui, contre les donatistes séditieux, armés, sanguinaires, qui, par leurs circoncellions, remplissaient l'Afrique de désordres et de carnage; mais *saint Augustin* n'a pas dit qu'il fallait employer contre eux la violence lorsqu'ils étaient paisibles : il a enseigné et fait le contraire, et il a eu la consolation de les voir réunis à l'Eglise. — Barbeyrac prétend que ce saint docteur a approuvé la peine de mort portée par les empereurs contre les païens. Il fallait dire au moins *contre les sacrifices des païens*. Le passage de *saint Augustin* est formel. *Epist.* 93, ad *Vincent. Rogatistam*, n. 10. On pouvait être païen sans offrir des sacrifices, et nous ne voyons pas en quoi il importait à la chose publique qu'un usage aussi absurde, et souvent accompagné de crimes, fût conservé. — 6° L'on prétend qu'il a été pélagien en écrivant contre les manichéens, et qu'il est redevenu manichéen en disputant contre les pélagiens. C'est une calomnie; et *saint Augustin* s'en est justifié lui-même dans ses livres *des Rétractations* et ailleurs. Mais pour comparer dix volumes *in-folio*, pour saisir les vrais sentiments de ce saint docteur, pour distinguer les arguments absolus d'avec les arguments personnels qu'il tire des principes de ses adversaires, il faut plus de sagacité, de patience, de droiture, que n'en ont eu les censeurs de ce Père. Les accusations que nous venons de voir ont été tirées des sociniens et des arminiens, leurs amis, de Bayle, de Le Clerc, de Barbeyrac; les savants Muratori et Maffei, et plusieurs théologiens, les ont réfutées sans réplique. Nous en réfuterons nous-même un assez grand nombre dans les divers articles de ce Dictionnaire. *Voy. Lamindus Pritanius, de ingeniorum moderatione in religionis negotio*, et *Histor. Theol. dogmatum et opin., de divina gratia*, etc.

Beausobre, dans son *Histoire du Manichéisme*, accuse souvent *saint Augustin* de ne pas rapporter fidèlement les opinions des manichéens; d'attribuer à ces hérétiques des erreurs qu'ils n'ont pas soutenues, et de les réfuter par de mauvaises raisons. Ce reproche suppose que tous les docteurs manichéens avaient les mêmes opinions, et que tous suivaient la doctrine de Manès : faux préjugé, qui ne s'est vérifié à l'égard d'aucune secte hérétique, et qui n'aura jamais une ombre de vraisemblance, puisque tout hérétique prétend être arbitre de sa croyance, et n'être assujetti aux leçons d'aucun maître. Croirons-nous que *saint Augustin* n'a pas su mieux connaître les vrais sentiments de Fauste, d'Adimante, de Félix, de Sécondinus, etc., avec lesquels il avait disputé de vive voix, que Beausobre, qui prétend les deviner par des conjectures et des probabilités?

Quant aux réponses et aux arguments de ce saint docteur, nous verrons, à l'article MANICHÉISME qu'il a réfuté victorieusement le principe fondamental de cette hérésie, et qu'il a résolu solidement la difficulté tirée de l'origine du mal. Ce point décisif une fois obtenu, tout le reste du système de Manès tombait par terre; mais Beausobre n'a pas daigné faire cette observation, qui était cependant la première chose à examiner pour nous faire un tableau fidèle de la dispute.

Les ennemis de ce saint docteur ne se sont pas bornés à calomnier sa doctrine, ils ont encore voulu rendre suspectes ses vertus, ses actions les plus louables, la confession même qu'il a faite de ses fautes. Le Clerc prétend que *saint Augustin* a écrit ses Confessions, plutôt pour fermer la bouche à ses détracteurs que pour s'humilier de ses faublesses, et que c'est une espèce d'apologie fort adroite.» *Saint Augustin*, dit-il, y avoue les désordres de sa vie qu'il ne pouvait pas cacher; il supprime ou excuse le reste, et ne néglige aucune occasion de se faire valoir; il lui a fallu une forte dose d'amour-propre pour parler si longtemps de soi, et pour entretenir ses lecteurs de choses qui devaient leur être fort indifférentes; il s'adresse à Dieu pour ne les occuper que de lui-même: s'il eût voulu simplement les édifier, il n'était pas moins nécessaire d'avouer les fautes qu'il avait faites depuis son baptême que celles qui l'avaient précédé.» — Des ennemis jaloux pouvaient dire que *saint Augustin* n'avait pas fait un grand sacrifice en renonçant à la profession de rhéteur et d'orateur profane, pour exercer son talent sur un théâtre plus brillant, dans l'Eglise même, où il était sûr de jouer un rôle plus honorable et plus avantageux; que, par une pauvreté apparente, il avait acquis le droit de subsister aux dépens des riches, même la faculté d'assister les pauvres; qu'en paraissant renoncer à tout, il était parvenu à dominer sur tout un peuple au nom de Dieu, à se rendre chef de parti, à pouvoir excommunier, condamner et proscrire ceux qui lui déplaisaient. Les vraies fautes, continue Le Clerc, dont *Augustin* avait à se repentir, étaient d'avoir voulu se mêler d'expliquer l'Ecriture sainte, après en avoir fait une simple lecture, sans avoir appris le grec ni l'hébreu, sans avoir acquis aucune des connaissances nécessaires; c'était d'avoir été ordonné prêtre et évêque contre les canons du concile de Nicée, qui défendaient à un évêque de se donner un successeur de son vivant; c'était enfin d'être parvenu au plus haut degré de gloire, d'autorité et de pouvoir, en faisant semblant de renoncer au monde, aux richesses, aux honneurs, artifice qui a été employé dans la suite par tant de gens, et toujours avec le même succès.

Quelque indécente que soit cette satire de Le Clerc, nous n'avons pas craint de la copier, afin de montrer jusqu'où les protestants ont poussé la malignité contre les Pères de l'Eglise. Avant de hasarder une pareille censure, il aurait fallu être certain de plusieurs faits desquels Le Clerc ne pouvait avoir aucune preuve, et que l'on reconnaît être faux, pour peu que l'on consulte l'histoire. — 1° Le Clerc suppose que quand *saint Augustin* a écrit ses Confessions, il a eu intention de les publier, et que, par un esprit prophétique, il a prévu qu'il aurait besoin de cette apologie adroite pour fermer la bouche à ses détracteurs; que son dessein était d'occuper de lui-même ses lecteurs, et non de s'exciter à la reconnaissance envers Dieu, par le souvenir des fautes que Dieu lui avait remises par le baptême. Mais il paraît certain que cet ouvrage a été fait vers l'an 400, peu de temps après la promotion de *saint Augustin* à l'épiscopat; et alors nous ne voyons pas qu'il ait eu des détracteurs, ni des accusations à repousser. La manière dont il en parle, en les envoyant à un ami, qui les lui avait demandées, *Epist.* 265, marque la plus parfaite candeur, et nous ne croyons pas lui faire grâce en disant qu'il était d'un caractère trop vif pour être hypocrite. S'il ne parle pas des fautes qu'il avait commises depuis son baptême, c'est qu'elles devaient être la matière d'une confession sacramentelle, et non d'une déclaration publique; celle-ci ne convenait plus à un évêque, obligé de faire respecter son caractère. — 2° La plupart des fautes dont *saint Augustin* s'accuse n'avaient pas été assez publiques pour venir à la connaissance de ses ennemis, et les étourderies de jeunesse qu'il se reproche n'étaient pas de nature à le déshonorer: où était donc la nécessité d'en faire une apologie adroite? Quel avantage *saint Augustin* pouvait-il tirer de là pour sa réputation? Les Africains, charmés de ses talents, ne pensaient guère à aller rechercher ce qu'il avait fait en Italie. — 3° Qui a révélé à Le Clerc que quand ce saint docteur quitta la profession de rhéteur, après son baptême, et retourna en Afrique, il avait déjà le dessein et l'espérance d'être promu aux ordres sacrés; que quand il se retira dans la solitude, il savait qu'on l'en tirerait bientôt pour l'élever au sacerdoce et à l'épiscopat; que quand il opposa de la résistance à son évêque; qui voulait l'ordonner, elle ne fut pas sincère? Si en cela l'évêque Valère pécha contre les canons du concile de Nicée, la faute ne peut pas en être attribuée à *saint Augustin*; c'était au primat de Carthage et aux autres évêques d'Afrique de s'en plaindre, et nous ne voyons pas qu'aucun ait réclamé: ils jugèrent sans doute que ces canons n'étaient pas indispensables. — 4° Si, en entreprenant d'expliquer l'Ecriture sainte, *saint Augustin* avait eu le même dessein que Le Clerc, qui était de faire parade d'érudition et de se montrer plus habile que les autres commentateurs, il aurait eu besoin, sans doute, de grec, d'hébreu, d'histoire, de géographie, etc.; s'il a seulement voulu en tirer des leçons morales pour lui et pour les autres, tout cet appareil ne lui était pas nécessaire. Mais voilà l'entêtement des protestants: ils interprètent l'Ecriture sainte comme on explique Homère ou Hérodote; et parce que les Pères de l'Eglise y ont cherché de quoi nourrir la piété et non la curiosité, cela déplaît aux protestants. — 5° Le Clerc a su encore, par révélation sans doute, que quand *saint Augustin* a écrit contre les manichéens, contre les donatistes, contre les pélagiens, contre les ariens, contre les priscillianistes, il l'a fait par humeur, par l'envie de contredire et de disputer, et non par zèle pour la pureté de la foi et pour le salut de son troupeau. Cependant d'autres protestants ont remarqué qu'il a traité les hérétiques avec plus de modération que saint Jérôme, qui était cependant plus vieux que lui. Mais son grand crime a été de subjuguer les esprits, de gagner la confiance, de se faire admirer par la supériorité de ses talents et par l'ascendant de ses vertus. Heureux ceux à qui Dieu a donné assez de mérite pour s'attirer de pareils reproches! Il a été le fléau des hérétiques de son temps : il doit donc être censuré par les hérétiques de tous les siècles.

Un autre critique, encore plus téméraire, a prétendu que *saint Augustin* se reconnaissait lui-même sujet aux excès du vin, parce qu'il dit dans ses Confessions, l. x, c. 31, n. 47 : *Je suis bien éloigné de m'enivrer; cependant la crapule me survient quelquefois.* Cet habile homme n'a pas su que *crapula* signifie seulement la douleur de tête qui provient du vin mal digéré : l'homme le plus sobre peut y être sujet par faiblesse d'estomac, maladie que produit assez ordinairement le travail d'esprit continué trop longtemps. Il est fort singulier que des écrivains du XVIIe ou du XVIIIe siècle se soient flattés de détruire une réputation de talents et de vertus établie depuis douze cents ans ; on ne doit pas être étonné de la fureur avec laquelle ils déchirent les vivants, puisqu'ils n'épargnent pas même les morts ni les saints.

AUGUSTIN, titre que Corneille Jansénius, évêque d'Ypres, a donné à un ouvrage qu'il a composé sur la grâce, parce qu'il prétendait y soutenir le vrai sentiment de *saint Augustin*, et y donner la clef des endroits les plus difficiles de ce Père sur cette matière.

Ce livre, qui a causé des disputes si vives, et qui a donné naissance à l'hérésie nommée *Jansénisme*, ne parut qu'après la mort de son auteur, et fut imprimé pour la première fois à Louvain, en 1640, *in-folio*. Il est divisé en trois parties. La première contient huit livres sur l'hérésie des pélagiens. La seconde en renferme neuf : un sur l'usage de la raison et de l'autorité en matière théologique, un sur la grâce du premier homme et des anges, quatre de l'état de nature tombée, trois de l'état de pure nature. La troisième partie est subdivisée en deux : l'une contient un traité de la grâce de Jésus-Christ, en dix livres ; l'autre est un parallèle entre l'erreur des semi-pélagiens et l'opinion de quelques modernes, c'est-à-dire des théologiens qui admettent la grâce suffisante.

C'est de cet ouvrage qu'ont été extraites les cinq fameuses propositions qui en contiennent toute la substance, et qui ont été condamnées par plusieurs souverains pontifes. A l'article JANSÉNISME, nous en traiterons avec plus d'étendue.

AUGUSTINIANISME, AUGUSTINIENS. Dans les écoles on donne ce nom aux théologiens qui soutiennent que la grâce est efficace par sa nature, absolument, sans aucune relation aux circonstances ni aux degrés de force, et qui prétendent fonder cette opinion sur l'autorité de saint Augustin.

Leur système se réduit principalement aux points suivants : 1° Que, pour faire des œuvres méritoires et utiles au salut, les créatures libres, en quelque état qu'on les suppose, ont besoin du secours intérieur et surnaturel de la grâce. C'est un dogme de foi décidé contre les pélagiens. 2° Que dans l'état de nature innocente, cette grâce n'a pas été efficace par elle-même et par sa nature, comme elle l'est à présent, mais versatile, c'est qu'ils appellent *adjutorium sine quo*. — 3° Que, dans ce même état de nature innocente, il n'y a point eu de décrets absolus, efficaces, antécédents au consentement prévu de la nature, par conséquent, nulle prédestination à la gloire avant la prévision des mérites, nulle réprobation qui ne supposât la prévision des démérites. — 4° Que, dans l'état de nature tombée ou corrompue par le péché, la grâce efficace par elle-même est nécessaire pour toutes les actions surnaturelles ; et ils appellent cette grâce *adjutorium quo*. — 5° Ils fondent la nécessité de cette grâce, non sur la subordination et la dépendance dans laquelle la créature est à l'égard du Créateur, comme le veulent les thomistes, mais sur la faiblesse de la volonté humaine considérée après la chute d'Adam. — 6° Ils font consister la nature de cette grâce efficace dans une délectation ou suavité victorieuse, non par degrés et relativement comme l'admettent les jansénistes, mais simplement et absolument, par laquelle Dieu incline la volonté au bien, sans toutefois blesser sa liberté. Ils disent, après saint Augustin, que Dieu a une infinité de moyens inconnus et inconcevables à l'homme pour déterminer absolument sa volonté : *Deus miris ineffabilibusque modis homines ad se vocat et trahit.* L. I, *ad Simplic.* — 7° Outre la grâce efficace, les *augustiniens* en admettent une autre qu'ils nomment suffisante, grâce réelle qui donne à la volonté assez de force pour pouvoir, soit médiatement, soit immédiatement, produire des œuvres surnaturelles et méritoires, mais qui cependant n'a jamais son effet sans le secours d'une grâce efficace. — 8° Selon ces théologiens, lorsque Dieu appelle efficacement quelqu'un, et veut lui faire pratiquer le bien, il lui donne une grâce efficace qui a toujours son effet ; aux autres il accorde seulement une grâce suffisante pour accomplir ses commandements, ou au moins pour demander et obtenir des grâces plus fortes qui leur fassent remplir leur devoir. Il est un peu difficile de concevoir en quel sens est suffisante une grâce qui n'est pas par sa nature *adjutorium quo*; encore plus difficile de comprendre comment la volonté privée de l'*adjutorium quo* a un pouvoir réel de faire le bien. — 9° Ils soutiennent que, quant à l'état de nature tombée, il faut admettre des décrets absolus et efficaces par eux-mêmes pour les œuvres qui sont dans l'ordre surnaturel, et que la prescience de ces mêmes œuvres est fondée sur ces décrets absolus et efficaces. — 10° Que la prédestination, soit à la grâce, soit à la gloire, est absolument gratuite ; que la réprobation positive se fait en conséquence de la prévision des péchés actuels, et la réprobation négative à cause du seul péché originel. — Ajoutons que, dans ce système, le salut éternel n'est accordé qu'à un très-petit nombre de prédestinés, qui y sont conduits par une suite de grâces efficaces.

On divise les *augustiniens* en rigides et en relâchés. Les rigides sont ceux qui soutiennent tous les points que nous venons d'exposer ; les relâchés sont ceux qui distinguent des œuvres surnaturelles faciles, et des œuvres difficiles, qui n'exigent une grâce efficace par elle-même que pour ces dernières, et soutiennent que pour les autres, telle que la prière par laquelle on obtient des secours plus forts et plus abondants, la grâce suffisante a souvent son effet sans autre secours. C'était le sentiment du cardinal Noris, du P. Thomassin, et selon M. Habert, évêque de Vabres, celui que de son temps l'on suivait communément en Sorbonne. Tournély, *Tract. de Grat.*, part. II, q. 5, § 2. Nous ne voyons pas pourquoi une grâce suffisante, avec laquelle on fait une bonne œuvre facile, n'est pas appelée pour lors une grâce efficace, ou *adjutorium quo*.

Bornons-nous à remarquer qu'à la réserve du premier point, décidé par l'Eglise contre les pélagiens et les semi-pélagiens, tout le reste est pure opinion. En lisant saint Augustin avec toute l'attention dont nous sommes capables, nous avons vu qu'il appelle *adjutorium quo* le don de la persévérance finale qui renferme la mort en état de grâce ; mais nous n'avons trouvé nulle part que saint Augustin donne ce nom à la grâce actuelle, nécessaire pour toute bonne œuvre surnaturelle et méritoire. C'est cependant sur cette supposition fausse que porte tout le système qu'on lui prête. La distinction entre *adjutorium sine quo* et *adjutorium quo*, ne se trouve que dans le livre *de Corrept. et Grat.*, c. XII, n. 34 ; et il est question là de la persévérance finale, et non d'aucune autre grâce. — Mais un inconvénient qui mérite la plus grande attention, c'est qu'on ne peut pas concilier la plupart des pièces de ce système, surtout la réprobation négative du très-grand nombre des hommes à cause du péché originel, avec la volonté de Dieu de sauver tous les hommes, clairement énoncée dans l'Ecriture sainte, et avec la rédemption de tous les hommes par Jésus-Christ : deux vérités que saint Augustin a soutenues de toutes ses forces, aussi bien que les autres Pères. — Pour être sûr que l'on suit ses véritables sentiments, ce n'est pas assez de rechercher ce qu'il a écrit dans ses livres contre les pélagiens ; il faut encore concilier ce qu'il y a dit avec ce qu'il a enseigné dans ses commentaires sur l'Ecriture sainte et dans ses sermons, pour exciter les fidèles à la confiance en Dieu, à la reconnaissance envers Jésus-Christ, à une ferme espérance du salut éternel. Si un système théologique n'est pas utile pour animer la foi, pour affermir l'espérance, exciter l'amour de Dieu, pour calmer les craintes et augmenter le courage des âmes trop timides, de quoi sert-il ?

Il y a néanmoins une distinction essentielle à mettre entre les *augustiniens* catholiques, dont nous venons de parler, dont le système ne renferme rien de contraire à la foi, et les *faux augustiniens*. Ces derniers sont ceux qui soutiennent les opinions que Baïus, Jansénius, Quesnel et d'autres ont osé attribuer à saint Augustin : opinions que le saint docteur n'eût jamais, et dont il aurait eu horreur si on les lui avait proposées. Au mot JANSÉNISME, nous ferons voir qu'il a professé formellement les vérités diamétralement opposées aux erreurs que Jansénius a prétendu tirer de ses écrits.

AUGUSTINIENS, hérétiques du XVIe siècle, disciples d'un sacramentaire appelé *Augustin*, qui soutenait que le ciel ne serait ouvert à personne avant le jour du jugement dernier. C'est l'erreur des Grecs, qui fut condamnée dans les conciles de Lyon et de Florence, et à laquelle ils firent profession de renoncer, lorsqu'ils feignirent de se réunir à l'Eglise romaine.

AUGUSTINS, religieux qui reconnaissent *saint Augustin* pour leur maître et leur instituteur, et qui professent une règle qui lui est attribuée.

L'ordre des *Augustins* (a) est un des plus anciens qui se soient établis dans la partie occidentale de la chrétienté. Il a commencé en Afrique l'an 388. Après que saint Augustin eut reçu le baptême, il renonça à toutes les prétentions qu'il pouvait avoir sur la terre : femme, enfants, dignités, richesses, tout fut oublié pour se consacrer entièrement à la perfection évangélique. Il vendit tout ce qu'il avait pour le soulagement des pauvres, et ne se réserva que ce qui était absolument nécessaire à la vie. Il eut des compagnons qui s'unirent à lui dans le même dessein ; et il ne fut question que de trouver un lieu propre à l'exécuter. Il restait encore à saint Augustin des terres auprès de Tagaste en Afrique, et cet endroit leur parut le plus favorable pour y vivre retirés du monde : ils s'y exercèrent pendant trois ans aux jeûnes, à la prière, aux bonnes œuvres, imitant le plus qu'il était possible la vie des solitaires de l'Egypte.

Saint Augustin, peu de temps après fut fait évêque d'Hippone : il laissa ses compagnons pour aller vaquer aux devoirs de l'épiscopat. Il établit dans cette ville un monastère, et y appela des clercs pour l'aider dans ses travaux apostoliques. Ses compagnons faisaient de plus en plus, de leur côté, des progrès dans le nouveau genre de vie qu'ils avaient embrassé. Tout le monde s'estimait heureux d'avoir de ces pauvres volontaires qui avaient tout quitté pour pratiquer la vie commune. On leur donnait des terres, des jardins ; on leur bâtissait des églises, des monastères ; en un mot, on n'avait d'autre ardeur que celle de multiplier leurs établissements. Ils étaient déjà en grand nombre dans le Ve siècle, lorsque les Vandales entrèrent en Afrique et la désolèrent. Toutes les églises, tous les monastères furent pillés, saccagés : la persécution fut si violente, que les évêques, les clercs et les religieux furent obligés de quitter le pays, et de se réfugier épars dans différents endroits de l'Europe : et c'est sans doute cette révolution qui porte à croire que les religieux qui ont pris la qualité d'*Ermites de Saint-Augustin* tirent leur origine des anciens moines établis par ce prélat en Afrique.

Quant à la règle que suivaient les premiers disciples de ce saint instituteur, il y a beaucoup d'apparence, comme le fait observer le P. Hélyot, qu'ils n'en avaient point d'autre que celle de l'Evangile, puisque l'épître 109 de saint Augustin est la 211e dans l'édition donnée par les RR. PP. Bénédictins, qui sert présentement de règle aux personnes de l'un et l'autre sexe des différentes congrégations qui se glorifient d'avoir pour Père ce saint docteur, n'a été adressée que l'an 423 aux religieuses qui avait établies à Hippone, mais de savoir quand elle a été accommodée à l'usage des hommes, dans

(a) Cet article et le suivant sont reproduits d'après l'édition de Liége.

quel pays, et par qui ce changement a été fait, c'est encore une difficulté que les savants n'ont pu résoudre jusqu'à présent. — Ce qu'il y a de certain, c'est que les ermites de Saint-Augustin se trouvaient prodigieusement multipliés en Europe dans le XIII° siècle : ils formaient différentes congrégations, dont les plus connues étaient celles des *Jean-Bonites*, qui avaient pour fondateur *Jean le Bon*, et celle des *Brittiniens*, qui avaient commencé à *Brittini* dans la Marche d'Ancône. La plupart de ces congrégations n'avaient rien de commun entre elles, ni pour la règle, ni pour le régime. Il y en avait même quelques unes qui n'avaient aucune règle fixe : ce qui occasionnait souvent des contestations entre les différents membres qui les composaient. Ce fut pour obvier à tous ces inconvénients, qu'Alexandre IV se détermina à les unir ensemble, pour ne plus former qu'un seul et même corps. Il travailla à cette union dès la première année de son pontificat, c'est-à-dire l'an 1254. Il commit à cet effet, Richard, cardinal du titre de Saint-Ange, qui était déjà protecteur des Ermites de Toscane. Ce cardinal écrivit à tous les supérieurs des différentes congrégations de venir le trouver : ce qui ne se fit pas sans difficulté ; car on ne put les rassembler qu'en 1256, dans le couvent de Sainte-Marie-du-Peuple. — Leur première opération fut de nommer un général qui gouvernât seul toutes les congrégations qui existaient alors, pour ne plus former à l'avenir qu'un même ordre, et leur choix tomba sur Lanfranc Septala, Milanais d'origine, et de la congrégation des Jean-Bonites. Ensuite, dans la même assemblée, on divisa l'ordre en quatre provinces, qui furent celles de France, d'Allemagne, d'Espagne et d'Italie ; et, pour cet effet, on nomma quatre provinciaux. Le tout fut confirmé par le même pape, suivant une bulle du 13 avril de la même année ; et, par une bulle de l'année suivante, il exempta l'ordre de la juridiction des ordinaires. Il créa en même temps pour protecteur de cet ordre le cardinal Richard, qui avait présidé à ce chapitre général, et qui avait le plus travaillé à cette nouvelle union. Il lui donna de plus le pouvoir de régler toutes choses dans cet ordre naissant, et d'y faire tous les changements qu'il croirait convenables pour y maintenir la tranquillité et l'observance régulière.

Nous pouvons remarquer ici qu'avant cette réunion il y avait eu beaucoup d'altercations entre les Ermites de Saint-Augustin et les religieux qu'on appelle *Frères Mineurs*, au sujet de la couleur de leur habit : les uns et les autres voulaient le porter gris, et les Frères Mineurs soutenaient que cette couleur n'appartenait qu'à eux, à l'exclusion des Ermites. Grégoire IX, pour faire cesser ces disputes, régla que les Ermites porteraient un habit noir ou blanc, avec des manches larges et longues en forme de coule, et une ceinture de cuir par-dessus, assez longue pour être vue ; qu'ils auraient toujours à la main des bâtons hauts de cinq palmes, faits en forme de béquilles ; qu'ils diraient de quel ordre ils étaient en demandant l'aumône ; enfin que leur robe ne serait pas de longueur à empêcher de voir leurs souliers, et cela pour qu'on pût mieux les distinguer des Frères Mineurs qui étaient déchaussés. L'obligation de porter habituellement une grande béquille ayant paru aux *Augustins* une chose aussi gênante que ridicule ; ils profitèrent des bonnes dispositions où était pour eux le pape Alexandre IV, et ils demandèrent, lors de leur réunion, d'être affranchis de cette espèce de servitude : ce qui leur fut octroyé.

Ce ne fut que l'an 1287, sous le généralat de Clément d'Auximas, qu'on examina les premières constitutions de l'ordre, et qu'elles furent approuvées dans le chapitre général tenu à Florence. Elles furent derechef examinées et approuvées, en 1290, dans le chapitre général tenu à Ratisbonne. On y fit encore quelques changements dans un chapitre tenu à Rome en 1575 ; enfin, en 1580, il y eut de nouvelles constitutions dressées par le cardinal Savelli, protecteur de l'ordre, et par le général Thadée de Pérouse. Ces nouvelles constitutions furent ensuite approuvées par Grégoire XIII, après qu'elles eurent été examinées, selon ses ordres, par les cardinaux Alciat et Justinien. — C'est en vertu de ces dernières constitutions que les chapitres généraux doivent se tenir tous les six ans, si les vocaux le jugent nécessaire. Quand ces chapitres se tiennent, on peut obliger le général à remettre les sceaux de l'ordre ; et c'est alors qu'on est en droit d'élire un nouveau général. Dans celui qui fut tenu à Rome en 1620, on compta cinq cents vocaux : ce qui prouve que les *Augustins* s'étaient fort multipliés. Cet ordre est présentement divisé en quarante-deux provinces, sans parler de la vicairie des Indes, de celle de Moravie, et de plusieurs nouvelles congrégations, qui ont des vicaires généraux. Quelques auteurs disent qu'il y a eu autrefois jusqu'à deux mille monastères de ce même ordre, qui renfermaient plus de trente mille religieux.

Entre autres prérogatives accordées par les souverains pontifes à l'ordre dont il s'agit, on remarque celle d'avoir attaché l'office de sacristain de la chapelle du pape à un membre de cet ordre : cet officier prend le titre de *préfet de la sacristie du pape* ; il a en sa garde tous les ornements, vases d'or et d'argent, les reliquaires, et tout ce qu'il y a de précieux dans cette sacristie. Quand le pape dit la messe, soit pontificalement, soit en particulier, c'est ce même officier qui fait, en sa présence, l'essai du pain et du vin. Si le pape entreprend un long voyage, deux estafiers, l'un domestique de Sa Sainteté, et l'autre, domestique du sacristain, conduisent la mule par la bride. Le sacristain exerce alors une espèce de juridiction sur tous ceux qui accompagnent le pape ; et pour marque de sa juridiction, il porte un bâton à la main. Ce même officier distribue aux cardinaux les messes qu'ils doivent célébrer solennellement ; mais il doit auparavant faire voir au premier cardinal-prêtre la distribution qu'il en fait : il distribue aussi aux prélats assistants les messes qu'ils doivent célébrer dans la chapelle du pape. Si le sacristain est évêque (car pour l'ordinaire on lui donne du moins un évêché *in partibus*), ou s'il est constitué en dignité, il tient rang dans la chapelle parmi les prélats assistants, lorsque le pape s'y trouve ; et si le pape n'y est pas, il a séance parmi les prélats, selon son ancienneté, sans avoir égard à sa qualité de prélat assistant. S'il n'est pas évêque, il prend son rang après le dernier évêque ou après le dernier abbé mitré ; et, quoiqu'il ne soit pas évêque, il ne laisse pas de porter le mantelet et la mosette à la manière des prélats de Rome. Après la mort du pape, il entre dans le conclave en qualité de premier conclaviste ; il y dit tous les jours la messe en présence des cardinaux : c'est lui qui leur administre les sacrements, ainsi qu'aux conclavistes. Le sacristain était autrefois en même temps bibliothécaire du Vatican, et ceci a duré jusqu'au pontificat de Sixte IV, qui sépara ces deux offices, pour donner celui de bibliothécaire à Platine, auteur de la Vie des Papes, et de plusieurs autres ouvrages.

L'ordre des *Augustins* fut mis au nombre des quatre ordres mendiants par le pape Pie V, en 1567, du moins il voulut qu'ils fussent réputés mendiants, quoiqu'ils possédassent des rentes et des fonds. Cet ordre a produit un grand nombre de personnages recommandables, ou par leur sainteté, ou par leur érudition. Parmi ceux qui se sont illustrés par leurs vertus, on remarque saint Thomas de Villeneuve, archevêque de Valence, saint Nicolas de Tolentin, saint Jean Facond, etc. On compte parmi les savants, Onuphre Pavini de Vérone, auteur de plusieurs ouvrages concernant les antiquités de l'Église, Christian Lupus, natif d'Ipres, etc. Mais un de ceux qui a fait le plus d'honneur à l'ordre est le cardinal Henri Noris, originaire de Vérone : les querelles qu'il essuya pour son *Histoire Pélagienne* en ont fait un des hommes les plus célèbres de l'Italie. Les autres cardinaux que cet ordre a donnés à l'Église sont le P. Bonaventure, le P. Gilles, le P. Seripan, le P. Petrochin, etc.

L'habillement de ces religieux consiste en une robe et un scapulaire blancs, quand ils sont dans la maison; et, lorsqu'ils sont au chœur ou qu'ils doivent sortir, ils passent une espèce de coule noire, et par dessus un grand capuce qui se termine en rond par devant, et en pointe par-derrière jusqu'à la ceinture, laquelle est de cuir noir.

Les *Augustins* avaient deux grands couvents, qui étaient soumis immédiatement au général de l'ordre, l'un à Rome, et l'autre à Paris. Le couvent de Paris, appelé *des Grands-Augustins*, servait de collège à toutes les provinces de l'ordre en France, qui y envoyaient étudier ceux de leurs religieux qui voulaient parvenir au doctorat; ils étaient admis aux études de l'Université, aussi bien que les trois autres ordres mendiants, qui étaient les Franciscains, les Carmes et les Jacobins.

Le couvent de Paris ayant eu besoin de réforme, le P. Paul Luchini, général de l'ordre, y fit la visite en 1659, et comme général, et comme commissaire apostolique, en vertu d'un bref du pape Alexandre VII. Ce général y fit plusieurs règlements pour l'observance régulière, et ces règlements furent approuvés dans le chapitre général qui se tint à Rome, l'an 1661.

Outre ces deux couvents de Rome et de Paris, il y en avait encore environ trente-six autres immédiatement soumis au général. Le supérieur de celui de Brunen, en Moravie, était perpétuel : il se servait d'ornements pontificaux; il exerçait une juridiction presque épiscopale en plusieurs lieux (*a*).

AUGUSTINS RÉFORMÉS. Le relâchement qui s'introduit partout, n'avait pas épargné l'ordre des *Augustins*, lorsque plusieurs de ces religieux songèrent, dans le XIVᵉ siècle, à se réformer, c'est-à-dire à embrasser un genre de vie plus régulier que celui qu'ils observaient. Le premier monastère où la réforme commença, en 1385, fut celui d'*Illiceto*, en Italie; ceux qui s'associèrent à cette réforme, composèrent la première congrégation réformée, qu'on nomma d'*Illiceto*. — L'exemple de cette réforme donna naissance à nombre d'autres congrégations toutes différentes les unes des autres : on vit éclore la congrégation de Carbonnières dans la ville de Naples; celle de Pérouse à Rome; celle de Lombardie, d'où dépend le monastère de Notre-Dame de Brou, proche de Bourg-en-Bresse; celle de Gênes, celle de Monte-Ortono, celle de la Pouille, celle de Saxe, qui a produit le fameux hérésiarque Luther; celle de la Claustra en Espagne, celle de la Calabre, celle de Centorbi en Sicile, celle des Colorites dans le royaume de Naples, celle de Dalmatie, etc. — Les deux congrégations réformées qu'il y a en France, sont celle de saint Guillaume de Bourges, et celle du bienheureux Thomas de Jésus, dite *des Augustins déchaussés*. — La congrégation des *Augustins* de saint Guillaume de Bourges, qu'on nomme autrement les *Guillelmites*, n'entra point dans l'union générale des Ermites de Saint-Augustin; soit que les députés qu'ils avaient envoyés au chapitre général, tenu pour la réunion sous Alexandre IV, eussent excédé leur pouvoir ou autrement, ils s'étaient opposés à l'union, et avaient demandé à demeurer dans leur même état, sous l'institut de saint Guillaume : ce qui leur avait été accordé; c'est pourquoi cette congrégation forma dans la suite elle seule, une des quarante-deux provinces de l'ordre des *Augustins* : cependant on ne laisse pas de la mettre au nombre des congrégations réformées de l'ordre de Saint-Augustin. En effet, la réforme fut introduite dans cette province en 1595, par le zèle des PP. Etienne Rabache et Roger Giraud; ces religieux, considérant le peu de proportion qu'il y avait entre l'ancienne observance et celle qui se pratiquait pour lors en France dans les différents couvents de l'ordre, résolurent de vivre conformément aux anciennes constitutions, qu'ils se proposèrent d'observer à la lettre sous l'obéissance du provincial de la province de France. Ils eurent d'abord quelques compagnons qui se joignirent à eux : le couvent de Bourges fut le premier où ils menèrent cette nouvelle vie : et c'est de là que cette congrégation fut appelée la *Communauté de Bourges*. Ils érigèrent ensuite de nouveaux monastères, auxquels se réunirent quelques autres monastères anciens; de sorte qu'en peu de temps il y eut jusqu'à vingt qui furent gouvernés dans la suite par un provincial particulier. Cette province a pris, depuis nombre d'années, le nom de province de *Saint-Guillaume* : on les appelle à Paris *les Petits-Augustins* ou *les Augustins de la Reine Marguerite*, parce que leur couvent y a été fondé par Marguerite de Valois, première femme de Henri IV, avant qu'il fût roi de France. Leur habillement est à peu près semblable à celui des *Augustins* de l'ancienne observance, qu'on nomme en France *les Grands-Augustins*; toute la différence qu'il peut y avoir, c'est que ceux de la réforme de Bourges portent leurs habits plus étroits; et afin que leurs frères quêteurs à Paris soient distingués de ceux du couvent des *Grands-Augustins*, ils portent la robe plus courte que ceux-ci.

La réforme des *Augustins déchaussés* est ainsi appelée parce que ceux qui l'ont embrassée ont ajouté la nudité des pieds à nombre d'autres mortifications. Le P. Thomas de Jésus en jeta les premiers fondements, et le P. Louis de Léon la continua, en 1588, dans le monastère de Talavera, en Castille : cette réforme fit beaucoup de progrès; elle fut portée en Italie, dans l'Allemagne, dans l'Autriche, dans la Bohême, dans la Sicile et dans d'autres pays : voici comme elle fut introduite en France. Mathieu de Sainte-Françoise, prieur des *Augustins* de l'ancienne observance à Verdun, voyant qu'il travaillerait inutilement à la réforme de son monastère, fut en Italie avec le P. François Amet : ils entrèrent à Rome dans la maison des *Augustins* déchaussés de Saint-Paul de la règle; ils furent reçus parmi ces réformés avec le consentement du général. Après leur année de noviciat, ils firent profession de la règle adoptée par la réforme; ensuite le pape Clément VIII les nomma pour la porter en France, et créa Mathieu de Sainte-Françoise vicaire général de la congrégation qu'il allait établir.

L'archevêque d'Embrun, Guillaume d'Avençon, prieur commendataire de Saint-Martin de Miseré, dans la province de Dauphiné, se trouvant alors à Rome, et voulant rétablir l'observance régulière dans le prieuré de Villars-Benoît, dépendant de celui de Miseré, lequel avait été ruiné par les hérétiques, obtint du même pape un bref, l'an 1595, par lequel il fut permis d'introduire, dans ce monastère, les religieux déchaussés de l'ordre de Saint-Augustin, et à ceux-ci de s'y établir, et même de continuer, en France, la réforme qui avait été commencée en Espagne. — Pour l'exécution de ce bref, l'archevêque d'Embrun prit des arrangements avec les supérieurs et les religieux, et l'acte fut passé à Rome le 7 mars 1596. Le P. Mathieu de Sainte-Françoise, le P. Amet et un certain lai reçurent leur obédience du général pour venir en France; ils suivirent l'archevêque, et à leur arrivée ils prirent possession du prieuré de Villars-Benoît.

Le nombre de ces nouveaux religieux ayant beaucoup augmenté en peu de temps, ils obtinrent, en 1600, permission des supérieurs de l'ordre pour de nouveaux établissements; le pape Clément VIII y

---

(*a*) C'était l'état de ces religieux avant la Révolution. *Voy.* le Dict. des Ordres monastiques du P. Hélyot (édit. Migne); pour leur état actuel.

donna son attache par un bref de la même année ; et, par un autre bref du 26 juin 1607, il recommanda ces mêmes religieux au roi Henri IV. — L'année suivante, le P. Amet fut envoyé à Marseille pour prendre possession d'un monastère qu'on leur avait accordé dans cette ville ; ils s'établirent à Avignon l'an 1610. Deux ans après, le général leur accorda un vicaire. La même année, Paul V confirma, par un bref du 4 décembre, celui de Clément VIII, en faveur des *Augustins* déchaussés de France. Le premier chapitre de cette nouvelle congrégation se tint à Avignon : Louis XIII confirma les lettres patentes que Henri IV avait données pour l'établissement de ces religieux, et leur permit de posséder des biens immeubles : ces brefs et ces lettres patentes furent enregistrés au parlement d'Aix en 1619. — C'est encore Louis XIII qui fut le fondateur du couvent de Paris, sous le nom de *Notre-Dame des Victoires*, en mémoire de la prise de la Rochelle sur les calvinistes. La reine Anne d'Autriche établit les religieux de cette congrégation au lieu appelé *les Loges*, dans la forêt de Saint-Germain ; elle se déclara aussi fondatrice de leur monastère de Tarascon. — Louis XIV, en 1655, leur accorda des lettres pour leur procurer un établissement à Rome de religieux français : mais elles n'eurent aucun effet ; cependant ce prince, ne voulant pas que l'envie qu'il avait de marquer à ces religieux l'estime qu'il avait pour eux demeurât sans être connue, il donna à cette congrégation des armes qui sont d'azur semé de fleurs de lis d'or, chargées en cœur d'un écusson d'or à trois cœurs de gueules, surchargées de trois fleurs de lis d'or, l'écu surmonté d'une couronne de prince du sang, et entouré d'un chapelet, avec une ceinture de Saint-Augustin, et timbré d'un chapeau d'évêque. Le même monarque donna en outre à chacune des trois provinces dont est composée cette congrégation, des armes particulières : ces trois provinces sont celle de Dauphiné, qui a quinze maisons, celle de Provence, qui en a autant, et celle de France, qui n'en a que six.

Leurs constitutions diffèrent en quelque chose de celles des Italiens. Les uns et les autres ont deux sortes de frères lais, les uns appelés *convers*, et les autres *commis* ; les frères convers portent le capuce, et les frères commis ont un chapeau sans capuce. Ces frères étaient pour la quête ou pour le service de la maison.

AUGUSTINS (*Chanoines réguliers de Saint-Augustin*). Il ne faut pas confondre ces religieux avec ceux dont nous venons de parler ; les Chanoines dont il s'agit ici formaient entre eux plusieurs congrégations toutes différentes de celle des Ermites de Saint-Augustin. Parmi les diverses congrégations de ces Chanoines, on connaissait en France celles des Chanoines de Latran, du Saint-Sépulcre, de Saint-Sauveur, du Val-des-Ecoliers, et notamment de la Congrégation de France, plus connus sous le nom de *Génovéfins*. Tous les Chanoines étaient habiles à posséder des immeubles, et même des bénéfices. — En parlant des bénéfices de leur ordre, nous ne devons pas laisser ignorer qu'il a été rendu, le 22 août 1770, une déclaration enregistrée le 9 août de l'année suivante, concernant en général les bénéfices dépendants des congrégations des Chanoines réguliers de Saint-Augustin : suivant cette déclaration, il n'y a que les religieux qui ont fait profession dans ces congrégations qui puissent y posséder des bénéfices à charge d'âmes ; aucun d'eux n'en peut accepter qu'après avoir obtenu le consentement du supérieur général : on doit même produire ce consentement à l'évêque diocésain ; et si le supérieur général juge à propos de révoquer le bénéficier, celui-ci est obligé d'obéir, pourvu que la révocation soit du consentement de l'évêque, et non autrement, malgré ce qui peut résulter de contraire sur ce point de l'édit de 1686. — Le roi, par une autre déclaration du 6 août 1774, interprétative de la précédente, a ordonné

que le pécule des Chanoines réguliers décédants, pourvus de bénéfices à charge d'âmes, continuera d'appartenir à la congrégation dont ils sont profès, nonobstant toute transaction ou traité de partage. quand même les bénéfices ne seraient pas dépendants de l'ordre où ils sont tenus. S'il s'agissait d'emprunt, on serait obligé de se conformer à ce que prescrivent les articles 16 et 17 de l'édit de 1773, cité dans cette déclaration. (Extrait du *Diction. de Jurisprudence*.)—[V. le *Diction. des Ordres religieux*, par le P. Hélyot, édit. Migne.]

AULIQUE, nom d'un acte ou d'une thèse que soutient un jeune théologien dans quelques universités, et particulièrement dans celle de Paris, le jour qu'un licencié reçoit le bonnet de docteur, et à laquelle préside ce même licencié immédiatement après la réception du bonnet. — Le nom de cette thèse vient du mot *aula*, parce qu'elle se passe dans une salle de l'université, et à Paris dans une salle de l'archevêché (1). *Voy.* DEGRÉ, DOCTEUR, etc.

AUMONE, don fait aux pauvres par motif de charité et pour les soulager. Elle est souvent commandée dans l'Ecriture sainte ; il était spécialement ordonné aux Juifs d'assister les pauvres, les veuves, les orphelins les étrangers (*Deut.* xv, 11 ; *Eccl.* iv, 1, etc.). Les maximes de charité que Jésus-Christ répète continuellement dans l'Evangile, ont encore mieux fait sentir la nécessité de ce devoir. Il semble faire dépendre notre salut éternel du plus ou moins d'actions charitables que nous aurons faites (*Matth.* xxv, 34). L'ordre des diacres a été institué pour prendre soin des pauvres (*Act.* vi). La ferveur de l'Eglise primitive engagea les fidèles à vendre leurs biens, à en déposer le prix aux pieds des apôtres, pour subvenir aux besoins des indigents.

Saint Paul écrivant aux Corinthiens, leur recommande de faire des collectes ou des quêtes tous les dimanches, pour assister les pauvres, comme il l'avait prescrit aux Eglises de Galatie. Saint Justin (*Apol.* 2) nous apprend que tous les fidèles de la ville et de la campagne s'assemblaient le dimanche pour assister à la célébration des saints mystères ; qu'après la prière, chacun faisait son *aumône*, selon son zèle et ses facultés ; qu'on en remettait l'argent à celui qui présidait, c'est-à-dire à l'évêque, pour le distribuer aux pauvres, aux veuves, etc. Cet usage s'observait du temps de saint Jérôme, et il est encore pratiqué dans les paroisses : à la messe du dimanche on quête pour les pauvres.

M. de Tillemont, fondé sur un passage du Code théodosien, observe qu'au IVe siècle il y avait des femmes pieuses qui s'occupaient à recueillir des *aumônes* pour les prisonniers ; on conjecture que c'étaient les diaconesses.

(1) Cet usage, comme bien d'autres, n'existe plus.

La charité envers les malheureux fut le caractère distinctif des premiers chrétiens : plusieurs la poussèrent jusqu'à se rendre esclaves, et à secourir les pauvres du prix de leur liberté (Saint Clément, *Epist.* I, n. 65). Ils assistaient les païens aussi bien que les fidèles : Julien leur rend cette justice; il écrit à un pontife du paganisme (*Épist.* 62) : « Il est honteux que les Galiléens nourrissent leurs pauvres et les nôtres. » Aucune religion n'a inspiré aux hommes une charité aussi industrieuse, n'a suggéré autant d'établissements divers pour soulager les différents besoins de l'humanité.—Dans l'origine, les ministres de l'Eglise ne subsistaient que d'*aumônes*. Les oblations des fidèles se divisaient en trois parts, l'une pour les pauvres, la seconde pour l'entretien des églises et le service divin, la troisième pour le clergé. Saint Chrodegand, évêque de Metz au VIIIᵉ siècle, dans la règle qu'il prescrit aux chanoines réguliers, veut qu'un prêtre à qui l'on donne quelque chose pour célébrer la messe, pour chanter des psaumes et des hymnes, ne le reçoive qu'à titre d'*aumône*.— Tel a toujours été l'esprit de l'Eglise. Les dons qu'on lui a faits, les biens qu'elle a reçus par donation, les fondations par lesquelles elle a été enrichie, sont regardés comme des *aumônes*, dont ses ministres sont les économes, les dispensateurs, et non les propriétaires. Il y a cependant une différence à faire entre une solde, une subsistance accordée à titre de service, et une pure *aumône*. *Voy.* Casuel.

Dans notre siècle calculateur on a soutenu sérieusement que l'*aumône* n'est point un précepte rigoureux. Que signifie donc la sentence prononcée par Jésus-Christ contre les réprouvés, parce qu'ils n'ont pas fait l'*aumône* ? On ajoute qu'elle produit plus de mal que de bien, parce qu'elle entretient la fainéantise des pauvres. Cette prétention serait pardonnable, si tous les pauvres étaient en état de travailler ; mais les infirmes, les vieillards, les femmes enceintes ou en couche, celles qui sont chargées d'enfants, les imbéciles, les enfants en bas âge, les impotents, les voyageurs surpris par des besoins imprévus, etc., ne doivent pas être condamnés à mourir de faim. C'est une fausse politique de fournir aux riches des prétextes pour endurcir leurs entrailles aux souffrances des malheureux. Si les pauvres abusent de l'*aumône*, les riches abusent bien davantage de leurs richesses ; vingt pauvres soulagés mal à propos sont un moindre inconvénient qu'un seul pauvre réduit à périr par la dureté des riches. Si, toutes les fois qu'il se présente une bonne œuvre à faire, on commençait par disserter sur les abus et les inconvénients qui peuvent en résulter, on n'en ferait jamais aucune. Il est dangereux que ce ne soit là le dernier fruit de la philosophie régnante. *Voy.* Charité, Fondation, Hôpital.

« Donner, dit saint Augustin, à manger à
« celui qui a faim, et à boire à celui qui a
« soif, revêtir un homme nu, loger un voya-
« geur, donner un asile à un fugitif, visiter
« un malade ou un prisonnier, racheter un
« esclave, soutenir un faible, guider un aveu-
« gle, consoler un affligé, panser un blessé,
« montrer le chemin à celui qui s'égare, don-
« ner un conseil à celui qui en a besoin, et
« la subsistance à un pauvre, ne sont pas les
« seules espèces d'*aumônes* que l'on peut
« faire ; mais pardonner à celui qui pèche,
« ou le corriger quand on a autorité sur
« lui, en oubliant l'injure que l'on en a re-
« çue, en priant Dieu de lui faire grâce ;
« ce sont des œuvres de miséricorde que l'on
« peut regarder comme des *aumônes*. » L. de *Fide, Spe et Charit.*, c. LXXI, n. 19.

* AUMONIERS. Nous avons traité des différentes espèces d'aumôniers dans notre *Dictionnaire de Théologie morale*. Le gouvernement s'est réservé la nomination de certains aumôniers ; cela doit s'entendre qu'il les présente à l'évêque, qui confère ou qui refuse la juridiction, sans laquelle toute fonction ecclésiastique est nulle, si elle dépend du pouvoir juridictionnel.

AUMUSSE, fourrure que les chanoines et d'autres ecclésiastiques portent sur le bras gauche en été. Dans l'origine, elle était destinée à couvrir la tête et les épaules en hiver pendant l'office de la nuit. Le nom d'*aumusse* signifie littéralement *au coucher*; en vieux français *se musser* c'est se cacher, et le soleil *mussant* est le soleil couchant.

AURICULAIRE, se dit de la confession qui se fait secrètement à l'oreille. *Voy.* Confession.

AUSBOURG. *Voy.* Augsbourg.
AUSPICE. *Voy.* Divination.
AUSTÉRITÉS. *Voy.* Mortification.
AUTEL, plate-forme de terre, de pierres ou de bois, élevée au-dessus du sol, et sur laquelle on offre un sacrifice. On voit d'abord que *autel* vient du latin *altus*, à cause de son élévation. Les Grecs le nommaient θυσιαστήριον, du verbe θύειν, *tuer, immoler* ; les Hébreux *Misbeach*, de *zabach*, égorger, sacrifier. Ce nom est donné dans l'Écriture à l'*autel* des holocaustes et à celui des parfums, et non à la table des pains de proposition sur laquelle on ne consumait rien. Cette remarque est essentielle.

Sous la loi de nature, les patriarches élevaient des *autels* en pleine campagne, pour offrir des victimes au Seigneur. Noé, Abraham, Jacob, en usaient ainsi. Par la loi de Moïse, Dieu défendit aux Israélites d'offrir des sacrifices ailleurs que dans le tabernacle, et prescrivit la manière dont les *autels* devaient être construits. Il y en avait un nommé l'*autel des holocaustes*, sur lequel on brûlait les victimes, et un autre sur lequel on consumait les parfums ; il en fut de même lorsque le temple fut bâti. Les *autels* qui furent érigés par Jéroboam à Samarie, et quelques autres rois, sur des lieux élevés, furent autant de crimes commis contre la loi ; Dieu en punit les auteurs. Dans l'*Hist. de l'Acad. des Inscript.*, t. III, in-12, p. 19, et t. IV, p. 9, il y a une histoire exacte des *autels* consacrés au vrai Dieu, depuis la création du monde jusqu'à Jésus-Christ.

Autel, chez les chrétiens, est une table

carrée placée ordinairement à l'orient de l'église, et sur laquelle on célèbre la messe. On lui donna cette forme, parce que Jésus-Christ était à table lorsqu'il institua l'eucharistie, et parce que l'on offre sur cette table le sacrifice du corps et du sang de Jésus-Christ.

Dans l'Eglise primitive, les *autels* n'étaient que de bois, et se transportaient souvent d'un lieu à un autre, mais un concile d'Epaone, de l'an 517, défendit de construire des *autels* d'autre matière que de pierre. Dans les premiers siècles, il n'y avait qu'un seul *autel* dans chaque église, mais le nombre en augmenta bientôt; saint Grégoire dit que de son temps, au VIe siècle, il y en avait douze ou quinze dans certaines églises. A la cathédrale de Magdebourg, il y en avait quarante-deux.

L'*autel* n'est quelquefois soutenu que par une seule colonne, comme dans les chapelles souterraines de Sainte-Cécile à Rome et ailleurs; quelquefois il l'est par quatre colonnes, comme l'*autel* de saint Sébastien, *in crypta arenaria*: mais la méthode la plus ordinaire est de poser la table d'*autel* sur un massif de pierre. — Ces *autels* ressemblent en quelque chose à des tombeaux. En effet, les premiers chrétiens tenaient souvent leurs assemblées aux tombeaux des martyrs, et y célébraient les saints mystères. Il est dit dans l'Apocalypse : *Je vis sous l'*AUTEL *les âmes de ceux qui ont été mis à mort pour la parole de Dieu, et pour le témoignage qu'ils lui ont rendu* (VI, 9). De là est venu l'usage de ne point consacrer d'*autel* sans y mettre des reliques des saints.

L'usage de la consécration des *autels* est assez ancien, et la cérémonie en est réservée aux évêques. Depuis qu'il n'a plus été permis d'offrir que sur des *autels* consacrés, on a fait des *autels* portatifs, pour s'en servir dans les lieux où il n'y a point d'*autel* solide consacré; Hincmar et Bède en font mention. A la place d'*autels* portatifs, les Grecs se servent de linges bénits qu'ils nomment ἀντιμίνσια, c'est-à-dire, qui tiennent lieu d'*autels*. Sur la forme, la décoration, la bénédiction des *autels*, voyez l'ancien Sacramentaire par Grandcolas, 1re part., p. 33 et 610.

L'abbé Renaudot, dans sa collection des *Liturgies orientales*, t. I, p. 181 et 331, t. II, p. 52 et 56, a remarqué, après le cardinal Bona, que dans toutes les Eglises d'Orient, aussi bien que dans l'Eglise latine, on a toujours regardé l'*autel*, non comme une table commune, mais comme une table sacrée, sur laquelle le corps et le sang de Jésus-Christ sont offerts en sacrifice. L'usage constant de consacrer les *autels*, les prières que l'on récite, les cérémonies que l'on fait pour ce sujet, attestent hautement que les Orientaux ont toujours attaché au nom d'*autel* la même idée que nous. Pendant les persécutions, il n'était pas possible d'avoir des *autels* massifs et solides; on fut obligé de se servir de tables de bois et d'*autels* portatifs. L'espèce d'esclavage dans lequel les Grecs ou melchites, les cophtes, les Syriens, etc., sont encore à l'égard des mahométans, les obligent souvent de faire de même. Mais dès que l'on eut la liberté d'élever des basiliques, on y plaça des *autels* de pierre ou de marbre, souvent revêtus d'ornements d'or et d'argent. Fleury, *Mœurs des Chrétiens*, n. 35; Languet, *du véritable Esprit de l'Eglise dans l'usage de ses cérémonies*, p. 432. — C'est donc mal à propos que Daillé et d'autres écrivains protestants ont voulu persuader que, dans les écrits des Pères et dans les anciens monuments ecclésiastiques, le nom d'*autel* était pris dans un sens abusif, et ne signifiait qu'une table commune; qu'ainsi l'on ne peut en tirer aucune conséquence pour prouver que les anciens regardaient l'eucharistie comme un véritable sacrifice. Il y a des preuves positives du contraire. Saint Paul dit aux Hébreux (XIII, 10) : *Nous avons un* AUTEL, *duquel les ministres du tabernacle n'ont pas le pouvoir de manger*. Dans le tableau de la liturgie chrétienne, tracé par saint Jean (*Apoc.* IV, 2), nous voyons un trône occupé par un personnage vénérable, autour de lui vingt-quatre vieillards ou prêtres; devant le trône, au milieu des vieillards, un agneau en état de mort ou de victime (V, 6), qui reçoit les honneurs de la Divinité (VI, 9); sous l'*autel*, les âmes de ceux qui ont été mis à mort pour la parole de Dieu. Voilà certainement l'appareil d'un sacrifice.

Saint Ignace, instruit par saint Jean l'Evangéliste, écrit aux Philadelphiens, n. 4 : *Ayez soin d'user d'une seule eucharistie. Il y a une seule chair de Notre-Seigneur Jésus-Christ, un seul calice, pour marquer l'unité de son sang; un seul* AUTEL, *comme un seul évêque, avec le presbytère et les diacres*. Dans ces trois passages, le grec porte θυσιαστήριον; ce terme n'a jamais signifié une simple table à manger, mais un *autel* destiné à offrir des sacrifices. — Saint Irénée (*Adv. Hær.*, l. IV, c. 18, n. 6), parlant de l'eucharistie, dit que Dieu nous ordonne, comme à l'ancien peuple, de lui faire souvent et sans interruption nos offrandes sur son *autel*, quoiqu'il n'en ait pas besoin. Grabe, sur cet endroit, est forcé de convenir qu'il est question là d'un *autel* proprement dit et d'un *sacrifice* dans toute l'énergie du terme. Origène, *Hom.* 10 *in Josue*, parle des fidèles qui faisaient des dons pour l'ornement des églises et des *autels*. Saint Cyprien, *Epist.* 55 *ad Cornel.*, oppose l'Eglise au Capitole, et les autels du Seigneur aux *autels* des idoles. Eusèbe, *Hist. ecclés.*, l. VII, c. 15, fait mention d'une église et d'un *autel*, dans la ville de Césarée, sous le règne de Gallien, par conséquent au milieu du IIIe siècle. Les protestants ne peuvent pas nier que les Pères du IVe n'aient souvent donné le nom d'*autel* à la table sur laquelle on consacrait l'eucharistie, et ne l'aient appelée l'*autel sacré*.

Mais comment prouveront-ils que le sens de ce terme n'a pas toujours été le même, que saint Paul et saint Jean n'ont entendu par là qu'une table à manger, pendant que les Pères postérieurs l'ont pris pour une table de sacrifice ? Ces deux apôtres n'ont pas pu confondre un *autel* avec une *table*, puisque ces deux objets ont un nom différent en grec et en hébreu. Pour prendre leurs repas, les anciens se couchaient sur des lits : nous ne lisons nulle part que les premiers chrétiens aient été dans cette attitude pour recevoir l'eucharistie ; il faut donc qu'ils ne l'aient pas envisagé comme une *cène* ou un souper, tel que le font les protestants, mais comme une cérémonie auguste et sacrée, digne du plus profond respect, et ils l'ont témoigné par la manière dont ils ont orné des *autels*, dès qu'il leur a été possible et libre de le faire.

Les noms ἱλαστήριον *propitiatoire*, θυσιαστήριον *sacrificatoire*, *table sacrée*, etc., que les Orientaux ont toujours donnés et donnent encore aux *autels*, ne signifient point une table commune. Toutes les fois que les païens, les hérétiques, les mahométans, ont renversé et démoli les *autels*, cet acte de haine a été regardé par les chrétiens comme une impiété et une profanation. On peut faire la même remarque sur les *linges* ou nappes *d'autel*, et sur les *vases sacrés* ; jamais on ne les a traités comme des meubles ordinaires. En général les rites, les cérémonies, les usages religieux attestent la croyance des peuples avec plus d'énergie que les expressions des théologiens. Lorsque les protestants ont démoli les *autels* dans les églises desquelles ils se sont emparés, ils ont assez témoigné qu'ils voulaient détruire l'ancienne croyance du christianisme touchant l'eucharistie.

Autel de Prothèse, est une espèce de crédence sur laquelle les Grecs bénissent le pain destiné au sacrifice, avant de le porter au grand *autel*, où se fait le reste de la célébration. Selon le P. Goar ce petit *autel* ou crédence était autrefois dans la sacristie. Les protestants n'y font pas tant de façons pour célébrer leur cène ; bonne preuve qu'ils ne pensent pas comme les Grecs.

Autel se trouve aussi employé dans l'*histoire ecclésiastique* pour signifier les oblations ou les revenus casuels de l'église ; *racheter les autels*, c'était racheter ses revenus usurpés par les séculiers. On appelait l'*église* les dîmes et les autres revenus fixes, et *autels* les revenus casuels. Quand on dit que le prêtre doit vivre de l'*autel*, cela signifie qu'il a droit de vivre des revenus de l'église.

AUTEURS ECCLÉSIASTIQUES. C'est le nom général que l'on donne aux écrivains qui ont paru dans le christianisme depuis les apôtres, en y comprenant les Pères apostoliques et ceux des siècles suivants ; souvent aussi l'on désigne par là ceux qui ont écrit depuis saint Bernard, mort l'an 1153, et qui est regardé comme le dernier des Pères de l'Église.

L'an 392, saint Jérôme fit le *Catalogue des Écrivains illustres*, dans lequel il comprit même les apôtres et les évangélistes et parla de leurs ouvrages. Eusèbe avait fait de même dans son *Histoire ecclésiastique*, écrite avant l'an 326 ; mais ni l'un ni l'autre n'ont prétendu donner une notice exacte de tous ceux qui avaient paru. En 856, Photius encore laïque, composa sa *Bibliothèque* dans laquelle il renferma l'extrait de 279 ouvrages de divers auteurs, soit ecclésiastiques, soit profanes, dont plusieurs ne sont pas parvenus jusqu'à nous. Le cardinal Bellarmin, mort l'an 1621, fit un *Catalogue des auteurs ecclésiastiques*, qui n'est pas très-exact ; depuis ce temps-là on en a fait de plus amples et de plus complets.

Guillaume Cave, savant anglais, publia en 1688, une *Histoire littéraire des Écrivains ecclésiastiques*, en un volume *in-folio*, qui a été ensuite réimprimé en deux volumes, avec des augmentations et de nouvelles remarques ; il l'a poussée jusqu'en 1517. Le Nain de Tillemont, dans ses *Mémoires sur l'Histoire ecclésiastique*, en seize volumes *in-4°*, n'a compris que les auteurs des six premiers siècles. En 1686, le docteur Dupin commença de publier le premier volume de sa *Bibliothèque des Écrivains ecclésiastiques*, qui renferme cinquante-huit volumes *in-8°* ; mais on l'a jugé digne de censure en plusieurs points. Dom Rémi Cellier, bénédictin, a donné un ouvrage du même genre, et qui est plus exact, en vingt-quatre volumes *in-4°*.

Auteurs profanes. C'est une question assez curieuse de savoir si les *auteurs profanes*, les poëtes, les philosophes, les législateurs, ont emprunté des Juifs et de leurs livres les connaissances qu'ils font paraître dans leurs écrits, ou si c'est Moïse, au contraire, qui a emprunté des Égyptiens ses idées sur la divinité, sur la morale, sur la législation. Il y a sur ce sujet une dissertation de Dom Calmet, *Bible d'Avignon*, t. III, p. 84 et suivantes.

Le premier sentiment paraît avoir été suivi par plusieurs anciens Pères de l'Église, tels que saint Justin, saint Clément d'Alexandrie, Origène, Tertullien, saint Cyrille d'Alexandrie, Eusèbe, Théodoret, saint Ambroise, saint Augustin ; mais il est sujet à de grandes difficultés. — 1° Nous ne voyons pas qu'aucun ancien *auteur* grec ait eu connaissance de la langue hébraïque, dans laquelle étaient écrits les livres des Juifs. Ces livres n'ont été traduits en grec que vers l'an 290 avant Jésus-Christ, 246 ans après le premier retour de la captivité. Les Juifs eux-mêmes n'ont commencé que vers ce même temps à faire usage de la langue grecque. Pythagore, Platon, etc., étaient morts longtemps avant cette époque. Il est donc fort difficile que les Grecs aient pu converser avec les Juifs, et en apprendre quelque chose. — 2° Démétrius de Phalère, le faux Aristée, le Juif Aristobule, Philon et Josèphe, ne paraissent point être du sentiment des Pères sur ce point de fait, et nous n'avons aucun motif solide de récuser leur témoignage. — 3° Les Pères mêmes que nous avons cités n'en parlent point d'une manière constante et uniforme ; ils disent plusieurs choses qui nous font juger que sur cet objet ils avaient plutôt des doutes et des soupçons, qu'un sentiment fixe et déterminé. — 4° Quelques rapports vagues de conformité entre quelques maximes ou quelques expressions des anciens philosophes, et les vérités révélées dans les livres saints, ne suffisent pas pour prouver l'emprunt supposé. Ces écrivains ont pu puiser ce qu'ils disent, ou dans les lumières naturelles de la raison, ou dans la tradition généralement répandue chez toutes les nations, qui remonte jusqu'à la révélation primitive, comme avaient fait Job et ses amis.

La seconde question a été décidée trop légèrement par plusieurs *auteurs* modernes. Ils ont affirmé au hasard, que Moïse avait emprunté toute sa législation des Egyptiens, et ils n'ont pu citer en preuve que quelques cérémonies des Juifs, qui, selon les *auteurs* grecs, étaient aussi pratiquées par les Egyptiens: mais il y a sur cette prétendue conformité plusieurs réflexions à faire. — 1° Les Grecs sont trop modernes pour nous rendre compte des usages que suivaient les Egyptiens au siècle de Moïse, qui a vécu plus de mille ans auparavant; et il est certain que les anciens Egyptiens n'avaient rien laissé par écrit: eux seuls connaissaient leurs hiéroglyphes. Moïse, loin de montrer aucun penchant à copier les Egyptiens, défend à son peuple d'imiter les superstitions de l'Egypte; il leur aurait tendu un piège, s'il avait mis sous leurs yeux le même cérémonial qu'ils avaient à suivre en Egypte. — 2° Il dit que le culte que les Israélites devaient pratiquer ne pouvait manquer de paraître abominable aux Egyptiens. (*Exod.*, VIII, 26). On sait de quelle indignation il fut saisi, lorsqu'il vit les Hébreux imiter dans le désert le culte du dieu Apis, en odorant le veau d'or. Il ne leur permet de fraterniser avec un Egyptien ou avec un Iduméen que dans la troisième génération (*Deut.*, XXIII, 7 et 8). L'antipathie entre ces nations et les Juifs a été constante et la même dans tous les siècles. Mais les *auteurs* grecs et latins, la plupart fort mal instruits, ont confondu mal à propos les rites des Juifs avec ceux des Egyptiens. — 3° La doctrine de Moïse sur le dogme et sur la morale a été précisément la même que celle des patriarches ses ancêtres; il n'a donc pas eu besoin de l'apprendre chez des étrangers. On ne montrera jamais chez les Egyptiens des notions de la création, de la providence, de l'unité de Dieu, de l'absurdité de l'idolâtrie, etc., aussi pures et aussi sublimes que celles que Moïse attribue à ses aïeux. — 4° De même la plupart des cérémonies religieuses, les sacrifices, les offrandes, les purifications, les abstinences, les symboles de la présence de Dieu, etc., ont été communes à toutes les nations; elles avaient été employées par les patriarches au culte du vrai Dieu, avant d'être profanées par les polythéistes égyptiens, iduméens, chananéens, etc. Moïse, en les ramenant à leur destination primitive, n'a fait que suivre les leçons de ses ancêtres et les ordres exprès de Dieu. Il n'a donc pas eu besoin de rien emprunter aux Egyptiens.

AUTEURS SACRÉS. On nomme ainsi les écrivains inspirés de Dieu, de la plume desquels sont sortis les divers livres de l'Ecriture sainte, soit de l'Ancien, soit du Nouveau Testament, tels que Moïse, les historiens qui l'ont suivi, les prophètes, les apôtres, les évangélistes, pour les distinguer des auteurs ecclésiastiques.

AUTHENTIQUE. On nomme *livre authentique* celui qui a été écrit par l'auteur dont il porte le nom, et auquel il est communément attribué (1).

Une histoire, une narration, peut être *vraie* ou conforme à la vérité des faits sans être *authentique*, sans avoir été écrite par l'auteur auquel elle est attribuée : il suffit qu'elle ait été faite par un écrivain suffisamment instruit et sincère, quel qu'il soit. Parce que l'auteur d'un livre n'est pas connu, il ne s'ensuit pas que tout ce qu'il renferme soit faux et fabuleux, et il peut avoir autant de poids et d'autorité que si l'auteur était certainement connu. — En effet, parmi les livres saints, il en est quelques-uns, surtout de l'Ancien Testament, dont on ne connaît pas certainement les auteurs; on sait seulement qu'ils sont partis d'une main respectable, puisque les anciens, plus à portée que nous d'en découvrir l'origine, y ont ajouté foi et l'ont cité comme faisant autorité. Sur ce point, la tradition est le seul guide auquel nous puissions nous en tenir. Pour les livres du Nouveau Testament, on sait certainement qu'ils sont *authentiques*, qu'ils ont été écrits par les auteurs dont ils portent les noms.

(1) S'il est des marques auxquelles une critique judicieuse reconnaît la supposition de certains ouvrages, il en est d'autres aussi qui lui servent, pour ainsi dire de boussole, et qui le guident dans le discernement de ceux qui sont authentiques. En effet, comment pouvoir soupçonner qu'un livre a été supposé, lorsque nous le voyons cité par d'anciens écrivains, et fondé sur une chaîne non interrompue de témoins conformes les uns aux autres, surtout si cette chaîne commence où l'on dit que ce livre a été écrit et ne finit qu'à nous? D'ailleurs, n'y eût-il point d'ouvrages qui en classent un autre comme appartenant à tel auteur, pour en connaître l'authenticité, il me suffirait qu'il m'eût été apporté comme étant de tel auteur, par une tradition orale, soutenue sans interruption depuis son époque jusqu'à moi, sur plusieurs lignes collatérales. Il y a, outre cela, des ouvrages qui tiennent à tant de choses, que ce serait folie de douter de leur authenticité. Mais la plus grande preuve de l'authenticité d'un livre, c'est lorsque depuis longtemps on travaille à saper son antiquité pour l'enlever à l'auteur à qui on l'attribue, et qu'on n'a pu trouver que des raisons si frivoles, que ceux mêmes qui sont ses ennemis déclarés, à peine daignent s'y arrêter. Il y a des ouvrages qui intéressent plusieurs royaumes, des nations entières, qui, pour cela même, ne sauraient être supposés : les uns contiennent les annales de la nation et ses titres; les autres ses lois et ses coutumes; enfin, il y en a qui contiennent leur religion. Plus on accuse les hommes en général d'être superstitieux, plus on doit avouer qu'ils ont toujours les yeux ouverts sur ce qui intéresse leur religion. L'Alcoran n'aurait jamais été transporté au temps de Mahomet, s'il avait été écrit après sa mort : c'est que tout un peuple ne saurait ignorer l'époque d'un livre qui règle sa croyance et fixe toutes ses espérances. (*Encyclopédie du* XVIII*e siècle*, art. *Certitude*.)

Pour qu'un livre soit censé *canonique*, inspiré, divin, réputé parole de Dieu, ce n'est pas assez qu'il soit *authentique*, qu'il ait été écrit par un des apôtres ou par un de leurs disciples immédiats ; il faut encore que l'Eglise l'ait adopté comme tel et que la tradition ancienne dépose en sa faveur. L'Eglise ne serait pas en état de nous garantir la doctrine chrétienne si elle n'avait pas eu l'autorité de nous apprendre, sans danger d'erreur, quels sont les livres que nous devons regarder comme règles de notre croyance. Les règles de critique peuvent servir à découvrir si un livre a été écrit par tel ou tel auteur ; mais elles ne peuvent nous apprendre si ce livre est ou n'est pas règle de foi : c'est à l'Eglise de voir s'il contient ou ne contient pas la doctrine de Jésus-Christ. Cette société sainte a été instruite de vive voix par les apôtres, avant d'avoir reçu leurs écrits, et aucun livre ne peut suppléer entièrement à l'enseignement public et toujours subsistant de l'Eglise. *Voy.* Autorité de l'Eglise, Canon, Infaillibilité.

Authentique, signifie quelquefois faisant autorité ; c'est dans ce sens que le concile de Trente a déclaré la Vulgate *authentique*. *Voy.* Vulgate.

AUTOCÉPHALE, terme dérivé du grec αὐτός, *lui-même*, et κεφαλή, *chef*. Il signifie celui qui ne reconnaît point de chef. On croirait d'abord que l'on a voulu désigner par là les sectes d'indépendants ; mais on donnait ce titre aux évêques qui n'étaient soumis à aucun métropolitain, et aux métropolitains qui ne reconnaissaient point la juridiction du patriarche.

AUTO-DA-FÉ, acte de foi. *Voy.* Inquisition.

AUTOGRAPHE, nom formé du grec αὐτός, *lui-même*, et de γράφω, *j'écris*. On nomme ainsi un livre qui a été écrit de la propre main de l'auteur. Pierre, évêque d'Alexandrie, rapporte qu'au vi⁰ siècle on gardait encore à Ephèse l'*autographe*, ou l'original de l'évangile de saint Jean, ἰδιόχειρον. *Chron. Alex., a Radero editum*. Lorsque Tertullien dit que dans les Eglises fondées par les apôtres on lit leurs lettres *authentiques*, il paraît qu'il entend les originaux ou les *autographes*. Nous pensons de même que l'exemplaire de la loi qui, sous le règne de Josias, fut trouvé dans le temple, était l'original écrit de la propre main de Moïse. *IV Reg.* xxii, 8.

AUTORITÉ, droit de commander. La première question qui se présente est de savoir quelle est la source de ce droit. Nos philosophes modernes, et quelques jurisconsultes qui les copient, posent pour principe qu'aucun homme n'a reçu *de la nature* le droit de commander aux autres. La *liberté*, disent-ils, est un présent du ciel ; chaque individu de même espèce a le droit d'en jouir aussitôt qu'il jouit de sa raison. De là ils concluent qu'un homme ne peut être assujetti à un autre que par son consentement libre, donné en considération des bienfaits qu'il en a reçus ou qu'il en espère. Sans doute par la *nature* ces dissertateurs entendent Dieu, qui en est l'auteur ; et par la *liberté*, l'indépendance de toute *autorité* humaine. Nous soutenons que ces principes et leurs conséquences sont autant de faussetés aussi opposées au bon sens et à la saine philosophie qu'aux leçons de la révélation. — Nous le démontrons d'abord par deux vérités incontestables : l'une, que par la *nature*, c'est-à-dire par la volonté et l'intention du Créateur, l'homme est destiné à la société. Cela est prouvé par la constitution, par les besoins, par les inclinations de l'homme ; et Dieu lui-même dit, après l'avoir créé : *Il n'est pas bon que l'homme soit seul* (Gen. ii, 18). L'autre, qu'aucune société ne peut subsister sans subordination. Cela est aussi évident qu'un axiome de géométrie : donc Dieu, fondateur de la société, est aussi l'auteur de toute *autorité*. Nous défions nos adversaires de renverser ce raisonnement. Dieu n'a pas plus attendu le consentement de l'homme pour le soumettre à l'*autorité* que pour le destiner à la société ; ce consentement n'est pas plus nécessaire pour l'une que pour l'autre. Il est absurde d'envisager les hommes comme des êtres nés fortuitement du sein de la terre, isolés, indépendants, sans aucune relation mutuelle, libres de tout engagement et de tout devoir naturel ; cette hypothèse sent le matérialisme le plus grossier. Si l'homme naissant n'avait point de *devoirs*, il n'aurait pas non plus de *droits* ; et il lui est aussi impossible de s'acquérir un droit que de s'imposer un devoir, à moins que l'un et l'autre ne soient ratifiés d'avance par la loi éternelle du Créateur.

Examinons toutes les espèces de sociétés que l'homme peut former ; nous verrons sortir de la même source l'*autorité* conjugale, paternelle et domestique, l'*autorité* civile et politique, l'*autorité* ecclésiastique ou religieuse. Le fait et les principes, la conduite de Dieu et sa parole, se réunissent constamment pour démontrer l'absurdité de la théorie de nos philosophes.

Autorité conjugale, paternelle et domestique. Elle résulte de la société entre le mari et son épouse, entre le père et ses enfants, entre le maître et ses serviteurs. Dieu s'est clairement expliqué sur les devoirs qui en sont inséparables. *Il n'est pas bon*, dit le Seigneur, *que l'homme soit seul ; faisons-lui une aide semblable à lui* (Genes. ii, 18). Dieu forme une femme de la substance même d'Adam : la femme est donc *une aide* donnée à l'homme, et non une égale qui ait droit de lui disputer l'empire. Il est la souche de laquelle elle est sortie ; la supériorité de force, de tête, de courage accordée à l'homme démontre l'intention du Créateur. Après le péché, Dieu dit à la femme : *Tu seras sous la puissance de ton mari, et il exercera l'*autorité *sur toi* (iii, 16). Dieu n'a pas demandé le consentement de la femme pour la soumettre à son époux, et s'ils avaient stipulé le contraire, Dieu aurait annulé le contrat. — Au moment même qu'il leur accorde la fécondité, il leur donne l'*autorité* sur leurs enfants : *Croissez, multipliez, peuplez la terre et soumettez-la* (I, 28). Ainsi, le droit de soumettre les enfants est attaché au pouvoir même de les mettre au monde, et cette soumission à laquelle Dieu condamne les enfants est déjà un bienfait pour eux; en leur prescrivant des *devoirs*, il leur donne des *droits*, puisqu'il ordonne à leurs pères et mères de les conserver. Dès le moment de la conception, il est défendu au père et à la mère de détruire l'ouvrage de Dieu; c'est un dépôt duquel ils lui sont responsables. Aussi Ève, devenue mère, s'écrie : *J'ai reçu de Dieu la possession d'un homme* (IV, 1) ; elle regarde son fils comme un bien qui lui appartient, mais bien précieux, qu'elle a reçu de Dieu, à la conservation duquel elle doit donner tous ses soins. Or, où seraient la justice et la réciprocité, si le père et la mère étaient obligés de droit naturel à nourrir, à élever, à conserver un enfant, et que l'enfant ne leur dût rien dès qu'il serait en état de se passer d'eux? Attendrons-nous que celui-ci consente, par reconnaissance, à les respecter et à leur obéir? Dieu a stipulé d'avance pour le genre humain tout entier; et l'effet de cette loi irrévocable, fondée sur une exacte justice, ne peut être frustré par aucune convention.

L'obligation d'honorer les pères et mères, et de leur obéir, est confirmée par la punition de Cham (IX, 25) et par toute l'histoire des patriarches. Dieu attache ses bienfaits à la bénédiction qu'ils donnent à leurs enfants, et des châtiments aux malédictions qu'ils prononcent; lorsqu'il dicte sa loi aux Hébreux, il place ce devoir important immédiatement après le commandement de lui rendre un culte (*Exod.* XX, 12).

On nous objecte que l'*autorité paternelle* a ses bornes : qui en doute? Si elle n'en avait point, elle serait opposée à la fin pour laquelle elle a été donnée. Dieu, sagesse éternelle, ne se contredit point dans ce qu'il fait : il a établi l'*autorité* des pères et des mères, afin de les intéresser à la conservation de leurs enfants : il ne leur a donc pas accordé le droit de les détruire. Il leur a prescrit des devoirs, par là même il a borné leur *autorité*, et il en est de même de toute autre *autorité* quelconque : celle-ci est donc bienfaisante par sa nature, c'est-à-dire selon l'intention du Créateur; il l'a établie pour faire le bien, et non pour faire le mal. Mais lorsque le dépositaire de l'*autorité* en abuse, Dieu ne l'en dépouille pas pour cela, parce qu'il en résulterait un plus grand mal; et lorsque ce dépositaire pêche en violant ses devoirs, il ne nous donne pas le droit de pécher et de violer les nôtres. — Il est faux que, dans l'état de nature, l'*autorité paternelle* finirait aussitôt que les enfants seraient en état de se conduire. Quel est donc cet état imaginaire de nature, opposé à celui dans lequel Dieu a créé le genre humain? Puisque toute obligation est réciproque, le père, dans ce même état fictif, serait dispensé de conserver et d'élever son fils; il pourrait en disposer comme du petit d'un animal, et c'est ainsi que pensaient les Grecs et les Romains. Mais ne rougit-on pas de nous remettre au point où ils étaient?

Pour étayer cette détestable morale, nos philosophes sont allés plus loin : ils ont dit que la qualité même de Créateur ne donne pas à Dieu le droit de commander aux créatures; qu'il faut y ajouter les attributs de sagesse et de bonté. Quoi! la création n'est-elle donc pas par elle-même un effet de bonté? l'être, la conservation, ne sont-ils pas déjà un bienfait, et le commandement de Dieu n'en est-il pas encore un autre? A entendre raisonner nos philosophes, on dirait que Dieu nous fait tort en nous donnant des lois; qu'une liberté illimitée nous serait plus avantageuse qu'une liberté réglée et bornée par la loi divine, et que nous serions plus heureux si Dieu, après nous avoir créés, nous avait livrés à nous-mêmes. Il faut avoir un cœur bien dépravé pour penser et raisonner ainsi. *La loi du Seigneur*, dit le roi-prophète, *est la droiture, la sagesse et la justice même; c'est la consolation de notre cœur, la lumière qui nous guide, la main qui nous conduit*, etc. ; *c'est un trésor plus précieux que toutes les richesses de l'univers; il fait la douceur et le seul vrai plaisir de la vie* (*Ps.* XVIII, 8). Quoi qu'ils en disent, la création donne le droit d'anéantir aussi bien que celui de conserver : donc elle donne, à plus forte raison, le droit de commander, et Dieu n'a pas plus besoin de notre consentement pour l'un que pour l'autre. Bientôt, peut-être, on nous enseignera que, quand il ne nous fait pas autant de bien que nous en désirons, nous avons droit de nous révolter contre lui.

Dans les premiers temps du monde, un père âgé de plusieurs siècles, qui voyait cinq ou six générations de ses descendants, devait être à leurs yeux un personnage bien respectable : pouvait-on envisager ses volontés autrement que comme des lois? D'autre part, les patriarches, persuadés que la fécondité est un don de Dieu, que les enfants sont un dépôt duquel il demandera compte; qui voyaient dans cette nombreuse famille leur force et le présage certain de leur prospérité, devaient la chérir tendrement. Ainsi la puissance paternelle, indépendante pour lors de toute loi civile, était tempérée par l'affection naturelle, par l'intérêt, par la religion; l'Écriture ne nous montre aucun exemple d'un père qui en ait abusé. Mais nous voyons, par l'histoire de Juda et de Thamar, qu'un chef de famille avait droit de vie et de mort sur chacun des membres (*Gen.* XXXVIII, 24). Il le fallait, puisqu'il n'y avait alors aucune puissance publique que l'*autorité paternelle et domestique*. — Lorsque cette société s'est augmentée par l'acquisition d'un nombre de serviteurs ou d'esclaves, le chef de famille a exercé sur eux, de droit naturel, la même *autorité* que sur ses enfants. Au mot ESCLAVAGE, nous prouverons que, dans l'origine, cet état n'a été contraire ni au droit naturel de l'humanité, ni au bien commun; que la liberté civile des serviteurs était incompatible avec la vie nomade des premiers hommes, et qu'elle n'est devenue un bien que par l'établissement de la société civile. Aussi ne voyons-nous point Abraham blâmé, dans l'Ecriture sainte, d'avoir eu trois cents esclaves ; Sara, son épouse, châtie Agar, sa servante, qui lui manquait de respect; lorsque celle-ci prit la fuite, un ange du Seigneur lui ordonne de retourner et de s'humilier sous la main de sa maîtresse (*Gen.* xvi, 5). — Un prisonnier de guerre destiné à la mort se trouve heureux d'y échapper en se rendant esclave : il doit la vie à celui qui le prend à son service. Un particulier sans ressource, exposé à périr par la faim, trouve un maître qui s'oblige à lui fournir la subsistance et à ses enfants, sous condition d'un service perpétuel. Un chef de famille rencontre un enfant exposé et abandonné; il l'élève et l'entretient, dans la persuasion que cet enfant lui appartiendra. Où est l'injustice, dans ces différents cas? Quand il y aurait un contrat dans les deux premiers, il n'y en a point dans le troisième; la même loi naturelle qui ordonne à un chef de famille de sauver un enfant de la mort, quand il le peut, commande à celui-ci d'honorer et de servir son libérateur, comme s'il était né de son sang : il n'est ici besoin d'aucun contrat ni de convention de part et d'autre. Dieu y a suppléé d'avance par la loi éternelle de la justice et de l'humanité; et sans cette loi suprême, aucun contrat ne pourrait avoir force de loi, ni imposer aucune obligation morale.

Nous cherchons vainement dans la nature humaine le titre de cette *liberté* prétendue que l'on soutient être un don du ciel, don fatal, qui exposerait l'espèce humaine à une perte inévitable. Les besoins auxquels la nature assujettit l'homme dès sa naissance jusqu'à la puberté, les accidents auxquels il est exposé d'ailleurs, les fautes même qu'il peut commettre, sont un titre de dépendance pour toute sa vie. Si c'est la nature qui établit cette dépendance, c'est donc aussi elle qui établit l'*autorité* : l'une ne peut être sans l'autre. — A cette voix impérieuse de la nature, Dieu n'a pas manqué d'ajouter une loi positive; l'Ecriture, parlant de nos premiers parents, dit que Dieu a ordonné à chacun d'avoir soin de son prochain, *mandavit illis unicuique de proximo suo* (*Eccli.* xvii, 12). Donc il a ordonné aussi à celui qui a reçu des soins, d'honorer, de respecter, de servir son bienfaiteur; il n'a point attendu le consentement libre de l'un ou de l'autre pour leur imposer cette obligation. Il est donc faux que l'*autorité* conjugale, paternelle, domestique, soit fondée sur un contrat; elle l'est sur la loi divine, naturelle et positive, antérieure à toute convention. — Dans l'origine, cette autorité n'était point illimitée, puisque la même loi qui la fondait lui prescrivait des bornes; mais elle était absolue dans ce sens, qu'elle n'était encore gênée par aucune loi humaine; au-dessus d'elle elle ne voyait que la loi divine, elle s'étendait à tout ce qui était nécessaire au maintien et au bien-être de la société domestique. Depuis l'établissement de la société civile et des lois humaines, l'*autorité paternelle* a dû être subordonnée à la puissance publique, par la même raison que l'intérêt de chaque famille doit céder à l'intérêt général de la société entière. Nous voyons, en effet, l'*autorité paternelle* restreinte par les lois de Moïse; un enfant rebelle à ses père et mère est condamné à mort, non par eux, mais par les juges, et c'est le peuple qui est chargé d'exécuter la sentence (*Deut.* xxi, 18) : police beaucoup plus sage que celle des Grecs et des Romains qui attribuaient au père le pouvoir de disposer de la vie d'un enfant nouveau-né, de l'exposer ou de le vendre jusqu'à trois fois après l'avoir élevé. La loi chrétienne a fait réformer ce désordre; elle a resserré et sanctifié les obligations des époux; ils ont appris par elle à respecter et à chérir davantage un enfant consacré à Dieu par le baptême.

C'est dans cet état de choses que des philosophes insensés viennent attaquer les fondements de l'*autorité paternelle*, aussi anciens que le monde, et ébranler du même coup toute espèce d'*autorité*; soutenir qu'aucune n'est donnée par la nature, que toutes sont établies sur un prétendu contrat qui n'exista jamais, sur la reconnaissance des bienfaits reçus, ou sur l'espérance de ceux que l'on recevra. Ils constituent aussi les inférieurs juges et arbitres de l'*autorité* à laquelle Dieu leur ordonne d'être soumis; bientôt peut-être ils décideront qu'un enfant parvenu à la puberté est de droit et par nature supérieur à son père. Cette morale abominable n'atteste que trop la diminution de l'*autorité paternelle*, et la nécessité de la renforcer, s'il était possible. On le sentira mieux encore en lisant l'article suivant.

AUTORITÉ CIVILE et POLITIQUE. Par des accroissements successifs, une famille est devenue une peuplade, et la réunion de plusieurs a formé une nation. Soit que les peuplades se soient réunies par le voisinage, par un commerce mutuel, par des alliances, ou par la nécessité de se défendre contre des aggresseurs injustes, cette nouvelle société pouvait encore moins subsister sans subordination qu'une société domestique. L'habitude d'obéir à un père disposait déjà les membres à reconnaître l'*autorité* d'un chef; aussi le gouvernement monarchique paraît-il le plus ancien. Mais soit que l'on ait établi un seul chef ou plusieurs, la source de l'*autorité* est la même; Dieu en avait prévu et préparé le besoin; il s'en est rendu le garant: un législateur quelconque n'a pu avoir l'*autorité* nécessaire pour obliger les particuliers, si ces lois n'avaient pas été autorisées par le législateur suprême. Quand tous les membres sans exception y auraient consenti, cela suffirait peut-être pour faire régner la force, mais non pour obliger la conscience; autant il est impossible à un homme de s'imposer à soi-même une obligation morale, autant il est incapable de donner à un autre homme l'*autorité* et le droit de la lui imposer. Quand il aurait promis cent fois d'obéir, qui l'obligera de tenir sa parole, s'il n'y a pas une loi antérieure et éternelle qui lui enjoint de tenir sa promesse? Quand il le refuserait, qu'en résulterait-il? Toute la société, de laquelle il veut être membre sans en observer les lois, serait en droit de le traiter comme un ennemi, de le chasser ou de le punir.

Dès qu'une société civile ou nationale est une fois formée, elle est obligée, de droit naturel, à conserver et à protéger toute créature humaine qui naît dans son sein; elle en est censée la mère, de même que Dieu en est le père : à son tour, chaque individu, est dès sa naissance, soumis aux lois de la société dans laquelle il reçoit le jour, autrement elle ne pourrait subsister. Dieu, qui ordonne à la société de le conserver et de le protéger parce qu'il est homme, lui commande, par réciprocité, d'obéir aux lois établies et à l'*autorité* qui gouverne : sans cela il n'y aurait plus d'égalité ni de justice. Dieu, qui n'a pas consulté le corps de la société pour lui imposer ce devoir, n'a pas plus besoin du consentement de chaque particulier pour l'assujettir à cette obligation. Appeler cette réciprocité de devoir un *contrat* réel ou présumé, un *pacte social*, c'est abuser du terme et brouiller toutes les notions; il n'y a ici liberté ni de part ni d'autre; Dieu, père et bienfaiteur de l'humanité, a tout réglé et tout prescrit d'avance, et il aurait été absurde de laisser à chaque particulier une liberté destructive de la société.

Dieu est donc aussi réellement l'auteur et le fondateur de la société civile que de la société conjugale et domestique; il a destiné l'homme à l'une et à l'autre par les besoins, par les inclinations, par les passions même qu'il a données à l'homme, et qui ont besoin d'un frein; donc il est aussi le seul vrai principe de l'*autorité* civile et législative : sans la loi divine naturelle, les lois humaines seraient réduites à la seule force coactive; mais cette force n'impose pas plus une obligation morale que la violence d'un voleur armé. — Aussi l'Ecriture sainte, plus sage que la philosophie, nous dit que Dieu a établi un chef sur chaque nation, *in unamquamque gentem posuit rectorem* (Eccli. xvii, 14). Dès que Dieu s'est choisi un peuple particulier, il a daigné en être le législateur; cette fonction était trop auguste pour être confiée à un homme; mais il donna à Moïse l'*autorité* de faire exécuter les lois, et il commanda d'établir des juges pour en faire l'application; il prononça la peine de mort contre quiconque résisterait à leur sentence : en annonçant que les Israélites se choisiraient un roi, il lui défendit d'opprimer son peuple (*Deut.* xvii, 9, 20). Ainsi, par le fait et par les principes, se démontre la vérité de la maxime, que *toute puissance vient de Dieu*.

Mais nos adversaires, aussi habiles commentateurs de l'Ecriture sainte que profonds raisonneurs, nous accusent de mal traduire. Saint Paul dit (*Rom.* xiii, 1) : *Que toute personne soit soumise aux puissances supérieures;* car il n'est point de puissance qui ne vienne de Dieu, ET CELLES QUI SONT, ONT ÉTÉ ORDONNÉES OU RÉGLÉES PAR LUI : *ainsi celui qui résiste à la puissance, résiste à l'ordre de Dieu.* Vous avez tort, répliquent nos philosophes, il y a : *celles qui sont de Dieu sont ordonnées ou bien réglées*; donc celles qui sont mal réglées ou mal ordonnées, ne viennent pas de Dieu. C'est ainsi qu'il faut l'entendre, conformément à la droite raison et au sens littéral; car enfin n'y a-t-il pas des puissances injustes, des *autorités* usurpées, établies contre l'ordre et la volonté de Dieu? Faut-il obéir en tout aux persécuteurs de la vraie religion? Et pour fermer la bouche à l'imbécillité, la puissance de l'antechrist viendra-t-elle de Dieu? etc. — Sans nous émouvoir de cette insulte, nous disons que ce commentaire est opposé au texte; il suppose que saint Paul, après avoir dit qu'il n'est point de puissance qui ne vienne de Dieu, se rétracte ou restreint cette maxime, et décide que la puissance ne vient de Dieu que quand elle est bien réglée! Mais qui décidera si elle est bien ou mal réglée? Les particuliers, sans doute; avant d'obéir ils examineront si l'*autorité* est légitime ou usurpée, si les lois sont justes et conformes à la volonté de Dieu; si elles leur paraissent injustes, ils seront dispensés de la soumission, et ils auront droit de résister à l'*autorité*. Excellente morale! Ç'a été celle de tous les séditieux et de tous les fanatiques de l'univers.

1° Saint Paul a donc eu tort d'ordonner aux fidèles en général de rendre honneur, tribut, respect aux puissances établies pour lors; c'étaient des païens, des tyrans, des persécuteurs, de vrais antechrists. Claude et Néron étaient empereurs, et l'on ne soutiendra pas, sans doute, que la puissance de ces monstres était fort bien réglée. 2° Saint Pierre dit sans restriction : *Soyez soumis pour Dieu à toute créature humaine, au roi comme le plus élevé en dignité, aux officiers qu'il a préposés pour punir les malfaiteurs et protéger les gens de bien; parce que telle est la volonté de Dieu* (I *Petr.* ii, 13). 3° Le Sage parlant à des puissances très-injustes, leur dit : *Ecoutez, vous qui gouvernez les peuples et qui voyez avec complaisance les nations autour de vous; c'est Dieu qui vous a donné l'*AUTORITÉ, *et votre puissance vient du Très-Haut : il jugera vos actions et vos plus secrètes pensées, parce qu'étant les ministres de son royaume, vous n'avez pas gardé les lois de la justice, ni gouverné selon sa volonté* (*Sap.* vi, 3). 4° Les premiers chrétiens, quoique persécutés par les empereurs, leur ont obéi dans tout ce qui ne tenait point à la religion; nos apologistes l'ont ainsi représenté aux empereurs mêmes et aux magistrats; Tertullien, saint Irénée et les autres Pères, entendent comme nous les paroles de saint Paul. 5° C'est des protestants que nos censeurs ont emprunté leur théorie touchant les fondements de l'*autorité* : Jurieu a soutenu avant eux qu'il n'y a aucune relation de maître, de serviteur, de père, d'enfant, de mari et de femme, qui ne soit établie sur un pacte mutuel; que l'*autorité*, fondée sur le droit de conquête, n'est qu'une pure violence, etc. M. Bossuet l'a réfuté sans réplique, *cinquième avert. aux protest.*, n. 50 et suivants. 6° Cependant les plus célèbres commentateurs, même protestants, n'ont pas osé tordre le sens de saint Paul, comme le font nos jurisconsultes modernes. *Voy.* la Synopse des critiques sur ce passage.

Il y a des *autorités* illégitimes, des puissances usurpées, des gouvernements tyranniques, contraires à la volonté et à la loi de Dieu, nous en convenons; mais enfin, dès qu'elles existent et sont reconnues, il est de l'intérêt général et du bien commun qu'elles soient respectées et obéies, parce que l'anarchie est le plus grand de tous les maux. Dans quels dangers serait la société, s'il était permis au premier insensé qui jugera l'*autorité* injuste ou illégitime, de lever l'étendard et de sonner le tocsin de la sédition contre elle? Alors un conquérant serait forcé d'avoir toujours le glaive levé sur la tête d'un peuple conquis, et de le gouverner avec un sceptre de fer, pour lui ôter le pouvoir de secouer le joug. Ainsi les principes de nos adversaires, loin de favoriser la liberté du peuple, ne tendent qu'à fournir aux souverains un motif ou un prétexte de lui ôter toute liberté. — On nous demande fièrement s'il faut donc obéir *en tout* aux persécuteurs de la vraie religion. Non, sans doute: Jésus-Christ a posé la limite au delà de laquelle l'*autorité* civile n'a aucun pouvoir; il a ordonné de rendre à César ce qui est à César et à Dieu ce qui est à Dieu: or, la religion est à Dieu et non à César; c'est Dieu qui l'a établie, non-seulement sans le concours de l'*autorité* civile, mais malgré sa résistance; et c'est dans ce sens que les apôtres ont posé pour maxime qu'il vaut mieux obéir à Dieu qu'aux hommes. Il n'est personne qui ne puisse abuser des facultés naturelles qu'il a reçues de Dieu, aussi bien que de l'*autorité* dont il est dépositaire, il ne s'ensuit rien.

Quelques incrédules ont poussé la démence jusqu'à dire que si toute *autorité* vient de Dieu, la peste, la guerre, la stérilité et les autres fléaux de l'humanité en viennent aussi; qu'il ne s'ensuit pas néanmoins qu'il n'est pas permis de s'en mettre à couvert quand on le peut. Ainsi, selon leur avis, toute *autorité* est un fléau de l'humanité, comme la guerre, la famine, ou la peste. Mais est-il démontré que la société humaine peut se passer aussi aisément d'une *autorité* quelconque pour la gouverner, que des fléaux dont nous parlons? Nous prions ces déclamateurs insensés de citer l'exemple d'une société civile ou domestique qui ait subsisté et prospéré sous une anarchie absolue. Le vrai fléau de l'humanité serait cette liberté chimérique dont nos adversaires ont l'imagination frappée, et qu'ils ne cessent de réclamer: avec ce beau privilège, aucune société ne pourrait se maintenir, et les membres ne tarderaient pas de se détruire les uns les autres. L'homme, né avec des passions fougueuses, a besoin de lois qui les répriment, et les lois n'au-

raient aucune influence, s'il n'y avait pas une *autorité* armée de la force pour les faire exécuter.

Avant de décider que les souverains ont reçu de leurs sujets l'*autorité* dont ils sont revêtus, nos profonds politiques auraient dû nous apprendre comment les sujets peuvent donner ce qu'ils n'ont pas, et ce qu'ils n'ont jamais eu. On nous dit que l'*autorité* appartient de droit naturel au corps de la société, qu'elle ne peut s'en dépouiller absolument et pour toujours, qu'elle est en droit de la reprendre lorsque son chef ou ses chefs en abusent. La fausseté de ce principe est déjà suffisamment prouvée; mais il faut achever de démontrer le contraire par l'état général du genre humain, afin qu'il ne reste aucun doute sur une matière si importante.

Dans les sociétés les plus démocratiques, l'*autorité* n'est jamais entre les mains du plus grand nombre; mais des chefs de famille et des principaux citoyens; les femmes, les jeunes gens, les serviteurs, les étrangers résidants, n'y ont point de part; ils font cependant au moins les trois quarts de la société. S'il est vrai qu'aucun homme n'a reçu de la nature le droit de commander à son semblable, si la liberté est un don du ciel, dont tout homme a droit de jouir dès qu'il fait usage de sa raison, il est clair que, dans la démocratie même, la quatrième partie qui gouverne le reste a usurpé l'*autorité*; que ce gouvernement est aussi contraire au droit naturel que l'aristocratie et l'état monarchique. Pour que chaque membre de la société jouisse de la liberté, il faut qu'il n'y ait plus d'*autorité*, et que l'anarchie soit absolue. — Dans cet état de choses, voyons comment l'*autorité* pourrait naître, et quel en sera le fondement. Tous les membres de la société sont rassemblés pour établir et choisir un gouvernement; tous doivent donner leur suffrage. Qu'ils remettent l'*autorité* aux chefs de famille, à un sénat, à un roi, cela nous est égal; il s'agit de savoir ce que peut opérer et ce que signifie le suffrage que chacun donne à ce moment. S'il dit: *Je vous donne la portion d'autorité que j'ai sur la société*, il déraisonne, puisqu'il n'en a réellement aucune, et que l'anarchie subsiste encore. S'il entend: *Je vous donne l'autorité que j'ai sur moi*, cela ne se peut pas: il est absurde qu'un particulier ait l'*autorité* sur soi-même et soit son propre supérieur. S'il veut dire: *Je vous remets ma liberté naturelle*, c'est un attentat; une liberté accordée par la nature est inaliénable: ainsi le veulent nos philosophes. Si cela signifie: *Je vous la donne seulement pour un temps, sauf à la reprendre quand il me plaira*, le don est illusoire; donner, dit-on, et retenir, ne vaut. Ainsi, le simple particulier ne peut donner valablement ni l'*autorité* qu'il n'a pas, ni la liberté qu'il a. Si nous supposons qu'il dit: *Je vous choisis pour subvenir au besoin que la société dont je suis membre a d'être gouvernée*, cela se comprend; mais alors ce particulier ne fait que céder à la nécessité dont Dieu même est l'auteur, et son consentement n'est pas libre. S'il dit: *Je vous* choisis pour exercer au nom de Dieu l'autorité qu'il a sur nous tous, cela se conçoit encore mieux, et alors c'est Dieu et non l'homme qui revêt de l'autorité le dépositaire choisi par la société. Nous défions nos adversaires de donner un autre sens raisonnable au suffrage d'un électeur quelconque.

Enfin, l'absurdité de leurs principes est palpable, par les conséquences énormes qui s'ensuivent. En supposant que toute autorité est donnée en considération des bienfaits reçus ou que l'on espère, ils ont décidé qu'une société qui ne procure aucun bien à ses membres, perd le droit de leur commander; que tout membre mécontent de son sort à le droit de se détruire et de priver la société de ses services. Suivant cette morale, le mécontentement de ce membre le dépouille de l'humanité, et le met dans l'état de pure animalité, puisqu'il ne tient plus à la société humaine. Y eut-il jamais une société qui n'ait procuré et ne procure aucun bien à ses membres ? Elle a veillé à leur conservation même avant leur naissance; ils sont redevables à ses lois de l'éducation qu'ils ont reçue, de la sûreté dont ils ont joui, des mœurs qu'ils ont contractées, des plaisirs de l'adolescence, de leurs vertus s'ils en ont; leurs vices sont leur propre ouvrage, et de là vient le malheur qu'ils imputent à la société. Si l'autorité, en général, était aussi malfaisante que nos philosophes ingrats le supposent, elle ne souffrirait pas aussi patiemment les insultes qu'ils lui font. Nous nous garderons bien de copier les conseils abominables que quelques-uns ont donnés aux sociétés mécontentes de leurs chefs.

La plupart ont reproché à la morale chrétienne de favoriser le despotisme des souverains, en rendant leur autorité sacrée. A-t-il donc été possible aux chrétiens sensés de méconnaître une vérité sentie même par les païens ? Hésiode et Homère disent que les rois sont les lieutenants de Jupiter, et que c'est lui qui les a placés sur le trône; les Chinois, que les princes ont reçu leur commission du ciel; Zoroastre, qu'Ormuzd, ou le bon prince, a établi les rois pour gouverner les peuples. Une preuve positive de l'heureuse influence de la morale chrétienne sur les gouvernements, c'est que la puissance souveraine n'est nulle part plus tempérée et plus sagement réglée que chez les nations éclairées par les lumières de l'Evangile; partout ailleurs le despotisme et l'esclavage sont établis. Constantin, premier empereur chrétien, est aussi le premier qui, par ses lois, ait mis des bornes au despotisme exercé par ses prédécesseurs. *Voy.* LOI, ROI, etc.

AUTORITÉ RELIGIEUSE OU ECCLÉSIASTIQUE. Nous entendons par là l'*autorité* des pasteurs de l'Eglise sur les simples fidèles. Lorsqu'un chrétien est convaincu que, depuis le commencement du monde, Dieu a révélé et prescrit aux hommes la religion, c'est-à-dire, le culte qu'il exigeait d'eux, il ne peut plus douter si c'est Dieu qui a donné aux pasteurs l'*autorité* nécessaire pour enseigner les fidèles; et pour les guider dans la voie du salut.

Dans l'état de société purement domestique, le chef de famille était aussi le ministre du culte divin; les enfants d'Adam, Noé, Abraham, Jacob, ont offert des sacrifices; Melchisédech, roi de Salem, était aussi prêtre du Dieu Très-Haut. *Gen.*, c. XIV, v. 18. Mais, lorsque plusieurs peuplades réunies ont formé une société civile, il a été convenable que la puissance temporelle et l'*autorité* spirituelle ne fussent plus réunies dans la même personne. Dieu, en donnant sa loi aux Hébreux, choisit la tribu de Lévi pour faire les fonctions du culte divin; il confia l'*autorité* civile et politique à Moïse et aux juges. Jésus-Christ, qui a paru sur la terre lorsque les nations avaient une législation civile établie, n'y a dérogé qu'en ce qui regardait la religion; il a donné aux apôtres et à leurs successeurs la puissance spirituelle, ou l'*autorité* nécessaire pour faire croire la doctrine et observer la morale de l'Evangile; c'est ce que l'on nomme l'*autorité de l'Eglise*; et l'on comprend que dans cette expression l'Eglise est le corps des pasteurs, et non l'assemblée des fidèles.

Cette *autorité* est évidemment divine, puisque Jésus-Christ est Dieu; elle est indépendante de la puissance civile, puisque le Sauveur a établi son Evangile malgré les puissances de la terre; elle ne la gêne point, puisque la puissance civile ne s'étend point à la religion; elle ne l'affaiblit point, au contraire, elle la renforce par les leçons d'obéissance qu'elle fait aux peuples. Jésus-Christ a dit à ses apôtres : *Toute puissance m'a été donnée dans le ciel et sur la terre; allez donc, enseignez toutes les nations, baptisez-les au nom du Père, du Fils et du Saint-Esprit, et apprenez-leur à garder tout ce que je vous ai ordonné; je suis avec vous jusqu'à la consommation des siècles* (*Matth.* XXVIII, 18). Lorsque les souverains et les peuples ont embrassé le christianisme, ils se sont soumis à cet ordre suprême.

Mais aucune vérité n'est à couvert des attentats de l'hérésie. Pour avoir droit de se révolter contre une *autorité* établie depuis seize siècles, les sectaires ont dit que Jésus-Christ a donné l'*autorité* spirituelle à l'*Eglise*, c'est-à-dire à l'assemblée des fidèles; et non aux pasteurs; que ceux-ci la reçoivent de l'*Eglise*, et non d'ailleurs; qu'ils sont simples mandataires des fidèles; qu'ils n'ont d'*autorité* sur le troupeau qu'autant que les ouailles trouvent bon de leur en accorder. Jésus-Christ, en donnant la mission à ses apôtres, parlait-il donc à l'assemblée des fidèles, qui n'existait pas encore? Trouve-t-on dans l'Ecriture que Jésus-Christ a donné aux fidèles la commission d'enseigner et de gouverner leurs pasteurs? Sans doute, comme on y a trouvé que c'est aux enfants de commander à leurs pères et au peuple de maîtriser les rois. — Comme les prédicants ne pouvaient établir leur secte que par une *autorité* divine, il a fallu recourir aux puissances séculières; ce sont elles qui ont fondé par leurs lois les églises luthérienne, calviniste et anglicane : aussi n'a-t-on pas manqué d'enseigner que Dieu a donné aux rois et aux magistrats le droit et le pouvoir de régler et de prescrire la doctrine et la discipline de l'Eglise; et cela s'est trouvé à point nommé dans l'Ecriture sainte. Mais lorsque l'intérêt a changé, l'on y a trouvé aussi que les souverains, à leur tour, ne sont que les mandataires de leurs sujets; que leur *autorité*, lorsqu'ils en abusent, est aussi révocable que celle des pasteurs. Bien entendu que cette nouvelle doctrine n'a été prêchée que dans les Etats républicains; dans les autres, le souverain ne l'aurait pas soufferte.

Malgré les anathèmes lancés contre ces erreurs, quelques-uns de nos jurisconsultes modernes ont osé les renouveler, et ont suivi la même marche que les protestants : ils ont soutenu d'abord que les pasteurs de l'Eglise ne peuvent légitimement exercer aucune fonction publique de leur ministère, ni faire aucun acte d'*autorité ecclésiastique*, sans l'agrément et l'aveu de la puissance civile; ensuite, pour compléter le système, on prétend aujourd'hui que les rois tiennent toute leur *autorité* de leurs sujets, qu'elle ne vient pas plus de Dieu que celle des pasteurs ne vient de Jésus-Christ. Ainsi, les gouvernements ne peuvent plus être dupes du zèle hypocrite que l'on avait affecté d'abord pour la prétendue *suprématie* de leur pouvoir.

Dans l'article précédent, nous avons démontré que Dieu est le seul et véritable auteur de la puissance civile et politique, quel que soit le sujet dans lequel elle réside. Au mot PASTEURS, nous ferons voir que leur *autorité* vient de Jésus-Christ, et n'est soumise à aucune autre; que l'*autorité de l'Eglise* est celle des pasteurs, et non du corps des fidèles.

Il faut distinguer l'*autorité de l'Eglise* en matière de foi, et son *autorité* en fait de discipline. La première est la mission même que les apôtres et leurs successeurs ont reçue de Jésus-Christ pour enseigner les fidèles, mission qui impose à ceux-ci l'obligation de croire; il a dit aux apôtres : *Celui qui vous écoute m'écoute moi-même, et celui qui vous méprise me méprise* (Luc. x, 16). A l'article MISSION, nous prouverons que celle des apôtres ne s'est pas terminée à eux, mais qu'elle a passé à leurs successeurs, et durera autant que l'Eglise.

Sans aucun égard pour la mission, les protestants soutiennent que, pour régler sa croyance, le simple fidèle ne doit point s'en rapporter à l'*autorité de l'Eglise* ou à l'enseignement des pasteurs, mais qu'il doit examiner par l'Ecriture sainte ce qui est révélé de Dieu, ou non révélé, par conséquent vrai ou faux, certain ou douteux; les catholiques prétendent le contraire, conséquemment ceux-ci s'en tiennent *à la voie d'autorité*, et les premiers *à la voie d'examen*. Il faut donc voir d'abord lequel de ces deux procédés est le plus aisé ou le plus possible à un simple fidèle, de s'assurer de l'*autorité* divine de l'Ecriture sainte, ou de constater la mission divine des pasteurs de l'*Eglise*. Nous soutenons que le premier de ces examens est impossible au commun des fidèles, et que le second est très-aisé.

Pour fonder notre foi sur la seule *autorité* de l'Ecriture sainte, il faut être certain, 1° que tel livre est canonique, écrit par un auteur inspiré, et que c'est véritablement la parole de Dieu; si c'était un livre supposé, apocryphe, altéré, rempli d'erreurs, il n'aurait aucune autorité. 2° Qu'il a été fidèlement traduit, et que la version rend exactement le sens du texte original. 3° Que le sens du livre est véritablement tel qu'il nous paraît, que nous ne nous trompons point dans la manière dont nous l'entendons. Il n'est aucun de ces trois points sur lequel il n'y ait des disputes entre les croyants et les incrédules, entre les catholiques et les hérétiques; un simple fidèle est évidemment incapable d'entrer dans toutes ces contestations, à plus forte raison de les décider. — Pour être assuré de l'*autorité* divine et infaillible de l'*Eglise*, il faut être convaincu, 1° de la mission des apôtres, 2° de la succession légitime des pasteurs qui les remplacent. La mission divine des apôtres est constatée par les mêmes preuves qui établissent la divinité de la religion chrétienne, et que nous nommons motifs de crédibilité; ce sont les miracles de Jésus-Christ, ceux des apôtres, leurs vertus, leur martyre, leurs succès, le monde changé par le christianisme : preuve démonstrative, à portée des plus grossiers. La succession des pasteurs de l'*Eglise* par la voie de l'ordination est un fait public, incontestable, sur lequel personne n'est tenté de former des doutes et de disputer. Dans le sein de l'*Eglise* catholique un simple fidèle a le même degré de certitude en matière de foi, qu'il a de ses intérêts les plus chers, de sa naissance, de ses droits, de ses devoirs naturels et civils; la certitude morale est poussée au plus haut degré de notoriété.

Une preuve de la nécessité de cette méthode, c'est qu'elle est suivie dans les sectes mêmes qui font profession de la rejeter. Avant de lire l'Ecriture sainte, un luthérien, un calviniste, un socinien, sont imbus déjà dès l'enfance, par leur catéchisme, de la doctrine de leur communion. Le premier trouve dans l'Ecriture sainte le luthéranisme; le second y voit le calvinisme; le troisième y découvre la doctrine de Socin. Ce n'est donc pas le sens de l'Ecriture qui les guide, c'est leur croyance antérieure qui décide pour eux du sens de l'Ecriture. *Voy.* ECRITURE SAINTE, EGLISE.

Une autre question est de savoir si en matière de discipline l'*Eglise* a l'*autorité* de faire des lois, et d'obliger par des peines les fidèles à les observer. *Voy.* LOIS ECCLÉSIASTIQUES. — Comme toutes les contestations entre l'*Eglise* catholique et les sectes hétérodoxes se réduisent à savoir quelle est la voie la plus certaine pour connaître la vraie doctrine de Jésus-Christ, il est bon de faire voir que notre méthode est fondée sur un principe unique et simple, dont les conséquences sont palpables. Ce principe est que la *Religion chrétienne est une religion révélée.*

De là nous concluons, 1° donc nous devons la recevoir par l'organe de ceux que Dieu a spécialement chargés de l'enseigner, et non par un autre canal. Tout homme qui n'est point envoyé de Dieu, qui n'est point revêtu d'une mission divine, est sans caractère et sans *autorité* pour dogmatiser : les talents, les lumières, la sainteté, et tous les avantages possibles ne peuvent suppléer au défaut de mission. Jésus-Christ l'avait donnée à ses apôtres; ceux-ci l'ont communiquée à leurs successeurs; ils ont voulu que cette mission fût attestée par l'*ordination* donnée à la face de l'*Eglise*; ainsi le christianisme s'est perpétué jusqu'à nous, ainsi il doit se conserver jusqu'à la fin des siècles. — Il s'ensuit, 2° que la révélation du christianisme, qui est un fait général, doit se prouver comme tout autre fait, par la tradition orale, par l'histoire écrite, par les monuments, ou par les rites extérieurs qui y sont relatifs. Puisqu'ici la certitude morale ne peut être poussée trop loin, et que notre foi ne peut être trop ferme, aucune de ces trois preuves ne doit être rejetée; de leur concert parfait résulte le plus haut degré de certitude et de notoriété possible. C'est ainsi que l'on procède dans toutes les questions que l'on peut former sur un fait important, duquel dépendent nos intérêts les plus chers. — 3° Que le fait général de la révélation du christianisme se résout ou se décompose en une multitude de faits particuliers qui doivent se prouver par les mêmes signes que le fait général. Toute question, en matière de religion, se réduit à demander : Jésus-Christ et les apôtres ont-ils enseigné telle doctrine? Qu'ils l'aient écrite ou non, cela ne décide rien, puisqu'en matière de fait il reste deux autres preuves, la tradition et les monuments. Quand les apôtres n'auraient écrit nulle part que le baptême est nécessaire au salut, il nous suffirait de savoir par l'histoire qu'ils ont voulu que tout fidèle fût baptisé, et que l'on n'a jamais tenu un homme pour chrétien, à moins qu'il ne fût baptisé ou n'eût désiré de l'être. Pour savoir quels effets ils ont attribués au baptême, nous n'avons besoin que de considérer les cérémonies avec lesquelles ce sacrement fut toujours administré. — Nous concluons, 4° que toute science en matière de foi se réduit au témoignage. Lorsqu'il est constant, uniforme, universel de la part des différentes *Eglises* ou sociétés chrétiennes dispersées dans le monde, il ne peut être faux. Lorsque les témoins sont revêtus de caractère, jurent et protestent qu'il ne leur est ni permis ni possible d'altérer le fait dont ils déposent, leur attestation est plus forte et plus respectable. Tel est le témoignage des *Eglises* dispersées, énoncé par la bouche de leurs pasteurs. Lorsqu'on met en question si l'*Eglise* a une *autorité* en matière de foi, c'est comme si l'on demandait : l'*Eglise* est-elle admissible à rendre témoignage par la bouche des pasteurs, pour attester quelle est la croyance des différentes sociétés qui la composent, et ce témoignage est-il digne de foi? 5° Il en résulte que la *catholicité* ou l'uniformité de doctrine entre ces sociétés dispersées est la vraie règle à laquelle les grands et les petits, les savants et les ignorants doivent faire attention, donner leur confiance. Lorsqu'entre plusieurs preuves il s'en trouve une qui est également à portée de tous, et qui supplée à toutes les autres, il est naturel que tous y aient recours et se reposent sur elle. Il serait absurde de renvoyer les simples fidèles à des lectures, à des discussions sur des livres et des passages, à des raisonnements dont ils sont évidemment incapables. — Nous concluons enfin : Donc tout docteur qui veut établir un point de dogme par une des trois preuves dont nous avons parlé, et rejette les deux autres, qui veut renverser la tradition par le silence de l'Ecriture, au lieu de suppléer à ce silence par la tradition et par l'énergie des monuments, se rend suspect de fraude. S'il manque d'ailleurs du caractère essentiel à l'enseignement, de mission divine et légitime, c'est un prévaricateur; s'il résiste au témoignage et à la décision de l'*Eglise*, c'est un hérétique.

Outre l'enchaînement et l'évidence de ces conséquences, nous avons pour nous l'usage observé constamment depuis les apôtres jusqu'à nous. Lorsqu'une dispute sur le dogme s'est élevée, les pasteurs se sont assemblés; ils ont dit : Voilà ce que nous enseignons aux fidèles, ce que nous avons trouvé, établi et professé dans l'*Eglise* dont le gouvernement nous est confié. Lorsque ces témoignages se sont trouvés uniformes, unanimes, ou presque unanimes, ils ont dicté la décision, et on a dit anathème à ceux qui résistaient. Si l'on est entré avec ces derniers dans la discussion des passages de l'Ecriture et des raisonnements qu'ils objectaient, ç'a été pour les mieux confondre. La seule explication certaine et infaillible de l'Ecriture est l'enseignement constant et uniforme de l'*Eglise*. — Ainsi ont raisonné au II° siècle saint Irénée, pour réfuter les hérétiques de ce temps-là; au III°, Tertullien dans ses *Prescriptions* contre eux; au IV°, les Pères qui ont disputé contre les ariens; et cette méthode n'a jamais changé. — Ainsi ont été forcés d'agir les protestants eux-mêmes, lorsqu'ils ont disputé dans leurs synodes contre les sociniens, pour savoir s'il faut baptiser les enfants, et si le baptême leur est nécessaire : au silence de l'Ecriture objecté par les sociniens, aux passages mêmes sur lesquels ils se fondaient, les protestants ont voulu opposer la pratique constante et générale de l'*Eglise*.

Qu'ont répliqué les sociniens? Vous en revenez, ont-ils dit, au principe des catholiques, que vous faites profession de rejeter aussi bien que nous. Le fondement de votre croyance et de la nôtre est que toute question doit être décidée par l'Ecriture seule.

Quand il a fallu prendre parti sur les contestations survenues entre les arminiens et les gomaristes, les ministres assemblés à Dordrecht ont décidé, à la pluralité des suffrages, que le sentiment des arminiens est contraire à l'Ecriture, et que ceux-ci prenaient mal le sens des passages sur lesquels ils se fondaient. Mais nous demandons par quelle voie un simple calviniste peut être assuré que les gomaristes ont mieux pris le sens de l'Ecriture que les arminiens? — Il nous paraît plus naturel de déférer au témoignage des évêques, lorsqu'ils disent: *Nous attestons que telle est la croyance de nos Eglises;* c'est un fait public sur lequel il leur est impossible de se tromper ou de nous en imposer, que de nous soumettre au jugement des ministres lorsqu'ils disent: *Nous déclarons que tel est le sens de l'Ecriture;* ceci est un article sur lequel mille docteurs se sont trompés depuis la naissance du christianisme, et ont été légitimement condamnés.

Fidèles à suivre la marche des hérétiques, les sociniens et les déistes prétendent que, pour savoir si une doctrine est révélée de Dieu, ou non révélée, il n'est pas question d'examiner si elle a été enseignée par Jésus-Christ, par les apôtres, ou par quelqu'un des écrivains sacrés, mais qu'il faut voir si elle est conforme à la droite raison, ou si elle y est opposée, parce qu'une doctrine contraire à la raison est infailliblement fausse, et ne peut avoir été révélée de Dieu. Il est clair que ce procédé est encore plus absurde que celui des protestants; mais c'est une conséquence qui ne pouvait manquer de s'ensuivre: c'est ainsi que la prétendue réforme a frayé le chemin au déisme. Déjà saint Augustin a réfuté cette théorie dans son livre *De utilitate credendi.*

1° La plupart des vérités révélées sont des mystères ou des vérités incompréhensibles à l'entendement humain; l'examen de cette doctrine en elle-même ne peut donc aboutir qu'à conclure: *Je n'y conçois rien.* Or, l'ignorance et le défaut d'intelligence de notre part ne prouvent rien. 2° De savoir si Dieu a révélé telle ou telle doctrine, c'est un fait: or, ce fait se prouve par des témoignages, et non par des arguments spéculatifs. Parce qu'une doctrine nous paraît vraie, il ne s'ensuit pas que Dieu l'ait révélée; quand elle nous paraîtrait fausse, il ne s'ensuivrait pas non plus qu'elle n'est point révélée. Lorsqu'il est question de savoir si telle loi est émanée de *l'autorité* souveraine, on ne commence point par examiner si elle est juste ou injuste, raisonnable ou absurde, utile ou pernicieuse; on s'en rapporte aux faits qui prouvent que cette loi a été véritablement portée et promulguée. C'est un principe universellement admis, qu'il est absurde d'argumenter contre les faits. 3° La révélation est faite pour les ignorants aussi bien que pour les savants: or, les ignorants ne sont pas plus en état de juger de la vérité ou de la fausseté d'une doctrine en elle-même, que de décider de la justice ou de l'injustice d'une loi quelconque. Mais l'homme le plus ignorant peut être convaincu des faits qui prouvent la mission divine des pasteurs de l'Eglise. *Voy.* MISSION.

— 4° La voie d'examen a été de tout temps la source des hérésies; elle est encore le principe de toute espèce d'incrédulité; parce qu'un socinien et un déiste jugent que les mystères du christianisme sont faux et absurdes, ils décident que Dieu n'a pas pu les révéler, que toute révélation est une imposture: ils imitent l'opiniâtreté des athées, qui soutiennent que Dieu n'a pas créé le monde, parce qu'il n'est pas assez bien fait à leur gré.

Il ne faut donc pas confondre l'examen de la mission avec l'examen de la doctrine le premier est à la portée des simples fidèles, le second ne l'est pas. Lorsque la mission des pasteurs est prouvée, le devoir du fidèle est de croire sans examiner la doctrine, parce qu'il en est incapable.

AVARE, AVARICE. C'est aux philosophes moralistes de faire sentir la bassesse et les funestes conséquences de cette passion; les théologiens la nomment l'un des sept péchés capitaux: souvent elle est censurée dans l'Écriture sainte. Salomon, dans les Proverbes, et les prophètes, se sont appliqués à en guérir les Juifs; Jésus-Christ reprend fréquemment ce vice des pharisiens; saint Paul en inspire de l'horreur et du mépris; il dit que c'est une idolâtrie. En effet, les désirs de notre cœur sont une espèce de culte que nous adressons aux objets dans lesquels nous faisons consister notre bonheur. Il est passé en usage de dire que les *avares* n'ont point d'autre Dieu que l'argent.

AVE, MARIA, ou *Salutation angélique,* prière à la sainte Vierge, très-usitée dans l'Eglise romaine. Elle est composée des paroles que l'ange Gabriel adressa à la sainte Vierge, lorsqu'il vint lui annoncer le mystère de l'incarnation, de celles de sainte Elisabeth, lorsqu'elle reçut la visite de la Vierge, et enfin de celles de l'Eglise, pour implorer son intercession. On l'appelle *Ave, Maria,* parce qu'elle commence par ces mots, qui signifient: *Je vous salue, Marie.*

On appelle aussi *Ave, María* les plus petits grains du chapelet ou rosaire, qui indiquent que, quand on le récite, on doit dire des *Ave,* à la différence des gros grains, sur lesquels on dit le *Pater* ou l'oraison dominicale. *Voy. l'Ancien sacramentaire* par Grandcolas, première partie, pag. 414.

AVE, MARIA (religieuses de l'). *Voy.* SAINTE-CLAIRE et CORDELIÈRES.

AVÉNEMENT, se dit de la venue du Messie. On distingue deux sortes d'*avénements* du Messie, l'un accompli, lorsque le Verbe s'est incarné, et qu'il a paru parmi les hommes revêtu d'une chair mortelle; l'autre futur, lorsqu'il descendra visiblement du ciel dans sa gloire et sa majesté pour juger tous les hommes.

Les juifs sont toujours dans l'attente du premier *avénement* du Messie, et les chrétiens dans celle du second, qui précédera le jugement. C'est une question parmi les commentateurs, de savoir si Jésus-Christ a parlé de ce dernier *avénement* dans l'Evangile (*Matth.* XXIV; *Marc.* XIII; *Luc.* XXI). Malgré les efforts que l'on a faits pour le prouver dans une dissertation sur ce sujet, *Bible d'Avignon,* tom. XIII, p. 403, il nous paraît plus naturel de penser qu'il est seulement question du siège de Jérusalem, de la ruine et de la dispersion de la nation juive. Pour entendre autrement le discours de Jésus-Christ, il faut forcer le sens de ces paroles : *Cette génération ne passera point jusqu'à ce que tout s'accomplisse.* Les Pères ont pensé, à la vérité, que les événements dont parle le Sauveur, sont une figure de ce qui doit arriver à la fin du monde ; mais aucun n'a décidé que ce soit là le sens littéral des évangélistes.

AVENT, temps consacré par l'Eglise pour se préparer à célébrer dignement la fête de l'avènement ou de la naissance de Jésus-Christ, et qui précède immédiatement cette fête. *Voy.* NOËL.

Ce temps dure quatre semaines, et commence le dimanche qui tombe ou le jour de saint André, ou le jour qui en est le plus proche, soit avant, soit après, c'est-à-dire, le dimanche qui tombe entre le 27 novembre et le 3 décembre inclusivement. Cet usage n'a pas toujours été le même. Le rite ambrosien marque six semaines pour *l'avent,* et le sacramentaire de saint Grégoire en compte cinq. Les capitulaires de Charlemagne portent qu'on faisait un carême de quarante jours avant Noël : c'est ce qui est appelé, dans quelques anciens auteurs, le carême de la Saint-Martin. Cette abstinence avait d'abord été instituée pour trois jours par semaine ; savoir, le lundi, le mercredi et le vendredi, par le premier concile de Mâcon, tenu en 581. Depuis, la piété des fidèles l'avait étendue à tous les autres jours : mais elle n'était pas constamment observée dans toutes les Églises, ni si régulièrement par les laïques que par les clercs. Chez les Grecs, l'usage n'était pas plus uniforme : les uns commençaient le jeûne de *l'avent* dès le 15 novembre, d'autres le 6 de décembre, et d'autres le 20. Dans Constantinople même, l'observation de *l'avent* dépendait de la dévotion des particuliers, qui le commençaient tantôt trois, tantôt six semaines, et quelquefois huit jours seulement avant Noël. — En Angleterre, les tribunaux de judicature étaient fermés pendant ce temps-là. Le roi Jean fit à ce sujet une déclaration expresse, qui portait défense de vaquer aux affaires du barreau dans le cours de *l'avent : In adventu Domini nulla assisa capi debet;* et même encore à présent il est défendu de se marier pendant *l'avent* sans dispense.

Une singularité à observer par rapport à *l'avent,* c'est que, contre l'usage établi aujourd'hui d'appeler la première semaine de *l'avent* celle par laquelle il commence, et qui est la plus éloignée de Noël, on donnait ce nom à celle qui en est la plus proche, et l'on comptait ainsi toutes les autres en rétrogradant, comme on fait avant le carême les dimanches de la septuagésime, sexagésime et quinquagésime, etc.

AVEUGLEMENT SPIRITUEL. Il consiste à ne pas sentir l'importance du salut, le prix des grâces de Dieu, l'énormité de nos péchés, la nécessité de faire pénitence, etc. L'Ecriture dit des infidèles, qu'ils sont dans les ténèbres, et de tous les pécheurs, qu'ils sont aveugles. Lorsque cet *aveuglement* est volontaire, il est criminel sans doute ; s'il ne l'était pas, il ne serait pas imputable. — Cependant nous lisons dans plusieurs endroits des livres saints, que Dieu aveugle les pécheurs, les impies, les incrédules ; comment cela doit-il s'entendre ? Souvent Dieu reproche aux pécheurs leur *aveuglement;* peut-il en être l'auteur ? non sans doute. Il est dit, (*Sap.* II, 25) que les pécheurs sont aveuglés par leur propre malice, et (*II Cor.* IV, 4) que c'est *le dieu de ce siècle,* ou les passions divinisées, qui ont aveuglé l'esprit des infidèles ; ce n'est donc pas Dieu. Saint Paul dit que le cœur des faux sages a été aveuglé, parce qu'ayant connu Dieu, ils ne l'ont pas honoré, qu'ainsi ils sont inexcusables (*Rom.* I, 20 et 21) ; ç'a donc été leur faute, et non celle de Dieu. Saint Jean dit que celui qui hait son frère ne voit pas clair, que les ténèbres l'ont rendu aveugle ; mais il nous avertit que Dieu est la lumière, et qu'en lui il n'y a point de ténèbres (*Joan.* I, 5 ; II, 12) ; *l'aveuglement* ne vient donc pas de lui. Il dit que le Verbe divin est la vraie lumière qui éclaire tout homme qui vient en ce monde (*Joan.* I, 9) ; les pécheurs ne sont pas exceptés.

Dieu répète continuellement aux Juifs : *Soyez saints, parce que je suis saint :* or, la sainteté de Dieu consiste en ce qu'il défend le péché et le punit ; il ne peut donc y contribuer en aucune manière. *Dieu,* dit le Sage, *déteste l'impie et son impiété* (*Sap.* XIV, 9). *Et il ne donne lieu de pécher à personne* (*Eccli.* XV. 21). Dieu ne veut pas seulement que l'on dise qu'il abandonne les pécheurs (*Ibid.,* 11) ; à plus forte raison serait-ce un blasphème de penser qu'il les aveugle, qu'il leur ôte absolument toute lumière de la grâce. Enfin Jésus-Christ dit formellement aux Juifs : *Si vous étiez aveugles, vous n'auriez point de péché, c'est à dire, vous ne seriez point coupables du péché que vous commettez, en refusant de croire en moi* (*Joan.* IX, 41). Cela nous parait clair. — Cependant Calvin a cité vingt passages qui prouvent que Dieu aveugle positivement les pécheurs ; les incrédules ne cessent de les répéter ; plusieurs théologiens en abusent pour prétendre qu'il y a des pécheurs auxquels Dieu refuse des grâces de conversion ; il faut donc les examiner en détail. La question est très-importante ; il s'agit de savoir si nous n'avons pas affaire à des aveugles volontaires.

Remarquons d'abord que dans toutes les langues, même dans la nôtre, il y a deux équivoques très-communes. La première est de dire qu'un homme fait ce qu'il laisse faire, ce qu'il néglige d'empêcher autant qu'il le peut ; ainsi l'on attribue à un magistrat les désordres qu'il n'empêche point, à un père les passions de son fils lorsqu'il ne les réprime point, à un maître le libertinage d'un domestique sur lequel il ne veille point. Les Pères de l'Eglise disent aux riches qui n'assistent point les pauvres : Vous ne les avez point nourris, vous les avez tués. *Non pavisti, occidisti;* et cela signifie seulement, vous les avez laissés périr. Nous disons à un imprudent qui s'est attiré des malheurs par défaut de prévoyance et de précaution : *Vous l'avez voulu,* etc. La seconde, qui revient au même, est d'appeler *cause* ce qui est seulement *occasion;* ainsi nous disons brusquement à un homme, *vous me faites enrager,* lorsque son caractère ou sa conduite sont pour nous une occasion de dépit et de colère, même contre son intention ; la vraie cause est notre impatience, et souvent la bizarrerie de notre propre caractère. On dit à un jeune homme follement épris des attraits d'une femme : *Cette beauté vous aveugle, vous rend fou;* souvent elle l'ignore ou en est fâchée. On dit des grands qui prodiguent leurs bienfaits, qu'*ils font des ingrats;* ce ne devrait pas être là le fruit des bienfaits. — C'est dans ce double sens qu'il est dit que *Dieu aveugle les pécheurs;* 1° parce qu'il ne leur accorde pas des lumières aussi abondantes et aussi puissantes qu'il le faudrait pour dissiper facilement leur aveuglement ; mais l'excès de leur opiniâtreté n'est pas un titre pour exiger de lui de plus grandes grâces ; 2° parce que la patience avec laquelle il les attend, les bienfaits qu'il leur accorde, leur persuadent souvent qu'il en sera toujours de même, et que Dieu ne les punira pas. Dieu dit aux Juifs (*Isaï.* XLIII, 24) : *Vous m'avez fait servir à vos propres iniquités,* c'est-à-dire, vous avez abusé de mes bienfaits pour m'offenser. Toutes ces façons de parler, abusives et fausses en bonne logique, ne doivent pas plus nous surprendre en hébreu qu'en français, dans les auteurs sacrés que chez les écrivains profanes.

Le passage le plus fort qu'il y ait sur cette matière est dans le prophète Isaïe, chap. VI, v. 9. Dieu lui dit : *Va et dis à ce peuple,* ÉCOUTEZ ET N'ENTENDEZ PAS, VOYEZ ET NE COMPRENEZ PAS. *Endurcis le cœur de ce peuple, bouche-lui les oreilles et ferme-lui les yeux, de peur qu'il ne voie, n'entende et ne comprenne, qu'il ne se convertisse et que je ne le guérisse.* JUSQUES A QUAND, SEIGNEUR? *Jusqu'à ce que ses villes soient sans habitants, ses maisons désertes, et ses terres sans culture.* Si l'on prenait ce passage à la lettre, rien ne serait plus absurde. 1° Ce serait une contradiction de la part de Dieu d'envoyer un prophète aux Juifs pour leur faire des reproches, s'il avait le dessein de les aveugler et de les endurcir : ils l'étaient déjà. 2° Isaïe n'avait certainement pas le pouvoir de les rendre pires qu'ils n'étaient. Il est donc évident que c'est ici une prédiction, et non un commandement; le sens est : « Va dire à ce peuple : *Vous écoutez et n'entendez pas, vous voyez et ne comprenez pas.* Mais laisse-le endurcir son cœur, se boucher les oreilles, se fermer les yeux, parce qu'il craint de voir, d'entendre et d'être guéri ; et cela durera jusqu'à ce que l'excès de ses malheurs le fasse rentrer en lui-même. » Cette menace était évidemment plus propre à convertir les Juifs qu'à les aveugler ; c'est le langage d'un père irrité contre ses enfants, mais qui voudrait les changer, afin de ne pas être obligé de les punir.

Ce passage d'Isaïe est répété cinq ou six fois dans le Nouveau Testament. *Matth.* XIII, 13, Jésus-Christ dit des Juifs : *Je leur parle en paraboles, parce qu'ils regardent et ne voient pas, ils écoutent et ils n'entendent pas, et ne comprennent rien. Ainsi s'accomplit à leur égard la prophétie d'Isaïe, qui leur dit :* VOUS ÉCOUTEREZ ET N'ENTENDREZ PAS, VOUS REGARDEREZ ET NE VERREZ PAS. *Car le cœur de ce peuple est appesanti; ils ouvrent à peine les oreilles, ils ferment les yeux de peur de voir, d'entendre, de comprendre, de se convertir et d'être guéris.* Ainsi le Sauveur attribue à la malice volontaire des Juifs ce que la prophétie semblait attribuer à Isaïe lui-même. Malgré cette évidence, les incrédules concluent que Jésus-Christ parlait exprès aux Juifs en paraboles, afin de les aveugler et de les endurcir. Quoi ! des paraboles sensibles, des comparaisons palpables, n'étaient-elles pas la leçon la plus propre à ouvrir les yeux d'un peuple grossier et obstiné? Il était question là de la parabole de la semence, image de la parole de Dieu, et des causes qui l'empêchent de produire du fruit ; cette énigme n'était pas fort difficile à comprendre.

Cependant, disent les incrédules, Jésus-Christ témoigne qu'il n'a aucune envie d'ouvrir les yeux aux Juifs; lorsque ses disciples lui demandent : *Pourquoi parlez-vous en paraboles à ces gens-là?* il répond : *Parce qu'il vous est donné de connaître le mystère du royaume des cieux, au lieu que cela ne leur est pas accordé (Ibid.,* 11). Ensuite il explique à ses disciples en particulier le sens de la parabole, et ne l'explique point au peuple. — Mais pourquoi n'était-il pas donné aux Juifs de connaître les mystères du royaume de Dieu? Parce qu'ils ne le voulaient pas : Jésus-Christ le dit formellement; ils fermaient les yeux, ils se bouchaient les oreilles, etc. S'ils lui avaient demandé une explication dans le dessein d'en profiter, il la leur aurait donnée aussi bien qu'à ses disciples.—Point du tout, répliquent les incrédules; suivant saint Marc, chap. IV, v. 11, Jésus-Christ dit à ses disciples : *Il vous est donné de connaître les mystères du royaume de Dieu, au lieu qu'aux étrangers tout est dit en paraboles, afin qu'ils voient sans connaître, qu'ils écoutent sans entendre, de peur qu'ils ne se convertissent, et que les péchés ne leur soient remis.*— Fausse traduction; ἵνα en grec, *ut* en latin, ne signifient point là *afin que,* mais *de manière que;* il serait absurde de supposer que Jésus-Christ parlait, instruisait, reprenait les Juifs, *afin qu'ils* n'écoutassent pas et ne fussent pas convertis. *Voy.* INTENTION.

Dans le même sens, Jésus-Christ dit (*Joan.* IX, 39) : *Je suis venu dans ce monde pour exercer un jugement,* DE MANIÈRE QUE *ceux qui ne voient pas soient éclairés, et que ceux qui voient deviennent aveugles.* La suite donne l'explication. Les pharisiens lui demandèrent : *Sommes-nous donc aussi des aveugles? — Si vous l'étiez*, répliqua le Sauveur, *vous n'auriez point de péché; mais vous dites* NOUS VOYONS; *votre péché demeure.* Donc, si l'aveuglement des pharisiens était venu de Jésus-Christ, et non de leur opiniâtreté, ils auraient été exempts de péché. — *Joan.* XII, 37, nous lisons encore : *Quoique Jésus eût fait de si grands miracles en présence des Juifs, ils ne croyaient pas en lui,* DE MANIÈRE QU'ILS *accomplissaient ce qu'a dit Isaïe* : « *Seigneur, qui a cru ce que nous avons annoncé, qui a reconnu l'opération de votre bras?* » Ils ne pouvaient pas croire, parce qu'Isaïe a encore dit : *Dieu les a rendus aveugles et a endurci leur cœur,* DE MANIÈRE *qu'ils ne voient point*, etc.—A ce sujet, saint Augustin dit : « Si l'on me demande pourquoi *ils ne pouvaient pas croire*, je répondrai d'abord, parce qu'ils ne le voulaient pas... S'ils ne le voulaient pas, c'était la faute de la volonté humaine..... Ils étaient si orgueilleux, qu'ils voulaient leur propre justice, et non celle de Dieu. » (*Tract.* 53 *in Joan.*, n. 6 et 9.) Tous les jours nous disons dans le même sens : *Cet homme ne peut se résoudre à faire telle chose;* et cela signifie seulement qu'il ne le veut pas, qu'il le refuse avec obstination.

Soutiendra-t-on que les juifs refusaient de croire, *afin* d'accomplir la prédiction d'Isaïe, et que Dieu les aveuglait positivement, *afin* de les rendre incrédules? Non-seulement l'on dira deux absurdités, mais l'on contredira l'évangéliste; il ajoute que cependant plusieurs des principaux Juifs crurent en Jésus-Christ, mais qu'ils ne se déclaraient pas, à cause des pharisiens, et de peur d'être chassés de la synagogue. Puisque les principaux crurent, il ne tenait qu'aux autres de faire de même.

Même langage dans saint Paul. En parlant de l'incrédulité des Juifs, il leur applique encore la prédiction d'Isaïe, (*Act.* XXVIII, 24, et suiv.; *Rom.* XI, 7); mais il ajoute que, malgré leur obstination, Dieu les aime encore à cause de leurs pères, et qu'il les a laissés dans l'incrédulité, aussi bien que les gentils, afin d'avoir pitié de tous, vers. 28 et 32. Ce n'était donc pas afin qu'ils demeurassent aveugles et incrédules.

Dès le IIe siècle, saint Irénée a donné cette réponse aux marcionites, qui abusaient déjà des passages que nous venons d'examiner: « C'est le même Dieu, dit-il, qui aveugle les incrédules qui le méprisent, comme le soleil, sa créature, aveugle ceux qui ne peuvent pas regarder sa lumière à cause de quelque maladie des yeux, et qui accorde une lumière plus grande et plus parfaite à ceux qui croient en lui et le suivent... Comme il connaît toutes choses d'avance, il laisse dans l'incrédulité ceux dont il prévoit la résistance, il se détourne d'eux et les laisse dans les ténèbres qu'ils ont choisies eux-mêmes. » (*Adv. Hær.*, l. IV, c. 29.) Tertullien répond à peu près de même à ces hérétiques, l. II *adv. Marcion.*; cap. 14, et Origène, *de Princip.* l. III, c. 1, n. 11.

Cependant saint Augustin semble avoir pensé que Dieu aveugle positivement les pécheurs pour punir leurs passions déréglées : *Spargens pœnales cœcitates super illicitas cupiditates*, Confess., l. I, c. 18, n. 29 ; et il l'a répété plus d'une fois. Mais il a aussi expliqué plus d'une fois ce qu'il entendait par là. « Dieu, dit-il, aveugle et endurcit, en abandonnant et ne secourant pas. » (*Tract.* 53 *in Joan.*, num. 6.) Quiconque est tombé dans *l'aveuglement* d'esprit est privé de la lumière intérieure de Dieu, *mais non pas entièrement*, tant qu'il est dans cette vie. » (*Enarr. in Psal.*, c. VI, n. 8.) Il applique à Jésus-Christ tout ce qui est dit du soleil dans le psaume XVIII. « Lorsque le Verbe s'est fait chair, dit-il, et qu'en se revêtant de notre mortalité il a daigné habiter parmi nous, il n'a pas voulu qu'aucun homme pût s'excuser d'être dans les ombres de la mort, et la chaleur du Verbe y a pénétré. » *Voy.* GRACE, § 3; ENDURCISSEMENT.

AVOCAT, AVOCATE. *Voy.* PARACLET.
AZAZEL. *Voy.* BOUC ÉMISSAIRE.
AZOTE. *Voy.* SEPTUAGÉSIME.
AZIME, du grec ἄζυμος, *sans levain*, pain qui n'est pas fermenté. Depuis le schisme des Grecs, consommé dans le XIe siècle par le patriarche Michel Cérularius, il y a eu dispute entre eux et les Latins, pour savoir si le pain dont on se sert pour la consécration de l'eucharistie, doit être levé ou sans levain ; les Grecs et les autres Orientaux, les Syriens jacobites et maronites, les cophtes et les nestoriens, se servent de pain levé, et il paraît que cet usage est établi chez eux depuis les premiers temps du christianisme; les Latins consacrent du pain *azyme*, et les savants ne conviennent point de l'époque à laquelle cette coutume a commencé, quoiqu'elle n'ait pas été toujours généralement observée.

Bingham, charmé de trouver une occasion de blâmer l'Eglise romaine, prétend que l'usage des pains *azymes*, que nous nommons *hosties*, a été inconnu dans toute l'Eglise avant le XIe siècle; il veut nous le prouver par saint Epiphane, qui parle du pain *azyme* comme d'un rite affecté par les ébionites (*Hær.* 30, n. 15); par saint Ambroise, qui appelle le pain de l'eucharistie *un pain usuel, de Sacram.*, l. IV, c. 4; par l'auteur de la Vie du pape Melchiade, mort l'an 314, qui nomme l'eucharistie *fermentum* ; par le pape Innocent Ier, mort en 417, qui l'appelle de même dans une de ses lettres; enfin, parce que Photius, qui commença le schisme des Grecs au IXe siècle, n'objecte point aux Latins l'usage du pain *azyme*, au lieu que Michel Cérularius leur en fit un crime en 1051; donc, dit Bingham, il n'en était pas encore question dans l'Eglise latine (*Orig. ecclés.*, l. XV, c. 2, § 5.) — Mais ces preuves ne peuvent pas prévaloir aux témoignages positifs d'Alcuin en 790, et de Raban-Maur en 819, qui parlent du pain *azyme*, comme d'un usage commandé et nécessaire à observer ; le premier connaissait la pratique des Eglises d'Angleterre, et le second celle des Eglises d'Allemagne. Lorsque le rite grégorien fut introduit en Espagne, dans le xi⁰ siècle, au lieu du rite mozarabique, les Eglises de ce royaume ne changèrent rien dans le pain dont elles se servaient pour l'eucharistie ; le pain *azyme* y était donc usité, au moins depuis la fin du vi⁰ siècle. Dans le x⁰ et le xi⁰, le pape Léon IX soutint, contre les Grecs, que l'on s'en servait en Italie de temps immémorial. — Ce que saint Epiphane a dit des ébionites, nous donne lieu de penser que, dans l'Eglise grecque, l'on s'abstient de consacrer du pain *azyme*, de peur de paraître approuver l'erreur des hérétiques, qui en usaient par attachement aux rites judaïques ; mais la même raison n'avait pas lieu dans l'Occident, où les ébionites ne parurent jamais.— Il n'est pas prouvé que du temps de saint Ambroise le *pain usuel* fût du pain levé ; aujourd'hui encore le peuple des campagnes mange souvent des gâteaux de pain sans levain ; il semble au contraire que dans la Vie du pape Melchiade, et dans la lettre d'Innocent I⁰ʳ, le mot *fermentum* est employé pour distinguer le pain eucharistique du pain ordinaire. — Du silence de Photius, l'on doit seulement conclure que ce patriarche et les autres Grecs n'attachaient pas pour lors au pain levé autant d'importance qu'ils lui en ont donné cent soixante ans après, lorsqu'ils ont voulu absolument consommer leur schisme, et que dans le xi⁰ siècle ils ont été moins raisonnables qu'au ix⁰. — On ne se persuadera jamais que dans cet intervalle les Eglises d'Italie, des Gaules, d'Espagne, d'Angleterre et d'Allemagne, ont conspiré tout à coup à se servir de pain *azyme* contre leur ancien usage, sans que l'on puisse découvrir aucun motif ni aucun événement qui ait pu donner lieu à ce changement ; on sait le temps auquel le missel grégorien a été substitué au missel gallican et au missel gothique ou mozarabique, la manière dont cela s'est fait, et les motifs par lesquels on s'y est déterminé : pourrait-on ignorer l'origine du pain *azyme*, si l'usage du pain levé avait été constant et universel dans tout l'Occident?

Il est à peu près certain que Jésus-Christ a consacré l'eucharistie avec du pain *azyme*, puisque c'était le seul dont il fût permis d'user dans la célébration de la Pâque : cette considération jointe à la leçon que saint Paul fait aux fidèles (*I Cor.* v, 7): *Purifiez-vous du vieux levain*, etc., a fait conclure que le pain *azyme* était le plus convenable pour l'eucharistie. Aujourd'hui encore les Abyssins cophtes se servent de pain *azyme* pour consacrer l'eucharistie le jour du jeudi saint : les arméniens ont affecté de ne mettre ni levain dans le pain eucharistique, ni vin dans le calice, afin d'exprimer ainsi leur erreur touchant l'unité de nature en Jésus-Christ ; les ébionites s'abstenaient de célébrer avec du pain levé, par attachement aux rites judaïques ; mais l'Eglise latine ne s'est conduite par aucun de ces motifs. C'est très-mal à propos que les Grecs l'ont voulu charger de ce ridicule ; par mépris, ils nous appellent *azymites*; par réciprocité on les a nommés *fermentaires*. Les protestants auraient dû s'abstenir d'imiter l'opiniâtreté des Grecs. L'Eglise latine a été plus raisonnable qu'eux ; lorsqu'ils consentirent à se réunir à elle au concile de Florence, il fut décidé que chacune des deux églises serait libre de conserver son ancien usage. (Le Brun, *Explic. des Cérémon.*, t. V, p. 116 et suiv.)

Thiers fait mention de plusieurs superstitions pratiquées par différentes sectes à l'égard du pain eucharistique. (*Tr. des superstitions*, t. II, l. III, ch. 1.)

B

BAAL ou BEL, divinité des Assyriens, des Babyloniens ou Chananéens, des Carthaginois, etc. Ce nom signifie *Seigneur* ; il paraît synonyme à *Moloch*, prince ou roi : c'est un des noms anciens du soleil : la première idolâtrie a été l'adoration des astres. *Voy.* Astres.

On sacrifiait à *Baal* ou à Moloch des victimes humaines, des hommes faits ou des enfants ; et ce culte impie fut souvent imité par les Juifs, malgré la défense expresse que Dieu leur en avait faite (*Deut.*, xii, 30). Jérémie leur reproche d'avoir brûlé leurs enfants en holocauste à *Baal* (xix, 5), et de les avoir initiés à Moloch (xxxii, 35). — Les rabbins, pour diminuer l'horreur de ces sacrifices impies, soutiennent que leurs ancêtres ne brûlaient pas leurs enfants, mais qu'ils les faisaient seulement passer par le feu à l'honneur de Moloch. Les expressions de Jérémie, comparées à la loi du Deutéronome, semblent témoigner le contraire. Si dans le culte de *Baal* il n'en coûtait pas toujours la vie à quelqu'un, ses autels du moins étaient souvent arrosés du sang de ses propres prêtres. On le voit par le sacrifice sur lequel Elie les défia de faire descendre le feu du ciel. *Ils se blessaient selon leur usage*, dit l'écrivain sacré, *avec des couteaux et des lancettes, jusqu'à ce qu'ils fussent couverts de sang* (*III Reg.* xviii, 28).

Dans la suite, on a cru que le Dieu *Bel* des Assyriens était Nemrod, et que celui des Phéniciens était un roi de Tyr ; mais il n'y en a aucune preuve, le culte rendu aux morts est postérieur de beaucoup à l'adoration des astres. Il n'a commencé que quand il y a eu des rois assez puissants pour en imposer aux hommes par l'éclat du faste, et des peuples assez esclaves pour pousser la flatterie aux derniers excès. *Voy. la Dissertation sur Moloch,* etc., *Bible d'Avignon,* t. II, p. 355; *Mém. de l'Académie des Inscript.,* t. LXXI, in-12, p. 172.

Quand on considère les désordres et les crimes dont l'ancienne idolâtrie était accompagnée, on n'est plus surpris de ce que Dieu l'avait défendue aux Israélites sous peine de mort.

BAALITES, adorateurs de Baal. Pour excuser le culte rendu au soleil, et toutes les autres espèces d'idolâtrie, quelques incrédules ont prétendu que ce culte se rapportait au vrai Dieu; que les polythéistes adoraient, dans les astres et dans les différentes parties de la nature, la puissance et la bonté du Créateur. C'est prêter des idées bien spirituelles à des hommes très-grossiers, et dont nous avons peine à concevoir toute la stupidité.

S'il y avait une idolâtrie excusable, ce serait sans doute le culte du soleil; cet astre est, pour ainsi dire, l'âme de la nature; rien de plus pompeux que les hymnes faits à son honneur par les anciens poëtes. Mais si l'on avait demandé aux Péruviens, qui l'adoraient, à quel personnage ils avaient intention de rendre leurs respects et leurs vœux, il n'est pas à présumer qu'ils auraient nommé le Créateur de l'univers, dont la Providence gouverne toutes choses. Ils croyaient que le soleil était un être animé et intelligent; c'était même l'opinion des philosophes grecs; c'est donc à lui que s'adressaient les hommages qu'on lui rendait, puisque l'on était persuadé qu'il voyait, entendait et approuvait ce que l'on faisait pour obtenir ses faveurs. Lorsque Zoroastre voulut donner une religion nouvelle aux Chaldéens qui adoraient les astres, il ne pensa point que leur culte eût aucun rapport au seul Dieu créateur du monde. — Il y a plus. Celse, Julien, Porphyre, ont fait un crime aux chrétiens de ce qu'ils ne voulaient rendre aucun culte *aux génies,* aux prétendus dieux inférieurs ou secondaires, auxquels, selon eux, le Dieu suprême a confié le gouvernement de l'univers. Ils soutenaient, comme Platon, que le Dieu suprême était trop grand ou trop occupé de son bonheur, pour se mêler des choses de ce monde; conséquemment qu'il était fort inutile de lui rendre aucun culte, que l'encens, les prières et les offrandes devaient être adressées seulement *aux génies,* ou dieux inférieurs. Porphyre, *Traité de l'abstinence,* liv. II, c. 34, 37, 38. Le soleil, sans doute, était un de ces dieux; en quel sens le culte qu'on lui rendait pouvait-il se rapporter au vrai Dieu?

Sans entrer dans une plus longue discussion, nous pouvons être assurés que si l'idolâtrie avait eu quelque rapport au Créateur, elle n'aurait pas fait naître chez les païens tant d'absurdités et tant de crimes, et Dieu ne l'aurait pas punie par des châtiments si rigoureux. *Voy.* DIEUX DES PAÏENS, IDOLATRIE.

BAANITES, hérétiques, sectateurs d'un certain Baanès, qui se disait disciple d'Epaphrodite, et enseignait les erreurs des manichéens vers l'an 810. *Voy.* Pierre de Sicile, *Hist. du manichéisme renaissant.* Baronius, *ad ann.* 810.

BABEL. L'histoire sainte rapporte que les hommes rassemblés dans les plaines de Sennaar n'avaient encore qu'un même langage; qu'ils formèrent le dessein de bâtir une tour élevée jusqu'au ciel, avant de se séparer, ou plutôt afin qu'elle leur servît de marque pour ne pas se séparer; que Dieu, pour renverser ce projet, confondit leur langage sur le lieu même, de manière qu'ils ne s'entendirent plus les uns les autres; qu'ainsi il les força de se diviser pour aller habiter différentes contrées : que cette tour reçut le nom de *Babel, confusion,* parce que le langage des hommes y fut confondu. *Gen.* XI (1).

Cet événement arriva l'an du monde 1802;

(1) A l'histoire de la tour de Babel se rattachent des questions de la plus haute philosophie. Civilisation antique, unité primitive du langage, dispersion des peuples; ces faits sont bien dignes de fixer l'attention d'un véritable philosophe. Tous ils sont intimement liés à l'histoire de la tour de Babel. Pour les résoudre, nous ramènerons tout ce que nous avons à en dire à ces trois points : 1° la construction de la tour de Babel ne suppose-t-elle pas des hommes plus nombreux et plus civilisés que ne pouvaient l'être cent vingt ans après le déluge les enfants de Noé; 2° l'unité primitive du langage est-elle un fait constaté par la science? — La confusion des langues date-t-elle réellement de la tour de Babel; 3° la plaine de Sennaar, ou le centre de l'Asie, est-il, comme le suppose le récit de Moïse, le berceau du peuple et le point de départ de la civilisation antique?

1re QUESTION. — *La construction de la tour de Babel ne suppose-t-elle pas des hommes plus nombreux et plus civilisés que ne pouvaient l'être cent vingt ans après le déluge les enfants de Noé.*

Echappés au déluge, les enfants de Noé forment bientôt le projet d'élever une tour dont la hauteur atteigne le ciel. — Cet événement, dont le souvenir s'est conservé chez tous les peuples, arriva, selon la différence de chronologie, ou cent vingt ans, ou environ quatre cents ans après le grand cataclysme. Si nous nous en tenions à cette dernière date, qui a ses raisons, nous rencontrerions à peine quelques difficultés. Mais adoptant la première, on nous demande comment alors il s'est trouvé assez d'hommes, et chez ces hommes assez de connaissance des arts, pour une entreprise si gigantesque.

Si les dimensions de la tour de Babel nous étaient bien connues, s'il était vrai qu'elle eût été élevée à une hauteur prodigieuse, peut-être partagerions-nous la surprise de nos adversaires; mais les fouilles entreprises en différents temps sur le terrain de Babylone, n'ont éclairé ni sur le lieu, ni sur la masse de la tour de Babel. Toutefois accordons-lui le prodigieux qu'on lui suppose; la terre n'avait-elle ni assez d'habitants ni assez de civilisation, pour conduire à fin une telle entreprise?

Pour rendre compte du cours que la propagation de l'espèce humaine suivait alors, il serait injuste de le comparer avec les naissances actuelles. Selon le témoignage de l'Écriture et d'une multitude d'auteurs anciens, alors les hommes vivaient très-longtemps, et les femmes engendraient dans un âge très-

Phaleg, le dernier des patriarches de la famille de Sem, venait de naître ; selon quelques commentateurs, il avait alors quatorze ans, et son nom signifie *dispersion*. Cette date s'accorde avec les observations que Callisthène envoya de Babylone à Aristote ; elles étaient de 1603 ans ; c'est précisément l'intervalle de temps qui s'était écoulé depuis la avancé. L'appréciation de ces circonstances fera comprendre que le nombre des hommes pouvait être très-grand même après le déluge. — Mais avaient-ils assez de connaissance des arts pour former le dessein d'élever la tour de Babel ?

Noé, qui existait encore, était-il inhabile à donner le plan de cette construction, et à en diriger les travaux ? Ses enfants n'avaient-ils pu connaître de lui la civilisation antédiluvienne? Étaient-ils si grossiers et si éloignés des arts, les peuples anciens, qui avaient à peine quitté le berceau du genre humain quand déjà ils élevaient des édifices qui devaient résister à près de quarante siècles ? car de bons critiques ne reculent pas de beaucoup d'années la construction des pyramides (*Voir* Bossuet, *Hist. univ.*)

Reconnaissons-le, il n'y a que la mauvaise foi qui puisse avancer qu'il n'y avait alors ni assez d'habitants ni assez de civilisation pour élever l'édifice de Babel. — Il était en cours d'exécution, lorsqu'un grand événement força les ouvriers à le laisser inachevé.

IIᵉ QUESTION. — *L'unité primitive du langage est-elle un fait constaté par la science? La confusion des langues date-t-elle réellement de la tour de Babel?*

Dieu descendit et troubla ce monument d'orgueil. Il mit la confusion dans les langues des peuples qui auparavant parlaient le même langage (*Genes.* XI, 7). Ces paroles de l'Écriture nous indiquent les deux points de notre question.

1° L'unité primitive du langage est-elle un fait constaté par la science? La linguistique ou ethnographie a fait de grands progrès dans ces derniers temps. Les connaissances qu'elle a acquises des différentes langues parlées sur la terre, des affinités qu'elles ont entre elles, des rapports qu'elles ont conservés avec les langues anciennes d'où elles sont dérivées, répandent une lumière prodigieuse sur la question qui nous occupe. L'ethnographie, par des démonstrations aussi rigoureuses qu'intéressantes, a prouvé que tous les idiomes connus ont avec une souche commune de nombreuses analogies de forme, de racine, qu'on ne saurait raisonnablement attribuer au hasard. Elle a démontré par de savantes comparaisons que, malgré la surprenante variété des idiomes, nous parlons en réalité et radicalement la langue d'un peuple ancien dont elle ne fixe pas l'antiquité. Elle laisse pour constant à l'intelligence la plus vulgaire que plus on rétrograde dans les siècles, plus on voit les langues diminuer de nombre, pour se confondre en quelques-unes, et qu'en poussant plus loin dans les temps, on arrive de langue en langue à une époque où les hommes parlaient le même langage.

« Il suffit, dit M. Balbi, d'une légère teinture des différents idiomes pour saisir la chaîne qui par mille anneaux les rattache à la même origine. »

Tel est le résultat de travaux dignes de notre admiration, mais dont l'avantage le plus réel est de reconnaître que la Bible a dit vrai sur un des points les plus importants de l'histoire humaine (*V.* ETHNOGRAPHIE.)

2° Tout en attestant l'unité primitive du langage, la science se tait sur l'époque de la confusion des langues. Les histoires des différents peuples anciens, sans jeter une lumière bien vive sur l'objet de notre examen, en laissent entrevoir le moment. A l'exception de l'histoire du peuple de Dieu, il n'en est aucune vraiment digne de ce nom, qui remonte au delà de l'époque où les enfants de Noé se dispersèrent. Rien ne prouve donc que la confusion ait précédé la date de Moïse, qu'elle ait suivi de près la dispersion des peuples, c'est un fait qui paraît incontestable, puisque les vieilles nations ont des histoires qui les mènent, pour ainsi dire, au pied de la tour de Babel. L'histoire sainte seule lève la difficulté par ces paroles de l'Écriture. *Ibi confusum est labium universæ terræ.* Il est vrai que saint Grégoire de Nysse entend ces paroles d'une confusion lente, arrivée par les moyens ordinaires après la dispersion des peuples. Les déductions de l'ethnographie appuieraient peut-être cette opinion. Mais le texte sacré nous paraît trop clair pour oser déserter l'opinion commune.

Les langues étaient confondues, les ouvriers de la grande tour ne s'entendaient plus. Ils se dispersèrent. Ils allèrent porter la civilisation dans de nouvelles contrées. C'est ce qui sera l'objet de notre examen.

IIIᵉ QUESTION. — *La plaine de Sennaar, ou le centre de l'Asie est-il, comme le suppose Moïse, le berceau des peuples et le point de départ de la civilisation antique?*

1° La plaine de Sennaar est-elle le berceau des peuples ? — Ce point d'histoire, si clairement écrit dans la Bible, se lit dans l'histoire du monde, dans la marche des nations, dans le résultat des recherches de la science.

Il y a une chose bien frappante dans l'histoire, c'est qu'elle nous montre tous les peuples tournant uniformément leurs regards vers l'Orient, s'adressant à un même pays, et ce pays est le centre de l'Asie. Les empires commencent-ils ? c'est là qu'il faut aller les chercher. Les cités s'élèvent-elles ? c'est là qu'elles sont placées, c'est là qu'on trouve Ninive et la grande Babylone ; et un peu plus tard, la superbe Tyr. Les nations ignorent-elles leur origine? c'est là qu'elles vont la demander.

Il faut des habitants à de nouvelles contrées; des fondateurs à de nouvelles villes ? c'est là qu'ils viendront. Et bientôt Carthage s'élève, la Grèce se cultive, le Latium est peuplé. A mesure que les hommes se multiplient, la terre se couvre de proche en proche ; les peuples se chassent en sens divers. Mais ils sortent d'un même lieu. C'est un fait remarquable que toutes les émigrations se sont toujours faites du centre de l'Asie vers les extrémités, et jamais des extrémités vers le centre.

L'ethnographie fortifie ces motifs puissants. Si l'unité primitive du langage est un fait acquis par la science, c'est aussi un fait prouvé par elle, que la souche commune des langues est au centre de l'Asie, et, par une conséquence inévitable, que c'est là qu'il faut aller chercher le berceau du genre humain. Par des rapprochements heureux qui ne se démentent jamais, M. Balbi a démontré que toutes les langues connues ont une ressemblance parfaite avec la famille des langues orientales, je veux dire des langues hébraïque, syriaque, médique, arabique et abyssinienne. S'il est vrai que là où l'on trouve les langues premières, on doit reconnaître les hommes premiers, nous conclurons, au profit de notre cause, que si le centre de l'Asie est le berceau des langues, il est aussi celui des peuples.

A cette preuve si parlante de la véracité de nos livres saints, les Champollion, les Figeac, etc., viennent d'y en ajouter une autre qui, parce que leurs travaux ne sont pas encore terminés, ne finit pas la question, mais laisse apercevoir l'aurore du grand jour qu'elle doit en tirer. Ces laborieux orientalistes, interrogeant jusque dans la mystérieuse Égypte, ont lu la langue des Hébreux, sur ses obélisques, sur les parois de ses temples, au dos de ses statues.....
Dans la ville des morts ils ont retrouvé la langue

fondation de la tour de *Babel* jusqu'à l'entrée d'Alexandre à Babylone.

L'Ecriture remarque encore que cette masse d'édifice était de brique liée avec du bitume : les voyageurs nous apprennent que dans ce même lieu la terre continue à vomir une quantité prodigieuse de bitume. On trouve, à un quart de lieue de l'Euphrate, vers l'Orient, des ruines que l'on croit être les restes de la tour de *Babel*; mais cette opinion n'est appuyée sur aucune preuve.

Quelques incrédules ont fait des difficultés contre l'histoire de la confusion des langues et de la tour de *Babel*. Selon la Genèse, disent-ils, cette entreprise fut faite cent dix-sept ans après le déluge ; pendant un si court espace, il ne pouvait pas être né assez d'hommes pour former toutes les peuplades dont parle Moïse, pour faire un édifice aussi immense, et il n'y avait pas eu assez de temps pour inventer tous les arts nécessaires à l'exécution d'un pareil ouvrage. — Mais Moïse ne suppose point que pour lors la terre fût déjà couverte de toutes les peuplades dont il parle au chapitre x de la Genèse ; il y détaille d'avance les générations qui ne vinrent au monde qu'après la dispersion. — Connaît-on assez quelle fut la masse et la hauteur de la tour de *Babel*, pour assurer qu'il n'y avait pas alors assez d'hommes existants pour l'avoir faite ? Le désir qu'ils avaient de construire une tour fort haute, ne prouve pas qu'ils l'aient élevée en effet à une grande hauteur. Il n'y a d'ailleurs au-

cune nécessité de s'en tenir à la chronologie du texte hébreu, touchant la date de cet événement ; suivant les Septante et le texte samaritain, il n'est arrivé qu'environ quatre cents ans après le déluge. — Noé et ses enfants connaissaient les arts, puisqu'ils avaient bâti l'arche ; ils n'en perdirent point la connaissance pendant l'année du déluge ; ils purent donc la donner à leurs descendants, sans que ceux-ci fussent obligés de les inventer.

Ces mêmes critiques demandent comment toutes ces peuplades pouvaient avoir encore la même langue, pendant que Moïse a dit, dans le chapitre précédent, que chacun avait sa langue ; comment elles se trouvaient rassemblées dans les plaines de Sennaar, après qu'il a dit qu'elles étaient allées peupler le Nord et le Midi. — Ferons-nous un crime à cet historien d'avoir dit, par anticipation et brièvement dans le chapitre x, ce qu'il se proposait d'exposer plus en détail dans le chapitre suivant ? Si c'était une faute, on pourrait la reprocher à tous les écrivains de l'antiquité.

Lorsque les censeurs de Moïse témoignent leur étonnement de ce que la construction de la tour de *Babel* et la confusion des langues sont deux faits dont les auteurs profanes n'ont eu aucune connaissance, ils montrent eux-mêmes que les leurs sont très-bornées. Eusèbe, dans sa *Préparation évangélique*, liv. IX; c. 14, 17, etc., nous a conservé un fragment de l'histoire d'Assyrie, écrite par Abydène, où ces deux grands événements sont rapportés ; donc la tradition en était conservée sur le lieu même. Il cite encore Artapan et Eupolème, qui disent la même chose. Il paraît que la guerre des Titans contre les dieux, dont parlent les poëtes, n'est autre chose que l'entreprise de *Babel* déguisée par les fables. Celse et Julien prétendaient au contraire que Moïse avait emprunté des païens toute cette histoire ; mais les écrits de Moïse sont plus anciens que ceux des poëtes ; Tatien, Origène, saint Cyrille, ont prouvé par tous les monuments de l'histoire profane (1).

D'autres critiques, dont l'ambition était de diminuer le nombre des miracles, ont voulu faire disparaître celui de la confusion des langues à *Babel*. Selon le génie de la langue hébraïque, disent-ils, cette expression de Moïse : *Toute la terre n'avait qu'une bouche et une parole*, peut signifier que tous les hommes étaient parfaitement d'accord ; n'avaient qu'un même sentiment et un même dessein ; par conséquent les paroles suivantes, *Dieu confondit leur langage*, peuvent signifier que par la permission de Dieu la discorde se mit entre eux, et qu'ils se séparèrent pour aller habiter différentes contrées. Or la différence de leur langage dut résulter naturellement de leur séparation même ; très-peu de temps suffit pour que deux peuples qui ne se fré-

sainte, et à cette contrée si avare de ses secrets, ils ont peut-être ravi celui de son origine. — Les annales des Indes et de la Chine, mieux appréciées par les savants, nous montrent ces contrées ayant à peine quelques bourgades lorsque depuis longtemps la plaine de Sennaar avait des villes opulentes. — Notre dissertation de l'unité de l'espèce humaine (*Voy.* HOMME, notes) ne peut laisser aucun doute que les Américains étaient sortis de l'ancien continent.

Il n'y aurait donc que la plus insigne mauvaise foi qui pourrait contester au centre de l'Asie le privilége d'avoir été le berceau des peuples.

2° Fut-il aussi le point de départ de la civilisation antique ? — Ce point nous paraît une conséquence si nécessaire des faits que nous venons d'établir, qu'il nous semble inutile d'entrer dans de nouveaux développements. En nous présentant le centre de l'Asie comme le berceau de tous les peuples, l'histoire nous le montre aussi comme le point culminant de la civilisation. Athènes et Rome n'avaient aucun monument remarquable, que Babylone était l'étonnement de l'univers. Non contentes d'en avoir transporté les sciences et les arts, les anciennes nations allaient encore redemander de nouvelles lumières à la mère patrie. Lorsque l'Asie et la Grèce n'étaient pas encore le centre de la civilisation, leurs sages et leurs philosophes allaient en Asie chercher les sciences qui les ont placés si haut. L'histoire atteste trop bien ce fait pour qu'il puisse être contesté ; mais au besoin nous pourrions en trouver la preuve dans les sciences et dans les arts : car chez toutes les nations on trouve tracés en caractères indélébiles, dans leurs coutumes et même dans leurs monuments, des preuves évidentes d'une origine asiatique. Nous ne faisons qu'indiquer cette considération, les développements nous entraîneraient bien au delà d'une simple annotation.

(1) *Voy.* les notes de Jean Leclerc dans le *Traité de la Religion* de Grotius [*Démonst. évang.* édit. Migne].

quentent plus, ne parlent plus la même langue. Leclerc, *in Genes.*, c. xi; *Sentiment de quelques théologiens de Holl.*, lett. 19; Simon, *Hist. crit. de l'Ancien Testam.*, liv. i, c. 14 et 15; *Rép. aux Théol. de Holl.*, ch. 20. Saint Grégoire de Nysse, *Orat.* 12, *contra Eunom.*, paraît de ce sentiment. — Mais cela n'est pas conforme au sens naturel du texte : Moïse dit que Dieu confondit leur langage *sur le lieu même*, et il le répète deux fois, chap. ii, v. 7 et 9; il ajoute : *Tellement que l'un n'entendit plus la parole de son voisin*. Qu'une multitude d'hommes n'aient eu d'abord qu'un seul et même dessein, qu'ils aient commencé à l'exécuter de concert, que tout à coup ils se soient divisés sans raison et sans motif, et n'aient plus voulu s'entendre, cela ne nous paraît pas naturel. L'historien prévient même cette idée, en attribuant à Dieu ces paroles : *Si nous les laissons faire, ils poursuivront l'ouvrage qu'ils ont commencé, jusqu'à ce qu'ils en soient venus à bout.* Il n'est donc pas ici question de la simple permission d'un événement naturel, mais d'une intervention positive de la toute-puissance de Dieu.

Plusieurs auteurs ont fait des dissertations pour savoir si le langage que les hommes parlaient avant la *confusion* se conserva sans aucun changement dans la famille de Sem ou ailleurs; si cette première langue est l'hébreu, ou une autre, etc. Ces discussions ne nous regardent point. Puisqu'il est prouvé à présent que toutes les langues sont composées des mêmes racines monosyllabes, que toutes leurs différences consistent dans l'union, l'arrangement, la prononciation plus ou moins forte de ces mêmes éléments, l'hébreu ne peut pas être censé la première langue plutôt qu'une autre, à moins que l'on ne prouve que les racines primitives y ont été conservées avec plus de simplicité que dans les autres; c'est ce que l'on n'a pas encore fait. Un simple changement de prononciation des mots primitifs a suffi pour que les ouvriers de *Babel* ne s'entendissent plus, et il aurait fallu un miracle permanent pour que les descendants de Sem conservassent toujours parmi eux la même prononciation et le même arrangement de mots primitifs. *Voy. l'Origine du langage et de l'écriture*, par M. Gébelin.

BACHELIER. *Voy.* Faculté de Théologie.

BAGNOLAIS ou BAGNOLIENS, secte d'hérétiques qui parurent dans le viii° siècle, et furent ainsi nommés de Bagnols, ville du Languedoc, au diocèse d'Uzès, où ils étaient en assez grand nombre. On les nomma aussi *concordois* ou *conzocois*, termes dont on ne connaît pas la véritable origine.

Ces *bagnolais* étaient manichéens, et furent les précurseurs des albigeois. Ils rejetaient l'ancien Testament et une partie du nouveau. Leurs principales erreurs étaient que Dieu ne crée point les âmes quand il les unit aux corps; qu'il n'y a point en lui de prescience; que le monde est éternel, etc. On donna encore le même nom à une secte de cathares dans le xiii° siècle. *Voy.* Cathares.

BAHEM, ou plutôt BAHIM. Dans le premier livre des Machabées, il est dit que le roi Démétrius écrivit au grand prêtre Simon en ces termes : *Coronam auream et bahem quam misistis, suscepimus.* Le grec, au lieu de *bahem*, lit *bainam*, que Grotius dérive de *bais*, une branche de palmier. Ce sentiment paraît le meilleur. Il était assez ordinaire d'envoyer ainsi des couronnes et des palmes d'or aux rois vainqueurs, en forme de présents (*Machab. I*, xiii, 37).

BAIANISME ou BAYANISME, erreurs de Baïus et de ses disciples.

Michel Baïus ou de Bay, né en 1513 à Melin, dans le territoire d'Ath en Hainaut, après avoir étudié à Louvain et passé successivement par tous les grades de cette université, y reçut le bonnet de docteur en 1550, et fut nommé l'année suivante, par Charles V, pour y remplir une chaire d'Ecriture sainte, avec Jean Hessels, son compagnon d'études et son ami. Il enseigna dans ses écrits, et fit imprimer diverses erreurs sur la grâce, le libre arbitre, le péché originel, la charité, la mort de Jésus-Christ, etc. Elles sont contenues dans soixante-seize propositions, condamnées d'abord en 1576 par le pape Pie V.

On peut rapporter toutes les propositions de Baïus à trois chefs principaux : les unes regardent l'état d'innocence; les autres l'état de nature tombée ou corrompue par le péché; les autres enfin l'état de nature réparée par le Fils de Dieu fait homme et mort en croix. 1° Comme les anges et les hommes sont sortis des mains de Dieu justes et innocents, Baïus et ses disciples ont prétendu que la destination de ces créatures à la béatitude céleste, que les grâces qui les y menaient de proche en proche, n'étaient pas des dons gratuits, mais des dons inséparables de la condition des anges et du premier homme; que Dieu les leur devait, tout comme il devait à ce dernier la vue, l'ouïe et les autres facultés naturelles. Selon le principe fondamental de Baïus, une créature raisonnable et sans tache ne peut avoir d'autre fin que la vision intuitive de son Créateur; Dieu n'a pu, sans être lui-même l'auteur du péché, créer les anges et le premier homme que dans un état exclusif de tout crime, ni par conséquent les destiner qu'à la béatitude céleste : cette destination était à la vérité un don de Dieu, mais qu'il ne pouvait leur refuser sans déroger à sa bonté, à sa sainteté, à sa justice. Telle est la doctrine de Baïus, dans son livre *De prima hominis justitia*, surtout chap. 8. Elle est exprimée dans les propositions 21, 23, 24, 26, 27, 55, 71 et 72, condamnées par la bulle de Pie V. 2° Conséquemment Dieu a été dans l'obligation indispensable de départir aux anges et à l'homme les moyens nécessaires pour arriver à leur fin; d'où il résulte que toutes les grâces, soit actuelles, soit habituelles, qu'ils ont reçues dans l'état d'innocence, leur étaient dues comme une suite naturelle de leur création. 3° Le mérite des vertus et des bonnes actions était de même espèce, c'est-à-dire naturel ou, ce qui revient au même, le fruit de la première création. 4° La félicité éternelle attachée à ces mérites était de même ordre, c'est-à-dire une pure rétribution, où la libéralité gratuite de Dieu n'entrait pour rien; c'était une récompense et non une grâce. 5° L'homme innocent était à l'abri de l'ignorance, des souffrances et de la mort, en vertu de sa création; l'exemption de tous ces maux était une dette que Dieu payait à l'état d'innocence, un ordre établi par la loi naturelle, toujours invariable, parce qu'elle a pour objet ce qui est essentiellement bon et juste. C'est la doctrine expresse des propositions 53, 69, 70 et 75 de Baïus. *Voy.* Le P. Duchesne, *Hist. du Baïanisme*, liv. II, p. 177, 180; et liv. IV, pag. 356 et 361; et le *Traité hist. et dogm. sur la doctrine de Baïus*, par l'abbé de La Chambre, tom. I, chap. 2, pag. 49 et suiv.

Quant à l'état de nature tombée, voici les erreurs de Baïus et de ses sectateurs sur la nature du péché originel, sa transfusion et ses suites. 1° Dans leur système, le péché originel n'est autre chose que la concupiscence habituelle dominante. 2° Cette idée supposée, la transfusion du péché d'Adam n'est plus un mystère qui révolte la raison; ce péché se transmet de la même manière que l'aveuglement, la goutte et les autres maladies physiques de ceux dont on tient la naissance : cette communication se fait indépendamment de tout arrangement arbitraire de la part de Dieu; tout péché, par sa nature, a la force d'infecter le transgresseur et toute sa postérité, comme a fait le péché originel, proposition 50. Cependant ce dernier est en nous sans aucun rapport à la volonté du premier père, proposition 46. Sur les suites du péché originel, Baïus dit, 1° que le libre arbitre, sans la grâce, n'a de force que pour pécher, proposition 28. 2° Qu'il ne peut éviter aucun péché, proposition 29; que tout ce qui en sort, même l'infidélité négative, est un péché; que l'esclave du péché obéit toujours à la cupidité dominante; que jusqu'à ce qu'il agisse par l'impulsion de la charité, toutes ses actions partent de la cupidité et sont des péchés, propositions 34, 36, 64, 68, etc. 3° Qu'il ne peut y avoir en lui aucun amour légitime dans l'ordre naturel, pas même de Dieu, aucun acte de justice, aucun bon usage du libre arbitre, ce qui paraît dans les infidèles, dont toutes les actions sont des péchés, comme les vertus des philosophes sont des vices, propositions 25 et 26. Ainsi, selon Baïus, la nature tombée et destituée de la grâce est dans une impuissance générale à tout bien, et toujours déterminée au mal que sa cupidité dominante lui propose. Il ne lui reste ni liberté de contrariété, ni liberté de contradiction exempte de nécessité : incapable d'aucun bien, elle ne peut produire d'action qui ne soit un péché; nécessitée au mal, elle s'y porte au gré du penchant qui la domine, et n'en est ni moins criminelle ni moins punissable devant Dieu. *Voy.* les auteurs cités ci-dessus.

Les erreurs de Baïus, d'Hessels et de leurs sectateurs ne sont pas moins frappantes touchant l'état de nature réparée par le Rédempteur : ils disent formellement que la rétribution de la vie éternelle s'accorde aux bonnes actions, sans avoir égard aux mérites de Jésus-Christ; qu'elle n'est pas même, à proprement parler, une grâce de Dieu, mais l'effet et la suite de la loi naturelle, en vertu de laquelle le royaume céleste est le salaire de l'obéissance à la loi; que toute bonne œuvre est de sa nature méritoire du ciel, comme toute mauvaise est de sa nature méritoire de la damnation; que le mérite des œuvres ne vient pas de la grâce sanctifiante, mais seulement de l'obéissance à la loi; que toutes les bonnes actions des catéchumènes, qui précèdent la rémission de leurs péchés, comme la foi et la pénitence, méritent la vie éternelle, propositions 11, 12, 13, 18, 69.—La justification des adultes, selon Baïus, *de Justif.*, cap. 8, et *de Justitia*, c. 3 et 4, consiste dans la pratique des bonnes œuvres et la rémission des péchés. En conséquence, il soutient que les sacrements de baptême et de pénitence ne remettent point la coulpe du péché, mais la peine seulement; qu'ils ne confèrent point la grâce sanctifiante; qu'il peut y avoir dans les pénitents et les catéchumènes une charité parfaite, sans que les péchés leur soient remis; que la charité, qui est la plénitude de la loi, n'est pas toujours jointe avec la rémission des péchés; que le catéchumène vit dans la justice avant d'avoir obtenu la rémission de ses péchés; qu'un homme en péché mortel peut avoir une charité même parfaite, sans cesser d'être sujet à la damnation éternelle; parce que la contrition, même parfaite, jointe à la charité et au désir du sacrement, ne remet point la dette de la peine éternelle, hors le cas de nécessité ou de martyre, sans la réception actuelle du sacrement, propositions 31, 54, 55, 67, 68, etc.

Comme dans le système de Baïus on est formellement justifié par l'obéissance à la loi, ce docteur et ses disciples disent qu'ils ne reconnaissent d'autre obéissance à la loi que celle qui coule de l'esprit de charité, proposition 6; point d'amour légitime dans la créature raisonnable, que cette louable charité que le Saint-Esprit répand dans le cœur, et par laquelle on aime Dieu, et que tout autre amour est cette cupidité vicieuse qui attache au monde, et que saint Jean réprouve, proposition 38.—Leur doctrine n'est pas moins erronée sur le mérite et la valeur des bonnes œuvres; puisqu'ils avancent d'un côté que, dans l'état de la nature réparée, il n'y a point de vrais mérites qui ne soient gratuitement conférés à des indignes; et que de l'autre ils prétendent que les bonnes œuvres des fidèles qui les justifient, ne peuvent pas satisfaire à la justice de Dieu pour les peines temporelles qui restent à expier après la rémission des péchés, ni les expier *ex condigno*, ces peines, selon eux, ne pouvant être rachetées, même par les souffrances des saints, propositions 8, 57, 74. *Voy.* les auteurs cités ci-dessus, et l'*Abrégé du Traité de la grâce de Tournely*, par M. Montagne. — Ce système, comme le remarque solidement ce théologien, est un composé bizarre de pélagianisme, quant à ce qui regarde l'état de nature innocente, de luthéranisme et de calvinisme, pour ce qui concerne l'état de nature tombée. Quant à l'état de nature réparée, les sentiments de Baïus sur la justification, l'efficacité des sacrements et le mérite des bonnes œuvres, sont directement opposés à la doctrine du concile de Trente : ils ne pouvaient éviter les différentes censures qu'ils ont essuyées. — En effet, dès 1552, Ruard Tapper, Josse Ravestin, Ritchou, Cunner et d'autres docteurs de Louvain s'élevèrent contre Baïus et Hessels, qui répandaient les premières semences de leurs opinions. En 1560, deux gardiens des Cordeliers de France en déférèrent dix-huit articles à la faculté de théologie de Paris, qui les condamna par sa censure du 27 juin de la même année. En 1567 parut la bulle de Pie V, du 1er octobre, portant condamnation de soixante-seize propositions qu'elle censurait *in globo*, mais sans nommer Baïus. Le cardinal de Granvelle, chargé de l'exécution de ce décret, l'envoya à Morillon, son vicaire général, qui le présenta à l'université de Louvain, le 29 décembre 1567. La bulle fut reçue avec respect, et Baïus parut d'abord s'y soumettre; mais ensuite il écrivit une longue apologie de sa doctrine, qu'il adressa au pape, avec une lettre du 8 janvier 1569. Pie V, après un mûr examen, confirma, le 13 mai suivant, son premier jugement, et écrivit un bref à Baïus, pour l'engager à se soumettre sans tergiversation. Baïus hésita quelque temps, et se soumit enfin, en donnant à Morillon une révocation des propositions condamnées. Mais après la mort de Josse Ravestin, arrivée en 1570, Baïus et ses disciples remuèrent de nouveau. Grégoire XIII, pour mettre fin à ses troubles donna une bulle le 29 janvier 1579, en confirmation de celle de Pie V son prédécesseur, et choisit, pour la faire accepter par l'université de Louvain, François Tolet, jésuite, et depuis cardinal. Alors Baïus rétracta ses propositions, et de vive voix, et par un écrit signé de sa main, daté du 24 mars 1580. Dans les huit années suivantes jusqu'à la mort de Baïus, les contestations se réveillèrent, et ne furent assoupies que par un corps de doctrine dressé par les théologiens de Louvain, et adopté par ceux de Douai. Jacques Janson, professeur de théologie à Louvain, voulut ressusciter les opinions de Baïus, et en chargea le fameux Cornélius Jansénius, son élève, qui, dans son ouvrage intitulé *Augustinus*, a renouvelé les principes et la plupart des erreurs de Baïus. *Voy.* Jansénisme. Quesnel ensuite a répété mot pour mot, dans ses *Réflexions morales*, un grand nombre de propositions condamnées par Pie V et Grégoire XIII. *Voy.* Quesnellisme.

Il n'est pas nécessaire d'être profond théologien pour démontrer que le système de Baïus est absurde en lui-même. Sur quoi fondé soutient-il que Dieu devait à la nature innocente tous les priviléges et les avantages accordés à Adam? Dieu sans doute ne peut pas créer l'homme en état de péché, cela serait contraire à sa sainteté et à sa justice; mais comment prouvera-t-on que Dieu doit à l'homme exempt de péché telle mesure de dons spirituels et corporels, tel degré de bonheur et de bien-être pour le présent et pour l'avenir? On ne peut fonder cette prétention que sur les sophismes des anciens philosophes et des manichéens touchant l'origine du mal. Dieu, essentiellement maître de ses dons et tout-puissant, peut en accorder plus ou moins à l'infini et en telle mesure qu'il lui plaît. C'est le principe qu'a posé saint Augustin avec raison, pour réfuter les manichéens. Il y a de l'absurdité à supposer que Dieu doit quelque chose à une créature à laquelle il ne doit pas même l'existence. Dans cette hypothèse ridicule, il serait impossible de concilier la permission du péché avec la justice, la sagesse, la sainteté et la bonté de Dieu. S'il devait tant de faveurs à l'homme innocent, pourquoi ne lui devait-il pas aussi la grâce efficace pour persévérer dans l'innocence? — Dès que le principe fondamental de Baïus est évidemment faux et sent le manichéisme, toutes les conséquences qu'il en tire ne sont pas moins fausses.

Dans ce même système, la rédemption du monde par Jésus-Christ est absolument nulle. Le genre humain avait tout perdu par le péché d'Adam : que lui a rendu Jésus-Christ? De quoi l'a-t-il racheté ou délivré? Nous n'en savons rien. Les expressions pompeuses, par lesquelles l'Ecriture sainte nous vante le bienfait de la rédemption, les actions de grâces que l'Eglise chrétienne en rend à Dieu, le titre de *Sauveur du monde*, etc., sont des mots vides de sens : le dogme fondamental du christianisme n'est qu'un rêve de l'imagination. — Si au moins ce système était consolant, capable de nous inspirer l'amour de Dieu et le goût des bonnes œuvres, on ne serait plus surpris de l'opiniâtreté avec laquelle il a été soutenu; mais il n'en est aucun qui soit plus propre à désoler et à décourager les âmes vertueuses, à faire envisager Dieu comme un tyran, et notre existence comme un malheur. Il est très-faux que saint Augustin en soit l'auteur; s'il l'était, comme on ose le prétendre, il s'ensuivrait seulement qu'après avoir mal raisonné contre les manichéens, il a encore plus mal argumenté contre les pélagiens, et qu'entraîné par la chaleur de la dispute, il est tombé dans des excès répréhensibles; mais il n'en est rien. *Voy.* Saint Augustin.

Nous ne sommes pas surpris de voir un luthérien tel que Mosheim confondre ensemble les opinions de Luther, de Baïus, de Jansénius, des augustiniens, des thomistes, supposer que c'est le sentiment de saint Augustin, et prétendre que l'on n'en a jamais montré la différence. *Hist. ecclés. du* xvie *siècle*, sect. 3, 1re part., c. 1, § 38. On peut le croire quand on n'a pas lu les ouvrages de ce saint docteur, et que l'on ne s'est pas donné la peine de confronter les divers systèmes; mais un théologien bien instruit sait aisément les distinguer.

L'apologie que Baïus a faite de ses propositions condamnées n'est ni sincère ni solide; il ne les justifie qu'en abusant des passages de saint Paul et de saint Augustin, comme a fait Luther, et comme font encore tous les faux augustiniens.

BAISER DE PAIX. *Voy.* PAIX.

BALAAM, prophète appelé par Balac, roi des Moabites, pour maudire les Israélites; Dieu le força de les bénir et de prédire leur prospérité future (*Num.* XXIV, 17). Il sortira, dit-il, une étoile de Jacob, et il s'élèvera un sceptre dans Israël, qui gouvernera tous les enfants de Seth, par conséquent tous les hommes, puisque, depuis le déluge, il n'est resté au monde que la postérité de Seth. Le Targum ou paraphrase d'Onkélos, et celui de Jonathan, Maïmonide et d'autres savants rabbins, ont appliqué cette prophétie au Messie. Les commentateurs chrétiens n'ont donc pas tort de l'entendre de même.

Les incrédules ont fait des railleries insipides sur ce qui est dit (*Num* XXII, 18), que Dieu fit parler l'ânesse sur laquelle *Balaam* était monté; ils ont regardé cette narration comme une fable ridicule. Mais nous ne voyons pas pourquoi il était plus indigne de Dieu de faire parler un animal que de faire entendre une voix en l'air, ou de se servir d'un autre signe pour intimer ses volontés à un prophète. On ne peut, sans contredire le texte sacré, supposer que *Balaam* était un faux prophète, un infidèle, un idolâtre, parce qu'il demeurait parmi les Ammonites; il est évident, par la narration de Moïse, que cet homme connaissait et adorait le vrai Dieu; il ne partit, pour se rendre à l'invitation du roi des Moabites, qu'après avoir consulté le Seigneur, et après en avoir reçu une permission expresse. Si donc l'ange du Seigneur lui dit, chap. XXII, v. 32 : *Ton voyage est criminel et contraire à mon dessein*, c'est probablement parce que ce prophète méditait en lui-même comment il pourrait concilier les ordres de Dieu avec les vues du roi des Moabites, afin de ne pas être privé d'une récompense. La manière dont saint Pierre en parle (*II Epist.* II, 15) ne paraît pas signifier autre chose. Au reste, les commentateurs ne s'accordent pas trop sur l'idée que l'on peut avoir de ce personnage.—De savants critiques en ont pris occasion de traiter une question, qui est de savoir si Dieu peut se servir des personnages vicieux, même des infidèles et des idolâtres, pour prédire l'avenir. Plusieurs exemples allégués dans l'Écriture sainte prouvent que Dieu l'a fait par d'autres que par *Balaam*. Le prophète Michée (III, 11) accuse quelques-uns de ses confrères de prophétiser pour de l'argent; il ne dit pas néanmoins que c'étaient de faux prophètes. Dans le livre de Daniel (II, 1), nous voyons que Dieu envoie un songe prophétique à Nabuchodonosor, prince idolâtre, quoiqu'il connût le vrai Dieu. Jésus-Christ (*Matth.* VII, 23) dit qu'au jour du jugement il réprouvera des hommes qui se vanteront d'avoir prophétisé et fait des miracles en son nom. Saint Jean (1, 51) nous apprend que Caïphe, en qualité de pontife, prophétisa que Jésus-Christ mourrait non-seulement pour sa nation, mais pour rassembler les enfants de Dieu. Probablement il fit cette prédiction sans le vouloir et sans en comprendre le sens. *Note de Mosheim sur Cudworth*, c. 5, § 89, à la fin. Quant aux prédictions qui avaient cours parmi les païens, *voy.* ORACLE.

BALE (concile de). Il est reçu en France comme œcuménique, du moins jusqu'à la vingt-sixième session. Il fut assemblé l'an 1431, et dura jusqu'à 1443; mais la dissension entre le concile et le pape Eugène IV commença dès l'an 1437, à la vingt-sixième session, et dura jusqu'à la fin. Il avait été convoqué en vertu du décret du concile général de Constance, qui avait ordonné, session 39, que dans cinq ans il se tiendrait un nouveau concile général.

Les deux principaux objets du concile de *Bâle* étaient la réunion des Grecs avec l'Église romaine, et la réformation générale de l'Église, tant dans son chef que dans ses membres, suivant le projet qui en avait été fait au concile de Constance. Conséquemment il déclara, dans sa seconde session, qu'il tenait son pouvoir immédiatement de Jésus-Christ, que toute personne quelconque, même le pape, était obligée de lui obéir dans ce qui regardait la foi, l'extirpation du schisme et la réforme générale de l'Église dans son chef et dans ses membres. Ce décret est censé avoir été confirmé par le pape lui-même, puisqu'il donna une bulle par laquelle il déclarait que, quoiqu'il eût cassé le concile de *Bâle*, légitimement assemblé, néanmoins, pour éviter les dissensions, il reconnaissait que ce concile avait été légitimement continué depuis son commencement, et devait l'être à l'avenir; qu'il l'approuvait dans ce qu'il avait ordonné et décidé, et déclarait que la dissolution qu'il en avait faite était nulle. Cette bulle fut reçue et publiée dans la seizième session, le 5 février 1434.—Le concile fit ensuite plusieurs canons de discipline touchant les mœurs du clergé, condamna et supprima les annates.

Mais après la vingt-cinquième session, tenue en 1437, le pape transféra le concile de *Bâle* à Ferrare, et deux ans après à Florence. Comme les Pères de *Bâle* s'obstinèrent à y continuer leurs assemblées, et procédèrent juridiquement à la déposition du pape; depuis ce moment le concile de *Bâle* ne put plus être envisagé comme légitimement assemblé : aussi les évêques s'en retirèrent peu à peu, et sentirent que tout ce qu'ils feraient n'aurait plus aucune autorité.

Il est fâcheux que ce concile n'ait pas eu une plus heureuse issue; les décrets de discipline que l'on y dressa étaient très-sages. Plusieurs même ont été suivis, surtout en France, comme ce qui regarde l'établissement des professeurs des langues hébraïque et grecque dans les universités, la fréquentation des excommuniés, la prescription en faveur de ceux qui ont possédé paisiblement un bénéfice pendant trois ans, la récitation de l'office divin, la suppression des expectatives de la cour de Rome, les priviléges des gradués, etc.

On prétend que le haut clergé d'Allemagne demande aujourd'hui l'exécution des décrets de ce concile, *Merc. de France du 2 décembre 1786.*

Les actes originaux de ce concile sont conservés dans les archives de la ville de Bâle, et il y en a une copie authentique à la bibliothèque du roi. *Hist. de l'Eglise gallic.*, t. XVI, l. XLVII, an. 1431.

BANNIÈRE d'église. C'est une espèce de drapeau ou étendard de couleur, sur lequel est peinte ou brodée l'image du patron d'une église, et qui se porte à la tête des processions. Lorsque plusieurs paroisses vont en procession au même lieu de dévotion, chacune se reconnaît et se rassemble à sa *bannière*. Lorsqu'il y a plusieurs confréries ou associations de dévotion dans une même église, chacune a sa *bannière*, à laquelle les confrères ou consœurs se réunissent, pour mettre plus d'ordre dans les processions. *Voy.* GONFALON ou GONFANON.

BAPTÊME (1), sacrement qui efface le péché originel, et qui nous fait chrétiens, enfants de Dieu et de l'Eglise. Jésus-Christ l'a institué en disant à ses apôtres (*Matth.* XXVIII, 19) : *Allez, enseignez toutes les nations, et baptisez-les au nom du Père, et du Fils, et du Saint-Esprit* (2).

Le mot *Baptême*, en général, signifie lotion, immersion, du mot grec βάπτω ou βαπτίζω, je lave, je plonge. Tous les peuples ont compris que l'action de laver le corps était

(1) Nous avons exposé les principales questions qui concernent le baptême dans notre *Dictionnaire de Théologie morale*.

(2) Il est de foi que le baptême est un sacrement de la loi nouvelle (*Concil. Trid.*, sess. 7, can. 1). Il est de foi que le baptême conféré soit aux enfants, soit aux adultes, applique les mérites de Jésus-Christ, donne la grâce, remet le péché originel et tout ce qui participe de la nature du péché (*Concil. Trid.*, sess. 5, can. 3 et 5). Il est de foi que le baptême est le moyen communément et ordinairement requis pour obtenir le salut (*Joan.* III, 5; *Concil. Carth.*, an. 416). Le martyre et la charité parfaite peuvent cependant suppléer le baptême lorsqu'il n'est pas possible de le recevoir (*Voy.* les mots CHARITÉ PARFAITE et MARTYRE). L'eau véritable et naturelle est de nécessité de sacrement, pour la validité du baptême (*Concil. Trid.*, sess. 7, can. 7). Pour conférer validement le baptême, il faut absolument invoquer les trois personnes de la Trinité (*Matth.* XXVIII). Pour la validité du baptême, il n'est pas nécessaire que celui qui le confère ait la foi (*Concil. Trid.*, sess. 7, can. 4). Les enfants sont capables de recevoir le baptême, il convient de le leur conférer (*Concil. Trid.*, sess. 7, can. 12, 13, 14). Il n'est jamais permis de réitérer le baptême, même en faveur de celui qui a abjuré la foi (*Concil. Trid.*, sess. 7, can. 11). Le souvenir du baptême, ou la confiance dans le baptême reçu, ne remettent ni ne diminuent les péchés commis après le baptême (*Concil. Trid.*, sess. 7, can. 10). Le baptême de saint Jean n'avait ni la même nature, ni la même efficacité que celui de Jésus-Christ (*Concil. Trid.*, sess. 7, can. 1).

un symbole de la purification de l'âme. Les Juifs appelaient *baptême* certaines purifications légales qu'ils pratiquaient sur leurs prosélytes après la circoncision. On donne le même nom à celle que pratiquait saint Jean dans le désert à l'égard des Juifs, comme une disposition de pénitence pour les préparer, soit à la venue de Jésus-Christ, soit à la réception du *baptême* que le Messie devait instituer. Celui-ci est absolument différent du *baptême* de saint Jean, par sa nature, sa forme, son efficacité et sa nécessité, comme le prouvent les théologiens, contre la prétention des luthériens et des calvinistes. C'est Jésus-Christ qui a donné à cette cérémonie la force d'effacer le péché. *Voy.* la *Dissertation sur les trois baptêmes*, Bible d'Avignon, tom. XIII, p. 199.

Le *baptême* de l'Eglise chrétienne est appelé dans les Pères de plusieurs noms relatifs à ses effets spirituels, comme *adoption, renaissance, régénération de l'âme, illumination*, etc.

Ce sacrement a été rejeté par plusieurs anciens hérétiques des premiers siècles, tels que les ascodrutes, les marcosiens, les valentiniens, les quintiliens, qui pensaient tous que la grâce, qui est un don spirituel, ne pouvait être communiquée ni exprimée par des signes sensibles. Les archontiques le rejetaient comme une mauvaise invention du Dieu *Sebahoth*, c'est-à-dire du Dieu des Juifs, qu'ils regardaient comme un mauvais principe. Les séleuciens et les hermiens ne voulaient pas qu'on le donnât avec l'eau; ils employaient le feu, sous prétexte que saint Jean-Baptiste avait assuré que le Christ baptiserait ses disciples dans le feu. Les manichéens, les pauliciens, les massaliens, le rejetaient également. D'autres en ont altéré la forme. Ménandre baptisait en son propre nom; les éluséens y invoquaient les démons; les montanistes joignaient le nom de Montan, leur chef, et de Priscille, leur prophétesse, aux noms sacrés du Père et du Fils. Les sabelliens, les marcosiens, les disciples de Paul de Samosate, les eunomiens et quelques autres hérétiques ennemis de la Trinité, ne baptisaient point au nom des trois Personnes divines : c'est pourquoi l'Eglise rejetait leur *baptême*, mais elle admettait celui des autres hérétiques, pourvu qu'ils n'altérassent point la forme prescrite, quelles que fussent d'ailleurs leurs erreurs sur le fond des mystères.

Les chrétiens orientaux, grecs, jacobites, syriens, égyptiens et éthiopiens, les nestoriens et les arméniens, dont plusieurs sont séparés de l'Eglise romaine depuis douze cents ans, ont conservé la même croyance qu'elle touchant le *baptême*. Tous en reconnaissent la nécessité absolue, et lui attribuent les mêmes effets que nous; ils regardent comme nous l'eau naturelle seule comme la matière de ce sacrement; ils l'administrent par trois immersions. La seule différence qu'ils mettent dans la forme, c'est qu'au lieu de dire comme nous, *Je te baptise*, etc., ils disent : *Un tel est baptisé au nom du Père*, etc. Tous observent les exorcismes et les autres cérémonies du *baptême*; mais dans le cas de nécessité ils les suppriment (*Perpét. de la foi*, tom. V, liv. II, c. 1 et suiv.). Les protestants avouent que le *baptême* est un sacrement; mais tous n'en reconnaissent pas également la nécessité et les effets; tous en ont supprimé les cérémonies.

Conséquemment les théologiens catholiques sont obligés d'examiner, 1° quelles sont la matière, la forme, les cérémonies du *baptême*; 2° qui en est le ministre, ou par qui ce sacrement peut être validement administré; 3° quelles personnes sont capables de le recevoir; 4° quels effets il produit; 5° de quelle nécessité il est; 6° quel est le sort éternel de ceux qui meurent sans avoir eu le bonheur d'être baptisés. Nous tâcherons d'abréger toutes ces questions.

I. *De la matière, de la forme, des cérémonies du baptême.* Le sentiment universel de tous les chrétiens est que l'eau naturelle de fontaine, de rivière, de pluie, est la seule matière avec laquelle on puisse baptiser validement; Jésus-Christ l'a ainsi déterminé, en disant: *Si quelqu'un n'est pas régénéré* PAR L'EAU *et par le Saint-Esprit, il ne peut pas entrer dans le royaume de Dieu* (Joan. III, 5). Toute autre liqueur, soit artificielle, soit naturelle, ne peut être employée pour baptiser. Ainsi l'a décidé le concile de Trente, sess. 7, *de Bapt.*, can. 2. Mais l'Eglise chrétienne, toujours attentive à professer sa foi par ses cérémonies, a été, dès les premiers siècles, dans l'usage de bénir l'eau des fonts baptismaux par des prières particulières; ç'a été, de la part des protestants, une témérité très-condamnable de supprimer et de blâmer cette bénédiction. *Voy.* EAU BÉNITE, EAU DU BAPTÊME.

La forme ou les paroles par lesquelles ce sacrement est administré, sont: *Je te baptise au nom du Père, et du Fils, et du Saint-Esprit*; et ce sont les propres paroles de Jésus-Christ. Dans l'Eglise grecque, le prêtre dit: *Un tel est baptisé au nom du Père*, etc. Quelques théologiens ont douté autrefois si cette forme était valide, parce qu'ils prenaient mal le sens de la formule des Grecs; ils croyaient qu'elle signifiait: *Qu'un tel soit baptisé*, etc. Aujourd'hui personne ne doute que ce *baptême* ne soit valide. Dans quelques sociétés protestantes, la coutume s'était introduite de faire verser l'eau sur la tête du baptisé par un diacre, pendant que le ministre, placé dans la chaire prononçait la formule du *baptême*. Alors le *baptême* était nul, puisque le sens littéral des paroles n'était pas vérifié; le ministre n'aurait pas dû dire: *Je te baptise*, mais *Je te fais baptiser*; nous ignorons si cet usage subsiste encore quelque part.

On a toujours cru sans contestation que l'invocation expresse des trois Personnes divines est absolument nécessaire, et c'est principalement par cette formule du *baptême* que l'on a prouvé autrefois aux ariens et à d'autres hérétiques l'égalité et la consubstantialité des trois Personnes de la sainte Trinité; de manière que le *baptême* conféré *au nom de Dieu*, ou *au nom de Jésus-Christ*, serait censé nul. L'Eglise fut toujours très-attentive à examiner si les hérétiques changeaient quelque chose à la formule de ce sacrement; et toutes les fois qu'ils ont eu cette témérité, elle a rejeté leur *baptême*.

Quelques incrédules modernes ont écrit que le *baptême* conféré au nom des trois Personnes fut adopté par les sectateurs de Platon, devenus chrétiens, parce qu'ils y trouvaient les sentiments de ce philosophe sur la Divinité. Ces savants critiques ont ignoré sans doute que c'est Jésus-Christ lui-même qui en a dicté et prescrit la formule à ses apôtres, et que ses disciples ont baptisé sous ses yeux (*Joan.* IV, 2). Il ne reste plus qu'à prouver que Jésus-Christ a été disciple de Platon. *Voy.* TRINITÉ.

Quant aux cérémonies qui précèdent, accompagnent et suivent ce sacrement, on croit avec raison qu'elles sont d'institution apostolique; elles n'auraient pas été aussi universellement adoptées, si elles n'avaient pas eu pour auteurs les fondateurs même du christianisme. Les constitutions apostoliques, les plus vieux sacramentaires, les Pères du II° et du III° siècle en font mention, non comme de rites institués récemment, mais comme d'usages observés partout. Les uns parlent des instructions et des exorcismes dont le *baptême* était précédé; les autres, du renoncement au démon, à ses pompes et à ses œuvres, et des promesses que faisait le catéchumène; les uns, de l'immersion ou de l'infusion de l'eau répétée trois fois; les autres, des onctions faites au baptisé, du signe de la croix imprimé sur son front, de la robe blanche dont on le revêtait, etc. Tout cela était jugé nécessaire pour donner au nouveau chrétien une haute idée de la grâce qu'il recevait, et des obligations qu'il contractait. En traitant ces cérémonies de superstitions, et en les supprimant comme des abus, les protestants ont évidemment témoigné que leur croyance touchant le *baptême* n'est plus la même que celle de l'Eglise primitive; si elle en avait eu une idée aussi basse et aussi abjecte qu'eux, elle aurait baptisé comme eux sans aucun appareil, en versant l'eau d'une aiguière sur la tête du baptisé, dans un plat bassin. C'est principalement dans les exorcismes du *baptême* qu'au commencement du V° siècle on prouvait, contre les pélagiens, que les enfants, avant d'être baptisés, sont sous la puissance du démon, par conséquent souillés du péché.

Moshim, dans ses *Dissertations sur l'histoire ecclésiastique*, t. I, p. 215, prétend que plusieurs cérémonies du *baptême* ont été empruntées des païens; que les exorcismes en particulier sont relatifs à ce que les platoniciens croyaient des démons. Dans son *Histoire ecclésiastique du* I°° *siècle*, II° part., c. 4, § 1 et 2, il dit que les apôtres et les disciples du Sauveur tolérèrent par nécessité, ou établirent, pour de bonnes raisons, différentes cérémonies relatives au temps et aux circonstances. Il convenait, dit-il, dans ces premiers temps, d'avoir quelques égards pour les anciennes opinions, pour les mœurs et les lois des différentes nations auxquelles on prêchait l'Evangile. Beausobre dit que les exorcismes de l'eau et les onctions du *baptême* sont venues des valentiniens. D'autres ont pensé que les apôtres avaient établi dans quelques Eglises des cérémonies juives ; mais Mosheim n'est pas de cet avis. Les incrédules n'ont pas manqué d'affirmer positivement que nos cérémonies sont des restes de paganisme : Calvin, encore plus fougueux, a dit qu'elles ont été inventées par le diable. — Impiété et fanatisme anti-religieux. Est-il croyable que les apôtres, qui ont inspiré aux fidèles tant d'horreur pour les usages, pour les mœurs, pour les pratiques des païens, aient conservé quelques-unes de leurs cérémonies, ou aient voulu ménager leurs opinions? La plupart des cérémonies religieuses avaient été en usage parmi les adorateurs du vrai Dieu, avant d'être profanées par les païens ; pourquoi ne les aurait-on pas ramenées à leur première destination ? Jésus-Christ lui-même en avait donné l'exemple ; il souffla sur les apôtres, pour leur donner le Saint-Esprit, il imposait les mains sur les malades, il toucha les oreilles et la bouche d'un sourd et muet pour le guérir, il mit de la boue sur les yeux d'un aveugle-né, etc. Il exorcisait les possédés pour les délivrer ; quelques incrédules ont dit qu'en cela il imitait les magiciens. Les apôtres n'ont donc pas eu besoin de la doctrine de Platon touchant les démons, ni des idées païennes, pour instituer les cérémonies du *baptême*. *Voy.* CÉRÉMONIES, EXORCISME.

Quand les réflexions de Mosheim seraient aussi vraies qu'elles sont fausses, il s'ensuivrait déjà que les prétendus réformateurs n'ont pas imité la sagesse et la charité des apôtres. Ils ont trouvé les cérémonies établies et pratiquées dans toute l'Eglise chrétienne depuis quinze siècles ; les fidèles y étaient accoutumés, et elles ne donnaient lieu à aucune erreur ; les prédicants les ont bannies ; ils les ont taxées de superstitions et d'idolâtrie : ils n'ont pas eu pour les mœurs et les habitudes des catholiques la même condescendance que les apôtres, selon Mosheim, ont eue pour les mœurs des nations païennes auxquelles ils prêchaient l'Evangile ; il nous paraît que cette différence ne leur fait pas honneur. Dans l'article EAU BÉNITE, nous prouverons, contre Beausobre, que la bénédiction de l'eau n'est point une superstition, ni un rite emprunté des hérétiques. — A la vérité il y a eu quelques changements légers dans la manière d'administrer le *baptême*; mais les rites principaux ont toujours été conservés. Autrefois on le donnait par une triple immersion, comme font encore les Orientaux, et cet usage a duré dans l'Occident jusqu'au XII° siècle. Dans le VI°, quelques catholiques d'Espagne ne faisaient qu'une seule immersion, de peur, disaient-ils, que les ariens Visigoths n'imaginassent que par la triple immersion l'on divisait la Trinité ; mais cette raison locale ne fit point d'impression sur les autres Eglises. La coutume de baptiser par infusion, en versant de l'eau sur la tête, paraît avoir commencé dans les pays septentrionaux, où l'usage du bain est impraticable pendant la plus grande partie de l'année, et elle s'introduisit en Angleterre vers le IX° siècle. Le concile de Calchut ou Celchyth, tenu en 816, ordonna que le prêtre ne se contenterait pas de verser de l'eau sur la tête de l'enfant, mais qu'il la plongerait dans les fonts baptismaux. *Voy.* IMMERSION. Nous voudrions savoir pourquoi les protestants, qui font profession d'imiter scrupuleusement l'Eglise primitive, n'ont pas renouvelé l'usage de donner le *baptême* par immersion.

Les écrivains ecclésiastiques parlent de plusieurs cérémonies que l'on pratiquait autrefois en administrant ce sacrement, et qui ne se font plus, ou dont il ne reste que de légères traces, comme de donner aux nouveaux baptisés du lait et du miel dans l'Eglise d'Orient, du vin et du miel dans celle d'Occident, de les revêtir d'une robe blanche, de leur donner incontinent la confirmation et l'eucharistie. *Ancien Sacrament.*, par Grandcolas, II° part., pag. 1.

Le temps auquel on administrait solennellement le *baptême* était la fête de Pâques et celle de la Pentecôte, non pas parce que la saison est alors la plus favorable aux bains froids, comme l'a rêvé un médecin anglais, mais à cause des deux grands mystères que l'on célèbre ces jours-là. D. Claude de Vert avait avancé que l'origine du *baptême* est venue de la coutume de laver les enfants immédiatement après leur naissance. M. Languet a fait voir que Jésus-Christ n'a eu aucun égard à cet usage en instituant ce sacrement ; que, quand saint Paul a dit que lorsque le baptisé est plongé dans l'eau et en sort, c'est une figure de la sépulture et de la résurrection de Jésus-Christ, il n'a fait que de développer le vrai sens de la cérémonie et l'intention du Sauveur ; que les noms de *régénération*, de *vie nouvelle*, etc., dont il s'est servi, ne sont point des moralités ni des métaphores empruntées des Juifs ; que quoique le *baptême* ne se donne plus aujourd'hui par immersion, il ne laisse pas de représenter suffisamment l'intention de Jésus-Christ et les leçons de saint Paul. *Du véritable esprit des Cérém. de l'Eglise*, § 16 et suivants.

Il importe fort peu de savoir si les Juifs pratiquaient une espèce de *baptême* à l'égard de leurs prosélytes, et quelle idée ils y attachaient ; ce qui est dit dans l'Evangile, du *baptême* de saint Jean-Baptiste, ne nous instruit pas beaucoup ; nous voyons, par la conversation que Jésus-Christ eut avec Nicodème, touchant la régénération spirituelle, que ce docteur juif fut fort étonné de l'idée que le Sauveur lui en donnait (*Joan.* III, 3) ; il n'y a donc aucune ressemblance entre ce qui se faisait chez les Juifs et ce que Jésus-Christ a institué.

II. *Du ministre du baptême.* Il est prouvé, par les Actes des apôtres et par les lettres de saint Paul, qu'ils baptisaient ceux qui croyaient en Jésus-Christ ; mais qu'ils préféraient à cette fonction celle d'annoncer l'Evangile (*I Cor.*, 1, 17). Il y a donc lieu de penser qu'ils se déchargèrent de ce soin sur les diacres ou sur les laïques. Aussi, selon la pratique de l'Eglise, il a été établi que les évêques et les prêtres sont les ministres ordinaires de ce sacrement ; mais que dans le cas de nécessité il peut être administré par toutes sortes de personnes, même par des femmes.

Au IIIe siècle il y eut une dispute assez vive pour savoir si le *baptême* administré par les hérétiques était valide ; les évêques d'Afrique, à la tête desquels était saint Cyprien, prétendaient que ce *baptême* était nul, et ils s'autorisaient de la coutume établie parmi eux, de rebaptiser ceux qui l'avaient reçu. Le pape saint Etienne leur opposa la pratique de l'Eglise de Rome, qui était universellement suivie hors de l'Afrique, et qui était plus ancienne que la leur : *N'innovons rien, leur dit-il, tenons-nous-en à la tradition.* Règle invariable, que l'Eglise catholique a toujours observée, et qu'elle suit encore, qui démontre la fausseté du fait dont les protestants voudraient se prévaloir ; savoir, que les apôtres n'avaient point établi de discipline uniforme, qu'ils avaient laissé aux différentes Eglises la liberté de faire ce qui leur paraîtrait le plus convenable, et qu'ils n'avaient donné à personne l'autorité d'en juger, ni le soin d'y veiller. Après quelque temps de résistance, les évêques d'Afrique sentirent la sagesse de la règle alléguée par le pape et la nécessité de s'y conformer. *Voy.* REBAPTISANTS. Il est donc demeuré pour constant que le *baptême* donné par les hérétiques est valide, à moins qu'ils n'aient altéré ou la matière ou la forme de ce sacrement. C'est encore la décision du concile de Trente, sess. 7, *de Bapt.*, can. 4.

III. *Des personnes capables de recevoir le baptême.* Il est évident que ceux qui reçurent le *baptême* de la main de Jésus-Christ et des apôtres étaient des adultes, et qu'avant de le leur donner, Jésus-Christ et les apôtres exigeaient d'eux la foi : *Allez,* dit le Sauveur, *enseignez toutes les nations et baptisez-les* (*Matth.* XXVIII, 19). *Préchez l'Evangile à toute créature ; celui qui croira et recevra le* BAPTÊME *sera sauvé, celui qui ne croira pas sera condamné* (*Marc.* XVI, 15). Les apôtres baptisèrent ceux qui avaient cru à la prédication de saint Pierre (*Act.*, II, 41). Saint Philippe dit à l'eunuque de la reine Candace : *Si vous croyez de tout votre cœur, vous pouvez recevoir le* BAPTÊME (VIII, 27, etc.). De là les anabaptistes et les sociniens ont conclu que la foi actuelle est une disposition nécessaire pour le sacrement ; que les enfants étant incapables d'avoir la foi, ne doivent point être baptisés ; que s'ils l'ont été, il leur faut renouveler le *baptême* lorsqu'ils sont parvenus à l'âge de raison et suffisamment instruits. Cette doctrine est une conséquence naturelle de celle des protestants, qui enseignent que la grâce de la justification est l'effet non du sacrement, mais de la foi, et que toute l'efficacité du sacrement consiste à exciter la foi. De là s'est ensuivie une autre erreur : c'est que comme le *baptême* n'est pas le seul moyen capable d'exciter la foi, ce sacrement n'est pas absolument nécessaire ; et pour le soutenir, il a fallu nier le péché originel : ainsi s'enchaînent les erreurs ; nous ignorons pourquoi tous les protestants n'ont pas raisonné de même. — Nous répondons d'abord que le meilleur interprète du sens de l'Ecriture sainte est la pratique constante et universelle de l'Eglise : or l'usage a été, dès le commencement du christianisme, de baptiser les enfants, comme le témoignent saint Irénée, *adv. Hær.*, l. III, c. 22, Origène, saint Cyprien, et les Pères postérieurs, quoique cet usage n'ait pas été d'abord généralement observé. On peut même le prouver par une lettre de l'hérésiarque Manès. (Saint Augustin, *Op. imperf.*, l. III, n. 187.) Les sociniens ne le nient point ; mais ils prétendent que c'est un des abus qui s'introduisirent dans l'Eglise incontinent après la mort des apôtres. Ils ajoutent que le *baptême* des enfants n'est fondé sur aucun passage de l'Ecriture sainte ; nous soutenons le contraire. — Dans saint Matthieu, chap. XIX, v. 14, Jésus-Christ dit : *Laissez approcher de moi les enfants, tels sont les héritiers du royaume des cieux.* Or, il dit ailleurs que l'on ne peut pas entrer dans le royaume de Dieu, si l'on n'est pas régénéré par l'eau et par le Saint-Esprit. Donc les enfants sont capables de cette régénération. Il est dit de quelques-uns des premiers fidèles, qu'ils ont été baptisés *avec toute leur maison* (*I Cor.* 1, 16, etc.). Les enfants ne sont pas exceptés. D'ailleurs, nous prouvons par l'Ecriture, contre les anabaptistes, les sociniens et les protestants, que les enfants naissent souillés du péché originel ; que cette tache est effacée, non par la foi, mais par le *baptême* ; que ce sacrement est absolument nécessaire : donc c'est leur système, et non pas le nôtre, qui est contraire à l'Ecriture sainte. Quand ils nous parlent de prétendus abus introduits dans l'Eglise immédiatement après la mort des apôtres, nous les prions d'être moins téméraires, et de présumer que les disciples immédiats des apôtres ont dû connaître ce qui était ou n'était pas abusif, pour le moins aussi bien que les raisonneurs du XVIe siècle. C'est donc avec raison que le concile de Trente a condamné le sentiment de ces derniers touchant le *baptême* des enfants, sess. 7, *de Bapt.*, can. 13. Mais nous ne voyons pas de quel droit les protestants, en suivant leurs principes, peuvent blâmer les sociniens ni les anabaptistes.

On convient aujourd'hui que l'on ne doit pas baptiser les enfants des infidèles, malgré leurs parents, à moins que ces enfants ne soient en danger de mort ; non-seulement parce que cette espèce de violence faite aux pères et mères est contraire au droit naturel qu'ils ont sur leurs enfants, mais encore parce que ceux-ci, devenus grands, seraient exposés à profaner leur *baptême* par l'apostasie à laquelle ils seraient engagés par leurs parents.

Dans les premiers siècles, plusieurs chrétiens différaient leur *baptême* jusqu'à la mort, et le recevaient au lit pendant leur dernière maladie : les uns agissaient ainsi par humilité, et parce qu'ils craignaient de n'être pas encore assez bien disposés ; les autres par libertinage, afin de pécher plus librement, dans l'espérance que tous leurs péchés seraient effacés par le *baptême*. L'Eglise n'approuva ni les uns ni les autres, elle s'éleva même hautement contre la négligence des derniers ; elle déclara irréguliers, les *cliniques* ou *grabataires*, c'est-à-dire, ceux qui avaient été ainsi baptisés au lit ; le concile de Néocésarée défendit de les élever aux ordres sacrés, à moins qu'il ne fût prouvé que leur *baptême* n'avait pas été différé par un mauvais motif. *Voy.* CLINIQUES. — On refusait aussi, dans l'Eglise primitive, ce sacrement aux personnes réputées infâmes, engagées dans des professions criminelles et incompatibles avec la sainteté du christianisme, à moins qu'elles ne renonçassent à leur état. Tels étaient les sculpteurs et autres ouvriers qui faisaient des idoles, les femmes publiques, les comédiens, les cochers, gladiateurs, musiciens ou autres, qui amusaient le public dans le cirque ou dans l'amphithéâtre ; les astrologues, devins, magiciens, enchanteurs ; les hommes passionnément adonnés aux jeux du théâtre, les concubinaires publics, ceux qui tenaient des lieux de débauche, etc. : ceux qui promettaient de s'en abstenir étaient mis à l'épreuve (Bingham, *Orig. eccl.*, l. XI, c. 5, § 6 et suiv.).

Saint Paul (*I Cor.* xv, 30) dit : *Si les morts ne ressuscitent point, que font ceux qui sont baptisés pour les morts ?* à quoi bon ce BAPTÊME ? De là quelques-uns imaginèrent que l'on pouvait baptiser après la mort les catéchumènes qui avaient désiré le *baptême*, et un concile de Carthage condamna cet abus ; d'autres se figurèrent qu'un vivant pouvait recevoir le *baptême* à la place du mort, et lui obtenir ainsi le pardon de ses fautes. Tertullien parle de cette superstition dans son livre *de Resurrectione carnis*, et quelques Pères l'ont attribuée aux marcionites. Il est évident que tous ces sectaires entendaient mal le texte de saint Paul, et que ces abus n'étaient pas encore connus du temps de l'Apôtre ; mais les commentateurs, soit catholiques, soit protestants, ne sont pas d'accord dans l'explication qu'ils donnent de ce passage. *Voy.* la *Synopse des Crit.* sur cet endroit, et la *Dissert. sur le baptême pour les morts, Bible d'Avignon*, tom. XV, p. 478.

IV. *Des effets du baptême.* Nous avons déjà observé plusieurs conséquences de l'erreur des protestants, qui enseignent que toute l'efficacité des sacrements consiste dans la vertu qu'ils ont d'exciter en nous la foi justifiante ; mais elle a encore donné lieu à d'autres excès. Plusieurs sectaires en ont conclu que le *baptême* de Jésus-Christ n'opère rien de plus que celui de saint Jean-Baptiste, puisque celui-ci avait aussi la vertu d'exciter la foi et les sentiments de pénitence. Ils ont soutenu, ou qu'il n'y a point de péché originel dans les enfants, ou qu'il n'est pas effacé par le sacrement ; que la tache de ce péché demeure encore dans le baptisé, et que celui-ci peut encore être réprouvé à cause du péché originel ; ils ont dit que le *baptême* ne donne point la grâce sanctifiante, n'imprime à l'âme du chrétien aucun caractère, qu'ainsi rien n'empêche de le réitérer, si on le trouve bon : ils ont enseigné que ce sacrement impose tout au plus au chrétien l'obligation de croire, mais non celle d'observer les commandements de Dieu et de l'Eglise ; d'où il s'ensuit, en dernière analyse, que le *baptême* n'est ni fort utile, ni absolument nécessaire, et que l'on peut le négliger, sans courir aucun risque de son salut ; aussi les quakers d'Angleterre s'abstiennent-ils de donner et de recevoir ce sacrement, et un assez grand nombre de protestants ne se pressent point de le faire donner à leurs enfants.

Le concile de Trente a condamné toutes ces erreurs dans les sessions 5, 6 et 7, où il a établi la croyance catholique touchant le péché originel, la justification, les effets des sacrements et ceux du *baptême* en particulier ; et les théologiens n'ont pas de peine à faire voir que toutes les conséquences du système des protestants sont formellement contraires à l'Écriture sainte. Si les prétendus réformateurs avaient été aussi grands théologiens qu'on les suppose, ils les auraient prévues, et il est à présumer qu'ils auraient reculé à la vue de l'abîme dans lequel ils allaient se précipiter.

Saint Jean-Baptiste dit lui-même aux Juifs : *Je vous baptise par l'eau, mais celui qui vient après moi vous baptisera par le Saint-Esprit et par le feu* (*Matth.* III, 11). Saint Paul fit baptiser au nom de Jésus-Christ des fidèles qui avaient déjà reçu le *baptême* de saint Jean (*Act.* XIX, v). Il est donc faux que ces deux *baptêmes* aient eu la même vertu. Au mot ORIGINEL, nous prouverons que tous les enfants, sans exception, naissent souillés du péché ; qu'il soit pleinement effacé par le *baptême*, c'est la doctrine formelle de saint Paul, qui dit aux Galates (III, 17) : *Vous tous qui êtes baptisés en Jésus-Christ, avez été revêtus de Jésus-Christ*. Et aux Romains (VIII, 1) : *Il n'y a donc plus aucun sujet de condamnation dans ceux qui sont en Jésus-Christ, et ne marchent plus selon la chair*. Ananie lui avait dit quand il fut converti : *Recevez le* BAPTÊME, *et lavez vos péchés, après avoir invoqué le nom de Jésus-Christ* (*Act.* XXII, 16). Saint Pierre écrit aux fidèles (*I Epist.* III, 21) : *Le* BAPTÊME *vous sauve, non en purifiant les souillures de la chair, mais en vous donnant le témoignage d'une bonne conscience devant Dieu, par une résurrection semblable à celle de Jésus-Christ*. De quoi vous sauve-t-il, sinon du péché et du châtiment? Saint Pierre n'attribue point cet effet à la foi, mais au *baptême*, quoique la foi soit une disposition nécessaire.

Dans le paragraphe suivant, nous démontrerons par l'Écriture la nécessité absolue de ce sacrement, et l'obligation rigoureuse imposée à tout chrétien de le recevoir. Saint Paul parle du caractère qu'il imprime, en disant aux Ephésiens (IV, 30) : *Ne contristez pas le Saint-Esprit de Dieu, dans lequel vous avez été marqués d'un sceau pour le jour de la rédemption.* Et ces paroles sont analogues à ce qu'il a dit d'Abraham, qu'il a reçu la circoncision comme un sceau de la justice qui vient de la foi (*Rom.* IV, 11). Or, le sceau ou le caractère de la circoncision était ineffaçable. C'est sur ce fondement que saint Augustin a soutenu, contre les donatistes, que c'était un crime de réitérer le *baptême*, et dans toute l'antiquité ecclésiastique on ne peut citer aucun exemple de cet attentat, si ce n'est chez les hérétiques.

Ceux qui ont soutenu que le *baptême* n'impose point au chrétien d'autre obligation que d'avoir la foi, n'ont pas moins contredit la doctrine de saint Paul, puisqu'il exige des chrétiens *une foi qui opère par la charité*, et qu'il ne cesse de les exhorter à faire de bonnes œuvres (*Galat.* v, 6 ; vi, 9, etc.). *Voy.* ŒUVRES, JUSTIFICATION, etc.

V. *De la nécessité du baptême.* Jésus-Christ a institué ce sacrement comme un moyen de salut absolument nécessaire, lorsqu'il a dit : *Si quelqu'un n'est né de l'eau et par le Saint-Esprit, il ne peut pas entrer dans le royaume de Dieu* (*Joan.* I. I, 5). *Prêchez l'Evangile à toute créature ; celui qui croira et sera baptisé sera sauvé, celui qui ne croira pas sera condamné* (*Marc.* xvi, 16). Saint Pierre a répété cette même vérité, en disant que le *baptême* nous sauve (*I Epist.*, III, 21) ; et saint Paul nous enseigne que Dieu nous a sauvés par le bain de la régénération et le renouvellement du Saint-Esprit (*Tit.* III, 5). Nous n'ignorons pas les subterfuges par lesquels les calvinistes et les sociniens ont tordu le sens de ces passages, et de plusieurs autres qui établissent ce dogme ; mais l'Eglise, en condamnant leurs erreurs, a frappé du même anathème les interprétations fausses qu'ils ont données à l'Ecriture sainte. Le concile de Trente, après avoir décidé qu'Adam a transmis à tout le genre humain, non-seulement la nécessité de souffrir et de mourir, mais encore le péché, qui est la mort de l'âme, enseigne que ce péché ne peut être effacé que par les mérites de Jésus-Christ, et qu'ils nous sont appliqués par le *baptême*, sess. 5, can. 2 et 3 ; que depuis la promulgation de l'Evangile, l'homme ne peut passer de l'état du péché à l'état de grâce sans le *baptême*, ou sans le désir de le recevoir, sess. 6, can. 4. Conséquemment il dit anathème à quiconque soutient que ce sacrement n'est pas nécessaire au salut, sess. 7, can. 5. — Cette doctrine a été déjà soutenue au ve siècle contre les pélagiens. Pélage prétendait que le péché d'Adam n'avait nui qu'à lui seul et non à ses descendants ; que le *baptême* était donné aux enfants, non pour effacer en eux aucun péché, mais pour leur donner la grâce d'adoption ; que quand ils mouraient sans l'avoir reçu, ils obtenaient la vie éternelle par le mérite de leur innocence. Saint Augustin combattit de toutes ses forces contre ces erreurs ; elles furent condamnées par plusieurs papes et par plusieurs conciles d'Afrique, et cette condamnation fut confirmée par le concile général d'Ephèse, l'an 431. Calvin n'a pas été moins téméraire que Pélage en enseignant que les enfants des fidèles sont sanctifiés dès le sein de leur mère : la croyance commune des calvinistes est que les enfants des infidèles qui meurent sans *baptême* sont damnés ; mais qu'il n'en est pas de même des enfants des chrétiens, parce qu'ils ont part à l'alliance que Dieu a faite avec les hommes par Jésus-Christ. Dans cette supposition, l'on ne voit pas pourquoi il est encore nécessaire de baptiser les enfants des fidèles.

Il faut remarquer que le concile de Trente déclare que l'homme ne peut passer de l'état du péché à l'état de grâce *sans le baptême ou sans le désir de le recevoir.* En effet, l'on a toujours cru dans l'Eglise que la foi, jointe au désir du *baptême*, peut tenir lieu de ce sacrement, lorsqu'il y a impossibilité de le recevoir ; on n'a jamais douté du salut des catéchumènes morts sans avoir pu obtenir cette grâce. On a jugé encore que le martyre opérait le même effet à l'égard de ceux qui mouraient pour Jésus-Christ ; c'est dans cette croyance que l'Eglise rend un culte aux saints Innocents. De respectables évêques du troisième siècle ont même pensé que les fidèles qui avaient reçu chez les hérétiques un *baptême* nul, mais qui étaient revenus de bonne foi à l'Eglise, et qui avaient participé aux saints mystères, n'avaient pas absolument besoin qu'on leur réitérât le *baptême*. C'était le sentiment de saint Denys d'Alexandrie et de saint Cyprien (*Epist.* 73 ad Jubaian.). *Voy.* Eusèbe, *Hist. ecclés.*, l. vii, c. 9, et la note de Lowth ; Bingham, *Orig. ecclés.*, l. x, c. 2, § 23. Enfin, les Pères, à l'exception de saint Augustin, ont tous été d'avis que saint Jean-Baptiste a été sanctifié par Jésus-Christ dans le sein de sa mère ; c'est pour cela que l'Eglise célèbre sa nativité. Conséquemment les théologiens distinguent trois espèces de *baptême*, savoir : celui de désir, *baptismus flaminis* ; celui de sang ou le martyre, *baptismus sanguinis* ; et le *baptême* d'eau.

Le passage de saint Paul, duquel Calvin et ses sectaires abusent, ne prouve pas ce qu'ils veulent. L'Apôtre dit (*I Cor.* vii, 14) qu'un mari païen est sanctifié par une femme chrétienne, et qu'une épouse païenne est sanctifiée par un mari chrétien ; *autrement*, ajoute-t-il, *vos enfants seraient impurs ; or, ils sont saints.* Cela ne prouve pas que ces enfants naissent exempts de péché, mais qu'ordinairement un père ou une mère, qui fait profession du christianisme, procure le *baptême* à ses enfants, ou qu'il y a lieu d'espérer qu'ils seront élevés dans cette religion. *Voy.* la Synopse des critiques sur ce passage.

VI. *Quel est le sort éternel des enfants morts sans baptême?* Cette question paraît déjà suffisamment résolue par ce que nous venons de dire touchant la nécessité absolue de ce sacrement pour obtenir le salut, et par les raisons dont on s'est servi au cinquième siècle pour réfuter les erreurs de Pélage. Dans les commencements, cet hérésiarque n'osa rien décider touchant le sort de ces enfants. Je sais bien, disait-il, où ils ne vont pas; mais j'ignore où ils vont : *Quo non eant, scio; quo eant, nescio.* Dans la suite, pour ne pas contredire formellement les paroles de Jésus-Christ (*Joan.* III, 5), il dit qu'à la vérité ces enfants n'entraient pas dans le royaume des cieux, mais qu'ils n'étaient pas non plus condamnés à l'enfer; qu'ils avaient la vie éternelle par le mérite de leur innocence. Saint August., l. I *de Pecc. meritis et remiss.*, c. 28, n. 54; *Serm.* 294, c. 1, n. 2; *epist.* 156, etc. Il imaginait ainsi un lieu ou un état mitoyen entre la gloire du ciel et la damnation, dans lequel il plaçait ces enfants; d'où il s'ensuivait qu'ils étaient sauvés de l'enfer sans avoir participé en rien aux mérites ni à la rédemption de Jésus-Christ. — Saint Augustin et les autres défenseurs de la foi catholique réfutèrent toutes ces vaines opinions ; ils prouvèrent par l'Ecriture sainte, par la tradition des quatre premiers siècles, par les exorcismes du *baptême*, que tous les enfants d'Adam naissent souillés du péché originel, par conséquent privés de tout droit à la vie éternelle; qu'ils ne peuvent être purifiés de ce péché que par l'application des mérites de Jésus-Christ et par le *baptême;* que s'ils meurent sans l'avoir reçu, ils sont damnés. Conséquemment ils rejetèrent le lieu ou l'état mitoyen que Pélage avait imaginé entre le royaume de Dieu et la damnation, état qu'il nommait la *vie éternelle*, et dans lequel il plaçait les enfants morts sans *baptême*. Depuis cette époque, le sentiment commun des théologiens est que non-seulement ces enfants sont exclus du bonheur éternel, mais qu'ils sont condamnés aux tourments de l'enfer; que cependant ils les souffrent dans un degré beaucoup moindre que les autres réprouvés.

Malgré le nombre et l'autorité de ceux qui soutiennent ce sentiment, saint Thomas, saint Bonaventure, le pape Innocent III et d'autres théologiens scolastiques, très-instruits de ce qui a été décidé contre les Pélagiens, ont jugé qu'à la vérité il est de foi que les enfants morts sans *baptême* ne peuvent entrer dans le royaume des cieux, ni jouir de la vie éternelle; qu'ainsi ils éprouvent ce que l'on nomme *la peine du dam;* mais qu'il n'est pas de foi qu'ils souffrent aussi *la peine du sens*, ou les supplices de l'enfer; que c'est seulement une opinion théologique fondée sur de fortes preuves, de laquelle cependant il est très-permis de s'écarter. Quelques-uns même sont allés jusqu'à dire que ces enfants jouissent d'une félicité naturelle qui les dédommage de la perte qu'ils ont faite du bonheur éternel acquis par les mérites de Jésus-Christ. Ç'a été l'opinion du cardinal Sfondrate (1), dans le livre intitulé : *Nodus prædestinationis dissolutus*, dont plusieurs évêques de France demandèrent au souverain pontife la condamnation en 1696.

Personne ne s'est élevé avec plus de chaleur contre le sentiment mitigé des scolastiques que les partisans de Jansénius. Comme il était de l'intérêt de leur système de persuader qu'un adulte même peut être coupable et punissable pour un péché qu'il ne lui était pas libre d'éviter, ils ont fait tout leur possible pour prouver que la condamnation des enfants morts sans *baptême* aux supplices de l'enfer est un article de foi, et que l'on ne peut pas soutenir le contraire sans être hérétique. Nous ne prétendons pas favoriser leur entêtement, en rapportant fidèlement les preuves qui établissent le sentiment rigoureux des autres théologiens. La plupart ont été employées par saint Augustin contre les pélagiens, et son autorité y ajoute un nouveau poids.

1° Les paroles de Jésus-Christ (*Joan.* III, 5) sont claires : *Si quelqu'un n'est pas régénéré par l'eau et par le Saint-Esprit, il ne peut entrer dans le royaume de Dieu.* L'expédient imaginé par Pélage, de distinguer *le royaume de Dieu* d'avec *la vie éternelle*, était absurde, puisque ces deux termes, dans l'Ecriture sainte, désignent également le bonheur éternel. Les sociniens et les protestants ne s'en tirent pas mieux en disant que, dans plusieurs autres endroits, *le royaume de Dieu, le royaume des cieux*, signifient le règne de Jésus-Christ sur son Eglise : ce n'est point ainsi qu'on l'entendait du temps de Pélage, ni avant lui; les Pères ont donné constamment à ces paroles le même sens qu'a suivi le concile de Trente, et ont entendu par là le bonheur éternel. — 2° Saint Paul (*Ephes.* II, 3) dit : *Nous étions par naissance enfants de colère* (2). Donc, dit saint Augustin, nous étions enfants de vengeance et de châtiment, masse de perdition et de damnation, à cause du péché originel. L'Apôtre dit (*Rom.* v, 18) que le péché d'un seul est pour la condamnation de tous, et que la justice d'un seul est pour la

---

(1) Cette opinion du cardinal Sfondrate n'a pas été condamnée, il s'ensuit une conséquence immense : que la raison la plus exigeante ne peut trouver l'ombre d'injustice dans l'exclusion du paradis des enfants morts sans baptême. Nous faisons ressortir cette conséquence au mot ORIGINEL (*Péché*).

(2) Le texte de saint Paul qu'on objecte ici fait une très-grave difficulté. Les commentateurs se sont partagés sur le sens qu'il faut donner à ce passage. Quelques-uns l'entendent de tous les hommes sans exception, jeunes et vieux; les autres le restreignent aux seuls coupables de péchés actuels. Le contexte semble favoriser cette interprétation. Voici le passage tout entier : *Et vos, cum essetis mortui delictis et peccatis vestris, in quibus aliquando ambulastis secundum sæculum mundi hujus, secundum principem potestatis aeris hujus spiritus, qui nunc operatur in filios diffidentias. In quibus et nos omnes aliquando conversati sumus, in desideriis carnis nostræ facientes voluntatem carnis et cogitationum; et eramus* NATURA *filii*

justification de tous. S'il n'est pas question là d'une condamnation à l'enfer, on ne peut plus dire, comme l'Ecriture sainte, que Jésus-Christ nous a sauvés de l'enfer, de la puissance des ténèbres, de la puissance du démon, etc.; il faut prendre le terme de *rédemption* dans un sens métaphorique, comme font les sociniens après les pélagiens. — 3° Ce même Apôtre dit, comme saint Pierre, que le *baptême* nous sauve. De quoi nous sauve-t-il, sinon de l'enfer et du supplice éternel? Donc, quiconque n'a pas reçu ce sacrement n'est pas sauvé. — 4° Jésus-Christ, parlant du jugement dernier, ne fait mention que de deux places; savoir, de la droite, où sont les justes qui sont envoyés à la vie éternelle, et de la gauche, où sont les méchants condamnés au feu éternel (*Matth.* xxv, 33). Les enfants morts sans *baptême* ne peuvent être placés à la droite, donc ils seront à la gauche, et subiront le sort des réprouvés : point de milieu. — 5° Les conciles d'Afrique, les papes Innocent Ier, Zozime, Célestin Ier, Sixte III, saint Léon et Gélase, qui ont condamné les pélagiens, le concile général d'Ephèse, qui a confirmé cette condamnation, sont censés avoir approuvé la doctrine de saint Augustin : or, ce saint docteur a toujours enseigné que les enfants morts sans *baptême* sont damnés. — 6° Ç'a été aussi le sentiment de tous les Pères latins des siècles suivants et des théologiens, jusqu'à la naissance des scolastiques. Dans le second concile de Lyon, qui est le quatorzième général, tenu l'an 1274, il est expressément décidé que les âmes de ceux qui meurent en péché mortel, ou *avec le seul péché originel*, descendent incontinent en enfer, pour y subir néanmoins des peines différentes ou inégales. Cette même décision est répétée mot pour mot dans le concile de Florence, tenu l'an 1439, canon 4. C'est une condamnation formelle du sentiment des scolastiques. — 7° Le concile de Trente, sess. 5, dans son décret touchant le péché originel, déclare, canon 1er, qu'Adam, par son péché, a non-seulement perdu la sainteté et la justice originelle, mais qu'il a encouru la colère et l'indignation de Dieu, la mort et la captivité sous la puissance du démon; can. 2, qu'il a transmis à tout le genre humain, non-seulement la mort et les peines du corps, mais le péché qui est la mort de l'âme ; can. 3, que ce péché ne peut être ôté que par les mérites de Jésus-Christ, et qu'ils nous sont appliqués par le *baptême*. Or, la mort de l'âme et la captivité sous la puissance du démon entraînent la damnation comme une conséquence nécessaire ; et il n'y a d'autre moyen que le *baptême* par lequel les mérites de Jésus-Christ puissent être appliqués aux enfants.

On ne peut pas nier que ces arguments ne

iræ. Voyez Menochius, Cornelius *a Lapide*, Pequigny, sur ce passage de l'Apôtre.

Mais, quelle que soit l'interprétation qu'on admette, elle ne doit rien préjuger sur l'état des enfants morts sans baptême. Nous rappelons dans la note précédente ce que la foi nous oblige de croire sur le sort de ces enfants.

soient très-forts ; ils prouvent invinciblement que les enfants morts sans *baptême* sont exclus du bonheur éternel, et souffrent la peine du dam ; mais ils ne démontrent pas aussi certainement que ces enfants souffrent encore la peine du sens. En voulant trop presser ces raisonnements, l'on s'expose à des inconvénients fâcheux, et l'on pourrait y en opposer d'autres qui ne paraîtraient pas moins concluants. Il n'y a donc aucune nécessité d'embrasser sur cette question le parti le plus rigoureux : aussi, la faculté de théologie de Paris, dans la censure d'*Emile*, prop. 24 et suiv., édit. in-12, pag. 90, a fait remarquer que l'Eglise catholique laisse la liberté de penser, avec saint Thomas, qu'on n'est point sujet à la peine du sens à cause du seul péché originel, mais que l'on est seulement privé de la vision intuitive de Dieu, qui est un don gratuit, surnaturel, auquel les créatures intelligentes n'ont, de leur nature, aucun droit.

[« Pour ce qui est du dogme du péché originel, dit l'auteur de *la Foi justifiée de tout reproche de contradiction avec la raison*, p. 60, il n'y a ni injustice ni défaut de bonté dans Dieu de refuser, à la postérité d'un père coupable, des privilèges purement gratuits, qui n'étaient dus ni au père ni aux enfants, et qui n'étaient assurés aux uns et aux autres que sous la condition d'une obéissance fidèle à la loi du Créateur. Un sujet comblé des grâces et des faveurs de son prince se révolte contre lui, et le prince en conséquence lui retire et à sa postérité des privilèges qui ne devaient être héréditaires que sous des conditions justes, qui n'ont pas été remplies, et auxquelles même on a manqué formellement. Y a-t-il en cela quelque injustice ou un défaut de bonté ? Mais voilà au vrai à quoi se réduisent les suites du péché originel. »]

Ajoutons que saint Augustin a éprouvé les mêmes embarras que nous au sujet du sort des enfants, sans pouvoir se satisfaire lui-même (*Epist.* 28 *ad Hieron.*). Et s'il n'ose les exempter de toute peine, il ne les assujettit qu'à la plus légère de toutes. Il ne se hasarde pas même à décider quelle sera la nature de cette peine, ni quel en sera le caractère et l'étendue (L. vi *contra Jul.*, c. 5). Il n'ose assurer qu'elle sera pire que l'anéantissement, et qu'il eût mieux valu pour ces enfants n'avoir jamais été (*Ibid.*). Aussi quelques théologiens estiment, et Gonet entre autres, que la privation de la vision béatifique ne causera aucune douleur ni aucune tristesse à ces enfants infortunés. Cet état sera, en quelque sorte, un état mitoyen entre la récompense et le châtiment ; ce qui ne paraissait point impossible à saint Augustin lui-même (*De Lib. Arb.*, l. iii, c. 23). Gonet s'appuie encore de l'autorité de saint Grégoire de Nazianze, de saint Grégoire de Nysse et de saint Ambroise. Saint Thomas (*in* 2, dist. 59, q. 2, art. 2) semble insinuer cette façon de penser, et admettre un ordre de providence bienfaisante de la part de Dieu sur ceux même qu'il ne peut récompenser.

Si l'on trouve mauvais que des théologiens qualifient trop rigoureusement les sentiments rigides de l'école, lors même qu'ils ressemblent assez dans l'expression aux erreurs condamnées, ne devrait-on pas avoir le même ménagement pour certaines opinions plus douces, soutenues par des théologiens respectables, et qui sont très-propres à arrêter les incrédules qui se scandalisent de la prétendue dureté du sentiment contraire? L'on ne doit néanmoins donner à ces opinions que la valeur qu'elles ont d'avoir des partisans estimables, et se contenter de prouver par là que le sentiment contraire ne fait pas partie du dogme décidé, très-indépendant de ces discussions d'école. *Voyez* les *Conférences d'Angers, sur les Péchés*, 2ᵉ question, article 3 (1).

BAPTISTÈRE, est le lieu ou l'édifice dans lequel on conserve l'eau pour baptiser.

Les premiers chrétiens, suivant saint Justin Martyr et Tertullien, n'avaient d'autres *baptistères* que les fontaines, les rivières, les lacs ou la mer, qui se trouvaient plus à portée de leur habitation; et, comme souvent la persécution ne leur permettait pas de baptiser en plein jour, ils y allaient de nuit, ou donnaient le baptême dans leurs maisons. — Dès que la religion chrétienne fut devenue celle des empereurs, outre les églises, on bâtit des édifices particuliers uniquement destinés à l'administration du baptême, et que par cette raison on nomma *baptistères*.

Quelques auteurs ont prétendu que ces *baptistères* étaient anciennement placés dans le vestibule intérieur des églises, comme le sont aujourd'hui nos fonts baptismaux. C'est une erreur. Les *baptistères* étaient des édifices entièrement séparés des basiliques, et placés à quelque distance des murs extérieurs de celles-ci. Les témoignages de saint Paulin, de saint Cyrille de Jérusalem, de saint Augustin, ne permettent pas d'en douter. — Ces *baptistères*, ainsi séparés, ont subsisté jusqu'à la fin du VIᵉ siècle, quoique dès lors on en voie déjà quelques-uns placés dans le vestibule intérieur de l'église, tel que celui où Clovis reçut le baptême des mains de saint Remi. Cet usage est ensuite devenu général, si l'on en excepte un petit nombre d'églises qui ont retenu l'ancien, comme celle de Florence et toutes les villes épiscopales de Toscane, la métropole de Ravenne et l'église de Saint-Jean-de-Latran à Rome. — Ces édifices, pour la plupart, étaient d'une grandeur considérable, eu égard à la discipline des premiers siècles, le baptême ne se donnant alors que par immersion, et (hors les cas de nécessité) seulement aux deux fêtes les plus solennelles de l'année, Pâques et la Pentecôte. Le concours prodigieux de ceux qui se présentaient au baptême, la bienséance qui exigeait que les hommes fussent baptisés séparément des femmes, demandaient un emplacement d'autant plus vaste, qu'il fallait encore y ménager des autels où les néophytes reçussent la confirmation et l'eucharistie immédiatement après leur baptême. Aussi le *baptistère* de l'église de Sainte-Sophie à Constantinople était-il si spacieux, qu'il servit d'asile à l'empereur Basilisque, et de salle d'assemblée à un concile fort nombreux.

Les *baptistères* avaient plusieurs noms différents, tels que ceux de *piscine, lieu d'illumination*, etc., tous relatifs aux différentes grâces qu'on y recevait par le sacrement.

On trouve peu de chose dans les anciens auteurs sur la forme et les ornements des *baptistères*; ou du moins ce qu'on y en lit est fort incertain. Voici ce qu'en dit M. Fleury, sur la foi d'Anastase, de Grégoire de Tours et de Durand, dans ses notes sur le pontifical attribué au pape Damase: « Le *baptistère* était d'ordinaire bâti en rond, ayant un enfoncement où l'on descendait par quelques marches pour entrer dans l'eau; c'était proprement un bain. Depuis on se contenta d'une grande cuve de marbre ou de porphyre, comme une baignoire, et enfin on se réduisit à un bassin, comme sont aujourd'hui les fonts. Le *baptistère* était orné de peintures convenables à ce sacrement et meublé de plusieurs vases d'or et d'argent pour garder les saintes huiles et pour verser l'eau. Ceux-ci étaient souvent en forme d'agneaux ou de cerfs, pour représenter l'agneau dont le sang nous purifie, et pour marquer le désir des âmes qui cherchent Dieu, comme un cerf altéré cherche une fontaine, suivant l'expression du psaume XLI. On y voyait l'image de saint Jean-Baptiste et une colombe d'or ou d'argent suspendue, pour mieux représenter toute l'histoire du baptême de Jésus-Christ et la vertu du Saint-Esprit qui descend sur l'eau baptismale. Quelques-uns même disaient: *le Jourdain*, pour le dire des fonts. » (*Mœurs des Chrétiens*, tit. 36.) Ce qu'ajoute Durand, que les riches ornements dont l'empereur Constantin avait décoré le *baptistère* de l'Eglise de Rome, étaient comme un mémorial de la grâce qu'il avait reçue par les mains du pape saint Sylvestre, est visiblement faux, puisqu'il est aujourd'hui démontré que ce prince fut baptisé à Nicomédie peu de temps avant sa mort.

Il n'y eut d'abord de *baptistères* que dans les villes épiscopales: d'où vient qu'encore aujourd'hui le rite ambrosien ne permet pas qu'on fasse la bénédiction des fonts baptismaux les veilles de Pâques et de la Pentecôte, ailleurs que dans l'église métropolitaine: d'où les églises paroissiales prennent l'eau qui a été bénite, pour la mêler avec d'autre, depuis qu'on leur a permis d'avoir des *baptistères* ou fonts particuliers. Dans l'Eglise de Meaux, les curés de la ville viennent baptiser les enfants, depuis le samedi saint jusqu'au samedi suivant, sur les fonts de l'église cathédrale. C'est un droit attaché à chaque paroisse en titre et à quelques succursales, mais non pas à toutes, non plus qu'aux chapelles et aux monastères, qui, s'ils en ont, ne les possèdent que par priviléges et par concession des évêques.

On confond aujourd'hui le *baptistère* avec les fonts baptismaux. Anciennement on distinguait exactement ces deux choses, comme le tout et la partie. Par *baptistère*, on enten-

---

(1) Nous avons donné dans notre *Dictionnaire de Théologie morale* l'exposition et le développement des cérémonies du baptême.

dait tout l'édifice où l'on administrait le baptême; et les fonts n'étaient autre chose que la fontaine ou le réservoir qui contenait les eaux dont on se servait pour le baptême. Voy. l'*Ancien Sacram.*, iie partie, pag. 55. Nous avons parlé de la bénédiction des fonts baptismaux dans l'article BAPTÊME.

BARALLOTS, nom qu'on donna à certains hérétiques qui parurent à Bologne en Italie, et qui mettaient tous leurs biens en commun, même les femmes et les enfants. Leur extrême facilité à se livrer aux plus honteux excès de la débauche leur fit encore donner, selon Ferdinand de Cordoue, dans son Traité *De exiguis Annonis*, le nom d'obéissants, *obedientes*.

BARBARES. L'irruption des peuples du Nord qui, dans le ve siècle et les suivants, se sont jetés sur l'empire romain, et l'ont détruit dans l'Occident, est une époque célèbre dans l'histoire, mais fatale à la religion et aux mœurs. Un théologien se trouve intéressé à en rechercher les causes et les effets, parce que plusieurs incrédules ont eu l'injustice de les attribuer au christianisme. M. Fleury les a très-bien exposés (*Mœurs des Chrét.*, n. 56 et suiv.).

Au commencement du ve siècle, l'empire romain était affaibli de toutes manières; il n'y avait plus ni discipline dans les troupes, ni autorité dans les chefs, ni conseils suivis, ni science des affaires, ni vigueur dans la jeunesse, ni prudence dans les vieillards, ni amour de la patrie et du bien public. Chacun ne cherchait que son plaisir et son intérêt particulier, ce n'étaient qu'infidélités et que trahisons; les Romains, amollis par le luxe et l'oisiveté, ne se défendaient contre les *Barbares* que par d'autres *Barbares* qu'ils soudoyaient. La mesure de leurs crimes étant comblée, Dieu en fit la justice exemplaire qu'il avait prédite par saint Jean (*Apoc.* XIII, 18). Rome fut prise et saccagée plusieurs fois; le sang des martyrs dont elle s'était enivrée fut vengé; l'empire d'Occident demeura en proie aux peuples du Nord, qui y fondèrent de nouveaux royaumes. Voilà les vraies causes de la chute de l'empire romain, et non l'établissement du christianisme comme les païens le disaient alors, et comme Machiavel, et après lui d'autres politiques impies ou ignorants, ont osé le répéter.

On dira sans doute que le christianisme établi pour lors dans l'empire aurait dû corriger les mœurs, et empêcher les Romains de contracter d'aussi grands vices; mais cette religion n'avait commencé à être tolérée publiquement par les empereurs qu'en 311; bientôt après elle fut défigurée par les ariens, et les *Barbares* sont venus en 406; alors un grand nombre de Romains luttaient encore contre les lumières de l'Evangile. Il a semblé que Dieu avait fait venir les farouches habitants du Nord, pour démontrer qu'il était plus aisé de convertir des hommes à demi sauvages que des épicuriens.

Les chrétiens ne pouvaient vivre au milieu d'une génération aussi corrompue, sans participer à ses vices; il n'est pas étonnant que les Pères de l'Eglise leur en aient reproché de très-grossiers (S. Augustin, *de Catechiz. rudib.*, n. 5, 7, 17, 28; *de Morib. Eccl.*, c. 34, etc.). Les ravages des *Barbares* ne nuisirent pas moins aux mœurs de l'Eglise que la corruption des derniers Romains. L'Evangile, qui est la souveraine raison, condamne également tous les vices; la stupidité, la fourberie, la férocité, la cruauté, sont aussi incompatibles avec la vraie religion que le luxe et la mollesse. Les guerres, les hostilités, le brigandage, sont aussi contraires à la piété qu'à la justice et à la probité naturelle. Quand on est occupé des moyens de conserver sa vie et son bien dans une ville prise d'assaut ou dans un pays livré au pillage; d'éviter l'esclavage, de sauver l'honneur des femmes, il est très-difficile de penser au spirituel; et il faut des vertus bien héroïques pour se soutenir au milieu du carnage et des horreurs d'une victoire brutale.

Possidius, dans la vie de saint Augustin, peint l'état de l'Afrique désolée par les Vandales. On voyait, dit-il, les églises destituées de prêtres, les vierges et les religieux dispersés; les uns avaient succombé aux tourments, les autres avaient péri par le glaive, les autres avaient perdu dans une dure captivité l'intégrité du corps, de l'esprit et de la foi; ils étaient réduits à servir des ennemis farouches et brutaux. — Non-seulement les hymnes et les louanges de Dieu avaient cessé dans les églises, mais en plusieurs lieux ces édifices étaient détruits. Les sacrifices et les sacrements n'étaient plus recherchés; il était difficile de trouver quelqu'un qui pût les administrer. Les évêques et les clercs qui avaient échappé au fer des ennemis, étaient dépouillés, réduits à la misère, incapables de donner aucun secours au peuple. Salvien a tracé le même tableau de la désolation des Gaules; elle n'était pas moindre en Espagne et dans l'Illyrie. A la vérité, les Francs se firent chrétiens; les Goths, les Bourguignons, les Lombards, d'ariens devinrent catholiques; mais ils demeurèrent longtemps *Barbares*, attachés à leurs anciennes habitudes; ils embrassèrent l'extérieur de la religion sans en prendre l'esprit. C'est ce qui arrive encore aujourd'hui à l'égard des Sauvages de l'Amérique, lorsqu'on parvient à les convertir. Les princes mêmes ne perdirent qu'une partie de leur férocité. Clovis et ses enfants font paraître d'un côté beaucoup de respect et de zèle pour la religion; mais d'ailleurs ils commettent des injustices et des cruautés. Le bon roi Gontran, que l'Eglise a mis au nombre des saints, entre une infinité d'actions de piété, a fait de grandes fautes; et Dagobert, cet illustre fondateur de monastères, a été très-vicieux. Ce n'est pas que les évêques de ce temps-là manquassent absolument de vertu et de vigueur apostolique; mais de deux maux inévitables, ils choisissaient le moindre; ils aimaient encore mieux obéir à des princes demi-chrétiens qu'à des païens persécuteurs de l'Eglise. Une marque qu'ils ne se fiaient pas beaucoup à des *Barbares* convertis, c'est que pendant deux cents ans on ne voit guère de clercs qui ne fussent romains ; cela se connaît par leurs noms.

Ainsi, par le mélange des Romains avec les *Barbares*, ces derniers s'adoucirent et se civilisèrent : mais les premiers devinrent ignorants et grossiers. On cessa d'étudier l'histoire et la physique, de consulter l'antiquité sacrée et profane ; les peuples devinrent superstitieux et crédules ; on crut voir partout des miracles, des pronostics, des signes de la bienveillance ou de la colère de Dieu ; les légendes des saints ne renfermèrent plus que des fables et des puérilités. — D'autre part, l'autorité des évêques allait toujours croissant ; outre la dignité du sacerdoce et la sainteté de la vie de plusieurs, ils étaient plus instruits que les laïques ; les rois les firent entrer dans leurs conseils, et leur laissèrent le soin de gouverner : la plupart s'en acquittèrent avec la plus grande fidélité, et contribuèrent, autant qu'ils le purent, à diminuer la misère des peuples. On ne connaît aucun siècle dans lequel il ne se soit trouvé parmi eux des saints et des hommes d'un mérite distingué. Mais leur crédit se trouva insensiblement mêlé de puissance et de juridiction temporelle ; ils devinrent seigneurs, avec les mêmes droits que les laïques, par conséquent avec les mêmes charges de fournir des gens de guerre pour le service de l'état, et souvent de les conduire en personne. Ce fut là une des principales sources du relâchement de la discipline.

Au IXe siècle, Charlemagne travailla beaucoup à la rétablir, de même que l'étude des lettres ; mais les guerres civiles, dont sa mort fut suivie, ramenèrent partout l'ignorance et le désordre. Pour comble de maux, les Normands, encore païens, pillèrent et désolèrent la France de tous côtés ; les Hongrois coururent l'Italie ; les Sarrasins en infestèrent les côtes, occupèrent la Pouille et la Sicile ; déjà ils étaient les maîtres de l'Espagne depuis un siècle. L'ignorance s'accrut au point que les seigneurs dédaignèrent d'apprendre à lire, et regardèrent la culture des lettres comme une marque de roture. Cantonnés chacun dans son château, toujours en guerre les uns contre les autres, et souvent contre leur évêque, ils ne fréquentaient plus l'église épiscopale ; ils se contentèrent des messes de leurs chapelains, ou de l'office des monastères voisins. Mais les moines n'avaient pas de mission pour enseigner, ni d'autorité pour corriger ; les évêques prêchaient si peu, qu'il y a des conciles qui leur recommandent d'enseigner, au moins en langue vulgaire, à leurs diocésains, le symbole et l'oraison dominicale. — Dans ces temps de ténèbres et de désordres, les papes se trouvèrent obligés de veiller de plus près sur toute l'Eglise, de se mêler de toutes les affaires, de suppléer à ce que les évêques ne faisaient plus. Le pouvoir illimité qu'ils s'attribuèrent, et que des critiques mal instruits ont regardé comme l'effet d'une ambition démesurée, fut dans le fond l'ouvrage des circonstances et de la nécessité. — Les prêtres et les clercs étaient contraints de défendre à main armée les biens de l'Eglise dont ils subsistaient ; plusieurs, pressés par la pauvreté, étaient réduits à exercer des métiers sordides, ou à passer de province en province pour trouver à vivre auprès de quelques évêques ou de quelques seigneurs. Quelles études pouvaient-ils faire, quelle régularité pouvaient-ils observer dans leurs mœurs ? À peine les études et la piété purent-elles se conserver dans quelques églises cathédrales et dans quelques monastères ; mais les monastères furent pillés, ruinés et brûlés par les Normands ; les moines et les chanoines massacrés ou dispersés, et réduits à vivre au milieu des séculiers.

On peut juger combien les pauvres étaient abandonnés dans ces temps de misère publique : où aurait-on pris des aumônes, lorsqu'il y eut des famines si horribles que l'on mangeait de la chair humaine ? Le commerce n'était pas libre pour suppléer à la disette d'un pays par l'abondance d'un autre, ou plutôt il n'y avait point de commerce, et la terre n'était plus cultivée que par des esclaves. Il restait, à la vérité, de grands patrimoines aux églises ; mais ces biens étaient une tentation continuelle pour les seigneurs, qui avaient toujours les armes à la main. Souvent les évêchés furent usurpés par des hommes tout à fait indignes, qui s'en emparèrent par force ; souvent un seigneur y établissait à main armée son fils en bas âge, afin de jouir des revenus de l'Eglise sous son nom. Rome même fut exposée à ces désordres ; les petits tyrans du voisinage y furent les plus forts, et disposèrent despotiquement de la papauté. Pendant le Xe siècle, ce ne furent qu'intrusions et expulsions violentes dans ce premier siège, où jusqu'alors la discipline s'était conservée pure. Aujourd'hui les protestants et les incrédules triomphent de la mauvaise conduite de ces papes indignes de leurs places ; ils font un crime à l'Eglise romaine de ce que les pontifes du siècle suivant ont cherché à mettre leur siége à couvert de ce scandale et de ces vexations. — Les conciles devinrent très-rares, à cause de la difficulté de s'assembler au milieu des hostilités universelles, qui ne permettaient pas que l'on pût aller en sûreté d'une ville à l'autre ; et quand ils auraient été plus fréquents, qui aurait eu assez d'autorité pour en faire observer les canons par des brigands toujours armés ? — Des prédicants profitèrent de ces temps malheureux pour semer des erreurs. Il leur fut aisé de décrier le clergé, qui était absolument déchu de son état ; de défigurer la doctrine chrétienne, que l'on ne connaissait presque plus ; de tromper les peuples par de fausses apparences de régularité et de piété. C'est ce qui fit éclore les différentes sectes de manichéens, sous plusieurs noms divers, ensuite les vaudois et d'autres fanatiques. Les protestants ont eu grand soin d'exposer au grand jour les scandales du clergé, l'ignorance et la misère des peuples, les plaies de l'Eglise ; mais ils ne se sont pas donné la peine de remonter à la cause première de tous ces maux : ils ont affecté même de la dissimuler, afin d'en faire retomber tout l'odieux sur les ministres de la religion. Si le christianisme n'avait pas été l'œuvre de Dieu, il aurait certainement succombé sous des attaques aussi violentes ; mais Jésus-Christ a fait voir qu'il n'a jamais oublié ses promesses, qu'il est toujours avec son Eglise, et que nulle révolution humaine n'est capable de l'ébranler.

Nous n'avons fait qu'abréger le récit et les réflexions de M. Fleury ; quiconque voudra les lire sans prévention, demeurera convaincu que non-seulement la religion chrétienne n'a contribué en rien aux malheurs de l'Europe, mais que sans elle ces maux auraient été beaucoup plus grands ; que c'est elle qui a fourni des ressources pour les adoucir, et des moyens pour les réparer ; nous prouverons ailleurs ce fait important. *Voy.* LETTRES, SCIENCES, etc.

Les protestants ont encore fait tous leurs efforts pour donner une idée très-désavantageuse des missions qui ont été faites pour convertir les *Barbares* du Nord dans les différents siècles. Quand ce qu'ils ont dit serait vrai, il faudrait encore bénir Dieu des heureux effets qui en ont résulté ; mais nous réfuterons leurs calomnies *Voy.* MISSIONS, NORD.

Un des plus fougueux de nos incrédules modernes a poussé la démence jusqu'à vouloir insinuer que ce furent les chrétiens persécutés par les empereurs païens, qui invitèrent les *Barbares* du Nord à fondre sur l'empire romain ; sa narration est curieuse. « Quand les *Barbares* du Nord, dit-il, fondirent sur les terres de la domination romaine, les chrétiens, persécutés par les empereurs païens, ne manquèrent pas d'implorer le secours des ennemis du dehors contre l'état qui les opprimait. Ils prêchèrent à ces vainqueurs une religion nouvelle, qui leur imposait le devoir de détruire l'ancienne. Ils demandèrent les décombres des temples pour bâtir des églises. Les sauvages donnèrent sans peine ce qui ne leur appartenait pas ; ils exterminèrent, ils prosternèrent aux pieds du christianisme tous leurs ennemis et les siens ; ils prirent des terres et des hommes, et en cédèrent à l'Eglise ; ils exigèrent des tributs, et en exemptèrent le clergé, qui préconisait leurs usurpations : des seigneurs se firent prêtres, des prêtres devinrent seigneurs, etc. »

Cette narration est un chef-d'œuvre d'étourderie. 1° Ce savant historien oublie que les irruptions des *Barbares* sur les terres de l'empire ont commencé au moins 107 ans avant la naissance de Jésus-Christ, et ont continué sans interruption jusqu'à leur établissement dans les Gaules en 406. On dit que Marius, dans l'espace de deux ans, en tua trois cent mille, et fit cent quarante mille prisonniers ; que Jules-César en extermina pour le moins autant. Sous le règne d'Auguste, Drusus les battit de nouveau ; mais ils taillèrent en pièces les légions romaines, commandées par Quintilius Varus. Sous Tibère, Germanicus les vainquit encore ; mais il ne put empêcher leurs irruptions. Sous Vespasien, Pline l'Ancien trouva assez de matériaux pour composer en vingt livres une histoire des guerres de Rome contre les Germains. Tacite observe que depuis le consulat de Cécilius Métullus, jusqu'au second de Trajan, c'est-à-dire, pendant près de cent dix ans, les Romains n'avaient été occupés qu'à dompter ces terribles ennemis, mais que, malgré toutes les défaites de ces *Barbares*, ils étaient toujours agresseurs ; qu'ils avaient délogé plusieurs fois les légions, et qu'ils n'étaient rien moins que subjugués. Jusqu'alors, ou les chrétiens n'existaient pas, ou ils étaient trop faibles pour oser implorer le secours des *Barbares*. — 2° Marc-Aurèle, Commode, son fils, Maximin, Valérien, Claude le Gothique, Aurélien, Probus, Dioclétien, Constance et Julien eurent contre eux de grands avantages ; mais ils y perdirent souvent des armées entières. Trouve-t-on dans l'histoire quelque sujet de soupçonner que, dans ces différentes circonstances, les *Barbares* avaient été appelés par les chrétiens ? Ceux-ci se trouvaient en si grand nombre dans l'armée de Marc-Aurèle, qu'ils s'attribuèrent la victoire sur les Quades et les Marcomans, et prétendirent en être redevables à un miracle. *Voy.* LÉGION FULMINANTE. Ils continuèrent à servir de même sous les empereurs suivants, et nos apologistes ont soutenu aux persécuteurs même qu'il n'avaient dans leurs armées point de meilleurs soldats que les chrétiens. Les historiens qui ont calculé le nombre des hommes qui avaient péri dans l'empire depuis le règne d'Auguste, par les guerres contre les *Barbares*, par les batailles entre les divers prétendants à l'empire, par les massacres des Juifs, par la contagion, par les persécutions exercées contre les chrétiens, ont conclu qu'au commencement du v° siècle, l'espèce humaine, en Europe et en Asie, était diminuée au moins de moitié. Les *Barbares*, placés sur les bords du Rhin, n'avaient donc pas besoin d'être avertis, pour comprendre qu'alors la conquête de l'empire était très-facile, et ils ne se trompèrent pas ; comment les forces romaines auraient-elles résisté à des armées de deux ou trois cent mille hommes ? — 3° Déjà, l'an 395, les Huns, peuple scythe ou tartare, s'étaient jetés sur la partie orientale de l'empire romain et l'an 457 ils pénétrèrent dans la Perse ; étaient-ce encore les chrétiens qui les avaient appelés ? — 4° A cette époque, Arcadius et Honorius, qui régnaient, l'un en Orient, l'autre en Occident, étaient chrétiens, aussi bien que Théodose, leur père, qui n'ont jamais persécuté le christianisme non plus que leurs successeurs ; quels motifs auraient pu avoir les chrétiens d'appeler les *Barbares*, surtout dans les Gaules où il n'y avait plus de païens ? Les Goths, les Bourguignons, les Vandales, les Lombards, qui inondèrent l'empire, étaient chrétiens, puisqu'ils étaient ariens : les Francs étaient païens : si les Gaulois avaient eu l'imprudence de les appeler, ils en auraient été mal récompensés par les ravages que ces *Barbares* commirent d'abord.

A la vérité ils se convertirent sous Clovis; mais alors ce n'était plus le temps de leur demander les décombres des temples pour bâtir des églises, puisqu'il n'y avait plus de temples, et que les Francs pillaient les églises avant d'être convertis. Clovis, devenu chrétien, donna des terres aux églises; mais il ne fut obligé de les enlever à personne, puisqu'alors la moitié des Gaules était en friche, faute de cultivateurs. Ce n'était pas une mauvaise politique d'engager le clergé à mettre les terres en valeur, en se procurant des colons, et de les affranchir des impôts. Le roi Louis XVI a trouvé bon d'accorder une franchise de vingt ans à ceux qui mettront des terrains stériles en culture; personne n'est assez insensé pour l'en blâmer. Mais où sont les ennemis du christianisme que Clovis et les Francs ont exterminés, ou qu'ils ont prosternés aux pieds de cette religion, comme le disent nos philosophes incrédules?

C'est ainsi que ces savants critiques arrangent l'histoire. Ils argumentent sur des faits qu'ils ont rêvés; ils méconnaissent les motifs qui ont déterminé la conduite des souverains et celle du clergé; ils blâment au hasard des procédés que dictaient les circonstances dans lesquelles l'Europe se trouvait pour lors. *Voy.* Bénéfice, Clergé, etc.

BARBELIOTS ou **BARBORIENS**, secte des gnostiques, qui disaient qu'un éon immortel avait eu commerce avec un esprit vierge appelé *Barbeloth*, à qui il avait accordé successivement la prescience, l'incorruptibilité et la vie éternelle; que Barbeloth, un jour plus gai qu'à l'ordinaire, avait engendré la lumière, qui, perfectionnée par l'onction de l'esprit, s'appela *Christ*; que Christ désira l'intelligence, et l'obtint; que l'intelligence, la raison, l'incorruptibilité et Christ s'unirent; que la raison et l'intelligence engendrèrent Autogène; qu'Autogène engendra Adamas, l'homme parfait, et sa femme la connaissance parfaite; qu'Adamas et sa femme engendrèrent le bois; que le premier ange engendra le Saint-Esprit, la sagesse ou Prunic; que Prunic, ayant senti le besoin d'époux, engendra Protarchonte, ou premier prince, qui fut insolent et sot; que Protarchonte engendra les créatures; qu'ils connut charnellement Arrogance, et qu'ils engendrèrent les vices et toutes leurs branches. Pour relever encore toutes ces merveilles, les gnostiques les débitaient en hébreu, et leurs cérémonies n'étaient pas moins abominables que leur doctrine était extravagante, *Voy.* Théodoret, *Hæret. fabul.*

BARDESANISTES, nom d'une secte d'hérétiques, ainsi appelés de *Bardesanes*, Syrien, qui vivait dans le IIe siècle et demeurait à Édesse, ville de Mésopotamie. Si l'on croit saint Épiphane, Bardesanes fut d'abord catholique, et se distingua autant par son savoir que par sa piété Eusèbe, au contraire, en parle comme d'un homme qui a toujours été dans l'erreur. Il fut d'abord engagé dans celle de Valentin, en rejeta une partie, en retint une autre, et y en ajouta de nouvelles de son propre fonds.

Beausobre, qui a fait l'histoire de *Bardesanes* et de ses erreurs, (*Hist. du Manich.* t. II, l. IV, c. 9), les réduit à trois principales. La première, d'admettre deux premiers principes de toutes choses, l'un bon, l'autre mauvais; de supposer que celui-ci existe de lui-même et s'est produit lui-même, et qu'il est l'auteur de tout le mal qu'il y a dans le monde. La seconde, de nier que le Verbe éternel ou le Fils de Dieu ait pris une chair humaine; selon cet hérétique, le Verbe s'était seulement revêtu d'un corps céleste et aérien, comme les anges qui ont apparu plus d'une fois aux hommes; ainsi la chair du Fils de Dieu n'était qu'apparente, il n'a pu souffrir, mourir et ressusciter qu'en apparence. C'était l'erreur commune à la plupart des sectes des gnostiques. La troisième, de nier la résurrection future de la chair, de soutenir que les bienheureux auront des corps célestes semblables à ceux des anges et à celui de Jésus-Christ.

Après cet exposé, nous ne concevons pas comment Beausobre peut soutenir que Bardesanes, comme tous les autres sectaires qui ont admis deux principes, ne reconnaissait cependant qu'un seul Dieu, bon, tout-puissant, qui a l'empire de l'univers, sans qu'aucun être puisse se soustraire à son pouvoir. *Ibidem*, § 10. 1[o] C'est une absurdité de supposer qu'un être incréé, qui existe de soi-même, par conséquent de toute éternité, est essentiellement mauvais, et qu'il n'est pas Dieu; la notion la plus claire que nous ayons de la Divinité, est d'exister de soi-même et nécessairement. Lorsque Bardesanes disait que le mauvais principe *s'était produit lui-même*, il déraisonnait; ce qui n'existe point encore peut-il se donner l'existence? 2[o] En quel sens le Dieu bon est-il tout-puissant et maître absolu de l'univers, s'il y a un être mauvais duquel il ne peut pas empêcher l'action, et qui ne dépend pas de lui, puisqu'il n'a pas reçu l'être de lui? 3[o] S'il est vrai que le mauvais esprit est contenu et conservé par le Dieu bon, si rien n'arrive sans la volonté ou sans la permission de celui-ci, il est clair, ou que le Dieu bon laisse volontairement exister le mal, ou qu'il en ignore l'existence, ou qu'il n'a pas le pouvoir de l'empêcher. 4[o] Il n'est pas question de savoir si ces mêmes conséquences résultent du système orthodoxe, comme le prétend Beausobre, ou si elles n'en résultent pas, mais de savoir en quoi l'existence supposée d'un mauvais principe peut servir à expliquer l'origine du mal; dès qu'il est évident qu'elle ne sert à rien, que dans cette hypothèse Dieu est toujours responsable du mal qui arrive dans le monde, il est ridicule de la soutenir. 5[o] Il ne s'agit pas seulement d'expliquer d'où vient le mal moral, et de savoir pourquoi Dieu le permet, mais de dire quelle est la cause du mal physique, des souffrances des créatures sensibles et de leur imperfection naturelle, qui est dans le fond la première racine du mal moral. Or l'opinion de Bardesanes ne satisfait point à cette difficulté. 6° Quand même on supposerait dans le système orthodoxe que Dieu a créé les hommes tels qu'ils sont, imparfaits, sujets à la douleur, enclins au mal moral, et capables de le commettre, il ne s'ensuivrait encore rien contre la toute-puissance, la sagesse et la bonté infinie de Dieu, nous le démontrerons à l'article MAL. L'hypothèse de Bardesanes et des autres anciens sectaires est donc inutile et absurde à tous égards : mais la fureur de vouloir les excuser et les disculper a rendu Beausobre aussi mauvais logicien qu'eux. Nous le verrons raisonner de même dans les articles CERDONIENS, MANICHÉENS, MARCIONITES, etc.

Il ne servait à rien de dire que le Dieu bon avait créé d'abord les âmes des hommes pures et d'une nature céleste, mais que le mauvais principe les séduisit et les entraîna dans le péché ; que pour les punir Dieu permit au mauvais principe de les enfermer dans des corps grossiers et corruptibles qu'il avait formés. Il s'ensuit toujours que ces âmes, par leur nature, étaient capables de se laisser séduire et de pécher, par conséquent faibles et très imparfaites ; le Dieu bon n'aurait-il pas pu les créer meilleures et les préserver de la séduction ? La difficulté tirée de la permission du mal subsiste donc toujours, et l'hypothèse de Bardesanes n'y satisfait en aucune manière. Nous ne voyons pas sur quoi est fondé le titre d'*habile homme* que Beausobre lui prodigue. On dit qu'il écrivit un traité contre les marcionites ; mais son système ne valait guère mieux que le leur.

L'erreur de ceux qui n'admettaient dans le Fils de Dieu qu'une chair fantastique et apparente était née dès le temps des apôtres, puisque saint Jean la réfute (*Epist.* II, v. 7). Elle fut embrassée par la plupart des hérétiques du II° siècle ; et c'est une preuve de la réalité et de la certitude des faits publiés par les apôtres. Si leur témoignage n'avait pas été irrécusable, tous ces hérétiques, philosophes mal convertis, l'auraient attaqué. Comme ils ne pouvaient concilier les humiliations du Fils de Dieu avec l'idée qu'ils s'étaient formée de la Divinité, ils auraient nié absolument qu'il fût né, mort et ressuscité, comme le disaient les apôtres, s'ils avaient pu opposer à ce témoignage celui des Juifs ou de quelques témoins oculaires. Mais ils se retranchèrent à dire que tout cela s'était fait seulement en apparence ; que Dieu avait fasciné les yeux des apôtres et des autres spectateurs, et les avait trompés par des illusions. Or, avouer l'apparence des faits, récuser la certitude du témoignage des sens, c'était rendre justice à la sincérité et à la probité des apôtres. C'est tout ce que nous demandons. Les incrédules, qui osent aujourd'hui les accuser de mensonge, traiter de fables leurs narrations, ne peuvent récuser des témoins qui n'étaient point liés d'intérêts avec les apôtres, et qui cependant confirment leur récit par la manière même dont ils le combattent. La Providence divine a donc eu ses raisons en permettant la multitude d'hérésies que l'on a vues éclore dans le II° siècle.

BARNABÉ (saint) est appelé *apôtre* par les Pères de l'Eglise et par saint Luc lui-même (*Act.* XIV, 13), quoiqu'il ne fût pas du nombre des douze que Jésus-Christ avait choisis, mais l'un des soixante-douze disciples que le Sauveur avait instruits lui-même et envoyés pour prêcher l'Evangile (*Luc.* x, 1 et 17). *Saint Barnabé* fut le compagnon des voyages et des travaux de saint Paul ; il eut beaucoup de part à tout ce que firent les apôtres pour établir le christianisme.

Il reste de lui une épître qui a été mise à la tête des écrits des Pères apostoliques, de l'édition de Cotelier, mais dont le commencement est perdu. Elle était adressée aux Juifs convertis, qui prétendaient que les observances légales étaient encore nécessaires au salut pour tous ceux qui croyaient en Jésus-Christ, quoique les apôtres eussent décidé le contraire dans le concile de Jérusalem (*Act.* xv). *Saint Barnabé*, dans la première partie de sa lettre, montre que les cérémonies mosaïques ont été abolies par la loi nouvelle ; dans la seconde il donne d'excellentes leçons de morale sur l'humilité, la douceur, la patience, la charité, la chasteté, etc. On y trouve beaucoup d'érudition hébraïque, une grande connaissance des Ecritures, et des explications allégoriques, telles qu'elles étaient en usage parmi les Juifs.

Cette épître a été citée sous le nom de *saint Barnabé* par saint Clément d'Alexandrie, par Origène, par Eusèbe, par saint Jérôme. Les deux premiers semblent la mettre au rang des Ecritures canoniques, et lui attribuer la même autorité ; les deux derniers disent qu'elle est *apocryphe*. Il ne faut pas conclure de là, comme ont fait quelques modernes, qu'Eusèbe et saint Jérôme ont été persuadés que cette lettre n'était point de *saint Barnabé*, ou qu'ils en ont douté, mais seulement qu'ils l'ont exclue du nombre des livres canoniques. Ils nomment *apocryphes* non-seulement les écrits faussement attribués aux apôtres ou aux disciples de Jésus-Christ, mais encore ceux qui ont été placés mal à propos par quelques anciens au nombre des livres sacrés. C'est une équivoque, de laquelle ont abusé les critiques protestants, et par laquelle il ne faut pas se laisser tromper. — Tillemont et d'autres, prévenus de ce préjugé, disent que si cette lettre avait été reconnue pour être véritablement de *saint Barnabé*, l'Eglise, qui honore ce saint comme un apôtre, n'aurait pas manqué de la recevoir au nombre des livres sacrés et canoniques. Cette conséquence n'est pas infaillible. *Saint Barnabé* n'était point du nombre des apôtres choisis par Jésus-Christ, mais l'un des soixante-douze disciples. Il est très-probable que Hermas et saint Clément avaient eu le même avantage ; leurs écrits cependant n'ont pas été constamment placés parmi les livres sacrés. La lettre de *saint Barnabé* était adressée aux Juifs, aussi bien que celle de saint Paul aux Hébreux, et cette dernière a donné lieu à des contestations. Les fautes prétendues que les critiques modernes trouvent dans cette lettre, ont pu faire aussi impression sur les anciens, et les empêcher de la mettre au rang des livres canoniques. Il est bon de savoir ce que l'on y trouve à reprendre.

L'auteur, dit-on, cite divers passages qui ne se trouvent point dans l'Ecriture ; selon lui, tous les Syriens, les Arabes et tous les prêtres des idoles reçoivent la circoncision ; toutes choses seront terminées dans l'espace de six mille ans, et Jésus-Christ est monté au ciel le dimanche. Ces reproches sont-ils assez graves pour qu'on ne puisse pas attribuer à *saint Barnabé* la lettre qui porte son nom ? — Chapitre 7, il cite un passage du livre des Nombres, au sujet du bouc émissaire ; il y ajoute des paroles qui ne sont point dans ce livre, mais qui expriment une circonstance de cette cérémonie telle qu'elle se faisait par les Juifs. Où est l'erreur ? Les Juifs ne pouvaient pas y être trompés. — Chapitre 12, il cite un prophète qu'il ne nomme pas, et l'on croit trouver ce qu'il dit dans le quatrième livre d'Esdras, qui est apocryphe. Mais cette citation peut aussi avoir été tirée d'un autre livre prophétique qui n'existe plus. — Pour que *saint Barnabé* ait pu citer aux Juifs le quatrième livre d'Esdras, il suffit que les Juifs l'aient respecté comme prophétique ; il ne s'ensuit pas que *saint Barnabé* l'ait regardé comme tel lui-même. C'était un argument personnel, bon pour les Juifs. — Ce qu'il dit de la circoncision des Syriens, etc., chap. 9, est confirmé non-seulement par Origène et par d'autres Pères, mais encore par les auteurs profanes. *Voy.* les *Notes* de Cotelier et de Ménard sur cet endroit. — Ce qu'il ajoute, chapitre xv, sur la durée du monde et sur sa fin après six mille ans, était une tradition juive, fausse sans doute, mais à laquelle saint Irénée et d'autres Pères ont ajouté foi ; *saint Barnabé* a pu la citer sans en être fort persuadé. — Quant au passage qui regarde le jour de l'Ascension, il nous paraît que l'on en prend mal le sens ; il y a, chapitre xv : *Nous célébrons avec joie le huitième jour auquel Jésus-Christ est ressuscité ; et après s'être fait voir, il est monté au ciel.* Cela ne signifie pas qu'il est monté au ciel le jour même qu'il est ressuscité.

On excuse ces fautes, dit Tillemont ; mais ne vaut-il pas mieux ne pas se réduire à être obligé d'excuser des fautes, dans un apôtre ? Si ce sont là des fautes, elles n'intéressent ni la foi ni les mœurs, et nous ne voyons pas qu'il soit fort nécessaire de supposer que *saint Barnabé* a dû en être exempt. — L'auteur du Mémoire sur les livres apocryphes (*Hist. de l'Acad. des inscript.*, t. XIII, in-12), et celui de l'*Examen critique des apologistes de la Religion chrétienne*, qui ont regardé le jugement de Tillemont comme irréfragable, auraient dû examiner la question de plus près. — Le savant Lardener, qui avait lu tout ce que l'on a écrit pour ou contre, croit que cette lettre est véritablement de *saint Barnabé*, qu'elle a été écrite immédiatement après la ruine de Jérusalem et du temple, l'an 71 ou 72 de Jésus-Christ. *Credibility of the Gospel history*, t. III, l. 1, c. 1.

BARNABITES (*a*). Religieux de la congrégation des Clercs réguliers de Saint-Paul.

Cette congrégation commença l'an 1530, sous le pontificat de Clément VII. Elle reconnaît trois fondateurs, qui sont Antoine-Marie Zacharie, Barthélemy Ferrari et Jacques-Antoine Morigia : le premier originaire de Crémone, et les deux autres de Milan. Ces trois hommes issus des familles les plus remarquables de leur pays, mais encore plus distingués par leur piété que par leur naissance, s'unirent pour fonder la congrégation des Clercs réguliers de Saint-Paul, connus sous le nom de *Barnabites*, à cause de l'église de *St-Barnabé* qui leur fut accordée à Milan.

Cet établissement eut pour objet de former la vie des chrétiens sur la doctrine des Épîtres de saint Paul ; de leur donner des ministres pour la confession, la prédication et l'enseignement de la jeunesse dans les collèges et les séminaires, et pour se consacrer aux missions. Plusieurs excellents sujets s'associèrent à cette congrégation : elle n'avait pas encore deux ans d'existence, que Clément VII s'empressa de la confirmer par un bref, en lui permettant de se choisir un chef, et de faire les trois vœux de la religion.

L'habit des membres de cette congrégation est le même que celui que portaient les prêtres séculiers de ce temps-là ; il est entièrement semblable à celui des Jésuites. Ils vivent suivant les constitutions que leur laissa Antoine-Marie Zacharie. Ces constitutions furent augmentées dans un chapitre général tenu en 1542, et présidé par l'évêque de Laodicée, comme député du Saint-Siège ; elles furent retouchées dans un autre chapitre tenu en 1579, examinées par saint Charles Borromée et par le cardinal Jean-Antoine Serbellini, protecteurs de la congrégation ; enfin elles furent approuvées par le pape Grégoire XIII, et depuis ce temps-là elles n'ont point varié.

Une congrégation si utile à l'église ne pouvait manquer de s'accroître. Les *Barnabites* furent appelés à Pise, à Livourne, à Boulogne, à Naples, à Gênes et dans plusieurs autres villes d'Italie. Ils se répandirent dans la Bohême. Charles-Emmanuel Ier les attira dans la Savoie, et ils y formèrent plusieurs établissements. L'empereur Ferdinand II les demanda à la congrégation de Propagande, et leur donna plusieurs maisons. Henri IV les fit venir en France. Ils furent d'abord employés dans le Béarn à la conversion des calvinistes ; la religion catholique y reprit ses exercices, et l'on peut dire que c'est à leurs soins qu'on est en quelque façon redevable du rétablissement de la foi dans cette province. — Louis XIII leur accorda, par des lettres patentes de l'an 1612, la permission de s'établir dans toutes les villes de son royaume où ils seraient appelés. Henri de Gondi, évêque de Paris, leur donna, en 1631, l'église et la maison du prieuré de Saint-Éloi à Paris. Ils possédaient plusieurs collèges et plusieurs séminaires dans différentes villes du royaume : ils en avaient dans les diocèses de Paris, de Sens, de Tours, de Limoges, de Lescar, d'Oléron, de Dax, de Basas et de Viviers. Les papes leur ont accordé successivement plusieurs privilèges et exemptions ; mais en France ils ne jouissaient d'aucun de ces privilèges ; ils n'avaient d'autres exemptions que celles qui étaient communes aux ordres religieux en général ; et dans les diocèses où ils étaient établis, ils se regardaient comme soumis à tout ce qui est du ressort de l'autorité épiscopale.

Ils ne possédaient en France que deux cures,

(*a*) Cet article est reproduit d'après l'édition de Liége.

dont l'une était celle de Passy, près Paris. Ce bénéfice leur a occasionné une contestation en 1773, avec M. le marquis de Boulainvilliers, seigneur de l'endroit, représentant madame de Chahu, dame de Passy, et fondatrice de ce bénéfice. Il était dit par le titre de fondation passé le 4 et 5 mai 1672, que le supérieur de la communauté des *Barnabites*, de la maison de Saint-Éloi à Paris, indiquerait à cette dame et à ses successeurs, seigneurs de Passy, un religieux pour desservir la cure, et que la nomination serait donnée au religieux par cette dame et ses successeurs, sur l'indication : en conséquence, lorsqu'il fut question de nommer, en 1773, un nouveau curé à Passy, dom Noguères fut indiqué par son supérieur. M. de Boulainvilliers s'opposa à sa prise de possession, quoiqu'il lui eût été présenté pour avoir son agrément ; il prétendit être maître lui-même du choix du sujet. Les *Barnabites* de Saint-Éloi prirent le fait et cause de leur religieux : ils firent voir que la nomination, laissée au seigneur de Passy n'était qu'un droit honorifique, et que ce seigneur ne pouvait refuser le sujet qu'on lui présentait. Cette assertion fut appuyée de différents moyens tirés de plusieurs actes concernant le bénéfice, et surtout du fait de possession, suivant lequel jamais aucun curé de l'endroit n'avait été autre que celui qui avait été indiqué par son supérieur ; au moyen de quoi la contestation se termina à l'avantage des *Barnabites* (a).

Leur manière de se gouverner était assez conforme à celle de la plupart des corps religieux : ils avaient un général qui faisait ordinairement sa résidence à Rome ou à Milan, et ce général étendait son autorité sur toute la congrégation. Chaque province avait ensuite son supérieur particulier sous le titre de *provincial*. La congrégation tenait un chapitre général tous les trois ans, alternativement à Rome et à Milan. C'est dans cette assemblée que se nommaient tous les supérieurs généraux et particuliers ; mais l'autorité qu'on leur donnait n'était que pour trois ans ; elle pouvait cependant leur être continuée dans un autre chapitre pour le même nombre d'années, mais elle devait cesser au bout de ce temps-là, excepté pour les maisons de noviciat, où les supérieurs pouvaient encore être continués pour trois années de plus.

L'ordre des *Barnabites* n'a jamais donné prise à la censure : la douceur de son gouvernement entretenait parmi ses membres une union exemplaire. Les religieux, uniquement occupés de leurs devoirs, ne se sont jamais mêlés de ces misérables disputes qui, dans ces derniers temps, affligeaient la religion. Leur étude principale était celle des sciences pour l'instruction des jeunes gens confiés à leurs soins dans ces collèges ; et l'on peut dire qu'ils s'acquittèrent de cette partie de leur institut avec autant de succès que de zèle. Leur congrégation a fourni à l'Église nombre de prélats, entre autres dom de la Roque, promu à l'évêché d'Euménès. Ils ont eu en Italie plusieurs grands écrivains, et en France, les Pères Colonne, Mirasson et de Livoy, se sont fait connaître par des ouvrages pleins de sagesse et d'érudition. (Extrait du *Diction. de Jurisprudence*.)

BARSANIENS ou **SEMIDULITES**, hérétiques qui parurent au VIᵉ siècle. Ils soutenaient les erreurs des gadianites, et faisaient consister leurs sacrifices à prendre du bout du doigt de la fleur de farine et à la porter à sa bouche. *Voy.* saint Jean Damasc., *de Hæres.*; Baronius, *ad ann.* 535.

BARTHÉLEMY (saint), apôtre. Les anciens écrivains ecclésiastiques ne nous apprennent rien de certain des actions ni des travaux de ce saint apôtre. Selon la tradition commune, il a prêché dans les Indes ; mais il paraît que sous ce nom l'on entendait autrefois l'Arabie heureuse. Il n'a rien laissé par écrit ; le faux évangile que quelques hérétiques avaient forgé sous son nom fut déclaré apocryphe par le pape Gélase.

BARTHÉLEMY (Massacre de la Saint-). C'est un des plus fâcheux événements de notre histoire, dont les ennemis de la religion sont très-attentifs à renouveler le souvenir, et qui fournit une ample matière à leurs déclamations. C'est le massacre des calvinistes, fait à Paris le 24 août 1572, que l'on a nommé *la journée de la Saint-Barthélemy*. En supposant que les catholiques furent poussés à cet acte de cruauté par le zèle de religion, il a été aisé de rendre ce motif odieux, et de faire conclure qu'il n'est point de passion plus redoutable. — Mais il est prouvé par des monuments incontestables, 1° que la religion ne fut point le motif de ce massacre, et que les ecclésiastiques n'y eurent aucune part. L'entreprise formée par les calvinistes d'enlever deux rois, plusieurs villes soustraites à l'obéissance, des sièges soutenus, des troupes étrangères introduites dans le royaume, quatre batailles rangées livrées au souverain, n'étaient-elles pas des raisons assez puissantes pour irriter Charles IX, sans le motif de la religion, et pour lui faire envisager les calvinistes comme des sujets rebelles et dignes de mort ? Ils ont beau excuser leur révolte par la prétendue droiture de leurs intentions et par la raison du bien public, ce motif, toujours aisé à feindre, ne peut pas plus servir à les justifier qu'à excuser la cruauté des catholiques. — Aucun ecclésiastique ne fut consulté et n'entra au conseil dans lequel le massacre des calvinistes fut résolu ; le duc de Guise même en fut exclu. Il est faux, quoi qu'en dise l'auteur des *Essais sur l'histoire générale*, que cette funeste résolution ait été préparée et méditée par les cardinaux de Birague et de Retz ; ces deux hommes n'avaient pour lors que très-peu d'influence dans les affaires ; ils ne furent élevés au cardinalat que longtemps après. Si Grégoire XIII rendit solennellement grâces à Dieu de l'événement, ce n'était pas pour se réjouir du meurtre des calvinistes, mais de la conservation du roi, qui écrivit dans toutes les cours que les rebelles avaient mis sa vie et sa couronne en danger. Que le fait fût vrai ou faux, le pape pouvait le croire de bonne foi et remercier Dieu de ce que le roi et la religion catholique étaient sauvés. Si les ennemis étaient sur nos frontières, si on les battait et que l'on en tuât un grand nombre, nous remercierions Dieu, sans doute, non de l'effusion de leur sang, mais de la cessation du péril. — Il est prouvé encore, par l'aveu même des protestants, que les évêques, les ecclésiastiques, les religieux, loin de prendre part au meurtre dans les villes où le peuple voulait massacrer les calvinistes, comme on avait fait à Paris, firent leur possible pour l'empêcher, et en sauvèrent un grand nombre dans les couvents. Cela se fit même dans la

---
(a) Ce régime n'existe plus.

ville de Nîmes, où les huguenots avaient deux fois massacré les catholiques de sang-froid. Plusieurs catholiques furent enveloppés dans le massacre des calvinistes. L'auteur des *Annales politiques* n'a donc pas eu tort de soutenir, tom. III, n° 18, que le clergé n'a eu aucune part à cette boucherie.

2° La proscription des calvinistes fut dictée par une fausse politique. L'ambition de l'amiral de Coligny, sa jalousie contre les Guises, sa conduite séditieuse, furent la vraie cause de tous les troubles du royaume. Il était plus souverain, à l'égard des calvinistes, que Charles IX ne l'était à l'égard des catholiques ; les huguenots avaient osé dire au roi : *Faites la guerre aux Espagnols, ou nous serons contraints de vous la faire* ; l'amiral avait eu la témérité d'offrir au roi dix mille hommes pour entrer dans les Pays-Bas ; il les avait donc à ses ordres. Ce sujet rebelle n'avait que trop mérité l'arrêt de proscription prononcé contre lui ; mais ce n'est pas par un massacre qu'il fallait le punir. Les éloges que lui ont prodigués les calvinistes sont trop suspects pour servir à sa justification. — 3° Il est encore prouvé que le massacre de l'amiral et de ses partisans ne fut point un projet prémédité et préparé de longue main, mais l'effet momentané du ressentiment de Catherine de Médicis et de son fils le duc d'Anjou, et de la colère qu'ils inspirèrent à Charles IX. La proscription regardait seulement Paris et les chefs du parti huguenot, et non les autres villes du royaume ; mais la fureur du peuple une fois allumée se porta beaucoup plus loin que le gouvernement n'aurait voulu. Dans les autres villes, où le peuple fit de même malgré les ordres du roi, ce ne fut pas le même jour, mais dans des temps très-différents, puisqu'à Toulouse et à Bordeaux ce fut plus d'un mois après le massacre fait à Paris. Les calvinistes et leurs partisans ont eu la mauvaise foi de dire que le roi dépêcha des courriers dans les différentes villes du royaume pour y faire massacrer les huguenots, pendant qu'il les envoyait réellement pour empêcher que cela n'arrivât. — 4° Il est certain que le nombre de ceux qui périrent est beaucoup moindre qu'on ne l'a supposé. Si quelques écrivains l'ont porté jusqu'à cent mille hommes, d'autres ont soutenu qu'il n'a pas passé dix mille hommes, et c'est encore trop. Le Martyrologe des protestants, qui en comptait mille à Paris, n'a pu en assigner dans le détail que quatre cent soixante-huit, et pour tout le royaume sept cent quatre-vingt-six, au lieu de quinze mille qu'il supposait en bloc. — Si l'on y veut faire attention, ce n'était pas au bas peuple calviniste que l'on en voulait, c'était aux chefs, à ceux auxquels on attribuait les révoltes, les séditions, les meurtres, qui s'étaient commis dans les différentes villes ; il est donc impossible que le nombre des morts ait été aussi grand que nos déclamateurs modernes l'ont supposé.

Ce que nous venons de dire est tiré d'un ouvrage dont on a indignement calomnié l'auteur, en prétendant qu'il avait fait l'apologie de la *Saint-Barthélemy*, tandis qu'il ne s'est proposé autre chose que de montrer que les protestants et leurs copistes ont déguisé le vrai motif de cette exécution sanglante, en ont exagéré l'atrocité, et en ont chargé des hommes qui n'y eurent aucune part. Un auteur qui commence par dire : « Quand on enlèverait à la journée de la *Saint-Barthélemy* les trois quarts des horribles excès qui l'ont accompagnée, elle serait encore assez affreuse pour être détestée de ceux en qui tout sentiment d'humanité n'est pas éteint ; » et qui finit par les vers du président de Thou : *Excidat illa dies*, etc., peut-il être désigné de bonne foi comme l'apologiste de ce massacre ?

L'auteur d'un écrit intitulé l'*Esprit de Jésus-Christ sur la tolérance*, pour excuser les calvinistes d'avoir pris les armes, dit qu'ils y furent obligés, parce qu'ils savaient qu'on en voulait à leurs privilèges ; qu'ils agissaient de concert avec Catherine de Médicis, et pour empêcher que les Guises ne devinssent maîtres du royaume. — Mais, parce qu'il plaisait aux huguenots de penser qu'on en voulait aux privilèges qu'ils avaient obtenus par force, était-ce une raison légitime de prendre les armes contre leur souverain ? Catherine de Médicis était-elle en droit de les y autoriser, et la crainte de voir les Guises devenir trop puissants était-elle un juste sujet de se révolter ? Voilà d'étranges principes de droit public. — Il prétend que le meurtre des calvinistes fut une affaire de religion et de proscription tout ensemble. La proscription est certaine, il vient lui-même d'en indiquer les motifs ; mais où sont les preuves de l'influence de la religion ? Il n'en donne aucune. Il n'est pas sûr, dit-il, que Barague et de Retz ne soient pas entrés au conseil. S'ils y étaient entrés, les huguenots ne se seraient pas tus, et ne leur auraient jamais pardonné. Cet écrivain prétend que l'humanité de plusieurs catholiques, en cette rencontre, ne prouve rien ; mais l'humanité des évêques, des prêtres, des moines, prouve-t-elle en eux un fanatisme de religion ? — Il justifie très-mal la conduite et les desseins de l'amiral de Coligny, par les éloges que les historiens ont faits de lui. Ces éloges sont partis de la plume des protestants ou d'écrivains qui les ont copiés par prévention. Le comble du ridicule est de soutenir que le sac de Mérindol et de Cabrières, arrivé vingt-sept ans auparavant, avait été le prélude du massacre des huguenots. — Il assure que, pendant que Charles IX envoyait des courriers pour prévenir ce désordre dans les provinces, il dépêchait des émissaires secrets pour y exciter les catholiques : c'est une pure calomnie. Pour prouver le grand nombre de ceux qui furent mis à mort, il n'allègue que des écrits qui ont été plusieurs fois réfutés.

Nous ne voyons pas quel avantage les incrédules peuvent tirer de ce fait odieux pour calomnier la religion.

BARTHÉLEMITES, clercs réguliers fondés par Barthélemy Hobzauzer, à Salzbourg, le premier août 1640, et répandus dans plusieurs provinces d'Allemagne, en Pologne et en Catalogne. Ils vivent en commun, sont dirigés par un président général et par des présidents diocésains; ils s'occupent à former des ecclésiastiques. Les présidents sont soumis aux ordinaires, et ont sous eux des doyens ruraux. Ces degrés de subordination et d'autres usages qu'ils observent, répondent avec succès au but de leur institution. Un curé *barthélémite* a ordinairement un aide; et si le revenu de sa cure ne suffit pas pour deux, il y est pourvu aux dépens des curés plus riches de la même congrégation. Tous sont engagés par vœu à se secourir mutuellement de leur superflu, sans être privés de la liberté d'en disposer par legs, ou pour assister leurs parents pauvres. — Ce fonds, augmenté de quelques donations, suffit à l'entretien de plusieurs maisons dans quelques diocèses. Quand il y en a trois, la première est un séminaire commun pour les jeunes clercs, où ils étudient les humanités, la philosophie, la théologie et le droit canonique. On n'exige aucun engagement de ceux qui font leurs humanités; les philosophes promettent de vivre et de persévérer dans l'institut; les théologiens en font serment. Ils peuvent cependant rentrer dans le monde avec la permission des supérieurs, pourvu qu'ils n'aient pas reçu les ordres sacrés. Les curés et les bénéficiers de l'institut habitent la seconde maison; la troisième est la retraite des invalides de la congrégation. Innocent XI approuva leurs constitutions en 1680. La même année l'empereur Léopold ordonna que dans ses pays héréditaires ils fussent promus par préférence aux bénéfices vacants; et le même pape Innocent XI approuva, en 1684, les articles surajoutés à leur règle pour le bien de l'institut.

BARUCH, prophète, fils de Néri ou Nérias, et secrétaire du prophète Jérémie. Ses prophéties sont contenues en six chapitres; nous ne les avons plus en hébreu, mais on ne peut pas douter qu'il n'ait écrit en cette langue; les fréquents hébraïsmes que l'on y trouve le font assez connaître. On en a deux versions syriaques; mais le texte grec paraît plus ancien.

Josèphe l'historien remarque (*Antiq.* l. x, c. 11) que ce prophète était d'une naissance illustre et très-habile dans la langue de son pays. Dans le II° livre des Machabées, c. II, v. 1 et suiv., les Juifs de Jérusalem écrivent à ceux d'Egypte que Jérémie recommanda expressément à ceux qui allaient de Judée dans un pays étranger, de ne pas oublier la loi du Seigneur, et de ne pas tomber dans l'idolâtrie; c'est en effet l'objet de la lettre de Jérémie aux Juifs de Babylone, qui fut le vi° chapitre de *Baruch*.

Mais comme les Juifs n'ont voulu reconnaître pour livres sacrés que ceux qu'ils avaient en hébreu, ils n'ont point compris dans leur canon la prophétie de *Baruch*: par la même raison elle ne se trouve point dans les catalogues des livres sacrés donnés par Origène, par Méliton, par saint Hilaire, par saint Grégoire de Nazianze, par saint Jérôme, par Rufin; mais il est à présumer que la plupart l'ont comprise sous le nom de Jérémie, comme ont fait les Pères latins. Le concile de Laodicée, saint Cyrille de Jérusalem, saint Athanase et saint Epiphane, nomment dans leurs catalogues *Jérémie et Baruch*. Saint Augustin et plusieurs autres Pères citent les prophéties de *Baruch* sous le nom de Jérémie, et dans l'Eglise latine, ce qu'on lisait de *Baruch* dans l'office divin était lu sous le nom de Jérémie. — C'est donc assez mal à propos que les protestants se prévalent de l'opinion des Juifs, du silence des Pères, et du préjugé dans lequel plusieurs ont été au sujet de la prophétie de *Baruch*; elle ne contient rien que d'édifiant, qui ne convienne très-bien au caractère d'un vrai prophète et aux circonstances dans lesquelles *Baruch* se trouvait.

Saint Irénée, Tertullien, saint Cyprien, Eusèbe, saint Ambroise, saint Hilaire, saint Grégoire de Nazianze, saint Basile, saint Cyrille d'Alexandrie, saint Jean Chrysostome, saint Augustin, saint Bernard et la foule des commentateurs ont regardé comme une prophétie de l'incarnation du Verbe, ces paroles de *Baruch* (III, 36): *C'est lui qui est notre Dieu, qui a donné la science à Jacob son serviteur, et à Israël, son bien-aimé. Après cela il a été vu sur la terre et a conversé avec les hommes.* Cette pensée leur a paru la même que celle de saint Jean: *Le Verbe s'est fait chair, et il a habité parmi nous.* On ne conçoit pas en quel sens le prophète a pu dire que sous l'Ancien Testament Dieu *a été vu sur la terre.* Lorsqu'il parlait aux patriarches, à Moïse, aux prophètes, il ne se rendait pas visible. *Voy.* la *Préface sur Baruch, Bible d'Avignon,* t. X, p. 421.

BARULES, hérétiques dont parle Sandérus, qui soutenaient que le Fils de Dieu avait pris un corps fantastique; que les âmes avaient été créées avant la naissance du monde, et avaient péché toutes à la fois. Ces deux erreurs ont été communes à la plupart des sectes qui sont nées au second siècle de l'Eglise. Les philosophes qui eurent connaissance du christianisme, ne purent se résoudre à croire ni la chute du genre humain, par le péché d'Adam, ni les humiliations auxquelles le Fils de Dieu s'est réduit pour la réparer. *Voy.* BARDESANISTES, BASILDE, etc.

BASILE (saint), évêque de Césarée en Cappadoce et docteur de l'Eglise, qui mourut l'an 379. Dom Garnier et dom Prudent Marand, bénédictins, ont donné une belle édition de ses Œuvres en grec et en latin, en 3 volumes *in-folio*, en 1721 et 1730.

Le premier tome contient l'*Hexaméron*, qui est une explication de l'ouvrage des six jours de la création, treize Homélies sur les psaumes, un Commentaire sur Isaïe, cinq livres contre Eunomius, qui sont une réfutation de l'arianisme. Le second renferme vingt-quatre Homélies sur différents sujets de morale et sur les fêtes des martyrs;

divers Traités de morale nommés *ascétiques*, les grandes et les petites règles pour les moines. On convient que les *Constitutions monastiques* qui ont été attribuées à *saint Basile* ne sont pas de lui. On trouve dans le troisième volume le livre *du Saint-Esprit*, où la divinité de cette troisième Personne de la sainte Trinité est prouvée par l'Ecriture sainte et par la tradition; trois cent trente-six lettres sur divers sujets. Le livre *de la Virginité* lui a été faussement attribué; mais il paraîta voir été écrit dans le même siècle.

Il y a chez les Orientaux une liturgie qui porte le nom de *saint Basile*, qui était en usage dans les Eglises du Pont, de laquelle se servent encore les jacobites, les Grecs melchites, les cophtes d'Egypte et d'Abyssinie. L'abbé Renaudot, dans le tome 1er de sa *Collection des liturgies orientales*, l'a donnée traduite du cophte, ensuite en grec et en latin. Mais comme il le remarque très-bien, il ne faut pas imaginer que *saint Basile* l'ait composée et faite en entier; il n'a fait que retoucher la liturgie qui était déjà en usage dans son Eglise, y ajouter quelques prières, en corriger quelques-unes, etc., sans en altérer le fond. La conformité de cette liturgie avec la multitude des autres liturgies anciennes démontre que toutes ont été faites sur un modèle primitif, suivi depuis les temps apostoliques, et auquel on n'a jamais touché. Le P. Lebrun en a aussi donné une notice, *Explic. des cérém. de la messe*, tom. IV, pag. 372. *Voy.* LITURGIE.

Il n'est point de critiques anciens ou modernes qui n'aient rendu justice à l'éloquence, à l'érudition, à la pureté du style de *saint Basile*. Photius, Erasme, Rollin, n'ont pas hésité de le proposer comme un parfait modèle de l'art oratoire. Mais les protestants ont attaqué sa morale, et les incrédules n'ont pas respecté ses vertus: leurs reproches sont aussi mal fondés les uns que les autres. — Barbeyrac, dans son *Traité de la morale des Pères*, ch. 11, accuse *saint Basile* d'avoir enseigné que celui qui blesse à mort un ennemi, même en se défendant, est coupable de meurtre; qu'il n'est jamais permis de tuer, même à la guerre; qu'un chrétien ne peut sans péché avoir des procès, ou faire un serment; il ne permet le mariage de deux personnes qui vivent dans la fornication, que pour éviter un plus grand mal; il recommande aux moines un extérieur triste, sale et négligé, malgré la leçon contraire que Jésus-Christ donne dans l'Evangile. — Si, au lieu d'enseigner une morale très-sévère, les Pères de l'Eglise avaient eu des maximes relâchées, on déclamerait contre eux avec encore plus d'amertume. Déjà quelques incrédules de nos jours les ont accusés d'avoir eu plus à cœur la doctrine spéculative que la morale, et d'avoir fait plus de cas de l'orthodoxie que des mœurs. Mais quelque austères que fussent leurs leçons, elles étaient cependant pratiquées, du moins par un bon nombre de chrétiens fervents: cela nous paraît démontrer que la morale des Pères n'était pas aussi outrée qu'on le prétend.

On dit qu'ils ont poussé trop loin les règles de la patience qu'ils prêchaient aux fidèles; et tous les jours on accuse les chrétiens de n'avoir pas été assez patients, soit envers les païens dans le temps des persécutions, soit envers les hérétiques, lorsque ceux-ci abusaient de la protection des empereurs. Comment contenter des censeurs aussi bizarres? — Souvenons-nous que *saint Basile* écrivait dans le temps que les ariens, soutenus par l'empereur Valens, exerçaient le brigandage dans tout l'empire; on ne pouvait leur résister sans paraître se révolter contre l'empereur: les Pères de ce temps-là n'avaient donc pas tort de prêcher la patience aux catholiques, et de prendre à la rigueur pour ce temps-là les paroles de l'Evangile. *Voy.* DÉFENSE DE SOI-MÊME. — Ils avaient conçu une haute idée de la sainteté du mariage; il fallait inspirer le même sentiment aux chrétiens, parce que les lois des empereurs y avaient très-mal pourvu, et que la licence du paganisme avait été poussée au dernier excès sur ce point; nous ne voyons pas en quoi la morale de *saint Basile* pouvait être dangereuse. — Il voulait que les moines portassent à l'extérieur les marques de la pauvreté et de la mortification de leur état; en quoi contredisait-il l'Evangile? Lorsque Jésus-Christ défendait d'affecter par hypocrisie un extérieur triste et un visage exténué par le jeûne, il ne parlait pas à des moines. On est aujourd'hui scandalisé de ce qu'ils n'observent pas assez rigoureusement les leçons de *saint Basile*. — On sait avec quelle fermeté il répondit à l'empereur Julien, qui avait d'abord voulu le séduire, et qui ensuite menaça de raser la ville de Césarée, s'il ne faisait pas porter au fisc mille livres d'or. Il n'en montra pas moins à l'égard de l'empereur Valens, qui le faisait menacer de l'exil et de la mort s'il ne livrait pas les églises aux ariens. « Celui qui n'a rien, dit-il, que des haillons et quelques livres, ne craint pas d'être dépouillé. Je regarde comme ma patrie, non le sol sur lequel je suis né, mais le ciel. Un corps exténué tel que le mien ne peut souffrir longtemps; la mort, en terminant mes peines, me réunira plus tôt à mon Créateur. » — Plusieurs incrédules modernes lui ont fait un crime de cette résistance aux ordres de l'empereur; s'il y avait obéi, ces mêmes censeurs l'accuseraient de lâcheté. Ils lui ont reproché de n'avoir donné qu'un petit évêché à saint Grégoire de Nazianze, son ami. Ils ignorent sans doute que saint Grégoire avait renoncé volontairement au siège de Constantinople, qu'il n'ambitionnait comme *saint Basile* que la retraite, le repos, la liberté de servir Dieu, loin du tumulte du monde. Il est heureux pour nous de n'avoir à justifier les Pères que de l'héroïsme de leurs vertus; elles ont été trop pures pour plaire à des esprits pervers et à des cœurs corrompus.

BASILE (Ordre de Saint-). C'est le plus ancien des ordres religieux. Selon l'opinion commune, il a tiré son nom du saint évêque de Césarée, dont nous venons de parler, qui donna des règles aux cénobites d'Orient, quoiqu'il ne fût pas l'instituteur de la vie monastique. En effet, l'histoire de l'Eglise atteste qu'il y avait eu des anachorètes et des cénobites, surtout en Egypte, longtemps avant *saint Basile*. Il est très propable que ce saint docteur ne fit que mettre par écrit ce qui avait été observé dans les communautés de moines de la Thébaïde qu'il était allé visiter.

Cet ordre a constamment fleuri en Orient, et s'y est maintenu depuis le quatrième siècle. Presque tous les religieux qui y sont aujourd'hui sous le nom de *caloyer*, suivent la règle de *saint Basile*, même ceux qui ont pris le nom de saint Antoine. Treize siècles de durée nous paraissent prouver que cette règle n'est pas d'une rigueur aussi outrée que certains critiques ont voulu le persuader.

On prétend que *saint Basile*, s'étant retiré vers l'an 357 dans une solitude de la province de Pont, y resta jusqu'en 362 avec des solitaires, auxquels il prescrivit la manière de vivre qu'ils devaient observer en faisant profession de la vie religieuse. Rufin traduisit ces règles en latin, ce qui les fit connaître en Occident; mais elles n'ont commencé à y être suivies que dans l'onzième siècle. Ce fut vers l'an 1057 que les moines de *saint Basile* vinrent s'y établir. Grégoire XIII les réforma en 1579, et mit les religieux d'Italie, d'Espagne et de Sicile sous une même congrégation. Dans ce même temps le cardinal Bessarion, Grec de nation et religieux de cet ordre, réduisit en abrégé les règles de *saint Basile*, et les distribua en 23 articles. Le monastère de Saint-Sauveur de Messine en Sicile est chef de l'ordre en Occident, et il passe pour constant que l'on y fait l'office en grec. *Voy.* Le Mire, *de Orig. ordin. relig.*

On sera moins surpris de l'austérité des règles de *saint Basile*, si on fait attention qu'en général la vie des Orientaux est beaucoup plus sobre que la nôtre, et que le climat exige beaucoup moins de nourriture. On y mange très peu de viande; les légumes, les herbes potagères, les fruits, y sont plus succulents et plus nourrissants que les nôtres; une exacte sobriété est absolument nécessaire pour y conserver la santé : le peuple y vit en plein air, presque sans aucune couverture, sans aucun besoin des précautions que l'on observe dans les pays septentrionaux. La manière de vivre des moines de la Thébaïde était, à proprement parler, la vie des pauvres en Egypte et des personnes peu accoutumées aux superfluités.

BASILIDE, BASILIDIENS. Au commencement du IIe siècle, *Basilide* d'Alexandrie, entêté de la philosophie de Pythagore et de Platon, voulut en allier les principes avec les dogmes du christianisme, et forma la secte des *basilidiens*.

La grande question qui occupait alors les philosophes, était de savoir d'où vient le mal dans le monde. Platon, pour la résoudre, avait imaginé que l'Être suprême, infiniment bon par nature, n'avait pas créé le monde immédiatement par lui-même, mais qu'il avait laissé ce soin à des intelligences inférieures auxquelles il avait donné l'être; que le mal qui s'y trouve était venu de l'impuissance et de la maladresse de ces esprits secondaires. Cette supposition ne faisait que reculer la difficulté. Pourquoi l'Etre infiniment bon, maître de créer le monde par lui-même, en a-t-il donné la commission à des ouvriers dont il devait prévoir l'impuissance et la maladresse? — Cependant les premiers hérésiarques, Simon, Ménandre, Saturnin, *Basilide*, et leurs sectateurs, qui prirent le nom de *gnostiques*, intelligents ou philosophes, embrassèrent cette hypothèse; ils eurent la témérité de faire la généalogie et l'histoire de ces prétendus esprits subalternes, de leur donner des noms, etc. — Ils supposèrent encore que les âmes humaines avaient existé et avaient péché avant d'être unies à des corps, que pour les punir Dieu les avait soumises ici-bas à l'empire des esprits inférieurs, que chacun de ces esprits présidait au gouvernement d'une nation. C'était aussi l'idée de Celse, de Julien, et de la plupart des philosophes éclectiques; c'est là-dessus qu'ils fondaient la nécessité de rendre un culte à ces esprits, par le moyen desquels ils prétendaient opérer des prodiges. — Selon *Basilide*, l'esprit ou l'ange qui avait gouverné la nation juive, était l'un des plus puissants; c'est pour cela qu'il avait fait tant de miracles en leur faveur; mais comme il avait voulu par ambition soumettre les autres esprits à son empire, ceux-ci avaient inspiré aux peuples qu'ils gouvernaient de la haine contre les Juifs. Ainsi les guerres, les malheurs, les revers des nations, étaient l'effet de la jalousie et des passions des esprits qui gouvernaient le monde. — Enfin, Dieu, touché de compassion, avait envoyé son Fils ou l'*intelligence*, sous le nom de *Jésus-Christ*, pour délivrer de cette tyrannie les hommes qui croiraient en lui. Pour fonder leur foi, Jésus, selon *Basilide*, avait réellement fait les miracles que les chrétiens lui attribuaient; mais il n'avait qu'un corps fantastique et les apparences d'un homme: pendant sa passion il avait pris la figure de Simon le Cyrénéen, et lui avait donné la sienne; ainsi les Juifs avaient crucifié Simon au lieu du Christ qui se moquait d'eux, et qui était remonté au ciel sans avoir été connu de personne. — *Basilide* en concluait que les martyrs qui souffraient pour leur religion ne mouraient pas pour Jésus-Christ, mais pour Simon, qui seul avait été crucifié. Il concluait encore que ce n'était pas un crime de se livrer aux désirs déréglés de la chair, puisqu'ils étaient inspirés à l'âme de l'homme par les esprits au pouvoir desquels Dieu l'avait soumise, et que ces désirs étaient involontaires. (*S. Clém. d'Alex.*, *Strom.* lib. III, p. 510, etc.).

Cet hérésiarque, entêté du pythagorisme et des prétendues propriétés que Pythagore attribuait aux nombres, imagina que l'unité, symbole du soleil, le nombre septénaire, relatif aux sept planètes, le nombre 365, qui exprimait celui des jours de l'année ou des révolutions du soleil, devaient avoir des propriétés merveilleuses, déterminer l'esprit gouverneur du monde à opérer des prodiges. Là-dessus il fonda sa confiance à la théurgie, à la magie, aux talismans. Il soutint que le nom *Abracsas* ou *Abraxas*, dont les lettres forment en grec le nombre 365, imprimé sur une médaille avec la figure du soleil et avec quelques autres signes, était un talisman très-puissant, que ce devait même être le nom de Dieu. Conséquemment les *basilidiens* remplirent le monde d'*abraxas* de toute espèce; le P. de Montfaucon en a fait graver plusieurs. — Quelques chrétiens peu instruits se laissèrent séduire par ces visions, et firent aussi des *abraxas* à l'honneur de Jésus-Christ; les Pères de l'Eglise s'élevèrent contre cette superstition.

Basilide enseignait aussi la métempsycose comme Pythagore, et niait la résurrection de la chair. Il avait composé un faux évangile, ou plutôt un long commentaire sur les évangiles; puisque Eusèbe nous apprend qu'il avait écrit vingt-quatre livres sur les évangiles, et qu'il avait forgé des prophéties sous le nom de *barcabas* et de *barcoph*; il supposait dans l'homme deux âmes différentes.

Sur cet exposé, que nous abrégeons autant qu'il est possible, il y a des réflexions importantes à faire. 1° Les anciennes hérésies ont été l'ouvrage des philosophes, et l'effet de leur opiniâtreté à vouloir concilier les dogmes du christianisme avec leurs vains systèmes; c'est au contraire la philosophie qu'il aurait fallu éclairer et corriger par les lumières de la révélation. 2° La source de la plupart des erreurs anciennes a été la célèbre question de l'origine du mal; elle est encore aujourd'hui le fondement des divers systèmes d'incrédulité : il est impossible d'y donner une solution satisfaisante, à moins que l'on n'adopte les principes de la théologie chrétienne. 3° Les plus anciens hérésiarques n'ont pas osé contester la vérité de l'histoire évangélique, des actions et des miracles de Jésus-Christ, puisqu'ils ont tâché de les accorder avec leur système; ils touchaient cependant d'assez près à la date de ces faits, pour avoir pu en constater certainement la vérité ou la fausseté. 4° Quelques incrédules modernes ont accusé saint Clément d'Alexandrie et les autres Pères anciens, d'avoir faussement attribué aux gnostiques une morale et une conduite détestable; mais cette morale découlait évidemment de leurs principes, et il est impossible que ces raisonneurs ne s'en soient pas aperçus. Elle a été renouvelée par les sectes fanatiques du XIV° siècle, et l'on a vu renaître parmi elles les mêmes désordres.

Beausobre, qui s'est fait un point capital de justifier tous les hérétiques, et de contredire les Pères de l'Eglise, a disserté fort au long sur les *basilidiens* (*Hist. du Manich.*, tom. II, l. iv). Il prétend qu'en général on ne doit pas trop se fier aux Pères touchant les anciennes hérésies, que la plupart n'en ont parlé que sur des ouï-dire; qu'ils ont exagéré les erreurs des sectaires, etc. Pour donner un air de justice à ce reproche, il aurait fallu commencer par prouver que tous les sectateurs de *Basilide* ont enseigné constamment la même doctrine que lui, et qu'aucun d'eux n'est allé plus loin. Or, dans quelle secte hérétique cela est-il arrivé? Il se peut très-bien faire que les *basilidiens*, qui ont été connus de saint Irénée dans l'Asie Mineure, et de Tertullien en Afrique, n'aient pas suivi absolument les mêmes opinions que ceux dont saint Clément d'Alexandrie a lu les ouvrages en Egypte; il peut donc y avoir de la vérité et même de l'opposition entre les récits de ces Pères, sans qu'il y ait lieu de les accuser d'ignorance, de préoccupation ou d'infidélité. Voilà ce qu'un historien judicieux n'aurait pas manqué de remarquer. Mosheim est coupable de la même injustice. *Hist. Christian.*, sæc. II, § 46 et suiv.

C'est encore une fort mauvaise méthode, pour justifier un hérétique, de prétendre qu'il n'a pas pu enseigner telle erreur, puisqu'il a soutenu telle autre opinion qui ne s'y accorde point; il est assez prouvé que la doctrine des anciens hérétiques, aussi bien que celles des modernes, est un tissu de contradictions, et qu'ordinairement tous raisonnent fort mal.

Il n'est donc pas fort certain que, selon la croyance commune des *basilidiens*, l'ange ou l'esprit qui avait créé le monde, était un être bon, qui avait eu dessein de plaire au Dieu suprême et de faire du bien; puisque, de l'aveu même de Beausobre, d'autres hérétiques soutenaient que le Créateur, ou plutôt le formateur du monde, était un être méchant. Dès que l'on suppose la matière éternelle, il n'est plus question de *création* proprement dite. Nous avons le malheur de ne pas voir, comme Beausobre, *un grand effort d'imagination* dans le système de *Basilide*, pour rendre raison des maux de ce monde, sans intéresser les perfections du Dieu suprême; les ignorants, qui attribuent au démon tout le mal qui leur arrive, ne font pas un grand effort d'imagination. Pour peu qu'on réfléchisse, on comprend que Dieu, quoique infiniment puissant et bon, n'a pu rien faire qui ne fût borné, par conséquent imparfait et sujet à des défauts; et que la supposition des deux principes ne résout point du tout la difficulté.

Nous n'accuserons pas non plus les Pères d'avoir imaginé une fable en disant que, suivant l'idée des *basilidiens*, Jésus, avant d'être crucifié, avait changé sa figure en celle de Simon le Cyrénéen, et avait substitué cet homme à sa place; plusieurs d'entre eux ont été assez ridicules d'ailleurs pour imaginer cette absurdité, quoique peut-être Basilide ne l'ait jamais dite, et qu'il ait pensé tout autrement.

Il n'est pas mieux prouvé que jamais les *basilidiens* n'ont déprimé le martyre; Beausobre ne les en disculpe que par des conjectures et par voie de conséquence, espèce d'apologie qui ne peut prévaloir à des témoignages formels. Il ne réussit pas mieux à les absoudre du crime de magie, puisque ces hérétiques avaient confiance au pouvoir des prétendus génies ou esprits répandus dans la nature ; il n'est pas fort aisé de prouver qu'ils n'ont jamais eu recours à ceux qu'ils supposaient mauvais et malfaisants, mais seulement à ceux qu'ils croyaient incapables de faire du mal. L'une de ces mauvaises pratiques conduit infailliblement à l'autre.

Par la même raison, nous n'avouerons pas que les Pères ont calomnié les *basilidiens*, quand ils les ont accusés d'une morale détestable touchant l'impureté, et d'une conduite qui y était conforme ; si dans toutes les sectes il y a eu quelques hommes qui ont conservé de la honte naturelle et de la vertu, il y en a eu aussi d'autres qui ont poussé les conséquences de leurs erreurs jusqu'où elles pouvaient aller, et qui n'ont pas rougi de les mettre en pratique. Il est donc tout simple que l'on ait pris pour l'esprit général de la secte une conduite qui était commune parmi ses membres. Mosheim, moins entêté que Beausobre, avoue qu'une bonne partie des gnostiques tiraient de leurs principes une morale pratique très-licencieuse (*Hist. christ., proleg.*, c. 1, § 36).

Nous serons obligés de répéter plus d'une fois ces mêmes réflexions à l'égard des hérésies anciennes ou modernes, parce que plusieurs des protestants qui en ont parlé l'ont fait avec les mêmes préventions que Beausobre. Ce qu'il y a de singulier, c'est que ces critiques veulent nous faire envisager leur entêtement comme une preuve d'impartialité.

BASILIQUE. Ce nom grec signifie *maison royale* ; on l'a donné aux églises des chrétiens, parce qu'on les a regardées comme les palais du Roi des rois, dans lesquels ses adorateurs vont lui rendre leurs hommages : c'est ainsi qu'elles sont nommées par les écrivains du IVe et du Ve siècle.

Selon Bellarmin, les chrétiens mettaient une différence entre les *basiliques* et les *temples*. Les premiers étaient des édifices destinés aux assemblées chrétiennes et à la célébration des saints mystères ; par les *temples*, on entendait les temples des païens destinés à offrir des sacrifices sanglants et à immoler des animaux. Conséquemment quelques anciens, comme Minutius Félix, Origène, Arnobe, Lactance, ont dit que les chrétiens n'avaient pas de *temples* ; et lorsque les païens leur en faisaient un crime, les mêmes écrivains ont répondu que le sanctuaire le plus digne de Dieu était l'âme d'un homme de bien. Il ne faut pas en conclure que pour lors les chrétiens n'avaient point d'édifices consacrés au culte du Seigneur ; nous prouverons le contraire au mot EGLISE ; mais on évitait de leur donner le même nom qu'aux édifices destinés à l'idolâtrie : on préféra de les nommer *basiliques*.

Dans l'Occident, au IVe et au Ve siècle, l'on entendait par l'*église* la cathédrale, et l'on nommait *basiliques* les églises dédiées aux martyrs et aux saints (*Hist. de l'Acad. des inscript.*, t. XIII, in-12, p. 311).

Il paraît que la forme et le plan des églises chrétiennes avaient été tracés sur ce qui est dit dans l'*Apocalypse*, chap. IV, VI, VII. Saint Jean y fait une description de la gloire éternelle exactement semblable à celle qu'a faite saint Justin des assemblées des chrétiens (*Apol.* 1, n° 65 et suiv.), et de la manière dont ils célébraient l'office divin. Saint Jean parle d'un trône sur lequel est assis le président de l'assemblée ou l'évêque, de sièges rangés des deux côtés pour vingt-quatre vieillards ou prêtres : c'est le chœur. Au milieu et devant le trône il y a un autel sur lequel est un agneau en état de victime ; sous l'autel sont les reliques des martyrs. Devant l'autel un auge offre à Dieu, sous le symbole de l'encens, les prières des saints ou des fidèles. Il parle d'une source d'eau qui donne la vie ; c'est le baptistère ou les fonts baptismaux. — Par cette forme que les premiers chrétiens ont donnée à leurs églises, il est aisé de juger si ce sont les catholiques qui ont abandonné la croyance de l'Eglise primitive, ou si ce sont les protestants. Ces derniers n'ont dans leurs temples ni chaire pontificale, ni autel, ni reliques, ni encens, ni fonts baptismaux ; ils semblent les avoir construits sur le modèle des synagogues des Juifs. Mais tout ce qu'ils ont supprimé parle et réclame contre l'innovation qu'ils ont faite ; ce sont des témoins dont ils n'étoufferont jamais la voix.

* BASKIRS. Les annotateurs de l'édition de Lefort ont fait un article particulier sur les croyances de ce peuple. Cet article serait bien placé dans un dictionnaire des religions et des cultes, mais nous le croyons entièrement étranger à ce Dictionnaire ; car les croyances de ce peuple n'ont aucun rapport avec la théologie chrétienne. Afin qu'on ne taxe pas notre jugement de trop de sévérité, nous allons citer une partie de l'article.

« Ces peuples, qui n'ont aucune connaissance de la structure du globe, croient que les étoiles sont suspendues dans l'air et attachées au firmament par de grandes chaînes de fer ; ils s'imaginent que la terre repose sur trois énormes poissons, dont l'un est déjà mort, preuve évidente de la fin prochaine du monde ; ils affirment qu'au moment de la naissance de chaque individu, le nombre des jours qu'il doit passer sur la terre et la quantité de nourriture qu'il doit consommer sont inscrits sur le livre du destin. Chez eux, un témoignage, appuyé du serment, n'a de force qu'autant qu'il a été fait, non dans une maison ou dans un temple, mais sur le terrain du cimetière. Non loin du bourg de Biliarsk se trouve un cimetière mahométan, appelé Balyn-gruss, fort en honneur chez les Tartares et les Baskirs ; ils le regardent comme sacré, et croient que les dévots musulmans, dont les dépouilles mortelles occupent ce champ, font tous les jours quelque miracle ; en été, ce cimetière devient un lieu de pèlerinage. Lorsqu'un homme tombe malade, ses parents font venir le prêtre ou mollah, qui récite quelques paroles du Coran et fait de fréquentes aspersions de salive sur les yeux et le visage du patient : ces oraisons et de l'eau claire sont les seuls moyens employés pour guérir le malade. L'emploi des philtres est très-fréquent chez les Baskirs. Les traces d'une superstition si grossière deviennent plus faibles depuis l'établissement à Orenbourg d'une école appelée Institut de Naplinjeff.

* BATAKS. C'est une peuplade de l'île de Sumatra : elle croit à l'existence de l'Être suprême. D'ailleurs ses doctrines n'ont aucun rapport avec notre objet, pour les raisons rapportées dans l'article précédent. Nous n'avons cité ce peuple que parce qu'il se trouve nommé dans quelques éditions de Bergier.

BAYANISME. *Voy.* BAÏANISME.

* BÉATE DE CUENZA, illuminée espagnole. Cette femme se mit, en 1803, à répandre qu'elle avait des communications intimes avec Jésus-Christ, la sainte Vierge et les saints. Bientôt elle devint le sanctuaire de Dieu et de toute la cour céleste. Elle prit un ton prophétique, annonça la régénération du monde, une nouvelle prédication de l'Évangile, un nouvel apostolat. Les imaginations vives des Espagnols s'émurent; on la crut réellement inspirée. Bientôt la foule lui rendit des honneurs divins, elle la conduisit en procession environnée de cierges allumés : plusieurs ecclésiastiques partageaient la croyance populaire. Il était temps d'arrêter une superstition aussi folle. La sainte inquisition intervint, condamna les rêves de l'illuminée, et l'empêcha de continuer ses extravagances.

BÉATIFICATION, acte par lequel le souverain pontife déclare, au sujet d'une personne dont la vie a été sainte, accompagnée de quelques miracles, etc., qu'il y a eu lieu de penser que son âme jouit du bonheur éternel, et en conséquence permet aux fidèles de lui rendre un culte religieux.

La *béatification* diffère de la canonisation en ce que dans la première le pape n'agit pas comme juge, en déterminant l'état du béatifié, mais seulement en ce qu'il accorde à quelques personnes, comme à un ordre religieux, à une communauté, etc., le privilége de rendre au béatifié un culte particulier, qu'on ne peut regarder comme superstitieux, dès qu'il est muni du sceau de l'autorité pontificale, au lieu que dans la canonisation, le pape parle comme juge, et détermine *ex cathedra* l'état du nouveau saint.

La cérémonie de la *béatification* a été introduite lorsqu'on a pensé qu'il était à propos de permettre à un ordre ou à une communauté de rendre un culte particulier au sujet proposé pour être canonisé, avant que d'avoir une pleine connaissance de la vérité des faits, et à cause de la longueur des procédures qu'on observe dans la canonisation. *Voy.* CANONISATION.

BÉATITUDE, état de félicité des saints dans le ciel. *Voy.* BONHEUR ÉTERNEL. Il n'est pas fort nécessaire de savoir ce que les théologiens de l'école nomment *béatitude objective* et *béatitude formelle.*

BÉATITUDES ÉVANGÉLIQUES. On nomme ainsi les huit maximes que Jésus-Christ a placées à la tête du discours qui renferme l'abrégé de sa morale. La montagne sur laquelle on croit qu'il le fit, a conservé le nom de *Montagne des béatitudes*, parce que ces maximes commencent par le mot BEATI. *Heureux*, dit-il, *les pauvres d'esprit, parce que le royaume des cieux est à eux.* L'on comprend que Jésus-Christ, par la pauvreté d'esprit, entend le détachement des richesses. *Heureux les caractères doux, parce qu'ils posséderont tous les cœurs; heureux ceux qui pleurent, parce qu'ils seront consolés; heureux ceux qui ont faim et soif de la justice, parce qu'ils seront rassasiés; heureux les hommes miséricordieux, parce qu'ils obtiendront miséricorde; heureux les cœurs purs, parce qu'ils verront Dieu; heureux les pacifiques, parce qu'ils seront appelés enfants de Dieu; heureux ceux qui souffrent persécution pour la justice, parce que le royaume des cieux leur appartient* (Matth. v, 3 et suiv.). — Ces maximes, vérifiées par l'expérience des saints de tous les siècles, n'ont pas besoin d'apologie; mais si l'on veut en avoir un commentaire très-éloquent, on n'a qu'à lire l'exorde du sermon de Massillon sur le bonheur des saints. *Voy.* CONSEILS ÉVANGÉLIQUES.

BÈDE, moine et prêtre anglais, mort en 735, se fit admirer dans son siècle par sa science et sa piété. Il écrivit l'histoire ecclésiastique d'Angleterre, des commentaires sur l'Écriture sainte, des sermons et d'autres ouvrages. Ils se sentent de la dégradation où étaient tombées les lettres au VIIIe siècle; mais ce vénérable auteur est un témoin non suspect de la doctrine crue et professée alors dans l'Église; des écrivains, même protestants, lui ont rendu justice. *Voy. Vie des Pères et des martyrs*, etc., t. IV, p. 621, 632 et suiv.

BÉELPHÉGOR, dieu des Moabites et des Madianites. En rapprochant du texte sacré les conjectures des anciens et des modernes, il paraît que cette divinité était à peu près la même que le Priape des Latins, le dieu de la luxure, et qu'il était d'une figure très-obscène. Il est dit dans le livre des Nombres, chap. XXV, que les filles des Moabites invitèrent les Israélites à leurs sacrifices, qu'ils y allèrent, qu'ils adorèrent les dieux de ces filles, se firent initier au culte de *Béelphégor*, et se livrèrent à la débauche avec elles. Dieu, irrité de ce crime, ordonna à Moïse de faire pendre les principaux du peuple. Moïse commanda aux juges de mettre à mort tous ceux qui étaient coupables d'idolâtrie. Phinées, petit-fils d'Aaron, tua publiquement un Israélite avec une prostituée madianite; il périt vingt-quatre mille hommes à cette occasion. Dieu ordonna encore à Moïse de traiter les Madianites en ennemis déclarés, et de les exterminer. Cet ordre fut exécuté quelque temps après (*Num.* XXXI).

Cet exemple de sévérité n'a pas trouvé grâce aux yeux des incrédules; ils ont accusé Moïse de cruauté, d'ingratitude envers les Madianites, chez lesquels il avait trouvé un asile et avait pris une épouse; de barbarie en mettant leur pays à feu et à sang. — Le législateur des Hébreux sera aisément justifié, si l'on veut faire quelques réflexions. 1° Dans la république juive, et en vertu de la loi que Dieu avait portée, l'idolâtrie était un crime de lèse-majesté divine : le penchant invincible des Israélites à imiter leurs voisins, et les désordres dont l'idolâtrie était toujours accompagnée, il n'y avait point d'autre moyen de la prévenir et de l'extirper que de mettre à mort tous les coupables. 2° Les tribus des Madianites, voisines des Moabites n'étaient point les mêmes que celles qui étaient près de l'Egypte, et où Moïse s'était retiré : on voit, par l'exemple de Jéthro son beau-père, que celles-ci adoraient le vrai Dieu ; les premières s'étaient corrompues avec les Moabites, et honoraient *Béelphégor*. 3° La conduite de ces peuples était une perfidie ; ils avaient suivi le conseil détestable que Balaam leur avait donné de séduire les Israélites et de les porter au crime, afin d'exciter contre eux la colère de Dieu (*Num.* XXXI, 16). Ils étaient aussi coupables que s'ils avaient envoyé la peste dans le camp des Hébreux. 4° Que les Israélites, les Moabites, les Madianites et tous les coupables aient été punis par un supplice, par le fléau de la guerre, par une contagion, etc., cela est fort égal pour la justice divine ; on ne peut pas l'accuser plutôt de cruauté dans un de ces cas que dans l'autre. *Voy.* JUSTICE DE DIEU.

BÉELZÉBUB, dieu des mouches ; il était adoré par les Accaronites. Comme dans l'Orient les insectes sont souvent un fléau terrible, il n'est pas surprenant que les peuples de ces climats aient souvent chargé les dieux du soin de les chasser. Ainsi les Grecs ont adoré Hercule Μυίαγρος et Κορνώπιος, Hercule qui chasse les mouches et les sauterelles, Apollon Σμινθεύς, qui tue les rats, etc. *Voy.* Pline, l. x, c. 28 ; et l. xx, c. 6. Ochozias, roi d'Israël, étant malade, envoya consulter *Béelzébub*, et en fut puni par la mort (*IV Reg.* I).

Il est dit dans l'Evangile que les Juifs accusèrent Jésus-Christ de chasser les démons par le pouvoir de *Béelzébub*, prince des démons (*Matth.* XII, 24). Le Sauveur leur fit aisément sentir qu'il ne pouvait avoir de collusion avec l'ennemi du salut ; qu'au contraire il était venu pour le vaincre et lui enlever ses dépouilles. La plupart des exemplaires grecs du Nouveau Testament portent Βεελζεβούλ, *le dieu des ordures ;* ce peut être une faute des copistes grecs.

BEGGARDS ou BEGHARDS, secte de faux spirituels ou de faux dévots, qui parut en Italie, en France et en Allemagne, sur la fin du XIII° et au commencement du XIV° siècle.

Avant cette époque, les albigeois et les vaudois s'étaient fait remarquer par un extérieur simple, mortifié, dévot ; plusieurs renonçaient à leurs biens, vaquaient à la prière et à la lecture de l'Ecriture sainte, faisaient profession de pratiquer les conseils évangéliques. Cette régularité vraie ou feinte, comparée à la vie licencieuse de la plupart des catholiques, et d'une partie du clergé, avait contribué beaucoup aux progrès de l'hérésie et au discrédit de la foi catholique. Plusieurs personnes, touchées de ce malheur, sentirent la nécessité de réformer les mœurs et de tenir une conduite plus conforme aux maximes de l'Evangile. C'est ce qui fit naître la multitude d'ordres religieux et de congrégations que l'on vit éclore dans le temps dont nous parlons. Les esprits, une fois tournés de ce côté-là, seraient encore allés plus loin, si le concile de Latran, tenu l'an 1215, n'avait défendu d'établir de nouveaux ordres religieux, de peur que leur trop grande diversité ne mît de la confusion dans l'Eglise. — Plusieurs séculiers, sans prendre l'habit religieux, formèrent aussi des associations de piété, et s'unirent entre eux pour vaquer à des pratiques de dévotion ; mais par le défaut d'instruction et de lumière, plusieurs donnèrent bientôt dans l'illusion, et d'un excès de piété tombèrent dans un excès de libertinage. Tels furent ceux que l'on nomma *beggards*, frérots ou fratricelles, dulcinistes, apostoliques, etc. Ces différentes sectes n'avaient entre elles aucune liaison ; elles ne se ressemblaient que par la manière dont chacune s'était égarée de son côté.

Il faut distinguer des *beggards* de plusieurs espèces. Les premiers furent des franciscains austères, que l'on appelait les *spirituels*, qui se piquaient d'observer la règle de saint François dans toute la rigueur, de ne rien posséder en propre ni en commun, de vivre d'aumônes, d'être couverts de haillons, etc. Comme ils se séparèrent de leur ordre, et refusèrent d'obéir à leurs supérieurs, Boniface VIII condamna ce schisme vers l'an 1300. Alors ces révoltés se mirent à déclamer contre le pape et contre les évêques ; ils annoncèrent la réformation prochaine de l'Eglise par les vrais disciples de saint François, ils adoptèrent les rêveries de l'abbé Joachim, etc. Ils attirèrent dans leur parti un bon nombre de frères laïs du tiers ordre de Saint-François, que l'on nommait *fratricelles* ou petits frères, en Italie *bizochi* ou besaciers, en France *béguins*, dans les Pays-Bas et en Allemagne *beggards* ; de là tous ces noms furent donnés à la secte en général : comme tous les prédicants, ils en imposèrent par leur extérieur mortifié.

Au commencement du XIV° siècle il s'en trouvait un grand nombre en Allemagne le long du Rhin, surtout à Cologne ; et comme leur fanatisme était allé toujours en croissant, leurs erreurs se réduisaient à huit chefs principaux. 1° Ils prétendaient que l'homme peut acquérir en cette vie un tel degré de perfection, qu'il devienne impeccable et ne puisse plus croître en grâce. 2° Ceux qui sont parvenus à ce degré, n'ont plus besoin de prier ni de jeûner ; leurs sens sont tellement assujettis à la raison, qu'ils peuvent accorder librement à leur corps tout ce qu'il demande. 3° Parvenus à l'état de liberté, ils ne sont plus tenus d'obéir, ni d'observer les préceptes de l'Eglise. 4° L'homme peut parvenir ici-bas à la parfaite béatitude, et posséder le même degré de perfection qu'il aura dans l'autre vie. 5° Toute créature intelligente est naturellement bienheureuse, et n'a pas besoin de la lumière de gloire pour voir et posséder Dieu. 6° La pratique des vertus est pour les âmes imparfaites ; celles qui ont atteint la perfection, sont dispensées de les pratiquer. 7° Le simple baiser d'une femme est un péché mortel ; mais le commerce charnel avec elle n'en est pas un, lorsque l'on est tenté. 8° Pendant l'élévation du corps de Jésus-Christ, les parfaits ne sont pas obligés de se lever, ni de lui rendre aucun respect; ce serait un acte d'imperfection pour eux de se distraire de la contemplation, pour penser à l'eucharistie ou à la passion de Jésus-Christ. *Voy.* Dupin et le P. Alexandre sur le XIVᵉ siècle.

Ces erreurs furent condamnées dans le concile général de Vienne sous Clément V, en 1311 ; mais cette condamnation n'étouffa pas entièrement l'erreur ni les désordres qui en étaient la suite. Ils subsistaient encore dans le XVᵉ siècle. Leurs partisans se nommaient alors *les frères et les sœurs du libre esprit;* on les appelait en Allemagne *beggards* et *schwestriones,* traduction du latin *sororius;* en Bohême *pigards* ou *picards;* en France *picards* et *turlupins.* Pour lors ils avaient secoué toute honte ; ils disaient que l'on n'est parvenu à l'état de liberté et de perfection que quand on peut voir sans émotion le corps nu d'une personne de sexe différent ; par conséquent ils se dépouillaient de leurs habits dans leurs assemblées, ce qui leur fit donner le nom d'*adamites.* Ziska, général des hussites, en extermina un grand nombre l'an 1421. Quelques-uns ont donné par erreur le nom de *frères picards* aux hussites ; mais ces deux sectes n'avaient rien de commun.

Au XVIIᵉ siècle, les sectateurs de Molinos ont renouvelé une partie des erreurs des *beggards.* C'en est assez pour nous convaincre que les anciens Pères de l'Église n'en ont point imposé, lorsqu'ils ont attribué les mêmes égarements et les mêmes turpitudes aux gnostiques. Les hommes se ressemblent dans les différents siècles, et les mêmes passions produisent les mêmes effets. *Hist. de l'Égl. gallic.,* l. 36, an. 1311.

BEGGHARDS, BÉGUINS ET BÉGUINES ; sont aussi les noms qu'on a donnés aux religieux du tiers ordre de Saint-François. On les appelle encore à présent, dans les Pays-Bas, *beggards,* parce que longtemps avant qu'ils eussent reçu la règle du tiers ordre de Saint-François, et qu'ils fussent érigés en communauté régulière, ils en formaient déjà dans plusieurs villes, vivaient du travail de leurs mains, et avaient pris pour patronne sainte Begghe, fille de Pepin le Vieux, et mère de Pepin de Herstal, princesse qui fonda le monastère d'Andonne, s'y retira et y mourut, selon Sigebert, en 692. A Toulouse, on les nomma *béguins,* parce qu'un nommé Barthélemi Béchin leur avait donné sa maison pour les établir dans cette ville. De cette conformité de nom, le peuple ayant pris occasion de leur imputer les erreurs des *begghards* et des *béguins* condamnées au concile de Vienne, les papes Clément V et Benoît XII déclarèrent, par des bulles expresses, que ces religieux du tiers ordre n'étaient nullement l'objet des anathèmes lancés

contre les *beggards* et les *béguins* répandus en Allemagne. Mosheim dérive les noms *beggard, béguin, bégatte, bigot,* du vieux mot allemand *beggen,* demander avec importunité, ou prier avec ferveur.

BÉGUINE, BÉGUINAGE. C'est le nom qu'on donne dans les Pays-Bas à des filles ou veuves qui, sans faire de vœux, se rassemblent pour mener une vie dévote et réglée. Pour être agrégé au nombre des *béguines,* il ne faut qu'apporter suffisamment de quoi vivre. Le lieu où vivent les *béguines* s'appelle *béguinage;* celles qui l'habitent peuvent y tenir leur ménage en particulier, ou elles peuvent s'associer plusieurs ensemble. Elles portent un habillement noir, assez semblable à celui des religieuses. Elles suivent de certaines règles générales, et font leurs prières en commun aux heures marquées; le reste du temps est employé à travailler à des ouvrages d'aiguille, à faire de la dentelle, de la broderie, etc., et à soigner les malades. Il leur est libre de se retirer du *béguinage.* Elles ont aussi une supérieure, qui a droit de commander, et à qui elles sont tenues d'obéir tant qu'elles demeureront dans l'état de *béguines.*

Il y a dans plusieurs villes des Pays-Bas des *béguinages* si vastes et si grands, qu'on les prendrait pour de petites villes. A Gand, en Flandre, il y en a deux, le grand et le petit, dont le premier peut contenir jusqu'à huit cents *béguines.*

Il ne faut pas confondre ces *béguines* avec certaines femmes qui étaient tombées dans les excès des *béguins* et des *beggards,* qui furent condamnées comme hérétiques par le pape Jean XII, et dont il ne reste aucun vestige. *Voy.* BEGGARDS.

BÉHÉMOTH. Ce mot signifie en général bête de somme, et toute espèce de grands animaux. Selon les rabbins, il désigne dans le livre de Job un bœuf d'une grandeur extraordinaire, que Dieu a créé pour en faire un grand festin aux Juifs à la fin du monde ou à la venue du Messie.

Les Juifs sensés savent bien à quoi s'en tenir sur ce conte; ils disent que c'est une allégorie qui désigne la joie des justes, figurée par ce festin. Cette théologie symbolique tient quelque chose du style des anciens prophètes : nous en voyons même des exemples dans le Nouveau Testament. Mais les rabbins proposent crûment leurs allégories ; ils y ajoutent des circonstances qui les rendent le plus souvent ridicules, et le commun des Juifs les croit sans examen. Samuel Bochard a montré dans la seconde partie de son *Hieroz.,* l. v, c. 15, que le *béhémoth* de Job est l'hippopotame ou cheval marin (1).

BÉLIAL. L'Ecriture nomme *enfants de Bélial* les méchants, les impies, les hommes sans religion et sans mœurs. Quelle que soit

---

(1) Un voyageur a constaté l'existence de l'antique Béhémoth. C'est, dit-il, le Mammouth ou Mastodonte qu'on trouve dans la région septentrionale de la Russie. On évalue son poids à cinq mille kilogrammes.

l'étymologie de ce mot en hébreu, il est synonyme au *nequam* des Latins, et au terme injurieux de *vaurien*. Quelques-uns prétendent que *Bélial* était le nom d'une idole des Sidoniens, mais il n'en est point question dans les livres saints ; et il n'est pas sûr que quand saint Paul dit : *Quelle société y a-t-il entre Jésus-Christ et Bélial* (II *Cor.* VI, 15) ? il entend par là le démon : cela peut signifier, quelle société y a-t-il entre Jésus-Christ et les impies ou l'impiété ? — *Voy.* les *Concordances hébraïques.*

BÉNÉDICTINS, BÉNÉDICTINES, ordre célèbre, fondé par saint Benoît.

Mosheim, qui n'a rien négligé pour décrier les ordres monastiques, est forcé d'avouer que le dessein de saint Benoît fut que ses religieux vécussent pieusement et paisiblement, et partageassent leur temps entre la prière, l'étude, l'éducation de la jeunesse, et les autres occupations pieuses et savantes. *Hist. ecclés. du* VIe *siècle,* IIe part., c. 2, § 6. Tel est en effet l'esprit et le plan de sa règle. Mais de quel front ce critique a-t-il pu avancer que déjà, dans ce temps-là, l'Irlande, la Gaule, l'Allemagne et la Suisse étaient couvertes de couvents remplis de moines oisifs et paresseux, fanatiques et perdus de débauches ? Il est prouvé par tous les monuments du VIe siècle, que les moines d'Irlande observaient la même règle que ceux de l'Orient, partageaient leur temps entre la prière, l'étude, les missions, le travail des mains, ou la culture de la terre ; que les monastères étaient autant d'écoles où l'on accourait pour s'instruire ; qu'un grand nombre des abbés qui les ont gouvernés, et des évêques qui en sont sortis, ont été placés par les peuples au nombre des saints. C'est de là que saint Colomban apporta dans les Gaules, dans l'Allemagne et dans la Suisse la vie monastique. Il est prouvé par les ouvrages de ce saint moine, qu'il avait l'esprit très-cultivé, et qu'il établit dans les couvents qu'il fonda la même discipline qui régnait dans ceux d'Irlande. Ce sont ses disciples qui ont défriché les solitudes dans lesquelles saint Colomban les établit, pendant que des conquérants farouches ravageaient les Gaules, et portaient la désolation partout. En quel sens ces pieux solitaires peuvent-ils être appelés des hommes oisifs, paresseux, fanatiques ou perdus de débauches ?

Saint Benoît et saint Colomban étaient donc animés du même esprit, ont travaillé sur le même plan, et ont produit les mêmes effets ; ils n'auraient pas eu des succès si prodigieux, s'ils avaient été tels que Mosheim veut peindre les moines : de quoi auraient vécu les troupes de solitaires qu'ils ont rassemblés, si ceux-ci n'avaient pas été très-laborieux ? On ne leur donnait alors ni des terres cultivées, ni des colons pour les faire valoir, puisqu'ils se plaçaient tous dans les déserts. Mais les censeurs de la vie monastique demandent, pourquoi renoncer aux affaires de la société, aux devoirs et aux obligations de la vie civile, pour aller passer sa vie dans la solitude ? Pourquoi ?...... Pour se soustraire au brigandage des tyrans et des guerriers qui ravageaient tout, qui cependant respectaient encore les moines dont la vie les étonnait, et dont les vertus leur en imposaient. Pour vivre dans la société civile, si cependant il y avait encore une société, il fallait ou faire violence ou la souffrir ; des âmes paisibles et vertueuses ne pouvaient se résoudre ni à l'un ni à l'autre, elles fuyaient au loin.

Mosheim prétend que *dans la suite des temps* les disciples de saint Benoît dégénérèrent honteusement de la piété de leur fondateur ; que devenus riches par la libéralité des personnes opulentes, ils se livrèrent au luxe, à l'intempérance et à l'oisiveté ; ils se mêlèrent des affaires séculières, se glissèrent dans les cours, multiplièrent les superstitions, travaillèrent avec ardeur à augmenter l'arrogance et l'autorité du pontife romain. Mais il avoue que saint Benoît ne pouvait prévoir que l'on perverlirait à ce point le but de son institution, et qu'il n'autorisa jamais cet abus. — Voilà donc déjà le saint fondateur à couvert de tous reproches ; ses disciples sont-ils aussi coupables qu'on le prétend ? On leur fait d'abord le procès par une contradiction ; on les blâme d'avoir quitté le monde, et ensuite d'y être rentrés ; on les accuse de fanatisme, pour avoir embrassé une vie pauvre et laborieuse ; de luxe, d'intempérance, et de toutes sortes de vices, pour avoir rendu leurs services aux princes qui les appelaient auprès d'eux. Que devaient faire les moines ?

Ils dégénérèrent dans la suite des temps, nous le savons ; mais en quel temps, et pourquoi ? Lorsque les seigneurs, après avoir pillé tous les biens profanes, voulurent encore envahir les biens sacrés, dépouillèrent les monastères, vendirent les abbayes, y placèrent leurs enfants et leurs créatures, dispersèrent les moines, leur ôtèrent la liberté de servir Dieu, d'observer leur règle et de vivre selon l'esprit de leur état. Nous voudrions savoir si les vertus sublimes de leurs accusateurs se seraient longtemps soutenues dans une pareille confusion. Avant de décider si les moines multiplièrent les superstitions, il faudrait savoir si toutes les pratiques qu'il plaît aux protestants d'appeler superstitieuses, le sont en effet. Nous ne doutons pas que, réduits à la misère, à l'ignorance, à l'impossibilité de s'instruire comme autrefois, les moines n'aient quelquefois employé quelques fraudes pieuses pour en imposer aux brutaux dont ils redoutaient la rapacité et la violence ; ils ont mal fait, sans doute ; mais leur crime est du moins diminué par les tristes circonstances dans lesquelles ils se trouvaient. Ils travaillèrent à augmenter l'autorité des souverains pontifes dans un temps où cette autorité était devenue absolument nécessaire pour réprimer les attentats de la multitude des tyrans qui désolaient l'Église aussi bien que la société civile. Si c'est un crime aux yeux des protestants, ce n'en est pas un selon l'avis des hommes sensés.

Nous traiterons plus amplement cette matière à l'article MOINE.

* BÉNÉDICTINS DE SOLESMES. L'ordre des enfants de Saint-Benoît avait disparu de la France pendant la tourmente révolutionnaire; l'abbé Guéranger résolut de le rétablir. Secondé par Mgr Bouvier, évêque du Mans, il entra dans l'ancien prieuré de Solesmes, près Sablé. Il était accompagné de neuf personnes, tant religieux que frères convers. Il adopta la réforme de Saint-Maur pour règle. Grégoire XVI donna à cet ordre une existence canonique, et éleva la maison de Solesmes en abbaye-chef d'ordre en France. Dom Guéranger en fut nommé abbé. Cet ordre a déjà beaucoup prospéré et rendu d'utiles services à la science ecclésiastique et aux lettres.

BÉNÉDICTION. *Bénir*, c'est souhaiter ou prédire quelque chose d'heureux à une personne à laquelle on veut du bien; ainsi nous voyons, dans l'histoire sainte, des patriarches au lit de la mort *bénir* leurs enfants, leur souhaiter et leur prédire les bienfaits de Dieu.

Sous la loi de Moïse, il y avait des *bénédictions* solennelles que les prêtres donnaient au peuple dans certaines cérémonies. Moïse dit au grand prêtre Aaron : Quand vous bénirez les enfants d'Israël, vous direz : *Que le Seigneur fasse briller sur vous la lumière de son visage, qu'il ait pitié de vous, qu'il tourne sa face vers vous, et qu'il vous donne sa paix.* » (*Num.* IV, 24.) Le pontife prononçait ces paroles debout, à voix haute, les mains étendues et les yeux élevés vers le ciel. Les prophètes et les hommes inspirés donnaient aussi des *bénédictions* aux serviteurs de Dieu et au peuple du Seigneur. Les psaumes sont remplis de *bénédictions* ou souhaits heureux en faveur des Israélites. — Dieu ordonna que quand ce peuple serait arrivé dans la Terre promise, on le rassemblât entre les montagnes d'Hébal et de Garizim; que sur celle-ci l'on prononçât des *bénédictions* pour ceux qui observeraient la loi, et sur l'autre des malédictions contre les prévaricateurs : c'est ce qui fut exécuté par Josué, chap. 8, v. 33.

Dans le christianisme, les *bénédictions* se donnent par le signe de la croix, pour faire souvenir les fidèles que les bienfaits de Dieu leur sont accordés par les mérites de la mort de Jésus-Christ, comme l'enseigne saint Paul (*Eph.* I, 3).

BÉNÉDICTION, dans l'Ecriture sainte, signifie souvent *bienfaits*, les présents que se font les amis ; parce qu'ils sont ordinairement accompagnés de souhaits heureux de la part de ceux qui les donnent et de ceux qui les reçoivent (*Gen.* XXIII, 2; *Josue*, XV, 19; *I Reg.* XXV, 27, etc.). Dans ce sens les bienfaits de Dieu sont appelés *bénédictions*, lorsqu'on dit : Que le Seigneur vous *bénisse*, c'est-à-dire, qu'il vous fasse du bien.

BÉNÉDICTION signifie encore *abondance*. « Celui, dit saint Paul, qui sème avec épargne, moissonnera peu ; et celui qui sème en *bénédiction* ou en abondance, moissonnera en *bénédiction*..... Que la *bénédiction* ou l'aumône que vous avez promise soit toute prête, et qu'elle soit, comme elle est véritablement, une *bénédiction*, et non un don de l'avarice » (*II Cor.* IX, 5 et 6). Jacob souhaite à son fils Joseph les *bénédictions* du ciel, c'est-à-dire la pluie et la rosée en abondance, les *bénédictions* des entrailles et des mamelles, ou la fécondité des femmes et des animaux (*Gen.* XLIX, 15). Le psalmiste dit au Seigneur : *Vous remplissez toute créature vivante de* BÉNÉDICTION, ou de l'abondance de vos biens (*Ps.* CXLIV, 16).

Bénir est quelquefois employé par antiphrase pour *maudire*. Les faux témoins apostés contre Naboth, l'accusèrent d'avoir *béni Dieu et le Roi*, d'avoir mal parlé de l'un et de l'autre (*III Reg.* XXI, 13).

BÉNÉDICTION DE L'ÉGLISE. Quand on se rappelle la multitude des superstitions du paganisme, et la nécessité d'en déshabituer les nouveaux fidèles; quand on sent combien il est important de rappeler aux hommes que tous les biens de ce monde sont des dons de Dieu, qu'il faut en faire un usage modéré, que Dieu ne nous les accorde pas pour nous seuls, etc.; on conçoit pourquoi l'Eglise a institué des formules de *bénédictions* de toute espèce, pourquoi elle *bénit* les maisons et les campagnes, les fontaines et les rivières, les animaux et les aliments, etc.

Le commun des païens croyait que toutes les parties de la nature étaient animées par des esprits ou génies qu'ils adoraient ; les philosophes, défenseurs de l'idolâtrie, soutenaient que les aliments et les autres choses usuelles étaient un présent de ces génies ou démons; les marcionites et les manichéens prétendaient que tous les corps avaient été formés par un mauvais principe ennemi de Dieu. Pour combattre toutes ces erreurs et en désabuser les fidèles, rien n'était plus convenable que les *bénédictions* de l'Eglise. *Toute créature de Dieu est bonne, dit saint Paul ; elle est sanctifiée par la parole de Dieu et par la prière* (*I Tim.* IV, 4 et 5). Or, les *bénédictions* sont des prières ; c'est donc ici un usage apostolique.

Dans les grandes villes, où l'on se débarrasse tant que l'on peut de l'extérieur de la religion, où l'on traite de *dévotions populaires* les pratiques les plus louables, on a perdu l'usage dont nous parlons ; mais le peuple des campagnes, qui se sent plus immédiatement sous la main de Dieu, qui voit souvent sa fortune et ses espérances détruites par un fléau ; qui conçoit que rien ne peut prospérer si Dieu n'y met la main, recourt plus souvent aux prières de l'Eglise, y ajoute de bonnes œuvres, des aumônes, quelque service rendu aux pauvres, etc. La religion conserve ainsi et nourrit en lui les sentiments d'humanité.

L'usage qui a toujours été observé dans l'Eglise catholique de bénir et de consacrer tout ce qui sert au culte divin, les habits sacerdotaux, les linges et les vases de l'autel, les édifices mêmes dans lesquels on célèbre les saints mystères, est un témoignage de sa foi : par elle fait voir la haute idée qu'elle a de ses mystères mêmes par lesquels le Fils de Dieu daigne se rendre réellement présent parmi nous. Comme les protestants se sont départis de cette croyance ancienne et universelle, il leur a fallu supprimer tout cet appareil extérieur qui déposait contre eux. — Mais ils ne sont pas venus à bout de prouver que les *bénédictions* étaient d'une institution moderne; la plupart se trouvent dans le Sacramentaire de saint Grégoire: celui-ci était, dans le fond, le même que celui du pape Gélase, qui vivait au cinquième siècle, et ce pape n'en était pas le premier auteur. Aussi sont-elles encore usitées chez les différentes sectes de chrétiens orientaux, séparés de l'Eglise romaine depuis plus de douze ans. Les protestants qui, malgré l'autorité de saint Paul, traitent toutes ces cérémonies de superstitions, auraient dû commencer par faire voir en quoi elles sont opposées à la vraie piété, à la confiance de Dieu, à la reconnaissance, à l'obéissance, etc.

BÉNÉFICE. Nous laissons aux canonistes le soin de rechercher l'origine, la nature, les différentes espèces de *bénéfices*, la manière dont ils peuvent être remplis ou vacants, etc.; il suffit à un théologien d'observer que tout revenu ecclésiastique est essentiellement attaché à un office ou à un service quelconque rendu à l'Eglise, selon la maxime: *Beneficium propter officium*. Que ce service consiste en prières, en travaux apostoliques, en fonctions d'ordre ou de juridiction, cela est égal; l'obligation de les acquitter est la même, on ne peut autrement avoir droit de percevoir le revenu qui y est attaché. Ce revenu n'est point une aumône qui n'oblige à rien, mais un salaire; ce n'est point un bienfait pur, ni une substance gratuite: c'est une solde, un honoraire payé à titre de justice.

De là s'ensuit, 1° l'obligation d'acquitter ces fonctions par soi-même, quand on le peut, et non par d'autres; par conséquent de résider. 2° De distribuer aux pauvres le superflu du revenu, c'est-à-dire tout ce qui excède le nécessaire convenable; parce que l'intention de l'Eglise est de nourrir ses serviteurs, et non de les enrichir. 3° De se contenter d'un seul *bénéfice*, lorsqu'il suffit pour fournir au possesseur une subsistance honnête. — Cette morale, rapprochée de l'usage actuel, paraîtra peut-être sévère; mais les abus invétérés, les subtiles distinctions des casuites, les prétextes de la cupidité, l'exemple ni l'autorité, ne prescriront jamais contre l'évidence des devoirs d'un bénéficier. Ils sont fondés sur la loi naturelle, sur la loi divine, sur les lois ecclésiastiques les plus anciennes, en particulier sur les décrets du concile de Trente. Si l'Eglise réunissait le pouvoir coactif à l'autorité législative, elle forcerait certainement les bénéficiers à exécuter ce qu'elle leur ordonne. — Si les *bénéfices* simples ont été trop multipliés, ce n'est pas à l'Eglise qu'il faut s'en prendre. L'ambition des séculiers, la vanité du droit de patronage, l'orgueil des grands qui veulent avoir des ecclésiastiques à leurs ordres, la mollesse qui trouve le culte public trop pénible, et préfère sa commodité à la communion des saints, des dévotions ou des restitutions mal entendues, etc.; voilà les sources ordinaires des abus. L'Eglise a beau faire des lois, les passions trouveront toujours plus de moyens de les éluder, que l'autorité la plus active n'en trouvera pour les faire exécuter.

C'est aujourd'hui une question de savoir si, de droit naturel et de droit divin, les ministres de l'Eglise sont habiles ou inhabiles à posséder des biens; autrefois le simple doute sur ce point aurait paru absurde. — En effet, selon les principes de l'équité naturelle, tout homme dévoué au service du public a droit d'en recevoir la subsistance, quelle que soit la nature des fonctions qu'il est chargé de remplir; tel a été et tel est encore le sentiment de tous les peuples du monde: mais parmi nos jurisconsultes modernes, quelques-uns ont trouvé bon de douter s'il est de la justice d'alimenter des hommes préposés pour présider au culte divin, pour donner des leçons de morale et de vertu, pour instruire les ignorants, pour corriger les pécheurs, pour assister les pauvres et les malades. Cependant l'on n'a pas mis en question si les ecclésiastiques sont obligés en conscience d'exercer leurs fonctions; l'on a supposé, avec raison, qu'ils y sont tenus par justice; et lorsqu'ils y manquent, on sait bien le leur reprocher. Puisque toute obligation de justice est réciproque, il est difficile de concevoir comment le public peut être exempt de celle de pourvoir à la subsistance de ceux qui le servent. — Il n'est donc pas vrai que la subsistance accordée aux ministres de l'Eglise soit une pure aumône, *une franche aumône*, comme il plaît à certains canonistes de la nommer. L'aumône n'engage à rien le pauvre qui la reçoit; c'est un don de charité, un secours purement gratuit, quoique commandé par la loi de Dieu naturelle et positive; la solde, au contraire, la rétribution, l'honoraire, que perçoit un ministre de l'Eglise, lui imposent le devoir rigoureux d'exercer ses fonctions pour l'avantage spirituel des fidèles: c'est de part et d'autre *justice*, et non *charité*.

Jésus-Christ, qui est venu sur la terre, non pour détruire ou pour changer le droit naturel, mais pour le mieux faire connaître, n'y a point dérogé sur ce point: il s'est borné à prévenir les abus. Après avoir donné à ses disciples le pouvoir d'opérer des miracles pour prouver leur mission, il leur dit: *Vous avez reçu gratuitement ces dons, accordez-les gratuitement. N'ayez ni or, ni argent, ni monnaie, ni provision pour vos voyages, ni habit double, ni chaussure, ni arme pour vous défendre;* L'OUVRIER EST DIGNE DE SA NOURRITURE. (*Matth.* x, 8). Il ne leur défend donc pas de recevoir leur subsistance, mais de vendre leurs fonctions et d'en faire commerce pour s'enrichir. Il les assure que cette subsistance ne leur manquera jamais. *Lorsque je vous ai envoyés sans argent, sans provisions et sans habits, avez-vous manqué de rien? Non,* répondirent les disciples (*Luc.* xxii, 35). — *N'avons-nous pas droit*, disait saint Paul, *de recevoir notre nourriture?... Qui porta jamais les armes à ses dépens?..... Celui qui cultive la terre et celui qui foule le grain, le font dans l'espérance d'en recueillir le fruit: si nous avons semé parmi vous les dons spirituels, est-ce une grande récompense d'en recevoir quelques dons temporels?..... Ceux qui sont occupés dans le lieu saint vivent de ce qui est offert, et ceux qui servent à l'autel participent au sacrifice:* ainsi, le Seigneur a réglé que ceux qui annoncent l'Evangile vivraient de l'Evangile; mais je n'ai jamais usé de ce droit (I Cor. ix, 4). En effet, cet apôtre travaillait de ses mains, afin de n'être à charge à personne (*Act.* xx, 34); mais il n'en fit jamais une loi aux autres prédicateurs de l'Evangile. Lorsque les vaudois et les wicléfites soutinrent qu'il n'était pas permis aux ministres de l'Eglise de rien posséder, ils furent condamnés par les conciles généraux de Latran et de Constance; mais les ennemis du clergé ont toujours fait profession de mépriser les censures de l'Eglise.

Que la manière de pourvoir à la subsistance des ecclésiastiques ait varié, qu'on leur ait accordé ou les oblations, ou la dîme, ou des fonds, cela est indifférent, et cela ne change rien à la nature de leur droit. Sur ce point, comme sur tous les autres, la discipline s'accommode aux circonstances, aux révolutions, aux besoins ou aux inconvénients qui peuvent survenir; la loi naturelle et la loi divine positive demeurent les mêmes. — Il y a des preuves certaines qu'avant le iv° siècle, et avant la conversion des empereurs, les Eglises chrétiennes possédaient déjà des fonds, puisqu'ils furent confisqués par Dioclétien et par Maximien, l'an 302; ils furent restitués en vertu de l'édit de Constantin et de Licinius, en 313. (Eusèbe, *Vie de Const.*, l. ii, c. 39. Lactance, *de Mort. prefect.*, c. 48.) Julien s'en empara de nouveau; après sa mort, ils furent rendus.

A ces preuves, qui nous paraissent claires, on oppose, 1° que Jésus-Christ a ordonné à ses apôtres d'exercer leur ministère gratuitement; mais nous venons de voir qu'en même temps il leur attribue le droit à une subsistance. Vendre des fonctions et des dons surnaturels, les mettre à prix, vouloir en faire payer la valeur, c'est une profanation, c'est le crime que saint Pierre reprocha à Simon le Magicien, qui voulait acheter des apôtres, à prix d'argent, le pouvoir de donner le Saint-Esprit. Mais une solde, un honoraire, une subsistance accordée à un homme occupé de quelques fonctions, n'est ni un prix, ni un payement de ces fonctions; le prix est relatif à la valeur de la chose; l'honoraire est attaché à la place et à la personne; il est égal pour tous ceux qui exercent telle fonction, quoique leur mérite personnel, leurs talents, leurs services soient fort inégaux. Quand on dira qu'un médecin vend la santé, qu'un avocat et un magistrat font commerce de la justice, qu'un militaire met sa vie à prix, qu'un officier public trafique de ses services, etc.; ces expressions de mépris, que la malignité invente, et auxquelles la sottise applaudit, ne changeront pas la nature des choses, et n'aviliront pas des fonctions respectables d'ailleurs. — 2° Une seconde objection est que Jésus-Christ a défendu à ses apôtres de rien posséder; mais il les avertit en même temps que tout ouvrier est digne de recevoir sa subsistance: il a donc imposé aux fidèles l'obligation de la fournir aux ouvriers évangéliques. La manière de satisfaire à ce devoir a dû être relative aux circonstances. Les apôtres, envoyés pour prêcher l'Evangile à toutes les nations, ne pouvaient pas être sédentaires dans une seule église; mais ils ont établi dans chacune des pasteurs en titre, auxquels les fidèles ont dû assigner une subsistance fixe et assurée: c'est ce qui a fait établir les *bénéfices*. — 3° L'on a soutenu que la rétribution due aux ministres de l'Eglise est tout au plus une aumône, et que la possession des biens-fonds en changerait la nature. Nous avons fait voir que c'est un honoraire, tel que celui qu'on accorde aux magistrats, aux médecins, aux militaires et à tous les officiers publics: or, celui-ci n'est pas une aumône. — 4° L'on a posé pour maxime que l'Eglise est un corps étranger à l'Etat, qu'il est donc inhabile à posséder aucun bien. Comme par l'*Eglise* on entend sans doute *les ecclésiastiques*, nous ne comprenons pas comment un corps de citoyens occupés à servir le public, soumis aux lois civiles, qui porte sa part des charges communes par les services qu'il rend, peut être étranger à l'Etat. Il n'est pas plus étranger que le corps des militaires; et lorsque nos rois accordèrent à ceux-ci des fiefs pour leur tenir lieu de solde, nous ne voyons pas qu'ils aient dérogé au droit naturel. Quand le clergé serait un corps d'étrangers, comment prouvera-t-on qu'ils sont inhabiles à posséder des fonds, dès qu'ils rendent un service habituel, et dès que le souverain et la nation leur ont assigné ces fonds pour satisfaire à l'obligation naturelle de les sustenter? Les régiments étrangers ont-ils moins de droit à une solde que les nationaux? — 5° Pour prouver que l'Eglise est incapable de posséder, l'on a fait remarquer qu'elle ne peut pas aliéner ses fonds, que la propriété lui est inutile; que c'est donc le souverain et la nation qui sont les vrais propriétaires des biens de l'Eglise. Sans disputer sur la nature des différentes propriétés, il nous suffit de prouver que les ecclésiastiques ont, de droit naturel, l'usufruit perpétuel des biens de l'Eglise, parce que leur service est perpétuel. Le droit d'aliéner ces biens serait directement contraire au but pour lequel ils ont été donnés, qui est de subvenir à un besoin perpétuel, et de remplir une obligation de justice qui ne cesse point. Cette espèce de propriété n'est point inutile, puisqu'elle met les ministres de l'Eglise à couvert du danger de manquer de subsistance, et qu'elle les engage à rendre meilleurs des fonds dont ils savent que la possession ne leur sera point ôtée. Il nous paraît absurde d'attribuer au souverain et à la nation une prétendue propriété dont ils ne peuvent légitimement faire usage que pour investir un successeur du même droit que son prédécesseur. — 6° Quelques-uns ont avancé que, du moins en France, les ecclésiastiques sont inhabiles à posséder des fonds, parce que ce sont nos rois qui ont doté les églises. Il est dit, dans le premier concile d'Orléans tenu l'an 507, can. 4 et 5, que Clovis a donné des terres aux églises, qu'il a concédé aux clercs l'impunité réelle et personnelle. Conséquemment le concile règle l'usage que l'on doit faire des revenus. — Mais si Clovis a donné des terres aux églises, ce sont donc les églises qui les possèdent; autrement le don serait illusoire. De même, lorsque nos rois ont accordé des fiefs aux militaires, ceux-ci, et non d'autres, les ont possédés. Avant Clovis, il y avait en France des églises fondées depuis plus de trois cents ans, et des ministres pour les desservir; il y avait donc des revenus, quels qu'ils fussent, pour les faire subsister. La plupart des églises avaient été dépouillées et ruinées par les Barbares; Clovis sentit la justice de leur rendre ce qu'on leur avait ôté, ou l'équivalent. La distribution des revenus, ordonnée par le concile, prouve encore que les évêques se regardaient comme possesseurs très-légitimes.

Si les ennemis du clergé étaient mieux instruits, ils ne raisonneraient pas si mal; ils sauraient qu'au commencement du VIe siècle le nombre des hommes était diminué au moins de moitié de ce qu'il avait été, dans les Gaules et dans tout l'empire romain, sous le règne d'Auguste. Le reste avait péri par les dévastations des Barbares, par les guerres civiles entre les divers prétendants à l'empire, par le mauvais gouvernement des empereurs, par les contagions, suites ordinaires de la guerre; par conséquent il y avait pour lors au moins la moitié des terres en friche. En ne consultant même que l'intérêt politique, Clovis ne pouvait rien faire de mieux que d'en accorder une partie aux ecclésiastiques, afin qu'ils les remissent en valeur; indépendamment des motifs de religion, l'immunité qu'il y ajouta était fondée sur la même raison que la déclaration du roi Louis XVI, de l'année 1776, qui accorde vingt ans de franchise aux terres nouvellement mises en culture.

Du moins, dit-on, il vaudrait mieux que les ministres de l'Église fussent alimentés par des pensions. Mais, dès les premiers siècles, on a senti les inconvénients de ce mieux prétendu; c'est ce qui a déterminé les souverains et les nations à leur assigner des fonds. A la décadence de la maison de Charlemagne, le clergé fut à peu près anéanti, parce que les seigneurs s'emparèrent des biens de l'Église; le peuple, privé de secours spirituels, fut obligé de recourir aux moines, ou de faire subsister les ecclésiastiques à ses frais. — Pendant la peste noire de l'an 1348, la plupart des mourants qui avaient vu périr leur famille entière et leurs héritiers, laissèrent leurs biens aux églises, aux monastères, aux hôpitaux; à qui devaient-ils les donner?

S'il nous est permis de copier les réflexions que l'on a opposées plus d'une fois aux réformateurs de la discipline actuelle, nous leur dirons, 1° qu'il est utile au bien de l'Etat qu'il y ait de riches propriétaires, parce qu'ils sont en état de faire de fortes avances pour améliorer les fonds. 2° Qu'il est bon que les fonds changent souvent de main, parce que dans le nombre des possesseurs, il s'en trouve tôt ou tard quelqu'un qui répare la négligence de ses prédécesseurs. 3° Que la quantité des biens donnés au clergé est une attestation des services qu'il a rendus aux peuples, surtout dans des temps malheureux. Ceux qui ont lu l'*histoire ecclésiastique* savent que les églises ont été enrichies par les souverains, par les évêques, qui, en se dévouant au service d'une église, lui donnaient leur patrimoine; par de riches particuliers qui mouraient sans héritiers nécessaires; par des seigneurs à qui la conscience reprochait des concussions, et qui ne pouvaient les réparer autrement, etc. Aucun de ces moyens d'acquérir n'est illégitime. 4° Toutes les fois que les biens ecclésiastiques ont été pillés, l'état ni les peuples n'ont jamais profité en rien de cette dépouille; elle a toujours été la proie des grands. On commence toujours cette opération par dresser des projets et des plans sublimes; lorsque les parts sont faites, chacun garde celle dont il s'est emparé, et les vues d'intérêt public s'en vont en fumée. On l'a vu au IXe siècle en France, au XVIe dans les pays du Nord et en Angleterre, de nos jours en Pologne, en Allemagne et ailleurs. *Voy.* FONDATION (1).

BÉRENGARIENS, sectateurs de Bérenger: celui-ci était archidiacre d'Angers, il fut ensuite trésorier et écolâtre de Saint-Martin de Tours, ville où il était né. Il osa nier la présence réelle de Jésus-Christ dans l'eucharistie; ce fut vers l'an 1047 qu'il commença de dogmatiser. Condamné successivement par plusieurs papes et par cinq ou six conciles, Bérenger rétracta ses erreurs, signa trois fois des professions de foi catholiques, et les abjura autant de fois. On croit cependant qu'il mourut sincèrement converti et détrompé de ses erreurs. Quelques auteurs ont prétendu qu'il condamnait encore les mariages légitimes, et soutenait que les femmes devaient être communes; qu'il réprouvait aussi le baptême des enfants : mais ces deux dernières accusations ne sont pas prouvées.

Entre plusieurs évêques ou abbés qui écri-

(1) Aux preuves qu'apporte Bergier, nous devons ajouter le grand fait de notre histoire. En 1790, l'Etat s'est emparé de tous les biens ecclésiastiques, le peuple est-il devenu plus riche? Ces biens sont passés entre les mains de quelques puissants du siècle, qui sont loin d'en faire le noble usage qu'en faisaient les maisons religieuses.

virent contre lui avec avantage, Lanfranc et Guitmond se distinguèrent. Ce dernier expose ainsi les opinions et les variations des *bérengariens* sur le sacrement de l'eucharistie : « Tous, dit-il, s'accordent à dire que le pain et le vin ne sont pas essentiellement changés ; mais ils diffèrent, en ce que les uns disent qu'il n'y a rien du corps et du sang de Jésus-Christ, que le sacrement n'est qu'une ombre et une figure : d'autres, cédant aux raisons de l'Église, sans quitter leur erreur, disent que le corps et le sang de Jésus-Christ sont en effet contenus dans le sacrement, mais cachés par une espèce d'impanation, afin que nous les puissions prendre ; et ils prétendent que c'est l'opinion la plus subtile de Bérenger même : d'autres croient que le pain et le vin sont changés en partie ; quelques-uns soutiennent qu'ils sont changés entièrement, mais que, quand ceux qui se présentent pour les recevoir en sont indignes, le sang et la chair de Jésus-Christ reprennent la nature du pain et du vin. » Guitmond, *contra Bereng., Bibliot. PP.*, p. 327. — Par cet exposé, l'on voit que les *bérengariens* ont été les précurseurs des luthériens et des calvinistes dans leur erreur sur l'eucharistie, que les uns et les autres se sont trouvés dans le même embarras pour tordre le sens des paroles de l'Évangile. Par la conduite que l'Église a tenue envers les premiers, il est aisé d'apercevoir quelle était alors la croyance catholique et universelle, si c'est l'Église ou si ce sont les protestants qui ont innové cinq cents ans après.

Tous les écrivains du xi⁰ siècle qui ont attaqué Bérenger, attestent que sa doctrine était une nouveauté, que personne ne l'avait encore soutenue, à l'exception de Jean Scot Érigène, au ix⁰ siècle, et qu'elle fut condamnée dès qu'elle osa se montrer ; elle le fut de même au concile de Latran, composé de cent treize évêques, l'an 1059.

Quelques efforts qu'eussent faits les *bérengariens* pour répandre leur doctrine en France, en Italie en Allemagne, les auteurs contemporains témoignent qu'ils étaient en petit nombre, et l'on ne peut pas prouver qu'il en restât encore lorsque Luther et Calvin parurent. Quoique le xi⁰ siècle ne soit pas l'un des plus éclairés, il ne faut pas croire ce que disent les protestants, que Bérenger fut très-mal réfuté, et n'eut contre lui que des moines. Les évêques de Langres, de Liège, d'Angers, de Bresse et l'archevêque de Rouen écrivirent contre lui ; leurs ouvrages subsistent encore ; le traité *du Corps et du Sang du Seigneur*, par Lanfranc, archevêque de Cantorbéry ; celui de Guitmond, évêque d'Averse près de Naples ; celui du prêtre Alger, scolastique de Liège, sous le même titre, sont des ouvrages savants et solides. Érasme en faisait grand cas, et les préférait à tous les écrits polémiques qui avaient paru sur cette matière dans le xvi⁰ siècle. Bérenger se sentit incapable d'y répondre, et fut obligé d'avouer sa défaite. Les lettres et les fragments qui nous restent de ses ouvrages ne donnent pas une haute idée de ses talents, encore moins de sa bonne foi. — Dans les *Vies des Pères et des Martyrs*, tom. III, il y a une notice exacte de la vie et des erreurs de Bérenger, et des ouvrages qui furent écrits contre lui, pag. 534 et suiv. On en trouve un détail encore plus ample dans l'*Hist. de L'Église gallic.*, tom. VII, l. xx et xxi.

La manière dont Mosheim en a parlé, *Hist. ecclésiast. du xi⁰ siècle*, ii⁰ part. c. 3, § 13 et suiv., montre à quel excès un homme, éclairé d'ailleurs, peut porter l'aveuglement systématique. Il dit d'abord que Bérenger était renommé pour son savoir et pour la sainteté exemplaire de ses mœurs ; il n'a pas cru pouvoir se dispenser de donner quelques grains d'encens à un hérétique. Mais le savoir de Bérenger est fort mal prouvé par ce qui reste de ses écrits, et sa sainteté encore plus mal par trois parjures consécutifs. — Mosheim prétend qu'avant ce siècle l'Église n'avait encore rien décidé sur la manière dont Jésus-Christ est dans l'eucharistie, et que chacun en croyait ce qu'il jugeait à propos. Si cela était vrai, il s'ensuivrait déjà, que Bérenger était fort téméraire de vouloir expliquer un mystère que l'on s'était contenté de croire simplement et sans vouloir le pénétrer. Mais la vérité est que jusqu'alors, la croyance de l'Église catholique avait été la présence réelle de Jésus-Christ dans l'eucharistie, comme l'attestent tous ceux qui écrivirent contre Bérenger. Ce qui avait été écrit au ix⁰ siècle contre cette vérité par Jean Scot Érigène, n'avait eu aucune suite, et n'avait point eu de partisans. Bérenger lui-même n'a jamais osé prétendre qu'il soutenait le sentiment commun des fidèles, et que les évêques qui le condamnaient étaient des novateurs. Aucun écrivain de son siècle n'a osé prendre la plume pour le défendre. Parce que Grégoire VII traita Bérenger avec plus de ménagement que ses prédécesseurs, Mosheim le soupçonne d'avoir embrassé la même opinion : nous prouverons le contraire. Grégoire, avant d'être pape, avait assisté, en qualité de légat, au concile de Tours, en 1054, où Bérenger avait rétracté ses erreurs. En 1059, sous Victor II, dans un concile de Rome, composé de cent treize évêques, Bérenger fit profession de croire que *le pain et le vin offerts à l'autel sont, après la consécration, non-seulement un sacrement, mais le vrai corps et le vrai sang de Jésus-Christ ; que ce corps est touché par les mains des prêtres, non-seulement en forme de sacrement, mais réellement et en vérité.* Mosheim dit que cette doctrine était absurde et insensée. En 1063, un concile de Rouen déclara, contre ce même hérétique, que *dans la consécration le pain, par la puissance divine, est changé en la chair née de la sainte Vierge, et que le vin est changé véritablement et substantiellement au sang répandu pour la rédemption du monde.*

L'an 1078, sous Grégoire VII, dans un concile de Rome, Bérenger signa, sous la foi du serment, que *le pain posé sur l'autel devenait, par la consécration, le vrai corps de*

Jésus-Christ, et que le vin devenait le vrai sang qui avait coulé de son côté. De là Mosheim conclut que Grégoire VII renonçait à la confession de foi de l'an 1059, et qu'il la révoquait, quoiqu'elle eût été solennellement approuvée par un pape dans un concile. Il est cependant évident que cette seconde formule n'est différente de la première qu'en ce qu'elle exprime la transsubstantiation beaucoup plus clairement. — L'année suivante, dans un autre concile, Bérenger protesta de croire *que le pain et le vin, par la prière et par les paroles de notre Rédempteur, étaient substantiellement changés dans le vrai et propre corps et sang de Jésus-Christ*; ce sont les mêmes expressions que celles du concile de Rouen. Mais Bérenger ne fut pas plus fidèle à cette protestation qu'aux deux précédentes.

Comme Grégoire VII ne fit point de nouvelles poursuites contre Bérenger, Mosheim en conclut qu'il ne lui sut point mauvais gré de sa perfidie, et que probablement il pensait comme lui. Par la même raison, il devait conclure que les évêques de France embrassèrent aussi le parti de Bérenger, puisque, malgré sa troisième rechute, ils ne prononcèrent point de nouvelles condamnations contre lui; on se contenta de réfuter ses erreurs d'une manière qui le réduisit au silence.

Suivant un écrit de Bérenger, Grégoire VII lui dit: *Je ne doute point que vous n'ayez de bons sentiments touchant le sacrifice de Jésus-Christ, conformément aux Ecritures*: de là Mosheim conclut encore que ce pape penchait vers l'opinion de cet hérétique. Mais cette opinion était-elle véritablement conforme à l'Ecriture sainte, et selon cette opinion, l'eucharistie pouvait-elle être appelée *un sacrifice*? Voilà comme on s'aveugle par intérêt de système.

Mosheim tourne en ridicule les écrivains catholiques qui ont voulu persuader que Bérenger s'était converti; mais lui-même en fournit les preuves. Il dit que ce personnage laissa en mourant une haute opinion de sa sainteté : en aurait-on jugé ainsi, si on l'avait encore cru hérétique? Il dit que les chanoines de Tours honorent encore sa mémoire par un service qu'ils font tous les ans sur son tombeau; certainement ils ne le feraient pas, si l'on n'avait pas été persuadé dès lors que Bérenger était mort dans la communion de l'Eglise. Il dit que Bérenger, dans son ouvrage, demande pardon à Dieu du sacrilége qu'il a commis à Rome, en se parjurant: cela ne prouve pas qu'il persévérait encore dans ses erreurs. Le moine Clarius, Richard de Poitiers, l'auteur de la *Chronique de saint Martin de Tours*, Guillaume de Malmesbury, attestent que Bérenger mourut repentant et converti. Ce témoignage des contemporains doit prévaloir aux vaines conjectures des protestants.

Mosheim paraît avoir pris ce qu'il a dit de Bérenger dans l'*Hist. de l'Eglise par Basnage*, l. XXIV, c. 2. L'on y trouve les mêmes faits et les mêmes réflexions. Le tout n'est fondé que sur les assertions de cet hérésiarque, cent fois convaincu d'imposture et de perfidie.

BERNARD (saint), abbé de Clairvaux, mort l'an 1153, est, dans l'ordre des temps, le dernier des Pères de l'Eglise. La meilleure édition de ses ouvrages est celle qu'a donnée dom Mabillon en 1690, et qui a été réimprimée en 1719, en 2 vol. *in-folio*.

Les philosophes incrédules n'ont pu lui imputer aucune erreur; mais ils lui reprochent d'avoir faussement prophétisé le succès de la seconde croisade. Comme sur ce point *saint Bernard* a fait lui-même son apologie, ce reproche est réfuté d'avance. Nous ajouterons seulement que si les croisés avaient mieux suivi dans leur conduite les avis du saint abbé, la croisade aurait eu un succès plus heureux. *Voy.* CROISADE. — On dit encore qu'il avait une science très-médiocre, qu'il entasse pêle-mêle l'Ecriture sainte, les canons et les conciles, qu'il est fécond en allégories. Mais *saint Bernard* savait beaucoup pour son siècle, puisqu'il possédait l'Ecriture sainte et les canons; ce n'est pas sa faute s'il est né dans un temps que l'on nomme siècle de brigandage, d'ignorance et de superstition; il n'a été coupable d'aucun de ces trois vices. Quant aux allégories, il en fait moins usage que plusieurs des anciens Pères; il ne les emploie que dans des ouvrages de morale et de piété, jamais dans les écrits qui concernent le dogme; ce n'est point là-dessus qu'il fonde la croyance catholique, lorsqu'il la défend contre les hérétiques.

En général, on ne peut refuser à ce Père un esprit vif et pénétrant, une belle imagination, un style doux et insinuant, une éloquence persuasive, une piété tendre, un zèle ardent, mais éclairé, pour la pureté de la foi et pour l'observation de la discipline, enfin des vertus fort supérieures à l'esprit de son siècle.

Il a été aussi accusé d'avoir persécuté Abailard par jalousie; nous avons réfuté cette calomnie dans l'article ABAILARD. Pour avoir une juste idée des talents et des vertus du saint abbé de Clairvaux, il faut consulter l'*Hist. de l'église gallicane*, tom. IX, l. XXV et XXVI.

BERNARDINS (a). On désigne par ce nom les religieux de l'ordre de Cîteaux, qu'il ne faut pas confondre avec d'autres religieux qui portent le même nom, et dont nous parlerons sous le mot suivant.

On a donné aux Cisterciens le nom de *Bernardins*, à cause de saint Bernard, premier abbé de Clairvaux, l'un des plus illustres abbés de cet ordre, dont les vertus et les talents lui ont acquis, ainsi qu'à l'ordre entier, une grande réputation.

Anciennement les Bénédictins, dont nous avons parlé, et les *Bernardins* d'aujourd'hui, ne faisaient qu'un même ordre de religieux sous la règle de saint Benoît. Dans la suite, ce corps se divisa en deux branches : il fut question d'une réforme, que les uns embrassèrent, et que les autres ne voulurent point adopter. Mais pour ne point user de redites sur la filiation de l'ordre de saint Benoît, voyez ce que nous avons dit à l'article BÉNÉDICTINS.

L'ordre de Cîteaux, dont il s'agit ici, a pris naissance dans l'abbaye de ce nom située en Bourgogne,

(a) Cet article et les deux suivants sont reproduits d'après l'édition de Liége. *Voy.* le *Dictionnaire des Ordres religieux* par le P. Hélyot (édit. Migne).

diocèse de Châlons, et fondée en 1098, par le duc de Bourgogne. Saint Robert, sorti de l'abbaye de Molême avec quelques religieux, dans le dessein de former un nouvel établissement, fut le premier abbé de Cîteaux. — A saint Robert succéda, en 1100, saint Albéric. Sous cet abbé les religieux de Cîteaux arrêtèrent qu'il ne serait fondé aucune abbaye de leur institut qu'après que l'évêque diocésain se serait désisté de toute prétention d'autorité et de juridiction sur les monastères à fonder. — Saint Albéric eut pour successeur saint Etienne, en 1107, et c'est le troisième abbé que l'ordre reconnaît pour son vrai fondateur. C'est sous son administration que furent arrêtés, avec les religieux, les règlements et les statuts qui devaient régler à perpétuité les monastères pour lors existants, et ceux qu'on se proposait de fonder. Ces règlements et ces statuts portent le nom de *Carte de charité* : le pape Calixte y donna son approbation, en 1119. Cette carte de *charité* établit deux sortes de juridictions, l'une qui est particulière, et l'autre générale. En vertu de la juridiction particulière, l'abbé qui a fondé des maisons exerce sur elles l'autorité d'un supérieur majeur, avec pouvoir de les visiter et d'y faire les règlements qu'il croit convenables ; mais sa juridiction ne s'étend pas aux autres maisons, qui peuvent dériver de ces fondations ; et ce sont ces maisons que dans l'ordre on nomme *arrière-filles*. Celui au contraire qui n'a point fait de pareilles fondations, n'a de juridiction que dans son monastère, qu'il gouverne pour le spirituel comme pour le temporel. — La juridiction générale est celle qui renferme le pouvoir suprême, et cette souveraine autorité n'est confiée, par la carte de charité, à aucun supérieur particulier. Elle réside dans l'assemblée générale de tous les abbés, etc.

Après la rédaction de ces statuts, saint Etienne fonda, en 1113, l'abbaye de la Ferté, diocèse de Châlons en Bourgogne. Il y établit pour premier abbé un de ses religieux nommé *Bertrand*. Cette abbaye était regardée comme la première fille de Cîteaux. — L'année d'après, saint Etienne fonda l'abbaye de Pontigni, au diocèse d'Auxerre, et il y mit pour premier abbé un de ses religieux : cette abbaye était la deuxième fille de Cîteaux. — Le même saint fonda ensuite, en 1115, l'abbaye de Clairvaux, troisième fille de Cîteaux. Il y constitua pour premier abbé l'illustre saint Bernard, si connu par ses démêlés avec Abailard et par ses prédications de la seconde croisade. — Saint Etienne fonda la même année l'abbaye de Morimond, quatrième fille de Cîteaux, et il y établit Arnauld pour premier abbé.

C'est à raison de ces quatre premières abbayes, instituées depuis la Carte de charité, que les abbés de ces mêmes abbayes sont dénommés les quatre premiers Pères de l'ordre de Cîteaux. — Comme l'abbaye de Cîteaux était l'abbaye-*mère* de toutes celles qui ont été fondées depuis, l'abbé de Cîteaux était reconnu chef supérieur général de l'ordre, tant pour la France, que pour les autres pays étrangers. Cet abbé était électif, il ne pouvait être pris que parmi les religieux de l'ordre, mais ne pouvait être élu que par les religieux profès de la maison de Cîteaux. L'élection était collative, c'est-à-dire qu'elle conférait de plein droit à l'abbé élu toute administration, tant pour le spirituel que pour le temporel, sans attendre aucune confirmation du saint-siège. — L'abbé de Cîteaux était conseiller-né au parlement de Dijon ; il avait droit d'être appelé aux états-généraux du royaume, et aux états particuliers de la province de Bourgogne. Dans les conciles, il siégeait immédiatement après les évêques, avec les mêmes honneurs et les mêmes prérogatives : il était regardé comme le premier des Abbés.

Gouvernement de l'ordre de Cîteaux. La maison de Cîteaux, représentée par l'abbé général, avait une inspection sur toutes les autres maisons de l'ordre ; et les abbés particuliers de ces autres maisons, qui en ont fondé à leur tour, avaient, comme il est dit par la Carte de charité, une juridiction sur ces maisons de leur filiation ; mais cette juridiction demeurait toujours soumise à l'autorité générale de l'abbé chef de l'ordre. Les abbés de Clairvaux, de la Ferté, de Pontigni et de Morimond avaient bien disputé cette prééminence à l'abbé général ; ils avaient prétendu que celui-ci n'était que leur égal, et seulement le premier d'entre eux, et qu'ils avaient avec lui une autorité conjointe. Ils lui disputaient le droit de visiter les monastères de leur filiation ; ils se croyaient fondés, tout comme lui, à bénir les abbés et les abbesses de l'ordre ; mais toutes ces prétentions furent rejetées par un arrêt du conseil d'Etat du 19 septembre 1681, rendu en faveur de l'abbé général.

Voici comment s'est gouverné l'ordre depuis cet arrêt ; l'administration et la juridiction intérieure des maisons n'appartenaient qu'aux supérieurs de ces mêmes maisons. L'administration temporelle appartenait à l'abbé dont elle dépendait, conjointement avec les autres religieux qu'on appelait les *Sénieurs* de la maison. — Dans les délibérations, les choses se réglaient à la pluralité des suffrages, et l'abbé n'avait point, en chapitre, de voix prépondérante. A l'égard des novices, l'abbé, comme ayant seul juridiction intérieure dans les monastères de sa filiation, avait droit de les bénir et de recevoir l'émission de leurs vœux. Il n'appartenait qu'à l'abbé de les admettre à la profession ; cependant il était obligé de consulter le monastère. L'évêque diocésain était néanmoins en droit de les examiner, nonobstant tous les privilèges de l'ordre. — Si l'abbé était commendataire, le sort des novices dépendait des prieurs claustraux et des autres religieux du monastère : exception sagement établie ; car, sans cela, il eût été fort indifférent à un abbé commendataire que les novices convinssent ou non à la maison où ils se faisaient affilier. — Il y avait des noviciats communs pour toutes les maisons de l'ordre, quoique ceux qui devaient faire profession fussent spécialement destinés à une maison particulière. Les candidats entrés dans les maisons communes de noviciat, devaient être éprouvés dans les maisons pour lesquelles ils se destinaient ; et avant d'être admis à la vêture, ils devaient être examinés par le vicaire général de la province et par le maître des novices. Après leur année de probation, s'ils devaient être admis à la profession, il fallait qu'ils la fissent entre les mains du vicaire général de la province, ou en son absence entre celles du supérieur de la maison du noviciat, avec cette observation que les pensions du noviciat se payaient par les maisons respectives, à moins qu'il n'y eût compensation de religieux. — Les profès, au sortir de leur noviciat, devaient être envoyés dans les maisons communes d'études établies dans chaque province de l'ordre, pour y demeurer jusqu'à ce qu'ils fussent en état d'être renvoyés dans les maisons pour lesquelles ils avaient fait vœu de stabilité. — Tout religieux de Cîteaux prononçait le vœu de stabilité pour un monastère particulier. Ce vœu formait un lien, un contrat réciproque entre le monastère qui le recevait et le religieux qui avait promis cette stabilité. Par ce contrat, le monastère acquérait des droits sur son religieux, comme celui-ci en acquérait sur son monastère. Les seuls religieux profès pour une maison en composaient la communauté ; les autres religieux étaient regardés comme externes : *Monachi hospites*. Ces religieux externes étaient ceux qu'on était obligé d'envoyer dans une autre maison que celle où ils avaient leur résidence fixe, soit afin qu'ils y expiassent sans scandale les fautes dont ils s'étaient rendus coupables, soit pour d'autres raisons, telle qu'une maladie, ou pour soulager les maisons qui avaient éprouvé des désastres, des ruines, des incendies. Mais ces circonstances à part, un religieux ne pouvait être transféré sans la permission de l'abbé général; et en ce cas, la maison de profession devait payer la pension des religieux transférés, excepté de ceux qui l'avaient été pour cause de ruine, d'incendie, etc. Observez encore que les Pères immédiats ne pouvaient transférer aucun religieux de leur filiation, que dans le cours de leurs visites régulières pour fait de réformation; il fallait même là-dessus le consentement des *Sénieurs* de la communauté. A l'égard des maisons communes de noviciat et d'études, les vicaires généraux pouvaient en faire sortir les religieux dyscoles, ou ceux avec lesquels il est difficile de vivre.

Les prieurs claustraux des abbayes tenues en commende n'étaient point sous la tutèle des abbés commendataires; ils ne pouvaient être institués ni destitués que par les Pères immédiats, après que ceux-ci avaient consulté le vicaire général de la province. Mais l'abbé général, visitant, soit par lui, soit par ses commissaires, les maisons de l'ordre, pouvait destituer ces prieurs et en instituer d'autres à leur place, sans préjudice néanmoins de l'autorité du Père immédiat pour *autre cause*. Le vicaire général avait aussi le pouvoir de les destituer pour *démérites*. — Les prieurs claustraux devaient être pris parmi les religieux profès de la maison, à moins qu'il ne s'en trouvât pas de capables pour cet emploi, ce que le Père immédiat devait exprimer dans ses lettres d'institutions.

Les cellériers, les syndics, les procureurs et les autres officiers nommés à l'administration du temporel, devaient être institués, savoir, dans les abbayes régulières, par l'abbé, du consentement du couvent, et dans celles qui sont tenues en commende, par le prieur et les religieux; ces officiers devaient être absolument pris parmi les religieux profès de la maison, à moins qu'il ne s'en trouvât point de capables; et ceux qui étaient nommés devaient prêter serment entre les mains de l'abbé et des religieux du monastère.

L'autorité dans l'administration et dans le commandement n'appartenait qu'à la supériorité locale. L'autorité de l'abbé général, des Pères immédiats et des vicaires généraux était restreinte à une juridiction de manutention, de correction et de réformation; encore ne pouvaient-ils l'exercer que dans le cours d'une visite régulière, parce qu'il n'y a que la visite régulière qui suspende l'autorité de la supériorité locale.

L'administration de chaque monastère était commune et conjointe entre l'abbé et ses religieux; car dans tous les points où le monastère était intéressé, son consentement devait intervenir aux actes qui le concernaient. — Il ne pouvait être fait aucun emprunt, aucune aliénation, aucun échange, aucune coupe de bois de haute futaie, pas même de bail emphythéotique, ni aucun acte important d'administration, qu'il n'en eût été délibéré par la communauté, à la pluralité des suffrages; il fallait même avoir obtenu le consentement du vicaire général et du Père immédiat : il fallait de plus la permission et l'approbation de l'abbé de Cîteaux et du chapitre général.

Les procureurs et les vicaires généraux étaient institués ou destitués par le chapitre général, et dans les intervalles par l'abbé de Cîteaux, de l'avis et du consentement des quatre premiers Pères de l'ordre. — C'est à l'abbé chef qu'appartenait la convocation et l'indiction du chapitre général. Il devait se célébrer tous les trois ans; l'abbé général le présidait à titre d'autorité et de supériorité. Tous les autres abbés et les prieurs titulaires étaient membres essentiels de ce chapitre. C'est dans cette assemblée que résidait le pouvoir législatif de l'ordre, avec faculté de régler de nouveaux statuts ou d'interpréter les anciens. Le pouvoir exécutif de ce qui était décerné par le chapitre appartenait à l'abbé général. Il était en droit et en possession de décerner toutes les ordonnances nécessaires pour le maintien de la discipline régulière, pour le bien du régime et pour l'observation des lois et des statuts de l'ordre. — C'est dans ce chapitre que se jugeaient, en dernier ressort (en matière purement régulière) tous les différends qui s'élevaient entre les membres de l'ordre. S'il arrivait que dans ce cas il y eût partage d'opinions, de manière que la majeure partie effective des suffrages ne se trouvât pas d'un côté, l'affaire était renvoyée au définitoire pour départager le chapitre. Le définitoire était encore juge des causes que le chapitre lui renvoyait à décider, quand il ne voulait ou ne pouvait pas s'en occuper. — Le définitoire était une espèce de tribunal que l'abbé de Cîteaux créait à chaque chapitre général. Ce tribunal ne jugeait que sur l'autorité et au nom de l'abbé général, duquel tous les membres recevaient leur institution. Voici comment se composait ce tribunal. L'abbé, en sa qualité de Père général, nommait quatre abbés de sa filiation, qu'il instituait définiteurs. Il instituait tels en même temps les quatre premiers abbés de l'ordre. Chacun de ces quatre abbés présentait à celui de Cîteaux cinq abbés de sa filiation, parmi lesquels l'abbé de Cîteaux en prenait quatre, et les instituait définiteurs, s'il les trouvait capables de cette fonction; et si dans le définitoire il y avait partage d'opinions, c'était à l'abbé général de le lever par sa voix, qui devenait alors prépondérante : sur quoi il est bon d'observer que dans les causes qui intéressaient la personne des abbés, le général était juge de droit; ces sortes de causes ne pouvaient être renvoyées au définitoire que quand il y avait partage dans le chapitre. Observez aussi que le chapitre général pouvait déposer son chef, dans le cas marqué par la Carte de charité.

Dans les affaires de discipline susceptibles d'appel, les appellations se portaient par degrés du vicaire général au Père immédiat, de celui-ci à l'abbé général, et de l'abbé général au chapitre général. —

Les religieux ne pouvaient, en matière purement régulière, appeler hors de l'ordre que dans le cas d'une injure manifeste, ou lorsqu'il y avait déni de justice; ils pouvaient cependant user de cette voie dans les autres cas où les ordonnances les y autorisaient.

Les livres liturgiques servant à l'usage de l'ordre ne pouvaient être imprimés que par l'autorité du chapitre général ou de ses députés; mais hors du temps de la tenue des chapitres, l'abbé de Cîteaux était en droit et en possession de donner des mandements et des priviléges pour l'impression de ces sortes de livres. Observez qu'aucun religieux de l'ordre ne pouvait publier l'ouvrage dont il était auteur, sans la permission du chapitre ou de l'abbé général.

Cet abbé, les Pères immédiats et les vicaires généraux avaient droit d'ériger une conventualité dans chaque maison, suivant ses revenus, et cette conventualité ne pouvait être diminuée sans la permission du chapitre général ou de l'abbé de Cîteaux. — Lorsqu'il venait à vaquer une abbaye régulière, l'administration, tant au spirituel qu'au temporel, en appartenait au monastère vacant. Ce monastère avait même pendant ce temps la juridiction (pour le spirituel seulement) sur les autres abbayes qui en dépendaient.

L'abbé, Père immédiat, présidait aux élections des abbayes de sa filiation. C'est lui qui indiquait le jour de l'élection; le prieur de la maison vacante convoquait les religieux profès du monastère vacant, seuls en droit de donner leurs suffrages pour l'élection. Si le Père immédiat ne pouvait point présider en personne, il ne pouvait pareillement députer des commissaires qu'autant que le vicaire général était absent ou justement suspecté, parce que c'était à celui-ci de présider en l'absence du Père immédiat; mais, quoiqu'il appartînt au Père immédiat de présider, rien n'empêchait que l'abbé général ne pût le faire aussi conjointement et concurremment avec les autres abbés pour toutes les maisons de l'ordre. — Lorsque l'abbé était élu, son élection se confirmait par le Père immédiat : l'abbé général y donnait ensuite son approbation. C'était à cet abbé général ou à ses délégués qu'il appartenait de bénir les abbés et les abbesses de l'ordre. Ces abbés et ces abbesses, pendant la cérémonie de la bénédiction, étaient tenus de promettre obéissance à l'abbé général et à leur Père immédiat.

L'abbé de Citeaux, en sa qualité de chef et de supérieur général, était en droit et en possession de visiter, tant par lui que par ses commissaires, toutes les maisons de l'ordre, et, pendant le cours de ses visites, d'y exercer toutes sortes d'actes de juridiction. — Les autres abbés, que nous appelons les *Pères immédiats*, avaient la visite des maisons de leur filiation; mais il fallait qu'ils remplissent cette visite en personne; ils ne pouvaient député des commissaires que quand le vicaire général de la province était absent ou légitimement suspecté. Ce vicaire général visitait en personne chaque année toutes les maisons de son vicariat. — Les vicaires généraux n'étaient soumis qu'à l'abbé de Citeaux et au chapitre général, quoiqu'ils fussent subordonnés aux Pères immédiats en ce qui touchait les degrés d'appel. — Les colléges généraux de l'ordre étaient administrés par l'autorité du chapitre général; et dans les intervalles, par l'autorité de l'abbé de Citeaux. C'est à cet abbé ou au chapitre qu'il appartenait d'instituer ou de destituer les proviseurs, les régents et les autres officiers. — Aucun religieux ne pouvait prendre de degrés dans une université, sans en avoir obtenu la permission du chapitre ou de l'abbé général; et cette permission ne s'accordait que sur les attestations des proviseurs et des régents des colléges. Lorsqu'un religieux désirait d'être envoyé dans les colléges, il lui fallait un consentement de sa maison de profession, et cette maison était tenue de payer la pension de ce religieux dans le collége où il était envoyé.

Comme il arrivait souvent qu'il se présentait des affaires importantes qui ne pouvaient être renvoyées au chapitre général, et que ces affaires demandaient une prompte expédition, il fut dit, par le bref de réformation que donna, en 1666, Alexandre VII, et qui a été revêtu de lettres patentes enregistrées au grand conseil, que dans l'intervalle d'un chapitre général à l'autre, il serait tenu une assemblée intermédiaire au jour et au lieu qui seraient indiqués par l'abbé de Citeaux. On devait convoquer à cette assemblée les quatre premiers abbés visiteurs des provinces, les présidents des congrégations et les procureurs généraux de l'ordre. Tous ces abbés y avaient voix délibérative et décisive pour y régler provisoirement tout ce qui pouvait intéresser essentiellement le régime de l'ordre, sauf au chapitre général à réformer définitivement la délibération.

BERNARDINS, religieux différents de ceux de l'ordre de Citeaux, dont nous venons de parler; leur congrégation est connue sous le nom d'un saint Bernard, qui n'est pas le même que celui qui a illustré l'abbaye de Clairvaux : ce fut Martin Vasga, moine à la vérité de l'ordre de Citeaux, qui forma, en 1425, cette congrégation au Mont-Sion, proche de Tolède en Espagne; mais quoique cette congrégation ait embrassé le premier esprit de la règle de Citeaux, les religieux de cet ordre n'ont rien de commun avec les autres. (Extrait du *Diction. de Jurisprudence*.)

BERNARDINES. Ce sont des religieuses instituées par des moines de l'ordre de Citeaux. Leur chef-lieu était l'abbaye du Tart, de la ville de Dijon; leur régime est à peu près le même que celui de l'ordre, auquel elles sont affiliées. Anciennement elles tenaient des chapitres généraux, comme les religieux de Citeaux; mais plusieurs inconvénients ont fait cesser ces chapitres. L'abbesse du Tart était à l'égard des autres religieuses de l'ordre, ce qu'était l'abbé de Citeaux à l'égard des religieux qui dépendaient de lui. — Ces religieuses étaient sous la juridiction spirituelle et temporelle des moines de Citeaux. Un arrêt du grand conseil, du 14 août 1750, fit défense aux abbesses et supérieures de cet ordre de faire aucun emprunt sans délibération préalable de la communauté capitulairement assemblée, et sans l'autorisation des supérieurs majeurs. Elles avaient pour confesseurs des religieux de Citeaux, lesquels n'avaient pas besoin de l'approbation de l'évêque diocésain pour remplir cette commission. Mais pour l'examen des religieuses novices, c'est à l'évêque qu'il appartenait : les prélats avaient été maintenus dans ce droit, malgré tous les priviléges de l'ordre de Citeaux. — Les abbesses de cet ordre étaient sous l'autorité de l'abbé général de Citeaux; il avait droit de les bénir ou de commettre un autre abbé pour cette bénédiction, lors de laquelle chaque abbesse promettait particulièrement l'obéissance à l'abbé chef. — Les abbesses avaient une autorité particulière dans leur monastère. Un arrêt du grand conseil du 10 juillet 1702 a jugé qu'elles avaient droit d'instituer et de destituer les officières de l'abbaye; et cet arrêt déclare en même temps abusive une élection faite de ces officières par les religieuses de la communauté. Le même tribunal a jugé, par cet arrêt, que lorsqu'il y aurait des demandes concernant la clôture et l'exécution des autres clauses d'un bref d'Alexandre VII, rendu pour les religieuses de cet ordre, ces demandes seraient portées devant l'abbé général de Citeaux. (Extrait du *Dict. de Jurisp.*)

BESSARION, moine grec de Saint-Basile, patriarche titulaire de Constantinople, archevêque de Nicée, ensuite cardinal et légat en France sous Louis XI, mourut l'an 1472. Ce savant homme se rendit odieux aux Grecs schismatiques par le zèle avec lequel il travailla à les réunir avec l'Eglise romaine. Il a composé plusieurs ouvrages ce sujet, et une défense de la philosophie de Platon, que l'on a réunis dans le seizième tome de la *Bibliothèque des Pères*. Brucker, quoique protestant, a fait de ce célèbre cardinal un éloge complet. *Hist. philos.*, tom. IV, p. 43.

BETHLÉEM, petite ville ou bourgade de la Judée, dans laquelle Jésus-Christ est né. Saint Justin, qui était de la Samarie, cite au juif Tryphon la caverne dans laquelle Jésus-Christ est venu au monde, n. 78. Origène dit à Celse que les ennemis même du christianisme la connaissent, l. 1, n. 51. Les prophètes avaient prédit que le Messie naîtrait à Bethléem, les juifs le croient encore aujourd'hui. Voyez *Munimen fidei*, 1re partie, c. 33. Cela était convenable, pour mieux démontrer qu'il était du sang de David, originaire de Bethléem.

Quelques incrédules ont prétendu que cette opinion n'était fondée que sur une fausse explication d'une prophétie de Michée (v, 2), où on lit : *Et toi,* BETHLÉEM *d'Ephrata, tu n'es qu'une des moindres villes de Juda; mais il sortira de toi un chef qui règnera sur Israël, et dont la naissance est de toute éternité;..... il sera loué jusqu'aux extrémités de la terre, et il sera l'auteur de la paix.* Cette prédiction, disent-ils, regarde Zorobabel, et non le Messie; le contraire nous paraît évident. — 1° le nom de *Zorobabel* témoigne que ce chef était né à Babylone, et non à Bethléhem; on ne peut pas dire de lui que sa naissance est de toute éternité, qu'il a réuni aux Israélites le reste de leurs frères, qu'il a été reconnu grand jusqu'aux extrémités de la terre, et l'auteur de la paix : ces caractères ne conviennent qu'au Messie et à Jésus-Christ. 2° Le paraphraste chaldaïque l'a compris, et en a fait l'application au seul Messie; c'était la tradition des Juifs, on le voit dans le Talmud et dans les écrits des anciens rabbins : plusieurs modernes l'ont encore entendu de même (*Galatin*, l. IV, c. 13). 3° Le cinquième concile de Constantinople, art. 2, un concile romain tenu sous le pape Vigile, Théodoret et d'autres Pères, ont condamné ceux qui cherchaient à détourner le sens de cette prédiction. Grotius a vainement fait ses efforts pour faire valoir cette opinion; il cherchait à favoriser les juifs et les sociniens, qui voient avec peine un prophète attribuer au Messie *une naissance de toute éternité*. Voy. *la Synopse des critiques*.

BETHLÉHÉMITES (les frères). C'est un ordre religieux qui a été fondé dans les îles Canaries par un gentilhomme français nommé *Pierre de Bétencourt*, pour servir les malades dans les hôpitaux. Le pape Innocent XI approuva cet institut en 1687, et lui ordonna de suivre la règle de saint Augustin. L'habit de ces hospitaliers est semblable à celui des capucins, hormis que leur ceinture est de cuir, qu'ils portent des souliers et ont au cou une médaille qui représente la naissance de Jésus-Christ à Bethléhem.

BIBLE. Du grec βίβλος, l'on a fait βιβλίον, *livre*, et l'on a nommé *biblia* l'Ecriture sainte, pour désigner *les livres* par excellence, et qui sont les plus dignes de respect. Cette collection de livres *sacrés*, ou écrits par l'inspiration du Saint-Esprit, se divise en deux parties, savoir : l'Ancien et le Nouveau Testament. Les premiers sont ceux qui ont été écrits avant la venue de Jésus-Christ; ils contiennent, outre la loi de Moïse, l'histoire de la création du monde, celle des patriarches et des Juifs, les prédictions des prophètes, et différents traités de morale. Le Nouveau Testament renferme les livres qui ont été écrits depuis la mort de Jésus-Christ par ses apôtres ou par ses disciples.

Au mot TESTAMENT, nous ferons l'énumération des livres de l'Ancien et du Nouveau Testament, conformément au catalogue qu'en a dressé le concile de Trente, sess. 4. — Dans l'article ECRITURE SAINTE, nous parlerons de l'inspiration des livres sacrés, de leur autorité en matière de foi, des règles que l'on doit suivre pour en acquérir l'intelligence, de l'usage que doivent en faire les théologiens, etc. — Au mot LIVRES SAINTS, nous en ferons la comparaison avec les écrits que les Chinois, les Indiens, les Parsis, les mahométans, nomment *livres sacrés*, et nous montrerons le ridicule de la méthode que les incrédules ont suivie pour attaquer les nôtres. Ici nous n'envisageons la *Bible* que comme un objet d'histoire littéraire et critique.

La plus grande partie des livres de l'Ancien Testament ont été reçus comme sacrés et canoniques par les juifs, aussi bien que par les premiers chrétiens. Il y en a cependant quelques-uns que les juifs n'ont pas reconnus comme tels, et que les chrétiens des premiers siècles ne paraissent pas avoir reçus non plus comme canoniques; mais ils ont été ensuite placés dans le canon par l'Eglise. Tels sont les livres de Tobie et de Judith, la Sagesse, l'Ecclésiastique et les deux livres des Machabées. Quelques anciens même ont douté de l'authenticité des livres de Baruch et d'Esther. Il serait singulier que l'Eglise chrétienne n'eût pas, à l'égard des livres sacrés, la même autorité que l'on accorde à la synagogue. Ceux qui ne veulent s'en rapporter qu'au témoignage de celle-ci, ne sont pas seulement instruits des motifs qui ont déterminé les juifs à recevoir comme sacrés tels livres, et à ne pas faire le même honneur aux autres. *Voy.* CANON.

Tous les livres qui ont été anciennement reconnus pour sacrés ont été écrits en hébreu, nous n'avons les autres qu'en grec; mais il n'a pas été essentiel à l'inspiration d'un auteur qu'il écrivît dans une langue plutôt que dans une autre : une traduction fidèle tient lieu de l'original lorsqu'il est perdu. — Les anciens caractères hébreux, dont les écrivains juifs se sont servis, étaient les samaritains; mais après la captivité de Babylone, les juifs trouvèrent les caractères chaldéens plus commodes, et les adoptèrent. La date de ce changement n'est pas certainement connue; mais il n'a pas pu introduire plus d'altération dans le texte, que la substitution que nous avons faite de nos caractères modernes aux lettres gothiques. — Les livres écrits en hébreu ont été plusieurs fois traduits en grec; la version la plus ancienne et la plus célèbre est celle des Septante, qui a été faite avant Jésus-Christ, et de laquelle on pense que les apôtres se sont servis; nous en parlerons en son lieu.

Quoique la plupart des livres du Nouveau Testament aient été aussi reçus pour canoniques dès les premiers temps de l'Eglise, il y en a cependant desquels on a douté d'abord; tels sont l'Epître de saint Paul aux Hébreux, celle de saint Jude, la seconde de saint Pierre, la seconde et la troisième de saint Jean, l'Apocalypse. — Tous ont été écrits en grec, excepté l'Evangile de saint Matthieu, que l'on croit avoir été originairement composé en hébreu, mais dont le texte ne subsiste plus; c'est le sentiment de saint Jérôme. Quelques critiques modernes ont voulu soutenir que tout le Nouveau Testament avait d'abord été écrit en syriaque; mais leur opinion est absolument destituée de preuves et de vraisemblance. Le P. Hardouin, qui a voulu prouver que les apôtres ont écrit en latin, et que le grec n'est qu'une version, n'a persuadé personne (1).

(1) Il importe extrêmement de connaître en quelle

On conçoit que les exemplaires de la *Bible* ont dû se multiplier beaucoup ; non-seulement les textes originaux ont été copiés à l'infini, mais il s'en est fait des versions dans langue nos livres saints ont été écrits et quelle est la valeur du texte primitif qui est parvenu jusqu'à nous.

La plupart des livres de l'Ancien Testament ont été écrits en hébreu. Les livres deutérocanoniques du Vieux Testament ne nous sont parvenus qu'en grec. On croit généralement que la *Sagesse* et le *second livre des Machabées* ont été composés en grec. On ignore en quelle langue le livre de *Tobie* a été écrit primitivement. L'*Ecclésiastique*, *Baruch*, les *fragments* deutérocanoniques de *Daniel* et d'*Esther*, paraissent avoir été écrits originairement en hébreu ou en chaldéen : mais le texte en est perdu.

Les livres du Nouveau Testament ont été écrits en grec, à l'exception de l'*Evangile de saint Matthieu*, qui très-probablement a été composé dans un hébreu mêlé de syriaque, mais dont il ne reste plus maintenant qu'une version grecque qui nous tient lieu d'original. Plusieurs auteurs ont prétendu que l'*Epître aux Hébreux* avait été composée primitivement en hébreu. Il y a beaucoup d'auteurs qui pensent qu'elle a été écrite en grec ou en syro-chaldaïque. On comprend que nous ne pouvons entrer dans l'examen de cette question.

Plusieurs auteurs de haute réputation ont prétendu que le texte hébreu a été profondément altéré par les Juifs, et qu'on ne doit le consulter qu'avec une extrême défiance. Telle est l'opinion du P. Hardouin, de Houbigant, de Serrarius, de Billuart, etc. La discussion de cette opinion ne manque pas d'importance, car on recourt souvent au texte hébreu pour déterminer le sens des différentes versions. Nous émettons en principe que le texte hébreu est parvenu jusqu'à nous sans altération *substantielle*, et il répugne en particulier d'attribuer cette altération à la malice des Juifs. Tel est maintenant le sentiment commun.

Nous prouvons cette proposition par la croyance de l'Église et par l'impossibilité de l'hypothèse de nos adversaires.

1° *Par la croyance de l'Église.* On doit regarder comme certain ce qui a toujours été cru dans l'Église depuis les apôtres jusqu'à nos jours. Or l'intégrité du texte hébreu a toujours été crue dans l'Église. Elle était regardée comme incontestable au III° siècle, puisque c'est à cette époque qu'Origène, Pamphile et saint Lucien entreprirent leurs immenses travaux pour corriger la version des Septante sur le texte hébreu, ou comme ils le disent eux-mêmes sur la *Vérité Hébraïque* (*juxta hebraicam veritatem*), et chacun sait avec quel empressement leur travail fut accueilli par les différentes églises ; or, comment aurait-on pu entreprendre et adopter des corrections faites sur un texte que l'on aurait regardé comme altéré substantiellement ? Au V° siècle, à l'instigation du pape Damas on entreprit une version latine du Vieux Testament sur le texte hébreu, et malgré quelques oppositions cette version fut bientôt reçue dans toute l'Église latine sous le nom de *Vulgate*. Le droit canonique a érigé en maxime cette sentence de saint Jérôme, que quand il s'agit de corriger les versions du Vieux Testament, il faut recourir à l'original hébreu, et c'est d'après cette maxime qu'Alcuin, au VIII° siècle, le cardinal Hugues de Saint-Cher au XIV° siècle, ont corrigé les fautes qui s'étaient glissées dans la Vulgate, et même depuis le concile de Trente, sous les papes Sixte V et Clément VIII, on a corrigé la Vulgate sur le texte hébreu. — Donc l'Église a toujours cru que le texte hébreu avait conservé son intégrité substantielle, autrement elle n'aurait pu adopter les versions correctives faites

la plupart des langues mortes ou vivantes. Sous ce double rapport, on distingue les *Bibles* hébraïques, grecques, latines, chaldaïques, syriaques, arabes, cophtes, arméniennes, persanes, moscovites, etc., et celles qui sont en langue vulgaire. Nous donnerons une courte notice des unes et des autres.

BIBLES HÉBRAÏQUES. Elles sont manuscrites ou imprimées. Entre les manuscrites, les meilleures et les plus estimées sont celles qui ont été copiées par les juifs d'Espagne ; les juifs d'Allemagne en ont fait un plus grand nombre, mais elles sont moins exactes. Il est même facile de les distinguer au coup d'œil ; les premières sont en beaux caractères carrés, comme les *Bibles hébraïques* de Bomberg, d'Étienne et de Plantin ; celles d'Allemagne ont des caractères semblables à ceux de Munster et de Gryphe.

Richard Simon observe que les plus anciennes *Bibles hébraïques* manuscrites ont tout au plus six à sept cents ans d'antiquité ; cependant le rabbin Menahem, dont on a imprimé quelques ouvrages à Venise, en 1618, sur les *Bibles hébraïques*, en cite un grand nombre qui, dans ce temps-là, dataient déjà de plus de six cents ans.

Morin ne donne que cinq cents ans d'antiquité au fameux manuscrit d'Hillel, qui est à Hambourg. Le P. Houbigant n'en a point connu qui remontât au delà de six à sept siècles ; il a pensé que celui de la bibliothèque des Pères de l'Oratoire, de la rue Saint-Honoré à Paris, pouvait avoir près de sept cents ans. Ceux de la bibliothèque du roi ont paru moins anciens à l'abbé Sallier. Les dominicains de Bologne en Italie en ont un du Pentateuque, dont le P. de Montfaucon a parlé, et dont l'antiquité peut être d'environ neuf cents ans. Dans la bibliothèque bod-

sur ce texte. Au reste, saint Augustin qui s'était d'abord opposé à la version de saint Jérôme, est ensuite totalement revenu au sentiment que nous soutenons, car voici comme il s'exprime : *Absit ut prudens quispiam Judæorum perversitatem tantum potuisse credat in cordibus tam multis et tam longe lateque dispersis* (*De Civit. Dei*, l. xv.)

2° *Par l'impossibilité de l'hypothèse de nos adversaires.* En effet il est impossible d'assigner l'époque de cette prétendue altération. Elle n'a pu avoir lieu avant Jésus-Christ ; car alors les Juifs n'avaient aucun motif de falsifier les prophéties, et Jésus-Christ et les apôtres qui leur ont reproché tant d'autres crimes n'auraient pas manqué de leur reprocher une falsification aussi criminelle. De plus, comment supposer que tout un peuple s'accorde ainsi dans une entreprise de cette nature sans qu'il se fasse aucune réclamation ? Ce ne peut être non plus depuis Jésus-Christ ; car comment les Juifs convertis au christianisme et les chrétiens qui savaient l'hébreu, auraient-ils souffert une altération importante ? Cela est impossible. Comme les autres livres anciens, la Bible n'était divisée ni en chapitres, ni en versets. Il n'y avait ni *accents*, ni *esprits*, ni *points-voyelles*. C'est le cardinal Hugues de Saint-Cher qui le premier divisa la Bible en chapitres. Le célèbre imprimeur Robert Étienne divisa les chapitres du Nouveau Testament en versets. La ponctuation ne remonte pas avant le IX° siècle : on ne trouve ni points ni virgules dans les manuscrits qui remontent plus haut.

leyenne, en Angleterre, il y en a un du Pentateuque, et un autre qui contient le reste de l'Ancien Testament, auxquels on attribue sept cents ans d'antiquité. Le plus fameux manuscrit du Pentateuque samaritain que gardent les samaritains de Naplouse, qui est l'ancienne Sichem, n'a, dit-on, que cinq cents ans. Celui de la bibliothèque ambrosienne à Milan peut être plus ancien. Il y a un manuscrit hébreu à la bibliothèque du Vatican, que l'on dit avoir été copié en 973.

Les plus anciennes Bibles hébraïques imprimées ont été publiées par les juifs d'Italie, en particulier celles de Pesaro et de Bresce. Ceux de Portugal avaient commencé d'imprimer quelques parties de la Bible à Lisbonne, avant qu'on les chassât de ce royaume. On peut remarquer en général que les meilleures Bibles en hébreu sont celles qui ont été imprimées sous les yeux des juifs; ils sont si attentifs à observer jusqu'aux points et aux virgules, que personne ne peut pousser l'exactitude plus loin.

Au commencement du XVIe siècle, Daniel Bomberg imprima plusieurs Bibles hébraïques, in-folio et in-4°, à Venise, dont quelques-unes sont également estimées par les juifs et par les chrétiens. La première parut en 1517; elle porte le nom de son éditeur, Félix Præenni; c'est la moins exacte. La seconde fut publiée en 1526. On y joignit les points des massorètes, les commentaires de divers rabbins, et une préface du R. Jacob ben Chajim. En 1548, le même Bomberg imprima la Bible in-folio de ce dernier rabbin; c'est la meilleure et la plus parfaite de toutes. Elle est distinguée de la première Bible du même éditeur, en ce qu'elle contient le commentaire de R. David Kimchi sur les chroniques ou Paralipomènes, qui n'est pas dans l'autre. — Ce fut sur cette édition que Buxtorf le père imprima à Bâle, en 1618, sa Bible hébraïque des rabbins; mais il se glissa, surtout dans le commentaire de ceux-ci, plusieurs fautes; Buxtorf altéra un assez grand nombre de leurs passages peu favorables aux chrétiens. La même année parut à Venise une nouvelle édition de la Bible rabbinique de Léon de Modène, rabbin de cette ville; il prétendit avoir corrigé un grand nombre de fautes répandues dans la première édition; mais outre que cette Bible est fort inférieure, pour le papier et pour le caractère, aux autres Bibles de Venise, elle passa par les mains des inquisiteurs, qui ne laissèrent pas les commentaires des rabbins dans leur entier. Au reste, on ne voit point en quoi les traits lancés contre le christianisme par les rabbins, et retranchés par Buxtorf et par les inquisiteurs, pouvaient contribuer à la perfection d'une Bible hébraïque. — Celle de Robert Etienne est estimée pour la beauté des caractères, mais elle est infidèle. Plantin en a fait aussi imprimer à Anvers de fort belles; la meilleure est celle de 1566, in-4°. Manassé ben Israël, savant juif portugais, donna à Amsterdam deux éditions de la Bible en hébreu, l'une in-4°, l'autre in-8°. La première est en deux colonnes, et par là plus commode pour le lecteur. En 1634, Rabbi-Joseph Lombroso en publia une nouvelle édition in-4° à Venise, avec de petites notes au bas des pages, où les mots hébreux sont expliqués par des mots espagnols. Cette Bible est estimée des juifs de Constantinople; on y a distingué dans le texte, par une petite étoile, les endroits où il faut lire le point camets par un o, et non par un a.

De toutes les éditions des Bibles hébraïques in-8°, les plus belles et les plus correctes sont les deux de Joseph Athias, juif d'Amsterdam; la première, de 1661, préférable pour le papier; la seconde, de 1667, plus fidèle. Cependant Vander-Hoogt en a publié une en 1705, qui l'emporte encore sur ces deux-là. — Après Athias, trois protestants qui savaient l'hébreu s'engagèrent à avoir et à donner une Bible hébraïque, savoir: Claudius, Jablonski et Opitius. L'édition de Claudius fut publiée à Francfort, en 1677, in-4°. On trouve au bas des pages les différentes leçons des premières éditions; mais l'auteur n'est pas toujours exact dans la manière d'accentuer, surtout à l'égard des livres poétiques de l'Ecriture; d'ailleurs, comme cette édition n'a pas été faite sous ses yeux, elle fourmille de fautes. Celle de Jablonski parut à Berlin en 1699, in-4°. L'impression en est fort nette et les caractères très-beaux. Quoique l'auteur prétende s'être servi de l'édition d'Athias et de celle de Claudius, il paraît n'avoir fait autre chose que de suivre servilement l'édition in-4° de Bomberg. Celle d'Opitius fut aussi imprimée in-4° à Keil, en 1709; c'est dommage que la beauté du papier n'ait pas répondu à celle des caractères. D'ailleurs l'auteur n'a fait usage que des manuscrits d'Allemagne, et a négligé ceux qui sont en France; défaut qui lui est commun avec Claudius et Jablonski. Ces Bibles ont cependant cet avantage, qu'outre les divisions, soit générales, soit particulières, en paraches et en penkim, selon la manière des juifs, elles sont encore divisées en chapitres et en versets selon la méthode des chrétiens; elles renferment les keri kétib, ou différentes façons de lire, et les sommaires en latin; ce qui les rend d'un usage très-commode pour les éditions latines et les concordances. — La petite Bible in-16 de Robert Etienne est estimée pour la beauté du caractère. On doit observer qu'il y en a une autre édition à Genève qui lui ressemble beaucoup, mais dont l'impression est mauvaise et le texte moins correct.

On peut ajouter à ce catalogue quelques autres Bibles hébraïques sans points, in-8° et in-24, fort estimées des juifs, uniquement parce que la petitesse du volume les leur rend plus commodes dans leurs synagogues et dans leurs écoles. Il y en a deux éditions de cette forme, l'une de Plantin, in-8° à deux colonnes, l'autre in-24, imprimée par Raphelingius, à Leyde, en 1610. On en trouve aussi une édition d'Amsterdam en grands caractères, par Laurent, en 1631, et une autre in-12, de Francfort, en 1694, avec une préface de Leusden; mais elle est pleine de fautes. — Le texte hébreu sans points, que le P. Houbigant de l'Oratoire a fait imprimer en quatre volumes in-fol., à Paris, en 1753, avec un commentaire, est d'une grande beauté; cependant on reproche à l'auteur d'avoir hasardé trop légèrement des corrections, et de s'être exposé souvent à corrompre le texte, au lieu de le corriger. — On sera désormais plus à couvert de ce danger, avec le secours de la *Bible hébraïque* que le docteur Kennicot vient de faire imprimer à Londres en deux volumes in-folio. Il a suivi l'édition de Vander-Hoogt, qui passe pour la plus correcte, et a rassemblé au bas des pages toutes les variantes recueillies d'après les meilleurs manuscrits qui se trouvent dans toute l'Europe. Rien ne nous manque donc plus pour avoir le texte hébreu dans la plus grande correction. *Voy.* TEXTE.

BIBLES GRECQUES. Le grand nombre des *Bibles* que l'on a publiées en grec peut être réduit à trois ou quatre classes principales, savoir : celle de Complute, ou d'Alcala de Hénarès, celle de Venise, celle de Rome et celle d'Oxford. — La première parut en 1515, par les ordres du cardinal Ximénès, et fut mise dans la *Bible* polyglotte, que l'on appelle ordinairement la *Bible* de Complute. Cette édition n'est pas exacte, parce que dans plusieurs endroits l'on y a changé la version des Septante, pour se conformer au texte hébreu. On l'a cependant réimprimée dans la polyglotte d'Anvers, dans celle de Paris et dans la *Bible in-4°* connue sous le nom de Vatable, sans y rien corriger. — La seconde *Bible grecque* est celle de Venise, qui parut en 1518, où le texte grec des Septante a été imprimé conformément au manuscrit sur lequel on a travaillé. Cette édition est pleine de fautes de copistes, mais aisées à corriger. On l'a réimprimée à Strasbourg, à Bâle, à Francfort et ailleurs, en l'altérant dans quelques endroits pour la rendre conforme au texte hébreu. La plus commode de ces *Bibles* est celle de Francfort, à laquelle on a joint de courtes scholies dont l'auteur n'est pas nommé, mais que l'on attribue à Junius : elles servent à marquer les différentes interprétations des anciens traducteurs grecs. — La troisième est celle de Rome, en 1587, que l'on appelle l'*édition Sixtine*, dans laquelle on a inséré des scholies tirées des manuscrits grecs des bibliothèques de Rome, et recueillies par Pierre Morin. Elle passe pour la plus exacte. Cette belle édition fut réimprimée à Paris en 1628, par le P. Morin de l'Oratoire, qui y joignit l'ancienne version latine de Nobilius; celle-ci, dans l'édition de Rome, était imprimée séparément avec les commentaires. L'édition grecque de Rome se trouve dans la polyglotte de Londres, et porte en marge les différentes leçons tirées du manuscrit d'Alexandrie. On l'a aussi donnée en Angleterre in-4° et in-12, avec quelques changements. Lambert Bos l'a encore publiée en 1709, à Franeker, avec toutes les différentes leçons qu'il a pu recouvrer. — Enfin, la quatrième *Bible* grecque est celle qu'on a faite en Angleterre d'après un exemplaire très-ancien, connu sous le nom de *manuscrit d'Alexandrie*, parce qu'il a été envoyé de cette ville. Elle fut commencée à Oxford par le docteur Grabe, en 1707. Dans cette *Bible*, le manuscrit d'Alexandrie n'est pas imprimé tel qu'il était, mais tel qu'on a cru qu'il devait être. On y a changé les endroits qui ont paru être des fautes de copistes, et les mots qui étaient de différents dialectes. Quelques-uns ont applaudi à cette liberté, d'autres l'ont blâmée; ils ont prétendu que le manuscrit était exact, que les conjectures ou les diverses leçons avaient été rejetées dans les notes dont il était accompagné. *Voy.* SEPTANTE; et pour les autres versions grecques, *voy.* VERSION.

BIBLES LATINES. Quoique leur nombre soit encore plus grand que celui des *Bibles grecques*, on peut le réduire à trois classes; savoir, l'ancienne Vulgate, nommée *Versio Itala*, traduite du grec des Septante; la Vulgate moderne, dont la plus grande partie est traduite du texte hébreu, et les nouvelles versions latines faites sur l'hébreu dans le XVI° siècle. — De l'ancienne Vulgate, dont on s'est servi en Occident jusqu'après le temps de saint Grégoire le Grand, il ne reste point de livres entiers que les Psaumes, le livre de la Sagesse et l'Ecclésiaste, et des fragments épars dans les écrits des Pères, d'où Nobilius a tâché de la tirer tout entière : projet qui a été exécuté de nos jours par dom Sabatier, bénédictin.

On connaît un grand nombre d'éditions de la Vulgate moderne, qui est la version de saint Jérôme faite sur l'hébreu. Le cardinal Ximénès en fit insérer dans sa polyglotte une qui est altérée ou corrigée en plusieurs endroits. La meilleure édition de la Vulgate de Robert Etienne est celle de 1540, réimprimée en 1545, où l'on trouve en marge les différentes leçons des manuscrits dont il avait pu avoir connaissance. Les docteurs de Louvain l'ont revue, y ont ajouté de nouvelles leçons inconnues à Robert Etienne; leur meilleure édition est celle qui contient à la fin les notes critiques de François Lucas de Bruges. Toutes ces corrections de la *Bible latine* furent faites avant le temps de Sixte V et de Clément VIII, depuis lesquels personne n'a osé faire aucun changement dans le texte de la Vulgate, si ce n'est dans des commentaires ou dans des notes séparées. Les corrections ordonnées par Clément VIII, en 1592, sont celles que l'on suit dans toute l'Église catholique; de deux réformes qu'a faites ce pontife, on s'est toujours tenu à la première. Ce fut après elle que Plantin donna son édition, et toutes les autres furent faites d'après celle de Plantin; de sorte que les *Bibles* communes sont d'après la correction de Clément VIII. *Voy.* VULGATE. — Il y a un très-grand nombre de *Bibles latines* de la troisième classe, ou de versions latines des livres sacrés faite sur les originaux depuis deux siècles. La première est celle de Sanctès Pagninus, dominicain; elle fut imprimée à Lyon in-4°, en 1528; elle est fort estimée des juifs. L'auteur la perfectionna, et l'on en fit à Lyon une belle édition *in-folio*, en 1542, avec des scholies sous le nom de *Michael Villanovanus*. On croit que c'est Michel Servet, brûlé depuis à Genève. Servet prit ce nom, parce qu'il était né à Villanueva en Aragón. Ceux de Zurich donnèrent aussi une édition *in-4°* de la *Bible* de Pagninus. Robert Etienne la réimprima *in-folio*, avec la Vulgate, en 1586, en quatre colonnes, sous le nom de Vatable, et on la inséréé dans la *Bible* en quatre langues de l'édition de Hambourg. — Cette même version de Pagninus a été retouchée et rendue littérale par Arias Montanus, avec l'approbation des docteurs de Louvain, insérée ensuite, par l'ordre de Philippe II, dans la polyglotte de Complute, et enfin dans celle de Londres, où elle est placée entre les lignes du texte hébreu. Il y en a eu différentes éditions *in-folio*, *in-4°* et *in-8°*, auxquelles on a joint le texte hébreu de l'Ancien Testament et le grec du Nouveau. La meilleure est celle de 1571, *in-folio*. — Depuis la réformation, les protestants ont aussi donné plusieurs versions latines de la *Bible*. Les plus estimées sont celles de Munster, de Léon Juda, de Castalion et de Tremellius; les trois dernières ont été souvent réimprimées. Celle de Castalion l'emporte pour la beauté du latin; mais les critiques sensés jugent que cette affectation d'élégance est déplacée dans les livres saints. La version de Léon Juda, ministre de Zurich, corrigée par les théologiens de Salamanque, a été jointe à l'ancienne édition publiée par Robert Etienne, avec les notes de Vatable. Celles de Junius et de Tremillius sont préférées par les calvinistes, et il y en a un grand nombre d'éditions. Mais c'est mal à propos que les protestants donnent à ces différentes éditions la préférence sur la Vulgate; leurs plus habiles critiques, comme Louis de Dieu, Drusius, Milles, Walson, Capel ont rendu justice à la fidélité de celle-ci. — L'on pourrait ajouter pour quatrième classe des *Bibles latines*, celle d'Isidore Clarius ou Clair, écrivain catholique, et évêque de Fuligno dans l'Ombrie. Cet auteur, peu content des corrections faites à la Vulgate, voulut la corriger de nouveau sur les originaux. Son ouvrage, imprimé à Venise en 1542, fut d'abord mis à l'*index*, ensuite permis et réimprimé à Venise en 1564, à l'exception de la préface et des prolégomènes, dans lesquels Clarius avait paru ne pas respecter assez la Vulgate. Plusieurs protestants ont suivi cette méthode; André et Luc Osiander ont publié chacun une nouvelle édition de la Vulgate corrigée sur les originaux ; mais ont-ils toujours été assez sûrs du sens des originaux, pour juger avec certitude que l'interprète latin s'était trompé?

BIBLES ORIENTALES. On peut mettre à la tête de ces *Bibles* la version samaritaine, qui, de tous les livres de l'Ecriture, ne renferme que le Pentateuque. [Il ne faut pas confondre cette version avec le Pentateuque samaritain qui n'est que l'hébreu écrit en caractères samaritains.] Cette version est faite en samaritain moderne, peu différent du chaldaïque, sur le texte hébreu écrit en caractères samaritains, et qui est différent en quelque chose du texte hébreu des Juifs. Le P. Morin de l'Oratoire est le premier qui ait fait imprimer le Pentateuque hébreu des samaritains avec la version. L'un et l'autre se trouvent dans les polyglottes de Londres et de Paris. Les samaritains ont encore une version arabe du Pentateuque, qui n'a point été imprimée et qui est fort rare; il y en a deux exemplaires dans la bibliothèque du roi. L'auteur de cette version se nomme *Abusaid*, et a mis en marge quelques notes littérales. Ils ont aussi l'histoire de Josué, qu'ils ne regardent point comme canonique, et qui est différente du livre de Josué renfermé dans nos *Bibles*.

BIBLES CHALDÉENNES. Ce ne sont point de pures versions du texte hébreu, mais des gloses ou paraphrases de ce texte, que les Juifs ont faites en langue chaldaïque, lorsqu'ils la parloient. Ils les nomment *targumim*, interprétations. [Elle est si littérale qu'on peut la regarder comme une simple version.] Les plus estimées sont celle d'Onkélos, qui ne comprend que le Pentateuque, et celle de Jonathan, sur les livres que les juifs nomment *prophètes*, tels que Josué, les Juges, les livres des Rois, les grands et les petits prophètes. Les autres paraphrases chaldaïques sont la plupart remplies de fables. On les a mises dans la grande *Bible* hébraïque de Venise et de Bâle, mais elles se lisent plus aisément dans les polyglottes où la traduction latine se trouve à côté. *Voyez* TARGUM.

BIBLES SYRIAQUES. (1) Les Syriens ont deux versions de l'Ancien Testament dans la langue de leurs ancêtres; l'une faite sur le grec des Septante, qui n'a point été imprimée, l'autre faite sur le texte hébreu, qui se trouve dans la polyglotte de Paris et dans celle d'Angleterre. Parmi les versions orientales de l'Ecriture, celle-ci est l'une des plus précieuses. — Elle paraît avoir été faite ou du temps même des apôtres, ou immédiatement après, pour les Eglises de Syrie où elle est encore en usage. — Les maronites, et les autres chrétiens qui suivent le rite syrien, attribuent à cette version une antiquité fabuleuse. Ils prétendent qu'une partie a été faite par ordre de Salomon, pour Hiram, roi de Tyr, et le reste par ordre d'Abgare, roi d'Edesse, contemporain de Notre-Seigneur. La seule preuve qu'ils en donnent est que saint Paul, dans son *Épître aux Ephésiens* (IV, 8), a cité un passage du psaume LXVIII, v. 18, selon la version syriaque. Il dit de Jésus-Christ qu'il a mené captive une multitude de captifs, et a donné des dons aux hommes; l'hébreu et les Septante portent seulement: *Il a reçu des dons pour les hommes*. Cette preuve est trop légère pour établir un fait aussi important. — La vérité est que cette version est fort ancienne, qu'elle a pré-

---

(1) Mgr Wiseman a fait un travail très-important sur les versions syriaques. Il en a tiré des preuves très-puissantes contre le protestantisme. Le savant écrit de Mgr Wiseman se trouve dans le tome XVI des *Démonstrations évangéliques* (édit. Migne).

cédé toutes les autres, excepté celle des Septante, les targums d'Onkélos et de Jonathan. C'est le sentiment de Pocock, dans sa *Préface de Michée;* de l'abbé Renaudot, dans sa *Collection des liturgies orientales;* de Walton, *Prolég.*, 13, etc. Il paraît que son auteur est un chrétien, juif de nation, qui savait très-bien les deux langues; elle est fort exacte et rend avec plus de justesse qu'aucune autre le sens de l'original. Le génie de la langue y contribue beaucoup; comme c'était la langue maternelle de ceux qui ont écrit le Nouveau Testament, et un dialecte de l'hébreu, il y a plusieurs choses qui sont plus heureusement exprimées dans cette version que dans aucune autre. Elle n'est pas moins fidèle sur le Nouveau Testament que sur l'Ancien; il n'en est donc aucune de laquelle on puisse tirer plus de secours pour l'intelligence des livres sacrés. Gabriel Sionite a publié à Paris, en 1525, une très-belle édition des psaumes en *syriaque,* avec une traduction latine.

La première édition du Nouveau Testament *syriaque* est celle que Widmanstadius fit paraître à Vienne en Autriche, l'an 1555, aux frais de l'empereur Ferdinand. Dans le manuscrit apporté d'Orient, et dont on se servit, il manquait la seconde Epître de saint Pierre, la seconde et la troisième de saint Jean, celle de saint Jude et l'Apocalypse. On en conclut assez légèrement que ces livres n'étaient point admis dans le canon des Ecritures par les jacobites, quoiqu'ils fussent rendus très mains. Mais Louis de Dieu, aidé de Daniel Heinsius, fit imprimer en *syriaque* l'Apocalypse en 1627, sur un manuscrit que Joseph Scaliger avait légué à l'université de Leyde. En 1630, le savant Pocock, âgé seulement de vingt-quatre ans, trouva dans la bibliothèque bodleyenne un très-beau manuscrit *syriaque,* qui contenait plusieurs écrits du Nouveau Testament, et en particulier les quatre épîtres qui manquaient dans le manuscrit de Vienne. Il joignit aux caractères *syriaques* les points selon les règles données par Gabriel Sionite, le texte grec, une version latine comparée avec celle d'Etzélius, des notes savantes et utiles, et fit imprimer cet ouvrage à Leyde; ainsi l'on est parvenu à nous donner une version très-complète de l'Ecriture sainte dans une langue qui a été celle de notre Sauveur et des Apôtres. Elle est dans la polyglotte d'Angleterre, tom. V. — Comme on ne peut pas prouver que cette version des différentes parties de l'Ecriture sainte ait été faite en divers temps et par des auteurs différents, il en résulte que, quand elle a été faite, les Eglises de Syrie regardaient comme canoniques les livres que les protestants ont trouvé bon de rejeter, et dont ils s'obstinent encore à méconnaître la canonicité. — Assémani, *Biblioth. orient.,* t. II, chap. 13, attribue cette version à Thomas d'Héraclée, évêque de Germanicie, qui écrivait en 616. [Il y a eu plusieurs autres versions syriaques qui n'étaient peut-être que la première qui parut sous différentes formes. L'*Exaplaire,* faite sur les Exaples d'O-

rigène, est probablement du VIIe siècle. La *Philoxénienne,* qui a eu pour auteur Philoxène, évêque d'Hiéropolis, est de la fin du Ve siècle.]

C'est donc très-mal à propos que Beausobre a triomphé de ce que l'Apocalypse ne se trouvait pas dans le manuscrit mis au jour par Widmanstadius, et qu'il en a conclu que les Eglises orientales ne reconnaissaient pas ce livre pour canonique. Les autres preuves négatives qu'il allègue de ce même fait ne concluent rien. *Voy.* APOCALYPSE.

BIBLES ARABES. Elles sont en très-grand nombre; les unes à l'usage des juifs, les autres à l'usage des chrétiens, dans les pays où les uns et les autres parlent cette langue. Les premières ont toutes été faites sur l'hébreu, les secondes sur d'autres versions. Ainsi, la version *arabe* des Syriens a été prise du syriaque, depuis que cette dernière langue n'a plus été entendue du peuple : celle des cophtes a pris pour original la version cophtique, dont nous parlerons ci-après.

En 1516, Augustin Justiniani, évêque de Nébio, donna à Gênes une version *arabe* du Psautier, avec le texte hébreu et la paraphrase chaldaïque, et y joignit l'interprétation latine. On trouve dans les polyglottes de Londres et de Paris une version *arabe* de toute l'Ecriture sainte; mais l'abbé Renaudot a observé que cette version n'est qu'une compilation de plusieurs autres (1) qui n'ont rien de commun avec celles dont se servent les chrétiens orientaux, soit syriens, soit cophtes; qu'ainsi, elle n'aurait chez eux aucune autorité. *Liturg. orient. collectio,* tom. I, p. 208. — Il y a une édition complète de l'Ancien Testament en *arabe,* qui fut imprimée à Rome, en 1671, par ordre de la congrégation *de propaganda fide;* mais on a voulu la faire cadrer avec la Vulgate, et par conséquent elle n'est pas toujours conforme au texte hébreu. — Plusieurs savants pensent que celle qui est dans les polyglottes a été faite par Saadias Gaon, rabbin, qui vivait au commencement du Xe siècle; en effet Aben-Ezra, grand antagoniste de Saadias, cite quelques passages de sa version qui se trouvent dans celle des polyglottes; mais d'autres pensent que la version de Saadias ne subsiste plus (2). — En 1622, Erpénius fit imprimer un Pentateuque *arabe* qui fut appelé *le Pentateuque de Mauritanie,* parce qu'il était à l'usage des juifs de Barbarie; la version en est très-littérale et passe pour exacte. Déjà en 1716, il avait publié à Leyde un Nouveau Testament complet en *arabe,* tel qu'il l'avait trouvé dans un manuscrit. Avant lui, en 1591, l'on avait imprimé à Rome les quatre Evangiles en *arabe,* avec une version latine *in-folio.* Cette version a été réimprimée

---

(1) Celle de Josué a été faite sur l'hébreu; celle de Job sur une version syriaque.

(2) Elle comprenait le Pentateuque et le prophète Isaïe.

dans les polyglottes de Paris et de Londres, avec quelques changements faits par Gabriel Sionite.

BIBLES COPHTES. Ce sont les *Bibles* des chrétiens d'Egypte que l'on appelle *cophtes* ou *coptes* : elles sont écrites dans l'ancien langage de ce pays-là, qui est un mélange de grec et d'égyptien. Il n'y a aucune partie de la *Bible* imprimée en *cophte* (1), mais il y en a plusieurs en manuscrit dans les grandes bibliothèques, surtout dans celle du roi. Comme la langue *cophte* n'est plus entendue par les chrétiens d'Egypte, depuis qu'ils sont sous la domination des mahométans, ils lisent l'Ecriture dans une version arabe. Quant aux leçons tirées de l'Ecriture qu'ils lisent dans leur liturgie, ils les prennent dans une version *cophte* qui a été faite sur celle des Septante. — L'abbé Renaudot juge que leur version *cophte* du Nouveau Testament est très-ancienne ; il lui paraît certain que les anciens solitaires de la Thébaïde n'entendaient que le *cophte*, et ne pouvaient lire l'Evangile que dans cette langue. Il serait bon d'avoir plus de connaissance que nous n'en avons de cette version, de savoir si elle renferme tous les livres que nous recevons comme canoniques : ce serait un argument de plus contre les prétentions des protestants. Nous pouvons le présumer ainsi, puisque les Abyssins ou Ethiopiens, qui ont reçu des patriarches d'Alexandrie leur croyance et leurs usages, ont dans leur *Bible* le même nombre de livres que nous ; c'est du moins ce que rapporte le P. Lobo. *Voy.* Lebrun, *Expl. des Cérémon.*, tom. IV, p. 535.

BIBLES ÉTHIOPIENNES. Les chrétiens d'Ethiopie, que l'on appelle *abyssins*, ont traduit quelques parties de la *Bible* dans leur langue, comme les psaumes, les cantiques, quelques chapitres de la Genèse, Ruth, Joël, Jonas, Malachie et le Nouveau Testament. Ces divers morceaux ont été d'abord imprimés séparément, et ensuite recueillis dans la polyglotte d'Angleterre. Cette version (2) doit avoir été faite ou sur le grec des Septante, ou sur le cophte qui a lui-même été tiré des Septante. Le Nouveau Testament *éthiopien*, imprimé d'abord à Rome en 1548, est très-inexact ; on n'a pas laissé de le faire passer avec toutes ses fautes dans la polyglotte de Londres. Walton, *Proleg.* 15, pense que cette version du Nouveau Testament a été faite sur le texte grec, et non sur aucune autre version ; il est persuadé, avec raison, que les Ethiopiens ont une version complète de la *Bible* dans leur langue, qui ressemble beaucoup au chaldéen, par conséquent à l'hébreu ; mais il n'avait pas pu parvenir à en avoir un exemplaire complet. Leur Nouveau Testament renferme l'Apocalypse et les quatre épîtres dont certains critiques modernes ont voulu contester l'authenticité. Nous parlerons ailleurs de leur croyance et de leur liturgie. *Voy.* ETHIOPIENS.

BIBLES ARMÉNIENNES. Il y a une très-ancienne version *arménienne* de toute la *Bible*, qui a été faite d'après le grec des Septante par quelques docteurs de cette nation, dès le temps de saint Jean Chrysostome, vers l'an 410, et longtemps avant que les Arméniens fussent engagés dans le schisme. Comme les exemplaires manuscrits étaient rares et chers, Oscham ou Uscham, évêque d'Uschouanch, l'un de leurs docteurs (après l'avoir corrigée sur la Vulgate), fit imprimer la *Bible arménienne* entière, in-4°, à Amsterdam, en 1664, et le Nouveau Testament in-8°. Le Psautier arménien avait déjà été imprimé longtemps auparavant. Il ne paraît pas que les *Arméniens* aient rejeté aucun des livres que nous appelons *deutérocanoniques*.

BIBLES PERSANES. Comme le christianisme a été florissant dans la Perse dès le 1er siècle de l'Eglise, on présume que l'Ecriture sainte fut traduite de bonne heure en langue *persane*, et quelques-uns des Pères semblent l'insinuer ; mais il ne reste rien de cette ancienne version que l'on suppose avoir été faite sur le grec des Septante. Le Pentateuque persan, que l'on a imprimé dans la polyglotte d'Angleterre, est l'ouvrage de R. Jacob, juif persan. Les quatre Evangiles que l'on a mis dans la même langue, avec une traduction latine, ont été traduits plus récemment : plusieurs critiques ont jugé que cette version était très-inexacte, et ne valait pas la peine d'être publiée.

BIBLE GOTHIQUE. On croit généralement que Uphilas ou Gulphilas, évêque des Goths qui habitaient dans la Mœsie, fit dans le IVe siècle une version de la *Bible* entière pour ses compatriotes, qu'il en retrancha cependant les livres des Rois ; il craignit que la lecture de cette histoire ne fût dangereuse pour une nation déjà trop belliqueuse, que les guerres et les combats dont il y est fait mention ne fussent pour elle un prétexte d'avoir toujours les armes à la main. Quoi qu'il en soit, on n'a plus rien de cette ancienne version que les quatre Evangiles qui furent imprimés à Dordrecht en 1665, d'après un très ancien manuscrit.

BIBLE MOSCOVITE. C'est une traduction de la *Bible* entière en langue esclavone, de laquelle la langue des Russes ou *Moscovites* est un dialecte. Elle a été faite sur le grec, et imprimée à Ostravie ou Ostrog en Volhinie, province de Pologne, aux dépens de Constantin Basile, duc d'Ostrasie, à l'usage des chrétiens qui parlent la langue esclavone. On ne sait pas précisément par quel auteur, ni en quel temps cette version a été faite ; mais elle ne peut pas être fort ancienne.

BIBLES EN LANGUES VULGAIRES. Le nombre en est prodigieux, et ces traductions sont trop connues pour qu'il soit nécessaire d'en traiter en particulier. Au mot VERSION, nous dirons quelque chose de celles qui ont été faites par les protestants.

---

(1) Il y a quelques parties des versions cophtes ou égyptiennes qui ont été imprimées. Le Pentateuque a été imprimé à Londres en 1731, le Psautier à Rome en 1744 et 1749, et une partie de Daniel en 1786.

(2) Elle est fort ancienne. Saint Jean Chrysostome en parle dans sa 2e homélie sur saint Jean.

Sur les différentes *Bibles* dont nous venons de parler, *voy.* Kortholt, *de variis Biblior. edit.*; R. Élias, *levita*; le P. Morin, *Exercitationes biblicæ*; Simon, *Hist. Crit. du Vieux et du Nouveau Testament*; du Pin, *Bibliot. des Auteurs ecclés..*, tom. I; *Bibliothèque sacrée* du P. Lelong, et celle que dom Calmet a jointe à son *Dictionnaire de la Bible* [édit. Migne].

Il nous reste deux mots à dire de la division de la *Bible* en livres, en chapitres et en versets. Dans l'origine, le texte était écrit de suite sans aucune division; l'an 396, un auteur, dont on ne sait pas le nom, partagea en chapitres les Epîtres de saint Paul, et y mit des titres qui indiquent le sujet en abrégé, comme l'on fait encore. L'an 458, Euthalius, diacre d'Alexandrie, fit la même chose sur les Actes des apôtres et sur les Epîtres canoniques; il distingua même ces différents ouvrages en versets. D'autres ont introduit les mêmes divisions dans le texte des Evangiles, avant et après Euthalius; mais on n'en sait rien de certain. *Voy.* Zacagni, *Collect. veter. Monum. Ecclesiæ græcæ et latinæ*, in-4°, Romæ, 1648. — Quant à la division des livres de l'Ancien Testament en chapitres et en versets, elle est beaucoup plus moderne: elle n'a été faite qu'au XIII° siècle, lorsque l'on a dressé les concordances de la *Bible*. *Voy.* CONCORDANCE. — Par conséquent cette division ne fait pas loi; si, pour trouver le vrai sens d'un passage il faut réunir deux versets séparés, ou diviser par une nouvelle ponctuation une phrase réunie dans un seul verset, cela est très-permis, à moins que le sens différent ne soit fixé par la tradition. L'Eglise, en déclarant la Vulgate authentique, n'a pas décidé que la ponctuation et l'arrangement des versets sont une chose sacrée, à laquelle il n'est pas permis de toucher.

BIBLIOTHÈQUE. On a ainsi nommé, non-seulement les lieux dans lesquels on a rassemblé des livres, mais les recueils ou catalogues d'auteurs et d'ouvrages d'un certain genre. Il en est deux ou trois dont un théologien doit avoir connaissance; telle est la *Bibliothèque sacrée* du P. Lelong de l'Oratoire, dans laquelle ce savant donne la notice de tous les auteurs qui ont travaillé, ou sur l'Ecriture sainte en général, ou sur quelqu'une de ses parties. Le P. Desmolets l'a publiée en 1723, en deux volumes *in-folio*. En second lieu, la *Bibliothèque des auteurs ecclésiastiques*; le docteur du Pin en a fait une très-ample en cinquante-huit vol. *in-8°*, et dom Remi Cellier, bénédictin, une plus exacte en vingt-quatre volumes *in-4°*, sous le titre d'*Histoire des Auteurs ecclésiastiques*. Il y en a une de Guillaume Cave, savant Anglais, en deux volumes *in-folio*, et une très-abrégée de Grandcolas, en deux volumes *in-12*. — La *Bibliothèque de Photius*, composée au IX° siècle, est précieuse; parce qu'il y a donné un extrait d'un grand nombre d'ouvrages d'anciens auteurs, soit ecclésiastiques, soit profanes, qui sont perdus.

BIBLIQUE, terme que les théologiens emploient pour désigner un genre de méthode et de style conforme à celui de l'Ecriture sainte.

A la naissance de la théologie scolastique, au XII° siècle, les docteurs chrétiens se partagèrent en deux classes; ceux qui continuèrent à prouver les dogmes de la foi par l'Ecriture sainte et par la tradition, furent nommés *doctores biblici, positivi, veteres*; les autres furent appelés *doctores sententiarii* et *novi*, parce qu'ils s'attachaient principalement à expliquer les *sentences* de Pierre Lombard, et à prouver leurs opinions par des raisonnements philosophiques. Ceux-ci se croyaient fort supérieurs aux premiers, et s'attiraient toute la considération; mais ils furent vivement attaqués par leurs adversaires. Guibert, abbé de Nogent; Pierre, abbé de Moutier-la-Celle; Pierre le Chantre, docteur de Paris; Gauthier et Richard de Saint-Victor, écrivirent avec chaleur contre les scolastiques, et les accusèrent d'altérer la foi chrétienne; cette dispute fit grand bruit, surtout dans les universités de Paris et d'Oxford, et continua pendant le XIII° siècle. Grégoire IX, pour arrêter ce désordre, écrivit aux docteurs de Paris : « Nous vous ordonnons et vous enjoignons rigoureusement d'enseigner la pure théologie sans aucun mélange de science mondaine, de ne point altérer la parole de Dieu par les vaines imaginations des philosophes, de vous tenir dans les bornes posées par les Pères, de remplir les esprits de vos auditeurs de la connaissance des vérités célestes, et de les faire puiser à la source du Sauveur. » Du Boulay, *Hist. Acad. Paris.*, tom. III, p. 129. — A la renaissance des lettres, les théologiens sont revenus à la méthode des Pères, mais sans abandonner entièrement celle des scolastiques, qui met plus d'ordre et de netteté dans les discussions des matières. *Voy.* SCOLASTIQUE.

* BIBLIQUES (Sociétés), établies dans le dessein de propager la Bible. — Un ecclésiastique que le besoin de se procurer une Bible conduisit à Londres donna lieu à la première société biblique. Elle se proposa d'abord de répandre la Bible dans toutes les familles pauvres d'Angleterre. Mais bientôt son cercle d'action s'étendit beaucoup. Il y eut des affiliations de la société biblique dans les principaux Etats du monde. On fit des traductions de la Bible dans toutes les langues. Pinkerton acquit à Paris pour la société des traductions toutes faites dans les dialectes du Nord et du Thibet, ainsi que les manuscrits apportés des archives de la propagande de Rome sous Napoléon. Elle a également contribué à l'impression de la Bible traduite en langue serbe. On assure que le travail le plus difficile a été la traduction de la Bible dans la langue des Esquimaux.

Les *sociétés bibliques* ont dépensé des sommes prodigieuses, et inondé le monde d'Anciens et de Nouveaux Testaments. Elles n'ont voulu les accompagner d'aucun commentaire afin que chacun puisse former sa foi à sa volonté. Quelques auteurs ont regardé comme incalculable le progrès que les sociétés bibliques ont fait faire au monde. Il est possible que par leurs voyageurs, elles aient contribué à l'ébranlement du monde qui semble vouloir rétrograder vers le chaos.

L'Eglise catholique, tout en regardant la Bible comme contenant la parole de Dieu, a condamné les *sociétés bibliques* (Pie VII, Léon XII, Pie VIII, Grégoire XVI, les ont hautement réprouvées). En effet l'Eglise catholique ne regarde pas l'Ecriture comme la seule source de la vérité chrétienne, elle reconnaît encore la tradition; elle enseigne de plus qu'il est impossible de former sa foi par la lecture seule de la Bible qui doit être interprétée par une autorité infaillible. Ces principes reçoivent des développements dans divers articles de ce Dictionnaire. La Bible protestante n'est pas entière, elle est mutilée, autre danger pour la foi. Un catholique sincère ne peut donc que condamner les *sociétés bibliques*.

Ces sociétés n'ont pas eu pour le protestantisme le succès qu'il en attendait. «Les *Sociétés bibliques*, et les associations des missionnaires protestants, disait en 1833, le *Monthly-Review*, ont commencé leurs travaux; il y a plus de trente ans. Elles ont amassé et dépensé des revenus de prince; elles ont des agents dans toutes les parties du globe. Les îles les plus éloignées des mers du Sud, de l'Océan pacifique et des mers de l'Inde, ont été visitées par leurs envoyés. Nous les avons entendus proclamer plus d'une fois non-seulement que l'idolâtrie était anéantie dans les petites îles, mais même que la Tartarie, la Perse et l'Inde étaient sur le point de céder aux efforts des missionnaires britanniques, et d'adopter la religion de la croix….

« La *Société biblique* de Londres existe depuis plus de trente ans : elle a, dans l'Angleterre seule, 629 sociétés auxiliaires qui travaillent sous sa direction. Un très-grand nombre de sociétés protestantes semblables ont été établies à Paris, Lyon, Toulouse, Montpellier, Nîmes, Strasbourg, Nantes, Montauban, et autres parties de la France ; dans les Pays Bas, la Suisse, la Prusse, dans toute l'Allemagne, la Suède, le Danemark, etc. La *Société biblique* de Londres reçoit seule annuellement des souscriptions rarement au-dessous de 80,000 livres sterling, (deux millions de francs). Il y a eu des années où elles ont été au-dessus de 90,000, (deux millions, 250,000). Elle a fait imprimer douze millions de Bibles en 143 langues. Mais, outre les *Sociétés* établies pour la distribution de la Bible, il y a un très-grand nombre d'associations de missionnaires qui ramassent aussi des souscriptions. L'Angleterre seule en a dix de sectes diverses ; les Etats-Unis en ont cinq de sectes diverses ; il y en a aussi en Allemagne, en France, etc. ; toutes possèdent de grands revenus. En 1819, une seule de ces associations reçut pour sa part trente mille livres sterling (750,000 fr.), et les recettes annuelles de neuf autres, une année dans l'autre, sont de vingt-cinq mille livres sterling (625,000 fr.), pour chacune dans l'Angleterre seulement. Selon les rapports publiés par ces associations, le nombre des missionnaires entretenus par elles dans les deux mondes est de 2,800, sans compter leurs femmes, dont on vante aussi les travaux efficaces dans la même carrière. La plus grande partie cependant de ces missionnaires sont des personnes d'une éducation très-bornée. Le plus souvent, leur vocation a sa source dans le désir de recevoir de riches appointements de deux à trois cents livres sterling par an, uniquement à la charge de lire et de faire circuler la Bible parmi les peuples idolâtres ; et à ce prix-là est-ce un sacrifice, pour des hommes qui peuvent à peine se procurer chez eux les moyens de vivre, de s'embarquer pour les pays lointains, surtout lorsqu'ils peuvent emmener avec eux leurs femmes et leurs enfants ? Lorsqu'ils sont arrivés à leur destination, quels efforts font-ils, ou peuvent-ils faire ? La première pensée qui les occupe, c'est de se loger aussi commodément qu'il est possible, et de se tenir toujours, autant que faire se peut, sous la protection du canon britannique. Ils ne pénètrent que rarement chez les nations barbares ; ils ont peur de la peste et du choléra-morbus, auxquels on ne peut pas raisonnablement s'attendre qu'ils veuillent exposer leurs familles, ou que leurs familles leur permettent de s'exposer eux-mêmes ; et, d'un autre côté, pour les mêmes raisons, ils n'ont pas envie d'être martyrs.

« Nous avons des preuves en abondance qu'aussi longtemps que les missionnaires britanniques continueront leur système actuel, ils doivent nécessairement échouer dans leurs tentatives de convertir les Indiens : l'éducation, les mœurs et les préjugés de ces peuples sont tels que la simple lecture de la Bible, sans de longues instructions préalables pour les aider à l'interpréter, les éloigne de la religion de l'Evangile, plutôt que de les y attirer. D'ailleurs, les traductions de la Bible dans les dialectes de l'Inde, sont si inexactes et si éminemment ridicules, que même le petit nombre d'Indiens qui les lisent avec un esprit impartial et dépouillé de préjugés, en sont dégoûtés à la première vue. On peut donc assurer que, malgré tout ce que nous lisons dans les rapports pompeux de la Société biblique, et dans ceux des missionnaires britanniques, leurs succès sont réellement si peu de chose, que leur résultat n'est rien en comparaison des dépenses énormes qu'ils occasionnent. »

BIBLISTES, nom donné par quelques auteurs aux hérétiques qui n'admettent que le texte de la Bible ou de l'Ecriture sainte, sans aucune interprétation, qui rejettent l'autorité de la tradition et celle de l'Eglise, pour décider les controverses de la religion. Plusieurs protestants sensés ont tourné en ridicule cet entêtement, et l'ont appelé *bibliomanie*, parce qu'il dégénère fort aisément en fanatisme. C'est une absurdité de prétendre que tout fidèle qui sait lire, est suffisamment en état d'entendre le texte de l'Ecriture sainte, pour y conformer sa croyance. C'est un excellent moyen pour former autant de religions que de têtes. *Voy.* ECRITURE SAINTE.

BIEN, MAL, dans l'ordre physique termes relatifs et qu'il faut s'abstenir de prendre dans un sens absolu.

Il est dit dans l'histoire de la création : *Dieu vit tout ce qu'il avoit fait, et tout était* BIEN *ou très-bon* (Gen. 1, 31). Est-ce à dire que les créatures sont sans défaut ? Elles seraient égales à Dieu ; le *bien* absolu, c'est l'infini. Nous nommons *bien* ce qui nous est utile et conforme à nos désirs ; mais nos désirs ne sont pas toujours justes et sages ; ce qui est un *bien* pour nous est souvent un *mal* pour d'autres. — Les créatures sont *bien* lorsqu'elles correspondent à la fin pour laquelle Dieu les a faites ; c'est donc une bonté relative ; elles ne peuvent être bonnes ou *bien* dans un autre sens : il ne s'ensuit point qu'il n'en puisse résulter un *mal* relatif dans plusieurs circonstances, et que Dieu n'en eût pu faire de meilleures. Puisque toute créature est essentiellement bornée, il est impossible qu'elle ne soit bonne et mauvaise, un *bien* et un *mal*, sous différents aspects.

Tout est donc bien, relativement au dessein que Dieu s'est proposé ; mais tout pourrait être mieux, parce que la puissance du Créateur est infinie ; tout est *mal* aux yeux des incrédules, parce que rien n'est conforme à leurs désirs ; mais ces désirs mêmes sont un *mal*, parce qu'ils ne sont conformes ni à la volonté de Dieu, ni à la raison. — Dans l'hypothèse de l'athéisme, du matérialisme, de la fatalité, rien n'est positivement ni *bien* ni *mal*, puisque rien ne peut être autrement qu'il est; il n'y a plus ni ordre ni désordre, puisqu'il n'y a point d'intelligence suprême qui ait rien ordonné.

Toutes les objections des manichéens répétées par Bayle et par les athées sur l'origine du *mal* ne sont que des sophismes; ils confondent le *bien* et le *mal* relatifs avec le *bien* et le *mal* absolus. Si Bayle avait lu saint Augustin avec plus d'attention, il aurait vu que ce Père a très-bien saisi le point de la difficulté, et a fondé ses réponses sur un principe évident : « Quelques *biens* que Dieu fasse, dit-il, il peut toujours faire mieux, puisqu'il est tout-puissant; il n'y a donc aucun degré de *bien* qui ne soit un *mal*, en comparaison d'un degré supérieur : où faudra-t-il nous arrêter? (*Epist.* 184, c. 7, n. 22. *L. contra Epist. fundam.*, c. 25, 30, 37, etc.) Voilà ce que Bayle et ses copistes n'ont jamais voulu concevoir. — Ils disent qu'un être souverainement puissant et bon n'a pu faire du *mal*. S'ils entendent *un mal absolu*, cela est vrai. Mais où est dans le monde *le mal absolu*? Il n'y en a pas plus que de *bien absolu*. S'ils entendent par *mal* un *bien* moindre qu'un autre, leur principe est faux. Un être souverainement puissant et bon a pu, sans déroger à sa bonté, faire un *bien* moindre qu'un autre *bien*. Si l'on s'obstine à soutenir qu'il a dû faire *le plus grand bien qu'il a pu*, on tombe dans l'absurdité : Dieu ne serait pas tout-puissant, s'il ne pouvait pas faire mieux que ce qu'il a fait.

Tous les sophismes que les anciens et les modernes ont faits sur l'origine du *mal* ont été fondés sur cette équivoque et sur la comparaison fautive qu'ils ont faite entre la bonté jointe à une puissance infinie, et la bonté des créatures jointe à une puissance très-bornée. — Ils ont fait le même abus des mots *bonheur* et *malheur*. Le bonheur est l'état habituel du *bien-être*; celui dont nous sommes capables ici-bas est nécessairement borné, non-seulement dans sa durée, mais en lui-même, par conséquent mélangé de mal et de privation; quelque parfait que l'on puisse l'imaginer, la certitude dans laquelle nous sommes de le voir finir un jour suffit pour y répandre l'amertume : il n'y a point de bonheur absolu que le bonheur éternel.

Les idées de bonheur et de malheur sont donc encore des notions purement relatives, et non des idées absolues; un état habituel quelconque est censé heureux, quand on le compare à un état moins avantageux et moins agréable, et il est réputé malheureux en comparaison d'un état dans lequel on goûterait plus de plaisir et où l'on sentirait moins de privations. Entre le bonheur absolu qui est celui de l'éternité, et le malheur absolu qui est la damnation, il y a une échelle immense d'états qui ne sont le bonheur ou le malheur que par comparaison; quel que soit celui de ces états dans lequel un homme se trouve, il n'est ni absolument heureux, ni absolument malheureux. Les détracteurs de la providence ont beau répéter que l'*homme est malheureux en ce monde*, cela signifie seulement qu'il est moins heureux qu'il ne pourrait et ne voudrait l'être, et il ne s'ensuit rien contre la bonté de Dieu; puisque cette bonté ne peut jamais s'étendre jusqu'à rendre l'homme aussi heureux actuellement qu'il le peut et le veut être (1). — Quand un homme serait habituellement exempt de toute souffrance, et dans un sentiment continuel de plaisir cela ne suffirait pas pour le rendre absolument heureux, à moins qu'il ne fût certain que ce sentiment ne finira et ne diminuera jamais. Or un sentiment de plaisir trop vif ou continué trop longtemps dégénère en douleur et devient insupportable.

Ainsi les objections tirées du prétendu malheur des êtres sensibles, ou de leurs

(1) Saint Augustin a très-bien résolu cette prétendue difficulté. « Il a plu à la divine providence, dit-il, de préparer aux bons pour le siècle à venir, des biens dont les méchants ne jouiront point, et aux méchants des maux dont les bons ne seront pas tourmentés. Mais pour les biens et les maux de cette vie, elle a voulu qu'ils fussent communs aux uns et aux autres, afin qu'on ne désire point avec ardeur des biens que les méchants possèdent comme les autres, et qu'on ne regarde point comme honteux des maux dont les bons sont rarement à couvert. — Il y a pourtant, ajoute le même docteur, une très-grande différence dans l'usage que les uns et les autres font de ces biens et de ces maux; car les b ns ne s'élèvent point dans la bonne fortune et ne s'abattent point dans la mauvaise; au lieu que les méchants considèrent l'adversité comme une grande peine, et sont ainsi punis de s'être laissé corrompre par la prospérité. Souvent, néanmoins, Dieu fait paraître qu'il agit lui-même dans la dispensation des biens et des maux; et véritablement si tout péché était puni dès cette vie d'une punition manifeste, l'on croirait qu'il ne resterait plus rien dans le dernier jugement; de même que si Dieu ne punissait aucun péché de peines sensibles, on croirait qu'il n'y a point de providence. Il en est de même des biens temporels. Si Dieu, par une libéralité toute visible, ne les accordait à quelques-uns de ceux qui les lui demandent, nous dirions que ces choses-là ne sont point en sa disposition; et s'il les donnait à tous ceux qui les lui demandent, nous croirions qu'il ne le faudrait servir que pour ses récompenses; et le service que nous lui rendrions, n'entretiendrait pas en nous la piété, mais l'avarice et l'intérêt. Cela étant ainsi, lorsque les bons et les méchants sont également affligés, il ne se faut pas imaginer qu'il n'y ait point de différence entre eux, parce qu'il n'y a point de différence de ceux qui sont châtiés et ceux qui ne le sont pas, parce que tous sont atteints par la ressemblance du châtiment, La vertu et le vice ne sont pas une même chose, pour être exposés aux mêmes souffrances! Car, comme un même feu fait briller l'or et noircir la paille; comme un fléau écrase le chaume et purge le froment, et de même encore que le marc ne se mêle pas avec l'huile quoiqu'il soit tiré de l'olive sous le même pressoir, ainsi un même malheur, venant à fondre sur les bons et sur les méchants, éprouve, purifie et fait éclater la vertu des uns, et au contraire, perd, détruit et damne les autres. C'est pour cela qu'en une même affliction les méchants blasphèment contre Dieu, tandis que les bons le prient et le bénissent : tant il est important de considérer, non ce que l'on souffre, mais celui qui souffre! Car le même mouvement qui tire de la boue, en fait sortir les exhalaisons les plus suaves. » (*De la Cité de Dieu*, liv. I, c. 8.)

souffrances, ne prouvent pas plus contre la providence et la bonté de Dieu, que celles que l'on veut tirer de l'imperfection ou des défauts des créatures. *Voy.* MAL, MANICHÉISME.

BIEN ET MAL MORAL. C'est ce que l'on appelle en d'autres termes *bonté* et *méchanceté* des actions humaines. S'il n'y avait point de loi suprême émanée de la volonté de Dieu, souverain législateur, il n'y aurait dans nos actions ni *bien* ni *mal moral*. Lorsqu'une action quelconque serait bonne et utile pour nous, nous serions dispensés de savoir si elle est nuisible à d'autres. Le *bien moral*, c'est ce qui est conforme à la loi naturelle qui nous est intimée par la raison et par la conscience; le *mal moral*, ce qui est contraire ou à cette loi ou à la loi divine positive.

Il est dit dans l'Ecriture que Dieu, en créant nos premiers parents, leur donna l'intelligence, leur montra le *bien* et le *mal* (*Eccli*, XVII, 5). Il ne pouvait leur donner cette connaissance qu'en leur imposant une loi; sans loi, il n'y a plus de *devoir* ou d'*obligation morale*, plus de *bonne œuvre* ni de *péché*; il n'y a plus ni *vice* ni *vertu*. *Voy.* ces articles. — Les théologiens observent que parmi les actions libres de l'homme, il y en a qui sont bonnes ou mauvaises, précisément parce qu'elles sont commandées ou défendues; d'autres qui sont bonnes ou mauvaises en elles-mêmes, et abstraction faite de toute loi qui les commande ou les défend; conséquemment ils distinguent la bonté et la méchanceté *fondamentale* de certaines actions d'avec la bonté et la méchanceté *formelle*. Ainsi, disent-ils, l'action de manger le sang des animaux, dans les premiers âges du monde, n'était pas un crime en elle-même, mais seulement parce que Dieu l'avait défendue; l'observation du sabbat n'était un acte de vertu que parce que Dieu l'avait commandée par un précepte positif. Au contraire, aimer Dieu et le prochain sont des actions essentiellement bonnes et louables, indépendamment de toute loi; Dieu n'a donc pas pu se dispenser de les commander à l'homme: le blasphème, le meurtre, le parjure, sont des actions essentiellement et fondamentalement mauvaises, que Dieu n'a pas pu se dispenser de défendre. Les actions fondamentalement bonnes ou mauvaises sont l'objet de la loi naturelle; les autres sont l'objet des lois positives, lois que Dieu était libre d'établir ou de ne pas établir. — La bonté fondamentale d'une action est donc sa conformité avec ce qu'exige la souveraine perfection de Dieu, ou avec le *dictamen* de la sagesse divine; la bonté formelle est sa conformité à la loi. La méchanceté fondamentale d'une action est l'opposition à cette même sagesse divine, qui a dicté à Dieu ce qu'il devait commander ou défendre; la méchanceté formelle d'une action est son opposition à la loi.

Cette distinction subtile a pu être nécessaire pour mettre plus de précision dans nos idées, mais les incrédules en ont étrangement abusé; Bayle en a conclu que dans le système même de l'athéisme, et indépendamment de la notion de Dieu, il peut y avoir du *bien* et du *mal moral*; les matérialistes ont suivi la même théorie pour fonder dans leur système une prétendue moralité de nos actions. Ils disent que la bonté morale d'une action est sa conformité avec ce qu'exige la nature humaine, avec ses besoins, avec son intérêt bien entendu, ou avec l'intérêt général de tous, conséquemment avec le *dictamen* de la raison et de la conscience; que la méchanceté morale est l'opposition d'une action à ces mêmes objets. Soit, disent-ils, qu'il y ait un Dieu, ou qu'il n'y en ait point, certaines actions sont par elles-mêmes conformes ou opposées au bien général de l'humanité; c'en est assez pour qu'elles soient censées moralement bonnes ou mauvaises.

Mais n'est-ce pas là se jouer des termes? 1° Si la nature de l'homme n'est pas différente de celle des animaux, comment ses besoins, son intérêt, son avantage, peuvent-ils être une règle des mœurs, une loi proprement dite? Parmi les actions des animaux, il en est qui sont conformes à leurs besoins, à leur conservation, à leur bien-être, par conséquent à leur intérêt et à leur nature; d'autres qui y sont opposées, comme de se blesser, de se tuer, de se dévorer; cependant on ne s'est pas encore avisé d'imaginer à leur égard une règle de mœurs, une loi naturelle, une obligation morale, ni de leur attribuer des actes de vertu ou des crimes. La théorie des matérialistes peut bien fonder une bonté ou une méchanceté *animale*; mais bâtir sur cette base le *bien* et le *mal moral*, c'est une dérision et une absurdité. — 2° Une action peut être conforme à mes besoins, à mon intérêt, à mon bien-être, sans que je sois obligé pour cela de la faire, quand même elle ne nuirait à personne; il est des circonstances dans lesquelles il est très-louable de restreindre nos besoins, de résister à l'appétit, de réprimer un penchant violent, de souffrir une privation ou une douleur; c'est un acte de *vertu*, puisque c'est un effet de la force de l'âme. Le droit de faire une action n'est pas toujours un devoir, elle peut m'être permise sans m'être commandée, il n'est donc pas vrai que la bonté morale, ou l'idée de vertu dans une action, consiste dans sa conformité avec nos besoins, nos intérêts, notre bien-être, notre sensibilité physique. — 3° Les matérialistes affectent ici de confondre l'intérêt particulier d'un homme avec l'intérêt général de l'humanité, c'est une supercherie; souvent ces deux intérêts sont très-opposés. Comment prouveront-ils que je suis obligé de procurer le bien général préférablement à mon bien personnel, de sacrifier ma vie pour conserver celle de mes concitoyens, de me priver d'un plaisir sensuel dans la crainte de nuire à quelqu'un? Mes besoins, mon intérêt, mon bien-être se bornent à moi; en vertu de quelle loi dois-je les faire céder à ceux des autres? S'il n'y a point de maître ni de législateur qui me l'ordonne, je suis à moi-même mon unique et ma dernière fin; les autres ne me touchent qu'autant qu'ils peuvent servir à mon bonheur. On me parle d'un intérêt *bien entendu* : mais c'est à moi seul de l'entendre bien ou mal ; et quand je l'entendrais mal, ce serait une erreur et non un crime. — 4° Parce que la sagesse de Dieu exige qu'il commande ou défende telle action, il ne s'ensuit pas qu'il y est obligé par une loi antérieure et indépendante de sa volonté ; si Dieu n'avait rien voulu créer, où serait la loi qui l'y aurait forcé ? Cela ne signifie rien, sinon que Dieu se contredirait lui-même, si, en créant l'homme, il ne lui imposait pas telle loi : or un être infiniment sage ne peut pas être en contradiction avec lui-même.

Les déistes ont encore abusé de la distinction faite par les théologiens, en soutenant que Dieu ne peut pas commander ou défendre par des lois positives des choses qui sont en elles-mêmes indifférentes ; c'est une erreur, puisque Dieu, par ses lois positives, rend l'observation de la loi naturelle plus sûre, et en prévient la transgression ; ainsi la défense de manger du sang avait pour objet d'inspirer à l'homme l'horreur du meurtre, et la loi du sabbat était une leçon d'humanité, qui obligeait l'homme à donner du repos aux esclaves et même aux animaux (*Deut.* v, 14). — Appellera-t-on *bien moral* ce qui est conforme à la raison ? La raison nous montre ce qui est *bien* ou *mal*, mais ce n'est pas elle qui le rend tel ; d'ailleurs qui nous oblige à suivre notre raison plutôt que notre appétit ? Ce qui est conforme à notre conscience ? Même réflexion ; si la conscience ne nous montre pas une loi, nous en serons quittes pour l'étouffer. Ce qui nous est avantageux à tous égards ? Notre avantage n'est pas une loi ; en y renonçant nous serons peut-être insensés, mais nous ne serons point criminels.

La révélation nous a donc donné la vraie notion du *bien* et du *mal moral*, ou de la moralité de nos actions, en nous montrant Dieu comme un souverain législateur, qui a exercé cette auguste fonction dès la création. En s'écartant de cette idée lumineuse et primitive, les philosophes ont vainement disputé sur la règle des mœurs ; ils n'ont trouvé que des erreurs et des ténèbres. *Voy.* Conscience, Devoir, Loi naturelle.

Une grande question est de savoir si un Dieu bon, juste, saint, a pu permettre le *mal moral*, s'il n'a pas dû le prévenir et l'empêcher ; nous la traiterons à l'article Mal.

BIENS. *Voy.* Richesses.

BIENS ECCLÉSIASTIQUES. *Voy.* Bénéfices.

BIENFAITS DE DIEU. L'Écriture sainte nous dit que Dieu a béni tous ses ouvrages, qu'il ne néglige aucune de ses créatures, qu'il est bon et *bienfaisant* à l'égard de tous les hommes, que ses miséricordes se répandent sur tous sans exception (*Gen.* v, 2 ; *Sap.* xi, 25 ; *Ps.* cxliv, 9). C'est une des vérités dont il nous importe le plus d'être persuadés.

Il faut distinguer les *bienfaits de Dieu* dans l'ordre physique et dans l'ordre moral ; ces derniers sont ou naturels ou surnaturels. Tout ce qui peut contribuer au bien-être d'une créature sensible, dans l'ordre physique, est sans doute un *bienfait*. Indépendamment de la multitude des êtres destinés dans l'univers à notre usage, il est des *bienfaits* personnels accordés à chaque particulier, comme des organes sensitifs bien conformés, un tempérament robuste, une santé constante, un caractère toujours égal, etc. ; sans cela l'homme ne jouit qu'imparfaitement des êtres créés pour lui. Un esprit juste et droit, des passions calmes, un goût inné pour la vertu, sont dans l'ordre moral des avantages inestimables. — Tous ces dons sont distribués aux hommes avec beaucoup d'inégalité ; il n'est peut-être pas deux individus qui les possèdent dans la même mesure ; les tempéraments sont aussi variés que les visages ; mais il n'est personne qui ne participe plus ou moins aux *bienfaits de Dieu*, dans l'ordre physique et dans l'ordre moral.

Quand on y regarde de près, l'inégalité ne se trouve plus aussi grande qu'elle le paraît d'abord ; Dieu a tellement ménagé et compensé ses dons, que personne n'a lieu de se plaindre. Quel est l'homme sensé qui voudrait changer son existence, prise dans sa totalité, contre celle d'un autre homme quelconque ? En général chacun est content de soi ; il n'a donc pas droit d'être mécontent de Dieu. Mais ses *bienfaits* sont nuls pour quiconque n'en sent pas le prix ; c'est la sagesse, la reconnaissance, le bon esprit, et non la quantité des biens, qui nous rendent heureux. Les désirs vagues du mieux être sont un égarement de l'imagination, presque toujours nous aurions sujet de nous affliger, si Dieu exauçait nos vœux.

Les *bienfaits* surnaturels sont tous les moyens intérieurs ou extérieurs de parvenir au salut éternel. *Voy.* Grâce.

L'essentiel est de savoir, à l'égard des uns et des autres, que la bonté infinie de Dieu n'exige point qu'elle nous les accorde plus abondamment qu'elle ne fait ; que sa justice ne consiste point à les distribuer également à tous, mais à ne demander compte à chaque particulier que de ce qu'il lui a donné. Ces deux vérités bien comprises épargneraient au commun des hommes une infinité de murmures injustes, et aux philosophes un grand nombre de faux raisonnements. *Voy.* Bonté, Justice, Égalité.

BIENHEUREUX. En théologie, ce terme signifie ceux auxquels une vie pure et sainte ouvre le royaume des cieux. Qui pourrait peindre le ravissement d'une âme qui, arrachée tout à coup des liens du corps, et débarrassée du voile qui lui dérobe la Divinité, se trouve admise à contempler cette divine essence, à voir Dieu tel qu'il est, à puiser le bonheur dans sa source même ! *Nous serons semblables à lui*, dit saint Jean, *parce que nous le verrons tel qu'il est* (I *Joan.* iii, 2). *Vos saints, Seigneur, seront enivrés de l'abondance de vos biens, vous les abreuverez d'un torrent de délices, et les éclairerez de votre propre lumière* (*Ps.* xxxiii, 9). Là disparaissent les contradictions apparentes des mystères dont la hauteur étonne notre raison; là se développe toute l'étendue de l'amour de Dieu pour nous, et la multitude de ses bienfaits; là s'allume dans l'âme cet amour immense qui ne s'éteindra jamais, parce que l'amour de Dieu pour elle sera son aliment éternel.

BIENHEUREUX se dit encore de ceux auxquels l'Eglise décerne un culte public, mais subordonné à celui qu'elle rend aux saints qu'elle a canonisés. La *béatification* est un degré pour arriver à la *canonisation*. *Voy.* ces articles.

* BIENS (COMMUNAUTÉ DES). Il y a dans notre siècle un terrible antagonisme entre ce qui possède et ne possède pas. On rêve un changement total des fortunes; on croit que la communauté des biens serait le remède salutaire à cette inégalité qui dévore la société. Nous avons montré, au mot PROPRIÉTÉ, que la propriété est un véritable progrès dans la société et une source de perfectionnements. (*Voy.* le *Dict. de Théolog. mor.*, art. PROPRIÉTÉ). Nous ne reviendrons pas sur les considérations que nous avons présentées dans cet article. Il est bon de savoir si à l'origine, lorsque l'homme sortait à peine des mains du Créateur, tous les biens étaient communs. C'est une erreur encore répandue dans plusieurs de nos livres philosophiques et même religieux.

M. de Courson a écrit plusieurs lettres sur le socialisme moderne. Il se propose, dans la quatrième, de faire *l'histoire de la communauté, telle qu'elle a existé chez les nations barbares de l'antiquité.* Il commence ainsi son travail : « L'histoire nous révèle que dans l'enfance des sociétés, avant que les peuplades nomades ne fussent descendues de leurs chariots de voyage, la terre était commune entre les hommes. Ainsi chez les *Scythes*, au témoignage de Nicolas de Damas, les biens étaient en commun. (Prodrom. de la Biblioth. grecque de Coray, p. 271, 272.); le même usage était en vigueur chez les Bretons. Quant aux Germains, César nous apprend que la propriété fixe et limitée à la manière romaine leur était tout à fait inconnue : c'étaient les magistrats et les princes de la nation, dit le grand historien, qui, sur l'autre rive du Rhin, assignaient chaque année aux familles et aux tribus, la portion de terre qu'elles devaient occuper dans telle ou telle localité. L'année suivante, ils les obligeaient à s'établir ailleurs. (Cæsar, *de Bell. Gall.*, vi, 32). Les mêmes faits se retrouvent au même degré de culture encore *chez tous les peuples,* ajoute M. de Courson. (Herod. Melp. 180; Diod. Sicul. t. 1, p. 135; Pomp. Mela, i, 8) ; et c'est ce qui explique les étranges systèmes de la République de Platon; souvenirs vivaces d'une époque toute barbare au sein d'une civilisation très-avancée. » Telle est la théorie exposée par M. de Courson. Nous croyons que si elle était vraie, si les mêmes faits se retrouvaient *chez tous les autres peuples,* le communisme pourrait s'en prévaloir; heureusement qu'il n'en est rien. Il y a ici ou exagération donnée sur quelques faits, ou erreur complète sur les autres. Non, l'histoire ne nous révèle rien de semblable. Elle nous dit au contraire que dès le commencement les biens n'ont pas été communs. Abel avait ses troupeaux, Caïn ses fruits qu'ils offraient au Seigneur : l'offrande de l'un n'était pas celle de l'autre. Ces idées, ces pensées de vraie propriété, ces paroles, MES *troupeaux,* MES *fruits,* ont été prononcées dès le commencement : elles représentaient l'ordre prescrit, enseigné, ordonné de Dieu, et les chefs des peuples enseignèrent et transmirent ces mêmes enseignements et ces mêmes traditions à leurs enfants et aux peuples qui en descendirent. La même chose advint sous Noé. Ses enfants avaient LEURS *troupeaux,* LEURS *habits,* LEURS *tentes,* tout cela LEUR *appartenait* et constituait une véritable *propriété.* Cet ordre avait été établi de Dieu, pour rendre la société possible et durable. Dès le premier jour où il y eut des familles, le précepte *tu ne voleras point,* fut promulgué et connu. Voilà le vrai fondement de la propriété, et non ceux que l'on cherche péniblement à établir, et qui croulent aussi de toutes parts, sous les coups du communisme. Il en arrivera ainsi de tout état, de tout ordre que l'on voudra établir sans tradition et sans Dieu.

Ainsi donc il est faux que, dans l'enfance des sociétés, tous les biens fussent communs. Mais n'a-t-il pas pu arriver que quelques tribus, quelque portion de la grande famille humaine, détachées de la souche commune, ayant perdu la tradition, aient regardé les terres et les biens comme communs? Ceci est une autre question qui n'infirme en rien la première; ce serait une anomalie, un oubli, un égarement, un abrutissement et non un établissement primitif. Examinons si cette assertion est entièrement réelle. César s'exprime ainsi relativement au communisme des Germains : « Les Germains ne s'occupent pas d'agriculture ; leur nourriture la plus commune consiste en lait, fromage et chair d'animaux ; personne n'a de champs déterminés ni de limites propres ; mais les magistrats et les princes assignent tous les ans à chaque tribu et à chaque famille d'individus, qui se sont assemblées en commun, autant de champs qu'il leur faut, et dans le lieu qu'il leur plaît, et puis, l'an d'après, les obligent à passer ailleurs. » (Cæsar, *de Bello Gallico*, l. vi, c. 5.) — Les commentateurs et les légistes ont longuement disserté sur ces textes ; nous n'avons pas à les y suivre, mais pour la thèse actuelle nous dirons : 1° Que supposé même que cette communauté de terres fût complète et entière, on ne devrait pas en conclure que les mêmes faits se retrouvent dans l'histoire de tous les autres peuples. Qu'est-ce que cette peuplade de Germains en comparaison des Gaulois, des Bretons, des Arabes, des Égyptiens, des Assyriens, des Indiens, des Chinois chez lesquels le principe de la propriété était bien nettement reconnu? Pourquoi prendre une peuplade pour l'univers entier ? 2° — Mais est-il bien vrai que le principe de propriété fût inconnu au Germains? N'avaient-ils pas leurs femmes et leurs enfants propres? n'avaient-ils pas leurs chars et leurs troupeaux propres, c'est-à-dire les objets de nécessité première, leurs maisons et leurs voitures ? ces terres mêmes n'étaient-elles pas leur propriété pendant l'année qu'ils les possédaient ? cette propriété n'était-elle pas concédée avec ordre et par autorité, par les magistrats, comme chez nous? César ne dit-il pas expressément que *les vols et les déprédations étaient défendus parmi eux*? Cela ne prouve-t-il pas que le principe de la propriété y était connu ? — 3° Il est vrai que la propriété *immobilière* n'y était pas en usage : mais outre les raisons qu'en donne César, et dont la principale était la crainte que le peuple n'abandonnât le métier des armes pour l'agriculture, n'était-ce pas une condition forcée de leur vie première, d'une vie errante et riche en troupeaux ? Tous les peuples qui ont d'immenses troupeaux, et qui sont dans des lieux espacés et sans propriétaires, peuvent-ils faire autrement ? Même de nos jours, les Tartares ont-ils un autre genre de vie, nos Arabes d'Algérie ne font-ils pas comme les Germains, changeant de pâturages selon leurs besoins ou leur plaisir ? Cela empêche-t-il que le principe de la propriété ne soit connu d'eux ? Dans notre France même, n'avons-nous pas nos terrains communaux et de libre pâture ? Que dirait-on de celui qui viendrait en induire que le principe de la propriété n'y était pas connu, ou qui voudrait étendre cet usage restreint à tous les autres peuples (Eccard, Montesquieu, et de nos jours le docte M. Guérard, ont cru découvrir dans ces mots de Tacite *suam quisque domum spatio circumdat*, l'origine de la terre immobilière ou salique. En sorte que la *propriété territoriale* elle-même aurait été connue des Germains ; mais nous n'avons pas besoin de traiter cette question pour ce que nous voulons prouver. — Voir Eccard, *Leges Salicæ*, LXII. — Montesq., *Esp. des lois*, XVIII, 22. — Guérard, *Polypt. d'Irminon*, prolegom., p. 483).

BIGAME, BIGAMIE. On a souvent reproché de nos jours aux Pères de l'Eglise la sévérité avec laquelle ils ont condamné la *bigamie*, ou les secondes noces, soit des hommes, soit des femmes ; on a blâmé les canons qui défendent d'élever aux ordres sacrés un *bigame*, c'est-à-dire, un homme qui a eu successivement deux femmes, ou qui a épousé une veuve. Cette rigueur, dit-on, semble avoir attaché une note d'infamie aux secondes noces, qui, dans le fond, ne sont pas plus criminelles que les premières. Barbeyrac, *Traité de la morale des Pères*, c. 4, § 14, etc.

Si on voulait se rappeler quelle était la dépravation des mœurs du paganisme, on sentirait mieux la sagesse des Pères et de la discipline de l'Eglise. La licence du divorce avait fait du mariage une vraie prostitution. L'adultère servait de gage pour de secondes noces ; c'est Sénèque qui nous l'apprend (*de Benef.*, liv. 1, c. 9). Les fiançailles les plus honnêtes, dit-il, sont l'adultère, et dans le célibat du veuvage, personne ne prend une femme qu'après l'avoir débauchée à son mari.

Pour rendre au mariage sa sainteté primitive, il fallait nécessairement inspirer aux fidèles la plus haute estime pour la continence, soit dans l'état de virginité, soit dans le veuvage : un excès de corruption ne pouvait être corrigé que par une très-grande sévérité. S'il y a quelque chose d'étonnant, c'est que la morale chrétienne ait pu avoir assez de force pour changer ainsi les idées sur un point de la plus grande importance pour les mœurs, et qu'une discipline aussi austère ait pu s'établir chez des peuples qui, autrefois, n'attachaient aucun mérite à la chasteté. On a beau dire que ces idées d'une perfection chimérique peuvent diminuer le nombre des mariages et nuire à la population. Le christianisme, loin de produire ce mauvais effet, fit tout le contraire. Ce n'est pas la sainteté des mariages qui les rend stériles, c'est leur corruption. Sans les fléaux qui fondirent sur l'empire romain, lorsque le christianisme y fut dominant, la population réduite à rien par les mœurs du paganisme, par des lois absurdes, par un gouvernement despotique, se serait certainement rétablie par la sainteté même de la morale de l'Evangile. Toutes choses égales d'ailleurs, il n'est point de nations chez lesquelles la population fasse plus de progrès que chez les nations chrétiennes. — On sait d'ailleurs, par une expérience constante, que quand les veufs de l'un ou de l'autre sexe, qui ont des enfants, se remarient, ceux-ci ont peine à le pardonner ; ils ne se voient qu'avec une extrême répugnance réduits à plier sous les lois d'un beau-père ou d'une marâtre ; et ils ne voient naître qu'avec beaucoup de regret des enfants d'un second lit : le même inconvénient avait lieu sans doute pendant les premiers siècles ; il n'est donc pas étonnant que les Pères aient fort recommandé la continence dans le veuvage.

Mais on leur reproche de s'être servis d'expressions trop fortes : Athénagore dit que les secondes noces sont un honnête adultère ; l'auteur de l'ouvrage imparfait sur saint Matthieu, que l'on a cru faussement être saint Jean Chrysostome, prétend qu'elles sont en elles-mêmes une vraie fornication ; mais que comme Dieu les permet, lorsqu'elles se font publiquement, elles cessent d'être déshonnêtes. De là Barbeyrac conclut que, selon quelques docteurs chrétiens, l'honnête et le déshonnête, le bien et le mal, dépendent d'une volonté de Dieu purement arbitraire.

Si l'on veut faire attention au passage de Sénèque que nous avons cité ; l'on verra qu'Athénagore parle des secondes noces telles qu'elles se faisaient communément chez les païens ; et ce n'est pas sans raison que les Pères de l'Eglise voulaient inspirer aux chrétiens l'horreur de ce désordre. Quant à l'auteur de l'ouvrage imparfait sur saint Matthieu, on sait qu'il est justement suspect de montanisme et de manichéisme, deux hérésies qui attaquaient la sainteté du mariage en général ; c'est par la même raison que Tertullien, devenu montaniste, condamna les secondes noces avec la même rigueur. Mais la conséquence que Barbeyrac en tire est absurde ; il reconnaît lui-même que l'Evangile condamne plusieurs choses que Dieu avait permises ou tolérées chez les Hébreux, comme le divorce ; s'ensuit-il de là que le bien et le mal moral dépendent d'une volonté arbitraire de Dieu ?

Il est faux que la *bigamie* ait été mise au nombre des irrégularités ecclésiastiques, seulement pour une raison mystique, comme on le dit dans le *Dictionnaire de Jurisprudence* ; elle l'a été pour les raisons que nous venons d'alléguer.

BIGOT. Quelle que soit l'origine de l'étymologie de ce terme, il signifie un dévot superstitieux, et l'on nomme *bigoterie*, une piété mal dirigée et peu éclairée. Mais l'abus que les incrédules et les mauvais chrétiens font de ce mot pour inspirer le mépris de la piété en général ne doit en imposer à personne ; ce sont de mauvais juges qui ne connaissent ni la religion ni la vertu.

BISSACRAMENTAUX, nom donné par quelques théologiens à ceux des hérétiques qui ne reconnaissent que deux sacrements, le baptême et l'eucharistie ; tels que sont les calvinistes.

* BLANCHARD. Le Concordat de 1801 jeta dans la consternation un certain nombre de prêtres exilés en Angleterre. L'abbé Blanchard, ancien professeur de théologie, puis curé au diocèse de Lisieux, attaqua vivement le Concordat. Il déclara que la nouvelle Eglise de France était schismatique et hérétique. Mgr. Milner, évêque de Castabala, vicaire apostolique du district du milieu en Angleterre, publia un mandement contre les erreurs de Blanchard et de ses adhérents. Loin de se soumettre, Blanchard riposta par un nouvel écrit, où il formulait plus nettement toute sa pensée. « J'enseigne, dit-il, 1° que les évêques non-démissionnaires sont les seuls évêques légitimes de France ; 2° que l'Eglise concordataire est hérétique, schismatique, et sous un joug humain accepté ; 3° que c'est là un effet du concordat et des mesures de Pie VII ; 4° quant à ce pape, je dis seulement qu'il faut le dénoncer à l'Eglise catholique, encore sans spécifier si c'est comme hérétique et schismatique, ou uniquement pour avoir violé les règles saintes, et je ne prends pas sur moi de faire une dénonciation dont j'énonce la nécessité. »

Il fut frappé d'interdit par Mgr Douglas, évêque du district de Londres ; il répondit qu'il ne dépendait que des évêques français, maxime contraire à tous les principes de juridiction. Il s'éleva avec une nouvelle vigueur contre le Concordat de 1817. — Au mot ÉGLISE (*Petite-*), nous développons toutes les erreurs des sectateurs de Blanchard.

BLASPHÈME, se dit en général de tout discours ou écrit injurieux à la majesté divine ; mais dans l'usage ordinaire on entend spécialement sous ce terme les jurements et les impiétés contre le saint nom de Dieu.

Les théologiens disent que le *blasphème* consiste à attribuer à Dieu quelque qualité qui ne lui convient pas, ou à lui ôter quelqu'un des attributs qui lui conviennent.— Selon saint Augustin, toute parole injurieuse à Dieu est un *blasphème* : *Jam vero blasphemia non accipitur, nisi mala verba de Deo dicere* (*De Morib. Manich.*, lib. II, c. 11). C'est donc un *blasphème* de dire, par exemple, que Dieu est injuste ou cruel. Il n'est guère d'hérésies qui ne donnent lieu à des *blasphèmes*; toute opinion fausse touchant la nature de Dieu ou la conduite de sa providence entraîne infailliblement des conséquences injurieuses à Dieu.

BLASPHÉMATEUR, celui qui prononce un blasphème. Ce crime a toujours été sévèrement puni par la justice humaine, soit dans l'ancienne loi, soit dans le christianisme; chez les Juifs, les *blasphémateurs* étaient punis de mort (*Levit.* xxiv). Sur cette loi, très-mal appliquée, Jésus-Christ fut condamné à mort, parce qu'il assurait qu'il était le Fils de Dieu (*Matth.* xxvi, 66).

Les lois de saint Louis et de plusieurs autres de nos rois condamnent les *blasphémateurs* à être mis au pilori, à avoir la langue percée avec un fer chaud, par la main du bourreau. Pie V, dans des règlements faits sur la même matière, en 1566, condamne les *blasphémateurs* à une amende pour la première fois, au fouet pour la seconde, si le criminel est un laïque; s'il est ecclésiastique, ce pontife veut qu'à la troisième il soit dégradé et envoyé aux galères. La peine la plus ordinaire aujourd'hui est l'amende honorable et le bannissement. — Les incrédules de nos jours doivent se féliciter de ce que ces lois ne sont pas exécutées : personne n'a vomi autant de blasphèmes qu'eux contre Dieu, contre Jésus-Christ, contre tous les objets de notre culte; mais pour suivre les lois à la lettre, il faudrait punir un trop grand nombre de coupables.

BLASPHÉMATOIRE, qui renferme ou exprime un blasphème. C'est ainsi que l'on qualifie une proposition qui attribue à Dieu une conduite contraire à ses divines perfections, et qui est capable de diminuer le respect que nous devons à sa majesté suprême. Ainsi la cinquième proposition de Jansénius, conçue en ces termes : *C'est une erreur semipélagienne de dire que Jésus-Christ est mort ou a répandu son sang pour tous les hommes*, entendue dans ce sens, que Jésus-Christ n'est mort que pour le salut des prédestinés, est déclarée *blasphématoire* dans la condamnation que le pape Innocent X en a faite. En effet, cette proposition suppose non-seulement que Jésus-Christ a manqué de charité pour le très-grand nombre des hommes, mais qu'il nous a trompés en se faisant appeler Sauveur du monde, agneau de Dieu qui efface les péchés du monde, victime de propitiation pour les péchés du monde entier, etc.

Le cardinal de Lugo distingue deux sortes de propositions *blasphématoires*; les unes qui joignent au blasphème une hérésie clairement énoncée, les autres dans lesquelles l'hérésie n'est pas formellement exprimée (*Disp.* 20, *de Fide*, sect. 3, n. 100).

Il est peu d'hérésies qui n'entraînent des conséquences *blasphématoires*, des conséquences injurieuses à la bonté, à la justice, à la sainteté de Dieu. Les plus anciens hérétiques craignaient, disaient-ils, de blasphémer, en supposant que le Fils de Dieu avait été sujet aux misères et aux souffrances de l'humanité; mais ils retombaient dans ce précipice, en disant qu'il n'avait eu qu'un corps fantastique, et qu'il avait fait illusion aux sens de tous les hommes pour les tromper. Les ariens blasphémaient, en soutenant que le Fils de Dieu était une simple créature; les manichéens, en disant que le Dieu bon avait été forcé à permettre le mal produit par un mauvais principe ; les pélagiens, en expliquant la rédemption dans un sens métaphorique ; les défenseurs des décrets absolus de prédestination et de réprobation, en attribuant à Dieu une conduite odieuse et tyrannique, etc. ; tous, en supposant que Jésus-Christ n'a pas daigné veiller sur son Eglise, pour la préserver de l'erreur.

BOÈCE. Nous ne pouvons nous dispenser de mettre au nombre des écrivains ecclésiastiques cet homme célèbre par ses talents, par ses vertus et par ses malheurs. Après avoir été élevé au comble des honneurs, et avoir joui d'une prospérité éclatante sous Théodoric, roi des Goths, il finit sa vie dans les supplices, l'an 525, parce qu'il tâchait de soutenir la dignité du sénat de Rome contre le despotisme de ce roi.

Boèce avait écrit un traité théologique contre les erreurs d'Eutychès et contre celles de Nestorius, et un autre sur la Trinité, dans lesquels il soutenait le dogme catholique. Dans sa *Consolation de la philosophie*, qu'il composa dans sa prison, il parle dignement de la prescience et de la providence de Dieu. La meilleure édition de ses ouvrages est celle de Leyde, avec les notes *variorum*, in-8°, en 1671.

BOGARMILES, BOGOMILES ou **BONGOMILES**, secte d'hérétiques, sortis des manichéens ou pauliciens et selon d'autres, des massaliens, qui se firent connaître à Constantinople au commencement du XII° siècle, sous le règne d'Alexis Comnène. Selon Ducange, leur nom est dérivé de la langue bulgare ou esclavone, dans laquelle *Bog* signifie Dieu, et *milvi*, ayez pitié; il désignait des hommes qui se confient à la miséricorde de Dieu.

Sous ce titre imposant, les *bogomiles* enseignaient une doctrine très-impie, et joignaient une partie des erreurs des manichéens à celles des massaliens ou euchites. Ils disaient que ce n'est pas Dieu, mais un mauvais démon qui a créé le monde; que Jésus-Christ n'a eu qu'un corps fantastique. Ils niaient la résurrection des corps, et n'en admettaient point d'autre que la résurrection spirituelle par la pénitence. Ils rejetaient l'Ancien Testament, à la réserve de sept livres, l'eucharistie et le sacrifice de la messe; soutenaient que l'oraison dominicale, qui était leur seule prière, était aussi la seule eucharistie. Ils méprisaient les croix et les images, assuraient que le baptême des catholiques n'était que le baptême de saint Jean, et qu'eux seuls administraient le baptême de Jésus-Christ; ils condamnaient le mariage. On leur attribue encore d'autres erreurs sur le mystère de la sainte Trinité. Un de leurs chefs, nommé *Basile*, médecin de profession, aima mieux se laisser brûler à Constantinople, que d'abjurer ses erreurs. L'histoire des *bogomiles* a été écrite par un professeur de Wirtemberg, en 1171. *Voy.* Baronius, *ad an.* 1118; Sponde, Euthymius, Anne Comnène, Sanderus (*Hæres.* 138, etc).

— Dans la suite ces hérétiques furent connus sous le nom de *bulgares*, parce qu'ils étaient en assez grand nombre dans la Bulgarie, sur les bords du Danube et de la mer Noire; ils pénétrèrent en Italie, et surtout dans la Lombardie, firent beaucoup de bruit en France sous le nom d'*albigeois*, et en Allemagne sous celui de *cathares*; aucune secte n'a porté un plus grand nombre de noms différents, *Voy.* l'*Histoire des variations*, par M. Bossuet, liv. XI. Mais il paraît que dans les diverses contrées où elle s'établit, et dans les différents siècles, elle ne conserva pas toujours exactement les mêmes dogmes; comment l'unité de doctrine aurait-elle pu se maintenir parmi des enthousiastes ignorants de différentes nations et de divers caractères?

BOHÉMIENS (frères), ou *Frères Moraves*. *Voy.* HERNUTES.

* **BOHÉMIENS.** Il y a quatre cents ans il sortit du Delta de l'Indus une peuplade habituée à vivre au milieu des champs. Elle s'avança du côté de l'Europe. Lorsqu'elle y pénétra, elle se donna comme un peuple égyptien frappé de malédiction pour n'avoir pas voulu accorder l'hospitalité à Jésus-Christ, lorsqu'il fut contraint de se retirer en Égypte avec sa sainte Mère. « Depuis cette époque, disaient ces vagabonds, nous avons été condamnés à mener une vie errante; nous ne pouvons nous fixer dans aucun lieu, nous dressons nos tentes pour une nuit. Le jour suivant nous les plions et nous dirigeons notre course vers d'autres lieux. » Les *Bohémiens* furent reçus comme des peuples réellement frappés de la malédiction de Dieu, qui faisaient pénitence de leur crime. Les Européens, touchés d'un si grand malheur, essayèrent de l'alléger. Mais ce peuple fut bientôt connu. On l'étudia sous le rapport religieux, moral et social, et on découvrit de grands vices.

Les *Bohémiens* sont sans aucun principe religieux. Ils admettent toutes les religions, professent celle du peuple chez lequel ils se trouvent, ils sont donc tour à tour, catholiques, calvinistes, luthériens, etc. Il n'y a qu'un point sur lequel ils sont constants; c'est celui de la superstition. Ils prétendent partout avoir le don de lire dans l'avenir. En prenant la main d'une personne, ils assurent qu'ils découvrent dans les lignes capricieuses, qui serpentent en tous sens, ses destinées futures. C'est un moyen d'acquérir de l'argent.

L'immoralité des *Bohémiens* est absolue. Ils ne savent ce que c'est que le mariage. Ils s'unissent pour un jour et forment le lendemain de nouvelles unions. Les enfants qui ne connaissent pas leurs pères, à peine élevés par leur mère, s'attachent à la première caravane venue.

Les *Bohémiens* paraissent n'avoir aucune notion de justice. Toutes les fois qu'ils peuvent échapper à la vindicte humaine, ils ne craignent pas de voler. Il est rare que leur passage ne soit marqué de dévastations. Aussi tous les peuples les ont eus en horreur. Les états d'Orléans de 1561 ordonnèrent qu'ils seraient exterminés par le fer et par le feu. Les efforts que toutes les nations de l'Europe ont faits pour civiliser ces êtres vagabonds ont été sans succès. Nous avons encore nos *bohémiens* et nos *égyptiens*, les Allemands leurs *Zigeuners*, les Espagnols leurs *Gitanos*, les Anglais leurs *Gypsy* et les Italiens leurs *Zingani*. C'est le même peuple errant partout sous différents noms, mais il est pour les nations civilisées un objet de mépris.

BOHMISTES. On appelle ainsi en Saxe les sectateurs d'un nommé *Jacob Bohm*, qui est mort en 1624, il a laissé plusieurs écrits mystiques remplis d'une théologie obscure et inintelligible.

BOLLANDISTES, continuateurs de *Bollandus*, savants jésuites d'Angers, qui, depuis plus d'un siècle, se sont occupés à recueillir les actes et les vies des saints, d'après les auteurs originaux, et ont ainsi réussi à éclaircir plusieurs faits importants de l'*Histoire ecclésiastique et civile*.

Cet utile et vaste projet fut formé au commencement du XVI.° siècle, par le P. Héribert Rosweid, jésuite d'Anvers; mais on sent qu'il était beaucoup au-dessus des forces d'un seul homme; le P. Rosweid ne put faire pendant toute sa vie qu'amasser des matériaux; il mourut en 1629, sans avoir commencé à leur donner une forme. — L'année suivante, le P. Jean Bollandus, son confrère, reprit ce dessein sous un autre point de vue, et se proposa de composer lui-même les vies des saints d'après les auteurs originaux, en y ajoutant des notes semblables à celles dont les éditeurs des Pères on accompagné leurs ouvrages, soit pour éclaircir les passages obscurs, soit pour distinguer le vrai du fabuleux. En 1635, il s'associa le père Godefroi Henschenius, et, en 1643, ils firent paraître les Actes des saints du mois de janvier en deux volumes *in-folio*. Ce livre eut un succès qui augmenta lorsque, en 1658, ces deux savants eurent donné trois autres volumes dans la même forme, qui contenaient les actes des saints du mois de février. Bollandus s'était encore associé, en 1650, le P. Papebroch, et travaillait à donner le mois de mars, lorsqu'il mourut en 1665. — Après la mort d'Henschenius, le P. Papebrock eut la principale direction de cet ouvrage, et prit successivement pour coopérateurs les PP. Baërt, Janning, Dusolier et Baie, qui ont publié vingt-quatre volumes, contenant les Vies des saints jusqu'au mois de juin. — Depuis la mort du P. Papebroch, arrivée en 1714, les PP. Dusolier, Cuper, Piney et Roch ont continué l'ouvrage, et ont fait paraître successivement les actes des saints des mois suivants. Cette immense collection contient à présent plus de cinquante volumes in-folio. Elle avait été interrompue pendant plusieurs années, à cause de la suppression de la société des Jésuites; mais elle a été reprise depuis quelques années sous la protection et par les bienfaits de feue l'Impératrice reine.

On a reproché à Bollandus de n'avoir pas été assez en garde contre les légendes apocryphes et fabuleuses; Papebroch et ses successeurs ont eu une critique plus éclairée et plus exacte dans le choix des monuments dont ils se sont servis.

Leur premier soin, dès le commencement de leur travail, a été d'établir des correspondances avec tous les savants de l'Europe, de faire chercher dans les archives et dans les bibliothèques les titres et les monuments qui peuvent servir à leurs desseins; les matériaux rassemblés forment une bibliothèque considérable.

Avant de faire usage d'aucun titre, les *bollandistes* en examinent l'authenticité, le degré d'autorité qu'il peut avoir, et le rejettent absolument s'ils y découvrent des indices de supposition ou de fausseté; s'ils le jugent vrai, ils le publient tel qu'il est avec la plus grande fidélité, et en éclaircissent les endroits obscurs par des notes; si c'est une pièce douteuse, ils exposent les raisons de douter; s'ils n'ont que des extraits, ils en font une histoire suivie.

Lorsque ces savants critiques reconnaissent qu'ils se sont trompés, ou qu'ils ont été induits en erreur, ils ne manquent jamais d'en avertir dans le volume suivant, et de rectifier la méprise avec toute la candeur et la bonne foi possible.

L'on trouve souvent, dans cet important ouvrage, des traits qui intéressent non-seulement l'*histoire ecclésiastique*, mais l'*histoire civile*, la *chronologie*, la *géographie*, les droits et les prétentions des souverains et des peuples; tous les volumes sont accompagnés de tables exactes et très-commodes. Le soin qu'ont ces laborieux écrivains de se former des successeurs, semble répondre au public que cet immense projet sera un jour conduit à sa fin. Comme les premiers volumes donnés par Bollandus étaient devenus très-rares, on a réimprimé à Venise toute la collection; mais cette édition ne vaut pas celle d'Anvers (1).

BON, BONTÉ. C'est celui des attributs de Dieu qui nous touche davantage, et dont les livres saints nous parlent le plus souvent (2). David répète continuellement dans les psaumes : *Louez le Seigneur, parce qu'il est bon, et que sa miséricorde est éternelle.* Dieu fait du bien, plus ou moins, à toutes les créatures; il n'en est aucune qui ne reçoive de lui des bienfaits; sa *bonté* est donc prouvée par les effets. Il ne leur en fait pas autant qu'il leur en pourrait faire; sa puissance est infinie, et les créatures ne sont susceptibles que d'une quantité de bien bornée. Il ne leur en fait pas autant qu'elles le désirent, parce que leurs désirs n'ont point de bornes et sont souvent déraisonnables. Il ne leur en fait pas à toutes également; l'inégalité est le fondement de la société et de nos devoirs mutuels; la sagesse de Dieu préside à la distribution de ses dons, et sa justice ne demande compte à chacun que de ce qu'elle lui a donné. — De là même il s'ensuit que les notions de la *bonté* humaine ne peuvent être appliquées à la *bonté* divine; parce que la première est jointe à une puissance très-bornée, et la seconde à un pouvoir infini. Un homme n'est censé *bon* que quand il fait le plus de bien qu'il peut, qu'il l'accorde le plus promptement au plus grand nombre de personnes, et continue le plus longtemps qu'il lui est possible. Aucun de ces caractères n'est applicable à la *bonté* de Dieu.

On tombe dans l'absurdité, si l'on exige que Dieu fasse le plus de bien qu'il peut; il en peut faire à l'infini; qu'il le fasse le plus promptement, il l'a pu de toute éternité; qu'il en fasse au plus grand nombre de créatures possible, il en peut créer à l'infini; qu'il le fasse le plus longtemps, il peut le continuer pendant toute l'éternité.

Il s'ensuit encore que la notion de *bonté infinie* ne nous vient point des créatures, puisque Dieu n'a répandu sur elles qu'une quantité de bien très-bornée, par conséquent mélangée de maux ou de privations; cette notion se tire directement de celle d'*être nécessaire*, existant de soi-même, dont les attributs

---

(1) La révolution française de 1789 avait fait suspendre les grands travaux des bollandistes. Les *Acta sanctorum* étaient arrêtés au 14 octobre. La société des Jésuites a repris, il y a quelques années, la continuation de cette immense publication. Le gouvernement belge a mis, à cet effet, des fonds à sa disposition. Afin d'avoir plus de facilité pour les recherches, les Jésuites ont transporté à Bruxelles le siège du travail. Trois religieux d'une vaste érudition, les PP. Boone, Van der Moeren et Coppens, dirigent les jeunes collaborateurs qu'ils se sont associés. Espérons qu'aucun contre-temps fâcheux ne viendra plus suspendre une œuvre réellement prodigieuse, dont la société religieuse et civile peut tirer un grand profit.

(2) La bonté de Dieu reçoit différents noms selon ses actes. Lorsqu'elle répand des bienfaits, elle conserve le nom de bonté; quand elle attend le pécheur à pénitence, elle reçoit celui de LONGANIMITÉ (*Voy.* ce mot); lorsqu'elle pardonne, elle prend celui de MISÉRICORDE (*Voy.* ce mot).

ne peuvent être bornés par aucune cause. Mais la révélation nous fait connaître la *bonté* de Dieu beaucoup mieux que la raison.

Ceux qui prétendent que l'état actuel des créatures n'est pas assez avantageux pour qu'on puisse l'attribuer à un Dieu infiniment *bon*, devraient fixer une fois pour toutes le degré auquel le bien-être des créatures devrait être porté pour qu'elles n'eussent plus sujet de se plaindre ; aucun de ces philosophes n'a pu encore l'assigner. Dieu, disent-ils, pourrait nous rendre heureux et contents : nous ne le sommes point ; mais nous le serions si nous étions sages, et il ne tient qu'à nous de l'être. Job, au comble du malheur, réduit sur son fumier, était content et bénissait Dieu; Alexandre, possesseur d'une grande partie du monde, ne l'était pas. Le cœur de l'homme est trop grand pour être heureux par la possession des biens de ce monde. — Accuserons-nous Dieu de n'être pas *bon*, parce qu'il punit le crime en ce monde ou en l'autre ? Au contraire, il manquerait de *bonté* s'il laissait la vertu sans récompense et le crime sans châtiment. En lui la *bonté* ne nuit point à la justice, et la justice ne déroge point à la miséricorde. — Ce sont de fausses notions de la *bonté* infinie, des comparaisons toujours fautives entre la *bonté* divine et la *bonté* humaine, l'abus des termes de *bien* et de *mal*, de *bonheur* et de *malheur*, qui servent de fondement à tous les sophismes des philosophes anciens et modernes sur la grande question de l'origine du mal. *Voy.* MAL.

BON, en parlant des créatures, a un double sens. Leur *bonté* physique est la même chose que leur perfection ; elles sont parfaites lorsqu'elles répondent à l'usage auquel Dieu les a destinées. Mais les termes de *perfection* et d'*imperfection* sont des termes purement relatifs : il n'y a point de perfection absolue que celle de Dieu ; l'imperfection absolue est le néant.

La *bonté morale* des êtres intelligents est l'inclination à faire du bien; la *bonté morale* de leurs actions est la conformité de ces actions avec la règle des mœurs, ou avec la volonté de Dieu, souverain législateur. *Voy.* BIEN MORAL.

BONAVENTURE (saint), religieux franciscain, ensuite évêque d'Albano, et cardinal, mort l'an 1274, a été l'un des plus célèbres théologiens scolastiques du XIIIᵉ siècles ; il est autant respecté chez les cordeliers que saint Thomas d'Aquin chez les jacobins. En 1668, ses ouvrages ont été imprimés à Lyon, en huit volumes *in-folio*. Les deux premiers renferment des commentaires sur l'Écriture sainte ; le troisième, des sermons ; les deux suivants sont un commentaire sur le Maître des sentences, par conséquent un cours de théologie ; le sixième et le septième contiennent des traités de morale et de piété ; le huitième, des opuscules sur la vie religieuse, dans lesquels il se plaint amèrement du relâchement qui s'était déjà introduit chez les franciscains, trente ans après la mort de saint François. On a donné à *saint Bonaventure* le nom de *docteur séraphique* ; il joignit aux vertus d'un parfait religieux des connaissances rares dans son siècle. *Voy.* l'*Hist. de l'Égl. gallic.*, tom. XII, liv. XXXIV, an. 1272.

BONHEUR. *Voy.* BIEN.

*BONHEUR. L'homme est fait pour le bonheur, une force invincible le pousse vers la félicité. La religion, qui doit satisfaire à tous les besoins de l'humanité, possède les sources du véritable bonheur. La philosophie a prétendu se substituer à sa place. Voyons d'abord ce que la religion fait pour rendre l'homme heureux ; nous examinerons ensuite si la philosophie peut se vanter d'avoir trouvé le principe du véritable bonheur.

I. Ce n'est pas sur cette terre que l'homme peut espérer un bonheur complet : c'est dans le ciel qu'il peut le trouver. Nous traçons dans l'article suivant la nature du bonheur des élus. Observons que l'espérance du ciel est déjà pour nous sur la terre une source de bonheur. « En proie à la douleur, disait J.-J. Rousseau, je la supporte avec patience en songeant qu'elle est passagère et qu'elle vient d'un corps qui n'est point à moi. Si je fais une bonne action sans témoins, je sais qu'elle est vue et je prends acte pour l'autre vie de ma conduite en celle-ci. En souffrant une injustice je me dis : L'Être juste qui régit tout saura bien m'en dédommager ; les besoins de mon cœur, les misères de ma vie, me rendent l'idée de la mort plus supportable. Ce seront autant de liens de moins à rompre quand il faudra tout quitter. Ce qui importe à l'homme, c'est de remplir ses devoirs sur la terre, et c'est en s'oubliant qu'on travaille pour soi. L'intérêt particulier nous trompe ; il n'y a que l'espoir du juste qui ne trompe point. »

Quoique la plénitude du bonheur soit dans le ciel, nous pouvons cependant atteindre à une certaine mesure de félicité sur cette terre : non point cette félicité fantastique et sensuelle qui, née du vice, n'engendre que des maux ; mais cette félicité douce, calme, paisible, la seule compatible avec notre état, la seule que l'homme puisse espérer ici bas, la seule qui remonte jusqu'à la cause de nos peines pour les guérir. La vie est un composé de biens et de maux. Connaître les véritables biens, travailler avec mesure à les acquérir, n'user des dons les plus agréables et les plus précieux que selon les règles de la raison, c'est une partie essentielle du bonheur. Pour le rendre aussi complet qu'il peut le devenir, il faut encore savoir se conduire avec sagesse à l'égard des maux. Il y en a que nous pouvons éloigner, d'autres que c'est une nécessité de subir. Savoir se délivrer des premiers et supporter avec courage les seconds, c'est tout ce que l'homme raisonnable peut demander. Voilà en deux mots toute la science du bonheur : distinguer les véritables biens pour en user avec sagesse, accepter avec résignation les maux que la raison nous commande de subir.

Ce qui nous donnerait cette admirable science serait certainement un bien tellement précieux que le sage devrait le poursuivre tous les jours de sa vie. Eh bien ! la vertu nous procure ces inappréciables avantages. Elle met dans l'esprit cette haute prudence qui choisit le meilleur dans tout ce qui nous pouvons rechercher. Elle élève l'âme au-dessus des maux de la vie, la rend capable de supporter les plus grands désastres. Le poëte ne disait pas trop en assurant que le juste verrait le ciel s'écrouler sans en être ébranlé. Enfin, la vertu tempère la fougue des passions, et modère l'ardeur qui pousse l'homme vers le plaisir. Nous ne craignons pas de l'affirmer, il n'y a pas un beau sentiment, un acte généreux, une pensée heureuse, une situation réellement bonne qui ne vienne de la vertu. Et qui donc a formé ces hommes qui par leur douce gaieté sont le charme de la bonne société ? Qui a donné la vie à ces affections touchantes qui sont le bonheur de la terre ? Qui a créé les véritables amis, le plus précieux trésor du monde ? C'est la vertu et rien que la vertu : l'affection, l'amitié fondée sur une autre base est frivole, trompeuse, mensongère.

Tous ceux qui ont connu et pratiqué la vertu, savent que ce tableau n'est point une chimère. Pourquoi n'est-il pas donné à ceux qui la méconnaissent de le comprendre aussi ? Ah ! s'il leur était donné de lire dans l'âme des hommes les plus vertueux, ils seraient surpris de l'état ravissant de leur âme; ils les verraient heureux, même au milieu des plus grandes calamités. Job sur son fumier était le plus infortuné des mortels. Etait-il malheureux ? La tranquillité de son âme, cette entière soumission à la volonté de Dieu, que rien ne pouvait troubler, me persuadent qu'il trouvait encore un céleste bonheur dans tous ses maux. — Aristide ce juste du paganisme, banni par ses concitoyens, s'en allant sur la terre de l'exil, Aristide était-il malheureux ? Lorsque je le vois, au sortir de la ville d'Athènes, élever vers le ciel des mains suppliantes, et demander aux dieux qu'il n'arrive rien de fâcheux à sa patrie, les conjurer que jamais Athènes ne soit dans la nécessité de le rappeler, je me dis à moi-même : Non, il n'était point malheureux.

Et saint Louis, le plus grand de nos rois, voyez-le captif sur la terre d'Egypte. Et il-il malheureux ? Un seul trait de sa captivité répondra à cette question. Au moment où les Sarrasins se saisirent de sa personne, avec autant de calme que dans son palais, il demanda son bréviaire à son aumônier pour réciter les nones. On ne demande pas à un homme capable d'un tel prodige si les maux de la vie ont pu le rendre malheureux. On affirme sans témérité que la vertu l'avait placé au-dessus de toutes les infortunes.

Tout ce qu'il y a d'utile, de beau, d'agréable, de grand, de saint, le juste prend donc sa source dans la vertu ; c'est sa grandeur même, c'est son excellence qui est l'origine du saint respect que les plus vicieux lui portent, de cette soif, de ce besoin de revenir au bien qui tourmente les plus grands coupables au milieu de leurs crimes.

II. La philosophie s'est donnée comme la maîtresse de la véritable félicité de l'homme sur la terre. Nous serions infinis si nous voulions étudier tous ses systèmes (a). Qu'a-t-elle fait pour satisfaire l'esprit, le cœur et le génie de l'homme ?

Chacun connaît les théories insensées des philosophes anciens et nouveaux sur les plus grandes vérités, sur la nature de Dieu et sur la fin de l'homme. Pour qu'on ne nous accuse pas d'exagération, nous citons deux coryphées dans la philosophie, Lucien et Rousseau.

Voici ce que dit Lucien : « Dans l'état d'ignorance et de perplexité où j'étais sur l'ignorance du monde, je pensai qu'il n'y aurait rien de mieux à faire que de recourir aux philosophes. Persuadé qu'ils étaient les dépositaires de toutes les vérités, et qu'ils dissiperaient mes doutes, je m'adressai à ceux d'entre eux que je crus plus habiles. Je jugeai de leur mérite à la gravité de leur extérieur, à la pâleur de leur visage et à la longueur de leur barbe, marques infaillibles, selon moi, de la profondeur et de la subtilité de leurs connaissances. Je me mis donc entre leurs mains, et après être convenu du prix, qui n'était pas modique, je voulus d'abord être instruit de tous les contes qu'ils nous font sur ce qui se passe dans le ciel, et savoir comment ils s'y prennent pour nous expliquer l'ordre établi dans l'univers. Quel fut mon étonnement, lorsque tous les doctes maîtres, bien loin de dissiper ma première incertitude, me plongèrent dans un aveuglement mille fois plus grand encore ! J'avais tous les jours les oreilles rebattues des grands mots de *principes*, de *fins*, d'*atomes*, de

(a) Varron comptait déjà de son temps deux cent quatre-vingt-huit systèmes sur le bonheur. Si nous énumérions ceux qui ont été faits depuis, nous en aurions peut-être plus d'un million.

vide, de *matière*, de *forme*. Ce qu'il y a de plus insupportable pour moi, c'est que chacun d'eux, en m'enseignant précisément le contraire de ce qu'avaient dit les autres, exigeait que je n'eusse confiance qu'en lui seul et me donnait son système comme étant le seul bon. » — « Je consultai les philosophes, dit Rousseau, je feuilletai leurs livres, j'examinai leurs diverses opinions, je les trouvai tous fiers, affirmatifs, dogmatiques même dans leur scepticisme prétendu, n'ignorant rien, ne prouvant rien, se moquant les uns des autres ; et ce point, commun à tous, me paraît le seul sur lequel ils ont tous raison. Triomphant quand ils attaquent, ils ne sont unis que pour détruire ; si vous comptez les voix, chacun se réduit à la sienne ; ils ne s'accordent que pour disputer. »

« Si je m'arrête à la morale de nos sages, disait Gérard, je vois le plus grand nombre dans un éternel conflit d'opinions ; des oui, des non sur chaque article de leur code et toutes les vérités réduites en problèmes. Je les vois établir assez généralement que la morale tire son origine de la politique, comme les lois et les bourreaux ; qu'on doit regarder les actions comme indifférentes en elles-mêmes, et que c'est au législateur à fixer l'instant où elles cessent d'être vertueuses et deviennent vicieuses ; qu'il n'y a en soi ni vice ni vertu, ni bien ni mal moral, ni juste ni injuste ; que tout est arbitraire et fait de main d'homme ; qu'une âme mortelle n'a point de devoir ; que c'est la sensibilité physique et l'intérêt personnel qui sont les auteurs de toute justice ; qu'il est aussi impossible à l'homme d'aimer le bien pour le bien que d'aimer le mal pour le mal ; que la vérité et la vertu sont des êtres qui ne valent qu'autant qu'ils sont profitables à celui qui les possède. »

Ames droites, âmes honnêtes, vous frémissez en parcourant avec moi ce code de démence et d'immoralité ; mais suspendez pour quelques moments votre indignation et ne perdons rien des leçons de nos nouveaux maîtres. Qu'ajoutent-ils à ces premières institutions, qu'une maxime de bonté naturelle plus utile que celle de faire à autrui comme nous voulons qu'on nous fasse, qui sont celles-ci : Fais ton bien avec le moins de mal qu'il est possible. Interdire les passions aux hommes, c'est leur défendre d'être hommes. Conseiller à une personne d'une imagination emportée de modérer ses désirs, c'est lui conseiller de changer son organisation ; c'est ordonner à son sang de couler plus lentement. La diversité des passions et des goûts décide de nos vertus et de nos vices. Le sentiment est l'âme des passions, et le sentiment n'est point libre. Tout sentiment qui naît en nous de la crainte des souffrances et de l'amour des plaisirs est légitime et conforme à notre instinct. Suivre ses désirs, c'est l'unique moyen de s'affranchir de leur importunité. Pour être heureux, il faut étouffer les remords, qui sont inutiles avant le crime et qui ne servent qu'à nous faire pâtir pendant qu'on le commet. La bonne philosophie se déshonorerait en pure perte en réalisant des spectres et en s'arrêtant à ces vieux préjugés : il faut songer au corps avant que de songer à l'âme.

De pareils principes étaient loin de pouvoir satisfaire les besoins du cœur : aussi, tourmenté par des tiraillements opposés et pervers, il se trouvait dans un état d'antagonisme perpétuel, ce qui faisait son tourment.

Notre siècle a été surtout le grand défenseur des satisfactions corporelles ; c'est pour cela que nous avons vu naître les communistes, les fouriéristes, les phalanstériens, les socialistes, etc. Nous consacrons un article spécial à chacune de leurs théories ; nous nous contentons d'observer ici que si nous jugeons des suites par les débuts, nous n'avons à attendre que spoliation et guerre civile.

C'est donc dans la religion que nous devons chercher notre félicité ici-bas. La foi efface toutes les différences intellectuelles, soit originaires, soit qu'elles proviennent de l'éducation, de la condition, ou d'autres circonstances accidentelles, et, prêtant une force infinie à la raison même de l'enfant, parce qu'elle l'établit en société avec la raison infinie de Dieu ; elle décide irrévocablement sur toutes les grandes questions qui font tourner la tête aux philosophes. Dès lors l'homme n'a plus rien à chercher : il connaît sa place dans l'ordre des êtres ; il connaît Dieu, il se connaît lui-même, et trouve sans effort, dans la contemplation de la vérité immuable, la paix de l'intelligence et de l'amour. Instruit de ses devoirs comme de ses destinées, et tranquille sur le reste, il n'ignore rien de ce qu'il lui est nécessaire ou vraiment utile de savoir. De là un repos profond, un bien-être inexprimable, indépendant des sensations, et que rien ne saurait troubler, parce qu'il a sa source dans le fond le plus intime de l'âme abandonnée entre les mains du grand Être essentiellement bon et tout-puissant, qui se révèle et s'unit par les voies ineffables au cœur docile à ses inspirations.

Éclairé d'une lumière nouvelle, et appréciant toutes les choses à leur vrai prix, l'homme cesse d'être le jouet des passions. La règle invariable de l'ordre détermine, modère ses attachements et ses désirs, et, dans les vicissitudes inséparables de cette vie passagère, il ne voit que de courtes épreuves dont une immortelle félicité sera le terme et la récompense. On parle de plaisirs ; en est-il de comparables à ceux qu'accompagne l'innocence? N'est-ce rien que d'être content de soi et des autres ? N'est-ce rien que d'être exempt de repentir et de remords, ou de trouver contre le remords un asile assuré dans le repentir ? Car les larmes même de la pénitence ont plus de douceur que n'en eurent les fautes qui les font couler. Le cœur du vrai chrétien est une fête continuelle : il jouit plus de ce qu'il se refuse, que l'incrédule ne jouit de ce qu'il se permet. Heureux dans la prospérité, plus heureux dans les souffrances, parce qu'elles lui offrent un moyen d'accroître le bonheur qu'il attend, il s'avance d'un pas tranquille, à travers les peines de la vie, vers la montagne qui couronne la cité permanente, séjour céleste de la paix, des délices éternelles et de tous les biens.

Bonheur éternel. L'attente d'un *bonheur éternel* après la mort, est le seul motif qui puisse nous faire supporter patiemment les maux de cette vie, et nous exciter efficacement à la vertu. Exposé ici-bas à des afflictions de toute espèce, l'homme serait la plus malheureuse de toutes les créatures, s'il n'avait rien à espérer au delà du tombeau. Il n'est donc pas étonnant que les incrédules qui ont renoncé à la foi d'une autre vie, ne cessent de déplorer la triste condition de l'humanité, et partent de là pour blasphémer contre la Providence.

Il paraît que tous ceux qui avaient perdu la connaissance du vrai Dieu n'ont eu aucune certitude d'une vie future, ni aucune connaissance de l'état dans lequel doit se trouver l'âme séparée du corps. Les païens, à la vérité, étaient persuadés de son immortalité ; mais ce que les poëtes disaient de l'état des morts n'était ni assuré ni fort consolant ; ils supposaient que les morts en général regrettaient la vie, et désiraient d'y revenir ; ils ne les croyaient donc pas placés dans un état de félicité assez parfaite pour servir de récompense à la vertu.— Les anciens justes, adorateurs du vrai Dieu, avaient une perspective plus capable de les encourager. Ils savaient que Dieu avait transporté Hénoc à cause de sa piété (*Gen* v, 24). Dieu avait dit au patriarche Abraham : *Je serai ta grande récompense* (xv, 1). Job, dans l'excès de son affliction, disait : *Je sais que mon Rédempteur est vivant, qu'au dernier jour je me relèverai de la terre, que je reprendrai ma dépouille mortelle, et que je verrai mon Dieu dans ma chair ; cette espérance repose dans mon cœur* (*Job*, xix, 25). Balaam, quoiqu'environné d'idolâtres, s'écriait : *Que mon âme meure de la mort des justes, et que mes derniers moments soient semblables aux leurs* (*Num*. xxiii, 18). David, parlant des hommes vertueux, dit à Dieu : *Ils seront rassasiés de l'abondance de votre maison ; vous les abreuverez d'un torrent de délices, et vous nous éclairerez de votre propre lumière* (*Ps*. xxxv, 9). L'auteur du livre de la Sagesse assure que les justes vivront éternellement, que leur récompense est auprès de Dieu, qu'ils sont au nombre de ses enfants, etc. (*Sap*. v, 16). Cette croyance, aussi ancienne que le monde, venait évidemment des leçons que Dieu avait données à nos premiers parents, et il n'en fallait pas moins pour les consoler de la perte de la félicité dans laquelle ils avaient été créés.

Mais comme c'était à Jésus-Christ de rouvrir aux hommes la porte du ciel, fermée par le péché d'Adam, c'était aussi à lui de leur annoncer cette heureuse nouvelle, et de leur révéler le bonheur éternel plus clairement qu'il n'avait été montré aux anciens justes. Aussi, selon l'expression de saint Paul, ce divin Sauveur a mis en lumière la vie et l'immortalité par l'Évangile (*II Tim*. i, 10) ; il a représenté le *bonheur éternel* sous les traits les plus capables d'affermir notre espérance et d'enflammer nos désirs. Il nous apprend que les justes brilleront comme des soleils dans le royaume de leur Père (*Matth*. xiii, 43) ; que Dieu leur rendra le centuple de ce qu'ils auront quitté pour lui (xix, 29) ; que dans le séjour qu'ils habitent il n'y a plus de crainte, plus de souffrances, plus de larmes ; que Dieu changera leur tristesse en joie, et les revêtira de sa propre gloire pour toute l'éternité (*Apoc*. xxi, 3 ; xxii, 5) ; qu'ils recevront une couronne dont l'éclat ne se ternira jamais (*I Petri*, v, 4).—Pour nous en donner encore une plus grande idée, Jésus-Christ nous fait entendre que les saints participeront à la même gloire dont il jouit comme Fils unique du Père : *Je veux*, dit-il, *qu'ils soient où je suis moi-même* (*Joan*. xvii, 24). *Je placerai sur mon trône celui qui aura vaincu, comme je me suis assis sur le trône de mon Père après ma victoire* (*Apoc*. i, 23). Par sa transfiguration, il montre à ses disciples pendant quelques instants un rayon de la gloire éternelle (*Luc*. ix, 29). Mais il écarte de ce bonheur suprême toute idée sensuelle et grossière ; il dit qu'après la résurrection les justes seront semblables aux anges de Dieu dans le ciel (*Marc*. xii, 25) ; et son apôtre le confirme, en représentant les corps ressuscités comme spirituels et incorruptibles, semblables à celui de Jésus-Christ (*I Cor*. xv, 42).— Enfin, pour bannir toute inquiétude et toute défiance, il met, pour ainsi dire, le *bonheur éternel* sous les yeux de ses disciples, en les quittant pour en aller prendre possession : *Je vais*, dit-il, *vous préparer une place ; l'Esprit consolateur que je vous enverrai demeurera avec vous jusqu'à ce que je vienne vous chercher ; si vous m'aimez, réjouissez-vous de ce que je retourne à mon Père* (Joan. XIV, 2, 16, 18, 28 (1).

Après les promesses aussi positives et des assurances aussi certaines, il n'est plus étonnant que Jésus-Christ ait eu des disciples capables de se sacrifier pour lui, et que ses leçons aient fait éclore parmi les hommes des vertus dont on n'avait pas encore vu d'exemple. Par là même Jésus-Christ a justifié les maximes de morale qui pouvaient paraître trop rigoureuses à des âmes énergiques et corrompues ; nous devons en conclure, comme saint Paul, que tout ce que nous pouvons faire ou souffrir en ce monde pour Dieu n'a point de proportion avec la gloire qui nous est réservée (*Rom.* VIII, 18).

Nous ne sommes donc pas embarrassés de répondre aux incrédules, lorsqu'ils viennent nous dire que l'espérance dont nous nous flattons n'est fondée que sur notre orgueil ; que, puisque Dieu ne nous rend pas heureux en ce monde, rien ne peut nous assurer qu'il nous réserve un bonheur futur; que si d'un côté la religion nous console par de belles promesses, de l'autre elle nous épouvante par des idées terribles de la justice divine, et nous rebute par la sévérité de ses maximes.

Nous vous invitons à considérer 1° qu'un noble orgueil sied très-bien à des âmes qui se croient rachetées par le sang d'un Dieu ; que ce sentiment les empêche de s'avilir par de honteuses passions, et leur inspire le courage de se sacrifier comme Jésus-Christ au salut de leurs semblables ; que quand cette croyance ne serait qu'un préjugé, il serait encore utile de l'entretenir parmi les hommes ; mais qu'elle est solidement fondée sur la parole, sur les souffrances, sur la résurrection et sur l'ascension du Fils de Dieu.— 2° Que notre état sur la terre ne peut plus paraître malheureux, dès que nous sommes assurés de jouir d'un *bonheur éternel* après cette vie ; que c'est la faute des incrédules si elle leur semble insupportable depuis qu'ils n'espèrent plus rien ; que c'est encore de leur part un trait de cruauté d'ôter aux autres le seul motif capable de les consoler, et sans lequel les trois quarts du genre humain seraient réduits au désespoir. Il est démontré par la notion même d'*être nécessaire*, que Dieu est essentiellement bon ; les maux de cette vie sont donc une preuve que sa bonté veut nous en dédommager.— 3° Loin de nous effrayer par les notions de la justice divine, notre religion nous apprend que cette justice a été satisfaite par la mort de Jésus-Christ, et que, par son sacrifice, la paix a été rétablie entre le ciel et la terre (*II Cor.* V, 19 ; *Ephes.* I, 10 ; II, 14 ; *Coloss.* I, 20, etc.); que notre salut n'est plus une affaire de justice rigoureuse, mais de grâce et de miséricorde. — 4° Une preuve que les maximes de notre religion ne sont ni impraticables, ni trop sévères, c'est qu'elles ont été suivies à la lettre par tous les saints, et qu'elles le sont encore aujourd'hui par une infinité d'âmes vertueuses, au milieu même de la corruption du siècle, et malgré les sarcasmes de l'incrédulité. Or, nous demandons qui est le plus en état de juger de la sagesse et de la douceur de ces maximes, ou ceux qui n'ont jamais essayé de les suivre, ou ceux qui en font la règle de leur conduite ?

Il y a eu une dispute entre les théologiens catholiques et plusieurs sectes d'hérétiques, pour savoir si les âmes des justes, qui n'ont plus de fautes à expier, vont incontinent jouir dans le ciel du *bonheur éternel*, ou si ce bonheur est retardé jusqu'après la résurrection générale et le jugement dernier. Au commencement du V° siècle, Vigilance, au XII°, les Grecs et les Arméniens schismatiques, au XVI°, Luther et Calvin ont soutenu que les saints ne doivent jouir de la gloire éternelle qu'après la résurrection et le jugement dernier ; que jusqu'alors leurs âmes sont, à la vérité, dans un état de repos, mais ne peuvent encore être censées heureuses qu'en espérance. Cette erreur a été condamnée par le deuxième concile général de Lyon, l'an 1275, sess. 4, et par celui de Florence, en 1439, dans le décret touchant la réunion des Grecs à l'Eglise romaine ; l'un et l'autre ont décidé que les âmes justes, sorties de ce monde en état de grâce, vont *incontinent* jouir de la gloire du ciel, et que les âmes décédées dans l'état du péché vont *incontinent* souffrir les tourments de l'enfer. Le concile de Trente a confirmé cette décision, sess. 25, dans son décret concernant l'invocation des saints.

Les protestants ont allégué plusieurs passages de l'Ecriture sainte et des Pères, pour étayer leur opinion ; mais on leur en a opposé de plus clairs et de plus décisifs. Jésus-Christ dit au bon larron sur la croix : *Aujourd'hui vous serez avec moi en paradis* (*Luc.* XXIII, 43). *Nous gémissons*, dit saint Paul (*II Cor.* V, 2), *en désirant de jouir de notre habitation dans le ciel.* (*Ephes.* IV, 8) : *Jésus-Christ, montant au ciel, a conduit une multitude de captifs.* (*Philipp.* I, 23) : *Je désire de mourir et d'être avec Jésus-Christ.* Il est dit (*Apoc.* VII, 9) que les saints sont devant le

---

(1) Nous devons observer que quelque grand que soit le bonheur des élus, il ne pourra jamais être infini, parce qu'un tel bonheur ne peut exister dans une créature finie. Nous aurons dans le ciel une connaissance de Dieu beaucoup plus complète que celle que nous possédons actuellement, mais jamais nous ne pourrons le *comprendre entièrement*. Il y a dans le ciel divers degrés de bonheur proportionnés à l'excellence des mérites : *pro meritorum diversitate*, dit le concile de Florence. Cette décision est fondée sur les maximes de nos saintes Ecritures : *Il y a plusieurs demeures dans la maison de mon Père* (a). *Autre est la clarté du soleil, autre la clarté de la lune, autre la clarté des étoiles : bien plus, une étoile diffère d'une autre étoile en clarté. Il en sera de même à la résurrection des morts* (b).

(a) *Joan.* XIV, 2.— (b) *I ad Cor.* III, 8.

trône de Dieu, etc. — Ceux d'entre les Pères de l'Eglise qui s'expriment autrement, étaient dans l'opinion des millénaires, ou ils ont seulement entendu que la félicité des saints ne sera complète et parfaite qu'après le jugement dernier, et lorsque leur corps sera réuni à leur âme. Mais le plus grand nombre des saints docteurs ont suivi la lettre et le sens des passages de l'Ecriture sainte que nous venons d'alléguer; on peut le voir dans le P. Petau, tom. I, l. VII, c. 13. Sur cette croyance est fondée la pratique dans laquelle l'Eglise a été constamment d'invoquer les saints et d'implorer leur intercession auprès de Dieu. Lorsqu'elle prie pour les morts, elle demande à Dieu de les placer dès à présent dans le *bonheur éternel.* Luther et Calvin n'ont adopté l'erreur des Grecs que pour attaquer avec plus d'avantage ces deux pratiques de l'Eglise catholique. Bellarmin, *Controv.*, tome II, lit. *de Ecclesia triumph.*, q. 1.

* BONIFACE VIII. Les souverains pontifes qui ont su défendre avec le plus de fermeté les droits de l'Eglise ont été l'objet des plus vives attaques, et on a fait retomber sur l'Eglise même leurs fautes réelles ou supposées. Boniface VIII est du nombre des pontifes qui ont été le plus vivement attaqués. Les accusations fausses et injurieuses adressées de son temps à cet illustre pontife ont été immortalisées par le Dante. Les accusations du poète ont été répétées à l'envi par l'école moderne; mais il a été démontré qu'elles étaient sans fondement. Voici en quelques mots le résumé des nouvelles recherches historiques qui placent Boniface VIII au nombre des grands papes et sont une justification complète de sa vie :

« Je n'ai point parlé, dit Mgr Wiseman, des négociations que ce grand pontife eut avec les puissances étrangères, l'empereur, le roi de Sicile, et surtout le roi de France ; car il serait impossible de parler convenablement de chacune d'elles dans un travail aussi court que celui-ci. Mais il est un caractère frappant que l'on peut facilement observer dans toutes ces négociations, et qui semble avoir échappé au regard de tous les historiens modernes. Il rapporte pourtant beaucoup d'honneur à Boniface, et fait en même temps ressortir le mensonge tant de fois répété que c'était un homme litigieux et d'une ambition démesurée : c'est que chacune de ces négociations avait pour but d'obtenir la paix et de mettre un terme aux querelles et à l'effusion du sang. Pour fortes et énergiques que fussent ses convictions, pour rigide que fût sa manière d'agir, il avait toujours en vue de faire en sorte que les souverains remissent l'épée dans le fourreau, respectassent les droits de leurs voisins plus faibles, et unissent leurs efforts pour le grand dessein de toute loi chrétienne de ce temps : d'abattre et de détruire la puissance toujours croissante des Sarrasins. Si la maxime des tyrans est, *Divide et impera,* à coup sûr Boniface ne fut point un tyran; si le système des ambitieux pour s'agrandir eux-mêmes est de faire en sorte que les autres s'entre-détruisent en de mutuelles contestations, il ne fut ni ambitieux ni jaloux d'obtenir un gouvernement sans bornes. Sitôt qu'il fut monté sur le trône, il s'efforça d'opérer une réconciliation entre l'empereur et les rois d'Angleterre et de France, et plus tard entre ces deux derniers. Hallam avoue que le compromis qu'il donna était plein de justice. Il pacifia les républiques rivales de Gênes et de Venise, depuis longtemps en guerre l'une contre l'autre. Pise vint spontanément mettre entre ses mains les rênes de sa gouvernement, en lui offrant un tribut annuel : il envoya un gouverneur avec ordre de s'engager par serment à observer les lois, et à employer les revenus au maintien de la milice consacrée à la défense de cet état. Velletri le choisit pour son *podestat* ; Florence, Bologne et Orvietto lui firent élever des statues de marbre d'un grand prix. Quand il fit la guerre, Florence, Orvietto et d'autres pays lui envoyèrent des soldats; et on raconte que les femmes mêmes, ne pouvant combattre (*Petrini*, Mém.), recrutaient des soldats pour lui. Il était aimé des Romains, dont tout le désir était qu'il voulût rester plus longtemps au milieu d'eux. Tous ces faits, dont le temps ne me permet pas de citer des preuves, démontrent que ce fut un homme pacifique et juste, respecté des bons et des gens vertueux de son siècle. Quant à son savoir et à son expérience, personne n'en peut douter. Mais d'ailleurs j'ai fait remarquer que pas un de ses ennemis les plus acharnés n'a osé censurer sa conduite en fait de mœurs; bien plus, ils ont déclaré positivement ne point trouver en lui d'autre vice que l'orgueil et l'ambition. Et encore, je dirai que, malgré ces accusations de tyrannie et d'ambition, il n'y a pas un seul cas où il ait refusé de pardonner à quiconque implora sa générosité ; il s'en faut encore davantage qu'il ait puni de mort un ennemi tombé en son pouvoir. » (*Démonst. évang.*, t. XVI, col. 605, édit. Migne.)

BONOSIAQUES ou BONOSIENS, nom d'une secte que Bonose, évêque de Macédoine, renouvela au IV° siècle. Il soutenait, comme Photin, que Jesus-Christ n'était Fils de Dieu que par adoption, et que Marie sa mère avait cessé d'être vierge dans l'enfantement. Le pape Gélase condamna ces deux erreurs.

BONS-HOMMES, religieux établis l'an 1259 en Angleterre, par le prince Edmond ; ils professaient la règle de saint Augustin, et portaient un habit bleu. Sponde croit qu'ils suivaient l'institut du bienheureux Jean Lebon, qui vivait en ce siècle. On donna en France ce nom aux minimes, à cause du nom de *bonhomme* que Louis XI avait coutume de donner à saint François de Paule leur fondateur. Les albigeois affectaient aussi de prendre ce même nom de *bons-hommes.* *Voy.* Polydore Virgile, *Hist. Angl.*, livre XVI ; Sponde, en 1259, n° 9.

BONTÉ. *Voy.* BON.

BORBORITES, secte de gnostiques, laquelle, outre les erreurs et le libertinage commun à tous les hérétiques connus sous ce nom, niait encore, selon Philastrius, la réalité du jugement dernier (Saint Epiph., *Hæres.* 25 et 26 ; Saint Augustin, *de Hæres.*, c. 5 ; Baronius, *ad an. Chr.* 120).

BORRÉLISTES. Stoupp, dans son *Traité de la religion des Hollandais,* parle d'une secte de ce nom, dont le chef était Adam Borell, Zélandais, qui avait quelque connaissance des langues hébraïque, grecque et latine. Ces *borrélistes,* dit cet auteur, suivent la plus grande partie des opinions des mennonites, quoiqu'ils ne se trouvent point dans leurs assemblées. Leur vie est fort austère ; ils emploient une partie de leur bien à faire des aumônes. Ils ont en aversion toutes les églises, l'usage des sacrements, des prières publiques, et toutes les fonctions extérieures du service de Dieu. Ils soutiennent que toutes les églises qui sont dans le monde ont dégénéré de la pure doctrine des apôtres, parce qu'elles ont souffert que la parole de

Dieu fût expliquée et corrompue par des docteurs qui ne sont pas infaillibles, et qui veulent faire passer pour inspirés leurs catéchismes, leurs confessions de foi, leurs liturgies et leurs sermons, qui sont l'ouvrage des hommes. Ces *borrélistes* prétendent qu'il ne faut lire que la seule parole de Dieu, sans y ajouter aucune explication des hommes.

BOUC ÉMISSAIRE. Dans le chapitre xvi du Lévitique, on voit ce que devait faire le grand prêtre des Juifs à la fête de l'expiation, qui se célébrait le dixième jour du septième mois, appelé *tisri*, et qui répondait au mois de septembre. On amenait au grand prêtre deux *boucs*, qu'il tirait au sort, l'un pour le Seigneur, l'autre pour *Azazel*; celui sur lequel tombait le sort du Seigneur était immolé, et son sang servait pour l'expiation; le grand prêtre mettait ses deux mains sur la tête de l'autre, confessait ses péchés et ceux du peuple, en chargeait, pour ainsi dire, cet animal, qui était ensuite conduit dans le désert et mis en liberté. Par cette raison, celui-ci était nommé *Azazel*, *bouc émissaire*, ou renvoyé: c'est ainsi que les Septante et la Vulgate ont rendu le terme hébreu.

Quelques interprètes ont pensé qu'*Azazel* était le nom du démon, qu'ainsi le *bouc* renvoyé était censé livré à l'ennemi du salut. C'est le sentiment qu'a suivi Spencer dans sa *Dissertation sur le bouc émissaire*, *Traité des lois, cérém. des Juifs*, liv. III. Beausobre s'en est prévalu, pour persuader que l'on trouvait chez les Juifs un vestige de la croyance des deux principes, adoptée par les manichéens (*Hist. du Manich.*, l. v, c. 3, § 6). *Azazel*, dit-il, est certainement le démon, comme Spencer l'a prouvé. Mais les preuves de Spencer sont nulles, et elles sont réfutées dans l'*Hist. univ.*, faite par des Anglais, t. II, dans les *Notes sur la bible de Chais*, *Lévit.* XVI, 8. Beausobre ne pouvait donc en tirer aucun avantage. — D'autres ont cru qu'*Azazel* était le nom d'une montagne, d'un désert, ou d'un précipice vers lequel on conduisait le *bouc* chargé des iniquités du peuple. Tout cela n'est que conjecture. — Spencer pense encore que le culte rendu aux *boucs*, en Egypte et ailleurs, fut une des raisons qui engagèrent Moïse à choisir cet animal pour objet de malédiction, et à le charger des iniquités du peuple; on ne le tuait pas, de peur qu'il ne parût immolé au démon. Il n'est pas étonnant que les cérémonies d'expiation aient été en usage chez tous les peuples et toutes les religions; c'est une preuve que l'on a compris partout la nécessité de se repentir et de satisfaire à la justice divine quand on a péché; mais dans les fausses religions ces cérémonies étaient ordinairement superstitieuses, et souvent c'étaient de nouveaux crimes. Chez les Juifs, au contraire, la cérémonie était non-seulement innocente en elle-même, mais encore destinée à les détourner des pratiques abusives ou criminelles des autres peuples. Vainement l'empereur Julien, que nos incrédules modernes ont copié, prétendait que la cérémonie du *bouc émissaire* était empruntée des païens, que cette victime était offerte aux dieux expiateurs, *diis averruncis*. Saint Cyrille, contre Julien, l. IX, p. 289. Les Juifs ne connurent ces dieux prétendus que quand ils se livrèrent à l'idolâtrie pour imiter leurs voisins. Mais dans la suite des temps ils ajoutèrent à la cérémonie plusieurs circonstances que Moïse n'avait pas ordonnées, et qui pouvaient avoir été empruntées des Chananéens (Prideaux, *Hist. des Juifs*, l. IX, tom. I, p. 354).

Ceux qui ont dit que le *bouc émissaire* était une figure ou un type de Jésus-Christ chargé des iniquités du monde, paraissent avoir assez mal rencontré. Saint Paul, au contraire (*Hebr.* IX, 7, 13, 25), compare le sang du *bouc* immolé en sacrifice, avec lequel le grand prêtre entrait dans le sanctuaire, au sang de Jésus-Christ, qui seul a été capable d'effacer les péchés. *Voy.* EXPIATION.

* BOUDDHA, BOUDDHISME. Depuis longtemps on a accordé une attention particulière à la religion de *Bouddha*, mais malgré les travaux des orientalistes, il n'existe pas encore d'histoire complète sur le bouddhisme. Les calculs les plus véridiques portent la naissance de *Bouddha* à environ 1000 ans avant Jésus Christ. Sa religion se propagea assez lentement d'abord dans les Indes et dans les îles voisines. Ce ne fut que 200 ans avant Jésus-Christ qu'elle prit des accroissements considérables. Elle pénétra en Chine; ses livres furent traduits du sanscrit en chinois. De là elle vint au VIᵉ siècle en Corée et au Japon. Cette croyance pénétra à plusieurs reprises en Buccharie, au Thibet septentrional et dans la Mongolie, où elle se confondit avec la doctrine de Zoroastre, mais de telle sorte que les doctrines de *Bouddha* en sont restées la base. On assure que le *bouddhisme* compte plus de deux cents millions de sectateurs. Ses livres sacrés forment 103 forts volumes.

Ce qui nous intéresse le plus dans le *bouddhisme*, ce sont ses rapports avec le catholicisme. On y a trouvé une grande analogie avec les doctrines chrétiennes. La divinité, selon les bouddhistes, est infinie, toute puissante, douée de bonté et de sagesse, et telle qu'elle ne peut être honorée que par des bonnes œuvres et la méditation intellectuelle. Bouddha est né d'un Dieu et d'une vierge. Il y a une multitude d'êtres supérieurs à l'homme qui habitent le séjour de la gloire.

La morale du *bouddhisme* présente quelque chose de beau. L'enfer est réservé aux criminels et le paradis à la vertu. Pour arriver au séjour du bonheur il faut éviter l'homicide, le mensonge, le blasphème, la calomnie, l'injustice, l'égoïsme, etc., parce que tous les hommes sont frères.

La constitution ecclésiastique des bouddhistes et leur culte somptueux ont depuis longtemps fixé les regards des observateurs. Ils ont vu une telle analogie entre l'organisation du clergé catholique et le culte catholique, qu'ils ont conclu que l'une des deux religions a dû emprunter à l'autre son organisation cléricale et son culte. Nous ne pouvons dans cet article entrer dans les développements que demanderait ce point de critique. On croit généralement que dans son contact avec le catholicisme dans la partie de la haute Asie, le *bouddhisme* a emprunté au catholicisme les formes majestueuses de son culte. Ce qui donne le plus de poids à cette croyance, c'est que c'est surtout au centre de l'Asie, dans le Thibet, que le culte du *bouddhisme* se rapproche le plus du culte catholique.

Nous observerons, en finissant cet article, que la religion du *bouddhisme* telle que nous venons de la présenter, n'est qu'un extrait de ses belles maximes et de ses beaux dogmes, tirés du milieu d'un fatras de maximes insensées et de dogmes incohérents. Car le *bouddhisme* ne forme pas un corps de religion suivi et rationnel. (*Voy.* INDE et le *Dict. des Religions*, édit. Migne.)

BOURIGNONISTES ; nom de secte. On appelle ainsi, dans les Pays-Bas protestants, ceux qui suivent la doctrine d'Antoinette Bourignon, célèbre quiétiste. *Voy.* QUIÉTISME.

BRACHITES, secte d'hérétiques qui parurent dans le troisième siècle. Ils suivaient les erreurs de Manès et des gnostiques.

* BRAHMA, BRAHMISME. *Brahma* est le Dieu suprême des Indous. On n'attend pas de nous que nous fassions l'histoire du brahmisme. Nous nous contenterons de faire connaître les points de la doctrine qui ont de l'analogie avec le christianisme. Il sera facile de comprendre que la tradition primitive lui a servi de base. (*Voy.* le *Dict. des Religions*, édit. Migne.)

Les spéculations sur Dieu, l'univers et les rapports de l'homme et de l'univers avec Dieu sont portées chez les Indiens à un très-haut degré de perfection ; mais la méthode philosophique est partout mêlée à la poésie, de sorte qu'il devient souvent très-difficile de distinguer le fond spéculatif de son enveloppe poétique. Selon les Védas, la force créatrice de l'univers est la pensée de *Brahma*, à qui il a suffi de penser pour créer des mondes, pour qu'ils existassent aussitôt en vertu de son verbe créateur. Après la création de la matière, vient celle de la lumière, du firmament, etc. Un point fondamental de la doctrine des brahmistes, c'est que Dieu a créé tout bien et que l'homme, comme créature libre, est seul coupable du mal moral qui existe. Une conséquence de la chute de l'homme fut la métempsycose, pour punir le pécheur de ses fautes. Touchée de compassion pour les hommes et voulant les ramener à la vertu, la divinité est venue plusieurs fois sur la terre pour les instruire. Elle viendra un jour pour consommer tous les siècles. La chute des esprits a eu un effet visible sur le monde : elle a causé le déluge universel.

Ce simple exposé suffit pour confirmer les rapports qui existent entre la théologie chrétienne et la théologie indienne. Un grand nombre de nos dogmes, attaqués comme absurdes, ridicules, contraires au sens commun, se trouvent ainsi appuyés sur la croyance des peuples dont les doctrines paraissaient diamétralement opposées aux nôtres. « Épuisez le livre de la science, et il en sortira de nouvelles lumières en faveur de notre foi, » dirons-nous aux incrédules.

BRAME, BRAMINE. *Voy.* INDIENS.

BRANDEUM. *Voy.* RELIQUE.

BREF APOSTOLIQUE, lettre adressée de la part du pape à des particuliers ou à des communautés, pour leur accorder des dispenses ou des indulgences, ou simplement pour leur donner des marques d'affection. Ces lettres sont signées par un secrétaire des *brefs*, ou par le cardinal pénitencier.

On nomme aussi *bref*, *ordo*, ou *directoire*, le livre qui contient les rubriques selon lesquelles on doit dire l'office tous les jours de l'année.

BRÉVIAIRE. *Voy.* OFFICE DIVIN.

BROUCOLACAS, terme formé du grec moderne βροῦκος, *boue puante*, et λάκκος, *fosse*, fosse remplie de boue ; les Grecs modernes nomment ainsi les cadavres des excommuniés. Ils sont persuadés que ces cadavres ne peuvent pas se dissoudre ; que le démon s'en empare, les anime, les fait paraître, s'en sert pour effrayer et tourmenter les vivants ; que le seul moyen de s'en délivrer est de déterrer le mort, de lui arracher le cœur, et de le mettre en pièces, ou de brûler le tout, et que l'on trouve ordinairement la fosse remplie de boue. Ils prétendent que souvent ces corps se trouvent enflés, remplis de vent, et font du bruit comme un tambour ; alors ils les nomment θούμπι ou κθούμπι, *tambour*. Ils croient, enfin, que l'absolution, donnée par leurs évêques ou leur pape aux excommuniés, après leur mort, fait tomber en poussière les cadavres. Cette persuasion, autorisée chez eux par une infinité d'histoires, leur fait craindre à l'excès l'excommunication, et sert à les confirmer dans leur schisme.

Tournefort, dans son *Voyage du Levant*, tom. I, pag. 52 et suiv., rapporte un exemple de l'exhumation d'un excommunié, dont il fut témoin dans l'île de Mycon en 1701 ; mais il n'y vit rien autre chose que les effets d'une imagination exaltée et du fanatisme d'un peuple ignorant. Aucune des histoires qui rapportent ces sortes de faits n'est attestée par des témoins oculaires et aussi instruits que l'était Tournefort : il en est de même des histoires de revenants que l'on a faites parmi nous. Pendant plusieurs siècles l'usage a régné dans nos climats de ne point enterrer les excommuniés, mais de jeter leurs cadavres à la voirie, de les couvrir de pierres, ou de les enfermer dans un vieux tronc d'arbre. *Voy.* Ducange, au mot *Imblocatus*; Dom Calmet, *Dissert. sur les revenants*, n. 38 et suiv.; Lenglet, *Traité des visions et des apparitions*, tom. II, p. 171, etc.

BROWNISTES, nom d'une secte qui se forma de celle des puritains, vers la fin du XVI° siècle, en Angleterre ; elle fut ainsi nommée de Robert Brown, son chef.

Ce Robert Brown était d'une assez bonne famille de Rutlandshire, et allié au lord-trésorier Burleigh. Il fit ses études à Cambridge, commença à publier ses opinions et à déclamer contre le gouvernement ecclésiastique à Norwich, en 1580, ce qui lui attira le ressentiment des évêques. Il se glorifiait lui-même d'avoir été pour cette cause mis en trente-deux différentes prisons, si obscures qu'il n'y pouvait pas distinguer sa main, même en plein midi. Par la suite, il sortit du royaume avec ses sectateurs, et se retira à Middelbourg en Zélande, où lui et les siens obtinrent des États la permission de bâtir une église, et d'y servir Dieu à leur manière. Peu de temps après, la division se mit parmi eux. Plusieurs se séparèrent, ce qui dégoûta tellement Brown, qu'il se démit de son office, retourna en Angleterre en 1589, y abjura ses erreurs, et fut élevé à la place de recteur dans une église de Northamptonshire, où il mourut en 1630. — Le changement de Brown entraîna la ruine de l'église de Middelbourg, mais les semences de son systême ne furent pas si aisées à détruire en Angleterre. Sir Walter Raleigh, dans un discours composé en 1692, compte déjà jusqu'à vingt mille personnes imbues des opinions de Brown. — Ses sectateurs rejetaient toute espèce d'autorité ecclésiastique, voulaient que le gouvernement de l'Eglise fût entièrement démocratique. Parmi eux, le ministère évangélique était une simple commission révocable; chacun des membres de la société avait le droit de faire des exhortations et des questions sur ce qui avait été prêché. — Les *indépendants*, qui se formèrent par la suite d'entre les *brownistes*, adoptèrent une partie de ces opinions.

La reine Elisabeth poursuivait vivement cette secte. Sous son règne les prisons furent remplies de *brownistes*; il y en eut même quelques-uns de pendus. La commission ecclésiastique et la chambre étoilée sévirent contre eux avec tant de vigueur, qu'ils furent obligés de quitter l'Angleterre. Plusieurs familles se retirèrent à Amsterdam, où elles formèrent une Eglise, et choisirent pour pasteur Johnson, et après lui Ainsworth, connu par un commentaire sur le Pentateuque. On compte parmi leurs chefs Barow et Wilkinson. Leur Eglise s'est soutenue pendant environ cent ans.

BRUTES. *Voy.* ANIMAUX.

BULGARES, hérétiques qui semblèrent avoir ramassé différentes erreurs des autres hérésies pour en composer leur croyance, et dont la secte et le nom comprenaient les patarins, les cathares, les bogomiles, les joviniens, les albigeois et d'autres hérétiques. Les *bulgares* tiraient leur origine des manichéens, et ils avaient emprunté leurs erreurs des Orientaux et des Grecs leurs voisins, sous l'empire de Basile le Macédonien, dans le IXᵉ siècle. Ce mot de *bulgares*, qui n'était qu'un nom de nation, devint en ce temps-là un nom de secte, et ne signifia pourtant d'abord que ces hérétiques de Bulgarie; mais ensuite cette même hérésie s'étant répandue en plusieurs endroits, avec quelque différence dans les opinions, le nom de *bulgares* devint commun à tous ceux qui en furent infectés. Les pétrobrusiens, disciples de Pierre de Bruis, qui fut brûlé à Saint-Gilles en Provence, les vaudois, sectateurs de Valdo de Lyon, un reste même des manichéens qui s'étaient longtemps cachés en France, les henriciens, et tels autres novateurs qui, dans la différence de leurs dogmes, s'accordaient tous à combattre l'autorité de l'Eglise romaine, furent condamnés en 1176, dans un concile tenu à Lombez, dont les actes se lisent au long dans Roger de Hoveden, historien d'Angleterre : il rapporte les dogmes de ces hérétiques, qui tenaient, entre autres erreurs, qu'il ne fallait croire que le nouveau Testament; que le baptême n'était point nécessaire aux petits enfants, que les maris qui vivaient conjugalement avec leurs femmes ne pouvaient être sauvés; que les prêtres qui menaient une mauvaise vie ne consacraient point; qu'on ne devait obéir ni aux évêques, ni aux ecclésiastiques qui ne vivaient point selon les canons; qu'il n'était point permis de jurer en aucun cas, et quelques autres articles qui n'étaient pas moins erronés. Ces malheureux ne pouvant subsister sans chef, se firent un souverain pontife qu'ils appelèrent *pape*, et qu'ils reconnurent pour leur premier supérieur, auquel tous les autres ministres étaient soumis; et ce faux pontife établit son siège dans la Bulgarie, sur les frontières de Hongrie, de Croatie, de Dalmatie, où les albigeois qui étaient en France allaient le consulter et recevoir ses décisions. Régnier ajoute que ce pontife prenait le titre d'évêque et de fils aîné de l'Eglise des *bulgares*. Ce fut alors que ces hérétiques commencèrent d'être nommés tous généralement du nom commun de *bulgares*, nom qui fut bientôt corrompu dans la langue française qu'on parlait alors; car, au lieu de *bulgares*, on dit d'abord *bougares* et *bouguers*, dont on lit le latin *bugari* et *bugeri*; et de là un mot très-sale en notre langue, qu'on trouve dans les histoires anciennes appliqué à ces hérétiques, entre autres dans une histoire de France manuscrite, qui se garde dans la bibliothèque du président de Mesmes, à l'année 1225, et dans les ordonnances de saint Louis, où l'on voit que ces hérétiques étaient brûlés vifs lorsqu'ils étaient convaincus de leurs erreurs. Comme ces misérables étaient fort adonnés à l'usure, on donna dans la suite le nom dont on les appelait à tous les usuriers, comme le remarque Ducange. Marca, *Hist. de Béarn*; La Faille, *Annales de la ville de Toulouse*; *Abrégé de l'ancienne Histoire*.

BULLE, rescrit du souverain pontife. Nous n'avons à parler que des *bulles* adressées à toute l'Eglise, pour accorder aux fidèles l'indulgence du jubilé, ou pour condamner des erreurs en fait de doctrine; celles qui sont expédiées pour la nomination des bénéfices regardent les canonistes.

Les *bulles* d'indulgence pour le jubilé sont différentes des brefs ordinaires d'indulgence, en ce que les premières sont adressées à tous les fidèles, accordent à tous ceux qui satisferont aux conditions prescrites une indulgence plénière, à tous les confesseurs approuvés le pouvoir d'absoudre des cas réservés, de commuer les vœux simples, etc. Il est d'usage en France que ces *bulles* soient visées par les évêques, et adressées par eux à leurs diocésains. *Voy.* INDULGENCE, JUBILÉ.

Les *bulles* concernant la doctrine sont aussi adressées à tous les fidèles, et sont souvent appelées *constitutions*. Elles énoncent le jugement porté par le souverain pontife sur la doctrine qui lui a été dénoncée. Lorsqu'elles ont été acceptées, soit par une déclaration formelle des évêques, soit par leur acquiescement tacite, elles sont censées énoncer le sentiment de l'Eglise universelle; elles ont force de loi dogmatique, comme si ce jugement avait été porté dans un concile général. La réclamation même d'un petit nombre d'évêques, opposés à l'acceptation de leurs confrères, ne peut former aucun préjugé contre la décision, de même que leur opposition dans un concile n'aurait aucune force contre le suffrage du très-grand nombre.

Les évêques, établis par Jésus-Christ pour enseigner, ne sont pas les maîtres de s'assembler toutes les fois qu'ils le jugeraient nécessaire; le gouvernement de l'Eglise serait donc très-défectueux si elle ne pouvait déclarer sa croyance autrement que par la décision d'un concile. Peut-elle parler plus hautement que par l'organe de son chef, auquel tous les évêques sont censés unis de croyance, dès qu'ils ne réclament pas? Si la décision leur paraissait fausse, leur silence serait une prévarication et un piège inévitable d'erreur pour les fidèles. *Voy.* Constitution.

Bulle *In cœna Domini*. On appelle ainsi une *bulle* qui se lisait publiquement à Rome tous les ans, le jour du jeudi-saint, par un cardinal-diacre, en présence du pape, accompagné des autres cardinaux et des évêques; on ne sait pas quel en est le premier auteur. — Cette *bulle* porte la peine d'excommunication contre tous les hérétiques, les contumaces et les réfractaires qui désobéissent au saint-siège. Après la lecture, le pape prenait un flambeau allumé et le jetait dans la place publique, pour marque d'anathème. Dans la *bulle* de Paul III, de l'an 1536, il est dit au commencement que c'est une ancienne coutume des souverains pontifes de publier cette excommunication le jour du jeudi-saint, pour conserver la pureté de la religion chrétienne, et pour entretenir l'union entre les fidèles; mais on n'y voit pas l'origine de cette cérémonie. — Les censures de la *bulle In cœna Domini* regardent principalement les hérétiques et leurs fauteurs, les pirates et les corsaires, ceux qui falsifient les *bulles* et les autres lettres apostoliques; ceux qui maltraitent les prélats de l'Eglise; ceux qui troublent ou veulent restreindre la juridiction ecclésiastique, même sous prétexte d'empêcher quelques violences, quoiqu'ils soient conseillers ou procureurs généraux des princes séculiers, soit empereurs, rois ou ducs; ceux qui usurpent les biens de l'Eglise, etc. Ces dernières clauses ont donné lieu à plusieurs théologiens et aux jurisconsultes de soutenir que cette *bulle* tendait à établir indirectement le pouvoir des papes sur le temporel des rois. Tous les cas dont nous venons de parler y sont déclarés *réservés;* en sorte que nul prêtre n'en puisse absoudre, si ce n'est à l'article de la mort.

Le concile de Tours, en 1510, déclara la *bulle In cœna Domini* insoutenable à l'égard de la France; nos rois ont souvent fait protester contre cette *bulle*, en ce qui regarde leurs droits, ceux de leurs officiers, et les libertés de l'Eglise gallicane. En 1580, quelques évêques, pendant le temps des vacations du parlement, voulurent faire recevoir dans leurs diocèses la *bulle In cœna Domini*. Le procureur général en forma sa plainte; le parlement ordonna que tous les archevêques et évêques qui auraient reçu cette *bulle*, et ne l'auraient pas publiée, eussent à l'envoyer à la cour; que ceux qui l'auraient fait publier fussent ajournés, et leur temporel saisi; que quiconque s'opposerait à cet arrêt fût réputé rebelle et criminel de lèse-majesté. (Mézerai, *Histoire de France* sous le règne de Henri III.) — Le pape Clément XIV a suspendu la publication de cette *bulle* en 1773; il est à présumer que la crainte d'indisposer les souverains empêchera cette publication dans la suite.

Bulle *Unigenitus. Voy.* Unigenitus.

C

CABALE ou plutôt CABBALE, mot hébreu qui signifie *tradition*. Sous ce nom, les Juifs ont formé une vaine science qui n'est qu'un tissu de rêveries. Nous n'en parlons que pour en faire comprendre l'absurdité, et pour réfuter une accusation fausse, intentée à ce sujet contre les Pères de l'Eglise. Voici, selon l'opinion de la plupart des savants, quelle a été l'origine de la *cabbale*.

Les Chaldéens, qui ne pouvaient comprendre qu'un seul Dieu fût l'auteur de tous les phénomènes de la nature, du bien et du mal qui en arrivent aux hommes, imaginèrent une multitude d'intelligences, de génies ou d'esprits, les uns bons, les autres mauvais, auxquels ils attribuèrent tout ce qui arrive ici-bas. Ils se persuadèrent que l'homme pouvait entrer en commerce avec eux, se concilier la bienveillance des bons esprits, et par leur secours vaincre ou écarter l'influence des génies malfaisants. Telle a été, chez tous les peuples l'origine du polythéisme, du culte rendu à de prétendus dieux inférieurs.

Pour invoquer le secours des bons génies, pour gagner leur affection, il était essentiel de savoir leurs noms; l'on en forgea, et l'on crut que la prononciation de ces noms avait la force d'évoquer les bons génies, de les faire agir, de mettre en fuite les mauvais esprits. De là vient la superstition des *mots efficaces*, par lesquels on croyait pouvoir opérer des prodiges, la confiance aux talismans ou aux médailles sur lesquels ces mots mystérieux étaient gravés, etc. Ainsi la combinaison des lettres de l'alphabet et des nombres d'arithmétique, les différentes manières de tourner et décomposer un mot, devinrent un art auquel s'appliquèrent sérieusement les esprits curieux et crédules. — On ne peut guère douter que les Juifs n'aient fondé sur ce préjugé l'opinion qui règne parmi eux que la prononciation du mot hébreu de Dieu peut opérer des miracles ; de là encore la superstition qu'ont eue leurs docteurs d'en changer les points voyelles, pour que la vraie prononciation de ce mot fût ignorée; de l'appeler ineffable, etc. Ils ont forgé un art prétendu de décomposer les mots de l'Ecriture sainte, de trouver la valeur numérique des lettres, de fonder là-dessus des mystères et des dogmes qu'ils croient sérieusement. Leurs *sephirots* ne paraissent être autre chose qu'une liste et une généalogie des intelligences ou des génies, selon la méthode des Chaldéens.

Comme Platon admettait aussi des génies ou dieux inférieurs pour gouverner le monde, et que Pythagore attribuait aux nombres une vertu merveilleuse, les premiers philosophes qui eurent connaissance du christianisme firent un mélange des idées chaldéennes, judaïques et platoniciennes, et voulurent y accommoder les dogmes prêchés par les apôtres. De là les *éons* des valentiniens, la prétendue science cachée des gnostiques, la magie, dont la plupart des anciens hérétiques firent profession. Cet entêtement se perpétua parmi les philosophes éclectiques du III° et du IV° siècle; il se renouvela lorsque les Arabes apportèrent en Europe la philosophie de Pythagore et de Platon; l'on a vu même dans le XVII° siècle des hommes qui avaient entrepris de faire revivre les folles imaginations des cabalistes juifs.

Ainsi s'est formée, selon la plupart des critiques, la *cabbale* des juifs. Plusieurs protestants, comme Basnage, Mosheim, Brucker, n'ont pas manqué d'observer que le génie cabalistique, né en Egypte chez les esséniens et les thérapeutes juifs, se glissa promptement dans le christianisme; que les différentes sectes en étaient infectées, que les Pères de l'Eglise même ne surent pas s'en préserver. De là, disent ces profonds raisonneurs, est venu le goût des Pères pour les interprétations allégoriques de l'Ecriture sainte; de là sont nées les opinions philosophiques qui, de siècle en siècle, ont été mêlées avec la théologie chrétienne. Pour pousser cette belle idée jusqu'où elle peut aller, il restait aux incrédules à dire que Jésus-Christ lui-même a suivi le goût cabalistique, en se servant de paraboles pour instruire le peuple, et que l'auteur de l'Apocalypse en a donné des leçons, c. XIII, v. 18, en nous invitant à compter les lettres et les chiffres du nom de la bête.

Un savant de l'Académie des inscriptions, *Mém.*, t. XIII, in-12, p. 58, a parlé plus sensément de la *cabbale* juive et de son origine; Mosheim et Brucker auraient dû profiter de ses réflexions. Le tableau qu'il a tracé de cette folle science est des plus énergiques. « Principes faux ou incertains, dit-il, maximes superstitieuses, interprétations arbitraires, allégories forcées, abus manifestes des livres saints, mystères recherchés dans les événements, dans les objets réels et dans les symboles; vertus attribuées à des jeux d'imagination sur les mots, sur les lettres, sur les nombres; attention à consulter les astres, commerce prétendu avec les esprits, récits fabuleux, histoires ridicules : tout y respire l'imposture et la séduction. » L'on nous dispensera de croire que les meilleurs esprits de l'antiquité les philosophes chaldéens et égyptiens, Pythagore et Platon, et surtout les Pères de l'Eglise, ont été tous entêtés plus ou moins de ce chaos d'absurdités. — En effet, le docte académicien s'attache à les en disculper. Il fait voir que la *cabbale* juive n'a qu'un rapport très-éloigné et très-imparfait avec les idées astrologiques des Chaldéens, avec les nombres de Pythagore, avec les *abraxas* ou talismans des basilidiens; que les *éons* de Valentin ressemblent encore moins aux *séphirots* de la *cabbale* qu'aux générations divines de Sanchoniathon. Nous ajoutons que l'on peut retrouver les mêmes erreurs et les mêmes préjugés chez les Indiens, chez les Chinois, même chez les sauvages de l'Amérique; sans doute, ces derniers ne sont pas allés les chercher en Egypte. C'est un entêtement ridicule de vouloir trouver dans un seul lieu de l'univers la source des opinions vraies ou fausses qui viennent naturellement dans l'esprit de tous les peuples. — Il observe très-judicieusement que le goût des anciens pour les symboles, les hiéroglyphes, les allégories, est venu de la nécessité, de la tournure de l'imagination des Orientaux, et non du dessein de cacher la vérité au vulgaire, comme nos philosophes modernes l'ont rêvé; qu'il n'est pas étonnant que les Pères de l'Eglise, et même les écrivains sacrés, se soient conformés à ce goût dominant; tous les savants et tous les sages étaient forcés d'y avoir égard, puisque autrement ils n'auraient pas pu se faire écouter. Croirons-nous que les Péruviens et d'autres peuples de l'Amérique se sont servis d'hiéroglyphes au défaut d'écriture, afin de ne pas être entendus de tout le monde ? — Le savant académicien prouve que la *cabbale* n'est pas ancienne, même parmi les juifs; vainement on a cru en trouver des vestiges et un faible commencement dans le Talmud, compilé au VI° siècle; alors les juifs ne cultivaient point d'autre science que celle de leur religion; ainsi la *cabbale* n'a pu naître chez eux que vers le X° siècle. En effet, le rabbin Haï Gaon, mort l'an 1037 ou 1038, est le premier auteur dans les ouvrages duquel la *cabbale* soit clairement énoncée. On doit en conclure que les premières semences de cet art ridicule sont venues des philosophes arabes, et qu'elles ont été communiquées aux Juifs dans le temps que ceux-ci vivaient sous la domination des Sarrasins, par conséquent dans les VIII°, IX° et X° siècles. C'est depuis cette époque seulement que les Juifs ont commencé à cultiver les sciences profanes, en particulier l'astrologie et la grammaire.

Ainsi se trouvent détruites, par des preuves positives, toutes les fausses conjectures des critiques protestants, et leur pompeux système touchant les effets contagieux de la philosophie orientale, dans laquelle ils ont cru trouver l'origine de toutes les opinions de l'univers, vraies ou fausses; système éblouissant au premier coup d'œil, et soutenu d'un grand appareil d'érudition, mais dont le fond ne porte sur rien.

CADAVRE. Selon la loi des Juifs, quiconque avait touché un *cadavre* était souillé; il devait se purifier avant de se présenter au tabernacle du Seigneur (*Num.* xix, 11 et suiv.). Quelques censeurs des lois de Moïse ont jugé que cette ordonnance était superstitieuse; il nous paraît au contraire qu'elle était très-sage. 1° C'était une précaution contre la superstition des païens, qui interrogeaient les morts pour apprendre d'eux l'avenir ou les choses cachées; abus sévèrement interdit aux Juifs (*Deut.* xviii, 11), mais qui a régné chez la plupart des nations. La coutume qu'avaient les Egyptiens de conserver les momies pouvait y donner lieu, et ce n'était pas un exemple à imiter. 2° Cette loi tendait à inspirer plus d'horreur pour le meurtre. Quand on sait combien ce crime est commun chez les peuples mal policés, on n'est pas tenté de blâmer un législateur qui prend tous les moyens possibles pour le prévenir. Dans les climats aussi chauds que la Palestine, il y a du danger à garder longtemps un *cadavre* sans lui donner la sépulture; il était donc très à propos d'engager les Juifs à ensevelir promptement les morts et à se purifier après les avoir touchés. Depuis que les mahométans ont négligé de prendre les mêmes précautions et d'observer la même propreté que les Juifs et les Egyptiens, l'Asie et l'Egypte sont devenus le foyer de la peste. Si l'on connaissait mieux les anciennes mœurs, les dangers relatifs aux climats, les erreurs et les désordres dont Moïse était environné, on n'aurait plus la témérité de blâmer aucune de ses lois.

CAIANISTES. *Voy.* MONOPHYSITES.

CAIN, fils aîné d'Adam, et meurtrier de son frère Abel. L'indulgence avec laquelle Dieu traita ce malheureux après son crime est digne d'attention; elle a été remarquée par plusieurs Pères de l'Eglise. Déchiré par les remords, tremblant pour sa propre vie, *Caïn* était prêt à se livrer au désespoir; Dieu daigne le rassurer, et se contente de lui faire expier son crime par une vie errante. Ce trait de miséricorde et une infinité d'autres que rapportent les livres saints, étaient nécessaires sans doute pour donner aux pécheurs des espérances de pardon, et pour les empêcher de devenir plus redoutables par les fureurs du désespoir.

C'est donc très-mal à propos qu'un incrédule moderne a été scandalisé de l'indulgence avec laquelle Dieu a traité le fratricide. Ce crime ne demeura pas impuni, puisque le coupable fut condamné à mener une vie errante sur la terre. — Il demande comment *Caïn* pouvait lui dire pour lors: *Quiconque me trouvera me tuera* (*Gen.* iv, 14). C'est l'expression de la frayeur. Il est incertain si Adam n'avait pas déjà un grand nombre d'enfants, si Abel même n'en avait pas laissé; *Caïn* pouvait donc redouter la vengeance de ses neveux, ou plutôt il paraît évident que l'an 130 du monde, peu avant la naissance de Seth, Adam et Eve avaient eu un grand nombre d'enfants et de petits-enfants dont l'Ecriture ne parle point. Quant à ce que dit Josèphe, que *Caïn* devint chef d'une troupe de brigands, c'est une conjecture qui n'est point fondée sur l'histoire sainte, et qui ne mérite aucune attention. Dès ce moment le nom de *Caïn* n'est plus prononcé dans l'Ancien Testament.

Il est dit que Dieu lui imprima un signe pour empêcher qu'il ne fût tué; quelques auteurs se sont persuadé que Dieu avait changé la couleur du visage de *Caïn*, l'avait rendu noir, que de là est venue la race des nègres. C'est une vaine imagination; ces écrivains ne se sont pas souvenus qu'à l'époque du déluge universel toute la race humaine a été formée de la postérité de Noé. De là un incrédule de nos jours a pris occasion de déclamer contre les commentateurs des livres saints; mais faut-il attribuer aux commentateurs en général la méprise d'un ou de deux particuliers? Quelques interprètes traduisent ainsi le texte hébreu: *Dieu fit un signe ou un miracle devant* Caïn, *pour l'assurer qu'il ne serait pas tué.* D'autres: *Dieu disposa l'avenir pour* Caïn, *de manière qu'il ne fût pas tué par quiconque le rencontrerait.* Un écrivain qui entend très-bien l'hébreu a donné récemment des réponses solides à d'autres objections que l'on peut faire contre l'histoire de *Caïn.* (*Réponse critique*, etc., t. IV, p. 1.)

CAINITES, hérétiques du iie siècle, qui rendaient des honneurs extraordinaires à Caïn et aux autres personnages que l'Ecriture nous peint comme les plus méchants des hommes, tels que les Sodomites, Esaü, Coré, Judas, etc. C'était une branche des gnostiques, qui joignait aux mœurs les plus corrompues des erreurs monstrueuses. Comme ils admettaient un principe supérieur au Créateur, plus sage et plus puissant que lui, ils disaient que Caïn était enfant du premier, et Abel une production du second. Ils soutenaient que Judas était doué d'une connaissance et d'une sagesse supérieures; qu'il n'avait livré Jésus-Christ aux Juifs que parce qu'il prévoyait le bien qui devait en arriver aux hommes; conséquemment ils lui rendaient des actions de grâces et des honneurs, et avaient un Evangile sous son nom; ce qui leur fit donner aussi le nom de *judaïtes.* — Ils rejetaient l'ancienne loi et le dogme de la résurrection future; ils exhortaient les hommes à détruire les ouvrages du Créateur, et à commettre toutes sortes de crimes; soutenaient que les mauvaises actions conduisaient au salut. Ils supposaient des anges qui président au péché, et qui aident à le commettre; ils les invoquaient et leur rendaient un culte. Enfin, ils faisaient consister la perfection à se dépouiller de tout sentiment de pudeur, et à commettre sans honte les actions les plus infâmes. Tertullien nous apprend qu'ils enseignaient encore des erreurs sur le baptême. — La plupart de leurs opinions étaient renfermées dans un livre qu'ils nommaient l'*Ascension de saint Paul*, où, sous prétexte des révélations faites à cet apôtre, dans son ravissement au ciel, ils enseignaient leurs impiétés et leurs blasphèmes.

Une femme de cette secte, nommée *Quintille*, vint en Afrique du temps de Tertullien, et y pervertit plusieurs personnes; on appela *quintillianistes* les sectateurs qu'elle forma: il paraît qu'elle ajoutait encore d'horribles pratiques aux infamies des *caïnites*.

On aurait peine à se persuader qu'une secte entière ait pu pousser à cet excès la démence et la dépravation, si ce fait n'était pas attesté par les Pères de l'Église les plus respectables; mais saint Irénée, Tertullien, saint Épiphane, Théodoret, saint Augustin, en parlent de même; et les deux premiers étaient témoins contemporains. Les égarements des fanatiques qui ont paru dans les derniers siècles, rendent croyables ceux que l'on attribue aux anciens. Hornebec, *Controv.*, p. 390, parle d'un anabaptiste qui pensait sur Judas comme les *caïnites*. Lorsque l'esprit est entraîné par la dépravation du cœur, il n'est point d'erreur ni d'impiété dont l'homme ne soit capable.

CALCÉDOINE. *Voy.* Chalcédoine.

* CALENDRIER RÉPUBLICAIN. La Convention nationale, usant de sa toute-puissance, voulant, disait-elle, que la régénération fût complète, et afin que les années de liberté et de gloire de la nation française marquassent encore plus par leur durée dans l'histoire des peuples que ses années d'esclavage et d'humiliation dans l'histoire des rois, abolit le calendrier grégorien pour lui substituer le républicain. Ne tenant compte ni des idées chrétiennes, ni du sentiment de tous les peuples relatif à la division du temps en sept jours, elle divisa l'année en douze mois égaux chacun de trente jours, et chaque mois en trois séries nommées décades, chacune de dix jours. Pour compléter l'année solaire, il devait y avoir chaque année cinq jours supplémentaires qui reçurent ce nom, après avoir d'abord porté celui de *sans-culottides*. Chaque quatre ans il y avait un sixième jour supplémentaire nommé la *Franciade*. Le premier des sans-culottides fut consacré à la Vertu; le second, au Génie; le troisième, au Travail; le quatrième, à l'Opinion; le cinquième fut la fête des Récompenses; aux années sextiles, le sixième fut la fête de la Révolution.

Comme si on avait voulu tout matérialiser, on attacha aux jours des idées exclusivement matérielles. Ainsi, pour citer un exemple, on eut: Vendémiaire; *primidi, raisin; duodi, safran; tridi, châtaigne; quartidi, colchique; quintidi, cheval; sextidi, balsamine; septidi, carotte; octidi, amarante; nonidi, panais; décadi, cuve.*

Le calendrier républicain avait été composé en hostilité ouverte contre toute idée chrétienne; lorsque Napoléon rétablit le culte catholique en France, il fut impossible de conserver cette division du temps. Un décret du 21 fructidor an XIII fit entièrement disparaître ce calendrier inutile depuis longtemps. (*Voy.* la Concordance des calendriers républicain et grégorien, au tom. I du Dict. de Jurisp. civ. ecclés., art. Calendrier, et Dict. de Chronol., *ad calcem*, édit. Migne.)

CALICE, coupe, vase à boire; ce terme est souvent employé par les écrivains sacrés dans un sens métaphorique, fondé sur les anciens usages. Comme on mettait dans une coupe les petites boules, les fèves ou les billets dont on se servait pour tirer au sort, *calice* signifie souvent le sort, la portion d'héritage échue à quelqu'un par le sort. Psaume x, v. 7, le feu, le soufre, les vents orageux, seront la portion du *calice* des impies. Psaume xv, v. 5, il est dit: Le Seigneur est la portion de mon héritage et de mon *calice*, c'est-à-dire, la portion d'héritage qui m'est échue par le sort.

Par une métaphore semblable, les écrivains hébreux emploient, pour désigner l'héritage ou la possession d'un homme, le *cordeau* ou la *perche*, avec lesquels on mesurait la portion de chacun des héritiers. Dans le psaume civ, v. 1, le *cordeau* de votre héritage; dans le psaume lxxiii, v. 2, la *verge* ou la *perche* de votre héritage, signifient votre portion, ce que vous possédez. — Dans un autre sens, *calice* signifie un breuvage, une potion bonne ou mauvaise; les bienfaits de Dieu sont comparés à une potion douce et agréable, ses châtiments à un breuvage amer qu'il faut avaler. Psaume lxxiv, v. 9, il est dit que le Seigneur tient dans sa main un *calice* de vin mêlé d'amertume, qu'il en verse de côté et d'autre, que les pécheurs en boiront jusqu'à la lie. Jérémie, chap. xxv, v. 15, dit: *Le* calice *du vin de la colère du Seigneur*, etc. — Jésus-Christ demanda à deux de ses apôtres: *Pouvez-vous boire le* calice *que je dois avaler* (*Matth.* xx, 22): l'ouvez-vous supporter les souffrances qui me sont réservées?

L'usage était autrefois, et il subsiste encore parmi le peuple des campagnes, à la fin des repas de cérémonie, de verser aux conviés du vin à la ronde, de boire à la santé les uns des autres, de remercier l'hôte, qui, de son côté, leur répond des choses obligeantes, de se lever ensuite de table, et de rendre grâces à Dieu. Chez les anciens on buvait à la ronde dans la même coupe en signe de fraternité. Conséquemment cette coupe ét it appelée la *coupe de bénédiction* ou de souhaits heureux, la *coupe d'actions de grâces*, la *coupe de satiété, calix inebrians*; la *coupe de santé*, parce qu'on la prenait encore pour faciliter la digestion. Prendre la coupe de santé, *calicem salutaris*, et invoquer le nom du Seigneur (*Ps.* cxv, v. 13), c'était remercier Dieu de ses bienfaits. Chez les personnes riches, cette coupe était d'or, et quelquefois garnie de pierreries, c'était une marque d'opulence. Le psalmiste s'écrie: « Que ma coupe de satiété est belle! *Calix meus inebrians, quam præclarus est!* » Psaume xxii, v. 5: Que mon sort est heureux! — Dans les repas destinés à cimenter une alliance, ou à la fin d'un sacrifice, on ne manquait pas de boire à la coupe d'actions de grâces et de bénédictions; c'était alors la *coupe d'alliance* et d'amitié; dans ceux qui se faisaient après les obsèques d'un mort, c'était la *coupe de consolation* (*Jérém.* xvi, 7). — Jésus-Christ, après sa dernière cène, daigna faire allusion à ces divers usages: *Il prit une coupe pleine de vin, la bénit, rendit grâces à Dieu, en fit boire à tous ses apôtres, et leur dit: Ceci est la coupe de mon sang et d'une nouvelle alliance; faites ceci en mémoire de moi*, etc.

(*Matth.* XXVI, 28; *Luc*, XXII, 20). Ainsi, selon l'intention du Sauveur, cette action est un symbole de reconnaissance envers Dieu, et d'action de grâces, d'alliance avec Jésus-Christ, de participation à son sacrifice, de fraternité entre les hommes, de santé pour nos âmes; l'eucharistie ne remplirait pas parfaitement toutes ces significations, si ce n'était rien de plus que la cérémonie faite par les anciens; encore moins pourrait-elle produire les effets pour lesquels Jésus-Christ l'a instituée.

CALICE, se dit particulièrement de la coupe ou du vase dans lequel on consacre le vin de l'eucharistie. Le vénérable Bède pense que le *calice* dont Jésus-Christ se servit dans la dernière cène était une coupe à deux anses, et contenait une chopine; que ceux dont on s'est servi dans les premiers siècles étaient de la même forme. Plusieurs étaient de bois ou de verre; le pape Zéphirin, ou, selon d'autres, Urbain I*er*, ordonna qu'on les fît d'or ou d'argent; Léon IV défendit d'employer des *calices* d'étain ou de verre; le concile de Calchut ou Celcyth en Angleterre renouvela la même défense l'an 787. — Les *calices* des anciennes églises pesaient au moins trois marcs; l'on en voit dans les trésors et les sacristies de plusieurs églises qui sont d'un poids encore plus considérable. Il y en a même dont il paraît que l'on n'a jamais pu se servir, à cause de leur volume, et qui sont probablement des dons faits par les princes pour servir d'ornement. Hornius, Lindan et Beatus Rhénanus disent qu'ils ont vu, en Allemagne, d'anciens *calices* auxquels on avait ajusté, avec beaucoup d'art, un tuyau, qui servait aux laïques pour recevoir l'eucharistie sous l'espèce du vin. *Voy. l'Ancien Sacramentaire de l'Eglise*, par Grandcolas, pag. 92 et 728; Bona, *de Reb. liturg.*, l. I, c. 25.

L'abbé Renaudot, dans sa *Collection des liturgies orientales*, observe avec raison que l'ancienne coutume de l'Eglise, de consacrer par des prières et par des onctions les *calices* et les autres vases destinés à contenir l'eucharistie, le soin de les renfermer et d'empêcher qu'ils ne servent à des usages profanes, est une attestation assez claire de la croyance générale touchant la présence réelle de Jésus-Christ dans l'eucharistie. Si on avait regardé ce sacrement du même œil que les calvinistes, on aurait dit la messe comme ils font la cène, avec des vases ordinaires, sans y attacher aucune idée de sainteté ni de respect; mais on n'a tenu cette conduite dans aucune communion chrétienne. Il prouve que de tous temps les Orientaux ont eu beaucoup de respect pour les *calices* et les autres vases sacrés; qu'ils les ont faits d'or et d'argent, autant qu'ils l'ont pu; qu'ils ont des bénédictions et des prières propres pour leur consécration (*Liturg. orient. Collect.*, t. I, p. 102). Cette discipline n'est donc pas une nouvelle institution faite par l'Eglise romaine, comme les protestants l'ont prétendu.

CALIXTINS, sectaires qui s'élevèrent en Bohême au commencement du XV*e* siècle. On leur donna ce nom parce qu'ils soutenaient la nécessité du *calice* ou de la communion sous les deux espèces, pour participer à la sainte eucharistie.

Immédiatement après le supplice de Jean Hus, dit M. Bossuet, on vit deux sectes s'élever en Bohême sous son nom, les *calixtins* sous Roquesane, les *taborites* sous Ziska. La doctrine des premiers consistait d'abord en quatre articles. Le premier concernait la *coupe*, ou la communion sous l'espèce du vin : les trois autres regardaient la correction des péchés publics et particuliers, sur laquelle ils portaient la sévérité à l'excès, la prédication libre de la parole de Dieu, qu'ils ne voulaient pas que l'on pût défendre à personne, et les biens de l'Eglise contre lesquels ils déclamaient. Ces quatre articles furent réglés dans le concile de Bâle d'une manière dont les *calixtins* parurent contents; la coupe leur fut accordée sous certaines conditions dont ils convinrent. — Cet accord s'appela *compactum*, nom célèbre dans l'histoire de Bohême. Mais une partie des hussites, qui ne voulut pas s'y tenir, commença, sous le nom de *taborites*, les guerres sanglantes qui dévastèrent la Bohême. L'autre partie des hussites, nommée des *calixtins*, qui avaient accepté l'accord, ne s'y tint pas; au lieu de déclarer, comme on en était convenu à Bâle, que la coupe n'est pas nécessaire, ni commandée par Jésus-Christ, ils en pressèrent la nécessité, même à l'égard des enfants nouvellement baptisés. A la réserve de ce point, ils convenaient de tout le dogme avec l'Eglise romaine, et ils auraient reconnu l'autorité du pape, si Roquesane, piqué de n'avoir pas obtenu l'archevêché de Prague, ne les avait entretenus dans le schisme. — Dans la suite, une partie d'entre eux jugea qu'ils avaient trop de ressemblance avec l'Eglise romaine; ceux-ci voulurent pousser plus loin la réforme, et firent, en se séparant des *calixtins*, une nouvelle secte, qui fut nommée les *frères de Bohême*. (*His. des Variat.*, l. XI, n. 168 et suiv.)

Les *calixtins* paraissent avoir subsisté jusqu'au temps de Luther, auquel ils se réunirent la plupart; et quoique cette secte n'ait jamais été fort nombreuse, on prétend qu'il s'en trouve encore quelques-uns répandus en Pologne. Mosheim pense que les taborites, devenus moins furieux qu'ils ne l'avaient été d'abord, se réunirent aussi à Luther et aux autres réformateurs, membres bien dignes, sans doute, de former une nouvelle Eglise de Jésus-Christ.

CALIXTINS, est encore le nom que l'on donne à quelques luthériens mitigés qui suivent les opinions de Georges Calixte ou *Caliste*, théologien célèbre parmi eux, qui mourut vers le milieu du XVI*e* siècle. Il combattait le sentiment de saint Augustin sur la prédestination, la grâce et le libre arbitre; ses disciples sont regardés comme semi-pélagiens. — Calixte soutenait qu'il y a dans les hommes un certain degré de connaissance naturelle et de bonne volonté, et que, quand ils usent bien de ces facultés, Dieu ne manque pas de leur donner tous les moyens nécessaires pour arriver à la perfection de la vertu, dont la révélation nous montre le chemin. Selon le dogme catholique, au contraire, l'homme ne peut faire, d'aucune faculté naturelle, un usage utile au salut, que par le secours d'une grâce qui nous prévient, opère en nous et avec nous. C'est une maxime universellement reconnue, que le simple désir de la grâce est déjà un commencement de grâce. On prétend que les ouvrages qu'il a laissés sont très-médiocres, malgré les éloges pompeux que lui ont donnés les protestants. Au reste, il était plus modéré que la plupart de ses confrères ; il avait formé le projet, sinon de réunir ensemble les catholiques, les luthériens et les calvinistes, du moins de les engager à se traiter mutuellement avec plus de douceur, et de se tolérer les uns et les autres. Ce dessein lui attira la haine d'un grand nombre de théologiens de sa secte ; ils écrivirent contre lui avec la plus grande chaleur, et lui reprochèrent plusieurs erreurs. On le regarda comme un faux frère, qui, par amour pour la paix, trahissait la vérité. Mosheim, avec beaucoup d'envie de le justifier, n'a pas osé le faire, ni approuver le projet que Calixte avait formé. *Hist. ecclés. du* XVIIe *siècle*, sect. 2, part. II, c. 1, § 23. Pour plaire aux protestants, il faut déclamer contre l'Église romaine et témoigner pour elle la plus grande aversion. *Voy.* SYNCRÉTISTES.

CALOMNIE, fausse imputation faite à quelqu'un d'un vice, d'une mauvaise action ou d'une mauvaise intention dont il n'est réellement pas coupable. Outre le péché de mensonge qui est la base de ce crime, c'est une injustice qui blesse le prochain dans ce qui lui est le plus cher, dans sa réputation, et souvent nuit à sa fortune. Les *calomnies* couchées par écrit, rendues publiques par l'impression, sont encore plus odieuses que celles qui se bornent à des discours ; les libelles diffamatoires contre les vivants et les morts méritent des peines afflictives, et ne peuvent être punis trop sévèrement. — *Celui*, dit l'Ecclésiaste, qui CALOMNIE *en secret est un serpent qui mord dans le silence* (*Eccles.* x, 11) ; *c'est un homme abominable avec lequel il ne faut point lier société* (*Prov.* XXIV, 9 et 21). *Vous ne calomnierez point votre prochain, vous ne lui ferez point violence* (*Lévit.* XIX, 13). C'est une loi de l'Ancien Testament, fondée sur les notions naturelles de la justice. — *Ne vous accusez point les uns les autres ; celui qui juge ou noircit son frère manque de respect à la loi* (*Jac.* IV, 11). *Renoncez à la malignité, à l'imposture, à la médisance ; ne rendez point le mal pour le mal*, ni CALOMNIE POUR CALOMNIE (*I Petri*, II, 1 ; III, 9). *Priez Dieu pour ceux qui vous persécutent et vous calomnient* (*Matth.* V, 44). Tels sont les préceptes de l'Évangile.

Une accusation fausse est aisée à former, mais très-difficile à réparer : malgré la multitude de *calomnies* dont tout le monde se plaint, on ne voit point d'exemples de réparations. Saint Paul accuse de ce crime les anciens philosophes (*Rom.* I, 29 et 30). Il serait à souhaiter que les modernes fussent plus attentifs à s'en préserver ; mais il n'arrive que trop souvent que ceux qui déclament avec le plus d'amertume contre la *calomnie* sont ceux qui se la permettent le plus aisément. Bayle, dans sa lettre aux réfugiés, reproche aux calvinistes d'avoir introduit en France des libelles diffamatoires ; son *Dictionnaire critique* n'est presque rien autre chose ; mais il n'est aucune de ses *calomnies* qui n'ait été répétée et amplifiée par les incrédules d'aujourd'hui.

CALOYER ou CALOGER, *calogeri*, moine, religieux et religieuse grecs, qui suivent la règle de saint Basile. Les *caloyers* habitent particulièrement le mont Athos, mais ils desservent presque toutes les Églises d'Orient. Ils font des vœux comme les moines en Occident. Il n'a jamais été fait de réforme chez eux ; ils gardent exactement leur premier institut, et conservent leur ancien vêtement. Tavernier observe qu'ils mènent un genre de vie fort austère et fort retiré : ils ne mangent jamais de viande, et outre cela ils ont quatre carêmes, et observent plusieurs autres jeûnes de l'Église grecque avec une extrême régularité. Ils ne mangent du pain qu'après l'avoir gagné par le travail de leurs mains ; il y en a qui ne mangent qu'une fois en trois jours, et d'autres deux fois par semaine. Pendant leurs sept semaines de carême, ils passent la plus grande partie de la nuit à pleurer et à gémir pour leurs péchés et pour ceux des autres.

Quelques auteurs observent qu'on donne particulièrement ce nom aux religieux qui sont vénérables par leur âge, leur retraite et l'austérité de leur vie, et le dérivent du grec καλός, *beau*, et γῆρας, *vieillesse*. Il est à remarquer que quoiqu'en France on comprenne tous les moines sous le nom de *caloyers*, il n'en est pas de même en Grèce ; il n'y a que les frères qui s'appellent ainsi : car on nomme ceux qui sont prêtres *Iéronomaques*, ιερονομαχοί, *sacrificateurs*. — Les Turcs donnent aussi quelquefois le nom de *caloyer* à leurs dervis ou religieux.

Les religieuses *caloyères* sont renfermées dans des monastères où elles vivent séparément chacune dans leur maison. Elles portent toutes un habit de laine noire et un manteau de même couleur ; elles ont la tête rasée, les bras et les mains couverts jusqu'au bout des doigts : chacune a une cellule séparée, et toutes sont soumises à une supérieure ou une abbesse. Elles n'observent cependant pas une clôture fort régulière, puisque l'entrée de leur couvent, interdite aux prêtres grecs, ne l'est pas aux Turcs, qui y vont acheter de petits ouvrages à l'aiguille faits par ces religieuses. Celles qui vivent sans être en communauté, sont pour la plupart des veuves, qui n'ont fait d'autre vœu que de mettre un voile noir sur leur tête, et de dire qu'elles ne veulent plus se marier. Les unes et les autres vont partout où il leur plaît, et jouissent d'une assez grande liberté à la faveur de l'habit religieux.

CALVAIRE, montagne située hors des murs de Jérusalem, nommée en hébreu *Golgotha, crâne* ou *tête chauve,* parce qu'elle était sans verdure; c'est là que Jésus-Christ fut crucifié. Sainte Hélène y fit bâtir une église. Il est dit dans l'Évangile, qu'à la mort du Sauveur il se fit un tremblement de terre, et que les rochers se fendirent. Des voyageurs anglais et des historiens très-instruits, Millard, Fléming, Maundrell, Schaw et d'autres attestent que le rocher du *Calvaire* n'est point fendu naturellement selon les veines de la pierre, mais d'une manière évidemment surnaturelle. « Si je voulais nier, dit saint Cyrille de Jérusalem, que Jésus-Christ ait été crucifié, cette montagne de Golgotha sur laquelle nous sommes présentement assemblés me l'apprendrait (*Catech.* 13). »

Dans les premiers siècles de l'Église on croyait, sur la foi d'une tradition des Juifs, qu'Adam avait été enterré sur le *Calvaire*, et que Jésus-Christ avait été crucifié sur sa sépulture, afin que le sang versé pour la rédemption du monde purifiât les restes du premier pécheur. Origène, saint Cyprien, saint Basile, saint Épiphane, saint Athanase, saint Jean Chrysostome, saint Ambroise et d'autres, citent cette tradition; saint Jérôme, après l'avoir rejetée, semble y être revenu. *Epist. ad Marcellam.* Qu'elle soit vraie ou fausse, peu importe; elle atteste toujours l'opinion que l'on avait dans ce temps-là de l'efficacité et de l'universalité de la rédemption.

CALVAIRE, chez les chrétiens, est une chapelle de dévotion où se trouve un crucifix, et qui est élevée sur un tertre proche d'une ville, à l'imitation du *Calvaire* où Jésus-Christ fut mis en croix près de Jérusalem. Tel est le *Calvaire* du Mont-Valérien, près de Paris; dans chacune des sept chapelles dont il est composé, est représenté quelqu'un des mystères de la passion.

CALVAIRE (*Congrégation de Notre-Dame du*) (1). C'est un ordre de religieuses qui suivent dans toute la rigueur la règle de Saint-Benoît. — Elles ont été fondées par Antoinette d'Orléans, de la maison de Longueville. Cette dame, veuve à l'âge de vingt-deux ans, de Charles de Gondi, marquis de Belle-Isle, son mari, se retira au monastère des Feuillantines de Toulouse, où elle se fit religieuse en 1601. Elle fut appelée pour mettre la réforme dans l'ordre de Fontevrault; elle établit sa demeure dans le monastère de l'Encloître, à deux lieues de Poitiers, où elle fut autorisée à recevoir les filles qui voudraient embrasser une vie plus régulière. — Le P. Joseph, confesseur et agent du cardinal de Richelieu, obtint le 4 octobre 1617, avec le consentement de l'abbesse de Fontevrault, un bref de Rome, qui permit à la Mère Antoinette de sortir de l'ordre de Fontevrault, et de prendre possession d'un couvent que l'évêque de Poitiers venait de lui faire bâtir dans sa ville, et d'y introduire les religieuses qui voudraient la suivre. L'abbesse de Fontevrault interjeta ensuite

(1) Cet article est reproduit d'après l'édition de Liège.

appel du bref du pape. Le roi prit connaissance de cette affaire, et chargea le cardinal de Sourdis de lui en rendre compte. L'abbesse se désista de ses poursuites, et permit à ses religieuses de faire une nouvelle profession. La Mère Antoinette ne vit point la fin de cette affaire, elle était décédée le 25 avril 1618. Mais le P. Joseph, qui n'avait point perdu de vue le nouvel institut, donna aux religieuses qui voulurent l'embrasser le nom de *Filles du Calvaire*. Il engagea la reine mère, Marie de Médicis, à leur bâtir une maison près le palais du Luxembourg, ce qui fut exécuté en 1620. Il leur procura, en 1638, un nouveau couvent dans le Marais : la place fut achetée des deniers de la congrégation, et le monastère construit par les libéralités du roi, du cardinal de Richelieu et de madame Combalet, sa nièce, depuis duchesse d'Aiguillon. — Le P. Joseph leur donna des constitutions particulières, qui furent approuvées par le pape Grégoire XV. Par sa bulle il érigea les couvents de Paris, de Poitiers et d'Angers, et tous ceux qui seraient fondés par la suite, en congrégation de l'ordre de Saint-Benoît, sous le titre de *Notre-Dame du Calvaire*.

Le monastère établi au Marais portait le nom de *Crucifixion*, pour le distinguer de celui du Luxembourg. La directrice ou générale de l'ordre y résidait ordinairement. — Il était gouverné par trois supérieurs majeurs, qui étaient ordinairement des cardinaux et des prélats, un visiteur et une générale. Il était exempt de la juridiction des ordinaires. Les supérieurs majeurs étaient à perpétuité: le visiteur n'était que pour trois ans, mais il pouvait être continué. La générale n'était non plus que pour trois ans; cependant de chapitre en chapitre on pouvait aussi la continuer, mais cette continuation devait cesser après douze ans d'exercice. Au bout de ce temps, elle devenait la dernière de la communauté pendant un an, et ne pouvait être élue prieure qu'après trois ans. — Pendant qu'elle exerçait son généralat, elle avait quatre assistantes pour l'aider de leurs conseils. L'une d'elles l'accompagnait dans les visites qu'elle était obligée de faire de tous les monastères de la congrégation. — Lorsqu'il était question de la tenue du chapitre général, les prieures des monastères et leur communauté, dans la personne élue par chacune d'elles, avaient le droit d'envoyer par écrit leurs suffrages au chapitre général. Le visiteur qui présidait ce chapitre avec trois scrutatrices, élues par la communauté où il se tenait, ouvrait les lettres, comptait les suffrages, et déclarait générale, assistantes et prieures, celles qui avaient le plus de voix.

La congrégation dont il s'agit était composée de vingt maisons, dont la première était à Poitiers : il y en avait deux, comme nous venons de le dire, à Paris, sept ou huit en Bretagne. Les autres étaient à Orléans, à Chinon, à Mayence, à Vendôme, à Loudun et à Tours. L'abbaye de la Trinité de Poitiers a été aussi unie à cette congrégation, ainsi que le monastère des bénédictines de Baugé. L'habillement des *Religieuses du Calvaire* était une robe de couleur brune, avec un scapulaire noir, qu'elles mettaient sur la guimpe, comme les carmélites déchaussées. Au chœur, elles portaient un manteau noir, et elles étaient déchaussées depuis le 1er mai jusqu'à la fête de l'Exaltation de la sainte croix. (Extrait du *Diction. de Jurisprudence*.) [*Voy.* le Dict. des Ord. relig. du P. Hélyot, édit Migne.]

CALVIN (Jean), fondateur de la secte qui porte encore aujourd'hui son nom, naquit à Noyon, en 1509, et mourut à Genève en 1564. Il y a, dans la conduite de ce célèbre réformateur, des traits de caractère qu'il importe de saisir pour se faire une idée juste du calvinisme.

Instruit par un des émissaires que Luther et ses associés avaient envoyés en France, il vit que ces réformateurs de la religion n'avaient ni principes suivis, ni corps de doctrine, ni profession de foi, ni aucun règlement fixe de discipline. Il entreprit de former un système complet de théologie conforme à leurs opinions, et il en vint à bout dans son *Institution chrétienne*, qu'il publia en 1536. — Il y pose pour principe que la seule règle de foi qu'un fidèle doive consulter est l'Écriture sainte, que Dieu lui en fait connaître la vérité et le vrai sens par une inspiration particulière du Saint-Esprit. La question est de savoir comment on peut distinguer sûrement cette inspiration prétendue d'avec le fanatisme d'un imposteur.

Calvin, retiré à Genève, où Farel et Viret avaient établi les opinions des réformateurs d'Allemagne, commença par s'élever contre un decret du synode de Berne, qui réglait la forme du culte; il se crut mieux inspiré que ce synode. Obligé de se retirer à Strasbourg, et ensuite rappelé à Genève, il y acquit un empire absolu, fit un catéchisme, établit un consistoire, régla la forme des prières et des prédications, la manière de célébrer la cène, etc..... et revêtit son consistoire du pouvoir de porter des censures et d'excommunier. Ainsi ce prédicant, après avoir déclamé contre l'autorité que les pasteurs de l'Eglise catholique s'attribuaient, usurpa lui-même une autorité cent fois plus absolue, à laquelle l'inspiration qu'il accordait à chaque fidèle était obligée de céder. — Le traducteur anglais de Mosheim, qui prétend que *Calvin* surpassa tous les autres réformateurs en savoir et en talents, convient qu'il poussa aussi plus loin que les autres l'opiniâtreté, la sévérité et l'esprit turbulent, tom. IV, p. 91, note. Quelles qualités pour un apôtre ! Il jugea lui-même que le pouvoir qu'il s'était arrogé était exorbitant, puisqu'avant de mourir il conseilla au clergé de Genève de ne point lui donner de successeur. (Spon, *Hist. de Genève*, tom. II, p. 3.) Les protestants, qui ne cessent de déclamer contre l'ambition et le despotisme des papes, pardonnent à *Calvin* de l'avoir porté beaucoup plus loin; ils l'excusent *à cause*, disent-ils, *de ses services et de ses vertus*. Où sont donc les vertus de ce fougueux réformateur ?

Bolsec, carme apostat, lui prouva que par sa doctrine il faisait Dieu auteur du péché. *Calvin* fit bannir Bolsec, et il ne tint pas à lui qu'on ne le punît par des peines afflictives, comme pélagien et séditieux. Castalion, pour avoir aussi attaqué la doctrine de *Calvin*, avait été de même obligé de sortir de Genève. Ce n'était plus l'Ecriture ni l'inspiration de chaque fidèle qui était règle de foi dans cette ville, c'était l'autorité despotique de *Calvin*.

Michel Servet, qui avait attaqué le mystère de la sainte Trinité, et qui était poursuivi en France, se sauva à Genève ; *Calvin* le fit arrêter, le fit condamner à être brûlé vif, et la sentence fut exécutée. Pour justifier sa conduite, *Calvin* fit un traité, où il entreprit de prouver qu'il fallait punir de mort les hérétiques. Ainsi, ces ministres qui soutenaient que l'Ecriture est seule règle de notre foi, que chaque particulier est juge du sens de l'Ecriture, condamnaient comme hérétique un écrivain, parce qu'il ne voyait pas dans l'Ecriture le même sens et les mêmes dogmes qu'ils prétendaient y voir : pendant qu'ils se déchaînaient contre les magistrats qui punissaient de mort les hérétiques en France, ils faisaient eux-mêmes brûler Servet, parce qu'ils le jugeaient hérétique. — Gentilis, Okin, Blandrat, qui voulurent renouveler à Genève les opinions de Servet, faillirent à être traités de même. Gentilis fut mis en prison et obligé de se rétracter, Okin fut chassé, Blandrat poursuivi en justice, forcé à signer une profession de foi, et à s'évader.

Il ne faut pas croire que cette contradiction entre les principes des réformateurs et leur conduite ait cessé dans le calvinisme. Ses partisans ont toujours continué d'enseigner que l'Ecriture sainte est la seule règle de notre foi, que Dieu éclaire chaque fidèle pour juger du vrai sens de l'Ecriture, que le sentiment des Pères, les décrets des conciles, les décisions de l'Eglise, ne sont qu'une autorité humaine à laquelle personne n'est obligé de déférer, et en même temps ils n'ont pas cessé de tenir des synodes, de dresser des professions de foi, de condamner des erreurs, d'excommunier ceux qui les soutenaient; ils ont ainsi traité les sociniens, les anabaptistes, les arméniens. — Un déiste de nos jours, élevé parmi les calvinistes, leur a reproché avec beaucoup de véhémence cette contradiction. « Votre histoire, leur dit-il, est pleine de faits qui montrent de votre part une inquisition très-sévère, et que, de persécutés, les réformateurs devinrent bientôt persécuteurs. A force de disputer contre le clergé catholique, le clergé protestant prit l'esprit disputeur et pointilleux. Il voulait tout décider, tout régler, prononcer sur tout ; chacun proposait impérieusement son opinion pour loi suprême à tous les autres; ce n'était pas le moyen de vivre en paix. *Calvin* avait tout l'orgueil du génie qui sent sa supériorité et qui s'indigne qu'on la lui dispute. Quel homme fut jamais plus tranchant, plus impérieux, plus décisif, plus divinement infaillible à son gré?

La moindre objection qu'on osait lui faire était toujours une œuvre de Satan, un crime digne du feu. Ce n'est pas au seul Servet qu'il en a coûté la vie pour avoir osé penser autrement que lui. — La plupart de ses collègues étaient dans le même cas, tous en cela d'autant plus coupables qu'ils étaient plus inconséquents; leur dure orthodoxie était elle-même une hérésie selon leurs principes. » *Deuxième lettre écrite de la Montagne.* p. 49, 50, 58 (1).

Il faut d'ailleurs qu'un protestant ait l'esprit étrangement préoccupé, pour s'imaginer que c'est l'Ecriture sainte qui est la règle de sa foi. Avant de lire ce livre, un jeune calviniste est déjà prévenu des dogmes

---

(1) Nous croyons devoir compléter cette citation instructive. « Qu'est-ce que la religion de l'Etat, dit Rousseau? C'est la sainte réformation évangélique. Voilà, sans contredit, des mots bien sonnants. Mais qu'est-ce à Genève aujourd'hui que la sainte réformation évangélique? Le sauriez-vous, monsieur, par hasard? En ce cas je vous en félicite. Quant à moi, je l'ignore. J'avais cru le savoir ci-devant; mais je me trompais ainsi que bien d'autres plus savants que moi sur tout autre point, et non moins ignorants sur celui-là.

« Quand les réformateurs se détachèrent de l'Eglise romaine, ils l'accusèrent d'erreur, et, pour corriger cette erreur dans sa source, ils donnèrent à l'Ecriture un autre sens que celui que l'Eglise lui donnait. On leur demanda de quelle autorité ils s'écartaient ainsi de la doctrine reçue. Ils dirent que c'était de leur autorité propre, de celle de leur raison. Ils dirent que le sens de la Bible étant intelligible et clair à tous les hommes en ce qui était du salut, chacun était juge compétent de la doctrine, et pouvait interpréter la Bible qui en est la règle, selon son esprit particulier; que tous s'accordaient ainsi sur les choses essentielles, et que celles sur lesquelles ils ne pourraient s'accorder ne l'étaient point.

« Voilà donc l'esprit particulier établi pour unique interprète de l'Ecriture; voilà l'autorité de l'Eglise rejetée; voilà chacun mis pour la doctrine sous sa propre juridiction. Tels sont les deux points fondamentaux de la réforme. Reconnaître la Bible pour règle de sa croyance, et n'admettre d'autre interprète du sens de la Bible que soi. Ces deux points combinés forment le principe sur lequel les chrétiens réformés se sont séparés de l'Eglise romaine, et ils ne pouvaient moins faire sans tomber en contradiction : car quelle autorité interprétative auraient-ils pu se réserver, après avoir rejeté celle du corps de l'Eglise?

« Mais, dira-t-on, comment sur un tel principe les réformés ont-ils pu se réunir? Comment, voulant avoir chacun leur façon de penser, ont-ils fait corps contre l'Eglise catholique? Ils le devaient faire : ils se réunissaient en ceci, que tous reconnaissaient chacun d'eux comme juge compétent pour lui-même. Ils toléraient, et ils devaient tolérer toutes les interprétations hors une, savoir celle qui ôte la liberté des interprétations. Or cette unique interprétation qu'ils rejetaient était celle des catholiques. Ils devaient donc proscrire de concert Rome seule, qui les proscrivait également tous. La diversité même de leurs façons de penser sur tout le reste était le lien commun qui les unissait. C'étaient autant de petits états ligués contre une grande puissance, et dont la confédération générale n'ôtait rien à l'indépendance de chacun.

« Voilà comment la réformation évangélique s'est établie, et voilà comment elle doit se conserver. Il est bien vrai que la doctrine du plus grand nombre peut être proposée à tous, comme la plus probable et la plus autorisée. Le souverain peut même la rédiger en formule et la prescrire à ceux qu'il charge d'enseigner, parce qu'il faut quelque ordre, quelque règle dans les instructions publiques, et qu'au fond l'on ne gêne en ceci la liberté de personne, puisque nul n'est forcé d'enseigner malgré lui; mais il ne s'ensuit pas de là que les particuliers soient obligés d'admettre précisément ces interprétations qu'on leur donne et cette doctrine qu'on leur enseigne. Chacun en demeure seul juge pour lui-même, et ne reconnaît en cela d'autre autorité que la sienne propre. Les bonnes instructions doivent moins fixer le choix que nous devons faire que nous mettre en état de bien choisir. Tel est le véritable esprit de la réformation, tel en est le vrai fondement. La raison particulière y prononce, en tirant la foi de la règle commune qu'elle établit, savoir l'Evangile; et il est tellement de l'essence de la raison d'être libre, que quand elle voudrait s'asservir à l'autorité, cela ne dépendrait pas d'elle. Portez la moindre atteinte à ce principe, et tout l'évangélisme croule à l'instant. Qu'on me prouve aujourd'hui qu'en matière de foi je suis obligé de me soumettre aux décisions de quelqu'un, dès demain je me fais catholique; et tout homme conséquent et vrai fera comme moi.

« Or, la libre interprétation de l'Ecriture emporte non-seulement le droit d'en expliquer les passages, chacun selon son sens particulier, mais celui de rester dans le doute sur ceux qu'on trouve douteux, et celui de ne pas comprendre ceux qu'on trouve incompréhensibles. Voilà le droit de chaque fidèle, droit sur lequel ni les pasteurs ni les magistrats n'ont rien à voir. Pourvu qu'on respecte toute la Bible et qu'on s'accorde sur les points capitaux, on vit selon la réformation évangélique. Le serment des bourgeois de Genève n'emporte rien de plus que cela.

« Or, je vois déjà vos docteurs triompher sur ces points capitaux, et prétendre que je m'en écarte. Doucement, messieurs, de grâce; ce n'est pas encore de moi qu'il s'agit, c'est de vous : sachons d'abord quels sont, selon vous, ces points capitaux; sachons quel droit vous avez de me contraindre à les voir où je ne les vois pas, et où peut-être vous ne les voyez pas vous-mêmes. N'oubliez point, s'il vous plait, que me donner vos décisions pour lois, c'est vous écarter de la sainte réformation évangélique, c'est en ébranler les vrais fondements; c'est vous qui par la loi méritez punition.

« La religion protestante est tolérante par principe, elle est tolérante essentiellement, elle l'est autant qu'il est possible de l'être, puisque le seul dogme qu'elle ne tolère pas est celui de l'intolérance. Voilà l'insurmontable barrière qui nous sépare des catholiques, et qui réunit les autres communions entre elles : chacune regarde bien les autres comme étant dans l'erreur, mais nulle ne regarde ou ne doit regarder cette erreur comme un obstacle au salut.

« Les réformés de nos jours, du moins les ministres, ne connaissent pas ou n'aiment plus leur religion. S'ils l'avaient connue et aimée, à la publication de mon livre ils auraient poussé de concert un cri de joie, ils se seraient tous unis avec moi qui n'attaquais que leurs adversaires; mais ils aiment mieux abandonner leur propre cause que de soutenir la mienne; avec leur ton risiblement arrogant, avec leur rage de chicane et d'intolérance, ils ne savent plus ce qu'ils croient, ni ce qu'ils veulent, ni ce qu'ils disent. Je ne les vois plus que comme de mauvais valets de prêtres, qui les servent moins par amour pour eux que par haine contre moi. Quand ils auront bien disputé, bien chamaillé, bien ergoté, bien prononcé, tout au fort de leur petit triomphe, le clergé romain, qui maintenant rit et les laisse

qu'il doit y trouver, par les leçons de son catéchisme, par les instructions des ministres, par le ton général de la secte; telle est l'inspiration qui le guide dans cette lecture.

faire, viendra les chasser armé d'arguments *ad hominem* sans réplique, et les battant de leurs propres armes, il leur dira: Cela va bien, mais à présent ôtez-vous de là, méchants intrus que vous êtes, vous n'avez travaillé que pour nous. Je reviens à mon sujet.

« L'Eglise de Genève n'a donc et ne doit avoir, comme réformée, aucune profession de foi précise, articulée, et commune à tous ses membres. Si l'on voulait en avoir une, en cela même on blesserait la liberté évangélique, on renoncerait au principe de la réformation, on violerait la loi de l'Etat. Toutes les Eglises protestantes qui ont dressé des formules de profession de foi, tous les synodes qui ont déterminé des points de doctrine, n'ont voulu que prescrire aux pasteurs celle qu'ils devaient enseigner, et cela était bon et convenable. Mais si ces Eglises et ces synodes ont prétendu faire plus par ces formules, et prescrire aux fidèles ce qu'ils devaient croire; alors par de telles décisions ces assemblées n'ont prouvé autre chose, sinon qu'elles ignoraient leur propre religion.

« L'Eglise de Genève paraissait depuis longtemps s'écarter moins que les autres du véritable esprit du christianisme, et c'est sur cette trompeuse apparence que j'honorais ses pasteurs d'éloges dont je les croyais dignes: car mon intention n'était assurément pas d'abuser le public. Mais qui peut voir aujourd'hui ces ministres, jadis si coulants et devenus tout à coup si rigides, chicaner sur l'orthodoxie d'un laïque, et laisser la leur dans une si scandaleuse incertitude? On leur demande si Jésus-Christ est Dieu, ils n'osent répondre; on leur demande quels mystères ils admettent, ils n'osent répondre. Sur quoi donc répondront-ils, et quels seront les articles fondamentaux différents des miens sur lesquels ils veulent qu'on se décide, si ceux-là n'y sont pas compris?

« Un philosophe jette sur eux un coup d'œil rapide; il les pénètre, il les voit ariens, sociniens; il le dit, et croit leur faire honneur: mais il ne voit pas qu'il expose leur intérêt temporel, la seule chose qui généralement décide ici-bas de la foi des hommes.

« Aussitôt alarmés, effrayés, ils s'assemblent, ils discutent, ils s'agitent, ils ne savent à quel saint se vouer; et après force consultations, délibérations, conférences, le tout aboutit à un amphigouri où l'on ne dit ni oui ni non, et auquel il est aussi peu possible de rien comprendre qu'aux deux plaidoyers de Rabelais. La doctrine orthodoxe n'est-elle pas bien claire, et ne la voilà-t-il pas en de sûres mains?

« Cependant, parce qu'un d'entre eux compilant force plaisanteries scolastiques aussi bénignes qu'élégantes, pour juger mon christianisme, ne craignit pas d'abjurer le sien; tout charmés du savoir de leur confrère, et surtout de sa logique, ils avouent son docte ouvrage, et l'en remercient par une députation. Ce sont, en vérité, de singulières gens que messieurs vos ministres! On ne sait ni ce qu'ils croient ni ce qu'ils ne croient pas; on ne sait pas même ce qu'ils font semblant de croire: leur seule manière d'établir leur foi est d'attaquer celle des autres.... Au lieu de s'expliquer sur la doctrine qu'on leur impute, ils pensent donner le change aux autres Eglises en cherchant querelle à leur propre défenseur: ils veulent prouver par leur ingratitude qu'ils n'avaient pas besoin de mes soins, et croient se montrer assez orthodoxes en se montrant persécuteurs.

« De tout ceci je conclus qu'il n'est pas aisé de dire en quoi consiste à Genève aujourd'hui la sainte

Aussi un luthérien ne manque jamais de voir dans l'Ecriture les sentiments de Luther, un socinien ceux de Socin, un anglican ceux des épiscopaux, tout comme un calviniste y trouve ceux de *Calvin*. — Ce vice originel du calvinisme suffit pour en démontrer l'absurdité.

Nous ne voyons pas ce qu'auraient pu répondre *Calvin* et ses collègues, si un catholique instruit leur avait ainsi parlé: Vous prétendez être suscités de Dieu pour réformer l'Eglise; mais vous n'êtes envoyés ni par aucun pasteur légitime, ni par aucune Eglise chrétienne; il faut donc que vous ayez une mission extraordinaire et miraculeuse. Commencez par la prouver de la même manière que Moïse, Jésus-Christ et les apôtres ont prouvé la leur. Luther et d'autres se donnent pour réformateurs aussi bien que vous; vous ne vous accordez point avec eux, vous n'enseignez pas en toutes choses la même doctrine, vous vous condamnez les uns les autres. Auxquels d'entre vous dois-je croire par préférence?—Vous me donnez l'Ecriture sainte pour règle unique de ma foi; mais vous ne reconnaissez pas pour l'Ecriture sainte plusieurs livres que l'Eglise catholique me donne comme tels: comment terminerons-nous cette contestation? Sera-ce l'Ecriture sainte qui m'apprendra si tel livre est canonique ou non? Vous me présentez une traduction française de la Bible. Donnez-moi un garant de la fidélité de votre traduction, de laquelle je ne suis pas en état de juger par moi-même. Vous dites que je ne dois point déférer à l'autorité des hommes! donc je dois récuser la vôtre sur tout ce que vous trouverez bon d'affirmer. — Puisque l'Ecriture sainte est la seule règle de ma foi, vous avez tort de prêcher et de vouloir expliquer l'Ecriture; je sais lire aussi bien que vous; c'est à moi d'y trouver ce que Dieu a révélé, et non à vous de me le montrer. Vous me promettez l'inspiration du Saint-Esprit pour prendre le vrai sens de l'Ecriture; je le veux: cette inspiration me dicte que vous prêchez l'erreur, et que l'Eglise catholique enseigne la vérité.

Pour toute réponse, *Calvin* aurait opiné à faire brûler ce raisonneur: *Pareils monstres*, disait-il, *doivent être étouffés*; *comme fis ici en l'exécution de Michel Servet, espagnol*. Lettre de *Calvin* à M. du Poët (1).

réformation. Tout ce qu'on peut avancer de certain sur cet article est qu'elle doit consister principalement à rejeter les points contestés à l'Eglise romaine par les premiers réformateurs, et surtout par Calvin. C'est là l'esprit de votre institution; c'est par là que vous êtes un peuple libre, et c'est par ce côté seul que la religion fait chez vous partie de la loi de l'Etat. » — *Seconde lettre de la Montagne*.

(1) L'article de Bergier est insuffisant pour bien apprécier Calvin. Ce fameux réformateur a été dans notre siècle l'objet d'une étude toute spéciale. Sa vie, ses mœurs, son influence religieuse ont été l'objet d'examens critiques assez sévères. Voici un extrait bien curieux de la *Discussion amicale* (Tom. I, lettr. 2, append. 2):

« Obligé de quitter la France pour se soustraire à

CALVINISME, doctrine de *Calvin* et de ses sectateurs en matière de religion.

L'on peut réduire à six chefs principaux les dogmes essentiels du *calvinisme*. 1° Que Jésus-Christ n'est pas réellement présent dans le sacrement de l'eucharistie, que nous l'y recevons seulement par la foi. 2° Que la prédestination et la réprobation sont absolues,

des poursuites juridiques, Calvin passa en Allemagne, y rechercha la plupart de ceux qui remuaient alors les consciences et agitaient les esprits. A Bâle il fut présenté par Bucer à Erasme, qui se tenait aux écoutes, sans se laisser emporter aux opinions des novateurs. Erasme, après s'être entretenu avec lui sur quelques-uns des points de la religion, fort étonné de ce qu'il avait découvert dans cette âme, se tourna vers Bucer, et lui dit, en lui montrant le jeune Calvin : « Je vois un grand fléau s'élever dans l'Eglise contre l'Eglise : *Video magnam pestem oriri in Ecclesia contra Ecclesiam.* »

« L'esprit intolérant et sanguinaire de cet homme, devenu trop célèbre, se montre dans une de ses lettres au marquis du Poët, son ami : « Ne faites faute, lui dit-il, de défaire le pays de ces zélés fanatiques, qui exhortent les peuples par leurs discours à se roidir contre nous, noircissent notre conduite, et veulent faire passer pour rêverie notre croyance. Pareils monstres doivent être étouffés, comme fis en l'exécution de Michel Servet, espagnol. »

« Les mauvais sentiments de Calvin sur la Trinité excitèrent contre lui le zèle d'un homme qui, d'ailleurs, partageait ses opinions sacramentaires : « Quel démon t'a poussé, ô Calvin, à déclarer sur le fait, contre le Fils de Dieu ?...... C'est cet antechrist du Septentrion que tu as l'imprudence d'adorer, ce grammairien Mélancthon... Garde-toi, lecteur chrétien, et vous surtout, ministres de la parole, gardez-vous des livres de Calvin... Ils contiennent une doctrine impie, les blasphèmes de l'arianisme, comme si l'esprit de Michel Servet, en s'échappant du bûcher, avait à la platonicienne transmigré tout entier dans Calvin. » (Stancharus, *de Mediat. in Calvin. Instit.*, n. 3 et 4.) En enseignant que Dieu était l'auteur de tous les péchés, Calvin révolta contre lui tous les partis de la réforme. Les luthériens de l'Allemagne se réunirent pour réfuter un si horrible blasphème. « Cette opinion, disent-ils, doit être partout en horreur, en exécration : c'est une fureur stoïcienne, fatale aux mœurs, monstrueuse et blasphématoire. » (*Corpus doctrinæ christianæ*.)

« Cette erreur calvinistique est horriblement injurieuse à Dieu, et de toutes les erreurs la plus funeste au genre humain; selon cette théologie calvinienne, Dieu serait le plus injuste des tyrans..., et ce n'est plus le démon, mais Dieu lui-même qui sera le père du mensonge. » (Conradus Schlussemberg, *Calvin. Theolog.*, fol. 46.)

« Le même auteur, qui était surintendant inspecteur général des églises luthériennes en Allemagne, dans les trois livres qu'il publia contre la théologie calvinienne (Francfort, 1592), n'y nomme jamais les calvinistes sans leur donner les épithètes d'infidèles, d'impies, de blasphémateurs, charlatans, hérétiques, incrédules, gens frappés d'un esprit d'aveuglement et de vertige, gens sans front et sans pudeur, ministres turbulents et brouillons de Satan, etc.

« Heshusius, après avoir exposé la doctrine des calvinistes, déclare avec indignation, « que non-seulement ils transforment Dieu en démon, ce dont la seule pensée fait horreur, mais qu'ils anéantissent le mérite de Jésus-Christ à tel point qu'ils sont dignes d'être relégués au fond des enfers. » (*Lib. de Præsentia corporis Christi*.)

« Les partisans de Calvin ont essayé de le justifier sur le crime et la flétrissure dont on l'accusait hautement de porter la marque à l'épaule; mais « ce qui doit passer pour une conviction indubitable des crimes imputés à Calvin, est que depuis qu'il a été chargé de cette accusation, l'Eglise de Genève non seulement n'a pas justifié le contraire, mais même n'a pas nié l'information que Berthelier, envoyé par ceux de la même ville, fit à Noyon. Cette information était signée des plus apparents de la ville de Noyon, et avait été faite avec toutes les formes ordinaires de la justice ; et, dans la même information, l'on voit que cet hérésiarque ayant été convaincu d'un péché abominable, que l'on ne punit que par le feu, la peine qu'il avait méritée fut, à la prière de son évêque, modérée à la fleur de lis...... Ajoutez à cela que Bolsec ayant rapporté la même information, Berthelier, qui vivait encore au temps de Bolsec, ne le démentit point : ce qu'il eût fait, sans doute, s'il eût pu le faire sans trahir le sentiment de sa conscience et sans s'opposer à la créance publique. Ainsi le silence et de toute une ville intéressée et de son secrétaire, est, en cette occasion, une preuve infaillible des déréglements imputés à Calvin. » (Le cardinal de Richelieu, liv. II.)

« Ces déréglements étaient alors si peu contestés, qu'un auteur catholique (Compian, dans la *troisième raison*, an. 1581), parlant de la vie infâme de Calvin, avance comme un fait connu en Angleterre, que « le chef des calvinistes avait été fleurdelisé et fugitif, et que son antagoniste Wittaker, avouant le fait, n'y répond que par cet indigne parallèle : Calvin a été stigmatisé, mais saint Paul l'a été, d'autres l'ont été aussi. »

« Stapleton, fort à portée d'en être instruit, puisqu'il avait passé sa vie dans le voisinage de Noyon parle de l'aventure de Calvin dans les termes d'un homme très-sûr de son fait : *Inspiciuntur etiam adhuc hodie civitatis Noviodunensis in Picardia scrinia et rerum gestarum monumenta : in illis adhuc hodie legitur Joannem hunc Calvinum, sodomiæ convictum, ex episcopi et magistratus indulgentia, solo stigmate in tergo notatum, urbe excessisse; nec ejus familiæ honestissimi viri, adhuc superstites, impetrare hactenus potuerunt ut hujus facti memoria, quæ toti familiæ notam aliquam inurit, e civicis illis monumentis ac scriniis eraderetur.* (*Promptuarium catholicum*, part. III.)

« Les luthériens d'Allemagne en parlaient également alors comme d'un fait certain : *De Calvini variis flagitiis et sodomiticis libidinibus, ob quas stigma Joannis Calvini dorso impressum fuit a magistratu sub quo vixit.* (C. Schlussemberg, in *Calvin. Theol.*, lib. II, fol. 72.)

« Enfin, si l'on en croit un de ses disciples, témoin oculaire, il mourut dans le désespoir et d'une maladie horrible. *Calvinus in desperatione finiens vitam, obiit turpissimo et fædissimo morbo, quem Deus rebellibus et maledictis comminatus est prius excruciatus et consumptus. Quod ego verissime attestari audeo, qui funestum et tragicum illius exitum et exitium his meis oculis præsens aspexi.* (Joan. Haren, apud Petrum Cutzemium.)

« Les luthériens attestent le même fait : *Deus etiam in hoc sæculo judicium in Calvinum patefecit, quem in virga furoris visitavit, atque horribiliter punivit ante mortis infelicis horam. Deus enim manu sua potenti adeo hunc hæreticum percussit, ut desperata salute, dæmonibus invocatis, jurans, exsecrans et blasphemans, miserrime etiam malignam exhalarit; vermibus circa pudenda in apostemate seu ulcere fœtentissimo crescentibus, ita ut nullus assistentium fœtorem amplius ferre posset.* (Conrad. Schlussemberg, in *Theolog. Calvin.*, l. II, fol. 72.)

M. Audin, dans son excellente *Histoire de Calvin*, a apprécié l'influence du réformateur sur les mœurs, la religion, et les habitudes des Génevois. « Si Genève, avant 1535, dit-il, était plongée dans les té-

indépendantes de la prescience que Dieu a des œuvres bonnes ou mauvaises de chaque particulier; que l'un et l'autre de ces deux décrets dépend de la pure volonté de Dieu, sans égard au mérite ou au démérite des hommes. 3° Que Dieu donne aux prédestinés une foi et une justice inamissibles, et ne leur impute point leurs péchés. 4° Qu'en conséquence du péché originel, la volonté de l'homme est tellement affaiblie qu'elle est incapable de faire aucune bonne œuvre méritoire du salut, même aucune action qui ne soit vicieuse et imputable à péché. 5° Qu'il lui est impossible de résister à la concupiscence vicieuse: que tout le libre arbitre consiste à être exempt de coaction et non de nécessité. 6° Que les hommes sont justifiés par la foi seule, conséquemment que les bonnes œuvres ne contribuent en rien au salut; que les sacrements n'ont point d'autre efficacité que d'exciter la foi. Calvin n'admet que deux sacrements, le baptême et la cène; il rejette universellement le culte extérieur et la discipline de l'Église catholique. — On voit que, pour former son système, cet hérésiarque a rassemblé les erreurs de presque toutes les sectes connues, celles des prédestinatiens, de Vigilance, des donatistes, des iconoclastes, de Bérenger; qu'il a répété ce qu'avaient dit les albigeois, les vaudois, les beggards, les fratricelles, les wiclefites, les hussites, Luther et les anabaptistes.

Sur l'eucharistie, il n'enseigne point, comme Zwingle, que c'est un simple signe du corps et du sang de Jésus-Christ; il dit que nous y recevons véritablement l'un et l'autre, mais seulement par la foi; mais le corps et le sang de Jésus-Christ n'y sont cependant point avec le pain et le vin, ou par impanation, comme le veulent les luthériens, ni par transsubstantiation, comme le soutiennent les catholiques. — Ainsi, depuis la naissance de la réforme en 1517, jusqu'en 1532, voilà déjà trois systèmes différents qui s'étaient formés sur ce que l'Écriture dit du sacrement de l'eucharistie. Selon Zwingle, les paroles de Jésus-Christ, *ceci est mon corps*, signifient seulement, *ceci est le signe de mon corps*. Calvin soutient qu'elles expriment quelque chose de plus, puisque Jésus-Christ avait promis de nous donner sa chair à manger (*Joan*. VI, 52). Donc, reprend Luther, le corps de Jésus-Christ y est véritablement avec le pain et le vin. Point du tout, dit Calvin, si l'on admettait une présence réelle, il faudrait nécessairement admettre la transsubstantiation comme les catholiques, et le sacrifice de la messe. Voilà comme s'accordaient ces docteurs, tous suscités de Dieu pour réformer l'Église, et tous inspirés par le Saint-Esprit.

Si l'on compare ce qu'enseigne Calvin sur la prédestination avec ce qu'il dit du défaut de liberté dans l'homme, on sentira que Bolsec avait raison de lui reprocher qu'il faisait Dieu auteur du péché; blasphème qui fait horreur. Toute la différence qu'il y a entre les prédestinés et les réprouvés consiste en ce que Dieu n'impute point les péchés aux premiers, au lieu qu'il les impute aux autres: un Dieu juste peut-il imputer aux hommes des péchés qui ne sont pas libres, damner les uns et sauver les autres, précisément parce qu'il lui plaît ainsi? L'abus que faisait Calvin de plusieurs passages de l'Écriture sainte, pour établir cette doctrine odieuse, était une démonstration de l'absurdité de sa prétention, de vouloir que l'Écriture seule fût la règle de notre croyance. — Aussi le prétendu décret absolu de prédestination et de réprobation causa-t-il, parmi les protestants, les disputes les plus animées; il donna naissance à deux sectes, l'une des *infralapsaires*, l'autre des *supralapsaires*, et donna lieu à une infinité d'écrits de part et d'autre.

Pour esquiver le sens des paroles de Jésus-Christ, qui nous assurent de sa présence réelle dans l'eucharistie, Calvin opposait d'autres passages où il faut recourir au sens figuré; et pour expliquer les passages qui semblent supposer que Dieu est l'auteur du péché, il ne voulait pas faire usage de ceux dans lesquels il est dit que Dieu hait, déteste,

---

nèbres de la superstition, quelles vérités Calvin a-t-il donc fait luire? Étudions la lumière qu'il vint apporter à ce peuple déchu. Mais qui nous guidera? Nos frères de la réforme repousseraient le témoignage d'écrivains catholiques: eh bien! appelons-en au protestantisme.

« Le livre d'or de Calvin est son Institution chrétienne: ouvrons-le donc.

« Et d'abord, que dire de ce symbolisme trinitaire que le réformateur veut imposer à sa communion? Gentilis l'a ouvertement repoussé; mais Gentilis est récusé par Bèze et Drelincourt. Voici venir Hennius, ce pur disciple de l'Évangile, comme on le nomme en Silésie. Hennius n'a-t-il pas dénoncé Calvin comme un docteur qui a judaïsé, corrompu la Bible, dénaturé la parole de Dieu, falsifié les textes scripturaires et blasphémé la Trinité? Ainsi Calvin n'a pas apporté à Genève la vérité touchant le dogme de la Trinité.

« Nous connaissons son mythe eucharistique, où le catholicisme n'a pu trouver ni corps, ni âme, ni idéalisme, ni réalité: c'est sa gloire dans l'école génevoise. Il en a poursuivi le triomphe avec une persévérante obstination. Et les luthériens ont traité son système cénique plus mal encore que les catholiques. Le protestant qui l'attaqua le plus vivement n'est point une intelligence obscure: c'est un humaniste qui, à vingt ans, lisait dans cette chaire de Wittemberg, que Mélanchton avait si magnifiquement occupée; à vingt-quatre ans, était principal du collège d'Eisleben, où naquit Luther; à trente-trois, doyen général de Mansfeld; à trente-cinq, professeur de théologie d'Iéna; Grawer, enfin, qui s'est pris à la métonymie de Calvin comme Martin aux moines de Cologne, et l'a terrassée aux applaudissements de ses coreligionnaires. Jamais dominicain de Leipzig ne parla de Hutten aussi irrévéremment que Grawer de Calvin. Croiriez-vous qu'il pose en tête de l'un de ses livres ce titre véritablement intraduisible: *Absurda absurdorum*, *absurdissima Calvinistica absurda*? et le pamphlet obtint un grand succès... Grawer vous dit que la métonymie de Calvin est une absurdité! Pélisson le catholique était plus poli. »

Il faut lire le livre de M. Audin tout entier pour apprécier la valeur de Calvin et de sa doctrine.

défend le péché, qu'il le permet seulement, mais qu'il n'en est pas l'auteur.

L'inamissibilité de la justice dans les prédestinés, l'inutilité des bonnes œuvres pour le salut, étaient deux autres dogmes qui entraînaient les plus pernicieuses conséquences. Calvin avait beau les pallier par toutes les subtilités possibles, les simples fidèles ne sont pas en état de saisir cette obscure théologie ; elle est d'ailleurs directement opposée aux passages les plus formels de l'Ecriture sainte ; elle n'est bonne qu'à nourrir une folle présomption et à détourner le chrétien de faire de bonnes œuvres.

Une nouvelle contradiction était de soutenir que Dieu seul peut instituer des sacrements ; que, selon l'Ecriture, il n'en a point institué d'autres que le baptême et la cène, et de prétendre que ces sacrements n'ont point d'autre effet que d'exciter la foi. L'institution de Dieu est-elle nécessaire pour établir un signe capable d'exciter la foi?

C'était évidemment par nécessité de système que Calvin niait la présence réelle de Jésus-Christ dans l'eucharistie. S'il avait avoué qu'en vertu de l'institution du Sauveur, les paroles qu'il a prononcées ont le pouvoir de rendre présents son corps et son sang, comment disconvenir qu'en vertu de la même institution, d'autres paroles ont la force de produire la grâce dans l'âme d'un fidèle disposé à la recevoir? — Mosheim et son traducteur conviennent que sur ce point la doctrine de Calvin n'est pas intelligible.

Dans la suite, les *calvinistes* ont senti les inconvénients du système de leur maître ; à peine ont-ils conservé un seul de ces dogmes en son entier ; ils ont changé les uns, adouci et modifié les autres. Presque tous ont pris le sentiment de Zwingle sur l'eucharistie ; ils ne l'envisagent que comme un signe. Un très-grand nombre ont rejeté les décrets absolus de prédestination, et sont devenus pélagiens. Voy. ARMINIENS et GOMARISTES.

Les théologiens catholiques ont attaqué en détail tous les dogmes forgés par Calvin, même avec les palliatifs que ses disciples y ont apportés. Ils ont démontré l'opposition formelle de ces dogmes prétendus avec l'Ecriture sainte, avec la tradition ancienne et constante de l'Eglise, avec les vérités que tout chrétien est obligé d'admettre. Ce réformateur accusait l'Eglise romaine d'avoir changé la doctrine de Jésus-Christ établie par les apôtres. On a prouvé jusqu'à l'évidence que c'est lui-même qui a innové, qu'il n'y a dans l'univers entier aucune secte qui ait professé le *calvinisme*; qu'il est proscrit et détesté dans des sociétés qui se sont séparées de l'Eglise romaine depuis plus de quatorze cents ans. Ce qui forme déjà un préjugé terrible contre ce système, c'est qu'il a fait éclore le socinianisme et le déisme. Voy. PROTESTANTS.

Depuis son établissement, il s'est toujours maintenu à Genève, où il a pris naissance ; des treize cantons suisses, il y en a six qui le professent. Jusqu'en 1572, il a été la religion dominante en Hollande ; quoique dès lors cette république ait toléré toutes les sectes par raison de politique, le *calvinisme* rigide y est cependant toujours la religion de l'Etat. En Angleterre, il est allé en décadence depuis le règne d'Elisabeth, malgré les efforts qu'ont fait les puritains ou presbytériens pour le soutenir. Depuis que l'Eglise anglicane a pris des sentiments plus modérés, le *calvinisme* est au nombre des sectes non conformistes et simplement tolérées. En Ecosse et en Prusse, il est encore dans toute sa vigueur. Dans quelques parties de l'Allemagne, il est mélangé avec le luthérianisme ; il a été souffert en France jusqu'à la révocation de l'édit de Nantes.

On demandera sans doute comment un système si mal conçu et si mal raisonné, capable de désespérer les âmes vertueuses et d'affermir les pécheurs dans le crime, de faire envisager Dieu comme un tyran plutôt que comme un maître aimable, a pu trouver des sectateurs dans presque toutes les parties de l'Europe. Nous tâcherons d'expliquer ce phénomène dans l'article suivant. Parmi nos controversistes qui ont réfuté le *calvinisme*, Bossuet, Arnauld, Nicole, Papin, Pélisson, tiennent le premier rang, et sont les plus estimés. — Mosheim réduit à trois ou quatre chefs les points de doctrine qui divisent les calvinistes d'avec les luthériens. 1° Touchant la cène, ceux-ci disent que le corps et le sang de Jésus-Christ y sont véritablement donnés aux justes et aux impies, quoique d'une manière inexplicable; selon les calvinistes, ce corps et ce sang n'y sont qu'en figure, ou présents seulement par la foi ; mais tous ne l'entendent pas de même. Le traducteur de Mosheim a très-mal rendu ce point de la croyance des luthériens, en disant qu'ils assurent que le corps et le sang de Jésus-Christ sont *matériellement présents* dans le sacrement ; jamais les luthériens n'avoueront cette *présence matérielle* : ils disent que le corps et le sang du Sauveur y sont donnés et reçus *par la communion*, sans vouloir avouer qu'ils y sont présents indépendamment de l'action de communier. 2° Selon les calvinistes, le décret par lequel Dieu, de toute éternité, a prédestiné tel homme au bonheur du ciel et tel autre à la damnation, est absolu, arbitraire, indépendant de la prévision des mérites ou démérites futurs de l'homme ; selon les luthériens, ce décret est conditionnel et dirigé par la prescience. 3° Les calvinistes rejettent toutes les cérémonies comme des superstitions ; les luthériens pensent qu'il y en a différentes et que l'on peut conserver, comme des peintures dans les églises, des habits sacerdotaux, les hosties pour consacrer l'eucharistie, la confession auriculaire des péchés, les exorcismes dans le baptême, plusieurs fêtes, etc. Mais Mosheim convient que ces divers articles de croyance fournissent matière à un grand nombre de questions subsidiaires. 4° Ni l'une ni l'autre de ces deux sectes n'a aucun principe certain touchant le gouvernement de l'Eglise ; dans plusieurs endroits, les luthériens ont conservé des évêques sous le nom de *surintendants*;

ailleurs ils n'ont qu'un simple consistoire, comme les calvinistes; chez les uns et les autres le pouvoir civil des souverains et des magistrats a plus ou moins d'influence dans les affaires ecclésiastiques, suivant les lieux et les circonstances. A proprement parler, leur seul point de réunion est leur haine et leur animosité constante contre l'Eglise romaine. *Histoire ecclés. du XVIe siècle*, sect. 3, IIe partie, c. 2, § 29, 32.

CALVINISTES, sectateurs de Calvin; on les nomme aussi *protestants, prétendus réformés, sacramentaires, huguenots*. Voy. ces mots.

Il est à propos de rechercher les causes qui ont contribué aux progrès que ces sectaires firent si rapidement en France; ce que nous en dirons pourra servir avec proportion à l'égard des autres contrées de l'Europe.

On sentait de toutes parts, au commencement du XVIe siècle, le besoin d'une réforme; les vœux qu'avaient formés sur ce point les conciles de Constance et de Bâle, les mesures qu'ils avaient prises pour la procurer, tant dans le chef que dans les membres de l'Eglise, avaient été sans effet; on ne voyait aucun moyen d'y parvenir. Tout le monde était mécontent de l'état des choses, tout annonçait une révolution prochaine. — 1° Sur la fin du XVe siècle, Alexandre VI avait scandalisé l'Eglise par ses mœurs et par son ambition. Jules II, son successeur, plus occupé de guerres et de conquêtes que du gouvernement de l'Eglise, fut ennemi implacable de Louis XII et de la France. Il souleva contre ce roi toute l'Italie, lança contre lui une excommunication, mit le royaume en interdit, dispensa les sujets du serment de fidélité. Plus Louis XII était aimé et méritait de l'être, plus Jules II fut détesté. Léon X, qui lui succéda, ne montra pas plus de vertus pontificales, ni de zèle pour la réforme. Il était aisé de prévoir que le mécontentement contre les papes entraînerait bientôt une révolte contre le joug de leur autorité. — 2° Les moines, surtout les mendiants, soit par zèle, soit par intérêt, attiraient les fidèles dans leurs églises par des dévotions souvent assez mal réglées, multipliaient les confréries, les indulgences, les reliques, les miracles, les histoires fausses et apocryphes, faisaient à cette occasion des quêtes lucratives, entreprenaient sur les droits des curés et sur la juridiction des évêques, alléguaient les priviléges qu'ils avaient obtenus du saint-siége, etc. Quelques-uns des théologiens qui écrivirent contre ces abus ne gardèrent pas toute la modération possible, et firent retomber sur les pratiques même une partie du blâme que méritaient les religieux. — 3° La juridiction ecclésiastique n'était pas renfermée dans des bornes aussi sages qu'elle devait l'être, les tribunaux laïques en plaignaient. Il y avait du désordre dans la manière d'obtenir, de posséder, d'administrer les bénéfices; en général le clergé séculier était moins instruit et moins réglé qu'il ne l'est aujourd'hui, et les peuples se ressentaient de ce malheur. En un mot, tous les abus qui ont été corrigés ou prévenus par les décrets du concile de Trente, étaient presque généralement répandus. — 4° Les théologiens, bornés à la scolastique, ne cultivaient ni l'érudition sacrée ni les belles-lettres, regardaient même cette étude comme dangereuse pour la religion. Les laïques qui, depuis le règne de François Ier, avaient acquis des connaissances, méprisaient les théologiens, et se croyaient pour le moins aussi capables qu'eux de juger des matières de religion.

L'on ne doit pas être surpris si les émissaires de Luther, de Mélanchton et de Bucer, qui étaient lettrés, qui parlaient et écrivaient bien, qui avaient étudié les langues et l'histoire, trouvèrent parmi les littérateurs des disciples tout prêts à être séduits. C'était assez de déclamer contre le pape, contre le clergé séculier et régulier, contre les abus en fait de religion, pour être écouté. La confession, les jeûnes, les œuvres satisfactoires, les vœux, les pratiques du culte public, les honoraires des ministres de la religion, sont un joug; l'on en était fatigué, et on voyait un moyen de s'en débarrasser.

Le poison, répandu en secret, gagna de proche en proche, infecta des hommes de tous les états; ceux qui l'avaient reçu furent eux-mêmes étonnés de se trouver d'abord en si grand nombre. Les livres de Luther, de Mélanchton, de Carlostadt, de Zwingle, se multipliaient en France, et en firent naître d'autres: on vit éclore de toutes parts des livres de piété, des traités dogmatiques, des ouvrages polémiques; ils inondèrent le royaume et y allumèrent le fanatisme. Les décrets de la faculté de théologie, les mandements des évêques, les recherches de la police ne purent en arrêter le cours. Peu importait quelle doctrine on adopterait, pourvu que l'on changeât de religion. L'*Institution* de Calvin parut; cet ouvrage était séduisant, il fut reçu avec acclamation; une grande partie du royaume se trouva bientôt *calviniste* sans l'avoir prévu.

Ce parti, qui sentit ses forces, éclata par des voies de fait, par des placards, par des libelles injurieux; les magistrats et le gouvernement alarmés eurent recours aux supplices : il était trop tard; ces exécutions aigrirent les esprits et rendirent les *calvinistes* furieux. — N'oublions pas que sous les Valois les peuples étaient aussi mécontents du gouvernement que de l'état de la religion. François II, prince inappliqué, se déchargea de l'administration du royaume sur les princes de Guise; ceux-ci avaient gagné la faveur du clergé par leur zèle pour la religion catholique; les grands, qui voulaient leur enlever l'autorité, se rangèrent du côté des *calvinistes*. La conjuration d'Amboise, qu'ils formèrent dans ce dessein, éclata et fut déconcertée; la punition des conjurés ne servit qu'à augmenter la haine, et à faire concevoir de nouveaux projets de révolte. — Charles IX, en montant sur le trône, voulut en vain calmer les deux partis; l'amnistie accordée par son édit aux protestants ne prouve que trop les excès auxquels ils s'étaient déjà portés. Un tumulte arrivé par hasard à Vassi, et dans lequel plusieurs protestants furent tués, leur servit de prétexte pour lever une armée et commencer une guerre civile. Elle embrasa bientôt tout le royaume, et elle se fit de part et d'autre avec toutes les fureurs que le fanatisme peut inspirer. Deux fois elle fut suspendue par des édits de pacification, ou plutôt de pardon ; à la troisième, les protestants obtinrent de leur souverain tout ce qu'ils demandaient, et même des places de sûreté. — Un roi réduit à traiter avec ses sujets devenus ses ennemis, leur pardonne difficilement cette injure; Charles IX, indigné des conditions qu'on lui avait fait subir, frappé de ce qu'il avait à redouter de la part d'un parti toujours menaçant, conçut le funeste projet de se défaire des chefs du parti huguenot, et permit de les massacrer. Le peuple, une fois animé au carnage, ne se borna pas à immoler les chefs; un nombre infini de catholiques satisfirent leurs haines particulières, poussèrent la cruauté aux derniers excès, et donnèrent ainsi lieu à une nouvelle guerre civile. *Voy.* SAINT-BARTHÉLEMI.

Henri III, pour la faire cesser, fut obligé d'accorder aux *calvinistes* un cinquième édit encore plus favorable pour eux que les précédents; les catholiques mécontents formèrent la ligue, qui fut nommée très-mal à propos *la sainte union;* la crainte de voir passer la couronne sur la tête d'un prince hérétique rendit les catholiques aussi intraitables que les huguenots.

Henri IV avait été malheureusement élevé dans le calvinisme ; il fut obligé de conquérir son royaume sur les ligueurs. Enfin, victorieux et universellement reconnu, il accorda aux *calvinistes*, qui l'avaient utilement servi, un nouvel édit de pacification, semblable aux précédents, avec des villes de sûreté; c'est l'édit de Nantes. — Heureuse la France, si la paix eût éteint le fanatisme ! mais il subsistait encore; Henri IV en fut la victime, et périt, comme Henri III, par un assassinat.

Sous Louis XIII, les protestants reprirent les armes; ils furent vaincus, et leurs places fortes démolies. Mais l'édit de Nantes fut confirmé quant aux autres articles. Louis XIV, plus puissant et plus absolu qu'aucun de ses prédécesseurs, révoqua l'édit de Nantes en 1685, et depuis ce moment les *calvinistes* ont été privés en France de l'exercice public de leur religion. Nous n'oserions examiner si cette révocation a été injuste et illégitime, si elle a porté au royaume un préjudice aussi considérable que l'ont prétendu quelques écrivains modernes (1).

(1) La révocation de l'édit de Nantes a été rapportée en 1788, sous le ministère du cardinal de Brienne. C'est un principe de tous les temps que nous proclamons aujourd'hui avec confiance : une liberté entière et complète de conscience est plus utile à la vraie religion qu'une protection despotique. — La liberté de conscience est un droit qu'aucun pouvoir humain ne peut ravir.

Cette narration très-abrégée suffit pour donner une idée des maux qu'a causés à la France une prétendue réforme qui, loin de rendre la foi plus pure et la morale plus utile à la vraie religion qu'une protection despotique.

Quoique la question de la révocation de l'édit de Nantes soit plus du ressort de la politique que de la théologie, cependant, parce qu'on en a fait une grande objection contre la religion, nous croyons devoir citer ici l'appréciation qu'en a faite M. Frayssinous.

« Les longues et sanglantes guerres de la religion, dit-il, étaient encore vivement présentes à tous les esprits, et le souvenir des maux passés invitait à prendre des mesures pour en prévenir le retour. »
« Je ne m'attacherai pas, » dit à ce sujet l'auguste élève de Fénelon, le duc de Bourgogne, « à considérer
« les maux que l'hérésie a faits en Allemagne, dans
« les royaumes d'Angleterre, d'Écosse et d'Irlande,
« dans les Provinces-Unies et ailleurs ; c'est du
« royaume seul dont il est question. Je ne rappellerai
« pas même dans le détail cette chaîne de désordres
« consignés dans tant de monuments authentiques,
« ces assemblées secrètes, ces serments d'association,
« ces ligues avec l'étranger, ces refus de payer
« les tailles, ces pillages des deniers publics, ces
« menaces séditieuses, ces conjurations ouvertes,
« ces guerres opiniâtres, ces sacs de ville, ces incendies,
« ces massacres réfléchis, ces attentats
« contre les rois, ces sacriléges multipliés et jusqu'a-
« lors inouïs : il me suffit de dire que depuis Fran-
« çois Ier jusqu'à nos jours, c'est-à-dire sous sept
« règnes différents, tous ces maux et d'autres encore
« ont désolé le royaume avec plus ou moins de fu-
« reur. Voilà, dis-je, le fait historique que l'on peut
« charger de divers incidents, mais que l'on ne peut
« contester substantiellement, ni révoquer en doute ;
« et c'est ce point capital qu'il faut toujours envi-
« sager dans l'examen politique de cette affaire. »
« Plein de ces pensées, le gouvernement s'occupait depuis longtemps à miner insensiblement un parti redoutable qui avait porté l'audace jusqu'à vouloir former un État républicain au milieu même de la France. « Les arrêts et les édits se succédaient
« rapidement, dit l'illustre historien de Bossuet ; on
« pensait alors que les édits précédents de tolé-
« rance et de pacification n'étaient pas des traités
« d'alliance, mais des ordonnances faites par les
« rois pour l'utilité publique et sujets à révocation
« lorsque le bien de l'État le demande. Tel était le
« sentiment du docteur Arnauld, et, ce qui est plus
« remarquable, de Grotius lui-même. Le gouverne-
« ment français paraissait suivre le même système
« politique que les gouvernements protestants
« avaient mis depuis longtemps à exécution contre
« leurs sujets catholiques ; et même, en comparant
« leur code pénal avec celui de la France, il serait
« facile de prouver qu'il se montra plus indulgent
« et plus toléraut. L'état fidèle depuis quinze ans à
« cette marche progressive, et rien n'annonçait l'a-
« bolition entière de l'édit de Nantes, lorsque des
« complots alarmants, qui éclatèrent en 1683, la
« firent mettre en délibération. Les protestants du
« Poitou, de la Saintonge, de la Guyenne, du Lan-
« guedoc, des Cévennes, du Vivarais et du Dauphiné,
« formèrent un projet général d'union pour relever
« les temples qui avaient été démolis, et reconquérir
« les priviléges dont ils avaient été dépouillés.
« L'étendard de la révolte fut arboré dans quelques-
« unes de ces provinces, et des troupes furent mises
« sur pied pour les contenir. Cette affaire devint
« l'objet plus habituel des pensées du roi et de ses
« conseils. Enfin l'édit fut révoqué. L'opinion géné-
« rate paraissait alors tellement consacrer la sagesse

parfaite, renouvelle une foule d'erreurs condamnées dans les différents siècles de l'Eglise, dont les dogmes renversent les principes de la morale fondés sur la liberté de l'homme, jettent les âmes timorées dans le désespoir, et les méchants dans une funeste sécurité, ôte tout motif de pratiquer la vertu, et qui a inspiré, dès l'origine, à ses sectateurs, la même révolte tant contre les puissances séculières que contre l'autorité ecclé-

« de cette mesure, que Louis XIV reçut les félicitations de tous les ordres de son royaume. Tous les parlements s'empressèrent d'enregistrer un édit qu'ils avaient prévenu eux-mêmes par une multitude d'arrêts particuliers dont l'état de révocation ne semblait être que la sanction générale. Les inscriptions qu'on lisait encore, il y a vingt-cinq ans, au pied de la statue de Louis XIV, à la place Vendôme et à l'Hôtel-de-Ville de Paris paraissaient n'avoir été, par leur conformité avec ce qui nous reste des mémoires contemporains, que l'expression sincère de l'opinion publique. Et c'est avec raison qu'un auteur, qui n'est pas suspect, disait en 1789, 'que *Louis XIV n'avait fait que céder au vœu général de la nation*. On avait cru trop aisément que les uns seraient contenus par la crainte, et que les autres seraient gagnés par la persuasion; la résistance armée des protestants fit voir qu'on s'était trompé; elle amena des mesures de rigueur qui entraînaient que trop dans le caractère violent de Louvois, et l'on ne peut que gémir sur les excès déplorables commis des deux côtés. Enfin la paix de Riswick vint rendre le calme à la France, et permit au gouvernement de s'occuper du sort des protestants. Le marquis de Louvois, le plus ardent promoteur des mesures de rigueur, n'existait plus, et Louis XIV était toujours disposé à accueillir tous les moyens de douceur et de raison qui étaient conformes à sa modération et à son équité naturelle. Les cris de tant de victimes innocentes ou coupables avaient retenti jusqu'à son âme sensible et généreuse. La religion même s'était indignée de l'abus criminel qu'on avait osé faire de son nom et de son autorité, contre ses intentions bien connues et souvent exprimées. Le cardinal de Noailles, qui était également opposé par caractère et par principe à tout ce qui pouvait ressembler à la contrainte et à la violence; Bossuet, qui n'avait jamais voulu employer que les armes de la science et les moyens d'instruction, firent prévaloir peu à peu les conseils de la douceur et de la modération. Ils furent heureusement secondés par les insinuations encore plus persuasives de madame Maintenon, que la piété naturelle à son sexe, et une raison douce et calme, rendaient toujours accessible à des maximes avouées par la religion commme par l'humanité. En exilant les ministres, Louis XIV avait défendu aux sectateurs de leur communion de quitter la France, mais l'émigration des pasteurs entraîna celle d'une partie de leur troupeau. Basnage, écrivain protestant porte à trois ou quatre cent mille le nombre des protestants réfugiés. Cette seule énumération de trois ou quatre cent mille dans une pareille matière, est faite pour inspirer de la méfiance à un critique judicieux. La Martinière, également protestant, réduit ce nombre à trois cent mille. Larrey, aussi protestant, le réduit à deux cent mille, et l'historien protestant de la révocation de l'édit de Nantes, Benoît, s'arrête aussi à deux cent mille. »

« On sent qu'il est permis de conserver au moins des doutes sur des calculs aussi vagues lorsqu'on voit des écrivains de la même communion placés à l'époque même des événements différer de quatre cent mille à deux cent mille sans donner à leur évaluation des bases qui puissent en garantir la certitude.

« Écoutons le duc de Bourgogne, qui avait fait d'exactes recherches sur cette matière : « On a exa-

« géré infiniment le nombre des huguenots qui sortirent du royaume à cette occasion, et cela devait-être ainsi : comme les intéressés sont les seuls qui parlent et qui crient, ils affirment tout ce qui leur plaît. Un ministre qui voyait son troupeau dispersé publiait qu'il avait passé chez l'étranger. Un chef de manufacture qui avait perdu deux ouvriers faisait son calcul comme si tous les fabricants du royaume avaient fait la même perte que lui. Dix ouvriers sortis d'une ville où ils avaient leurs connaissances et leurs amis faisaient croire, par le bruit de leur fuite, que la ville allait manquer de bras pour tous les ateliers. Ce qu'il y a de surprenant, c'est que plusieurs maîtres des requêtes, dans les instructions qu'ils m'adressèrent sur leurs généralités, adoptèrent ces bruits populaires, et annonçèrent par là combien ils étaient peu instruits de ce qui devait les occuper; aussi leur rapport se trouva-t-il contredit par d'autres, et démontré faux par la vérification faite en plusieurs endroits. Quand le nombre des huguenots qui sortirent de France à cette époque monterait, suivant le calcul le plus exagéré, à soixante-sept mille trente-deux personnes, il ne devait pas se trouver parmi ce nombre, qui comprenait tous les âges et tous les sexes, assez d'hommes utiles pour laisser un grand vide dans les campagnes et dans les ateliers, et influer sur le royaume entier. Il est certain d'ailleurs que ce vide ne dut jamais être plus sensible qu'au moment où il se fit. On ne s'en aperçut pas alors, et l'on s'en plaint aujourd'hui ! il faut donc en chercher une autre cause : elle existe en effet, et, si l'on veut le savoir, c'est la guerre. »

« Quant à la retraite des huguenots, elle coûta moins d'hommes utiles à l'État que ne lui en enlevait une seule année de guerre civile. S'il fallait écouter certains déclamateurs, on croirait que les richesses et la prospérité avaient fui la France avec les protestants réfugiés; et cependant, je le demande, le commerce et l'industrie ont-ils cessé de prendre des accroissements dans le cours du XVIIIe siècle; n'a-t-on pas vu se multiplier de toutes parts les étoffes précieuses, les meubles superbes, les tableaux des grands maîtres, les maisons richement décorées ?

« À l'époque de la révocation, notre commerce, à peine sorti des mains de Colbert, son créateur, était encore dans l'enfance. Que pouvions-nous apprendre à nos rivaux, de qui nous avions tout appris ! L'Angleterre, la Hollande, l'Italie nous avaient devancés dans la carrière; les manufactures de Louviers et de Sédan ont eu leurs modèles chez nos voisins. Le nom seul d'un très-grand nombre de nos fabricants rappelle Londres, Florence, Naples, Turin, et décèle ainsi une origine étrangère. La Prusse est presque le seul État où les réfugiés aient fait des établissements considérables; Brême, Hambourg, Lubeck et plusieurs autres villes n'étaient-elles pas riches et puissantes avant toutes les émigrations ? On voit ici avec quelle légèreté Voltaire et ses copistes ont avancé que jusque-là le Nord de l'Allemagne n'était qu'un pays agreste.

« Sans doute le clergé put bien, avec le reste de la France, applaudir à une mesure qu'on regardait comme dictée par une sage politique; mais on peut dire que s'il est entré pour quelque chose dans les sanglants et réciproques excès qui en ont souillé l'exécution, ce ne fut que pour en être la victime, ou pour les adoucir. »

siastique. Aujourd'hui, revenus de leur ancien fanatisme, ses docteurs sont forcés de convenir que l'Eglise romaine, de laquelle ils se sont séparés, n'enseigne aucune erreur fondamentale, ni sur le dogme, ni sur la morale, ni sur le culte; qu'un bon catholique peut faire son salut dans sa religion. Qu'était-il donc nécessaire de bouleverser l'Europe entière pour la détruire, et pour établir le calvinisme sur ses ruines? — Quand on n'aurait à leur reprocher que l'incendie de plusieurs riches bibliothèques, tant en France qu'en Angleterre, c'en serait assez pour faire détester l'esprit qui les animait.

Cependant une foule d'incrédules, toujours prêts à soutenir le parti des séditieux, veulent faire retomber sur la religion catholique les excès auxquelles les *calvinistes* se sont portés, et tous les maux qui s'en sont ensuivis. Ils disent que les défenseurs de la religion dominante se sont élevés avec fureur contre les sectaires, ont armé contre eux les puissances, en ont arraché des édits sanglants, ont soufflé dans tous les cœurs la discorde et le fanatisme, et ont rejeté sans pudeur sur leurs victimes les désordres qu'eux seuls avaient produits. Cela est-il vrai?

1° L'on connaît les principes des premiers réformateurs, de Luther et de Calvin; ils sont consignés dans leurs ouvrages. En 1520, avant qu'il y eût aucun édit porté contre Luther, il publia son livre *de la Liberté chrétienne*, où il décidait que le chrétien n'est sujet à aucun homme, et déclamait contre tous les souverains; c'est ce qui causa la guerre des anabaptistes. Dans ses thèses il s'écria qu'il fallait courre sus au pape, aux rois et aux césars qui prendraient son parti. Dans son traité du *Fisc commun*, il voulait que l'on pillât les églises, les monastères et les évêchés. En conséquence, il fut mis au ban de l'empire en 1521. Est-ce le clergé qui dicta cet arrêt? La grande maxime de ce fougueux réformateur était que l'Evangile a toujours causé du trouble, qu'il faut du sang pour l'établir. Tel est l'esprit dont étaient animés ceux de ses disciples qui vinrent prêcher en France. — Calvin écrivait qu'il fallait exterminer les zélés faquins qui s'opposaient à l'établissement de la réforme; que pareils monstres doivent être étouffés; il appuya cette doctrine par son exemple, fit un traité exprès pour la prouver. Voy. les *Lettres de Calvin à M. du Poët*, et *Fidelis expositio*, etc. Nous demandons si des prédicants qui s'annoncent ainsi doivent être soufferts dans aucun état policé? — 2° Le premier édit porté en France contre les *calvinistes* fut publié en 1534. Alors la réforme avait déjà mis en feu l'Allemagne; il y avait eu en France des images brisées, des libelles séditieux répandus, des placards injurieux affichés jusqu'aux portes du Louvre. François Iᵉʳ craignit pour ses Etats les mêmes troubles qu'il avait fomentés lui-même en Allemagne. Telle fut la cause des premières exécutions faites en France. Lorsque les princes protestants d'Allemagne s'en plaignirent, François Iᵉʳ répondit qu'il n'avait fait que punir des séditieux. Par l'édit de 1540, il les proscrivit comme perturbateurs de l'Etat et du repos public; personne n'a encore osé accuser le clergé d'avoir eu part à ces édits. Un célèbre écrivain de nos jours est convenu que l'esprit dominant du calvinisme était de s'ériger en république. *Essais sur l'histoire générale*, etc. 3° Nous défions les calomniateurs du clergé de citer un seul pays, une seule ville, où les *calvinistes* devenus les maîtres aient souffert l'exercice de la religion catholique. En Suisse, en Hollande, en Suède, en Angleterre, ils l'ont proscrite, souvent contre la foi des traités. L'ont-ils jamais permise en France, dans leurs villes de sûreté? Une maxime sacrée de nos adversaires est qu'il ne faut pas tolérer les intolérants : or, jamais religion ne fut plus intolérante que le calvinisme; vingt auteurs, même protestants, ont été forcés d'en convenir. Dès l'origine, en France et ailleurs, les catholiques ont eu à choisir, ou d'exterminer les huguenots, ou d'être eux-mêmes exterminés. — 4° Si, avec tout le flegme que peuvent inspirer la charité chrétienne, l'amour de la vérité, le respect pour les lois, le vrai zèle de religion, les premiers réformateurs s'étaient attachés à prouver que l'Eglise romaine n'est point la véritable Eglise de Jésus-Christ, que son chef visible n'a aucune autorité de droit divin, que son culte extérieur est contraire à l'Evangile, que les souverains qui la protègent entendent mal leurs intérêts et ceux de leurs peuples, etc.; si, en demandant la liberté de conscience, ils avaient solennellement promis de ne point molester les catholiques, de ne point troubler leur culte, de ne point injurier les prêtres, etc., et qu'ils eussent tenu parole, sommes-nous certains que le gouvernement n'eût point laissé de sévir contre eux? Quand même le clergé eût sollicité des édits sanglants, les aurait-il obtenus? On sait si pour lors la cour était fort chrétienne et fort zélée pour la religion. — 5° En supposant que le massacre de Vassi était un crime prémédité, ce qui n'est point, c'était le fait particulier du duc de Guise et de ses gens; était-ce un sujet légitime de prendre les armes, au lieu de porter des plaintes au roi, et de demander justice? Mais les *calvinistes* avaient déjà résolu la guerre, ils n'attendaient qu'un prétexte pour la déclarer. Dès ce moment ils n'ont plus rien voulu obtenir que par la force et les armes à la main. Le clergé n'a donc pas eu besoin de souffler le feu de la discorde pour animer les catholiques à la vengeance; les huguenots furieux ne leur ont fourni que trop de sujets de représailles. Ceux-ci ont dû s'attendre à être traités en ennemis, toutes les fois que le gouvernement aurait assez de force pour les punir. — C'est donc une calomnie grossière d'attribuer au clergé et au zèle fanatique de la religion les excès qui ont été commis pour lors; le foyer du fanatisme était chez les *calvinistes*, et non chez les catholiques. — 6° Nous n'avons pas besoin de chercher ailleurs que chez nos adversaires les preuves de ce que nous avançons. Bayle, qui ne doit pas être suspect aux incrédules, qui vivait parmi les *calvinistes*, et qui les connaissait très-bien, leur a reproché, dans son *Avis aux réfugiés*, en 1690, d'avoir poussé la licence des écrits satiriques à un excès dont on n'avait point encore eu d'exemple; d'avoir, dès leur naissance, introduit en France l'usage des libelles diffamatoires, que l'on n'y connaissait presque pas; il leur rappelle les édits par lesquels on fut obligé de réprimer leur audace, et la malignité avec laquelle leurs docteurs, l'Evangile à la main, ont calomnié les vivants et les morts. Il leur oppose la modération et la patience que les catholiques, en pareil cas, ont montrées en Angleterre. Il accuse les premiers d'avoir enseigné constamment que, quand un souverain manque à ses promesses, ses sujets sont déliés de leur serment de fidélité, et d'avoir fondé sur ce principe toutes les guerres civiles dont ils ont été les auteurs.

Il leur représente que, quand il a été question d'écrire contre le pape, ils ont soutenu avec chaleur les droits et l'indépendance des souverains; que lorsqu'ils ont été mécontents de ceux-ci, ils ont remis les souverains dans la dépendance à l'égard des peuples; qu'ils ont soufflé le froid et le chaud, suivant l'intérêt du lieu et du moment. Il leur montre les conséquences affreuses de leurs principes touchant la prétendue souveraineté inaliénable du peuple; et aujourd'hui nos politiques incrédules osent nous vanter ces mêmes principes, comme une découverte précieuse et nouvelle qu'ils ont faite; ils ne savent pas que c'est une doctrine renouvelée des huguenots. Il n'y a, continue Bayle, point de fondements de la tranquillité publique que vous ne sapiez, point de frein capable de retenir les peuples dans l'obéissance que vous ne brisiez...... Vous avez ainsi vérifié les craintes que l'on a conçues de votre parti, dès qu'il parut, et qui firent dire que quiconque rejette l'autorité de l'Eglise, n'est pas loin de secouer celle des puissances souveraines, et qu'après avoir soutenu l'égalité entre le peuple et les pasteurs, il ne tardera pas de soutenir encore l'égalité entre le peuple et les magistrats séculiers.

Bayle va plus loin; il prouve que les calvinistes d'Angleterre ont autant contribué au supplice de Charles Ier que les indépendants; que leur secte est plus ennemie de la puissance souveraine qu'aucune autre secte protestante; que c'est ce qui les rend irréconciliables avec les luthériens et les anglicans. Il fait voir que les païens ont enseigné une doctrine plus pure que la leur, touchant l'obéissance que l'on doit aux lois et à la patrie; il réfute toutes les mauvaises raisons par lesquelles ils ont voulu justifier leurs révoltes fréquentes. Il démontre que la ligue des catholiques pour exclure Henri IV du trône de France parce qu'il était huguenot, a été beaucoup moins criminelle que la ligue des protestants pour priver le duc d'York de la couronne d'Angleterre, parce qu'il était catholique. Telle est l'analyse de l'*Avis aux réfugiés*, qu'aucun calviniste n'a osé entreprendre de réfuter. — Déjà, dans sa *Réponse à la lettre d'un réfugié*, en 1688, il avait montré que les *calvinistes* sont beaucoup plus intolérants que les catholiques, qu'ils l'ont toujours été, qu'ils le sont encore, qu'ils l'ont prouvé par leurs livres et par leur conduite; que leur principe invariable est qu'il n'y a point de souverain légitime que celui qui est orthodoxe à leur manière. Il leur avait soutenu qu'eux-mêmes ont forcé Louis XIV à révoquer l'édit de Nantes; qu'en cela il n'a fait tout au plus que suivre l'exemple des Etats de Hollande, qui n'ont tenu aucun des traités qu'ils avaient faits avec les catholiques. Il avait prouvé que toutes les lois des Etats protestants ont été plus sévères contre le catholicisme, que celles de France contre le calvinisme. Il y rappelle le souvenir des émissaires que les huguenots envoyèrent à Cromwel, en 1650, des offres qu'ils lui firent, des résolutions séditieuses qu'ils prirent dans leurs synodes de la basse Guienne. Il se moque de leurs lamentations sur la prétendue persécution qu'ils éprouvent, et il leur déclare que leur conduite justifie pleinement la sévérité avec laquelle on les a traités en France. *OEuvres de Bayle*, tom. II, p. 544.

L'écrivain qui, en 1758, a fait l'apologie de la révocation de l'édit de Nantes, n'a presque rien fait autre chose que répéter les mêmes reproches et les mêmes faits que Bayle avait soutenus en face aux *calvinistes*, en 1688 et 1690. Cependant tous nos politiques antichrétiens ont élevé la voix contre lui: ils ont voulu le faire passer pour un boute-feu et pour un fanatique: qu'auraient-ils dit, si cet auteur avait déclaré hautement qu'il copiait Bayle presque mot pour mot? *Voy.* GUERRES DE RELIGION, PROTESTANT, TOLÉRANCE, etc.

CAMALDULES, ordre religieux, fondé par saint Romuald, en 1009, ou, selon d'autres, en 960. Saint Romuald envoya plusieurs de ses religieux prêcher l'Evangile aux peuples de la Hongrie, qui étaient encore infidèles; il y allait lui-même dans ce pieux dessein, lorsqu'il fut surpris de la maladie dont il mourut.

Le P. Ziegelbaur a donné la notice des écrivains de cet ordre en 1750, à Venise, *in-folio*.

La congrégation des ermites de saint Romuald ou du mont de la Couronne, est une branche de celle de Camaldoli, avec laquelle elle s'unit en 1532. Paul Justiniani, de Venise, commença son établissement en 1520, et en fonda le principal monastère dans l'Apennin, au lieu nommé *le mont de la Couronne*, à dix mille de Pérouse. *Voy.* Baronius, Raynaldi, Sponde, *ad ann.* 1520.

Les protestants ont forgé une calomnie grossière contre saint Romuald. Dans une histoire ecclésiastique imprimée à Berne en 1767, il est dit que Serge son père s'étant fait moine, et voulant quitter cet état, duquel il était dégoûté, Romuald accourut au monastère, mit des entraves aux pieds de son père, et ne cessa de le frapper, jusqu'à ce qu'il eût promis de persévérer dans l'état monastique. Fable absurde s'il en fut jamais. Tous les historiens déposent que saint Romuald n'employa que les raisons, les prières et les larmes pour engager son père à la persévérance. Comment aurait-il osé exercer une violence dans un monastère où il n'avait aucune autorité, où il n'était ni supérieur ni religieux? S'il s'était cru la violence permise, il l'aurait fait exercer par quelque moine, plutôt que de s'en rendre coupable lui-même. Pendant toute sa vie il a donné des exemples d'une douceur et d'une patience à toute épreuve.

Les censeurs du christianisme demandent si, pour se sanctifier, il est nécessaire de se retirer dans les déserts? Non, sans doute; mais ce goût que Dieu a inspiré à des personnages très-vertueux, n'a pas été inutile au monde. Ils ont défriché et rendu habitables des lieux qui étaient sauvages; la renommée de leurs vertus a souvent tiré du désordre des hommes qui seraient morts impénitents; la solitude est nécessaire à ceux pour lesquels le monde est un séjour dangereux. — Mais si tous les hommes étaient saisis de cet accès de mélancolie, la société se dissoudrait. Ne craignons point ce malheur, Dieu y a pourvu; il n'a donné le goût de la solitude qu'à un très-petit nombre d'hommes, et il y aurait de l'injustice à gêner leur inclination.

CAMÉRONIENS. Dans le xviie siècle, on a donné ce nom en Ecosse à une secte qui avait pour chef un certain Archibal Caméron, ministre presbytérien, d'un caractère singulier. Il ne voulait pas recevoir la liberté de conscience que Charles II, roi d'Angleterre, accordait aux presbytériens; parce que, selon lui, c'était reconnaître la suprématie du roi, et le regarder comme chef de l'Eglise. A cette bizarrerie on reconnait le génie caractéristique du calvinisme. Ces sectaires, non contents d'avoir fait schisme avec les autres presbytériens, poussèrent le fanatisme jusqu'à déclarer Charles II déchu de la couronne, et se révoltèrent; on les réduisit aisément, et en 1690, sous le règne de Guillaume III, ils se réunirent aux autres presbytériens. En 1706, ils recommencèrent à exciter du trouble en Ecosse; ils se rassemblèrent en grand nombre, et prirent les armes près d'Edimbourg; mais ils furent dispersés par les troupes réglées que l'on envoya contre eux. On prétend qu'ils ont une haine encore plus forte contre les presbytériens que contre les épiscopaux.

Il ne faut pas confondre le chef de ces caméroniens avec Jean Caméron, autre calviniste écossais, qui passa en France, enseigna à Sedan, à Saumur et à Montauban. Celui-ci était un homme très-modéré, qui désapprouva le fanatisme de ceux qui se révoltèrent contre Louis XIII, et essuya de mauvais traitements de leur part. Il a laissé des ouvrages estimables.

CANA, ville ou bourgade de la Galilée, dans laquelle Jésus-Christ fut invité à des noces, et fit le premier de ses miracles en changeant l'eau en vin. Plusieurs incrédules ont fait des efforts pour rendre ce miracle suspect. Ils disent que Jésus fit remplir d'eau deux cruches, qu'il y mêla sans doute quelque drogue pour donner à l'eau la couleur et le goût du vin. Ils ajoutent que Jésus favorisa l'intempérance des convives, en leur fournissant du vin lorsqu'ils étaient déjà ivres.

Mais si Jésus-Christ ne fit rien autre chose que de donner de la couleur et du goût à l'eau, il ne favorisa donc point l'intempérance; l'un de ces reproches détruit déjà l'autre.

Depuis que la chimie et l'histoire naturelle sont poussées au plus haut degré, a-t-on découvert quelque drogue qui ait la vertu de donner à l'eau la couleur et le goût d'un excellent vin? Les Juifs n'étaient pas des chimistes fort habiles, et Jésus-Christ n'avait fait en Judée ni ailleurs aucune étude. Il ne toucha point aux vases dans lesquels l'eau fut changée en vin; tout passa par les mains de ceux qui servaient à table : saint Jean, qui rapporte ce miracle, en fut témoin oculaire.

Le maître d'hôtel, après avoir goûté de ce vin miraculeux, dit à l'époux : *Tout autre que vous sert d'abord le bon vin, et après que l'on a beaucoup bu,* CUM INEBRIATI FUERINT, *il en sert alors du moindre : pour vous, vous avez réservé le bon vin pour la fin du repas* (Joan. II, 10). Dans le style des écrivains sacrés, *inebriari* ne signifie pas toujours s'enivrer, mais boire à sa soif, abondamment. Au figuré, il signifie recevoir en abondance des biens ou des maux. On ne peut donc pas conclure de ce passage que Jésus-Christ favorisa l'intempérance des conviés. *Voy.* Glassii *Philolog. sacra,* l. v, tract. 1, c. 12.

CANANÉEN. *Voy.* CHANANÉENS.

CANON, terme grec qui signifie *règle*; il se prend en plusieurs sens (1).

On appelle ainsi, en premier lieu, le catalogue des livres que l'on doit reconnaître pour divins ou inspirés de Dieu, et que l'Eglise donne aux fidèles pour être la règle de leur foi et de leurs mœurs (2).

Le *canon* de la Bible n'a pas toujours été le

(1) La question de la canonicité des livres saints est très-importante. Il est nécessaire de prouver que le canon du concile de Trente n'a fait qu'exprimer la croyance de l'Eglise de tous les temps, et n'a rien innové en cette matière. Mais la difficulté concerne surtout les livres deutérocanoniques. Nous remettons à développer nos preuves au mot DEUTÉRO-CANONIQUES.

(2) Le saint concile de Trente, ayant donné son décret sur l'Ecriture sainte, jugea convenable d'y joindre le catalogue des livres sacrés, afin que personne ne puisse demeurer dans le doute à cet égard. Voici ce catalogue.

Les livres de l'Ancien Testament sont : les cinq livres de Moïse, savoir : la *Genèse*, l'*Exode*, le *Lévitique*, les *Nombres* et le *Deutéronome*; *Josué*, les *Juges*, *Ruth*, les quatre livres des *Rois*, les deux des *Paralipomènes*, le premier d'*Esdras*, et le second, sous le titre de *Néhémias*, *Tobie*, *Judith*, *Esther*, *Job*, les *Psaumes* de David, les *Proverbes*, l'*Ecclésiaste*, le *Cantique des cantiques*, la *Sagesse*, l'*Ecclésiastique*, *Isaïe*, *Jérémie*, *Baruch*, *Ezéchiel*, *Daniel*, *Osée*, *Joel*, *Amos*, *Abdias*, *Jonas*, *Michée*, *Nahum*,

même dans tous les temps, et il n'est pas uniforme non plus dans toutes les sociétés chrétiennes ; les catholiques sont en contestation sur ce point avec les protestants. Outre les livres du Nouveau Testament, que l'Eglise reconnaît pour canoniques par tradition, elle a aussi placé dans le *canon* de l'ancien Testament plusieurs livres que les Juifs ne reçoivent point comme divins. C'est ce qui a donné lieu de distinguer les livres saints en protocanoniques, deutérocanoniques et apocryphes. Mais nous verrons dans la suite que les livres sur la *canonicité* desquels on dispute, ne sont pas en grand nombre. Sur ce sujet l'on peut former plusieurs questions importantes ; nous les proposerons, non pour les décider toutes avec confiance, mais pour montrer la manière dont on doit procéder dans ces sortes de discussions.

1. Y a-t-il eu chez les Juifs un *canon* des livres sacrés ? On ne peut pas en douter, quand on sait que les Juifs, d'un consentement unanime, ont reçu comme divins les mêmes livres et le même nombre de livres, et qu'ils n'ont pas regardé comme tels d'autres livres, qui sont cependant respectables. Il faut qu'ils y aient été déterminés par une tradition constante, ou par une autorité qui a entraîné tous les suffrages. Cette unanimité n'a pas pu être un effet du hasard. Or, nous sommes assurés de ce concert des Juifs, 1° par le témoignage des anciens Pères de l'Eglise. Toutes les fois qu'ils ont eu occasion de faire l'énumération des livres reconnus comme divins ou canoniques par les Juifs, ils se sont accordés à en dresser le même catalogue ; nous le verrons ci-après. Ils ont donc été très-bien informés du sentiment des Juifs, puisque tous l'attestent de même. S'ils avaient eux-mêmes forgé cette liste ou ce *canon*, il y aurait eu entre eux de la variété ; plusieurs y auraient placé quelques-uns des livres que nous nommons *deutérocanoniques*, puisqu'ils les regardaient comme divins, et les citaient comme tels. Mais ils ont eu la bonne foi de convenir que ces livres n'étaient pas mis dans le *canon* par les Juifs. — 2° Par le témoignage de Josèphe. Cet historien, qui était de race sacerdotale et très-instruit des sentiments de sa nation, dit dans son premier livre *contre Appion*, c. 2, que les Juifs n'ont pas comme les Grecs une multitude de livres ; qu'ils n'en reconnaissent comme divins que vingt-deux ; que ces livres contiennent tout ce qui s'est passé depuis le commencement du monde jusqu'au règne d'Artaxercès ; que, quoiqu'ils aient d'autres écrits, ces derniers n'ont pas chez eux la même autorité que les livres divins. Il ajoute que tout Juif est prêt à répandre son sang pour la défense de ceux-ci. — 3° La persuasion des Juifs d'aujourd'hui. Ils ne comptent encore, entre les livres divins, que ceux dont leurs pères ont, disent-ils, dressé le *canon* dans le temps de la *grande synagogue*. Ils nomment ainsi l'assemblée de ceux de leurs docteurs qui ont vécu après le retour de la captivité. C'est ainsi que s'exprime l'auteur du traité *Mégilah*, dans la Gémare, c. 3. L'uniformité de toutes les bibles hébraïques publiées par les Juifs ne laisse aucun doute sur ce point. L'existence d'un *canon* des livres saints, chez les Juifs, est donc incontestable.

II. N'y a-t-il eu chez les Juifs qu'un seul et même *canon* des saintes Ecritures ? — Quelques auteurs ont supposé qu'il y en avait eu plusieurs, et qu'ils n'étaient pas absolument semblables. Génébrard, dans sa chronologie, pense qu'il y en a eu trois : le premier au temps d'Esdras, et dressé par la grande synagogue ; ce *canon*, selon lui, ne renfermait que vingt-deux livres : le second, fait sous le pontife Eléazar, dans un synode assemblé pour délibérer sur la version des livres saints que demandait le roi Ptolémée, et que nous appelons *la version des Septante*. Alors, dit Génébrard, on mit au nombre des livres divins Tobie, Judith, la Sagesse et l'Ecclésiastique. Le troisième, au temps d'Hircan, dans le septième synode, assemblé pour confirmer la secte des pharisiens, dont Hillel et Sammaï étaient les chefs, et pour condamner Sadoc et Barjelos, promoteurs de la secte des sadducéens. Alors on mit dans le *canon* les livres des Machabées, et l'on confirma les deux *canons* précédents, malgré les sadducéens, qui, à l'exemple des samaritains, ne voulaient reconnaître pour divins que les cinq livres de Moïse. Ce sentiment de Génébrard est une pure imagination, qui n'est appuyée sur aucune preuve. — Serrarius, plus moderne que Génébrard, attribue aux Juifs deux *canons* différents : l'un de vingt-deux livres, fait par Esdras ; l'autre dressé au temps des Machabées, et augmenté des livres deutérocanoniques. Ce sentiment n'est pas mieux fondé que le premier ; l'un et l'autre sont contredits par les Pères, qui nous assurent constamment que les Juifs n'ont reconnu pour divins que vingt-deux livres. — Méliton dit à Onésime qu'il a voyagé dans l'Orient pour savoir quels étaient les livres canoniques, il n'en nomme que vingt-deux. — Saint Jérôme, dans son prologue défensif, dit qu'il l'a composé afin que l'on sache que tous les livres qui ne sont pas parmi les vingt-deux qu'il a nommés, doivent être regardés comme apocryphes. On comprend qu'ici *apocryphe* signifie simplement non reconnu comme divin ; saint Jérôme le fait assez sentir : il ajoute que la Sagesse, l'Ecclésiastique, Tobie et Judith, ne

Habacuc, Sophonias, Aggée, Zacharie, Malachie, et les deux premiers livres des *Machabées*.

Les livres du Nouveau Testament sont : les quatre Evangiles selon *saint Mathieu, saint Marc, saint Luc*, et *saint Jean*; les *Actes des Apôtres*, les quatorze *Epîtres* de saint Paul, savoir : une aux *Romains*, deux aux *Corinthiens*, une aux *Galates*, une aux *Ephésiens*, une aux *Philippiens*, une aux *Colossiens*, deux aux *Thessaloniciens*, deux à *Timothée*, une à *Tite*, une à *Philémon*, et une aux *Hébreux*; les deux *Epîtres* de saint Pierre, les trois de saint Jean, une de saint Jacques, une de saint Jude, et l'*Apocalypse* de saint Jean. (*Concil. Trid.*, sess. 4, can. *de sacris Script.*)

sont pas dans le *canon*. Dans sa préface sur Tobie, il dit que les Hébreux excluent ce livre du nombre des Ecritures divines, et le rejettent entre les apocryphes. Il le répète à la tête de son *Commentaire sur le prophète Jonas.* — Origène écrit, dans sa lettre à Africain, que les Hébreux ne connaissent ni Tobie ni Judith, mais qu'ils les mettent au nombre des livres apocryphes. — Saint Epiphane dit, dans son livre *des Poids et des Mesures*, n° 3 et 4, que les livres de la Sagesse et de l'Ecclésiastique ne sont pas chez les Juifs au rang des Ecritures saintes. — L'auteur de la *Synopse* assure que Tobie, Judith, la Sagesse et l'Ecclésiastique ne sont pas des livres canoniques, quoiqu'on les lise aux catéchumènes.

Aucun de ces anciens écrivains ne parle de deux ni de trois *canons* reçus chez les Juifs.

III. Combien de livres renfermait le *canon* des Ecritures chez les Juifs, et quels étaient ces livres ? — Il est constant que les Juifs en ont toujours reconnu vingt-deux, autant qu'il y avait de lettres dans leur alphabet, et qu'ils les désignaient par ces lettres mêmes; c'est la remarque de saint Jérôme dans son prologue défensif. A la vérité, quelques rabbins en ont compté vingt-quatre, et d'autres vingt-sept; mais ils divisaient certains livres en plusieurs parties, et n'augmentaient pas pour cela le nombre réel de vingt-deux. — Ceux qui en comptaient vingt-quatre, séparaient les Lamentations de Jérémie d'avec ses prophéties, et le livre de Ruth d'avec celui des Juges ; au lieu qu'on les laissait ordinairement réunis. Pour les désigner par vingt-quatre lettres de l'alphabet, ils répétaient trois fois la lettre *jod*, à l'honneur du nom de Dieu, *Jéhovah*, écrit en chaldéen par trois *jod*. Ainsi font encore les Juifs d'aujourd'hui. Saint Jérôme pense que les vingt-quatre vieillards de l'Apocalypse font allusion à ces vingt-quatre livres. — Ceux qui en comptaient vingt-sept, partageaient en six les livres des Rois et des Paralipomènes, qui, dans les autres catalogues, n'en faisaient que trois; et pour les désigner, ils ajoutaient aux vingt-deux lettres hébraïques les cinq finales; c'est ce que dit saint Epiphane dans son livre *des Poids et des Mesures.*

Le *canon* était donc toujours foncièrement le même, mais la manière de compter par vingt-deux était la plus ordinaire, comme le suppose Josèphe; Richard Simon prétend, sans aucune preuve, que la plus ancienne manière était d'en compter vingt-quatre.

Quels étaient ces livres? Saint Jérôme, bon témoin dans cette matière, en fait ainsi l'énumération. La *Genèse*, l'*Exode*, le *Lévitique*, les *Nombres*, le *Deutéronome*, *Josué*, les *Juges* avec *Ruth*, *Samuel* ou les deux premiers livres des *Rois*, les *Rois*, qui sont les deux derniers livres de ce nom, *Isaïe*, *Jérémie* avec ses *Lamentations*, *Ezéchiel*, les douze petits *Prophètes*, *Job*, les *Psaumes*, les *Proverbes*, l'*Ecclésiaste*, le *Cantique*, *Daniel*, les *Paralipomènes* en deux livres, *Esdras*, aussi double, *Esther*. — Saint Epiphane fait la même liste, *Hæres.* 8, n° 6; *De Pond. et Mens.*, n° 3, 4, 22, 23. — Saint Cyrille de Jérusalem, *Catech.* 4, dit aux chrétiens de méditer les vingt-deux livres de l'Ancien Testament, et de se les mettre dans la mémoire tels qu'il va les nommer, et il les nomme comme saint Jérôme et saint Epiphane. — Saint Hilaire, *Prolog. in Psal.*, le concile de Laodicée, can. 60, Origène, cité par Eusèbe, *Hist.* liv. VI, c. 26, ont dressé le même catalogue. Méliton vivait au II° siècle; il avait voyagé exprès dans l'Orient pour s'instruire; les anciens ont fait grand cas de ses ouvrages ; il ne parle pas du livre d'Esther, ce qui peut être une faute de copiste. — Bellarmin, dans son catalogue des écrivains ecclésiastiques, s'est trompé, en disant que Méliton mettait le livre de la Sagesse au nombre des saintes Ecritures; on lit dans Eusèbe, Σαλομῶνος Παροιμίαι ἢ καὶ Σοφία *Salomonis Proverbia quæ et Sapientia*, parce que les Proverbes étaient souvent appelés *la Sagesse de Salomon.* Voyez la *Note de Valois sur Eusèbe*, liv. IV, c. 26. — Josèphe, liv. I, *contre Appion*, c. 2, dit que sa nation ne reconnaît comme divins que vingt-deux livres, cinq de Moïse, treize des prophètes, et quatre autres qui renferment ou des hymnes à la louange de Dieu, ou des préceptes pour les mœurs. Il ne paraît pas qu'il en ait voulu désigner d'autres que ceux que nous avons nommés. Quoiqu'il ne dise rien des malheurs de Job dans son *Histoire juive*, il ne s'ensuit pas qu'il ait regardé le livre de Job comme apocryphe; l'histoire de Job ne tenait en rien à celle de la nation juive, et Josèphe a pu la regarder comme une parabole ou comme un poème divin, plutôt que comme une narration historique.

IV. En quel temps a été dressé le *canon* des Juifs, et qui en est l'auteur ? — Cette question n'est pas fort aisée à résoudre. C'est aujourd'hui une espèce de paradoxe, d'avancer qu'Esdras ne fut jamais l'auteur du *canon* des livres sacrés des Juifs. Les écrivains, même les plus judicieux, ont trouvé bon de mettre sur le compte d'Esdras tout ce qui concerne la Bible, et dont on ignore l'inventeur et l'origine. Ils l'ont fait correcteur et réparateur des livres perdus ou altérés, réformateur de la manière d'écrire, quelques-uns même, inventeur des points voyelles, et tous, auteur du *canon* des Ecritures. — Malgré l'unanimité des suffrages sur ce dernier point, il nous paraît qu'il n'y aurait aucune témérité à en douter, et même à soutenir le contraire. Soit que l'on consulte les livres d'Esdras lui-même et de Néhémie, soit que l'on cherche des preuves ailleurs, on n'en trouve aucune ; ce qui est dit dans le IV° livre apocryphe d'Esdras, chap. XIV, vers 21 et suivants, n'est d'aucune autorité.

Avant de prendre aucun parti sur cette question, il y a plusieurs difficultés à résoudre. 1° Il faut s'assurer du temps auquel Esdras a vécu ; 2° savoir sous quel prince il est venu de Babylone à Jérusalem; 3° si tous les livres qui sont dans le *canon* étaient écrits

aurait réformé son jugement. D'autre part, ceux qui ont appliqué aux sept âges de l'Eglise les sept jours pendant lesquels se célébraient les noces, ont mal rencontré, puisque dans le *cantique* il n'est question ni de noces, ni de distinction de jours (*Bible d'Avignon*, tom. VIII, pag. 399 et suiv.).

Les objections que l'on a faites contre l'inspiration de ce livre ne sont pas difficiles à résoudre. On est d'abord étonné de ce qu'il n'est point cité dans le Nouveau Testament; mais il y a d'autres livres de l'Ancien qui n'y sont pas cités non plus. On ajoute que le nom de Dieu ne s'y trouve pas; qu'importe, puisque c'est Dieu lui-même qui est l'objet du poëme.

Quoique nous fassions très-grand cas de l'érudition et de la sagacité de Lowth et de Michaëlis, nous ne pouvons souscrire à la censure qu'ils ont faite des Pères et des commentateurs, qui, non contents de soutenir que le *cantique* tout entier est mystique et allégorique, ont encore tâché de donner à toutes ses parties un sens suivi et analogue à ce sens général. Nous convenons qu'aucune de ces explications ne peut faire autorité, puisqu'il est libre à chacun de donner la sienne : aussi n'a-t-on jamais fait usage de ce poëme pour prouver aucun article de foi. Mais comme il est très-essentiel d'écarter de l'esprit de tous ceux qui le lisent toute idée profane, on ne doit pas blâmer ceux qui ont cherché une leçon de piété dans chaque chapitre et dans chaque verset. Par la même raison, il y aurait de l'humeur à censurer ceux qui en ont fait l'application, non-seulement à Dieu et à l'Eglise, mais encore à Jésus-Christ et à l'âme fidèle. Quand ce ne serait pas là le sens le plus naturel du texte, c'est du moins toujours une leçon utile à la piété; et quoi qu'en disent nos savants critiques protestants, c'est le meilleur fruit que nous puissions tirer de la lecture des livres saints. En tournant cette méthode en ridicule, en se tenant scrupuleusement attachés aux règles de grammaire, de logique et de critique, les protestants ont presque travesti l'Ecriture sainte en un livre purement profane, comme si Dieu nous l'avait donnée pour augmenter nos connaissances curieuses, et non pour nous porter à la vertu. Ce n'est pas ainsi que saint Paul nous la fait envisager : *Toute Ecriture divinement inspirée*, dit-il, *est utile pour enseigner, pour reprendre, pour corriger, pour instruire dans la justice, pour rendre un homme de Dieu parfait et exercé à toute bonne œuvre* (*II Tim.* III, 16). De quoi y servirait le *cantique* de Salomon, si on se bornait au sens qui paraît le plus littéral?

CAPHARNAUM, ville de Galilée, dans laquelle Jésus-Christ a fait sa demeure pendant quelques années (*Matth.* IV, 13). Il s'est plaint plusieurs fois de l'incrédulité des habitants de cette ville, et les incrédules modernes en ont voulu tirer avantage pour rendre suspects les miracles et les vertus du Sauveur. Il ne pouvait, disent-ils, être mieux jugé que par ses concitoyens.

Nous pensons, au contraire, qu'il ne pouvait l'être plus mal. Quand on connaît par expérience les préventions, la jalousie, la malignité naturelle des habitants des petites villes, on sent la vérité de la maxime que Jésus-Christ a prononcée à cette occasion, que *personne n'est prophète dans son pays* (*Matth.* XIII, 57). Les Galiléens, imbus du préjugé général de la nation juive, que le Messie devait être un conquérant, pouvaient-ils aisément se persuader que le fils d'un artisan, dont toute la famille était connue, fût le Fils de Dieu descendu du ciel et incarné pour le salut des hommes? Trois ans d'instructions, de miracles et de vertus n'étaient pas trop pour persuader à des hommes très-grossiers une vérité aussi étonnante, pour laquelle les incrédules de tous les siècles ont eu tant de répugnance. On ne doit pas être surpris si les Capharnaïtes furent révoltés, lorsque Jésus-Christ promit de donner sa chair à manger et son sang à boire (*Joan.* VI, 52). Il se trouve encore aujourd'hui des sectes de chrétiens qui n'en veulent rien croire. Mais enfin Jésus-Christ vint à bout de persuader ses concitoyens, puisque la plupart de ses disciples étaient Galiléens, et que plusieurs de ses parents même souffrirent la mort pour lui après sa résurrection. *Voy.* PARENTS.

CAPISCOL, dignitaire de plusieurs chapitres ou églises, soit cathédrales, soit collégiales, en Provence et en Languedoc. Il paraît que c'est la même dignité que celle de *chantre*, de celui qui préside au chœur. *Capiscol* se dit pour *caput scholæ*, le chef des chantres. Dans le pontifical romain, les ecclésiastiques dont l'évêque est accompagné dans les cérémonies sont appelés *schola*.

CAPITAL. On nomme *péchés capitaux* les vices habituels ou les passions déréglées qui sont en nous la source ordinaire de nos péchés. Ce sont l'orgueil, l'avarice, l'envie, la gourmandise, la luxure, la colère et la paresse. *Voy.* ces divers articles. Quelques interprètes pensent que Jésus-Christ a voulu les désigner, lorsqu'il a parlé des sept démons qui s'emparent de l'homme (*Matth.* XII, 45; *Luc.* VIII, 2).

CAPITULE, petit chapitre. Ce sont quelques versets tirés de l'Ecriture sainte, et relatifs à l'office du jour, que l'on récite après les psaumes et avant l'hymne. Le capitule des complies se dit après l'hymne, et il est suivi d'un répons, comme dans les petites heures.

CAPTIVITÉ DE BABYLONE. Moïse, de la part de Dieu, avait annoncé aux Israélites que, s'ils n'étaient pas fidèles à observer sa loi, il les transporterait hors de la terre promise et les livrerait au pouvoir d'une nation étrangère (*Deut.* XXVIII, 49 et 64); mais que s'ils revenaient à lui, il les rétablirait (XXX, 1 et suiv.). Comme sous leurs rois ils se livrèrent très-souvent à l'idolâtrie et contractèrent des mœurs très-corrompues, Dieu leur déclara par ses prophètes qu'il allait accomplir ses menaces, que toute la nation serait assujettie aux Assyriens et transportée à

avant lui; 4° s'il a écrit lui-même le livre qui porte son nom. — Quand on s'accorderait sur toutes ces questions, nous ne voyons pas par quelle autorité Esdras aurait fait les grandes opérations qu'on lui attribue, ni comment les Juifs, naturellement si indociles, se seraient soumis à ses ordonnances. Il n'était ni grand prêtre ni prophète; il n'avait de pouvoir qu'autant que la nation voulait bien lui en accorder. — Il est très-probable que la prophétie de Malachie et les Paralipomènes ont été écrits assez longtemps après Esdras; que Néhémie lui est postérieur de près d'un siècle. Ce n'est donc pas Esdras qui a pu mettre ces divers écrits dans le *canon*. — Nous ne voyons aucun inconvénient à supposer que le *canon* des livres de l'Ancien Testament a été formé comme celui des écrits du Nouveau, par la tradition commune, sans qu'aucun particulier ni aucune assemblée ait dressé ce catalogue et lui ait donné la sanction.

C'est l'affaire des protestants de voir si la tradition juive est une autorité suffisante pour nous faire recevoir des livres comme divins, inspirés, parole de Dieu et règle de foi. Ils en ont senti la faiblesse, puisqu'ils ont eu recours à une inspiration du Saint-Esprit accordée à chaque particulier: ce n'est pas ici le lieu de démontrer l'illusion de ce système. — Pour nous, nous avons un meilleur garant de notre croyance; c'est l'autorité de Jésus-Christ même et des apôtres, qui ont donné aux fidèles les livres de l'Ancien Testament comme la parole de Dieu, et nous sommes assurés de ce fait par le témoignage de l'Eglise. Nous ne pouvons savoir par aucune autre voie quels livres ils ont désignés comme tels, puisque cela n'est écrit dans aucun livre, ni attesté par aucun monument.

Nous convenons que le *canon* des Juifs a été suivi dans les premiers siècles de l'Eglise; les anciens Pères ne pouvaient mieux faire, puisque alors l'Eglise n'avait pas encore prononcé; on n'avait pas encore pu comparer la tradition des Eglises de l'Occident avec celle des Eglises de l'Orient; cela ne s'est fait que dans la suite. Mais les Pères qui ont cité le *canon* des Juifs n'ont pas prétendu que l'Eglise était privée de l'autorité nécessaire pour y ajouter d'autres livres; ils ont supposé le contraire, puisqu'ils ont cité eux-mêmes comme livres divins des ouvrages qui n'étaient pas dans le *canon* des Juifs. — Les protestants leur en font un crime; mais c'est encore à eux de nous dire pourquoi ils reçoivent le *canon* des Juifs qui nous est transmis par les Pères, en même temps qu'ils accusent d'erreur ou de témérité ces témoins vénérables.

Dès l'année 397, un concile de Carthage a placé dans le *canon* des saintes Ecritures, des livres que le concile de Laodicée n'y avait pas mis trente ans auparavant. Les Pères de Carthage suivaient en cela la tradition des Eglises de l'Occident, de laquelle ceux de Laodicée n'avaient pas eu connaissance. Lorsque le concile de Trente a fixé le nombre des livres canoniques, et a prononcé l'anathème contre ceux qui ne se soumettraient pas à sa décision, il n'a fait ce décret qu'après avoir consulté la tradition de toutes les Eglises et de tous les siècles.

A l'article CANONIQUE, nous parlerons du *canon* des livres du nouveau Testament. *Dissert. sur la canonicité*, etc.; *Bible d'Avignon*, tome Ier, p. 54, etc.

V. A qui appartient-il de décider si un livre est ou n'est pas canonique? Nous répondons hardiment que c'est à l'Eglise, et que nous ne pouvons le savoir certainement par aucune autre voie. En voici les preuves: — 1° Au mot EGLISE, nous prouverons que Jésus-Christ a donné à l'Eglise, c'est-à-dire au corps des pasteurs, la mission et l'autorité pour perpétuer sa doctrine, pour enseigner les fidèles, pour diriger et fixer leur croyance. Or, s'il y a un article essentiel d'enseignement, c'est de savoir quels sont les livres que nous devons recevoir comme parole de Dieu et comme règle de notre foi: donc c'est à l'Eglise, et non à aucun autre tribunal, de nous l'apprendre. — 2° Il faut distinguer la canonicité d'un livre d'avec son authenticité; demander si un livre est authentique, c'est demander s'il a été véritablement écrit par l'auteur dont il porte le nom, si cet auteur est un des apôtres ou un de leurs disciples, si ce livre n'a pas été corrompu ou falsifié: mettre en question s'il est *canonique*, c'est examiner si l'auteur était inspiré de Dieu, si cet ouvrage doit être reçu comme parole de Dieu et comme règle de foi. Un livre peut être authentique sans être pour cela *canonique*; ainsi l'on ne doute pas que la *Lettre de saint Barnabé*, les deux *Lettres de saint Clément*, le *Pasteur d'Hermas* n'aient été écrits par des disciples immédiats des apôtres, tout comme les évangiles de saint Marc et de saint Luc; cependant ces deux évangiles sont des ouvrages *canoniques*; et les écrits dont nous venons de parler ne le sont pas. Pourquoi cette différence? parce que l'Eglise a reçu des apôtres ces deux évangiles comme parole de Dieu, et n'a pas reçu de même les autres écrits. Or c'est à l'Eglise seule qu'il appartient de nous attester quels sont les livres qu'elle a reçus de la main des apôtres comme parole de Dieu, ou qu'elle n'a pas reçus comme tels; donc c'est à elle seule à fixer nos doutes sur ce point. — 3° De l'aveu même des protestants, la question de savoir si un livre est authentique, s'il a été fait par tel auteur, s'il n'a été ni corrompu, ni falsifié, est une question de fait qui ne peut se décider que par des témoignages et par la tradition de l'Eglise des premiers siècles. Or, de savoir s'il est *canonique*, inspiré, parole de Dieu, c'est aussi une question de fait; puisqu'elle se réduit à savoir s'il a été donné comme tel à l'Eglise par les apôtres: donc cette seconde question se doit décider par des témoignages et par la tradition, comme la première. — Pour esquiver cette conséquence évidente, les protestants cherchent à l'obscurcir; ils disent que la question de l'au-

thenticité d'un livre est, à la vérité, une question de fait, mais que la *canonicité* est une question de droit ou de foi. Conséquemment ils ont déclaré, dans leurs confessions de foi, qu'ils reconnaissent les livres de l'Ecriture pour *canoniques, non tant par le commun accord et consentement de l'Église, que par le témoignage et intérieure persuasion du Saint-Esprit.* Beausobre, *Hist. du Manich.*, tom. Iᵉʳ; *Disc. sur les livres apocryphes,* § 6, p. 444. — Déjà nous venons de démontrer que la *canonicité* d'un livre est une pure question de fait; nous ajoutons que selon Beausobre lui-même l'*authenticité* porte sur une question de droit ou sur une discussion de doctrine. Il dit que pour juger si un livre était authentique ou apocryphe, les Pères ont eu pour première règle d'en comparer la doctrine avec celle qui avait été enseignée par les apôtres dans toutes les Eglises; pour deuxième règle d'en comparer encore la doctrine avec celle des ouvrages qui étaient incontestablement des apôtres ou des hommes apostoliques, *ibid.*, § 5, p. 441, 443. Or, voilà certainement un examen de foi et de doctrine : donc ce n'est pas une pure question de fait. Si les Pères ont pu s'y tromper, quelle certitude peut nous donner leur témoignage touchant l'*authenticité* d'un livre? *Voy.* ÉCRITURE SAINTE, § 1 et 2. — 4° Il est évident que le prétendu *témoignage et intérieure persuasion du Saint-Esprit,* à laquelle recourent les protestants, est un enthousiasme pur. Le Saint-Esprit, sans doute, ne fera pas un miracle à l'égard de chaque protestant pour lui donner une capacité, des lumières, un discernement qu'il n'a pas naturellement. L'authenticité de la première *Lettre de saint Clément* est universellement reconnue, et il est prouvé par l'histoire que ce saint pape a été disciple de saint Pierre aussi immédiat que saint Marc. Cette lettre ne renferme aucun point de doctrine contraire à celle que les apôtres ont prêchée dans toutes les Eglises, ni à celle qui se trouve dans leurs ouvrages incontestables. Sur quoi donc porte l'inspiration du Saint-Esprit qui fait connaître à un protestant que l'*Évangile de saint Marc* est *canonique* ou parole de Dieu, et que la *Lettre de saint Clément* ne l'est pas? — Aussi l'inspiration du Saint-Esprit n'est point la même à l'égard des différentes sectes protestantes. Les calvinistes rejettent hautement et constamment l'Apocalypse comme un livre apocryphe et sans autorité; les luthériens et les anglicans n'en jugent pas de même. Le Saint-Esprit ne parle pas toujours le même langage dans la même secte : dans un temps l'*Épître de saint Jacques* a été retranchée des bibles luthériennes; dans un autre, elle y a été rétablie; Luther, dans sa préface sur cette épître, laisse à chacun la liberté d'en juger comme il voudra; elle se trouve dans toutes les bibles calvinistes; Wallembourg, *Tract.* 4, part. III, sect. 2, § 3. A laquelle de ces différentes inspirations devons-nous croire? — Puisque c'est le Saint-Esprit qui fait connaître aux protestants que tel livre est *canonique,* et que tel autre ne l'est pas; c'est encore lui, sans doute, qui leur dicte que telle version est fidèle, et que telle autre ne l'est pas; que tel passage a tel sens, et non celui qui lui est donné par les autres sectes. Si cela est ainsi, les protestants n'ont plus besoin d'érudition, de recherches, de discussions, pour savoir si les livres sont authentiques ou apocryphes, s'ils sont entiers ou altérés, s'ils ont été bien ou mal traduits, etc. Le Saint-Esprit supplée à tout, et décide souverainement de tout. N'est-ce pas là un fanatisme pur? — 5° Dès son origine, l'Eglise s'est attribué le droit et l'autorité de décider quels sont les livres *canoniques.* Dans les *canons des apôtres,* dressés par les conciles du IIᵉ et du IIIᵉ siècle, elle a dit aux fidèles, *can.* 76, *alias* 85 : « Voici les livres que vous tous, clercs ou laïques, devez regarder comme saints et vénérables, savoir, pour l'Ancien Testament, etc. » Elle a fait de même au concile de Nicée, l'an 325; au concile de Laodicée, en 336 ou 367; au troisième de Carthage, en 397. Soutiendra-t-on que dès le IIᵉ siècle, les pasteurs de l'Eglise, établis et instruits par les apôtres, ont oublié les leçons de leurs maîtres, se sont attribué une autorité qui ne leur appartenait pas, et une inspiration du Saint-Esprit qui était promise à tous les fidèles?

Les protestants nous objectent que ces décisions du concile n'ont pas été uniformes; qu'il n'y a point eu, dans les premiers siècles, de *canon des Ecritures* universellement reçu et suivi; que jusqu'au VIIIᵉ et au IXᵉ, les différentes Eglises ont joui d'une entière liberté d'admettre dans leur *canon* ou d'en rejeter tels livres qu'elles jugeaient à propos. — Si cela était vrai, il y aurait lieu de s'étonner de ce que le Saint-Esprit, qui inspire aujourd'hui les protestants sur cet article essentiel de croyance, n'a pas daigné parler à aucune Eglise pendant huit ou neuf siècles; mais le fait est faux, puisque aucune Eglise n'a formellement rejeté aucun des livres que l'on nomme *protocanoniques;* le canon est donc demeuré constamment et universellement reçu, quant à ceux-là; il n'était plus question que de savoir si on devait y en ajouter d'autres, ou si on ne le devait pas. Pour le savoir, il a fallu attendre que l'on pût comparer ensemble la tradition des différentes Eglises, tant de l'Orient que de l'Occident. Une preuve que cette comparaison a été faite, et que le *canon* a été dressé uniformément dès le Vᵉ siècle au plus tard, c'est que les nestoriens et les eutychiens ou jacobites, qui se sont séparés de l'Eglise romaine à cette époque, placent dans le *canon* les mêmes livres que nous. (Assemani, *Biblioth. orient.*, tom. IV, c. 7, § 7, pag. 236.)

Les protestants ne sont rien moins que d'accord entre eux sur le temps auquel le *canon* des livres du Nouveau Testament a été irrévocablement fixé. Basnage prétend qu'il ne l'a pas été avant le VIIIᵉ ou le IXᵉ siècle; Mosheim soutient qu'il l'a été dès le IIᵉ; mais il convient que l'on ne peut en juger que par conjecture. Après de pareils aveux, nous ne concevons pas comment l'on peut s'obstiner à soutenir que les livres saints ont toujours été regardés comme la seule règle de foi. Quand nous avouerions que la liste des livres proto-canoniques a été faite et arrêtée dès le II° siècle, est-il bien certain qu'il n'y a point d'autres articles de foi que ce qui est contenu dans ces livres, et que l'on n'en peut tirer aucun des livres deutéro-canoniques ? Voilà ce que les protestants n'ont pas encore démontré. Quand ils l'auraient fait, nous demandons encore comment la foi a pu être fixe et certaine dans les sociétés qui ont demeuré longtemps sans avoir les livres saints traduits dans leur langue. Il y aurait bien d'autres questions à faire. *Voy.* ECRITURE SAINTE, DEUTÉRO CANONIQUE, etc.

CANONS DES APÔTRES. C'est un recueil de règlements de discipline de l'Eglise primitive ; ils sont au nombre de soixante-seize ou de quatre-vingt-cinq, selon les différentes manières de les partager. Tout le monde convient qu'ils n'ont pas été dressés tels que nous les avons, par les apôtres mêmes; du moins il n'y en a aucune preuve ; mais leur autorité est incontestable. Daillé et quelques autres protestants ont fait de vains efforts pour prouver que ces *canons* sont absolument supposés, qu'ils n'ont commencé à être connus et cités qu'au IV° ou au V° siècle. Le savant Béveridge, évêque de Saint-Asaph, théologien anglican, a fait voir que ces *canons* ou règlements ont été faits par les évêques et par les conciles du II° et du III° siècle, qu'ils sont par conséquent antérieurs au premier concile de Nicée, que ce concile les a suivis et s'y est conformé. Voyez *Codex Canonum Ecclesiæ primitivæ PP. Apost.* t. I°, p. 442 ; tom. II, part. II, p. 1. — En effet, il n'est pas probable que saint Jean, qui a gouverné l'Eglise d'Ephèse pendant un grand nombre d'années, n'ait fait aucun règlement de discipline pour cette Eglise ; il en est de même à l'égard de saint Jacques pour celle de Jérusalem, de saint Marc pour celle d'Alexandrie, de saint Pierre et de ses premiers successeurs pour celle de Rome. Dans ces différentes villes, il s'est tenu des conciles pendant le II° et le III° siècle ; il est naturel que les évêques qui y ont assisté se soient fait un devoir de suivre cette discipline respectable, en aient fait des règles générales, et les aient fait observer dans leurs Eglises. On n'a pas eu tort d'appeler ces règles *Canons des Apôtres*, puisqu'elles ont été dressées d'après ce que les apôtres et les hommes apostoliques avaient établi. La prétendue *supposition* de ces *canons* n'est qu'une équivoque sur laquelle les protestants ont joué très-mal à propos ; ils sont *apocryphes*, dans ce sens qu'ils n'ont été écrits ni par les apôtres, ni par saint Clément, auquel ils sont attribués ; mais ils sont vrais et *authentiques*, dans ce sens qu'ils renferment véritablement la discipline qui passait, au II° et au III° siècle, pour avoir été établie par les apôtres. — Quoique ces règlements regardent directement la discipline, ils ne sont pas indifférents à l'égard du dogme, de la morale, du culte extérieur. On y voit la distinction des évêques d'avec les simples prêtres, la prééminence des premiers, leur autorité sur le clergé inférieur, les mœurs et les devoirs prescrits aux ministres de l'Eglise et aux simples fidèles. On y trouve les noms d'*autel* et de *sacrifice*, ce qui était observé dans l'administration du baptême, de l'eucharistie, de la pénitence, de l'ordination, etc. — Il en résulte que la doctrine des protestants est aussi opposée à celle des temps apostoliques, que leur culte et leur discipline sont contraires à ce que l'on observait pour lors. Autant ils se sont trouvés intéressés à en contester l'authenticité, autant il importe aux catholiques de la soutenir. Il est heureux pour nous que les théologiens anglicans aient pleinement éclairci, et, pour ainsi dire, épuisé cette question.

CANONS D'UN CONCILE. On appelle ainsi les décisions d'un concile en matière de dogme ou de discipline ; parce que ce sont les *règles* auxquelles les fidèles doivent conformer leur croyance et leur conduite. Les *canons* dogmatiques sont ordinairement conçus en ces termes : *Si quelqu'un dit telle chose, enseigne telle doctrine, qu'il soit anathème,* c'est-à-dire retranché du corps de l'Eglise et de la société des fidèles. — Quant aux *canons* ou décisions des conciles et des souverains pontifes en matière de discipline, ils tiennent moins à la théologie qu'au droit canonique. Mais un ecclésiastique ne doit jamais oublier les paroles suivantes du concile de Trente : « Le concile a voulu que tout ce qui a été salutairement ordonné par les souverains pontifes et par les sacrés conciles, touchant la vie des clercs, leur extérieur et leur doctrine, etc., soit observé dorénavant, sous les mêmes peines que celles qui ont été statuées dans les conciles précédents. » Sess. 22, *de Reform.*, c. 12. C'est dans ce dessein que l'on a mis dans les nouveaux bréviaires les principaux *canons* qui concernent la conduite des clercs. Il est absurde d'avoir part aux biens et aux priviléges de l'Eglise sans vouloir être soumis à ses lois.

CANONS ARABIQUES du concile de Nicée. *Voy.* NICÉE.

CANON DE LA MESSE, règle ou formule de prières et de cérémonies que le prêtre doit suivre pour consacrer l'eucharistie. — En comparant ensemble les différentes liturgies grecques et latines, on voit que la messe y est toujours divisée en trois parties : savoir, la préparation, l'*action* et la conclusion. La première s'étend depuis le commencement ou l'introït jusqu'à la préface ; la seconde, qui est proprement le *canon*, depuis le *sanctus* jusqu'à la communion ; la troisième est l'action de grâces. L'*action* est la plus essentielle, puisqu'elle renferme la consécration ; les Grecs l'ont nommée ἀναφορά, *élévation*, soit parce qu'avant de la commencer le prêtre exhorte les fidèles à élever leurs cœurs vers le ciel, *sursum corda*; soit parce qu'après la consécration il élève les symboles eucharistiques pour faire adorer aux assistants Jésus-Christ présent. Dans la liturgie romaine, le *canon* commence par ces mots : *Te igitur*, etc.

Quelques liturgistes ont écrit que c'est saint Jérôme qui, par ordre du pape Sirice, a mis le *canon* dans la forme que nous avons : d'autres, que c'est le pape Sirice lui-même, qui vivait sur la fin du IV° siècle. Mais on disait la messe avant Sirice et avant saint Jérôme ; il y avait donc déjà un *canon* ou une règle que le prêtre devait suivre : jamais cette action sainte n'a été abandonnée au goût et à la discrétion des particuliers. — L'abbé Renaudot, dans la dissertation qu'il a mise à la tête de la *Collection des liturgies orientales*, a fait voir que le *canon* vient des apôtres ; il le prouve par la conformité qui se trouve entre les liturgies syriaques, cophtes, grecques et latines : s'il y a de la variété dans les prières, si quelques cérémonies se font dans un ordre différent, toutes cependant reviennent au même pour le fond, toutes renferment une invocation à Dieu, des prières pour les vivants et pour les morts, l'invocation des saints, les paroles de Jésus-Christ pour la consécration, l'élévation ou l'*ostension* de l'eucharistie, et l'adoration ; il conclut avec raison que ce *canon* est d'institution apostolique, que jamais personne n'a eu la témérité d'y toucher ni de le changer essentiellement. C'est la profession la plus claire et la plus éclatante que l'Eglise puisse faire de sa foi touchant l'eucharistie. — De même le P. Lebrun, dans son *Explication des cérém. de la messe*, tom. III, p. 137, a fait voir que le *canon de la messe* était écrit avant l'an 440 ; et que le pape Gélase l'inséra dans son sacramentaire, tel qu'on le suivait pour lors, sans y faire aucun changement : que l'an 538 ce *canon* fut envoyé par le pape Vigile aux Espagnols, comme étant de tradition apostolique ; que vers l'an 600, saint Grégoire le Grand y ajouta seulement ces mots : *diesque nostros in tua pace disponas* ; qu'il plaça l'oraison dominicale avant la fraction de l'hostie, au lieu que dans les autres liturgies elle ne se disait qu'après. Depuis ce temps là, on n'y a pas touché, sinon pour y ajouter le nom de quelques saints. C'est dans cet état que le *canon de la messe* fut porté en Angleterre par le moine Augustin ; il y en a un manuscrit fait avant l'an 700. Le P. Lebrun prouve que le pape Gélase même n'y avait fait aucun changement, mais seulement des additions au sacramentaire, auquel il mit des collectes ou oraisons pour les jours qui n'en avaient point de propres, en y laissant toutes celles qui y étaient déjà. Avant lui, les papes Innocent I° et saint Léon avaient fait de même. En effet, l'ancien *canon de la messe* romaine, qui est celui du pape Gélase, tel qu'il l'avait trouvé en usage, est entièrement conforme à celui du sacramentaire de saint Grégoire. *Voy. Codices sacram. Thomasii*, p. 196. — Ainsi, quand nous lisons que le pape Sirice au IV° siècle, Gélase au V°, saint Grégoire au VII°, ont ajouté ou changé quelque chose au sacramentaire, cela ne doit pas s'entendre du *canon*, mais des autres parties de la messe. C'est dans ce sens que Jean diacre, dans la *Vie de saint Grégoire*, l. II, c. 17, dit que ce saint pape renferma dans un seul volume le sacramentaire de Gélase, qu'il en retrancha plusieurs choses, en changea quelques-unes, et y en ajouta fort peu. — C'est donc avec raison que le concile de Trente a dit que le *canon de la messe* a été dressé par l'Eglise, qu'il est composé des paroles de Jésus-Christ, de celles des apôtres et des premiers pontifes qui ont gouverné l'Eglise. Si les prétendus réformateurs avaient été plus instruits, s'ils avaient comparé ensemble toutes ces liturgies qui datent des premiers siècles, ils n'auraient pas condamné avec tant de hauteur le *canon de la messe* de l'Eglise romaine. *Voy.* LITURGIE.

Le concile de Trente prononce l'anathème contre tous ceux qui condamneront la coutume établie dans cette Eglise, de réciter à voix basse une partie du *canon* et les paroles de la consécration, ou qui soutiendront que l'on doit célébrer en langue vulgaire. Sess. 22, can. 9. Croira-t-on qu'au commencement de ce siècle quelques prêtres prononçaient à haute voix les paroles du *canon* et de la consécration, afin de persuader aux femmes qu'en répétant ces paroles elles consacraient avec le prêtre ? Ils ignoraient que la liturgie n'a été mise par écrit qu'au IV° siècle, et qu'avant ce temps-là les prêtres seuls savaient les prières du *canon*. *Voy.* LANGUES VULGAIRES, SECRÈTES, et l'*Ancien Sacramentaire*, par Grandcolas, I° part., p. 786.

CANONS PÉNITENTIAUX. Ce sont les règles qui fixaient la rigueur et la durée de la pénitence que devaient faire les pécheurs publics qui désiraient être réconciliés à l'Eglise, et reçus à la communion. — Nous sommes étonnés aujourd'hui de la sévérité de ces *canons*, qui furent dressés au IV° siècle ; mais il faut savoir que l'Eglise se crut obligée de les établir, 1° pour fermer la bouche aux novatiens et aux montanistes, qui l'accusaient d'user d'une indulgence excessive envers les pécheurs, et de fomenter ainsi leurs dérèglements ; 2° parce qu'alors les désordres d'un chrétien étaient capables de scandaliser les païens, et de les détourner d'embrasser le christianisme ; c'était une espèce d'apostasie ; 3° parce que les persécutions qui venaient de finir avaient accoutumé les chrétiens à une vie dure et à une pureté de mœurs qu'il était essentiel de conserver. — Au reste, ces *canons* n'ont été rigoureusement observés que dans l'Eglise grecque ; le concile de Trente, en corrigeant les abus qui pouvaient s'être glissés dans l'administration de la pénitence, n'a témoigné aucun désir de faire revivre les anciens *canons pénitentiaux*. Sess. 14, chap. 8. Il est cependant très à propos d'en conserver le souvenir, soit pour prémunir les confesseurs contre l'excès du relâchement, soit pour réfuter les calomnies que les incrédules se sont permises contre les mœurs des premiers chrétiens. *Voy.* PÉ-

NITENCE, PÉNITENTIEL, *Ancien Sacramentaire*, II° part., p. 563.

CANONS DES SAINTS, catalogue des saints reconnus ou canonisés par l'Église. *Voy.* CANONISATION. — C'est un usage aussi ancien que le christianisme, de recommander à Dieu dans la liturgie les fidèles vivants, nommément les évêques et les pasteurs ; c'était autrefois un témoignage de communion de foi avec eux et de catholicité. *Voy.* DIPTYQUES. On y a toujours prié pour les morts, et on y a fait mention des saints, surtout des martyrs, en demandant à Dieu la grâce de participer à leurs mérites et à leur intercession. Ainsi, le *canon* de la messe s'est trouvé être aussi le *canon des saints*, et leur nombre a augmenté de jour en jour. — Certains critiques ont conclu mal à propos que le *canon* de la messe n'est pas fort ancien, parce que l'on y voit le nom de quelques saints qui ne sont pas des premiers siècles : ils n'ont pas fait attention que ces noms ont été ajoutés à mesure que les saints sont venus à mourir.

CANONIQUE. Un livre est appelé *canonique*, lorsqu'il se trouve dans le canon ou dans la liste des saintes Écritures. Au mot CANON, nous avons vu quels sont ceux qui composent l'ancien Testament. Quant à ceux du nouveau, l'on a constamment reconnu pour *canoniques* les quatre Évangiles, les Actes des apôtres, les quatorze épîtres de saint Paul, excepté l'épître aux Hébreux ; la première épître de saint Pierre, et la première épître de saint Jean. Voilà, dit Eusèbe, après les Pères plus anciens, les livres qui sont reçus d'un consentement unanime. *Hist. ecclésiast.*, l. III, c. 25. C'est ce qui leur a fait donner le nom de *protocanoniques*.

Il y a eu d'abord quelques doutes sur la canonicité de l'Épître aux Hébreux, des Épîtres de saint Jacques et de saint Jude, de la seconde de saint Pierre, de la seconde et de la troisième de saint Jean, et de l'Apocalypse. Cependant ces écrits ont été reçus de tout temps par quelques Églises, et ensuite par l'Église universelle. Nous le voyons par les anciens catalogues des livres du Nouveau Testament, tel que celui des conciles de Laodicée, de Carthage et de Rome, celui que l'on trouve dans le dernier canon des apôtres, etc. C'est ce qui a déterminé le concile de Trente à les mettre au même rang que les autres, et ils sont appelés *deutérocanoniques*. — Ce canon des livres du Nouveau Testament n'a point été dressé d'abord par aucune assemblée ecclésiastique, ni par aucun particulier ; il s'est formé peu à peu sur le consentement unanime de toutes les Églises, et ce consentement n'a pu devenir unanime que quand ces différentes sociétés ont été à portée de rendre témoignage de ce qu'elles avaient ou n'avaient pas reçu des apôtres. — Mais les Épîtres dont la canonicité a d'abord été contestée, n'avaient été adressées nommément à aucune Église ; celle de saint Paul aux Hébreux était pour tous les juifs convertis, quelques-unes étaient pour de simples particuliers, et ne paraissaient pas fort importantes ; elles n'ont pu être d'abord revêtues d'une attestation aussi authentique que celles qu'avaient reçues les Églises de Rome, de Corinthe, d'Éphèse, etc. Il en est de même de l'Apocalypse.

Vainement quelques incrédules ont cru fonder une grande objection sur la lenteur avec laquelle le canon des livres du Nouveau Testament a été formé. Cet argument peut incommoder les protestants, qui ne veulent point d'autre règle de foi que l'Écriture sainte ; c'est à eux de nous faire concevoir comment l'Église chrétienne a pu demeurer si longtemps sans savoir certainement quels livres elle devait ou ne devait pas regarder comme Écriture sainte. Pour nous, qui soutenons, comme nos pères, que la principale règle de foi est l'enseignement public, constant et uniforme de l'Église, nous ne voyons pas en quoi il était si important que le canon des Écritures fût promptement dressé et universellement connu.

Eusèbe (*Histoire ecclés.*, l. III, c. 23), distingue trois sortes de livres du Nouveau Testament : 1° Ceux qui ont été reçus d'abord d'un consentement unanime, et dont nous avons vu ci-devant l'énumération. 2° Ceux qui n'ont point été reconnus d'abord par toutes les Églises, mais seulement par quelques-unes ; ou qui ont été cités comme Écriture sainte par quelques auteurs ecclésiastiques. Mais cette seconde classe se divise en deux, l'une des livres qui dans la suite ont été reçus par toutes les Églises, et ont été nommés *deutérocanoniques* ; nous les avons désignés : l'autre des livres qui n'ont point été placés dans le canon, mais que l'on a conservés comme des livres utiles et respectables. Tels sont les livres du *Pasteur*, la *Lettre de saint Barnabé*, les deux *Lettres de saint Clément*, etc. 3° Les livres supposés et forgés par les hérétiques pour autoriser leurs erreurs, livres que l'Église catholique a toujours rejetés ; tels sont les faux évangiles de saint Thomas, de saint Pierre, les fausses Apocalypses, etc. — De là il résulte que la seule raison qui nous détermine à regarder tel livre comme *canonique*, divin ou inspiré, est la tradition ou l'autorité de l'Église. Quand nous serions pleinement persuadés qu'un livre a été véritablement écrit par un apôtre ou par un disciple de Jésus-Christ, qu'il est par conséquent *authentique* ; quand il ne renfermerait rien que de vrai et de conforme à tous les articles de notre croyance, cela ne suffirait pas. La divinité des livres saints ne porte principalement ni sur la certitude historique, ni sur les règles de critique, ni sur le témoignage d'aucun particulier, mais sur l'autorité et la garantie de l'Église ; et nous ne voyons pas sur quel autre fondement on peut l'établir.

Lorsque les protestants font profession de ne recevoir pour divins que les livres dont la *canonicité* a été universellement reconnue dans les premiers siècles, c'est d'abord une fausseté ; l'épître aux Hébreux qu'ils reçoivent, a été douteuse pendant quelque temps. D'ailleurs, si le sentiment unanime de l'aucienne Eglise suffit pour nous apprendre que tel livre est divin, nous ne voyons pas pourquoi il ne suffit plus pour nous enseigner comment nous devons l'entendre, ou pour nous convaincre que tels et tels dogmes ont révélés. — Nous concevons encore moins sur quel fondement les protestants croient l'authenticité des livres même protocanoniques, comment ils osent se fier au témoignage des anciens auteurs ecclésiastiques, pendant qu'ils nous les représentent comme des hommes d'une probité très-douteuse, qui ne se sont jamais fait de scrupule de commettre des fraudes pieuses, ni de mentir pour la gloire de Dieu et pour la propagation de la foi. *Voy.* Mosheim, *Instit. Hist. Christ.*, IIe part., c. 2, § 23.

CANONISATION d'un saint; décret par lequel le souverain pontife déclare que tel homme a pratiqué les vertus chrétiennes dans un degré héroïque, et que Dieu a opéré des miracles par son intercession, soit pendant sa vie, soit après sa mort. Conséquemment il juge que l'on doit l'honorer comme un saint, il permet d'exposer ses reliques à la vénération des fidèles, de l'invoquer, de célébrer le saint sacrifice de la messe et un office en son honneur. La *canonisation* est ordinairement précédée d'un décret de Béatification. *Voy.* ce mot.

Dans les premiers siècles de l'Eglise, les martyrs ont été les premiers auxquels les fidèles ont rendu un culte solennel. On élevait un autel sur leur tombeau, et l'on y célébrait les saints mystères; en cela consistait toute la cérémonie de la *canonisation*. Nous en voyons un exemple dans les actes du martyre de saint Ignace, et dans la lettre de l'Eglise de Smyrne au sujet du martyre de saint Polycarpe. Ce sont donc les peuples qui ont été les premiers auteurs du culte rendu aux saints, et l'Eglise l'a approuvé avec raison. — Les évêques jugèrent néanmoins qu'il y fallait apporter beaucoup de précaution, pour empêcher que l'on ne rendît les honneurs dus à la vertu, à des hommes qui ne les auraient pas mérités. Saint Cyprien ordonna de faire des informations exactes de ceux qui étaient véritablement morts pour la foi, de lui envoyer leurs noms et les circonstances de leur martyre, afin de ne pas confondre avec eux ceux dont le zèle pouvait paraître suspect. *Epist.* 37 et 79. — Dans la suite on crut devoir rendre le même culte aux personnages vénérables qui, sans avoir souffert le martyre, avaient édifié l'Eglise par une vie exemplaire. Mais la piété souvent imprudente des peuples, les erreurs dans lesquelles on était tombé à cet égard, la négligence des évêques à constater les vertus et les miracles de ceux auxquels on s'empressait de rendre un culte, obligèrent les souverains pontifes à se réserver ce jugement. Le premier exemple d'une *canonisation* solennelle faite par le pape est de la fin du XIe siècle. *Voy.* l'*Ancien Sacramentaire*, par Grandcolas, 1re partie, p. 385 (1).

(1) Les martyrs furent dés l'origine placés sur nos

Les protestants se sont exercés à l'envi à tourner en ridicule la *canonisation* des saints; mais ils auraient dû nous apprendre ce que devait faire l'Eglise pour prévenir les prétendus abus qu'ils lui reprochent. A-t-elle pu ou a-t-elle dû empêcher les peuples de respecter la mémoire des serviteurs de Dieu, dont on avait admiré les vertus pendant leur vie? Ce sentiment est naturel; il a toujours été et il sera toujours le même; il a régné chez les juifs aussi bien que chez les chrétiens

autels. Depuis la paix de l'Eglise on étendit cet honneur à ceux des fidèles qui s'endorment dans le baiser du Seigneur après une vie passée dans la persévérance de toute justice, ou dans l'exercice d'une pénitence laborieuse. Ces saints sont entrés en partage des honneurs que la religion accorde à ses héros. Saint Martin de Tours paraît en avoir joui le premier, du moins en Occident. — La confession la plus éclatante, la vie la plus sainte, la mort la plus glorieuse, ne furent pas des titres suffisants pour consacrer authentiquement la mémoire d'un athlète de la foi chrétienne. On attendait que son triomphe eût été proclamé par la voix des premiers pasteurs. Il leur appartenait de brûler le premier encens sur son cercueil, et c'était de leurs mains que son nom devait être inscrit dans les fastes ecclésiastiques. De là ce titre distinctif de *Martyrs approuvés* (*Martyres vindicati*), pour désigner ceux que l'autorité légitime mettait en possession des honneurs qu'on doit aux bienheureux habitants des cieux. (Voir les décrets des conciles de Milèse, de Cologne, les capitulaires de Charlemagne, etc.) Cette barrière ne parut pas suffisante pour éviter la profanation. On crut que l'évêque diocésain n'offrait pas de garantie suffisante. On finit par attribuer au saint-siège, sans aucun partage, le droit de canonisation. Il serait assez difficile de fixer d'une manière précise une date à ce changement important. Alexandre III est communément regardé comme l'auteur de cette réserve.

La cour de Rome procède dans ces causes avec une prudence digne d'admiration. On ose défier la malignité la plus ingénieuse d'inventer, pour démasquer l'imposture ou prévenir l'erreur, des moyens plus assurés et plus prompts que ceux qui sont mis en œuvre dans toutes les informations des commissaires et les jugements de ce tribunal. On emploie tout ce que la religion du serment a de plus sacré, et la crainte des censures ecclésiastiques de plus imposant, pour tirer la vérité de la bouche des témoins. On agit avec tant de lenteur et de maturité; on revient si souvent avec tant d'application qu'on n'a rien à craindre de la précipitation ni du zèle enthousiaste. Quand on considère les procès de l'ordinaire, et l'examen qu'ils subissent à Rome; les nouvelles enquêtes des commissaires apostoliques sur les mêmes sujets, qu'on discute avec la même sévérité; les informations particulières sur les vertus et sur les miracles; l'héroïsme qu'on exige dans celles-là; les caractères qu'on requiert dans ceux-ci; les doutes qu'on agite dans les congrégations; les chicanes du promoteur de la foi; les disputes qu'on excite exprès entre les médecins et les autres experts qu'on appelle à ces questions; on ne peut être qu'effrayé de cette multitude d'obstacles qu'il faut vaincre pour parvenir à mettre en évidence la sainteté des serviteurs de Dieu dont on poursuit la canonisation. Ne nous étonnons donc plus que des hérétiques qui ont suivi de près toutes ces procédures se soient écriés: « Non, il n'y a pas au monde un seul tribunal qui mérite la confiance de celui des Rites. » Toutefois il y a loin de là à l'infaillibilité dans tous ses jugements. Faut-il admettre que lorsque les ju-

(*Eccli.* XLIV et suiv.). Les protestants disent qu'autre chose est de respecter la mémoire des saints, et autre chose de leur rendre un culte; nous leur soutenons que, supposé la croyance de l'immortalité des âmes et du bonheur éternel des saints, il a été impossible de les croire heureux dans le ciel et pénétrés de l'amour divin, sans être persuadé qu'en eux la charité n'est pas morte, qu'ils s'intéressent au salut de leurs frères, qu'ils intercèdent pour nous, et qu'il est utile de les invoquer. Il a fallu tout l'entêtement des protestants pour leur faire rejeter une conséquence aussi palpable. *Voy.* CULTE. — Cela posé, les pasteurs de l'Eglise ont-ils dû laisser à la discrétion des peuples le choix des

gements ont été admis par l'Eglise universelle ils sont infaillibles?

Convaincus que le secours divin accordé à l'Eglise ne surpasse pas celui que les écrivains sacrés reçurent du ciel, quelques catholiques ont pensé que l'infaillibilité ne s'étend pas à la canonisation. Le grand apôtre n'avait rien à se reprocher, cependant il n'osait dire qu'il fût justifié. — Un fait confirme cette opinion: pendant un grand nombre de siècles des personnages ont été portés sur le catalogue des saints avec l'assentiment de l'Eglise universelle. Ils ont joui dans toutes les Eglises des honneurs rendus aux saints; cependant ils ont été rayés des sacrés diptyques.

Sans se laisser ébranler par ces motifs la grande majorité des docteurs admet comme indubitable que l'Eglise universelle ne peut se tromper en matière de canonisation. Benoît XIV trouve cette opinion tellement fondée qu'il appelle celle qui lui est opposée, scandaleuse, téméraire, injurieuse aux saints, etc. — Et en effet, supposer que l'Eglise puisse se tromper sur ce sujet, n'est-ce pas témoigner une défiance criminelle que le Saint-Esprit manque à sa divine épouse dans une décision où la pureté du culte est si fort intéressée? N'est-ce pas prêter un appui aux hérétiques qui s'efforcent de saper notre croyance? Des anathèmes multipliés ont repoussé ces entreprises audacieuses. Les pères du concile de Trente n'ont fait que répéter contre cette impiété les condamnations portées par ceux de Chalcédoine, de Constantinople, et par le second de Nicée. N'est-ce pas une monstruosité que de supposer que l'Eglise puisse exposer des démons à la vénération des fidèles, implorer l'assistance des ennemis du Christ, présenter le vice pour modèle à ses enfants?

Je sais que nos adversaires nous disent que le fait est contre nous. Qu'ils fassent attention que l'Eglise, en révisant le Martyrologe romain, n'a fait qu'éloigner les noms qui s'y étaient glissés sans qu'une canonisation en règle les eût mis dans les fastes sacrés: et ils conviendront aisément que les faits qu'ils pourront nous opposer n'ont pas la force de véritables preuves.

L'Eglise ne peut juger des dispositions intérieures, disent encore nos adversaires. — Nous l'avouerons, si elles ne sont liées à aucune preuve extérieure; mais si elles sont intimement unies à des prodiges semblables à ceux qu'on requiert pour la canonisation, nous le nions. Ce serait, dans l'hypothèse contraire, ébranler l'autorité des miracles.

Qu'il nous soit permis de déclarer qu'on ne peut, sans une indécence scandaleuse, sans une témérité pleine d'injustice, affecter des doutes et soulever des disputes en cette matière. C'est alarmer sans raison la piété des fidèles, attenter à la gloire des saints, et autoriser l'impiété des hérétiques qui s'en déclarent les ennemis.

personnages qui méritaient ou ne méritaient pas d'être réputés saints, plutôt que de se réserver ce jugement? Dès les premiers siècles il a fallu faire le discernement des vrais martyrs d'avec les faux. Les protestants eux-mêmes soutiennent que dans les IXe, XIe et XIIe siècles de l'Eglise, les peuples sont tombés dans des erreurs et des excès énormes touchant les hommes réputés saints; il a donc fallu, pour prévenir les abus, que les papes se réservassent les procès de la *canonisation* des saints, puisque c'est un objet qui intéresse l'Eglise universelle. Quand nos adversaires se récrient sur le trop grand nombre de saints canonisés, on dirait qu'ils sont fâchés de ce qu'il y a eu trop d'âmes vertueuses dans le monde, qui ont mérité de servir d'exemple aux autres.

Il n'est pas possible de pousser plus loin l'exactitude de l'examen qui se fait à Rome de la vie, des actions, des miracles d'un personnage dont on poursuit la *canonisation.* Il est aisé de s'en convaincre par l'ouvrage que le pape Benoît XIV a fait sur ce sujet. Les catholiques pensent avec raison qu'un jugement, porté avec tant de précaution, ne peut être sujet à l'erreur; que, dans une circonstance aussi importante, Dieu accorde à son Eglise l'assistance qu'il lui a promise jusqu'à la fin des siècles.

Un des reproches que les incrédules de nos jours ont répétés le plus souvent, est que l'Eglise a placé au rang des saints des hommes inutiles qui n'ont rendu aucun service au monde, et de faux zélés qui en ont troublé la tranquillité; des princes qui n'ont eu que les vertus du cloître, ou qui ont été les persécuteurs de ceux qui ne pensaient pas comme eux. Mais les philosophes, qui connaissent très-mal la vertu, sont mauvais juges du mérite des saints. Un homme n'est point inutile au monde, lorsque, dans le silence et la solitude, il emploie son temps à louer Dieu, à prier pour ses frères, à pratiquer la mortification, l'obéissance, le détachement de toutes choses. Ces exemples, qui sont connus tôt ou tard, sont très-utiles pour faire comprendre aux hommes en quoi consiste le vrai bonheur; cette leçon vaut mieux et produit plus d'effet que les dissertations des philosophes. — Lorsque les saints sont revêtus d'une dignité qui leur donne un rang dans la société, et leur impose le devoir de veiller sur la conduite des autres, il est impossible que leurs leçons et leur conduite ne déplaisent pas aux hommes vicieux, et qu'ils n'éprouvent aucune contradiction. Leur douceur serait blâmée comme une molle condescendance; leur fermeté passe pour ambition de dominer, pour inquiétude ou dureté de caractère; on leur fait un crime de leurs vertus mêmes. *Tous ceux,* dit saint Paul, *qui veulent vivre pieusement selon Jésus-Christ, souffriront persécution, pendant que les hommes méchants et séducteurs feront des progrès dans le mal, et entraîneront les autres dans leurs erreurs* (*II Tim.* III, 12 et 13). C'est l'histoire de tous les siècles. — Lorsque des princes ont employé aux pratiques de piété le temps que d'autres donnent à des plaisirs bruyants, dispendieux et souvent scandaleux, nous ne voyons pas ce que les peuples y ont perdu. Quant au nom de *persécuteurs* que l'on donne aux souverains qui ont réprimé l'audace des hérétiques et des incrédules, l'abus d'un mot ne doit pas nous en imposer; ils ont dû punir ceux qui corrompaient les mœurs et détruisaient les principes de vertu. *Voy.* SAINTS.

CANTIQUE. *Voy.* CHANT ECCLÉSIASTIQUE.

CANTIQUE DES CANTIQUES, livre sacré, ainsi nommé par les Hébreux pour exprimer son excellence. On l'attribue à Salomon, duquel il porte le nom dans le texte hébreu et dans l'ancienne version grecque. Les talmudistes ont prétendu qu'il était d'Ezéchias; mais cette opinion n'a pas été suivie par les autres rabbins. Il est dit dans l'Ecriture que Salomon avait composé des *cantiques* aussi bien que David, et le nom de Salomon se trouve dans plusieurs endroits de celui-ci.

En examinant d'abord le sens littéral, ou plutôt grammatical, de ce *cantique*, les critiques en ont porté des jugements fort différents. Les uns ont prétendu que c'est un ouvrage purement profane, dans lequel Salomon a célébré ses amours avec la fille de Pharaon, roi d'Egypte, qui était la plus chérie de ses épouses. C'était le sentiment de Théodore de Mopsueste, qui regardait cet ouvrage comme dangereux pour les mœurs; c'est encore l'idée qu'en ont les anabaptistes. Les Juifs en avaient interdit la lecture avant l'âge de trente ans, quoique d'ailleurs ils le regardassent comme un livre inspiré. D'autres ont pensé que c'était un épithalame, un poëme destiné à être chanté dans les noces; ils ont cru y distinguer sept parties d'églogue, qui répondent aux sept jours pendant lesquels duraient les noces des anciens. Ç'a été le sentiment de M. Bossuet, dans le commentaire qu'il a fait sur ce livre, et celui de Lowth (*De sacra pœsi Hebræor.*, prælect. 30 et 31).

Quelques commentateurs, prévenus de ces idées, ont fait de ce *cantique* des traductions trop libres et capables d'alarmer la pudeur, comme Bèze, Castalion, Grotius, et un célèbre incrédule de nos jours; d'autres ont affecté de faire remarquer les endroits qui, selon nos mœurs, paraissent trop licencieux, et ils ont fait un crime à l'Eglise catholique de ce qu'elle a placé quelques morceaux de ce poëme dans l'office divin. Tous, au reste, sont convenus qu'en fait d'ouvrages profanes, il n'en est pas de plus agréable que celui-ci; que l'on y trouve un feu, une délicatesse, une variété d'images inimitables; c'est une peinture très-naïve des anciennes mœurs de l'Orient. Cependant un de nos littérateurs modernes n'y a rien trouvé de merveilleux; suivant son avis, si l'on excepte quelques images champêtres assez agréables, le reste n'a rien d'éloquent ni de sublime. — Mais toutes ces opinions ont été réfutées par un critique très-habile dans les langues orientales. Le savant Michaëlis, dans ses *Notes sur Lowth*, soutient et prouve que l'objet du *cantique* de Salomon n'est de peindre ni l'amour licencieux de deux personnes libres, ni de celui de deux jeunes époux au moment de leurs noces, mais l'amour très-chaste de deux époux déjà unis depuis longtemps. A la vérité, cette idée ne s'accorde point avec nos mœurs, mais elle est très-analogue à celles des Orientaux, chez lesquels les femmes, toujours renfermées, ne voient point leurs maris quand elles le veulent, et n'ont aucune société avec les autres hommes, où elles sont sujettes d'ailleurs à toutes les passions qu'inspirent le climat, la clôture et la polygamie. Il observe que ce défaut de société, entre les deux sexes, est cause que les hommes s'expriment avec beaucoup de liberté dans les conversations qu'ils ont, soit entre eux, soit avec leurs épouses; que de leur côté les femmes ne croient point blesser la pudeur par la naïveté de leurs expressions : cette licence dans le langage ne fait pas plus d'impression que la nudité presque entière des deux sexes si commune dans ces mêmes climats. — Par là il démontre, d'un côté, l'injustice du scandale que les censeurs des livres saints ont voulu tirer de ce *cantique* et de plusieurs passages semblables du prophète Ezéchiel; de l'autre, la témérité des traducteurs, qui ont voulu rendre toute l'énergie du texte hébreu dans la langue de peuples dont les mœurs ni les usages ne sont plus les mêmes que ceux des anciens Orientaux. — Ce judicieux critique prouve ce qu'il avance par des exemples. Sur le témoignage du voyageur Chardin, il cite un poëte asiatique, très-grave d'ailleurs, qui a traité les plus sublimes matières de la théologie affective sous le voile de l'allégorie, et dans un syle qui paraîtrait être celui du libertinage le plus grossier. Les docteurs juifs et les Pères de l'Eglise n'ont donc pas eu tort de regarder le *cantique* de Salomon comme un poëme allégorique, et non comme un ouvrage profane. Les premiers, sous l'image de l'union conjugale, ont entendu l'alliance de Dieu avec la synagogue; Ezéchiel et d'autres prophètes l'ont représentée de même, et c'est le sens qu'a suivi le paraphraste Chaldéen. Les Pères ont été encore mieux fondés à y découvrir l'alliance perpétuelle et indissoluble de Dieu avec l'Eglise chrétienne, puisque, dans plusieurs endroits du Nouveau Testament, l'Eglise est appelée l'épouse de Jésus-Christ; lui-même représente sous la figure d'une noce l'établissement de cette sainte société (*Matth.*, XXII, 2; XXV, 1; *Apoc.* XIX. 7, etc.). C'est dans ce sens seulement que l'on a placé dans l'office divin quelques morceaux du *cantique*, et on l'a fait avec tout le choix et les précautions convenables. Les ministres de l'Eglise, accoutumés à ne voir dans ce livre sacré qu'un sens spirituel et allégorique, sont à l'abri de toute idée profane, contraire à la chasteté et à la piété. — Si le littérateur moderne qui a voulu déprimer la composition de cet ancien poëme, avait consulté Lowth et Michaëlis, il en aurait mieux senti l'énergie, les allusions et les beautés, et peut-être qu'il

Babylone; mais il leur promit qu'après soixante-dix ans ils seraient délivrés et reconduits dans la Judée (*Jerem.* xxv, 11 et 12; xxvi, 10). Tout cela fut vérifié par l'événement.

Il ne faut pas se persuader que cette *captivité* ait été un dur esclavage; que les Juifs, sous la domination des rois assyriens, mèdes ou perses, aient été absolument malheureux. A la réserve de l'exercice public de leur religion, qui ne leur était ni permis ni possible, ils jouissaient de tous les droits de sujets; nous le voyons par les histoires de Tobie, de Suzanne et d'Esther. Ils possédaient des terres et les cultivaient; plusieurs furent élevés aux dignités et eurent un très-grand crédit à la cour. Un grand nombre de Juifs se trouvèrent si bien en Assyrie, qu'ils ne voulurent pas revenir en Judée, lorsque Cyrus leur en eut accordé la liberté.

Aujourd'hui, quand on demande aux Juifs pourquoi Dieu, malgré les promesses qu'il a faites à leurs pères, les a réduits depuis dix-sept cents ans dans un état beaucoup plus fâcheux que la *captivité de Babylone*; pour quel crime Dieu les a dispersés et humiliés chez toutes les nations de l'univers, si ce n'est pas pour avoir mis à mort le Messie, ils répondent que leur *captivité* présente est une continuation ou une extension de la *captivité de Babylone*, et qu'ils sont encore aujourd'hui punis des anciennes prévarications de leurs pères. C'est une espèce de proverbe, parmi eux, qu'il ne leur arrive aucune calamité dans laquelle il n'entre au moins une once de l'adoration du veau d'or.

Indépendamment de l'absurdité de ce préjugé, l'Ecriture sainte fournit des preuves positives du contraire. — 1° Les mêmes prophètes qui ont annoncé la *captivité de Babylone* en ont aussi prédit la fin : Jérémie déclare formellement qu'elle ne durera que soixante-dix ans, et Daniel le comprit ainsi en lisant ce prophète (*Jerem.* xxv et xxix; *Dan.* ix). Un ange révèle à Daniel que ces soixante-dix ans sont l'abrégé de soixante-dix semaines d'années qui doivent s'écouler jusqu'à la venue du Messie (*Ibid.*, v. 24). Cela est précis. — 2° L'édit de Cyrus permit à tous les Juifs, sans exception, de retourner dans leur patrie; les termes sont formels et illimités (*I Esdr.* i, 3). L'auteur des Paralipomènes reconnaît, dans les derniers versets du second livre, que cet édit mit fin à la *captivité*. Il y a de l'opiniâtreté à soutenir le contraire. — 3° Daniel et Néhémie reconnaissent que les menaces de Moïse, dans le Deutéronome, ont été accomplies à *Babylone* (*Dan.* ix, 11 et 12; *II Esdr.* i, 8). En effet, Moïse dit aux Juifs qu'ils seront transportés *avec leur roi* dans une terre éloignée; qu'ils y serviront des dieux étrangers, des dieux de bois et de pierre (*Deut.* xxviii, 36). Cela ne peut pas être appliqué à leur *captivité* présente; ils n'ont plus de roi, ils ne sont forcés nulle part d'adorer des idoles. — 4° Lorsque les Juifs se plaignent à *Babylone* de ce que Dieu leur a fait porter la peine des prévarications de leurs pères, Ezéchiel leur soutient que cela est faux, qu'ils sont punis pour leurs propres crimes (*Ez.* xviii). Ceux d'aujourd'hui ont donc tort de répéter cette plainte absurde de leurs aïeux.

De là nous concluons contre eux que le crime pour lequel ils sont punis depuis dix-sept siècles est non-seulement un crime national, mais personnel à chacun des Juifs; et il n'en est aucun qui réunisse ces deux caractères, que le déicide qu'ils ont commis dans la personne de Jésus-Christ. C'est un crime national, puisque les chefs de la nation l'ont rejeté et condamné à mort; le peuple y a participé, puisqu'il a crié : *Que son sang soit sur nous et sur nos enfants*. C'est un crime personnel à chaque Juif, puisque tous ceux qui n'ont pas cru en Jésus-Christ ont applaudi à la conduite de leurs pères, et ont tâché de la justifier; aujourd'hui encore tous blasphèment contre ce divin Sauveur.

Que le sort actuel ait été prédit ou non par la prophétie du Deutéronome, cela est indifférent. Celle de Daniel est expresse : il déclare qu'après le meurtre du Messie, la dévastation et la désolation des Juifs dureront jusqu'à la fin (*Dan.* ix, 27). Jamais ils n'ont rien opposé de solide à cette preuve accablante.

CAPUCIATI, encapuchonnés. On nomma ainsi, sur la fin du xii° siècle, certains fanatiques qui firent une espèce de schisme civil et religieux avec les autres hommes, et prirent pour marque de leur association particulière un capuchon blanc auquel pendait une petite lame de plomb; leur dessein était, disaient-ils, de forcer ceux qui se faisaient la guerre à vivre en paix.

Cette idée vint dans la tête d'un bûcheron, vers l'an 1186. Il publia que la sainte Vierge lui avait apparu, lui avait donné son image et celle de son Fils, avec cette inscription : *Agneau de Dieu, qui effacez les péchés du monde, donnez-nous la paix*; qu'elle lui avait ordonné de former une association dont les membres porteraient cette image avec un capuchon blanc, symbole de paix et d'innocence, s'obligeraient par serment à conserver la paix entre eux, et forceraient les autres à l'observer.

La lassitude et le mécontentement qu'avaient produits dans tous les esprits les divisions, les guerres intestines, l'anarchie de ce malheureux siècle, donna de la consistance à la fantaisie bizarre des *capuciés*; ils trouvèrent des approbateurs et firent des prosélytes dans tous les Etats, surtout en Bourgogne et dans le Berri. Malheureusement, pour établir la paix, ils commençaient par faire la guerre, et vivaient aux dépens de ceux qui ne voulaient pas se joindre à eux. Les seigneurs et les évêques levèrent des troupes, dissipèrent ces fanatiques et firent cesser leurs brigandages.— Mais on en vit bientôt paraître d'autres, les stadings, les circoncellions, les albigeois, les vaudois, etc., qui étaient animés du même esprit et commirent les mêmes désordres. — Dans le siècle suivant, l'an 1387, il y eut en Angleterre des *capuciés* d'une autre espèce : c'étaient des hérétiques sectateurs de Wiclef, qui ne voulaient pas se découvrir et gardaient leur capuchon devant le saint sacrement. Ils prirent la défense d'un nommé Pierre Pareshul, moine augustin qui avait quitté le froc, et qui, pour justifier son apostasie, accusait son ordre de plusieurs crimes. (Labbe, *Nouv. Bibl.*, tome I, p. 477. D'Argentré, *Collec. Judic.*, tome I, p. 123. Sponde, *ad an.* 1377.)

CAPUCINS (1), religieux de l'ordre de Saint-François de la plus étroite observance. On leur donne ce nom par rapport à la forme extraordinaire du capuce ou capuchon extrêmement pointu dont ils se couvrent la tête. Ils sont vêtus d'une grosse robe, d'un manteau et d'un capuce d'un gros drap brun ; ils portent la barbe, des sandales, et une couronne de cheveux.

Cette réforme des Frères Mineurs ou Cordeliers, a eu pour auteur, au commencement du XVIe siècle, Matthieu de Baschi ou Bassi, Frère Mineur Observantin du duché de Spolette, et religieux au couvent de Montefiascone, qui, en 1525, assura que Dieu l'avait averti plusieurs fois, d'une manière miraculeuse, qu'il devait pratiquer à la lettre la règle de saint François. — Il se retira avec la permission du pape Clément VII, et le consentement de son provincial, dans une solitude, où il fut suivi de douze autres personnes. Il y établit sa réforme d'une manière étonnante. Le même pape approuva leur congrégation par une bulle de 1529. Son successeur, Paul III, la confirma en 1535, et leur donna un vicaire général avec des supérieurs. Ce ne fut que sous le pontificat de Grégoire XIII qu'ils obtinrent la permission de s'établir au delà de l'Italie : jusqu'à lui leur réforme y avait été concentrée. — Sous le règne de Charles IX, Pierre Deschamps, natif d'Amiens, profès chez les Cordeliers, commença l'établissement de cette réforme dans la maison de Picpus, ainsi qu'il est prouvé par des lettres patentes, données à Blois en 1572. Le P. Pacifique, Italien, vint l'y joindre, et ils obtinrent de Henri III et de Catherine de Médicis sa mère, une nouvelle maison à Paris, près du lieu nommé les *Tuileries*. — Les rois de France, successeurs de Henri III, ont toujours favorisé cette congrégation. Louis XIV, par un arrêt du conseil du 23 septembre 1668, déclara qu'il n'avait pas entendu la comprendre dans l'édit de décembre 1666, qui révoquait les permissions données à différents ordres de s'établir dans le royaume. Aussi les *Capucins* s'y sont-ils multipliés en grand nombre. On compte dix provinces de cet ordre, en comprenant la Lorraine, et plus de quatre cents maisons.

Ces religieux font un vœu particulier de la plus grande pauvreté, en sorte qu'ils ne peuvent posséder aucune espèce de biens, même en corps ou en communauté. C'est par cette raison qu'ils sont exempts de toute imposition, pourvu qu'ils n'abusent pas de leurs privilèges pour favoriser la fraude contre les droits du roi ; qu'il leur

(1) Cet article est reproduit d'après l'édit. de Liége.

est permis de faire la quête dans les villes et dans les campagnes ; qu'ils ne peuvent recevoir que quelques legs modiques, en deniers une fois payés, à titre d'aumônes ; et qu'on a déclaré nul, au parlement d'Aix, en 1732, le legs d'une rente de cent livres, qui leur avait été fait.

Régime de l'ordre des Capucins suivant leurs constitutions. — L'élection des ministres provinciaux et des custodes se fait dans la tenue des chapitres. Chaque communauté a droit d'y envoyer un discret qui a voix avec le gardien, discret né par sa place ; et afin que l'élection des discrets soit à l'abri de tout soupçon d'intrigue et de cabale, on ne peut changer les religieux dans les trois mois qui précèdent la convocation du chapitre. Pour cette élection, les Frères convers donnent leurs suffrages, ainsi que les autres religieux. Il y a quelques années dans la maison de la rue Saint-Honoré, à Paris, on s'imagina que les Frères ne devaient point être appelés en chapitre : ceci donna lieu à des discussions juridiques qui se terminèrent à l'avantage des Frères, par la médiation du Père général. — Le provincial a pour conseil quatre définiteurs qui doivent être pris dans le corps du chapitre, au lieu que le provincial lui-même peut être choisi quoique absent. Les custodes élus pour le chapitre général, doivent y assister, à moins que des raisons légitimes ne les en dispensent. — C'est au Père général qu'appartient le droit d'approuver pour la prédication. Il ne le fait que sur le certificat des définiteurs et des lecteurs en théologie, qui attestent que le religieux a fait ses deux années de philosophie, et qu'il a étudié de plus pendant quatre ans en théologie : il est libre aux examinateurs d'accorder ou de refuser leur suffrage, qui se reçoit par la voie du scrutin. Le religieux approuvé doit encore, avant d'exercer son ministère, se soumettre à tout ce que peut exiger de lui l'évêque diocésain : une conduite contraire serait blâmée, et même punie. — Le provincial peut, dans certains cas, priver ses religieux de l'exercice des pouvoirs qu'ils ont obtenus, et ordinairement il n'accorde celui de la confession qu'après des preuves suivies de capacité du sujet. On dit *ordinairement*, parce que souvent il nomme confesseurs, pour la communauté, des religieux pour lesquels il diffère quelquefois la permission de se présenter à l'examen des évêques pour la confession des séculiers. — Le provincial est le premier supérieur de la province : on défère à son tribunal toutes les matières contentieuses ; il les juge de concert avec ses définiteurs. Lorsqu'il est en cours de visite, il n'existe plus d'autorité que la sienne dans la maison où il s'arrête. La visite s'ouvre par un discours, après lequel chaque religieux est appelé en particulier auprès du provincial, qui écoute les plaintes des supérieurs et des inférieurs, chacun à son tour. Il examine ensuite les comptes, parcourt les lieux réguliers pour savoir s'ils sont en bon état de réparation, et termine sa visite par les réprimandes qu'exigent les inculpations qu'on lui a déférées. Cet acte de juridiction terminé, le gardien rentre dans tous ses droits. — Chaque maison se gouverne par un gardien, dont l'élection a été faite par le provincial et les définiteurs, à scrutin secret. Le gardien n'est en place que pour trois ans ; cependant il peut être continué pour trois autres années. — Outre le gardien, il y a dans chaque maison un vicaire, qui se nomme et se destitue au gré des supérieurs, à la différence du gardien, qui ne peut être destitué que par une sentence, suivant les formes juridiques approuvées dans l'ordre.

Comme c'est une maxime généralement adoptée parmi la plupart des religieux ultramontains, qu'ils ne doivent jamais reconnaître pour leurs juges, les magistrats qui composent les tribunaux séculiers, les *Capucins* s'étaient imaginé qu'en France cette maxime devait être écoutée, et en conséquence deux de ces religieux, en 1599, refusèrent de comparaître au parlement, où ils avaient été cités. La cour ordonna que la délibération par laquelle il avait été arrêté que ces deux religieux ne comparaîtraient point, serait lacérée, et qu'il serait fait lecture de l'arrêt dans le couvent des *Capucins*, en présence des religieux. Depuis ce temps-là il ne paraît pas qu'ils aient cherché à méconnaître l'autorité des juges séculiers et à se soustraire à leur juridiction. (Ext. du *Dict. de Jurisprudence*.) [Voy. le *Dict. des Ordres relig.* du P. Hélyot, édit. Migne.]

CARACTÈRE (1). Ce terme, en théologie, signifie une marque spirituelle et ineffaçable que Dieu imprime dans l'âme d'un chrétien par quelques-uns des sacrements. Il n'y en a que trois qui opèrent cet effet, le baptême, la confirmation et l'ordre : aussi ne les réitère-t-on jamais, même aux hérétiques, pourvu qu'en les administrant l'on n'ait rien manqué d'essentiel dans la matière ni dans la forme.

La réalité de ce *caractère* est prouvée par des passages de saint Paul, dont le sens est à la vérité contesté par les hérétiques, et même par quelques théologiens catholiques ; mais dans cette question, comme dans toute autre, la tradition doit servir de guide. Saint Augustin, en écrivant contre les donatistes qui réitéraient le baptême et l'ordination, a supposé et a soutenu que ces sacrements impriment un caractère ineffaçable (*L. contra Epist. Parmen.*, n° 28). Toute l'Église d'Afrique a confirmé cette vérité par son suffrage, et c'est le sentiment de l'Église catholique.

Un savant anglican, qui le combat de toutes ses forces, soutient qu'il n'en est question dans aucun des anciens conciles. Il avoue cependant que plusieurs Pères de l'Église ont appelé le baptême le *sceau*, le *signe*, la *marque*, le *caractère* de Jésus-Christ ; mais ils n'ont rien conclu de là, sinon qu'il ne faut pas réitérer ce sacrement. Il ne s'ensuit pas, dit-il, qu'un chrétien apostat, infidèle, excommunié, conserve encore quelque droit ou quelque privilége en vertu de son baptême (Bingham, *Orig. ecclés.*, t. XI, p. 256). Nous convenons que le seul droit qui lui reste est de ne pas être rebaptisé lorsqu'il fera sa pénitence et qu'il rentrera dans le sein de l'Église. — De même, dit ce critique, lorsque les anciens conciles ont excommunié ou dégradé un prêtre, ils ont dit : Nous l'avons privé du sacerdoce et de tout pouvoir sacerdotal ; nous déclarons qu'il n'est plus prêtre, nous le privons même de la communion laïque, etc. Que reste-t-il donc à ce prêtre dégradé en vertu de son ordination passée ? Nous répondons qu'il lui reste le pouvoir radical de l'ordre, et non celui d'en faire les fonctions. Cela est si vrai que, si ce prêtre parvient à se faire absoudre et réintégrer, on ne l'ordonnera pas de nouveau ; il recommencera d'exercer validement et licitement les fonctions du sacerdoce. Il n'est pas de l'intérêt d'un anglican de soutenir le contraire, puisqu'il s'ensuivrait que les évêques et les prêtres d'Angleterre, excommuniés comme hérétiques par l'Église romaine, ont perdu dès ce moment leur *caractère* et tous leurs pouvoirs, conséquemment qu'ils n'ont pu donner aucune ordination valide ; que le clergé de l'Église anglicane n'est composé que de purs laïques, comme nous le prétendons.

Quant à la nature du *caractère* dont nous parlons, les théologiens ne sont pas d'accord pour l'expliquer. Comme le mot *caractère* signifie littéralement une *gravure*, il ne peut être appliqué à notre âme que par métaphore. — Durand, *in quartum*, dist. 4, q. 1, dit que le *caractère* n'est point une qualité absolue distincte de l'âme, mais une simple dénomination extérieure, par laquelle l'homme baptisé, confirmé ou ordonné, est disposé par la seule volonté de Dieu, et rendu propre à exercer soit passivement, soit activement, quelques fonctions. Si quelqu'un peut comprendre ce verbiage, il faut l'en féliciter. — D'autres soutiennent que le *caractère* est une qualité réelle et absolue, une puissance d'exercer ou de recevoir des choses saintes, qui réside dans l'entendement comme dans son sujet immédiat. Tournély, *de Sacram. in gen.*, quest. 4, art. 2. Quand nous saurions lequel de ces deux sentiments est le plus vrai, nous n'en serions pas plus instruits. Il faut se borner à croire ce que l'Église enseigne, renoncer à l'ambition de comprendre ce qui est incompréhensible, et d'expliquer ce qui est inexplicable.

Les protestants nient l'existence du *caractère* sacramentel, et disent qu'il a été imaginé par le pape Innocent III ; mais saint Augustin a vécu près de huit cents ans avant ce pape. Cependant les protestants pensent qu'on ne doit point réitérer le baptême ; ils seraient bien embarrassés d'en donner une autre raison que la pratique de l'Église. S'il était vrai,

---

(1) *Si quis dixerit, in tribus sacramentis, baptismo scilicet, confirmatione et ordine, non imprimi charucterem in anima, hoc est signum quoddam spiritale et indelebile, unde ea iterari non possunt, anathema sit.* Concil. Trid., sess. 7, can. 9, *de Sacram. in genere.*

comme ils le soutiennent, que les sacrements n'ont point d'autre effet que d'exciter la foi, qui empêcherait de réitérer le baptême autant de fois qu'on le jugerait à propos?

CARACTÈRES HÉBRAÏQUES. *Voy.* HÉBREU.

CARACTÈRES MAGIQUES. *Voy.* MAGIE.

CARAÏTES, secte de Juifs opposée à celle des rabbinites. Leur nom paraît dérivé du chaldéen *kara*, écrire ou écriture, parce qu'ils prennent pour règle de leur croyance le texte de l'Ecriture seul, et font peu de cas des traditions des rabbins, et de leur prétendue loi orale renfermée dans le Talmud.

Nous ne nous arrêterons point à ce que les hébraïsants, juifs ou autres, ont écrit au sujet des *caraïtes*, parce qu'ils ne s'accordent point, et que leurs conjectures ne sont fondées sur aucune preuve. — Ce qui paraît de plus probable, est que la secte des *caraïtes* a commencé au vi^e siècle de notre ère, peu de temps après la compilation du Talmud. Les plus sensés d'entre les juifs, rebutés des visions, des puérilités, des erreurs rassemblées dans cet énorme recueil, prirent le parti de s'en tenir au texte des livres saints, et de rejeter toutes ces traditions rabbiniques. Du moins les plus modérés consentirent à les regarder seulement comme un secours qui pouvait servir jusqu'à un certain point à expliquer l'Ecriture sainte et les divers usages de la loi de Moïse, mais qui n'avait d'autorité qu'autant que l'on pouvait juger que les auteurs de ce commentaire avaient bien rencontré. — De là les rabbinistes ou rabbanites, partisans zélés du Talmud, et qui lui attribuent autant d'autorité qu'au texte même de l'Ecriture, regardent les *caraïtes* comme des schismatiques et des hérétiques, leur attribuent gratuitement une infinité d'erreurs, et les détestent presque autant que les anciens Juifs abhorraient les Samaritains. On croit que ce fut un juif babylonien, nommé *Anan*, qui, vers l'an 750, se déclara ouvertement contre les traditions du Talmud, et consomma le schisme qui jusqu'alors n'avait pas éclaté.

Les rabbins, qui ont donné aux *caraïtes* le nom de *sadducéens*, sont évidemment injustes, puisque les *caraïtes* admettent les dogmes que niaient les sadducéens, l'existence des esprits, l'immortalité de l'âme, les peines et les récompenses de la vie future, et les prouvent par le texte des livres saints. Ils lisent l'Ecriture et leur liturgie en public et en particulier dans la langue du pays où ils vivent; à Constantinople en grec, à Caffa en turc, en Perse en persan, et en arabe dans tous les lieux où cette langue est vulgaire.

On prétend qu'il y a des *caraïtes* en Pologne, en Russie, dans la Crimée, au Caire, à Damas, dans la Perse et à Constantinople, mais en assez petit nombre, puisqu'on ne peut pas les porter au delà de quatre à cinq mille en tout; on ajoute que ce sont les plus honnêtes gens parmi les Juifs. On connaît peu de leurs livres en Europe; ils mériteraient cependant mieux d'être connus que ceux des rabbins. On y verrait que, dans l'explication d'un infinité de passages de la loi et des prophètes, ils se rapprochent beaucoup du sens qu'y donnent les chrétiens.

Mais s'il est permis d'élever ici un soupçon, nous observerons que les *caraïtes* ne nous sont connus que par des écrivains protestants; il est dangereux que la conformité que ces derniers ont trouvée entre leurs principes et ceux des *caraïtes*, ne les ait un peu prévenus en faveur de cette secte juive; c'est par les livres de ses docteurs qu'il faudrait en juger. *Voy.* Prideaux, *Hist. des Juifs*, liv. XIII, n° 3, t. II, in-4°, p. 162. Brucker, *Hist. crit. philosoph.*, t. II, pag. 730 et suiv.

* CARBONARI. C'est le nom de l'une des sociétés secrètes les plus dangereuses. Voici comment elle est caractérisée dans l'édition Lefort : « La société des francs-maçons a peut-être été l'origine, et elle a certainement été le modèle de celle des *Carbonari*, qui s'est nouvellement organisée, qui s'est propagée dans toute l'Italie et dans d'autres pays, et qui, bien que divisée en plusieurs branches et portant différents noms, suivant les circonstances, est cependant réellement une, tant pour la communauté d'opinions et de vues, que par sa constitution.

« Les *Carbonari* affectent un singulier respect et un zèle merveilleux pour la religion catholique et pour la doctrine et la parole du Sauveur, qu'ils ont quelquefois la coupable audace de nommer leur grand-maître et le chef de leur société : mais ces discours menteurs ne sont que des traits dont se servent ces hommes perfides, pour blesser plus sûrement ceux qui ne se tiennent pas sur leurs gardes. — Le serment redoutable par lequel, à l'exemple des anciens priscillianistes, ils promettent qu'en aucun temps et qu'en aucune circonstance, ils ne révèleront quoi que ce soit qui puisse concerner leur société à des hommes qui n'y seraient point admis, ou qu'ils ne s'entretiendront jamais avec ceux des derniers grades de choses relatives aux grades supérieurs; de plus, les réunions clandestines et illégitimes qu'ils forment, à l'instar de plusieurs hérétiques, et l'agrégation de personnes de toutes les religions et de toutes les sectes dans leur société, montrent assez, quand même il ne s'y joindrait pas d'autres indices, qu'il ne faut avoir aucune confiance dans leurs paroles.

« Leurs livres imprimés, dans lesquels on trouve ce qui s'observe dans leurs réunions, surtout dans celle des grades supérieurs, leurs catéchismes, leurs statuts, d'autres documents authentiques, les témoignages de ceux qui, après avoir abandonné cette association, en ont révélé aux magistrats les artifices et les erreurs, tout établit que les Carbonari ont principalement pour but de propager l'indifférence en matière de religion, le plus dangereux de tous les systèmes; de donner à chacun la liberté absolue de profaner et de souiller la Passion du Sauveur par quelques-unes de leurs coupables cérémonies, de mépriser les sacrements de l'Eglise (auxquels ils paraissent en substituer quelques-uns inventés par eux), de rejeter les mystères de la Religion catholique, enfin de renverser le saint-siège contre lequel, animés d'une haine toute particulière, ils trament les complots les plus noirs et les plus détestables.

« Les préceptes de morale que donne la société des Carbonari ne sont pas moins coupables, quoiqu'elle se vante hautement d'exiger de ses sectateurs qu'ils aiment et pratiquent la charité et les autres vertus, et qu'ils s'abstiennent de tout vice. Ainsi elle favorise ouvertement les plaisirs des sens. Elle enseigne qu'il est permis de tuer ceux qui révèleraient le secret dont nous avons parlé plus haut. Elle enseigne encore au mépris des paroles des apôtres Pierre et Paul, qu'il est permis d'exciter des révoltes pour dépouiller de leur puissance les rois et tous ceux qui commandent, auxquels elle donne le nom injurieux de tyrans.

« Tels sont les dogmes et les préceptes de cette société; et les attentats politiques, accomplis en Espagne, dans le Piémont, à Naples, attentats accompagnés d'outrages et de mesures hostiles à la Religion catholique, en ont été la triste application. Tels sont aussi les dogmes et les préceptes de tant d'autres *sociétés secrètes*, conformes ou analogues à celle des Carbonari. » [*Voy.* SOCIÉTÉS SECRÈTES, où nous avons rapporté la condamnation qui en a été faite par Pie VII et Léon XII.]

CARDINALES (Vertus). La prudence, la justice, la force, la tempérance, sont nommées par les théologiens *vertus cardinales* ou principales; parce que les philosophes moralistes ont rapporté à ces quatre chefs tous les actes de *vertu*. On peut douter si cette division est fort juste. Le nom de *vertu* signifie la force de l'âme; dans ce sens tout acte de *vertu* est une action de force; nous ne voyons pas pourquoi la religion n'est pas autant *vertu cardinale* que la prudence ou la justice. Toute *vertu* peut être pratiquée par un motif de religion, et les actes de celle-ci n'ont pas besoin d'un autre motif que celui qui lui est propre.

CARÊME, *quadragesima*, jeûne de quarante jours, observé par les chrétiens pour se préparer à célébrer la fête de Pâques.

Suivant saint Jérôme, saint Léon, saint Augustin et la plupart des Pères du IVᵉ et du Vᵉ siècle, le *carême* a été institué par les apôtres. Voici comment ils raisonnent. Ce que l'on trouve établi dans toute l'Église, sans que l'on en voie l'institution dans aucun concile, doit passer pour un établissement fait par les apôtres (S. August., *de Bapt. contra Donat.*, liv. IV, c. 24). Or, tel est le jeûne du *carême*; le 69ᵉ canon des apôtres, le concile de Nicée tenu en 325, celui de Laodicée de l'an 365, les Pères grecs et latins du IIᵉ et du IIIᵉ siècle en parlent comme d'un usage observé dans toute l'Église.

Les protestants ont prétendu que le jeûne du *carême* avait été d'abord institué par une espèce de superstition et par des hommes simples, qui voulurent imiter le jeûne de Jésus-Christ; qu'ensuite cette coutume s'établit peu à peu, et devint à peu près générale. Chemnitius, Daillé, un Anglais nommé *Hooper*, ont disserté fort au long contre cette institution, et n'ont rien négligé pour en rendre l'origine suspecte. Mais ils ont été savamment réfutés sur tous les points par Bévéridge, évêque de Saint-Asaph, théologien anglican, dans ses *Notes sur les Canons des apôtres*, liv. III. Voyez *PP. Apost.*, tom. II, IIᵉ partie, p. 134 et suiv. — Mosheim s'est trouvé forcé de convenir que les preuves et les raisonnements de cet auteur sont très-forts. Après un pareil aveu, il a eu mauvaise grâce de prétendre, comme Daillé, que la durée et la forme du jeûne du *carême* n'ont été déterminées qu'au IVᵉ siècle; puisque Bévéridge a fait voir que, selon le concile de Nicée, tenu l'an 325, le *carême* était un usage déjà connu et observé dans toute la chrétienté.

Leur plus fort argument est un passage de saint Irénée, cité par Eusèbe, liv. v, c. 24, qui dit que de son temps, c'est-à-dire sur la fin du IIᵉ siècle, les uns croyaient qu'ils devaient jeûner un jour, les autres deux, ceux-ci plusieurs jours, ceux-là quarante. Donc, disent-ils, il n'y avait encore pour lors rien de constant ni d'uniforme sur ce point de discipline. Mais, comme l'observe Bévéridge, saint Irénée n'en demeure pas là; il ajoute que cela est venu de ce que quelques anciens n'ont pas été exacts à retenir la forme du jeûne, et ont laissé passer en coutume ce qui venait de simplicité et d'ignorance (*Ibid.*, p. 156 et 157). Or, quelle était la forme du jeûne au IIᵉ siècle? Origène, qui a vécu cinquante ans après saint Irénée, nous apprend qu'elle était de quarante jours (*Hom.* 10 *in Levit.*, n. 2). C'était donc par simplicité et par ignorance que quelques-uns ne l'observaient pas ainsi. Bévéridge conclut que M. de Valois et les autres critiques ont mal pris le sens du passage de saint Irénée, qui est assez obscur.

D'autres protestants ont dit que ce fut le pape Télesphore qui institua le *carême* vers le milieu du IIᵉ siècle, que ce jeûne était d'abord volontaire, qu'il n'y eut de loi que vers le milieu du IIIᵉ. Il est fâcheux que les Pères de ces temps-là aient ignoré cette anecdote. Lorsque saint Télesphore fut placé sur le siège de Rome, il y avait trente ans tout au plus que saint Jean était mort; cela nous rapproche beaucoup du temps des apôtres. Mais les protestants y ont-ils pensé, lorsqu'ils ont attribué à un pape du IIᵉ siècle le pouvoir d'introduire un nouvel usage dans toute l'Église? Victor, l'un de ses successeurs, soixante ans après, en avait beaucoup moins, puisqu'une partie de l'Asie lui résista au sujet de la célébration de la pâque. — Quand l'institution du *carême* ne remonterait qu'au IIᵉ siècle, elle serait assez ancienne pour que les réformateurs eussent dû la respecter, s'ils avaient eu envie de perfectionner les mœurs, et non de les relâcher.

Anciennement, dans l'Église latine, le jeûne n'était que de trente-six jours; dans le Vᵉ siècle, pour imiter plus précisément le jeûne de quarante jours observé par Notre-Seigneur, quelques-uns ajoutèrent quatre jours, et cet usage a été suivi dans l'Occident, excepté dans l'Église de Milan.

Les Grecs commencent le *carême* une semaine plus tôt que nous; mais ils ne jeûnent point les samedis, excepté le samedi de la semaine sainte.

Les anciens moines latins faisaient trois *carêmes*: le principal avant Pâques, l'autre avant Noël (on l'appelait le *carême* de la Saint-Martin), le troisième de saint Jean-Baptiste, après la Pentecôte; tous les trois de quarante jours.

Outre celui de Pâques, les Grecs en observaient quatre autres, qu'ils nommaient des apôtres, de l'Assomption, de Noël et de la

Transfiguration; mais ils les réduisaient à sept jours chacun. Les jacobites en font un cinquième, qu'ils appellent de la pénitence de Ninive, et les maronites un sixième, qui est celui de l'Exaltation de la sainte Croix. De tous temps les Orientaux ont été grands jeûneurs.

Le huitième concile de Tolède, de l'an 653, ordonne que ceux qui, sans nécessité, auront mangé de la viande en *carême*, n'en mangeront point pendant toute l'année, et ne communieront point à Pâques. Ceux que le grand âge ou la maladie obligent à en manger, ne le feront que par permission de l'évêque (*Can.* 8).

Insensiblement la discipline de l'Eglise s'est relâchée sur la rigueur du *carême*. Dans les premiers temps le jeûne, même dans l'Occident, consistait à s'abstenir de viande, d'œufs, de laitage, de vin, et à ne faire qu'un seul repas après les vêpres ou vers le soir; cet usage a duré jusqu'à l'an 1200. Mais avant l'an 800, on s'était déjà permis l'usage du vin, des œufs et du laitage. Quelques intempérants prétendirent que la volaille n'était pas un mets défendu, et voulurent en manger; on réprima cet abus.

Dans l'Eglise d'Orient, le jeûne a toujours été fort rigoureux; pendant le *carême* la plupart des chrétiens vivaient de pain et d'eau, de fruits secs et de légumes. Les Grecs dînaient à midi et faisaient collation d'herbes et de fruits verts, le soir, dès le vi^e siècle. Les Latins commencèrent dans le xiiie à prendre quelques conserves pour soutenir l'estomac, ensuite à faire *collation* le soir. Ce nom a été emprunté des religieux qui, après souper, écoutaient la lecture des conférences des saints Pères, appelées en latin *collationnes*; après quoi on leur permettait aux jours de jeûne de boire de l'eau ou un peu de vin, et ce léger rafraîchissement se nomma aussi *collation*. — Le dîner des jours de jeûne ne se fit cependant pas tout d'un coup à midi. Le premier degré de ce changement fut d'avancer le repas à l'heure de none, c'est-à-dire à trois heures après midi. Alors on disait none, ensuite la messe et les vêpres, après quoi on allait manger. Vers l'an 1500, on avança les vêpres à l'heure de midi, et l'on crut observer l'abstinence prescrite en s'abstenant de viande pendant la quarantaine, et en se réduisant à deux repas, l'un plus fort, l'autre très-léger, vers le soir.

Nos historiens ont remarqué que, pendant l'invasion que firent en France les Anglais, l'an 1360, leur armée et les troupes françaises observaient l'abstinence et le jeûne du *carême* (Froissart, l. ii, c. 210).

Dès l'origine, on joignit au jeûne du *carême* la continence, l'abstinence des jeux, des divertissements et des procès. Il n'est pas permis de se marier pendant le *carême* sans une dispense de l'évêque. *Voy.* Thomassin, *Traité hister. et polit. du jeûne.*

Les épicuriens de notre siècle ont disserté avec leur zèle ordinaire contre l'abstinence et le jeûne du *carême*, et ils ont cherché à se parer d'un motif de bien public. Ils disent qu'à Paris le maigre est cher, mauvais et peu substantiel; que le peuple, obligé de travailler, est hors d'état de faire abstinence et de jeûner. — Mais dans les siècles passés, le maigre était-il moins cher ou meilleur qu'il n'est aujourd'hui, et le peuple était-il moins assujetti au travail? Les politiques de ces temps-là n'ont point jugé qu'il fallût abolir le *carême*. Ils l'observaient eux-mêmes, et trouvaient bon que personne ne s'en dispensât. Ceux qui violent aujourd'hui la loi voudraient que tout le monde suivit leur exemple, afin que leur turpitude fût moins remarquée. — Le taux des vivres à Paris n'est pas la règle de l'univers entier. Dans les provinces les pauvres mangent rarement de la viande, le peuple vit de laitage et de légumes, et ne s'en porte pas plus mal. Ce n'est pas lui qui se plaint du *carême*, ce sont les riches fatigués de la somptuosité de leur table. Si à la pratique du jeûne ils joignaient celle de l'aumône, comme l'Eglise le prescrit, les pauvres vivraient mieux et plus commodément en *carême* que pendant le reste de l'année; ils béniraient Dieu de cette institution salutaire.

L'Eglise anglicane a conservé le *carême*, non par un motif de politique, ni par un intérêt de commerce, comme quelques spéculateurs l'ont imaginé, mais parce que c'est une institution des apôtres aussi ancienne que le christianisme. *Voy.* l'*Hist. des Variat.*, l. vii, n° 90; *Bévéridge*, dans l'endroit que nous avons cité; Thomassin, *Traité du jeûne*, etc.

CARLOSTADIENS. *Voy.* LUTHÉRIENS.

CARMEL. Il y a deux montagnes qui ont porté ce nom dans la Palestine, l'une au midi près d'Hébron, l'autre plus au nord près de Ptolémaïde. Saint Jérôme dit que c'était un lieu planté de vignes, très-fertile et fort agréable (*In Isaiam*, xvi, 10). Souvent ce nom est employé dans l'Ecriture pour exprimer la fertilité et l'abondance. C'est sur la seconde de ces montagnes que le prophète Elie et son disciple Elisée ont habité; mais il n'y a aucune preuve que c'était un lieu de dévotion. La confrérie de Notre-Dame du *Mont-Carmel*, ou du Scapulaire, est connue depuis la fin du xiiie siècle. *Voy.* SCAPULAIRE.

CARMÉLITES (1), religieuses qui vivent selon la règle de l'institut du Mont-Carmel, conformément à la réforme introduite par sainte Thérèse.

La règle des ordres de Saint-Dominique et de Saint-Augustin avait été embrassée par plusieurs personnes du sexe, et on voyait partout des religieuses qui l'observaient. Animé par cet exemple, le bienheureux Jean Soreth, religieux Carme, voulut faire suivre aussi par des religieuses l'institut du Mont-Carmel; il vint à bout d'établir cinq couvents, dont celui de Vannes en Bretagne est du nombre. Nicolas V approuva l'exécution de ce projet par une bulle de 1452.

Les filles de cette institution sont habillées

---

(1) Cet article et les deux suivants sont reproduits d'après l'édition de Liége.

comme les religieux de leur ordre : elles ont une robe et un scapulaire de drap de couleur minime, et au chœur elles mettent un manteau blanc, avec un voile noir.

En 1536, sainte Thérèse, religieuse du monastère d'Avila en Castille, entreprit de réformer les religieuses de son ordre; elle essuya beaucoup de contradictions ; elle vint enfin à bout de faire des constitutions conformes à son nouvel institut, et de les faire approuver par le pape Pie IV, le 11 juillet 1562.

Les *Carmélites* réformées d'Espagne sont soumises dans quelques endroits aux supérieurs de l'ordre, dans d'autres elles dépendent de l'évêque du lieu; dans les villes un peu opulentes, elles ne doivent pas avoir de revenus, il faut qu'elles vivent d'aumônes. Ceux de leurs monastères qui sont rentés ne doivent renfermer que quatorze filles, à moins que celles que l'on reçoit de plus n'apportent de quoi vivre. Il ne peut jamais y en avoir au delà de vingt, y compris les sœurs converses. Cette détermination d'un nombre fixe n'a lieu que pour les couvents rentés qui sont soumis aux supérieurs de l'ordre; à l'égard de ceux qui sont sous l'inspection des ordinaires, le nombre des religieuses n'est pas déterminé. Dans les couvents non rentés, et où ces filles doivent vivre dans la plus grande pauvreté, le nombre des religieuses de chœur ne peut être que de treize.

Ces religieuses portent une tunique et un scapulaire de couleur minime, avec un manteau blanc par-dessus, d'une étoffe de serge très-grossière; elles ont pour chaussure des sandales de cordes, et des bas d'une étoffe aussi grossière que leur robe. Leur genre de vie est fort austère, elles font perpétuellement maigre, et jeûnent habituellement depuis le 1er septembre jusqu'à Pâques.

Cet ordre a été introduit en France par les soins de la fille du sieur Aurillot, maître des comptes à Paris, qui engagea le cardinal de Bérulle, supérieur général de l'Oratoire, à aller chercher lui-même quelques-unes de ces religieuses en Espagne. Elles ont environ soixante-deux monastères dans le royaume : il y en a trois à Paris, et un à Saint-Denis, où Madame Louise de France a fait profession, de l'agrément et du consentement de Louis XV. — Elles ne sont pas limitées, en France ainsi qu'en Espagne, à ne recevoir qu'un certain nombre de religieuses. Il est à remarquer qu'elles n'ont donné aucune atteinte à la régularité de la réforme dont elles font profession. — Leur établissement dans le royaume a été confirmé par un bref d'Urbain VIII, en 1623. Les lettres patentes dont il fut revêtu en 1624, portent qu'il sera exécuté, quoique non homologué autre part qu'au conseil d'Etat de Sa Majesté.

La supériorité de l'ordre a fait pendant plusieurs années le sujet de beaucoup de contestations. Lors de leur arrivée en France, il n'y avait encore aucun établissement de Carmes déchaussés ; en conséquence le pape nomma plusieurs supérieurs, entre autres le cardinal de Bérulle ; depuis, le général des Carmes y prétendit, et y fut autorisé par une sentence de l'archevêque de Bordeaux, en 1620. Mais Paul V et Grégoire XV confirmèrent les supérieurs nommés précédemment. En 1667, le pape nomma pour visiteur des *Carmélites*, le supérieur général de la congrégation de la Mission : par un autre bref, il permit aux religieuses établies à Paris, rue du Chapon, à Pontoise et à Saint-Denis, d'élire, de trois ans en trois ans, leur recteur ou supérieur immédiat, qui serait confirmé par le nonce résidant en France, ou par l'ordinaire des lieux, comme délégué du pape, à la charge que ce recteur ne pourrait s'entremettre de la visite, ni les visiteurs faire les fonctions du supérieur, si non en cas d'abus ou de malversation de la part de ceux-ci. — Le pape fit en même temps plusieurs règlements concernant la clôture, les parloirs et la réception des filles de cet ordre. Ces brefs avaient été reçus en France. (Extrait du *Dictionn. de Jurisprudence.*) [Voy. le *Dictionnaire des Ordres religieux* du P. Hélyot, édit. Migne.]

CARMES, religieux de l'ordre de Notre-Dame du Mont-Carmel. Ils tirent leur nom du Carmel, montagne de Syrie, autrefois habitée par les prophètes Elie et Elisée, et par les enfants des Prophètes.

Quelques auteurs *Carmes*, peu intelligents et peu versés dans la critique, ont prétendu que la fondation de leur ordre remontait au prophète Elie, qu'il descendait par une succession non interrompue de ce même prophète et de ses disciples ; l'un d'eux l'a même soutenu dans des thèses singulières, imprimées à Béziers, et qu'on trouve dans les *Nouvelles de la république des Lettres de Bayle.* — Cette folle prétention a fait la matière d'une dispute très-vive entre les *Carmes* et les Jésuites, dans laquelle les premiers n'ont point épargné à leurs adversaires les injures les plus grossières. Le Pape Innocent XII a été obligé, pour la faire cesser, d'imposer silence aux parties, par un bref du 20 novembre 1698.

Quelques auteurs donnent aux *Carmes* Jésus-Christ pour fondateur immédiat : quelques-uns ont imaginé que Pythagore avait été *Carme*, naturellement et sans le secours de la métempsycose; d'autres, que nos anciens druides des Gaules étaient une branche ou un rejeton de cet ordre.

Mais abandonnons les fables pour nous attacher à la vérité de l'histoire. Phocas, moine grec, qui vivait en 1185, dit que de son temps on voyait encore sur le Carmel la caverne d'Elie, auprès de laquelle étaient les restes d'un bâtiment qui paraissait avoir été un monastère; que depuis quelques années un vieux moine, prêtre de Calabre, s'était établi en ce lieu, en conséquence d'une révélation du prophète Elie, et qu'il y avait rassemblé dix frères. — Albert, patriarche de Jérusalem, donna, en 1299, à ces solitaires une règle qui fut approuvée par le pape Honoré III, et que le P. Pahebrok a fait imprimer. Cette règle fit naître beaucoup de scrupules parmi les religieux, sur la manière de l'observer. On nomma des commissaires apostoliques pour l'expliquer et la corriger; les changements qu'ils y apportèrent furent approuvés par Innocent IV.

Jusqu'à la paix conclue entre l'empereur Frédéric II et les Sarrasins, en 1229, l'ordre des *Carmes* ne s'était pas étendu au delà de la terre sainte. Les persécutions qu'ils éprouvèrent les déterminèrent à chercher un asile en Europe : plusieurs de ces religieux se répandirent en Chypre, en Sicile, en Angleterre, à Marseille et ailleurs. — Saint Louis, à son retour de la terre sainte, en emmena avec lui quelques-uns, qu'il établit à Paris en 1259. C'est de ce couvent que sont sortis ceux de France et d'Allemagne. Les papes accordèrent à cet ordre les priviléges des ordres mendiants, quoiqu'il lui soit permis de posséder des biens-fonds : il a été agrégé à l'université de Paris, et il s'est rendu célèbre par les évêques, les prédicateurs et les écrivains qu'il a donnés à l'Église.

Les *Carmes*, lorsqu'ils passèrent d'Orient en Europe, portaient des chapes barrées de blanc et de couleur tannée ; ce qui leur fit donner le nom de *barrés*. Quelques-uns de leurs écrivains ont prétendu que cette bizarrerie dans la couleur de leurs habits, était fondée sur ce que le manteau qu'Élie jeta à son disciple Élisée, lorsqu'il fut enlevé dans un char de feu, avait été noirci dans ses parties extérieures, tandis que le dedans et ce qui s'y trouva renfermé dans les plis conserva sa blancheur naturelle. — Ils quittèrent ces chapes bigarrées après le chapitre général tenu à Montpellier en 1287, et depuis cette époque ils portent une robe noire, avec un scapulaire et un capuce de même couleur, et par-dessus une ample chape et un camail de couleur blanche. — Nous n'oublierons pas de remarquer en passant, qu'ils prirent le scapulaire, parce que, disent leurs auteurs, cet habillement avait été montré quelques années auparavant, par la sainte Vierge, au bienheureux Siméon Stok, leur sixième général. C'est sur ce motif qu'ils ont établi et qu'ils entretiennent dans leurs maisons la confrérie du Scapulaire.

L'ordre des *Carmes* prit de très-grands accroissements. Il se divise aujourd'hui en deux branches, ceux de l'ancienne observance, appelés autrement les *Grands-Carmes*, et qu'on nomme aussi *mitigés*, parce que l'austérité de leur règle a été adoucie par les papes Innocent IV, Eugène IV et Pie II ; et ceux de l'étroite observance, qui suivent la réforme introduite en 1635, confirmée en 1638 par le pape Urbain VIII. — Les *Carmes* de l'ancienne observance composent trente-huit provinces, sous le gouvernement d'un général qui fait sa résidence ordinaire à Rome, dans le couvent de Sainte-Marie, au delà du Tibre, et qui est élu tous les six ans. Ce couvent lui est immédiatement soumis, ainsi que celui de Saint-Martin-des-Monts dans la même ville, celui de la place Maubert à Paris, et celui du Mont-Olivet, qui ne relèvent d'aucune des trente-huit provinces.

— La congrégation particulière de Mantoue, qui embrassa la réforme vers l'an 1433, fait partie de l'ordre des *Grands-Carmes*, et est soumise au général : elle possède environ cinquante-quatre couvents, sous la direction immédiate d'un vicaire général. Les membres de cette congrégation diffèrent des autres *Carmes* par rapport à l'habillement, en ce que les réformés portent un chapeau blanc. — Les *Carmes* de l'étroite observance forment deux congrégations différentes, qui ont chacune leur général. L'une est établie en Espagne, où elle possède huit provinces dépendantes d'un général particulier; la seconde est en Italie, où réside son général, et elle compte dans ce pays et dans différentes parties de l'Europe, douze provinces.

Lorsqu'il fut question d'exécuter l'édit de 1768, concernant les ordres religieux, les Grands-Carmes de France demandèrent au roi qu'il leur fût permis de s'assembler à Paris, au couvent de la place Maubert, et qu'à cet effet il fût nommé deux députés dans les chapitres de chacune de leurs provinces, afin de prendre des mesures pour que toutes les maisons de cet ordre, qui sont dans le royaume, fussent gouvernées par la même règle et le même esprit. Cette assemblée fut autorisée par un arrêt du conseil du 24 février 1769; en conséquence, les religieux s'assemblèrent au mois de juillet 1770, et firent des changements à leurs constitutions. Parmi ces changements, il y en eut un concernant les gradués, dont ceux qui avaient vécu jusqu'alors sans avoir pris de grades se trouvèrent alarmés ; mais sur les représentations du général à ce sujet, le roi, pour les tranquilliser, a rendu un arrêt à son conseil, le 27 septembre 1775, par lequel Sa Majesté a ordonné que, dans les provinces de l'ordre des *Grands-Carmes*, où le privilége des gradués n'avait pas lieu avant l'assemblée de 1770, les religieux non gradués qui ont fait profession antérieurement aux nouvelles constitutions de l'ordre, continueront de jouir, pendant leur vie, des mêmes rangs, honneurs et préséances dont ils jouissaient en vertu des anciens usages (1).

CARMES DÉCHAUSSÉS ou DESCHAUX. C'est le nom qu'on donne à une congrégation de *Carmes* réformés, parce qu'ils vont nu-pieds. Elle fut établie dans le XVIe siècle par sainte Thérèse, qui commença par introduire l'austérité de la règle dans les couvents de filles, et la porta ensuite dans ceux des hommes, aidée dans ce dessein par le P. Antoine de Jésus et le P. Jean de la Croix, religieux *Carme*. Ce dernier éprouva de grandes persécutions de la part des *Carmes* mitigés ; il fut emprisonné dans un de leurs monastères, où il mourut accablé de souffrances, le 14 décembre 1591. Clément X le mit, en 1675, au rang des bienheureux. — L'acharnement de ses ennemis n'arrêta pas sa réforme : dès son vivant, elle fut portée aux Indes ; après sa mort elle s'est répandue en France, dans les Pays-Bas, dans l'Italie et dans toute la chrétienté.

(1) Ces lois ont disparu de nos codes.

Les maisons de cette réforme demeurèrent d'abord sous l'obéissance des anciens provinciaux mitigés, ayant seulement des prieurs particuliers pour maintenir la nouvelle discipline. Les choses subsistèrent ainsi jusqu'en 1580, que Grégoire XIII, à la prière de Philippe II, roi d'Espagne, sépara entièrement les réformés des mitigés, et donna aux premiers un provincial particulier, les laissant d'ailleurs soumis au général de l'ordre entier. — Sixte V, en 1587, voyant que les réformés se multipliaient considérablement, ordonna qu'ils seraient divisés par provinces, et leur permit d'avoir un vicaire général. Ce règlement subsista jusqu'en 1593, que Clément VIII, pour établir une séparation plus particulière entre les réformés et les mitigés, permit aux premiers de s'élire un général. Ce pape, en 1600, divisa encore ces réformés en deux congrégations, sous deux différents généraux, l'un pour l'Italie et l'autre pour l'Espagne. Ce qui donna lieu à cette division fut la prétention des Espagnols, qui soutenaient que la réforme de sainte Thérèse ne devait point s'étendre hors du royaume d'Espagne.

La vie de ces religieux réformés est assez austère et approchante de celle des Chartreux. Ils reçoivent des frères qu'on appelle convers. Les frères font deux ans de noviciat, après lesquels ils ne font que des vœux simples. Lorsqu'ils ont demeuré cinq ans dans l'ordre, ils sont admis à un second noviciat d'un an, après lequel ils font profession solennelle; mais s'ils ont resté six ans dans l'ordre sans demander à faire cette profession, ils n'y sont plus reçus dans la suite; ils demeurent dans leur état sous l'obligation de leurs vœux simples.

Une chose à remarquer, est qu'indépendamment des différents monastères que peuvent avoir les *Carmes déchaussés*, ils ont encore dans chaque province un endroit retiré qu'ils appellent leur *Désert*, pour y aller pratiquer plus particulièrement de temps à autre toutes les vertus de la vie solitaire, et se rétablir ainsi dans la ferveur monastique. Ces déserts sont ordinairement établis dans des forêts. On connaît celui de leur monastère près de Louviers en Normandie, fondé en 1660, par Louis le Grand. — Le nombre des religieux qui habitent ces déserts ne doit pas excéder celui de vingt : l'entrée en est interdite aux novices, aux jeunes profès, aux malades, et à ceux qui ont peu de dispositions pour les exercices de la vie spirituelle. Aucun religieux n'y peut demeurer moins d'une année, et il y en a quatre qui peuvent y rester toute leur vie, afin d'y mieux perpétuer les usages et servir d'exemple aux nouveaux solitaires. Le silence y est étroitement gardé. Après que le temps du solitaire est expiré, on le renvoie dans son monastère, en l'exhortant à ne pas oublier les leçons de vertus qu'il a vu pratiquer. — Les constitutions défendent de laisser visiter ces déserts aux personnes du monde, de quelque condition qu'elles soient, à moins qu'elles n'aient coopéré à en former l'établissement. L'entrée en est interdite aux religieux même de la congrégation, à moins qu'ils n'aient par écrit une permission du général ou du provincial. Le supérieur du désert peut néanmoins y recevoir, par droit d'hospitalité, les religieux des autres ordres, sans permission, et même leur donner le couvert pour une nuit seulement dans l'enceinte du désert.

Quoique les *Carmes déchaussés* aient toujours montré beaucoup de zèle dans les exercices de la vie monastique, le relâchement n'a pas laissé de se glisser parmi eux sur quelques points de leur institut primitif; et comme dans tous les temps il se trouve quelques religieux fervents qui désirent de se conduire suivant toute la rigueur de la règle qu'ils ont embrassée, ce qu'ils ne peuvent faire dans les communautés où le relâchement s'est introduit, sans devenir en quelque sorte odieux à ceux qui n'ont pas le courage de pratiquer les mêmes austérités, il y a eu en 1772 plusieurs *Carmes déchaussés* qui, souhaitant avec ardeur de vivre suivant les règles primitives de leur institut, ont engagé la sœur Louise-Marie de France, religieuse carmélite de Saint-Denis, à prier Louis XV de seconder des vues aussi pieuses et aussi utiles au bien de la religion, et pour cet effet, d'assigner et d'établir le couvent de Charenton, du même ordre, diocèse de Paris, pour y réunir tous les religieux qui voudraient suivre à perpétuité la règle de leur institut primitif. — Le roi a écouté favorablement la demande, et en conséquence il a obtenu un bref du pape qui les autorise à se réunir dans le couvent de Charenton, pour y suivre leur premier institut. Ce bref a été revêtu de lettres patentes, le 4 mai 1772, et elles ont été enregistrées le lendemain au parlement. (Extrait du *Diction. de Jurisprudence*.) [*Voy.* le *Dict. des Ordres relig.* du P. Hélyot, édit. Migne.]

CAROLINS (Livres). *Voy.* IMAGE.

CARPOCRATIENS, secte d'hérétiques du IIe siècle; c'était une branche de gnostiques. Ils eurent pour chef Carprocrate d'Alexandrie, espèce de philosophe mal instruit et mal converti, dont les mœurs étaient très-corrompues, et qui voulut allier le christianisme avec les idées de la philosophie païenne; à peu près contemporain de Basilide et de Saturnin, il donna dans les mêmes erreurs, et y en ajouta de nouvelles.

Pour expliquer la trop célèbre question de l'origine du mal, il supposa, comme Platon, que le monde n'avait pas été créé par un Dieu suprême, infiniment puissant et bon, mais par des génies inférieurs très-peu soumis à Dieu. On conçoit par là que tous ces raisonneurs n'admettaient pas la *création* prise dans la rigueur du terme; comment des êtres inférieurs à Dieu pourraient-ils être doués du pouvoir *créateur ?* — Pour rendre raison des imperfections, des misères, des faiblesses de l'homme, Carpocrate supposa la préexistence des âmes, prétendit qu'elles avaient péché dans une vie antérieure; qu'en punition de leur crime elles avaient été condamnées à être renfermées dans les corps, et soumises à l'empire des génies créateurs du monde; que, pour plaire à ces génies, il fallait satisfaire tous les désirs de la chair et tous les mouvements des passions. Il concluait qu'aucune action n'est bonne ou mauvaise, vertueuse ou criminelle en soi, mais seulement selon l'opinion des hommes. C'était aussi la morale des philosophes de la secte cyrénaïque. — Toute âme, ajoutaient les *carpocratiens*, qui n'a pas accompli en cette vie toutes les œuvres de la chair, est condamnée, après la mort, à passer dans d'autres corps, jusqu'à ce qu'elle ait satisfait à toute cette dette. La concupiscence est cet ennemi dont parle l'Evangile (*Matth*. v, 25), avec lequel nous devons nous accorder pendant que nous marchons avec lui, de peur qu'il nous fasse payer jusqu'à la dernière obole. Conséquemment, ces hérétiques se livraient à l'impudicité, établissaient la communauté des femmes, blâmaient les jeûnes et les mortifications, ne cherchaient que le plaisir, avaient des mœurs très-licencieuses.

Ils avaient de Jésus-Christ une idée très-bizarre. Selon eux, l'âme de Jésus-Christ, avant d'être incarnée, avait été plus fidèle à Dieu que les autres. C'est pour cela que Dieu lui avait conservé plus de connaissance qu'aux autres hommes, plus de force pour vaincre les génies ennemis de l'humanité, et pour retourner au ciel malgré eux. Dieu, disaient-ils, accorde la même grâce à ceux qui aiment Jésus-Christ, et qui connaissent comme lui la dignité de leur âme. — Les *carpocratiens* regardaient donc Jésus-Christ comme un pur homme, quoique plus parfait que les autres, le croyaient fils de Joseph et de Marie, avouaient ses miracles et ses souffrances. On ne les accuse point d'avoir nié sa résurrection, mais d'avoir nié la résurrection générale, et d'avoir dit que l'âme seule de Jésus-Christ était remontée au ciel. — Conséquemment ils prétendaient que l'on pouvait égaler Jésus-Christ en connaissances, en vertus et en miracles; quelques-uns de ces sectaires se flattaient même de le surpasser; et, pour le persuader aux ignorants, ils pratiquaient la magie, absurdité très-commune parmi les philosophes de ces temps-là.

Tel est le tableau que saint Irénée a fait de ces hérétiques, livre I, ch. 25; personne ne pouvait les mieux connaître que lui, puisqu'il a vécu dans le même siècle; les autres Pères en ont parlé de même.

Voilà une secte de prétendus philosophes qui enseignaient une doctrine très-opposée à celle des apôtres, qui n'étaient donc pas subjugués par leur autorité, et qui cependant convenaient des principaux faits publiés par les apôtres, des vertus, des miracles, des souffrances, de la résurrection de Jésus-Christ; selon saint Epiphane, les *carpocratiens* et les cérinthiens admettaient l'évangile de saint Matthieu, *Hær*., 28 et 30. Comment les incrédules peuvent-ils soutenir aujourd'hui que les faits publiés par les apôtres et l'histoire qui les rapporte n'ont été crus que par le peuple, par des ignorants, par des imbéciles que les apôtres avaient subjugués? — Mais les impudicités et les désordres auxquels ces sectaires étaient livrés causaient au christianisme le plus grand préjudice. Les païens étaient incapables de discerner les vrais chrétiens d'avec les faux; ils attribuaient à tous en général la perversité des mœurs de quelques hérétiques, et les prestiges de ces derniers décréditaient les vrais miracles opérés par les apôtres et par leurs disciples. Les Pères de l'Eglise nous font remarquer cet inconvénient. (Saint Epiphane, *Hæres*. 34, etc.) Celse s'en prévalait contre les chrétiens; il parle d'une secte d'hérétiques qu'Origène fait profession de ne pas connaître. (*Contra Cels*., liv. v, n° 62.) Il est probable qu'il voulait parler des *carpocratiens*.

Mosheim, *Hist. christ*., sæc. II, § 9, a parlé des *carpocratiens* sur le même ton que des autres hérétiques du II° siècle; il ne peut se persuader que Carpocrate ait enseigné toutes les absurdités et les infamies que les Pères de l'Eglise lui ont attribuées; il soupçonne ou qu'on l'a mal entendu, ou que l'on a supprimé les correctifs par lesquels il adoucissait peut-être ce que sa doctrine présentait d'abord de plus révoltant, etc. Par cette méthode, il n'est point d'insensé, d'imposteur, de blasphémateur, que l'on ne puisse excuser. Il est fâcheux que cette charité de Mosheim envers les hérétiques dégénère en malignité à l'égard des Pères de l'Eglise; on dirait qu'il ne cherche à excuser les premiers que pour donner plus mauvaise opinion des seconds: cette affectation est trop marquée pour ne pas être aperçue par tous les lecteurs non prévenus; par conséquent elle ne peut plus faire impression sur aucun esprit sensé. Le Clerc a été plus circonspect.

CAS DE CONSCIENCE, question de morale relative aux devoirs de l'homme et du chrétien, qui consiste à savoir si telle action est permise ou défendue, ou à quoi peut être obligé un homme dans telles circonstances. C'est aux théologiens *casuistes* qu'appartient cette décision; c'est à eux d'en juger selon les lumières de la raison, les lois de la société, les canons de l'Eglise et les maximes de l'Evangile: quatre grandes autorités qui ne peuvent jamais être en contradiction, mais dont la dernière doit l'emporter sur les autres; parce qu'il est beaucoup plus aisé de voir si l'Evangile a prescrit ou défendu telle action, que de juger si elle est conforme ou contraire à la droite raison et au bien de la société.

Pour savoir si une décision des casuistes est vraie ou fausse, il faut bien examiner les termes dans lesquels la question leur a été proposée: parce qu'une circonstance omise ou changée dans l'exposition du *cas*, doit souvent changer absolument la décision: et il en est de même à l'égard des consultations des avocats et des canonistes. — Il serait assez inutile d'examiner lequel des

DCT. DE THÉOL. DOGMATIQUE. I

deux porté le plus de préjudice à la société, celui qui attaque les dogmes et les preuves de la religion, ou celui qui, par des principes trop relâchés, travaille à corrompre la morale; l'un et l'autre de ces abus sont pernicieux : tous deux doivent être réprimés.
— Déjà les censeurs les plus sévères des casuistes conviennent que dans la foule de ceux qui ont été convaincus de relâchement dans les principes, il en est à peine un seul que l'on puisse accuser de relâchement dans la conduite; que tous semblent n'avoir été indulgents que pour les autres; que leurs mœurs personnelles n'avaient rien de commun avec leurs maximes. Est-il bien sûr, au contraire, que les casuistes les plus rigides suivent exactement dans leur conduite la sévérité de leurs décisions? Les premiers peuvent être excusés par la droiture de leurs intentions : ils raisonnaient mal, mais sans aucun intérêt; ils craignaient de rendre la morale odieuse pour les âmes faibles : ils avaient tort, sans doute; mais ils ne voyaient pas les suites funestes de leurs décisions, et ils n'avaient aucun dessein de s'y conformer eux-mêmes.

Peut-on en dire autant des incrédules qui attaquent la religion par leurs écrits? Peuvent-ils avoir un dessein louable? Ils n'ont reçu d'aucune puissance la commission d'inspirer des doutes aux croyants, ni de troubler leur repos. Le ton impérieux de leurs écrits, la témérité de leurs assertions, la malignité de leurs reproches, l'infidélité de leurs citations, ne sont pas des moyens fort honnêtes de persuader et de gagner la confiance. Les casuistes ont écrit dans une langue qui n'est pas celle du vulgaire; ils étaient moralement sûrs que leurs ouvrages ne seraient consultés que par des théologiens, que leurs gros volumes demeureraient renfermés dans les bibliothèques. Au contraire, nos incrédules modernes écrivent pour le public et pour les femmes, répandent des brochures, font tous leurs efforts pour que le poison pénètre jusque dans les derniers états de la société. — Plusieurs d'entre eux conviennent que la corruption des mœurs s'ensuit infailliblement de l'irréligion; que Bourdaloue et d'autres l'ont démontré; et nous n'en sommes que trop convaincus par l'expérience. Est-il aussi certain que les décisions des casuistes relâchés du dernier siècle ont beaucoup influé sur la dépravation de nos mœurs? Nous n'avons point d'autres garants de ce fait que des clameurs de parti. Ceux qui ont crié le plus haut ont peut-être contribué plus que personne, par l'absurdité de leurs systèmes, à faire éclore l'irréligion.

CAS DE CONSCIENCE. *Voy.* JANSÉNISME.

CAS RÉSERVÉS (1). Dans la discipline ecclésiastique, on donne ce nom à certains péchés atroces, dont le pape, les évêques et les autres supérieurs ecclésiastiques se réservent l'absolution à eux-mêmes ou à leurs vicaires généraux. — Dans la pratique actuelle de l'Eglise catholique il y a des cas réservés au pape et d'autres réservés aux évêques.

Les cas réservés au pape, suivant le Rituel de Paris, sont : 1° L'incendie des églises et celui des lieux profanes, si l'incendiaire est dénoncé publiquement; 2° la simonie réelle dans les ordres et les bénéfices, et la confidence publique; 3° le meurtre ou la mutilation de celui qui est dans les ordres sacrés; 4° frapper un évêque ou un autre prélat; 5° fournir des armes aux infidèles; 6° falsifier les bulles ou lettres du pape; 7° envahir ou piller les terres de l'Eglise romaine; 8° violer l'interdit du saint-siège. — Autrefois il fallait aller à Rome pour obtenir l'absolution des *cas réservés au pape*; mais à présent il donne, par des facultés particulières, le droit d'en absoudre, aux évêques, et quelquefois même à des prêtres. Le concile de Trente a même autorisé les évêques à absoudre de tous les *cas réservés au pape*, 1° lorsqu'ils ne sont pas publics; 2° lorsqu'ils ont été commis par des religieux, des religieuses, des femmes mariées, des filles, de jeunes veuves, des pauvres et des vieillards, et par tous ceux qui ne peuvent pas aller à Rome. — Lorsque le pape donne le pouvoir d'absoudre des *cas* qui lui sont réservés, il donne également celui d'absoudre des censures qu'on a encourues, parce que ces *cas* ne sont réservés au pape, qu'à cause des censures qui y sont attachées. — Suivant le concile de Trente, tout prêtre, non excommunié dénoncé, peut absoudre de toute sorte de *cas* et de censures les personnes qui sont à l'article de la mort; ce que les théologiens étendent avec raison à tout péril probable de mort.

Des cas réservés aux évêques. Les réservations de certains *cas* aux *évêques* sont différentes, suivant l'usage des diocèses : elles sont utiles en ce qu'elles donnent plus d'horreur des grands crimes, par la difficulté d'en obtenir l'absolution. — Suivant le Rituel de Paris, les *cas réservés* à l'archevêque sont : 1° l'action de frapper notablement un religieux ou un clerc promu aux ordres sacrés; 2° l'incendie volontaire; 3° le vol dans un lieu sacré avec effraction; 4° l'homicide volontaire; 5° le rapt; 6° l'action d'attenter à la vie de son mari ou de sa femme; 7° celle de procurer l'avortement; 8° celle de frapper son père ou sa mère; 9° le sacrilège, l'empoisonnement et la divination; 10° la profanation de l'eucharistie ou des saintes huiles; 11° l'effusion violente du sang dans l'église; 12° la fornication dans l'église; 13° l'action d'abuser d'une religieuse; 14° le crime d'un confesseur avec sa pénitente; 15° le rapt; 16° l'inceste au deuxième degré; 17° la sodomie et les autres péchés semblables; 18° le larcin sacrilège; 19° les crimes de faux témoignage, de fausse monnaie et de falsification de lettres ecclésiastiques; 20° la simonie, la confidence cachée; 21° la supposition de titre ou de personne à l'examen pour promotion au ordres. — L'évêque, son grand vicaire, son pénitencier et ceux auxquels il accorde ce pouvoir spécial, peuvent absou-

---

(1) Cet article est reproduit d'après l'éd. de Liége.

dre des cas qui lui sont réservés. Mais à l'article de la mort il n'y a ni distinction de confesseur, ni réservation de cas ; tout prêtre peut absoudre celui qui se trouve en cet état, pourvu qu'il ait donné quelque signe de pénitence. — Lorsque le chapitre de la cathédrale exerce la juridiction pendant la vacance du siége épiscopal, c'est à lui qu'appartient le droit de commettre des personnes pour absoudre des cas qui étaient réservés à l'évêque. Il peut pareillement donner des pouvoirs aux confesseurs, les limiter pour le temps, les lieux, les cas et les personnes, et révoquer les permissions que l'évêque a accordées, soit par lui-même ou par son grand vicaire.

Il y a aussi dans les couvents des cas réservés par les chapitres, dont les supérieurs seuls ont droit d'absoudre.

Les canonistes ont agité la question de savoir si celui qui a commis dans un diocèse un crime dont l'absolution est réservée à l'évêque, se trouvant sans fraude dans un autre diocèse où ce crime n'est point réservé, peut en recevoir l'absolution d'un confesseur qui n'a point de pouvoir spécial pour les cas réservés ? Les plus habiles canonistes ont cru que dans ce cas tout confesseur pouvait absoudre le pénitent : ils en ont donné deux raisons de leur avis : la première, que les confesseurs ne sont point obligés de savoir les cas qui sont réservés dans tous les diocèses d'où il peut se présenter des pénitents ; la seconde, que même, suivant les principes du droit romain qui ont été adoptés dans le droit canonique, l'accusé doit être jugé suivant les règles qui sont observées dans le lieu où son procès est instruit (Extrait du *Diction. de Jurisprudence*).

[Ces considérations et décisions ont besoin de rectifications : on les trouvera dans notre *Dictionnaire de Théologie morale*. Voy. aussi le *Dictionnaire des Cas de conscience*, édit. Migne.]

CASSIEN, abbé du monastère de Saint-Victor de Marseille, mort peu après l'an 433, a été célèbre au commencement du v⁵ siècle par ses vertus et par ses écrits. On a de lui un livre de l'*Incarnation* contre Nestorius, les *Institutions de la vie monastique* en douze livres, un de *Conférences spirituelles*. Dans le treizième, Cassien a paru enseigner l'erreur des semi-pélagiens ; c'est pour le réfuter que saint Prosper écrivit son ouvrage intitulé : *Contra Collatorem*. Mais du temps de Cassien l'Eglise n'avait pas encore prononcé sur ce point ; il ne fut décidé qu'au concile d'Orange en 529 ; conséquemment la méprise de Cassien n'a pas empêché que sa mémoire ne fût en vénération. Les protestants le traitent d'ignorant et de superstitieux, parce qu'il introduisit dans les Gaules la manière de vivre des solitaires et des moines de la Thébaïde ; mais la prévention des protestants contre la vie monastique les rend très-mauvais juges du mérite de ceux qui l'ont pratiquée. Voy. MOINE.

CASUEL, droits casuels. On appelle ainsi les honoraires ou rétributions accordées aux curés, vicaires ou desservants des paroisses pour les fonctions de leur ministère, pour les baptêmes, mariages, sépultures, etc.

Souvent on a cherché à rendre ces droits odieux, parce qu'on en ignorait l'origine. Dans les premiers siècles de l'Eglise, ses ministres subsistaient des oblations volontaires des fidèles ; ainsi, à proprement parler, tout était *casuel*. Les différentes révolutions causées par les persécutions, par les hérésies, par les inondations des barbares, firent sentir que la subsistance des ecclésiastiques serait moins précaire, si on leur assignait des fonds. Cela ne coûtait rien dans des temps où il y avait une grande quantité de terres incultes par le défaut de propriétaires. Telle est l'origine de l'institution des bénéfices. — Sous Charlemagne, on accorda ou l'on fit rendre aux pasteurs la dîme, par le même motif. A la décadence de la race carlovingienne, l'Eglise fut dépouillée par les seigneurs, ils s'emparèrent des fonds et des dîmes ; le clergé fut à peu près anéanti. Les peuples furent obligés d'avoir recours aux moines pour recevoir les secours spirituels, ou de faire subsister des prêtres par des rétributions manuelles ; ainsi le *casuel* s'est établi.

Si les pasteurs étaient les maîtres de choisir, ils préféreraient sans hésiter une subsistance assurée sur des fonds et sur les dîmes, à la triste nécessité de recevoir des honoraires pour leurs fonctions. Dans plusieurs diocèses, il y a des paroisses qui se sont trouvées suffisamment dotées par des fonds et par la dîme ; le *casuel* y a été retranché. Au contraire, les supérieurs ecclésiastiques et les tribunaux séculiers se sont trouvés dans la nécessité de régler un *casuel* plus fort dans les paroisses qui n'avaient ni des fonds ni des dîmes, et d'établir les *portions congrues*.

Plusieurs jurisconsultes, et même des auteurs ecclésiastiques, ont dit que les prêtres recevaient ces honoraires à titre d'*aumône*; ils nous paraissent s'être trompés. Une aumône n'est due que par charité, elle n'engage à rien celui qui la reçoit ; l'honoraire est dû par justice, et il impose au ministre des autels une nouvelle obligation de remplir exactement ses fonctions. Il est de droit naturel de fournir la subsistance à tout homme qui est occupé pour nous, quel que soit le genre de son occupation. De même qu'il est juste d'accorder la solde à un militaire, l'honoraire à un magistrat, à un médecin, à un avocat, il est de faire subsister un ecclésiastique occupé du saint ministère ; l'honoraire qui lui est assigné n'est pas plus une aumône que celui des hommes utiles dont nous venons de parler. — Ce que reçoivent les uns et les autres n'est pas non plus le *prix* de leur travail ; les divers services qu'ils rendent ne sont point estimables à prix d'argent, et ils ne sont pas payés par proportion à l'importance de leurs fonctions : la diversité de leurs talents et du mérite personnel de chaque particulier n'en met aucune dans l'honoraire qui leur est attribué. —

Vainement, pour les avilir, l'on affecte de se servir d'expressions indécentes; l'on dit qu'un ecclésiastique vend les choses saintes, qu'un militaire vend sa vie, un magistrat la justice, un médecin la santé, un professeur les sciences, etc. La malignité des censeurs n'a pas le pouvoir de rendre injuste et méprisable ce qui est conforme dans le fond à l'équité naturelle et à la raison. — Lorsque Jésus-Christ a ordonné à ses disciples de donner gratuitement ce qu'ils avaient reçu par pure grâce, il a eu soin d'ajouter que tout ouvrier est digne de sa nourriture (*Matth.* x, 8 et 10).

Si nous répétons plus d'une fois ces principes, c'est qu'ils ont été méconnus par des écrivains qui se croyaient fort instruits, et qui cependant ne l'étaient pas assez, qui ont censuré la discipline actuelle de l'Eglise sans raisons suffisantes.

En 1757, il a paru une dissertation sur l'honoraire des messes, dans laquelle l'auteur condamné toute rétribution manuelle donnée à un prêtre pour remplir une fonction sainte, les droits curiaux et *casuels*, les fondations pour des messes ou pour d'autres prières à perpétuité, etc. Il regarde tout cela comme une espèce de simonie et comme une profanation. — Cette doctrine est certainement fausse. On ne peut pas nier qu'il ne se soit glissé souvent des abus et des indécences dans cet usage; l'auteur de la dissertation les fait très-bien sentir; il les déplore et les réprouve avec raison: mais il fallait imiter la sagesse des conciles, des souverains pontifes et des évêques, qui, en condamnant les abus et en les proscrivant, ont laissé subsister un usage légitime en lui-même.

Encore une fois, il faut distinguer entre un payement, un honoraire et une aumône. Le *payement* ou le *prix* d'une chose est censé être la compensation de sa valeur; ainsi l'on achète une denrée, une marchandise, un service mercenaire, et l'on en paye le prix à proportion de sa valeur. L'*honoraire* est une espèce de solde ou de subsistance accordée à une personne qui est occupée pour le public ou pour nous en particulier, quelle que soit d'ailleurs la valeur de son occupation. On donne la solde ou l'honoraire à un militaire, à un magistrat, à un jurisconsulte, à un médecin, à un professeur de sciences, à un homme en charge quelconque, sans prétendre payer ou compenser la valeur de leurs services ou de leurs talents, ni mettre une proportion entre l'un et l'autre. Qu'ils soient plus ou moins habiles, plus ou moins zélés ou appliqués, l'honoraire est le même. L'*aumône* est due à un pauvre par charité, l'honoraire est dû à titre de justice. Celui qui refuse l'aumône à un pauvre, pèche sans doute, mais il n'est pas tenu à restitution: celui qui refuserait l'honoraire à un homme qui a rempli pour lui ses fonctions, serait condamné à le lui restituer. — Que l'honoraire soit fixe ou accidentel, payé par le public ou par les particuliers, accordé à titre de gage annuel ou de pension; qu'il soit *casuel*, attaché à chaque fonction que l'on remplit ou à chaque service que l'on rend, cela est égal; il ne change pas de nature; le titre de justice est toujours le même.

Il n'est donc pas vrai qu'un prêtre ou un clerc ne puisse rien recevoir légitimement des fidèles, si ce n'est à titre d'aumône. Dès qu'il prie, qu'il célèbre, qu'il remplit une fonction sainte pour une personne ou pour plusieurs, et qu'il est occupé pour elles, il a droit à une subsistance, à une solde, à un honoraire. Jésus-Christ l'a ainsi décidé en parlant de ses apôtres: *L'ouvrier est digne de sa nourriture* (*Matth.* x, 10). Saint Paul a parlé de même (*I Cor.* IX, 7, etc.): *Qui porte les armes à ses dépens?.... Si nous vous distribuons les choses spirituelles, est-ce une grande récompense de recevoir de vous quelque rétribution temporelle? Ceux qui servent à l'autel ont leur part de l'autel; ainsi le Seigneur a réglé que ceux qui annoncent l'Evangile vivent de l'Evangile.* — Que ces choses spirituelles soient des instructions, des sacrifices, des sacrements, des prières, l'assistance des malades, etc., le titre à un honoraire est le même.

On sait que dans l'origine les ministres des autels reçurent des offrandes en denrées ou en argent; dans la suite, pour rendre leur subsistance plus assurée et moins précaire, on institua pour eux des bénéfices ecclésiastiques, semblables aux bénéfices militaires. Ceux d'entre les jurisconsultes qui ont soutenu que les revenus des bénéfices sont une pure aumône, auraient dû le décider de même à l'égard des anciens militaires. Lorsque le clergé a été ruiné par les grands dans des temps d'anarchie, il a fallu en revenir aux rétributions manuelles. Ç'a été un malheur, sans doute; mais il ne faut l'attribuer ni à l'Eglise, ni à ses ministres, qui en ont été les premières victimes.

En général, défions-nous des réformateurs trop hardis; jamais ils n'ont été en aussi grand nombre qu'aujourd'hui. Qu'ils disent, s'ils le veulent, qu'il serait mieux que, suivant l'ancienne discipline, aucun prêtre ne fût ordonné sans être pourvu d'un bénéfice, et sans être attaché à une église pour quelque fonction; qu'il serait mieux que les fidèles eussent plus de confiance à la communion des saints et aux prières générales de l'Eglise, et moins de vanité, moins d'ambition d'obtenir des prêtres des prières particulières pour eux seuls. Il serait mieux, en effet, que les prêtres eux-mêmes préférassent la qualité de ministres de l'*Eglise* ou de la société commune des fidèles, à celle de serviteur, domestique d'un grand seigneur. Il serait fort à souhaiter que les grands fussent moins orgueilleux et moins esclaves de leur mollesse, qu'ils assistassent aux exercices publics du culte divin, plutôt que d'exiger pour eux un culte domestique et des ministres qui sont à leurs ordres. Mais, lors même que l'on ne peut pas obtenir le mieux, il ne faut pas condamner ce qui n'est pas mauvais absolument et à tous égards. Si l'Eglise entreprenait la réforme des abus qu'on lui reproche, toutes les puissances séculières, tous les particuliers intéressés à les conserver, s'y opposeraient de toutes leurs forces. — Il est très-permis de montrer ces abus, d'en désirer la correction, de proposer les moyens de les retrancher ; mais il ne faut jamais argumenter sur des principes faux, ni attribuer le mal à ceux qui n'en sont pas les auteurs. C'est le moyen de décréditer un ouvrage qui pourrait être utile d'ailleurs, de manquer le but auquel on aspire, de fournir des armes aux hérétiques et aux incrédules. N'avons-nous pas vu ces derniers reprocher à saint Paul les maximes justes et sages que nous avons citées ci-dessus ? Ils n'ont pas rougi d'écrire que les ministres de l'Eglise ont hérité des apôtres mêmes l'esprit mercenaire et ambitieux dont ils ont toujours été animés. *Voy.* BÉNÉFICE, SIMONIE.

CASUISTE, théologien qui a fait une étude particulière de la morale, des lois divines et humaines, des devoirs de l'homme et du chrétien, afin de se mettre en état de lever les doutes que les fidèles peuvent avoir sur leur conduite, de leur faire sentir la grièveté de leurs fautes, de leur prescrire ce qu'ils doivent faire pour les réparer. Puisque la morale fait partie essentielle de la théologie, il doit nous être permis de donner quelques réflexions sur ce sujet.

La fonction de *casuiste* est certainement une des plus difficiles par l'étendue des lumières qu'elle suppose, une des plus importantes par la nature de son objet, une des plus dangereuses à cause des conséquences que peut entraîner une fausse décision. Dans ce genre, le rigorisme outré ne produit pas des effets moins funestes que le relâchement excessif. Un *casuiste* fait la fonction de juge, il ne lui est pas plus permis d'exagérer que de diminuer les obligations que Dieu nous impose. S'il lui arrivait d'exiger de celui qui le consulte une restitution qui n'est pas due, il ne pécherait pas moins grièvement que s'il l'en dispensait mal à propos. — Lorsque les *casuistes* ont manqué de justesse d'esprit, ou se sont laissé entraîner par le torrent de ceux qui les avaient précédés, ils ont eu tort, sans doute ; mais on ne peut guère les accuser d'avoir péché volontairement. Où est l'homme assez insensé pour vouloir risquer son propre salut sans aucun intérêt, en se rendant responsable des péchés d'autrui ?

De nos jours les philosophes ont élevé un cri général pour soutenir que la loi naturelle est évidente par elle-même, que la raison nous en découvre infailliblement tous les devoirs. Cependant l'on a fait un assez grand nombre de livres pour savoir si le mensonge officieux est permis ou défendu par la loi naturelle, si l'intérêt de l'argent perçu en vertu du simple prêt est légitime ou usuraire. Où est donc cette évidence prétendue, et la boussole qu'un *casuiste* doit suivre pour se décider sur ces questions ? — On ne doit cependant pas blâmer l'exactitude et même la sévérité des pasteurs de l'Eglise à réprimer, lorsqu'il est nécessaire, la témérité des *casuistes* ; un de leurs principaux devoirs est de veiller à la conservation du dépôt de la foi et de la morale.

Mais faut-il approuver de même la chaleur avec laquelle Pascal et d'autres ont poursuivi, vers le milieu du siècle dernier, la morale relâchée de quelques *casuistes* obscurs ? Ils devaient prévoir que les principes de ces auteurs, recueillis en un corps et exposés en langue vulgaire, ne manqueraient pas d'enhardir les passions toujours disposées à s'appuyer de l'autorité la plus fragile. Le scandale que la délation de ces maximes occasionna dans l'Eglise fut peut-être un plus grand mal que celui qu'auraient jamais fait des volumes poudreux relégués dans les ténèbres de quelques bibliothèques monastiques. — En effet, qui connaissait Villalobos, Connink, Llamas, Achosier, Dealkoser, Squilanti, Bizozéri, Iriharne, de Grassalis, de l'itigianis, Strevesdorf et tant d'autres ? Leurs principes étaient-ils dangereux pour les ignorants et les femmes, qui n'entendent pas la langue dans laquelle ces auteurs ont écrit, pour les gens du monde qui ont oublié le latin ; et qui n'ont pas le temps de lire, ou pour des théologiens éclairés et décidés sur ces matières ? Il n'est pas nécessaire d'être grand *casuiste* pour juger lequel des deux est le plus coupable, celui à qui il échappe une proposition absurde qui passerait sans conséquence, ou celui qui la remarque et lui donne de l'importance.

Vainement les écrivains d'un autre genre, les prédicateurs de l'irréligion, voudraient-ils s'autoriser de ces réflexions pour innocenter leurs propres égarements, pour rendre odieux les théologiens qui les font remarquer et les réfutent. Leurs erreurs, qu'ils publient eux-mêmes, sont d'une tout autre conséquence que celles des *casuistes* ; on ne peut excuser les premiers par aucun motif louable ; les ouvrages des incrédules ont fait plus de mal en dix ans que tous les *casuistes* de l'univers n'en ont fait dans un siècle. *Voy.* CAS DE CONSCIENCE.

CATABAPTISTES. On s'est quelquefois servi de ce nom pour désigner en général tous les hérétiques qui ont nié la nécessité du baptême, surtout pour les enfants. Il est formé de κατὰ, qui en composition signifie quelquefois *contre*, et de βάπτω, *laver*, *baptiser* ; il signifie opposé au baptême, ennemi du baptême.

Ceux qui ont soutenu cette erreur sont tous partis à peu près du même principe ; ils ne croyaient pas au péché originel, et ils n'attribuaient au baptême aucune autre vertu que d'exciter la foi. Selon eux, sans la foi actuelle du baptisé, le sacrement ne peut produire aucun effet ; les enfants qui sont incapables de croire le reçoivent très-inutilement. C'est l'opinion des sociniens. D'autres ont posé pour maxime générale que la grâce ne peut pas être produite dans une âme par un signe extérieur qui n'affecte que le corps, que Dieu n'a pas pu faire dépendre le salut d'un pareil moyen. Cette doctrine, qui attaque l'efficacité de tous les sacrements, est une conséquence naturelle de la précédente.

Quoique Pélage niât le péché originel, il ne contestait pas la nécessité ou du moins l'utilité du baptême, pour donner à un enfant la grâce d'adoption ; dans un enfant, disait-il, la grâce trouve une adoption à faire, mais l'eau ne trouve rien à laver : *Habet gratia quod adoptet, non habet unda quod abluat*. La notion seule de *baptême*, qui emporte celle de purification, suffit pour réfuter Pélage ; jamais cet hérétique n'a expliqué nettement en quoi il faisait consister la *grâce d'adoption*.

CATACOMBE, du grec κατά, *dans*, et κύμβος *creux*, désigne une cave souterraine pratiquée pour servir à la sépulture des morts. Les *catacombes* se nommaient aussi *cryptæ*, cavernes, et *cæmeteria*, dortoirs.

Selon quelques auteurs, ce nom ne s'est donné autrefois à Rome qu'aux tombeaux de saint Pierre et de saint Paul, ou à une chapelle de saint Sébastien, dans laquelle, suivant l'ancien calendrier romain, a été mis le corps de saint Pierre, l'an 258, sous le consulat de Tuscus et de Bassus.

Aujourd'hui l'on appelle en Italie *catacombes* de vastes amas de sépulcres souterrains qui sont dans les environs de Rome, principalement à trois milles de cette ville, près de la voie Appienne. On croit que ce sont les tombeaux des martyrs ; on va les visiter par dévotion, et l'on en tire des reliques qui sont envoyées dans les divers pays catholiques, après que le pape les a reconnues sous le nom de quelque saint. — Ces *catacombes* sont de la largeur de deux ou trois pieds, et ordinairement de la hauteur de huit à dix pieds, en forme de galeries qui se communiquent les unes aux autres, et s'étendent souvent jusqu'à une lieue de Rome. Il n'y a ni maçonnerie ni voûte, la terre se soutient d'elle-même. Les deux côtés de ces rues, qui en sont comme les murailles, servaient, de haut en bas, à mettre les corps des morts. On les y plaçait en long, à trois ou quatre rangs les uns sur les autres, et parallèlement à la rue ; on les enfermait avec des tuiles fort larges et fort épaisses, quelquefois avec des morceaux de marbre, cimentés d'une manière que l'on aurait peine à imiter aujourd'hui. Le nom du mort se trouve quelquefois, mais rarement, sur les tuiles ; on voit aussi quelquefois une branche de palmier, symbole du martyre, avec ce chiffre, peint ou gravé XP, que l'on interprète *pro Christo*.

Pour rendre suspectes les reliques tirées des *catacombes*, plusieurs protestants ont soutenu que ces caveaux étaient destinés à la sépulture des païens ; que, quoique les Romains fussent dans l'usage de brûler leurs morts, ils enterraient cependant les esclaves pour éviter la dépense. Les Romains devenus chrétiens, disent-ils, voyant la vénération que l'on avait pour les reliques, et voulant en avoir à leur disposition, entrèrent dans les *catacombes*, mirent à côté des tombeaux les chiffres ou les inscriptions qu'il leur plut, et les fermèrent pour les rouvrir dans la suite quand ils en trouveraient l'occasion favorable. Cette supercherie fut ensuite oubliée, jusqu'à ce que le hasard fit ouvrir les *catacombes*. — Avant d'accuser les Romains chrétiens d'un crime aussi grave, il faudrait avoir des preuves : non-seulement les protestants n'en ont point, mais leurs conjectures sont absurdes. Tous les habitants d'une ville ont-ils pu convenir ensemble de commettre une fourberie et une impiété, pour procurer à leurs descendants la satisfaction de distribuer de fausses reliques, sans y avoir aucun intérêt, et sans qu'il se soit trouvé personne qui ait eu assez de probité pour réclamer contre cette supercherie ? On ne commet pas des crimes pour le seul plaisir de les commettre.

Il est prouvé, au contraire, 1° que l'usage des Romains païens n'étaient point d'enterrer dans les *catacombes* les criminels, les esclaves, le bas peuple, mais de les jeter dans de grandes fosses nommées *puticuli*, et d'y en brûler un grand nombre à la fois ; au lieu qu'on brûlait en particulier le corps des personnes considérables, et qu'on renfermait leurs cendres dans des urnes. Les Romains, qui laissaient mourir de faim dans une île du Tibre leurs esclaves vieux ou malades, se sont-ils donné la peine de leur accorder une sépulture honorable dans les *catacombes ?* — 2° Les chrétiens évitaient avec soin d'enterrer leurs morts dans le même lieu que les païens, nous le voyons par l'histoire que le martyr Lucien a faite de la découverte des reliques de saint Étienne. Saint Cyprien fait un crime à Martial, évêque espagnol, d'avoir fait enterrer des enfants dans les tombeaux profanes, et de les avoir mêlés avec des étrangers. Nous sommes donc certains qu'il n'y a eu aucun païen enterré dans un cimetière destiné à la sépulture des chrétiens. — 3° Il est incontestable que les *catacombes* ont servi aux assemblées chrétiennes dans les temps de persécution, et par la même raison à la sépulture des martyrs, que l'on était obligé d'enterrer avec le plus grand secret. L'usage constant a été de célébrer les saints mystères sur les reliques des martyrs, et les fidèles, par dévotion, désiraient d'être inhumés à côté de ces précieux dépôts. L'histoire ecclésiastique et les actes des martyrs font mention des défenses faites aux chrétiens par les persécuteurs de tenir leurs assemblées dans les cimetières. Ils n'auraient pas voulu les tenir parmi les tombeaux des païens. — 4° Prudence, saint Paulin et d'autres, attestent que les *catacombes* de Rome renfermaient les corps de plusieurs milliers de martyrs ; ce fait est encore attesté par des inscriptions, dont l'une fait mention de cinq cent cinquante martyrs enterrés ensemble, une autre de cent cinquante. Saint Jérôme dit que dans sa jeunesse il avait coutume de visiter les *catacombes* le dimanche (*In Ezech.* XL). Ces saints lieux n'ont donc jamais été oubliés ni perdus de vue, et l'on savait au IVᵉ siècle qu'ils renfermaient des martyrs et non des païens. —

5° Un grand nombre de ces tombeaux de martyrs sont reconnaissables par des inscriptions et par d'autres symboles, par le monogramme de Jésus-Christ XP, par la figure du bon pasteur, par des palmes, par les fioles ou gobelets de sang mis avec leurs corps, etc. — 6° L'on ne peut assigner le temps auquel on suppose que les *catacombes* ont été malicieusement fermées par les Romains, pour donner lieu à une erreur dans la suite. Pendant les persécutions, les chrétiens s'en sont servis pour leurs assemblées et pour les sépultures ; lorsque la paix a été rendue à l'Eglise, elles ont été visitées par dévotion. Si on les a fermées lorsque les barbares ont saccagé Rome, ce n'a pas été par fourberie, mais pour prévenir les profanations. Lorsque la tranquillité a été rétablie, on n'avait pas oublié ce que les auteurs ecclésiastiques en avaient dit au IV° siècle. — Les conjectures des protestants, de Burnet, de Misson, de Spanheim, de Basnage, etc. sont donc fausses à tous égards.

De ces observations l'on peut conclure, avec toute la certitude possible, que les os tirés des *catacombes* sont des reliques, ou des martyrs, lorsque cela est ainsi attesté, ou des premiers fidèles. Quoique ceux-ci n'aient pas tous été des saints, quand on connaît les mœurs de l'Eglise primitive, et la disposition dans laquelle étaient les premiers chrétiens de mourir pour leur foi, on ne peut pas disconvenir que leurs reliques ne soient dignes de vénération. — Si quelques lecteurs catholiques se sont laissé séduire par les soupçons et par les conjectures malignes des protestants sur ce sujet, c'est qu'ils n'ont pas examiné la question d'aussi près que l'ont fait les critiques et les antiquaires de Rome. On peut voir dans les *Vies des Pères, des Martyrs*, etc., tome IX, pag. 685 et suiv., les preuves détaillées des faits que nous avons allégués.

Les *catacombes* de Naples peuvent être un objet de curiosité pour les voyageurs, mais elles ne fournissent aucune nouvelle réflexion à faire sur les reliques que l'on tire de celles de Rome.

CATAPHRYGES ou CATAPHRYGIENS. *Voy.* MONTANISTES.

CATARACTE. *Voy.* DÉLUGE.

CATÉCHÈSE, du grec κατήχησις, *instruction*; catéchisme a la même étymologie et le même sens. C'est l'instruction que l'on donnait à ceux qui voulaient embrasser le christianisme et recevoir le baptême ; le *catéchiste* est celui qui était chargé de cette fonction.

Dans les premiers siècles, l'usage n'était point de mettre par écrit les dogmes et les pratiques du christianisme, il aurait été à craindre que ces écrits ne vinssent à tomber entre les mains des païens, qui en auraient abusé et les auraient tournés en ridicule, parce qu'ils n'y auraient rien compris. Mais on n'eut jamais l'imprudence de donner le baptême aux juifs ni aux païens, sans leur avoir enseigné auparavant les dogmes qu'il fallait croire et la morale qu'il fallait pratiquer. — Ainsi l'avait ordonné Jésus-Christ ; il dit à ses apôtres d'enseigner toutes les nations, et de les baptiser ensuite (*Matth.* XXVIII, 19). Il en avait donné l'exemple, les apôtres l'ont suivi ; les Pères de l'Eglise, les évêques, les pasteurs, ont rempli ce devoir dans tous les siècles, avec plus ou moins d'exactitude et de succès. Dans tous les temps les conciles ont exhorté les ecclésiastiques à le remplir, et leur en ont fait un devoir rigoureux : le concile de Trente en a renouvelé les lois, sess. 24, *de Reform.*, c. 7. Mais il n'est prouvé par aucun ancien monument que l'instruction des néophytes ait consisté à leur faire lire l'Ecriture sainte, comme Mosheim et d'autres protestants l'imaginent, selon le préjugé de leur secte. Les incrédules, au contraire, accusent les premiers chrétiens d'avoir caché leurs livres avec le plus grand soin : autre prévention qui n'est pas mieux fondée.

C'est donc une injustice de la part des incrédules de vouloir persuader que le christianisme s'est établi dans les ténèbres, par séduction et par artifice, que les premiers fidèles ont cru sans preuves et sans motifs; ont reçu le baptême sans savoir à quoi ils s'engageaient. La rigueur des épreuves auxquelles on les soumettait, n'était certainement pas un piège tendu pour les séduire. Aucune religion n'a imposé à ses ministres une obligation aussi étroite d'instruire les ignorants, et ils n'ont négligé ce devoir dans aucun temps. Leurs anciens ennemis, Celse et d'autres, leur ont reproché la passion du prosélytisme, ceux d'aujourd'hui leur en font encore un crime, ils n'en rougiront jamais. *Voy.* ECOLES CHRÉTIENNES.

CATÉCHISME. C'est non-seulement l'instruction que l'on donne aux enfants ou aux adultes pour leur apprendre la croyance et la morale du christianisme, mais encore le livre qui renferme cette instruction. Comme les évêques ont été établis par Jésus-Christ pour enseigner les fidèles, c'est à eux de dresser et de donner à leurs diocésains le livre que nous appelons *catéchisme*. Celui qui a été fait par ordre du concile de Trente a été le modèle sur lequel on a formé la plupart de ceux dont on se sert aujourd'hui dans l'Eglise catholique. L'uniformité de la doctrine enseignée dans tous ces livres élémentaires est une preuve irrécusable de l'unité de foi qui règne dans toute cette Eglise. Si quelquefois des évêques ont essayé d'y émettre des opinions qui n'appartiennent point à la foi catholique, ordinairement cette témérité a été mal accueillie ; ils ont trouvé, de la part de leur clergé et de leurs ouailles, une résistance à laquelle ils ne s'attendaient pas. Preuve qu'ils ne sont pas les maîtres de changer, quand ils voudraient, la foi de leur troupeau.

Dans la plupart des *catéchismes* faits par les protestants, ils ont eu soin d'y mettre des accusations contre l'Eglise romaine, afin d'inspirer aux enfants, dès le berceau, des préventions et de la haine contre le catholicisme. Plus modérés qu'eux, nous n'apprenons point aux enfants à détester ceux qui sont dans l'erreur; nous voudrions pouvoir leur laisser ignorer qu'il y a des hérétiques au monde.

De tous les livres, le plus difficile à faire est peut-être un bon *catéchisme*: c'est un abrégé de théologie ; plus un homme est instruit, mieux il sent cette difficulté.

CATÉCHISTE, ecclésiastique chargé d'enseigner aux catéchumènes les premiers éléments de la religion, et de les disposer à recevoir le baptême et les autres sacrements.

Comme il est rare aujourd'hui de baptiser les adultes, la fonction de *catéchiste* se borne à instruire les enfants des vérités de la religion, à les disposer ainsi à recevoir les sacrements de confirmation, de pénitence et à faire leur première communion. — Si cette fonction est communément confiée à de jeunes ecclésiastiques, ce n'est pas qu'elle soit très-aisée à bien remplir ; elle exige une netteté d'esprit, une prudence et une patience singulières ; mais c'est que les moyens d'instruction sont si multipliés parmi nous que l'un peut toujours suppléer à l'autre.

CATÉCHUMÉNAT, CATÉCHUMÈNE. Un *catéchumène* est une personne qui désire de recevoir le baptême, et qui se fait instruire dans ce dessein. Dans l'Église primitive, cela se faisait avec beaucoup de précaution et avec cérémonie.

« Celui qui était jugé capable de devenir chrétien, dit M. Fleury, était fait *catéchumène* par l'imposition des mains. L'évêque ou le prêtre le marquait au front du signe de la croix, en priant Dieu qu'il profitât des instructions qu'il allait recevoir, et qu'il se rendît digne de parvenir au saint baptême. Il assistait aux sermons publics , auxquels les infidèles même étaient admis. Le temps du *catéchuménat* était ordinairement de deux ans, mais on le prolongeait ou on l'abrégeait suivant les progrès et les dispositions du *catéchumène*. On ne regardait pas seulement s'il apprenait la doctrine, mais s'il corrigeait ses mœurs, et on le laissait en cet état jusqu'à ce qu'il fût entièrement converti. » (*Mœurs des Chrét.*, tit. 2.).

Les *catéchumènes* étaient distingués des fidèles, non-seulement par le nom qu'ils portaient, mais par la place qu'ils occupaient dans l'église. Ils étaient avec les pénitents, sous le portique ou dans la galerie intérieure de la basilique. On ne leur permettait point d'assister à la célébration des saints mystères, mais immédiatement après l'évangile et l'instruction, le diacre leur criait à haute voix : *Ite, catechumeni : missa est ;* retirez-vous, *catéchumènes*, on vous ordonne de sortir. Cette partie même de la messe s'appelait la messe des *catéchumènes*. Il paraît, par un canon du concile d'Orange, qu'on ne leur permettait pas de faire la prière avec les fidèles ; on leur donnait du pain bénit, nommé par cette raison le pain des *catéchumènes*, comme un symbole de la communion à laquelle ils pourraient un jour être admis.

Il y avait plusieurs ordres ou degrés de *catéchumènes* ; mais le nombre et la distinction de ces ordres n'ont pas été constants ni les mêmes partout. Les auteurs grecs en distinguent deux classes, l'une de *catéchumènes* imparfaits, l'autre de parfaits ou capables d'être admis au baptême ; ils nomment les premiers écoutants, *audientes*, les seconds, agenouillés, *genuflectentes* ; ils disent que ces derniers assistaient aux prières et fléchissaient les genoux avec les fidèles, mais que les premiers ne restaient dans l'église que pour assister à la lecture de l'évangile et au sermon. — Le cardinal Bona en distingue quatre degrés, les écoutants, les agenouillés, les compétents, et les élus, *audientes, genuflectentes, competentes, electi*. M. Fleury n'en connaît que deux, les auditeurs et les compétents ; d'autres les réduisent à trois : preuve que cette discipline n'était pas uniforme.

On recevait les *catéchumènes* par l'imposition des mains et par le signe de la croix ; dans plusieurs églises on y joignait les exorcismes, les cérémonies de souffler sur le visage ; d'appliquer de la salive aux oreilles et aux narines, de faire une onction sur la poitrine et sur les épaules, de mettre du sel dans la bouche. Ces cérémonies, dont le sens est expliqué dans nos catéchismes, sont encore observées aujourd'hui dans l'administration du baptême, même pour les enfants ; autrefois elles le précédaient de quelques jours, lorsqu'on ne baptisait qu'aux fêtes solennelles. Selon Tertullien, on donnait aussi du lait et du miel aux *catéchumènes* avant de les baptiser, symbole de leur renaissance en Jésus-Christ, et de leur enfance dans la foi ; c'est dans ce sens que saint Augustin a nommé *sacrement* ou mystère cette cérémonie ; on la nommait aussi le SCRUTIN. *Voy.* ce mot.

On a fait observer le *catéchuménat* dans les Églises de l'Orient et de l'Occident, aussi longtemps qu'il y a eu des infidèles à convertir, par conséquent dans l'Occident jusqu'au VIIIe siècle. Dans la suite on n'a plus observé cette discipline aussi exactement à l'égard des adultes qui demandaient le baptême, parce que l'on n'avait plus les mêmes dangers à craindre que dans les siècles précédents. — Mais il n'est pas inutile d'en conserver la mémoire ; il en résulte non-seulement que l'on a toujours eu grand soin d'instruire ceux qui voulaient embrasser le christianisme, mais que l'on a toujours craint qu'après avoir été baptisés ils ne déshonorassent par une une vie païenne la sainteté de notre religion. C'est une preuve de plus pour réfuter les incrédules anciens ou modernes, qui ont osé dire que les premiers fidèles étaient un amas d'ignorants ou d'hommes flétris par de mauvaises mœurs.

Le *catéchuménat* était donc une épreuve et une précaution que l'on avait jugée nécessaire pour ne point admettre dans la société chrétienne de sujets mal instruits, vicieux, mal affermis, capables d'abandonner leur foi et de la renier au moindre péril ; peut-être de calomnier l'Église auprès des persécuteurs. — La durée de cette épreuve ne fut pas la même dans tous les temps ni dans tous les lieux ; le concile d'Elvire, en Espagne, tenu vers l'an 300, décida qu'elle durerait deux ans ; Justinien ordonna la même chose pour les juifs qui voudraient se convertir. Le concile d'Agde, l'an 506, n'exige pour eux que huit mois d'instruction. Les constitutions apostoliques, plus anciennes que ce concile, avaient demandé trois ans de préparation avant de recevoir le baptême, liv. VIII, c. 32. Quelques-uns ont cru que le temps du carême suffisait. Dans des circonstances pressantes on abrégeait encore ce terme. Socrate, parlant de la conversion des Bourguignons, dit qu'un évêque des Gaules se contenta de les instruire pendant sept jours. Si un *catéchumène* se trouvait subitement en danger de mort, on le baptisait sur-le-champ. En général, on laissait à la prudence des évêques de prolonger ou d'abréger le temps de l'instruction et des épreuves, selon le besoin et les dispositions qu'ils voyaient dans les *catéchumènes*. (Bingham, *Orig. ecclés.*, t. IV, l. x, c. 1, § 5; Morin, *de Pœnit.*; Laubépine, *Observations sur les anciens rites de l'Église*; Fleury, *Mœurs des chrétiens et Histoire ecclésiast.*; *Anc. Sacram.*, II⁰ part., t. III, p. 2, etc.)

CATHARES, du grec καθαρός, pur; nom que se sont attribué plusieurs sectes d'hérétiques, surtout les apotactiques ou renonçants, qui étaient une branche des encratites. Quelques montanistes se parèrent ensuite du nom de *cathares*, pour témoigner qu'ils n'avaient point de part au crime de ceux qui niaient la foi dans les tourments; qu'au contraire ils refusaient de les recevoir à pénitence : sévérité injuste et outrée. Pour la justifier, ils niaient que l'Église eût le pouvoir de remettre les péchés; ils portaient des robes blanches, pour montrer, disaient-ils, par leur habit, la pureté de leur conscience. Novatien, prévenu de la même erreur que les montanistes, donna aussi le même nom à sa secte, et quelques anciens ne le nomment pas autrement.

Par ironie, l'on a nommé *cathares* différentes sectes d'hérétiques qui firent du bruit dans le XIIᵉ siècle; les albigeois, les vaudois, les patarins, les cotereaux et autres, descendants des henriciens, de Marsille, de Tendème, etc. Ils furent condamnés dans le IIIᵉ concile de Latran, tenu l'an 1179, sous Alexandre III. Les *puritains* d'Angleterre se sont enfin décorés du même titre.

C'est ordinairement sous un masque de réforme et de vertu que les hérésiarques ont séduit les simples et se sont fait des partisans; mais une affectation de régularité, qui a pour base l'esprit de révolte et l'opiniâtreté, n'est pas ordinairement de longue durée; souvent ce n'est qu'un voile pour cacher de véritables désordres; les novateurs, devenus les maîtres, ne sont plus les mêmes que lorsqu'ils étaient encore faibles. Tant d'exemples de cette hypocrisie, qui se sont renouvelés depuis la naissance de l'Église, auraient dû détromper les peuples; mais ils sont toujours prêts à se laisser prendre au même piège.

CATHARISTES ou purificateurs, secte de manichéens, sur laquelle les autres rejetaient les ordures et les impiétés qui se commettaient dans la prétendue consécration de leur eucharistie. (Saint Augustin, *Hær.* 46; saint Léon, *Epist.* 8.)

CATHEDRA (Ex). On désigne par cette expression les actes du souverain pontife agissant comme chef de l'Église.

« Le pape, dit Grégoire XVI (*Triomphe du Saint-Siège*), peut parler comme chef de l'Église et comme docteur privé; cette distinction n'a rien de contraire à la primauté. Pour éviter de confondre ces deux qualités et parer aux désordres que cette confusion pourrait occasionner dans l'Église, il faut qu'il y ait des notes claires et non douteuses, auxquelles on puisse reconnaître les cas où le pape prononce solennellement, c'est-à-dire *ex cathedra*, et ceux où ses décisions n'ont pas ce caractère. L'existence de ces notes est démontrée tout à la fois et par la réalité de la distinction que nous venons d'établir, et par la certitude du désordre que leur défaut occasionnerait inévitablement dans l'Église, désordre essentiellement opposé à la fin pour laquelle la primauté a été établie. Or ces notes sont ou intrinsèques, ou extrinsèques; les unes sont propres aux définitions mêmes, les autres dépendent de la coutume de l'Église. Parmi les premières, voici les principales, qui ne sont que des conséquences nécessaires de la nature et de la fin de la primauté : 1° Pierre a été établi par Jésus-Christ chef de son Église, pour conserver l'unité de la foi; donc le point défini par le pape doit appartenir à la foi; 2° le pape définit un point de foi pour tracer aux fidèles la règle infaillible de leur croyance, et ne plus leur laisser ni doute, ni perplexité, ni inquiétude; son jugement doit donc annoncer que ses propres pensées sont elles-mêmes bien fixées et arrêtées sur ce point; 3° le pape est le prince et le chef de toute l'Église, et la foi est d'un intérêt universel pour elle; lors donc que le pape décide comme chef, il doit faire connaître sa décision à l'Église; 4° il doit donc, dans cette décision, parler à l'Église, et par conséquent s'adresser à l'Église elle-même; 5° le souverain pontife définissant exerce l'office de juge : c'est en cette qualité qu'il détermine l'objet de foi et qu'il commande à la volonté d'y soumettre l'intellect, et non comme un simple théologien, dont l'office est uniquement de convaincre la raison; il faut donc que les termes dans lesquels la définition est conçue montrent dans le pape l'intention de commander absolument et en vertu de sa suprême autorité l'acte de foi sur cet article déterminé. Cependant, pour juger si le pape prononce comme juge ou s'il parle comme théologien, il ne faut pas seulement considérer la nature et la qualité de l'objet dont il est question; cela dépend encore de sa volonté : il y a donc certaines formules établies et déterminées par un usage constant de l'Église et des papes, pour faire connaître d'une manière précise à toute la chrétienté les jugements suprêmes et définitifs, et la peine conséquemment encourue par les réfractaires; si le pape omet cette formule, sans indiquer suffisamment que, malgré cette omission, il entend et veut définir en sa qualité de souverain pontife et de juge de la foi, il faut en conclure qu'il n'a pas prononcé son jugement en cette qualité, parce qu'il doit s'accommoder à l'intelligence universelle. La principale de ces formalités consiste à qualifier d'hérétique la doctrine contraire, ou à fulminer l'*anathème* contre ceux qui la professeraient dans la suite. On ne devra donc pas regarder comme définitifs les jugements du pape où ne se trouve pas cette formule ou quelque chose d'équivalent, ni croire qu'il ait entendu et voulu, en les rendant, exercer sa primauté d'autorité. Au reste, cette dernière note est purement extrinsèque. »

CATHÉDRALE, église épiscopale d'un diocèse; ce nom a été tiré du mot *cathedra*, siége d'un évêque. Dès l'origine de l'Église, pendant la célébration des saints mystères, l'évêque présidait au *presbytère* ou à l'assemblée des prêtres; il était assis sur une espèce de trône ou de siége plus élevé que les leurs;

c'est ainsi que saint Jean, dans l'Apocalypse, représente une assemblée chrétienne (IV, 2). De là est venu l'usage de désigner la dignité d'un évêque par le nom de *chaire* ou de *siége, cathedra*; de célébrer même les fêtes de la *chaire* de saint Pierre à Antioche et à Rome ; d'appeler église *cathédrale*, l'église ou l'assemblée principale à laquelle l'évêque préside.

Mais ce nom, employé pour désigner un édifice ou un temple dans lequel un évêque célèbre ordinairement, n'est pas fort ancien ; il n'a été usité en ce sens que dans l'Occident, et depuis le xe siècle. Quoique les chrétiens aient eu la liberté de bâtir quelques lieux d'assemblée dès la fin du IIIe, sous le règne de Dioclétien, il paraît que l'on commença seulement à bâtir de grandes églises sous Constantin, lorsqu'il eut permis le libre exercice du christianisme ; et dans tout l'Orient ces églises, dans lesquelles l'évêque célébrait, étaient appelées *la grande église, l'église épiscopale, l'église de la ville*, ou simplement *l'église*; et l'on nommait *basiliques* les églises particulières érigées à l'honneur des martyrs ou d'autres saints.

Plusieurs autres espagnols, qui ont écrit sur l'antiquité de leurs églises cathédrales, ont prétendu qu'il y en a eu qui dataient du temps des apôtres ; mais cette prétention n'est fondée sur aucune preuve solide.

CATHOLIQUE ; ce terme dérivé du grec καθόλου, *partout*, signifie *universel*. L'Eglise est nommée *catholique*, non-seulement pour marquer qu'elle est répandue par toute la terre, chez toutes les nations, mais pour exprimer la profession qu'elle fait de croire et d'enseigner partout la même doctrine, de prendre pour règle de sa foi l'*universalité* de croyance, qui est suivie dans toutes les sociétés particulières dont elle est composée. Tel est le caractère qui distingue la véritable Eglise de Jésus-Christ d'avec les sectes qui se sont séparées d'elle.

C'est l'idée qu'en donnait saint Irénée dès la fin du IIe siècle. « L'Eglise, dit-il, quoique dispersée par tout le monde, conserve avec le plus grand soin la foi et la doctrine qu'elle a reçues des apôtres et de leurs disciples. Semblable à une seule famille qui n'a qu'un cœur, qu'une âme, qu'une même voix, elle croit, enseigne et prêche partout de même, d'un consentement unanime. Malgré la distance des lieux et la diversité des langues, la tradition est uniforme partout, etc. » (*Adv. Hær.*, liv. I, c. 10, n. 1 et 2.) Saint Augustin n'a fait que copier cette notion, en écrivant contre les donatistes (*De Unit. Eccles.*, n |56; *Tract.* 3 *in Epist. Joan.*). Tertullien et saint Cyprien s'en étaient servis avant lui pour réfuter les hérétiques. Tel est aussi le sens que M. Bossuet donne au mot *catholique* (*Première Inst. past. sur les promesses de l'Eglise*, n. 29).

Quelques auteurs ont prétendu que Théodose le Grand était le premier auteur de cette dénomination, qu'il y avait donné lieu en ordonnant, par un édit, que le titre de *catholique* fût attribué par préférence aux Eglises qui suivaient les décisions du concile de Nicée. Vossius pense que ce mot n'a été mis dans le symbole qu'au IIIe siècle. Mais ces deux opinions sont insoutenables. Dans la lettre des fidèles de Smyrne touchant le martyre de saint Polycarpe, qui est de l'an 169, il est parlé de l'Eglise *catholique;* dans Eusèbe, liv. IV, c. 15. Valois, dans ses notes sur l'*Hist. ecclés.* d'Eusèbe, liv. VIII, observe que le nom de *catholique* a été donné à l'Eglise dès le temps le plus voisin des apôtres, pour la distinguer des sociétés hérétiques qui s'étaient séparées d'elle. En effet, saint Ignace, plus ancien que saint Polycarpe, a dit, dans sa lettre aux fidèles de Smyrne, n° 8 : « Où est Jésus-Christ, là se trouve l'Eglise *catholique*. » Au commencement du IIe siècle, Celse nommait déjà l'Eglise *catholique* la *grande Eglise*, pour la distinguer des sectes hérétiques. (*Orig., contre Celse*, l. V, n° 59). Saint Cyrille et saint Augustin observent que les hérétiques mêmes et les schismatiques donnaient ce nom à la véritable Eglise dont ils s'étaient séparés , et les orthodoxes la désignaient par le nom de *catholique* tout seul, *catholica*. — En effet, aucune secte hérétique n'a jamais voulu s'astreindre à professer la doctrine *catholique* ou universelle, la doctrine uniformément enseignée par toutes les sociétés particulières qui composent la grande Eglise. Loin de se soumettre à cette condition commune comme à une règle de foi, elles ont toujours fait un crime de cette méthode à l'Eglise romaine; *hérésie* et *catholicité* sont deux termes contradictoires : le premier désigne une doctrine dont on a fait un choix particulier; le second, une doctrine professée partout. (Bossuet, *première Instruction pastorale sur les promesses de l'Eglise*, n°s 23, 29.) — Ainsi, lorsque nous disons dans le symbole : *Je crois la sainte Eglise catholique*, nous entendons : Je crois la véritable Eglise de Jésus-Christ est celle qui fait profession d'enseigner la doctrine universellement reçue depuis les apôtres dans toutes ses sociétés particulières qui forment cette grande société. Ce caractère n'est pas difficile à discerner ; l'Eglise romaine est la seule qui se l'attribue ; toutes les sectes d'hérétiques, loin d'y prétendre, le lui reprochent comme une erreur. Dans l'article CATHOLICISME, nous prouverons que ce caractère est essentiel à la religion de Jésus-Christ, et Bossuet l'a démontré (*Ibid.*).

Nous ne savons pas ce que peut entendre un protestant, lorsqu'il dit, en récitant le symbole des apôtres: *Je crois la sainte Eglise catholique*, ni en quel sens il peut attribuer ce titre à la société particulière dont il est membre. Cette société n'est ni la plus étendue de toutes les communions chrétiennes, ni la plus ancienne; elle n'a aucune relation ni avec l'Eglise grecque schismatique, ni avec aucune des autres Eglises orientales ; toutes ces sociétés s'accordent avec l'Eglise *catholique* à condamner les protestants.

M. Bossuet observe très-bien que quand on dit : *Je crois la sainte Eglise catholique*, cela ne signifie pas seulement, *je crois qu'elle existe*, mais *je crois ce qu'elle croit*; autrement ce ne serait plus croire qu'elle est, puisque le fond, et pour ainsi dire la substance de son être, est la foi qu'elle déclare à tout l'univers. (*Esprit de Leibnitz*, tom. II, pag. 101).

On nous fait cependant une objection. Au IV° siècle, lorsque les ariens se prévalaient de leur grand nombre, les Pères leur ont répondu que la multitude des errants ne prouve rien. Au V°, les *catholiques* reprochèrent aux nestoriens leur petit nombre, et ces *hérétiques*, à leur tour, répétèrent la réponse que l'on avait donnée aux ariens. Il en fut de même des eutychiens. Ces sectes sont-elles devenues plus *catholiques* en devenant plus étendues?

Réponse. Non, sans doute; mais, 1° il est faux que les ariens aient jamais été en plus grand nombre que les *catholiques*. 2° Il n'y a jamais eu entre eux aucune unité, puisqu'ils n'ont jamais pu convenir d'une même profession de foi. 3° Ils n'ont jamais voulu prendre pour règle le consentement universel et l'uniformité de croyance. En quel sens pouvaient-ils s'attribuer la catholicité? Nous convenons que l'étendue d'une secte et la multitude de ses partisans, considérée absolument, ne prouve rien, puisqu'elle a toujours commencé par un petit nombre; mais puisque enfin Jésus-Christ a promis à son Église de lui réunir toutes les nations, il est absurde de vouloir que le schisme d'une partie de ses membres l'emporte sur le corps entier.

Les patriarches ou primats d'Orient ont pris le titre de *catholiques*; on disait le *catholique* d'Arménie, pour désigner le primat ou le principal évêque d'Arménie, titre à peu près semblable à celui d'*œcuménique* qu'avaient pris les patriarches de Constantinople. Il paraît cependant que le titre de *catholique* était moindre que celui de *patriarche*; les nestoriens, obligés de se réfugier dans la Perse, nommèrent leur principal évêque *catholique*; ils n'osèrent pas l'appeler *patriarche*, quoique Nestorius l'eût été de Constantinople. Ce nouveau titre ne fut institué que sous Justinien au VI° siècle. *Voy.* Renaudot, *Dissert. sur le patriarche d'Alexandrie*, n° 4.

CATHOLICITÉ, universalité, extension à tous les lieux, à tous les temps, à toutes les personnes. La *catholicité* d'une doctrine consiste en ce qu'elle a été la même depuis les apôtres jusqu'à nous, dans toutes les sociétés chrétiennes qu'ils ont fondées, dans tous les siècles, dans le corps des pasteurs comme dans celui des fidèles. La *catholicité* de l'Église est la profession qu'elle fait de regarder cette uniformité générale et constante comme un signe infaillible de vérité. La *catholicité* d'un fidèle est sa soumission à cette méthode d'enseignement (1).

---

(1) « La catholicité de l'Église, dit M. de la Luzerne, est son universalité. Plusieurs saints Pères, traitant de la catholicité, distinguent une triple uni-versalité : universalité de temps, en ce que l'Église a toujours subsisté et qu'elle subsistera toujours jusqu'à la fin des siècles; universalité de doctrine, en ce que l'Église enseigne toutes les vérités que Jésus-Christ a apportées à la terre; universalité de lieux, en ce que l'Église est répandue par tout le monde... C'est de cette troisième espèce d'universalité qu'il s'agit ici.

« Il y a plusieurs distinctions à faire sur l'universalité ou catholicité de l'Église. Nous distinguons d'abord l'universalité physique et l'universalité morale. La première est celle qui comprend tous les pays de la terre sans exception; la seconde, celle qui s'étend dans la plus grande partie des régions connues. Ce n'est que de cette seconde qu'il est question ici. C'est l'établissement de notre Église dans la plus grande partie des régions connues, qui forme, selon nous, sa catholicité, et qui est une preuve de sa divine origine. Nous ne croyons pas non plus, et en ce point nous suivons la doctrine de saint Augustin, qu'il soit nécessaire à la catholicité de l'Église que la totalité des habitants des pays où elle a été introduite s'y soit soumise. Il suffit qu'il y ait dans ces régions un nombre notable de catholiques, pour qu'elles fassent partie de la catholicité. (Saint Augustin *contra Crescon.*, lib. IV, c. 61, 74.) D'après cette observation, il est nécessaire d'entendre les oracles sacrés qui annoncent la diffusion de l'Église sur toute la terre dans un sens moral; et cette interprétation est conforme à la manière ordinaire de s'exprimer des auteurs sacrés. Ainsi nous lisons dans Jérémie que tous les royaumes de la terre étaient sous la puissance de Nabuchodonosor (XXXIV, 1); dans Daniel, que le troisième royaume, qui devait être celui d'Alexandre, commanderait à toute la terre (XI, 39); dans saint Luc, qu'il fut publié un édit de l'empereur Auguste, pour faire le dénombrement de tout l'univers (XI, 1); dans saint Paul, que la foi de l'Église de Rome est célèbre dans tout le monde (*Rom.* I, 8).

« Une autre distinction essentielle à faire est entre l'universalité successive et l'universalité actuelle. Nous croyons que l'Église de Jésus-Christ doit avoir successivement la catholicité physique et totale; c'est-à-dire que, dans tout le cours des siècles, il n'y aura pas un pays habité sur la terre où la vraie foi n'ait été annoncée, et où Dieu n'ait eu ses adorateurs en vérité, et conformément au culte qu'il a prescrit. C'est ainsi que nous entendons l'oracle de Jésus-Christ que je rapporterai incessamment, sur la prédication de son Évangile dans tout l'univers. Mais ce n'est pas parmi nous un point de doctrine certain, que l'Église de Jésus-Christ doive être dans aucun temps physiquement et totalement universelle, en sorte qu'il n'y ait plus sur la terre que des catholiques. Nous ne voyons pas que ce genre d'universalité lui ait été promis par Jésus-Christ. Ce peut être l'objet de nos désirs, même de nos espérances, mais non de notre foi. Au reste, la catholicité successivement totale, que nous regardons comme devant être une qualité de la vraie Église, ne peut pas être présentée comme une de ses notes, puisqu'elle n'est pas actuellement visible. Ainsi ce n'est pas de celle-là que je parlerai ici, je ne donnerai comme note distinctive de l'Église que son universalité actuelle telle que nous la voyons, telle que l'ont vue tous les âges : c'est-à-dire, je le répète, son universalité morale.

« Regardant la catholicité comme un caractère accordé à la véritable Église, pour la discerner des autres communions chrétiennes, nous distinguons

est membre de l'Église catholique. Il peut très-bien ignorer si elle est plus étendue qu'aucune des autres sectes; mais il ne peut pas ignorer que l'Église dont il est membre, lui propose pour règle de foi l'uniformité de doctrine entre toutes les sociétés particulières dont elle est composée; uniformité attestée par l'union et la soumission à

encore sa catholicité absolue et sa catholicité relative; c'est-à-dire, la diffusion, l'étendue de l'Église de Jésus-Christ considérée en elle-même, et son étendue, sa diffusion, comparée à celle des sectes séparées d'elles. Nous pensons que, quoiqu'il puisse y avoir des pays où la vraie foi n'ait pas pénétré, et même quelques-uns dont elle soit positivement bannie, cependant elle est et elle doit être en tout temps plus répandue que chacune des Églises fausses, et que cette diffusion plus grande est un des caractères auxquels on doit la reconnaître et la distinguer d'elles....

« D'après ces observations, je réduis à deux points principaux la notion de la catholicité, considérée comme caractère de l'Église véritable. Elle consiste en ce que, 1° l'Église de Jésus-Christ soit répandue actuellement dans la plus grande partie des régions connues; 2° qu'elle soit constamment plus répandue que chacune des communions qui la combattent. Telle est notre doctrine....

« Les preuves de la catholicité, telle que nous l'entendons, se tirent de l'Écriture, que les protestants prétendent être la règle de leur foi, et des Pères des premiers siècles, dont ils reconnaissent que la doctrine a été pure.

« Dans l'Ancien Testament, la propagation de l'Église de Jésus-Christ sur toute la terre est prédite par une multitude d'oracles des plus clairs. Je me borne à en rapporter quelques-uns.

« Les protestants professent comme nous que c'était de Jésus-Christ et de sa religion que Dieu disait à Abraham : *Toutes les nations de la terre seront bénies dans votre race* (Gen. XII, 3, et 18; XXVI, 4; XXXVIII, 14). Or, ils conviennent aussi avec nous que les bénédictions de Dieu ne sont que pour ceux qui sont dans son Église, et qu'il ne les accorde point aux membres d'Églises qu'il réprouve. Toutes les nations doivent donc, selon la prophétie de Dieu même, entrer dans son Église.

« Les protestants appliquent aussi, du même que nous, au Messie, ces paroles des psaumes : *Demandez-moi, et je vous donnerai les nations pour héritage, et les extrémités de la terre pour possession.... Il dominera d'une mer jusqu'à l'autre, et du fleuve jusqu'aux bornes de l'univers. Tous les rois de la terre l'adoreront; toutes les nations lui obéiront..... Tous les confins de la terre se convertiront au Seigneur; toutes les familles des nations seront en adoration devant lui.* (Ps. II, LXXXI, 8, 21; XXI, 18). Peut-on dire que les Églises fausses, qui professent une doctrine contraire à celle de Jésus-Christ, soient sa possession et son héritage, tandis qu'il les rejette; qu'elles lui obéissent, elles qui sont en révolte contre lui; qu'elles se convertissent à lui, en s'éloignant et en l'offensant? il n'y a que la vraie Église de Jésus-Christ dont tout cela peut être dit. C'est elle qui est son royaume sur la terre, qui obéit à ses préceptes, qui est convertie à lui. Or, d'après ces prophéties, cette Église doit comprendre toutes les nations, se soumettre tous les rois, s'étendre jusqu'aux bornes de l'univers.

« C'est encore, selon les protestants, Jésus-Christ qu'Isaïe avait en vue, lorsque, inspiré de l'Esprit-Saint, il disait : *C'est peu que tu sois mon serviteur, pour ranimer les tribus de Jacob et convertir la lie d'Israël : voilà que je t'ai établi la lumière des nations, pour que tu portes le salut qui vient de moi jusqu'aux extrémités de la terre..... Le Seigneur a préparé son saint bras aux yeux de toutes les nations; et toutes les bornes de la terre verront le salut de notre Dieu* (Is. XLIX, 6; LII, 10). Le prophète annonce que le salut doit être porté jusqu'aux extrémités de la terre; donc, d'après ces oracles, l'Église dans laquelle seule peut se trouver le salut doit y être étendue : or, les protestants admettent comme nous le principe qu'il n'y a de salut que dans la véritable Église; donc la véritable Église doit s'étendre jusqu'aux confins de la terre.

« Nous lisons dans Malachie une célèbre prophétie que les protestants entendent ainsi que nous de la religion de Jésus-Christ. *Je ne mets plus en vous ma volonté, dit le Seigneur des armées, et je ne recevrai plus de dons par vos mains; car du levant jusqu'au couchant, mon nom est glorifié parmi les nations, et dans tous les lieux on offre et on sacrifie en mon nom une offrande pure* (I, 10, 11). C'est du levant au couchant que doit être glorifié le nom du Seigneur; c'est dans tous les lieux que doit lui être présentée une offrande pure; donc son Église doit, du levant au couchant, s'étendre en tous lieux; car je n'imagine pas qu'on soutienne que Dieu tienne son nom glorifié par les Églises ennemies de la foi, et qu'il accepte comme pures les offrandes qu'elles lui font.

« Ces prophéties de l'Ancien Testament, si claires et si positives en elles-mêmes, pour annoncer la future diffusion de l'Église dans toutes les nations, deviennent plus démonstratives encore par l'application que Jésus-Christ en a faite à cet objet, et parce qu'il a déclaré que c'est dans ce sens qu'elles doivent être entendues. Ce fut dans une des apparitions qui suivirent sa résurrection, et que rapporte saint Luc, que, montrant à ses apôtres l'accomplissement dans sa personne des oracles de la loi de Moïse, des prophètes et des psaumes, il ajouta : *Ainsi il a été écrit, et ainsi il a fallu que le Christ souffrît et ressuscitât le troisième jour d'entre les morts, et qu'en son nom la pénitence et la rémission des péchés fussent prêchées dans toutes les nations, en commençant par Jérusalem* (Luc. XXIV, 44, 45, 46, 47). C'est donc Jésus-Christ lui-même qui nous apprend que, si nous voyons son Église étendue sur toute la terre, c'est une suite des oracles qui l'avaient annoncé; c'est lui-même qui nous fournit contre les protestants ce raisonnement. Son Église est où la plaçent les prophètes, et où après eux il la place lui-même, dans toutes les nations de la terre. Donc toute Église qui n'existe que dans quelques nations n'est pas l'Église de Jésus-Christ.

« Le Nouveau Testament n'est pas moins positif que l'Ancien. Outre les paroles de Jésus-Christ que je viens de rapporter d'après saint Luc, nous le voyons dire à ses apôtres, tantôt : *Cet Évangile du royaume sera prêché dans tout l'univers, pour servir de témoignage à toutes les nations : et alors viendra la consommation;* tantôt : *Toute puissance m'a été donnée dans le ciel et sur la terre. Allez donc, enseignez dans toutes les nations, les baptisant au nom du Père, et du Fils, et du Saint-Esprit; leur enseignant à observer tout ce que je vous ai commandé;* tantôt : *Allez dans le monde entier : prêchez l'Évangile à toute créature;* tantôt : *Vous recevrez la vertu de l'Esprit-Saint qui descendra sur vous, et vous me servirez de témoins dans Jérusalem, dans la Judée, dans la Samarie, et jusqu'aux extrémités de la terre* (Matth. XXIV, 14; XXVIII, 18, 19, 20; Marc. XVI, 15; Act. I, 8). D'après ces passages, réunissons quelques principes qui porteront jusqu'à l'évidence notre dogme de la catholicité.

« 1° Il est évidemment prescrit aux apôtres, dans ces textes, de prêcher l'Évangile à toutes les nations du monde. Cette vérité est si évidente à la seule inspection des paroles du Sauveur, qu'il serait ridicule d'entreprendre de la prouver. 2° En ordonnant à ses apôtres de prêcher sa loi à toutes les nations, Jésus-

un seul chef, qui est le vicaire de Jésus-Christ. C'est ce qu'un catholique fait profession de croire en récitant le symbole. Pour être convaincu de la *catholicité* de l'Eglise, il lui suffit de l'être de sa *catholicité* personnelle.

L'étendue de l'Eglise n'a pas existé d'abord, et n'a pas toujours été la même; la Christ les chargeait d'y établir son Eglise. Cette vérité est la conséquence immédiate de la précédente, et est également claire. L'Eglise étant composée de ceux qui font profession de la vraie foi, donner aux apôtres la mission de planter dans tous les pays la vraie foi, c'était leur ordonner d'y établir l'Eglise. Ils ne pouvaient pas faire l'un sans l'autre. 3° Les apôtres ont formé l'Eglise comme leur divin Maître leur avait ordonné. Jamais les protestants ne les ont accusés d'avoir manqué à ses préceptes. Ils font profession de les révérer comme de saints personnages. Ils leur attribuent même la prérogative de l'infaillibilité. 4° Les apôtres ont donc fondé l'Eglise dans toutes les nations, du moins autant qu'ils l'ont pu de leur vivant: et certes ils l'avaient établie dans un très-grand nombre de contrées. L'histoire de leur prédication en est la preuve. Nous lisons dans l'Evangile de saint Marc qu'ils *prêchèrent partout* (xxvi, 20). Saint Paul dit aux Romains que lui et ses collègues *ont reçu la grâce de l'apostolat, pour faire obéir à la foi toutes les nations au nom de Jésus-Christ*(1, 5); aux Colossiens, que *la parole véritable de l'Evangile est parvenue, non-seulement à eux, mais dans tout le monde; qu'elle y fructifie et y croît chaque jour*; et que l'Evangile qu'ils ont entendu a été prêché à toute créature qui est sous le ciel (1, E, 6, 23). 5° La véritable Eglise est celle que les apôtres ont fondée d'après le précepte de leur maître. Les protestants ne contesteront pas non plus cette vérité. 6° Donc la vraie Eglise est celle que l'on voit universellement étendue. Je ne conçois pas comment, forcés de convenir de toutes les autres propositions, nos adversaires pourront nier celle-là.

« Ainsi nous voyons la catholicité, c'est-à-dire, la diffusion universelle de l'Eglise, prédite par les prophéties, prescrite par Jésus-Christ, effectuée par les apôtres. Que faut-il de plus pour y croire?.....

« Ce qui confirme notre doctrine sur la catholicité, c'est que le sens que nous donnons aux passages de l'Ecriture est fixé par la manière dont les ont entendus les Pères des premiers temps, les uns disciples immédiats ou presque immédiats des apôtres, les autres, disciples de ceux-là, et qui ont fleuri dans les siècles dont, de l'aveu des protestants, la foi était pure et la doctrine saine.

« Nous ne voyons pas dans les livres saints le mot *catholique* employé: mais nous le trouvons appliqué à l'Eglise de Jésus-Christ dès le temps qui a immédiatement suivi les apôtres. Le symbole qui porte leur nom atteste la croyance à la *sainte Eglise catholique*. Saint Ignace, évêque d'Antioche et martyr, qui avait été disciple de saint Jean, et qui avait vu Jésus-Christ dans sa chair, dit que là est l'Eglise catholique, où est Jésus-Christ (*Ep. ad. Smyrnenses*, n. 8). L'épître de l'Eglise de Smyrne, au sujet du martyre de saint Polycarpe, son évêque, est adressée à l'Eglise de Dieu qui est à Philomèle, et à tous les diocèses de la sainte Eglise catholique dans tous les lieux; et on y lit que ce saint évêque recommande dans ses prières l'Eglise catholique répandue dans tout l'univers, *totiusque Ecclesiæ catholicæ per universum orbem diffusæ mentionem fecerit* (Euseb., *Hist. eccls.*, lib. iv, cap. 15). Nous voyons dans cette épître deux choses réunies: la catholicité de l'Eglise, et son étendue sur toute la terre: ce qui montre que dès lors, c'est-à-dire, dans le temps qui a immédiatement suivi les apôtres, non-seulement on distinguait l'Eglise de Dieu par le titre de catholique, mais qu'on lui donnait ce nom à raison de la diffusion universelle.

« Saint Justin suit immédiatement les disciples des apôtres, qui lui avaient enseigné la doctrine de leur maître. Argumentant contre Tryphon qui était juif, il lui prouve, par le texte de Malachie que j'ai rapporté, que les Juifs ne sont plus le peuple de Dieu. D'abord, lui dit-il, votre nation n'est point répandue du levant au couchant, et il y a des pays où l'on ne voit habiter aucun des vôtres. Mais ensuite, ajoute-t-il, il n'y a aucun peuple, soit grec, soit barbare, quel que soit son nom, quelles que soient ses mœurs et ses coutumes, dans lequel il ne soit adressé des prières à Dieu le Père, au nom de Jésus crucifié (*Dial. cum Tryph.*, n. 117). C'est à un juif, il est vrai, et non à un hérétique, que Justin propose ce raisonnement: mais le principe de son raisonnement est applicable aux hérétiques comme aux Juifs. Ce principe est que, d'après l'oracle de Malachie, la vraie doctrine, le vrai peuple de Dieu, doivent être répandus dans tous les pays. Ainsi, selon ce Père, toute doctrine qui n'a pas cette diffusion, toute société qui n'a pas cette étendue, ne sont pas la doctrine et l'Eglise de Dieu. — Saint Irénée était, comme saint Justin, disciple des Pères apostoliques, ayant été instruit par saint Polycarpe. Il dit, dans plusieurs endroits de son ouvrage *contre les Hérésies*, que l'Eglise est répandue par toute la terre, et y conserve la foi (Lib. I, cap. 1, n. 1 et 2; lib. III, cap. 2, n. 8; lib. IV, cap. 26, n. 2). Ce n'était certainement pas des sectes hérétiques que parlait ce saint docteur; il les excluait même certainement, puisque c'était contre elles qu'il écrivait, et qu'il faisait valoir l'universelle diffusion de l'Eglise, conservatrice de la vraie foi. — Saint Cyprien, dans son traité *de l'Unité de l'Eglise*, établit aussi sa catholicité dans le sens que nous entendons, en disant qu'elle conserve son unité, quoiqu'elle soit répandue dans tous les pays. Il la représente éclairée de la lumière du Seigneur, répandant ses rayons dans tout l'univers. Il la compare à un arbre qui étend ses rameaux sur toute la terre. Il pensait donc, comme les Pères qui l'avaient précédé, qu'une prérogative de l'Eglise de Jésus-Christ est de s'étendre dans toutes les régions: et, par une conséquence nécessaire, il n'aurait pas reconnu comme l'Eglise de Jésus-Christ celle dans qui il n'aurait pas vu cette diffusion. — Saint Pacien, qui, dans le même temps que saint Cyprien, combattait comme lui les novatiens, dit que « l'Eglise, est un corps plein, solide, déjà répandu dans tout l'univers (*Epist.* 3). » — Dans le siècle suivant, saint Cyrille de Jérusalem, dans une de ses catéchèses, expliquant ces paroles du symbole: *Je crois la sainte Eglise catholique*, dit: « L'Eglise est appelée catholique ou universelle, parce qu'elle est répandue dans tout l'univers, depuis une extrémité de la terre jusqu'à l'autre. » Voilà une définition de la catholicité précise et absolument conforme à la nôtre. Et il faut observer que c'est dans un ouvrage fait pour l'instruction des simples fidèles, où les expressions doivent être simples et très-exactes. Un peu plus bas, le même Père, comparant l'autorité temporelle à celle de l'Eglise, y met cette différence, que les souverains, distribués en différents lieux, trouvent dans les limites de leurs Etats des bornes à leur puissance, mais que la sainte Eglise catholique seule jouit d'une puissance illimitée, et dans tout l'univers (*Catechesi* 18, n. 23 et 27). — Quelque temps auparavant, au concile de Nicée, Arius et Euzoïus avaient présenté une profession de foi. « Nous croyons, y est-il dit, une Eglise catholique de Dieu, qui s'étend des premiers fondements jusqu'aux dernières extrémités de la terre. Nous avons reçu cette foi des saints Evangiles, le Seigneur ayant dit à ses disciples: *Allez, et enseignez*

tholicité, dans le sens que nous expliquons, est aussi ancienne qu'elle, et n'a jamais varié.

Aujourd'hui quelques protestants ne font pas difficulté de dire qu'ils sont *catholiques*, c'est-à-dire, membres de l'Eglise *universelle*, composée de tous ceux qui croient en Jésus-Christ; mais c'est un abus grossier du terme. Comment peut-on appeler *Eglise* l'a-

toutes les nations. » (Socrates, *Hist. Eccles.*, l. i, c. 26.) Ainsi, catholiques et hérétiques, tous, dans ces premiers siècles, professaient comme un article de foi que l'Eglise a reçu de Jésus-Christ la prérogative de l'universelle diffusion. — A la fin du même siècle, deux grandes lumières de l'Eglise d'Afrique, saint Optat et saint Augustin, prouvaient aux donatistes que leur secte n'était pas la véritable Eglise, parce qu'elle n'était pas catholique, c'est-à-dire, universellement répandue. « Nous avons, leur dit saint Optat, à démontrer ce que nous avons promis que nous établirions : quelle est cette Eglise que Jésus-Christ appelle sa colombe et son épouse. Vous dites qu'elle est en vous seuls. Apparemment que, dans votre orgueil, vous vous attribuez spécialement la sainteté ; en sorte que l'Eglise soit où vous voulez, et ne soit point où vous ne voulez pas. Ainsi, pour qu'elle puisse être chez vous, dans une petite partie de l'Afrique, dans le coin d'une petite région, elle ne sera pas avec nous dans une autre partie de l'Afrique ; elle ne sera pas dans les Espagnes, dans les Gaules, dans l'Italie, où vous n'êtes point. » Le saint docteur fait encore l'énumération d'un grand nombre de pays, où il n'y a point de donatistes, et d'où ils excluent l'Eglise, et il poursuit ainsi : « Où sera donc la propriété du nom de catholique, puisque l'Eglise est appelée catholique parce qu'elle est raisonnable et répandue partout? Car, si vous la resserrez ainsi à votre volonté dans un lieu étroit, si vous lui ôtez toutes les nations, où sera ce que le Fils de Dieu a mérité ? Où sera ce que lui a promis volontairement son Père, lui disant dans le psaume second : *Je vous donnerai les nations en héritage, et les bornes de la terre pour votre possession ?* Pourquoi enfreignez-vous une telle promesse, en sorte que l'étendue de tous les royaumes soit mise par vous comme dans une prison ? Pourquoi voulez-vous vous opposer à cette libéralité ? pourquoi combattez-vous les mérites du Sauveur ? Permettez au Fils de posséder ce qui lui a été accordé. Permettez au Père d'accomplir ses promesses. De quel droit posez-vous des bornes, tracez-vous des limites ? Quand Dieu le Père accorde au Sauveur toute la terre, rien n'est excepté dans aucune partie de la terre. Toute la terre avec ses nations est la possession du Christ. » Saint Optat répète ensuite le texte du psaume second, et rapporte celui que j'ai cité du psaume soixante-onze (*De Schism. Donat.*, lib. ii, c. 4). Il ne peut rien y avoir de plus formel que ce texte pour établir que la vraie Eglise est celle que l'on voit répandue sur toute la terre ; que cette prérogative lui a été accordée par son divin fondateur, et qu'elle lui est essentielle. La clarté évidente de ce passage me dispense d'en rapporter d'autres où saint Optat établit le même principe. — Saint Augustin, dans son traité de *l'Unité de l'Eglise*, contre les donatistes, traite *ex professo* la question de la catholicité, et démontre, par beaucoup de textes de la sainte Ecriture, que l'Eglise de Jésus-Christ est celle qui s'étend sur toute la terre. Il commence par la Genèse ; rapporte la promesse faite à Abraham, que toutes les nations seront bénies dans son rejeton ; prouve que ce rejeton est Jésus-Christ ; montre que la promesse a été renouvelée à Isaac et à Jacob : « Donnez-nous, conclut-il, cette Eglise, si elle est parmi vous ; montrez que vous êtes en communion avec toutes les nations que nous voyons maintenant bénies dans ce rejeton. Donnez-la, ou, déposant votre erreur, recevez-la, non pas de moi, mais de celui de la même main qui toutes les nations sont bénies. » (C. 6, n. 14) « Que lit-on dans les prophètes ? ajoute-t-il. Combien sont nombreux,

combien sont évidents leurs témoignages au sujet de l'Eglise répandue dans toutes les nations, sur toute la terre ! Qu'Isaïe nous dise où, par une révélation divine, il a vu d'avance l'Eglise, afin que, dans les paroles de celui qui prédisait l'avenir, nous voyions ce qui maintenant est devenu présent. » Il produit plusieurs textes de ce prophète, et il fait voir combien ils prouvent clairement l'étendue universelle de l'Eglise. « Que celui qui l'osera, reprend-il, contredise ; mais que celui qui ne l'osera pas espère en Jésus-Christ avec toutes les nations, et ne se sépare pas de l'unité des peuples qui espèrent en lui : ou, s'il s'en est écarté, qu'il revienne, afin de ne pas périr.... Qui est-ce qui est assez sourd, assez insensé, assez aveugle d'esprit, pour oser parler contre des témoignages si évidents ?... Que peut-on exiger de plus clair ? Voyez dans un seul prophète combien d'oracles, quelle est leur clarté : et cependant on résiste, on contredit, non un homme, mais l'esprit de Dieu et la plus évidente vérité. Et cependant ceux qui se glorifient du titre de chrétiens envient la gloire du Christ, et ne veulent pas qu'on croie accomplies les choses qui, si longtemps avant, avaient été prédites de lui, lorsqu'elles sont, non plus prédites mais montrées, mais vues, mais possédées. » (*Ibid.*, c. 7, n. 15, 16, 19.) — Saint Augustin oppose ensuite aux donatistes les psaumes, et spécialement le second et le soixante-onzième. Après en avoir rapporté les passages : « Voilà, dit-il, que dans les psaumes est manifestée l'Eglise répandue dans tout l'univers, sur laquelle repose la gloire de son souverain... Que répondront à ce que je viens de rapporter des prophètes et des psaumes au sujet de l'Eglise de Jésus-Christ qui est répandue dans tout l'univers, ceux qui aiment mieux la combattre avec perversité, que de communiquer avec elle en se corrigeant ? » (C. 8 et 9, n. 22 et 23.) — De l'Ancien Testament le saint docteur passe au Nouveau. Il en cite des passages que j'ai rapportés. Sur celui de saint Luc, il oppose aux donatistes le raisonnement que j'ai fait plus haut, que Jésus-Christ lui-même a appliqué à l'universelle diffusion de son Eglise les passages de la loi, des prophètes et des psaumes. Sur le passage des Actes des apôtres, il dit que l'on y voit le commencement de l'Eglise dans Jérusalem, dans la Samarie, et sa propagation successive dans toutes les nations. Il prouve par les faits et par l'énumération de beaucoup de pays où la vraie foi était déjà portée de son temps, et il résume ainsi : « Il nous a été annoncé que l'Eglise serait sur toute la terre. Le Seigneur lui-même a attesté que cela était prédit dans la loi, dans les prophètes et dans les psaumes. Il a prophétisé qu'elle commencerait par Jérusalem, et qu'elle se répandrait sur toutes les nations. Il a prédit à ses apôtres, lorsqu'il est remonté dans les cieux, qu'ils seraient ses témoins dans Jérusalem, dans toute la Judée et la Samarie, et jusque dans toute la terre. Les faits se sont conformés à ses paroles. Comment, ayant commencé par Jérusalem, et de la s'étant accrue dans la Judée et la Samarie, et ensuite sur toute la terre, l'Eglise s'y agrandit-elle maintenant, jusqu'à ce qu'enfin elle possède le reste des nations où elle n'existe pas encore ? Le témoignage des saintes Ecritures le montre positivement. Quiconque évangélise autrement, qu'il soit anathème. Or celui-là évangélise autrement, qui dit que l'Eglise a péri dans le reste du monde, et subsiste dans la seule Afrique et dans le parti de Donat. » (*Ibid.*, cap. 10, n. 23, et c. 11, n. 28, *et seq.*)

« Il résulte évidemment de tous ces passages tirés du seul traité *de l'Unité de l'Eglise*, que non-seule-

mas de plusieurs sectes, qui n'ont entre elles aucune union, qui se regardent les unes comme hérétiques, les autres comme idolâtres, qui se disent mutuellement anathème? Pour être *catholique*, il faut prendre pour règle de foi le consentement unanime de toutes les sociétés chrétiennes qui reconnaissent un seul chef. Nous avons prouvé ailleurs qu'un des caractères essentiels à la véritable Eglise est l'*unité* dans la foi, dans le culte, dans la soumission à un chef. *Voy.* EGLISE, § 1 et 2. Or, ce caractère se trouve dans l'Eglise romaine seule : elle est donc la seule *catholique* (1)

ment ce saint docteur était dans les mêmes principes que nous sur la catholicité, mais que, pour les prouver, il employait les mêmes raisonnements que nous. Les preuves dont nous combattons les protestants sont celles dont il réfutait les donatistes. Les hérétiques modernes, pour voir leur condamnation, n'ont qu'à voir ce qui a été opposé aux hérétiques anciens. — Et nous voyons de plus que, dans la célèbre conférence de Carthage, entre les catholiques et les donatistes, les donatistes faisaient consister la catholicité, non dans la réunion de l'universalité des nations, mais dans la plénitude des sacrements (*Brev. coll. cum Donat.*, dies 3, c. 3, n. 5) : ce qui ne s'éloigne pas beaucoup du système protestant. Mais ils furent combattus par les évêques catholiques, qui produisirent les textes convaincants de l'Ecriture sur la diffusion universelle de l'Eglise. Les donatistes non-seulement ne voulurent pas discuter cette question, mais ils n'osèrent pas l'aborder. Ils se rabattirent à soutenir que l'Eglise de Jésus-Christ n'est composée que des hommes vertueux, et ne comprend pas les pécheurs (*Ibid.*, c. 8, n. 10), ce qui est encore une prétention des protestants.

« Voilà une chaîne d'autorités qui embrasse et qui unit ensemble tous les temps écoulés depuis la promesse faite à Abraham. Il en résulte évidemment que la vraie Eglise de Jésus Christ doit, par son institution, s'étendre sur toute la terre. Nous voyons cette étendue universelle prédite dans l'ancienne loi, par une multitude d'oracles, commandée par Jésus-Christ à plusieurs reprises, exécutée par ses apôtres autant qu'ils l'ont pu, réalisée peu après eux, et dès les premiers temps du christianisme, revendiquée par les saints docteurs comme un signe de la vérité de leur Eglise et de la fausseté des communions séparées. Comment, en admettant toutes ces autorités, peuvent-ils refuser d'y croire? Selon eux, l'Ecriture est infaillible: de leur aveu, les Pères des premiers siècles n'étaient point dans l'erreur. Comment donc peuvent-ils se soustraire à l'enseignement unanime de tous les livres sacrés et de tous ces saints personnages? » (Le cardinal de la Luzerne, *Dissertations sur les Eglises catholiques et protestantes*, tom. II, ch. 8.)

(1) Après avoir exposé la catholicité de droit, nous devons l'examiner en fait. Quelle est la société chrétienne qui peut prétendre au titre de catholique? Il est évident que c'est la seule Eglise romaine : elle est répandue partout. Allez dans tous les pays du monde, vous n'en trouverez pas un seul où il n'y ait des catholiques, où l'Eglise romaine ne soit connue. Prenez au contraire une secte séparée du sein de l'Eglise romaine, vous la verrez circonscrite dans un rayon très-resserré. Toutes ces sectes ont le siège de leur empire et ne s'étendent guère au delà. Prises séparément, elles sont nombreuses. Vainement elles voudraient se réunir, elles n'ont ni la même croyance ni le même ministère; elles se prétendent, à l'exclusion l'une de l'autre, en possession de la vérité. Le fait est donc évidemment pour la seule Eglise romaine, qui conséquemment est la véritable Eglise.

CATHOLICISME, système dans lequel on soutient que la catholicité de la doctrine est la règle de foi à laquelle tout homme qui croit en Jésus-Christ doit se conformer. Comme toutes les sectes qui ont paru depuis les apôtres se sont élevées contre ce système, nous ne pouvons nous dispenser de prouver que c'est le seul vrai, le seul que puisse suivre un homme qui se pique de savoir raisonner. Bossuet et nos autres controversistes l'ont démontré contre les protestants : voici à peu près le sommaire de leurs réflexions.

1° Dans la religion primitive, la règle de foi était dans la tradition domestique; les patriarches n'en avaient point d'autre. Sous la loi de Moïse, la règle de foi était la tradition nationale; Dieu l'avait ainsi ordonné (*Deut.* XVII, 10; XXXII, 7). Donc sous l'Evangile, destiné à être *prêché à toute créature*, et *jusqu'à la consommation des siècles*, la règle de foi est la tradition générale. Cette uniformité du plan de la Providence en démontre la sagesse; il est absurde de penser que Dieu en ait changé. Sous la première époque de la révélation, tous ceux qui ont perdu de vue la tradition des leçons données à Adam sont tombés dans le polythéisme. Sous la seconde, toutes les fois que les Juifs se sont écartés des préceptes de leur religion nationale, ils se sont précipités dans l'idolâtrie et dans les superstitions de leurs voisins. Sous la troisième, quiconque refuse de consulter la tradition universelle, se livre au délire d'une fausse philosophie. Il y en a autant d'exemples qu'il y a eu d'erreurs depuis les apôtres jusqu'à nous. — 2° L'unité est essentielle à l'Eglise de Jésus-Christ; il a dit lui-même de ses ouailles : *J'en ferai un même troupeau sous un seul pasteur* (*Joan.* XI, 6). Selon saint Paul, les fidèles sont *un seul corps, qui a un seul Seigneur, une seule foi, un seul baptême* (*Ephes.* IV, 4 et 5). Quiconque se sépare de cette unité n'appartient donc plus au troupeau de Jésus-Christ. Or cette unité ne peut se conserver qu'autant que les diverses sociétés qui composent l'Eglise se servent mutuellement de témoins, de garants et de surveillants; de manière que si l'une venait à s'égarer, toutes les autres pussent la redresser. L'unité ne peut se trouver dans l'erreur, chacun se trompe à sa manière; l'unité est donc un signe infaillible de vérité. — 3° De savoir si Jésus-Christ a révélé telle doctrine, ou une doctrine contraire, c'est un fait. Or, pour constater un fait quelconque, on ne se borne point à consulter l'histoire, l'on interroge la tradition orale et les monuments. La tradition est du plus grand poids, lorsque les témoins sont en très-grand nombre; que tous ont intérêt à être informés du fait et à le publier tel qu'il est; que ce ne sont point de simples particuliers, mais des sociétés entières. Récuser la certitude morale ainsi portée au plus haut point de notoriété, c'est vouloir évidemment se tromper. — 4° Depuis la naissance de l'Eglise, on s'est servi de cette règle pour juger si une doctrine était vraie ou fausse, orthodoxe ou hérétique. Les conciles ont été assemblés pour que les évêques des différentes parties du monde pussent y rendre témoignage de ce qui était cru, enseigné et professé dans leurs Eglises. Lorsque tous, ou le très-grand nombre, ont attesté que telle était la croyance qu'ils avaient trouvée établie, on n'a pas hésité de juger que c'était la doctrine de Jésus-Christ, et que l'opinion contraire était hérétique. Est-il croyable que dès l'origine l'Eglise se soit trompée sur la règle qu'elle devait suivre pour enseigner les fidèles sans aucun danger d'erreur? Il faudrait que Jésus-Christ l'eût abandonnée au moment même qu'il venait de la former. — 5° Ou il faut suivre cette règle, ou il faut s'en tenir à l'Ecriture seule, comme le veulent les protestants; il n'y a pas de milieu. Mais quand il s'agit de fixer le vrai sens de l'Ecriture, et de savoir comment l'on doit l'entendre, c'est une absurdité de nous renvoyer à l'Ecriture. D'un côté, une poignée de docteurs soutiennent que ces paroles de Jésus-Christ, *Ceci est mon corps*, doivent être prises dans le sens figuré; de l'autre, toutes les Eglises de l'univers attestent qu'elles les ont toujours entendues dans le sens littéral. Faut-il préférer à cette croyance générale et constante l'opinion particulière d'un petit nombre de novateurs? — 6° Toutes les sectes qui ont abjuré le *catholicisme* n'ont plus trouvé entre elles aucun centre de réunion, elles sont successivement tombées d'une erreur dans une autre. *Voy.* à l'article ERREUR l'enchaînement de celles des protestants. Ils sont divisés en luthériens, calvinistes, arminiens, gomaristes, anglicans, quakers, hernhutes, frères moraves, piétistes, sociniens, coccéiens, etc. Le désordre aurait encore été plus grand, et les ruptures plus fréquentes, si la rivalité entre ces sectes et l'Eglise catholique ne leur avait pas souvent servi de frein; elles ne sont unies que par la haine qui les anime contre elle. Après avoir secoué le joug de la tradition universelle, elles ont été forcées de s'en tenir à leur tradition particulière, aux décisions de leurs synodes, à des confessions de foi, aux ordonnances des magistrats, même d'employer les censures et les peines pour maintenir dans leur sein une unité du moins extérieure.

Depuis plus de dix-sept cents ans l'Eglise catholique n'a varié ni dans ses dogmes, ni dans sa règle de foi, cela serait impossible. Comment les différentes Eglises qui la composent, dont les unes sont très-éloignées des autres, qui se croient toutes obligées de conserver la doctrine reçue de Jésus-Christ par les apôtres, qui ne peuvent avoir aucun intérêt ni aucun motif de la changer, pourraient-elles former une conspiration générale, un dessein uniforme de l'altérer ? Un même esprit de vertige ne peut pas les saisir toutes à la fois; l'une d'entre elles ne peut pas s'écarter de la tradition, sans que les autres s'en aperçoivent. Toutes les fois qu'un ou plusieurs particuliers, évêques ou autres, voulu innover, le scandale a éclaté d'abord, et ils ont été condamnés. Le *catholicisme* est donc un principe infaillible d'unité, de perpétuité, d'immutabilité dans la doctrine. *Voy.* EGLISE (1).

CATHOLIQUES (NOUVELLES) (2). Ce sont des filles qui, dans le dernier siècle, se sont érigées en communauté, sous ce titre, ou sous celui de *la Propagation de la Foi*, pour instruire, à l'exemple des missionnaires, dans les vérités de la religion, les personnes de leur sexe qui ont été élevées dans l'hérésie. — Les personnes qui entrent dans les communautés pour s'instruire y sont entretenues jusqu'à ce qu'elles aient fait leur abjuration, et qu'elles soient bien affermies dans la foi. Elles peuvent même y être reçues au nombre des sœurs. — Dans quelques-unes de ces communautés, les filles qui s'y attachent font des vœux simples de pauvreté, de chasteté, d'obéissance, et promettent de s'employer à l'instruction des nouvelles converties. Dans d'autres, ces filles ne font qu'un vœu de stabilité; dans d'autres, enfin, elles s'engagent par un contrat d'association. — Chacune de ces communautés a des règlements particuliers, suivant qu'il a plu à l'évêque du lieu de leur établissement de les leur donner. La communauté de Paris est sous le nom de *Nouvelles-Converties ;* celle de Sedan et quelques autres sous celui de la *Propagation de la Foi*. (Extrait du *Diction. de Jurisprudence*).

CAUCAUBARDITES, branche d'eutychiens qui, au VIe siècle, suivirent le parti de Sévère d'Antioche et des acéphales. Ils rejetaient le concile de Chalcédoine, et soutenaient, comme Eutychès, qu'il n'y a qu'une seule nature en Jésus-Christ. Le nom de *caucaubardites* leur fut donné d'un lieu dans lequel ils tinrent leurs premières assemblées (*Nicéphore*, l. XVIII, c. 49; *Baronius*, ann. 335). Quelques-uns les ont nommés *contobabdites*. *Voy.* EUTYCHIENS.

CAUSE. Les théologiens, aussi bien que les philosophes, sont forcés de distinguer plusieurs espèces de *causes*. Non-seulement nous connaissons une *cause première*, qui est Dieu, mais des *causes secondes*, qui sont les créatures. Parmi celles-ci une *cause* peut être matérielle ou formelle, efficiente ou occasionnelle, finale ou instrumentale, physique ou morale, totale ou partielle, prochaine ou éloignée, etc. Le détail de toutes ces notions appartient à la métaphysique, et il peut fournir la matière à un traité fort étendu.

Les athées nous disent gravement qu'il n'est pas nécessaire que l'univers ait une *cause première*, qu'il est à lui-même sa

---

(1) L'immutabilité de la croyance chrétienne a été pour les incrédules une source d'attaques contre le catholicisme : il l'ont regardée comme étant l'ennemie du progrès. Nous croyons ce point de controverse assez important pour consacrer un article spécial sous le titre CROYANCE CATHOLIQUES (*Progrès des*).

(2) Cet article est reproduit d'après l'édition de Liége.

cause, qu'il a toujours existé et sera toujours, que tout ce qui arrive est un effet nécessaire des combinaisons et du mouvement de la matière. — Selon cette sublime philosophie, tout est nécessaire dans l'univers et tout change, tout s'y fait de toute éternité et tout se succède; les combinaisons de la matière sont nécessaires en général, et aucune n'est nécessaire en particulier, puisqu'il dépend souvent de nous de les changer à notre gré. Quand nous n'aurions pas pour nous le sentiment intérieur et invincible de cette vérité, l'absurdité et les contradictions du langage des athées suffiraient pour nous convaincre de la nécessité et de l'existence d'une *cause première*, intelligente et libre, qui a fait le monde tel qu'il est, et qui aurait pu le faire autrement si elle l'avait voulu. *Voy.* Dieu.

Ce même sentiment intérieur, qui est le souverain degré de l'évidence, nous convainc que nous sommes véritablement actifs et non purement passifs comme la matière, que nous sommes par conséquent la *cause efficiente* et proprement dite de nos actions. Mais comme la foi nous enseigne que nous ne pouvons faire aucune action méritoire pour le salut, sans le secours de la grâce, c'est une grande question de savoir si la grâce divine est la *cause physique* de nos actions méritoires, ou si elle en est seulement la *cause morale*, dans le même sens que les motifs qui nous déterminent sont censés être *cause* de nos actions ordinaires.

Nous appelons *cause physique* un être quelconque à la présence duquel arrive toujours tel événement qui n'arrive jamais dans son absence; ainsi le feu est censé être *cause physique* de la lumière, de la chaleur, de la brûlure, parce que ces effets se font toujours sentir plus ou moins, lorsque le feu est présent, et non lorsqu'il est absent; la coexistence constante de ces phénomènes nous fait conclure que l'un est la *cause* de l'autre, qu'il y a une connexion nécessaire entre l'un et l'autre; nous n'avons point d'autre signe pour en juger; nous ignorons la raison *a priori* pour laquelle le feu produit la lumière, la chaleur et la brûlure. Mais cette *causalité physique* n'a lieu qu'entre un corps et un autre corps, elle ne peut nous donner aucune idée de la manière dont la grâce agit sur nous.

Une *cause morale* se connaît par le signe contraire; elle ne produit pas toujours le même effet, et souvent un même effet est produit par des *causes différentes*. Ainsi un même motif peut nous faire faire plusieurs actions qui ne se ressemblent point, et une même action peut être faite par plusieurs motifs divers; ceux-ci ne peuvent donc être que *cause morale* de nos actions; il n'y a entre cette *cause* et ses effets qu'une connexion contingente. Cependant un homme qui suggère des motifs à un autre, qui commande, qui conseille, qui excite à faire une action, est aussi censé en être la *cause morale*; elle lui est imputée aussi bien qu'à celui qui l'a faite. — En est-il de même de la grâce ? A proprement parler, un motif qui nous détermine à agir ne nous donne point de force nouvelle; la force est censée être en nous indépendamment du motif. Or, la grâce nous donne une force que nous n'avons pas naturellement. Il n'y a donc pas non plus une ressemblance exacte entre la *causalité morale* et celle de la grâce. Faut-il s'étonner si la manière dont la grâce agit sur nous est un mystère, dont nous ne pouvons avoir aucune idée par ce qui se passe d'ailleurs en nous, et si les disputes touchant l'efficacité de la grâce sont interminables? *Voy.* Grace, § IV.

Il y a plus: souvent l'Ecriture sainte semble nous donner pour cause d'un événement ce qui n'en a été que l'*occasion*; cette équivoque fournit aux incrédules une ample matière de reproches et de déclamations. S'ils étaient moins préoccupés, ils verraient que ce défaut, si c'en est un, est commun à tous les peuples et à toutes les langues, il est très fréquent dans la nôtre. — Nous disons: Cet homme me donne de l'humeur, il est *cause* de ma damnation; il n'en a peut-être aucune envie, sa conduite est seulement l'occasion et non la *cause* des passions qui nous dominent. On dit à un jeune homme que les attraits d'une femme le rendent fou, à un bienfaiteur qu'il fait des ingrats, à un père que par sa tendresse il gâte et perd ses enfants, à un maître qu'il rend son valet insolent, etc. Est-ce leur intention ? Non, sans doute, personne ne s'y trompe: on conçoit que dans toutes ces façons de parler l'occasion est prise pour la *cause*, et il ne s'ensuit rien. Pourquoi serions-nous scandalisés de trouver le même style dans l'Ecriture sainte? — Nous demandons à un homme ingrat et brutal: « Faut-il me maltraiter *pour* avoir voulu vous rendre service? » Nous disons d'un écolier qui a mal profité des leçons qu'on lui a données: « Il est bien mal instruit, *pour* avoir étudié sous d'aussi habiles maîtres. » Dans ces façons de parler, *pour* n'exprime certainement pas la *cause*, mais l'événement.

Jésus-Christ dit dans l'Evangile: *Je ne suis pas venu apporter la paix, mais le glaive* (*Matth.* x, 34). Son intention n'était pas de diviser les hommes, puisqu'il avait constamment prêché la douceur et la paix; mais il prévoyait que, par la malice et l'incrédulité de plusieurs, sa doctrine serait parmi eux une *cause accidentelle*, ou plutôt une occasion ou un sujet de division; il avertissait ses apôtres des obstacles qu'ils auraient à vaincre pour l'établir. Dans le même sens, il est dit de lui qu'il a été établi *pour la ruine* et la résurrection de plusieurs dans Israël (*Luc.* II, 34); que l'Evangile et ses ministres sont pour les uns une odeur mortelle qui les tue, et pour les autres une odeur de vie qui les ranime (*I Cor.* II, 6). Ce ne sont pas là des hébraïsmes, comme plusieurs l'ont prétendu, mais des *gallicismes* purs. Encore une fois, ces façons de parler sont communes à toutes les langues. — Conséquemment, la conjonction *ut* de la version latine ne doit pas toujours se rendre en français par *afin que*, comme si elle exprimait l'intention de celui qui agit, mais pas *de manière que*, expression qui désigne seulement ce qui s'est ensuivi, même contre le gré de celui qui agissait. Dans l'*Exode*, chap. xi, v. 9, Dieu semble dire à Moïse: Pharaon ne vous écoutera pas, *afin qu'il se fasse des prodiges en Egypte*. Etait-ce l'intention de Pharaon? Il faut nécessairement traduire *de manière qu'il se fera*, ou je ferai des prodiges, etc. Jésus-Christ dit aux Juifs : *Vous attesterez vous-mêmes que vous êtes les enfants de ceux qui ont mis à mort les prophètes* (*Matth.* xxiii, 31). Les Juifs n'avaient aucune envie de l'attester; mais c'est une conséquence qui s'ensuivait de leur conduite. Les apôtres leur disent: *Puisque vous rejetez la parole de Dieu, et que vous vous* JUGEZ INDIGNES *de la vie éternelle, nous nous tournerons du côté des païens* (*Act.* xiii, 46). Les Juifs n'en jugeaient pas ainsi; mais leur indignité était une conséquence de leur incrédulité. Jésus-Christ avait ajouté: *Vous poursuivrez et mettrez à mort mes disciples*, AFIN DE *faire tomber sur vous tout le sang des justes*, etc. (*Matth.* xxiii, 34 et 35); *afin* ne désigne point ici l'intention, mais l'événement. — Nous faisons encore la même équivoque en français, lorsque nous disons à un homme avec humeur: C'était bien la peine d'aller là *pour faire* une pareille sottise, ou, ce n'était pas la peine de tant travailler *pour* réussir aussi mal. Nous ne prétendons pas lui reprocher qu'il avait cette intention. Ainsi, lorsque saint Paul dit: *La loi est survenue* POUR *augmenter le péché* (*Rom.* v, 20), nous ne sommes pas tentés de conclure que c'était là l'intention de Dieu; nous pensons qu'il faut traduire: La loi est survenue *de manière que* le péché s'est augmenté, et c'est la remarque de saint Jean Chrysostôme. A la vérité, saint Augustin a donné à ce passage un sens plus rigoureux; il prétend que Dieu a donné exprès la loi aux Juifs pour augmenter le péché; afin que, convaincus de la nécessité de la grâce par la multitude de leurs transgressions, ils implorassent le secours de Dieu (L. iii *contra duas epist. Pelag.*, c. 4, n. 7, etc.). Mais cette explication ne paraît pas assez conforme au principe posé par saint Paul, qu'il ne faut pas faire le mal afin qu'il en arrive du bien (*Rom.* iii, 8); et à ce que dit l'Ecclésiastique, xv, 21, que Dieu n'a donné lieu à personne de pécher. Le saint docteur a entendu, comme saint Jean Chrysostôme, le passage de saint Paul, touchant la loi ancienne (L. i *ad Simplic.*, q. 2, n. 17, et l. ii *contra Advers. legis et prophet.*, c. 11, n. 36). L'autre explication n'est donc pas incontestable. — De même lorsque l'Ecriture semble attribuer à Dieu l'aveuglement, les erreurs, l'incrédulité, l'endurcissement des pécheurs, nous ne conclurons pas, comme Calvin, comme les manichéens, comme les incrédules, que Dieu a donc mis lui-même ces mauvaises dispositions dans leur cœur, mais que sa patience, ses bienfaits, ses menaces ou ses châtiments n'ont abouti qu'à ce funeste effet; qu'il l'a permis, qu'il n'a point fait usage de sa toute-puissance pour l'empêcher. Dans ce sens il est écrit que Dieu suscita un ennemi à Salomon (*III Reg.* xi, 23);

que Dieu avait commandé à Séméi de maudire David (*II Reg.* xvi, 10); qu'il a envoyé un esprit de mensonge dans la bouche des faux prophètes (*III Reg.* xxii, 22); qu'il leur a donné un esprit de vertige (*Isaï.* xix, 14); qu'il les a séduits (*Ibid.* lxiii, 17; *Jerem.* xx, 7); qu'il les a trompés (*Ezech.* xiv, 9); qu'il a livré les philosophes à un sens réprouvé (*Rom.* i, 28); qu'il a envoyé un esprit d'obstination (*Ibid.*, 8); qu'il a tendu un piège d'erreur (*I Thess.* ii, 11); qu'il aveugle les pécheurs, les endurcit, les rend sourds aux remontrances (*Exod.* iv, 21 ; *Rom.* ix, 17, 18, etc.). — Sans cesse l'Ecriture répète que Dieu est saint, ennemi du crime; qu'il ne le commande point, mais qu'il le défend et le punit; qu'il déteste l'impiété; qu'il ne trompe, ne séduit, ne tente personne : elle dit que les pécheurs s'aveuglent et s'endurcissent eux-mêmes : Dieu n'y a point de part. Nous ne citerons à ce propos qu'un seul passage. *Ne dites pas* : DIEU ME MANQUE ; *ne faites point ce qu'il défend. N'ajoutez pas* : C'EST LUI QUI M'A ÉGARÉ ; *car il n'a pas besoin des impies... Le Seigneur n'a commandé à personne de mal faire; il ne donne lieu de pécher à aucun homme; il ne veut point augmenter le nombre de ses enfants infidèles et pervers* (*Eccli.* xv, 11).

Cent expressions équivoques ne peuvent obscurcir une vérité aussi claire; celles que nous avons citées ne pouvaient pas plus tromper les Juifs que nos discours ordinaires ne trompent nos concitoyens. Si les incrédules y trouvent un piège d'erreur et un motif d'opiniâtreté, c'est qu'ils le veulent; Dieu n'est pas plus l'auteur de leur entêtement que de l'endurcissement de tous les pécheurs. — Dans *Isaïe* (xliii, 24), Dieu dit aux Juifs : *Vous m'avez fait servir à vos péchés*. Les Juifs avaient-ils donc le pouvoir de faire contribuer Dieu à leurs péchés ? Non, sans doute; mais par leur obstination, les bienfaits de Dieu ne servaient qu'à les rendre plus méchants et plus ingrats. — Au contraire, ce qui est la vraie *cause* d'un événement est quelquefois exprimé dans l'Ecriture sainte, comme s'il n'y avait pas contribué. Dans *Jérémie* (*Thren.* v, 16), les Juifs disent: *Malheur à nous, et nous avons péché*, c'est-à-dire, *car* ou *parce que* nous avons péché : la conjonction hébraïque n'indique pas seulement la suite accidentelle, mais l'effet du péché.

Saint Augustin, dira-t-on, s'est servi de tous les passages objectés par les incrédules, pour prouver que Dieu est véritablement la *cause* de la malice et de l'endurcissement des pécheurs. Lorsque Julien lui répond que les pécheurs ont été abandonnés à eux-mêmes par la patience divine, saint Augustin soutient que, selon saint Paul, il y a eu un acte de patience et un *acte de puissance*; et il le prouve par ces mêmes passages (*Contra Jul.*, l. v, c. 3, n° 13 ; c. 4, n° 15, etc.). — Il n'est pas vrai que saint Augustin ait soutenu cette doctrine ; il s'est servi lui-même du passage de l'Ecclésiastique que nous venons de citer, pour réfuter ceux qui rejetaient sur Dieu la *cause* de leurs péchés (L. *de Grat. et lib. arb.*, c. 2, n° 2). Il dit que Dieu endurcit, non en donnant de la malice au pécheur, mais en ne lui faisant pas miséricorde (*Epist.* 194 *ad Sixtum*, c. 3, n. 14). Que s'il endurcit en ne faisant pas miséricorde, ce n'est pas qu'il donne à l'homme ce qui le rend plus méchant, mais c'est qu'il ne lui donne pas ce qui le rendrait meilleur (*Ad Simplic.*, l. I, q. 2, n° 15), c'est-à-dire, une grâce aussi forte qu'il la faudrait pour vaincre son obstination (*Tract.* 53 *in Joan.*, n° 6 et suiv.). En cela même consiste l'*acte* de *puissance* que Dieu exerce pour lors: cette puissance ne brille nulle part avec plus d'éclat que dans la distribution qu'elle fait des grâces comme il lui plaît; mais les pélagiens ne voulaient pas que le pécheur eût besoin de grâce. — Le saint docteur dit que Pharaon endurcit lui-même son propre cœur, et que la patience de Dieu en fut l'*occasion* (*L. de Grat. et lib. arb.*, n° 45; *Serm.* 57, n° 8; *in ps.* CXL, n° 17) Il soutient que Dieu ne nous aide jamais à pécher (*De pecc. merit. et remiss.*, l. II, n° 5); que quand nous disons à Dieu de ne pas nous induire en tentation, nous demandons de ne pas nous y laisser tomber en nous abandonnant (*Epist.* 157, n° 16; *de Dono persev.*, n° 9 et 12, etc.). — Origène, saint Basile, saint Grégoire de Nazianze, saint Jean Chrysostome, saint Jérôme, ont expliqué de même les passages de l'Ecriture qui regardent l'endurcissement, et qui semblent attribuer à Dieu la *cause* du péché. C'est donc très-mal à propos que Calvin, Jansénius et tant d'autres ont prétendu avoir puisé dans saint Augustin les impiétés qu'ils ont soutenues; et c'est une injustice, de la part des incrédules, d'affirmer que saint Augustin a été dans les mêmes opinions que Jansénius et Calvin. *Voy.* GRACE, § III.

CAUSES FINALES. La question des *causes finales* semble regarder de plus près les philosophes que les théologiens; mais l'Ecriture sainte, dans l'histoire de la création, attribue à l'auteur de la nature un but, un dessein; dans la production des différents êtres; elle nous enseigne que Dieu a fait l'un pour servir l'autre; qu'après avoir achevé son ouvrage, *il vit que tout était bien.* Elle suppose donc qu'il y a des *causes finales:* il s'agit de savoir si les raisonnements et les hypothèses des matérialistes peuvent renverser cette doctrine.

Ou le monde, tel qu'il est, vient du hasard et d'une nécessité aveugle, ou c'est l'ouvrage d'une *cause* intelligente: il n'y a pas de milieu. Tout pourrait être autrement qu'il n'est, sans qu'il en résultât aucune contradiction; il n'y a donc point là de nécessité. Or, certains êtres dépendent des autres et ne peuvent subsister sans eux: cette relation de dépendance est constante et invariable; elle ne vient donc pas du hasard, ç'a été le dessein d'une *cause* intelligente et libre. — Lorsqu'une intelligence agit, elle sait ce qu'elle fait; elle connaît son action, et veut l'effet qui doit s'ensuivre; quand elle produit une *cause* physique, elle prévoit et veut l'effet qui en résultera: autrement elle agirait tout à la fois en *cause* intelligente et en *cause* aveugle;

ce qui est absurde. L'effet est donc le but immédiat ou la fin prochaine qu'un être intelligent se propose en produisant une *cause* physique, et cette *cause* est le moyen. Ainsi, la recherche des *causes finales* n'est autre chose que la recherche des effets produits par les *causes* physiques. — Puisque certains êtres contribuent comme *causes* physiques à la conservation et au bien-être des autres, c'est l'intelligence du Créateur qui a établi cette relation; elle n'est ni fortuite, ni imprévue, ni nécessaire à son égard; il aurait pu faire autrement, et il a voulu faire ce qui est : donc les êtres qui servent à l'utilité et au besoin des autres sont destinés par le Créateur à cet usage ou à cette fin : donc les derniers sont la *cause finale* des premiers. Nous ne voyons pas en quoi pêche cette démonstration. — Or, entre les êtres vivants, celui auquel Dieu a donné plus de facultés et plus de talent pour faire servir à son bien-être les autres créatures, est évidemment l'homme; donc Dieu a formé ces créatures pour l'avantage et le bien-être de l'homme, malgré l'abus que celui-ci peut en faire contre l'intention du Créateur. Cette doctrine de l'Ecriture sainte tend à rendre l'homme attentif, reconnaissant, religieux; les sophismes par lesquels on l'attaque ne peuvent aboutir qu'à nous rendre stupides et abrutis.

On dit qu'en attribuant à Dieu des desseins et un but, nous le faisons agir à la manière de l'homme; celui-ci se propose une fin, parce qu'il en a besoin, Dieu n'a besoin ni de fins, ni de moyens. — En nous accusant d'un sophisme et d'une comparaison fausse, ne sont-ce pas nos adversaires qui font l'un et l'autre? Voici leur raisonnement : lorsque l'homme se propose une fin et prend des moyens, c'est qu'il en a besoin; donc si Dieu fait de même, c'est aussi par le besoin. Nous rejetons cette conséquence. Dieu n'avait pas besoin de créer le monde, cependant il l'a fait; il n'avait pas besoin de produire tel effet physique par le moyen de telle cause, mais il a voulu que cela fût ainsi; il n'avait pas besoin d'aliments pour conserver les êtres vivants, ceux-ci néanmoins ne peuvent se conserver autrement. Agir pour une fin n'est donc pas pour lui un besoin, mais une perfection; il agit ainsi, non parce qu'il est indigent, mais parce qu'il est intelligent, sage et bon. Nous demandons si agir à l'aveugle, sans savoir ce qu'on fait et sans le vouloir, est une plus grande perfection que d'agir pour une fin. — A la vérité, il y a encore plusieurs êtres dont nous ne voyons pas l'utilité ou la *cause finale*, de même qu'il y a des phénomènes dont nous ignorons la cause physique; mais de ce que nous ne connaissons pas toutes les causes, il ne s'ensuit point que nous n'en connaissions aucune. Une étude assidue de la nature nous fait découvrir tous les jours de nouveaux phénomènes et de nouvelles causes physiques; donc elle peut nous montrer aussi des *causes finales* qui nous étaient inconnues.

On réplique : Si Dieu a destiné à notre

conservation et à notre bien-être ce qui y contribue en effet, il a donc aussi destiné à notre malheur et à notre destruction ce qui nous blesse et nous tue; où est le motif de bénir la bonté et la sagesse du Créateur? — S'il avait été de cette bonté et de cette sagesse infinie de nous accorder sur la terre un bonheur complet et constant, une vie exempte de tout mal physique, Dieu l'aurait fait, sans doute; il aurait disposé les êtres de manière qu'aucun ne pût nous nuire; mais cela devait-il être ainsi? Depuis que l'on argumente sur l'origine du mal, et que l'on en fait la base de mille objections, est-on parvenu à démontrer que le bien-être accordé aux créatures vivantes par une bonté infinie ne doit être mélangé d'aucun degré de mal, que le *bien* est un *mal*, à moins qu'il ne soit absolu et augmenté à l'infini? On ne le prouvera jamais, puisque c'est une absurdité. Conséquemment, sans déroger à la bonté divine, nous croyons, conformément à l'Ecriture sainte et à la droite raison, que Dieu seul, principe du bien, est aussi l'auteur des maux (*Isai*, XLV, 7; *Amos*, III, 6, etc.), et qu'il ne s'ensuit rien contre les *causes finales*. Voy. MAL.

Les philosophes modernes qui se sont élevés avec chaleur contre les *causes finales* ne nous semblent pas avoir saisi le vrai point de la question ; elle se réduit à savoir si l'univers est le résultat d'une nécessité aveugle, que nous nommons le *hasard*, ou si c'est l'ouvrage d'un être intelligent et libre qui opère avec connaissance et avec choix. Diront-ils que la constitution de l'univers ne dénote pas certainement l'opération d'une *cause* intelligente ? Dans ce cas, nous leur demanderons quel est le signe par lequel nous pouvons distinguer le procédé d'une *cause* intelligente, d'avec celui d'une *cause* aveugle; mais nous attendrons longtemps la réponse. — Dès que l'on perd de vue les *causes finales*, et que l'on méconnaît dans la marche de l'univers la main d'un Dieu bon, sage et puissant, l'étude de la nature devient sèche, insipide, morte, sans fruit et sans attraits ; la physique, l'histoire naturelle, la cosmogonie, la botanique, etc., se réduisent presque à une simple nomenclature et à un mécanisme aveugle dont on ne voit ni le principe ni l'utilité. Si au contraire l'on rapporte tout à une providence attentive et bienfaisante, le cœur est touché et l'esprit satisfait ; l'homme sent alors qu'il tient un rang dans l'univers, il bénit l'auteur de son être, et en devient meilleur. — Agir pour une *cause finale* à dessein et avec une intention, est le caractère des êtres intelligents et libres, et les actions ainsi faites sont les seules capables de *moralité*, les seules qui nous soient imputables. Mais nous avons déjà remarqué dans l'article précédent que souvent l'Ecriture sainte semble attribuer à une intention, à un dessein formé, à une *cause finale*, ce qui arrive contre l'intention ou sans l'intention de celui qui agit ; elle s'exprime ainsi, soit à l'égard de Dieu, soit à l'égard des hommes. Saint Matthieu, par exemple, fait aux circonstances de la vie du Sauveur l'application de plusieurs prophéties qui, selon le sens d'un prophète, paraissent avoir eu un autre objet ; il dit, c. II, v. 15, que Jésus enfant demeura en Egypte jusqu'à la mort d'Hérode, *pour* accomplir, ou *afin* d'accomplir ce qui avait été dit par un prophète : *J'ai appelé mon fils de l'Egypte;* c'est en parlant des Israélites qu'Osée avait dit ces paroles, c. II, v. 1, et probablement les parents de Jésus n'avaient aucun dessein d'accomplir cette prédiction. Il dit, v. 23, que Jésus demeura à Nazareth *pour* accomplir ce qui avait été dit par les prophètes : *Il sera nommé Nazaréen;* il est vraisemblable que les prophètes ne faisaient, par ces paroles, aucune allusion à la ville de Nazareth. L'évangéliste entend donc seulement que ces paroles et les précédentes se trouvèrent accomplies une seconde fois et dans un sens différent de celui qui peut-être avait été le seul qu'eût le prophète en écrivant.

Saint Paul (*Galat.* II, 14) dit à saint Pierre : *Vous forcez les gentils à judaïser*. Ce n'était pas le dessein de saint Pierre ; mais sa conduite pouvait donner lieu aux gentils de conclure qu'ils étaient obligés de judaïser, ou d'observer les cérémonies de la loi de Moïse. Tous les jours nous disons de même dans les discours familiers : Vous m'avez forcé de faire telle chose ; c'est-à-dire, votre conduite a été pour moi un motif de faire ce que j'ai fait.

On ne peut pas trop répéter ces réflexions, parce que les incrédules et même quelques théologiens ont fait un abus énorme des équivoques semblables qu'ils ont trouvées, soit dans l'Ecriture sainte, soit dans les Pères de l'Eglise. Ils veulent nous persuader que l'hébreu est une langue extraordinaire, inintelligible, qui ne ressemble à aucune autre, qui signifie tout ce que l'on veut, parce qu'ils n'ont pas pris la peine de la comparer à aucune autre, pas même avec leur langue maternelle, dans laquelle ils auraient trouvé les mêmes prétendus contre-sens et les mêmes inconvénients. *Voy.* HÉBRAÏSME.

* CAUSES MAJEURES. On donne ce nom à toutes les causes religieuses importantes concernant les grands personnages, les rois, les évêques, etc.

On demande si le pape peut évoquer à son tribunal les causes majeures. — Ce droit est une conséquence évidente du principe de la juridiction du pape : car si le pape possède une juridiction immédiate sur toute l'Eglise, il peut évoquer à son tribunal non-seulement les causes majeures, mais même toute espèce de causes. — Mais doit-on rapporter au tribunal du souverain pontife les causes majeures? Les théologiens disent qu'il y a obligation de le faire, parce que le tribunal d'un évêque soumis à l'autorité temporelle d'un prince tout-puissant pourrait ne pas avoir assez d'indépendance pour les décider conformément aux règles de la justice. L'ancien clergé de France, si ami de ses libertés et de ses franchises, reconnut la nécessité de les porter à un tribunal supérieur. Quatre-vingts évêques demandèrent, en 1651, que, suivant la coutume solennelle et perpétuelle, les causes majeures fussent référées au saint-siége.

CÉLÉBRANT. L'on appelle ainsi dans l'Eglise romaine l'évêque ou le prêtre qui offre le saint sacrifice de la messe, pour le distinguer du diacre, du sous-diacre et des autres ministres qui assistent à l'autel.

L'abbé Renaudot, dans sa *Collection des liturgies orientales*, le P. Lebrun, dans son *Explication des cérémonies de la messe*, t. 1, etc., ont fait voir que dans toutes les communions chrétiennes il est d'usage que le *célébrant* se prépare à offrir le saint sacrifice par la confession de ses péchés, s'il en a besoin, par la retraite, par des veilles, par des prières, par la plus grande pureté intérieure et extérieure. L'office de la nuit et du matin est une partie de cette préparation ; mais il y a encore d'autres prières qui doivent précéder la célébration ; il en est que le prêtre doit réciter en prenant les habits sacerdotaux, et tout ce qui précède le canon n'est censé qu'une préparation à la consécration de l'eucharistie. L'on a toujours été persuadé que le *célébrant* doit apporter à cette grande action des dispositions plus saintes et plus parfaites que le simple fidèle n'est obligé d'en avoir pour recevoir la communion.

De cette conduite de l'Eglise chrétienne, il est aisé de conclure que dans tous les siècles elle a eu du sacrifice de la messe une idée bien différente de celles que les sectes hétérodoxes ont conçues de la cérémonie qu'elles nomment la *cène*. Le dogme de la présence réelle qu'elle admet, a dû mettre entre son culte et le leur la différence énorme que nous y voyons, et l'appareil de son culte est aussi ancien qu'elle. *Voy.* LITURGIE.

Lorsqu'un prêtre se souvient que ce que l'on nomme aujourd'hui *messe solennelle*, est la messe des premiers siècles, c'en est assez pour lui faire comprendre que l'habitude d'offrir tous les jours ce saint sacrifice ne le dispense pas de la préparation.

Dans le voyage que le souverain pontife Pie VI a fait en Allemagne, en 1782, les protestants, aussi bien que les catholiques, ont été frappés de la majesté, du respect, de la piété avec lesquels ils lui ont vu célébrer le saint sacrifice de la messe.

CÉLESTINS (1), religieux qui vivent selon la règle du pape Célestin V. Ce pontife, avant d'être élevé sur la chaire de saint Pierre, et ne portant encore que le nom de Pierre de Moron, établit, en 1254, une congrégation de religieux réformés de l'ordre de Saint-Bernard.—Son premier établissement se fit au mont Majella en Italie ; Urbain IV le confirma en 1264, et dix ans après, Grégoire X, dans le second concile général de Lyon, accorda à cet ordre, par ses bulles, plusieurs priviléges et exemptions, et entre autres celles de la juridiction des ordinaires et du payement de la dîme de ses fruits et de ses troupeaux. — Cet ordre passa d'Italie en France vers l'an 1300, sous le règne de Philippe le Bel, qui leur donna deux monastères, l'un dans la forêt d'Orléans, au lieu appelé *Ambert*, l'autre dans celle de Compiègne, au *Mont-de-Chartres*. En 1318, ils s'établirent à Paris dans une maison que leur fonda Pierre Martel, bourgeois de cette ville. — Cette maison était, en France, chef de l'ordre, qui consistait en vingt-trois maisons, qui toutes étaient gouvernées par un provincial électif, tous les trois ans, par le chapitre particulier des *Célestins* du royaume. Ce provincial avait le même pouvoir sur les monastères de France que le général sur ceux de l'ordre. — La maison de Paris jouissait, sur les émoluments du sceau, d'une bourse semblable à celle des secrétaires du roi, que Charles, dauphin de France, leur avait donnée pendant la détention du roi Jean, son père, en Angleterre. En 1673, Louis XIV avait ordonné qu'au lieu de cette bourse ils toucheraient sur les émoluments du sceau 75 livres par quartier.

Nous ne nous étendrons pas davantage sur cet ordre, qui ne subsiste plus en France. Louis XV, par un édit de 1768, avait ordonné que la conventualité serait rétablie dans toutes les maisons religieuses, et qu'en conséquence, chaque ordre établi dans le royaume s'assemblerait en chapitre général pour lui proposer les moyens qu'il trouverait convenables pour remplir ce but. — Les *Célestins* s'assemblèrent au mois d'octobre 1770, à Limay-lès-Mantes ; effrayés de la proposition d'une réforme, ils demandèrent, d'une voix unanime, d'être dispensés de l'exécution de l'édit de 1768, et consentirent à l'entière destruction de leur ordre. — Le roi fit connaître leurs intentions au pape. Clément XIV adressa un bref aux évêques de France, et les chargea de visiter, chacun dans son diocèse respectif, les maisons des *Célestins* qui y étaient situées. Lorsque ce bref eut été revêtu de lettres patentes dûment enregistrées, les évêques, comme commissaires et délégués du saint-siège, procédèrent à la visite ordonnée. Leurs procès-verbaux ont constaté l'impossibilité d'établir la réforme, et la persévérance des religieux à demander leur sécularisation. D'après ces procès-verbaux, le pape a procédé à la suppression, non de l'ordre entier, mais des maisons particulières. Celles des monastères de Metz, Sens, des Termes, Ambert, de Veihy, d'Esclimont, de Ville-Neuve, d'Offremont, de la Châtre, de Rouen, de Limay, d'Amiens et de Lyon, ont déjà été supprimées par des brefs particuliers de Pie VI, des 22 mai 1776, 8 janvier 1777 et 30 septembre 1778. Ces brefs ont été revêtus de lettres patentes enregistrées au parlement de Paris. — Par ces brefs, les religieux *Célestins* ont été sécularisés. Le pape et le roi ont néanmoins permis à ceux d'entre eux qui désireraient continuer de vivre en forme de communauté religieuse, de se retirer dans la maison de Marcoussy, diocèse de Paris.

Le sort de la maison de Paris n'est point encore fixé. En vertu d'un arrêt du conseil du 2 octobre 1778, les commissaires nommés par le roi ont procédé au récolement de l'inventaire des biens meubles et immeubles en dépendants, fait précédemment en exécution de deux autres arrêts des 2 octobre 1772 et 29 mars 1776. Les religieux ont été obligés de sortir de la maison aussitôt que ce réco-

---

(1) Cet article est reproduit d'après l'éd. de Liége.

lement a été fini : la régie de leurs biens a été confiée au receveur général du clergé, sous l'inspection et l'autorité des commissaires du roi; il est tenu de payer, de deux mois en deux mois et d'avance, les pensions ordonnées pour la nourriture et l'entretien de chaque religieux. (Extrait du *Dictionn. de jurisprudence.*) [1]

CÉLIBAT, CONTINENCE, état de ceux qui ont renoncé au mariage par motif de religion.

L'histoire du *célibat*, considéré en lui-même, l'idée qu'en ont eu les peuples anciens, les lois qui ont été faites pour l'abolir, les inconvénients qui peuvent en résulter dans les circonstances où nous ne sommes point, sont des spéculations étrangères à l'objet de la théologie. Nous devons nous borner à examiner si l'Eglise chrétienne a eu de bonnes raisons d'y assujettir ses ministres, et d'en autoriser le vœu dans l'état monastique, si les prétendus avantages qui résulteraient du mariage des prêtres et des religieux sont aussi certains et aussi solides qu'on a voulu le persuader de nos jours.

Déjà les censeurs de cette discipline de l'Eglise conviennent que le *célibat*, considéré en lui-même, n'est point illégitime, lorsqu'il est établi par une autorité divine; que Dieu, sans doute, peut témoigner que la pratique de la continence lui est agréable : or, il l'a témoigné en effet. Jésus-Christ, après avoir dit : *Heureux les cœurs purs, parce qu'ils verront Dieu* (*Matth.* v, 8), ajoute ailleurs : *Il y a des eunuques qui ont renoncé au mariage pour le royaume des cieux; que celui qui peut le concevoir y fasse attention... Quiconque aura quitté sa famille, son épouse, ses enfants, ses possessions, à cause de mon nom, recevra le centuple et aura la vie éternelle* (*Matth.* xix, 12, 29). *Si celui qui vient à moi n'est pas disposé à quitter son père, sa mère, son épouse, ses enfants, ses frères et sœurs, sa propre vie, il ne peut être mon disciple* (*Luc.* xiv, 26). Tel est, en effet, le sacrifice que les apôtres ont été obligés de faire; ou ils ont demeuré dans le *célibat*, ou ils ont tout quitté pour se livrer à la prédication de l'Evangile et aux travaux de l'apostolat. Cependant certains critiques ont affirmé avec une entière confiance que Jésus-Christ n'a imposé à personne l'obligation de la continence, pas même aux apôtres (Barbeyrac, *Traité de la Morale des Pères*, chap. VIII, § 4 et suiv.). — Saint Paul dit aux fidèles : *Ce n'est point un ordre que je vous donne, mais un conseil : je voudrais que vous fussiez tous comme moi; mais chacun reçoit de Dieu le don qui lui convient. Je dis donc à ceux qui sont dans le* CÉLIBAT *ou dans le veuvage, qu'il leur est bon d'y demeurer comme moi. S'ils ne peuvent garder la* CONTINENCE, *qu'ils se marient; cela vaut mieux que de brûler d'un feu impur* (*I Cor.* VII, 6). Il avait commencé par poser pour maxime qu'il est bon à l'homme de ne pas toucher une femme (*Ibid.*, v. 1). Pour détourner le sens de ce passage, Barbeyrac dit que saint Paul parlait ainsi, à cause des persécutions, et non pour tous les temps ; mais le texte même réfute cette explication. La raison que donne saint Paul est que celui qui est marié est occupé des choses de ce monde et du soin de plaire à son épouse ; au lieu que celui qui vit dans le *célibat* n'a d'autre soin que de servir Dieu et de lui plaire (*Ibid.*, v. 32). Cette raison est certainement pour tous les temps. Il exhorte Timothée à se conserver chaste (*I Tim.* v, 22). Entre les qualités d'un évêque, il demande qu'il n'ait qu'une femme, et qu'il soit *continent* (*Tit.* I, 8). Par *continence*, jamais saint Paul n'a entendu l'usage modéré du mariage, mais l'abstinence absolue; cela est clair par le premier passage que nous venons de citer.

Mosheim convient que, dès l'origine du christianisme, les paroles de Jésus-Christ et celles de saint Paul ont été prises à la lettre, et que c'est ce qui a inspiré aux premiers chrétiens tant d'estime pour le *célibat;* il le prouve par des passages d'Athénagore et de Tertullien (*Hist. christ.*, sec. 2, § 35, note 1). — Saint Jean représente devant le trône de Dieu une foule de bienheureux plus élevés en gloire que les autres. *Voilà*, dit-il, *ceux qui ne se sont point souillés avec les femmes; ils sont vierges, ils suivent l'Agneau partout où il va; ce sont les prémices de ceux qu'il a rachetés à Dieu parmi les hommes* (*Apoc.* XIV, 4). Et l'on peut encore décider que l'Ecriture n'attache aucune idée de sainteté ou de perfection à la *continence*. Barbeyrac (*Ibid.*).

Vainement quelques incrédules ont conclu de là que le christianisme avilit le mariage et en détourne les hommes; au contraire, c'est Jésus-Christ qui lui a rendu sa sainteté et sa dignité primitives; les apôtres ont condamné les hérétiques qui le regardaient comme un état impur; mais ils nous représentent la *continence* comme un état plus parfait, par conséquent comme plus convenable aux ministres du Seigneur. Un état moins parfait qu'un autre n'est pas pour cela criminel ou impur.

Les mêmes critiques avouent, en second lieu, que tous les peuples anciens ont attaché une idée de perfection à l'état de *continence*, et ont jugé que cet état convenait surtout aux hommes consacrés au culte de la divinité. Juifs, Egyptiens, Perses, Indiens, Grecs, Thraces, Romains, Gaulois, Péruviens, philosophes, disciples de Pythagore et de Platon, Cicéron et Socrate, tous se sont accordés sur ce point. On sait l'excès des prérogatives que les Romains avaient accordées aux vestales. Il n'est donc pas étonnant que les fondateurs du christianisme aient rectifié et consacré cette même idée. Malgré la haute sagesse dont se flattent nos uniques modernes, nous présumons que l'opinion des anciens pouvait être mieux fondée que la leur.

En troisième lieu, ils conviennent que l'esprit et le vœu de l'Eglise ont toujours été que ses principaux ministres vécussent dans la *continence*, et qu'elle a toujours travaillé

---

(1) Cet ordre, comme beaucoup d'autres, a disparu en France. *Voy.* le *Dict. des Ordres religieux* du P. Hélyot, édit. Migne.

a en établir la loi. En effet, le concile de Néocésarée, tenu en 315, dix ans avant celui de Nicée, ordonne de déposer un prêtre qui se serait marié après son ordination. Celui d'Ancyre, deux ans auparavant, n'avait permis le mariage qu'aux diacres qui avaient protesté contre l'obligation du *célibat* en recevant l'ordination.

Le 26e canon des apôtres ne permettait qu'aux lecteurs et aux chantres de prendre des épouses. Selon Socrate, liv. I, chap. 11, et Sozomène, liv. I, chap. 23, c'était l'ancienne tradition de l'Eglise, à laquelle le concile de Nicée trouva bon de se fixer, et qui est encore observée aujourd'hui dans les différentes sectes orientales.

Nous convenons que ces conciles n'obligèrent point les évêques, les prêtres ni les diacres, à quitter les épouses qu'ils avaient prises avant d'être ordonnés; mais on ne peut montrer par aucun exemple qu'il leur ait jamais été permis de se marier après leur ordination, ni de vivre conjugalement avec les femmes qu'ils avaient épousées auparavant. Saint Jérôme, adv. *Vigilant.*, p. 281, et saint Epiphane, *hær.* 59, n. 4, attestent que les canons le défendaient. — Nos adversaires sont-ils en état de prouver que saint Jérôme et saint Epiphane en ont imposé? Dodwel, *Dissert. Cyprian.* 3, n. 15, cite l'exemple de plusieurs ecclésiastiques qui vivaient avec leurs épouses comme avec leurs sœurs. Eusèbe, liv. I, *Démonst. évang.*, chap. 9, en donne pour raison que les prêtres de la loi nouvelle sont entièrement occupés du service de Dieu et du soin d'élever une famille spirituelle.

En Occident, la loi du *célibat* est plus ancienne; elle se trouve dans le 33e canon du concile d'Elvire, que l'on croit avoir été tenu l'an 300. Elle fut confirmée par le pape Sirice l'an 385, par Innocent Ier en 404, par le concile de Tolède l'an 400, par ceux de Carthage, d'Orange, d'Arles, de Tours, d'Agde, d'Orléans, etc., et par les capitulaires de nos rois [*Voy.* SOUS-DIACONAT]. — Cette loi n'est que de discipline: qu'importe? Elle est fondée sur les maximes de Jésus-Christ et des apôtres, sur le vœu de l'Eglise primitive, sur la sainteté des devoirs d'un ecclésiastique, sur des raisons même d'une sage politique; nous le verrons dans un moment. Que faut-il de plus pour la rendre inviolable?

Les devoirs d'un ecclésiastique, surtout d'un pasteur, ne se bornent point à la prière et au culte des autels: il doit administrer les sacrements, surtout la pénitence, instruire par ses discours et par ses exemples, assister les malades. Il est le père des pauvres, des veuves, des orphelins, des enfants abandonnés; son troupeau est sa famille; il est le distributeur des aumônes, l'administrateur des établissements de charité, la ressource de tous les malheureux. Cette multitude de fonctions pénibles et difficiles est incompatible avec les soins, les embarras, les ennuis de l'état du mariage. Un prêtre qui y serait engagé ne pourrait plus se concilier le degré de respect et de confiance nécessaire au succès de son ministère; nous en sommes convaincus par la conduite des Grecs envers leurs *papas* mariés, et des protestants envers leurs ministres.

L'Eglise ne force personne à entrer dans les ordres sacrés, au contraire, elle exige des épreuves, et prend toutes les précautions possibles pour s'assurer de la vocation et de la vertu de ceux qui y aspirent; ceux qui s'y engagent le font par choix et de leur plein gré, à un âge auquel tout homme est censé connaître ses forces et son tempérament, longtemps après l'époque à laquelle il est habile à contracter le mariage. S'il y a de fausses vocations, elles viennent de la cupidité et de l'ambition des séculiers, et non de la discipline ecclésiastique. — A qui la *continence* est-elle pénible? A ceux qui n'ont pas toujours été chastes, à ceux qu'infecte la dépravation actuelle des mœurs publiques. Il faut retrancher la cause, et la vertu rentrera dans tous ses droits. Lorsqu'il arrive des scandales, ils ne viennent point de la part des ouvriers accablés du poids des fonctions ecclésiastiques, mais des intrus que l'intérêt et l'ambition des familles font entrer dans l'Eglise malgré elle (1).

On nous oppose l'intérêt politique de la société, les avantages qui résulteraient du mariage des clercs, surtout l'accroissement de la population. Cette discussion ne devrait pas nous regarder, il faut cependant y satisfaire. — 1° Il est faux, toutes choses égales d'ailleurs, que la population soit plus nombreuse dans les pays où le *célibat* est proscrit. L'Italie, malgré le nombre des ecclésiastiques et des moines, est plus peuplée qu'elle n'était sous le gouvernement des Romains; on peut le prouver, non seulement par un passage de saint Ambroise, qui l'assurait déjà de son temps, mais par Pline le Naturaliste, qui avouait que sans les espèces

---

(1) On a examiné quelle peut être l'influence du célibat sur la longévité des prêtres et des religieuses. Un médecin a fait le calcul suivant: « Du 1er janvier 1823 au 31 décembre 1842, on a constaté le décès de 757 ecclésiastiques appartenant au diocèse de Paris, ou y résidant momentanément. 751 ecclésiastiques décédés pendant cette période de vingt années dont on a pu connaître l'âge, ont vécu ensemble *quarante-sept mille cinq cent quatre-vingt-seize ans*, ce qui porte la moyenne de leur vie à soixante-trois ans passés. Sur ces 751 individus, 106 ont vécu au delà de soixante ans; 271 au delà de soixante-dix ans; 177 ont dépassé quatre-vingts ans; enfin 17 ont vécu plus de quatre-vingt-dix ans: dans quelle autre profession trouverait-on une pareille longévité! — Sur 302 religieuses Carmélites mortes à Paris, rue d'Enfer, en la maison-mère, dont je suis le médecin, 69 ont vécu au delà de soixante ans, 59 au delà de soixante-dix; 23 au delà de quatre-vingts. Ainsi, malgré les austérités de cet ordre, la moyenne de la vie en communauté de ces 302 religieuses a été de trente-deux ans huit mois, et celle de leur vie entière de cinquante-sept ans quatre mois. — Les Trappistes et les Chartreux prolongent aussi fort loin leur carrière; à l'abri des passions qui auraient pu les agiter dans le monde, la plupart de ces religieux ne meurent pas, à proprement parler, de maladie; ils s'éteignent paisiblement: leur fin a pour eux la douceur du sommeil. »

de prisons qui renfermaient les esclaves, une partie de l'Italie aurait été déserte. S'il y a donc encore aujourd'hui des parties dépeuplées, elles le sont par la tyrannie du gouvernement féodal, et non par l'influence du *célibat* religieux. Lorsque la Suède était catholique, elle était plus peuplée qu'elle n'est depuis qu'elle est devenue protestante. Les cantons catholiques de l'Allemagne ont autant d'habitants, à proportion, que les pays protestants. Il en est de même des cantons de la Suisse, et de l'Irlande, en comparaison de l'Angleterre. On prétend que la France était plus peuplée il y a deux siècles qu'elle n'est aujourd'hui, nous n'en croyons rien : cependant il y avait alors un plus grand nombre d'ecclésiastiques et de religieux qu'il n'y en a de nos jours. — 2° Il est absurde d'attribuer le mal à une cause innocente, lorsqu'il y en a d'autres qui sont odieuses, et sur lesquelles il faudrait frapper. Dans les grandes villes on compte plus de *célibataires* voluptueux et libertins que de prêtres et de moines, et le nombre des prostituées excède de beaucoup celui des religieuses : faut-il épargner le vice pour bannir la vertu? Dans les campagnes, le défaut de subsistance éloigne du mariage les deux sexes; ce n'est pas au *célibat* des prêtres que l'on doit s'en prendre. — Le luxe qui rend les mariages ruineux, la corruption des mœurs qui y porte l'amertume et l'ignominie, le faste, l'oisiveté, les prétentions des femmes, le préjugé de naissance qui fait éviter les alliances inégales, la multitude des domestiques et des artisans dont la subsistance est incertaine, le libertinage des enfants, qui fait redouter la paternité, l'irréligion et l'égoïsme qui ne veulent souffrir aucun joug, etc., voilà les désordres qui, de tout temps, ont dépeuplé l'univers, contre lesquels il faut sévir avant de toucher à ce que la religion a sagement établi. — 3° Les politiques qui se sont élevés contre le mariage des soldats ont dit que l'État serait surchargé des veuves et des enfants qu'ils laisseraient dans la misère : il le serait encore davantage par les veuves et les enfants des ecclésiastiques. La plupart des paroisses de la campagne ont bien de la peine à faire subsister un curé seul, et on veut les charger de la subsistance d'une famille entière. Les pères qui ont un nombre d'enfants, conviennent que, sans la ressource de l'état ecclésiastique et religieux, ils ne sauraient comment placer leurs enfants, et on veut la leur ôter.

Il y aurait bien d'autres réflexions à faire sur les dissertations politiques des détracteurs du *célibat*; mais nous y répondrons ci-après. — Un théologien anglais, nommé *Warthon*, qui a traité cette question, a voulu prouver, 1° que le *célibat* du clergé n'a été institué ni par Jésus-Christ, ni par les apôtres ; 2° qu'il n'a rien d'excellent en soi, et ne procure aucun avantage à l'Eglise ni à la religion chrétienne; 3° que la loi qui l'impose au clergé est injuste et contraire à la loi de Dieu ; 4° qu'il n'a jamais été prescrit ni pratiqué universellement dans l'ancienne Eglise. Voilà de grandes prétentions : l'auteur les a-t-il bien établies ? — Sur le premier chef, nous avons cité les paroles de Jésus-Christ et celles des apôtres, qui prouvent l'estime qu'ils ont faite de la continence, la préférence qu'ils lui ont donnée sur l'état du mariage, la disposition dans laquelle doit être un ministre de l'Evangile, de renoncer à tout pour se livrer entièrement à ses fonctions. Ils n'ont pas prescrit le *célibat* par une loi expresse et formelle, parce qu'elle n'aurait pas été praticable pour lors. Pour les fonctions apostoliques, il fallait des hommes d'un âge mûr ; il s'en trouvait très-peu qui ne fussent mariés. Mais ils ont suffisamment témoigné que, toutes choses égales d'ailleurs, des célibataires seraient préférables. Il est plus aisé de renoncer au mariage que de quitter une épouse et une famille, comme Jésus-Christ l'exige. L'Eglise l'a compris et s'est conformée à l'intention de son divin maître, dès qu'elle a pu le faire. — Warthon dit que le *célibat* du clergé tire son origine du *zèle immodéré* pour la virginité, qui régnait dans l'ancienne Eglise; que cette estime n'était ni raisonnable, ni universelle, ni juste, ni sensée. Cependant elle était fondée sur les leçons de Jésus-Christ et des apôtres ; c'est la prévention des protestants contre la virginité et le *célibat*, qui n'est ni raisonnable, ni sensée : elle vient d'un fonds de corruption et d'épicuréisme qui est l'opposé du christianisme. — Il entreprend de prouver, par saint Clément d'Alexandrie, que plusieurs apôtres ont été mariés. Ce Père, disputant contre les hérétiques qui condamnaient le mariage, dit : « Condamneront-ils les apôtres? Pierre et Philippe ont eu des enfants, et ce dernier a marié ses filles. Paul, dans une de ses Epîtres, ne fait point difficulté de parler de son épouse ; il ne la menait pas avec lui, parce qu'il n'avait pas besoin de beaucoup de services; il dit dans cette lettre : *N'avons-nous pas le pouvoir de mener avec nous une femme notre sœur, comme font les autres apôtres?*..... Mais comme ils donnaient toute leur attention à la prédication, ministère qui ne veut point de distraction, ils menaient ces femmes, *non comme leurs épouses*, mais comme leurs sœurs, afin qu'elles pussent entrer sans reproche et sans mauvais soupçons dans l'appartement des femmes, et y porter la doctrine du Seigneur. » (*Strom.*, l. III, c. 6, p. 535, édit. de Potter.) Warthon a supprimé ces dernières paroles et a tronqué la moitié du passage.

Nous avons prouvé par saint Paul lui-même qu'il n'était pas marié. Le Philippe qui avait deux filles était l'un des sept diacres, et non l'apôtre saint Philippe. Ces deux méprises de saint Clément d'Alexandrie ont été remarquées par les anciens et par les modernes. *Voy.* les *notes des critiques* sur cet endroit des *Stromates*, et sur Eusèbe, *Hist. ecclés.*, liv. III, c. 30 et 31. Il résulte du passage même de saint Clément d'Alexandrie, que les apôtres ne vivaient point conjugalement avec ces prétendues épouses.

Saint Pierre est donc le seul dont le mariage soit incontestable; mais il l'avait contracté avant sa vocation à l'apostolat, et il dit lui-même à Jésus-Christ : *Nous avons tout quitté pour vous suivre* (*Matth.* xix, 27). — Au iii° siècle, on était si persuadé que les apôtres n'avaient pas été mariés, que la secte des *apostoliques* renonçait au mariage afin d'imiter les apôtres.

Sur le second chef, ce n'est pas assez de prouver, comme fait Warthon, que l'usage chrétien du mariage n'a rien en soi d'impur ni d'indécent, c'est la doctrine formelle de saint Paul ; il faut encore démontrer, contre l'Evangile et contre saint Paul lui-même, que la continence n'est pas un état plus parfait et plus agréable à Dieu, lorsqu'on y demeure afin de mieux servir Dieu. Elle renferme en soi le mérite de dompter une passion très-impérieuse ; et si le nom de *vertu*, synonyme de celui de *force*, signifie quelque chose, la continence est certainement une vertu. — Le livre de l'*Exode* (xix, 15), et saint Paul (*I Cor.* vii, 5), attachent une idée de sainteté et de mérite à la continence passagère ; comment celle qui dure toujours peut-elle être moins louable ? — Le *célibat* des ecclésiastiques procure à l'Eglise et à la religion chrétienne un avantage très-réel, qui est d'avoir des ministres uniquement livrés aux fonctions saintes de leur état et aux devoirs de charité, des ministres aussi libres que les apôtres, toujours prêts à porter comme eux la lumière de l'Evangile aux extrémités du monde. Les hommes engagés dans l'état du mariage ne se consacrent point à servir les malades, à secourir les pauvres, à élever et à instruire les enfants, etc. Il en est de même des femmes ; cette gloire est réservée aux célibataires de l'Eglise catholique. Il n'est pas étonnant que les protestants, après avoir retranché le saint sacrifice, cinq des sacrements, l'office divin de tous les jours, etc., aient trouvé bon d'avoir des ministres mariés; on sait comment ils ont réussi à en faire des missionnaires et des saints.

Sur le troisième chef, Warthon n'a pas prouvé, selon sa promesse, que la loi du *célibat* imposée aux clercs est injuste et contraire à la loi de Dieu. Elle pourrait paraître injuste si l'Eglise forçait quelqu'un, comme elle l'a fait autrefois, à entrer dans le clergé, et à se charger du saint ministère. Lorsqu'un homme marié avait d'ailleurs toutes les lumières, les talents et les vertus nécessaires pour être un excellent pasteur, l'Eglise, en lui faisant une espèce de violence pour se l'attacher, ne croyait point devoir pousser la rigueur jusqu'à le séparer de son épouse ; cette femme aurait eu le droit d'alléguer la sentence de Jésus-Christ : que l'homme ne sépare point ce que Dieu a uni (*Matth.* xix, 6). — Pendant les persécutions des trois premiers siècles, les prêtres étaient les principaux objets de la haine des païens ; ils étaient forcés de prendre des précautions pour ne pas être connus, et de vivre, à l'extérieur, comme les laïques : il n'y aurait donc pas eu de prudence à leur imposer pour lors la loi du *célibat*, ou à les obliger d'abandonner leurs épouses. — Mais on ne peut pas citer un seul exemple d'évêques ni de prêtres qui, après leur ordination, aient continué à vivre conjugalement avec leurs épouses, et en aient eu des enfants. Les protestants ont vainement fouillé dans tous les monuments de l'antiquité pour en trouver ; celui de Synésius, dont ils triomphent, prouve contre eux. Ce saint personnage, pour éviter l'épiscopat, protestait qu'il ne voulait quitter ni son épouse, ni ses opinions philosophiques ; on ne laissa pas de l'ordonner. — « Je ne veux, disait-il, ni me séparer de mon épouse, ni l'aller voir en secret, et déshonorer un amour légitime par des manières qui ne conviennent qu'à des adultères. » Ce fait même prouve que les évêques ne vivaient plus conjugalement avec leurs épouses après leur ordination (Evagre, *Hist. ecclés.*, liv. i, c. 15). Beausobre, qui a senti cette conséquence, dit que c'était une discipline particulière au diocèse d'Alexandrie ; mais où en est la preuve?

Sur le quatrième chef allégué par Warthon, il ne sert à rien de citer un grand nombre d'évêques mariés et qui avaient des enfants, à moins que l'on ne fasse voir qu'ils les avaient eus depuis leur épiscopat, et non auparavant. Voilà ce dont les ennemis du *célibat* ecclésiastique ne fournissent encore aucune preuve. Ils citent l'exemple du père de saint Grégoire de Nazianze ; nous éclaircirons ce fait dans l'article de ce saint docteur. — Socrate, liv. i, c. 11, et Sozomène, liv. i, c. 24, rapportent qu'au concile général de Nicée les évêques étaient d'avis de défendre, par une loi expresse, aux évêques, aux prêtres et aux diacres qui s'étaient mariés avant leur ordination, d'habiter conjugalement avec leurs épouses ; que l'évêque Paphnuce, quoique célibataire lui-même et d'une chasteté reconnue, s'y opposa ; qu'il insista sur la sainteté du mariage, sur la rigueur de la loi proposée, et sur les inconvénients qui en résulteraient ; que, sur ses représentations, les Pères du concile jugèrent qu'il fallait s'en tenir à *l'ancienne tradition* de l'Eglise, selon laquelle il était défendu aux évêques, aux prêtres et aux diacres de se marier, dès qu'une fois ils avaient été ordonnés. — Pour comprendre la sagesse des réflexions de Paphnuce et de la conduite du concile de Nicée, il faut savoir que, pendant les trois premiers siècles de l'Eglise, il y avait eu plusieurs sectes d'hérétiques qui avaient condamné le mariage et la procréation des enfants comme un crime. Outre ceux dont parle saint Paul (*Tim.* iv, 3), les docètes, les marcionites, les encratites, les manichéens, étaient de ce nombre. Sous l'empire de Gallien, mort l'an 268, plusieurs évêques furent mis à mort comme manichéens, parce que l'on supposa qu'ils gardaient le *célibat* par le même principe que les hérétiques (Renaudot, *Hist. Patriarch. Alexand.*, p. 47). Si la loi proposée au concile de Nicée avait eu lieu, elle aurait paru favoriser ces sectaires, et ils n'auraient pas manqué de s'en prévaloir ; Paphnuce avait donc raison d'insister sur la sainteté du mariage et sur l'innocence du commerce conjugal, et les évêques n'eurent pas tort d'y avoir égard dans ces circonstances ; c'est pour cela que le 43ᵉ canon des apôtres condamne les ecclésiastiques qui s'abstiennent du mariage *en haine de la création*.

Malgré ces faits, Beausobre affirme que les Pères de l'Eglise avaient puisé leur estime pour le *célibat* dans les erreurs des docètes, des encratites, des marcionites et des manichéens; mais, par une contradiction grossière, il avoue que plusieurs chrétiens donnèrent dans ce fanatisme *dès le commencement*, par conséquent avant la naissance des hérésies dont nous parlons (*Hist. du Manich.*, liv. II, c. 6, § 2 et 7); preuve certaine qu'ils avaient puisé ce prétendu fanatisme dans les leçons de Jésus-Christ et des apôtres. En effet, Beausobre avoue encore ailleurs qu'il venait d'une fausse idée du bien et du mieux, dont saint Paul a parlé (*I Cor.*, VII). *Ibid.*, l. v.1, c.4, § 12. Mosheim, plus judicieux, fait le même aveu (*Hist. Christ.*, sæc. II, § 35, not.); il prouve la réalité du fait par le témoignage d'Athénagore et de Tertullien ; il n'a pas osé blâmer cette estime pour le *célibat*, aussi ancienne que le christianisme.

Ces mêmes faits prouvent que les Pères de Nicée attachaient une idée de perfection et de sainteté au *célibat* ecclésiastique et religieux ; qu'ils le regardaient comme l'état le plus convenable aux ministres des autels ; qu'ils auraient désiré dès-lors pouvoir y assujettir le clergé. En effet, les inconvénients qui s'ensuivaient du mariage des ecclésiastiques firent bientôt sentir la nécessité d'en venir là, ou de prendre des moines, obligés par vœu à la continence, pour les élever à l'épiscopat et au sacerdoce; et si cette loi n'existait pas déjà depuis quinze cents ans, on serait bientôt forcé de l'établir ; sans cela l'on verrait renaître les mêmes désordres qui arrivèrent au IXᵉ siècle et dans les suivants, lorsque les grands s'emparèrent des évêchés, des abbayes et des cures, en firent le patrimoine de leurs enfants, déshonorèrent l'Eglise par les vices des intrus, et anéantirent enfin le clergé séculier par leurs rapines.

S'il était vrai, comme le prétendent nos adversaires, que la loi du *célibat* est injuste en elle-même, et contraire à la loi de Dieu, il ne serait pas moins injuste d'empêcher les clercs de se marier après leur ordination qu'auparavant. Cependant nous voyons, par tous les monuments ecclésiastiques, que ni dans l'Orient, ni dans l'Occident, on ne leur a jamais laissé cette liberté. Quel avantage ces censeurs imprudents peuvent-ils donc tirer de l'ancienne discipline et de la prudence avec laquelle se conduisirent les Pères de Nicée? Eusèbe, qui avait assisté à ce concile, dit que les prêtres de l'ancienne loi vivaient dans l'état du mariage et désiraient d'avoir des enfants, au lieu que les prêtres de la loi nouvelle s'en abstiennent, parce qu'ils sont uniquement occupés à servir Dieu et à élever une famille spirituelle (*Démonst. Evangél.*, l. I, c. 9).—Aussi la loi du *célibat* pour les évêques, les prêtres et les diacres, après leur ordination, a continué d'être observée par les jacobites et par les nestoriens après leur schisme. Elle fut interrompue chez ces derniers l'an 485 et en 496, mais rétablie par un de leurs patriarches, l'an 544 (Assémani, *Bibliot. orient.*, tom. IV, c. 4 et c. 14, pag. 857). — En 1549, le parlement d'Angleterre, quoique réformateur, fut p us raisonnable que les écrivains modernes de cette nation; dans la loi même qu'il porta pour permettre le mariage aux ecclésiastiques, il dit : « Qu'il convenait mieux aux prêtres et aux ministres de l'Eglise de vivre chastes et sans mariage, et qu'il serait à souhaiter qu'ils voulussent d'eux-mêmes s'abstenir de cet engagement. » (D. Hume, *Hist. de la maison de Tudor*, tom. III, pag. 204.)

Un nouveau dissertateur vient encore de réveiller cette question, dans une brochure intitulée *les inconvénients du Célibat des prêtres*, imprimée à Genève en 1781. Il a rassemblé tous les sophismes, les reproches, les impostures des protestants sur ce sujet; il n'y a rien ajouté que quelques passages qu'il a falsifiés, d'autres qu'il a forgés, en citant des auteurs inconnus, et quelques phrases impudiques copiées dans nos philosophes épicuriens; nous ne relèverons de cet ouvrage que les endroits les plus absurdes.— L'auteur, 1ʳᵉ partie, c. 2, prétend que le *célibat* peut nuire à la santé et abréger la vie ; il exagère l'extrême difficulté de garder la continence. Si cette vertu est si pénible et si meurtrière, il est de l'humanité de nos censeurs de permettre l'adultère aux personnes mariées, qui se trouvent séparées pour longtemps, ou dont l'une est tombée dans un état d'infirmité qui lui rend la vie conjugale impossible. Il faudrait encore permettre la fornication aux particuliers des deux sexes qui ne peuvent pas trouver à se marier, malgré le désir qu'ils en ont. Y a-t-il moins de vieillards parmi les célibataires ecclésiastiques ou religieux, que parmi les gens mariés?— Selon lui, le *célibat* est un signe certain de la décadence et de la corruption des mœurs. S'il entend parler du *célibat* voluptueux et libertin des laïques, nous pensons comme lui; mais est-il en état de prouver que les mœurs sont plus pures dans les lieux où le clergé n'observe point le *célibat*? Quand il a dit : *Multipliez les mariages, et les mœurs deviendront meilleures*; il devait changer la phrase et dire : *Purifiez les mœurs, et les mariages se multiplieront*, sans qu'il soit besoin de changer l'état des ecclésiastiques ni des religieux, c. 3 et 4.—A l'exemple des protestants, il soutient, c. 8, que les paroles de Dieu adressées à nos premiers parents: *Croissez, multipliez, peuplez la terre*, renferment une loi. Cependant le texte dépose que c'est une bénédiction et non une loi. Quand c'en aurait été une pour les premiers hommes, elle n'a plus lieu depuis que le monde est peuplé. Soutiendra-t-on que tout homme qui ne se marie point pèche contre la loi de Dieu ? On dit que si le *célibat* devenait général le genre humain périrait. Nous répondons que si le mariage était général, la terre ne pourrait plus nourrir ses habitants ; la population ne consiste pas seulement à mettre des hommes au monde, mais à les faire subsister.—Dans la II° partie, ch. 2, notre grand critique prétend que le *célibat*, loin d'être loué ou recommandé dans l'Evangile, y est formellement condamné par ces mots : *Que l'homme ne sépare point ce que Dieu a uni ;* saint Clément d'Alexandrie, dit-il, l'a ainsi entendu (*Stromat.*, l. III, p. 544). C'est une citation fausse. Saint Clément prouve seulement par ces paroles que le mariage n'est point un état criminel comme l'entendaient certains hérétiques. Mais autre chose est de vouloir séparer ceux que Dieu a unis par le mariage, et autre chose de trouver bon que ceux qui ne sont pas mariés continuent à vivre ainsi, lorsque cela peut être utile pour eux et pour les autres ; saint Paul lui-même a fait cette distinction.

Après avoir censuré tous les commentateurs de l'Evangile, ce même écrivain s'érige en interprète des paroles du Sauveur (*Matth.* XIX, 12) : *Il y a des eunuques qui ont renoncé au mariage pour le royaume des cieux : que celui qui peut le concevoir y fasse attention.* Si ces paroles, dit-il, signifient que cette sentence est obscure, elle ne prouve rien ; si cela veut dire qu'il faut une grâce particulière pour pratiquer cette maxime, ce ne peut pas être une loi ; le sens le plus naturel de ce passage est que ceux qui se trouvent séparés par un divorce, feront fort bien de s'abstenir d'un second mariage.—Cette découverte n'est pas heureuse. Une preuve que la maxime du Sauveur n'est pas obscure, c'est que tout le monde l'entend très bien, à l'exception des anticélibataires qui font la sourde oreille. Jésus-Christ fait entendre qu'il faut une grâce et une vocation particulière pour bien comprendre ce qu'il dit ; par conséquent ce n'est pas une loi pour tous, mais pour ceux à qui Dieu donne cette grâce et cette vocation. Mais après que le Sauveur a déclaré formellement que ceux qui se remarient après un divorce commettent un adultère, il est absurde de lui faire dire simplement que ceux qui ont fait divorce *feront très-bien* de ne pas se marier. Il est d'ailleurs évident que ceux qui avaient renoncé au mariage *pour le royaume des cieux*, étaient Jean-Baptiste et les apôtres, puisque ceux-ci disaient à leur maître : *Seigneur, nous avons tout quitté pour vous suivre.*

Le passage de saint Paul (*I Cor.* VII) est clair : *Il est bon à l'homme*, dit-il, *de ne pas toucher une femme... Je désire que vous soyez tous comme moi ; mais chacun a reçu de Dieu un don particulier, l'un d'une manière, l'autre d'une autre. Mais je dis à ceux qui sont dans le* CÉLIBAT, *ou dans le veuvage, qu'il leur est bon de demeurer dans cet état comme moi. Que s'ils ne sont pas continents, qu'ils se marient : il est mieux de se marier que de brûler d'un feu impur.* Notre censeur, fidèle écolier des protestants, dit, c. 3, que saint Paul parle ainsi à cause des persécutions ; faux commentaire : l'apôtre ajoute qu'il donne ce conseil, parce que ceux qui ne sont pas mariés s'occupent du service de Dieu et des moyens de lui plaire, au lieu que ceux qui le sont s'occupent des affaires de ce monde, vers. 32. Ensuite notre critique prétend que saint Paul parle seulement des veufs, et les exhorte à ne pas passer à de secondes noces. Nouvelle falsification ; l'Apôtre s'exprime clairement : Je dis aux veufs et à ceux qui ne sont pas mariés : *Dico autem non nuptis et viduis*, v. 8 ; il parle même des vierges, v. 25. Il dit que celui qui marie sa fille fait bien, et que celui qui ne la marie pas fait mieux, v. 38. Si c'était une loi et un devoir de se marier, comme nos adversaires le soutiennent, de quel front saint Paul aurait-il pu y donner atteinte d'une manière aussi formelle ?

Mais nous avons affaire à des disputeurs fertiles en ressources ; saint Paul, disent-ils, était marié, ou du moins l'avait été ; c'est le sentiment de saint Ignace, dans son épître aux Philadelphiens ; de saint Clément d'Alexandrie, *Stromat.*, l. III, c. 6, p. 533 ; d'Origène, *in Epist. ad Rom.*, l. 1, n. 1 ; de saint Basile, *de abdic. Serm.* ; d'Eusèbe, *Hist. eccl.*, l. III, c. 30, et de plusieurs autres Pères. Saint Paul lui-même le témoigne assez dans sa lettre aux Philippiens, c. 4, v. 3. Donc il a seulement voulu détourner les fidèles des secondes noces, et encore ce conseil est-il contraire à celui qu'il donne aux jeunes veuves (*I Tim.* v) : *Je veux*, dit-il, *qu'elles se marient.*—Si nos censeurs étaient moins aveugles, ils auraient vu que saint Paul, qui, suivant eux, était veuf lorsqu'il écrivit aux Corinthiens, n'a pas pu parler de son épouse comme vivante, dans sa lettre aux Philippiens, qui ne fut écrite que cinq ou six ans après ; mais la prévention leur a ôté la présence d'esprit. La plupart des citations qu'ils nous opposent sont infidèles ; il n'est parlé du prétendu mariage de saint Paul que dans la lettre interpolée ou falsifiée de saint Ignace aux Philadelphiens, et non dans le texte grec authentique. Il n'est pas vrai qu'Origène soit de ce sentiment ; il dit que, selon l'opinion *de quelques-uns*, saint Paul était marié lorsqu'il fut appelé à l'apostolat ; que, suivant d'autres, il ne l'était pas. Nous n'avons rien trouvé dans saint Basile de ce qu'on lui attribue ; saint Clément d'Alexandrie est le seul des Pères qui ait cru le mariage de saint Paul. Eusèbe, à la vérité, cite ce qu'a dit saint Clément, mais il n'y donne aucune marque d'approbation ; et cette opinion n'est fondée que sur un passage de saint Paul mal entendu. — Aussi Tertullien (*L.* I *ad Uxor.*, c. 3 ; *l. de Monogam.*, c. 3 et 8) ; saint Hilaire (*In Ps.* CXXVII) ; saint Épiphane (*Hær.* 58) ; saint Ambroise (*In Exhortat. ad Virgines*) ; saint Jérôme (*L.* I *contra Jovin. et Epist.* 22 *ad Eustochium*) ; saint Augustin (*L. de Grat. et lib. Arb.*, c. 4 ; *L. de Bono*

Conjug. c. 10; *L.* 1 de *Adult. conjug.*, c. 4; *L. de Opere Monach.*, c. 4) affirment unanimement que saint Paul ne fut jamais marié. L'opinion particulière de saint Clément d'Alexandrie ne peut pas prévaloir à cette tradition constante. — Il n'y a aucune opposition entre les divers avis que donne saint Paul ; il veut que les jeunes veuves se remarient, parce qu'elles en ont le désir, *quia... nubere volunt*, et parce que plusieurs ont manqué à la foi qu'elles avaient jurée (*I Tim.* v, 11 et 12). Sans doute il était mieux pour elles de se remarier que de brûler d'un feu impur (*I Cor.* VII, 9). — Quant au passage de saint Paul, tiré de la même lettre aux Corinthiens, c. IX, v. 5, qui a trompé saint Clément, et sur lequel nos adversaires insistent, il ne fait aucune difficulté. *N'avons-nous pas*, dit l'Apôtre, *le pouvoir de mener avec nous une femme, comme notre sœur, comme font les autres apôtres et les frères du Seigneur, et Céphas?* Saint Clément, disent ces critiques, sous le nom de *femme* a entendu *une épouse*, cette traduction est fautive. Mais nos censeurs, toujours frappés du même vertige, veulent que saint Paul, après avoir parlé comme veuf dans le chapitre VII, ait fait mention de son épouse dans le chapitre IX. — Suivant leur coutume ordinaire, lorsqu'un Père de l'Eglise a dit quelque chose qui leur est favorable, ils en font un éloge pompeux ; pour tous ceux qui ne sont pas de leur avis, ils les dépriment et en parlent avec dédain. — A force de spéculations, ils ont deviné l'origine de l'estime que l'on a eue dès les premiers siècles pour la virginité et pour le *célibat* ; elle est venue, disent-ils, de la croyance dans laquelle étaient les premiers chrétiens que le monde finirait bientôt, de la mélancolie qu'inspire le climat de l'Egypte et des Indes, des idées chimériques de perfection puisées dans la philosophie de Pythagore et de Platon ; et cette superstition s'est répandue partout.

Nous voilà donc réduits à croire que Jésus-Christ et ses disciples, saint Paul et l'auteur de l'Apocalypse, qui ont fait cas de la virginité et du *célibat*, étaient dans l'opinion de la fin prochaine du monde ; qu'ils étaient attaqués de la mélancolie de l'Egypte et des Indes ; qu'ils étaient prévenus des idées de Pythagore et de Platon. A l'article MONDE, nous ferons voir qu'il n'est pas vrai qu'ils en aient prédit la fin prochaine.

Qui n'admirerait l'entêtement de nos adversaires? Ils disent que l'estime pour la virginité et pour le *célibat* est absurde, injurieuse à la nature, contraire aux desseins du Créateur, aux intérêts de l'humanité, aux plus pures lumières du bon sens, et, par une contagion déplorable, cette superstition s'est répandue partout ; elle a passé de l'Egypte aux Indes et à la Chine, elle a infecté les ignorants et les philosophes. Avec le christianisme, elle a pénétré en Italie et dans les Gaules, en Angleterre et dans les climats glacés du Nord ; elle est allée jusqu'au Pérou faire établir les vierges du soleil. Ils se flattent néanmoins, par la supériorité de leurs lumières, de guérir enfin l'univers entier de cette maladie, et de lui rendre le bon sens qu'eux seuls croient posséder exclusivement. Ils disent que cette estime aveugle pour la continence a été poussée à l'excès par les Pères de l'Eglise, et ils s'efforcent de prouver que les Pères n'ont jamais pensé à en faire une loi au clergé. Ils disent que les Pères ont eu le même mépris pour l'état du mariage que les docètes, les marcionites et les manichéens ; et à peine ces hérétiques ont-ils paru, qu'ils ont été réfutés et condamnés par les Pères. — Mais c'est ici un fait dont la discussion est importante. Notre nouveau dissertateur, instruit probablement par Beausobre, soutient que ces anciens hérétiques, détracteurs du mariage, ne le condamnaient pas comme absolument mauvais et criminel, qu'ils le regardaient comme un état moins parfait que le *célibat*, doctrine qui est à présent celle de l'Eglise romaine, mais qui a été condamnée par les Pères. — Heureusement le maître et le disciple se contredisent et se réfutent chacun de son côté. Le premier, après avoir fait tous ses efforts pour prouver que les manichéens ne pensaient pas, touchant le mariage, autrement que les Pères, est forcé de convenir que ces hérétiques ne pouvaient, suivant leurs principes, ni approuver le mariage, ni le regarder comme une institution sainte, puisqu'ils enseignaient que c'est le démon ou le mauvais principe qui a construit le corps humain, et qu'il s'est proposé de perpétuer, tant qu'il le peut, par la propagation, la captivité des âmes ; c'était aussi l'erreur de plusieurs sectes de gnostiques (*Hist. du Manich.*, liv. VII, c. 3, § 13 ; c. v, § 9). Le second n'a pu s'empêcher d'avouer que les encratites et les apostoliques rejetaient le mariage comme absolument mauvais, qu'Eustate de Sébaste en Arménie fut condamné au concile de Gangres, vers l'an 241, parce qu'il interdisait la cohabitation aux gens mariés (*Inconv. du célib.*, IIe part., c. 9, 10 et 13). Voilà ce que les Pères ni l'Eglise romaine n'ont jamais enseigné, mais ce qu'ils ont toujours proscrit ou censuré.

Nous ne suivrons pas cet auteur dans ses déclamations contre les vœux, contre l'état monastique, contre les couvents de religieuses, contre les superstitions portées dans le Nord par les missionnaires dans le IXe siècle et les suivants ; ces invectives, copiées d'après les protestants, et rebattues par les incrédules, seront réfutées chacune dans sa place. Quant aux mœurs du clergé dans les bas siècles, et aux scandales qui ont affligé l'Eglise, ces désordres n'ont eu lieu qu'après la chute de la maison de Charlemagne, et après la révolution qui bouleversa les gouvernements dans nos contrées. Les seigneurs, toujours armés, s'emparèrent des bénéfices, en firent leur patrimoine, y placèrent leurs enfants et leurs protégés ; ces intrus ne pouvaient manquer d'avoir tous les vices de leurs patrons ; la simonie et le concubinage allèrent toujours de compagnie ; Mosheim et d'autres protestants l'ont remarqué aussi bien que nous. En général, qui sont les prélats qui ont le plus déshonoré l'Église? Ceux qui avaient eu des enfants légitimes avant leur ordination, ou qui avaient eu des enfants naturels. Faut-il renouveler aujourd'hui les désordres qu'ils ont causés? Il est faux que le mariage permis aux ministres de la religion, dans les pays du Nord, y a rendu les mœurs plus pures; Bayle a prouvé le contraire (*Dict. crit.*, ERMITE, rem. 1, § 3).

Pour ne rien laisser à désirer sur cette question tant rebattue, il nous reste à examiner si le changement de discipline sur ce point produirait des effets aussi avantageux qu'on le prétend. — Dans les *Annales politiques* de 1782, n° 21, il y a une lettre dont l'auteur se propose de démontrer, par le calcul, que la suppression du célibat ecclésiastique et religieux serait une fausse politique, une puérilité indigne de l'attention d'un grand législateur, et une innovation sans fruit pour la population. — La haine, dit-il, la jalousie, la crédulité, l'enthousiasme réformateur, la rivalité des philosophes avec le clergé, ont exagéré jusqu'au ridicule le nombre des ecclésiastiques et des moines; mais voici le résultat des dénombrements les plus exacts. — Sur plus de dix millions d'habitants, l'Espagne compte cent soixante mille célibataires religieux, dont un tiers forme le clergé séculier; c'est un et demi pour cent de la génération complète. En Italie, il y a quatorze millions et demi d'individus, et deux cent quatre-vingt mille ecclésiastiques; ce sont deux hommes par cent sur la totalité des habitants : mais plus de la moitié d'entre eux se trouvent dans le royaume de Naples et dans les états du pape; le reste de l'Italie ne suppose qu'un soixante-quinzième ou environ de sujets voués à la religion. — Il faut observer que l'Italie a peu de grandes villes qui absorbent la population; elle n'entretient point d'armées ni de marine militaire. Un climat doux, un sol fertile, en diminuant les besoins, augmentent les subsistances. — Les derniers calculs faits sous l'administration de M. Necker ont porté la population de la France à vingt-trois millions cinq cent mille habitants; en y supposant deux cent mille célibataires religieux, comme l'ont fait les plus grands exagérateurs, c'est moins d'un centième de la nation. — Il y a plus. Sur le total de six millions et plus de deux cent mille femmes propres au mariage, il y en a un million et quarante mille qui ne sont pas mariées, et on ne peut compter que soixante et dix mille religieuses, c'est le quinzième des femmes célibataires. Sur la totalité des hommes, on doit en compter au moins un million qui pourraient être mariés et qui ne le sont pas; sur ce million il n'y en a qu'environ cent trente mille ecclésiastiques ou religieux, ce n'est que le dixième. — Rendez au monde, continue l'auteur, tous les hommes enfermés dans les monastères, ce sera soixante mille célibataires de moins sur un million. Mais tous n'auront pas les facultés, le penchant, la fortune, la vocation nécessaires au lien conjugal. Les cadets de famille, les vieillards, les infirmes, ceux qui préféreront la liberté et l'indépendance du *célibat* au joug du mariage, etc., sont à retrancher, et c'est au moins une moitié. Vous gagnerez donc, sur un million d'habitants, environ trente mille sujets, sur lesquels la mort, la pauvreté, l'abstinence forcée prendront leurs tributs : voilà à quoi se réduisent les romanesques visions des déclamateurs. — La seule capitale renferme plus de domestiques qu'il n'y a de religieux dans tout le royaume; le nombre de ces esclaves du luxe, dans toute l'étendue de la France, est d'un douzième de la population. Aux serviteurs, le mariage est interdit comme nuisible à l'intérêt des maîtres : dans les femmes, on tolère le libertinage, et non la fécondité légitime. Le *célibat* forcé des domestiques est un foyer de désordres, celui des ecclésiastiques est contraint dans ses penchants par la sainteté de son institut, par la crainte de la honte, par l'honneur du corps : un religieux a devant lui dix exemples de vertu pour un de dépravation. — Deux cent cinquante mille soldats ou matelots sont enlevés sur la population, et l'on choisit les individus les plus capables des services civils. La débauche, les maladies honteuses, empoisonnent les armées, tandis que la désertion les diminue. — Comptez les mendiants, les employés des fermes, les rentiers, les journaliers, la nuée des gens de lettres, mais surtout les philosophes : l'esprit philosophique, qui n'est autre chose que l'esprit d'égoïsme, fut toujours antipathique du mariage. Voyez nos mœurs, nos capitales, nos ménages; observez le luxe dans ses gigantesques progrès, le concubinage impossible à réprimer, la puissance maritale et paternelle de jour en jour plus relâchée et plus insupportable, le ton et la conduite des femmes; flattez-vous ensuite que la propagation de l'espèce va couvrir la terre, lorsque cinquante mille moines auront renoncé au vœu du *célibat*. — Il existe dans le royaume deux fois autant de prostituées que de religieuses : lesquelles sont les plus funestes à la population? Depuis 1766 jusqu'en 1775, le nombre des enfants trouvés à Paris est augmenté d'un tiers. — La noblesse des villes produit peu de mariages, et encore moins d'enfants; nos lois et nos usages ont condamné les cadets à l'indigence et au *célibat* : les monastères ou les ordres sont donc une ressource pour la noblesse des deux sexes; ils recueillent les célibataires produits par le désordre de la société; mais ils ne les engendrent pas.

Il vaudrait donc mieux réduire notre état militaire, renvoyer la moitié des gens de livrée dans les campagnes, avoir deux tiers moins d'avocats, de procureurs, d'offices de finance, d'huissiers, d'auteurs, etc., et conserver les moines. — Cela est impraticable, sans doute; et c'est là le mot de tous les beaux plans de réforme qu'on nous étale dans les livres, et que l'on prône dans les nouvelles publiques. Nous chérissons nos vices; et nous en indiquons le remède. On déclame contre le luxe, lorsque le luxe ne peut plus être réprimé; on disserte sur l'éducation lorsque l'abus de la société efface de plus en plus les caractères; on peuple les états dans des brochures, sans observer l'action irrésistible des mœurs et des usages sur les vraies sources de la population.

L'auteur des *Recherches philosophiques sur le célibat* s'écrie : « Voyez les états protestants, ils fourmillent de bras, et la catholicité de déserts. » Vingt autres ont fait cette comparaison. — Mais en Suisse, le plus peuplé des cantons est celui de Soleure, et il est catholique; il a des ecclésiastiques, des moines et des religieuses; si la Sicile est pleine de masures, c'est l'effet du gouvernement féodal, le plus atroce et le plus destructeur qu'ait inventé l'usurpation. Les Pays-Bas catholiques, les riches républiques d'Italie, étaient-elles dépeuplées dans le xv° et le xvi° siècle? Avaient-elles moins de prospérité que la Hollande? La Prusse est-elle plus féconde en habitants que le Palatinat, et la Suède que la Lombardie? La fertilité du sol, la position topographique et le gouvernement, ont une toute autre force que les couvents.

Réformer et non pas détruire, telle doit être la maxime de tout homme qui spécule en politique. Changez des asiles inutiles en hospices de la pauvreté, de l'âge, de la douleur, du repentir et de l'abnégation, la société pourra y gagner, mais non sa population. L'amour du paradoxe n'inspire point cette opinion; quand on se défend avec des chiffres, on ne peut guère être soupçonné d'imposture.

Il nous paraît que cet auteur ne craint pas d'être réfuté; s'il se trompe, il est très-à propos de démontrer son erreur.

L'auteur de l'article CÉLIBAT dans le *Dictionnaire de Jurisprudence*, a copié les diatribes de l'abbé de Saint-Pierre, placées dans l'ancienne *Encyclopédie*, et il y a joint ce que les protestants ont dit dans celle d'Yverdun. Nous ne pouvons nous dispenser de relever quelques-unes des contradictions de cet article.

Après avoir soutenu que le *célibat* était proscrit chez les Juifs en vertu de la prétendue loi, *croissez et multipliez*, on nous assure qu'Elie, Elisée, Daniel et ses trois compagnons, vécurent dans la continence. Voilà donc des prophètes, des amis de Dieu, qui ont violé publiquement la loi de Dieu portée dès la création. L'on nous vante les lois que les Grecs et les Romains avaient faites contre le *célibat*, l'espèce d'infamie dont ils l'avaient noté, les privilèges qu'ils accordaient aux personnes mariées; cependant l'on nous fait observer que *tous les peuples* ont attaché une idée de sainteté et de perfection à la continence observée par motif de religion; il n'est donc pas vrai que toute espèce de *célibat* ait été notée d'infamie. D'un côté l'on dit qu'il n'y a guère d'homme à qui le *célibat* ne soit difficile à observer, que les célibataires doivent être tristes et mélancoliques; de l'autre, on cite une harangue de Métel'us Numidicus, adressée au peuple romain, dans laquelle il avoue que c'est un malheur de ne pouvoir se passer des femmes; que la nature a établi qu'on ne peut guère vivre heureux avec elles. Pour être heureux, il faudrait donc n'être ni marié ni célibataire. Un de ces oracles dit que, dans le christianisme, *la loi du célibat*, pour les ecclésiastiques, est aussi ancienne que l'Eglise, que Dieu l'a jugé nécessaire pour approcher plus dignement de ses autels; un autre prétend que le *célibat* n'était que de conseil, et que, malgré ce qu'en a pensé le concile de Trente, la question que nous examinons est purement politique. Dans la même page on lit qu'en Occident le *célibat* était prescrit aux clercs, et qu'il était libre dans l'Eglise latine; il faut donc que celle-ci ne soit pas la même que l'Eglise d'Occident. — Ce que disait l'abbé de Saint-Pierre, que les ministres protestants sont aussi respectés du peuple que les prêtres catholiques, est absolument faux. Il est certain, par cent exemples, que les protestants sensés, même les souverains, ont toujours témoigné plus de respect pour les prêtres catholiques, dont ils connaissaient les mœurs, que pour leurs propres ministres; on sait d'ailleurs qu'en Angleterre le bas clergé est très-méprisé (*Londres*, t. II, p. 241). — Nous n'avons garde de blâmer ce qui est dit dans cet article contre le *célibat* volontaire ou forcé des séculiers; mais les moyens que l'on propose pour y remédier sont à peu près impraticables, et ceux que l'abbé de Saint-Pierre avait rêvés pour prévenir les inconvénients du mariage des prêtres sont absurdes.

Les ennemis du *célibat* ecclésiastique et religieux n'ont donc épargné, pour l'attaquer, ni les contradictions, ni les impostures; en voici encore un exemple récent. Dans le *Journal encyclopédique* du 15 mars 1786, pag. 509, on a placé une lettre d'Æneas Sylvius, qui devint pape sous le nom de Pie II, l'an 1458, dans laquelle on prétend qu'il a justifié le libertinage de sa jeunesse, et dans laquelle il s'élève contre le *célibat* des prêtres; c'est la 15° du recueil de ses lettres. Mais dans *l'Année littéraire* de cette même année, n° 15, un savant a prouvé, 1° que le journaliste a traduit infidèlement la lettre d'Æneas Sylvius, et qu'il y a mis du sien les deux phrases les plus fortes contre le *célibat* des prêtres. 2° Que cette 15° lettre a été écrite dans la jeunesse de l'auteur, longtemps avant qu'il fût engagé dans les ordres sacrés. 3° Que pendant son pontificat il a désavoué et rétracté ce qu'il avait écrit autrefois dans l'effervescence des passions. Dans sa lettre 395, adressée à Charles Cyprianus, il dit : *Méprisez et rejetez, ô mortels, ce que nous avons écrit dans notre jeunesse au sujet de l'amour profane; suivez ce que nous vous disons à présent. Croyez-en un vieillard plutôt qu'un jeune homme, un pontife plutôt qu'un simple particulier, Pie II plutôt qu'Æneas Sylvius*. 4° Que Flacus Illyricus, sur la foi de Platine et de Sabellicus, attribue mal à propos à ce pape la maxime suivante, savoir : que *le mariage a été interdit aux prêtres pour de bonnes raisons, mais qu'il y en a de meilleures pour le leur rendre.* Il est démontré au contraire qu'il n'y en a aucune de toucher à l'ancienne discipline, et que toutes sortes de raisons engagent à la conserver. *Voy.* VIRGINITÉ.

CÉLICOLES. *Voy.* COELICOLES

CELLITES, nom d'une congrégation de religieux hospitaliers, qui ont des maisons en Allemagne et dans les Pays-Bas. Leur fondateur est un nommé *Meccio*; c'est ce qui les a fait appeler *mecciens* en Italie. Ils suivent la règle de saint Augustin; leur institut fut approuvé par Pie II, vers l'an 1460; mais ils existaient déjà depuis plus d'un siècle. Ils sont occupés à soigner les malades, particulièrement ceux qui sont attaqués de maladies contagieuses, telles que la peste; ils gardent et servent les insensés, enterrent les morts, etc. Ils ont beaucoup de rapport aux Frères de la charité.

Ainsi l'on n'a pas attendu au XVI° siècle pour faire, par motif de religion, des établissements utiles à l'humanité. Parmi un grand nombre d'instituts, dont nous ne voyons plus la nécessité, parce que les raisons qui les ont fait établir ne subsistent plus, il en est dont les services continueront toujours, et dureront aussi longtemps que l'on voudra se donner la peine de les protéger et de les favoriser.

Ç'a été un trait de malignité de la part de Mosheim, de dire que l'institut des *cellites* se forma, parce que les ecclésiastiques du XIV° siècle ne prenaient aucun soin des malades ni des moribonds; il n'a pu prouver cette accusation par aucun fait ni par aucun monument. Les vrais motifs de cette institution furent les ravages énormes de la maladie contagieuse qui régna l'an 1348 et les années suivantes, qui désola l'Italie, l'Espagne, la France, l'Angleterre, l'Allemagne et les pays du Nord, et qui fut appelée *la peste noire*, et les indulgences que Clément VI accorda à tous ceux qui donneraient aux pestiférés les secours spirituels ou temporels. Mais pendant que les *cellites* leur procuraient les seconds, qui leur donnait les premiers, sinon les prêtres ou les religieux? C'est comme si l'on disait que les Frères de la charité ont été institués l'an 1520 pour soulager les corps, parce que les prêtres négligeaient les âmes.

Mosheim observe que les *cellites* furent aussi nommés *lollards*; mais il ne faut pas les confondre avec plusieurs sectes d'hypocrites, qui furent ainsi appelés dans la suite. *Voy.* LOLLARDS.

CELLULE, diminutif du mot *celle*, qui a signifié autrefois un lieu fermé, et conséquemment un monastère. C'est une petite chambre habitée par un religieux ou par une religieuse, et qui fait partie d'un couvent. Elle renferme ordinairement un lit ou un grabat, une chaise, une table, quelques images et quelques livres de piété : le reste serait superflu.

Un religieux qui sait s'occuper dans sa *cellule* à prier, à lire, à méditer, à écrire, à faire quelques ouvrages des mains, est plus heureux qu'un grand seigneur dans un vaste appartement. S'il lui arrive d'entrer dans un de ces palais qui renferment les chefs-d'œuvre des arts, et des meubles précieux dont le maître ne se sert jamais, il peut dire, comme un ancien philosophe : *combien de choses dont je n'ai pas besoin!*

Dans la Thébaïde, il y avait trois déserts habités par des solitaires ou anachorètes, l'un appelé *des Cellules*, l'autre *de la montagne de Nitrie*, le troisième *de Scété*; c'était le plus éloigné du centre de l'Égypte, il confinait à la Libye.

CELSE, philosophe du II° siècle, est célèbre par son ouvrage contre la religion chrétienne, écrit vers l'an 170. De nos jours on a pris la peine de recueillir, dans saint Cyrille, les fragments des livres de Julien sur ce même sujet, et d'en faire un discours suivi; nous ne connaissons aucun ouvrage de nos adversaires dans lequel ils aient fait la même chose à l'égard de celui de *Celse*. Ç'a été sans doute un trait de prudence de leur part; celui-ci renferme plusieurs aveux très favorables au christianisme, et ils ne peuvent être suspects. La réfutation qu'Origène a faite des calomnies de *Celse* est le plus important des ouvrages de ce Père. Il semble supposer que son adversaire était épicurien; mais il est plus probable que c'était un éclectique ou nouveau platonicien, qui faisait profession de n'épouser aucun système, et de ne tenir à aucune école.

Celse regarde comme une folie le projet formé par les chrétiens de convertir tous les peuples et de les ranger sous la même loi; il veut que chaque nation conserve sa religion, quelle qu'elle soit (*Orig. contre Celse*, l. v, n° 25; l. v.II, n° 72). Mais si la religion des Égyptiens et celle des Juifs étaient fausses et absurdes, comme il le soutient, ces deux peuples auraient-ils eu tort d'en embrasser une meilleure? S'il avait vécu plus longtemps, il aurait vu le projet des chrétiens à peu près exécuté; il aurait été convaincu que chez tous les peuples et dans tous les climats, le christianisme a produit les mêmes effets et la même révolution dans les mœurs, comme Origène le fait observer. — Ce philosophe connaissait nos Évangiles : il paraît même avoir eu sous les yeux celui de saint Matthieu; il en suit sommairement l'histoire, et il avait comparé les deux généalogies du Sauveur, l. xi, n° 32. Il avait lu l'Ancien Testament, du moins le livre de la Genèse tout entier, l. iv, n° 36 et suiv. Il est le premier qui ait accusé Jésus-Christ d'être né d'un commerce illégitime, et il met ce reproche dans la bouche du Juif, l. r, n° 28. Si cette calomnie avait eu quelque fondement, les Juifs contemporains ne l'auraient pas passée sous silence; ils n'auraient pas souffert que Jésus enseignât et se donnât pour descendant de David. Cérinthe, Carpocrate, les ébionites, ne se seraient pas obstinés à soutenir que Jésus était né de Joseph et de Marie; les évangélistes n'auraient pas osé tracer et publier sa généalogie, et Jésus n'aurait trouvé aucun disciple parmi les

Juifs. Il ne conteste point le massacre des Innocents, ordonné par Hérode, pour faire périr Jésus enfant; il n'y oppose qu'un raisonnement qui ne signifie rien, l. 1, n° 58. Si ce fait éclatant et public n'était pas vrai, toute la Judée aurait pu déposer du contraire. Qu'oppose-t-il aux miracles de Jésus-Christ? C'était l'article le plus important. Il dit que personne ne les a vus, si ce n'est ses disciples, et qu'ils les ont beaucoup exagérés, l. 1, n° 68. Mais si Jésus-Christ a laissé sur la terre au moins cinq cents disciples, comme saint Paul nous l'apprend, ce nombre de témoins nous paraît assez considérable (*I Cor.* xv, 6). Il dit que Jésus a opéré ses miracles par la magie, par des enchantements, par l'invocation des démons ou génies; il lui reproche d'avoir appris la magie en Égypte, et d'avoir eu ensuite l'orgueil de se faire passer pour un Dieu, l. 1, n° 6, 2.. Il ajoute que plusieurs autres imposteurs ont fait des miracles semblables; que Jésus lui-même a défendu d'y ajouter foi, n° 68. Il accuse aussi en général les chrétiens de faire usage de la magie, n° 6. Mais si les miracles de Jésus-Christ et de ses disciples n'étaient pas vrais et incontestables, pourquoi recourir à la magie? Il fallait les nier ferme et s'en tenir là. Il faut que *Celse* ait senti que cela n'était pas possible; que le témoignage constant et uniforme des disciples de Jésus, l'aveu des Juifs, la révolution qui s'était ensuivie, étaient des preuves invincibles de la réalité des miracles.

Contre la résurrection du Sauveur, il objecte que plusieurs autres imposteurs avaient promis de ressusciter, ou avaient prétendu être revenus des enfers; que Jésus ressuscité n'avait été vu de personne, excepté d'une femme et de quelques disciples; qu'ils avaient rêvé, n'avaient vu qu'un fantôme, ou avaient forgé ce mensonge. Si Jésus, ajoutait-il, était ressuscité, il devait se montrer à ses ennemis, à ses juges, à tout le monde; il eût encore mieux valu qu'il ne se laissât pas crucifier, ou qu'il descendît de la croix en présence des Juifs, l. II, n° 54 et suiv. Mais *Celse* pouvait-il citer l'exemple d'un imposteur, duquel un grand nombre d'hommes eussent jamais dit : Nous l'avons vu mourir, une ville entière l'a vu comme nous; ensuite nous l'avons vu vivant, nous l'avons touché, nous avons bu et mangé avec lui, après sa résurrection, pendant quarante jours. Où est l'homme, excepté Jésus, duquel on ait jamais rendu un pareil témoignage?

Il devait ne pas se laisser crucifier, ou descendre de la croix, ou se montrer à tout le monde. — Pourquoi le devait-il? où sont les raisons qui prouvent ce devoir prétendu? Nous soutenons qu'il ne le devait pas; que quand il l'aurait fait, les incrédules n'en seraient pas plus touchés que du miracle de sa résurrection, prouvé comme il l'est. — Cette résurrection a été publiée, crue et professée par des milliers de Juifs, cinquante jours après, sur le lieu même où elle est arrivée; *Celse* n'a pas osé en disconvenir : donc ses disciples ont solidement prouvé qu'ils n'avaient ni rêvé, ni menti.

Rien n'est plus absurde que de rejeter un miracle, parce que Dieu pouvait en faire un autre, et de contester une preuve, parce que Dieu pouvait en donner d'autres. Quoi que Dieu fasse, les incrédules sont bien résolus de n'avouer jamais qu'il a bien fait; et quelques preuves qu'on leur allègue, elles ne suffiront jamais pour vaincre leur opiniâtreté. Plusieurs ont déclaré que quand ils verraient de leurs yeux un mort sortir du tombeau, ils ne le croiraient pas.

Celse convient que le christianisme a été prêché, s'est établi, et a fait des progrès très-peu de temps après la mort de Jésus-Christ, l. II, n° 2 et 4; que ceux qui publient sa doctrine lui font une infinité de disciples, n° 46. Il avoue qu'il y a parmi les chrétiens des hommes vertueux, sages et intelligents, l. I, n° 27. Il ne leur reproche point d'autre crime que de s'assembler en secret, contre la défense des magistrats, de détester les simulacres et les autels, et de blasphémer contre les dieux. Nous prions les incrédules modernes d'y faire attention, et de ne pas pousser les calomnies plus loin que lui. — Tantôt il approuve, et tantôt il blâme la fermeté des martyrs; mais il convient de la cruauté des supplices qu'on leur fait subir, l. VIII, n. 39 43, 48, etc. C'est cependant un fait que l'on a osé contester de nos jours. Il distingue la *grande Église* d'avec les autres sectes qui se disaient chrétiennes; il ajoute que ces différentes sectes se haïssent et se déchirent, l. V, n° 59 et suiv. — C'est justement ce qui prouve qu'il n'a pas pu y avoir de collusion entre les premiers sectateurs du christianisme pour forger des faits, pour les publier, pour en imposer aux hommes crédules. Les divisions ont commencé dès le temps des apôtres; ils s'en plaignent et démasquent les faux docteurs; ils ont donc toujours été surveillés par des ennemis attentifs et jaloux, soit juifs, soit païens, même par des philosophes mal convertis. Mais parmi ceux qui ont levé l'étendard contre les apôtres, aucun ne les a jamais accusés d'avoir forgé, déguisé, dénaturé les faits de l'Évangile. Si les faits sont vrais, le christianisme est invinciblement prouvé.

Il n'est pas aisé de démêler quels étaient les sentiments de *Celse* touchant la Divinité; sa philosophie est un chaos inintelligible, et son ouvrage un tissu de contradictions. Quelquefois il semble admettre la providence, d'autres fois il la nie; il joint à l'épicuréisme le dogme de la fatalité; il croit que les animaux sont d'une nature supérieure à celle de l'homme. Il n'exige point que l'on rende un culte à Dieu, créateur et gouverneur du monde, mais seulement aux génies ou aux dieux des païens; il vante les oracles, la divination, les prétendus prodiges du paganisme. Tantôt il semble approuver, et tantôt il blâme le culte des simulacres ou des idoles. A proprement parler, il ne savait pas lui-même ce qu'il croyait ou ne croyait pas. C'est assez la philosophie de la plupart des incrédules; ils se ressemblent dans tous les siècles. — La plupart des reproches qu'il fait aux chrétiens en général ne pouvaient tomber que sur les gnostiques, qu'il confondait mal à propos avec les véritables chrétiens.

L'exactitude avec laquelle Origène rapporte les propres paroles de *Celse*, prouve que nos anciens apologistes n'ont cherché ni à supprimer les ouvrages de leurs adversaires, ni à déguiser leurs objections, ni à les rendre odieux. Sans les livres d'Origène, qui saurait aujourd'hui ce que *Celse* a écrit? Ce philosophe était très-voisin des faits, puisqu'il a vécu au milieu du IIe siècle, cinquante ou soixante ans seulement après la mort du dernier des apôtres. Il pouvait consulter les Juifs, vérifier si les disciples de Jésus-Christ avaient été des imposteurs. Il dit qu'il connaît parfaitement le christianisme, qu'il s'est informé de tout; il fait même parler un juif; cependant il n'oppose aux chrétiens, ni aucun fait décisif, ni aucun témoignage contradictoire au leur, ni aucun argument fort redoutable. S'il y avait eu de l'imposture de leur part, il serait incroyable que *Celse* ne l'eût pas démasquée. Tout considéré, son ouvrage est un des monuments les plus honorables et les plus avantageux à notre religion. Si l'on veut voir un extrait plus exact des objections de *Celse* et des réponses d'Origène, on le trouvera dans le *Traité historique et dogmatique de la vraie Religion*, t. X, 2ᵉ édit.

CÉNACLE. Notre Sauveur, la veille de sa passion, dit à ses disciples d'aller préparer le souper de la pâque à Jérusalem; qu'ils y trouveraient un *cénacle* tout prêt, c'est-à-dire, une salle à manger, avec les tables et les lits sur lesquels on se plaçait pour manger. Dans les siècles postérieurs, on a montré à Jérusalem une salle, qui fut changée en église par l'impératrice Hélène, où l'on prétendait que notre Sauveur avait fait son dernier souper, et avait institué l'eucharistie; mais il y a lieu de douter que cette salle ait été garantie de la ruine de Jérusalem, lorsque cette ville fut prise par les Romains; on pouvait tout au plus connaître, par tradition, le sol sur lequel le *cénacle* avait été placé.

Mais le respect que l'on eut pour le lieu dans lequel on croyait que Jésus-Christ avait institué l'eucharistie, prouve assez la haute idée que l'on avait conçue de cette action de Notre-Seigneur. Si l'on avait envisagé pour lors la dernière cène du même œil que les protestants, on ne se serait pas avisé de changer le *cénacle* en église.

CENDRE. Le mercredi des *Cendres* est actuellement le premier jour de carême. Il est probable qu'il a été ainsi nommé, à cause de l'usage dans lequel étaient les pénitents, dans les premiers siècles, de se présenter ce jour-là à la porte de l'église, revêtus de cilices et couverts de *cendres*.

Mais quel rapport y a-t-il entre la *cendre* et la pénitence? C'est un monument des anciennes mœurs. Se laver le corps et les habits, se parfumer la tête était le symbole de la joie et de la prospérité : au contraire, la marque d'une douleur profonde était de se rouler dans la poussière, et d'y demeurer couché. Cela se voit encore quelquefois parmi le peuple des campagnes, qui se livre violemment aux impulsions de la nature. Un homme qui se montrait avec le corps, les cheveux et les habits couverts de poussière, annonçait, par cet extérieur négligé, le deuil et l'affliction. Les exemples en sont fréquents dans l'Écriture sainte; Job, l'histoire des rois, les prophètes, l'Évangile même en parlent.—David, pour exprimer une douleur amère, dit qu'il mangeait la *cendre* comme le pain, ou plutôt avec le pain (*Psal.* CI, 10). Comme les anciens cuisaient leur pain sous la cendre, ne pas se donner la peine de secouer la *cendre* dont le pain était couvert, était une marque d'affliction.

Aujourd'hui, dans l'Église romaine, le jour des *cendres*, le célébrant, après avoir récité les psaumes pénitentiaux et d'autres prières, bénit des *cendres*, en impose sur la tête du clergé et du peuple, qui les reçoit à genoux, et à chaque personne à laquelle il en donne il adresse ces paroles : *Homme, souviens-toi que tu es poussière, et que tu y retourneras.* C'est la sentence terrible que Dieu prononça contre le premier pécheur (*Gen.* III, 19). Lorsque la coutume de brûler les morts subsistait, un peu de *cendre* tirée du bûcher et appliquée sur le front d'un homme était un symbole encore plus énergique; c'était un arrêt de mort encore plus sensible.

Superstition! disent les protestants; *momerie des prêtres!* s'écrient les philosophes. Nous leur répliquons : Vous ne savez pas seulement ce que signifie le rite que vous blâmez. Dans la bénédiction des *cendres*, l'Église prie Dieu d'inspirer des sentiments de pénitence à ceux qui les recevront, et de leur pardonner leurs péchés; le fidèle qui se présente vient ratifier pour lui-même cette prière de l'Église, se frapper de l'image de la mort, afin de se détacher du péché. Où est la superstition? Retrancher du culte religieux les symboles les plus naturels et les plus expressifs, c'est étouffer tout à la fois la religion et la nature.

CÈNE, souper, du latin *cœna*, et du grec κοινή, repas commun d'une famille rassemblée. Pourquoi les anciens ont-ils donné ce nom au repas du soir, plutôt qu'à celui du matin, ou à celui du milieu du jour? Parce que la famille d'un laboureur est dispersée pendant tout le jour pour les travaux de l'agriculture; elle prend ses repas au hasard et dans la campagne, elle ne se rassemble que le soir : c'est le souper qui la réunit.

Le nom de *cène* a été spécialement donné au dernier souper que fit Jésus-Christ avec ses apôtres rassemblés la veille de sa mort, dans lequel il mangea la pâque avec eux, et après lequel il institua l'eucharistie; l'Église en célèbre la mémoire le jeudi saint. Pour nous remettre sous les yeux l'humilité de Jésus-Christ qui, après la *cène*, lava les pieds à ses apôtres, il est d'usage dans chaque église de laver les pieds à douze pauvres. Nos rois renouvellent aussi cette cérémonie touchante et majestueuse, et c'est ce que l'on appelle *faire la cène*. Après un sermon couvenable au sujet, et après l'absoute faite par un évêque, le roi, accompagné des princes du sang et des grands officiers de la couronne, lave et baise les pieds à douze pauvres, les sert à table, et leur fait une aumône. Après midi la reine fait de même à douze pauvres filles.

C'est une question parmi les théologiens et les commentateurs de l'Ecriture sainte, de savoir si, dans la dernière cène, Jésus-Christ mangea la pâque avec ses apôtres ; quelques auteurs modernes ont soutenu qu'il ne la mangea point : nous prouverons le contraire au mot PAQUE.

Lorsque les protestants ont donné le nom de cène à la manière dont ils célèbrent l'institution de l'eucharistie, ils se sont écartés de l'ancien usage de l'Eglise, et ont abusé du terme par nécessité de système. Ils ont voulu donner à entendre par là que toute l'essence du sacrement consiste dans le repas religieux que font les fidèles en communiant ; mais toute l'antiquité dépose contre eux. Dès le 1er siècle de l'Eglise, l'usage a été de nommer *eucharistie* l'action de consacrer le pain et le vin, et d'en faire le corps et le sang du Seigneur. Aucun des anciens Pères de l'Eglise ne s'est avisé d'appeler cette action la *cène* ou le souper du Seigneur. Cette *cène* était finie, lorsque Jésus-Christ consacra l'eucharistie pour la donner aux apôtres (*Luc.* XXII, 20 ; *I Cor.* XI, 25). Il est absurde de regarder l'action des apôtres, et non celle de Jésus-Christ, comme la partie essentielle et principale de la cérémonie. *Voy.* EUCHARISTIE, § 3.

CÉNOBITE, religieux qui vit dans une communauté, sous une règle commune, avec d'autres religieux ; ce mot vient de κοινος, *commun*, et de βιος, *vie*. Un *cénobite* est ainsi distingué d'un ermite ou d'un anachorète qui vit dans la solitude.

L'abbé Piammon parle de trois espèces de moines qui se trouvaient en Egypte dans la Thébaïde ; savoir, les *cénobites* qui vivaient rassemblés en communauté ; les *anachorètes*, qui demeuraient seuls, et les *sarabaïtes*, qui étaient vagabonds ; ces derniers ont toujours été regardés comme de faux moines. Il rapporte au temps des apôtres l'institution des *cénobites* : c'est, selon lui, une imitation de la vie commune des fidèles de Jérusalem ; mais ces fidèles étaient des gens mariés qui n'avaient pas renoncé au monde. Saint Pacôme passe pour le premier instituteur de la vie cénobitique, parce qu'il est le premier qui ait fondé des communautés réglées. Avant lui, les moines étaient anachorètes ou solitaires. On prétend cependant que saint Antoine avait bâti un monastère vingt ans plus tôt que saint Pacôme ; mais celui-ci est le premier qui ait écrit une règle monastique.

Dans le Code théodosien, l. XI, tit. 30, *De Appellat. Leg.* 57, les *cénobites* sont appelés *synobitæ*, à la lettre, gens qui marchent ensemble, qui suivent le même chemin ; ce ne sont donc pas les domestiques des moines, comme l'ont imaginé quelques glossateurs, mais les *cénobites*. (Bingham, *Orig. eccl.*, tom. III, l. VII, c. 2 ; § 3.)

Quelques écrivains modernes, qui ont considéré les *cénobites* sous un aspect purement politique, ont conclu qu'il est de l'intérêt public de faire subsister un grand nombre d'hommes à moins de frais qu'il est possible, que la vie commune est beaucoup moins dispendieuse pour chaque individu que la vie particulière ; qu'à cet égard les couvents sont un moyen d'économie : l'expérience confirme cette observation. Pour nous, qui ne devons envisager cet objet que du côté des mœurs, nous pensons que plusieurs hommes rassemblés, qui vivent sous une règle commune et sont assujettis aux mêmes devoirs, ont dans l'exemple de leurs frères un puissant moyen de plus pour se soutenir dans la vertu ; que malgré les censures lancées par la malignité contre ce genre de vie, il est utile et louable à tous égards. *Voy.* MOINE, ETAT MONASTIQUE.

CENSURES ECCLÉSIASTIQUES. Ce sont les peines que l'Eglise inflige à ceux qui ont désobéi à ses lois. Puisqu'en vertu de l'institution de Jésus-Christ, les pasteurs de l'Eglise ont droit de faire des lois, ils ont aussi le pouvoir d'infliger des peines, de retrancher aux chrétiens réfractaires les biens spirituels, qui sont accordés aux fidèles soumis et dociles. *Voy.* LOIS ECCLÉSIASTIQUES. Mais comme l'autorité de l'Eglise est celle d'une mère tendre, elle ne se résout à punir que pour des cas graves, et après avoir tâché d'intimider par des menaces ses enfants désobéissants.

On distingue trois espèces de *censures*, l'EXCOMMUNICATION, la SUSPENSE, l'INTERDIT. *Voy.* ces mots en particulier. Il y a des *censures* réservées, et d'autres non réservées ; tout prêtre approuvé peut absoudre les secondes, et non des premières, pour lesquelles il faut un pouvoir spécial du supérieur ecclésiastique qui les a portées. Dans le tribunal de la pénitence, le prêtre, avant d'absoudre le pénitent de ses péchés, l'absout des *censures* non réservées qu'il pourrait avoir encourues. *Voy.* l'*Ancien Sacramentaire* par Grandcolas, 1re partie, p. 554.

Il se peut faire que dans les siècles peu éclairés, lorsque les peuples ne pouvaient être retenus que par la crainte, les supérieurs ecclésiastiques aient quelquefois abusé des *censures*, surtout en les employant pour des intérêts purement civils, ou pour des cas qui n'étaient pas assez graves ; mais cet abus n'est pas une raison de contester à l'Eglise le pouvoir que Jésus-Christ lui a donné, pouvoir nécessaire pour conserver la discipline ecclésiastique.

CENSURE DE LIVRES OU DE DOCTRINE. L'Eglise, qui a reçu de Jésus-Christ la commission et l'autorité d'enseigner les fidèles, a conséquemment le droit de condamner tout ce qui est contraire à la vérité et à la doctrine de son divin maître. Si elle se bornait à donner à ses enfants les livres propres à les instruire, sans leur ôter ceux qui peuvent les égarer, elle ne remplirait que la moitié de son objet. Tout homme qui publie des écrits est donc soumis à la *censure* de l'Eglise, et s'il refuse de s'y conformer, il est coupable de désobéissance à l'autorité légitime. Dès qu'un ouvrage quelconque est condamné comme pernicieux, il n'est plus permis de le lire ni de le garder; s'obstiner à en faire l'apologie, c'est se révolter sans raison contre l'autorité de Jésus-Christ même.—Depuis que les livres sont multipliés à l'infini, aucun ouvrage particulier de doctrine, de morale ou de piété n'est absolument nécessaire aux fidèles; dès qu'il est condamné, il ne peut plus leur être utile.

Sous le nom de *censure*, on n'entend pas ordinairement la condamnation d'une doctrine portée dans un concile, mais celle qui a été faite, soit par le souverain pontife, soit par un ou plusieurs évêques, soit par des théologiens; l'on appelle *qualifications* les notes qu'ils ont imprimées aux propositions qui leur ont paru répréhensibles, soit qu'ils aient appliqué distinctement ces notes à chaque proposition en particulier, soit qu'ils les aient censurées seulement en général ou *in globo*.— Une proposition peut être condamnée comme impie, blasphématoire, hérétique, sentant l'hérésie, erronée, fausse, scandaleuse, captieuse, téméraire, dangereuse, mal sonnante, offensive des oreilles pieuses; il est à propos de donner une idée nette et précise de chacune de ces qualifications. — Une doctrine ou une proposition est *impie* et *blasphématoire*, lorsqu'elle attribue à Dieu des qualités ou une conduite qui déroge à ses infinies perfections ; telle est celle qui exprime que Dieu est l'auteur du péché, conduite contraire à la sainteté de Dieu et à sa justice. Cette note est la plus flétrissante que l'on puisse imprimer à une proposition ; elle donne lieu de juger que l'auteur a méconnu une vérité non-seulement révélée, mais dictée par la droite raison, et qu'il a perdu tout sentiment de respect pour la Divinité. — La doctrine *hérétique* est celle qui est directement contraire à une décision formelle de l'Eglise. Il peut arriver à un écrivain quelconque de contredire une vérité révélée sans tomber dans l'hérésie, lorsque l'Eglise n'a pas encore expressément décidé que tel est le sens de la révélation; mais lorsque l'Eglise a prononcé, il y a de l'opiniâtreté, et c'est une hérésie de résister à sa décision.—Quand on dit qu'une proposition *sent l'hérésie*, ou *approche de l'hérésie*, on entend qu'elle donne lieu de juger que l'auteur nie et veut combattre un dogme décidé par l'Eglise. Si un théologien soutenait que l'eucharistie n'est que la figure du corps et du sang de Jésus-Christ, cette proposition serait hérétique, puisque l'Eglise a solennellement décidé la présence réelle de Jésus-Christ dans l'eucharistie. S'il se bornait à dire que c'est la figure ou le signe du corps et du sang de Jésus-Christ, sans faire entendre que c'est quelque chose de plus, cette façon de parler sentirait l'hérésie ; elle ferait soupçonner que l'auteur n'admet pas la présence réelle, à moins que dans le reste de son ouvrage il n'eût professé distinctement cet article de notre foi.—Lorsqu'une proposition est flétrie comme *erronée*, il semble que c'est quelque chose de plus que si elle était condamnée comme *fausse*. Une fausseté peut être sans conséquence, lorsqu'il n'en résulte rien contre la foi ni contre les mœurs ; mais on appelle *erreur* une fausseté qui attaque l'une ou l'autre. Cependant toute erreur n'est pas une hérésie formelle. Il est faux, par exemple, que saint Pierre n'ait pas été à Rome ; mais on ne taxerait pas d'hérésie un homme qui se bornerait à contester ce fait. S'il affirmait que le souverain pontife n'est pas le successeur de saint Pierre, ce serait une doctrine *erronée*, de laquelle il s'ensuivrait que le souverain pontife n'est pas le chef visible de l'Eglise. Or cette dernière proposition sentirait l'hérésie, parce que c'en est une de soutenir qu'il n'a pas un pouvoir de juridiction sur toute l'Eglise ; le contraire est formellement décidé par le concile de Trente. — Une doctrine est *scandaleuse* ou *pernicieuse* au salut des âmes, lorsqu'elle tend à diminuer dans les fidèles l'horreur du péché, le respect pour les choses saintes, la soumission à l'Eglise ; une proposition fausse en fait de morale est ordinairement dans ce cas. On doit regarder comme *scandaleux* des éloges prodigués par certains écrivains aux hérétiques et aux ennemis de l'Eglise, dans le dessein de persuader qu'ils ont été condamnés mal à propos, que leur doctrine était vraie et innocente ; affectation très-commune chez nos auteurs modernes. — Lorsqu'une opinion est contraire au sentiment du très-grand nombre des théologiens, et à la croyance commune des fidèles, qu'elle n'est fondée que sur des conjectures et sur des raisonnements très-peu solides, elle est *téméraire ;* c'est la note que mériterait un écrivain qui attaquerait la conception immaculée de la sainte Vierge. Sa doctrine *offenserait* encore les oreilles pieuses, parce que tout chrétien qui fait profession de piété, honore singulièrement la Mère de Dieu, et ne peut souffrir qu'on attaque ses augustes privilèges.—On appelle doctrine *dangereuse* celle dont les hérétiques peuvent abuser pour soutenir leurs erreurs; mais ce qui est dangereux dans un temps peut cesser de l'être ; ainsi le mot *consubstantiel* fut rejeté par un concile d'Antioche, parce que les partisans de Sabellius en abusaient pour confondre les personnes divines et les réduire à une seule ; mais lorsque ce danger n'exista plus, le concile de Nicée consacra ce même terme pour exprimer la divinité de Jésus-Christ.— Si une proposition exprime une vérité en termes durs, indécents, capables de la rendre odieuse, elle est notée comme *mal sonnante*. Lorsqu'un théologien dit que *la grâce a manqué à saint Pierre*, il donne à entendre que toute grâce lui a manqué, ce qui est faux. Saint Pierre a manqué d'une grâce efficace, et non d'une grâce suffisante ; autrement sa chute n'aurait été ni libre, ni imputable à péché. Par la même raison, cette même proposition est *captieuse*, parce que, sous des termes que l'on peut prendre en bonne part, elle cache le venin de l'erreur (Holden, *de Resolut. fidei*, l. II, c. 8, lect. 1 ; Canus., *de Locis Theol.*, l. XII, c. 10). [*Voy.* QUALIFICATIONS.]

Dans notre siècle, on a sérieusement mis en question si le souverain pontife et l'Eglise peuvent condamner un nombre de propositions *in globo*, comme *respectivement* fausses, scandaleuses, hérétiques, etc., sans appliquer à chacune en particulier la note ou la qualification qui lui convient. On disait : Que nous apprend une pareille condamnation ? Elle nous apprend qu'il n'est aucune des propositions comprises dans la censure qui ne mérite quelqu'une des notes ou qualifications qui leur sont données en général; par conséquent, qu'il n'est permis d'en soutenir aucune telle qu'elle se trouve dans le livre condamné; elle nous apprend que la lecture de ce livre est pernicieuse aux fidèles, et n'est plus permise à aucun. Qu'importe au simple fidèle de savoir si telle proposition est hérétique, ou seulement erronée et fausse? Quand elle ne serait que mal sonnante ou captieuse, n'en est-ce pas assez pour qu'il faille s'en abstenir? C'est l'affaire des théologiens de voir en quels termes chacune doit être notée. — Il est très à propos, sans doute, de recommander l'équité, la modération, le désintéressement, l'indulgence, la timidité même, aux théologiens chargés de censurer des livres ; il faut les prier de se souvenir que dans cette circonstance ils sont juges et *non disputeurs;* qu'ils doivent renoncer à tout système, à toute prévention contre un auteur et contre le corps dont il est membre, à tout esprit de parti ; qu'une *censure* infectée de l'un de ces défauts est nulle et sans autorité. Mais il ne faut pas oublier non plus de prêcher aux écrivains la sagesse et la docilité. Lorsqu'un auteur n'a point écrit dans le dessein de dogmatiser, de faire du bruit, d'inquiéter les pasteurs et les théologiens, il mérite de l'indulgence, s'il consent volontiers à s'expliquer ou à se rétracter ; s'il avait des intentions contraires, il n'a droit d'exiger aucun ménagement. La *censure* à laquelle un auteur se soumet sans résistance ne le flétrit point aux yeux de ses contemporains ni de la postérité : Fénelon s'est acquis plus de gloire par sa soumission qu'il n'aurait pu faire par une apologie complète. Celui qui résiste et déclame contre ses juges est un plaideur de mauvaise foi. — Dans un siècle où la plupart des écrivains semblent saisis de l'esprit de vertige, ne respectent aucune religion ni aucune autorité, s'excitent les uns les autres à braver toute *censure*, ce n'est pas le cas de les ménager. L'intrépidité dont ils se parent ne les mettra point à couvert de l'ignominie qu'ils méritent; leurs ouvrages tomberont dans l'oubli, la *censure* subsistera. Cent auteurs qui ont fait autrefois du bruit ne sont plus connus aujourd'hui que par la flétrissure dont leur nom est chargé; les attentats de nos premiers incrédules ont été effacés par ceux de leurs successeurs, et déjà on ne se souvient plus de ceux qui ont précédé : il en sera de même dans tous les temps. *Voy.* LIVRES DÉFENDUS.

* CENTRE D'UNITÉ. Il faut à l'Eglise un centre d'unité. Le siége de saint Pierre est ce centre, comme nous le montrons aux mots PAPE, PRIMAUTÉ. Nous nous contentons de rapporter ici les belles paroles de Bossuet : « L'autorité ecclésiastique, d'après saint Césaire d'Arles, premièrement établie en la personne d'un seul, ne s'est répandue qu'à condition d'être toujours ramenée au principe de son unité, et que tous ceux qui auront à l'exercer se doivent tenir inséparablement unis à la même chaire. C'est cette chaire romaine tant célébrée dans les Pères, où ils ont exalté comme à l'envi *la principauté de la chaire apostolique ; la principauté principale ; la source de l'unité et dans la place de Pierre l'éminent degré de la chaire sacerdotale, l'Eglise mère, qui tient en sa main la conduite de toutes les autres Eglises, le chef de l'épiscopat, d'où part le rayon du gouvernement; la chaire principale ; la chaire unique, en laquelle seule tous gardent l'unité*. Vous entendez dans ces mots saint Optat, saint Augustin, saint Cyprien, saint Irénée, saint Prosper, saint Avit, saint Théodoret, le concile de Chalcédoine et les autres ; l'Afrique, les Gaules, la Grèce, l'Asie, l'Orient et l'Occident unis ensemble. »

CENTURIES DE MAGDEBOURG, corps d'histoire ecclésiastique composé par quatre luthériens de Magdebourg, qui le commencèrent l'an 1560. Ces quatre auteurs sont Mathias Flaccius, surnommé Illyricus, Jean Wigand, Matthieu Lejudin, Basile Fabert, auxquels quelques-uns ajoutent Nicolas Gallus, et d'autres André Corvin. Illyricus conduisait l'ouvrage, les autres travaillaient sous lui. On l'a continué jusqu'au XIII° siècle.

Chaque *centurie* contient les choses remarquables qui se sont passées dans un siècle. Cette compilation a demandé beaucoup de travail ; mais ce n'est une histoire ni fidèle, ni exacte, ni bien écrite. Le but des *centuriateurs* était d'attaquer l'Eglise romaine, d'établir la doctrine de Luther, de décrier les Pères et les théologiens catholiques. Le cardinal Baronius entreprit ses *Annales ecclésiastiques* pour les opposer aux *centuries*.

On a reproché à Baronius d'avoir été trop crédule et d'avoir manqué de critique. Ceux qu'il réfute avaient péché par l'excès contraire : ils avaient rejeté et censuré tout ce qui les incommodait. Le P. Pagi, cordelier, Isaac Casaubon, le cardinal Noris, Tillemont, le cardinal Orsi, etc., ont relevé les fautes de Baronius, et on a réuni leurs remarques dans une édition des *Annales ecclésiastiques* donnée à Lucques. Au contraire, les erreurs et les calomnies des *centuriateurs* ont été répétées, commentées, amplifiées par la plupart des écrivains protestants et par les incrédules, leurs copistes. On a beau les réfuter par des preuves invincibles, ceux qui ont intérêt de les accréditer ne se rebutent point, et à force de renouveler les mêmes impostures, ils parviennent à les persuader aux ignorants. *Voy.* HISTOIRE ECCLÉSIASTIQUE.

CÉPHAS, nom que Jésus-Christ donna à Simon, fils de Jean, lorsque son frère André le lui amena (*Joan.* I, 42).

Céphas, en syriaque, signifie *Pierre*, comme l'explique saint Jean. De là, les apôtres qui ont écrit en grec ont appelé saint Pierre Πέτρος, et les Latins *Petrus*; ils ont cependant retenu en quelques endroits le nom de *Céphas*. Telle est l'étymologie qu'ont donnée de ce nom Tertullien, saint Jérôme, saint Augustin et la plupart des commentateurs. Quelques-uns ont cru que *Céphas* venait du grec κεφαλά, *tête*; mais Jésus-Christ ne parlait pas grec, et saint Matthieu avait écrit en syriaque. Il avait dit, chap. XVI, v. 18 : *Tu es* CÉPHA, *et sur cette* CÉPHA *je bâtirai mon Eglise*. Dans les versions grecque et latine, on a changé le nom *petra* en celui de *Petrus*, pour le faire convenir à saint Pierre; mais en français il n'y a rien à changer : *Tu es Pierre, et sur cette pierre je bâtirai mon Eglise*. — Jésus-Christ a donc voulu faire comprendre qu'en élevant saint Pierre à la dignité de chef des apôtres, il en faisait la pierre fondamentale de son Eglise. Puisqu'il ajoute que cet édifice ne sera point renversé, mais subsistera jusqu'à la fin des siècles, il faut que l'autorité de saint Pierre ait passé à ses successeurs, et que son siége soit toujours le centre d'unité auquel les fidèles doivent tenir pour être membres de l'Eglise. Ainsi ont raisonné les Pères, et après eux les théologiens; les hérétiques et les incrédules font de vains efforts pour obscurcir cette vérité.

Un passage de l'Epître de saint Paul aux Galates, chap. II, v. 1 et suiv., a donné lieu à une dispute sur le nom de *Céphas*. L'apôtre dit que quatorze ans après sa conversion, ou après un voyage qu'il avait fait à Jérusalem, il y en fit un autre pendant lequel il conféra sur l'Evangile avec les apôtres, et en particulier avec ceux *qui paraissaient être quelque chose*; que Jacques, *Céphas* et Jean, *qui paraissaient être les colonnes* de cette Eglise, trouvèrent bon qu'avec Barnabé il prêchât aux gentils, comme eux-mêmes prêchaient aux circoncis. *Mais*, ajoute saint Paul, CÉPHAS *étant venu à Antioche, je lui résistai en face, parce qu'il était répréhensible. Avant l'arrivée de quelques Juifs, venus de la part de Jacques, il mangeait avec les gentils; depuis leur arrivée, il se retirait et se tenait à l'écart, de peur de déplaire aux circoncis; et il en entraîna plusieurs dans cette dissimulation. Comme je vis qu'ils n'agissaient pas selon la droiture de l'Evangile, je dis à* CÉPHAS, *devant tout le monde : Si vous, qui êtes Juif, vivez comme les gentils, pourquoi voulez-vous les obliger à judaïser?* etc. — La question est de savoir si ce *Céphas*, repris par saint Paul, est l'apôtre saint Pierre ou un disciple de ce nom. Les anciens ont été partagés sur cette question : Origène, Didyme, Apollinaire, Eusèbe d'Edesse, Théodore d'Héraclée, saint Jean Chrysostome, Théodoret, parmi les Grecs; Tertullien, saint Cyprien, saint Jérôme, saint Augustin, l'auteur nommé *Ambrosiaster*, saint Grégoire le Grand, saint Thomas, parmi les Latins, et le plus grand nombre des commentateurs, ont pensé que ce *Céphas* est l'apôtre saint Pierre. On cite pour le sentiment contraire saint Clément d'Alexandrie, dans ses Hypotyposes; Eusèbe, qui en rapporte le passage sans le contredire; Dorothée de Tyr, dans une chronique pascale; plusieurs écrivains dont parlent saint Jean Chrysostome, saint Jérôme, saint Grégoire, et qui vivaient de leur temps; l'auteur de la *Chronique d'Alexandrie*, qui écrivait au VIIe siècle, et OEcuménius, qui est mort dans le XIe. — Comme il s'agit, non pas d'un point de dogme, mais d'histoire et de critique, le P. Hardouin a pensé qu'il devait se décider par des raisons plutôt que par des autorités, puisqu'il n'y a point ici de témoins contemporains. Il a fait en 1709 une dissertation pour prouver que *Céphas* n'est point l'apôtre saint Pierre. L'abbé Boileau l'a réfuté dans une autre dissertation, en 1713. Dom Calmet a rapporté les raisons pour et contre, dans une dissertation sur ce même sujet, *Bible d'Avignon*, t. XV, pag. 703. Il s'est décidé pour le sentiment de l'abbé Boileau. — Chacun de ces auteurs arrange la chronologie d'une manière favorable à son opinion; mais comme c'est une pure conjecture de part et d'autre, nous ne nous y arrêtons point. La principale difficulté est de savoir si la dispute de saint Paul avec *Céphas* arriva avant ou après le concile de Jérusalem, dans lequel il avait été décidé que les gentils n'étaient point obligés d'observer la loi de Moïse, comme le prétendaient les Juifs. — Le P. Hardouin soutient que ce fut avant le concile, parce que si saint Pierre avait commis la faute dont on l'accuse, après avoir jugé lui-même la cause contre les Juifs et en faveur des gentils, sa conduite à Antioche serait inexcusable. Dom Calmet ne semble pas avoir suffisamment satisfait à cette première objection du P. Hardouin. — Celui-ci observe, en second lieu, que saint Paul, dans l'Epître même aux Galates, appelle trois fois saint Pierre, Πέτρος (c. I, v. 18; c. II, v. 7 et 8); qu'il n'est pas probable qu'au v. 9 il le nomme *Céphas*. La manière dont il parle de celui-ci serait très-indécente à l'égard de saint Pierre. A-t-il pu dire de lui : Je conférai avec ceux *qui paraissaient être quelque chose* (v. 2); ceux *qui paraissaient être quelque chose* ne m'ont rien donné (v. 6), après avoir dit, chap. I, v. 18 : Je vins à Jérusalem voir Pierre, et je demeurai chez lui pendant quinze jours? Est-il probable que, pendant ces quinze jours, saint Paul n'avait profité en rien des instructions de saint Pierre? Il est beaucoup plus naturel de croire que Jacques, *Céphas* et Jean, desquels il parle, v. 6 et 9, avec une espèce de mépris, n'étaient pas trois apôtres, mais trois disciples desquels saint Paul n'était pas content. — Dom Calmet répond que, puisque saint Pierre avait deux noms, saint Paul a pu s'en servir indifféremment; mais il ne satisfait pas à la seconde partie de l'objection. — En troisième lieu, dans la première Epître aux Corinthiens, c. I, v. 12, saint Paul leur reproche que parmi eux les uns disaient : Je suis à Paul; les autres, Je suis à Apollo; ceux-ci, Je suis à *Céphas*; ceux-là, Je suis à Jésus-Christ. Outre qu'il est fort douteux que saint Pierre ait jamais prêché à Corinthe, y ait eu des disciples particuliers, y ait été nommé *Céphas*, et non Πέτρος, peut-on se persuader que saint Paul ne l'ait placé qu'au troisième rang, et après un simple disciple? Il fait de même, c. ix, v. 5, en parlant des autres apôtres, des frères du Seigneur et de *Céphas*. Il y aurait en cela une affectation trop marquée. — On a beau dire qu'il ne s'agissait pas là de régler les rangs : la place que tenait saint Pierre parmi les apôtres exigeait plus de ménagement que saint Paul n'en témoigne pour *Céphas*. — Les autres raisons qu'allègue le P. Hardouin ne paraissent pas fort solides, et l'on ne peut pas approuver son affectation de préférer la leçon de la Vulgate à celle du texte grec.

Dans le fond, cette contestation ne nous paraît pas fort importante. Quand le *Céphas* repris par saint Paul serait l'apôtre saint Pierre, quand celui-ci aurait ménagé à l'excès le préjugé des Juifs, sa faute ne nous paraîtrait pas fort grave. Saint Paul lui-même, par ménagement pour les Juifs, fit circoncire son disciple Timothée, se purifia dans le temple et fit les oblations prescrites par la loi (*Act.* xvi, 3; xxi, 21). Il jugeait donc, aussi bien que saint Pierre, qu'il était à propos d'avoir quelque condescendance pour la prévention des Juifs; qu'il ne fallait pas la heurter de front. Quand saint Pierre n'aurait pas d'abord fait attention aux conséquences qui pouvaient en résulter, ce ne serait pas un crime. C'est très-injustement que les hérétiques et les incrédules ont pris occasion de ce fait pour calomnier ces deux apôtres; il n'y a dans la conduite de l'un ni de l'autre aucun trait d'hypocrisie ni de mauvaise foi. Ceux d'entre les protestants qui ont conclu de là que saint Pierre n'était pas *infaillible* se sont joués du terme : ils devaient conclure tout au plus que saint Pierre n'était pas *impeccable*. Tenir une conduite de laquelle on peut tirer une fausse conséquence et une erreur, ce n'est pas enseigner pour cela l'erreur. Saint Pierre pourrait donc avoir péché dans sa conduite sans avoir failli dans sa doctrine.

CERDONIENS, hérétiques du iie siècle. Cerdon, leur maître, né en Syrie, suivit les erreurs de Simon le Magicien. Il vint à Rome sous le pape Hygin, y séjourna longtemps, y sema sa doctrine, tantôt en secret, tantôt ouvertement. Repris de sa témérité, il fit semblant de se repentir et de se réunir à l'Église; mais son hypocrisie fut connue, et il fut absolument chassé.

Comme la plupart des hérétiques de ce même siècle, Cerdon soutenait que ce monde n'était pas l'ouvrage d'un Dieu tout-puissant, sage et bon, non plus que la loi de Moïse, qui lui paraissait imparfaite et trop rigoureuse. Conséquemment, il admettait deux principes de toutes choses : l'un bon et l'autre mauvais; c'est à ce dernier qu'il attribuait la fabrique du monde et la loi de Moïse. L'autre, qu'il appelait le principe inconnu, était selon lui le père de Jésus-Christ; mais il n'avouait point que le Fils de Dieu se fût réellement revêtu de l'humanité, fût né d'une vierge, eût enduré véritablement les souffrances et la mort; tout cela, disait-il, ne s'est fait qu'en apparence. Il n'admettait point la résurrection des corps, mais seulement celle des âmes : il supposait par conséquent que celles-ci mouraient avec le corps. Il rejetait tous les livres de l'Ancien Testament, et n'admettait du Nouveau que l'évangile de saint Luc; encore en retranchait-il une partie. Les mêmes erreurs furent soutenues par Marcion et par ses disciples. *V.* MARCIONITES.

Plusieurs critiques prétendent qu'outre les deux principes, l'un absolument bon, l'autre mauvais par nature, Cerdon et Marcion en admettaient un troisième intermédiaire, qui était d'une nature mixte, et que c'est à celui-ci que ces hérétiques attribuaient la création du monde et la législation mosaïque; cela peut être. Mais s'il est vrai, suivant leur opinion, ce principe mixte, quoique continuellement en guerre avec le mauvais principe, aspire cependant aussi bien que lui à supplanter l'Être suprême, à soumettre à son propre empire tous les habitants de la terre, ce principe mixte nous paraît beaucoup plus méchant qu'il n'est bon. C'est un trait de méchanceté, non-seulement de se révolter contre le Dieu souverainement bon, mais de vouloir soustraire à son gouvernement les hommes qu'il désire de rendre heureux. Suivant les *cerdoniens*, le Dieu bon a envoyé Jésus-Christ son Fils sur la terre pour détruire l'empire du mauvais principe et celui du principe mixte, et pour ramener à Dieu les âmes qu'ils ont séduites. Tous deux, dit-on, se sont ligués contre Jésus-Christ, ont suscité contre lui les Juifs pour le crucifier et le mettre à mort; mais comme Jésus n'avait qu'un corps apparent, ils n'ont pu y réussir qu'en apparence. Voilà donc le principe mixte, prétendu Dieu des Juifs, devenu aussi méchant que le mauvais principe ou le prince des ténèbres : ainsi la supposition de ce principe intermédiaire ne remédie à rien; ce n'est qu'une absurdité de plus. — D'ailleurs, ou c'est le Dieu bon qui a donné l'existence aux deux autres principes, ou ils sont éternels et existants par eux-mêmes aussi bien que lui. S'ils sont éternels, c'est une absurdité de ne pas les supposer absolument bons par nature; de quelle cause est venue leur malice? Si c'est le Dieu bon qui les a produits, ou il a été imprudent et borné dans ses connaissances, ou il a mal fait de les produire, et il est responsable de tous les maux qui en ont résulté.

Il n'est pas inutile d'observer que toutes les hérésies du iie siècle ont eu la même origine, savoir, la difficulté de concevoir qu'un Dieu bon soit l'auteur du mal, ait produit des créatures sujettes à tant d'imperfections et de souffrances, ait imposé aux hommes une loi aussi rigoureuse qu'était celle de Moïse. Les philosophes ne concevaient pas mieux qu'un Dieu se fût abaissé jusqu'à s'incarner dans le sein d'une femme, se revêtir de nos misères, mourir ignominieusement sur une croix. Pour sortir de cet embarras, les uns avaient imaginé deux principes co-éternels, l'un cause du bien, l'autre auteur du mal; les autres pensaient que Dieu avait produit plusieurs esprits inférieurs à lui-même, et leur avait laissé le soin de fabriquer et de gouverner le monde. Les raisonneurs se partagèrent entre ces deux systèmes; mais tous se réunirent à soutenir que le Fils de Dieu, qu'ils regardaient comme un être fort inférieur à Dieu, ne s'était fait homme qu'en apparence, n'avait eu qu'une chair fantastique et apparente.

Il est évident à tout homme qui veut y réfléchir que leur système était non-seulement absurde en lui-même, mais incapable de résoudre aucune difficulté. Car enfin, que le Dieu suprême ait fait lui-même le monde tel qu'il est, ou qu'il l'ait laissé faire à des ouvriers impuissants et mal habiles, la faute est égale de sa part; qu'il ait donné par lui-même une loi imparfaite et vicieuse, ou qu'il ait laissé établir par d'autres, l'inconvénient est le même. N'est-il pas aussi indigne de la Divinité de tromper les hommes, de fasciner leurs yeux, de les induire en erreur par de fausses apparences d'une chair humaine, que de se revêtir des misères de l'humanité? Quant à l'hypothèse de deux principes coéternels, nous ferons voir à l'article MAL qu'elle ne soulage pas mieux la raison que la précédente.

Mais les raisonneurs du IIe siècle, malgré leur entêtement, n'osèrent pas nier les faits publiés par les apôtres, la naissance, les miracles, la prédication, les souffrances, la mort et la résurrection du moins apparente de Jésus-Christ; parce que tous ces faits étaient prouvés par la notoriété publique : ils n'élevèrent aucun soupçon contre la sincérité et la bonne foi des apôtres. C'est le point essentiel. De là il résulte contre les incrédules, que les apôtres n'ont pas seulement subjugué des ignorants, des hommes crédules et incapables d'examiner des faits, mais des philosophes très-disposés à les contredire, s'ils avaient pu, et qui cependant ont confirmé leur témoignage.

CÉRÉMONIE, signe extérieur ou démonstration des sentiments du cœur; telle paraît être l'étymologie de ce terme : il est dérivé de νέαρ, κῆρ le cœur, et de *moneo*, avertir, faire connaître. Mettre en question si les *cérémonies* en général sont nécessaires, c'est demander si les hommes ont besoin de se communiquer mutuellement leurs pensées et leurs affections par des signes extérieurs. Sans cela, pourrait-il y avoir entre eux aucune société?

Il n'est aucun sentiment qui ne se montre au dehors par un geste particulier; nous n'avons pas besoin de leçon pour comprendre que se prosterner est une marque de respect et de soumission, qu'élever les yeux et les mains vers le ciel est un signe d'invocation, qu'une offrande est un témoignage de reconnaissance; un homme qui se frappe la poitrine montre qu'il a du repentir, celui qui se lave le corps fait profession de vouloir purifier son âme, etc. Un discours accompagné de ces signes éloquents fait une impression plus profonde; il fait passer dans l'âme des auditeurs les passions dont un orateur est agité. On convient qu'il faut des *cérémonies* dans la vie civile, que chez les Chinois elles suppléent à la morale et à la législation; pourquoi n'en faudrait-il pas dans la religion? Les signes extérieurs de bienveillance mutuelle adoucissent les mœurs; les démonstrations de respect envers la divinité rendent l'homme religieux.

— Parmi les *cérémonies* qui tendent à ce dessein, les unes sont saintes et louables, les autres superstitieuses et absurdes. On ne doit mettre au rang des premières que celles qui ont pour objet le culte du vrai Dieu, et qu'il a daigné prescrire ou approuver. Il ne faut pas se persuader qu'il y ait eu jamais une religion sans *cérémonies*.

Dès le commencement du monde les premiers hommes, qui n'avaient point reçu d'autres leçons que celles de Dieu, lui ont fait des offrandes et des sacrifices, lui ont adressé des vœux, lui ont élevé des autels, les ont consacrés par des effusions d'huile et de parfums, ont juré par son saint nom, l'ont pris pour témoin de leurs alliances, ont usé de purifications, ont mangé en commun la chair des victimes, etc. C'est ainsi que l'histoire sainte nous peint la religion des patriarches. — Lorsque Dieu réunit les Hébreux en corps de nation, il leur prescrivit, par l'organe de Moïse, les rites qu'ils devaient observer; les lois cérémonielles furent incorporées à leurs lois civiles. Mais ce cérémonial n'était pas absolument nouveau pour eux; une partie avait déjà été pratiquée par leurs pères. Vainement le chevalier Marsham, Spencer et d'autres, ont prétendu que la plupart des *cérémonies* juives étaient empruntées des Egyptiens; les patriarches s'en étaient servis pour honorer Dieu avant que les Egyptiens les eussent profanées par l'idolâtrie. Un grand nombre de ces rites tendaient à préserver les Juifs des superstitions de leurs voisins. *Voy.* LOIS CÉRÉMONIELLES. — Enfin, lorsqu'il a plu à Dieu de réunir toutes les nations dans une même société religieuse, il a envoyé son Fils unique pour leur enseigner à *honorer Dieu en esprit et en vérité*. Ce divin Maître a institué par lui-même une partie de nos *cérémonies*, et a laissé aux apôtres, remplis de son Esprit, le soin d'établir les autres. Dès les temps apostoliques, au milieu même des persécutions, nous voyons déjà une liturgie, des sacrements, un clergé, une hiérarchie. Au IVe siècle, lorsque l'Eglise eut la liberté de pratiquer son culte au grand jour, la liturgie fut mise par écrit; mais on l'avait reçue par tradition des apôtres. Dans les différentes Eglises de l'Orient, de l'Occident, dans les langues grecque, syriaque et latine, elle se trouva la même pour le fond. Si c'eût été l'ouvrage des hommes, il se serait senti du caractère et du génie de chaque nation, nous ne voyons pas que l'on ait tenu aucune assemblée pour le former.

— Dieu n'a donc jamais laissé les *cérémonies*

de son culte au choix et à la discrétion des hommes ; elles ont une liaison trop étroite avec le dogme, avec la morale, avec le bien de la société. Ceux qui les envisagent comme un hors-d'œuvre indifférent à la religion n'en connaissent ni l'origine ni les conséquences.

Une *cérémonie* qui était sainte et respectable lorsqu'elle servait au culte du vrai Dieu, est devenue superstitieuse et criminelle lorsqu'elle a été employée à honorer de fausses divinités. L'homme, après s'être formé des dieux selon son goût, s'est fait aussi un cérémonial à son gré. Il n'a eu besoin pour cela ni des leçons des prêtres, ni du conseil des imposteurs, ni du secours des faux inspirés ; il lui a suffi de suivre l'instinct des passions et les caprices d'une imagination déréglée. Le désir immodéré d'obtenir du ciel des biens temporels, l'impatience de se délivrer d'un mal présent, une curiosité effrénée de connaître l'avenir, de fausses observations de la nature, les équivoques inévitables du langage : voilà les vraies sources de toutes les superstitions imaginables. *Voy.* SUPERSTITION. — Aucune de ces causes n'a contribué aux *cérémonies* religieuses des adorateurs du vrai Dieu; une sagesse supérieure a présidé à leur institution : pour s'en convaincre, il suffit de considérer leur analogie avec les besoins de l'humanité sous les différentes époques de la révélation.

Dans le premier âge du monde, les *cérémonies* avaient pour objet d'inculquer aux hommes le dogme essentiel d'un seul Dieu, créateur et conservateur de l'univers, souverain distributeur des biens et des maux, protecteur des familles, vengeur du crime, et rémunérateur de la vertu ; de les faire souvenir que l'homme est pécheur et a besoin de pardon : elles tendaient à resserrer entre eux les liens de la société fraternelle. Il serait aisé de le montrer en les considérant en détail. Leur usage devait donc préserver les hommes du polythéisme, du préjugé qui dans la suite a peuplé l'univers d'une multitude d'esprits, de génies, nommés *dieux* ou *démons:* erreur de laquelle s'est ensuivie l'idolâtrie avec tous ses crimes. Puisqu'il faut à l'homme des rites extérieurs, il ne peut être préservé des *cérémonies* superstitieuses que par des pratiques saintes et raisonnables. — Sous la loi de Moïse, les rites religieux étaient destinés à persuader aux Juifs que Dieu est non-seulement l'unique maître de la nature, mais le souverain législateur, le fondateur et le père de la société civile, l'arbitre des nations, qui dispose de leur sort comme il lui plaît, les récompense par la prospérité, ou les punit par des malheurs. La plupart des *cérémonies* juives étaient autant de monuments des faits miraculeux qui prouvaient la mission de Moïse, la protection spéciale de Dieu sur son peuple, la certitude des promesses que Dieu lui avait faites. Elles devaient donc tenir les Juifs en garde contre l'erreur générale des autres peuples touchant les dieux locaux, indigètes, nationaux, auxquels ils offraient leur encens. Dieu lui-même témoigne par ses prophètes qu'il n'a prescrit aux Juifs cette multitude de *cérémonies* que pour réprimer leur penchant à l'idolâtrie (*Ezech* xxii, 5 et suiv.; *Jerem.* vii, 22). Ces mêmes prophètes ont souvent répété aux Juifs que le culte cérémoniel ne peut plaire à Dieu qu'autant qu'il est l'expression des sentiments du cœur. En quel sens nommera-t-on *superstitions*, des *cérémonies* que Dieu avait prescrites pour prévenir la superstition?

Sous le christianisme, les *cérémonies* ont un objet encore plus auguste et un sens plus sublime; elles nous mettent continuellement sous les yeux un Dieu sanctificateur des âmes, qui, par Jésus-Christ son Fils, a racheté les hommes du péché et de la damnation; qui, par des grâces continuelles, pourvoit à tous les besoins de notre âme; qui a établi entre tous les hommes, de quelque nation qu'ils soient, une société religieuse universelle que nous nommons la *communion des saints.*

Ainsi dans le christianisme, aussi bien que sous les deux époques précédentes, les *cérémonies* sont, 1° un monument des faits qui prouvent la divinité de notre religion : nous célébrons par nos fêtes la naissance, les miracles, les souffrances, la mort, la résurrection de Jésus-Christ, la descente du Saint-Esprit : monument d'autant plus irrécusable, qu'il remonte à la date même des événements, et qu'il a été établi par les témoins oculaires. 2° C'est une profession de foi des vérités que Jésus-Christ nous a enseignées, qui marche à côté de l'Ecriture sainte et en détermine le sens : les *cérémonies* du baptême nous apprennent la corruption de la nature humaine par le péché; celles de la liturgie nous attestent la présence réelle de Jésus-Christ; le signe de la croix nous retrace les mystères de la sainte Trinité, de l'incarnation et de la rédemption, etc. 3° Ce sont autant de leçons de morale qui nous enseignent nos devoirs, nous avertissent des vertus que nous devons pratiquer et des vices que nous devons éviter. Le cérémonial du baptême est un tableau des obligations du chrétien ; celui du mariage, un catéchisme sur les devoirs mutuels des époux; celui de l'ordre, une instruction pour les prêtres : les bénédictions de l'Eglise nous prêchent la reconnaissance et la soumission envers Dieu, l'usage modéré des biens de ce monde, etc. 4° Nos *cérémonies* sont des liens de société qui nous réunissent aux pieds des autels, qui rapprochent les conditions trop inégales, qui contribuent à la douceur des mœurs et au repos de la société; le mariage et le baptême assurent la conservation et l'éducation des enfants, l'état et les droits du citoyen; les obsèques des morts sont établies, non-seulement pour attester le dogme de la résurrection future, mais pour la sûreté des vivants : c'est une précaution contre les morts clandestines, par conséquent contre l'homicide ; la pénitence et la confession préviennent plus de crimes que les lois pénales; la communion nous place tous à la même table, etc. L'orgueil des grands, l'égoïsme philosophique, détestent tous ces rites destinés à les humilier.

Aussi, sur cette partie de la religion, dans quels écarts une fausse philosophie n'a-t-elle pas donné? — Quelques auteurs, dont les intentions étaient pures, sans doute, mais dont les lumières étaient très-bornées, ont imaginé qu'il n'y avait dans les *cérémonies* rien de moral ni de mystérieux, que toutes étaient fondées sur des raisons physiques et historiques. Selon leur opinion, l'on emploie l'encens pour chasser les mauvaises odeurs, les cierges pour dissiper les ténèbres de la nuit, les différents gestes pour faire allusion aux paroles que l'on prononce, etc. C'est le système qu'a suivi dom Claude de Vert, dans son *Explication littérale et historique des cérémonies de l'Eglise*. Il a été solidement réfuté par M. Languet et par le P. Lebrun, dans la préface de son *Explication des cérémonies de la messe*. — Les protestants, plus hardis, ont dit que les *cérémonies* de l'Eglise sont des superstitions nouvelles, inconnues aux premiers fidèles, une source infaillible d'erreurs pour le peuple, un effet de l'ambition des prêtres; conséquemment ils les ont retranchées et proscrites : ils ont appelé *réforme* ce trait d'ignorance et de témérité. D'autres cependant prétendent que ce sont des restes de judaïsme. Comment accorder ensemble tous ces reproches? On leur a fait voir que nos *cérémonies* ne sont ni nouvelles ni superstitieuses, mais aussi anciennes pour la plupart que le christianisme; que quelques-unes sont aussi anciennes que le monde. En mettant au jour la liturgie, au IVᵉ siècle, on n'a fait que rédiger par écrit ce qui avait été pratiqué dans les trois siècles précédents, puisque l'Apocalypse nous montre déjà le plan de la liturgie telle que saint Justin l'a représenté au IIᵉ siècle, et saint Cyrille de Jérusalem au IIIᵉ. C'est ce qu'a démontré l'abbé Renaudot dans les tomes IV et V de la *Perpétuité de la Foi*, et après lui le P. Lebrun. — A la vérité, lorsqu'un dogme catholique a été attaqué par les hérétiques, l'Eglise en a fait une profession plus expresse dans son culte, et a multiplié les formules qui l'exprimaient. Ainsi, comme le mystère de la sainte Trinité a été attaqué de très-bonne heure par les gnostiques, par les sabelliens, les ariens, les macédoniens, etc., l'Eglise, pour attester sa foi aux trois personnes divines, a partout affecté le nombre de trois; de là le *kyrie* répété trois fois à l'honneur de chacune, le *trisagion* ou trois fois saint, la triple immersion pour le baptême, la *doxologie* placée à la fin de chaque psaume, etc. Les défenseurs de l'orthodoxie ont opposé aux ariens les cantiques des fidèles; aux pélagiens, les prières de l'office divin; aux bérengariens, l'adoration de l'eucharistie, etc. C'est donc par les *cérémonies* que l'Eglise a prémuni ses enfants contre l'erreur; et l'on vient nous dire que cette profession de foi est une source d'erreurs.

Si les protestants ont déclamé contre la liturgie, c'est qu'ils y voyaient leur condamnation, la présence réelle attestée par l'adoration de l'eucharistie, des termes qui expriment la transsubstantiation, les notions d'offrande et de sacrifice, la communion sous une seule espèce, l'invocation des saints, la prière pour les morts, la hiérarchie, etc. Qu'a fait l'Eglise dans cette circonstance? Ce qu'elle avait fait de tout temps; depuis la prétendue réforme, elle a rendu le culte de l'eucharistie plus pompeux, l'invocation de la sainte Vierge et des saints plus fréquente, la liturgie plus majestueuse. C'est une profession de foi qui parle aux yeux, qui fait distinguer aux plus ignorants une contrée protestante d'avec un pays catholique. Nous ne concevons pas comment les théologiens anglicans et autres peuvent jeter les yeux sur ces anciens monuments de la croyance de l'Eglise, et persévérer dans leurs préjugés; ils en parlent historiquement comme d'une chose indifférente, sans en considérer jamais les conséquences.

Les trois principales sectes protestantes ne se sont point accordées sur les *cérémonies* qu'il fallait retrancher ou conserver : les calvinistes les ont presque toutes supprimées; ils n'en ont retenu que le baptême et la cène, et ils en ont banni tous les anciens rites : les luthériens en ont gardé un peu davantage, et, si Luther avait été le maître, il en aurait conservé un plus grand nombre; mais il fut obligé de céder à la frénésie de quelques autres réformateurs; c'est ce qu'il écrivait en 1528 à Guillaume Prawest son ami. Les anglicans, plus modérés, sont ceux qui en ont le moins retranché, et c'est une des raisons pour lesquelles les calvinistes leur reprochent des restes de papisme. Un écrivain anglican est convenu qu'il n'était pas fort aisé de fixer le point jusqu'où il fallait pousser la réforme sur cet objet; c'est le goût et la fantaisie qui en ont décidé. — Néanmoins un calviniste très-entêté est convenu que les *cérémonies* sont utiles pour confirmer ce qui a été dit par les théologiens, et pour connaître le véritable sens des expressions équivoques ou contestées. Il y en a quelques-unes, dit-il, dont on tire une conséquence si naturelle et si évidente, qu'on ne peut se défendre de l'admettre. Cet aveu nous paraît remarquable et très-important (Basnage, *Hist. de l'Eglise*, l. XIII, c. 6, § 1).

Mosheim dit, comme les calvinistes, que Jésus-Christ n'a institué que deux *cérémonies*, le baptême et la cène : s'il entend que Jésus-Christ n'a ordonné, par un précepte formel, que ces deux *cérémonies*, cela est vrai; mais les apôtres n'ont-ils rien pratiqué ni rien commandé de plus? Ils ont donné le Saint-Esprit par l'imposition des mains : ils ont ordonné des prêtres et des diacres avec le même rite. Saint Jacques a recommandé l'onction des malades et la confession des péchés; saint Jean, dans l'Apocalypse, a tracé le plan d'une liturgie pompeuse. Les pasteurs, successeurs des apôtres, n'ont-ils pas eu comme eux une autorité législative, et ont-ils abusé de leur pouvoir, en établissant d'autres *cérémonies* relatives aux circonstances et aux besoins de l'Eglise ? — Mosheim ne leur conteste pas formellement cette autorité ; il avoue même que les apôtres ont institué plusieurs *cérémonies*, et que les progrès du christianisme ont rendu cette institution nécessaire ; mais il s'efforce de rendre suspects les motifs que se sont proposés les successeurs des apôtres. Il prétend qu'au IIe siècle l'on établit plusieurs nouvelles *cérémonies*, 1° par condescendance pour les Juifs et pour les païens, qui étaient accoutumés à un culte extérieur pompeux, et afin de les amener plus aisément au christianisme ; 2° pour réfuter le reproche d'athéisme que les païens faisaient aux chrétiens, parce qu'ils ne voyaient chez ces derniers aucun appareil de religion ; 3° parce que l'on emprunta des Juifs les termes de *pontife*, de *prêtres*, de *lévites*, de *sacrifice*, d'*autel*, etc.; 4° afin d'imiter les mystères du paganisme, qui inspiraient du respect pour la religion ; 5° pour se conformer au goût des Orientaux, qui aimaient une manière d'enseigner symbolique et mystérieuse ; 6° pour ménager les anciens préjugés des prosélytes juifs et païens. (*Hist. Christ.*, Proleg., c. II, § 5, et sæc. II, § 36 ; *Inst. maj.*, sæc. I, part. II, c. 4, § 7 ; *Hist. Ecclés.* du IIe siècle, IIe part., c. 4, § 1 et suiv., etc. — Il pense qu'au IIIe siècle le nombre des *cérémonies* fut encore augmenté, parce que les Pères de l'Eglise adoptèrent les idées de Pythagore et de Platon touchant le pouvoir des démons sur les corps et sur les âmes ; de là naquirent, selon lui, les exorcismes et les autres rites du baptême, les bénédictions des aliments et des autres choses usuelles, l'estime pour les mortifications et pour la continence, les pénitences rigoureuses imposées aux pécheurs scandaleux, l'horreur pour les excommuniés, etc. Il dit que le nombre des *cérémonies* inventées au IVe siècle paraissait déjà excessif à saint Augustin (*Epist.* 55 *ad Januar.*, c. 19, n. 35). — Nous sommes déjà redevables à ce critique, de ce qu'il reconnaît que la plupart de nos *cérémonies* ont pris naissance au IIe et au IIIe siècle ; par là il relève la bévue de ceux qui ont soutenu que c'étaient des abus introduits dans les siècles d'ignorance qui ont suivi l'irruption des barbares. Il n'était pas possible de trouver plus tôt des vestiges de nos rites, puisqu'il nous reste très-peu de monuments du 1er siècle, et l'apôtre saint Jean a vécu jusqu'au commencement du IIe.

Nous n'opposerons pas aux conjectures de Mosheim l'attachement que les Eglises fondées par les apôtres, dans les différentes parties du monde, conservaient pour les leçons de leurs fondateurs, la profession que font les Pères les plus anciens de s'en tenir à ce que les apôtres avaient établi ; mais l'impossibilité d'introduire en même temps un nouvel usage dans l'Eglise de l'Egypte, de l'Arabie, de la Syrie, de la Perse, de l'Asie mineure, de la Grèce, de l'Italie, des Gaules, de l'Espagne et des côtes de l'Afrique : pendant les persécutions du IIe et du IIIe siècle, il y avait peu de relation entre ces sociétés différentes. Qui a pris la peine de les parcourir pour y introduire uniformément une nouvelle pratique ? Comment dans toutes les Eglises, très-éloignées les unes des autres, dont le langage, les mœurs, les préjugés, n'étaient pas les mêmes, ne s'en est-il trouvé aucune qui ait eu la constance et le bon esprit de vouloir s'en tenir à ce que les apôtres et leurs disciples immédiats avaient réglé ? Voilà ce qu'il faudrait d'abord expliquer. — Dans les écrits des Pères du IIe et du IIIe siècle, dans les ouvrages de nos apologistes, loin de trouver aucun vestige de condescendance pour les préjugés et les habitudes des Juifs ou des païens, nous voyons tout le contraire, une affectation marquée de la part de ces écrivains d'attaquer de front les idées et les notions du paganisme et du judaïsme, et d'y opposer celles que les chrétiens avaient reçues de Jésus-Christ et des apôtres. On peut comparer sur ce point les apologies de saint Justin, de Tertullien, de Minutius-Félix, d'Origène, etc.; on verra s'ils ont cherché à ménager les préjugés de leurs adversaires, afin de les gagner, et s'ils ont été tentés de les imiter en quelque chose. D'un côté, les protestants nous objectent le silence de ces écrivains touchant les *cérémonies* dont parlent les auteurs du IVe siècle ; de l'autre ils supposent que ce sont ces docteurs silencieux, ou leurs contemporains, qui les ont établies ; ils ont donc rougi d'apprendre aux païens ce que l'on faisait dans l'Eglise chrétienne par condescendance pour eux. — Nous convenons du goût général, non-seulement des Orientaux, mais de tous les peuples du monde, pour la manière d'enseigner symbolique et allégorique, pour les *cérémonies* majestueuses et instructives qui renferment un grand sens. De la même nous concluons que Jésus-Christ, les apôtres et leurs disciples, étaient trop sages pour retrancher aux hommes un aussi puissant moyen d'instruction. Ces symboles, disent nos adversaires, cet appareil extérieur plaisent aux ignorants ; cela est vrai, et en cela ils sont plus sensés que les prétendus savants qui les dédaignent et qui veulent les supprimer. Jésus-Christ et les apôtres n'ont-ils voulu instruire et convertir que des philosophes ? — Quant à la doctrine des pythagoriciens et des platoniciens du IIIe siècle, Mosheim pouvait remonter plus haut : il l'aurait vue dans les écrits des apôtres et des évangélistes. Ils nous apprennent que le démon a osé tenter Jésus-Christ lui-même ; que c'est lui qui tourmentait les possédés guéris par Jésus-Christ, et qui mit dans le cœur de Judas de trahir son Maître. Ils disent que cet esprit malin enlève la parole de Dieu du cœur de ceux qui l'écoutent ; qu'il tourne autour de nous comme un lion rugissant ; qu'il nous tend des embûches ; qu'il faut lui résister et le mettre en fuite, etc. Ces vérités suffisaient sans doute pour faire instituer des exorcismes et des bénédictions, pour inspirer aux chrétiens l'estime de la mortification, de la continence, de la chasteté, de la pénitence, sans qu'il fût besoin de consulter Pythagore ou Platon. Nous présumons que les Pères et les chrétiens du IIe et du IIIe siècle ont formé leur croyance sur les livres du Nouveau Testament, plutôt que sur la doctrine des philosophes païens. Quelques-uns de nos incrédules ont dit que les éclectiques ou nouveaux platoniciens avaient imaginé leur théurgie sur le modèle des *cérémonies* chrétiennes; d'autres, que ce sont les chrétiens qui ont imité cette théurgie; c'est sans doute Mosheim qui leur a suggéré cette idée : on doit le féliciter des disciples qu'il a formés. — Il a dû voir de même, dans les écrits des apôtres, les noms de *pontife*, de *prêtre*, de *sacerdoce*, d'*autel*, de *sacrifice*, de *victime*, etc. C'était à lui de prouver que les pasteurs de l'Eglise en ont abusé au IIe et au IIIe siècle, pour changer la vraie notion de l'eucharistie, pour s'arroger des pouvoirs, des droits, des privilèges, auxquels ils n'auraient pas dû prétendre.

Il dit que les personnes sensées et vertueuses furent indignées de la multiplication des *cérémonies*, et il cite le livre de Tertullien *de Creatione*; on ne trouve point ce livre prétendu parmi les écrits de Tertullien; il allègue, avec encore plus d'infidélité, le témoignage de saint Augustin. Ce saint docteur parle des *cérémonies* qui ne sont fondées ni sur l'autorité de l'Ecriture sainte, ni sur les décrets des conciles, ni sur l'usage de l'Eglise universelle, mais qui varient suivant les différents lieux, de manière que l'on ne peut découvrir les causes de leur institution; il est d'avis de les retrancher absolument, et il dit que le joug des rites judaïques est plus favorable que celui de ces inventions de la présomption humaine. Mais il dit qu'il ne faut ni rejeter ni blâmer, mais plutôt louer et imiter les pratiques dans lesquelles on voit les caractères opposés, et qui ne sont contraires ni à la foi, ni aux bonnes mœurs, mais qui peuvent servir à l'édification (*Epist.* 55 *ad Januar.*, ch. 18 et 19, n. 34 et 35). Voilà une doctrine bien différente de celle de Mosheim et des protestants. — Il allègue enfin, en troisième lieu, un trait de la vie de saint Grégoire Thaumaturge, dans laquelle il est dit que, voyant la multitude ignorante persévérer dans l'idolâtrie à cause des plaisirs sensuels et de la joie qui régnaient dans les fêtes des païens, il permit aux chrétiens *de se récréer et de se réjouir* dans les fêtes des martyrs, espérant que d'eux-mêmes ils en viendraient à une conduite plus grave et plus honnête. De là Mosheim conclut que saint Grégoire permit aux chrétiens *de danser*, *de jouer*, *de faire des festins* sur les tombeaux des martyrs le jour de leur fête, et de pratiquer *tout ce que les païens faisaient dans leurs temples* en l'honneur de leurs dieux (*Hist. ecclés. du* IIe *siècle,* IIe *partie,* c. 4, § 2). Si cela est vrai, saint Grégoire Thaumaturge permit encore aux chrétiens les spectacles du théâtre, l'ivrognerie et la prostitution ; puisque les païens faisaient tout cela dans leurs temples à l'honneur de leurs dieux. Est-il donc impossible *de se récréer et de se réjouir* d'une manière honnête, et sans aucun danger pour les mœurs ? Voilà comme, par des commentaires malicieux, les protestants calomnient les Pères de l'Eglise. — Nous ne répondrons rien au reproche qu'il fait aux évêques des siècles suivants, d'avoir multiplié de nouveau les *cérémonies* par un motif d'ambition, afin de s'attirer plus de considération et de respect de la part des peuples. Il ne coûte rien à la malignité de nos adversaires de prêter des motifs vicieux à ceux qui en ont d'ailleurs de très-louables.

Nos philosophes incrédules ne pouvaient manquer d'enchérir sur les reproches des hérétiques ; mais ils n'ont fait que suivre le chemin que ceux-ci leur avaient tracé. Ils disent qu'un culte aussi chargé de *cérémonies* et de pratiques extérieures que le nôtre, n'est pas l'adoration en esprit et en vérité que Jésus-Christ est venu établir, qu'il ressemble trop au judaïsme, qu'il ne convient qu'au peuple le plus grossier. Nous répondons que le culte en esprit et en vérité est celui qui est profondément gravé dans l'esprit et dans le cœur, et qu'il ne peut l'être que par l'entremise des sens. Celui des Juifs se bornait à l'extérieur, ne leur inspirait ni respect, ni reconnaissance, ni soumission à Dieu, ni charité pour leurs frères; c'est ce que Jésus-Christ leur a reproché. Tout homme, philosophe ou autre, qui ne veut point d'extérieur de religion, en a déjà d'avance abjuré les sentiments. Si Jésus-Christ avait aboli le culte extérieur, il serait venu pour rendre les hommes athées et incrédules. — Ils objectent que les *cérémonies* sont un piège d'erreur pour le peuple, qu'il y met sa confiance, leur attribue la vertu de purifier l'âme, est plus jaloux d'y satisfaire que de remplir les devoirs essentiels de la morale. Quand cet abus serait vrai, il prouverait la turpitude et la stupidité de l'homme, et non le danger des *cérémonies*. De deux maux, il faudrait encore choisir le moindre ; or, c'est un moindre mal que le peuple abuse quelquefois de l'extérieur de la religion, que s'il perdait tout sentiment de religion. Il est absurde de dire que les *cérémonies* sont faites pour le peuple, et que c'est pour lui un piège inévitable d'erreur; c'est supposer qu'il est né pour être trompé. Mais le peuple rend aux philosophes le mépris qu'ils ont pour lui ; en dépit de leur sagesse sublime, le peuple sent très-bien que la piété consiste, non dans les gestes, mais dans les sentiments, de même que l'humanité consiste dans les affections et les services, et non dans les dehors de la politesse. — D'autres plus entêtés ont soutenu que nos *cérémonies* sont un reste du paganisme, qu'il n'y a aucune différence entre les rites du christianisme et la théurgie des païens. C'est une vieille objection des manichéens (Saint Augustin, *contra Faustum*, l. XX, c. 4 et 21). Nous soutenons au contraire que l'emploi des *cérémonies* au culte du vrai Dieu est la restitution d'un vol fait par les païens. La vraie religion est plus ancienne que les fausses, elle a droit de revendiquer les rites que ses rivales ont profanés. Faut-il nous abstenir de prier Dieu, parce que les païens ont prié Jupiter et Vénus, ni plus nous mettre à genoux, parce qu'ils se sont prosternés devant des idoles?

Les protestants eux-mêmes ont retenu des *cérémonies* les assemblées de religion et le chant; le baptême, qui est une purification ou une lustration; la cène, qui est un repas religieux; des fêtes, des jeûnes solennels, l'imposition des mains, les obsèques pour les morts; ils se mettent à genoux pour prier, quelques-uns font le signe de la croix : les païens ont observé presque tous ces rites ; sont-ce des restes de paganisme ?

Quand on nous dit que notre culte extérieur est un reste de judaïsme, nous répondons que le judaïsme lui-même était un reste de la religion des patriarches; que celle-ci venait d'Adam, et de Dieu qui la lui avait enseignée. — Il n'y a pas plus de ressemblance entre la théurgie païenne et le culte de l'Église, qu'entre l'impiété et la religion. Un théurgiste prétendait, par le moyen des rites qu'il avait imaginés, forcer les génies ou démons qu'il adorait à faire des miracles, à lui dévoiler l'avenir, etc. Un prêtre emploie, non des *cérémonies* dont il est l'auteur, mais que Dieu lui-même a instituées; loin de commander à Dieu, il sait que Dieu lui défend d'y rien mettre du sien; il ne demande pas à Dieu des miracles, encore moins des connaissances prophétiques, mais les grâces que Dieu a promises aux fidèles.

Enfin, ceux qui disent que les *cérémonies* ont été établies pour l'intérêt des prêtres, se persuadent sans doute que, les quatre premiers siècles de l'Eglise, il y avait des droits casuels attachés à chacune des fonctions du sacerdoce. Ils ne savent pas, ou ils oublient que ces droits n'ont commencés à s'établir qu'au xe siècle ou plus tard, lorsque le clergé eut été dépouillé de ses possessions par les seigneurs qui s'en emparèrent. C'est ainsi que l'ignorance décide de tout sans réflexion. *Voy.* CULTE, LITURGIE, SUPERSTITION, THÉURGIE, [SACREMENTS].

CÉRÉMONIES JUDAÏQUES. *Voy.* LÉVITIQUE, LOIS CÉRÉMONIELLES.

CÉRINTHIÉNS, hérétiques du Ier et du IIe siècle. Leur chef fut Cérinthe, juif de nation ou de religion, qui, après avoir étudié la philosophie dans l'école d'Alexandrie, parut dans la Palestine, et répandit ses erreurs principalement dans l'Asie Mineure.

Quelques anciens, surtout saint Epiphane, ont cru que Cérinthe était un de ces Juifs zélés pour la loi de Moïse, qui voulaient y assujettir les Gentils, qui trouvèrent mauvais que saint Pierre eût instruit et baptisé le centurion Corneille, qui troublaient l'Eglise d'Antioche par leur obstination à garder les cérémonies légales, qui décriaient l'apôtre saint Paul, parce qu'il exemptait de ces cérémonies ceux qui n'étaient pas nés Juifs; mais il paraît qu'en cela saint Epiphane a confondu les *cérinthiens* avec les ébionites. — Il est plus naturel de s'en rapporter à saint Irénée, qui est plus ancien. Selon ce qu'il dit, Cérinthe ne parut que sous le règne de Domitien, vers l'an 88, et fut connu de l'apôtre saint Jean, qui écrivit son Evangile pour le réfuter.

Cérinthe, conformément aux idées de Platon, croyait que Dieu n'avait pas créé l'univers immédiatement par lui-même, mais qu'il avait produit des esprits, des intelligences ou génies, plus ou moins parfaits les uns que les autres; que l'un de ceux-ci avait été l'artisan du monde; que tous le gouvernaient et en administraient chacun une portion. Il prétendait que le Dieu des Juifs était un de ces esprits ou génies, qu'il était l'auteur de leur loi, et des divers événements qui leur sont arrivés. Il ne voulait pas que l'on abolît entièrement cette loi; il pensait qu'il fallait en conserver plusieurs choses dans le christianisme. — Il prétendait que Jésus était né de Joseph et de Marie, comme les autres hommes, mais qu'il était doué d'une sagesse et d'une sainteté fort supérieures; qu'au moment de son baptême, le Christ, ou le Fils de Dieu était descendu sur lui en forme de colombe, lui avait révélé Dieu le Père, jusqu'alors inconnu, afin qu'il le fît connaître aux hommes, et lui avait donné le pouvoir de faire des miracles; qu'au moment de la passion de Jésus, le Christ s'était séparé de lui pour retourner auprès du Père, que Jésus seul avait souffert, était mort, était ressuscité; mais que le Christ, pur esprit, était incapable de souffrir. Ces erreurs sont les mêmes que celles de Carpocrate; mais il paraît que les disciples de Cérinthe y en ajoutèrent d'autres dans la suite.

On croit encore qu'il fut l'auteur de l'hérésie des millénaires; qu'il supposait qu'à la fin du monde Jésus-Christ reviendrait sur la terre pour y exercer sur les justes un règne temporel pendant mille ans; que pendant cet intervalle les saints jouiraient ici-bas de toutes les voluptés sensuelles. C'est ce qui donna lieu à quelques anciens d'attribuer à Cérinthe le livre de l'Apocalypse, dans lequel ils croyaient trouver ce prétendu règne de mille ans; d'autres ont cru que Cérinthe avait composé une Apocalypse différente de celle de saint Jean, et y avait enseigné cette rêverie.

Il est essentiel de remarquer que Papias et les autres Pères anciens qui ont aussi admis un règne temporel de Jésus-Christ pendant mille ans, ne l'ont jamais conçu comme Cérinthe; ils n'ont jamais cru que les saints goûteraient sur la terre des voluptés sensuelles, mais des délices purement spirituelles, telles qu'elles conviennent à des corps ressuscités, glorieux, affranchis des besoins de la nature. Les incrédules qui ont attribué aux anciens Pères le *millénarisme* de Cérinthe, ont voulu en imposer aux ignorants. *Voy.* MILLÉNAIRES.

Les opinions de cet hérétique donnent lieu à des remarques importantes. 1° Voilà un philosophe formé à l'école de Platon, qui, loin d'admettre en Dieu une *trinité*, n'y admet pas seulement une *dualité*, ne suppose point le Fils de Dieu égal à son Père, mais le regarde comme une créature : comment les anti-trinitaires ont-ils osé soutenir que le mystère de la Trinité était un dogme sorti de l'école de Platon ? Quand on connaît les principes de ce philosophe, on est convaincu qu'il n'a jamais pensé à supposer une trinité en Dieu. 2° Cérinthe ne s'est point laissé subjuguer par les apôtres ; il a été leur adversaire ; cependant, loin d'attaquer le témoignage qu'ils ont rendu des miracles de Jésus-Christ et de sa résurrection, Cérinthe le confirme, convient de ces faits essentiels, tâche d'en rendre raison par le pouvoir surnaturel communiqué à Jésus : les incrédules viendront-ils encore dire que ces faits n'ont été crus que longtemps après, lorsqu'on ne pouvait plus les vérifier, et par des hommes simples et ignorants qui ne se sont pas donné la peine de rien examiner. 3° Il faut que Jésus-Christ ait enseigné clairement et formellement qu'il était le Fils de Dieu ; s'il n'était question que d'une filiation métaphorique et par adoption, Cérinthe n'aurait pas eu tort de l'entendre comme il a fait ; cependant il a été regardé comme hérétique, et réfuté par saint Jean. De quel front les sociniens et leurs adhérents, Locke, Bury, etc., ont-ils osé soutenir que pour être chrétien, il suffisait de croire que Jésus-Christ était le Messie, l'envoyé de Dieu ; que le titre de *Fils de Dieu* ne signifie rien autre chose, etc. ?

Nous ne pouvons pas douter que saint Jean n'ait composé son Évangile pour réfuter Cérinthe, comme le dit saint Irénée, l. II, c. 11. L'Apôtre attaque de front cet hérétique, en commençant sa narration. Il dit : *Au commencement était le Verbe, il était en Dieu et il était Dieu.... tout a été fait par lui, et rien n'a été fait sans lui.* C'est donc une erreur d'enseigner, comme Cérinthe, que le Créateur du monde n'est pas Dieu lui-même, mais un vertu, une intelligence, un esprit distingué de Dieu, inférieur à Dieu, et qui ne connaissait pas Dieu (Saint Irénée, liv. I, c. 26). Selon saint Jean, ce Verbe était la vie et la lumière de tous les hommes ; il n'a cessé de les éclairer, quoiqu'il n'ait pas été connu ; il a toujours été dans le monde, et il y est venu comme dans son propre domaine, quoiqu'on n'ait pas voulu le recevoir. Il n'est donc pas vrai que le monde ait été gouverné par des génies subalternes, par des esprits créés, comme le prétendaient Cérinthe et Carpocrate ; c'est ce même *Verbe qui s'est fait chair*, qui a vécu et conversé avec les hommes, et c'est le *Fils unique du Père* ; c'est lui-même qui nous l'a fait connaître. Il est donc faux que Jésus et le Christ soient deux personnages différents, etc.

Il ne paraît pas que la secte des *cérinthiens* ait subsisté fort longtemps, il n'en est plus question depuis Origène ; probablement elle se fondit dans quelqu'une des autres sectes du II° siècle.

Mosheim (*Hist. christ.*, sæc. I, § 78, et *Instit. maj.*, II° part., c. 5, § 16) s'est attaché à donner un plan suivi et un système raisonné des erreurs de Cérinthe ; mais il nous paraît faire un peu trop d'honneur à cet hérétique et aux autres sectaires du II° siècle, puisqu'il est prouvé que tous étaient très-mauvais raisonneurs. Il ne peut pas se persuader que Cérinthe ait prétendu que les voluptés sensuelles auraient lieu dans le règne de Jésus-Christ sur la terre, pendant mille ans. Comment ce docteur, dit-il, aurait-il pu donner dans cette idée grossière, lui qui rendait témoignage de la sainteté éminente, et des vertus de Jésus-Christ ? Mais outre qu'il n'y avait aucune absurdité à supposer que Dieu n'exigeait pas des justes une vie aussi pure et aussi sainte que celle de Jésus-Christ, une simple probabilité ne suffit pas pour accuser les Pères d'avoir voulu rendre Cérinthe odieux, afin de détourner les fidèles de l'erreur des millénaires dont il était l'auteur. Ce soupçon ne s'accorde guère avec la prétention des autres protestants, qui disent que tous les Pères des premiers siècles ont été prévenus de cette erreur.

CERTITUDE. Nous laissons aux philosophes le soin de distinguer les différentes espèces de *certitude*, d'en établir les règles, de répondre aux objections des sceptiques et des pyrrhoniens (1). La seule question qui

(1) Il y a quelques années, une nouvelle école de philosophie avait essayé de donner de nouveaux fondements à la certitude : elle avait surtout en vue des intérêts religieux. D'après son système, la théologie devait nécessairement être fondée sur d'autres bases ; les arguments devaient procéder d'une autre source et être appuyés uniquement sur le *sens commun*. L'auteur des Notes de l'édition de Besançon (1826) avait eu soin dans toutes les occasions de surcharger le Dictionnaire de Bergier de notes puisées dans les livres des plus grands maîtres de la nouvelle école. Ce système de certitude est jugé aujourd'hui et rejeté par les hommes les plus sages. Il a été condamné par la bulle que nous avons citée dans notre *avertissement*. Mgr Doney, dans son édition de Bergier, n'a pas entièrement purgé la première édition de Besançon des mauvais principes qu'elle renferme. Nous allons donner sur la certitude quelques notions qui nous paraissent plus exactes.

Notre faculté de connaître, dont il faut avant tout, comme on le démontre en philosophie, admettre l'infaillibilité, en supposant toutefois qu'elle soit dirigée convenablement, a à sa disposition trois moyens naturels pour s'appliquer à la recherche de la vérité : ce sont l'observation dans l'espace, la contemplation interne ou le raisonnement, le témoignage des hommes. Ces trois moyens nous mènent à la connaissance de trois ordres de faits, qui sont les faits physiques entendus dans toute la généralité du terme, les faits psychologiques ou intellectuels, et les faits historiques. L'appréciation des faits de chacun de ces trois ordres doit avoir lieu selon certaines règles, qui sont la garantie nécessaire de la certitude.

Outre ces moyens, qui, bien appliqués, conduisent à la certitude spéculative et naturelle, notre faculté de connaître a la ressource de l'autorité, qui détermine une certitude surnaturelle et pratique, laquelle est ou dogmatique ou morale, selon qu'elle a pour objet la croyance ou les mœurs. Nous ne pouvons nous occuper de certitude surnaturelle avant d'avoir établi soit l'existence de l'autorité, qui en est le fondement, soit l'institution des moyens employés

regarde directement les théologiens, est de savoir si les règles de *certitude* sont applicables aux faits surnaturels comme aux autres; si nous pouvons être aussi certains d'un miracle que nous le sommes d'un fait naturel, si les mêmes preuves, qui suffisent pour nous convaincre de l'un, ne sont pas suffisantes pour nous faire croire l'autre.

par elle pour parvenir à ses fins. Nous ne parlerons donc maintenant que de la certitude naturelle.

On admet communément trois sortes de certitude : la certitude physique, la certitude métaphysique et la certitude morale, auxquelles correspondent, dit-on, des vérités de trois ordres, c'est-à-dire des vérités physiques, des vérités métaphysiques et des vérités morales. Quiconque a réfléchi, a reconnu sans grand effort que les métaphysiciens sont inconséquents en ce qu'ils attachent aux expressions *certitude morale*, *ordre moral*, *vérités morales*, des sens bien différents. Ils entendent ordinairement par *certitude morale* celle qui est fondée sur le témoignage des hommes, lequel a principalement pour objet la constatation de faits sensibles, appartenant par conséquent à l'ordre physique. Ils rangent au contraire dans l'*ordre moral*, dans la catégorie des *vérités morales*, tout ce qui concerne la règle des mœurs et sont nécessairement de l'ordre physique. On voit en outre qu'ils confondent le *vrai* avec le *bien*, la certitude spéculative avec la certitude pratique. Il résulte de toutes ces incohérences une confusion d'idées qui ne peut amener aucun résultat logique. Encore, qu'entendent-ils par *certitude métaphysique*, *ordre métaphysique*, *vérités métaphysiques ?* « On nomme certitude métaphysique, dit l'abbé Para du Phanjas (*Philos. de la relig.*, prem. part., prem. section, 24), celle dont l'objet a une immutabilité absolue et essentielle, à laquelle il est impossible qu'un miracle même déroge. » Cela ne caractérise rien. La loi par laquelle Dieu veut être aimé de ses créatures raisonnables n'a-t-elle point une *immutabilité absolue ?* Cependant elle appartient à l'ordre moral. La loi de l'ordre, qui régit le monde visible, ne rentre-t-elle pas dans l'ordre physique ? Cependant elle est d'une *immutabilité absolue ;* puisque Dieu ne pourrait vouloir le désordre, ou créer pour une autre fin que pour sa gloire. D'un autre côté, combien d'assertions scientifiques ne sont point armées de cette *immutabilité absolue*, et sont cependant classées dans l'*ordre métaphysique ?* Et même nous mettrons à découvert plus tard la faiblesse des principaux arguments dits *métaphysiques*. Nous le répétons donc : la *certitude métaphysique*, l'*ordre métaphysique* ne caractérisent rien. Aussi M. Cauchy, un des premiers mathématiciens et des meilleurs esprits de notre époque, a-t-il substitué l'*ordre intellectuel* à l'*ordre métaphysique* dans son célèbre *Mémoire sur l'accord des théories mathématiques et physiques avec la véritable philosophie* (Compte-rendu, séance du 14 juillet 1845).

Nous avons fondé trois ordres de vérités, ou, si l'on aime mieux, trois ordres de faits, sur nos trois moyens naturels de connaître : sur ces trois ordres nous établissons trois sortes de certitudes, qui sont la certitude sensible ou physique, la certitude intellectuelle ou psychologique, et la certitude testimoniale ou historique. Recherchons quelles sont les règles au moyen desquelles on peut juger que les faits ont le caractère de la certitude.

Certitude physique. Les faits physiques, sont constatés par l'observation des diverses parties du monde visible. Dans l'observation directe, pour donner toujours la certitude, il est quelquefois nécessaire, soit de faire usage de plusieurs sens et des meilleurs instruments, soit de réitérer les expériences. Selon la règle suivie généralement par l'Académie des sciences, un fait n'est réputé certain et acquis à la science que quand il a été certifié par des savants autres que ceux qui les premiers en ont annoncé la découverte. Dans l'observation indirecte, on a la certitude qu'on se base sur une analogie réelle, ou sur des ressemblances bien constatées, dont on déduit des conséquences rigoureuses. A plus forte raison a-t-on la certitude, quand l'analogie est fondée sur l'identité de causes ou d'effets, c'est-à-dire, en dernière analyse, sur la constance des lois de la nature.

Voyons comment, en bonne physique, nous devons entendre cette constance des lois de la nature. La seule propriété qui soit essentielle à la matière, ou au point matériel, à l'atome, c'est l'inertie, qui la rend incapable par elle-même de changer son état de repos ou de mouvement. Pour changer cet état, pour imprimer à un point matériel une vitesse qu'il n'avait pas, ou pour modifier, soit en grandeur, soit en direction la vitesse acquise, il faut appliquer une force au point dont il s'agit. Mais la force appliquée au point matériel n'aurait pu ne pas l'être ; dans ce cas il aurait été abandonné à son inertie. Aussi, dans le bel ouvrage qui a pour titre *Philosophiæ naturalis Principia mathematica* (Lib. III *Regulæ philosophandi*), Newton a-t-il dit expressément : *Gravitatem corporibus essentialem esse minime affirmo*, je n'affirme nullement que la gravitation soit essentielle aux corps. Si les corps sont doués de mouvement, s'ils sont assujettis à des lois constantes, comme il n'y a point d'effet sans cause, il faut en conclure qu'ils obéissent à une force impulsive et directrice qui est l'attribut d'un être immatériel. Il nous est inutile pour le présent de rechercher où réside la cause première de cette force, *il nous suffit* de constater que ce n'est point en l'homme. La gravitation universelle, la pesanteur des corps à la surface de la terre, les forces électriques et magnétiques, les actions et réactions moléculaires sont des forces physiques permanentes, qui subsistent sans nous et même malgré nous, que nous pouvons quelquefois mettre en œuvre, ou opposer les unes aux autres, mais qui sont indépendantes de notre volonté. Il en est de même à plus forte raison de la force vitale, dont sont doués tous les êtres organisés, et de la force non moins mystérieuse de l'instinct chez les animaux, chez l'homme lui-même. Mais si l'être essentiellement immatériel, et évidemment supérieur à tous ceux que nous pouvons observer, suspendait ou modifiait d'une manière quelconque, et par rapport à un être quelconque, l'action de sa force, qui n'est que l'expression de sa volonté, il en résulterait nécessairement un dérangement, une anomalie plus ou moins considérable dans l'application des lois générales de la nature. Il s'ensuit donc que la constance de ces lois n'a rien d'absolu, et qu'elle est sous la dépendance de la volonté d'un être immatériel quelconque, supérieur à l'homme lui-même. Par conséquent, la certitude physique, même fondée sur les faits les plus généraux et les plus sensibles, est purement hypothétique, et toute affirmation dans l'ordre physique est subordonnée à cette condition : *positis naturæ legibus*, supposé que les lois ordinaires de la nature aient leur cours. En voilà autant qu'il en faut, je pense, pour démontrer scientifiquement, et d'une manière rigoureuse, la possibilité des miracles dans l'ordre physique : c'est le but que je m'étais proposé.

Certitude intellectuelle ou psychologique. Les faits psychologiques sont tous acquis, quoique de diverses manières, dont nous n'avons point à nous occuper. Descartes, lui-même, réputé le père des idées innées, a avoué que la seule faculté d'en acquérir est innée. Voici comment il s'explique au sujet de l'idée de Dieu : « Quand j'ai dit que l'idée de Dieu

Malgré la multitude des sophismes par lesquels les incrédules ont embrouillé cette question, il nous paraît évident, 1° que, par le sentiment intérieur, un homme sensé peut est naturellement en nous, je n'ai jamais entendu.... sinon que la nature a mis en nous une faculté par laquelle nous pouvons connaître Dieu ; mais jamais je n'ai écrit ni pensé que telles idées fussent actuelles, etc. » (Tom. I, Lett. xcix). Les prétendues idées innées de certains philosophes sont tout simplement des notions révélées qu'ils ont puisées au sein de la société chrétienne, et dont ils ne peuvent se rendre compte par leurs moyens naturels. L'incrédulité ou le défaut de logique peut seul engendrer des idées innées. Nous avons toujours la certitude subjective de nos pensées, attendu que notre âme ne peut pas plus douter de ses modifications que de sa propre existence. Quant à la certitude objective, elle existe partout où se trouve l'évidence, comme dans les axiomes, les propositions mathématiques, les rigoureuses déductions logiques basées sur des prémisses certaines, les inductions légitimes de vérités bien reconnues. En résumé, on a la certitude objective dans l'ordre intellectuel toutes les fois que l'on peut appliquer la règle infaillible du principe d'identité : *Ce qui est, est* ; ou celle du principe de contradiction, qui en est un corollaire : *Le même objet ne peut tout à la fois être et n'être pas*. Dans cet ordre de faits, l'analogie n'engendre, la plupart du temps, qu'une probabilité plus ou moins grande : il en est de même de l'induction. Comme toute science de raisonnement est basée sur l'abstraction, il importe de généraliser sur des rapports bien établis, et de vérifier l'harmonie des diverses parties d'un tout au moyen de la synthèse.

L'homme aime la science, non-seulement pour sa propre satisfaction, mais pour la communiquer à ses semblables ; et c'est une vérité de l'ordre psychologique fondée incontestablement sur l'expérience de tous les siècles, qu'il éprouve le besoin de faire part de tout ce qu'il a appris lui-même, soit pour autrui, surtout s'il le trouve extraordinaire. C'est qu'il *y a dans la vérité évidemment connue*, dit Para du Phanjas (*Philos. de la relig.*, 1re part., sect. 1re, 26), *une force qui nous incline à lui accorder notre suffrage ; et que nous ne trahissons la vérité connue, en faveur du mensonge, que quand notre âme est dominée par quelque passion déréglée*. Il s'ensuit qu'en général nous pouvons accroître notre science à l'aide des connaissances de nos semblables. Mais, dans l'ordre psychologique, ce moyen de connaître, considéré en lui-même, ne peut induire qu'à une certaine probabilité ; à moins que les faits intellectuels enseignés ne soient de nature à devenir évidents pour tout le monde, comme sont, par exemple, des découvertes en mathématiques.

Les connaissances de l'homme, quoique pouvant s'étendre très-loin, ont cependant leurs limites. Il peut prédire les positions des astres plusieurs milliers d'années d'avance ; mais il ne lui est point donné de prévoir des effets qui n'ont aucune connexion avec des causes déjà existantes et connues. Ainsi, il ne peut naturellement connaître d'avance les futurs contingents, lesquels dépendent d'une volonté libre, à laquelle il ne faut qu'un instant pour se déterminer à la production de tel ou tel acte. De même, il ne peut naturellement rétrograder dans le passé, pour y voir des événements qui dépendaient d'une volonté libre, et qui n'ont aucune liaison rigoureuse avec des phénomènes actuellement constatables. Dans le présent même, il ne lui est *ordinairement* point donné d'observer à distance en dehors des limites naturelles de l'action de ses sens. A plus forte raison les pensées et les sentiments purement internes de ses semblables lui sont-ils tout à fait étrangers *dans son état normal*. Mais nous avons dit, en traitant de la certitude physique, que la matière, essentiellement inerte, ne peut tenir que d'un être immatériel, supérieur à l'homme, les diverses forces dont elle est douée ; d'où il suit qu'un tel être dispose la matière selon sa volonté. Cela posé, un être immatériel qui aurait déterminé dans le passé, ou qui déterminerait dans le présent, ou qui se proposerait de déterminer dans l'avenir certaines combinaisons de mouvements qui donnassent lieu à des phénomènes quelconques, ne pourrait-il pas en instruire un ou plusieurs hommes ? N'a-t-il pas, pour obtenir cette fin, plusieurs moyens à sa disposition ? D'abord il lui est facile, au moyen de déplacements, d'arrangements et de simples mouvements de molécules matérielles, d'agir sur les organes des sens, de faire voir et entendre ce qu'il veut, et même de modifier tout simplement les nerfs optiques ou acoustiques comme ils le seraient pour la vue de certains objets ou par l'audition de certains sons. Ensuite, ne peut-il pas communiquer directement avec l'âme humaine ? L'homme a aussi à sa disposition certaines forces qu'il dirige à son gré, ce qui prouve qu'il y a en lui un être de même nature que celui ou ceux qui produisent des résultats analogues, indépendants de sa volonté. Or, quelle répugnance y a-t-il à ce que des êtres actifs communiquent directement entre eux ? De plus, il est certain que les forces de l'homme ne sont que des forces communiquées, puisqu'il y en a en lui qui sont absolument indépendantes de sa volonté, et que celles dont il peut disposer s'affaiblissent et se perdent. Mais comment nier que l'être immatériel qui lui prête temporairement des forces, puisse communiquer directement avec lui ? Pourquoi ne pourrait-il pas aussi communiquer successivement et même simultanément avec plusieurs âmes humaines, et faire connaître aux unes les modifications des autres ? De tout cela nous sommes en droit de conclure rigoureusement que l'homme peut être instruit extraordinairement de choses qu'il ne lui est pas ordinairement donné de connaître, et que, par conséquent, le miracle est possible dans l'ordre psychologique, et dans beaucoup de cas au même titre qu'il l'est dans l'ordre physique. D'après ces données, on conçoit très-bien qu'il puisse exister des prophètes, révélateurs du passé, du présent et de l'avenir, et qu'un miracle a la même valeur dans le système de Houtteville dans le sentiment commun : seulement, il est de l'ordre psychologique, au lieu d'être de l'ordre physique. Les métaphysiciens rapportent ordinairement à l'ordre moral les miracles de l'ordre psychologique, qui ont pour objet l'illumination extraordinaire de l'intelligence ; c'est peu rationnel. Pour nous, nous ne reconnaissons de miracles dans l'ordre moral que ceux qui ont pour résultat des effets extraordinaires de la grâce, comme par exemple la détermination subite au bien d'une volonté longtemps rebelle au devoir. Mais, comme nous l'avons déjà dit, l'ordre moral sort de celui des vérités connues naturellement, et nous n'avons point encore acquis le droit d'en traiter.

L'existence de la force, et surtout celle de la force vitale, démontre incontestablement l'existence d'un ou de plusieurs êtres immatériels. Nous avons vu aussi que ces êtres peuvent communiquer, même directement, avec les êtres immatériels humains, et leur faire connaître des événements soit passés, soit présents, soit futurs. Ces mêmes êtres, qui communiquent aux hommes la vie et la force, et qui, par conséquent, doivent connaître les relations mystérieuses des êtres immatériels avec les matériels, per-

Christ, avait cette certitude métaphysique de l'impuissance dans laquelle il avait été de marcher et de se mouvoir, du pouvoir qu'il en avait reçu de Jésus-Christ, et dont il faisait actuellement usage, du passage subit qu'il avait fait du premier de ces états au second, sans remèdes, sans préparatifs, sans y avoir contribué lui-même en rien : ici l'illusion ne peut avoir lieu. Que ce passage ou ce changement fût surnaturel et miraculeux, c'est une conséquence évidente qu'il pouvait tirer, sans craindre d'y être trompé ; il n'est çoivent aussi indubitablement, soit dans leur être propre, soit dans d'autres, des rapports inconnus aux êtres qui leur sont inférieurs. Ainsi, l'on conçoit qu'ils puissent instruire l'homme de bien des choses qui existent en dehors de sa sphère, et qu'il ne comprenne pas, faute de moyens termes, qu'il ne saurait trouver dans l'ordre de ses propres connaissances. On doit conclure de là qu'il peut y avoir des mystères pour l'homme dans l'ordre psychologique, comme il y en a dans l'ordre physique.

Certitude testimoniale ou historique. Tous les faits constatables par le témoignage des hommes sont de l'ordre historique. Considérés sous le rapport de leur origine, c'est-à-dire dans le temps même où ils ont été constatés, il sont nécessairement physiques ou psychologiques. Avant de faire connaître les conditions particulières dont doivent être revêtus les faits historiques de diverses sortes pour être admis avec certitude, nous posons en principe général que tous, sans exception, doivent être jugés possibles avant d'être crus (a). Il est difficile de concevoir en effet que l'on croie des phénomènes sensibles ou des manifestations de rapports que l'on regarderait comme impossibles. Cependant, le motif de notre croyance ne peut être la possibilité des faits, laquelle n'est qu'une note négative de leur vérité. Il faut de plus, pour déterminer notre assentiment, que la réalité en soit convenablement constatée. Nous avons démontré scientifiquement et rigoureusement la possibilité soit des miracles, tant de l'ordre physique que de l'ordre psychologique, soit des mystères eux-mêmes. Quand donc des faits quelconques seront établis sur des témoignages jugés suffisants par des esprits sages, et d'un caractère tel que leur récusation consacrerait le pyrrhonisme historique, on ne sera pas en droit d'opposer à leur crédibilité leur qualité soit de miraculeux, soit de mystérieux. D'autant plus que les faits de cette sorte n'ont pas besoin, pour être incontestables, d'être prouvés par d'autres moyens que par les moyens ordinaires. En effet, les faits miraculeux, comme par exemple la résurrection d'un mort, la guérison d'un malade, ne sont jugés tels par ceux qui les observent qu'en vertu d'une induction : ils voient le même individu dans l'état de mort ou de maladie, puis un instant après dans l'état de vie ou de santé ; et de la prompte succession de ces deux états, constatables par les moyens ordinaires de connaître, ils concluent qu'il y a eu résurrection ou guérison miraculeuse. Il est clair, d'après ces données, que des témoignages humains ordinaires pourront garantir la certitude de toutes sortes de faits.

Toutefois, il y a cette différence entre la constatation faite par des témoins contemporains, des faits physiques, et celle des faits psychologiques, que les premiers sont réputés vrais sur la foi du simple témoignage, tandis que les seconds sont seulement rapportés avec certitude à leurs véritables auteurs, sans aucune garantie de leur vérité. Si ces auteurs relatent des faits psychologiques auxquels ils donnent l'autorité divine, il faut, pour être crus, ou qu'ils en rapportent à l'appui de leurs doctrines des miracles divins convenablement attestés, ou qu'ils en opèrent eux-mêmes devant des témoins. En tout cas, il faut que le témoignage historique nous offre ces garanties de l'origine divine des faits psychologiques communiqués, pour que l'autorité en soit incontestable. Ainsi, en dernière analyse, le témoignage historique transmis porte immédiatement sur des faits physiques et médiatement seulement sur des faits psychologiques.

Il importe surtout d'examiner si les faits testimoniaux ou de l'ordre historique sont susceptibles de certitude, et dans quels cas on peut y ajouter foi sans craindre de se tromper. Les faits qui sont l'objet du témoignage des hommes sont de deux sortes si on les considère sous le rapport du temps : les uns sont contemporains, et les autres passés. Comme ces sortes de faits sont essentiellement basés sur la liberté humaine, mobile de sa nature et inconstante, ils ne portent pas sur un fonds aussi solide que ceux des ordres physique et psychologique, qui reposent immédiatement sur la conscience ou faculté de connaître. Aussi, n'engendrent-ils le plus souvent qu'une probabilité plus ou moins grande, motivée tant sur notre propre expérience que sur la manière d'agir de nos semblables. Cette probabilité suffit dans l'usage de la vie et dans le cours des affaires de la société ; aussi, le calcul des probabilités, qui touche à presque toutes nos connaissances, en est le supplément nécessaire dans une multitude d'occasions.

Cependant, il est des cas dans lesquels tout homme qui réfléchit sent le besoin d'avoir la certitude dans l'ordre historique ; c'est surtout quand il s'agit de croyances religieuses, que l'on dit être fondées sur le témoignage des hommes. Il faut alors, pour adhérer prudemment à telle ou telle religion, donnée par ses sectateurs comme l'expression de la volonté divine, que l'homme ait des motifs suffisants de croire à la vérité du témoignage. Nous savons par expérience, ainsi que nous l'avons vu en traitant de la certitude psychologique, que l'homme, par amour pour la vérité, aime à communiquer à ses semblables tout ce qu'il sait, et qu'il ne manque pas de le faire, surtout quand la chose est extraordinaire et importante, lorsqu'aucune passion ne le domine assez pour le porter au mensonge. Si donc un témoignage est revêtu de conditions telles, que les contemporains qui l'ont rendu n'aient pu être trompés dans l'appréciation des faits qui en sont l'objet, et ne puissent être supposés avoir voulu tromper leurs semblables, on doit prudemment y ajouter foi, sous peine de n'admettre jamais que ce que l'on sent ou perçoit soi-même, ce qui serait le comble du ridicule, et anéantirait tout ordre social. Or, il est des témoignages revêtus de conditions qui offrent cette garantie suffisante.

Ces conditions sont, suivant Para du Phanjas (*Phil. de la relig.*, 1re part., sect. 1re, 27), 1° un nombre suffisant de témoins ; 2° la gravité des témoins ; 3° leur droiture bien reconnue ; 4° la constance et la persévérance dans les témoignages ; 5° l'accord et l'unanimité morale dans les mêmes témoignages ; 6° la possibilité (nous l'avons, comme on sait, exigée avant tout) et la sensibilité dans l'objet des témoignages. L'abbé de Prades (*Encycl. méth.*, art. *Certitude*) veut que les témoins soient opposés de passions et d'intérêts : cette condition donne au témoignage un nouveau degré de force, mais elle n'est point nécessaire pour constituer la certitude historique

---

(a) S'il s'agit des faits rapportés dans les monuments sur lesquels la religion chrétienne est fondée, il est clair que nous n'exigeons la reconnaissance préalable de la possibilité, que des philosophes qui veulent suivre une méthode rationnelle pour établir leur croyance.

pas nécessaire d'être philosophe, médecin ou naturaliste, pour le sentir.

On aura beau dire qu'il y a des rêves d'imagination qui font sur nous la même impression que les faits réels ; que plusieurs personnes saines se sont crues malades, que plusieurs malades se croient guéris sans l'être : il n'est arrivé à personne de rêver pendant trente-huit ans qu'il était paralytique, ou de croire qu'il marchait pendant qu'il était dans l'impuissance de se mouvoir. Entreprendra-t-on de nous prouver que jamais nous ne sommes absolument certains si nous sommes sains ou malades, impotents ou valides ? — 2° Ceux qui avaient vu ce paralytique pendant trente-huit ans, qui avaient aidé à le porter et à le mouvoir, qui le voyaient marcher et emporter son grabat, étaient, par le témoignage de leurs sens, *physiquement* certains de ces mêmes faits. L'illusion ne pouvait pas plus avoir lieu pour eux que pour le malade même. Un homme ne peut tromper tous les yeux, pendant trente-huit ans, par une paralysie feinte ; les yeux d'une multitude d'hommes ne peuvent être fascinés au point de leur faire croire qu'un homme marche et agit pendant qu'il est immobile, ou de leur faire prendre à tous, pour un même homme, deux hommes différents. Où en serions-nous ? la société pourrait-elle subsister, si le témoignage de nos yeux, sur des faits aussi palpables, n'était pas physiquement certain, et pouvait nous induire en erreur ? — On peut nous étonner un moment par des dissertations sur les artifices des fourbes, sur les prestiges des jongleurs, sur la ressemblance des visages, etc. Sans aucun effort de logique, nous sentons que les prestiges ne peuvent nous en imposer au point de nous rendre incertains si un homme, avec lequel nous vivons habituellement, est toujours lui-même et non un autre. — Ces témoins oculaires étaient donc certains *du miracle*, par le même raisonnement évident que faisait le paralytique. — 3° Le témoignage réuni de cette multitude de témoins oculaires donnait à ceux qui n'avaient pas vu le miracle ni le paralytique une *certitude morale* complète de ces mêmes faits. Ils sentaient qu'un grand nombre de témoins, qui n'avaient aucune part ni aucun intérêt à ce miracle, ne pouvaient avoir formé entre eux le complot de tromper leurs concitoyens, pour le seul plaisir de mentir ; que tous ne pouvaient avoir eu les yeux fascinés et l'esprit saisi du même délire ; que la simplicité, l'uniformité, la constance de leur témoignage était une preuve irrécusable contre laquelle le pyrrhonisme se trouvait désarmé. — Si la déposition des témoins oculaires a donné aux contemporains une *certitude morale* du miracle, ce même témoignage, mis par écrit sous les yeux des contemporains et transmis aux générations suivantes, par une histoire qui a toujours été lue, connue et regardée comme incontestable, nous donne du fait la même *certitude* que nous avons de tous les autres faits passés, soit naturels, soit surnaturels. — Il serait absurde de soutenir

qu'un fait métaphysiquement certain pour celui qui l'éprouve, physiquement certain pour ceux qui le voient, moralement certain pour ceux qui le tiennent des témoins oculaires, ne peut pas l'être pour les générations suivantes ; le surnaturel du fait ne peut pas plus influer sur la narration des historiens, que sur les yeux de ceux qui voient, et sur le sentiment intérieur de celui qui éprouve.

C'est cependant la thèse qui a été soutenue de nos jours avec toute la gravité et toute la philosophie possibles. On a écrit et répété plus d'une fois qu'en fait de miracles aucun témoignage n'est admissible ; que l'amour du merveilleux, la vanité d'avoir vu un prodige et de pouvoir le raconter, le fanatisme de religion, la crédulité du peuple en ce genre, rendent toute attestation suspecte ; que, dès qu'il s'agit de religion, l'on ne peut plus compter sur la sincérité, le discernement, le bon sens d'aucun témoin. C'est comme si l'on avait dit que personne n'est croyable dans l'univers, excepté les athées et les incrédules. — Par la même raison, il aurait encore fallu soutenir qu'à l'égard d'un fait surnaturel tous les sens nous trompent, et que le sentiment intérieur est fautif ; que quand un homme aurait éprouvé sur lui-même un miracle, il ne pourrait le savoir ni en être certain. C'est dommage que l'on n'ait pas encore poussé la philosophie jusque-là. — Les théologiens ont répondu, que si les hommes étaient tels que les incrédules le prétendent, il serait fort surprenant que l'on ne vît pas éclore tous les jours de nouveaux miracles ; la vanité et la fourberie dans les uns, la crédulité et l'enthousiasme dans les autres, ne manqueraient pas de les accréditer, cependant ils sont très-rares ; lorsqu'on en publie, nous ne voyons pas qu'ils produisent de grands effets ; ceux que l'on a vantés au commencement de ce siècle, n'ont pas eu grand nombre de partisans.

Mais ou les incrédules prennent le change, ou ils veulent nous le donner. Que les hommes soient avides de miracles favorables aux opinions qu'ils ont embrassées, à la religion dans laquelle ils sont nés, on peut le supposer ; mais qu'ils soient enclins à forger ou à croire des prodiges contraires à leurs préjugés et à leur persuasion, c'est un paradoxe absurde. Essayez, si vous le pouvez, de persuader à un catholique que les hérétiques font des miracles, à un protestant qu'il s'en fait dans l'Église romaine, à un Juif ou à un Turc qu'il y a des thaumaturges parmi les chrétiens, vous verrez si l'amour du merveilleux, l'enthousiasme, la crédulité, font beaucoup d'effet sur ces gens-là.

Les Juifs, entêtés de leurs préjugés et de leurs espérances, n'étaient pas fort disposés à recevoir des miracles opérés pour les détromper ; ils faisaient comme nos incrédules : pour les croire ils voulaient les voir ; lorsqu'ils les avaient vus, ils les attribuaient à l'esprit de ténèbres. Les païens, prévenus d'un profond mépris pour les Juifs, n'étaient pas fort enclins à croire que les Juifs opéraient des miracles pour prouver la fausseté du paganisme, et à s'exposer au plus grand danger en les admettant. Cependant les uns et les autres ont cédé à l'évidence de cette preuve, et plusieurs ont versé leur sang pour la confirmer. La vanité, la fourberie, l'amour du merveilleux, la crédulité, le fanatisme, ont-ils coutume d'aller jusque-là?

Voilà donc un raisonnement auquel les incrédules ne répondront jamais : un miracle est susceptible de la *certitude* métaphysique pour ceux qui le sentent, de la *certitude* physique pour ceux qui le voient; donc il est aussi susceptible de la *certitude* morale pour ceux auxquels il est rapporté, soit de vive voix, soit par écrit; et surtout lorsqu'il est encore prouvé par les effets desquels on ne peut pas douter.

Il nous paraît que sur cette question les incrédules confondent deux choses très-différentes, la répugnance qu'ils ont de croire un fait surnaturel, avec l'incertitude de ce même fait. Mais si la *certitude* des faits diminuait à proportion du degré d'opiniâtreté des incrédules, il n'y aurait plus rien de certain dans le monde. Proposez-leur un fait naturel inouï qui est arrivé pour la première fois, mais qui leur est indifférent, ils le croient sans difficulté dès qu'il est prouvé. Racontez-leur un autre fait naturel revêtu des mêmes preuves, mais qui choque leurs opinions et leur système, ils contesteront sur chacune des preuves, et soutiendront qu'il n'est pas certain. S'il s'agit d'un fait surnaturel encore mieux prouvé, ils le rejettent sans examen; ils déclarent que quand ils le verraient ils ne le croiraient pas.—*Je suis plus sûr*, dit l'un d'entre eux, *de mon jugement que de mes yeux*. Et moi, je vous soutiens que vous êtes plus sûr de vos yeux que de votre jugement. Vous avez été chrétien pendant une bonne partie de votre vie, vous jugiez donc que le christianisme est prouvé. Vous y avez renoncé pour embrasser le déisme : vous avez donc été persuadé que votre jugement vous avait trompé sur vingt questions. Après avoir soutenu le déisme de toutes vos forces, vous avez passé à l'athéisme et au matérialisme; vous avez donc reconnu que votre jugement était encore faux sur toutes les prétendues preuves du déisme. Comptez, je vous prie, de combien d'erreurs vous le trouvez coupable. Citez-moi une seule occasion dans laquelle vos yeux vous aient trompé sur un objet mis à leur portée, par exemple, sur l'identité d'un personnage avec lequel vous avez habituellement vécu. Cette maxime même : *Je suis plus sûr de mon jugement que de mes yeux*, est la démonstration complète de la fausseté de votre jugement.

Une seconde question est de savoir si, en fait de miracles, la *certitude* morale complète et bien établie ne doit pas prévaloir à la prétendue *certitude* physique, qui n'est qu'une expérience négative, ou plutôt une pure ignorance. Nos philosophes modernes l'ont prétendu, et l'on ne peut pas abuser des termes d'une manière plus révoltante.

Nous avons, disent-ils, une *certitude* physique absolue, une expérience infaillible de la constance du cours de la nature, puisque nous en sommes convaincus par le témoignage de nos sens; c'est ainsi que nous savons que le soleil se lèvera demain, que le feu consume le bois, qu'un homme ne peut marcher sur les eaux, qu'un mort ne revient point à la vie, etc. La *certitude* morale, poussée au plus haut degré, ne peut pas prévaloir à une *certitude* physique sur laquelle, nous sommes forcés de nous reposer dans toutes les circonstances de notre vie.

Quelques réflexions suffisent pour démontrer la fausseté de cet argument. 1° Il est faux que le témoignage de nos sens nous donne une *certitude* absolue de la constance du cours de la nature, si nous n'admettons pas une Providence. Aussi les matérialistes qui la nient, soutiennent gravement que nous ne sommes pas sûrs si le cours de la nature a toujours été et sera toujours tel qu'il est ; si, dans quelques moments, l'univers ne retombera point dans le chaos ; s'il ne naîtra point de ses débris un nouvel ordre de choses et des générations qui n'auront rien de commun avec celles que nous connaissons, etc. C'est donc uniquement sur la sagesse et la bonté de la Providence, que nous nous reposons touchant la constance des lois qu'elle a établies ; nous savons qu'elle n'y dérogera point sans raison et sans nous en avertir ; mais comment sommes-nous assurés qu'elle s'est ôté à elle-même le droit d'en suspendre le cours pendant quelques moments pour un plus grand bien, qu'elle ne l'a jamais fait et qu'elle ne le fera jamais ? Quelle *certitude* nos sens et notre prétendue expérience peuvent-ils nous donner sur ce point ? — 2° Si c'était là une véritable *certitude* physique, ferme et invincible, il s'ensuivrait que celui qui est témoin oculaire d'un miracle ne doit pas y croire, ni se fier au témoignage de ses yeux ; que celui même qui éprouve en lui une guérison miraculeuse, ne peut s'en tenir au sentiment intérieur qui la lui atteste. Nos sceptiques obstinés porteront-ils l'opiniâtreté jusque-là ? En raisonnant comme eux, un nègre est en droit de nier absolument tout ce qu'on lui dit de l'eau glacée sur laquelle un homme peut marcher ; ceux qui ont entendu parler de la renaissance des têtes de limaçons pour la première fois, étaient très-bien fondés à traiter d'imposteurs les physiciens qui attestaient ce phénomène. A plus forte raison un aveugle-né, à qui tout ce que l'on dit des couleurs, d'un miroir, d'une perspective, paraît impossible et contradictoire, doit-il se raidir contre la *certitude* morale de tous ces phénomènes, fondée sur le témoignage constant et uniforme de tous ceux qui ont des yeux. —3° Il est clair, par tous ces exemples, que ce qu'il plaît à nos philosophes d'appeler *expérience constante* et *certitude physique absolue*, n'est dans le fond qu'un défaut d'expérience et une pure ignorance. Parce que nous n'avons jamais vu tel ou tel phénomène, s'ensuit-il que personne au monde ne l'a vu non plus, et que notre ignorance, sur ce point, doit prévaloir au témoignage positif de leurs yeux? Voilà néanmoins l'absurdité sur laquelle on a fait, de nos jours, de savantes dissertations; et c'est par là que d'habiles protestants ont cru détruire toute *certitude* du miracle de la transsubstantiation.

Aussi les incrédules, invinciblement réfutés sur toutes les objections qu'ils avaient faites contre la *certitude* des miracles, ont été forcés de soutenir qu'ils sont impossibles, et de se jeter dans l'hypothèse de la *nécessité*, de la *fatalité*, du *matérialisme*. *Voy.* FAITS, MIRACLES.

CÉSAIRE (saint), archevêque d'Arles, présida, l'an 529, au concile d'Orange, dans lequel les semi-pélagiens furent condamnés, et mourut l'an 542. Il a laissé des sermons, dont la plupart avaient été attribués à saint Ambroise et à saint Augustin : on les trouve dans l'*appendix* du tome V des *OEuvres de saint Augustin*, édition des bénédictins. Saint Césaire a fait aussi une règle pour des religieuses.

CHAINE, *Catena Patrum*. *Voy.* COMMENTAIRE.

CHAIR, se prend dans l'Ecriture sainte, non-seulement dans le sens propre, pour la *chair* de l'homme et des animaux, et pour le corps humain tout entier; ainsi nous disons la *résurrection de la chair*, pour la résurrection de l'homme en *chair* et en os; mais ce terme a plusieurs autres sens métaphoriques. Il signifie : 1° Les êtres animés en général. Dieu dit (*Gen.* VI, 17) : Je vais faire mourir *toute chair*, c'est-à-dire toute créature vivante. — 2° L'homme en général (*Ibid.*, v, 12): *Toute chair* avait corrompu sa voie, c'est-à-dire toute créature humaine, l'un et l'autre sexe s'étaient livrés au crime. Chap. II, 24 : L'homme et sa femme seront deux *dans une seule chair*, seront censés être une seule personne. *Isaïe*, chap. LVIII, 7 : Lorsque vous verrez un pauvre réduit à la nudité, revêtez-le, et ne méprisez pas *votre chair*, un homme semblable à vous. Dans ce sens, le Verbe s'est fait *chair*, s'est fait homme. L'*Ecclésiastique*, chap. XXV, v. 36 : Eloignez de vos *chairs* une femme libertine, c'est-à-dire séparez-la d'avec vous. — 3° Les sentiments naturels à l'humanité. Jésus-Christ dit à saint Pierre (*Matth.* XVI, 17) : Ce n'est point la *chair* et le sang qui vous ont révélé ce que je suis; vous n'avez point puisé cette connaissance dans les lumières et les sentiments de la nature. Selon saint Paul (*I Cor.* XV, 50) : La *chair* et le sang ne peuvent posséder le royaume de Dieu ; on n'y parvient point par les affections et les actions auxquelles la nature nous porte. — 4° La *chair* signifie les liens du sang ; les frères de Joseph disent de lui (*Gen.* XXXVII, 27) : C'est notre frère et *notre chair*; nous sommes nés du même sang. — 5° Les affections de famille. Saint Paul dit (*Galat.* II, 16): Je n'ai point acquiescé à la *chair* et au sang ; je n'ai point suivi mon affection naturelle pour mes proches et pour ma nation. — 6° Les inclinations de l'homme corrompu par le péché. Dieu dit (*Gen.* VI, 3) : Mon esprit ne demeurera pas toujours avec l'homme, parce qu'il est *chair*, c'est-à-dire sujet à des passions grossières et honteuses. Selon saint Paul, la *chair* convoite contre l'esprit, et l'esprit contre la *chair* (*Galat.* V, 17). Les passions résistent au sentiment moral qui nous porte à la vertu, et c'est ce qui la rend difficile. Marcher selon la *chair* (*Rom.* VIII, 1), c'est suivre les penchants déréglés de la nature corrompue. — 7° La *chair* se prend pour les parties du corps que la pudeur cache (*Levit.* XX, 10). Dans ce sens, la luxure est nommée péché de la *chair* (*Galat.* V, 19). — 8° Saint Paul emploie ce terme pour signifier un culte extérieur et grossier (*Galat.* III, 3) ; il reproche aux Galates d'avoir commencé par l'esprit, et de finir par la *chair*; d'avoir embrassé d'abord le culte spirituel du christianisme, et de vouloir retourner aux cérémonies du judaïsme, à la circoncision, etc. Il nomme ces cérémonies *les justices de la chair* (*Hebr.* IX, 10), parce que c'était un culte purement extérieur.

Lorsque Jésus-Christ eut dit aux Juifs : *Le pain que je donnerai pour la vie du monde est ma propre* CHAIR...... *car ma* CHAIR *est véritablement une nourriture, et mon sang un breuvage*, etc. (*Joan.* VI, 52, 56), ils en furent scandalisés. A ce sujet le Sauveur ajouta, v. 64 : *C'est l'esprit qui donne la vie; la* CHAIR *ne sert de rien : les paroles que je vous ai dites sont esprit et vie.* Par là les calvinistes ont voulu prouver que dans l'eucharistie Jésus-Christ ne donne pas réellement et substantiellement son corps et son sang, mais qu'on le reçoit spirituellement, par la foi et non autrement. — Cependant on voit, par une lecture attentive de ce discours du Sauveur, qu'il a seulement voulu corriger l'erreur des Capharnaïtes, qui se figuraient que Jésus-Christ donnerait sa chair à manger d'une manière sensible et sanglante, comme on mange la chair des animaux, au lieu qu'il nous la donne sous les apparences du pain et du vin. S'il nous les donnait seulement par la foi, il ne serait pas vrai de dire que sa chair est véritablement une nourriture et son sang un breuvage ; ce serait la foi qui nourrirait notre âme, et non la *chair* de Jésus-Christ.

Plusieurs hérétiques du II° siècle, Bardesanes, Basilide, Cerdon, Cérinthe, les docètes et la plupart des gnostiques, disaient que le Fils de Dieu fait homme n'avait pas eu une *chair* réelle, mais seulement apparente; qu'ainsi il était né, mort et ressuscité seulement en apparence. Les Pères de l'Eglise réfutèrent cette erreur contre laquelle saint Jean l'évangéliste avait déjà prévenu les fidèles (*I Joan.* IV, 2 ; *II Joan.* V, 7). Elle fut renouvelée au III° siècle par les marcionites, qui niaient aussi la résurrection future de la *chair*; Tertullien écrivit contre eux ses livres *de Carne Christi* et *de Resurrectione carnis*.

CHAIRS OU VIANDES IMPURES. *Voy.* ANIMAUX PURS OU IMPURS.

CHAIRS OU VIANDES IMMOLÉES. *Voy.* VICTIMES.

CHAIRE DE MOISE. Ce terme, dans l'Evangile, signifie la fonction d'enseigner qu'exerçaient chez les Juifs les docteurs de la loi, parce que leur enseignement consistait à lire et à expliquer au peuple la loi de Moïse. *Les scribes et les pharisiens*, dit le Sauveur, *sont assis sur la* CHAIRE DE MOÏSE; *observez donc et faites tout ce qu'ils vous diront; mais n'imitez pas leur conduite, car ils ne font pas ce qu'ils disent. Ils chargent les hommes de fardeaux pesants et insupportables, et ne veulent pas seulement les remuer du bout du doigt* (*Matth.* XXIII, 2).

Cette leçon de Jésus-Christ souffre quelque difficulté, et les rabbins en ont abusé. Voulait-il obliger le peuple à se charger des fardeaux insupportables que lui imposaient les scribes et les pharisiens? Souvent le Sauveur leur avait reproché de corrompre la loi de Dieu par de fausses traditions; il avait démontré la fausseté de plusieurs de leurs décisions; comment pouvait-il ordonner au peuple d'observer et de pratiquer leur doctrine? — Il nous paraît qu'il faut ici distinguer ce qu'enseignaient les scribes et les pharisiens en public, lorsqu'ils expliquaient la loi de Moïse dans les synagogues, d'avec ce qu'ils décidaient souvent en particulier; que leur doctrine publique était ordinairement orthodoxe, qu'il fallait donc la suivre; au lieu que leurs leçons particulières étaient souvent fausses, et qu'il fallait s'en écarter aussi bien que de leurs exemples. C'est assez la coutume des faux docteurs en général, tels que Jésus-Christ a peint les scribes et les pharisiens. — Les rabbins ont donc eu tort de conclure de ce passage que, selon Jésus-Christ même, la morale des Juifs était très-bonne, et qu'il lui a été impossible d'en enseigner une meilleure. *Voy.* la *Conférence du juif Orobio avec Limborch*, p. 192 et suiv.

CHAIRE DE THÉOLOGIE, est la profession et la fonction d'enseigner cette science. Obtenir une *chaire* dans une université, c'est être admis et autorisé à y faire des leçons de théologie. Remplir une *chaire* de langue hébraïque ou de théologie positive, c'est expliquer aux jeunes théologiens le texte hébreu de l'Ecriture sainte, ou leur faire des leçons sur l'histoire ecclésiastique, etc.

CHAIRE ÉPISCOPALE, espèce de trône sur lequel sont assis les évêques lorsqu'ils officient pontificalement. De là est venu le nom de *siége épiscopal*, et d'église cathédrale dans laquelle l'évêque préside à l'office divin. La manière la plus ancienne de placer cette *chaire* a été de la mettre dans le fond du chœur, plus loin que l'autel, et de placer à droite et à gauche un rang de siéges pour les prêtres. C'est ainsi qu'ont été construites les plus anciennes basiliques, et le modèle en est tiré du livre de l'Apocalypse, c. IV et V. De là on peut tirer une preuve certaine de la prééminence des évêques au-dessus des simples prêtres, et de la distinction reconnue entre ces deux ordres dès le temps des apôtres.

CHAIRE DE SAINT PIERRE. Nom de deux fêtes qui se célèbrent dans l'Eglise catholique, l'une le 18 janvier pour la *chaire de saint Pierre* à Rome, l'autre le 22 février pour la *chaire* de cet apôtre à Antioche. Ces deux fêtes sont anciennes; la première est marquée dans un exemplaire du Martyrologe attribué à saint Jérôme, et un concile de Tours en a fait mention l'an 567. Déjà il est parlé de la *chaire de saint Pierre*, en général, dans un calendrier dressé sous le pape Libère, vers l'an 354, et c'est le sujet du centième sermon de saint Léon. *Voy. Vies des Pères et des martyrs*, t. I, pag. 343, et tome II, pap. 346.

Dans l'Eglise primitive, de même que les chrétiens célébraient l'anniversaire de leur baptême, les évêques solennisaient le jour anniversaire de leur ordination ou de leur exaltation; telle a été l'origine des deux fêtes dont nous parlons. L'Eglise a été persuadée que la succession de saint Pierre n'était point attachée au premier siége qu'il avait occupé, mais à celui dans lequel il est mort et a laissé un évêque pour le remplacer. Or, malgré les nuages que les protestants ont voulu répandre sur le voyage, le séjour et le martyre de saint Pierre à Rome, c'est un point d'histoire qui est aujourd'hui à l'abri de toute contestation.

Que, dès les premiers siècles, le siége de Rome ait été regardé comme le centre de l'Eglise catholique, c'est un fait attesté par saint Irénée dès le II°. « Il faut, dit-il, que toute Eglise, ou toute l'Eglise, c'est-à-dire les fidèles qui sont de toutes parts, conviennent avec cette Eglise (de Rome), à cause de sa prééminence plus marquée : Eglise dans laquelle les fidèles de tout le monde ont toujours conservé (ou observé) la tradition qui vient des apôtres. » (*Adv. hær.*, l. III, c. 3.) Ce passage a toujours beaucoup incommodé les protestants; ils ont fait tous leurs efforts pour en détourner le sens : nous verrons ailleurs s'ils y ont réussi (1). *Voy.* SAINT-SIÉGE.

(1) M. l'abbé Gerbet a fait une description de la chaire de saint Pierre, que nous allons transcrire :

« Le premier des monuments qui se conservent à Rome dans la basilique vaticane, est la *Chaire de saint Pierre*. On sait que dès l'origine les évêques eurent des siéges auxquels on donnait ce nom. C'était une marque d'honneur et un signe d'autorité que de parler assis. A leur mort on plaçait, au moins de temps en temps, leurs chaires dans leurs tombeaux. Les premiers fidèles portaient un grand respect aux siéges dont les apôtres s'étaient servis pour leur enseigner la foi ou pour remplir d'autres fonctions de leur ministère. Ils durent être conservés avec soin : ce qui semble indiqué par quelques mots de Tertullien, qui représente, à cet égard, les traditions du second siècle. « Parcourez, dit-il dans son livre des *Prescriptions* contre les hérétiques, parcourez les églises apostoliques, dans lesquelles les chaires mêmes des apôtres président à leur place, et où leurs épîtres authentiques sont lues à haute voix : *Percurre ecclesias apud quas ipsæ adhuc cathedræ apostolorum suis locis præsident, apud quas ipsæ authenticæ litteræ eorum recitantur*, c. 36. »

« Rigault est d'avis, dans une des notes de son

CHALCÉDOINE (concile de). C'est le quatrième des conciles généraux; il fut tenu l'an 451 contre les erreurs d'Eutychès. Cet hérétique, pour ne pas tomber dans l'erreur de Nestorius, qui admettait deux personnes en Jésus-Christ, soutint qu'il n'y avait qu'une seule nature; que, par l'union hypostatique, la nature humaine de Jésus-Christ avait été

édition de Tertullien, que ce mot de *chaires* doit être entendu ici dans un seul sens figuré; mais d'abord rien n'oblige à répudier le sens littéral, le savant annotateur n'en donne aucune raison. En second lieu, il n'est pas vraisemblable que Tertullien se soit borné à citer des monuments métaphoriques, tandis qu'il pouvait signaler les chaires réelles, comme le prouve le passage d'Eusèbe, que nous rapporterons tout à l'heure. Cela est d'autant moins probable que cet écrivain était porté, par ses habitudes d'esprit et de style, à rattacher autant que possible ses assertions à quelques faits matériels : ses ouvrages en offrent une foule d'exemples. Le sens naturel de ce passage est donc celui-ci : dans le second membre de cette phrase, Tertullien rappelle que les églises, fondées par les apôtres, pouvaient montrer les exemplaires authentiques des lettres qu'ils leur avaient adressées; il dit, dans le premier membre, que ces églises conservaient encore les chaires sur lesquelles ils étaient assis : ces deux faits servent de pendant l'un à l'autre. Eusèbe nous apprend qu'on voyait de son temps, à Jérusalem, la chaire de son premier évêque, saint Jacques-le-Mineur, que les chrétiens avaient sauvée à travers tous les désastres qui avaient accablé cette ville (a). On sait aussi que l'église d'Alexandrie possédait celle de saint Marc, son fondateur, et qu'un jour un de ses évêques, nommé Pierre, ayant pris place au pied de cette même chaire dans une cérémonie publique, et tout le peuple lui ayant crié de s'y asseoir, l'évêque avait répondu qu'il n'en était pas digne, *Act. S. Petr. Alexand. mart.*, traduits du grec en latin par Anastase le Bibliothécaire. L'Eglise de Rome dut mettre au moins autant d'empressement et de soin à garder celle du prince des apôtres, d'autant plus qu'outre les motifs de piété communs à tous les chrétiens, le caractère romain était, comme on le sait, éminemment conservateur des monuments, et que les catacombes fournissaient aux premiers fidèles de Rome une grande facilité pour y cacher, en lieu sûr, un dépôt aussi précieux.

« Suivant une tradition d'origine immémoriale, saint Pierre s'est servi de cette chaire, qui se trouve maintenant au fond de l'église, et qui a été revêtue d'une enveloppe de bronze. Avant cette époque, elle avait été successivement placée dans d'autres parties de la basilique. Les textes que Phœbus a recueillis, *De identitate cath. B. Petri. Romæ*, 1666, particulièrement dans les manuscrits de la bibliothèque vaticane, nous font suivre son histoire dans ces diverses translations. Le pape Alexandre VII, qui l'a fixée à l'endroit où nous le vénérons actuellement, l'avait prise près de la chapelle qui sert aujourd'hui de baptistère, où Urbain VIII l'avait fait transporter peu de temps auparavant, *Carol. Fontana, de Basil. vat.*, c. 29. Elle avait été précédemment déposée dans la chapelle des reliques de l'ancienne sacristie, *Grimald. manus., Catal. sac. relig. Basil. vatic.* On sait aussi qu'elle était restée, durant quelque temps, dans un oratoire de cette sacristie, celui de Sainte-Anne : *In hoc sacello ubi sedes seu cathedra S. Petri pulcherrima, super quam*

(a) Les fidèles de Jérusalem ont encore parmi eux la chaire de Jacques, surnommé le frère du Seigneur, qui fut établi par le Sauveur et par les apôtres le premier évêque de leur ville, et ils le gardent avec grande vénération; ce qui fait voir clairement que les chrétiens, tant des siècles passés que du nôtre, ont toujours rendu de grands honneurs aux saints, à cause de l'amour dont ils brûlaient pour Dieu. *Hist. eccl.*, liv. vii, cap. 19.

(*Note de M. Gorbet.*)

sedebat cum munia pontificalia exercebat honorifice conservatur (Tib. Alfarani, manus. vatic.), après avoir eu pour résidence la chapelle de Saint-Adrien : *Porro in ipso S. Adriani factus est nunc egregie ornatus, ubi collocata est cathedra super quam sedebat B. Petrus dum solemnia ageret* (Maph. Veggius, *de rebus antiq. memorab. basilic. S. Petri*, lib. IV, manusc. vatic.), près de l'endroit où nous voyons aujourd'hui la chaire du grand pénitencier. Adrien Ier l'y avait fixée dans le viiie siècle (Grimald., *Catal. S. Reliquiar. asservat. in Arch. vatic.* Il s'appuie sur un passage de Maph. Veggius). Pendant toute cette période, divers passages des anciens auteurs font mention d'elle. Nous en mentionnerons ici plusieurs, pour marquer la suite de la tradition relative à un monument si vénérable. Il en est question : dans une bulle de Nicolas III, en 1279 : *Denarii qui dantur portantibus ad altare et reportantibus cathedram S. Petri.* Pierre Benoît, chanoine de la basilique vaticane, dans le xiie siècle, a laissé un manuscrit qui contient des renseignements sur la liturgie de cette église : voici ce qu'il marque pour la fête de la chaire de saint Pierre : « L'office est celui de la fête même de l'apôtre; seulement à vêpres, à matines et à laudes, on chante l'antienne *Ecce sacerdos*. Station dans sa basilique. A la messe, le seigneur pape doit s'asseoir sur la chaire, *in cathedra. In cathedra S. Petri legitur sicut in die natali ejus, tantum ad vesperas, ad matutinum et laudes canitur :* ECCE SACERDOS. *Statio ejus in basilica; dominus papa sedere debet in cathedra ad missam.* Depuis les premiers siècles, les papes étaient dans l'usage de prendre place sur un siège éminent, non pas seulement pendant la messe, mais aussi pendant les vêpres, les matines et les laudes, lorsqu'ils assistaient aux offices, ce qui arrivait plusieurs fois dans l'année, aux principales fêtes. Il est visible, d'après cela, qu'en notant, comme une rubrique particulière de la fête de la chaire de l'apôtre, que le pape devait être assis sur la chaire à la messe, l'auteur que nous venons de citer, a désigné la chaire même que la tradition considérait comme celle de saint Pierre. D'ailleurs, dans tout son livre, lorsqu'il parle seulement du siège ordinaire du pontife, il le désigne toujours sous le nom de *siège élevé*, et jamais sous celui de chaire. Pierre Manlius, qui appartient à la même époque, dit avoir lu chez Jean Caballinus que, durant le siècle précédent, sous Alexandre II, la chaire de saint Pierre avait été respectée par un incendie qui avait consumé les objets environnants (*Petrus Manlius, de Consuetudin. et reb. basil. vatic.*). Nous trouvons aussi, dans un écrivain du xie siècle, Othon de Freissingue, des passages qui font mention d'elle (*Ott. Frisigens, in Freder.*). On voit, par des récits d'Anastase le Bibliothécaire, relatifs aux ixe et viiie siècles (*Anast., in Vit. Paul. I. Serg. II*), que le pape élu était d'abord conduit au patriarcat de Latran, où il s'asseyait sur le trône pontifical; que, le dimanche suivant, il se rendait, revêtu du manteau papal et au milieu des chants sacrés à la basilique vaticane, et que là il prenait place sur l'*apostolique* et *très sainte chaire de saint Pierre*; ce sont les termes employés par Anastase (a). Nous voilà arrivés au viiie siècle, c'est-à-dire à l'époque où le pape Adrien la fit établir, ainsi que nous l'avons déjà dit, dans l'oratoire consacré au saint dont il porte le nom. Les textes d'Anastase nous font remonter encore

(a) *Apostolica sacratissima Petri cathedra.* Lorsque l'élection avait eu lieu dans la basilique vaticane, on procédait immédiatement à l'installation du pontife sur cette chaire.

(*Note de M. Gorbet.*)

absorbée par la nature divine ; d'où il s'ensuivrait que c'était la nature divine qui avait souffert la passion et la mort.

Cette doctrine fut d'abord condamnée dans un concile de Constantinople, tenu en 448, par saint Flavien, patriarche de cette ville. Eutychès s'en plaignit au pape saint Léon ; Flavien, de son côté, rendit compte à ce

plus haut, puisqu'en parlant de l'usage dont il vient d'être question, il l'appelle la coutume ancienne, la coutume blanchie par le temps, *cana consuetudo*. Le catalogue des saintes huiles envoyées par Grégoire le Grand à Théodolinde, reine des Lombards, fait mention de l'huile des lampes qui brûlaient devant la chaire sur laquelle saint Pierre s'était assis, *de oleo de sede ubi prius sedit S. Petrus*. Il paraît qu'à cette époque les fidèles la rencontraient avant d'entrer dans la basilique : elle se trouvait près de la place qu'occupe aujourd'hui la Porte-Sainte (*Histor. templ. vatic.*, c. 23). Les néophytes, revêtus de la robe blanche du baptême, étaient conduits au pied de cette chaire pour la vénérer. En rappelant cet usage, dans son *Apologie* pour le pape Symmaque, Ennodius désigne ce monument d'une manière fort claire. « On les mène, dit-il, près du *siége gestatoire de la confession apostolique*, et, pendant qu'ils versent avec abondance des larmes que la joie leur fait couler, la bonté de Dieu double les grâces qu'ils ont reçues de lui : *Ecce nunc ad gestatoriam sellam apostolicæ confessionis uda mittunt limina candidatos, et uberibus gaudio exactore fletibus, collata Dei beneficio dona cumulantur*. (Ennod. Apolog., p. 552. Tornaci.) » Cette expression, *siége gestatoire*, caractérise exactement, comme on le verra bientôt, la forme spéciale et la destination primitive de cette chaire. Ennodius écrivait au commencement du VIe siècle. Le IVe nous fournit un témoignage très-positif d'Optat de Milève. S'adressant à des schismatiques, qui se vantaient d'avoir des partisans à Rome, il leur fait cette interpellation : « Qu'on demande à votre Macrobe où il siége en cette ville ; pourra-t-il répondre : Je siége sur la chaire de Pierre ? » Si cet auteur n'avait rien dit de plus, on pourrait douter qu'il ait parlé, dans ce passage, de la chaire matérielle : comme il ne faisait pas de l'histoire, mais de la polémique, il aurait très-bien pu se servir de cette expression pour signifier seulement la chaire moralement prise, ou l'autorité de saint Pierre, survivant dans ses successeurs, et méconnue par les schismatiques, contre lesquels il argumentait. Mais ce qu'il ajoute ne permet pas cette supposition : « Je ne sais pas même, dit-il, si Macrobe a *seulement vu cette chaire de ses propres yeux*. » Évidemment, il a voulu désigner la chaire matérielle, ce qui est d'ailleurs confirmé par tout le reste du même passage, dans lequel il continue d'opposer aux schismatiques les monuments de saint Pierre et de saint Paul : *Denique si Macrobio dicatur ubi illic sedeat, numquid potest dicere : in cathedra Petri? Quam nescio si* VEL OCULIS NOVIT, *et ad cujus* MEMORIAM NON ACCEDIT, *quasi schismaticus contra apostolum faciens, qui ait : memoriis sanctorum communicantes. Ecce præsentes sunt ibi duorum* MEMORIÆ *apostolorum : dicite si* AD HAS INGREDI POTUIT, *ita ut obtulerit illic ubi sanctorum memorias esse constat*. (Optatus Milevit., contr. Parm., lib., II.) Dans le style des premiers chrétiens, le mot *memoria* était employé pour désigner les monuments funèbres des apôtres ou des martyrs, comme nous l'avons déjà vu dans un passage cité précédemment, relatif à la construction du monument de saint Pierre (*construxit memoriam*). Ce terme a pu être ensuite appliqué aux basiliques érigées sur ces tombeaux.

« Il est donc certain que cette chaire a été exposée publiquement à la vénération des chrétiens, dans le siècle même où le christianisme a eu la liberté du culte public. Il n'est pas étonnant qu'il n'en soit point fait mention dans les documents de l'époque antérieure : il serait, au contraire, étonnant qu'ils en eussent parlé. Il ne nous reste qu'un petit nombre d'écrits rédigés à Rome pendant les trois premiers siècles : les actes des martyrs ne mêlent guère à leurs récits les particularités monumentales, si ce n'est qu'ils indiquent et souvent par un seul mot, le lieu du supplice et celui de l'inhumation. Les ouvrages apologétiques et polémiques avaient à faire quelque chose de plus pressé que le soin de tenir note des meubles sacrés, ce qui eût été d'ailleurs une indiscrétion dangereuse, qui eût pu provoquer les perquisitions des païens. Quant aux livres composés à cette époque par les écrivains qui résidaient dans d'autres parties du monde romain, les mêmes observations s'y appliquent ; et il est, du reste, extrêmement vraisemblable que leurs auteurs, au moins la plupart, ont ignoré l'existence de ce monument, qui devait être renfermé à Rome dans quelque lieu secret, suivant la coutume des temps de persécution. Ce n'est qu'au IVe siècle que d'autres chaires, contemporaines de la chaire de saint Pierre, celle de saint Jacques à Jérusalem, celle de saint Marc dans l'église d'Alexandrie, reparaissent sous le soleil et dans l'histoire. Les chrétiens s'empressèrent alors de vénérer, dans la lumière de leurs basiliques, les dépôts que leur avaient conservés les cryptes souterraines. Tout nous persuade que la chaire de saint Pierre avait été cachée dans le sanctuaire même de son tombeau. Un manuscrit de la bibliothèque Barberine (*Mich. Leonic.*, not. manus.), qui l'affirme positivement, a été, on peut le croire, l'écho d'un souvenir traditionnel ou de renseignements consignés dans quelques feuilles des archives romaines, qui se sont ensuite perdues. C'est donc, suivant toute apparence, à l'époque des constructions faites par saint Sylvestre dans la confession de saint Pierre, que cette chaire a été offerte à la dévotion publique et libre du peuple qui affluait dans le temple que Constantin venait d'ériger. Sortant du tombeau, elle a pris possession de la grande basilique : elle en a visité successivement, dans le cours des âges, le vestibule, les chapelles, le chœur, pour se fixer enfin à la place radieuse qu'elle occupe aujourd'hui, éclairée d'en haut par l'auréole de la colombe qui plane sur elle, couronnée par les anges, légèrement soutenue par quatre grands docteurs du rite latin et du rite grec, saint Ambroise, saint Augustin, saint Athanase, saint Chrysostôme, et suspendue au-dessus d'un autel dédié à la sainte Vierge et à tous les saints papes. Sur leurs trônes célestes, ils gardent sans doute un souvenir de cette chaire, au pied de laquelle ils se sont sanctifiés, si quelques images des monuments terrestres vont se réfléchir, comme l'ombre du temps, jusque dans les splendeurs de l'éternité.

« Depuis plusieurs siècles, les papes ont cessé de s'en servir aux fêtes solennelles. Sa vétusté pouvait faire craindre que cette relique précieuse ne souffrît quelque dommage si l'on eût continué de la déplacer et de l'employer pour des fonctions du culte : le soin de sa conservation l'a rendue désormais immobile. C'est aussi pour cela qu'elle a été revêtue, sous Alexandre VII, d'une enveloppe de bronze. Du reste, tout le monde peut en avoir une copie dans une des salles de la sacristie vaticane, où l'on en conserve un *fac-simile* dans les combles de l'église, près de l'endroit où sont déposés les plans en relief des divers projets qui ont été proposés dans le temps pour l'architecture de la basilique moderne.

« Torrigi, qui a examiné cette chaire en 1657, et qui en a pris la mesure dans tous les sens, nous en a laissé la description suivante :

« Le devant (du siége) est large de quatre palmes

pontife des motifs de la condamnation ; saint Léon l'approuva, et écrivit à Flavien une lettre qui est devenue célèbre par la netteté avec laquelle ce saint pape y expose la doctrine

et haut de trois et demie ; ses côtés en ont un peu plus de deux et demie en largeur ; sa hauteur, en y comprenant le dos, est de six palmes. Elle est de bois avec des colonnettes et de petites arches : les colonnettes sont hautes d'une palme et deux onces (a), les petites arches de deux palmes et demie ; sur le devant du siége sont ciselés dix-huit sujets en ivoire, exécutés avec une rare perfection, et entremêlés de petits ornements en laiton, d'un travail très-délicat. Il y a autour plusieurs figurines d'ivoire en bas-relief. Le dos de la chaise a quatre doigts d'épaisseur (*Li sacr. trofei. Roman.*, c. 21, p. 122). »

« Il faut ajouter à cette description que le dos carré est terminé à son sommet par un compartiment triangulaire. Torrigi a omis aussi de noter une autre circonstance plus importante que nous rappellerons tout à l'heure, et il s'est trompé en un point : les ornements qu'il a cru être en laiton sont en or très-pur. Cette particularité, qui a été vérifiée par une commission qu'Alexandre VII a nommée à cet effet, n'est point, comme nous le verrons, indifférente pour l'explication de ce monument.

« Les petites sculptures d'ivoire, qui représentent les *Travaux d'Hercule*, prouvent qu'il est d'origine païenne. Abstraction faite de la tradition que nous avons constatée, il n'est pas possible de supposer, avec quelque apparence de raison, que cette chaire romaine ait été fabriquée dans l'intervalle de temps qui s'est écoulé depuis la chute du paganisme au v° siècle, jusqu'à la révolution opérée dans la sculpture vers la fin du moyen âge. On ne se fût pas permis de représenter une légende essentiellement mythologique sur un meuble aussi sacré, destiné à figurer près de l'autel pendant les saints mystères. Les monuments religieux de cette période, qui existent à Rome en grand nombre, font voir clairement, par leur sévérité chrétienne, que cette fantaisie profane y a été aussi étrangère au caractère de l'art qu'elle eût été opposée aux préoccupations dominantes : les sibyles n'ont pu être admises à figurer sur ces monuments que parce qu'elles étaient considérées, suivant l'opinion de plusieurs anciens Pères de l'Eglise, comme ayant prophétisé le Christ. Nous verrons d'ailleurs que le style des sculptures dont il s'agit dénote une origine bien antérieure à cette période. En remontant plus haut, nous rencontrons l'époque qui est comprise entre le triomphe du christianisme, sous Constantin, et la chute complète du paganisme. Elle est encore moins favorable à l'hypothèse de l'origine chrétienne de ce monument. Loin d'être disposés à jouer avec de pareils emblèmes, les chrétiens, qui avaient été forcés jusqu'alors de tenir secrets les signes extérieurs de leur foi, s'empressèrent de les multiplier sous diverses formes, sur les monuments publics et privés. Restent donc les trois siècles de persécution. Dans cette période nous trouvons, il est vrai, parmi les peintures des catacombes, une figure allégorique tirée de la mythologie : le Christ, le céleste enchanteur, comme l'appelle Clément d'Alexandrie, y est représenté sous les traits d'*Orphée*. Toutefois les motifs qui ont fait tolérer cette exception aux règles suivies, ne s'appliquent pas aux sculptures de cette chaire. L'image symbolique d'Orphée était d'une dimension assez grande pour frapper les regards des fidèles qui se réunissaient dans les souterrains sacrés ; on leur en expliquait le sens, et ce tableau devenait ainsi, comme toutes les autres peintures qui décoraient ces gale-

(a) L'once, ou la douzième partie de la palme romaine, équivaut à un centimètre huit millimètres.

catholique touchant l'incarnation. Dans l'intervalle l'empereur Théodose fit assembler à Ephèse un concile, en 449, auquel présida Dioscore, patriarche d'Alexandrie, homme

ries, une prédication qui parlait aux yeux. Mais de petites figures mythologiques, sculptées dans les parois d'un meuble et qu'on pouvait à peine distinguer à deux pas, ne pouvaient remplir le même but. Ces incrustations n'eussent été qu'un caprice sans utilité comme sans convenance, et les premiers chrétiens ne faisaient fléchir leur aversion pour les allégories de la poésie païenne, que lorsque de graves raisons les y déterminaient. Dans ces mêmes catacombes qui ont fourni le tableau dont il vient d'être question, on n'a retrouvé aucun emprunt mythologique parmi les petits symboles tracés par les fidèles sur les pierres sépulcrales ; ils sont tous exclusivement chrétiens. Nous sommes donc conduits à penser que ce monument a dû appartenir primitivement à un païen, et qu'on ne doit pas lui assigner une origine postérieure aux premiers siècles de l'ère chrétienne.

« Le caractère de ces ornements, envisagés sous un point de vue purement artistique, sert à déterminer, d'une manière plus circonscrite, la période de temps à laquelle ils remontent. Ils sont fort remarquables par la beauté, la délicatesse et le fini du travail qui décèlent une époque où la sculpture était très-florissante. Or, les historiens de l'art ont constaté, d'après l'étude comparée des monuments, que la sculpture a subi une dégénération très-prononcée, à partir du commencement du troisième siècle, et comme cette décadence se fait déjà remarquer dans le second, ils attribuent en général au siècle d'Auguste les œuvres qui se distinguent par un grand mérite d'exécution.

« Une autre particularité permet de resserrer encore en des limites plus étroites l'époque de ce monument. On sait que la mode des *siéges gestatoires* ou chaises à porteur a commencé parmi les principaux personnages de Rome, après l'avènement de Claude à l'empire. C'est ce qui a fait dire à Juste Lipse, après avoir examiné à ce sujet les passages des auteurs latins de cette époque : « Au temps d'Auguste, je ne trouve pas la chaise, mais toujours la litière ; au contraire, depuis Claude, très-rarement la litière, et presque toujours la chaise. *Non reperio tempore Augusti sellam, semper lecticam; ast post Claudium plerumque sellam, rara memoria lecticæ* (*Just. Lips.*, Oper. omn. Lugdun. 1613, t. 1 ; *Elect.*, lib, 1, cap. 14, p. 312). » Il serait bien difficile de ne pas reconnaître une de ces chaises à porteur, *sella gestatoria*, dans le meuble dont nous nous occupons en ce moment, puisqu'on y voit de chaque côté des anneaux doubles en fer, par lesquels on devait faire passer des brancards. *Ad usum gestatoriæ sellæ procul dubio affabre facta cernitur, habens in utroque latere duplicia manubria ferrea, hastis portatilibus immittendis apposita* (*Phæb.*, de Ident. Cath., p. 46). Les grands seigneurs romains de cette époque, très-amis du luxe et de leurs aises, ne manquaient pas de garnir leurs chaises à porteur de riches et moelleux coussins ; elles devaient avoir une dimension qui pût se prêter à cet arrangement. La structure du meuble en question, qui est celle d'un grand et large fauteuil, s'accorde ainsi très-bien avec la destination clairement indiquée par les anneaux de fer latéraux. Il résulte de ces observations que, selon toute probabilité, son origine n'est pas antérieure au règne de Claude, et qu'elle est postérieure aux commencements de la prédication évangélique qui ont eu lieu sous le règne de Tibère.

« En suivant ces divers indices, on parvient à découvrir quelle a dû être la position sociale de son premier possesseur. Les particularités qui caractérisent en elle une chaise à porteur, et par là même

violent, orgueilleux, d'un caractère intraitable, et ennemi de saint Flavien. Il se déclara hautement pour la doctrine d'Eutychès, anathématisa saint Flavien et saint Léon, força les évêques à signer cette décision, fit employer même les coups et les outrages contre saint Flavien et contre les évêques qui lui étaient attachés, le fit envoyer en

un genre de meuble dont les grands seuls se servaient, son ampleur, sa structure soignée, ses élégants ornements d'ivoire entrelacés de filets d'or, la perfection des sculptures, tout annonce qu'elle n'était pas un meuble ordinaire, mais un siége de distinction, une espèce de chaise curule, appartenant à quelque personnage opulent de la classe aristocratique ou sénatoriale.

« Nous venons de recueillir quatre indications distinctes : 1° cette chaire a été originairement une chaise à porteur ; 2° le personnage dont elle était la propriété était païen; 3° il faisait partie de la haute société dans la Rome impériale ; 4° le siècle d'Auguste, si l'on en retranche le premier tiers qui précède le règne de Claude, se présente comme étant l'époque à laquelle il est le plus raisonnable de faire remonter ce monument.

« Confrontons maintenant ces indices avec des observations qui dérivent d'une autre source. Saint Pierre, arrivé à Rome dans le siècle d'Auguste et sous le règne de Claude, y a reçu l'hospitalité chez le sénateur Pudens, converti par lui au christianisme. C'est là que se sont tenues les premières assemblées des fidèles, c'est là que sa chaire pastorale lui a été fournie. Comme la chaire était une marque d'autorité, il est très-naturel que Pudens ait tenu à lui procurer à cet effet un meuble distingué. Le gestatoire, dont se servaient l'empereur et les grands, était éminemment un siége d'honneur, et il n'est guère douteux que le sénateur Pudens n'ait possédé un meuble de ce genre, puisqu'il faisait partie de la classe qui avait adopté cette mode, à l'exemple du souverain.

« Nous avons donc deux séries d'indications : les unes se déduisent des particularités matérielles du monument; les autres résultent des données historiques sur l'époque et la maison où saint Pierre a pris possession d'une chaire dans Rome. Ces deux séries, quoique d'origine diverse et réciproquement indépendantes, s'ajustent l'une à l'autre sur tous les points pour concorder, d'une manière frappante, avec la tradition qui a répété de siècle en siècle que cette chaire antique est celle de saint Pierre.

« On demandera sans doute si la légende mythologique, représentée par les sculptures d'ivoire, ne peut pas former une objection légitime contre l'authenticité de ce monument. Assurément il ne serait pas raisonnable de supposer qu'en faisant fabriquer une chaire apostolique, on ait exigé que ses ornements figurassent des objets profanes ; mais tel n'est point le cas présent, puisqu'il s'agit d'un siége que Pudens aurait pris parmi les meubles qu'il possédait avant sa conversion au christianisme. Il est aisé de concevoir qu'on y ait laissé subsister ces petits emblèmes en faveur d'une sens allégorique auquel ils se prêtaient aussi naturellement que cette figure d'Orphée que nous avons rappelée tout-à-l'heure, et qui avait été tracée sur les murs des catacombes par les premiers chrétiens. Orphée, domptant les animaux par les accords de sa lyre, était une belle allégorie du Christ subjuguant les âmes rebelles par sa doctrine céleste; de même saint Pierre était le véritable Hercule qui était venu à Rome pour y terrasser l'hydre infernale de l'idolâtrie. C'eût été, je l'avoue, un symbolisme presque imperceptible à raison de l'exiguïté des figures, et il n'aurait pas eu, comme je l'ai déjà dit, le genre d'utilité qu'avaient les peintures des catacombes. Mais, si ce rapprochement allégorique n'explique pas pourquoi l'on aurait choisi tout exprès de pareils emblèmes pour les incruster dans le meuble destiné à être la chaire de l'apôtre, il explique suffisamment pourquoi on a pu les laisser dans un meuble préexistant, pourquoi on n'a pas tenu à briser sur cette chaire curule du conquérant chrétien de Rome les figures en quelque sorte prophétiques dont elle se trouvait ornée. Cette explication se présente très-naturellement, supposé que ces premiers chrétiens aient attaché quelque importance à ces ornements ; mais, du reste, il est très-possible et même probable qu'ils n'y ont guère pris garde. Il ne faut pas juger de ce qui a dû arriver alors d'après ce qui se passe aujourd'hui, lorsqu'on fournit une chaire à un évêque : la chose ne s'est pas faite avec tant d'apprêt. Saint Pierre étant établi chez Pudens, des néophytes s'y sont réunis dans une salle pour l'entendre prêcher et pour recevoir de lui le sceau du baptême. On a choisi sans délai, parmi les meubles de cette maison, qui la veille était encore païenne, un siége d'honneur dont il pût se servir en présidant cette assemblée religieuse, et il a continué d'en user, sans que lui ni ses disciples se soient mis à éplucher les petites figures découpées entre les pieds de cette chaise, tandis qu'il s'agissait de commencer la lutte contre le grand colosse de Rome. Après la mort de l'apôtre, la vénération due à sa mémoire n'aura-t pas permis, si la pensée en était venue, de mutiler la chaire sur laquelle il s'était assis, et de proscrire ce qu'il avait toléré.

« Quelque supposition qu'on fasse, ces emblèmes ne sauraient donc former une objection solide; car, en matière de critique, et spécialement de critique monumentale, il est de principe que lorsqu'une difficulté se résout par une explication plausible, elle ne peut ni infirmer les indices qui éclairent les origines d'une chose, ni à plus forte raison prévaloir contre une tradition constante. Combien n'y a-t-il pas de monuments dont on ne conteste point l'authenticité, quoiqu'ils présentent des singularités moins facilement explicables que celles dont nous venons de parler ?

« Loin de porter atteinte à la tradition, cette particularité sert au contraire à l'appuyer. Si après quelques siècles on avait commencé à présenter aux respects publics une fausse chaire de saint Pierre, on n'aurait pas manqué de choisir un meuble exempt de ces images païennes qui pouvaient la rendre suspecte. La présence de pareilles sculptures sur un pareil monument semble donc prouver qu'il n'a pu être vénéré de siècle en siècle que parce que chaque siècle a trouvé une tradition préexistante qui en garantissait l'authenticité. Ces ornements profanes, incrustés dans la première chaire de la chrétienté, ont sans doute embarrassé plus d'un savant du moyen âge qui ne pouvait pas connaître, comme nous, d'après les monuments retrouvés ou étudiés plus tard, l'indulgence des premiers fidèles envers certains emblèmes mythologiques. Mais ce qui a pu être une tentation de doute pour la simplicité de nos aïeux, n'est plus, pour les lumières archéologiques des temps modernes, que la confirmation d'une vénérable croyance.

« Sous un point de vue simplement archéologique, ce serait déjà chose fort intéressante qu'une chaire, non de marbre ou d'airain, mais de bois, appartenant au premier siècle, qui a subsisté jusqu'à nos jours pour se perpétuer bien au delà, dans un assez bon état de conservation et presque dans son intégrité native. La vénération des reliques a contribué, par l'efficacité propre aux soins qu'elle prescrit, à conférer au siége du premier des apôtres ce privilège de durée. Mais il faut convenir qu'elle a été singulièrement favorisée à cet égard, puisque les autres

exil, où il mourut des mauvais traitements qu'il avait essuyés. C'est ce qui a fait nommer cette assemblée tumultueuse *le brigandage d'Éphèse*.

Ce concile ne fut point *œcuménique*, quoi qu'en dise Mosheim ; la lettre de convocation portait : que l'exarque ou patriarche prendrait avec lui dix métropolitains de sa dépendance, et dix autres évêques, pour se trouver à Éphèse ; l'assemblée fut composée tout au plus de cent trente-cinq évêques, et les légats du pape protestèrent contre tout ce qui s'y passa. Il n'est pas vrai non plus que le concile précédent, tenu dans la même ville, l'an 431, contre Nestorius, ait été déshonoré par la même injustice et la même violence que celui-ci. Saint Cyrille, qui présidait au premier, ne fit user d'aucune violence contre Nestorius, qui était protégé et gardé par les officiers de l'empereur ; dans le second, Dioscore, escorté des mêmes officiers, et appuyé par des soldats, fit maltraiter cruellement saint Flavien et les évêques opposés à Eutychès. Il n'y a aucune ressemblance entre ces deux conciles. — Saint Léon, informé de tous ces excès, engagea l'empereur Marcien, successeur de Théodose, à convoquer un concile à *Chalcédoine*, pour établir la doctrine catholique et procurer la paix à l'Église. Ce concile, présidé par les légats du pape, fut composé, selon quelques auteurs, de six cent trente évêques. On y examina les actes du concile de Constantinople, où Eutychès avait été condamné, et ceux du faux concile d'Éphèse ; la profession de foi d'Eutychès, la lettre de saint Cyrille contre Nestorius, et celle de saint Léon à Flavien. A la lecture de celle-ci, les évêques s'écrièrent que telle était la foi de l'Église et des apôtres ; que Pierre avait parlé par la bouche de Léon. Conséquemment la décision du concile fut que « Jésus-Christ Notre-Seigneur est vraiment Dieu et vraiment homme, composé d'une âme raisonnable et d'un corps consubstantiel au Père selon la divinité, et consubstantiel à nous selon l'humanité, Seigneur en deux natures, sans confusion, sans changement, sans division, sans séparation, et sans que l'union ôte les propriétés et la différence des deux natures ; en sorte qu'il n'y a pas en lui deux personnes, mais une seule, que c'est un seul et même Fils unique de Dieu, etc. » Ainsi furent condamnés tout à la fois Nestorius, Eutychès et leurs adhérents ; Dioscore fut déposé, anathématisé et exilé, tant pour les violences qu'il avait exercées à Éphèse que pour d'autres crimes et pour ses erreurs. Mais cette décision ne rétablit pas la paix. La plupart des évêques d'Égypte demeurèrent attachés à Eutychès et à Dioscore leur patriarche ; ils publièrent que le concile de *Chalcédoine*, en condamnant Eutychès, avait aussi condamné la doctrine de saint Cyrille, et approuvé celle de Nestorius, deux faussetés évidentes. Ils ne réussirent pas moins à former un schisme et une secte, dont les partisans ont été nommés *monophysites*, et par la suite *jacobites*. Voy. EUTYCHIENS.

C'est sans aucune raison que Mosheim et d'autres protestants nomment le concile de *Chalcédoine* une *assemblée bruyante et tumultueuse*, et veulent nous persuader que tout s'y passa dans un désordre à peu près égal à celui du faux concile d'Éphèse. L'empereur lui-même fut présent à plusieurs séances, et rien ne se fit qu'après un mûr examen ; il a fallu toute l'opiniâtreté qu'inspire l'hérésie, pour se prévenir contre la manière dont on y procéda. Le traducteur de Mosheim dit que saint Léon, dans sa lettre à Flavien, explique, *avec une grande apparence de clarté*, la croyance catholique sur ce sujet embrouillé ; la clarté de cette lettre n'est point apparente, mais très-réelle, et fut jugée telle non-seulement en Orient, mais dans tout l'Occident ; de son propre aveu, cette lettre passa pour un chef-d'œuvre de logique et d'éloquence, et on la lisait chaque année pendant l'Avent, dans les églises d'Occident. Les protestants eux-mêmes sont obligés de s'exprimer comme saint Léon, dans leurs disputes contre les sociniens, touchant le mystère de l'incarnation.

Après avoir fixé le dogme catholique, le concile de *Chalcédoine* fit aussi plusieurs canons de discipline ; le vingt-huitième, qui attribuait au siége de Constantinople les

---

chaires apostoliques n'ont point participé à cette prérogative. Elles ont péri par la main ou par la négligence des hommes ; celle de saint Pierre seule a été sauvée par quelque chose qui se nomme, je crois, la Providence. Des événements féconds en destructions de tout genre l'ont souvent menacée, comme un incendie qui éclatait autour d'elle : ce ne sont pas les dévastations qui ont manqué à Rome. D'Alaric à Totila, dans l'espace d'environ 140 ans, cette ville a été saccagée quatre fois. Un indigne héritier du trône de Constantin finit par se mettre à la tête des rois barbares pour la dépouiller. La dernière fois que cette souveraineté dégénérée y fit une apparition, au septième siècle, l'aigle impérial, devenu un oiseau pillard, fit adieu à Rome en emportant dans ses serres aviles une foule d'objets précieux, et jusqu'aux tuiles dorées du Panthéon. Au onzième siècle, l'empereur Henri IV venait de ravager une partie de la ville connue sous le nom de cité Léonine, qui renfermait la basilique de Saint-Pierre, lorsque l'armée de Robert Guiscard, qui arrivait pour le chasser, dévasta plus complétement encore l'autre partie. Le sac de Rome par les bandes luthériennes du connétable de Bourbon détruisit, dans les églises et dans les sacristies, une foule d'antiquités qui avaient échappé à toutes les déprédations précédentes. A ces époques désastreuses, Rome a vu piller ses trésors sacrés, jeter aux vents des reliques saintes, abattre des colonnes de granit ; la fragile planche sur laquelle saint Pierre s'est assis, a traversé tant de siècles et tant de destructions comme un emblème perpétuel de l'indéfectibilité de la foi.

Non de marmoreo, ast æterno e fragmine texta,
Durat in extremum firma cathedra diem.

(Andr. MARIANUS, lib. II, epigr. 5.)

« On pourrait lui appliquer ces mots : *Tu marcheras sur l'aspic et le basilic, et tu fouleras aux pieds le lion et le dragon*, auxquels faisaient allusion les animaux symboliques sculptés sur les gradins de l'antique chaire en marbre fin dont se servaient les papes dans la basilique de Latran. »

mêmes priviléges et les mêmes prérogatives qu'à celui de Rome, a causé de vives contestations ; les légats de saint Léon réclamèrent contre ce règlement et soutinrent qu'il était contraire au sixième canon du concile de Nicée, qui porte que l'Eglise romaine a toujours eu la primauté ; saint Léon lui-même s'en plaignit, et refusa de le confirmer. Mais les Grecs y sont demeurés attachés, et ça a été le premier germe du schisme qu'ils ont formé avec l'Eglise latine dans les siècles suivants.

CHALDAIQUE, qui appartient aux Chaldéens. Nous parlerons des *Paraphrases chaldaïques* sous leur titre particulier, et de la langue *chaldaïque* dans l'article suivant.

CHALDÉENS, peuple qui, dans son origine, habitait la Mésopotamie, pays situé entre le Tigre et l'Euphrate, et duquel il est souvent parlé dans l'Ecriture. Ce n'est point à nous de discuter les antiquités fabuleuses des *Chaldéens* que les incrédules ont souvent opposées à l'histoire sainte : personne n'y croit plus aujourd'hui ; on est convaincu que leurs observations astronomiques ne remontaient pas plus haut que jusqu'au siècle du déluge. Ainsi plus l'on étudie les monuments de l'histoire, mieux on voit la vérité de ce que l'Ecriture nous dit des peuples anciens (1). Elle nous apprend que les *Chaldéens* sont les premiers tombés dans le polythéisme, et que l'idolâtrie la plus ancienne a été le culte des astres. *Voy.* ASTRES. Or, les *Chaldéens* ont été les premiers observateurs du ciel. Ils étaient invités à se livrer à l'astronomie par la beauté des nuits dont leur climat est favorisé. — Leur histoire se trouve essentiellement liée à celle des Juifs. Abraham partit de la Chaldée pour venir habiter la Palestine ; Isaac et Jacob épousèrent des *Chaldéennes*. Déjà, sous Abraham, les roitelets de la Mésopotamie faisaient des incursions dans la Palestine ; dans le livre de Job, c. I, v. 17, il est parlé des *Chaldéens* comme d'un peuple adonné au brigandage. — Les rois d'Assyrie, après avoir soumis la Chaldée, n'ont jamais abandonné le projet d'assujettir les Israélites, et Dieu montre à ces derniers ce peuple ennemi comme un fléau dont il se servira pour punir leurs infidélités ;

---

(1) La manie de l'antiquité ne fut guère moins énergique dans la nation Chaldéenne que dans les autres grands peuples anciens, et « les prêtres de Babylone, dit Para du Phanjas, ne se montrèrent pas moins ardents que les prêtres d'Egypte à soutenir et à étendre en ce genre la gloire de leur nation.

« Bérose, prêtre de Bélus, à Babylone, né vers le temps où Alexandre fit la conquête de cette grande ville, rédigea en corps d'histoire les fables chaldéennes, comme Manéthon avait rédigé en corps d'histoire les fables égyptiennes. Cette histoire de Bérose n'existe plus depuis longtemps, et aucun critique n'a été trompé par les ineptes rêveries qu'a publiées dans ces derniers temps sous le nom de Bérose le dominicain Annius de Viterbe.

« 1° Les Chaldéens ainsi que les Egyptiens divisaient leur antiquité en temps fabuleux et en temps historiques ; les temps fabuleux, selon les Chaldéens, précédaient les temps historiques de plusieurs myriades ou de plusieurs fois dix mille ans. Voici ce qu'en dit M. Fréret (*Dans sa Défense de la chronologie, contre le système de Newton*, pag. 234), d'après Syncelle, qui nous a conservé quelques fragments de l'histoire de Bérose : *Les Babyloniens admettaient une progression assez lente dans la formation des êtres, et ils supposaient que pendant longtemps, la nature, qui essayait pour ainsi dire ses forces, n'avait produit que des monstres et que des êtres irréguliers. Ainsi les temps historiques ne commençaient qu'au règne d'Alorus, le premier homme et le premier roi de la Chaldée.*

« Il ne sera pas inutile de remarquer ici comme en passant, que chez les Egyptiens, les temps fabuleux étaient remplis de *généalogies des dieux*, et que chez les Chaldéens, ces mêmes temps fabuleux étaient livrés à la fermentation de la nature, à la *lente formation des êtres* ; les premiers étaient plus décidés pour l'absurde polythéisme, les derniers penchaient plus vers le stupide matérialisme. On devinera peut-être par là pourquoi l'on voit quelques philosophes modernes insister et s'appesantir si fort sur la lente formation des êtres, sur la lente formation des langues, des arts, des sciences, des sociétés, des empires, qui demande, selon eux, une suite de siècles immensément plus grande que celle que donne au genre humain l'histoire sainte : on se peint souvent plus qu'on ne pense et qu'on ne veut dans ses écrits.

« La durée de ces temps historiques, continue le même auteur d'après les mêmes fragments de Bérose, *était partagée chez les Babyloniens en plusieurs intervalles, par époques différentes. Le premier intervalle, depuis Alorus jusqu'à Xisuthrus, sous lequel arriva le déluge universel, comprenait le règne de dix rois successifs, et la durée en était de 120 sares, ou périodes chaldéennes. Depuis le déluge de Xisuthrus, on comptait neuf sares et demi, jusqu'au règne d'Evochoüs. Après cet Evochoüs, on commençait à compter la durée par années solaires de 365 jours, et l'on comptait 1865 ans jusqu'à la destruction de l'empire assyrien sous le dernier Sardanapale.*

2° Mais qu'était-ce que ces *sares* qui mesurent les premiers temps historiques de la nation chaldéenne ? C'était une durée de 3600 ans, selon les anciens astrologues chaldéens, une durée de 3600 jours selon les chronologistes chrétiens, une durée de 222 lunaisons selon quelques livres de l'astronomie chaldéenne, selon Suidas, selon Halley et Fréret ; par où l'on voit quel fonds de certitude et de précision peut donner cette chronologie chaldéenne, même dans ce qu'on nomme les *temps historiques*. La chronologie chaldéenne renferme évidemment la même incertitude, la même confusion, les mêmes oppositions, les mêmes rêveries que nous venons d'observer dans la chronologie égyptienne.

« Bérose, dans le premier livre de son Histoire, faisait remonter l'origine et les premiers temps de Babylone, abstraction faite de la longue durée qui avait concouru avec la lente formation des êtres, à une immense antiquité, à 150,000 ans selon Syncelle, à 470,000 ans selon d'autres historiens.

« Le philosophe et l'orateur romain, Cicéron, regardait ces prétentions d'ancienneté comme une folie ou comme une imposture ; elles ont été rejetées de même par Diodore de Sicile, par Lucrèce, par Macrobe, par Lactance, par saint Augustin. Quel secret motif a pu animer quelques philosophes modernes à faire de si puissants et de si inutiles efforts pour les faire adopter comme des réalités ?

« M. Fréret, évaluant avec assez de vraisemblance le sare chaldéen à 222 lunaisons, et appliquant cette évaluation à l'histoire de Bérose, compte depuis le règne d'Alorus jusqu'à Jésus-Christ 4809 ans, ce qui concilie à peu près la chronologie des fables chaldéennes avec la chronologie des livres saints. »

cette menace fut accomplie par la captivité de Babylone. Les Juifs, transplantés dans la Chaldée par Nabuchodonosor, apprirent le *chaldéen*, le mêlèrent avec l'hébreu, corrompirent ainsi leur langue. L'hébreu pur, tel qu'il est dans les livres de Moïse, cessa d'être la langue vulgaire du peuple ; il fallut lui expliquer ces livres en *chaldéen* dans les synagogues. C'est ce qui a donné lieu aux *Targums* ou paraphrases chaldaïques : les Juifs adoptèrent même les caractères *chaldéens*, qui sont plus simples et plus commodes que les lettres hébraïques ou samaritaines.

On a souvent écrit que le *chaldéen* était partagé en trois dialectes, celui de Babylone, celui d'Antioche et de la Comagène, celui de Jérusalem et de la Judée ; mais cela ne doit s'entendre que des derniers siècles de l'histoire juive. Du temps d'Abraham, le langage de la Mésopotamie, celui de la Syrie, et celui des Chananéens de la Palestine étaient tellement semblables, que ces peuples pouvaient s'entendre sans interprète. De là Philon a dit que les livres saints avaient été écrits en *chaldéen*, c'est-à-dire dans la langue que parlait Abraham quand il sortit de la Chaldée. Mais ce langage changea dans la suite dans ces trois contrées ; du temps de Jésus-Christ, le syriaque d'Antioche n'était plus le même idiome que le *chaldéen* de Babylone ; il était écrit en caractères différents des lettres babyloniennes. La langue de Jérusalem était mêlée d'hébreu, de *chaldéen* et de syriaque ; de là elle a été nommée *syro-chaldaïque* et *syro-hébraïque*. La version syriaque de l'Ecriture sainte n'est point la même chose que les paraphrases chaldaïques. *Voy.* BIBLES SYRIAQUES.

Certains critiques assez mal instruits ont voulu persuader que le changement des lettres hébraïques ou samaritaines en caractères *chaldéens* avait pu causer de l'altération dans le texte des livres saints ; c'est comme si l'on disait que quand nous avons quitté les lettres gothiques pour adopter nos caractères modernes, nous avons changé le texte de nos livres.

Suivant la tradition des Orientaux, plusieurs des apôtres, mais particulièrement saint Thomas, saint Adée ou Thadée, et d'autres disciples du Sauveur, ont prêché l'Evangile, non-seulement aux *Chaldéens* dans la Mésopotamie, mais aux Perses et aux autres peuples les plus reculés vers l'Orient. *Voy.* ORIENTAUX. Il y eut dans la Chaldée deux principales villes épiscopales, Edesse et Nisibe, dans chacune desquelles il y eut des écoles célèbres, et qui ont produit des savants. Ce furent des docteurs sortis de l'une et de l'autre, qui séduits par les écrits de Diodore de Tharse, de Théodore de Mopsueste et de Nestorius, répandirent les erreurs de ce dernier dans la Chaldée, l'Assyrie et la Perse, qui les portèrent même jusque dans les Indes, la Tartarie et la Chine. Dans la suite, ces sectaires n'ont rougi du nom de nestoriens, et ils ont toujours affecté de se nommer *Chaldéens* et *Orientaux*. *Voy.* NESTORIENS, PERSE, etc.; Assémani, *Biblioth.*

orient., tome IV; *Dissert.*, *sur les Nestoriens ou Chaldéens*.

* CHALEUR DU GLOBE. La formation du globe a été l'objet de l'attention des géologues et des naturalistes. Ils ont cru découvrir que notre globe a d'abord été en fusion et qu'il se refroidit graduellement de jour en jour. Les impies ont cherché à tirer de là des inductions contre notre foi : ils ont prétendu qu'il y a contradiction entre l'expérience et l'enseignement de la Bible. Nous ne voyons d'abord aucune contradiction entre la narration de la Bible et l'incandescence du globe : nous l'avons démontré au mot COSMOGONIE. Quel qu'ait été l'état de notre globe avant de prendre la forme qu'il a aujourd'hui, il est faux, comme le prétendent nos adversaires, que notre globe se refroidisse tous les jours. « De l'égalité dans la durée des oscillations d'un pendule, dit M. Jéhan, on peut conclure à l'invariabilité de sa température ; eh bien ! de même la constance de la vitesse de rotation qui anime le globe terrestre nous donne la mesure de la stabilité de sa température moyenne.

« La découverte de cette relation entre la longueur du jour et la chaleur du globe est assurément l'une des plus brillantes applications qu'on ait pu faire d'une longue connaissance des mouvements célestes, à l'étude de l'état thermique de notre planète. On sait que la vitesse de rotation de la terre dépend de son volume ; la masse de la terre venant à se refroidir par voie de rayonnement, son volume doit diminuer ; par conséquent, tout décroissement de température correspond à un accroissement de la vitesse de rotation, c'est-à-dire à une diminution dans la longueur du jour. Or, en tenant compte des inégalités séculaires du mouvement de la lune dans le calcul des éclipses observées aux époques les plus reculées, on trouve que, depuis le temps d'Hipparque, c'est-à-dire depuis deux mille ans, la longueur du jour n'a certainement pas diminué de la centième partie d'une seconde. On peut donc affirmer, en restant dans les mêmes limites, que la température moyenne du globe terrestre n'a pas varié de 1/170 de degré depuis deux mille ans. »

CHAM, fils de Noé, ayant vu son père ivre, couché et endormi dans une posture indécente, en fit une dérision, et fut maudit dans sa postérité pour cette insolence. Il eut un grand nombre d'enfants et de petits-fils qui peuplèrent l'Afrique. Pour lui, on croit qu'il demeura en Egypte ; mais il n'est pas certain que les Libyens aient eu intention de l'adorer sous le nom de *Jupiter-Ammon*, comme l'ont cru plusieurs mythologues. Il se peut très-bien faire que ce dieu soit de la façon des Grecs, que son nom soit *Jupiter-Sablonneux*, ou qui préside aux sables de Libye.

Quelques censeurs de l'Ecriture sainte disent que Moïse a forgé l'histoire de la malédiction de *Cham*, pour autoriser les Israélites à s'emparer du pays des Chananéens ; mais Moïse ne fonde pas le droit de cette conquête sur la malédiction portée contre Chanaan ; il le fonde sur la volonté et la promesse de Dieu, qui voulait punir les Chananéens de leurs crimes. *Voy.* CHANANÉENS. Il est bon d'observer que la prédiction de Noé s'exécute encore aujourd'hui par l'asservissement de l'Egypte sous des souverains étrangers, et par l'esclavage des nègres. Les paroles de Noé sont une prophétie et non une imprécation. *Voy.* IMPRÉCATION.

CHAMOS, dieu des Ammonites et des Moabites; il s'écrit en hébreu *Kamosch*, ou *Kemosch*, terme assez approchant de *Schmesch*, le soleil : il paraît que cet astre a été la principale divinité des Orientaux.

Quoi qu'il en soit, *Chamos* a donné lieu à une objection contre l'histoire sainte. Sous le gouvernement des juges, les Ammonites déclarèrent la guerre aux Israélites, sous prétexte que ceux-ci s'étaient emparés d'une partie du territoire des Ammonites. Jephté, chef du peuple de Dieu, leur soutint que cela était faux, que le terrain occupé par son peuple dans leur voisinage avait été conquis sur les Amorrhéens, qui l'avaient autrefois enlevé aux Moabites, et qu'Israël en était en possession paisible depuis trois cents ans. C'est, en effet, ce qui est rapporté dans le livre des Nombres, c. xxi. Jephté ajoute, selon le texte : *Ne posséderez-vous pas le terrain dont votre dieu* Chamos *vous mettra en possession? Nous continuerons donc aussi de posséder tout ce dont* Jéhovah, *notre Dieu, nous a donné la possession* (*Jud.* xi, 24). — Voilà, disent quelques incrédules, Jephté qui met *Chamos* sur la même ligne que le Dieu d'Israël; il n'avait donc pas une plus haute idée de l'un que de l'autre : *Jéhovah* était, comme *Chamos*, un dieu local, le dieu d'un peuple particulier, et non le souverain Seigneur de l'univers : telle était la croyance des Israélites. — Mais les exploits de *Chamos*, mis par Jephté au futur contingent, et comparés à la possession réelle et actuelle des Israélites, nous paraissent une dérision assez forte de ce faux dieu. *Jéhovah*, continue Jephté, *jugera en ce jour entre Israël et les Ammonites*. Il ne redoutait donc pas beaucoup la puissance de *Chamos*; en effet, les Ammonites furent vaincus par Jephté, et la dispute fut terminée.

De là même il résulte que Jephté avait lu l'histoire rapportée dans le chapitre xxi du livre des Nombres, il n'en omet aucune circonstance. Ce livre de Moïse existait donc pour lors, et il n'est pas vrai que le Pentateuque, dont il fait partie, ait été écrit dans les siècles suivants, et longtemps après Moïse.

CHANANÉENS, peuple de la Palestine, descendu de Chanaan, petit-fils de Noé. Les censeurs de l'histoire sainte ont fait plusieurs remarques à ce sujet.

Dans la *Genèse*, c. xii, v. 6, il est dit que quand Abraham vint en la Palestine, les *Chananéens* y habitaient déjà, c. xiii, v. 7; l'auteur ajoute que quand Abraham revint d'Egypte, il y avait dans cette même contrée des *Chananéens* et des Phérézéens. Cette remarque, disent nos critiques, n'a pu être faite que par un auteur qui écrivait dans un temps où les *Chananéens* n'étaient plus dans ce pays-là, par conséquent après la conquête de la Palestine par les Israélites.

Mais à quel propos un écrivain postérieur à l'expulsion des *Chananéens* aurait-il fait cette remarque sur la Palestine ? On n'en voit aucun motif. Sous la plume de Moïse cette observation se trouve placée avec sagesse. Il venait de rapporter la promesse que Dieu avait faite à Abraham de donner la Palestine à sa postérité; il fait remarquer en même temps que ce pays n'était cependant pas sans habitation, que les *Chananéens* et les Phérézéens s'en étaient déjà emparés et s'y étaient établis. Ainsi, en rapportant la promesse, Moïse fait aussi mention des obstacles qui semblaient s'opposer à son exécution, obstacles d'autant plus sensibles pour lors, qu'Abraham n'avait point encore d'enfants. Loin de conclure de là que Moïse n'est pas l'auteur du livre de la Genèse, il faut plutôt en inférer le contraire.

De quel droit, continuent les incrédules, les Israélites ont-ils dépouillé, chassé, exterminé les *Chananéens* pour s'emparer de leur pays ? Cette conquête est aussi injuste par la forme que pour le fond, puisque les Israélites y exercèrent des cruautés inouïes; l'attribuer à un ordre exprès de Dieu, supposer qu'il y a contribué par les miracles, c'est blasphémer. Voyons si les déclamations auxquelles on s'est livré si souvent sur ce sujet sont bien fondées.

1° Les Israélites étaient sous le joug de la nécessité. Ils avaient été forcés par la tyrannie des Egyptiens à sortir de l'Egypte, ils ne pouvaient subsister naturellement dans un désert inculte et stérile, ils ne pouvaient se procurer une habitation et des terres à cultiver que l'épée à la main et aux dépens de leurs voisins. De tous les motifs qui peuvent autoriser une guerre et une conquête, nous défions nos adversaires d'en alléguer un plus légitime. — 2° Les différentes peuplades de *Chananéens* ne possédaient pas la Palestine à un titre plus juste que les Israélites; pendant quatre cents ans elles n'avaient cessé de se disputer et de s'arracher leurs possessions. Les Amorrhéens avaient enlevé une partie du terrain des Moabites; les Iduméens avaient pris, sur les Horréens, le pays de Seïr, et avaient passé ce peuple au fil de l'épée; les *Caphtorim* avaient exterminé les Hévéens, qui possédaient le canton de Hassérim jusqu'à Gaza. Les Moabites s'étaient emparés du pays des Emim, et les Ammonites de celui des Zonzommim, après avoir éteint ces deux nations (*Num.* xxi, 26 ; *Deut.* ii). Dieu voulait leur apprendre que c'est à lui à distribuer les différentes contrées de la terre à qui il lui plaît. Si tous les peuples avaient mieux retenu cette vérité, il y aurait eu moins de sang répandu dans toute la suite des siècles. — 3° Les *Chananéens* furent agresseurs à l'égard des Israélites; ils n'attendirent pas qu'ils fussent attaqués. Les Amalécites, les Iduméens, les rois de Madian, de Moab et d'Arad, les Amorrhéens, les Ammonites allèrent au-devant des Hébreux et leur présentèrent le combat (*Num.* xx, xxi, xxii). Ceux-ci étaient donc obligés ou de reculer dans le désert, ou de passer sur le ventre à tous ces ennemis. Les *Chananéens* avaient plus de terre qu'il ne leur en fallait; mais ils n'étaient pas disposés à en céder la moindre partie. — 4° Dieu ne laisse point ignorer les raisons pour lesquelles il ordonne de les exterminer; ce sont leurs crimes, l'idolâtrie, les superstitions de toute espèce, les sacrifices de victimes humaines et de leurs propres enfants, l'impudicité la plus grossière, des cruautés inouïes, etc.; et il menace les Israélites de les détruire à leur tour, s'il leur arrive d'imiter ces abominations. Mais Dieu avait accordé aux *Chananéens* quatre cents ans pour se corriger. Lorsqu'il promet au patriarche Abraham de donner la Palestine à sa postérité, il lui déclare que cela ne s'exécutera que dans quatre cents ans, parce que les iniquités des Amorrhéens ne sont pas encore parvenues à leur comble (*Gen.* xv, 16 ; *Sap.* xii). Puisque ces peuples étaient incorrigibles, ils méritaient d'être détruits. — 5° Lorsque Dieu a résolu de punir une nation, il est le maître de se servir de quelque fléau qu'il juge à propos, d'une famine ou d'une contagion, des traits de la foudre ou de l'épée d'un conquérant ; quelle que soit la manière dont il frappe, c'est une impiété et une absurdité d'accuser sa justice. De tous les fléaux, la guerre est encore celui qui laisse le plus de lieu à la résipiscence et au repentir. Les miracles qu'il plut à Dieu de faire à cette occasion en faveur des Israélites étaient justement ce qui aurait dû convertir les *Chananéens* (*Josué*, ii, 10). — 6° Quant à la manière, on sait comment se faisait la guerre chez les peuples anciens : sans quartier et sans rien épargner. Ainsi en agissaient les *Chananéens* eux-mêmes ; ainsi en ont usé les Grecs contre les nations qu'ils nommaient *barbares*, les Romains contre les Perses et contre les peuples du Nord, ceux-ci à leur tour contre les Romains ; ainsi se traitent encore les nations sauvages. Si celles de l'Europe connaissent mieux le droit des gens et le violent plus rarement, c'est à l'Évangile qu'elles en sont redevables ; toutes celles qui ne sont pas chrétiennes sont encore aussi farouches à la guerre que les peuples anciens.

Mais on suppose très-faussement que les Israélites commencèrent par tout détruire. Les victoires furent poussées de proche en proche, et continuées pendant longtemps. Dieu lui-même déclare qu'il conservera exprès des peuplades de *Chananéens*, afin de s'en servir pour châtier son peuple lorsqu'il l'aura mérité (*Josue*, xvii, 13 ; *Judic.* i, 3, etc.). La conquête ne fut achevée que sous les rois, quatre cents ans après Josué. Telle est l'histoire que les livres saints nous tracent de la conduite de Dieu et de celle des Israélites ; si on n'en altérait aucune circonstance, on n'y trouverait aucun sujet de scandale. — Quelques censeurs de mauvaise foi en ont cherché un dans le premier chapitre du livre des Juges, v. 19. Ils y ont lu que Dieu se rendit maître des montagnes, mais qu'il ne put vaincre les habitants des vallées, parce qu'ils avaient des chariots armés de faux ; de là ils ont conclu que l'auteur représente Dieu comme un guerrier très-impuissant. Mais il y a dans le texte : *Dieu fut avec Juda, et il posséda la montagne, mais non pour chasser les habitants de la vallée, parce qu'ils avaient des chariots armés de faux.* C'est une absurdité d'attribuer à Dieu ce qui est dit de Juda, qu'il *posséda la montagne*; si Dieu ne fut point avec lui pour chasser les habitants de la plaine, cela ne prouve point que Dieu n'avait pas le pouvoir de les chasser.

C'est ainsi que par de petites supercheries les incrédules de tous les siècles, marcionites, manichéens, philosophes et autres, se sont attachés à rendre l'histoire sainte ridicule et scandaleuse ; ils n'ont réussi qu'auprès des ignorants. Il y a dans la *Bible d'Avignon*, t. III, p. 327, une dissertation sur les migrations des *Chananéens* après la conquête de Josué.

CHANANÉENNE, femme des environs de Tyr et de Sidon, qui vint demander à Jésus-Christ la guérison de sa fille, tourmentée par le démon. Le Sauveur parut la rebuter d'abord. *Je ne suis venu*, dit-il, *que pour les brebis perdues de la maison d'Israël;...... il ne convient pas de prendre le pain des enfants et de le jeter aux chiens* (*Matth.* xv, 24, 26). Par cette réponse, disent certains critiques, Jésus confirmait le préjugé des Juifs, qui regardaient les Gentils comme des animaux impurs. — Au contraire, il voulait détruire ce préjugé ; il leur faisait voir que parmi les Gentils il y avait des âmes plus humbles, plus dociles, plus dignes de ses bienfaits, qu'ils ne l'étaient eux-mêmes. Ainsi, après avoir mis à l'épreuve la confiance de la *chananéenne*, il dit : *Femme, votre foi est grande, que votre désir soit accompli.* De retour chez elle, elle trouva sa fille en parfaite santé.

Les incrédules, qui ont voulu épiloguer sur ce miracle, auraient dû nous apprendre comment et par quel pouvoir Jésus-Christ guérissait des malades éloignés, sans autre appareil que de prononcer une parole.

CHANCELADE, congrégation de chanoines réguliers.

CHANCELIER d'une université. C'est un ecclésiastique chargé du soin de veiller sur les études. Il a le droit de donner, d'autorité apostolique, à ceux qui ont fini leur cours de théologie, le pouvoir ou *licence* d'enseigner, en leur faisant prêter serment de défendre la foi catholique jusqu'à la mort.

Dans l'université de Paris, il y a deux *chanceliers*, celui de Notre-Dame et celui de Sainte-Geneviève. L'institution, les droits, les privilèges respectifs de l'un et de l'autre sont du ressort de l'histoire moderne et de la jurisprudence canonique, plutôt que de la théologie. Le célèbre Gerson, *chancelier* de l'Eglise de Paris, ne dédaignait pas de faire les fonctions de catéchiste, et disait qu'il n'en voyait pas de plus importante pour sa place. Nous ne parlons de cette dignité ecclésiastique que pour faire remarquer le zèle qu'a eu l'Eglise, dans tous les temps, pour l'enseignement public, et pour dissiper l'ignorance que les barbares avaient répandue dans toute l'Europe. Pendant plusieurs siècles, il n'y a point eu d'autre ressource contre ce fléau que les écoles ecclésiastiques.

CHANDELEUR, fête célébrée dans l'Eglise romaine le second jour du mois de février, en mémoire de la présentation de Jésus-Christ au temple, et de la purification de sa sainte Mère.

Le nom de *Chandeleur* fait allusion aux cierges que l'on bénit, que l'on allume, et qui sont portés en procession ce jour-là par le clergé et par le peuple. L'Eglise fait cette cérémonie pour nous faire souvenir que Jésus-Christ est la vraie lumière qui est venue pour éclairer toutes les nations, comme le dit Siméon dans le cantique que l'on chante à cette occasion. — Les Grecs nomment cette fête *Hypante*, rencontre, parce que le vieillard Siméon et la prophétesse Anne rencontrèrent Jésus enfant dans le temple, lorsqu'on le présentait au Seigneur. C'est une fête et une cérémonie ancienne; le pape Gélase Ier, qui tenait le siége de Rome l'an 492, saint Ildephonse, saint Eloi, saint Sophrone de Jérusalem, saint Cyrille d'Alexandrie, etc., en parlent dans leurs sermons.

Quelques auteurs ont prétendu que le pape Gélase les avait instituées pour les opposer aux lupercales des païens, et qu'en allant processionnellement autour des champs on y faisait des exorcismes. C'est le sentiment du vénérable Bède. « L'Eglise, dit-il, a changé heureusement les lustrations des païens, qui se faisaient au mois de février autour des champs; elle leur a substitué des processions où l'on porte des chandelles ardentes, en mémoire de cette divine lumière dont Jésus-Christ a éclairé le monde, et qui l'a fait nommer par Siméon la lumière des nations. » D'autres en attribuent l'institution au pape Vigile en 536, et veulent qu'elles aient été substituées à la fête de Proserpine, que les païens célébraient avec des torches ardentes au commencement de février. — Mais ces prétendues substitutions s'accordent mal avec le calendrier des païens. Les lupercales se célébraient, non le 2 de février, mais le 16, et il n'était pas question dans cette fête de torches ardentes ni de cierges. Celle de Proserpine se faisait le 22 novembre à la fin des semailles, et non au mois de février. Voy. l'*Histoire religieuse du Calendrier*, par M. de Gébelin, p. 347, 407, 417. Si la coutume avait été établie d'aller autour des champs le jour de la Purification, le peuple des campagnes aurait conservé cet usage, et l'on ne connaît aucun pays où il subsiste aujourd'hui.

Il paraît donc que l'Eglise, en instituant cette fête, n'a eu en vue que d'honorer les mystères de Jésus-Christ et de la sainte Vierge. La substitution d'une cérémonie pieuse à la place d'un rite païen n'aurait rien que de louable, mais il ne faut pas la supposer sans preuve, sur de fausses allusions; c'est autoriser les hérétiques et les incrédules à nous reprocher très-mal à propos des restes de paganisme.

CHANDELIER DU TEMPLE. Dans les livres de l'Ancien Testament, il est fait mention de deux *chandeliers*, l'un réel, l'autre mystérieux. Moïse fit faire le premier, et le plaça dans le tabernacle. Ce *chandelier*, avec son pied, était d'or battu, et pesait un talent. De sa tige partaient sept branches courbées en demi-cercle, et terminées chacune pas une lampe à bec. Le sanctuaire, l'autel des parfums, la table des pains de proposition n'étaient éclairés que par ces lampes que l'on allumait le soir et qu'on éteignait le matin.

Salomon fit faire dix *chandeliers* semblables à celui de Moïse, et les plaça de même dans le sanctuaire du temple, cinq au midi et cinq au septentrion. Les pincettes et les mouchettes dont on se servait pour les *chandeliers* de Moïse et de Salomon étaient d'or. A la prise de Jérusalem par Nabuchodonosor, tous ces meubles précieux furent transportés dans l'Assyrie : il n'est pas certain que les *chandeliers* faits par Salomon aient été rendus aux Juifs, lorsque Cyrus leur fit restituer les vases du temple enlevés par les Assyriens, du moins il n'en est pas fait mention expresse (*1 Esdr.* I, 7 *et suiv.*). On sait seulement qu'à la prise de Jérusalem par Tite, il y avait dans le temple un *chandelier* d'or qui fut emporté par les Romains, et placé, avec la table d'or des pains d'offrande, dans le temple de la Paix que Vespasien avait fait bâtir. On voit encore aujourd'hui, sur l'arc de triomphe de Vespasien, ce *chandelier* avec les autres dépouilles de la Judée et du temple. — Le *chandelier* de la vision du prophète Zacharie, c. IV, v. 2, était aussi à sept branches; il n'était différent de ceux de Moïse et de Salomon, qu'en ce que l'huile tombait dans les lampes par sept canaux qui sortaient du fond d'une boule élevée à leur hauteur. Elle descendait dans cette boule de deux conques qui la recevaient dégouttante des feuilles de deux oliviers placés aux deux côtés du *chandelier*.

Quant aux *chandeliers* que l'on place sur les autels, l'origine en est aussi ancienne que celle des cierges que l'on allume pendant le service divin. *Voy.* CIERGES. Il est parlé dans l'Apocalypse, c. I et II, de sept *chandeliers* d'or au milieu desquels saint Jean vit un personnage respectable sous un extérieur majestueux et terrible ; c'était Jésus-Christ lui-même. Nous aurons souvent occasion de remarquer que cette vision de saint Jean a fourni le premier modèle de la liturgie et du culte divin. *Voy.* l'*Ancien Sacramentaire* par Grandcolas, 1re part., p. 52.

CHANOINE, CHANOINESSE. Du mot grec κανών, règle, on a fait *canonicus*, homme qui vit sous une règle ; et l'on a nommé *kanoines*, et ensuite *chanoines*, les ecclésiastiques attachés à une église cathédrale ou collégiale, qui, dans le dessein de mener une vie plus édifiante, observaient une règle commune et un régime très-approchant de celui des moines. On a donné le nom de *chanoinesses* à des filles ou femmes pieuses, qui, sans faire les vœux solennels de religion, se réduisaient à la même vie. L'expérience de tous les temps prouve que cette vie uniforme contribue à inspirer le goût de la vertu et de la piété.

L'institution, les devoirs, les droits des différentes espèces de *chanoines* sont un objet de discipline qui regarde les canonistes. Nous observerons seulement que si, dans les bas siècles, toutes les institutions pieuses ont pris un air et un ton monastique, c'est qu'alors il n'y avait presque plus de décence ni de régularité que dans les cloîtres. Plus on a pris de prévention et d'aversion pour cet état dans notre siècle, plus il est à craindre que l'on ne soit bientôt forcé d'y revenir. Ce n'est pas la première fois qu'après avoir secoué le joug de la règle, on s'est trouvé dans la nécessité de le reprendre. — Les cloîtres, dont la plupart des cathédrales sont environnées, sont un monument de la vie commune observée autrefois par les *chanoines*.

CHANOINES RÉGULIERS. On appelle ainsi les *chanoines* qui non-seulement vivent en commun et sous une même règle, mais qui s'y sont engagés ou par un vœu simple, ou par des vœux solennels, et sont ainsi de vrais religieux. Les congrégations qu'ils ont formées sont très-variées, et portent différents noms.

La plupart ont commencé sur la fin du XIe siècle et au XIIe. Comme le clergé séculier était alors dégradé par l'ignorance et par le relâchement des mœurs, les ecclésiastiques les plus sages comprirent que le seul moyen de remédier à ce malheur était d'imiter la piété et les vertus qui régnaient alors dans les cloîtres. C'est à cette époque que l'on vit éclore en France les congrégations de Saint-Ruf à Avignon, de Saint-Laurent en Dauphiné, de Saint-Yves à Beauvais, de Saint-Nicolas-d'Arose en Artois, de Murbach en Alsace, de Notre-Sauveur en Lorraine, de Saint-Sauveur et de Latran en Italie, de Saint-Victor à Paris, etc. De cette dernière sont sortis, au XIIe siècle, les *chanoines réguliers* de la congrégation de France ou de Sainte-Geneviève. *Voy.* GÉNOVÉFAINS, VICTORINS, etc.

Ainsi, dans tous les siècles, l'excès du désordre et de la corruption fait renaître enfin la régularité et ramène les hommes à la vertu ; voilà ce qui déplaît aux ennemis de la religion. A quoi sert, disent-ils, d'établir des instituts, des règles, des réformes qui déchoiront nécessairement par le penchant invincible de la nature, et qui auront le même sort que toutes celles qui ont précédé ?

C'est comme si l'on demandait, à quoi sert de rendre la santé à un malade qui, tôt ou tard, retombera dans une autre extrémité par la destinée inévitable de la nature ? C'est justement parce que l'humanité tend naturellement au désordre et au vice, qu'il ne faut pas se lasser de la soutenir et de la relever après ses chutes. Quand un établissement utile, une réforme salutaire ne durerait que pendant un siècle, c'est autant de gagné sur la faiblesse de la nature au profit de la vertu.

CHANT ECCLÉSIASTIQUE. Dans tous les temps et chez les peuples les plus grossiers, le *chant* a fait partie du culte divin, et il est très-probable que les premiers cantiques ont été destinés à célébrer les bienfaits de Dieu. La reconnaissance, la joie de recevoir continuellement de nouveaux dons de sa Providence, la douce émotion que produit dans les cœurs la réunion des hommes au pied des autels, ne pouvaient pas manquer d'éclater par des chants. Quoique l'Ecriture sainte ne parle pas de cet usage dans l'histoire des patriarches, nous ne pouvons guère douter qu'ils n'aient suivi en cela, comme les autres hommes, l'impulsion de la nature.

Ce n'est point à nous de parler des cantiques des païens : ils en avaient perverti l'usage ; au lieu de célébrer par leurs chants le souverain Auteur de la nature, ils chantaient les aventures scandaleuses et les crimes qu'ils attribuaient à de fausses divinités ; les rêves de la mythologie n'ont été connus des peuples que par les chants des poëtes : c'était une école de vices et de corruption.

Dès que les Hébreux furent réunis en corps de nation, ils surent relever, par les accents de la voix, les louanges du Seigneur. Qui ne connaît pas les cantiques sublimes de Moïse, de Débora, de David, de Judith, des prophètes ? Ils ont pour objet non-seulement de louer Dieu des bienfaits qu'il a prodigués à tous les hommes dans l'ordre de la nature, et des faveurs particulières qu'il avait accordées à son peuple, mais encore d'implorer sa miséricorde, et de lui demander l'abondance de ses dons dans l'ordre de la grâce. David ne se borna point à composer des psaumes et des cantiques ; il établit des chœurs de chantres et de musiciens pour louer Dieu dans le tabernacle ; il exhorte les peuples à louer le Seigneur par les accents de leurs voix et par le son des instruments : Salomon, son fils, fit observer le même usage dans le temple.

Les différentes dissertations que l'on a faites sur la musique des Hébreux, et sur les divers instruments à cordes ou à vent dont ils se servaient, ne nous ont pas fort instruits. Nous savons seulement par les livres saints, que Moïse fit faire des trompettes d'argent pour en sonner pendant les sacrifices solennels ; que les lévites étaient chargés de chanter et de jouer des instruments dans le tabernacle, et ensuite dans le temple ; que, sous David et Salomon, il y avait vingt-quatre bandes de musiciens qui servaient tour à tour. Il est à présumer que cette musique n'était pas la même que celle dont les Juifs faisaient usage dans les noces, dans les festins et dans les réjouissances profanes ; qu'elle était plus grave et plus majestueuse.

M. Fourmont, dans les *Mém. de l'Académie des Inscriptions*, s'est attaché à prouver qu'il y a dans les psaumes et les cantiques des Hébreux des dictions étrangères, des expressions peu usitées ailleurs, des inversions et des transpositions ; que le style de ces ouvrages, comme celui de nos odes, en devient plus sublime, plus pompeux et plus énergique ; que l'on y distingue des strophes, des refrains, des mesures, différentes sortes de vers, et même des rimes. Lowth, *de sacra poesi Hebræorum*, et Michaelis, dans ses notes sur cet ouvrage, soutiennent la même chose, et ils le montrent par plusieurs exemples. Nos meilleurs poëtes se sont appliqués avec succès à traduire en vers français un grand nombre de psaumes et de cantiques de l'Ecriture sainte.

Chez les Hébreux, comme ailleurs, les cantiques n'étaient pas toujours les expressions de la joie; on les employait aussi à déplorer des événements tristes et lugubres ; témoin le cantique de David sur la mort de Saül et de Jonathas (*II Reg.* 1), et les Lamentations de Jérémie sur les malheurs de Jérusalem. Ces cantiques lugubres ou élégies plurent si fort aux Hébreux, qu'ils en firent des recueils ; longtemps après la mort de Josias, on répétait les plaintes de Jérémie sur la fin tragique de ce roi (*II Paral.* xxxv).

Dès la naissance du christianisme, le *chant* fut admis dans l'office divin, surtout lorsque l'Eglise eut acquis la liberté de donner à son culte l'éclat et la pompe convenable; elle y fut autorisée par les leçons de Jésus-Christ et des apôtres. La naissance de ce divin Sauveur avait été annoncée aux bergers de Bethléem par les cantiques des anges; on connaît ceux de Zacharie, de la sainte Vierge, du vieillard Siméon ; pendant sa prédication, Jésus-Christ trouva bon que des troupes de peuple vinssent au devant de lui, l'accompagnassent dans son entrée à Jérusalem, en chantant : *Hosanna, béni soit celui qui vient au nom du Seigneur, salut et prospérité au fils de David*, et continuassent ainsi jusque dans le temple ; il reprit les pharisiens de ce qu'ils étaient indignés de ces démonstrations de joie (*Matth.* xxi, 9, 15). Saint Paul exhorte les fidèles à s'exciter mutuellement à la piété par des hymnes et des cantiques spirituels (*Ephes.* v, 19; *Coloss.* iii, 16). Dans le tableau de la liturgie primitive que nous présente l'Apocalypse, il est parlé d'un cantique chanté devant l'autel par les vieillards ou par les prêtres à l'honneur de l'Agneau (v, 9). Les chrétiens que Pline interrogea pour savoir ce qui se passait dans leurs assemblées, lui dirent qu'ils se réunissaient le dimanche pour chanter des hymnes à Jésus-Christ comme à un Dieu (*Plin.*, l. x, epist. 97). Socrate, dans son *Histoire ecclésiastique*, l. vi, c. 8, dit que saint Ignace, évêque d'Antioche, établit dans son Eglise l'usage de chanter à deux chœurs des cantiques et des psaumes, et qu'il fut imité par les autres Eglises : or, saint Ignace vivait immédiatement après les apôtres.

Lorsque les ariens nièrent la divinité de Jésus-Christ, on leur opposa les cantiques des fidèles qui, dès l'origine de l'Eglise, attribuaient à Jésus-Christ cette auguste qualité (*Eusèbe*, l. x, c. 28). Paul de Samosate fit supprimer ces cantiques dans son Eglise, parce que ses erreurs y étaient clairement condamnées (*Ibid.*, l. vii, c. 30). Saint Augustin composa exprès un psaume fort long, pour prémunir les fidèles contre les artifices des donatistes. Ainsi, de tout temps, l'Eglise chrétienne a professé sa croyance par ses prières et par son culte extérieur ; et c'est souvent une source où on peut la trouver plus aisément que dans les discussions théologiques.

Les valentiniens, Basilide, Bardesanes, les manichéens et d'autres hérétiques composèrent des hymnes et des cantiques pour répandre plus aisément leurs erreurs. Pour remédier à cet abus, le concile de Laodicée, can. 59, défendit de lire ou de chanter dans les églises des psaumes composés par des particuliers, et ordonna de se borner à la lecture des livres saints.

Saint Augustin atteste l'impression que firent sur lui les cantiques et les psaumes qu'il entendit chanter dans l'église de Milan (*Confess.*, lib. ix, c. 6). « Combien je versai de pleurs, dit-il, par la violente émotion que je sentais lorsque j'entendais, dans votre église, chanter des hymnes et des cantiques à votre louange ! En même temps que ces sons touchants frappaient mes oreilles, votre vérité coulait par eux dans mon cœur, elle excitait en moi les mouvements de la piété. » Les missionnaires les plus expérimentés nous rendent témoignage de l'efficacité des cantiques spirituels pour porter le peuple des campagnes à la vertu, et pour le dégoûter des *chants* profanes (1).

(1) « Nous n'avons sur ce sujet aucun témoignage bien clair, avant la paix rendue à l'Eglise, époque à laquelle Eusèbe rapporte que des places diverses étaient assignées aux jeunes gens et aux vieillards qui chantaient les psaumes. Saint Augustin attribue l'introduction du chant à deux chœurs alternatifs en Occident à saint Ambroise, qui l'avait appris pendant son séjour en Orient. Il y a dans ses *Confessions* un passage célèbre où il décrit la part qu'eut la musique de l'église de Milan à sa conversion, en lui faisant verser des larmes de tendresse toutes les fois qu'il l'entendait. On ne connaît pas le système introduit par saint Ambroise ; il n'y a pas de doute qu'il était fondé sur l'ancien système grec ; et comme il a servi également de base à celui que l'on désigne maintenant sous le nom de chant grégorien, on ne peut douter qu'il n'ait avec lui une grande ressemblance, et qu'il n'ait été effectivement ou surajouté, ou même entièrement fondu dans la réforme introduite par le pape Grégoire le Grand dans la musique d'église. Je suis loin de vouloir entrer dans des détails purement techniques ; mais comme il peut être intéressant pour plusieurs de savoir en quoi la gamme ou les clefs du chant grégorien ou plain-chant diffèrent de celles de la musique ordinaire, je vais en parler brièvement. Saint Grégoire donna aux huit notes qui composent la gamme les noms qu'elles portent aujourd'hui, A, B, C, D, etc. Suivant son système et celui de la musique actuelle, chacune de ces notes peut devenir la dominante, mais alors il nous faut introduire autant de bémols et de dièzes qu'il est nécessaire pour faire tomber les tons et demi-tons aux mêmes intervalles dans chaque ton majeur ou mineur respectivement. De là il suit qu'une pièce de chant écrite dans un ton peut être chantée dans un autre, sans qu'il en résulte d'autre changement que celui de la clef. De même dans le chant grégorien, chaque note peut devenir la dominante, mais il ne peut y avoir de dièzes ou de bémols, sinon le B b dans la clef de F. Ainsi, dans chaque clef, la position des demi-tons varie ; et une pièce de musique

Comme il ne convenait pas que le *chant* religieux fût semblable à celui qui exprime des passions déréglées, l'Église chrétienne a toujours veillé à ce que le *chant* de la liturgie et de l'office divin fût grave et majestueux, exprimât la piété, et non une joie folâtre ; c'est pour cela même qu'on l'a nommé le *plain-chant*, pour le distinguer de la musique des théâtres et des chansons profanes. Les Pères de l'Église les plus respectables, comme saint Jean Chrysostome, saint Jérôme, saint Ambroise, saint Augustin, donnèrent la plus grande attention à bannir des assemblées chrétiennes les *chants* mous, efféminés, et la musique trop gaie, qui ne servaient qu'à flatter les oreilles et à étouffer les sentiments de piété. Les donatistes reprochaient aux catholiques la manière trop grave dont ils chantaient les psaumes ; saint Augustin, au contraire, accuse les donatistes d'exprimer par leurs *chants* les transports de l'ivresse, plutôt que les affections pieuses (*Epist*. 55, *ad Januar.*, n. 34).

Saint Ambroise, qui régla le *chant* de son église dans un temps où les théâtres du paganisme subsistaient encore, évita soigneusement d'en imiter la mélodie ; saint Grégoire, qui fit la même chose pour l'Église de Rome, dans un siècle où les théâtres n'existaient plus, ne trouva aucun inconvénient à introduire dans le *chant ecclésiastique* des airs plus agréables, mais qui ne pouvaient rappeler aucun souvenir dangereux. De là est venue la distinction entre le *chant* ambrosien et le *chant* grégorien ; le premier était plus grave, le second plus mélodieux. Mais on a eu tort de penser que saint Ambroise était le premier auteur du *plain-chant* ; avant lui saint Athanase l'avait établi dans l'Église d'Alexandrie ; il avait mis en usage, dit saint Augustin, un *chant* des psaumes qui ressemblait plus au récitatif d'un discours qu'à un véritable *chant* (*Confess.*, l. x, c. 33). Charlemagne, qui remarqua que le *chant* gallican était moins agréable que celui de Rome, y envoya des clercs pour apprendre le *chant* romain, et l'introduisit ainsi dans les Gaules.

Les Pères de l'Église, dont nous avons parlé, les fondateurs des ordres monastiques, tels que saint Benoît, saint Bernard et d'autres, ont souvent recommandé l'attention, le respect, la modestie, le recueillement, la dévotion avec lesquels on doit chanter le chœur les louanges du Seigneur. Toutes les fois que l'on s'est écarté de l'ancien esprit de l'Église, et que l'on a introduit dans l'office divin une musique profane, les auteurs ecclésiastiques en ont fait des plaintes amères, et plusieurs conciles ont formellement défendu ces abus, comme le concile *in Trullo*, l'an 692, celui de Cloveshou, l'an 747, celui de Bourges, l'an 1584, etc. Il est fâcheux que ce désordre soit aujourd'hui plus commun qu'il ne fut jamais ; toutes les personnes vraiment pieuses en désirent la réforme.

Quelques missionnaires, pour apprivoiser les sauvages américains, et les attirer à leurs instructions, n'ont point trouvé de meilleur moyen que de leur jouer des airs de flûte ; ils ont ainsi réalisé ce que la fable raconte d'Orphée. Cet artifice innocent et très-louable prouve le pouvoir de la musique sur les hommes les plus grossiers, et combien il est aisé de les corrompre en général par des airs efféminés et lascifs. (Bingham, *Orig. ecclés.*, l. xiv, c. 1, § 15 et suiv.)

Par un trait d'humeur ordinaire aux protestants, Brucker prétend que saint Grégoire le Grand, par le soin qu'il prit d'établir à Rome des écoles de *chant ecclésiastique*, et de former des chantres, contribua beaucoup à augmenter l'ignorance et la barbarie du viiie siècle. Que l'on juge, dit-il, du progrès que pouvaient faire les lettres et la philosophie, lorsqu'il fallait dix ans pour apprendre à chanter l'office divin (*Hist. philos.*, tom. III, p. 572 ; tom. VI, p. 561). Ce reproche nous paraît absurde. 1° Ce n'était pas saint Grégoire qui avait attiré les Barbares, qui les avait engagés à ravager l'Europe entière, et à détruire tous les moyens d'apprendre les lettres et les sciences ; il ne faut pas lui attribuer le défaut et l'imperfection des méthodes que l'on suivait alors pour apprendre une science ou un art quelconque : il n'était pas obligé d'en créer de nouvelles. Avant d'enseigner aux jeunes gens les sciences et la philosophie, il faut leur apprendre à lire, à écrire, à chiffrer, et les instruire des vérités de la religion ; dans les écoles de village, ils apprennent aussi à chanter au lutrin ; dans tous les pays du monde, ce sont là les premières études : nous présumons qu'il en était de même dans celles de Rome, et il n'est pas fort étonnant qu'au viiie siècle on y ait employé dix ans de la première jeunesse. 2° Si saint Grégoire avait tort de soigner ces premières études des clercs, il faut blâmer aussi Charlemagne, qui ne les dédaigna pas, et le roi Robert, qui s'en occupa ; on les regarde cependant comme les restaurateurs des lettres, et non comme les auteurs de la barbarie. Il faudra encore censu-

---

composée dans une clef ou ton est complétement altérée et devient insupportable si on la transpose dans un autre. Dans l'espace de peu de siècles il se glissa de tristes corruptions dans la musique ecclésiastique, et il s'éleva de grandes disputes par rapport au nombre de clefs ou de tons qui s'y trouvaient. C'était alors un temps où l'on respectait l'autorité, et le point en litige fut référé à Charlemagne. Ce prince étudia à fond la question, prit conseil et rendit son décret impérial, *que huit clefs ou modes paraissaient bien suffisants*. Il paraît qu'il s'éleva des réclamations, surtout de la part des Grecs, et un second décret prononça *qu'il y avait douze modes* (Baini, *Vie de Palestrina*, t. II. p. 81).

« Le *chant* grégorien est complétement diatonique ; il est mélodique, c'est-à-dire chanté par toutes les voix. Rousseau a fait observer, et tout musicien en conviendra, qu'aucune musique moderne ne saurait s'élever comme lui à ce ton pathétique qui donne un air majestueux à la voix humaine ; et un autre auteur remarque que tous les efforts tentés dans les temps modernes pour l'imiter dans la composition ont complétement échoué. » (Mgr Wiseman, *Confér. sur les offices de la semaine sainte*, dans les *Démonst. évang.*, édit. Migne.)

DICT. DE THÉOL. DOGMATIQUE. I.

rer les anciens philosophes, qui ont regardé la musique comme une partie de la philosophie : or, la musique de ces temps-là n'était pas fort supérieure au *plain-chant* d'aujourd'hui. M. Burette, dans ses *Recherches sur la musique des anciens*, a fait voir que l'on peut de nos jours apprendre en six mois ce qui demandait alors une étude de dix ans. Au lieu de reprocher aux grands hommes des bas siècles les efforts qu'ils ont faits pour détruire la première rouille de la barbarie, il faut les bénir de ce qu'ils se sont abaissés jusqu'aux soins les plus minutieux ; s'ils n'avaient pas voulu les prendre, nous n'en serions pas où nous en sommes.

C'est par allusion à ces anciennes écoles romaines, que le pontifical nomme *schola* les clercs qui accompagnent l'évêque et l'assistant dans ses fonctions solennelles : *Episcopus cum schola* (Ducange, au mot *Cantores*). C'est encore ce qui a donné de l'importance à la dignité de *chantre* dans les églises cathédrales ; parce que sa fonction est de veiller à la conduite des *chantres* et à la décence du culte divin.

Bingham (*Orig. ecclés.*, liv. III, c. 7), dit qu'il n'a pas été question de *chantres* dans l'Eglise avant le commencement du IV° siècle : mais il avoue qu'il en est fait mention dans la liturgie de saint Marc : or, nous prouverons en son lieu que cette liturgie est plus ancienne que le IV° siècle. Il prétend que l'état des *chantres* était autant un ordre ecclésiastique que celui des lecteurs, et qu'ils recevaient une espèce d'ordination ; pour nous, nous pensons que si ç'avait été un ordre, il aurait continué de l'être. Il veut que dans l'origine, la fonction de *chanter* ait été commune à tous les fidèles. Soit, du moins il fallait que des *chantres* instruits donnassent le ton pour éviter la cacophonie ; aussi l'an 364 ou 370, le concile de Laodicée ordonna que les seuls *chantres* inscrits sur le catalogue de l'église, pourraient monter sur l'ambon et chanter le livre. Mais les protestants, infatués de leur usage, trouvent qu'il n'y a rien de si beau que le style gothique des psaumes de Marot, et le chant lugubre qu'ils ont adopté ; nous voudrions savoir pourquoi ils ne chantent pas les cantiques de l'ancien et du nouveau Testament : sont-ils moins respectables que les psaumes ?

* CHAOS. Moïse, dans sa cosmogonie, établit l'existence primitive du chaos. C'est aussi la croyance de tous les peuples ; nous en avons fourni la preuve dans plusieurs articles de ce Dictionnaire. *Voy.* COSMOGONIE, CRÉATION.

CHAPE. *Voy.* HABITS SACRÉS ou SACERDOTAUX.

CHAPELAIN, CHAPELLE. Une *chapelle* est un oratoire ou un lieu destiné à la prière, dans lequel il y a souvent un autel, et où l'on dit la messe ; le *chapelain* est l'ecclésiastique chargé de la desservir. On nomme aussi *chapelle* l'office pontifical célébré par le pape ; on dit qu'il tient *chapelle* lorsqu'il officie solennellement. A Versailles, on appelle *jours de grande chapelle* les fêtes solennelles auxquelles l'office est fait par un évêque à la *chapelle* du roi.

Il y a beaucoup d'apparence que les *chapelles* ont été ainsi nommées, parce que l'on y conservait les chapes ou manteaux des saints. On sait que nos rois faisaient porter à la tête de leurs armées la chape de saint Martin ; après, on la renfermait dans la *Sainte-Chapelle* (Ducange, au mot *Capella*).

De savants critiques ont remarqué que les anciennes églises ou les cathédrales étaient sans *chapelles* collatérales. On bâtit d'abord les premières au dehors, et en joignant le mur, pour y placer le tombeau des saints ; dans la suite on perça le mur, et les *chapelles* se trouvèrent ainsi faire partie de l'église.

Ce n'est point à nous de réformer l'abus des *chapelles* domestiques, et les scandales qui s'ensuivent ; mais il est permis de le faire remarquer. Depuis que les grands ont cru qu'ils seraient dégradés, s'ils étaient confondus avec le peuple dans la maison de Dieu, que les exercices publics de religion leur ont paru trop incommodes, ils ont voulu avoir des autels presque dans leur chambre, des prêtres à leurs ordres, des prières pour eux seuls ; on dirait qu'ils ont renoncé à la communion des saints, et l'on sait de quelle manière Dieu est honoré dans ces lieux profanes. Faut-il s'en prendre à l'Eglise et à ses pasteurs trop faibles ? Souvent on leur force la main, et l'on se venge quand ils refusent. L'irréligion déclarée porte peut-être moins de préjudice au christianisme qu'un masque de piété contraire aux règles, aux lois, à la discipline de l'Eglise : vainement le concile de Trente a voulu prévenir cet abus, sess. 22 ; il subsistera aussi longtemps que l'orgueil, la mollesse, l'indévotion des grands. Le peuple des campagnes fait souvent plusieurs lieues de chemin dans la plus mauvaise saison pour satisfaire aux devoirs de la religion ; tel qui veut s'en acquitter sans sortir de chez lui, refuserait de contribuer à la construction d'une succursale dans un village. *Voy.* l'*Ancien Sacramentaire*, 1re part., pag. 655 et 844.

CHAPELET. Ce sont plusieurs grains enfilés qui servent à compter des *Pater* et des *Ave*, que l'on récite à l'honneur de Dieu et de la sainte Vierge. On les appelle aussi *patenôtres*, et ceux qui les font *patenôtriers*. Il y a aussi des *chapelets* de corail, d'ambre, de coco, et d'autres matières plus précieuses. Leur nom est venu de ce qu'ils ressemblent à une couronne de roses, que l'on nommait, en vieux français, *chapel de roses*.

Dans la basse latinité ils ont été nommés *capellina*, et chez les Italiens *ccrona* ; ils contiennent cinq dizaines de grains, et les *rosaires* en ont quinze.

L'usage de réciter le *chapelet* n'est pas fort ancien ; quelques protestants en rapportent l'origine à Pierre l'Ermite, personnage célèbre dans l'histoire des croisades, sur la fin du XI° siècle ; le *rosaire* a été institué par saint Dominique.

Il y a aussi un *chapelet* du Sauveur, composé de trente-trois grains, à l'honneur des trente-trois ans que Notre-Seigneur a passé sur la terre; il a été imaginé par le père Michel, de l'ordre des Camaldules. *Voy.* ROSAIRE.

CHAPITRE d'un livre. Sur la division des livres saints en chapitres et en versets, *voyez* CONCORDANCE.

CHAPITRE. Assemblée de chanoines ou de religieux. [*Voy.* le *Dictionnaire de Théologie morale.*]

CHAPITRES (Trois). Ce sont trois écrits condamnés dans le cinquième concile général tenu à Constantinople. *Voy.* CONSTANTINOPLE.

CHARITÉ, vertu théologale, par laquelle nous aimons Dieu sur toutes choses, et notre prochain comme nous-mêmes; ainsi la *charité* a deux objets, Dieu et le prochain.

Comme on distingue un amour parfait de Dieu et un amour imparfait, les théologiens disputent pour savoir en quoi l'un est différent de l'autre. Quelques-uns disent que c'est seulement par le degré d'intensité ou de ferveur, et non par la diversité des motifs; les autres prétendent que l'amour parfait consiste à aimer Dieu précisément pour lui-même, sans aucun rapport à nous, au lieu que l'amour imparfait est accompagné d'un motif d'intérêt propre. — Mais la question est de savoir si la *charité* parfaite exclut toute espèce de retour sur nous-mêmes. Lorsque saint Paul disait : *Je désire ma dissolution et d'être avec Jésus-Christ* (*Philipp.*, I. 23); le désir de la béatitude était uni en lui à la p'us ardente *charité*.

Il y a donc deux excès à éviter dans cette matière. Plusieurs aiment Dieu en pensant tellement à eux, que Dieu ne tient que le second rang dans leur affection. Cet amour mercenaire ressemble à celui des faux amis, qui nous abandonnent aussitôt que nous cessons de leur être utiles. Une âme qui aime ainsi est en quelque manière son dieu à elle-même; cet amour n'est point la *charité*.

D'autres, en aimant Dieu, renoncent à tout motif d'intérêt; leur amour est si pur qu'il exclut tout autre bien que le plaisir d'aimer; ils n'espèrent, ils ne désirent rien au delà; ils sont même prêts à sacrifier la douceur de ce sentiment, si les épreuves qui servent à le purifier exigent ce sacrifice. Cet amour nous paraît une illusion de quelques faux spéculatifs. En plaçant le sublime de la *charité* à se détacher de toute espérance, ils se rendent indépendants.

Un principe incontestable est que nous cherchons naturellement à être heureux; c'est, selon saint Augustin, la vérité la mieux entendue et la plus constante, c'est le cri de l'humanité : ce penchant ne peut déplaire à Dieu, puisque c'est lui qui nous l'a donné. Suivant l'observation du savant évêque de Meaux, saint Augustin ne parle pas d'un instinct aveugle; car on ne peut pas désirer ce que l'on ne connaît point, et on ne peut ignorer ce que l'on sait qu'on veut. L'illustre archevêque de Cambrai, écrivant sur cet endroit de saint Augustin, croyait que ce Père n'avait en vue que la béatitude naturelle. Qu'importe, lui répliquait M. Bossuet, il demeure toujours incontestable que l'homme ne peut se désintéresser au point de perdre, dans un seul acte, la volonté d'être heureux, puisque c'est par cette volonté que l'on veut toute chose. Donc l'homme aura la même ardeur pour la béatitude surnaturelle que pour la béatitude naturelle, dès que la première lui sera connue. — Comment, en effet, se détacherait-on du seul bien que l'on veuille nécessairement? Y renoncer formellement est une chose impossible. Si l'on en fait abstraction, la fin que l'on se propose n'en est pas moins réelle. L'artiste qui travaille n'a pas toujours son but présent à l'esprit, quoique toute sa manœuvre y soit dirigée. D'ailleurs, le cœur ne fait point d'abstraction, et il s'agit ici d'un mouvement du cœur, et non d'une opération de l'esprit. — Saint Thomas, qui s'est distingué par son grand sens, disait : Si Dieu n'était pas tout le bien de l'homme, il ne lui serait pas l'unique raison d'aimer. L'amour présent et le bonheur futur sont toujours unis chez ce docteur de l'école.

Mais, dira-t-on peut-être, quand nous ignorerions que Dieu peut et veut nous rendre heureux, ne pourrions-nous pas nous élever à son amour par la contemplation seule de ses perfections infinies. M. Bossuet répond qu'il est impossible d'aimer Dieu sans l'envisager comme un être souverainement parfait: or, une partie de ses perfections est d'être bon, libéral, bienfaisant, miséricordieux envers ses créatures. Que l'on choisisse, si l'on veut, pour objet de contemplation entre les perfections divines cel es qui n'ont aucun rapport à nous, l'immensité de Dieu, son éternité, sa prescience, sa toute-puissance, etc.; il en résultera de l'admiration, de l'étonnement, du respect, mais non de l'amour; l'esprit sera confondu, le cœur ne sera point touché. — D'où il s'ensuit qu'entre les attributs de Dieu, les seuls qui excitent en nous des sentiments d'amour, sont ceux qui mettent de la liaison entre Dieu et nous; que ces sentiments sont tellement unis à l'idée du bonheur, qu'on ne peut les en séparer que par des précisions chimériques, fausses dans la spéculation et dangereuses dans la pratique. Mais il faut se souvenir que le sentiment d'amour de Dieu peut exciter en nous de bons désirs, nous porter à des actions excellentes, influer sur notre conduite, sans que nous en ayons toujours une perception distincte et présente.

Comme il nous est impossible de démêler parfaitement les motifs de nos actions, de sentir jusqu'à quel point tel ou tel motif y contribue, les disputes sur l'essence de la *charité* seront toujours interminables; les systèmes sur ce sujet sont aussi mal fondés que les scrupules des âmes timides, et l'enthousiasme des imaginations vives. De quoi nous sert de savoir si un acte d'amour de Dieu peut ou ne peut pas être absolument désintéressé? Il nous suffit de comprendre que Dieu a daigné nous intéresser à l'aimer et à mettre en lui tout notre bonheur. *Celui, dit Jésus-Christ, qui garde mes commandements est celui qui m'aime; il sera aimé de mon Père, je l'aimerai moi-même, et je me ferai connaître à lui* (Joan. XIV, 21). Ne cherchons point à en savoir davantage. Vingt dissertations sur l'amour de Dieu ne nous en feront pas faire un acte de plus, et nous mettront en danger de ne pas pratiquer fort exactement l'amour du prochain. — Ce qu'il y a de fâcheux, c'est que ceux qui soutiennent le plus chaudement la nécessité de l'amour de Dieu sont justement ceux qui nous en fournissent le moins de motifs : ils affectent de le peindre comme un maître si terrible, qu'ils en inspirent plutôt la terreur que l'amour.

Une seconde question est de savoir si toute action qui n'est pas faite par un motif d'amour de Dieu est un péché, comme l'ont soutenu quelques théologiens, qui prétendaient puiser cette doctrine dans saint Augustin. — On leur a répondu que, selon le concile de Trente, sess. 6, *de Justific.*, c. 6, les sentiments de foi, d'espérance, de crainte de Dieu, sont non-seulement louables, mais utiles, puisqu'ils nous disposent à la justification; donc les actions faites par ces motifs seuls ne sont pas des péchés, à plus forte raison celles qui ont pour motif la reconnaissance des bienfaits de Dieu. — Saint Augustin a nommé *charité* le bon vouloir, la bonne intention, même dans un païen. *Op. imperf.*, l. III, n. 114 et 163. C'est donc une erreur de penser que ce saint docteur a regardé comme péché toute action qui n'a pas pour motif la *charité* proprement dite. — De ce passage l'on conclut que les actions même qui n'ont pour principe que la vertu morale, telle que pouvait l'avoir un païen, sont bonnes et louables, quoique non méritoires pour le salut; selon saint Augustin, Dieu en a souvent inspiré aux païens, et les en a récompensés (*L. de Gratia Christi*, c. 24, n° 25; *in Ps.* LXVIII, Serm. 2, n° 3; *Epist.* 93 *ad Vincent. Rogat.*, n° 9, lib. IV; *contra duas Epist. Pelag.*, c. 6. n° 13; *de Civit. Dei*, lib. V, c. 19 et 24). C'est la doctrine formelle de l'Ecriture sainte. (*Esther*, XIV, 13; XV, 11; *Esdr.* I, 1; VI, 22; VII, 27; *Ezech.* XXIX, 18 et suivants, etc.) Or Dieu ne peut inspirer ni récompenser des péchés.

Entre les motifs louables de nos actions, les uns sont naturels, les autres surnaturels; et entre ces derniers il y en a d'autres que la *charité* proprement dite. Les motifs naturels, louables, tels que la pitié et la commisération, l'amour de nos semblables et de la patrie, les sentiments d'honneur, etc., sont un exercice légitime des facultés que Dieu a mises en nous, et des penchants qu'il nous a donnés; ces motifs peuvent donc rendre les actions d'un païen dignes de récompenses en ce monde, puisqu'il ne peut pas en être récompensé dans l'autre. Penser que les actions d'un chrétien, faites par les mêmes motifs, lui seront méritoires dans l'autre monde, par un privilège attaché au caractère de chrétien, et par la participation aux mérites de Jésus-Christ, ce serait s'approcher beaucoup du semi-pélagianisme : mais de ce qu'elles ne sont pas méritoires, il ne s'ensuit pas que ce soient des péchés. — Dans un chrétien, les motifs naturels, n'excluent point les motifs surnaturels, quoique nous ne puissions apercevoir en même temps plusieurs motifs différents. Tantôt l'humanité agira la première, tantôt ce sera la *charité*; mais le chrétien peut passer d'un de ces motifs à l'autre, se les rappeler successivement, et sanctifier l'un par l'autre. Alors l'action est très-bonne, quel que soit le motif qui a influé le premier; mais l'action n'est méritoire pour un chrétien qu'autant qu'elle vient d'un motif surnaturel inspiré par le mouvement de la grâce. — Un moyen de donner à nos actions tout le mérite possible, est de perfectionner, par des actes d'amour de Dieu anticipés, nos pensées et nos intentions subséquentes, de demander souvent à Dieu de suppléer ce qui manque à nos actions, lorsque les motifs naturels pourront prévenir les motifs surnaturels. L'habitude de l'amour de Dieu dans le cœur d'un chrétien supplée sans cesse aux actes d'amour particulier; elle influe sur ses actions sans qu'il s'en aperçoive, de même que l'amour habituel que nous avons pour nos parents, pour nos amis, pour notre patrie, etc. Il faut donc nous attacher à fortifier en nous la *charité* habituelle par la prière, par les bonnes œuvres, par la fréquentation des sacrements, par le souvenir des bienfaits de Dieu, etc. Mais nous n'aurons le bonheur d'aimer Dieu selon toute l'étendue de nos facultés que dans le ciel; c'est dans le sein de Dieu que se fera la consommation de la *charité* du chrétien et du bonheur de l'homme. Ici-bas nous avons deux règles : selon Jésus-Christ lui-même, celui qui garde les commandements de Dieu est celui qui l'aime véritablement; et selon saint Jean, personne n'aime véritablement Dieu que celui qui aime ses frères (*Joan.* XIV, 21, 23, 24; *I Joan.* IV, 20 et 21). C'est à quoi il faut nous en tenir.

Quelques incrédules ont poussé l'entêtement jusqu'à soutenir qu'il est impossible d'aimer un Dieu tel que la religion nous le représente, c'est-à-dire, un Dieu redoutable qui punit le crime pendant toute l'éternité. Mais si Dieu ne punissait pas le crime, sur quoi fondés espérerions-nous qu'il récompensera la vertu? Cette double fonction est le caractère essentiel d'un Dieu législateur, et l'une n'entre pas moins que l'autre dans la notion de la *justice*. S'il n'y avait pas une justice divine à craindre, ce monde ne serait pas habitable, les méchants seuls y seraient les maîtres, la vertu serait sans espérance et sans motifs. Dieu ne serait donc plus aimable pour les bons, s'il n'était pas redoutable pour les méchants. — Nous concevons très-bien qu'un mauvais cœur, qui met son bonheur à satisfaire des passions vicieuses, ne peut pas aimer Dieu. Mais il lui est utile de le craindre; et lorsqu'il pourra enfin se résoudre à mettre son bonheur dans la vertu, il le trouvera aussi dans l'amour de Dieu.

Charité se prend encore pour l'amour que Dieu témoigne aux hommes. Dieu, dit saint Paul, a fait éclater sa *charité* envers nous, en ce que Jésus-Christ est mort pour nous, lorsque nous étions encore pécheurs (*Rom.* xv, 8). De même que la *charité* de Dieu envers nous éclate par des bienfaits, ainsi notre amour pour Dieu et pour le prochain doit se prouver par nos œuvres.

Charité à l'égard du prochain. Jésus-Christ en a renouvelé la loi : *Vous aimerez votre prochain comme vous-même*. Il explique ce qu'il entend sous le nom du *prochain*, en y comprenant même les étrangers et les ennemis (*Luc.* x, 29). Il nous apprend en quoi cet amour consiste : *Faites aux autres ce que vous voulez qu'ils vous fassent* (*Luc.* vi, 31). Il se donne lui-même pour modèle : *Aimez-vous les uns les autres comme je vous ai aimés* (*Joan.* xiii, 34). Il nous montre le motif : *Aimez vos ennemis, afin que vous soyez les enfants du Père céleste qui fait du bien à tous* (*Matth.* v, 45). Pouvait-il mieux développer le précepte de la charité ? — Ce précepte renferme donc, non-seulement les sentiments de bienveillance, mais toutes les actions qui en sont la preuve : les bienfaits, les secours, les conseils, la douceur, la commisération, l'indulgence pour les défauts d'autrui, l'oubli des injures, la crainte d'humilier et de contrister nos semblables ; nous exigeons tout cela pour nous, si on nous le refuse, nous nous plaignons : nous le devons donc aux autres.

Quelques incrédules ont prétendu que ces maximes de l'Évangile sont obscurcies par d'autres, où il est dit qu'un disciple de Jésus-Christ doit *haïr* son père, sa mère, ses proches, sa femme, ses enfants, *sa propre vie*, pour Dieu et pour l'Évangile. Ces dernières paroles auraient dû leur ouvrir les yeux. Qu'est-ce que *haïr sa propre vie*, sinon être prêt à la sacrifier lorsque cela est nécessaire pour obéir à Dieu et pour rendre témoignage à l'Évangile? Donc, haïr son père et sa famille, c'est aussi être prêt à les quitter lorsque Dieu l'ordonne, et pour aller prêcher au loin l'Évangile. Voilà ce que les apôtres ont été obligés de faire, et Jésus-Christ avait droit de l'exiger. Mais les apôtres n'ont pu témoigner à leurs proches une affection plus solide qu'en leur assurant la protection d'un bienfaiteur tel que Jésus-Christ. — Une preuve qui démontre que les maximes du Sauveur ont été bien entendues, c'est la *charité* universelle et héroïque des premiers chrétiens. « Nous connaissons, dit saint Clément de Rome, plusieurs d'entre nous qui se sont mis dans les chaînes pour en tirer ceux qui y étaient détenus; plusieurs se sont faits esclaves, et ont employé le prix de leur liberté à nourrir les pauvres. » (*Epist.* 1, n° 7.) Plusieurs ont bravé la mort pour donner des secours aux martyrs. Pendant la peste qui ravagea l'empire romain l'an 252, et qui dura dix ans, les chrétiens soignèrent non-seulement leurs frères, mais les païens, pendant que ceux-ci abandonnaient leurs malades. (Eusèbe, *Hist. ecclés.*, liv. vii, ch. 22; Ponce, *Vie de saint Cyprien*.) Julien convient que les chrétiens nourrissaient leurs pauvres et ceux du paganisme (*Lettre 49 à Arsace*). Saint Jean Chrysostome atteste que leur *charité* est ce qui a le plus contribué à convertir les païens (*Préface sur l'Épître aux Philippiens*).—Pendant la peste noire de l'an 1348, l'on vit les religieuses hospitalières et les moines renouveler les exemples de *charité* héroïque dont a parlé saint Cyprien; l'on a vu des évêques vendre jusqu'aux vases sacrés pour racheter des esclaves.

La persévérance de cette vertu dans le christianisme est prouvée par la multitude d'établissements de *charité* qui y subsistent, et dont les nations infidèles n'ont point donné d'exemple. Les hôpitaux pour les malades, pour les vieillards, pour les incurables, pour les enfants trouvés, pour les orphelins, pour les invalides, pour les insensés, pour les voyageurs ; les maisons d'éducation pour les deux sexes, de travail pour tous les âges, de retraite pour les personnes infirmes ; les écoles de *charité*, les confréries qui assistent les pauvres, les prisonniers, les criminels condamnés à mort; les fondations d'aumônes, les monts-de-piété, la rédemption des captifs, etc. Tel est l'ouvrage de la *charité* chrétienne. — Un de nos philosophes incrédules convient que dans la seule ville de Rome il y a au moins cinquante maisons de *charité* de toute espèce; on pourrait en compter un plus grand nombre à Paris, et il en est de même des autres villes du royaume, à proportion. Il en conclut que l'homme n'est point naturellement méchant, mais bon et bienfaisant. Il l'est, sans doute, lorsque la religion le rend tel ; mais pourquoi cette bonté ne se montre-t-elle point ailleurs avec autant d'éclat que dans le christianisme? Nos philosophes ne nous en disent point la raison. — De nos jours, ils ont voulu substituer au terme *charité* celui d'*humanité*; mais nous n'avons encore vu aucun philosophe se consacrer, par humanité, aux bonnes œuvres dont nous venons de parler; lorsque l'humanité philosophique aura fait autant de bien que la *charité*, nous verrons laquelle des deux mérite la préférence. La pompe avec laquelle l'*humanité* fait annoncer au public ses libéralités est déjà d'un très mauvais augure. — On a fait plus : nos dissertateurs politiques ont pris la peine de décrier toutes les fondations et les établissements de *charité* comme des institutions imprudentes et pernicieuses, qui produisent plus de mal que de bien, qui sont l'ouvrage de l'ignorance et de la vanité : nous réfuterons leurs réflexions ailleurs. *Voy.* Fondation, Hôpital.

Ce serait déjà une erreur grossière de borner les devoirs de la *charité* au seul précepte de l'aumône; c'en est encore une plus scandaleuse d'enseigner, comme on l'a fait, que l'aumône même n'est point un précepte rigoureux, mais un simple conseil. Est-ce l'*humanité* qui a dicté cette décision ? — Ou objecte que l'aumône nourrit la fainéantise, et souvent entretient le libertinage des pauvres. Soit. Si avant de faire une bonne œuvre on voulait prévoir les divers abus que l'on en peut faire, les inconvénients qui peuvent en arriver, le mérite ou l'indignité de ceux qui en profiteront, etc., on n'en ferait jamais aucune, puisqu'il n'en est aucune de laquelle on ne puisse abuser. La malice humaine trouve toujours plus de moyens pour faire du mal, que la *charité* la plus prudente ne pourra prendre de précautions pour le prévenir. — Lorsque Dieu jugera nos œuvres, il nous demandera compte du bien que nous avons pu faire, et non du mal que nous n'avons pas pu empêcher. Il faut donc nous en tenir à la leçon de saint Paul : faire le bien sans nous lasser et sans nous rebuter jamais (*Galat.* vi, 9 ; *II Thess.* iii, 13), et laisser à Dieu et à ceux qui tiennent sa place ici-bas, le soin de punir ou de réprimer le mal. *Voy.* Aumône.

Un déiste célèbre a compris que les devoirs de la *charité* ne se bornent point à faire l'aumône. Combien de malheureux, dit-il, combien de malades ont plus besoin de consolation que d'aumônes ! Combien d'opprimés à qui la protection sert plus que l'argent ! Raccommodez les gens qui se brouillent ; prévenez les procès ; portez les enfants au devoir, les pères à l'indulgence ; favorisez d'heureux mariages ; empêchez les vexations ; employez, prodiguez le crédit de vos amis en faveur du faible à qui on refuse justice, et que le puissant accable ; déclarez-vous hautement le protecteur du malheureux ; soyez juste, humain, bienfaisant ; ne faites pas seulement l'aumône, faites la *charité* : les œuvres de miséricorde soulagent plus de maux que l'argent ; aimez les autres et ils vous aimeront, servez-les et ils vous serviront, soyez leur père et ils seront vos enfants. — Il serait aisé de faire voir que l'Écriture sainte nous commande en particulier tous ces devoirs de *charité*, et que, sans ces leçons divines, nous ne connaîtrions pas mieux cette morale que les anciens philosophes auxquels Lactance reproche de n'avoir prescrit ces mêmes devoirs par aucun précepte (*Divin. Instit.*, l. x, c. 6).

Charité est le nom de plusieurs ordres religieux. Le plus connu parmi nous est celui des *frères de la Charité*, institué par saint Jean de Dieu, pour le service des malades. Léon X l'approuva comme une simple société en 1520 ; Pie V lui accorda quelques priviléges ; Paul IV le confirma en 1617 en qualité d'ordre religieux. Outre les trois vœux d'obéissance, de pauvreté et de chasteté, ces religieux font le vœu de s'employer au service des malades. Ils ne font point d'études et n'entrent point dans les ordres sacrés ; s'il se trouve parmi eux un prêtre, il ne peut jamais parvenir à aucune dignité de l'ordre. Le B. Jean de Dieu, leur fondateur, allait tous les jours à la quête pour les malades, en criant : *Faites bien, mes frères, pour l'amour de Dieu;* c'est pourquoi le nom de *fate ben, fratelli*, leur est demeuré en Italie.

— Malgré les préventions des philosophes incrédules contre les ordres religieux en général, ils n'ont pu s'empêcher de donner des éloges à celui-ci. Il semble avoir été institué exprès à la naissance du protestantisme pour démontrer contre les réformateurs l'utilité et la nécessité des vœux monastiques. Des hommes à gages rendraient-ils des services aussi constants, aussi généreux, aussi purs que les *frères de la Charité?* et sans le vœu par lequel ils s'y engagent, auraient-ils le courage d'y employer toute leur vie ? La prétendue réforme, avec ses belles idées de perfection, a-t-elle trouvé un moyen de suppléer aux bonnes œuvres pratiquées par les religieux hospitaliers ? Il est d'autres ordres que celui-ci, et qui rendent les mêmes services : nous en parlerons sous leurs noms particuliers. Ce n'est point la philosophie qui les a fondés, c'est la *charité* chrétienne. *Voy.* Hospitaliers.

Charité (Sœurs de la). Communautés de filles instituées par saint Vincent de Paule, avec le secours de Mme Le Gras, pour assister les malades dans les hôpitaux et dans les maisons particulières, visiter les prisonniers, élever les enfants trouvés, tenir les écoles pour les pauvres filles. Elles ne font que des vœux simples et pour un temps borné ; elles peuvent quitter leur congrégation quand elles le jugent à propos. — Cet institut, l'un des plus utiles qui ait jamais été établi, a un grand nombre de maisons ou d'hospices dans la seule ville de Paris, où il remplit les divers objets de sa fondation. Il en possède à proportion dans les autres villes du royaume, et il a quelques maisons en Allemagne et en Pologne ; partout ces vertueuses filles font bénir la mémoire des fondateurs.

On doit comprendre sous le nom de *filles de la Charité* plusieurs autres congrégations qui remplissent les mêmes fonctions que celle-ci, soit en France, soit ailleurs. *Voy.* Hospitalières.

Charité (Dames de la). On appelle ainsi, dans les différentes villes du royaume, les dames pieuses qui s'assemblent pour s'occuper des moyens de soulager les pauvres, pour recueillir les aumônes qu'elles font ou qu'elles procurent, et pour les distribuer avec prudence.

Si l'exemple des souverains est capable de donner du relief à une bonne œuvre, celle-ci est devenue plus respectable par cette raison. Tous les mois la reine tient chez elle une assemblée de *charité* ; par son exemple, et en quêtant elle-même pour les pauvres, elle engage les dames de la cour à faire des aumônes, et les remet aux curés des paroisses pour en faire la distribution. — Quelques précautions que l'on prenne pour mettre à couvert de tout reproche cette manière d'exercer la *charité*, il est rare que l'on y réussisse ; souvent elle donne lieu à des murmures. On dit que dans les recherches qui se font pour connaître les besoins et la conduite des pauvres, il entre de la curiosité et de l'imprudence ; qu'il y a de la prédilection dans la distribution des aumônes, que souvent elles sont refusées à ceux qui en sont le plus dignes, et prodiguées à ceux qui les méritent le moins, etc. Jusqu'où ne pousse-t-on point la témérité et la malignité des soupçons? — C'est donc le sort de toutes les bonnes œuvres d'essuyer des censures; mais celles-ci ne devraient jamais partir de la plume des philosophes, qui se donnent pour les défenseurs de la morale et de l'humanité. Faut-il s'abstenir de faire le bien par la crainte d'être blâmé? Non, sans doute. Saint Pierre dit aux fidèles : *Ayez une sage conduite au milieu des ennemis de la religion, afin que ceux mêmes qui vous peignent comme des malfaiteurs, soient forcés, par l'examen de vos bonnes œuvres, à glorifier Dieu* (*I Petr.* ii, 12).

CHARMES, paroles magiques auxquelles on attribue la vertu de produire des effets merveilleux et surnaturels. Ce mot vient du latin *carmen*, qui signifie non-seulement des vers ou de la poésie, mais une formule de paroles déterminées dont on ne doit pas s'écarter. On nommait ainsi les lois, les formules des jurisconsultes, les déclarations de guerre, les clauses d'un traité, les évocations des dieux, etc. Tite-Live appelle *lex horrendi carminis* la sentence qui condamnait à mort Horace, meurtrier de sa sœur. — Le charme est distingué de l'*enchantement*, en ce que celui-ci se faisait par des chants; mais souvent l'on a confondu l'un avec l'autre : on s'est encore servi de ces deux mots pour exprimer un *maléfice*; il y a cependant une différence à mettre entre ces termes : voyez-les à leur place.

Comment a-t-on pu se persuader qu'il y a des paroles efficaces, à la prononciation desquelles est attachée une vertu particulière, et qui peuvent opérer des prodiges? Il ne sert à rien d'attribuer à l'ignorance des peuples une erreur aussi commune ; l'ignorance ne produit rien sans une raison bonne ou mauvaise, solide ou apparente; il faut la chercher, afin de ne pas confondre le vrai avec le faux, les usages légitimes avec les abus. — Tous les hommes ont connu une divinité quelconque, et lui ont adressé des prières ; ces prières, toujours conçues à peu près en même termes, ont passé des pères aux enfants, et ont été retenues par ceux-ci avec un sentiment de respect. Lorsqu'un homme a vu ses vœux exaucés et a reçu de Dieu un bienfait qu'il avait désiré avec ardeur, il a pu croire aisément que sa formule de prière souvent répétée, avait eu par elle-même la vertu d'intéresser la Divinité, et de produire l'effet qu'il avait souhaité. Ainsi, l'on voit encore dans quelques familles certaines prières conservées par tradition, et auxquelles les membres de cette famille ont une dévotion et une confiance particulières, parce qu'ils les ont reçues de leurs pères. Cette confiance n'a rien de superstitieux lorsqu'elle n'est pas excessive, et que la formule ne renferme d'ailleurs aucune erreur. — Après la naissance du polythéisme, les formules d'invocation devinrent plus importantes et plus sujettes aux superstitions;

celle qui était propre à tel dieu ne convenait pas à un autre; chaque dieu avait son département et son pouvoir particulier ; il fallait que l'invocation y fût analogue. On fut donc obligé de multiplier les formules, et leur différence devint une espèce de grimoire. Toute personne qui crut avoir reçu de tel dieu ce qu'elle lui avait demandé par telle formule, s'imagina que l'efficacité de sa prière était attachée aux paroles; que si on les changeait, la prière n'aurait aucun effet. Le même préjugé s'introduirait encore dans le christianisme, si l'on n'avait pas soin de répéter souvent au peuple la leçon que Jésus-Christ nous a faite, savoir : que le mérite de la prière dépend de l'affection du cœur, et non de la multitude ou de la tournure des paroles (*Matth.* vi, 7, etc.). — La fourberie des imposteurs contribua sans doute à confirmer l'erreur des païens ; un homme qui se vantait de guérir les maladies affecta, pour donner plus d'importance à son art et de crédit à ses remèdes, d'y joindre des invocations et des conjurations, de les exprimer en termes barbares ou dans une langue inconnue, afin d'étonner les ignorants. Comme, selon la croyance du paganisme, les biens et les maux, la santé et la maladie, la prospérité et les malheurs venaient des génies, des démons bons ou mauvais, qui disposaient du sort des hommes, les charlatans prétendirent que ces génies leur étaient soumis, étaient forcés d'obéir à leurs conjurations; que, par l'entremise de ces esprits, on pouvait guérir toutes sortes de maladies, ou les donner aux hommes et aux animaux, faire tomber la grêle ou la foudre, exciter des tempêtes, etc. Ainsi s'établit chez toutes les nations la confiance aux *charmes* ou aux paroles efficaces. Lorsque ces paroles étaient imprimées ou gravées, on les nommait *caractères*; quand on les portait sur soi comme un préservatif, c'était une *amulette*. [*Voy.* ces termes, et le *Dictionnaire des sciences occultes*, édit. Migne.] — On sait à quel excès les païens poussaient l'entêtement sur ce point; ils croyaient que les magiciens ou sorciers pouvaient, par leurs conjurations, forcer la lune à descendre du ciel :

Carmina vel cœlo possunt deducere lunam.

En effet, puisque, suivant la croyance des philosophes même, la lune était un être animé, un génie féminin que l'on nommait *Hécate* ou *Diane*, pourquoi n'aurait-elle pas été sensible aux invocations ou aux *charmes* des magiciennes? Pourquoi Jupiter, maître du tonnerre, aurait-il refusé d'accorder un coup de foudre à ceux qui avaient trouvé le secret de lui plaire par quelques paroles qu'il aimait à entendre? Ainsi, la magie en général, et toutes ses espèces, tenaient essentiellement au système du polythéisme et à la philosophie des païens. *Voy.* MAGIE. — Selon l'opinion des stoïciens, les noms ne sont pas arbitraires ; ils viennent de la nature, et ils ont par eux-mêmes une certaine force. Origène avait adopté ce sentiment des stoïciens, ou du moins il s'en sert pour réfuter Celse : il soutient, contre ce philosophe, qu'il n'est pas indifférent de donner à Dieu les noms sous lesquels il s'est désigné lui-même dans les livres saints, ou de l'appeler *Jupiter*, *Zeus*, le *Ciel*, etc., comme faisaient les païens. Il avait raison pour le fond, puisque c'aurait été donner lieu de confondre le vrai Dieu avec des démons imaginaires; mais il le prouvait par un mauvais argument toujours tiré de la philosophie stoïcienne : c'est que les noms dont se servent les enchanteurs et les magiciens n'ont plus de vertu quand on les change et qu'on les traduit dans une autre langue. Jamblique pensait de même. Platon était persuadé que les noms primitifs des choses étaient de l'invention des dieux (Origène, *contre Celse*, l. 1, n. 24 ; l. v, n. 45. *Notes de Spencer*). Ainsi, l'efficacité de certains noms était un dogme philosophique dont les meilleures têtes d'Athènes et de Rome étaient prévenues.

On ne trouve rien dans l'Ecriture sainte qui ait pu contribuer à établir cette erreur; nous ne voyons dans l'histoire des patriarches aucune formule d'invocation ni de conjuration : chez les Juifs, aucun nom n'était sacré que celui de Dieu ; ceux des anges exprimaient leur fonction. Les écrivains qui ont avancé que les Juifs ont poussé aussi loin que les autres peuples la superstition des *charmes* se sont trompés ; cela ne peut être arrivé aux Juifs que quand ils se livraient à l'idolâtrie de leurs voisins; ou l'on a confondu les Juifs des derniers siècles, infectés des erreurs égyptiennes et chaldéennes, avec les anciens Juifs instruits par Moïse et par les prophètes. Il leur était sévèrement défendu par leurs lois d'avoir recours aux *charmes* et aux *enchantements*. (*Deut.* xviii, 11). C'est un des crimes que l'Ecriture reproche à l'impie Manassès (*II Paral.* xxxiii, 6). Moïse, de la part de Dieu, avait prescrit aux prêtres une formule pour bénir le peuple (*Num.* vi, 22) ; mais elle est conçue dans les termes les plus simples, et Dieu avait promis de l'exaucer. — Par la lumière de l'Evangile, le monde fut désabusé du prétendu pouvoir des divinités païennes, et apprit à n'attendre des bienfaits que de Dieu seul. Nous savons que Jésus-Christ a vaincu les puissances infernales, et que la seule présence d'un chrétien a souvent suffi pour déconcerter toutes leurs opérations. Cependant il s'est encore trouvé des hommes assez pervers et assez impies pour vouloir opérer des prodiges par l'intervention du démon, et se persuader que les esprits infernaux obéissaient aux *charmes*, aux invocations, aux conjurations qu'on leur adresse : il y a eu des siècles dans lesquels cette abomination n'était que trop commune. Ces prétendus *charmes* étaient ordinairement un mélange sacrilège du nom de Dieu, des paroles de l'Ecriture sainte, du signe de la croix, avec des mots barbares, des noms de démons, etc. Plusieurs sectes d'hérétiques ont fait profession de magie ; l'Eglise n'a pas cessé de lancer des anathèmes contre eux et contre leurs imitateurs : c'était un reste de paganisme qui s'est perpétué par la malice obstinée des hommes. On peut voir dans le *Traité des superstitions de Thiers*, l. vi, c. 1, avec quelle sévérité les Pères de l'Eglise, les conciles, les statuts synodaux de divers diocèses, ont défendu toutes ces pratiques abominables ; et dans le *Dictionnaire de Jurisprudence*, les lois par lesquelles elles ont été proscrites et punies. — Jésus-Christ nous a enseigné une formule de prière, mais elle s'adresse à Dieu, et il nous avertit que l'efficacité de la prière en général dépend de l'affection du cœur. Saint Paul exhorte les fidèles à prier de cœur et d'esprit, de manière qu'ils entendent ce qu'ils disent (*I Cor.* xiv, 15). Nous savons que Dieu connaît nos désirs et les plus secrètes pensées de notre âme (*Ps.* x, 17, etc.). Jésus-Christ par lui-même a institué la forme du baptême et de l'eucharistie ; par ses apôtres le rite et les paroles des autres sacrements, mais il est Dieu, il a eu le pouvoir d'attacher à ces paroles telle vertu et telle efficacité qu'il lui a plu. L'Eglise a institué des formules d'invocation, de bénédiction, d'exorcismes, de conjuration, mais elle nous avertit que leur efficacité vient des mérites de Jésus-Christ, de la foi, de la confiance, des saintes dispositions de ceux auxquels on les applique. Les incrédules, qui ont affecté de comparer ces rites et ces formules aux *charmes* et à la théurgie des païens, n'ont fait qu'une raillerie insipide, répétée d'après Celse et Julien ; quelques protestants, qui se la sont permise, ont oublié qu'eux-mêmes se croient obligés à observer la forme du baptême et de la cène que Jésus-Christ a prescrite.

De même qu'il a été nécessaire, dans la société civile, d'établir, et pour ainsi dire, de consacrer des formules pour la validité des contrats, des testaments, des procédures, des arrêts, sans lesquelles tous ces actes sont censés nuls, il a fallu aussi en instituer dans la religion, afin de prévenir les erreurs, les indécences et les absurdités qui pourraient naître de l'ignorance, de la négligence ou du caprice des ministres de l'Eglise; il n'y a pas plus de magie ni de superstition dans les unes que dans les autres : l'uniformité n'est pas moins nécessaire dans le culte que dans la croyance. *Voy.* THÉURGIE.

CHARTREUX, ordre religieux institué par saint Bruno, chanoine de Reims, l'an 1085, et remarquable par l'austérité de sa règle. Elle oblige les religieux à une solitude perpétuelle, à l'abstinence de la viande, même en cas de maladie dangereuse ou mortelle, et au silence absolu, excepté en certains temps marqués.

Un philosophe célèbre, qui ne pouvait leur refuser des éloges, y a joint cependant deux restrictions malignes : « C'est, dit-il, le seul ordre ancien qui n'ait jamais eu besoin de réforme ; il est peu nombreux, trop riche, à la vérité, pour des hommes séparés du siècle ; mais, malgré ces richesses, consacrés sans relâchement au jeûne, au silence, à la prière, à la solitude, tranquilles sur la terre, au milieu de tant d'agitations dont le bruit vient à peine jusqu'à eux, et ne counaissant les souverains que par les prières où leurs noms sont insérés. Heureux si des vertus si pures et si persévérantes pouvaient être utiles au monde ! » — Jusqu'à présent l'on n'a pas accusé les *Chartreux* de faire un mauvais usage de leurs richesses, ni de refuser du secours au malheureux. Nous ne croirons jamais que l'exemple des vertus pures et persévérantes soit inutile au monde ; il n'est nulle part plus nécessaire que dans la capitale du royaume. — Voilà donc un ordre religieux qui depuis sept cents ans persévère dans la ferveur de sa première institution : preuve assez convaincante de la sagesse et de la sainteté de la règle qu'il observe. C'est donc à tort que les censeurs de la vie monastique ont répété cent fois que la prétendue perfection à laquelle aspirent les religieux, est incompatible avec la faiblesse humaine ; que leurs fondateurs ont été des enthousiastes imprudents ; que la vie du cloître est un suicide lent et volontaire, etc. M. de Rancé, abbé de la Trappe, voulut prouver que les *Chartreux* s'étaient relâchés de l'extrême austérité qui leur était prescrite par les constitutions de Guigues Ier, leur cinquième général ; mais D. Innocent Masson, élu général en 1675, dans une réponse à M. de Rancé, a fait voir que les prétendues *constitutions* ou *statuts* de Guigues n'étaient que des coutumes qu'il avait compilées, et qui ne devinrent des lois que longtemps après. — En effet, saint Bruno ne laissa aucune règle écrite à ses religieux. Guigues, élu l'an 1110, mit par écrit les coutumes et les usages de l'ordre ; et ce fut Basile, huitième général, élu l'an 1151, qui dressa leurs constitutions, telles qu'elles furent approuvées par le saint-siège. Les *Chartreux* ont donné à l'Eglise plusieurs saints prélats, et un grand nombre de sujets illustres par leur doctrine et par leur piété. Leur général ne prend que le titre de *prieur de la Grande Chartreuse*. D. Petreius, *Chartreux*, a fait imprimer la Bibliothèque des écrivains de son ordre, à Cologne, en 1609, in-8°.

Brucker s'est attaché à prouver, contre D. Mabillon, que saint Bruno, fondateur des *Chartreux*, avait été disciple du fameux Bérenger, hérétique condamné pour avoir nié la présence réelle de Jésus-Christ dans l'eucharistie. Qu'importe le fait, dès qu'il est certain que saint Bruno a réfuté expressément Bérenger dans son commentaire sur la première Epître de saint Paul aux Corinthiens, c. 11, et qu'avant de mourir il fit la profession de foi la plus formelle du dogme catholique touchant la présence réelle (*Vie des Pères et des Martyrs*, tome IX, pag. 466). Voilà deux faits que Bucker n'aurait pas dû passer sous silence ; mais il n'en a rien dit, afin de laisser soupçonner que saint Bruno pensait probablement comme Bérenger touchant l'eucharistie. (*Hist. philosoph.*, tom. III, page 662).

On sait que l'histoire de la conversion de saint Bruno, causée par la déclaration prétendue d'un chanoine mort, qui révéla qu'il était damné, est une fable dont plusieurs critiques ont prouvé la fausseté, et qui n'a été publiée que cent cinquante ans après la mort de saint Bruno. Son ordre possède 172 maisons, divisées en seize provinces ; la ferveur de ses religieux est la même dans les divers Etats de l'Europe. Il y en a, dit-on, 70 en France ; l'auteur du *Dictionnaire géographique* est d'avis qu'il faut les supprimer, de peur, sans doute, que l'exemple des vertus pures et persévérantes de ces religieux ne devienne contagieux, et ne prouve trop clairement l'absurdité de la morale philosophique.

CHARTREUSES, religieuses dont l'institut est assez peu connu. Ce que l'on en sait, est que le premier monastère de *Chartreuses* paraît avoir été fondé pendant la vie du B. Guigues, vicaire général de l'ordre. Il n'y en a plus à présent que cinq monastères : *Prémol*, à deux lieues de Grenoble, fondé l'an 1234 par Béatrix de Montferrat, épouse du dauphin André ; *Melun*, dans le Faussigny en Savoie, diocèse de Genève, fondé en 1288; *Salette*, sur le bord du Rhône, dans la baronnie de la Tour, fondé par le dauphin Humbert Ier, Anne son épouse, et Jean leur fils, l'an 1299. Marie de Viennois leur fille s'y fit religieuse, et en fut prieure. *Gosné*, au diocèse d'Arras, fondé par l'évêque Thierry Hérisson, en 1308; *Bruges*, fondé en 1344.

Les *Chartreuses* se conforment en toutes choses, autant qu'il est possible, aux religieux de ce saint ordre, tant pour l'office divin, les rites et les cérémonies de l'Eglise, que pour les abstinences, les jeûnes, le silence et les autres austérités, excepté qu'elles mangent toujours en commun et dans un même réfectoire. — Avant le concile de Trente, elles faisaient profession à l'âge de douze ans, et allaient au *spaciement* avec les chartreux leurs directeurs et les convers. Le nombre des religieuses était fixé dans chaque maison ; elles ne prenaient point de dot, et ne recevaient de sujets qu'autant que le monastère pouvait en entretenir. A présent elles reçoivent des dots, ne sortent point de leur clôture pour aller au *spaciement*, et ne font profession qu'à dix-huit ans. — Comme les Chartreux ont conservé les anciens rites de l'Eglise, les *Chartreuses* ont aussi retenu l'usage de la consécration des vierges marqué dans les anciens pontificaux ; elles ne la reçoivent qu'à l'âge de vingt-cinq ans, et conservent le voile blanc jusqu'à ce temps-là. Cette cérémonie se fait par l'évêque, qui leur donne l'étole, le manipule et le voile noir, en prononçant les mêmes paroles que dans l'ordination des diacres et des sous-diacres. Elles portent ces ornements le jour de leur consécration, à leur année de jubilé, c'est-à-dire, à la cinquantième année de religion, et on les enterre avec ces mêmes ornements. — Les prieures et les religieuses promettent obéissance au chapitre général de l'ordre, et y envoient tous les ans une nouvelle promesse de soumission ; les prieures sont encore tenues d'obéir au père vicaire qui dirige leur maison ; les simples religieuses et les converses sont soumises à la prieure et au vicaire. Celui-ci vit ordinairement avec quatre ou cinq religieux, tant prêtres que convers. — Les monastères de *Chartreuses* ont leurs enceintes et leurs limites fixées comme ceux des religieux : par les derniers statuts, il est défendu aux prieures et aux vicaires d'envoyer les religieux hors de ces enceintes sans permission du chapitre général. Par les statuts qui furent recueillis en 1368 par le général D. Guillaume Rainaldi, en 1581 par D. Bernard Gorasse, et confirmés par le pape Innocent XI, il est aussi défendu d'ériger de nouveaux monastères de *Chartreuses*, ou d'en incorporer à l'ordre, sans doute parce qu'un plus grand nombre deviendrait à charge aux religieux. — L'habit des *Chartreuses* est une robe de drap blanc, une ceinture, un scapulaire attaché aux deux côtés par des bandes, un manteau blanc, comme ceux des Chartreux ; leur voile et leur guimpe sont semblables à ceux des autres religieuses. Elles ne parlent jamais aux séculières, même à leurs proches parentes, que le voile baissé, accompagnées de la prieure ou de quelqu'autre religieuse. On a cependant modéré pour elles la rigidité du silence et la solitude des cellules.

CHASSE *Voy.* Reliques.

CHASTETÉ, vertu morale et chrétienne, qui consiste à réprimer et à modérer les désirs déréglés de la chair. Il est dangereux de blesser cette vertu, lorsqu'on en parle sur un ton trop philosophique; c'est une faute que l'on peut reprocher aux protestants et aux incrédules. Au mot Célibat, nous avons cité les paroles par lesquelles Jésus-Christ et les apôtres ont voulu inspirer aux chrétiens la plus haute estime pour la *chasteté*. Le nom même de *vertu*, synonyme de celui de *force*, nous fait sentir qu'il est louable de réprimer les penchants qui maîtrisent trop impérieusement la nature : or, s'il en est un dont l'empire soit redoutable, c'est le goût des voluptés sensuelles ; pour peu que l'on ait pour lui d'indulgence, on en devient bientôt esclave.

Malgré la corruption du paganisme, les philosophes anciens avaient compris le mérite de la *chasteté*. Cicéron, après avoir reconnu que le culte de la Divinité exige beaucoup d'innocence et de piété, une inviolable pureté de cœur et de bouche, (*De Nat. Deor.*, l. ii, c. 28), rapporte un passage de Socrate, où ce philosophe compare la vie des âmes *chastes* à celle des dieux (*Tuscul.*, q. liv. 1, n° 114). *Casta placent superis*, disaient les poëtes mêmes. A Rome, dans les plus grandes solennités, on faisait marcher des chœurs de jeunes gens de l'un et l'autre sexe pour chanter les louanges des dieux ; on présumait que la *chasteté* propre à leur âge était un mérite aux yeux de la Divinité. Mais il faut convenir que les mœurs publiques répondaient mal à cette persuasion.

Heureux les cœurs purs, parce qu'ils verront Dieu (*Matth.* v, 8). Par ces courtes paroles, Jésus-Christ a éclairé le monde, et l'a purifié des désordres du paganisme. Nous convenons que sur ce point l'Evangile porte la sévérité très-loin; qu'aux yeux d'un chrétien, une pensée réfléchie, un désir, un regard, la moindre complaisance sensuelle, suffisent pour blesser la *chasteté*. Il est étonnant qu'une morale aussi austère ait pu trouver non-seulement des auditeurs dociles dans des siècles très-corrompus, mais des sectateurs qui l'ont réduite en pratique sous les climats les plus propres à y mettre obstacle. — Rien cependant ne prouve mieux la sagesse de notre divin Maître. Lorsque les nations sont parvenues au dernier degré de civilisation, la liberté et la familiarité qui règnent entre les deux sexes pourraient avoir les plus funestes suites, s'il n'y avait pas de principes de morale capables de produire les mêmes effets que la clôture, la réserve, la vie retirée des femmes chez les Orientaux. Il faut donc alors que la religion suggère les précautions, excite la vigilance, anime les efforts, écarte les dangers, défende sévèrement tout ce qui peut nuire à la pureté des mœurs : telle a été précisément l'époque à laquelle l'Evangile a été prêché.

On doit distinguer la *chasteté* d'avec la continence ; un homme qui vit dans la continence ou hors l'état du mariage, peut n'être pas chaste, et il y a une *chasteté* propre à l'état du mariage. Mais quiconque ne s'en est pas fait une heureuse habitude, ne la gardera dans aucun état ; ordinairement elle coûte peu, lorsqu'on s'est accoutumé de bonne heure à la respecter, et à fuir tout ce qui peut y donner atteinte. — Il n'est pas vrai que les éloges donnés à la *chasteté* par les Pères de l'Eglise et par l'Evangile, inspirent du mépris ou de l'éloignement pour le mariage; au contraire, personne n'a pourvu plus efficacement à la sainteté de cet état que Jésus-Christ, en nous faisant connaître le prix de la *chasteté*. Ce n'est point la pureté du mariage qui en éloigne les hommes, c'est sa corruption. Nous ne ferons donc pas un crime aux Pères de l'Eglise d'avoir loué des vierges, qui ont préféré la mort à la perte de leur pudeur ; ils connaissaient mieux que nos philosophes jusqu'où il fallait pousser la rigueur des maximes sur cet article important. — Quelques-uns de ces derniers ont dit que la *chasteté* consiste à ne jouir des plaisirs sensuels qu'autant que la loi naturelle le permet. Nous n'adoptons point cette notion. La loi naturelle a été très-mal connue par les philosophes, plusieurs ont approuvé ou excusé la fornication et d'autres désordres; saint Paul est le premier qui ait prescrit aux personnes mariées, et à celles qui ne le sont pas, des règles sages et solides (*I Cor.* vi et vii). — C'est donc l'Evangile qui nous a fait connaître sur ce point la vraie loi naturelle. En nous enseignant que l'homme est fait à l'image de Dieu, que son corps même est consacré à Dieu par le baptême, qu'il est le temple du Saint-Esprit, et destiné à une résurrection glorieuse, il nous a donné de l'homme une toute autre idée que celle qu'en avaient les philosophes; il nous a mieux fait sentir la nécessité de dompter les appétits déréglés du corps, et de les soumettre à l'esprit. Mais quand on pense, comme la plupart des incrédules modernes, que l'homme n'est qu'un animal, on en conclut comme eux qu'il est en droit de suivre sans scrupule toutes les inclinations de l'animalité, et que quand il y résiste, il résiste à la nature. Il est aisé de voir les effets que doit produire sur les mœurs des nations cette doctrine détestable.

Par antipathie contre le célibat et contre le vœu de continence, les protestants ont parlé de la *chasteté* avec une espèce de mépris; ils ont tourné en ridicule les éloges qu'en ont fait les Pères de l'Eglise. Qu'en est-il arrivé? Ils sont devenus moins scrupuleux sur l'adultère, et Luther lui-même s'est exprimé sur ce point d'une manière scandaleuse; ils ont permis le divorce pour cause d'adultère, et ils ont donné sur ce sujet une fausse interprétation de l'Evangile. En second lieu, les mœurs des peuples du Nord, qui étaient autrefois plus pures que celles des nations du Midi, sont aujourd'hui pour le moins aussi licencieuses; c'est le témoignage qu'en rendent les voyageurs. Voilà comme le relâchement, sur un article de morale, ne manque jamais d'en entraîner d'autres, et de produire les plus funestes effets. *Voy.* CÉLIBAT, CONTINENCE, VIRGINITÉ.

CHASUBLE. *Voy.* HABITS SACRÉS OU SACERDOTAUX.

CHATIMENTS DE DIEU. *Voy.* JUSTICE DE DIEU.

CHAZINZARIENS, hérétiques Arméniens du VIIe siècle, ainsi nommés par Nicéphore, du mot *chasus*, qui, dans leur langue, signifie croix. On les a aussi nommés *stauroldtres*, parce que de toutes les images ils n'honoraient que la croix. C'étaient des nestoriens qui admettaient deux personnes en Jésus-Christ, et auxquels Nicéphore reproche plusieurs superstitions, liv. XVIII, c. 54. Au reste, ils sont peu connus, et ne paraissent pas avoir été en grand nombre.

CHEFCIER (1) : c'est le nom d'une dignité qui existe dans quelques chapitres d'églises collégiales.

Les canonistes ne sont pas d'accord sur l'origine de cette dignité. Les uns la confondent avec celle de primicier; d'autres prétendent que le *chefcier* était anciennement celui des membres du chapitre qui avait soin des ornements et des habits sacerdotaux des ministres des autels. C'est le sentiment des Bénédictins. — Aujourd'hui le *chefcier* est la première dignité de quelques collégiales. Saint Grégoire le Grand attribue à cette dignité des droits de juridiction dans le chœur, pour veiller à ce que le service divin soit fait décemment. Le *chefcier* a aussi le droit d'infliger des peines aux clercs qu'il trouve en faute; et s'ils ne changent point de conduite, il les dénonce à l'évêque. — Comme c'est par l'usage particulier de chaque chapitre que les droits des dignitaires se règlent, on ne peut marquer d'une manière précise les différents privilèges dont les *chefciers* jouissent dans les églises où ils existent. — Plusieurs canonistes assurent que les fonctions du *chefcier* consistaient autrefois à lever la capitation; mais ces fonctions ne sont plus aujourd'hui attachées à cette dignité. (Extrait du *Dictionnaire de Jurisprudence*.)

CHEF DE L'EGLISE. *Voy.* PAPE.

CHERCHEURS. Stoup, dans son *Traité de la Religion des Hollandais*, dit qu'il y a dans ce pays-là des *chercheurs* qui conviennent de la vérité de la religion de Jésus-Christ, mais qui prétendent que cette religion n'est professée dans sa pureté par aucune Eglise, par aucune communion du christianisme; en conséquence, ils ne sont attachés à aucune, mais ils cherchent dans les Ecritures, et tâchent de démêler, disent-ils, ce que les hommes ont ajouté ou retranché à la parole de Dieu. Stoup ajoute que ces *chercheurs* sont aussi communs en Angleterre. Il doit s'en trouver dans tous les pays où l'incrédulité n'a pas encore fait les derniers progrès. Quant aux incrédules décidés, ils ne cherchent plus la vérité, ils ne s'en soucient plus, ils craignent même de la trouver. Tertullien disait aux *chercheurs* de son temps : « Nous n'avons plus besoin de curiosité après Jésus-Christ, ni de recherches après l'Evangile..... Cherchons, à la bonne heure, mais dans l'Eglise, dans l'école de Jésus-Christ; un des articles de notre foi est que l'on ne peut trouver que des erreurs hors de là. » (*De Præscript. hæret.*). — Saint Paul a pris le nom de *chercheur* dans un sens différent (I Cor. I, 20) : *Où est le sage, dit-il, où est le scribe, où est le* CHERCHEUR *de ce siècle?* Il paraît que l'Apôtre entendait par là ceux d'entre les Juifs qui cherchaient dans l'Ecriture des sens mystiques et cachés, mais qui n'y trouvaient que des rêveries, comme ont fait la plupart des docteurs juifs.

CHÉRUBIN, esprit céleste, ange du second ordre de la première hiérarchie. Les commentateurs ne sont pas d'accord sur la vraie signification du mot hébreu *chérub*, au pluriel *chérubim*. Les uns disent qu'il vient du chaldéen *charub*, *laboureur* ou *graveur*; *chérubim* signifierait donc simplement des gravures ou des figures. D'autres disent qu'il signifie *fort et puissant*, et ils citent Ezéchiel, qui dit au roi de Tyr : *Tu cherub unctus*, vous êtes un roi puissant. Quelques-uns prétendent que chez les Egyptiens *chérub* était une figure symbolique, couverte d'yeux, et qui avait des ailes, emblème de la piété et de la religion. D'autres pensent que *chérubim* signifie en hébreu, *comme des enfants*; de là les peintres représentent les *chérubins* par des têtes d'enfants, avec des ailes de couleur de feu. Plusieurs enfin ont cru que *chérub* signifie une nuée; que quand l'Ecriture peint Dieu *assis sur les chérubins comme sur un char*, elle entend les nuées.

---

(1) Cet article est reproduit d'après l'édition de Liège.

La figure des *chérubins* n'est pas mieux connue que le sens de leur nom. Selon Josèphe (*Antiq. Jud*, liv. III, c. 6), les *chérubins* qui couvraient l'arche étaient des animaux ailés qui n'approchaient d'aucune figure qui nous soit connue. Ezéchiel parle de *chérubins* qui avaient la figure de l'homme, du bœuf, du lion, de l'aigle; mais rassemblaient-ils toutes ces figures en une seule? Villalpand le croit ainsi, mais cela n'est pas certain. Saint Jean (*Apoc.* IV) nomme les *chérubins des animaux* sans en déterminer la forme. — Par ces symboles, les écrivains sacrés ont sans doute voulu donner aux Hébreux une idée de l'intelligence, de la force, de la célérité avec lesquelles les esprits célestes exécutent les ordres de Dieu. Théodoret et d'autres ont pensé que le *chérubin* placé à l'entrée du paradis terrestre, après qu'Adam et Eve en eurent été chassés, était une figure effrayante et terrible; plusieurs croient que c'était une nuée mêlée de flammes, ou un mur de feu, qui fermait à nos premiers parents l'entrée du paradis.

CHÉRUBIQUE, nom d'une hymne de la liturgie des Grecs, dans laquelle il est fait mention des chérubins. On la récite pendant que l'on transporte le pain et le vin du petit autel ou de la *prothèse*, à l'autel du sacrifice; on croit qu'elle fut instituée du temps de l'empereur Justinien.

CHILIASTES. *Voy.* Millénaires.

CHINE. Ceux d'entre les philosophes de nos jours qui se sont fait une étude de contredire en toutes choses l'histoire sainte, ont cru trouver à la *Chine* des monuments propres à ébranler notre croyance; mais la plupart des faits qu'ils ont avancés se trouvent faux.

1° Ils ont dit que l'histoire de la *Chine* remonte plus haut que le déluge, duquel elle ne fait aucune mention, qu'elle va même plus loin que l'époque de la création; que cette histoire est cependant très-authentique; rédigée par des écrivains publics et contemporains des événements, qu'elle est fondée sur des observations astronomiques et sur le calcul des éclipses, dont l'une. a été observée 2155 ans avant notre ère. — La vérité est que le premier compilateur de l'histoire chinoise est Confucius, qui a vécu 550 ans seulement avant Jésus-Christ, et que les Chinois n'ont aucun livre plus ancien. Ce philosophe n'a pu remonter plus haut qu'à deux cents ans avant lui, par des dates certaines; et jusqu'à présent les savants n'ont pas encore pu s'accorder sur l'année ou sur le siècle dans lequel il faut placer l'éclipse si ancienne dont on nous parle. Par la manière dont Confucius en fait mention, l'on ne peut pas seulement savoir si c'était une éclipse de soleil ou de lune. Ce sont les historiens postérieurs à Confucius qui ont entrepris de remonter plus haut que lui, et de fixer des dates qu'il n'avait pas pu déterminer. Plus ils sont récents, plus ils ont eu l'ambition de remonter loin dans l'éternité, et jamais ils ne se sont accordés sur leurs systèmes chronologiques. Il est encore certain que l'histoire chinoise fait mention d'un déluge dont elle ne fixe pas la date. — Dans les *Mémoires de l'Académie des Inscriptions*, tome LXV, in-12, pag. 305, M. de Guignes, après avoir examiné sans préjugé l'ancienne histoire chinoise, a jugé qu'elle n'est ni certaine, ni authentique; qu'elle ne peut nous donner des notions exactes de l'état dans lequel était cette nation dans les temps voisins de sa formation. Elle ne renferme aucune remarque de géographie ni de chronologie, elle est sans suite et sans liaison. Le savant académicien est bien revenu de l'enthousiasme que MM. Fourmont et Fréret avaient conçu pour les annales chinoises; on doit regretter les efforts qu'ils ont faits pour concilier ces monuments avec la chronologie de l'histoire sainte (1).

2° Nos philosophes ont assuré que la religion des Chinois est le théisme pur, sans aucun mélange de fables ni de superstitions. Mais il est prouvé, d'une manière incontestable, que le prétendu théisme des Chinois ne subsiste plus que dans leurs anciens livres, et qu'il y est déjà défiguré par un culte religieux rendu aux esprits et aux âmes des

---

(1) Les annales chinoises ont été de notre temps l'objet d'une étude spéciale. On les avait regardées comme une objection irréfutable contre les livres de Moïse. Le savant Gaquet assurait, dans le dernier siècle, que « jusqu'à 206 ans avant Jésus-Christ, leur « histoire ne méritait aucune croyance. » Sans être aussi affirmatifs, les savants de notre siècle ont démontré que, quoique les annales chinoises dignes de confiance remontent à une assez haute antiquité, elles n'ont cependant rien de formidable pour notre foi. Voici les conclusions que Mgr Wiseman tire des derniers travaux des savants sur les antiquités chinoises.

« La Chine possède une littérature originale, d'une grande antiquité, et prétend être la première, la principale nation du globe. Nous savons tous aussi qu'elle fait remonter ses annales à une antiquité vraiment formidable; et vous vous attendez peut-être à me voir examiner ses prétentions avec autant d'attention que j'en ai mis à vérifier celles de sa rivale dans l'Inde. Je me contenterai toutefois de vous exposer, en peu de mots, les conclusions auxquelles Klaproth est arrivé par l'étude des écrivains, qu'il a principalement approfondis; et je puis vous assurer que vous aurez la décision d'un juge qui n'est nullement disposé à seconder nos désirs en dépréciant la gloire des Chinois.

« D'après lui donc, le plus ancien historien de la Chine fut son célèbre philosophe et moraliste Confucius. Il a, nous dit-on, tracé les annales de son pays, connues sous le nom de Chou-King, depuis le temps de Yao jusqu'à son propre temps. Or, on suppose qu'il vivait environ quatre ou cinq cents ans avant Jésus-Christ, et l'ère de Yao est placé 2,557 ans avant notre ère. Ainsi plus de 2,000 ans séparent le premier historien des premiers événements qu'il rapporte. Mais cette antiquité, quelque reculée qu'elle fût, ne satisfait point la vanité des Chinois; et des historiens plus récents ont placé d'autres règnes avant celui de Yao, et les ont fait remonter jusqu'à la vénérable antiquité de 3,276,800 ans avant Jésus-Christ.

« Afin que vous puissiez mieux apprécier l'authenticité des annales chinoises, je ne dois pas oublier de vous dire que, 200 ans après la mort de

morts. Aujourd'hui l'empereur, les lettrés et le peuple de la *Chine*, sont tous livrés au polythéisme et à l'idolâtrie, et plusieurs de ces lettrés donnent dans l'athéisme. — On a voulu faire un mérite à Confucius de ce qu'il ne s'est pas vanté d'être envoyé de Dieu ni inspiré. On se trompe : dès qu'il s'est donné pour l'organe des anciens sages chinois, c'est comme s'il s'était dit descendu du ciel. Les Chinois portent le respect pour leurs ancêtres jusqu'à l'adoration ; ils en font comme autant de divinités. Confucius se vantait d'avoir souvent vu en songe un ancien philosophe, et d'en avoir reçu des leçons ; cela vaut bien les révélations que Numa avait reçues de la nymphe Egérie, et Mahomet de l'ange Gabriel. D'ailleurs les savants disputent pour savoir si Confucius a supposé un Dieu ; comment se serait-il dit envoyé de Dieu? « La religion chinoise, dit M. de Guignes, prise en général, diffère peu des autres religions païennes ; une foule de divinités président au ciel, à la terre, aux éléments, aux tonnerres, aux vents, aux pluies, aux montagnes, aux rivières, et à toutes les parties de la nature. Toutes ces divinités, dont on veut adoucir l'idée en ne les nommant que des *esprits*, sont subordonnées à la première, qui récompense les bons et punit les méchants, et qui voit tout ce qui se passe dans l'univers. » (*Mémoires de l'Académie des Inscriptions*, tom. LXXVII, in-12, p. 304.) Mosheim et Brucker pensent que le système philosophique qui sert de base à la religion chinoise n'est autre chose que l'ancien stoïcisme, et que leur Dieu prétendu suprême est l'âme du monde, de laquelle sont sortis par émanation les esprits moteurs de la nature et les âmes humaines. C'est aussi le sentiment de plusieurs philosophes indiens (*Hist. crit. philos.*, t. VI, p. 886 et 888). Ce système a dû entraîner nécessairement les lettrés chinois dans l'idolâtrie. *Voy.* AME DU MONDE. — Mais outre cette secte principale, il y en a encore deux autres à la *Chine*, celle de *Lahio-Kiun*, dont les disciples admettent un dieu matériel et d'autres divinités inférieures, et pensent que l'âme périt avec le corps. Ils croient aux augures, à la divination, rendent un culte aux morts, et donnent dans toutes sortes de superstitions. Une troisième secte est celle de *Fó* ou *Foé*, qui a pour auteur un philosophe indien de ce nom ; ses partisans adorent trois idoles monstrueuses, en placent encore d'autres plus petites dans les pagodes et sur les grands chemins, et en ont tous dans leurs maisons. Cette secte, qui est celle du peuple, entretient des milliers de *bonzes*, espèces de moines qui vivent en commun et dans le célibat, sont fort intéressés, vicieux et méprisés. On trouve même à la *Chine* des adorateurs du grand Lama, qui demeure à Barantola dans le Thibet. — Il n'est donc pas vrai que la religion de l'empereur et des lettrés chinois soit le déisme ou la religion naturelle, comme on l'assure dans le *Dictionnaire géographique*; il est constant, au contraire, que la religion enseignée dans leurs livres classiques est le stoïcisme, par conséquent le culte de l'âme du monde, ajouté au polythéisme et à l'idolâtrie, tels que les pratiquaient les Grecs et les Romains ; que dans la pratique, l'empereur et les lettrés adorent Fo et *Poussa*, et sont très-superstitieux : c'est un fait attesté dans les nouveaux *Mémoires des missionnaires de Pékin*.

3° Les lois morales de Confucius, quoique l'on en dise, ne valent guère mieux que ses dogmes ; elles ne portent sur rien : ce philosophe n'y attache que des récompenses temporelles. Or, un Chinois peut-il être assez simple pour se persuader que les vertus morales ont le pouvoir de diriger la marche de la nature, de produire le beau temps et la pluie, l'abondance et la prospérité, de prévenir les fléaux et les malheurs? Confucius le dit formellement dans le *Chou-King*, p. 172. Aussi, de toutes les leçons de morale, il n'en est point de plus mal observées que celles de Confucius ; le peuple n'est en état ni de les lire ni de les connaître.

C'est donc très-mal à propos que l'on nous vante la morale de ce philosophe, la législation et le gouvernement des Chinois, la prospérité singulière de cet empire. Après avoir examiné ces différents chefs, il nous paraît que la morale des philosophes chinois est très-imparfaite et vicieuse en plusieurs points, et que les mœurs publiques de la *Chine* sont très-mauvaises. Il n'y a dans cet empire aucun code de lois fixes : c'est la volonté arbitraire et despotique de l'empereur qui tient lieu de lois. Aussi, la *Chine* a essuyé vingt-deux révolutions générales, et la police y est très-défectueuse. La population excessive que l'on y suppose vient du climat et de la fertilité du sol, beaucoup plus que de la sagesse du gouvernement. Le *Chou-King*, livre classique des Chinois, publié par M. de Guignes, les nouveaux *Mémoires de la Chine*, dressés par les missionnaires de Pékin, et que l'on a commencé à imprimer en 1776, nous ont enfin détrompés de tout le merveilleux que nos philosophes avaient publié sur cette nation.

Voici ce qu'en dit l'auteur du *Voyage fait aux Indes et à la Chine*, depuis l'année 1774 jusqu'en 1781, t. II, l. IV, c. 1 : « En France,

Confucius, l'empereur Chi-Hoang-Ti, de la dynastie de Tsin, proscrivit les ouvrages de ce philosophe, et ordonna que toutes les copies en fussent détruites. Le Chou-King cependant fut, sous la dynastie suivante des Han, récrit sous la dictée d'un vieillard qui l'avait retenu de mémoire. Telle est l'origine de la science historique en Chine ; et, en dépit de toute la vénération due au grand moraliste de l'Orient, et quoiqu'il affirme n'avoir écrit que d'après des matériaux déjà existants, Klaproth n'hésite pas à nier l'existence de toute certitude historique dans le céleste empire, antérieurement à l'année 782 avant Jésus-Christ, vers l'époque de la fondation de Rome, et alors que la littérature hébraïque était déjà sur son déclin (a) ».

(a) Abel Rémusat paraît disposé à accorder que l'histoire des Chinois remonte à l'an 2,200 avant J.-C., et leurs traditions plausibles à l'an 2,637. Cette antiquité même n'a rien de formidable pour la foi du chrétien. — *Nouveaux Mélanges asiatiques*, tom. I, p. 61. Paris, 1829.

les économistes, occupés de calculs sur la subsistance des peuples, ont fait revivre dans leurs leçons agronomiques les fables que les missionnaires avaient débitées sur le commerce et le gouvernement des Chinois. Le jour auquel l'empereur descend de son trône jusqu'à la charrue a été célébré dans tous leurs écrits; ils ont préconisé cette vaine cérémonie, aussi frivole que le culte rendu par les Grecs à Cérès, et qui n'empêche pas que des milliers de Chinois ne meurent de faim, ou n'exposent leurs enfants, par l'impuissance où ils sont de pourvoir à leur subsistance.

« Les entraves que les Chinois mettent à toute liaison suivie entre eux et les étrangers n'ont certainement d'autre cause que le sentiment de leur propre faiblesse; le gouvernement des peuples esclaves est trop vicieux pour se rendre respectable par ses propres forces..... Les lois ne sont connues que des seuls lettrés; les charges de mandarins ou magistrats s'achètent; pour plaider à leur tribunal, il faut se ruiner : à proprement parler, c'est le bâton qui gouverne la Chine. Les ordonnances du gouvernement n'ont de force qu'aussi longtemps qu'elles demeurent affichées; quand l'affiche n'existe plus, on les viole impunément; avec de l'argent, l'on évite tout châtiment. Personne n'oserait regarder l'empereur; quand il passe il faut tourner le dos ou se prosterner. Il est précédé de deux mille bourreaux.

« Confucius a écrit quelques livres de morale, adaptés au génie de sa nation; c'est un amas de visions obscures, de vieux contes mêlés d'un peu de philosophie. Les prétendues traductions de ses ouvrages ont été forgées par les missionnaires. Ses ouvrages, quoique pleins d'absurdités, sont adorés par les Chinois. Ce philosophe ajoutait foi aux augures et aux sorts; les Chinois ne font rien sans les avoir consultés; ils ont autant de femmes qu'ils peuvent en nourrir. L'idée de la mort ne cesse pas de les tourmenter, et les poursuit jusque dans leurs plaisirs; ils dépensent des sommes excessives pour les funérailles. Il y a plus d'un million de bonzes dans l'empire qui ne vivent que d'aumônes, et leur chef jouit de la plus haute considération. Un Chinois passe la moitié de sa vie à connaître les caractères de sa langue, l'autre moitié dans son sérail; il est impossible que les sciences fassent du progrès à la Chine; l'empereur ne peut se passer d'astronomes étrangers.

« Les Chinois sont lâches, poltrons et mauvais guerriers, ils seront toujours vaincus par les nations qui voudront les attaquer; aucune de leurs villes ne pourrait soutenir un siége de trois jours. Leur artillerie n'est bonne que pour des réjouissances; leurs fusils sont à mèche, et après avoir ajusté leur coup, ils détournent la tête. Trente mille Barmans détruisirent, il y a peu de temps, une armée de cent mille Chinois. Ils sont fripons, fiers, insolents et lâches : dix Européens, armés seulement d'un bâton, en feraient fuir mille; et s'ils ne nous accordent aucune liberté, c'est parce qu'ils connaissent leur faiblesse. Mais l'intérêt du commerce engage les négociants européens à sacrifier l'honneur de leurs nations; la cupidité seule peut les mettre à la merci d'un peuple aussi méprisable par son caractère que par son ignorance. Ils sont exposés à des concussions et des vexations de toute espèce, et ils les souffrent pour exercer un commerce aussi superflu qu'il est onéreux. »

Nous ne garantissons point tous les traits de ce tableau, il est évidemment chargé; plusieurs des faits avancés par l'auteur sont formellement contredits dans les mémoires envoyés de Pékin. Mais si le savant académicien qui a fait le parallèle de Zoroastre, de Confucius et de Mahomet, et l'auteur du *Dictionnaire de Géographie*, avaient consulté ce voyageur et quelques autres monuments, ou ils les auraient réfutés, ou ils se seraient abstenus de faire l'éloge des lois et du gouvernement de la *Chine*. Ce que le dernier y trouve de plus admirable, c'est que ce gouvernement tolère toutes les superstitions et toutes les sectes. On n'y établit pas, dit-il, comme ailleurs, une inquisition sur la pensée de l'homme; les lois sur cet objet sont tolérantes, parce qu'elles ont été faites, non par les bonzes, mais par la raison. Il soutient que la logique des Chinois est meilleure que la nôtre, qu'elle ne leur enseigne point à ergoter sur les mots, et à disséquer une pensée; que les logiciens chinois valent bien les éternels disputeurs de nos universités. — Du moins la logique des Chinois ne brille pas dans les absurdités qu'ils professent en fait de religion et de morale; des hommes qui passent la moitié de leur vie à étudier les caractères de leur langue, n'ont pas beaucoup de temps de reste pour le donner à la philosophie; il n'y a point chez eux d'écoles publiques. Les Chinois, si tolérants, n'ont cependant pas voulu tolérer le christianisme, parce que c'est une religion étrangère, et qui leur paraît nouvelle; est-ce encore là une preuve de la perfection de leur logique? Par l'état des sciences et du gouvernement à la *Chine*, nous voyons ce que peut produire la tolérance, dont nos écrivains incrédules ne cessent de nous vanter les merveilleux effets.

M. de Guignes, mieux instruit que l'auteur du *Dictionnaire*, est persuadé que les Chinois, soit dans les temps anciens, soit dans les siècles plus récents, ont emprunté des peuples qui sont à l'occident de la *Chine* tout ce qu'ils savent, et que c'est une pure vanité de leur part de se l'attribuer.

On ne peut plus douter que le christianisme n'ait pénétré à la *Chine* de très-bonne heure; quelques auteurs pensent qu'il y fut porté par l'apôtre saint Thomas, peut-être même par saint Barthélemi ou par quelqu'un de leurs disciples. Arnobe, qui vivait au ive siècle, dit que le christianisme était établi dans les Indes, chez les *Sères* ou Chinois, les Mèdes et les Perses; mais par le défaut de missionnaires ou par d'autres causes, il ne paraît pas y avoir subsisté longtemps. — Au viie siècle, les nestoriens, qui avaient porté leur religion sur la côte de Malabar dans les Indes et dans la grande Tartarie, pénétrèrent à la *Chine* et s'y établirent. Ce fait est prouvé non-seulement par le témoignage de plusieurs écrivains orientaux, mais par un monument qui fut déterré en 1625 dans la ville de *Sigan-Fou*, capitale d'une province de la *Chine*. C'était une grande pierre au haut de laquelle était une croix, ensuite une longue inscription, partie en caractères chinois, et partie en caractères syriens, majuscules, nommés communément *stranghelo*. Le magistrat du lieu, qui crut devoir la conserver, la fit transporter dans un temple de bonzes. Elle portait que l'an 635 de notre ère, il était arrivé à la *Chine* un homme de *Ta-Tsin* ou de l'Occident, qui avait présenté à l'empereur des livres de la religion qu'il venait prêcher, et que l'an 638 l'empereur avait donné un édit en faveur du christianisme. On y lisait ensuite les principaux dogmes de la religion chrétienne, et il était dit que cette inscription avait été faite pour servir de monument de ces faits, l'an 1092 des Grecs, de Jésus-Christ 780, sous le pontificat d'*Anan-Yesou*, patriarche des nestoriens.

La Croze, Beausobre et d'autres critiques protestants, ont trouvé bon de contester l'authenticité de ce monument, de supposer que ç'a été une fraude pieuse imaginée par les missionnaires catholiques en 1625, afin de persuader aux Chinois que le christianisme n'était pas une religion nouvelle chez eux, mais anciennement établie dans leur empire. M. de Guignes, dans une savante dissertation sur ce sujet (*Mémoires de l'Académie des Inscriptions*, tom. LIV, in-12, p. 295), a prouvé la fausseté de ce soupçon, et l'authenticité de l'inscription de *Sigan-Fou*, par le témoignage des annales de la *Chine*, et de plusieurs auteurs chinois. Il fait voir que ces auteurs ont confondu les missionnaires nestoriens avec les *bonzes de Fo*, et qu'ils ont désigné sous ce nom tous les prédicateurs de religions étrangères; mais ce qu'ils en disent se rapporte si exactement, pour le temps et pour les circonstances, à l'établissement des nestoriens à la *Chine*, qu'il est impossible que le hasard ait pu produire cette conformité. Il prouve aussi, par le témoignage des voyageurs, qu'il y avait encore de ces chrétiens nestoriens à la *Chine* dans les XIIe et XIIIe siècles, mais qu'alors leur religion était fort altérée et défigurée par un mélange de mahométisme, tellement que quand les Portugais arrivèrent à la *Chine*, en 1517, ils n'y trouvèrent plus aucun vestige du christianisme. Le savant Asséman, de son côté, a produit plusieurs autres preuves de l'authenticité et de la vérité de l'inscription trouvée à *Sigan-Fou* (*Biblioth. orient.*, t. IV, c. 9, § 6). Le jugement de ces savants est d'un tout autre poids que les vaines conjectures des critiques protestants.

Ce fut en 1580 que les Pères Roger et Ricci, missionnaires jésuites, entrèrent à la *Chine*, et trois ans après ils obtinrent la permission de s'y établir. Dans l'espace d'un siècle la religion chrétienne y fit tant de progrès qu'en 1715 il y avait dans cet empire plus de trois cents églises, et au moins trois cent mille chrétiens. Mais en 1722, l'empereur Yong-Tching publia un édit contre le christianisme, résolut de l'exterminer, et fit exercer contre les chrétiens une sanglante persécution. En 1731, tous les missionnaires furent bannis à Macao: depuis 1733, on ne permet plus à aucun étranger de pénétrer dans l'intérieur de la *Chine*, et les prédicateurs qui ont été découverts, ont été mis à mort. Les jésuites, que l'empereur a gardés à la cour, en qualité de mathématiciens, n'ont pas la permission d'exercer les fonctions de missionnaires. Cependant, depuis l'an 1753, la persécution paraît ralentie; il leur est permis d'assister les chrétiens qui s'y trouvent encore; ils ont demandé au gouvernement français des successeurs, dans l'espérance d'obtenir peu à peu plus de liberté de faire des prosélytes. On prétend qu'actuellement il y a déjà plus de soixante mille chrétiens dans cet empire. — Malheureusement, au commencement de ce siècle, il s'éleva une contestation entre les Jésuites de la *Chine* et les missionnaires des autres ordres religieux. Il s'agissait de savoir s'il y avait de la superstition et de l'idolâtrie dans les honneurs que les Chinois rendaient à Confucius et à leurs ancêtres, honneurs accompagnés d'offrandes, d'invocations, de parfums, etc. En 1704, Clément XI condamna ces rites chinois comme superstitieux et idolâtriques; en 1742, Benoît XIV confirma ce décret par sa bulle *Ex quo singulari*: depuis ce temps-là les missionnaires ont interdit ces rites à leurs prosélytes. Mais cette dispute, trop animée de part et d'autre, a nui beaucoup aux intérêts du christianisme. — Outre cet obstacle accidentel et passager, il y en a d'autres qui retarderont toujours les progrès de la religion chrétienne dans cette partie du monde. La corruption des mœurs populaires de cet empire, l'attachement opiniâtre des Chinois à leurs usages, attachement cimenté par le culte religieux qu'ils rendent à leurs ancêtres; leur vanité, qui leur persuade qu'ils sont le peuple le plus parfait de l'univers; l'orgueil, l'ambition, la jalousie des lettrés, qui sont seuls en possession de l'enseignement, dont les uns sont athées, les autres idolâtres et superstitieux; le despotisme de l'empereur, qui est le chef suprême et l'arbitre de la religion aussi bien que des lois, sont autant d'obstacles qui rendent les conversions très-difficiles. Les Chinois méprisent les étrangers, les craignent et les haïssent. Malheureusement les navigateurs des différentes nations européennes qui ont séjourné à la *Chine*, ne s'y sont pas comportés de manière à gagner la confiance et l'affection des habitants du pays; et cette conduite n'a pas peu contribué à indisposer les Chinois contre le christianisme. Ils auraient moins de répugnance à écouter des missionnaires nationaux que des étrangers.

Si nos philosophes incrédules étaient véritablement amis de l'humanité, ils auraient déploré comme nous le bannissement des missionnaires de la *Chine*; au contraire, ils en ont triomphé : ils en ont pris occasion de rendre odieux le christianisme même, aussi bien que ceux qui le prêchent. Ils ont dit que les empereurs de la *Chine* ont proscrit cette religion à cause de son intolérance, ou du droit que ses ministres s'attribuent de forcer les peuples à l'embrasser; à cause de l'indépendance dans laquelle ils veulent être à l'égard de la puissance temporelle; à cause de leur caractère séditieux et turbulent ; à cause enfin du tort qu'ie célibat fait à la population. Il n'est pas possible de calomnier d'une manière plus noire. — Dans les mémoires présentés à l'empereur de la *Chine* par les mandarins, contre le christianisme, ils n'ont fait aucun de ces reproches aux missionnaires ; ils ont seulement représenté que cette religion est nouvelle et étrangère dans l'empire, qu'elle n'admet ni Divinité, ni esprit, ni ancêtres. *Lettres édifiantes*, tome XXIX, pag. 217; tome XXX, pag. 156. On voit par là ce qui est encore prouvé d'ailleurs, que les lettrés chinois font aller de pair le culte des esprits et des ancêtres avec le culte de la Divinité, et il est fort douteux s'ils admettent d'autre Divinité que les esprits qui président aux différentes parties de la nature. La lecture du *Chou-King*, qui est leur livre classique, ne nous montre chez eux point d'autre croyance que celle des anciens polythéistes. — Quand le génie des missionnaires serait tel que les incrédules le représentent, ont-ils été assez imprudents pour le faire connaître, pour prêcher l'intolérance, l'indépendance, la sédition et la révolte contre un gouvernement absolu et despotique? Une accusation aussi atroce ne doit point être hasardée sans preuve; les incrédules ne peuvent en alléguer aucune. D'un côté, ils reprochent au christianisme de favoriser le despotisme des princes et l'esclavage des peuples; de l'autre, ils prétendent qu'un empereur despote a redouté les principes et la morale de cette religion : ce sont deux accusations contradictoires.

Une autre absurdité est de penser que les Chinois, qui font périr chaque année plus de trente mille enfants, ont craint que le christianisme ne nuisît à la population; qu'ils redoutent le célibat, pendant qu'il se trouve à la *Chine* des millions de bonzes qui vivent dans le célibat. En général, le gouvernement chinois craint plus l'accroissement de la population que sa diminution. *Voy.* MISSION (1).

(1) Pour compléter cet article, nous avons besoin de donner une idée de la religion chinoise dans ses rapports avec nos croyances. Dans la *Rédemption annoncée par les traditions* (Voy. *Démonst. évang.*, édit. Migne), Schmitt montre qu'il y a un grand nombre de croyances qui viennent de la révélation primitive. Il serait en effet étonnant qu'un peuple qui remonte si haut n'eût rien conservé de la foi de nos premiers parents. Voici l'exposition de Schmitt :

I. *Croyances des Chinois.*

« Outre une morale excellente, ces fragments et les livres canoniques des Chinois offrent des traces remarquables de vérités révélées. Au milieu de fables incohérentes, nous lisons que Tao créa le ciel et la terre, et comme Tao signifie trois personnes en une, ces ouvrages disent que l'une tira l'univers du néant, que l'autre sépara les êtres confondus dans le chaos, que la troisième fit le jour et la nuit.

« On y trouve la création de l'homme, formé avec de la terre jaune. On y trouve un paradis terrestre, placé à la porte du ciel fermée à ses habitants, arrosé par quatre fleuves qui jaillissent d'une source jaune (le jaune est la couleur sacrée des Chinois). On le nomme le Jardin, dont la vue et l'entrée sont également interdites, mais d'où la vie s'est répandue. On y trouve un arbre, duquel elle s'est, pour ainsi dire, détachée comme son fruit naturel : on trouve encore la description d'un âge d'or. « Le désir immodéré de la science, observe Hoinantsee, a perdu le genre humain. »

« Un ancien proverbe dit : « Il ne faut pas écouter les discours de la femme. » La glose ajoute : « Car la femme a été la source et la racine du mal. »

« Après la dégradation de l'homme, dit Lopi, les animaux, les oiseaux, les insectes et les serpents commencèrent à l'envi à lui faire la guerre. Après que l'homme eut acquis la science, toutes les créatures furent ses ennemis. En moins de trois ou de cinq heures, continue Lopi, le ciel changea et l'homme ne fut plus le même. »

« Quand l'innocence eut été perdue, dit Hoinantsee, parut la miséricorde. »

II. *Emblèmes et dogmes divers.*

« De pieux missionnaires ont cru reconnaître les mystères les plus élevés du christianisme dans l'écriture *figurée* des Chinois. Ainsi, relativement au signe qui indique un être dont on attend la présence, et qui retrace un nuage auquel un enfant se trouve suspendu, le Père Cibot se rappelle la parole du prophète Isaïe : *Et nubes pluant justum*. Cibot voit le rédempteur, le Messie, dans plusieurs semblables figures ; un signe antique, incompréhensible pour les Chinois modernes, inexplicable pour les anciens auteurs, lui représente même la chute du premier homme : c'est un arbre sous lequel sont placées deux personnes, et, au-dessus, la tête d'un démon. — A l'exemple de l'autel que l'apôtre saint Paul trouva, à Athènes, avec cette inscription : *Ignoto Deo*, ces emblèmes religieux pouvaient, soit dans le cours d'une prédication, soit même dans une simple conversation avec les Chinois, fournir à un pieux missionnaire l'occasion de préparer la voie aux vérités de l'Évangile. Il est possible que le dernier signe ait réellement le sens que lui attribue Cibot (*Mémoires concernant les Chinois*) ; car, bien certainement, la doctrine héréditaire de notre première chute dut se conserver longtemps au sein de la race séparée, de laquelle sont issus les Chinois actuels ; mais les plus anciens écrivains de ce pays étaient déjà étrangers à cette interprétation. On ne saurait méconnaître non plus l'importance du triangle équilatéral que le Père Cibot regarde comme le symbole de l'*unité*. D'après le dictionnaire composé par l'empereur Kanghi, il indique aussi *conjonction*. Un livre, particulièrement estimé des Chinois, dit : « Le triangle signifie trois, confondus en un. » Une savante explication des plus anciens caractères, Lieufutsing, s'exprime ainsi sur ce sujet : « Le triangle est l'emblème d'une secrète conjonction, de l'harmonie, premier bien de l'homme, du ciel et de la terre. C'est la conjonction des trois Tsai (Tsai, dit Ko, indique le principe générateur, le pouvoir, la science dans Tao). Réunis et simultanément, ils gouvernent, créent et soutiennent ce qui est créé. » — Un autre livre dit : « Autrefois l'empereur offrait, tous les trois ans, un sacrifice solennel à l'esprit de conjonction et d'unité. » — « Or

CHIROTONIE. *Voyez* IMPOSITION DES MAINS.

CHOEUR, dans nos églises, est un espace

situé ou derrière l'autel, ou entre l'autel et la nef, dans lequel est placé le clergé pour chanter l'office divin. Dans la plupart des églises d'Italie, le *chœur* est placé derrière l'autel, et alors celui-ci se trouve rapproché de l'assemblée du peuple ; c'est ce que l'on nomme *autel à la romaine*. En France, le *chœur* est ordinairement situé entre l'autel connaît en Europe, rapporte Ko, le fameux texte de Laotsee : Tao est un , de sa nature ; le premier engendra le second ; les deux premiers ont produit le troisième ; les trois ont fait toutes choses. » —Voici comme s'exprimait, relativement à l'origine de l'univers, le philosophe Lilaokium, plus ancien que Confucius : « La loi ou la raison produisit l'un ; celui-ci produisit deux ; les deux produisirent trois ; les trois produisirent toutes choses. » Cette sentence, au témoignage de Couplet, est encore répétée par les sectateurs de son école. — Suivant un texte différent : « Celui qui, pour ainsi dire, est visible, sans néanmoins être vu, s'appelle Khi. Celui que l'on peut entendre, quoiqu'il ne parle point aux oreilles, se nomme Hi. Celui qui se laisse, pour ainsi dire, sentir, bien qu'il se dérobe au toucher, s'appelle Uri. En vain interrogez-vous vos sens sur la nature de ces trois êtres, la raison seule peut vous en instruire, et, ce qu'elle vous apprend , c'est qu'ils ne forment qu'un , au-dessus duquel ne brille aucune lumière, au-dessous duquel n'existent aucunes ténèbres. Il est éternel. Aucun nom ne saurait lui être attribué ; il ne ressemble à aucune de toutes les choses qui nous entourent. C'est une figure sans forme, une forme sans matière. Sa lumière est enveloppée de ténèbres. Elevez-vous les yeux , vous ne voyez pas son commencement. Le suivez-vous , vous n'en trouvez pas la fin. Par cela seul qu'il est le Tao de tous les siècles , jugez quelle est sa nature. Savoir qu'il est éternel , voilà le commencement de la sagesse. »

« Je suis entré deux fois, dit un missionnaire, dans les pagodes ou les temples chinois. Dans la première cour ou dans la première partie, se présentent trois grandes statues posées perpendiculairement et qui représentent trois hommes ; chaque statue porte un sceptre à la main ; celle de droite est élevée sur un lion ; celle de gauche sur un éléphant : ces trois personnes, cependant, ce que prétendent les bonzes, ne forment qu'un seul Dieu. »

III. *Allégorie du Messie.*

« Les livres canoniques de la Chine contiennent une allégorie frappante du Messie. Comme les Chinois n'ont rien pu emprunter à Isaïe, il paraît qu'ils tiennent de No, leur auteur, l'idée de la rédemption ; car leurs ancêtres savaient, aussi bien que les anciens Toscans, qu'une vierge concevrait, qu'elle enfanterait le Saint des saints ; mais assurément cette prophétie, héréditaire chez les enfants de Sem, fut aussi mal comprise en Chine qu'elle fut mal interprétée par les descendants de Japhet, en Italie : dans ces deux régions, elle donna lieu au même abus. De même que Virgile, à l'égard du fils de Pollion , les Chinois faisaient naître d'une vierge chacun de leurs personnages les plus remarquables ; toutefois, malgré cet abus, ce peuple égaré conservait, avec toute sa pureté, la tradition que le Saint des saints naîtrait un jour dans un pays situé à l'occident de la Chine. On sait que Confucius, antérieur de cinq cent cinquante et un ans à Jésus-Christ, objet d'ailleurs de la plus haute vénération chez les Chinois, avait prédit « qu'à l'Occident apparaîtrait le Seigneur. » Confucius n'était point un prophète : il confirmait seulement la tradition orale et écrite de la mystérieuse doctrine par laquelle les livres canoniques chinois et leurs interprètes classiques désignaient le Saint des saints d'une manière positive et reconnaissable. Ils entendent par le Saint des saints : « Celui qui sait tout, qui voit tout, dont toutes les paroles instruisent, dont toutes les pensées sont vraies ; celui qui est céleste et miraculeux, dont la sagesse n'a point de bornes, aux yeux duquel l'avenir entier est sans voiles, dont chaque parole est efficace. Il est un avec le Tien (Dieu), et, sans le Tien, le monde ne pourrait le reconnaître ; lui seul peut offrir un holocauste digne de la majesté du Schantzti (Dieu, souverain du ciel). Les peuples l'attendent, dit Mentius, disciple de Confucius, comme les plantes flétries attendent la rosée. »

« Le livre Tschong-Jong, ou le juste milieu, composé sans doute par un disciple du célèbre Confucius, offre quelques passages qui ont directement trait au futur Messie. « Combien sont sublimes les voies du Saint des saints ! sa vertu embrassera l'univers entier ; il inculquera à tout une nouvelle vie et une nouvelle force, et s'élèvera jusqu'au Tien (c'est-à-dire jusqu'au ciel). Quelle immense carrière s'ouvrira pour nous ! Combien de lois et de devoirs nouveaux ! Que de rites majestueux et de solennités ! Mais, comment les observer, s'il n'en donne lui-même l'exemple ? Sa présence peut seule en préparer, en faciliter l'accomplissement. De là vient cet adage de tous les siècles : Les voies de la perfection ne seront fréquemment parcourues, qu'alors que le Saint des saints les aura consacrées en y imprimant ses pas. Les peuples se prosterneront devant lui ; en le voyant, en l'écoutant, ils seront convaincus, et tous ensemble n'auront plus qu'une voix pour chanter ses louanges. L'univers retentira du bruit de son nom, sera rempli de sa magnificence. La Chine verra les rayons de sa gloire parvenir jusqu'à elle ; ils pénétreront dans les nations les plus sauvages, dans les déserts les plus inabordables, ou dans les lieux que ne peut visiter aucun vaisseau. Dans l'un et dans l'autre hémisphère, de l'une à l'autre extrémité de la mer, il ne demeurera aucune région, aucun parage, aucun pays, éclairés par les astres, humectés par la rosée, habités par les hommes, où son nom ne soit béni et honoré. » (*Mémoires concernant les Chinois.*)

« Le grand commentaire sur le Chou-King, un de leurs autres livres classiques, s'exprime ainsi : « Le « Tien est le Saint invisible ; le Saint des « saints est le Tien rendu visible pour instruire les « hommes. » Et l'explication de l'Y-King dit : « Un « homme d'une certaine nature est le Tien, et le Tien « est un homme d'une certaine nature (a). » — Les anciens sages de la Chine nomment le Saint des saints, l'homme, l'homme le plus grand, le plus beau des hommes, l'homme par excellence, l'homme miraculeux, le premier-né ; il renouvellera l'univers, changera les mœurs, expiera les péchés du monde, mourra accablé de douleur et d'opprobre, ouvrira la porte du ciel. — Peut-on, de nos jours, et sans prononcer son nom, désigner Jésus-Christ d'une manière plus positive ? peut-on en parler d'une manière plus sublime ? Or ce Saint des saints, qui voit tout, qui connaît tout, qui est un avec Dieu, a paru ou paraîtra à l'occident de la Chine. Assurément, en se rendant visible, en devenant homme, le Tien a revêtu l'humanité. La secte de Fo se sert d'un signe

(a) Ce mot, si souvent répété en cet endroit, ne saurait signifier ici le ciel matériel. Comment, en effet, le ciel matériel peut-il devenir visible, peut-il devenir homme ? Comment le Saint des saints qui doit naître à l'occident de la Chine, peut-il être un avec lui ? Comment peut briller sa sagesse, et l'avenir se dévoiler à ses yeux ? Comment aussi des ignorants, capables à peine de balbutier quelques mots chinois, ont-ils pu faire aux jésuites un crime de dire Tien avec ces peuples, lorsqu'ils voulaient parler de Dieu ? Le mot Tien signifie le ciel, mais il signifie encore l'Être suprême. (*Note de Schmitt.*)

et la nef, environné d'une balustrade ou d'un mur, garni à droite et à gauche de deux rangs de stalles, où se placent les ecclésiastiques et les chantres.

composé de deux parties, dont l'une indique l'action de *descendre*, de *s'humilier*; l'autre, une *naissance future* : elle nomme ce signe l'incarnation de Fo, mais un ancien auteur prétend qu'elle ne l'interprète ainsi que par abus ; que ce signe est de beaucoup antérieur à l'existence, en Chine, d'aucun adorateur de Fo ; qu'il désigne spécialement celui qui doit enrichir les hommes avec ses richesses, les ennoblir en leur communiquant sa dignité et sa grandeur.

« Mais l'abus même que font de ce signe les sectateurs de Fo, est très-remarquable. Comment sont-ils arrivés à imaginer l'incarnation de leur divinité ? L'idée que Dieu prendrait une organisation matérielle, que, par là, il se trouverait abandonné à l'usage de ses forces physiques, est bien éloignée de l'intelligence humaine, et il me semble tout à fait impossible que l'homme, livré à ses propres facultés, ait jamais pu la rencontrer. Jamais, d'ailleurs, les peuples païens plus modernes, les Grecs, les Etrusques, les Latins, ne prêtèrent une nature organique à leurs divinités : ils se bornaient à l'apparence, car il suffisait de faire illusion aux sens : or ce n'était point au-dessus de la toute puissance divine. Les adorateurs de Fo abusèrent de ce signe, mais son invention n'appartenait point au hasard, elle dérivait d'une doctrine héréditaire qu'ils avaient seulement altérée. Probablement, lors de leur introduction en Chine, ils trouvèrent cette doctrine et le signe qui la représentait déjà enveloppés de ténèbres, mais leur secte même date d'une époque antérieure à cet abus ; leurs idées sur Fo découlent précisément de cette doctrine héréditaire, non moins connue des Indiens que des Chinois dans les temps primitifs, cependant défigurée beaucoup plus tôt et d'une manière plus déplorable par la délirante imagination des premiers et par les mensonges systématiques de leurs bramines.

« Avec ces idées se coordonne une doctrine aussi ancienne qu'incompréhensible chez les premiers peuples, les Indiens, les Chinois, les Egyptiens. Le Fo des Indiens, nommé au Japon Schaka (Xaca), Busd et Budso, fut engendré par une vierge, sans aucune cohabitation. Les anciens Chinois faisaient descendre de vierges les divers chefs des maisons qui ont successivement gouverné l'empire. Chez les poètes de la Grèce et de Rome, qui empruntèrent toutes leurs fables aux Egyptiens et aux Phéniciens, on trouve des héros issus de vierges, ou, du moins, conçus d'une manière surnaturelle. D'où viendrait cette idée, si étrangère à l'ordre de la nature, commune à des peuples que séparait tant de distance, malgré la diversité des climats qui les environnent dans les différentes contrées, si elle n'avait originairement jailli de la même source ? Parmi tous les peuples du paganisme, la virginité commandait la plus haute vénération. Partout, et à toutes les époques de l'existence du genre humain, l'on trouve des vierges consacrées à la Divinité. Quelle institution effaça en gloire celle des vestales ? Avec le culte de Vesta se soutint le lustre de l'empire romain ; avec lui aussi on le vit s'éteindre. — Dans le temple de Minerve, à Athènes, des vierges entretenaient, comme à Rome, le feu sacré. — On a retrouvé les mêmes vestales chez d'autres peuples, notamment aux deux Indes, et récemment au Pérou, où, chose merveilleuse, la transgression de leurs vœux était punie de la même peine qu'à Rome. On y regardait la virginité comme une dignité sainte, également agréable à l'empereur et aux dieux. — Dans les Indes, la loi de Menu dispose que les fêtes prescrites en l'honneur de la chasteté ne concernent que les

Le *chœur* signifie aussi l'assemblée de ceux qui chantent ; ainsi le *chœur* répond au célébrant ; on chante à deux *chœurs* ; le *haut-chœur*, ce sont les chanoines ou les prêtres

vierges, et que les femmes auxquelles ce titre n'appartient plus doivent demeurer étrangères à toutes les cérémonies qu'elle établit. — Généralement, parmi toutes les nations, on attachait le plus grand prix à la virginité.

« La source d'où se répandirent ces idées est, sans contredit, la doctrine antique et héréditaire d'un futur Messie, révélée à l'un des plus anciens pères du genre humain, enracinée par Noé dans l'esprit de sa postérité. Elle s'effaça depuis chez les diverses races, disparaissant tout à fait, ou bien se dégradant par l'adjonction des plus monstrueux préjugés, des fables les plus ridicules : ce n'est qu'au sein du peuple élu qu'elle se conserva lumineuse et complète. — *Une vierge*, dit Isaïe, *concevra et engendrera un fils, qui sera appelé Emmanuel*. — Aucun interprète de l'Ecriture sainte ne donnerait un autre sens à ce passage, fût-il familiarisé avec le contenu de tous les ouvrages chinois. — La Chine entière en avait lu de semblables ou d'analogues, tant dans ses livres canoniques que dans leurs commentateurs, quand, vers l'an 65 de notre ère, l'empereur Mim-Ti voulut envoyer à la recherche du Saint des saints, ou du moins, s'il était déjà mort, de sa doctrine. — Malheureusement les connaissances géographiques de ce prince sur l'Occident se bornaient aux Indes. Il fit partir une ambassade qui devait en ramener le Saint des saints, ou en rapporter la doctrine dans son empire. Les ambassadeurs y trouvèrent une divinité, objet du respect général, nommée Fo ou Foë, et une autre, plus ancienne encore, appelée Omito, auxquelles les Indiens attribuaient les plus grands miracles, dont ils racontaient les choses les plus extraordinaires. Les ambassadeurs, croyant avoir rencontré le Saint des saints dans ces deux divinités, rapportèrent en Chine leurs images avec les livres qui les concernaient, et ramenèrent quelques prêtres voués à leur culte sous le nom de Talaponiens. Au Japon, où se propagea cette idolâtrie, ils retinrent celui de bonzes, dont se servent les missionnaires de la Chine, parce que nos relations antérieures avec le Japon l'avaient fait connaître aux Européens : leur véritable nom chinois est Hoschang. L'adoration de Foë émanait de l'empereur : il n'est donc point étonnant qu'en Chine, où presque chaque action, chaque mot et chaque pensée du monarque passent pour un oracle et une loi, ce genre d'idolâtrie se soit rapidement répandu.

« Dès lors la porte fut ouverte à toutes les absurdités de la superstition ; les principes et la saine morale s'évanouirent bientôt. Cette abominable idolâtrie, qui règne encore aujourd'hui à Siam et à Ceylan, se propagea tellement en Chine depuis cette époque, qu'une grande masse de ses habitants en est maintenant infectée. »

IV. *Contraste des deux religions de la Chine.*

« Autant il est consolant de penser que, durant une longue série de siècles, alors que tous les peuples, excepté celui d'Israël, servaient des idoles muettes, sourdes, aveugles, une nation, séparée du reste des hommes, qui comptait plus d'habitants que l'Europe entière, persévérait néanmoins à honorer le vrai Dieu, autant l'on est affligé de voir comment cette nation, trompée dans son attente du Saint des saints par la doctrine de Foë, tomba dans une honteuse idolâtrie, dont le joug pèse encore sur ses descendants. »

V. *Maintien partiel de l'ancienne croyance.*

« Quand, vers le milieu du XVIIᵉ siècle, les Tartares envahirent la Chine et fondèrent la dynastie actuelle, les idoles de la Tartarie suivirent les vainqueurs :

qui occupent les stalles les plus élevées ; le *bas-chœur*, ce sont les chantres, les musiciens, les enfants de *chœur* qui remplissent les bas stalles.— Dans l'origine χορός signifie une assemblée formée en rond, une enceinte ; c'est pour cela qu'il désignait une troupe de danseurs qui se tenaient par la main, et formaient un circuit. Il ne faut pas en conclure, comme ont fait quelques auteurs, que *chorus* a signifié, dans les églises, un espace où l'on dansait. Dans le second livre d'*Esdras* (xii, 31, 37, 39), χορός signifie évidemment des chantres et non des danseurs.

On prétend que le *chœur* des églises n'a été séparé de la nef que sous le règne de Constantin. Cela signifie seulement qu'il n'y a point de preuve plus ancienne de cette séparation. Alors il fut environné d'une balustrade, et même d'un voile ou rideau qui ne s'ouvrait qu'après la consécration. Dans le xiie siècle, on le ferma par un mur ; mais comme cette séparation défigure une église et cache le coup d'œil de l'architecture, on est revenu à l'usage des balustrades. — Dans les monastères de filles, le *chœur* est une salle attachée au corps de l'église, de laquelle il est séparé par une grille ;

toutefois, la cour et les conquérants conservent seuls leur culte.

« Beaucoup de Chinois professent encore leur doctrine primitive, bien qu'entachée de pratiques superstitieuses. A leur idolâtrie tartare les empereurs allient une profonde vénération pour Confucius, à la morale duquel les Chinois sont redevables d'avoir vu produire même à la nouvelle dynastie des souverains que leur sagesse, leur humanité, leur zèle rendent dignes du plus ancien et du plus puissant trône de la terre. »

VI. *Apparition du christianisme.*

« Au milieu du xviie siècle, à l'aide des missionnaires catholiques et particulièrement des jésuites, l'Évangile trouva accès en Chine. L'empereur Xun-Chi protégeait les missionnaires, les jésuites surtout qui, par leur éducation, leurs mœurs austères, leurs connaissances en physique et en mathématiques, se concilièrent l'attachement de la cour impériale. Mais à la mort de ce monarque, et sous le gouvernement des ministres qui administrèrent pendant la minorité de son successeur, les choses changèrent. L'influence des jésuites sous le règne précédent leur avait fait des ennemis et les exposa à des persécutions. Quelques-uns furent bannis, d'autres mis à mort. — Mais quand l'empereur Kang-Hi commença à régner par lui-même, à sa majorité, en 1669, la mission en général, les jésuites en particulier, éprouvèrent un meilleur traitement. Cet empereur fit venir d'Europe un plus grand nombre de jésuites, les honora à sa cour des premières dignités, leur confia les plus importantes affaires de l'empire, leur fit bâtir une superbe église à proximité du palais, déclara la religion chrétienne innocente, et permit à ses sujets de l'embrasser. Sous quelques empereurs qui lui succédèrent, les chrétiens souffrirent d'horribles persécutions, quelquefois d'après leurs ordres directs et dans toute l'étendue de l'empire ; plus souvent, isolément dans les provinces, de la part des mandarins (gouverneurs). Ceux-ci sont-ils ennemis des chrétiens, ils remettent en vigueur les lois qui les proscrivent, et que les mandarins animés d'un autre esprit laissent dormir dans les districts confiés à leurs soins. »

c'est là que les religieuses chantent l'office.

Bingham (*Orig. ecclés.*, l. viii, c. 6, § 7), a prouvé par plusieurs anciens monuments, que dans les premiers siècles le *chœur* des églises était réservé au clergé seul ; qu'il n'était permis aux laïques d'approcher de l'autel que pour faire leur offrande et pour recevoir la communion. Cette enceinte est souvent nommée *adytum*, lieu où l'on n'entre point. Quand on compare le plan des anciennes basiliques avec le tableau des assemblées chrétiennes, tracé par saint Jean dans l'*Apocalypse*, c. iv et v, on voit que cette discipline venait des apôtres ; l'empereur Julien, quoique apostat, la respectait. Saint Ambroise ne permit point à l'empereur Théodose de se placer dans le *chœur* de l'église de Milan : l'entrée du sanctuaire était surtout interdite aux femmes ; les laïques, sans distinction, devaient se tenir dans la nef pendant les saints mystères : preuve irrécusable, contre les protestants, de la distinction qui a régné entre les prêtres et les laïques, dès l'origine du christianisme, et de l'idée que l'on attachait à l'auguste sacrifice des autels. — Mais lorsque les barbares se furent rendus maîtres de l'Occident, ils portèrent dans la religion leur caractère hautain, militaire et féroce ; ils entrèrent dans les églises avec leurs armes, qu'ils ne quittaient jamais ; ils prirent les places du clergé, et ne respectèrent aucune loi. Les possesseurs des moindres fiefs suivirent l'exemple des princes, et prétendirent au même privilège ; une place dans le *chœur* devint un droit seigneurial. Aujourd'hui encore un seigneur de paroisse ne se contente pas de l'occuper ; mais sa femme, ses enfants, ses laquais, ses servantes, ont l'impudence de s'y placer ; et si les pasteurs s'y opposaient, ils seraient condamnés dans tous les tribunaux.

Les évêques de l'Église primitive, les disciples des apôtres, seraient bien étonnés si, revenus au monde, ils voyaient, dans les jours les plus solennels, le sanctuaire des églises occupé par des soldats armés, qui s'y conduisent à peu près comme dans un camp, et comme s'ils venaient faire la guerre à Dieu, les laïques et les femmes approcher du saint autel avec aussi peu de respect que d'une table profane ; étouffer les sentiments de religion par orgueil et par curiosité. *Tremblez de respect à la vue de mon sanctuaire ; je suis le Seigneur* (*Levit.* xxvi, 2). On ne se souvient plus de cette leçon.

Parmi les lettres de Julien, il en est une adressée à Arsace, souverain pontife de Galatie, qui est une censure sanglante de nos mœurs. « Lorsque les gouverneurs, lui dit-il, viendront aux temples, on ira les recevoir dans le vestibule. Qu'ils ne s'y fassent point accompagner par des soldats, mais qu'il soit libre à qui voudra de les suivre. Dès qu'ils mettent les pieds dans le temple, ils deviennent de simples particuliers. Vous seul avez droit d'y commander, puisque les dieux l'ordonnent ainsi. Ceux qui se soumettent à cette loi font voir qu'ils ont véritablement de la religion ; les autres, qui ne veulent pas se dépouiller un moment de leur faste et de leur grandeur, sont des hommes superbes, remplis d'une sotte vanité. » (*Lettre* 49). — Nous ne faisons point cette remarque pour censurer nos lois civiles; nous savons qu'elles ont été l'ouvrage des circonstances, et souvent de la nécessité, qui est la plus forte de toutes les lois; mais il est toujours utile de rappeler le souvenir de l'ancienne discipline, parce que c'est un monument de la croyance primitive.

Chœur des Anges. *Voy.* Anges.

CHOIX, élection de Dieu. Selon les monuments de la révélation, Dieu a choisi Abraham pour se faire connaître à lui plus parfaitement qu'aux autres hommes; il a choisi la postérité de ce patriarche pour en faire son peuple particulier; il nous a choisis nous-mêmes pour nous rendre, par le baptême, ses enfants adoptifs. Ce *choix* de la part de Dieu est-il, comme le prétendent les incrédules, un trait de partialité, une aveugle prédilection, une injustice?

On pourrait le dire, si la grâce que Dieu a faite à Abraham avait dérogé en quelque chose à celles qu'il accordait aux autres hommes; si, en adoptant les Israélites, il avait absolument abandonné les autres peuples; si les grâces dont il a daigné nous combler, diminuaient la mesure de celles qu'il veut départir aux infidèles : mais qui a jamais osé l'écrire ou le penser? Dieu, maître absolu de ses dons, soit dans l'ordre de la nature, soit dans l'ordre de la grâce, peut, sans injustice, mettre dans la distribution qu'il en fait telle inégalité qu'il lui plaît. Un infidèle, qui a reçu moins de grâces qu'un chrétien, n'a pas plus de droit de se plaindre, qu'un homme disgracié par la nature ne peut accuser Dieu, parce qu'il a donné à un autre homme une âme plus belle, un esprit plus pénétrant, un cœur plus noble, etc. Dans l'une et l'autre espèce de bienfaits, tous sont absolument gratuits. — La justice de Dieu est à couvert de blâme, parce qu'elle ne fait rendre compte à chacun que de ce qu'il a reçu; sa bonté est justifiée, puisqu'il n'est aucune créature à laquelle il n'ait fait du bien, plus ou moins. La sagesse divine brille dans cette conduite; puisque par cette diversité même elle conduit toutes choses à leurs fins. Il n'y aurait plus ni dépendance, ni besoins mutuels, ni société entre les hommes, s'ils étaient tous égaux, tous doués des mêmes qualités, tous favorisés des mêmes avantages : l'égalité parfaite qu'exigent les incrédules, n'est dans le fond qu'une absurdité.

L'objection des déistes contre la révélation, contre la dispensation des grâces surnaturelles, est donc précisément la même que celle des athées contre la conduite de la Providence dans la distribution des dons de la nature : les uns et les autres se font une idée fausse de la bonté, de la justice, de la sagesse de Dieu; ils ne s'entendent pas eux-mêmes. Ils demandent pourquoi Dieu est appelé par les Ecritures sacrées *le Dieu d'Israël*, le Dieu d'Abraham, d'Isaac et de Jacob; n'est-il donc pas le Dieu de tous les peuples et de tous les hommes? Il est sans doute leur créateur, leur bienfaiteur, leur souverain Seigneur, mais tous ne l'ont pas reconnu comme tel, puisque la plupart ont adoré des dieux qu'ils avaient forgés eux-mêmes. Abraham et ses descendants, mieux instruits, n'ont rendu leurs hommages qu'au vrai Dieu; il a donc été leur Dieu par préférence, et dans le même sens qu'il est encore le Dieu des chrétiens, parce que nous n'en connaissons point d'autre.

Toute la question est donc réduite à savoir si Dieu n'a pas donné à tous les hommes, sans exception, les moyens de le connaître, et s'il n'a pas tenu à eux de l'adorer : or l'Ecriture nous atteste que Dieu s'est révélé et manifesté à tous les hommes par les ouvrages de la création, par les lumières de la raison, par les leçons de leurs premiers pères, par le témoignage de la conscience, par les bienfaits et les châtiments qu'il leur a départis. Les incrédules ont donc tort de supposer que Dieu a délaissé, abandonné, méconnu aucune de ses créatures. *Voy.* Inégalité, Bienfaits de Dieu, Justice de Dieu, etc.

* CHOLERA-MORBUS. Cette maladie terrible, qui a décimé l'Europe il y a dix-neuf ans et qui continue ses ravages aujourd'hui, affligeait aussi le peuple juif et pesait comme une malédiction sur les intempérants. Voici deux passages de l'Ecriture sur cette effrayante maladie : *Quam sufficiens est homini erudito vinum exiguum! et in dormiendo non laborabis ab illo, non senties dolorem; vigilia,* cholera *et tortura viro infrunito* (*Eccli.* xxxi, 22, 23). *Noli avidus esse in omni epulatione, et non te effundas super omnem escam; in multis enim escis erit infirmitas, et aviditas approp'nquabit usque ad* choleram. *Propter crapulam multi obierunt; qui autem abstinens est, adjiciet vitam* (*Eccli.* xxxvii, 32, 34).

CHORÉVÊQUE. On appelait ainsi autrefois un prêtre qui exerçait quelques fonctions épiscopales dans les bourgades et les villages, et qui était censé le vicaire de l'évêque. Ce nom vient de χῶρος, *région, contrée*. Il n'en est pas question dans l'Eglise avant le concile d'Antioche, tenu en 340, qui fixa les limites de la juridiction des *chorévêques*; le concile de Riez, qui réduisit Armentarius à cette dignité, l'an 439, est le premier concile d'Occident qui en ait parlé. Le pape Léon III voulait abolir ce titre : il en fut empêché par le concile de Ratisbonne.

Les *chorévêques* n'avaient pas tous reçu l'ordination épiscopale, mais seulement un degré de juridiction sur les autres prêtres; ils pouvaient cependant ordonner des clercs mineurs et des sous-diacres, et donner, conjointement avec l'évêque diocésain, le diaconat et la prêtrise. Ceux qui, dans l'Occident, voulurent s'attribuer toutes les fonctions épiscopales, furent réprimés; on les supprima entièrement au x° siècle; on leur substitua les archiprêtres et les doyens ruraux. Aujourd'hui quelques évêques dont le diocèse est fort étendu, ont des vicaires généraux chargés de faire plusieurs fonctions épiscopales dans une partie de leur territoire : tels sont en France les grands vicaires de Pontoise et de Moulins. Le premier des sous-diacres de Saint-Martin d'Utrecht, le premier chantre des collégiales de Cologne, et quelques dignitaires des chapitres de Trèves, ont le titre de *chorévêques*, et font les fonctions des doyens ruraux. Bingham (*Orig. ecclés.*, l. II, c. 14, § 4) pense, comme plusieurs autres théologiens anglicans, que tous les *chorévêques* avaient reçu l'ordination épiscopale; mais les preuves qu'il en donne ne sont pas sans réplique. — Mosheim fait remonter plus haut l'origine des *chorévêques*; il la rapporte au Ier siècle (*Hist. ecclés.*, Ier *siècle*, second. part., chap. 2, § 13; *Inst. Hist. christ.*, seconde part. c. 2, § 17). Les évêques, dit-il, établis dans les villes, avaient, soit par leur ministère, soit par celui de leurs prêtres, fondé de nouvelles églises dans les villes et les villages voisins; elles restèrent sous l'inspection des évêques desquels elles avaient reçu l'Evangile. Mais à mesure que leur nombre augmenta, elles formèrent des espèces de provinces ecclésiastiques, auxquelles les Grecs donnèrent, dans la suite, le nom de *diocèses*. Comme l'évêque de la ville principale ne pouvait veiller seul sur cette quantité d'églises répandues dans les villes et les villages, il établit, pour instruire et gouverner ces nouvelles sociétés, des suffragants ou députés, auxquels on donna le titre de *chorévêques*, ou d'évêques de campagne. Ils tenaient un rang mitoyen entre les évêques et les prêtres; ils étaient inférieurs aux premiers, et supérieurs aux seconds. Selon cette notion, les *chorévêques*, dans l'origine, étaient les pasteurs du second ordre, qui, dans la suite, ont été nommés *curés*, lorsqu'ils ont été attachés par un titre perpétuel à une église particulière : mais il paraît que, dans la première institution, c'étaient plutôt des missionnaires de campagne que des curés. — Sous le IVe siècle, Mosheim prétend que les évêques exclurent entièrement le peuple de toute administration dans les affaires ecclésiastiques, qu'ils dépouillèrent même les prêtres de leurs anciens priviléges et de leur autorité primitive, afin de n'avoir plus personne qui pût s'opposer à leur ambition, et afin de pouvoir disposer à leur gré des bénéfices et des revenus de l'Eglise; qu'ils supprimèrent les *chorévêques* dans plusieurs endroits, dans la vue d'étendre leur propre puissance et leur juridiction (IVe *siècle*, seconde part., c. 2, § 2 et 3).

Ce reproche nous paraît une pure imagination. 1° C'est mal à propos que Mosheim suppose que pendant les trois premiers siècles le peuple avait part à l'administration des affaires ecclésiastiques; il est prouvé, par les Epîtres de saint Paul, par les canons des apôtres, par ceux de plusieurs conciles, par le témoignage des écrivains ecclésiastiques, que cette administration a toujours été la fonction des évêques. *Voy.* AUTORITÉ ECCLÉSIASTIQUE, ÉVÊQUE, HIÉRARCHIE, etc. 2° Il n'y a aucune preuve que pendant ces trois siècles les simples prêtres aient eu plus d'autorité qu'ils n'en eurent au quatrième; le contraire paraît supposé par Mosheim lui-même, qui dit que pendant ce siècle les prê-

tres et les diacres poussèrent leur ambition et leurs prétentions aux derniers excès, (*Ibid.*, § 8). Les évêques pouvaient-ils étendre leur autorité en même temps que les ministres inférieurs travaillaient à augmenter la leur? Si les premiers s'y opposaient, cela ne prouve pas qu'ils aient dépouillé les prêtres de l'influence qu'ils avaient eue auparavant dans les affaires ecclésiastiques. 3° C'est au contraire pendant le IVe siècle que les *chorévêques*, ou pasteurs des églises de la campagne, paraissent être devenus titulaires et inamovibles, au lieu qu'ils ne l'avaient pas été auparavant. Mais la prévention des protestants contre le gouvernement hiérarchique leur fait confondre toutes les époques, et embrouiller tous les faits de l'*histoire ecclésiastique*.

Il est bon de se souvenir que les *chorévêques* ne sont pas la même chose que les *coévêques* ou suffragants. *Voy.* COÉVÊQUE.

CHRÊME, terme formé de χρίσμα, *onction*, est une composition d'huile d'olives et de baume, consacrée par l'évêque, le jeudi saint, de laquelle on se sert dans l'administration du baptême, de la confirmation et de l'ordre. Pour l'extrême-onction, on se sert d'huile seule, bénite aussi par l'évêque pour cet effet. Les Grecs nomment le *saint-chrême*, *myron*, onguent, parfum.

Les maronites, avant leur réunion à l'Eglise romaine, employaient dans la composition de leur chrême, l'huile, le baume, le musc, le safran, la cannelle, les roses, l'encens blanc et d'autres drogues. Le P. Daudini, jésuite, envoyé au mont Liban en qualité de nonce du pape, en 1556, ordonna, dans un synode, que le *saint-chrême* ne fût à l'avenir composé que d'huile et de baume.

Comme l'onction du *saint-chrême* est censée faire partie de la matière du sacrement de confirmation, l'évêque seul a le pouvoir de la faire, aussi bien que celle dont on se sert dans l'ordination; mais c'est le prêtre qui la fait dans le baptême et dans l'extrême-onction. — Autrefois les évêques exigeaient du clergé, pour la confection du *saint-chrême* une contribution qu'ils appelaient *denarii chrismales*; à présent on tire seulement une légère rétribution des fabriques, en leur distribuant les saintes huiles dans la plupart des diocèses. *Voy.* l'*Ancien Sacramentaire*, par Grandcolas, seconde partie, p. 103. — La bénédiction ou consécration du *chrême*, qui sert de matière à plusieurs sacrements, est un témoignage de la croyance de l'Eglise, et des effets qu'elle attribue à ces augustes cérémonies; on le voit par le Pontifical romain, où se trouve la formule dont l'évêque se sert. Les protestants n'ont pas manqué de tourner en ridicule cet usage, et de le traiter de superstition; il est cependant très-ancien, puisqu'il a été conservé par les sectes de chrétiens orientaux qui se sont séparés de l'Eglise romaine depuis plus de douze cents ans. Il n'y a pas plus de superstition dans cette cérémonie, que dans l'action de Jésus-Christ, qui se servit de boue et de crachat pour rendre la vue à un aveugle-né

(Joan. IX, 6). — La Croze, dans son *Histoire du christianisme des Indes*, tome Ier, p. 308, prétend que les Arméniens regardent la bénédiction du *myron* ou du *saint-chrême*, comme un sacrement, et qu'ils attribuent à cette action la même vertu qu'à la consécration de l'eucharistie. Il cite en preuve une homélie de Grégoire de Naréka, docteur de l'Eglise arménienne, qui a vécu au Xe siècle, et un passage de Vardanès, autre docteur arménien, du XIIIe, où il dit : « Nous voyons des yeux du corps, dans l'eucharistie, du pain et du vin, et par les yeux de la foi ou de l'entendement, nous y concevons le corps et le sang de Jésus-Christ : de même que dans le *myron* nous ne voyons que de l'huile ; mais par la foi nous y apercevons l'Esprit de Dieu. » Donc, dit La Croze, tous les Arméniens admettent un sacrement inconnu dans l'Eglise romaine, ou, selon leur opinion, il ne se fait pas plus de transsubstantiation dans l'eucharistie par la consécration, que dans le *myron* par la bénédiction. — Voilà sans doute un fort argument ; mais est-ce de deux docteurs très-modernes, et qui ne paraissent pas fort habiles théologiens, que nous devons apprendre quelle est la croyance de l'Eglise arménienne ? Les livres liturgiques de cette Eglise, et les professions de foi de ses évêques, nous paraissent des preuves plus solides de sa doctrine, que les écrits de deux particuliers ; on peut voir ces preuves dans le premier et le troisième tome de la *Perpétuité de la Foi*, et dans le P. Lebrun, tome V. Tout ce qui s'ensuit du passage de Vardanès, est que la comparaison qu'il fait entre l'eucharistie et le *myron* n'est pas fort exacte ; elle signifie seulement que par l'onction du saint-*chrême* nous recevons la grâce du Saint-Esprit aussi réellement que nous recevons le corps et le sang de Jésus-Christ par l'eucharistie, et telle est aussi la doctrine de l'Eglise romaine. Il n'est pas plus besoin pour cela d'une transsubstantiation dans le saint-*chrême*, que dans l'eau du baptême pour effacer le péché originel. Ce n'est point sur l'effet que produit l'eucharistie que nous fondons le dogme de la transsubstantiation, mais sur les paroles de Jésus-Christ. — Au reste, cette remarque de La Croze n'est pas la seule dans laquelle il a montré fort peu de justesse et de sagacité. *Voy.* ARMÉNIENS.

CHRÉMEAU, bonnet ou béguin de toile blanche que l'on met sur la tête des enfants après le baptême, pour tenir lieu de la robe blanche, symbole de l'innocence, dont on revêtait autrefois les catéchumènes, après les avoir baptisés. Cette robe blanche était un témoignage des effets que l'on attribuait au baptême. Si l'on avait pensé, comme les protestants, que ce sacrement n'a point d'autre vertu que d'exciter la foi, on n'y aurait pas ajouté un symbole de la pureté de l'âme qu'avait reçue le baptisé.

CHRÉTIEN, en parlant des personnes, signifie un homme qui est baptisé, et fait profession de suivre la doctrine de Jésus-Christ ; en parlant des choses, il signifie ce qui est conforme à cette doctrine : ainsi l'on dit, *un discours chrétien, une vie chrétienne*, etc.

Ce fut dans la ville d'Antioche, vers l'an 41, que les *disciples* de Jésus-Christ furent nommés *chrétiens*. On les nommait encore *élus, frères, saints, croyants, fidèles, nazaréens* ou *purifiés, jesséens*, ἰχθύς, mot formé des lettres initiales des titres de Jésus-Christ, Ἰησοῦς, Χριστὸς, Θεοῦ Υἱὸς, Σωτήρ, *Jésus, Christ, Fils de Dieu, Sauveur* ; *gnostiques*, intelligents ou illuminés, *théophores*, et *christophores*, temples de Dieu et de Jésus-Christ, quelquefois même *christs*, consacrés à Dieu par une onction sainte. Il n'est pas sûr que Philon les ait désignés sous le nom de THÉRAPEUTES. *Voy.* ce terme. — Les païens, par haine, les chargèrent de noms injurieux ; ils les nommèrent imposteurs, magiciens, juifs, galiléens, sophistes, athées, *parabolaires* ou *parabolins*, c'est-à-dire, désespérés, à cause du courage avec lequel les *chrétiens* bravaient la mort ; *biothanati*, gens qui vivent pour mourir ; *sarmentitii*, hommes qui sentent le fagot ; *semiassi*, dévoués au gibet, etc. Les hérétiques firent de même, en nommant les catholiques, *simples, allégoristes, anthropolâtres* ou adorateurs d'un homme, etc.

Aujourd'hui les incrédules veulent se prévaloir de cette prévention des païens : ils prétendent la confirmer par des calomnies. Ils disent que les premiers qui ont cru en Jésus-Christ étaient la lie du peuple, ce qu'il y avait de plus vil chez les Juifs et chez les païens, par conséquent, des ignorants et des fanatiques ; que la plupart ont été mis à mort pour leurs crimes et leur caractère séditieux, et non pour leur religion ; que quand ils sont devenus les maîtres, ils ont usé de représailles envers les païens et leur ont rendu avec usure les cruautés qu'ils en avaient essuyées. Il est important de réfuter ces trois accusations. — Avant de prouver le contraire, observons d'abord que le prodige de l'établissement du christianisme ne serait pas moins grand, quand même il n'aurait été embrassé d'abord que par le peuple : les ignorants et les pauvres sont plus portés à la superstition que les hommes instruits et d'une condition honnête ; les premiers par conséquent ont dû être plus attachés au paganisme que les seconds, et plus difficiles à convertir. — Nos adversaires d'ailleurs ont soin de se réfuter eux-mêmes. Ils disent qu'un des attraits qui ont le plus contribué à la propagation de l'Evangile sont les aumônes abondantes des premiers *chrétiens* ; mais si tous avaient été de la lie du peuple, où auraient-ils trouvé de quoi faire l'aumône ?

Venons aux preuves positives de la fausseté de leurs reproches. — 1° Dans la Judée, saint Jean-Baptiste, Nicodème, Joseph d'Arimathie, Lazare, Zachée, le prince de Capharnaüm dont Jésus-Christ guérit le fils, Jaïre, dont il ressuscita la fille, crurent en lui avec leur famille. Ce n'étaient point là des hommes de la lie du peuple ni des ignorants. Après la résurrection de Lazare, plusieurs des principaux Juifs firent de même (*Joan.* xi, 45 ; xv, 42). Après la descente du Saint-Esprit, saint Paul et Gamaliel son maître, un grand nombre de prêtres et de pharisiens, étaient au nombre des fidèles (*Act.* iv, 34, 39 ; vii, 7 ; xv, 5). Ce sont autant de témoins oculaires de ce qui s'était passé à Jérusalem. Dira-t-on qu'ils étaient la plus vile partie du peuple ? — Le centurion Corneille, l'eunuque de la reine Candace, Sergius-Paulus, proconsul de Chypre, les principaux Juifs de Bérée, Denis d'Athènes, Crispus, chef de la synagogue de Corinthe, Apollo, Céphas, Timothée, Tite, disciples de saint Paul, n'étaient ni des hommes de la lie du peuple, ni des ignorants ; les principaux de l'Asie étaient ses amis (*Act.* xix, 19, 26, 31). Hermas, saint Clément, saint Ignace, saint Polycarpe, ceux auxquels les apôtres ont écrit, étaient certainement des hommes lettrés. A Rome, saint Paul eut des prosélytes, non-seulement parmi les principaux Juifs, mais dans le palais des empereurs. Selon les auteurs profanes, Flavius-Clément, parent de Domitien, Domitilla, sœur de cet empereur, le consul Acilius Glabrio, Pomponia Græcina, et d'autres personnes du premier rang, avaient renoncé au paganisme. La plupart des leçons que saint Paul fait aux fidèles dans ses lettres, ne peuvent être applicables qu'à des hommes d'une condition relevée, et instruits dans les sciences humaines. — Dans le ii° siècle, Quadratus, Méliton, Hégésippe, Athénagore, saint Justin, Tatien, Hermias, Théophile d'Antioche, Apollinaire d'Hiéraples, Denis de Corinthe, Polycrate d'Ephèse, Pantænus, saint Irénée, Clément d'Alexandrie, etc., ont fait honneur au christianisme par leurs ouvrages aussi bien que par leurs vertus. Les Pères de l'Eglise du iii° et du iv° siècle ont été les plus savants écrivains de leur temps. — 2° A l'article Martyrs, nous prouverons que les *chrétiens* ont été mis à mort pour leur religion seule, et non pour aucun crime ni aucun acte de sédition ; mais nous pouvons nous borner d'avance au témoignage de ceux mêmes qui ont affecté de les mépriser. Tacite ne leur reproche point d'autre crime que leur superstition, et d'être haïs du genre humain (*Annal.*, l. xv, n° 6). Pline, après les perquisitions les plus sévères, atteste qu'il n'a découvert en eux qu'une superstition grossière et opiniâtre, lib. x, *epist.* 97. L'empereur Antonin, dans son rescrit aux états de l'Asie, rend justice à l'innocence de leurs mœurs (Saint Justin, *Apol.* i, n. 69 et 70). Julien, acharné à les calomnier, est forcé de faire l'éloge de leur charité, et de leur attribuer au moins l'apparence de toutes les vertus (*Lettre 49 à Arsace*). Celse, après leur avoir reproché leur incrédulité, leur aversion pour le paganisme, leur fureur de courir à la mort, leur zèle à faire des prosélytes, convient qu'il y a parmi eux des hommes graves, intelligents et instruits (Orig., *contre Celse*, l. i, n. 27, etc). De pareils aveux, faits par des ennemis déclarés, nous paraissent une assez bonne apologie contre les calomnies des incrédules. — 3° Pour pouvoir accuser les *chrétiens* de vengeance et de cruauté envers les païens, les incrédules ont eu recours à des expédients singuliers. Ils leur attribuent les cruautés de Licinius leur persécuteur. On sait que c'est ce monstre qui fit jeter dans l'Oronte la femme de Maximin son ennemi, fit massacrer ses enfants, fit égorger dans l'Egypte et dans la Palestine les magistrats qui avaient suivi le parti de Maximin ; c'est lui qui fit mourir le césar Valérius ou Valens qu'il avait créé lui-même, et le jeune Caudidien, fils adoptif de Maximien Galère, etc. : et l'on ose charger les *chrétiens* de ces crimes, affirmer qu'ils en sont les auteurs. Par un trait de la même équité, l'on a répété vingt fois que Constantin fit triompher le christianisme par des édits sanglants, par des violences et des cruautés inouïes exercées contre les païens. Il est cependant incontestable que les premiers édits de Constantin accordaient seulement la tolérance aux *chrétiens*, que les suivants établirent des peines contre les crimes des païens, et non contre leur religion, que la plupart de ces édits ne furent pas exécutés. On ne peut pas citer l'exemple d'un seul païen mis à mort pour avoir persévéré dans le paganisme. Voy. *Mém. des Inscript.*, tome XXII in-12, p. 350 ; tome XV in-4°, p. 94.

Enfin, nos adversaires ont trouvé bon d'attribuer aux *chrétiens* les violences et les fureurs que les ariens exercèrent contre les catholiques sous les règnes de Constance, de Julien, de Valens, qui favorisèrent l'arianisme ; comme si cette hérésie n'avait pas été un véritable antichristianisme. De pareilles impostures ne feront jamais honneur à ceux qui y auront recours. — Nos anciens apologistes, saint Justin, Origène, Tertullien, saint Cyrille, ont défié les païens de reprocher aux *chrétiens* un seul acte de sédition ou de révolte, un seul crime avéré ; et cela dans un temps où l'empire, déchiré par des guerres civiles, dévasté par des usurpateurs, désolé par des tyrans, ne présentait qu'un tableau de forfaits. Un troupeau de fanatiques imbéciles, d'ignorants abusés par des imposteurs, d'hommes sans aveu et sans mœurs, a-t-il pu se trouver tout à coup doué de toutes les vertus ? Voilà l'argument auquel nos anciens ennemis n'ont pu répondre, et que les calomniateurs modernes ne détruiront jamais.

Nous convenons que les Juifs et les païens se sont souvent réunis pour accuser les *chrétiens* des plus grands crimes. On publia que dans leurs assemblées ils égorgeaient un enfant, le mangeaient, se souillaient par des impudicités abominables ; le peuple en était persuadé. On les accusait d'être magiciens, parce qu'il se faisait parmi eux des miracles ; on leur attribuait les fléaux de la nature et les désastres de l'empire : nos anciens apologistes furent obligés de répondre sérieusement à tous ces reproches dictés par les fureurs du fanatisme. — Mais Tacite,

Pline, Antonin, Celse, Lucien, Julien, Libanius, n'ont rien trouvé de semblable, et n'en ont rien cru. Pline avait fait mettre à la torture plusieurs *chrétiens* pour savoir la vérité, et il les jugea exempts de crime; ceux mêmes qui avaient apostasié, protestèrent qu'ils n'avaient rien vu que d'innocent dans la religion *chrétienne*.

On prétend que les *chrétiens* excitèrent la haine des magistrats et du gouvernement, parce qu'ils voulaient se rendre indépendants de l'autorité civile, que telle était l'ambition de leurs pasteurs. Cependant il n'est parlé de cette ambition prétendue, ni dans les raisons que donne Tacite de la persécution de Néron, ni dans la lettre de Pline, ni dans la réponse de Trajan, ni dans les édits des empereurs, ni dans les interrogatoires des martyrs, ni dans les plaintes de nos apologistes. Tertullien défiait les magistrats de citer un seul trait d'indépendance, de révolte, de désobéissance de la part des *chrétiens*; ils ne violaient qu'une seule loi, celle qui ordonnait d'adorer les dieux de l'empire.

La plupart de nos adversaires jugent que la morale de l'Evangile, loin de favoriser l'indépendance, est au contraire trop favorable aux princes et aux chefs des nations; elle commande l'obéissance passive, elle tend à rendre les peuples esclaves. Selon eux, c'est un des motifs qui portèrent Constantin à favoriser le christianisme; il jugea que les principes de cette religion étaient les plus convenables à son autorité despotique. Il était donc bien convaincu que les *chrétiens* ne voulaient ni se rendre indépendants de l'autorité civile, ni attribuer à leurs pasteurs une juridiction contraire à celle du souverain. Les mêmes accusateurs ont écrit plus d'une fois que c'est Constantin lui-même qui accorda aux évêques un pouvoir excessif et une partie de l'autorité des magistrats, que c'est lui qui a excité et nourri l'ambition du clergé. Il est donc bien certain qu'avant cette époque les pasteurs de l'Eglise n'avaient pensé ni à se rendre indépendants, ni à s'emparer de l'autorité civile.

C'est ainsi que nos adversaires se réfutent eux-mêmes, et font, sans le vouloir, l'apologie de notre religion. — Si l'on veut savoir quels ont été les *chrétiens* dans les différents siècles, il faut consulter l'ouvrage de M. Fleury, intitulé *Mœurs des chrétiens*; il n'avance rien que sur de bonnes preuves, et il développe avec beaucoup de sagacité les causes qui ont influé sur les mœurs des peuples de l'Europe, depuis qu'ils sont devenus *chrétiens*. Cependant il faut se souvenir que les exemples cités par M. Fleury ne sont pas toujours une règle générale; dans les siècles les plus purs, il n'a pas laissé d'y avoir des *chrétiens* très-vicieux, et dans les âges les plus corrompus, on a toujours vu des exemples de vertu héroïque. Aujourd'hui même, malgré la perversité du grand nombre, il n'est pas rare de trouver des âmes vraiment *chrétiennes*, et dont les mœurs sont dignes des plus beaux siècles de l'Eglise.

On jugerait fort mal du caractère et de la conduite des *chrétiens* en général, si l'on s'en rapportait au tableau qu'en a fait Mosheim dans les différents siècles de son *Histoire ecclésiastique*; il semble n'en avoir parlé que pour faire oublier le changement que le christianisme a opéré dans les mœurs des peuples qui l'ont embrassé, effet qui est l'une des preuves les plus sensibles de la divinité de notre religion, et sur laquelle tous nos apologistes ont insisté. Sous le 1er siècle même, 11e part., c. 3, § 9, il dit qu'on ne doit pas juger de la vie et des mœurs du corps des fidèles par les exemples éminents de sainteté que quelques-uns ont donnés, ou par les préceptes sublimes et les exhortations de certains docteurs pieux, ni s'imaginer que l'on bannissait jusqu'aux apparences du vice et du désordre dans les premières sociétés chrétiennes; que le contraire est prouvé par des témoignages. Mais il n'en a cité aucun. — Le meilleur témoignage que nous ayons de la pureté des mœurs des *chrétiens* du premier siècle est sans doute celui de saint Paul : or, après avoir censuré les vices qui régnaient parmi les païens, l'idolâtrie, la fornication, l'adultère, les péchés contre nature, l'avarice, l'intempérance, les emportements, la rapacité, il dit : *Quelques-uns d'entre vous ont été coupables, mais vous êtes lavés, purifiés, sanctifiés au nom de Jésus-Christ et par l'Esprit de Dieu* (I Cor. VI, 9). La rigueur avec laquelle il menace de traiter un incestueux nous paraît prouver que l'on ne souffrait aucun vice ni aucun désordre dans les premières sociétés *chrétiennes*. Si l'on ajoute à ce témoignage ce que disent saint Clément et saint Ignace dans leurs lettres touchant les mœurs des fidèles, la preuve de leur innocence nous semble complète.

Sous le IIe siècle, il dit qu'à mesure que les bornes de l'Eglise s'étendirent, le nombre des personnes vicieuses et déréglées qui y entrèrent augmenta à proportion; nous pensons que celui des personnes vertueuses s'accrut encore davantage, et à plus forte raison. Quel motif auraient pu avoir des hommes vicieux d'embrasser le christianisme, dans le temps qu'il était persécuté et universellement détesté, et que ses sectateurs étaient continuellement exposés au supplice? Nous avons pour garants de la sainteté des mœurs des *chrétiens* de ce siècle, non-seulement saint Justin, Athénagore, saint Irénée, saint Théophile d'Antioche, qui ont défié les païens de reprocher aucun crime aux fidèles; mais la lettre de Pline à Trajan, le témoignage des apostats qu'il avait interrogés, celui de l'empereur Antonin dans son rescrit aux états de l'Asie, et celui de Lucien dans sa relation de la mort de Pérégrin.

Comme c'est par la discipline pénitentielle que les pasteurs de l'Eglise y entretenaient la pureté des mœurs, Mosheim a jugé qu'il était de son intérêt d'en noircir l'origine.

Selon lui, cette institution fort simple dans les commencements, s'altéra insensiblement par la multitude des cérémonies que l'on y ajouta, et que l'on emprunta, dit-il, de la discipline reçue dans les mystères du paganisme. Mais les règles, les pratiques, les exemples de la pénitence n'étaient-ils pas assez clairement exposés dans les écrits des prophètes et des apôtres, sans qu'il fallût en chercher le modèle chez les païens? Peut-on montrer, par des preuves positives, que l'on pratiquait dans les mystères du paganisme les mêmes choses que dans la pénitence, soit publique, soit particulière, des fidèles du IIᵉ siècle? Mosheim en voulait surtout à la confession : or, elle est prescrite par saint Jacques, chap. v, v. 16, et par saint Jean (*I Joan.* I, 9). C'est ainsi que, par entêtement de secte, les protestants calomnient l'Eglise primitive. Il reste à examiner, dit Mosheim, s'il convenait ou non d'emprunter des ennemis de la vérité les règles de cette discipline salutaire, et de sanctifier en quelque sorte une partie des superstitions païennes. Mais le premier examen à faire est de savoir si les pasteurs de l'Eglise ont véritablement commis cette faute, et c'est ce que l'on ne prouvera jamais. — Le principal crime que Mosheim reproche aux *chrétiens* du IIᵉ siècle, ce sont les *fraudes pieuses* : à cet article, nous verrons ce qu'il en est.

Il n'a rien dit de particulier sur les mœurs de l'Eglise du IIIᵉ siècle; il a senti que les ouvrages de Minutius Félix, de saint Clément d'Alexandrie, de Tertullien, d'Origène, et les exemples de fermeté que donnèrent saint Cyprien et d'autres évêques, déposeraient contre lui. Il a été forcé de convenir que la vigueur de la discipline pénitentielle se conserva pendant toute la durée de ce siècle; mais il a exagéré sans raison le nombre des *lapses* ou de ceux qui succombèrent à la rigueur des persécutions. *Voy.* LAPSES.

Au IVᵉ, il n'a pas ménagé les termes : on y trouve, dit-il, quelques personnes distinguées par leur piété, et d'autres souillées de crimes. Le nombre de *chrétiens* vicieux commença si fort à s'accroître, que les exemples d'une vraie piété, d'une solide vertu, devinrent extrêmement rares; la plupart des évêques montrèrent à leurs troupeaux des exemples contagieux d'orgueil, de luxe, de mollesse, d'animosité et de plusieurs autres vices. La pénitence rigoureuse qu'on infligeait aux pécheurs scandaleux, n'avait pas lieu à l'égard des grands; il n'y avait que les personnes obscures et indigentes qui éprouvassent la sévérité des lois. — Il est cependant incontestable que le IVᵉ siècle a été le plus brillant de tous par la multitude des évêques qui ont honoré l'Eglise par leurs vertus aussi bien que par leurs talents; il suffit de nommer saint Athanase, saint Basile, saint Cyrille de Jérusalem, saint Grégoire de Nazianze, saint Grégoire de Nysse, saint Hilaire de Poitiers, saint Martin, saint Ambroise, etc. Sont-ce ces grands hommes qui ont donné à leurs ouailles des exemples d'orgueil, de luxe, de mollesse, d'animosité et des autres vices? Presque tous avaient été élevés dans les austérités de la vie monastique, et l'admiration de leurs vertus a porté les peuples à leur rendre un culte religieux après leur mort. Mais quand on commence par se faire une fausse idée de la vraie piété et de la solide vertu, il n'est pas étonnant qu'on la méconnaisse dans ceux mêmes qui en ont été les plus parfaits modèles. Ceux dont nous parlons n'ont pas pu souffrir les hérétiques, ils ont tonné et sévi contre eux : voilà, aux yeux d'un protestant, le crime qui efface et détruit toutes les vertus. Saint Ambroise défendit l'entrée de l'église à Théodose lui-même, coupable du massacre de Thessalonique; cela nous paraît prouver que la pénitence n'était pas réservée aux seules personnes obscures et indigentes. Lactance, Eusèbe, Arnobe, déposent de la différence qu'il y avait encore entre les mœurs des *chrétiens* et celles des païens : Julien lui-même, quoique apostat, fut forcé d'en convenir.

La liste des grands évêques du Vᵉ siècle est pour le moins aussi nombreuse qu'au IVᵉ. Nous nous bornons à nommer saint Epiphane, saint Jean Chrysostome, saint Sulpice-Sévère, saint Augustin, saint Paulin, saint Isidore de Damiette, saint Cyrille d'Alexandrie, saint Hilaire d'Arles, saint Léon, et saint Jérôme, simple prêtre. C'est cependant à cette époque que, selon Mosheim, les vices du clergé furent portés à leur comble : calomnie que nous réfuterons au mot CLERGÉ. Le livre de saint Augustin, *de Moribus Ecclesiæ catholicæ*, dépose hautement contre les préventions des hérétiques et des incrédules. — Nous convenons que l'irruption des barbares, qui arriva pendant ce siècle, causa une révolution fâcheuse dans les mœurs; mais elle ne fut sensible que dans les siècles suivants. *Voy.* BARBARES.

Que prouve la censure des vices que les Pères et les moralistes ont faite dans tous les siècles? Que notre religion nous enseigne une morale beaucoup plus sévère que celle des païens, qu'elle nous prescrit des vertus qu'ils ne connaissaient pas, et nous défend des vices dont ils ne faisaient aucun scrupule. La vie d'un honnête païen paraîtrait fort corrompue et fort scandaleuse dans un *chrétien*. *Voy.* MORALE.

On demandera, sans doute, quel motif ont les protestants de noircir les mœurs de l'Eglise dans tous les siècles? C'est l'intérêt de système. Il fallait répondre quelque chose aux catholiques qui ont comparé la conduite des prétendus réformateurs à celle des premiers fondateurs du christianisme, et les mœurs des sectaires avec celles des premiers fidèles. Pour pallier l'opprobre de la *bienheureuse réformation*, nos adversaires ont été forcés de calomnier l'Eglise primitive, tant au la doctrine que sur les mœurs. *Voy.* RÉFORMATION. Peu leur importe de fournir des armes aux ennemis du christianisme, pourvu qu'ils inspirent des préjugés contre l'Eglise catholique. Les écrivains sensés de l'*Histoire ecclésiastique* se sont attachés à y montrer des vertus, persuadés de l'utilité de cette leçon; les hérétiques s'appliquent principalement à y trouver des vices, afin d'autoriser sans doute tous les hommes à les imiter, et d'ôter à notre religion l'une des principales preuves de sa divinité. — Les accusations qu'ils ont formées contre la croyance des premiers *chrétiens*, ne sont pas mieux fondées que celles qu'ils ont hasardées contre leurs mœurs. Mosheim (*Inst. hist. christ.*, c. III, § 17) soutient que du temps même des apôtres, ou immédiatement après, les fidèles étaient imbus de plusieurs erreurs, dont les unes venaient des Juifs, les autres des gentils; il en conclut qu'il ne faut pas penser qu'une opinion tient à la doctrine chrétienne parce qu'elle a régné dans l'Église dès le Ier siècle; qu'ainsi l'argument tiré de la tradition est absolument nul. Il met au rang des erreurs judaïques l'opinion de la fin prochaine du monde, de la venue de l'Antechrist, des guerres et des crimes dont il devait être l'auteur, du règne de Jésus-Christ sur la terre pendant mille ans, du feu qui purifierait les âmes à la fin du monde. Il attribue aux leçons des païens ce que l'on pensait au sujet des esprits ou génies bons ou mauvais, des spectres et des fantômes, de l'état des morts, de l'efficacité du jeûne pour vaincre les mauvais esprits, du nombre des cieux, etc. Il n'y a rien de tout cela, dit-il, dans les écrits des apôtres; c'est ce qui prouve la nécessité de nous en tenir à l'Écriture sainte comme à la seule règle de croyance.

Ainsi, l'intérêt systématique conduit les protestants jusqu'à noircir les disciples des apôtres; les incrédules ne font pas un pas de plus; ils ont attribué ces erreurs aux apôtres mêmes. Bornons-nous à disculper les premiers *chrétiens*, nous justifierons les apôtres ailleurs. 1° Mosheim n'a vu parmi les Juifs, avant le christianisme, aucun vestige des opinions judaïques dont il parle, et nous défions tous les critiques protestants d'en indiquer aucun; Mosheim convient, dans un autre endroit, que l'on n'en raisonne que par conjecture. 2° Il observe lui-même, § 18, que les premiers *chrétiens* eurent plusieurs contestations avec les Juifs et avec les païens entêtés de philosophie; ils n'étaient donc rien moins que disposés à suivre les opinions des uns et des autres. 3° S'il entend que, dans le Ier et le IIe siècle, quelques particuliers ont retenu des opinions judaïques ou païennes qui n'étaient contraires à aucun dogme de la foi chrétienne, nous ne disputerons pas contre lui; mais s'il prétend que ces opinions étaient assez communes et assez répandues pour former une espèce de tradition, c'est une fausseté et une supposition contraire aux promesses de Jésus-Christ. Mosheim convient qu'alors le Saint-Esprit présidait encore à l'Église chrétienne pour opérer des miracles; y était-il moins pour la préserver de l'erreur? 4° S'il y a eu parmi les premiers docteurs *chrétiens* quelques opinions fausses ou douteuses, nous soutenons qu'ils les ont puisées dans une interprétation fausse de l'Écriture sainte, et non dans aucune autre source. Ainsi quelques-uns ont pu croire la fin du monde prochaine, à cause des paroles de Jésus-Christ (*Matth.* XXIV, 34), de celles de saint Paul (*I Thess.* IV, 14), etc. Les incrédules nous objectent encore que Jésus-Christ et les apôtres ont annoncé la fin du monde, afin d'épouvanter leurs auditeurs. L'avènement, le règne, les crimes de l'Antechrist semblent prédits (*II Thess.* II, 2; *I Joan.* II, 18), etc.; plusieurs commentateurs le croient encore. Il en est de même du règne de mille ans (*Apoc.* XX, 6 et suiv.), et du feu purifiant (*I Cor.* III, 13; *II Petri*, III, 7 et 10), etc. Il n'a donc pas été besoin de consulter les Juifs sur tous ces articles. *Voy.* ANTECHRIST, FIN DU MONDE, MILLÉNAIRES.

Quant aux opinions prétendues païennes, il n'est pas plus difficile d'en montrer la source dans nos livres saints; la distinction entre les bons et les mauvais esprits, entre les anges et les démons, y est clairement établie : on y a vu ce qui est dit des apparitions des anges aux patriarches, du soin qu'ils prennent des hommes et des nations, des leçons qu'ils ont données aux prophètes, etc. On y lit encore ce qui regarde le démon dans le livre de Job et dans celui de Tobie, dans l'Évangile et dans les Épîtres des apôtres; n'en était-ce pas assez pour faire raisonner sur la nature des bons et des mauvais esprits? Il est parlé des fantômes ou des spectres (*Matth.* XIV, 26; *Luc.* XXIV, 37). La parabole du mauvais riche, la descente de Jésus-Christ aux enfers, les promesses de la résurrection générale, ont donné lieu à des conjectures sur l'état des morts, etc. L'utilité de l'abstinence, du jeûne, des mortifications, n'est point fondée sur des idées païennes, mais sur les leçons et sur les exemples de Jésus-Christ, de saint Jean-Baptiste, des apôtres et des prophètes. *Voyez* ABSTINENCE, etc. Les anciens docteurs *chrétiens*, qui ont parlé de ces divers points de doctrine, ont cité l'Écriture sainte, et non les traditions des Juifs ou les opinions des philosophes païens. Il est même fait mention du troisième ciel (*II Cor.* XII, 2 et 4); les incrédules n'ont pas oublié de le reprocher à saint Paul.

Nous avons donc ici trois sujets de reproche contre nos adversaires : le premier, de ce qu'ils osent taxer d'erreur des sentiments évidemment fondés sur l'Écriture sainte; le second, de ce qu'ils attribuent aux Juifs et aux païens quelques opinions douteuses, qui viendraient plutôt d'une interprétation fautive du texte des livres saints, que de toute autre cause; le troisième, de ce qu'ils tirent de là une conséquence tout opposée à celle qui s'ensuit naturellement. S'il est arrivé aux premiers *chrétiens* d'entendre mal ce texte sacré, comment pouvaient-ils se détromper en s'y tenant attachés comme à la seule règle de foi? Le seul moyen qu'ils avaient de sortir de l'erreur était évidemment de consulter la croyance commune des Églises apostoliques; c'est aussi ce que l'on a fait pour discerner la vraie doctrine de Jésus-Christ d'avec les opinions douteuses ou fausses. Mais ce n'est pas ici le seul cas dans lequel nos adversaires, en voulant décréditer la tradition, nous en démontrent la nécessité.

CURÉTIENS DE SAINT-JEAN. *Voy.* MANDAYTES.

CHRÉTIENS DE SAINT-THOMAS. *Voy.* NESTORIENS, § 4.

CHRÉTIENTÉ, signifiait autrefois *le clergé;* on appelait *cour de chrétienté,* une juridiction ecclésiastique et le lieu où elle se tenait. Il y a encore des diocèses où les doyens ruraux se nomment *doyens de chrétienté.* Aujourd'hui l'on entend par *chrétienté* la collection générale de tous les hommes qui professent la religion de Jésus-Christ, sans avoir égard aux diverses opinions qui les partagent en différentes sectes. Ainsi, la *chrétienté* n'est pas renfermée dans la seule Eglise catholique, puisqu'il y a hors de cette Eglise des hommes et des sociétés qui portent le nom de *chrétien*, et font profession de croire en Jésus-Christ. — Mais dans les premiers siècles de l'Eglise on n'accordait pas le titre de *chrétien* aux hérétiques. Tertullien, saint Jérôme, saint Athanase, Lactance, deux édits, l'un de Constantin, l'autre de Théodose, le concile général de Sardique, décident que les hérétiques ne sont pas *chrétiens* (Bingham, *Orig. ecclés.*, liv. I, c. 3, § 4, t. I, p. 333). Ainsi, le mot *chrétienté* a aujourd'hui un sens plus général qu'autrefois.

De tout temps les ennemis du christianisme lui ont fait un crime de cette multitude de sectes qui le divisent; ils en prennent occasion de soutenir que cette religion est une pomme de discorde qui semble avoir été jetée parmi les hommes, pour les mettre aux prises et les animer les uns contre les autres. — Mais il ne faut pas attribuer à la religion en général un vice de l'homme qu'elle devrait corriger, ni à une religion particulière, l'inconvénient qui se trouve dans toutes les religions, dans les écoles de philosophie, chez les incrédules comme parmi les croyants. Or, il n'est sur la terre aucune religion qui ait eu le pouvoir de prévenir les disputes et les schismes, aucun système qui ait réuni tous les philosophes, ni aucun système d'incrédulité qui ait pu accorder tous les incrédules. Les uns sont déistes, les autres sont athées; ceux-ci matérialistes, ceux-là sceptiques ou pyrrhoniens; les uns tolérants, les autres intolérants, etc. — Une doctrine révélée, contraire aux préjugés et aux penchants de la nature, destinée à subjuguer l'esprit et à réformer le cœur, ne peut manquer de mettre la division parmi les hommes naturellement curieux, vains, disputeurs, opiniâtres. Chacun, par vanité, se flatte de l'entendre mieux qu'un autre, veut avoir raison, faire adopter ses opinions, gagner des partisans; souvent il y réussit, devient chef de secte, et veut faire bande à part. Cette maladie avait commencé dans les écoles de philosophie; elle fut portée dans le christianisme par des raisonneurs indociles et mal convertis. Ils voulurent allier la doctrine de Jésus-Christ avec leurs opinions philosophiques; au lieu de réformer celles-ci par les lumières de la révélation, ils firent éclore les différentes hérésies qui ont affligé l'Eglise presque dès sa naissance. Jésus-Christ l'avait prédit, les apôtres nous ont prémunis contre ce scandale. Ce n'est pas aux successeurs de ceux qui l'ont fait naître, qu'il convient de nous l'objecter; eux-mêmes les perpétuent et travaillent à rendre le mal incurable. D'où sont venues les hérésies, sinon d'un fond d'incrédulité?

On sait en quoi consiste le christianisme ou la prédication des apôtres; ils ont dit: Jésus-Christ, Fils de Dieu, a enseigné telle doctrine, et nous a ordonné de prêcher telles vérités. Ils ont dit aux pasteurs qu'ils ont établis: Gardez fidèlement la doctrine que nous vous avons confiée, et enseignez-la aux autres (*II Tim.* II, 2). Ici la philosophie, la curiosité, la fureur de dogmatiser, n'ont rien à voir. Ou il faut croire les apôtres et leurs successeurs, ou l'on n'est pas chrétien. Si quelqu'un veut arranger sa foi, créer un système, choisir des opinions à son gré, il ne croit pas à la parole de Dieu, mais à ses propres lumières; il est hérétique et non fidèle. — Pourquoi cette méthode a-t-elle donné lieu à des disputes? Parce que l'on s'est révolté contre elle. L'un dit: Je ne veux croire que ce qui est écrit, et je veux l'entendre comme il me plaira. Et moi, dit un autre, je ne veux croire que ce que je conçois; Dieu lui-même n'a pas droit de me faire croire ce que je ne comprends pas. Moi, dit un troisième, je ne veux rien croire de tout ce que les autres croient, je veux avoir un système à moi. Avec de telles dispositions, est-on chrétien ou incrédule? Il est aussi absurde d'attribuer au christianisme cette opiniâtreté, que d'attribuer à la raison les travers des faux raisonneurs. *Voy.* DISPUTE, HÉRÉSIE.

CHRIST. Ce nom, dérivé du grec χρίειν, *oindre, faire une onction,* signifie dans l'origine une personne consacrée par une onction sainte; c'est le synonyme de l'hébreu *Messie.*

De tout temps les Orientaux ont fait grand usage des parfums, et ils étaient nécessaires lorsque l'usage du linge était inconnu; c'était le seul moyen de prévenir les mauvaises odeurs. Au sortir du bain, l'on ne manquait pas de se frotter le corps d'une huile ou d'une essence parfumée; en répandre sur la tête, sur la barbe, sur les vêtements de quelqu'un, c'était lui faire honneur, le traiter comme une personne de distinction. De là les effusions d'huiles odoriférantes devinrent un symbole de consécration; ainsi furent sacrés les rois, les prêtres, les prophètes. Dans le style des écrivains de l'Ancien Testament, *oindre* une personne pour quelque chose, c'est l'y destiner ou l'y consacrer. — Nous lisons dans le prophète Isaïe, XLV, 1: *Le Seigneur a dit à Cyrus: Mon* CHRIST *ou mon roi, je vous ai pris par la main pour vous soumettre les nations et les rois.... et vous ne m'avez pas connu.* Quelques incrédules ont été étonnés de voir le nom de *christ* donné à un roi infidèle ; ils ne comprenaient pas le sens ordinaire de ce terme. — Dans un sens plus sublime, le nom de *Christ* ou de *Messie* a été donné au Fils de Dieu incarné, parce qu'il a réuni dans sa personne la dignité de roi, de prêtre et de prophète. Les écrivains romains qui en ignoraient la signification, et qui le prenaient pour un nom propre, ont quelquefois écrit *Chrestus* pour *Christus*. « *Christ*, dit Lactance, n'est pas un nom propre, mais un titre qui désigne la puissance et la royauté : c'est ainsi que les Juifs appelaient leurs rois..... Il leur était ordonné de faire et de consacrer un parfum pour oindre ceux qui étaient élevés au sacerdoce ou à la dignité royale. De même que chez les Romains une robe de pourpre est l'ornement et la marque de la souveraineté, ainsi chez les Juifs une onction sainte était le symbole de la royauté. C'est pour cela que nous appelons *Christ* celui qu'ils nommaient *Messie*, c'est-à-dire *oint*, ou *sacré roi*, parce que cet auguste personnage possède, non un royaume temporel, mais un royaume céleste et éternel. » (*Divin. Inst.*, l. IV, c. 7.)

CHRISTIANISME, religion que Jésus-Christ a établie, qui le reconnaît et l'adore comme Fils de Dieu et Rédempteur des hommes. Il y a bientôt dix-huit cents ans qu'elle a commencé, et son établissement a opéré une grande révolution dans la meilleure partie de l'univers. On demande aujourd'hui si cette religion est l'ouvrage de Dieu, ou une invention des hommes, si elle a fait dans le monde plus de bien que de mal ; ce doute ne peut être élevé que par des hommes très-mal instruits, ou déterminés à s'aveugler eux-mêmes.

La première question est de savoir quelles sont ses preuves, ou quels sont les motifs de crédibilité qui doivent engager un homme sensé à s'y attacher ; ceux qui l'attaquent les ignorent ou affectent de les méconnaître ; nous ne pouvons faire que les indiquer sommairement ; pour les développer, il faudrait plusieurs volumes ; mais ils seront traités plus au long, sous chacun des articles auxquels nous serons obligés de renvoyer le lecteur, et qui seront ici marqués en lettres *italiques*. A proprement parler, tous les articles de ce *Dictionnaire* tiennent à celui-ci de près ou de loin.

Nous donnons pour première preuve de la divinité du *christianisme*, la liaison qui se trouve entre les trois époques de la *révélation* (1). Celle que Dieu avait donnée aux premiers hommes dès le commencement du monde était destinée à fonder la société naturelle et domestique ; elle convenait à des familles naissantes, et qui ne pouvaient encore former des peuplades considérables. La seconde, de laquelle Moïse fut l'organe, tendait évidemment à établir entre les descendants d'Abraham une société nationale, à fonder sur la même base la religion et les lois : législation remarquable que Dieu plaça exprès dans le centre de l'univers connu, et qui aurait dû servir de modèle à tous les peuples. La troisième révélation a été donnée par Jésus-Christ, lorsque les nations se sont trouvées suffisamment policées pour former entre elles une société religieuse universelle, et tel a été son dessein, lorsqu'il a ordonné à ses apôtres d'*enseigner toutes les nations*. L'une de ces révélations a servi ainsi de préparation à l'autre, toutes ont été analogues à l'état dans lequel se trouvait le genre humain. Dieu a fait marcher l'ouvrage de la grâce du même pas que celui de la nature. — Voilà ce que les ennemis du *christianisme* n'ont jamais compris ; ils le considèrent comme s'il était tombé des nues, comme s'il n'avait ni titres originaux, ni relation avec personne ; ils ne voient pas que c'est un plan préparé depuis la création du monde. — 2° La seconde preuve sont les *prophéties* qui l'ont annoncé. C'est encore une chaîne qui a commencé par Adam, a continué pendant quarante siècles, et s'est terminée à Jésus-Christ. La clarté de ces prophéties va toujours en augmentant, à mesure que les événements approchent, et leur sens se développe enfin par leur accomplissement. L'une n'a pas pu servir de modèle à l'autre, toutes annoncent des événements que Dieu seul pouvait opérer. Ici les incrédules prennent encore le change ou veulent le donner. Ils ne considèrent les prophéties que séparément ; ils affectent de ne pas voir que c'est l'ensemble qui en fait la plus grande force. — 3° Une preuve encore plus frappante est le caractère auguste de *Jésus-Christ*, la

---

(1) La révolution arrivée dans le monde par le christianisme est le dernier trait d'un plan suivi, constant, uniforme de la Providence. De même que la religion donnée aux patriarches était proportionnée à l'état d'enfance dans lequel était alors le genre humain, celle que Dieu avait prescrite par Moïse était évidemment relative à l'état de séparation et de guerre mutuelle dans lequel les nations déjà formées vivaient entre elles. Le christianisme, au contraire, s'est trouvé exactement analogue à l'état de société et de commerce auquel les peuples étaient parvenus, lorsque Jésus-Christ a paru sur la terre.

Dieu avait instruit les patriarches immédiatement par lui-même ; il s'était fait connaître aux Hébreux et aux nations voisines par des prodiges qui inspiraient la terreur : par le ministère de son Fils unique, il n'a répandu que des bienfaits. L'objet des miracles du Sauveur était d'éclairer les esprits en gagnant les cœurs. Sa doctrine, sa morale, ses promesses toutes spirituelles, auraient fait peu d'impression sur les hommes encore à demi sauvages ; elles pouvaient en faire davantage sur les peuples civilisés et devenus plus dociles par la culture des sciences et des arts.

Pour prouver que notre religion est l'ouvrage du hasard ou de quelques hommes adroits, il faut commencer par démontrer que, depuis la création, la Providence divine n'est intervenue pour rien dans l'établissement et le maintien de la vraie religion. Lorsque la philosophie envisage le christianisme comme un édifice isolé qui ne tient à rien, comme un accès de démence qui a saisi tout à coup une grande partie du genre humain, elle montre que ses vues sont très-bornées, qu'elle ne connaît seulement pas le système qu'elle ose attaquer. (Bergier, *Traité hist. et dogm.*, t. VIII, édit. de 1820.)

sagesse de ses leçons, la sublimité de sa doctrine, la sainteté de sa morale, l'héroïsme de ses vertus, l'éclat de ses miracles. Où est le législateur, le fondateur de religion, qui ait réuni dans sa personne autant de signes d'une mission divine? Lui seul s'est attribué la qualité de *Fils de Dieu*, mais aussi il n'a manqué d'aucun des caractères qui pouvaient convenir à un Dieu fait homme (1). — 4° La prédication des *apôtres* et les circonstances

(1) « L'Evangile, dit Rousseau, ce divin livre, le seul nécessaire à un chrétien, et le plus utile de tous à quiconque ne le serait pas, n'a besoin que d'être médité, pour porter dans l'âme l'amour de son auteur, et la volonté d'accomplir ses préceptes. Jamais la vertu n'a parlé un si doux langage, jamais la plus profonde sagesse ne s'est exprimée avec autant d'énergie et de simplicité. On n'en quitte point la lecture sans se sentir meilleur qu'auparavant.

« Voyez les livres des philosophes avec toute leur pompe : qu'ils sont petits auprès de celui-là ! Se peut-il qu'un livre, à la fois si sublime et si sage, soit l'ouvrage des hommes? Se peut-il que celui dont il fait l'histoire ne soit qu'un homme lui-même? Est-ce là le ton d'un enthousiaste ou d'un ambitieux sectaire? Quelle douceur, quelle pureté dans ses mœurs ! quelle grâce touchante dans ses instructions ! quelle élévation dans ses maximes ! quelle profonde sagesse dans ses discours ! quelle présence d'esprit, quelle finesse et quelle justesse dans ses réponses ! quel empire sur ses passions ! Où est l'homme, où est le sage qui sait agir, souffrir et mourir sans faiblesse et sans ostentation? Quand Platon peint son juste imaginaire, couvert de tout l'opprobre du crime, et digne de tous les prix de la vertu, il peint trait pour trait Jésus-Christ : la ressemblance est si frappante, que tous les Pères l'ont sentie, et qu'il n'est pas possible de s'y tromper.

« Quels préjugés, quel aveuglement ne faut-il point avoir, pour oser comparer le fils de Sophronisque au fils de Marie ! Quelle distance de l'un à l'autre ! Socrate, mourant sans douleur, sans ignominie, soutient aisément jusqu'au bout son personnage ; et si cette facile mort n'eût honoré sa vie, on douterait si Socrate, avec tout son esprit, fut autre chose qu'un sophiste. Il inventa, dit-on, la morale. D'autres avant lui l'avaient mise en pratique ; il ne fit que dire ce qu'ils avaient fait ; il ne fit que mettre en leçons leurs exemples. Aristide avait été juste avant que Socrate eût dit ce que c'était que la justice ; Léonidas était mort pour son pays avant que Socrate eût fait un devoir d'aimer la patrie ; Sparte était sobre avant que Socrate eût loué la sobriété ; avant qu'il eût loué la vertu, la Grèce abondait en hommes vertueux : mais où Jésus avait-il pris chez les siens cette morale élevée et pure, dont lui seul a donné les leçons et l'exemple? Du sein du plus furieux fanatisme, la plus haute sagesse se fit entendre, et la simplicité des plus héroïques vertus honora le plus vil de tous les peuples. La mort de Socrate philosophant tranquillement avec ses amis est la plus douce qu'on puisse désirer ; celle de Jésus expirant dans les tourments, injurié, raillé, maudit de tout un peuple, est la plus horrible qu'on puisse craindre. Socrate, prenant la coupe empoisonnée, bénit celui qui la lui présente et qui pleure ; Jésus, au milieu d'un supplice affreux, prie pour ses bourreaux acharnés. Oui, si la vie et la mort de Socrate sont d'un sage, la vie et la mort de Jésus sont d'un Dieu.

« Dirons-nous que l'histoire de l'Evangile est inventée à plaisir? Ce n'est pas ainsi qu'on invente ; et les faits de Socrate, dont personne ne doute, sont moins attestés que ceux de Jésus-Christ. Au fond, c'est reculer la difficulté sans la détruire. Il serait

dont elle a été accompagnée, leurs qualités personnelles, la certitude de leur témoignage, les obstacles qu'ils avaient à vaincre, la continuité de leurs succès, la mort qu'ils ont subie pour sceller la vérité des faits qu'ils annonçaient, la manière dont le *christianisme* a été attaqué, et la manière dont il a été défendu, les révolutions arrivées dans la suite des siècles, qui semblaient devoir l'anéantir, et qui, dans le fait, ont contribué à sa *propagation*. Nos anciens apologistes, Origène, saint Justin, Tertullien, Lactance, avaient déjà fait valoir cette preuve ; elle est devenue bien plus forte par la succession des temps (1). — 5° Le témoignage rendu par les

plus inconcevable que plusieurs hommes d'accord eussent fabriqué ce livre, qu'il ne l'est qu'un seul en ait fourni le sujet. Jamais des auteurs juifs n'eussent trouvé ni ce ton ni cette morale ; et l'Evangile a des caractères de vérité si frappants, si parfaitement inimitables, que l'inventeur en serait plus étonnant que le héros. » (*Esprit, Maximes de J.-J. Rousseau.*)

(1) « Entre les divers événements qui appartiennent à l'ordre moral, comme dans les phénomènes de l'ordre physique, il existe des rapports d'après lesquels nous pouvons souvent, ou remonter de l'effet à la cause, ou descendre de la cause à l'effet. Si les miracles de l'Evangile sont réels, il est impossible qu'ils n'aient pas eu des suites considérables dans le monde : et réciproquement, si peu d'années après la mort de son fondateur, je vois le christianisme s'établir partout où il est annoncé, je ne puis m'empêcher de regarder ses progrès comme la conséquence naturelle des miracles de l'Evangile.

« Commençons par établir les faits qui doivent servir de base au raisonnement. Reprenons le livre des Actes et les Epîtres du Nouveau Testament, où se trouve l'histoire contemporaine de la naissance du christianisme. Il ne s'était pas encore écoulé deux mois depuis la mort de Jésus, lorsque tout à coup les apôtres se montrent et enseignent publiquement au milieu de Jérusalem. De là leur doctrine se répand dans toute la Judée et dans les provinces circonvoisines. Bientôt après, elle pénètre dans la Grèce, dans l'Italie, et jusque dans l'Espagne. Ils fondent des Eglises à Corinthe, à Philippes, à Thessalonique, à Ephèse, à Antioche, à Rome, dans l'île de Crète, dans le Pont, dans la Cappadoce, la Galatie, la Bithynie, etc. Nous avons la preuve de ces faits dans l'histoire originale du livre des Actes, écrite par un témoin oculaire, et dans les Epîtres que les apôtres adressaient aux fidèles de toutes ces contrées. Avant la fin du premier siècle, l'Apocalypse de saint Jean nous montre des Eglises régulières, gouvernées par des évêques dans les principales villes de l'Asie Mineure. — Vers le milieu du IIe siècle, saint Justin, dans son dialogue avec le juif Tryphon, avance comme un fait généralement connu, qu'il n'est point de nation, soit policée, soit barbare, où l'on n'adresse des prières et des actions de grâces à Dieu créateur, au nom de Jésus crucifié. Quelques années après, saint Irénée, évêque de Lyon, voulant prouver que la foi catholique était la même dans tout l'univers et jusqu'aux extrémités de la terre, nomme les Eglises des Gaules, de la Germanie, de l'Ibérie, de l'Orient, de l'Egypte et de la Libye. Tertullien, qui vivait au commencement du IIIe siècle, entreprend de prouver contre les Juifs, par l'énumération des peuples qui croyaient à l'Evangile, que le royaume de Jésus-Christ était plus étendu que les empires de Nabuchodonosor, d'Alexandre et des Romains. Nous ne sommes que d'hier, dit-il encore dans son *Apologétique*, et nous remplissons vos villes, vos îles

martyrs aux faits sur lesquels le *christianisme* est fondé, et à la sainteté de cette religion qu'ils avaient embrassée avec pleine connaissance de cause : témoignage confirmé

vos forteresses, vos colonies, vos camps, vos tribus, vos décuries, le palais, le sénat, les assemblées. Nous ne vous avons laissé que vos temples. — Saint Athanase, dans une épître synodique, nomme les Eglises d'Espagne, de la Grande-Bretagne, des Gaules, de l'Italie, de la Dalmatie, de la Mysie, de la Macédoine, de la Grèce, de l'Afrique, de la Sardaigne, etc. Enfin tous les conciles qui ont précédé le concile de Nicée sont des monuments irrécusables des vastes conquêtes que la foi chrétienne avait faites avant le règne et la conversion de Constantin.

« L'histoire profane est d'accord sur l'histoire ecclésiastique. Tacite nous apprend que, sous le règne de Néron, trente ans après la mort de Jésus-Christ, il y avait à Rome une grande multitude de chrétiens. Dans le même temps, Sénèque, cité par saint Augustin (*De Civit. Dei*, lib. VI, c. 15), s'indigne des progrès que font dans tout l'univers les coutumes des Juifs : c'est ainsi qu'il désigne les chrétiens sortis de la Judée. Les vainqueurs, dit-il, ont reçu la loi des vaincus. — Avant la fin du Ier siècle, Pline le Jeune, proconsul de Bithynie, écrivait à l'empereur Trajan que les villes et les campagnes de cette province étaient remplies de chrétiens de tout rang, de tout âge et de tout sexe (*a*) ; et l'on ne peut douter qu'il n'en fût de même des autres provinces de l'empire. Lucien nous apprend que, sous le règne de Commode, la province de Pont, sa patrie, était pleine d'épicuriens et de chrétiens. Dion Cassius, au commencement du troisième siècle, avoue que cette superstition, souvent réprimée, était plus forte que les lois et faisait tous les jours de nouveaux progrès. Plutarque, Strabon, Lucain, Juvénal, déplorent le silence des oracles, que l'on ne peut attribuer qu'au discrédit où ils tombaient à mesure que s'étendait le christianisme. Porphyre dit expressément, qu'Esculape et les autres dieux ne font plus sentir leur protection depuis que Jésus est adoré.

« Mais qu'est-il besoin de citer les écrivains des premiers siècles ? C'est un fait notoire que, avant le règne de Constantin, l'Evangile avait pénétré dans toutes les régions du monde connu, et bien au delà des limites de l'empire romain. Loin de le contester, les incrédules s'en prévalent souvent pour calomnier la conversion du premier prince chrétien. Selon eux, la conviction n'y eut aucune part, et Constantin, indifférent au fond sur toutes les religions, ne se déclara en faveur du christianisme que pour se mettre à la tête du parti le plus puissant. Ainsi, de leur aveu, la nouvelle religion avait pris le dessus dans l'empire, non-seulement sans le secours, mais encore malgré tous les efforts de la puissance publique. En effet, depuis sa naissance jusqu'au temps de Constantin, le christianisme n'a presque jamais cessé d'être en butte aux plus violentes persécutions. A Jérusalem, les apôtres sont emprisonnés, battus de verges ou mis à mort. Partout où ils portent leurs pas, les juifs les poursuivent, les accusent devant les tribunaux ou soulèvent le peuple contre eux. Néron allume sur les chrétiens l'incendie de Rome, et les fait expirer dans des supplices affreux. Domitien, Trajan, Sévère, Décius, Valérien, Aurélien, Dioclétien et ses collègues publient des édits sanguinaires contre le christianisme. Les gouverneurs des provinces ajoutent à la cruauté des lois impériales. Dans toute l'étendue de l'empire, une populace superstitieuse et féroce demande à grands cris le sang des chrétiens. Leurs tourments font partie des spectacles et des jeux publics. L'histoire

(*a*) Multi omnis ætatis, omnis ordinis, utriusque sexus etiam vocantur in periculum, et vocabuntur. Neque enim civitates, sed vicos etiam atque agros superstitionis istius contagio pervagata est.

ecclésiastique compte dix persécutions générales ordonnées par des édits ; mais, lors même que les empereurs semblaient accorder quelque répit aux chrétiens, il s'élevait des persécutions locales, autorisées en quelque sorte par les anciennes lois qui défendaient d'introduire de nouvelles religions.....

« C'est donc un fait incontestable que la foi s'est étendue et affermie au milieu des persécutions, et que le sang des martyrs, comme dit Tertullien, est devenu une semence féconde : *Semen est sanguis Christianorum*.

« Puisque la puissance publique n'y a eu aucune part, à quoi donc attribuerons-nous l'établissement et les progrès rapides de l'Evangile ? Chercherons-nous les causes naturelles de ce phénomène singulier, ou dans la nature même de la doctrine chrétienne, ou dans les qualités personnelles de ceux qui l'enseignaient, ou dans les dispositions et les préjugés des peuples à qui elle était annoncée ; ou enfin dans l'ignorance, la crédulité ou les besoins des premiers chrétiens ?

« 1° Considérée en elle-même, et indépendamment de toute preuve extrinsèque, la doctrine chrétienne n'avait rien qui pût lui promettre un pareil succès. Il est vrai que par la sublimité de ses dogmes, et par la pureté de sa morale, le christianisme l'emportait infiniment sur les religions dominantes, mais ces dogmes sublimes n'étaient nullement à la portée du peuple, et les philosophes ne pouvaient qu'être révoltés de ces mystères qui confondaient tout leur savoir et ne s'accordaient avec les principes d'aucune secte. Parce qu'ils n'étaient pas idolâtres, les chrétiens furent longtemps regardés comme des athées. On porta la haine et la prévention jusqu'à les accuser de commettre dans leurs assemblées les crimes les plus abominables. — La morale évangélique était trop sévère pour un siècle où régnait la corruption la plus effrénée. Elle ne devait tout au plus être goûtée que du petit nombre d'hommes raisonnables et vertueux qui ne font secte nulle part. Le gouvernement ne vit pas l'avantage qu'il pouvait en retirer pour les mœurs publiques. Jamais il ne se donna la peine de l'examiner. Les princes, les magistrats, les philosophes ne la connurent pas mieux que le vulgaire. Marc-Aurèle lui-même, stoïcien inconséquent, persécuta le christianisme ; et dans ses *Réflexions morales*, il lui fait un crime de la constance qu'il inspire au milieu des tourments. Tous les préjugés de l'éducation, de l'habitude et de la politique conspiraient contre la nouvelle religion ; et si, aujourd'hui que ces préjugés n'existent plus, ou plutôt qu'ils existent en faveur du christianisme, nous voyons au milieu de nous un si grand nombre d'incrédules, pourquoi supposeriez-vous que les apôtres n'ont eu besoin que de proposer leur doctrine, pour s'attacher une multitude innombrable de prosélytes ? — N'oublions pas une autre considération bien importante, parce qu'elle prouve que l'on ne doit établir aucune parité entre le christianisme et les fausses religions. Toutes les religions, excepté celle de Moïse, qui fait partie du christianisme, sont fondées ou sur des miracles clandestins, ou sur de vieilles traditions également inaccessibles à la critique, également propres à nourrir l'enthousiasme et la crédulité. Mais le christianisme, au moment de son origine, n'était pas l'histoire de ce qui venait de se passer en Judée, sous les yeux de toute la nation ; et l'on voit d'abord que l'examen d'une histoire si publique et si récente donnait moins de prise à l'erreur que les opinions spéculatives ou traditionnelles des fausses religions.

« 2° Par qui la religion chrétienne a-t-elle été annoncée ? Jésus venait d'expirer sur une croix, et il semblait que sa religion dût finir avec lui. Mais il

par les attaques mêmes des philosophes, par les aveux forcés des hérétiques, par la conduite des *apostats*. Nous tirons aujourd'hui presqu'autant d'avantage des écrits de nos

avait ordonné à douze de ses disciples de la prêcher dans la Judée et dans tout l'univers. Comment osait-il compter sur obéissance posthume ? Quel empire espérait-il conserver sur des esprits découragés et désabusés par sa mort ? Et puis, vit-on jamais un chef de parti choisir plus mal ses coopérateurs ? — Ce n'était pas trop pour une pareille entreprise que la réunion de toutes les qualités qui peuvent imposer aux hommes, les éblouir ou les subjuguer. La conquête du monde, la création, d'une monarchie universelle sur les esprits, n'était pas quelque chose de si facile, que l'on dût en abandonner le soin à des hommes vulgaires. Cependant, c'est à douze misérables pêcheurs, sans lumières, sans courage, sans élévation, que Jésus confie l'exécution de ses vastes desseins. Allez, leur dit-il, instruisez toutes les nations, et soumettez-les à ma loi. Quoi ! les Juifs, qui l'ont crucifié ! les Grecs, si fiers de leur philosophie ! les Romains, qui croient devoir à leurs dieux l'empire du monde ! tous ces peuples dont ils ne connaissent ni le pays, ni les mœurs, ni la langue ! Quel étrange commandement ! quelle mission ! quels ministres ! Cependant les apôtres ont obéi, et ils ont vu la doctrine de leur maître établie dans toutes les provinces de l'empire romain.

« 3° Attribuerez-vous le succès des apôtres aux dispositions favorables qu'ils trouvèrent dans les esprits ? Direz-vous que les Juifs et les païens étaient préparés à recevoir la doctrine chrétienne ? — Ce serait une erreur manifeste. Pour ce qui est des Juifs, il est certain que jamais ils ne se montrèrent plus attachés à la religion de Moïse, qu'à l'époque de la prédication des apôtres. On en trouvera la preuve dans tous les livres du Nouveau Testament et dans l'histoire de Josèphe. Il est encore certain que les Juifs regardaient le christianisme comme un culte incompatible avec celui de Moïse. Ce fut le zèle du peuple pour la loi qui fournit aux ennemis de Jésus le prétexte de sa condamnation. Les apôtres eux-mêmes ne furent jamais accusés d'autre crime que de blasphémer contre le temple et de vouloir détruire l'ancienne religion. Les préjugés superstitieux du peuple, la politique des magistrats, l'intérêt des prêtres, l'honneur de la nation, tout s'élevait contre la nouvelle doctrine. — Les Juifs devaient haïr le christianisme ; les païens devaient le mépriser. Une religion née dans un pays décrié parmi toutes les nations éclairées, comme le berceau d'une superstition triste, absurde et odieuse au genre humain (a) : une religion proscrite dans le lieu même de son origine, déshonorée par le supplice de son auteur, annoncée par des hommes dépourvus de tout ce qui peut inspirer la confiance : une religion austère dans ses préceptes, incompréhensible dans ses dogmes, et qui offrait à ses sectateurs un Dieu crucifié pour objet de culte et pour modèle ; le christianisme, en un mot, était peu propre à s'attirer l'attention des Grecs et des Romains. Ces peuples dédaigneux et corrompus n'étaient pas disposés à quitter des superstitions anciennes et domestiques, qui flattaient l'imagination, les sens, les passions, la vanité nationale, pour un culte étranger qui ne respirait que la pauvreté, les humiliations et la fuite des plaisirs......

« 4° L'opinion des premiers fidèles, dit l'incrédule, mérite peu de considération. Le christianisme, dans son origine, n'a trouvé de sectateurs que dans le petit peuple, préparé à la séduction, non-seulement par son ignorance et sa crédulité, mais encore par son infortune et par les espérances, les consolations, les aumônes que lui offrait une religion bienfaisante, amie des pauvres et des malheureux. — Il est vrai que les apôtres comptaient un plus grand nombre de prosélytes dans la classe du peuple, que parmi les riches et les savants. Saint Paul lui-même en fait la remarque dans plusieurs de ses Épîtres, mais, loin de former un préjugé contre le christianisme, la facilité et l'empressement avec lequel ce grand nombre de pauvres et d'ignorants l'ont embrassé, prouverait plutôt que pour y croire il ne fallait que de la simplicité et de la bonne foi. S'il s'agissait d'une doctrine fondée sur le raisonnement ou sur des recherches savantes et difficiles, l'opinion du peuple ne serait d'aucun poids. Mais lorsqu'il est question de faits éclatants et notoires, qui ne demandent que des yeux et des oreilles, l'homme simple et ignorant peut juger aussi bien que le philosophe ; et s'il se montre plus disposé à croire, c'est qu'il ne s'étudie pas à combattre par de vaines subtilités l'impression naturelle que fait sur son esprit le rapport de ses sens. — Cependant il ne faut pas s'imaginer que l'Église chrétienne, dans ses premiers temps, ne fut composée que d'ignorants et de misérables de la lie du peuple. Le contraire est prouvé par les Épîtres mêmes de saint Paul, où nous trouvons des préceptes et des conseils pour toutes les conditions, pour les maîtres comme pour les esclaves, pour les riches comme pour les pauvres, pour ceux qui s'adonnaient à l'étude de la loi, ou de la philosophie, aussi bien que pour ceux qui vivaient du travail de leurs mains. — Parmi les disciples de Jésus, l'histoire évangélique nomme un Nicodème, *prince des Juifs* ; un Joseph d'Arimathie, *noble décurion* ; ou, comme porte le texte grec, *noble sénateur* ; un Zachée, *homme riche et chef des publicains* ; un Jaïre, *prince de la synagogue*, et plusieurs autres d'un rang distingué. Nous lisons dans le livre des Actes, que dès le commencement de la prédication des apôtres un grand nombre de prêtres, *multa turba sacerdotum*, et même plusieurs pharisiens, obéissaient à la foi. Le centenier Corneille, l'eunuque de la reine Candace, le proconsul Paul, Denys l'Aréopagite, étaient des personnages considérables. A Thessalonique, les premiers qui embrassèrent la foi tenaient un rang distingué dans la ville, et ils ne se rendirent qu'après avoir comparé l'enseignement des apôtres avec la doctrine des Écritures (a). Parmi les Éphésiens qui crurent à la prédication de saint Paul, il y avait des hommes lettrés, puisque plusieurs apportèrent des livres impies ou superstitieux, et en brûlèrent pour une somme considérable. — Le consul Flavius Clément et Domitilla, son épouse, tous deux parents de Domitien, périrent dans la persécution allumée par cet empereur. Pline atteste qu'il y avait en Bithynie des chrétiens de tout rang et de toute condition, *omnis ordinis*. Tertullien avertit Scapula, proconsul d'Afrique, que parmi les chrétiens qu'il veut immoler, il trouvera des sénateurs, des femmes de la plus haute naissance, les parents de ses amis. Dans un de ses rescrits, l'empereur Valérien reconnaît que des sénateurs et des femmes du premier rang ont embrassé le christianisme. — Les monuments qui nous restent des deux premiers siècles de l'Église, les lettres de saint Clément de Rome, de saint Ignace, de saint Polycarpe ; les écrits d'Hermas, de saint Justin, d'Athénagore, sans parler de Quadratus, d'Aristide, de Melliton et d'une infinité d'autres dont les ouvrages ont péri, font assez voir que le christianisme, dans son origine, n'était pas réduit à une multitude ignorante et imbécile. — Dans le IIIᵉ siècle, lorsque la preuve des faits évangéliques conservait encore tout son éclat, et que les monuments originaux étaient entre

---

(a) Cætera instituta sinistra, fœda pravitate, valuere..... Judæorum mos absurdus sordidusque. (*Tacit.*)

(a) Hi autem erant nobiliores eorum qui sunt Thessalonicæ, qui susceperunt verbum cum omni aviditate, quotidie scrutantes Scripturas, si hæc ita se haberent (*Act.* xvii)

ennemis que des ouvrages de nos apologistes. [*Voy.* l'art. MARTYRS, où cette preuve se trouve développée.] — 6° Si nous examinons le *christianisme* en lui-même, qu'y voyons-nous ? Des dogmes sublimes, une morale sainte, un culte majestueux et pur, une discipline sévère. Toutes ces parties se soutiennent et se servent mutuellement d'appui ; sans nos *mystères*, la *morale* ne serait fondée sur rien ; l'un et l'autre seraient méconnus, si les pratiques du *culte* n'en rappelaient continuellement le souvenir : le culte à son tour serait bientôt altéré, si la *discipline* ne veillait à sa conservation. [*Voy.* LOI ÉVANGÉLIQUE, MORALE.] — 7° Tout cet ensemble porte sur l'enseignement vivant et public de l'*Eglise* ; il est de même pour les savants et pour les ignorants ; tous y trouvent sans effort l'unité, l'universalité, l'immutabilité de la foi. Vingt sectes qui s'en sont écartées n'ont fait que rendre cet enseignement plus ferme et plus éclatant ; elles servent aujourd'hui de témoins de ce qui était cru et enseigné à l'époque de leur séparation. [*Voy.* ÉGLISE.] 8° Quels effets cette religion divine n'a-t-elle pas produits dans tous les *climats* ? Elle a opéré sur les mœurs et sur la civilisation des peuples la même révolution en Europe et en Asie, en Afrique et dans les pays du Nord ; aucune nation ne l'a embrassée qui ne soit sortie bientôt de la barbarie, et aucune ne l'a quittée sans y tomber. Après dix-sept cents ans, la différence est toujours la même entre les nations chrétiennes et celles qui ne le sont pas.— 9° Lorsque nous comparons le *christianisme* avec les autres religions, soit anciennes, soit modernes, avec la croyance des Chinois, des Indiens, des Parsis, des Egyptiens, des Grecs, des mahométans, il n'est pas fort difficile de distinguer celle qui vient de Dieu d'avec celles qui ont été forgées par les hommes : toutes ces dernières se sentent du terroir sur lequel elles sont nées ; la nôtre n'a pas plus de relation avec une partie du monde qu'avec l'autre. — 10° Enfin, une preuve non moins frappante que les précédentes de la vérité du *christianisme*, est la chaîne des *erreurs* qu'il faut parcourir, dès que l'on s'écarte une fois du chemin qu'il nous trace et des vérités qu'il nous enseigne. Ceux qui refusent de subir le joug de la foi passent rapidement de l'hérésie au socinianisme et au déisme, de celui-ci à l'athéisme et au matérialisme, pour aboutir enfin au pyrrhonisme absolu. Cette progression est inévitable à tout homme qui se pique de raisonner conséquemment.

On peut, sans doute, ajouter d'autres preuves à celles-là ; plus on étudie la religion, plus on en découvre de nouvelles. Puisqu'il y a un Dieu, il n'a pas pu permettre qu'une religion fausse portât un si grand nombre de signes de vérité ; il aurait tendu aux esprits droits et aux cœurs vertueux un piège inévitable d'erreur.

Parmi le grand nombre d'incrédules qui ont avancé que les preuves du *christianisme* ne sont pas solides, il ne s'en est pas encore trouvé un seul qui ait osé entreprendre de les détruire l'une après l'autre, ou de nous donner un système mieux raisonné. Nous n'en connaissons aucun qui se soit attaché à montrer qu'il y a dans le monde quelque religion fausse qui peut alléguer en sa faveur les mêmes motifs de crédibilité que le *christianisme*. A la vérité, il n'est aucune de ces preuves contre laquelle on n'ait fait quelques objections ; mais elles démontrent moins la sagacité de nos adversaires que leur prévention et leur opiniâtreté. Elles servent plutôt à fortifier nos raisonnements qu'à les affaiblir.

On demande pourquoi Dieu a donné trois révélations, pendant qu'il pouvait produire le même effet par une seule ; pourquoi, dès le commencement du monde, il n'a pas opéré ce qu'il voulait faire quatre mille ans après ? — C'est comme si l'on demandait pourquoi un père ne donne pas à son enfant, au sortir du berceau, les mêmes leçons qu'il lui réserve pour l'âge de quinze ans ; pourquoi Dieu ne fait pas naître les hommes dans un âge mûr, au lieu de les faire naître dans l'enfance ? Pourquoi Dieu n'a-t-il pas créé le monde quatre mille, vingt mille ou cent mille ans plus tôt ; pourquoi n'a-t-il pas donné l'être à cent millions d'hommes de plus ; pourquoi ne les a-t-il pas rendus aussi parfaits que les anges ? etc. Toutes ces

les mains de tout le monde, les hommes les plus savants, les plus beaux génies, un Tertullien, un Origène, un Hammonius d'Alexandrie, Jules-Africain, saint Cyprien, Lactance, Eusèbe de Césarée, consacrent leurs veilles à l'étude et à la défense du christianisme. Depuis sa naissance jusqu'à nos jours, la religion de l'Évangile, dédaignée par le bel-esprit, le demi-savoir et le libertinage, a constamment obtenu l'hommage de tout ce qu'il y a eu de plus célèbre par le génie, les lumières et les vertus. » (Duvoisin, tom. XIII des *Démonstrations évangéliques*, édit. Migne.)

C'est d'après ces hautes considérations que saint Augustin s'écriait : « Ici se présentent trois choses incroyables : il est incroyable que le Christ soit ressuscité ; il est incroyable que le monde ait pu le croire ; il est incroyable que ce soit un petit nombre d'hommes ignorants et de la lie du peuple qui aient persuadé le fait, même aux savants. De ces trois choses incroyables, ceux qui disputent contre nous refusent de croire la première ; ils voient la seconde de leurs yeux, et ils ne peuvent dire comment elle s'est faite, à moins d'admettre la troisième.—La résurrection du Christ est publiée, crue dans le monde entier. Si elle n'est pas croyable, pourquoi tout l'univers la croit-il ? Si un grand nombre de savants et d'hommes distingués s'étaient donnés pour témoins de ce prodige, il serait moins étonnant que le monde les en eût crus, et je ne vois pas pourquoi l'on refuserait aujourd'hui de les croire. Mais si, comme il est vrai, le monde a cru sur le témoignage d'un petit nombre d'hommes obscurs et ignorants, comment se trouve-t-il encore des entêtés qui ne veulent pas croire ce qu'a cru le monde entier ? Celui qui, pour croire, demande de nouveaux prodiges, est lui-même un prodige monstrueux, puisqu'il résiste seul à la foi de l'univers.... Si l'on ne veut pas croire que les apôtres eux-mêmes aient opéré des miracles en preuve de la résurrection du Christ, ce sera pour nous un assez grand miracle que toute la terre ait cru sans miracle (*De Civit. Dei*, lib. XXII, cap. 5). »

questions sont absurdes, parce qu'elles vont à l'infini.

Dieu, aux yeux duquel toute la durée des siècles n'est qu'un point de l'éternité, devait-il se presser d'accomplir ses desseins? Qu'importe qu'il ait accordé aux premiers hommes moins de lumières, moins de grâces, moins de moyens de salut qu'à nous, dès qu'il n'a jamais demandé compte à personne que de la mesure des secours qu'il lui avait donnés? L'égalité de bienfaits naturels ou surnaturels pour tous les temps, répugne autant à la sagesse divine que l'égalité pour tous les lieux, pour tous les peuples, pour tous les individus. *Voy.* INÉGALITÉ. Les incrédules ont dit que pour tirer une preuve des prophéties, il faut les entendre dans un sens mystique, allégorique, figuré, très-différent du sens que le prophète avait en vue, et qui n'est qu'un rêve de l'imagination des commentateurs juifs ou chrétiens. — Nous soutenons le contraire, et à chaque prophétie que nous citons en preuve, nous faisons voir que tel est le sens direct, littéral et naturel; on peut laisser de côté les prophéties typiques et allégoriques, sans que le *christianisme* y perde rien, et sans que l'on puisse blâmer les apôtres ni les Pères de l'Église, qui ont eu de bonnes raisons d'alléguer aux Juifs les prophéties typiques dans le sens qu'y donnaient les docteurs juifs. *Voy.* ALLÉGORIE, FIGURISME, TYPE, etc.

Pour attaquer le caractère personnel de Jésus-Christ, il a fallu pousser la malignité plus loin que les Juifs, travestir ses discours et ses actions, empoisonner ses intentions et ses motifs, altérer la narration des évangélistes, falsifier les passages, etc.; procédé malhonnête et odieux qui déshonore les incrédules, et suffit pour faire détester leurs opinions. — Ils ont dit avec un ton de mépris que Jésus n'était qu'un vil artisan de Judée, qui n'a pas pu trouver croyance parmi ses compatriotes, qui a été mis à mort comme un séditieux et un malfaiteur, et dont quelques fanatiques se sont avisés de faire un Dieu après sa mort.

Nous voudrions savoir d'abord pourquoi Dieu devait plutôt se servir d'un Chaldéen, d'un Grec, d'un Romain ou d'un Gaulois, que d'un Juif, pour instruire, sauver et sanctifier les hommes. C'est aux Juifs qu'il avait été prédit que le Messie serait fils de David et d'Abraham, et il est prouvé par sa généalogie que Jésus descendait véritablement de ces patriarches; y avait-il un sang plus noble dans l'univers? Il est faux que Jésus n'ait pas trouvé croyance parmi les Juifs; puisque c'est dans la Judée même que le *christianisme* a commencé de s'établir. Jésus a été condamné à mort, non pour avoir commis aucun crime, mais parce qu'il s'est attribué la qualité de Messie et de Fils de Dieu; la question est de savoir s'il ne l'a prouvée ni par sa doctrine, ni par ses vertus, ni par ses miracles. Dans le cas où le projet formé par ses disciples de le faire reconnaître pour Dieu après sa mort, serait le plus insensé qui eût jamais pu entrer dans les têtes humaines, et il leur eût été impossible d'y réussir. Si Jésus-Christ a prouvé sa mission et sa divinité, le succès ne doit plus nous étonner; mais nous prions les incrédules d'expliquer comment cela aurait pu se faire autrement. — Nous leur demandons encore lequel de ces deux mystères est le plus aisé à concevoir; Dieu, pour instruire, pour racheter et sanctifier les hommes, a daigné se revêtir de l'humanité, paraître sous l'extérieur d'un artisan de la Judée, se laisser crucifier, et ressusciter ensuite; ou Dieu a permis qu'un vil artisan de la Judée réunît dans sa personne tous les caractères capables de le faire reconnaître pour le Messie promis aux Juifs, et pour le Fils de Dieu; qu'il soit parvenu à se faire adorer comme tel par une grande partie du genre humain, et que cette illusion dure depuis dix-huit siècles.

Les ennemis du *christianisme* n'ont pas été plus équitables à l'égard des apôtres: ils leur ont prêté un caractère indéfinissable et des qualités contradictoires, une ignorance stupide et des ruses impénétrables, une grossièreté sans égale et une prudence consommée, un intérêt sordide et un courage héroïque, un fanatisme révoltant et un zèle ardent pour la gloire de Jésus-Christ, une scélératesse décidée et le désir de sanctifier le monde, une aveugle ambition et la soif du martyre. Des raisonneurs réduits à cet excès d'absurdité devraient parler sur un ton plus modeste. — Comment n'ont-ils pas vu que plus ils exagèrent les vices de l'esprit et du cœur des apôtres, plus ils augmentent le merveilleux de leurs succès? Des ignorants grossiers n'auraient pas enseigné une doctrine aussi sublime, ne nous auraient pas laissé des écrits aussi sages, n'auraient pas attiré dans leur école des savants et des philosophes. Des hommes foncièrement vicieux n'auraient pas prêché une morale aussi parfaite, et n'en auraient pas donné l'exemple les premiers. S'ils avaient été ambitieux ou intéressés, chacun d'eux aurait travaillé pour soi, n'eût point voulu s'entendre avec les autres, aurait fait bande à part, comme ont fait les fondateurs de la prétendue réforme. S'ils n'avaient travaillé que pour ce monde, ils auraient fui tant qu'ils auraient pu les persécutions et la mort, comme ont fait encore les prédicants du XVIe siècle et les docteurs de l'incrédulité. Enfin, si c'eût été une troupe de fanatiques, ils auraient enfanté un chaos d'opinions discordantes, tel que le protestantisme a été dès son origine et sera toujours, et comme il est arrivé à toutes les autres hérésies qui ont subsisté longtemps.

Même embarras pour nos adversaires, lorsqu'il a fallu expliquer les causes de la propagation de l'Évangile et de la conversion du monde. Aux yeux d'un homme sensé, ces causes sont évidentes: 1° la force persuasive que Jésus-Christ avait promis de donner à ses apôtres (*Luc.* XXI, 15); 2° la sainteté de leur doctrine, la sublimité de leur morale; 3° les miracles qu'ils ont opérés, et le pouvoir qu'ils ont eu de communiquer

DICT. DE THÉOL. DOGMATIQUE. I. 28

aux fidèles les dons miraculeux; 4° l'esprit prophétique, et la connaissance des plus secrètes pensées des hommes; 5° leur charité héroïque, leur courage, leur désintéressement, leur patience; 6° les mêmes vertus qu'ils ont fait régner parmi les premiers chrétiens.

Mais les incrédules se sont creusé l'esprit pour trouver des causes naturelles de cette révolution, et en faire disparaître le merveilleux; nous ne pouvons nous dispenser de les discuter, du moins sommairement. Ils ont dit, 1° Que l'on était dégoûté des fables, des superstitions, des désordres du paganisme; que l'inconstance et le goût de la nouveauté engagèrent plusieurs personnes à embrasser l'Evangile. Mais les édits des empereurs, renouvelés pendant plus de deux cent cinquante ans, pour maintenir l'idolâtrie; l'apologie du paganisme, faite par plusieurs philosophes pendant le même intervalle, et leurs écrits sanglants contre notre religion; les cris tumultueux des païens dans l'amphithéâtre, pour demander le sang des chrétiens; les supplices de ceux-ci, continués depuis Néron jusqu'à Constantin, sont-ils des preuves du dégoût que l'on avait du paganisme, ou d'un grand empressement de changer de religion? Le fanatisme le plus opiniâtre pouvait-il faire quelque chose de plus? — On n'a qu'à lire, dans Minutius Félix, l'apologie qu'un païen fait du polythéisme et de l'idolâtrie, on verra si le monde en était dégoûté. *Voy.* PAGANISME, § 10. — Ils ont dit, 2° qu'au milieu des malheurs dont l'empire était accablé, les peuples avaient besoin d'une religion qui leur apprît à souffrir. Ils en avaient besoin, sans doute; mais, s'ils le sentaient, comment ont-ils résisté si longtemps? On attribuait ces malheurs au *christianisme* et à la colère des dieux irrités contre les chrétiens; après quatre cents ans, saint Augustin fut encore obligé d'écrire contre ce préjugé. D'ailleurs, souffrir par les motifs surnaturels que fournit le *christianisme*, ce n'est plus un procédé naturel. Voici du moins un hommage que nos adversaires sont forcés de rendre à notre religion : elle consola les peuples dans l'excès de leurs malheurs; elle leur apprit à souffrir avec courage; et s'il faut croire une Providence, il faut avouer aussi qu'elle ne pouvait envoyer cette consolation plus à propos. Bientôt les barbares vinrent mettre le comble aux malheurs que l'empire romain avait essuyés de la part de ses maîtres. Nous avons donc lieu d'espérer que quand les incrédules auront quelque chose à souffrir, ils redeviendront chrétiens. — 3° Ils prétendent que la persécution déclarée contre les chrétiens les rendit intéressants, que la pitié naturelle leur attira des partisans, que l'on fut touché de leur constance. Il faudrait commencer par prouver que la constance des martyrs, au milieu des plus cruels supplices, était naturelle. Des peuples accoutumés à voir couler sur l'arène le sang des gladiateurs, à repaître leurs yeux du spectacle d'un homme qui mourait de bonne grâce,

à exciter par leurs cris la cruauté des bourreaux, n'étaient certainement pas fort portés à la pitié. Ils demandaient à grands cris le supplice des chrétiens, non pour en avoir pitié, mais pour satisfaire leur propre barbarie. Souvent des magistrats, peu portés d'ailleurs à sévir contre les chrétiens, y ont été forcés pour satisfaire une populace effrénée. Nous convenons que, selon le mot de Tertullien, le sang des martyrs était une semence de chrétiens; mais il est absurde de penser que ce phénomène était naturel. A-t-on vu que la persécution exercée par Alexandre contre les mages, par les Romains contre les druides, par plusieurs empereurs contre les juifs, par quelques souverains contre les mahométans, ait multiplié les partisans de ces religions? — 4° L'on était entêté de prodiges et de miracles, disent nos profonds raisonneurs, et les prédicateurs du *christianisme* faisaient profession d'en opérer. Nous soutenons qu'ils en opéraient en effet : les Juifs, Celse et d'autres païens en sont convenus; mais ils attribuaient ces miracles à la magie. Ce n'est point là une cause naturelle, et ce n'est point par hasard que les vrais miracles des chrétiens ont fait tomber les faux prodiges des païens. Si les missionnaires avaient encore aujourd'hui le don des miracles, comme les apôtres et les premiers chrétiens, ils auraient les mêmes succès. — 5° Nos adversaires conviennent que le zèle ardent et infatigable de ces premiers prédicateurs ne pouvait manquer de faire enfin un grand nombre de prosélytes. Rendons-leur grâce de cet aveu. Mais un zèle aussi pur, aussi désintéressé, aussi infatigable que celui des apôtres et de leurs disciples n'est pas puisé dans la nature; il ne pouvait venir d'aucune passion humaine, d'aucun motif humain. Vainement on chercherait, parmi les fondateurs des religions fausses un zèle tel que celui des apôtres, et accompagné des mêmes vertus. — 6° L'on dit qu'ils persuadèrent les esprits par le dogme intéressant de la vie à venir; qu'ils touchèrent les cœurs par une morale sublime, par leur douceur, par leur charité; que cette même vertu, pratiquée par les premiers fidèles, fut un attrait, surtout pour les pauvres et les malheureux. Nouvel hommage rendu par les incrédules à la sainteté du *christianisme*. Mais cette sainteté aurait-elle pu se trouver et persévérer constamment chez des hommes coupables des impostures, des fourberies et des autres vices dont on a osé accuser les apôtres? Pendant que le dogme de la vie à venir était ébranlé par les fables du paganisme, par les disputes des philosophes, par les erreurs des sadducéens; pendant que la morale des uns et des autres était aussi corrompue que le sont les mœurs publiques, douze pêcheurs de la Judée étonnent l'univers par la sublimité de leurs leçons et par la sainteté de leurs exemples. Si ce n'est pas là un prodige de la grâce, où faut-il le chercher?

Au commencement du 11e siècle, Celse regardait comme une folie le projet de donner la même croyance et les mêmes lois aux peuples des trois parties du monde connu pour lors ; cependant cette entreprise ne tarda pas longtemps d'être exécutée ; et aujourd'hui on prétend prouver que cela s'est fait naturellement, et qu'il n'y a rien là de merveilleux.

Plusieurs de nos adversaires ont soutenu que le *christianisme* était redevable de ses progrès à la protection que lui accordèrent les empereurs, aux lois qu'ils portèrent en sa faveur, à la violence même dont ils usèrent envers les païens pour leur faire changer de religion. Nous prouverons le contraire au mot EMPEREUR. — Il ne faut pas oublier que pour se faire chrétien il fallait qu'un juif ou un païen commençât par croire les miracles de Jésus-Christ, surtout sa résurrection et son ascension dans le ciel : ces deux faits sont deux articles du symbole de la foi chrétienne. Or, il était aisé, surtout aux juifs, de se convaincre de la vérité ou de la fausseté des miracles de Jésus-Christ, publiés par les apôtres. Si ces faits n'étaient pas vrais et invinciblement prouvés, aucune des causes de conversion dont nous avons parlé ne pouvait engager un prosélyte à les croire. C'est ici un caractère tellement propre au *christianisme*, qu'il ne se trouve dans aucune religion fausse. On pouvait être païen sans croire aux fables du paganisme ; sectateur de Zoroastre, sans s'informer s'il avait fait des miracles ; musulman, sans ajouter foi aux prétendus prodiges de Mahomet, etc. Nos adversaires ne daignent pas remarquer cette différence. — Ils ferment les yeux sur les obstacles qui s'opposaient à la propagation de l'Evangile. Il fallait engager les juifs et les païens, qui se détestaient et se méprisaient mutuellement, à fraterniser et à former une seule Eglise, accoutumer les maîtres à regarder leurs esclaves à peu près comme des égaux, apprendre aux princes à respecter les droits de l'humanité. Il fallait faire réformer toutes les lois et les coutumes qui blessaient ces droits sacrés ; changer les idées, les mœurs, les habitudes, les prétentions de tous les états ; refondre, pour ainsi dire, le caractère de tous les peuples. Que les Egyptiens et les Arabes, les Syriens et les Perses, les Scythes et les Grecs, les habitants de l'Italie et des Gaules, de l'Espagne et de l'Afrique aient été tous païens, cela se conçoit : tous avaient leurs dieux propres, leurs fables et leurs fêtes particulières, des usages et des pratiques analogues à leurs mœurs. Le *christianisme* ne laissait plus de liberté pour la croyance, plus de variété dans la morale, plus de différence dans le culte extérieur : il proposait à tous un seul Dieu, une même foi, un baptême unique, une seule Eglise. Quand on veut persuader que cette révolution s'est faite naturellement et sans miracle, on fait profession de ne pas connaître la nature humaine.

Lorsque nous représentons aux incrédules la multitude des hommes instruits, éclairés, savants, qui ont embrassé le *christianisme* et qui ont écrit pour le défendre, ils disent que ce préjugé ne prouve rien ; que le paganisme, tout absurde qu'il était, a été suivi et professé par les plus grands hommes. — Mais l'ont-ils professé par conviction, par persuasion, ou seulement par habitude ? Ils reconnaissent eux-mêmes que cette religion n'est fondée sur aucune preuve ; ils disent néanmoins qu'il faut la suivre, parce qu'elle a été transmise par les ancêtres, parce qu'elle est autorisée par les lois, parce qu'il y aurait de la témérité à vouloir en forger une autre. Ainsi ont parlé Platon, Varron, Cicéron, Sénèque, Minutius Félix, etc. : leur sentiment est donc plutôt contraire que favorable au paganisme. Ce n'est point ainsi que les docteurs chrétiens ont envisagé notre religion : ils l'ont embrassée parce qu'ils l'ont jugée vraie, et ils en ont prouvé la vérité avec tant de force, qu'ils ont converti, à leur tour, des savants et des philosophes : leur témoignage est donc une preuve solide, et non un simple préjugé.

Ceux d'entre les incrédules qui ont fait semblant d'examiner les dogmes, la morale, le culte, la discipline du *christianisme*, n'ont pas montré beaucoup de bonne foi : ils ont altéré notre symbole et nos catéchismes, travesti les décrets des conciles, pris de travers les maximes de l'Evangile, comparé notre culte à celui des païens, déguisé l'objet, les motifs, les effets de toutes les lois ecclésiastiques. Nous traiterons de chacun de ces articles en particulier. Mais nos adversaires n'en ont jamais considéré l'ensemble et la liaison ; ce caractère de vérité ne se trouve point dans les religions fausses. Nous ferons voir qu'il n'est aucun de nos dogmes qui ne tienne essentiellement à tous les autres, qui n'entraîne des conséquences morales, qui ne fonde les pratiques du culte, et auquel la discipline n'ait quelque rapport : preuve évidente d'une sagesse plus qu'humaine a construit tout cet édifice. Aucune des sectes qui ont donné quelque atteinte à l'une de ces parties n'a pu conserver les autres dans leur entier. — De quoi a servi aux incrédules de répéter, contre l'enseignement de l'Eglise, dont les pasteurs sont l'organe, les sophismes et les clameurs des protestants ? Les uns ni les autres n'ont pas seulement saisi le véritable état de la question. L'*infaillibilité* que nous attribuons à l'Eglise est fondée sur le secours surnaturel que Jésus-Christ lui a promis, et qui est ajouté à la certitude morale du témoignage de cette même Eglise, certitude poussée au plus haut degré ; nous le ferons voir au mot INFAILLIBILITÉ. Quand Jésus-Christ n'aurait pas formellement promis à son Eglise une assistance perpétuelle, nous serions encore forcés de la reconnaître au milieu des révolutions terribles qui sont arrivées dans le monde depuis dix-huit cents ans. Persécutions cruelles, hérésies de toute espèce, irruption des barbares, mélange des peuples, changement dans le langage, dans les mœurs, dans les lois, dans les usages, destruction de la plupart des monuments des sciences et des arts, tout semblait conspirer à la ruine entière du *christianisme*; aucune autre religion n'a essuyé de pareils orages ;

non-seulement la nôtre subsiste, mais c'est elle qui a tout réparé et tout conservé. Que les autres se maintiennent par l'ignorance et par la corruption des mœurs, ce n'est pas un prodige; le *christianisme* cherche la lumière, il ne cesse de la répandre, et c'est par là qu'il se soutient.

Pour déprimer l'enseignement de l'Église, pour rendre sa tradition suspecte, les protestants ont vomi des torrents de bile contre le clergé; ils ont représenté les pasteurs de tous les siècles comme un corps de prévaricateurs, appliqués non à conserver ce que Jésus-Christ avait établi, mais à le dénaturer; les incrédules, copistes serviles, n'ont fait qu'enchérir sur leurs invectives : on n'a pas seulement fait grâce aux successeurs immédiats des apôtres. Qu'en résulte-t-il? Que nos divers adversaires sont conduits par la passion, par l'intérêt de pallier leur turpitude, et non par l'amour de la vérité. Mais ils ont beau faire : il suffit de considérer seulement l'*analyse de la foi*, pour sentir que la *catholicité* de l'enseignement est la seule base sur laquelle un simple fidèle puisse fonder raisonnablement sa croyance, et que le *catholicisme* est le seul système dans lequel on raisonne conséquemment. Il faut bien que ce système soit solide, puisqu'il se soutient depuis dix-sept siècles contre les attaques redoublées de ses divers ennemis.

Il y a une réflexion capable de convaincre un esprit droit : c'est la considération des effets civils et politiques que le *christianisme* a produits chez toutes les nations qui l'ont embrassé. Montesquieu les a reconnus; il dit que nous devons au *christianisme* non-seulement la décence et la douceur des mœurs, mais dans le gouvernement un certain droit politique, et dans la guerre un certain droit des gens que la nature humaine ne saurait assez reconnaître. Il soutient que les principes du *christianisme*, bien gravés dans le cœur, seraient infiniment plus forts pour nous faire remplir nos devoirs de citoyen que le faux honneur des monarchies, les vertus humaines des républiques, et la crainte servile des États despotiques. Chose admirable! dit il, la religion chrétienne, qui semble n'avoir d'objet que la félicité de l'autre vie, fait encore notre bonheur dans celle-ci (*Esprit des lois*, l. XXIV, c. 3 et 6).

Mais il était réservé aux profonds politiques de notre siècle de démontrer la fausseté de cet éloge, d'apprendre à l'univers que le *christianisme* a produit beaucoup plus de mal que de bien. Ils ont poussé la démence jusqu'à écrire que cette religion a énervé les esprits, qu'elle a plutôt perverti que réformé les mœurs; elle tyrannise la pensée, elle inspire un zèle fanatique et cruel; c'est la plus sanguinaire de toutes les religions : elle seule a causé plus de meurtres que toutes les autres religions ensemble; elle n'a produit que des martyrs insensés, des anachorètes atrabilaires, des pénitents frénétiques, des rois despotes et persécuteurs qui sont honorés comme des saints. Loin de diminuer les malheurs des peuples, elle n'a fait qu'aggraver leur joug : il y a lieu aujourd'hui de regretter le paganisme. Ainsi avaient déclamé les déistes. Les athées, survenus ensuite, ont fait un pas de plus : ils ont conclu de ces réflexions sublimes que la seule notion d'un Dieu a causé tous ces maux, que le seul moyen de les réparer serait d'étouffer pour jamais cette notion fatale, et d'établir l'athéisme d'un bout de l'univers à l'autre.

Avant d'entrer dans aucun détail, nous disons à ces graves raisonneurs : Montrez-nous sous le ciel une nation chez laquelle il y ait plus de lumières, des mœurs plus pures, une législation plus sage, un gouvernement plus modéré, une société plus douce et plus décente, un bonheur public plus sensible que chez les nations chrétiennes? faites-nous-en connaître une qui, après avoir joui de ces avantages sous le *christianisme*, les ait conservés en embrassant une autre religion; nous conviendrons alors que la nôtre n'a produit aucun bien, que ce qu'il y en a dans le monde vient d'une autre cause et ne prouve rien. Lisez seulement l'*Esprit des usages et des coutumes des différents peuples*, et comparez-les avec les nôtres; vous verrez s'il y a quelque chose à perdre pour eux en se faisant chrétien. On ne nous répond pas, et l'on continue de déclamer. *Voy.* ARTS, SCIENCES, LOIS, GOUVERNEMENT, etc. Quant aux prodiges que produirait l'ATHÉISME, consultez cet article.

Au jugement de nos adversaires, notre religion nuit à la *population* [*Voy.* CÉLIBAT]. Si cela était vrai, nous dirions qu'elle dédommage d'ailleurs la société du nombre des individus par les mœurs qu'elle leur donne; pour procurer le bien général, il faut des hommes, et non des animaux à deux pieds. Mais le reproche est faux en lui-même; aucune religion ne favorise autant que le *christianisme* la naissance des hommes, ni ne veille de plus près à leur conservation; aucune contrée de l'univers, sans excepter même la Chine, n'est plus peuplée que celles qui sont habitées par les nations chrétiennes, et la civilisation n'est nulle part aussi parfaite. — Ils disent que le *christianisme*, en condamnant le luxe, nuit à l'industrie et au commerce; mais il est démontré que le luxe, alimenté par le commerce, et le commerce encouragé par le luxe, se rongent et se détruisent l'un l'autre; que l'excès en ce genre entraîne la ruine des États et des sociétés : c'est un fait avoué par tous les philosophes, et confirmé par une expérience de six mille ans (*Voy.* LUXE).

Un reproche plus grave est l'*intolérance* attachée au *christianisme;* il divise les hommes, fait éclore les disputes, les haines, les guerres de religion. Cent fois l'on a répondu que l'intolérance est attachée, non-seulement à toute religion quelconque, mais à toute opinion que l'on croit importante, même à tout système d'incrédulité; c'est un effet des passions inséparables de l'humanité. Or aucune religion ne travaille plus efficacement que la nôtre à réprimer toutes les passions, à inspirer aux hommes la douceur, la paix, la charité mutuelle, par conséquent une tolérance raisonnable. Quant à la tolérance illimitée qu'exigent les incrédules, c'est un désordre qui n'a jamais été souffert chez aucune nation policée. *V.* Tolérance.

Le *christianisme*, disent-ils, nous occupe trop du bonheur de l'autre vie, il nous détourne des soins du travail, des devoirs de la vie présente. Si l'homme était de même nature que les brutes, borné comme elles à la vie présente, on pourrait blâmer avec raison les espérances que donne le *christianisme*, et les désirs qu'il nous inspire; mais la philosophie a-t-elle prouvé que nous sommes des brutes? Voilà la faute essentielle qu'ont commise la plupart des législateurs; ils n'ont pensé qu'à cette vie, n'ont rien fait pour engager les hommes à se procurer le bonheur à venir. Jésus-Christ, seul sage, nous commande la vertu comme le seul moyen d'être heureux en ce monde et en l'autre; et la principale vertu qu'il nous prescrit est l'amour du prochain, par conséquent le désir de contribuer au bonheur des autres.— Mais nous avons encore pour nous le témoignage de l'expérience. Les épicuriens, les philosophes égoïstes, les incrédules, qui ne désirent et n'espèrent rien après cette vie, sont-ils plus laborieux, plus occupés du bien de leurs semblables, meilleurs citoyens qu'un chrétien pénétré de la foi et de l'espérance d'une félicité future? Nous cherchons vainement, dans les siècles passés et dans le nôtre, les services que les incrédules ont rendus à l'humanité. Il est bien absurde de prétendre qu'une religion qui nous attache à nos devoirs par un intérêt plus puissant que celui de la vie présente, nous détourne de nos devoirs. En quel sens le désir d'être heureux dans le ciel peut-il nuire à l'envie de nous rendre utiles sur la terre? Le plus grand éloge que fait l'Ecriture des saints de l'Ancien Testament, est d'avoir procuré la gloire et le bonheur de leur nation (*Eccli.* XLVI et seqq.).

On a souvent répété que le *christianisme* établit deux puissances, deux législations qui se croisent et se nuisent réciproquement, une autorité ecclésiastique toujours occupée à empiéter sur les droits des magistrats et du gouvernement: on ne cesse de nous parler des usurpations du clergé, et de l'abus qu'il a fait de sa juridiction. Jésus-Christ cependant avait établi la règle lumineuse, et posé la borne qui devait séparer ces deux puissances, en disant: *Rendez à César ce qui est à César, et à Dieu ce qui appartient à Dieu.* Tant que l'on s'y tiendra, il est impossible que l'une nuise à l'autre; au contraire, elles se fortifieront mutuellement. Mais dans quel temps leur est-il arrivé de se croiser? Lorsque les princes, contents de dominer par la violence, ne connaissaient plus ni droit naturel, ni lois civiles, opprimaient les peuples et les gouvernaient comme un troupeau de brutes: sans l'appui des lois ecclésiastiques, le malheur public aurait encore été plus grand. Au sortir de ce chaos, l'on a dit que les prêtres avaient voulu tout donner à Dieu, et n'avaient rien laissé à César; aujourd'hui l'on soutient que tout est à César, de manière qu'il ne reste rien à Dieu. Lequel de ces deux excès est le plus grand? L'événement seul en décidera. Mais si Dieu n'avait pas consacré ce qu'il a donné à César, que resterait-il à celui-ci pour gouverner? La violence, comme aux barbares; le bâton, comme à la Chine; le sabre comme en Turquie et dans les autres États mahométans. Il est aisé de voir si les peuples s'en trouveraient mieux. — Aussi, par une contradiction très-ordinaire à nos adversaires, ils ont dit que le *christianisme* tendait à diviniser l'autorité des princes, par conséquent à rendre les peuples esclaves; qu'il y avait entre les prêtres et les rois une collusion mutuelle pour détruire toute espèce de liberté civile; que les prêtres attribuaient aux souverains le despotisme politique, afin d'en obtenir à leur tour le despotisme spirituel. Cette calomnie absurde a été répétée cent fois de nos jours. Si elle était vraie, les nations *chrétiennes* seraient les plus esclaves de toute la terre; heureusement le fait seul suffit pour montrer que ce reproche n'a pas le sens commun.

Enfin, quelques rêveurs ont écrit que quand on a voulu faire du *christianisme* une religion nationale, on s'est écarté de l'esprit de Jésus-Christ, dont le règne n'est pas de ce monde. Si, par *religion nationale*, on entend une religion qui soit tellement propre à un peuple, qu'elle ne puisse convenir à un autre, l'intention de Jésus-Christ ne fut jamais d'en établir une pareille, puisqu'il a ordonné à ses disciples d'enseigner toutes les nations, et qu'il s'est proposé de les rassembler toutes dans une seule Eglise, comme des brebis dans un seul bercail et sous un même pasteur. Mais serait-il fort avantageux au genre humain que les nations, déjà trop divisées d'ailleurs, le fussent encore par la religion, n'eussent ni le même Dieu, ni la même croyance, ni le même culte? D'un côté, l'on reproche au *christianisme* de diviser les hommes par des disputes de religion; de l'autre, on lui fait un crime de ne pas leur inspirer assez l'esprit national, exclusif, isolé, le patriotisme furieux, ennemi du repos de tous les autres peuples, tel que fut celui des Romains. — De même si, par le *règne de Jésus-Christ,* l'on entend un règne temporel, civil, politique, il est clair que Jésus-Christ n'y a jamais prétendu; s'il est question d'un règne spirituel, par lequel les esprits, les volontés, les mœurs soient soumises à ses lois, il est certainement roi dans ce sens, depuis près de dix-huit siècles; il l'a déclaré lui-même, et en dépit des incrédules, il le sera jusqu'à la fin des siècles.

Nous ne finirions pas s'il nous fallait réfuter dans un seul article, toutes les objections de nos adversaires; ils en ont rempli des volumes entiers. Nous n'en connaissons cependant aucun qui, par un parallèle suivi entre le *christianisme* et une autre religion, ait entrepris de faire voir qu'elle était la meilleure; tous ont senti que la comparaison tournerait à leur confusion. Mais ils ont cherché à pallier l'absurdité des autres, à en dissimuler les effets et les conséquences, pour diminuer d'autant le triomphe du *christianisme* : c'est de nos jours que le polythéisme, l'idolâtrie, le mahométisme, ont trouvé des apologistes. On a prétendu que ces religions fausses pouvaient s'étayer des mêmes preuves que la nôtre ; heureusement ce fait est encore à démontrer, et nous ne craignons pas que l'on en vienne à bout. — Il est aussi impossible à nos adversaires de rompre la chaîne des erreurs dans laquelle ils sont engagés, que celle des vérités que nous leur opposons ; entre le *christianisme* catholique et l'incrédulité absolue, point de milieu : leur propre exemple nous tient lieu de démonstration.

L'on nous objectera peut-être que les preuves que nous venons d'alléguer ne sont pas à la portée des ignorants. Si l'on veut dire qu'elles ne sont pas *également* à leur portée, et qu'ils ne sont pas aussi en état d'en sentir la force que les savants, nous en conviendrons sans peine. Mais nous soutenons qu'elles sont assez à la portée des plus simples, pour qu'ils puissent en avoir une certitude entière, pour peu qu'ils soient instruits. — En effet, un homme élevé dans le sein du *christianisme* ne peut pas ignorer que l'avènement de Jésus-Christ et l'établissement de son Église ont été prédits par des prophéties ; que ces prédictions sont dans les livres des Juifs ; que certainement les Juifs ne les ont pas forgées pour favoriser notre religion : toutes les années, pendant le temps de l'Avent, ces prédictions sont le principal sujet de l'office divin et des instructions des pasteurs : il est de la plus grande notoriété que les Juifs attendent encore aujourd'hui un Messie, sur la foi de ces anciennes prédictions. — Il ne peut douter que Jésus-Christ et ses apôtres n'aient fait des miracles ; s'ils n'en avaient pas fait, il leur aurait été impossible d'établir le *christianisme*. Ces miracles sont le sujet de la plupart des évangiles qu'on lit à la messe, des fréquentes instructions des prédicateurs, des tableaux exposés à tous les yeux ; et si un incrédule voulait contester ce fait, on lui ferait voir que les Juifs, les païens, les mahométans en sont convenus. — Les obstacles qui s'opposaient à la propagation de notre religion, les persécutions qu'elle a essuyées, les moyens par lesquels elle a vaincu, sont connus des ignorants par la multitude des martyrs que l'Église honore, dont les tombeaux et les cendres sont encore sous nos yeux. L'homme le plus grossier sait qu'il fut un temps où, à la réserve des Juifs, tous les peuples étaient païens, et il sent que nos pères n'ont pas pu abandonner une religion aussi licencieuse que le paganisme, pour en embrasser une très-sainte, sans que Dieu ne soit intervenu dans cette révolution. Sans avoir lu l'histoire, il est bien convaincu que les barbares du Nord n'étaient pas chrétiens, lorsqu'ils sont venus ravager nos contrées, et que leur conversion n'a pas dû être facile à opérer. — Quand il n'aurait pas le témoignage de sa conscience pour lui attester la sainteté et la pureté de la morale chrétienne, il la verrait encore par la différence qu'il y a entre ceux qui la pratiquent et ceux qui ne l'observent pas, et par les vertus sublimes des saints dont il entend rapporter les actions. La multitude même des scandales qui arrivent, des erreurs qui se répandent, des efforts que font aujourd'hui les incrédules pour étouffer jusqu'aux premiers principes de religion, sert à convaincre tout esprit capable de réflexion, que si Dieu ne la soutenait par une providence surnaturelle, il serait impossible qu'elle subsistât longtemps.

En général les savants sont fort peu en état de connaître ce qu'un simple fidèle sait ou ce qu'il ignore, ce qu'il pense ou ne pense pas, jusqu'à quel point il est en état de raisonner sur sa religion. Partout où les mœurs sont innocentes et pures, le peuple aime sa religion, il en entend parler avec plaisir, il converse volontiers avec ses pasteurs, il les écoute avec attention, il les interroge quand il le peut ; souvent l'on est étonné de la sagesse de ses questions et de la facilité avec laquelle il saisit les réponses. Lors même qu'un ignorant n'est pas capable de rendre compte de ce qu'il pense, il ne s'ensuit point qu'il ne pense pas, ou que sa croyance n'est pas raisonnable, parce qu'il ne sait pas en déduire les raisons ; il sent très-bien la fausseté d'une objection, quoiqu'il ne soit pas en état d'y répondre et de la réfuter. Ceux qui sont chargés de diriger les âmes simples et pures, admirent à tout moment la manière dont Dieu les éclaire, les réflexions que la grâce leur suggère, la foi sage et solide qu'elle leur inspire. *Voy.* IGNORANCE, FOI, § 6.

Nous ne pouvons nous dispenser d'observer que les protestants ont frayé le chemin à la plupart des arguments des incrédules. Ils ont dit que le *christianisme*, dans son origine, tel qu'il était sorti de la main de Jésus-Christ et des apôtres, était vraiment une religion divine, sainte, irréprehensible, la plus parfaite et la plus utile au genre humain : mais que bientôt après, les pasteurs, par le mélange des opinions philosophiques, par l'ambition de s'attribuer une autorité supérieure à celle des apôtres, par l'influence de toutes les passions humaines, étaient venus insensiblement à bout d'en altérer les dogmes, d'en corrompre le culte, d'en énerver la morale, d'en changer la discipline ; que par la succession des siècles cette religion divine était devenue un chaos d'erreurs, de superstitions, d'abus et de désordres, et avait causé tous les maux dont on se plaint aujourd'hui ; mais qu'enfin, au XVIe, Dieu a suscité les réformateurs pour la rétablir dans son premier état de pureté et de sainteté : c'est selon ce plan sublime qu'ils ont construit toutes leurs histoires ecclésiastiques ; elles n'ont pour objet que d'en convaincre les lecteurs.

On sent bien que les incrédules n'avaient garde de s'arrêter en si beau chemin, et qu'il leur était aisé de tirer parti de ce tableau. Ils ont dit aux protestants : De votre propre aveu, le *christianisme* ne pouvait manquer de se corrompre, de devenir pernicieux et funeste au genre humain ; donc ce n'est pas Dieu qui en est l'auteur. S'il l'avait établi lui-même, il aurait tenu la main à son ouvrage, il aurait pris des moyens plus sûrs pour le conserver dans sa pureté. C'était bien la peine de bouleverser l'univers pour fonder une religion qui, moins d'un siècle après sa naissance, devait commencer à se dépraver, à devenir pernicieuse, et qui, d'âge en âge, n'a cessé d'être rendue plus mauvaise. Fallait-il attendre quinze siècles avant d'arrêter ce torrent de corruption et ce déluge de maux qui ont accablé le genre humain ? — Oserez-vous soutenir que votre prétendue réforme en a réparé aucun ? Montrez-nous les guerres qu'elle a prévenues, les schismes qu'elle a étouffés, les disputes qu'elle a fait cesser, les souverains qu'elle a rendus plus sages et plus pacifiques, les vices qu'elle a corrigés, les peuples dont elle a fait le bonheur. Vos propres auteurs déplorent les désordres qui règnent parmi vous ; les mœurs n'y sont pas plus pures que chez les catholiques, contre lesquels vous avez tant déclamé ; l'intolérance n'y règne pas moins, et il ne tient pas à vous de renouveler les scènes sanglantes que vous avez données pendant plus d'un siècle pour vous établir. Votre réforme imaginaire n'a servi qu'à démontrer que le *christianisme* est essentiellement irréformable, etc.

Nous ne savons pas encore ce que les protestants répondent à cet argument des incrédules ; mais il nous paraît qu'ils ne feront jamais solidement l'apologie du *christianisme* en général, sans faire en même temps celle du catholicisme et de l'Église romaine (1).

(1) Nous pensons, en terminant cet article, devoir donner quelques considérations sur les bienfaits du christianisme répandus dans toutes les nations. « Les lumières et les grâces que répandait partout le christianisme, dit Pointer (*Preuves de la religion chrétienne*, dans les *Démonst. évang.*, édit. Migne), partout réparaient les maux causés par le péché. La nature dégradée de l'homme était rendue à sa dignité primitive, et les changements les plus heureux s'opéraient parmi toutes les nations qui recevaient la foi et la loi du Christ.

« Quel état que celui auquel le péché avait réduit le genre humain ! Quel abîme de crimes et de misères ! L'homme, dans l'origine, créé innocent et heureux, jamais n'eût vu s'altérer sa félicité. Il devait régner sans fin, environné de gloire et comblé de délices, si, fidèle à son Dieu et soumis aux commandements de son Créateur, il eût su, dans le court espace de temps assigné pour son épreuve, se montrer digne de cette haute récompense. Son entendement était éclairé par la connaissance de Dieu et de la vérité ; sa volonté le portait sans cesse vers le bien, et ses affections et ses désirs étant toujours soumis à la raison, toujours dociles à la volonté du Créateur, l'ordre le plus parfait régnait dans ses facultés soit de l'âme, soit du corps, et, tout en lui eût été principe et source de bonheur, tant qu'il fût resté attaché à Dieu par l'obéissance et par l'amour.

* CHRISTIANISME RATIONNEL. Le christianisme est la raison portée au souverain degré. C'est dans son sein que les philosophes vont puiser leurs plus belles conceptions. Cependant la raison humaine gémit d'être forcée de reconnaître son infériorité. Elle croit faire beaucoup en consentant à marcher à pas égal avec l'Évangile : tel était cependant le but d'une nouvelle secte religieuse fondée en Angleterre par Kippis, Pringle, Hopkins, Enfield, Toulmin. C'é-

Mais du moment que, par l'acte le plus criminel, il eut désobéi, quel changement ! Il n'y eut plus que trouble et désordre dans tout son être, et en perdant l'innocence il perdit le bonheur. Enveloppée tout entière dans cette faute de nos premiers parents en qui se trouvait déposée toute notre destinée morale, la race humaine fut aussi comprise dans l'arrêt qui les condamnait à la mort, à la perte du ciel, à une éternelle misère ; châtiment trop juste d'une aussi horrible prévarication. Affreuse condition ! Les maux les plus terribles attendent l'homme coupable arrivé au terme de sa passagère existence sur la terre, et nul bonheur réel ne lui est réservé dans le court espace de sa carrière mortelle. Son corps, son âme, tout en lui est infecté de ce poison funeste que le péché y a attaché ; son corps s'affaiblit, se corrompt et meurt ; son entendement est obscurci par les ténèbres de l'ignorance ; sa volonté sans cesse l'entraîne vers le mal, et le détourne du bien. En proie à une foule de passions violentes qui se combattent et le déchirent, son cœur est un foyer continuel de trouble et de désordre.

« Qu'il fut profond et déplorable cet aveuglement qui, dans la suite, s'empara de tous les esprits, se répandit dans l'univers païen et lui déroba entièrement la lumière des vérités célestes ! En Judée, il est vrai, Dieu était connu, et son nom était grand dans Israël : mais partout ailleurs, dès que la grande majorité de la race humaine eut abandonné la tradition des révélations primitives, dès qu'en matière de religion et de morale elle eut commencé à prendre pour règle de ses sentiments l'opinion privée et individuelle, alors elle se trouva égarée dans les détours nébuleux d'un labyrinthe inextricable ; elle se précipita d'erreurs en erreurs, d'absurdités en absurdités, d'impiétés en impiétés, et l'ignorance la plus grossière de tout ce qu'il importait le plus à l'homme de connaître exactement prévalut dans le monde. Voyez chez toutes les nations païennes, parmi celles mêmes qui ont été les plus célèbres par leur civilisation, chez les Grecs, chez les Romains ; voyez quelle absence de lumières positives sur l'auteur de l'univers, sur la nature et les perfections de Dieu, sur l'immortalité de l'âme, sur la fin pour laquelle l'homme a été créé, sur les règles et les motifs de nos devoirs moraux, et sur les voies qui conduisent au bonheur ! Quelque imposant qu'ait pu être le caractère de quelques idées générales qu'ils avaient admises sur ces objets si importants, elles se trouvent confondues dans une foule d'opinions particulières, incompatibles, si contradictoires entre elles, que la vérité, obscurcie par tant de nuages, ne pouvait se faire jour à travers cette masse épaisse d'erreurs et de préjugés. Telle était, en matière d'idées religieuses, l'ignorance profonde dans laquelle le monde païen se trouva plongé, que saint Paul, en parlant des siècles qui ont précédé la venue du Messie, ne les désigne point autrement que par ces mots, d'un sens spécial : *Et tempora quidem hujus ignorantiæ*, ces temps malheureux d'ignorance (*Act.* XVII, 30).

« La conséquence naturelle de cette ignorance générale fut, chez toutes les nations païennes, le règne général de l'impiété et de l'immoralité. Tout y était devenu un objet de culte et d'adoration, excepté le Dieu vrai et unique. Les atteintes portées à la loi de nature devinrent si graves et si communes,

tait un véritable déisme déguisé sous le nom de religion. David Williams en fut le grand pontife sous le nom de *Prêtre de la nature*. Ses temples furent bientôt déserts. Ses adeptes passaient rapidement à un athéisme complet. Le temple des chrétiens rationnels fut à peine ouvert pendant quatre ans.

que le sens moral de ce qui est décent et honnête parut entièrement éteint, et l'homme sembla s'être ravalé lui-même au-dessous de la bête immonde. La violence, le meurtre, la luxure, l'intempérance et la débauche n'avaient plus rien de honteux et de repoussant aux yeux de ces hommes dépravés. On vit, en plusieurs contrées, l'immoralité poussée à un tel point de dégradation, que, sous les noms de Mars, de Bacchus et de Vénus, la vengeance, l'ivrognerie et l'impureté, ces vices infâmes, furent déifiés et adorés publiquement par des actes aussi scandaleux que criminels qu'on osa consacrer comme faisant partie des rites sacrés de la religion. Quelle sombre, quelle effrayante peinture de ces excès du monde païen nous est tracée par saint Paul, dans le premier chapitre de son Epître aux Romains, depuis le verset 18 jusqu'à la fin! Avec quelle énergie il en parle dans celle aux Ephésiens! *Ces gentils suivent dans leur conduite la vanité de leurs pensées; ils ont l'esprit plein de ténèbres; ils sont éloignés de la vie de Dieu, à cause de l'ignorance où ils sont, et de l'endurcissement de leur cœur; ayant perdu tout espoir de salut, ils s'abandonnent à la dissolution et se plongent avec une ardeur insatiable dans toute sorte d'impuretés* (*Eph.* iv, 17, 18, 19). — Par suite de cette ignorance de Dieu, de cet oubli des règles et des motifs de nos devoirs, de cet abandon sans réserve à toutes les inclinations vicieuses, quel déluge épouvantable de crimes et de maux vint inonder la surface de la terre! A quelle profondeur de honte et de corruption la nature de l'homme ne parut-elle pas descendue, et combien de fixe et d'arrêté sur les vérités relatives aux idées religieuses : elle qui pouvait être accusée, peut-être, d'avoir, pour sa part, contribué à entraîner les hommes dans ces routes ténébreuses ? Etait-elle à même de corriger les hommes de leurs vices et de les guider dans la pratique des véritables vertus, elle qui, en tant de circonstances, avait montré si peu de lumières, ou du moins tant d'incertitude sur les principes et sur les règles des devoirs moraux ? Quels motifs assez puissants pouvait-elle présenter à l'homme vicieux, pour le détourner de l'habitude du mal? et à l'homme pratiquant la vertu, quel support offrait-elle contre les tentations, elle qui, par la voix de ses sages, par celle des Platon, des Aristote et de ses stoïciens, avait enseigné et encouragé les plus grossières immoralités ? Non, la philosophie avait reconnu elle-même son impuissance à réformer les vices du monde, et elle avait tout à fait désespéré de pouvoir jamais arrêter ces torrents d'iniquités qui, se grossissant de jour en jour, allaient engloutir la terre.

  Ætas parentum, pejor avis, tulit
  Nos nequiores, mox daturos
  Progeniem vitiosiorem.

CHRISTOLYTES, hérétiques du xe siècle ; leur nom vient de χριστος, et de λύω, *je sépare*; parce qu'ils séparaient la divinité de Jésus-Christ d'avec son humanité. Ils soutenaient que le Fils de Dieu, en ressuscitant,

  Nos pères, plus méchants que n'étaient nos aïeux,
  Ont eu pour successeurs des enfants plus coupables,
  Qui seront remplacés par de pires neveux. (Lamotte.)

« Combien donc était désespéré l'état où se trouvait le monde, quand les apôtres furent envoyés à toutes les nations de la terre pour leur annoncer la rémission des péchés, pour les éclairer et pour les sanctifier, en répandant parmi elles et les lumières de la foi, et les grâces du Christ ! — Ce qui constitue l'essence du péché, c'est la désobéissance, et c'est par le grand sacrifice d'obéissance offert sur l'autel de la croix, que le Fils de Dieu a expié le péché. La destruction du péché fait disparaître la cause de tous les maux qui pèsent sur le genre humain. La rémission des péchés réconcilie l'homme avec Dieu; lève l'arrêt de sa condamnation, le sauve des tourments éternels, le rétablit dans la dignité d'enfant de Dieu et dans tous ses droits à l'héritage du royaume sans fin. — C'était ce bienfait, le plus grand de tous, c'était cette rémission des péchés qui avait été offerte à toutes les nations comme devant venir du Christ. *Il est écrit ainsi de moi*, disait ce divin Médiateur, *il fallait que le Christ souffrît de la sorte, qu'il ressuscitât le troisième jour, et qu'on prêchât en son nom la pénitence et la rémission des péchés parmi toutes les nations, en commençant par Jérusalem* (*Luc.* xxiv, 46, 47). Ce fut aux apôtres que Jésus-Christ donna le pouvoir et la mission d'aller répandre ce bienfait. Il leur dit : *Recevez le Saint-Esprit, les péchés seront remis à ceux à qui vous les remettrez* (*Joan.* xx, 22, 23). Fidèles à leur mission, les apôtres remplirent avec zèle le ministère de la réconciliation, et ils s'empressèrent d'accorder la grâce de la rémission des péchés à tous ceux qui s'empressaient de satisfaire aux conditions imposées par le Christ. Dès le premier jour où l'Evangile est proclamé à Jérusalem, saint Pierre s'adresse à la multitude assemblée, et dit : *Faites pénitence, et que chacun de vous soit baptisé au nom de Jésus-Christ pour la rémission de ses péchés* (*Act.* ii, 38). C'était là cette bénédiction promise depuis si longtemps, et que toutes les nations devaient recevoir par le Christ, *en qui toutes devaient être bénies* (*Gen.* xii, 3; xviii, 18; xxii, 18; xxv, 4).

« Ainsi, de même que le péché avait été pour l'homme la source de tous ses maux, de même la rémission des péchés devait être pour lui le principe de tout son bonheur. Le péché avait fermé les portes du ciel, elles se rouvrent aujourd'hui à quiconque a su, avant de mourir, laver dans le sang de l'Agneau toutes les souillures du péché. Quelle douce consolation répand dans les cœurs cette doctrine de la rémission des péchés ! Que de bénédictions précieuses émanent de ce ministère de réconciliation, quand il est exercé suivant les institutions de Jésus-Christ ! Et quel bonheur pour l'homme coupable de savoir avec certitude ce qu'il lui faut faire pour obtenir sa grâce, et à quelles conditions il sera justifié ! Les voilà ces bienfaits inestimables que le christianisme a portés chez toutes les nations, en se répandant parmi elles. — Avant que la grâce de la justification descendît dans le cœur des hommes, il fallait que leur esprit fût éclairé par la connaissance des vérités célestes et des préceptes de la morale surnaturelle que le Fils de Dieu avait prêchée à ses apôtres. *Instruisez toutes les nations, les baptisant et leur apprenant toutes les choses que je vous ai ordonné de leur apprendre* (*Matth.* xviii). Leur instruction devait donc précéder leur baptême.

avait laissé dans les enfers son corps et son âme, et qu'il n'était monté au ciel qu'avec sa divinité. Saint Jean Damascène est le seul auteur ancien qui ait parlé de cette secte.

« Mais quoi de plus consolant en soi, quoi de plus salutaire pour l'homme, que le corps entier de ces dogmes sublimes, de ces préceptes moraux, de ces institutions sacrées qui constituent la religion chrétienne et que propagèrent uniformément les apôtres à l'époque où ils établirent le christianisme chez toutes les nations? Quel dut être l'étonnement de ces hommes qui, si longtemps, étaient restés assis dans les ténèbres du péché et dans l'ombre de la mort, quand tout à coup ces dogmes et ces mystères leur furent proposés et expliqués! Quels transports de joie durent inonder et leur cœur et leur esprit! Ce n'étaient point là de vaines fables savamment imaginées, ce n'étaient point les opinions vagues ou les conseils d'hommes ou ignorants ou trompeurs; mais c'étaient les vérités et les ordonnances de Dieu, confirmées et rendues certaines par le témoignage et par le commandement de Dieu, et de plus appuyées et consolidées par une série de faits d'une évidence telle, que toutes les attaques des sophistes les plus habiles n'étaient pas capables de les ébranler. *Ce que nous avons vu, ce que nous avons entendu, voilà ce que nous vous déclarons*, disait un apôtre (*Joan.* i, 3). *C'était la doctrine qui, ayant été premièrement annoncée par le Seigneur lui-même, a été ensuite confirmée, parmi nous, par ceux qui l'avaient* ENTENDUE DE SA PROPRE BOUCHE, *auxquels Dieu a rendu témoignage par les miracles, par les prodiges, par les différents effets de sa puissance et par la distribution des grâces du Saint-Esprit, qu'il a partagées comme il lui a plu* (*Hebr.* ii, 3, 4). Et cette doctrine si certaine, si sublime, si excellente, portait dans les esprits une lumière céleste, et dans les cœurs une chaleur vivifiante et toute spirituelle!

« Qu'on imagine ce qui dut se passer dans l'esprit de cet enfant du paganisme, qui, plongé dans les ténèbres de l'infidélité, et ayant admis et adoré une multitude de dieux fantastiques, auxquels mille crimes infâmes étaient imputés, entendait développer cette doctrine qui annonçait un Dieu de gloire et de sainteté, seul vrai, seul vivant, créateur et souverain Seigneur du ciel et de la terre, éternel, immense, infini en pouvoir, en sagesse, en bonté, en toute sorte de perfections. Avec quel enchantement ses regards se tournèrent vers les rayons bienfaisants de ce jour qui, pour la première fois, commençait à luire pour lui, lui qui, si longtemps enveloppé dans une nuit profonde, se traînait errant et incertain dans les sentiers dangereux de l'erreur et du mensonge! Ceux que de tels bienfaits venaient trouver pouvaient dire avec vérité : *Le Dieu qui a commandé que la lumière sortît des ténèbres a fait luire sa clarté dans nos cœurs, afin que nous puissions éclairer les autres, et leur donner la connaissance de la gloire de Dieu, selon qu'elle paraît en Jésus-Christ* (II *Cor.* iv, 6).

« Mais ce qui répandit la lumière la plus éclatante et la plus merveilleuse sur la connaissance de la gloire du vrai Dieu, ce fut la manifestation du redoutable et sublime mystère des trois personnes distinctes en une seule nature divine; mystère d'une vérité et d'une certitude irréfragables, puisqu'il a été révélé par ce grand Dieu lui-même, qui ne connaît si parfaitement, et qu'il était attesté par ceux-là mêmes à qui son propre Fils en avait donné connaissance : mystère grand, profond, ineffable, et sur lequel repose tout le système du christianisme.

« Voyez maintenant quelle brillante perspective d'une gloire immortelle était développée aux regards de l'homme par la doctrine de l'Évangile. Ce n'était pas une vaine illusion propre uniquement à flatter son orgueil; c'était l'espoir certain, indubitable, d'un bonheur parfait, éternel, assuré pour l'âme et pour le corps : espoir fondé sur la promesse solennelle que Dieu lui-même s'était engagé d'accomplir envers tous ceux qui rempliraient les conditions prescrites par son Fils Jésus-Christ. — Ceux que l'enseignement de cette doctrine introduisait ainsi à la connaissance des desseins et des œuvres de Dieu, quelles puissantes consolations, que d'objets intéressants leur étaient présentés dans le grand mystère de la rédemption et de la sanctification de ce monde! Si, d'un côté, elle exposait, dans toute leur étendue, la dépravation et la misère de l'homme, combien, de l'autre part, elle faisait éclater la miséricorde et la clémence de Dieu! L'homme, par son péché, s'était rendu indigne à jamais du bonheur qui lui était réservé dans les cieux; il avait encouru le terrible arrêt qui le condamnait à un châtiment éternel, et cependant ce Dieu offensé ne peut cesser d'aimer sa coupable créature; il désire encore son bonheur, et tel est l'excès de ce désir, que son Fils bien-aimé est envoyé sur la terre et condamné à se faire homme; et c'est dans l'abaissement de cette humaine nature que ce divin Médiateur deviendra victime d'expiation pour les péchés des hommes, et cause de salut pour tous ceux qui voudront lui obéir. O profondeur des mystères de la sagesse divine, ô prodiges de sa bonté et de son amour!.... *Dieu a tellement aimé le monde, qu'il a donné son Fils unique, afin que quiconque croit en lui ne périsse point, mais qu'il ait la vie éternelle* (*Joan.* vi, 16). Au temps marqué, ce Fils de Dieu est conçu dans le sein d'une vierge, il est mis au monde; il meurt sur une croix pour obéir aux ordres de son Père et pour assurer le salut des hommes; le troisième jour, il se ressuscite lui-même, il monte aux cieux, et à la fin des temps il viendra juger tout le genre humain. C'est alors que seront rendus à la vie les corps de tous les hommes; alors ceux qui auront lavé toutes leurs fautes dans son sang, il les récompensera par une gloire éternelle : mais il punira, par d'éternels tourments ceux qui seront morts dans les liens du péché. Voilà les dogmes, voilà les faits qu'annonçaient les apôtres. Tous découvrent à nos yeux les mystères les plus merveilleux d'une puissance, d'une justice, d'une clémence, d'un amour, qui n'ont point de bornes, et tous sont aussi certains qu'ils sont sublimes. Ceux qui se soumettaient à la loi de Jésus-Christ, quelle pureté, quelle sainteté ne trouvaient-ils pas dans les préceptes de morale qui leur étaient prêchés, préceptes qui enjoignaient l'éloignement absolu de toute espèce de péchés, soit en pensées, soit en paroles, soit en actions; préceptes qui attaquaient, jusque dans leur principe, les mouvements de la concupiscence, en imposant la pratique du renoncement à soi-même; préceptes qui prescrivaient l'exercice de toutes les vertus, de la piété, de la dévotion, de l'amour de Dieu et du prochain, de la sincérité et de la justice, et qui commandaient le sacrifice héroïque, de tous les avantages temporels, plaisirs, profit, honneur, dès que la loi de Dieu avait parlé. Tous les devoirs, ceux de l'homme envers Dieu, ceux d'homme à homme, de supérieurs à inférieurs, d'inférieurs à supérieurs, d'égaux à égaux, étaient strictement spécifiés et ordonnés. La sobriété, la chasteté, étaient essentiellement recommandées, et surtout cette perfection vers laquelle chaque individu devait tendre, et qu'il se doit à lui-même, comme membre de Jésus-Christ, et comme temple de l'Esprit-Saint. L'unité, l'indissolubilité, la sain-

* *CHRISTO SACRUM.* L'immense fractionnement des églises protestantes d'Allemagne inspira à Jacob Hendrif Onderde-Wyngar-Cauxieux la pensée de réunir toutes les sociétés chrétiennes en une seule : pour cela il fit le symbole le plus large possible, il n'exigeait la croyance qu'à un seul dogme, à la rédemption du genre humain par le Christ. Il rejetait avec horreur les termes de secte et de sectateurs : il voulait constituer une société dans toute la force du terme. Cette secte, réduite d'abord au nombre de quatre individus, atteignit bientôt le chiffre de trois mille personnes. Elle ne prit jamais beaucoup d'extension et finit par s'éteindre faute de nouveaux adhérents ; elle compte aujourd'hui fort peu d'adeptes après 50 ans d'existence. Son culte se divise en deux parties, l'un d'adoration et l'autre d'instruction. Six fois par année on célèbre la Cène. Après cette cérémonie, les assistants se prosternent sur les dalles du temple dans un état de complète immobilité pendant qu'on récite les prières et que le ministre donne les bénédictions.

CHRONIQUES. *Voy.* PARALIPOMÈNES.

CHRONOLOGIE DE L'HISTOIRE SAINTE. Les incrédules de notre siècle ont fait grand bruit sur la difficulté qu'il y a de former une *chronologie* exacte de l'histoire sainte, sur la variété des opinions et des hypothèses imaginées à ce sujet par les savants. On a de la peine à concilier le texte hébreu avec les versions, et d'accorder les auteurs sacrés, soit entre eux, soit avec les historiens profanes. Nos critiques pointilleux ont dit que si Dieu était l'auteur de cette histoire, il n'aurait pas permis que des écrivains qu'il daignait inspirer tombassent dans aucune faute, et fussent opposés les uns aux autres. Quand on leur a répondu que la plupart de ces fautes vraies ou apparentes pouvaient être venues des copistes, et non des auteurs sacrés, ils ont répliqué que Dieu devait veiller d'aussi près sur les copies que sur les originaux ; que des écrits divinement inspirés devaient être aussi divinement copiés. — Ainsi, selon ces grands génies, dès que Dieu a voulu prendre la peine de nous instruire, il a dû nous donner non-seulement les leçons nécessaires pour régler notre foi et nos mœurs, mais encore toutes les connaissances curieuses qu'il nous plairait d'exiger, et nous ôter la peine de faire des études, des recherches, des discussions pour les acquérir.

Nous leur demandons en quoi un système exact et complet de *chronologie*, depuis la création jusqu'à nous, pourrait servir à perfectionner la foi ou les mœurs. Dès que nous sommes assurés que Dieu a créé le monde et la race humaine, que notre premier père a péché et en a été puni avec toute sa postérité, mais que Dieu lui a promis un rédempteur ; qu'après plusieurs siècles il a châtié cette race criminelle par un déluge universel ; dès qu'il est certain que Dieu a dicté des lois aux Hébreux par l'organe de Moïse ; qu'il a suscité parmi eux des prophètes pour annoncer ses desseins et renouveler ses promesses ; qu'enfin, lorsqu'il a trouvé bon de les accomplir, il a envoyé son Fils unique pour racheter le genre humain, et lui donner de nouvelles leçons ; que nous importe de savoir en quel temps précisément ces divers événements sont arrivés ; combien il s'est écoulé

teté du mariage, étaient consacrées et protégées. La paix, l'harmonie rentraient dans les familles ; l'ordre, le droit, la justice dans la vie civile, et tous ces avantages y étaient maintenus. Il n'est pas un seul de ces objets auquel ne s'étendissent les préceptes de l'Evangile, lesquels, embrassant un système de morale aussi éclatant que complet, ne tendaient, dans leur ensemble, qu'à faire sortir la nature humaine de cet abîme de corruption où le péché l'avait plongée, et à redonner à l'homme sa dignité première, en rétablissant en lui l'image de la Divinité.

« Pendant que la religion chrétienne proposait ces préceptes d'une morale si pure et si parfaite, elle était loin de négliger les motifs puissants qui devaient en assurer l'exacte observance. Sans cesse elle présentait aux yeux des hommes l'autorité du Dieu suprême qui les avait commandés, la sainteté de ce Dieu à qui ne peuvent échapper ni pensées, ni paroles, ni actions ; la justice de ce Dieu qui les jugera tous et rendra à chacun selon ses œuvres, les récompenses éternelles réservées à quiconque aura persévéré dans le bien, les éternels châtiments qui seront infligés à ceux qui se seront obstinés dans le mal ; et sans cesse elle leur rappelait l'amour infini d'un Dieu pour l'homme, et l'exemple de ce Fils de Dieu, de ce Jésus, modèle de toutes les perfections, *qui s'est livré lui même pour nous, afin de nous racheter de toute iniquité et de nous purifier pour se faire un peuple particulièrement consacré à son service et fervent dans les bonnes œuvres* (Tit. II, 14).

« Les apôtres en établissant la religion chrétienne, non-seulement prêchaient ces doctrines sublimes, et inculquaient ces préceptes de piété et de morale ; mais de plus, à l'aide de rites sacrés que Jésus-Christ avait institués, et dont le ministère leur était confié, ils répandaient sur tous les hommes une abondance de grâces célestes, dont l'objet était d'effacer entièrement le péché et ses suites, de faire descendre dans les esprits les lumières de la sagesse éternelle, et d'enflammer les cœurs des plus saints désirs. Jésus-Christ avait attaché à ces sacrements la communication de toutes les grâces de la justification ; mais il fallait qu'ils fussent administrés d'après ses ordonnances, et reçus par les fidèles avec les dispositions de foi, de repentir et de soumission qu'il a prescrites. De là ces paroles de saint Pierre : *Faites pénitence et que chacun de vous soit baptisé au nom de Jésus-Christ*, POUR LA RÉMISSION DE VOS PÉCHÉS (Act. II, 38). De là saint Pierre et saint Jean, se rendant près des Samaritains, PRIAIENT POUR EUX, *afin qu'ils reçussent le Saint-Esprit...* ; ILS LEUR IMPOSÈRENT LES MAINS, *et ils reçurent le Saint-Esprit* (Ibid., VIII, 15, 17). — C'était ainsi que les sacrements et les autres rites extérieurs établis par le Christ et administrés par ses apôtres, devenaient pour tous ceux qui les recevaient avec les dispositions requises, la source des grâces de la sanctification que le divin Rédempteur nous a méritées par sa mort.

« Saint Paul rappelle souvent à la mémoire des gentils convertis quel a été leur bonheur de recevoir la grâce de la justification. *Ne savez-vous pas*, dit-il aux Corinthiens, *que les injustes ne seront pas héritiers du royaume de Dieu ? Ne vous y trompez pas : ni les fornicateurs, ni les idolâtres, ni les adultères, ni les impudiques, ni les abominables, ni les voleurs, ni les avares, ni les ivrognes, ni les méchants, ni les ravisseurs du bien d'autrui, ne seront héritiers du royaume de Dieu. C'est ce que quelques-uns de vous ont été autrefois ; mais* VOUS AVEZ ÉTÉ LAVÉS, *vous avez été sanctifiés, vous avez été justifiés au nom et par les mérites de Notre-Seigneur Jésus-Christ et par l'Esprit de notre Dieu* (I Cor. VI, 9, 10, 11). *Voy.* l'Epître aux Ephésiens (II, 1, 9), celle aux Colossiens (I, 21, 22).

« Veut-on un témoignage bien frappant de l'efficacité de ces grâces dans la régénération du cœur humain ? Qu'on lise ce que raconte saint Cyprien, dans son livre à Donat, du changement qui s'opéra en lui quand il reçut le baptême. »

d'années entre l'un et l'autre ; à quelle époque de l'histoire profane il faut les rapporter? Cette connaissance servirait sans doute à satisfaire notre curiosité ; nous ne voyons pas en quoi elle contribuerait à nous rendre meilleurs.

Sommes-nous beaucoup mieux instruits de la *chronologie* des autres nations que de celle des Hébreux? Dans l'origine des sociétés, les peuples, uniquement occupés de leur subsistance, n'avaient le temps ni de composer des annales, ni de dresser des monuments. Rien de plus incertain que les premières époques de l'histoire chinoise; celle des Indiens est encore plus obscure ; on n'est pas parvenu non plus à ranger, d'une manière incontestable, les dynasties des Egyptiens, ni à débrouiller les commencements de la monarchie des Assyriens. Les Grecs n'ont appris à écrire que fort tard; on ne sait pas seulement avec certitude en quel temps Homère a vécu. Les premiers faits de l'histoire romaine ont paru fabuleux à plusieurs savants, et nous sommes forcés de commencer la nôtre au règne de Clovis. Si Dieu n'avait pas suscité Moïse pour nous donner une faible connaissance des origines du monde, nous n'en saurions pas un mot, et nos philosophes, avec tous leurs talents pour la divination, n'auraient pu nous rien apprendre. — Suivant leur opinion, des fautes contre la *chronologie*, la géographie et l'histoire naturelle, sont la pierre de touche pour juger de la fausseté d'une révélation. Il y aurait peut-être moins d'absurdité à dire que c'est un préjugé pour présumer qu'elle est vraie; parce qu'il est indigne de Dieu de communiquer aux hommes, par révélation, des connaissances qui n'ont jamais servi qu'à les rendre orgueilleux, indociles et incrédules. La vérité est que ces fautes prétendues ne prouvent rien, tant que l'on n'est pas en état de démontrer invinciblement que ce sont des fautes : or, nos adversaires n'en sont pas encore venus à bout, à l'égard de celles qu'ils croient trouver dans l'histoire sainte. Plusieurs savants leur ont fait voir qu'ils n'en jugent ainsi que par ignorance, et qu'il en est de même des contradictions.

Dans l'*Histoire de l'astrologie ancienne*, liv. I, § 6; *Eclaircis.*, l. I, § 11 et suiv., l'auteur a montré qu'en comparant les différentes méthodes selon lesquelles les divers peuples ont calculé les temps, les différentes *chronologies* (1) s'accordent et ne diffèrent que de quelques années, touchant les deux époques les plus mémorables ; savoir, la création et le déluge universel ; que toutes se réunissent encore à supposer la même durée depuis le commencement du monde jusqu'à l'ère chrétienne, en suivant le calcul des Septante. Dans le *Recueil de l'Académie*

---

(1) Il y a quatre peuples principaux qui font remonter la création bien au delà de l'époque marquée par Moïse. Ce sont les Egyptiens, les Chaldéens, les Indiens et les Chinois. Nous discutons aux articles qui concernent ces peuples, la valeur historique de leurs prétendues antiquités.

des Inscriptions, il y a plusieurs mémoires dans lesquels on a très-bien réussi à éclaircir les difficultés touchant l'histoire des rois d'Israël et de Juda, et d'autres faits particuliers : n'est-ce pas assez pour nous faire présumer que l'on peut dissiper de même les autres embarras qui peuvent encore se trouver dans l'histoire sainte ?

Le plus grand de tous est de concilier le texte hébreu avec la version des Septante et avec le texte samaritain, au sujet de la date du déluge et touchant l'âge des patriarches, avant ou après cette grande révolution. Suivant le texte hébreu, il ne s'est écoulé qu'environ six mille ans depuis la création jusqu'à nous, et le déluge est arrivé l'an du monde 1656. Les Septante ajoutent 1800 ans de plus à l'antiquité du monde; le Pentateuque samaritain ne s'accorde avec aucun des deux. L'hébreu place le déluge 2348 ans avant Jésus-Christ; les Septante 3617; voilà près de 1300 ans de différence. Pour savoir d'où elle a pu venir, les savants se partagent. Les uns pensent que les Hébreux ont raccourci exprès leur *chronologie* ; mais on ne peut pas deviner pour quel motif, en quel temps ni comment ils auraient pu altérer tous les exemplaires du texte. D'autres jugent que ce sont les Septante qui ont allongé la durée des temps, pour se rapprocher de l'opinion des Egyptiens, qui supposaient le monde très-ancien. D'autres enfin ont donné la préférence au samaritain, qui garde une espèce de milieu entre les deux autres monuments. Aucun de ces trois sentiments n'est fondé sur des preuves démonstratives. — Nos philosophes, plus habiles que tous les savants, ont fait profession de mépriser tous les travaux de ceux-ci, ils ont entrepris de créer une nouvelle *chronologie*, de fixer la durée du monde et les époques de la nature par des conjectures de physique, par l'inspection du globe, par les matériaux des montagnes, par la manière dont les lits en sont disposés, par les déplacements de la mer, etc. La question est de savoir s'ils ont deviné juste, si toutes les montagnes du globe sont faites comme celles qu'ils ont examinées, s'ils n'ont pas altéré les faits pour les faire cadrer avec leurs idées, etc. Déjà plusieurs physiciens ont fait voir que la plupart de leurs observations sont fausses. *Lettres physiques et morales sur l'Histoire des montagnes et de l'homme ; Etudes de la nature*, etc.

Ceux qui ont voulu attaquer l'histoire sainte par des observations astronomiques, n'ont pas mieux réussi. Nous pouvons donc en toute sûreté nous en tenir à ce que l'Ecriture nous apprend. *Voy.* HISTOIRE SAINTE, MONDE, etc.

CHRYSOSTOME (saint Jean), ou *bouche d'or*, patriarche de Constantinople, et docteur de l'Eglise, fut ainsi nommé à cause de son éloquence : il a vécu au IVe siècle. La meilleure édition de ses ouvrages est celle qu'a publiée le P. de Montfaucon, en grec et en latin, en 13 volumes *in-folio*, à Paris 1718.

Les censeurs des Pères ont reproché à saint Jean *Chrysostome* de s'être exprimé d'une manière scandaleuse sur la conduite qu'Abraham tint en Egypte à l'égard de Sara son épouse. Quand cette accusation serait mieux fondée, ce n'était pas la peine de relever cette tache dans un corps d'ouvrage de 13 volumes *in-folio*, et dans un Père de l'Eglise, respectable d'ailleurs par la pureté de sa morale et par la modération de ses sentiments. Ce saint docteur n'a entraîné personne dans de fausses opinions de morale, et ses censeurs sont forcés d'avouer que si le fait d'Abraham était rapporté par Moïse avec toutes ses circonstances, probablement il serait aisé d'excuser ce patriarche. *Voy.* Barbeyrac, *Traité de la Morale des Pères,* c. xiv, § 24. Sans recourir à cette présomption, l'on peut voir dans l'article ABRAHAM, qu'il n'est pas fort difficile de justifier sa conduite. — D'autres ont trouvé mauvais que saint Jean *Chrysostome* ait condamné absolument le commerce. La vérité est qu'il l'a condamné, non absolument, mais tel qu'on le faisait de son temps, c'est-à-dire l'usure, le monopole, la mauvaise foi, les fourberies, les mensonges des marchands : s'il a cru que le commerce ne pouvait pas se faire autrement, il s'est trompé sur un objet de politique, et non sur les principes de la morale. — D'autres enfin, plus téméraires, ont accusé le saint docteur d'avoir été d'un caractère inquiet, turbulent, austère à l'excès ; de s'être attiré par humeur la persécution de l'impératrice Eudoxie et des courtisans, à laquelle il succomba. C'est une calomnie. Ce saint évêque n'avait pas tort de désapprouver les assemblées tumultueuses de baladins qui se faisaient auprès de la statue de l'impératrice, et qui troublaient l'office divin, ni de censurer les vices des courtisans. S'il avait agi autrement, on l'accuserait d'avoir fait bassement sa cour, et dissimulé des désordres auxquels il aurait dû s'opposer.

Mosheim convient que la conduite d'Eudoxie, de Théophile, patriarche d'Alexandrie, et des autres évêques qui déposèrent saint Jean *Chrysostome* pour plaire à cette princesse, et le firent condamner à l'exil, fut également cruelle et injuste ; mais il dit que ce saint est blâmable d'avoir accepté le rang et l'autorité que le concile de Constantinople avait accordés aux évêques de cette ville impériale ; de s'être porté pour juge dans le démêlé qu'eut Théophile avec les moines d'Egypte ; de s'être ainsi attiré mal à propos la haine et le ressentiment de cet évêque : le traducteur ajoute, dans une note, que ce même saint blâma d'une manière indécente Eudoxie d'avoir fait placer sa statue d'argent près de l'église. — Ici la prévention des protestants contre les Pères est palpable. A l'article NESTORIANISME, nous verrons qu'ils n'ont pas blâmé Nestorius d'avoir exercé la même autorité que saint Jean *Chrysostome*; au contraire, ils ont pris sa défense. Ils se sont emportés contre saint Cyrille, qui cependant ne procéda point contre Nestorius, coupable d'hérésie, avec la même passion que Théophile son oncle avait poursuivi saint Jean *Chrysostome*, dont l'innocence est connue. Il n'est pas vrai que celui-ci se soit porté pour juge entre Théophile et les moines de Nitrie, que ce prélat accusait d'origénisme. Ils se réfugièrent à Constantinople; saint Jean *Chrysostome* les accueillit avec bonté, leur fit rendre compte de leur foi, les admit ensuite à la communion. Ce n'était pas là prononcer une sentence contre Théophile. Une preuve que ces moines n'étaient pas coupables, c'est qu'après la mort de saint Jean *Chrysostome*, Théophile les remit dans ses bonnes grâces, sans aucune formalité. Lui-même se repentit, au lit de la mort, d'avoir persécuté un saint, et voulut en avoir l'image auprès de son lit. — Il n'est pas plus vrai que ce saint se soit emporté avec indécence contre l'impératrice Eudoxie ; il ne déclama que contre le tumulte et les désordres auxquels le peuple se livrait autour de la statue de cette princesse. Le P. de Montfaucon a prouvé la fausseté d'un prétendu discours attribué à saint Jean *Chrysostome* sur ce sujet.

Un incrédule de notre siècle, auteur d'un prétendu *Tableau des Saints,* qui n'est qu'un tissu d'invectives et de calomnies, ajoute aux reproches des protestants, que ce saint patriarche fut un chef de parti ; qu'il manqua de tendresse pour sa mère en la quittant ; qu'il affaiblit sa santé par les austérités ; que l'on fut obligé de l'exiler à cause de son orgueil et de son opiniâtreté ; qu'il a condamné absolument les secondes noces, et a blâmé le mariage comme une imperfection ; qu'il n'a prêché contre la persécution que parce qu'il était le plus faible. — Il est constant néanmoins que saint Jean *Chrysostome* ne fut jamais à la tête d'aucun parti ; c'est une absurdité de lui faire un crime de l'attachement que son peuple témoigna pour lui, lorsqu'il le vit injustement persécuté ; pour prévenir toute espèce de sédition, ce saint évêque se déroba secrètement à son clergé et à son peuple, et exécuta sans murmurer les ordres de l'empereur. Il ne quitta sa mère que pour un temps, et il ne tarda pas à revenir auprès d'elle ; il en a toujours parlé avec le plus grand respect, et cette mère vertueuse eut tout lieu de se féliciter de la gloire dont elle le vit couvert par ses talents et par ses succès. Nous convenons qu'il pratiqua toutes les austérités de la vie monastique ; qu'il exalta le mérite de la virginité et de la continence ; qu'il fit envisager cet état comme plus parfait que le mariage ; qu'il a parlé des secondes noces comme tous les autres Pères de l'Eglise ; et dans tout cela nous soutenons qu'il a eu raison ; que c'est pour lui un sujet d'éloge, et non de censure. *Voy.* BIGAMIE, CÉLIBAT, etc.

Saint Jean *Chrysostome* a mérité à tous égards, soit la réputation dont il a joui pendant sa vie, soit le culte qui lui a été décerné après sa mort. On ne peut contester ni ses talents, ni ses vertus, ni la sagesse de sa conduite ; l'empereur Théodose II, fils d'Eudoxie, rendit pleine justice à la mémoire du saint évêque, et demanda pardon du crime de ses parents. Aucun autre Père n'a eu une plus parfaite intelligence de l'Ecriture sainte, et n'en a fait un usage plus judicieux. Il a été par excellence le prédicateur de la miséricorde de Dieu, et de la charité envers les pauvres. Peut-être serait-il à souhaiter que l'on ne se fût jamais écarté du sens qu'il a donné aux Epîtres de saint Paul. On sait avec quel respect saint Augustin a cité ce Père dans ses écrits contre les pélagiens, et la haute opinion qu'il avait de son orthodoxie.

La liturgie de saint Jean *Chrysostome* est encore en usage dans l'Eglise grecque; nous en parlerons au mot LITURGIE. *Voy.* Tillemont, tome XI; *Vies des Pères et des Martyrs*, tom. I; les *OEuvres de saint Jean* Chrysostome, tom. XIII, etc. Il y a dans le *Recueil de l'Académie des Inscriptions*, tom. XX, in-12, p. 197, un mémoire dans lequel le Père de Montfaucon a fait le détail des mœurs et des usages du IV° siècle, uniquement tiré des ouvrages de saint Jean *Chrysostome.*

CHUTE D'ADAM. *Voy.* ADAM.

CIBOIRE, vase sacré, fait en forme de grand calice couvert, qui sert à conserver les hosties consacrées pour la communion des fidèles dans l'Eglise catholique.

On gardait autrefois ce vase dans une colombe d'argent suspendue dans le baptistère, sur le tombeau des martyrs, ou au-dessus de l'autel, comme le Père Mabillon l'a remarqué dans sa liturgie gallicane; le concile de Tours ordonna de placer le *ciboire* sous la croix qui est sur l'autel.

Les théologiens catholiques ont observé que l'usage de conserver l'eucharistie pour la communion des malades, est une preuve invincible de la foi de l'Eglise à la présence réelle. Les protestants ont retranché cette coutume, parce qu'ils n'admettent la présence de Jésus-Christ que dans l'usage ou dans la communion, plutôt que dans les espèces consacrées. Or, il est prouvé que l'usage de les conserver est très-ancien, qu'il est observé dans les Eglises orientales séparées de l'Eglise romaine depuis plus de douze cents ans. *Voy.* la *Perpétuité de la Foi*, tome IV, liv. III, c. 1, et tome V, liv. VIII, c. 2.

CIBORE, chez les auteurs ecclésiastiques, désigne encore un petit dais élevé sur quatre colonnes au-dessus de l'autel. On en voit dans quelques églises de Paris et de Rome; c'est la même chose que *baldaquin;* les Italiens appellent *ciborio* un tabernacle isolé. *Voy.* l'*Ancien Sacramentaire,* par Grandcolas, 1re partie, pages 92 et 728.

CIEL. Ce terme, dans l'Ecriture sainte, comme dans le langage de tous les peuples, signifie l'espace immense qui environne la terre, et qui, selon notre manière de voir, est *au-dessus* de nous; tel est le sens des noms qui le désignent dans toutes les langues. Conséquemment *ciel* signifie, 1° l'air ou l'atmosphère; 2° l'espace plus éloigné dans lequel roulent les astres; 3° le lieu où Dieu fait éclater sa gloire, rend heureux les anges et les saints.

Quelques écrivains de nos jours ont prétendu que les Hébreux avaient une fausse idée du *ciel*, qu'ils le regardaient comme une voûte solide, à laquelle les étoiles sont attachées, au-dessus de laquelle il y a des réservoirs d'eau et des cataractes ou des portes pour en faire tomber la pluie, etc. Toutes ces rêveries n'ont aucun fondement dans l'Ecriture sainte; il est ridicule de prendre au pied de la lettre les expressions populaires, qui sont en usage parmi nous aussi bien que chez les Hébreux.

Une tour élevée *jusqu'au ciel*, une tour élevée jusqu'aux nues, est une tour très-haute; les *cataractes du ciel* sont les *chutes d'eau* de l'atmosphère; le *feu du ciel* est un feu qui tombe d'en haut; l'*armée du ciel* sont les astres; les *gonds du ciel (cardines cœli)* sont les pôles sur lesquels le *ciel* paraît tourner, etc.

On a vainement insisté sur ce que le *ciel* est souvent appelé *firmament*. L'hébreu *raquiah*, que les Septante ont rendu par στερέωμα, et la Vulgate par *firmamentum*, signifie *espace* ou *étendue*, et rien de plus. Un des interlocuteurs du livre de Job, qui avait dit que les cieux sont très-solides et aussi fermes que l'airain, est appelé dans le chapitre suivant, un vain discoureur qui parle comme un ignorant (*Job*, XXXVII, 18; XXXVIII, 2). Il est dit dans le même livre, que Dieu a suspendu la terre sur le vide ou *sur le rien*, chap. XXVI, v. 7. Les Hébreux nommaient comme nous la terre *le globe*; ils n'avaient donc pas une idée fausse de la structure du monde.

CIEL, dans le langage des théologiens, est le séjour du bonheur éternel, le lieu dans lequel Dieu se fait connaître aux justes d'une manière plus parfaite que sur la terre, et les rend heureux par la possession de lui-même. Nous concevons ce lieu comme placé au delà de l'espace immense que nous voyons au-dessus de nous, et rien ne peut prouver que cette idée soit fausse. Elle paraît fondée sur l'Ecriture sainte, qui nomme ce séjour divin les *cieux des cieux*, ou les cieux les plus élevés, le *troisième ciel*. Il est encore appelé la Jérusalem céleste, le paradis, l'*empirée;* c'est-à-dire, le séjour du feu ou de la lumière, le *royaume des cieux* et le *royaume de Dieu;* mais ces deux dernières expressions signifient souvent dans l'Evangile le royaume du Messie, ou le règne de Jésus-Christ sur son Eglise.

Le prophète Isaïe et l'apôtre saint Jean ont fait des descriptions magnifiques du *ciel*, des richesses qu'il renferme, du bonheur de ceux qui l'habitent; mais saint Paul nous avertit que l'œil n'a point vu, que l'oreille n'a point entendu, que le cœur de l'homme n'a pas senti ce que Dieu prépare à ceux qui l'aiment (*I Cor.* II, 9). Ce bonheur est au-dessus de toutes nos pensées et de nos expressions; il ne peut être conçu que par ceux qui en jouissent. *Voy.* BONHEUR ÉTERNEL.

CIERGE, chandelle de cire que l'on allume dans les cérémonies religieuses. Comme les premiers chrétiens, dans le temps des persécutions, n'osaient s'assembler que la nuit, et souvent dans des lieux souterrains, ils furent obligés de se servir de *cierges* et de flambeaux pour célébrer les saints mystères. Ils en eurent encore besoin lorsqu'on leur eut permis de bâtir des églises; celles-ci étaient construites de manière qu'elles recevaient très-peu de jour; l'obscurité inspirait plus de recueillement et de respect; plus les églises sont anciennes, plus elles sont obscures. — Il n'est donc pas nécessaire de recourir aux usages des païens ni à ceux des Juifs pour trouver l'origine des *cierges* dans les églises; saint Jean, qui a représenté dans l'Apocalypse les assemblées chrétiennes, fait mention de *cierges* et de chandeliers d'or; dans les canons apostoliques, *can.* 3, il est parlé des lampes qui brûlaient dans l'église.

De tout temps et chez tous les peuples, les illuminations ont été un signe de joie, une manière d'honorer les grands : il est donc très-naturel que ce signe ait été employé pour honorer aussi la Divinité. « Dans tout l'Orient, dit saint Jérôme, on allume dans les églises des *cierges* en plein jour, non pour dissiper les ténèbres, mais en signe de joie, et afin de représenter, par cette lumière sensible, la lumière intérieure de laquelle a parlé le psalmiste, lorsqu'il a dit : Votre parole, Seigneur, est un flambeau qui m'éclaire et qui dirige mes pas dans le chemin de la vertu. » Tom. IV, 1re part., p. 284.

Les *cierges* nous font souvenir que Jésus-Christ est la vraie lumière qui éclaire tous les hommes; que c'est au pied de ses autels que nous recevons la lumière de la grâce; que nous devons être nous-mêmes, par nos bonnes œuvres, une lumière capable d'éclairer et d'édifier nos frères. *Matth.* v, 16.

Dom Claude de Vert, dans son *Explication des cérémonies de l'Eglise*, avait avancé que dans l'origine on n'allumait des *cierges* que par nécessité, parce que les offices de la nuit demandaient ce secours, et que l'on n'a commencé qu'après le ixe siècle à donner des raisons morales et mystiques de cet usage. M. Languet, en réfutant cet auteur, a prouvé, par des monuments du IIIe et du IVe siècle, que dès les commencements de l'Eglise on a fait usage des *cierges* dans l'office divin, par des raisons morales et mystiques, pour rendre honneur à Dieu, pour témoigner que Jésus-Christ est, selon l'expression de saint Jean, *la vraie lumière qui éclaire tout homme venant en ce monde;* pour faire souvenir les fidèles de la parole de ce divin maître, qui a dit à ses disciples : *Vous êtes la lumière du monde; ceignez vos reins, et tenez à la main des lampes allumées*, etc. C'est pour cela que l'on mettait à la main des nouveaux baptisés un cierge allumé, en leur répétant cette leçon, et que l'on allumait des *cierges* pour lire l'Evangile à la messe. Ainsi le concile de Trente n'a pas eu tort de regarder cet usage comme venant d'une tradition apostolique, sess. 22, c. 5. Par conséquent les protestants ont eu tort de le supprimer et de l'envisager comme un rite superstitieux. — Au commencement du ve siècle, l'hérétique Vigilance objectait, comme eux, que c'était une pratique empruntée des païens, qui faisaient brûler des lampes et des *cierges* devant les statues de leurs dieux. Saint Jérôme leur répond que le culte rendu par les païens à leurs idoles était détestable, parce qu'il s'adressait à des objets imaginaires et indignes de vénération; que celui des chrétiens, adressé à Dieu et aux martyrs, est louable, parce que ce sont des êtres réels et très-dignes de nos respects. Marie, sœur de Lazare, eut-elle tort de répandre des parfums pour faire honneur à Jésus-Christ, parce que les païens en répandaient aussi dans leurs temples? Il réprimanda ses disciples lorsqu'ils voulurent le trouver mauvais et blâmer la sainte prodigalité de cette femme. Nous serons obligé de répéter vingt fois que s'il fallait nous abstenir de toutes les pratiques dont les païens ont abusé, il faudrait supprimer toute espèce de culte extérieur. Les abus subsistaient déjà chez les nations idolâtres, lorsque Dieu prescrivit aux Hébreux le culte qu'ils devaient lui rendre; il voulut cependant qu'ils fissent à son honneur plusieurs choses que les païens faisaient pour leurs dieux. *Voy.* CÉRÉMONIE, CULTE EXTÉRIEUR.

Le concile d'Elvire, tenu vers l'an 300, can. 34, défend d'allumer pendant le jour des *cierges* sur les cimetières, *parce que*, dit-il, *il ne faut pas inquiéter les esprits des saints*. L'on a donné différentes explications de ce canon; il nous paraît faire allusion au reproche que fit Samuel à Saül, lorsque celui-ci le fit évoquer par la pythonisse d'Endor : Pourquoi avez-vous troublé mon repos, en me faisant sortir du tombeau? *Quare inquietasti me ut suscitarer* (*I Reg.* xxviii, 15)? Ainsi le concile condamnait la superstition de ceux qui allumaient des *cierges* sur les cimetières dans l'intention d'évoquer les morts : c'était un reste de paganisme.

De nos jours, on a poussé l'ineptie jusqu'à supputer combien coûte chaque année le luminaire des églises; on en a porté la dépense à quatre millions pour le royaume, et l'on a conclu gravement à supprimer les *cierges*. Les raisons sur lesquelles on a fondé la nécessité de cette réforme ne tendent pas à moins qu'au retranchement de toute cérémonie qui peut être dispendieuse. A cela nous répondons que les leçons de vertu valent mieux que l'argent; que ceux qui ne donnent rien à Dieu, ne sont pas fort enclins à donner aux pauvres; que ce n'est point à des philosophes sans religion qu'il appartient de prescrire ce que l'on doit faire par religion. Nous ne supputons point ce qu'il en coûte chaque année pour l'illumination des spectacles et des écoles du vice; ils peuvent se dispenser aussi de calculer les dépenses du culte divin. Malheur à toute nation chez laquelle on compte ce qu'il en coûte pour honorer Dieu et pour être homme de bien! *Voy.* l'*Ancien Sacramentaire*, 1re part., p. 52 et 717. — Mais, puisqu'enfin il faut des raisons de politique et de finance pour satisfaire nos censeurs, nous disons que la consommation qui se fait dans les églises n'est pas moins utile au commerce que celle qui se fait dans les maisons des particuliers.

CIERGE PASCAL. Dans l'Eglise romaine, c'est un gros *cierge* auquel un diacre attache cinq grains d'encens en forme de croix, et il allume ce *cierge* avec du feu nouveau pendant l'office du samedi saint. — Le Pontifical dit que le pape Zozime a institué cette cérémonie; Baronius prétend qu'elle est plus ancienne, et le prouve par une hymne de Prudence: il croit que Zozime en a seulement étendu l'usage aux églises paroissiales, et qu'auparavant on ne s'en servait que dans les grandes églises. Papebrock en marque plus distinctement l'origine dans son *Conatus chronico-historicus*. Lorsque le concile de Nicée eut réglé le jour auquel il fallait célébrer la fête de Pâques, le patriarche d'Alexandrie fut chargé d'en faire un canon annuel, et de l'envoyer au pape. Comme toutes les fêtes mobiles se règlent par celle de Pâques, on en faisait tous les ans un catalogue, que l'on écrivait sur un *cierge*, et on bénissait ce *cierge* avec beaucoup de cérémonie. — Selon l'abbé Châtelain, ce *cierge* n'était pas fait pour brûler, il n'avait point de mèche; il était seulement destiné à servir de tablettes pour marquer les fêtes mobiles de l'année courante. Alors on gravait sur le marbre ou sur le bronze les choses dont on voulait perpétuer la mémoire; on écrivait sur du papier d'Egypte ce que l'on voulait conserver longtemps; on se contentait de tracer sur la cire ce qui devait être de peu de durée. Dans la suite on écrivit la liste des fêtes mobiles sur du papier, mais on l'attachait toujours au *cierge pascal*; cette coutume s'observe encore à Notre-Dame de Rouen et dans toutes les églises de l'ordre de Cluni. Telle paraît être l'origine de la bénédiction du *cierge pascal*; mais il est dit dans cette bénédiction que ce *cierge* allumé est le symbole de Jésus-Christ ressuscité. La préface, qui fait partie de cette bénédiction, est au plus tard du v° siècle; elle se trouve dans le missel gallican telle qu'on la chante encore aujourd'hui; les uns l'attribuent à saint Augustin, les autres à saint Léon.

CILICE. *Voy.* SAC.

CIMETIÈRE. *Voy.* FUNÉRAILLES.

CIRCONCELLIONS ou SCOTOPITES, donatistes d'Afrique au IV° siècle, ainsi nommés parce qu'ils rôdaient autour des maisons, dans les villes et dans les bourgades, sous prétexte de venger les injures, de réparer les injustices, de rétablir l'égalité parmi les hommes. Ils mettaient en liberté les esclaves sans le consentement de leurs patrons, déclaraient quittes les débiteurs et commettaient mille désordres. Makide et Faser furent les chefs de ces brigands enthousiastes. Ils portèrent d'abord des bâtons qu'ils nommaient *bâtons d'Israël*, par allusion à ceux que les Israélites devaient avoir à la main en mangeant l'agneau pascal; ils prirent ensuite des armes pour opprimer les catholiques. Donat les appelait les *chefs des saints*, et exerçait par leur moyen d'horribles vengeances. Un faux zèle de martyre les porta à se donner la mort: les uns se précipitèrent du haut des rochers, ou se jetèrent dans le feu; d'autres se coupèrent la gorge. Les évêques, hors d'état d'arrêter par eux-mêmes ces excès de fureur, furent contraints d'implorer l'autorité des magistrats. On envoya des soldats dans les lieux où ils avaient coutume de se rassembler les jours de marchés publics; il y en eut plusieurs de tués, que les autres honorèrent comme des martyrs. Les femmes, perdant leur douceur naturelle, imitèrent la barbarie des *circoncellions*; l'on en vit plusieurs qui, malgré leur grossesse, se jetèrent dans des précipices. *Voy.* saint Augustin, *hær.* 69; Baron, *an.* 331, n° 9; 348, n° 26, etc.; Pratéole, Philastre, etc. — Vers le milieu du XIII° siècle, on donna le même nom de *circoncellions* à quelques prédicans fanatiques d'Allemagne, qui suivirent le parti de l'empereur Frédéric, excommunié au concile de Lyon par le pape Innocent IV. Ils prêchaient contre le pape, contre les évêques, contre tout le clergé et contre les moines; ils prétendaient que tous avaient perdu leur caractère, leurs pouvoirs et leur juridiction par le mauvais usage qu'ils en avaient fait; que tous ceux qui suivaient le parti de Frédéric obtiendraient la rémission de leurs péchés, que tous les autres seraient réprouvés et damnés. Ce fanatisme fit beaucoup de tort à l'empereur, et détacha de ses intérêts un grand nombre de catholiques. *Voy.* Dupin, sur le XIII° siècle, p. 190.

CIRCONCISION, cérémonie religieuse chez les Juifs; elle consistait à couper le prépuce des enfants mâles huit jours après leur naissance, ou des adultes qui voulaient faire profession de la religion juive. La *circoncision* est encore en usage parmi d'autres peuples, mais non comme un acte de religion. Nous n'avons à parler que de la *circoncision* des Juifs.

Cette cérémonie a commencé par Abraham, à qui Dieu la prescrivit comme le sceau de l'alliance qu'il avait faite avec ce patriarche (*Gen.* XVII, 10). En conséquence de cette loi, portée l'an du monde 2108, Abraham, âgé pour lors de quatre-vingt-dix-neuf ans, se circoncit lui-même, son fils Ismaël et tous les esclaves de sa maison, et depuis ce moment la *circoncision* a été une pratique héréditaire pour ses descendants. Dieu en réitéra le précepte à Moïse (*Exod.* XII, 44, 48). Tacite, parlant des Juifs, *Hist.* l. V, chap. 1, reconnaît expressément que la *circoncision* les distinguait des autres nations; saint Jérôme et d'autres auteurs ecclésiastiques font la même remarque.

Celse et Julien, pour contredire l'histoire sainte, ont prétendu qu'Abraham, qui était venu de Chaldée en Egypte, y avait trouvé l'usage de la *circoncision* établi, et qu'il l'avait emprunté des Egyptiens; qu'elle n'était donc pas un signe distinctif du peuple de Dieu. Le chevalier Marsham, Le Clerc et d'autres ont soutenu la même chose, fondés sur quelques passages d'Hérodote et de Diodore de Sicile. — On leur oppose, 1° que le témoignage d'Hérodote sur les antiquités égyptiennes est très-suspect ; cet auteur, qui n'entendait pas la langue de l'Egypte, a été trompé fort aisément par les prêtres égyptiens ; Manéthon, né dans ce pays-là, lui reproche plusieurs erreurs à cet égard. L'autorité de Moïse, qui était beaucoup plus ancien et mieux instruit que des étrangers, nous paraît préférable à celle d'Hérodote et de Diodore de Sicile. — 2° Abraham, qui avait voyagé en Egypte, en sortit sans être circoncis, et on ne voit pas quelle raison aurait pu l'engager à imiter un usage égyptien ; il ne reçut la *circoncision* que par un ordre exprès de Dieu, et il y a plus de raisons de penser qu'au contraire les Egyptiens ont adopté cet usage des Israélites, qui demeurèrent longtemps en Egypte. — 3° Les Juifs regardaient la *circoncision* comme un devoir de religion et d'obligation étroite pour les mâles seulement, auxquels on la donnait le huitième jour après leur naissance ; chez les autres peuples c'était un usage de propreté, de santé, peut-être de nécessité physique ; on ne la donnait aux enfants que dans la quatorzième année, et les filles y étaient assujetties aussi bien que les garçons. — 4° La *circoncision* des mâles n'a jamais passé en loi générale chez les Egyptiens ; saint Ambroise, Origène, saint Epiphane et Josèphe attestent qu'il n'y avait que les prêtres, les géomètres, les astronomes et les savants dans la langue hiéroglyphique qui fussent astreints à cette cérémonie. Suivant saint Clément d'Alexandrie (*Strom.*, liv. I), Pythagore, voyageant en Egypte, voulut bien s'y soumettre, afin d'être initié dans les mystères des prêtres et d'apprendre les secrets de leur philosophie.

Artapan, cité dans Eusèbe, *Præp. Evang.*, l. IX, c. 27, assure que ce fut Moïse qui communiqua la *circoncision* aux prêtres égyptiens. D'autres pensent qu'elle ne fut en usage parmi eux que sous le règne de Salomon. Fort longtemps après cette époque, Ezéchiel, c. XXXI, v. 18 ; c. XXXII, v. 19, et Jérémie, c. IX, v. 24 et 25, comptent encore les Egyptiens parmi les peuples incirconcis (*Mém. de l'Acad. des Inscript.*, t. LXX, in-12, p. 112). — Spencer, *de Legib. Hebræorum ritualib.*, liv. I, c. 4, sect. 4, a rapporté les raisons pour et contre touchant l'origine de la *circoncision* chez les Juifs, et n'a pas voulu décider la question. — Vainement on a cherché des raisons physiques de cet usage parmi les Juifs ; une preuve qu'ils n'en avaient besoin ni pour la propreté, ni pour éviter aucune maladie, c'est que les chrétiens qui ont habité pendant longtemps la Palestine, les Grecs qui y demeurent encore aujourd'hui avec les Turcs, n'ont jamais pratiqué la *circoncision*, et n'ont ressenti pour cela aucune incommodité.

Chez les Hébreux, la loi n'avait rien prescrit sur le ministre ni sur l'instrument de la *circoncision* ; le père de l'enfant, un parent, un prêtre, un chirurgien, pouvaient faire cette opération. L'on se servait d'un rasoir, d'un couteau ou d'une pierre tranchante. Séphora, femme de Moïse, circoncit son fils Eliézer avec une pierre (*Exod.* IV, 25). Josué en usa de même envers les Israélites à Galgala, c. V, v. 2. On prétend que les Egyptiens se servaient aussi de pierres tranchantes pour ouvrir les corps des morts qu'ils embaumaient. Chez les Juifs modernes, la *circoncision* se donne aux enfants mâles avec beaucoup d'appareil ; mais le détail des cérémonies qu'ils observent ne nous regarde pas. — Sous les rois de Syrie, les Juifs apostats s'efforçaient d'effacer en eux-mêmes la marque de la *circoncision* ; il est dit dans le premier livre des Machabées, c. I, v. 16 : *Fecerunt sibi præputia*, et Josèphe en convient (*Antiq. Jud.*, l. XII, c. 6).— Saint Paul (*I Cor.* VII, 18) semble craindre que les Juifs convertis au christianisme n'en usassent de même : *Circumcisus aliquis vocatus est, non adducat præputium.* Saint Jérôme, Rupert et Haimon nient la possibilité du fait, et croient que la *circoncision* est ineffaçable ; mais des médecins célèbres, Celse, Galien, Bartholin, etc., soutiennent le contraire.

Outre l'effet naturel de distinguer les Juifs des autres peuples, la *circoncision* avait des effets moraux ; elle rappelait aux Juifs qu'ils descendaient du père des croyants, de la race dont devait naître le Messie ; qu'ils devaient imiter la foi d'Abraham, croire comme lui aux promesses de Dieu. Selon Moïse, *Deut.*, chap. XXX, v. 6, c'était un symbole de la *circoncision* du cœur ; selon Philon, *de Circumcis.*, et saint Paul, *Galat.*, c. V, v. 3, elle obligeait le circoncis à l'observation de toute la loi ; enfin elle était la figure du baptême. M. Fleury, *Mœurs des Israélites*, observe que les anciens Juifs n'avaient pas une aussi haute idée de la *circoncision* que les rabbins modernes ; plusieurs ne la regardaient que comme un simple devoir de bienséance.

Les théologiens la considèrent comme un sacrement de l'ancienne loi, ce qu'elle était un signe de l'alliance de Dieu avec la postérité d'Abraham. *Voy.* saint Thomas (*In 4 Sent.*, dist. 1, quæst. 1, art. 2, ad quartam). Mais ce sacrement donnait-il la grâce, et comment ? — Saint Augustin a soutenu que la *circoncision* remettait le péché originel aux enfants (*De Nupt. et Concup.*, lib. IV, c. 2) ; il le répète dans plusieurs de ses ouvrages contre les pélagiens et contre la lettre de Pétilien. Saint Grégoire le Grand, dans ses *Morales sur Job*, l. IV, c. 3, Bède, saint Fulgence, saint Prosper, le Maître des Sentences, Alexandre de Halès, Scot, Durand, saint Bonaventure, Estius, etc., sont de même sentiment ; ces deux derniers sont allés jusqu'à dire que la *circoncision* produisait la grâce *ex opere operato*, comme les sacrements de la loi nouvelle. — Quelque respectables que soient ces autorités, elles n'ont point subjugué les théologiens ; le très-grand nombre pensent, comme saint Thomas, que la *circoncision* n'avait point été instituée pour servir de remède au péché originel ; ils le prouvent, 1° parce que le texte de la Genèse, c. XVII, v. 10, n'en dit rien ; il ne donne la *circoncision* que comme un signe d'alliance entre Dieu et la postérité d'Abraham. 2° Saint Paul (*Rom.* iv, 11) enseigne qu'Abraham reçut la *circoncision* comme le *sceau* de la justice qu'il avait eue avant d'être circoncis. Le même apôtre, parlant en général des cérémonies de l'ancienne loi, les appelle *des éléments vides et sans effets, des justices de la chair*; donc aucune n'a eu la vertu d'effacer le péché. 3° Tous les Pères, avant saint Augustin, ont unanimement soutenu que la *circoncision* n'avait pas la vertu d'effacer le péché originel; ainsi ont pensé saint Justin, saint Irénée, Tertullien, saint Cyprien, saint Jean Chrysostome, saint Ambroise, saint Epiphane, Théodoret, Théophylacte, OEcuménius, et la foule des commentateurs. 4° Puisque le péché originel est commun aux deux sexes, il n'eût été ni de la bonté ni de la sagesse de Dieu d'établir pour ce péché un remède qui n'était applicable qu'aux mâles. 5° Pourquoi attendre au huitième jour, pourquoi interrompre pendant quarante ans la *circoncision* dans le désert, si c'était un remède au péché? 6° Philon et les rabbins anciens ou modernes, malgré la haute idée qu'ils avaient de la *circoncision*, ne lui ont jamais attribué la vertu d'effacer le péché; il est même incertain si le commun des juifs avait aucune idée du péché originel.

Saint Augustin, pour établir son opinion, a forcé le sens de l'Ecriture sainte. Il lisait dans les Septante ou dans l'ancienne Vulgate: *Tout enfant mâle dont la chair n'aura pas été circoncise le huitième jour sera exterminé de son peuple, parce qu'il a violé mon alliance*. Mais, 1° ces mots, *le huitième jour*, ne sont ni dans l'hébreu, ni dans notre Vulgate, qui est faite sur l'hébreu; comment un enfant, avant l'usage de la raison, aurait-il violé l'alliance du Seigneur? 2° Saint Augustin voulait que ces mots, *sera exterminé de son peuple*, signifiassent, *sera condamné à l'enfer*: or ils signifient seulement, *sera puni de mort*, ou *sera enlevé par une mort prématurée*, ou *sera séparé du corps des Israélites*, ou *sera privé des priviléges attachés à l'alliance que Dieu a faite avec Abraham*. 3° C'est de cette dernière alliance qu'il s'agit uniquement, et non de celle que Dieu avait faite avec nos premiers parents, alliance que, selon l'idée de saint Augustin, nous avons tous violée dans la personne d'Adam. Le mot *pactum*, alliance, répété jusqu'à huit fois dans le chapitre XVII de la Genèse, signifie constamment les engagements que Dieu imposait à Abraham.

Il n'y a donc aucune preuve que dans l'ancienne loi, ou auparavant, Dieu ait institué un remède ou un signe extérieur pour effacer le *péché originel*. *Voy.* cet article et les *Dissertations de D. Calmet sur la Circoncision;* Bible d'Avignon, tom. I, pag. 580, et tom. XV, p. 314.

CIRCONCISION de Notre-Seigneur, fête qui se célèbre dans l'Eglise romaine le premier jour de janvier. Jésus-Christ a dit lui-même qu'il n'était pas venu pour détruire la loi, mais pour l'accomplir; conséquemment il se soumit à la *circoncision*, et la reçut comme les autres enfants. On croit communément que ce fut à Bethléem, et, selon saint Epiphane, dans la grotte même où il était né; il reçut dans cette cérémonie le nom de *Jésus* ou de *Sauveur* (*Luc.* II, 21). — Autrefois on appelait cette fête l'*Octave de la Nativité;* elle ne fut établie sous le nom de *Circoncision* que dans le VII° siècle, et seulement en Espagne. En France, le premier janvier était un jour de pénitence et de jeûne, pour expier les superstitions et les déréglements auxquels on se livrait ce jour-là, et qui étaient un reste de paganisme. — A ces divertissements profanes, abolis en 1444, suivant l'avis de la faculté de théologie de Paris, on substitua une fête solennelle qui est actuellement célébrée dans toute l'Eglise, et qui est aussi la fête du saint Nom de *Jésus*.

* CIRCONSCRIPTION DIOCÉSAINE ET PAROISSIALE. Toute espèce de puissance souveraine, en conférant la juridiction à une autorité inférieure, trace des limites au delà desquelles celle-ci ne peut validement exercer sa juridiction. Si chaque autorité inférieure pouvait user de son pouvoir sur tout le territoire de la République, il n'y aurait que confusion. Il en serait de même dans l'Eglise, si les évêques et les curés ne reconnaissaient pas de limites à l'exercice de leur pouvoir. Il faut une autorité pour tracer ces limites. Il est évident qu'elle ne peut être autre que celle qui confère la juridiction ecclésiastique. Le pape, conférant la juridiction en maître absolu, peut seul déterminer les limites des diocèses. Il a aussi incontestablement le droit de déterminer celles des paroisses. Mais ce pouvoir est remis à l'évêque, à qui il appartient par le droit de sa dignité.

Nous avons eu en France des parlementaires qui ont prétendu que la démarcation diocésaine et paroissiale est du ressort du pouvoir temporel, parce qu'une division territoriale est quelque chose de matériel. C'est un étrange abus de mots. La division diocésaine et paroissiale ayant pour but unique l'exercice d'un pouvoir spirituel, absolument indépendant de la puissance temporelle, ne portant nulle atteinte à celle-ci, est entièrement soumise à l'autorité spirituelle, sans que l'autorité civile puisse réclamer avec l'ombre de raison. La Constituante de 1789 méconnut ce droit et fit de sa propre autorité une nouvelle démarcation métropolitaine, diocésaine et paroissiale. Pie VI condamna cet acte usurpateur dans son bref du 10 mars 1791: « Un des articles les plus répréhensibles de la Constitution civile du clergé, disait-il, est celui qui anéantit les anciennes métropoles, supprime quelques évêchés, en érige de nouveaux, et change toute la distribution des diocèses..... La distribution du territoire fixée par le gouvernement civil n'est point la règle de l'étendue et des limites de la juridiction ecclésiastique. Saint Innocent Ier en donne la raison: *Vous me demandez*, dit-il, *si, d'après la division des provinces établies par l'empereur, de même qu'il y a deux métropoles, il faut aussi nommer deux évêques métropolitains; mais sachez que l'Eglise ne doit point souffrir des variations que la nécessité introduit dans le gouvernement temporel, ni des changements que l'empereur juge à propos de faire pour ses intérêts. Il faut, par conséquent, que le nombre des métropolitains reste conforme à l'ancienne circonscription des provinces.* »

CIRCUM-INCESSION. *Voy.* TRINITÉ.

* CISTERCIENS, CITEAUX. *Voy.* BERNARDINS.

CITATION DE L'ÉCRITURE SAINTE. *Voy.* ÉCRITURE SAINTE.

CLAIRE (Religieuse de Sainte-) ou CLARISSE (1). On donne ce nom à un ordre de religieuses qui vivent sous la règle de saint François d'Assise. — Cet ordre, le plus austère de tous les monastères de filles, a été formé dans le xiii° siècle, en même temps que celui des Frères Mineurs.

Claire, native d'Assise en Ombrie, animée par l'exemple de son concitoyen François, conçut le dessein de faire, pour les personnes de son sexe, ce que celui-ci faisait pour les hommes. Elle reçut l'habit religieux des mains de ce saint patriarche : son exemple fut bientôt imité par plusieurs filles qui se vouèrent à la règle la plus dure et la plus austère. Leur premier monastère fut établi dans l'église de Saint-Damiens, d'où elles ont été appelées *Damianistes*. — Urbain IV trouva leur première règle si dure et si pénible, qu'il crut devoir la mitiger ; mais toutes n'ont pas accepté cet adoucissement. On appelle *Clarisses* celles qui ont conservé l'ancienne observance, et *Urbanistes* celles qui ont reçu la règle mitigée.

Les *Clarisses* font profession de la pauvreté la plus rigoureuse. Elles jeûnent toute l'année, vont le plus souvent pieds nus, sans soques ni sandales. Leur habillement est d'une grosse serge grise, sous lequel elles portent encore un cilice. Elles gardent un silence perpétuel, ne se saluent, en se rencontrant, que par ces mots, *Ave Maria*: ce qui leur a fait donner le nom de *Filles de* ̓AVE MARIA. — Elles sont reçues sans dot, elles renoncent à tout revenu, et ne vivent que des aumônes qu'on leur envoie. Elles portent le cordon du tiers ordre pour marquer qu'elles sont filles de saint François. Elles sont sous la direction des Cordeliers. L'office divin, la prière, les exercices les plus humbles, partagent tout leur temps, le jour et la nuit.

Les *Urbanistes* doivent leur origine à Isabelle de France, sœur de saint Louis, qui, en 1255, fonda le monastère de Longchamps, près Paris, sous le nom de l'*Humilité de Notre-Dame*. Elle avait d'abord adopté la règle de sainte Claire ; mais elle fut adoucie par les papes Urbain IV et Eugène IV. Elle est la même que celle des Frères Mineurs. Elles peuvent, comme eux, manger de la viande dans les jours ordinaires ; on a aboli la loi du silence, qui leur était imposée. Elles portent une robe de serge grise, serrée d'un cordon blanc : au chœur et en cérémonies, elles ont un manteau de même étoffe que leur robe. On exige des postulantes une naissance honnête et une certaine somme d'argent. (Extrait du *Diction. de Jurisp.*) [Voy. le *Dict. des Ord. rel.* du P. Hélyot, édit. Migne.]

CLAIRETTES (les), maison de filles religieuses de l'ordre de Cîteaux et de la réforme de la Trappe, fondée par Geoffroy, troisième comte du Perche, et érigée en abbaye en 1221. Ces religieuses ont pour

---

(1) Cet article est reproduit d'après l'édition de Liège.

supérieurs immédiats les abbés de la Trappe, et imitent la vie des religieux.

Il semble d'abord que l'austérité de la règle des clarisses, des chartreuses, des *clairettes*, etc., devrait effrayer et dégoûter les filles qui ont de la vocation pour l'état religieux. Nous voyons le contraire : les couvents les plus austères sont ceux qui trouvent le plus aisément des sujets, dans lesquels les religieuses paraissent le plus contentes, et vivent le plus longtemps. Les philosophes regardent ce phénomène comme un effet de l'enthousiasme et de la folie ; il nous paraît plus naturel de le prendre pour un effet de la grâce. L'enthousiasme passe et se dissipe, au lieu que nous voyons la ferveur d'une bonne religieuse persévérer pendant toute sa vie.

CLANCULAIRES. *Voy.* ANABAPTISTES.

CLAUDE DE TURIN, était Espagnol de naissance, et disciple de Félix d'Urgel, qui soutenait que Jésus-Christ, en tant qu'homme, n'était pas le Fils de Dieu par nature, mais seulement par adoption. *Voy.* ADOPTIENS. *Claude*, placé sur le siège de Turin par Louis le Débonnaire, l'an 823, commença par faire briser et brûler les croix et les images qui étaient dans les églises ; il soutint que l'on ne devait leur rendre aucun culte, non plus qu'aux reliques ; il fut même accusé de nier qu'on doive honorer les saints, et de blâmer les pèlerinages au tombeau des martyrs : il disait que l'*apostolique* ou le pape n'est pas celui qui occupe le siège de l'apôtre, mais celui qui en remplit les devoirs ; erreur qui fut renouvelée par les Vaudois sur la fin du xii° siècle.

Par ces exploits, *Claude de Turin* a mérité d'être placé par les protestants au nombre de leurs prédécesseurs, et de ceux qu'ils nomment *les témoins de la vérité*. Mosheim en parle avec la plus grande estime ; il vante les commentaires de cet évêque sur l'Ecriture sainte, et sa capacité dans la manière de l'expliquer ; il dit que, par sa noble hardiesse pour la défense de la religion, ce savant et vénérable prélat encourut la haine des enfants de la superstition ; mais qu'il défendit sa cause avec tant de dextérité et de force, qu'il demeura triomphant, et acquit plus de crédit que jamais (*Hist. ecclés.*, ix° siècle, seconde partie, c. 2, § 14 ; c. 3, § 17). Basnage en a fait un éloge encore plus complet. — Mais si l'on veut jeter un coup d'œil sur la manière dont ce prétendu savant défendait sa cause, on verra qu'il raisonnait fort mal, et qu'il suppléait par un ton de hauteur et de fierté à la faiblesse de ses arguments. S'il est vrai qu'en arrivant sur le siège de Turin il trouva le culte des saints, des images, des reliques, poussé par le peuple jusqu'à la superstition et à l'idolâtrie, ne lui était-il pas possible d'instruire ses ouailles, sans donner dans un autre excès ? C'est ce que lui représentèrent l'abbé Théodémir, le moine Dungal, Jonas, évêque d'Orléans, et Walafrid Strabon, qui écrivirent contre lui. Ils distinguent, comme nous faisons encore, entre le culte divin et suprême, ou l'adoration proprement dite, qui n'est due qu'à Dieu seul, et le culte relatif et inférieur que l'on rend aux saints, aux images et aux reliques; ils le fondent sur la pratique constante et universelle de l'Eglise, contre laquelle les sophismes de *Claude de Turin* et ses déclamations ne prouvaient rien du tout. *Voy.* Fleury, *Hist. ecclés.*, liv. XLVI, § 20 et 21; liv. XLVIII, § 7. — Les protestants ont grand soin de garder le silence sur les autres erreurs que *Claude* avait reçues de Félix d'Urgel son maître, et qui l'ont rendu à bon droit suspect de nestorianisme. Le prétendu triomphe qu'ils lui attribuent ne consista qu'à laisser quelques disciples qui n'ont pas été capables de réhabiliter sa mémoire. La plupart de ses écrits n'ont pas été imprimés, et il paraît que la religion ni les lettres n'y ont rien perdu.

Pour faire l'apologie de cet évêque contre les reproches de Bossuet, Basnage observe, 1° que *Claude de Turin* ne pouvait être tout à la fois arien et nestorien. Il ne fait pas attention que l'erreur de Félix d'Urgel, dont *Claude de Turin* était disciple, tenait une espèce de milieu entre l'arianisme et le nestorianisme; car enfin, si Jésus-Christ, en tant qu'homme, n'est pas Fils de Dieu par nature, c'est ou parce que le Verbe n'est pas véritablement Dieu, comme le soutenaient les ariens, ou parce qu'entre l'humanité de Jésus-Christ et le Verbe divin il y a seulement une union morale et non substantielle, comme l'entendait Nestorius. Il n'est donc pas étonnant que les uns aient accusé *Claude de Turin* d'arianisme, les autres de nestorianisme. — 2° il dit que cet évêque admettait deux Eglises, dont l'une, ornée de toutes les vertus, était le corps de Jésus-Christ; l'autre s'assemblait seulement au nom de Jésus-Christ, sans en avoir les vertus pleines et parfaites. Nous demandons aux protestants à laquelle des deux ils croient appartenir; il est bien certain que saint Paul n'a connu qu'une seule Eglise. — 3° *Claude de Turin* égalait saint Paul à saint Pierre, et ne reconnaissait point d'autre chef de l'Eglise que Jésus-Christ; mais au moins il ne disait pas, comme les protestants, que le pape est l'Antechrist. — 4° Il était zélé partisan de la doctrine de saint Augustin sur la prédestination et sur la grâce, et on l'accusait de n'estimer aucun autre Père; du moins il ne taxait pas d'erreur les autres Pères, comme font les protestants. — 5° Il rejetait les mérites des hommes; il disait que si Jésus-Christ n'a tiré aucune gloire de ses actions, à plus forte raison les hommes ne doivent pas rapporter à eux-mêmes ce qu'ils font de bien. Mais les catholiques disent la même chose, sans rejeter pour cela le mérite des bonnes œuvres. *Voy.* MÉRITE. — 6° Il soutenait que l'on est sauvé par la foi *seule*, et non par les œuvres *de la loi*; cependant il exigeait les bonnes œuvres. Si par *la loi* il entendait, comme saint Paul, la loi mosaïque, il avait raison, et nous pensons comme lui; s'il entendait la loi de Jésus-Christ, il se contredisait comme les protestants, et rejetait, comme eux, la doctrine de saint Jacques. *Voy.* JUSTIFICATION. — 7° Il ne voulait pas que l'on priât pour les morts, parce que chacun doit *porter sa charge*; et que si nous pouvons nous aider les uns les autres dans cette vie, ni Job, ni Noé, ni David, ne peuvent plus prier pour les âmes, lorsqu'elles sont menées devant le tribunal de Jésus-Christ (*Ezech.* XIV, 14 et 18). Ce sophiste mettait donc saint Paul en contradiction avec lui-même; cet apôtre dit (*Galat.* VI, 2 et 5): *Portez la charge les uns des autres*; et le passage d'Ezéchiel est ici fort mal appliqué. *Voy.* PRIÈRE POUR LES MORTS. — 8° *Claude de Turin* n'admettait ni la présence réelle de Jésus-Christ dans l'eucharistie, ni la transsubstantiation, puisqu'il dit que Jésus-Christ *a rapporté mystiquement le vin à son sang*. Nous voudrions savoir si Basnage a entendu le verbiage et les froides allégories qu'il cite à ce sujet de *Claude de Turin*; il est évident que ce sophiste ne s'entendait pas lui-même. — Enfin, il brisa les images, en condamna l'idolâtrie et ceux qui les *adoraient*. Si par *adoration* on entend un culte absolu et suprême, ce serait en effet un acte d'idolâtrie de le rendre aux images; mais puisque Basnage lui-même a remarqué qu'*adorer* ne signifie souvent que *faire la révérence* ou témoigner du respect, pourquoi insister toujours sur ce terme équivoque, qui causa toutes les disputes du IX° siècle?

Cependant Basnage triomphe de ce que son héros ne fut condamné ni par le pape ni par aucun concile, et il en conclut que, du moins en France, tout le monde était dans la même croyance que *Claude de Turin*. Il devait se souvenir que cet évêque écrivait en 823, et qu'en 825 le concile de Paris condamna également ceux qui brisaient les images ou les ôtaient des églises, et ceux qui leur rendaient un culte superstitieux. Deux cents-vingt-ans auparavant, saint Grégoire le Grand avait fait la même chose en écrivant à Sérénus, évêque de Marseille. Quoique les évêques du concile de Paris eussent mal pris le sens des expressions du deuxième concile de Nicée, du pape Adrien, et des Grecs en général, le pape Eugène II crut devoir garder le silence, en espérant que cette erreur se dissiperait d'elle-même, comme il arriva en effet. Mais, lorsque les papes ont tonné contre les errants, les protestants déclament contre ce zèle; lorsqu'ils ont temporisé et toléré quelques abus, les protestants concluent que les papes les ont approuvés. Comment satisfaire de pareils censeurs? — Basnage va plus loin: il pense que les habitants des vallées du Piémont conservèrent précieusement la doctrine de *Claude de Turin*; qu'ils doivent avoir entretenu la succession dans leur Eglise, et qu'il faut les regarder comme un canal par où la vérité, opprimée en d'autres lieux, a passé aux siècles suivants. Mais il y a un peu loin du IX° siècle au XVI°, et dans cet intervalle il y eut à Turin des évêques qui ne pensaient pas comme celui dont nous parlons, et ils n'ont pas accusé leurs ouailles d'être schismatiques ni hérétiques. L'essentiel pour les protestants serait de prouver que ceux qu'ils adoptent pour ancêtres soutenaient le principe fondamental de la réforme, qui est qu'un chrétien ne doit point avoir d'autre règle de foi que l'Ecriture sainte ; c'est à quoi Basnage et les autres n'ont pas pensé. *Hist. de l'Eglise*, tom. II, pages 1306 et 1384.

CLAUDIANISTES, branche de donatistes qui avaient pour chef un certain *Claude*, dont l'histoire ecclésiastique ne nous apprend rien. *Voy.* DONATISTES.

CLEF. Avoir la clef d'une maison, dans le sens figuré, c'est en être l'économe et l'administrateur. De là le Seigneur dit dans Isaïe (XXII, 22) : *Je donnerai à mon serviteur Eliacim la* CLEF *de la maison de David : il ouvrira et nul ne fermera ; il fermera et personne n'ouvrira*. Ces paroles sont appliquées à Jésus-Christ dans l'Apocalypse (III, 7) ; elles désignent la souveraine autorité de Jésus-Christ sur son Eglise. Dans le même sens, il dit (*Apoc.* I, 18) : *J'ai les* CLEFS *de la mort et de l'enfer*. — D'un côté il adresse ces paroles à saint Pierre : *Je vous donnerai les* CLEFS *du royaume des cieux ; tout ce que vous lierez et délierez sur la terre sera lié ou délié dans le ciel* (*Matth.* XVI, 19) ; de l'autre il dit aux docteurs de la loi : *Vous avez pris la* CLEF *de la science : vous n'y êtes pas entrés, et vous avez empêché les autres d'y entrer* (*Luc.* XI, 52). La *clef de la science* est la fonction d'enseigner ; les docteurs juifs se l'étaient attribuée sans avoir l'intelligence de la loi et des prophètes, et sans pouvoir la donner aux autres.

En comparant ces divers passages, les théologiens catholiques ont disputé contre les hétérodoxes, pour savoir en quoi consiste l'autorité que Jésus-Christ a donnée à saint Pierre, en lui confiant les *clefs* du royaume des cieux. Parmi ces derniers, plusieurs ont dit que c'est la fonction d'enseigner ; d'autres, plus sensés, ont avoué que c'est le pouvoir de remettre les péchés. Les catholiques soutiennent que c'est quelque chose de plus. Jésus-Christ a dit à tous ses apôtres : *Tout ce que vous lierez ou délierez sur la terre sera lié ou délié dans le ciel* (*Matth.* XVIII, 18). *Les péchés seront remis à tous ceux auxquels vous les remettrez* (*Joan.* X, 23). Mais il n'a pas adressé à tous les mêmes paroles qu'à saint Pierre. — Puisque, dans le style de l'Ecriture sainte, les *clefs* sont le symbole du gouvernement et de l'autorité, et que *le royaume des cieux* désigne l'Eglise, nous concluons que Jésus-Christ a donné à saint Pierre, non-seulement une prééminence sur ses collègues, mais une autorité de juridiction sur toute l'Eglise. Comme cette société sainte ne peut subsister sans un gouvernement, nous soutenons que les successeurs de saint Pierre jouissent de la même autorité que lui de droit divin, et en vertu de l'institution de Jésus-Christ. *Voyez* PAPE.

CLÉMENCE DE DIEU. *Voy.* MISÉRICORDE.

CLÉMENT (saint), pape, mort à la fin du 1er siècle, est un des Pères apostoliques. Il nous reste de lui deux lettres aux Corinthiens, dont la première n'est pas entière, et sur l'authenticité desquelles il y a eu des doutes.

Dans les *Mémoires de l'Académie des Inscriptions*, tome XXVII, in-4°, p. 95, on a placé l'extrait d'un mémoire sur les ouvrages apocryphes supposés dans les premiers siècles de l'Eglise ; il y est dit, 1° qu'Eusèbe, saint Jérôme et Photius rejettent absolument la seconde lettre de *saint Clément*. 2° Que la première porte des caractères d'ignorance qu'on ne peut mettre sur le compte de ce saint pontife. Cette censure, copiée d'après les protestants, ne nous paraît pas juste. — Eusèbe (*Hist. ecclés.*, liv. III, c. 36) dit seulement que la seconde lettre de *saint Clément* n'est pas *aussi connue* que la première ; ce n'est point la rejeter absolument. Saint Jérôme, dans son Catalogue des écrivains ecclésiastiques, dit à la vérité que la seconde des lettres attribuées à *saint Clément* est rejetée par les anciens ; mais on ne sait pas qui sont ces anciens dont saint Jérôme veut parler, on n'en connaît aucun qui se soit expliqué là-dessus. Photius, *cod.* 113, dit de même qu'elle est rejetée comme supposée ; mais, *cod.* 126, après avoir parlé des deux lettres de *saint Clément*, il ajoute : « On pourrait trouver à y reprendre, 1° qu'il admet des mondes au delà de l'Océan ; 2° qu'il y emploie l'exemple du phénix comme un fait certain ; 3° qu'il se borne à donner à Jésus-Christ les titres de pontife, de chef, de seigneur, sans y ajouter des titres plus éminents qui caractérisent sa divinité, à laquelle il ne dit cependant rien qui soit contraire. » Ces reproches de Photius sans doute les *caractères d'ignorance* que l'auteur du mémoire a jugés indignes de *saint Clément*.

Il est clair d'abord que Photius ne rejette la seconde lettre de ce pape que sur l'opinion d'autrui ; que sa critique tombe également sur l'une et sur l'autre ; mais il ne paraît pas fort difficile de satisfaire à ses reproches. — Platon, Aristote, Pline, Elien, avaient entrevu, aussi bien que *saint Clément*, qu'il y a *des mondes*, ou plutôt des terres habitées au delà de l'Océan ; c'est une vérité que les découvertes modernes ont confirmée. Il en résulte que l'on a eu tort de répéter si souvent de nos jours que tous les Pères de l'Eglise ont nié les antipodes. Origène, l. II *de Princip.*, c. 3, se fonde sur le passage de *saint Clément* pour les admettre, et saint Hilaire en parle *in Ps.* II, n° 23. — Non-seulement *saint Clément* (*Epist.* 1, n. 25), mais Origène, Tertullien, saint Cyrille de Jérusalem, Lactance, Eusèbe, saint Grégoire de Nazianze, saint Ambroise, saint Epiphane, Synésius et d'autres, ont cité l'exemple du phénix comme un modèle de la résurrection générale : nous ne voyons pas en quoi ils ont péché. De leur temps le fait du phénix passait pour vrai ; Hérodote, Plutarque, Pline, Sénèque, Pomponius Méla, Solin, Philostrate, Libanius, Tacite, etc., en ont parlé comme les Pères de l'Eglise. D'habiles critiques ont douté si, dans le livre de Job, il ne fallait pas traduire le verset 18 du chap. xxix de cette manière: *J'expirerai dans mon nid, et comme le phénix je multiplierai mes jours.* Voyez la note de Fell sur le n° 25 de la première Epître de saint Clément.

Ce saint pape finit sa première lettre, en disant que par Jésus-Christ Dieu a la gloire, la puissance, la majesté et un trône éternel, *avant les siècles et après;* comment cela, si Jésus-Christ lui-même n'est pas coéternel à Dieu? Au commencement de la seconde il l'appelle *Dieu,* juge des vivants et des morts. Il a donc clairement professé la divinité de Jésus-Christ.

Il est encore bon de savoir que saint Denis de Corinthe, soixante-dix ou quatre-vingts ans après, dans une lettre au pape Soter, atteste que de temps immémorial on lisait dans son Eglise la lettre que *saint Clément* lui avait adressée. Eusèbe (*Hist. ecclés.,* l. IV, c. 14). Saint Irénée juge qu'elle est très-forte et très-pressante (*Adv. Hæres.,* l. III, c. 3). Saint Clément d'Alexandrie la cite au moins quatre fois dans ses *Stromates;* Origène en fait mention, l. II, *de Princip.,* c. 3, et dans son Commentaire sur saint Jean. Eusèbe atteste que l'on ne doute point de son authenticité. Saint Cyrille de Jérusalem, saint Epiphane, saint Jérôme, témoignent qu'ils en font la plus grande estime. Elle est donc à couvert de tout soupçon. Le savant Lardner, *Credibility,* etc., tom. III, en juge ainsi : il pense qu'elle a été écrite vers l'an 96 de notre ère, immédiatement après la persécution de Domitien. — Quant à la seconde, si l'on veut prendre la peine de voir le jugement que Cotelier en a porté (*PP. Apost.,* tom. I, p. 182), on verra que les sentiments de saint Jérôme et de Photius ne sont pas des arrêts irréfragables; que cette lettre n'a en elle-même aucune marque de supposition; que si elle a été *rejetée par les anciens,* cela signifie qu'ils n'ont point voulu l'admettre comme Ecriture canonique, et non qu'ils l'ont regardée comme un écrit faussement attribué à *saint Clément.* Toutes deux étaient placées au nombre des Ecritures canoniques dans le soixante-seizième canon des apôtres.

Il n'en est pas de même des *Récognitions,* des homélies appelées *Clémentines,* des *Constitutions apostoliques,* et d'une Liturgie, que l'on a données sous le nom de ce même pape. Tout le monde convient que ce sont des ouvrages supposés dans les siècles postérieurs; nous en parlerons sous leurs titres particuliers; mais il ne faut pas envelopper dans la même proscription les ouvrages vrais et les pièces fausses. Plusieurs critiques modernes ont cru que ce Père apostolique avait cité un passage de l'Evangile apocryphe *des Egyptiens;* nous ferons voir le contraire. *Voy.* EGYPTIENS.

En 1751 et 1752, le savant Walstein a publié deux nouvelles épîtres attribuées à *saint Clément,* et qui ont été découvertes depuis peu; mais plusieurs critiques en ont déjà contesté l'authenticité.

CLÉMENT D'ALEXANDRIE (1), philosophe éclectique, ou qui n'était attaché à aucune secte, fut disciple et successeur de Panthène dans l'école d'Alexandrie; il y eut pour auditeurs Origène et Alexandre, évêque de Jérusalem, et mourut au commencement du III° siècle. La meilleure édition de ses ouvrages est celle qu'a donnée Potter, à Oxford, en 1715, *in-folio.* Elle a été réimprimée à Venise en 1758.

Comme il nous apprend lui-même qu'il avait vu et entendu les successeurs immédiats des apôtres (*Strom.,* liv. I, pag. 322), ses écrits méritent la plus grande attention. Dans son *Exhortation aux gentils,* il s'est proposé de faire sentir l'absurdité de l'idolâtrie, des fables du paganisme, de ce qu'en ont dit les philosophes et les poëtes. Ses *Stromates,* ou tapisseries, sont un mélange de la doctrine des philosophes comparée à celle de l'Evangile. Dans le traité intitulé: *Quel riche sera sauvé?* il montre qu'il n'est pas nécessaire de renoncer aux richesses pour être sauvé, pourvu que l'on en fasse un bon usage. Le *Pédagogue* est un traité de morale, dans lequel on voit la manière dont les chrétiens fervents vivaient dans ces premiers temps. Il avait écrit plusieurs autres ouvrages, desquels il ne reste que des fragments.

Clément d'Alexandrie est un des Pères de l'Eglise contre lesquels les critiques anciens et modernes ont montré le plus d'humeur. Ils ont dit, non-seulement que ses ouvrages sont sans ordre, son style négligé, ses raisonnements vagues et obscurs, ses explications de l'Ecriture sainte souvent fausses, ses maximes de morale outrées, mais que sa doctrine n'est rien moins qu'orthodoxe. — Scultet, Daillé, Le Clerc, Mosheim, Brucker, Semler, Barbeyrac, ont répété à peu près les mêmes reproches, et se sont plu à exagérer les méprises vraies ou apparentes de ce docteur vénérable; nos incrédules modernes n'ont fait que copier tous ces censeurs protestants. — Nous convenons que ce Père est souvent obscur, qu'il est difficile de prendre le vrai sens de ce qu'il dit; mais les philosophes qu'il copie ou qu'il réfute n'étaient

---

(1) Bergier, dans son *Dictionnaire,* attribue souvent à ce Père le rang de *saint,* bien qu'il ne le fasse pas dans la *Biographie* qu'il nous en a donnée. Beaucoup d'autres auteurs le décorent du même titre, conformément au *Martyrologe* d'Usuard, bénédictin du IX° siècle. L'auteur de l'article CLÉMENT D'ALEXANDRIE, inséré dans la *Biographie universelle* de Michaud, va jusqu'à dire : « On a raison d'être surpris que le nom de ce saint docteur ne soit pas inscrit dans le *Martyrologe* romain ; on l'est bien davantage encore d'apprendre que le savant Benoît XIV. a publié, en 1749, une dissertation tendant à prouver qu'il n'y a pas de raison suffisante de l'y établir ; mais ni l'autorité de Benoît XIV, ni celle du *Martyrologe* romain n'ont jamais empêché les Eglises de France de célébrer sa fête le 4 décembre, suivant le *Martyrologe* et l'autorité d'Usuard. » Pour ces catholiques, le *Martyrologe* romain et les papes font seuls autorité en cette matière : Usuard écrivit longtemps avant que Rome se fût prononcée ; et Bergier se laissa entraîner par le torrent, quand il traça l'expression : *Saint Clément d'Alexandrie.*

pas eux-mêmes fort clairs. Quiconque cependant se donnera la peine de le lire, sera frappé de l'étendue de son érudition, des grandes idées qu'il avait conçues de la miséricorde divine, de l'efficacité de la rédemption, de la sainteté à laquelle un chrétien doit tendre. Il a jugé les païens, qu'il connaissait très-bien, avec moins de sévérité que n'ont fait plusieurs autres Pères ; mais il n'a dissimulé ni leurs erreurs ni leurs vices.

Photius l'accuse d'avoir enseigné des erreurs monstrueuses dans ses livres des *Hypotyposes*, que nous n'avons plus ; mais peut-on en croire Photius, lorsqu'on trouve une doctrine contraire dans les ouvrages de *Clément* qui nous restent? Quelques anciens ont pensé que les hérétiques avaient altéré plusieurs de ses ouvrages ; Photius a pu être trompé par un exemplaire ainsi falsifié. Eusèbe, saint Jérôme, saint Epiphane, saint Cyrille, Théodoret, etc., tous capables d'en juger, ont rendu pleine justice au mérite de *Clément*. — Mais les critiques modernes n'ont pas été aussi équitables ; plusieurs l'ont accusé d'avoir dit, en termes formels, que Dieu est corporell. *Strom.*, liv. v, c. 14, il a dit le contraire. Selon *Clément*, les stoïciens disent que Dieu, aussi bien que l'âme, est une nature composée de corps et d'esprit ; vous trouverez cela, dit-il, dans nos Ecritures ; mais il ajoute que les stoïciens en ont mal pris le sens. En effet, les stoïciens concevaient Dieu comme l'âme du monde ; selon ce système, Dieu était revêtu d'un corps aussi bien que l'âme humaine ; mais, continue *Clément*, nous ne disons pas comme eux que Dieu pénètre toute la nature ; nous disons qu'il est créateur de la nature par son Verbe. Il réfute ensuite Aristote et les autres philosophes qui admettaient deux principes, l'esprit et la matière ; il dit que Platon n'en admettait qu'un, que cette matière imaginaire a été forgée sur ce qui est dit dans l'Ecriture: *La terre était sans forme et sans ordre*, etc.

Dans son *Exhortation aux gentils*, c. 4, p. 35, il enseigne que « la seule volonté de Dieu est la création du monde ; qu'il a tout fait seul, parce qu'il est seul vrai Dieu ; que sa volonté seule opère, et que l'effet suit son seul vouloir. » Il n'est pas possible d'attribuer à Dieu, d'une manière plus énergique, le pouvoir créateur ; or, ce pouvoir ne peut convenir qu'à un pur esprit. Comme Platon, il n'admet qu'un seul premier principe de toutes choses, qui est l'esprit. Il dit ailleurs (*Pædag.*, l. I, c. 8, p. 140) que Dieu est un *et au-dessus de l'unité*; cela serait faux s'il était corporel. — Le Clerc, dans son *Art critique*, tome III, p. 12, s'est néanmoins obstiné à soutenir que *Clément d'Alexandrie* a supposé l'éternité de la matière, puisqu'il n'a pas réfuté formellement Platon et les autres philosophes qui admettaient une matière éternelle. Mais il n'a pas non plus réfuté formellement Héraclite, qui soutenait l'éternité du monde ; s'ensuit-il que *Clément* a été dans la même erreur ? — Qu'il ait ou n'ait pas admis les idées éternelles de Platon, qu'il ait même prétendu que ce philosophe les avait prises dans Moïse, il ne s'ensuit rien ; cette opinion n'entraîne aucune conséquence contraire au dogme du christianisme. — Lorsqu'il appelle l'âme de l'homme l'*esprit corporel*, il entend l'esprit revêtu d'un corps humain, et non une matière subtile, comme Bayle, Beausobre, d'Argens et leurs copistes affectent de l'entendre. Dès qu'un auteur s'est une fois expliqué, il est absurde d'argumenter contre lui sur un mot.

Une autre injustice de la part de Le Clerc est de vouloir persuader que *Clément d'Alexandrie* ne s'est pas exprimé d'une manière orthodoxe sur la divinité du Verbe ; ce Père a été vengé par Bullus, *Defens. fidei Nicæn.*, sect. 2, cap. 6 ; et par M. Bossuet, *sixième avert. aux Protest.*, n° 79. — Ce même critique fait grand bruit de ce que *Clément* et plusieurs autres Pères, trompés par la version des Septante, ont cru que les anges avaient un commerce avec les filles des hommes, et avaient engendré des géants : nous convenons du fait, et nous ne voyons pas ce que cette erreur a pu avoir de si dangereux. *Voy.* ANGE.

D'autres ont dit que *Clément* n'avait pas admis le péché originel. Non-seulement il l'admet, mais il le prouve par les paroles de Job, c. XIV, v. 4 et 5, selon les Septante : *Personne n'est exempt de souillure, quand il n'aurait vécu qu'un seul jour*. Selon lui, lorsque David a dit : *J'ai été conçu dans l'iniquité et formé en péché dans le sein de ma mère* (Ps. L, 5), il parlait d'Eve dans un sens prophétique (*Strom.*, liv. III, c. 16, p. 556, 557). Mais il s'élève contre ceux qui concluaient de là que la procréation des enfants est un péché, et qui condamnaient le mariage.

Un reproche plus grave que lui fait Barbeyrac, est d'avoir très-mal enseigné la morale. Après avoir donné, à sa manière, un extrait du *Pédagogue de Clément d'Alexandrie*, il lui reproche, 1° d'avoir écrit avec peu d'ordre, et de n'avoir pas fait de la morale un *système méthodique*. Lorsqu'on nous aura fait voir quelles nouvelles vertus ont fait éclore parmi nous les systèmes méthodiques de morale enfantés par les philosophes modernes, quels vices ils ont corrigés, nous consentirons à reconnaître le tort des Pères de l'Eglise, et nous regretterons que Jésus-Christ et les apôtres n'aient pas fait eux-mêmes des traités méthodiques et raisonnés pour sanctifier les mœurs. — 2° Barbeyrac dit que *Clément d'Alexandrie* n'a point parlé des devoirs qui regardent Dieu directement. Cependant ce Père a souvent insisté dans ses ouvrages sur la nécessité d'adorer Dieu en esprit et en vérité, comme faisaient les chrétiens, de croire à sa parole, d'être reconnaissants de ses bienfaits, résignés aux ordres de sa providence, soumis aux lois qu'il nous a prescrites dans l'Evangile. Il nous paraît que ces devoirs regardent Dieu très-directement. — 3° Selon ce même censeur, *Clément* a voulu inspirer aux chrétiens l'apathie des stoïciens, a voulu qu'un *gnostique*, c'est-à-dire, un parfait chrétien, fût exempt de passion. Lorsqu'on veut en juger avec un peu d'équité, on reconnaît que ce Père exige seulement qu'un chrétien réprime si exactement ses passions, qu'il ne paraisse plus en avoir. Quand sur ce sujet il aurait répété quelqu'une des expressions dont se servaient les stoïciens, il ne faudrait pas en conclure, comme fait Barbeyrac, que *Clément* a pensé comme eux, puisque souvent il combat leurs maximes. — 4° Un autre critique a dit que ce Père exhortait les chrétiens au martyre par l'exemple des anciens païens qui se donnaient la mort. C'est une calomnie. *Clément* dit au contraire que ceux qui cherchent la mort ne connaissent pas Dieu, et n'ont rien de chrétien que le nom; il taxe de témérité celui qui s'expose au danger sans nécessité; il dit qu'en se présentant aux juges il se rend coupable de meurtre, et contribue, autant qu'il est en lui, à l'injustice des persécuteurs; que s'il les irrite, il est dans le même cas que celui qui provoquerait un animal féroce (*Strom.*, liv. IV, n° 4 et 10, p. 571, 597). Barbeyrac lui fait encore un crime de cette décision, et soutient que *Clément* la prouve par de mauvaises raisons. — 5° Enfin, il assure et s'efforce de prouver que ce Père a voulu justifier l'idolâtrie des païens. Dans le passage qu'a cité Barbeyrac, *Clément* dit seulement que, selon l'intention de Dieu, c'était pour les païens un moindre mal d'adorer le soleil et la lune que d'être sans divinité, ou d'être entièrement athées, puisque leur vénération pour les astres devait les conduire à la connaissance du Créateur. Mais il ajoute, qu'à moins qu'ils ne se soient repentis, ils sont condamnés, les uns parce que, pouvant croire en Dieu, ils ne l'ont pas voulu; les autres parce que, quoiqu'ils le voulussent, ils n'ont pas fait tous leurs efforts pour devenir fidèles (*Strom.*, liv. VI, c. 14, pag. 795, 796). — Après avoir reconnu que les expressions de *Clément d'Alexandrie* sont souvent obscures, il y a de l'imprudence à vouloir juger de ses sentiments par un seul passage. — 6° D'autres lui ont fait un crime d'avoir cru la salut des païens vertueux, et d'avoir ainsi frayé le chemin au pélagianisme. Pour disculper ce Père, il suffit de comparer son sentiment à celui de Pélage. Cet hérétique soutenait qu'un païen pouvait être sauvé *sans grâce*, par le mérite des vertus qu'il pratiquait par les seules forces de la nature. Il faisait consister toute la grâce de la rédemption en ce que Jésus-Christ nous a donné des leçons et des exemples de vertu; dans cette hypothèse, il est clair qu'un païen qui ne connaît pas Jésus-Christ n'en reçoit aucune grâce. Si donc il était sauvé, il le serait sans que Jésus-Christ eût aucune part à son salut. Voilà ce que saint Augustin n'a cessé de reprocher aux pélagiens. « Comment, dit-il, celui qui ose promettre le salut à quelqu'un *sans Jésus-Christ*, peut-il espérer lui-même d'être sauvé par Jésus-Christ? » (*Serm.* 294, c. 4, n° 4) — Est-ce là le sentiment de *Clément d'Alexandrie?* Il dit que le Verbe de Dieu prend soin de toutes les créatures, et fait l'office de *médecin* de la nature humaine (*Pædag.*, liv. I, c. 2, p. 101). Selon Pélage, la nature humaine n'avait pas besoin de médecin, puisqu'elle n'est pas malade. Dans les *Stromates*, liv. VI, c. 13, p. 793, *Clément* enseigne qu'il n'y a qu'un seul testament de salut qui nous vient d'un seul Dieu *par un seul Seigneur*, mais qui opère son effet de différentes manières. Il n'admet donc pas un salut sans Jésus-Christ. Il dit que Dieu, seul tout-puissant et bon, a voulu de siècle en siècle donner le salut *par son Fils*, liv. VII, c. 2, p. 831 et suiv., etc. Pour trouver là du pélagianisme, il faut supposer, comme les pélagiens, que Jésus-Christ ne donne point de grâce à ceux qui ne le connaissent pas; c'est une erreur que jamais les Pères n'ont admise, qu'ils ont même combattue de toutes leurs forces; en enseignant le contraire, ils ont réfuté les pélagiens d'avance.

Il nous a paru d'autant plus nécessaire de justifier *Clément d'Alexandrie*, que les reproches qui lui ont été faits par les protestants sont regardés par nos critiques incrédules comme des objections sans réplique et des décisions irréfragables. Le P. Baltus en a démontré la fausseté dans sa *Défense des saints Pères accusés de platonisme*, liv. IV, etc.

CLÉMENTINES; ce sont des lettres, des homélies ou discours, et une histoire des actions de saint Pierre, qui ont été faussement attribuées à saint Clément, pape, et qui paraissent être l'ouvrage de quelques hérétiques: il n'en est pas fait mention avant le IV° siècle. *Voy.* les *Pères apost.* de Cotelier, tome I. — Mosheim, dans ses *Dissertations sur l'histoire ecclésiastique*, t. I, p. 175 et suivantes, pense que cet ouvrage a été composé au commencement du III° siècle; c'est lui attribuer une haute antiquité. Il juge que l'auteur était un philosophe d'Alexandrie, demi-juif et demi-chrétien; mais à cette conjecture il en ajoute beaucoup d'autres qui sont très-sujettes à contestation. *Voy.* encore sa dissertation, *De turbata per recentiores platonicos Ecclesia*, n° 34 et suiv. — Il ne faut pas confondre avec ces pièces apocryphes les décrétales de Clément V, que l'on nomme aussi *clémentines*, et qui font partie du droit canon.

* CLÉMENTINS. Une fois qu'on a abandonné la vérité pour se jeter dans le sentier de l'erreur, on court sans savoir où s'arrêter. Quelques prêtres anti-concordataires, en déclarant anathème à Pie VII, remontèrent la chaîne des pontifes pour reconnaître à quelle époque elle s'était rompue. Ils remontèrent jusqu'à saint Clément, auquel s'arrête, selon eux, la succession légitime des papes. Ils reçurent le nom de *Prêtres Clémentins*.

CLÉOBIENS, secte de simoniens dans le I° siècle de l'Église. Elle s'éteignit presque dans sa naissance. Hégésippe et Théodoret, qui en parlent, ne spécifient point par quels sentiments les *cléobiens* se distinguèrent des autres *simoniens*; on croit qu'ils ont eu pour chef un nommé *Cléobius*, compagnon de Simon. Il avait composé, avec cet hérésiarque, des livres sous le nom de Jésus-Christ, pour tromper les chrétiens. Hégésippe, *apud Eu seb.*, liv. 17. c. 22 ; *Constit. apost.*, liv. VI, c. 8 et 16. — On voit que les faux docteurs, opposés aux apôtres, n'ont négligé aucun artifice pour empêcher le succès de leur prédication ; que s'il avait été possible de convaincre de faux les apôtres sur quelque fait ou sur quelque point de doctrine, cette multitude d'hérétiques, qui levèrent l'étendard contre eux, en serait certainement venue à bout. Cependant toutes ces sectes se sont dissipées, se sont ruinées les unes les autres ; la vérité en a triomphé. Preuve évidente que le christianisme est redevable de ses succès, non à l'ignorance ni à la docilité des peuples, mais à la certitude invincible des faits sur lesquels il est fondé.

CLERC, CLERGÉ. On comprend sous ce nom tous ceux qui par état sont consacrés au service divin ; il vient du grec, κλῆρος, *sort, partage, héritage*. Dans l'Ancien Testament, la tribu de Lévi est appelée le *partage* ou l'*héritage du Seigneur*. Quoique tous les chrétiens puissent être envisagés de même, ceux qu'il a choisis et consacrés spécialement à son culte sont, dans un sens plus étroit, son partage ou son héritage, et en embrassant cet état, ils font eux-mêmes profession de prendre le Seigneur pour leur part et leur héritage. Lorsqu'un *clerc* reçoit la tonsure, il prononce ces paroles du psaume XV : *Le Seigneur est la portion d'héritage qui m'est échue par le sort ; c'est vous, ô mon Dieu! qui me la rendrez.* Saint Pierre donne déjà le nom de *clerc* ou de *clergé* à ceux qui, sous les évêques, sont employés au saint ministère : *neque dominantes in cleris* (I Petr. V, 3).

Plusieurs critiques protestants ont soutenu que la distinction entre les *clercs* et les laïques n'avait pas lieu dans l'Eglise primitive, qu'elle n'a commencé qu'au IIIe siècle. On leur a prouvé, par les lettres de saint Clément pape, par celles de saint Ignace, par Clément d'Alexandrie, que cette distinction a eu lieu dès le temps des apôtres. (Bingham, *Orig. ecclés.*, liv. I, chap. 5, § 2, t. I, p. 42 ; Dodwel, *première Dissertation*.)

Quelquefois les auteurs ecclésiastiques ont désigné, sous le nom de *clercs*, les ministres de l'Eglise inférieurs aux diacres, c'est-à-dire les sous-diacres, les lecteurs, etc. Les *clercs*, en général, étaient aussi appelés *canoniques* ou *chanoines*, parce que leurs noms étaient inscrits dans un canon ou catalogue pour chaque église. Par là ils étaient distingués des laïques que l'on appelait *séculiers* et *idiots*, c'est-à-dire personnes privées, ou simples particuliers (Bingham, *ibid.*).

Ceux qui ont étudié l'ancienne discipline de l'Eglise ont remarqué la sagesse des précautions que l'on prenait pour s'assurer de la foi, des mœurs et de l'état de ceux que l'on élevait à la cléricature. Les soldats, les serfs, les acteurs de théâtre, ceux qui étaient chargés des deniers publics, les bigames, tous ceux dont la condition et la profession n'étaient pas honnêtes, ne pouvaient aspirer à entrer dans le *clergé*. Il y avait des lois très-sévères pour maintenir parmi les *clercs* la régularité des mœurs, la décence, la paix, l'assiduité à remplir leurs fonctions ; des peines pour châtier les désobéissances et prévenir les moindres abus. La plupart des conciles ont été assemblés pour cet objet ; et il y a lieu de regretter que les règlements qu'ils ont faits n'aient pas toujours été observés avec la plus grande exactitude. (Bingham, liv. IV et VI ; Fleury, *Mœurs des chrétiens*, n° 32.)

Chez tous les peuples policés, l'on a compris que tout citoyen n'était pas propre à remplir les fonctions publiques du culte divin ; que ce ministère respectable devait être confié à un corps particulier d'hommes qui en fissent leur étude et leur occupation ; sur ce point, la conduite des Egyptiens, des Juifs, des Grecs, des Romains, a été la même. — Dans le christianisme, cela était encore plus nécessaire. 1° Pour enseigner une religion révélée, la mission est essentielle, et Dieu la donne à qui il lui plaît ; Jésus-Christ ne l'a donnée qu'à ses apôtres et à ses disciples. 2° Les pouvoirs de ces ministres sont surnaturels ; il n'appartient pas à tout fidèle de remettre les péchés, de consacrer le corps et le sang de Jésus-Christ, etc. 3° La multitude des fonctions dont ils sont chargés exige qu'ils s'y livrent tout entiers ; l'étude seule des dogmes et des preuves de la religion, des combats qui ont été livrés à cette doctrine, de la manière dont on doit la défendre, suffit pour occuper un homme pendant toute sa vie. 4° Les travaux apostoliques des missions doivent être continués jusqu'à la fin des siècles : il faut des hommes libres de tout autre engagement, et toujours prêts à porter au loin la lumière de l'Evangile. — Ainsi en a jugé notre divin législateur. Il dit à ses apôtres qu'il les a tirés du monde, qu'ils ne sont plus de ce monde, etc. Eux-mêmes se sont regardés comme les *hommes de Dieu*, dévoués uniquement à son service et au salut de leurs frères. Leurs premiers disciples, saint Clément et saint Ignace, ont clairement distingué les évêques, les prêtres, les diacres, et nous montrent la *hiérarchie* comme établie par les apôtres. Cette discipline n'a jamais varié. Ce n'est pas ici le lieu de développer toutes ces preuves, ni de répondre en détail à toutes les subtilités par lesquelles les luthériens et les calvinistes ont tâché d'en détourner les conséquences. Ils ont été réfutés non-seulement par les catholiques, mais par les anglicans qui ont conservé la hiérarchie.

Mais nous ne pouvons nous dispenser de mettre sous les yeux des lecteurs le tableau que la plupart des protestants ont tracé des mœurs du *clergé* dans tous les siècles, depuis la naissance de l'Eglise jusqu'à celle de la prétendue réforme ; leur dessein a été de prouver que leur séparation d'avec les pasteurs catholiques était indispensable ; qu'il n'y avait point d'autre moyen de corriger les vices et les abus ; nous verrons s'ils sont venus à bout de le démontrer. Commençons par quelques réflexions générales sur l'injustice de leur procédé ; elles serviront aussi à faire voir la témérité des incrédules, qui répètent les mêmes reproches. — 1° Il y a de l'injustice à prétendre que la sainteté du ministère ecclésiastique doit changer en d'autres hommes ceux qui en sont chargés, et étouffer en eux toutes les imperfections de l'humanité ; que Jésus-Christ a dû perpétuer en eux, par l'ordination, le même prodige qu'il avait opéré dans ses apôtres par la descente du Saint-Esprit. S'il avait voulu que les hommes fussent gouvernés par des anges, il en aurait envoyé, sans doute ; mais des anges mêmes ne seraient pas à couvert des attaques de la malignité des incrédules. Ceux-ci ont fait contre les apôtres et contre Jésus-Christ même la plupart des calomnies que l'on a forgées contre leurs successeurs. — 2° Il y a de l'impiété à vouloir nous persuader que dès le II° ou le III° siècle, Jésus-Christ a été infidèle aux promesses qu'il avait faites à son Eglise, et qu'au lieu de lui donner des pasteurs capables de la sanctifier, il a laissé tomber son troupeau entre les mains de loups dévorants, qui n'étaient propres qu'à corrompre la foi et les mœurs. — 3° C'est une absurdité d'argumenter sur des faits particuliers, sur quelques désordres arrivés parmi le *clergé* d'une seule église, et de conclure que le même scandale régnait partout ailleurs. Au III° siècle, l'abus des agapètes ou des femmes sous-introduites, paraît n'avoir eu lieu que dans quelques Eglises d'Afrique, et il ne fut imité que par Paul de Samosate (Dodwel, *Dissert.* 3, Cyprian., etc.) ; et l'on en parle aujourd'hui comme d'un déréglement général du *clergé* de ce temps-là. C'en est une autre de vouloir prouver la corruption des ecclésiastiques, par les lois qui ont été faites pour la prévenir ; un seul crime connu a suffi pour alarmer le zèle des évêques, et pour engager les conciles à le proscrire. Parce que saint Paul a fait l'énumération des vices auxquels un ministre des autels pouvait être sujet, conclurons-nous qu'il y avait déjà pour lors des évêques et des prêtres très-vicieux ? — 4° C'est une marque d'entêtement et de prévention d'ajouter foi à ce que les historiens ont dit des vices de quelques ecclésiastiques, et de refuser toute croyance au témoignage qu'ils ont rendu des vertus et de la sainteté des autres. Dans tous les temps il y a eu des scandales, il y en aura toujours, Jésus-Christ l'a prédit ; mais il y a eu aussi de grandes vertus : les protestants ne parlent que du mal, ils le recherchent avec soin, et ils l'exagèrent ; ils ne tiennent aucun compte des actions vertueuses, ils les passent sous silence, ou ils en empoisonnent les motifs, et ils ont donné ce bel exemple aux incrédules ; ils ont ainsi réussi à faire de leurs histoires ecclésiastiques autant de chroniques scandaleuses. — 5° Est-il juste d'attribuer aux mauvais exemples du *clergé* une corruption de mœurs qui est évidemment venue d'une autre cause, de l'irruption des barbares, de l'ignorance et des désordres qui s'ensuivirent ? Révolution terrible, qui changea la face de l'Europe entière, par laquelle les ecclésiastiques furent entraînés aussi bien que les laïques, et qui faillit à détruire absolument le christianisme. Pour ne parler que de nos climats, depuis le v° siècle, il y a eu trois ou quatre pestes générales en France ; dans le VIII° et le IX°, les Normands, les Sarrasins, les Hongrois, ont porté la désolation dans presque toute l'Europe. Dans ces temps de ravages, il est impossible que la discipline soit observée en rigueur, et que les mœurs ne se relâchent parmi les ministres de la religion. — 6° Est-il juste enfin de reprocher avec tant d'aigreur au *clergé* catholique des vices dont les réformateurs et leurs disciples ont été pour le moins aussi coupables, pendant que l'on cherche à les pallier et à les excuser dans ces derniers ?

Voilà ce que nous avons à reprocher aux protestants, et en particulier à Mosheim, qui est aujourd'hui leur oracle. Le portrait qu'il a fait des ecclésiastiques dans tous les temps est remarquable ; sous chaque siècle de son histoire ecclésiastique, il y a toujours un article *des vices du clergé*, et il n'y est jamais question de ses vertus : Basnage n'a pas été plus équitable. — Mosheim commence par supposer qu'au I° siècle, du temps des apôtres, les ecclésiastiques n'avaient aucune supériorité d'ordre, de caractère ni d'autorité sur les simples fidèles ; que les prêtres étaient seulement les anciens, et les évêques de simples surveillants ; que le gouvernement de l'Eglise était alors purement démocratique, tel qu'il a plu aux protestants de l'établir : fait absolument faux, contredit par l'Evangile et par les lettres de saint Paul. *Voy.* GOUVERNEMENT ECCLÉSIASTIQUE, HIÉRARCHIE, LOIS, etc. C'est de là néanmoins que partent Mosheim et Basnage, pour invectiver contre le *clergé*. Dès le II° siècle, disent-ils, ou plutôt immédiatement après la ruine de Jérusalem, l'an 70, les docteurs chrétiens persuadèrent au peuple que les ministres de l'Eglise chrétienne avaient succédé au caractère, aux droits, aux privilèges et à l'autorité des prêtres juifs ; les évêques rassemblés en concile s'arrogèrent le droit de faire des lois et d'y assujettir les fidèles ; on ne peut les excuser, disent-ils encore, que sur la droiture de leurs intentions. — Or, les docteurs chrétiens de ce temps-là étaient saint Clément de Rome, saint Ignace, saint Polycarpe, disciples immédiats des apôtres, dont nous avons les lettres ; ce sont eux qui ont commencé à changer le gouvernement que Jésus-Christ avait établi ; et saint Jean, qui vivait encore, a souffert cette prévarication sans se plaindre et sans en avertir ; le Saint-Esprit qu'il avait reçu ne lui a pas révélé les maux qui devaient s'ensuivre de ce germe d'ambition né parmi les évêques, duquel cependant, si nous en croyons Mosheim et ses pareils, sont nés tous les vices du *clergé* et toutes les plaies de l'Eglise. — En effet, il dit qu'au III° siècle saint Cyprien et d'autres évêques s'arrogèrent toute l'autorité, en dépouillèrent les prêtres et le peuple ; que de là naquirent le luxe, la mollesse, la vanité, l'ambition, les haines et les disputes entre les pasteurs ; que la corruption s'empara de tous les membres du corps ecclésiastique. Il cite en preuve Origène et Eusèbe, il pouvait y ajouter saint Cyprien lui-même, qui reprochent aux pasteurs leurs disputes et les autres vices dans lesquels ils étaient tombés avant la persécution de Dioclétien. C'est dans ce même temps que saint Cyprien tonna contre les désordres des *clercs* qui vivaient avec des femmes, ou avec de prétendues vierges qu'ils tenaient chez eux. — Il est d'abord difficile de comprendre comment les prêtres et le peuple, dépouillés de leur ancienne autorité, en sont devenus plus vigoureux ; l'ambition des évêques ne pouvait influer que sur leurs mœurs, et non sur celles du bas *clergé*. On ne conçoit pas mieux comment l'ambition, source de tous les vices, a pu se concilier, dans saint Cyprien, avec la pureté et l'austérité des mœurs dont il a fait profession ; est-ce à lui que l'on peut reprocher du luxe, de la mollesse, de la corruption ? Si, dès ce temps-là, les mœurs des *clercs* commençaient à se corrompre, les évêques n'avaient pas tort de chercher à réprimer ce désordre par des lois ; c'est un devoir que saint Paul leur avait prescrit dans ses lettres à Tite et à Timothée. Les décrets portés dans les conciles du IIe et du IIIe siècle ne regardaient pas seulement les simples fidèles et les *clercs* inférieurs, mais les évêques eux-mêmes ; nous le voyons par ces décrets que l'on nomme *canons des apôtres* : est-ce par ambition que les évêques s'imposaient le joug d'une discipline sévère ? — Il y eut, dans ces deux siècles, des divisions, des schismes, des hérésies ; on disputa sur la célébration de la pâque, sur le rigorisme outré des novatiens, sur les erreurs des gnostiques, des marcionites, des manichéens, etc. ; mais les auteurs de ces hérésies et de ces schismes ne furent pas des évêques ; ceux-ci s'y opposèrent : la question est de savoir s'ils le firent par de mauvais motifs, ou par attachement à la doctrine, aux leçons et à la pratique des apôtres. Devaient-ils laisser de mauvais philosophes et des disputeurs téméraires dogmatiser à leur gré ? Dans ces temps de persécution, plusieurs ministres de l'Eglise furent obligés, pour subsister, d'exercer des arts, des métiers, ou de faire quelque commerce ; d'autres furent réduits à fuir et à s'expatrier : leurs mœurs purent en souffrir ; mais ce qu'en disent Origène, Eusèbe et d'autres, ne prouve pas que la corruption fût générale parmi les membres du corps ecclésiastique, comme le prétendent les protestants ; ces auteurs n'avaient pas parcouru toutes les Eglises du monde pour savoir ce qui s'y passait.

Au IVe siècle, après la conversion de Constantin, les évêques fréquentèrent la cour, devinrent riches et puissants ; ils s'emparèrent de tout le gouvernement des Eglises, et voulurent dominer dans les conciles ; les empereurs se mêlèrent des affaires ecclésiastiques ; les papes se rendirent importants par la richesse de leur Eglise ; les évêques de Constantinople firent de même ; tous imitèrent le luxe et le faste des grands du monde ; les principaux voulurent être patriarches, afin de se donner un nouveau degré d'autorité, et ils ne cessèrent de se disputer sur les limites de leur juridiction. — Il y a quelque chose de vrai dans ces reproches ; mais encore une fois, il est absurde de tirer une conséquence générale de quelques faits particuliers. Nous ne voyons pas que les évêques d'Afrique, d'Espagne, des Gaules, de l'Angleterre, aient beaucoup fréquenté la cour des empereurs ; que prouve contre eux le faste de quelques évêques orientaux ? Ceux qui ont donné dans ce travers ont été très-mal notés par les écrivains ecclésiastiques ; preuve que ce désordre n'était pas très-commun. Il ne faut pas oublier que le IVe siècle a été le plus remarquable par la multitude des grands et saints évêques qui ont paru, même en Orient ; la plupart avaient été moines, et ils conservèrent sur leur siége la pauvreté, la simplicité et l'austérité de la vie monastique. C'est par là même qu'ils déplaisent aux protestants. Ces censeurs bizarres ne peuvent souffrir ni la vie un peu trop mondaine de quelques évêques, ni les mœurs austères et mortifiées des autres, ni les vertus paisibles du plus grand nombre, ni le zèle actif et laborieux de ceux qui occupaient les premières places. D'ailleurs il y avait déjà pour lors des pasteurs du second ordre, des chorévêques qui remplissaient, à l'égard des peuples de la campagne, les mêmes fonctions qu'exercent aujourd'hui les curés ; les fautes de leurs supérieurs ne doivent pas retomber sur eux. Enfin, c'était le peuple qui élisait les évêques : il est difficile de croire qu'il choisissait ordinairement des hommes vicieux.

" Au commencement du Ve siècle, les barbares se répandirent dans l'Occident et s'y établirent. On dit que leurs rois augmentèrent les priviléges des évêques, par un reste de leur superstition, et en vertu du respect qu'ils avaient eu pour les prêtres de leurs dieux. Mais est-il certain que le mérite personnel des évêques n'y entra pour rien ? Les saints Remi de Reims, Germain d'Auxerre, Loup de Troyes, Eucher de Lyon, Agnan d'Orléans, Sidoine Apollinaire de Clermont, Mamert de Vienne, Honorat et Hilaire d'Arles, etc., étaient pour lors l'ornement du *clergé* des Gaules ; leur vertu, et non leur faste, imprima le respect aux barbares, même avant la conversion de ceux-ci, et ces saints évêques étaient trop zélés pour souffrir, parmi les ecclésiastiques, le luxe, l'arrogance, l'avarice, le libertinage, dont Mosheim les accuse sans preuve et contre toute vérité. Lorsqu'il dit que tous ces évêques ne furent regardés comme saints et respectés que par l'ignorance des peuples, il oublie que dans l'Occident le Ve siècle a été le plus éclairé de tous, et il en fournit lui-même les preuves (*Histoire ecclésiastique*, Ve siècle, 2e part., c. 1 et 2). Lorsqu'il accuse d'orgueil saint Martin, parce qu'il élevait le sacerdoce au-dessus de la royauté, et saint Léon d'une ambition sans bornes, parce qu'il soutint les droits de son siége, il se montre aussi mauvais juge de la vertu que des talents.

Il prétend que, pendant le vie siècle, les ecclésiastiques ne pensèrent qu'à établir des superstitions lucratives, que leurs désordres sont prouvés par la quantité de lois portées contre eux par les conciles; nous avons déjà observé que ces lois ne prouvent autre chose que la vigilance des évêques et le zèle qu'ils ont eu pour le maintien de la discipline. Il y eut des schismes à Rome pour la papauté; mais quelle en fut la cause? le despotisme des empereurs et l'ambition des grands, qui voulurent disposer de cette dignité, et gêner les suffrages du *clergé* et du peuple. Mosheim pousse l'entêtement jusqu'à dire que les moines, quoique vicieux, fanatiques, intrigants, remuants et perdus de débauche, étaient cependant très-respectés; nous soutenons que s'ils avaient été vicieux pour la plupart, ils auraient été méprisés et détestés. — Il répète la même absurdité, lorsqu'il reproche au *clergé* du viie siècle l'ambition, une avarice insatiable, des fraudes pieuses, un orgueil insupportable, un mépris insolent des droits du peuple. Ce ne sont point les ecclésiastiques, mais les guerriers sous le nom de *nobles*, qui ont opprimé le peuple, qui ont regardé comme esclave quiconque ne portait pas les armes. Le plus grand fléau de l'Eglise a été l'ambition de ces mêmes nobles d'envahir toutes les dignités ecclésiastiques; mais l'attribuerons-nous au *clergé*, qui en a été la victime, plutôt qu'au caractère brutal et féroce des barbares? Lorsque Mosheim a cru voir du relâchement parmi les moines, il a déclamé contre ce désordre; quand il n'y a vu que la solitude, le recueillement, l'austérité, le travail, il leur a reproché *une affectation pharisaïque de piété*; mais le vrai caractère pharisaïque est de calomnier mal à propos. Il dit que dans ce siècle les parents avaient la fureur de mettre leurs enfants dans les cloîtres; la raison en est fort simple, c'est qu'ils ne pouvaient leur faire donner ailleurs une éducation chrétienne. Il dit que des scélérats s'y retirèrent par une vaine espérance d'obtenir le pardon de leurs crimes; eût-il mieux valu qu'ils les continuassent que d'aller en faire pénitence?

Selon lui, on ne voit, dans le *clergé* du viiie siècle, que luxe, gloutonnerie, incontinence, goût pour la guerre et pour la chasse. Il est à présumer, en effet, que plusieurs de ceux qui furent intrus dans les évêchés et dans les prélatures, par la tyrannie des nobles, y portèrent les vices de leur éducation. Mais il y a des preuves positives que ce désordre, trop commun dans les Gaules, ne fut pas le même partout ailleurs; pour y remédier, on tira des moines de leur cloître, et on leur confia le gouvernement des Eglises; Charlemagne fut le premier à rendre justice aux talents et à la vertu. Le vénérable Bède; Egbert, évêque d'York; Alcuin, précepteur de Charlemagne; saint Boniface, archevêque de Mayence; saint Chrodegand, évêque de Metz; Théodulphe, évêque d'Orléans; saint Paulin d'Aquilée; Ambroise Autpert, Paul diacre, etc., se distinguèrent par leur zèle et par leurs travaux. Si leurs écrits ne sont pas des modèles d'éloquence ni d'érudition, ils respirent du moins la piété la plus sincère. — On imagine que les donations qui furent faites aux Eglises étaient un effet de l'ambition des *clercs*, qui enseignaient que c'était le meilleur moyen d'effacer les péchés; nous pensons, au contraire, que la plupart étaient des restitutions. Souvent la clause, si commune dans les chartes, *pro remedio animæ meæ*, ne signifie pas, *pour obtenir le pardon de mes péchés*, mais *pour acquitter ma conscience, en restituant ce qui ne m'appartient pas*. Mosheim convient que plusieurs évêques parvinrent à la dignité de princes, parce que les rois et les empereurs comptaient plus sur leur fidélité que sur celle de leurs barons; ils ne se trompaient pas, et ce motif ne fait pas déshonneur au *clergé*.

Nous convenons que ce n'est pas dans le ixe siècle qu'il a brillé davantage. Les guerres causées par le partage de la succession de Charlemagne, les incursions des Normands et des autres Barbares, l'ignorance du peuple et des nobles, l'intrusion de ceux-ci dans les évêchés, le pillage qu'ils firent des biens ecclésiastiques, furent autant de fléaux pour l'Eglise aussi bien que pour la société civile; le concile de Trosley, tenu en 909, attribue à cette même cause le déréglement des moines. On publia de fausses légendes, de fausses reliques, de faux miracles, on donna dans les dévotions minutieuses et purement extérieures, etc.; mais nous soutenons que, dans tous ces abus, il entra moins de fraudes pieuses que de traits d'ignorance et de crédulité aveugle. Ceux qui tentèrent de remédier au mal ne purent faire que de vains efforts; et le siège de Rome se ressentit du malheur commun autant que les autres: à qui peut-on s'en prendre?

Il y a donc de l'injustice et de la malignité à soutenir, comme fait Mosheim, que les papes, devenus des monstres, furent la cause de l'ignorance et des vices du *clergé* dans le xe siècle. Le mal datait de plus loin, et plusieurs papes firent ce qu'ils purent pour en arrêter les progrès. Ont-ils eu quelque part à la dégradation, à l'ignorance, aux vices du *clergé* dans l'Orient, où ils n'avaient plus aucune influence? Tous les scandales arrivés à Rome furent l'ouvrage des tyrans qui ravageaient l'Italie, qui disposaient de la papauté comme de leur patrimoine, qui la donnaient exprès à des sujets vicieux, de peur que des papes plus respectables par leurs mœurs ne prissent trop d'ascendant sur eux. Une preuve que les désordres du *clergé* venaient du pillage des biens ecclésiastiques, c'est que les conciles, qui ont noté d'infamie le concubinage des *clercs*, ont condamné en même temps la simonie qui en fut toujours inséparable; et cette tyrannie des séculiers est avouée par Mosheim lui-même, xe siècle, iie part., c. 2, § 10. Ces deux vices régnaient principalement en Allemagne, où la religion, dit M. Fleury, avait toujours été plus faible. C'est ce qui rendit le *clergé* de ce pays-là si furieux contre Grégoire VII, qui voulait le réformer. *Mœurs des chrétiens*, no 62.

Ces désordres furent à peu près les mêmes dans le xi⁰ et le xii⁰ siècle; mais dans ces temps même de confusion et de brigandage il y eut un grand nombre de personnages respectables dans le *clergé*, soit séculier, soit régulier. Il est de la bonne foi d'avouer que, pendant la famine de l'an 1032, la charité des évêques et des abbés fut poussée jusqu'à l'héroïsme (*Histoire de l'Eglise gallic.*, tom. VII, liv. xx, an. 1031). — Les querelles entre l'empire et le sacerdoce, dont les protestants ont fait tant de bruit, sont venues de ce que les empereurs voulaient avoir à Rome, non-seulement la puissance civile, mais encore le droit de disposer arbitrairement du pontificat; les malheurs qui avaient résulté de cette prétention faisaient sentir aux papes et au *clergé* la nécessité de s'y opposer. Si la plupart de ces pontifes ne furent pas des hommes très-vertueux, les princes contre lesquels ils disputaient valaient encore moins : nous ne voyons pas ce que la religion, les mœurs, la police y auraient gagné, si ces despotes ambitieux étaient venus à bout d'asservir l'Eglise pour toujours. Les papes voulurent disposer de tous les bénéfices, parce que les princes séculiers y pourvoyaient fort mal.

Au xiii⁰ siècle, on fit des projets et des tentatives de réforme, mais avec peu de succès. Cela donna naissance aux ordres de religieux mendiants, et Mosheim avoue qu'ils gagnèrent, par l'austérité de leurs mœurs, la confiance des peuples. Malheureusement ce remède n'était pas suffisant pour tout réparer, et le grand schisme d'Occident, survenu pendant le xiv⁰ siècle, rendit la réforme à peu près impossible. On sait d'ailleurs que la peste noire, qui régna l'an 1348 et les deux années suivantes, eut des suites terribles, et fut une des principales causes du relâchement qui s'introduisit parmi le *clergé* et dans les monastères. Voy. l'*Histoire de l'Eglise gallic.*, tom. XIII, liv. xxxix. Mosheim n'a pas daigné en dire un seul mot. Quel remède la prudence humaine peut-elle opposer à de pareils fléaux? Ce fut un sujet pour tous les sectaires de déclamer avec emportement contre les vices et les abus du *clergé*; mais faut-il regarder toutes ces invectives, dictées par une ignorance furieuse, comme de fortes preuves de la corruption générale de l'état ecclésiastique? Elles continuèrent pendant le xv⁰ siècle. Cependant, quand on considère d'un côté la liste des conciles qui furent tenus pendant ces trois siècles, et la teneur de leurs décrets; de l'autre, le catalogue des écrivains ecclésiastiques, et l'objet de leurs ouvrages; en troisième lieu, le nombre des saints dont les vertus furent authentiquement reconnues, on est forcé de penser que les clameurs des vaudois, des albigeois, des lollards, des wicléfites, des hussites et d'autres fanatiques semblables, ne méritent pas beaucoup d'attention, et que les protestants ont très-grand tort de nous les donner comme un titre authentique de la mission des réformateurs.

Enfin parut, dans le xvi⁰ siècle, la grande lumière de la réformation; l'on sait quels en furent les auteurs, par quels moyens elle s'exécuta, et les merveilleux effets qu'elle a opérés; nous les examinerons dans leur lieu. *Voy.* RÉFORMATION. Les incrédules mêmes, après avoir copié toutes les satires des protestants contre le *clergé*, ont tourné en ridicule le ton de jactance de ces prétendus réparateurs; et plusieurs écrivains, nés dans le protestantisme, sont convenus de la licence des mœurs qui ne tarda pas de s'y introduire, et qui y règne encore. Où est donc le grand bien qui en est résulté?

Mosheim finit son libelle diffamatoire par nier l'utilité des décrets du concile de Trente, touchant la discipline; suivant son avis, cette réforme n'a rien opéré, surtout à l'égard des évêques. Quand cela serait vrai à l'égard des évêques d'Allemagne, qui sont princes souverains, que prouve leur exemple contre ceux de France, d'Espagne et d'Italie? D'autres protestants ont été plus judicieux; ils sont convenus que, avant le concile de Trente, le *clergé* avait été tel qu'il est aujourd'hui, il n'y aurait pas eu lieu à la prétendue réforme de Luther et de Calvin.

Quelques incrédules ont poussé la malignité encore plus loin; ils ont prétendu prouver que l'état ecclésiastique, par lui-même, est essentiellement mauvais. — 1° Ils disent que des pouvoirs tels que le *clergé* se les attribue doivent nécessairement inspirer de l'orgueil à un ecclésiastique, le rendre ambitieux, fourbe, hypocrite et foncièrement vicieux. Si ce reproche était sensé, il retomberait sur Jésus-Christ même, puisque c'est lui qui a donné aux pasteurs de l'Eglise les pouvoirs d'instruire, de remettre les péchés, de reprendre et de corriger. Il leur a dit, dans la personne de ses apôtres : *Celui qui est mon ministre sera honoré par mon Père* (*Joan.* xii, 26). *Mon Père vous aime, parce que vous m'avez aimé et avez cru en moi* (xvi, 27). Mais il a eu soin de réprimer en eux l'orgueil et l'ambition, en les avertissant que celui qui veut être le premier, doit se rendre le dernier et le serviteur de tous (*Matth.* xx, 26). Si un homme embrasse l'état ecclésiastique par intérêt, par ambition, sans un désir sincère d'en remplir les devoirs, il était déjà vicieux avant d'y entrer; ce n'est pas la cléricature qui l'a rendu tel. Il est absurde de dire qu'un état dont tous les devoirs sont des actes de vertu, peut rendre un homme vicieux. La seule ambition permise est d'être utile; tant que le *clergé* continuera de l'être, il sera honoré en dépit de ses ennemis. — 2° Ils prétendent que le *clergé* est un corps étranger à l'Etat, et qui se regarde comme tel; que les intérêts particuliers de ce corps étouffent, dans un ecclésiastique, tout zèle de l'intérêt public, le rendent mauvais sujet et mauvais citoyen. — Il n'est pas aisé de comprendre comment un corps dévoué au service du public ou de l'Etat, qui subsiste aux dépens de l'Etat, qui doit donner l'exemple de la soumission aux lois civiles et au gouvernement, peut se croire étranger à l'Etat. On pourrait, avec autant de raison, ou plutôt avec autant d'absurdité, faire le même reproche à l'état militaire, à celui de la magistrature, à celui de la noblesse, qui tous ont des priviléges et des intérêts particuliers. Souvent on a répété que jamais le *clergé* n'a stipulé, auprès des souverains, que pour ses propres intérêts ; c'est une fausseté. Dans les assemblées de la nation, le *clergé* n'a jamais manqué de porter aux pieds du trône les représentations, les besoins, les justes demandes du tiers-état. Dans les commencements de la monarchie, les évêques furent presque toujours revêtus du titre de *défenseur*, chargés de soutenir les droits, les priviléges, les intérêts des villes et des communes ; et jamais cette charge n'a été mieux remplie que par eux : aujourd'hui encore il n'est aucun curé de campagne qui ne rende le même service à ses paroissiens. — 3° Plusieurs ont osé écrire que le *clergé* est toujours prêt à résister aux ordres du gouvernement et à se révolter ; d'autres prétendent que le *clergé* est le plus ardent promoteur du despotisme des souverains, et leur a toujours fourni des armes pour opprimer les peuples. — Deux accusations contradictoires n'ont pas besoin de réfutation. Sans se révolter, tout chrétien se croirait obligé de résister à des ordres qui seraient contraires à la loi de Dieu, et de mourir plutôt que de trahir sa conscience. Excepté ce cas, il le sait, aussi bien que le *clergé*, que Dieu ordonne *d'être soumis aux puissances supérieures*, etc. (*Rom.* XIII, 1). Depuis que les philosophes ont trouvé bon de sonner le tocsin contre le gouvernement, d'enseigner des maximes séditieuses, de souffler l'esprit de révolte, le *clergé* se croit obligé de prêcher l'obéissance plus soigneusement que jamais.

D'un côté, les incrédules ont représenté les anciens prophètes comme des rebelles et des séditieux, parce qu'ils reprochaient aux rois leurs désordres ; on a blâmé saint Jean Chrysostome de la censure qu'il fit des vices qui régnaient à la cour des empereurs, et par laquelle il s'attira la haine des courtisans ; aujourd'hui on se plaint de ce que le *clergé* ne s'oppose point au despotisme des princes. On dit qu'il y a une conspiration entre les ecclésiastiques et les souverains pour opprimer les peuples. Du moins ce n'est pas le *clergé* qui fomente le despotisme des princes mahométans ou idolâtres de Siam, de la Cochinchine, du Pégu, de la Chine, du Japon, des Indes et de l'intérieur de l'Afrique : il y a bien de la différence entre leur gouvernement et celui des monarques chrétiens. Depuis que les protestants ont dépouillé les ministres de la religion de toute autorité, voyons-nous les souverains d'Allemagne traiter leurs sujets avec plus de douceur que sous le règne du catholicisme ? C'est toujours en écrasant le *clergé* que les mauvais princes parviennent au despotisme.

On voit, dans le *Dictionnaire de Jurisprudence*, les priviléges, les immunités, les différents degrés d'autorité et de juridiction dont jouit le *clergé*, et qui émeuvent la bile de nos philosophes réformateurs ; il faut, dit-on, les supprimer pour l'avantage du public. Mais comme l'observe très-bien un écrivain de nos jours, il n'y a pas un abus, pas une loi injuste, pas un genre d'oppression, pas une espèce d'iniquité publique, à commencer depuis le despotisme jusqu'à l'anarchie, qui n'ait eu pour prétexte le bien général, l'intérêt des hommes, le bonheur des sociétés. Il n'y a point d'autre bien public que l'observation de la loi naturelle. Or, selon cette loi, on ne pourrait toucher aux priviléges des ecclésiastiques, sans révoquer aussi ceux de même nature qui ont été donnés à la noblesse, aux charges de magistrature et à d'autres titres (1).

Il est bon de se souvenir que le nom de *clerc*, donné dans les bas siècles à tout homme lettré, et celui de *clergie*, qui désignait toute espèce de science, sont un témoignage irrécusable des services que les ecclésiastiques ont rendus à l'Europe entière après l'inondation des Barbares ; si la religion ne les avait pas obligés à l'étude, toute connaissance aurait été anéantie. Mais depuis que les philosophes ont voulu se saisir de la clef de la science, être les seuls docteurs de l'univers, ils ont déclaré la guerre au *clergé* par jalousie de métier.

CLERCS RÉGULIERS. On nomme ainsi les ecclésiastiques qui se réunissent en congrégation par des vœux, et s'assujettissent à une règle commune, pour remplir les fonctions du saint ministère, pour instruire les peuples, assister les malades, faire des missions, etc. Ils sont distingués des chanoines réguliers, en ce que ceux-ci se sont astreints à des jeûnes et à des abstinences, aux veilles de la nuit, au silence des moines ; au lieu que les *clercs réguliers* ne se sont imposé aucune austérité, mais seulement l'exactitude à remplir tous les devoirs ecclésiastiques. Ils ont jugé avec raison et ils ont prouvé par leur exemple, que la vie commune, l'assujettissement à une règle, la séparation d'avec les séculiers, les bons exemples mutuels, soutiennent la vertu, excitent la ferveur, et préservent un ecclésiastique des écueils de la piété.

On connaît en Italie huit congrégations de *clercs réguliers* : ceux de saint Paul, appelés *barnabites* ; ceux de saint Gaëtan ou *théatins*, les *jésuites* qui n'existent plus, ceux de saint Marcul, nommés *somasques* ; ceux des écolespirs, ceux de la Mère de Dieu, les *clercs réguliers* mineurs, et les ministres ou serviteurs des infirmes. Ces derniers furent institués en Italie par un prêtre nommé *Camille de Lellis*, pour soigner les hôpitaux et soulager les malades. Sixte V, Grégoire XV et Clément VIII ont approuvé cet institut digne des éloges de tous les gens de bien ; son fondateur mourut saintement en 1614. Ses mem-

(1) La révolution a aboli tous les priviléges du clergé. Nous sommes loin de nous en plaindre. Nous demanderons seulement qu'on nous donne une liberté complète de croire, de professer et d'enseigner la religion catholique.

bres rendent les mêmes services que les frères de la charité. On les nomme aussi *crucifères*, parce qu'ils portent une croix rouge sur leur soutane.

CLIMAT. De nos jours on a mis en question si la religion chrétienne était propre à tous les climats, par conséquent si Jésus-Christ a eu raison de dire à ses apôtres, *allez enseigner toutes les nations*. Sans entrer dans aucune spéculation physique ni politique, la question nous paraît décidée par un fait incontestable : c'est que le christianisme a produit les mêmes effets, le même changement dans les mœurs de tous les peuples chez lesquels il s'est établi. La mollesse des Asiatiques, la férocité des Africains, l'humeur vagabonde des Parthes et des Arabes, la rudesse des habitants du Nord et des Sauvages, ont été forcées de céder à la morale de l'Evangile. On peut s'en convaincre par le tableau des mœurs qui ont régné avec le christianisme pendant quatre siècles sur les côtes de l'Afrique, en Egypte, en Arabie, qui règnent encore chez les Abyssins, par la révolution qu'il a opérée chez les Perses, au VIe siècle en Angleterre, au IXe chez les peuples du Nord, de nos jours parmi les Américains et aux extrémités de l'Asie.

Il y a sans doute des *climats* sous lesquels les mœurs sont ordinairement plus corrompues, et les habitants moins propres à s'instruire ; mais il n'est point de difficultés que le christianisme n'ait autrefois vaincues ; il peut donc encore les vaincre aujourd'hui. Au IIe siècle, Celse jugeait, comme nos politiques modernes, que le dessein de ranger tous les peuples sous la même loi était un projet insensé ; cette spéculation profonde s'est trouvée fausse, elle le sera toujours ; le christianisme a été destiné de Dieu à être la religion de toutes les nations, comme il doit être celle de tous les siècles.

Une preuve démonstrative que la religion a beaucoup plus d'empire sur les mœurs des peuples que le *climat*, c'est que partout où le christianisme a été détruit, la barbarie et l'ignorance ont pris sa place, sans qu'aucun laps de temps ait pu les dissiper. Y a-t-il quelque ressemblance entre les mœurs qui règnent aujourd'hui sous le mahométisme dans la Grèce, l'Asie Mineure, la Perse, la Syrie, l'Egypte et sur les côtes de l'Afrique, et celles que le christianisme y avait introduites? Dans peu d'années notre religion avait civilisé toutes ces nations ; il y a près de douze cents ans qu'elles sont retombées dans la barbarie, et elles semblent condamnées à y demeurer pour toujours, à moins qu'elles ne reviennent à la lumière de l'Evangile dont l'alcoran les a privées. Un voyageur, qui a fait récemment le tour du monde, atteste qu'il a vu le christianisme produire les mêmes effets dans tous les *climats*; et partout où les missionnaires sont parvenus à l'établir.

Nous ne devons donc pas nous fier à ce qu'a dit l'auteur de l'*Esprit des lois*, qu'il est presque impossible que le christianisme s'établisse jamais à la Chine. Selon lui, les vœux de virginité, les assemblées des femmes dans les églises, leur communication nécessaire avec les ministres de la religion, leur participation aux sacrements, la confession auriculaire, l'extrême-onction, le mariage avec une seule femme, sont des obstacles invincibles ; parce que tout cela renverse les mœurs et les manières du pays, et frappe encore du même coup sur la religion et sur les lois. — Mais les vœux de virginité et le mariage d'un homme avec une seule femme seraient-ils plus difficiles à établir à la Chine que dans la Perse, dans l'Arabie, en Ethiopie, en Egypte et sur les côtes de l'Afrique, où le *climat* est beaucoup plus brûlant qu'à la Chine, où la religion, les mœurs et les lois n'étaient pas meilleures lorsque le christianisme y fut porté? Qui empêcherait d'ailleurs que dans les églises les femmes ne fussent séparées des hommes par des barrières impénétrables, que l'on ne leur administrât les sacrements avec les mêmes précautions qu'à des religieuses? Lorsque l'Egypte, la Libye, la Mauritanie étaient chrétiennes, les femmes n'étaient pas renfermées, les deux sexes y vivaient à peu près avec la même liberté que parmi nous, et les Pères de l'Eglise n'ont point envisagé cette société libre comme une source de dépravation mutuelle. Elle subsiste encore chez les chrétiens d'Ethiopie ; les voyageurs n'ont pas vu que les femmes y soient plus corrompues qu'ailleurs. Tertullien, en soutenant que les vierges doivent se voiler dès qu'elles ont atteint l'âge de puberté, suppose que les femmes ne portaient point de voile, et il ne parle pour elles d'aucune espèce de clôture (*L. de Virgin. velandis*). Aujourd'hui à la Chine, et partout où le mahométisme a porté la corruption, les voiles, les sérails, les verrous et les eunuques ne suffisent pas pour calmer la jalousie inquiète des maris. Un Chinois ne comprendra jamais, dit-on, qu'une femme puisse décemment parler à l'oreille d'un confesseur ; il ne comprend pas non plus qu'un homme puisse se trouver seul avec une femme, dans un lieu écarté, sans être tenté de lui faire violence ; il comprendrait l'un et l'autre s'il était chrétien. En bannissant la polygamie, en montrant aux hommes le mérite de la chasteté, le christianisme retrancherait les deux principales sources de corruption. Contre des faits positifs et incontestables, les spéculations et les conjectures philosophiques ne prouvent rien.

CLINIQUES. On donnait autrefois ce nom à ceux qui avaient été baptisés dans leur lit pendant une maladie ; il vient du grec χλίνη, *lit*.

Dans les premiers siècles de l'Eglise, plusieurs différaient ainsi leur baptême jusqu'à l'article de la mort, quelquefois par humilité, souvent par libertinage et pour pécher avec plus de liberté. On regardait, avec raison, ces chrétiens comme faibles dans la foi et dans la vertu. Les Pères de l'Eglise s'élevèrent contre cet abus, le concile de Néocésarée, *can*. 12, déclare les *cliniques* irréguliers pour les ordres sacrés, à moins qu'ils ne soient d'ailleurs d'un mérite distingué, et qu'on ne trouve pas d'autres ministres; on craignait que quelque motif suspect ne les eût engagés à recevoir le baptême. Le pape saint Corneille, dans une lettre rapportée par Eusèbe, dit que le peuple s'opposa à l'ordination de Novatien, parce qu'il avait été baptisé dans son lit étant malade. Les *cliniques* étaient aussi appelés *grabataires*, pour la même raison. Saint Cyprien, *Epist.* 76, *ad Magnum*, soutient cependant que ceux qui sont ainsi baptisés ne reçoivent pas moins de grâces que les autres, pourvu néanmoins qu'ils y apportent les mêmes dispositions. Mais on ne les élevait pas aux ordres sacrés, dès que l'on soupçonnait qu'il y avait eu de la négligence de leur part. Il paraît que la maladie était le seul cas où il fût permis de baptiser par aspersion. (Bingham, l. xi, c. 11, tom. IV, p. 333.)

CLOCHES, bénédiction des cloches. L'Eglise veut que tout ce qui a quelque rapport au culte de Dieu soit consacré par des cérémonies; conséquemment elle bénit les *cloches* nouvelles: comme les *cloches* sont présentées à l'église, ainsi que les enfants nouveau-nés, qu'on leur donne un parrain et une marraine, et qu'on leur impose des noms, l'on a appelé *baptême* cette bénédiction.

Alcuin, disciple de Bède et précepteur de Charlemagne, parle de cet usage comme antérieur à l'an 770; la forme en est prescrite dans le Pontifical romain et dans les rituels. Après plusieurs prières, le prêtre dit: *Que cette cloche soit sanctifiée et consacrée, au nom du Père, et du Fils, et du Saint-Esprit;* il prie encore, il lave la *cloche* en dedans et en dehors avec de l'eau bénite, il fait sept croix dessus avec l'huile sainte, et quatre en dedans avec le saint-chrême; il l'encense et il la nomme. On peut voir cette cérémonie plus en détail dans les *cérémonies religieuses* de l'abbé Banier.

CLOITRE, en général, signifie un monastère de personnes religieuses de l'un ou de l'autre sexe; et quelquefois il se prend pour la vie monastique; on dit dans ce sens que l'on peut faire son salut dans le *cloître* plus aisément que dans le monde.

La plupart des *cloîtres* ont été autrefois non-seulement des maisons de piété, mais aussi des écoles où l'on enseignait les langues et les arts libéraux, négligés partout ailleurs. Bède (*Hist.*, liv. iii, chap. 3) nous apprend qu'Oswald, roi d'Angleterre, donna plusieurs terres aux *cloîtres*, afin que la jeunesse y fût bien élevée. La richesse des monastères n'a donc pas une source aussi odieuse que les critiques modernes voudraient le persuader. Les *cloîtres* de Saint-Denis en France, de Saint-Gall en Suisse, et une infinité d'autres, dans lesquels les enfants des rois avaient été élevés, furent non-seulement dotés richement par ce motif, mais encore décorés de plusieurs priviléges, principalement du droit d'asile. Ils servaient aussi de prison, surtout aux princes, soit révoltés, soit malheureux, exclus ou déposés du trône. L'histoire byzantine et celle de France en fournissent de fréquents exemples.

CLOITRE (1). C'est la partie d'un monastère faite en forme de galerie ou de portique, laquelle a ordinairement quatre côtés, avec un jardin ou une cour au milieu, et règne au-dessous des dortoirs. Ce mot se dit encore d'une enceinte de maisons où logent les chanoines des églises cathédrales et collégiales, et les chanoinesses de certains chapitres. On entend aussi simplement par *cloître* la vie monastique ou religieuse. — Anciennement ceux qui s'engageaient à la vie monastique s'engageaient à une clôture perpétuelle en entrant dans le *cloître*, qui était fait pour tenir les religieux clos et fermés; mais aujourd'hui la clôture n'entre plus nécessairement dans les vœux de la profession religieuse, du moins parmi les hommes, si l'on en excepte quelques monastères, où règne encore la ferveur des premiers temps de la vie monastique. A l'égard des femmes, la clôture perpétuelle devient nécessairement leur partage dans la plupart des monastères. Il y a pourtant nombre d'ordres de religieuses qui font des vœux, et qui ne sont point assujetties à la clôture. — Quoique les religieux et les religieuses qui ne sont point cloîtrés aient la liberté de sortir, cette liberté est néanmoins subordonnée à la volonté des supérieurs ou des supérieures, c'est-à-dire que les uns et les autres ne peuvent point sortir sans en demander auparavant la permission; et si elle leur est refusée, ceux ou celles qui passent outre sont dans le cas de subir la punition déterminée par la règle ou par les constitutions de l'ordre, parce qu'alors ils blessent le vœu d'obéissance, qui est la base de la subordination monastique. — Il n'est point permis aux étrangers d'entrer dans les monastères où la clôture est observée. Il n'est pas plus permis aux femmes qu'aux hommes d'entrer chez les religieuses cloîtrées. Anciennement la même défense était pour les hommes comme pour les femmes à l'égard des moines; mais aujourd'hui que la plupart des religieux peuvent sortir, les hommes peuvent entrer chez eux; quant aux femmes, elles ne peuvent point s'introduire dans la plupart des monastères qui étaient anciennement cloîtrés. Cependant la défense à cet égard n'est que locale; elle n'est pas la même dans tous les diocèses. L'infraction de cette défense dans les lieux où elle est établie forme ordinairement un cas réservé à l'évêque diocésain. (Extrait du *Diction. de Jurisprudence.*)

CLOTURE DES RELIGIEUSES. *Voy.* RELIGIEUSES.

CLUNI, célèbre abbaye située en Bourgogne, dans le Mâconnais; c'est le chef-lieu d'une congrégation de bénédictins qui en portent le nom.

Cette abbaye fut fondée sous la règle de saint Benoît, l'an 910, par Bernon, abbé de

(1) Cet article est reproduit d'après l'édition de Liége.

Gigny, sous la protection et par les libéralités de Guillaume Ier, duc d'Aquitaine et comte d'Auvergne. Quelques auteurs modernes ont voulu faire remonter sa fondation à l'an 826; mais leur opinion est dénuée de preuves solides. — Dans son érection, cette abbaye fut mise sous la protection immédiate du saint-siége, avec défense expresse à tous séculiers ou ecclésiastiques de troubler les moines dans leurs priviléges, et surtout dans l'élection de leur abbé. Ils prétendirent, par cette raison, être exempts de la juridiction de l'évêque, ce qui donna lieu à d'autres abbés de former la même prétention. Cette contestation a été jugée depuis quelques années en faveur de l'évêque de Mâcon.

La congrégation de *Cluni* est regardée comme la plus ancienne de toutes celles qui sont unies en France sous un seul chef, et qui ne composent qu'un corps de plusieurs monastères unis sous la même règle. Elle a donné à l'Eglise plusieurs personnages recommandables par leur savoir et par leurs vertus. Dom Martin Marrier a fait imprimer à Paris, en 1614, la *Bibliothèque des écrivains de cette congrégation*, en 1 vol. in-folio. Cette abbaye fut pillée et la bibliothèque brûlée par les calvinistes en 1562.

Mosheim a remarqué que l'on parle improprement, quand on dit l'*ordre de Cluni*, puisque cette abbaye et ses dépendances ne sont pas d'un ordre différent de celui des autres bénédictins ; on doit dire la *congrégation de Cluni*, comme la congrégation de Saint-Maur, de Saint-Vanne, etc. Mais cet auteur ne fait pas une réflexion fort judicieuse, lorsqu'il dit que saint Odon, successeur de l'abbé Bernon, premier fondateur, obligea non-seulement les moines à observer leur règle, mais qu'il y ajouta quantité de rites et de cérémonies, qui, bien qu'inutiles, malgré leur apparence de sainteté, ne laissaient pas d'être sévères et incommodes. Il prouve lui-même que ces pratiques n'étaient pas inutiles, puisqu'il dit que cette règle de discipline combla de gloire saint Odon, qu'elle fut adoptée par tous les couvents de l'Europe, que par ce moyen l'ordre de *Cluni* parvint au degré d'éminence et d'autorité, d'opulence et de dignité, dont il jouit pendant ce siècle et le suivant.

Une autre preuve de leur utilité, que Mosheim fournit lui-même, c'est que dans le XIIe siècle les moines de *Cluni* se relâchèrent, parce qu'ils négligèrent ce qui leur avait été prescrit par saint Odon. Saint Bernard rétablit ces mêmes pratiques parmi les religieux de son ordre, et ce fut avec le même fruit. Lorsque les clunistes voulurent blâmer les observances trop rigoureuses de Cîteaux, saint Bernard en fit l'apologie, et leur reprocha leur relâchement. Pierre le Vénérable, pour lors abbé de *Cluni*, entreprit, de son côté, de justifier ses religieux, et écrivit à saint Bernard avec beaucoup de modération ; mais il sentit si bien le tort des clunistes, qu'il fit lui-même des règlements pour se rapprocher de ceux de Cîteaux. (Fleury, *Hist. ecclés.*, l. LXVII, § 48 ; l. LXVIII, § 81.)

Mosheim en impose encore lorsqu'il représente cette dispute comme une espèce de guerre scandaleuse, qui eut des suites funestes, et qui causa des troubles dans plusieurs parties de l'Europe; ce fut une simple guerre de plume, et rien de plus modéré que les écrits de part et d'autre. (Mosheim, *Hist. ecclés. du* Xe *siècle*, IIe part., c. 2, § 11 ; *du* XIIe *siècle*, IIe part., c. 2, § 17.)

COACTIF, revêtu du pouvoir de contraindre ou de se faire obéir par force. Les lois du souverain ont par elles-mêmes la force *coactive*, parce qu'il peut infliger des peines afflictives à ceux qui les violent. Les lois de l'Eglise n'ont par elles-mêmes que la force directive, puisque l'Eglise ne peut infliger que des peines spirituelles ; ses lois n'ont force *coactive* que quand elles ont été autorisées par le souverain, et sont devenues lois de l'Etat. Elles n'en obligent pas moins les fidèles, sous peine de péché, puisque, selon la sentence prononcée par Jésus-Christ même, celui qui n'écoute pas l'Eglise doit être regardé comme un païen et un publicain (*Matth.* XVIII, 17).

COACTION, violence faite à la volonté, et qui lui ôte la liberté d'agir ou de résister ; conséquemment lorsque la *coaction* a lieu, il n'y a plus de mérite ni démérite, ni crime ni vertu dans l'action de celui qui est ainsi forcé. Entre la nécessité et la *coaction*, il y a cette différence que la première vient d'un principe intérieur à celui qui agit, et que la seconde vient d'un principe extérieur. Un homme qui a jeûné pendant longtemps, éprouve, par nécessité, la faim ou le désir de manger ; celui auquel on met par violence des aliments dans la bouche souffre *coaction* de manger. L'une et l'autre privent l'homme du pouvoir de choisir, par conséquent de la liberté ; quoiqu'un insensé ou un frénétique ne soient pas poussés par un principe extérieur, mais par la disposition intérieure de leurs organes, à faire certaines actions, ils ne sont pas censés plus libres en les faisant que s'ils avaient été conduits et poussés malgré eux par un homme plus fort qu'eux.

Lorsque Jansénius a enseigné que pour mériter ou démériter, dans l'état de nature tombée, il n'est pas besoin d'être exempt de nécessité, mais seulement de *coaction*, c'est-à-dire de ne pas éprouver de violence de la part de quelqu'un, il a contredit également la saine théologie et le bon sens, et il a fait une injure sanglante à saint Augustin en lui attribuant cette doctrine absurde. *Voy.* LIBERTÉ.

COCCÉIENS, sectateurs de Jean Cox ou Coccéius, né à Brême en 1603, professeur de théologie à Leyde, et qui fit grand bruit en Hollande. Entêté du figurisme le plus outré, il regardait toute l'histoire de l'Ancien Testament comme le tableau de celle de Jésus-Christ et de l'Eglise chrétienne ; il prétendait que toutes les prophéties regardaient directement et littéralement Jésus-Christ ; que tous les événements qui doivent arriver dans l'Eglise jusqu'à la fin des siècles sont figurés et désignés plus ou moins clairement dans l'histoire sainte et dans les prophètes. On a dit de lui qu'il trouvait Jésus-Christ partout dans l'Ancien Testament, au lieu que Grotius ne l'y voyait nulle part.

Selon son opinion, avant la fin du monde il doit y avoir sur la terre un règne de Jésus-Christ qui détruira celui de l'Antechrist, et sous lequel les Juifs et toutes les nations se convertiront. Il rapportait toutes les Ecritures à ces deux règnes prétendus, et en faisait un tableau d'imagination. Il eut plusieurs sectateurs, et l'on prétend qu'il y en a encore un bon nombre en Hollande. Voët et Desmarest écrivirent contre lui avec beaucoup de chaleur; mais nous ne voyons pas en quoi il péchait contre les principes de la réforme. Dès que tout particulier est en droit de croire et de professer tout ce qu'il voit ou croit voir dans l'Ecriture, le plus grand visionnaire n'a pas plus de tort que le théologien le plus sage; personne n'a le droit de censurer sa doctrine. *Voy.* COMMENTAIRE.

COÉGALITÉ, égalité parfaite entre des personnes de même nature. L'Eglise a décidé contre les ariens que, dans la sainte Trinité, le Fils et le Saint-Esprit sont deux personnes *coégales* au Père. S'il y avait entre elles de l'inégalité, on ne pourrait plus attribuer la divinité à celle qui serait inférieure à l'autre.

COELICOLES, adorateurs du ciel ou des astres, hérétiques qui, vers l'an 408, furent condamnés par des rescrits particuliers de l'empereur Honorius, et mis au nombre des païens. Comme dans le code théodosien ils sont placés sous le même titre que les Juifs, on croit que par *cœlicoles* on a voulu désigner des apostats qui avaient renoncé au christianisme pour retourner au judaïsme, mais qui ne voulaient pas être regardés comme *Juifs*, parce que ce nom leur paraissait odieux. Ils n'étaient pas soumis au pontife des Juifs ni au sanhédrin; mais ils avaient des supérieurs qu'ils nommaient *majeurs* ou *anciens*; et l'on ne sait pas précisément quelles étaient leurs erreurs.

Il est constant que les païens ont aussi nommé les Juifs *cœlicoles;* Juvénal a dit d'eux:

Nil præter nubes et cœli nomen adorant.

Celse, dans Origène, liv. I, n° 26, leur reproche d'adorer les anges : il le répète, l. v, n° 6. L'auteur de la prédication de saint Pierre, cité par Origène, tom. XIII, *in Joan.*, n° 17, et par saint Clément d'Alexandrie, *Strom.*, liv. VI, ch. 5, forme, contre les Juifs, la même accusation, et par les *anges*, ces auteurs ont entendu les génies ou intelligences dont on croyait les astres animés. On a prouvé ce fait par un passage de Maimonides. *Voy.* la Note de Spencer sur Orig., *contre Celse*, liv. I, n° 26. — Il est vrai que plus d'une fois les Juifs ont rendu aux astres ou à l'*armée des cieux* un culte superstitieux; les prophètes le leur ont reproché (*IV Reg.* XVII, 16; XXI, 3, 5, etc.). C'était l'idolâtrie la plus commune parmi les Orientaux. — Saint Jérôme, consulté par Algasie sur le passage de saint Paul aux Colossiens, ch. II, v. 18, *que personne ne vous séduise en affectant de paraître humble par un culte superstitieux des anges*, répond que l'Apôtre veut parler de l'ancienne erreur des Juifs, que les prophètes avaient condamnée. Ce Père a donc pensé que par les *anges* saint Paul entendait les esprits moteurs du ciel et des astres, auxquels les Juifs, comme les païens, avaient rendu leur culte (*Epist.* 151, n. 10. *Cod. Theod.*, lib. XII, tit. 6, *de Judæis et cœlicolis*).

COÉTERNITÉ, terme usité parmi les théologiens pour exprimer que les trois personnes divines sont également éternelles. Les sociniens, non plus que les ariens, ne veulent pas reconnaître que le Fils de Dieu soit *coéternel* au Père; mais l'Eglise l'a décidé en disant qu'il lui est *consubstantiel*; et c'est ainsi qu'il faut entendre les paroles de saint Jean : Au commencement le Verbe était en Dieu et il était Dieu.

Pour en détourner le sens, les sociniens supposent que l'âme de Jésus-Christ a été créée avant tous les autres êtres, et que Dieu lui a donné le pouvoir de les tirer du néant. Dans cette hypothèse, comment Dieu a-t-il pu dire: *C'est moi seul qui ai étendu les cieux et affermi la terre, personne n'était avec moi?* (*Isai.* XLIV, 24; *Job*, IX, 8). Selon les sociniens, l'âme de Jésus-Christ, qui est une personne, était avec Dieu.

COÉVÊQUE, évêque employé par un autre à satisfaire pour lui aux fonctions épiscopales. On le nomme aussi *suffragant.* Il y a de ces évêques en France et en Allemagne, surtout chez les électeurs ecclésiastiques. Ils sont différents des coadjuteurs, en ce que ceux-ci sont désignés pour succéder à l'évêque titulaire. Il ne faut pas les confondre non plus avec les chorévêques: la plupart de ces derniers n'avaient pas reçu l'ordination épiscopale, ils étaient simples prêtres. *Voy.* CHORÉVÊQUES.

COEUR, se prend, dans l'Ecriture sainte, 1° pour l'intérieur ou le lieu le plus profond; ainsi il est dit (*Ps.* XLVI, 5) que *les montagnes seront transportées dans le* COEUR *de la mer;* et dans saint Matthieu, chap. XII, v. 40, que le Fils de l'homme demeurera trois jours et trois nuits dans le *cœur de la terre.* — 2° Pour les pensées intérieures, les désirs et les affections de l'homme. Dans ce sens, Dieu sonde les *cœurs* et les reins (*Ps.* VII, 10); connaît les pensées et les affections les plus secrètes. Où est votre trésor, là est votre *cœur* (*Matth.* VI, 1) : là sont toutes vos affections. C'est dans le même sens que l'Ecriture attribue à Dieu un *cœur* et des entrailles. *Gen.* VI, 6, il est dit que Dieu fut affligé dans son *cœur*, pour exprimer une grande indignation. *Jérém.*, c. XIX, v. 5: Cela n'est point entré dans mon *cœur*, c'est-à-dire je ne l'ai point voulu ni ordonné. Il est dit de David, (*I Reg.* XIII, 14): *Le Seigneur s'est choisi un homme selon son cœur*; plusieurs critiques ont demandé comment un roi coupable d'adultère et d'homicide pouvait être selon le *cœur* de Dieu; mais alors David n'avait encore commis aucun crime ; les paroles citées signifient seulement : le Seigneur s'est choisi un homme tel qu'il lui plaît, et pour lequel il a de l'affection. — 3° Le *cœur* désigne quelquefois les réflexions ou la sagesse ; dans les Proverbes, c. XXVIII, v. 28, un homme sans *cœur* est un insensé ; se fier à son *cœur*, c'est se fier à sa propre sagesse. — 4° Il signifie aussi, comme en français, le courage et la valeur (*Deut.* XXVI, 8, etc.). — 5° Dans le sens le plus ordinaire, il exprime la volonté, les désirs, les résolutions ; ainsi Dieu change nos *cœurs* par sa grâce, lorsqu'il nous fait vouloir ce que nous ne voulions pas, quelquefois même le contraire de ce que nous avions résolu.

* CŒUR (DÉVOTION AU SACRÉ). « Cette dévotion symbolique, disent les auteurs des notes de l'édition de Lefort, qui s'est d'autant plus propagée, depuis un certain nombre d'années parmi les âmes pieuses, que l'amour du Fils de Dieu s'effaçait davantage parmi les hommes, ne consiste pas à aimer seulement et à honorer d'un culte singulier ce cœur de chair, semblable au nôtre, qui forme une partie du corps adorable du Sauveur. Son objet et son motif principal est l'amour immense du Fils de Dieu, amour qui l'a porté à se livrer pour nous à la mort, à se donner tout à nous dans l'auguste sacrement de l'autel, sans que toutes les ingratitudes, tous les mécomptes, toutes les injures, tous les outrages qu'il devait recevoir en cet état de victime immolée jusqu'à la fin des siècles, et qui lui étaient parfaitement connus, aient pu l'empêcher de s'exposer encore chaque jour aux insultes et aux opprobres des hommes, pour nous témoigner plus efficacement l'excès de sa tendresse. La fin qu'on se propose est : 1° de reconnaître et d'honorer autant qu'il est en nous, par nos fréquentes adorations, par nos remercîments et par toutes sortes d'hommages, les admirables dispositions de ce Cœur sacré, les sentiments d'amour que Jésus-Christ a actuellement pour nous dans l'Eucharistie ; 2° de réparer, par toutes les voies possibles, les indignités et les outrages auxquels cet amour l'expose tous les jours dans le saint sacrement. Et parce que nous avons besoin, dans l'exercice des dévotions, même les plus spirituelles, d'objets naturels et sensibles qui, nous frappant davantage, nous en renouvellent le souvenir et nous en facilitent la pratique, on a choisi le sacré Cœur de Jésus comme l'objet sensible le plus digne de nos respects et de nos ad rations. C'est là, dit saint Thomas, la source et le siége de cet amour immense dont le Sauveur a toujours brûlé pour tous les hommes, amour que nous prétendons être l'objet particulier de cette dévotion. Ainsi la tendresse sans bornes que Jésus a pour nous et dont il nous donne des preuves si visibles dans l'Eucharistie, est le principal motif de la dévotion ; la réparation du mépris qu'on fait de cette tendresse est la fin principale qu'on s'y propose ; le sacré Cœur de Jésus, tout embrasé d'amour, en est l'objet sensible ; un dévouement aussi affectueux qu'ardent pour la personne du Sauveur en doit être le fruit.

« Une foule de saints avaient autorisé la dévotion au sacré Cœur de Jésus en montré combien elle est utile au salut des hommes, avant qu'une vénérable fille de la Visitation, éclairée des plus vives lumières de l'esprit de Dieu, fût choisie pour la propager.

« Cette dévotion, inspirée à la vénérable Marguerite-Marie Alacoque ; établie par le P. de la Colombière, serviteur de Dieu, encore plus illustre par sa glorieuse qualité de confesseur de Jésus-Christ en Angleterre, que par ses excellents ouvrages et par son titre de prédicateur de la duchesse d'York, qui devint reine de la Grande-Bretagne ; sanctionnée par l'estime de toutes les personnes chez qui la vertu égalait le mérite ; confirmée d'une manière si éclatante par les prodiges qui en manifestaient l'efficacité, et au nombre desquels on doit placer la cessation subite de la peste de Marseille ; cette dévotion, disonsnous, se propagea avec un succès merveilleux dans toute la France, s'étendit jusqu'en Pologne, franchit les mers, fleurit à Malte et à Québec, s'avança dans les Indes et même en Chine, autorisée qu'elle était par plusieurs brefs, entre autres par un bref de Benoît XIV du 28 mai 1757. Le 28 janvier 1765, un décret de la congrégation des Rites ayant approuvé le culte du Cœur de Jésus, Clément XIII sanctionna ce décret le 6 février suivant. C'est une preuve que les évêques de l'assemblée du clergé de France arrêtèrent, dans une délibération à ce sujet, de faire célébrer cette fête dans leurs diocèses, et d'engager leurs collègues à suivre cet exemple : ce qui fut exécuté.

« Plusieurs prélats donnèrent même des mandements pour indiquer à leurs fidèles ce qu'ils devaient penser sur cette dévotion, et pour répondre aux objections de ceux qui la critiquaient ; car elle n'avait pas l'approbation de tout le monde. Les uns, aux yeux de qui toute pratique religieuse est superstition, se moquaient de celle-là comme du reste. Les autres, qui s'unissaient encore sur ce point aux philosophes, parlaient de la dévotion au Sacré-Cœur comme d'une espèce d'idolâtrie, et la tournaient en ridicule en toute occasion. Ils écrivirent même contre ; et il est remarquable qu'ils se servirent souvent des objections avec lesquelles les protestants combattent l'Eucharistie. Mais les vrais fidèles savent assez que le culte du sacré Cœur n'est qu'une manière d'exciter en nous l'amour du Fils de Dieu, et l'approbation de l'Eglise suffit à ceux qui ne chercheraient qu'à s'éclairer. Cela n'a pas empêché quelques esprits ardents d'en faire une hérésie sous le nom de *Cordicoles.* »

Pour répondre à ces adversaires de la plus belle et de la plus douce des dévotions, nous aurions pu nous contenter d'en appeler au témoignage de l'Eglise universelle : mais nous voulons encore la justifier par des faits adoptés depuis des siècles sans aucune contradiction. Jésus-Christ n'est point divisé dans l'Eucharistie ; nous adorons en lui une personne en deux natures. En vertu de son union hypostatique, son humanité participe aux honneurs dus à sa divinité. L'Eglise adore dans l'Eucharistie non-seulement sa nature divine, mais son corps et son sang. Une fête particulière est consacrée à ses plaies adorables. Nous adorons les épines dont son front fut couronné, les clous qui percèrent ses mains et ses pieds, la croix où il expira. Nous adorons le nom même de Jésus, devant lequel tout genou doit fléchir dans le ciel, sur la terre et dans les enfers. Pourquoi refuserions-nous nos hommages à ce Cœur sacré, la plus noble et la plus touchante portion de son humanité ; le siége de son amour pour les hommes ? Rien donc de plus raisonnable que la dévotion au sacré Cœur.

* CŒUR (INSTITUT DU SACRÉ-). Il se forma dans le Liban, en 1747, un institut de religieuses sous le nom auguste du Sacré-Cœur. Sœur Marie-Agénie Eudie en fut la fondatrice. Bientôt l'institut voulut marcher par une voie extraordinaire. Agénie avait, assurait-elle, des communications intimes avec le cœur du Sauveur ; elle y puisait des lumières spéciales. Elle devint prophétesse, annonça les plus grandes calamités. Une sœur Catherine partagea ses illusions, annonça l'avenir comme elle. Les femmes à vision tâchent toujours de surprendre les autorités ecclésiastiques, afin de répandre plus facilement leurs prétendues révélations. L'évêque Germain Diab et le patriarche Pierre Stéphani se laissèrent surprendre. Tout le Liban fut bientôt dans la confusion la plus complète. Il fallut recourir au siége apostolique, qui, après avoir examiné la cause, ordonna de brûler les écrits des deux religieuses et condamna leurs visions comme des illusions du démon. Le patriarche refusa de se soumettre ; il fut frappé d'interdit par le souverain pontife. Pie VII le rétablit dans l'exercice de ses fonctions lorsqu'il se fut soumis aux décisions de la chaire de Pierre.

* **CŒUR** (Congrégation du Sacré-) C'est un institut récent de religieuses qui se consacrent à l'éducation des personnes du sexe. La sagesse de l'éducation que ces religieuses donnent a fait multiplier leurs établissements en France, en Italie et en Amérique. Elles produisent partout le plus grand bien.

COLARBASIENS, sectateurs de Colarbase, hérétique du IIe siècle de l'Eglise, et qui était disciple de Valentin. Aux dogmes et aux rêveries de son maître, il avait ajouté que la génération et la vie des hommes dépendaient des sept planètes ; que toute la perfection et la plénitude de la vérité étaient dans l'alphabet grec, puisque Jésus-Christ était nommé *alpha* et *oméga*. Philastre et Baronius ont confondu Colarbase avec un autre hérétique nommé Bassus ; mais saint Augustin, Théodoret et d'autres les distinguent. Saint Irénée et Tertullien ont aussi parlé de Colarbase et de ses disciples, comme d'une branche des *valentiniens*. Voy. MARCOSIENS.

COLÈRE, passion que Jésus-Christ s'est particulièrement appliqué à réprimer : toutes ses maximes respirent la douceur, la charité, la patience. *Heureux*, dit-il, *les pacifiques, ils seront appelés les enfants de Dieu. Heureux les hommes doux et débonnaires, ils seront les maîtres sur la terre. Soyez miséricordieux comme votre Père céleste. Apprenez de moi que je suis doux et humble de cœur, et vous trouverez le repos de vos âmes,* etc.

La plupart des anciens philosophes ont autorisé la *colère* et la vengeance, ont regardé la douceur comme une faiblesse. Quelques-uns, plus sensés, ont compris que la *colère* est toujours injuste, que l'homme irrité veut le mal d'autrui non son propre bien ; que la vertu, qui est la force de l'âme, consiste principalement à nous vaincre nous-mêmes, et à réprimer les mouvements impétueux qui troublent notre âme. Plusieurs stoïciens ont débité sur ce sujet de très-belles maximes. Il est certain que de toutes les passions, la *colère* est la plus capable de déranger l'économie animale ; souvent on a vu des personnes d'un caractère violent expirer par un transport de *colère*. — La raison devrait donc suffire pour nous en préserver ; mais comme le remarque très-bien un philosophe moderne, pour vaincre une passion, pour la vouloir même, il faut que l'âme raisonne, qu'elle examine, qu'elle pèse les raisons d'agir et de se retenir : or, le arguments de la raison se succèdent avec lenteur, les impulsions du sentiment, au contraire sont rapides, et elles ont déjà emporté l'homme avant qu'il ait délibéré sur ce qu'il aurait dû faire. Dans les passions tumultueuses, la raison se tait ; elle laisse l'homme sans défense au milieu du danger, et ne lui fournit des armes que lorsqu'il n'en a plus besoin ; elle ne revient à nous que pour nous accabler de honte et de remords après notre défaite. La religion seule peut donc nous soutenir pendant le combat, ou nous consoler de notre faiblesse par l'espérance du pardon. *Voy.* PASSION.

COLÈRE DE DIEU. « *La colère de Dieu*, dit saint Augustin, n'est rien autre chose que la justice par laquelle il punit le crime : ce n'est point en Dieu une passion ou un trouble de l'âme comme la *colère* de l'homme, mais une perfection que l'Ecriture exprime en disant : *Pour vous, Seigneur tout-puissant, vous jugez avec une tranquillité parfaite,* » lib. XIII de *Trinit.*, c. 16. « Toute punition, dit-il encore, est nommée *colère de Dieu ;* mais ordinairement Dieu punit pour corriger, quelquefois pour damner. Selon l'Ecriture, il châtie tout enfant qu'il aime ; mais il punira pour damner lorsqu'il aura mis les impies à sa gauche, et qu'il leur dira : *Allez, maudits, au feu éternel.* » (Serm. 2 in Ps. LVIII, n° 6). « Tout ce que nous souffrons en ce monde est un châtiment de Dieu qui veut nous corriger, pour ne pas nous damner à la fin. » (Serm. 22, c. 3, n° 3 ; Serm. 471, *de Verbis Apostoli,* n° 5 ; *Enar. in Ps.* CII, n. 17 et 20, etc.) Ce que nous appelons *colère de Dieu* dans cette vie est donc souvent un effet de miséricorde. Lactance, qui a fait un traité de la *Colère de Dieu,* se borne à prouver, contre Epicure, que Dieu récompense la vertu et punit le crime. *Voy.* JUSTICE DE DIEU.

COLÉTANS, franciscains, ainsi appelés de la B. Colette Boilet, de Corbie, dont ils embrassèrent la réforme au commencement du XVe siècle. Ils conservèrent ce nom jusqu'à la réunion qui se fit de toutes les réformes de l'ordre de Saint-François, en vertu d'une bulle de Léon X, en 1517. Par la même raison, les religieuses *colétines* reprirent le nom général d'*observantines* ou de *clarisses*.

COLLATINES. *Voy.* OBLATES.

COLLECTE, dans la messe de l'Eglise romaine, et dans la liturgie anglicane, signifie une prière ou oraison convenable à l'office du jour, et que le prêtre récite avant l'Epître. En général, toutes les oraisons de chaque office peuvent être appelées *collectes,* parce que le prêtre y parle toujours au nom de toute l'assemblée, dont il résume les sentiments et les désirs par le mot *oremus, prions* ; c'est la remarque du pape Innocent III, et parce que, dans plusieurs auteurs anciens, l'assemblée même des fidèles est appelée *collectes.*

Quelques-uns attribuent l'origine de ces oraisons aux papes Gélase et saint Grégoire le Grand ; mais il est très-probable que ces deux papes, dans leurs *Sacramentaires,* n'ont fait que rassembler et mettre en ordre les prières qui étaient déjà en usage avant eux, et en ont ajouté pour les nouveaux offices. Claude Despense, docteur de la Faculté de Paris, a fait un traité particulier des *collectes,* où il parle de leur origine, de leur antiquité, de leurs auteurs, etc. —Le P. Lebrun (*Explic. des cérém.*, tom. I, p. 192), a fait voir que ces *collectes* ou prières communes, qui se font par le prêtre au nom de toute l'*assemblée,* sont de la plus haute antiquité, et datent du temps des apôtres. L'esprit du christianisme veut que les désirs, les prières, les bonnes œuvres soient communes entre les fidèles, et c'est en cela que consiste la communion des saints. Ces prières n'ont pas été mises d'abord par écrit, les prêtres se les transmettaient par tradition; mais elles ont toujours exprimé la foi, les espérances, les sentiments communs des fidèles : c'est la voix de l'Eglise entière qui s'exprime par la bouche de ses ministres. On peut donc y puiser avec une entière certitude sa croyance et sa doctrine.

COLLECTE signifie aussi les quêtes que l'on faisait dans la primitive Eglise, pour soulager les pauvres d'une autre ville ou d'une autre province; il en est fait mention dans les Actes et dans les Epîtres des apôtres.

COLLÉGE. On a quelquefois donné ce nom à l'assemblée des apôtres, et l'on a dit le *collége apostolique*; par analogie, on a nommé *sacré collége* le corps des cardinaux de l'Eglise romaine, formé de soixante-douze membres, par allusion aux soixante-douze disciples du Sauveur.

COLLÉGE DES CARDINAUX (1). Le collége des Cardinaux, qu'on appelle aussi le *sacré-collége*, est le corps des cardinaux, divisé en trois ordres différents, six évêques, cinquante prêtres et quatorze diacres. Chacun de ces ordres a son doyen ou chef, le cardinal-évêque d'Ostie est le doyen de l'ordre des évêques et de tout le *sacré-collége*. — Suivant la discipline actuelle de l'Eglise, le *collége* des cardinaux est, dans l'ordre hiérarchique, la seconde dignité ecclésiastique; car un cardinal a le pas et la préséance sur tous les primats, archevêques et évêques. (Extrait du *Dictionn. de Jurisprudence*.)

COLLÉGIALE, église desservie par des chanoines séculiers ou réguliers. Dans les villes où il n'y avait point d'évêque, le désir de voir célébrer l'office divin avec la même pompe que dans les cathédrales, fit établir des églises *collégiales*, des chapitres de chanoines qui vécurent en commun et sous une règle comme ceux des églises cathédrales. Un monument de cette ancienne discipline sont les *cloîtres* qui accompagnent ordinairement ces églises. Lorsque le relâchement de la vie canoniale se fut introduit dans quelques cathédrales, les évêques choisirent ceux d'entre les chanoines qui étaient les plus réguliers, en formèrent des détachements, établirent ainsi des *collégiales* dans leur ville épiscopale. Insensiblement la vie commune a cessé dans les églises *collégiales* aussi bien que dans les cathédrales; c'est ce qui a fait naître les congrégations des chanoines réguliers qui ont continué à vivre en commun.

COLLÉGIENS, nom d'une secte formée des arminiens et des anabaptistes en Hollande. Ils s'assemblent en particulier tous les premiers dimanches de chaque mois, et chacun a dans ces assemblées la liberté de parler, d'expliquer l'Ecriture sainte, de prier et de chanter.

Tous ces *collégiens* sont sociniens ou ariens; ils ne communient point dans leur *collége*, mais ils s'assemblent deux fois l'an, de toute la Hollande, à Rinsbourg, village situé à deux lieues de Leyde, où ils font la communion. Ils n'ont point de ministre particulier pour la donner; mais celui qui se met le premier à la table la donne, et l'on y reçoit indifféremment tout le monde, sans examiner de quelle religion il est. Ils donnent le baptême en plongeant tout le corps dans l'eau. — A proprement parler, ces *collégiens* sont les seuls qui suivent dans la pratique les principes de la réforme, selon lesquels chaque particulier est seul arbitre de sa croyance, du culte qu'il veut rendre à Dieu, et de la discipline qu'il veut suivre. À la vérité leur *communion* ne met entre eux qu'une union très-légère et purement extérieure. Ce n'est plus là l'unanimité de croyance et de sentiment que saint Paul recommandait aux fidèles (*Philipp.* I, 27; II, 2, etc.). Les Juifs et les païens, sans blesser leur conscience, pourraient fraterniser avec eux.

COLLUTHIENS, hérétiques du IVe siècle, sectateurs de Colluthus, prêtre d'Alexandrie. Ce prêtre, scandalisé de la condescendance que saint Alexandre, patriarche de cette ville, eut dans les commencements pour Arius, dans l'espérance de le ramener par la douceur, fit schisme, tint des assemblées séparées, osa même ordonner des prêtres, sous prétexte que ce pouvoir lui était nécessaire pour s'opposer avec succès aux progrès de l'arianisme. Bientôt il ajouta l'erreur au schisme : il enseigna que Dieu n'a point créé les méchants, et n'est pas l'auteur des maux qui nous affligent. Osius le fit condamner dans un concile qu'il convoqua à Alexandrie en 319.

COLLYRIDIENS, anciens hérétiques, qui rendaient à la sainte Vierge un culte outré et superstitieux. Saint Épiphane, qui en fait mention, dit que les femmes d'Arabie, entêtées du collyridianisme, s'assemblaient un jour de l'année pour rendre à la Vierge un culte insensé, qui consistait principalement dans l'offrande d'un gâteau, qu'elles mangeaient ensuite à son honneur. Leur nom vient du mot grec *collyre*, petit pain ou gâteau. — Suivant le récit de ce Père, *Hæres.* 79, ces femmes adoraient la sainte Vierge comme une divinité, et lui rendaient le même culte qu'à Dieu, puisqu'il conclut par ses réflexions par dire, qu'il faut *adorer* le Père, le Fils et le Saint-Esprit, mais qu'il ne faut pas *adorer* Marie, qu'il faut seulement l'*honorer*.

Basnage (*Histoire de l'Eglise*, l. XX, c. 2, § 4 et suiv.) a disserté beaucoup sur cette hérésie; de la manière dont saint Épiphane l'a réfutée, il conclut que, suivant le sentiment de ce Père, on ne doit rendre à Marie aucun culte religieux; il argumente, à son ordinaire, sur l'équivoque du terme *adorer* et *adoration*. Nous avons remarqué, et il

(1) Cet article est reproduit d'après l'édition de Liége.

en convient lui-même, que, dans l'origine, *adorer* a simplement signifié *saluer*, faire la révérence ou se prosterner, témoigner du respect par un signe extérieur; conséquemment les auteurs sacrés l'ont employé à l'égard de Dieu, des anges et des personnes vivantes. A l'égard de Dieu, il signifie le culte suprême et incommunicable ; à l'égard des anges, un culte religieux, inférieur et subordonné; à l'égard des hommes, un culte purement civil. Il en est de même du mot *culte*, qui, dans le sens primitif, ne signifie rien autre chose que *respect, honneur, révérence, vénération*. Le *culte* est ou religieux, ou purement civil, selon l'objet auquel il s'adresse, et selon le motif par lequel il est rendu. *Voy.* CULTE.

Lorsque les Pères de l'Eglise et les écrivains ecclésiastiques ont entendu par *adoration* le culte suprême, ils ont dit, comme saint Epiphane, qu'il faut *adorer* Dieu seul, et qu'il faut seulement *honorer* les saints ; nous le disons de même et dans le même sens. Mais nous soutenons que l'*honneur* que nous rendons aux anges, aux saints, aux images, aux reliques, est un *culte*, puisque *honneur* et *culte* sont synonymes ; nous ajoutons que c'est un *culte religieux*, parce que nous le leur rendons par un motif de religion, par le motif du respect que nous avons pour Dieu lui-même. Nous respectons et nous honorons dans les saints l'amour que Dieu a eu pour eux, les grâces dont il les a comblés, le bonheur éternel auquel il les a élevés, le pouvoir d'intercession qu'il a daigné leur accorder ; c'est par ce motif que nous honorons leurs images et leurs reliques. Quand on dit que nous les *adorons*, si par là l'on entend que nous nous inclinons, que nous nous mettons à genoux, que nous nous prosternons pour témoigner notre respect, nous ne disputerons pas sur le terme, puisque nous faisons la même chose à l'égard des personnes vivantes, mais par un motif différent. Si l'on en conclut, comme Basnage et les autres protestants, que nous leur témoignons le même respect qu'à Dieu, et que nous leur rendons le culte suprême qui n'est dû qu'à lui seul, nous répondrons que cette imputation est un trait de mauvaise foi et de malignité.

Parce que des femmes et des ignorants stupides ont souvent péché par excès dans cette dévotion, parce que des écrivains mal instruits, et qui ne pesaient pas la valeur des termes, se sont mal expliqués sur ce sujet, il ne s'ensuit rien contre la croyance et contre la doctrine de l'Eglise catholique, ni contre les pratiques qu'elle approuve ; elle n'est pas obligée d'entretenir des professeurs de grammaire pour démêler les équivoques, les sophismes et les calomnies toujours renaissantes des protestants. Cent fois on les a réfutés, et cent fois ils les recommencent, parce que c'est un prétexte pour en imposer aux simples et nourrir leur entêtement. *Voy.* CULTE, MARIE, SAINTS, IMAGES, etc.

Si les femmes de l'Arabie n'avaient offert des gâteaux à la sainte Vierge que pour la supplier de remercier Dieu de la nourriture qu'il daigne accorder aux hommes, cette pratique aurait été très-innocente; par là ces femmes n'auraient reconnu dans Marie qu'un pouvoir d'intercession. Si elles les lui offraient dans la persuasion que c'était la mère de Dieu elle-même qui leur accordait cette nourriture par son propre pouvoir, et dans l'intention de lui en demander la continuation, c'était alors un culte superstitieux, et qui tenait de l'idolâtrie ; il venait du même motif par lequel les païens faisaient des offrandes à leurs dieux. *Voy.* IDOLATRIE.

COLOMB (saint). Il y a eu autrefois dans les îles Britanniques une congrégation de chanoines réguliers de ce nom, qui était fort étendue, et qui était composée de cent monastères. Elle avait été établie par *saint Colomb*, Colm, ou Columkille, Irlandais de nation, qui vivait dans le VIe siècle, et qu'on appelle aussi saint Colomban ; mais il ne faut pas le confondre avec un autre saint Colomban, son compatriote et son contemporain, fondateur et premier abbé du monastère de Luxeuil en Franche-Comté. On voit encore une règle en vers, qu'on croit avoir été dictée par *saint Colomb* à ses chanoines ou moines ; elle est en ancienne langue irlandaise, et elle a été tirée des règles des anciens moines de l'Orient. Voyez *Vie des Pères et des Martyrs*, t. V, p. 208.

COLORITES, congrégation d'Augustins, ainsi appelée de *Colorito*, petite montagne voisine du village de *Morano*, dans le diocèse de Cassano, et dans la Calabre citérieure. Ce fut dans une cabane proche d'une église dédiée à la sainte Vierge sur cette montagne, que se retira, en 1530, Bernard de Rogliano, et qu'il commença l'institution de la congrégation des *Colorites*.

COLOSSIENS. La lettre de saint Paul aux *Colossiens* leur fut écrite de Rome l'an 62, lorsque l'Apôtre y était dans les chaînes. Pour préserver ces nouveaux fidèles de toute tentation de retourner au judaïsme ou au paganisme, saint Paul leur donne la plus haute idée de Jésus-Christ, du bienfait de la rédemption, de la grâce que Dieu leur a faite en les appelant à la foi, et les leçons de conduite les plus sages. — On remarque beaucoup de ressemblance entre cette Epître et celle que saint Paul écrivit en même temps aux Ephésiens ; l'Apôtre, dans plusieurs passages de l'une et de l'autre, emploie les mêmes expressions.

Les protestants ont beaucoup insisté sur le verset 18 du chapitre II, où saint Paul dit : *Que personne ne vous séduise par une affectation d'humilité, et par le culte des anges, marchant dans une voie qu'il ne connaît pas, et enflé d'un orgueil vain et charnel.* Ils en ont conclu que saint Paul réprouve toute espèce de culte rendu aux anges. De même, v. 20 et 21, il blâme les abstinences que certains docteurs voulaient prescrire aux *Colossiens* ; mais si on veut lire attentivement tout ce qui précède et ce qui suit, on verra que l'unique dessein de saint Paul est de détourner les *Colossiens* des pratiques du judaïsme, auxquelles de faux apôtres avaient voulu les assujettir. Or, au mot COELICOLES, nous avons vu que les Juifs ont été accusés d'adorer les anges, c'est-à-dire, les intelligences ou génies dont on croyait les astres animés; culte non-seulement superstitieux, mais idolâtrique, formellement défendu par la loi de Moïse, et encore plus contraire à la doctrine de Jésus-Christ; c'est pour cela que l'Apôtre ajoute que ces gens-là ne demeuraient point attachés à ce divin Sauveur, qui est le chef de l'Eglise et la source de toutes les grâces. Mais ne peut-on pas honorer et invoquer les anges dont il est fait mention dans l'Ecriture sainte, parce qu'ils sont les ministres et les ambassadeurs dont Dieu s'est servi pour annoncer aux hommes les mystères de Jésus-Christ? Ce divin Sauveur lui-même, après son ascension dans le ciel, a envoyé ces esprits bienheureux pour délivrer saint Pierre de ses liens, pour révéler à saint Jean les destinées de l'Eglise, etc.; les honorer, ce n'est donc pas se détacher de Jésus-Christ, puisqu'on ne leur attribue d'autre pouvoir que d'exécuter ses volontés sur la terre. *Voy.* ANGE.

Ce n'est pas non plus ressusciter le judaïsme que de pratiquer des abstinences, non par le même motif que les Juifs, mais pour accomplir le précepte que saint Paul impose aux *Colossiens* dans cette même lettre, c. III, v. 5, de mortifier les désirs déréglés de la chair, au nombre desquels on doit certainement mettre la gourmandise. *Voy.* ABSTINENCE.

COLYBES, nom que les Grecs, dans leur liturgie, ont donné à une offrande de froment et de légumes cuits, qu'ils font à l'honneur des saints, et en mémoire des morts; Balsamon, le P. Goar et Léon Allatius ont écrit sur cette matière.

Les Grecs font bouillir une certaine quantité de froment et la mettent en petits monceaux sur une assiette, ils y ajoutent des pois pilés, des noix hachées et des pepins de raisin; ils divisent le tout en plusieurs compartiments séparés par des feuilles de persil, et c'est à cette composition qu'ils donnent le nom de κολύβα. — Ils ont, pour la bénédiction des *colybes*, une formule particulière, dans laquelle ils font des vœux pour que Dieu bénisse ces fruits et ceux qui en mangeront, parce qu'ils sont offerts à sa gloire en mémoire de tel saint et de quelques fidèles décédés. Balsamon attribue à saint Athanase l'institution de cette cérémonie; mais le *Synaxaire*, qui est une Vie des saints en abrégé, en fixe l'origine au temps de Julien l'Apostat; il dit que ce prince ayant fait profaner le pain et les autres denrées qui se vendaient au marché de Constantinople au commencement du carême, par le sang des viandes immolées, le patriarche Eudoxe ordonna aux chrétiens de ne manger que des *colybes*, ou du froment cuit; et que c'est en mémoire de cet événement qu'on a coutume de bénir et de distribuer les *colybes* aux fidèles, le premier samedi de carême.

On peut consulter un petit *Traité des colybes*, écrit par Gabriel de Philadelphie, pour répondre aux imputations de quelques écrivains de l'Eglise latine, qui désapprouvaient cet usage : traité que M. Simon a fait imprimer à Paris, en grec et en latin, avec des remarques.

COMMANDEMENTS DE DIEU. On donne principalement ce nom aux dix préceptes que Dieu fit graver par Moïse sur des tables de pierre, comme le fond et le sommaire de la morale. *Voy.* DÉCALOGUE. Jésus-Christ a observé dans l'Évangile qu'ils se réduisent à deux, à aimer Dieu sur toutes choses, et le prochain comme nous-mêmes. C'est le sommaire de la morale chrétienne, aussi bien que celle des Juifs; il n'a pas été inconnu aux patriarches, puisque c'est la loi naturelle : on le trouve tout entier dans le livre de Job, et il vient de la révélation primitive que Dieu avait donnée à nos premiers parents.

Quoique cette loi n'ordonne rien qui ne soit prescrit par la loi naturelle et conforme à la droite raison, aucun peuple n'a parfaitement connu cette morale que par la révélation. Les philosophes mêmes, avec toute leur sagacité, ont été dans l'erreur sur plusieurs articles essentiels; la plupart ont approuvé la vengeance, le mensonge, le meurtre des enfants, la prostitution; ils ont méconnu le droit des gens, etc. *Voy.* MORALE. — Dieu, sans déroger à sa sagesse, à sa bonté, à sa justice, a pu faire aux hommes d'autres *commandements*, leur donner des lois positives, auxquelles ils sont obligés de se conformer lorsqu'ils les connaissent. *Voy.* LOIS DIVINES POSITIVES.

COMMANDEMENTS DE L'EGLISE, lois que les pasteurs de l'Eglise ont faites en différents temps, pour établir l'ordre et l'uniformité, soit dans le culte divin, soit dans les mœurs. Sanctifier les fêtes, assister à la messe, observer l'abstinence et le jeûne à certains jours, respecter les censures ecclésiastiques, etc., sont des devoirs que l'Eglise a été en droit d'imposer aux fidèles, et auxquels ils sont obligés en conscience de satisfaire. — Au mot LOIS ECCLÉSIASTIQUES, nous prouverons que l'Eglise a reçu de Jésus-Christ le pouvoir de faire des lois, que cette autorité lui était nécessaire, qu'elle en a fait usage depuis les apôtres jusqu'à nous, qu'il n'en résulte aucun inconvénient à l'autorité des souverains, ni au gouvernement civil des Etats; les clameurs de ses ennemis contre les lois de discipline établies par l'Eglise, sont frivoles et injustes.

COMMÉMORATION, COMMÉMORAISON, souvenir que l'on a de quelqu'un, prière ou cérémonie destinée à en rappeler la mémoire. Parmi les catholiques romains, ceux qui meurent font souvent des legs à l'Eglise, à charge que l'on dira pour eux tant de messes, et que l'on fera *commémoration* d'eux dans les prières. — *Commémoration* se dit encore, dans la récitation du bréviaire, de la mémoire que l'on fait d'un saint, ou de la férie, par une antienne, un verset et une oraison, à laudes et aux vêpres, et par une collecte, une secrète et une post-communion à la messe.

La *commémoration des morts* est une fête qui se célèbre le second jour de novembre, en mémoire de tous les fidèles trépassés ; elle fut instituée dans le xie siècle par saint Odilon, abbé de Cluni. A l'article MORTS, nous prouverons l'antiquité de l'usage établi dans l'Église chrétienne de prier pour les morts, les conséquences qui en résultent à l'avantage de la société, l'injustice des plaintes que les protestants ont faites contre cet acte de charité. — Dès les premiers siècles de l'Église, l'usage s'établit de faire, dans les assemblées chrétiennes, la *commémoration des martyrs*, le jour anniversaire de leur mort ; la question est de savoir quelle était l'intention des fidèles dans cette pratique ; nous disons que c'est un témoignage du culte rendu aux martyrs ; les protestants soutiennent qu'il n'y a dans cette coutume aucune marque ni aucune preuve de culte. Basnage, qui a traité exprès cette question (*Hist. de l'Eglise*, liv. xviii, c. 7, § 3 et suiv.), prétend que l'on agissait ainsi, 1° afin d'honorer la mémoire de ceux qui avaient combattu pour Jésus-Christ ; ainsi s'exprimait l'Église de Smyrne en parlant du martyre de saint Polycarpe. 2° Afin que les fidèles fussent encouragés par cet exemple à souffrir pour leur foi. 3° Dans les *Constitutions apostoliques*, l. viii, c. 13, il est dit : *Faisons mémoire des martyrs, afin que nous soyons trouvés dignes de participer à leurs combats.* 4° Saint Cyprien, epist. 12 et 39, dit : *Nous offrons des sacrifices pour les martyrs toutes les fois que nous célébrons la commémoration anniversaire de leur passion.* Ces sacrifices, selon Basnage, étaient les oblations que l'on présentait à l'autel, et on les faisait pour attester que l'on conservait avec les martyrs l'union, qui est appelée dans le symbole la *communion des saints*. Ces oblations n'étaient point faites aux martyrs, mais à Dieu *pour les martyrs.*

Dans tous les éloges qu'en ont faits les auteurs des trois premiers siècles, nous ne trouvons aucune prière ni aucun vestige d'invocation adressée aux martyrs. L'Église de Smyrne dit : *Nous aimons les martyrs, mais nous n'adorons que Jésus-Christ* (Eusèbe, liv. iv, c. 15). Enfin, aucun des auteurs païens qui ont écrit contre le christianisme, n'a reproché aux chrétiens d'adorer, d'invoquer, ni de prier les martyrs. De toutes ces preuves, les protestants concluent que le culte des martyrs n'a commencé qu'au ive siècle. — Quand cela serait vrai, nous présumerions encore qu'au ive siècle l'on savait, pour le moins aussi bien qu'au xvie, ce qui était conforme ou opposé à l'esprit du christianisme, ce que Jésus-Christ et les apôtres avaient commandé, conseillé, permis ou défendu ; qu'à cette époque Jésus-Christ n'a pas permis sans doute que son Église, qui jusqu'alors avait témoigné la plus grande horreur de l'idolâtrie, s'en rendît tout à coup universellement coupable. Mais nous avons de plus fortes preuves qu'une simple présomption.

1° Nous demandons quelle différence il faut mettre entre *honneur* et *culte*, entre *culte religieux* et *honneur rendu par motif de religion*; lorsque les protestants auront satisfait à cette question, nous parviendrons peut-être à nous accorder ou au moins à nous entendre sur le reste. L'honneur rendu aux martyrs n'était certainement inspiré par aucun motif humain, par aucun intérêt temporel, par aucune considération puisée dans la nature ; il était donc suggéré par la foi et par la religion. — 2° Nous voudrions savoir en quoi consiste la *communion des saints*, que l'on voulait entretenir avec les martyrs ; selon l'idée que nous en donnent les apôtres, c'est la participation ou la communication mutuelle de prières, de bonnes œuvres, de secours, d'assistance, de bienfaits spirituels et temporels (*Rom.* xii, 13 ; *Galat.* vi, 6 ; *Hebr.* xiii, 16 ; *I Petri*, iv, 8). A quoi se réduirait cette communication avec les martyrs après leur mort, s'ils ne pouvaient ni prier, ni intercéder pour nous, ni nous secourir en aucune manière ; et de quoi nous servirait-elle ? Basnage ne s'explique pas là-dessus. — 3° Nous disons, aussi bien que l'Église de Smyrne, que nous *adorons* Jésus-Christ seul, dès que l'on entend par *adoration* le culte divin et suprême, et que *nous aimons les martyrs*: pourquoi les aimerions-nous, s'ils ne nous aimaient pas eux-mêmes ? Selon saint Paul, la charité doit être mutuelle, et cette charité ne meurt jamais ; elle subsiste donc dans les martyrs : s'ils nous aiment, ils s'intéressent à notre salut, ils le désirent, ils le demandent à Dieu, et sans cela nous n'aurions aucun motif de les aimer. — 4° Saint Cyprien ne parle pas seulement d'oblations ou d'offrandes, mais de *sacrifices* pour la *commémoration* des martyrs, *oblationes et sacrificia*. (*Ep.* 37, olim 12). Dans les *Const. apost.*, l. viii, c. 12, on lit : « Nous vous offrons encore, Seigneur, pour tous les saints,... apôtres, martyrs, confesseurs, etc. » Est-il question là de l'eucharistie après la consécration ? Basnage n'avait garde de le remarquer. Ces oblations, dit-il, se faisaient à Dieu pour les martyrs, ou afin qu'ils obtinssent quelque nouveau degré de gloire, ou pour marquer que l'Église entretenait communion avec eux. Nous soutenons que c'était pour l'un et l'autre. On demandait donc ainsi un nouveau degré de gloire pour les martyrs : or, c'en est un de pouvoir contribuer par leurs prières au salut de leurs frères ; on demandait à Dieu la communion avec eux : et, encore une fois, cette communion aurait été nulle, si les martyrs ne pouvaient pas intercéder pour nous. C'est ce que fait encore l'Église, lorsqu'elle offre le saint sacrifice à l'*honneur* des martyrs et des autres saints ; cette expression, sur laquelle les protestants ont tant glosé, ne signifie rien de plus que ce qu'a vu Basnage lui-même dans la pratique de l'Eglise primitive. — 5° Est-il vrai qu'il n'y a, dans les monuments des trois premiers siècles, aucun vestige d'invocation des martyrs? Si l'on croyait à leur intercession, comme nous venons de le prouver, l'invocation s'ensuit évidemment. Saint Cyprien conjure des martyrs de se souvenir de lui, lorsque le Seigneur aura commencé à honorer leur martyre (*L. de laude Martyrii*); à la fin, il fait la même prière à des vierges (*L. de Habitu virgin.*). C'était les invoquer au moins d'avance; nous apporterons d'autres preuves ailleurs. *Voy.* SAINTS.

COMMENCEMENT. *Au commencement, Dieu créa le ciel et la terre* (Gen. 1, 1). *Au commencement était le Verbe, il était en Dieu, et il était Dieu* (Joan. 1, 1). La comparaison de ces deux passages a donné lieu aux interprètes de faire plusieurs remarques importantes, et aux hérétiques d'imaginer plusieurs manières d'en pervertir le sens. Dans le premier, Moïse enseigne que le monde a commencé, qu'il n'est pas éternel, que c'est Dieu qui l'a créé ou l'a tiré du néant, qu'avant ce moment rien n'existait que Dieu et l'éternité. Ensuite il nous apprend que Dieu a donné l'être à toutes choses par une simple parole, par un acte de sa volonté, qu'il n'y avait par conséquent point de matière préexistante, de laquelle Dieu ait eu besoin pour en former le monde. Il dit : *Que la lumière soit, et la lumière fut*, ainsi du reste. Deux grandes vérités que les philosophes ont ignorées, qu'ils ont même combattues, puisque les uns ont admis l'éternité de la matière, les autres l'éternité du monde : erreurs qui en ont fait naître une infinité d'autres. Les sociniens ont fait de vains efforts pour soutenir que les paroles de Moïse ne prouvaient pas le dogme de la création d'une manière incontestable. *Voy.* CRÉATION.

Dans le second passage, saint Jean déclare que quand Dieu a créé le monde, le Verbe divin était déjà, qu'il était en Dieu, et qu'il était Dieu; que c'était par conséquent une personne subsistante et distinguée de Dieu le Père; ce Verbe n'a donc point eu de *commencement*, il est co-éternel à Dieu. Par là l'évangéliste réfutait Cérinthe et d'autres hérétiques qui niaient l'éternité et la divinité du Verbe. *Voy.* VERBE.

Les sociniens se sont encore tournés de toutes manières pour altérer le sens de ces paroles; ils ont dit que saint Jean voulait seulement donner à entendre que Dieu a créé le Verbe avant les autres créatures. En cela ils ont contredit Moïse, qui enseigne que les premières choses auxquelles Dieu a donné l'être sont le ciel et la terre; cela ne serait pas vrai, si Dieu avait créé le Verbe auparavant. Ils ont contredit saint Jean lui-même, qui ajoute que par le Verbe toutes choses ont été faites, et que rien de ce qui a été fait ne l'a été sans lui; certainement le Verbe ne s'est pas fait lui-même. D'autres ont prétendu que saint Jean ne parlait point du *commencement* de toutes choses, mais du *commencement* de la loi de grâce, qui a été comme une nouvelle création; Jésus-Christ, en effet, l'appelle la *régénération*, ou le renouvellement de toutes choses (*Matth.* XIX, 28). Mais pour quelles raisons les sociniens veulent-ils donner au mot *commencement*, dans saint Jean, un autre sens que celui qu'il a dans le premier verset de la Genèse? L'évangéliste fait assez comprendre qu'il parle, aussi bien que Moïse, du *commencement* de l'univers, puisqu'il ajoute que toutes choses ont été faites par le Verbe, etc. Il a donc voulu nous apprendre que ce Verbe a créé le monde. Le Psalmiste a dit de même, que *Dieu a fait les cieux par sa parole* ou par son Verbe, *et leur armée par le souffle de sa bouche*, ou par son esprit ; telle est l'énergie du texte hébreu (*Ps.* XXXII; *Hebr.* XXXIII, 6). Aussi plusieurs interprètes ont vu dans ce passage les trois Personnes de la sainte Trinité, Dieu, son Verbe et son Esprit. Ceux donc qui, dans leurs versions, font dire à saint Jean : *De toute éternité était le Verbe, il était en Dieu, et il était Dieu*, n'en altèrent pas le sens, puisqu'avant la naissance du monde rien n'existait que Dieu et l'éternité.

Une autre imagination fausse des sociniens, est de soutenir que ces paroles, *toutes choses ont été faites par lui*, signifient seulement que Jésus-Christ a renouvelé toutes choses. Peuvent-ils citer, dans toute l'Ecriture sainte, un seul passage dans lequel *faire* signifie *renouveler*? Saint Jean dit, v. 9 et 10 : *Le Verbe était la lumière..., il était dans le monde, le monde a été fait par lui, et le monde ne l'a pas connu*. Certainement le Verbe n'a pas renouvelé le monde, lorsque le monde ne le connaissait pas.

On ne peut pas approuver non plus l'interprétation du P. Hardouin qui, en réfutant très-bien les sociniens, les favorise cependant, en disant que par le *monde* on doit entendre le peuple juif. Peut-on soutenir qu'avant la naissance de Jésus-Christ, le Verbe n'existait, n'opérait et n'éclairait personne que chez le peuple juif? Ce n'est pas ainsi que l'ont entendu les Pères de l'Eglise, qui ont soutenu que, depuis la création jusqu'à nous, tout ce que les hommes en général ont reçu de grâces et de lumières, leur a été donné par le Verbe divin. — La seule manière de prendre le vrai sens de l'Ecriture sainte, est de nous en tenir à la tradition, à l'explication et au sentiment des Pères de l'Eglise, surtout des plus anciens. Saint Ignace, disciple de saint Jean l'évangéliste, était sans doute bien instruit de la doctrine de son maître : or, il enseigne, de la manière la plus positive, que le Verbe divin n'a point eu de *commencement*, qu'il est par conséquent coéternel à Dieu (*Epist. ad Magnes.*, n° 8). Il dit que Jésus-Christ est le Fils de Dieu et son Verbe éternel, qui n'est point né du silence : *Verbum ipsius æternum non a silentio progrediens.* *Voy.* VERBE.

COMMENTAIRES, COMMENTATEURS; interprétation des livres saints, auteurs qui les ont expliqués. Des livres qui existent, les uns depuis dix-huit siècles, les autres depuis quatre mille ans, qui sont écrits dans des langues mortes, qui peignent des mœurs et des usages très-différents des nôtres, qui contiennent une doctrine que vingt sortes d'hérétiques ont tâché de corrompre, ne peuvent être aussi aisés à entendre que des livres modernes. Il faut donc, pour les expliquer, des hommes qui aient étudié les langues, l'histoire, les mœurs antiques, la géographie, l'histoire naturelle, etc., qui aient rapproché et comparé les passages, qui aient consulté la tradition; et toutes ces connaissances ne sont pas aisées à rassembler. Les *commentateurs* les plus estimés sont ceux qui les ont possédées au plus haut degré, qui se sont le plus attachés à développer le sens littéral et naturel des auteurs sacrés. La multitude de leurs *commentaires* est immense; on peut s'en convaincre par l'ouvrage du P. Le Long, intitulé *Bibliotheca sacra*.

Les uns ont travaillé sur toute l'Ecriture sainte, les autres sur certains livres en particulier; quelques-uns se sont bornés à discuter un seul fait de l'Ecriture sainte, ou un passage qui paraissait plus obscur que les autres. Plusieurs l'ont fait pour établir et appuyer les dogmes de la foi catholique, les hétérodoxes pour étayer leurs opinions particulières et leurs erreurs.

A la vue de cette multitude de volumes, les incrédules ont dit que l'Ecriture sainte est donc un livre indéchiffrable, puisqu'il a fallu tant de travaux pour en montrer le sens. Ils n'ont pas fait attention que les *commentateurs* ont écrit les uns en Italie, les autres en Espagne, ceux-ci en France, ceux-là en Allemagne ou en Angleterre, dans différents siècles, et dans les diverses communions chrétiennes, chez les Juifs mêmes; fort souvent tous disent la même chose, ils ne sont divisés que sur le sens d'un petit nombre de passages; leur concert, sur tout le reste, démontre la vérité du sens que tous ont également aperçu. — Quelle multitude de *commentaires* n'a-t-on pas faits sur les poëtes grecs et latins ! Cela ne prouve pas, sans doute, que ces auteurs soient inintelligibles; cependant il n'y a pas longtemps que l'on a commencé ce genre de travail, au lieu que l'on s'est exercé sur l'Ecriture sainte dans tous les siècles. — Les ordonnances de nos rois ne sont pas sans doute un chaos d'obscurité; cependant à quelle multitude de *commentaires* n'ont-elles pas donné lieu !

Mais la nécessité de ces *commentaires* ne prouve que trop le besoin dans lequel sont les simples fidèles, d'une autre règle de foi que l'Ecriture sainte pour fonder et diriger leur croyance. On ne conçoit pas comment les réformateurs qui ont posé pour principe que l'Ecriture sainte est la seule règle de foi, ont osé entreprendre de l'expliquer eux-mêmes. Si elle est claire, qu'a-t-elle besoin d'explication ? Si les fidèles sont en droit de n'avoir aucun égard à cette explication même, à quoi peut-elle servir ? Et il faut remarquer que les passages sur lesquels les protestants ont fondé leur nouvelle croyance et leur séparation d'avec l'Eglise romaine, sont justement ceux qui leur ont paru avoir le plus de besoin d'explication. D'où il résulte que leur foi est fondée non sur le texte, mais sur l'explication qu'ils en donnent, ou sur le sens qu'ils lui attribuent. A moins que leur explication ne soit infaillible, il est fort dangereux que leur foi ne soit une erreur, de même que leur méthode est une contradiction.

Les protestants ont le plus grand intérêt à décrier les explications de l'Ecriture sainte données par les Pères de l'Eglise et par les interprètes de tous les siècles, afin de persuader que ces livres divins n'ont été bien entendus que depuis que les réformateurs et leurs disciples nous en ont donné l'intelligence; aussi n'y ont-ils pas manqué : il n'est pas possible de parler des *commentateurs*, en général, avec plus de mépris que l'a fait Mosheim dans son *Histoire ecclésiastique*, et dans ses *Instructions sur l'histoire chrétienne du 1er siècle*. — Dès cette époque, à commencer par saint Barnabé, il leur reproche d'avoir suivi la mauvaise méthode des Juifs, d'avoir négligé le sens littéral des livres saints, de l'avoir défiguré par des explications mystiques et allégoriques. A ce défaut essentiel, ceux du IIe siècle ont ajouté un respect superstitieux pour la version des Septante. Au IIIe, Origène, malgré ses travaux immenses sur le texte de l'Ecriture sainte, a communiqué aux écrivains de son temps, et à ceux qui ont suivi, le goût frivole pour les allégories. Au IVe, saint Jérôme, malgré les soins qu'il s'était donnés pour apprendre l'hébreu, n'a pas été exempt de ce vice, non plus que saint Augustin. Selon lui, ce Père a très-mal réussi lorsqu'il a voulu donner des règles pour l'intelligence du texte sacré. Au Ve, il ne fait grâce qu'aux *commentaires* de Théodoret sur le Nouveau Testament, à ceux de saint Isidore de Damiette, qui a un peu moins donné que les autres dans le mauvais goût régnant, et à ceux de Théodore de Mopsueste, conservés par les nestoriens. Depuis le VIe siècle, les interprètes se sont presque bornés à nous donner des chaînes des Pères, *Catenæ Patrum*, et ont ainsi perpétué le vice né dès le 1er siècle, jusqu'à la naissance de la réforme.

Voilà donc, depuis la mort des apôtres, et pendant un espace de quinze cents ans, l'Eglise chrétienne privée de la véritable intelligence de l'Ecriture, qui cependant, selon le sentiment des protestants, devait être l'unique règle de sa croyance. En lui donnant des pasteurs et des docteurs, les apôtres ont oublié de leur prescrire la manière dont il fallait expliquer ce livre divin ; le Saint-Esprit, qui avait d'abord prodigué le don des langues aux premiers fidèles, n'a pas trouvé bon de l'accorder à ceux qui en avaient le plus besoin ; à ceux qui devaient prêcher au peuple la pure parole de Dieu ; les apôtres, qui en avaient reçu la plénitude, ne se sont pas donné la peine de faire une version plus exacte et plus correcte que celle des

Septante.—Ils ont fait bien pis : ils ont mis eux-mêmes cette version fautive à la main des fidèles, qui étaient incapables d'en connaître les défauts, et ce sont eux qui ont donné aux Pères de l'Eglise l'exemple des explications allégoriques de l'Ecriture sainte; la preuve en subsiste dans l'Evangile et dans les lettres de saint Paul. Aussi, les incrédules ont eu grand soin d'appliquer aux apôtres et aux évangélistes le reproche que les protestants font aux anciens *commentateurs*. Mosheim et ses pareils ont-ils pu l'ignorer?—Ces deux considérations suffisent déjà pour justifier les anciens Pères; mais si nous examinons leur conduite en elle-même, les trouverons-nous aussi coupables qu'on le prétend? Est-il vrai que les *commentateurs* modernes, protestants ou autres, aient enfanté de si grandes merveilles en prenant une route tout opposée? Ceci mérite un moment de réflexion.

Les Pères ont cherché dans l'Ecriture sainte des leçons propres à sanctifier les mœurs, et non des connaissances capables de flatter l'orgueil et la curiosité; ils ont pensé que ce livre divin nous a été donné pour nous inspirer des vertus, plutôt que pour nous enrichir d'une vaste érudition. Leurs *commentaires* sont sans doute moins savants que ceux des modernes, mais ils sont plus édifiants et plus chrétiens; s'ils ne rendent pas la lettre beaucoup plus claire, ils tendent plus directement à nous en faire prendre l'esprit, qui vaut beaucoup mieux. Ils ont fait grand usage des explications allégoriques, parce que c'était le goût de leur siècle; Ils étaient forcés de s'y conformer. *Voy.* ALLÉGORIE. Qu'ont fait les interprètes protestants et sociniens? ils ont traité les écrits des auteurs sacrés comme on a traité ceux d'Homère, d'Aristote, de Pline et des auteurs profanes, il n'y a pas plus de piété dans leurs notes sur les uns que sur les autres.—Mosheim lui-même a fait une longue dissertation contre les interprètes qui ont rempli leurs *commentaires* d'explications, d'allusions, de comparaisons et d'observations tirées des auteurs profanes (*Syntag., Dissert. ad sanctiores disciplin. pertin.*, pag. 166).

On nous en impose, d'ailleurs, quand on veut nous persuader que les Pères se sont bornés à des explications allégoriques. Les livres de saint Jérôme, *des Noms hébreux, des Lieux hébreux,* les *Questions hébraïques sur la Genèse*, ses *Commentaires sur les prophètes*, un très-grand nombre de ses lettres; le *Traité de saint Epiphane, des poids et des mesures des Hébreux;* les *Réponses de saint Augustin aux objections des manichéens*, etc., sont des ouvrages d'érudition, qui pourraient faire honneur à des savants de notre siècle, et ceux-ci devraient être plus reconnaissants des secours qu'ils en ont tirés. Un grand nombre d'autres ouvrages des premiers siècles, non moins estimables, ont péri par le malheur des temps. Les Hexaples d'Origène auraient plus contribué à l'intelligence de l'Ecriture sainte, que le plus savant *commentaire*.—Il y a du ridicule à reprocher aux anciens Pères leur respect pour la version des Septante, puisqu'alors il n'y en avait point d'autre qui fût connue; à la réserve de saint Matthieu, les évangélistes et les apôtres s'en étaient servis. Dès le IIIe siècle, Origène sentit qu'il ne fallait pas s'y borner, puisque, dans ses Hexaples et dans ses Octaples, il la mit en comparaison avec le texte hébreu et avec toutes les autres versions grecques qu'il put trouver. Il est encore plus absurde de leur savoir mauvais gré de n'avoir pas appris l'hébreu dans un temps où l'on manquait absolument de secours pour l'étudier, et lorsque les Juifs faisaient tous leurs efforts pour en dérober la connaissance aux chrétiens : on sait combien il en coûta de soins et de peines à saint Jérôme, pour en recevoir des leçons.

Pour entendre l'Ecriture sainte, les Pères des premiers siècles avaient un guide plus infaillible que les règles de grammaire hébraïque, savoir, la tradition des Eglises apostoliques, conservée par les disciples immédiats des apôtres, et transmise sans interruption à leurs successeurs. Voilà ce qui a donné lieu de composer les *Chaînes des Pères*, de rassembler et de comparer les explications que ces auteurs respectables avaient données des passages dont le sens était contesté par les hérétiques. Et en quel temps? Sur la fin du Ve siècle ou pendant le VIe, immédiatement après les premières irruptions des barbares. Les plus connus de ces ouvrages sont celui d'Olympiodore, moine grec du Ve ou du VIe siècle, sur le livre de Job; on le trouve dans la *Bibliothèque des Pères*; celui de Victor, évêque de Capoue, de l'an 545, sur les quatre Evangiles; celui de Primasius, évêque d'Adrumète en Afrique, en 553, sur les Epîtres de saint Paul; celui de Procope de Gaze, rhéteur et sophiste grec, qui a écrit vers l'an 560 sur Isaïe et sur d'autres livres de l'Ecriture sainte.—On craignait alors avec raison que la plupart des monuments ecclésiastiques ne fussent bientôt détruits par la fureur des barbares : on s'efforçait d'en sauver les débris, et l'événement a prouvé que cette crainte n'était que trop bien fondée. La multitude des hérésies qui avaient paru dans les siècles précédents, faisait sentir la nécessité de s'attacher à la tradition, et d'en avoir toujours la preuve sous les yeux. L'imperfection de ces ouvrages ne vient donc pas du mauvais goût des auteurs, mais de la nécessité des circonstances. Quoi qu'en disent les protestants, ces compilations ne sont pas inutiles, puisque ce sont des chaînes de tradition; d'ailleurs nous y trouvons quelques fragments de livres anciens qui ne subsistent plus. Nous devons faire aussi peu de cas de l'opinion qu'en ont nos adversaires, qu'ils en font eux-mêmes des monuments de l'antiquité; ils ne chercheraient pas à nous ôter nos guides, s'ils n'avaient pas envie de nous égarer.

Mosheim prétend que dans les bas siècles, jusqu'à la naissance de la réforme, les papes s'étaient opposés de toutes leurs forces à ce que les laïques pussent lire et entendre l'Ecriture sainte. Comme nous ne pouvons pas attribuer cette calomnie à l'ignorance de ce critique, nous sommes forcés de nous en prendre à sa malignité. Il est de toute notoriété que jusqu'au x° siècle la langue latine fut dans toutes les Gaules le langage non-seulement de la religion, mais encore de tous les actes publics et de tous les livres; que le peuple l'entendait pour le moins aussi bien que les habitants des diverses provinces de France, qui ont des jargons particuliers, entendent aujourd'hui le français. Il est donc incontestable que, du moins jusqu'alors, la Vulgate latine pouvait être lue et entendue par tous ceux qui savaient lire. Peut-on citer un seul décret des papes qui leur ait interdit cette lecture? — Il n'est pas moins certain qu'à cette époque, et dans les trois ou quatre siècles suivants, les clercs seuls savaient lire et écrire; que l'usage des lettres était regardé par les nobles comme une marque de roture : attribuerons-nous cette rouille barbare aux papes, qui n'ont pas cessé de faire des efforts pour la dissiper? Ils y avaient le plus grand intérêt, puisque c'est l'ignorance grossière des siècles dont nous parlons qui fit éclore la multitude de sectes fanatiques qui troublèrent en même temps l'Eglise et la société, aussi bien en Italie qu'ailleurs. Sans une aveugle prévention, l'on ne peut pas nier que le clergé n'ait fait tout ce qui était en son pouvoir pour conserver et pour renouveler l'usage des lettres. *Voy.* LETTRES, ARTS, SCIENCE, etc.

Pour faire illusion aux ignorants, Mosheim soutient que, de concert avec les papes, le concile de Trente a mis un obstacle invincible, parmi les catholiques, à la véritable intelligence de l'Ecriture sainte, en déclarant la Vulgate *authentique*, c'est-à-dire, selon lui, fidèle, exacte, parfaite, à couvert de tout reproche ; en imposant aux *commentateurs* la dure loi de n'entendre jamais l'Ecriture sainte, en matière de foi et de mœurs, que conformément au sentiment commun de l'Eglise et des Pères; en déclarant enfin que l'Eglise seule, c'est-à-dire, le pape, qui est son chef, a le droit de déterminer le vrai sens et la vraie signification de l'Ecriture (*Hist. ecclés.*, XVI° siècle, sect. 3, 1re partie, c. 1, § 25. — En premier lieu, il est faux que le décret du concile de Trente, touchant l'authenticité de la Vulgate, ait le sens que Mosheim lui donne malicieusement; nous prouverons le contraire au mot VULGATE. Son traducteur a eu la bonne foi d'en convenir dans une note, tom. IV, pag. 216. — En second lieu la *loi dure* imposée aux commentateurs par ce concile avait au moins déjà huit cents ans d'antiquité; le concile *in Trullo*, tenu l'an 692, et dont les décrets forment encore aujourd'hui la discipline de l'Eglise orientale, ordonna, can. 20, que s'il survenait des disputes entre les pasteurs sur le sens de l'Ecriture, elles fussent résolues suivant le sentiment et les lumières des anciens docteurs de l'Eglise. Nous verrons au mot TRADITION qu'ils ont suivi eux-mêmes cette règle en expliquant l'Ecriture sainte. — En troisième lieu, il est faux que, dans son décret, le concile de Trente ait entendu, *par la sainte Eglise notre mère*, le pape qui est son chef. Indépendamment de l'enseignement du souverain pontife, il y a l'enseignement public et uniforme des différentes Eglises qui composent la société générale, que nous appelons l'Eglise catholique ; enseignement de l'uniformité duquel nous sommes assurés par la communion de foi et de croyance qui règne entre elles. Mais les protestants ne se corrigeront jamais de la mauvaise habitude de défigurer notre doctrine.

Voyons enfin les merveilles qu'ont opérées les réformateurs et leurs disciples, par leurs *commentaires* et leurs savantes explications de l'Ecriture sainte. Mosheim lui-même ne nous en donne pas une idée fort avantageuse ; il convient que les luthériens, dans les commencements, donnèrent plus d'application à la controverse qu'à l'explication des livres saints, qu'ils s'attachèrent trop à y rechercher des sens mystérieux, qu'ils appliquèrent à Jésus-Christ et aux révolutions de l'Eglise plusieurs des anciennes prophéties qui n'y avaient aucun rapport. Nous voyons, en effet, que, dans leurs *commentaires*, ils se sont bien moins attachés à rechercher le vrai sens des passages, qu'à en tordre le sens pour l'ajuster à leurs prétentions; et toutes les fois qu'ils ont changé d'avis, ils n'ont pas manqué de voir dans l'Ecriture sainte le sens le plus conforme à leurs nouvelles opinions ; ainsi, ce n'est pas le sens aperçu d'abord dans les livres saints qui a réglé leur croyance; c'est celle-ci, au contraire, qui a décidé du sens des auteurs sacrés. Etait-ce là le moyen de trouver infailliblement la vérité? — Il reproche à Calvin et à ses adhérents d'avoir appliqué aux Juifs la plupart des prophéties qui regardent Jésus-Christ, et d'avoir ainsi enlevé au christianisme une partie essentielle de ses preuves. Peut-on imputer de pareils attentats aux *commentateurs* catholiques?

Cette dissension sur le vrai sens des Ecritures, qui s'est élevée d'abord entre les luthériens et les calvinistes, dure encore parmi ces derniers. Grotius, qui a trouvé un bon nombre de partisans, surtout chez les sociniens, a soutenu que la plupart des prophéties, appliquées à Jésus-Christ par les auteurs du Nouveau Testament, désignent d'autres personnages dans le sens direct et littéral ; mais que, dans un sens mystérieux et caché, elles représentent le Fils de Dieu, ses fonctions, ses souffrances, etc. Coccéius, au contraire, qui a formé aussi des disciples, envisage toute l'histoire de l'Ancien Testament comme un type et une figure de celle de Jésus-Christ et de l'Eglise chrétienne; il prétend que toutes les prophéties regardent directement et littéralement Jésus-Christ, et prédisent toutes les révolutions qui doivent arriver dans son Eglise jusqu'à la fin des siècles. Au lieu que celui-ci a vu Jésus-Christ partout, Grotius ne l'a vu nulle part, du moins dans le sens direct, littéral et naturel des termes. — De leur côté, un grand nombre de théologiens anglicans n'ont fait aucun cas de ces commentateurs modernes; ils ont soutenu que l'on ne doit interpréter les livres saints, en matière de foi et de mœurs, que dans le sens que leur ont donné les anciens docteurs de l'Église naissante. A la vérité, ils ont été vigoureusement attaqués par d'autres; on leur a reproché qu'ils abandonnaient le principe fondamental de la réforme, qui est qu'en matière de foi et d'interprétation de l'Écriture, chacun est en droit de s'en rapporter à son propre jugement, sans être subjugué par aucune autorité humaine. — Aussi, depuis que ce merveilleux principe a été suivi, l'on a vu vingt sectes différentes s'élever dans le sein du protestantisme, faire bande à part, soutenir, la Bible à la main, que leur doctrine était la seule vraie. Aucune de ces sectes n'a fait un plus grand nombre de *commentaires* sur les livres saints que les sociniens, aucune n'a poussé plus loin les subtilités de grammaire et de critique, aucune n'a mieux réussi à pervertir le sens de l'Écriture; les autres protestants en conviennent. Ainsi ce livre divin et les *commentaires*, loin de réunir les esprits dans une même croyance, sont devenus une source continuelle de divisions, et continueront de l'être, jusqu'à ce qu'il plaise à tous les esprits rebelles de reconnaître la sagesse et la nécessité de la loi que l'Église catholique a imposée à tous les *commentateurs*, et qu'elle a suivie dans tous les siècles. *Voy.* ÉCRITURE SAINTE.

N'est-il pas singulier que les protestants, qui ne sont pas d'accord entre eux sur la meilleure manière d'interpréter l'Écriture sainte, qui disputent sur une infinité de passages très-importants pour la foi, pour les mœurs, pour le culte, qui donnent souvent cinq ou six explications différentes d'une expression ou d'une phrase dans leur *Synopse des critiques*, s'obstinent cependant à soutenir que l'Écriture sainte est claire, intelligible à tous les hommes, même aux plus ignorants: que chacun est en état d'en prendre le vrai sens pour former sa foi et diriger sa conduite? Nous avons beau leur dire que, selon saint Pierre, *toute prophétie de l'Écriture ne se fait point par une interprétation particulière* (II Petr. i, 20); qu'elle doit donc être entendue par le même esprit qui l'a dictée; ils ont trouvé quatre ou cinq manières de tordre le sens de ces paroles, et ils nous tournent en ridicule, parce que, pour éviter cet abus, nous nous en tenons aux leçons de ceux que Dieu a établis pour nous enseigner.

COMMERCE. On accuse plusieurs Pères de l'Église d'avoir condamné le *commerce* comme criminel en lui-même, et comme opposé à l'esprit du christianisme. Barbeyrac fait ce reproche à Tertullien et à Lactance; d'autres l'ont fait à saint Jean Chrysostome; il suffit de rapporter leurs paroles pour les disculper. « Aucun art, dit Tertullien, aucune profession, aucun *commerce* qui sert en quelque chose à dresser ou à former des idoles, ne peut être exempt du crime d'idolâtrie;.... c'est une mauvaise excuse de dire *je n'ai pas autrement de quoi vivre*, etc. » (*De Idololat.*, c. 11 et 12). Nous soutenons que cette décision de Tertullien est exactement vraie. Il ne sert à rien d'objecter qu'un chrétien ne peut rien vendre qui, quoique bon et utile en soi, ne puisse être un instrument de débauche ou de crime; cette conséquence est fausse parce qu'elle est trop générale. Saint Paul a dit: *Si ma nourriture scandalisait mon frère, je ne mangerais de viande de ma vie* (I Cor. viii, 13 ; Rom. xiv, 21). Soutiendra-t-on que manger de la viande n'est pas une chose bonne et utile en soi? — « Pourquoi, dit Lactance, un homme juste irait-il sur mer, ou qu'irait-il chercher dans un pays étranger, lui qui est content du sien? Pourquoi prendrait-il part aux fureurs de la guerre, lui qui vit en paix avec tous les hommes? Prendra-t-il plaisir à posséder des marchandises étrangères ou à verser le sang humain, lui qui se contente du nécessaire, et qui regarderait comme un crime d'assister seulement à un homicide commis par autrui? » (*Divin. Inst.*, l. v, c. 18). Sénèque (*Natural. Quæst.*, l. v, c. 18) a blâmé, avec encore plus de force que Lactance, la fureur de braver les dangers de la mer, soit pour faire la guerre, soit pour commercer. On ne dit rien du premier, parce que c'est un philosophe, on censure le second, parce que c'est un Père de l'Église. L'un et l'autre ont jugé que le *commerce maritime* vient ordinairement d'une ambition déréglée de s'enrichir; que, tout considéré, il a fait aux nations plus de mal que de bien; quand on l'envisage avec des yeux chrétiens ou philosophes, il est difficile d'en penser autrement. — On sait d'ailleurs de quelle manière se faisait le *commerce* dans ces temps anciens; il n'y avait ni lois pour le régler, ni police pour en prévenir les abus; et la concurrence des négociants n'était pas assez grande pour réprimer leur avidité. Si l'on en jugeait par les prières qu'Ovide leur met à la bouche dans ses *Fastes*, il faudrait en conclure que tous étaient de très-malhonnêtes gens, et que leur profession était infâme. Quand les Pères de l'Église en auraient eu la même opinion que ce poëte, faudrait-il s'en étonner? Dans les siècles grossiers, dit un écrivain moderne, le *commerçant* est trompeur, mercenaire, borné dans ses vues; mais, à mesure que son art fait des progrès, il devient exact, honnête, intègre, entrepreneur (Fergusson, *Essai sur l'Hist. de la société civile*, t. II, c. 4). — Il en était de même du métier des armes pendant les troubles, les séditions, les guerres des divers prétendants à l'empire. Outre l'idolâtrie dont les soldats étaient obligés de faire profession, leur brigandage les rendait odieux; les Pères n'avaient donc pas tort d'inspirer aux chrétiens de l'éloignement pour cet état. Mais nos censeurs modernes trouvent qu'il est plus aisé de blâmer les Pères que d'examiner les raisons qui les ont fait parler. Pour pouvoir accuser saint Jean Chrysostome, on a cité l'*Ouvrage Imparfait* sur saint Matthieu, qui n'est pas de lui.

COMMUNAUTÉ ECCLÉSIASTIQUE, corps composé de personnes ecclésiastiques qui vivent en commun et ont les mêmes intérêts. Ces *communautés* sont ou séculières ou régulières. Celles-ci sont les chapitres de chanoines réguliers, les monastères de religieux, les couvents de religieuses. Ceux qui les composent vivent ensemble, observent une même règle, ne possèdent rien en propre.

Les *communautés* séculières sont les congrégations de prêtres, les collèges, les séminaires et autres maisons composées d'ecclésiastiques qui ne font point de vœux et ne sont point astreints à une règle particulière. On attribue leur origine à saint Augustin; il forma une *communauté* de clercs de sa ville épiscopale, où ils logeaient et mangeaient avec leur évêque, étaient tous nourris et vêtus aux dépens de la *communauté*, usaient de meubles et d'habits communs, sans se faire remarquer par aucune singularité. Ils renonçaient à tout ce qu'ils avaient en propre; mais ils ne faisaient vœu de continence que quand ils recevaient les ordres auxquels ce vœu est attaché. — Ces *communautés* ecclésiastiques, qui se multiplièrent dans l'Occident, ont servi de modèles aux chanoines réguliers, qui se font tous honneur de porter le nom de saint Augustin. En Espagne, il y avait plusieurs de ces *communautés*, dans lesquelles on formait de jeunes clercs aux lettres et à la piété, comme il paraît par le second concile de Tolède; elles ont été remplacées par les séminaires. — L'*Histoire ecclésiastique* fait aussi mention de *communautés* qui étaient ecclésiastiques et monastiques tout ensemble: tels étaient les monastères de saint Fulgence, évêque de Ruspe, en Afrique, et celui de saint Grégoire le Grand.

On appelle aujourd'hui *communautés ecclésiastiques* toutes celles qui ne tiennent à aucun ordre ou congrégation établie par lettres patentes. Il y en a de filles ou de veuves qui ne font point de vœux, du moins de vœux solennels, et qui mènent une vie très-régulière.

L'utilité de ces différentes espèces de *communautés* est de faire subsister un grand nombre de personnes à peu de frais, de les soutenir dans la piété par le secours de l'exemple, de bannir le luxe qui absorbe tout dans la société civile; ce sont ordinairement des modèles du bon ordre et d'une sage économie. Quand on dit que l'*esprit de corps* qui y règne est contraire à l'intérêt public et au caractère de bon citoyen, c'est comme si l'on soutenait qu'un père ne peut être attaché au bien particulier de sa famille sans se détacher du bien public; que le patriotisme ou l'esprit national est contraire à l'humanité ou à l'affection générale que nous devons avoir pour tous les hommes. — En détruisant l'esprit de corps, on lui substitue l'égoïsme, caractère le plus pernicieux et le plus opposé à l'intérêt général, aussi bien qu'à l'esprit du christianisme, qui est un esprit de charité et de fraternité. — L'humanité prétendue de nos philosophes cosmopolites n'est qu'un masque d'hypocrisie, sous lequel ils cachent leur égoïsme. Quiconque ne sait pas témoigner de l'amitié aux personnes avec lesquelles il vit tous les jours, par sa complaisance, sa douceur, ses services, n'aime dans le fond que lui-même. Avec de belles maximes d'affection générale pour le genre humain, il ne voudrait se gêner en rien pour consoler un affligé, pour secourir un malade, pour soulager un pauvre, pour supporter un caractère fâcheux. Celui au contraire qui, dans une société particulière, telle qu'une *communauté* ecclésiastique ou religieuse, s'est accoutumé de bonne heure à ménager, à supporter, à servir ses frères, en est d'autant mieux disposé à traiter de même tous les hommes; ainsi, ce que l'on nomme *esprit de corps* n'est dans le fond que l'amour du bien général fortifié par l'habitude d'y contribuer.

Un protestant, plus judicieux que nos censeurs politiques, a reconnu l'utilité des communautés en général; nous ne pouvons nous défendre de copier ses réflexions: « Les travaux, dit-il, qui demandent du temps et de la peine, sont toujours mieux exécutés par des hommes qui agissent en commun, que lorsqu'ils travaillent séparément. Il y a plus de dessein, plus de constance à suivre un même plan, plus de force pour vaincre les obstacles et plus d'économie. Il est des entreprises qui ne peuvent être exécutées que par un corps ou par une société vivant sous la même règle... Ainsi, j'ai peine à croire qu'aucune colonie puisse atteindre au même degré de prospérité qu'un couvent.

« L'expérience prouve que les sociétés purement civiles se négligent, et les négligences aperçues ne produisent que des inquiétudes, des agitations, des changements perpétuels de plans... Mais il y a une autre espèce de sociétés où tout est réduit à un intérêt commun, et où les règles sont mieux observées: ce sont les sociétés religieuses: de là il est résulté qu'elles ont mieux prospéré que les autres dans les établissements qu'elles ont entrepris..... Sans l'exactitude à suivre une règle, les plus grandes ressources sont inefficaces, leurs effets s'éparpillent, pour ainsi dire, et ne tendent plus au bien commun.

« La nature même de ces sociétés empêche qu'elles ne puissent être très-nombreuses, leur excès leur nuit et les réduit. Mais on peut en tirer de grandes leçons pour le succès et le bien de la société générale, et je ne puis m'empêcher de les regarder elles-mêmes comme un bien. Si nous remontions à l'origine de la plupart des monastères rustiques, nous trouverions probablement que leurs premiers habitants ont été défricheurs, que c'est à eux et à la bonne conduite de leurs successeurs que les couvents sont redevables des biens dont ils jouissent. Pourquoi n'en jouiraient-ils pas? Imitons-les sans en être jaloux. Si leurs possessions appartenaient à un seigneur, cela n'exciterait aucun murmure et ne donnerait lieu à aucune su-

tre. Pourquoi n'en est-il pas de même à l'égard d'un couvent? Quant à moi, je vois ces établissements avec d'autant plus de plaisir, que ce n'est pas la jouissance d'un seul homme, mais de plusieurs, et, sous ce point de vue, je ne saurais leur souhaiter trop de bonheur. Des religieux sont des hommes, et l'on doit souhaiter que tout homme soit heureux dans son état, dès qu'il ne détruit pas le bonheur des autres.... Or, je ne vois pas en quoi les religieux empiètent sur le bonheur des autres hommes; mais je vois que dans leur état ils ont beaucoup de ce bonheur tranquille qui est prisé par un grand nombre d'hommes. La subsistance simple, mais abondante, y est assurée pour les pères, les frères, les domestiques et les laboureurs. La règle s'étend sur tout, pourvoit à tout, prévient les écarts et les désordres. Ils peuvent se maintenir dans un état d'honnête abondance, parce qu'ils font plus rendre à la terre, et que rien ne se dissipe. Le pouvoir des chefs y maintient la règle, et il serait à souhaiter pour le bonheur des hommes qu'il en fût de même partout.

« Sans le lien salutaire de la religion, l'on tenterait vainement de former de pareilles sociétés; celles qui ne seraient formées que par des conventions ne tiendraient pas longtemps. L'homme est trop inconstant pour s'asservir à la règle, lorsqu'il peut l'enfreindre impunément : or, il faut que dans l'enceinte où doit s'observer la règle, tout y soit soumis. La religion seule, soit par sa force naturelle, soit par le poids de l'opinion publique, peut produire cet heureux effet. Dans le cloître, qui pourrait violer la règle est contenu par la société entière, qui a besoin de la considération publique pour relever la médiocrité de son état.

« Je suis donc charmé que les protestants aient conservé les cloîtres en Allemagne, et je voudrais voir ces établissements partout, parce que je vois partout une classe de gens qui a besoin d'un petit sort assuré que l'opinion publique relève, mais qui, par son inactivité ou son manque de ressources, est extrêmement à charge à elle-même et à la société. Il faut, en un mot, d'honnêtes hôpitaux, et les couvents ne sont pas autre chose.

« Il serait aisé de corriger les défauts et de réformer les abus de ceux qui méritent des reproches ; on les attaque, non-seulement par les abus, mais en eux-mêmes, et par des principes qui ne peuvent faire que du mal, et on égare les hommes en croyant parler le langage de l'humanité. » (*Lettres sur l'histoire de la terre et de l'homme, par M. Deluc*, t. IV, p. 72 et suiv.)

Les réflexions de ce sage observateur sur l'utilité temporelle et politique des *communautés*, ne sont pas moins vraies à l'égard de leur utilité morale ; la règle est encore plus nécessaire pour diriger la conduite de l'homme dans l'ouvrage du salut, que dans les travaux de la société. En général, les mœurs ont toujours été plus pures, et la piété mieux soutenue dans les monastères que partout ailleurs. Lorsqu'il y arrive des désordres, c'est une preuve que les mœurs publiques sont alors au plus haut degré de corruption, et que la vertu n'est plus honorée dans le monde. Si elle est plus rare aujourd'hui dans les cloîtres qu'autrefois, c'est un des funestes effets qu'a produits la philosophie de notre siècle ; elle pénètre partout, infecte tous les états, et fait sentir son influence dans les lieux mêmes qui étaient faits pour en préserver. — Ajoutons qu'il y a des travaux littéraires qui n'ont pu être bien exécutés que par des *communautés;* il fallait une riche bibliothèque, des correspondances avec d'autres savants et plusieurs coopérateurs qui travaillassent de concert. Telles sont les collections d'anciens monuments, les belles éditions des Pères, les grands corps d'histoire, etc., mis au jour par les bénédictins. Dans le cloître, un écrivain, libre de tous les soins domestiques et de toutes les distractions de la société, accoutumé à une vie uniforme et dont tous les moments sont comptés, a beaucoup plus de temps à donner à l'étude que ceux qui vivent dans le monde ; et c'est encore ici que les motifs de religion sont très-nécessaires pour encourager au travail. — Enfin, il y a des services essentiels qui ne peuvent être constamment rendus au public que par des *communautés :* tels sont le soin des hôpitaux et des établissements de charité, l'éducation de la jeunesse, les missions, etc. On a besoin de sujets formés d'avance, et qui soient toujours prêts à remplacer ceux qui viennent à manquer. *Voy.* MOINES, MONASTÈRES.

COMMUNAUTÉ DE BIENS. Il est dit dans les *Actes des apôtres*, c. II, v. 44, que les premiers chrétiens de Jérusalem mettaient leurs biens en commun, et que les pauvres y vivaient aux dépens des riches ; mais cette discipline ne dura pas longtemps, et rien ne prouve qu'elle ait été imitée dans les autres Églises. Les incrédules ont donc soutenu très-mal à propos que cette *communauté de biens* avait contribué beaucoup à la propagation du christianisme. Quand ç'aurait été un appât pour les pauvres, ç'aurait été aussi un obstacle pour les riches ; et s'il n'y avait pas eu à Jérusalem un grand nombre de riches qui avaient embrassé la foi, ils n'auraient pas été en état de nourrir les pauvres. — D'ailleurs Mosheim, dans ses *Dissertations sur l'Histoire ecclésiastique*, t. II, p. 14, en a fait une dans laquelle il nous paraît avoir prouvé assez solidement que cette *communauté de biens* entre les premiers fidèles de Jérusalem ne doit pas être entendue à la rigueur, mais dans le même sens que l'on dit d'un homme libéral, qu'il n'a rien à lui, et qu'entre les amis tous biens sont communs. Ainsi ces paroles de saint Luc (*Act.* II, 44, et IV, 32) : *La multitude des fidèles n'avait qu'un cœur et qu'une âme, aucun d'eux ne regardait ce qu'il possédait comme étant à lui, mais tout était commun entre eux*, signifient seulement que chaque fidèle était toujours prêt à se dépouiller de ce qu'il possédait pour assister les pauvres ; plusieurs, en effet, vendaient une partie de leurs biens pour faire l'aumône.

Il est certain d'abord que les apôtres n'obligeaient personne à faire ce sacrifice. Lorsque Ananie et Saphire eurent vendu un champ, et apportèrent une partie du prix aux pieds des apôtres pour la distribuer en aumônes, saint Pierre leur dit : *N'étiez-vous pas les maîtres de garder votre champ, ou d'en retenir le prix après l'avoir vendu ?* c. v, v. 4. Cette manière d'exercer la charité était donc absolument libre. — Vers la fin du 1er siècle, saint Barnabé; au IIe, saint Justin et Lucien; au IIIe, saint Clément d'Alexandrie, Tertullien, Origène, saint Cyprien; au IVe, Arnobe et Lactance disent encore qu'entre les chrétiens tous les biens sont communs; il n'était certainement plus question pour lors d'une *communauté de biens* prise en rigueur. — Par là se trouvent réfutées les vaines conjectures de quelques déistes, qui ont dit que les fidèles de Jérusalem n'avaient fait autre chose qu'imiter les pythagoriciens et les esséniens, qui mettaient leurs biens en commun; que Jésus-Christ lui-même avait puisé chez les esséniens sa doctrine, sa morale, et avait établi parmi ses disciples la même discipline qu'il avait vue en usage parmi cette secte juive, etc.

Il n'est pas douteux que la charité héroïque, si commune parmi les premiers chrétiens, n'ait contribué beaucoup à la propagation du christianisme : leurs ennemis mêmes en rendent témoignage, aussi bien que les Pères de l'Eglise. Mais les incrédules veulent faire illusion, lorsqu'ils représentent cette vertu comme une cause *toute naturelle* de l'établissement de notre religion; est-il naturel que le détachement et le mépris des biens de ce monde, si rares parmi les païens et parmi les Juifs, soient devenus tout à coup une qualité commune et populaire parmi les chrétiens ? *Voy.* CHARITÉ.

COMMUNICANTS, secte d'anabaptistes. Ils furent ainsi nommés à cause de la communauté de femmes et d'enfants qu'ils avaient établie entre eux, à l'exemple des nicolaïtes (Sanderus, *Hær.* 198. Gauthier, dans sa *Chronologie du* XVIe *siècle*). *Voy.* ANABAPTISTES.

COMMUNICATION D'IDIOMES, terme consacré parmi les théologiens, en traitant du mystère de l'incarnation, pour exprimer l'application des attributs des deux natures unies en Jésus-Christ à sa divine personne.

En vertu de l'union hypostatique des deux natures dans une seule personne divine, on attribue avec raison à cette personne tous les *idiomes* ou toutes les propriétés de la nature humaine, qui ne sont point incompatibles avec la divinité. Ainsi l'on dit que *Dieu a souffert*, que *Dieu est mort*, etc., choses qui, à la rigueur, ne conviennent qu'à la nature humaine ; cela signifie que Dieu a souffert, quant à son humanité, qu'il est mort en tant qu'homme, parce que, selon l'axiome reçu en théologie, les dénominations qui signifient les natures ou les propriétés de nature, tombent sur le suppôt ou sur la personne. Or, comme il n'y a en Jésus-Christ qu'une seule personne, qui est la personne du Verbe, c'est à elle qu'il faut attribuer les dénominations des deux natures et de leurs propriétés. Mais, par la *communication d'idiomes*, on ne peut pas attribuer à Jésus-Christ ce qui est incompatible avec la divinité, ce qui ferait supposer qu'il n'est pas Dieu ; ce serait détruire l'union hypostatique qui est le fondement de la *communication d'idiomes*. Ainsi l'on ne peut pas dire que Jésus-Christ est un pur homme, qu'il est faillible, capable de pécher, etc. Par la même raison, l'on dit de Jésus-Christ qu'il est la sagesse éternelle, qu'il est tout-puissant, etc., attributs propres de la Divinité, parce que la personne de Jésus-Christ est le Verbe divin (1).

Les nestoriens rejetaient cette *communication d'idiomes* ; ils ne pouvaient souffrir que l'on dît, en parlant de Jésus-Christ, que Dieu a souffert, qu'il est mort, que Marie est mère de Dieu ; d'où l'on conclut qu'ils admettaient deux personnes en Jésus-Christ quoiqu'ils ne l'affirmassent pas formellement. Les luthériens sont tombés dans l'excès opposé, en poussant trop loin la *communication d'idiomes*, en prétendant que Jésus-Christ, non-seulement en tant que Dieu, mais en tant qu'homme, est immortel, immense, présent partout : propriétés qui ne peuvent, en aucun sens, convenir à l'humanité. *Voy.* INCARNATION.

COMMUNION DE FOI, croyance uniforme de plusieurs personnes, qui les unit sous un seul chef, dans une même Eglise ; sans ce caractère, l'Eglise ne peut avoir une véritable unité. Telle a été la persuasion de ses membres, dès les premiers siècles ; on le voit par les canons du concile d'Elvire, tenu vers l'an 300, et c'est ainsi que l'on a toujours entendu le symbole de Nicée, qui appelle l'Eglise *une, sainte, catholique et apostolique*. Par conséquent toutes les sectes qui ont cessé d'être en *communion de foi* avec elle, ont cessé d'être membres de l'Eglise de Jésus-Christ. Le souverain pontife est le chef de la *communion* catholique ; l'Eglise de Rome, ou le saint-siège, en est le centre ; on ne peut s'en séparer sans être schismatique.

Jésus-Christ, parlant de ses ouailles, a dit qu'il en ferait un même troupeau sous un seul pasteur (*Joan.* x, 16). Saint Paul répète continuellement aux fidèles qu'ils sont *un seul corps* (*Rom.* XII, 5 ; *I Cor.* XII, 25, etc.). Cela ne peut pas être, à moins que tous

---

(1) Il est facile de résumer en deux mots ces principes : 1° on peut attribuer à la personne toutes les parties qui la composent et tous les actes qui en procèdent : v. g., on dit : Pierre a une âme, un corps, une main, etc. ; il a frappé, marché, etc. D'après ce principe, on peut dire : Le Fils de Dieu est né ; le Verbe s'est fait chair ; Dieu est homme, parce que les sujets de ces propositions désignent la personne ; 2° On ne peut attribuer à une partie ce qui convient à une autre, ainsi on ne peut dire que l'âme a marché, que le corps a pensé. Conséquemment, on ne peut attribuer à la nature humaine ce qui appartient à la nature divine, ni à la nature divine ce qui appartient à la nature humaine.

n'aient une même foi, les mêmes sacrements, la même morale, un même culte ; autrement l'unité ne serait qu'extérieure et apparente. Pour qu'elle soit réelle et constante, un centre de subordination est aussi nécessaire qu'un drapeau ou une enseigne pour rallier les soldats. — L'évidence de ce principe est confirmée par une expérience de dix-sept siècles. Tous ceux qui n'ont pas voulu se soumettre à cette constitution de l'Eglise, se sont séparés pour aller faire bande à part; et bientôt cette première secte s'est sous-divisée en plusieurs autres, qui n'ont pas eu entre elles plus de liaison qu'avec le tronc duquel elles s'étaient séparées. Elles se sont détestées et condamnées mutuellement, comme elles étaient rejetées elles-mêmes par l'Eglise catholique. L'inconstance naturelle de l'esprit humain, l'orgueil qui se flatte de mieux penser que les autres, l'ambition d'être chef de parti, sont des maladies qui dureront autant que l'humanité; il n'y a point d'autre remède contre leurs ravages qu'un frein qui les retienne, et qui les force de plier sous le joug de l'enseignement commun. *Voy.* Eglise, § 2.

Communion des saints. C'est l'union entre l'Eglise triomphante, l'Eglise militante et l'Eglise souffrante ; c'est-à-dire, entre les saints qui sont dans le ciel, les âmes qui souffrent en purgatoire, et les fidèles qui vivent sur la terre. Ces trois parties d'une seule et même Eglise, forment un corps dont Jésus-Christ est le chef invisible ; le pape, vicaire de Jésus-Christ, en est le chef visible, et les membres sont unis entre eux par les liens de la charité, par une communication mutuelle d'intercession et de prières. De là l'invocation des saints, la prière pour les morts, la confiance au pouvoir des bienheureux auprès du trône de Dieu.

La *communion des saints* est un dogme de foi, un des articles du symbole des apôtres, constamment reconnu par la tradition, et fondé sur l'Ecriture sainte. *Nous sommes tous,* dit saint Paul, *un seul corps, et membres l'un de l'autre* (Rom. xii, 5). *Qu'il n'y ait donc point de division dans ce corps, mais que les membres aient soin l'un de l'autre* (I Cor. xii, 25). *Croissons tous dans la vérité et dans la charité, en Jésus-Christ qui est notre chef* (Ephes. iv, 15, etc.). — De là nous concluons que tout est commun dans l'Eglise, prières, bonnes œuvres, grâces, mérites, etc.; qu'un des plus grands malheurs pour un chrétien est d'être privé de la *communion des saints* par l'excommunication, par le schisme ; que c'est y renoncer en quelque manière que de mépriser le culte public, et de lui préférer par mollesse un culte domestique et particulier.

Tout fidèle qui se connaît lui-même et se rend justice, a peu sujet de compter sur ses vertus et ses bonnes œuvres ; mais il se repose sur l'intercession, les prières, les mérites de l'Eglise, qui sont ceux de Jésus-Christ, et qui tirent de lui toute leur valeur. C'est ce qui soutient l'espérance chrétienne, et nous excite à faire le bien (1).

Ce même dogme de la *communion des saints* devrait encore contribuer à rapprocher les cœurs, à étouffer les haines générales et particulières, à inspirer à tous les chrétiens des sentiments de fraternité. *En Jésus-Christ,* dit saint Paul, *il n'y a plus ni Juif, ni gentil, ni Grec, ni barbare, ni maître, ni esclave ; vous êtes en lui un même corps et une seule famille* (Galat. iii, 28). Telle a été l'intention de notre divin Maître ; si nous y répondons souvent très-mal, ce n'est pas la faute de notre religion.

Dans les premiers siècles, les différentes Eglises étaient dans l'usage de s'écrire mutuellement des lettres de fraternité et d'amitié, que l'on nommait *lettres de communion.* Elles attestaient, par ce moyen, qu'elles étaient unies entre elles, non-seulement par les liens d'une même foi et d'un même culte, mais encore par une charité mutuelle ; qu'elles s'intéressaient à la prospérité les unes des autres, et prenaient part au bien ou au mal qui pouvait leur arriver. — Saint Paul appelle aussi *communion* les secours mutuels d'aumônes et de services que les fidèles se rendaient les uns aux autres : *Beneficentiæ et communionis nolite oblivisci* (Hebr., xiii, 16). Dans quelques chartres du xiii⁰ siècle, on a donné le nom de *communion* aux offrandes que les fidèles faisaient en commun.

Communion eucharistique ou sacramentelle. C'est l'action de recevoir, dans le sacrement de l'eucharistie, le corps et le sang de Jésus-Christ, action qui est évidemment la plus auguste et la plus sainte de notre religion. *La coupe que nous bénissons,* dit saint Paul, *n'est-elle pas la* communion *du sang de Jésus-Christ, et le pain que nous rompons, n'est-il pas la participation au corps de Jésus-Christ ? Nous sommes tous un seul pain et un seul corps, nous qui participons au même pain et à la même coupe* (I Cor. x). Ainsi l'Apôtre nous fait sentir toute l'énergie du terme de *communion.*

Dans toutes les religions, l'usage a été constant de manger en commun les chairs de la victime que l'on avait offerte en sacrifice ; dès les premiers temps, le père de famille présidait à la cérémonie, rassemblait ses enfants, ses domestiques, souvent les étrangers, pour prendre part à ce repas fraternel. Les païens se flattaient, dans cette circonstance, de *manger avec les dieux ;* les adorateurs du vrai Dieu, plus sensés, se regardaient comme assis à la table du Père commun de toutes les créatures. — Jésus-Christ, qui connaissait si bien les ressorts qui font

(1) Dieu s'est réservé à lui-même le secret de la distribution des biens spirituels de l'Eglise. Mais quoiqu'on ne puisse déterminer la part que chaque fidèle reçoit, on peut assurer que ceux qui ont plus de foi, de charité et de sainteté, participent plus abondamment que les autres à la communion des saints. Cette vérité est une cause de progrès car toute personne aimant à amasser de grandes richesses, veut puiser avec plus d'abondance dans le trésor, et tâche d'avancer en vertu, afin de recueillir davantage.

mouvoir le cœur humain, et l'influence que les cérémonies ont sur les mœurs, ne pouvait manquer d'en conserver une aussi touchante que celle-ci; mais il en a retranché ce que les anciens sacrifices avaient de trop grossier. Elle est bien froide, quand on ne l'envisage que comme un simple symbole destiné à nous rappeler le souvenir de la dernière cène de Jésus-Christ; un repas ordinaire ferait sur nous plus d'impression. Mais que la *communion* est touchante, quand on croit que ce divin Sauveur est tout à la fois le prêtre, la victime, la nourriture de ses adorateurs!

La *communion* de foi et la *communion* des saints sont une conséquence de la *communion sacramentelle*, qui en est le signe. *Nous sommes un seul corps*, dit saint Paul, *nous tous qui participons à un même pain* (*I Cor.* x, 17). Mais il explique la nature de ce pain, en disant que c'est la participation au corps du Seigneur. Il confirme cette idée en comparant les chrétiens aux Israélites, qui participaient au sacrifice, en mangeant la chair de la victime. Si l'eucharistie n'est pas un vrai sacrifice, la comparaison est fausse, la participation est imaginaire, la chair des victimes était une image beaucoup plus sensible du corps de Jésus-Christ mort sur la croix, que le pain et le vin.

Il n'est donc pas étonnant que les protestants, en faisant de l'eucharistie un signe sans réalité, aient renoncé en même temps à l'efficacité de la *communion sacramentelle*, à la *communion* de foi et à la *communion* des saints. Chaque particulier, dans sa famille, peut consacrer l'eucharistie et faire la *communion* dans le sens qu'ils donnent à ce terme; il ne faut ni prêtre, ni autel, ni cérémonies; avec une foi calvinienne et un peu d'enthousiasme, toute la famille communie à chacun de ses repas. C'est mal à propos que saint Paul a tiré de la cène eucharistique une instruction qu'il pouvait faire également sur chaque repas pris en famille, ou du moins sur celui dans lequel plusieurs familles se trouvent rassemblées.

Dès le Ier siècle de l'Eglise, saint Clément; au IIe, saint Ignace et saint Justin; au IIIe, Tertullien et d'autres, nous montrent avec quelle pureté, quel respect, quelle ferveur, les premiers fidèles faisaient cette sainte action, et ce qu'ils en pensaient. Dans toutes les liturgies, les prières qui précèdent la *communion*, la formule dont elle est accompagnée, l'adoration de l'eucharistie, la manière dont on la recevait, l'action de grâces qui suit, démontrent que de tout temps les fidèles ont cru y recevoir non un simple symbole du corps et du sang de Jésus-Christ, mais la réalité et la substance de ces dons divins. Nos controversistes ont mis ce point de fait et de doctrine dans un degré d'évidence auquel il n'est pas possible de se refuser. *Voy. Perpétuité de la Foi*, tom. IV, liv. III, c. 1 et suivants [édit. Migne]. On ne conçoit pas comment Bingham, malgré ses préjugés anglicans, ne l'a pas senti en rapportant les monuments de l'antiquité sur ce point (*Orig. eccl.*, l. xv, c. 3). — Basnage n'a pas été plus judicieux. De la manière dont on communiait dans les premiers siècles, il prétend tirer des inductions pour prouver que l'on ne croyait pas alors la présence réelle de Jésus-Christ dans l'eucharistie, ni la transsubstantiation. Il observe qu'on ne la recevait pas toujours à jeun, qu'on la donnait aux enfants immédiatement après le baptême, et on croyait que ces deux sacrements leur étaient également nécessaires. Les adultes la recevaient dans leurs mains, on leur permettait de l'emporter chez eux; quelquefois on la mettait dans la bouche des morts et on l'enterrait avec eux. Quelques évêques la portaient dans des paniers d'osier et dans des coupes de bois ou de verre. Les diacres, non-seulement la distribuaient, mais pouvaient la consacrer; on n'en réservait rien pour les malades ni pour les mourants. La plupart de ces usages, dit-il, seraient aujourd'hui regardés comme des crimes; sans doute on en aurait jugé de même dans les premiers siècles, si l'on avait eu pour lors la même idée de l'eucharistie, que l'Eglise romaine s'en est formée dans la suite des siècles (*Hist. de l'Eglise*, liv. xiv, c. 9). Daillé avait déjà fait à peu près les mêmes observations.

Il nous paraît que les unes ne prouvent rien, et que les autres donnent lieu à des conséquences directement contraires à celles que tirent les protestants. 1° Il n'est pas étonnant que, pendant les persécutions, l'on ait été souvent obligé de célébrer les saints mystères pendant la nuit, et que les fidèles aient été dans l'impossibilité de communier à jeun; la disposition que l'on a toujours jugée la plus nécessaire pour cette action sainte, est la pureté de l'âme; le cas de nécessité absolue peut dispenser des autres. On a loué saint Exupère, évêque de Toulouse, de ce qu'après avoir donné tout au pauvres, il était réduit à porter l'eucharistie dans un panier d'osier et dans une coupe de verre; s'ensuit-il de là que l'on faisait partout de même? C'était pendant l'irruption des Goths et des autres Barbares; les peuples étaient alors réduits à une misère extrême; on louerait encore un évêque qui imiterait saint Exupère en pareil cas. Dans les pays où la profession du catholicisme n'est pas soufferte, les prêtres sont obligés de porter aux malades la *communion* dans leur poche, et sans aucun appareil extérieur; on ne croit pas pour cela manquer de respect au sacrement. 2° Les premiers chrétiens, exposés tous les jours au martyre, emportaient chez eux l'eucharistie, afin de puiser dans la sainte *communion* le courage dont ils avaient besoin pour endurer les tourments; preuve qu'ils ne pensaient pas, comme les protestants, que cette action n'est que la figure du dernier souper de Jésus-Christ, et que la *communion* faite en particulier n'est d'aucun mérite; les prétendus martyrs des protestants n'ont pas fait de même, parce qu'ils n'avaient pas sur l'eucharistie la même croyance que les premiers fidèles. — 3° Si l'on avait cru pour lors, comme les protestants, que l'on ne participe au corps de Jésus-Christ que par la foi, se serait-on avisé de donner l'eucharistie aux enfants incapables d'avoir cette foi ? Nous n'entrerons pas dans la question de savoir s'il est vrai que saint Augustin et d'autres Pères ont pensé que l'eucharistie était aussi nécessaire aux enfants que le baptême, et si la coutume de la leur donner était aussi générale que Basnage le prétend; quand cela serait incontestable, il s'ensuivrait toujours que la croyance de l'Église de ces temps-là était fort différente de celle des calvinistes, et que l'on ne pensait pas, comme eux, que la foi seule fait toute l'efficacité des sacrements. — L'abus défendu par quelques conciles, de mettre l'eucharistie dans la bouche des morts, aurait encore moins pu s'introduire, si l'on avait été dans le même sentiment que les protestants ; mais cette défense ne prouve pas que cet usage abusif ait été aussi fréquent que Basnage veut le persuader. — 4° Comment peut-il soutenir que l'on ne réservait pas l'eucharistie pour les malades et pour les mourants, pendant qu'il avoue que l'on permettait aux pénitents de la recevoir à l'heure de la mort? N'était-elle donc réservée que pour eux seuls ? Voilà ce qu'il aurait fallu prouver.

Au mot DIACRE, nous ferons voir qu'il est faux que les diacres aient eu le droit ou le pouvoir de consacrer l'eucharistie.

Parmi les incrédules, les uns ont accusé les catholiques de ne pas croire à leur religion, puisque la *communion* produit sur eux si peu d'effets ; les autres ont vomi contre le dogme de l'eucharistie des sarcasmes grossiers que l'honnêteté seule aurait dû leur interdire. Telle est l'injustice de nos censeurs; ils blâment également les saints, qu'une foi vive semble dépouiller de toutes les affections terrestres, et les chrétiens imparfaits qui n'ont pas le courage de vivre d'une manière conforme à leur croyance. Que faudrait-il pour les satisfaire? S'il est si difficile d'être vertueux, même quand on a la foi, le serons-nous plus aisément lorsque nous ne croirons rien ? Leur exemple n'est pas propre à nous le persuader.

COMMUNION SPIRITUELLE. On appelle ainsi, dans l'Église catholique, le désir de recevoir la sainte eucharistie, et les sentiments de ferveur par lesquels un fidèle s'excite lui-même à s'en rendre digne. C'est une excellente pratique de piété que de faire la *communion spirituelle* toutes les fois que l'on assiste à la sainte messe.

COMMUNION SOUS LES DEUX ESPÈCES ; c'est-à-dire, sous l'espèce du pain et sous celle du vin. Ç'a été un sujet de dispute entre les théologiens catholiques et les protestants, de savoir si, pour ressentir les effets de l'eucharistie, il est absolument nécessaire de recevoir les deux espèces, et si l'on viole le commandement de Jésus-Christ en communiant seulement sous l'espèce du pain, comme les protestants le prétendent. — La solution de cette question dépend beaucoup de l'opinion que l'on a de l'eucharistie. L'Église catholique, qui soutient que Jésus-Christ est réellement présent sous chacune des espèces eucharistiques, et que, dans l'état d'immortalité dont il jouit, son corps et son sang ne peuvent plus être réellement séparés, conclut conséquemment que l'on reçoit Jésus-Christ tout entier en communiant sous une seule espèce, et aussi parfaitement que si on recevait toutes les deux. Les calvinistes au contraire, qui pensent que l'eucharistie est seulement un symbole, une figure, un gage du corps et du sang de Jésus-Christ, que l'on reçoit spirituellement par la foi, soutiennent que c'est un crime de diviser ce symbole, et que c'est en altérer la signification, par conséquent lui ôter tout son effet. Si le principe sur lequel ils raisonnent était vrai, la conséquence serait assez bien déduite; mais ce principe est une erreur.

Il faut convenir que la discipline de l'Église a varié sur ce point ; qu'autrefois les fidèles ont ordinairement communié sous les deux espèces, et que cet usage a subsisté très-longtemps. Mais il n'est pas moins certain que, dans plusieurs cas, l'on n'a communié que sous une espèce ; que l'Église n'a jamais cru que cette *communion* fût criminelle ou abusive, contraire à l'intention de Jésus-Christ, ou moins efficace que l'autre. Saint Justin nous apprend que déjà dans le II° siècle, l'usage était de porter la *communion* aux absents ; il n'y a aucune preuve qu'on la leur ait toujours portée sous les deux espèces ; cela eût été très-difficile dans les temps de persécution. Bientôt l'usage s'introduisit de donner l'eucharistie aux enfants immédiatement après le baptême; ils ne pouvaient la recevoir que sous l'espèce du vin (S. Cypr., l. de Lapsis). Tertullien et saint Cyprien attestent qu'au III° siècle on portait la *communion* aux malades en danger de mort, et aux confesseurs détenus dans les prisons ; que les fidèles recevaient l'eucharistie dans leurs mains, l'emportaient chez eux, la conservaient pour se communier eux-mêmes, s'ils se trouvaient exposés au martyre ou à quelqu'autre danger ; ils ne la prenaient que sous l'espèce du pain (Tertull., l. II ad Uxor., c. 5). Dans aucun temps, la *communion* n'a été refusée aux abstèmes, c'est-à-dire, à ceux qui avaient une répugnance naturelle pour le vin. Bingham, quoique persuadé de la nécessité de la *communion* sous les deux espèces, est convenu de tous ces faits (Orig. ecclés., l. XV, c. 4). Comment a-t-il pu faire un crime à l'Église romaine de l'usage dans lequel elle est, depuis plus de cinq siècles, de ne donner aux fidèles la *communion* que sous l'espèce du pain ?

Basnage, plus entêté, n'a pas été d'aussi bonne foi ; il a supprimé les faits dont nous venons de parler. *Hist. de l'Église*, l. XXVII, c. 11. Il dit que l'Église a communié sous les deux espèces jusqu'au IX° siècle, que toute la terre a *toujours* ainsi communié. C'est une imposture. Outre les exemples contraires que nous venons de citer, Origène, au III° siècle, parle de la *communion* sous l'espèce du pain, sans faire mention de celle du vin (*Contra Cels.*, l. VIII, n° 33). Eusèbe (*Hist. eccles.*, l. VI, n° 44) rapporte l'histoire d'un vieillard mourant, communié avec du pain consacré et détrempé d'eau. Au v°, les manichéens, par superstition, s'abstenaient de recevoir la *communion* sous l'espèce du vin (Saint Léon, *serm.* IV, *de Quadrag.*, c. 5). C'est ce qui engagea le pape Gélase à faire un décret qui ordonnait à tous les fidèles de communier sous les deux espèces. Comme le manichéisme a subsisté en Occident jusque vers le XIII° siècle, il n'est pas surprenant que jusque-là l'on ait ordinairement reçu l'eucharistie de cette manière ; voilà ce que Basnage n'a eu garde d'observer. Mais avant le décret de Gélase il était libre aux fidèles de ne communier que sous une seule espèce. Au VI° siècle, l'an 566, le deuxième concile de Tours, can. 3, ordonna que le corps de Notre-Seigneur fût gardé, non parmi les images, mais sous la croix de l'autel ; pourquoi garder, sinon pour le donner en viatique aux malades ? On n'y gardait pas de même le vin consacré. Au VII°, le onzième concile de Tolède, tenu l'an 675, can. 11, parle des malades qui ne pouvaient, à cause de la sécheresse de leur gosier, avaler l'eucharistie sans boire le calice du Seigneur ; donc, hors de cette circonstance, on ne leur donnait que l'espèce du pain. Au VIII°, dans la règle de saint Chrodegand, il n'est fait mention de la messe que pour les dimanches et les fêtes ; est-il probable que l'on n'ait pas réservé du pain consacré pour communier les fidèles, et surtout les malades ?

Il n'est donc pas vrai qu'en aucun temps l'Eglise ait regardé comme un commandement de Jésus-Christ ces paroles qu'il dit à ses apôtres, après la consécration du calice, *buvez-en tous*, ni la *communion* sous les deux espèces, comme une obligation imposée aux fidèles par Jésus-Christ. Si sa croyance avait été la même que celle des protestants, jamais elle n'aurait osé dispenser personne de communier sous les deux espèces. Elle a toujours cru, au contraire, que le corps de Jésus-Christ, après sa résurrection, ne pouvant être réellement séparé de son sang, Jésus-Christ est renfermé tout entier sous l'une et sous l'autre espèce ; qu'ainsi en recevant l'une ou l'autre, on reçoit tout à la fois le corps et le sang du Sauveur.

Il n'est pas plus vrai qu'en 1415, le concile de Constance, en ordonnant que désormais la *communion* fût donnée aux fidèles sous la seule espèce du pain, a changé l'ancienne doctrine de l'Eglise, qu'il a retranché de la plus auguste de nos sacrements une partie de ce qui en fait la matière et l'essence, qu'il a condamné l'institution de Jésus-Christ et la pratique des apôtres, qu'il a privé les fidèles de la participation au sang de Jésus-Christ, etc., comme Basnage s'obstine à le soutenir. Lorsqu'une secte d'hérétiques s'est abstenue de communier sous l'espèce du vin par superstition, en conséquence d'un dogme faux et absurde qu'elle soutenait, l'Eglise a ordonné aux fidèles la *communion* sous les deux espèces, afin qu'ils témoignassent ainsi qu'ils ne donnaient point dans cette erreur ; lorsqu'une autre secte a prétendu que cette *communion* sous les deux espèces était nécessaire au salut, que l'Eglise ne pouvait, sans prévarication, retrancher la coupe aux laïques, l'Eglise a décidé le contraire, et la leur a retranchée en effet, afin de réprimer la témérité des sectaires. Ce changement dans la discipline, loin de prouver une variation dans la croyance, en atteste au contraire l'uniformité.

Beausobre (*Hist. du Manich.*, t. II, l. IX, c. 7, § 4) a voulu tirer avantage de ce que saint Léon et Gélase ont dit des manichéens. Il s'ensuit, dit-il, 1° qu'au v° siècle, il n'était permis ni au prêtre de communier les fidèles sous une seule espèce, ni à ceux-ci de n'en recevoir qu'une seule ; car, si l'usage d'une seule espèce avait été permis, le refus que faisaient les manichéens de recevoir le vin consacré, n'aurait pas pu servir à les faire reconnaître, comme le veut saint Léon. 2° Gélase dit que, puisque quelques-uns s'abstiennent du calice par je ne sais quelle superstition, les fidèles doivent ou recevoir le sacrement tout entier, ou en être privés entièrement, *parce que la division d'un seul et même mystère ne se peut faire sans un grand sacrilége*. Ce n'est plus là ce que pense l'Eglise romaine. 3° Il faut que la doctrine de Gélase ait encore été crue au XII° siècle, lorsque Gratien fit la collection du décret, autrement ce moine n'aurait pas osé y insérer le canon de Gélase. 4° Suivant son avis, les manichéens qui, au lieu de vin, consacraient l'eucharistie avec de l'eau, faisaient moins mal que ceux qui ont retranché tout à fait le calice, et ne permettent pas au peuple d'y participer. — Si l'on veut y faire attention, il s'ensuit seulement, de ce que dit saint Léon, 1° qu'avant l'arrivée des manichéens à Rome, il y avait peu de fidèles qui ne communiassent sous les deux espèces ; mais lorsqu'un grand nombre de ces hérétiques, persécutés en Afrique par les Vandales, se furent réfugiés à Rome, et reçurent la *communion* avec les catholiques, on s'aperçut que la multitude de ceux qui refusaient la coupe était beaucoup augmentée, et c'est ce qui fit reconnaître les manichéens ; car, enfin, si aucun des fidèles n'avait été dans l'usage de communier sous une seule espèce, pourquoi Gélase aurait-il dit qu'il fallait ou que les fidèles reçussent le sacrement tout entier, ou qu'ils en fussent absolument privés ? Aurait-il pu soupçonner les fidèles d'imiter les manichéens ? — 2° Ce pape avait raison de dire que *la division d'un seul et même mystère ne peut se faire* (par superstition, comme faisaient les manichéens) *sans un grand sacrilége*. C'en était un, en effet, de croire, comme ces hérétiques, qu'il y avait du mal ou du danger à recevoir l'espèce du vin, de laquelle Jésus-Christ s'est servi en instituant l'eucharistie. Mais où est le crime de ne pas la recevoir, ou par une répugnance naturelle pour le vin, ou par le dégoût de boire dans la même coupe dans laquelle ont bu cent personnes, ou pour quelque autre raison? — 3° Le moine Gratien ne courait aucun danger, au XII° siècle, en plaçant dans sa collection le décret de Gélase ainsi entendu; et personne, à l'exception des protestants, n'a été tenté de l'entendre autrement. — 4° Les manichéens, en consacrant de l'eau et non du vin, changeaient l'institution de Jésus-Christ; Beausobre en convient: l'Eglise catholique n'y change rien, puisqu'elle consacre de l'eau et du vin comme a fait Jésus-Christ. La question est de prouver qu'en instituant ce sacrement, le Sauveur a eu l'intention d'obliger tous les fidèles à recevoir les deux espèces. Si on le prétend, parce qu'il a dit à ses disciples: *Buvez-en tous*, il faut soutenir aussi qu'il a imposé à tous les fidèles l'obligation de consacrer l'eucharistie, puisqu'il a dit en même temps: *Faites ceci en mémoire de moi* (Luc. XXII, 19).

Une preuve positive que l'Eglise romaine, depuis plus de douze cents ans, n'a point changé de croyance, c'est que les Grecs et les autres sectes orientales, séparées d'elle depuis cette époque, ne lui ont jamais fait un crime de la *communion* sous une seule espèce, quoiqu'elles aient conservé l'usage de communier sous toutes les deux; plus équitables que les protestants, elles ont compris la sagesse des raisons qui ont dirigé sa conduite (*Perpét. de la foi*, t. V, l. VIII, p. 134). — Il n'y a donc eu aucune nécessité de céder aux instances qu'ont faites les hussites, les calixtins, les disciples de Carlostad, pour que l'on rétablît la *communion* sous les deux espèces; l'opiniâtreté y avait plus de part que la dévotion. Le retranchement de la coupe était une discipline établie depuis longtemps pour remédier à plusieurs abus, et pour prévenir le danger de profaner le sang de Jésus-Christ. La complaisance qu'eut l'Eglise de s'en relâcher par le *compactum* du concile de Constance, en faveur des hussites, ne produisit aucun bon effet; ces hérétiques persévérèrent dans leur révolte contre l'Eglise, et continuèrent à inonder de sang leur patrie.

La même question fut ensuite agitée au concile de Trente. L'empereur Ferdinand et le roi de France Charles IX demandaient que l'on rendît au peuple l'usage de la coupe. Le sentiment contraire prévalut d'abord; mais à la fin de la vingt-deuxième session, les Pères laissèrent à la prudence du pape d'accorder cette grâce ou de la refuser. En conséquence, Pie IV, à la prière de l'empereur, l'accorda à quelques peuples de l'Allemagne, qui n'usèrent pas mieux de cette condescendance que les Bohémiens. Une foule de monuments ecclésiastiques prouvent que cette manière de *communier* n'est nécessaire ni de précepte divin, ni de précepte ecclésiastique; qu'il n'y a par conséquent aucune nécessité de changer la discipline actuelle, qui a été établie pour de bonnes raisons, et que les protestants n'ont attaquée que par de mauvais arguments.

COMMUNION PASCALE est celle qui se fait à la fête de Pâques. Le quatrième concile de Latran, qui est le douzième général, tenu l'an 1215, a porté le décret suivant, chap. 21: « Que tout fidèle de l'un et de l'autre sexe, lorsqu'il sera parvenu à l'âge de discrétion, fasse en particulier et avec sincérité la confession de ses péchés à son propre prêtre, au moins une fois l'an;..... et qu'il reçoive avec respect, au moins à Pâques, le sacrement de l'eucharistie; à moins que, du conseil de son propre prêtre, il ne croie devoir s'en abstenir pour un temps, pour quelque cause raisonnable; autrement qu'il soit privé de l'entrée de l'église pendant sa vie, et de la sépulture chrétienne après sa mort. » — Par l'usage de la plupart des diocèses, il est établi que la *communion pascale* peut se faire pendant la quinzaine de Pâques, à commencer depuis le dimanche des Rameaux jusqu'à celui de *Quasimodo* inclusivement; il y en a même quelques-uns dans lesquels les évêques étendent cet intervalle jusqu'à trois semaines, et permettent de commencer les *communions pascales* le dimanche de la Passion. Il est encore établi par l'usage que la *communion pascale* doit se faire ou dans l'église cathédrale ou dans l'église paroissiale, afin que les pasteurs puissent voir si leurs ouailles sont fidèles à remplir ce devoir. Par le plus ou le moins d'exactitude des peuples à y satisfaire, on peut juger sûrement de la pureté ou de la corruption des mœurs d'une contrée. Dans les grandes villes, où se réunissent toutes les passions et les vices de l'humanité, on ne se fait plus de scrupule de violer la loi de l'Eglise, et à cause de la multitude des coupables, on ne peut plus les punir par les peines que le concile de Latran a décernées contre eux.

COMMUNION FRÉQUENTE. Jésus-Christ a commandé aux adultes la *communion* par ces paroles: *Si vous ne mangez la chair du Fils de l'homme, et si vous ne buvez son sang, vous n'aurez point la vie en vous* (Joan. VI, 45). Mais il n'a fixé ni le temps ni les circonstances dans lesquelles ce précepte oblige; c'est à l'Eglise de les déterminer. Dans les premiers siècles, la piété, la ferveur, l'attente des persécutions engageaient les fidèles à communier fréquemment. Nous voyons dans les *Actes des apôtres* que les fidèles de Jérusalem persévéraient dans la prière et *la fraction du pain*: paroles qui s'entendent de l'eucharistie. Pendant la persécution, les chrétiens se munissaient tous les jours de ce pain des forts, pour résister à la fureur des tyrans (Saint Cyprien, *epist.* 56). — Lorsque la paix eut été rendue à l'Eglise, cette ferveur se ralentit; l'Eglise fut obligée de faire des lois pour fixer le temps de la *communion*. Le dix-huitième canon du concile d'Agde, tenu l'an 506, enjoint aux clercs de communier toutes les fois qu'ils serviront au sacrifice de la messe, tom. IV *Concil.*, p. 1356; mais il ne paraît pas qu'il y eût encore une loi précise pour obliger les laïques à la *communion fréquente*. Saint Ambroise, en exhortant les fidèles à s'approcher souvent de la sainte table, remarque qu'en

Orient il y en avait beaucoup qui ne communiaient qu'une fois l'année, liv. v, *de Sacram.*, c. 4. Saint Jean Chrysostome rapporte que de son temps les uns ne communiaient qu'une fois l'année, les autres deux fois, d'autres enfin plus souvent. « Lesquels approuverons-nous? dit-il : ni les uns ni les autres, mais seulement ceux qui communient avec un cœur pur et une conscience nette, avec une vie irréprochable. » (*Hom.* 17 *in Epist. ad Hebr.*) Les Pères, en exhortant les fidèles à la *communion fréquente*, ne manquaient jamais de leur remettre sous les yeux les paroles de saint Paul : *Celui qui mangera le pain ou boira la coupe du Seigneur indignement, sera coupable du corps et du sang de Jésus-Christ*.

Vers le viie siècle, l'Eglise voyant les communions devenues très-rares, obligea les chrétiens à communier trois fois l'année, à Pâques, à la Pentecôte et à Noël. Nous le voyons par le chap. *Et si non frequentius*, *de Consecr.* dist. 2, et par une décrétale que Gratien attribue au pape saint Fabien, mais qui est du viiie siècle. Vers le xiiie, la tiédeur des fidèles étant encore devenue plus grande, le quatrième concile de Latran leur ordonna de recevoir au moins à Pâques le sacrement de l'eucharistie, sous peine d'être privés de l'entrée de l'église pendant la vie, et de la sépulture ecclésiastique après la mort. Nous avons cité son décret dans l'article précédent. Par ces paroles *au moins*, le concile montre qu'il souhaitait que les fidèles ne se bornent point à la *communion pascale*, mais qu'ils reçoivent l'eucharistie plus souvent. Il laisse à la prudence du confesseur à décider si, dans certaines occasions, il n'est pas expédient de différer la *communion*, même pascale, eu égard aux *dispositions* du pénitent; ce qui prouve que le concile n'a pas eu moins d'attention que les Pères à la nécessité de ces dispositions. — Le concile de Trente, sess. 13, c. 19, a renouvelé le canon du concile de Latran; c. 8, il exhorte les fidèles à communier fréquemment. Sess. 22, c. 6, il désirerait qu'à chaque messe les assistants communiassent. Il décide que, pour ne pas communier indignement, il faut être exempt de péché mortel; que pour communier *avec fruit*, il faut des dispositions plus parfaites; que pour communier fréquemment, il faut une foi ferme, une dévotion et une piété sincères, une grande sainteté, sess. 13, c. 8.

Sur la nécessité ou la suffisance des dispositions requises pour la *communion fréquente*, les théologiens modernes sont tombés dans des excès et des erreurs très-opposées à la doctrine des Pères et à l'esprit de l'Eglise. Les uns, uniquement occupés de la grandeur et de la dignité du sacrement, de la distance infinie qu'il y a entre la majesté de Dieu et la bassesse de l'homme, ont exigé des dispositions si sublimes, que non-seulement les justes, mais les plus grands saints, ne pourraient communier même à Pâques. Tel paraît être le résultat du livre *de la fréquente communion*, fait par le docteur Arnauld. — Les autres, oubliant le respect dû à Jésus-Christ présent dans l'eucharistie, et uniquement attentifs aux avantages que l'on peut retirer de la *communion fréquente* et journalière, n'ont cherché qu'à en faciliter la pratique, en négligeant d'insister et d'appuyer sur les dispositions que demande un sacrement si auguste. Ils ont enseigné que la seule exemption du péché mortel suffit pour communier souvent, très-souvent, et même tous les jours; que les dispositions actuelles de respect, d'attention, de désir, et la pureté d'intention, ne sont que de conseil, etc. C'est l'excès dans lequel est tombé le P. Pichon, jésuite, dans un ouvrage intitulé : *l'Esprit de Jésus-Christ et de l'Eglise sur la fréquente communion.* — Ces deux écrits si différents ont trouvé dans leur temps des approbateurs et des censeurs respectables, ils ont fait naître de vives contestations; heureusement elles sont assoupies; il n'est pas nécessaire de renouveler le souvenir de ce qui a été dit de part et d'autre. Voy. l'*Ancien Sacrament.*, par Grancolas, 1re part., p. 294.

COMMUNION LAÏQUE. C'était autrefois un châtiment pour les clercs qui avaient commis quelque faute grave, d'être réduits à la *communion laïque*, c'est-à-dire à l'état d'un simple fidèle, et d'être traités de même que si jamais ils n'eussent été élevés à la cléricature. (*Voy.* Bingham, *Orig. ecclés.*, liv. xvii, c. 2.) Cette punition même prouve que l'on a toujours mis une distinction entre l'état des clercs et celui des laïques.

COMMUNION ÉTRANGÈRE OU PÉRÉGRINE, autre châtiment de même nature, sous un nom différent, auquel les canons condamnaient souvent les évêques et les clercs. Ce n'était ni une excommunication, ni une déposition, mais une espèce de suspense des fonctions de l'ordre, et la perte du rang que tenait un clerc; on ne lui accordait la *communion* que comme on la donnait aux clercs étrangers. Si c'était un prêtre, il avait le dernier rang parmi les prêtres et avant les diacres, comme l'aurait eu un prêtre étranger, et ainsi des diacres et des sous-diacres. Le second concile d'Agde ordonne qu'un clerc qui refuse de fréquenter l'église, soit réduit à la *communion étrangère* ou *pérégrine*.

COMMUNION, dans la liturgie, est la partie de la messe où le prêtre prend et consume, sous les espèces du pain et du vin, le corps et le sang de Jésus-Christ. Ce terme se prend aussi pour le moment auquel on administre aux fidèles le sacrement de l'eucharistie; dans ce sens, on dit que *la messe est à la communion*.

COMMUNION se dit encore de l'antienne que récite le prêtre après avoir pris les ablutions, et avant les dernières oraisons que l'on nomme *post-communion*

* COMMUNISME. Une inquiétude universelle travaille aujourd'hui le corps social. Il y a dans le monde une fièvre générale d'égalité. Tous aspirent à monter; personne ne veut descendre; et s'il est quelque chose que l'homme supporte avec peine, c'est une supériorité quelconque. Il ne faut pas en être surpris, l'homme avait été créé pour être grand, et le pauvre, que le riche foule aux pieds, malgré les haillons qui le couvrent, est comme lui la créature de Dieu; son âme vaut la sienne ; elle a été rachetée du même prix. — Malgré cette communauté d'origine et de destinée, il y a dans la société entre le riche et le pauvre une distance énorme. Notre siècle semble s'être donné la mission de la faire disparaître. Les uns, mus par de généreuses pensées, veulent rapprocher les différentes classes sociales. D'autres, beaucoup plus hardis, veulent passer le niveau sur toutes les têtes. C'est dans ce dessein que le *communisme* a été inventé. Ce système social n'aurait aucun rapport avec la théologie, s'il n'établissait l'un de ses points d'appui sur nos croyances catholiques. Cabet, l'un des principaux fauteurs du *communisme*, cite l'Évangile à chaque page. L'un de ses disciples enseigne que la cène ne fut qu'un repas d'amour, un banquet *communiste* sans doute, où l'égalité était complète : chacun avait une hostie ou un petit pain et une coupe de vin : symbole touchant de l'égalité et de la frugalité des festins de la véritable communauté chrétienne !

Voici le *Credo* communiste de M. Cabet et consorts. — 1° Il existe un Dieu ; mais ce Dieu renferme tous les êtres dans son sein. Ce premier article n'est que le panthéisme le plus grossier. *Voy.* PANTHÉISME. — 2° Tous les hommes sont égaux. La source de tous les maux qui affligent l'humanité se trouve dans l'inégalité sociale. Le remède à ce mal consiste dans une égalité absolue et générale qui remettrait l'humanité dans son état normal. Cet article n'a qu'un tout petit défaut, c'est de démentir toute la nature qui a créé partout des inégalités. Sans doute, M. Cabet enseignera l'art d'abaisser et de fertiliser le hautes et arides montagnes, afin de réaliser son égalité absolue ! — 3° La nature n'a pas renfermé des richesses immenses dans le sein de la terre pour les donner à quelques-uns ; elle n'a fait aucun partage ; elle a donc proclamé cette grande maxime : TOUT EST POUR TOUS : et cette autre : *Tous* DOIVENT *être pour le tout.* Conséquemment, il ne doit plus y avoir des maîtres et des esclaves, des riches, et des pauvres, des oisifs et des travailleurs : chacun doit travailler et avoir sa part aux biens de la nature. — Si personne ne doit servir, ceux qui sont malades, qui ne peuvent pourvoir aux besoins de la nature, devront donc mourir ? Car notre état naturel est tellement constitué que les hommes dépendent les uns des autres ; les pauvres ont besoin du riche et le riche du pauvre. L'inégalité des conditions est donc un des principes fondamentaux de notre nature déchue. Nous avons développé cette grande maxime au mot AUMÔNE dans notre *Dictionnaire de Théologie morale.* — 4° Il suit de ces grandes maximes que la propriété est l'une des plus grandes plaies de la société, la cause de l'inégalité, la source de tous les maux. Il faut donc rétablir la communauté absolue. — Mais la communauté absolue emporte nécessairement la destruction de tout ce qui est mien ; conséquemment la destruction de la propriété, du mariage et de la famille ; c'est-à-dire la destruction des trois éléments constitutifs de tout ordre réellement progressif. —Les communistes repoussent une partie de cette conséquence, elle ressort nécessairement du principe, on doit l'admettre tout entière comme appartenant au système. Nous avons consacré un article à chacun de ces principes constitutifs de l'ordre social ; c'est là que nous réfutons tout ce qu'il y a de spécieux dans le système communiste. *Voy.* BIENS (*Communauté des*), FEMMES (*Communauté des*), FAMILLE.

Le communisme n'est pas une doctrine nouvelle. Ce n'est ni M. Proudhon, ni M. Cabet, ni même Gracchus Babœuf, qui est le père du communisme. Le communisme, c'est-à-dire la doctrine qui fait de l'État le propriétaire unique et suprême, le seul maître légitime du sol, est aussi vieux que le monde. Il remonte à l'enfance des sociétés, et il est contemporain des régimes politiques les plus décriés dans l'histoire : l'aristocratie, le despotisme. Alors il n'y a pas trace de ce qu'on appelle aujourd'hui les droits de l'homme, ni de ce qu'on appelle justice et liberté. L'homme n'est rien, c'est le citoyen qui est tout, il y a des devoirs, il n'y a point de droits individuels ; il n'y a que les droits de l'État, de la cité, des castes privilégiées. L'individu n'est pas libre, comment serait-il propriétaire ? Il ne dispose pas même de sa personne, comment pourrait-il disposer d'une parcelle de terre ? Il n'est pas propriétaire du champ qu'il cultive, il en est usufruitier. Le communisme est dans la société ce que le despotisme est dans l'État. Le progrès pour la société consiste à briser les liens du communisme, comme il consiste dans l'État à briser les liens du despotisme.

A mesure que la civilisation avance, un double mouvement s'accomplit : le principe de la propriété personnelle, de la propriété telle que nous la concevons aujourd'hui, telle qu'elle est constituée dans le Code civil, tend à remplacer le principe de la propriété collective, c'est-à-dire le communisme, en même temps que l'esprit de justice et de liberté tend à remplacer les idées de despotisme et de privilège. Ainsi la civilisation va, dans l'ordre social, du communisme à la propriété, comme elle va, dans l'ordre politique, du despotisme à la liberté.

Aussi haut que l'on puisse remonter dans les siècles passés, on voit le communisme établi, pratiqué par les législateurs ou rêvé par les philosophes. Tantôt, comme dans l'Inde, la propriété territoriale est collective et concentrée entre les mains des castes religieuses ; tantôt, comme chez les Juifs, la terre est partagée par égales portions entre toutes les familles ; mais les patrimoines, une fois assignés, sont inaliénables ; tantôt, comme à Sparte, où les patrimoines sont également distincts et inaliénables, l'obligation imposée aux citoyens de consommer tous leurs produits en commun aboutit au communisme universel. Vêtements, nourriture, plaisirs, occupations, tout est soumis à ce régime. Les enfants sont élevés en commun et appartiennent à l'État. A la communauté des enfants il faut joindre celle des femmes, que le législateur Lycurgue autorisait et même encourageait formellement.

L'idéal de Platon, c'est précisément la communauté des biens, la communauté des femmes, la distinction des castes et de l'esclavage qui en est la conséquence. Car ici comme partout, dans la théorie comme dans la pratique, le communisme est appuyé sur la conquête, la domination et l'esclavage, l'esclavage considéré non pas comme un fait accidentel et passager, mais comme la condition fondamentale et immuable de l'ordre social. Partout, à côté de la race conquérante et privilégiée, on voit des races asservies, opprimées, maudites et vouées à un opprobre éternel.

Ainsi, rien qui ressemble moins que le communisme à l'esprit de liberté. Est-il vrai que le communisme soit le fruit du christianisme, la dernière et la plus pure expression du sentiment évangélique ? Ce serait bien mal comprendre les mots de charité, de fraternité, que de leur donner un pareil sens. L'esprit de charité, c'est-à-dire l'esprit de sacrifice et d'abnégation personnelle, ne peut servir de base à l'ordre social ; il suppose les idées de justice et de droit absolu, loin de les contredire et de les exclure. Si je donne mon bien aux pauvres, il est incontestable que j'aurais eu le droit de ne pas le faire, et c'est précisément pour cela que j'ai du mérite à le faire. Si je n'étais pas libre de refuser ou de donner, où serait le mérite ? où serait le sacrifice ? où serait la charité ? Il y a donc opposition complète entre le communisme et l'esprit de charité chrétienne, et c'est par un abominable sacrilège que le nom de Jésus

Christ est invoqué dans les banquets démocratiques et sociaux. Ce n'est pas sérieusement non plus que l'on prétend rattacher le communisme aux associations religieuses qui se sont développées dans le sein du christianisme. Le communisme est tout le contre-pied des communautés religieuses. La vie monastique est fondée sur l'abnégation personnelle et sur le renoncement aux biens de ce monde ; le communisme est fondé sur la convoitise et la préoccupation exclusive du bien-être matériel. Dans un cas, on s'associe pour le sacrifice, dans l'autre pour la jouissance.

De toutes les institutions fondées sur le principe de la communauté, celle qui a produit les résultats les plus satisfaisants est l'associations des frères Moraves. Cette institution est à la fois religieuse, civile et industrielle ; elle admet dans son sein le mariage, et par conséquent les femmes et les enfants, les devoirs et les occupations que la famille impose. On évalue à plus de 18,000 le nombre de ses membres ; elle a des ramifications multipliées en Allemagne, en Hollande, en Angleterre, en Ecosse, dans l'empire russe, dans les Etats-Unis d'Amérique ; elle a des missionnaires et des colons sur les points les plus éloignés du globe. Cependant cette société, moitié religieuse, moitié civile et industrielle, ne prouve pas plus en faveur du communisme que les ordres purement religieux. Pas plus que les ordres monastiques, elle ne peut se suffire à elle-même ; elle ne peut se passer de la société civile, qui la protége et la défend, qui ouvre des marchés à son commerce, et contribue pour une part essentielle à sa prospérité. Ce que nous disons des frères Moraves est encore plus vrai des quakers, des mennonistes, des baptistes et de toutes les sectes moitié politiques et moitié religieuses qui pullulent au sein du protestantisme.

Il est pourtant vrai que le christianisme a donné naissance à une foule d'autres sectes qui ont pris la perfection évangélique à contre-sens, et qui, au lieu de la placer où elle est réellement, dans l'abnégation de soi-même, dans la mort des passions, dans le mépris des richesses, ont prêché le partage des biens et l'émancipation des sens. « Tels furent, dit M. Franck, du IIe au IIIe siècle de notre ère, les disciples de Carpocrate et quelques autres hérétiques attachés aux principes du gnosticisme, qui, regardant la vie comme une œuvre du mauvais génie, les actions comme indifférentes, les plaisirs du corps comme une dette qu'il faut payer au mal, déclarèrent toutes les passions légitimes, et donnèrent l'exemple des plus honteux excès. Tels furent, du XIIIe au XVIe siècle, les frères du Libre-Esprit, qui, avec quelques différences dans les dogmes, arrivèrent en morale aux mêmes conséquences ; les dulciniens ou apostoliques, qui demandaient à la fois la communauté des biens et des femmes ; les fratricelles ou frérots, les béguards, les lollards, les turlupins, et enfin la plus hardie, la plus conséquente, la plus célèbre de toutes ces sectes, ancêtres méconnus du socialisme, les terribles anabaptistes. Muncer, leur chef, un vrai communiste de nos jours. « Nous sommes tous frères, répétait-il souvent à la foule qui l'entourait, et nous n'avons qu'un commun père dans Adam ; d'où vient donc cette différence de rangs et de biens que la tyrannie a introduite entre nous et les grands du monde ?

« N'avons-nous pas droit à l'égalité des biens qui, de leur nature, sont faits pour être partagés, sans distinction entre tous les hommes ? Rendez-nous, riches du siècle, avares usurpateurs, rendez-nous les biens que vous retenez dans l'injustice ; ce n'est pas seulement comme hommes que nous avons droit à une égale distribution des avantages de la fortune, c'est aussi comme chrétiens. » On sait que Muncer ne se borna pas à la prédication ; et que, sous le titre biblique de juge du peuple, il mit ces idées en pratique dans la ville de Mulhausen ; qu'à la tête de 39,000 hommes il tenta de les imposer à toute l'Allemagne. Sa défaite et sa fin tragique ne l'empêchèrent pas de trouver des successeurs, parmi lesquels on cite Jean de Leyde. Un autre fanatique de cette époque, David Georges, après avoir été reconnu évêque anabaptiste de Munster, se mit à prophétiser pour son propre compte, et devint le chef d'une Eglise séparée, où la communauté des femmes était imposée aussi rigoureusement que celle des biens. Toutes ces doctrines, quoique produites au nom de l'Evangile, sont une première tentative pour réhabiliter la chair, une véritable réaction du matérialisme contre le spiritualisme chrétien.

COMPAGNIE DE JÉSUS. *Voy.* JÉSUITES.

COMPASSION. *Voy.* MISÉRICORDE.

COMPASSION DE LA SAINTE VIERGE. Dans plusieurs diocèses, on fait, le vendredi de la semaine de la Passion, l'office de la *Compassion de la sainte Vierge*, pour honorer les douleurs que dut ressentir cette sainte Mère de Dieu à la vue des ignominies, des souffrances et de la mort de son Fils. Plusieurs Pères de l'Eglise ont fait remarquer aux fidèles le courage avec lequel Marie assista sur le Calvaire à la mort du Sauveur, et les dernières paroles qu'il lui adressa. Certains critiques, peu instruits du génie de la langue hébraïque et des mœurs juives, ont cru apercevoir de la dureté dans ces paroles : *Femme, voilà votre Fils* (Joan. xix, 26). Ils se sont trompés. *Voy.* FEMME.

COMPLIES. C'est dans l'Eglise romaine la dernière partie de l'office du jour. Elle est composée de trois psaumes sous une seule antienne, d'une hymne, d'un capitule et d'un répons bref, du cantique de Siméon, *Nunc dimittis*, d'une oraison, etc. Elle est destinée à honorer la sépulture du Sauveur, selon la glose, c. 10, *de Celeb. Missar.* Mais on ignore le temps de son institution.

Le cardinal Bona (*De Psalmod.*, c. 10) prouve contre Bellarmin, qu'elle n'avait pas lieu dans l'Eglise primitive. On ne trouve dans les anciens nulle trace des *complies*. Ils terminaient leur office à none ; selon saint Basile (*Major. regular.*, q. 37), ils y chantaient le psaume xc, que l'on récite aujourd'hui à *complies*. L'auteur des *Const. apostol.* parle de l'hymne du soir, et Cassien, de l'office du soir en usage chez les moines d'Egypte ; mais il paraît qu'on doit entendre par là les vêpres. (*Voy.* Bingham, *Antiquit. ecclés.*, tom. V, l. xiii, c. 9, § 8.)

COMPONCTION, regret d'avoir offensé Dieu, qui est aussi nommé *contrition*. La confession n'est bonne que quand elle est accompagnée d'un repentir sincère, et de la *componction* du cœur. — Dans la vie spirituelle, *componction* signifie aussi un sentiment pieux de douleur, qui a pour motif les misères de la vie, les dangers du monde, la multitude de ceux qui se perdent, etc.

Jésus-Christ a dit : *Bienheureux ceux qui pleurent, parce qu'ils seront consolés*. Ces paroles ont fait trouver des douceurs aux saints dans les larmes mêmes de la pénitence. La charité, dit saint Grégoire, notre éloignement de Dieu, nos fautes passées, celles que nous commettons chaque jour, le poids de nos misères et de celles du prochain, nous excitent à pleurer continuellement, au moins dans le désir du cœur, si nous ne pouvons le faire autrement. Tout ce qui nous environne nous fournit un sujet de larmes, et nous devons les mêler même aux prières et aux cantiques que l'amour de Dieu nous inspire. A la vue de l'ingratitude dont nous avons payé les bienfaits du Seigneur, pouvons-nous produire un acte de charité sans être pénétrés d'une douleur amère? Ne faut-il pas, avant de chanter ses louanges, laver nos âmes par les larmes de la *componction*, et les purifier par le sang de l'Agneau sans tache, mort pour le salut des hommes? Les plus grands saints pleurent continuellement par des motifs d'amour; comment les pécheurs ne pleureraient-ils pas? Si les âmes fidèles et innocentes aiment à faire retentir les déserts de leurs gémissements, quelle conduite doivent tenir celles dont tous les instants on été marqués par de nouvelles infidélités? (*Mor.*, l. XXIII, c. 21.)

De cette morale même, enseignée et pratiquée par tous les saints, les incrédules concluent que la religion, loin de consoler l'homme et d'adoucir ses peines, ne sert qu'à le rendre plus malheureux; qu'elle le rend triste et misanthrope, que la religion n'est autre chose qu'une fièvre mélancolique. Mais voyons-nous les incrédules plus gais, plus contents, plus heureux que les dévots? Dans leurs discours et dans leurs écrits, nous ne trouvons que des plaintes, des murmures, des déclamations, souvent des fureurs. L'un se plaint des caprices de la fortune, de l'infidélité de ses amis; de la jalousie et de la malignité de ses concurrents, de l'indifférence de ses protecteurs; l'autre, de ses infirmités personnelles, de ses chagrins domestiques, des malheurs arrivés à ses proches, des tracasseries de la société. Celui-ci gémit des fléaux de la nature, des vices de l'humanité, de la corruption de tous les états, des injures faites à la vertu; celui-là des fautes du gouvernement, des erreurs de la politique, de la négligence des souverains, de l'asservissement des nations, etc. Tel est le sujet ordinaire de la plupart des conversations. Si l'homme est condamné à souffrir et à pleurer, les larmes de la *componction* sont encore préférables à celles de l'incrédulité; les premières nous donnent au moins des espérances pour l'avenir, les secondes ne nous en laissent aucune.

COMPRÉHENSION. Ce terme signifie, en théologie, l'état des bienheureux qui jouissent de la vue intuitive de Dieu; on les appelle *compréhenseurs*, par opposition aux justes qui vivent sur la terre, et que l'on nomme *voyageurs*: ce terme est tiré de saint Paul (*I Cor.*, IX, 24).

CONCEPTION IMMACULÉE DE LA SAINTE VIERGE. Le sentiment commun des théologiens catholiques est que la sainte Vierge Marie, Mère de Dieu, a été préservée du péché originel, lorsqu'elle a été conçue dans le sein de sa mère. Cette croyance est fondée, 1° sur le sentiment des Pères de l'Eglise les plus respectables. Nous les rapporterons ci-après. — 2° Sur la précaution qu'a prise le concile de Trente, sess. 5, où, en décidant que tous les enfants d'Adam naissent souillés du péché originel, il déclare que son intention n'est point d'y comprendre la sainte Vierge. En 1439, le concile de Bâle avait autorisé la même croyance : son décret fut reçu par l'université de Paris, et par un concile d'Avignon, en 1457. — 3° Sur les décrets de plusieurs papes, qui ont approuvé la fête de la *Conception de la sainte Vierge*, et l'office composé à ce sujet, et qui ont défendu de prêcher et d'enseigner la doctrine contraire. Ainsi en ont agi Sixte IV, Pie V, Paul V, Grégoire XV, Alexandre VII (1). Il paraît que cette fête était déjà célébrée dans l'Occident au neuvième siècle, et qu'elle est encore plus ancienne en Orient. *Voy.* Assemani, *Cal. univ.*, tom. V, pag. 433 et suiv.

Conséquemment la faculté de théologie de Paris, en 1497, statua par un décret que personne ne serait reçu au degré de docteur, qu'il ne s'engageât par serment à soutenir l'*Immaculée Conception*; la plupart des autres universités ont fait de même. — Quoique ce sentiment n'ait pas été décidé formellement comme article de foi, il est si analogue à la doctrine chrétienne, au respect dû à Jésus-Christ, à la persuasion de tous les fidèles, que l'on peut le regarder comme une croyance *catholique*, ou presque universelle.

Les protestants se sont récriés contre cette croyance, née dans les derniers siècles; elle est, disent-ils, formellement contraire au sentiment des anciens Pères, qui ont décidé que le péché originel a passé à tous les enfants d'Adam, à l'exception de Jésus-Christ seul. Erasme avait cité un assez grand nombre de leurs passages; Basnage, dans son *Hist. de l'Eglise*, l. XVIII, c. 11, et l. XX, c. 2, a fait tous ses efforts pour prouver qu'en cela l'Eglise romaine a changé l'ancienne doctrine, et s'est évidemment écartée de la tradition qu'elle regarde comme règle de foi. — Mais il a bien senti lui-même que tous ses arguments, qui sont les mêmes que ceux de Daillé, ne sont que négatifs, et ne forment pas une forte preuve. Les Pères, disent ces controversistes, n'ont point excepté la sainte Vierge, lorsqu'ils ont parlé de l'universalité du péché originel : donc c'est la même chose que s'ils avaient formellement enseigné que la sainte Vierge en a été atteinte comme les autres enfants d'Adam : cette conséquence n'est pas vraie. Les Pères n'ont point traité expressément la question de savoir si la sainte Vierge a été ou n'a pas été exempte du péché originel; s'ils avaient enseigné formellement qu'elle en a été souil-

---

(1) Voici une proposition de Baius condamnée sur ce point: *Nemo præter Christum est absque peccato originali : hinc beata Virgo mortua est propter peccatum ex Adam contractum, omnesque ejus afflictiones, in hac vita, sicut et aliorum justorum, fuerunt ultiones peccati actualis vel originalis.*

lée, jamais les théologiens catholiques n'auraient osé embrasser l'opinion contraire. S'ils l'avaient formellement exceptée, alors sa *Conception immaculée* ne serait plus une simple opinion théologique, mais un dogme de foi; et l'Eglise l'aurait ainsi décidé au concile de Trente. Or, nous convenons que ce n'est pas un dogme de foi ; les papes mêmes, Pie V, Grégoire XV et Alexandre VII l'ont ainsi déclaré, et ont défendu de traiter d'hérétiques ceux qui ont soutenu le contraire.

Est-il vrai que la croyance actuelle soit établie sans aucune preuve tirée de l'Ecriture sainte ni de la tradition? Dans la salutation angélique, adressée à Marie (*Luc.* 1, 28), le mot grec κεχαριτωμένη ne signifie pas seulement *remplie de grâce*, mais *formée en grâce*; Origène l'a compris (*Hom.* vi *in Luc.*): « Je ne me souviens pas, dit-il, d'avoir trouvé ce terme ailleurs dans l'Ecriture sainte; cette salutation n'a été adressée à aucun homme ; elle est réservée à Marie seule. » Cependant il avait été dit de saint Jean-Baptiste, v. 15, qu'il serait rempli du Saint-Esprit dès le sein de sa mère; le privilège de Marie s'est donc étendu plus loin. Les protestants entendent-ils mieux le grec qu'Origène? — Au IV° siècle saint Amphiloque, évêque d'Icone (*Orat.* 4, *in S. Deip. et Simeon.*), dit que Dieu a formé la sainte Vierge sans tache et sans péché. Dans la liturgie de saint Jean Chrysostome, qui est plus ancienne que lui, Marie est appelée sans tache à tous égards, *ex omni parte inculpata* (Lebrun, tom. IV, pag. 408). Saint Ambroise, sur le psaume CXVIII, dit qu'elle a été exempte de toute tache du péché. — Au V°, saint Proclus, disciple de saint Jean Chrysostome et son successeur (*Orat.* 6, *Laudatio S. Genitr.*), dit que la sainte Vierge a été formée d'un limon pur. On lui attribue avec raison les trois sermons sur la sainte Vierge, qui passaient autrefois pour être de saint Grégoire Thaumaturge, et dans lesquels cette même doctrine est enseignée ; Basnage n'en disconvient pas. Saint Jérôme, sur le psaume LXXIII, dit que Marie n'a jamais été dans les ténèbres, mais toujours dans la lumière. On sait que saint Augustin même, en écrivant contre les pélagiens (*L. de Nat. et Grat.*, c. 36), a formellement excepté la sainte Vierge du nombre des créatures coupables du péché. — Au VI°, saint Fulgence (*Serm. de Laudib. Mariæ*) observe que l'ange, en appelant Marie *pleine de grâce*, a fait voir que l'ancienne sentence de colère était absolument révoquée. — Au VIII°, saint Jean Damascène appelle cette sainte Mère de Dieu, un paradis dans lequel l'ancien serpent n'a pas pu pénétrer (*Hom. in Nat. B. M. V.*). Déjà au VII°, sous le règne d'Héraclius, Georges de Nicomédie regardait la *Conception immaculée* de la sainte Vierge comme une fête d'ancienne date; et au moins depuis cette époque les Grecs ont constamment appelé Marie *panachrante*, toute pure, sans tache, sans péché ; ils n'ont pas emprunté cette croyance de l'Eglise romaine, puisqu'ils la conservent encore. Pourquoi donc les protestants n'évaporent-ils leur bile que contre nous, et ménagent-ils les Grecs? En rapportant avec tant de soin ce qui paraît opposé à notre croyance, il ne fallait pas passer sous silence ce qui la prouve. — L'on sait qu'en 1387 la question de la *Conception immaculée* fit grand bruit à Paris, et que l'Université exclut de son corps les dominicains, pour avoir soutenu l'opinion contraire (*Hist. de l'Eglise gallicane*, tom. XIV, liv. XLI, an 1387). Aujourd'hui ces religieux tiennent la croyance commune. — Les deux couvents de religieuses qui portent à Paris le nom de la *Conception* sont des franciscaines, ou des filles du tiers ordre de Saint-François (1).

(1) Le trop fameux docteur Hermès a cherché à affaiblir la croyance en la conception immaculée de Marie. Le célèbre cardinal Lambruschini a répondu par une dissertation où il démontre que le pape peut définir comme un dogme cette croyance. La question nous paraît tellement importante, que nous croyons devoir rapporter une analyse de l'ouvrage faite par le P. Péronne et traduite par M. Th. B., curé de Domazan (Gard). [*Voy. Démonstrations évang.*, t. XIV, édit. Migne.]

« L'opinion catholique de tous les temps, de tous les lieux, est en faveur de Marie. Les Pères de l'Eglise, les docteurs les plus illustres, les théologiens les plus pieux et les plus savants, dans tous les siècles, ont consacré leur plume et leur génie à l'honorer. Tout ce qui concerne les mérites, les gloires, l'amour de la Vierge, réveille dans le cœur des véritables fidèles les émotions les plus douces et les plus tendres ; il existe en eux un véritable transport d'amour ; de sorte qu'on peut dire, sans sortir des bornes de la vérité, qu'une ardente sollicitude et un affectueux empressement à accroître les gloires de Marie forment, pour ainsi parler, la marque distinctive du véritable esprit catholique, comme aussi la froideur, l'indifférence pour elle, ou plutôt le désir coupable de déprécier et d'obscurcir ses prérogatives, ont toujours la compagne inséparable de l'erreur et des hérésies anciennes et modernes.

« Faut-il s'étonner que, de nos jours, un célèbre cardinal, non moins illustre par les hautes dignités où il est élevé que par ses connaissances spéciales en théologie et par cette piété aimable et solide dont il a donné des preuves dans les œuvres ascétiques qu'il a publiées, malgré les soins importants et continuels qu'il est obligé de donner aux affaires du saint-siège, ait voulu composer un petit ouvrage sur l'immaculée conception de Marie ? Utile et saint travail s'il en fut jamais ! Car, d'un côté, s'il contribue à affermir et rendre plus éclatant ce singulier privilège de la Vierge, de l'autre, il sera regardé comme un monument impérissable de cette dévotion ardente dont brûle pour la Mère de Dieu son illustre auteur. Aussi nous déclare-t-il lui-même dans les premières pages de son livre, qu'il ne s'est livré à une si pénible occupation que dans le seul but de réveiller et de nourrir cette dévotion salutaire dans tous les cœurs.

« Cette dissertation, en forme de controverse, du très-éminent cardinal Lambruschini pouvait-elle paraître dans un temps plus opportun ? En ce moment, dans le centre de l'Allemagne, une école philosophico-théologique, qui se dit catholique, s'applique à obscurcir l'éclat de l'immaculée conception de la Vierge. Et quoiqu'il ne se soit point expressément proposé de la combattre, néanmoins il prévient et résout avec tant de sagacité toutes les difficultés dont le malencontreux fondateur de cette école cherche à s'étayer pour atténuer la vérité de notre pieux sen-

CONCILE, assemblée des pasteurs de l'Eglise pour décider les questions qui appartiennent à la foi, aux mœurs ou à la discipline. On appelle *concile général* ou *œcuménique*, celui qui est censé composé des évêques de toute l'Eglise ; *concile national*, celui qui est formé par les évêques d'une seule nation ; *concile provincial*, celui qui se timent, qu'on dirait qu'il n'ait point eu d'autre vue et qu'il s'est proposé de faire une réfutation complète de tous ses vains raisonnements.

« Sans s'éloigner jamais de la doctrine enseignée par la théologie, il a su réunir dans cette dissertation, avec une grande clarté d'idée, une solidité remarquable de raisonnement et un ordre admirable, tout ce qu'il y a de plus important, de plus fort, de plus pressant qui se trouve répandu dans les écrits volumineux des plus célèbres théologiens qui, à diverses époques, ont traité ce sujet fort au long et revendiqué pour la Vierge un privilége qui ne tourne pas moins à son honneur qu'à celui de son divin Fils. Pour donner plus de valeur et de prix à son œuvre, l'illustre auteur y ajoute des observations pleines de justesse et de sagacité, qui trahissent autant la pénétration d'esprit de l'écrivain que l'intérêt et l'amour qui ont conduit sa plume. Dans la chaleur même de la polémique, il sait répandre l'onction de cette piété suave qui respire dans tous les écrits dont cet illustre cardinal a enrichi le monde ascétique, de sorte qu'en même temps que le lecteur reçoit une instruction salutaire, il sent pénétrer dans son âme les sentiments de la plus affectueuse dévotion.

« Mais afin que l'on puisse mieux apprécier l'esprit, la tournure et les divers mérites de ce petit ouvrage, il m'est doux et honorable d'en faire, de mon mieux, une exacte analyse. Et d'abord, pour éloigner toute équivoque et faciliter l'intelligence des Pères et des docteurs, prenant pour guide l'immortel Benoît XIV et la foule des théologiens, l'éminent prélat distingue avec soin le double sens du mot *conception*. Car on prend le mot conception, soit dans le sens *actif*, pour signifier l'acte même de la génération et de la conception matérielle, soit, dans le sens *passif*, pour exprimer l'animation du fœtus. Or, il fait observer que, quand on parle de la conception immaculée de la Vierge, on ne prend pas ce mot dans le premier sens, dans lequel la conception n'a pas lieu, mais dans le second, car son âme sanctifiante se réunit au corps, mais exempte, depuis l'instant de sa création, de la moindre tache originelle.

« L'état de la question étant ainsi posé et par cela même éclairci, il démontre par toutes sortes d'arguments, tirés de la raison et de l'autorité de l'Ecriture et des Pères, la vérité de sa proposition, savoir : que l'on doit regarder comme immaculée la conception *passive* de la Vierge.

« L'argument de raison est tiré de tous les divers motifs pour lesquels il était si convenable que Dieu ne refusât pas à la sainte Vierge un privilége qu'il était si facile de lui accorder, et que semblaient ne pas moins revendiquer en quelque sorte la dignité de Mère de Dieu, que le triomphe complet sur le dragon de l'enfer, et l'honneur même de celui qui daigna dans son sein se revêtir de la forme mortelle. Cette preuve, tirée de la raison, quoiqu'elle ne soit pas démonstrative, a toujours été très-propre à persuader la pieuse opinion que nous défendons ; mais quelle ne sera pas sa valeur, si nous la joignons à l'autorité de l'Ecriture et des Pères, qui la protégent de toutes parts ?

« L'auteur descend dans cette noble arène, et pour ce qui concerne l'Ecriture, il montre qu'elle insinue de deux manières la vérité de notre pieux sentiment, dans son sens littéral et dans l'application que l'Eglise fait à la sainte Vierge de plusieurs passages qui, dans le sens mystique et spirituel, confirment d'une manière convaincante cette même vérité. Et d'abord c'est avec raison qu'il cite et développe ce texte célèbre de la Genèse, appelé *protévangile* (premier Evangile), par lequel Dieu annonce à ser-pent, ou, pour mieux dire, au démon, la victoire qu'une femme devait remporter sur lui, par ces paroles : *Inimicitias ponam inter te et mulierem, et semen tuum et semen illius ; ipsa conteret caput tuum, et tu insidiaberis calcaneo ejus* (Gen. III. 35). Cet oracle n'aurait pu se vérifier pleinement si la sainte Vierge n'eût été exempte de la tache originelle. Car dans l'hypothèse contraire, il ne lui aurait pas seulement tendu des piéges, mais il aurait régné sur elle de la même manière qu'il règne sur les autres enfants d'Adam, tant qu'ils ne sont pas purifiés et délivrés des liens du péché. A l'autre genre de preuves tirées de l'Ecriture, qui confirment sa proposition, appartiennent les textes sacrés que l'Eglise, toujours guidée par l'esprit de Dieu dans la célébration des fêtes de la sainte Vierge, applique à Marie, quoiqu'ils doivent s'entendre littéralement de la sagesse incarnée.

« Et ici, le savant auteur va adroitement au-devant des difficultés que l'on pourrait tirer des propositions générales de l'Ecriture, qui semblent regarder tous les hommes, descendants naturels d'Adam, comme l'*in quo omnes peccaverunt*, et autres du même genre. Il prouve que des propositions semblables souffrent des exceptions ; qu'autrement il s'ensuivrait, si on raisonnait de la sorte, qu'on devrait refuser à la sainte Vierge des priviléges qui très-certainement lui ont été accordés. Car on lit aussi dans nos livres sacrés que Dieu dit à la femme *In dolore paries* : faudra-t-il conclure que Marie a été soumise à un semblable arrêt ? Il faut dire la même chose d'un grand nombre de lois générales qui, d'après les sentiments reçus parmi les catholiques, ne regardent point Marie.

« Ceci se trouve plus particulièrement confirmé par la déclaration expresse du concile de Trente. Le plus grand nombre des Pères de cette vénérable assemblée étaient portés, comme nous l'atteste Pallavicin, à prendre une décision relative à l'opinion que nous défendons ; ils furent néanmoins arrêtés par des considérations justes et prudentes, mais qui ne regardaient que cette époque, et ils se contentèrent de faire connaître indirectement leur pieuse manière de penser à ce sujet dans la célèbre clause qui est toute à l'appui de notre assertion ; car le concile, dans la cinquième session, après avoir rendu un décret sur le dogme de la transmission du péché originel dans tous les enfants d'Adam, ajoute : *Declarat tamen hæc ipsa sancta synodus non esse suæ intentionis comprehendere in hoc decreto, ubi de peccato originali agitur, beatam et immaculatam Virginem Mariam, Dei Genitricem, sed observandas esse constitutiones felicis recordationis Sixti papæ IV, sub pœnis in ejus constitutionibus contentis quas innovat*. Certainement le concile de Trente connaissait les expressions générales de l'Ecriture : en ne voulant pas que la sainte Vierge fût comprise dans son décret, par cela même il a prouvé qu'elle n'était pas non plus comprise dans les propositions générales de l'Ecriture.

« Outre cela, le même concile dans cette clause ayant appelé la Vierge *immaculée*, et l'ayant ainsi qualifiée à cause de sa dignité de *Mère de Dieu*, il a clairement fait connaître qu'il penchait vers notre sentiment, donnant à entendre que par raison de convenance Dieu devait conférer ce privilége à la sainte Vierge.

« Quoique le concile renouvelle et confirme les constitutions de Sixte IV (une de ces constitutions défend de taxer le sentiment contraire de faux et d'erroné), cela n'est en rien à notre cause. Car, comme l'observe très-spirituellement notre illustre auteur, de cette confirmation, on ne peut raisonna-

tient par un métropolitain avec les évêques de sa province.

blement inférer qu'une chose, savoir : que le concile n'a pas voulu définitivement trancher la question : ce que tout le monde avoue. Cette décision ne sert même qu'à mieux faire connaître la propension des Pères du concile de Trente à regarder Marie comme exempte de la moindre tache originelle dans sa conception. En effet personne n'ignore que les constitutions de Sixte sont plutôt favorables que nuisibles à notre pieuse opinion ; personne n'ignore aussi que ce même pontife a répandu parmi les fidèles le culte de la sainte Vierge sous le titre d'*immaculée*, en permettant la messe et l'office propre, où se trouve une oraison qui fait une mention expresse d'un titre si glorieux et de l'exemption *ab omni labe*, en ouvrant ce trésor des indulgences à tous ceux qui honoreraient sous ce titre la Mère de Dieu ; en frappant des censures et des peines les plus graves quiconque enseignerait ou prêcherait quelque chose de contraire à ce privilège.

« Les successeurs de Sixte IV, saint Pie V, Paul V, Grégoire XV, Alexandre VII, ne s'arrêtèrent pas là, et, marchant sur les traces de Sixte et des Pères de Trente, ils concoururent tous, qui d'une manière, qui d'une autre, à consolider, à raviver et à répandre le culte de la Vierge honorée d'un titre si glorieux, et à défendre que, même dans les entretiens particuliers, il fût permis de révoquer en doute ce privilège de Marie. L'accord de grands papes fournit à notre célèbre cardinal un nouvel argument en faveur de sa proposition.

« Ainsi, fort, d'un côté, de l'autorité de l'Écriture, qui sert de fondement à notre opinion, après avoir mis en poudre la seule objection que l'on pourrait tirer des propositions générales qu'elle contient ; de l'autre, fort de l'autorité non moins imposante des Pères et des docteurs de l'Église, notre illustre auteur reprend sa marche d'un pas assuré.

« Et c'est ici que, déployant une vaste érudition, il passe en revue tous les siècles du christianisme, et forme un corps admirable de témoignages pris, non-seulement chez les Pères grecs et latins, mais encore dans les liturgies les plus anciennes, où se trouve clairement exprimée l'opinion commune de l'Église sur ce rare privilège dont Dieu a voulu honorer sa Mère. Dans cette courte analyse, je ne puis citer cette longue série de Pères et de docteurs, qui se lie étroitement et s'étend jusqu'au XIIIe siècle, comme il est facile de s'en convaincre en lisant la dissertation du savant prélat. Et, quoique quelques-uns des nombreux passages allégués puissent peut-être fournir matière à la critique, qui pourrait, en les considérant dans leur ensemble, réunis comme une phalange en ordre de bataille, qui pourrait, dis-je, se soustraire au poids si grave de leur imposante autorité ?

« Arrivé au siècle où vivait le saint abbé de Clairvaux, que suit de près le grand Thomas d'Aquin, il s'arrête pour examiner avec la plus grande attention et la critique la plus impartiale quel fut le sentiment de ces deux saints, que les partisans de l'opinion opposée prétendent avoir été contraires à celle qu'on soutient ici. Et d'abord, pour ce qui concerne saint Bernard, il fait observer que, dans sa lettre célèbre adressée aux chanoines de Lyon, il ne s'oppose pas tant à l'introduction de la nouvelle fête, comme il l'appelle, qu'à la manière dont on l'a introduite, c'est-à-dire sans consulter l'Église romaine. En outre, il est très-vraisemblable que le saint docteur, par le mot de *conception*, n'entendait pas la conception *passive*, mais bien l'*active*. Après cette observation, l'illustre cardinal a raison de conclure qu'on ne doit pas mettre ce saint au nombre des adversaires de sa doctrine ; que du temps de saint Bernard le mot de *conception* fut employé dans le sens *actif*; Mabillon lui-même en convient, et il cite

Sur cet important objet, nous avons à examiner, 1° en quoi consiste l'autorité des même pour le prouver divers témoignages des auteurs contemporains (Voy. *Notæ fusiores in opera sancti Bernardi, ad t. I, in epist. 174 ad canon. Lugdun.*, n. 141). D'ailleurs, nous avons des témoignages directs du saint lui-même, qui rendent évidente sa manière de penser sur le sujet qui nous occupe, et qui confirment notre précédente interprétation. Enfin, puisque le saint docteur, en recommandant l'observation de la fête célébrée dans toute l'Église, de la naissance de Marie, en tirait cette conclusion, qu'une telle naissance doit être pure et sainte, nous sommes en droit de conclure, par un raisonnement analogue, que, s'il eût vécu de nos jours, il se serait regardé certainement comme très-heureux de pouvoir chanter, de concert avec l'Église entière : *Tota pulchra es, Maria, et macula non est in te*. Et cela avec d'autant plus de raison qu'il termine sa lettre en soumettant tout ce qu'il écrit sur ce sujet à l'irréfragable autorité de l'Église romaine, la mère et la maîtresse de toutes les Églises.

« Il faut faire la même observation à l'égard de saint Thomas, dont le savant prélat examine ensuite le sentiment. Mais, de plus, il est certain, d'un côté, que le Docteur angélique, dans ses autres écrits, enseigne ouvertement que la sainte Vierge a été exempte de toute souillure, soit personnelle, soit originelle, et il l'*enseigne* en particulier dans le premier livre des Sentences, dist. 44, q. 1, art. 3, et ailleurs ; d'un autre côté, il est aussi certain que plusieurs savants de l'ordre célèbre de Saint-Dominique se plaignent hautement de ce que, dans les éditions subséquentes des œuvres du saint docteur, on a tronqué et altéré plusieurs passages, d'après lesquels il semble professer une doctrine contraire. Dans cet état des choses, il faut nécessairement, ou que le saint se soit grossièrement contredit, ou qu'il ait changé de sentiment, ce qu'il n'est pas facile de supposer dans un homme si grave. Donc nous sommes forcés de conclure, avec notre illustre auteur, que ses œuvres ont été altérées ; mais, quoi qu'il en soit de cette altération, il est hors de doute que dans la *Somme* même, où il semble le plus s'éloigner de notre pieuse croyance, le Docteur angélique y pose des principes tels, qu'il est permis d'en tirer évidemment cette conséquence, que, s'il eût écrit de nos jours, il eût soutenu un sentiment entièrement opposé ; car voici ses paroles : *Dubitari non posse beatissimam Virginem sine peccato originali natam esse quia Ecclesia ejus nativitatem celebrat*. Aujourd'hui l'Église, obéissant aux décrets des souverains pontifes, célèbre la fête de la Conception de la même manière que celle de la Nativité, et elle se contente de substituer le mot *nativité* à celui de *conception*, pour se conformer au statut de Pie V. Donc, si saint Thomas eût vécu de nos jours, en vertu de ses principes, il aurait soutenu notre pieux sentiment. C'est ainsi que raisonnait, d'une manière très-logique, un flambeau de l'école thomiste, Jean de Saint-Thomas, et voici ses propres paroles citées par notre célèbre cardinal : *Postquam Eccl. romana celebrat festum Conceptionis, loquendo in vi doctrinæ D. Thomæ oportet vice versa de his sententiis censere, et sic divus Thomas censeret*.

« Après cette explication, qui n'est pas sans importance, parce que l'éloquent abbé de Clairvaux et le saint religieux d'Aquin sont, aux yeux de nos adversaires, les plus fermes soutiens de leur opinion, l'illustre dissertateur, à propos de saint Thomas, expose la doctrine de l'ordre vénérable des pères prêcheurs sur le sujet qui nous occupe. Et, commençant par le saint fondateur lui-même, il démontre par des documents incontestables qu'il a défendu la pieuse opinion de l'immaculée conception de Marie.

« Il énumère ensuite les principaux membres de

conciles généraux en matière de dogme. 2° Si cette autorité est la même en fait de discipline. 3° Ce qu'il faut pour qu'un *concile* soit censé général, et combien il y a eu de conciles

cet institut célèbre qui ont brillé et par leurs vertus et par leurs talents ; il dresse une longue liste de tous ceux qui se sont accordés pour maintenir intact ce glorieux privilége de la Vierge ; il la clôture par Noël Alexandre et Vincent Justinien, rapportant au long leurs raisonnements graves et solides, qui prouvent invinciblement sa proposition.

« Il joint à ces noms illustres les noms des saints les plus remarquables de tous les ordres qui ont fleuri depuis cette époque jusqu'à nos jours, et il cite en particulier saint Bernardin, saint Laurent Justinien, saint Thomas de Villeneuve, saint Alphonse de Liguori, qui, embrasés d'un zèle ardent pour honorer la Mère de Dieu, ne cessaient de prêcher qu'elle a toujours été pure, toujours immaculée.

« Le parallèle qu'il fait ensuite des théologiens qui ont combattu pour l'un ou pour l'autre de ces deux sentiments opposés est tout à notre avantage ; car il en résulte clairement que ceux qui défendent le privilége de Marie, tant par leur autorité imposante, que par leur grand nombre, l'emportent de beaucoup sur ceux qui le nient. En effet, parmi ceux-ci on en compte à peine cinq qui aient quelque réputation, tandis que ceux-là sont si nombreux et non moins célèbres que, vouloir les nommer tous, serait commencer une œuvre dont on ne verrait jamais la fin.

« Mais ce n'est pas seulement aux individus que se restreint le nombre de ceux qui ont revendiqué pour la Vierge la prérogative dont nous parlons, il l'étend encore aux ordres tout entiers ; le savant auteur fait une mention particulière de l'ordre des chartreux, des franciscains, et de la compagnie de Jésus, dont les membres, comme nous l'atteste le père Georges, ont défendu ce rare privilége de Marie, *semper et ubique*. Parmi ces derniers, il en choisit trois, dont il cite les paroles, et qui sont éminemment distingués par leurs talents ; Suarez, A-Lapide, Pétau ; il leur joint Barradas et Bellarmin, qui ne sont pas moins célèbres. Et, quoique ce dernier ne l'ait pas expressément enseigné dans ses écrits, il déclara néanmoins qu'il défendrait le privilége de la Vierge, non-seulement dans ses controverses, mais encore, d'après le témoignage du cardinal Sfrondati, dans l'assemblée de trente-six cardinaux qui se tint à ce sujet en présence du souverain pontife Paul V. Il devait naturellement parler des célèbres théologiens barnabites, qui ont fait cause commune avec tous les défenseurs de l'immaculée conception. De ce nombre se trouve le plus savant d'entre eux, le cardinal Gerdil, qui, par le grand nombre de ses écrits, n'illustra pas moins son ordre que le sacré-collège, le siége apostolique et l'Église entière. Gerdil, *dans les observations et les notes* qu'il a ajoutées à l'ouvrage de l'illustre évêque d'Arezzo, Mgr d'Albergotti, ouvrage intitulé *La voie de la Sainteté*, fait connaître sa manière de penser et déploie le zèle ardent qui l'animait pour propager la pieuse croyance que nous défendons ; il insiste même pour que l'on insère dans les leçons de saint Maxime le passage où ce même Père enseignait la pureté originelle de Marie ; voici ce passage : *Eamque idoneum plane Christo habitaculum, non pro habitu corporis, sed pro gratia originali prædicavit*.

« Notre savant dissertateur poursuit sa marche ; un vaste champ s'ouvre devant lui : il s'agit d'énumérer les universités les plus célèbres de l'Europe, même du monde catholique, qui ont voulu s'astreindre par des constitutions et même par serments à défendre notre cause sacrée ; de citer les évêques, les cardinaux, les souverains pontifes eux-mêmes favorables à l'immaculée conception; de parler des monarques, enfin de tous les peuples catholiques répandus sur la surface du globe qui, par les transports de la dévotion la plus affectueuse et la plus tendre, par des abstinences rigoureuses et volontaires, se préparent à célébrer dignement la fête de la Vierge immaculée.

« Ici, le savant auteur rapporte tout au long un document précieux sur le témoignage du père Georges, dont nous avons parlé plus haut, homme d'une vaste érudition. Ce document prouve que, sous le pontificat de Clément XII, tandis que le catholicisme était dans un état florissant, le corps épiscopal presque tout entier fit les plus grandes instances pour que le même pontife définît solennellement la vérité de notre pieuse croyance, de sorte que personne ne pût la mettre en discussion ni avoir un sentiment contraire. Les originaux pleins d'intérêt qui renferment le vœu de ces prélats, des académies et des sujets de ce royaume, originaux retrouvés en 1801, furent présentés à l'immortel Pie VII, qui les reçut avec la plus grande joie, comme le prouve clairement la lettre adressée par le même cardinal au père Georges, du consentement de ce pontife.

« Ici notre auguste dissertateur, pour donner plus de poids à cette masse de témoignages historiques, les accompagne des réflexions les plus judicieuses : il prend pour guide saint Augustin, qui, dans sa cent quarante-troisième lettre, adressée au comte Marcellin, et dans sa cent soixante-quatrième, adressée à l'évêque Evodius, établit clairement que l'on doit regarder comme vrai ce qui a l'assentiment commun des fidèles, quand même l'Ecriture garderait sur ce point un profond silence.

« Le P. Pétau développe longuement et démontre la justesse de cette proposition par quelques exemples que lui fournit le saint évêque d'Hippone, exemples dont il se sert pour prouver que Dieu se plaît, par des révélations secrètes, ou, si l'on veut, par des inspirations, à répandre une connaissance plus distincte de quelques vérités qui restaient enveloppées auparavant d'une certaine obscurité. Les Grecs ont coutume d'appeler cette connaissance plus claire πληροφορίαν, et les Latins, *ferme persuasion*, ou *conviction*, qui consiste à croire fermement comme vrai quelque chose qui n'est pas encore devenu un dogme catholique (*De Incarnat.*, lib. xiv, c. 3, § 10 et 11). Or ce consentement si unanime, si imposant des fidèles, touchant le privilége de la Vierge, qu'ils regardent exempte de la moindre souillure, où peut-il avoir sa source, si ce n'est dans l'esprit de Dieu, qui éclaire et dirige l'Eglise catholique ? Aussi notre illustre cardinal avoue, avec autant de candeur que de justesse, que, pour ce qui le regarde, il a été porté à adopter cette pieuse croyance, principalement à cause de ce consentement unanime des fidèles, corroboré par l'assentiment des papes et du concile de Trente.

« En effet, celui qui aura présente à son esprit la série des preuves que nous ne faisons qu'effleurer, et qui sont si largement exposées dans l'ouvrage que nous analysons, conclura sans peine que la pieuse opinion de l'immaculée conception de Marie est, pour me servir d'une figure connue, comme un rejeton faible dans son origine et ses commencements, mais qui, se développant successivement, sous la salutaire influence de la tradition et des Pères, pousse, grandit, devient un arbre majestueux qui couvre tout l'univers catholique de son verdoyant feuillage, de sorte que, d'un bout du monde à l'autre, des bouches fidèles répètent le titre glorieux de Vierge toute pure, toute sainte et immaculée. Et d'un autre côté, ne semble-t-il pas que Dieu lui-même se plaise à confirmer de plus en plus cette conviction générale ? N'est-ce pas là ce que prouvent les nombreux prodiges, ces prodiges insignes, opérés par l'intercession de la Vierge invoquée sous ce titre? N'en trouvons-nous pas des preuves éclatantes dans cette vision étonnante dans laquelle la Mère de Dieu daigna apparaître, il y a quelques années, à une humble fille de France? Dans la médaille miraculeuse où se trouve gravée l'effigie de la Vierge immaculée; dans son étonnante et rapide propagation; dans les nombreuses et éclatantes conversions qu'elle opère dans tous les rangs de la société? Dans celle, entre autres, dont nous fûmes naguère nous-mêmes les témoins à Rome, qui a eu avec raison tant de retentissement, et qui a excité une admiration générale; dans la conversion du jeune israélite de Strasbourg? Ce jeune homme, c'est Alphonse Ratisbonne, qui, de cruel ennemi du nom chrétien qu'il était, est devenu un fervent catholique, parce que, cédant aux instances d'un ami, il a consenti à porter sur lui cette médaille, et a invoqué la sainte Vierge, quoique ce fût à contre-cœur. Et le vicaire de Jésus-Christ, l'immortel Grégoire XVI, n'ajouta-t-il pas un nouveau prix à toutes ces faveurs du ciel, si propres à confirmer la certitude et l'utilité du culte de la Vierge, conçue sans souillure, en accordant, en vertu d'un induit, par l'organe de la congrégation des Rites, à toutes les Églises de France, d'Amérique, d'Angleterre, d'Allemagne et d'Italie, qui la demandèrent, la permission d'ajouter la préface du 8 décembre, comme le fait l'ordre de Saint-François, ces paroles : *Et te in immaculata conceptione.*

« Tous ces faits, convenablement éclairés par l'illustre cardinal, font naître dans l'esprit du lecteur la conviction la plus solide et la dévotion la plus tendre; en sorte qu'aucun cœur vraiment catholique ne peut, à mon avis, s'empêcher de partager les vœux ardents dont il couronne son œuvre, fruit d'une piété éclairée et d'une science profonde. Mais citons ses propres paroles, car nous ne pouvons leur en substituer de plus entraînantes, ni de plus énergiques : « Nous n'avons pas besoin, dit-il, d'exprimer quels sont les vœux ardents qui s'échappent de notre cœur. Oui, si le saint-siège, toujours guidé par les lumières du Saint-Esprit, jugeait à propos de définir le point si important de l'immaculée Conception de Marie, alors nous fermerions plus volontiers nos yeux à la lumière, nous sortirions en paix de ce monde; et nous avons la ferme confiance que cet acte serait le signe avant-coureur des grâces sans nombre, des miséricordes infinies, des douces bénédictions qui, à la prière de Marie, pleuvraient abondamment sur Rome, sur l'Église entière, qui la regarde comme son avocate et sa protectrice spéciale.

« Je n'ai fait qu'ébaucher le magnifique tableau tracé de main de maître par notre illustre auteur; mais maintenant revenant sur mes pas, sans m'écarter néanmoins de ses traces, il me reste à prouver ce que j'ai avancé en commençant cette analyse, savoir : que dans sa dissertation polémique, il a prévenu et résolu les objections que fait valoir le fondateur d'une nouvelle école allemande pour atténuer et obscurcir la vérité de notre pieuse croyance. Le lecteur réfléchi, déjà un peu prévenu, devine ma pensée; il comprendra que je veux parler de Hermès et de son école. Or, quoique Hermès n'ait pas la hardiesse d'attaquer ouvertement le sentiment commun, car il aurait trop heurté de front le concile de Trente et les constitutions pontificales, il ne laisse pas toutefois, quoique sourdement, de manifester sa manière de penser sur le sujet qui nous occupe. Et comme en général, dans son enseignement théologique, il ne s'appuie que sur la raison individuelle, et qu'il méprise l'autorité des théologiens, il manifeste clairement sur ce point son *individualisme rationnel*, que je ne puis autrement qualifier. Mais il faut auparavant faire connaître ce qu'on lit en particulier sur ce sujet dans sa Dogmatique : « La sainte Église enseigne donc, d'après lui, 1° que tous les hommes ont été, indépendamment de toute action qui leur soit propre, infectés du péché dans Adam, et cela, parce que celui-ci transgressa le commandement qui lui fut donné de Dieu, et qu'ainsi il pécha ; 2° que ceux-ci, à cause de leur origine de ce premier homme, Adam, par ce péché, deviennent comme lui coupables. *Observation.* Il y a donc un péché originel dans le sens propre de ce mot, ou, si l'on veut, une *qualité* ou *disposition* coupable dans tous les descendants naturels d'Adam? Duns Scot, le premier, et après lui quelques théologiens ont cherché à démontrer que la seule Vierge Marie, comme Mère du Sauveur, a été conçue et née sans ce péché, donnant cette raison : *parce que cela était très-convenable.* Or nous ne savons pas précisément ce qui est convenable aux yeux de Dieu; mais puisque le concile de Trente, dans le cinquième chapitre de la cinquième session *de Peccato orig.*, veut expressément que l'on garde là-dessus le silence, et qu'il renvoie chacun à la constitution de Sixte IV, qui est relative à cette question, aucun particulier ne doit prendre sur ce sujet une décision quelconque (a). Il ne faut pas regarder comme une décision de l'Église l'introduction de la fête de l'immaculée Conception de Marie, faite par le souverain pontife, sans opposition aucune de la part des autres évêques ; car dans le sens *catholique* donné au mot vénération des saints, ce n'est pas le titre, quel qu'il soit, de la fête, mais les vertus du saint qui sont l'objet de la vénération ; c'est pourquoi le titre d'une telle fête, dans son introduction, est *quelque chose d'accidentel*, qui ne se prend même pas du tout en considération. D'ailleurs, comment la conception sans péché, ainsi que la naissance de Marie, seraient-elles l'objet de *notre vénération*? Quand l'Église de Lyon commença la première en France, de sa propre autorité, à célébrer la fête de l'immaculée Conception de Marie, parce que, comme elle le prétendait, la Vierge avait déclaré dans *une lettre tombée du ciel,* que cette fête lui serait agréable, saint Bernard écrivit à ce sujet à l'Église de Lyon, c'est-à-dire aux chanoines de Lyon *ad canonicos lugdunenses,* pour s'opposer à leur conduite et la désapprouver énergiquement. Cette lettre répand tant de lumière sur cette question et même sur la première origine de cette question agitée plus tard, qu'elle mérite d'être lue en entier très-attentivement. » Ici finit la citation d'Hermès.

« D'abord, les éclaircissements que donne l'illustre cardinal, sa manière d'exposer scrupuleusement les choses, prouvent qu'il y a plusieurs erreurs historiques et de assertions très-hardies dans ces quelques lignes d'Hermès. Celui-ci assure que Duns Scot est le premier qui ait parlé de l'immaculée conception de la Vierge, comme si ce rare privilége de Marie n'avait pas été plus ou moins explicitement insinué, signalé ou défendu par les Pères et les docteurs de l'Église. Il cite ensuite d'autres théologiens, qui marchèrent sur les traces de Scot, comme s'ils étaient en petit nombre et de peu de considération, tandis qu'il devait dire : La foule des théologiens les plus distingués et les plus célèbres. Il dit que *le concile de Trente a voulu que l'on gardât le silence sur la question qui nous occupe*, tandis que le concile de Trente, au contraire, déclare qu'il n'a pas l'intention de comprendre dans son décret sur le péché originel la bienheureuse et immaculée Vierge Marie, et qu'il ordonne d'observer rigoureusement, non pas seulement la constitution, mais bien les constitutions de Sixte IV, sous peine d'encourir les censures qu'elles contiennent et qu'il renouvelle. Voici les expressions de l'auguste assemblée : *Declarat tamen hæc ipsa sancta synodus non esse suæ intentionis comprehendere in hoc decreto ubi de peccato originali agitur beatam et immaculatam Virginem Mariam, Dei*

(a) Il ne peut être ici question de Notre-Seigneur Jésus-Christ, puisqu'il est démontré qu'il n'est pas descendant naturel d'Adam. (*Note du traducteur.*)

Genitricem ; sed observandas constitutiones felicis recordationis Sixti papæ IV, sub pœnis in eis constitutionibus contentis quas innovat. Or, Sixte promulgua deux constitutions, la première en 1476, par laquelle il accorde à ceux qui auront assisté à la messe et célébré l'office le jour de la Conception, les mêmes indulgences qu'Urbain IV avait accordées à ceux qui assisteraient à la fête du corps et du sang de Jésus-Christ. Sixte fit paraître l'autre constitution en 1483; il y défend, sous peine d'excommunication, d'attaquer comme erroné ou hérétique l'un des deux sentiments contraires. Que dire ensuite de la lettre *qu'on prétendait tombée du ciel?* Dans l'Épître de saint Bernard on lit seulement ces paroles : *sed proferlur scriptum supernæ (ut aiunt) revelationis.* Or il peut se faire que le saint fît allusion non pas à *une lettre tombée du ciel*, mais à un écrit contenant quelque révélation, comme l'observe Mabillon, qui prétend qu'il a existé un écrit de ce genre, attribué à un abbé anglais appelé Elsin. En effet parmi les œuvres douteuses ou apocryphes qui se trouvent dans l'appendice des œuvres de saint Anselme (édition de Saint-Maur), il y a deux opuscules *de Conceptione B. Mariæ* où l'on raconte qu'un personnage majestueux apparut à l'abbé Elsin et lui enjoignit de célébrer la fête de la Conception s'il voulait échapper à un danger imminent de faire naufrage. Il n'est donc pas question de *lettre tombée du ciel.* Mais ceci soit dit seulement en passant pour rectifier les faits et faire disparaître le ridicule qu'Hermès voulait jeter sur notre opinion.

« Arrivons au fond de la question. Hermès affirme que Scot et d'autres théologiens ont *cherché à démontrer qu'elle* (Marie), *comme Mère du Sauveur, a été conçue et qu'elle est née sans ce péché par cette raison : parce que cela aurait été convenable.* Or nous commencerons par faire observer qu'il ne parle pas seulement de l'exemption de la tache originelle dans la conception de la Vierge, mais encore de l'exemption de ce même péché dans sa *naissance*, ce que prouvent évidemment les paroles par lesquelles il joint ensemble la fête de la Conception et de la Nativité de Marie que l'Église célèbre solennellement. Et, dans cette manière de procéder, Hermès ne serait point blâmable à nos yeux, puisque, pour qui veut subtiliser, la raison elle-même de convenance qu'on fait valoir pour l'immunité, est celle qui milite en faveur de l'exemption du péché d'origine après la conception et avant la naissance. L'Église n'a rien décidé sur ce point; l'Écriture n'en parle pas, et, même, si nous voulions prendre dans l'acception rigoureuse des mots les textes sacrés où il est question de la transmission du péché originel, nous serions forcés de convenir qu'ils regardent la conception et la naissance de tous les enfants ou descendants naturels d'Adam. Il est reconnu que les Pères parlent indistinctement de la conception et de la naissance de Marie; la célébration de la fête de sa naissance ne suffit pas, d'après Hermès, pour prouver la sanctification de la Vierge, de sorte qu'on puisse dire qu'elle est née sainte. Donc ce n'est pas sans raison qu'il parle de la même manière de la conception et de la nativité de la Mère du Sauveur. Et certes il n'est aucun catholique qui ait le moindre doute sur la sainteté de la Vierge au moment de sa naissance, c'est ce que l'Église regarde comme une chose certaine. Le sentiment des fidèles et des pasteurs est unanime sur ce point, en sorte que si quelqu'un était assez hardi pour refuser ce privilège à Marie, il ne serait pas seulement téméraire, mais il serait très-condamnable. Donc, si la convenance, et la convenance seule, *fonde* entièrement, pour me servir d'une expression familière à Hermès, une preuve solide de la sanctification de Marie dans le sein de sa mère, pourquoi ne pourrait-elle pas la fonder pour ce qui regarde l'exemption du péché? La raison est identique : la Vierge a été sanctifiée avant sa naissance, parce que cela était très-convenable à cause de sa dignité de Mère du Sauveur ; l'un n'est pas plus difficile à Dieu que l'autre. Que si au contraire cette convenance ne *fonde* pas une raison solide pour exempter Marie du péché originel, précisément parce que nous ne savons pas au juste ce qui est convenable aux yeux de Dieu, elle ne la *fondera* pas non plus pour la sanctifier dans le sein maternel. Et voilà le venin caché dans la doctrine hermésienne touchant Marie, venin qui n'infecte pas moins sa conception que sa naissance, ce qui s'appelle, dans le sens catholique, sortir des bornes.

« Mais il est certain que la convenance n'est pas la seule, ni la principale raison, comme le voudrait Hermès, qui sert de fondement à notre pieuse croyance. Avec notre illustre prélat, nous la voyons reposer sur les bases les plus solides : sur l'Écriture interprétée dans le sens littéral et dans le sens spirituel conforme à l'application qu'en fait l'Église dans les fêtes qu'elle célèbre pour honorer les gloires de la Vierge. Nous la voyons reposer sur la doctrine commune des Pères et des docteurs, et surtout sur le fondement inébranlable de l'assentiment des fidèles, justifié et approuvé par l'Église, par la célébration solennelle de la fête de la Conception de la bienheureuse Vierge; car si on enlève à Marie l'insigne privilège dont nous parlons, cette fête, comme je le démontrerai plus longuement, serait sans objet.

« Je passe à l'autre proposition d'Hermès

« Ce n'est pas une décision de l'Église, dit-il, que l'introduction de la fête de l'immaculée Conception de Marie, faite par le souverain pontife, sans avoir reçu aucune opposition de la part des évêques. Car, dans le sens catholique donné au mot vénération des saints, ce n'est pas le titre, quel qu'il soit, de la fête, mais les vertus du saint qui sont l'objet de la vénération. C'est pourquoi le titre d'une telle fête, dans l'introduction de la fête, *est quelque chose d'accidentel*, qui ne se prend même pas en considération. D'ailleurs comment la *conception sans péché,* ainsi que la *naissance de Marie seraient-elles l'objet de notre vénération?* »

« Et voici encore de nouveaux travestissements des faits historiques. Mais parle-t-on avec exactitude en disant qu'un souverain pontife a introduit proprement la fête de l'*immaculée Conception?* Nous devrions, par amour pour la vérité, répondre que non, et dire seulement que Clément XII a ordonné de célébrer dans toute l'Église, comme de précepte, la fête de la *Conception de la Vierge immaculée.* On a tiré ensuite cette conclusion théologique, non pas du simple titre, comme le suppose l'écrivain hardi que nous combattons, mais de la célébration de cette fête, que la conception même de Marie avait été immaculée. A entendre Hermès, il semble en outre que les évêques n'ont fait autre chose que de ne pas s'opposer au souverain pontife qui introduisait la susdite fête. Mais pourquoi ne pas dire que les évêques de presque tous les points du monde chrétien, comme le prouve clairement notre illustre auteur, se montrèrent pleins de sollicitude pour défendre le privilège de Marie, et qu'ils firent à ce sujet les plus vives instances auprès du siége apostolique, faisant connaître par là quels étaient les sentiments et les vœux de leurs troupeaux ?

« Mais allons au fond de la proposition d'Hermès. Peut-on regarder comme vrai ce qu'il ne cesse de répéter avec emphase, savoir que *le titre d'une fête dans l'introduction de la fête est quelque chose d'accidentel* qu'on ne prend même jamais en considération? Donc, d'après le fondateur de cette nouvelle école théologique, lorsque l'Église introduit et célèbre la fête des principaux mystères du Rédempteur, elle n'a pas eu, et elle n'a pas égard, en assignant ou en conservant le titre de la fête, à tel ou tel mystère en particulier qu'elle a voulu et qu'elle veut expressément rappeler et célébrer sous tel ou tel titre? Ce sera donc la même chose de célébrer la fête de Noël ou célébrer celle de la Transfiguration, de la Résurrection, de l'Ascension, ainsi de suite? Donc le titre particulier de la fête nécessairement ne dira rien aux fidèles de l'esprit et de l'intention de l'Église dans la célébration de toutes les solennités particulières? Qui ne voit la fausseté de ces assertions étranges, qui sont les conséquences rigoureuses d'une telle proposition? Donc l'objet propre du culte que l'on rend aux saints, ce sont les vertus du saint, ou, pour mieux dire, le saint lui-même illustré par ces vertus, c'est-à-dire non pas *l'abstrait*, comme semblerait l'insinuer Hermès, mais le *concret*. L'objet de ce même culte est encore Dieu lui-même *admirable* dans ses saints, sur lesquels il a daigné verser l'abondance de ses dons les plus précieux. Mais néanmoins le titre qui divise le culte en diverses fêtes ne devra-t-il pas faire partie de ce même culte en ce sens que tel titre représente telles vertus, telles actions des saints, par lesquelles Dieu a manifesté sa gloire, ou tel événement ou pieux souvenir que l'Église propose à la vénération des fidèles? Il faut dire la même chose des solennités que l'Église a introduites en l'honneur de la Vierge. Certainement quand elle célèbre la conception ou la nativité, elle n'a pas l'intention de célébrer son Annonciation ou son Assomption, on ne peut pas dire que ces divers titres sont purement accidentels, puisqu'ils sont donnés pour rendre présent à l'esprit et au cœur des fidèles, l'objet de la fête et de la dévotion particulière que l'on doit avoir pour Marie, selon l'esprit de l'Église, dans sa conception, dans la nativité, et ainsi du reste.

« Mais ici Hermès nous adresse cette grave question. *Comment la conception sans péché ou la naissance de Marie*, etc., *seraient-elles l'objet de notre vénération?* Certainement si on prend ces mots dans le sens *abstrait*, comme il le voudrait, la conception, non plus que la naissance de la Vierge, ne saurait être l'objet de notre vénération, comme ne pourraient l'être également la naissance ou la résurrection du Sauveur, ou la descente du Saint-Esprit sur les apôtres, ou tout autre mystère. Mais est-ce ainsi qu'il faut entendre rigoureusement ces expressions selon l'esprit de la sainte Église? Non; donnons-leur leur véritable sens, celui que l'Église a l'intention qu'on leur donne, c'est-à-dire le sens *concret*: alors l'une comme l'autre pourront être l'objet de notre vénération, comme le sont la naissance et la résurrection du Sauveur. C'est pourquoi la bienheureuse Vierge est toujours l'objet de notre culte, soit parce que la conception, comme le pense Bellarmin, réveille le souvenir de la joie ineffable que la conception de la Mère de Dieu a causée au monde (*Controv. t.* II, *lib.* III, *c.* 16); soit parce que, comme le remarque avec plus de vérité Suarez, pour des raisons que le savant pape Benoît XIV regarde comme très-graves, parce que l'Église a l'intention de célébrer le privilège spécial de l'exemption de la tache originelle dont Dieu a voulu favoriser Marie (*In part.* III *S. Thomæ, t.* II, *quæst.* 27, *art.* 2). On peut dire la même chose de sa naissance dont l'Église célèbre la fête. Et en vérité, que le titre, ainsi que la célébration de la fête de la Conception, fournissent un puissant motif pour en déduire l'exemption de la tache originelle dans Marie, c'est là la conséquence naturelle des paroles de saint Bernard lui-même, dont Hermès finit par nous engager à lire la lettre, comme répandant sur la question son origine, la plus grande lumière. Docile à son conseil, je l'ai lue avec attention et me suis arrêté, en la lisant, à deux passages qui m'ont paru convenir merveilleusement à notre cause. Le premier est au n° 3; voici les expressions du saint: *Sed et ortum Virginis didici nihilominus in Ecclesia et ab Ecclesia indubitanter habere festivum atque sanctum, firmissime cum Ecclesia sentiens, in utero eam acceptisse ut sancta prodiret.* Là nous voyons que, par sa manière de raisonner, le saint abbé de Clairvaux croyait que la célébration de la fête de la Nativité, sous ce titre, suffisait pour en conclure que la Vierge avait été sainte dans sa naissance, et ensuite qu'il pensait que le titre d'une fête n'est pas aussi quelque chose d'*accidentel et qu'on ne doit pas prendre en considération*, ce qui, comme chacun voit, est en opposition ouverte avec les principes qui servent de fondement à la doctrine d'Hermès. En outre nous sommes en droit de conclure, d'après les expressions elles-mêmes du saint, que, s'il vivait de nos jours, où l'Église universelle célèbre la fête de la Conception, certainement il n'aurait aucune répugnance, comme en a Hermès, à croire à l'immaculée conception de Marie, mais qu'il la défendrait par la même raison qu'il défend la sainteté de sa naissance. Nous dirons la même chose de saint Thomas et de tous les autres qu'on a coutume de nous opposer comme contraires à l'insigne prérogative de la Vierge, lesquels toutefois concluent qu'elle a été sainte dans le sein de sa mère, parce qu'on célèbre la fête de sa naissance.

« L'autre passage très-remarquable de la lettre de saint Bernard, est celui qui se trouve au n° 9, par lequel il termine ce qu'il avait dit à ce sujet: *Quæ autem dixi, absque præjudicio sane dicta sint sanius sapientis. Romanæ præsertim Ecclesiæ auctoritati atque examini totum hoc, sicut et cætera quæ ejusmodi sunt universa reservo: ipsius, si quid aliter sapio, paratus judicio emendare.* Il résulte évidemment de ces paroles que l'intention du saint était que, s'il eût vu cette fête adoptée par l'Église romaine, et surtout s'il eût vu qu'elle ordonnât à toute la chrétienté de la célébrer comme fête d'obligation, ainsi que nous voyons qu'elle la célèbre aujourd'hui, il n'aurait pas hésité un seul instant à reconnaître dans la Vierge le privilège de son immaculée conception, et à la célébrer avec l'Église elle-même.

« Nous conclurons donc qu'Hermès s'éloigne tout à fait du sentiment du saint docteur, précisément lorsqu'il croit s'appuyer de son autorité pour infirmer notre pieuse croyance. Je ne m'arrête pas là; et ayant égard aux vœux pieux et ardents que manifeste notre illustre écrivain de voir terminer ce point de controverse, je choisis ce que nous oppose Hermès, pour en inférer que, sans la moindre difficulté, en toute sûreté et même en s'appuyant sur les raisons les plus solides, le siége apostolique pourrait prononcer le décret définitif s'il jugeait le moment favorable et opportun. Et voici comment je raisonne: Aux yeux d'Hermès on doit mettre sur la même ligne l'immaculée conception et la sanctification de Marie dans sa naissance. Or tous les catholiques, c'est-à-dire même ceux qui sont les moins portés à croire au privilège de l'exemption de Marie, regardent comme certain que sa naissance a été sainte, et que l'Église pourrait décider ce point, quand même il serait nié ou révoqué en doute par quelques-uns. Nous pourrions dire la même chose pour ce qui regarde l'exemption dans la Vierge de la moindre faute actuelle. Or l'un et l'autre de ces privilèges n'ont pas un fondement plus solide que celui qu'a le privilège de l'exemption de la tache originelle, c'est-à-dire la convenance corroborée par l'assentiment de l'Église et celui du commun des fidèles. L'autorité de saint Bernard donne un nouveau poids à ces assertions; voici ce qu'il écrit au n° 5, dans la lettre qu'on nous oppose, concernant les deux privilèges dont nous avons parlé plus haut: *Quod itaque paucis mortalium constat fuisse collatum fas certe non est suspicari tantæ virgini esse negatum per quam omnis mortalitas emersit ad vitam* (voilà la convenance). *Fuit procul dubio et Mater Domini ante sancta quam nata: nec fallitur omnino sancta Ecclesia sanctum reputans ipsum nativitatis ejus diem et omni anno cum exsultatione uni-*

versæ terræ votiva celebritate suscipiens (voilà le sentiment de l'Eglise). Et pour ce qui regarde le premier privilége touchant la sanctification de Marie, pour ce qui regarde le second, touchant l'exemption de toute faute actuelle, le saint docteur poursuit ainsi : *Decuit nimirum reginam virginum singularis privilegio sanctitatis absque omni peccato ducere vitam; quæ dum peccati mortisque pareret peremptorem, munus vitæ et justitiæ omnibus obtinuerit*. Voici encore la décence ou la convenance. Pour ce qui concerne le sentiment de l'Eglise, il ne peut exister le moindre doute. Je pourrai faire le même raisonnement sur saint Thomas, surtout puisque celui-ci affirme qu'il n'y a rien en dans la sainte Vierge de tout ce qui pouvait réveiller la concupiscence, et ainsi du reste. Mais que ce court exposé nous suffise.

« Je reprends néanmoins et je dis : Puisque le souverain pontife peut en toute assurance, sans qu'aucun catholique le conteste, définir que la bienheureuse Vierge Marie est née sainte, qu'elle n'a jamais été souillée d'aucune faute actuelle, qu'elle a été exempte de tout ce qui pouvait nourrir la concupiscence, et qu'on n'a néanmoins pour lui assurer de tels priviléges, d'autre raison que celle qui milite en faveur de l'immaculée conception : donc on est forcé de conclure par là même qu'il pourrait aussi, en toute assurance, rendre un décret définitif qui proclame que Marie dans sa conception a été exempte de tout péché d'origine. Cette conclusion, si je ne m'abuse, me paraît inattaquable.

« On pourrait dire seulement qu'il existe une raison particulière qui fait naître quelque disparité entre la conception immaculée et la sanctification de Marie, et voici quelle est cette raison : la sanctification de Marie peut bien se concilier avec la nécessité de la rédemption opérée par le Sauveur, laquelle suppose le péché ou originel ou actuel qu'elle fait disparaître ; mais on ne peut en dire autant de la conception. Tout le monde connaît la réponse victorieuse faite par les théologiens à cette objection, savoir : qu'un tel privilége ne sert qu'à rendre plus grande, plus sublime l'œuvre de la rédemption, et lui donne un nouveau prix. Car elle se serait accomplie d'une manière beaucoup plus noble, puisqu'elle aurait pour vertu non pas seulement de délivrer, mais de préserver même du péché. Ensuite cette difficulté tomba d'elle-même, de sorte que les adversaires du privilége dont nous parlons, n'eurent plus le courage de la reproduire.

« Donc le raisonnement que nous avons fait plus haut reste dans toute sa force, et confirme admirablement, si je ne me trompe, la remarque du célèbre Suarez sur le passage cité par notre savant cardinal : *Veritatem hanc scilicet Virginem esse conceptam sine peccato originali, posse definiri ab Ecclesia quando id expedire judicaverit* (In part. III S. Thom., quæst. xvII, art. 2, sect. 6).

« C'est ainsi que, marchant sur les traces brillantes de notre illustre auteur, nous avons dissipé les nuages perfides et les insinuations funestes qu'Hermès avait répandus contre ce glorieux privilége de la Vierge : cet Hermès qui ne trouvait nulle part, même dans la théologie son grand criterium de la raison théorique ou de la raison pratique ; qui ne comptait pour rien cette autorité imposante des théologiens anciens et modernes, pour rien l'assentiment général des fidèles confirmé par l'esprit et l'intention de l'Eglise. Et nous pourrions ici démontrer comment il a cherché à obscurcir, en suivant sa trompeuse méthode, les gloires les plus éclatantes de Marie. D'où nous pouvons rigoureusement conclure que sa doctrine sur la théologie exercera nécessairement l'influence la plus dangereuse et la plus nuisible pour la véritable piété et en particulier pour la dévotion à la sainte Vierge, contre le sentiment catholique et l'esprit de l'Eglise, sur tous ceux qui iront s'abreuver à ces sources corrompues et empoisonnées. Nous ne descendrons pas à des preuves de fait : car conciles généraux. 4° Qui a droit de les convoquer, d'y assister avec voix délibérative, d'y présider et de les confirmer. 5° Nous répondrons aux objections des hérétiques contre l'autorité des *conciles* (1).

I. *De l'autorité des conciles généraux en matière de foi*. Il est certain qu'un *concile* auquel ont été invités tous les pasteurs de l'Eglise universelle, qui est présidé par le souverain pontife ou par ses légats, confirmé par son autorité, est la voix de l'Eglise catholique, à laquelle tous les fidèles, sans exception, sont obligés de se soumettre. L'Eglise ne peut professer sa croyance d'une manière plus authentique et plus éclatante que par la voix de ses pasteurs assemblés et réunis à leur chef. Quiconque refuse de se conformer à cet enseignement est hérétique, cesse d'être membre de l'Eglise de Jésus-Christ. — En effet, Jésus-Christ a dit à ses apôtres : *Je prierai mon Père, et il vous donnera un autre Paraclet* (avocat, connu ; nous voulons respecter les personnes ; mais nous déplorons du fond du cœur ces funestes conséquences, et nous prions instamment le Seigneur que si dans la catholique Allemagne la doctrine d'Hermès compte quelques partisans opiniâtres, ceux-ci daignent entrer dans nos sentiments, dictés par le véritable esprit de charité pour nos frères et par l'amour dont nous brûlons pour l'épouse sans tache de Jésus-Christ.

« En terminant cet abrégé, quel que soit son mérite, j'éprouve une joie bien douce, et je dois particulièrement en savoir gré à notre savant prélat, qui, par sa belle et pieuse dissertation, m'a fourni l'occasion favorable de manifester ici l'intime conviction de mon esprit et tous les sentiments de mon cœur sur un sujet qui m'est d'autant plus cher et précieux qu'il doit contribuer à la gloire de la Vierge et à celle de son divin Fils. J'aurais ardemment désiré en parler dans mes Prolégomènes théologiques ; mais mon intention bien formée de m'en tenir au dogme et de laisser de côté, le plus qu'il m'était possible, les questions controversées entre les catholiques, ne me permit pas de descendre dans cette arène. J'avais néanmoins dans mon esprit formé le projet d'écrire sur cette matière, ne dussé-je mettre au jour que quelque petit traité théologique ; mais quand je connus qu'un travail polémique avait été entrepris sur le même sujet par un prélat si illustre, d'un si grand crédit, en qui se trouvent si merveilleusement réunies et la science et la piété, et surtout quand j'eus parcouru son ouvrage, je trouvai mes désirs pleinement satisfaits, et j'abandonnai mon dessein.

« Marchant toujours sur les traces de notre pieux auteur, qui finit son travail en l'offrant à Marie avec une tendre effusion d'amour, il ne me reste qu'à offrir à mon tour cette légère et grossière ébauche de son tableau si parfait à Celle que je reconnais, après Dieu, être la source de toute grâce et de toute faveur célestes, en la saluant avec le grand poëte chrétien par ces paroles si suaves, si douces :

Femme, ta gloire est grande, et grand est ton pouvoir,
Qui t'oublie, et du Ciel veut des grâces nouvelles,
Voulant qu'il vole et monte, ôte au désir ses ailes.
Tu secondes nos vœux, mais tu sais les prévoir ;
Et du faible souvent devançant la prière,
Ta voix touchante arrive et gémit la première,
En toi sont réunis, ô Vierge ! notre espoir,
Et la munificence et la miséricorde,
Et tous les dons pieux qu'un Dieu nous accorde.
(*Parad.*, c. 33.) »

(1) *Criterium du concile général*. — Le concile général représente l'Eglise enseignante. Il faut donc, 1° que tous les premiers pasteurs soient convoqués ; 2° qu'ils y soient en assez grand nombre pour repré-

solateur et défenseur), *afin qu'il demeure avec vous pour toujours* (Joan. XIV, 16).

senter l'Eglise ; 3° que le concile soit présidé par le pape ou par ses légats : sans son chef l'Eglise universelle ne peut être dans son intégrité ; on excepte cependant le cas de schisme ou d'un pape douteux : la communion mutuelle entre le concile et le chef de l'Eglise ne peut évidemment être exigée en pareille circonstance ; 4° que les points à décider soient examinés avec soin et le jugement porté avec liberté : dans toute délibération importante il faut un examen sérieux de la cause ; 5° on exige que dans le cas où il y a union entre le chef et les membres, ou autrement, que quand le pape n'est point hérétique, les décisions du concile général soient confirmées par le souverain pontife.

Il est souvent difficile de décider si un concile a toutes les conditions que nous venons d'énumérer. Les théologiens indiquent un moyen qui peut être regardé comme le *criterium* de l'œcuménicité d'un concile : c'est l'unanime acceptation de l'Eglise. Plusieurs fois des doutes s'élevèrent sur l'œcuménicité de certains conciles généraux : l'acceptation qu'en fit l'Eglise les a dissipés. Le premier et surtout le deuxième concile de Constantinople sont de ce nombre. Longtemps les évêques des Gaules, d'Espagne et d'Afrique, refusèrent de l'accepter : ils regardaient leur doctrine comme opposée à celle de Chalcédoine. Leurs décisions ayant été pesées avec plus de maturité, les doutes se dissipèrent, et toute l'Eglise les mit au nombre des conciles généraux. Loin de nous la pensée de regarder l'infaillibilité des conciles généraux comme hypothétique et dépendante de l'acceptation de l'Eglise. Un concile peut être infaillible en lui-même, sans l'être par rapport à nous : c'est lorsque nous ne voyons pas clairement qu'il soit général. L'acceptation par l'Eglise universelle leur donne tous les doutes.

L'appréciation du concile œcuménique à laquelle nous venons de nous livrer est loin d'être complète. Pour la compléter, il faut encore le considérer par rapport à ses actes. Tous ne sont pas des décisions de concile. Nous allons donner quelques règles à l'aide desquelles on pourra discerner ce qui, dans les actes d'un concile doit être regardé comme définition dogmatique.

1re RÈGLE. — Pour que les jugements d'un concile général soient infaillibles, il faut qu'ils soient appuyés sur la révélation, parce qu'elle seule est le fondement de la foi. Observons que quand un concile n'apporte aucun motif en faveur de sa décision, on doit croire qu'elle a son fondement soit dans la tradition, soit dans l'Ecriture.

IIe RÈGLE. — Une conséquence de ce premier principe, c'est qu'un canon uniquement appuyé sur une raison purement philosophique n'est pas l'objet de la foi. Telle est la décision d'un concile de Latran, sous Léon X, qui établit que : Toute question contraire à une vérité révélée est fausse, *parce que la vérité ne peut être opposée à la vérité.*

IIIe RÈGLE. — Personne ne nie que pour une définition dogmatique les Pères d'un concile doivent consulter avec soin l'Ecriture et la tradition. « Alors seulement, dit Muratori, les premiers pasteurs peuvent espérer d'être infaillibles, quand ils ont employé la diligence nécessaire pour puiser les vérités qu'ils définissent dans l'Ecriture, dans les Pères, dans les conciles et dans les autres monuments de la tradition ecclésiastique. » Cette règle est tirée d'une bulle de Martin V, dans laquelle il s'exprime ainsi : *Se conformare tantum ea decreta de fide, quæ facta erant in concilio Constantiensi* CONCILIARITER, *seu more aliorum conciliorum, re* DILIGENTER EXAMINATA.

De là suit une

IVe RÈGLE. — Tout ce qui se trouve accidentellement dans les décrets d'un concile, tout ce que les Pères n'ont touché qu'en passant, tout ce qui n'a pas été soumis directement à leur examen, ne peut être l'objet de la foi catholique.

Cet Esprit-Saint, Paraclet, que mon Père enverra en mon nom, vous enseignera tout ce que je vous ai dit (v. 26). *Lorsque cet Esprit de vérité sera venu, il vous enseignera toute vérité* (XVI, 13). Saint Paul nous avertit que Dieu a donné à son Eglise des pasteurs et des docteurs, *afin que nous ne soyons pas comme des enfants, flottants et emportés à tout vent de doctrine par la malice des hommes et par les ruses de l'erreur qui nous environne* (Ephes. IV, 11). *Celui qui connaît Dieu*, dit saint Jean, *nous écoute; celui qui n'est pas de Dieu, ne nous écoute point ; c'est par là que nous connaissons l'esprit de vérité et l'esprit d'erreur* (Joan. IV, 6). — S'il y avait du doute touchant le véritable sens de ces passages, il serait levé par la conduite des apôtres. Lorsqu'il fallut décider si les Gentils, convertis au christianisme, étaient ou n'étaient pas obligés à observer les cérémonies de la loi mosaïque, les apôtres et les prêtres, qui se trouvaient à Jérusalem, s'assemblèrent ; après que chacun d'eux eut donné son avis, ils décidèrent la question, et dirent : *Il a semblé bon au Saint-Esprit et à nous de ne point vous imposer d'autre chose que ce qui est nécessaire, savoir : de vous abstenir des viandes immolées aux idoles, du sang, des chairs suffoquées et de la fornication ; vous ferez bien de vous en garder* (Act. XV, 29). Ils ont voulu que les fidèles regardassent ce décret comme un oracle du Saint-Esprit.

Pour esquiver les conséquences, les hétérodoxes ont objecté, 1° que cette assemblée de quelques apôtres n'était point un *concile*.

Ve RÈGLE. — Le P. Véron dit qu'il n'y a de foi dans les chapitres des conciles que ce qui est strictement défini. Les explications, les preuves, les témoignages apportés en confirmation de la vérité définie, ne sont point de foi. — Comme l'application de ce principe pourrait être difficile, nous proposerons une

VIe RÈGLE. — On reconnaît qu'une vérité a été définie par un concile, lorsqu'il déclare qu'il faut la recevoir comme un dogme catholique, qu'il frappe d'anathème, qu'il regarde comme hérétiques ceux qui penseraient autrement, etc.

VIIe RÈGLE. — On doit entendre les canons comme l'Eglise les a entendus. Ainsi, dans sa sess. 25, le concile de Trente déclare qu'il faut honorer et vénérer les saintes images. L'Eglise entend par là que ce culte est permis, mais elle ne veut pas en faire un précepte.

Telles sont les règles qui concernent les conciles œcuméniques. A leur aide, il sera facile de reconnaître un concile général, et dans ses actes ce qui doit servir de règle à notre foi.

II. *Criterium du concile particulier.* — Personne n'accorde aux conciles particuliers le don de l'infaillibilité. Au besoin, les faits viendraient déposer que plusieurs fois ils sont tombés dans l'erreur. Quelle que soit d'ailleurs l'utilité des conciles particuliers pour la conservation de la foi et pour la réformation des mœurs, jamais leurs décisions ne seront un dogme de foi. Cependant ils sont les monuments de la tradition, et font autorité comme les saints Pères. — Nous devons accepter ce cas où l'Eglise universelle les accepterait comme articles de foi. Elle a approuvé les définitions du deuxième concile d'Orange et du quatrième de Carthage : elles deviennent règle de foi, non pas sur l'autorité des conciles particuliers, mais sur celle de l'Eglise universelle, qui les a marquées du sceau de sa puissance.

général, mais le synode d'une Eglise particulière ; 2° qu'en effet le Saint-Esprit, en descendant sur Corneille et sur toute sa maison, avait décidé d'avance que les gentils étaient justifiés par la foi, sans être assujettis aux cérémonies mosaïques ; saint Pierre en avait été témoin ; c'est évidemment ce qu'il entendait, lorsqu'il dit : *Il a semblé bon au Saint-Esprit et à nous.*—Fausses réflexions. L'assemblée n'était pas seulement composée des pasteurs de l'Eglise de Jérusalem, puisque non-seulement saint Pierre et saint Jacques le Mineur, mais saint Paul et saint Barnabé s'y trouvaient et y donnèrent leur suffrage, et il est très-probable que le *Judas* dont il est parlé est l'apôtre saint Jude. Il s'agissait d'une question qui était tout à la fois de dogme et de pratique, et de faire une loi générale pour toute l'Eglise : ce n'était donc pas l'affaire d'un synode particulier. En second lieu, le Saint-Esprit, en descendant sur Corneille, n'avait pas décidé que les gentils seraient obligés de s'abstenir des viandes immolées, du sang et des chairs suffoquées ; c'est cependant ce que le *concile* ordonne. En troisième lieu, il aurait été fort indécent de joindre le jugement de l'assemblée à celui du Saint-Esprit, si elle n'avait pas été persuadée que le Saint-Esprit lui-même y présidait. Mais comme les protestants soutiennent que chaque fidèle doit régler lui-même sa foi sur l'Ecriture sainte, ils ne peuvent digérer la décision du *concile* de Jérusalem.

Est-il vrai que les *conciles* généraux ont créé de nouveaux dogmes ou de nouveaux articles de foi, comme le prétendent les ennemis de l'Eglise? Ce reproche n'aurait pas lieu, si l'on concevait en quoi consiste le jugement que portent les évêques assemblés en *concile.* Ce sont autant de témoins qui ont caractère et mission pour attester quelle est la croyance de l'Eglise particulière à laquelle chacun d'eux préside. Lorsque trois cent dix-huit évêques, assemblés à Nicée, l'an 325, décidèrent que le Verbe divin est *consubstantiel* à son Père, qu'ainsi Jésus-Christ est un seul Dieu avec le Père, que firent-ils? ils attestèrent que telle était et avait toujours été la croyance de leurs Eglises. Ces témoignages réunis et comparés démontrèrent que telle était la foi de l'Eglise universelle (Holden, *de Resolut. fidei,* lib. I, c. 9). Pour définir ce qu'il fallait croire, les Pères se bornèrent à dire : *nous croyons.* — Il n'est donc pas vrai qu'ils aient créé un nouveau dogme ; ils attestèrent au contraire et jugèrent que la doctrine d'Arius était nouvelle et inouïe, qu'Arius était un novateur et un hérétique, qu'il pervertissait le sens des paroles de l'Ecriture, par lesquelles il voulait étayer son opinion. — Il en fut de même en 381, lorsque le *concile* général de Constantinople décida la divinité du Saint-Esprit, qui n'avait pas été mise en question à Nicée ; en 431, lorsque le *concile* d'Ephèse prononça contre Nestorius que Marie est véritablement Mère de Dieu : ce dogme n'est qu'une conséquence immédiate de la divinité de Jésus-Christ reconnue et professée par le *concile* de Nicée.

On doit raisonner de même de tous les autres *conciles* qui ont successivement décidé des dogmes contestés par des novateurs. « Qu'a fait l'Eglise par ses *conciles,* dit à ce sujet Vincent de Lérins, *Commonit.,* c. 23? Elle a voulu que ce qui était déjà cru simplement fût professé plus exactement ; que ce qui était prêché sans beaucoup d'attention, fût enseigné avec plus de soin ; que l'on expliquât plus distinctement ce que l'on traitait auparavant avec une entière sécurité. Tel a toujours été son dessein. Elle n'a donc fait autre chose, par les décrets des *conciles,* que de mettre par écrit ce qu'elle avait déjà reçu des anciens par tradition..... Le propre des catholiques est de garder le dépôt des saints Pères, et de rejeter les nouveautés profanes, comme le veut saint Paul. *Quid unquam aliud conciliorum decretis enisa est* (*Ecclesia*), *nisi ut quod antea simpliciter credebatur, hoc idem postea diligentius crederetur; quod antea lentius prædicabatur, hoc idem postea instantius prædicaretur; quod antea securius colebatur, hoc idem postea sollicitius excoleretur? hoc, inquam, semper, neque quidquam præterea, hæreticorum novitatibus excitata, conciliorum decretis catholica perfecit Ecclesia, nisi ut quod prius a majoribus sola traditione susceperat, hoc deinde posteris etiam per scripturæ chyrographum consignaret..... O Timothee! inquit apostolus, depositum custodi, devitans profanas vocum novitates.* »

A la vérité, avant qu'un dogme ait été solennellement décidé par un *concile,* un théologien a pu être pardonnable de le méconnaître ; il a pu ignorer quelle était sur ce point la croyance de l'Eglise catholique, de laquelle il n'y avait point encore d'attestation solennelle ; il a pu se tromper innocemment sur le sens qu'il donnait aux passages de l'Ecriture, qui lui paraissaient favoriser son opinion. Mais lorsque l'Eglise a parlé par la bouche de ses pasteurs, un homme n'est plus pardonnable de préférer son propre jugement à celui de l'Eglise ; il est hérétique s'il persévère dans son erreur. — De là même il s'ensuit que la décision d'un *concile* général n'est pas absolument nécessaire pour qu'un dogme soit censé appartenir à la foi catholique. Il suffit qu'il y ait une certitude suffisante que telle est la croyance de l'Eglise universelle. Lorsqu'un dogme a été décidé par un rescrit du souverain pontife adressé à toute l'Eglise, et qu'il a été reçu sans réclamation par le très-grand nombre des évêques, on ne peut plus douter que ce ne soit la croyance de l'Eglise catholique. Si le jugement de l'Eglise dispersée a moins de publicité que celui de l'Eglise assemblée, il n'a pas pour cela moins de poids ni d'autorité ; tout fidèle n'est pas moins obligé de s'y conformer. *Voy.* CATHOLICITÉ. Plus l'Eglise est étendue, plus il est difficile d'assembler des *conciles* généraux.

II. Est-on aussi obligé de se soumettre aux règlements d'un *concile* général en matière de discipline, qu'à ses décisions en matière de foi? Il y a une distinction à faire. Lorsqu'un point de discipline peut intéresser l'ordre civil, donner atteinte aux lois particulières d'un ou de plusieurs royaumes, l'Église, toujours attentive à respecter les droits des souverains, n'a jamais dessein d'opposer son autorité à la leur; elle prononce avec circonspection, elle attend que le temps et les circonstances permettent l'exécution de ses règlements. Par ces ménagements sages, une bonne partie des lois de discipline, portées au *concile* de Trente, auxquelles on s'était opposé d'abord, sont insensiblement devenues partie de notre droit public, en vertu des ordonnances de nos rois. — Lorsqu'une discipline, indifférente à l'ordre civil, peut intéresser la foi ou les mœurs, l'Église use de son autorité et tient ferme. Ainsi, elle condamna autrefois comme schismatiques les quartodécimans, qui s'obstinèrent à célébrer la pâque avec les Juifs, le quatorzième jour de la lune de mars; elle ordonna de la célébrer le dimanche suivant : il lui parut essentiel d'établir l'uniformité dans un rite qui atteste la résurrection de Jésus-Christ. Quoique la communion sous les deux espèces fût un point de discipline, le *concile* de Trente n'a point voulu l'accorder à ceux qui la demandaient, parce que les hérétiques en soutenaient faussement la nécessité pour l'intégrité du sacrement. C'est une observation à laquelle les canonistes n'ont pas toujours fait assez d'attention. — Ceux qui ont osé soutenir que les décisions des *conciles*, en matière de foi, n'avaient force de loi qu'en vertu de l'acceptation des souverains, se sont trompés encore plus lourdement. Ces décisions obligent tous les fidèles, en vertu de l'ordre de Jésus-Christ même : *Allez enseigner toutes les nations... Celui qui ne croira pas sera condamné* (*Matth.* XXVIII, 19; *Marc.*, XVI, 16). Cette loi regarde autant les souverains que les peuples.

III. Que faut-il pour qu'un *concile* soit censé général, et combien y en a-t-il eu depuis la naissance de l'Eglise? On convient unanimement, parmi les théologiens catholiques, qu'un *concile* n'est point censé œcuménique ou général, à moins que tous les évêques de la chrétienté n'y aient été invités autant qu'il est possible, et que l'éloignement des lieux peut le permettre. Il y a cependant plusieurs exemples de *conciles* auxquels il n'y avait eu qu'un certain nombre d'évêques appelés, mais qui, dans la suite, ont été réputés généraux, parce que les décisions en ont été reçues de toute l'Eglise, et ont acquis ainsi la même autorité que celle des *conciles* généraux. De même il y en a plusieurs auxquels il ne s'est trouvé qu'un assez petit nombre d'évêques, et qui n'en ont pas eu pour cela moins d'autorité. Voici la liste sommaire des *conciles* réputés généraux; nous parlerons plus amplement de chacun dans un article particulier. — Le premier est celui de Nicée, l'an 325, par lequel la consubstantialité du Verbe et la divinité de Jésus-Christ furent décidées contre les ariens. Le second est celui de Constantinople, en 381, qui confirma la foi de Nicée, professa la divinité du Saint-Esprit contre les macédoniens, et condamna les apollinaristes. Le troisième, celui d'Ephèse, en 431; il décida contre Nestorius, que Marie est *mère de Dieu*, et confirma la condamnation des pélagiens, faite par le pape Zozime. Le quatrième fut tenu à Chalcédoine, en 451; il confirma l'anathème lancé à Ephèse contre Nestorius, et condamna Eutychès, qui soutenait qu'il n'y a qu'une seule nature en Jésus-Christ. Le cinquième, tenu à Constantinople en 553, condamna les *trois chapitres* ou trois écrits qui favorisaient la doctrine de Nestorius. Le sixième fut encore assemblé à Constantinople l'an 680; il proscrivit l'erreur des monothélites, qui n'admettaient qu'une seule volonté dans Jésus-Christ : c'était un reste d'eutychianisme. — En 787, le septième se tint à Nicée, contre les iconoclastes ou briseurs d'images. Le huitième, à Constantinople, l'an 869; Photius y fut condamné et déposé : ç'a été l'origine du schisme des Grecs. Depuis ce temps-là les *conciles* généraux ont été tenus en Occident. — On compte pour le neuvième, celui de Latran, l'an 1123 : il ne fit que des canons de discipline. Le dixième, tenu au même lieu, l'an 1139, avait pour objet la réunion des Grecs à l'Eglise romaine. Arnaud de Bresse, disciple d'Abailard, y fut condamné aussi bien que les manichéens, nommés dans la suite *albigeois*. Le onzième, assemblé encore à Latran l'an 1179, réforma les abus introduits dans la discipline. Le douzième, l'an 1215, au même lieu, fit une exposition de la doctrine catholique contre les albigeois et les vaudois. — Dans le treizième, tenu à Lyon l'an 1245, le pape prononça une sentence d'excommunication contre l'empereur Frédéric, en présence de Baudouin, empereur de Constantinople. Le quatorzième, assemblé aussi à Lyon en 1274, travailla de nouveau à la réunion des Grecs, et dressa une profession de foi qu'ils signèrent. Le quinzième fut tenu en 1311, à Vienne en Dauphiné, pour l'extinction de l'ordre des templiers : il condamna les erreurs des béguards ou béguins. — Nous comptons en France, pour seizième *concile* général, celui de Constance, tenu en 1414, pour éteindre le grand schisme d'Occident, causé par la prétention de plusieurs personnes à la papauté : *concile* dans lequel Jean Hus et Jérôme de Prague furent condamnés et livrés au dernier supplice. Pour dix-septième, celui de Bâle, en 1431, dont le principal objet était la réunion des Grecs; mais le pape l'ayant transféré à Ferrare, en 1438, et ensuite à Florence, en 1439, plusieurs regardent ce *concile* de Florence comme œcuménique : les Grecs y signèrent une profession de foi avec les Latins. Le dix-huitième et dernier *concile* général est celui de Trente, commencé l'an 1545, et fini l'an 1563, contre les hérésies de Luther et de Calvin. — Depuis que la foi chrétienne s'est établie au loin, qu'il y a des évêques en Amérique, à la Chine et dans les Indes, il est devenu plus difficile que jamais d'assembler des *conciles* généraux.

IV. A qui appartient-il de convoquer des *conciles* généraux, d'y présider, d'y assister avec voix délibérative? C'est encore un point non contesté dans l'Eglise catholique, que le droit de convoquer les *conciles* généraux appartient au souverain pontife, comme pasteur de l'Eglise universelle. De savoir si ce privilége lui appartient de droit divin, ou seulement de droit ecclésiastique et en vertu d'une possession bien établie, c'est une question qui n'est peut-être pas aussi importante qu'elle le paraît d'abord. Toute prétention mise à part, il est clair que, de droit divin, le souverain pontife doit pourvoir aux besoins de l'Eglise universelle autant qu'il le peut, suivant les circonstances; Jésus-Christ lui a imposé l'obligation à saint Pierre et à ses successeurs, lorsqu'il leur a dit : *Paissez mes agneaux et mes brebis.* Si c'est pour eux une obligation divine, c'est donc aussi un droit divin : il serait absurde qu'ils n'eussent pas le droit de faire ce que Jésus-Christ leur a commandé : s'ils n'avaient pas le droit de convoquer les *conciles* généraux, qui l'aurait par préférence? — Il ne sert à rien aux protestants et aux autres ennemis du saint-siége d'objecter que, pendant les cinq ou six premiers siècles, ce ne sont point les papes, mais les empereurs qui ont convoqué les *conciles;* que plus d'une fois même les papes se sont adressés aux empereurs, pour leur demander cette convocation. Les circonstances l'exigeaient ainsi, et il ne s'ensuit rien contre l'ordre établi par Jésus-Christ. Dans ces temps-là, l'Eglise chrétienne ne s'étendait guère au delà des limites de l'empire romain; il était donc naturel que les empereurs, devenus chrétiens, prissent le soin de convoquer les *conciles*, puisqu'eux seuls pouvaient en faire les frais. Presque tous les évêques étaient leurs sujets, et ces évêques, presque tous pauvres, n'étaient pas en état de voyager à leurs dépens, d'une extrémité de l'empire à l'autre. Ils avaient besoin du secours des voitures publiques, et cela dépendait du gouvernement. Mais avant la conversion de Constantin, il y avait eu près de quarante *conciles* particuliers, dont plusieurs avaient été nombreux; sans doute ils n'avaient pas été convoqués par les empereurs païens, et l'on n'avait pas cru avoir besoin de leur autorité pour donner force de loi aux décisions qui y avaient été faites. Depuis que la foi chrétienne est répandue dans plusieurs royaumes différents, et qu'il y a des évêques dans les quatre parties du monde, aucun souverain n'a droit de convoquer ceux qui ne sont pas ses sujets. Il a donc été nécessaire que le souverain pontife, en qualité de chef de l'Eglise universelle, convoquât les *conciles* généraux, qu'il eût le droit d'y présider et d'en adresser les décisions à toute l'Eglise. Ce n'a donc pas été un effet de la condescendance des souverains, ni une cession libre de la part des évêques, mais une suite nécessaire de l'étendue actuelle de l'Eglise; et c'est ce qui démontre la sagesse de Jésus-Christ, lorsqu'il a donné à saint Pierre et à ses successeurs un pouvoir de juridiction sur l'Eglise entière. — Par la même raison, toutes les fois que le souverain pontife a assisté à un *concile*, personne ne lui a contesté le droit d'y présider; mais comme les premiers *conciles* généraux ont été tenus en Orient, et fort loin de Rome, ça été ordinairement l'un des patriarches de l'Orient, qui a tenu la première place; et il ne s'ensuit rien contre les droits du saint-siége. — Quant au droit de confirmer les décrets des *conciles* généraux, c'est une question débattue entre les théologiens de France et ceux d'Italie. Suivant nos maximes, les décrets d'un *concile* général ont force de loi, indépendamment de l'acceptation et de la confirmation du souverain pontife; la bulle qu'il donne à ce sujet n'est censée qu'un témoignage de son adhésion à ces décrets, par lequel il certifie à tous les fidèles que ce sont véritablement des décisions censées faites par l'Eglise universelle, auxquelles par conséquent ils doivent obéissance et soumission. — L'on convient unanimement que les seuls juges nécessaires dans un *concile* général sont les évêques ; c'est à eux, comme pasteurs de l'Eglise, d'instruire les fidèles et d'enseigner quelle est la vraie doctrine de Jésus-Christ. Ordinairement néanmoins ils ont admis dans ces assemblées les abbés, les députés des chapitres et les théologiens; et ceux-ci ont eu pour le moins voix consultative; mais suivant l'usage actuel, ils ne peuvent prétendre à la voix délibérative qu'autant que les évêques la leur accordent.

V. *Objections des protestants.* On conçoit que les protestants, condamnés par le *concile* de Trente, ne pouvaient pas manquer de s'élever contre l'autorité de tous les *conciles*, et de s'attacher à la déprimer; ils n'ont rien négligé pour y réussir. Mais comme ils ont tenu eux-mêmes des synodes, à la décision desquels ils ont donné force de loi, il n'est presque pas un seul de leurs reproches qui ne puisse être rétorqué contre eux, et qui ne l'ait été en effet par les arminiens contre le synode de Dordrecht. *Voy.* ARMINIENS.

Ils disent, 1° Jésus-Christ ni les apôtres n'ont point ordonné de tenir des *conciles.* Si ces assemblées étaient nécessaires, l'on n'aurait pas attendu jusqu'à l'an 325 avant d'en tenir une. Pendant le II° et le III° siècle, il s'était élevé plusieurs hérésies qui attaquaient les dogmes les plus essentiels du christianisme : les ébionites, les cérinthiens, les gnostiques, les marcionites, les manichéens, etc., avaient paru; l'on ne crut pas qu'il fût besoin d'un *concile* œcuménique pour étouffer leurs erreurs, ou plutôt l'on comprit que ce moyen ne suffirait pas et ne produirait aucun effet, qu'il fallait terminer les contestations en matière de foi, uniquement par l'Ecriture sainte. Le *concile* de Nicée fut un effet de la politique de Constantin, et tout s'y passa par son autorité; les décisions n'eurent d'autre force que celle qu'il leur donna.

Réponse. Il est évident que, sous le règne des empereurs païens, il n'était pas possible de tenir un *concile* général : c'aurait été un motif d'exciter une persécution contre les évêques, qui étaient déjà le principal objet de la haine des païens. Licinius avait défendu formellement aux évêques de s'assembler. (Eusèbe, *Vie de Constant.*, l. I, c. 51). Il n'est pas moins évident que l'on n'aurait pas pu en tenir un sous le règne de Constantin, si ce prince n'y avait contribué de tout son pouvoir; mais il y avait eu des *conciles* particuliers. Non-seulement nous avons prouvé que l'assemblée tenue à Jérusalem, vers l'an 51, était un vrai *concile*, dans lequel fut condamnée l'erreur soutenue ensuite par les ébionites; mais on en connaît plusieurs qui furent tenus tant en Orient qu'en Occident, pour condamner différentes hérésies. Ce que l'on appelle les *Canons des Apôtres* ne sont autre chose que les décrets des conciles du IIᵉ et du IIIᵉ siècle, et ces canons condamnent, du moins indirectement, les marcionites et les manichéens, et prononcent des peines contre les hérétiques. — Nous ne concevons pas comment les contestations touchant la foi peuvent être terminées par l'Ecriture seule, pendant qu'elles ont précisément pour objet de savoir quel est le vrai sens de l'Ecriture. Il n'est pas une seule secte d'hérétiques qui n'ait allégué en sa faveur quelques passages de l'Ecriture, et il n'en est aucune à laquelle l'Eglise n'ait opposé d'autres passages. S'il n'est aucun tribunal qui ait l'autorité de décider, par quel moyen la dispute pourra-t-elle finir? — Nous convenons qu'un *concile* général n'est pas absolument nécessaire pour proscrire et pour étouffer une hérésie, puisque l'autorité de l'Eglise dispersée n'est pas moindre que celle de l'Eglise assemblée; mais il est utile, en ce qu'il montre plus promptement, et d'une manière plus sensible, quelle est la croyance universelle de l'Eglise. Les protestants eux-mêmes ont tenu non-seulement des synodes particuliers, mais des synodes nationaux. Ils se proposaient de tenir à Dordrecht un synode général de toutes les Eglises réformées; elles y étaient toutes invitées. Ils ont fait, dans ces assemblées, des décisions de foi, prononcé des excommunications, et ils en ont fait appuyer les décrets par le bras séculier. Ces docteurs sans mission et sans caractère, ont-ils eu une autorité plus légitime et plus respectable que les successeurs des apôtres? — Il est faux que le *concile* de Nicée, dans ses décrets touchant la foi et la discipline, ait procédé par l'autorité de Constantin: ce prince déclara lui-même, en pleine assemblée, qu'il laissait aux évêques le soin de ces deux objets (Socrate, *Hist. ecclesiast.*, liv. I, c. 8). Mais il punit avec justice, par l'exil, ceux qui refusèrent de se soumettre à la décision du *concile*.

2° Ces assemblées, suivant les protestants, ont changé la forme primitive du gouvernement de l'Eglise, et ont privé le peuple du droit de suffrage qu'il devait avoir dans les délibérations. Les évêques, qui jusqu'alors s'étaient regardés comme de simples députés ou mandataires de leurs Eglises, prétendirent qu'ils avaient reçu de Jésus-Christ le droit et le pouvoir de faire des lois touchant la foi et les mœurs, et de les imposer aux fidèles sans les consulter. De là sont venus dans la suite les honneurs, les prérogatives, la juridiction, que les évêques des villes principales se sont attribués sur leurs collègues.

Réponse. La fausseté de toutes ces assertions est prouvée par des monuments incontestables. Au *concile* de Jérusalem, les apôtres ne consultèrent point le peuple; il y est dit, au contraire, que la multitude garda le silence: *tacuit omnis multitudo*. Le décret fut formé au nom des apôtres et des prêtres, sans faire mention du peuple, *apostoli et seniores fratres*. Le peuple d'une ville dans laquelle un *concile* était assemblé avait-il le droit de subjuguer par son suffrage les évêques des autres Eglises, ou d'imposer des lois aux fidèles des autres villes? Les protestants eux-mêmes, dans leurs synodes, n'ont jamais consulté le peuple; ils ont toujours prétendu que le peuple était obligé de se soumettre à leurs décisions, sous prétexte qu'elles étaient fondées sur l'Ecriture sainte: ils se sont ainsi attribué l'autorité qu'ils contestaient aux pasteurs de l'Eglise catholique. Le prétendu droit de suffrage, qu'ils attribuaient au peuple dans leurs écrits, n'est qu'un leurre dont ils se sont servis pour lui en imposer. Nous ferons voir, en son lieu, que les évêques n'ont jamais été de simples mandataires de leurs Eglises; que le gouvernement ecclésiastique n'a jamais été démocratique; qu'il y a toujours eu parmi les évêques divers degrés de juridiction. *Voy.* ÉVÊQUE, GOUVERNEMENT, HIÉRARCHIE, PASTEUR, etc.

3° Il n'y a, disent nos adversaires, aucune marque certaine pour distinguer si un *concile* a été ou n'a pas été général, par conséquent infaillible. Sur ce point, le doute n'est pas encore dissipé à l'égard des *conciles* de Bâle et de Florence, et celui de Trente n'a pas été plus universel que les autres. Quelquefois un *concile*, qui avait commencé par être légitime et œcuménique, a cessé de l'être dans le cours de ses séances. Comment distinguer quels sont les décrets qui ont ou qui n'ont pas force de loi? Avant de s'y soumettre, il faut savoir si un *concile* a été légitimement et universellement convoqué, s'il y a eu liberté de suffrages, s'ils ont été unanimes, s'ils n'ont pas été dictés par quelque passion, par ignorance ou par prévention, etc. Qui nous rendra, sur tous ces faits, un témoignage auquel on soit obligé de se fier?

Réponse. Si les protestants avaient fait toutes ces objections contre leurs synodes avant de vouloir en adopter les décisions, nous voudrions savoir ce que leurs docteurs auraient répondu; mais nous savons de quelle manière ont été traités les arminiens, qui les ont faites en effet contre le synode de Dordrecht: Basnage l'avait oublié, sans doute, lorsqu'il s'est avisé d'argumenter contre les *conciles* de l'Eglise romaine (*Hist. de l'Eglise*, liv. x, chap. 1 et suiv.; liv. XXVII, chap. 4). — Il faut que les caractères d'un *concile* œcuménique ne soient pas aussi difficiles à constater qu'il le prétend, puisque, entre les dix-huit *conciles* généraux, il n'y en a que deux sur lesquels on conteste parmi les théologiens catholiques. Tous conviennent, que quand un *concile* a été convoqué par le souverain pontife ou de son consentement, lorsque cette convocation a été générale, qu'il a été confirmé par son acquiescement et par l'acceptation de toute l'Eglise, il n'y a plus aucun doute à former sur l'autorité de ses décrets. Les contestations que peuvent élever à ce sujet les hérétiques qui ont été condamnés ne méritent aucune considération; l'Eglise catholique n'y a jamais eu aucun égard. Où a-t-on vu des plaideurs opiniâtres convenir de la justice d'un arrêt prononcé contre eux?

4° Basnage prétend que les *conciles* même ne se sont pas crus infaillibles. Les évêques assemblés à Nicée n'eurent point une si haute opinion de leurs décrets; lorsque les ariens refusèrent de s'y soumettre, on ne leur opposa point l'autorité du Saint-Esprit, qui y avait présidé : au contraire, on crut que la décision de Nicée avait besoin d'être confirmée. Elle le fut en effet au *concile* de Sardique, l'an 347; mais les évêques, assemblés de nouveau à Rimini et à Séleucie, en 359, la révoquèrent et la changèrent : conséquemment, il a fallu la renouveler dans le deuxième *concile* général, tenu à Constantinople en 381. Il n'en est pas un seul dont les décrets n'aient été sujets à révision. Saint Augustin en jugeait ainsi, puisqu'il dit que les premiers peuvent être corrigés par les *conciles* postérieurs. C'est seulement dans les derniers siècles que l'on s'est avisé de les regarder comme infaillibles.

Réponse. Les *conciles* généraux se sont tellement crus infaillibles et revêtus de l'autorité de Jésus-Christ même, qu'ils ont déclaré hérétiques, excommuniés et indignes du nom de chrétiens, tous ceux qui se sont révoltés contre leurs décrets. Lorsque des *conciles* particuliers ont fait la même chose, ils ont présumé que leurs décisions seraient adoptées par toute l'Eglise, et acquerraient ainsi la même autorité que celles des *conciles* généraux. Le *concile* d'Ephèse, art. 3 et 6; celui de Chalcédoine, art. 5, déclarent que leur jugement est sans appel et irréformable. Que pouvaient-ils dire de plus fort? Lorsque l'Eglise a souffert qu'un jugement semblable fût examiné de nouveau, elle a voulu démontrer qu'elle poussait la condescendance et la charité jusqu'à l'excès envers ses enfants rebelles; qu'elle ne refusait pas d'écouter leurs raisons; qu'elle ne voulait leur laisser aucun sujet ni aucun prétexte de se plaindre, et il ne s'ensuit rien. Mais tel est le génie malicieux des hérétiques : quand on exige qu'ils se soumettent sans discussion à l'arrêt une fois prononcé, ils se plaignent de ce que l'on ne daigne pas seulement les entendre; lorsque l'on consent à entrer avec eux dans un nouvel examen, ils en concluent que l'on a bien senti l'insuffisance du premier. Si, avant de les y admettre, on exigeait d'eux une promesse solennelle d'acquiescer à la seconde décision, ou ils refuseraient de la faire, ou ils la violeraient. — Que firent les ariens après le *concile* de Nicée? Ils n'osèrent pas soutenir que la doctrine de cette assemblée était fausse ou contraire à celle des apôtres, ni en enseigner une tout opposée dans leurs professions de foi : ils se bornèrent à prétendre que le terme de *consubstantiel*, inséré dans le symbole de Nicée, était susceptible d'un mauvais sens, et pouvait donner lieu à des conséquences erronées; ils dressèrent des formules dans lesquelles, en supprimant ce terme, ils prétendaient établir, dans le fond, la même doctrine; et pour les faire adopter, ils demandaient sans cesse de nouveaux *conciles*. Lorsqu'ils furent parvenus à se rendre les maîtres dans quelques-uns, comme à Rimini et à Séleucie, à intimider et à subjuguer les évêques catholiques, ils levèrent le masque et professèrent le pur arianisme. *Voy.* ARIANISME. — Il suffit de lire en entier le passage de saint Augustin pour voir ce qu'il a voulu dire. Il dit que les *conciles* pléniers ou généraux sont souvent corrigés par des *conciles* postérieurs, lorsqu'on découvre, par quelque expérience, ce qui était caché auparavant, et que l'on aperçoit ce qui était inconnu (liv. II, *de Bapt. contra Donat.*, c. 3). Est-ce en matière de foi que l'on peut découvrir par expérience ce qui était inconnu auparavant? L'Eglise n'a jamais eu besoin de *concile* pour savoir ce que les apôtres lui avaient enseigné. C'est donc en matière de faits personnels ou autres que cela peut arriver : or, on convient que, sur de tels faits, les décisions d'un *concile* ne sont point infaillibles. D'ailleurs saint Augustin écrivait pour lors contre les donatistes, et toute la contestation qui régnait entre eux et l'Eglise n'avait qu'un fait pour objet. *Voy.* DONATISTES. — Les protestants ont encore mieux fait que les ariens : dans le temps même qu'ils soutenaient de toutes leurs forces qu'aucune décision humaine n'est infaillible, ils exigeaient, pour les décrets de leurs synodes, la même soumission que si c'avait été les oracles de Dieu même.

5° Ils disent que plusieurs *conciles* généraux ont été opposés les uns aux autres. La doctrine de Nestorius, condamnée à Ephèse, fut remise en honneur à Chalcédoine; ainsi en jugea le deuxième *concile* tenu à Ephèse, en 449, et il n'y a aucune raison de juger celui-ci moins œcuménique ou moins légitime que le premier. Le cinquième *concile*, assemblé à Constantinople, condamna les trois chapitres que celui de Chalcédoine avait approuvés. En 879, un autre *concile* de Constantinople cassa les actes de celui qui avait condamné Photius dix ans auparavant. Le *concile* de Trente a déclaré canoniques des livres que les anciens *conciles* avaient rejetés comme apocryphes.

Réponse. Ce sont là autant de faussetés. Il est absurde de nous donner pour *concile* œcuménique l'assemblée que Dioscore, à la tête des eutychiens, tint en 449, et qui a été nommée à juste titre le *brigandage d'Ephèse*. Il ne l'est pas moins d'alléguer en preuve les calomnies que ces hérétiques publièrent contre les décisions du *concile* de Chalcédoine, pour étayer leurs erreurs. Il est faux que ce concile ait favorisé en aucune manière la doctrine de Nestorius, et qu'il ait approuvé les trois chapitres; il l'est que celui de Constantinople ait cassé les actes du précédent. Tous ces faits seront éclaircis chacun en son lieu. *Voy.* ÉPHÈSE, CHALCÉDOINE, EUTYCHIANISME, NESTORIANISME, GRECS, etc. Le *concile* de Trente a déclaré canoniques des livres que les anciens *conciles* n'avaient pas placés dans le canon, mais qu'ils n'avaient rejetés ni comme faux, ni comme apocryphes. *Voy.* CANON.

6° Il n'est, disent encore les protestants et leurs copistes, aucun des *conciles*, soit anciens, soit modernes, qui ait produit les effets que l'on en attendait. Ces assemblées, loin de terminer les disputes, les ont rendues plus violentes; elles ont aigri le mal au lieu d'y remédier. Le *concile* de Nicée n'aboutit qu'à susciter de nouveaux partisans à l'arianisme, et à remplir l'Église de troubles pendant plus d'un siècle. Celui de Constantinople n'étouffa pas les erreurs de Macédonius; celui d'Éphèse fit naître le schisme des nestoriens, et celui de Chalcédoine, le schisme des eutychiens. Le septième, touchant le culte des images, fut rejeté en France et en Allemagne pendant plus d'un siècle, et le huitième a été l'origine du schisme des Grecs. Enfin, celui de Trente n'a pu ramener à l'Église aucune des sectes qui s'en étaient séparées.

Réponse. A qui doit-on s'en prendre? Il est singulier que les hérétiques se prévalent de leur opiniâtreté, pour prouver l'inutilité des *conciles*. Tous ont commencé par en demander un dans lequel leur doctrine fût examinée; lorsqu'ils ont été condamnés, ils ont déclamé contre la décision. Cela démontre que tous ont été de mauvaise foi; qu'ils ont été bien résolus de n'acquiescer à aucun jugement, à moins qu'ils ne l'eussent eux-mêmes dicté. Mais le synode de Dordrecht, assemblé par les calvinistes avec tant d'appareil, a-t-il converti les arminiens? Leur secte subsiste et a fait de nouveaux partisans, en dépit de la condamnation; celle des gomaristes n'a prévalu que par l'appui du bras séculier. Avant de censurer avec tant d'amertume les *conciles* de l'Église catholique, les protestants auraient dû ouvrir les yeux sur ce qui s'est passé parmi eux. — Quelle conséquence peuvent en tirer les incrédules d'aujourd'hui? Que les hérétiques sont inconvertibles; que l'Église fait en vain ses efforts pour les ramener à résipiscence; qu'ils la forcent enfin à les rejeter entièrement de son sein, comme des membres pourris et capables d'infecter les autres. L'anathème qu'elle prononce contre eux n'est donc pas inutile, puisqu'il sert à distinguer ses enfants d'avec les rebelles, et sa doctrine d'avec les erreurs. Les schismes, les divisions, les haines, qui ne manquent jamais d'éclore dans les sectes même dont elle s'est séparée, ne prouvent que trop qu'elle a eu raison de s'en débarrasser.

7° Il est impossible, continuent les déclamateurs, que le Saint-Esprit ait présidé aux *conciles*; c'étaient des assemblées tumultueuses, où la passion animait également les deux partis, où les évêques, la plupart très-vicieux, ne pensaient qu'à faire prévaloir leurs opinions et à satisfaire leurs haines particulières. Rien n'est plus scandaleux que les scènes qui se sont passées à Éphèse, à Constantinople, à Nicée et ailleurs, pendant la tenue des *conciles*. Saint Grégoire de Nazianze en était si révolté, qu'il avait résolu de ne plus assister à aucun : il n'en parle qu'avec le plus grand mépris; saint Ambroise en pensait de même. Les disputes ne furent ni plus décentes ni plus modérées au *concile* de Trente que dans tous les autres.

Réponse. Nous convenons que, dans plusieurs des anciens *conciles*, les hérétiques ont excité du tumulte; que souvent, à l'exemple des ariens, de Nestorius et de Dioscore, ils se sont fait appuyer par des soldats, et ont employé la violence pour faire prévaloir leurs erreurs. Mais il ne faut pas rejeter sur les évêques catholiques les excès des sectaires. Lorsque saint Grégoire de Nazianze a fait un tableau désavantageux des *conciles*, il parlait de ceux dans lesquels les ariens avaient été les maîtres, et s'étaient prévalus de l'appui des empereurs qui les favorisaient; il écrivait l'an 377, et alors il y avait eu au moins douze assemblées dans lesquelles ces hérétiques avaient fait éclater leur génie violent et séditieux; lui-même avait été en butte à leurs cabales, lorsqu'il gouvernait l'Église de Constantinople. Saint Ambroise parlait de ces mêmes tumultes, et dans le même temps. Mais il n'y a pas eu des ariens dans tous les *conciles*. Plusieurs ont été tenus sous les yeux, dans le palais des empereurs; et ces princes, lorsqu'ils étaient catholiques, n'ont excité ni souffert aucune dispute indécente. — Il peut y en avoir eu parmi les théologiens de différentes écoles, qui furent envoyés au *concile* de Trente; mais ces disputes n'ont rien eu de commun avec les sessions du *concile*, tenues par les évêques, dans lesquelles se rédigeaient les décisions. Il y avait à Trente des ambassadeurs de tous les souverains catholiques. Les disputes des théologiens n'avaient lieu que dans des assemblées particulières; aucun désordre, aucun tumulte n'est arrivé dans les sessions publiques. *Voy.* TRENTE.

8° Mosheim prétend que les controversistes et les *conciles* suivirent la méthode des jurisconsultes et des tribunaux romains, qui examinaient plutôt ce qui avait été pensé par les anciens, que ce qui était conforme à la raison et au bon sens. C'est, dit-il, ce qui donna lieu à des imposteurs de publier de faux ouvrages, sous les noms des auteurs les plus respectables, même de Jésus-Christ et des apôtres (*Hist. eccl.*, v° siècle, II° part., c. 3, § 8 et 9).

Réponse. Ici, comme dans beaucoup d'autres endroits, ce critique a été aveuglé par la haine. Il a dû savoir que, dans le christianisme, pour savoir ce qui est vrai ou faux, il ne s'agit pas de consulter la raison très-fautive et le prétendu bon sens des philosophes, mais la révélation, et de savoir ce qui a été ou n'a pas été révélé. Or c'est un fait qui ne peut être constaté que par des témoignages ou par le rapport des anciens. Il n'y a donc aucune comparaison à faire entre les théologiens et les jurisconsultes. — Que répondrait Mosheim à un incrédule qui lui dirait que c'est l'habitude de consulter des livres prétendus inspirés, plutôt que la raison et le bon sens, qui a donné lieu aux faussaires de forger des livres sous le nom de Jésus-Christ et des apôtres ? Voilà comme les protestants s'enlacent toujours dans leurs propres filets.

3° Quelques incrédules ont prétendu qu'il y a un moyen par lequel la cour de Rome peut corrompre les actes des *conciles*; ils ont cité un protestant qui dit qu'à la bibliothèque du Vatican il y a des écrivains entretenus pour transcrire les actes et les ouvrages des Pères, en imitant le caractère des anciens livres, afin de pouvoir donner ces copies modernes pour des titres originaux. Ces impostures des protestants étaient fort bonnes pour séduire les peuples dans les deux siècles passés ; mais il y a bien de l'ineptie à les répéter aujourd'hui. La cour de Rome altérera-t-elle les éditions des *conciles* et des Pères, imprimées et répandues dans une grande partie de l'univers ? Les actes originaux du *concile* de Bâle n'ont pas été transportés à Rome ; ils sont dans la bibliothèque de Bâle, et il y en a une copie authentique dans la bibliothèque du roi.

Les actes des *conciles* ont été recueillis par Labigne, et imprimés au Louvre l'an 1644, en 16 vol. *in-folio* : ensuite par les Pères Labbe et Cossart, jésuites, et imprimés à Paris en 1672, en 17 volumes ; enfin par le Père Hardouin, et imprimés au Louvre en 1715, en 12 vol. La collection de Labbe a été réimprimée à Venise en 1732, en 21 vol., et à Lucques en 1748, en 26 vol. Les actes des *conciles* tenus en France ont été donnés par le Père Sirmond et par son neveu, en 4 vol. ; ceux des *conciles* d'Espagne par d'Aguirre, en 4 vol. ; ceux des *conciles* d'Angleterre et d'Irlande, par Wilkins, et imprimés à Londres en 1737, en 4 vol. *in-fol.* Discours du Père Richard, à la tête de l'*Analyse des conciles généraux et particuliers.*

[TABLEAU DES CONCILES GÉNÉRAUX (1)
TENUS DEPUIS LE COMMENCEMENT DE L'ÉGLISE JUSQU'A NOS JOURS.

1er *Concile général.*

(325) Le 1er concile général de Nicée, ville de Bithynie dans l'Asie Mineure : il dura deux mois et douze jours. Il y avait 318 évêques. Osius, évêque de Cordoue, y assista comme légat du pape Sylvestre. L'empereur Constantin s'y trouva aussi : on dressa dans ce concile le symbole de Nicée, qui fut retouché et augmenté dans le concile suivant.

II° *Concile général.*

(381) 1er Concile général de Constantinople, composé de 150 évêques contre Macédonius, qui combattait la divinité du Saint-Esprit, et contre Apollinaire. On retoucha le symbole de Nicée et on y ajouta, entre autres choses, ce qu'on y lit à présent sur la divinité du Saint-Esprit, et ce qui suit jusqu'à la fin.

III° *Concile général.*

(431) Concile général d'Éphèse. Il s'y trouva plus de 200 évêques. Saint Cyrille d'Alexandrie y présida pour le pape Célestin 1er. La sainte Vierge y fut déclarée mère de Dieu, et on condamna Nestorius,

(1) Il y a quelques conciles dont l'œcuménicité est celui de *concile* dans le tableau qu'on va lire.

évêque de Constantinople. On y renouvela la condamnation de Pélage.

IV° *Concile général.*

(451) Concile général de Chalcédoine dans l'Asie Mineure. On y condamna Eutychès et Dioscore, évêque d'Alexandrie, qui soutenait qu'il n'y avait en Jésus-Christ qu'une seule nature. On excommunia Eutychès, et Dioscore fut chassé de son siège d'Alexandrie.

V° *Concile général.*

(553) II° Concile général de Constantinople de 151 évêques. Il fut convoqué, 1° pour condamner les erreurs d'Origène et quelques écrits de Théodoret, de Théodore, évêque de Mopsueste et d'Ibas, évêque d'Édesse ; 2° pour confirmer les quatre premiers conciles généraux, et particulièrement celui de Chalcédoine que les acéphales contestaient.

VI° *Concile général.*

(680 et 681) III° Concile général de Constantinople, où se trouvèrent plus 160 de évêques, sur la fin ; deux patriarches, l'un de Constantinople et l'autre d'Antioche ; et l'empereur, afin que sa présence retint les esprits mutins. Ce concile fut assemblé pour détruire entièrement le monothélisme, et pour reconnaître en J.-C. deux volontés, l'une divine et l'autre humaine, et autant d'actions qu'il y a de natures. On anathématisa Sergius Pyrrhus, Paul, Macarius et tous leurs sectateurs.

VII° *Concile général.*

(787) 1er Concile général de Nicée de 377 évêques, convoqué par l'empereur Constantin et sa mère Irène. Les légats du pape Adrien présidèrent, et Taraise, patriarche de Constantinople, y assista. On y régla la vénération due aux saintes images.

VIII° *Concile général.*

(869) IV° Concile général de Constantinople, où se trouvèrent 202 évêques, 3 légats du pape, et 4 patriarches. On y brûla les actes d'un conciliabule que Photius avait assemblé contre le pape Nicolas et contre Ignace, légitime patriarche de Constantinople. On y condamna Photius qui s'était emparé de cette dignité, et Ignace fut rétabli avec honneur ; le culte des images de la sainte Vierge et des saints y fut encore maintenu.

IX° *Concile général.*

(1123) 1er Concile général de Latran, sous Calixte II. Il y avait plus de 300 évêques et plus de 600 abbés. Il fut tenu pour la paix de l'Église troublée depuis plus de 45 ans à l'occasion du droit de la collation des bénéfices que l'empereur prétendait avoir. On travailla à rétablir la discipline ecclésiastique beaucoup affaiblie par la longueur et la multitude des schismes. On y chercha aussi les moyens de retirer la terre sainte de la puissance des infidèles.

X° *Concile général.*

(1139) II° Concile général de Latran, de près de 1000 évêques, sous Innocent II, pape, et en présence de Conrad, empereur. Il fut assemblé pour condamner les chismatiques, pour rétablir la discipline de l'Église, et pour anathématiser les erreurs d'Arnaud de Brescia, ancien disciple d'Abailard.

XI° *Concile général.*

(1179) III° Concile général de Latran. Il y avait 302 évêques. Il fut assemblé pour annuler les ordinations faites par les antipapes, condamner les erreurs des vaudois, et pour travailler à la réforme des mœurs.

XII° *Concile général.*

(1215) IV° Concile général de Latran ; le pape Innocent III y présida. Il y avait deux patriarches, celui de Constantinople et celui de Jérusalem ; 71 archevêques, 412 évêques, 800 abbés ; le patriarche des maronites et saint Dominique, instituteur de l'ordre des Frères Prêcheurs. Le concile fut assemblé pour condamner les erreurs des albigeois : nous ne mettons pas le mot *général* après

geois et des autres hérétiques, et pour la conquête de la terre sainte.

xiiie Concile général.

(1245) 1er Concile général de Lyon, où présida le pape Innocent IV et où assistèrent les patriarches de Constantinople, d'Antioche et d'Aquilée ou de Venise ; 140 évêques, Baudoin II, empereur d'Orient, et saint Louis, roi de France. On y excommunia Frédéric II. On y donna le chapeau rouge aux cardinaux, et enfin on décida qu'on enverrait une nouvelle armée de croisés dans la Palestine, sous la conduite de saint Louis.

xive Concile général.

(1274) IIe Concile général de Lyon, où présidait Grégoire X, et où assistèrent les patriarches d'Antioche et de Constantinople, 5 cardinaux, 500 évêques, 70 abbés, 1000 docteurs. On y travailla à réunir les Grecs et les Latins sur la procession du Saint-Esprit. On ajouta au symbole de la foi qui avait été dressé au concile de Constantinople, le mot *Filioque*. On chercha les moyens de recouvrer la terre sainte.

xve Concile général.

(1311) Concile général de Vienne en France, assemblé par ordre de Clément V. Il y avait les deux patriarches d'Antioche et d'Alexandrie, 300 évêques, 3 rois, Philippe IV, roi de France ; Edouard II, roi d'Angleterre ; Jacques II, roi d'Aragon. On y parla particulièrement des erreurs et des crimes des templiers, des béguards et des béguines, d'une expédition dans la terre sainte, de la réformation des mœurs du clergé, et de la nécessité d'établir dans tous les universités des professeurs pour enseigner les langues orientales.

xvie Concile.

(1409) Concile de Pise, en 1409, que plusieurs regardent comme général. L'objet principal de ce concile fut l'extinction du schisme après la mort du pape Grégoire XI, en 1372. Il s'y trouva 22 cardinaux, 1 patriarche, 92 évêques, les députés de presque toutes les universités, de même que des ambassadeurs de la plupart des cours. On y élut Alexandre V, pape ; mais le schisme ne fut pas éteint pour cela.

xviie Concile général.

(1414) Concile général de Constance, en Allemagne. Il fut assemblé par les soins de l'empereur Sigismond, pour anathématiser les hérésies de Wiclef et de Jean Hus, et pour éteindre les schismes qui déchiraient l'Eglise depuis 37 ans. On y comptait 4 patriarches, 47 archevêques, 160 évêques, 564 abbés et docteurs. Jean Gerson, chancelier de l'université de Paris, y assista. Jean Hus et Jérôme de Prague y furent brûlés après avoir été convaincus de leurs erreurs et avoir refusé de les abjurer avec une opiniâtreté dont l'hérésie seule est capable. Martin V approuva les décrets qu'on y fit en matière de foi.

xviiie Concile.

(1431) Concile de Bâle, ville de Suisse, sur le Rhin, sous Eugène IV, Sigismond étant empereur. Il fut assemblé à l'occasion des troubles de Bohême au sujet de la communion sous les deux espèces. Le concile accorda aux Bohémiens l'usage du calice, pourvu qu'ils n'improuvassent pas l'action de ceux qui ne communiaient que sous une espèce. On y travailla aussi à la réformation du clergé. Ce concile n'est pas regardé comme œcuménique dans toutes ses sessions : à la fin, ce ne fut qu'une assemblée tumultueuse.

xixe Concile général.

(1438) Concile général de Florence. Il fut commencé dès l'an 1438, à Ferrare ; mais la peste qui se fit sentir dans cette ville obligea de transférer ce concile à Florence. Eugène IV y présida. Il y avait 150 évêques. Joseph, patriarche de Constantinople, avec Jean Paléologue, empereur d'Orient, s'y trouvèrent. Il fut assemblé particulièrement pour réunir les Grecs et les Latins.

xxe Concile général.

(1512) Ve Concile général de Latran, où présida Jules II, puis Léon X ; Maximilien 1er était alors empereur d'Allemagne. Ce concile dura cinq ans ; il y avait 15 cardinaux et près de 80 archevêques et évêques. Il fut assemblé, 1° afin d'empêcher une espèce de schisme naissant ; 2° pour terminer plusieurs différends qui existaient entre le pape Jules II et Louis XII, roi de France ; 3° pour réformer le clergé. On arrêta dans ce concile qu'on ferait la guerre à Sélim, empereur des Turcs. On nomma pour chef de cette expédition l'empereur Maximilien 1er, et François 1er, roi de France. La mort de Maximilien et l'hérésie de Luther, qui causa de grand troubles en Allemagne, renversèrent ce grand dessein.

xxie Concile général.

(1545) Concile général de Trente, ville épiscopale, dont l'évêque était souverain et prince de l'Empire, sous la protection de la maison d'Autriche. Ce concile dura près de 18 ans, depuis 1545 jusqu'en 1563, sous 5 papes, Paul III, Jules III, Marcel II, Paul IV, Pie IV, et sous les règnes de Charles-Quint et de Ferdinand, empereurs d'Allemagne. Ce concile avait réuni 11 cardinaux, légats du saint-siége, 3 patriarches, 45 archevêques, 235 évêques, 7 abbés, 7 généraux d'ordres monastiques, 160 docteurs en théologie. Il fut convoqué pour condamner les erreurs de Luther, Zuingle, Calvin, etc., et pour la réformation des mœurs des ecclésiastiques et des fidèles.

CONCILES NATIONAUX (1). Ils se forment par l'assemblée des évêques de toutes ou de presque toutes les provinces d'un royaume ou d'un État. L'antiquité nous en offre beaucoup d'exemples dans les célèbres *conciles* d'Afrique, des Gaules et d'Espagne. Ils ont été assez fréquents en France sous la première et seconde race de nos rois. Il y en a eu encore quelques-uns depuis, mais moins fréquemment ; et depuis longtemps il ne s'en est point tenu auquel on puisse donner ce nom. Quoique bien inférieurs pour l'autorité aux *conciles* généraux, ces *conciles* ont toujours inspiré une grande vénération, et leur suffrage a toujours paru très-considérable. On en peut juger par le respect qu'on a, dans tous les temps, témoigné pour les décisions et règlements portés dans ces *conciles*, et que les *conciles* généraux ont eux-mêmes souvent adoptés.

La convocation de ces *conciles* n'a jamais été regardée comme une chose réservée aux papes. On ne voit rien dans les actes de ces *conciles* qui annonce qu'on ait cru avoir besoin de l'agrément des souverains pontifes pour les assembler. C'étaient les patriarches, les primats, qui en faisaient la convocation, du consentement exprès ou présumé des princes chrétiens (2). Car ce consentement a toujours été nécessaire pour autoriser les évêques à se réunir en corps. En France, ce sont presque toujours nos souverains eux-mêmes qui ont convoqué les *conciles* nationaux du royaume ; ils en ont incontestablement le droit, comme protecteurs et gardiens des droits, franchises et libertés de l'Eglise et du

(1) Cet article et le suivant sont reproduits d'après l'édition de Liége.

(2) C'est un abus d'autorité de la part des princes temporels : leur seul droit est de veiller à ce que l'ordre public ne soit point troublé à l'occasion de ces réunions.

royaume de France. Presque tous les *conciles*, dont les actes ont été conservés, offrent la preuve de l'exercice que nos rois ont fait de leur pouvoir à cet égard; presque tous portent qu'ils se sont assemblés par les ordres des princes qui gouvernaient alors l'État; et à quel autre mieux qu'au souverain pouvait appartenir le droit de convoquer et d'assembler les évêques qui vivaient sous sa domination?

Ainsi, lorsque ensuite ces *conciles* envoyaient aux papes leurs actes pour en demander la confirmation, il faut bien prendre garde, comme on l'a déjà observé, que cette confirmation n'était pas demandée pour autoriser la tenue de ces assemblées, valables certainement, et légitimes par elles-mêmes : on ne voulait que donner une force nouvelle aux décisions portées par ces *conciles*, en ajoutant au poids de leur jugement l'autorité du jugement du saint-siège; ce qui présente une sorte d'approbation, d'adhésion aux définitions faites, plutôt qu'une confirmation proprement dite.

A l'égard de la présidence dans les *conciles* nationaux, elle était déférée ou selon la dignité des siéges, lorsque, dans l'étendue des provinces dont les évêques se rassemblaient, il y avait quelque siége à qui la prééminence était attachée; ainsi les patriarches dans leur patriarcat; les exarques, titre qu'on donnait aux évêques de Césarée en Cappadoce, d'Éphèse et d'Héraclée, dans leurs exarchats; les primats dans leurs primaties, avaient droit de la présidence, ou bien elle était déférée à l'ancienneté de l'ordination. Quelquefois on l'accordait à la qualité de légats du saint-siége. Les archevêques d'Arles l'eurent longtemps à ce titre, qui reprit une nouvelle faveur, et fut fort en usage dans les xie, xiie et xiiie siècles, après quoi on revint encore à l'ancienne coutume de tenir les *conciles* nationaux sans le concours des légats du pape.

En France, la présidence était anciennement déférée au plus ancien des métropolitains, et cet ordre subsista jusqu'au temps où les papes donnèrent la qualité de légats du saint-siège aux archevêques d'Arles. Ceux-ci, en cette qualité, présidèrent souvent aux *conciles* nationaux. Cependant, durant le temps même de cette légation, on voit d'autres évêques présider à des *conciles*. La légation fut accordée par le pape Symmaque à saint Césaire, archevêque d'Arles en 514, pour terminer les fréquentes contestations qui s'élevaient au sujet de la présidence entre les archevêques de Vienne et de Narbonne. Cette même légation fut, à la prière de nos rois, confirmée par les papes à tous les successeurs de saint Césaire, comme il paraît par les lettres des papes à saint Césaire lui-même, à Arcadius, à Aurélien, à Sapandus, et à Virgilius, qui tous se succédèrent les uns aux autres dans le siége d'Arles, et ce fut en conséquence de la continuation ou confirmation de ce privilège que Sapandus présida au second *concile* d'Arles en 554, à celui de Paris en 555, et à celui de Valence en 584. — Mais pendant le même temps on voit Probus, archevêque de Bourges, présider, en 557, au troisième *concile* de Paris : Philippe, évêque de Vienne, au second de Lyon, en 567 ; Euphonius de Tours au second *concile* de cette ville, en la même année, et Anchorius à celui d'Auxerre, en 578.

L'archevêque de Lyon jouit (1) en France du droit de primatie, et prétend, comme un privilège de son siége, au droit de présider au *concile* de la nation. Les exemples que l'on vient de citer prouvent que ce privilège n'a pu s'établir que vers la fin du vi^e siècle. On trouve, et c'est peut-être ici l'origine de la prétention des archevêques de Lyon, qu'en 585, Priscus, évêque de Lyon, présida au second *concile* de Mâcon, où se trouvèrent après lui, outre les évêques, cinq autres métropolitains, ceux de Vienne, de Sens, de Rouen, de Bordeaux et de Bourges. Ce *concile*, qui était comme national, ordonna que tous les cinq ans on en tiendrait un semblable, et que l'évêque métropolitain de Lyon l'indiquerait, après être convenu avec le roi du lieu de l'assemblée. Candéricus, évêque de Lyon, présida, en 650, au *concile* de Châlons ; c'est apparemment ce qui établit insensiblement le droit des évêques de Lyon, qui, depuis ce temps-là, présidèrent souvent aux *conciles* nationaux. Leur possession a pourtant été souvent interrompue, et n'a jamais été reconnue par les assemblées du clergé de France, où, par cette raison les archevêques de Lyon ont souvent fait difficulté d'assister, ou n'ont assisté qu'en protestant pour la conservation de leur droit.

Si l'occasion se présentait de tenir un *concile* national dans le royaume, ce ne serait pas une petite difficulté que d'en régler la présidence ; l'embarras serait augmenté par les prétentions qui paraissent assez légitimes de la part de tous les métropolitains, d'avoir la préséance et la présidence aux assemblées ecclésiastiques qui se tiennent dans leurs provinces. Peut-être serait-on obligé, pour pouvoir passer outre, de s'en tenir à quelque disposition provisoire, sans préjudice des droits des parties au fond.

Les *conciles* nationaux se forment, comme les *conciles* généraux, par les députations que font les différentes provinces ecclésiastiques, et les pouvoirs qu'elles donnent à leurs députés. Ce que l'on a dit des prêtres au sujet des *conciles* généraux doit également s'appliquer ici.

Il est hors de doute que les *conciles* nationaux peuvent faire des décrets sur la foi et des règlements sur la discipline : il ne faut, pour s'en convaincre, que lire les actes qui nous restent des anciens *conciles*, tenus les premiers siècles de l'Église. — Mais les décrets portés dans ces *conciles* sur la foi ne deviennent la règle invariable et infaillible de notre croyance qu'autant qu'ils sont acceptés par le consentement au moins tacite de toute l'Église, à laquelle seule il appartient de déclarer et de proposer les articles de foi ; et c'est pourtant par cette voie que la plupart

(1) Aucun métropolitain n'a aujourd'hui d'autorité l'un sur l'autre.

des hérésies ont été étouffées et proscrites. Saint Augustin ne balança pas même à prononcer contre les pélagiens que la cause était finie depuis que Rome avait solennellement approuvé et confirmé les condamnations prononcées contre eux dans les *conciles* d'Afrique, et que mal à propos, ils demandaient encore à être entendus dans un *concile* général ; qu'il ne fallait pas, par l'opiniâtreté d'un petit nombre d'hommes convaincus manifestement d'erreur, troubler le repos de toutes les Eglises. C'est qu'en effet toute l'Eglise applaudissait à la condamnation de Pélage et de Célestius. Au contraire, quoique Arius eût été condamné dans le *concile* national de l'Egypte, présidé par le patriarche d'Alexandrie, et que le saint-siége eût approuvé cette condamnation (1), les progrès qu'avait faits l'impiété arienne, le nombre de partisans qu'elle s'était attirés, et le trouble qui en résultait dans toute l'Eglise, firent alors regarder comme indispensable la tenue d'un *concile* général ; et ce fut à cette occasion que fut convoquée la première et la plus célèbre de ces assemblées.

Quant aux règlements de discipline faits dans les *conciles* nationaux, ils ont toujours paru mériter un grand respect, et souvent l'Eglise universelle s'est empressée de les adopter et de les faire passer dans le corps de ses canons. Ces règlements n'ont cependant par eux-mêmes de force que dans la nation ou l'Etat dont les prélats se sont assemblés ; et cette force encore, ils ne l'ont pleinement qu'après qu'ils ont été approuvés par les souverains, et revêtus du sceau de l'autorité publique (2). Les *conciles* nationaux tenus en France ont bien senti l'importance et la nécessité de cette autorisation ; on peut en juger par le soin qu'ils ont toujours eu de la solliciter. Nos rois ont aussi toujours montré le plus grand empressement pour soutenir par leur autorité ce que les *conciles* avaient réglé pour le bien commun (Extrait du *Dictionnaire de Jurisprudence*).

Conciles provinciaux. Après les *conciles* nationaux viennent les *conciles* provinciaux, c'est-à-dire ceux qui se forment par l'assemblée des évêques d'une province ecclésiastique, sous le métropolitain leur chef, et en cas de vacance du siége de la métropole, ou d'empêchement du côté du métropolitain, sous le plus ancien des évêques de la province à qui la présidence est alors dévolue, à moins que, par un usage ou statut particulier, elle ne soit déférée à quelque autre.

Il faut appliquer avec proportion aux *conciles* provinciaux ce que l'on vient de dire des nationaux, quant aux décrets sur la foi et aux règlements sur la discipline. Les *conciles* provinciaux peuvent incontestablement en faire aussi bien que les *conciles* nationaux ; car comment disputerait-on à ces *conciles* un droit qu'on ne peut refuser à chaque évêque pour son diocèse ? Mais on sent bien

(1) Ce n'est pas qu'une fois la condamnation faite par le saint-siége le jugement ait été réformable.
(2) Le souverain n'a aucun pouvoir pour donner force aux décrets d'un concile.

que les décrets sur la foi, portés dans ces *conciles* ont encore moins le caractère de jugement définitif et irréformable que ceux des *conciles* nationaux. Ces décrets forment des préjugés, des autorités bien respectables ; mais ils ne peuvent être regardés comme une décision précise et formelle. La force des règlements que les mêmes *conciles* font sur la discipline ne s'étend pas au delà des limites de leur province, et il est d'ailleurs nécessaire qu'ils soient revêtus du sceau de l'autorité souveraine. C'est un soin que n'ont pas négligé les Pères des derniers *conciles* provinciaux tenus en France.

Reste à voir en quel temps ils devraient s'assembler, et à qui il appartient de les convoquer. — La difficulté de réunir tous les évêques du monde chrétien, ou même ceux d'une seule nation, n'a guère permis de fixer un terme certain pour la tenue des *conciles* généraux, ou seulement nationaux ; et si quelquefois, comme dans les *conciles* de Pise, de Constance et de Bâle, on a cru devoir indiquer le temps de la tenue du prochain *concile*, presque jamais ces circonstances ne se sont conciliées avec l'indication faite. La proximité des évêques d'une même province laissait bien plus de facilité et de liberté de les assembler. Aussi voit-on que les *conciles* provinciaux se tenaient très-fréquemment ; il était même passé en usage et en règle qu'ils se tinssent au moins une fois l'année. — C'est la disposition du deuxième canon du *concile* tenu en 533 à Orléans : *Ut metropolitani singulis annis comprovinciales suos ad concilium evocent*; elle est renouvelée au canon 3 du troisième *concile* tenu l'année suivante en la même ville. On la retrouve dans les capitulaires de Charlemagne, qui ordonna l'exécution des anciens canons à ce sujet ; on voit même que le *concile* tenu à Savonières en 849, arrête que les souverains seront conjurés d'employer leur autorité pour faire maintenir cette ancienne et précieuse discipline. — Dans la suite il fut résolu qu'on ne tiendrait plus les *conciles* provinciaux que tous les trois ans. C'est la disposition du *concile* de Trente. — L'édit de Melun, art. 1, en ordonnant la tenue des *conciles* provinciaux tous les trois ans, conformément à la discipline qui s'était depuis établie, confirme aussi les métropolitains dans le droit de les convoquer. Voici ce qu'il porte : *Admonestons les archevêques et métropolitains de notre royaume, et néanmoins leur enjoignons de tenir les conciles provinciaux dans les six mois prochainement venants, et dorénavant de trois ans en trois ans, en tel lieu de leurs provinces qu'ils jugeront être plus propre et plus convenable pour cet effet, pour pourvoir à la discipline et correction des mœurs, et direction de la police ecclésiastique et institution des écoles, selon la forme des statuts et décrets. Défendons à tous juges d'empêcher directement ou indirectement la célébration desdits conciles, et leur enjoignons de tenir la main à l'exécution des ordonnances et décrets d'iceux, sans que les appellations comme d'abus de ce qui sera ordonné auxdits conciles, pour la correction et discipline ecclésiastiques, ait aucun effet suspensif.* — Les assemblées du clergé de France tenues depuis celle de Melun ont toutes renouvelé leurs vœux pour l'exécution pleine et entière de cet article. Celle de 1625, à laquelle présidait le cardinal de Sourdis, dans la séance du mardi 3 juin, après avoir observé qu'il n'y avait point de plus puissants moyens pour la conservation de la discipline ecclésiastique, et pour la maintenir dans sa perfection, que l'indiction des *conciles* provinciaux, résolut, pour plus utilement travailler à ces *conciles,* de recourir au roi et de le supplier très-humblement d'accorder des lettres patentes, par lesquelles il ordonnerait que ses officiers tinssent la main à l'exécution des décrets. — On retrouve les mêmes sentiments dans l'assemblée tenue à Pontoise en 1670. Dans les remontrances qu'elle fit au roi, le jeudi, 2 octobre, M. le Tellier, coadjuteur de Reims, qui portait la parole au nom du clergé, représenta la célébration des *conciles* provinciaux comme l'abrégé des moyens dont on pouvait se servir pour faire revivre la pureté et la discipline. Après avoir dit que par ces saintes assemblées la foi a fleuri dans l'Église, que la régularité et la discipline avaient triomphé de la licence et de la corruption, et que la censure avait corrigé les mauvaises mœurs dans le clergé et dans le peuple, il demanda, au nom du clergé, d'exécuter ce que les ordonnances lui commandent à ce sujet. Le procès-verbal de l'assemblée de 1700 présente un discours à peu près semblable, et, dans le même sens, prononcé par M. Henri de Nesmond, évêque de Montauban.

Nos rois se sont toujours empressés de favoriser en ce point l'observation et l'exécution de la discipline ancienne, et les vœux de leur clergé. On a déjà vu la disposition de l'article 1ᵉʳ de l'ordonnance de *Melun :* voici ce que porte l'article 6 de celle de 1610. « Pour la réformation des mœurs et direction de la justice et discipline ecclésiastique, le clergé a reconnu et jugé très-nécessaire de faire très étroitement et religieusement observer les saintes et salutaires réformations et constitutions des *conciles* provinciaux des derniers temps en diverses provinces du royaume, et même de renouveler et continuer lesdits *conciles* en chaque province d'an en an pour l'avenir, au moins pour quelques années, et jusqu'à un meilleur ordre établi.... Et suivant et conformément aux ordonnances de Blois et de Melun, admoneste les archevêques et évêques de tenir les *conciles* provinciaux de trois ans en trois ans, ayant néanmoins bien agréable qu'ils les assemblent et tiennent aussi souvent, et autant de fois qu'ils jugeront en être besoin, pour remettre l'ancienne discipline de l'Église, et corriger les mœurs ecclésiastiques soumises à leur juridiction, en y procédant avec les formes ordinaires et accoutumées ; et pour l'exécution d'une si bonne œuvre, enjoint aux officiers du roi d'y tenir la main, et de les assister quand ils en seront requis. » — Cette ordonnance fut enregistrée au parlement de Paris, avec cette modification seulement, que les archevêques et évêques ne pourraient faire leurs assemblées et *conciles* provinciaux que de trois ans en trois ans. — Par une autre déclaration du 16 avril 1646, le roi « admoneste et exhorte les archevêques et métropolitains de tenir les *conciles* provinciaux au moins de trois ans en trois ans, en tel lieu de leur province qu'ils connaîtront être plus propre pour cet effet, afin de pourvoir à la discipline et correction des mœurs, et direction de la police ecclésiastique, institution des séminaires et écoles, selon la forme des saints décrets, avec défenses à tous juges d'empêcher directement ou indirectement cette célébration, et injonction de tenir la main à l'exécution des décrets et ordonnances d'iceux, sans que les appels comme d'abus de ce qui y sera ordonné, aient aucun effet suspensif. » Cette déclaration fut, le 26 du même mois, enregistrée au parlement de Paris, pour être exécutée conformément aux ordonnances. — Cinq ans après cette déclaration, le roi écrivit à M. de Harlay, archevêque de Rouen, pour lui témoigner sa satisfaction de la convocation que ce prélat avait faite du *concile* de sa province, et lui dire que non-seulement il l'avait pour agréable, mais qu'il l'exhortait à conduire à sa perfection un ouvrage si nécessaire au bien de l'Église, en l'assurant qu'il lui donnerait toute l'assistance dont il aurait besoin pour la tenue de son *concile.*

Il résulte de ces dispositions, que les *conciles* provinciaux ont toujours paru de la plus grande utilité pour le bien de l'Église, le maintien de la discipline et la réformation des mœurs, que le terme pour les tenir est fixé à l'intervalle de trois ans ; et enfin que les archevêques sont autorisés et excités par les lois de l'Église, comme par celles de l'État, à convoquer au temps fixé par les unes et par les autres ces assemblées. Il peut seulement, d'après cela, paraître étonnant qu'elles soient aussi rares. (*Cet article est de M. l'abbé Remy.*) [Extrait du *Dictionnaire de Jurisprudence.*]

CONCILIABULE, assemblée tenue par des hérétiques ou par des schismatiques, contre les règles de la discipline de l'Église ; les ariens, les novatiens, les donatistes, les nestoriens, les eutychiens et les autres sectaires en ont formé plusieurs dans lesquels ils ont établi leurs erreurs et fait éclater leur haine contre l'Église catholique. Le plus célèbre de ces faux *conciles* est celui que l'on a nommé le *brigandage d'Éphèse*, tenu dans cette ville par Dioscore, patriarche d'Alexandrie, à la tête des partisans d'Eutychès ; il condamna le *concile* de Chalcédoine, quoique très-légitime ; il prononça l'anathème contre le pape saint Léon ; il fit maltraiter ses légats et tous les évêques qui ne voulurent pas se ranger de son parti. *Voy.* EUTYCHIANISME

* CONCLUSIONS THÉOLOGIQUES. On donne ce nom aux propositions déduites d'un argument dont les deux prémisses (ou au moins l'une des deux) ont été révélées. La conclusion déduite d'une seule proposition révélée et d'une proposition purement philosophique certainement vraie, est une vérité, mais n'appartient pas au domaine de la foi. Plusieurs théologiens croient que les *conclusions théologiques* déduites de deux propositions révélées sont l'objet de la foi. Cette opinion est combattue par d'autres docteurs. Ce sentiment nous paraît le plus probable. Si cependant la *conclusion théologique* n'était que l'exposition d'une vérité révélée, elle serait elle-même l'objet de la foi, non pas comme *conclusion théologique*, mais comme vérité révélée. Nous développons ces principes au mot Foi.

CONCILIATEURS (théologiens). *Voy.* SYNCRÉTISTES.

CONCOMITANT, se dit du secours de la grâce que Dieu nous accorde dans le cours d'une action, pour nous aider à la continuer et à la finir. Il a été décidé, contre les pélagiens, que pour toute bonne œuvre surnaturelle et méritoire, nous avons besoin non-seulement d'une grâce *concomitante*, mais d'une grâce prévenante, qui excite notre volonté, nous inspire de salutaires pensées et de bons désirs. Cette grâce n'est donc pas la récompense des saints désirs que nous avons formés de nous-mêmes et par nos propres forces, elle en est au contraire le principe et la cause; conséquemment elle est purement gratuite; elle vient uniquement de la bonté de Dieu et des mérites de Jésus-Christ. Saint Prosper dit très-bien, après saint Augustin, que *désirer la grâce est déjà un commencement de grâce*. — Cela n'empêche pas que Dieu ne récompense souvent notre fidélité à une première grâce, par une seconde plus abondante; alors celle-ci n'est pas moins gratuite que la première, puisqu'elle n'a été méritée et obtenue que par le secours de la première. C'est encore le sentiment de saint Augustin (Lib. IV *contra duas Epist. Pelag.*, c. 6, n° 13). « Lorsque les pélagiens, dit-il, soutiennent que Dieu aide le bon propos de chacun, l'on recevrait volontiers cette proposition comme catholique, s'ils avouaient que ce bon propos, qui est aidé par une seconde grâce, n'a pu être dans l'homme sans une première grâce qui l'a précédé. » — Il y a des catéchismes dans lesquels il est dit que le corps et le sang de Jésus-Christ se trouvent sous chacune des espèces consacrées, par *concomitance* ou par accompagnement; on a voulu dire par là que le corps de Jésus-Christ, dans l'eucharistie, étant un corps animé, il ne peut pas plus y être sans avoir son sang que sans avoir son âme; qu'ainsi le sang de ce divin Sauveur ne peut pas y être non plus séparé du corps. D'où il s'ensuit que le corps, le sang et l'âme de Jésus-Christ sont également sous l'espèce du vin et sous l'espèce du pain. *Voy.* EUCHARISTIE.

CONCORDANCE, est un dictionnaire de la Bible où l'on a mis, par ordre alphabétique, tous les mots de l'Écriture sainte, afin de pouvoir les comparer ensemble, et voir s'ils ont le même sens partout où ils sont employés. Les *concordances* ont encore un autre usage, qui est d'indiquer précisément les passages dont on a besoin, lorsqu'on veut les citer exactement. — Ces dictionnaires ou tables de mots servent à éclaircir beaucoup de difficultés, à faire disparaître les prétendues contradictions que les incrédules croient trouver dans les livres saints, à citer exactement le livre, le chapitre, le verset dans lequel se trouve tel passage, etc. Aussi a-t-on fait des *concordances* en latin, en grec et en hébreu. — La *concordance* latine, faite sur la Vulgate, est la plus ancienne; l'on s'accorde assez à l'attribuer à Hugues de Saint-Cher, qui, de simple dominicain, devint cardinal, et qu'on appelle communément le *cardinal Hugues*; il mourut en 1162. Ce religieux avait beaucoup étudié l'Écriture sainte, il avait même fait un commentaire sur toute la Bible; cet ouvrage l'avait engagé à en faire une *concordance* sur la Vulgate; il comprit qu'une table complète des mots et des phrases de l'Écriture sainte serait d'une très-grande utilité, soit pour aider à la faire mieux entendre, en comparant les phrases parallèles, soit pour citer exactement les passages. Ayant formé son plan, il employa un nombre de religieux de son ordre à ramasser les mots et à les ranger par ordre alphabétique; avec le secours de tant de personnes, son ouvrage fut bientôt achevé. Il a été perfectionné depuis par plusieurs mains, surtout par Arlot Thuscus et par Conrad Halberstade. Le premier était un franciscain, le second un dominicain, qui vivaient tous deux vers la fin du même siècle.

Comme le principal but de la *concordance* était de faire trouver aisément le mot ou le passage dont on a besoin, le cardinal Hugues vit qu'il fallait d'abord partager chaque livre de l'Écriture en sections, et ensuite ces sections en subdivisions plus courtes, afin de faire dans sa *concordance* des renvois qui indiquassent précisément l'endroit, sans qu'il fût besoin de parcourir une page entière. Les sections qu'il fit sont nos chapitres; on les a trouvés si commodes, qu'on les a conservés depuis. Dès que sa *concordance* parut, on en vit si bien l'utilité, que tout le monde voulut en avoir; et pour en faire usage, il fallut mettre ses divisions à la Bible dont on faisait usage, autrement ses renvois n'auraient servi à rien; mais les subdivisions de Hugues n'étaient pas des versets. Il partageait chaque section ou chaque chapitre en huit parties égales, quand il était long, et en moins de parties quand il était court; chacune était marquée à la marge par les premières lettres capitales de l'alphabet, A, B, C, D, E, F, G, à distance égale l'une de l'autre. Les versets, tels que nous les avons aujourd'hui, sont de l'invention d'un Juif.

Vers l'an 1430, un fameux rabbin, nommé *rabbi Mardochée Nathan*, qui avait souvent disputé avec les chrétiens sur la religion, s'aperçut du grand service qu'ils tiraient de la *concordance* latine du cardinal Hugues, et avec quelle facilité elle leur faisait trouver les passages dont ils avaient besoin; goûta cette invention, et se mit aussitôt à faire une *concordance* hébraïque pour l'usage des Juifs. Il commença cet ouvrage l'an 1438, et l'acheva l'an 1445. Il s'en est fait plusieurs éditions : celle qu'en a donnée Buxtorf le fils, à Bâle, en 1632, est la meilleure. — Rabbi Nathan, en composant ce livre, trouva qu'il était nécessaire de suivre la division des chapitres que le cardinal Hugues avait introduite; mais il imagina des subdivisions plus commodes, savoir : celle des versets, et il eut soin de les coter par nombres mis à la marge. Pour ne pas trop charger les marges, il se contenta de marquer les versets de cinq en cinq; et c'est ainsi que cela s'est pratiqué depuis dans les bibles hébraïques, jusqu'à l'édition d'Athias, juif d'Amsterdam, qui, dans les deux belles et correctes éditions qu'il a données de la bible hébraïque, en 1661 et 1667, a coté chaque verset. Vatable ayant fait imprimer une bible latine, avec les chapitres ainsi divisés en versets, distingués par des nombres, son exemple a été suivi dans toutes les éditions postérieures; tous ceux qui ont fait des *concordances*, et en général tous les auteurs qui citent l'Ecriture, l'ont citée depuis ce temps-là par chapitres et par versets. Mais la division des pages d'un livre, par les lettres majuscules de l'alphabet, imaginée par le cardinal Hugues, a été mise en usage pour la plupart des autres livres, soit des écrivains ecclésiastiques, soit des auteurs profanes; et c'est par ce moyen que l'on est parvenu à en faire des tables très-commodes, qui sont aussi des espèces de *concordances*. — La *concordance* hébraïque du rabbin Nathan a été beaucoup perfectionnée par Marius de Calasio, religieux franciscain, dont l'ouvrage fut imprimé à Rome en 1621, et ensuite à Londres, l'an 1747, en 4 vol. *in-folio*. C'est un livre très-utile à ceux qui veulent bien entendre l'Ancien Testament dans l'original; outre que c'est la *concordance* la plus exacte, c'est aussi le meilleur dictionnaire que l'on ait pour cette langue. On peut voir, dans la préface de cet ouvrage, en quoi consistent les additions et les corrections que Calasio a faites au travail du rabbin Nathan.

Au mot BIBLE, à la fin, nous avons remarqué que la division du texte grec du Nouveau Testament en chapitres et en versets, est beaucoup plus ancienne, puisqu'elle date du ve siècle, mais elle n'avait pas été suivie dans la plupart des manuscrits. Les premières éditions grecques du Nouveau Testament, données par Robert Estienne, n'étaient pas distinguées par versets; mais comme il voulut donner une *concordance* grecque de ce texte, qui fut en effet imprimée par Henri son fils, il fut obligé de le coter par versets. Erasme Schmid, professeur de langue grecque à Wittemberg, donna, en 1638, une *concordance* grecque du Nouveau Testament, plus exacte que celle d'Henri Estienne. (Prideaux, *Hist. des Juifs*, tom. I, liv. v, pag. 208.)

La première *concordance* grecque de la version des Septante fut faite par Conrad Kircher, théologien luthérien d'Augsbourg, imprimée à Francfort en 1667, en 2 vol. *in-4*; mais elle a été effacée par celle qu'a donnée Abraham Trommius, professeur à Groningue, en 2 vol. *in-folio*, et qui a été imprimée à Amsterdam en 1718.

CONCORDE ou HARMONIE DES EVANGILES, ouvrage destiné à montrer la conformité de la doctrine enseignée, des faits et des circonstances rapportés par les quatre évangélistes. On voit que ce n'est pas la même chose qu'une concordance; celle-ci est une table alphabétique de tous les passages de l'Ecriture sainte, dans lesquels tel mot se trouve : une *concorde* est la comparaison des dogmes, des préceptes, des faits écrits par différents auteurs, pour en faire une histoire suivie, selon l'ordre des événements.

Comme la narration des actions et des leçons de Jésus-Christ a été écrite par quatre auteurs différents, il a fallu les rapprocher et les comparer, afin de montrer que l'un ne contredit pas l'autre; que ces quatre histoires forment une chaîne qui se soutient très-bien, et réfuter ainsi les incrédules, qui prétendent y trouver des contradictions. De même, l'histoire des rois du peuple juif est contenue non-seulement dans les quatre livres des Rois, mais encore dans les deux livres des Paralipomènes, et il y a des variétés dans ces deux narrations qui n'ont pas été écrites par le même auteur; il a donc fallu les confronter et les concilier.

La première *concorde* ou *harmonie des Evangiles* est attribuée à Tatien, disciple de saint Justin, qui vivait au IIe siècle; il l'intitula *Diatessaron*, c'est-à-dire *par les quatre*, et c'est ce que l'on a nommé dans la suite l'*Evangile de Tatien* et des encratites. Cet auteur n'a point été accusé d'avoir altéré le texte des Evangiles; mais son ouvrage n'a pas laissé d'être mis au nombre des évangiles apocryphes, parce que Tatien pouvait s'être trompé dans la comparaison des faits et des dogmes. Saint Théophile d'Antioche, qui vivait à peu près dans le même temps, avait fait aussi une *concorde* des Evangiles, au rapport de saint Jérôme, qui, cependant, fait plus de cas de celle d'Ammonius d'Alexandrie. On en attribue encore une à Eusèbe de Césarée; mais il ne nous reste rien de ces anciens ouvrages : nous avons seulement les trois livres de saint Augustin, *de Consensu Evangelistarum*. Dans le siècle passé et dans le nôtre, plusieurs écrivains ont fait des *concordes* ou *harmonies* : Toinard, Whiston, le docteur Arnaud, etc. Celle qui nous a paru la plus commode pour l'usage est celle de M. Leroux, curé d'Andeville, au diocèse de Chartres, imprimée *in-8°* à Paris en 1699. On trouvera dans la *Bible d'Avignon*, tom. V, pag. 22 et 149, la *concorde* de l'histoire des rois, tom. XIII, p. 27 et 561, celle des Evangiles.

Les protestants ont aussi nommé *concorde*, ou *formulaire d'union*, deux écrits différents, célèbres parmi eux. Le premier fut l'ouvrage d'un théologien luthérien, intitulé, *Formula consensus*, composé l'an 1576, par ordre d'Auguste, électeur de Saxe; ce prince et les ducs de Wurtemberg et de Brunswick voulaient la faire adopter par les théologiens de leurs Etats, dont plusieurs penchaient vers les opinions de Calvin touchant l'eucharistie. Mais cette tentative, quoique appuyée par la force du bras séculier, loin de calmer les disputes, les anima davantage; la prétendue *concorde* fut attaquée, non-seulement par les calvinistes, mais par plusieurs docteurs luthériens; il y eut des écrits violents de part et d'autre. Le second, qui parut chez les calvinistes en 1675, sous le même titre, fut composé par M. Henri Heidegger, professeur de théologie à Zurich, dans le dessein de conserver, parmi les théologiens de la Suisse, la doctrine du synode de Dordrecht, et d'en bannir les opinions d'Amiraut et de quelques autres ministres français. Ce formulaire d'union ne produisit pas de meilleurs effets que celui qui avait révolté les luthériens; il fut supprimé, en 1686, dans le canton de Bâle et dans la république de Genève, sur les instances de Frédéric-Guillaume, électeur de Brandebourg. En 1718, les magistrats de Berne voulurent le faire signer par tous les ministres, surtout par ceux de Lausanne; ils n'y réussirent point: le roi d'Angleterre et les Etats de Hollande employèrent leur médiation pour le faire supprimer.

Enfin, l'on appelle *concorde* le livre que Molina, jésuite, avait intitulé *Concordia liberi arbitrii, cum auxiliis divinæ gratiæ*, ouvrage qui a excité de vives contestations parmi les théologiens. *Voy.* MOLINISME.

CONCOURS de Dieu aux actions des créatures. C'est une vérité de foi que la grâce, qui est l'action immédiate de Dieu lui-même, nous est nécessaire pour toute action surnaturelle et utile au salut, que cette grâce est non-seulement concomitante ou coopérante, mais prévenante. Ce dogme a donné lieu de demander si nous avons besoin d'un pareil *concours* immédiat de Dieu pour les actions naturelles. Comme cette question est purement philosophique, nous ne devons pas y toucher. Nous remarquerons seulement que nous ne connaissons aucun passage formel de l'Ecriture, ni aucune raison théologique qui puisse nous engager à prendre parti dans cette dispute. Il n'y a aucune comparaison à faire entre les actions naturelles et les actes surnaturels.

CONCUBINAGE, commerce habituel entre un homme et une femme, qui demeurent libres de se quitter quand il leur plaît. Il est évident que ce désordre est criminel en lui-même, et contraire au bien de la société, par conséquent défendu, non-seulement par la loi positive du christianisme, mais par la loi naturelle. Ceux qui en sont coupables ne souhaitent point d'avoir des enfants, ils le craignent plutôt; ce serait une charge pour eux quand ils viendraient à se séparer. On ne préfère cet état à un mariage légitime que pour se dispenser de remplir les devoirs de père et de mère; et lorsqu'il en provient des enfants, ils sont ordinairement abandonnés.

Dans les écrits des censeurs de l'histoire sainte, il est souvent parlé du *concubinage* des patriarches; ce terme est déplacé, il ne faut pas confondre le désordre qu'il exprime avec la polygamie. Nous n'en voyons point d'exemple chez les patriarches, mais seulement la polygamie: à cet article, nous prouverons qu'alors elle n'était pas contraire au droit naturel.

Les deux femmes de Lamech sont nommées *ses épouses* (*Gen.* IV, 19 et 23). Il est dit que les enfants de Dieu prirent *des épouses* parmi les filles des hommes, qu'ils avaient *choisies*; ce dernier terme ne signifie point qu'ils les avaient prises d'abord pour *concubines*, comme on affecte de le supposer. Sara, stérile, donne à son époux Agar, sa servante ou son esclave, afin qu'il en ait des enfants, résolue elle-même de les adopter: c'était une espèce de mariage. En effet, Ismaël fut regardé comme enfant légitime. Il n'est éloigné de la maison paternelle, avec sa mère, que par un ordre exprès de Dieu, et pour des raisons particulières; il se réunit à Isaac, pour donner la sépulture à leur père commun (*Gen.* XXV, 9). Les enfants que Jacob eut de ses servantes furent réputés aussi légitimes que ceux de ses épouses, etc.

Dans l'état de société purement domestique, où les servantes étaient esclaves, mais pouvaient hériter, où la polygamie était à peu près inévitable et permise, il ne faut pas donner aux termes le même sens que l'on y attache dans l'état de société civile, où le droit naturel n'est plus le même. *Voy.* DROIT NATUREL.

CONCUPISCENCE, dans le langage théologique, signifie la convoitise ou le désir immodéré des choses sensuelles, effet du péché originel.

Le P. Malebranche attribue l'origine de la *concupiscence* aux impressions faites par les objets sensibles sur le cerveau de nos premiers parents au moment de leur chute, impressions qui se sont transmises et continuent de se communiquer à leurs descendants. De même, dit-il, que les animaux produisent leurs semblables et avec les mêmes traces dans le cerveau, les mêmes sympathies ou antipathies, ce qui produit la même conduite dans les mêmes circonstances, ainsi nos premiers parents, qui reçurent par leur chute une impression profonde des objets sensibles, la communiquèrent à leurs enfants. Il ne serait pas difficile de montrer le peu de justesse de cette comparaison; l'on doit se borner à croire le péché originel et ses effets, sans vouloir les expliquer.

Les scolastiques nomment *appétit concupiscible* le désir naturel de posséder un bien, et *irascible* le désir d'écarter et de fuir le mal.

Saint Augustin (*L.* IV *contra Julian.*, c. 14, n° 65) distingue quatre choses dans la *concupiscence*, la nécessité, l'utilité, la vivacité et le désordre du sentiment, il soutient avec raison que ce désordre est un vice, au lieu que les pélagiens en blâmaient seulement l'excès; mais indépendamment de l'excès, ce penchant est un mal, puisqu'il faut y résister et le réprimer. Il reste dans les baptisés et dans les justes comme une suite et une peine du péché originel, pour servir d'exercice à la vertu ; c'est ce qui nous rend la grâce nécessaire pour faire le bien. — Saint Paul donne souvent à la *concupiscence* le nom de *péché*, parce que c'est un effet du péché originel, et qu'elle nous porte au péché; ainsi l'explique saint Augustin (*L.* 1 *contra duas Epist. Pelag.*, c. 13, n° 27; *Op. imperf.*, l. II, n° 71, etc). Conséquemment, lorsque le saint docteur soutient que la *concupiscence* est un *péché*, l'on doit entendre un vice, un défaut, une tache, et non une faute imputable et punissable. — En effet, ce saint docteur a retenu constamment la définition qu'il avait donnée du péché proprement dit, en réfutant les manichéens. « C'est, dit-il, la volonté de faire ce que la loi défend, et ce dont il nous est libre de nous abstenir. » Mais il observe que cela ne nous est pas aussi libre qu'il était à Adam (*Retract.*, l. I, c. 9, 15 et 25). Il ne s'ensuit pas de là que la tache originelle ne soit un péché proprement dit; mais cette tache ne consiste pas dans la *concupiscence* seule. *Voy.* ORIGINEL. Si Beausobre y avait fait plus d'attention, il n'aurait pas accusé saint Augustin d'avoir raisonné sur la *concupiscence* comme les manichéens, et d'avoir soutenu qu'elle est vicieuse et criminelle en elle-même.

* CONDAMNATION DES ÉCRITS. L'Eglise a reçu le pouvoir de condamner les erreurs opposées au saint Evangile. Elle le fait en formulant des propositions auxquelles elle attache une qualification. Toutefois elle ne s'est pas contentée d'un seul mode de condamnation. Il y en a trois qui méritent d'être connus.

Dans certaines circonstances elle attache à chaque proposition la note qui lui convient. Ainsi furent condamnées les cinq fameuses propositions de Jansénius. — Quelquefois elle condamne l'écrit tout entier sans formuler aucune proposition, parce qu'elle le regarde tout entier comme dangereux. Ainsi le concile de Nicée condamna le livre d'Arius intitulé *Thalie*. — Souvent elle prend un moyen terme entre les deux modes de condamnations que nous venons d'indiquer : elle extrait d'un livre un certain nombre de propositions et applique pas à chacune la note qui lui convient ; mais, réunissant en un seul endroit toutes les qualifications qui leur conviennent, elle déclare par là que chacune des propositions condamnées mérite au moins l'une des qualifications indiquées, et qu'il n'y a aucune qualification qui ne convienne au moins à l'une des propositions. Ce mode de condamnation est très-facile: il a été fréquemment employé dans toute l'Eglise. Ce fut ainsi que le V° concile général condamna les écrits d'Origène, de Nestorius et d'Eutychès. Le synode de Soissons contre Abailard, celui de Reims contre Gilbert, le concile de Constance contre Jean Hus, n'employèrent pas d'autre mode. Ce fut celui dont se servirent les souverains pontifes contre Luther, Baïus, Molinos, Quesnel, Fénelon, etc. C'est ce qu'on appelle condamner les propositions *in globo*.

Tout homme qui comprend de quel poids est la pratique de l'Eglise universelle sur l'esprit d'un bon catholique, avouera facilement qu'il n'est pas de mode de condamnation plus légitime. Le condamner, ne serait-ce pas restreindre les paroles de Jésus-Christ, qui ordonne à l'Eglise de frapper l'erreur ? — Si l'on nous dit que cette condamnation n'instruit pas assez le fidèle, nous répondrons avec le clergé de France, dans une de ses adresses à Louis XV : « La censure générale (*in globo*) n'est ni vague, ni ambiguë, ni équivoque... Ce jugement est clair jusqu'à un certain point ; il apprend clairement, il assure les fidèles que les propositions condamnées sont dangereuses dans la foi, qu'elles renferment quelque venin, qu'elles s'écartent en quelque chose de la vérité catholique... Cette lumière est suffisante pour le chrétien qui est docile. » Cette question se trouve traitée plus longuement aux mots CENSURE DES LIVRES et QUALIFICATIONS.

CONDIGNITÉ. Les théologiens scolastiques appellent mérite de *condignité*, *meritum de condigno*, celui auquel Dieu, en vertu de sa promesse, doit une récompense à titre de justice; et mérite de congruité, *meritum de congruo*, celui auquel Dieu n'a rien promis, mais auquel il accorde toujours quelque chose par miséricorde.

Le premier exige des conditions de la part de Dieu, de la part de l'homme et de la part de l'acte méritoire. De la part de Dieu, il faut une promesse formelle, parce que Dieu ne peut nous rien devoir par justice, sinon en vertu d'une promesse. De la part de l'homme, il faut, 1° qu'il soit en état de justice ou de grâce sanctifiante ; 2° qu'il soit encore vivant et sur la terre. L'acte méritoire doit être libre, moralement bon, surnaturel dans son principe, c'est-à-dire fait par le mouvement de la grâce, et rapporté à Dieu. — De ces principes, les théologiens concluent qu'un juste peut mériter, *de condigno*, l'augmentation de la grâce et la vie éternelle ; mais que l'homme ne peut mériter de même la première grâce sanctifiante, ni le don de la persévérance finale: il peut cependant obtenir l'une et l'autre par miséricorde, et il doit l'espérer. *Voy.* MÉRITE.

CONDITIONNEL. Les théologiens, aussi bien que les philosophes, se sont trouvés dans la nécessité de distinguer les futurs *conditionnels* d'avec les futurs *absolus*. David demande au Seigneur (*I Reg.* XXIII, 11): *Si je demeure dans la ville de Ceila, Saül viendra-t-il pour me prendre, et les habitants me livreront-ils entre ses mains?* Le Seigneur répond: *Saül viendra, et les habitants vous livreront*. David se retira, Saül ne vint point, et David ne fut point livré. Jésus-Christ dit aux Juifs dans l'Evangile, (*Matth.* XI, 21): *Si j'avais fait à Tyr et à Sidon les miracles que j'ai faits parmi vous, ces villes auraient fait pénitence sous la cendre et le cilice*. Ces miracles ne furent point faits à Tyr, et les Tyriens ne firent point pénitence. A l'égard de ces sortes de futurs conditionnels, qui n'arriveront jamais, les théologiens demandent si Dieu les connaît par la science de simple intelligence, comme il connaît les choses simplement possibles, ou s'il les connaît par la science de vision, comme les futurs absolus.

Les uns tiennent pour la science de simple intelligence, les autres prétendent qu'il faut admettre, pour ces sortes de futurs, une *science moyenne* entre la science de simple intelligence et la science de vision. Cette dispute a fait beaucoup de bruit, parce qu'elle tient à la matière de la grâce; ce n'est point à nous de la terminer. *Voy.* SCIENCE DE DIEU.

CONDITIONNELS (décrets). Les calvinistes rigides ou gomaristes prétendent que tous les décrets de Dieu, relatifs au salut ou à la damnation des hommes, sont absolus; les arminiens soutiennent que ces décrets sont seulement conditionnels; que quand Dieu veut réprouver tel homme, c'est qu'il prévoit que cet homme résistera aux moyens de salut qui lui seront accordés. Parmi les théologiens catholiques, plusieurs admettent un décret absolu de *prédestination;* mais ils n'admettent aucun décret absolu de *réprobation.* — Les pélagiens et les semi-pélagiens prétendaient que le décret ou la volonté de Dieu d'accorder la grâce aux hommes, est toujours sous condition que l'homme se disposera de lui-même, et par ses forces naturelles, à mériter la grâce. Cette erreur a été justement condamnée; elle suppose que la grâce n'est pas gratuite, qu'elle peut être la récompense d'un mérite purement naturel : supposition contraire à la doctrine formelle de l'Ecriture sainte, qui nous enseigne que de nous-mêmes nous ne sommes pas seulement capables de former une bonne pensée, mais que toute notre suffisance ou notre capacité vient de Dieu (*II Cor.* III, 5). — Mais il y a des décrets *conditionnels* d'une autre espèce et fort différents. Quand on dit : Dieu veut sauver les hommes *s'ils le veulent,* cette proposition peut avoir un sens catholique et un sens hérétique. Dieu veut les sauver *s'ils le veulent,* c'est-à-dire si, par leurs désirs et par leurs efforts naturels, ils préviennent la grâce et la méritent : voilà le sens pélagien et hérétique. Dieu veut les sauver *s'ils le veulent,* c'est-à-dire s'ils correspondent à la grâce qui les prévient, qui excite leurs désirs et leurs efforts, mais qui leur laisse la liberté de résister : voilà le sens catholique. Souvent on les a confondus malicieusement, pour avoir lieu d'accuser de pélagianisme des théologiens orthodoxes. *Voy.* VOLONTÉ DE DIEU.

CONDORMANTS, nom de secte; il y en a eu deux ainsi nommées. Les premiers infectèrent l'Allemagne au XIIIe siècle; ils eurent pour chef un homme de Tolède. Ils s'assemblaient dans un lieu près de Cologne; là ils adoraient, dit-on, une image de Lucifer, et y recevaient ses oracles; mais ce fait n'est pas suffisamment prouvé. La légende ajoute qu'un ecclésiastique y ayant porté l'eucharistie, l'idole se brisa en mille pièces; cela ressemble beaucoup à une fable populaire. Ils couchaient dans une même chambre, sans distinction de sexe, sous prétexte de charité. — Les autres, qui parurent au XVIe siècle, étaient une branche des anabaptistes; ils tombaient dans la même indécence que les précédents, et sous le même prétexte. Ce n'est pas la première fois que cette turpitude a paru dans le monde. *Voy.* ADAMITES.

CONFESSEUR, chrétien qui a professé publiquement la foi de Jésus-Christ; qui a souffert pour elle, et qui était disposé à mourir pour cette cause; il est distingué d'un *martyr,* en ce que celui-ci a souffert la mort pour rendre témoignage de sa foi. Dans l'*Histoire ecclésiastique,* ces deux noms sont souvent confondus; mais plus ordinairement l'on nomme *confesseurs* ceux qui, après avoir été tourmentés par les tyrans, ont survécu et sont morts en paix, et ceux qui, sans avoir souffert des tourments, ont vécu saintement et sont morts en odeur de sainteté.

On n'appelait point *confesseur,* dit saint Cyprien, celui qui se présentait lui-même au martyre sans être cité, on le nommait *professeur;* mais ce zèle n'était pas approuvé par l'Eglise. « Nous n'approuvons pas, disaient au IIe siècle les fidèles de Smyrne, ceux qui s'offrent d'eux-mêmes au martyre, parce que l'Evangile ne l'enseigne point ainsi. » (*Epist. Ecclesiæ Smyrnen.,* n° 4). Et effet, Jésus-Christ dit à ses apôtres : *Lorsque vous serez persécutés dans une ville, fuyez dans une autre* (*Matth.* x, 23). — Saint Clément d'Alexandrie dit que celui qui va de lui-même se présenter aux juges, imite la témérité de ceux qui provoquent un animal féroce, et se rend aussi coupable du crime de celui qui le condamne à la mort (*Strom.,* l. IV, c. 10, p. 597 et 598). Un concile de Tolède défendit d'accorder les honneurs du martyre à ceux qui s'y étaient allés présenter eux-mêmes. Il n'est donc pas vrai que les Pères aient soufflé aux chrétiens le fanatisme du martyre, comme les incrédules ont osé le leur reprocher. — Si quelqu'un, par la crainte de manquer de courage et de renoncer à la foi, abandonnait son bien, son pays, etc., et s'exilait lui-même volontairement, on l'appelait *extorris,* exilé.

CONFESSEUR est aussi un prêtre séculier ou régulier, qui a le pouvoir d'entendre la confession des pécheurs et de les absoudre dans le sacrement de pénitence. On l'appelle en latin *confessarius,* pour le distinguer de *confessor,* nom consacré aux saints.

On comprend assez combien la fonction de *confesseur* est délicate, périlleuse, redoutable, à l'égard de tous les fidèles sans exception; combien elle exige de lumières et de vertus : on doit reconnaître la sagesse des précautions que prennent les évêques, pour n'y admettre personne qu'après un rigoureux examen.

CONFESSION AURICULAIRE et SACRAMENTELLE : c'est une déclaration qu'un pécheur fait de ses fautes à un prêtre, pour en recevoir l'absolution (1).

---

(1) Voici les canons du concile de Trente sur cette importante matière : « Si quelqu'un nie que la confession sacramentelle, ou ait été instituée, ou soit nécessaire au salut, de droit divin, ou dit que la manière de se confesser secrètement au prêtre seul, que l'Eglise catholique observe et a toujours observée dès le commencement, n'est pas conforme à l'institution et au précepte de Jésus-Christ, mais que c'est une invention humaine; qu'il soit anathème. » *Can.* 6. — « Si quelqu'un dit que dans le sacrement de pénitence, il n'est pas nécessaire, de droit divin,

Les protestants ont fait les plus grands efforts pour prouver que cette pratique n'est fondée ni sur l'Ecriture sainte, ni sur la tradition des premiers siècles. Daillé a fait un gros livre sur ce sujet; il a été réfuté par plusieurs de nos controversistes, en particulier par D. Denis de Sainte-Marthe, dans un *Traité de la confession, contre les erreurs des calvinistes*, imprimé à Paris en 1685, in-12. Cet auteur a rapporté les passages de l'Ecriture sainte et ceux des Pères de tous les siècles, à commencer depuis les apôtres jusqu'à nous: il a fait voir qu'il n'y a aucun point de foi ou de discipline sur lequel la tradition soit plus constante et mieux établie.

Dans l'Evangile (*Matth.* XVIII, 18), Jésus-Christ a dit à ses apôtres : *Tout ce que vous lierez ou délierez sur la terre sera lié ou délié dans le ciel* (*Joan.* XX, 22). *Recevez le Saint-Esprit; les péchés seront remis à ceux auxquels vous les remettrez, et ils seront retenus à ceux auxquels vous les retiendrez.* Les apôtres ne pouvaient faire un usage légitime et sage de ce pouvoir, à moins qu'ils ne connussent quels étaient les péchés qu'ils devaient remettre ou retenir, et le moyen le plus naturel de les connaître était la *confession*. — En effet, nous lisons dans les *Actes des ap.* (XIX, 18), qu'une multitude de fidèles venaient trouver saint Paul, et confessaient et accusaient leurs péchés. *Si nous confessons nos péchés*, dit saint Jean, *Dieu juste et fidèle dans ses promesses nous les remettra* (I *Joan.* I, 9). Lorsque saint Jacques dit aux fidèles (v, 16) : *Confessez vos péchés les uns aux autres*, nous ne pensons pas qu'il les ait exhortés à s'accuser publiquement et à toutes sortes de personnes indifférentes. Nous verrons ci-après de quelle manière les protestants entendent ces passages. — Au 1er siècle, saint Barnabé dit, dans sa lettre, n° 19 : *Vous confesserez vos péchés.* Et saint Clément (*Epist.* 2, n°8) : « Convertissons-nous... Car, lorsque nous serons sortis de ce monde, nous ne pourrons plus nous confesser ni faire pénitence. » — Au IIe siècle, saint Irénée (*Adv. Hær.*, l. I. c. 9), parlant des femmes qui avaient été séduites par l'hérétique Marc, dit qu'étant converties et revenues à l'Eglise, elles confessèrent qu'elles s'étaient laissé corrompre par cet imposteur. Liv. III, c. 4, il dit que Cerdon, revenant souvent à l'Eglise et faisant sa *confession*, continua de vivre dans une alternative de *confessions* et de rechutes dans ses erreurs. — Tertullien (*L. de Pœnit.*, c. 8 et suiv.) parle de la *confession* comme d'une partie essentielle de la pénitence ; il blâme ceux qui, par honte, cachent leurs péchés aux hommes, comme s'ils pouvaient aussi les cacher à Dieu. — Origène (*Homil.* 2, *in Levit.*, n° 4) dit qu'un moyen pour le pécheur qui veut rentrer en grâce avec Dieu, est de déclarer son péché au prêtre du Seigneur, et d'en chercher le remède. Il répète la même chose, *Hom.* 2, *in Ps.* XXXVII, 19.— Au IIIe siècle, l'Eglise condamna les montanistes, et ensuite les novatiens, qui lui refusaient le pouvoir d'absoudre des grands crimes ; comment pouvait-on les distinguer d'avec les fautes légères, sinon par la *confession*? Saint Cyprien (*De Lapsis*, p. 190 et 191) fait mention de ceux qui confessaient aux prêtres la simple pensée qu'ils avaient eue de retomber dans l'idolâtrie; il exhorte les fidèles à faire de même, pendant que la rémission accordée par les prêtres est agréée de Dieu. — Lactance (*Divin. Instit.*, l. IV, c. 17), dit que la *confession* des péchés, suivie de la satisfaction, est la circoncision du cœur que Dieu nous a commandée par les prophètes. Chap. 30, il dit que la véritable Eglise est celle qui guérit les maladies de l'âme par la *confession* et la pénitence.

Nous nous abstenons de citer les Pères du IVe siècle et des suivants ; on peut voir leurs passages, non seulement dans D. de Sainte-Marthe, mais dans le P. Drouin (*De Re sacramentaria*, tom. VII). L'essentiel est de prouver la fausseté de ce qui a été soutenu par les protestants, savoir, qu'il n'y a aucun vestige de *confession* sacramentelle dans les trois premiers siècles de l'Eglise (1).

Ils prétendent que, dans les textes de l'Ecriture et des Pères que nous alléguons, il n'est point question de *confession auriculaire* ni d'absolution, mais d'un aveu que les fidèles se faisaient l'un à l'autre par humilité, pour obtenir le secours de leurs prières mutuelles ; que, quand les anciens se servent du terme ἐξομολόγησις, *confession*, ils entendent la *confession* publique, qui faisait partie de la pénitence canonique. — 1° Cela est faux : dès le IIe siècle, Origène parle d'une *confession* faite au prêtre, et non au commun des fidèles. Au IIIe, saint Cyprien s'explique de même des péchés secrets confiés aux prêtres, et de la rémission accordée par les prêtres : donc il l'entend de la *confession* sacramentelle et de l'absolution. — 2° Supposons, pour un moment, qu'il est question d'une *confession* publique ; les Pères la

pour la rémission de ses péchés, de confesser tous et un chacun des péchés mortels dont on peut se souvenir après y avoir bien et soigneusement pensé, même les péchés secrets, qui sont contre les deux derniers préceptes du décalogue et les circonstances qui changent l'espèce du péché, mais qu'une telle confession est seulement utile pour l'instruction et pour la consolation du pénitent, et qu'autrefois elle n'était en usage que pour imposer une satisfaction canonique; ou si quelqu'un avance que ceux qui s'attachent à confesser tous leurs péchés semblent ne vouloir rien laisser à la miséricorde de Dieu à pardonner ; ou enfin qu'il n'est pas permis de confesser les péchés véniels ; qu'il soit anathème. » *Can.* 7. — « Si quelqu'un dit que la confession de tous ses péchés, telle que l'observe l'Eglise, est impossible et n'est qu'une tradition humaine que les gens de bien doivent tâcher d'abolir, ou bien que tous et chacun des fidèles chrétiens de l'un et de l'autre sexe n'y sont pas obligés une fois l'an, conformément à la constitution du grand concile de Latran, et que pour cela il faut dissuader les fidèles de se confesser dans le temps du carême ; qu'il soit anathème. » *Can.* 8.

(1) Nous allons citer quelques-uns des textes des Pères de ce siècle.

Saint Athanase (*Sur le Lévitique*) : « Examinons

jugent nécessaire; pouvait-elle l'être, si Jésus-Christ et les apôtres ne l'avaient pas commandée? les pasteurs de l'Eglise auraient-ils prescrit, de leur propre autorité, une pratique aussi humiliante, et les fidèles auraient-ils voulu s'y soumettre? Donc toute l'antiquité a cru qu'en vertu des paroles de Jésus-Christ et des apôtres il fallait, pour la pénitence, une *confession* faite aux prêtres, soit en public, soit en particulier. De quel droit les protestants n'en veulent-ils admettre aucune? Que l'Eglise, après avoir reconnu les inconvénients de la *confession* publique, n'ait plus exigé qu'une *confession* secrète et auriculaire, ç'a été un trait de sagesse; la conduite des protestants qui rejettent toute *confession*, et tordent à leur gré le sens de l'Ecriture sainte, est une folle témérité.

Les apôtres et leurs disciples ont dit : *Confessez vos péchés*; quinze cents ans après, les réformateurs leur ont dit : *N'en faites rien*,

dans notre conscience si nos liens sont dissous; que s'il ne l'étaient pas encore, livrez-vous aux disciples de Jésus qui sont à vos côtés et prêts à vous délier en vertu de la puissance qu'ils ont reçue du Sauveur : Tout ce que vous délierez sur la terre sera délié dans le ciel, etc. » — Saint Basile (*Quæst.* 229) : « On doit garder pour la confession des péchés la même mesure que l'on suit pour les maladies du corps. Ainsi, comme nous ne découvrons pas les maladies de notre corps à tout le monde, ni aux premiers venus, mais uniquement à ceux qui savent les guérir, de même la confession des péchés ne peut se faire qu'à ceux qui peuvent les guérir... Il faut *nécessairement* (*Règl.* 288) découvrir ses péchés à ceux qui ont reçu la dispensation des mystères de Dieu. » — Saint Pacien (*Exhortation à la Pénitence*) : « Que faites-vous, vous qui trompez le prêtre, vous qui l'égarez par l'ignorance dans laquelle vous le laissez, ou le jetez dans l'embarras de juger, en ne lui donnant pas une pleine connaissance de vous-mêmes ?.... Je vous conjure donc, mes frères, par ce Dieu à qui rien n'échappe, cessez de me cacher votre conscience ulcérée, je vous le demande à cause du danger où vous m'exposez. Les malades qui ont de la prudence ne rougissent pas de se montrer au médecin, lors même qu'il doit porter le fer ou le feu aux parties les plus cachées. » — Saint Grégoire de Nysse (*Lettre à l'évêque de Mitylène*) : « Ainsi que dans le traitement des maladies corporelles, la médecine n'a qu'un but, la guérison de celui qui souffre; mais une grande variété dans l'application des remèdes (car, suivant la variété des maladies, les remèdes et le régime doivent être propres et convenables à chacun) ; de même, dans les maladies de l'âme, les affections étant très-variées, la guérison doit être aussi, puisqu'il faut appliquer les remèdes suivant les affections. » Et *Discours sur la femme pécheresse* : « Prenez un prêtre comme un père; faites en le confident de vos peines, l'associé de votre affliction. Montrez-lui hardiment ce qui est recélé dans votre âme. Découvrez-lui les secrets de votre conscience, comme les blessures cachées se découvrent au médecin. Lui, à son tour, prendra le soin de votre honneur et de votre santé. » — Saint Ambroise (*Sur la Pénitence*, l. II, c. 8), exhortant les pécheurs à ne pas différer leur conversion jusqu'à la mort : « Nous devons nous abstenir dès à présent de tous les vices, parce que nous ignorons si nous pourrons alors nous confesser à Dieu et au prêtre. » Réfutant, c. 2, les prétextes de ceux qui refusent de s'approcher du sacré tribunal de la pénitence : « Nuls ne font une plus grande injure au ciel que ceux qui veulent abroger ses ordonnances, et annuler la commission qu'il a donnée. Car Notre-Seigneur ayant dit : *A quiconque vous remettrez les péchés, ils leur seront remis; à quiconque vous les retiendrez, ils leur seront retenus* : lequel des deux l'honore davantage, celui qui obéit à son ordre ou celui qui lui résiste ? Mais l'Eglise se montre obéissante, soit qu'elle lie, soit qu'elle relâche les péchés. » — Saint Jean Chrysostome (*Homélie 2 sur la Genèse*) : « Si le pécheur veut se hâter de faire la confession de ses crimes, s'il veut découvrir l'ulcère à un médecin qui le traite sans se permettre de reproches, s'il veut en accepter les remèdes, ne parler qu'à lui seul, à l'insu de tout autre, mais lui avouer exactement tous ses péchés, il parviendra facilement à les guérir, car la confession des péchés commis en est l'abolition. » — Saint Jérôme (*Sur le chapitre dixième de l'Ecclésiast.*) : « Si le serpent infernal avait porté à quelqu'un une morsure cachée; si, à l'écart et sans témoin, il lui avait insinué le venin

du péché, et que le malheureux infecté s'obstinât à n'en point parler, à ne point faire pénitence, à ne pas découvrir sa blessure à son frère et à son maître; le maître, qui possède les paroles de la guérison, ne lui sera pas plus de ressource que le médecin au malade qui rougit de s'ouvrir à lui. Car ce qu'elle ignore, la médecine ne le guérit pas. *Quod enim ignorat, medicina n n curat.* » — Saint Augustin (*Homélie sur le Ps.* 66) : « Soyez donc triste avant la confession, mais réjouissez-vous après ; car vous serez guéri. Le venin s'était amassé dans votre conscience ; l'apostume s'était gonflé, vous mettait à la torture, et ne vous laissait aucun repos. Le médecin vient et apposer le baume des paroles, ou quelquefois y porter un feu salutaire ; il ouvre, il ampute ; reconnaissez sa main bienfaisante. Confessez-vous, et que par votre confession sorte et découle *tout* ce qui s'y était accumulé de pourriture. Alors soyez joyeux et content : le reste sera d'une guérison facile. » Parlant du pécheur en général : « Qu'il aille se présenter au pontife, car à lui est confié l'administration des clefs; qu'il en reçoive le mode convenable de satisfaction, qu'il fasse ce qu'il faut pour recouvrer le salut et servir d'exemple aux autres ; que si son péché lui a causé un grand dommage et beaucoup de scandale aux autres, si le pontife estime expédient pour l'édification de l'Eglise que ce péché devienne connu, non-seulement de plusieurs, mais encore de tout le peuple, qu'il ne s'y refuse point, qu'il ne résiste pas, et que par honte il n'aille point ajouter une tumeur funeste à une plaie déjà mortelle. » *Sermon* 392 : « Faites pénitence comme elle se fait dans l'Eglise, afin que l'Eglise prie pour vous. Que personne ne se dise : Je la fais intérieurement et devant Dieu; qu'il me pardonne, il sait que je la fais dans mon cœur... Eh quoi ! c'est donc en vain que les clefs en ont été données à l'Eglise !... Ce serait frustrer l'Evangile ; ce serait frustrer les paroles de Jésus-Christ. » Saint Léon (*Lettre* 136, c. 2) : « Tandis qu'il suffit d'indiquer aux seuls prêtres, et par une confession secrète, les délits des consciences. Car, quelque louable que paraisse cette plénitude de foi qui, en vue de Dieu, ne craint pas de rougir devant les hommes, cependant comme tous les péchés ne sont point de nature à ce que les pénitents ne puissent avoir aucune frayeur de les manifester, qu'on renonce à cette blâmable pratique, de crainte que plusieurs ne s'éloignent des remèdes de la pénitence, détournés soit par la honte, soit par la peur de publier devant leurs ennemis des actions qui pourraient être frappées par les lois civiles. Il suffit d'une confession faite d'abord à Dieu, ensuite au prêtre qui intercède pour les péchés du pénitent. Par là plusieurs seront attirés à la pénitence, lorsque les consciences ne seront plus ouvertes devant le public. »

la *confession est une invention que les papes ont mise en usage pour asservir les fidèles au clergé*; et l'on a écouté les réformateurs plutôt que les apôtres.

Bingham, qui a tant étudié l'antiquité, après avoir rapporté les trente arguments que Daillé a faits contre la *confession auriculaire*, est forcé de convenir que les anciens tels qu'Origène, saint Cyprien, saint Grégoire de Nysse, saint Basile, saint Ambroise, saint Paulin, saint Léon, etc., parlent souvent d'une *confession* faite aux prêtres seuls; mais il en imagine différentes raisons, et ne veut pas convenir que ç'a été afin de recevoir des prêtres l'absolution sacramentelle (*Origin. ecclés.*, l. XVIII, c. 3, § 7 et suiv.). Dans ce cas, nous demandons de quelle manière les prêtres ont donc exercé le pouvoir que Jésus-Christ leur a donné de remettre les péchés. Si les fidèles n'avaient pas eu confiance à ce pouvoir, pourquoi se seraient-ils confessés aux prêtres plutôt qu'aux laïques?

Dans le fond, les trente arguments de Daillé se réduisent à un seul, qui consiste à faire voir que, dans les premiers siècles, l'on n'a pas parlé de la *confession* aussi souvent et aussi expressément qu'on l'a fait dans les derniers. Mais qu'importe, pourvu que l'on en ait dit assez pour nous convaincre que l'on reconnaissait alors la nécessité d'une *confession* quelconque? Il en résulte toujours que les protestants ont tort de n'en admettre et de n'en pratiquer aucune. — Si Daillé avait eu la bonne foi de citer les passages des Pères que nous venons d'alléguer, il aurait vu que c'est la réfutation complète de ses trente arguments.

Ce théologien en impose encore quand il avance que les Grecs, les jacobites, les nestoriens, les arminiens, ne croient point la *confession* nécessaire; le contraire est prouvé d'une manière incontestable par les livres et par la pratique de ces différentes sectes. *Voy. Perpétuité de la Foi*, tom. IV, pag. 47 et 85; tom. V, l. III, c. 5; Assémani, *Bibl. orient.*, tom. II, préf., § 5. Ces sectes, séparées de l'Église romaine depuis douze cents ans, n'ont certainement pas emprunté d'elle l'usage de la *confession*. Il faut donc que cet usage ait été celui de toute l'Église dans le temps de leur séparation, et non une nouvelle discipline introduite dans l'Église romaine au XIIIe siècle, comme le prétendent les protestants.

Bingham convient que les novatiens furent traités comme schismatiques, parce qu'ils contestaient à l'Église le pouvoir de remettre les péchés (*Ibid.*, c. 4, § 5); mais il ne nous apprend pas de quelle manière et par qui l'Église exerçait ce pouvoir qu'elle s'est constamment attribué en vertu des paroles de Jésus-Christ, si elle donnait ou refusait l'absolution des péchés qu'elle ne connaissait pas, et qui n'étaient pas confessés. Or, nous soutenons que, dans tous les temps, un des préliminaires indispensables de l'absolution a toujours été la *confession*; que l'on s'est confessé aux évêques et aux prêtres, et non à d'autres. — Cela est prouvé par un fait du IIIe siècle, dont les protestants ont voulu tirer avantage. Socrate (*Hist. ecclés.*, l. v, c. 19) rapporte qu'après la persécution de Dèce, par conséquent vers l'an 250, les évêques établirent un prêtre pénitencier pour entendre les *confessions* de ceux qui étaient tombés après leur baptême. Il dit que cet usage avait subsisté jusqu'à son temps, excepté chez les novatiens, qui ne voulaient pas que l'on admit ces *tombés* à la communion; mais qu'à Constantinople, le patriarche Nectaire, placé sur ce siége l'an 381, supprima la pénitence, parce que l'on sut, par la *confession* d'une femme, qu'elle avait péché avec un diacre; qu'ainsi, Nectaire laissa chaque fidèle dans la liberté de se présenter à la communion selon sa conscience, et qu'il fut imité par les autres évêques *homousiens*: c'est le nom que les ariens donnaient aux catholiques. Sozomène (*Hist. ecclés.*, liv. VII, c. 16) raconte la même chose, avec de légères variétés dans les circonstances.

De là nous concluons, 1° qu'avant l'an 250, ce n'étaient pas ordinairement les prêtres, mais les évêques, qui entendaient les *confessions* des fidèles. L'an 390, le concile de Carthage, can. 3 et 4, n'accorda aux prêtres le pouvoir de réconcilier les pénitents que dans l'absence de l'évêque. 2° Que l'on jugeait la *confession* nécessaire avant de recevoir la communion. 3° Que l'on n'exigeait pas une *confession* publique, autrement l'établissement d'un pénitencier aurait été inutile. 4° Que Nectaire ne fit autre chose, en supprimant le pénitencier, que rétablir la discipline telle qu'elle était avant l'an 250.

Les protestants, au contraire, soutiennent que Nectaire abolit toute espèce de *confession*, chose qu'il n'aurait pas osé faire, et qui n'aurait pas été usitée par les autres évêques, si l'on n'avait cru que la *confession* était commandée par Jésus-Christ ou par les apôtres. Cette prétention est certainement fausse. En premier lieu, Socrate et Sozomène ne disent point que Nectaire abolit toute *confession*; et quand ils l'auraient dit, nous ne serions pas obligés de les croire, dès qu'il y a des preuves positives du contraire. Ils disent, à la vérité, que Nectaire laissa chaque fidèle dans la liberté de se présenter à la communion *selon sa conscience*; cela signifie que l'on n'exigea plus, comme autrefois, de chaque fidèle, une *confession* quelconque, mais qu'on lui laissa la liberté de juger s'il en avait besoin ou non. Ils disent que le changement de discipline causa du relâchement dans les mœurs, et l'on ne peut pas douter que la *confession* publique n'ait été un frein puissant pour les mœurs, lorsqu'elle était en usage. En second lieu, nous voyons, par les canons du concile de Carthage, et par le témoignage des Pères du Ve siècle, que l'on continua d'exiger au moins la *confession* secrète ou auriculaire, et qu'elle n'a jamais cessé d'être pratiquée Encore une fois, personne n'aurait voulu s' soumettre, si l'on n'avait pas été persuadé que Jésus-Christ l'avait commandée.

Lorsque les nestoriens se sont séparés de l'Église catholique au v⁵ siècle, et les eutychiens au v⁵, ils ont emporté avec eux l'usage de la *confession* auriculaire; il y subsiste encore, quoiqu'il y ait été quelquefois interrompu. Vainement nos adversaires ont voulu contester ce fait, il est prouvé par des témoignages et par des monuments irrécusables. De quel front peuvent-ils soutenir que c'est une invention nouvelle de la politique des papes et de l'ambition du clergé?

Plus d'une fois les protestants se sont repentis d'avoir aboli l'usage de la *confession*. Ceux de Nuremberg envoyèrent une ambassade à Charles-Quint, pour le prier de la rétablir chez eux par un édit (Solo, in-4, dist. 18, q. 1, art. 1). Ceux de Strasbourg auraient aussi voulu la remettre en usage (*Lettre du P. Scheffmacher*, 4ᵉ lettre, § 3). Elle a été conservée en Suède, parce que c'est un des articles dont on était convenu dans la *Confession d'Augsbourg* (Bossuet, *Hist. des Variations*, liv. III, n° 46). Mosheim nous apprend qu'elle est encore pratiquée dans la Prusse, et il blâme un ministre de Berlin, qui, en 1697, s'avisa de prêcher contre cet usage (*Hist. ecclés. du xvIIᵉ siècle*, sect. 2, IIᵉ part., c. 1, § 55). Quelques incrédules d'Angleterre ont accusé le clergé anglican d'en souhaiter le rétablissement et d'y travailler (*Etat présent de l'Eglise romaine, épitre au pape*, pag. 30 et 31). Vaines tentatives : dès que l'on est parvenu à persuader aux protestants que la *confession* sacramentelle n'est pas une institution de Jésus-Christ, jamais ils ne consentiront à en reprendre le joug, et jamais les premiers fidèles ne s'y seraient assujettis, s'ils avaient été dans la même opinion.

Par ces mêmes faits, il est prouvé que les protestants modérés rougissent aujourd'hui des invectives que leurs réformateurs ont vomies contre la *confession* auriculaire; ce fut cependant un des principaux sujets de leur schisme, et un des attraits par lesquels ils séduisirent les peuples. Mais les incrédules, peu délicats sur le choix de leurs arguments, n'ont pas dédaigné de répéter les plus faux et les plus aisés à réfuter. — Ils disent, avec Bayle, que la *confession* est dangereuse pour le confesseur et pour la plupart des pénitents; que c'est une tentation terrible pour le premier d'entendre le récit de certains désordres, et qu'il y a, surtout pour les jeunes personnes, beaucoup de danger à entrer dans ce détail. Nous soutenons, au contraire, que, pour tout homme sensé, le meilleur préservatif contre les désordres est de voir à quels excès ils conduisent. Dans un siècle où la corruption des mœurs est à son comble, y a-t-il rien de plus mortifiant et de plus douloureux pour un homme qui croit en Dieu, que de voir jusqu'à quel point l'oubli de la morale chrétienne, le mépris de toutes les lois, la dépravation de tous les principes règnent dans le monde? Si c'était un attrait pour des cœurs gâtés, les ecclésiastiques les plus vicieux seraient aussi les plus empressés à exercer la fonction de confesseur : en est-il ainsi? A moins qu'une personne n'ait perdu toute honte et toute crainte de Dieu, il est impossible que le récit de ses désordres ne serve à l'humilier et à lui causer du repentir; celles qui veulent y persévérer ne se confessent plus. — Pour rendre la doctrine catholique odieuse, ils affectent de supposer que nous attribuons à la *confession* toute nue le pouvoir de remettre les péchés : c'est une fausse imputation. Suivant la croyance catholique, la *confession* n'a de vertu que comme partie du sacrement de pénitence, et qu'autant qu'elle est jointe à la contrition ou au repentir d'avoir péché, à la résolution de n'y plus retomber et de satisfaire à Dieu et au prochain. — D'un côté, les protestants exagèrent la difficulté de la *confession*, elle leur parait une pratique capable de bourreler la conscience; de l'autre, les incrédules tournent en ridicule la facilité avec laquelle les plus grands pécheurs sont absous dès qu'ils se confessent : contradiction palpable. — Puisque la *confession* est humiliante et difficile, un pécheur ne peut guère s'y résoudre à moins qu'il ne soit déjà repentant et résolu de se réconcilier avec Dieu; mais cette difficulté est bien adoucie par l'espérance d'être absous et purifié; donc c'est un abus d'envisager la *confession* seule comme séparée des dispositions essentielles dont elle doit être accompagnée, et de l'absolution dont elle est suivie.

Nos adversaires soutiennent que ceux qui se confessent n'ont pas les mœurs plus pures que les autres; qu'il y a moins de vices chez les protestants depuis qu'ils ont aboli la *confession*. Double fausseté. Tous ceux qui se livrent au désordre commencent par abandonner la *confession*, et ils y reviennent lorsqu'ils veulent se convertir. Le motif qui a engagé plus d'une fois les protestants à désirer le rétablissement de la *confession* parmi eux, est le déréglement des mœurs dont l'abolition de cette pratique a été suivie. Plusieurs de leurs écrivains sont convenus de ce fait essentiel, et ont avoué que leur prétendue réforme aurait grand besoin d'être réformée. — On objecte que plusieurs scélérats se sont confessés avant de commettre leurs forfaits, que d'autres se confessent afin de pallier leurs désordres sous une apparence de piété et de conserver leur réputation. Outre l'incertitude de tous ces faits, qui ne sont rien moins que prouvés, nous répondons qu'il en résulte seulement que les scélérats peuvent abuser de tout, et que, dans aucun genre, l'exemple des monstres ne peut servir de règle. A-t-on comparé le nombre de ceux qui ont abusé de la *confession*, avec la multitude de ceux qui y ont renoncé afin de pécher plus librement? Ceux qui se sont confessés avant de commettre une mauvaise action ne la regardaient pas comme un crime, donc ils n'en ont pas fait confidence à leur confesseur.

Le quatrième concile de Latran, tenu l'an 1215, sous Innocent III, can. 21, ordonne à tous les fidèles de l'un et de l'autre sexe, parvenus à l'âge de discrétion, de confesser tous leurs péchés, au moins une fois l'an, à leur propre prêtre.... Que si quelqu'un, pour une juste cause, veut confesser ses péchés à un prêtre étranger, il en demandera et en obtiendra la permission de son propre prêtre, parce qu'autrement cet étranger ne pourrait le lier ni le délier. C'est de ce canon que les protestants ont pris occasion de soutenir que la *confession* sacramentelle est une invention du pape Innocent III, et qu'elle ne remonte pas plus haut que le XIIIe siècle ; le contraire est suffisamment prouvé.—Mais on a disputé, même parmi les catholiques, pour savoir ce que le concile de Latran a entendu par *propre prêtre* et *prêtre étranger*. Plus d'une fois les religieux ont voulu soutenir que le *propre prêtre* est non-seulement le curé, mais tout confesseur approuvé ; ils ont obtenu plusieurs bulles des papes qui le déclaraient ainsi. En 1321, Jean XXII condamna Jean de Poilly, docteur de Paris, qui avait soutenu le contraire, à se rétracter publiquement (Fleury, *Hist ecclés.*, liv. XCII, § 54). — Cependant, l'an 1280, un synode de Cologne, et l'an 1281, un concile de Paris, composé de vingt-quatre évêques et d'un grand nombre de docteurs, avaient déjà décidé la contestation en faveur des curés. Aussi, en 1451 et 1456, la faculté de théologie de Paris, en 1478, le pape Sixte IV, confirmèrent cette décision, et elle a toujours été suivie dans le clergé de France. C'est évidemment le sens du concile de Latran, puisqu'il exige que celui qui voudra se confesser à un prêtre étranger, en obtienne la permission de son *propre prêtre*. Certainement, tout prêtre approuvé ne peut pas donner cette permission, et sous le nom de *prêtre étranger*, le concile n'a pas entendu un prêtre non approuvé ; aucune permission ne pourrait suppléer au défaut d'approbation. Mais cela n'ôte point aux évêques le droit d'accorder à tout prêtre approuvé pour leur diocèse, le pouvoir d'entendre les *confessions* pascales, sans qu'il soit besoin d'une permission expresse des curés.

Ce même concile de Latran a déclaré que le secret de la *confession* est inviolable dans tous les cas, et sans aucune exception. Il l'est en effet de droit naturel, puisque le bien de la société chrétienne l'exige ainsi ; sans cette sûreté, quel est le pécheur coupable de grands crimes, qui voudrait les accuser à un confesseur ? Quoique l'on ne connaisse aucune loi divine positive qui ordonne ce secret inviolable, on ne peut pas croire que Jésus-Christ ait imposé aux pécheurs le joug de la *confession*, avec le danger de se diffamer eux-mêmes ; il n'a pas même exigé l'aveu formel de ceux auxquels il accordait le pardon, parce qu'il connaissait leur intérieur. Quant à la loi ecclésiastique, qui prescrit aux confesseurs un silence absolu, elle est très-ancienne, puisqu'au IVe siècle on supprima les pénitenciers, parce qu'un crime accusé à celui de Constantinople était devenu public, et avait causé du scandale.

Il est donc étonnant que, dans le *Dictionnaire de Jurisprudence*, on ait décidé qu'il faut excepter du secret de la *confession* le crime de lèse-majesté au premier chef, c'est-à-dire les conspirations tramées contre le roi ou contre l'État, et que le confesseur se rendrait coupable en ne les révélant pas. Nous soutenons avec tous les théologiens, qu'au contraire il se rendrait très-coupable en les révélant. Où est le criminel qui voudrait accuser, dans le tribunal de la pénitence, un pareil crime, s'il savait que le confesseur doit le révéler au magistrat ? C'est le sceau inviolable de la *confession* qui seul peut l'engager à s'accuser, qui met le confesseur à portée de le détourner de ce forfait, de l'obliger même, par le refus de l'absolution, à en prévenir l'exécution par des avis indirects ou autrement. L'opinion du jurisconsulte que nous réfutons, loin de pourvoir à la sûreté des rois et de l'État, les met en plus grand danger. Henri IV le comprit très-bien, lorsque le père Cotton, son confesseur, lui allégua cette raison. — L'auteur du Dictionnaire s'en est laissé imposer par un de nos philosophes, qui a écrit qu'en 1610, trois mois après le meurtre de Henri IV, le parlement de Paris décida, par un arrêt, qu'un prêtre qui sait, par la *confession*, une conspiration contre le roi et l'État, doit la révéler aux magistrats. Si cet arrêt était réel, il faudrait l'attribuer à un défaut de réflexion et à la consternation dans laquelle tout le royaume fut plongé par la mort funeste de ce bon roi.—Mais comment ajouter foi à un écrivain aussi célèbre par ses mensonges, et qui ajoute en même temps une autre imposture ? Il dit que Paul IV, Pie IV, Clément VIII, et, en 1622, Grégoire XV, ont obligé les confesseurs à dénoncer aux inquisiteurs ceux que leurs pénitentes accusaient en *confession* de les avoir séduites et sollicitées au crime dans le tribunal de la pénitence. C'est une fausseté calomnieuse ; voici ce que ces papes ont ordonné. Lorsqu'une pénitente déclare à son confesseur qu'elle a été sollicitée au crime dans la *confession*, même par un autre, ils exigent que ce confesseur oblige sa pénitente à révéler à ses supérieurs ecclésiastiques le crime du confesseur coupable, mais ils ne prescrivent pas au confesseur de faire cette révélation lui-même ; il ne peut et ne doit la faire dans aucun cas. La loi qu'ils imposent est donc établie contre la sûreté des confesseurs, et non contre celle des pénitents ; mais le philosophe a confondu malicieusement la révélation faite par une pénitente avec la révélation faite par un confesseur, afin d'avoir occasion de dire qu'il y a *une contradiction absurde et horrible* entre cette décision des papes et celle du concile de Latran, et une opposition formelle entre nos lois ecclésiastiques et nos lois civiles. Il n'y a rien ici d'absurde ni d'horrible que la mauvaise foi du philosophe, de laquelle un jurisconsulte a été la dupe.

On sait qu'en 1383 saint Jean-Népomucène aima mieux endurer des tourments cruels et la mort, que de révéler à l'empereur Venceslas la *confession* de l'impératrice son épouse. Dès le VIe siècle, saint Jean Climaque a dit : « Il est inouï que les péchés, dont on a fait l'aveu dans le tribunal de la pénitence, aient été divulgués. Dieu le permet ainsi, afin que les pécheurs ne soient pas détournés de la *confession*, et qu'ils ne soient pas privés de l'unique espérance de salut qui leur reste. » (*Epist. ad Paston.*, c. 13.) *Voy.* PÉNITENCE.

CONFESSION DE FOI, déclaration publique et par écrit de ce que l'on croit. Les conciles ont dressé des *confessions* ou professions de foi, que l'on a aussi nommées *symboles*, pour distinguer la doctrine catholique d'avec les erreurs ; les hérétiques en ont fait de leur côté, pour exposer leur croyance. Au concile de Rimini, les ariens présentèrent aux évêques catholiques une formule ou *confession de foi*, qui portait en tête, le 22 mai 359, sous le consulat de..... et ils voulaient que l'on s'en contentât, sans avoir égard aux décrets des conciles, ni aux formules précédentes. Par l'inscription ou la date, les évêques catholiques reconnurent que c'était la dernière formule de Sirmich, qui était mauvaise ; ils la rejetèrent et se moquèrent de l'inscription (Socrate, *Hist. ecclésiastique*, liv. II, chap. 37).

La plupart des hérétiques ont varié, comme les ariens, dans leurs *confessions de foi*; jamais ils n'ont pu contenter tous leurs sectateurs, ni se satisfaire eux-mêmes ; on a souvent fait ce reproche aux protestants en particulier. — Ils ont fait un recueil de leurs *confessions de foi*, divisé en deux parties : la première partie en contient sept, savoir, 1° la *confession* helvétique, dressée par les églises protestantes de la Suisse. Il y en avait déjà une faite à Bâle en 1536 ; mais comme elle ne parut pas assez ample, on en dressa une seconde en 1566, à laquelle ils prétendent que toutes les églises calvinistes, non-seulement de la Suisse et des Grisons, mais encore de l'Angleterre, de l'Ecosse, de la France et de la Flandre, souscrivirent ou acquiescèrent. — 2° Celle que les calvinistes de France présentèrent à Charles IX au colloque de Poissy, l'an 1561, qui avait été dressée par Théodore de Bèze ; elle fut souscrite par la reine de Navarre, par Henri IV son fils, par le prince de Condé, par le comte de Nassau, etc. — 3° La *confession* anglicane, rédigée dans un synode de Londres, l'an 1562, et publiée sous la reine Elisabeth, l'an 1571. — 4° Celle des Ecossais, faite en 1568, dans une assemblée du parlement de ce royaume. — 5° La *confession* belgique, dressée en 1561, pour les églises de Flandre, approuvée dans un de leurs synodes, en 1579, et confirmée au synode de Dordrecht, en 1619. — 6° Celle des calvinistes polonais, composée dans un synode de Gzenger, l'an 1570. — 7° Celle que l'on nomma *des quatre villes impériales*, savoir : Strasbourg, Constance, Memmingue et Lindau, présentée à Charles-Quint, l'an 1530, en même temps que celle d'Augsbourg.

La seconde partie du recueil renferme les *confessions de foi* des églises luthériennes, et celles qui y ont le plus de rapport. En premier lieu, la *confession* d'Augsbourg, dressée par Mélancthon, en 1530, et présentée à Charles-Quint par plusieurs princes de l'empire, dans la diète tenue dans cette ville. — 2° La *confession* saxonne, faite à Wittemberg en 1551, pour être présentée au concile de Trente. — 3° Une autre, dressée dans la même ville, en 1552, et qui fut en effet présentée au concile de Trente par les ambassadeurs du duc de Wirtemberg. — 4° Celle de Frédéric, électeur palatin, mort l'an 1566, publiée en 1577, comme il l'avait ordonné par son testament. — 5° La *confession* des bohémiens ou des vaudois, approuvée par Luther, par Mélanchton et par l'académie de Wittemberg, en 1532, publiée par les seigneurs, et présentée à Ferdinand, roi de Hongrie et de Bohème, en 1535. — 6° La déclaration intitulée *Consensus in Fide*, etc., dressée par les ministres des églises de Pologne, dans un synode de Sendomir, en 1570.

On a mis à la suite les décrets du synode de Dordrecht, tenu en 1618 et 1619. Enfin, la *confession de foi* que les protestants reçurent de Cyrille-Lucar, patriarche grec de Constantinople, en 1631. Cette multitude de *confessions de foi*, données par les protestants dans un espace de quarante ans, fournit matière à plusieurs réflexions. — En premier lieu, nous ne voyons pas de quoi elles peuvent servir à des sectes qui soutiennent toutes que l'Ecriture sainte est la seule règle de foi ; que les hommes n'ont droit d'y rien ajouter ; qu'aucune décision de concile ni de synode n'a par elle-même aucune autorité ; que l'on n'est obligé d'y déférer qu'autant qu'elle paraît conforme à l'Ecriture sainte ; qu'après l'avoir signée, l'on est encore en droit de la contredire, dès que l'on s'apercevra que cette doctrine ne s'accorde pas avec la parole de Dieu. En obligeant les particuliers à y souscrire, et les ministres à s'y conformer, les protestants ont évidemment renversé le principe fondamental de la réforme. Vainement nous voudrions argumenter contre eux sur leur prétendue profession de foi, ils seraient toujours en droit de nous répondre : Ainsi pensaient nos pères, mais nous ne croyons plus de même aujourd'hui. — En second lieu, si l'Ecriture sainte est claire, formelle, suffisante sur tous les points de foi, comme le prétendent les protestants, ç'a été de leur part un attentat d'oser y ajouter quelque chose, ou de vouloir en réformer les expressions ; se sont-ils flattés de mieux parler que le Saint-Esprit ? une explication quelconque n'est plus la parole de Dieu, mais celle des hommes. Il est étonnant qu'aucune de ces sectes n'ait voulu se borner à mettre bout à bout les passages de l'Ecriture sainte, pour rendre témoignage de sa foi. Si les premiers qui ont dressé leur *confession*, en 1530, ont bien pris le sens de l'Ecriture sainte, pourquoi aucune secte n'a-t-elle voulu s'y tenir, et pourquoi a-t-il fallu sans cesse y revenir sur nouveaux frais ? — En troisième lieu, quiconque prendra la peine de comparer ces *confessions*, verra que, loin d'avoir établi l'uniformité de croyance entre les différentes sectes protestantes, elles ne servent qu'à démontrer l'opposition de leurs sentiments. Aussi, depuis cette époque, les luthériens n'ont pas été mieux d'accord avec les calvinistes ; les uns ni les autres ne se sont pas rapprochés davantage des anglicans ; les sociniens et d'autres sectes n'en ont pas moins fait bande à part. Si toutes pensaient de même, une seule profession de foi suffirait pour toutes, de même que les décisions du concile de Trente ont suffi et suffisent encore pour réunir tous les catholiques dans la même croyance. Inutilement l'on nous répondra que tous les protestants sont unanimes dans la croyance des articles fondamentaux ; si cela suffit, l'on a eu tort de mettre d'autres articles dans les *confessions de foi* ; il fallait se borner à dire : chacun croira ce qui lui paraîtra clairement révélé dans l'Ecriture sainte. Bossuet, dans son *Histoire des Variations*, a fait voir l'inconstance, les équivoques, les contradictions de toutes ces *confessions de foi*. — En quatrième lieu, puisqu'il a été permis à chacune des sectes de faire sa déclaration de foi particulière, nous ne voyons pas pourquoi le concile de Trente n'a pas eu aussi le droit de dresser une ample profession de la croyance catholique. Si les protestants se sont vantés de fonder leur doctrine sur l'Ecriture sainte, ce concile y a de même fondé la sienne, il en a cité les passages aussi bien que les protestants ; il reste à savoir si ces derniers ont été mieux éclairés que lui par le Saint-Esprit, pour en prendre le vrai sens. A la vue de treize ou quatorze *confessions de foi*, il nous paraît qu'un simple particulier protestant ne doit pas être peu embarrassé à juger quelle est la meilleure. — Ils ont fait, contre celle du concile de Trente, des reproches contradictoires. Ils disent d'un côté, que l'on y a décidé, comme article de foi, plusieurs opinions sur des points obscurs et difficiles, sur lesquels il était permis à chacun de croire ce que bon lui semblait. D'autre part, ils se plaignent de ce qu'on y a exprimé plusieurs choses d'une manière ambiguë, à cause des débats qui règnent parmi les théologiens. Ainsi, les protestants sont mécontents de ce que le concile a décidé trop d'articles, et de ce qu'il en a décidé trop peu ; ils trouvent encore mauvais que les papes aient expliqué par des bulles ce qui n'était pas exprimé assez clairement dans les décrets du concile. (Mosheim, *Histoire ecclésiast.*, XVIe siècle, sect. 3, prem. part., c. 1, § 23 et 24.) Comment contenter de pareils censeurs ?

Quant à la *confession de foi* de Cyrille-Lucar, que les protestants ont pompeusement intitulée *confession de foi orientale*, on sait que cette affaire ne leur a pas fait beaucoup d'honneur. Ce patriarche, qui avait étudié en Italie et voyagé en Allemagne, avait pris du goût pour les opinions des protestants, et voulut les introduire dans son Eglise, lorsqu'il fut placé sur le siège de Constantinople. Son clergé même et les autres évêques grecs s'y opposèrent. Après avoir été chassé et rétabli cinq ou six fois, il fut mis en prison et étranglé par ordre du Grand-Seigneur, en 1638. Ses erreurs furent désavouées et condamnées par Cyrille de Bérée, son successeur, dans un concile de Constantinople, tenu cette même année, auquel assistèrent Métrophane, patriarche grec d'Alexandrie, et Théophane, patriarche de Jérusalem. Elles le furent dans un synode de Jassy en Moldavie ; dans un autre concile de Constantinople, en 1642 ; dans un synode de Leucosie, ville de l'île de Chypre, en 1668 ; dans un synode de Jérusalem, sous les patriarches Nectaire et Dosithée, en 1672 ; et plusieurs théologiens grecs les ont réfutées dans des ouvrages composés exprès. — A peine la *confession* de Cyrille-Lucar fut-elle imprimée à Genève, en 1633, que Grotius et plusieurs théologiens luthériens s'en moquèrent, parce que l'on vit qu'elle avait été copiée sur les *Institutions* de Calvin. Plus de cinquante ans auparavant, Jérémie, prédécesseur de Cyrille-Lucar, avait réfuté la *confession* d'Augsbourg, qui lui avait été envoyée par les théologiens de Wittemberg. On peut voir, par les divers monuments rassemblés dans la *Perpétuité de la foi*, que jamais les Grecs n'ont été dans les mêmes sentiments que les protestants, sur aucun des articles pour lesquels ceux-ci se sont séparés de l'Eglise romaine. *Voy.* GRECS.

CONFESSION, en termes de liturgie et d'histoire ecclésiastique, était un lieu, dans les églises, ordinairement placé sous le grand autel, où reposaient les corps des martyrs ou des confesseurs. La *confession* de saint Pierre, placée dans l'Eglise qui porte son nom à Rome, est célèbre.

CONFESSIONNISTES. Les catholiques allemands nommèrent ainsi, dans les actes de la paix de Westphalie, les luthériens qui suivaient la confession d'Augsbourg.

CONFIANCE EN DIEU. A proprement parler, c'est la même chose que l'espérance chrétienne ; ainsi, l'on ne peut pas mettre en question si c'est pour nous un devoir de nous confier en la miséricorde infinie de Dieu, et de bannir toute inquiétude par rapport à notre salut. En nous imprimant l'auguste caractère d'enfants de Dieu, notre religion ne tend à autre chose qu'à nous inspirer, envers ce souverain bienfaiteur, la même *confiance* que des enfants bien nés ont pour leur père, dont ils n'ont jamais cessé d'éprouver la tendresse.

Pour remplir ses apôtres de courage, Jésus-Christ leur dit : Ayez *confiance*, j'ai vaincu le monde (*Joan.* XVI, 33). Saint Paul exhorte les fidèles à ne jamais perdre leur *confiance*, à laquelle une grande récompense est attachée (*Hebr.* X, 35). Il représente la crainte comme le caractère distinctif du judaïsme (*Rom.* VIII, 15). Saint Jean dit que celui qui a l'espérance en Dieu se sanctifie, comme Dieu est saint lui-même (*I Joan.* III, 3). C'est donc se tromper étrangement que de prétendre sanctifier les âmes en leur inspirant une frayeur excessive des jugements de Dieu, plutôt qu'une ferme *confiance* en sa bonté. — Jésus-Christ, les apôtres, les anciens Pères, les hommes apostoliques de tous les siècles, n'ont pas cherché à épouvanter les pécheurs, mais à les gagner par la *confiance*; ils ont fait beaucoup de promesses et peu de menaces; ils ont pardonné à tous et n'ont rebuté personne; ils ont parlé avec force et très-souvent de la bonté de Dieu, de sa patience envers les pécheurs, de la charité de Jésus-Christ, de l'efficacité de la rédemption; du pardon promis au genre humain, de la récompense éternelle, rarement de la damnation. Ceux qui sont chargés d'instruire peuvent-ils suivre de meilleurs modèles?

On dira sans doute que, dans un siècle pervers à l'excès, ce n'est pas le temps d'inspirer la *confiance*, mais la crainte. Sans comparer le tableau de notre siècle avec celui que les Pères de l'Eglise ont tracé du leur, nous demandons si la crainte convertit les pécheurs plus efficacement que la *confiance*; si, parmi ceux qui persévèrent dans le crime, le plus grand nombre y est retenu par la présomption et non par le désespoir; si les prédicateurs les plus rigides sont ceux qui gagnent le plus grand nombre d'âmes à Dieu. — Nous connaissons un Judas perdu par le désespoir, l'Ecriture ne nous montre aucun pécheur endurci par un excès de *confiance en Dieu*. Saint Pierre tomba, parce qu'il s'était fié à ses propres forces, et non à la bonté de son maître. Jésus-Christ le fit rentrer en lui-même par un regard de tendresse, et non par un coup d'œil d'indignation. Saint Augustin demeura dans le désordre, tant qu'il se défia de la grâce; il en sortit, dès qu'il fut animé par la *confiance*. Saint Paul nous apprend que les païens se sont livrés à l'impudicité par désespoir (*Eph.* IV, 19).

Sur ce point de morale très-important, il faut consulter les hommes blanchis dans les travaux du saint ministère, et non les docteurs qui ne connaissent que leurs livres et leur cabinet. Lorsque l'un d'entre eux aura converti autant de pécheurs par ses écrits, que saint François de Sales par la douceur de ses maximes et par l'attrait invincible de sa charité, il méritera d'être pris pour maître. Mais Jésus-Christ nous ordonne de nous défier des pharisiens, qui mettent sur les épaules des autres un fardeau insupportable, et ne veulent pas seulement le remuer du doigt (*Matth.* XXIII, 4).

CONFIRMATION, sacrement de la loi nouvelle, qui donne à un fidèle baptisé, non-seulement la grâce sanctifiante et les dons du Saint-Esprit, mais des grâces spéciales pour confesser courageusement la foi de Jésus-Christ. Il est administré par l'imposition des mains et par l'onction du saint chrême sur le front du baptisé (1).

De là, les théologiens disputent pour savoir laquelle de ces deux actions est la matière essentielle et principale de ce sacrement: les uns ont pensé que c'était la première, d'autres que c'était la seconde; le sentiment le plus suivi est que l'une et l'autre sont nécessaires pour l'intégrité du sacrement, conséquemment que la prière qui accompagne l'imposition des mains, et les paroles jointes à l'onction, font également partie de la forme. La *confirmation* est un des trois sacrements qui impriment un caractère.

Dans l'Eglise grecque et dans les autres sectes orientales, on donne ce sacrement immédiatement après le baptême, et on l'administre, comme dans l'Eglise romaine, par l'onction du saint chrême, au lieu que chez nous, l'évêque dit au confirmé: *Je vous marque du signe de la croix, et je vous confirme par le chrême du salut, au nom du Père*, etc.; les Grecs disent: *C'est ici le signe, ou le sceau du don du Saint-Esprit.*

Les protestants, qui rejettent ce sacrement comme une institution nouvelle, prétendent qu'il n'en est pas question dans l'Ecriture sainte; ils se trompent. Jésus-Christ (*Joan.* XIV, 16) dit à ses apôtres: *Je prierai mon Père, et il vous donnera un autre consolateur, afin qu'il demeure avec vous pour toujours; c'est l'Esprit de vérité*, etc. Il dit à son Père, en parlant des apôtres: *Je ne prie pas seulement pour eux, mais encore pour tous ceux qui croiront en moi par leur parole* (*Joan.* XV,1, 20). Dans les *Actes*, c. II, v. 38, saint Pierre dit à ceux qui l'écoutaient: *Que chacun de vous reçoive le baptême, et vous recevrez le don du Saint-Esprit; car la promesse vous regarde, vous et vos enfants, et tous ceux qui sont encore éloignés, mais que le Seigneur notre Dieu appellera.* En effet, chap. VIII, v. 17, et chap. XIX, v. 6, *les apôtres imposaient les mains sur les baptisés, et leur donnaient le Saint-Esprit.* Voilà donc la promesse du Saint-Esprit faite par Jésus-Christ à tous les fidèles, suivie de l'exécution, et un rite mis en usage par les apôtres pour en produire l'effet. — Il n'est pas vrai que le Saint-Esprit, donné par l'imposition des mains des apôtres, ait été seulement le don des langues, de prophétie et des miracles. Jésus-Christ avait promis l'*Esprit de vérité*. Saint Pierre promettait à tous les fidèles le Saint-Esprit, et tous ne recevaient pas les dons miraculeux. L'onction de laquelle parle saint Jean est la connaissance de toutes choses, et non le pouvoir de faire des miracles. Selon saint Paul, les fruits ou les effets du Saint-Esprit sont toutes les vertus chrétiennes (*Galat.* v, 22).

(*Concil. Trid.*, can. 4). Celui qui regarde comme injurieuse à la Divinité la croyance qui attribue au saint chrême la vertu de produire la grâce, mérite d'être frappé d'anathème (*Concil. Trid.*, can. 2). L'évêque seul est le ministre ordinaire de la confirmation (*Concil. Trid.*, can. 3).— Il n'y a rien de défini sur la nature de la matière et de la forme de la confirmation.

---

(1) *Criterium de la foi sur la confirmation.* Il est de foi que la confirmation n'est pas une vaine cérémonie, et qu'elle n'a pas été dans les premiers siècles de l'Eglise, un simple catéchisme pour l'instruction des fidèles; mais qu'elle est un véritable sacrement

Les protestants en ont encore imposé, lorsqu'ils ont assuré qu'il n'y a aucun vestige du sacrement de *confirmation* dans la tradition des premiers siècles. Mosheim, mieux instruit que le commun de leurs écrivains, convient que, dès les premiers siècles, les évêques, en permettant aux anciens ou prêtres de baptiser les nouveaux convertis, se réservèrent le droit de *confirmer le baptême* (*Hist. ecclés. du* 1er *siècle*, IIe part..c. 4, § 8). Il fallait dire, de *confirmer dans la foi* les fidèles baptisés. Saint Jérôme (*Dial. contra Luciferum.*) témoigne que tel était l'usage de son temps; et le concile d'Elvire, en Espagne, tenu au commencement du IVe siècle, l'ordonna ainsi. — Au IIe, saint Théophile d'Antioche (*L. 1 ad Autol.*, n. 12) dit que nous sommes nommés *chrétiens*, parce que nous recevons l'onction d'une huile divine. Saint Irénée (*Adv. hær.*, liv. 1, c. 21, n. 5) dit des valentiniens qu'après avoir baptisé à leur manière leurs néophytes, ils leur faisaient une onction de baume; c'était une imitation de ce qui se faisait dans l'Eglise catholique.—Au IIIe, Tertullien (*L. de Bapt.*, c. VII) dit : « Au sortir des fonts baptismaux, nous recevons l'onction d'une huile bénite, suivant l'ancien usage de consacrer les prêtres par une onction; cette onction ne touche que la chair, mais elle opère un effet spirituel. Ensuite on nous impose les mains, en invoquant, par une bénédiction, le Saint-Esprit (*L. de Resurr. carnis*, c. 8). La chair est baptisée, afin que l'âme soit purifiée; la chair reçoit une onction, un signe, une imposition des mains, afin que l'âme soit consacrée, fortifiée, éclairée par le Saint-Esprit. » Dans le livre des *Prescriptions*, ch. 40, il dit que le démon, singe de la Divinité, fait imiter par les idolâtres les divins sacrements, qu'il les fait baptiser, signer au front, et célébrer l'offrande du pain. Il joint encore l'onction des fidèles au baptême et à l'eucharistie, et les nomme *sacrements* (*Contra Marcion.*, lib. I). — Saint Cyprien (*Epist.* 73, *ad Jubaianum*, pag. 131 et 132) dit que « si quelqu'un, dans l'hérésie et hors de l'Eglise, a pu recevoir la rémission de ses péchés par le baptême, il a pu recevoir aussi le Saint-Esprit, et qu'il n'est plus besoin, lorsqu'il revient, de lui imposer les mains et de le signer, afin qu'il reçoive le Saint-Esprit. Or, notre usage, dit-il, est que ceux qui ont été baptisés dans l'Eglise soient présentés aux évêques, afin que, par notre prière et par l'imposition des mains, ils reçoivent le Saint-Esprit, et soient marqués du signe du Seigneur. » Il le répète, *epist.* 74, *ad Pompeium*, pag. 139. — Le pape Corneille, dans une de ses lettres, dit de Novatien, qu'après son baptême il ne fut point signé par l'évêque; que, par le défaut de ce signe, il n'a pas pu recevoir le Saint-Esprit. (Dans Eusèbe, l. VI, c. 43, p. 313).

Nous pourrions citer, au IVe siècle, les conciles d'Elvire, de Nicée et de Laodicée, Optat de Milève, saint Pacien de Barcelone, saint Cyrille de Jérusalem, saint Ambroise et saint Jean Chrysostome; au Ve, saint Jérôme, le pape Innocent Ier, saint Augustin, saint Cyrille d'Alexandrie, Théodoret, etc. Le P. Drouin (*De Re sacram.*, tom. III) a rapporté leurs passages et ceux des siècles suivants.

Les protestants prétendent que ces Pères parlent d'une onction qui faisait partie des cérémonies du baptême, et non d'un sacrement différent; mais outre que le contraire est évident par la seule force des termes, quand cela serait vrai, les protestants seraient encore condamnables d'avoir retranché du baptême une cérémonie à laquelle on attribuait la vertu de donner le Saint-Esprit. N'est-il pas absurde de supposer que le baptême pouvait être administré par un prêtre, par un diacre, par un laïque; et qu'une simple cérémonie ne pouvait être faite que par l'évêque, quoique ce ne fût pas un sacrement différent? — De là même il est évident que le concile de Trente a suivi la tradition primitive, lorsqu'il a décidé, sess. 7, can. 3, que le ministre ordinaire de la *confirmation* est l'évêque seul, et non le simple prêtre. Cette tradition n'est pas moins constante que celle qui établit la matière, la forme, les effets du sacrement, le caractère qu'il imprime au chrétien, etc.—Quand on a examiné cette question, que peut-on penser des assertions fausses, des impostures et des puérilités que Basnage a rassemblées sur ce sujet (*Hist. de l'Eglise*, l. XXVII, c. 9)? Ce n'était pas la peine, après deux cents ans, de renouveler les preuves de l'ignorance affectée et de la mauvaise foi de Calvin.

Dans l'Eglise grecque, le même prêtre qui donne le baptême donne aussi la *confirmation*, et, selon Luc Holstenius, cet usage de l'Eglise orientale est de la plus haute antiquité. Selon les théologiens catholiques, les prêtres ont pu donner la *confirmation* comme délégués des évêques; mais ceux-ci en sont les ministres ordinaires. Le concile de Rouen prescrit que celui qui donne la *confirmation*, et celui qui la reçoit, soient à jeun. Les cérémonies et les prières qui accompagnent l'administration sont édifiantes; on peut le voir dans le pontifical et dans les rituels. *Voy. l'Ancien Sacram.*, par Grandcolas, IIe part., p. 114 et 193.

Ce sacrement était surtout nécessaire dans le temps des persécutions, lorsque tous les chrétiens devaient être prêts à répandre leur sang pour attester leur foi; il n'a pas cessé de l'être depuis que le christianisme est établi. La foi a toujours été combattue par les hérétiques, par les incrédules, par les chrétiens scandaleux : elle l'est encore. Mais la grâce que Dieu nous accorde pour résister ne nous est pas donnée pour attaquer; le vrai zèle de religion n'est ni inquiet, ni ombrageux, ni malfaisant. *Dieu*, dit saint Paul, *ne nous a point donné un esprit de crainte, mais de force, de charité et de modération* (II *Tim.*, I, 7). C'est donc très-injustement que plusieurs incrédules ont dit que le sacrement de *confirmation* était institué pour inspirer aux chrétiens un zèle fanatique, intolérant et persécuteur.

CONFRERE, nom que l'on donne aux personnes avec lesquelles on forme une société particulière par motif de religion. Dans l'origine du christianisme, les fidèles se nommaient *les frères*; une association, formée pour pratiquer les mêmes bonnes œuvres de piété ou de charité, établit entre eux une nouvelle fraternité.

CONFRÉRIE, société de plusieurs personnes pieuses, établie dans quelques églises pour honorer particulièrement un mystère ou un saint, et pour pratiquer les mêmes exercices de piété et de charité. Il y a des *confréries* du Saint-Sacrement, de la sainte Vierge, de la Croix ou de la Passion, des Agonisants, etc. Plusieurs sont établies par des bulles de papes, qui leur accordent des indulgences; toutes ont pour but d'exciter les fidèles aux bonnes œuvres, de cimenter entre eux la paix et la fraternité.

Comme les bonnes œuvres sont la gloire du christianisme, et en sont la meilleure apologie, les incrédules de notre siècle n'ont rien omis pour rendre suspectes et odieuses toutes les *confréries* ou associations qui tendent à les multiplier.

CONFRÉRIE (1). C'est une espèce de société formée entre plusieurs personnes, pour quelque dévotion particulière.

Les *confréries*, inconnues dans les beaux siècles de la religion, intéressent tout à la fois l'Etat et l'Eglise. Comme assemblées de citoyens, qui forment ou tendent à former des corps, et qui ont des revenus temporels, elles doivent être soumises à l'autorité civile; comme assemblées de chrétiens, qui ont pour but des exercices religieux et spirituels, elles doivent être sous la juridiction ecclésiastique. — Il n'y a point de difficulté en France sur ces principes généraux; jamais aucune des deux puissances n'a prétendu avoir le droit exclusif d'établir des *confréries*. Il est convenu que leur concours est nécessaire pour donner une existence légale à ces associations particulières; il faut tout à la fois et la permission par écrit de l'évêque diocésain et les lettres patentes du prince.

L'approbation ou permission des évêques est de toute nécessité : c'est la disposition précise de l'article 10 du règlement des Réguliers, dressé par le clergé de France; il n'a point introduit en cela un droit nouveau. Les conciles provinciaux, tant anciens que nouveaux, de France et d'Italie, l'avaient ainsi ordonné : on peut à ce sujet consulter les décrets des conciles de Reims, en 1564, de Rouen, en 1571, de Tours, en 1583, d'Aix, en 1575, de Narbonne, en 1609. Nos rois ont maintenu les évêques dans ce droit, qui est une suite de leur caractère de premiers pasteurs. Le chapitre de l'église collégiale de Vézelay ayant voulu établir ou transférer dans son église de Sainte-Marie-Madeleine une *confrérie* du Saint-Sacrement, qui était établie dans la paroisse de Saint-Pierre, le curé de cette paroisse en appela comme d'a-

---

(1) Cet article est reproduit d'après l'édition de Liége.

bus. L'évêque d'Autun déclara cet établissement nul, et fut, par arrêt du conseil d'Etat du 25 janvier 1673, maintenu dans le droit de l'empêcher.

Si l'établissement des *confréries* dépend du consentement et de l'approbation des évêques, elles doivent être soumises à leur juridiction en tout ce qui concerne le spirituel, la célébration et l'ordre du service divin. Toutes les fois que les juges séculiers ont voulu en connaître, leur entreprise a été réprimée par des arrêts du conseil d'Etat. Un de ces arrêts, du 30 septembre 1659, défendit au juge-mage de la sénéchaussée de Tarbes de prendre aucune connaissance du service divin et ordre d'icelui, des processions, rangs des *confréries*, porteurs de cierges et autres assistants auxdites processions. Le même arrêt porte que les ordonnances de l'évêque diocésain sur ce rendues, seront exécutées. Un autre arrêt du 9 août 1664 fait les mêmes défenses au lieutenant général d'Alençon et à tous les autres juges séculiers. — Il s'était élevé de grandes contestations, dans le diocèse de Tarbes, sur la prétention des prieurs de différentes *confréries*, qui, dans les processions, voulaient marcher entre le clergé séculier et le régulier : elles furent réglées par l'évêque. Quelques particuliers se pourvurent par appel comme d'abus au parlement de Toulouse, où ils obtinrent un arrêt de défenses. L'assemblée du clergé de 1680 présenta requête au conseil, qui, sans s'arrêter à l'arrêt, ordonna l'exécution des règlements faits par l'évêque.

En accordant aux évêques sur les *confréries* l'autorité qui est une suite de leur caractère et de leurs fonctions, nos lois n'ont pas moins veillé sur leur établissement même et sur l'administration de leurs revenus. On a conservé dans le chapitre 25 des preuves des libertés de l'Eglise gallicane, des lettres que le roi Philippe le Long accorda en 1319 pour la *confrérie* de Notre-Dame de Boulogne. L'article 1er de l'édit de 1749 met les *confréries* au nombre des établissements qui ne pourront être formés sans lettres patentes, enregistrées dans les parlements ou conseils supérieurs. Les *confréries* se trouvent également comprises dans l'article 13 du même édit, qui déclare nuls tous les établissements faits depuis les lettres patentes de 1666, ou dans les trente années précédentes, sans avoir été autorisés par des lettres patentes dûment enregistrées. « Nous réservant néanmoins, continue le législateur, à l'égard de ceux desdits établissements qui subsistent paisiblement, et sans aucune demande en nullité formée avant la publication du présent édit, de nous faire rendre compte tant de leur objet que de la nature et quantité de biens dont ils sont en possession, pour y pourvoir ainsi qu'il appartiendra, soit en leur accordant nos lettres patentes, s'il y échet, soit en réunissant lesdits biens à des hôpitaux ou autres établissements déjà autorisés, soit en ordonnant qu'ils seront vendus, et que le prix en sera appliqué ainsi qu'il est porté par l'artic-

précédent. » — Le parlement de Paris avait, avant cette ordonnance, supprimé plusieurs *confréries* établies sans lettres patentes, quoiqu'elles fussent fort anciennes. La suppression de celles de la Sainte-Vierge, de Saint-Sébastien et de Saint-Roch, qui subsistaient aux Quinze-Vingts, à Paris, depuis plus de 300 ans, fut ordonnée par arrêt rendu en la grand'-chambre, sur les conclusions de M. l'avocat général Joly de Fleury, le 5 janvier 1732, avec défenses aux parties de s'assembler comme confrères et de faire des quêtes. Un second arrêt rendu le 6 février 1637, sur les conclusions du même magistrat, supprima la *confrérie* de Notre-Dame de Bonne-Délivrance, établie dans l'église de Saint-Etienne-des-Grès à Paris.

Les *confréries* qui depuis 1749 n'ont point obtenu de lettres patentes confirmatives de leur établissement, sont dans le cas d'être supprimées. Elles sont au moins suspendues dans le ressort du parlement de Paris, si elles ne se sont pas conformées aux dispositions de l'arrêt rendu, toutes les chambres assemblées, le vendredi 9 mai 1760. Il nous rappelle une époque fameuse par la destruction des jésuites. Les nombreuses *confréries* ou congrégations dirigées par ces religieux, dont on a dit tant de bien et tant de mal, attirèrent toute l'attention de la cour. Elle crut devoir prendre des précautions, pour arrêter les abus qui pouvaient exister, ou prévenir ceux qui pourraient naître. Elle fit « défenses et inhibitions à toutes personnes de former aucunes assemblées, ni *confréries*, congrégations ou associations en cette ville de Paris, ou partout ailleurs, sans l'expresse permission du roi et lettres patentes vérifiées en la cour. » — Elle ordonna que « dans six mois, les chefs et administrateurs et régisseurs de toutes *confréries*, associations et congrégations, qui se trouvent dans le ressort de la cour, seraient tenus de remettre au procureur général du roi, ou à ses substituts sur les lieux, des copies en bonne forme et signées d'eux, des lettres patentes de leur établissement, ou autres titres qu'ils peuvent avoir, leurs règles, statuts et formules de promesses ou engagements verbaux : ensemble un mémoire contenant le temps et la forme de leur existence, comme aussi un exemplaire des livres composés pour l'usage desdites *confréries*, associations et congrégations. » — Elle enjoignit aux substituts du procureur général du roi d'envoyer au procureur général les lettres patentes, états, mémoires, formules de promesses et engagements verbaux, et autres pièces qui leur seraient remises, pour, sur le compte qui en sera par lui rendu, être statué par la cour, toutes les chambres assemblées, ainsi qu'il appartiendra. » — Dans le cas où les chefs, administrateurs et régisseurs des *confréries* ne se conformeraient pas à ces dispositions de l'arrêt, il leur est fait défenses « de souffrir aucune assemblée, ni continuer aucun exercice desdites *confréries*, associations ou congrégations, et à toutes personnes, de quelque qualité et condition qu'elles soient, de s'y trouver, sous les peines portées par les ordonnances. Cependant, fait dès à présent, sous les mêmes peines, défense à toutes personnes de s'assembler à l'avenir, sous prétexte de *confrérie*, congrégation ou association, dans aucune chapelle intérieure, ou aucun oratoire particulier de maison religieuse ou autres, même dans les églises qui ne seraient ouvertes à toutes sortes de personnes qui se présenteraient pour y entrer. »

L'ordre des jésuites ayant été aboli en France et dans tous les Etats catholiques, les *confréries* ou congrégations qui y étaient attachées ont subi le même sort. Quant à celles qui dépendaient des autres communautés religieuses, ou des paroisses, nous ne voyons pas que l'arrêt ait eu pour elles aucunes suites. Peut-être la cour, sur les comptes qui lui en ont été rendus, n'a-t-elle rien vu qui méritât leur suppression ou leur réforme.

L'emploi des biens des *confréries* a toujours été soumis à la juridiction séculière. L'article 10 de l'ordonnance d'Orléans ordonne que leurs deniers et revenus, la charge du service divin déduit et satisfait, soient appliqués à l'entretien des écoles et aumônes ès plus prochaines villes ou bourgades et villages où lesdites *confréries* auront été instituées, sans que lesdits deniers puissent être employés à d'autres usages, pour quelque cause que ce soit. L'article 37 de l'ordonnance de Blois est conçu en ces termes : « Suivant les anciennes ordonnances nous avons défendu toutes *confréries* de gens de métier et artisans, assemblées et banquets, et sera le revenu desdites *confréries* employé tant à la célébration du service divin qu'à la nourriture des pauvres du métier, et autres œuvres pitoyables, etc. — Boutaric observe que cet article est difficile à comprendre ; car, dit-il, il semble d'un côté qu'il veuille abolir entièrement toutes *confréries* d'artisans et de gens de métier, et se conformer en cela à l'ordonnance de 1539, art. 185, et suivants, et de l'autre, qu'il veuille seulement réformer les abus introduits dans les *confréries*, assemblées et banquets, et en cela se conformer à l'ordonnance d'Orléans, art. 1. Mais, quoi qu'il en soit, et quelque interprétation qu'on lui donne, les *confréries* subsistent, et les abus sont toujours les mêmes. — Les observations de Boutaric sont justes, et l'on ne voit pas que les ordonnances et les arrêts de règlements sur l'administration des revenus des *confréries* soient exécutés.

Toute *confrérie* qui n'est point revêtue de lettres patentes ne forme point dans l'Etat un corps civil et légal. Elle est par conséquent incapable de donation, d'institution ou de legs. Ricard (*Traité des Donations*, tom. I, pag. 135) rapporte divers arrêts qui ont cassé des institutions ou des legs faits à des *confréries*, par cette seule raison qu'elles n'étaient point autorisées par des lettres patentes. Depuis l'édit de 1749, elles sont dans le cas de toutes les communautés religieuses ou mixtes.

Un édit du mois de février 1704, suivi d'un arrêt du conseil, du 24 mars suivant, qui en ordonne l'exécution, a créé et érigé en titre d'office formé et héréditaire, un trésorier receveur et payeur des revenus des fabriques et des *confréries*, en chacune paroisse de la ville de Paris et des autres petites villes du royaume, lesquels seront marguilliers perpétuels, et auront rang immédiatement après les marguilliers honoraires, dans les paroisses où il y en a, et le premier rang dans celles où il n'y en a point. Un autre édit du mois de septembre de la même année a éteint et supprimé ces offices, pour la ville et les faubourgs de Paris, et remis les choses dans l'ancien état. Enfin, un arrêt du conseil du 24 janvier 1705 ordonne que les offices de trésoriers receveurs et payeurs des revenus des fabriques et des *confréries*, créés par l'édit de février 1704, seront et demeureront unis auxdites fabriques et *confréries*, à la charge par elles de payer les sommes qui seront réglées, pour chaque diocèse, par les rôles qui seront arrêtés au conseil, suivant la répartition qui en sera faite par les sieurs intendants et commissaires départis, conjointement avec les évêques. Il est facile d'apercevoir que ces édits sont purement bursaux, et sont une suite des malheurs occasionnés par la guerre de la succession d'Espagne.

Il ne nous reste plus qu'à remettre sous les yeux de nos lecteurs quelques règlements, soit ecclésiastiques, soit civils, concernant les *confréries*. — Le concile de Sens, en 1528, défend d'exiger et de prêter aucuns serments à l'entrée des *confréries*. — Celui de Bourges, en 1584, ne permet pas aux *confréries* de se tenir ou de célébrer leurs offices *in choro, ad majus altare ecclesiarum cathedralium, aut collegiatarum, sed in sacellis tantum, et extra horam, qua divinum officium peragitur*. — Celui de Narbonne, en 1609, défend de tenir le saint sacrement dans les chapelles des confréries, *nisi hoc expresse approbante episcopo*. — L'article 7 de l'ordonnance de Roussillon défend tous banquets et repas pour *confrérie*. C'est aussi la disposition de l'article 74 de celle de Moulins, qui ajoute : « Sans permettre par nos juges la commutation des banquets en argent, ou autre chose équivalente, qui pourrait être donnée pour parvenir auxdites réceptions. » — Par arrêt rendu, en forme de règlement, au parlement de Paris, le 7 septembre 1689, au sujet de la *confrérie* de Saint-Louis, établie à Orléans dans l'église de Saint-Donatien, il fut, entre autres choses, ordonné que les confrères ne pourront être obligés de payer aucun droit de *confrérie*, et que l'acceptation et démission des offices ou charges seront absolument libres. Ce dernier point a encore été jugé, le 11 janvier 1696, par un arrêt de la même cour, lequel a infirmé une sentence qui condamnait Denis Richard à faire les fonctions de la place de marguillier de la *confrérie* des garçons merciers à Paris, à laquelle ses confrères l'avaient nommé.

Il y a, dans nos provinces méridionales, des *confréries* célèbres, connues sous le nom de *pénitents*. Elles y forment des corps considérables. M. Durand de Maillane, avocat au parlement d'Aix, assure que leur usage est de porter leurs causes, sur les réceptions et élections des confrères, par-devant les juges séculiers; et il ajoute que, malgré l'ordonnance de Moulins, la jurisprudence des parlements dans les ressorts desquels sont les pénitents, est de les contraindre à accepter à leur tour, les charges et offices de la *confrérie*, ainsi que de payer un droit annuel lorsqu'il est modique, et donné seulement à titre d'aumône et pour fournir à l'entretien de la chapelle et au service divin qui s'y fait.

Les *confréries* dûment autorisées sont communément regardées en France comme des corps religieux et ecclésiastiques. Elles sont en conséquence soumises aux décimes et autres impositions que paye le clergé. Elles ne peuvent vendre ou aliéner valablement leurs meubles, sans observer les formalités prescrites pour l'aliénation des biens de l'église. (*Article de M. l'abbé Bertolio.*) [Extrait du *Dictionnaire de Jurisprudence.*]

* CONFUTZÉENS. C'est une secte religieuse de la Chine et des îles voisines, qui adopte la doctrine de Confucius. Elle est peu nombreuse; car le brahmanisme compte un grand nombre de partisans. Les empereurs de la Chine sont de la religion du Dalaï-Lama. *Voy.* BOUDDHISME, CHINE, DALAÏ-LAMA.

CONGRÉGATION. L'on appelle ainsi à Rome une assemblée formée par des théologiens nommés *consulteurs*, et présidée par un ou plusieurs cardinaux, pour s'occuper de divers objets relatifs au gouvernement de l'Église. Quelques-unes sont établies pour toujours, d'autres seulement pour un temps. Il y a eu une *congrégation* du concile de Trente, destinée à résoudre les doutes qui pouvaient survenir sur le sens ou sur la manière d'exécuter les décrets de ce concile; elle subsiste encore; une *congrégation de auxiliis*, chargée d'examiner si le système de Molina sur la grâce était orthodoxe ou hérétique. *Voy.* MOLINISME.

Il y a une *congrégation de Rites*, pour juger si telle pratique introduite dans le culte est louable ou superstitieuse, pour permettre ou rejeter les offices ou les cérémonies que l'on veut mettre en usage, pour procéder à la béatification et à la canonisation des saints. La *congrégation de Propaganda Fide*, s'occupe des missions et des missionnaires qui travaillent à la conversion des infidèles, etc. *Voy.* PROPAGANDE.

CONGRÉGATION, société de prêtres séculiers, qui, sans faire de vœux, se sont réunis pour s'employer à des services d'utilité publique, tels que le soin des collèges et des séminaires, les missions de la ville ou de la campagne, etc. Les eudistes, les joséphistes, les lazaristes, les oratoriens, ceux de Saint-Sulpice, etc., sont de ce nombre. L'utilité de ces *congrégations* est de rendre les établissements solides et les services plus constants, parce qu'elles ont toujours des sujets préparés pour remplir les places vacantes. Plusieurs ont été établies pendant le dernier siècle; mais comme le goût du nôtre est de détruire, si l'on écoutait nos philosophes politiques, on n'en laisserait peut-être subsister aucune.

Congrégation de religieux. Lorsque le relâchement s'est glissé dans les ordres monastiques, un certain nombre de religieux, qui voulaient embrasser la réforme et revenir à la ferveur du premier institut, se sont séparés des autres, ont formé entre eux une nouvelle association sous des supérieurs particuliers. Ainsi les bénédictins, les augustins, les chanoines réguliers, etc., se sont divisés en différentes *congrégations*.

Congrégation de piété. Dans plusieurs paroisses, soit de la ville, soit de la campagne, l'on a formé des associations de différents âges et des deux sexes, des hommes, des femmes, des garçons, des filles, pour leur faire pratiquer ensemble des exercices de piété, pour leur donner en particulier les avis et les instructions qui leur conviennent, pour les engager à se surveiller les uns les autres. Cet arrangement donne aux pasteurs des facilités pour remplir leurs devoirs plus commodément, entretient dans ces différentes sociétés une émulation louable, et contribue beaucoup au bon ordre des paroisses. Ordinairement ces *congrégations* sont établies à l'honneur de la sainte Vierge. — Par la même raison, l'on a formé dans les colléges une *congrégation* des écoliers, et dans les couvents une *congrégation* des pensionnaires, pour les exciter à la piété. Comme un article essentiel de la foi chrétienne est la communion des saints, il est bon d'accoutumer de bonne heure les jeunes gens de l'un et l'autre sexe à en prendre l'esprit, afin de les prémunir contre le culte isolé et, pour ainsi dire, clandestin, que la plupart des chrétiens, surtout les grands, affectent pour leur commodité.

Congrégation de Notre-Dame, ordre de religieuses institué par le B. Pierre Fourier, chanoine régulier de Saint-Augustin, curé de Mataincourt en Lorraine ; c'est lui qui en a dressé les constitutions. Cet ordre a beaucoup de rapport à celui des Ursulines ; il a été établi dans le même temps, pour l'éducation des jeunes filles et pour l'instruction gratuite des enfants des pauvres. En 1615 et 1616, Paul V permit à la mère Alix et à ses compagnes de prendre l'habit religieux, d'ériger leurs maisons en monastères, et d'y vivre en clôture sous la règle de saint Augustin. Ces religieuses furent agrégées à l'ordre des chanoines réguliers de la *congrégation* de notre Sauveur, par une bulle d'Urbain VIII, l'an 1628. Elles ont un grand nombre de monastères en Lorraine, dans quelques autres provinces de France, et en Allemagne. La feue reine Marie, princesse de Pologne, leur a fait bâtir à Versailles un superbe monastère, dans lequel la communauté de Compiègne a été transférée et confirmée par lettres patentes du roi en 1772. Ces religieuses y remplissent leur destination, sous la protection de *Mesdames*, héritières de la piété de la reine, leur mère.

Congrégation (1). Ce mot est pris dans l'usage, en divers sens ; en général, il sert à désigner une assemblée de plusieurs personnes qui forment un corps, et plus particulièrement d'ecclésiastiques. On appelle encore *congrégations*, des espèces de commissions ordinairement composées de cardinaux, établies à Rome par les papes, pour veiller sur certaines parties de l'administration, soit spirituelle, soit temporelle. Nous parlerons d'abord de cette espèce de *congrégation*, et nous traiterons ensuite des *congrégations* ecclésiastiques.

Congrégations des cardinaux. On appelle ainsi, comme nous venons de le dire, les différents bureaux des cardinaux, commis par le pape, et distribués en plusieurs chambres, pour la direction de plusieurs affaires. — La première et la plus ancienne de ces *congrégations*, est celle du consistoire. Il ne faut pas la confondre avec le consistoire même ; elle est composée d'un certain nombre de cardinaux et de prélats et d'un secrétaire : elle prononce sur les oppositions aux bulles qui doivent être expédiées dans le consistoire. Il y a des avocats qui ont le droit exclusif d'y plaider ; on les appelle pour cette raison *avocats consistoriaux*. — La seconde est celle de l'Inquisition. L'abbé Fleury, dans son *Institution au droit ecclésiastique*, tom. II, p. 96, de l'édition donnée par M. Boucher d'Argis, dit que le pape Sixte V, érigeant les diverses *congrégations* de cardinaux qui subsistent à Rome, donna le premier rang à celle-ci. Il ajoute qu'elle est composée de sept cardinaux et de quelques autres officiers ; que le pape y préside toujours ; que son autorité s'étend par toute l'Italie, et, *suivant leurs prétentions*, par tout le monde. D'autres auteurs la composent de douze cardinaux ; mais il paraît que leur nombre dépend de la volonté du pape. Plusieurs prélats et des théologiens de différents ordres religieux sont admis dans cette *congrégation* ; les théologiens ont le titre de *consulteurs de l'Inquisition*. — C'est dans cette *congrégation*, dit M. Boucher d'Argis, dans une note, à la page 97 du tome II, de l'*Institution au droit ecclésiastique*, que se fait l'*Index expurgatorius*, auquel on inscrit à mesure tous les livres qui sont censurés par le Saint-Office. On doit à Paul IV l'établissement de l'*Index*. Les peines qu'il imposa à ceux qui violeraient la défense de lire les livres qui y sont mis, sont extrêmement sévères ; elles consistent dans l'excommunication, la privation et l'incapacité de toutes charges et bénéfices, l'infamie perpétuelle, etc. Le concile de Trente fit travailler à l'*Index* ; il a depuis été considérablement augmenté. Mais on ne reconnaît point en France l'autorité de la *congrégation* du Saint-Office, comme il paraît par un arrêt du parlement de Paris, qui fut rendu en 1647, sur les conclusions de M. l'avocat général Talon. — La troisième *congrégation* de cardinaux est celle que l'on appelle *des évêques et des réguliers*. (*Congregatio negotiis episcoporum et regularium præposita*). Elle a juridiction sur les évêques et les réguliers ;

---

(1) Cet article est reproduit d'après l'édition de Liège.

elle connaît des différends qui naissent entre les évêques et leurs diocésains, et entre les supérieurs réguliers et leurs religieux. Les évêques s'y adressent, et la consultent dans les affaires délicates. Comme les fonctions de cette *congrégation* demandent une connaissance profonde de la discipline et des lois de l'Église, le pape la compose des cardinaux les plus instruits dans les matières canoniques. Il n'est pas nécessaire de dire ici qu'on ne reconnaît point en France sa juridiction. — La *congrégation* de l'Immunité ecclésiastique est la quatrième. Elle est établie pour décider si les coupables qui se sont réfugiés dans les églises doivent jouir de l'immunité qui y est attachée. Elle est composée de plusieurs cardinaux qui y président, d'un clerc de chambre, d'un auditeur de rote et d'un référendaire. — La cinquième *congrégation* est celle du Concile. Elle a été établie pour éclaircir les difficultés qui naissent sur les décrets du concile de Trente, dernier concile général. Elle n'avait d'abord été érigée que pour les faire exécuter; Sixte V lui attribua le droit de les interpréter. Nous ne considérons en France ses décisions que comme des avis sages et des préjugés de raison; nous ne croyons pas qu'elles obligent ni dans l'un ni dans l'autre for. — La sixième est celle des Rites, établie par Sixte V: elle est chargée de régler ce qui concerne les cérémonies de l'Église, le bréviaire, le missel, d'examiner les pièces qui sont produites pour la canonisation des saints, et de décider les contestations qui peuvent naître sur les droits honorifiques dans les églises. — La septième est celle de la fabrique de Saint-Pierre. Elle connaît les legs destinés pour œuvres pies, dont une partie appartient à l'église de Saint-Pierre. — La huitième, qui ne s'occupe que d'objets purement civils, a l'inspection sur les eaux, le cours des rivières, les ponts et chaussées. — Il en est de même de la neuvième. Le cardinal Camerlingue en est le chef. Elle veille sur les rues et les fontaines. — La dixième s'appelle *la Consulte*. C'est le conseil du pape; elle est chargée de toutes les affaires qui concernent le domaine de l'Église. — La police générale occupe la onzième, qui s'appelle *de Bono Regimine*. — La douzième est celle de la *Monnaie*. Outre la fabrication des espèces qui ont cours dans l'État ecclésiastique, elle est chargée de fixer le prix et la valeur des monnaies des princes étrangers. — L'examen des sujets qui sont nommés aux évêchés d'Italie, occupe la treizième, qui a le titre de *congrégation des Évêques*. — Le cardinal-doyen est le président de la quatorzième, qui est celle des *Matières consistoriales*. — Celle de *Propaganda Fide* est la quinzième; elle règle tout ce qui concerne les missions. — Enfin, la seizième est la *congrégation des Aumônes*: elle a le détail de la subsistance de Rome et de l'État de l'Église.

On voit par cette énumération qu'il y a plusieurs *congrégations* de cardinaux, qui ne sont, à proprement parler, que des tribunaux ou des bureaux civils et politiques, chargés de l'administration temporelle des villes et des provinces dont le pape est souverain. Quant à celles qui s'occupent de choses relatives au spirituel et à la religion, elles ont autorité et juridiction dans les pays d'obédience; mais elles n'en ont point en France, comme nous l'avons déjà remarqué. Le clergé lui-même ne les reconnaît point. Dans son assemblée générale de 1675, il délibéra sur les moyens d'arrêter les entreprises de la *congrégation* des cardinaux, qui donnait des rescrits au métropolitain ou à l'évêque voisin, pour ordonner les clercs refusés par leur propre évêque.

Les cours séculières ne sont pas moins attentives à rejeter les décisions, décrets ou rescrits des *congrégations* des cardinaux. Elles n'ont égard qu'à ceux qui sont émanés du pape lui-même. Toutes les fois qu'on leur en a présenté, comme de nullité de vœux, de translation de religieux, elles les ont déclaré abusifs, sauf, à ceux qui les avaient obtenus, à se pourvoir en la chancellerie, où les actes sont expédiés sous le nom du pape; des arrêts du parlement de Paris et du grand conseil, que l'on trouve dans les *Mémoires du Clergé*, sont autant de monuments authentiques de cette sage jurisprudence.

En 1703, le procureur général au parlement de Dijon porta la parole contre certains rescrits émanés de la *congrégation* des Réguliers. Ces rescrits renvoient aux ordinaires les suppliques présentées au pape par les religieux qui demandaient à être restitués au siècle, et contenaient une commission d'informer secrètement, sur l'exposé des suppliques, d'entendre même les supérieurs des monastères, pour envoyer ensuite ces procédures à Rome, et d'y joindre leur avis, afin de juger plus sainement si le bref de dispense ou de restitution doit être accordé ou refusé. Par arrêt rendu en forme de règlement, le 4 août 1703, il fut fait défense aux évêques du ressort et à leurs officiaux d'exécuter ces sortes de rescrits.

Nous ne pouvons mieux mettre sous les yeux de nos lecteurs l'ensemble des principes reçus en France, sur l'autorité des *congrégations* des cardinaux, qu'en rapportant ce que disait le célèbre M. Talon, dans une cause où il s'agissait d'un rescrit émané de la *congrégation* de l'Inquisition. « Nous reconnaissons en France l'autorité du saint-siége, la puissance du pape, chef de l'Église, Père commun de tous les chrétiens: nous lui devons toute sorte de respect et d'obéissance: c'est la croyance du roi, fils aîné de l'Église, et la croyance de tous les catholiques, qui sont dans la véritable communion; mais nous ne reconnaissons pas en France l'autorité, la puissance, ni la juridiction des *congrégations*, qui se tiennent à Rome, que le pape peut établir comme bon lui semble; mais les arrêts, les décrets de ces *congrégations* n'ont point d'autorité ni d'exécution dans le royaume, et lorsque dans les occasions d'une affaire contentieuse, tels décrets se sont rencontrés, comme ès matières de dispense, de nullité de vœux, de translation de religieux, la cour a déclaré les brefs émanés de ces *congrégations* nuls et abusifs, sauf aux parties à se pourvoir par les voies ordinaires, c'est-à-dire par la chancellerie où les actes sont expédiés, en portant le nom et le titre du pape, en la personne duquel réside l'autorité légitime ; et pour ce qui regarde les matières de la doctrine et de la foi, elles ne peuvent être terminées dans ces *congrégations*, sinon par forme d'avis et de conseil, mais non par d'autorité et de puissance ordinaire : il est vrai que dans ces *congrégations* se censurent les livres défendus, et dans icelles se fait l'*Index purgatorius*, lequel s'augmente tous les ans, et c'est là où autrefois ont été censurés les arrêts rendus contre Jean Chastel, les œuvres de M. le président de Thou, les libertés de l'Église gallicane, et les autres livres qui concernent la conservation de la personne de nos rois et l'exercice de la justice royale ; de sorte que si les décrets de cette qualité étaient facilement publiés et autorisés dans le royaume, ce serait introduire l'autorité de l'Inquisition, parce que cette *congrégation* prend le titre de générale et universelle sur le monde chrétien, dans laquelle ils prétendraient, par ce moyen, faire le procès aux sujets du roi, comme ils pensent le pouvoir faire aux livres qui leur déplaisent et qui sont imprimés dans le royaume : ainsi, nous qui parlons, ayant examiné le titre de ce décret émané de l'Inquisition, auquel néanmoins on a donné le nom et l'autorité d'une bulle apostolique, nous avons pensé être obligé de le remarquer à la cour, et de nous en plaindre. »

Congrégations ecclésiastiques. Elles sont ou régulières ou séculières. Les *congrégations* régulières sont celles qui se forment dans un ordre religieux, par la division d'une portion de ses membres, qui, sans cesser de vivre sous la même règle, ont cependant des constitutions et des supérieurs particuliers. C'est pourquoi il ne faut pas confondre les ordres avec les *congrégations*. L'ordre de Saint-Benoît, par exemple, est partagé en différentes *congrégations*, telles que Cluny, Saint-Maur, Saint-Vannes, etc. Ces *congrégations* doivent leur origine aux réformes qui ont été faites par des religieux animés d'un saint zèle pour le rétablissement de la discipline monastique ; elles ne peuvent s'établir sans des lettres patentes, enregistrées dans les Parlements. Nous en donnerons pour preuve ce qui s'est passé dans le dernier siècle, au sujet de la *congrégation* de Saint-Maur. — Quelques religieux français de l'ordre de Saint-Benoît, ayant désiré embrasser la réforme, sous une *congrégation* particulière, comme celle du Mont-Cassin et de Lorraine, s'adressèrent aux papes Grégoire XV et Urbain VIII, qui, à la prière du roi, accordèrent des bulles pour l'érection de cette nouvelle congrégation, *Sub titulo et invocatione seu denominatione sancti Mauri ad instar congregationis Cassinensis seu sanctæ Justinæ de Padua*, avec pouvoir d'y agréger les monastères qui s'y voudraient soumettre, et d'élire, au moins de trois ans en trois ans, un vicaire général français naturel, *ad illam congregationem regendam et gubernandam*. — Sur ces bulles il y eut des lettres patentes expédiées le 15 juin 1631, adressées aux cours souveraines, baillifs, sénéchaux et autres officiers des justices royales ; elles furent enregistrées, sans aucune modification, au parlement de Bordeaux, le 3 mai 1632 ; de Paris, le 21 mars 1637 ; de Dijon, le 13 juillet 1637 ; de Rennes, le 17 avril 1638 ; d'Aix, le 16 décembre de la même année ; de Rouen, le 26 janvier 1640. *Voy.* Bénédictins. — Ces réformes ou *congrégations* nouvelles nécessitèrent de nouvelles lois pour la disposition et l'administration des bénéfices qui dépendaient des maisons qui les avaient adoptées, et par conséquent la jurisprudence a dû éprouver des changements : suivant l'ancien usage il fallait, pour posséder un bénéfice dépendant d'une maison, être profès de cette maison, ou y avoir été transféré. Aujourd'hui il suffit d'être profès de l'ordre, dont il est une dépendance. Les religieux de ces réformes ne font pas vœu de stabilité dans un monastère. Ils sont plutôt des religieux d'une *congrégation* que d'un monastère, la volonté de leurs supérieurs les rend ambulants et les transporte dans les communautés qu'ils jugent à propos. Ainsi un religieux de Saint-Maur peut posséder un bénéfice dépendant des autres *congrégations* de l'ordre de Saint-Benoît. M. Piales assure que c'est aujourd'hui une jurisprudence constante, que lorsqu'un religieux est pourvu, en cour de Rome, d'un bénéfice dépendant d'une *congrégation* différente de celle où il a fait profession, il n'a pas besoin d'autre bref de translation que des provisions même du bénéfice, dans lesquelles les officiers de la cour de Rome ne manquent pas d'insérer une clause portant translation *de monasterio ad monasterium*. Cette clause est regardée comme inutile, elle est au nombre de celles dont on dit *vitiantur, non vitiant*.

Il paraît assez naturel que les religieux d'une même *congrégation* puissent, sans brefs de translation, posséder les bénéfices dépendants de la *congrégation*. Il n'est pas aussi facile de voir pourquoi on n'oblige pas les religieux à se faire transférer, lorsque le bénéfice dépend d'une autre *congrégation*. Dumoulin nous donne la solution de cette difficulté : il établit qu'avant Boniface VIII, de droit commun, tout religieux profès était capable de posséder tout bénéfice de son ordre ; Boniface VIII introduisit un nouveau droit par le § *prohibemus* du chapitre *Cum singula*. On a suivi pendant quelque temps cette disposition en France, quoique le texte n'y ait point été reçu ; mais insensiblement on a rappelé le droit commun. On y a été d'autant plus fondé, qu'il est important que les collateurs aient toute la liberté possible dans le choix des sujets auxquels ils confèrent les bénéfices.

L'ordre de Saint-Augustin, comme celui de

Saint-Benoît, se divise en plusieurs *congrégations*, dont quelques-unes portent le nom d'*ordre*. Les plus considérables sont celles de Prémontré, de Sainte-Geneviève ou *congrégation* de France, de la Chancelade, de Bourg-Achard, de la Trinité ou des Mathurins; celles de Grandmont, de Saint-Antoine et de Saint-Ruf ont été supprimées de notre temps. Quoique les différentes *congrégations* de l'ordre de Saint-Augustin aient moins de rapport entre elles, et soient dans le fait plus séparées que ne le sont les *congrégations* de l'ordre de Saint-Benoît, cependant on voyait tous les jours des religieux de la *congrégation* de France requérir des cures dépendantes de l'ordre ou *congrégation* de Prémontré *et vice versa* des religieux de Prémontré requérir de la *congrégation* de France, sans que l'on exigeât ni des uns ni des autres un rescrit de translation. Il en était de même des autres *congrégations*. — Mais depuis la déclaration de 1770, les choses sont changées à cet égard. Les cures dépendantes des différentes *congrégations* de l'ordre de Saint-Augustin ne peuvent plus être possédées que par des religieux de ces mêmes *congrégations*. L'article 1er de la déclaration y est formel; nous avons vu rendre à ce sujet un arrêt dont les circonstances sont assez singulières. La cure de Chevanne, diocèse d'Auxerre, dépendante d'un prieuré de l'ordre de Saint-Augustin, de la *congrégation* de Bourg-Achard, étant devenue vacante par mort, le prieur y nomma frère Verrier, prémontré, auquel M. l'évêque d'Auxerre refusa des provisions. Il motiva son refus sur ce que frère Verrier, prémontré, était, aux termes de la déclaration de 1770, incapable de posséder une cure de la *congrégation* de Bourg-Achard. Frère Verrier se pourvut devant M. l'archevêque de Sens, qui répondit comme M. l'évêque d'Auxerre, et confirma son refus. Cependant M. l'évêque d'Auxerre conféra la cure de Chevanne à frère Bezeron, religieux de la *congrégation* de Bourg-Achard, le patron ayant consommé son droit par la présentation nulle de frère Verrier. Celui-ci interjeta appel comme d'abus, des refus qu'il avait essuyés, et demanda à être autorisé à se retirer par-devant M. l'archevêque de Lyon à l'effet d'en obtenir des provisions. Frère Bezeron fut intimé sur l'appel.

M. l'avocat général Séguier, qui porta la parole dans cette cause, établit que les refus de M. l'évêque d'Auxerre et de M. l'archevêque de Sens étaient abusifs, en ce que ces prélats avaient prononcé sur la nature et la qualité du bénéfice de Chevanne, en jugeant qu'il était une dépendance de la *congrégation* de Bourg-Achard ; ce qui excédait leurs pouvoirs, et était une entreprise sur la juridiction séculière. Mais il ajouta que, de ce qu'il y avait abus dans ces refus, il ne s'ensuivait pas que frère Verrier dût être autorisé à se retirer par-devant M. l'archevêque de Lyon, et à prendre possession civile de la cure de Chevanne ; parce que la collation faite en faveur de frère Bezeron était valide, le patron ecclésiastique ayant consommé son droit, par la présentation nulle qu'il avait faite de frère Verrier, incapable de posséder cette cure, comme étant prémontré : en conséquence, il conclut à ce que les refus de provisions faits par M. l'évêque d'Auxerre à M. l'archevêque de Sens fussent déclarés abusifs, et il requit, au nom du ministère public, que la collation faite par l'évêque d'Auxerre en faveur de frère Bezeron fût déclarée bonne et valable, et frère Bezeron maintenu dans la possession de la cure de Chevanne. L'arrêt du mardi 20 juin 1775 fut conforme en tout aux conclusions de M. l'avocat général. Il fut dit y avoir abus dans le refus de l'ordinaire et du métropolitain, et la collation de M. l'évêque d'Auxerre fut déclarée bonne et valable. Il est assez singulier que frère Verrier ait entrepris ce procès; quel que pût être l'événement de son appel comme d'abus, il était évident, d'après la déclaration de 1770, qu'il était incapable de posséder la cure de Chevanne. Il était donc sans intérêt. *Voy.*, à l'article CURE, les déclarations et lettres patentes concernant les curés de l'ordre de Saint-Augustin.

Le concile de Trente, sess. 25, *de Reform.*, ch. 8, a ordonné que les monastères soumis immédiatement au saint-siège, qui ne sont sous aucun chapitre général, et qui n'ont aucun visiteur régulier, seraient obligés de se réunir dans un an, en *congrégations* par provinces ; et faute par eux de le faire, l'évêque diocésain exercera sur eux la juridiction, comme délégué du saint-siège. *Quod si prædicta exsequi non curaverint, episcopis in quorum diœcesibus loca prædicta sita sunt, tanquam sedis apostolicæ delegatis subdantur.* Ce règlement tendait à remédier aux abus et aux inconvénients des exemptions. Il a été adopté par l'article 27 de l'ordonnance de Blois : « Tous monastères qui ne sont sous chapitres généraux, et qui se prétendent sujets immédiatement au saint-siège, seront tenus dans un an, se réduire à quelque *congrégation* de leur ordre en ce royaume, en laquelle seront dressés statuts et commis visitateurs....... et en cas de refus ou délai, y sera pourvu par l'évêque. » Il ne peut donc plus y avoir parmi nous de monastère qui ne reconnaisse quelque supérieur en France. La différence de cet article avec le règlement du concile de Trente, c'est que, selon ce dernier, les évêques ne doivent exercer sur les monastères dont il s'agit la juridiction que comme délégués du saint-siège, au lieu que, selon l'esprit de l'ordonnance, ils doivent l'avoir comme évêque, *jure suo, proprio et ordinario*.

Les *congrégations* séculières sont celles qui sont composées d'ecclésiastiques séculiers. Nous en avons plusieurs en France, telles que l'Oratoire, la Doctrine chrétienne, Saint-Lazare, les Eudistes, les Sulpiciens, etc. Nous n'entrerons point ici dans le détail de leurs constitutions et de leur régime, nous renvoyons à chacun des articles qui leur sont propres, comme pour les *congrégations* régulières.

On donne aussi quelquefois le nom de *con-*

grégation aux confréries ; celles des Jésuites étaient connues sous cette dénomination. *Voy.* Confréries. (*Article de M. l'abbé* Bertolio.) [Extrait du *Diction. de Jurisprudence.*]

* CONGRÉGATIONALISTES ORTHODOXES. C'est l'une des sectes religieuses les plus nombreuses des Etats-Unis. Elle ne compte pas moins de 1,300,000 âmes. Ce sont des sectaires qui conservent dans toute sa pureté la doctrine qui fut importée dans le nouveau monde par les puritains anglais, qui, chassés de leur patrie, vinrent fonder des établissements dans la Nouvelle-Angleterre. Le principe de cette secte est l'indépendance absolue de chaque Eglise particulière. Il n'y a qu'un lien qui doive les unir, celui de l'amour de la charité.

CONGRUISME, système sur l'efficacité de la grâce, imaginé par Suarez, Vasquez, et quelques autres, pour rectifier celui de Molina.

Voici la manière dont ces théologiens conçoivent la suite des décrets de Dieu. 1° De tous les ordres possibles des choses, Dieu a choisi librement celui qui existe et dans lequel nous nous trouvons. 2° Dans cet ordre, Dieu veut, d'une volonté antécédente, mais sincère, le salut de toutes ses créatures libres, sous condition qu'elles le voudront elles-mêmes, c'est-à-dire, qu'elles correspondront aux secours qu'il leur donnera. 3° Il donne en effet à toutes, sans exception, des secours suffisants pour acquérir le bonheur éternel. 4° Avant même de donner ces grâces, il connaît par la *science moyenne* ce que chacune de ces créatures sera, quelle que soit la grâce qu'il lui donnera ; il voit quelle grâce sera *congrue* ou *incongrue*, aura ou n'aura pas un rapport de convenance avec les dispositions de la volonté de chacune des créatures en particulier ; par conséquent, quelle grâce sera efficace ou inefficace. 5° Par une volonté purement gratuite, par un décret absolu et efficace, il choisit un nombre de ses créatures, et leur donne par préférence des grâces *congrues*, ou dont il a prévu l'efficacité. 6° Par la science de vision, il prévoit quelles seront les créatures qui mériteront d'être sauvées, et quelles sont celles qui mériteront d'être réprouvées. 7° En conséquence de leurs mérites ou de leurs démérites prévus, il décerne aux unes la récompense éternelle, aux autres les supplices de l'enfer. — Selon les partisans de ce système, l'homme aidé par une grâce *congrue*, ou qui a un rapport de convenance avec les dispositions de sa volonté, choisira infailliblement, quoique librement et sans nécessité, le meilleur ; l'effet de la grâce et le consentement de l'homme sont donc infaillibles, puisque la *science moyenne*, par laquelle Dieu les a prévus, est infaillible. Lorsqu'on demande aux *congruistes* en quoi consiste *l'efficacité* de la grâce, ils répondent : Si par *efficacité* l'on entend la force que la grâce a de mouvoir et de déterminer la volonté, elle vient de la grâce même. Si l'on entend l'effet qui s'ensuivra, il partira de la volonté aidée par la grâce. Si l'on entend la connexion qu'il y a entre la grâce et le consentement de la volonté, elle vient de l'une et de l'autre. Si enfin l'on entend l'infaillibilité de cette connexion, elle vient de la *science moyenne*, qui ne peut pas se tromper.

On demandera sans doute quelle différence il y a entre ce système et celui de Molina. Elle consiste, 1° en ce que Molina disait que l'efficacité de la grâce venait *uniquement* du consentement libre de la volonté, au lieu que, selon les *congruistes*, cette efficacité vient de la *congruité* de la grâce, par conséquent de la force et de la nature de cette grâce même. 2° Molina prétendait que le bon usage de la grâce, considéré comme l'effet de la volonté ou du libre arbitre de l'homme, n'était pas un effet du décret ou de la prédestination de Dieu ; les *congruistes* pensent que cette abstraction est fort inutile : Puisque la grâce, disent-ils, est donnée en vertu du décret de Dieu, et que le consentement de l'homme est principalement l'effet de la grâce, aussi bien que de la volonté ou du libre arbitre, il est clair que ce consentement vient au moins *médiatement* du décret de Dieu. 3° Molina soutenait que l'homme, sans la grâce, peut faire une action moralement bonne, et un acte de foi naturel ; que, quoique ces actes ne soient point tels qu'il les faut pour la justification, et ne la méritent point, Dieu cependant y a égard, en considération des mérites de Jésus-Christ. Or, les *congruistes* pensent que cette doctrine se rapproche trop de celle de Pélage ; que puisque Dieu donne des grâces à tous, plus ou moins, il y a de la témérité à vouloir deviner ce que l'homme peut ou ne peut pas sans le secours de la grâce. *Voy.* Molinisme.

Selon l'opinion que nous soutenons, disent encore les *congruistes*, tout ce que saint Paul et saint Augustin enseignent, touchant la grâce et son pouvoir sur l'homme, est exactement vrai. *C'est Dieu qui opère en nous le vouloir et l'action ;* puisque sa grâce nous prévient, c'est elle qui nous excite au bien, qui donne à notre volonté une force qu'elle n'aurait pas sans ce secours, et qui coopère avec elle ; la grâce est donc cause efficiente du bien, non cause physique, mais cause morale. Quand l'homme fait le bien, ce n'est pas lui qui se *discerne* d'avec celui qui ne le fait pas ; c'est Dieu qui, par pure bonté, *discerne* celui auquel il donne une grâce *congrue*, et par là même efficace, d'avec celui auquel il ne donne qu'un secours inefficace ; avec ce dernier secours, l'homme aurait pu faire le bien, mais il ne l'aurait pas fait. Il ne peut donc se *glorifier* de l'avoir fait, toute la gloire en est due à Dieu. La bonne œuvre n'est pas venue de ce que l'homme *a voulu et a couru, mais de la miséricorde de Dieu ;* il a été prévenu, excité, soutenu par la grâce, sans l'avoir méritée, sans s'y être disposé par ses propres forces. Dieu a prévu d'avance que l'homme consentirait à cette grâce, et en suivrait le mouvement ; mais ce n'est pas cette prévision qui a déterminé Dieu à donner la grâce, ni à donner telle grâce plutôt que telle autre ; il l'a donnée par pure miséricorde, parce qu'il lui a plu, et en considération des mérites de Jésus-Christ. — Cela ne se peut pas, répondent les adversaires des *congruistes*; nous ne concevons pas qu'une *cause morale* puisse avoir l'influence que vous prétendez. Tant pis pour vous, répliquent les *congruistes*; nous ne concevons pas mieux comment une *cause physique* n'a pas une connexion nécessaire avec son effet, et ne détruit pas la liberté. Voilà où la question est réduite depuis deux cents ans, après des volumes entiers écrits de part et d'autre, et il y a bien de l'apparence qu'elle y est pour longtemps. On pourrait peut-être la terminer, si l'on commençait par convenir de part et d'autre du sens qu'il faut donner au mot *grâce congrue*. Quelques théologiens distinguent deux sortes de *congruités*; l'une intrinsèque, c'est la force même de la grâce, et son aptitude à incliner le consentement de la volonté; cette *congruité*, disent-ils, est l'efficacité de la grâce par elle-même; l'autre extrinsèque, c'est la convenance qu'il y a entre les dispositions actuelles de la volonté et la nature de la grâce. Cette dernière espèce de *congruité*, ajoutent-ils, est la seule qu'admet Vasquez, et qui est la base de son système. — Si cela est vrai, Vasquez a mal raisonné, et cette distinction n'est pas juste. En effet, puisque la *congruité* est un rapport de *convenance*, elle renferme nécessairement deux termes, savoir, telle nature et telle force dans la grâce, et telles dispositions dans la volonté; l'analogie ou la convenance doit être mutuelle, autrement elle ne subsiste plus. Cela n'est pas difficile à démontrer. Avant de donner une grâce, Dieu voit qu'un sentiment ou un motif d'amour, de reconnaissance, de désir des biens éternels, de confiance, est plus propre à toucher la volonté de tel homme, qu'un sentiment de crainte, de dégoût du crime, de honte, etc.; il voit que ce sentiment ne sera efficace qu'autant qu'il aura tel degré de force ou d'intensité. Si Dieu le donne tel qu'il le faut pour le moment, peut-on dire que la *congruité* de cette grâce et son efficacité viennent uniquement des dispositions dans lesquelles la volonté de cet homme se trouve? La grâce ne serait pas *congrue*, si elle inspirait un motif de crainte où il faut de la confiance, et si le sentiment qu'elle donne était trop faible. Or, une grâce de confiance n'est-elle pas essentiellement et par sa nature, différente d'une grâce de crainte? Une grâce forte n'est-elle pas aussi différente par elle-même d'une grâce faible? Il n'est donc pas vrai que la *congruité* de la grâce vient uniquement *ab extrinseco*, des circonstances ou des dispositions dans lesquelles se trouve la volonté de l'homme à qui elle est donnée. Il n'est guère probable que Vasquez ait commis faute de logique.

La *congruité* bien entendue renferme donc essentiellement trois choses : 1° telle nature dans la grâce, 2° telles dispositions dans la volonté, 3° la connaissance infaillible que Dieu a de l'effet qui s'ensuivra. Si on laisse de côté l'une de ces pièces on pèche par le principe. — Cela supposé, dira-t-on, qui empêche les *congruistes* de dire, comme leurs adversaires, que la grâce est efficace par elle-même et par sa propre nature, puisque sa *congruité* est une conséquence de sa nature. C'est que, pour admettre la grâce efficace par elle-même, il faut l'envisager comme *cause physique* de l'action qui s'ensuit; et conséquemment, selon les *congruistes*, il faut admettre entre la grâce et l'action une connexion nécessaire; au lieu qu'ils ne reconnaissent dans la grâce qu'une causalité morale, et n'admettent entre la grâce et l'action qu'une connexion contingente. *Voy.* GRACE, § 4.

Le terme de *grâce congrue* est emprunté de saint Augustin, l. 1, *ad Simplician*. q. 2, n° 13, où le saint docteur dit : *Illi electi qui* CONGRUENTER *vocati, cujus miseretur (Deus) sic eum vocat, quomodo scit ei* CONGRUERE, *ut vocantem non respuat.*

Quelques littérateurs, qui ont voulu parler de théologie sans y rien entendre, ont dit qu'il est difficile d'assigner la différence entre le système des *congruistes* et celui des semi-pélagiens. Cette différence n'est cependant pas fort difficile à saisir. Selon les semi-pélagiens, le consentement futur de la volonté à la grâce, consentement que Dieu prévoit, est le motif qui le détermine à donner la grâce; d'où il s'ensuit que la grâce n'est pas gratuite. Selon les *congruistes*, au contraire, ce prétendu motif est non-seulement faux, mais absurde. En effet, en même temps que Dieu prévoit que l'homme consentira à telle grâce, s'il la lui donne, il prévoit aussi que l'homme résistera à telle autre grâce qui lui serait donnée. Si le consentement, prévu pour la première, était un motif de la donner, la résistance, prévue pour la seconde, serait aussi un motif de ne donner ni l'un ni l'autre; ce qui est absurde. Donc le choix que Dieu fait de donner une grâce *congrue*, plutôt qu'une grâce *incongrue*, est absolument libre et gratuit de la part de Dieu, c'est un effet de bonté pure, et Molina lui-même le soutenait ainsi.

Si les adversaires des *congruistes* ont souvent mal conçu ou mal exposé leur système, ce n'est pas aux derniers qu'il faut s'en prendre, mais peut-être eux-mêmes ne se sont-ils pas toujours exprimés avec toute la précision nécessaire.

CONGRUITÉ. Les théologiens admettent une espèce de mérite de *congruité*, *de congruo*, par opposition au mérite de condignité; *de condigno. Voy.* CONDIGNITÉ.

CONJURATION, exorcisme, paroles et cérémonies par lesquelles on chasse les démons. Dans l'Eglise romaine, pour faire sortir le démon du corps des possédés, l'on emploie certaines formules ou exorcismes; des aspersions d'eau bénite, des prières et des cérémonies instituées à ce dessein. *Voy.* EXORCISME.

Entre *conjuration* et *sortilége*, ou magie, il y a cette différence, que dans la *conjuration* l'on agit au nom de Dieu, par des prières, par l'invocation des saints, pour forcer le démon à obéir; le ministre de l'Eglise commande au démon au nom de Dieu; dans le sortilége, au contraire, et dans la magie, on prie le démon lui-même; on suppose qu'il agira en vertu d'un pacte fait avec lui, qu'il s'entendra avec le sorcier pour faire ce que celui-ci désire. — L'un et l'autre sont encore différents des enchantements et des maléfices; dans ces derniers, sans s'adresser directement au démon, l'on suppose qu'il agira en vertu de telles paroles, de tels caractères, de telles pratiques qui ont la force de le faire agir. *Voy.* Magie, Enchantement, etc. [et le *Dictionnaire des Sciences occultes*, édit. Migne].

CONONITES, hérétiques du vi° siècle qui suivaient les opinions d'un certain Conon, évêque de Tarse; ses erreurs sur la sainte Trinité étaient les mêmes que celles des trithéistes ou trithéites. Il disputait contre Jean Philoponus, autre sectaire, pour savoir si, à la résurrection des corps, Dieu en rétablirait tout à la fois la matière et la forme, ou seulement l'une des deux; Conon soutenait que le corps ne perdait jamais sa forme, que la matière seule aurait besoin d'être rétablie : ou cet hérétique s'expliquait mal, ou il enseignait une absurdité.

CONSANGUINITÉ ou PARENTÉ. *Voy.* Mariage.

CONSCIENCE, jugement que nous portons nous-mêmes sur nos obligations morales, sur la bonté ou la méchanceté de nos actions, soit avant de les faire, soit après les avoir faites. *Dans toutes vos œuvres*, dit l'Ecclésiastique, *écoutez votre âme et soyez-lui fidèle; c'est ainsi que l'on observe les commandements de Dieu* (*Eccli.* xxxii, 27). C'est par ce sentiment intérieur que Dieu nous intime sa loi, nous fait connaître nos devoirs, nous reproche nos fautes.

Lorsque nous ne sommes aveuglés par aucun intérêt, par aucune passion, ordinairement notre *conscience* est droite; mais un vif intérêt, une passion violente, des préjugés ou des habitudes contractées depuis longtemps, rendent souvent la *conscience* erronée et fausse. — Saint Paul (*Rom.* xiv, 23) dit : *Tout ce qui n'est pas selon la foi est un péché*. Il est clair que par la *foi*, saint Paul entend le jugement de la *conscience;* qu'ainsi nous sommes obligés de suivre, dans nos actions, le dictamen de notre *conscience*, de faire ce qu'elle nous prescrit, d'éviter ce qu'elle nous défend, mais il y a sur ce sujet plusieurs observations à faire.

Bayle dans son *Commentaire philosophique*, ii° part., ch. 8, 9 et 10, a rassemblé un bon nombre de sophismes, pour prouver que la *conscience* erronée et fausse nous impose la même obligation que la *conscience* droite; que nous devons également suivre le jugement de l'une et de l'autre. Ce principe est faux, parce qu'il est trop général; Bayle lui-même a été forcé d'y mettre plusieurs restrictions. — Après avoir décidé que l'obligation est la même, soit que la *conscience* nous trompe en matière de droit ou en matière de fait, il ajoute, pourvu que l'erreur soit absolument innocente et ne vienne d'aucune passion criminelle. Quand on lui objecte qu'il s'ensuivrait, de son principe, que les magistrats ne peuvent légitimement punir un malfaiteur qui a jugé qu'il lui était permis de voler ou de commettre un meurtre dans telle ou telle occasion, ni un athée qui dogmatise, ni un insensé qui enseignerait que la prostitution, l'adultère, ne sont pas des crimes, dès qu'il se l'est persuadé; Bayle répond que ces conséquences sont fausses, 1° parce qu'il ne peut point y avoir d'erreur innocente sur des points de morale aussi clairs que ceux-là; 2° parce que, si un malfaiteur a négligé de s'instruire de ce que l'on doit faire ou éviter, il sera punissable pour avoir suivi une fausse *conscience;* 3° parce que les magistrats sont obligés de punir tout malfaiteur qui trouble la société, sans s'embarrasser de savoir si sa *conscience* a été vraie ou fausse, droite ou erronée. — De même, après avoir dit que, quand Dieu nous ordonne de suivre la vérité, cela doit s'entendre de ce qui nous paraît vrai, de la vérité apparente et putative, aussi bien que de la vérité absolue, il ajoute, pourvu toutefois que l'on ait apporté toute la diligence nécessaire pour ne s'y tromper pas, et sauf à voir quelle est la cause qui fait que le mensonge paraît quelquefois la vérité. — Enfin, après s'être objecté que si son principe général est vrai, il excuse les persécuteurs qui suivent les mouvements de leur *conscience;* il convient d'abord de cette conséquence, ensuite il la rétracte, en disant qu'il ne s'ensuit pas que l'on fasse sans crime ce que l'on fait selon sa *conscience;* qu'un droit peut être mal acquis, et que l'on peut en abuser en le poussant à l'excès. Il n'est pas possible de se contredire d'une manière plus frappante.

Barbeyrac, qui a répété la plupart des sophismes de Bayle (*Morale des Pères*, ch. 12, § 55), a poussé l'entêtement encore plus loin : « Que l'erreur d'un homme, dit-il, soit vincible ou invincible, il aurait toujours péché en ne la suivant pas, tant qu'il en serait prévenu. » Suivant cette décision, voilà tous les malfaiteurs dont nous venons de parler pleinement justifiés, et c'est ainsi que Barbeyrac corrige les erreurs de la morale des Pères de l'Église. — Il est évident, par les aveux de Bayle lui-même, que pour qu'une fausse *conscience* nous excuse devant Dieu, il faut, 1° que nous n'ayons rien négligé pour nous instruire, et que l'erreur dans laquelle nous sommes soit invincible; 2° que cette erreur ne vienne d'aucun motif blâmable, d'aucune passion criminelle, d'aucun préjugé opiniâtre; 3° que, quant à ce qui regarde les hommes, tout crime qui trouble la société est digne de châtiment et doit être puni, quelle qu'ait été la *conscience* de celui qui l'a commis de propos délibéré.

Ce qu'il y a de remarquable, c'est que ces deux auteurs n'ont voulu faire usage de leur principe pour prouver que les hérétiques ont droit de suivre et de professer leurs erreurs, dès qu'elles leur paraissent être la vérité; que l'on pèche contre la justice quand on emploie la force pour les réprimer; que vouloir les faire changer de religion, c'est les forcer d'agir contre leur *conscience*, leur ôter tout respect pour la vérité et la vertu, les précipiter dans le pyrrhonisme en fait de morale, dans l'athéisme et dans le libertinage, etc. — Mais, selon les réflexions évidentes que nous venons de faire, avant de décider que les hérétiques peuvent et doivent, en *conscience*, professer leurs opinions, et que l'on a tort de les gêner, il faut commencer par prouver que leur erreur est involontaire et invincible, qu'ils n'ont rien négligé pour s'instruire, qu'ils ont cherché la vérité de bonne foi, qu'ils n'ont été poussés par aucune passion, ni par aucun motif suspect. Il faut démontrer que, dans leur doctrine, il n'y a rien qui puisse inquiéter le gouvernement, et dans leur conduite, rien de contraire au repos et au bon ordre de la société. Il faut être assuré qu'ils ne porteront pas trop loin leurs prétentions, qu'ils n'abuseront point de la tolérance qu'on leur accordera, qu'ils l'observeront eux-mêmes à l'égard des autres. Si quelqu'une de ces conditions manque, toutes les belles dissertations faites en faveur des hérétiques portent à faux, et ne sont que du verbiage. — Il n'est pas vrai qu'en les forçant à se laisser instruire, on les oblige d'agir contre leur *conscience*; on les contraint seulement à l'éclairer et à la réformer; le refus qu'ils en font n'est pas délicatesse de *conscience*, mais opiniâtreté pure: ce qui le démontre, c'est qu'ils ne sont pas scrupuleux sur les moyens d'écarter l'instruction et de se débarrasser des missionnaires. On ne les oblige donc point à fouler aux pieds la vérité et la vertu, mais à chercher la vérité et à respecter la vertu. Il est singulier que les hérétiques et leurs apologistes ne connaissent point de plus grande vertu que l'obstination malicieuse. Comme, dans toute cette discussion, il est principalement question des calvinistes, nous verrons en son lieu de quelle manière ils ont formé leur *conscience*, par quels motifs ils ont embrassé ce qu'ils nomment la *vérité*, de quels moyens ils se sont servis pour la propager, le cas qu'ils ont fait des instructions et des voies de douceur, comment ils ont observé la tolérance qu'ils exigeaient pour eux, etc.

Ceux de nos incrédules modernes, qui ont voulu forger une morale indépendante de toute notion de Dieu, ont aussi raisonné sur la *conscience* à leur manière. « La *conscience*, dit l'un d'entre eux, est dans l'homme la connaissance des effets que ses actions produiront sur les autres. Pour le superstitieux (c'est-à-dire pour celui qui croit un Dieu), c'est la connaissance qu'il croit avoir des effets que ses actions produiront sur la Divinité: mais comme il n'a que des idées fausses, sa *conscience* erronée lui permet souvent de faire le mal, d'être intolérant, persécuteur, cruel, turbulent, insociable. La *conscience* ne nous reproche, pour l'ordinaire, que les choses que nous voyons désapprouvées par nos semblables; nous n'éprouvons de la honte et des remords que pour les actions que nous croyons devoir paraître ridicules, méprisables ou punissables aux yeux des hommes..... Quand l'opinion publique est viciée, nous finissons par tirer gloire du vice et de l'infamie; les hommes craignent plus les yeux de leurs semblables que les regards de la Divinité. » (*Système social*, 1re part., chap. 13.)

De cette belle théorie, il s'ensuit, 1° que la *conscience* d'un athée n'a point d'autre règle que le jugement des autres hommes; que quand un vice quelconque cesse d'être blâmé et puni, il le commet sans honte et sans remords. Où sont donc les prétendues notions de bien et de mal moral, de vice et de vertu, que quelques spéculateurs ont soutenu être immuables, indépendantes de toute loi divine et humaine? 2° Que quand un athée ose professer sa doctrine, il est assuré qu'elle ne paraîtra ni blâmable, ni punissable aux yeux des hommes; autrement c'est un forcené qui agit contre sa *conscience*. 3° Que, dans le secret, et loin des yeux des hommes, un athée peut en *conscience* commettre tel crime qu'il lui plaira. 4° L'auteur contredit sa propre doctrine, par l'exemple de tous ceux qu'il nomme *superstitieux*, puisqu'ils craignent plus les yeux de la Divinité que ceux des hommes. Combien d'hommes ne peut-on pas citer d'ailleurs qui ont mieux aimé souffrir le mépris, l'ignominie, les tourments et la mort, que de faire une action contraire à la loi de Dieu et à leur *conscience*? Ils ne faisaient donc aucun cas du jugement des hommes, ils le bravaient pour suivre le jugement de leur *conscience*. 5° Combien de fois les malfaiteurs eux-mêmes ne sont-ils pas convenus qu'ils résistaient à la voix de leur *conscience*, en commettant des crimes pour lesquels ils savaient bien qu'ils n'avaient rien à redouter de la part des hommes? 6° Au milieu même des mœurs les plus corrompues, que l'on demande à un homme si telle action, qu'il s'est peut-être permise plus d'une fois, est bonne ou mauvaise, il décidera sans hésiter que c'est un crime; il condamnera ainsi tout à la fois et le jugement de ses semblables, et sa propre conduite. Il y a donc une autre règle de *conscience* que le jugement des hommes, et nous soutenons que c'est la loi de Dieu qu'il a lui-même gravée dans tous les cœurs, mais qui est souvent obscurcie par la stupidité, par les passions, par une mauvaise éducation, par la corruption des mœurs publiques.

Les remords de la *conscience* sont une grâce que Dieu fait au pécheur pour l'exciter à la pénitence. Le premier homme en fit l'expérience immédiatement après son péché: il s'aperçut de sa nudité, se cacha, n'osa plus paraître aux yeux de son créateur. Dieu dit à Caïn, lorsqu'il méditait un crime: *Si tu fais bien, n'en recevras-tu pas le salaire? Si tu fais mal, ton péché s'élèvera contre toi* (Gen. IV, 7). David dit en gémissant: *La vue de mes péchés ne me laisse point de repos* (Ps. XXXVII, 4). Un malfaiteur, qui serait parvenu à ne plus sentir de remords, serait un monstre redoutable.

CONSCIENCE (Liberté de). On a étrangement

abusé de ce terme dans le siècle passé et dans celui-ci. Si ceux qui la réclamaient n'avaient demandé que la *liberté* de croire ou de ne pas croire ce qu'ils jugeaient à propos, cette demande aurait été absurde ; personne, dans ce sens, ne peut forcer la *conscience* d'un autre. Mais, sous le nom de *liberté de conscience*, les protestants voulaient la liberté de professer publiquement, et d'exercer avec tout l'éclat possible une religion différente de la religion dominante, de s'emparer des églises, d'en bannir les catholiques, de chasser et d'exterminer les prêtres; c'est ce qu'ils ont fait dans tous les lieux où ils ont été les maîtres. Aujourd'hui les incrédules, en prêchant la tolérance, en soutenant que l'on ne doit forcer la *conscience* de personne, prétendent qu'il leur est permis de réclamer et d'écrire contre la religion, d'insulter impunément ceux qui sont chargés de l'enseigner ; c'est ce qu'ils ont fait dans tous leurs livres.

Pour fortifier leurs prétentions, ils ont fait cause commune avec les protestants, ils ont renouvelé leurs plaintes et leurs anciennes calomnies. Pourquoi ne pas appeler encore à leur secours les juifs, les turcs et les païens? Ceux-ci, sans doute, ont aussi une *conscience*, par conséquent le droit incontestable de venir prêcher et professer leur religion parmi nous. — Lorsque les premiers chrétiens demandaient aux empereurs païens la *liberté de conscience*, ils étaient plus modestes ; ils demandaient de ne pas être traînés aux pieds des autels pour offrir de l'encens aux idoles, de ne pas être envoyés au supplice pour le nom seul de *chrétiens*. On peut s'en convaincre par les *Apologies* de saint Justin et de Tertullien. Ce dernier dit que c'est une impiété de contraindre la religion et de forcer un homme d'adorer un dieu qu'il ne veut pas (*Apolog.*, c. 24). Nous ne voyons pas quel avantage l'on peut tirer de là en faveur de la prétention des protestants et des incrédules. — Les premiers chrétiens, livrés aux supplices dès leur naissance, n'ont point pris les armes pour obtenir par force la *liberté de conscience*; ils ne sont entrés dans aucune des conjurations formées contre la vie ou contre l'autorité des empereurs; ils n'ont point tenté de se saisir de leur personne, afin de leur donner des chrétiens pour ministres et pour conseillers. Ils n'ont point mis à leur tête des grands de l'empire, ambitieux et mécontents ; ils n'ont point cherché à se procurer de l'influence dans les affaires de politique et de gouvernement; ils n'ont point publié d'écrits séditieux contre le prince ni contre les magistrats ; ils auraient pu cependant alléguer d'aussi fortes raisons, pour le moins, que les calvinistes.

Lorsque Constantin et Licinius, tous deux païens, eurent donné un édit de tolérance, les chrétiens ne s'avisèrent point de demander des villes de sûreté, ni de s'en emparer pour y mettre garnison de soldats chrétiens, ni des chambres miparties dans les tribunaux ; jamais ils n'ont eu l'insolence de traiter avec leur souverain comme d'égal à égal; jamais ils n'ont adressé aux empereurs ni aux magistrats des mémoires menaçants, des plaintes contre les abus du gouvernement, des insultes contre l'ancienne religion, afin d'en faire défendre l'exercice. — Devenus les maîtres par la conversion des empereurs, ils n'ont pas pillé, démoli, brûlé les temples des païens, de leur propre autorité; à peine peut-on en citer un ou deux exemples ; ils n'ont pas massacré les prêtres des idoles, forcé les païens à fréquenter les assemblées chrétiennes et à se faire baptiser. Ils ne les ont point chassés des villes, ni dépouillés de leurs biens ; ils ne se sont pas emparés par violence des fonds ni des édifices qui avaient appartenu aux idolâtres. — Julien, après avoir renoncé au christianisme, rendit de nouveau le paganisme dominant ; cependant les chrétiens ne lui présentèrent pas des mémoires dans le style de ceux que les calvinistes adressèrent à Henri IV, après sa conversion ; ils ne cherchèrent point à l'intimider par des menaces ; ils ne tentèrent point de s'allier avec des princes étrangers ; ils n'introduisirent point de troupes ennemies dans l'empire ; ils ne s'emparèrent point des revenus du fisc pour les soudoyer. Ils ne livrèrent aux Perses aucune des places frontières, ils ne formèrent point le projet d'établir une république dans le sein de la monarchie; les soldats chrétiens continuèrent à servir dans les armées romaines avec autant de fidélité qu'auparavant. Aucun décret des conciles n'a jamais enjoint ni permis aux chrétiens d'avoir recours à la force et aux voies de fait, sous prétexte de se faire rendre justice; aussi, n'ont-ils jamais eu besoin d'édits d'abolition, d'amnistie, ni de pardon de leurs révoltes passées. — Il en fut de même, lorsque quelques empereurs se déclarèrent protecteurs de l'arianisme. Plusieurs évêques catholiques furent dépossédés, exilés, emprisonnés, tourmentés, mais aucun ne prêcha la révolte à ses ouailles; plusieurs refusèrent de livrer de gré à gré des églises aux ariens, mais ils ne formèrent aucun attentat contre l'autorité civile. Les peuples ne furent pas moins soumis aux nouveaux conquérants barbares, qu'il ne l'avaient été à leurs anciens maîtres. Dans les siècles suivants, les missionnaires, qui sont allés prêcher le christianisme chez les infidèles, l'ont établi par l'instruction, par la persuasion, par l'ascendant de leurs vertus, et non par la violence ; les protestants ont fait de vains efforts pour noircir le zèle et les travaux de ces hommes apostoliques.

Les excès contraires des calvinistes sont consignés non-seulement dans notre histoire, mais dans les fastes des nations qui nous environnent ; ils ont été les mêmes en France, en Suisse, en Hollande, en Angleterre et en Écosse. Nulle part ils ne se sont établis sans répandre du sang ; c'était l'esprit du fondateur de leur secte ; tous les crimes qu'ils se sont permis ont été justifiés et consacrés par les décrets de leurs synodes et par les écrits de leurs théologiens

CONSÉCRATION, action par laquelle on

destine au culte de Dieu une chose commune ou profane, par des prières, des cérémonies, des bénédictions. C'est le contraire du *sacrilége* et de la *profanation*, qui consiste à employer à des usages profanes une chose qui était consacrée au culte de Dieu.

La coutume de consacrer à Dieu les hommes destinés à son service, les lieux, les vases, les instruments qui doivent servir à son culte, est de la plus haute antiquité. Dieu l'avait ordonné dans l'ancienne loi, et en avait prescrit les cérémonies. — Dans la loi nouvelle, lorsque ces *consécrations* regardent les hommes et se font par un sacrement, on les appelle *ordinations*; mais on nomme *sacre* l'ordination des évêques et l'onction des rois. Quand elles se font seulement par une cérémonie instituée par l'Eglise, ce sont des *bénédictions*; la *consécration* des temples et des autels est appelée *dédicace*; celle-ci est la plus solennelle et la plus longue des cérémonies ecclésiastiques: nous en parlerons au mot EGLISE.

Un incrédule anglais, qui a fait un livre d'invectives contre le clergé, a tourné en ridicule les *consécrations* usitées non dans l'Eglise romaine; il les regarde comme des superstitions, des impostures, des fraudes pieuses du clergé catholique. Il demande qui a chargé les prêtres de faire toutes ces belles choses; s'il y a dans le nouveau Testament un seul passage qui nous apprenne qu'un être inanimé ou un lieu est plus saint qu'un autre, qu'un homme peut le rendre sacré ou lui communiquer une sainteté qu'il n'a pas lui-même. — Nous n'aurons pas beaucoup de peine à le satisfaire. Indépendamment des passages de l'ancien Testament, dans lesquels Dieu avait ordonné de consacrer par des cérémonies le tabernacle, les autels, les vases destinés à son culte, les prêtres même, leurs mains et leurs habits, et de ceux où toutes ces choses sont appelées *saintes, sacrées, sanctuaire*, etc., le nouveau Testament nous en fournit assez d'autres. Dans saint Matthieu, chap. VII, v. 6, Jésus-Christ dit: *Ne donnez point les choses saintes aux chiens*. Il est question là de choses inanimées. Chap. XXIII, v. 17, il demande aux pharisiens lequel est le plus grand, l'or offert dans le temple, ou le temple qui *sanctifie* l'or; le don placé sur l'autel, ou l'autel qui *sanctifie* le don. Les pharisiens auraient donc pu demander à leur tour, comme l'auteur anglais, de quelle sainteté étaient susceptibles l'or et les offrandes présentés dans le temple. Dans ce même Evangile, chap. XXVII, v. 53, dans l'Apocalypse aussi bien que dans les livres de l'ancien Testament, Jérusalem est appelée la *cité sainte*. Saint Pierre (*II Epist.*, I, 13), parlant de la montagne sur laquelle arriva la transfiguration du Sauveur, la nomme la *montagne sainte*. — Saint Paul (*I Tim.* IV, 4) dit que les aliments des fidèles sont sanctifiés par la parole de Dieu et par la prière. Il appelle les chrétiens en général les *saints*, non-seulement à cause de leurs vertus, mais à cause de leur *consécration* faite à Dieu par le baptême; il les avertit que leurs corps même et leurs membres sont les temples du Saint-Esprit (*I Cor.* VI, 19).

Nous n'avons pas besoin des leçons du critique anglais pour savoir que *saint, sacré, sanctifié*, etc., sont des termes équivoques. Dieu est *saint*, parce qu'il défend et punit toute espèce de mauvaise action, qu'il commande et récompense tout acte de vertu, qu'il exige un culte pur, sincère, exempt d'indécence, de superstition et d'hypocrisie. Un homme est *saint*, non-seulement lorsqu'il aime Dieu et pratique la vertu constamment, mais encore lorsqu'il est dévoué, consacré, destiné particulièrement au culte de Dieu. C'est dans ce sens qu'il est dit: *Tout enfant mâle premier-né sera* CONSACRÉ *au Seigneur*. Et cette expression est appliquée à Jésus-Christ lui-même (*Luc.* II, 23). Lorsqu'il dit à son Père, en parlant de ses disciples (*Joan.* XVII, 19): *Je me sanctifie pour eux, afin qu'ils soient aussi sanctifiés en vérité*, cela signifie évidemment: Je me dévoue pour eux à votre culte et à votre service, afin qu'eux-mêmes s'y dévouent et s'y destinent aussi sincèrement; il est clair que Jésus-Christ, saint par essence, ne pouvait acquérir une nouvelle sainteté intérieure.

Dans le même sens, une chose inanimée est *sainte* et *sacrée*, c'est-à-dire, destinée au culte de Dieu; dès ce moment elle est respectable, et ne doit plus être employée à des usages profanes. L'action par laquelle elle est ainsi destinée, dévouée et, pour ainsi dire, mise à part, est nommée *consécration, bénédiction, sanctification*, selon le style même de l'Ecriture sainte: où est l'inconvénient? Dans l'origine, et selon l'étymologie du terme, *consécration* ne signifie rien autre chose que choix, destination, séparation d'avec les choses communes; au contraire, dans les *Actes*, chap. x, v. 14, *commun* est la même chose qu'*impur*; et dans saint Marc, chap. VII, v. 15, *communicare*, rendre commun, signifie *souiller*. Il est triste que nous soyons réduits à faire aux protestants et aux incrédules des leçons de grammaire. *Voy.* SAINT.

Il n'est donc pas vrai que, par des *consécrations*, les prêtres prétendent changer l'essence des choses, leur communiquer une vertu divine, y faire descendre quelqu'une des qualités du Très-Haut, comme le censeur anglais les en accuse; cette absurdité n'a pu entrer que dans la tête de nos incrédules. Mais les prêtres soutiennent que, dès qu'une chose quelconque est *consacrée* au culte de Dieu, on doit la respecter, ne plus la regarder comme une chose profane, ne plus l'employer à des usages vils et communs, parce que cette marque de mépris serait censée retomber sur Dieu lui-même. Il n'est pas vrai non plus que ce soit là un usage futile et superstitieux, puisque Dieu l'a ainsi ordonné dès le commencement du monde. Une cérémonie sensible, une *consécration* publique est nécessaire, afin d'inspirer aux hommes du respect pour ce qui sert au culte de Dieu, et afin de frapper leur esprit du souvenir de la présence de Dieu. — Il est encore faux que notre culte soit aussi agréable à

Dieu dans un lieu que dans un autre. Dieu avait commandé à Moïse de lui construire un tabernacle ou une tente, et à Salomon, de lui bâtir un temple; longtemps auparavant, Jacob avait *consacré* la pierre sur laquelle il avait eu une vision mystérieuse, et l'avait appelée la *maison de Dieu;* c'est là qu'il éleva un autel par ordre de Dieu même, et qu'il offrit un sacrifice (*Gen.* XXVIII, 16; XXXV, 1). Déjà ce lieu avait été consacré par Abraham, chap. XII, v. 7; il fut constamment nommé *Béthel,* maison de Dieu, et fut respecté dans toute la suite des siècles, jusqu'à ce qu'il fut profané par Jéroboam (*III Reg.* XII, 29). Lorsque le temple fut bâti, dédié ou *consacré,* Dieu dit à Salomon : *J'ai exaucé votre prière, j'ai sanctifié cette maison, mes yeux et mon cœur y seront pour toujours* (*III Reg.* IX, 3).

Dieu, sans doute, est présent partout, en tout lieu il entend nos prières et agrée notre culte, lorsque nous l'adorons en esprit et en vérité (*Joan.* IV, 23). Mais de tout temps il a voulu qu'il y eût des lieux consacrés spécialement à son culte, dans lesquels ses adorateurs se rassemblassent, pour lui rendre leurs hommages et lui adresser leurs prières en commun, comme des enfants se rassemblent autour de leur père, et ce culte est plus agréable qu'un culte isolé et particulier. Jésus-Christ a confirmé cette croyance par ses leçons et par son exemple; il priait partout, mais il allait aussi prier dans le temple; il a répété ce que Dieu avait dit par un prophète : *Ma maison sera un lieu de prière* (*Matth.* XXI, 13). Il a puni les profanateurs, et il a dit : *Lorsque deux ou trois personnes sont assemblées en mon nom, je suis au milieu d'elles* (XVIII, 20).

Défions-nous d'une philosophie perfide et hypocrite, qui veut nous détourner du culte extérieur et public, sous prétexte d'adorer Dieu en esprit et en vérité; ceux qui la prêchent n'adorent plus Dieu ni en esprit, ni en corps, ni en vérité, ni en apparence. *Voy.* CULTE, ÉGLISE, etc.

CONSÉCRATION; ce terme, pris dans un sens plus étroit que le précédent, signifie l'action par laquelle un prêtre, qui célèbre le saint sacrifice de la messe, change le pain et le vin au corps et au sang de Jésus-Christ. On comprend d'abord que les hétérodoxes, qui ne croient point la présence réelle de Jésus-Christ dans l'eucharistie, ont dû bannir de leur liturgie le terme de *consécration.*

Le sentiment commun des théologiens catholiques, après saint Thomas, est que la *consécration* du pain et du vin se fait par ces paroles de Jésus-Christ : *Ceci est mon corps, ceci est mon sang,* etc. On ne peut pas prouver qu'avant saint Thomas il y ait eu là-dessus une opinion différente dans l'Église latine. — Mais on a disputé pour savoir quel est aujourd'hui et quel a été de tout temps le sentiment de l'Église grecque sur les paroles de la *consécration.* Pour comprendre l'état de la question, il faut savoir que dans la liturgie romaine, avant de prononcer les paroles de Jésus-Christ, le prêtre fait à Dieu une prière, par laquelle il le supplie de changer le pain et le vin au corps et au sang de Jésus-Christ. Dans la liturgie grecque et dans les autres liturgies orientales, outre cette première prière, il y en a une seconde qui se fait en mêmes termes, après que le prêtre a prononcé les paroles de Jésus-Christ. C'est cette dernière que les Grecs nomment *l'invocation du Saint-Esprit;* quelques-uns la croient essentielle à la *consécration.* D'où plusieurs théologiens ont conclu que, selon les Grecs, la *consécration* ne se fait pas par les paroles de Jésus-Christ; sentiment qu'ils ont taxé d'erreur. — Pour justifier les Grecs, le P. Lebrun, après l'abbé Renaudot, a fait un ouvrage pour prouver que la *consécration* se fait non-seulement par les paroles de Jésus-Christ, mais encore par l'*invocation* (*Explication de la messe,* tom. V, p. 212 et suiv.). Bingham, théologien anglican, avait été de même avis (*Orig. ecclés.,* l. XV, c. 3, § 12). Le P. Bougeant, jésuite, soutient, contre le P. Lebrun, qu'elle se fait par les seules paroles de Jésus-Christ. Un troisième théologien a fait, dans une dissertation imprimée à Troyes en 1733, le résumé de la dispute, et a conclu par adopter l'opinion du P. Bougeant. Il observe qu'avant le XIVe siècle, ou avant le concile de Florence, les Grecs et les Latins n'avaient entre eux aucune dispute sur les paroles essentielles à la *consécration,* quoique les théologiens latins fussent très-bien instruits des termes dont se servent les Grecs dans leur seconde *invocation.* Par conséquent les scolastiques, qui ont attaqué les Grecs sur ce point, sont allés plus loin que leurs prédécesseurs.

Il ne fut point question de cette dispute au second concile de Lyon, l'an 1274, ni dans les temps postérieurs, si ce n'est entre quelques théologiens. Mais au concile de Florence, en 1439, la contestation fut vive sur ce point entre les Grecs et les Latins. On voit, par les actes du concile, que les Grecs, à la réserve de Marc d'Éphèse, convinrent que la *consécration* se fait par les paroles de Jésus-Christ; mais ils ne voulurent pas que cette décision fût mise dans le décret d'union, de peur qu'elle ne parût être une condamnation de leur liturgie. — Dans le décret du pape Eugène, pour les Arméniens, il est dit que l'eucharistie se fait par les paroles de Jésus-Christ; de là plusieurs théologiens ont conclu que le concile de Florence avait décidé la question. Mais alors les Grecs n'étaient plus au concile, ils étaient partis. Ce décret a décidé d'autres articles, sur lesquels les théologiens ont cependant conservé la liberté des opinions, comme la matière de l'ordre, le ministre de la confirmation, etc. — Depuis cette époque même, les Grecs ne sont pas d'accord entre eux sur la forme essentielle de la *consécration;* les uns tiennent pour les paroles de Jésus-Christ, les autres pour l'invocation, plusieurs pour l'une et l'autre. Mais aucun d'entre eux n'a nié la nécessité des paroles de Jésus-Christ pour consacrer; la dispute, sur ce point, n'est donc ni inconciliable, ni aussi essentielle que le prétendent quelques théologiens.

Les Latins eux-mêmes ont disputé pour savoir si Jésus-Christ, après la cène, a consacré par sa *bénédiction*, ou par ces paroles : *Ceci est mon corps* ; Salmeron est témoin que cette question fut agitée au concile de Trente, mais ce concile ne voulut rien décider là-dessus. Le P. Lebrun pense que le Sauveur consacra par sa *bénédiction* avant de dire : *Ceci est mon corps*. — Les Pères les plus anciens se servent les uns du terme d'invocation, les autres des termes de bénédiction, d'eucharistie ou d'action de grâces, ou de prières ; mais presque tous assurent que la *consécration* se fait par les paroles de Jésus-Christ. On sait d'ailleurs qu'ils ont souvent nommé *prière* et *invocation* les formes même des sacrements, qui sont purement indicatives, comme l'a fait voir le P. Merlin (*Traité des formes des Sacrements*, c. 4, 9 et 14).

Il est incontestable qu'un prêtre qui, hors de la liturgie, proférerait les paroles de Jésus-Christ sur du pain et du vin, ne consacrerait pas, parce que le sens de ces paroles ne serait pas déterminé par la suite d'actions qui doivent les accompagner ; l'invocation ou la prière qui les précède est donc nécessaire. Ainsi le supposent les rubriques, qui exigent que, dans le cas d'effusion du calice, etc., on recommence les paroles qui précèdent la *consécration*. — Dans les liturgies orientales, aussi bien que dans celle de l'Eglise latine, il y a une invocation qui précède la *consécration* ; celle-ci est donc parfaite avant la seconde invocation, autrement les Latins ne consacreraient pas. Les Grecs ont donc tort de supposer la nécessité de leur seconde invocation ; mais il ne s'ensuit pas qu'elle soit erronée et abusive. — Elle ne suppose pas que la *consécration* et la transsubstantiation ne soient pas faites, puisqu'il y a des termes semblables dans les liturgies gallicane et mozarabique ; jamais cependant les théologiens gallicans ni les espagnols n'ont pensé que la *consécration* ne fût pas faite par les paroles de Jésus-Christ, qui ont précédé. On doit donc entendre cette seconde *invocation* dans le même sens que les prières par lesquelles l'évêque demande la grâce du sacrement de confirmation pour ceux qu'il vient de confirmer, et comme l'on entend les exorcismes du baptême à l'égard d'un enfant qui vient d'être ondoyé ou baptisé sans cérémonie. — L'invocation qui suit la *consécration* n'opère pas plus d'effets que celle qui la précède ; mais elle sert à déterminer le sens des paroles de Jésus-Christ, elle fait comprendre que ces paroles ne sont pas purement historiques, mais sacramentelles et opératives. Quant à l'adoration de l'eucharistie, qu'elle se fasse plus tôt ou plus tard, cela est égal ; elle prouve seulement que Jésus-Christ est présent, et que telle est la croyance de ceux qui l'adorent.

On ne voit pas quel avantage Bingham ou d'autres protestants peuvent tirer de la dispute qui a eu lieu entre quelques théologiens catholiques et les Grecs touchant les paroles de la *consécration*. La question entre les protestants et nous est de savoir si les Orientaux ont toujours cru, comme nous, que, par ces paroles, le pain et le vin sont réellement changés au corps et au sang de Jésus-Christ : or, leurs liturgies témoignent qu'ils l'ont toujours cru ainsi et qu'ils le croient encore. Peu importe de savoir si ce changement s'opère par ces mots seuls : *Ceci est mon corps, ceci est mon sang*, ou par l'invocation qui suit, ou par l'un et l'autre indistinctement. Nous pensons unanimement qu'il faut une invocation avant ou après, pour déterminer le sens des paroles de Jésus-Christ, pour marquer que le prêtre ne les prononce pas comme une histoire, mais comme une forme sacramentelle efficace, et qui opère ce qu'elle signifie. Nous convenons encore de part et d'autre que, par une invocation réunie aux paroles de Jésus-Christ, la *consécration* est parfaite et l'effet opéré ; d'où il résulte que, sur ce mystère, la croyance des Orientaux, la même que la nôtre, est très-opposée à celle des protestants.

Il en résulte encore que les anglicans, ni les autres protestants, ne consacrent point. Dans la liturgie anglicane, imprimée à Londres en 1606, pag. 208, l'invocation qui précède les paroles de Jésus-Christ, se borne à demander à Dieu, *qu'en recevant le pain et le vin nous puissions être faits participants de son corps et de son sang précieux*. Mais les anglicans sont persuadés que ce pain et ce vin ne sont réellement ni le corps ni le sang de Jésus-Christ, que l'on peut seulement participer au corps et au sang de Jésus-Christ, par la foi, en recevant les symboles. Ainsi, les paroles de Jésus-Christ qu'ils prononcent n'ont qu'un sens historique et ne produisent rien. — Ce n'est pas là ce que pensent les Orientaux, puisque l'invocation qu'ils ajoutent exprime le contraire ; pourquoi les anglicans l'ont-ils changée, s'ils ont la même croyance que ces chrétiens séparés de l'Eglise romaine ? Ce n'est pas là non plus le sentiment des Pères qui disent que les paroles de Jésus-Christ sont efficaces, opératives, douées du pouvoir créateur : *Sermo Christi vivus et efficax, opifex, operatorius, efficientia plenus, omnipotentia verbi*, etc. Bingham lui-même en a cité plusieurs passages qui auraient dû lui dessiller les yeux. Il a vu que saint Justin (*Apol.* 1, n. 66) compare les paroles eucharistiques à celles par lesquelles le Verbe de Dieu s'est fait chair. Il a lu dans saint Jean Chrysostome (*Hom.* 1 *in prodit. Judæ*, n. 6, *Op.*, tom. II, p. 384) : « Ce n'est pas l'homme qui fait que les dons offerts deviennent le corps et le sang de Jésus-Christ, mais c'est Jésus-Christ lui-même crucifié pour nous. Le prêtre fait l'action extérieure (Σχῆμα), et prononce les paroles, mais la puissance et la grâce de Dieu y est. *Ceci est mon corps*, dit-il ; cette parole transforme les dons offerts, de même que ces mots : *croissez, multipliez, peuplez la terre*, une fois prononcés, donnent dans tous les temps, à notre nature, le pouvoir de se reproduire; ainsi les paroles de Jésus-Christ, une fois dites, opèrent depuis ce moment jusqu'à son avénement, à chaque table de nos églises, un sacrifice parfait. » Cela signifie seulement, dit Bingham, que Jésus-Christ, en prononçant une fois ces paroles, a donné aux hommes le pouvoir de faire *son corps symbolique*, c'est-à-dire, la figure de son corps. Mais pour faire une figure, une image, une représentation, est-il besoin du pouvoir de Jésus-Christ, de la puissance et de la grâce de Dieu? Selon saint Chrysostome, c'est Jésus-Christ lui-même qui, à la parole prononcée par le prêtre, *transforme les dons offerts*, produit son corps et son sang. Dans une simple figure, où est la transformation? Le pain et le vin, par eux-mêmes, sont une nourriture corporelle; ils sont donc par eux-mêmes la figure d'une nourriture spirituelle, par conséquent du corps et du sang de Jésus-Christ : un pouvoir divin n'est pas nécessaire pour leur donner cette signification.

Aussi, les nouveaux écrivains protestants, devenus plus sincères, ne font grand cas ni des passages des Pères, ni des liturgies orientales; ils ont vu que la forme de la *consécration* y est trop claire, et que le sens en est encore fixé par les marques d'adoration rendue à l'eucharistie. *Voy.* la *Perpétuité de la foi*, tom. IV, l. I, c. 9; tom. V, Préface. Autant les anciens controversistes protestants ont témoigné d'empressement pour obtenir le suffrage des Orientaux, autant ceux d'aujourd'hui le dédaignent.

Dans la messe romaine, après la *consécration*, le prêtre dit à Dieu : *Nous offrons à votre majesté suprême l'hostie pure, sainte, sans tache, le pain sacré de la vie éternelle et le calice du salut perpétuel ; sur lesquels daignez jeter un regard propice et favorable, et les agréer comme il vous a plu d'avoir agréables les présents du juste Abel, le sacrifice d'Abraham et celui de Melchisédech, saint sacrifice, hostie sans tache. Nous vous en supplions, ô Dieu tout-puissant, commandez qu'ils soient portés sur votre autel céleste, en présence de votre divine majesté, par les mains de votre saint ange, afin que nous tous qui, en participant à cet autel, aurons reçu le saint et sacré corps et le sang de votre Fils, soyons remplis de toute bénédiction céleste et de toute grâce, par le même Jésus-Christ Notre-Seigneur.* — Bingham argumente encore sur cette prière : Si les dons consacrés, dit-il, sont véritablement le corps et le sang de Jésus-Christ, il est ridicule de prier Dieu de les agréer, de les comparer aux sacrifices des patriarches, qui n'étaient que des figures; sûrement cette prière a été composée avant l'invention du dogme de la transsubstantiation (*Orig. ecclés.*, l. xv, c. 3, § 31). Nous soutenons au contraire que cette prière suppose la transsubstantiation, puisqu'elle nomme les dons eucharistiques *le saint et acré corps et le sang du Fils de Dieu*, qu'elle les appelle *une hostie pure et sans tache, un saint sacrifice*; expressions condamnées et rejetées par les protestants. Le prêtre ne demande pas simplement à Dieu d'agréer ces dons, mais de les accepter, *afin que* ou de *manière que ceux qui y participeront reçoivent les mêmes bénédictions célestes que les patriarches* : on ne compare donc point ce sacrifice aux leurs, quant à la valeur, mais relativement aux grâces accordées à ceux qui les ont offerts.

Mais telle a toujours été la méthode des protestants; lorsque dans l'Ecriture, ou dans les anciens monuments, il y a des expressions qui les incommodent, ils les tordent, ils leur donnent un sens vague, ils les regardent comme des façons de parler abusives; s'il s'y trouve seulement un mot qui semble les favoriser, ils le pressent, ils le prennent à la lettre et dans la dernière rigueur.

CONSEILS ÉVANGÉLIQUES, ou MAXIMES DE PERFECTION. Jésus-Christ les distingue évidemment d'avec les préceptes. Un jeune homme lui demandait *ce qu'il faut faire pour obtenir la vie éternelle; Jésus lui répondit : Gardez les commandements. Je les ai observés dès ma jeunesse, répondit ce prosélyte; que me manque-t-il encore ? Si vous voulez être parfait*, répliqua le Sauveur, *allez vendre ce que vous possédez, donnez-le aux pauvres, vous aurez un trésor dans le ciel; alors venez et suivez-moi* (*Matth.* xix, 16; *Marc.* x, 17; *Luc.* xviii, 18). Selon ces paroles, ce que Jésus-Christ lui proposait n'était pas nécessaire pour obtenir la vie éternelle, mais pour pratiquer la perfection et pour être admis au ministère apostolique.

Plusieurs censeurs de l'Evangile ont dit que la distinction entre les préceptes et les *conseils* est une subtilité inventée par les théologiens pour pallier l'absurdité de la morale chrétienne. Il est clair que ce reproche est très-mal fondé. La loi ou le précepte se borne à défendre ce qui est crime, à commander ce qui est *devoir ; les conseils* ou *maximes* doivent aller plus loin, pour la sûreté même de la loi; quiconque veut s'en tenir à ce qui est étroitement commandé, ne tardera pas de violer la loi. — D'autres ont été scandalisés du terme de *conseils;* il ne convient pas à Dieu, disent-ils, de conseiller, mais d'ordonner. Cette observation n'est pas plus juste que la précédente. Dieu, législateur sage et bon, ne mesure point l'étendue de ses lois sur celle de son souverain domaine, mais sur la faiblesse de l'homme; après avoir commandé en rigueur, sous l'alternative d'une récompense ou d'une peine éternelle, ce qui est absolument nécessaire au bon ordre de l'univers et au maintien de la société, il peut montrer à l'homme un plus haut degré de vertu, lui promettre des grâces pour y atteindre, lui proposer une plus grande récompense. C'est ce qu'a fait Jésus-Christ.

En général, on ne peut donner à l'homme une trop haute idée de la perfection à laquelle il peut s'élever avec le secours de la grâce divine. Dès qu'il est pénétré de la noblesse de son origine, de la grandeur de sa destinée, des pertes qu'il a faites, des moyens qu'il a de les réparer, du prix que Dieu réserve à la vertu, il n'est rien dont il ne soit capable; l'exemple des saints en est la preuve. — Au reste, la prévention des incrédules contre les *conseils évangéliques* leur vient des protestants, ceux-ci n'en ont pas parlé d'une manière plus sensée. Ils ont dit que Jésus-Christ avait prescrit à tous ses disciples une seule et même règle de vie et de mœurs; mais que plusieurs chrétiens, soit par le goût d'une vie austère, soit pour imiter certains philosophes, prétendirent que le Sauveur avait établi une double règle de sainteté et de vertu, l'une ordinaire et commune, l'autre extraordinaire et plus sublime: la première, pour les personnes engagées dans le monde; la seconde, pour ceux qui, vivant dans la retraite, n'aspiraient qu'au bonheur du ciel; qu'ils distinguèrent conséquemment, dans la morale chrétienne, les *préceptes* obligatoires pour tous les hommes, et les *conseils* qui regardaient les chrétiens plus parfaits. Cette erreur, dit Mosheim, vint plutôt d'imprudence que de mauvaise volonté; mais elle ne laissa pas d'en produire d'autres dans tous les siècles de l'Eglise, et de multiplier les maux sous lesquels l'Evangile a souvent gémi. De là, selon lui, sont nées les austérités et la vie singulière des ascètes, des solitaires, des moines, etc. (*Hist. ecclésiastique.* du IIe siècle, IIe part., ch. 3, § 12).

Mais nous demandons aux protestants si Jésus-Christ imposait un précepte à tous les chrétiens, lorsqu'il disait: *Quiconque d'entre vous ne renonce pas à tout ce qu'il possède, ne peut pas être mon disciple* (Luc. XIV, 33). *Heureux les pauvres, ceux qui ont faim, ceux qui pleurent : donnez à quiconque vous demande, et s'il vous enlève ce qui vous appartient, ne le répétez pas* (VI, 20 et 30). *Si quelqu'un veut venir après moi, qu'il renonce à lui-même, qu'il porte sa croix tous les jours, et qu'il me suive* (IX, 23). *Il y a des eunuques qui ont renoncé au mariage pour le royaume des cieux; que celui qui peut le comprendre, le comprenne* (Matth. XIX, 12). Les commentateurs, même protestants, ont été forcés de reconnaître dans ce passage un *conseil* et non un précepte. *Voy.* la SYNOPSE sur cet endroit. — Saint Paul a dit (*I Cor.* VII, 40): *Une veuve sera plus heureuse si elle demeure dans cet état, selon mon* CONSEIL : *or, je pense que j'ai aussi l'Esprit de Dieu.* En exhortant les Corinthiens à des aumônes, il leur dit: *Je ne vous fais pas un commandement,... mais je vous donne un* CONSEIL, *parce que cela vous est utile* (*II Cor.* VIII, 8 et 10). Et aux Galates, c. v, vers. 24 : *Ceux qui sont à Jésus-Christ ont crucifié leur chair avec ses vices et ses corruptions.* Si les chrétiens du IIe siècle se sont trompés en distinguant les *conseils* d'avec les *préceptes*, c'est Jésus-Christ et saint Paul qui les ont induits en erreur. Pour estimer et pour pratiquer des austérités, des mortifications, des abstinences, et le renoncement aux commodités de la vie, ils n'ont pas eu besoin de consulter l'exemple des philosophes, le goût des Orientaux, ni les mœurs des Esséniens ou des Thérapeutes; il leur a suffi de lire l'Evangile.

Quant aux maux prétendus qui en ont résulté, sont-ils si terribles? Nos anciens apologistes nous attestent que la mortification, la chasteté, le désintéressement des premiers chrétiens, aussi bien que leur douceur, leur charité, leur patience, ont causé de l'admiration aux païens, et ont produit une infinité de conversions. Dans les siècles suivants, les mêmes vertus, pratiquées par les solitaires, ont fort adouci la férocité des barbares; si les missionnaires qui ont converti les peuples du Nord n'avaient pas pratiqué les *conseils évangéliques*, ils n'auraient pas attiré, peut-être, un seul prosélyte. Voilà les malheurs qui, au jugement des protestants, ont fait gémir l'Eglise dans tous les siècles, et que les incrédules déplorent avec eux. Heureusement, les réformateurs sont venus au XVIe siècle réparer tous ces maux; ils ont formé des sectateurs, non par des exemples de vertus, mais par des déclamations et par des arguments, ils ont fondé une nouvelle religion, non sur la perfection des mœurs, mais sur l'indépendance et sur le mépris des usages religieux; aussi n'ont-ils converti ni des païens, ni des barbares; ils ont perverti des chrétiens.

CONSERVATEUR, CONSERVATION. La révélation se réunit à la lumière naturelle, pour nous apprendre que Dieu conserve les créatures auxquelles il a donné l'être, et maintient l'ordre physique du monde; l'auteur du livre de la Sagesse lui dit : *Comment quelque chose pourrait-il subsister, si vous ne le vouliez pas, ou se conserver sans votre ordre* (*Sap.* XI, 26)? Il conserve l'ordre moral entre les créatures intelligentes, par l'instinct moral qu'il leur a donné, par la conscience qui leur intime sa loi et leur fait craindre le châtiment du crime. C'est dans cette double attention que consiste la providence.

Mais rien ne nous montre mieux l'action continuelle de Dieu dans la marche de la nature, que le pouvoir par lequel il en suspend les lois quand il lui plaît. Le monde noyé dans les eaux du déluge, le feu du ciel lancé sur Sodome, les mers divisées pour donner passage aux Hébreux et submerger les Egyptiens, etc.: voilà les événements par lesquels Dieu a convaincu les hommes qu'il est le seul maître, le seul *conservateur* de l'univers. Il fallait alors des miracles, parce que le commun des hommes n'était pas en état de raisonner sur l'ordre physique du monde, d'y remarquer une main attentive et bienfaisante. — Ainsi, Dieu a prévenu d'avance les hommes, encore ignorants et grossiers, contre les faux systèmes des philosophes qui ont enseigné, les uns, que Dieu est l'âme du monde, et que le monde est éternel; les autres, que Dieu, après l'avoir construit, en a laissé le soin à des intelligences subalternes. Le dogme d'un seul Dieu, créateur et *conservateur*, est la croyance primitive; si les peuples avaient été fidèles à le garder, ils n'auraient été égarés ni par le polythéisme, ni par l'idolâtrie, ni par les prestiges de la philosophie. — Mais, dès qu'une fois cette grande vérité a été généralement méconnue, il a été besoin d'une nouvelle révélation pour en rétablir la croyance, et tel était le principal objet des leçons que Dieu donna aux Hébreux par Moïse. *Voy.* Révélation.

CONSOLATION, cérémonie des manichéens albigeois, par laquelle ils prétendaient que toutes leurs fautes étaient effacées ; ils la conféraient à l'article de la mort ; ils l'avaient substituée à la pénitence et au viatique. Elle consistait à imposer les mains, à les lever sur la tête du pénitent, à y tenir le livre des Evangiles, et à réciter sept *pater* avec le commencement de l'Evangile selon saint Jean. C'était un prêtre qui en était le ministre ; et il fallait, pour son efficacité, qu'il fût sans péché mortel. On dit que, lorsqu'ils étaient *consolés*, ils seraient morts au milieu des flammes sans se plaindre, et qu'ils auraient donné tout ce qu'ils possédaient pour l'être. Exemple frappant de ce que peuvent l'enthousiasme et la superstition, lorsqu'ils se sont emparés fortement des esprits.

CONSORT, société ou confrérie du tiers ordre de Saint-François, établie à Milan, et composée d'hommes et de femmes, pour le soulagement des pauvres. On lui avait confié la distribution des aumônes ; elle s'en acquitta avec tant de fidélité, que l'on reconnut bientôt la faute que l'on avait faite en la privant de cette fonction délicate. Il fallut la médiation du pape Sixte IV pour l'engager à la reprendre : preuve qu'elle n'y avait trouvé que des peines méritoires pour l'autre vie ; avantage que la piété solide peut aisément se procurer. Le débat le plus scandaleux qui pourrait survenir entre des chrétiens, serait celui qui aurait pour objet l'économat du bien des pauvres ; mais ceux qui ont le courage de s'en charger, sont souvent accusés très-mal à propos.

CONSTANCE. Le concile général tenu dans cette ville fut assemblé sur la fin d'octobre, l'an 1414, et dura jusqu'au mois d'avril 1418. Un des principaux objets de cette assemblée était de mettre fin au schisme, qui durait depuis l'an 1377, entre plusieurs prétendants à la papauté, et qui tous avaient des partisans. Il y en avait encore trois pour lors, savoir, Jean XXIII, qui avait convoqué le concile, Grégoire XII, et Benoît XIII ; ces deux derniers avaient déjà été déposés au concile de Pise, cinq ans auparavant ; ils le furent de nouveau à *Constance* : le concile déposa aussi Jean XXIII, et élut à sa place Martin V, qui fut universellement reconnu. Les autres objets étaient de condamner les erreurs de Jean Hus et de Jérôme de Prague, qui étaient les mêmes que celles de Wiclef, et de réformer l'Eglise, tant dans son chef que dans ses membres.

Le décret de ce concile, publié dans la quatrième session, est remarquable : il porte que le concile de Constance, légitimement assemblé au nom du Saint-Esprit, faisant un concile général qui représente l'Eglise catholique militante, a reçu immédiatement de Jésus-Christ une puissance à laquelle toute personne, de quelque état et dignité qu'elle soit, même papale, est obligée d'obéir dans ce qui regarde la foi, l'extirpation du schisme et la réformation de l'Eglise dans son chef et dans ses membres. Il ne manque rien à cette décision pour avoir une pleine autorité, puisque Martin V, élu pape au mois de novembre 1417, donna, immédiatement après son élection, une bulle par laquelle il veut que celui qui sera suspect dans sa foi, jure qu'il reçoit tous les conciles généraux, et en particulier celui de Constance représentant l'Eglise universelle, et que tout ce qui a été approuvé et condamné par ce concile, soit approuvé et condamné par tous les fidèles. Par conséquent, ce pontife approuve et confirme lui-même ce qui avait été décidé dans la quatrième session : il fit la même chose dans deux bulles contre les hussites, le 22 février 1418, et dans la dernière session du concile, il confirma encore expressément tout ce qui avait été fait en pleine assemblée, *conciliariter.* — Ce même décret fut approuvé et confirmé de nouveau par le concile de Bâle, en 1431. C'est aussi la doctrine à laquelle le clergé de France a toujours fait profession d'être attaché, notamment dans son assemblée de 1682 (1).

Dans la quinzième session, le concile condamna les erreurs de Wiclef et de Jean Hus, qu'il avait déjà proscrites dans la huitième. Comme Jean Hus ne voulut point se soumettre à cette condamnation, ni se rétracter,

(1) Telle a été la pensée de l'école gallicane, qui voulait s'appuyer de l'autorité de ce concile pour restreindre le pouvoir des papes. Mais il est extrêmement probable (pour ne pas dire certain) que le concile de Constance n'était pas œcuménique dans les quatrième et cinquième sessions, parce que les trois obédiences de Grégoire XII, de Jean XXIII et de Benoît XIII n'étaient pas réunies en une assemblée. L'Eglise universelle n'était donc pas représentée. Et d'ailleurs Martin V, dans son décret de confirmation, s'est servi du mot *conciliariter*, preuve évidente qu'à ses yeux il y avait dans les décrets de Constance quelques articles qu'il ne voulait pas confirmer, parce qu'en certaines circonstances les règles n'avaient pas été observées. Quelques-uns de ceux qui ont admis la valeur de ces décrets les restreignent au temps du schisme. Les termes des canons le disent clairement : « Toute personne, de quelque état qu'elle soit, et quelque dignité qu'elle possède, fût-ce même celle de pape, est obligée d'obéir au présent concile, dans les choses qui appartiennent à la foi, à l'extirpation dudit schisme et à la réformation de l'Eglise dans son chef et dans ses membres. » Sess. 4. — « Quiconque, de quelque condition, état et dignité qu'il pût être, quand même il serait pape, refuserait avec opiniâtreté d'obéir aux règlements de ce saint synode et de tout autre concile général légitimement assemblé, sur les matières susdites, soit décidées, soit à décider, qui y auraient rapport, s'il ne venait à résipiscence, serait puni comme il devrait l'être. » Sess. 5. Il est donc évident que les décrets de Constance, dont les gallicans ont fait tant de bruit, ne sont rien moins que des décisions dogmatiques. Les matières qu'ils renferment sont des opinions livrées à la libre discussion des écoles. *Voy.* Pape.

il fut déclaré hérétique, dégradé et livré au bras séculier qui lui fit subir le supplice du feu. Jérôme de Prague, son disciple, après s'être rétracté dans la dix-neuvième session, désavoua cette rétractation dans la vingt-unième, soutint opiniâtrément ses erreurs, et eut le même sort que son maître. — Le concile, dans la troisième, prononça l'anathème contre ceux qui soutenaient que la communion sous une seule espèce était illégitime et abusive ; c'était une des erreurs de Jean Hus. Dans la quinzième, il déclare hérétique, scandaleuse et séditieuse la proposition de Jean Petit, docteur de Paris, qui, en 1408, avait soutenu publiquement qu'il est permis d'user de surprise, de trahison et de toute sorte de moyens pour se défaire d'un tyran, et qu'on n'est pas obligé de lui garder la foi qu'on lui a promise. Dans les sessions 40, 42 et 43, on fit quelques décrets pour réformer les abus introduits dans la discipline.

Plusieurs protestants et plusieurs incrédules ont accusé le concile de *Constance* d'avoir violé le droit naturel et les lois de la justice et de l'humanité, en livrant Jean Hus au bras séculier, pour être puni du dernier supplice, malgré le sauf-conduit qui lui avait été donné par l'empereur ; c'est une calomnie que nous réfuterons au mot HUSSITES.

CONSTANTIN. Nous ne devrions avoir rien à dire sur cet empereur ; mais les critiques modernes se sont appliqués à le noircir, afin de rendre suspecte sa conversion au christianisme, et de décréditer les écrivains ecclésiastiques qui ont fait l'éloge de ses vertus. Basnage leur a fourni les matériaux. *Hist. de l'Égl.*, tom. II, pag. 1077. Mosheim n'a été guère plus équitable. *Hist. Christ.*, sæc. IV, pag. 952. Un théologien doit savoir à quoi s'en tenir sur le caractère de ce prince.

I. On lui reproche les meurtres de Licinius, son beau-frère, assassiné malgré la foi des traités ; de Licinien son neveu, massacré à l'âge de douze ans ; de Maximien son beau-père, égorgé par son ordre à Marseille ; de son propre fils Crispus, prince de grande espérance, injustement mis à mort, après lui avoir vu gagner des batailles ; de l'impératrice Fausta son épouse, étouffée dans un bain. On insiste sur la cruauté avec laquelle il fit dévorer par des bêtes féroces, dans les jeux du cirque, tous les chefs des Francs avec les prisonniers qu'il avait faits dans une expédition sur le Rhin : on ajoute que tous ces crimes exécrables flétriront à jamais sa mémoire. — S'ils étaient tous vrais, il serait étonnant que Julien, qui ne ménage pas Constantin dans la *Satire des Césars*, n'en eût rien dit, pendant qu'il traitait de *monstres* les deux compétiteurs de *Constantin* ; que Zozime, historien païen, très-indisposé contre lui, ne lui eût pas reproché ces crimes ; que Libanius et Praxagore, autres païens zélés, eussent osé faire un éloge complet des vertus de *Constantin*, lorsqu'il n'existait plus, et que l'on pouvait flétrir impunément sa mémoire. Mais les païens contemporains ont été moins injustes que les philosophes du XVIIIᵉ siècle ; les premiers l'ont adoré comme un dieu après sa mort ; les seconds veulent le faire détester comme un scélérat.

Pour juger *Constantin* sans partialité, il faut consulter Tillemont ; il n'a supprimé aucun des reproches qui ont été faits à ce prince : il y oppose non le témoignage des auteurs chrétiens, mais celui des historiens païens, d'Aurélius Victor, d'Eutrope, d'Ammien Marcellin, de Libanius, de Julien : la plupart ont écrit après la mort de *Constantin*, et après l'extinction de sa famille ; ils n'avaient aucun intérêt de déguiser la vérité. — Il est faux que *Constantin* ait fait assassiner Licinius malgré la foi des traités. Trois fois Licinius avait armé contre lui, avait été vaincu en bataille rangée, et avait été pardonné. Après avoir solennellement renoncé à l'empire, devenu simple particulier, il cabalait encore ; il violait donc les traités, il ne fut donc pas mis à mort contre la foi des traités : la mort d'un sujet rebelle, ordonnée par un empereur despote, après trois pardons accordés, ne fut jamais un *assassinat*. — *Constantin* n'est point l'auteur du meurtre du jeune Licinien ; aucun écrivain n'a osé l'en accuser, et il n'y en a aucune preuve. — Maximien, son beau-père, avait attenté à sa vie, c'était d'ailleurs un monstre couvert de crimes ; après avoir renoncé à l'empire, il voulait s'en emparer de nouveau et l'arracher à son gendre ; il fut réduit à s'égorger lui-même. Se défaire d'un compétiteur injuste ou plutôt d'un assassin, pour prévenir de nouvelles guerres civiles, est-ce un crime ? — Nous avouons le meurtre injuste de Crispus. Sa belle-mère Fausta l'accusait d'avoir attenté à sa pudeur ; *Constantin*, trop crédule, eut tort de ne pas mieux vérifier ce crime prétendu ; mais lorsque, persuadé de l'innocence de son fils, *Constantin* punit la calomnie de Fausta, nous soutenons qu'il fit un acte de justice. Aucun écrivain chrétien n'a cherché à justifier ni à pallier le meurtre de Crispus. — Quant à la cruauté exercée contre les chefs des Francs et contre les prisonniers, il faut se souvenir que depuis longtemps la coutume des Romains était de faire contre les Barbares la guerre sans quartier : qu'après la victoire remportée sur Maxence, *Constantin* avait racheté à prix d'argent la vie des prisonniers ; qu'il avait placé dans l'Illyrie et dans la Thrace trois cent mille Sarmates, chassés de leur pays par d'autres Barbares, ce n'était donc pas un monstre altéré de sang humain. Ses prédécesseurs avaient, pendant trois cents ans, fait dévorer par les bêtes, dans le cirque, les chrétiens qui n'étaient ni des Francs, ni des Sarmates, mais des Romains ; et les censeurs de *Constantin* l'ont trouvé bon.

II. Ses accusateurs ont cherché à rendre suspects les motifs et les causes de sa conversion au christianisme ; les uns ont dit, sur la foi de Zozime, historien païen très-prévenu contre ce prince, qu'il se fit chrétien, parce que les pontifes du paganisme l'assurèrent que leur religion n'avait point d'expiations assez puissantes pour expier les crimes qu'il avait commis. Cette absurdité est assez réfutée par les éloges que lui ont prodigués d'autres auteurs païens, et par le culte idolâtre qui lui a été rendu par les païens après sa mort. *Eutrope*, l. x. D'autres empereurs, plus coupables que lui, n'avaient pas cru avoir besoin d'expiation, et l'on sait d'ailleurs si les pontifes du paganisme étaient des censeurs fort rigides à l'égard des empereurs. Les autres disent que *Constantin* se fit chrétien par politique, parce qu'il vit que les chrétiens étaient déjà nombreux et puissants, qu'il pouvait compter sur leur fidélité, que leur religion était plus capable que le paganisme de contenir les peuples dans l'obéissance. Soit pour un moment. Il en résulte déjà que *Constantin* fut plus sage et meilleur politique que ses prédécesseurs, qu'il rendit au christianisme plus de justice que ne lui en rendent les incrédules, et que par l'événement il ne fut pas trompé, puisque son règne fut paisible et heureux. Mais les motifs de politique ne dérogent en rien aux preuves que ce prince put acquérir d'ailleurs de la divinité du christianisme. — *Constantin* a raconté lui-même, qu'avant de livrer bataille à son compétiteur Maxence, il avait vu, après midi, dans le ciel et au-dessus du soleil, une croix lumineuse avec ces mots : *Sois vainqueur par ce signe*; que les soldats qui l'accompagnaient en avaient été témoins. Il ajoutait que la nuit suivante Jésus-Christ lui était apparu, et lui avait ordonné de faire faire une enseigne militaire, ornée du signe qu'il avait vu. *Constantin* la fit exécuter en effet; c'est ce qui fut nommé le *labarum*. Après sa victoire, ce prince fit placer à Rome sa statue, tenant à la main une lance en forme de croix, avec cette inscription : *Par la vertu de ce signe, j'ai délivré votre ville du joug de la tyrannie*, etc. Eusèbe, dans la *Vie de Constantin*, liv. I, c. 28 et suiv., assure qu'il tenait ce fait de la propre bouche de l'empereur, qui le lui avait attesté avec serment, et dit qu'il avait vu plus d'une fois le *labarum*. Il en parle encore dans le panégyrique de ce prince, prononcé en sa présence, la trentième année de son règne, ou l'an 335. *Orat. de laud. Const.*, c. 6 et 9. *Constantin* lui-même semble y faire allusion dans son discours à l'assemblée des saints. *Orat. ad Sanct. cœtum*, c. 16, lorsqu'il dit que ses exploits militaires ont commencé par une inspiration de Dieu.—Lactance, auteur contemporain (*Lib. de Mort. persec.*, c. 44), dit seulement que *Constantin* fut averti en songe de faire graver sur les boucliers de ses soldats le *signe céleste de Dieu*, avant de commencer le combat, et qu'il fit en effet marquer sur les boucliers le signe de Jésus-Christ. Socrate, Sozomène, Philostorge, Théodoret, Optatianus, Porphyre, dans un poëme à la louange de *Constantin*, deux orateurs païens dans les panégyriques de ce prince, le poëte Prudence et d'autres, confirment la narration d'Eusèbe.

Jusqu'au XVIe siècle aucun écrivain ne l'avait attaquée; mais, comme les protestants ont vu qu'elle pouvait servir à autoriser le culte de la croix, plusieurs d'entre eux ont entrepris de lui ôter toute croyance. Ils ont dit que tous les témoignages que l'on produit en faveur de ce miracle, se réduisent, dans le fond, à celui de *Constantin*; que ce fut, de sa part, une ruse militaire pour animer ses soldats au combat. Chauffepié, dans le *Supplément au Dictionnaire de Bayle*, a rassemblé toutes les objections et les conjectures de ces critiques. Mosheim a fait de même (*Hist. Christ.*, sæc. IV, p. 978). Les incrédules modernes en ont triomphé, et l'on n'a pas manqué de mettre un long extrait de cette dissertation dans l'ancienne *Encyclopédie*, au mot VISION DE CONSTANTIN. — En 1774, M. l'abbé Duvoisin leur a opposé une dissertation plus exacte et plus solide ; il a rapporté les preuves et les témoignages que nous venons d'indiquer, il en a fait sentir la force, et a répondu à toutes les objections ; l'on peut consulter cet ouvrage. On y verra, dans tout son jour, la témérité avec laquelle les protestants ont travaillé à jeter du doute sur les faits de l'*Histoire ecclésiastique*, qui paraissent les mieux constatés, et les armes qu'ils ont fournies aux incrédules pour attaquer tous les faits favorables au christianisme.

Nous nous bornons à remarquer que l'on suspecte, sans aucune raison, la probité de *Constantin*. 1° A-t-on prouvé que Dieu n'a pas pu ou n'a pas dû faire un miracle pour convertir cet empereur, et pour préparer ainsi le triomphe du christianisme ? 2° Il faut supposer que tous les soldats de son armée étaient chrétiens, ce qui ne peut pas être, puisque alors ce prince n'avait pas encore professé la religion chrétienne ; des soldats païens ne pouvaient avoir aucun respect ni aucune confiance au nom ni au signe de Jésus-Christ ; il était à craindre au contraire que ce signe, détesté par les païens, ne les fît déserter et passer du côté de Maxence. 3° Après la victoire une fois remportée sur Maxence, quel intérêt pouvait avoir *Constantin* à faire attester par ses enseignes, par sa statue, et par d'autres monuments, l'imposture qu'il avait forgée pour inspirer du courage à ses soldats ? 4° Il en avait encore moins à répéter cette fable à Eusèbe douze ou quinze ans après, à l'attester par serment, à dire que le prodige avait été vu par les soldats qui l'accompagnaient pour lors. Si cela n'était pas vrai, les païens, surtout les soldats, ont dû se moquer de la fourberie de l'empereur et de ses prétendus monuments, et s'obstiner davantage dans la profession du paganisme. D'un côté l'on attribue à ce prince une politique très-rusée, de l'autre une imprudence inconcevable. 5° La vision de *Constantin* n'est pas, dans le fond, une preuve fort nécessaire au christianisme ; il peut aisément s'en passer ; nous ne voyons pas que ceux qui la rapportent en tirent aucune conséquence ni aucun avantage. Ils ont donc eu moins d'intérêt à l'accréditer, que les protestants et les incrédules n'en ont à la suspecter. *Voy.* encore *Vies des Pères et des Martyrs*, t. VIII, p. 488 et suiv.

III. Les accusateurs modernes de *Constantin* lui refusent la qualité de sage législateur, parce qu'il accorda des immunités aux clercs, et donna lieu d'en augmenter le nombre; parce qu'il donna aux évêques de grands priviléges, en particulier celui d'affranchir les esclaves; parce qu'il favorisa le célibat en abolissant la loi *Papia Poppæa*, qui privait les célibataires des successions collatérales. — Quand *Constantin* aurait eu tort en tout cela, ce qui n'est pas, aurait-il détruit par là le bien qu'ont dû produire plus de quarante lois fort sages, qu'il a faites sur divers objets de police? Elle sont dans le *Code Théodosien*; Tillemont les a rapportées; mais, par un trait d'équité exemplaire, nos critiques les passent sous silence: il serait trop long d'en faire le détail et d'en montrer les heureux effets. *Voy.* le *Traité de la vraie religion*, t. XI; c. 10, art. 1, § 9. — Mais *Constantin* était meilleur politique que ceux qui osent le blâmer. Il accorda aux médecins et aux professeurs de belles-lettres les mêmes immunités qu'aux clercs; nous espérons qu'on ne lui en saura pas mauvais gré; mais, loin d'augmenter le nombre des clercs, il ordonna que l'on ne ferait point de clercs qu'à la place de ceux qui seraient morts, et que l'on préférerait ceux qui n'étaient pas riches. Sous la république romaine, les pontifes avaient eu de plus grands priviléges que n'en eurent jamais les évêques; on ne conçoit pas comment des philosophes osent faire un crime à cet empereur d'avoir facilité l'affranchissement des esclaves, lorsque l'empire était dépeuplé par les guerres civiles et étrangères qui avaient précédé. C'est pour le repeupler qu'il accorda des terres à trois cent mille Sarmates chassés de leur pays par d'autres Barbares. La loi *Papia Poppæa* était injuste et absurde, parce qu'elle punissait les innocents aussi bien que les coupables; elle n'avait produit d'ailleurs aucun effet; il est faux, qu'après son abolition, le célibat soit devenu plus commun qu'il ne l'était auparavant.

Enfin, l'on a écrit et répété que *Constantin* employa la violence et les supplices pour exterminer le paganisme, et mettre la religion chrétienne à sa place; c'est une calomnie que nous réfuterons au mot EMPEREUR.

CONSTANTINOPLE. Outre les conciles particuliers qui ont été tenus dans cette ville, il y en a quatre qui sont regardés comme généraux ou œcuméniques. Le premier fut convoqué, l'an 381, par ordre de l'empereur Théodose, et composé d'environ cent cinquante évêques Orientaux, dont un grand nombre était recommandable par leur capacité et par leurs vertus. Après avoir placé un évêque légitime sur le siège de cette ville, qui était occupé par un intrus, le concile condamna de nouveau les ariens et les eunomiens; il proscrivit les erreurs de Macédonius, qui niait la divinité du Saint Esprit, et celles d'Apollinaire, qui attaquaient la vérité de l'incarnation. Conséquemment il décida que le Saint-Esprit est consubstantiel au Père et au Fils, que ces trois Personnes ont une seule et même divinité; il confirma le symbole de Nicée, et il y fit quelques additions relatives aux nouvelles erreurs; enfin, il dressa quelques canons de discipline. L'année suivante, le pape Damase, et dans la suite les évêques d'Occident, acceptèrent les décisions de ce concile; c'est ce qui lui a donné l'autorité d'un concile général.

Le deuxième, qui est aussi nommé le cinquième général, fut convoqué par l'empereur Justinien, l'an 553, sous les yeux du pape Vigile, qui ne voulut cependant pas y assister; il s'y trouva au moins cent cinquante évêques presque tous Orientaux. Le motif de la convocation était de condamner *les trois chapitres*. L'on entendait sous ce nom, 1° les écrits de Théodore de Mopsueste; 2° ceux que Théodoret, évêque de Cyr, avait composés pour réfuter les anathématismes dressés par saint Cyrille d'Alexandrie contre Nestorius; 3° une lettre qu'Ibas, évêque d'Edesse, avait écrite à un Persan nommé *Maris*. Plusieurs évêques, aussi bien que l'empereur, jugeaient qu'il était nécessaire de condamner ces ouvrages, parce que les nestoriens s'en servaient pour autoriser leurs erreurs, et prétendaient que ces mêmes écrits avaient été approuvés par le concile de Chalcédoine, ce qui était faux. Les eutychiens, de leur côté, demandaient la condamnation de ces écrits, pour fermer la bouche aux nestoriens; Théodore de Césarée, qui était du parti des eutychiens acéphales, avait assuré l'empereur que, sous cette condition, ses adhérents se réconcilieraient volontiers à l'Eglise. — D'autre part, parmi les catholiques même, surtout parmi les Occidentaux, plusieurs désapprouvaient la condamnation que Justinien, de sa propre autorité, avait faite des trois chapitres; les uns, parce qu'ils étaient persuadés que ces écrits étaient orthodoxes, et que les nestoriens avaient tort de s'en prévaloir; les autres, parce qu'ils croyaient que ces ouvrages avaient été approuvés en effet par le concile de Chalcédoine, et que la demande des eutychiens n'était qu'un piége imaginé pour affaiblir l'autorité de ce concile; d'autres enfin parce qu'il leur paraissait indécent de faire le procès aux morts, et de flétrir la mémoire de trois évêques décédés dans la communion de l'Eglise.

Tel était le sentiment du pape Vigile. Appelé à Constantinople, l'an 546, par Justinien, et tourmenté par cet empereur, il consentit enfin, après deux ans de résistance, et après avoir consulté un synode de soixante-dix évêques, à condamner les trois chapitres; il le fit par un écrit public, qui fut nommé *Judicatum* ou *Constitutum*, mais qui portait la clause, *sans préjudice du concile de Chalcédoine*. Cette complaisance ne laissa pas de brouiller le pape avec les évêques d'Afrique et d'Italie. Vainement Justinien employa la violence pour obtenir de lui une condamnation pure et simple, Vigile demanda la convocation d'un concile général, et l'obtint. En attendant, il retira son *Judicatum* et la signature des évêques qui y avaient souscrit, et défendit, sous peine d'excommunication, de rien écrire pour ou contre les trois chapitres avant la décision du concile. — Lorsqu'il fut assemblé, Vigile refusa d'y assister, parce qu'il n'y avait qu'un très-petit nombre d'évêques occidentaux, et parce qu'il prévit que les suffrages n'y seraient pas libres. Le concile ayant condamné absolument les trois chapitres, et prononcé l'anathème contre les auteurs, il n'est pas certain que Vigile y ait souscrit; plusieurs prétendent qu'il ne l'a jamais fait, d'autres ont produit un *Constitutum* de ce pape, de l'an 554, dans lequel il déclare, qu'après avoir mieux examiné les écrits dont il est question, il les a jugés condamnables. Cette pièce est rapportée dans les nouvelles collections de Baluze. — Cette condamnation causa un schisme parmi les évêques occidentaux, toujours persuadés que les trois chapitres avaient été approuvés par le concile de Chalcédoine. La division parmi eux ne finit que plus d'un siècle après; elle dura aussi longtemps parmi les Orientaux, dont les uns tenaient pour le nestorianisme, les autres pour les erreurs d'Eutychès, les autres enfin pour la doctrine catholique, établie par le concile de Chalcédoine.

Toute la question se réduit donc à savoir si les trois chapitres avaient été approuvés par le concile de Chalcédoine : or, il n'en est rien. 1° L'on ne voit rien dans les actes de ce concile, ni dans les écrivains contemporains, d'où l'on puisse conclure qu'il y fut question des ouvrages de Théodore de Mopsueste. Cet évêque était mort en 424, avant que Nestorius, son disciple, eût publié ses erreurs. En renouvelant la condamnation de Nestorius, le concile de Chalcédoine était censé avoir proscrit, plutôt qu'approuvé, les écrits dans lesquels cet hérésiarque avait puisé sa doctrine. 2° Théodoret et Ibas assistaient à ce concile; on ne pouvait pas douter de leur croyance personnelle, puisque l'un et l'autre souscrivirent, sans hésiter, à la condamnation de Nestorius. S'il y avait des choses répréhensibles dans leurs écrits, le concile était convaincu qu'ils avaient changé de sentiment. Il n'eut donc pas tort de les reconnaître pour orthodoxes, et de les rétablir dans leurs sièges, d'où ils avaient été chassés, deux ans auparavant, par Dioscore et par le faux concile d'Éphèse, auquel il présidait. On savait d'ailleurs que Théodoret avait abandonné absolument le parti de Nestorius, et s'était réconcilié sincèrement avec saint Cyrille; il avait donc suffisamment désavoué ce qu'il avait écrit auparavant contre ce saint docteur. Quelle nécessité pouvait-il y avoir d'examiner ses écrits? Ibas était présent pour rendre raison de ce qu'il avait dit dans sa *lettre à Maris*; elle ne faisait pas encore du bruit pour lors. Le concile jugea de l'orthodoxie personnelle de ces deux évêques, sans rien statuer sur leurs écrits. 3° L'imposture des nestoriens, qui publiaient que ces écrits avaient été approuvés par ce concile, ne prouvait donc rien; la prévention de ceux qui les en croyaient sur leur parole, était mal fondée, et l'artifice des eutychiens, qui se flattaient de détruire l'autorité du concile de Chalcédoine, en les faisant condamner, n'était qu'une vaine imagination. Ils réussirent à augmenter la division et à troubler l'Église, et il ne s'ensuivit rien. 4° Pour que le concile de Constantinople ait eu le droit de condamner les trois chapitres, il suffisait que les expressions, renfermées dans ces écrits, ne fussent pas assez claires ni assez exactes, et qu'elles donnassent lieu aux nestoriens d'autoriser leurs erreurs. Les auteurs avaient pu les employer innocemment avant les condamnations réitérées de Nestorius; mais on devait les proscrire depuis que l'Église avait formellement expliqué sa croyance. Si ce concile alla trop loin, en flétrissant la mémoire des auteurs, cet excès de sévérité ne fait rien à la foi.

Basnage, qui a fait une longue histoire du cinquième concile général, et qui l'a remplie d'invectives, aurait dû faire ces réflexions (*Hist. de l'Église*, l. x, c. 6). Il s'obstine à supposer que le concile de Chalcédoine avait approuvé les trois chapitres; que les condamner à Constantinople, c'était réformer le jugement et les décrets de Chalcédoine, et donner atteinte à l'autorité la plus vénérable qui fût connue; que ce concile avait décidé que la lettre d'Ibas était orthodoxe, § 4 et 22: c'est une fausseté. Il reconnaît lui-même que l'on n'avait parlé de Théodore de Mopsueste à Chalcédoine, qu'en traitant de l'affaire d'Ibas, d'où il conclut que sa personne ni ses écrits ne pouvaient pas y avoir été condamnés; mais, par la même raison, ils ne pouvaient pas non plus y avoir été approuvés. L'affaire d'Ibas n'était pas l'examen de sa *lettre à Maris*, mais de ses sentiments actuels ou personnels. — Après avoir peint, de la manière la plus odieuse, la faiblesse, les incertitudes, les changements de conduite du pape Vigile, il est forcé de convenir que le jugement de ce pontife, après la décision du concile de *Constantinople*, était sage, qu'il distinguait judicieusement le droit d'avec le fait. D'un côté, il censurait les erreurs de Théodore de Mopsueste sur les extraits de ses livres qu'on lui avait fournis; de l'autre, il ne voulait pas que l'on condamnât sa personne; parce qu'il était mort dans la paix de l'Église aussi bien qu'Ibas et Théodoret, § 17. Les Pères de *Constantinople* auraient sans doute fait de même, s'ils n'avaient pas été poussés par les clameurs des eutychiens et par l'entêtement de Justinien. C'est leur rigueur, dans la condamnation des personnes, qui révolta principalement les Occidentaux; mais, encore une fois, ce procédé ne tient en rien à la question du droit, qui était de savoir si les écrits en eux-mêmes étaient censurables : or, nous soutenons qu'ils l'étaient, que la condamnation de ces écrits n'est pas injuste, quoi qu'en dise Basnage, § 8. — De là même il résulte que l'on ne doit pas donner une entière croyance à tout ce qui a été écrit de part et d'autre, surtout par les Africains; ils jugeaient de la conduite du pape Vigile et du concile de *Constantinople* selon leur prévention; ils n'étaient pas fort en état de peser la valeur des expressions grecques renfermées dans les trois chapitres. Ce concile n'a été général ou œcuménique, ni dans sa convocation, ni dans sa tenue, ni dans sa conclusion; les suffrages n'y étaient pas libres, il n'est censé général que par l'acceptation universelle que l'Eglise en a faite dans la suite. Basnage en conclut très-mal à propos que ceux qui le rejetaient ne croyaient pas à l'infaillibilité des conciles œcuméniques, § 22; les Occidentaux ne le regardaient pas comme tel.

Le troisième des conciles de *Constantinople*, placés parmi les conciles généraux, fut tenu l'an 680, sous le règne de l'empereur Constantin Pogonat, et sous le pontificat du pape Agathon; c'est le sixième œcuménique. Il fut composé d'environ cent soixante évêques, et assemblé pour condamner l'erreur des monothélites, qui étaient un rejeton de l'eutychianisme. Eutychès avait prétendu que, dans Jésus-Christ, la divinité et l'humanité étaient tellement unies et confondues, qu'elles ne faisaient plus qu'une seule nature. Les monothélites soutenaient qu'il n'y avait en Jésus-Christ qu'une seule volonté et une seule opération. Le concile au contraire, après avoir déclaré qu'il adhérait aux décrets des cinq conciles généraux précédents, décida qu'il y avait en Jésus-Christ deux natures distinctes et complètes, revêtues chacune de leurs facultés et de leurs opérations propres, par conséquent, deux volontés et deux opérations, l'une divine et l'autre humaine. Parmi les fauteurs du monothélisme qu'il condamna, il nomma le pape Honorius, parce que, dans une lettre écrite à Sergius, patriarche de *Constantinople*, auteur et défenseur du monothélisme, ce pape semble avoir enseigné la même erreur. *Voy.* MONOTHÉLISME.

On regarde ordinairement comme une suite de ce concile celui qui fut tenu au même lieu douze ans après, en 692, et qui fut nommé le concile *in Trullo*, parce qu'il fut assemblé, comme le précédent, dans une salle du palais impérial, couverte d'un dôme; on l'a encore appelé *Quinisexte*, parce qu'il avait pour objet de régler la discipline, sur laquelle le cinquième et le sixième concile n'avaient rien statué, et qu'il n'en renouvela les décrets de ces deux assemblées. Justinien II était pour lors empereur, et Sergius Ier remplissait le siége de Rome. Deux cent onze évêques y assistèrent et firent cent deux canons de discipline, qui ont été constamment suivis depuis ce temps-là dans l'Eglise grecque; mais tous ces décrets ne furent pas adoptés par les papes ni par l'Eglise latine, parce qu'il y en avait plusieurs qui n'étaient pas conformes à la discipline établie en Occident.

Le huitième concile général, assemblé aussi à *Constantinople*, l'an 869, sous le pape Adrien II et l'empereur Basile, fut composé de cent deux évêques. On s'était proposé d'y réparer les maux qu'avait causés l'intrusion de Photius dans le siége de *Constantinople*, et les suites du schisme qu'il avait établi entre l'Eglise grecque et l'Eglise romaine. On y dressa vingt-sept canons de discipline, et on y renouvela la condamnation des erreurs qui avaient été proscrites par les conciles précédents. — Dix ans après, Photius étant parvenu à se faire rétablir sur le siége de *Constantinople*, après la mort du patriarche Ignace, trouva le moyen de rassembler près de quatre cents évêques, et de faire annuler tout ce qui avait été fait contre lui; il donna à ce faux synode le nom de huitième concile général, et il a été regardé comme tel par les Grecs, depuis qu'ils ont consommé leur schisme avec l'Eglise latine. *Voy.* GRECS.

CONSTITUTION, décret du souverain pontife en matière de doctrine. Ce nom a été principalement donné en France à la fameuse bulle du pape Clément XI, du mois de septembre 1713, qui commence par ces mots: *Unigenitus Dei Filius*, et qui condamne cent dix propositions, tirées du livre du P. Quesnel, intitulé: *Le Nouveau Testament, avec des réflexions morales*, etc. *Voy.* UNIGENITUS (1).

(1) Nous avons besoin d'établir quelle est l'autorité des constitutions émanées du saint-siége.

Les constitutions que promulguent les papes ont différents objets: les unes concernent le dogme, les autres la morale, les autres la discipline. La question peut donc être envisagée sous ces différents points de vue. Il est incontestable d'abord que toute espèce de constitution donnée par le souverain pontife doit être reçue avec un profond respect: c'est ce que tous les catholiques professent. Nous allons citer à l'appui de cette vérité un passage de Fénelon, et un autre du clergé de France de 1625:

« On ne peut déroger à la parole de Notre-Seigneur Jésus-Christ, qui a dit: *Tu es Pierre, et sur cette pierre je bâtirai mon église.* La vérité de cette parole est prouvée par le fait même; *car la religion a toujours été conservée pure et sans tache dans le siége apostolique.* C'est pourquoi, suivant en tout *l'ouvrage du siége apostolique, et souscrivant à tous ses décrets,* j'espère mériter toujours de demeurer dans une même communion avec vous, qui est celle du siége apostolique, *dans lequel réside l'entière et vraie solidité de la religion chrétienne,* promettant de ne point nommer dans les sacrés mystères ceux qui sont séparés de la communion de l'Eglise catholique et du siége apostolique. Ainsi, ajoute Fénelon, quiconque contredit la doctrine de cette Eglise, qui est le centre de la tradition commune, contredit celle de l'Eglise entière. Au contraire, quiconque demeure uni à la doctrine de cette Eglise, toujours vierge, ne hasarde rien pour sa foi. Cette promesse quoique générale, quoique absolue, dans une profession de foi, n'a rien de téméraire ni d'excessif pour les évêques mêmes qu'on oblige de la signer. Gardez-vous donc bien d'écouter ceux qui oseraient vous dire que le formulaire du pape Hormisdas, fait, il y a douze cents ans, pour remédier au schisme d'Acace, n'était qu'une entreprise passagère du siége de Rome. Cette décision de foi, si décisive pour l'unité, fut renouvelée par Adrien II plus de trois cents ans après, pour finir le schisme de Photius; et elle fut universellement approuvée dans le huitième concile œcuménique. Chaque évêque y promet de ne pas se séparer ni de la foi ni de la doctrine du siége apostolique, mais *de suivre en tout les décisions de ce siége.* » (*Fénelon*, Inst. past. sur la bulle *Unigenitus*.)

« Les évêques seront exhortés à honorer le siége

Constitutions Apostoliques ; c'est un recueil de règlements attribués aux apôtres, que l'on suppose avoir été fait par saint Clément, et qui portent son nom. Elles sont divisées en huit livres, qui contiennent un grand nombre de préceptes touchant les devoirs des chrétiens, particulièrement touchant les cérémonies et la discipline de l'Eglise.

Presque tous les savants conviennent qu'elles sont supposées, et prouvent qu'elles sont bien postérieures au temps des apôtres ; elles n'ont commencé à paraître qu'au IVe ou au Ve siècle, par conséquent saint Clément n'en est pas l'auteur. — Whiston n'a pas

apostolique et l'Eglise romaine, fondée sur la promesse infaillible de Dieu, sur le sang des apôtres et des martyrs, la mère des Eglises, et laquelle, pour parler avec saint Athanase, est comme la tête sacrée par laquelle les autres Eglises, qui ne sont que ses membres, se relèvent, se maintiennent et se conservent. Ils respecteront aussi notre saint-père le pape, chef visible de l'Eglise universelle, vicaire de Dieu en terre, évêque des évêques et patriarches, *auquel l'apostolat et l'épiscopat ont eu commencement*, et *sur lequel Jésus-Christ a fondé son Eglise, en lui baillant* (donnant) *les clefs du ciel avec l'infaillibilité de la foi*, que l'on a vue miraculeusement demeurer immuable dans ses successeurs jusqu'aujourd'hui, et ayant obligé tous les fidèles orthodoxes à leur rendre toutes sortes d'obéissance, et à vivre en déférence à leurs saints décrets et ordonnances. Les évêques seront exhortés à faire la même chose et à réprimer, autant qu'il leur sera possible, les esprits libertins qui veulent révoquer en doute et mettre en compromis cette sainte et sacrée autorité, confirmée par tant de lois divines et positives ; et, pour montrer le chemin aux autres, ils y déféreront les premiers. » (Assemblée du clergé de 1625.)

Malgré la grande autorité que possèdent les constitutions pontificales dogmatiques, nous sommes obligés de convenir qu'elles ne sont pas un objet de la foi, à moins qu'elles n'aient été acceptées par l'Eglise ; car il n'est pas de foi que les jugements du pape soient irréformables. Il est indubitable que lorsqu'elles sont acceptées par l'Eglise universelle, qui ne peut ni se tromper ni nous tromper, elles sont objet de la foi catholique. En effet, Jésus-Christ disait aux évêques, dans la personne des apôtres : Allez, enseignez, baptisez, administrez les sacrements dont je suis l'instituteur. Je bénirai votre ministère, il subsistera toujours. Toujours je serai avec vous. Ces paroles n'ont pas d'exception ni de restriction : on ne peut en apporter que d'arbitraires. Ce n'est point à la parole de Jésus-Christ qui veut limiter l'infaillibilité au seul concile œcuménique : c'est celle du novateur..... Sans cesse combattue, sans cesse l'Eglise a besoin de son autorité imposante et infaillible pour arrêter et dévoiler le mensonge. Si les conciles œcuméniques étaient seuls infaillibles, l'hérésie pourrait aisément propager ses pernicieuses doctrines. Elle saurait multiplier les obstacles, déjà si grands, pour empêcher la convocation et la tenue des conciles généraux. Mais l'Eglise n'a pas attendu qu'elle fût réunie en concile œcuménique pour foudroyer l'erreur. Combien de fois l'Eglise dispersée ne lui a-t-elle pas porté le coup mortel ? L'orgueil emprunte un jour la voix de Pélage. Ce novateur ose soulever les profondeurs des desseins du Dieu de la grâce ; quelques évêques se réunissent dans deux assemblées particulières. Rome saisit la nouvelle doctrine. De tous les sièges partent des voix qui s'unissent à la voix du successeur de Pierre, et lancent cet anathème qui pèse de tout le poids d'une autorité infaillible. « De ce moment, dit saint Augustin, la cause fut finie. » Quatorze siècles ont passé sur cette hérésie, sans que le décret rendu ait été ébranlé.

Concluons donc que les évêques dispersés sont les vrais docteurs de l'Eglise, et que peu importe d'où partent leurs voix. Réunies à celle du pontife romain, elles forment par leur accord un jugement irréformable : le devoir du chrétien est alors de regarder la cause comme finie. Toute désobéissance serait une révolte et un crime. Mais

Mais quel accord est requis ? Tel est le nœud de la seconde difficulté.

Sûrs de rendre nulle l'autorité de l'Eglise dispersée, les novateurs ont exigé une unanimité complète dans le corps épiscopal. Si de telles prétentions avaient quelque fondement, elle serait donc fausse la règle employée par toutes les nations. Elles pensent trouver le sentiment d'un corps dans celui de la grande majorité de ses membres. Que les évêques se divisent sur un point de doctrine : si l'on voit d'un côté une multitude de premiers pasteurs, et de l'autre quelques membres de l'épiscopat, sera-t-on embarrassé pour prononcer de quel côté se trouve le corps des vrais pasteurs ? Non sans doute : c'est sous la grande majorité des évêques que serait l'Eglise enseignante. S'il fallait une unanimité complète, y aurait-il une hérésie condamnée ? Toutes ont eu des évêques pour défenseurs. Combien d'anathèmes lancés par l'Eglise devraient être révoqués ! Il faut le reconnaître : exiger une complète unanimité, ce serait anéantir la foi !

Concluons qu'une décision de foi proposée par le souverain pontife, acceptée par la grande majorité des évêques, est infaillible.

Une question se présente ici naturellement à nos recherches : faut-il, de la part des évêques, une adhésion expresse, ou leur silence doit-il être regardé comme un consentement suffisant ?

Sans doute les évêques ne sont pas tenus d'élever la voix toutes les fois qu'il paraît une erreur. Dans le siècle où nous vivons, ils seraient obligés de crier sans cesse. Mais il est des moments où le danger de la foi est si grand, que le corps des évêques ne peut se taire sans manquer essentiellement au devoir qui lui est imposé de garder fidèlement le dépôt des véritables doctrines. Donc, lorsque le souverain pontife promulgue une définition de foi, qu'il adresse à tout l'univers avec obligation d'y conformer sa croyance, le silence des évêques doit être regardé comme un assentiment.

Pour rendre cette conséquence plus sensible, faisons une supposition (qui, nous le croyons, ne sera jamais une réalité). Supposons que le pape propose une doctrine erronée, dans une bulle publiée avec toutes les solennités ordinaires, quel scandale pour l'Eglise si tous les évêques venaient à garder le silence ! Serait-elle encore vraie cette maxime de saint Augustin : *Ecclesia Dei, quæ sunt contra fidem*, *vel bonam vitam*, *nec approbat*, *nec* tacet, *nec facit*.

N'est-ce pas un principe admis dans toute espèce de droit, que celui qui garde le silence lorsqu'il devrait parler est un prévaricateur ? Qui oserait dire que la majorité des évêques ont été prévaricateurs en matière de foi ? Le fameux Quesnel lui-même trouvait la doctrine que nous défendons tellement fondée en raison qu'il disait, en parlant de Pélage : « Le reste des Eglises du monde s'étant contenté de voir entrer en lice les Africains et les Gaulois, et d'attendre ce que le saint-siège jugerait de leur différend, leur *silence*, quand il n'y aurait rien de plus, doit tenir lieu d'un consentement général, lequel, joint au jugement du saint-siège, forme une décision qu'il n'est pas permis de ne pas suivre. »

craint de se déclarer contre ce sentiment universel ; il a employé beaucoup de raisonnements et d'érudition pour prouver que les *Constitutions Apostoliques* sont un ouvrage sacré, dicté par les apôtres dans leurs assemblées, mises par écrit par saint Clément. Il veut les faire regarder comme un supplément du Nouveau Testament, comme l'exposé fidèle de la foi chrétienne et du gouvernement de l'Eglise. *Voy.* son *Essai sur les Constitutions Apostoliques*, et sa *Préface historique.* Comme cet auteur tenait pour l'arianisme ou le socinianisme, il n'est pas étonnant qu'il se soit prévenu en faveur d'un ouvrage dans lequel il trouvait plusieurs passages qui lui paraissaient conformes à son opinion. — Mais c'est justement ce qui rend ce monument très-suspect. En effet, ces *constitutions* prétendues *apostoliques* sentent, dans plusieurs endroits, l'arianisme, renferment des anachronismes et des opinions singulières sur plusieurs points de la religion. — L'on ne peut cependant pas nier que ce recueil ne contienne plusieurs morceaux, soit des anciennes liturgies, soit des règles de discipline observées dans les temps apostoliques. Ainsi en ont jugé non-seulement les critiques catholiques, mais Grabe, Hirks, Bévéridge et quelques autres protestants modérés. L'on convient assez généralement que les cinquante *canons des Apôtres*, qui font partie de ces *Constitutions*, sont au moins du III° siècle, et antérieurs au concile de Nicée. *Voy.* les *Pères apost.*, t. I, p. 190 et suiv.

Mosheim, dans ses *Dissert. sur l'Histoire ecclés.*, tom. I, p. 411, juge que les *Constitutions Apostoliques* ont été écrites au III° siècle ; tom. II, p. 163, il dit qu'elles l'étaient déjà au II°.

Le P. Le Brun, *Explic. des Cérémonies de la Messe*, t. III, p. 19 et suiv., pense qu'elles ne l'ont pas été avant la fin du IV°. Il y a un moyen de concilier ces deux opinions ; c'est que les premiers livres de ce recueil peuvent avoir été faits longtemps avant les derniers, surtout avant le huitième, qui renferme la liturgie. Le concile *in Trullo*, tenu au VII° siècle, dit positivement, can. 2, que cet ouvrage a été altéré par les hérétiques ; de là les vestiges d'arianisme qui s'y trouvent.

* CONSTITUTION CIVILE DU CLERGÉ. L'Assemblée constituante de 1789 rejeta cette maxime : *Toute puissance vient de Dieu*, et lui substitua celle-ci : *Toute puissance vient de l'homme*. Appuyée sur ce principe, elle voulut refaire la société toute entière : elle l'appliqua non-seulement aux institutions humaines, mais encore aux institutions religieuses et ecclésiastiques. Dès le 20 août 1789, l'Assemblée forma un *comité* dit *ecclésiastique*. Il devait reviser toutes les institutions de l'Eglise gallicane, et présenter des décrets qui fussent en rapport avec le nouvel état social. Ce comité était principalement composé de laïques, parmi lesquels se distinguaient les avocats jansénistes Lanjuinais, Martineau, Treilhard et Durand de Maillane. Malgré la composition anticatholique du comité, il se trouva bientôt divisé. Pour renforcer le prétendu parti national du comité, on lui adjoignit quinze députés choisis parmi les plus dévoués au nouvel ordre de choses. La majorité des membres du comité rédigea une nouvelle *Constitution civile du clergé de France*, qui fut discutée du 29 mai 1790 au 13 juillet même année.

Tout en prétendant ne régler que les affaires civiles du clergé, la Constitution attaquait les principes de la foi.

« 1° Elle créait, pour toute la France, dit Mgr Donëy, une circonscription entièrement nouvelle d'archevêchés et d'évêchés, de manière à ce qu'il y en eût un par département, ni plus ni moins : c'est-à-dire qu'elle en détruisait plusieurs d'anciens, qu'elle en instituait de nouveaux, qui n'avaient jamais existé, et qu'elle changeait l'étendue juridictionnelle des autres, l'agrandissant ou la diminuant selon l'étendue et la circonscription du département dans lequel ils se trouvaient.

« 2° Elle confiait la nomination des évêques, des curés, des vicaires et de tous les ministres du culte en général aux élections populaires, au mépris de l'autorité de l'Eglise et des lois qui depuis des siècles réglaient cette matière et particulièrement la nomination des premiers pasteurs.

« 3° Elle imposait aux évêques un conseil, celui des vicaires épiscopaux, et les obligeait à se régler sur l'avis de la majorité de ce conseil, dans l'administration de leurs diocèses. De plus, l'évêque mourant, ce n'étaient plus les chapitres qui pourvoyaient par leurs délégués au gouvernement du diocèse, mais des hommes désignés par les décrets, les vicaires de l'évêque défunt.

« 4° Les curés et les vicaires, nommés par des électeurs laïques, pouvaient administrer leurs paroisses et exercer toutes les fonctions du ministère ecclésiastique en vertu du seul fait de cette élection, sans qu'ils fussent obligés de la faire confirmer par l'autorité de l'évêque diocésain.

« 5° Les évêques élus devaient demander leur confirmation au métropolitain, ou, à son défaut, à un évêque désigné à cet effet par les directoires de département. Ils n'avaient nul besoin de s'adresser au souverain pontife pour en obtenir l'institution canonique. Seulement ils devaient lui écrire, en entrant en fonctions, pour lui déclarer qu'ils étaient dans sa communion et dans celle de l'Eglise catholique. »

Les principes de la nouvelle Constitution étaient évidemment hérétiques et schismatiques. Quoiqu'il fût instruit de ces vices, Louis XVI eut la faiblesse de donner force de loi aux décrets qui l'établissaient. Mais la religion éleva la voix. Trente évêques, députés à l'Assemblée nationale, firent paraître une *Exposition de principes sur la Constitution civile du clergé*. Ils en signalaient clairement tous les vices et déclaraient que pour légitimer et rendre acceptables à la conscience d'un catholique sincère les changements opérés dans la Constitution civile, il fallait en référer à l'autorité supérieure ecclésiastique, qui pourrait modifier canoniquement la discipline religieuse de la France. Cent dix évêques s'adjoignirent aux trente signataires de l'écrit. La Sorbonne s'appuya de l'autorité unanime de ses docteurs. L'attaque était vive : les Constitutionnels y répondirent. Les écrits se multiplièrent pour attaquer la Constitution ; un des plus remarquables fut une *Instruction pastorale de Mgr de la Luzerne, sur le schisme de France*. Nous allons citer un passage qui servira de réfutation à la Constitution civile.

« Tout ce qui est nécessaire à l'Eglise lui appartient, puisqu'elle l'a reçu de Jésus-Christ. Tout ce qu'elle a réglé pendant les trois premiers siècles, est aussi de son domaine, puisqu'elle n'avait alors que ce que Jésus-Christ lui avait donné. Peut-on douter que la division des juridictions entre les pasteurs ne soit une chose nécessaire ? C'est donc à l'Eglise à la régler. Peut-on contester aussi que, dans les premiers siècles, elle seule n'ait décidé ce point ? C'est donc encore à ce titre qu'il appartient à elle seule de le décider. Dira-t-on qu'il est nécessaire qu'il y ait une division entre les juridictions des pasteurs, mais qu'il n'est pas nécessaire que la division soit telle ou telle? Ce qui est nécessaire, c'est qu'il y ait une puissance chargée de régler cette division; et dès lors ce ne peut pas être la puissance temporelle qui la règle : car il répugnerait à la raison que Jésus-Christ eût chargé de décider, comment les pouvoirs spirituels seront distribués entre ses ministres, une puissance qui souvent ne reconnaît pas ces pouvoirs, qui même quelquefois s'efforce de les détruire. Il ne répugnerait pas moins qu'il eût confié ce pouvoir à des puissances différentes, qui diviseraient l'Église, tantôt d'une manière, tantôt d'une autre, et qui lui ôteraient l'uniformité de son régime.

« Le gouvernement de l'Église fait partie de sa discipline intérieure et nécessaire : et conséquemment c'est à elle seule qu'il appartient de le régler : or, dans toute société, la distribution des juridictions entre les magistrats, la mesure, l'étendue, les limites du pouvoir attribué à chacun d'eux, appartiennent au gouvernement : les pasteurs de l'Église sont ses magistrats : c'est donc la puissance spirituelle qui gouverne l'Église, qui seule a droit de leur départir et de distribuer entre eux les juridictions, et d'assigner à chacun d'eux les limites dans lesquelles ils doivent exercer les fonctions qu'elle leur confie.

« C'est l'Église qui confère à ses ministres la mission et la juridiction; il serait absurde qu'elle eût seule le droit de leur donner ses pouvoirs spirituels, et que ce fût la puissance temporelle qui réglât la mesure de pouvoirs qu'elle donnerait à chacun d'entre eux. C'est évidemment celle qui est chargée de les donner, qui est aussi chargée de les distribuer.

« Du principe que c'est l'Église qui confère la mission et la juridiction, résulte encore une autre conséquence. C'est qu'en assignant des sujets à chaque pasteur, elle lui confère ces pouvoirs, comme nous l'avons montré d'après le concile de Trente : c'est donc elle qui assigne les sujets, c'est donc elle qui détermine les territoires.

« Pour éclaircir encore plus la question, analysons-la. Elle peut se diviser en deux : la mission et la juridiction pastorale doivent-elles être universelles dans tous les ministres, ou partagées entre eux ? Dans le cas où elles seront partagées, comment doivent-elles l'être ? Qu'on nous dise à laquelle des deux puissances il appartient de statuer sur ces deux points, qu'on marque où commence dans cette matière le pouvoir civil ; on ne dira certainement pas que c'est à lui à décider la première question, à prononcer si la mission et la juridiction spirituelles seront, dans chaque ministre, générales ou limitées. Cette question ne peut pas être de l'ordre temporel, elle n'intéresse en rien la société politique; elle est au contraire essentiellement de l'ordre spirituel, puisqu'elle consiste à savoir l'étendue du pouvoir spirituel qu'auront les ministres. Dira-t-on qu'au moins le mode de la division doit dépendre des souverains? Mais encore qu'y a-t-il de temporel dans la manière de distribuer les pouvoirs spirituels ? Quel titre, quelle raison peut attribuer au magistrat politique le droit d'assigner aux évêques et aux prêtres les âmes qu'ils doivent instruire, les consciences qu'ils doivent diriger ? Et ne résulterait-il pas, de ce que cette division serait abandonnée au pouvoir civil, l'inconvénient que nous avons déjà relevé? Il n'y aurait point dans l'Église de division uniforme; chaque gouvernement donnant la sienne, ici l'Église serait formée sur un modèle, là constituée sur un autre ; et elle serait privée de cette unité de régime si précieuse, si nécessaire à son administration.

« Concluons que c'est à l'Église seule qu'il appartient de départir à chacun de ses pasteurs la mesure de mission et de juridiction qu'elle juge convenable, d'étendre ou de limiter plus ou moins ces pouvoirs, de les circonscrire dans les bornes raisonnables, en un mot, de fixer les territoires où ils les exerceront...

« On objecte qu'un État peut admettre ou ne pas admettre une religion : il peut donc l'admettre avec des conditions. Lorsque la religion catholique fut reçue dans les Gaules, la puissance civile pouvait lui dire : Voilà des villes pour établir vos évêques, voilà les territoires où chacun d'eux exercera son ministère. Ce que la nation pouvait alors, elle le peut dans tous les temps; elle le peut surtout dans un moment où elle se régénère et où elle réforme tous les abus sous lesquels elle a gémi : elle a donc le droit de désigner les villes épiscopales, et de distribuer de nouveau les diocèses.

« Avant de répondre directement à la difficulté, il est nécessaire d'éclaircir le principe sur lequel on la fonde. Quand on avance cette maxime, qu'on n'a pas rougi de débiter dans l'Assemblée nationale, que l'État peut ne pas recevoir la religion catholique, entend-on que le souverain peut proscrire cette religion et en interdire l'exercice ? entend-on qu'il peut ne pas lui accorder de protection particulière, et ne pas en faire la religion de ses États? Dans le premier sens, la proposition est aussi fausse dans l'ordre politique, qu'impie aux yeux de la religion. Le souverain n'a pas droit d'interdire à ses peuples ce qu'une autorité d'un ordre supérieur leur enjoint; son autorité cesse où l'obligation de lui obéir expire. Le pouvoir d'ordonner et le devoir d'obtempérer sont deux choses essentiellement corrélatives et inséparables; et il serait contradictoire qu'un prince eût le droit de commander ce que ses sujets doivent ne pas faire.

« Si l'on entend le principe dans le second sens, c'est-à-dire si l'on énonce que le souverain peut ne pas faire de la vraie Religion une religion privilégiée, il ne prouve plus rien. Sans doute, l'État peut apposer à ces avantages qu'il accorde des conditions qui ne nuisent pas à la religion, qui n'y apportent aucun changement ; il protège l'Église catholique telle qu'elle est, telle que Jésus-Christ l'a fondée, avec tous les caractères, et toute l'autorité que ce divin Fondateur lui a donnés. S'il altère en quelque chose, par les conditions qu'il appose, cette autorité, ce n'est pas l'Église de Jésus-Christ qu'il protège, c'est une autre religion qu'il compose à son gré. L'État ne peut donc pas admettre l'Église à condition qu'il sera chargé lui-même d'investir les pasteurs de la mission et de la juridiction spirituelle, et de leur donner des sujets sur lesquels ils exercent ces pouvoirs. Dans l'hypothèse que nous examinons, l'État dit à l'Église naissante qu'il reçoit dans son sein et à qui il accorde des faveurs : Voilà des villes pour les sièges épiscopaux, des territoires pour l'exercice du ministère pastoral : mais l'Église accepte la proposition que lui fait l'État ; par cette acceptation elle fonde les sièges épiscopaux, dans les villes que l'État lui a indiquées ; elle donne la juridiction et la mission sur les territoires ainsi circonscrits aux évêques qu'elle institue. La puissance spirituelle ratifie et consacre par son adhésion ce que la puissance civile a proposé; il n'est donc pas vrai que, dans cette supposition, ce soit la puissance temporelle seule qui établisse les sièges et qui divise les diocèses.

« Suivons l'hypothèse dans sa seconde branche. Ce que la nation pouvait alors, elle le peut dans tous les temps ; mais elle ne le peut que de la même manière qu'elle le pouvait, c'est-à-dire avec le consentement de l'Église. Toujours pleine d'égards et de déférence pour les souverains de la terre, l'Église s'est constamment prêtée à tout ce qu'ils ont désiré sur cet objet ; et il y en a un grand nombre d'exemples récents parmi nous. Toutes les nouvelles érections d'évêchés, toutes les distractions de territoires ont été faites par l'Église sur le vœu de nos rois. Mais ce sont certainement deux choses entièrement différentes, que la puissance temporelle déclare à la puissance spirituelle les changements qu'elle désire dans la distribution des juridictions ecclésiastiques, et qu'elles se concertent pour les opérer ; ou que la puissance temporelle seule, sans appeler, sans même consulter l'Eglise, bouleverse de fond en comble tout l'ordre de ses juridictions, établisse des sièges nouveaux et y attache la juridiction spirituelle; supprime ceux qui existent depuis un grand nombre de siècles, et anéantisse la juridiction que l'Eglise y avait attachée; enlève des diocésains à un évêque pour les confier à un autre. En un mot, la puissance civile peut aujourd'hui ce qu'elle a pu lorsque l'Eglise fut reçue dans son sein ; mais alors elle ne pouvait pas instituer des évêchés, leur soumettre des âmes, sans le concours de l'Eglise: elle est donc absolument incompétente pour la démarcation des diocèses et des paroisses.

« Mais, dit-on, l'Etat qui stipendie les ministres, est intéressé, de son côté, à ce que le nombre de ses salariés ne soit pas excessif : il a donc le droit de les régler; si ces dispositions ne cadrent pas avec celles de l'Eglise, pourra-t-il être forcé à solder des pasteurs qu'il ne juge pas nécessaires? Est-ce là encore un droit de la puissance spirituelle?

« Non, sans doute, la puissance spirituelle n'a pas le droit d'exiger que la puissance temporelle stipendie ses pasteurs; elle ne peut pas la contraindre à en payer plus qu'elle ne veut. La rétribution des pasteurs, dans quelque forme qu'elle soit, est un jugement purement temporel, hors de la compétence de l'Eglise. Mais l'Eglise n'en a pas moins le pouvoir de juger du nombre des pasteurs nécessaires aux besoins des peuples ; c'est à elle à les envoyer, et à envoyer ce qu'il faut pour que toutes les fonctions soient exercées partout, et qu'aucun fidèle ne manque de secours de la religion. Si l'Etat et l'Eglise ne s'accordent pas sur ce point, nous avons déjà expliqué ce qui arrivera : chacune des deux puissances restera dans ses droits et les exercera ; l'Etat ne stipendiera que le nombre de pasteurs qu'il trouvera convenable, l'Eglise, de son côté, instituera ceux qu'elle jugera nécessaires ; et ceux d'entre eux qui ne seront pas rétribués aux frais du public, seront dans le cas où étaient les apôtres et les pasteurs de la primitive Eglise ; les charités des fidèles et leur travail les soutiendront. Ainsi seront conservés tous les intérêts ; ainsi seront maintenus tous les droits, et la diversité de décision des deux puissances ne causera point entre elles de division.

« Les schismatiques, pour établir leur système, combattaient le principe même de la division des diocèses et des paroisses. Sans doute, disaient-ils, il est de l'essence de la religion qu'elle ait pour ministres des prêtres et des évêques établis les uns au premier, les autres au second rang ; mais il n'est pas également essentiel que les diocèses et les paroisses soient divisés. Quand Jésus-Christ donna la mission à ses apôtres, il la leur donna universelle et sans limites : *Allez dans tout le monde, prêchez l'Evangile à toute créature*. Voilà les termes dont il se servit ; il n'y a pas dans cette mission de division de territoire : c'est dans le monde entier, c'est à toute créature que chaque apôtre doit annoncer la vérité. Jésus-Christ ne leur a pas dit : *Vous serez les maîtres de circonscrire les lieux où vous enseignerez*.

« Ce raisonnement, ou prouve trop, ou ne prouve rien. Si Jésus-Christ, envoyant ses apôtres prêcher par toute la terre, a rejeté toute division de juridiction, la distribution des territoires est contraire au précepte divin; et dans ce cas, de quel droit l'Assemblée nationale s'est-elle permis d'en tracer une? Si, au contraire, les paroles du Sauveur n'excluent point les divisions de juridiction, que peut-on en conclure contre le droit de l'Eglise, de former ces divisions?

« Examinons en lui-même ce texte dont on a tant abusé pour combattre toutes distributions de territoires, en même temps qu'on en formait une.

C'est au corps des apôtres et de leurs successeurs que Jésus-Christ adresse ces paroles : *Prêchez l'Evangile à toute créature* : la mission universelle qu'elles renferment est donc donnée à tout le corps. Les apôtres avaient deux manières de la remplir : ou en prenant chacun le monde entier pour objet de leur ministère, qui eût alors été universel, ou en se distribuant les différentes parties du monde, et allant annoncer l'Evangile chacun dans la partie confiée à son zèle. Le précepte du Sauveur est donc susceptible de deux sens : la mission universelle qu'il confère au collège apostolique pour être donnée ou à chaque apôtre en particulier, ou au corps entier, pour être exercée distributivement par tous les membres. On ne peut connaître plus sûrement lequel des deux sens est le véritable, que par la manière dont les apôtres et l'Eglise l'ont entendu. D'abord personne n'a dû mieux comprendre les paroles du Sauveur que ceux à qui elles étaient adressées pour les exécuter ; ensuite nous tenons, et ce principe est la base de la foi catholique, que c'est à l'Eglise à fixer le vrai sens des divines Ecritures. Or nous voyons les apôtres, après la descente du Saint-Esprit, se partager entre eux le monde ; leur chef se fixe à Rome, capitale de l'univers ; saint Jacques reste à Jérusalem, saint André porte la foi dans l'Achaïe, saint Simon dans l'Egypte, saint Jude dans l'Ethiopie, saint Thomas dans l'Inde ; et de même tous les autres vont répandre en divers lieux la lumière de la foi. C'est ainsi qu'ils remplissent la mission universelle qu'ils ont reçue : tous annoncent la vérité à toute la terre, chacun d'eux l'annonçant à une partie de l'univers.

« Les évêques qu'établissent après eux les apôtres sont attachés par eux à des lieux particuliers : saint Pierre fixe saint Marc à Alexandrie, saint Paul laisse Timothée à Ephèse, et Tite en Crète. Nous voyons dans l'Apocalypse sept évêques placés dans sept villes de l'Asie mineure. Depuis le premier moment de l'Eglise, la division des diocèses a été constamment sa loi : la tradition, sur ce point, n'éprouve ni variation, ni interruption. Tous les siècles de l'Eglise déposent contre ce principe fondamental de nos adversaires, que la mission des évêques est une mission universelle ; tous attestent que jamais les évêques n'ont eu une telle mission, et qu'elle a, dans tous les temps, dans tous les lieux, été attachée et restreinte aux territoires qui lui étaient assignés.

« Les canons apostoliques, qui sont de l'antiquité la plus reculée, qui ne sont autre chose, selon M. Fleury, que les règles de discipline données par les apôtres, conservées longtemps par la simple tradition, et ensuite écrites ; qui jouissaient à ce titre de la plus haute considération dès le IVe siècle, défendent aux évêques de faire des ordinations hors de leurs limites dans les villes et les campagnes qui ne leur sont pas soumises, sans le consentement de ceux dont elles dépendent; et dans le cas d'infraction, condamnent à la déposition l'évêque qui a fait l'ordination et ceux qui l'ont reçue (*Can.* 36). Saint Cyprien dit expressément qu'à chaque pasteur a été assignée une portion du troupeau à régir (*Ep.* 55 *ad Cornel.*). Le premier concile général défend à tout évêque de faire des ordinations dans le diocèse d'un autre, et de rien disposer dans un diocèse étranger sans la permission du propre évêque (*Conc. Nic.* 1, cap. 38, *inter Arab.*). Le concile d'Antioche interdit de même aux évêques d'aller dans les villes qui ne leur sont point soumises, faire des ordinations et établir des prêtres et des diacres, sinon avec le conseil et la volonté de l'évêque du lieu. Si quelqu'un ose y contredire, son ordination sera nulle, et il sera puni par le synode (*Conc. Antioch.* 1, an. 341, can. 22). Le concile de Sardique renferme une semblable disposition (*Conc. Sard.*, an. 437, can. 19). Un concile de Carthage, tenu dans le même siècle, défend d'usurper le territoire voisin, et d'entrer dans le diocèse de son collègue sans sa demande (*Can.* 10). Le pape saint Célestin Ier recommande entre autres choses aux évêques de la Gaule qu'aucun ne fasse d'usurpation au préjudice d'autrui, et que chacun soit content des limites qui lui ont été assignées (*Ep.* 2 *ad episc. Galliæ*). Le premier concile de Constantinople, qui est le second des conciles généraux, veut que les évêques n'aillent pas dans les églises qui sont hors de leurs limites, et qu'ils ne confondent et ne mêlent pas les églises (*Conc. Const.*, an. 381, can. 2). Le pape Boniface défend aux métropolitains d'exercer leurs fonctions sur les territoires qui ne leur ont point été concédés, et d'étendre leur dignité au delà des limites qui leur sont fixées (*Ep. ad. Hilar., episc. Narbon.*, an. 422). Le troisième concile de Carthage défend aux évêques d'usurper le troupeau d'autrui et d'envahir les diocèses de leurs collègues (*Conc. Carth.* III, an. 435, can. 20). Le pape Hilaire ne veut pas qu'on confonde les droits des églises, et ne permet pas à un métropolitain d'exercer ses pouvoirs dans la province d'un autre (*Ep. ad Leon. Veran. et Vitur.*, circa an. 465). Jamais, dit saint Augustin, nous n'exercerons des fonctions dans un diocèse étranger, qu'elles ne nous soient demandées ou permises par l'évêque de ce diocèse où nous nous trouvons (*Ep.* 34, *ad Euseb.*). Le second concile d'Orléans soumet, conformément aux anciens canons, toutes les églises qu'on construit à la juridiction de l'évêque dans le territoire duquel elles sont situées (*Conc. Aurel.* II, an. 511, can. 17). Le troisième concile, tenu dans la même ville en 538, défend aux évêques de se jeter sur les diocèses étrangers, pour ordonner des clercs et consacrer des autels. Le coupable sera suspendu de la célébration des saints mystères pendant un an (*Can.* 15). Le second concile d'Orange déclare que, si un évêque bâtit une église sur un diocèse étranger, elle sera soumise à la juridiction de celui sur le territoire duquel elle est située (*Can.* 10). Le cinquième concile d'Arles prononce qu'un évêque ne pourra pas élever à un autre grade le clerc d'un autre évêque, sans sa permission par écrit (*Can.* 7). Le concile de Châlons-sur-Saône porte la même défense (*Conc. Cabil.*, an. 650, can. 13). Les capitulaires renferment une multitude de dispositions semblables. Nous nous contenterons d'en citer une. Qu'un évêque téméraire, infracteur des canons, enflammé d'une odieuse cupidité, n'envahisse pas les paroisses de l'évêque d'une autre ville, et que content de ce qui lui appartient, il ne ravisse pas ce qui est à autrui (*Capitul.* 7, c. 410).

« Nous ne suivrons pas plus loin la chaîne de la tradition : nous passerons de suite au concile de Trente, qui a confirmé cette loi de tous les siècles de l'Eglise, en interdisant à tout évêque l'exercice des fonctions épiscopales dans le diocèse d'un autre, sinon avec la permission de l'évêque du lieu, et sur les sujets soumis à cet ordinaire. Si on y contrevient, l'évêque sera suspendu de plein droit de ses fonctions pontificales, et ceux qu'il aura ainsi ordonnés, de celle de leur ordre (Sess. 6, *de reform.*, cap. 5).

« Nous pouvons conclure de cette multitude d'autorités, qu'il n'y a eu aucun temps dans l'Eglise où l'on ait regardé comme universelle la mission donnée aux évêques; qu'on a au contraire reconnu constamment et partout, depuis le temps des apôtres jusqu'à notre siècle, comme une loi positive, que la mission et la juridiction de chaque évêque sont circonscrites dans les limites du diocèse pour lequel il est consacré. Or, si cette loi a été perpétuellement en vigueur dans toute l'Eglise depuis les apôtres, il est incontestable qu'elle émane d'eux et qu'elle fait partie des traditions apostoliques, lesquelles ne sont elles-mêmes que l'expression des préceptes recueillis par les apôtres de la bouche de leur divin Maître. Les apôtres n'avaient pas encore confirmé leur glorieuse carrière, et déjà le principe de la division des juridictions et de la séparation des territoires entre les évêques qu'ils avaient institués, était reconnu : il avait donc été établi par eux. Tel est d'ailleurs le principe enseigné de tout temps dans l'Eglise catholique, qui fait partie de sa doctrine sur l'autorité de la tradition, par lequel elle a souvent confondu les erreurs qui s'élevaient dans son sein. Tout ce qui est tenu universellement et dont l'origine ancienne est ignorée, doit être attribué à la tradition apostolique. *Voy.* APOSTOLIQUE.

* CONSTITUTIONNELLE (Eglise). L'Eglise constitutionnelle date de la promulgation de la Constitution civile du clergé. Il fut aussitôt procédé à la nomination des évêques et des curés, conformément aux nouvelles institutions. *L'Exposition de principes* des évêques catholiques, l'autorité de la Sorbonne qui la confirmait, ouvrirent les yeux à un grand nombre de pasteurs du second ordre. Pour soumettre tout le clergé à la Constitution, les Constitutionnels réclamèrent un décret qui assujétit « les évêques, les ci-devant archevêques, et les curés conservés en fonction, à jurer solennellement qu'ils veilleraient avec soin sur les fidèles de leurs diocèses ou de leurs cures; qu'ils seraient fidèles à la nation, à la loi et au roi; qu'ils maintiendraient de tout leur pouvoir la Constitution décrétée par l'Assemblée nationale et acceptée par le roi ; que tout prêtre qui continuerait l'exercice de ses fonctions sans avoir prêté serment serait puni comme perturbateur du repos public, poursuivi juridiquement et privé du titre et des droits de citoyen. » Louis XVI eut encore la faiblesse de sanctionner ce malheureux décret le 26 décembre 1790. Ce décret rencontra une résistance à laquelle on ne s'attendait pas. De cent trente-cinq évêques français, quatre seulement prêtèrent le serment exigé ; savoir : le cardinal de Brienne, archevêque de Sens ; de Talleyrand, évêque d'Autun ; de Jarente, évêque d'Orléans, et de Savines, évêque de Viviers. Aux prélats fidèles s'unirent soixante-deux mille prêtres du second ordre, tant réguliers que séculiers, qui aimèrent mieux s'exposer à l'indigence et à courir les chances d'une persécution facile à prévoir, que de céder aux promesses magnifiques du peuple souverain.

Cette condamnation de la nouvelle Eglise lui présageait des jours orageux. Ses évêques se hâtèrent de se faire sacrer. L'évêque d'Autun, assisté des évêques de Lydda et de Babylone, donna, le 25 janvier 1791, le caractère épiscopal aux curés Expilly et Marolles, comme évêques du Finistère et de l'Aisne. La plupart des autres évêques constitutionnels reçurent aussi la consécration épiscopale ; mais ils étaient dépourvus de toute juridiction, et tous leurs actes juridictionnels étaient entièrement nuls. Le schisme était définitivement constitué.

Cependant le pape avait réuni une congrégation de cardinaux pour examiner la Constitution civile du clergé et en juger les principes. Après avoir entendu le rapport de la docte assemblée, Pie VI déclara, par un bref doctrinal adressé aux évêques de l'Assemblée nationale, sous la date du 10 mars 1791 : « Que le décret sur la Constitution civile du clergé renversait les dogmes les plus sacrés, et la discipline de l'Eglise la plus certaine ; qu'il abolissait les droits du premier siége, ceux des évêques, des prêtres, des réguliers des deux sexes ; qu'il supprimait de saints rites, enlevait à l'Eglise ses revenus et ses fonds, et qu'enfin, il produisait des calamités si déplorables, qu'on ne pourrait les croire si on ne les avait pas sous les yeux. » Le jugement était appuyé de l'examen critique de chacun des articles de la Constitution civile.

Le 13 avril suivant, Pie VI donna un nouveau bref qui confirmait le premier. Il l'adressa au peuple français. Il y déclarait : « Que personne ne pouvait ignorer que, d'après son jugement et celui du saint-siège, la nouvelle Constitution du clergé ne fût composée de principes puisés dans l'hérésie ; qu'en conséquence, elle ne fût hérétique en plusieurs de ses points, et opposée au dogme catholique ; qu'en d'autres, elle ne fût sacrilége, schismatique, éversive des droits de la primauté du saint-siége et de ceux de l'Eglise ; contraire à la discipline, tant ancienne que moderne, et qu'elle n'eût été inventée et publiée que dans le dessein de détruire entièrement la religion catholique. » Il taxe le serment commandé d'être « une source empoisonnée et l'origine de toutes sortes d'erreurs, ainsi que la cause principale des maux qui affligeaient l'Eglise de France. » Il commandait à tous ceux qui avaient fait ce malheureux serment « de le rétracter dans l'espace de quarante jours, sous peine d'encourir, par là même, la suspense de tous leurs ordres et de tomber dans l'irrégularité, s'ils avaient la témérité d'en faire ensuite quelque fonction. » Il déclare « nuls tous les actes de juridiction des ecclésiastiques dits constitutionnels, et exhorte les fidèles à ne point communiquer avec les intrus, surtout dans les choses saintes. »

L'Eglise constitutionnelle essaya de se défendre ; elle fit paraître divers écrits en faveur de sa cause, et, pour atténuer l'effet des brefs du souverain pontife, elle les déclara supposés. Mais le pape répondit par un nouveau bref du 19 mars 1792. Il rétablit l'autorité de ses constitutions apostoliques et menaça les coupables de la sentence d'excommunication. Cependant cette Eglise schismatique continuait son usurpation. Un clergé nouveau s'empara, souvent à main armée, des siéges, des cures et des autres postes ecclésiastiques, auxquels le clergé fidèle fut réputé avoir renoncé. Embarrassés pour trouver des ministres pour remplir tant de places que les décrets déclaraient vacantes, les nouveaux évêques ne se montrèrent pas fort difficiles dans le choix des sujets à élever au sacerdoce. Aussi vit-on bientôt ce clergé, formé ou plutôt créé à la hâte et jeté hors du sein de l'unité, s'avilir par des orgies scandaleuses, des apostasies criantes, des mariages contractés contre toutes les lois de l'Eglise, et par mille autres excès qui servirent du moins à ouvrir les yeux à un grand nombre de ses partisans, et les engagèrent à rentrer dans le saint bercail.

Pour juger de l'esprit de douceur du nouveau clergé, nous observerons que, sur dix-sept évêques constitutionnels qui siégeaient au procès de Louis XVI, deux seulement refusèrent de le déclarer coupable ; neuf furent pour la détention, et le reste pour la mort. Dix-huit prêtres constitutionnels sur vingt cinq votèrent la mort du meilleur des rois.

Nous ne rappellerons pas le scandale de l'Eglise constitutionnelle pendant la Terreur. Mais lorsque la France vit finir le règne sanguinaire de Robespierre, elle essaya de se reconstituer : les évêques constitutionnels, Grégoire, Saurine, Desbois et Royer se formèrent en comité pour relever leur Eglise de ses ruines. Ils reproduisirent les écrits favorables à leur cause, et publièrent une feuil e hebdomadaire sous le titre d'*Annales de la Religion*. Leur publication produisit trop peu d'effet : ils résolurent de recourir à un concile. Trente trois évêques constitutionnels et quinze prêtres fondés de pouvoir se réunirent le 15 août 1797 à Paris, dans l'église Notre-Dame, et prirent le titre de CONCILE NATIONAL. Le concile accorda aux prêtres délégués, *quoique un peu à regret*, le droit de voter avec les évêques. Il établit dans son sein onze congrégations. La première avait pour but de *s'occuper des mesures de pacifier l'Eglise*.

Après s'être déclaré *concile national*, avoir renouvelé la consécration de la France à la très-sainte Vierge, l'assemblée résolut d'écrire au pape. La lettre écrite au souverain pontife est curieuse. Les Constitutionnels se vantent d'être sortis récemment, la plupart, « des cachots et des fers ; qu'ils sont tous disposés à braver les mêmes dangers si l'intérêt de la religion catholique qu'ils professent le demande. » Ils justifient leur conduite dans l'affaire de la Constitution et du serment ; ils attribuent les brefs répandus dans le public à des imposteurs, ou s'ils sont du saint-père, ils ont été arrachés par la ruse et le mensonge. Ils le conjurent de les consoler par une seule parole, et finissent par manifester le plus vif désir de le voir au milieu d'eux. Le concile se termina le 12 novembre. Il écrivit encore au pape pour lui apprendre que le concile avait terminé sa session, et lui demander la convocation d'un concile général. Le pape ne répondit à aucune de ces deux missives.

Nous ne ferons pas l'exposition des actes de ce conciliabule, mis à la hauteur du concile de Nicée par quelques-uns des fauteurs de la nouvelle Eglise ; regardé comme faible et sans énergie par les autres, parce qu'il n'avait pas hardiment proclamé le mariage des prêtres et la célébration de l'office divin en langue vulgaire. Cependant la nouvelle Eglise sembla reprendre de la vigueur. Les siéges vacants se remplirent ; elle envoya des évêques dans les colonies.

Un nouveau concile fut convoqué pour l'année 1800. Il ne put se réunir qu'en 1801, après la tenue des prétendus conciles métropolitains. Bonaparte conférait alors avec le souverain pontife pour rétablir l'Eglise catholique en France. On croit qu'il permit aux Constitutionnels de se réunir, afin d'avoir des conditions plus conformes à ses pensées. Le prétendu concile était encore réuni lorsque le Concordat fut signé.

Dans le dessein de ramener les intrus dans le sein de l'Eglise, le pape chargea l'archevêque de Corinthe, par un bref en date du 15 août 1801, de travailler à obtenir la soumission des évêques constitutionnels, et de demander à tous les ecclésiastiques assermentés une rétractation de leur serment. Un grand nombre se soumirent ; mais il s'en trouva plusieurs, même parmi ceux qui furent nommés pour les nouveaux siéges, qui refusèrent de signer la rétractation dans la forme qui leur fut d'abord présentée. Le cardinal Caprara la modifia. Plusieurs évêques constitutionnels se vantèrent hautement de n'avoir nullement rétracté leurs premières opinions. Lorsque Pie VII vint sacrer l'empereur, il exigea une rétractation dont voici la teneur : « Très-saint Père, je n'hésite point à déclarer à V. S. que, depuis l'institution canonique donnée par le cardinal légat, j'ai constamment été attaché de cœur et d'esprit au grand principe de l'unité catholique, et que tout ce que l'on m'aurait supposé ou qui aurait pu m'être échappé de contraire à ce principe, n'a jamais été dans mes intentions ; ayant toujours eu pour maxime de vivre et de mourir catholique, et par là de professer les principes de cette sainte religion. J'atteste que je donnerais ma vie pour l'enseigner et l'inspirer à tous les catholiques. Ainsi, je déclare devant Dieu que je professe adhésion et soumission aux jugements du saint-siége sur les affaires ecclésiastiques de France. »

Les réfractaires se soumirent. Les ecclésiastiques constitutionnels non employés dans le saint ministère les imitèrent en grand nombre. L'Eglise constitutionnelle fut donc détruite alors, quoiqu'il subsistât encore dans plusieurs esprits le désir de la voir renaître.

Grégoire, évêque de Loir-et-Cher, demeura constamment attaché à ses idées. Il resta en repos sous l'Empire et la Restauration. Lorsque la révolution de Juillet éclata, il crut l'occasion favorable pour relever sa chère Eglise, et se mit en rapport avec Louis-Philippe, qui repoussa ses ouvertures. Grégoire mourut en 1831, sans avoir voulu faire aucune rétractation. M. de Quelen, archevêque de Paris, ordonna de lui refuser la sépulture ecclésiastique. L'Eglise constitutionnelle est descendue avec lui dans la tombe. L'établissement de la République n'a pas vu un seul de ses sectateurs travailler à la reconstituer.

* CONSTITUTIONS MONASTIQUES. Parmi les affaires que les diocèses du monde catholique soumettent à la décision suprême du saint-siége, il en est peu qui soient traitées avec autant de maturité, de circonspection, que l'approbation des instituts religieux. Approuver la règle d'une société religieuse, c'est la canoniser en quelque sorte ; c'est déclarer devant toute l'Eglise que cette règle est sainte dans son but, sainte et efficace dans les moyens qu'elle propose ; c'est donner aux fidèles du monde catholique une haute garantie de la conformité de cette règle avec les principes constitutifs de l'état de perfection. Aussi n'y a-t-il rien d'excessif dans la pensée des théologiens qui ont reconnu une analogie réelle entre l'approbation des règles religieuses et la canonisation des saints. C'est là, après les déclarations dogmatiques, une des matières les plus graves sur lesquelles puisse s'exercer l'autorité suprême du saint-siége.

On sait que la congrégation préposée aux affaires des évêques et des réguliers est chargée de l'approbation des instituts religieux. C'est à cette congrégation que les demandes sont adressées ; là sont recueillis les documents de la cause ; le veto des consulteurs est requis ; un cardinal résume, établit la position, formule les doutes qui sont examinés et décidés en pleine congrégation. Les décrets rendus sont toujours soumis à la ratification du souverain pontife.

Nous avons sous les yeux les documents imprimés relatifs aux instituts religieux sur l'approbation desquels on a eu à statuer dans ces derniers temps. On nous croira sans peine, si nous disons qu'indépendamment des appréciations relatives aux instituts religieux qui ont été sujets à examen, ces documents offrent la source la plus riche d'instruction pour tous ceux qui, par position ou par devoir, sont obligés d'approfondir ces matières. La doctrine théologique sur la vie religieuse s'y trouve exposée dans son développement le plus certain, le plus profond, le plus savant. Les institutions de la discipline, du droit commun, sont rappelées et expliquées lorsqu'il arrive de reconnaître dans les règlements soumis à l'approbation, une déviation à cette discipline commune. Nous avons rencontré à cet égard des explications puisées aux sources les plus élevées de la science.

L'enseignement est encore plus profitable, plus complet, lorsque, sur une question d'une gravité plus notable, les consulteurs sont amenés à adopter des opinions diamétralement opposées entre lesquelles la congrégation doit ensuite statuer. Nous n'avons pas besoin de dire avec quelle sûreté de principes ces questions sont traitées ; avec quelle rectitude d'appréciation les enseignements de la tradition sont recherchés, la jurisprudence est assise, les décisions antérieures se trouvent expliquées. Ces travaux offrent un autre avantage inappréciable ; c'est d'amener la science canonique à son état actuel, c'est de compléter, de rectifier quelquefois l'enseignement des docteurs qui n'ont pu traiter les matières de la discipline que d'après les données acquises, les explications admises à l'époque où ces docteurs écrivaient. S'il est vrai que sur une question donnée, le livre le plus récent est ordinairement le plus utile, parce qu'il doit être le plus complet, nous n'avons pas besoin d'assigner ce que valent les explications des points divers de la science canonique, enrichies des données les plus récentes, présentées, ratifiées en quelque sorte et sanctionnées par une congrégation suprême qui participe à l'autorité du saint-siége.

Il est une question que nous voyons occuper aussi une part notable dans les documents que nous avons sous les yeux. Les lois civiles de quelques pays font à l'Eglise et aux sociétés religieuses une position spéciale, dont il faut nécessairement tenir compte. Il y a conflit, quelquefois réel, quelquefois apparent entre les lois civiles et le droit commun de l'Eglise. Il s'agit alors d'examiner jusqu'à quel point il devient nécessaire d'autoriser une dérogation au droit commun. C'est principalement dans l'article de la pauvreté religieuse que les lois civiles suscitent des difficultés sans cesse renaissantes. Nous remarquons une certaine diversité dans la solution proposée par les différents instituts qui soumettent leur règle à l'approbation du saint-siége. La nature, l'étendue du vœu de pauvreté, la propriété civile, le droit sur les biens qui surviennent après la profession religieuse, le mode le plus convenable de possession pour les communautés dont l'existence civile n'est pas reconnue par les lois, toutes questions qui présentent le plus haut intérêt d'actualité et que nous voyons éclaircies par de savantes discussions, pesées par une circonspection prudente.

Les relations des sociétés religieuses avec l'autorité ordinaire de l'épiscopat exercent constamment la préoccupation du saint-siége, toujours jaloux de réserver soigneusement cette surveillance épiscopale qui est une si haute garantie de la bonne direction des instituts. Après ce grand nombre de décisions qui ont, dans les temps antérieurs, réglé le degré de dépendance des ordres religieux à l'égard de l'autorité épiscopale, il reste peu à décider, à éclaircir en cette matière. Les bases des rapports sont connues et respectées. Mais l'érection des congrégations de religieuses avec une supériorité générale a ouvert une nouvelle série de questions, de difficultés. Personne n'ignore que cette matière n'a pas été encore réduite à des principes qui puissent être appliqués à tous les cas. C'est une des plus graves difficultés de ces instituts que de déterminer la part d'influence qu'on doit réserver à l'autorité épiscopale sur la maison principale, sur les affaires générales d'une congrégation qui a des ramifications dans d'autres diocèses. Cette question se retrouve dans la plupart des affaires qui ont été dans ces derniers temps soumises au jugement de la sacrée congrégation.

Vient ensuite la question d'opportunité. Il ne suffit pas que les constitutions d'une société religieuse soient bonnes, irréprochables en elles-mêmes pour qu'elle soient revêtues de l'approbation du saint-siége. Une maxime à laquelle on ne déroge que rarement, pour ne point dire jamais, est de ne procéder à l'approbation expresse des constitutions d'un ordre que lorsqu'elles ont été sanctionnées par l'expérience, lorsqu'un institut est suffisamment répandu, eu égard au temps, aux lieux et aux personnes. Si l'institut qui sollicite l'approbation n'a pas acquis le développement nécessaire, la sacrée congrégation a coutume de l'encourager en louant le zèle du fondateur, le but de l'institut, ou l'institut lui-même, quelquefois aussi en approuvant simplement l'institut sous réserve de l'approbation des constitutions, laquelle est renvoyée à temps plus opportun.

CONSUBSTANTIALITÉ. *Voy.* Consubstantiel.

CONSUBSTANTIATEURS. Pélisson prétend qu'après le concile de Nicée les ariens donnèrent aux catholiques, qui soutenaient la *consubstantialité* du Verbe, le nom de *consubstantiateurs;* mais cette dérivation ou traduction du mot *homoousiens* n'est pas naturelle.

Ce sont les théologiens catholiques qui ont appelé *consubstantiateurs* les luthériens, qui admettent dans l'eucharistie la *consubstantiation*.

CONSUBSTANTIATION, terme par lequel les luthériens expriment leur croyance sur la présence réelle de Jésus-Christ dans l'eucharistie. Ils prétendent qu'après la consécration, le corps et le sang de Jésus-Christ sont réellement présents avec la substance du pain, et sans que celle-ci soit détruite. C'est ce que l'on nomme encore *impanation*.

Luther disait : « Je crois, avec Wiclef, que le pain demeure ; et je crois, avec les sophistes, que le corps de Jésus-Christ y est. » (*L. de Captiv. Babyl.*, t. II.) Tantôt il prétendait que le corps de Jésus-Christ est avec le pain comme le feu est *avec* le fer brûlant ; tantôt qu'il est dans le pain et sous le pain, comme le vin est *dans* et *sous* le tonneau : *in, sub, cum*. Mais comme il sentit que ces paroles, *ceci est mon corps*, signifient quelque chose de plus, il les expliqua ainsi : *ce pain est substantiellement mon corps* ; explication inouïe et plus absurde que la première. — Zwingle et les défenseurs du sens figuré démontrèrent clairement à Luther qu'il faisait violence aux paroles de Jésus-Christ. En effet, ce divin Sauveur n'a pas dit : *Mon corps est ici*, ou *mon corps est sous ceci et avec ceci*, ou *ceci contient mon corps* ; mais *ceci est mon corps*. Ce qu'il veut donner aux fidèles n'est donc pas une substance qui contienne son corps, ou qui l'accompagne, mais son corps sans aucune substance étrangère. Il n'a pas dit non plus : *ce pain est mon corps*, mais *ceci est mon corps*, par un terme indéfini, pour montrer que ce qu'il donne n'est plus du pain, mais son corps. — On peut bien dire, avec l'Église catholique, que le pain devient le corps de Jésus-Christ, de la même que l'*eau fut faite vin* aux noces de Cana, par le changement de l'un en l'autre. On peut dire que ce qui est pain en apparence, est réellement le corps de Notre-Seigneur ; mais que du pain, demeurant tel, fût en même temps le corps de Jésus-Christ, comme le voulait Luther, c'est un discours qui n'a point de sens. D'où l'on concluait contre lui, ou qu'il faut admettre, comme les catholiques, un changement de substance, ou qu'il faut s'en tenir au sens figuré, et ne supposer qu'un changement moral. *Voy. l'Histoire des variations*, tom. I, l. II. — Aujourd'hui, il paraît que les luthériens ne soutiennent plus la *consubstantiation* ; la plupart croient que Jésus-Christ est présent dans l'eucharistie, seulement dans l'usage, ou dans l'action de le recevoir. *Voy.* LUTHÉRENS.

CONSUBSTANTIEL, qui est de même substance et de même essence ; c'est la traduction du grec ὁμοούσιος, dont s'est servi le concile de Nicée pour décider la divinité du Verbe.

La divinité de Jésus-Christ avait été attaquée, dans le 1er siècle, par les ébionites et par les cérinthiens ; dans le IIe, par les théodotiens ; dans le IIIe, par les artémoniens, et ensuite par les samosatiens ou samosateniens, sectateurs de Paul de Samosate. L'an 269, l'on assembla un concile à Antioche, pour décider ce dogme ; Paul et l'évêque d'Antioche, qui pensait comme lui, furent déposés. Mais, dans son décret, ce concile n'employa point le mot *consubstantiel* ; les Pères craignirent que l'on n'en abusât pour confondre les Personnes, ou pour supposer que le Père et le Fils étaient formés d'une même matière préexistante. C'est la raison qu'en donne saint Athanase. — L'an 325, lorsque les ariens nièrent de nouveau la divinité de Jésus-Christ, le concile général de Nicée jugea que l'abus de ce terme n'était plus à craindre, qu'il n'y en avait point de plus propre à prévenir les équivoques et les subterfuges des ariens ; conséquemment il décida que le Fils de Dieu est *consubstantiel* à son Père, et il l'exprima ainsi dans le symbole que l'on récite encore aujourd'hui à la messe. — Les ariens firent grand bruit de ce que l'on consacrait à Nicée un mot qui avait été rejeté par les Pères du concile d'Antioche ; ils l'interprétèrent malicieusement dans le sens que ces Pères avaient voulu éviter. Ils dressèrent successivement vingt formules de foi, dans lesquelles ils déclaraient que le Fils de Dieu est semblable au Père en toutes choses, qu'il lui est semblable selon les Écritures, qu'il est Dieu, etc. Ils protestaient que si l'on voulait supprimer le terme de *consubstantiel*, il n'y aurait plus ni disputes, ni divisions. L'empereur Constance, leur protecteur, employa toutes sortes de violences pour forcer les évêques à le supprimer. Mais les orthodoxes tinrent ferme ; ils comprirent que les ariens étaient de mauvaise foi, qu'ils rejetaient le terme pour anéantir le dogme : ils regardèrent comme captieuses toutes les formules dans lesquelles le terme de *consubstantiel* était supprimé.

Aujourd'hui les sociniens renouvellent les clameurs des ariens ; ils disent que le concile de Nicée a innové dans la doctrine, qu'il a établi un dogme inouï jusqu'alors, puisqu'il a employé un terme que le concile d'Antioche avait rejeté cinquante-trois ans auparavant. On leur a prouvé, par les témoignages formels des Pères des trois premiers siècles, que l'on avait décidé à Antioche le même dogme qu'à Nicée ; que les ariens ne faisaient que répéter l'erreur condamnée dans Paul de Samosate et dans ses partisans. — De leur côté, les incrédules disent que l'on a troublé l'univers pour un mot, pour une question grammaticale ; mais ce mot emportait un dogme fondamental du christianisme. Si ce dogme était faux, il faudrait conclure que la vraie doctrine de Jésus-Christ a été méconnue dès l'an 269, et que depuis cette époque le christianisme est une religion fausse.

Si la consubstantialité du Verbe était une nouvelle doctrine, pourquoi les ariens ne purent-ils jamais s'accorder ? Les purs ariens ou photiniens enseignaient sans détour, comme Arius, que le Fils de Dieu était dissemblable à son Père, que c'était une pure créature tirée du néant. Les semi-ariens disaient qu'il était semblable au Père en nature et en toutes choses ; quelques-uns avouaient qu'il était Dieu. Pourquoi ces disputes, ces condamnations mutuelles, cette opposition entre les différentes sectes des ariens? Il eût été plus court pour eux de s'accorder, de parler tous comme Arius et comme font aujourd'hui les sociniens. Mais on sentait que, pour en venir là, il fallait contredire l'Ecriture et la tradition des trois premiers siècles; on cherchait à pallier l'erreur pour la faire adopter aux fidèles avec moins de répugnance. — Le patriarche d'Alexandrie le fait déjà observer dans la lettre qu'il écrivit aux évêques avant le concile de Nicée, pour leur donner avis de la condamnation qu'il avait faite d'Arius et de ses partisans. *Voy.* Socrate (*Hist. eccl.*, l. i, c. 6).

Parmi les protestants, plusieurs de ceux qui penchaient au socinianisme ont soutenu que les Pères de Nicée, en décidant que le Fils de Dieu est *consubstantiel* au Père, entendaient seulement que la nature divine est parfaitement semblable et égale dans ces deux Personnes, mais non qu'elle y est *numériquement une et singulière*. Cudworth (*Syst. intell.*, tom. I, c. 4, § 26) prétend que ce dernier sens ne se trouve point dans les auteurs chrétiens avant le quatrième concile de Latran, tenu l'an 1215, qui le décida ainsi contre l'abbé Joachim. Les Pères, dit-il, ont souvent répété que la nature divine est une dans les trois Personnes de la sainte Trinité, comme l'humanité est une dans trois hommes; ils parlaient donc d'une unité d'espèce et non d'une unité de nombre. Il s'attache à le prouver par plusieurs passages des Pères : le Clerc était dans la même opinion, et Mosheim, dans ses *Notes sur Cudworth*, n'a pas pris la peine de la réfuter. D'où nous devons conclure que, suivant ces critiques, les Pères, qui ont soutenu avec tant de zèle la *consubstantialité* du Verbe, n'étaient, dans le fond, pas plus orthodoxes sur ce mystère que les ariens.

Mais, 1° ces Pères, qui montrent d'ailleurs tant de pénétration et de sagacité, ont-ils pu être assez stupides pour comparer en rigueur la nature divine avec la nature humaine, l'unité réelle de la première avec l'unité improprement dite de la seconde, qui n'est qu'une abstraction? Ils auraient été forcés d'avouer que, comme trois personnes humaines sont trois hommes, les trois Personnes divines sont trois dieux. C'est l'argument que leur faisaient les sabelliens, et contre lequel les Pères se sont défendus. 2° Il y a plus : les Pères ont dit que la génération du Fils de Dieu est hors de tout exemple et de toute comparaison; donc ils n'ont pas regardé les comparaisons qu'ils en ont faites comme exactes et rigoureuses (Euseb., *adv. Marcell. Ancyr.*, l. i, p. 73, etc.). 3° Ils ont enseigné que l'unité de la nature divine en trois Personnes est un mystère : or, l'unité spécifique de la nature humaine dans les divers individus n'est certainement pas un mystère; donc les Pères n'ont pas cru que ces deux unités sont la même chose. 4° Ils ont affirmé constamment que la nature divine est *indivise* dans les trois Personnes; conséquemment, que ces trois sont un seul Dieu; mais aucun ne s'est avisé de dire que la nature humaine est indivise dans trois hommes, et que ces trois sont un seul homme. 5° Cudworth insiste sur ce qu'en disant que la nature divine est *une*, les Pères n'ont pas ajouté qu'elle est *singulière;* mais nous le défions de trouver dans la langue grecque un terme qui réponde exactement au mot *singularis* des Latins. Quand ils ont dit qu'elle est *une et indivise*, ils n'ont pas cru que cela pût s'entendre seulement d'une unité spécifique, puisque celle-ci emporte division. 6° Lorsque les ariens ont mis dans leurs professions de foi que le Fils de Dieu est parfaitement semblable à son Père, en nature, en substance, en toutes choses, les Pères ont rejeté ces expressions comme insuffisantes; elles emportaient cependant l'unité spécifique de nature ; donc, par le mot *consubstantiel*, ils entendaient quelque chose de plus, c'est-à-dire l'unité numérique et singulière. 7° Les ariens ne voulaient point admettre de génération en Dieu : Toute génération, disaient-ils, se fait ou par l'écoulement de quelque partie qui se sépare du tout, ou par l'extension, par la dilatation de la substance qui l'engendre : or, la substance divine ne peut ni s'étendre, ni se resserrer, ni se diviser. Les Pères répondaient que Dieu engendre de sa propre substance son Fils unique, mais sans partage, sans altération, sans changement, sans écoulement, sans éprouver rien de ce qui arrive dans les générations animales. (Saint Hil., *l.* iii *de Trinit.*, n° 8; *l. de Synodis*, n°s 17 et 44, etc.) Donc ils ont admis entre le Père et le Fils une unité numérique de nature, et non simplement une unité spécifique, telle qu'elle se trouve entre un homme et son fils.

On demande : Mais pourquoi vouloir expliquer ce qui est inexplicable? pourquoi ne pas se borner à dire, comme les auteurs sacrés, que Jésus-Christ est le *Fils de Dieu*, sans entreprendre de décider comment il l'est? Nous répondons qu'il n'était pas possible de s'en tenir là, et que les Pères ont été forcés de donner une explication. 1° Il faut avoir quelque idée d'un dogme que l'on croit et que l'on professe ; parce que la foi n'a pas pour objet des paroles, mais les choses signifiées par ces paroles. 2° Cette proposition : *Jésus-Christ est le Fils de Dieu*, pouvait avoir différents sens ; les hérétiques lui donnaient plusieurs sens faux ; il fallait donc fixer le vrai et exclure le faux. 3° Dire aux païens que Jésus-Christ est Fils de Dieu, c'était leur donner lieu de demander pourquoi donc les chrétiens rejetaient les généalogies des dieux, pendant qu'ils enseignaient eux-mêmes que Dieu a un Fils. On était donc obligé de montrer aux païens la différence qu'il y avait entre la théologie chrétienne et les fables de la mythologie. Il en est de même de tous les autres mystères. (Beausobre, *Histoire du manichéisme*, tom. I, l. iii, c. 6.)

CONSULTEURS. A Rome, l'on donne ce nom à des théologiens chargés par le souverain pontife d'examiner les livres et les propositions déférées à son tribunal; ils en rendent compte dans les congrégations, où ils n'ont point voix délibérative. Dans quelques ordres monastiques, on nomme de même des religieux chargés de transmettre des avis au général, et qui sont comme son conseil.

CONTEMPLATION, selon les mystiques, c'est un regard simple et affectueux sur Dieu, comme présent à notre âme. La *contemplation*, disent-ils, consiste dans des actes si simples, si directs, si uniformes, si paisibles, qu'ils n'ont rien par où l'on puisse les saisir pour les distinguer.

Dans l'état contemplatif, l'âme doit être entièrement passive par rapport à Dieu; elle doit être dans un repos continuel, exempte du trouble des âmes inquiètes qui s'agitent pour sentir leurs opérations; c'est une prière de silence et de repos. Ce n'est point, ajoutent-ils, un ravissement, une suspension extatique de toutes les facultés de l'âme, mais c'est un état passif, une paix profonde, qui laisse l'âme parfaitement disposée à être mue par les impressions de la grâce, et dans l'état le plus propre à en suivre les mouvements.

Les personnes chargées de diriger les contemplatifs ne sauraient avoir trop de prudence pour connaître l'esprit de Dieu, et le distinguer des illusions de l'amour-propre.

CONTEXTE, mot usité parmi les théologiens, et qui a plusieurs sens. Souvent il signifie simplement le *texte* de l'Ecriture sainte, ou d'un auteur quelconque. Ordinairement il signifie ce qui précède ou ce qui suit un passage, ou il désigne un autre endroit qui y a du rapport: dans ce sens, on dit que, pour bien entendre le *texte*, il faut consulter le *contexte*.

CONTINENCE, état de ceux qui ont renoncé au mariage. Jésus-Christ en a témoigné de l'estime, lorsqu'il a dit qu'il y a des eunuques qui ont renoncé au mariage pour le royaume des cieux, que tous ne le comprennent point, mais seulement ceux qui en ont reçu le don (*Matth.*, XIX, 11 et 12). A l'article CÉLIBAT, nous avons cité les paroles de saint Paul. Il n'est point de subterfuges que l'on n'ait employés pour tordre le sens de ces passages.

Nos philosophes, réunis aux protestants, soutiennent que la *continence* n'est point estimable par elle-même, qu'elle ne le devient qu'autant qu'elle importe accidentellement à la pratique de quelque vertu, ou à l'exécution de *quelque dessein généreux*; que, hors de ces cas, elle mérite plus de blâme que d'éloges. — Il nous paraît que le nom de *vertu* signifie la force de l'âme, qu'il est besoin de force pour résister à un penchant impérieux, tel que le désir des plaisirs sensuels; que ce courage est toujours estimable par lui-même, à moins qu'il ne soit empoisonné par un mauvais motif. — Il y a sans doute des hommes qui renoncent au mariage par des motifs blâmables, et qui vivent dans le célibat sans observer la *continence*; assez souvent ce sont eux qui veulent décrier cette vertu.

Quiconque, dit-on, est conformé de manière à pouvoir procréer son semblable, a droit de le faire, c'est le droit ou la voix de la nature. Soit. L'homme peut renoncer à son droit sans violer aucune loi; lorsqu'il le fait par un motif louable, c'est un acte de vertu. Celui qui, sans nuire à sa santé ni à ses devoirs, peut boire et manger plus qu'un autre, en a aussi le droit: sera-t-il blâmable s'il s'en abstient par tempérance, ou afin d'avoir du superflu à donner aux pauvres? — On ajoute qu'il n'y a point de raison qui oblige à une *continence* perpétuelle, qu'il en est tout au plus qui la rendent nécessaire pour un temps. Mais *le dessein généreux* de se consacrer au culte de Dieu et au salut des hommes, n'est-il pas une bonne raison d'embrasser la *continence* perpétuelle? Il faut employer les premières années de la vie à s'en rendre capable, et consumer le reste dans les travaux attachés à cette fonction charitable.

Nous ne voyons point les hommes mariés et chargés de famille, quitter leur foyer pour porter la lumière de l'Evangile aux extrémités du monde, pour aller racheter les captifs et soulager les esclaves chez les infidèles, pour remplir les fonctions des ignorantins et des frères de la charité. Sans l'estime que la religion catholique inspire pour l'état de *continence* et de virginité, trouverait-on des filles pour soigner les hôpitaux, pour soulager les malades, pour élever les enfants trouvés et les orphelins, pour instruire ceux des pauvres, pour tenir des maisons d'éducation, pour recueillir les pénitentes et les tirer du désordre? Celles qui aspirent au mariage ne se consacrent point à ces fonctions pénibles; aussi ces bonnes œuvres sont-elles fort négligées dans les communions protestantes: la charité héroïque n'y a pas survécu à la *continence*. On aura beau salarier des personnes des deux sexes, l'argent ne fera jamais ce que fait la religion. Et l'on nous dit froidement que la *continence* ne sert à rien, que c'est une vertu de laquelle il ne résulte rien! — Il ne convient pas d'appeler *institutions humaines* ce qui a été institué, loué, consacré, pratiqué par Jésus-Christ. Lorsque nos philosophes dissertent sur les vertus et sur les vices, ils devraient se souvenir que les notions puisées dans l'Evangile valent bien celles qu'ils empruntent de la philosophie païenne.

On dit que les Pères ont fait des éloges outrés de la *continence*, qu'ils l'ont estimée et louée à l'excès. Ne sont-ce pas plutôt leurs censeurs qui poussent à l'excès l'indifférence et le mépris pour cette vertu? Quand on sait à quel point a été portée l'impudicité chez les païens, on comprend que ce désordre ne pouvait être réformé que par une morale très sévère, et en portant fort loin les éloges de la vertu opposée; on n'est pas étonné du langage des Pères, qui est celui de l'Ecriture sainte. Ils trouvaient beau de pouvoir dire du christianisme ce que Tite-Live met à la bouche d'un ancien Romain : *Et facere et pati fortia christianum est.* Voy. CÉLIBAT, CHASTETÉ, VIRGINITÉ.

CONTOBARDITES. Voy. EUTYCHIENS.

CONTRADICTION. Les incrédules, dans le dessein de prouver que nos Livres saints ne sont rien moins que des ouvrages divins, se sont appliqués à y chercher des *contradictions*, et ils se sont flattés d'y en avoir trouvé un grand nombre. Mais, en se servant de leur méthode, il n'est aucune histoire ni aucun livre dans lequel il ne soit aisé d'en montrer encore davantage.

Si l'un des quatre évangélistes rapporte un fait ou une circonstance de laquelle les autres n'aient pas parlé, nos subtils critiques disent qu'il est en *contradiction* avec eux, comme si le silence d'un historien était la même chose qu'une réclamation et une opposition formelle ; aucun des évangélistes ne s'est proposé d'écrire exactement tout ce que Jésus-Christ a dit et a fait, ni de garder scrupuleusement l'ordre des événements, mais seulement d'en donner une connaissance suffisante aux fidèles pour fonder leur foi. Les Evangiles, dit un célèbre incrédule, nous ont été donnés pour nous enseigner à vivre saintement et non pas à critiquer savamment. Il est fâcheux qu'il ait souvent oublié lui-même cette sage réflexion.

Lorsque deux ou plusieurs auteurs contemporains ont fait une même histoire, ont parlé d'un événement chargé de circonstances, leur est-il jamais arrivé de le raconter précisément de *même*, sans aucune variété? Dans ce cas, on penserait que l'un a copié l'autre, ou qu'ils ont usé de collusion. Ceux qui ont voulu composer un corps complet de l'histoire romaine, ont été obligés de rapprocher et de comparer ensemble tous les anciens historiens, de suppléer au silence de l'un par la narration de l'autre ; et, quand ils ont cru y apercevoir de l'opposition, ils ont cherché le moyen de les concilier : nous ne voyons pas que les incrédules aient blâmé cette conduite. Voilà aussi ce que l'on a fait en dressant la concorde ou l'harmonie des quatre évangiles ; on en a ainsi rendu la narration plus suivie et plus aisée à entendre, et l'on voit qu'il n'y a point de *contradiction*. Il a fallu de même comparer les livres des Rois avec ceux des Paralipomènes, qui rapportent les mêmes faits, mais avec quelques variétés ; il a fallu enfin rapprocher l'un de l'autre les deux livres des Machabées, dont les auteurs n'ont pas suivi exactement l'ordre chronologique. Mais dès qu'il est question des écrivains sacrés, les incrédules ne veulent plus de conciliation ; ils ne cherchent pas à savoir la vérité, mais à l'obscurcir tant qu'ils peuvent.

Une seule circonstance omise, et qui paraît minutieuse à celui qui écrit, suffira dans la suite des temps pour jeter de l'obscurité et de l'embarras dans son récit ; il paraîtra contradictoire à ceux qui le liront sans être suffisamment instruits de ce qui se passait pour lors. Dans le temps que les évangélistes ont pris la plume, cet inconvénient n'avait pas lieu, parce qu'ils écrivaient des faits publics dont la mémoire était encore toute récente. Il n'en est plus de même après un grand nombre de siècles ; nous ne connaissons plus assez les mœurs, les usages, les habitudes, le langage des habitants de la Judée, leur état civil et politique, la tournure de leur esprit, la situation des lieux, etc. Ce qui était fort clair pour eux, est devenu obscur pour nous.

Les commentateurs de l'Ecriture sainte n'ont passé sous silence aucune des *contradictions* prétendues dont les incrédules font trophée ; c'est dans les écrits des premiers que nos savants critiques sont souvent allés les prendre, en laissant de côté les éclaircissements et les réponses. Ils se sont ensuite copiés les uns les autres, et se sont transmis leurs arguments par tradition. Nous les examinerons en particulier dans les articles qui y ont rapport, et nous ferons voir que la narration des auteurs sacrés ne se contredit point. — Souvent aussi on a reproché aux théologiens l'esprit de *contradiction*, l'amour de la dispute, la promptitude avec laquelle ils prennent feu sur tout ce qui choque leurs opinions. Nous convenons que ce défaut, si c'en est un, est l'apanage universel de l'humanité ; il ne règne pas moins parmi ceux qui cultivent les autres sciences, et ceux qui s'en plaignent en sont quelquefois attaqués sans s'en apercevoir. Mais en cela les théologiens sont peut-être les moins blâmables. La nécessité de veiller de près sur tout ce qui peut donner atteinte aux vérités révélées, la multitude d'erreurs qui ont troublé l'Eglise, la facilité avec laquelle on saisit l'occasion d'attaquer la religion, doivent rendre attentifs ceux qui sont chargés de la défendre. Il ne faut donc pas condamner leur exactitude à relever les plus légères fautes ; ils ont appris, par une longue expérience, que la moindre étincelle peut causer un embrasement.

CONTRAINTE. Voy. PERSÉCUTION.

CONTRAT SOCIAL. Voy. SOCIÉTÉ.

CONTRE-REMONTRANTS ou GOMARISTES. Voy. ARMINIENS.

CONTRITION, regret d'avoir péché. Ce terme, dérivé de *conterere*, broyer, briser, exprime l'état d'une âme déchirée et pénétrée de douleur d'avoir offensé Dieu, qui désire ardemment de se réconcilier avec lui et de recouvrer la grâce. Il est tiré de l'Ecriture sainte. Joël, c. XI, v. 13, disait aux Juifs : *Déchirez vos cœurs et non vos vêtements;* et David, Ps. L : *Vous ne rejetterez pas, Seigneur, un cœur brisé de douleur et humilié.*

Le concile de Trente, sess. 14, c. 4, définit la *contrition*, une douleur de l'âme et une détestation du péché commis, avec un propos de ne plus pécher à l'avenir ; il déclare que cette *contrition* a été nécessaire dans tous les temps pour obtenir la rémission des péchés. Cela est prouvé par les exemples de David pénitent, des Ninivites, d'Achab, de Manassés, de la pécheresse de Naïm, etc. —

Sous la loi évangélique, la *contrition* exige de plus le désir de remplir tout ce que Jésus-Christ a ordonné pour la rémission des péchés, par conséquent la volonté de les confesser et de satisfaire à la justice divine : aussi les théologiens, après saint Thomas, définissent la *contrition*, une douleur du péché, accompagnée du propos de le confesser et de satisfaire.

Luther s'est beaucoup écarté de ces notions, lorsqu'il a réduit toute la pénitence au changement de vie, sans exiger aucun regret pour le passé, aucune confession du péché. Outre les exemples du contraire que nous voyons dans l'Écriture, on pouvait lui opposer la croyance et la pratique constante de l'Église attestées par les Pères, et fondées sur ces exemples mêmes. Le concile de Trente a donc justement condamné cette erreur de Luther, sess. 14, can. 5. — Comment ce sectaire a-t-il pu soutenir que la crainte des peines éternelles et la *contrition* ne servaient qu'à rendre l'homme hypocrite et plus grand pécheur ? Isaïe, c. LVII, v. 25, dit que *Dieu demeure avec ceux qui ont l'esprit humble et contrit, et qu'il leur rend la vie*..... *Sur qui jetterai-je les yeux, dit le Seigneur, sinon sur le pauvre qui a l'esprit contrit, et qui tremble à ma parole* (LXVI, 2) ? Jésus-Christ s'applique ces paroles : *Le Seigneur m'a envoyé pour guérir les cœurs contrits, et mettre les captifs en liberté* (Luc. IV, 18). Après la première prédication de saint Pierre, les Juifs furent touchés de repentir : *compuncti sunt corde*, et demandèrent : Que ferons-nous ? Faites pénitence, répondit l'apôtre, et recevez le baptême (Act. II, 37). Ce n'était là ni de l'hypocrisie, ni une augmentation de péché.

Pour être efficace, la *contrition* doit être sincère, libre, surnaturelle, vive et véhémente. *Sincère*, puisque Dieu exige la douleur du cœur. *Libre*, et non forcée ou extorquée par la crainte et les remords. *Surnaturelle*, non-seulement dans son principe, qui est la grâce, sans laquelle nous ne pouvons nous repentir sincèrement, mais dans son motif, et avoir Dieu pour objet. Conséquemment, l'assemblée du clergé de France, en 1700, condamna comme hérétique la proposition de quelques casuistes, qui disaient que l'*attrition*, conçue par un motif naturel, pourvu qu'il soit honnête, suffit dans le sacrement de pénitence. — Enfin, la *contrition* doit être *vive*, véhémente, ou souveraine ; un cœur vraiment pénitent doit être dans la disposition de préférer Dieu à tout, de mourir, s'il le faut, plutôt que de l'offenser ; se porter à Dieu aussi vivement qu'il déteste le péché, haïr tous ses péchés sans exception.

Les théologiens distinguent deux sortes de *contrition* : l'une parfaite, l'autre imparfaite, qu'ils nomment *attrition*. La première est celle qui a pour motif l'amour de Dieu, ou la charité proprement dite ; elle réconcilie déjà le pécheur avec Dieu, avant la réception du sacrement de pénitence ; mais elle doit toujours renfermer le désir et la volonté de le recevoir. Ainsi s'exprime le concile de Trente, sess. 14, can. 4. — La seconde, selon le même concile, est la douleur ou la détestation du péché, conçue par la considération de la turpitude du péché, et par la crainte des peines de l'enfer. Il déclare que, si elle exclut la volonté de pécher, et renferme l'espérance du pardon, non-seulement elle ne rend point l'homme hypocrite et plus grand pécheur, mais qu'elle le dispose à obtenir la grâce de Dieu dans le sacrement de pénitence. Il décide que cette *attrition* est un don de Dieu et un mouvement du Saint-Esprit, qui n'habite pas encore dans l'âme du pénitent, mais qui l'excite à se convertir ; qu'elle ne le justifie point par elle-même sans le sacrement, mais qu'elle y sert de disposition.

Sur cette décision du concile, les théologiens disputent pour savoir en quoi consiste précisément la différence entre la *contrition parfaite* et l'*attrition*. Les uns veulent que le motif de l'une et de l'autre soit absolument le même, savoir, l'amour de Dieu ; que toute la différence soit en ce que cet amour est plus vif dans la *contrition* parfaite, et plus faible dans l'attrition. Les autres soutiennent que le motif de l'attrition est différent ; que c'est, selon le concile, la turpitude du péché, la crainte de l'enfer, l'espérance du pardon ; que toute douleur du péché, conçue par le motif de l'amour de Dieu, quelque faible qu'il soit, est la *contrition parfaite*. — Conséquemment, les premiers prétendent que l'attrition seule ne suffit pas dans le sacrement de pénitence ; ils se fondent sur ce que le concile de Trente, en parlant de la justification, exige, comme une disposition essentielle, que *le pécheur commence à aimer Dieu comme source de toute justice*. Sess. 6, can. 6. Ce commencement d'amour, disent-ils, ne peut être autre chose qu'une charité encore faible, mais pure, par laquelle on aime Dieu pour lui-même. — Les seconds répondent que ce commencement d'amour est un amour d'espérance ou de concupiscence, par lequel nous nous portons à Dieu comme à l'objet de notre bonheur éternel ; qu'en comparant les deux décisions du concile, on voit que tel en est le sens. Ils s'appuient de l'autorité de saint Thomas, 2-2, q. 17, qui décide que l'espérance et tout mouvement de désir vient d'un sentiment d'amour, et qui distingue ainsi la charité parfaite d'avec l'amour imparfait. Il est impossible, disent-ils, qu'un chrétien, qui croit à l'efficacité du sacrement, qui espère d'en obtenir l'effet par la miséricorde de Dieu, ne soit pas touché d'un sentiment de reconnaissance de ce que Dieu veut bien pardonner au repentir. Si la reconnaissance n'est pas un amour du bienfaiteur, qu'est-ce donc ?

En 1700, le clergé de France a condamné la proposition qui disait, que l'attrition qui naît de la crainte de l'enfer suffit *sans aucun amour de Dieu*. Le clergé exige donc, comme le concile de Trente, un commencement d'amour de Dieu ; mais de quel amour ? Est-ce de la charité pure par laquelle on aime

Dieu pour lui-même, ou de l'amour d'espérance par lequel on aime Dieu comme bienfaiteur? Le concile ni le clergé ne le décident point : il y a donc de la témérité à vouloir le décider. — Il y en a encore davantage à soutenir que la charité pure, lorsqu'elle est faible, ne suffit pas pour justifier le pécheur et le réconcilier avec Dieu, avant le sacrement.— Le parti le plus sûr est donc de s'en tenir à la décision du clergé, conçue en ces termes : « Voici, selon le concile de Trente, les deux avis ou points de doctrine que nous avons jugés nécessaires. Le premier, que pour les sacrements de baptême et de pénitence, il n'est pas absolument besoin d'avoir la *contrition*, conçue par le motif de la charité parfaite, et qui, avec le vœu du sacrement, réconcilie l'homme avec Dieu avant la réception actuelle du sacrement. Le second, que pour l'un et l'autre de ces mêmes sacrements, un homme ne doit pas se croire en sûreté, si, outre les actes de foi et d'espérance, il ne commence pas à aimer Dieu comme source de toute justice. » Il est difficile de ne pas entendre ces dernières paroles de l'amour de reconnaissance.

Les partisans de la proposition condamnée, que l'on a nommés les *attritionnaires*, n'étaient fondés que sur un raisonnement absurde. Si, pour obtenir le pardon de nos fautes, disaient-ils, il faut absolument aimer Dieu, quel avantage avons-nous sur les Juifs? A quoi sert le sacrement de pénitence, s'il ne supplée pas au défaut de l'amour, et ne nous décharge pas de l'obligation pénible d'aimer Dieu actuellement ? — A Dieu ne plaise que l'obligation de l'aimer puisse paraître *pénible* à un chrétien, ou que le privilége de la loi nouvelle au-dessus de l'ancienne soit la dispense d'aimer Dieu. La différence entre ces deux lois, selon saint Paul, est que l'ancienne était une loi de crainte, et que la nouvelle est une loi d'amour. Un chrétien qui reçoit des grâces plus abondantes qu'un juif, est sans doute plus obligé à être reconnaissant et à aimer son bienfaiteur. Y a-t-il un bienfait plus précieux que le pardon du péché accordé au repentir par les mérites de Jésus-Christ ? .

Mais en voulant pousser trop loin la perfection et la sublimité des sentiments, il est dangereux de tendre un piége aux âmes timorées, et d'étouffer en elles l'amour de Dieu par la crainte, en voulant faire le contraire. *Voy.* l'*Ancien Sacramentaire*, par Grancolas, II° part., p. 458, 465.

CONTROVERSE, dispute de vive voix ou par écrit sur les matières de religion. Ces sortes de disputes sont inévitables, parce que le christianisme a toujours eu des ennemis, et qu'il en aura toujours. Elles sont nécessaires, parce qu'on ne doit rien négliger pour ramener dans la bonne voie ceux qui se sont égarés. Si elles troublent la paix, il faut s'en prendre à ceux qui en sont les premiers auteurs, et qui lèvent l'étendard contre l'enseignement de l'Eglise. Pour qu'elles produisent de bons effets, il faut que de part et d'autre elles soient non-seulement libres, mais toujours retenues dans les bornes de la politesse et de la modération.

Il nous paraît qu'en général les *controversistes* catholiques, surtout ceux du dernier siècle, ont mieux observé cette règle que leurs adversaires. Bossuet, Nicole, Pélisson, Papin, etc., sont des modèles en ce genre : nous ne pouvons mieux faire que de les imiter dans nos disputes actuelles avec les incrédules. — Lorsqu'une *controverse* commence, il est rare qu'elle prenne d'abord la tournure qu'il faudrait lui donner pour la terminer promptement. Comme les novateurs sont tous des sophistes, ils ne manquent jamais de dénaturer la question; les théologiens catholiques qui veulent les suivre pour les réfuter, s'exposent à faire beaucoup de chemin hors de la vraie route, et sans avancer d'un pas vers le terme. — Ainsi, lorsque les prétendus réformateurs parurent, si on avait commencé par leur demander des preuves de leur mission, ils auraient été fort embarrassés. Ils n'étaient envoyés par aucun pasteur légitime ni par aucune société chrétienne; il fallait donc qu'ils prouvassent par des miracles une mission surnaturelle, extraordinaire, comme Moïse ; Jésus-Christ et les apôtres avaient prouvé la leur: ils n'étaient rien moins que des thaumaturges. — Selon eux, l'Ecriture sainte doit être la seule règle de foi; la première question à décider était donc de savoir quels sont les livres que l'on doit regarder comme Ecriture sainte. Ils rejetaient une partie des livres reçus par l'Eglise catholique; est-ce encore par l'Ecriture qu'il fallait terminer cette contestation ? Si chaque fidèle doit le juger selon ses lumières et son goût particulier, pourquoi le goût d'un catholique était-il moins sûr que le goût d'un prédicant ? Tout homme sensé pouvait lui dire : Puisque l'Ecriture est ma seule règle de foi, je n'ai besoin ni de vos leçons ni de vos explications; je sais lire aussi bien que vous ; c'est à moi de voir dans l'Ecriture ce que Dieu a révélé, et non à vous de me le montrer. La Bible est mon seul docteur ; la fonction d'enseigner que vous usurpez, est déjà une contradiction avec votre propre principe. — A la vérité, nos controversistes leur ont fait cet argument, mais ce n'a été qu'après de longues disputes; il aurait été mieux de commencer par là, et de ne pas donner le temps à ces hommes sans aveu de séduire les ignorants par l'étalage de leur doctrine. — La même faute avait été commise dans les contestations que l'on avait eues dans les siècles précédents avec les hussites, les wicléfites, les vaudois, les manichéens nommés *albigeois*. Dans les ouvrages qui ont été écrits contre eux, nous ne voyons pas que l'on ait insisté sur le défaut de mission de ces novateurs, ni sur la contradiction de leurs principes.— Dès le commencement du III° siècle, Tertullien avait tracé dans son *Traité des Prescriptions* contre les hérétiques, la manière de les réfuter tous; il leur demande des preuves de leur mission, refuse de les admettre à disputer sur l'Ecriture, leur oppose la tradition des Eglises apostoliques, les confond par leurs propres dissensions, et par l'opposition constante de leurs divers systèmes. Un théologien catholique ne peut mieux faire que de suivre toujours cette méthode ; elle est non-seulement invincible, mais respectable par son antiquité.

Après avoir décidé que l'Ecriture sainte est la seule règle de foi, les protestants ont encore prétendu qu'elle est le seul juge des *controverses*. Mais c'est d'abord abuser du terme que d'appeler *juge* la loi selon laquelle le juge doit prononcer ; et de laquelle il doit déterminer le vrai sens. Dans toutes les *controverses*, la question est de savoir si tel dogme est révélé dans l'Ecriture sainte, ou s'il ne l'est pas ; quel est le vrai sens des passages que chaque parti allègue pour appuyer son opinion ; comment cette même Ecriture peut-elle faire la fonction de juge, et terminer la contestation ? Il est évident que le simple particulier qui récuse toute espèce de tribunal, se rend lui-même juge de ce qu'il doit croire. — Pour terminer, par exemple, la *controverse* touchant l'eucharistie, il s'agit de savoir quel sens il faut donner à ces paroles de Jésus-Christ, *ceci est mon corps*. Selon la croyance de l'Eglise catholique, elles signifient que le corps de Jésus-Christ est véritablement présent sous les apparences du pain ; que ce n'est plus du pain, mais le corps de Jésus-Christ. Suivant l'opinion de Luther, ce corps y est à la vérité, mais avec le pain, dans le pain, ou sous le pain ; il ne s'y fait aucun changement. Si nous écoutons Calvin, ces paroles signifient seulement, ce pain est la figure de mon corps ; mais le fidèle, en mangeant ce pain, recevra par la foi et spirituellement le corps de Jésus-Christ. Chacun de ces trois disputants allègue d'autres passages de l'Ecriture pour confirmer son explication. C'est donc au simple fidèle de juger lequel des trois a raison, et de s'en tenir à son propre jugement. — Le fidèle catholique ne fait point ainsi la fonction de juge. Lorsque l'Eglise a décidé, par la bouche de ses pasteurs, soit dispersés, soit rassemblés, que tel est le sens de tel passage de l'Ecriture, il soumet son propre jugement à celui de l'Eglise, et croit humblement ce qu'elle a prononcé. Dans le fond, un protestant fait de même, sans vouloir en convenir, ou sans s'en apercevoir ; avant de lire l'Ecriture sainte, il était déjà déterminé, par le catéchisme qu'on lui a enseigné dans son enfance, à donner aux passages sur lesquels on dispute le sens adopté par la société dans laquelle il est né.

Il est bon de savoir quel jugement les protestants ont porté de nos controversistes et de leurs différentes méthodes ; ce qu'en a dit Mosheim nous paraît mériter quelques réflexions. — En parlant de la naissance du luthéranisme, et des disputes touchant la confession d'Augsbourg (*Hist. eccles.*, XVIe siècle, sect. 3, c. 3, § 4), il dit qu'il n'y avait que trois moyens de les terminer : le premier, et le plus raisonnable à son gré, était d'accorder aux protestants la liberté de suivre leurs sentiments particuliers, et de les laisser servir Dieu selon les lumières de leur conscience, *pourvu qu'ils ne troublassent point la tranquillité publique*. Mais le protestantisme pouvait-il s'établir sans troubler la tranquillité publique ? Il s'agissait non-seulement d'embrasser de nouvelles opinions spéculatives, mais d'abolir les pratiques, le culte extérieur et toute la discipline de l'Eglise, de déposséder les évêques et les prêtres, de chasser les moines et les religieuses, etc. Aucun prédicant, lorsqu'il s'est trouvé le maître, n'a laissé aux catholiques la liberté de servir Dieu selon les lumières de leur conscience ; Luther à Wittemberg, Zwingle à Zurich, Calvin à Genève, ont-ils toléré l'exercice du catholicisme ? En 1530, lorsque l'électeur de Saxe et les autres princes protestants présentèrent leur confession de foi à la diète d'Augsbourg, commencèrent-ils par jurer et promettre qu'ils accorderaient aux catholiques la même liberté qu'ils demandaient pour eux ? Déjà la religion catholique n'existait plus dans leurs Etats. — Le second moyen était de forcer les protestants, l'épée à la main, de rentrer dans le sein de l'Eglise. Cette méthode, dit Mosheim, était la plus conforme à l'esprit du siècle, surtout au génie despotique et à l'esprit sanguinaire de la cour de Rome. Mais il réfute lui-même cette calomnie. En proposant un troisième expédient, qui était d'engager les deux parties contendantes à modérer leur zèle, à rabattre quelque chose de leurs prétentions respectives, il dit que ce moyen fut *généralement approuvé* ; que le pape lui-même ne parut ni le rejeter, ni le mépriser ; aucun des théologiens qui entrèrent en conférence avec les novateurs ne fut blâmé : où sont donc les preuves de l'esprit oppresseur du siècle, du génie despotique et sanguinaire de la cour de Rome ? Mosheim convient, § 5, que les moyens de conciliation n'ayant produit aucun effet, l'on eut recours à la force du bras séculier et à l'autorité impérieuse des édits. Donc on n'en vint là qu'à la dernière extrémité ; l'on y fut forcé, non-seulement par l'opiniâtreté avec laquelle les protestants se refusèrent à toute instruction, mais par les voies de fait et les violences qu'ils employèrent pour exterminer la religion catholique.

En exposant les différentes méthodes dont les controversistes de l'Eglise romaine se sont servis pour ramener les protestants, Mosheim n'a eu garde de dire qu'ils commencèrent toujours par prouver nos dogmes par l'Ecriture sainte. Pourquoi ce silence affecté ? C'est que ce procédé de nos controversistes satisfait pleinement aux plaintes, aux reproches, aux clameurs des protestants. Ils ne réclamaient que l'Ecriture sainte, et, quand on la leur opposait, ils ne l'écoutaient pas. — Il parle avec modération du jésuite Bellarmin et de ses *controverses*, section 3, première partie, c. 1, § 29 ; il rend justice, non-seulement aux talents de cet écrivain, mais à la candeur et à la sincérité avec laquelle il propose les raisons et les objections de ses adversaires dans toute leur force; ensuite, par un trait de malignité pure, il ajoute que ce théologien aurait eu plus de réputation parmi ceux de sa communion, s'il avait eu moins d'exactitude et de bonne foi. Où est la preuve? Parmi les rivaux même des jésuites, y en a-t-il un seul qui ait blâmé Bellarmin de son exactitude et de sa bonne foi? On lui a reproché peut-être de n'avoir pas su profiter assez de ses avantages, de n'avoir pas donné à ses réponses autant de force que l'ont fait les controversistes postérieurs; cela est fort différent. Quelques lignes plus haut, Mosheim avait dit que les controversistes jésuites surpassèrent tous les autres en subtilité, en effronterie et en invectives; l'exemple de Bellarmin n'est certainement pas propre à justifier ce reproche. — Il n'a pas été plus équitable envers les controversistes du siècle dernier, xviie siècle, sect. 2, 1re partie, c. 1, § 13. Sans oser déprimer leurs talents, il les accuse d'avoir eu recours aux fraudes pieuses, parce qu'ils s'attachèrent à faire voir que les protestants déguisaient les dogmes catholiques pour les rendre odieux ; qu'en les exposant tels qu'ils sont, ils ne se trouvent plus aussi opposés aux sentiments des protestants, que ceux-ci le prétendent. C'est ce qu'a fait en particulier M. Bossuet, dans son *Exposition de la Foi catholique*, qui parut en 1671. Mosheim observe d'abord que ces théologiens conciliateurs agissaient en leur propre et privé nom, sans y être autorisés par les chefs de l'Église : remarque très-ridicule. Faut-il donc, pour traiter la *controverse*, être muni d'une procuration de l'Église universelle? Dans une note du traducteur, il est dit que le pape n'approuva cette *Exposition de la Foi* qu'au bout de neuf ans; que Clément XI refusa de l'approuver; qu'en 1685 l'université de Louvain la condamna comme un livre scandaleux et pernicieux.

Voilà les fables par lesquelles on abuse de la crédulité des protestants. Le bref d'approbation de ce livre, donné par Innocent XI, est du 4 janvier 1679, et il le donna pour fermer la bouche aux protestants, qui publiaient que M. Bossuet n'exposait pas fidèlement la foi de l'Église romaine. Déjà, en 1672, il avait été approuvé par onze évêques de France, par les cardinaux Bona et Chigi, par le maître du sacré palais; il le fut ensuite par l'évêque de Paderborn, et par deux ou trois consulteurs du saint office. Il a été traduit en plusieurs langues, et l'on ose écrire qu'en 1685 l'université de Louvain l'a condamné; que Clément XI, placé sur le saint-siège en 1700, a refusé de l'approuver. Après un siècle entier d'éloges prodigués à cet ouvrage, on ne rougit pas de dire que c'est une fraude pieuse imaginée pour en imposer aux protestants. On leur a dit cent fois : Voulez-vous signer une profession de foi conforme à celle-là? l'Église catholique vous recevra dans son sein et vous absoudra de toute hérésie. Aucun d'eux ne voudrait le faire, et ils persistent à dire que ce n'est point là ce que croient les catholiques.

Ajoutons que cette exposition de notre doctrine est précisément la même que celle qu'avait déjà faite François Véron, curé de Charenton, mort en 1649, et qui est intitulée, *Regula Fidei catholicæ*. Aussi Mosheim range ce controversiste, avec les frères de Wallembourg et d'autres, parmi ceux qui ne disputaient pas de bonne foi. Nous voudrions savoir en quoi ils ont été convaincus de mauvaise foi ? — Mais il ne donne pas une meilleure idée des conciliateurs, même protestants, tels que Le Blanc, d'Huisseaux, la Millotière, Forbes, Grotius, George Calixte. Il n'ose décider s'ils agirent par amour de la paix, ou par des vues d'intérêt et d'ambition. C'étaient, dit-il, des médiateurs imprudents, qui ne s'accordaient pas entre eux, qui n'avaient pas assez de génie ni de dextérité pour éluder les sophismes des catholiques. Aussi ne retirèrent-ils point d'autre fruit de leurs travaux que de mécontenter les deux partis, et de s'attirer le reproche de leurs Églises (*Ibid.*, § 14). Ceux qui ont voulu rapprocher les luthériens des calvinistes, ou concilier les anglicans avec les deux autres sectes, n'ont pas eu un meilleur succès. *Voy.* Syncrétistes.

Il est donc démontré que les protestants n'ont jamais voulu la paix, mais la guerre. Tout moyen d'instruction, toute voie de conciliation, toute méthode de découvrir la vérité leur a toujours déplu. Toujours ils se sont plaints du ton de hauteur et du despotisme de la cour de Rome, et toujours ils se sont défiés des démarches qu'elle a faites pour les regagner; parce qu'ils ont reconnu, disent-ils, que son but était bien moins de se réconcilier avec eux, que de procurer à ses évêques l'empire despotique qu'ils exerçaient jadis sur le monde chrétien. Ainsi, au défaut de griefs extérieurs, ils noircissent les motifs et les intentions, vrai langage d'enfants ingrats et révoltés contre leur mère.—Cependant, les controversistes catholiques n'ont pas laissé de faire, de temps en temps, des conversions; mais Mosheim, fidèle au génie de sa secte, les attribue à des motifs vicieux. *Voy.* Conversion.

Nos littérateurs modernes disent que quiconque se consacre au genre polémique et à la guerre de plume, sacrifie l'avenir au présent; qu'en voulant amuser ou occuper ses contemporains, il consent à être indifférent à ceux qui viendront après lui. Suit. Il s'ensuit déjà que les controversistes préfèrent les intérêts de la vérité et de la religion à la gloriole que cherchent uniquement la plupart des autres écrivains. Ce n'est pas là un sujet de blâme. Mais la réflexion de leurs censeurs est fausse en elle-même. Les ouvrages de *controverse* de Bossuet et de quelques autres n'ont pas aujourd'hui moins de réputation que dans le siècle passé, ni que les écrits des auteurs qui ont traité d'autres matières. La plupart de ceux des Pères ont été faits pour réfuter les païens, les juifs ou les hérétiques; ils seront lus et estimés tant qu'il y aura des chrétiens zélés pour leur religion; le mépris qu'en font les protestants ne leur est pas fort honorable.

* CONTROVERSES (Juge des). L'autorité de l'Eglise est la plus grande qui soit sur la terre. Sa puissance n'est pas bornée par les limites d'une province. Elle commande d'un pôle à l'autre. Elle n'a pas seulement à régler les actes extérieurs, elle domine sur la pensée. Devant ses décisions dogmatiques notre esprit n'a pas même le droit de douter, de raisonner, de faire des difficultés. Les plus puissants génies doivent oublier leur raison pour se soumettre. Mais plus une autorité est grande, plus elle est imposante, et plus elle doit être établie sur des bases solides. Si le sable mouvant supportait les bases de l'Eglise, elle serait bientôt renversée. Nous trouvons au fond de l'esprit de l'homme un germe d'indépendance criminelle prête à se révolter contre l'autorité légitime. Pour le retenir dans les voies de l'obéissance, il n'y a guère que la conviction profonde et réfléchie que l'autorité tutélaire placée au-dessus de sa tête, y a été mise par une puissance qui lui a accordé le don de l'infaillibilité. L'étude du juge des controverses ne peut donc nous être que très-salutaire.

Y a-t-il dans l'Eglise une autorité infaillible chargée de juger en dernier ressort les controverses de la foi?

Egaré par les illusions de son esprit, l'homme avait perdu le dépôt des saines doctrines. Jésus-Christ vint sur la terre pour le rétablir dans toute son intégrité, et lui ajouter les développements qu'il jugea convenables. C'est à la croyance des vérités qu'il nous a enseignées qu'est attaché le salut éternel. Sans la foi jamais on ne sera l'ami de Dieu. Il faut donc que le chrétien aille puiser à des sources pures. S'il buvait des eaux empoisonnées, il périrait infailliblement. Mais dans quelle source doit-il aller puiser les connaissances nécessaires pour former sa foi?

1° *Nécessité d'un juge des controverses.* — Jésus-Christ, en appelant l'homme à la foi, lui a fourni pour l'acquérir un moyen proportionné à sa nature. Parcourons donc tous les moyens possibles d'acquérir la connaissance des vérités éternelles. L'un d'eux doit être proportionné aux dogmes que nous sommes obligés de croire. Les moyens imaginables de connaître les vérités de la foi sont : 1° la raison; 2° les révélations particulières à tous les chrétiens; 3° le ministère des prophètes qui se succéderaient sans interruption pour instruire les peuples; 4° l'Ecriture sainte; 5° l'Ecriture unie à la tradition; 6° enfin un tribunal perpétuel qui soit établi le gardien de la révélation inscrite dans nos livres saints et dans la tradition, qui soit chargé de transmettre à jamais les véritables doctrines à la société chrétienne. — L'un de ces moyens doit nous faire connaître la vérité sans aucun mélange d'erreurs. Est-ce la raison? Mais la raison de l'homme, abandonnée à elle-même, ne peut que s'égarer; Jésus-Christ est venu sur la terre pour réparer ses écarts. Et comment pourrait-elle pénétrer les hauts mystères de notre foi? — Pouvons-nous compter avec plus d'assurance sur les révélations particulières? Pouvons-nous espérer avec confiance que Dieu parlera à chacun de nous; révélera toute vérité? Ce n'était pas ainsi que l'apôtre saint Paul comprenait la foi, lorsqu'il disait qu'elle nous arrive par l'ouïe, que le Seigneur a établi des pasteurs et des docteurs, afin que nous ne tournions pas à tout vent de doctrine. Si nous avions besoin d'autres preuves, nous en appellerions à notre expérience quotidienne. Quelles connaissances aurions-nous si, délaissant tout moyen extérieur d'instruction, nous nous abandonnions à la seule inspiration?

Je sais qu'il s'est trouvé des sectes qui prétendaient puiser à la source immédiate de la divinité. Mais toutes elles ont donné dans des écarts épouvantables. Nous craindrions de souiller les cœurs chastes et d'attrister les âmes sensibles si nous levions le voile qui cache leurs impudicités, si nous développions les scènes de carnage et de révoltes dont elles n'ont que trop affligé l'humanité. Disons-le hautement : Non, il n'est point établi de Dieu un moyen qui, par sa nature, conduit à de si fatales conséquences. — Les prophètes ne viennent pas aujourd'hui, comme dans l'Ancien Testament, maintenir la vraie foi en prouvant leur mission par des prodiges. Jésus-Christ s'est contenté de nous laisser le code de sa doctrine. Il est renfermé non-seulement dans l'Ecriture, mais encore dans la tradition : car l'Ecriture ne contient pas tous les dogmes, de l'aveu même de nos adversaires (*Voy.* TRADITION). — L'Ecriture et la tradition sont donc la règle de notre croyance et de nos actions. Mais la religion serait en grand péril si elle était appuyée sur ces seules règles inanimées. — Aussi Jésus-Christ, son divin auteur, lui a-t-il donné pour appui le dernier moyen que nous avons indiqué : savoir l'autorité infaillible de l'Eglise.

2° *Existence du juge des controverses.* — Jésus-Christ, avant de quitter la terre, voulut pourvoir à l'entière conservation de sa doctrine, c'est pour cela qu'il choisit ses apôtres (*Luc.* VI, 15). C'est dans ce sens qu'il leur donne ses dernières instructions : *Docete omnes gentes servare omnia quæcumque mandavi vobis* (*Matth.* XXVIII). C'est en dessein qu'il les établit les témoins de sa doctrine (*Act.* I). C'est à cette fin qu'il leur communique sa puissance, qu'il confie à Pierre les clefs de l'Eglise, qu'il le charge de conduire les agneaux et les brebis dans de bons pâturages; qu'il donne à tous ses apôtres le pouvoir de lier et de délier (*Matth.* XVI et XVIII; *Joan.* XXI). C'est pour cela qu'il souffle sur eux et leur donne le Saint Esprit (*Joan.* XX). Il faut le reconnaître : excepté l'œuvre de la rédemption, la mission des apôtres avait la même fin et en quelque sorte la même plénitude que celle de Jésus-Christ.

C'était dans ce sens que les apôtres entendaient les paroles du Sauveur. Ils ne craignent pas d'affirmer que c'est à eux qu'a été confié l'Evangile de Jésus-Christ : *Secundum Evangelium, quod creditum est mihi* (*I Thessal.* I, II; *I Corinth.* IV; *II Corinth.* V; *Act.* XV). — Ils exigent qu'on ajoute une foi pleine et entière à leurs paroles, et ils ordonnent de punir ceux qui seront rebelles (*II Thess.* III; *II Corinth.* X; *I Corinth.* XIV; *Hebr.* XVII) : s'ils parlent si impérieusement, c'est parce qu'ils ont pour eux la révélation de Jésus-Christ et l'assistance du Saint-Esprit (*I Corinth.* VII; *Gal.* I; *Act.* XV.

Il faut le confesser, les apôtres jouissaient de grands privilèges. Personne sans doute n'osera contester qu'ils aient eu le pouvoir de juger les controverses de la foi. — Eh bien ! cette autorité, accordée aux apôtres, persévère dans l'Eglise. C'était des apôtres faisant un tout moral avec leurs successeurs dans l'épiscopat, que Jésus-Christ disait : *Ecce ego vobiscum sum usque ad consummationem sæculi* (*Matth.* XXVIII). *Ego rogabo Patrem, et alium Paracletum dabit vobis, ut maneat vobiscum in æternum Spiritum veritatis* (*Joan.* XIV, 16, 17, 26), afin qu'on ne sépare pas les apôtres de leurs successeurs. Si Jésus-Christ leur dit : *Qui vos audit, me audit, qui vos spernit, me spernit*, il ajoute ailleurs : *Qui Ecclesiam non audierit, sit tibi sicut ethnicus et publicanus.* Si Jésus-Christ donne de glorieux privilèges à saint Pierre, il l'avertit qu'ils sont pour l'Eglise. *Super hanc petram ædificabo Ecclesiam meam, et portæ inferi non prævalebunt adversus eam.* Si le pouvoir d'enseigner la vérité, d'expliquer ce qui est obscur, de décider ce qui est contesté, de lier et de délier, a été le pouvoir qui a été enlevé à l'Eglise depuis la mort des apôtres, conserverait-elle sa première institution? Si elle tombait seulement une fois dans l'erreur, les portes de

DICT. DE THÉOL. DOGMATIQUE. I.

36

l'enfer n'auraient-elles pas prévalu contre elle? Les apôtres interprétaient-ils autrement les faveurs qu'ils avaient reçues? Evidemment non, puisqu'ils appellent l'Eglise la colonne et le ferme appui de la vérité (*I Tim.* III); qu'ils assurent qu'elle a été établie pour réunir tous les fidèles dans la profession d'une même foi (*Ephes.* IV); puisqu'ils nous montrent les apôtres, les évangélistes, les pasteurs et les docteurs destinés à être la consommation des saints, l'ancre qui fixe les fidèles à la vraie foi (*Philip.* III, 16). — Les apôtres pouvaient-ils déclarer plus clairement que l'autorité qu'ils avaient reçue de décider en matière de doctrine appartient à l'Eglise jusqu'à la fin des siècles? — Ecoutons encore les Pères de l'Eglise, dont l'autorité est respectée par nos adversaires.

Les Pères nous représentent les apôtres constituant un ministère chargé de gouverner l'Eglise, sans lequel elle ne peut subsister (S. Clément, *Epist. ad Cor.*; S. Ignace, martyr). Ils nous disent que c'est dans l'Eglise qu'il faut aller chercher la vérité (S. Irénée), parce qu'elle donne des règles infaillibles (Clément d'Alexandrie), et que c'est pour cette fin qu'elle a été établie (Tertul.); qu'elle est la source, la colonne et le fondement de la vérité (Lactance, S. Aug.); que rien ne peut la vaincre ni la détruire (Chrysost.); que tous les hommes sont soumis à sa domination, et les rois et les sujets (Ambros.). Peut-on expliquer plus clairement le pouvoir accordé à l'Eglise de décider les vérités de foi?

Oui, on le peut, et c'est par un témoignage qui renferme à lui seul les témoignages de tous les Pères, de tous les docteurs, de toute l'Eglise. Jusqu'aujourd'hui, toutes les fois qu'il s'est élevé une hérésie, elle a trouvé sa condamnation dans un jugement de l'Eglise. N'est-ce pas l'Eglise qui a excommunié et chassé comme des rebelles les simoniens, les gnostiques, les valentiniens, les montanistes, les ariens, les macédoniens, les eutychiens, les monothélites, etc.? N'était-ce pas pour soutenir les décisions de l'Eglise que, sous l'empereur Constance, tant de généreux confesseurs supportèrent l'exil?

Reconnaissons-le, on ne peut nier l'autorité de l'Eglise sans rejeter toute la tradition, sans abandonner la doctrine des apôtres, sans condamner les divins enseignements de Jésus-Christ.

Nos adversaires nous proposent quelques difficultés, mais notre thèse devant recevoir son complément ailleurs, nous pensons qu'elles y seront mieux placées. (*Voy.* INFAILLIBILITÉ, EGLISE, PAPE.)

5° *Caractères du juge des controverses.* — La voie d'autorité étant le moyen d'instruction le plus général, le plus sûr, le seul applicable aux masses, doit être le mode d'instruction employé en matière de religion. Dieu, en l'employant pour l'instruction des fidèles, a donc satisfait à l'un des besoins de notre nature. — Mais quels sont les caractères particuliers de cette autorité?

Le juge des controverses doit avoir trois qualités principales: 1° Il doit être facilement connu de tous les fidèles. Puisqu'il doit régler leur foi, il est nécessaire qu'ils sachent où il est, afin de recourir à lui dans le besoin. 2° Ses décisions doivent être claires et ne donner lieu à aucun doute. Et, en effet, toute espèce de jugement, s'il veut atteindre sa fin, doit être rédigé de manière à lever les difficultés qui ont été proposées. Cette nécessité est bien plus grande encore en matière de religion et de foi. L'objet de la croyance doit être bien déterminé, afin qu'on puisse y donner son assentiment. 3° Il doit exercer sur toutes les intelligences une autorité absolue, qui assure à ses jugements une soumission entière et consciencieuse; ou, en d'autres termes, le juge des controverses doit être infaillible. — Le protestant ne reconnaît pas la nécessité de l'infaillibilité du juge des controverses pour la conservation de la véritable doctrine et pour la formation de la foi. Il nous dit: Les arrêts des tribunaux, sans être infaillibles, suffisent pour faire observer suffisamment les lois. Pourquoi vouloir accorder à l'Eglise de plus grands priviléges? —Pourquoi? parce que la foi est un assentiment ferme, inébranlable, excluant toute espèce de doute, donné à une vérité révélée. Serait-il possible de donner un tel assentiment à un point de doctrine qui ne nous laisserait pas sans crainte fondée sur la vérité?

Il y a une différence entre les principes de la foi et ceux de la morale. En morale, les principes réflexes jouent un grand rôle; il n'en est pas ainsi en matière de foi. — L'autorité des tribunaux est suffisante pour maintenir le bon ordre dans la société, mais il n'est pas un homme de sens qui voulût faire un acte de foi sur l'application certaine de la loi faite par les tribunaux les plus élevés dans l'opinion.

On nous objecte que la Synagogue, sans être infaillible, était juge des controverses. Il nous semble que, pour répondre à cette objection, il faut apprécier la différence des moyens employés par le Seigneur pour conserver l'intégrité de la doctrine dans les deux Testaments. Dans l'ancienne loi, Dieu abandonne les lois ordinaires de sa providence. Les prophètes se succèdent pour ainsi dire sans interruption. Et de même que Jésus-Christ, durant sa vie, était la plus grande autorité vivante, dont les discours étaient toujours vrais, de même les prophètes, par un secours spécial de Dieu, étaient infaillibles. En suivant leur enseignement divin, le peuple ne courait aucun danger de s'égarer. Si, après la captivité, on ne vit plus de prophètes, c'est que depuis cette époque jusqu'à Jésus-Christ, la vraie doctrine se conserva pure. Jésus-Christ, le roi des prophètes, parut lorsqu'elle commençait à s'altérer. — Dans la nouvelle loi, rien de semblable ne se montre: Jésus-Christ constitue son Eglise, mais il la constitue assez forte, afin qu'elle trouve en elle-même la puissance nécessaire pour résister à toutes les attaques qui lui seront livrées. Pour cela, il la rend infaillible. Les portes de l'enfer ne prévaudront jamais contre elle; elle est le fondement et le plus ferme appui de la vérité. Le Saint-Esprit demeure avec elle pendant toute l'éternité. Ces textes, qui ont été développés dans plusieurs articles de ce Dictionnaire, montrent évidemment que l'Eglise ne peut se tromper ni nous tromper. *Voy.* INFAILLIBILITÉ, EGLISE, PAPE.

CONVENTUEL. *Voy.* FRANCISCAIN.
CONVOI FUNÈBRE. *Voy.* FUNÉRAILLES.
CONVERSION, changement. Il se dit non-seulement du pécheur qui se repent de ses fautes, et se détermine sincèrement à les expier et à s'en corriger, mais encore d'un homme qui abandonne l'erreur pour faire profession de la vérité. Quelquefois l'Ecriture sainte semble nous ensseigner que notre *conversion* est notre propre ouvrage; souvent aussi elle nous fait comprendre que ce doit être l'ouvrage de la grâce. Un prophète dit aux Juifs de la part de Dieu: *Convertissez-vous à moi, et je retournerai à vous* (*Malach.* III, 7). *Convertissez-nous Seigneur, et nous retournerons à vous.* (*Thren.* V, 11); parce que la *conversion* est tout à la fois l'effet de la grâce qui nous prévient, et de la volonté qui correspond librement à la grâce. Mais l'invitation que Dieu fait aux pécheurs de se convertir serait illusoire s'il refusait de les prévenir par la grâce.

Il y a des théologiens qui regardent la *conversion* d'un pécheur comme un miracle aussi grand et presque aussi rare que la résurrection d'un mort; conséquemment ils sont très-réservés à accorder aux pécheurs l'absolution et la communion, persuadés que l'une et l'autre sont seulement pour les justes ou pour les pécheurs convertis depuis longtemps. Il est aisé dans cette matière de pécher par l'un des deux excès, soit en se fiant trop aisément aux moindres signes de *conversion*, soit en poussant trop loin la défiance, soit en se persuadant que les sacrements sont destinés à nous faire persévérer dans le bien, et non pour nous fortifier contre le mal. — Il faut toujours se souvenir que la pénitence est le tribunal de la miséricorde de Dieu, et non celui de sa justice; que l'homme, toujours faible et inconstant, ne tient pas mieux les résolutions qu'il a faites dans une maladie de conserver sa santé, qu'il n'exécute celles qu'il a faites dans la pénitence de ne plus pécher; qu'ainsi les rechutes ne sont pas toujours une preuve du peu de sincérité des résolutions. Le meilleur modèle à suivre dans la manière de traiter les pécheurs est la conduite de Jésus-Christ notre divin Maître.

Il n'est pas étonnant que les incrédules tournent en ridicule toute espèce de *conversion*. Lorsque, dans une maladie, un mécréant renonce à son impiété, ils tâchent de persuader qu'il a eu l'esprit affaibli par la crainte de la mort; comme si l'obstination dans l'erreur et dans l'irréligion, pour n'avoir pas la honte de se dédire, était la marque d'un grand courage. Rien n'est plus détestable que la perversité de ceux qui ont obsédé leurs confrères dans les derniers moments, qui ont écarté d'eux non-seulement les prêtres, mais tous ceux qui auraient pu les engager à rentrer en eux-mêmes. Ils triomphent quand ils ont réussi à faire mourir un prétendu philosophe avec l'insensibilité d'un animal. Lorsque, sur le retour de l'âge, les femmes commencent à mener une vie plus régulière et plus chrétienne que dans leur jeunesse, ils publient qu'elles se convertissent, non parce qu'elles sont dégoûtées du monde, mais parce que le monde est dégoûté d'elles. Quand cela serait vrai, elles montreraient encore plus de sagesse que celles qui s'obstinent à s'y attacher, malgré l'indifférence et le mépris que l'on y a pour elles. Mais, en général, c'est une injustice absurde de vouloir pénétrer les motifs intérieurs et les intentions secrètes de nos semblables, et de juger qu'elles sont vicieuses, lorsqu'elles peuvent être bonnes et louables.

On a droit de reprocher cette iniquité aux protestants. 1° Ils ont suspecté les motifs par lesquels les peuples barbares, les Goths, les Francs, les Bourguignons, les Vandales, les Lombards, ont embrassé le christianisme, ou se sont réunis à l'Eglise après avoir professé l'arianisme. Leurs conjectures viennent de pure malignité et de l'intérêt de leur système, puisqu'elles n'ont aucun fondement raisonnable. Par là, ils ont autorisé les incrédules à jeter les mêmes soupçons sur les motifs de la *conversion* des Juifs et des païens dans les premiers temps du christianisme; et c'est à quoi les incrédules n'ont pas manqué. *Voy.* Mission. — 2° Ils ont traité de même le changement de ceux qui ont renoncé au protestantisme pour rentrer dans le sein de l'Eglise romaine, soit en France soit ailleurs; ils n'ont épargné ni les princes, ni les savants qui ont eu ce courage. Mosheim dit que si l'on retranche ceux que l'adversité, l'avarice, l'ambition, la légèreté, les attachements personnels, l'empire de la superstition sur les esprits faibles, ont engagés à cette démarche, le nombre de ces prosélytes sera trop petit pour exciter l'envie des Eglises protestantes. Jurieu, Spanheim et d'autres en ont parlé avec encore moins de modération.

Pourquoi donc nous accusent-ils de calomnier, lorsque nous attribuons à ces mêmes motifs l'apostasie de ceux qui ont embrassé la prétendue réforme à sa naissance? Des princes qui pillaient les biens ecclésiastiques et se rendaient plus indépendants, des moines et des religieuses qui désertaient les couvents pour se marier, des prédicants qui se mettaient à la place des évêques et des pasteurs, des aventuriers qui acquéraient le droit d'exercer le brigandage, des ignorants excités par les déclamations fougueuses des nouveaux docteurs, avaient-ils des motifs plus purs et plus respectables que les princes et les savants dont nos adversaires dépriment la *conversion*? Il y a du moins en faveur de ceux-ci un préjugé bien fort; les sectaires secouaient le joug des lois de l'Eglise dont ils n'ont pas cessé d'exagérer la pesanteur; ceux qui sont venus le reprendre renonçaient à une liberté qui leur paraissait très-douce et très-commode. Depuis que la première fougue du fanatisme a été calmée, on n'a pas vu des catholiques abandonner une fortune considérable, un état honnête, une famille bien unie, pour se faire protestants; au lieu que l'on peut citer un bon nombre de protestants qui ont fait tous ces sacrifices pour revenir à l'ancienne religion. On ne connaît aucun apostat du catholicisme qui soit devenu plus homme de bien pour l'avoir quitté; on a vu, au contraire, un bon nombre de protestants convertis, mener jusqu'à la mort une vie très-édifiante. Or, l'Evangile nous autorise à juger des hommes par les actions, et de l'arbre par ses fruits: *A fructibus eorum cognoscetis eos* (*Matth.* VII, 16).

CONVULSIONNAIRES, secte de fanatiques qui a paru dans notre siècle, et qui a commencé au tombeau de l'abbé Pâris. Les appelants de la bulle *Unigenitus* voulaient avoir des miracles pour appuyer leur parti; bientôt ils prétendirent que Dieu en opérait en leur faveur au tombeau du diacre Pâris, fameux appelant; une foule de témoins prévenus, trompés ou apostés les attestèrent. Plusieurs prétendirent éprouver des convulsions sur ce même tombeau ou ailleurs; on voulut encore les faire passer pour des miracles: cette nouvelle espèce décrédita la première et couvrit leurs partisans de ridicule. Jamais les appelants n'ont pu répondre à cet argument si simple: où sont nées les convulsions, là sont nés vos miracles; les uns et les autres viennent donc de la même source. Or, de l'aveu des plus sages d'entre vous, l'œuvre des convulsions est une imposture, ou l'ouvrage du diable : donc il en est de même des miracles (1). — En effet, les plus sensés d'entre les appelants ont écrit avec force contre ce fanatisme; ce qui a causé parmi eux une division en anticonvulsionnistes et en convulsionnistes. Ceux-ci se sont redivisés en augustinistes, vaillantistes, secouristes, discernants, figuristes, mélangistes, etc., noms dignes d'être placés à côté de ceux des ombilicaux, des iscariotistes, des stercoranistes, des indorfiens, des oréhites, des éoniens, et autres sectes aussi illustres. — Arnaud, Pascal, Nicole, appelants sensés et instruits, n'avaient point de convulsions, et se gardaient bien de prophétiser. Un archevêque de Lyon disait, dans le ix° siècle, au sujet de quelques prétendus prodiges de ce genre : « A-t-on jamais ouï parler de ces sortes de miracles qui ne guérissent point les maladies, mais font perdre à ceux qui se portent bien la santé et la raison? Je n'en parlerais pas ainsi, si je n'en avais été témoin moi-même ; car, en leur donnant bien des coups, ils avouaient leur imposture. » Voyez *Abrégé de l'Histoire ecclés.*, en deux volumes in-12, Paris, 1752, sous l'année 844. C'est en effet un étrange thaumaturge que celui qui estropie au lieu de guérir. — Il est peut-être encore plus étrange que les partisans d'un fanatisme si scandaleux et si absurde se soient parés d'un prétendu zèle de religion, aient voulu faire croire qu'ils en étaient les seuls défenseurs; rien n'a contribué davantage à faire éclore l'incrédulité. Heureusement cet accès de démence paraît fini.

Il y a eu en Angleterre des réfugiés *convulsionnaires*; c'étaient les mêmes que les prophètes des Cévennes (Sshaftsbury, *Lettres sur l'Enthousiasme*, sect. 3, p. 23). On sait que le docteur Hecquet, dans un ouvrage intitulé *le Naturalisme des convulsions*, a démontré l'illusion de ce prétendu prodige.

COPHTES ou COPTES, chrétiens d'Egypte, de la secte des jacobites ou monophysites, qui n'admettent qu'une seule nature en Jésus-Christ. Ils sont soumis au patriarche d'Alexandrie. On dérive ordinairement leur nom, de *Copte* ou *Coptos*, ville d'Egypte ; mais ce n'est peut-être qu'une altération du mot Αἰγυπτιος, nom grec de l'Egypte. Comme cette Eglise schismatique est séparée de l'Eglise romaine depuis plus de douze cents ans, il est à propos d'en connaître l'origine, la croyance et la discipline.

Après la condamnation d'Eutychès, au concile de Chalcédoine en 451, Dioscore, patriarche d'Alexandrie, homme accrédité et très-respecté des Egyptiens, demeura opiniâtrement attaché au parti et à la doctrine d'Eutychès; il eut le talent de persuader à son clergé et à son peuple que le concile de Chalcédoine, en condamnant Eutychès, avait adopté et consacré l'hérésie de Nestorius,

---
(1) Les convulsions pouvaient être l'effet d'un saisissement nerveux et avoir quelques rapports avec les effets du magnétisme. *Voy.* MAGNÉTISME.

---

quoique ce concile eût dit anathème à l'un et à l'autre. Les vexations et la violence qu'employèrent les empereurs de Constantinople, pour faire recevoir en Egypte les décrets du concile de Chalcédoine, aliénèrent les esprits; on y envoya de Constantinople des patriarches, des évêques, des gouverneurs, des magistrats; les Egyptiens, exclus de toutes les dignités civiles, militaires et ecclésiastiques, conçurent une haine violente contre les Grecs et contre le catholicisme; un grand nombre se retirèrent dans la haute Egypte avec leur patriarche schismatique.

Vers l'an 660, lorsque les Sarrasins ou mahométans Arabes vinrent attaquer l'Egypte, les *cophtes* ou Egyptiens schismatiques leur livrèrent les places qu'ils auraient dû défendre, et obtinrent, par des traités, l'exercice public de leur religion; ainsi, sous la protection des mahométans, les *cophtes* se virent en état d'opprimer à leur tour les Grecs catholiques qui se trouvaient en Egypte, et de les rendre suspects à leurs nouveaux maîtres. Dès ce moment, les *cophtes* ont prévalu; ils prétendent avoir conservé jusqu'à présent la succession de leurs patriarches depuis Dioscore, et il en résulte que leurs ordinations sont valides. — Mais, lorsque les mahométans se virent paisibles possesseurs de l'Egypte, et n'eurent plus rien à craindre de la part des empereurs grecs, ils violèrent les promesses qu'ils avaient faites aux *cophtes* : ils défendirent l'exercice public du christianisme; ce n'est qu'à force d'argent que les *cophtes* sont parvenus à se faire tolérer et à conserver leur religion. Ces chrétiens sont la partie la plus pauvre des Egyptiens; c'est à eux que les mahométans ont confié la recette des deniers publics de l'Egypte. On prétend que, dans le temps de la conquête, ils étaient au nombre de six cent mille, et qu'à présent ils sont réduits à quinze mille tout au plus.

Depuis que l'arabe est devenu la langue vulgaire de l'Egypte, les naturels du pays n'entendent plus la langue *cophte*, qui est un mélange de grec et d'ancien égyptien; ils ont cependant continué de célébrer l'office divin dans cette langue, et ils ont traduit en arabe leur liturgie, afin que les prêtres aient connaissance de ce qu'ils disent en *cophte*. Pour les leçons de l'office, les épîtres et les évangiles, après les avoir lu en *cophte*, ils les lisent dans une bible arabe, pour entendre ce qui a été lu. *Voy.* BIBLE COPHTE. Leur bréviaire est fort long.

En général, le clergé *cophte* est pauvre et ignorant. Il est composé d'un patriarche, et des évêques au nombre de dix à douze. Le patriarche est élu par les évêques, par le clergé et par les principaux laïques; on le prend toujours parmi les moines du monastère de Saint-Macaire, au désert de Scété. Il nomme seul les évêques, et les choisit entre les séculiers qui sont veufs; la dîme est tout leur revenu, et ils la recueillent dans leur diocèse pour eux et pour le patriarche. Les prêtres sont ordinairement de simples artisans; quoiqu'ils aient la liberté de se marier, plusieurs s'en abstiennent, observent la continence, sont très-respectés du peuple, et ils ont sous eux des diacres; parmi les *cophtes*, il y a des religieuses aussi bien que des moines : les uns et les autres font des vœux.

Ils ont trois liturgies, l'une de saint Basile, l'autre de saint Grégoire de Nazianze, la troisième de saint Cyrille d'Alexandrie; elles ont été traduites en *cophte* sur l'original grec. La dernière est la plus semblable à celle de saint Marc, que l'on croit être l'ancienne liturgie dont se servait l'Église d'Alexandrie avant le schisme de Dioscore, ou avant le v° siècle; les catholiques d'Égypte continuèrent à s'en servir pendant qu'ils subsistèrent; mais les schismatiques préférèrent celle dont nous venons de parler, et ils y ont inséré leur erreur touchant l'unité de nature en Jésus-Christ. *Voy.* LITURGIE, § 2. — C'est la seule erreur que l'on puisse leur reprocher dans le dogme; dans tous les autres articles de la doctrine chrétienne, ils ont la même croyance que l'Église romaine. On voit par leurs liturgies, par leurs autres livres et par leurs confessions de foi, qu'ils admettent sept sacrements; mais ils diffèrent le baptême des enfants mâles à quarante jours, et celui des filles à quatre-vingts. Ils ne l'administrent jamais qu'à l'église, et en cas de danger, ils croient y suppléer par des onctions. Ils le donnent par trois immersions, l'une au nom du Père, la seconde au nom du Fils, la troisième au nom du Saint-Esprit, en adaptant à chacune les paroles de la formule ordinaire : *Je te baptise*, etc. Ils donnent la confirmation à l'enfant, et la communion sous l'espèce du vin seulement, aussitôt après le baptême. — Sur l'eucharistie, ils croient, comme les catholiques, la présence réelle de Jésus-Christ, la transsubstantiation, le sacrifice; c'est un fait prouvé démonstrativement par leur liturgie. Ils communient les hommes sous les deux espèces, et portent aux femmes l'espèce seule du pain, humectée de quelques gouttes de vin consacré; jamais ils ne portent le calice consacré hors du sanctuaire, dans lequel il n'est pas permis aux femmes d'entrer. Quand il faut administrer un malade, la messe se dit, à quelque heure que ce soit; ils ne donnent le viatique que sous l'espèce du pain. — La confession est assez rare parmi eux, puisqu'ils se confessent tout au plus une ou deux fois par an; mais ils attribuent à la pénitence et à l'absolution le pouvoir de remettre les péchés, et ils y joignent ordinairement des onctions. — Rien ne paraît manquer à la manière dont ils font l'ordination pour être un vrai sacrement; celle du patriarche se fait très-solennellement et avec beaucoup de prières. Ils regardent aussi le mariage comme un sacrement; mais ils usent du divorce assez fréquemment. Ils administrent l'extrême-onction dans les indispositions les plus légères; ils oignent d'huile bénite, non-seulement le malade, mais tous les assistants. Comme ils ont une huile bénite différente de celle dont ils se servent pour les sacrements, ils en font des onctions aux morts. — On trouve dans leurs liturgies l'invocation des saints, la prière pour les morts, et on ne les accuse point de blâmer le culte des images et des reliques. On ne peut pas leur reprocher d'avoir changé ou altéré ces liturgies, excepté sur l'article d'une seule nature en Jésus-Christ; puisque sur tout le reste elles se trouvent conformes aux liturgies des Grecs, des Syriens, des Arméniens et des nestoriens, avec lesquels les *cophtes* n'ont pas eu plus de liaison qu'avec l'Église romaine. — Leurs jeûnes sont longs, fréquents et rigoureux. Ils observent quatre carêmes : le premier, avant la pâque, commence neuf jours plus tôt que celui des Latins; le second, après la semaine de la Pentecôte, et avant la fête de saint Pierre et de saint Paul, est de treize jours; le troisième, avant l'Assomption, de quinze jours; le quatrième, avant Noël, est de quarante-trois jours pour le clergé, et de vingt-trois jours pour le peuple.

Il est donc évident qu'à la réserve d'un seul article de doctrine, l'Église *cophte* a exactement conservé la même croyance que l'Église romaine; qu'ainsi, avant le concile de Chalcédoine et le schisme de Dioscore, cette croyance était celle de l'Église universelle. C'est injustement que les protestants ont soutenu que cette doctrine est nouvelle, a été inventée dans les siècles postérieurs. Nous la retrouvons chez les Grecs schismatiques, chez les Syriens jacobites, chez les nestoriens, dans la Perse et dans les Indes, aussi bien que chez les Égyptiens et les Éthiopiens. Ces différentes Églises ne se sont pas concertées entre elles, ni avec l'Église romaine, pour changer leur foi, leur liturgie, leur discipline. Dieu semble les avoir conservées pour attester l'antiquité des dogmes dont les protestants ont pris prétexte pour faire un schisme. Ces derniers sont les seuls dans l'univers qui professent la doctrine qu'ils soutiennent être la croyance ancienne et primitive. — Ajoutons que les *cophtes* ne rejettent du canon des Livres saints aucun de ceux que l'Église romaine reçoit comme canoniques. *Voy.* la *Perpétuité de la foi*, tom. IV, l. 1, chap. 9 et 10; la *Collection des liturgies orientales*, par l'abbé Renaudot; le P. Lebrun, tom. IV, pag. 469 et suiv.

On a tenté plusieurs fois, mais inutilement, de réunir les *cophtes* à l'Église romaine. — Les protestants font remarquer avec affectation la résistance de ces hérétiques aux instructions des missionnaires catholiques; mais ils ne disent rien touchant la conformité de la croyance de l'Église *cophte* avec celle de l'Église romaine. Il y a, dans les *Mémoires de l'Acad. des Inscript.*, tom. LVII, in-12, p. 385, un savant mémoire sur la langue *cophte* ou égyptienne.

COPIATE. On appelait ainsi, dans l'Église grecque, ceux qui faisaient les fosses pour enterrer les morts, nom tiré du grec χόπος *travail*, c'étaient ordinairement des clercs. En 357, l'empereur Constance exempta par une loi les *copiates* de la contribution lustrale que payaient tous les marchands. Selon Bingham, ils étaient fort nombreux, surtout dans les grandes Eglises; on en comptait jusqu'à onze cents dans celle de Constantinople, et il n'y en eut jamais moins de neuf cent cinquante. On les appelait aussi *lectarii, decani, collegiati.* Il ne paraît pas qu'ils tirassent aucune rétribution des enterrements, surtout de ceux des pauvres; l'Eglise les entretenait sur ses revenus, ou ils faisaient quelque commerce pour subsister; et en considération des services qu'ils rendaient dans les funérailles, Constance les exempta du tribut imposé sur les autres commerçants. *Voy.* Bingham, *Orig. ecclés.*, tom. I, liv. III, chap. 8; Tillemont, *Hist. des emp.*, tom. IV, p. 235.

CORBAN. Dans l'Ecriture sainte, ce mot signifie un don, une oblation, ce qu'on a voué au Seigneur. Jésus-Christ réfute dans l'Evangile la fausse morale des pharisiens qui dispensaient les enfants d'assister leurs pères et mères dans le besoin, sous prétexte de faire des *corbans* ou des oblations au Seigneur (*Marc.* VII, 11).

CORBULO, montagne de Toscane, à douze milles de Sienne, qui a donné le nom aux chanoines réguliers de *Monte Corbulo.*

CORDE, CORDEAU. De tout temps l'on s'est servi d'une *corde* pour mesurer un terrain; de là, dans l'Ecriture, *cordeau* signifie souvent une portion de terre, une contrée. Dans le *Deutéronome*, chap. III, v. 4. (selon l'hébreu), le *cordeau d'Argob* est le pays d'Argob. Conséquemment il désigne aussi la portion de terrain qui est échue en héritage à quelqu'un. Au même livre, chap. XXXII, v. 9, il est dit que la postérité de Jacob est le *cordeau* ou la portion d'héritage du Seigneur. Le psalmiste dit (*Ps.* XV, 6), *mon cordeau*, ma portion est tombée sur un excellent terrain, etc.

Cordeau signifie encore les bandelettes dont on liait les membres des morts pour les embaumer. *II Reg.* XXII, 6: J'ai été environné des *cordes* du tombeau. Enfin, il exprime un lacet, un piége. *Ps.* CXVIII, 71: Les *cordes* des pécheurs m'ont environné.

CORDELIER, religieux franciscain ou de l'ordre de Saint-François d'Assise, institué au commencement du XIII.e siècle. Dans leur origine, ils étaient habillés d'un gros drap gris, avec un petit capuce ou chaperon, un manteau de même étoffe, et une ceinture de corde nouée de trois nœuds, d'où leur vient le nom de *cordeliers*. Ils s'appelaient *pauvres mineurs*, et ensuite *frères mineurs*; ils sont les premiers qui aient renoncé à toute propriété.

Ces religieux peuvent être membres de la faculté de Paris, plusieurs ont été papes, cardinaux, évêques; ils ont eu parmi eux de grands hommes en plusieurs genres, en particulier le frère Bacon, célèbre par les découvertes qu'il fit dans un siècle de ténèbres. Cet ordre n'a cessé dans aucun temps de servir utilement l'Eglise et la société; il se distingue encore aujourd'hui par le savoir et par les mœurs. Les *cordeliers* sont divisés en *conventuels* et en *observantins.*

Le P. Luc de Wading, *cordelier* irlandais, mort à Rome en 1655, a donné en un vol. *in-fol.* la bibliothèque des écrivains de son ordre, qui a été continuée et corrigée par le P. François Harol.

CORDELIÈRES. Ce sont les franciscaines ou religieuses de Sainte-Claire, nommées *urbanistes.* Comme la règle que saint François d'Assise avait donnée parut trop austère pour des filles, le pape Urbain IV, en 1253, adoucit cette règle, et permit aux religieuses clarisses de posséder des biens-fonds. Il y eut cependant plusieurs maisons qui persévérèrent dans la rigueur du premier institut, et parmi les *urbanistes* même, plusieurs y sont revenues, soit par la réforme de sainte Collette, nommée dans le monde *Nicole Boëllet*, ou par d'autres réformes. Ces clarisses non mitigées ou non réformées sont connues sous les noms de religieuses de l'*Ave Maria*, de capucines, de récollettes, de filles de la conception, de pénitentes du tiers ordre ou tiercelines, nommées à Paris filles de Sainte-Elisabeth.

CORDON DE SAINT-FRANÇOIS, espèce de corde garnie de nœuds, que portent pour ceinture différents ordres religieux qui reconnaissent saint François pour leur instituteur. Les cordeliers, les capucins, les récollets le portent blanc, celui des pénitents ou Picpus est noir.

Il y a aussi une confrérie du *Cordon de Saint-François*, qui comprend non-seulement les religieux, mais encore des personnes de l'un et de l'autre sexe. Pour obtenir les indulgences accordées à leur société, ces confrères sont obligés à dire tous les jours cinq *Pater*, cinq *Ave, Maria*, et cinq *Gloria Patri*, à porter le *cordon* que tous les religieux peuvent porter, mais qui ne peut être béni que par les supérieurs de l'ordre.

CORÉ. *Voy.* AARON.

CORINTHIENS. Des deux lettres que saint Paul adresse aux *Corinthiens*, la première paraît leur avoir été écrite l'an 56, quatre ans après leur conversion; l'apôtre était alors à Ephèse. Le dessein de cette lettre est de faire cesser les divisions et les désordres qui s'étaient glissés parmi eux. Il leur écrivit la seconde l'année suivante, pour les consoler, parce qu'il apprit que la première les avait affligés et mortifiés. Quand on se rappelle l'excès de corruption qui avait régné dans la ville de Corinthe, sous le paganisme, excès attesté par les auteurs profanes et dont saint Paul les fait souvenir (*I Cor.* VI, 9), on est fort étonné que dans l'espace de quatre ans, l'Evangile ait opéré parmi les fidèles de cette Eglise un changement si prodigieux dans les mœurs, et qu'ils soient devenus capables de recevoir des leçons d'une morale aussi pure que celle de l'Apôtre. — Environ quarante ans après, lorsque saint Clément de Rome leur écrivit pour les exhorter de nouveau à la concorde et à la paix, il leur rappela les avis que saint Paul leur avait donnés dans ses deux lettres.

CORNARISTES, disciples de Théodore Cornhert, secrétaire des états de Hollande, hérétique enthousiaste. Il n'approuvait aucune secte, et les attaquait toutes. Il écrivait et disputait en même temps contre les catholiques, contre les luthériens et contre les calvinistes, et soutenait que toutes les communions avaient besoin de réforme; mais il ajoutait que, sans une mission soutenue par des miracles, personne n'avait droit de la faire, parce que les miracles sont le seul signe à portée de tout le monde, pour prouver qu'un homme annonce la vérité. Il est vrai qu'il n'en fit pas lui-même pour démontrer la vérité de sa prétention. Son avis était donc qu'en attendant l'homme aux miracles, on se réunît par *interim*, qu'on se contentât de lire aux peuples la parole de Dieu sans commentaire, et que chacun l'entendit comme il lui plairait. Il croyait que l'on pouvait être bon chrétien sans être membre d'aucune Église visible. Il n'était donc pas besoin de se *réunir*, même par *interim*. Les calvinistes sont ceux auxquels il en voulait le plus. Sans la protection du prince d'Orange, qui le mettait à couvert de poursuites, il est probable que ses adversaires ne se seraient pas bornés à lui dire des injures. Cependant il ne raisonnait pas trop mal, selon les principes généraux de la réforme, et ce n'est pas là le seul système absurde auquel elle a donné lieu.

CORPORAL, linge sacré que l'on étend sous le calice pendant la messe, pour y poser décemment le corps de Jésus-Christ; il sert aussi à recueillir les particules de l'hostie qui peuvent s'être détachées, soit lorsque le prêtre la rompt, soit lorsqu'il communie. Quelques-uns attribuent le premier usage du *corporal* au pape Eusèbe, d'autres à saint Sylvestre. Quant au présent fait par le pape à Louis XI, d'un *corporal* sur lequel saint Pierre avait dit la messe, on n'est pas obligé d'en croire Philippe de Commines. Autrefois on avait coutume de porter les *corporaux* aux incendies, et de les présenter aux flammes pour les éteindre; cette pratique a été défendue dans la plupart des diocèses avec raison. *Voyez l'Ancien Sacramentaire*, par Grancolas, première partie, pages 156 et 730; Lebrun, tome II, p. 297.

* CORPS DE JÉSUS-CHRIST. Il est de foi que le Verbe éternel a pris, dans le sein de la bienheureuse vierge Marie, un corps semblable au nôtre par l'opération du Saint-Esprit. Les preuves de cette vérité sont développées aux mots Nestoriens, Eutychiens, Humanité de Jésus-Christ.

CORPS DE JÉSUS-CHRIST. Vers le commencement du xiv° siècle, on vit naître un ordre nommé *religieux du corps de Jésus-Christ*, ou *religieux blancs du Saint-Sacrement*, ou *frères de l'office du Saint-Sacrement*, qui suivaient la règle de saint Benoît. Leur instituteur n'est pas connu. On présume qu'après l'institution de la fête du saint Sacrement par Urbain IV, en 1264, quelques personnes dévotes s'associèrent pour adorer particulièrement Jésus-Christ présent au saint Sacrement, et en réciter l'office composé par saint Thomas d'Aquin; que ce fut l'origine des religieux dont nous parlons. En 1393, Boniface IX les unit à l'ordre de Citeaux; ils s'en séparèrent ensuite; enfin Grégoire XIII unit cette congrégation à celle du mont Olivet.

CORRUPTICOLES, secte d'eutychiens qui parut en Égypte vers l'an 531, et qui eut pour chef Sévère, faux patriarche d'Alexandrie. Il soutenait que le corps de Jésus-Christ était corruptible; que nier cette vérité, c'était attaquer la réalité des souffrances du Sauveur. D'autre côté, Julien d'Halicarnasse, autre eutychien réfugié en Égypte, prétendait que le corps de Jésus-Christ a toujours été incorruptible; que soutenir le contraire c'était admettre une distinction entre Jésus-Christ et le Verbe, par conséquent supposer deux natures en Jésus-Christ, dogme qu'Eutychès avait attaqué de toutes ses forces. — Les partisans de Sévère furent nommés *corrupticoles*, ou adorateurs du corruptible; ceux de Julien furent appelés *incorruptibles* ou *phantasiastes*. Dans cette dispute, qui partageait la ville d'Alexandrie, le clergé et les puissances séculières favorisaient le premier parti, les moines et le peuple tenaient pour le second.

COSME (saint). Les chanoines réguliers de Saint-Cosme-lès-Tours quittèrent, à ce qu'on dit, la règle trop austère de saint Benoît pour embrasser celle de saint Augustin; on ne sait pas en quel temps.

COSMOGONIE. *Voy.* Monde.

* COSMOGONIE, formation, arrangement du globe. — La cosmogonie mosaïque qui nous expose la création du monde en six jours, a été l'objet de violentes attaques. On l'a prétendue absolument inconciliable avec les données actuelles de la science géologique. Mgr Wiseman démontre qu'il y a accord parfait entre les découvertes géologiques et la narration de Moïse.

« Le docteur Sumner, dit-il, énumère ainsi en peu de mots les questions sur lesquelles peuvent être discutés les rapports entre l'une et l'autre : *Le récit de la Genèse peut être brièvement résumé dans ces trois articles : premièrement, que Dieu créa originairement toutes choses; secondement, qu'à l'époque de la formation du globe que nous habitons, l'ensemble de ces matériaux était dans un état de chaos et de confusion; et troisièmement, qu'à une période qui ne remonte pas au delà de 5,000 ans (5,400), soit que l'on adopte la chronologie de l'hébreu ou des Septante, ce qui importe peu, toute la terre subit une grande catastrophe, dans laquelle elle fut complétement inondée par l'action immédiate de la Divinité* (a).

« Quelques écrivains ont tenté de lire les jours de la création dans les apparences actuelles de l'univers, et de tracer une histoire de chaque production successive, depuis celle de la lumière jusqu'à celle de l'homme, d'après les monuments que nous offre la face du globe. Tout cela, bien que louable dans son objet, n'est certainement pas satisfaisant dans ses résultats. La première partie de ma tâche sera donc plutôt négative que positive. J'essaierai de vous faire voir que les étonnantes découvertes de la science moderne ne contredisent en rien le récit de Moïse, et ne sont aucunement en désaccord avec lui.

« En premier lieu, le géologue moderne doit reconnaître et reconnaît volontiers l'exactitude de cette assertion : qu'après que toutes choses eurent été faites, la terre doit avoir été dans un état de

(a) *Records of creation*, vol. II, p. 344.

confusion et de chaos ; en d'autres termes, que les éléments, dont la combinaison devait plus tard former l'arrangement actuel du globe, doivent avoir été totalement bouleversés et probablement dans un état de lutte et de conflit. Quelle a été la durée de cette anarchie? quels traits particuliers offrait-elle ? Était-ce un désordre continu et sans modifications, ou bien ce désordre était-il interrompu par des intervalles de paix et de repos, d'existence végétale et animale ? L'Ecriture l'a caché à notre connaissance ; mais en même temps elle n'a rien dit pour décourager l'investigation qui pourrait nous conduire à quelque hypothèse spéciale sur ces questions. Et même il semblerait que cette période indéfinie a été mentionnée à dessein, pour laisser carrière à la méditation et à l'imagination de l'homme. Les paroles du texte n'expriment pas simplement une pause momentanée entre le premier *fiat* de la création et la production de la lumière; car la forme grammaticale du verbe, le participe, par lequel l'esprit de Dieu, l'énergie créatrice, est représenté couvant l'abîme, et lui communiquant la vertu productrice, exprime naturellement une action continue, nullement une action passagère. L'ordre même observé dans la création des six jours, qui se rapporte à la disposition présente des choses, semble indiquer que la puissance divine aimait à se manifester par des développements graduels, s'élevant, pour ainsi dire, par une échelle mesurée de l'inanimé à l'organisé, de l'insensible à l'instinctif, et de l'irrationnel à l'homme. Et quelle répugnance y a-t-il à supposer que, depuis la première création de l'embryon grossier de ce monde si beau, jusqu'au moment où il fut revêtu de tous ses ornements et proportionné aux besoins et aux habitudes de l'homme, la Providence ait aussi voulu conserver une marche et une gradation semblables, de manière à ce que la vie avançât progressivement vers la perfection, et dans sa puissance intérieure, et dans ses instruments extérieurs? Si les apparences découvertes par la géologie venaient à manifester l'existence de quelque plan semblable, qui oserait dire qu'il ne s'accorde pas, par la plus étroite analogie, avec les voies de Dieu dans l'ordre physique et moral de ce monde? Ou qui osera affirmer que ce plan contredit la parole sacrée, lorsqu'elle nous laisse dans une complète obscurité sur cette période indéfinie dans laquelle l'œuvre du développement graduel est placée ? J'ai dit que l'Ecriture nous laisse sur ce point dans l'obscurité, à moins toutefois que nous ne supposions, avec un personnage qui occupe maintenant une haute position dans l'Eglise, qu'il est fait allusion à ces révolutions primitives, à ces destructions et à ces reproductions dans le premier chapitre de l'Ecclésiaste (*a*), ou qu'avec d'autres, nous ne prenions dans leur sens le plus littéral les passages où il est dit que des *mondes* ont été créés (*b*).

« Il est vraiment singulier que toutes les anciennes cosmogonies conspirent à nous suggérer la même idée, et conservent la tradition d'une série primitive de révélations successives par lesquelles le monde fut détruit et renouvelé. Les instituts de Manou, l'ouvrage indien qui s'accorde le plus étroitement avec le récit de l'Ecriture touchant la création, nous disent : *Il y a des créations et des destructions de mondes innombrables; l'Être suprême fait tout cela avec autant de facilité que si c'était un jeu ; il crée et il crée encore indéfiniment pour répandre le bonheur* (*c*). Les Birmans ont des traditions semblables; et l'on peut voir, dans l'intéressant ouvrage de Sangermano, traduit par mon ami le docteur Tandy, une esquisse de leurs diverses destructions du monde par le feu et l'eau (*a*). Les Egyptiens aussi avaient consacré une pareille opinion par leur grand cycle ou période sothique

« Mais il est beaucoup plus important, je pense, et plus intéressant d'observer que les premiers Pères de l'Eglise chrétienne paraissent avoir eu des vues exactement semblables ; car saint Grégoire de Nazianze, après saint Justin, martyr, suppose une période indéfinie entre la création et le premier arrangement régulier de toutes choses (*b*). Saint Basile, saint Césaire et Origène sont encore plus explicites ; car ils expliquent la création de la lumière antérieure à celle du soleil, en supposant que ce luminaire avait déjà existé auparavant, mais que ses rayons ne pouvaient pénétrer jusqu'à la terre, à cause de la densité de l'atmosphère pendant le chaos, et que cette atmosphère fut assez raréfiée le premier jour pour laisser passer des rayons du soleil sans qu'on pût néanmoins distinguer encore son disque, qui ne fut complètement dévoilé que le troisième jour (*c*). Boubée adopte cette hypothèse comme parfaitement conforme à la théorie du feu central, et par conséquent à la dissolution dans l'atmosphère de substances qui se sont précipitées graduellement, à mesure que le milieu dissolvant se refroidissait (*d*). Certes si le docteur Croly s'indigne si fort contre quelques géologues parce qu'ils considèrent les jours de la création comme des périodes indéfinies, bien que le mot employé signifie, selon son étymologie, *le temps qui s'écoule entre deux couchers de soleil*, que dirait-il donc d'Origène qui, dans le passage dont j'ai parlé, s'écrie : *Quel homme de sens peut penser qu'il y eût un premier, un second et un troisième jour sans soleil, ni lune, ni étoiles ?* Assurément le temps entre deux couchers de soleil serait une grande anomalie s'il n'y avait pas de soleil.

« En faisant ces remarques, je ne suis point guidé par une prédilection personnelle pour aucun système. Je ne prétends nullement au titre de géologue : j'ai étudié cette science plutôt dans son histoire que dans ses principes pratiques ; plutôt pour surveiller sa portée sur des recherches toutes religieuses que dans aucun espoir de l'appliquer personnellement. Je vais maintenant vous exposer une autre méthode par laquelle d'habiles géologues pensent qu'ils prouvent l'éclatante harmonie de cette science avec l'Ecriture. Je ne prétends pas, ce serait présomption à moi de le prétendre, juger entre les deux, ou prononcer sur les raisons que chacun peut produire. Mais je tiens à faire voir que sans toucher à la foi, l'espace ne manque pas pour tout ce que la géologie moderne pense avoir le droit de demander. Je tiens à montrer (et les grandes autorités que je viens de citer me rassurent parfaitement sur ce point) que tout ce qui a été réclamé, demandé par cette science, a été accordé autrefois par ces hommes qui furent l'ornement et la lumière du christianisme primitif, et qui, assurément, n'auraient pas sacrifié une lettre de l'Ecriture.

« Mais vous me demanderez : Qu'est-ce qui rend nécessaire ou utile de supposer ainsi quelque période intermédiaire entre l'acte de la création et l'arrangement des choses créées telles qu'elles existent maintenant ? D'après mon plan, je dois vous expliquer ce point, et je vais essayer de le faire avec toute la brièveté et la simplicité possibles. Depuis

---

(*a*) *Ricerche sulla geologia.* Rovereto, 1821, p. 63.
(*b*) Hébr. 1, 2. — De même, un des titres de Dieu dans le Koran est : *le Seigneur des mondes*, sura 1.
(*c*) *Institutes of hindu law.* Lond. 1825, ch. 1, n. 80, n. 13, comp. n. 57, 74, etc.

(*a*) *A description of the Burmese empire*, imprimé pour la fondation des traductions orientales, à Rome, 1833, p. 29.
(*b*) *Orat.* 2, t. I, p. 51, edit. Bened.
(*c*) S. Basil. *Hexamer.* Hom. 2. Paris, 1618, p. 25; S. Cæsarius, *Dial.* I, Biblioth. Patr. Gallandi. Ven. 1770, t. VI, p. 37; Origen. *Periarch.* lib. IV, c. 16; t. I, p. 174, edit. Bened.
(*d*) *Géologie élémentaire à la portée de tout le monde*, Paris, 1833, p. 37

peu d'années un élément nouveau et fort important a été introduit dans l'observation géologique, je veux dire la découverte et la comparaison des débris fossiles. Tous mes auditeurs savent déjà sans doute que dans plusieurs parties du monde on a trouvé des ossements énormes que l'on avait coutume d'attribuer à l'éléphant, ou mammouth, comme on disait d'après un mot sibérien qui désigne un animal souterrain fabuleux. Outre ces restes et d'autres semblables, de vastes accumulations de coquillages et des empreintes de poissons dans la pierre, comme à Monté-Bolca, ont été découvertes dans tous les temps et dans tous les pays. On était dans l'usage de rapporter tout cela au déluge et d'y voir une preuve que les eaux avaient couvert le globe entier et détruit toute vie terrestre, en même temps qu'elles avaient déposé les productions marines sur les continents. Mais peut-être me croirez-vous à peine, si je vous dis que pendant plusieurs années la plus vive controverse fut agitée dans ce pays-ci (en Italie) sur la question de savoir si ces coquillages étaient des coquillages réels et avaient autrefois renfermé un animal, ou bien si ce n'étaient que des productions naturelles, formées par ce qu'on appelait une puissance plastique de la nature, imitant les formes réelles. Agricola, suivi par le judicieux Andréa Mattioli, affirma qu'une certaine matière grasse, mise en fermentation par la chaleur, produisait ces formes fossiles (a). Mercati, en 1574, soutint obstinément que les coquillages fossiles recueillis au Vatican par Sixte-Quint, étaient tout simplement des pierres qui avaient reçu leur configuration de l'influence des corps célestes (b); et le célèbre médecin Fallope assurait *que ces coquillages étaient formés partout où on les trouvait, par le mouvement tumultueux des exhalaisons terrestres.* Et même ce savant auteur était si opposé à toute idée de dépôts, qu'il soutenait hardiment que les fragments de poterie qui forment le singulier monticule connu de vous tous sous le nom de monte Testaceo, étaient des productions naturelles, jeux de la nature contrefaisant les ouvrages de l'homme (c). Tels étaient les embarras auxquels les hommes zélés et habiles se trouvaient réduits pour expliquer les phénomènes qu'ils avaient observés.

« A mesure que l'on observa avec plus de soin et d'attention l'ordre et les couches dans lesquelles on trouvait ces restes d'animaux, on s'aperçut qu'il existait un certain rapport entre ces deux choses. On remarqua encore que plusieurs de ces restes étaient ensevelis dans des situations où l'action du déluge, si violente et si étendue qu'on la suppose, ne saurait avoir pénétré. Car nous devons supposer que cette action s'est exercée à la surface de la terre et a laissé sur son passage des signes de perturbation et de destruction, tandis que ces restes d'animaux ont été trouvés au-dessous des stratifications qui forment l'écorce extérieure de la terre; et ces couches reposent ainsi avec tous les symptômes d'un dépôt graduel et tranquille. Ensuite, si nous rapprochons ces deux observations l'une de l'autre, en supposant que le tout ait été déposé par le déluge, nous devrons nous attendre à trouver ces débris fossiles dans une confusion complète, tandis qu'au contraire nous découvrons que la couche

(a) « Agricola sognava in Germania che alla formazione di questi corpi fosse concorsa non so qual materia pingue, messa in fermento dal colore. Andrea Mattioli addotto in Italia i medisimi pregiudizj. » Brocchi, *Conchiologia fossile subapennina*, t. I, Milan, 1814, p. v.

(b) « Egli niega che le conchiglie lapide fatte sieno vere conchiglie, e dopo un lunghissimo discorso sulla materia e sulla forma sostanziale conchiude che sono pietre in cotal guisa configurate dall'influenza dei corpi celesti. » (*Ibid.*, p. VIII.)

(c) « Concepisce più facilmente che le chioccole impietrite siano state generate sul luogo dalla fermentazione, o pure che abbiano acquistata quella forma mediante il movimento vertiginoso delle esalazioni terrestri. » P. VI.

la plus basse, par exemple, présente une classe particulière de fossiles; puis les couches qui sont superposées contiennent également des classes tout à fait uniformes de fossiles, quoique dans plusieurs cas ces fossiles diffèrent de ceux des dépôts inférieurs, et ainsi jusqu'à sa surface. Cette symétrie de déposition pour chaque couche, tandis qu'elle diffère des précédentes, suppose une succession d'actions exercée sur des matériaux divers, et point du tout une catastrophe convulsive et violente. Mais cette conclusion paraît mise hors de doute par une découverte encore plus inattendue, tandis que dans les terrains meubles et partout où le déluge est supposé avoir laissé des traces, nous trouvons les ossements d'animaux appartenant à des genres qui existent actuellement; parmi les fossiles ensevelis à de plus grandes profondeurs rien de semblable ne se découvre. Au contraire, leurs squelettes nous représentent des monstres qui, considérés dans leurs dimensions et dans leurs formes, n'ont pas même d'analogue parmi les espèces actuellement existantes, et paraissent avoir été incompatibles avec la coexistence de la race humaine.

« Cette dernière considération mérite quelques explications, parce qu'elle préparera ceux qui n'ont pas étudié cette science à comprendre ces découvertes récentes. Des personnes s'étonneront peut-être qu'à l'inspection de quelques os brisés, on puisse former un jugement sur les animaux auxquels ils appartenaient. Il y a quelques années ce problème n'aurait-il pas paru absurde? reconstruire un animal d'après un de ses os ! Et cependant, nous pouvons le dire avec vérité, il a été résolu de la manière la plus complète. Il n'est peut-être pas nécessaire d'observer que l'individualité de chaque espèce d'animaux est si parfaite, que chaque os, presque chaque dent, est suffisamment caractéristique pour déterminer ses formes. L'étude approfondie de ces variétés et les résultats analogues auxquels elle conduit toujours, furent la base sur laquelle Cuvier posa le merveilleux édifice de cette nouvelle science. Les habitudes ou les caractères des animaux, comme j'ai déjà eu occasion de le remarquer, impriment leurs particularités sur chaque portion de leurs formes. L'animal carnivore n'est pas tel seulement dans ses griffes ou dans ses serres; chaque muscle doit être proportionné à la force et à l'agilité qu'exige sa manière de vivre, et chaque muscle creuse une cavité correspondante dans l'os qu'il embrasse ou sous lequel il passe. Rien n'est plus curieux que les analogies convaincantes quoique inattendues, par lesquelles Cuvier confirme sa théorie; car il montre un rapport constant et toujours proportionné entre des parties qui ne semblent avoir aucune connexité, telles que les pieds et les dents.

« Cependant, lorsqu'il commença à appliquer ses principes d'anatomie comparée aux débris d'ossements extraits des carrières de Montmartre, il découvrit bientôt qu'on ne pouvait les rapporter à aucune espèce actuellement existante sur le globe. Mais les principes scientifiques qui le guidaient étaient si certains, qu'il répartit facilement ces ossements entre différents animaux suivant leurs dimensions et leurs structures diverses; et il prononça qu'ils représentaient des animaux de la classe des *pachydermes*, ou à peau épaisse, et très-étroitement alliés au tapir. Il distingua deux genres, découvrit même plusieurs subdivisions, et leur donna des noms appropriés. Il donna aux deux genres les noms de *palæotherium* ou ancien animal, et *anoplotherium* ou désarmé, parce que l'un était distingué de l'autre par le manque de défenses. Ces résultats ne doivent pas néanmoins être considérés comme de pures conjectures; car, lorsqu'on a eu le bonheur, après qu'il eut construit, à l'aide de semblables analogies, le squelette d'un animal, de découvrir un squelette entier ou une partie que l'on ne possédait pas encore, on a trouvé qu'il avait en constamment raison dans ses suppositions, et je ne pense pas que dans un seul cas on ait eu besoin de modifier sa reconstruction conjecturale (a).

« Dans quelques occasions, les naturalistes ont été assez heureux pour découvrir la dépouille de ces monstres dans un état assez complet pour dispenser du laborieux procédé que je viens de vous expliquer. L'Espagne, par exemple, a été de bonne heure en possession d'un squelette presque complet du *megatherium*, comme on l'appelle maintenant ; il fut envoyé de Buénos-Ayres, en 1789, par le marquis de Loreto, et déposé dans le cabinet de Madrid ; Juan Bautista Bru publia des planches pour le représentaient. D'autres fragments, et même une portion considérable des ossements du même animal, ont été apportés en Angleterre par M. Parish, et présentés par lui au collége royal de chirurgie ; par bonheur ils servent en grande partie à remplir les vides du spécimen de Madrid (b). Nous avons ainsi un animal avec la tête et les épaules du paresseux, et cependant avec des membres et des pieds qui tiennent le milieu entre ceux de l'armadille et du fourmilier. Mais en même temps il doit avoir égalé les éléphants de la plus haute taille, car il avait 15 pieds de long et 9 de haut.

« Plus étranges encore sont les classes d'animaux alliées aux sauriens ou lézards ; les énormes dimensions et les formes presque chimériques de quelques-uns d'entre eux seraient à peine conçues par l'imagination. Le *megalosaurus*, comme l'a justement nommé le docteur Buckland, avait au moins 30 pieds de long, et même à en juger d'après le spécimen trouvé dans la forêt de Tilgate, dans le Sussex, il paraît, toute réduction faite, avoir atteint la longueur effrayante de 60 ou 70 pieds (c). L'*ichthyosaurus* ou lézard-poisson, quand il fut découvert en partie, présentait de si étranges anomalies, que l'on pouvait à peine supposer que ses membres appartinssent au même animal. Ce ne fut qu'après des découvertes répétées que Conybeare et de la Bêche produisirent un animal avec la tête d'un lézard, le corps d'un poisson et quatre nageoires au lieu de pattes. La taille de quelques-uns de ces monstres doit avoir été énorme, comme les spécimens du muséum britannique peuvent le prouver aux observateurs. Plus fantastique encore est la forme du *plesiosaurus*, ou, comme on le nomme maintenant avec plus d'exactitude, *enaliosaurus*, ou lézard marin, qui, aux caractères remarqués dans les autres, joint un cou plus long que celui d'aucun cygne, à l'extrémité duquel est une très-petite tête (d). Enfin, pour ne pas vous arrêter plus longtemps à ces explications, on a découvert un autre animal bien plus extraordinaire, et je pourrais presque dire fabuleux. Cuvier lui a donné le nom de *ptérodactyle*. C'est lui qui le premier détermina les caractères de cet animal d'après un dessein de Collini ; il eut la satisfaction de voir ensuite sa décision confirmée par plusieurs spécimens. Il déclare cet animal le plus étrange de l'ancien monde ; car il avait le corps d'un reptile ou lézard, avec des pattes excessivement longues, manifestement formées comme celles de la chauve-souris, pour déployer une membrane au moyen de laquelle il pouvait voler ; puis un long bec armé de dents aiguës ; et il doit avoir été couvert non de poils ni de plumes, mais d'écailles (a).

« Ces exemples, entre bien d'autres, peuvent suffire pour vous faire voir que les espèces d'animaux que l'on a trouvées ensevelies dans la pierre calcaire ou dans d'autres roches, n'ont pas de types correspondants dans le monde actuel ; et si nous les opposons aux genres existants, trouvés dans les couches plus superficielles, il nous faudra conclure que les premiers n'ont pas été détruits par la même révolution qui enleva les derniers de la surface de la terre, à l'exception des couples conservés par l'ordre de Dieu.

« Quelques naturalistes, malgré les avantages que nos géologues ont tirés des fossiles, même dans la comparaison des couches minéralogiques, ont persisté à les exclure de la géologie comme étrangers à la science (b). Mais il est impossible de fermer les yeux à la nouvelle lumière que ces découvertes font répandre sur son étude, et, par conséquent, de négliger la considération des rapports que la science ainsi élargie soutient avec les récits de l'Ecriture ; et puis, quoique notre conclusion puisse paraître négative, elle est, ce me semble, d'une haute importance : car le premier pas dans la connexion d'une science avec la révélation, après qu'elle a passé la période tumultueuse des théories informes et contradictoires, est que ses résultats ne soient point opposés à la révélation ; et c'est là dans le fait une confirmation positive. Car, ainsi que je le démontrerai d'une manière plus approfondie dans mon dernier discours, la manière éclatante avec laquelle l'histoire sacrée, soumise à l'examen des investigations les plus diverses, défie tous leurs efforts de découvrir en elle aucune erreur, forme, par l'accumulation d'exemples variés, une preuve positive extrêmement forte de leur inattaquable véracité. Ainsi, dans le cas présent, si l'Ecriture n'avait admis aucun intervalle entre la création et l'organisation du monde, mais qu'elle eût déclaré que c'étaient des actes simultanés ou immédiatement consécutifs, nous eussions peut-être été embarrassés pour concilier ses assertions avec les découvertes modernes. Mais, au lieu de cela, elle laisse un intervalle indéterminé entre les deux, et même elle nous apprend qu'il y eut un état de confusion et de lutte, de dévastation et de ténèbres ; elle nous montre la mer dépourvue d'un bassin convenable et couvrant ainsi une partie de la terre, tantôt une autre ; dès lors nous pouvons dire avec vérité que le géologue lit dans ce peu de lignes l'histoire de la terre, telle que ses monuments l'ont établie : une série de déchirements, d'élévations et de dislocations ; des irruptions soudaines d'un élément que rien n'enchaînait, ensevelissant des générations successives d'animaux amphibies ; un abaissement subit des eaux, calme, mais inattendu, embaumant dans leurs divers lits des myriades d'habitants aquatiques (c) ; des alternatives de terre et de mer, et de lacs d'eau douce ; une atmosphère obscurcie par d'épaisses vapeurs carboniques qui, absorbées graduellement par les eaux, s'éclaircirent et produisirent les masses si étendues des formations calcaires, jusqu'à ce qu'enfin arrivât la dernière révolution préparatoire pour notre création. Quand la

---

(a) *Voyez* ses principes dans l'*Extrait d'un ouvrage sur les espèces de quadrupèdes dont on a trouvé les os enmens dans l'intérieur de la terre*, p. 4 ; dans son discours préliminaire des *Recherches sur les ossements fossiles*, vol. I, p. 58, publié aussi séparément. *Voy.* encore le vol. III, p. 9 et suiv., pour les procédés suivis dans la création, comme il dit, des nouveaux genres.

(b) *Voyez* une planche indiquant les parties suppléées par chacun de ces spécimens, dans les *Geological Transactions*, nouvelles séries, vol. III, 1835, planche XLIV, avec une description détaillée par M. Clift, p. 437.

(c) *Ibid.*, vol. I, 1825, p. 391.

(d) *Voy. Geological Transactions*, vol. I, pp. 43, 163.

(a) *Ossements fossiles*, vol. IV, p. 36 ; vol. V, part. II, p. 579 ; de la Bèche, dans les *Transactions géologiques*, vol. III, p. 217.

(b) Par exemple, le docteur Mac Culloch, dans son *system of Geology, with a theory of the earth*. London, 1831, vol. I, p. 450.

(c) Voir De La Bèche, qui a très-bien traité ce point dans ses *Researches into theoretical Geology*. London, 1834, chap. XII, p. 242.

terre fut suffisamment brisée pour cette magnifique diversité que Dieu voulait lui donner, et pour produire ces points d'arrêt, ces barrières que les desseins providentiels avaient désignées, l'œuvre de ruine fut suspendue, du moins jusqu'au jour d'un plus grand désastre ; et la terre demeura dans cet état d'inertie léthargique dont elle fut délivrée par la reproduction de la lumière et l'œuvre subséquente des six jours de la création.

« Mais nous pouvons bien dire, je pense, que même sur ce premier point de notre investigation géologique, la science a été plus loin que je n'ai indiqué. Car nous sommes en bonne voie, ce semble, pour découvrir une magnifique simplicité d'action dans les causes qui ont produit la forme présente de la terre, et, en même temps, une analogie évidente avec la méthode progressive manifestée dans l'ordre connu des œuvres de Dieu ; d'où il résulte une confirmation, si je puis employer ce mot, de tout ce que le Seigneur a manifesté dans sa parole sacrée.

« Car lorsque j'ai parlé de révolutions successives, de destructions et de reproductions, je n'ai pas entendu simplement une série de changements sans connexion, mais l'action constante d'une cause unique, produisant les effets les plus variés suivant des lois établies ; et, je puis le dire, c'est ce que la géologie moderne tend évidemment à établir. J'ai précédemment touché en passant le sujet de la chaleur centrale, ou l'existence d'un principe de cet ordre dans l'intérieur de la terre, soit qu'il provienne de l'état primitif du globe ou de quelque autre source, peu nous importe. Cette chaleur centrale n'a pas assez de force pour effectuer des révolutions dans notre globe ; son action actuelle peut encore être grande par rapport à des contrées particulières, mais elle est très-faible si on la compare à ses efforts primitifs. La plupart d'entre vous ont pu observer des effets de cette puissance dans quelques scènes volcaniques. Dans ce pays-ci, des îles ont été formées et englouties ensuite, des collines ont été soulevées, les cônes des montagnes ont été brisés et abattus, la mer a rompu ses limites, et des champs fertiles ont été changés en des lieux de stérilité et de désolation. Supposez cette force agissant sur une échelle gigantesque, non plus sur un district, mais sur le monde entier, faisant éruption tantôt d'un côté et tantôt d'un autre ; d'effrayantes convulsions doivent en avoir résulté, les déchirements ont dû être bien autrement épouvantables, et des montagnes ont pu être soulevées au lieu des collines, semblables au monte Rosso que l'Etna fit surgir en 1669, et la mer peut avoir envahi de larges territoires au lieu de quelques portions de côtes.

« Les observations des géologues sont suffisantes pour démontrer l'action de quelque force semblable à celle que je viens de décrire. Léopold de Buch a prouvé le premier que les montagnes, au lieu d'être les parties les plus immuables et les plus fermes de la structure du globe, loin d'avoir existé antérieurement aux matériaux plus légers qui reposent sur leurs flancs, les ont, au contraire, percés en se soulevant par l'action d'une force souterraine. M. Elie de Beaumont a tellement généralisé cette observation, qu'on peut le considérer comme le fondateur de la théorie. Vous en comprendrez facilement une simple démonstration. Si les différentes couches étendues sur le flanc d'une montagne, et qui sont nécessairement le résultat de précipitations d'une solution aqueuse, au lieu de reposer horizontalement comme de pareilles précipitations doivent se faire, et, par conséquent, coupant les côtés de la montagne par des angles, comme dans la figure suivante (A étant la section de la montagne, et B représentant les couches environnantes), étaient, au

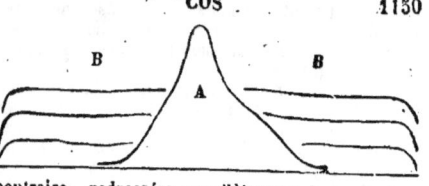

contraire, redressées parallèlement à ces mêmes côtés, de cette manière :

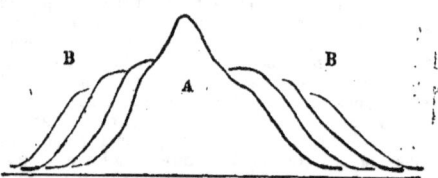

il est manifeste que la montagne doit avoir été poussée de bas en haut à travers les couches déjà déposées. M. de Beaumont, en comparant les diverses couches ainsi perforées par chaque chaîne de montagnes avec celles qui reposent dans une situation horizontale, comme si elles avaient été déposées après l'élévation de la montagne, essaie de déterminer, dans la série des révolutions primitives, la période où chacune de ces montagnes fut soulevée ; et chacun de ces *systèmes de montagnes*, comme il les appelle, produisit ou accompagna quelque grande catastrophe qui détruisit dans une certaine étendue l'ordre de choses existant (*a*). Ce système des géologues français a été confirmé et adopté par les hommes de la science dans notre pays. Le professeur Sedgwick et M. Murchison, en parlant des phénomènes qu'on peut observer dans l'île d'Aran, remarquent qu'ils semblent prouver que les grandes dislocations des couches secondaires ont été *produites par le soulèvement du granit* ; et que, dans cette hypothèse, *les forces soulevantes doivent avoir agi quelque temps après la déposition et la consolidation du nouveau grès rouge* (*b*). Mais de la Bèche est clairement de l'opinion que ces soulèvements successifs, indices des convulsions qui ont troublé l'action tranquille des dépôts de sédiment, peuvent être encore simplifiés en les rapportant à une seule cause qui est la force d'une grande chaleur centrale, brisant à diverses époques et de diverses manières la croûte de la terre, soit par le progrès du refroidissement, comme il le suppose (*c*), soit par l'action volcanique, comme l'imagine l'auteur de cette théorie.

« Or, il me semble que cette théorie, par sa belle unité de cause et d'action, s'accorde parfaitement avec tout ce que nous connaissons des méthodes employées par la divine Providence, qui établit une loi, puis la laisse agir. Ainsi le soulèvement d'une chaîne de montagnes serait, à des époques marquées, l'effet de causes constantes dans leur loi, quoique irrégulières dans leur action, de même que le renouvellement de la germination à chaque printemps est la conséquence annuelle de la même action de la chaleur sur la plante. Mais cette supposition paraît, en outre, dans la plus frappante harmonie avec les déclarations expresses, ou les explications des phénomènes de la création contenues dans les livres saints. Ils nous apprennent, en effet, que

(*a*) *Revue Française*, mai 1830. Voyez aussi ses communications à M. de la Bèche, dans son *Manuel*, p. 481 et suiv. — Carlo Gemmellaro nous apprend que dans une assemblée scientifique de Stuttgard, en 1834, il lut un mémoire proposant une modification de la théorie, et restreignant l'élévation des chaînes de montagnes à des espaces peu étendus. *Relazione sul di lui viaggio a Stuttgart*. Catania, p. 12, 1835.
(*b*) *Geolog. Trans.*, vol. III, p. 54.
(*c*) *Researches*, p. 39.

pour renfermer l'océan dans son lit, *les montagnes s'élèvent et les vallées s'abaissent dans le lieu que la Providence leur a destiné : Dieu les a placées comme une barrière que les eaux ne franchiront pas ; l'océan ne reviendra pas couvrir la terre* (a). Ailleurs il est parlé de la formation des montagnes comme distincte de celle de la terre : *Avant que les montagnes fussent produites, ou que la terre fût née* (b). Un autre passage remarquable semble décrire graphiquement les effets du feu central : *Le feu sera allumé dans ma colère, et il brûlera jusqu'au fond de l'abîme* (de l'enfer) ; *il dévorera la terre et tous ses produits, et consumera les fondements des montagnes* (c). Dans cette description, comme dans la plupart de celles qui exaltent la gloire ou la puissance, la munificence ou la sévérité de l'Être suprême, les figures sont très-probablement tirées de ses œuvres actuelles, comme l'évêque Lowth l'a amplement démontré.

« Mais les découvertes des géologues modernes ont aussi, comme je l'ai déjà indiqué, établi une série progressive dans la production des différentes races d'animaux ; et ce résultat de leur science est évidemment d'accord avec le plan manifesté dans la création des six jours. Et même ce rapprochement entre la géologie et l'Ecriture a semblé tellement frappant à plusieurs, qu'ils ont abandonné la méthode de conciliation entre les livres saints et la science moderne que je viens de vous exposer, et ils ont soutenu que l'harmonie entre les faits et l'histoire inspirée est encore bien plus parfaite que je ne l'ai affirmé jusqu'ici. Si vous n'admettez pas leur hypothèse, vous aurez du moins occasion de voir que la géologie étrangère ne cherche nullement à détruire ou à contester la narration de Moïse.

« Le docteur Bukland observe avec vérité que de savants hommes, par des arguments tout à fait distincts de la géologie, ont soutenu que les jours de la création signifient de longues périodes indéfinies (d). Que cette supposition soit plausible, c'est ce que je ne saurais contester philologiquement ou critiquement parlant ; je ne vois aucune objection contre elle ; mais elle ne me paraît pas absolument nécessaire. Toutefois, en admettant l'hypothèse exposée ci-dessus, que toutes les exigences de la science moderne sont satisfaites dans l'espace intermédiaire entre la création et l'organisation de la terre sous sa forme actuelle, il se pourrait que des périodes plus longues qu'un jour fussent encore nécessaires, si nous supposons que les lois de la nature ont été abandonnées à leur cours ordinaire ; car alors il aurait fallu un plus long intervalle pour que les plantes se couvrissent de fleurs et de fruits, et atteignissent leur complet développement, comme nous devons supposer que cela eut lieu avant que l'homme fût placé au milieu d'elles. Mais il peut se faire aussi qu'il ait plu à Dieu de les produire dans toute leur grandeur et toute leur beauté dès le premier instant de leur existence.

« Cuvier a remarqué le premier que, dans les animaux fossiles du monde primitif, il y a un développement graduel d'organisation ; ainsi les couches les plus inférieures contiennent les animaux les plus imparfaits, mollusques et testacés ; ensuite viennent les crocodiles, les sauriens et les poissons ; et en dernier lieu les quadrupèdes, en commençant par les races éteintes dont j'ai parlé (e). M. Lyell nie, peut-être avec raison, l'exactitude de la conséquence souvent tirée de ce résultat, *qu'il y a un développement progressif de la vie organique, depuis les formes les plus simples jusqu'aux plus compliquées* (f) ; d'au-

(a) Ps. civ, 8, 9.
(b) Ps. xc, 2.
(c) Deut. xxxi, 22.
(d) *Vindiciæ geologicæ*. Oxford, 1820, p. 32.
(e) *Discours prélimin.*, p. 68.
(f) *Principles of Geology*, vol. I, p. 145.

tant plus que la découverte d'un poisson ou des ossements d'un saurien parmi les coquilles, suffit pour déranger l'échelle. Mais cette observation ne blesse en rien le système que je vais vous exposer, puisque chaque examen subséquent est venu, autant que je puis le savoir, confirmer cette succession d'animaux. Par exemple, dans les tableaux de la classification extrêmement détaillée des fossiles du Sussex que M. Mantell a publiés, nous trouvons dans les dépôts d'alluvion le cerf et autres animaux semblables ; dans le dépôt diluvien, le cheval, le bœuf et l'éléphant ; puis ensuite, en creusant toujours plus bas, nous trouvons des poissons, des coquilles, et, dans quelques formations, des tortues et les différents sauriens que j'ai déjà décrits. On découvrit des ossements qu'il supposa d'abord appartenir à un oiseau ; mais le professeur Buckland trouve beaucoup plus probable qu'ils ont appartenu à un ptérodactyle ou lézard volant (a).

« Partant de ces prémisses, les auteurs auxquels j'ai fait allusion supposent que les jours de la création signifient des périodes plus longues et d'une durée indéfinie pendant lesquelles existait un certain ordre d'êtres animés ; et ils observent que la disposition des fossiles dans les couches correspond exactement à l'ordre dans lequel leurs classes respectives ont été produites selon l'Ecriture. Un écrivain anonyme a publié l'année dernière une table comparative de cette conformité en suivant, d'un côté, l'excellent ouvrage de Humboldt sur la superposition des roches, et de l'autre la succession reconnue des fossiles organiques. Dans les roches les plus basses primitives, ou, comme on les a appelées avec plus de raison, roches non stratifiées, aussi bien que dans la classe inférieure des roches stratifiées, nous n'avons aucune trace de vie végétale ou animale ; ensuite, nous trouvons des plantes mêlées avec des poissons, mais plus spécialement avec des coquillages et des mollusques, comme dans le groupe de la Grauwacke ; ce qui indique que la mer fut la première à produire la vie et à enfanter des habitants ; tandis que la plus grande abondance des animaux de la classe inférieure, tels que les coquilles, les mollusques, etc., semble indiquer la priorité de leur existence sur celle des animaux plus parfaits qui vivent dans le même élément. Viennent ensuite les reptiles et ces monstrueux animaux rampants déjà décrits, qui se rattachent aux habitants de l'air par le lézard volant, et qui sont avec raison classés par l'historien inspiré entre les productions marines. Puis la terre engendre la vie à son tour, et, en conséquence, nous trouvons ensuite les restes de quadrupèdes, mais d'espèces toutefois qui, pour la plupart, n'existent plus. On les trouve seulement dans les dernières couches supérieures à celles où reposent les plus grands reptiles marins, telle que la formation d'eau douce dans le bassin de Paris. Puis enfin viennent les terrains meubles, dans lesquels, comme je vous le montrerai plus longuement à notre prochaine réunion, existent les squelettes des races qui habitent maintenant la terre. Dans chaque classe de ces fossiles on trouve des marques suffisantes qu'elles ont été privées d'existence par quelque grande catastrophe (a).

« Cette hypothèse, cette tentative pour mettre d'accord l'historien juif avec la philosophie moderne peut paraître à plusieurs manquer de la précision nécessaire pour établir un parallélisme aussi circonstancié. Quoi qu'il en soit, elle servira du moins à venger ceux qui cultivent cette science, du reproche d'être indifférents sur les rapports que ces résultats peuvent avoir avec des autorités plus sacrées. J'ajouterai que plusieurs géologues du continent, bien loin de dédaigner nos Ecritures, expri-

(a) *Geolog. Transact.*, vol. III, pp. 200-216, comp. D' Buckland, p. 220.
(b) *Annales de philosophie chrétienne*. Aug. 1834, p 132.

ment, au contraire, une profonde vénération pour elles et une vive admiration pour la sagesse qui les a dictées, en voyant comment leurs investigations scientifiques paraissent les confirmer de la manière que je viens de vous dire.

« *Nous ne pouvons trop remarquer*, dit Demerson, *cet ordre admirable si parfaitement d'accord avec les plus saines notions qui forment la base de la géologie positive. Quel hommage ne devons-nous pas rendre à l'historien inspiré!* (a) — Ici, s'écrie Boubée, se présente une considération dont il serait difficile de ne pas être frappé. *Puisqu'un livre écrit à une époque où les sciences naturelles étaient si peu avancées, renferme cependant en quelques lignes le sommaire des conséquences les plus remarquables, auxquelles il n'était possible d'arriver qu'après les immenses progrès amenés dans la science par le* xviiie *et le* xixe *siècle, puisque ces conclusions se trouvent en rapport avec des faits qui n'étaient ni connus ni même soupçonnés à cette époque, qui ne l'avaient jamais été jusqu'à nos jours, et que les philosophes de tous les temps ont toujours considérés contradictoirement et sous des points de vue erronés; puisqu'enfin ce livre, si supérieur à son siècle sous le rapport de la science, lui est également supérieur sous le rapport de la morale et de la philosophie naturelle, nous sommes obligés d'admettre qu'il y a dans ce livre quelque chose de supérieur à l'homme, quelque chose qu'il ne voit pas, qu'il ne comprend pas, mais qui le presse irrésistiblement* (b).

« Les deux ouvrages que je viens de citer sont d'un caractère populaire et élémentaire, écrits avec l'intention d'instruire la jeunesse et les personnes sans éducation par une esquisse de la science; et c'est pour cela que je les cite plus volontiers, parce qu'ils servent à faire voir que la tendance de cette étude sur le continent, loin d'être vers l'incrédulité, est plutôt dirigée vers la confirmation et même la démonstration du christianisme; et que les géologues étrangers, au lieu d'apprendre à leurs élèves à mépriser les livres sacrés comme irréconciliables avec leurs nouvelles recherches, s'efforcent, au contraire, de tirer de nouveaux motifs de respect et d'admiration pour des résultats de leurs recherches. Aux noms déjà cités, j'en puis ajouter bien d'autres, comme Daubuisson, Chaubard, Bertrand, dont l'ouvrage, récemment traduit en anglais, a eu six ou sept éditions en France, et Margerin, qui, dans l'esquisse de son cours insérée au programme de l'*Université catholique*, s'est montré éminemment chrétien (Paris, 1835, p. 57).

« Ces observations doivent être doublement satisfaisantes, si nous considérons le pays d'où elles sont parties, ce pays qui, pendant longues années, n'a cessé de jeter à l'Europe des matériaux informes et mal digérés que les esprits irréfléchis prenaient pour de puissantes objections contre la religion. Mais un esprit meilleur fermente maintenant dans le sang généreux d'une partie de sa jeunesse, qui, éprise d'une ardeur vraiment patriotique, enflammée du saint désir d'effacer cette tache flétrissante de l'écusson de son pays, s'efforce de l'élever aussi haut, par la nouvelle gloire qu'il répandra sur la cause de la religion, qu'il s'était abaissé par sa haine contre elle. Une sainte alliance s'est formée tacitement entre plusieurs pour dévouer leurs connaissances variées et leurs talents supérieurs à la défense, à l'illustration et au triomphe de la religion, sous la direction infaillible de l'Eglise à laquelle ils obéissent. Pour ceux qui ont vu toutes ces choses, les autorités que j'ai citées ne sont que de légères manifestations d'un sentiment très-répandu, des feuilles isolées flottant à la surface des eaux, pour montrer la riche et luxuriante végétation cachée dans leurs profondeurs. » (Mgr Wiseman, discours III, *Sur les sciences naturelles*.) Voy. JOURS DE LA CRÉATION et MONDE.

* COTE-D'OR. Cette partie de la Guinée présente un spectacle religieux bien triste. Les prêtres des idoles y exercent hautement la magie, entretiennent la superstition parmi le peuple, soutiennent le fétichisme dans la famille. Nous devons désirer bien vivement que la foi fasse des progrès dans ces malheureuses contrées.

COTEREAUX, hérétiques, ou plutôt assassins et malfaiteurs, qui vendaient leurs bras et leur vie pour servir les passions sanguinaires des pétrobrusiens et des albigeois; on les nommait encore *cathares*, *courriers* et *routiers*. Ils exercèrent leurs violences en Languedoc et en Gascogne, sous le règne de Louis VII, vers la fin du xiie siècle. Alexandre III les excommunia, accorda des indulgences à ceux qui les attaqueraient, défendit, sous peine de censure, de les favoriser ou de les épargner. On dit qu'il y en eut plus de sept mille qui furent exterminés dans le Berri.

Quelques censeurs ont blâmé cette conduite du pape comme contraire à l'esprit du christianisme; saint Augustin, disent-ils, consulté par les juges civils sur ce qu'il fallait faire des circoncellions, qui avaient égorgé plusieurs catholiques, répondit : « Nous avons interrogé là-dessus les saints martyrs, nous avons entendu une voix s'élever de leur tombeau, qui nous avertissent de prier pour la conversion de nos ennemis, et d'abandonner à Dieu le soin de la vengeance. » D'autres critiques ont accusé saint Augustin d'avoir pensé, à l'égard des donatistes et de leurs circoncellions à peu près de même qu'Alexandre III à l'égard des *cotereaux*. — Tous ces reproches sont également injustes. Notre religion nous ordonne de pardonner à nos ennemis particuliers et personnels, mais non d'épargner des ennemis publics armés contre la sûreté et le repos de la société ; elle ne défend ni de leur faire la guerre, ni de les exterminer, lorsqu'on ne peut pas autrement les mettre *hors d'état de nuire*. C'était les cas des *cotereaux*. Par la même raison, saint Augustin fut d'avis d'implorer le secours du bras séculier, pour arrêter le cours du brigandage des circoncellions ; mais lorsque plusieurs d'entre eux furent tombés entre les mains des juges, il ne voulut demander ni leur sang, ni aucune vengeance, parce qu'ils étaient *hors d'état de nuire*. La conduite des martyrs à l'égard des persécuteurs n'est point applicable au cas présent. Les persécuteurs étaient des souverains, ou des magistrats revêtus de la puissance publique, de laquelle ils abusaient, les circoncellions et les *cotereaux* étaient des particuliers armés contre les lois.

COULE. *Voy.* HABIT RELIGIEUX.
COULEUR. Dans les Eglises grecque et latine, l'usage est de distinguer les offices des divers mystères et des différentes fêtes, par des ornements de différentes couleurs.

(a) *La géologie enseignée en 24 leçons, ou Histoire naturelle du globe terrestre*. Paris, 1839, p. 408, comp. p. 461.
(b) *Géologie élémentaire à la portée de tout le monde*. Paris, 1835, p 66.

Dans l'Eglise latine, on n'use ordinairement que de cinq couleurs, qui sont le blanc, le rouge, le vert, le violet et le noir; l'Eglise de Paris y ajoute le jaune et la couleur de cendre. Dans quelques diocèses, on se sert de bleu aux fêtes de la sainte Vierge. L'on peut voir, dans les rubriques du missel et dans les directoires ou *ordo*, à quels offices chacune de ces couleurs est affectée.

Les Grecs modernes ne font plus guère d'attention à cette distinction de couleurs ; le rouge servait, parmi eux, à Noël et aux enterrements. Les anglicans ont seulement retenu le noir pour les obsèques des morts.

COULPE, mot tiré du latin *culpa*, faute, péché. Les théologiens distinguent, dans le péché, la *coulpe* d'avec la peine. La croyance catholique est que le sacrement de pénitence remet au pécheur la *coulpe* et la peine éternelle, mais non la peine temporelle ; que la charité parfaite et ardente remet l'une et l'autre. Comme le péché mortel nous rend dignes de la damnation, Dieu peut, sans doute, nous remettre cette peine éternelle, sans nous dispenser de subir une peine temporelle et passagère ; nous en voyons l'exemple dans David et dans la plupart de ceux auxquels Dieu a fait porter en ce monde la peine de leur péché.

COULPE se dit encore, dans les monastères, pour signifier l'aveu que l'on fait de ses fautes dans le chapitre assemblé.

COUPE, vase à boire dont on se servait dans les festins et dans les sacrifices. Dans le style de l'Ecriture sainte, la *coupe de bénédiction* est celle que l'on bénissait dans les repas de cérémonie, et dans laquelle on buvait à la ronde. Ainsi, dans la dernière cène, Jésus-Christ bénit la *coupe* de son sang, et en fit boire à tous ses apôtres. Boire dans la même *coupe* était un signe de fraternité. — La *coupe de salut* est une *coupe* d'actions de grâces, que l'on buvait en bénissant le Seigneur de ses bienfaits. Il est dit dans le troisième livre des *Machabées* que les Juifs d'Egypte, après leur délivrance, firent des festins et offrirent des *coupes de salut*.

COUPE, signifie aussi la portion ou le partage. *Voy*. CALICE.

Lorsqu'on eut trouvé dans le sac de Benjamin la *coupe* de Joseph, un de ses officiers dit : *La* COUPE *que vous avez volée est celle dans laquelle mon maître boit et dont il se sert pour prédire l'avenir* (Gen. XLIV, 5). Joseph se servait-il réellement d'une *coupe* pour prédire l'avenir ? Non, sûrement : la connaissance qu'il avait de l'avenir n'était point un effet de l'art, mais un talent surnaturel que Dieu lui avait donné. Le texte hébreu peut signifier : « N'est-ce pas la *coupe* dans laquelle mon maître boit, et par laquelle il vous a mis à l'épreuve ? »

Dans les disputes des catholiques avec les protestants, la *coupe* signifie la communion sous l'espèce du vin. *Voy*. COMMUNION SOUS LES DEUX ESPÈCES.

COURONNE. On a blâmé, avec beaucoup d'amertume, les Pères de l'Eglise, qui ont soutenu qu'il ne convenait pas à un chrétien de se couronner de fleurs, comme faisaient les païens dans leurs festins et dans quelques-unes de leurs cérémonies ; cette censure tombe sur Minutius Félix, sur saint Clément d'Alexandrie, et principalement sur Tertullien. Ce Père a fait un livre *de Corona*, dans lequel il s'attache à prouver qu'un chrétien doit absolument s'abstenir de porter des *couronnes*.

Barbeyrac (*Traité de la Morale des Pères*, c. 6, § 14) s'est élevé contre cette décision ; il dit que, suivant le sentiment de Tertullien, se couronner de fleurs est une chose mauvaise en elle-même et contraire à la loi naturelle, mais qu'il le prouve par de pauvres raisons ; les principales sont que l'Ecriture sainte ne permet nulle part cet usage, et que la nature a fait les fleurs pour réjouir l'odorat et non pour orner la tête. La première, dit Barbeyrac, est un faux principe; la seconde est l'écart d'une imagination déréglée. Cette critique est fausse à tous égards. — 1° L'écart prétendu de Tertullien prouve déjà que les *couronnes* sont une superfluité; que l'on en use, non par besoin, mais pour quelque autre raison; qu'il faut donc examiner par quels motifs on les porte : c'est ce que fait Tertullien dans toute la suite de ce traité. Après avoir recherché dans les auteurs profanes l'origine et les motifs de toutes les espèces de *couronnes*, il fait voir qu'aucun de ces motifs n'est louable. Celles que portaient les ministres d'un sacrifice et les assistants étaient une profession d'idolâtrie ; celles des convives d'un festin annonçaient l'intempérance et la débauche ; celles des triomphateurs victorieux sentaient, pour ainsi dire, le carnage et le sang répandu; celles des époux étaient les livrées des dieux de l'hyménée, etc. Il observe qu'il n'y avait aucune fleur, aucun feuillage, aucune plante qui ne fût consacrée à quelque divinité, et qui ne fût le symbole de son culte (*De Corona*, c. 8). Toutes choses, dit-il, sont pures, comme créatures de Dieu, et sont destinées à notre usage ; mais c'est la nature de l'usage qui décèle s'il est bon ou mauvais (c. 10). Il n'est donc pas vrai que Tertullien condamne les *couronnes* absolument et en elles-mêmes comme contraires à la loi naturelle, mais comme des marques d'idolâtrie. Voilà pourquoi les chrétiens s'en abstenaient ; c'est le reproche que leur fait un païen dans Minutius Félix (*Octav*., c. 12). — « Nous avons détaillé, continue Tertullien, c. 13, toutes les causes pour lesquelles on porte des *couronnes* ; toutes sont étrangères à un chrétien, profanes, criminelles, contraires aux serments du baptême : ce sont les pompes du démon et de ses anges ; toutes sont infectées d'idolâtrie, *in omnibus istis idolatria*. Un chrétien ne voudra pas même orner de laurier la porte de sa maison, lorsqu'il saura combien de divinités le démon du paganisme a préposées à la garde des portes : Janus, Limentinus, Forculus, Carda, etc. » Nous présumons que Tertullien connaissait mieux qu'un critique du XVIIIe siècle les idées, les mœurs, les folles allusions, les absurdités du paganisme, les conséquences que les païens tiraient de leurs usages. Quand il aurait poussé trop loin le scrupule et les soupçons d'idolâtrie, il ne s'ensuivrait pas encore qu'il raisonne mal; dans le fond, il suit la règle tracée par saint Paul (*Rom.* xiv, 20) : *Toutes choses sont pures; mais un homme fait mal d'en user, lorsqu'il scandalise les autres.* Et *I Cor.* viii, 13 : *Si ma nourriture scandalisait mon frère, je ne mangerais point de viande de ma vie.* — 2° Barbeyrac n'a pas vu qu'en condamnant l'argument négatif que Tertullien tirait du silence de l'Ecriture sainte, il fait le procès au protestantisme. Ce Père disait : L'usage des *couronnes* n'est pas formellement approuvé ni permis par l'Ecriture, donc il est défendu. Les protestants nous répètent continuellement : Tel dogme n'est pas formellement enseigné par l'Ecriture, donc il n'est pas révélé; telle pratique n'y est pas expressément autorisée, donc elle est abusive. Quelle différence y a-t-il entre cet argument et celui de Tertullien? Nous ne l'approuvons pas absolument; mais ce n'est pas à eux de le blâmer. Tertullien y en ajoutait un autre : c'est que l'usage des *couronnes* n'était point non plus autorisé par la tradition; au contraire, il était proscrit par l'usage des bons chrétiens : d'où il concluait que l'on devait s'en abstenir, et il avait raison. Mais cette autorité que Tertullien attribue à la tradition donne de l'humeur aux protestants; ils ne la lui pardonneront jamais.

COURS, *cursus.* L'on nommait ainsi, dans les bas siècles, l'office divin et l'ordre des heures canoniales. Cet office, rangé selon le rite gallican, était appelé *cursus gallicanus*, et *cursarius* était le livre qui le renfermait. Ducange, au mot *Cursus. Voy.* OFFICE DIVIN.

COURS DE THÉOLOGIE. *Voy.* THÉOLOGIE.

COUTUME RELIGIEUSE ou ECCLÉSIASTIQUE. *Voy.* OBSERVANCE.

COUVENT. *Voy.* MONASTÈRE.

COZRI, quelques Juifs prononcent *Cuzari*, livre des Juifs, composé il y a plus de cinq cents ans par le rabbin Juda le Lévite. C'est une dispute en forme de dialogue sur la religion, où l'auteur défend le judaïsme contre les philosophes païens, et s'appuie principalement sur l'autorité de la tradition; selon lui, il n'est pas possible d'établir aucune religion sur les seuls principes de la raison. Il attaque en même temps la secte des Juifs caraïtes, qui ne se soumettent qu'à l'Ecriture sainte. On trouve dans ce même ouvrage un abrégé assez exact de la croyance des Juifs. Il a été d'abord traduit en arabe, ensuite en hébreu de rabbin, par R. Juda ben Thibbon. Il y en a deux éditions de Venise, l'une qui ne contient que le texte, l'autre qui y joint le *Commentaire* de R. Juda Muscato. Buxtorf l'a fait imprimer à Bâle en 1660, avec une version latine et des notes. On en a aussi une traduction espagnole, faite par le Juif Aben-Dana, avec des remarques dans la même langue.

CRAINTE. Le psalmiste dit (*Ps.* xviii, 10), que la *crainte* de Dieu est sainte; dans le psaume cx, 10, que c'est le commencement ou le principe de la sagesse. Dans le psaume cxviii, 120, il dit au Seigneur : Pénétrez-moi de la *crainte* de vos jugements. Le Sage répète la même chose (*Prov.* i, 7; ix, 10, etc.). Il est bon d'observer que, dans l'Ancien Testament, la *crainte* de Dieu signifie une soumission respectueuse envers Dieu; les Hébreux n'avaient point de terme propre pour exprimer le sentiment que nous appelons le *respect*. Saint Paul exhorte les fidèles à se sanctifier dans la *crainte* du Seigneur (*II Cor.* vii, 1). — Mais le même apôtre nous enseigne que l'esprit du christianisme n'est point, comme sous l'ancienne loi, la *crainte*, qui est le caractère des esclaves, mais l'amour, qui est le propre des enfants de Dieu (*Rom.* viii, 15). Saint Jean dit que la charité parfaite exclut la *crainte;* que celle-ci est un sentiment pénible (*I Joan.* iv, 18). Il y a donc une *crainte* utile et louable, et il y en a une qui est vicieuse et répréhensible. — Conséquemment, les théologiens distinguent la *crainte servilement servile*, par laquelle l'homme évite extérieurement le péché, à cause du châtiment qui y est attaché, mais conserve dans son cœur l'inclination à le commettre, s'il pouvait éviter la punition; la *crainte simplement servile*, qui bannit le péché et toute affection au péché, afin d'éviter la peine; la *crainte filiale*, qui fait renoncer au péché par amour pour Dieu. Celle qu'ils nomment *crainte révérentielle* n'est autre chose que le respect pour la majesté divine.

De l'aveu de tout le monde, la première de ces *craintes* est vicieuse, puisqu'elle laisse dans le cœur l'affection au péché. C'est de celle-là que parle saint Paul, lorsqu'il dit que c'est le caractère des esclaves; elle dominait chez les Juifs, dont la plupart ne s'abstenaient du crime qu'à cause des châtiments temporels attachés aux infractions de la loi. La seconde est utile et louable; le concile de Trente décide que la *crainte* qui exclut la volonté de pécher et renferme l'espérance du pardon, non-seulement ne rend pas le pécheur hypocrite et plus criminel, comme le soutenait Luther, mais que c'est un don de Dieu, un mouvement du Saint-Esprit, qui dispose le pécheur à la justification (*Sess.* 14, c. 4, et can. 5). *Voy.* ATTRITION. La troisième est inséparable de l'amour de Dieu. Ceux qui ont confondu ces différentes espèces de *craintes* ont raisonné fort mal.

On a donc condamné avec raison les théologiens qui ont enseigné, sans restriction et sans distinction, que la *crainte* n'arrête que la main, laisse dans le cœur l'attachement au péché, n'est bonne que qu'à produire le désespoir, etc. Cette doctrine est évidemment contraire à celle du concile de Trente. Il est assez singulier que ceux qui ont le plus déclamé contre la *crainte*, en général, aient travaillé de toutes leurs forces à nous l'inspirer, en représentant toujours Dieu comme un maître beaucoup plus terrible qu'aimable. — La *crainte* est utile, sans doute, pour toucher des pécheurs ingrats et endurcis puisque Dieu emploie souvent les menaces pour les effrayer; mais, en général, les motifs de reconnaissance et de confiance sont plus propres à faire impression sur le trèsgrand nombre des hommes, qui pêchent plutôt par faiblesse que par malice. Pour un passage de l'Ecriture sainte capable de nous donner de la *crainte*, il en est dix qui sont destinés à nous inspirer la confiance en la bonté de Dieu, l'espérance en sa miséricorde, l'amour envers un père qui nous menace, parce qu'il ne désire pas de nous punir. — Une infinité d'âmes vertueuses, mais timides, ont été jetées dans le trouble, dans le découragement, dans le désespoir, par la lecture des livres dont les auteurs mélancoliques ne montraient dans la religion que des sujets de *crainte*; souvent l'on est obligé de défendre ces sortes de lectures aux personnes d'une imagination vive. Mais pourrait-on citer des âmes qui aient renoncé à la vertu par un excès de confiance en la miséricorde et en la bonté de Dieu? *Voy.* CONFIANCE EN DIEU.

Les athées et les matérialistes prétendent que la notion de Dieu et la religion, en général, sont nées de la *crainte*; nous prouverons le contraire au mot RELIGION.

CRÉATEUR, CRÉATION (1). *Créer*, c'est produire des êtres par le seul vouloir. On ne peut attribuer ce pouvoir à Dieu d'une manière plus énergique et plus sublime que l'a fait Moïse (*Genes.* I, 3) : *Dieu dit : Que la lumière soit, et la lumière fut.* C'est ainsi qu'il représente successivement toutes les productions de Dieu; elles ne lui coûtent qu'une parole, un seul acte de volonté. Selon le psalmiste, Dieu a dit, et tout a été fait, il a commandé, et tout a été créé (*Ps.* CXLVIII, 5). Dieu lui-même dit, par la bouche d'Isaïe : *J'ai appelé le ciel et la terre, et ils se sont présentés* (c. XLV, v. 24; c. XLVIII, v. 12). Judith parle de même : *Vous avez dit, Seigneur, et tout a été fait; vous avez soufflé, et tout a été créé* (*Judith*, XVI, 17). La mère des Machabées représente à son fils que Dieu a fait de rien le ciel, la terre, tout ce qu'ils renferment, et la race humaine (*II Machab.* VII, 28). Le dogme de la *création* a donc été constamment professé chez les Juifs. A-t-il pu venir d'une autre source que de la révélation primitive? — En effet, Moïse nous apprend que Dieu bénit et sanctifia le septième jour. Pourquoi, sinon afin qu'il servît de monument perpétuel de la *création*? La semaine ou l'usage de compter les jours par sept a été observé par les patriarches, avant que l'on pût le rapporter à des calculs astronomiques. Noé demeura sept jours avant de sortir de l'arche (*Gen.* VIII, 10 et 12). Les noces de Jacob durèrent sept jours (XXIX, 27); ses funérailles de même (L, 10). La loi

de sanctifier le *sabbat*, ou le septième jour, en mémoire de la *création*, fut renouvelée dans le désert (*Exod.* XVI, 23; XX, 11). De là le respect des Juifs pour le nombre septénaire.

Si la sanctification du sabbat fut ordonnée sous peine de mort, c'est à cause de l'importance du dogme de la *création*. Il est évident que l'intention de Moïse, en écrivant la Genèse, a été de prémunir les Hébreux contre l'erreur des autres peuples, qui admettaient plusieurs dieux, qui adoraient les astres et les éléments, et contre tous les faux systèmes philosophiques qui devaient éclore dans la suite des siècles : conséquemment, il leur enseigne qu'un seul Dieu a tout créé. Dieu n'a donc pas eu besoin de coopérateur, puisqu'il opère par le seul vouloir; les astres et les éléments ne sont pas des dieux, puisque ce sont des créatures que Dieu a faites pour l'utilité de l'homme; lui seul gouverne tout par sa providence, puisque c'est lui qui a établi, dès le commencement, l'ordre qui règne dans la nature : il est donc le seul distributeur des biens et des maux, et ce serait une absurdité de les attribuer à d'autres qu'à lui seul. Ainsi, d'un seul trait, Moïse a sapé par la racine les fondements du polythéisme et de l'idolâtrie, le faux système des émanations, qui a été la source de tant d'erreurs, l'hypothèse non moins absurde du destin ou de la fatalité, et toutes les autres rêveries philosophiques, longtemps avant leur naissance.

En second lieu, de la notion de *Créateur* s'ensuivent tous les attributs de Dieu; ce dogme seul nous en donne la vraie notion. Dieu est l'Etre nécessaire ou existant de lui-même, puisqu'il est la première cause sans laquelle rien n'aurait pu sortir du néant; il est éternel; rien n'était avant lui, et il est avant tous les temps; il est tout-puissant : rien peut-il résister à celui qui opère par le seul vouloir? Il est infini, aucune cause n'a pu le borner : par quel espace pouvait-il être limité avant la *création*? Il est pur esprit, puisqu'il a tiré du néant la matière; et qu'il agit avec intelligence. Pour connaître tout ce qui est, tout ce qui sera, tout ce qui peut être, il n'a besoin que de voir l'étendue de son pouvoir; il ne doit pas lui en coûter davantage pour gouverner le monde qu'il ne lui en a coûté pour le former. — Faute d'avoir connu ce dogme essentiel, les philosophes ont été incapables de démontrer l'unité, la simplicité, la parfaite spiritualité de Dieu : ou ils l'ont conçu comme l'âme du monde, ou ils ont pensé que Dieu avait laissé à des esprits inférieurs le soin de le fabriquer et de le gouverner. La théologie de Moïse, qui est celle de notre premier père, était donc le meilleur préservatif contre les divers égarements du genre humain. — Cependant des écrivains téméraires ont avancé que la *création* est un dogme nouveau, une idée philosophique; qu'il n'est pas enseigné clairement par Moïse; que plusieurs Pères de l'Eglise l'ont ignoré, qu'il n'est pas fort essentiel à la théologie, etc. Toutes ces asser-

---

(1) *Criterium de la foi catholique sur la création.* — Il est de foi que tout ce qui existe, ou existera hors de Dieu, soit esprit, soit visible, soit invisible, a été créé dans le temps et n'existe pas de toute éternité (*Concil. Later.* IV). La foi se tait sur l'époque et le mode de la création.

tions, hasardées et répétées aveuglément par nos incrédules, tombent d'elles-mêmes à la vue de la clarté et de l'énergie du texte sacré.

C'est une grande question, entre les plus habiles critiques, de savoir s'il n'est aucun des anciens philosophes qui ait admis le dogme de la *création*, si tous l'ont rejeté formellement, si tous ont soutenu ou l'éternité du monde, ou l'éternité de la matière. Cudworth, dans son *Système intellectuel*, avait avancé que les philosophes plus anciens qu'Aristote n'avaient point regardé le principe, *rien ne se fait de rien*, comme incontestable ; il avait cité quelques passages qui semblaient prouver que Pythagore, Platon et quelques-uns de leurs disciples, ont supposé une espèce de *création*. Mais Beausobre, Le Clerc, Mosheim, Brucker et d'autres, sont d'avis que ces passages ne sont pas décisifs, qu'ils sont contredits par d'autres plus clairs : d'où ils concluent qu'aucun philosophe n'a enseigné la *création* prise en rigueur. M. Anquetil s'est attaché à faire voir que Zoroastre et ses disciples ont formellement professé cette vérité (*Mémoires de l'Académie des Inscriptions*, tom. LXIX, in-12, p. 123). [*Voy.* Dieu.] — Il faut avouer cependant qu'il est difficile de voir quel a été le vrai sentiment des philosophes, touchant une question qui passait leur intelligence, à cause des contradictions fréquentes dans lesquelles ils sont tombés. S'ils avaient admis un Dieu créateur, il est à présumer qu'ils auraient tiré de cette notion les conséquences qui en découlent évidemment ; qu'ils en auraient conclu l'unité, la simplicité, la spiritualité, la providence de Dieu ; que jamais ils ne l'auraient pris pour l'âme du monde. Mosheim va jusqu'à prétendre que les platoniciens, même du IIIe et du IVe siècle, qui connaissaient les dogmes du christianisme, n'ont admis qu'en apparence celui de la *création* ; qu'ils l'entendaient non dans un sens réel, mais dans un sens métaphysique, auquel on ne conçoit rien (Cudworth, *Syst. intel.*, tom. II, p. 287). Quoi qu'il en soit, il demeure incontestable que le dogme de la *création* est venu, non des raisonnements philosophiques, mais de la révélation primitive, et de la tradition conservée par les patriarches et par leurs descendants (1).

(1) Ce n'est pas que le dogme de la création ne soit fondé sur une démonstration logique et rationnelle. Nos plus illustres apologistes, Bergier, Bullet, la Luzerne, ont invinciblement démontré la nécessité absolue de la création. Mgr Gousset a donné dans l'édition du *Dictionnaire de Théologie*, de Besançon, un résumé clair, net et parfaitement démonstratif de leurs preuves. Nous nous contenterons de le citer.

« Ce n'est que lorsqu'on est instruit par la révélation, dit-il, qu'on peut sentir et démontrer l'existence d'un Dieu créateur ; or, voici comment les philosophes chrétiens ont coutume de procéder pour la démonstration du dogme de la création.

« 1. *Il existe quelque chose.* L'on ne doit et l'on ne peut exiger aucune preuve de cette proposition : les athées en conviennent avec nous.

« Un être ne peut exister à moins qu'il n'ait une

DICT. DE THÉOL. DOGMATIQUE. I.

Ç'a donc été une témérité inexcusable de la part de Beausobre, de soutenir, après Burnet, qu'il est incertain si ce dogme a fait partie de l'ancienne théologie juive ; qu'il n'y

raison suffisante de son existence. Ce principe est d'une évidence telle qu'il serait ridicule d'entreprendre de le prouver. Ce serait d'ailleurs une peine inutile, car il n'est contesté par personne.

« La raison suffisante de l'existence peut être de deux genres, ou la propre nature de l'être, ou une cause extérieure. Tout être existe, ou par soi-même, ou par autrui. Ce principe est encore reconnu vrai par nos adversaires.

« L'Être qui existe par soi-même, en vertu de sa propre nature, existe nécessairement ; il ne peut pas ne point exister. Cette vérité est encore évidente et reconnue. Puisque l'existence fait partie de l'essence de cet être, il ne peut pas ne pas l'avoir. On l'appelle en conséquence l'Être nécessaire.

« L'être qui doit son existence à une cause étrangère n'existe que dépendamment de cette cause, et autant qu'il a été produit par elle. Son existence n'est pas une chose en soi nécessaire, puisqu'il a été un temps où il ne l'avait pas. On le conçoit non existant : il pourrait donc l'être. Nous le nommons en conséquence l'être contingent.

« Il est important de reconnaître deux sortes de nécessité, l'une antécédente et absolue, l'autre conséquente et hypothétique. La première tient à la nature même et à l'essence de la chose. Ce qui est nécessaire de cette manière est aussi essentiel. Il implique contradiction que cela ne soit pas ; parce qu'il répugne qu'un être soit sans son essence. On appelle cette nécessité antécédente, non qu'elle précède réellement la chose, mais parce que nous la concevons comme le principe de la chose. On l'appelle absolue, parce que dans aucun cas, dans aucune supposition, elle ne peut pas ne pas être. L'hypothèse que l'on voudrait imaginer de sa non-existence renfermerait une contradiction, présenterait l'être et le non-être. C'est ainsi, par exemple, que sont nécessaires les axiomes de la géométrie. Il est nécessaire, d'une nécessité absolue, que tous les points de la circonférence d'un cercle soient à une égale distance du centre : on ne peut pas concevoir un cercle en excluant cette propriété essentielle. La nécessité conséquente ou hypothétique est, comme le mot l'annonce, celle qui résulte d'une supposition quelconque. L'hypothèse posée, la conséquence s'ensuit nécessairement ; mais sans cette hypothèse la chose aurait pu n'être pas. Il est nécessaire qu'elle soit d'après la supposition, il n'était pas nécessaire qu'elle fût avant la supposition. Par exemple, tous les événements passés ne peuvent pas ne pas avoir existé : puisqu'on les suppose passés, il est nécessaire qu'ils aient eu lieu ; mais il n'était pas nécessaire qu'ils existassent. Il est maintenant nécessaire que Louis XIV ait vécu ; ce n'était pas en soi une chose nécessaire qu'il vécût. De même, dans l'ordre physique, le mouvement d'un corps est l'effet nécessaire de l'impulsion qu'il a reçue ; il est impossible que telle impulsion donnée à tel corps dans telle direction, ne produise pas un tel mouvement ; mais on sent que ce n'est là qu'une nécessité hypothétique, qu'une nécessité résultante de la supposition que l'impulsion a été donnée. Tout effet suppose une cause : il peut y avoir entre l'effet et la cause une relation nécessaire ; mais une nécessité de simple relation n'est pas absolue. La nécessité d'un effet ne peut être que le résultat de l'existence et de l'opération de sa cause. Si j'ouvre la main, le corps que je tiens tombe nécessairement à terre ; mais sa chute n'est nécessaire que d'après l'hypothèse de l'ouverture de ma main. Un effet néces-

a, dans les livres saints, aucun passage par lequel on puisse le prouver démonstrativement à un esprit prévenu (*Hist. du Manich.*, tome II, l. v, c. 4). Nous convenons qu'il n'est aucun passage assez clair, ni aucun argument assez démonstratif pour convaincre *un esprit prévenu* ; mais la prétention d'un raisonneur opiniâtre change-t-elle la

saire d'une nécessité absolue est une contradiction dans les termes. On s'exprimerait même plus exactement en disant que l'effet est nécessité, qu'en le disant nécessaire. Il résulte de là que les choses nécessaires d'une nécessité seulement hypothétique, sont en soi absolument contingentes ; on les conçoit très-bien non existantes : il n'y a point de contradiction à ce qu'elles n'eussent pas été.

« II. *Il existe un Etre nécessaire*. Il implique contradiction que la totalité des êtres existants soit contingente ; dans ce cas elle existerait et ne pourrait pas exister. Elle existerait, c'est l'hypothèse : elle ne pourrait pas exister ; car n'ayant pas l'existence par sa nature, elle n'aurait pu la recevoir d'autrui, puisque hors de la collection des êtres, il n'y a aucun être. Elle n'aurait donc ni un principe interne, ni une cause externe de son existence. Elle n'aurait aucune raison suffisante pour exister. Il faut donc nier qu'il existe aucun être, ou avouer qu'il y a quelque être existant par sa propre nature.

« L'être contingent est par sa nature indifférent à l'existence et à la non-existence. Il n'existera jamais, s'il n'y est déterminé par une cause hors de lui. Dans l'hypothèse de tous les êtres contingents, il ne s'en trouvera aucun qui les détermine à exister ; si donc il n'y a pas un Etre nécessaire, rien n'existera.

« Ainsi tel est notre premier concept, telle est la notion primitive que la raison nous présente de Dieu, et de laquelle elle fait découler toutes les autres idées qu'elle nous en donne. C'est aussi celle que Dieu donnait à Moïse de lui-même. *Je suis Celui qui suis. Tu diras aux enfants d'Israël : Celui qui* EST *m'a envoyé vers vous*. Dieu est celui qui est, et qui ne peut pas ne pas être ; à qui l'être appartient en propre, et non pas en concession ; qui jouit de l'existence par la vertu de sa nature, et qui ne l'a reçue d'aucune cause ; qui la possède essentiellement, et qu'on ne peut pas concevoir non existant.

« Cette vérité, qu'il existe un Etre nécessaire, est généralement reconnue par les athées ; car ils prétendent que la matière existe nécessairement.

« Cependant quelques-uns ont imaginé un expédient : c'est de supposer une succession infinie d'êtres indifférents à exister, d'êtres contingents, qui se sont produits les uns les autres, sans qu'on puisse jamais arriver au premier de ces êtres produits.

« Mais cette supposition est évidemment absurde. Aucun de ces êtres produits n'existe par nature ; donc aucun n'a, dans sa nature, un principe d'existence : chacun d'eux a donc en soi-même le néant de ce principe. Qu'on multiplie jusqu'à l'infini les néants de principe d'existence, on ne formera jamais un degré de principe ; car tous les néants imaginables des néants infinis d'un principe réel n'en peuvent pas produire un seul degré ; donc cette collection infinie d'êtres produits ne peut pas se donner l'existence.

« Achevons de mettre ce raisonnement dans le plus grand jour, par quelques comparaisons.

« Qu'on multiplie à l'infini les zéros, ils ne donneront jamais la plus petite valeur : des zéros infinis ne valent pas plus qu'un zéro.

« Qu'on multiplie à l'infini les aveugles, ils ne formeront pas le moindre degré de puissance de voir ; une multitude infinie d'aveugles ne peut pas plus voir qu'un seul ; parce que l'aveuglement étant le néant de la puissance de voir, une infinité d'aveuglements ne seront que des néants infinis de puissance de voir, qui ne donneront jamais aucun degré de cette puissance.

« D'une multitude infinie de morts on ne verra point sortir la vie. Des flambeaux éteints, en quelque nombre qu'on les suppose, ne donneront point de lumière. En multipliant les pauvres, on n'ôte pas la pauvreté, mais on l'augmente.

« D'ailleurs, on nous donne comme infinie cette chaîne de générations, de productions ; cependant elle ne l'est point. Si elle se termine ou *finit* au moment présent, elle n'est donc pas *infinie* ; si elle augmente, elle l'est encore moins ; il est absurde que l'infini actuel puisse augmenter. On peut commencer actuellement une chaîne successive, *infinie en puissance*, qui ne sera jamais terminée, qui n'existera jamais tout entière ; mais une chaîne successive, *actuellement infinie* et actuellement terminée, est une contradiction.

« Ou mille ans avant nous elle était déjà infinie, ou elle ne l'était pas. Si elle l'était, mille ans de plus ne l'ont pas rendue plus longue ; il est absurde que l'infini actuel puisse devenir plus grand. Si elle ne l'était pas, mille ans sont une durée : il est absurde que deux quantités bornées, ajoutées l'une à l'autre, produisent une quantité infinie.

« Tous les êtres étant produits, il n'en est aucun duquel on ne puisse demander : *Quelle est sa cause ?* En remontant à l'infini, loin de résoudre la question, l'on donne lieu de la renouveler à l'infini. En descendant la chaîne, tous les êtres sont *cause* de ceux qui suivent ; mais en remontant, ce ne sont plus que les *effets* de ceux qui précèdent : s'il n'y a point de première cause, ce sera une chaîne infinie d'effets sans cause.

« Concluons donc qu'il est un Etre absolument nécessaire, un Etre qui existe par soi-même, en vertu de sa propre nature.

« III. *L'Etre nécessaire est nécessairement tout ce qu'il est, et tout ce qu'il il peut être.*

« On ne parle point des opérations libres de l'Etre nécessaire, des actes de sa volonté ; il s'agit uniquement de ses attributs : or ils sont tous en lui d'une nécessité absolue, de même que son existence. Dans les êtres contingents, il est tout simple qu'il y ait des propriétés accidentelles ; ceux-même de leurs attributs qui leur sont essentiels, ne sont nécessaires que d'une nécessité hypothétique, c'est-à-dire d'une nécessité qui suppose l'existence contingente d'un sujet ; mais l'Etre nécessaire d'une nécessité absolue a son essence d'une nécessité absolue. Elle ne dépend pas d'une hypothèse, puisque l'existence de cet Etre est nécessaire absolument, et n'est la suite d'aucune hypothèse. Il n'a pas pu exister sans son essence, et, puisqu'il ne peut pas ne pas exister, il ne peut pas ne pas avoir cette essence.

« Or, toutes les propriétés de l'Etre nécessaire lui sont essentielles ; il ne peut pas en avoir qui soient accidentelles : car de qui tiendrait-il des modifications purement accidentelles ? Serait-ce de sa nature ? Alors elles ne seraient pas accidentelles : ce qu'un être possède en vertu de sa nature lui est essentiel. Serait-ce d'une cause extérieure ? Mais quelle serait cette cause contingente, qui aurait le pouvoir d'ajouter des modes accidentels à l'Etre nécessaire ? Non, ce n'est que de sa nature que l'Etre nécessaire peut avoir ses modifications. Les modifications d'un être ne sont pas des êtres à part, ayant une existence personnelle, elles ne sont autre chose que l'être lui-même modifié de telle façon. Celles de l'Etre nécessaire sont donc l'Etre nécessaire lui-même ; elles sont donc nécessaires. En un mot, il répugne qu'un être soit nécessaire dans sa propriété d'exister, et contingent dans son mode d'exister ; qu'il existe né-

signification naturelle des termes? Nous avouons encore que l'hébreu *bara*, le grec κτίζειν, le latin *creare*, le français *créer*, n'expriment pas toujours la *création* proprement dite; aucune langue ne peut avoir un terme sacramentel pour la désigner, puisque ce n'est pas une idée qui soit naturellement venue à l'esprit des inventeurs du langage;

cessairement, et cependant d'une manière contingente.

« IV. *L'Etre nécessaire est éternel*. L'éternité est la conséquence immédiate de la nécessité d'existir; aséité et éternité sont presque deux termes identiques. Aussi tous ceux qui ont reconnu l'existence de la Divinité, même parmi les païens, ont en même temps professé son éternité. Et les athées qui veulent que la matière existe nécessairement, prétendent aussi qu'elle existe éternellement.

« En effet, si l'être nécessaire a eu un commencement, d'où l'a-t-il eu? De lui-même? Mais aucune chose ne peut se donner à elle-même l'existence. Il faudrait qu'elle existât avant d'exister. De quelque autre? Mais alors il serait contingent; il ne serait plus l'Etre nécessaire.

« S'il pouvait y avoir un temps, soit dans le passé, soit dans le futur, où l'Etre nécessaire n'existait pas, il serait nécessaire et il ne le serait pas. Il le serait, c'est l'hypothèse : il ne le serait pas, puisqu'il pourrait ne pas exister

« V. *L'Etre nécessaire est immuable*. L'immutabilité de l'Etre nécessaire, c'e-t-à-dire sa propriété de ne jamais changer, de rester toujours le même, est la conséquence immédiate de ce que nous avons établi jusqu'ici. Nous avons montré qu'il est nécessairement ce qu'il est : il ne peut donc pas devenir autre qu'il est. Nous avons établi que toutes ses propriétés lui sont essentielles : or, aucun être ne peut changer d'essence; ce qui lui est essentiel lui est tellement inhérent, qu'il ne peut pas ne pas l'avoir. L'Etre contingent qui peut être détruit ne peut pas, tandis qu'il subsiste, perdre son essence. L'essence de l'Etre nécessaire est indestructible, comme son existence.

« Tout changement provient d'une cause externe ou interne. Il serait déraisonnable de prétendre que des êtres contingents eussent sur l'Etre nécessaire la puissance de changer de nature. Il répugne également que la nécessité d'exister soit un principe de variation.

« VI. *L'Etre nécessaire est infiniment parfait*. Quand nous disons que l'Etre nécessaire est infiniment parfait, nous n'entendons pas qu'il possède absolument toutes les perfections imaginables; il y en a qui, par leur nature, sont mêlées d'imperfections : on sent bien que ce n'est pas de celles-là qu'il peut être ici question. Il y aurait contradiction dans les termes à dire qu'un être parfait jusqu'à l'infini renferme des imperfections. Il y a aussi des perfections qui sont opposées à d'autres et qui les excluent; ce n'est pas encore de celles-là que je parle : il ne peut y avoir dans un même être des qualités contradictoires. J'ai dit que l'Etre nécessaire réunit toutes les perfections possibles, c'est-à-dire toutes celles qui sont compatibles, soit entre elles, soit avec le degré infini où elles sont portées.

« Pour prouver l'infinie perfection de l'Etre nécessaire, je pose d'abord en principe qu'elle est possible dans lui. Je dis dans lui, et dans lui seul. L'être contingent est essentiellement fini dans ses perfections; il ne les a que contingemment, qu'accidentellement; ainsi, d'abord il peut les perdre, ce qui est une imperfection; ensuite, des qualités accidentelles sont sujettes à variation, peuvent recevoir de l'augmentation, de la diminution : autre contradiction formelle avec l'infini qui n'est susceptible ni de l'un ni de l'autre. Mais si l'infinie perfection est incompatible avec l'existence contingente, elle se concilie très-bien avec l'existence nécessaire; les mêmes raisons ne l'excluent pas de l'Etre immuable, incapable de rien perdre et de rien acquérir. Le possible est ce qui ne répugne pas, ce qui n'implique pas contradiction, ce qui n'emporte pas l'être et le non-être : or, qu'y a-t-il de contradictoire à ce qu'un être qui existe par sa nature, ait par sa nature l'infinie perfection? Est-ce l'agrégation de toutes les perfections compatibles entre elles? On ne peut pas le prétendre, puisque leur compatibilité fait partie de la supposition. Est-ce le souverain degré, l'exaltation de toutes ces perfections jusqu'à l'infini, qu'on voudrait mettre en contradiction avec l'existence nécessaire? Il n'y a entre ces deux idées aucune opposition : l'aséité ne met pas, comme la contingence, une borne aux perfections. Nous concevons, dans l'Etre nécessaire, la perfection illimitée : elle est donc possible en lui.

« Mais j'ajoute que, s'il peut la posséder, il la possède. L'Etre qui est nécessairement tout ce qu'il est, est aussi nécessairement tout ce qu'il peut être. Si, pouvant être infiniment parfait, il ne l'était pas, il y aurait une contradiction manifeste. Il pourrait l'être : cela est avoué par la supposition même qui est faite. Il ne pourrait pas l'être, puisque ne l'étant pas, il serait dans l'impossibilité de le devenir ; son immutabilité s'y opposerait. Acquérir quelque perfection ou quelque degré de perfection, serait subir un changement, serait devenir autre que ce qu'il est.

« Il n'y a dans l'Etre nécessaire rien qui ne lui soit essentiel ; et ses perfections, et le degré de ses perfections, sont donc en lui essentiellement ; elles sont donc au point qu'il n'est pas susceptible d'augmentation : elles sont donc infinies.

« Si l'Etre nécessaire n'est pas infini en perfections il est donc borné. Mais d'où viendrait cette limitation ? Serait-ce d'autrui ? Quelle serait cette cause supérieure à lui qui aurait le pouvoir de lui prescrire des bornes ? Puisqu'il a essentiellement tous ses attributs, on ne peut ni l'en priver ni les modifier. On ne peut ôter l'essence d'un être, à moins de l'anéantir. Serait-ce de l'Etre nécessaire lui-même que viendrait la limitation de ses perfections ? Dans ce second cas, ce serait, ou sa volonté, ou sa nature qui poserait la borne. Dire que c'est volontairement qu'il se met des bornes, c'est avancer une absurdité palpable ; et quand il le voudrait, il ne serait pas plus en son pouvoir qu'au pouvoir d'autrui de changer, de modifier son essence. Prétendre que c'est par sa propre nature que l'Etre nécessaire est restreint dans ses perfections, d'abord ce serait nier ce que nous venons de démontrer vrai, savoir, que l'infinie perfection est possible ; ensuite ce serait avancer que le principe d'existence le plus parfait est un principe d'imperfection, car le défaut d'une perfection, ou sa limitation, sont des imperfections réelles. La nécessité d'exister ne répugne qu'à deux choses, au néant et à la contingence. Elle est compatible avec toute perfection, avec tout degré de perfection ; elle ne peut donc pas être le principe de la limitation des perfections. Puisque l'Etre nécessaire ne peut être limité dans ses perfections ni par lui-même, ni par autrui, il ne peut donc pas l'être ; il est donc illimité ; il est donc infiniment parfait.

« VII. *La matière n'est pas l'Etre nécessaire*. Ne perdons pas de vue qu'il s'agit ici non d'une nécessité hypothétique, mais d'une nécessité d'exister absolue, essentielle, et telle qu'il y ait répugnance et contradiction dans l'idée de la non-existence. Ainsi pour soutenir l'aséité de la matière, il faut prétendre qu'il est impossible de la concevoir non existante ; impossible même de concevoir un seul atome non existant. Or, je demande quelle contradiction il y aurait à ce que la matière n'existât pas, ou à ce

mais n'y a-t-il pas d'autre moyen de l'exprimer? Si nous en croyons Beausobre, les auteurs sacrés, qui disent que Dieu a tout fait de rien, qu'il a tiré qu'elle fût moins étendue qu'elle n'est, ou enfin à ce qu'il y eût dans le monde quelques particules de matière de moins. Je conçois la non-existence soit de la totalité, soit de quelques parties de la matière ; sa non-existence serait donc possible : son existence n'est donc pas nécessaire.

« Reprenons les propriétés que nous avons vu découler essentiellement de la nécessité d'exister, et nous nous convaincrons aisément qu'elles ne peuvent être appliquées à la matière.

« Nous avons vu que l'Etre nécessaire est nécessairement ce qu'il est ; qu'il y aurait contradiction entre son existence nécessaire et sa manière d'être contingente ; qu'en conséquence toutes ses propriétés lui sont essentielles. Prenez toutes les propriétés de la matière, vous n'en trouverez aucune qui ne soit contingente. L'étendue de chaque corps pourrait être plus ou moins grande, sa forme pourrait être changée, sa situation déplacée, sa pesanteur allégée ou aggravée. De toutes les manières d'être de la matière, il n'y en a aucune qui ne soit susceptible de changement, aucune qui ne soit nécessaire. Ainsi la matière existe d'une manière contingente : elle n'existe donc pas nécessairement.

« La matière a ses propriétés, d'où elle a son existence, ou par soi-même ou par autrui. Elle ne peut pas tenir son existence de sa nature, et recevoir ses propriétés d'une volonté étrangère. Comme un être ne peut pas exister sans propriétés, le principe soit interne, soit externe de son existence, l'est aussi de ses propriétés. Si donc la matière ne possède pas nécessairement ses propriétés, elle ne possède pas non plus nécessairement son existence ; mais l'une et les autres lui viennent d'une cause étrangère. Si vous voulez que la matière ait nécessairement ses propriétés, vous devez prétendre que chaque corps a nécessairement telles propriétés, telle grandeur, telle figure, telle situation : ce qui est à chaque instant démenti par l'expérience. Nous voyons tous les corps sujets à des variations, à des vicissitudes continuelles. Ce n'est donc point de leur nature que les corps tirent leurs propriétés. Ce n'est donc point non plus de leur nature qu'ils tiennent leur existence. C'est d'une volonté étrangère qu'ils ont reçu tout ce qu'ils ont.

« Une autre propriété de l'Etre nécessaire, c'est son infinie perfection. Elle est telle qu'elle ne peut ni augmenter ni diminuer. Il ne peut rien acquérir ni rien perdre. Mais peut-on dire que la matière soit infiniment parfaite? Toute matière n'est-elle pas limitée, ce qui est certainement une imperfection? Reste-t-elle toujours au même degré de perfection? Ne voyons-nous pas, au contraire, tous les corps être dans une succession continuelle d'accroissement et de décroissement, se former, s'améliorer, se détériorer, se dissoudre? Dira-t-on que, dans ces vicissitudes, ils n'acquièrent ni ne perdent des perfections? Je suppose avec nos adversaires, sans le leur accorder, que l'homme ne soit qu'un amas de matière. Dans cette hypothèse, qui est la leur, prétendront-ils que Newton n'était pas un être plus parfait, lorsqu'il révélait à l'univers les lois physiques qui le régissent, que lorsqu'il était dans le sein de sa mère un fœtus encore informe, ou dans le tombeau un cadavre rongé des vers? Un superbe édifice n'est-il pas plus parfait que le tas de pierres dont il fut construit, et que le monceau de ruines dans lequel il se confondra? Le tableau de Raphaël n'a-t-il pas plus de perfection que n'en avaient les couleurs mises pêle-mêle sur sa palette, ou que n'en aura la poussière dans laquelle il finira par se résoudre? Les perfections dont la matière est susceptible peuvent s'acquérir ou se perdre, augmenter ou diminuer : ainsi, encore à ce titre, la matière n'est pas l'Etre nécessaire.

« VIII. *Le monde n'est pas l'Etre nécessaire.* Le monde est la même chose que toutes ses parties ; donc si le monde existe nécessairement et par lui-même, toutes ses parties existent nécessairement et par elles-mêmes. Si les parties du monde existent nécessairement et par elles-mêmes, elles sont ce qu'elles sont nécessairement et par elles-mêmes ; elles ne peuvent donc changer, parce que les natures des choses ne changent point.

« Loin d'apercevoir dans toutes les parties du monde cette inaltérabilité, qui est l'apanage de l'Etre qui existe nécessairement et par lui-même, nous ne voyons dans plusieurs qu'une continuelle vicissitude. Combien de changements n'a pas éprouvés la terre par la suite des années! Les hommes, les animaux, les plantes naissent, croissent et meurent, d'autres leur succèdent qui auront le même sort. Changements, vicissitudes, altérations qui nous démontrent que ces parties ne sont pas nécessairement ; puisqu'elles n'ont pas cette immobilité d'état qui caractérise l'Etre nécessaire ; changements, vicissitudes, altérations, qui, en détruisant la nécessité d'exister dans quelques-unes des parties du monde, la détruisent également dans le tout.

« IX. *La matière et le monde ont été créés.* La matière et le monde existent : or, ils n'existent pas par eux-mêmes, ainsi qu'on vient de le prouver ; donc ils ont reçu l'existence d'un autre ; donc ils sont créés, donc il y a un Etre créateur distingué du monde et de la matière : c'est ainsi que la raison même, instruite par la révélation, démontre la création qui est au-dessus de la raison qu'elle ne peut comprendre. »

toutes choses du néant, qu'il a fait ce qui est de ce qui n'était point, n'ont pas enseigné la *création* assez clairement ; parce que les anciens ont appelé *rien, néant, ce qui n'était pas*, la matière et les êtres qui n'avaient pas encore reçu leur forme. N'est-ce pas là se jouer des termes? Beausobre devait du moins nous dire de quelles expressions les écrivains sacrés devaient se servir pour enseigner la *création* assez clairement. En raisonnant comme lui, on prouverait que lui-même n'admet pas assez clairement ce dogme, malgré la profession qu'il en fait. *Dieu a dit, et tout a été fait; il dit que la lumière soit, et la lumière fut;* ainsi parlent les auteurs sacrés : ce langage se trouve-t-il chez les profanes? — Par la même prévention, Beausobre doute si saint Justin a vu la *création* de la matière dans les paroles de Moïse; parce que, dans sa *première Apol.*, n° 59, il pense que Platon a emprunté de Moïse ce qu'il a dit de la formation du monde : or, Platon suppose que Dieu l'a formé d'une nature préexistante. Mais pour savoir ce qu'a pensé saint Justin, il ne fallait pas se contenter d'un seul passage. Dans son *Exhortation aux Grecs*, n° 22, il dit que « la différence qu'il y a entre le *Créateur* et l'ouvrier consiste en ce que le premier n'a besoin que de sa propre puissance pour produire des êtres, au lieu que le second a besoin de matière pour faire son ouvrage; » n° 23, il prouve que si la matière était incréée, Dieu n'aurait point de pouvoir sur elle, et qu'il ne pourrait pas en disposer. Cela est-il assez clair? Aussi Beausobre avoue que si ce Père a été constant dans ses principes, il faut qu'il ait cru la *création* de la matière (*Hist. du Manich.*, l. v, c. 5, § 5). Or, saint Justin n'a pas puisé ce sentiment dans Platon, puisqu'il le réfute; ni dans les autres philosophes, puisqu'aucun d'eux n'a enseigné la *création*. Ce Père déclare qu'il a renoncé à leur doctrine pour étudier les prophètes (*Dial. cum Tryph.*, n° 7 et 8); donc c'est dans les prophètes, ou dans les écrits de Moïse, qu'il a trouvé le dogme de la *création.* — Au reste, Beausobre n'a point dissimulé son intention; il voulait justifier les sociniens accusés de nier la *création* de la matière; pour les faire paraître moins coupables, il a trouvé bon de soutenir que ce dogme n'est pas assez clairement enseigné dans nos livres saints; qu'après tout, il n'est pas fort essentiel à la religion, puisqu'il ne conduit pas à l'athéisme; et quelques déistes l'en ainsi affirmé sur sa parole. Suivant ce beau raisonnement, il faut excuser toutes les erreurs, dès qu'elles ne détruisent pas absolument toute religion. Mais ce critique, si charitable à l'égard de tous les hérétiques, si ingénieux à faire leur apologie, aurait dû être plus indulgent pour les Pères de l'Église et pour les théologiens catholiques; quand il s'agit de justifier les premiers, la moindre expression susceptible d'un bon sens lui suffit pour ne pas leur imputer une erreur; dès qu'il est question des seconds, jamais ils ne se sont exprimés assez clairement à son gré; jamais ils n'ont raisonné assez exactement; il ne faut leur faire grâce sur rien.

Brucker, moins entêté, avoue que la prévention des anciens philosophes contre le dogme de la *création*, leur a fait embrasser le système absurde des émanations, qui a été la source de toutes les rêveries des gnostiques; et que saint Irénée l'a très-bien compris en écrivant contre ces hérétiques. *Hist. Philos.*, VI, p. 539, note (o). Ce dogme n'est donc rien moins qu'indifférent, et jamais il n'a paru tel aux Pères de l'Église.

Le P. Baltus, dans sa *Défense des saints Pères*, accusés de platonisme, livre III, page 319 et suivantes, a fait voir que tous ont professé cette importante vérité, et ont réfuté Platon, qui supposait la matière éternelle. *Voy.* ÉMANATION.

CRÈCHE. Il est dit, dans saint Luc, que la sainte Vierge et saint Joseph, n'ayant pas trouvé place dans une hôtellerie de Bethléhem, furent obligés de se retirer dans une étable; que la sainte Vierge y mit au monde Jésus-Christ, l'enveloppa de langes, et le coucha dans une *crèche*. Les anciens Pères, qui parlent du lieu de la naissance du Sauveur, disent toujours qu'il naquit dans une caverne creusée dans le roc. Saint Justin, qui était de ce pays-là, Eusèbe qui y avait sa demeure, disent que ce lieu n'était pas dans la ville, mais dans la campagne près de la ville; saint Jérôme, qui vivait à Bethléhem, place cette caverne à l'extrémité de la ville, du côté du midi. — La *crèche* était donc placée dans le rocher; celle que l'on conserve à Rome est de bois. Un auteur latin, cité par Baronius, sous le nom de saint Chrysostome, dit que la *crèche* où Jésus-Christ fut mis était de terre, et qu'on l'avait remplacée par une *crèche* d'argent. — Les peintres ont coutume de représenter auprès de la *crèche* du Sauveur, un bœuf et un âne; cet usage est fondé sur ce que dit Isaïe : *Le bœuf a reconnu son maître, et l'âne la crèche de son Seigneur;* et Habacuc : *Vous serez connu au milieu de deux animaux.* Plusieurs anciens auteurs en ont fait l'application à Jésus naissant; mais ce n'est point le sens littéral de ces deux passages.

CRÉDIBILITÉ. On appelle *motifs de crédibilité* les preuves qui nous convainquent qu'une religion a été révélée de Dieu, conséquemment qu'elle est vraie, puisque Dieu, qui est la vérité même, ne peut rien révéler de faux. Dans l'article CHRISTIANISME, nous avons cité sommairement les motifs de *crédibilité* qui prouvent que c'est une religion divine ou révélée de Dieu.

C'est une grande question entre les théologiens et les incrédules, de savoir comment l'on doit s'y prendre pour prouver la vérité d'une religion. Ces derniers prétendent qu'il faut examiner les dogmes qu'elle enseigne, voir s'ils sont vrais ou faux en eux-mêmes, afin de juger s'ils sont révélés ou non. Les premiers soutiennent que l'on doit commencer par examiner si le fait de la révélation est prouvé ou s'il ne l'est pas; que s'il l'est, on doit conclure que les dogmes sont vrais, sans se croire en état de les juger en eux-mêmes. Il s'agit de savoir lequel de ces deux procédés est le plus raisonnable, et conduit plus sûrement à la vérité; il nous paraît que c'est celui des théologiens.

1° La religion est faite pour les ignorants aussi bien que pour les savants; elle doit donc avoir des preuves qui soient à portée des premiers aussi bien que des seconds; cette conséquence est avouée et soutenue par les incrédules même. Or, un ignorant n'est pas en état de juger si les dogmes du christianisme, par exemple, sont vrais ou faux; si la morale qu'il enseigne est bonne ou mauvaise; si le culte qu'il prescrit est raisonnable ou superstitieux; si la discipline qu'il a rétablie est utile ou abusive. — Cette discussion est évidemment au-dessus de ses forces : donc ce serait de sa part une imprudence de vouloir y entrer. Autre conséquence de laquelle les incrédules conviennent. — Mais un ignorant peut être convaincu, par des faits incontestables, que Dieu a révélé la religion chrétienne. Il peut avoir une certitude morale des miracles de Jésus-Christ et des apôtres, du témoignage des martyrs, de l'établissement miraculeux du christianisme, des effets qu'il a produits et qu'il opère encore chez les peuples qui le professent, de ceux qu'il ressentirait lui-même s'il en pratiquait constamment les devoirs, etc. Donc c'est par ces preuves extérieures, ou par ces *motifs de crédibilité*, qu'il doit juger de la vérité du christianisme. Vainement les incrédules s'imaginent que Dieu a établi, pour les savants et les philosophes, une autre manière de juger que pour les ignorants. Les premiers peuvent avoir un plus grand nombre de preuves que les seconds ; mais les preuves qui sont vraies et solides pour ceux-ci, ne peuvent pas être fausses et trompeuses pour ceux-là.

2° De ce qu'un dogme quelconque nous paraît vrai, il ne s'ensuit pas pour cela que Dieu l'ait révélé : donc de ce qu'il nous paraît faux, il ne s'ensuit pas non plus que Dieu ne l'ait pas révélé. Il est beaucoup plus aisé de nous tromper dans l'examen d'une doctrine obscure et abstraite, que dans l'examen d'un fait sensible et palpable. Par des raisonnements captieux, on peut facilement étourdir et égarer un homme qui n'est pas aguerri à la dispute ; mais à quoi aboutissent les raisonnements, les conjectures, les soupçons contre des faits invinciblement prouvés ? Il n'est pas une seule vérité spéculative contre laquelle on ne puisse faire des objections qui paraissent insolubles ; mais toutes les objections possibles ne nous dissuaderont jamais d'un fait dont la certitude morale est poussée au plus haut degré de notoriété. Les sophismes des sceptiques, des pyrrhoniens, des acataleptiques, ont pu faire paraître douteux tous les dogmes philosophiques ; mais ont-ils jamais empêché personne de se fier au témoignage des sens et à celui des autres hommes ? Les philosophes, même les plus incrédules, sont forcés d'y déférer dans le commerce ordinaire de la vie.

3° Dieu est certainement en droit de nous révéler des mystères ou des vérités incompréhensibles, puisque nous en apprenons de semblables par le sentiment intérieur, par nos raisonnements, par le témoignage de nos sens, par la déposition des autres hommes ; nous le ferons voir au mot Mystère. Il est même impossible de forger une religion exempte de mystères, aucun système de philosophie ou d'incrédulité qui n'en renferme un grand nombre. Or, quel examen pouvons-nous faire d'un dogme incompréhensible ? C'est de voir si celui qui nous l'annonce est croyable ou s'il ne l'est pas, si son témoignage doit être admis ou rejeté, s'il a ou s'il n'a pas droit de nous subjuguer. Que dirait-on d'un aveugle-né, qui, avant d'ajouter foi à ceux qui lui parlent des couleurs, d'un miroir, d'une perspective, voudrait concevoir par lui-même ce qu'on lui en dit ? Tel est précisément le cas dans lequel nous nous trouvons lorsque Dieu daigne nous parler.

4° C'est une absurdité de vouloir être convaincus de nos devoirs religieux autrement que nous ne le sommes de nos devoirs naturels et civils. Nous sommes instruits de ces derniers, non par un examen spéculatif de ce qui est bon, louable, utile, honnête, raisonnable en lui-même, mais par des preuves morales, desquelles il résulte que telle loi a été portée, que telle police et tels usages sont établis et observés dans la société. Sur ce point, les objections et les raisonnements des philosophes ne servent à rien, on n'y fait aucune attention, eux-mêmes n'oseraient s'y conformer dans la pratique. De quel droit prétendent-ils décider, par leurs spéculations, de ce que Dieu peut ou ne peut pas nous enseigner, nous prescrire ou nous permettre ?

5° Ce n'est point à nous de prouver aujourd'hui le christianisme d'une autre manière qu'il ne l'a été par ceux-même qui l'ont fondé, qui ont converti les Juifs et les païens. Or, les apôtres ne sont point entrés en discussion de chaque dogme qu'ils annonçaient ; ils ont prouvé par des faits la mission divine de Jésus-Christ et la leur. Saint Paul dit aux Corinthiens : *Je n'ai point appuyé mes discours ni ma prédication sur les raisonnements dont la sagesse humaine se sert pour persuader, mais sur les démonstrations d'un pouvoir divin et de l'esprit de Dieu* (sur des miracles), *afin que votre foi fût fondée, non sur la sagesse des hommes, mais sur la puissance de Dieu* (*I Cor.* II, 4). — En effet, la persuasion que nous avons d'une vérité, par le raisonnement, n'est pas la *foi*, jamais on ne s'est avisé d'appeler *foi* l'acquiescement à une vérité démontrée. Quel mérite peut-il y avoir à la croire ? Mais Dieu veut que nous ajoutions *foi* à sa parole, c'est un hommage que nous devons à sa véracité souveraine. Le mérite de cette foi consiste à résister aux doutes que peuvent nous suggérer nos raisonnements et ceux des incrédules. Ceux qui voulurent raisonner contre les apôtres, furent les auteurs des premières hérésies, et l'on sait jusqu'à quels excès ils poussèrent l'absurdité de leurs opinions. Le même malheur doit arriver, jusqu'à la fin des siècles, à tous ceux qui s'obstineront à suivre cette méthode perfide.

6° Les conséquences énormes qui découlent de la méthode des déistes, sont palpables. A force de soutenir que Dieu ne peut nous révéler des vérités incompréhensibles, qu'il nous est impossible de croire ce que nous ne concevons pas, ils en sont venus au point de prétendre que Dieu ne peut rien révéler du tout ; que quand il le ferait, nous ne pourrions jamais être certains du fait de la révélation. Par conséquent un Sauvage, un ignorant, incapable de découvrir aucune vérité par ses raisonnements, est encore dispensé d'écouter un prédicateur qui viendrait pour l'instruire de la part de Dieu ; il doit même s'en défier et lui résister, vivre et mourir dans l'abrutissement dans lequel il est né. En vertu de l'examen spéculatif prescrit à tous les hommes par les déistes, il doit y avoir autant de religions dans le monde, qu'il y a de têtes bien ou mal faites.

Ils objectent qu'en suivant notre méthode, un mahométan, un païen, un idolâtre, doivent croire, avec autant de certitude qu'un chrétien, que leur religion est vraie ; puisque tous doivent juger qu'elle leur a été annoncée par des hommes inspirés de Dieu. Mais où est la preuve de l'inspiration de Mahomet et de ceux qui ont enseigné le paganisme ? Les miracles attribués au premier sont absurdes ; et lui-même a déclaré, dans l'Alcoran, qu il n'était pas venu pour faire des miracles ; les apologistes du paganisme, Celse, Julien, Porphyre, etc., n'ont cité que des prodiges desquels personne n'a été témoin. Ce n'est pas ici le lieu de pousser plus loin le parallèle, entre les auteurs des fausses religions et les fondateurs de la nôtre.— N'est-ce pas plutôt la méthode des déistes qui doit confirmer tous les infidèles dans leurs erreurs? Un musulman qui ne sait pas lire, n'est certainement pas en état de se démontrer la fausseté des dogmes enseignés par Mahomet, ni l'absurdité des lois qu'il a établies. Un païen réussira-t-il à découvrir l'absurdité du polythéisme, pendant que Platon et Cicéron l'ont étayé sur des raisonnements philosophiques? Jamais les raisonneurs n'ont établi une seule vérité, ni détruit une seule erreur en matière de religion.

Il n'est pas hors de propos d'observer, que la méthode selon laquelle les déistes veulent juger de la révélation, est précisément la même que celle des protestants, et que celle-ci a frayé le chemin à la première. Un protestant veut voir dans l'Ecriture quelle est la doctrine que Jésus-Christ et les apôtres ont enseignée, et juger par lui-même du sens dans lequel il faut l'entendre; tout comme un déiste veut juger par ses propres lumières de la vérité ou de la fausseté de cette doctrine, pour savoir ensuite si elle est révélée ou non. Un catholique, toujours constant dans ses principes, soutient qu'il faut examiner la mission de ceux qui se donnent pour envoyés de Dieu ; que, s'ils la prouvent, c'est à eux de nous enseigner ce que Dieu nous a révélé, soit de vive voix, soit par écrit, et de nous donner le vrai sens de cette révélation. *Voy.* CATHOLICITÉ.

CREDO. C'est ainsi que l'on nomme le symbole des apôtres, qui est l'abrégé des vérités de la foi chrétienne, et qui commence par le mot *credo, je crois*. Tout chrétien qui le récite fait un acte de foi ; cependant l'on entend quelquefois des moralistes se plaindre de ce que les fidèles font trop rarement des actes de foi : ils supposent donc que les fidèles ne vont pas à la messe, ou ne disent point le symbole des apôtres dans leur prière.

CREDO, désigne encore le symbole plus ample que celui des apôtres, et qui a été dressé par les conciles de Nicée en 325, et de Constantinople en 381, symbole que l'on chante ou que l'on récite à la messe, au moins depuis le commencement du VIe siècle. On le dit immédiatement après l'Evangile, pour attester que l'on croit et que l'on reçoit comme parole de Dieu, ce qui vient d'être lu. On peut voir dans le père Lebrun une explication très-ample de ce symbole, et la variété des rites observés à ce sujet dans les différentes Eglises. *Explication des cérémonies de la messe,* tom. 1er, p. 240. *Voy.* SYMBOLE.

CRÉTÉNISTES. *Voy.* SOEURS DE SAINT-JOSEPH.

CRIME. L'on a souvent écrit dans notre siècle que les *crimes* qui attaquent directement la religion, tels que l'impiété, le blasphème, le sacrilège, doivent être punis par la privation des avantages que procure la religion, par l'expulsion hors des temples de la société des fidèles, pour un temps ou pour toujours ; par les admonitions, les excommunications, etc.; mais qu'il est contraire à la nature des choses de punir ces *crimes* par des peines afflictives. D'autres dissertateurs ont soutenu que les pasteurs de l'Eglise n'ont point le droit de retrancher de la société des fidèles un citoyen, ni de le priver des sacrements, parce que cette peine emporte l'infamie et la perte de certains avantages civils. D'où il résulte, en dernière analyse, que les *crimes* qui attaquent directement la religion ne doivent être punis par aucune peine.

Cette rare jurisprudence mériterait plus d'attention si elle était proposée par d'autres que par des coupables intéressés à l'établir. Quelques réflexions suffiront pour en démontrer l'absurdité. — 1° La religion est le premier soutien des lois, sans elle les lois sont très-impuissantes ; quiconque attaque la religion, sape le fondement de la législation même ; il mérite donc d'être puni par toutes les espèces de peines que les lois peuvent infliger, suivant la diversité des cas. La religion est d'ailleurs autorisée par les lois, elle en fait partie; les coups frappés sur l'une retombent nécessairement sur les autres. — 2° Les *crimes* qui attaquent directement la religion, troublent la tranquillité publique. Il est naturel à tout homme, qui croit à la religion, de l'aimer, d'y prendre intérêt, de se croire blessé lui-même lorsqu'elle est attaquée ; les insultes qu'on lui fait retombent sur ceux qui l'enseignent et la professent, tout comme les invectives contre les lois retombent sur les magistrats. Si les lois n'avaient pas pourvu au châtiment, tout particulier se croirait en droit de venger l'honneur de la religion ; ce ne serait pas l'avantage des coupables. — 3° Lorsqu'un impie se sera fait un plan de braver les exécrations, les anathèmes, les excommunications lancées contre lui par les fidèles, où sera la punition ? ce sera l'excès du *crime* qui en procurera l'impunité. — 4° Chez toutes les nations policées, les *crimes* qui attaquent la religion ont été jugés punissables par les lois et par les peines afflictives; les législateurs modernes n'ont pas été plus sévères à ce sujet que les anciens ; nos lois, sur ce point, sont plus douces et plus modérées que celles des Grecs et des Romains.

Quant au pouvoir des pasteurs de l'Eglise, il est fondé sur l'Ecriture sainte et sur l'usage constamment observé depuis les apôtres. *Voy.* EXCOMMUNICATION.

* CRITICISME. Lorsque la base est solidement établie, il est facile d'élever un édifice durable ; mais lorsque, sans avoir cherché un terrain solide, on pose la pierre angulaire sur la fange, on court grand risque d'être écrasé sous les ruines. La philosophie allemande a voulu reconstruire l'édifice de nos connaissances, elle a pris pour principe le *criticisme*, grand mot qui fait aisément illusion aux sots. Aussi, nous dit Rosmini, « cette philosophie nous a plongés dans

l'idéalisme le plus universel, dans l'illusion subjective la plus profonde. Elle nous emprisonne dans une sphère de songes telle qu'il ne nous est plus permis de la franchir pour arriver à aucune réalité. C'est au point qu'elle ne fait pas seulement l'homme incertain de ce qu'il sait; elle le déclare absolument incapable de rien savoir. C'est alors le scepticisme perfectionné, consommé, le scepticisme qui, sous ce nouveau nom de *criticisme*, anéantit l'humanité même, laquelle n'existe que par ce qu'elle connaît. » Ce jugement paraît sévère, il est mérité, nous ne pourrions en faire sentir toute la vérité sans exposer les systèmes de Kant, de Schelling, de Fichte. Mais comme nous consacrons un article spécial à l'examen de la philosophie de ces princes des penseurs allemands, nous nous contentons d'y renvoyer pour avoir une idée claire et complète du *criticisme* allemand.

CRITIQUE, art de découvrir et de prouver l'authenticité ou la supposition, l'intégrité ou l'altération, le sens vrai ou faux des livres et des monuments anciens, et de fixer le degré d'autorité que l'on doit leur attribuer. *Critique* est dérivé du grec κρίνω, *je juge*.

Cet art est nécessaire sans doute : avant d'ajouter foi à un titre quelconque, il faut savoir d'où il vient, s'il est parti de la main à laquelle on l'attribue, s'il est entier, s'il n'a été ni mutilé ni interpolé; quel peut être le sens des expressions dont l'auteur s'est servi, si c'est un original ou seulement une version. On est obligé d'user de cette précaution à l'égard des livres saints, des ouvrages des Pères, et des monuments de l'histoire ecclésiastique. Faute de l'avoir observée dans les siècles passés, on a souvent cité avec confiance des livres dont la supposition a été reconnue dans la suite, ou des auteurs qui ne méritaient aucune croyance.

Dans le siècle dernier et dans celui-ci, l'art de la *critique* a fait de grands progrès, et a rendu à la religion des services importants ; on a examiné, comparé, discuté tous les anciens monuments avec toute l'exactitude et la sagacité possibles. La question est de savoir si, pour éviter un excès, l'on n'est pas tombé dans un autre, et si, en voulant faire du bien, l'on n'a pas fait aussi un très-grand mal. — Quelques écrivains, après avoir examiné les règles de *critique* établies par les savants qui ont acquis le plus de réputation par ce genre de travail, ont cru s'y apercevoir des défauts, et ont entrepris de montrer que ceux-mêmes qui y ont eu le plus de confiance, n'ont pas toujours été fidèles à les suivre dans la pratique. C'est ce qu'a fait le P. Honoré de Sainte-Marie, carme déchaussé, dans un ouvrage intitulé : *Réflexions sur les règles et l'usage de la critique*, en trois vol. in-4°. Après avoir observé la marche de nos critiques les plus estimés, il leur reproche : 1° de faire l'éloge d'un auteur, de vanter son mérite et ses talents, lorsqu'ils ont besoin de son témoignage; de le déprimer ensuite et d'en faire peu de cas, lorsqu'il n'est pas de leur avis. 2° De préférer ordinairement le sentiment d'un hérétique, qui n'a d'autre mérite que beaucoup de témérité, à celui des écrivains catholiques les plus respectables. 3° De recevoir comme authentique un ancien ouvrage lorsqu'il leur est favorable, de le rejeter comme supposé lorsqu'il les incommode. 4° De faire usage de l'argument négatif toutes les fois qu'il leur est utile, de le regarder comme nul quand on le leur oppose. 5° Pour savoir si un ouvrage est ou n'est pas de tel auteur, ils font beaucoup de fond sur la ressemblance ou la différence du style qui se trouve entre cet écrit et les autres du même auteur ; mais, outre qu'un auteur n'a pas toujours le même style, a des ouvrages plus travaillés les uns que les autres, il faut beaucoup de discernement, de goût, d'expérience, pour être en état d'en juger ; et les méprises en ce genre sont très-communes. 6° Quelques-uns se sont trop livrés à des conjectures, ont chicané sur toutes les circonstances d'un fait, n'ont travaillé qu'à faire naître des doutes, ont mieux réussi à embrouiller qu'à éclaircir les événements importants de l'histoire ecclésiastique.

Il fait voir, qu'en observant à la lettre toutes les règles établies par nos *critiques*, on peut prouver la vérité de plusieurs faits qu'ils ont cependant regardés comme faux ou douteux, et l'authenticité de plusieurs ouvrages qu'ils ont réprouvés comme supposés et apocryphes, ou au contraire. Eux-mêmes ne se sont point accordés dans le jugement qu'ils ont porté d'un fait ou d'un écrit ; les uns l'ont admis, les autres l'ont rejeté ; tous cependant ont fait profession de suivre les mêmes règles. Ils ne sont seulement pas convenus entre eux de ce qu'ils entendaient par *authentique, apocryphe, canonique, supposé*, etc. ; tous n'ont pas attaché à ces termes la même idée.

C'est par ces règles prétendues que les protestants ont attaqué les livres de l'Écriture sainte et les monuments ecclésiastiques qui ne leur étaient pas favorables. Les incrédules ont encore enchéri sur cette audace, et ont voulu renverser tous les titres de la révélation. Il serait fâcheux que l'on pût reprocher à des écrivains catholiques de leur avoir fourni des armes. Déjà le P. Laubrussel, jésuite, avait montré les funestes conséquences de cette conduite dans un *Traité des abus de la critique en matière de religion*, en 2 vol. in-12, imprimé à Paris en 1711. — L'abbé Renaudot a aussi fait voir que l'on a eu tort de vouloir juger de l'autorité des anciennes liturgies comme l'on juge de l'authenticité des écrits d'un auteur quelconque ; que l'autorité de ces liturgies ne vient point du personnage dont on leur a fait porter le nom, mais des Églises qui s'en sont servies de tout temps (*Liturg. orient. collect.*, t. I, pag. 2, etc.).

De toutes ces observations, il s'ensuit que l'on ne doit pas déférer aveuglément au jugement de nos meilleurs critiques, puisque leurs décisions ne sont rien moins qu'infaillibles, et qu'il faut comparer et peser leurs raisons. Un des grands reproches que les protestants font continuellement aux Pères de l'Église, est de dire que ces auteurs respectables ont manqué de *critique* ; nous leur répondrons au mot PÈRES DE L'ÉGLISE.

CRITIQUE SACRÉE, connaissance des règles sur lesquelles on doit juger de l'authenticité, de l'intégrité, de l'autorité des livres saints, et du sens dans lequel il faut les entendre. Nous ne pouvons donner de cette science une idée plus exacte, qu'en copiant le plan qu'avait tracé M. Mallet, d'un traité complet sur cette matière, et qu'il avait placé dans l'*Encyclopédie*, au mot BIBLE. — Il faudrait, dit-il, diviser cet ouvrage en deux parties. Dans la première, on traiterait des livres et des auteurs de l'Écriture sainte; dans la seconde, on rassemblerait les connaissances générales qui sont nécessaires pour l'intelligence de ce qui est contenu dans ces livres. — On partagerait la première partie en trois sections. On parlerait 1° des questions générales qui concernent tout le corps de la Bible, 2° de chaque livre en particulier et de son auteur; 3° des livres cités, perdus, apocryphes, et des monuments qui ont rapport à l'Écriture. — Six questions rempliraient la première section. La première, des différents noms donnés à la Bible, du nombre des livres qui la composent, des différentes classes qu'on en a faites. La seconde, de la divinité des Écritures : on la prouverait contre les païens et contre les incrédules ; de l'inspiration et des prophéties : on y examinerait en quel sens les auteurs sacrés ont été inspirés ; si les termes sont inspirés aussi bien que les choses, si tout ce que ces livres contiennent est de foi, même les faits historiques et les propositions de physique. La troisième, de l'authenticité des livres sacrés; du moyen de distinguer les livres canoniques d'avec ceux qui ne le sont pas : on traiterait la question si souvent agitée entre les catholiques et les protestants, savoir si *l'Église juge l'Écriture*; on expliquerait la différence entre les livres *protocanoniques* et les livres *deutérocanoniques*. La quatrième, des différentes versions de la Bible et des diverses éditions de chaque version, de l'antiquité des langues et des caractères, et de leur origine : on examinerait si l'hébreu est la première langue, jusqu'à quel point l'on peut compter sur la fidélité des copies, des manuscrits, des versions, des éditions, et sur leur intégrité ; si la Vulgate est la seule version *authentique*, et en quel sens ; si la lecture des versions en langue vulgaire doit être permise ou défendue. La cinquième, du style de l'Écriture, des sources de son obscurité, des divers sens qu'elle peut avoir, et dans lesquels elle a été citée ; de l'usage que l'on peut faire de ces divers sens, soit dans la controverse, soit dans la chaire, soit dans la théologie mystique : on examinerait s'il est permis d'en faire l'application à des objets profanes. La sixième question traiterait de la division des livres en chapitres et en versets, des concordances et des harmonies des commentaires, de l'usage que l'on doit faire des rabbins, du Talmud, de la Gémare, de la cabale : on verrait de quelle autorité doivent être les commentaires et les homélies des Pères sur l'Écriture, de quel poids sont les explications des commentateurs modernes, quels sont les plus utiles pour l'intelligence de l'Écriture sainte. — La seconde section serait divisée en autant de petits traités qu'il y a de livres dans l'Écriture : on en ferait l'analyse, on en éclaircirait l'histoire ; on rechercherait qui est l'auteur de chacun de ces livres, en quel temps, de quelle manière il a écrit. — La troisième contiendrait trois questions. La première, des livres cités dans l'Écriture sainte, et qui n'existent plus : on examinerait quels étaient ces livres, ce qu'ils pouvaient contenir, qui en étaient les auteurs, autant qu'on peut le conjecturer. La seconde, des livres apocryphes que l'on a voulu faire passer pour canoniques, soit qu'ils subsistent encore, ou qu'ils aient été perdus. La troisième, des ouvrages qui peuvent avoir rapport à l'Écriture, comme ceux de Philon, de Josèphe, de Mercure Trismégiste, des sybilles, des canons des apôtres, etc. — La seconde partie comprendrait huit traités, 1° la géographie sacrée ; 2° l'origine et la division des peuples, ou un commentaire sur le dixième chapitre de la Genèse ; 3° la chronologie de l'Écriture, à laquelle il faudrait comparer celle des Égyptiens, des Assyriens, des Babyloniens ; 4° l'origine et la propagation de l'idolâtrie ; 5° l'histoire naturelle relative à l'Écriture : on y parlerait des animaux, des plantes, des pierres précieuses, etc., dont il y est fait mention ; 6° des poids, des mesures, des monnaies qui ont été en usage chez les Hébreux ; 7° des idiotismes, ou propriétés des langues dans lesquelles les livres saints ont été écrits, des phrases poétiques et proverbiales, des figures, des allusions, des paraboles. Le huitième serait un abrégé historique des divers états du peuple hébreu jusqu'au temps des apôtres, des changements survenus dans son gouvernement, dans ses mœurs, dans ses usages, dans ses opinions. — Tout ce que l'on dirait sur ces divers objets ne serait pas nouveau pour le fond, mais pourrait l'être quant à la manière de le présenter ; ce serait un travail utile, surtout pour les jeunes théologiens, que de rassembler dans un seul ouvrage, et avec méthode, des matériaux épars dans les écrits d'un grand nombre de savants. La bibliothèque sacrée du P. Lelong indiquerait, à celui qui voudrait l'entreprendre, les principales sources dans lesquelles il devrait puiser.

Ajoutons qu'il est de l'équité naturelle de traiter la *critique* sacrée avec autant d'impartialité que la *critique* profane ; que, de la part des incrédules, c'est une injustice de juger les livres des Juifs et des chrétiens autrement que l'on ne prononce sur ceux des Chinois, des Indiens, des Perses, des mahométans, et d'établir, pour les premiers, des règles de *critique* dont on n'oserait faire usage pour attaquer les seconds. Si, lorsque ceux-ci ont paru pour la première fois en Europe, un censeur quelconque avait fait contre leur authenticité les mêmes objections que l'on répète depuis un siècle contre nos livres saints, il aurait excité le mépris et l'indignation des savants. — Mais il faut toujours se souvenir que l'autorité de ces saints livres n'est pas uniquement fondée sur la certitude des règles de *critique*, comme les incrédules le supposent en copiant les protestants, mais sur l'autorité de l'Eglise, qui les a reçus de Jésus-Christ et des apôtres, et qui nous les donne tels qu'ils lui ont été confiés : autorité établie sur les mêmes preuves que la divinité de la religion chrétienne. Les discussions de *critique* sur ce point ne sont donc pas nécessaires pour nous, mais pour vaincre l'opiniâtreté des hérétiques et des incrédules ; la foi du simple fidèle est appuyée sur de meilleurs fondements. *Voy.* Foi.

GROISADES , guerres entreprises pour conquérir la terre sainte. Dans plusieurs écrits partis de la main de nos philosophes, ils ont censuré les *croisades* avec beaucoup d'aigreur ; ils ont cherché à rendre la religion responsable des maux réels ou supposés dont elles furent la cause. Ces guerres, disent-ils, inspirées par un zèle de religion mal entendu, ont coûté à l'Europe deux millions d'hommes ; elles n'ont abouti qu'à transporter en Asie des sommes immenses, à enrichir le clergé et les moines, à ruiner la noblesse, à augmenter la puissance des papes. Tout cela est-il vrai?

Il y périt, si l'on veut, deux millions d'hommes libres, mais qui opprimaient vingt millions d'esclaves : des sommes immenses furent transportées en Asie, mais on y apprit le secret d'en faire entrer en Europe de plus considérables par le commerce ; le clergé et les moines s'enrichirent en rachetant les fonds qui leur avaient été enlevés et qui seraient demeurés en friche ; la noblesse se ruina, mais elle perdit l'habitude du brigandage et de l'indépendance. Si la puissance des papes augmenta pour quelque temps, celle des mahométans, plus redoutable, fut réprimée et mise hors d'état d'abrutir l'Europe entière. Quand on aura pesé ces différentes considérations, l'on verra de quel côté la balance penchera. — Déjà plusieurs écrivains, qui n'avaient aucun dessein de favoriser la religion, sont convenus des faits que nous venons d'exposer. De leur aveu, les *croisades* furent moins l'effet du zèle de religion que d'une passion désordonnée pour les armes, et de la nécessité d'une diversion pour suspendre les troubles intestins qui duraient depuis longtemps, et pour faire cesser les guerres particulières qui recommençaient tous les jours. — Ces motifs sont clairement indiqués dans le discours que le pape Urbain II adressa aux seigneurs français au concile de Clermont, l'an 1095. « C'est un crime, leur dit-il, de piller les chrétiens comme vous faites, mais c'est un mérite de tirer l'épée contre les Sarrasins. » Aussi, le concile défendit rigoureusement les guerres particulières que les seigneurs se faisaient les uns aux autres, et mit sous la protection de l'Eglise la personne et les biens des croisés (*Hist. de l'Eglise gallicane*, t. VIII, l. xxii, an. 1095).

Ces expéditions épuisèrent, en Asie, toutes les fureurs de zèle et d'ambition, de jalousie et de fanatisme qui circulaient dans les veines des Européens ; mais elles rapportèrent parmi eux le goût du luxe asiatique ; elles rachetèrent, par un germe de commerce et d'industrie, le sang et la population qu'elles avaient coûté ; elles préparèrent la découverte de l'Amérique et la navigation des Indes. — Les grands vassaux de la couronne, ruinés par ces voyages, devinrent moins turbulents et moins prompts à se révolter ; il fut plus aisé de retirer de leurs mains les domaines aliénés ; avec la puissance de nos rois, la police se rétablit. Les premiers affranchissements des serfs furent faits par les seigneurs qui avaient besoin d'argent pour passer la mer : l'Europe doit ainsi aux *croisades* les commencements de sa liberté. — Dès ce moment, l'on pensa à établir des manufactures, on peupla les villes, on augmenta leur enceinte, on y fit couler des fontaines publiques. D'après ce que l'on avait vu en Orient, nos maçons, devenus architectes, exécutèrent ces monuments dont nous admirons encore la hardiesse et la légèreté : l'Europe se remplit d'hôpitaux et d'hospitaliers. — Une partie du patrimoine des nobles passa entre les mains des ecclésiastiques ; mais ceux-ci faisaient moins d'ombrage à l'autorité souveraine que des vassaux toujours prêts à prendre les armes. Souvent nos rois, inquiétés par des seigneurs rebelles, demandèrent du secours aux évêques ; ceux-ci leur procurèrent l'assistance des communes. Les rois, de leur côté, protégèrent les communes contre les violences des seigneurs, et augmentèrent le pouvoir du clergé qui leur devenait si utile.

Il n'est donc pas vrai que les *croisades* aient été totalement funestes à la religion et à la société. De tous les fléaux, l'ignorance est le plus redoutable, il traîne tous les autres à sa suite ; or, les *croisades* ont contribué beaucoup à le dissiper. Si elles ont causé un mal passager, elles ont produit des biens durables. Pendant les quatre cents ans qui se sont écoulés depuis les dernières *croisades*, les sciences, les arts, le commerce, l'industrie, la civilisation, ont fait plus de progrès parmi nous que pendant les huit siècles qui les avaient précédées.

Nous ne faisons ici que copier sommairement les réflexions de divers écrivains ; nous laissons aux historiens le soin de les développer et de les rendre plus sensibles — C'est ce qu'a déjà fait un savant académicien, dans une dissertation sur ce sujet (*Mém. de l'Acad. des Inscript.*, tom. LXVIII, *in*-12, p. 429). Il prouve que l'intérêt du commerce des Européens dans le Levant fut un des principaux motifs des *croisades*, et qu'il y eut beaucoup plus de part que la religion ; qu'en effet, ces entreprises ont infiniment contribué, non-seulement au progrès du commerce maritime et aux expéditions qui en ont été la suite, mais encore au rétablissement des sciences en Occident, particulièrement en France. Dès l'an 1283, le pape

Honorius IV, dans le dessein de convertir au christianisme les Sarrasins et les schismatiques de l'Orient, voulait que l'on établît à Paris des maîtres pour enseigner l'arabe et les autres langues orientales, conformément, dit-il, aux intentions de ses prédécesseurs. Dans le concile général de Vienne, tenu en 1311 et 1312, Clément V ordonna que l'on établirait à Rome, à Paris, à Oxford, à Bologne à Salamanque des maîtres pour enseigner l'hébreu, l'arabe et le chaldéen, deux pour chacune de ces langues; qu'ils seraient entretenus à Rome par le pape, à Paris par le roi, et dans les autres villes par les prélats, les monastères et les chapitres du pays; qu'ils traduiraient en latin les bons ouvrages qui étaient dans ces langues. C'est ce qui a donné lieu à la fondation du collége royal, et à l'usage d'envoyer dans l'Orient des missionnaires, dont les relations nous ont été souvent très-utiles. — En nous exerçant à la marine, continue l'auteur, les *croisades* nous ont accoutumés à tenter par mer de grandes entreprises, et ont occasionné la découverte de la boussole; elles nous ont fait connaître les pays lointains sur lesquels nos ancêtres ne débitaient que des fables; elles ont diminué en France la puissance excessive des grands qui vexaient les peuples. Nous leur sommes redevables du goût pour les sciences et de quantité d'arts, ou au moins d'un certain degré de perfection, que nous avons acquis par le commerce avec le Levant et avec les Arabes d'Espagne.

Les protestants, qui ont représenté ces expéditions comme des entreprises absurdes, injustes, malheureuses, suggérées par l'ambition des papes ou par un fanatisme insensé; qui ont dit qu'elles avaient été non moins funestes à la religion qu'aux intérêts civils et politiques de l'Europe, ne méritaient pas d'avoir des imitateurs; mais les incrédules, charmés de trouver une occasion de déplorer les maux que la religion a faits au monde, ont copié servilement les déclamations des protestants. Pendant assez longtemps, ç'a été une espèce de combat parmi nos écrivains, pour savoir qui dirait le plus de mal des *croisades*. Il faut espérer que, quand nos grands politiques auront pris la peine de se mieux instruire, ils seront plus modérés.

Il est évident que des motifs divers ont fait entreprendre les *croisades*. 1° Le récit qu'avait fait Pierre l'ermite et d'autres pèlerins, des maux que souffraient, de la part des Turcs ou Sarrasins, les chrétiens de la Palestine, surtout ceux que cette nation barbare réduisait à l'esclavage par violence. 2° La nécessité d'arrêter le cours de ses conquêtes, et d'affaiblir une domination qui menaçait l'Europe entière; il n'y avait point de moyen plus efficace que d'aller l'attaquer chez elle. 3° Le désir d'étendre le commerce, de le faire immédiatement, et non par l'entremise des étrangers, qui y faisaient des profits immenses. 4° La misère des peuples qui gémissaient sous le gouvernement féodal, et qui se flattaient de trouver un sort moins malheureux hors de leur patrie. 5° La curiosité de voir des pays dont les pèlerins racontaient des merveilles, et la légèreté naturelle qui a toujours porté les Français à voyager. 6° L'espérance de faciliter le pèlerinage de la terre sainte. Ce sont, sans doute, ces trois derniers motifs qui entraînèrent aux voyages d'outre-mer ces troupeaux de gens de la lie du peuple et des deux sexes qui allèrent y périr; mais les rois, les princes, les militaires, furent certainement déterminés par les trois premiers.

On s'exprime donc fort mal quand on dit que ces expéditions furent entreprises par superstition et par un zèle fanatique de religion; si ce motif influa sur le peuple, il y en eut d'autres plus puissants qui firent agir les grands. On ne raisonne pas mieux quand on décide qu'il était injuste d'aller attaquer une nation parce qu'elle était infidèle : il n'était point question de punir son infidélité, mais d'arrêter son ambition, sa rapacité, son brigandage; de lui ôter l'envie de tenter des conquêtes en Italie et en France, et de l'empêcher de s'y établir, comme elle avait fait en Corse, en Sardaigne et en Espagne. Serait-il donc injuste aujourd'hui d'aller attaquer les corsaires de Barbarie, pour les forcer de renoncer à leurs pirateries? Mais les protestants ni les incrédules n'écouteront jamais la raison; éternellement ils répéteront les mêmes absurdités. Mosheim a disserté ridiculement sur ce sujet. (*Hist. eccl. du* XIe *siècle*, première part., ch. I, § 8, etc.) Il trouvera toujours des copistes et des admirateurs.

CROISIER. Il y a trois ordres ou congrégations de chanoines réguliers auxquels on a donné ce nom : l'une en Italie, l'autre dans les Pays-Bas, la troisième en Bohême.

Les premiers prétendaient venir de saint Clet, et dater de l'invention de la sainte croix sous Constantin; c'est une tradition fabuleuse. Ce qu'il y a de certain, c'est qu'ils ont commencé avant le milieu du XIIe siècle, puisqu'Alexandre III, persécuté par l'empereur Frédéric Barberousse, se réfugia dans un monastère de *croisiers*, les prit sous sa protection, en 1169, et leur donna la règle de saint Augustin. Pie V approuva de nouveau cet institut, mais la discipline régulière s'y étant affaiblie, Alexandre VII les supprima en 1656. On prétend qu'il y en avait deux ou trois monastères en Angleterre, et quatorze en Irlande, et qu'ils étaient venus de ceux d'Italie. Ils portaient un bâton surmonté d'une croix.

Les *croisiers* de France et des Pays-Bas furent fondés en 1211, par Théodore de Celles, chanoine de Liége, qui avait servi en Palestine l'an 1188, et y avait vu des *croisiers*. A son retour, il s'engagea dans l'état ecclésiastique, alla, en qualité de missionnaire, à la croisade contre les albigeois, et, l'an 1211, revenu dans son pays, il obtint de l'évêque de Liége, l'église de Saint-Thibaut, près de la ville d'Hui, où, avec quatre compagnons, il jeta les fondements de son ordre. Innocent IV et Honoré III le confirmèrent, Théodore envoya de ses religieux à Toulouse, qui se joignirent avec saint Dominique pour prêcher contre les albigeois; cette congrégation s'établit et se multiplia en France. Ceux de Sainte-Croix de la Brétonnerie à Paris furent réformés par le cardinal de la Rochefoucauld; mais ils ont été supprimés depuis peu.

Les *croisiers* ou *porte-croix* avec l'*étoile* de Bohême, disent qu'ils sont venus de Palestine en Europe; cela n'est pas certain. C'est Agnès, fille de Primislas, roi de Bohême, qui institua cet ordre à Prague, en 1234. Ils ont actuellement deux généraux, et sont en grand nombre.

CROIX. Le supplice de la *croix* était en usage chez les Juifs, puisqu'il en est parlé (*Deut*. xxi, 22); mais on ne sait pas s'ils attachaient le patient à la *croix* avec des clous. Quoi qu'il en soit, le supplice ordinaire des blasphémateurs était la lapidation; la loi l'ordonnait ainsi : aussi les Juifs lapidèrent saint Étienne, comme coupable de blasphème selon leurs préjugés.

Jésus-Christ, condamné à mort par le conseil des Juifs pour avoir blasphémé, en disant qu'il était le Fils de Dieu (*Matth.* xxvi, 65 et 66), fut livré aux Romains pour être exécuté à mort. Il avait distinctement prédit que les Juifs le livreraient aux gentils pour être flagellé et crucifié (*Matth.* xx, 19). Cette circonstance ne pouvait être prévue naturellement; les Juifs auraient pu le lapider, comme ils avaient voulu le faire plus d'une fois, et comme ils firent pour saint Étienne; ils auraient pu demander à Pilate ce supplice plutôt que celui de la croix.

Dans le *Deutéronome*, il est dit qu'un crucifié est maudit de Dieu; de là saint Paul conclut que Jésus-Christ nous a rachetés de la malédiction de la loi, en devenant lui-même un objet de malédiction (*Galat.* c. iii, 13). L'on conçoit quelle horreur les Juifs ont dû avoir d'un crucifié, quels miracles il a fallu pour engager un grand nombre de Juifs à reconnaître Jésus-Christ pour Messie et Fils de Dieu. Saint Paul n'a pas tort de dire que Dieu a voulu démontrer à l'univers sa sagesse et sa puissance, en convertissant les hommes par le mystère de la *croix* (*I Cor.* i, 24). Ce qu'il y a de singulier, c'est que, selon l'ancienne tradition des docteurs juifs, fondée sur les prophéties, le Messie devait être crucifié. *Voy.* Galatin, l. viii, c. 17.

Les protestants blâment comme une superstition le culte religieux que nous rendons à la *croix*; ils disent que ce culte n'a aucun fondement dans l'Écriture sainte, et qu'il n'y en a aucun vestige dans les trois premiers siècles de l'Église (Daillé, *adv. cultum Relig. Latinor.* lib. v, etc.). C'est à nous de prouver le contraire.—Suivant la réflexion de saint Paul (*Philipp.* ii, 8), parce que Jésus-Christ s'est rendu obéissant jusqu'à la mort sur une *croix*, Dieu veut que tout genou fléchisse au nom de Jésus-Christ. Nous demandons quelle différence il y a entre fléchir le genou à ce nom sacré, ou à le fléchir à la vue du signe de la mort du Sauveur. Si l'un est un acte de religion, pourquoi l'autre est-il un acte de superstition? Les protestants ne nous l'ont pas encore appris. Ils diront que le premier de ces signes de respect se rapporte à Jésus-Christ lui-même; n'est-ce pas aussi à lui que se rapporte le second?
—Dans Minutius Félix, qui a écrit sur la fin du ii° siècle, ou au commencement du iii°, le païen Cécilius dit, en parlant des chrétiens, ch. ix : « Ceux qui prétendent que leur culte consiste dans l'adoration d'un homme puni du dernier supplice pour ses crimes, et du funeste bois de sa *croix*, attribuent à ce scélérat des autels dignes d'eux; ils honorent ce qu'ils méritent (ch. 12,) : Tout ce qui vous reste, c'est des menaces, des supplices, des *croix* ou des gibets, non pour les adorer, mais pour y être attachés. » Octavius lui répond (ch. 29) : « Vous êtes loin de la vérité, quand vous nous attribuez pour objet de culte un criminel et sa *croix*, quand vous pensez que nous avons pu prendre pour Dieu un coupable, ou un mortel..... Nous n'honorons ni ne désirons les gibets; c'est vous plutôt qui consacrez des dieux de bois, et adorez peut-être des *croix* de bois comme une portion de vos dieux. » —Tertullien répond au même reproche (*Apolog.*, c. 16) : « Celui qui pense que nous adorons la *croix* a dans le fond la même religion que nous. Quand on consacre du bois, que fait la forme, lorsque la matière est la même; qu'importe la figure, lorsque c'est le corps d'un dieu? La Minerve athénienne, la Cérès de Pharos, ne sont qu'un tronc de bois informe... vous adorez les victoires avec leurs trophées chargés de *croix*, les armées adorent leurs enseignes, sur lesquelles brillent les *croix* au milieu des idoles, etc. » (*Idem, ad Nationes,* l. i, c. 12).

Voilà, disent les protestants, deux auteurs du iii° siècle, qui soutiennent que les chrétiens ne rendent point de culte à la *croix*. Point du tout. Minutius Félix nie que les chrétiens honorent les *croix* ou les gibets auxquels on les attache pour les faire mourir; mais il ne se défend pas plus d'honorer la *croix* de Jésus-Christ que d'adorer Jésus-Christ lui-même, puisqu'il joint l'un à l'autre. Tertullien ne nie pas le fait non plus, il se borne à démontrer que les païens font de même.

Au iv° siècle, Julien renouvela encore ce reproche : « Vous adorez, dit-il, le bois de la *croix*, vous formez ce signe sur votre front, vous le gravez sur la porte de vos maisons. » Saint Cyrille répond que Jésus-Christ en mourant sur la *croix*, a racheté, converti, et sanctifié le monde : « La *croix*, dit-il, nous en fait souvenir; nous l'honorons donc parce qu'elle nous avertit que nous devons vivre pour celui qui est mort pour nous. » (*Contra Julian.*, lib. vi, pag. 194.) —Les protestants n'oseraient nier que les chrétiens du iv° siècle aient rendu un culte religieux à la *croix*; mais ils disent que c'était une superstition nouvelle. Cependant elle leur a été reprochée au iii° siècle aussi bien qu'au iv°; si ceux du iii° l'avaient rejetée et s'en étaient défendus, ceux du siècle suivant auraient-ils osé l'adopter? Nous verrons dans l'article suivant que ce culte est encore supposé par l'habitude des chrétiens de faire le signe de la *croix*.

Ces mêmes critiques soutiennent que les Pères ont mal dissipé l'ignominie que l'on jetait sur les chrétiens, à cause du supplice de Jésus-Christ. Au IIe siècle, saint Justin (*Apol.* 1, n° 55) représente que la *croix* du Sauveur est le signe le plus éclatant de son pouvoir, et de l'empire qu'il exerce sur le monde entier; il rappelle les paroles d'Isaïe qu'il avait citées, n° 35, où le prophète, parlant du Messie, dit *qu'il portera la marque de son empire sur son épaule;* c'est la *croix*, dit saint Justin, que Jésus-Christ a portée avant d'y être attaché. Il observe, aussi bien que Minutius Félix et Tertullien, que cet objet prétendu de malédiction se voit néanmoins partout sur les mâts des vaisseaux, sur les instruments du labourage, sur les enseignes militaires, auxquelles les soldats rendent un culte religieux. — Pour trouver matière à une censure, Le Clerc et Barbeyrac suppriment la première réflexion de saint Justin; ils disent que la seconde n'est qu'une déclaration puérile. Où est donc le ridicule de dire aux païens : Si la *croix* était par elle-même un objet d'horreur, vous ne devriez la souffrir nulle part, surtout avec les images des dieux auxquels vous rendez un culte ? L'horreur et le scandale des païens, répond Barbeyrac, ne venait pas de la figure de la *croix*, mais de ce qu'elle était l'instrument du supplice des criminels, et en particulier de celui de Jésus-Christ. Nous le savons. Cependant cet instrument de supplice paraissait sur les enseignes militaires avec les figures des dieux. Par la *croix*, Jésus-Christ a racheté le genre humain ; par la prédication de ce mystère, le monde a été converti et sanctifié, et les prophètes l'avaient prédit. Saint Justin n'insiste pas sur cette raison en parlant aux païens, parce qu'il aurait fallu leur développer le mystère de la rédemption ; mais il presse cet argument lorsqu'il dispute contre le juif Tryphon, qui était mieux instruit, n° 94 et suiv. Tertullien le fait aussi valoir (*Adv. Judæos*, cap. 10 et suiv.), Origène l'a répété dix fois au philosophe Celse, qui se vantait de connaître parfaitement le christianisme. Les Pères n'ignoraient donc pas les raisons qui font disparaître le scandale de la *croix*, mais ils ne voulaient pas les placer hors de propos.

Quand la *croix*, disent les protestants, serait respectable à cause de ce qu'elle représente et à cause des idées qu'elle nous donne, il serait encore ridicule de lui adresser la parole, de lui supposer du sentiment, de l'action, de la vertu, de la puissance ; de dire qu'elle a entendu les dernières paroles de Jésus-Christ mourant, qu'elle opère des miracles, qu'elle met en fuite les démons, qu'elle est la source du salut et notre unique espérance, etc. Ce langage des catholiques est celui de l'idolâtrie la plus grossière. Quand il serait supportable, en parlant de la *croix* à laquelle Jésus-Christ a été attaché, il serait encore absurde à l'égard de toute autre figure de la *croix*.

Réponse. Si, en matière de religion, le langage figuré et métaphorique est un crime, il faut commencer par condamner Jésus-Christ, qui veut qu'un chrétien porte sa *croix*; il faut réformer saint Paul, qui ne veut pas que l'on *rende vide la croix* de Jésus-Christ, qui appelle sa prédication *la parole de la croix*, qui se glorifie dans la *croix*, etc. Quand on a objecté aux protestants un passage d'Origène (*Comment. in Epist. ad Rom.*, lib. VI, n° 1), où il relève le pouvoir de la *croix* de Jésus-Christ, ils ont répondu que ce Père parle, non de la *croix* matérielle, mais de la pensée, du souvenir, de la méditation de la mort de Jésus-Christ. Ainsi ils expliquent le langage des Pères dans un sens figuré, lorsqu'ils y trouvent leur avantage, et ils prennent tout à la lettre, lorsque cela peut leur fournir un sujet de reproche. Ils nous demandent quelle vertu peut avoir une *croix* de bois ou de métal ; nous leur demandons à notre tour, quelle vertu peut avoir le signe de la *croix* formé sur nous : si les calvinistes en ont perdu la pratique, les luthériens du moins et les anglicans l'ont conservée, et nous allons voir qu'elle date des temps apostoliques.

Ils ont encore beaucoup argumenté sur le terme d'*adoration* dont nous nous servons communément à l'égard de la *croix*; nous avons fait voir ailleurs que l'équivoque de ce mot, et l'abus que l'on en peut faire, ne prouvent rien. *Voy.* ADORATION.

Beausobre prétend que l'honneur rendu à la *croix* ne fut d'abord qu'un respect extérieur, tel qu'on le rend en général aux choses saintes, et l'on n'honora d'abord que la *croix* à laquelle Jésus-Christ avait été attaché ; ensuite cet honneur fut adressé à toutes les images de cette *croix*. Les mêmes monuments qui nous parlent de l'adoration de la *croix*, font aussi mention de l'*adoration des saints lieux* (*Hist. du Manich.*, liv. II, ch. 6, § 1, n° 6). — Nous soutenons que si le respect rendu aux choses saintes n'était qu'extérieur, ce serait une momerie et une hypocrisie indigne d'un homme grave et sensé. En second lieu, nous demandons si le respect adressé *aux choses saintes* est un respect purement civil, et qui n'ait de relation qu'à l'ordre civil de la société. Il est évident qu'il a rapport à l'ordre religieux ; que c'est un acte de religion qui a Dieu pour objet ; qu'en dépit des protestants, c'est un *culte religieux*, puisqu'encore une fois, *culte* et *respect* sont synonymes.

L'usage de planter des *croix* sur les grands chemins est venu de ce que le droit d'asile y était attaché aussi bien qu'aux églises et aux autels. Ainsi l'ordonne le concile de Clermont, tenu l'an 1095, canon 29.

CROIX (Signe de la). C'est l'action de former une *croix* sur soi-même, en portant la main du front à la poitrine, et de l'épaule gauche à l'épaule droite, en prononçant ces mots : *Au nom du Père, et du Fils, et du Saint-Esprit*. Ces paroles sont de Jésus-Christ même, lorsqu'il institua le baptême (*Matth.*, XXVII, 19). — C'est une profession abrégée du christianisme, de laquelle les premiers fidèles contractèrent d'abord l'habitude. « A toutes nos actions, dit Tertullien, lorsque nous entrons ou sortons, lorsque nous prenons nos habits, que nous allons au bain, à table, au lit, que nous prenons une chaise ou une lumière, nous formons la *croix* sur notre front. Ces sortes de pratiques ne sont point commandées par une loi formelle de l'Ecriture; mais la tradition les enseigne, la coutume les confirme, et la foi les observe. » (*De Corona*, c. 4). Les chrétiens opposaient ce signe vénérable à toutes les superstitions des païens. — Origène (*Select. in Ezech.*, c. IX) dit la même chose; saint Cyrille de Jérusalem recommande cette pratique aux fidèles (*Catech.* 4); saint Basile (*L. de Spirit. Sancto*, c. 27, n° 66) dit que c'est une tradition apostolique. Les Pères nous apprennent que l'onction du baptême et celle de la confirmation se faisaient en forme de *croix* sur le front du baptisé; ils attestent qu'il se faisait des miracles par le *signe de la croix*; que ce signe puissant suffisait pour mettre en fuite les démons, et pour déconcerter tous leurs prestiges dans les cérémonies magiques des païens (Lactance, l. IV *Divin. Instit.*, c. 27; *de Morte persec.*, c. 10, etc.)

Puisque la tradition a suffi pour introduire ce signe parmi les premiers fidèles, nous demandons aux protestants pourquoi elle n'a pas suffi pour autoriser aussi le culte rendu à la *croix*; quelle différence il y a entre former sur nous une *croix* par motif de religion, et rendre un respect religieux à ce même signe placé sous nos yeux ? Voilà ce que nous ne concevons pas.

Dans le saint sacrifice de la messe, dans l'administration des sacrements, dans les bénédictions, dans tout le culte extérieur, l'Eglise répète sans cesse le *signe de la croix*; c'est pour nous apprendre et nous convaincre qu'aucune pratique, aucune cérémonie ne peut produire aucun effet qu'en vertu des mérites et de la mort de Jésus-Christ; que toutes les grâces de Dieu nous viennent en considération des souffrances de ce divin Sauveur, et du sang qu'il a versé pour nous sur la *croix*.

Une coutume assez commune chez les cophtes et chez les autres chrétiens orientaux, est d'imprimer avec un fer chaud le *signe de la croix* sur le front des enfants, ou sur une autre partie du visage. Quelques auteurs mal instruits ont cru que ces chrétiens faisaient cette cérémonie par religion, et qu'ils se persuadaient qu'elle peut tenir lieu du baptême; ils se sont trompés : l'abbé Renaudot, mieux informé, soutient qu'il n'y a dans cette coutume rien de superstitieux. Elle est venue de ce que les mahométans enlèvent souvent les enfants des chrétiens pour en faire des esclaves, et pour les élever dans le mahométisme malgré leurs parents; mais comme ils sont ennemis de la *croix*, qui est le signe du christianisme, ils ne veulent pas d'un enfant ni d'un esclave qui a cette marque imprimée au front ou au visage. (*Perpétuité de la foi*, tom. V, l. II, c. 4, pag. 106.)

CROIX (Fête de la). L'Eglise romaine célèbre deux fêtes à l'honneur de la sainte *croix*; la première le 3 mai, sous le nom de l'*Invention* ou de la découverte de la sainte *croix*; elle a été instituée en mémoire de ce que sainte Hélène, mère de l'empereur Constantin, l'an 326, fit chercher et trouva, sous les ruines du Calvaire, la *croix* à laquelle Jésus-Christ avait été attaché. Cet événement est rapporté par saint Cyrille de Jérusalem, qui fut placé sur le siège de cette église vingt-cinq ans après; il en parle à ses auditeurs comme témoins oculaires et sur le lieu même (*Catech.* 10; saint Paulin, *epist.* 31; saint Jérôme, Sulpice-Sévère, saint Ambroise, *de Obitu Theod.*). Saint Jean Chrysostome, Ruffin et Théodoret en ont aussi fait mention. — En comparant leurs récits, l'on voit que les païens s'étaient appliqués à dérober aux chrétiens la connaissance du lieu de la sépulture de Jésus-Christ. Non-seulement, ils y avaient amassé une grande quantité de pierres et de décombres, mais ils y avaient élevé un temple de Vénus, et avaient érigé une statue de Jupiter sur le lieu où s'était accompli le mystère de la résurrection. Sainte Hélène, après avoir fait démolir le temple, fit creuser à côté du Calvaire, et l'on y découvrit enfin le tombeau du Sauveur, avec les instruments de sa passion. Comme on trouva trois *croix*, celle de Jésus-Christ fut reconnue par un miracle qu'elle opéra. L'impératrice en envoya une partie à Constantin, une autre partie à Rome, pour être placée dans une église qu'elle y fonda sous le titre de *la Sainte-Croix de Jérusalem*. Elle laissa la plus grande portion dans l'église qu'elle fit bâtir sur le saint sépulcre, et qui fut appelée *Basilique de la Sainte-Croix, l'église du Sépulcre* ou *de la Résurrection*.

Les protestants, prévenus contre le culte de la *croix*, ont objecté qu'Eusèbe n'a pas parlé de cette découverte; mais que prouve ce silence contre le récit des témoins oculaires, des contemporains, ou des auteurs voisins de l'événement? Le P. de Montfaucon nous apprend qu'Eusèbe fait mention de la découverte de la *croix* dans son *Commentaire du Ps.* 87, p. 549. — « Les miracles de Jésus-Christ, dit saint Cyrille de Jérusalem, rendent témoignage à sa puissance et à sa grandeur, aussi bien que le bois de la *croix* trouvé *ces jours-ci* parmi nous, et duquel ceux qui en prennent avec foi ont presque rempli tout le monde... Il en est de même du sépulcre où il a été enseveli, et de la pierre qui est encore aujourd'hui dessus. » *Catech.* 10. Dans la quatrième et la treizième catéchèse, il dit que les parcelles de la *croix* sont répandues par tout le monde. Les fidèles qui visitaient les lieux saints désiraient tous d'en avoir. Quand nous n'aurions point d'autre témoin que celui-là, il ne serait pas récusable; il était né et il parlait sur le lieu même, il pouvait avoir vu de ses yeux le fait qu'il attestait, et plusieurs de ses auditeurs en avaient été témoins comme lui. — Basnage a néanmoins osé écrire, dans son *Hist. des Juifs*, liv. VI, ch. 14, sect. 19, que Grégoire de Tours, mort l'an 596, est le premier qui en ait parlé. C'est ainsi que sont instruits les auteurs que les protestants regardent comme des oracles (Tillemont, tom. VII, p. 5). Dans les *Vies des Pères et des Martyrs*, tom IV, p. 91, l'on trouvera un détail curieux touchant les divers instruments de la passion du Sauveur.

La seconde fête de la sainte *croix* est celle de son *Exaltation*, le 14 septembre : l'institution en est plus ancienne que celle de la fête précédente, elle remonte au règne de Constantin. On est persuadé qu'elle fut établie l'an 335, soit en mémoire de la *croix* qui avait apparu miraculeusement à cet empereur, soit pour célébrer la découverte que sainte Hélène sa mère avait faite de la *croix* de Jésus-Christ. Du moins les Grecs et les Latins, la solennisaient au Ve et au VIe siècles, et ils l'avaient fixée au jour de la dédicace de l'église que sainte Hélène avait fait bâtir sur le Calvaire. Toutes les années, à ce jour, l'évêque de Jérusalem montait sur une tribune élevée, et il y exposait *la sainte croix* à la vénération du peuple : de là le nom d'*Exaltation* donné à la fête. Les Grecs nommaient cette cérémonie, *les Mystères sacrés de Dieu*, ou *la Sainteté de Dieu*, au rapport de Nicéphore.

Vers l'an 614, Chosroès, roi de Perse, après avoir vaincu les Romains, s'empara de Jérusalem ; il emporta dans la Perse la sainte *croix*, qui était renfermée dans une châsse d'argent. Mais l'an 628, Chosroès fut vaincu à son tour par l'empereur Héraclius, et obligé de recevoir les conditions de la paix. L'un des premiers articles du traité conclu avec Siroès son fils, fut la restitution de cette précieuse relique. Elle fut rapportée par Zacharie, patriarche de Jérusalem, qui avait été fait prisonnier, et fut replacée par Héraclius lui-même dans l'église du Calvaire. Cet événement rendit plus célèbre la fête de l'*Exaltation de la sainte Croix*. Dans le VIIIe siècle, les Latins établirent une fête particulière le 3 de mai, en mémoire de l'invention ou de la découverte de cette relique. *Voy. Acta Sanct.*, 3 *maii*; Thomassin, *Traité des Fêtes*, p. 479; *Vies des Pères et des Martyrs*, tom. VIII, 14 septembre, etc.

Quant à l'apparition miraculeuse d'une *croix* que l'empereur Constantin vit dans le ciel, *voy.* CONSTANTIN.

CROIX PECTORALE ; c'est une *croix* d'or, d'argent, ou de pierres précieuses, que les évêques, les archevêques, les abbés réguliers et les abbesses portent pendue à leur cou, et qui est une des marques de leur dignité. — Cet usage paraît ancien. Jean le Diacre représente saint Grégoire dans son mausolée avec un reliquaire pendu à son cou, et nomme cet ornement *filateria*; peut-être est-ce une corruption du mot *phylacteria*. *Voy.* PHYLACTÈRES. Saint Grégoire lui-même, expliquant ce terme, dit que c'est une *croix* enrichie de reliques. Innocent III dit que par cette *croix* les papes ont voulu imiter la lame d'or que le grand prêtre des Juifs portait sur son front. Cet usage des papes a passé aux évêques. Quant à la *croix* que l'on porte devant les archevêques, *voy.* PORTE-CROIX, et l'*Ancien Sacramentaire*, première partie, page 163.

CROIX (Filles de la) [1]. Elles forment une congrégation dont l'institut a pour objet l'instruction des jeunes personnes de leur sexe. — Leur premier établissement eut lieu en 1625, à Roye en Picardie. Appelées à Paris par la dame de Villeneuve, veuve d'un maître des requêtes, leur société fut confirmée par l'archevêque de cette ville, et autorisée par des lettres patentes vérifiées au parlement en 1642.

Cette congrégation est divisée en deux sociétés particulières : les unes sont liées par les vœux simples de chasteté, de pauvreté, d'obéissance et de stabilité ; les autres, sans faire aucun vœu, sont unies dans les maisons qu'elles habitent sous la direction d'un supérieur. Les unes et les autres, outre l'instruction des jeunes personnes de leur sexe, reçoivent encore chez elles les pauvres qui veulent s'instruire de leur religion, et se disposer à un changement de vie. Elles portent le même habit, avec cette différence néanmoins que celles qui font des vœux portent une petite *croix* d'argent, et les autres une petite de bois. (Extrait du *Dict. de Jurisprudence*.)

CROSSE, bâton pastoral que portent les archevêques, les évêques et les abbés réguliers, et que l'on porte devant eux quand ils officient.

Il paraît que dans l'origine c'était un bâton pour s'appuyer ; mais, de tout temps, cet appui, nécessaire aux vieillards, a été une marque de distinction (*Num.* XVII, 2, *et* XXI, 18). Nous voyons les chefs des tribus d'Israël distingués par le bâton, et c'est l'origine du *sceptre* ou bâton de commandement. On lit pour la première fois dans le concile de Troyes de l'an 867, que les évêques de la province de Reims, qui avaient été sacrés pendant l'absence de l'archevêque Ebbon, reçurent de lui, après qu'il eut été rétabli, l'anneau et le bâton pastoral, suivant l'usage de l'Eglise de France. En 885, dans le concile de Nîmes, on rompit la *crosse* d'un archevêque de Narbonne, intrus, nommé *Salva*. Balsamon dit qu'il n'y avait que les patriarches en Orient qui la portassent.

On donne cette *crosse* à l'évêque dans l'ordination, pour marquer, dit saint Isidore de Séville, qu'il a droit de corriger, et qu'il doit soutenir les faibles. L'auteur de la vie de saint Césaire d'Arles parle du clerc qui portait sa *crosse*, et saint Burchard, évêque de Wurtsbourg, est loué dans sa Vie d'avoir eu une *crosse* de bois. *Voy.* l'*Ancien Sacramentaire*, première partie, p. 150, 154.

CROYANCE. Croire, en général, est la même chose qu'être persuadé et convaincu ; aussi *croyance* signifie persuasion ; mais

---

(1) Cet article est reproduit d'après l'édition de Liége.

toute persuasion ne peut pas être appelée *croyance*.

Nous sommes persuadés que deux et deux font quatre, que les trois angles d'un triangle sont égaux à deux droits; ces deux propositions sont évidentes par elles-mêmes. Quoique nous ne concevions pas comment la liberté peut se concilier avec l'immutabilité, nous sommes convaincus cependant que Dieu est libre et immuable, parce que c'est une vérité qui se déduit évidemment de la notion d'*Etre nécessaire*, conséquemment une vérité démontrée. — Nous sommes certains qu'un corps est mû par un autre corps; nous le voyons de nos yeux, nous le sentons par le tact, quoique nous ne comprenions pas pourquoi le mouvement se communique d'un corps à un autre corps. Nous sentons que notre âme meut notre propre corps, c'est une vérité de *conscience*, quoiqu'il ne soit pas possible de concevoir comment un esprit peut agir sur un corps. — Dans tous ces cas, notre persuasion n'est pas proprement une *croyance*; nous ne croyons pas, mais nous voyons et nous sentons. Quoique nous n'ayons pas vu la ville de Rome, nous *croyons* son existence sur le témoignage de ceux qui l'ont vue, de ceux qui l'habitent, sur les relations que nous avons avec eux, etc. Les peuples de Guinée, qui n'ont jamais vu de glace, ne conçoivent pas comment l'eau peut devenir un corps solide, *croient* cependant l'existence de la glace, sur le témoignage de mille voyageurs; s'ils ne la croyaient pas, ils seraient insensés. Les aveugles-nés ne conçoivent point les phénomènes des couleurs, un miroir, une perspective, un tableau; ils en *croient* cependant l'existence, et cette persuasion leur est dictée par le bon sens. Dans ces divers cas, la *croyance* est une foi humaine fondée sur le témoignage des hommes.

Nous croyons que Dieu est un en trois personnes, que le Verbe incarné est Dieu et homme, que Jésus-Christ est réellement dans l'Eucharistie, etc.; quoique nous ne concevions pas ces mystères, nous les croyons sur le témoignage de Dieu, ou parce que Dieu les a révélés: cette *croyance* est une foi divine. Nous sommes convaincus de la révélation par les motifs de crédibilité dont elle est revêtue.

Lorsqu'on demande: *Pouvons-nous croire ce que nous ne concevons pas?* c'est demander si les aveugles-nés peuvent croire l'existence des couleurs, si les peuples de Guinée peuvent croire l'existence de la glace, si nous-mêmes pouvons croire la communication du mouvement d'un corps à un autre. Cependant l'on a fait des libelles pour prouver qu'il est impossible de croire sérieusement ce que l'on ne conçoit pas, que c'est un enthousiasme et une folie, que nos professions de foi ne sont qu'un jargon de mots sans idées, que proposer à un homme un mystère, c'est comme si on lui parlait une langue inconnue, etc.; et toutes ces maximes sont autant d'axiomes de la philosophie des incrédules.

Pour croire un dogme de foi divine, est-il nécessaire que ce dogme soit obscur et inconcevable? Non. La spiritualité et l'immortalité de l'âme nous paraissent des vérités démontrées; mais nous pouvons faire abstraction des preuves naturelles que nous en avons, et croire ces mêmes vérités, parce que Dieu les a révélées; un ignorant, qui n'a jamais réfléchi sur les preuves, croit ces deux dogmes, parce que la religion les lui enseigne. — Ceux qui virent Jésus-Christ opérer un miracle, pour prouver qu'il avait le pouvoir de remettre les péchés (*Matth.* ix, 6), furent témoins oculaires de la révélation, ou du signe par lequel Dieu attestait le pouvoir de Jésus-Christ; ils en eurent une certitude physique. Sans avoir vu les miracles du Sauveur, nous en avons une certitude morale portée au plus haut degré: non-seulement ils nous sont attestés par les écrits des témoins oculaires et par une tradition vivante qui n'a jamais été interrompue, mais par l'effet qu'ils ont produit, qui est l'établissement du christianisme. Jamais les apôtres n'auraient converti personne, si les faits qu'ils annonçaient n'avaient pas été indubitables. *Voy.* CERTITUDE.

Quand on reproche aux athées et aux autres incrédules les conséquences de leur doctrine, et les funestes effets qu'elle doit produire sur les mœurs, ils disent que la *croyance* influe très-peu sur la conduite des hommes, que le tempérament seul décide de leurs vices ou de leurs vertus; de là ils concluent que la religion est la chose du monde la plus indifférente et la plus inutile. D'autre part, ils soutiennent que les vices et les malheurs des hommes viennent de leurs erreurs, qu'il faut leur enseigner la vérité pour les rendre heureux, qu'il est bon, par conséquent, de prêcher l'athéisme, parce que c'est la vérité; ils ajoutent que les erreurs en fait de religion sont la cause de la plupart des crimes commis dans le monde. La contradiction de ces principes est palpable. De quoi servira aux hommes la vérité, si cette connaissance ne peut influer en rien sur leur conduite? Comment la religion, qui commande toutes les vertus et défend tous les vices, peut-elle produire par elle-même l'effet directement opposé au but de son institution?

Il ne sert de rien de citer l'exemple des chrétiens vicieux, pour prouver que leur religion n'influe en rien sur leurs mœurs. Lorsque la *croyance* gêne les passions, il n'est pas étonnant que celles-ci soient souvent les plus fortes, et entraînent l'homme au crime malgré les remords que la religion lui cause. Au contraire, si la doctrine favorise les passions, en brisant le lien qui tend à les réprimer, elle doit certainement rendre l'homme plus vicieux, puisqu'elle étouffe en lui la voix de la conscience et les remords. Tel est donc l'effet que produiraient l'athéisme et l'irréligion sur tous ceux qui sont nés avec des passions violentes.

Où les faits décident, les conjectures et les raisonnements sont superflus. Il est incontestable que le christianisme, dès qu'il fut établi, causa une révolution sensible dans les mœurs des Juifs et des païens, et les rendit beaucoup meilleures qu'elles n'étaient; c'est un fait avoué par les ennemis même de la religion. Donc il n'est pas vrai, en général, que la *croyance* des hommes n'influe en rien sur leur conduite.

* CROYANCES CATHOLIQUES (Progrès des). — Jamais on n'a plus parlé de progrès que dans notre siècle; les sciences, les arts, les législations, les peuples eux-mêmes, dit-on, sont en progrès. Nous n'avons à mesurer ni l'étendue, ni la nature de ces progrès, mais il en est un qui doit nous intéresser, c'est celui des croyances religieuses; or une religion est en progrès lorsque le nombre de ses sectateurs augmente; lorsque ses croyances et ses pratiques sont sincèrement admises par ses partisans, enfin lorsque sa doctrine soit dogmatique, soit morale, prend du développement et de nouveaux perfectionnements. Considérée sous le premier rapport, la question du progrès du catholicisme appartient à l'article PROPAGATION DE LA FOI et CATHOLICITÉ ; considérée sous le second, c'est une question de fait qui dépend des lieux et des circonstances : car il est bien évident que la ferveur religieuse n'est la même ni dans tous les lieux, ni dans tous les temps. Envisagée sous le dernier rapport, la question est vraiment philosophique et digne du penseur. Nous avons constaté le progrès de la morale dans notre *Introduction* au *Dictionnaire de Théologie morale*. Ici nous voulons envisager la question uniquement par rapport aux croyances.

Nous rencontrons deux sortes d'adversaires, appartenant tous deux à la même école. Les uns accusent le catholicisme d'être essentiellement stationnaire, parce qu'il professe l'immutabilité de ses doctrines ; d'autres rationalistes prétendent que nous sommes de leur famille, nous catholiques, et que notre dogme s'est formé lentement et pièce à pièce, comme le rationalisme tâche de former le sien. Pour répondre à ces deux sortes d'adversaires, il suffit d'exposer la nature du progrès dont la doctrine catholique est susceptible. Nous avons vu dans notre *Dictionnaire de Théologie morale*, que la foi chrétienne est toujours la même, que les développements qu'elle peut recevoir ne sont que l'explication de la croyance générale. Nous nous contentons de renvoyer à l'article FOI de ce Dictionnaire, où la théorie de la foi a été complètement développée.

* CROYANCES GÉNÉRALES. Les croyances générales de l'Eglise ont toujours eu une très-grande autorité pour régler la foi et les mœurs des fidèles. C'est l'une des sources les plus riches de la TRADITION (*Voy.* ce mot), suivant ces belles paroles de Vincent de Lérins, de Tertullien et de saint Augustin : « Dans l'Eglise catholique, dit Vincent de Lérins, on doit s'en tenir avec le plus grand soin à ce qui a été cru en tous lieux, en tout temps, et par tous les fidèles. » *In ipsa catholica Ecclesia, magnopere curandum est ut id teneamus quod ubique, quod semper, quod ab omnibus creditum est.* « C'est avec une grande raison, dit saint Augustin, que l'on croit que ce qui s'observe dans l'Eglise universelle et qui s'est toujours observé sans avoir été établi par aucun concile, ne peut venir que de la tradition apostolique. » *Quod universa tenet Ecclesia, nec conciliis institutum, sed semper retentum est, non nisi auctoritate apostolica traditum rectissime creditur.* « Est-il vraisemblable, s'écrie Tertullien, que tant et de si grandes Eglises se soient accordées pour la même erreur ? Où doit se rencontrer une diversité prodigieuse, une parfaite uniformité ne saurait régner ; l'erreur aurait nécessairement varié. Non, ce qui se trouve le même parmi le très-grand nombre n'est point une erreur, mais la tradition. » *Quod apud multos unum invenitur, non est erratum, sed traditum.*

CRUCIFIEMENT. Quelle qu'ait été la méthode des Romains et des Juifs d'attacher à la croix ceux qui étaient condamnés à mourir par ce supplice, nous ne pouvons douter de la manière dont Jésus-Christ y fut attaché. La narration des évangélistes ne laisse aucune incertitude sur ce point; il est dit que Jésus-Christ, après sa résurrection, fit voir et toucher à saint Thomas les plaies formées dans ses mains et dans ses pieds par les clous (*Joan.* XX, 25 *et* 27). Sur la vraie croix, conservée à Rome, on remarque encore les vestiges des clous, et lorsqu'elle fut retrouvée par sainte Hélène, on retrouva aussi les clous par lesquels Jésus-Christ y avait été attaché.

Ce supplice était cruel ; il n'est pas étonnant que Jésus-Christ, épuisé par une nuit entière de souffrances, par la flagellation, par la fatigue de porter sa croix, par les plaies de ses membres, n'ait conservé sa vie sur la croix que pendant trois heures, et soit mort plus tôt que les deux voleurs crucifiés avec lui. Aucun des ennemis du christianisme n'a osé disconvenir autrefois que Jésus-Christ n'ait expiré sur la croix; mais de nos jours, il s'en est trouvé qui ont affecté de douter s'il était véritablement mort lorsqu'il en fut détaché. Ils n'ont pas vu qu'ils faisaient disparaître une de leurs plus pompeuses objections contre la résurrection; ils disent que si Jésus-Christ était véritablement ressuscité, il aurait sans doute reparu en public, et se serait montré à ses ennemis pour les confondre. Mais, par la même raison, s'il n'était pas mort, il n'a tenu qu'à lui de reparaître et de se montrer aux Juifs, s'il l'avait voulu.

Constantin, converti au christianisme, abolit avec raison le supplice de la croix. Dès ce moment, elle a passé non-seulement, comme le dit saint Augustin, du lieu des supplices sur le front des empereurs, mais du lieu des supplices sur les autels.

Plusieurs incrédules ont prétendu qu'il y a contradiction entre les évangélistes au sujet de l'heure à laquelle Jésus-Christ fut attaché à la croix. Saint Matthieu, saint Marc et saint Luc, après avoir raconté le *crucifiement*, disent que depuis la sixième heure jusqu'à la neuvième, c'est-à-dire depuis midi jusqu'à trois heures, la Judée fut couverte de ténèbres ; d'où il résulte que le Sauveur fut attaché à la croix vers midi. Mais saint Marc, c. XV, v. 25, dit, en parlant des Juifs, *il était la troisième heure*, ou neuf heures du matin, *et ils le crucifièrent*. Au contraire, nous lisons dans saint Jean, c. XIX, v. 14, qu'il était environ la sixième heure, ou midi, lorsque Pilate présenta Jésus aux Juifs, qui demandèrent sa mort ; il ne put donc être crucifié que quelques heures après midi. Comment concilier tout cela ? — Fort aisément, avec un peu d'attention. Saint Jean ne dit pas qu'il était la sixième heure précise, mais *environ la sixième heure*; il n'était donc pas encore midi lorsque les Juifs demandèrent la mort de Jésus, et que Pilate le leur livra. or, l'évangéliste ajoute, verset 16, que tout de suite ils le conduisirent au Calvaire, chargé de sa croix ; Jésus-Christ put donc y être attaché à midi, comme les trois autres évangélistes le supposent. Lorsque saint Marc dit qu'*il était la troisième heure*, et qu'*ils le crucifièrent*, on doit entendre que dès les neuf heures du matin les Juifs se disposèrent à le crucifier, après que Pilate le leur aurait livré ; autrement il y aurait contradiction entre le verset 25 et le verset 33 du même chapitre de saint Marc. Il est évident que, dans les versets 23, 24, 25 et 26, cet historien n'a ni suivi l'ordre des faits, ni prétendu marquer l'heure précise. Cette circonstance n'était pas assez importante pour mériter beaucoup d'attention ; et quand un copiste, par inadvertance, aurait mis *la troisième heure* pour *la sixième heure*, ce ne serait pas un grand malheur.

CRUCIFIX, image de Jésus-Christ attaché à la croix. Les catholiques honorent le *crucifix* en mémoire du mystère de la rédemption, et pour exciter en eux la reconnaissance de ce bienfait : les protestants ont ôté les *crucifix* des églises. Ce ne fut qu'avec beaucoup de peine que du temps de la prétendue réformation d'Angleterre, la reine Elisabeth put en conserver un dans sa chapelle. Nous ne savons pas pourquoi les réformateurs ont témoigné tant d'horreur pour ce signe si capable d'exciter la piété. L'on en voit cependant encore dans plusieurs temples des luthériens.

Autrefois un catholique se serait fait scrupule de ne pas avoir un *crucifix* dans sa chambre ; aujourd'hui on laisse au peuple ce pieux usage ; il est dangereux qu'en perdant de vue l'image, on n'oublie bientôt ce qu'elle représente. Le culte de la croix et l'usage des *crucifix* devinrent plus communs dans l'Eglise immédiatement après l'invention de la sainte croix. *Voy.* l'*Ancien Sacramentaire*, par Grancolas, première partie, page 66.

CULTE, honneur que l'on rend à Dieu, ou à d'autres êtres, par rapport à lui et par respect pour lui (1). Il est impossible d'admettre en Dieu une providence, sans en conclure qu'il est juste et nécessaire de lui rendre un *culte*, non parce qu'il en a besoin, mais parce que nous avons besoin nous-mêmes d'être reconnaissants, respectueux, soumis à notre Créateur : quiconque ne l'est pas envers Dieu, l'est encore moins envers les hommes.

Respecter sa majesté suprême, sentir en tout lieu sa présence, reconnaître ses bienfaits, croire à sa parole, se soumettre à ses ordres et à sa volonté, se confier en ses promesses et en sa bonté, l'aimer sur toutes choses : voilà les sentiments dans lesquels consiste le *culte en esprit et en vérité* ; tous réunis forment ce que nous appelons l'*adoration* ou le *culte* suprême qui n'est dû et ne peut être rendu qu'à Dieu seul. [*Voy.* RELIGION.]

Avant d'entrer dans aucune question sur ce sujet, il faut commencer par expliquer les termes. Dans toutes les langues, *culte, honneur, respect, vénération, révérence, service*, sont synonymes, surtout dans le langage commun et populaire. Dans l'Ecriture sainte même, le terme hébreu qui désigne le *culte* suprême rendu à Dieu, exprime aussi l'honneur que les patriarches ont rendu plus d'une fois aux anges, et celui qu'ils ont

---

(1) *Exposition du dogme catholique.* — « Pour commencer par l'adoration qui est due à Dieu, dit Bossuet, l'Eglise catholique enseigne qu'elle consiste principalement à croire qu'il est le créateur et le Seigneur de toutes choses, et à nous attacher à lui de toutes les puissances de notre âme par la foi, par l'espérance et par la charité, comme à celui qui seul peut faire notre félicité, par la communication du bien infini, qui est lui-même.

« Cette adoration intérieure que nous rendons à Dieu, en esprit et en vérité, a ses marques extérieures, dont la principale est le sacrifice, qui ne peut être offert qu'à Dieu seul, parce que le sacrifice est établi pour faire un aveu public et une protestation solennelle de la souveraineté de Dieu, et de notre dépendance absolue.

« La même Eglise enseigne que tout culte religieux se doit terminer à Dieu comme à sa fin nécessaire; et si l'honneur qu'elle rend à la sainte Vierge et aux Saints peut être appelé religieux, c'est à cause qu'il se rapporte nécessairement à Dieu.

« Mais avant que d'expliquer davantage en quoi consiste cet honneur, il n'est pas inutile de remarquer que Messieurs de la religion prétendue réformée, pressés par la force de la vérité, commencent à nous avouer que la coutume de prier les saints, et d'honorer leurs reliques, était établie dans le IVe siècle de l'Eglise. M. Daillé, en faisant cet aveu dans le livre qu'il a fait contre la tradition des Latins, touchant l'objet du culte religieux, accuse saint Basile, saint Ambroise, saint Jérôme, saint Jean Chrysostome, saint Augustin, et plusieurs autres grandes lumières de l'antiquité, qui ont paru dans ce siècle, et surtout saint Grégoire de Nazianze, qui est appelé le théologien par excellence, d'avoir changé en ce point la doctrine des trois siècles précédents. Mais il paraît peu vraisemblable que M. Daillé ait mieux entendu les sentiments des Pères des trois premiers siècles, que ceux qui ont recueilli, pour ainsi dire, la succession de leur doctrine immédiatement après leur mort ; et on le croira d'autant moins, que bien loin que les Pères du IVe siècle, se soient aperçus qu'il s'introduisît aucune nouveauté dans leur culte, au contraire, au ministre, on a rapporté des textes exprès, par lesquels ils font voir clairement qu'ils prétendaient, en priant les saints, suivre les exemples de ceux qui les avaient précédés. Mais sans examiner davantage le sentiment des Pères des trois premiers siècles, je me contente de l'aveu de M. Daillé, qui nous abandonne tant de grands personnages qui ont enseigné l'Eglise dans le IVe. Car encore qu'il se soit avisé, douze cents ans après leur mort, de leur donner par mépris une manière de nom de sectes, en les appelant *Reliquaires*, c'est-à-dire, gens qui honorent les reliques, j'espère que ceux de sa communion seront plus respectueux envers ces grands hommes. Ils n'oseront du moins leur objecter qu'en priant les saints, et en honorant leurs reliques, ils soient tombés dans l'idolâtrie, ou qu'ils aient renversé la confiance que les chrétiens doivent avoir en Jésus-Christ ; et il faut espérer que dorénavant ils ne nous feront plus ces reproches; quand ils considéreront qu'ils ne peuvent nous les faire, sans les faire en même temps à tant d'excellents hommes dont ils font profession, aussi bien que nous, de révérer la sainteté et la doctrine. »

témoigné aux hommes ; dans ces divers passages, les versions emploient indifféremment le mot *adorer* ou *se prosterner*. Cependant le mot et l'action ne peuvent pas désigner le même sentiment ni le même degré de respect à l'égard d'objets si différents; il faut donc que la signification des mots change suivant les circonstances et suivant l'intention des écrivains. — Conséquemment l'on est obligé de distinguer différentes espèces de *culte*, et il convient d'en prendre l'idée dans l'Ecriture sainte. Faute d'avoir eu des notions justes et nettes sur ce point, les théologiens hétérodoxes ont fait une infinité de raisonnements et de réflexions fausses; il n'est aucun article de la doctrine catholique qu'ils aient mieux réussi à défigurer. — Nous appelons *culte intérieur* les sentiments d'estime, d'admiration, de reconnaissance, de confiance, de soumission à l'égard d'un être que nous en jugeons digne; et *culte extérieur*, les signes sensibles par lesquels nous témoignons ces sentiments; comme les génuflexions, les prosternements, les prières, les vœux, les offrandes, etc. Lorsque ces témoignages ne sont pas accompagnés des sentiments du cœur, ce n'est plus un *culte* vrai et sincère, c'est une pure hypocrisie, vice que Jésus-Christ et les prophètes ont souvent reproché aux Juifs.

Comme le *culte* change de nature, suivant la différence des motifs qui l'inspirent, il faut distinguer le *culte civil* d'avec le *culte religieux*. Lorsque nous honorons dans un personnage des qualités, un pouvoir, une autorité, qui n'ont rapport qu'à l'ordre civil et temporel de la société, c'est un *culte* purement civil; si nous voulons honorer en lui une dignité, un pouvoir, un mérite surnaturel, avantages qui n'ont rapport qu'à l'ordre de la grâce et au salut éternel, c'est un *culte religieux*, puisque la religion seule nous peut faire connaître et nous faire estimer les dons de la grâce. Mais nous ne pouvons pas exprimer le *culte religieux* par d'autres signes que le *culte civil*, c'est la diversité du motif qui en fait toute la différence. — Par conséquent, le *culte* ne peut pas non plus être le même, lorsque nous avons une idée toute différente des personnes ou des objets auxquels nous l'adressons. Comme nous reconnaissons en Dieu seul toute perfection, les attributs de créateur et de seul souverain maître, nous lui devons des sentiments d'admiration, de respect, de reconnaissance, de confiance, d'amour, de soumission, que nous ne pouvons avoir pour aucune créature ; ainsi, nous lui rendons non-seulement un *culte religieux*, mais un *culte suprême*, que nous appelons proprement *adoration*; il y aurait de la folie et de l'impiété à vouloir rendre ce *culte* à un autre qu'à lui.

Lorsque nous respectons et honorons, dans les anges et dans les saints, les grâces surnaturelles que Dieu leur a faites, la dignité à laquelle il les a élevés, le pouvoir qu'il leur accorde, ce n'est certainement plus un *culte divin*, ni un *culte suprême*, mais un *culte inférieur* et *subordonné*; c'est néanmoins toujours un *culte religieux*, puisqu'il a pour motif la religion, ou le respect que nous avons pour Dieu lui-même. Lorsque Dieu dit aux Israélites (*Exod.* XXIII, 21) : *Respectez mon ange, parce que mon nom est en lui*, il ne leur prescrivait pas un *culte civil*. Lorsqu'une femme de Samarie se prosterna devant Elisée, parce que ce prophète venait de ressusciter son enfant, elle ne prétendit point honorer en lui une dignité ni un pouvoir civil, mais la qualité de *saint prophète*, d'*homme de Dieu*, et le pouvoir d'opérer des miracles (*IV Reg.* IV, 9 et 37). Dans l'ordre civil, on peut appeler *culte suprême* celui que l'on rend au roi, et *culte inférieur* celui que l'on témoigne à ses ministres. Pourquoi cette dénomination n'aurait-elle pas lieu en fait de *culte religieux* ?

Pour mettre plus de clarté dans leur langage, les théologiens appellent *latrie* le *culte* rendu à Dieu, et *dulie* celui que l'on rend aux saints; mais dans l'origine, ces deux termes tirés du grec signifiaient également *service*, sans distinction. — Il faut encore se souvenir que nous employons souvent les mêmes démonstrations extérieures, pour témoigner un *culte inférieur* et pour rendre un *culte suprême;* et c'est alors l'intention seule qui détermine la signification des signes. On s'incline, on se découvre, on se met à genoux, on se prosterne devant les grands aussi bien que devant les rois, sans avoir pour cela l'intention de leur rendre un honneur égal ; il en est encore de même dans le *culte religieux* à l'égard de Dieu, et à l'égard des anges et des saints. Presque toute la différence se trouve dans la forme des prières; nous demandons à Dieu de nous accorder ses grâces par lui-même, et nous supplions les saints de les obtenir pour nous par leur intercession : cela est très-différent.

Le *culte*, soit civil, soit religieux, est tantôt *absolu* et tantôt *relatif*; les honneurs que l'on rend au roi sont un *culte civil absolu*, le respect que l'on a pour son image ou pour son ambassadeur est *relatif*: on ne les honore pas pour eux-mêmes, mais en considération du roi. Il est dit dans le psaume XCVIII, *Hebr.* XCIX, v. 5 et 9 : *Adorez l'escabeau des pieds du Seigneur, parce qu'il est saint..... Adorez sa sainte montagne*. Lorsque les Juifs se prosternaient devant l'arche d'alliance, devant le temple, devant la montagne de Sion ; lorsqu'ils se tournaient de ce côté-là pour prier, ils ne prétendaient pas rendre leur *culte* à la montagne, au temple, ni à l'arche, mais à Dieu, qui était censé y être présent : donc lorsque nous faisons de même devant une image du Sauveur, ou devant sa croix, ce n'est point à ces symboles que se termine notre *culte*, mais à Jésus-Christ lui-même. Il dit à ses disciples : *Celui qui vous reçoit, me reçoit;.... celui qui vous écoute, m'écoute, et celui qui vous méprise, me méprise* (*Matth.* X, 40 ; *Luc.* X, 16). Il n'est donc pas vrai qu'en fait de *culte religieux*, la distinction que nous mettons entre le *culte absolu* et le *culte relatif* soit une invention moderne des théologiens, qui n'est point fondée sur l'Ecriture sainte, comme les protestants le prétendent.

Avec le secours de ces notions, qui nous paraissent claires, nous parviendrons aisément à résoudre les questions que l'on a coutume de proposer touchant le *culte* en général. 1° Est-il permis de rendre un *culte religieux* à d'autres êtres qu'à Dieu? 2° La religion ne consiste-t-elle que dans le *culte intérieur*? Ne faut-il pas absolument témoigner ce *culte* à l'extérieur? 3° La pompe, dans le *culte divin*, est-elle un abus? 4° Que doit-on entendre par *culte superstitieux*, indu et superflu?

I. Les protestants soutiennent que tout *culte religieux*, rendu à d'autres êtres qu'à Dieu, est une impiété et une idolâtrie; c'est un des principaux motifs qu'ils ont allégués pour justifier leur séparation d'avec l'Eglise romaine. Dieu, disent-ils s'en est, clairement expliqué (*Deut.* vi, 13) : *Vous craindrez le Seigneur votre Dieu, et vous le servirez seul*. Jésus-Christ a répété ces paroles dans l'Evangile (*Matth.* iv, 10). La loi est claire et sans réplique. — Nous répondons que cette loi défend de rendre à d'autres êtres qu'à Dieu seul le *culte suprême*, le *culte* qui atteste sa qualité de seul souverain Seigneur, mais qu'elle ne défend point de rendre à d'autres le *culte inférieur* et subordonné, qui suppose que ce sont des créatures dépendantes de Dieu, parce que ce *culte*, loin d'ôter à Dieu son titre de seul souverain Seigneur, le lui confirme au contraire. Nous pouvons que tel est le sens de la loi, 1° parce que Dieu lui-même dit aux Juifs (*Exod.* xxiii, 21) : *J'enverrai mon ange qui vous précédera;... respectez-le (observa eum), ne le méprisez pas parce que mon nom est en lui*. Il est donc faux que Dieu ait défendu ailleurs tout *culte* quelconque adressé à d'autres êtres qu'à lui. 2° Parce que nous voyons les patriarches, les juges, les prophètes, se prosterner devant les anges, et leur rendre le plus profond respect. Abraham se prosterna devant trois anges qu'il reçut chez lui, Balaam fit de même devant celui qui lui apparut, Josué devant un autre, Daniel devant celui qui vint lui révéler l'avenir. L'ange se nomme le *prince de l'armée du Seigneur*, dit à Josué : *Déchaussez-vous : le lieu où vous êtes est saint* (*Jos.* v, 14 et suiv.). Josué, pénétré de respect, se prosterne et lui dit : *Que mon Seigneur ordonne-t-il à son serviteur?* Josué a-t-il en cela violé la loi? Vainement les protestants diront que ce n'était là qu'un *culte civil;* nous avons démontré le contraire d'avance par la simple notion des termes. — Ils prétendent que, dans ces différentes circonstances, c'était le Fils de Dieu qui apparaissait aux anciens justes, cela peut être; mais ces justes le savaient-ils? Dieu ne les en avait pas prévenus, et ces anges ne le disent point; au contraire, Dieu, qui avait averti les Israélites que son ange les précéderait (*Exod.* xxiii, 21), promet dans la suite à Moïse qu'il les précédera lui-même, c. xxxiii, v. 17. Il y avait donc une différence entre Dieu et son ange. Celui qui se nomme *prince de l'armée du Seigneur*, ne s'attribue pas la divinité. — 3° Nous ajoutons qu'il est impossible de respecter sincèrement Dieu, sans honorer des êtres qu'il a nommés ses *amis*, ses *saints*, ses *élus*. — Nous soutenons même que la loi du Deutéronome ne défend point de témoigner du respect pour des choses inanimées, lorsque ce sont des symboles de la présence de Dieu, comme étaient la nuée lumineuse dans laquelle Dieu parlait à Moïse, l'arche d'alliance, le tabernacle et le temple; Dieu, au contraire, dit aux Israélites (*Levit.* xxvi, 2) : *Soyez saisis de frayeur devant mon sanctuaire*, et il leur ordonne de respecter comme *saint* tout ce qui sert à son *culte*. David dit, (*Ps.* xcviii, 5) : *Louez le Seigneur notre Dieu, adorez l'escabeau de ses pieds, parce que c'est une chose sainte*. Il est absurde de nous opposer toujours une ou deux lois, et de ne tenir aucun compte de toutes les autres.

Ainsi, rien n'est plus faux que la notion que Beausobre a voulu donner du *culte religieux*, lorsqu'il a dit que c'est *celui qui fait partie de l'honneur que l'on rend à Dieu* (*Hist. du manich.*, l. ix, c. 5, § 4 et suiv.). Afin de persuader qu'il n'y a point de *culte religieux* que celui qui est dû à Dieu, et lorsqu'il a décidé que les mêmes cérémonies qui se pratiquent innocemment dans le *culte civil*, à l'égard d'une créature, ne sont plus permises pour lui rendre un *culte religieux*, il a formellement contredit l'Ecriture sainte. — C'était, dit-il, un acte d'idolâtrie de baiser sa main en regardant le soleil et en s'inclinant devant lui (*Job*, xxxi, 26) ; cependant les païens ne le regardaient que comme un être dépendant et un instrument du Dieu suprême. Cette observation est encore fausse. Jamais les païens n'ont connu un Dieu créateur, suprême et maître du soleil ; ils croyaient cet astre animé, intelligent, puissant par lui-même, par conséquent un Dieu très-indépendant d'un Dieu suprême; nous le verrons ci-après.

Il convient que les manichéens rendaient un honneur direct au soleil et à la lune, parce qu'ils les envisageaient comme des temples dans lesquels Jésus-Christ résidait par ses deux attributs de vertu et de sagesse; mais il les absout d'idolâtrie, parce qu'ils ne rendaient pas à ces deux astres l'adoration suprême qui n'appartient qu'à Dieu seul. Il allègue une citation de Fauste le manichéen, qui dit : *Nous avons pour ces choses la même vénération que vous avez pour le pain et pour le calice*. Or, les catholiques, dit Beausobre, n'avaient pour le pain et pour le calice qu'un *respect religieux*, parce que c'étaient les figures du corps et du sang de Jésus-Christ. — Admettons pour un moment cette raison fausse. Il s'ensuit 1° qu'il n'est pas vrai que tout *culte* ou tout *respect religieux* adressé à un autre être qu'à Dieu soit une idolâtrie comme le soutiennent les protestants. 2° Que si les Pères sont coupables d'une inconséquence, en blâmant le *culte* des manichéens, pendant qu'ils approuvent celui des catholiques, Beausobre y tombe lui-même, en condamnant l'idolâtrie, le *culte* des catholiques, pendant qu'il justifie celui des manichéens. 3° Sa décision à l'égard de ceux-ci est formellement contraire au passage de Job qu'il a cité.

Il n'est pas étonnant qu'avec ces notions fausses du *culte religieux*, nos adversaires n'aient jamais su s'accorder entre eux. Daillé, calviniste, soutient que tout *culte* religieux qui ne s'adresse pas *directement et uniquement* à Dieu est une idolâtrie, ou du moins une superstition. Les sociniens, au contraire, prétendent que, quoique Jésus-Christ ne soit pas Dieu, on peut cependant l'adorer comme Dieu, parce qu'il a dit que l'on doit honorer le Fils comme on honore le Père. Beausobre juge que l'on a pu, sans idolâtrie, donner le nom de Dieu à des créatures ; mais que l'on ne peut pas, sans tomber dans ce crime, leur rendre l'honneur qui est dû à Dieu seul ; comme si on pouvait leur faire plus d'honneur que de les appeler *des dieux*. Hyde, anglican, blâme les chrétiens de la Perse, parce qu'ils aimaient mieux être mis à mort que d'adorer le soleil et le feu (*De Relig. vet. Pers.*, c. 1). Beausobre les approuve ; mais il prétend que ce *culte* était innocent de la part des Perses, des manichéens et des sabiens (*Hist. du manich.*, tom. II, l. IX, c. 1, n. 9). Sans doute, suivant son avis, ces mécréants entendaient tous mieux la question que les chrétiens. Engel, autre calviniste, ne veut pas que l'on taxe d'idolâtrie le *culte* que les Chinois rendent aux esprits ou génies, aux âmes de leurs ancêtres et à Confucius. Selon la foule des déistes, celui que les païens rendaient à leurs dieux n'était pas une idolâtrie, parce qu'il se rapportait indirectement au vrai Dieu ; et les honneurs rendus aux mânes des héros étaient un hommage adressé à la vertu. Cependant, quoique nous honorions dans les saints des vertus beaucoup plus pures que celles des prétendus héros, on nous en fait un crime. *Voy.* PAGANISME, § 4 et 5.

Basnage, aussi peu équitable que les autres, nous reproche d'*adorer* les anges et les saints ; il dit que l'on condamne à Rome ceux qui enseignent que l'*adoration* est due à Dieu seul (*Histoire de l'Eglise*, tom. II, liv. XVIII, c. 1, n. 2). Il savait bien que ce n'est là qu'une équivoque frauduleuse, que nous ne nous servons jamais du terme d'*adoration* en parlant du *culte* des anges et des saints, parce que, dans l'usage ordinaire, ce mot signifie le *culte* suprême, il n'ignorait pas que l'Eglise romaine fait profession de rendre ce *culte* à Dieu seul. N'importe, il lui a paru plus utile d'en imposer aux ignorants, que de dire la vérité. Mais afin de se contredire aussi bien que les autres, il avoue, n. 7, qu'il est permis de *vénérer* les martyrs. Qu'il nous fasse donc voir que, dans l'Ecriture sainte, *adorer* et *vénérer* ne signifient jamais la même chose. Ensuite il nous oppose Lactance, qui a dit qu'il ne faut avoir de *vénération* que pour Dieu seul. Nous verrons ci-après de quelle vénération ce Père a voulu parler.

Ce critique accumule contre nous des preuves négatives ; et pour les rendre plus fortes, il y ajoute du sien. « Les anciens n'exhortaient les fidèles qu'à honorer et à prier Dieu. » Mais ont-ils défendu expressément d'honorer et de prier les anges et les saints ? Bientôt nous ferons voir le contraire. Les premiers chrétiens, selon lui, n'adressaient leurs prières qu'à Dieu, puisqu'il ne nous reste des premiers siècles aucune prière, ni aucune hymne, qui soient adressées aux saints. Malheureusement il ne nous en reste pas davantage de celles que l'on adressait à Dieu ; les liturgies n'ont été mises par écrit que sur la fin du IVᵉ siècle, et il y est fait mention de l'intercession et de l'invocation des saints. — Il cite Pline le Jeune et Eusèbe, qui disent que les chrétiens n'adressaient qu'à Jésus-Christ leurs hymnes et leurs cantiques ; et c'était une preuve de sa divinité. Fausse citation. Pline rapporte que les chrétiens s'assemblaient le dimanche pour chanter des hymnes à Jésus-Christ comme à un Dieu. Eusèbe dit que, dans les cantiques des fidèles, la divinité lui était attribuée, bonne preuve de la croyance de l'Eglise contre les ariens, mais preuve nulle contre nous ; nous convenons que des hymnes, des cantiques, des louanges *de la Divinité*, ne peuvent être adressés qu'à Jésus-Christ. Selon Tertullien, continue Basnage, on ne doit demander des bienfaits qu'à celui-là seul qui peut les donner (*Apolog.*, c. 30) ; d'accord. Dieu seul peut les donner par lui-même ; mais les anges, les saints, nos frères vivants, peuvent les obtenir pour nous. C'est pour cela que saint Jacques nous ordonne de prier les uns pour les autres, c. v, vers. 15. Tertullien n'a pas condamné cette pratique. *Vous vous êtes approchés*, dit saint Paul, *de la Jérusalem céleste, de la multitude des anges, de l'assemblée et de l'Eglise des premiers-nés qui sont écrits dans le ciel, de Dieu qui est le juge de tous, des esprits des justes qui sont dans la gloire, de Jésus médiateur de la nouvelle alliance*, etc. (*Hebr.* XII, 22). De quoi nous sert cette société avec les anges et les saints, s'ils ne peuvent rien nous donner et si nous n'avons rien à leur demander ?

Avant de citer Origène, il aurait dû le lire. Ce Père, selon lui, soutient contre Celse, que quand les génies auraient le pouvoir de guérir les maladies et de nous faire du bien, il ne faudrait encore s'adresser qu'à Dieu. C'est une fausseté ; Origène enseigne le contraire ; voici ses paroles, l. VIII, n. 13 : « Si Celse parlait des vrais ministres de Dieu, qui sont les anges, et s'il disait qu'il faut leur rendre *un culte*, peut-être qu'après avoir épuré les sens du mot *culte*, et les devoirs dans lesquels il consiste, je lui dirais à ce sujet ce qui convient ; mais comme il appelle *ministres de Dieu* les démons adorés par les gentils, refusons de les honorer et de les servir, parce que ce ne sont point de vrais ministres de Dieu ; n. 34 et 36. Les anges regardent comme leurs associés et leurs amis les vrais adorateurs de Dieu : ils s'intéressent à leur salut, ils les aident et leur font du bien ;.... l'ange gardien présente à Dieu les prières de celui dont le soin lui est confié, et il prie avec lui ; n. 60. Au lieu de compter sur le secours des démons ou génies, il vaut bien mieux nous confier en Dieu par Jésus-Christ, lui demander toute espèce de secours et l'assistance des saints anges et des justes, afin qu'ils nous délivrent des mauvais démons. » Est-ce là désapprouver le *culte* des anges et toute confiance en eux ? Il serait absurde de prétendre que nous ne devons aucune reconnaissance, aucune confiance, aucun respect, aucun hommage aux esprits bienheureux, qui nous considèrent et nous assistent comme leurs associés et leurs amis ; ces sentiments n'ont-ils pas toujours pour objet principal Dieu, qui a daigné nous accorder ce puissant secours ?

Mais un protestant ne démord pas ; les Pères, dit Basnage, donnaient le *culte* d'un seul Dieu pour la marque distinctive du christianisme ; c'est pour cela que les chrétiens furent accusés d'athéisme. On soutenait contre les ariens, que si Jésus-Christ n'était pas Dieu, il ne serait pas permis de l'adorer ni de se confier en lui. Tout cela est vrai, et il ne s'ensuit rien contre nous : c'est à un seul Dieu que nous rendons notre *culte*, et non à plusieurs dieux ; des honneurs et des respects, très-inférieurs et très-différents du *culte* suprême, adressés aux anges et aux saints, loin de déroger au *culte* divin, en sont au contraire un effet et une conséquence inséparable. Si Jésus-Christ n'était pas Dieu, ce serait une impiété de l'adorer comme Dieu, et de nous confier en lui comme étant Dieu ; cet argument était très-solide contre les ariens ; il ne l'est pas moins contre les sociniens : mais il ne prouve rien contre nous, puisque jamais il ne nous est venu dans l'esprit d'honorer d'un *culte* divin les anges et les saints, ni de nous confier en eux comme étant des dieux.—Non-seulement les païens accusèrent les chrétiens d'athéisme ; mais, par une contradiction grossière, ils leur reprochèrent d'honorer les martyrs comme des dieux ; les *Actes du martyre de saint Polycarpe*, Julien, Libanius, dans l'oraison funèbre de cet empereur, Porphyre et d'autres, ont forgé cette calomnie ; les protestants la répètent, et cela ne leur fait pas beaucoup d'honneur.

Ils nous objectent que cette distinction que nous faisons entre deux espèces de *culte religieux* ne se trouve point dans les anciens Pères : voyons pourquoi, et tâchons de prendre le vrai sens de ce qu'ils ont dit. Il est prouvé, par tous les monuments de l'antiquité, que chez les païens tout *culte religieux* était censé *culte divin*, *culte suprême*, et qu'ils n'en connaissaient point d'autre. Jamais les païens n'ont attribué à leurs dieux du second ordre, ni aux mânes de leurs héros, un simple pouvoir d'intercession, un pouvoir subordonné aux volontés d'un Dieu souverain ; chaque Dieu était indépendant et maître absolu dans son département ; souvent dans les poëtes nous voyons les grands dieux et Jupiter lui-même, demander le secours des dieux du bas étage. Nous ferons voir ailleurs que l'on abuse du terme, quand on prête aux païens en général, et même aux philosophes antérieurs au christianisme, la notion d'un Dieu souverain, dont les autres n'étaient que les serviteurs et les ministres ; le prétendu Dieu suprême des anciens philosophes était l'âme du monde, et cette âme ne se mêlait point de gouverner les choses d'ici-bas ; on ne peut lui attribuer une providence que dans un sens faux et abusif. — Après la naissance même du christianisme, quelques philosophes changèrent de langage ; mais sans toucher au fond de leur système. Celse, qui fait semblant d'admettre une providence divine, la nie cependant, puisqu'il décide que Dieu ne se fâche pas plus contre les hommes que contre les singes et contre les mouches ; et qu'il ne leur fait point de menaces (Origène *contre Celse*, l. IV, n. 99). Jamais il n'a dit qu'il faut rendre un *culte* au Dieu souverain ; Porphyre décide formellement qu'il ne faut lui en rendre aucun. (*De l'Abstin.*, l. II, n. 34). Tout le *culte* était réservé pour les dieux gouverneurs du monde : à plus forte raison le commun des païens pensaient-ils de même. *Voy.* PAGANISME.

Il est donc évident que tout *culte* était direct et absolu, se bornait au personnage auquel il était adressé, et n'avait aucune relation à un Dieu souverain ; il était même pour tous les dieux, et il consistait dans les mêmes pratiques. Basnage observe que les anciens ne connaissaient pas la distinction de *latrie* et de *dulie*. Cela n'est pas fort étonnant ; les païens contre lesquels ils écrivaient ne pouvaient en avoir aucune notion, puisque chez eux tout était *latrie*, ou *culte divin*, *adoration* prise en rigueur. — Conséquemment les Pères ont dû être très-réservés sur l'emploi du mot *culte religieux*, à cause du sens que les païens y attachaient. Quand ils auraient dit tous, comme Lactance, qu'il ne faut avoir de la *vénération* que pour Dieu seul, il ne s'ensuivrait encore rien, puisque entre eux et les païens, *vénération*, *respect*, *honneur*, etc., signifient toujours le *culte* divin, le *culte* suprême. Voilà pourquoi Origène a dit que s'il s'agissait entre Celse et lui du *culte* des anges, il faudrait commencer par épurer le sens du mot *culte*, et voir en quoi il doit consister.

Lorsque les protestants veulent tourner à leur avantage l'explication d'un terme, ils ont grand soin de faire attention aux circonstances, aux personnes, à la question dont il s'agit : lorsqu'il est de leur intérêt de le rendre équivoque, ils ne veulent plus d'explication. Cependant l'Ecriture sainte nous force de distinguer deux sortes de *culte religieux*, l'un pour Dieu seul, l'autre pour les personnes et pour les choses qui ont un rapport spécial avec Dieu ; n'importe, ils n'en veulent point. Depuis deux cents ans, ils répètent les mêmes sophismes, et ils les renouvelleront jusqu'à la fin des siècles, bien sûrs qu'ils en imposeront toujours aux ignorants. Mais enfin nos preuves tirées de l'Ecriture sainte demeurent en leur entier. *Voy.* ANGES, SAINTS, MARTYRS, etc.

II. *Le culte extérieur est-il nécessaire pour former une religion ?* Il l'est absolument, et la preuve de cette vérité est sensible. Les sentiments de respect, de reconnaissance, de confiance, de soumission à l'égard de Dieu, naîtraient difficilement dans le cœur de la plupart des hommes ; ils n'y dureraient pas longtemps, si l'on n'employait pas des signes extérieurs pour les exciter, les entretenir et se les communiquer les uns aux autres ; ce qui ne frappe point nos sens ne fait jamais sur nous une impression vive et durable. Il faut donc à l'homme un *culte* extérieur, des signes expressifs de ce qu'il sent, des symboles, des cérémonies. Nous ne pouvons témoigner à Dieu nos affections que par les mêmes signes qui servent à les faire connaître à nos semblables. — Nous convenons qu'il n'est pas besoin d'une révélation pour comprendre que des prières et des vœux, l'action de se prosterner, des présents et des offrandes, des attentions de propreté et de décence, des signes de joie à l'aspect d'une personne, des regrets de lui avoir déplu, sont capables d'exciter sa bienveillance ; il est naturel d'en conclure que ce qui plaît aux hommes est aussi agréable à Dieu ; ainsi ont raisonné tous les peuples. Mais Dieu n'a pas attendu que l'homme fît toutes ces réflexions ; les livres saints nous apprennent qu'il a daigné instruire le premier homme, puisque les enfants d'Adam, qui n'avaient point eu d'autre instituteur que leur père, ont offert des sacrifices au Seigneur (*Gen.* IV), et que les patriarches ont usé, par religion, de toutes les pratiques dont nous venons de parler.

Il est dit dans l'histoire de la création, que Dieu bénit le septième jour, et le sanctifia (*Gen.* II, 3) ; il le consacra donc à son *culte* : ce n'est pas l'homme qui est auteur de cette distinction. Le repos du septième jour était une profession formelle du dogme de la création, par conséquent de l'unité de Dieu ; un préservatif contre le polythéisme et l'idolâtrie : les hommes n'y sont tombés que pour avoir méconnu Dieu créateur. Caïn et Abel offrent à Dieu en sacrifice leur nourriture, c'était pour eux le plus précieux des biens (*Gen.* IV, 3 et 4). Ils reconnaissent donc que tout vient de Dieu, que c'est à lui de nous prescrire l'usage que nous devons faire de ses dons. — Il est dit d'Enos, v. 26, qu'il commença à invoquer le nom du Seigneur ; mais d'habiles interprètes jugent qu'il y a dans le texte hébreu : *Alors on commit des profanations en invoquant le nom du Seigneur.* Le *culte* extérieur de religion était déjà établi.

En accordant pour nourriture à nos premiers parents les fruits de la terre, Dieu leur avait interdit un fruit particulier (*Gen.* I, 29 ; II, 17). Dans la suite, il accorde à Noé et à ses enfants la chair des animaux, mais il leur en interdit le sang, c. IX, v. 3 et 4 ; Noé distingue des animaux purs et impurs, c. VII, v. 2 ; c. VIII, 20. Nouvelle preuve de respect et de dépendance que Dieu exigeait de l'homme. Il se laisse apaiser par les sacrifices de Noé, c. VIII, v. 21. Hénoc se rend recommandable par sa piété, et Dieu le délivre des misères de cette vie, c. V, v. 24. Des leçons aussi énergiques ne pouvaient manquer de produire leur effet. Dans le livre de Job, qui est de la plus haute antiquité, il est parlé d'holocaustes et de sacrifices pour le péché, de prêtres et de victimes choisies, de vœux et de prières, de pratiques de pénitence, d'expiations et d'ablutions. Dans l'histoire des patriarches, nous voyons des serments faits au nom de Dieu, des libations ou des effusions d'huile odoriférante, des promesses faites à Dieu, des honneurs rendus aux morts, qui attestent la croyance de l'immortalité, etc.

On a souvent écrit, surtout de nos jours, que le *culte* des premiers hommes était très-simple et dégagé des sens ; que le cérémonial fut de l'invention des prêtres, et fit bientôt dégénérer la religion. Autant de faits avancés au hasard, et contredits par nos livres saints. Le cérémonial des patriarches n'est ni très-simple, ni dégagé des sens, puisque nous y trouvons des prières et des prosternations, des autels et des offrandes, des sacrifices et un choix des victimes, des ablutions et des expiations, des abstinences, des vœux, des consécrations, des serments, les louanges de Dieu, et les signes de joie religieuse, les assemblées et les repas communs, les fêtes, l'usage de changer d'habits avant d'offrir un sacrifice, le soin de renoncer à tous les signes d'idolâtrie, les honneurs funèbres et le respect pour les tombeaux. Tout cela était connu avant qu'il y eût des prêtres, et s'il n'y avait point eu de cérémonial, il n'y aurait jamais eu de sacerdoce. — Un homme qui désire ardemment de gagner les bonnes grâces d'un bienfaiteur ou d'apaiser un maître irrité, n'a pas besoin de leçons des prêtres pour imaginer comment il doit s'y prendre ; les désirs ardents donnent de l'esprit et de l'adresse aux plus stupides, et un instinct naturel nous porte à faire pour Dieu ce que nous faisons pour nos semblables. D'ailleurs Dieu lui-même y avait pourvu.

Il n'est donc pas vrai que ce soit le cérémonial qui ait fait dégénérer la religion, puisqu'il est aussi ancien que la religion même. Au contraire, celle-ci n'a dégénéré que quand les hommes se sont écartés du cérémonial primitif pour suivre l'instinct des passions aveugles et capricieuses. Pendant qu'ils s'égaraient, la religion des patriarches est demeurée pure et constamment la même durant deux mille cinq cents ans.

Les philosophes qui ont si mal conçu l'origine du *culte* extérieur, n'en ont pas mieux aperçu l'importance ; elle est cependant palpable. 1° De tout temps ce *culte* a été une profession solennelle des dogmes les plus essentiels, de la création, de l'unité de Dieu, de sa providence, de la chute de l'homme, de la venue d'un Rédempteur, de la vie future. Les peuples qui n'ont pas été fi-

dèles à pratiquer le cérémonial tel que Dieu l'avait prescrit, n'ont pas tardé de méconnaître ces mêmes vérités. Le *culte* extérieur du christianisme est une profession très-claire des dogmes de notre croyance; de tout temps on s'en est servi pour montrer aux hérétiques la vraie doctrine de Jésus-Christ et des apôtres, et pour éclaircir au besoin le sens des passages de l'Ecriture sainte sur lesquels on contestait. Ainsi, l'on a opposé aux ariens les cantiques des fidèles qui attribuaient à Jésus-Christ la divinité; aux pélagiens, les prières par lesquelles l'Eglise implore continuellement le secours de la grâce divine; et le pape Célestin Ier renvoyait à ces mêmes prières pour discerner la croyance ancienne de l'Eglise. On a fait de même pour montrer aux protestants qu'ils se sont écartés de la foi primitive et universelle, et on a tiré des anciennes liturgies un argument contre eux, auquel ils ne peuvent rien répliquer de solide. Nous ne devons pas être étonnés de ce qu'ils ont supprimé chez eux tout cet appareil extérieur de *culte* qui les condamnait. — 2° C'est une leçon de morale qui rappelle continuellement aux hommes leurs devoirs envers Dieu, envers leurs semblables, envers eux-mêmes : devoirs qui s'ensuivent naturellement des dogmes dont nous venons de parler. En effet, si Dieu est le seul distributeur des biens de ce monde, il faut nous contenter de ce qu'il nous donne, ne pas envahir ce qu'il a daigné accorder aux autres : lorsqu'il nous les prodigue au delà de nos besoins, il est juste d'en faire part à ceux qui en sont privés. Puisqu'il est le seul arbitre de la vie et de la mort, il n'est pas permis d'attenter à la vie de personne. Il a béni et sanctifié le mariage (*Gen.* I, 28; IV, 1 et 25) : c'est donc un crime de souiller le lit d'autrui, etc. La conduite des anciens justes démontre qu'ils ont tiré toutes ces conséquences, ou plutôt que Dieu les leur a fait apercevoir. Il ne serait pas difficile de faire voir que les cérémonies du christianisme sont une leçon de morale encore plus énergique et plus éloquente que toutes les cérémonies anciennes. *Voy.* CHRISTIANISME.
— 3° Le *culte* extérieur est un lien de société qui réunit les hommes au pied des autels, leur inspire les sentiments de fraternité, maintient parmi eux l'ordre et la paix, contribue à la civilisation; le *culte* primitif a formé la société domestique; le *culte* mosaïque la société nationale, le *culte* chrétien la société universelle de tous les peuples. — 4° C'est un monument des faits qui, dans la suite des siècles, ont prouvé la révélation; ainsi la pâque et l'offrande des premiers-nés rappelaient aux Juifs leur sortie miraculeuse de l'Egypte; la Pentecôte la publication de la loi sur le mont Sinaï, etc. Le dimanche nous atteste la résurrection de Jésus-Christ; nos fêtes célèbrent les principaux événements de sa vie, etc.

Plusieurs philosophes de nos jours ont décidé que le *culte* intérieur est le seul qui honore Dieu : maxime commode pour se dispenser de toute pratique de religion, mais maxime très-fausse. Dieu n'aurait pas institué le *culte* extérieur, s'il ne s'en tenait pas honoré, et s'il n'était pas nécessaire pour entretenir le *culte* intérieur. Nous voudrions savoir si ceux qui renoncent à toute pratique sensible sont les adorateurs de Dieu les plus fervents. — Lorsque Jésus-Christ a dit que les vrais adorateurs rendront à Dieu un *culte* en esprit et en vérité (*Joan.* IV, 23.) il n'a pas prétendu exclure le *culte* extérieur, puisqu'il l'a observé lui-même. Il a institué par lui-même le baptême et l'eucharistie, par ses apôtres les autres sacrements et la forme de la liturgie. Il condamnait, comme les prophètes, le *culte purement extérieur*, auquel le cœur n'a point de part (*Matth.* XV, 8); mais il a loué les signes de componction du publicain, l'offrande de la veuve, et a commandé la prière; en parlant des purifications et des œuvres de charité, il a dit qu'il fallait pratiquer les unes et ne pas omettre les autres (*Luc.* XI, 42) (1).

Les déclamations contre les abus du *culte* extérieur ne sont souvent qu'un trait d'hypocrisie. Jusqu'à la fin des siècles, les hommes abuseront des choses les plus saintes; les passions savent tourner à leur avantage le frein même destiné à les réprimer. Mais le plus odieux de tous les abus est de vouloir supprimer toutes les institutions desquelles on peut abuser. Faut-il bannir de la société civile les démonstrations de bienveillance et d'amitié parce que ces signes sont souvent faux et perfides ?

Quand il s'est agi de déterminer ce qu'il fallait approuver ou blâmer, conserver ou abolir dans le *culte* extérieur de l'Eglise romaine, les protestants ne se sont pas mieux accordés que sur les principes desquels il

---

(1) Tous les êtres sont obligés de rendre à leur manière leurs hommages au Créateur : le corps, qui est sous la puissance de l'âme, ne le peut que par les actes d'adoration que celui-ci lui commande. « Dieu, disaient les auteurs de l'*Encyclopédie*, art. RELIGION, en unissant la matière à l'esprit, l'a associée à la religion, et d'une manière si admirable que, lorsque l'âme n'a pas la liberté de satisfaire son zèle en se servant de la parole, des mains, des prosternements, elle se sent comme privée d'une partie du culte qu'elle voudrait rendre, et de celle même qui lui donnerait le plus de consolation; mais si elle est libre, et que ce qu'elle éprouve au dedans la touche visiblement et la pénètre, alors ses regards vers le ciel, ses mains étendues, ses cantiques, ses prosternements, ses adorations diversifiées en cent manières, ses larmes que l'amour et la pénitence font également couler, soulagent son cœur en suppléant à son impuissance, et il semble que c'est moins l'âme qui associe le corps à sa piété et à sa religion, que ce n'est le corps même qui se hâte de venir à son secours et de suppléer à ce que l'esprit ne saurait faire; en sorte que dans la fonction non-seulement la plus spirituelle, mais aussi la plus divine, c'est le corps qui tient lieu du ministre public et de prêtre, comme dans le martyre, c'est le corps qui est le témoin visible et le défenseur de la vérité contre tout ce qui l'attaque. »

fallait partir. Les calvinistes ont réduit le leur à la prédication, à la prière publique, au chant des psaumes, à la cérémonie du baptême et à celle de la cène, faite sans aucun appareil : ils ont jugé tout le reste abusif. Les luthériens en ont retenu un peu davantage, mais leur cérémonial n'est pas uniforme dans les différents pays. Les anglicans en ont conservé plus que les autres sectes, c'est un des reproches que celles-ci leur font; elles disent que les anglicans sont encore à moitié papistes; qu'il fallait ou abolir toutes les superstitions de Rome, ou les conserver dans leur entier. Aussi un écrivain de cette nation avoue qu'il n'est pas aisé de déterminer jusqu'à quel point il convient de se prêter à l'infirmité humaine en fait de cérémonies, ni de fixer un milieu dans lequel on puisse flatter les sens et l'imagination, sans blesser la raison, et sans ternir la pureté de la véritable religion. Il est singulier que, sans savoir jusqu'où il fallait aller, ni où l'on devait s'arrêter, on ait commencé par condamner l'Eglise romaine, et qu'on l'accuse d'avoir passé toutes les bornes, quand on ne peut pas dire où il fallait planter les bornes.

On lui reproche d'avoir établi une multitude de cérémonies ridicules qui détruisent la véritable religion, qui ne tendent qu'à enrichir le clergé, qui entretiennent les peuples dans l'ignorance et dans la superstition. Mais n'est-ce pas cette accusation même qui suppose beaucoup d'ignorance? 1° Aux yeux des déistes, les cérémonies des protestants ne paraissent pas moins ridicules que les nôtres; ils n'en veulent point du tout : ce que les protestants diront pour justifier les leurs, nous servira pour faire l'apologie des nôtres. 2° Le clergé n'a pu avoir aucun motif d'intérêt pour multiplier les cérémonies, puisque les rétributions manuelles ou les droits casuels n'ont été établis qu'après le VIII° siècle, lorsque les biens de l'Eglise ont été pillés par les seigneurs. Peut-on prouver que la multitude des cérémonies n'a pris naissance que depuis ce temps-là? Dans un moment nous prouverons le contraire. On a été aussi forcé d'établir en Angleterre un casuel, après le pillage des biens ecclésiastiques fait par les protestants, et ces droits sont beaucoup plus forts qu'en France. Le clergé anglican a donc eu plus d'intérêt à inventer de nouvelles cérémonies que les prêtres catholiques. 3° Les sectes de chrétiens orientaux sont séparées de l'Eglise romaine depuis le v° siècle ; cependant leur cérémonial est pour le moins aussi chargé que le nôtre, et leur clergé n'en est pas plus riche pour cela. Nous cherchons vainement dans toute l'antiquité ecclésiastique des preuves de l'intérêt prétendu des prêtres à multiplier les cérémonies. Elles sont évidemment plus anciennes que les schismes des Orientaux. 4° De nouvelles cérémonies n'ont pu être établies que par les évêques : or, ceux-ci n'ont jamais pu y avoir aucun intérêt, puisque leurs richesses ont toujours été des fonds, et non des droits casuels. Voilà comme on raisonne au hasard, quand on ne prend pas la peine de consulter l'histoire. Nous connaissons plusieurs conciles ou assemblées du clergé qui ont proscrit des cérémonies nouvelles et superstitieuses; on ne peut pas en citer un qui en ait introduit.

Jamais nous ne concevrons comment les cérémonies peuvent entretenir le peuple dans l'ignorance : nous avons fait voir, au contraire, que c'est un moyen que Dieu a pris pour instruire les hommes. Une partie de l'instruction chrétienne consiste à faire concevoir au peuple le sens et les raisons des cérémonies religieuses.

Cet appareil extérieur, disent encore les protestants et les incrédules, sera toujours un piége pour le peuple ; il fait plus de cas des cérémonies que des vertus, et comme les Juifs, il croit avoir rempli toute justice lorsqu'il a satisfait au *culte* extérieur. — Ici nos adversaires ne voient pas qu'ils se confondent encore : puisque le peuple aime les cérémonies, qu'il y attache beaucoup d'importance, qu'il les regarde comme une partie essentielle de la religion, c'est donc lui qui en a voulu, et ce ne sont pas les prêtres qui en sont les auteurs. Quand ceux-ci ne s'en seraient pas mêlés, le peuple en aurait fait malgré eux ; et, en dépit des philosophes, il y a des cérémonies et un *culte* extérieur quelconque dans toutes les contrées de l'univers, même chez les sauvages.

Mais il y a plus : Dieu savait sans doute mieux que nos censeurs les inconvénients, les abus, les erreurs auxquels les cérémonies ne manqueraient pas de donner lieu; il en a cependant ordonné depuis le commencement du monde : il en augmenta beaucoup le nombre en donnant sa loi aux Juifs, et Jésus-Christ lui-même a daigné les observer. Il prévoyait tout le mal que le *culte* extérieur pourrait produire dans son Eglise ; il a cependant donné à ses apôtres le pouvoir de l'établir, puisqu'ils l'ont fait. Si ce mal était aussi réel et aussi grand que le prétendent nos adversaires, il serait étonnant que Jésus-Christ n'eût pris aucune précaution pour le prévenir, et qu'il n'eût pas donné à ce sujet les avis les plus clairs et les leçons les plus expresses. Où sont-elles dans l'Evangile ? — L'abus, s'il y en a, date de fort loin. Les prétendus réformateurs imaginaient que la multitude des cérémonies avait été introduite dans les bas siècles, au milieu des ténèbres de l'ignorance. Quand on les a retrouvées chez les sectes orientales, il a fallu convenir que le cérémonial était plus ancien que leur schisme, ou on en a placé l'origine au IV° siècle. Mais les critiques les plus récents, par une sagacité supérieure, ont découvert que le très-grand nombre des cérémonies sont venues du platonisme des anciens Pères. Or, ils voient le platonisme, non-seulement dans les écrits des auteurs du II° siècle ; mais les sociniens et les déistes l'aperçoivent dans l'Evangile de saint Jean ; et son Apocalypse nous présente le plan d'une liturgie pompeuse. On ne peut pas remonter plus haut. *Voy.* Liturgie. Ainsi s'accordent encore nos adversaires sur l'origine du cérémonial.

III. *La pompe et la magnificence dans le culte extérieur de religion sont-elles un abus?* C'est l'avis des incrédules et de la plupart de nos dissertateurs modernes. Dans un siècle où le luxe est porté à son comble et ruine tous les États, on a jugé que l'économie ne serait nulle part plus nécessaire que dans le culte divin; on en a calculé exactement la dépense : on sait ce qu'il en coûte pour le luminaire, pour le pain bénit, pour les funérailles, pour l'entretien de la fabrique. Voilà sûrement ce qui ruine le peuple, il faut absolument retrancher le superflu. Il nous semble voir les Athéniens qui avaient condamné à mort tout citoyen qui voudrait faire employer à d'autres usages l'argent destiné pour les spectacles. — Nos sages économistes, animés du même esprit, trouvent très-bon que les richesses soient prodiguées pour les fêtes publiques, pour les théâtres qui corrompent les mœurs, pour les amusements de toute espèce; ils déplorent la dépense qui se fait pour les spectacles de religion, parce qu'ils instruisent les hommes, les excitent à la vertu, les consolent par l'espérance d'un bonheur à venir. Ils affectent de la compassion pour la misère du peuple; non-seulement ils ne voudraient rien retrancher sur leurs plaisirs pour la soulager, mais ils veulent ôter au peuple le seul moyen qui lui reste de se consoler et de s'encourager dans les temples du Seigneur, par des motifs de religion. Sans doute il vaut mieux, suivant leur opinion, qu'il aille s'en distraire dans les lieux de débauche et dans les écoles du vice; aussi les a-t-on multipliés pour sa commodité. Mais où iront ceux qui craignent l'infection de ces lieux empestés, et qui ne veulent pas se pervertir? Laissons déraisonner les insensés; consultons la simple lumière naturelle et l'expérience de toutes les nations.

Il est nécessaire de donner aux hommes une haute idée de la majesté divine, et de rendre son *culte* respectable; on n'y parviendra pas sans le secours d'une pompe extérieure. L'homme ne peut être pris que par les sens; voilà le principe duquel il faut partir; on ne réussira point à captiver son imagination, si l'on ne met sous ses yeux les objets auxquels il attache un grand prix. A moins que le peuple ne trouve dans la religion la même magnificence qu'il aperçoit dans les cérémonies civiles, à moins qu'il ne voie rendre à Dieu des hommages aussi pompeux que ceux que l'on rend aux puissances de la terre, quelle idée se formera-t-il de la grandeur du Maître qu'il adore? C'est la réflexion de saint Thomas. Les protestants sentent aujourd'hui les suites funestes de la nudité à laquelle ils ont réduit le *culte* divin : un incrédule même est convenu que le retranchement du *culte* en Angleterre en a banni la piété, y a fait éclore l'athéisme et l'irréligion; le mépris de *culte* a produit le même effet parmi nous.

Quand on nous demande, avec Juvénal :
A quoi sert l'or dans les temples?

Dicite, pontifices, in templo quid facit aurum?

nous répondons qu'il sert à témoigner le respect que l'on a pour Dieu, à reconnaître que tous les biens viennent de lui, et que tout doit être consacré à son service. Ceux qui refusent de contribuer à la pompe du *culte* divin, n'en sont pas pour cela mieux disposés à secourir les pauvres. Le peuple veut de la magnificence, parce qu'il aime la religion, elle est sa seule ressource; les incrédules réprouvent cet éclat imposant, parce qu'ils détestent la religion. — Il est convenable que, pour assister aux assemblées religieuses les jours de fête, le peuple se mette le plus proprement qu'il lui est possible, afin que cet appareil extérieur le fasse souvenir de la pureté de l'âme qu'il doit y apporter; afin que les grands, qui dédaignent ces assemblées, aient moins de répugnance à se mêler avec le peuple; afin que l'énorme disproportion que mettent les richesses entre les uns et les autres, disparaisse un peu devant le souverain Maître, aux yeux duquel tous les hommes sont égaux. Jacob, prêt à offrir un sacrifice à la tête de sa maison, ordonna à ses gens de se laver et de changer d'habits (*Gen.* xxxv, 2). Dieu commanda la même chose aux Hébreux, quand il voulut leur donner sa loi sur le mont de Sinaï (*Exod.* xix, 10). Ce signe extérieur de respect se retrouve chez toutes les nations; toutes, sans exception, mettent dans les hommages qu'elles rendent à la Divinité le plus de pompe qu'il leur est possible.

Cependant nos philosophes prétendent justifier leur avis. « L'excès de la magnificence du *culte* public, disent-ils, excite celle des particuliers; on veut toujours imiter ce qu'on admire le plus. Il n'est pas vrai que cette magnificence soit nécessaire; les premiers chrétiens pensaient différemment. Origène témoigne qu'ils faisaient peu de cas des temples et des autels. C'est en effet au milieu de l'univers qu'il faut adorer celui qu'on en croit l'auteur. Un autel de pierres, élevé sur une hauteur, au milieu d'un vaste horizon, serait plus auguste et plus digne de la majesté suprême, que ces édifices dans lesquels sa puissance et sa grandeur paraissent resserrées entre quatre colonnes. Le peuple se familiarise avec la pompe et les cérémonies, d'autant plus aisément, qu'étant pratiquées par ses semblables, elles sont plus proches de lui, et moins propres à lui imposer; bientôt l'habitude les lui rend indifférentes. Si la synaxe ne se célébrait qu'une fois l'année, et qu'on se rassemblât de divers endroits pour y assister, comme on faisait aux jeux olympiques, elle paraîtrait d'une tout autre importance. C'est le sort de toutes choses, de devenir moins vénérables en devenant plus communes. » — Cette sublime doctrine était déjà consignée dans deux *Encyclopédies*; on la retrouvera encore dans le *Dictionnaire des Finances*; ce serait dommage qu'elle se perdit. Malheureusement elle est fausse dans tous les points.

Il nous paraît d'abord qu'elle renferme une contradiction. D'un côté, l'on craint que la magnificence du *culte* n'excite celle des particuliers; de l'autre, on voudrait y voir autant de pompe et d'appareil que dans les jeux olympiques, afin qu'il parût plus vénérable, plus imposant, et plus capable d'exciter l'admiration. Cela ne s'accorde pas.

Mais 1° il est faux que la magnificence du culte inspire du goût pour le luxe. Un particulier sent très-bien qu'il serait absurde et impie de faire pour lui-même ce qu'il fait pour Dieu, et de prendre la majesté des temples pour modèles de sa demeure. Dans le temps que les rois Francs, Bourguignons, Goths et Vandales, encore très-barbares, ne connaissaient point la magnificence pour eux-mêmes, ils la trouvaient très-bien placée dans les temples du Seigneur, et ils y contribuaient; c'est ce qui servit un peu à les civiliser. Il serait bon de nous souvenir toujours que cette pompe du *culte* a conservé en Europe un reste de connaissance des arts. *Voy.* ARTS. Dès qu'il y a du luxe et de la pompe civile chez une nation, il est impossible de la retrancher dans le *culte*, sans l'avilir aux yeux de la multitude. Ce n'est pas la pompe religieuse qui fait naître le goût pour le luxe; mais le luxe, une fois établi, nous force de mettre plus d'appareil dans les cérémonies de religion. — 2° Il est faux que la vue du ciel et d'un vaste horizon fasse plus d'impression sur le commun des hommes qu'un temple décemment orné. Le peuple est plus accoutumé à voir le ciel et la campagne qu'à voir des cérémonies pompeuses; il ne médite ni sur la marche des astres, ni sur la magnificence de la nature. Le sacrifice offert au ciel une fois l'année sur une montagne par l'empereur de la Chine, à la tête des grands de l'empire, est sans doute imposant; cependant il n'a pas empêché le peuple, les grands, et l'empereur lui-même, de tomber dans le polythéisme, et d'adorer des idoles dans les pagodes. C'est un fait devenu incontestable. Les Perses et les Chananéens offraient aussi des sacrifices sur les montagnes; ils n'en adoraient pas moins des marmousets sous des tentes. Aussi Dieu défendit ces sacrifices aux Israélites; il voulut qu'on lui dressât un tabernacle, et ensuite un temple. Montesquieu observe très-bien que tous les peuples qui n'ont pas de temples sont sauvages et barbares. A quoi sert de raisonner contre des faits? — 3° Il est faux que les premiers chrétiens aient pensé comme nos philosophes. Ils ne pouvaient avoir de temples lorsqu'ils étaient forcés de se cacher pour célébrer les saints mystères; mais ils bâtirent des églises dès que cela leur fut permis, et elles furent démolies pendant la persécution de Dioclétien. Il y en avait certainement du temps d'Origène. Jamais les chrétiens n'ont tenu leurs assemblées en pleine campagne. — 4° Enfin il est faux que le *culte* extérieur soit devenu indifférent au peuple; le contraire est prouvé par la foule rassemblée dans nos églises les jours de fête, au grand regret des incrédules. Dans les campagnes, où le peuple a encore plus de piété que dans les villes, aucun particulier ne manque d'assister aux offices divins, lorsqu'il le peut; souvent même il assiste à la messe les jours ouvriers. Il ne pourrait pas avoir cette consolation, si elle se célébrait aussi rarement que les jeux olympiques.

IV. *Que doit-on nommer* culte *superstitieux, faux, indu ou superflu?* Rien de plus commun dans les écrits des hérétiques et des incrédules que le nom de *superstition;* mais nous ne savons pas encore précisément ce qu'ils entendent par là. — Les théologiens appellent *superstitieux* tout *culte* que Dieu a défendu, ou qu'il n'a ni ordonné ni approuvé; il doit être censé tel, lorsque l'Eglise ne l'a ni approuvé, ni commandé, à plus forte raison lorsqu'elle l'a défendu; parce que Dieu a donné à son Eglise l'autorité d'enseigner aux fidèles la vraie doctrine, tant sur le *culte*, que sur le dogme et sur la morale : nous avons fait voir la liaison nécessaire de ces trois parties de la religion. Jésus-Christ, qui a promis d'être avec son Eglise jusqu'à la fin des siècles, de lui donner pour toujours le Saint-Esprit, pour lui enseigner toute vérité, ne peut pas permettre qu'elle ordonne ou approuve un *culte* faux, absurde ou pernicieux. Les protestants, qui soutiennent qu'elle l'a fait, et qu'elle le fait encore depuis quinze cents ans, accusent indirectement Jésus-Christ d'avoir manqué à ses promesses.

Vainement on nous dit que, pour distinguer ce qui est ou n'est pas superstition, il faut consulter la raison. Si nous interrogions la raison des incrédules, la plupart décideraient que tout *culte* quelconque est superstitieux, qu'il n'y a point de Dieu, que s'il y en a un, il n'exige de nous aucun *culte*. Les fondateurs des différentes sectes protestantes ont suivi, sans doute, les lumières de leur raison, et il n'y en a pas deux auxquels elle ait dicté le même *culte*. Si on rassemblait les sectateurs des différentes religions du monde, chacun d'eux jugerait que le *culte* auquel il est accoutumé est le plus raisonnable de tous, de même que chaque peuple prétend que ses mœurs, ses lois, ses usages sont les meilleurs. Quand un philosophe nous ordonne de consulter la raison, il entend sa raison propre et personnelle, et il suppose toujours modestement qu'il est le plus raisonnable de tous les hommes.

Faut-il s'en tenir à l'Ecriture sainte, à ce que Jésus-Christ a fait ou ordonné, à ce que les apôtres ont prescrit ou pratiqué? Les réformateurs ont fait profession de suivre cette règle, et le résultat n'a jamais été le même. D'ailleurs, il est faux qu'ils l'aient suivie, et que leurs sectateurs s'en tiennent là. Jésus-Christ a lavé les pieds à ses apôtres, avant de leur donner l'eucharistie, et il leur a ordonné expressément de faire de même (*Joan.* XIII, 14). Il a soufflé sur ses disciples pour leur donner le Saint-Esprit (XX, 22). Cependant les protestants ne font ni l'un ni l'autre. Les apôtres imposaient les mains sur les fidèles pour leur donner le Saint-Esprit ; saint Jacques veut que les prêtres fassent une onction aux malades pour leur remettre les péchés, pourquoi ces rites ne sont-ils pas pratiqués par les protestants? Si l'on nous demande pourquoi nous faisons les uns, et que nous omettons les autres, notre raison est simple, c'est que l'Eglise nous le prescrit et nous l'enseigne ainsi. Du moins notre conduite est conforme à nos principes; celle des protestants ne s'accorde pas avec les leurs.

Un *culte* est superstitieux, lorsqu'il est faux ou fondé sur une fausseté ; tel était celui des païens, qui prenaient pour des dieux de prétendus génies, esprits ou démons, qui n'existaient que dans leur imagination ; il était indu, puisqu'ils rendaient aux âmes des morts un *culte* divin qui ne leur est pas dû, et qui était fondé sur des raisons fausses. Il était superflu, parce qu'il consistait dans des pratiques inventées par pur caprice, par des terreurs paniques, ou par d'autres raisons encore plus odieuses. Il était pernicieux, parce que plusieurs de ces pratiques étaient des crimes. Celui des Juifs, légitime dans son origine, est devenu superstitieux, parce qu'il était relatif à un temps, à des lieux, à des raisons qui n'existent plus, à des promesses qui sont accomplies. Celui des mahométans est faux et superstitieux, parce qu'il est l'ouvrage d'un imposteur qui n'avait aucune mission ni aucun caractère pour l'instituer, et que la plupart des rites dans lesquels il consiste sont fondés sur des fables. Celui des protestants est superstitieux, puisqu'il est illégitime, fixé et réglé par des hommes qui n'en avaient ni le pouvoir ni le caractère ; par des laïques, qui n'ont suivi que leur caprice dans ce qu'ils ont conservé ou retranché.

Pour pallier la témérité de cet attentat, il a fallu enseigner que le *culte* extérieur est indifférent; que chaque société chrétienne doit avoir la liberté de le régler comme elle le juge à propos; comme s'il pouvait y avoir quelque chose d'indifférent dans le *culte* qu'il faut rendre à Dieu ; comme si le *culte* n'avait aucun rapport au dogme ni à la morale. Dieu n'a laissé cette liberté ni aux patriarches, ni aux Hébreux ; c'est aux apôtres et à leurs successeurs, et non aux simples fidèles, que Jésus-Christ a donné commission de l'établir et de le régler; et lorsqu'il l'est une fois, aucune puissance civile n'a droit d'y ajouter ni d'y retrancher. Il est fort singulier que toute société protestante ait eu droit d'arranger son *culte* comme il lui a plu, et que l'Eglise romaine, n'ait pas eu le droit d'établir et de conserver le sien. *Voy.* CÉRÉMONIE, SUPERSTITION, LOIS CÉRÉMONIELLES, etc.

*⁎ CULTE DE LA SAINTE VIERGE. Voy. MARIE.
⁎ CULTE DES SAINTS. Voy. SAINTS.
⁎ CULTE DE JÉSUS-CHRIST. Voy. HUMANITÉ DE JÉSUS-CHRIST.

CURE, CURÉ (1). On appelle *cure* un bénéfice ecclésiastique qui demande résidence, et dont le titulaire a soin, quant au spirituel, d'un certain nombre de personnes renfermées dans une étendue de pays qu'on appelle *paroisse*, et l'on nomme *curé* le prêtre qui est pourvu d'une *cure*.

Il n'est pas étonnant que les ministres de la religion influent souvent sur l'état des citoyens, et qu'ils soient à la fois les interprètes de la loi divine, et les hommes de la loi civile. Ce double caractère se rencontre surtout dans la personne des *curés*. Le législateur ayant attaché à l'administration de plusieurs sacrements des effets civils de la dernière importance, les *curés*, qui sont ministres nés de ces sacrements, se trouvent chargés de l'exécution d'une partie des lois ; et si la religion s'en sert pour conduire les fidèles à la vie éternelle, par l'accomplissement des préceptes révélés, l'Etat, à son tour, s'en sert pour assurer et fixer l'existence légale des citoyens. Aux yeux du politique, comme du chrétien, le rang et l'état de *curé* ne peuvent donc manquer d'être infiniment respectables.

Le nom de *curé* vient-il du mot *cura* ou *curio*? Peu importe. On trouve l'un et l'autre également employés dans les conciles des xi⁰ et xii⁰ siècles, où tantôt on appelle les *curés curati*, et tantôt *curiones*. *Parochus, plebanus, rector* ont encore servi à les désigner; il y a des pays où ils ont conservé quelques-unes de ces dénominations; en Bretagne, on les nomme *recteurs*.

Une autre question qui mérite plus d'attention, et qui a souvent agité les esprits, est de savoir quelle est leur origine, s'ils ont été institués par Jésus-Christ lui-même, ou s'ils ont été établis par l'Eglise. Sont-ils de droit divin? Sont-ils de droit positif ecclésiastique? Ont-ils reçu leur caractère et leur juridiction du Fils de Dieu, ou sont-ils de simples délégués des évêques? Les partisans des droits de l'épiscopat ont cru en relever l'éclat et la splendeur, en réduisant l'état de *curés* à celui de simples mandataires révocables *ad nutum*. Ils n'ont vu dans ces hommes respectables et laborieux, qui supportent le poids et la chaleur du jour, et qu'on peut à juste titre appeler les *colonnes de l'Eglise*, que des ouvriers pour ainsi dire étrangers à la vigne du Seigneur, des mercenaires qui n'exerçaient les pouvoirs du saint ministère que par procuration, et qui, ne remplissaient leurs fonctions ni en vertu de leur ordre, ni en vertu de leur caractère, ne pouvaient tenir aucun rang dans la hiérarchie ecclésiastique. Au contraire, les défenseurs des droits des *curés* ont soutenu leur indépendance des évêques, et quant à la puissance d'ordre, et quant à celle de juridiction, et faisant remonter leur origine jusqu'à Jésus-Christ, ils les ont regardés comme les successeurs des soixante-douze disciples. Les passions qui se glissent jusque dans le sanctuaire et sur l'autel même, ont

(1) Cet article est reproduit d'après l'édition de Liége.

animé les deux partis, et les ont fait sortir des bornes que la religion et la raison leur prescriraient. — Les évêques ont cherché à opprimer les *curés*, en leur refusant une institution divine ; et malheureusement les *curés*, en réclamant une origine qu'on ne peut leur contester, ont voulu se délivrer d'une subordination que le divin auteur de notre religion a lui-même établie, et qui fait la base de tout le gouvernement ecclésiastique. — Jésus-Christ, pendant sa vie mortelle, a établi deux ordres de ministres. On ne peut se refuser à cette vérité, lorsqu'on voit dans les livres saints la vocation des apôtres et la mission des disciples. Il est certain que les uns et les autres ont été institués pour le même but et le même objet, la prédication de l'Evangile. Il est encore certain que les apôtres étaient d'un rang supérieur aux disciples. Leur institution était la même : ils tiraient leur pouvoir de la même source ; mais ces pouvoirs étaient subordonnés entre eux, et les disciples ne les exerçaient que sous l'inspection et la surveillance des apôtres.

Si les *curés* sont les successeurs des disciples, comme les évêques sont ceux des apôtres, tout est décidé : ils sont de droit divin. Or, cela paraît incontestable. En vain dit-on que l'on ne trouve point de paroisses établies dans les premiers siècles de l'Eglise ; ce n'est pas saisir l'état de la question : il ne pouvait point y avoir de paroisses, lorsqu'il n'y avait point de chrétiens. La religion a commencé à s'établir dans les villes ; les fidèles, d'abord en petit nombre, n'avaient qu'un temple, et n'étaient gouvernés que par l'évêque; mais cet évêque avait avec lui un certain nombre de prêtres, et lorsque le christianisme, en multipliant les prosélytes, eut converti les habitants des villes et se fut répandu dans les campagnes, les prêtres qui assistaient les évêques, et qui demeuraient avec eux, les quittèrent et s'établirent dans les différents quartiers des grandes villes et dans les campagnes peuplées de chrétiens. Voilà l'origine des paroisses et des *curés*. — Les *curés* ne sont donc que ces prêtres qui, dans les premiers commencements du christianisme, ne quittaient point les évêques et étaient les compagnons de leurs travaux apostoliques. Comment nier que ces prêtres ne fussent les successeurs des disciples? Où trouve-t-on leur origine dans l'histoire de l'Eglise? Les Actes des apôtres auraient-ils manqué de nous rapporter leur institution, comme ils nous ont transmis celle des diacres? Au contraire, ces mêmes actes supposent partout les prêtres aussi anciens que la religion. Saint Paul assemble à Milet les prêtres de l'Eglise d'Ephèse : *Majores natu Ecclesiæ*. Le discours qu'il leur adresse prouve qu'il les regardait comme d'institution divine : *Attendite vobis et universo gregi, in quo vos Spiritus sanctus posuit episcopos regere Ecclesiam Dei, quam acquisivit sanguine suo*. Il n'est pas possible de traduire ici le mot *episcopos* par *évêques*, dans le sens que nous lui donnons aujourd'hui. Il n'y avait certainement qu'un évêque à Ephèse ; il n'y en a jamais eu plusieurs dans une même ville : c'est donc de tous les prêtres de cette Eglise qu'il faut entendre ce que dit l'Apôtre. Cela souffre d'autant moins de difficulté, que le texte grec, au lieu de *majores natu*, porte *les prêtres de cette Eglise*. Or, ne dit-il pas en termes formels qu'ils doivent leur institution à Dieu même ? *In quo vos Spiritus sanctus posuit episcopos*. Ce ne sont point les hommes, c'est l'Esprit-Saint qui les a établis, pour être les inspecteurs et les surveillants de l'Eglise de Dieu, acquise par son sang. On ne peut donc, sans contredire saint Paul, donner aux prêtres une institution positive ecclésiastique.

Mais si cette opinion a toujours été admise dans l'Eglise, si les Pères, les conciles et les docteurs ont toujours regardé les prêtres *curés* comme les véritables successeurs des disciples, alors il n'y aura plus de difficulté. La tradition, règle sûre et infaillible, dissipera les obscurités que pouvait présenter le texte sacré. — Or, on trouve dans tous les auteurs qui ont traité cette matière, des passages précis de saint Ignace, de saint Irénée, de saint Chrysostome, etc., qui ne laissent aucune difficulté sur l'institution divine des prêtres et des *curés*. Le clergé de France a toujours tenu la même doctrine ; ses plus célèbres évêques, dès le VIIIe siècle, ont déclaré positivement qu'ils reconnaissaient les *curés* comme leurs associés dans les travaux apostoliques, et les successeurs des soixante-dix disciples. C'est également la doctrine de Gerson et de saint Thomas. La faculté de théologie de Paris a toujours eu le soin le plus attentif à condamner toutes les propositions qui pouvaient y donner quelque atteinte. Nous laissons aux théologiens à rapporter et à discuter les preuves de tous ces faits : ce sont des objets absolument étrangers au jurisconsulte.

A ce précis des preuves de l'origine des *curés*, nous nous contenterons d'ajouter qu'ils exerçaient autrefois, et de droit commun, une juridiction beaucoup plus étendue qu'ils ne l'exercent aujourd'hui. Le P. Thomassin, dans sa *Discipline ecclésiastique*, prouve, d'après les anciens monuments, qu'ils conféraient à leurs paroissiens les ordres que nous appelons *mineurs* ; on voit dans la Vie de saint Seine qu'il reçut, vers l'an 540, la tonsure par les mains du *curé* de Maymond, nommé *Eustade*. Ils avaient aussi le droit de porter des censures tant contre le clergé que contre le peuple de leurs paroisses. Ils pouvaient enfin donner des pouvoirs aux simples prêtres pour entendre les confessions de leurs paroissiens : preuves incontestables que la juridiction qu'ils exerçaient n'étaient point une juridiction déléguée, mais une juridiction qu'ils ne tenaient que de leur ordination, et par conséquent que de Jésus-Christ lui-même, premier auteur du sacrement de l'ordre.

Si les *curés* ne jouissent plus de tous ces droits, on n'en peut rien conclure contre eux, parce qu'on reconnaît, et on a toujours reconnu que l'Eglise a le droit de limiter et de restreindre l'exercice des pouvoirs de ses ministres, selon les circonstances et ses besoins. Si les *curés* ne confèrent plus les ordres *mineurs*, s'ils ne portent plus de censures, s'ils ne délèguent plus pour entendre les confessions, on ne peut pas dire pour cela que ces pouvoirs ne sont point attachés à leur ordre et à leur caractère; on en doit seulement conclure que l'exercice en est limité ou suspendu par les ordres supérieurs de l'Eglise. Les évêques qui ont abandonné au pape beaucoup de droits épiscopaux, n'en tiennent pas moins ces droits de Jésus-Christ lui-même, quoiqu'ils ne les exercent plus; et comme un changement dans la discipline pourrait leur rendre ce que leur faiblesse ou leur complaisance leur ont fait perdre, de même les *curés* pourraient rentrer dans leurs anciennes prérogatives, si l'on abrogeait les lois récentes qui les ont réduits à l'état où nous les voyons aujourd'hui. — Mais de ce que les *curés* sont d'institution divine, il ne s'ensuit pas qu'ils ne doivent point être soumis et subordonnés aux évêques, et qu'ils leur soient égaux en pouvoirs et en juridiction. Nous ne voyons jamais dans l'Ecriture, les disciples marcher de pair avec les apôtres; ceux-ci, au contraire, sont les chefs de toutes les assemblées ; partout ils portent la parole. Les 17e, 18e et 19e versets de l'Epitre de saint Paul à Timothée prouvent la supériorité des évêques sur les prêtres, et jamais la discipline de l'Eglise n'a varié sur ce point. Au reste, leur institution divine et les pouvoirs qu'ils tiennent immédiatement de Jésus-Christ n'ont rien d'incompatible avec la subordination aux évêques, et s'il est permis de comparer les choses sacrées aux profanes, ils sont comme nos tribunaux inférieurs qui tiennent leur juridiction du souverain, et ne l'exercent cependant que sous l'inspection et la dépendance des cours supérieures. Nous nous ferons donc un devoir de dire ici avec le concile de Trente : *Si quis dixerit episcopos non esse presbyteris superiores, anathema sit.*

A peine le christianisme se fut-il répandu dans les villes et dans les campagnes, que l'on voit des *curés* dans l'exercice de leurs fonctions. Saint Paul, dans son Epître aux Romains, chap. XVI, vers. 1, indique qu'il y avait une Eglise à Cencrée; cette Eglise avait seulement un ministre. Théodoret assure qu'il n'y a jamais eu d'évêque : ce ne pourrait donc être qu'un *curé*. Eusèbe, liv. II, chap. 16, rapporte que les différentes paroisses qui étaient à Alexandrie avaient été établies par saint Marc même; Sozomène en parle comme d'un établissement fort ancien. Saint Denis, qui en fut évêque l'an 248, rassembla les prêtres qui étaient dans les villages de la province d'Arsinoé pour combattre l'erreur des millénaires. — Les *curés* ont la même ancienneté dans l'Eglise d'Occident que dans celle d'Orient. Si l'on en croit Hermas, auteur contemporain des apôtres, il y avait à Rome, dans le temps de saint Clément, qui a succédé presque immédiatement à saint Pierre, des prêtres qui gouvernaient sous lui les églises de cette capitale du monde. On lit dans le Pontifical attribué au pape Damase, que le pape Evariste, qui mourut l'an 108 de Jésus-Christ, la partagea en différents quartiers, et qu'il en distribua les titres à ces prêtres qu'on nommait alors *cardinaux*, et qui n'étaient que de simples *curés*. Enfin, ce qui ne laisse aucun doute sur leur ancienneté, c'est le trente-sixième canon des apôtres, qui défend aux évêques d'ordonner des prêtres dans les villes et villages qui ne sont pas de leurs diocèses. L'auteur de la fausse décrétale attribuée au pape saint Denis s'est donc évidemment trompé, lorsqu'il a placé sous le pontificat de ce saint la formation et l'établissement des paroisses : il est beaucoup plus ancien. En effet, il a dû y avoir des *curés* en titre dès le moment où le nombre des chrétiens et la distance de leurs habitations de la ville épiscopale ont exigé que les prêtres qui vivaient avec l'évêque s'en éloignassent et fixassent ailleurs leurs demeures, pour distribuer le pain de la parole et administrer les sacrements. Nous ne nous arrêterons point à citer une foule de conciles qui prouvent l'ancienneté des *curés* en titre, c'est un point de fait qu'on ne peut plus contester.

Un *curé* doit être prêtre, âgé de vingt-cinq ans accomplis, et être gradué, si sa *cure* est dans une ville murée (1).

Selon l'ancien droit, on pouvait être nommé à une *cure*, lorsqu'on pouvait être ordonné prêtre dans l'an de la paisible possession; il suffisait donc d'avoir vingt-trois ans accomplis, puisqu'à vingt-quatre ans également accomplis, on est capable de recevoir la prêtrise. Il en était de même pour les dignités qui emportent le soin des âmes.

Nos rois, protecteurs-nés des canons et de la discipline ecclésiastique, et comme tels ayant droit de faire des lois sur tout ce qui ne touche ni à la doctrine ni aux matières purement spirituelles, ont cru devoir abroger un usage qui pouvait entraîner avec lui de grands inconvénients, et dont le moindre était de confier les paroisses aux soins peu vigilants des prêtres mercenaires qui les desservaient, jusqu'à ce que les vrais titulaires fussent parvenus à l'âge de vingt-quatre ans : ils ont donc voulu que nul ne pût être nommé *curé* qu'il ne fût actuellement prêtre. Ils ont porté plus loin leur attention pour le bien de l'Eglise : ils ont cru qu'un prêtre nouvellement ordonné n'avait encore ni un âge assez mûr, ni une expérience assez consommée pour exercer dignement et en chef les fonctions pastorales, et ils ont voulu qu'un *curé* eût au moins vingt-cinq ans accomplis ; ils ont supposé qu'une année d'exercice dans le ministère était au moins nécessaire pour être *curé*. Cette loi est renfermée dans la déclaration du 13 janvier 1742, enregistrée au parlement de Paris, le 26 du même mois et de la même année. — C'est donc actuellement une jurisprudence

---

(1) On comprend facilement que ce que dit ici l'auteur concerne l'ancien droit.

certaine, qu'il faut être prêtre et âgé de vingt-cinq ans accomplis, pour être *curé*; sans ces deux qualités, toute espèce de collation et de provision serait radicalement nulle, la *cure* serait impétrable, et la possession même triennale ne pourrait couvrir ce défaut.

En est-il de même du degré, pour être *curé* dans les villes murées? Le Concordat en porte une disposition formelle. Nous ordonnons, y est-il dit, que les églises paroissiales qui se trouvent dans les cités ou dans les villes murées, ne soient conférées qu'à des ecclésiastiques qualifiés comme ci-dessus, ou du moins qui aient étudié pendant trois ans en théologie ou en droit, ou qui soient maîtres ès arts. Voilà la loi, elle est positive. Pour être curé *in civitatibus*, c'est-à-dire dans les villes épiscopales, et *in villis muratis*, c'est-à-dire dans les villes ou bourgs qui sont entourés de murailles, il faut être docteur licencié ou bachelier dans quelqu'une des trois facultés supérieures; c'est ce qu'il faut entendre par ces mots, *qualifiés comme ci-dessus* (*Præmisso modo qualificatis*). Le Concordat n'exige pour ceux qui n'ont point acquis ces degrés que trois ans d'étude, soit en théologie, soit en droit, ou bien la maîtrise ès arts. — Cette disposition du Concordat est absolument semblable à celle de la Pragmatique-Sanction sur le même sujet, et à l'ordonnance de Louis XII, de l'an 1499.

A ne consulter que la lettre de ces différentes lois, il paraît bien clair que trois ans d'étude en théologie ou en droit suffisent pour pouvoir posséder une *cure* dans une ville murée. Cependant beaucoup d'auteurs prétendent que ce temps d'étude est insuffisant, si l'on n'y ajoute le degré, qui, ne se donnant que sur des examens, peut seul fournir une preuve de capacité. Ils s'appuient sur l'ordonnance de Henri II, de 1551. Mais en faisant attention à cette ordonnance, on ne voit pas que le législateur déroge à celle de Louis XII ni à la Pragmatique-Sanction, ni au Concordat. Il ordonne que « les procès mus sur les *cures* des villes murées seront jugés suivant la teneur des statuts, décrets et concordats, et sans avoir égard aux impétrations qui pourraient être faites, et subrepticement obtenues par personnes non graduées, et de la qualité contenue auxdits concordats. » Henri II se réfère aux concordats précédents, qu'il veut être exécutés, et auxquels par conséquent il ne déroge point; il veut qu'on n'ait aucun égard aux impétrations faites par ceux qui ne seront point gradués et *qui n'auront point les qualités contenues esdits concordats*. Or, une de ces qualités est d'avoir étudié trois ans, soit en théologie, soit en droit. Il n'y a donc dans cet article de l'ordonnance de Henri II rien de contraire au Concordat ni aux autres lois qui l'ont précédé, qui ne demandent que trois ans d'étude dans les facultés de droit ou de théologie, pour pouvoir posséder une *cure* dans une ville murée. — Cependant Dumoulin est d'une opinion contraire, et il rapporte un arrêt de 1536, rendu toutes les chambres assemblées, qui a jugé que trois ans d'étude,

soit en théologie, soit en droit, sont insuffisants sans le degré. Beaucoup d'auteurs respectables ont embrassé l'opinion de Dumoulin. Les *Mémoires du clergé* disent que, sur cette question, il n'y a aucun préjugé dans les arrêts, qu'elle ne s'est pas encore présentée, et que la raison en est que ceux qui ont trois ans d'étude en théologie ou en droit peuvent facilement acquérir un degré, ce qu'ils aiment mieux faire que de risquer un procès douteux. — Mais si trois ans d'étude en théologie ou en droit paraissent, selon la loi, suffire sans le grade pour posséder une *cure* dans une ville murée, il n'en est pas de même du grade sans le temps d'étude : il est certain qu'il ne mettrait point le *curé* à l'abri d'une impétration, et qu'il serait dans le cas de se voir enlever sa *cure*, quelque longue que fût sa possession. Cela ne souffre plus de difficulté depuis la déclaration de 1736, enregistrée à Paris et à Toulouse. Elle veut que « tous ceux qui obtiendront à l'avenir des degrés dans les universités du royaume soient tenus de se conformer exactement, soit en ce qui concerne le temps d'étude et en ce qui regarde les examens et actes probatoires nécessaires pour obtenir le titre de maîtres ès arts, ou les degrés de bachelier, ou de licencié, ou du doctorat, aux règles établies par le Concordat, par les ordonnances du royaume, statuts et règlements particuliers de chaque université, le tout à peine de nullité desdits titres ou degrés qui leur seront accordés contre lesdites règles, et en outre, de déchéance des dignités, *cures* et autres bénéfices qu'ils obtiendraient en vertu, ou sur le fondement desdites lettres ou degrés. »

Une question non moins importante, et sur laquelle il y a une grande diversité d'opinions, est de savoir dans quel temps il faut avoir le degré requis par le Concordat pour être *curé* dans une ville murée. Faut-il être gradué avant les provisions? Suffit-il de l'être avant la prise de possession? Pour traiter ces questions avec clarté, il faut établir différentes hypothèses qui pourront fournir différentes solutions.

La collation d'une *cure* dans une ville murée, faite par l'ordinaire à un non gradué, n'est pas radicalement nulle, suivant le sentiment le plus commun des auteurs; ce défaut se trouve couvert si le pourvu acquiert le degré avant sa prise de possession : c'est ce qui a été jugé par des arrêts du parlement de Paris, des 9 février 1699, 12 juillet 1700 et 15 mars 1701, qu'on trouve rapportés dans les *Mémoires du clergé*. Il faut cependant remarquer que si un tiers, dans l'intervalle de la collation à l'adeption du degré, avait acquis un droit au bénéfice, alors le premier pourvu ne serait plus admis à purger la demeure, et un dévolutaire qui aurait intenté sa complainte avant que son adversaire eût obtenu le degré, devrait être maintenu. Quand on accorde au pourvu d'une *cure* dans une ville murée, un délai pour se faire graduer, on donne au degré obtenu postérieurement aux provisions, un effet rétroactif qui les complète et les perfectionne. C'est une pure faveur que les cours ont cru pouvoir accorder; parce qu'elles ont pensé qu'il était indifférent que la capacité du pourvu fût prouvée avant ou après ses provisions. Mais il serait de toute injustice qu'une pareille faveur, qui n'est point l'ouvrage de la loi, portât préjudice à un tiers qui aurait un droit acquis. Nous remarquerons en passant qu'un dévolutaire n'a de droit au bénéfice dévolué que du jour qu'il a intenté sa complainte et mis sa partie en cause.

Les provisions pour une *cure* d'une ville murée, obtenues en cour de Rome par la voie de la prévention, deviennent nulles si l'ordinaire a conféré à un gradué avant que le pourvu par le pape se soit mis en règle. Ces provisions deviennent nulles, parce que, comme dit Dumoulin, *Concordatis papa ipse ligatus est et non videtur jure præventionis conferre posse hujusmodi parochiales ecclesias, nisi qualificatis*. Il faut donc dire avec Boutaric qu'il ne paraît pas qu'on puisse donner au grade un effet rétroactif au temps de la provision, au préjudice du droit acquis au gradué pourvu par l'ordinaire, et que tout ce qu'on peut admettre de plus favorable est de faire subsister la provision du pape, si lors de l'obtention du grade les choses sont dans leur entier du côté de l'ordinaire. Si l'on passe quelque chose au préventionnaire, il ne doit pas en être de même du dévolutaire. Son rôle, aussi défavorable qu'il puisse être, ne permet pas qu'on tempère en rien pour lui la rigueur des lois. D'ailleurs, comment demander au pape un bénéfice fondé sur une incapacité dont on ne se voit pas soi-même exempt! Comment un non gradué demanderait-il une *cure*, en apportant pour raison que le titulaire actuel n'est pas gradué? Cela impliquerait contradiction, ce serait dire au pape : *Dépouillez tel titulaire qui ne s'est pas conformé à la loi, pour revêtir un autre qui n'y a pas plus satisfait que lui*. C'est bien le cas de dire une seconde fois, avec Dumoulin, *Concordatis papa ipse ligatus est*. Nous avouons que ces principes sur les dévolutaires ne sont appuyés sur aucun arrêt, l'espèce ne s'est pas présentée; mais nous pensons qu'ils seraient non recevables, si avant d'impétrer des *cures* de villes murées sur des non gradués, ils ne s'étaient mis en règle du côté des degrés.

Il est bien rare qu'un résignataire donne lieu à la question que nous agitons : comme avant sa prise de possession le bénéfice est encore censé résider sur la tête du résignant, il paraît, d'après l'esprit de la jurisprudence actuelle, qu'il lui suffit de prendre le grade avec son visa ou sa prise de possession. — Mais après la prise de possession, peut-on acquérir le grade et se garantir par là des impétrations? Un arrêt du parlement de Paris, du 8 janvier 1738, semble avoir jugé l'affirmative : le sieur Cadot, *curé* de la Ville-l'Evêque, qui n'avait obtenu son degré que postérieurement à sa prise de possession, fut maintenu contre le sieur de Lacoste, dévolutaire, qui ne l'avait assigné et mis en cause qu'après lui avoir donné le loisir de se faire graduer. Mais, comme l'observe l'annotateur de d'Héricourt, cet arrêt rendu sur des circonstances particulières, ne peut pas servir de préjugé décisif. En effet, ne serait-ce pas trop étendre l'interprétation que l'on donne au Concordat? Ne serait-ce pas introduire une jurisprudence qui tendrait insensiblement à la destruction de la loi même? Un *curé* de ville murée pourrait donc rester dix à vingt ans, sans prendre des degrés, et lorsqu'il craindrait d'être inquiété, il se les procurerait et se mettrait par là sous la protection des lois, après les avoir éludées si longtemps. L'intention des deux puissances, de qui le Concordat est émané, a été d'assurer aux paroisses dont les peuples sont plus nombreux et instruits, des pasteurs qui eussent fait preuve d'une capacité plus qu'ordinaire. Elles ont voulu pour *curé*, dans les villes murées, des ministres sur les lumières et les talents desquels il n'y a, ni ne peut y avoir de doute, et qui eussent par conséquent subi les épreuves auxquelles est attachée non la certitude, mais au moins la juste présomption d'un mérite suffisant. C'est donc aller contre l'esprit et l'intention des législateurs, que d'admettre en tout temps les *curés* des villes murées à prendre les degrés exigés par le Concordat.

Ces principes ne peuvent-ils pas conduire à la solution de la question de savoir si la possession triennale peut couvrir, dans un *curé* de ville murée, le défaut de grade? Il faut d'abord distinguer celui qui aurait trois ans d'étude en théologie ou en droit, sans degré, de celui qui n'aurait ni le temps d'étude ni le degré. Pour le premier, la question retombe dans celle que nous avons déjà examinée, si les trois années d'étude en théologie ou en droit sont suffisantes sans le degré. Quant au second, la possession triennale lui serait absolument inutile ; il ne pourrait invoquer le décret de *Pacificis possessoribus*. Il serait évidemment *intrus*, on ne pourrait le considérer autrement sans renverser le Concordat, dont l'esprit et la lettre concourent également à exiger, pour les villes murées, des *curés* qualifiés; cela se prouve en outre par la déclaration de 1736. Quoique cette décision ne s'y lise pas formellement, on la tire cependant par une induction nécessaire. Le roi maintient pour le passé ceux qui ont acquis la possession triennale, et auxquels on ne peut opposer d'autres défauts ou incapacités que ceux qui résultent de la nullité ou de l'irrégularité de leurs titres ou degrés obtenus avant cette déclaration. Donc la possession triennale ne pourrait plus être une raison de maintenir ceux qui n'en auraient point du tout, autrement il faudrait dire que les provisions d'une *cure* dans une ville murée, jointes à des degrés nuls ou irréguliers, ne formeraient point un titre coloré, tandis que ces mêmes provisions sans degré, en formeraient un ; ce qui est absurde, parce qu'une incapacité qui résulte d'une irrégularité dans le degré, résulte à bien plus forte raison du défaut absolu de ce même degré. — Au reste, toutes les différences que nous venons de traiter disparaîtraient bientôt si l'on voulait s'attacher uniquement aux lois qui régissent cette matière : elles sont claires, elles sont précises. Qu'on examine attentivement la Pragmatique-Sanction, l'ordonnance de 1499, le Concordat, la déclaration de 1551, et l'on sera facilement convaincu qu'il faut être gradué ou avoir au moins trois ans d'étude en théologie ou en droit, au moment même des provisions, et que par conséquent tout titre d'une *cure* dans une ville murée, fait à un prêtre qui n'aurait pas ces qualités, est radicalement nul, et ne peut être couvert par la possession triennale. — La Pragmatique-Sanction, § 13 du chap. II, ordonne de placer dans les *cures* des villes murées, des personnes qui soient qualifiées. L'expression *instituantur*, que l'on *institue*, ne laisse aucune équivoque ; elle est aussi impérative qu'elle puisse être, elle est sûrement relative au moment de l'institution, et ne suppose point qu'on puisse valablement conférer les *cures* des villes murées à des non gradués. Il n'est plus permis de douter de l'intention de la loi, lorsqu'on voit qu'au § 19 elle prononce le décret irritant contre toutes les collations faites au mépris des décrets qu'elle vient de porter, parmi lesquels se trouve celui des *cures* des villes murées. — L'ordonnance de Louis XII, de 1499, s'explique aussi clairement : « Seront tenus les gradués voulant avoir les églises paroissiales étant dedans des villes murées, avoir étudié par le temps ci-dessus, et faire ce que dessus est dit. » Ces expressions, *les gradués voulant avoir les églises paroissiales*, ne peuvent s'entendre que du temps qui précède les provisions. Il ne s'agit que des personnes qui veulent avoir les *cures* des villes murées : c'est à elles seules que la loi impose des conditions. Si elles n'y ont pas satisfait, elles sont incapables, parce que c'est un préliminaire nécessaire à remplir. « A tout le moins seront tenus avoir étudié en théologie, en droit civil ou canon par trois ans, ou seront tenus d'être maîtres ès arts en université fameuse. » L'ordonnance ne dit pas que les pourvus des *cures* dans les villes murées seront tenus d'étudier ou de devenir maîtres ès arts, mais d'*avoir étudié* et *d'être maîtres ès arts*. Ce qui suppose nécessairement le temps d'étude et le grade antérieur aux provisions. Rien de plus absolu que ces expressions : *seront tenus d'avoir étudié* ou *d'être maîtres ès arts*. Comment les concilier avec la prétendue jurisprudence moderne, qui non-seulement admettrait les *curés* des villes murées à prendre leurs grades après leurs provisions et leur prise de possession, mais encore qui ferait couvrir le défaut de grade par la possession triennale ? — Cette prétendue jurisprudence ne serait pas moins opposée au Concordat, qui défend positivement de conférer les *cures* des villes murées à d'autres qu'à des personnes qualifiées. *Non nisi personis præmissis modo qualificatis... conferantur* : « On ne conférera les cures des villes murées qu'à des personnes dûment qualifiées. » Ces termes sont prohibitifs et équivalent à un décret irritant ; donc toute collation d'une *cure* dans une ville murée faite à d'autres qu'à des gradués est, selon l'intention du Concordat, radicalement nulle. D'ailleurs, c'est un principe universellement adopté en France, que toutes les dispositions de la Pragmatique-Sanction qui n'ont point été spécialement abrogées par le Concordat, doivent être maintenues dans toute leur vigueur. C'est une suite de notre inviolable attachement à ce précieux monument de nos libertés. Or, la Pragmatique-Sanction porte le décret irritant contre les provisions des *cures* des villes murées, faites à des non gradués ; le Concordat ne l'a point abrogé ; donc il doit être exécuté.

La déclaration de Henri II, de l'an 1551, est tout aussi formelle que les lois précédentes. « L'Université de Paris nous a fait dire et remontrer (expose le roi dans le préambule) que par les décrets et concordats faits entre le saint-siège apostolique et de feu bonne mémoire le roi François..... èsquels soit par exprès contenu que les bénéfices, *cures* et églises paroissiales desdites villes closes et murées de notre royaume, ne seront conférés, sinon à des personnes graduées et qualifiées de la qualité contenue èsdits saints décrets et concordats. » L'Université demande que les *cures* des villes murées ne soient conférées qu'à des gradués. Elle invoque les saints décrets et les concordats, elle rapporte même les raisons qui les ont déterminés à porter cette loi. *C'est qu'aux villes closes et fermées y a grande affluence de peuple, pour la conduite et instruction duquel, et pour le conserver et entretenir à la religion, est besoin qu'en icelles villes soient préposées personnes graduées*, etc. : ces remontrances ne supposent point que l'on puisse être pourvu de ces sortes de *cures* sans être gradué ou qualifié, et que l'on puisse s'exempter du grade en appelant à son secours la possession triennale. Il y a plus : elles tendent à empêcher le pape de dispenser des degrés, et le législateur les décide absolument nécessaires, en ordonnant *qu'on n'ait aucun égard aux impétrations qui pourraient être faites par personnes graduées et de la qualité contenue èsdits concordats*. Des provisions d'une *cure* dans une ville murée, données par le pape aux non gradués, sont donc radicalement nulles ; pourquoi celles données par l'ordinaire ne le seraient-elles pas aussi ? Les concordats l'obligent-ils moins que le pape ? Ce n'est point ici une de ces circonstances où le droit des ordinaires soit plus favorable que celui du souverain pontife ; ce n'est point le maintien de la juridiction épiscopale qui a déterminé la loi, mais le bien des peuples. Cette raison est toujours la même, soit que les provisions émanent du pape, soit qu'elles émanent de l'ordinaire. Si elle rend nulles les provisions du pape, il doit en être de même de celles de l'ordinaire. Le grade est donc une capacité essentielle à un *curé* d'une ville murée. Or, il est de principe que le défaut d'une capacité essentielle rend le titre radicalement nul, et qu'un titre radicalement nul ne peut être validé par la possession triennale; d'où nous tirerons deux conséquences. La première, que le décret *de pacificis* ne peut être d'aucune utilité à un *curé* d'une ville murée qui ne serait pas gradué ; la seconde, qu'il ne peut être admis postérieurement à son titre à prendre le degré, parce que ce titre étant radicalement nul, ne peut devenir un titre légitime, suivant cet axiome, *quod ab initio nullum est ex post facto convalescere nequit*. Il est donc bien vrai que si l'on s'en tient à la loi sans se permettre des interprétations qui sont presque toujours arbitraires, un *curé* d'une ville murée doit avoir le grade au moment de ses provisions; qu'il ne peut être admis à l'acquérir, soit avant, soit après la prise de possession, et que ce défaut ne peut être couvert par la possession triennale. Ces principes suivis dans la pratique feraient évanouir une foule de difficultés qui sont la source d'une infinité de procès.

Si l'on y oppose l'autorité de la chose jugée, qu'il nous soit permis de dire avec d'Héricourt : « Cette jurisprudence ne serait-elle pas du nombre de celles qu'on voit s'introduire quelquefois au palais sur des matières délicates, et qu'on abandonne après pour revenir aux *anciennes règles?* » A d'Héricourt nous joindrons Vaillant, qui soutient que le grade pris après les provisions ne peut couvrir l'incapacité du pourvu, parce que *si provisus erat inhabilis tempore provisionis, et postea fiat habilis, provisio non convalescit et necesse est obtinere novam provisionem*; Rebuffe, sur le § *Statuimus* du Concordat, remarque que *non nisi personis prædicto modo qualificatis conferantur*, supposent visiblement le degré obtenu avant les provisions, de même que ceux dont se sert la Pragmatique, *instituantur personæ qui gradum magisterii adepti fuerint*. Louet et Dumoulin sont du même avis. Ne pourrait-on pas dire que la jurisprudence moderne, que l'on suppose opposée à ces principes, n'est pas aussi certaine que le prétendent quelques auteurs; des arrêts contraires aux véritables maximes ne sont ordinairement que des arrêts de circonstances; on est toujours forcé de revenir à la loi, quand même on s'en serait écarté quelquefois.

Le parlement de Toulouse a une jurisprudence qui paraît détruire les principes que nous venons d'établir ; mais dans le fond, ses arrêts favorisent notre opinion : il ne regarde les provisions de cour de Rome que comme de simples mandats *de providendo*. Selon lui, le *visa* forme les véritables provisions ; ainsi en admettant le pourvu en cour de Rome à prendre ses degrés avant son *visa*, il ne juge pas que ces degrés puissent être obtenus après les provisions.

Après avoir examiné l'origine, l'ancienneté et les qualités nécessaires aux *curés*, nous nous occuperons de leurs devoirs et de leurs droits.

Nous ne parlerons point ici des devoirs qui regardent le for interne. Nous laissons cette matière aux théologiens et aux moralistes. Nous ne parlerons que de ceux qui, étant prescrits par les lois civiles et canoniques, peuvent être du ressort du jurisconsulte. — Parmi les principaux devoirs d'un *curé*, la résidence est sans doute un des plus essentiels. Le relâchement et les changements introduits dans la discipline ont contraint l'Eglise à porter des lois pour obliger, tant les premiers que les seconds pasteurs, à résider dans leurs bénéfices. Il est inutile de rapporter les canons que les conciles ont faits à ce sujet. Nous nous contenterons de citer le concile de Trente. Dans la session XXIII *de Reformatione*, chap. 1, il soumet les *curés* non résidants aux mêmes peines que les évêques, c'est-à-dire à la perte des fruits, à proportion du temps qu'ils n'auront pas résidé. Il ne leur permet de s'absenter que pendant deux mois, encore avec la permission de l'évêque, qui ne peut accorder un temps plus long, à moins qu'il n'y ait des raisons graves : *Nisi ex gravi causa*. Si un *curé* transgresse ces lois, le concile veut qu'après l'avoir fait citer et avoir établi la contumace, l'ordinaire puisse procéder contre lui par le séquestre et soustraction de fruits, et par toute autre voie de droit, même par la privation du bénéfice. — Nos rois ont adopté ces sages dispositions. L'ordonnance de Blois, art. 14, porte : « A semblable résidence et sous pareille peine, seront tenus les *curés* et tous autres ayant charge d'âmes, sans se pouvoir absenter que pour causes légitimes, et dont la connaissance en appartiendra à l'évêque diocésain, duquel ils obtiendront par écrit, licence ou congé, qui leur sera gratuitement accordé et expédié, et ne pourra ladite licence, sans grande occasion, excéder l'espace de deux mois. » — L'article 2 de l'ordonnance de 1629 renouvelle celle de Blois en ces termes : « Les *curés* seront tenus de résider en personne sur les lieux, nonobstant la proximité des villes; et à faute de ce faire, ordonne sa majesté, en conséquence de l'art. 14 de l'ordonnance de Blois, et de l'art. 7 de l'édit de Melun, les fruits desdits *curés* être saisis au profit des hôpitaux du lieu prochain, pour autant de temps qu'ils auront manqué à la résidence. Ils seront sommés, à la requête des procureurs généraux ou de leurs substituts, par exploits faits aux domiciles et lieux desdits bénéfices, de satisfaire à ladite résidence; et à faute de ce faire actuellement, dans un mois, ou plus ou moins, selon la distance des lieux, sera procédé auxdites saisies. »

Le clergé, qui trouvait que ces lois le mettaient sous l'influence trop immédiate des tribunaux séculiers, se plaignit et en demanda la révocation. Mais elles furent seulement modifiées par l'art. 23 de l'édit de 1695; et ces modifications font que rarement un *curé* peut voir son revenu saisi à la requête du procureur général pour cause d'absence. Pour ne pas anticiper sur les matières et intervertir l'ordre que nous nous sommes prescrit, nous ne nous étendrons pas davantage sur ces ordonnances. Nous nous réservons de le faire lorsque nous traiterons de la résidence en général : notre but, dans ce moment, est de ne parler que de ce qui regarde les *curés* en particulier.

Selon le concile de Trente et l'ordonnance de Blois, l'évêque est juge de la légitimité des causes qui peuvent permettre à un *curé* de s'absenter. Un arrêt du conseil d'État du 12 décembre 1639, rendu sur la requête de l'archevêque de Bordeaux, ordonne que les *curés* de ce diocèse ne pourront, pour quelque cause et occasion que ce soit, se dispenser de la résidence actuelle, sans le congé exprès ou par écrit de l'archevêque ou de ses grands vicaires. Quoique l'évêque soit juge de la légitimité des causes d'absence de ses *curés*, il ne peut cependant pas refuser arbitrairement la permission qu'ils sont obligés de lui demander, parce que la même loi qui impose aux *curés* l'obligation de prendre le congé de l'évêque, ordonne certainement à celui-ci de l'accorder lorsqu'il n'aura pas de motifs pour le refuser ; et s'il se conduisait autrement, il s'exposerait à un appel bien fondé, soit simple, soit comme d'abus. — Mais dans le cas d'une absence considérable et sans permission, un évêque peut-il faire faire le procès à un *curé* par son official ? Si l'on suit le concile de Trente, cela ne pourra souffrir aucune difficulté : mais comme sa discipline n'est point reçue en France, on pourrait dire que l'esprit de nos ordonnances est qu'en ce cas le procès soit fait par les juges royaux. Celle de 1629 veut que les poursuites contre les *curés* non résidants soient faites à la requête des procureurs généraux ou de leurs substituts. *Ils seront sommés à la requête de nos procureurs généraux ou de leurs substituts.* L'art. 23 de l'édit de 1695 n'est pas si impératif ; il semble n'accorder aux juges royaux qu'une simple faculté qui ne leur attribue pas une juridiction exclusive. « Nos cours de parlement, nos baillis et sénéchaux.... pourront les avertir..... nosdites cours, nos baillis et sénéchaux, pourront, à la requête des procureurs généraux. » Cette expression *pourront*, employée deux fois dans cet article, ne prouve-t-elle pas que l'intention du législateur n'est pas de dépouiller les évêques d'une juridiction qui dérive naturellement de leur droit de surveillance et d'inspection, mais seulement de les rendre plus soigneux et plus attentifs, en leur joignant les procureurs généraux et leurs substituts pour veiller à l'exécution des lois portées sur la résidence, de sorte que, dans ce cas, les juges royaux exercent sur les ecclésiastiques une juridiction cumulative avec les évêques et leurs officiaux ? D'ailleurs, les peines portées contre la résidence ne sont point d'une nature à n'être point prononcées par le juge d'Église. La privation des revenus et la déchéance des bénéfices sont des peines canoniques que l'official peut imposer, lorsqu'il a rempli toutes les formalités prescrites par les lois du royaume.

Si les *curés* doivent résider, c'est principalement pour administrer les sacrements à leurs paroissiens. Parmi ces sacrements il en est surtout deux qui intéressent particulièrement le jurisconsulte, par l'influence qu'ils ont sur l'état civil des citoyens. Si le baptême est l'entrée dans le christianisme, l'acte qui le constate est aussi le premier titre par lequel nous tenons à la société. Un *curé* ne peut donc apporter trop de soin pour que cet acte soit en règle, et ne contienne aucun vice qui puisse faire un jour contester à l'enfant qu'il baptise un état que la nature lui a donné, mais que la loi ne lui assure que lorsqu'il est attesté par le ministre des autels qui, dans cette occasion, est encore le ministre de la société. Un *curé* se garantira de commettre à ce sujet des fautes dont les suites sont si importantes, en se conformant exactement aux lois qui ont été prescrites sur cette matière, et que nous rapporterons au mot REGISTRE. — Le sacrement de mariage, quant à ses effets civils, est d'une aussi grande conséquence que le baptême. Une connaissance parfaite des lois de l'Église et de l'État est le seul moyen que puisse employer un *curé* pour se comporter de manière à ne pas s'attirer les punitions portées contre leurs infracteurs. Il doit surtout faire attention à l'âge et au domicile des parties. Il serait coupable s'il mariait des mineurs sans le consentement de leurs pères, mères, tuteurs, ou curateurs. Il ne commettrait pas une moindre faute s'il unissait des personnes qui ne sont pas domiciliées depuis six mois dans sa paroisse, si elles sont de son diocèse ; ou depuis un an si elles sont d'un diocèse étranger ; mais rien ne pourrait l'excuser si, se prêtant au rapt et à la séduction, il employait son ministère sacré pour favoriser des enlèvements que la loi veut qu'on punisse de mort. L'art. 39 de l'ordonnance de 1629 « fait défenses à tous les *curés* et autres prêtres séculiers ou réguliers, sous peine d'amende arbitraire, de célébrer aucun mariage de personnes qui ne soient de leurs paroisses, sans la permission de leurs *curés* ou de leurs évêques ; et seront tenus les juges d'Église juger les causes desdits mariages, conformément à cet article. » — L'édit du mois de mars 1697 ajoute à cette disposition : « Voulons que si aucuns desdits *curés* ou prêtres, tant séculiers que réguliers, célèbrent ci-après sciemment et avec connaissance des mariages entre des personnes qui ne sont pas effectivement de leur paroisse, sans en avoir la permission par écrit des *curés* de ceux qui les contractent, ou de l'archevêque ou évêque diocésain, il soit procédé contre eux extraordinairement, et qu'outre les peines canoniques que les juges d'Église pourront prononcer contre eux, lesdits *curés* et autres prêtres, tant séculiers que réguliers, qui auront des bénéfices, soient privés, pour la première fois, de la jouissance de tous les revenus de leurs *curés* et bénéfices pendant trois ans, à la réserve de ce qui est absolument nécessaire pour leur subsistance, ce qui ne pourra excéder la somme de 600 livres dans les plus grandes villes, et celle de 300 livres partout ailleurs, et que le surplus desdits revenus soit saisi, à la diligence de nos procureurs généraux, et distribué en œuvres pies par l'ordre de l'archevêque ou évêque diocésain; qu'en cas d'une seconde contravention, ils soient bannis pendant le temps de neuf ans des lieux que nos juges estimeront à propos..... et que lesdits *curés* et prêtres puissent, en cas de rapt fait avec violence, être condamnés à plus grandes peines, lorsqu'ils prêteront leur ministère pour célébrer des mariages en cet état. — Nous ne nous étendrons pas davantage sur ce sujet; on trouvera au mot MARIAGE tout ce qui pourrait manquer ici.

Les *curés*, comme nous l'avons déjà dit, avaient autrefois le pouvoir de déléguer des prêtres pour entendre les confessions de leurs paroissiens, c'est-à-dire qu'ils se choisissaient eux-mêmes des vicaires qui n'avaient pas besoin d'autres pouvoirs que ceux qu'ils leur conféraient. Le concile de Trente, session 23, *de Reformatione*, a introduit à cet égard un droit nouveau; il a voulu qu'il n'y eût que les *curés* ou les prêtres approuvés par l'évêque, qui pussent entendre les confessions, et cela nonobstant tout privilége et toute coutume contraire, même immémoriale. — L'édit de 1695 a adopté cette disposition. Il a ordonné, par les articles 10 et 11, que nul ne pourrait prêcher et confesser sans l'approbation de l'évêque; il n'a excepté de cette prohibition que les *curés* et autres bénéficiers à charge d'âmes. C'est donc une loi générale et établie par le concours des deux puissances, que les *curés* ne peuvent plus donner de pouvoir pour prêcher et confesser dans leurs églises. Ils délèguent encore pour l'administration des sacrements de baptême et de mariage. — Ils ont en outre conservé le droit de faire faire par qui ils le jugent à propos, les instructions familières qu'ils doivent à leurs paroissiens. L'édit de 1695 ne parlant que de la prédication et de la confession, il s'ensuit, par un raison toute naturelle, qu'il a laissé aux *curés* tous les pouvoirs dont ils jouissaient autrefois. L'évêque d'Auxerre ayant donné deux ordonnances qui exigeaient son approbation par écrit pour les catéchismes, les prières du soir et les instructions familières, les *curés* de la ville d'Auxerre furent reçus appelants comme d'abus de ces ordonnances, par arrêt du 9 mars 1756, qui fit défenses provisoires de les exécuter. Le moyen employé par les *curés* était que les catéchismes, les prières du soir, les prônes et les autres instructions familières ne sont point compris dans les articles 10 et 11 de l'édit de 1695.

Mais si les *curés* ne peuvent plus déléguer des prêtres pour les aider dans l'administration du sacrement de pénitence, l'évêque peut-il les forcer à prendre des vicaires qui leur soient désagréables? Peut-il nommer *invito parocho*? C'est encore ici une de ces questions qui n'auraient jamais pu s'élever, si les pasteurs du premier et du second ordre ne cherchaient, comme ils le doivent, que le bien de l'Eglise. Il est certain que ce bien ne peut s'opérer qu'autant que les ministres des autels y concourent par la bonne harmonie, et animés par le même esprit. Cette raison, puisée dans le bien général, doit seule décider la question. Jamais une paroisse ne sera bien gouvernée que quand le *curé* et le vicaire, unis par le lien de la confiance, de l'estime et de l'amitié, travailleront de concert, auront les mêmes vues et se réconcilieront pour les moyens qu'ils doivent employer. Donc on ne doit point donner à un *curé* un vicaire qu'il ne regardera que comme son ennemi, ou du moins comme son délateur et son espion, dès qu'il sera contre son choix ou sa volonté. — Ainsi, de droit commun, un *curé* est le maître du choix de ses vicaires. Le fils d'un prêtre avait été ordonné sous-diacre. Son évêque refusa la prêtrise, et ne voulut point lui confier l'administration d'une *cure*, à laquelle un patron laïque l'avait présenté. Alexandre III, à qui le sous-diacre porta ses plaintes, ordonna que l'évêque placerait pour desservir la *cure*, du consentement du sous-diacre, un prêtre avec lequel il partagerait les revenus. La conséquence toute naturelle de ce décret du pape est que si, pour faire desservir une *cure*, il fallait le consentement d'un titulaire non prêtre, à plus forte raison faudra-t-il celui du véritable *curé* pour lui associer un coopérateur.

Les conciles laissent toujours aux *curés* la liberté de se choisir un vicaire, soit pendant leur absence, soit qu'ils en aient besoin pour les seconder. C'est ce que suppose évidemment celui de Worchestre, de l'an 1240, canon 26; celui de Cognac, de l'an 1260, canon 10; celui de Chichester, de l'an 1289, canon 8; celui de Salzbourg, de 1420, canon 5: ceux de Cologne, de 1536, de Mayence, de 1549, de Cambrai, de 1565, ne sont pas moins formels. Celui de Trente lui-même, qui a dépouillé les *curés* du droit de déléguer pour les confessions, leur a certainement laissé celui de choisir leurs vicaires. Il leur enjoint, session 23, chap. 1, de mettre à leur place des vicaires capables et approuvés par l'évêque, lorsqu'ils s'absentent pour cause légitime. Dans la session 21, chap. 4, il ordonne aux évêques de contraindre les *curés* de s'associer autant de prêtres qu'il sera nécessaire pour l'administration des sacrements et la célébration du culte divin. Si le concile eût pensé que les évêques avaient le droit de placer les vicaires malgré les *curés*, il eût tenu un langage bien différent. — Ce sont ces autorités qui ont déterminé les canonistes ultramontains, tels que Pirring, liv. I, tit. 28, *de Officio vicarii*, et Fagnan, sur le chap. *Consultationibus*, tit. *de Clerico ægrot.*, à décider que les *curés* avaient la liberté de choisir leurs vicaires. On peut joindre Van-Espen, première partie, tit. 3, chap. 2, n. 2. Parmi nous, Bouchel, un de nos plus anciens auteurs, a embrassé cette opinion; et Rebuffe, dans sa Pratique, au titre de *Dispens. de non residen.*, atteste que de son temps c'était l'usage général du royaume. — Nos ordonnances n'ont fait, à ce sujet, que répéter, pour ainsi dire, les décisions des conciles. Partout elles ordonnent aux *curés* absents de commettre des vicaires capables et approuvés par l'ordinaire. C'est la disposition précise de l'art. 5 de celle d'Orléans, et de la déclaration de 1562, rendue à la sollicitation du clergé. La chambre ecclésiastique des Etats du royaume assemblés en 1614, demanda que les *curés* qui, pour quelques justes causes, se trouveraient absents et légitimement dispensés de résider, fussent tenus de mettre à leur place un vicaire suffisant, au gré néanmoins de l'ordinaire et avec son expresse approbation. Enfin l'article 90 de la Coutume de Paris prouve que les *curés* ont toujours eu le choix de leurs vicaires, et que même autrefois ils leur donnaient des lettres de vicariat. Il n'accorde aux vicaires la faculté de recevoir des testaments que lorsqu'ils ont des lettres de vicariat de leurs *curés*, et qu'ils les ont fait enregistrer au greffe de la juridiction de leur domicile.

Les cours souveraines ont adopté l'opinion favorable aux *curés*, et l'ont confirmée par leurs arrêts. Chenu, dans son *Recueil des règlements*, lit. 1, chap. 12, en rapporte un du parlement de Paris, de 1567, où il est enjoint au *curé* de Lonjumeau de mettre en son absence un vicaire qui soit de bonne vie, doctrine et exemple. On en lit un dans Chopin, *de sacra Politia*, de 1585, qui confirme une sentence de l'officiel de Paris, par laquelle il avait été ordonné au *curé* de Saint-Benoît de commettre un prêtre approuvé par l'ordinaire pour desservir l'Eglise de Saint-Jacques-du-Haut-Pas, alors succursale ou annexe de sa paroisse. On en trouve encore plusieurs autres rendus dans le même esprit. Les parlements de Rennes, de Toulouse et d'Aix suivent la même jurisprudence : cependant il faut convenir qu'aucun de ces arrêts n'a été rendu entre un évêque et un *curé* ; ce n'est que par une induction, très-forte à la vérité, qu'on les regarde comme décisifs en faveur des *curés*. La question s'est présentée *in terminis* en 1731 au parlement de Paris. Le *curé* de la paroisse de Galuis s'était rendu appelant comme d'abus de la nomination d'un vicaire que M. l'évêque de Chartres avait faite malgré lui. M. Gilbert de Voisins, avocat général, ne balança pas à se déclarer contre l'évêque, et à conclure à ce que sa nomination fût déclarée abusive ; mais des considérations particulières déterminèrent la cour à ajourner la cause, et elle n'a point été jugée. — Les circonstances doivent avoir beaucoup d'influence sur le jugement d'une pareille contestation. Le droit des *curés* de se choisir leurs vicaires est sans doute incontestable, et d'autant plus incontestable, qu'il ne nuit en rien à la subordination due aux évêques. S'ils ne peuvent pas forcer les *curés* à accepter, malgré eux, des vicaires, de leur côté, les *curés* ne peuvent pas en choisir malgré les évêques, puisqu'ils sont les maîtres de ne pas accorder les pouvoirs nécessaires pour être vicaire. La nomination d'un vicaire, faite *spreto parocho*, lorsque le *curé* propose à l'évêque des sujets capables et suffisants, serait abusive ; ce serait un véritable excès de pouvoir qui tendrait à dépouiller sans raison un *curé* d'un droit que lui donne son état de *curé* ; mais aussi, si un *curé* refusait opiniâtrement de recevoir des mains de l'évêque un vicaire, si, s'obstinant à demander pour son coopérateur un sujet auquel on aurait des reproches bien fondés à opposer, et mettait ses paroissiens dans le cas de manquer des secours spirituels qu'il leur doit par lui-même ou par autrui, alors l'évêque pourrait nommer un vicaire, et cette nomination, nécessaire dans les circonstances, devrait être maintenue malgré les réclamations du *curé*. Il se trouverait dans la position d'un collateur ordinaire, qui, ayant négligé de nommer à un bénéfice, ou y ayant nommé un incapable, aurait, pour cette fois, consommé son droit, et le verrait passer, *jure devolutionis*, dans les mains de son supérieur : ce serait une juste punition de son humeur ou de son caprice. Il ne faut jamais perdre de vue que, si d'un côté les supérieurs ne doivent point excéder les bornes de leurs pouvoirs, d'un autre côté, les inférieurs ne peuvent user de leurs droits que conformément à la raison et aux lois.

Il est certain, qu'excepté l'évêque diocésain, qui, dans toute l'étendue de son diocèse, est toujours le premier pasteur, personne ne peut, sans la permission du *curé*, célébrer la messe dans son église, y prêcher ou exercer les autres fonctions du saint ministère. Il ne faut pas conclure de là que, par caprice et sans raison, il puisse empêcher un prêtre approuvé par l'évêque de dire la messe. Nous pensons que si ce prêtre est né sur la paroisse, il ne peut, sans des motifs dont il est responsable, l'éloigner des saints autels : ce serait prononcer contre lui une espèce d'interdit déshonorant et diffamant : ce serait le cas de se pourvoir contre le *curé* par les voies de droit. Concluons donc qu'un *curé* n'est pas plus un despote dans sa paroisse qu'un évêque dans son diocèse. L'un et l'autre ne doivent agir que pour le bien des fidèles confiés à leur sollicitude ; et s'ils doivent veiller à la conservation de leurs droits, ils ne sont pas moins obligés de s'abstenir de tout ce qui pourrait nuire et préjudicier à leurs inférieurs, quand ils n'ont rien à leur reprocher. C'est sans doute dans cet esprit qu'a été rendu, au parlement de Paris, l'arrêt du 14 juillet 1700, par lequel deux prêtres habitués à Saint-Roch, et approuvés par l'archevêque pour confesser, célébrer la messe, assister au chœur et prendre place dans les stalles, *etiam invito parocho*, furent maintenus dans l'exercice de ces pouvoirs malgré le *curé*. Goard, tome I de son *Traité des Bénéfices*, page 755, assure que cet arrêt fut rendu par défaut et en l'absence du *curé*, qui était exilé par ordre du roi.

Un *curé*, en vertu de son titre, peut-il confesser dans tout le diocèse ; et l'évêque peut-il le restreindre à sa paroisse et à ses paroissiens? Les principes sont contraires aux prétentions des *curés*. En effet, quoiqu'ils aient reçu, ainsi que tout prêtre, par leur ordination, le pouvoir de lier et de délier, il faut cependant convenir que, selon les lois canoniques, ce pouvoir, quant à l'exercice, est suspendu; il a besoin, pour qu'il soit mis en activité, hors le cas de nécessité, que l'Eglise assigne des sujets à celui qui en est revêtu. C'est ce qu'elle fait par le ministère de l'évêque, lorsqu'il donne à un prêtre des provisions d'une cure, ou qu'il lui en accorde l'institution autorisable.

Le pouvoir de lier et de délier, suspendu relativement à tous les fidèles, cesse de l'être par rapport à ceux qui lui sont confiés; certainement par le *visa*, l'évêque n'assigne au prêtre auquel il le donne que les sujets qui se trouvent dans l'étendue de sa paroisse. Lacombe, dans son *Recueil de jurisprudence canonique*, verbo *Confesseur*, a donc tort d'avancer qu'un prêtre qui a une approbation générale et sans limitation, peut confesser dans tout le diocèse, de même le *curé*, par son seul *visa*, peut confesser partout. Le *visa* n'est qu'un titre particulier borné et limité de sa nature; autrement il faudrait dire qu'un *curé* serait non-seulement *curé* de sa paroisse, mais encore de celles de tout le diocèse, puisqu'en vertu de son titre il pourrait exercer partout une des principales fonctions curiales ; c'est encore une erreur de prétendre, comme le fait le même auteur, que l'évêque, en approuvant le *curé* par le *visa*, lève l'obstacle et le met dans ses anciens droits qui sont indéfinis dans son diocèse. Les sujets assignés au *curé* par son *visa* ne sont que ceux de la paroisse dont il est fait *curé* ; c'est donc sur eux seuls qu'il acquiert des droits. Dans les diocèses où les *curés* sont dans l'usage de confesser partout indifféremment, les évêques, par le consentement tacite qu'ils donnent à cet usage, l'approuvent, et c'est de cette approbation que les absolutions tirent leur force et leur validité.

L'évêque peut donc empêcher un *curé* de confesser hors de sa paroisse, et le limiter à ses seules provisions. Saint Charles Borromée, dans son *onzième synode*, défend aux *curés* des villes d'appeler ceux de la campagne pour les aider dans le tribunal de la pénitence, à moins qu'ils n'aient un pouvoir par écrit de confesser hors de leurs paroisses. La congrégation des Cardinaux a décidé qu'un *curé* n'était approuvé que pour le lieu où sa paroisse est située, et qu'il ne l'est pas pour tout le diocèse indifféremment. — L'article 12 de l'édit de 1695 porte : « N'entendons comprendre dans les articles précédents les *curés*, tant séculiers que réguliers, qui peuvent prêcher et administrer le sacrement de pénitence *dans leurs paroisses.* » Ces dernières expressions, *dans leurs paroisses*, décident la question, et selon Gibert, dans sa *conférence sur cet édit*, il n'y a plus de doute qu'un *curé* ne peut confesser hors de sa paroisse, sans l'approbation ou la permission de l'évêque. Ce canoniste détruit le fondement de l'opinion contraire, qui est qu'un homme une fois reconnu capable de confesser, est reconnu capable de confesser partout, en remarquant avec raison que tel *curé* dont les lumières et les talents suffisent pour conduire et diriger des paysans, serait très-déplacé à confesser dans une ville. Mais il nous paraît se tromper et n'être pas conséquent avec lui-même, lorsqu'il prétend que l'article de l'édit de 1695, qui défend aux *curés* de confesser hors de leurs paroisses sans le consentement de l'évêque, leur permet de confesser dans leurs églises les autres paroissiens qui s'adressent à eux avec l'agrément seul de leur *curé*. Circonscrire un territoire à un tribunal quelconque, c'est évidemment borner sa juridiction aux habitants de ce territoire ; c'est ce que fait l'édit de 1695, en disant que les *curés* pourront, sans l'approbation de l'évêque, confesser dans leurs paroisses. Leur territoire est limité ; et comme la fonction ne peut s'exercer que sur les personnes, il eût été inutile de borner leurs pouvoirs à leurs paroisses, si par paroisse on eût entendu leurs paroissiens. L'argument qu'emploie Gibert ne nous paraît pas victorieux. *Un curé peut*, dit-il, *confesser les paroissiens des autres qui le lui permettent, de même qu'il peut marier les paroissiens des autres qui le lui permettent.* La comparaison n'est rien moins qu'exacte ; les *curés* sont en possession de déléguer pour l'administration du sacrement de mariage et non pour celui de la pénitence ; et s'ils ne peuvent déléguer pour la confession sur leurs propres paroisses, comment le peuvent-ils sur celles des autres? D'ailleurs, la raison de ce que les lumières et les talents des *curés* doivent être proportionnés à l'état de ceux qu'ils confessent, revient ici dans toute sa force ; s'ils n'est pas raisonnable qu'un *curé* de la campagne, par exemple, puisse, sans l'approbation de son évêque, administrer la pénitence dans une ville, parce que la capacité requise pour une ville doit être différente de celle qui est requise pour un village, cette même raison doit empêcher que le *curé* de la campagne ne puisse, sans approbation, confesser les habitants de la ville lorsqu'ils viendront le chercher dans sa paroisse, parce qu'il n'y a aucune différence entre les confesser à la ville ou les confesser à la campagne. Enfin, un *curé* confessera les habitants d'une autre paroisse en vertu de son titre ou en vertu du consentement de leur propre *curé*. Ce n'est pas en vertu de son titre, puisqu'il ne lui donne de pouvoirs que sur ses paroissiens ; ce n'est pas en vertu du consentement de leur propre *curé*, puisqu'il ne peut déléguer à cet effet. Donc un *curé* ne peut sans l'approbation, soit tacite, soit expresse, de l'évêque, confesser les habitants d'une autre paroisse.

Nous ne dissimulerons pas que beaucoup d'auteurs sont contraires à l'opinion que nous venons d'embrasser (1). Elle nous a

---

(1) Le premier sentiment n'est pas une opinion, mais une vérité.

paru plus conforme aux principes, et nous avons pesé les raisons plutôt que les autorités. Nous avons cru apercevoir qu'elle s'approchait le plus de l'esprit de notre jurisprudence; et l'événement de la contestation qui s'est élevée en 1737 entre M. de Saléon, évêque de Rhodez, et le sieur de Brillan, *curé* de la cathédrale de cette ville, nous a confirmé dans notre sentiment. M. l'évêque de Rhodez lui avait défendu, par une ordonnance, d'entendre en confession d'autres personnes que ses paroissiens, à peine de nullité. Le *curé* interjeta appel comme d'abus de cette ordonnance; il obtint même du parlement de Toulouse permission d'intimer l'évêque et de le prendre à partie, quoique l'article 43 de l'édit de 1695 le défende expressément pour tout ce qui dépend de la juridiction volontaire. Le prélat se pourvut au conseil du roi, et y obtint, le 14 mars 1740, un arrêt qui confirma son ordonnance, et déclara l'appel du *curé* abusif. Cet arrêt se trouve dans le rapport que firent les agents généraux du clergé à l'assemblée de cette année. Il est vrai qu'il ne fut pas contradictoire avec le sieur de Brillan, décédé pendant le cours de l'instance; mais seulement par défaut contre un autre *curé*, son voisin, qui se trouvait dans le même cas. Quoiqu'il n'ait pas les caractères nécessaires pour faire regarder la chose comme jugée, c'est cependant un préjugé favorable à l'opinion que nous venons de défendre, parce que le roi promit alors aux évêques les mêmes marques de sa protection, lorsque la conduite de leurs *curés* les mettrait dans la nécessité de la réclamer. Au reste, dans les diocèses où l'usage est que les *curés* confessent indifféremment leurs paroissiens et ceux de leurs confrères avec leur consentement, les absolutions sont bonnes et valides, parce que l'usage autorisé par le silence des évêques vaut une approbation spéciale; et s'ils peuvent déroger à cet usage, c'est un droit qu'ils n'exercent pas souvent et dont ils ne doivent user qu'avec beaucoup de modération et pour des raisons très-graves.

L'auteur du *Dictionnaire de droit canon* rapporte, au mot *Mission*, plusieurs arrêts du conseil d'Etat qui maintiennent les évêques dans le droit de faire faire des missions dans les paroisses de leurs diocèses, malgré les *curés*. Nous observerons qu'une mission à laquelle un *curé* ne coopérerait pas et même s'opposerait, pourrait difficilement produire les fruits que l'Eglise désire. Un évêque doit donc rarement employer des missionnaires contre le gré des pasteurs ordinaires; c'est encore un de ces droits qu'il est souvent prudent et sage de ne pas exercer. Si la question se présentait devant les parlements, il pourrait arriver qu'ils se détermineraient par les circonstances. Le silence de l'édit de 1695 sur cette matière semblerait les y autoriser. C'est ce que Gibert insinue dans sa *conférence* sur l'art. 10 de cet édit. — Doit-on excepter de la règle générale à laquelle tous les fidèles sont soumis, relativement aux *curés*, les monastères d'hommes et de femmes? Les religieux sont dans l'usage de s'administrer les sacrements entre eux sans l'approbation des évêques et sans recourir aux *curés*. Cet usage serait difficile à combattre; il paraît que l'Eglise a donné aux supérieurs de chaque maison un pouvoir général pour confesser et administrer leurs religieux : mais il n'en est pas de même de leurs domestiques et des autres séculiers qui pourraient habiter parmi eux; rien ne les dispense des devoirs paroissiaux, et il est sûr que le *curé* a seul le droit de les confesser, de leur administrer le viatique et d'en faire l'inhumation (1). On trouve dans Lacombe un arrêt du parlement de Bretagne de 1672, qui l'a ainsi décidé en faveur du *curé* de Saint-Paterne à Vannes, contre les Jacobins de cette ville.

La difficulté est plus grande pour les monastères de filles. En général, tout ce qui est extérieur à la clôture, tout ce qui n'habite pas l'intérieur de la maison ne peut être soustrait à la juridiction du pasteur ordinaire. Quant à l'intérieur des monastères, on distingue ceux qui sont exempts de ceux qui ne le sont pas. Les maisons exemptes reçoivent les sacrements des mains de leurs chapelains qui font aussi les inhumations. Elles ont même le droit d'enterrer chez elles les pensionnaires qui y décèdent; mais cela n'a pas lieu pour celles qui sont soumises à l'ordinaire. Le *curé* peut y exercer les droits curiaux et y faire les inhumations; les pensionnaires doivent être enterrées à la paroisse. Dire que les *curés* violeraient la clôture en venant administrer les malades, c'est faire une bien faible objection, puisque les chapelains la violeraient tout de même. D'ailleurs, est-ce enfreindre la clôture que d'entrer dans un monastère lorsqu'on y est appelé par une nécessité aussi urgente que l'administration des sacrements? Il serait sage à un *curé* de déléguer pour ces fonctions le chapelain de la communauté. Ce serait tout à la fois veiller à la conservation de ses droits et à la tranquillité du monastère. Nous observerons que pour administrer le sacrement de pénitence à des religieuses, il faut même à un *curé* des pouvoirs particuliers de l'évêque, tant il est vrai qu'un simple *visa* n'est pas un titre général qui lève, par rapport à toute sorte de sujets, l'empêchement que l'Eglise a mis à l'exercice des pouvoirs qu'un prêtre reçoit par son ordination.

Il y a quelques maisons religieuses qui ont droit d'exercer les fonctions curiales et d'administrer les sacrements à leurs fermiers, domestiques et à tous ceux qui habitent les enceintes et les basses-cours de leurs monastères. C'est un privilège accordé à l'ordre de Citeaux, dans lequel il a été maintenu par plusieurs arrêts; privilège, au reste, qui confirme les principes que nous venons d'établir.

On a tellement considéré en France les *curés* comme des ministres aussi attachés à l'Etat qu'à la religion, qu'ils avaient autre-

(1) *Voy.* notre *Dictionnaire de Théologie morale.*

fois le pouvoir de recevoir des testaments, concurremment avec les notaires et les autres officiers publics. L'article 250 de la Coutume de Paris les y autorise : « Pour réputer un testament solennel, est requis qu'il soit écrit et signé de la main du testateur, ou qu'il soit passé devant deux notaires, ou par-devant le *curé* de la paroisse du testateur, ou son vicaire général et un notaire, ou dudit *curé* ou vicaire, et de trois témoins. » L'article 291 ajoute : « Seront aussi tenus lesdits *curés* et vicaires généraux, de porter et faire mettre de trois mois en trois mois ès greffes, comme dessus, les registres de baptêmes, mariages, les testaments et sépultures, sous peine de dommages et intérêts, et pour ce ne doivent rien payer au greffe. » — L'ordonnance des testaments du 31 août 1735 s'exprime ainsi, art. 25 : « Les *curés* séculiers ou réguliers pourront recevoir des testaments ou autres dispositions à cause de mort dans l'étendue de leurs paroisses, et ce seulement dans les lieux où les coutumes et statuts les y autorisent expressément, et en y appelant avec eux deux témoins; ce qui sera pareillement permis aux prêtres séculiers, préposés par l'évêque à la desserte des *cures* pendant qu'ils les desserviront, sans que les vicaires et autres personnes ecclésiastiques puissent recevoir des testaments et autres dernières dispositions. N'entendons rien innover aux règlements et usages observés dans quelques hôpitaux par rapport à ceux qui peuvent recevoir des testaments. » — L'article 26 continue : « Le *curé* ou desservant seront tenus, immédiatement après la mort du testateur, s'ils ne l'ont fait auparavant, de déposer le testament ou autre dernière disposition qu'ils auront reçus chez le notaire ou tabellion du lieu, et s'il n'y en a point, chez le plus prochain notaire royal dans l'étendue du bailliage ou sénéchaussée dans laquelle la paroisse est située, sans que lesdits *curés* ou desservants puissent en délivrer aucune expédition, à peine de nullité desdites expéditions et des dommages-intérêts des notaires ou tabellions, et des parties qui pourraient en dépendre. »

Ces deux articles ont dérogé à l'ancien droit en trois choses : 1° Ils ont ôté aux vicaires le droit de recevoir des testaments; 2° ce droit pour les *curés* eux-mêmes est restreint et limité aux lieux où les coutumes et les statuts les y autorisent expressément; 3° ils sont obligés de déposer les testaments qu'ils ont reçus chez le tabellion du lieu ou chez le plus prochain notaire royal, et ils ne peuvent en délivrer aucune expédition. L'article 33 de la même ordonnance excepte le temps des pestes, pendant lequel tout *curé*, vicaire, desservant, soit régulier, soit séculier, peut recevoir des testaments. Les *curés* sont tenus, ainsi que les autres officiers publics, d'observer toutes formalités prescrites par l'ordonnance et les statuts locaux.

Comme premiers pasteurs et chefs de leurs diocèses, les évêques ont un droit d'inspection et de surveillance qui entraîne nécessairement après lui le pouvoir de punir et de corriger, pouvoir sans lequel ils ne pourraient maintenir le bon ordre et la discipline qu'ils sont chargés de conserver. Un des moyens les plus efficaces pour y réussir est sans doute la tenue des synodes : c'est dans ces assemblées où l'on peut remédier aux abus généraux qui s'introduisent dans un diocèse. C'est là que les *curés* les moins zélés et les moins fervents viennent puiser, dans les exemples et les discours de leurs supérieurs et de leurs confrères, l'esprit et les vertus ecclésiastiques. Aussi voit-on que, dans tous les siècles, les conciles ont sévi contre les *curés* qui cherchaient à se soustraire à ce joug salutaire. Le concile de Metz de l'an 756 condamne ceux qui sans raison refusent de s'y rendre, à 60 sous d'amende, et celui de Saintes, de l'an 1280, prononce contre eux la peine d'interdit. Le concile de Trente en a aussi une disposition formelle. Cette loi de discipline a été adoptée dans nos tribunaux. Ils ont donné plusieurs arrêts pour contraindre les *curés* à se rendre aux synodes. Les *curés* réguliers qui se prétendent exempts de la juridiction ordinaire, sont soumis à cette loi générale. On voit dans Bardet un arrêt du 23 février 1637, qui confirma une condamnation à 8 livres d'aumônes portée par l'évêque de Beauvais contre un *curé* de l'ordre de Malte. M. Bignon, qui porta la parole dans cette cause, avança que l'obligation d'assister au synode ne pouvait être anéantie ni par l'exemption, ni par la prescription. Un arrêt du grand conseil, rapporté par l'auteur des *Mémoires du clergé*, tom. III, pag. 723, enjoint au *curé* de la paroisse de Mont-Saint-Michel, diocèse d'Avranches, d'assister au synode diocésain toutes les fois que les évêques le convoqueront, et ce nonobstant sa prétendue exemption de la juridiction épiscopale.

Parmi les peines dont un évêque peut punir un *curé*, il en est qu'il prononce lui-même sans aucune espèce de formes juridiques. Il en est d'autres qu'il ne peut infliger qu'après une information en règle et une procédure légale. L'évêque ne peut pas lui-même prononcer ces dernières. Elles sont uniquement réservées à son officiai (1); nous n'en parlerons point ici. Parmi les premières, la plus commune est l'envoi au séminaire pour quelque temps. Nos rois ont cru digne de leur attention de donner des bornes à ce pouvoir des évêques, et d'empêcher que, sous le spécieux prétexte de conserver la discipline, les *curés* ne fussent exposés à des vexations et à des actes de despotisme. Une déclaration du 15 décembre 1698, enregistrée dans toutes les cours, porte que « les ordonnances par lesquelles les évêques auront estimé nécessaire d'enjoindre à des *curés* ou autres ecclésiastiques ayant charge d'âmes, dans les cours de leurs visites, et sur procès-verbaux qu'ils auront dressés, de se retirer

---

(1) Les officialités ne sont pas rétablies en France. Observons que dans tout état de cause l'évêque a reçu le pouvoir de prononcer *ex informata conscientia*. Voy. le *Dict. de Théol. mor.*, art. CENSURE.

dans des séminaires pour le temps de trois mois et pour causes graves, mais qui ne mériteront pas une instruction dans les formes de la procédure criminelle, seront exécutées nonobstant toute appellation. » — D'après cette déclaration, il est certain, 1° qu'un évêque, sans employer la procédure criminelle, ne peut condamner un *curé* au séminaire que pour trois mois; 2° qu'il ne le peut que dans le cours de sa visite; 3° qu'il doit dresser un procès-verbal qui est le fondement de son ordonnance; 4° qu'il faut que la cause soit grave; 5° enfin que l'ordonnance étant exécutoire nonobstant appel, y est cependant sujette. Il faut encore conclure de cette déclaration que si l'évêque ordonnait trois mois de séminaire hors du cours de sa visite ou sans avoir dressé de procès-verbal, son ordonnance pourrait être attaquée par la voie de l'appel comme d'abus : il y a apparence que dans ce cas un *curé* obtiendrait facilement un arrêt de défense. Il y a donc deux moyens d'appel comme d'abus d'une ordonnance d'un évêque qui enjoindrait à un *curé* d'aller au séminaire pendant un certain temps : le premier, tiré du défaut des formalités prescrites par la déclaration de 1698; le second, pris dans le fond même de l'ordonnance. Le premier moyen peut être suspensif, c'est-à-dire, que les cours peuvent accorder un arrêt de défenses. Mais si l'abus n'est fondé que sur l'injustice même de l'ordonnance, il n'est que dévolutif, et l'ordonnance doit être exécutée nonobstant l'appel. Pour mettre le *curé* dans le cas de se justifier s'il est innocent, ou de se corriger s'il est coupable, on doit lui donner copie du procès-verbal dressé contre lui. S'il parvenait à démontrer que l'évêque n'a sévi contre lui que par passion, il serait dans le cas de demander des dommages et intérêts. On en a vu plusieurs en obtenir et distribuer aux pauvres de leurs paroisses les sommes qui leur avaient été adjugées.

Un arrêt du parlement d'Aix, du 28 mars 1740, nous apprend qu'un *curé* peut être renvoyé au séminaire pour un terme moins long que trois mois, quoique l'évêque ne soit pas dans le cours de sa visite. Alors on ne considère point le séminaire comme une peine, mais simplement comme une correction paternelle et un remède salutaire pour rappeler à un ecclésiastique le souvenir de ses devoirs. On conteste aux grands vicaires le droit de condamner, dans le cours de leurs visites, un *curé* au séminaire. Les auteurs qui leur sont favorables, conviennent qu'il faut que ce pouvoir soit exprimé dans leurs lettres de vicariat. Le clergé, pour prévenir toute contestation sur ce point, crut devoir, en 1726, demander à ce sujet une déclaration qui n'a pas encore paru.

Nous connaissons en France plusieurs espèces de *curés*; il y a des *curés* primitifs et des *curés*-vicaires perpétuels dont les charges et les droits sont totalement différents. Il y a en outre des *curés* séculiers et des *curés* réguliers. Les obligations des uns et des autres, par rapport aux fidèles, sont absolument les mêmes. Mais les devoirs qu'imposent la vie monastique et l'obéissance due à la règle dans laquelle ils se sont engagés, ont fait soumettre les *curés* réguliers à des lois qui leur sont particulières et qui ne regardent en rien les séculiers. Nous en rendrons compte lorsque nous aurons parlé des *curés primitifs* et des *curés*-vicaires perpétuels (1).

Des curés primitifs et des curés-vicaires perpétuels. Il n'y avait autrefois dans l'Eglise qu'une espèce de *curé*; ce n'est que vers le VII° siècle que l'on commença à distinguer les *curés* primitifs et les *curés* subalternes. Il paraît qu'il faut attribuer à différentes causes l'origine de cette distinction. La première et sans doute la plus favorable, est la distinction que les évêques firent de plusieurs *curés* de la campagne qu'ils appelèrent auprès d'eux, pour les seconder dans l'administration du diocèse, et composer une partie du clergé de la cathédrale. Ces prêtres conservèrent les revenus de leurs *cures*, en se chargeant de les faire desservir par d'autres prêtres, qui étaient, pour ainsi dire, à leurs gages, et sur lesquels ils s'attribuèrent une supériorité. Voilà pourquoi tant de chapitres sont encore *curés* primitifs. — Vers le IX° siècle, l'ignorance et la barbarie féodale ayant régné jusque sur le clergé séculier, qui aurait pu difficilement se préserver de la corruption au milieu d'un peuple corrompu, on fut obligé de recourir aux moines. Les mœurs et les sciences réfugiées dans les cloîtres furent alors d'un grand secours à l'Eglise : mais bientôt le clergé séculier sortit de son état d'avilissement, et l'on s'aperçut que les fonctions du ministère étaient incompatibles avec la vie monastique. Alors, l'Eglise, qui ne s'était servie de moines, que comme on se sert de troupes auxiliaires que de fâcheuses circonstances forcent d'employer, les rendit à leur premier état et les fit rentrer dans leurs cloîtres. A cette époque, ils étaient maîtres de presque toutes les *cures*. Les évêques leur en avaient confié une partie, et les seigneurs laïques, qui, pendant deux siècles, s'étaient emparés des biens ecclésiastiques, et surtout des paroisses, crurent satisfaire à leur conscience, et faire une restitution suffisante, en les remettant à des monastères à qui ils n'avaient jamais appartenu. Les moines, en se retirant dans leurs cloîtres, n'abandonnèrent pas les revenus des églises paroissiales; on toléra même qu'ils en jouissent, à la charge toutefois de faire desservir les *cures* par des prêtres séculiers qui étaient amovibles. Il y eut beaucoup d'évêques qui, pour permettre ce partage inouï, par lequel les charges et les travaux se trouvaient d'un côté, les richesses et l'oisiveté de l'autre, se faisaient payer, à chaque mutation de desservant, ce droit si connu sous le nom de *rachat des autels* (*altarium redemptio*). Telle est l'origine de la supériorité que beaucoup de monastères prétendent sur plusieurs *cures*. — Il faut cependant

(1) Nous ne connaissons plus aujourd'hui ces différentes espèces de *curés*.

dant convenir qu'il y en a quelques-uns qui ont servi à la fondation et à la dotation de certains monastères, et que quelques autres ne sont que les chapelles que les moines avaient élevées dans leurs granges et dans leurs fermes, et qui dans la suite sont devenues des paroisses. Ces dernières sont en petit nombre. C'est pourquoi nos lois, en distinguant les chapitres et les monastères des *curés* primitifs, ont traité bien plus favorablement les chapitres que les monastères, au moins quant aux droits honorifiques.

C'était sans doute un grand désordre que de voir les peuples confiés aux soins de pasteurs amovibles, et à qui les *curés* primitifs refusaient presque le nécessaire. L'Eglise tonna contre cet abus intolérable; mais ses règlements et ses menaces furent inutiles, et la cupidité trouva pendant longtemps les moyens de les éluder. Nos princes, protecteurs de la religion, lui ont prêté, à cette occasion, un bras secourable, et leurs lois ont enfin mis les canons en vigueur. L'article 12 de l'ordonnance de 1629 est conçu en ces termes : « Les *cures* qui sont unies aux abbayes, prieurés, églises cathédrales ou collégiales, seront dorénavant tenues à part et à titre de vicaire perpétuel, sans qu'à l'avenir lesdites églises puissent prendre sur icelles *cures* autres droits qu'honoraires, tout le revenu demeurant au titulaire, si mieux lesdites églises ou autres bénéfices dont dépendent lesdites *cures*, n'aiment fournir auxdits vicaires la somme de 300 livres par an, dont sera fait instance auprès de notre saint-père le pape. » Il paraît que cet article ne fut point exécuté, ou du moins souffrit beaucoup de difficulté. On en peut juger par le grand nombre de déclarations que Louis XIV et Louis XV ont données à ce sujet. — Le préambule du 29 janvier 1686 nous apprend que, dans quelques provinces du royaume, plusieurs *curés* primitifs et autres, à qui la collation des *cures* et des vicaires perpétuels appartenait, commettaient des prêtres pour les desservir, pendant le temps qu'ils jugeaient à propos de les y employer, avec une rétribution très-médiocre. Le roi, pour remédier à un abus tant de fois condamné par les canons, ordonne que « les *cures* qui sont unies à des chapitres ou autres communautés ecclésiastiques, et celles où il y a des *curés* primitifs, soient desservies par des *curés* ou des vicaires perpétuels qui seront pourvus en titre, sans qu'on y puisse mettre à l'avenir des prêtres amovibles, sous quelque prétexte que ce puisse être ».

Il n'est guère possible à un législateur de tout prévoir, et il est peu de lois nouvelles qui ne donnent lieu à de nouvelles contestations. Il s'en éleva beaucoup entre les *curés* primitifs et les vicaires perpétuels : il faut convenir que jusqu'alors leurs droits respectifs n'avaient pas encore été réglés. En payant la portion congrue aux vicaires perpétuels, les *curés* primitifs les troublaient dans la perception des oblations, offrandes et autres droits casuels. La déclaration du 30 juin 1690 eut pour but de terminer toutes ces contestations scandaleuses. « Voulons, y est-il dit, que les vicaires et *curés* perpétuels jouissent à l'avenir de toutes les oblations et offrandes, tant en cire qu'en argent, et autres rétributions qui composent le casuel de l'Eglise, ensemble des fonds chargés d'obits et fondations pour le service divin, sans aucune diminution de leur portion congrue, et ce, nonobstant toute transaction, abonnement, possession, sentences et arrêts, auxquels nous défendons à nos cours et juges d'avoir aucun égard. Pourront néanmoins lesdits *curés* primitifs, s'ils ont titre ou possession valable, continuer de faire le service divin aux quatre fêtes solennelles; et le jour du patron, auquel jour ils pourront percevoir la moitié des oblations et offrandes; tant en cire qu'en argent, et l'autre moitié demeurera au *curé*-vicaire perpétuel, et sera au surplus notre déclaration du mois de janvier 1686 exécutée, selon sa forme et teneur, en ce qui n'y est pas dérogé par ces présentes. » L'édit de 1695, *art*. 24, ordonne aux évêques d'établir, suivant les déclarations de 1686 et 1690, des vicaires perpétuels où il n'y a que des prêtres amovibles.

Malgré ces lois réitérées, il s'élevait journellement une infinité de procès entre les *curés* primitifs et les *curés*-vicaires perpétuels. Deux déclarations du 5 octobre 1726 et du 15 janvier 1731 ont enfin posé des limites qu'il n'est plus permis de franchir. Tout y est prévu, tout y est déterminé. Les prétentions excessives des abbés, prieurs et communautés y sont réprimées, les droits des chapitres conservés et l'état des *curés*-vicaires perpétuels fixé d'une manière convenable à l'importance et à la dignité de leurs fonctions. La déclaration de 1726 ne contient que 7 articles : celle de 1731 est beaucoup plus étendue. Comme c'est elle qui forme la jurisprudence actuelle, nous allons en rendre compte, en la conférant avec celle de 1726. Par ce moyen on connaîtra toutes les lois qui régissent la matière que nous traitons. — L'article 1er assure aux vicaires perpétuels le titre de *curés-vicaires perpétuels*, qu'ils pourront prendre en toute occasion, même en contractant avec le *curé* primitif ; c'est ce que signifient évidemment ces expressions *en tous actes* et en toutes *occasions*. L'article 11 de la déclaration de 1726 porte une disposition semblable. — Plusieurs communautés et des bénéficiers particuliers prenaient sans fondement le titre de *curés* primitifs; l'article 11 de notre déclaration détermine ceux qui pourront le prendre à l'avenir. « Ne pourront prendre le titre de *curés primitifs*, que ceux dont les droits seront établis, soit par des titres canoniques, actes ou transactions valablement autorisés, arrêts contradictoires, soit sur des actes de possession centenaire. N'entendons exclure les moyens et les voies de droit qui pourraient avoir lieu contre lesdits actes et arrêts, lesquels seront cependant exécutés jusqu'à ce qu'il en ait été autrement ordonné, soit définitivement, ou par provision, par les juges qui en doivent connaître, suivant ce qu'il sera dit ci-après. » L'article 4 de la déclaration de 1726 s'expliquait en ces termes : « Le titre et les droits de *curés* primitifs ne pouvant être acquis légitimement qu'en vertu d'un titre spécial, ceux qui prétendent y être fondés seront tenus, en tout état de cause, d'en représenter le titre, faute de quoi ils ne pourront être reçus à le prendre au préjudice des vicaires perpétuels, à qui la provision demeurera pendant le cours de la contestation ; et ne seront réputés valables, à cet effet, autres titres que les bulles du pape, décrets des archevêques ou évêques, ou actes d'une possession avant 100 ans, et non interrompue ; et sans avoir égard aux transactions, ou autres actes, ou aux sentences et arrêts qui pourraient avoir été rendus, en faveur des *curés* primitifs, si ce n'est que, par leur authenticité et l'exécution qui s'en serait suivie, ils eussent acquis le degré d'autorité nécessaire pour les mettre hors d'atteinte. » — La différence entre ces deux articles consiste en ce que, selon celui de 1726, pendant le cours de la contestation, la provision doit demeurer aux *curés*-vicaires perpétuels, et que par celui de 1731, les titres des *curés* primitifs doivent être exécutés provisoirement, quoique les *curés*-vicaires perpétuels se pourvoient contre ces titres par les moyens de droit. — Une autre différence, c'est que toutes transactions ou arrêts non exécutés ne peuvent faire titre aux *curés* primitifs, suivant la déclaration de 1726, au lieu que, selon celle de 1731, tout arrêt contradictoire ou transaction valablement autorisée fait titre, indépendamment de l'exécution. La déclaration de 1726 était en ce point plus favorable aux *curés*-vicaires perpétuels. Elle nous paraît aussi se rapprocher davantage des principes, en rendant plus difficiles les preuves sur lesquelles on doit établir la qualité de *curé* primitif. Devrait-on, en cette matière, permettre de suppléer le titre constitutif par des actes possessoires ou autres actes équivalents ? Les *curés* primitifs sont aussi contraires à la discipline de l'église et au droit commun que les exemptions. On n'admet point pour celles-ci de titres qui puissent suppléer le titre constitutif. La possession même, quelque longue qu'elle soit, est inutile sans ce titre ; pourquoi n'en est-il pas de même pour les *curés* primitifs ? Leur possession avec un titre est non-seulement une dérogation au droit commun et à la saine discipline de l'Église, mais encore une violation de la loi évangélique, qui ne veut pas que celui qui ne sert point à l'autel vive de l'autel, et de la loi naturelle qui défend de se nourrir et de s'engraisser des sueurs et des travaux de ses frères : dès lors, cette possession sans titre n'est-elle pas le plus intolérable des abus ? On dira peut-être que ce serait anéantir tous les *curés* primitifs, que de les obliger à représenter leurs titres constitutifs. Peut-on regarder comme un inconvénient, une loi qui tendrait à rétablir l'ancienne discipline et à guérir en partie une plaie dont l'Église gémit encore ? D'ailleurs, cela ne ferait que les rendre moins communs sans les détruire entièrement. Il en serait comme des exempts, qui se sont conservés malgré la rigueur des lois portées contre eux.

L'article 3 détermine à qui appartiendra le titre et les fonctions de *curés* primitifs, relativement aux communautés religieuses. Les moines les disputaient à leurs abbés, prieurs réguliers ou commendataires, et à leurs supérieurs claustraux. Ils prétendaient être en droit de venir, quand bon leur semblait, officier dans les églises, dont leur communauté était *curé* primitif, et cela malgré le *curé*-vicaire perpétuel. Notre article remédie aux inconvénients qui pouvaient naître de pareilles prétentions. Il porte : « Les abbés, prieurs et autres pourvus, soit en titre, soit en commende, du bénéfice auquel la qualité de *curé primitif* sera attachée, pourront seuls, et à l'exclusion des communautés établies dans leurs abbayes, prieurés ou autres bénéfices, prendre ledit titre de *curé primitif*, et en exercer les fonctions, lesquelles ils ne pourront remplir qu'en personne, sans qu'en leur absence, ou pendant la vacance, lesdites communautés puissent faire lesdites fonctions, qui ne pourront être exercées dans lesdits cas que par les *curés*-vicaires perpétuels ; et à l'égard des communautés, qui n'ayant point d'abbés, ni de prieurs en titre ou en commende, auront les droits de *curés* primitifs, soit par union de bénéfices, ou autrement, les supérieurs desdites communautés pourront seuls en faire les fonctions, le tout nonobstant tous actes, jugements et possessions à ce contraires, et pareillement sans qu'aucune prescription puisse être alléguée contre les abbés, prieurs, ou autres bénéficiers, ou contre les supérieurs des communautés qui auront négligé ou qui négligeront de faire lesdites fonctions de *curés* primitifs, par quelque laps de temps que ce soit. » Ces dispositions sont entièrement conformes à l'article 5 de la déclaration de 1726. — L'article 4 règle quelles seront les fonctions que pourront exercer les *curés* primitifs. « Les *curés* primitifs, s'ils ont titre ou possession valable, pourront continuer de faire le service divin les quatre fêtes solennelles et le jour du patron, à l'effet de quoi, ils seront tenus de faire avertir les *curés*, vicaires perpétuels, la surveille de la fête, et de se conformer au rite et au chant du diocèse, sans qu'ils puissent même auxdits jours administrer les sacrements ou prêcher sans aucune mission spéciale de l'évêque ; et sera le contenu au présent article exécuté, nonobstant tous titres, jugements, ou usages à ce contraires. » Cet article est encore absolument conforme à la déclaration de 1726. Il faut en conclure que pour exercer les fonctions qui sont désignées, le *curé* primitif doit avoir ou titre ou possession. L'un sans l'autre est suffisant, parce que l'intention du législateur est que la possession supplée le titre, et qu'il a ordonné par l'article précédent que la prescription ne pourrait anéantir le titre. On doit encore en conclure que le titre de *curé primitif* et les charges qui y sont attachées ne donnent pas le droit d'exercer les fonctions que cet article accorde en général aux *curés* primitifs. Il faut en effet, outre le titre de *curé* primitif, en avoir un particulier qui emporte le droit de célébrer le service divin ou du moins prouver la possession. C'est ce que suppose évidemment notre déclaration, puisque dans l'article 2 elle parle du titre nécessaire pour prendre la qualité de *curé primitif*; et que dans celui que nous examinons, elle ne s'occupe que du titre et de la possession requise pour pouvoir officier les quatre fêtes solennelles et le jour du patron. Cette distinction est fondée sur ce que la qualité générale de *curé primitif* n'emporte pas essentiellement les droits honorifiques, parce que rien n'empêche qu'ils ne soient séparés des droits utiles. Cette doctrine est appuyée sur deux arrêts remarquables : l'un du grand conseil, rendu le 29 septembre 1676, a maintenu l'abbé Despréaux dans le titre de *curé primitif* de la paroisse de Cambon, diocèse de Paris, et cependant lui fait défense d'y officier aucun jour de l'année; l'autre, du 26 mars 1691, est du parlement de Paris · il déboute les religieux de Montdidier, diocèse d'Amiens, de leurs prétentions, quant à la célébration du service divin dans une paroisse dont ils étaient reconnus pour *curés* primitifs. Ce dernier arrêt est d'autant plus important, qu'il est postérieur à la déclaration de 1690, qui maintient en général les *curés* primitifs dans le droit d'officier certains jours de l'année.

L'article 5 fixe les droits utiles des *curés* primitifs, lorsqu'ils officieront : « Les droits utiles desdits *curés* primitifs demeureront fixés, suivant la déclaration du 30 juin 1690, à la moitié des oblations et offrandes, tant en cire qu'en argent, l'autre moitié demeurant au *curé*, vicaire perpétuel, lesquels droits ils ne pourront percevoir que lorsqu'ils feront le service divin en personne, aux jours ci-dessus marqués, le tout à moins que lesdits droits n'aient été autrement réglés en faveur des *curés* primitifs ou des vicaires perpétuels, par des titres canoniques, actes ou transactions, valablement autorisés, arrêts contradictoires ou actes de possession centenaire. » Cet article déroge à la clause portée dans l'article 3 de la déclaration de 1726. Le législateur y ordonnait que la moitié des offrandes présentées les jours que les *curés* primitifs officieraient, appartiendrait aux *curés*, vicaires perpétuels, « nonobstant tous usages, abonnements, transactions, jugements et autres titres à ce contraires ». Il serait à désirer que cet obstacle n'eût pas été réformé, non-seulement parce qu'il est favorable aux *curés*, vicaires perpétuels, mais encore parce qu'il obviait à beaucoup de procès que font naître les prétendus titres ou actes possessoires allégués par les *curés* primitifs, et qu'on leur conteste ordinairement. — Les articles 6 et 7 conservent les usages particuliers et locaux des paroisses qui ont coutume de s'assembler certains jours de l'année dans les églises des monastères ou prieurés, soit pour la célébration de l'office divin, soit pour des *Te Deum* ou processions générales, etc. Ces deux articles ne se trouvent point dans la déclaration de 1726.

Il y a des paroisses qui sont desservies dans des églises de religieux ou de chanoines qui en sont *curés* primitifs. On voyait tous les jours des difficultés s'élever entre les religieux ou chanoines et leurs vicaires perpétuels. Ce qui y donnait le plus souvent lieu, était l'usage du chœur et des bancs, les sépultures dans l'église et les heures des offices. Les articles 8 et 9 de la déclaration fixent sur ces objets les droits des uns et des autres, en distinguant avec soin ce qui est de pure police extérieure, et ce qui tient au spirituel qu'elle laisse à l'entière disposition des évêques. Ces deux articles sont encore ajoutés à la déclaration de 1726. Les voici :

Article 8. « Voulons que dans les lieux où la paroisse est desservie à un autel particulier de l'église dont elle dépend, les religieux ou chanoines réguliers de l'abbaye, prieurs ou autres bénéficiers, puissent continuer de chanter seuls l'office canonial dans le chœur, et de disposer des bancs ou sépultures dans leursdites églises, s'ils sont en possession paisible et immémoriale de ces prérogatives. »
— Article 9. « Les difficultés nées et à naître sur les heures auxquelles la messe paroissiale ou d'autres parties de l'office divin doivent être célébrées à l'autel et lieux destinés à l'usage de la paroisse, seront réglés par l'évêque diocésain, auquel seul appartiendra aussi de prescrire les jours et heures auxquels le saint sacrement sera ou pourra être exposé audit autel, même à celui des religieux ou réguliers de la même église, et les ordonnances par lui rendues sur le contenu du présent article, seront exécutées par provision pendant l'appel simple ou comme d'abus, sans y préjudicier, et ce nonobstant tous privilèges et exemptions, même sous prétexte de juridiction quasi-épiscopale, prétendue par lesdites abbayes, prieurés ou autre bénéfices, lesdites exemptions ou juridictions ne devant avoir lieu en pareille matière. »

Après avoir déterminé par l'article 4 quels étaient les droits honorifiques que pourraient exercer les *curés* primitifs, conformément à leur titre et à leur possession, le législateur, craignant de ne s'être pas expliqué assez clairement, et voulant qu'ils ne puissent prétendre aucune espèce de supériorité ni sur le spirituel ni sur le temporel des églises paroissiales, leur défend, par l'article 10, de présider, sous quelque prétexte que ce soit, aux assemblées que pourront tenir les *curés*, vicaires perpétuels avec leur clergé, par rapport aux fonctions ou devoirs auxquels ils sont obligés, ou autre matière semblable, en leur défendant pareillement de se trouver aux assemblées des *curés*, vicaires perpétuels et marguilliers qui regardent la fabrique, ou le droit d'en conserver les clefs entre leurs mains, et ce nonobstant tous actes, arrêts et usages à ce contraires.

L'article 11 est extrêmement important. Il

fixe le seul cas dans lequel les *curés* primitifs peuvent être déchargés du paiement de la portion congrue. « Les abbayes, prieurés, ou communautés ayant droit de *curés* primitifs, ne pourront être déchargés du paiement des portions congrues des *curés*, vicaires perpétuels, ou de leurs vicaires, sous prétexte de l'abandon qu'ils pourraient faire des dîmes à eux appartenantes, à moins qu'ils n'abandonnent aussi tous les biens ou revenus qu'ils possèdent dans lesdites paroisses, et qui sont de l'ancien patrimoine des *curés*, ensemble le droit et titre de *curés* primitifs ; le tout sans préjudice du recours que les abbés, prieurs ou religieux pourront exercer réciproquement les uns contre les autres, selon que les biens abandonnés se trouveront être dans la mense de l'abbé ou prieur, ou dans celle des religieux. » Cette disposition se trouve dans l'article 7 de la déclaration de 1726, et a été renouvelée par l'article 8 de l'édit de 1768, conçu en ces termes : « Voulons en outre, conformément à nos déclarations des 5 octobre 1726, et 15 janvier 1731, que les *curés* primitifs ne puissent être déchargés de la contribution à ladite portion congrue, sous prétexte de l'abandon qu'il aurait ci-devant fait ou qu'il pourrait faire auxdits *curés*, ou vicaires perpétuels, des dîmes par lui possédées, mais qu'il soit tenu d'en fournir le supplément, à moins qu'il n'abandonne tous les biens sans exception qui composaient l'ancien domaine de la *cure*, ensemble le titre et les droits de *curé* primitif. »

L'article 12 décide quels sont les juges qui doivent prononcer sur les contestations concernant la qualité de *curé primitif*, les droits qui en dépendent, et en général, toutes les demandes formées entre les *curés* primitifs, les *curés*, vicaires perpétuels et les gros décimateurs. Ce sont en première instance les baillis et les autres juges royaux ressortissants nuement aux cours de parlement, et ce nonobstant toutes évocations, lettres patentes et déclarations à ce contraires. — L'article 13 porte que les sentences et jugements qui seront rendus sur les contestations mentionnées dans l'article précédent, soit en faveur des *curés* primitifs, soit au profit des vicaires perpétuels, seront exécutés par provision, nonobstant appel et sans y préjudicier. — L'article 14, après avoir soumis à l'exécution de la déclaration dont il s'agit, tous les ordres, congrégations, corps ou communautés séculières, ou régulières, même l'ordre de Malte et celui de Fontevrault, fait une exception en faveur des chapitres. Voici comme il s'exprime : « Sans néanmoins que les chapitres des églises collégiales ou cathédrales soient censés compris dans la précédente disposition, en ce qui concerne les prééminences, honneurs et distinctions dont ils sont en possession, même de prêcher avec la permission de l'évêque certains jours de l'année, desquelles prérogatives ils pourront continuer de jouir ainsi qu'ils ont bien et dûment fait par le passé. » Le législateur traite bien plus favorablement les chapitres qui sont *curés* primitifs, que les monastères, abbés, prieurs et autres bénéficiers. Il leur conserve des honneurs et des prérogatives, qu'il refuse à ceux-ci. On peut apporter pour raison de cette différence, que les unions des *curés* aux chapitres ont quelque chose de moins odieux et de moins contraire à l'esprit de l'Église que celles qui ont été faites aux monastères. L'avantage du diocèse et le bien des fidèles a été le motif des premières, et les autres n'ont, pour l'ordinaire, d'autre origine que la cupidité des moines, qui, en restituant la desserte des paroisses au clergé séculier, ont trouvé le secret de n'abandonner que le travail et les charges, et de conserver l'utile et l'honorifique. Nous disons pour l'ordinaire, parce qu'il faut convenir, comme on l'a déjà dit, qu'il y a quelques *cures* qui, dans l'origine, ont été légitimement unies à des monastères, soit par donation ou fondation, soit qu'elles doivent leur naissance aux anciennes fermes et granges qui dépendaient des abbayes. — L'article 15 et dernier veut que la déclaration du 29 janvier 1686, celle du 30 juin 1690, et l'article 1er de la déclaration du 30 juillet 1710, soient exécutés selon leur forme et teneur, en ce qui n'est point contraire à celle dont nous parlons. Nous avons rapporté les deux déclarations de 1686 et de 1690 ; et pour ne rien laisser à désirer sur ce qui concerne cette matière, nous allons rapporter l'article 1er de la déclaration de 1710 : « Voulons que les mandements des archevêques ou évêques, ou de leurs vicaires généraux qui seront purement de police extérieure ecclésiastique, comme pour les sonneries générales, stations du jubilé, processions et prières pour les nécessités publiques, actions de grâces et autres semblables sujets, tant pour les jours et heures, que pour la manière de les faire, soient exécutés par toutes les églises et communautés ecclésiastiques séculières et régulières, exemptes et non exemptes, sans préjudice à l'exemption de celles qui se prétendent exemptes en autre chose. »

Quelques auteurs ont pensé que la déclaration de 1731 avait dérogé à celle de 1726. Ils se fondent sur ce que le roi, dans l'article 15, ne rappelle que celles de 1686, 1690 et 1710, qu'il veut être exécutées. Le silence qu'il a gardé sur celle de 1726 est, disent-ils, une preuve qu'elle doit être regardée comme non avenue. Mais en consultant le préambule de la déclaration de 1731, on voit qu'elle ne doit faire qu'une même loi avec celle de 1726 et celles qui l'ont précédée. « C'est pour faire cesser ces inconvénients que nous avons jugé à propos de réunir dans une seule loi les dispositions de la déclaration du 5 octobre 1726 et celles des lois précédentes, en y ajoutant tout ce qui pouvait manquer à la perfection de ces lois. » Le législateur s'explique bien clairement. Son intention n'est point d'abroger la déclaration de 1726, mais seulement d'y ajouter et de la perfectionner : on ne peut donc pas la regarder comme non avenue ; elle est dans toute sa force, et on n'en peut douter lorsqu'on la voit rappelée dans l'article 8 de l'édit de 1768 avec celle de 1731. « Voulons en outre, conformément à nos déclarations des 8 octobre 1726 et 15 janvier 1731. » Ces deux déclarations ont donc une égale autorité.

Ces lois semblent ne rien laisser à désirer sur les droits et les prérogatives des *curés* primitifs. Nous passerons à ce qui regarde les *curés* réguliers. — De droit commun, les religieux sont incapables de posséder des *cures*; la vie commune et l'obéissance à des supérieurs particuliers ont paru trop opposées aux fonctions pastorales, pour qu'on les leur confiât. Cependant, plusieurs congrégations, connues sous le nom de *chanoines réguliers* de l'ordre de Saint-Augustin, se sont maintenues dans la possession des *cures* qu'elles desservaient dans ces siècles où l'ignorance du clergé séculier avait forcé l'Eglise de recourir aux moines. Lorsqu'ils rentrèrent dans leurs cloîtres et quittèrent les *cures*, les chanoines réguliers, soumis à une règle moins austère, parvinrent à faire faire une exception en leur faveur. Nous voyons Innocent III, au chapitre *Cum Dei timorem*, *de Statu monach.*, décider que, quoiqu'ils soient véritablement compris dans le nombre des moines, *a sanctorum monachorum consortio non putantur sejuncti*, cependant leur règle, moins austère que celle des autres religieux (*regulæ laxiores*), ne pouvait être un obstacle à ce qu'ils desservissent des *cures*, pourvu qu'ils eussent toujours avec eux un de leurs confrères, pour conserver, autant qu'il est possible, l'esprit de la règle *Ad cautelam*, dit ce pape. Le P. Thomassin rapporte des statuts faits par un légat du pape, de concert avec le comte de Toulouse, en 1232, qui ordonnent qu'il y ait au moins trois chanoines réguliers dans chacune des églises paroissiales qu'ils desservent. L'établissement de la règle *Sæcularia sæcularibus*, *regularia regularibus* a confirmé la capacité des chanoines réguliers à posséder les *cures* dépendantes des abbayes de leurs ordres, et on ne la leur dispute plus aujourd'hui.

Les *curés* réguliers, quoique jouissant de tous les droits et prérogatives attachés à la qualité de *curé*, soit pour le spirituel, soit pour le temporel, diffèrent cependant en un point bien essentiel des autres *curés*. Ils ne sont point inamovibles; leurs supérieurs réguliers peuvent les rappeler dans leur cloître, sans forme de procès; il n'est pas même nécessaire qu'une conduite répréhensible soit le motif de ce rappel, le bien de l'ordre suffit; et dès lors on voit qu'il dépend absolument de la volonté du supérieur, mais cependant avec la restriction dont on parlera tout à l'heure. Cette amovibilité ne prouverait-elle pas que les bénéfices *cures* ne font point impression sur la tête des réguliers, et qu'ils ne sont point les vrais titulaires, les vrais époux de leurs églises? Des provisions qui n'attachent point inséparablement un *curé* à un bénéfice, ne peuvent guère être considérées que comme de simples commissions, et non pas comme de véritables titres.

Le droit des supérieurs réguliers de rappeler, quand bon leur semblait, les religieux *curés* dans le cloître, pouvait avoir bien des inconvénients. Rien de plus contraire au bon gouvernement des paroisses que les changements multipliés des pasteurs; comme il est important qu'un sujet peu propre à la conduite des âmes ne reste pas longtemps dans une *cure*, de même, il est très-avantageux qu'un bon *curé* ne soit point enlevé à ses paroissiens; pour concilier le bien des paroisses avec les droits des supérieurs réguliers, pour ne pas rompre tous les liens qui attachent un religieux à son ordre, et pour prévenir en même temps des changements dangereux, nos lois ont voulu que les *curés* réguliers, en demeurant toujours dans la dépendance de leurs supérieurs, ne pussent cependant être révoqués et retirés de leurs bénéfices que du consentement de l'évêque diocésain. Un évêque intéressé à conserver un bon *curé* ne consentira à son rappel que lorsque les motifs des supérieurs lui paraîtront justes; et il y donnera volontiers les mains lorsque la conduite de ce régulier demandera son rappel ou sa retraite. Ces lois semblent avoir paré à tous les inconvénients. Elles mettent les *curés* réguliers à l'abri des caprices de leurs supérieurs, et leur présentent une prompte punition s'ils oublient leurs devoirs. Tel est l'objet des lettres patentes du mois d'octobre 1679, enregistrées le 6 décembre suivant au grand conseil, et données pour la congrégation de Sainte-Geneviève; de celles du 9 août 1700 pour les religieux de l'étroite et de la commune observance de Prémontré; du 27 février pour l'ordre de la Trinité et Rédemption des captifs; et du 22 octobre 1710 pour les religieux de la Chancelade. Un arrêt du grand conseil du 6 octobre 1697 a jugé que les *curés* de l'ordre de Fontevrault ne pouvaient être révoqués sans le consentement de l'évêque.

Les réguliers ne peuvent accepter de *cure* sans la permission de leur supérieur. C'est ce que portent expressément les déclarations et lettres patentes dont nous venons de parler. Ce consentement est si essentiel que, selon les lois qui ont été données pour les genovéfains, ce défaut serait une nullité radicale qui rendrait le bénéfice vacant et impétrable. — Au reste, quelque exempts de la juridiction que soient les réguliers, ils sont soumis, en qualité de *curés*, à tous les règlements du diocèse. L'évêque a sur eux la même juridiction que sur les *curés* séculiers; il peut visiter leurs églises, leur imposer les peines canoniques lorsqu'ils commettent quelques fautes; et si ces fautes exigeaient une instruction criminelle, il n'est pas douteux qu'ils ne fussent justiciables de l'official diocésain.

Pour traiter tout ce qui a rapport à cet article, il nous reste à parler des *cures*. Une *cure* ou paroisse est, comme on l'a dit en commençant cet article, un certain territoire circonscrit et limité, dont les habitants sont confiés, pour le spirituel, aux soins d'un prêtre attaché à une église bâtie sur ce territoire, et dans laquelle ces habitants sont obligés de venir remplir les devoirs et assister aux cérémonies du christianisme. Les limites de ce territoire sont imprescriptibles, c'est-à-dire, que toutes les fois que le titre d'érection ou de bornage est représenté, il fait évanouir toutes les prétentions qui ne seraient appuyées que sur la possession. Mais, en l'absence et au défaut du titre, une possession immémoriale suffit à un *curé*, pour réclamer un canton ou une portion du territoire comme une dépendance de sa *cure*. Il y a même beaucoup d'auteurs qui ne demandent qu'une possession quarantenaire, et leur sentiment paraît asez fondé. — Lorsque les maisons sont situées sur les confins de deux paroisses, ce n'est que la situation de la porte d'entrée qui décide de quelle paroisse elles sont. Il suit de là qu'on ne peut changer de paroisse en changeant l'entrée de sa maison. Cela a été ainsi jugé par un arrêt du parlement de Paris du 6 mars 1650, rapporté par Dufresne, liv. vi, chap. 1. Les *curés* et les marguilliers de la paroisse qu'on quitte, n'ont aucune indemnité à demander. C'est ce qui a encore été décidé par un arrêt du même parlement du 3 mai 1670. Si par ce changement un *curé* perd quelque partie de son revenu, il est en même temps déchargé d'une partie de son fardeau; ainsi tout se trouve compensé. C'est aussi sur l'ouverture principale des portes qu'on a réglé les limites des paroisses de Saint-Sulpice et de Saint-Côme. Ce règlement a été homologué au parlement par arrêt du 18 janvier 1677. On peut conclure de ces arrêts que, quoique l'érection d'une paroisse et les bornes de son territoire dépendent de la puissance épiscopale, les contestations qui s'élèvent à cette occasion entre les paroisses établies sont de la compétence des juges royaux.

Il n'y a que les évêques qui aient droit d'ériger des *cures* : « Les archevêques ou évêques, porte l'article 14 de l'édit de 1695, pourront, avec les solennités et les procédures accoutumées, ériger des *cures* dans les lieux où ils l'entendront nécessaire. »

Dans l'état actuel des choses, toute érection de *cure* est nécessairement un démembrement d'une autre paroisse. Cet établissement est donc en même temps une section de bénéfice; opération que l'Eglise n'a jamais permise que pour de grandes raisons et des motifs d'une nécessité reconnue. — D'après le chapitre *Ad audientiam, tit. de Eccles. œdif.*, et le décret du concile de Trente, sess. 21, chap. 4, une des principales raisons pour ériger une *cure*, c'est lorsque la distance des lieux et la difficulté des chemins empêchent une partie des paroissiens de se rendre à l'église-paroissiale, et mettent obstacle à l'administration des sacrements. — Le grand nombre de paroissiens n'est pas une raison pour ériger une nouvelle *cure*, selon beaucoup d'autres auteurs, parce que, disent-ils, dans ce cas, un *curé* peut s'associer des coopérateurs et des vicaires. Il faut convenir que cette raison n'est pas solide : un *curé* ne peut pas se multiplier à l'infini, et quelque vertueux et habiles que soient ses vicaires, ils n'ont jamais sur l'esprit des peuples le même degré d'autorité que le *curé*. C'est pourquoi, lorsque les évêques ont érigé en *cure* quelques succursales, auxquelles, absolument parlant, un vicaire pouvait suffire, leurs décrets ont été confirmés par les parlements. C'est ce qui est arrivé en 1672, par rapport à Saint-Roch, qui jusque-là avait été succursale de Saint-Germain-l'Auxerrois. Il fut dit n'y avoir abus dans cette érection, quoiqu'on prouvât qu'un simple vicaire pouvait suffire pour la desserte. — Les évêques sont juges de la nécessité ou de la grande utilité de l'érection des *cures*. Il ne faut cependant pas croire que leurs décisions sur ce point puissent être arbitraires. L'édit de 1695 les astreint à observer les solennités et les procédures accoutumées. La principale et la plus importante de ces procédures est l'enquête *de commodo et incommodo*. C'est par elle seule qu'on peut s'assurer de la légitimité des motifs qui ont déterminé à ériger la nouvelle *cure*. Il faut entendre les parties intéressées. Le *curé* et les marguilliers de la paroisse dont on fait le démembrement, sont de ce nombre. Il en est de même des patrons : si cette paroisse est en patronage, leur consentement n'est pas nécessaire; il suffit qu'ils aient été appelés et entendus. On a assez fait pour la conservation de leurs droits. Il paraît qu'autrefois on ne recourait point au prince pour l'érection des nouvelles *cures*; cependant l'usage a prévalu, et l'on obtient ordinairement des lettres patentes : c'est le plus sûr; et beaucoup d'auteurs prétendent que sans cela le nouveau titulaire ne pourrait poursuivre et défendre en justice les droits de son bénéfice. Elles sont indispensablement nécessaires, lorsque les habitants se chargent de fournir sur leurs propres biens la portion congrue du nouveau *curé*. — L'évêque doit pourvoir à la dotation de la nouvelle *cure*. Il le peut, dit l'article 14 de l'édit de 1695, par union de dîmes et autres revenus ecclésiastiques. Si le *curé* de l'ancienne paroisse est gros décimateur, il doit contribuer à la portion congrue du nouveau *curé*, au prorata de ce qu'il lève dans les dîmes. Cette nouvelle création de *cure*, ne changeant rien aux droits des décimateurs, il s'ensuit que le *curé* n'a aucun droit sur les dîmes, à moins qu'on ne lui en abandonne une partie pour le remplir de sa portion congrue. Si les dîmes ne suffisent pas pour cela, l'évêque doit y pourvoir par l'union de quelques bénéfices simples. Si l'érection s'est faite à la sollicitation du seigneur et des habitants, c'est à eux à assurer la subsistance de leur nouveau *curé*. Dans les villes où les droits casuels sont considérables, et appartiennent aux fabriques, elles doivent payer la portion congrue; c'est ce que nous voyons dans l'érection de la *cure* Sainte-Marguerite, faubourg Saint-Antoine; la fabrique est chargée de payer 300 livres par an au nouveau *curé* (1).

(1) Tout cela concerne l'ancien droit.

— Cette érection, faite en 1712, par le cardinal de Noailles, nous apprend encore que l'on conserve à l'église matrice des droits utiles et honorifiques. Les marguilliers de la nouvelle paroisse de Sainte-Marguerite doivent rendre tous les ans le pain bénit dans l'église de Saint-Paul, le dimanche dans l'octave de la fête de cet apôtre, aux dépens de la fabrique de leur église, et payer ce jour-là dix livres à la fabrique de Saint-Paul et 10 livres au curé, lequel peut en outre, si bon lui semble, venir tous les ans le jour de Sainte-Marguerite avec son clergé y célébrer l'office divin et faire, mais seulement en personne, les fonctions curiales, auquel cas il a le droit de partager avec l'autre toutes les offrandes et honoraires. M. de Harlay avait suivi à peu près les mêmes règles, en érigeant en 1673 la *cure* de Bonne-Nouvelle, qui était succursale de Saint-Laurent. Cette nouvelle *cure* fut chargée d'une redevance annuelle de 1200 livres en faveur du *curé* de Saint-Laurent, à qui il fut accordé en outre la moitié des offrandes que le nouveau titulaire recevrait aux fêtes de Pâques et de Noël.

Lorsque l'église matrice est à la pleine collation de l'évêque, il devient collateur de la nouvelle *cure*; cela s'est observé pour la *cure* de Sainte-Marguerite. M. de Noailles s'en réserva la collation en qualité de collateur de Saint-Paul. Lorsque la nouvelle *cure* est dotée aux dépens des fonds de l'ancienne, l'ancien *curé* devient *curé* primitif et patron. Il est encore dans l'usage que les *curés* primitifs deviennent patrons des Églises paroissiales qui s'érigent dans leur territoire. C'est pourquoi le prieur de Saint-Martin-des-Champs a acquis le patronage de la *cure* de Notre-Dame de Bonne-Nouvelle, érigée dans le faubourg Saint-Laurent. C'est aussi pourquoi M. de Harlay a abandonné aux religieux de Saint-Germain le patronage de toutes les *cures* qu'on pourrait établir dans le faubourg Saint-Germain. Il en est de même lorsqu'une chapelle est érigée en *cure*; le patron de la chapelle devient patron de la *cure*. C'est en conséquence de cette pratique que les abbés de l'abbaye du Bec, en Normandie, sont patrons des églises paroissiales de saint-Jean en Grève et de Saint-Gervais de Paris. On a cependant trouvé un moyen pour ne pas accorder aux patrons des chapelles érigées en *cure* le patronage de la *cure* : c'est de laisser le titre de la chapelle attaché à l'autel où il était, et d'annexer celui de la *cure* à un autre; par ce moyen, l'évêque s'en réserve la collation, et les droits du patron sont entièrement conservés. Cet expédient, qui nous est venu de Rome, a été mis en usage, lorsqu'on a érigé en *cure* la chapelle de Sainte-Marguerite. M. de la Fayette en était patron laïque; il prétendit, en cette qualité, devoir être de la nouvelle paroisse érigée dans sa chapelle. L'affaire fut évoquée au conseil. Elle est restée indécise jusqu'en 1740, que madame l'abbesse de Saint-Antoine, à qui M. de la Fayette avait remis tous ses droits, la perdit au parlement de Paris. M. de Vintimille fut maintenu dans la pleine collation de la nouvelle *cure*.

S'il est des circonstances où il est permis de diviser une *cure*, ce n'est jamais pour en former un bénéfice simple et une vicairie perpétuelle. Cette division, absolument contraire à l'esprit de l'église et à nos lois, ne pourrait manquer d'être déclarée abusive. Il en serait de même des unions des *cures* à des bénéfices simples. En général, l'union d'une *cure* est plus défavorable que son démembrement. Il est cependant arrivé qu'on en a uni à des séminaires ou à des chapitres (1). Nos ordonnances et le concile de Trente rendent les unions très-difficiles. Les articles 22 et 23 de l'ordonnance de Blois prouvent clairement que l'union des *cures* à tout autre bénéfice qu'à des *cures* est contraire à l'intention du législateur. Ces sortes de bénéfices, pour nous servir des expressions de M. Talon, sont d'une fonction trop éminente et trop nécessaire pour les unir à d'autres bénéfices qui sont d'une dignité inférieure et moins utile dans la hiérarchie; ce serait élever les membres avec le chef, et mettre la fille au même rang que la mère.

On a vu des paroisses entièrement dépeuplées par les guerres, la peste ou la famine. Le peu de paroissiens qui pouvaient rester ne suffisant point pour l'entretien d'un *curé*, ces bénéfices ont été réunis aux *cures* les plus voisines. Mais cette union qui ne se fait point par l'extinction d'un des deux titres, doit cesser lorsque la cause qui l'avait occasionnée ne subsiste plus; et ces paroisses venant à se rétablir et à se repeupler, les choses doivent retourner à leur premier état. C'est moins alors la division d'une *cure* que le rétablissement d'une ancienne. Rien n'est plus favorable dans le droit canon que cette division; et si les évêques ne s'y prêtaient pas, soit pour favoriser les gros décimateurs, soit pour ne pas payer eux-mêmes une portion congrue, nous pensons que le titre de la *cure* n'étant point éteint, et revivant par le rétablissement de la paroisse, serait dans le cas d'être impétré en cour de Rome, ou d'être conféré par le supérieur, *jure devolutionis*, par droit de dévolution.

On a beaucoup disputé pour savoir à quelle marque on pouvait reconnaître une église paroissiale. On lit dans le *Journal des audiences* un arrêt rendu le 12 février 1682, qui a admis des habitants à prouver que leur église avait autrefois été paroisse, par les anciens vestiges, tant du cimetière que des fonts baptismaux. Corradus, Lacombe et plusieurs autres auteurs remarquent avec raison que ces preuves ne sont pas décisives, parce qu'il y a beaucoup de simples succursales qui ont des cimetières et des fonts baptismaux. Ce sont cependant des présomptions qui peuvent se convertir en preuves, s'il est certain d'ailleurs que le lieu dont il est question a été autrefois con-

(1) Il y a encore aujourd'hui plusieurs cures attachées à des chapitres.

sidérable, et qu'il a souffert des désastres et des calamités.

Quant au rang que les paroisses doivent tenir dans les cérémonies publiques, voici les règles qui s'observent. Toute paroisse doit céder le pas à la cathédrale, elle le doit aussi dans le concours avec une collégiale. Quand il n'y a que des paroisses, la plus ancienne doit l'emporter sur les autres. Si les *curés* marchent sans leur paroisse, celui de la plus ancienne doit avoir le premier rang, quoiqu'il soit le plus jeune ou le plus nouveau des *curés*. Il n'en est pas de même dans les synodes ou assemblées du clergé. Le temps de l'ordination fixe l'ordre des rangs, c'est la règle générale. Il y a cependant des diocèses où des usages particuliers ont prévalu, on est obligé de s'y conformer. Les contestations qui peuvent naître à ce sujet doivent être portées devant les juges royaux. Elles ne se traitent que possessoirement, ce qui est de leur compétence. Deux arrêts des parlements de Paris et de Rennes du 15 juillet 1602, et du mois de mai 1603, ont déclaré abusives des procédures d'officiaux qui avaient voulu en connaître. (*Article de M. l'abbé Remi.*) [Extrait du *Diction. de Jurisprudence.*]

CYPRIEN (saint), évêque de Carthage, martyr et docteur de l'Église, a vécu au IIIe siècle : il souffrit la mort pour Jésus-Christ l'an 258. La meilleure édition de ses ouvrages est celle qui avait été commencée par Baluze, et qui fut achevée par dom Marand, bénédictin, en 1726, *in-folio*.

Plusieurs critiques protestants, copiés sans discernement par nos littérateurs modernes, ont reproché à ce saint docteur des erreurs en fait de morale ; il a condamné, disent-ils, la défense de soi-même contre les attaques d'un injuste agresseur ; il a outré les louanges du célibat, de la continence, de l'aumône et du martyre. Ces accusations sont-elles solidement prouvées ? — Dans son traité *de Bono patientiæ*, saint Cyprien n'a fait que répéter les maximes de l'Évangile sur la nécessité de souffrir patiemment la persécution des ennemis du christianisme. Convenait-il à des chrétiens attaqués, poursuivis, maltraités pour leur religion, de se défendre contre des agresseurs armés de l'autorité publique, et appuyés sur les lois sanguinaires des empereurs ? S'ils l'avaient fait, on les accuserait de s'être révoltés contre l'autorité légitime ; on ose même aujourd'hui les en accuser, malgré la fausseté du fait. Mais telle est l'équité de nos adversaires : d'un côté, ils reprochent aux chrétiens d'avoir manqué de patience ; et de l'autre, aux Pères de l'Église d'avoir trop prêché la patience. C'est une absurdité d'appliquer à tous les cas ce que l'Évangile et les Pères ont prescrit dans les temps de persécution. — De même, dans son *Exhortation aux Martyrs*, saint Cyprien n'a fait que rassembler les passages de l'Écriture sainte sur l'obligation de confesser Jésus-Christ, les exemples de ceux qui ont souffert pour ce sujet, les promesses que Dieu leur a faites. Cela était nécessaire, puisqu'il y avait une secte d'hérétiques qui enseignait qu'il était permis de dissimuler sa foi et d'apostasier, pour éviter la mort ; nous le voyons par le traité de Tertullien, intitulé *Scorpiace*.

Pour faire paraître *saint Cyprien* coupable, Barbeyrac, dans son *Traité de la Morale des Pères*, c. 8, a dit que, selon ce saint docteur, il est louable de désirer le martyre *en lui-même et pour lui-même* ; cette addition est de l'invention du censeur des Pères ; *saint Cyprien* n'a point ainsi parlé. Il a entendu évidemment que c'est un désir louable de souhaiter le martyre, pour témoigner à Dieu notre amour et notre attachement, et pour confirmer par cet exemple nos frères dans la foi. Nous soutenons que l'un et l'autre de ces motifs est louable. Il ne s'ensuit pas qu'il soit aussi louable d'aller s'offrir soi-même au martyre, comme Barbeyrac le conclut. Un chrétien peut désirer que Dieu lui donne le courage du martyre, sans qu'il ait pour cela droit d'espérer que Dieu le lui donnera en effet. — Quand on considère la licence des mœurs du paganisme, et le mérite de la chasteté sous un climat aussi brûlant que celui de l'Afrique, on est fort étonné d'y voir la continence pratiquée avec la sévérité que prescrit *saint Cyprien* dans son traité *de Disciplina et habitu Virginum* ; mais cette sévérité était nécessaire en Afrique. Le saint docteur exalte avec raison la virginité, mais il ne dégrade point le mariage ; il ne fait que répéter les leçons de saint Paul. On n'a qu'à comparer les mœurs des Carthaginois païens et des Barbaresques d'aujourd'hui, avec celles des chrétiens instruits par *saint Cyprien* et par saint Augustin, on verra si la morale de ces Pères était fausse. — Une preuve que le saint martyr n'a rien outré en parlant *des bonnes œuvres et de l'aumône*, c'est que cette morale fut exactement pratiquée par les fidèles de son Église. Il nous apprend, dans son traité *de Mortalitate*, que, pendant une peste cruelle qui ravagea l'Afrique, les chrétiens bravèrent la mort pour soulager tous les malades, sans distinction de religion, pendant que les païens abandonnaient leurs propres parents.

La seule chose que l'on puisse reprocher à *saint Cyprien*, est de s'être trompé en soutenant la nullité du baptême donné par les hérétiques ; mais il n'a pas censuré ceux qui tenaient l'opinion contraire, et la suivaient dans la pratique.

Rien ne démontre mieux l'entêtement des protestants que le jugement qu'ils ont porté touchant la conduite de ce Père ; ils l'ont louée ou blâmée, selon qu'elle s'est trouvée conforme ou contraire à leurs opinions, de manière que leur censure détruit absolument tout le mérite de leurs éloges. Comme *saint Cyprien* résista aux décisions des papes Corneille et Étienne touchant l'usage de réitérer le baptême donné par les hérétiques, ils ont vanté sa fermeté et son courage, et ils ont conclu qu'au IIIe siècle les papes n'avaient aucune juridiction sur toute l'Église. D'autre part, comme le même saint ne soutient pas avec moins de force l'autorité des évêques dans le gouvernement de l'Eglise, autorité qui déplaît aux protestants, ils ont reproché à ce Père de n'avoir su ni modérer la fougue de son tempérament, ni distinguer la vérité d'avec le mensonge ; d'avoir introduit dans le gouvernement ecclésiastique un changement qui eut les suites les plus fâcheuses. (Mosheim, *Hist. ecclés.*, III° siècle, seconde partie, c. 2 et 3; *Hist. Christ.*, sect. 3, § 14, pag. 511, 512.) Ainsi, ces judicieux critiques ont loué *saint Cyprien* dans la circonstance où il avait tort, puisque l'Eglise n'a pas suivi son avis, et ils l'ont blâmé dans celle où il avait raison. Il est faux qu'avant ce temps-là le gouvernement de l'Eglise ait été tel qu'il est représenté par les protestants, que *saint Cyprien* y ait rien changé, que ce changement prétendu ait produit de mauvais effets. *Voy.* Evêque, Hiérarchie.

CYRILLE (saint), évêque de Jérusalem, après avoir été dépossédé trois fois de son siège par la faction des ariens, et rétabli, mourut l'an 385. Il reste de lui vingt-trois *Catéchèses*, ou instructions aux catéchumènes et aux nouveaux baptisés, qui renferment l'abrégé de la doctrine chrétienne. Comme les censeurs des Pères n'y trouvaient rien à reprendre, ils ont dit qu'elles avaient été faites à la hâte et sans préparation. C'est une preuve que *saint Cyrille* n'avait pas besoin de se préparer pour exposer la croyance de l'Eglise avec toute la clarté, la justesse et la précision nécessaires. Nous avons encore de lui une *Homélie sur le paralytique de l'Evangile*, et une *Lettre à l'empereur Constance*, par laquelle il lui mande, comme témoin oculaire, l'apparition miraculeuse d'une croix dans le ciel, qui avait été vue pendant plusieurs heures par toute la ville de Jérusalem, et qui causa la conversion de plusieurs païens. Les critiques les plus intrépides n'ont pas osé contester ce miracle, attesté de même par plusieurs autres auteurs.

Comme *saint Cyrille* prêchait dans l'église du Calvaire, sur les vestiges de la croix de Jésus-Christ, il parle du mystère de la rédemption avec toute l'énergie d'un homme pénétré. Dom Touttée, bénédictin, a donné des ouvrages de ce Père une édition grecque et latine, *in-folio*, publiée en 1720 par dom Marand. Les *Catéchèses* avaient été traduites en français par Grancolas, en 1715, *in-*4°. *Voy. Vies des Pères et des Martyrs*, tom. III, pag. 41.

CYRILLE, (saint), patriarche d'Alexandrie, employa presque tout le temps de son épiscopat à combattre l'hérésie de Nestorius, et mourut l'an 444. Comme Nestorius eut un grand nombre de partisans dont plusieurs étaient respectables, et que le zèle de *saint Cyrille* leur parut trop vif, les ennemis de l'Eglise, anciens et modernes, ont cherché à rendre ce saint docteur odieux. Il présida au concile général d'Ephèse, et fit confirmer à la sainte Vierge le titre de *Mère de Dieu;* par là il a déplu aux protestants; il réfuta l'ouvrage de l'empereur Julien contre le christianisme, c'est un sujet de haine pour les incrédules ; plusieurs d'entre eux ont déprimé sa doctrine, ses vertus, ses talents. Ils ont dit que le nestorianisme, contre lequel ce Père a fait tant de bruit, n'était une hérésie que de nom, et un pur malentendu; qu'en écrivant contre Nestorius, qui distinguait deux personnes en Jésus-Christ, *saint Cyrille* a donné dans l'erreur opposée, a confondu les deux natures en Jésus-Christ comme Apollinaire, et a fait éclore l'hérésie d'Eutychès; qu'au concile d'Ephèse, et dans toute cette affaire, il se conduisit par passion, par jalousie d'autorité contre Nestorius et contre Jean d'Antioche. Telle est l'idée qu'ont voulu nous en donner La Croze, dans ses *Histoires du christianisme des Indes et de celui d'Ethiopie*, Le Clerc, Basnage, le traducteur de Mosheim, bien moins modéré que Mosheim lui-même, Toland, etc.

Mais ces critiques passionnés dissimulent des faits essentiels par lesquels *saint Cyrille* est pleinement justifié. 1° Il ne fut engagé dans l'affaire de Nestorius que par le bruit que faisaient les écrits de ce novateur parmi les moines d'Egypte. 2° Avant de procéder contre lui, *saint Cyrille* lui écrivit plusieurs lettres, pour l'engager à se rétracter ou à s'expliquer et à ne pas troubler l'Eglise; Nestorius n'y répondit que par des récriminations et par des invectives. 3° L'un et l'autre écrivirent à Rome au pape saint Célestin, pour le consulter et savoir quel était le sentiment des Occidentaux. Le pape assembla, au mois d'août 430, un concile qui condamna la doctrine de Nestorius, et approuva celle de *saint Cyrille;* celui-ci ne censura Nestorius, dans le concile d'Alexandrie, que trois mois après. 4° Acace de Bérée et Jean d'Antioche, quoique prévenus en faveur de Nestorius, le jugèrent condamnable; ils furent seulement d'avis qu'il ne fallait pas relever avec tant de chaleur des expressions peu exactes, et qu'il fallait tâcher d'apaiser cette querelle par le silence. Ils ignoraient sans doute que ce n'était pas là l'intention de Nestorius; il voulait absolument être absous, et que *saint Cyrille* fût condamné ; c'est dans ce dessein qu'il avait demandé à l'empereur la tenue d'un concile général. 5° Le patriarche d'Alexandrie ne présida au concile d'Ephèse que parce qu'il en avait reçu la commission du pape saint Célestin, et nous ne voyons pas que les Orientaux aient désapprouvé cette présidence. 6° Trois ans après le concile d'Ephèse, Jean d'Antioche reconnut qu'il avait eu tort de prendre le parti de Nestorius, il se réconcilia sincèrement avec *saint Cyrille;* ce fut lui-même qui pria l'empereur de tirer Nestorius du monastère dans lequel il était, près d'Antioche, parce qu'il cabalait toujours, et qui demanda qu'il fût relégué ailleurs. (Evagre, *Hist. eccl.*, liv. 1, c. 2 et suiv.) Tous ces faits sont prouvés, non-seulement par les écrits de *saint Cyrille*, mais encore par les actes du concile d'Ephèse, et par le témoignage des écrivains contemporains.

Quant à la doctrine de ce Père, elle n'est pas moins irrépréhensible que sa conduite.

Le concile général de Chalcédoine, tenu vingt ans après celui d'Ephèse, en condamnant Eutychès, ne crut donner aucune atteinte à la doctrine de *saint Cyrille*. A ce concile néanmoins assistait Théodoret, qui avait écrit d'abord contre *saint Cyrille*, mais qui s'était ensuite réconcilié avec lui, et avait abandonné le parti de Nestorius. Nous persuadera-t-on que Théodoret, dont on ne peut contester ni la science, ni la vertu, n'était pas assez habile pour voir la différence qu'il y avait entre la doctrine d'Apollinaire ou d'Eutychès, et celle de *saint Cyrille*, ou qu'après avoir d'abord soutenu la vérité avec toute la fermeté possible, il l'a trahie lâchement dans la suite? Cette question fut examinée de nouveau, dans le siècle suivant, au concile général de Constantinople, tenu au sujet des trois chapitres; après un mûr examen de toutes les pièces, le concile condamna ce que Théodoret avait écrit contre *saint Cyrille* et contre le concile d'Ephèse; il déclara calomniateurs ceux qui accusaient ce patriarche d'Alexandrie d'avoir été dans les sentiments d'Apollinaire, *session* 8. Après douze cents ans, les critiques protestants sont-ils plus en état de juger la question que deux conciles généraux?

Dès qu'il est prouvé que *saint Cyrille* avait la vérité et la justice de son côté, il est absurde de soutenir qu'il s'est conduit par humeur, par ambition, par jalousie, plutôt que par un vrai zèle pour la pureté de la foi; de lui prêter des motifs vicieux, pendant qu'il a pu en avoir de louables, et que sa conduite a été approuvée par l'Eglise. Dans les articles EUTYCHIANISME et NESTORIANISME, nous ferons voir que ces opinions condamnées ne sont pas seulement des erreurs de nom, ni de pures équivoques, mais des hérésies formelles et très-dignes de censure; l'une et l'autre subsistent encore, et sont soutenues par leurs partisans, telles qu'elles ont été condamnées par les conciles d'Ephèse et de Chalcédoine. Les protestants ne peuvent donc avoir d'autre fondement de leurs calomnies que les clameurs absurdes des eutychiens ou jacobites, qui n'ont pas cessé de répéter que le concile de Chalcédoine, en proscrivant la doctrine d'Eutychès, avait condamné celle de *saint Cyrille*, et canonisé celle de Nestorius. — Barbeyrac, qui a cherché avec tant de soin des erreurs de morale dans les écrits des Pères de l'Eglise, n'en a remarqué aucune dans les ouvrages de celui dont nous parlons.

Mais on lui fait des reproches plus graves: on l'accuse d'avoir usurpé l'autorité civile dans sa ville épiscopale; de s'être brouillé, par son ambition, avec Oreste, gouverneur d'Alexandrie; d'avoir chassé les Juifs de cette ville; d'avoir causé plusieurs séditions et le meurtre d'Hypacie, fille qui professait la philosophie, et que le gouverneur protégeait; d'avoir voulu mettre au nombre des martyrs le moine Ammonius, puni de mort pour avoir attaqué et blessé ce gouverneur. — On sait que le peuple d'Alexandrie, partagé en trois religions, était le plus turbulent et le plus séditieux qu'il y eut jamais; les chrétiens, les juifs, les païens, étaient toujours prêts à en venir aux mains et à se porter aux derniers excès. C'est ce qui avait engagé les empereurs à donner beaucoup d'autorité aux patriarches; le pouvoir de ceux-ci n'était donc pas usurpé mal à propos, les gouverneurs en avaient de la jalousie. Les premiers, obligés de protéger les chrétiens contre les attaques des païens et des juifs, n'eurent pas toujours assez de force pour arrêter la fougue des uns et des autres; il ne faut pas les rendre responsables des désordres qu'ils ne purent empêcher. — Damascius, copié par Suidas, n'affirme point que *saint Cyrille* ait eu aucune part au meurtre d'Hypacie, mais qu'il en fut accusé, parce que ce crime fut commis par des chrétiens. Brucker (*Histoire philos.*, tom. VI, pag. 280 et suiv.) cite avec éloge une dissertation écrite en 1747, dans laquelle *saint Cyrille* est pleinement justifié de ce meurtre contre les calomnies de Toland. Il punit avec raison les juifs qui avaient massacré un grand nombre de chrétiens, et l'empereur ne le trouva point mauvais. Quant au crime et au supplice du moine Ammonius, il faut convenir que *saint Cyrille* eut tort de vouloir le faire honorer comme martyr: il le comprit lui-même, et tâcha de faire oublier cette malheureuse affaire. Mais il faut savoir que ces troubles arrivèrent au commencement de l'épiscopat de *saint Cyrille*, et que la suite fut beaucoup plus tranquille. *Voy.* Socrate, *Hist. eccl.*, l. VII, c. 7, 13 et suiv., avec les notes de Valois et des autres critiques.

Afin de n'omettre aucun genre de reproches, La Croze prétend que l'érudition de *saint Cyrille* était fort légère et son éloquence médiocre; que son ouvrage contre Julien est faible, et ne contient presque rien qui ne soit copié des écrits d'Eusèbe de Césarée et de quelques autres anciens; qu'il mériterait à peine d'être lu, s'il ne nous avait conservé quelques fragments d'auteurs que nous n'avons plus. (*Hist. du Christ. des Indes*, tom. 1, p. 24.) — Quiconque s'est donné la peine de lire cet ouvrage, et de comparer les objections de Julien avec la réponse de *saint Cyrille*, demeure convaincu de la fausseté de cette critique. Non-seulement les preuves et les raisonnements de ce Père sont solides, mais il y a plusieurs morceaux très-éloquents; et partout on y voit combien un auteur judicieux a d'avantage sur un bel esprit. Il n'est pas vrai qu'il se soit borné à copier Eusèbe ni les autres anciens; et quand il l'aurait fait, il ne serait pas blâmable; il suit son adversaire pied à pied, ne laisse aucune objection sans réponse, et montre beaucoup d'érudition sacrée et profane. Le seul reproche qu'on pourrait peut-être lui faire est d'être un peu diffus; mais Julien lui-même l'est beaucoup, il ne suit aucun ordre, il s'écarte continuellement de son objet: il était difficile de ne pas tomber dans le même défaut en le réfutant. Avant de porter un jugement sur des ouvrages consacrés par le respect de douze siècles, les critiques modernes devraient y regarder de plus près.

Les ouvrages de *saint Cyrille* d'Alexandrie ont été publiés en grec et en latin par Jean Auberi, chanoine de Laon, en 6 vol. *in-folio*, l'an 1638. Spanheim a donné séparément l'ouvrage contre Julien, à la suite de ceux de cet empereur, en 1696, *in-folio*.

FIN DU PREMIER VOLUME.

TABLE DES MATIÈRES.

NOTA. Les articles précédés de ce signe * sont nouveaux; ceux où il y a des intercalations ou des notes sont précédés de chiffres qui indiquent le nombre des intercalations ou des notes. Ceux qui sont précédés de (a) sont extraits de l'édition de Liége.

* Notice historique sur Bergier, 9
A ertissement de l'auteur, 15
* Avertissement sur cette nouvelle édition, 17
(1) Introduction au Dictionnaire de Théologie dogmatique. — Dessein de la Providence dans l'établissement de la religion, origine et progrès de l'incrédulité, 25

A
Aaron, 55
Ab, Abba. Voy. Père.
Abaddon, 58
Aballard, 58
Abaissement, 60
Abandon, 60
* Abdas, 65
Abdenago. Voy. Enfants dans la fournaise.
Abdias, 65
Abdias de Babylone, 65
Abdissi, Abdjesu. Voy. Chaldéens.
Abécédaires, 66
Abel, 66
Abéliens, Abéloïtes, 67
Abgar, 67
Abiathar, 68
Abîsme, 68
Abissins. Voy. Ethiopiens.
(1) Abjuration, 69
Ablution, 70
Abnégation, 71
Abominable, Abomination, 71
Abra, 71
(2) Abraham, 71
Abrahamiens. Voy. Samosatiens.
Abrahamites, 76
* Abrahamites, 77
Absolu, Absolument, 77
* Absolu (des nouveaux philosophes), 78
(1) Absolution, 79
Absoute, 79
Abstème, 80
(1) Abstinence, 80
Abstinents, 85
Abus en fait de religion, 85
Abyssins. Voy. Ethiopiens.
Acaciens, 88
Acception de personne, 88
(1) Accidents eucharistiques, 89
Accomplissement des prophéties. Voy. Prophéties.
Accord de la raison et de la foi. Voy. Foi, Raison.
Acéphales, 89
Achamoth (Sophie), 90

Achias. Voy. Anias.
Achimélech. Voy. Abiathar.
Acœmètes, 90
(1) Acolyte, 92
* Avertissement sur cette nouvelle édition, (1) Acte, Action, 93
Actes des apôtres, 96
Actes des conciles. Voy. Conciles.
Actes des martyrs. Voy. Martyre et Martyrologe.
Actes de Pilate. Voy. Pilate.
Actuel, 98
(5) Adam, 98
Adamites ou Adamiens, 107
Adessenaires, 109
Adiaphoristes, 110
Adjuration, 110
Adonaï, 110
Adoptiens, 110
Adoption, 111
Adoration, Adorer, 111
Adramelec. Voy. Samaritains.
Adrianistes, 113
(1) Adultère, 113
Adversité. Voy. Affliction.
Aétiens. Voy. Anoméens.
Affinité, 117
Affinité spirituelle, 117
Affliction, 117
Affranchi, 119
Africains, Afrique, 119
Agag, 121
Agapes, 121
Agapètes, 123
Aggée, 125
Agiographes. Voy. Hagiographes.
Agneau pascal, 126
Agnoètes, Agnoïtes, 126
Agnus Dei, 127
Agobard, 128
Agonie, Agonisant, 128
Agonie de Jésus-Christ, 129
Agonistiques, 130
Agonyclites, 130
* Agreda (Marie d'), 130
Agynniens, 130
Ahias, 130
* Aigle, 132
Aîné, Aînesse, 132
* Ainos, 134
Albanais, 134
Albigeois, 134
* Alexandre le Grand, 141
Alexandrie, 141
Allégorie, 145
Alleluia, 150
Allemagne, 151
Alliance, 154
Aloges, Alogiens, 157
Alpha et Omega, 157
Alphabet, 157
Amalécites. Voy Agag.
Amauri, 158

Ambroise (saint), 158
Ambroisien (Rite ou office), 160
Ambroisiens ou Pneumatiques, 161
(5) Ame, 161
* Américains, 197
Amérique, 200
Amitié, 204
Ammon, Ammonites, 205
Amorrhéens, 206
Amos, 206
(1) Amour de Dieu, 206
Amour du prochain, 207
* Ampoule (sainte), 208
Amsdorfiens, 209
Amulette, 209
Anabaptistes, 211
Anachorètes, 218
Anagogie. Voy. Ecriture sainte, § 3.
Analyse de la foi. Voy. Foi.
Anamélech. Voy. Samaritain.
Ananie et Saphire, 223
Anathème, 224
Ancien, 225
(3) Ange, 226
* Ange gardien, 233
Angélites, 234
Angelus, 236
Angleterre, 237
(2) Anglican, 244
(1) Animaux, 256
Animaux purs ou impurs, 263
Anneau, 266
* Anneau du pêcheur, 266
* Année, 266
* Année astronomique, 266
* Année civile, 266
Anniversaire, 268
Annonciades, 268
Annonciation, 269
Annotine, 270
Annuelles (Offrandes), 270
Anoméens, 271
Anomies. Voy. Antinomiens.
Anselme (saint), 271
Antécédent, 271
Antechrist, 272
Antédiluvien, 275
Anthologe, 276
Anthropologie, 276
Anthropomorphisme, 277
Anthropopathie, 278
Anthropophages, 279
Antiadiaphoristes, 279
Antidicomarianites, 279
* Anticoncordataires, 279
Antienne, 281
* Antilogie, 281
Antiluthériens, 281
Antimense, 281

(1) Antinomiens, 282
Antioche, 283
* Antiochus, 286
Antipapes, 288
Antipodes, 288
Antitactes, 290
Antitrinitaires, 290
Antitype, 290
Antoine (saint), 291
Antonin (saint), 291
Aod, 292
Apathie, 292
Apellites, Apelliens, 293
Aphthartodocètes. Voy. Incorruptibles.
Apocalypse, 294
Apocryphe, 298
Apodipne, 303
Apollinaire, Apollinaristes, 303
Apollonius de Tyanes, 304
Apologétique, 305
Apologie, Apologistes, 306
Apolytiq, 310
Apostasie, Apostat, 311
* Apostolicité, 312
Apostolins, 320
Apostolique, 320
Apostoliques (Pères). Voy. Pères de l'Eglise.
Apostoliques, 321
Apotactites, 323
Apothéose, 323
Apôtres, 324
* Apôtres (Faux), 331
Apparition, 331
Apparitions de Jésus-Christ, 335
Appel au futur concile, 338
* Appel comme d'abus, 338
Appelant, 338
Application, 339
(1) Approbation, Approuver, 339
Apsis, absis, 339
Aquarieus. Voy. Encratites.
Aquila, 340
Arabe (Version). Voy. Bible.
Arabie, 340
Arabiques, 342
Arbre de la science, 343
Arbre de vie, 343
Arc-en-ciel, 343
Archange, 345
Arche d'alliance, 345
Arche de Noé, 346
* Archéologie, 353
(a) Archevêché, 354
(a) Archevêque, 355
* Archiconfrérie du saint Cœur de Marie, 358
(a) Archidiacre, 358
(a) Archimandrite, 361
(a) Archiprêtre, 361
Archontique, 363

TABLE DES MATIÈRES.

Aréopagite. Voy. S. Denys.
Arianisme, 363
*Aristotéliciens, 372
Armée du ciel. Voy. Astres.
Arméniens, 373
Armes, 375
Arminianisme, 376
Arnaldistes, 381
Arrhabonnaires, 383
Art, 383
Art notoire, 384
Art de saint Anselme, 384
Art de saint Paul, 384
*Artémonites, 385
Articles de foi. Voy. Dogmes.
*Articles fondamentaux, 385
*Articles organiques, 385
Artotyrites. Voy. Montanistes.
Aruspice. Voy. Divination.
Ascension, 385
Ascètes, 386
Ascites, Ascodrugites, Ascodrupites, Ascodrutes. Voy. Montanistes.
Aséité, 389
Asiatiques, Asie, 390
Asile. Voy. Asyle.
Asima. Voy. Samaritain.
Asmodaï, Asmodée, 391
Aspersion, 391
Asphalte. Voy. Mer Morte.
*Assemblées religieuses, 391
Assidéens, 392
Assistance, 392
Assomption, 392
Astaroth, Astarté, 393
Astarothites, 394
Astatiens, 394
Astère (saint), 394
Astres, 394
Astrologie judiciaire, 396
*Astronomie, 398
Asyle, 399
Athanase (saint), 400
(1) Athée, Athéisme, 401
Athénagore, 409
Attributs, 411
Attrition, 412
Attritionnaires, 413
Aube. Voy. Habits sacerdotaux.
Audiens, Vadiens, 413
Augsbourg, 414
Augures, Auspices. Voy. Divination.
Augustin (saint), 418
Augustinianisme, Augustiniens, 425
(a) Augustins (Religieux), 428
(a) Augustins réformés, 431
(a) Augustins (Chanoines), 433
Aulique, 434
Aumône, 434
*Aumôniers, 436
Aumusse, 436
Auriculaire, 436
Ausbourg. Voy. Angsbourg.
Auspice. Voy. Divination.
Austérités. Voy. Mortification.
Autel, 436
Auteurs ecclésiastiques, 439
(1) Authentique, 442
Autocéphale, 443
Auto-da-fé. Voy. Inquisition.
Autographe, 443
Autorité, 443
Autorité conjugale, paternelle et domestique, 444
Autorité religieuse, 453
Avare, Avarice, 460
Ave Maria, 460
Ave Maria (Religieuse de l'),

Voy. Sainte-Claire et Cordelières.
Avénement, 460
Avent, 461
Aveuglement spirituel, 461
Avocat. Voy. Paraclet.
Azazel. Voy. Bouc émissaire.
Azote. Voy. Septuagésime.
Azime, 466

B

Baal ou Bel, 467
Baalites, 469
Baamites, 470
(2) Bahel, 470
Bachelier. Voy. Faculté de théologie.
Bagnolais, 475
Bahem, 476
Baïanisme, 476
Bannière, 483
(5) Baptême, 483
Baptistère, 499
Barallots, 501
Barbares, 501
Barbeliots, 507
Bardesanistes, 507
Barnabé (saint), 510
(a) Barnabites, 512
Barsaniens, 513
Barthélemy, 513
Barthélemy (Massacre de la Saint-), 514
Barthélemites, 516
Baruch, 517
Barules, 518
Basile (saint), 518
Basile (Ordre de Saint-), 520
Basilidiens, 522
Basilique, 525
*Baskirs, 526
*Bataks, 527
Béate de Cuenza, 527
Béatification, 527
Béatitude, 527
Béatitudes évangéliques, 527
Bède, 528
Béelphégor, 528
Béelzébut, 529
Beggards, 529
Béguins, Béguines, 531
Béguinage, 532
(1) Béhémoth, 532
Béial, 532
Bénédictins, 533
Bénédictins de Solesme, 535
Bénédiction, 535
Bénédiction de l'Eglise, 536
(1) Bénéfice, 537
Bérengariens, 542
(a) Bernardins, 549
(a) Bernardins, 551
(a) Bernardines, 551
Bessarion, 552
Béthléem, 552
Béthléemites, 553
(1) Bible, 553
Bibles latines, 560
(1) Bibles orientales, 561
Bibles chaldéennes, 562
(1) Bibles syriaques, 562
(2) Bibles arabes, 564
(1) Bibles coptes, 565
Bibles éthiopiennes, 565
Bibles arméniennes, 566
Bible persane, 566
Bible moscovite, 566
Bibles en langue vulgaire, 566
Biblique, 567
*Bibliques (Sociétés), 568
Biblistes, 570
(1) Bien, Mal, 570
Bien et Mal moral, 573
Biens. Voy. Richesses.

Biens ecclésiastiques. Voy. Bénéfices.
Bienfaits de Dieu, 575
Bienheureux, 576
Biens (Communauté des) 577
Bigame, Bigamie, 579
Bigot, 580
Bissacramentaux, 580
*Blanchard, 580
Blasphème, 581
Blasphémateur, 581
B'asphématoire, 581
Bogumiles, Bogarmiles, 583
Bohémiens (Frères). Voy. Hernutes.
*Bohémiens, 583
Bohmistes, 584
(1) Bollandistes, 584
(1) Bon, Bonté, 586
Bonaventure, 587
Bonheur. Voy. Bien.
*Bonheur, 588
(1) Bonheur éternel, 591
*Boniface VIII, 595
Bonosiaques ou Bonosiens, 596
Bons-Hommes, 596
Bonté. Voy. Bon.
Borborites, 596
Borrélistes, 596
Bouc émissaire, 597
*Bouddha, Bouddhisme, 598
Bourignonisme, 599
Brachites, 599
*Brahma, Brahmisme, 599
Brame. Voy. Indiens.
Brandeum. Voy. Relique.
Bref apostolique, 599
Bréviaire. Voy. Office divin.
Broucolacas, 599
Brownistes, 600
Brutes. Voy. Animaux.
Bulgares, 601
Bulle, 602
Bulle Unigenitus. Voy. Unigenitus.

C

Cabale, 603
Cadavre, 607
Caïnistes. Voy. Monophysites.
Caïn, 607
Caïnites, 608
Calcédoine. Voy. Chalcédoine.
*Calendrier républicain, 609
Calice, 609
Calixtins, 611
Calomnie, 613
Caloyer, 614
Calvaire, 615
(a) Calvaire (Congrégation du), 615
(2) Calvin, 617
(1) Calvinistes, 629
Camaldules, 638
Caméroniens, 639
Cana, 639
Cananéens. Voy. Chananéens.
(2) Canon, 640
Canons des apôtres, 619
Canons d'un concile, 650
Canons arabiques. Voy. Nicée.
Canon de la messe, 650
Canons pénitentiaux, 652
Canons des saints, 653
Canonique, 655
(1) Canonisation, 655
Cantique. Voy. Chant ecclésiastique.
Cantique des cantiques, 660
Capharnaüm, 661
Capiscol, 662

Capital, 662
Capitule, 662
Captivité de Babylone, 662
Capociati, 664
(a) Capucins, 665
(1) Caractère, 66"
Caractères hébraïques. Voy. Hébreux.
Caractères magiques. Voy. Magie.
Caraïtes, 667
*Carbonari, 670
Cardinales (Vertus), 671
Carlostadiens. Voy. Luthériens.
Carmel, 674
(a) Carmélites, 674
(a) Carmes, 676
(a) Carmes-Déchaussés, 678
Carolins (Livres). Voy. Images.
Carpocratiens, 680
Cas de conscience, 682
Cas de conscience. Voy. Jansénisme.
(2) Cas réservés, 683
Cassien, 685
Casuel, 685
Casuiste, 689
Catabaptistes, 690
Catacombe, 691
Cataphryges, 693
Cataracte. Voy. Déluge.
Catéchèse, 693
Catéchiste, 693
Catéchuménat, 695
Cathares, 697
Catharistes, 698
*Cathedra (Ex), 698
Cathédrale, 698
Catholique, 699
(2) Catholicité, 701
(1) Catholicisme, 710
(a) Catholiques (Nouvelles), 712
Caucaubardites, 712
Cause, 712
*Causes majeures, 720
Célébrant, 720
(a) Célestins, 721
(1) Célibat, Continence, 723
Célicoles. Voy. Coelicoles.
Cellites, 741
Cellule, 741
Celse, 742
Cénacle, 745
Cendre, 745
Cène, 746
Cénobite, 747
*Centre d'unité, 752
Centuries de Magdebourg, 752
Cerdoniens, 755
Cérémonie, 757
Cérémonies judaïques. Voy. Lois cérémonielles.
Cérinthiens, 767
(1) Certitude, 770
Césaire (saint), 781
Chaîne (Catena Patrum) Voy. Commentaire.
Chair, 781
Chairs ou Viandes impures. Voy. Animaux purs ou impurs.
Chairs. Voy. Viandes immolées.
Chaire de Moïse, 783
Chaire de théologie, 783
Chaire épiscopale, 783
(1) Chaire de saint Pierre, 784
Chalcédoine, 785
Chaldaïque, 795
(1) Chaldéens, 795
*Chaleur du globe, 798
Cham, 798
Chananéens, 799
Chananéenne, 802

TABLE DES MATIÈRES.

Chancelade, 802
Chancelier, 802
Chandeleur, 802
Chandelier du Temple, 803
Chanoine. Chanoinesse, 804
(1) Chant ecclésiastique, 805
Chaos, 811
Chape. *Voy.* Habits sacerdotaux.
Chapelain, Chapelle, 811
Chapelet, 812
Chapitre d'un livre, 812
* Chapitre, assemblée de chanoines ou de religieux. *Voy.* le Dict. de Théologie morale.
Chapitres (Trois), 813
Charité, 813
Charité (Religieux de la), 819
Charité (Sœurs de la), 820
Charité (Dames de la), 820
Charmes, 821
Chartreux, 824
Chartreuses, 826
Chasse. *Voy.* Reliques.
Chasteté, 827
Chasuble. *Voy.* Habits sacrés ou sacerdotaux.
Châtiments de Dieu. *Voy.* Justice de Dieu.
(*a*) Chefcier, 829
Chef de l'Église. *Voy.* Pape.
Chercheurs, 830
Chérubin, 830
Chérubique, 831
Chiliastes. *Voy.* Millénaires.
(2) Chine, 831
Chirotonie. *Voy.* Imposition des mains.
Chœur, 840
Chœur des Anges. *Voy.* Anges.
Choix, 847
* Choléra-Morbus, 848
Chorévêque, 848
Chrême, 850
Chrémeau, 851
Chrétien, 851
Chrétiens de Saint-Jean. *Voy.* Mandaïtes.
Chrétiens de Saint-Thomas. *Voy.* Nestoriens, § 4.
Chrétienté, 861
Christ, 862
(3) Christianisme, 865
* Christianisme rationnel, 886
Christolytes, 888
* Christo-Sacrum, 890
Chroniques. *Voy.* Paralipomènes.
(1) Chronologie sacrée, 892
Chrysostome (S. Jean), 894
Chute d'Adam. *Voy.* Adam.
Ciboire, 897
Ciel, 897
Cierges, 898
Cilice. *Voy.* Sac.
Cimetière. *Voy.* Funérailles.
Circoncellions, 901
Circoncision, 902
* Circonscription diocésaine et paroissiale, 906
Circum-incessio. *Voy.* Trinité.
Cisterciens. *V.* Bernardins.
Citation de l'Écriture Sainte. *Voy.* Écriture sainte.
(*a*) Claire (Religieuses de Sainte-), 907
(*a*) Clairettes, 907
Clanculaires. *Voy.* Anabaptistes.

Claude de Turin, 908
Claudianistes, 911
Clef, 911
Clémence de Dieu. *Voy.* Miséricorde.
Clément (saint), 911
(1) Clément d'Alexandrie, 914
* Clémentins, 918
Cléobiens, 918
(1) Clerc, Clergé, 919
Clercs réguliers, 930
Climat, 931
Cliniques, 932
Cloches, 933
Cloître, 933
(*a*) Cloître, 934
Clôture de religieuses. *Voy.* Religieuses.
Cluni, 934
Coactif, 936
Coaction, 936
Coccéiens, 936
Coégalité, 937
Cœlicoles, 937
Coéternité, 938
Coévêque, 938
* Cœur (Dévotion au sacré), 939
* Cœur (Institut du sacré), 940
* Cœur (Congrégation du Sacré-), 941
Colarbasiens, 941
Colère, 911
Colétans, 942
Collatins. *Voy.* Oblats.
Collecte, 942
Collège, 943
(*a*) Collège de cardinaux, 943
Collégiale, 943
Collégiens, 913
Colluthiens, 944
Collyridiens, 944
Colomb (saint), 946
Colorites, 946
Colossiens, 946
Colybes, 947
Commandements de Dieu, 948
Commandements de l'Église, 948
Commémoration, Commémoraison, 948
Commencement, 951
Commentaires, Commentateurs, 952
Commerce, 959
Communauté ecclésiastique, 961
Communauté des biens, 964
Communicants, 965
(1) Communication d'idiomes, 965
Communion de foi, 966
(1) Communion des saints, 967
Communion eucharistique, 968
Communion spirituelle, 971
Communion sous les deux espèces, 971
Communion fréquente, 976
Communion laïque, 978
Communion étrangère, 978
Communion (Liturgie), 978
Communion (Antienne), 978
* Communisme, 978
Compagnie de Jésus. *Voy.* Jésuites.
Compassion. *Voy.* Miséricorde.
Compassion de la sainte Vierge, 982
Complies, 982
Componction, 982
Compréhension, 983
(1) Conception immaculée, 983
(2) Concile, 986
(*a*) Conciles nationaux, 1018
Conciliabule, 1024
* Conclusion théologique, 1024
Conciliateurs. *Voy.* Syncrétistes.
Concomitant, 1025
Concordance, 1025
Concorde des Évangiles, 1028
Concours de Dieu, 1029
Concubinage, 1029
Concupiscence, 1030
* Condamnation des écrits, 1031
Condignité, 1032
Conditionnel, 1032
Conditionnels (Décrets), 1033
Condormants, 1033
Confesseur, 1033
(2) Confession sacramentelle, 1034
Confessionnistes, 1018
Confiance en Dieu, 1018
(1) Confirmation, 1019
Confrère, 1053
Confrérie, 1053
(*a*) Confrérie, 1053
* Confutzéens, 1058
Congrégation, 1058
Congrégation de religieux, 1059
Congrégation de piété, 1059
Congrégation de Notre-Dame, 1059
(*a*) Congrégations, 1059
* Congrégationalistes orthodoxes, 1067
Congruisma, 1067
Congruité, 1070
Conjuration, 1070
Conomites, 1071
Consanguinité. *Voy.* Parenté.
Conscience, 1071
Conscience (Liberté de), 1074
Consécration, 1076
Conseils évangéliques, 1084
Conservateur, Conservation, 1086
Consolation, 1087
Consort, 1087
(1) Constance, 1087
Constantin, 1080
Constantinople, 1095
(1) Constitution, 1098
Constitutions apostoliques, 1099
* Constitution civile du clergé, 1101
* Constitutionnelle (Église), 1108
* Constitutions monastiques, 1111
Consubstantialité. *Voy.* Consubstantiel.
Consubstantiateurs, 1112
Consubstantiation, 1113
Consubstantiel, 1113
Consulteurs, 1116
Contemplation, 1117
Contexte, 1117
Continence, 1117
Contobarditæs. *Voy.* Eutychiens.

Contradictions, 1119
Contrainte. *Voy.* Persécution.
Contrat social. *Voy.* Société.
Contre-remontrants ou Gomaristes. *Voy.* Arminiens.
Contrition, 1120
Controverse, 1123
* Controverses (Juges des), 1129
Conventuel. *Voy.* Franciscain.
Convoi funèbre. *Voy.* Funérailles.
Conversion, 1152
(1) Convulsionnaires, 1154
Cophtes, Coptes, 1135
Copiate, 1138
Corban, 1139
Corbulo, 1139
Corde, Cordeau, 1139
Cordelier, 1139
Cordelières, 1140
Cordon de S.-François, 1140
Coré. *Voy.* Aaron.
Corinthiens, 1140
Cornaristes, 1140
Corporal, 1141
* Corps de Jésus-Christ, 1141
Corps de Jésus-Christ, 1141
Corrupticoles, 1142
Côme (saint), 1142
Cosmogonie. *Voy.* Monde.
* Cosmogonie, 1142
* Côte-d'Or, 1154
Cotereaux, 1154
Coule. *Voy.* Habits religieux.
Couleur, 1154
Coulpe, 1155
Coupe, 1155
Couronne, 1155
Cours, 1157
Cours de théologie, 1157.
Coutumes religieuses. *Voy.* Observances.
Couvent. *Voy.* Monastère.
Cozry, 1157
Crainte, 1157
(2) Créateur, Création, 1159
Crèche, 1169
Crédibilité, 1170
Credo, 1173
Crétéistes. *Voy.* Sœurs de Saint-Joseph.
Crime, 1173
* Criticisme, 1174
Critique, 1175
Critique sacrée, 1177
Croisades, 1179
Croisier, 1182
Croix, 1183
Croix (Signe de la), 1186
Croix (Fête de la), 1188
(*a*) Croix (Filles de la), 1190
Croyance, 1190
* Croyances (Progrès des), 1190
Crucifiement, 1193
Crucifix, 1195
(2) Culte, 1195
* Culte de la sainte Vierge. *Voy.* Marie.
* Culte des saints. *Voy.* Saints.
* Culte de Jésus-Christ. *Voy.* Humanité de Jésus-Christ.
(*a*) Cure, Curé, 1216
Cyprien (saint), 1257
Cyrille (saint) de Jérusalem, 1259
Cyrille (saint) d'Alexandrie, 1259

FIN DE LA TABLE.

Imprimerie MIGNE, au Petit-Montrouge.

www.ingramcontent.com/pod-product-compliance
Lightning Source LLC
Chambersburg PA
CBHW051319230426
43668CB00010B/1077